GONGYE GUANDAO JIEZHIKU
SHOUCE

工业管道介质库手册

蔡延彬　陈国华◎主编

中国石化出版社
·北京·

内 容 提 要

本书依据最新的技术规范，参照《危险化学品目录(2022 调整版)》，详尽地列出了常见工业管道介质的关键特性，包括火灾危险性、腐蚀性、环境开裂等，同时涵盖了介质的理化特性、急救措施以及防护措施等基础信息，旨在为石油化工等关键行业的管道安全管理、风险评估和应急响应提供实用参考。

本书的读者对象主要是从事危险化学品相关工作的专业人士，包括化学工程师、安全工程师、环境工程师、消防工程师等，以及从事工业管道检验和检验工作的工程师、技术人员和研究人员。

图书在版编目(CIP)数据

工业管道介质库手册 / 蔡延彬，陈国华主编. 北京 : 中国石化出版社, 2024. 12. -- ISBN 978-7-5114-7745-3

Ⅰ. U174-62

中国国家版本馆 CIP 数据核字第 2024B38T43 号

中国石化出版社出版发行

地址：北京市东城区安定门外大街 58 号

邮编：100011　电话：(010)57512500

发行部电话：(010)57512575

http://www.sinopec-press.com

E-mail:press@sinopec.com

北京科信印刷有限公司印刷

全国各地新华书店经销

*

787 毫米×1092 毫米 16 开本 60.25 印张 2711 千字

2025 年 1 月第 1 版　2025 年 1 月第 1 次印刷

定价：398.00 元

《工业管道介质库手册》
编写人员名单

主　　编：蔡延彬　陈国华

副 主 编：胡柱强　李文振　吕弘鹏

参编人员（按姓氏笔画排序）：

毛春燕　吕　浩　朱　洁　苏志坚　杜欣媛

李旨越　李　朝　李嘉坤　李　鑫　张清华

陈昊天　陈毓彬　范文娟　林志旭　欧健文

罗淦明　屈善琦　胡　迪　黄以鸿　黄晓彬

梁运就

前　言

工业管道是现代工业生产中不可或缺的基础设施，对于石油、化工等多个行业至关重要。它们在提升生产效率、经济效益的同时，还对保障生产安全和环境保护起着至关重要的作用。工业管道能够安全有效地处理和运输具有潜在危险性和复杂性的介质，包括易燃、易爆、有毒或腐蚀性物质，确保了工艺流程的稳定性和可靠性。此外，工业管道的稳定运行对于支持国民经济的关键基础设施建设和促进工业生产的连续性具有不可替代的作用，为经济的持续健康发展提供了坚实的基础。

然而，我国石油化工企业在管道安全管理方面仍面临挑战。偶发的管道故障可能导致严重的人身伤亡和火灾爆炸事故，这些事件对人民的生命财产安全构成了重大威胁。以 2020 年 1 月 14 日珠海某公司催化重整装置的危险化学品泄漏爆燃事故为例，该事件的直接原因是催化重整装置中的一处 90°弯头因腐蚀减薄破裂，泄漏的介质(石脑油和氢气的混合物)与管道摩擦，产生了静电火花，进而引发爆燃。2022 年 6 月 18 日上海某公司 1# 乙二醇装置的爆炸事故，该事故导致 1 人死亡、1 人受伤，并造成了约 971.48 万元的直接经济损失。事故调查报告指出，管道断裂是由应力变化引起的疲劳扩散、焊接缺陷以及氯离子引起应力腐蚀共同作用的结果。2023 年 1 月 15 日辽宁省某公司烷基化装置水洗罐入口管道在带压密封作业过程中发生的泄漏爆炸着火事故，造成 13 人死亡、35 人受伤。在该事故中，工业管道的定期检验未及时发现严重的腐蚀问题，也未能检测到与设计不符的管道材质问题。这些事故强调了对工业管道所承载介质特性的深入了解的重要性，这对于确保管道系统的安全设计、材料选择和运行管理，以及预防未来潜在的安全风险至关重要。

本书依据现行的技术规范和标准，对工业管道介质的火灾危险性、腐蚀减薄、环境开裂等关键特性进行了深入的梳理和分析。书中收录了《危险化学品目录(2022 调整版)》中常见的工业管道介质，全面介绍了这些介质的危险性特性、理化特性、急救措施和防护措施等基本信息。通过系统地整合这些关键信息，本书旨在为工业管道的安全管理、风险评估和应急响应提供实用的参考资料和指导。

本书得到了东莞市科学技术局项目《工业管道识别系统》(项目编号：20231800904752)的支持。本书的各项数据在国内外数十个权威数据库基础上参考国内外文献资料编著而成，在此，一并表达对相关文献资料作者的崇高敬意和诚挚感谢！

由于编者水平所限，书中可能存在一些错误和不当之处，敬请各位专家学者和广大读者给予批评和指正。

目　　录

编写说明

一、基本信息

（1）**品名** 化学品正式的中文名称。

（2）**别名** 化学品品名以外的中文名称。

（3）**分子式** 指用元素符号表示的物质分子的化学成分。

（4）**分子量** 指单质或化合物分子的相对质量，等于分子中各原子的原子量总和，即相对分子质量。

（5）**相态** 指物质的状态，常见的状态有固态、液态和气态。

（6）**外观与性状** 是对物质外观和状态的直观描述，主要包括常温常压下该物质的颜色、气味和存在的状态。

二、危险特性

（1）**火灾危险性** 依据 GB 20801—2020《压力管道规范 工业管道》，根据生产中使用或产生的物质性质及其数量等因素划分。

（2）**腐蚀减薄** 依据 GB 30579—2022《承压设备损伤模式识别》，指腐蚀性介质作用下金属发生质量损失造成的壁厚减薄。

（3）**环境开裂** 依据 GB 30579—2022《承压设备损伤模式识别》，指在服役环境作用下材料发生的开裂。

（4）**爆炸物** 能通过化学反应在内部产生一定速度、一定温度与压力的气体，且对周围环境具有破坏作用的一种固体或液体物质(及其混合物)。

（5）**金属腐蚀** 通过化学作用会显著损伤或甚至损坏金属的物质或混合物。

（6）**急性毒性** 经口或经皮肤给予物质的单次剂量或在 24h 内给予的多次剂量，或 4h 的吸入接触发生的急性有害影响。

（7）**易燃气体** 一种在 20℃和标准压力 101.3kPa 时与空气混合有一定易燃范围的气体。

（8）**氧化性气体** 一般通过提供氧气，比空气更能导致或促使其他物质燃烧的任何气体。

（9）**加压气体** 20℃下，压力等于或大于 200kPa(表压)下装入贮器的气体，或是液化气体或冷冻液化气体。

（10）**易燃液体** 闪点不大于 93℃的液体。

（11）**氧化性液体** 本身未必可燃，但通常会放出氧气可能引起或促使其他物质燃烧的液体。

（12）**自燃液体** 即使数量小也能在与空气接触后 5min 内着火的液体。

（13）**易燃固体** 容易燃烧的固体，通过摩擦引燃或助燃的固体。

（14）**自燃固体** 即使数量小也能在与空气接触后 5min 内着火的固体。

（15）**氧化性固体** 本身未必可燃，但通常会放出氧气可能引起或促使其他物质燃烧的固体。

（16）**有机过氧化物** 含有二价—O—O—结构和可视为过氧化氢的一个或两个氢原子已被有机基团取代的衍生物的液态或固态有机物。

（17）**自热物质和混合物** 除自燃液体与自燃固体外，与空气反应不需要能量供应就能够自热的固态或液态物质或混合物。

（18）**自反应物质和混合物** 即使没有氧(空气)也容易发生激烈放热分解的热不稳定液态或固态物质或者混合物。

（19）**遇水放出易燃气体的物质和混合物** 通过与水作用，容易具有自燃性或放出危险数量的易燃气体的固态或液态物质和混合物。

(20) **皮肤腐蚀** 对皮肤能造成不可逆损害的结果，即施用试验物质 4h 内，可观察到表皮和真皮坏死。

(21) **皮肤刺激** 施用试验物质达到 4h 后对皮肤造成可逆损害的结果。

(22) **严重眼损伤** 将受试物施用于眼睛前部表面进行暴露接触，引起了眼组织损伤，或出现严重的视觉衰退，且在暴露后的 21d 内尚不能完全恢复。

(23) **眼刺激** 将受试物施用于眼睛前部表面进行暴露接触后，眼睛发生的改变，且在暴露后的 21d 内出现的改变可完全消失，恢复正常。

(24) **危险特性** 简要描述化学品潜在的物理和化学危险性，主要是燃烧爆炸危险性。

三、理化特性

(1) **熔点** 晶体溶解时的温度称为熔点，一般情况填写常温常压的数值。

(2) **沸点** 在 101.3kPa 大气压下，物质由液态转变为气态的温度称为沸点。一般填写常温常压的沸点值。

(3) **闪点** 指在规定的条件下，试样被加热到它的蒸气与空气的混合气体接触火焰时，能产生闪燃的最低温度。

(4) **临界温度** 物质处于临界状态时的温度。

(5) **临界压力** 物质处于临界状态的压力。

(6) **饱和蒸气压** 在一定温度下，于真空容器中纯净液体与蒸气达到平衡量时的压力。

(7) **爆炸上限** 易燃和可燃气体、液体蒸气、固体粉尘与空气形成混合物，遇火源即能发生燃烧爆炸的最高浓度，称为该气体、蒸气或粉尘的爆炸上限。

(8) **爆炸下限** 易燃和可燃气体、液体蒸气、固体粉尘与空气形成混合物，遇火源即能发生燃烧爆炸的最低浓度，称为该气体、蒸气或粉尘的爆炸下限。

(9) **相对密度($d_{水}=1$)** 指物质的密度与参考物质(水)的密度在规定条件下的比值。

(10) **引燃温度** 是指物质在没有火焰、火花等火源作用下，在空气或氧气中被加热而引起燃烧的最低温度。

(11) **燃烧热** 在标准状态下，1mol 物质与氧进行完全燃烧时生成最稳定化合物后的化学反应热(即反应过程的焓差)称为该物质的标准燃烧热，简称燃烧热。

(12) **溶解性** 指在常温常压下该物质在溶剂中的溶解性，分别用混溶、易溶、溶于、微溶表示其溶解程度。

(13) **主要用途** 物质的主要应用的方面、范围。

四、急救措施

根据化学品的不同接触途径，按照皮肤接触、眼睛接触、吸入和食入的顺序，分别描述相应的急救措施。

五、防护措施

(1) **呼吸防护** 描述为防止有害化学品通过呼吸系统进入体内而选用的防护用品。

(2) **眼睛防护** 描述为保护眼睛免受化学品侵害而选用的防护用具。

(3) **身体防护** 描述为避免身体受到化学品侵害而选用的防护用品。

(4) **手防护** 描述作业时主要选用的各种防护手套，如橡胶手套、乳胶手套、耐酸碱手套、防化学品手套、一般作业防护手套等。

(5) **其他防护** 描述其他为避免化学品侵害而选用的防护措施。

工业管道介质库名录

（按汉语拼音顺序）

E

F

J

K

L

M

N

O

P

Q

Z

品名：**氨**	分子式：NH_3	相态：气
别名：液氨；氨气	分子量：17.0	外观与性状：无色、有刺激性恶臭的气体

危险特性

火灾危险性：可燃气体乙	爆炸物：无	皮肤腐蚀/刺激：类别 1
腐蚀减薄：无	金属腐蚀：无	易燃气体：类别 2
环境开裂：氨应力腐蚀开裂	急性毒性：类别 3	加压气体：是
		严重眼损伤眼刺激：类别 1

与空气混合能形成爆炸性混合物。遇明火、高热能引起燃烧爆炸。与氮、氯等接触会发生剧烈的化学反应。若遇高热，容器内压增大，有开裂和爆炸的危险。

理化特性

熔点：-78.0℃	临界温度：132.5℃	爆炸上限：28.0%	引燃温度：651.0℃
沸点：(-33.4±9.0)℃	临界压力：11.40MPa	爆炸下限：15.0%	燃烧热：316.3kJ/mol
闪点：11.1℃	饱和蒸气压：506.62kPa(4.7℃)	相对密度($d_{水}$=1)：0.70	

溶解性	易溶于水、乙醇、乙醚。
主要用途	用作致冷剂及制取铁盐和氮肥。

急救措施

皮肤接触	立即脱去污染的衣着，应用2%硼酸液或大量清水彻底冲洗。就医。
眼睛接触	立即提起眼睑，用大量流动清水或生理盐水彻底冲洗至少15min。就医。
吸入	迅速脱离现场至空气新鲜处。保持呼吸道通畅。如呼吸困难，给予吸氧。如呼吸停止，立即进行人工呼吸。就医。
食入	禁止催吐，切勿给失去知觉者从嘴里喂食任何东西。立即呼叫医生或中毒控制中心。

防护措施

呼吸防护	空气中浓度超标时，建议佩戴过滤式防毒面具。紧急事态抢救或撤离时，必须佩戴空气呼吸器。
眼睛防护	戴化学安全防护眼镜。
身体防护	穿防静电工作服。
手防护	戴橡胶手套。
其他防护	工作现场禁止吸烟、进食和饮水。工作完毕，淋浴更衣。保持良好的卫生习惯。

品名：**5-氨基-1,3,3-三甲基环己甲胺**	分子式：$C_{10}H_{22}N_2$	相态：液
别名：异佛尔酮二胺；3,3,5-三甲基-4,6-二氨基-2-烯环己酮；1-氨基-3-氨基甲基-3,5,5-三甲基环己烷	分子量：170.3	外观与性状：可燃液体，无色，略有氨味

危险特性

火灾危险性：可燃液体丙 A	爆炸物：无	皮肤腐蚀/刺激：类别 1
腐蚀减薄：碱腐蚀、胺腐蚀	金属腐蚀：无	严重眼损伤眼刺激：类别 1
环境开裂：碱应力腐蚀开裂、氨应力腐蚀开裂、胺应力腐蚀开裂	急性毒性：无	

与酸类、醇类、乙二醇类接触发生反应。与硝酸纤维大面积接触会引起燃烧。与丙烯醛、丙烯腈、叔丁基硝基乙炔、环氧乙烷、异丙基氯甲酸醛、马来酐、三异丁基铝不能配伍。在潮湿环境且有二氧化碳存在下，能腐蚀铝和钢。

理化特性

熔点：无资料	临界温度：10.0℃	爆炸上限：无资料	引燃温度：无资料
沸点：247.0℃	临界压力：无资料	爆炸下限：无资料	燃烧热：无资料
闪点：110.0℃	饱和蒸气压：无资料	相对密度($d_{水}$=1)：0.92	

溶解性	浮在水上并与水混合。
主要用途	主要用作环氧树脂的固化剂。

急救措施

皮肤接触	脱去并隔离被污染的衣服和鞋。注意患者保暖并且保持安静。
眼睛接触	如果皮肤或眼睛接触该物质，应立即用清水冲洗至少20min。
吸入	移患者至空气新鲜处，就医。如果患者呼吸停止，给予人工呼吸。如果呼吸困难，给予吸氧。
食入	吸入、食入或皮肤接触该物质可引起迟发反应。确保医务人员了解该物质相关的个体防护知识，注意自身防护。

防护措施

呼吸防护	佩戴自携式正压全面置呼吸器、供气式正压全面置呼汲器辅之以辅助自携式正压呼吸器。
眼睛防护	佩戴化学护目镜(符合欧盟 EN 166 或美国 NIOSH 标准)。
身体防护	穿阻燃防静电防护服和抗静电的防护靴。
手防护	戴化学防护手套(例如丁基橡胶手套)。
其他防护	工作现场禁止吸烟、进食和饮水。工作完毕，淋浴更衣。保持良好的卫生习惯。

品名：**4-[3-氨基-5-(1-甲基胍基)戊酰氨基]-1-[4-氨基-2-氧代-1(2H)-嘧啶基]-1,2,3,4-四脱氧-β,D 赤己-2-烯吡喃糖醛酸** 别名：灰瘟素		分子式：$C_{17}H_{26}N_8O_5$ 分子量：422.5		相态：固 外观与性状：白色针状晶体
危险特性				
火灾危险性：无 腐蚀减薄：无 环境开裂：氨应力腐蚀开裂		爆炸物：无 金属腐蚀：无 急性毒性：类别 2		皮肤腐蚀/刺激：无
燃烧时可能会释放毒性烟雾。加热时，容器可能爆炸。受热或接触火焰可能会产生膨胀或爆炸性分解。				
理化特性				
熔点：235.0℃ 沸点：539.1℃ 闪点：无资料	临界温度：无资料 临界压力：无资料 饱和蒸气压：无资料	爆炸上限：无资料 爆炸下限：无资料 相对密度($d_{水}=1$)：无资料		引燃温度：无资料 燃烧热：无资料
溶解性	易溶于水、乙酸，不溶于一般其他有机溶剂。			
主要用途	一种抗生素。能抑制酵母菌和霉菌的生长。在农业上应用的是灭瘟素的硫酸盐和月桂酸硫酸盐。			
急救措施				
皮肤接触	脱去污染的衣服，冲洗，然后用水和肥皂清洗皮肤，如果发生皮肤刺激作用，给予医疗护理。			
眼睛接触	用大量水冲洗(如可能易行，摘除隐形眼镜)。立即给予医疗护理。			
吸入	新鲜空气，休息。立即给予医疗护理。			
食入	漱口，用水冲服活性炭浆，立即给予医疗护理。			
防护措施				
呼吸防护	无资料。			
眼睛防护	无资料。			
身体防护	无资料。			
手防护	无资料。			
其他防护	无资料。			

品名：**4-氨基-N,N-二甲基苯胺** 别名：N,N-二甲基对苯二胺；对氨基-N,N-二甲基苯胺		分子式：$C_9H_{14}N_2$ 分子量：150.2		相态：固 外观与性状：灰色至黑色固体
危险特性				
火灾危险性：可燃液体丙 A 腐蚀减薄：碱腐蚀、胺腐蚀 环境开裂：碱应力腐蚀开裂、氨应力腐蚀开裂、胺应力腐蚀开裂		爆炸物：无 金属腐蚀：无 急性毒性：类别 3		皮肤腐蚀/刺激：无
遇明火、高热可燃。与强氧化剂接触可发生化学反应。受高热分解放出有毒的气体。				
理化特性				
熔点：34.0℃ 沸点：231.8℃ 闪点：85.8℃	临界温度：无资料 临界压力：无资料 饱和蒸气压：无资料	爆炸上限：无资料 爆炸下限：无资料 相对密度($d_{水}=1$)：无资料		引燃温度：无资料 燃烧热：无资料
溶解性	溶于水。			
主要用途	用于有机合成。			
急救措施				
皮肤接触	立即脱去污染的衣着，用大量流动清水冲洗。就医。			
眼睛接触	提起眼睑，用流动清水或生理盐水冲洗。就医。			
吸入	迅速脱离现场至空气新鲜处。保持呼吸道通畅。如呼吸困难，给予吸氧。如呼吸停止，立即进行人工呼吸。就医。			
食入	饮足量温水，催吐。洗胃，导泄。就医。			
防护措施				
呼吸防护	空气中粉尘浓度超标时，必须佩戴自吸过滤式防尘口罩。紧急事态抢救或撤离时，应该佩戴空气呼吸器。			
眼睛防护	戴化学安全防护眼镜。			
身体防护	穿防毒物渗透工作服。			
手防护	戴橡胶手套。			
其他防护	工作现场禁止吸烟、进食和饮水。及时换洗工作服。工作前后不饮酒，用温水洗澡。实行就业前和定期的体检。			

品名：**2-氨基苯酚** 别名：邻氨基苯酚		分子式：C_6H_7NO 分子量：109.1	相态：固 外观与性状：白色或浅灰色结晶粉末
危险特性			
火灾危险性：可燃液体丙 A 腐蚀减薄：苯酚腐蚀 环境开裂：氨应力腐蚀开裂		爆炸物：1.1 金属腐蚀：无 急性毒性：类别 2	皮肤腐蚀/刺激：无
遇明火、高热可燃。受热分解放出有毒的氧化氮烟气。与强氧化剂接触可发生化学反应。			
理化特性			
熔点：172.0℃ 沸点：234.5℃ 闪点：95.6℃	临界温度：无资料 临界压力：无资料 饱和蒸气压：无资料	爆炸上限：无资料 爆炸下限：无资料 相对密度($d_{水}=1$)：无资料	引燃温度：无资料 燃烧热：无资料
溶解性	微溶于水。		
主要用途	用于制造染料、药物、塑料固化剂等。		
急救措施			
皮肤接触	脱去污染的衣着，用肥皂水和清水彻底冲洗皮肤。		
眼睛接触	提起眼睑，用流动清水或生理盐水冲洗。就医。		
吸入	迅速脱离现场至空气新鲜处。保持呼吸道通畅。如呼吸困难，给予吸氧。如呼吸停止，立即进行人工呼吸。就医。		
食入	饮足量温水，催吐。就医。		
防护措施			
呼吸防护	空气中粉尘浓度超标时，佩戴自吸过滤式防尘口罩。紧急事态抢救或撤离时，应该佩戴空气呼吸器。		
眼睛防护	戴化学安全防护眼镜。		
身体防护	穿一般作业防护服。		
手防护	戴橡胶手套。		
其他防护	工作现场禁止吸烟、进食和饮水。及时换洗工作服。工作前后不饮酒，用温水洗澡。实行就业前和定期的体检。		

品名：**3-氨基苯酚** 别名：间氨基苯酚		分子式：C_6H_7NO 分子量：109.1	相态：固 外观与性状：白色或浅黄色片状结晶
危险特性			
火灾危险性：可燃液体丙 B 腐蚀减薄：苯酚腐蚀 环境开裂：氨应力腐蚀开裂		爆炸物：1.1 金属腐蚀：无 急性毒性：类别 2	皮肤腐蚀/刺激：无 易燃液体：类别 2
遇明火、高热可燃。受热分解放出有毒的氧化氮烟气。与强氧化剂接触可发生化学反应。			
理化特性			
熔点：121.0℃ 沸点：164.0℃ 闪点：155.0℃	临界温度：无资料 临界压力：无资料 饱和蒸气压：1.47kPa(164℃)	爆炸上限：无资料 爆炸下限：无资料 相对密度($d_{水}=1$)：无资料	引燃温度：无资料 燃烧热：无资料
溶解性	微溶于水，溶于醇、醚。		
主要用途	用于制造染料、药物、塑料固化剂等。		
急救措施			
皮肤接触	脱去污染的衣着，用肥皂水和清水彻底冲洗皮肤。		
眼睛接触	提起眼睑，用流动清水或生理盐水冲洗。就医。		
吸入	迅速脱离现场至空气新鲜处。保持呼吸道通畅。如呼吸困难，给予吸氧。如呼吸停止，立即进行人工呼吸。就医。		
食入	饮足量温水，催吐。		
防护措施			
呼吸防护	空气中粉尘浓度超标时，佩戴自吸过滤式防尘口罩。紧急事态抢救或撤离时，应该佩戴空气呼吸器。		
眼睛防护	戴化学安全防护眼镜。		
身体防护	穿一般作业防护服。		
手防护	戴橡胶手套。		
其他防护	工作现场禁止吸烟、进食和饮水。及时换洗工作服。工作前后不饮酒，用温水洗澡。实行就业前和定期的体检。		

品名：**4-氨基苯酚**		分子式：C_6H_7NO		相态：固
别名：对氨基苯酚		分子量：109.1		外观与性状：白色至灰褐色结晶
危险特性				
火灾危险性：可燃液体丙B		爆炸物：1.1		皮肤腐蚀/刺激：无
腐蚀减薄：苯酚腐蚀		金属腐蚀：无		易燃液体：类别2
环境开裂：氨应力腐蚀开裂		急性毒性：类别2		
遇明火、高热可燃。受热分解放出有毒的氧化氮烟气。与强氧化剂接触可发生化学反应。				
理化特性				
熔点：188.0℃	临界温度：无资料	爆炸上限：无资料		引燃温度：无资料
沸点：282.0℃	临界压力：无资料	爆炸下限：无资料		燃烧热：无资料
闪点：124.3℃	饱和蒸气压：0.40kPa(150℃)	相对密度($d_{水}=1$)：无资料		
溶解性	微溶于水、醇、醚。			
主要用途	用于制造染料、药物、塑料固化剂等。			
急救措施				
皮肤接触	脱去污染的衣着，用肥皂水和清水彻底冲洗皮肤。			
眼睛接触	提起眼睑，用流动清水或生理盐水冲洗。就医。			
吸入	迅速脱离现场至空气新鲜外。保持呼吸道通畅。如呼吸困难，给予吸氧。如呼吸停止上立即进行人工呼吸。就医。			
食入	饮足量温水，催吐。就医。			
防护措施				
呼吸防护	空气中粉尘浓度超标时，佩戴自吸过滤式防尘口罩。紧急事态抢救或撤离时，应该佩戴空气呼吸器。			
眼睛防护	戴化学安全防护眼镜。			
身体防护	穿一般作业防护服。			
手防护	戴橡胶手套。			
其他防护	工作现场禁止吸烟、进食和饮水。及时换洗工作服。工作前后不饮酒，用温水洗澡。实行就业前和定期的体检。			

品名：**3-氨基苯甲腈**		分子式：$C_7H_6N_2$		相态：固
别名：间氨基苯甲腈；氰化氨基苯		分子量：118.2		外观与性状：针状结晶
危险特性				
火灾危险性：可燃液体丙A		爆炸物：无		皮肤腐蚀/刺激：无
腐蚀减薄：无		金属腐蚀：无		
环境开裂：氨应力腐蚀开裂		急性毒性：无		
遇明火、高热可燃。其粉体与空气可形成爆炸性混合物，当达到一定浓度时，遇火星会发生爆炸。受高热分解放出有毒的气体。				
理化特性				
熔点：53.0℃	临界温度：无资料	爆炸上限：无资料		引燃温度：无资料
沸点：288.0℃	临界压力：无资料	爆炸下限：无资料		燃烧热：无资料
闪点：112.0℃	饱和蒸气压：无资料	相对密度($d_{水}=1$)：无资料		
溶解性	溶于热水，易溶于乙醇、丙酮、乙醚。			
主要用途	用于有机合成。			
急救措施				
皮肤接触	脱去污染的衣着，用大量流动清水冲洗。			
眼睛接触	提起眼睑，用流动清水或生理盐水冲洗。就医。			
吸入	迅速脱离现场至空气新鲜处。保持呼吸道通畅。如呼吸困难，给予吸氧。如呼吸停止立即进行人工呼吸。就医。			
食入	饮足量温水，催吐。就医。			
防护措施				
呼吸防护	空气中粉尘浓度超标时，必须佩戴自吸过滤式防尘口罩。紧急事态抢救或撤离时，应该佩戴空气呼吸器。			
眼睛防护	戴化学安全防护眼镜。			
身体防护	穿防毒物渗透工作服。			
手防护	戴橡胶手套。			
其他防护	工作场所禁止吸烟、进食和饮水，饭前要洗手。工作完毕，淋浴更衣。保持良好的卫生习惯。			

品名：**2-氨基苯胂酸** 分子式：$C_6H_8AsNO_3$ 相态：固

别名：邻氨基苯胂酸 分子量：217.1 外观与性状：白色针状结晶

危险特性

火灾危险性：可燃液体丙 B 爆炸物：无 皮肤腐蚀/刺激：无

腐蚀减薄：无 金属腐蚀：无

环境开裂：氨应力腐蚀开裂 急性毒性：类别 3

遇明火、高热可燃。其粉体与空气可形成爆炸性混合物，当达到一定浓度时，遇火星会发生爆炸。遇高热分解释出剧毒的气体。

理化特性

熔点：150.0℃	临界温度：无资料	爆炸上限：无资料	引燃温度：无资料
沸点：519.3℃	临界压力：无资料	爆炸下限：无资料	燃烧热：无资料
闪点：267.8℃	饱和蒸气压：无资料	相对密度($d_水=1$)：无资料	

溶解性	易溶于水、乙醇、酸，溶于甲醇、冰醋酸，溶于乙醚。
主要用途	用作分析试剂。
急救措施	
皮肤接触	脱去污染的衣着，用大量流动清水冲洗。
眼睛接触	提起眼睑，用流动清水或生理盐水冲洗。就医。
吸入	迅速脱离现场至空气新鲜处。保持呼吸道通畅。如呼吸困难，给予吸氧。如呼吸停止，立即进行人工呼吸。就医。
食入	饮足量温水，催吐。就医。
防护措施	
呼吸防护	空气中粉尘浓度超标时，必须佩戴自吸过滤式防尘口罩。紧急事态抢救或撤离时，应该佩戴空气呼吸器。
眼睛防护	戴化学安全防护眼镜。
身体防护	穿防毒物渗透工作服。
手防护	戴橡胶手套。
其他防护	工作场所禁止吸烟、进食和饮水，饭前要洗手。工作完毕，淋浴更衣。保持良好的卫生习惯。

品名：**4-氨基苯胂酸** 分子式：$C_6H_8AsNO_3$ 相态：固

别名：对氨基苯胂酸 分子量：217.1 外观与性状：白色、无气味晶状粉末

危险特性

火灾危险性：可燃液体丙 B 爆炸物：无 皮肤腐蚀/刺激：无

腐蚀减薄：无 金属腐蚀：无

环境开裂：氨应力腐蚀开裂 急性毒性：类别 3

遇明火、高热可燃。受热分解放出有毒的砷和氧化氮烟雾。受高热或接触酸或酸雾放出剧毒的烟雾。

理化特性

熔点：232.0℃	临界温度：无资料	爆炸上限：无资料	引燃温度：无资料
沸点：528.5℃	临界压力：无资料	爆炸下限：无资料	燃烧热：无资料
闪点：273.4℃	饱和蒸气压：无资料	相对密度($d_水=1$)：无资料	

溶解性	溶于热水，微溶于冷水、乙醇、乙酸，不溶于丙酮、醚、苯、氯仿。
主要用途	提起眼睑，用流动清水或生理盐水冲洗。就医。
急救措施	
皮肤接触	脱去污染的衣着，用肥皂水。和清水彻底冲洗皮肤。
眼睛接触	提起眼睑，用流动清水或生理盐水冲洗。就医。
吸入	迅速脱离现场至空气新鲜处。保持呼吸道通畅。如呼吸困难，给予吸氧。如呼吸停止，立即进行人工呼吸。就医。
食入	饮足量温水，催吐。就医。
防护措施	
呼吸防护	可能接触其粉尘时，佩戴自吸过滤复式防尘口罩。紧急事态抢救或撤离时，佩戴自给式呼吸器。
眼睛防护	戴化学安全防护眼镜。
身体防护	穿聚乙烯防毒服。
手防护	戴橡胶手套。
其他防护	工作现场禁止吸烟、进食和饮水。工作完毕，淋浴更衣。

品名：**4-氨基苯胂酸钠** 别名：对氨基苯胂酸钠		分子式：$C_6H_6AsNNa_2O_3$ 分子量：239.0	相态：固 外观与性状：白色结晶粉末
危险特性			
火灾危险性：可燃液体丙 B 腐蚀减薄：无 环境开裂：氨应力腐蚀开裂		爆炸物：无 金属腐蚀：无 急性毒性：类别 3	皮肤腐蚀/刺激：无
本身不能燃烧。受高热分解放出有毒的气体。			
理化特性			
熔点：300.0℃ 沸点：528.5℃ 闪点：273.4℃	临界温度：无资料 临界压力：无资料 饱和蒸气压：无资料	爆炸上限：无资料 爆炸下限：无资料 相对密度($d_水=1$)：无资料	引燃温度：无资料 燃烧热：无资料
溶解性	溶于水，微溶于乙醇。		
主要用途	用于药物制造和有机合成。		
急救措施			
皮肤接触	脱去污染的衣着，用大量流动清水冲洗。		
眼睛接触	提起眼睑，用流动清水或生理盐水冲洗。就医。		
吸入	迅速脱离现场至空气新鲜处。保持呼吸道通畅。如呼吸困难，给予吸氧。如呼吸停止，立即进行人工呼吸。就医。		
食入	饮足量温水，催吐。洗胃，导泄。就医。		
防护措施			
呼吸防护	空气中粉尘浓度超标时，建议佩戴自吸过滤式防尘口罩。紧急事态抢救或撤离时，应该佩戴空气呼吸器。		
眼睛防护	戴化学安全防护眼镜。		
身体防护	穿防毒物渗透工作服。		
手防护	戴乳胶手套。		
其他防护	工作场所禁止吸烟、进食和饮水，饭前要洗手。工作完毕，淋浴更衣。保持良好的卫生习惯。		

品名：**2-氨基吡啶** 别名：邻氨基吡啶		分子式：$C_5H_6N_2$ 分子量：100.2	相态：固 外观与性状：白色片状或无色结晶
危险特性			
火灾危险性：可燃液体丙 A 腐蚀减薄：无 环境开裂：氨应力腐蚀开裂		爆炸物：无 金属腐蚀：无 急性毒性：类别 3	皮肤腐蚀/刺激：无
遇明火能燃烧。受热分解放出有毒气体。			
理化特性			
熔点：58.0℃ 沸点：210.6℃ 闪点：98.7℃	临界温度：无资料 临界压力：无资料 饱和蒸气压：无资料	爆炸上限：无资料 爆炸下限：无资料 相对密度($d_水=1$)：无资料	引燃温度：无资料 燃烧热：无资料
溶解性	溶于水、乙醇、苯、乙醚、热石油醚。		
主要用途	用作药物制造中间体，也用于有机合成。		
急救措施			
皮肤接触	立即脱去污染的衣着，用大量流动清水冲洗。就医。		
眼睛接触	提起眼睑，用流动清水或生理盐水冲洗。就医。		
吸入	迅速脱离现场至空气新鲜处。保持呼吸道通畅。如呼吸困难，给予吸氧。如呼吸停止，立即进行人工呼吸。就医。		
食入	饮足量温水，催吐。就医。		
防护措施			
呼吸防护	空气中粉尘浓度超标时，必须佩戴自吸过滤式防尘口罩。紧急事态抢救或撤离时，应该佩戴空气呼吸器。		
眼睛防护	戴化学安全防护眼镜。		
身体防护	穿防毒物渗透工作服。		
手防护	戴橡胶手套。		
其他防护	工作现场禁止吸烟、进食和饮水。工作完毕，彻底清洗。		

品名：**3-氨基吡啶** 别名：间氨基吡啶		分子式：$C_5H_6N_2$ 分子量：94.1	相态：固 外观与性状：白色至淡黄色针状结晶
危险特性			
火灾危险性：可燃液体丙 B 腐蚀减薄：无 环境开裂：氨应力腐蚀开裂		爆炸物：无 金属腐蚀：无 急性毒性：类别 2	皮肤腐蚀/刺激：无
遇明火、高热可燃。其粉体与空气可形成爆炸性混合物，当达到一定浓度时，遇火星会发生爆炸。受高热分解放出有毒的气体。			
理化特性			
熔点：64.0℃ 沸点：251.0℃ 闪点：126.0℃	临界温度：无资料 临界压力：无资料 饱和蒸气压：无资料	爆炸上限：无资料 爆炸下限：无资料 相对密度($d_{水}=1$)：无资料	引燃温度：无资料 燃烧热：无资料
溶解性	溶于水、乙醇、乙醚、苯。		
主要用途	用作药物、染料的中间体。		
急救措施			
皮肤接触	脱去污染的衣着，用大量流动清水冲洗。		
眼睛接触	提起眼睑，用流动清水或生理盐水冲洗。就医。		
吸入	迅速脱离现场至空气新鲜处。保持呼吸道通畅。如呼吸困难，给予吸氧。如呼吸停止立即进行人工呼吸。就医。		
食入	饮足量温水，催吐。就医。		
防护措施			
呼吸防护	空气中粉尘浓度超标时，必须佩戴自吸过滤式防尘口罩。紧急事态抢救或撤离时应该佩戴空气呼吸器。		
眼睛防护	戴化学安全防护眼镜。		
身体防护	穿防毒物渗透工作服。		
手防护	戴橡胶手套。		
其他防护	工作场所禁止吸烟、进食和饮水，饭前要洗手。工作完毕，淋浴更衣。保持良好的卫生习惯。		

品名：**4-氨基吡啶** 别名：对氨基吡啶；4-氨基氮杂苯；对氨基氮苯；γ-吡啶胺		分子式：$C_5H_6N_2$ 分子量：94.1	相态：固 外观与性状：无色针状结晶
危险特性			
火灾危险性：可燃液体丙 A 腐蚀减薄：碱腐蚀、胺腐蚀 环境开裂：碱应力腐蚀开裂、氨应力腐蚀开裂、胺应力腐蚀开裂		爆炸物：无 金属腐蚀：无 急性毒性：类别 2	皮肤腐蚀/刺激：无
遇明火、高热可燃。受热分解放出有毒的氧化氮烟气。与强氧化剂接触可发生化学反应。			
理化特性			
熔点：155.0℃ 沸点：192.7℃ 闪点：70.3℃	临界温度：无资料 临界压力：无资料 饱和蒸气压：1.73kPa(180℃)	爆炸上限：无资料 爆炸下限：无资料 相对密度($d_{水}=1$)：无资料	引燃温度：无资料 燃烧热：无资料
溶解性	溶于水、乙醚、苯，易溶于乙醇。		
主要用途	用于有机合成及制药工业。		
急救措施			
皮肤接触	立即脱去污染的衣着，用肥皂水和清水彻底冲洗皮肤。就医。		
眼睛接触	提起眼睑，用流动清水或生理盐水冲洗。就医。		
吸入	迅速脱离现场至空气新鲜处。保持呼吸道通畅。如呼吸困难，给予吸氧。如呼吸停止，立即进行人工呼吸。就医。		
食入	饮足量温水，催吐。就医。		
防护措施			
呼吸防护	空气中粉尘浓度超标时，应该佩戴头罩型电动送风过滤式防尘呼吸器。紧急事态抢救或撤离时，建议佩戴空气呼吸器。		
眼睛防护	呼吸系统防护中已做防护。		
身体防护	穿胶布防毒衣。		
手防护	戴橡胶手套。		
其他防护	工作现场禁止吸烟、进食和饮水。工作完毕，彻底清洗。		

品名：**1-氨基丙烷**		分子式：C_3H_9N	相态：液
别名：正丙胺		分子量：59.1	外观与性状：有强烈氨气味的无色透明液体
危险特性			
火灾危险性：可燃液体甲B 腐蚀减薄：碱腐蚀、胺腐蚀 环境开裂：碱应力腐蚀开裂、氨应力腐蚀开裂、胺应力腐蚀开裂		爆炸物：无 金属腐蚀：无 急性毒性：类别3	皮肤腐蚀/刺激：类别1 易燃液体：类别2 严重眼损伤/眼刺激：类别2
其蒸气与空气可形成爆炸性混合物，遇明火、高热能引起燃烧爆炸。与氧化剂能发生强烈反应。其蒸气比空气重，能在较低处扩散到相当远的地方，遇火源会着火回燃。具有腐蚀性。			
理化特性			
熔点：-83.0℃ 沸点：47.8℃ 闪点：-37.2℃	临界温度：233.8℃ 临界压力：无资料 饱和蒸气压：32.90kPa(20℃)	爆炸上限：10.4% 爆炸下限：2.0% 相对密度($d_水=1$)：0.72	引燃温度：无资料 燃烧热：2363kJ/mol
溶解性	能溶于水、乙醇、乙醚、丙酮和苯等溶剂。		
主要用途	为有机合成原料。用于制药、涂料、农药、橡胶、纤维、纺织物处理剂、石油添加剂和防腐剂，还用作化学试剂。		
急救措施			
皮肤接触	立即脱去污染的衣着，用大量流动清水冲洗至少15min。就医。		
眼睛接触	立即提起眼睑，用大量流动清水或生理盐水彻底冲洗至少15min。就医。		
吸入	迅速脱离现场至空气新鲜处。保持呼吸道通畅。如呼吸困难，给予吸氧。如呼吸停止，立即进行人工呼吸。就医。		
食入	用水漱口，给饮牛奶或蛋清。就医。		
防护措施			
呼吸防护	可能接触其蒸气时，应该佩戴自吸过滤式防毒面具。		
眼睛防护	戴化学安全防护眼镜。		
身体防护	穿防静电工作服。		
手防护	戴橡胶耐油手套。		
其他防护	工作现场禁止吸烟、进食和饮水。工作完毕，淋浴更衣。实行就业前和定期的体检。		

品名：**2-氨基丙烷**		分子式：C_3H_9N	相态：液
别名：异丙胺		分子量：59.1	外观与性状：无色易挥发液体，有带鱼腥的氨臭
危险特性			
火灾危险性：可燃液体甲B 腐蚀减薄：碱腐蚀、胺腐蚀 环境开裂：碱应力腐蚀开裂、氨应力腐蚀开裂、胺应力腐蚀开裂		爆炸物：无 金属腐蚀：无 急性毒性：无	皮肤腐蚀/刺激：类别2 易燃液体：类别1 严重眼损伤/眼刺激：类别2
其蒸气与空气可形成爆炸性混合物，遇明火、高热能引起燃烧爆炸。与氧化剂能发生强烈反应。其蒸气比空气重，能在较低处扩散到相当远的地方，遇火源会着火回燃。具有腐蚀性。			
理化特性			
熔点：-101.2℃ 沸点：31.7℃ 闪点：-32.0℃	临界温度：198.6℃ 临界压力：4.54MPa 饱和蒸气压：77.27kPa(25℃)	爆炸上限：10.4% 爆炸下限：2.0% 相对密度($d_水=1$)：0.69	引燃温度：400.0℃ 燃烧热：2356.1kJ/mol
溶解性	与水混溶，可混溶于乙醇、乙醚。		
主要用途	用作溶剂、有机合成的中间体、乳化剂、表面活性剂、橡胶硫化促进剂。		
急救措施			
皮肤接触	立即脱去污染的衣着，用大量流动清水冲洗至少15min。就医。		
眼睛接触	立即提起眼睑，用大量流动清水或生理盐水彻底冲洗至少15min。就医。		
吸入	迅速脱离现场至空气新鲜处。保持呼吸道通畅。如呼吸困难，给予吸氧。如呼吸停止，立即进行人工呼吸。就医。		
食入	用水漱口，给饮牛奶或蛋清。就医。		
防护措施			
呼吸防护	可能接触其蒸气时，必须佩戴自吸过滤式防毒面具。		
眼睛防护	呼吸系统防护中已做防护。		
身体防护	穿胶布防毒衣。		
手防护	戴橡胶耐油手套。		
其他防护	工作现场禁止吸烟、进食和饮水。工作完毕，淋浴更衣。实行就业前和定期的体检。		

品名：**3-氨基丙烯** 别名：烯丙胺		分子式：C_3H_7N 分子量：57.1	相态：液 外观与性状：无色液体，有强烈的氨味和焦灼味
危险特性			
火灾危险性：可燃液体甲 B 腐蚀减薄：碱腐蚀、胺腐蚀 环境开裂：碱应力腐蚀开裂、氨应力腐蚀开裂、胺应力腐蚀开裂		爆炸物：无 金属腐蚀：无 急性毒性：类别 1	皮肤腐蚀/刺激：无 易燃液体：类别 2
其蒸气与空气可形成爆炸性混合物，遇明火、高热或与氧化剂接触，有引起燃烧爆炸的危险。燃烧时，放出剧毒的氰化氢气体。在火场高温下，能发生聚合放热，使容器破裂。在酸性催化剂存在下能猛烈聚合爆炸。具有腐蚀性。			
理化特性			
熔点：-88.2℃ 沸点：55.2℃ 闪点：-29.0℃	临界温度：无资料 临界压力：无资料 饱和蒸气压：26.30kPa(20℃)	爆炸上限：22.0% 爆炸下限：2.2% 相对密度($d_水$=1)：0.76	引燃温度：370.0℃ 燃烧热：2207.5kJ/mol
溶解性	溶于水、乙醇、乙醚、氯仿。		
主要用途	用于制造药品的中间体，及有机合成和制作溶剂等。		
急救措施			
皮肤接触	脱去污染的衣着，用大量流动清水冲洗。		
眼睛接触	立即提起眼睑，用大量流动清水或生理盐水彻底冲洗至少 15min。就医。		
吸入	迅速脱离现场至空气新鲜处。保持呼吸道通畅。如呼吸困难，给予吸氧。如呼吸停止，立即进行人工呼吸。就医。		
食入	用水漱口，给饮牛奶或蛋清。就医。		
防护措施			
呼吸防护	可能接触其蒸气时，佩戴导管式防毒面具。紧急事态抢救或撤离时，应该佩戴空气呼吸器。		
眼睛防护	呼吸系统防护中已做防护。		
身体防护	穿防静电工作服。尽可能减少直接接触。		
手防护	戴橡胶耐油手套。		
其他防护	工作现场禁止吸烟、进食和饮水。工作完毕，淋浴更衣。实行就业前和定期的体检。		

品名：**4-氨基二苯胺** 别名：对氨基二苯胺		分子式：$C_{12}H_{12}N_2$ 分子量：184.3	相态：固 外观与性状：无色至灰色小片状或针状结晶，久储变色
危险特性			
火灾危险性：可燃液体丙 B 腐蚀减薄：碱腐蚀、胺腐蚀 环境开裂：碱应力腐蚀开裂、氨应力腐蚀开裂、胺应力腐蚀开裂		爆炸物：无 金属腐蚀：无 急性毒性：无	皮肤腐蚀/刺激：无 严重眼损伤/眼刺激：类别 2
遇明火、高热可燃。其粉体与空气可形成爆炸性混合物，当达到一定浓度时，遇火星会发生爆炸。受高热分解放出有毒的气体。			
理化特性			
熔点：73.0℃ 沸点：354.0℃ 闪点：197.8℃	临界温度：无资料 临界压力：无资料 饱和蒸气压：无资料	爆炸上限：无资料 爆炸下限：无资料 相对密度($d_水$=1)：1.09	引燃温度：无资料 燃烧热：无资料
溶解性	难溶于水，溶于乙醇、乙醚、稀盐酸。		
主要用途	用作染料中间体，分析上用作氧化还原指示剂。		
急救措施			
皮肤接触	立即脱去污染的衣着，用肥皂水及流动清水彻底冲洗污染的皮肤、头发、指甲等。就医。		
眼睛接触	提起眼睑，用流动清水或生理盐水冲洗。就医。		
吸入	迅速脱离现场至空气新鲜处。保持呼吸道通畅。如呼吸困难，给予吸氧。如呼吸停止，立即进行人工呼吸。就医。		
食入	饮足量温水，催吐。就医。		
防护措施			
呼吸防护	空气中粉尘浓度超标时，必须佩戴自吸过滤式防尘口罩。紧急事态抢救或撤离时应该佩戴空气呼吸器。		
眼睛防护	戴化学安全防护眼镜。		
身体防护	穿防毒物渗透工作服。		
手防护	戴橡胶手套。		
其他防护	工作场所禁止吸烟、进食和饮水，饭前要洗手。工作完毕，淋浴更衣。保持良好的卫生习惯。		

品名：**氨基胍重碳酸盐** 别名：无		分子式：$C_2H_8N_4O_3$ 分子量：136.1	相态：固 外观与性状：白色晶体粉末
危险特性			
火灾危险性：无法确定 腐蚀减薄：二氧化碳腐蚀、碱腐蚀 环境开裂：碳酸盐应力腐蚀开裂、碱应力腐蚀开裂、氨应力腐蚀开裂		爆炸物：无 金属腐蚀：无 急性毒性：无	皮肤腐蚀/刺激：无 易燃固体：类别2
与氧化剂接触后，摩擦、撞击或遇热、明火有引起燃烧危险。加热不稳定，超过50℃时即逐渐分解，在油中加热至100℃时变为红色，加热至171~173℃时，则全部分解。			
理化特性			
熔点：170.0℃ 沸点：422.4℃ 闪点：无资料	临界温度：无资料 临界压力：无资料 饱和蒸气压：无资料	爆炸上限：无资料 爆炸下限：无资料 相对密度($d_水=1$)：无资料	引燃温度：无资料 燃烧热：无资料
溶解性	难溶于水、醇和有机溶剂。		
主要用途	可用作医药、农药、染料、发泡剂和炸药的合成原料。		
急救措施			
皮肤接触	迅速脱去被污染的衣着，并用大量流动的清水冲洗，至少15min；严重的立即就医。		
眼睛接触	立即翻开眼睑，并用大量流动的清水或生理盐水冲洗，至少15min；严重的立即就医。		
吸入	迅速脱离现场至空气新鲜处，保持呼吸道畅通；如呼吸困难，给予吸氧；如呼吸停止，立即进行人工呼吸，并立即就医。		
食入	禁止催吐，切勿给失去知觉者从嘴里喂食任何东西。立即呼叫医生或中毒控制中心。		
防护措施			
呼吸防护	如果蒸气浓度超过职业接触限值或发生刺激等症状时，请使用全面罩式多功能防毒面具。		
眼睛防护	佩戴化学护目镜(符合欧盟EN 166或美国NIOSH标准)。		
身体防护	穿阻燃防静电防护服和抗静电的防护靴。		
手防护	戴化学防护手套(例如丁基橡胶手套)。		
其他防护	工作现场禁止吸烟、进食和饮水。工作完毕，淋浴更衣。保持良好的卫生习惯。		

品名：**氨基化锂** 别名：氨基锂		分子式：$LiNH_2$ 分子量：23.0	相态：固 外观与性状：白色结晶或粉末，有氨的气味
危险特性			
火灾危险性：无法确定 腐蚀减薄：无 环境开裂：氨应力腐蚀开裂		爆炸物：无 金属腐蚀：无 急性毒性：无	皮肤腐蚀/刺激：无 遇水放出易燃气体的物质和混合物：类别2
遇明火、高热易引起燃烧爆炸。遇水分解放热，并散发出易燃的氨气。			
理化特性			
熔点：380.0℃ 沸点：430.0℃ 闪点：无资料	临界温度：无资料 临界压力：无资料 饱和蒸气压：无资料	爆炸上限：无资料 爆炸下限：无资料 相对密度($d_水=1$)：1.18	引燃温度：无资料 燃烧热：无资料
溶解性	不溶于煤油。		
主要用途	用于有机合成、药物制造。		
急救措施			
皮肤接触	立即脱去污染的衣着，用大量流动清水冲洗。就医。		
眼睛接触	立即提起眼睑，用大量流动清水或生理盐水彻底冲洗至少15min。就医。		
吸入	迅速脱离现场至空气新鲜处。保持呼吸道通畅。如呼吸困难，给予吸氧。如呼吸停止，立即进行人工呼吸。就医。		
食入	用水漱口，给饮牛奶或蛋清。就医。		
防护措施			
呼吸防护	可能接触其粉尘时，必须佩戴防尘面具。紧急事态抢救或撤离时，应该佩戴空气呼吸器。		
眼睛防护	呼吸系统防护中已做防护。		
身体防护	穿胶布防毒衣。		
手防护	戴橡胶手套。		
其他防护	工作现场严禁吸烟。工作完毕，淋浴更衣。保持良好的卫生习惯。		

品名：**氨基磺酸**		分子式：H_3NO_3S	相态：固
别名：无		分子量：97.1	外观与性状：白色结晶体，无臭无味
危险特性			
火灾危险性：可燃液体丙 B		爆炸物：无	皮肤腐蚀/刺激：类别 2
腐蚀减薄：低分子有机酸腐蚀		金属腐蚀：无	严重眼损伤/眼刺激：类别 2
环境开裂：氨应力腐蚀开裂		急性毒性：无	
受热分解，放出氮、硫的氧化物等毒性气体。			
理化特性			
熔点：200.0℃	临界温度：无资料	爆炸上限：无资料	引燃温度：无资料
沸点：247.0℃	临界压力：无资料	爆炸下限：无资料	燃烧热：无资料
闪点：205.0℃	饱和蒸气压：无资料	相对密度($d_水=1$)：2.15	
溶解性	溶于水、液氨，不溶于乙醇、乙醚，微溶于甲醇。		
主要用途	作为酸碱滴定的基准试剂，也用作除草剂、防火剂、纸张和纺织品的软化剂及有机合成。		
急救措施			
皮肤接触	立即脱去污染的衣着，用大量流动清水冲洗至少 15min。就医。		
眼睛接触	立即提起眼睑，用大量流动清水或生理盐水彻底冲洗至少 15min。就医。		
吸入	迅速脱离现场至空气新鲜处。保持呼吸道通畅。如呼吸困难，给予吸氧。如呼吸停止，立即进行人工呼吸。就医。		
食入	用水漱口，给饮牛奶或蛋清。就医。		
防护措施			
呼吸防护	可能接触毒物时，应该佩戴头罩型电动送风过滤式防尘呼吸器。		
眼睛防护	呼吸系统防护中已做防护。		
身体防护	穿橡胶耐酸碱服。		
手防护	戴耐酸(碱)手套。		
其他防护	工作现场禁止吸烟、进食和饮水。工作完毕，淋浴更衣。保持良好的卫生习惯。		

品名：**5-(氨基甲基)-3-异噁唑醇**		分子式：$C_4H_6N_2O_2$	相态：固
别名：3-羟基-5-氨基甲基异噁唑；蝇蕈醇		分子量：114.1	外观与性状：晶体
危险特性			
火灾危险性：可燃液体丙 B		爆炸物：无	皮肤腐蚀/刺激：无
腐蚀减薄：无		金属腐蚀：无	
环境开裂：氨应力腐蚀开裂		急性毒性：类别 2	
燃烧时可能会释放毒性烟雾。加热时，容器可能爆炸。受热或接触火焰可能会产生膨胀或爆炸性分解。			
理化特性			
熔点：175.0℃	临界温度：无资料	爆炸上限：无资料	引燃温度：无资料
沸点：325.0℃	临界压力：无资料	爆炸下限：无资料	燃烧热：无资料
闪点：150.4℃	饱和蒸气压：无资料	相对密度($d_水=1$)：无资料	
溶解性	溶于乙醇。		
主要用途	是一种选择性神经递质 GABA 激动剂。		
急救措施			
皮肤接触	用清水冲洗至少 15min。		
眼睛接触	用清水冲洗至少 15min。		
吸入	将患者移至新鲜空气处，施行人工呼吸。		
食入	禁止催吐，切勿给失去知觉者从嘴里喂食任何东西。立即呼叫医生或中毒控制中心。		
防护措施			
呼吸防护	紧急情况下，戴压气式呼吸器、自吸式呼吸器、全面罩自携式呼吸器或自吸式送风呼吸器。		
眼睛防护	佩戴化学护目镜(符合欧盟 EN 166 或美国 NIOSH 标准)。		
身体防护	穿全遮式防化服。		
手防护	戴化学防护手套(例如丁基橡胶手套)。		
其他防护	工作现场禁止吸烟、进食和饮水。工作完毕，淋浴更衣。保持良好的卫生习惯。		

品名：**氨基甲酸胺** 别名：无		分子式：$CH_6N_2O_2$ 分子量：78.1	相态：固 外观与性状：白色斜方晶状晶体或晶状粉末。有腐蚀性，具有氨味
危险特性			
火灾危险性：可燃液体丙 A 腐蚀减薄：低分子有机酸腐蚀、碱腐蚀、胺腐蚀 环境开裂：碱应力腐蚀开裂、氨应力腐蚀开裂、胺应力腐蚀开裂		爆炸物：1.1 金属腐蚀：无 急性毒性：类别 2	皮肤腐蚀/刺激：类别 2 严重眼损伤/眼刺激：类别 1
约在 60℃挥发，并分解为氨气和二氧化碳。			
理化特性			
熔点：60.0℃ 沸点：251.0℃ 闪点：105.6℃	临界温度：无资料 临界压力：无资料 饱和蒸气压：无资料	爆炸上限：无资料 爆炸下限：无资料 相对密度($d_水=1$)：无资料	引燃温度：无资料 燃烧热：无资料
溶解性	易溶于水，溶于乙醇。有毒。释放的气体有刺激性。		
主要用途	用作磷化铝中间体，也用于医药。		
急救措施			
皮肤接触	立即脱掉被污染衣物，用大量清水冲洗皮肤。		
眼睛接触	用大量清水冲洗至少 15min。		
吸入	立即将患者移到新鲜空气处，保持呼吸畅通。如果呼吸困难，给予吸氧。		
食入	禁止催吐，切勿给失去知觉者从嘴里喂食任何东西。立即呼叫医生或中毒控制中心。		
防护措施			
呼吸防护	密闭操作，局部通风。		
眼睛防护	佩戴化学护目镜(符合欧盟 EN 166 或美国 NIOSH 标准)。		
身体防护	穿戴呼吸器和防护服。		
手防护	戴化学防护手套(例如丁基橡胶手套)。		
其他防护	暴露后立即洗澡。		

品名：**3-氨基喹啉** 别名：无		分子式：$C_9H_8N_2$ 分子量：144.2	相态：固 外观与性状：灰白色结晶粉末
危险特性			
火灾危险性：可燃液体丙 B 腐蚀减薄：无 环境开裂：氨应力腐蚀开裂		爆炸物：无 金属腐蚀：无 急性毒性：无	皮肤腐蚀/刺激：类别 2 严重眼损伤/眼刺激：类别 2
遇明火、高热可燃。其粉体与空气可形成爆炸性混合物，当达到一定浓度时，遇火星会发生爆炸。受高热分解放出有毒的气体。			
理化特性			
熔点：91.0℃ 沸点：311.4℃ 闪点：167.8℃	临界温度：无资料 临界压力：无资料 饱和蒸气压：无资料	爆炸上限：无资料 爆炸下限：无资料 相对密度($d_水=1$)：无资料	引燃温度：无资料 燃烧热：无资料
溶解性	溶于热水、醇。		
主要用途	用于有机合成。		
急救措施			
皮肤接触	脱去污染的衣着，用大量流动清水冲洗。		
眼睛接触	提起眼睑，用流动清水或生理盐水冲洗。就医。		
吸入	迅速脱离现场至空气新鲜处。保持呼吸道通畅。如呼吸困难，给予吸氧。如呼吸停止，立即进行人工呼吸。就医。		
食入	饮足量温水，催吐。就医。		
防护措施			
呼吸防护	空气中粉尘浓度超标时，必须佩戴自吸过滤式防尘口罩。紧急事态抢救或撤离时，应该佩戴空气呼吸器。		
眼睛防护	戴化学安全防护眼镜。		
身体防护	穿防毒物渗透工作服。		
手防护	戴橡胶手套。		
其他防护	工作场所禁止吸烟、进食和饮水，饭前要洗手。工作完毕，淋浴更衣。保持良好的卫生习惯。		

品名：**2-氨基联苯**	分子式：$C_{12}H_{11}N$	相态：固
别名：邻氨基联苯；邻苯基苯胺	分子量：169.2	外观与性状：浅紫色结晶
危险特性		
火灾危险性：可燃液体丙B	爆炸物：无	皮肤腐蚀/刺激：无
腐蚀减薄：碱腐蚀、胺腐蚀	金属腐蚀：无	
环境开裂：碱应力腐蚀开裂、氨应力腐蚀开裂、胺应力腐蚀开裂	急性毒性：无	
遇明火能燃烧。受热分解放出有毒气体。		

理化特性			
熔点：50.0℃	临界温度：无资料	爆炸上限：无资料	引燃温度：450.0℃
沸点：299.0℃	临界压力：无资料	爆炸下限：无资料	燃烧热：无资料
闪点：149.9℃	饱和蒸气压：无资料	相对密度（$d_水=1$）：无资料	

溶解性	微溶于水。
主要用途	用于有机合成。
急救措施	
皮肤接触	立即脱去污梁的衣着，用大量流动清水冲洗。就医。
眼睛接触	提起眼睑，用流动清水或生理盐水冲洗。就医。
吸入	迅速脱离现场至空气新鲜处。保持呼吸道通畅。如呼吸困难，给予吸氧。如呼吸停止，立即进行人工呼吸。就医。
食入	饮足量温水，催吐。洗胃，导泄。就医。
防护措施	
呼吸防护	空气中粉尘浓度超标时，必须佩戴自吸过滤式防尘口罩。紧急事态抢救或撤离时，应该佩戴空气呼吸器。
眼睛防护	戴化学安全防护眼镜。
身体防护	穿防毒物渗透工作服。
手防护	戴橡胶手套。
其他防护	工作现场禁止吸烟、进食和饮水。及时换洗工作服。工作前后不饮酒，用温水洗澡。

品名：**4-氨基联苯**	分子式：$C_{12}H_{11}N$	相态：固
别名：对氨基联苯；对苯基苯胺	分子量：169.2	外观与性状：棕褐色粉末
危险特性		
火灾危险性：可燃气体甲	爆炸物：无	皮肤腐蚀/刺激：无
腐蚀减薄：碱腐蚀、胺腐蚀	金属腐蚀：无	
环境开裂：碱应力腐蚀开裂、氨应力腐蚀开裂、胺应力腐蚀开裂	急性毒性：无	
遇明火、高热可燃。受热分解放出有毒的氧化氮烟气。与强氧化剂接触可发生化学反应。		

理化特性			
熔点：52.0℃	临界温度：无资料	爆炸上限：5.2%	引燃温度：450.0℃
沸点：302.0℃	临界压力：3.29MPa	爆炸下限：0.7%	燃烧热：无资料
闪点：152.2℃	饱和蒸气压：2.00kPa（191℃）	相对密度（$d_水=1$）：1.16	

溶解性	微溶于水。
主要用途	用于有机合成。
急救措施	
皮肤接触	立即脱去污染的衣着，用肥皂水和清水彻底冲洗皮肤。就医。
眼睛接触	提起眼睑，用流动清水或生理盐水冲洗。就医。
吸入	迅速脱离现场至空气新鲜处。保持呼吸道通畅。如呼吸困难，给予吸氧。如呼吸停止，立即进行人工呼吸。就医。
食入	饮足量温水，催吐。就医。
防护措施	
呼吸防护	空气中粉尘浓度超标时，佩戴自吸过滤式防尘口罩。紧急事态抢救或撤离时，应该佩戴自给式呼吸器。
眼睛防护	戴安全防护眼镜。
身体防护	穿防毒物渗透工作服。
手防护	戴橡胶手套。
其他防护	工作现场禁止吸烟、进食和饮水。及时换洗工作服。工作前后不饮酒，用温水洗澡。实行就业前和定期的体检。

品名：**1-氨基乙醇** 别名：乙醛合氨	分子式：C_2H_7NO 分子量：61.1	相态：固 外观与性状：为正交晶系无色棱柱状结晶，有特殊气味
危险特性		
火灾危险性：可燃液体甲 B 腐蚀减薄：无 环境开裂：氨应力腐蚀开裂	爆炸物：无 金属腐蚀：无 急性毒性：无	皮肤腐蚀/刺激：类别 2 严重眼损伤/眼刺激：类别 2
加热时，容器可能爆炸。受热或接触火焰可能会产生膨胀或爆炸性分解。		
理化特性		
熔点：95.0℃ 沸点：110.0℃ 闪点：22.7℃	临界温度：无资料 临界压力：无资料 饱和蒸气压：无资料	爆炸上限：无资料 爆炸下限：无资料 相对密度（$d_{水}=1$）：无资料 引燃温度：无资料 燃烧热：无资料

溶解性	可任意溶于水，微溶于乙醇和乙醚。
主要用途	用作制备纯乙醛和有机合成的原料。
急救措施	
皮肤接触	立即脱去污染的衣物。用大量肥皂水和清水冲洗皮肤。如有不适，就医。
眼睛接触	用大量水彻底冲洗至少 15min。如有不适，就医。
吸入	立即将患者移到新鲜空气处，保持呼吸畅通。如果呼吸困难，给予吸氧。
食入	禁止催吐，切勿给失去知觉者从嘴里喂食任何东西。立即呼叫医生或中毒控制中心。
防护措施	
呼吸防护	空气中浓度超标时，必须佩戴自吸过滤式防毒面具（半面罩）。紧急事态抢救或撤离时，应该佩戴空气呼吸器。
眼睛防护	戴化学安全防护眼镜。
身体防护	穿橡胶耐酸碱服。
手防护	戴橡胶耐酸碱手套。
其他防护	工作现场禁止吸烟、进食和饮水。工作完毕，淋浴更衣。实行就业前和定期的体检。

品名：**2-氨基乙醇** 别名：乙醇胺；2-羟基乙胺	分子式：C_2H_7NO 分子量：61.1	相态：液 外观与性状：无色液体，有氨的气味
危险特性		
火灾危险性：可燃液体丙 A 腐蚀减薄：碱腐蚀、胺腐蚀 环境开裂：碱应力腐蚀开裂、氨应力腐蚀开裂、胺应力腐蚀开裂、乙醇应力腐蚀开裂	爆炸物：无 金属腐蚀：无 急性毒性：无	皮肤腐蚀/刺激：类别 1 严重眼损伤/眼刺激：类别 1
遇明火、高热可燃。遇乙酸、乙酸酐、丙烯酸、丙烯腈、氯磺酸、环氧氯丙烷、氯化氢、氟化氢、硝酸、硫酸、乙酸乙烯等剧烈反应。对铜、铜的化合物、铜合金和橡胶有腐蚀性。		
理化特性		
熔点：10.5℃ 沸点：170.5℃ 闪点：93.0℃	临界温度：44.1℃ 临界压力：无资料 饱和蒸气压：0.05kPa（20℃）	爆炸上限：无资料 爆炸下限：无资料 相对密度（$d_{水}=1$）：1.02 引燃温度：410.0℃ 燃烧热：923.5kJ/mol

溶解性	与水混溶，微溶于苯，可混溶于乙醇、四氯化碳、氯仿。
主要用途	用作化学试剂、溶剂、乳化剂、橡胶促进剂、腐蚀抑制剂等。
急救措施	
皮肤接触	立即脱去污染的衣着，用大量流动清水冲洗至少 15min。就医。
眼睛接触	立即提起眼睑，用大量流动清水或生理盐水彻底冲洗至少 15min。就医。
吸入	迅速脱离现场至空气新鲜处。保持呼吸道通畅。如呼吸困难，给予吸氧。如呼吸停止，立即进行人工呼吸。就医。
食入	用水漱口，给饮牛奶或蛋清。就医。
防护措施	
呼吸防护	空气中浓度超标时，必须佩戴自吸过滤式防毒面具（半面罩）。紧急事态抢救或撤离时，应该佩戴空气呼吸器。
眼睛防护	戴化学安全防护眼镜。
身体防护	穿橡胶耐酸碱服。
手防护	戴橡胶耐酸碱手套。
其他防护	工作现场禁止吸烟、进食和饮水。工作完毕，淋浴更衣。实行就业前和定期的体检。

品名：**2-(2-氨基乙氧基)乙醇** 别名：无		分子式：$C_4H_{11}NO_2$ 分子量：105.2	相态：液 外观与性状：无色微黏稠液体
危险特性			
火灾危险性：可燃液体丙B 腐蚀减薄：无 环境开裂：氨应力腐蚀开裂		爆炸物：无 金属腐蚀：无 急性毒性：无	皮肤腐蚀/刺激：类别1 严重眼损伤/眼刺激：类别1
遇明火、高热可燃。与氧化剂可发生反应。受高热分解放出有毒的气体。具有腐蚀性。若遇高热，容器内压增大，有开裂和爆炸的危险。			
理化特性			
熔点：-12.5℃ 沸点：218.0℃ 闪点：126.7℃	临界温度：无资料 临界压力：无资料 饱和蒸气压：无资料	爆炸上限：无资料 爆炸下限：无资料 相对密度($d_{水}=1$)：1.05	引燃温度：370.0℃ 燃烧热：无资料
溶解性	与水混溶。		
主要用途	可用于开发抗体-药物偶联物和药物递送方法。		
急救措施			
皮肤接触	立即脱去污染的衣着，用大量流动清水冲洗至少15min。就医。		
眼睛接触	立即提起眼睑，用大量流动清水或生理盐水彻底冲洗至少15min。就医。		
吸入	迅速脱离现场至空气新鲜处。保持呼吸道通畅。如呼吸困难，给予吸氧。如呼吸停止，立即进行人工呼吸。就医。		
食入	用水漱口，给饮牛奶或蛋清。就医。		
防护措施			
呼吸防护	空气中浓度超标时，必须佩戴自吸过滤式防毒面具(全面罩)。紧急事态抢救或撤离时，应该佩戴空气呼吸器。		
眼睛防护	呼吸系统防护中已做防护。		
身体防护	穿橡胶耐酸碱服。		
手防护	戴橡胶耐酸碱手套。		
其他防护	工作现场禁止吸烟、进食和饮水。工作完毕，淋浴更衣。保持良好的卫生习惯。		

品名：**八氟异丁烯** 别名：全氟异丁烯；1,1,3,3,3-五氟-2-(三氟甲基)-1-丙烯		分子式：C_4F_8 分子量：200.0	相态：气 外观与性状：无色气体，略带青草味
危险特性			
火灾危险性：无 腐蚀减薄：无 环境开裂：无		爆炸物：无 金属腐蚀：无 急性毒性：类别1	皮肤腐蚀/刺激：无 加压气体：是
不燃的剧毒气体。接触空气或在光照条件下可生成具有潜在爆炸危险性的过氧化物。			
理化特性			
熔点：无资料 沸点：6.5℃ 闪点：无资料	临界温度：无资料 临界压力：无资料 饱和蒸气压：无资料	爆炸上限：无资料 爆炸下限：无资料 相对密度($d_{水}=1$)：1.59	引燃温度：无资料 燃烧热：无资料
溶解性	微溶于水，溶于乙醚、苯。		
主要用途	用作制备耐腐蚀性聚合物的原料。		
急救措施			
皮肤接触	立即脱去污染的衣物。用大量肥皂水和清水冲洗皮肤。如有不适，就医。		
眼睛接触	先用大量水冲洗几min(如可能易行，摘除隐形眼镜)，然后就医。		
吸入	迅速脱离现场至空气新鲜处。保持呼吸道通畅。如呼吸困难，给予吸氧。如呼吸停止，立即进行人工呼吸。就医。		
食入	蒸气可能会移动到着火源并回闪。加热时，容器可能爆炸。受热或接触火焰可能会产生膨胀或爆炸性分解。		
防护措施			
呼吸防护	空气中浓度超标时，必须佩戴自吸过滤式防毒面具(全面罩)。紧急事态抢救或撤离时，应该佩戴空气呼吸器。		
眼睛防护	呼吸系统防护中已做防护。		
身体防护	穿防毒物渗透工作服。		
手防护	戴橡胶手套。		
其他防护	注意检测毒物。保持良好的卫生习惯。		

品名：**八甲基焦磷酰胺** 别名：八甲磷		分子式：$C_8H_{24}N_4O_3P_2$ 分子量：286.3	相态：液 外观与性状：无色或浅黄色黏稠液体，有胡椒气味
危险特性			
火灾危险性：无 腐蚀减薄：碱腐蚀、胺腐蚀 环境开裂：碱应力腐蚀开裂、胺应力腐蚀开裂		爆炸物：无 金属腐蚀：无 急性毒性：类别 1	皮肤腐蚀/刺激：无
遇明火、高热可燃。受热分解，放出氮、磷的氧化物等毒性气体。			
理化特性			
熔点：14.0℃ 沸点：137.0℃ 闪点：无资料	临界温度：无资料 临界压力：无资料 饱和蒸气压：无资料	爆炸上限：无资料 爆炸下限：无资料 相对密度($d_{水}=1$)：1.14	引燃温度：无资料 燃烧热：无资料
溶解性	与水混溶，溶于醇、酮等多数有机溶剂。		
主要用途	用作农药杀虫剂。		
急救措施			
皮肤接触	立即脱去污染的衣着，用肥皂水及流动清水彻底冲洗污染的皮肤、头发、指甲等。就医。		
眼睛接触	提起眼睑，用流动清水或生理盐水冲洗。就医。		
吸入	迅速脱离现场至空气新鲜处。保持呼吸道通畅。如呼吸困难，给予吸氧。如呼吸停止，立即进行人工呼吸。就医。		
食入	饮足量温水，催吐。用清水或2%~5%碳酸氢钠溶液洗胃。就医。		
防护措施			
呼吸防护	空气中浓度超标时，必须佩戴自吸过滤式防毒面具(全面罩)。紧急事态抢救或撤离时，应该佩戴空气呼吸器。		
眼睛防护	呼吸系统防护中已做防护。		
身体防护	穿胶布防毒衣。		
手防护	戴橡胶手套。		
其他防护	工作现场禁止吸烟、进食和饮水。工作完毕，彻底清洗。保持良好的卫生习惯。		

品名：**1,3,4,5,6,7,8,8-八氯-1,3,3a,4,7,7a-六氢-4,7-甲撑异苯并呋喃[含量>1%]** 别名：八氯六氢亚甲基苯并呋喃；碳氯灵		分子式：$C_9H_4Cl_8O$ 分子量：411.7	相态：固 外观与性状：纯品为白色结晶，工业品为奶油色结晶固体
危险特性			
火灾危险性：无 腐蚀减薄：无 环境开裂：无		爆炸物：无 金属腐蚀：无 急性毒性：类别 1	皮肤腐蚀/刺激：无
遇明火、高热可燃。其粉体与空气可形成爆炸性混合物，当达到一定浓度时，遇火星会发生爆炸。受高热分解放出有毒的气体。			
理化特性			
熔点：120.0℃ 沸点：421.5℃ 闪点：无资料	临界温度：无资料 临界压力：无资料 饱和蒸气压：无资料	爆炸上限：无资料 爆炸下限：无资料 相对密度($d_{水}=1$)：1.87	引燃温度：无资料 燃烧热：无资料
溶解性	不溶于水，溶于二甲苯、乙醇、石油醚，易溶于苯、乙酸乙酯、丙酮等。		
主要用途	用作农用杀虫剂及农药分析标准样品。		
急救措施			
皮肤接触	立即脱去污染的衣着，用大量流动清水冲洗。就医。		
眼睛接触	提起眼睑，用流动清水或生理盐水冲洗。就医。		
吸入	迅速脱离现场至空气新鲜处。保持呼吸道通畅。如呼吸困难，给予吸氧。如呼吸停止，立即进行人工呼吸。就医。		
食入	饮足量温水，催吐。洗胃，导泄。就医。		
防护措施			
呼吸防护	可能接触其粉尘时，必须佩戴防尘面具(全面罩)。紧急事态抢救或撤离时，应该佩戴空气呼吸器。		
眼睛防护	呼吸系统防护中已做防护。		
身体防护	穿胶布防毒衣。		
手防护	戴橡胶手套。		
其他防护	工作现场禁止吸烟、进食和饮水。工作完毕，淋浴更衣。保持良好的卫生习惯。		

品名：**1,2,4,5,6,7,8,8-八氯-2,3,3a,4,7,7a-六氢-4,7-亚甲基茚** 别名：氯丹		分子式：$C_{10}H_6Cl_8$ 分子量：409.8	相态：固 外观与性状：无色或淡黄色液体，工业品为有杉木气味的琥珀色液体
危险特性			
火灾危险性：可燃液体丙 B 腐蚀减薄：无 环境开裂：无		爆炸物：无 金属腐蚀：无 急性毒性：类别 3	皮肤腐蚀/刺激：无
一般不会燃烧，但长时间暴露在明火及高温下仍能燃烧。受高热分解产生有毒的腐蚀性烟气。			
理化特性			
熔点：无资料 沸点：175.0℃ 闪点：212.5℃	临界温度：无资料 临界压力：无资料 饱和蒸气压：0.27kPa(175℃)	爆炸上限：无资料 爆炸下限：无资料 相对密度($d_{水}=1$)：1.61	引燃温度：无资料 燃烧热：无资料
溶解性	不溶于水，溶于多数有机溶剂。		
主要用途	用作残留性杀虫剂。		
急救措施			
皮肤接触	脱去污染的衣着，用大量流动清水冲洗。		
眼睛接触	提起眼睑，用流动清水或生理盐水冲洗。就医。		
吸入	迅速脱离现场至空气新鲜处。保持呼吸道通畅。如呼吸困难，给予吸氧。如呼吸停止，立即进行人工呼吸。就医。		
食入	饮足量温水，催吐。洗胃，导泄。就医。		
防护措施			
呼吸防护	如果蒸气浓度超过职业接触限值或发生刺激等症状时，请使用全面罩式多功能防毒面具。		
眼睛防护	佩戴化学护目镜(符合欧盟 EN 166 或美国 NIOSH 标准)。		
身体防护	穿阻燃防静电防护服和抗静电的防护靴。		
手防护	戴化学防护手套(例如丁基橡胶手套)。		
其他防护	工作现场禁止吸烟、进食和饮水。工作完毕，淋浴更衣。保持良好的卫生习惯。		

品名：**八氯莰烯** 别名：毒杀芬		分子式：$C_{10}H_8Cl_8$ 分子量：411.8	相态：固 外观与性状：乳白色或琥珀色蜡样固体
危险特性			
火灾危险性：可燃液体甲 B 腐蚀减薄：无 环境开裂：无		爆炸物：1.1 金属腐蚀：无 急性毒性：类别 3	皮肤腐蚀/刺激：类别 2
遇明火、高热可燃。			
理化特性			
熔点：65.0℃ 沸点：无资料 闪点：4.0℃	临界温度：无资料 临界压力：无资料 饱和蒸气压：无资料	爆炸上限：无资料 爆炸下限：无资料 相对密度($d_{水}=1$)：1.65	引燃温度：无资料 燃烧热：无资料
溶解性	不溶于水，易溶于多数有机溶剂。		
主要用途	用作杀虫剂。		
急救措施			
皮肤接触	脱去污染的衣着，用大量流动清水冲洗。		
眼睛接触	提起眼睑，用流动清水或生理盐水冲洗。就医。		
吸入	脱离现场至空气新鲜处。如呼吸困难，给予吸氧。就医。		
食入	饮足量温水，催吐。洗胃，导泄。就医。		
防护措施			
呼吸防护	可能接触其粉尘时，必须佩戴防尘面具(全面罩)。紧急事态抢救或撤离时，应该佩戴空气呼吸器。		
眼睛防护	呼吸系统防护中已做防护。		
身体防护	穿胶布防毒衣。		
手防护	戴橡胶手套。		
其他防护	工作现场禁止吸烟、进食和饮水。工作完毕，彻底清洗。		

品名：**白磷** 别名：黄磷	分子式：P_4 分子量：123.9	相态：固 外观与性状：无色至黄色蜡状固体，有蒜臭味，在暗处发淡绿色磷光
危险特性		
火灾危险性：无法确定 腐蚀减薄：无 环境开裂：无	爆炸物：无 金属腐蚀：无 急性毒性：类别 2	皮肤腐蚀/刺激：类别 1 自燃固体：类别 1 严重眼损伤/眼刺激：类别 1
白磷接触空气能自燃并引起燃烧和爆炸。在潮湿空气中的自燃点低于在干燥空气中的自燃点。与氯酸盐等氧化剂混合发生爆炸。其碎片和碎屑接触皮肤干燥后即着火，可引起严重的皮肤灼伤。		
理化特性		

熔点：44.1℃	临界温度：721.0℃	爆炸上限：无资料	引燃温度：30.0℃
沸点：280.5℃	临界压力：无资料	爆炸下限：无资料	燃烧热：3093.2kJ/mol
闪点：无资料	饱和蒸气压：0.13kPa(76.6℃)	相对密度($d_水$=1)：1.82	

溶解性	不溶于水，微溶于苯、氯仿，易溶于二硫化碳。
主要用途	用作特种火柴原料，以及用于磷酸、磷酸盐及农药、信号弹等的制造。
急救措施	
皮肤接触	脱去污染的衣着，用大量流动清水冲洗。立即涂抹2%~3%硝酸银灭磷火。就医。
眼睛接触	立即提起眼睑，用大量流动清水或生理盐水彻底冲洗至少15min。就医。
吸入	迅速脱离现场至空气新鲜处。保持呼吸道通畅。如呼吸困难，给予吸氧。如呼吸停止，立即进行人工呼吸。就医。
食入	立即用2%硫酸铜洗胃，或用1∶5000高锰酸钾洗胃。洗胃及导泻应谨慎，防止胃肠穿孔或出血。就医。
防护措施	
呼吸防护	可能接触毒物时，应该佩戴自吸过滤式防毒面具(全面罩)。
眼睛防护	呼吸系统防护中已做防护。
身体防护	穿胶布防毒衣。
手防护	戴橡胶手套。
其他防护	工作现场禁止吸烟、进食和饮水。工作完毕，淋浴更衣。实行就业前和定期的体检。

品名：**钡** 别名：金属钡	分子式：Ba 分子量：137.3	相态：固 外观与性状：有光泽的银白色金属，含氨时呈黄色，略具延展性
危险特性		
火灾危险性：无法确定 腐蚀减薄：无 环境开裂：液体金属脆断	爆炸物：无 金属腐蚀：无 急性毒性：无	皮肤腐蚀/刺激：类别 2 遇水放出易燃气体的物质和混合物：类别 2 严重眼损伤/眼刺激：类别 2
化学反应活性较高，加热至熔融状态时能在空气中自燃，但粉尘能在常温下燃烧。遇热、火焰或化学反应能引起燃烧和爆炸。与水或酸接触剧烈反应，并释出氢气引起燃烧。与氟、氯等接触会发生剧烈的化学反应。遇酸或稀酸会引起燃烧爆炸。		
理化特性		

熔点：725.0℃	临界温度：无资料	爆炸上限：无资料	引燃温度：无资料
沸点：1640.0℃	临界压力：无资料	爆炸下限：无资料	燃烧热：无资料
闪点：无资料	饱和蒸气压：无资料	相对密度($d_水$=1)：3.55	

溶解性	不溶于无机酸。
主要用途	用于制造钡盐，也用作消气剂、球化剂和脱气合金等。
急救措施	
皮肤接触	脱去污染的衣着，用肥皂水和清水彻底冲洗皮肤。
眼睛接触	提起眼睑，用流动清水或生理盐水冲洗。就医。
吸入	迅速脱离现场至空气新鲜处。保持呼吸道通畅。如呼吸困难，给予吸氧。如呼吸停止，立即进行人工呼吸。就医。
食入	饮足量温水，催吐。用2%~5%硫酸钠溶液洗胃，导泻。就医。
防护措施	
呼吸防护	一般不需要特殊防护，但建议特殊情况下，佩戴自吸过滤式防尘口罩。
眼睛防护	戴化学安全防护眼镜。
身体防护	穿化学防护服。
手防护	戴橡胶手套。
其他防护	工作现场严禁吸烟。注意个人清洁卫生。

品名：**苯**	分子式：C_6H_6	相态：液
别名：纯苯	分子量：78.1	外观与性状：无色透明液体，有强烈芳香味

危险特性

火灾危险性：可燃液体甲 B	爆炸物：无	皮肤腐蚀/刺激：类别 2
腐蚀减薄：无	金属腐蚀：无	易燃液体：类别 2
环境开裂：无	急性毒性：无	严重眼损伤/眼刺激：类别 2

易燃，其蒸气与空气可形成爆炸性混合物，遇明火、高热极易燃烧爆炸。与氧化剂能发生强烈反应。易产生和聚集静电，有燃烧爆炸危险。其蒸气比空气重，能在较低处扩散到相当远的地方，遇火源会着火回燃。

理化特性

熔点：5.5℃	临界温度：289.5℃	爆炸上限：8.0%	引燃温度：560.0℃
沸点：80.1℃	临界压力：4.92MPa	爆炸下限：1.2%	燃烧热：3264.4kJ/mol
闪点：-11.0℃	饱和蒸气压：9.95kPa(20℃)	相对密度($d_{水}=1$)：0.88	

溶解性	不溶于水，溶于醇、醚、丙酮等多数有机溶剂。
主要用途	用作溶剂及合成苯的衍生物、香料、染料、塑料、医药、炸药、橡胶等。

急救措施

皮肤接触	脱去污染的衣着，用肥皂水和清水彻底冲洗皮肤。
眼睛接触	提起眼睑，用流动清水或生理盐水冲洗。就医。
吸入	迅速脱离现场至空气新鲜处。保持呼吸道通畅。如呼吸困难，给予吸氧。如呼吸停止，立即进行人工呼吸。就医。
食入	饮足量温水，催吐。就医。

防护措施

呼吸防护	空气中浓度超标时，佩戴自吸过滤式防毒面具(半面罩)。
眼睛防护	戴化学安全防护眼镜。
身体防护	穿防毒物渗透工作服。
手防护	戴橡胶耐油手套。
其他防护	工作现场禁止吸烟、进食和饮水。工作完毕，淋浴更衣。实行就业前和定期的体检。

品名：**苯胺**	分子式：C_6H_7N	相态：液
别名：氨基苯	分子量：93.1	外观与性状：无色或微黄色油状液体，有强烈气味

危险特性

火灾危险性：可燃液体丙 A	爆炸物：无	皮肤腐蚀/刺激：无
腐蚀减薄：碱腐蚀、胺腐蚀	金属腐蚀：无	严重眼损伤/眼刺激：类别 1
环境开裂：碱应力腐蚀开裂、氨应力腐蚀开裂、胺应力腐蚀开裂	急性毒性：类别 3	

遇明火、高热可燃。与酸类、卤素、醇类、胺类发生强烈反应，会引起燃烧。

理化特性

熔点：-6.2℃	临界温度：425.6℃	爆炸上限：11.0%	引燃温度：615.0℃
沸点：184.4℃	临界压力：5.30MPa	爆炸下限：1.3%	燃烧热：3389.8kJ/mol
闪点：70.0℃	饱和蒸气压：2.00kPa(20℃)	相对密度($d_{水}=1$)：1.02	

溶解性	微溶于水，溶于乙醇、乙醚、苯。
主要用途	用于染料、医药、橡胶、树脂、香料等的合成。

急救措施

皮肤接触	立即脱去污染的衣着，用肥皂水和清水彻底冲洗皮肤。就医。
眼睛接触	立即提起眼睑，用大量流动清水或生理盐水彻底冲洗至少 15min。就医。
吸入	迅速脱离现场至空气新鲜处。保持呼吸道通畅。如呼吸困难，给予吸氧。如呼吸停止，立即进行人工呼吸。就医。
食入	饮足量温水，催吐。就医。

防护措施

呼吸防护	可能接触其蒸气时，佩戴过滤式防毒面具(半面罩)。紧急事态抢救或撤离时，佩戴空气呼吸器。
眼睛防护	戴安全防护眼镜。
身体防护	穿防毒物渗透工作服。
手防护	戴橡胶耐油手套。
其他防护	工作现场禁止吸烟、进食和饮水。及时换洗工作服。注意检测毒物。实行就业前和定期的体检。

品名：**苯并呋喃**	分子式：C_8H_6O	相态：液
别名：氧茚；香豆酮；古马隆	分子量：118.1	外观与性状：无色液体，有芳香气味

危险特性

火灾危险性：可燃液体乙 B	爆炸物：无	皮肤腐蚀/刺激：无
腐蚀减薄：无	金属腐蚀：无	易燃液体：类别 3
环境开裂：无	急性毒性：无	

其蒸气与空气可形成爆炸性混合物，遇明火、高热极易燃烧爆炸。与氧化剂接触猛烈反应。受高热分解放出有毒的气体。容易自聚，聚合反应随着温度的上升而急骤加剧。若遇高热，容器内压增大，有开裂和爆炸的危险。

理化特性

熔点：无资料	临界温度：无资料	爆炸上限：无资料	引燃温度：无资料
沸点：173.0℃	临界压力：无资料	爆炸下限：无资料	燃烧热：无资料
闪点：56.0℃	饱和蒸气压：无资料	相对密度($d_{水}=1$)：1.08	

溶解性	不溶于水，溶于乙醇和乙醚。
主要用途	用于古马隆-茚树脂的制造。

急救措施

皮肤接触	立即脱去污染的衣着，用大量流动清水冲洗。就医。
眼睛接触	提起眼睑，用流动清水或生理盐水冲洗。就医。
吸入	迅速脱离现场至空气新鲜处。保持呼吸道通畅。如呼吸困难，给予吸氧。如呼吸停止，立即进行人工呼吸。就医。
食入	饮足量温水，催吐。就医。

防护措施

呼吸防护	空气中浓度超标时，必须佩戴自吸过滤式防毒面具(全面罩)。紧急事态抢救或撤离时，应该佩戴空气呼吸器。
眼睛防护	呼吸系统防护中已做防护。
身体防护	穿防静电工作服。
手防护	戴橡胶手套。
其他防护	工作现场禁止吸烟、进食和饮水。工作完毕，淋浴更衣。保持良好的卫生习惯。

品名：**1,2-苯二胺**	分子式：$C_6H_8N_2$	相态：固
别名：邻苯二胺；1,2-二氨基苯	分子量：108.1	外观与性状：无色单斜晶体

危险特性

火灾危险性：可燃气体甲	爆炸物：无	皮肤腐蚀/刺激：无
腐蚀减薄：碱腐蚀、胺腐蚀	金属腐蚀：无	严重眼损伤/眼刺激：类别 2
环境开裂：碱应力腐蚀开裂、氨应力腐蚀开裂、胺应力腐蚀开裂	急性毒性：类别 3	

遇明火、高热可燃。受热分解放出有毒的氧化氮烟气。

理化特性

熔点：102.0℃	临界温度：无资料	爆炸上限：9.8%	引燃温度：无资料
沸点：257.0℃	临界压力：5.18MPa	爆炸下限：1.5%	燃烧热：无资料
闪点：124.9℃	饱和蒸气压：0.33kPa(100℃)	相对密度($d_{水}=1$)：1.03	

溶解性	微溶于冷水，易溶于乙醇、乙醚、氯仿。
主要用途	作为农药中间体、染料中间体。

急救措施

皮肤接触	脱去污染的衣着，用肥皂水和清水彻底冲洗皮肤。
眼睛接触	提起眼睑，用流动清水或生理盐水冲洗。就医。
吸入	迅速脱离现场至空气新鲜处。保持呼吸道通畅。如呼吸困难，给予吸氧。如呼吸停止，立即进行人工呼吸。就医。
食入	饮足量温水，催吐。就医。

防护措施

呼吸防护	空气中粉尘浓度超标时，佩戴自吸过滤式防尘口罩。紧急事态抢救或撤离时，应该佩戴自给式呼吸器。
眼睛防护	戴安全防护眼镜。
身体防护	穿防毒物渗透工作服。
手防护	戴橡胶手套。
其他防护	工作现场禁止吸烟、进食和饮水。及时换洗工作服。工作前后不饮酒，用温水洗澡。实行就业前和定期的体检。

品名：**1,3-苯二胺** 别名：间苯二胺；1,3-二氨基苯	分子式：$C_6H_8N_2$ 分子量：108.1	相态：固 外观与性状：无色针状结晶	
危险特性			
火灾危险性：可燃液体丙 B 腐蚀减薄：碱腐蚀、胺腐蚀 环境开裂：碱应力腐蚀开裂、氨应力腐蚀开裂、胺应力腐蚀开裂	爆炸物：无 金属腐蚀：无 急性毒性：类别 3	皮肤腐蚀/刺激：无 严重眼损伤/眼刺激：类别 2	
遇明火、高热可燃。受热分解放出有毒的氧化氮烟气。			
理化特性			
熔点：63.0℃ 沸点：282.0℃ 闪点：147.6℃	临界温度：无资料 临界压力：5.18MPa 饱和蒸气压：1.33kPa(100℃)	爆炸上限：无资料 爆炸下限：无资料 相对密度($d_{水}=1$)：1.14	引燃温度：560.0℃ 燃烧热：无资料
溶解性	溶于水、乙醇、甲醇、氯仿、丙酮，微溶于乙醚、四氯化碳。		
主要用途	用作染料中间体，环氧树脂的固化剂和水泥的促凝剂。		
急救措施			
皮肤接触	立即脱去污染的衣着，用肥皂水和清水彻底冲洗皮肤。就医。		
眼睛接触	提起眼睑，用流动清水或生理盐水冲洗。就医。		
吸入	迅速脱离现场至空气新鲜处。保持呼吸道通畅。如呼吸困难，给予吸氧。如呼吸停止，立即进行人工呼吸。就医。		
食入	饮足量温水，催吐。就医。		
防护措施			
呼吸防护	空气中粉尘浓度超标时，佩戴自吸过滤式防尘口罩。紧急事态抢救或撤离时，应该佩戴自给式呼吸器。		
眼睛防护	戴安全防护眼镜。		
身体防护	穿防毒物渗透工作服。		
手防护	戴橡胶手套。		
其他防护	工作现场禁止吸烟、进食和饮水。及时换洗工作服。工作前后不饮酒，用温水洗澡。实行就业前和定期的体检。		

品名：**1,4-苯二胺** 别名：对苯二胺；1,4-二氨基苯；乌尔丝 D	分子式：$C_6H_8N_2$ 分子量：108.1	相态：固 外观与性状：白色至淡紫红色晶体	
危险特性			
火灾危险性：可燃气体甲 腐蚀减薄：碱腐蚀、胺腐蚀 环境开裂：碱应力腐蚀开裂、氨应力腐蚀开裂、胺应力腐蚀开裂	爆炸物：无 金属腐蚀：无 急性毒性：类别 3	皮肤腐蚀/刺激：无 严重眼损伤/眼刺激：类别 2	
遇明火、高热可燃。受热分解放出有毒的氧化氮烟气。			
理化特性			
熔点：139.0℃ 沸点：267.0℃ 闪点：135.9℃	临界温度：无资料 临界压力：5.18MPa 饱和蒸气压：无资料	爆炸上限：9.8% 爆炸下限：1.3% 相对密度($d_{水}=1$)：无资料	引燃温度：400.0℃ 燃烧热：无资料
溶解性	溶于水、乙醇、乙醚、苯、氯仿。		
主要用途	作为染料中间体，环氧树脂固化剂，及橡胶防老剂 DNP、DOP、DBP 等的生产。		
急救措施			
皮肤接触	脱去污染的衣着，用肥皂水和清水彻底冲洗皮肤。就医。		
眼睛接触	提起眼睑，用流动清水或生理盐水冲洗。就医。		
吸入	迅速脱离现场至空气新鲜处。保持呼吸道通畅。如呼吸困难，给予吸氧。如呼吸停止，立即进行人工呼吸。就医。		
食入	饮足量温水，催吐。就医。		
防护措施			
呼吸防护	空气中粉尘浓度超标时，佩戴自吸过滤式防尘口罩。紧急事态抢救或撤离时，应该佩戴自给式呼吸器。		
眼睛防护	戴安全防护眼镜。		
身体防护	穿防毒物渗透工作服。		
手防护	戴橡胶手套。		
其他防护	工作现场禁止吸烟、进食和饮水。及时换洗工作服。工作前后不饮酒，用温水洗澡。实行就业前和定期的体检。		

品名：**1,2-苯二酚** 别名：邻苯二酚		分子式：$C_6H_6O_2$ 分子量：110.1	相态：固 外观与性状：无色结晶，见光或露置空气中变色
危险特性			
火灾危险性：可燃气体甲 腐蚀减薄：无 环境开裂：无		爆炸物：无 金属腐蚀：无 急性毒性：无	皮肤腐蚀/刺激：类别2 严重眼损伤/眼刺激：类别2
遇明火、高热可燃。受高热分解放出有毒的气体。与强氧化剂接触可发生化学反应。			
理化特性			
熔点：105.0℃ 沸点：246.0℃ 闪点：131.0℃	临界温度：无资料 临界压力：749.00MPa 饱和蒸气压：0.0039kPa(20℃)	爆炸上限：9.8% 爆炸下限：1.6% 相对密度($d_水=1$)：1.34	引燃温度：510.0℃ 燃烧热：2854.9kJ/mol
溶解性	溶于水、乙醇、乙醚、苯、碱液。		
主要用途	用于照相显影剂、染料、抗氧剂、光稳定剂，并为重要的医药中间体。		
急救措施			
皮肤接触	立即脱去污染的衣着，用大量流动清水冲洗至少15min。就医。		
眼睛接触	立即提起眼睑，用大量流动清水或生理盐水彻底冲洗至少15min。就医。		
吸入	迅速脱离现场至空气新鲜处。保持呼吸道通畅。如呼吸困难，给予吸氧。如呼吸停止，立即进行人工呼吸。就医。		
食入	立即给饮植物油15~30mL。催吐。洗胃。就医。		
防护措施			
呼吸防护	空气中粉尘浓度超标时，佩戴自吸过滤式防尘口罩。紧急事态抢救或撤离时，应该佩戴空气呼吸器。		
眼睛防护	戴化学安全防护眼镜。		
身体防护	穿防毒物渗透工作服。		
手防护	戴橡胶手套。		
其他防护	工作现场禁止吸烟、进食和饮水。工作完毕，彻底清洗。单独存放被毒物污染的衣服，洗后备用。注意个人清洁卫生。		

品名：**1,3-苯二酚** 别名：间苯二酚；雷琐酚		分子式：$C_6H_6O_2$ 分子量：110.1	相态：固 外观与性状：晶体或粉末
危险特性			
火灾危险性：可燃气体甲 腐蚀减薄：无 环境开裂：无		爆炸物：无 金属腐蚀：无 急性毒性：无	皮肤腐蚀/刺激：类别2 严重眼损伤/眼刺激：类别2
遇明火、高热可燃。受高热分解放出有毒的气体。与强氧化剂接触可发生化学反应。			
理化特性			
熔点：110.7℃ 沸点：281.0℃ 闪点：127.0℃	临界温度：无资料 临界压力：7.49MPa 饱和蒸气压：0.13kPa(108.4℃)	爆炸上限：9.8% 爆炸下限：1.4% 相对密度($d_水=1$)：1.28	引燃温度：608.0℃ 燃烧热：2847.8kJ/mol
溶解性	易溶于水、乙醇、乙醚，溶于氯仿、四氯化碳，不溶于苯。		
主要用途	用于染料工业、塑料工业、医药、橡胶等。		
急救措施			
皮肤接触	立即脱去污染的衣着，用大量流动清水冲洗至少15min。就医。		
眼睛接触	立即提起眼睑，用大量流动清水或生理盐水彻底冲洗至少15min。就医。		
吸入	迅速脱离现场至空气新鲜处。保持呼吸道通畅。如呼吸困难，给予吸氧。如呼吸停止，立即进行人工呼吸。就医。		
食入	饮足量温水，催吐。洗胃。就医。		
防护措施			
呼吸防护	空气中粉尘浓度超标时，佩戴自吸过滤式防尘口罩。紧急事态抢救或撤离时，应该佩戴空气呼吸器。		
眼睛防护	戴安全防护眼镜。		
身体防护	穿防毒物渗透工作服。		
手防护	戴橡胶手套。		
其他防护	工作现场禁止吸烟、进食和饮水。工作完毕，彻底清洗。单独存放被毒物污染的衣服，洗后备用。注意个人清洁卫生。		

品名：**1,4-苯二酚** 别名：对苯二酚；氢醌		分子式：$C_6H_6O_2$ 分子量：110.1	相态：固 外观与性状：灰白色粉末或白色针状晶体
危险特性			
火灾危险性：可燃气体甲 腐蚀减薄：无 环境开裂：无		爆炸物：无 金属腐蚀：无 急性毒性：无	皮肤腐蚀/刺激：无 严重眼损伤/眼刺激：类别 1
遇明火、高热可燃。与强氧化剂接触可发生化学反应。受高热分解放出有毒的气体。			
理化特性			
熔点：170.5℃ 沸点：285.0℃ 闪点：141.6℃	临界温度：549.9℃ 临界压力：7.45MPa 饱和蒸气压：0.13kPa(132.4℃)	爆炸上限：15.3% 爆炸下限：1.6% 相对密度($d_{水}=1$)：1.33	引燃温度：515.0℃ 燃烧热：2849.8kJ/mol
溶解性	溶于水，易溶于乙醇、乙醚。		
主要用途	制取黑白显影剂、蒽醌染料、偶氮染料、橡胶防老剂、稳定剂和抗氧剂。		
急救措施			
皮肤接触	立即脱去污染的衣着，用大量流动清水冲洗。就医。		
眼睛接触	立即提起眼睑，用大量流动清水或生理盐水彻底冲洗至少 15min。就医。		
吸入	迅速脱离现场至空气新鲜处。保持呼吸道通畅。如呼吸困难，给予吸氧。如呼吸停止，立即进行人工呼吸。就医。		
食入	立即给饮植物油 15~30mL。催吐。就医。		
防护措施			
呼吸防护	空气中粉尘浓度超标时，佩戴自吸过滤式防尘口罩。紧急事态抢救或撤离时，应该佩戴空气呼吸器。		
眼睛防护	戴化学安全防护眼镜。		
身体防护	穿防毒物渗透工作服。		
手防护	戴橡胶手套。		
其他防护	工作现场禁止吸烟、进食和饮水。工作完毕，彻底清洗。单独存放被毒物污染的衣服，洗后备用。注意个人清洁卫生。		

品名：**苯酚** 别名：酚；石炭酸		分子式：C_6H_6O 分子量：94.1	相态：固 外观与性状：白色结晶，有特殊气味
危险特性			
火灾危险性：可燃气体甲 腐蚀减薄：苯酚腐蚀 环境开裂：无		爆炸物：无 金属腐蚀：无 急性毒性：类别 3	皮肤腐蚀/刺激：类别 1 严重眼损伤/眼刺激：类别 1
遇明火、高热可燃。			
理化特性			
熔点：40.6℃ 沸点：181.9℃ 闪点：79.0℃	临界温度：419.2℃ 临界压力：6.13MPa 饱和蒸气压：0.13kPa(40.1℃)	爆炸上限：9.5% 爆炸下限：1.3% 相对密度($d_{水}=1$)：1.07	引燃温度：715.0℃ 燃烧热：3050.6kJ/mol
溶解性	可混溶于乙醇、醚、氯仿、甘油。		
主要用途	用作生产酚醛树脂、卡普隆和己二酸的原料，也用于塑料和医药工业。		
急救措施			
皮肤接触	立即脱去污染的衣着，然后用水彻底清洗。或用大量流动清水冲洗至少 15min。就医。		
眼睛接触	立即提起眼睑，用大量流动清水或生理盐水彻底冲洗至少 15min。就医。		
吸入	迅速脱离现场至空气新鲜处。保持呼吸道通畅。如呼吸困难，给予吸氧。如呼吸停止，立即进行人工呼吸。就医。		
食入	立即给饮植物油 15~30mL。催吐。就医。		
防护措施			
呼吸防护	可能接触其粉尘时，佩戴自吸过滤式防尘口罩。紧急事态抢救或撤离时，应该佩戴自给式呼吸器。		
眼睛防护	戴化学安全防护眼镜。		
身体防护	穿透气型防毒服。		
手防护	戴防化学品手套。		
其他防护	工作现场禁止吸烟、进食和饮水。工作完毕，彻底清洗。实行就业前和定期的体检。		

品名：**苯酚钠**		分子式：C_6H_5ONa	相态：固
别名：苯氧基钠		分子量：116.1	外观与性状：白色易潮解的针状结晶
危险特性			
火灾危险性：可燃液体乙 A		爆炸物：无	皮肤腐蚀/刺激：类别 1
腐蚀减薄：苯酚腐蚀		金属腐蚀：无	严重眼损伤/眼刺激：类别 1
环境开裂：无		急性毒性：无	
可燃。遇明火、高热可燃。与强氧化剂接触可发生化学反应。受热分解或与酸类接触放出有毒气体。			
理化特性			
熔点：无资料	临界温度：无资料	爆炸上限：无资料	引燃温度：无资料
沸点：181.8℃	临界压力：无资料	爆炸下限：无资料	燃烧热：无资料
闪点：28.0℃	饱和蒸气压：无资料	相对密度($d_{水}=1$)：无资料	
溶解性	溶于水、乙醇。		
主要用途	用作防腐剂、有机合成中间体，在防毒面具中用以吸收光气。		
急救措施			
皮肤接触	立即脱去污染的衣着，用大量流动清水冲洗至少 15min。就医。		
眼睛接触	立即提起眼睑，用大量流动清水或生理盐水彻底冲洗至少 15min。就医。		
吸入	迅速脱离现场至空气新鲜处。保持呼吸道通畅。如呼吸困难，给予吸氧。如呼吸停止，立即进行人工呼吸。就医。		
食入	立即给饮植物油 15~30mL。催吐。就医。		
防护措施			
呼吸防护	可能接触其粉尘时，必须佩戴头罩型电动送风过滤式防尘呼吸器。紧急事态抢救或撤离时，佩戴空气呼吸器。		
眼睛防护	呼吸系统防护中已做防护。		
身体防护	穿橡胶耐酸碱服。		
手防护	戴橡胶手套。		
其他防护	工作现场禁止吸烟、进食和饮水。工作完毕，彻底清洗。单独存放被毒物污染的衣服，洗后备用。注意个人清洁卫生。		

品名：**苯磺酰肼**		分子式：$C_6H_8N_2O_2S$	相态：固
别名：发泡剂 BSH		分子量：172.2	外观与性状：浅黄色结晶，易潮解
危险特性			
火灾危险性：可燃液体丙 B		爆炸物：无	皮肤腐蚀/刺激：无
腐蚀减薄：无		金属腐蚀：无	自反应物质和混合物：D 型
环境开裂：无		急性毒性：无	
遇明火、高热或与氧化剂接触，有引起燃烧爆炸的危险。对摩擦、撞击较敏感，有燃烧的危险。燃烧时，放出有毒气体。			
理化特性			
熔点：101.0℃	临界温度：无资料	爆炸上限：无资料	引燃温度：无资料
沸点：333.5℃	临界压力：无资料	爆炸下限：无资料	燃烧热：无资料
闪点：155.5℃	饱和蒸气压：无资料	相对密度($d_{水}=1$)：1.41	
溶解性	不溶于水。		
主要用途	用作发泡剂，制造泡沫塑料、泡沫橡胶。		
急救措施			
皮肤接触	脱去污染的衣着，用肥皂水和清水彻底冲洗皮肤。		
眼睛接触	提起眼睑，用流动清水或生理盐水冲洗。就医。		
吸入	迅速脱离现场至空气新鲜处。保持呼吸道通畅。如呼吸困难，给予吸氧。如呼吸停止，立即进行人工呼吸。就医。		
食入	饮足量温水，催吐。就医。		
防护措施			
呼吸防护	空气中粉尘浓度较高时，应该佩戴自吸过滤式防尘口罩。必要时，佩戴空气呼吸器。		
眼睛防护	戴安全防护眼镜。		
身体防护	穿透气型防毒服。		
手防护	戴防毒物渗透手套。		
其他防护	工作现场禁止吸烟、进食和饮水。工作完毕，淋浴更衣。注意个人清洁卫生。		

品名：**苯磺酰氯**	分子式：$C_6H_5ClO_2S$	相态：液
别名：氯化苯磺酰	分子量：176.6	外观与性状：无色透明油状液体

危险特性

火灾危险性：可燃液体丙 A	爆炸物：无	皮肤腐蚀/刺激：类别 1
腐蚀减薄：盐酸腐蚀、含盐水腐蚀	金属腐蚀：无	严重眼损伤/眼刺激：类别 [illegible]
环境开裂：氯化物应力腐蚀开裂	急性毒性：无	

遇明火、高热可燃。受高热分解放出有毒的气体。与强氧化剂接触可发生化学反应。具有腐蚀性。

理化特性

熔点：14.5℃	临界温度：无资料	爆炸上限：无资料	引燃温度：无资料
沸点：251.0℃	临界压力：无资料	爆炸下限：无资料	燃烧热：无资料
闪点：110.0℃	饱和蒸气压：1.33kPa(120℃)	相对密度($d_{水}=1$)：1.38	

溶解性	不溶于水，溶于乙醚，易溶于乙醇、苯。
主要用途	用于有机合成，制备磺酰胺及鉴定各种胺类。

急救措施

皮肤接触	立即脱去污染的衣着，用大量流动清水冲洗至少 15min。就医。
眼睛接触	立即提起眼睑，用大量流动清水或生理盐水彻底冲洗至少 15min。就医。
吸入	迅速脱离现场至空气新鲜处。保持呼吸道通畅。如呼吸困难，给予吸氧。如呼吸停止，立即进行人工呼吸。就医。
食入	用水漱口，给饮牛奶或蛋清。就医。

防护措施

呼吸防护	可能接触其蒸气时，建议佩戴自吸过滤式防毒面具(全面罩)。
眼睛防护	呼吸系统防护中已做防护。
身体防护	穿橡胶耐酸碱服。
手防护	戴橡胶耐油手套。
其他防护	工作场所禁止吸烟、进食和饮水，饭前要洗手。工作完毕，淋浴更衣。

品名：**4-苯基-1-丁烯**	分子式：$C_{10}H_{12}$	相态：液
别名：无	分子量：132.2	外观与性状：透明液体

危险特性

火灾危险性：可燃液体丙 A	爆炸物：无	皮肤腐蚀/刺激：类别 2
腐蚀减薄：无	金属腐蚀：无	
环境开裂：无	急性毒性：无	

加热时，容器可能爆炸。受热或接触火焰可能会产生膨胀或爆炸性分解。

理化特性

熔点：无资料	临界温度：无资料	爆炸上限：无资料	引燃温度：无资料
沸点：175.0℃	临界压力：无资料	爆炸下限：无资料	燃烧热：无资料
闪点：60.0℃	饱和蒸气压：无资料	相对密度($d_{水}=1$)：0.88	

溶解性	不溶于水。
主要用途	用作医药中间体。

急救措施

皮肤接触	立即脱去污染的衣物。用大量肥皂水和清水冲洗皮肤。如有不适，就医。
眼睛接触	用大量水彻底冲洗至少 15min。如有不适，就医。
吸入	立即将患者移到新鲜空气处，保持呼吸畅通。如果呼吸困难，给予吸氧。
食入	禁止催吐，切勿给失去知觉者从嘴里喂食任何东西。立即呼叫医生或中毒控制中心。

防护措施

呼吸防护	如果蒸气浓度超过职业接触限值或发生刺激等症状时，请使用全面罩式多功能防毒面具。
眼睛防护	佩戴化学防护目镜(符合欧盟 EN 166 或美国 NIOSH 标准)。
身体防护	穿阻燃防静电防护服和抗静电的防护靴。
手防护	戴化学防护手套(例如丁基橡胶手套)。
其他防护	工作现场禁止吸烟、进食和饮水。工作完毕，淋浴更衣。保持良好的卫生习惯。

品名：***N*-苯基-2-萘胺** 别名：防老剂 D		分子式：$C_{16}H_{13}N$ 分子量：219.3	相态：固 外观与性状：淡灰色针状结晶或粉末
危险特性			
火灾危险性：可燃液体丙 B 腐蚀减薄：碱腐蚀、胺腐蚀 环境开裂：碱应力腐蚀开裂、胺应力腐蚀开裂		爆炸物：1.1 金属腐蚀：无 急性毒性：类别 2	皮肤腐蚀/刺激：类别 2 严重眼损伤/眼刺激：类别 2
遇明火、高热可燃。受热分解放出有毒的氧化氮烟气。与强氧化剂接触可发生化学反应。			
理化特性			
熔点：108.0℃ 沸点：399.5℃ 闪点：209.2℃	临界温度：无资料 临界压力：无资料 饱和蒸气压：无资料	爆炸上限：无资料 爆炸下限：无资料 相对密度($d_{水}$=1)：1.20	引燃温度：无资料 燃烧热：无资料
溶解性	溶于水、乙醇、乙醚。		
主要用途	用作橡胶抗氧剂、润滑剂、聚合抑制剂。		
急救措施			
皮肤接触	脱去污染的衣着，用肥皂水和清水彻底冲洗皮肤。		
眼睛接触	提起眼睑，用流动清水或生理盐水冲洗。就医。		
吸入	迅速脱离现场至空气新鲜处。保持呼吸道通畅。如呼吸困难，给予吸氧。如呼吸停止，立即进行人工呼吸。就医。		
食入	饮足量温水，催吐。就医。		
防护措施			
呼吸防护	如果蒸气浓度超过职业接触限值或发生刺激等症状时，请使用全面罩式多功能防毒面具。		
眼睛防护	佩戴化学护目镜(符合欧盟 EN 166 或美国 NIOSH 标准)。		
身体防护	穿阻燃防静电防护服和抗静电的防护靴。		
手防护	戴化学防护手套(例如丁基橡胶手套)。		
其他防护	工作现场禁止吸烟、进食和饮水。工作完毕，淋浴更衣。保持良好的卫生习惯。		

品名：**2-苯基丙烯** 别名：异丙烯基苯；α-甲基苯乙烯		分子式：C_9H_{10} 分子量：118.2	相态：液 外观与性状：无色液体，具有刺激性臭味
危险特性			
火灾危险性：可燃液体乙 B 腐蚀减薄：无 环境开裂：无		爆炸物：无 金属腐蚀：无 急性毒性：无	皮肤腐蚀/刺激：无 易燃液体：类别 3
其蒸气与空气可形成爆炸性混合物，遇明火、高热能引起燃烧爆炸。与氧化剂可发生反应。受热或储存过久能聚合，并放热。流速过快，容易产生和积聚静电。容易自聚，聚合反应随着温度的上升而急骤加剧。			
理化特性			
熔点：-23.0℃ 沸点：165.0℃ 闪点：54.0℃	临界温度：无资料 临界压力：4.36MPa 饱和蒸气压：0.30kPa(20℃)	爆炸上限：6.1% 爆炸下限：1.9% 相对密度($d_{水}$=1)：0.90	引燃温度：494.0℃ 燃烧热：无资料
溶解性	不溶于水。		
主要用途	用于 ABS 树脂、聚酯树脂、醇酸树脂改性。		
急救措施			
皮肤接触	脱去污染的衣着，用流动清水冲洗。		
眼睛接触	提起眼睑，用流动清水或生理盐水冲洗。就医。		
吸入	脱离现场至空气新鲜处。如呼吸困难，给予吸氧。就医。		
食入	饮足量温水，催吐。就医。		
防护措施			
呼吸防护	空气中浓度超标时，必须佩戴自吸过滤式防毒面具(半面罩)。紧急事态抢救或撤离时，应该佩戴空气呼吸器。		
眼睛防护	戴化学安全防护眼镜。		
身体防护	穿防毒物渗透工作服。		
手防护	戴橡胶耐油手套。		
其他防护	工作现场禁止吸烟、进食和饮水。工作完毕，淋浴更衣。保持良好的卫生习惯。		

品名：**2-苯基苯酚** 别名：邻苯基苯酚	分子式：$C_{12}H_{10}O$ 分子量：170.2	相态：固 外观与性状：白色或褐色的絮状物，具有特殊气味
危险特性		
火灾危险性：可燃液体丙 B 腐蚀减薄：苯酚腐蚀 环境开裂：无	爆炸物：无 金属腐蚀：无 急性毒性：无	皮肤腐蚀/刺激：类别 2 严重眼损伤/眼刺激：类别 2
遇明火、高热可燃。		
理化特性		

熔点：55.5℃	临界温度：无资料	爆炸上限：无资料	引燃温度：1.2℃
沸点：282.0℃	临界压力：无资料	爆炸下限：无资料	燃烧热：无资料
闪点：123.0℃	饱和蒸气压：无资料	相对密度($d_{水}=1$)：1.21	

溶解性	微溶于水。
主要用途	用于消毒与贮存蔬菜和水果，工业上用作杀菌剂、消毒剂、防腐剂及染料中间体。
急救措施	
皮肤接触	脱去污染的衣着，用大量流动清水冲洗。就医。
眼睛接触	提起眼睑，用流动清水或生理盐水冲洗。就医。
吸入	脱离现场至空气新鲜处。如呼吸困难，给予吸氧。就医。
食入	饮足量温水，催吐。就医。
防护措施	
呼吸防护	空气中粉尘浓度超标时，必须佩戴自吸过滤式防尘口罩。紧急事态抢救或撤离时，应该佩戴空气呼吸器。
眼睛防护	戴化学安全防护眼镜。
身体防护	穿防毒物渗透工作服。
手防护	戴橡胶手套。
其他防护	工作现场禁止吸烟、进食和饮水。工作完毕，淋浴更衣。单独存放被毒物污染的衣服，洗后备用。

品名：**苯基二氯硅烷** 别名：二氯苯基硅烷	分子式：$C_6H_6Cl_2Si$ 分子量：177.1	相态：液 外观与性状：透明至稻黄色液体
危险特性		
火灾危险性：可燃液体乙 A 腐蚀减薄：无 环境开裂：无	爆炸物：无 金属腐蚀：无 急性毒性：无	皮肤腐蚀/刺激：类别 1 易燃液体：类别 3 严重眼损伤/眼刺激：类别 1
可与空气形成爆炸性混合物。暴露于火中的容器可能会通过压力安全阀泄漏出内容物，从而增加火势和/或蒸气的浓度。蒸气可能会移动到着火源并回闪。液体和蒸气易燃。遇火会产生刺激性、毒性或腐蚀性的气体。		
理化特性		

熔点：无资料	临界温度：无资料	爆炸上限：无资料	引燃温度：48.0℃
沸点：181.0℃	临界压力：无资料	爆炸下限：无资料	燃烧热：无资料
闪点：44.4℃	饱和蒸气压：无资料	相对密度($d_{水}=1$)：无资料	

溶解性	可水解。
主要用途	无资料。
急救措施	
皮肤接触	立即脱去污染的衣物。用大量肥皂水和清水冲洗皮肤。如有不适，就医。
眼睛接触	用大量水彻底冲洗至少 15min。如有不适，就医。
吸入	立即将患者移到新鲜空气处，保持呼吸畅通。如果呼吸困难，给予吸氧。
食入	禁止催吐，切勿给失去知觉者从嘴里喂食任何东西。立即呼叫医生或中毒控制中心。
防护措施	
呼吸防护	佩戴自携式正压全面罩呼吸器、供气式正压全面罩呼吸器辅之以辅助自携式正压呼吸器。
眼睛防护	无资料。
身体防护	无资料。
手防护	无资料。
其他防护	无资料。

品名：**苯基硫醇** 别名：苯硫酚；巯基苯；硫代苯酚		分子式：C_6H_6S 分子量：110.2	相态：液 外观与性状：无色有窒息性气味的液体
危险特性			
火灾危险性：可燃液体乙 B 腐蚀减薄：硫酸腐蚀、苯酚腐蚀、高温硫化物腐蚀 环境开裂：连多硫酸应力腐蚀开裂		爆炸物：无 金属腐蚀：无 急性毒性：类别 1	皮肤腐蚀/刺激：2 易燃液体：类别 3 严重眼损伤/眼刺激：类别 2
遇明火、高热或与氧化剂接触，有引起燃烧爆炸的危险。受高热分解产生有毒的硫化物烟气。			
理化特性			
熔点：-14.8℃ 沸点：168.3℃ 闪点：51.0℃	临界温度：无资料 临界压力：无资料 饱和蒸气压：0.33kPa(18℃)	爆炸上限：无资料 爆炸下限：无资料 相对密度($d_水=1$)：1.07	引燃温度：无资料 燃烧热：无资料
溶解性	不溶于水，可混溶于乙醇、乙醚、苯、二硫化碳。		
主要用途	用于有机合成、制药工业、以及用作分析试剂。		
急救措施			
皮肤接触	立即脱去污染的衣着，用大量流动清水冲洗至少 15min。就医。		
眼睛接触	立即提起眼睑，用大量流动清水或生理盐水彻底冲洗至少 15min。就医。		
吸入	迅速脱离现场至空气新鲜处。保持呼吸道通畅。如呼吸困难，给予吸氧。如呼吸停止，立即进行人工呼吸。就医。		
食入	用水漱口，给饮牛奶或蛋清。就医。		
防护措施			
呼吸防护	可能接触其蒸气时，必须佩戴自吸过滤式防毒面具(全面罩)。紧急事态抢救或撤离时，佩戴空气呼吸器。		
眼睛防护	呼吸系统防护中已做防护。		
身体防护	穿胶布防毒衣。		
手防护	戴橡胶耐油手套。		
其他防护	工作现场禁止吸烟、进食和饮水。工作完毕，彻底清洗。单独存放被毒物污染的衣服，洗后备用。		

品名：**苯基氢氧化汞** 别名：氢氧化苯汞		分子式：C_6H_6HgO 分子量：294.7	相态：固 外观与性状：无资料
危险特性			
火灾危险性：无 腐蚀减薄：碱腐蚀 环境开裂：碱应力腐蚀开裂		爆炸物：无 金属腐蚀：无 急性毒性：类别 3	皮肤腐蚀/刺激：类别 1 严重眼损伤/眼刺激：类别 1
燃烧时可能会释放毒性烟雾。加热时，容器可能爆炸。受热或接触火焰可能会产生膨胀或爆炸性分解。			
理化特性			
熔点：197℃ 沸点：126.5℃ 闪点：无资料	临界温度：无资料 临界压力：无资料 饱和蒸气压：无资料	爆炸上限：无资料 爆炸下限：无资料 相对密度($d_水=1$)：无资料	引燃温度：无资料 燃烧热：无资料
溶解性	与水部分混溶。		
主要用途	无资料。		
急救措施			
皮肤接触	立即脱去污染的衣物。用大量肥皂水和清水冲洗皮肤。如有不适，就医。		
眼睛接触	用大量水彻底冲洗至少 15min。如有不适，就医。		
吸入	立即将患者移到新鲜空气处，保持呼吸畅通。如果呼吸困难，给予吸氧。		
食入	禁止催吐，切勿给失去知觉者从嘴里喂食任何东西。立即呼叫医生或中毒控制中心。		
防护措施			
呼吸防护	无资料。		
眼睛防护	无资料。		
身体防护	无资料。		
手防护	无资料。		
其他防护	无资料。		

品名：**苯基三氯硅烷**	分子式：$C_6H_5Cl_3Si$	相态：液	
别名：苯代三氯硅烷	分子量：211.5	外观与性状：无色透明液体	
危险特性			
火灾危险性：可燃液体丙 A	爆炸物：无	皮肤腐蚀/刺激：类别 1	
腐蚀减薄：无	金属腐蚀：无	严重眼损伤/眼刺激：类别 1	
环境开裂：无	急性毒性：无		
遇明火、高热可燃。受热或遇水分解放热，放出有毒的腐蚀性烟气。与强氧化剂接触可发生化学反应。对很多金属尤其是潮湿空气存在下有腐蚀性。			
理化特性			
熔点：无资料	临界温度：无资料	爆炸上限：9.2%	引燃温度：无资料
沸点：201.0℃	临界压力：2.94MPa	爆炸下限：1.6%	燃烧热：无资料
闪点：91.0℃	饱和蒸气压：0.13kPa(33℃)	相对密度($d_{水}=1$)：1.32	
溶解性	溶于乙醚、苯等多数有机溶剂。		
主要用途	用作制造硅酮的中间体及制取苯基硅树脂。		
急救措施			
皮肤接触	立即脱去污染的衣着，用大量流动清水冲洗至少 15min。就医。		
眼睛接触	立即提起眼睑，用大量流动清水或生理盐水彻底冲洗至少 15min。就医。		
吸入	迅速脱离现场至空气新鲜处。保持呼吸道通畅。如呼吸困难，给予吸氧。如呼吸停止，立即进行人工呼吸。就医。		
食入	用水漱口，给饮牛奶或蛋清。就医。		
防护措施			
呼吸防护	可能接触其蒸气时，必须佩戴自吸过滤式防毒面具或隔离式呼吸器。紧急事态抢救或撤离时，建议佩戴空气呼吸器。		
眼睛防护	戴化学安全防护眼镜。		
身体防护	穿橡胶耐酸碱服。		
手防护	戴橡胶耐酸碱手套。		
其他防护	工作场所禁止吸烟、进食和饮水，饭前要洗手。工作完毕，淋浴更衣。单独存放被毒物污染的衣服，洗后备用。		

品名：**苯基氧氯化膦**	分子式：$C_6H_5Cl_2OP$	相态：液	
别名：苯磷酰二氯	分子量：195.0	外观与性状：透明无色液体	
危险特性			
火灾危险性：可燃液体丙 A	爆炸物：无	皮肤腐蚀/刺激：类别 1	
腐蚀减薄：盐酸腐蚀、含盐水腐蚀	金属腐蚀：无	严重眼损伤/眼刺激：类别 1	
环境开裂：氯化物应力腐蚀开裂	急性毒性：无		
遇火会产生刺激性、毒性或腐蚀性的气体。加热时，容器可能爆炸。受热或接触火焰可能会产生膨胀或爆炸性分解。			
理化特性			
熔点：3.0℃	临界温度：无资料	爆炸上限：无资料	引燃温度：无资料
沸点：258.0℃	临界压力：无资料	爆炸下限：无资料	燃烧热：无资料
闪点：109.8℃	饱和蒸气压：无资料	相对密度($d_{水}=1$)：1.38	
溶解性	溶于苯、氯仿和四氯化碳。		
主要用途	用于生产苯膦酸和苯膦酸二甲酯。		
急救措施			
皮肤接触	立即脱去污染的衣物。用大量肥皂水和清水冲洗皮肤。如有不适，就医。		
眼睛接触	用大量水彻底冲洗至少 15min。如有不适，就医。		
吸入	立即将患者移到新鲜空气处，保持呼吸畅通。如果呼吸困难，给予输氧。		
食入	禁止催吐，切勿给失去知觉者从嘴里喂食任何东西。立即呼叫医生或中毒控制中心。		
防护措施			
呼吸防护	如果蒸气浓度超过职业接触限值或发生刺激等症状时，请使用全面罩式多功能防毒面具。		
眼睛防护	佩戴化学护目镜(符合欧盟 EN 166 或美国 NIOSH 标准)。		
身体防护	穿阻燃防静电防护服和抗静电的防护靴。		
手防护	戴化学防护手套(例如丁基橡胶手套)。		
其他防护	工作现场禁止吸烟、进食和饮水。工作完毕，淋浴更衣。保持良好的卫生习惯。		

品名：***N*-苯基乙酰胺** 别名：乙酰苯胺；退热冰		分子式：C_8H_9NO 分子量：135.2	相态：固 外观与性状：无色有闪光的小叶状固体
危险特性			
火灾危险性：可燃液体丙B 腐蚀减薄：碱腐蚀、胺腐蚀 环境开裂：碱应力腐蚀开裂、胺应力腐蚀开裂		爆炸物：无 金属腐蚀：无 急性毒性：无	皮肤腐蚀/刺激：类别2 严重眼损伤/眼刺激：类别2
遇明火、高热可燃。受热分解放出有毒气体。			
理化特性			
熔点：114.0℃ 沸点：254.9℃ 闪点：145.6℃	临界温度：无资料 临界压力：无资料 饱和蒸气压：0.13kPa(114℃)	爆炸上限：无资料 爆炸下限：无资料 相对密度($d_{水}=1$)：1.21	引燃温度：540.0℃ 燃烧热：无资料
溶解性	溶于热水，易溶于乙醇、乙醚等。		
主要用途	用于染料、制药、橡胶等工业，曾用作退热镇痛药。		
急救措施			
皮肤接触	立即脱去污染的衣着，用大量流动清水冲洗。就医。		
眼睛接触	立即提起眼睑，用大量流动清水或生理盐水彻底冲洗至少15min。就医。		
吸入	迅速脱离现场至空气新鲜处。保持呼吸道通畅。如呼吸困难，给予吸氧。如呼吸停止，立即进行人工呼吸。就医。		
食入	用水漱口，给饮牛奶或蛋清。就医。		
防护措施			
呼吸防护	空气中粉尘浓度超标时，必须佩戴自吸过滤式防尘口罩。紧急事态抢救或撤离时，应该佩戴空气呼吸器。		
眼睛防护	戴化学安全防护眼镜。		
身体防护	穿防毒物渗透工作服。		
手防护	戴橡胶手套。		
其他防护	工作现场禁止吸烟、进食和饮水。及时换洗工作服。工作前后不饮酒，用温水洗澡。		

品名：***N*-苯甲基-*N*-(3,4-二氯基本)-*DL*-丙氨酸乙酯** 别名：新燕灵		分子式：$C_{18}H_{17}Cl_2NO_3$ 分子量：366.2	相态：固 外观与性状：无色结晶
危险特性			
火灾危险性：可燃液体丙B 腐蚀减薄：无 环境开裂：氨应力腐蚀开裂		爆炸物：无 金属腐蚀：无 急性毒性：无	皮肤腐蚀/刺激：无
加热时，容器可能爆炸。受热或接触火焰可能会产生膨胀或爆炸性分解。			
理化特性			
熔点：70.0℃ 沸点：493.4℃ 闪点：252.2℃	临界温度：无资料 临界压力：无资料 饱和蒸气压：无资料	爆炸上限：无资料 爆炸下限：无资料 相对密度($d_{水}=1$)：无资料	引燃温度：无资料 燃烧热：无资料
溶解性	与水部分混溶。		
主要用途	无资料。		
急救措施			
皮肤接触	立即脱去污染的衣物。用大量肥皂水和清水冲洗皮肤。如有不适，就医。		
眼睛接触	用大量水彻底冲洗至少15min。如有不适，就医。		
吸入	立即将患者移到新鲜空气处，保持呼吸畅通。如果呼吸困难，给予吸氧。		
食入	禁止催吐，切勿给失去知觉者从嘴里喂食任何东西。立即呼叫医生或中毒控制中心。		
防护措施			
呼吸防护	如果蒸气浓度超过职业接触限值或发生刺激等症状时，请使用全面罩式多功能防毒面具。		
眼睛防护	佩戴化学护目镜(符合欧盟EN 166或美国NIOSH标准)。		
身体防护	穿阻燃防静电防护服和抗静电的防护靴。		
手防护	戴化学防护手套(例如丁基橡胶手套)。		
其他防护	工作现场禁止吸烟、进食和饮水。工作完毕，淋浴更衣。保持良好的卫生习惯。		

品名：**苯甲腈**	分子式：C_7H_5N	相态：液
别名：氰化苯；苯基氰；氰基苯；苄腈	分子量：103.1	外观与性状：透明至淡黄色液体
危险特性		
火灾危险性：可燃液体丙 A	爆炸物：无	皮肤腐蚀/刺激：无
腐蚀减薄：无	金属腐蚀：无	
环境开裂：无	急性毒性：类别 3	
遇明火能燃烧。受高热分解放出有毒的气体。与强氧化剂接触可发生化学反应。		

理化特性			
熔点：-12.8℃	临界温度：426.2℃	爆炸上限：8.0%	引燃温度：550.0℃
沸点：190.7℃	临界压力：4.22MPa	爆炸下限：1.3%	燃烧热：3617.8kJ/mol
闪点：71.0℃	饱和蒸气压：0.13kPa(28.8℃)	相对密度($d_水=1$)：1.01	

溶解性	微溶于冷水，溶于热水，易溶于乙醇、乙醚。
主要用途	用作合成橡胶中间体。
急救措施	
皮肤接触	立即脱去污染的衣着，用流动清水或5%硫代硫酸钠溶液彻底冲洗至少 20min。就医。
眼睛接触	提起眼睑，用流动清水或生理盐水冲洗。就医。
吸入	迅速脱离现场至空气新鲜处。保持呼吸道通畅。如呼吸困难，给予吸氧。
食入	饮足量温水，催吐。用 1：5000 高锰酸钾或 5%硫代硫酸钠溶液洗胃。就医。
防护措施	
呼吸防护	可能接触其蒸气时，应该佩戴自吸过滤式防毒面具(半面罩)。紧急事态抢救或撤离时，建议佩戴空气呼吸器。
眼睛防护	戴化学安全防护眼镜。
身体防护	穿聚乙烯防毒服。
手防护	戴橡胶耐油手套。
其他防护	工作现场禁止吸烟、进食和饮水。工作完毕，彻底清洗。单独存放被毒物污染的衣服，洗后备用。

品名：**苯甲醚**	分子式：C_7H_8O	相态：液
别名：茴香醚；甲氧基苯	分子量：108.1	外观与性状：无色液体，有芳香气味
危险特性		
火灾危险性：可燃液体乙 A	爆炸物：无	皮肤腐蚀/刺激：无
腐蚀减薄：无	金属腐蚀：无	易燃液体：类别 3
环境开裂：无	急性毒性：无	
易燃，遇高热、明火及强氧化剂易引起燃烧。		

理化特性			
熔点：-37.1℃	临界温度：无资料	爆炸上限：6.3%	引燃温度：475.0℃
沸点：153.8℃	临界压力：无资料	爆炸下限：0.3%	燃烧热：3783.3kJ/mol
闪点：41.0℃	饱和蒸气压：0.47kPa(25℃)	相对密度($d_水=1$)：1.00	

溶解性	不溶于水，溶于乙醇、乙醚等多数有机溶剂。
主要用途	用于溶剂、香料、有机合成中间体。
急救措施	
皮肤接触	脱去污染的衣着，用肥皂水和清水彻底冲洗皮肤。
眼睛接触	提起眼睑，用流动清水或生理盐水冲洗。就医。
吸入	迅速脱离现场至空气新鲜处。保持呼吸道通畅。如呼吸困难，给予吸氧。如呼吸停止，立即进行人工呼吸。就医。
食入	饮足量温水，催吐。就医。
防护措施	
呼吸防护	空气中浓度超标时，应该佩戴过滤式防毒面具(半面罩)。
眼睛防护	必要时，戴化学安全防护眼镜。
身体防护	穿防静电工作服。
手防护	戴橡胶耐油手套。
其他防护	工作现场严禁吸烟。注意个人清洁卫生。

品名：**苯甲酸汞**	分子式：$C_{14}H_{10}HgO_4$	相态：固
别名：安息香酸汞	分子量：442.8	外观与性状：白色结晶粉末，对光敏感
危险特性		
火灾危险性：无	爆炸物：无	皮肤腐蚀/刺激：无
腐蚀减薄：无	金属腐蚀：无	
环境开裂：无	急性毒性：类别 1	
遇明火、高热可燃。其粉体与空气可形成爆炸性混合物，当达到一定浓度时，遇火星会发生爆炸。受高热分解放出有毒的气体。		

理化特性			
熔点：165.0℃	临界温度：无资料	爆炸上限：无资料	引燃温度：无资料
沸点：249.3℃	临界压力：无资料	爆炸下限：无资料	燃烧热：无资料
闪点：无资料	饱和蒸气压：无资料	相对密度($d_{水}=1$)：无资料	

溶解性	微溶于醇，易溶于氯化钠、溶液苯甲酸、溶液。
主要用途	用作治疗梅毒的药物。
急救措施	
皮肤接触	脱去污染的衣着，用大量流动清水冲洗。
眼睛接触	提起眼睑，用流动清水或生理盐水冲洗。就医。
吸入	迅速脱离现场至空气新鲜处。保持呼吸道通畅。如呼吸困难，给予吸氧。如呼吸停止，立即进行人工呼吸。就医。
食入	饮足量温水，催吐。就医。
防护措施	
呼吸防护	可能接触其粉尘时，必须佩戴防尘面具(全面罩)。紧急事态抢救或撤离时，应该佩戴空气呼吸器。
眼睛防护	呼吸系统防护中已做防护。
身体防护	穿胶布防毒衣。
手防护	戴橡胶手套。
其他防护	工作现场禁止吸烟、进食和饮水。工作完毕，淋浴更衣。保持良好的卫生习惯。

品名：**苯甲酸甲酯**	分子式：$C_8H_8O_2$	相态：液
别名：尼哦油	分子量：136.2	外观与性状：无色液体
危险特性		
火灾危险性：可燃液体丙 A	爆炸物：无	皮肤腐蚀/刺激：无
腐蚀减薄：低分子有机酸腐蚀	金属腐蚀：无	严重眼损伤/眼刺激：类别 2
环境开裂：无	急性毒性：无	
遇明火、高热能引起燃烧爆炸。与氧化剂接触猛烈反应。		

理化特性			
熔点：-12.3℃	临界温度：无资料	爆炸上限：6.7%	引燃温度：505.0℃
沸点：198.0℃	临界压力：3.59MPa	爆炸下限：1.2%	燃烧热：无资料
闪点：82.0℃	饱和蒸气压：0.13kPa(39℃)	相对密度($d_{水}=1$)：1.09	

溶解性	不溶于水，可混溶于甲醇、乙醇、乙醚。
主要用途	用于香料工业及用作溶剂。
急救措施	
皮肤接触	脱去污染的衣着，用肥皂水和清水彻底冲洗皮肤。
眼睛接触	提起眼睑，用流动清水或生理盐水冲洗。就医。
吸入	迅速脱离现场至空气新鲜处。保持呼吸道通畅。如呼吸困难，给予吸氧。如呼吸停止，立即进行人工呼吸。就医。
食入	饮足量温水，催吐。就医。
防护措施	
呼吸防护	空气中浓度超标时，佩戴自吸过滤式防毒面具(半面罩)。
眼睛防护	戴化学安全防护眼镜。
身体防护	穿透气型防毒服。
手防护	戴防化学品手套。
其他防护	工作现场禁止吸烟、进食和饮水。工作完毕，彻底清洗。工作服不准带至非作业场所。

品名：**苯甲酰氯**	分子式：C_7H_5ClO	相态：液
别名：氯化苯甲酰	分子量：140.6	外观与性状：无色发烟液体
危险特性		
火灾危险性：可燃液体丙 A	爆炸物：无	皮肤腐蚀/刺激：类别 1
腐蚀减薄：盐酸腐蚀、含盐水腐蚀	金属腐蚀：无	严重眼损伤/眼刺激：类别 1
环境开裂：氯化物应力腐蚀开裂	急性毒性：无	
遇明火、高热可燃。遇水或水蒸气反应放热并产生有毒的腐蚀性气体。对很多金属尤其是潮湿空气存在下有腐蚀性。		
理化特性		

熔点：-0.5℃	临界温度：无资料	爆炸上限：4.9%	引燃温度：185.0℃
沸点：197.0℃	临界压力：4.06MPa	爆炸下限：1.2%	燃烧热：3272.1kJ/mol
闪点：68.0℃	饱和蒸气压：0.13kPa(32.1℃)	相对密度($d_{水}=1$)：1.22	

溶解性	溶于醚、二硫化碳。
主要用途	用于医药、有机合成中间体。
急救措施	
皮肤接触	立即脱去污染的衣着，用大量流动清水冲洗至少 15min。就医。
眼睛接触	立即提起眼睑，用大量流动清水或生理盐水彻底冲洗至少 15min。就医。
吸入	迅速脱离现场至空气新鲜处。保持呼吸道通畅。如呼吸困难，给予吸氧。如呼吸停止，立即进行人工呼吸。就医。
食入	用水漱口，给饮牛奶或蛋清。就医。
防护措施	
呼吸防护	可能接触其蒸气时，建议佩戴自吸过滤式防毒面具(全面罩)。紧急事态抢救或撤离时，建议佩戴自给式呼吸器。
眼睛防护	呼吸系统防护中已做防护。
身体防护	穿橡胶耐酸碱服。
手防护	戴橡胶耐酸碱手套。
其他防护	工作场所禁止吸烟、进食和饮水，饭前要洗手。工作完毕，淋浴更衣。单独存放被毒物污染的衣服，洗后备用。

品名：**苯肼**	分子式：$C_6H_8N_2$	相态：液
别名：苯基联胺	分子量：108.1	外观与性状：黄色至淡棕色油性液体
危险特性		
火灾危险性：可燃液体丙 A	爆炸物：无	皮肤腐蚀/刺激：类别 2
腐蚀减薄：碱腐蚀、胺腐蚀	金属腐蚀：无	严重眼损伤/眼刺激：类别 2
环境开裂：碱应力腐蚀开裂、胺应力腐蚀开裂	急性毒性：类别 3	
可燃。遇明火、高热可燃。受热分解放出有毒的氧化氮烟气。与强氧化剂接触可发生化学反应。		
理化特性		

熔点：19.4℃	临界温度：无资料	爆炸上限：无资料	引燃温度：615.0℃
沸点：243.5℃	临界压力：无资料	爆炸下限：1.3%	燃烧热：无资料
闪点：89.0℃	饱和蒸气压：1.33kPa(115℃)	相对密度($d_{水}=1$)：1.10	

溶解性	不溶于冷水，溶于热水、乙醇、醚、苯等多数有机溶剂。
主要用途	用于有机合成及用作分析试剂。
急救措施	
皮肤接触	脱去污染的衣着，用肥皂水和清水彻底冲洗皮肤。
眼睛接触	提起眼睑，用流动清水或生理盐水冲洗。就医。
吸入	迅速脱离现场至空气新鲜处。保持呼吸道通畅。如呼吸困难，给予吸氧。如呼吸停止，立即进行人工呼吸。就医。
食入	饮足量温水，催吐。就医。
防护措施	
呼吸防护	可能接触其蒸气时，应该佩戴自吸过滤式防毒面具(半面罩)。紧急事态抢救或撤离时，佩戴空气呼吸器。
眼睛防护	戴化学安全防护眼镜。
身体防护	穿防毒物渗透工作服。
手防护	戴橡胶耐油手套。
其他防护	工作现场禁止吸烟、进食和饮水。工作完毕，淋浴更衣。单独存放被毒物污染的衣服，洗后备用。

品名：**苯醌**	分子式：$C_6H_4O_2$	相态：固
别名：无	分子量：108.1	外观与性状：黄色至绿色结晶固体

危险特性

火灾危险性：可燃气体甲	爆炸物：无	皮肤腐蚀/刺激：类别2
腐蚀减薄：无	金属腐蚀：无	严重眼损伤/眼刺激：类别2
环境开裂：无	急性毒性：类别3	

遇明火、高热可燃。受高热升华产生有毒气体。加热分解产生毒性气体。

理化特性

熔点：116.0℃	临界温度：无资料	爆炸上限：13.5%	引燃温度：560.0℃
沸点：174.0℃	临界压力：5.96MPa	爆炸下限：1.7%	燃烧热：无资料
闪点：59.3℃	饱和蒸气压：0.01kPa(25℃)	相对密度($d_{水}=1$)：1.31	

溶解性	微溶于冷水，溶于乙醇和乙醚。
主要用途	用于制对苯二酚和染料等。

急救措施

皮肤接触	立即脱去污染的衣着，用肥皂水和清水彻底冲洗皮肤。就医。
眼睛接触	立即提起眼睑，用大量流动清水或生理盐水彻底冲洗至少15min。就医。
吸入	迅速脱离现场至空气新鲜处。保持呼吸道通畅。如呼吸困难，给予吸氧。如呼吸停止，立即进行人工呼吸。就医。
食入	饮足量温水，催吐。就医。

防护措施

呼吸防护	空气中粉尘浓度超标时，应该佩戴头罩型电动送风过滤式防尘呼吸器。紧急事态抢救或撤离时，佩戴空气呼吸器。
眼睛防护	呼吸系统防护中已做防护。
身体防护	穿防毒物渗透工作服。
手防护	戴橡胶手套。
其他防护	工作完毕，淋浴更衣。单独存放被毒物污染的衣服，洗后备用。保持良好的卫生习惯。

品名：**苯硫代二氯化膦**	分子式：$C_6H_5Cl_2PS$	相态：液
别名：苯硫代磷酰二氯；硫代二氯化膦苯	分子量：211.1	外观与性状：无色液体，在空气中微发烟

危险特性

火灾危险性：可燃液体丙A	爆炸物：无	皮肤腐蚀/刺激：类别1
腐蚀减薄：盐酸腐蚀、硫酸腐蚀、高温硫化物腐蚀、含盐水腐蚀	金属腐蚀：无	严重眼损伤/眼刺激：类别1
环境开裂：氯化物应力腐蚀开裂、连多硫酸应力腐蚀开裂	急性毒性：无	

可燃。遇水或水蒸气反应放出有毒和易燃的气体。

理化特性

熔点：无资料	临界温度：无资料	爆炸上限：无资料	引燃温度：170.0℃
沸点：270.0℃	临界压力：无资料	爆炸下限：无资料	燃烧热：无资料
闪点：93.0℃	饱和蒸气压：17.33kPa(60℃)	相对密度($d_{水}=1$)：1.38	

溶解性	不溶于水。
主要用途	用作有机合成中间体。

急救措施

皮肤接触	立即脱去污染的衣着，用大量流动清水冲洗至少15min。就医。
眼睛接触	立即提起眼睑，用大量流动清水或生理盐水彻底冲洗至少15min。就医。
吸入	迅速脱离现场至空气新鲜处。保持呼吸道通畅。如呼吸困难，给予吸氧。如呼吸停止，立即进行人工呼吸。就医。
食入	用水漱口，给饮牛奶或蛋清。

防护措施

呼吸防护	空气中浓度超标时，必须佩戴自吸过滤式防毒面具(全面罩)。紧急事态抢救或撤离时，应该佩戴空气呼吸器。
眼睛防护	呼吸系统防护中已做防护。
身体防护	穿橡胶耐酸碱服。
手防护	戴橡胶耐酸碱手套。
其他防护	工作完毕，淋浴更衣。单独存放被毒物污染的衣服，洗后备用。保持良好的卫生习惯。

品名：**苯胂化二氯**	分子式：$C_6H_5AsCl_2$	相态：液
别名：二氯化苯胂；二氯苯胂	分子量：222.9	外观与性状：无色至黄色液体

危险特性

火灾危险性：无	爆炸物：无	皮肤腐蚀/刺激：无
腐蚀减薄：盐酸腐蚀、含盐水腐蚀	金属腐蚀：无	
环境开裂：氯化物应力腐蚀开裂	急性毒性：类别 1	

本身不能燃烧。遇水或水蒸气反应放热并产生有毒的腐蚀性气体。受热分解释出高毒烟雾。其蒸气比空气重，能在较低处扩散到相当远的地方，遇火源会着火回燃。若遇高热，容器内压增大，有开裂和爆炸的危险。

理化特性

熔点：-20.0℃	临界温度：无资料	爆炸上限：无资料	引燃温度：无资料
沸点：252.0℃	临界压力：无资料	爆炸下限：无资料	燃烧热：无资料
闪点：无资料	饱和蒸气压：0.0031kPa(20℃)	相对密度($d_{水}=1$)：1.65	

溶解性	不溶于水，溶于乙醇、醚、苯。
主要用途	农业上用作杀菌剂。

急救措施

皮肤接触	立即脱去污染的衣着，用大量流动清水冲洗。就医。
眼睛接触	提起眼睑，用流动清水或生理盐水冲洗。就医。
吸入	迅速脱离现场至空气新鲜处。保持呼吸道通畅。如呼吸困难，给予吸氧。如呼吸停止，立即进行人工呼吸。就医。
食入	饮足量温水，催吐。尽快彻底洗胃。给饮牛奶或蛋清。就医。

防护措施

呼吸防护	空气中浓度超标时，必须佩戴自吸过滤式防毒面具(全面罩)。紧急事态抢救或撤离时，应该佩戴空气呼吸器。
眼睛防护	呼吸系统防护中已做防护。
身体防护	穿胶布防毒衣。
手防护	戴橡胶手套。
其他防护	工作现场禁止吸烟、进食和饮水。工作完毕，淋浴更衣。保持良好的卫生习惯。

品名：**苯四甲酸酐**	分子式：$C_{10}H_2O_6$	相态：固
别名：均苯四甲酸酐	分子量：218.1	外观与性状：白色粉末

危险特性

火灾危险性：可燃液体丙 B	爆炸物：无	皮肤腐蚀/刺激：无
腐蚀减薄：低分子有机酸腐蚀	金属腐蚀：无	严重眼损伤/眼刺激：类别 1
环境开裂：无	急性毒性：无	

遇明火能燃烧。受高热分解放出有毒的气体。在潮湿空气中水解为均苯四甲酸。

理化特性

熔点：286.0℃	临界温度：无资料	爆炸上限：无资料	引燃温度：630.0℃
沸点：397.0℃	临界压力：无资料	爆炸下限：无资料	燃烧热：无资料
闪点：183.5℃	饱和蒸气压：4.00kPa(305℃)	相对密度($d_{水}=1$)：1.68	

溶解性	微溶于水，不溶于乙醚、氯仿，溶于乙醇、丙酮、乙酸乙酯。
主要用途	用作环氧树脂的熟化、交联剂、中间体。

急救措施

皮肤接触	脱去污染的衣着，用大量流动清水冲洗。
眼睛接触	提起眼睑，用流动清水或生理盐水冲洗。就医。
吸入	脱离现场至空气新鲜处。如呼吸困难，给予吸氧。就医。
食入	饮足量温水，催吐。就医。

防护措施

呼吸防护	空气中粉尘浓度超标时，必须佩戴自吸过滤式防尘口罩。紧急事态抢救或撤离时，应该佩戴空气呼吸器。
眼睛防护	戴化学安全防护眼镜。
身体防护	穿防毒物渗透工作服。
手防护	戴橡胶手套。
其他防护	工作现场禁止吸烟、进食和饮水。工作完毕，淋浴更衣。单独存放被毒物污染的衣服，洗后备用。

品名：**苯乙醇腈** 别名：苯甲氰醇；扁桃腈		分子式：C_8H_7NO 分子量：133.1	相态：液 外观与性状：黄色黏稠液体，具有特殊臭味
危险特性			
火灾危险性：可燃液体丙A 腐蚀减薄：无 环境开裂：乙醇应力腐蚀开裂		爆炸物：无 金属腐蚀：无 急性毒性：类别3	皮肤腐蚀/刺激：无
遇明火、高热可燃。与氧化剂可发生反应。受高热分解放出有毒的气体。其蒸气比空气重，能在较低处扩散到相当远的地方，遇火源会着火回燃。若遇高热，容器内压增大，有开裂和爆炸的危险。			
理化特性			
熔点：-10.0℃ 沸点：282.7℃ 闪点：97.2℃	临界温度：无资料 临界压力：无资料 饱和蒸气压：无资料	爆炸上限：无资料 爆炸下限：无资料 相对密度($d_水=1$)：1.12	引燃温度：无资料 燃烧热：无资料
溶解性	不溶于水，易溶于醇、醚、氯仿。		
主要用途	用于有机合成。		
急救措施			
皮肤接触	立即脱去污染的衣着，用流动清水或5%硫代硫酸钠溶液彻底冲洗至少20min。就医。		
眼睛接触	立即提起眼睑，用大量流动清水或生理盐水彻底冲洗至少15min。就医。		
吸入	迅速脱离现场至空气新鲜处。保持呼吸道通畅。如呼吸困难，给予吸氧。		
食入	饮足量温水，催吐。用1∶5000高锰酸钾或5%硫代硫酸钠溶液洗胃。就医。		
防护措施			
呼吸防护	空气中浓度超标时，必须佩戴自吸过滤式防毒面具(半面罩)。紧急事态抢救或撤离时，应该佩戴空气呼吸器。		
眼睛防护	戴化学安全防护眼镜。		
身体防护	穿防毒物渗透工作服。		
手防护	戴橡胶手套。		
其他防护	工作场所禁止吸烟、进食和饮水，饭前要洗手。工作完毕，淋浴更衣。保持良好的卫生习惯。		

品名：**2-苯乙基异氰酸酯** 别名：无		分子式：C_9H_9NO 分子量：147.2	相态：液 外观与性状：透明无色液体
危险特性			
火灾危险性：可燃液体丙A 腐蚀减薄：无 环境开裂：无		爆炸物：无 金属腐蚀：无 急性毒性：类别3	皮肤腐蚀/刺激：类别1 严重眼损伤/眼刺激：类别1
燃烧时可能会释放毒性烟雾。遇火会产生刺激性、毒性或腐蚀性的气体。加热时，容器可能爆炸。受热或接触火焰可能会产生膨胀或爆炸性分解。			
理化特性			
熔点：无资料 沸点：228.5℃ 闪点：67.4℃	临界温度：无资料 临界压力：无资料 饱和蒸气压：无资料	爆炸上限：无资料 爆炸下限：无资料 相对密度($d_水=1$)：1.06	引燃温度：无资料 燃烧热：无资料
溶解性	无资料。		
主要用途	主要用作是合成降血糖新药格列美脲的关键中间体，格列美脲是新一代磺胱脲类药物，用于治疗2型糖尿病。		
急救措施			
皮肤接触	立即脱去污染的衣物。用大量肥皂水和清水冲洗皮肤。如有不适，就医。		
眼睛接触	用大量水彻底冲洗至少15min。如有不适，就医。		
吸入	立即将患者移到新鲜空气处，保持呼吸畅通。如果呼吸困难，给予吸氧。		
食入	禁止催吐，切勿给失去知觉者从嘴里喂食任何东西。立即呼叫医生或中毒控制中心。		
防护措施			
呼吸防护	如果蒸气浓度超过职业接触限值或发生刺激等症状时，请使用全面罩式多功能防毒面具。		
眼睛防护	佩戴化学护目镜(符合欧盟EN 166或美国NIOSH标准)。		
身体防护	穿阻燃防静电防护服和抗静电的防护靴。		
手防护	戴化学防护手套(例如丁基橡胶手套)。		
其他防护	工作现场禁止吸烟、进食和饮水。工作完毕，淋浴更衣。保持良好的卫生习惯。		

品名：**苯乙腈**	分子式：C_8H_7N	相态：液
别名：氰化苄；苄基氰	分子量：177.2	外观与性状：无色油状液体，有刺激气味

危险特性

火灾危险性：可燃液体丙 A	爆炸物：无	皮肤腐蚀/刺激：无
腐蚀减薄：无	金属腐蚀：无	严重眼损伤/眼刺激：类别 2
环境开裂：无	急性毒性：类别 1	

遇明火能燃烧。受高热分解放出有毒的气体。与强氧化剂接触可发生化学反应。

理化特性

熔点：-23.8℃	临界温度：无资料	爆炸上限：无资料	引燃温度：590.0℃
沸点：233.5℃	临界压力：无资料	爆炸下限：无资料	燃烧热：4278.2kJ/mol
闪点：101.0℃	饱和蒸气压：0.14kPa(20℃)	相对密度($d_水=1$)：1.02	

溶解性	不溶于水，溶于醇、醚等多数有机溶剂。
主要用途	用于有机合成。

急救措施

皮肤接触	立即脱去污染的衣着，用流动清水或5%硫代硫酸钠溶液彻底冲洗至少20min。就医。
眼睛接触	提起眼睑，用流动清水或生理盐水冲洗。就医。
吸入	迅速脱离现场至空气新鲜处。保持呼吸道通畅。如呼吸困难，给予吸氧。
食入	饮足量温水，催吐。用1：5000高锰酸钾或5%硫代硫酸钠溶液洗胃。就医。

防护措施

呼吸防护	可能接触其蒸气时，应该佩戴自吸过滤式防毒面具(全面罩)。紧急事态抢救或撤离时，建议佩戴空气呼吸器。
眼睛防护	戴化学安全防护眼镜。
身体防护	穿聚乙烯防毒服。
手防护	戴橡胶耐油手套。
其他防护	工作现场禁止吸烟、进食和饮水。工作完毕，彻底清洗。车间应配备急救设备及药品。

品名：**苯乙炔**	分子式：C_8H_6	相态：液
别名：乙炔苯	分子量：102.1	外观与性状：无色液体

危险特性

火灾危险性：可燃液体乙 A	爆炸物：无	皮肤腐蚀/刺激：无
腐蚀减薄：无	金属腐蚀：无	易燃液体：类别 3
环境开裂：无	急性毒性：无	

易燃，遇明火、高热或与氧化剂接触，有引起燃烧爆炸的危险。若遇高热，可发生聚合反应，放出大量热量而引起容器破裂和爆炸事故。

理化特性

熔点：-44.8℃	临界温度：无资料	爆炸上限：11.9%	引燃温度：490.0℃
沸点：142.0℃	临界压力：4.28MPa	爆炸下限：1.2%	燃烧热：4281.2kJ/mol
闪点：31.0℃	饱和蒸气压：2.34kPa(37.7℃)	相对密度($d_水=1$)：0.93	

溶解性	不溶于水，可混溶于醇、醚等多数有机溶剂。
主要用途	用于有机合成。

急救措施

皮肤接触	脱去污染的衣着，用肥皂水和清水彻底冲洗皮肤。
眼睛接触	提起眼睑，用流动清水或生理盐水冲洗。就医。
吸入	迅速脱离现场至空气新鲜处。保持呼吸道通畅。如呼吸困难，给予吸氧。如呼吸停止，立即进行人工呼吸。就医。
食入	饮足量温水，催吐。就医。

防护措施

呼吸防护	高浓度环境中，佩戴直接式防毒面具(半面罩)。
眼睛防护	一般不需要特殊防护，高浓度接触时可戴化学安全防护眼镜。
身体防护	穿防毒物渗透工作服。
手防护	戴橡胶耐油手套。
其他防护	工作现场禁止吸烟、进食和饮水。工作完毕，淋浴更衣。保持良好的卫生习惯。

品名：**苯乙烯[稳定的]** 别名：乙烯苯	分子式：C_8H_8 分子量：104.1	相态：液 外观与性状：无色透明油状液体
危险特性		
火灾危险性：可燃液体乙 A 腐蚀减薄：无 环境开裂：无	爆炸物：无 金属腐蚀：无 急性毒性：无	皮肤腐蚀/刺激：类别 2 严重眼损伤/眼刺激：类别 2
其蒸气与空气可形成爆炸性混合物，遇明火、高热或与氧化剂接触，有引起燃烧爆炸的危险。遇酸性催化剂如路易斯催化剂、齐格勒催化剂、硫酸、氯化铁、氯化铝等都能产生猛烈聚合，放出大量热量。		
理化特性		

熔点：-30.6℃	临界温度：369.0℃	爆炸上限：6.1%	引燃温度：490.0℃
沸点：146.0℃	临界压力：3.81MPa	爆炸下限：1.1%	燃烧热：4376.9kJ/mol
闪点：34.4℃	饱和蒸气压：0.67kPa(20℃)	相对密度($d_{水}=1$)：0.99	

溶解性	不溶于水，溶于醇、醚等多数有机溶剂。
主要用途	用于制聚苯乙烯、合成橡胶、离子交换树脂等。
急救措施	
皮肤接触	脱去污染的衣着，用肥皂水和清水彻底冲洗皮肤。
眼睛接触	立即提起眼睑，用大量流动清水或生理盐水彻底冲洗至少 15min。就医。
吸入	迅速脱离现场至空气新鲜处。保持呼吸道通畅。如呼吸困难，给予吸氧。如呼吸停止，立即进行人工呼吸。就医。
食入	饮足量温水，催吐。就医。
防护措施	
呼吸防护	空气中浓度超标时，建议佩戴过滤式防毒面具(半面罩)。紧急事态抢救或撤离时，建议佩戴隔离式呼吸器。
眼睛防护	一般不需要特殊防护，高浓度接触时可戴化学安全防护眼镜。
身体防护	穿防毒物渗透工作服。
手防护	戴橡胶耐油手套。
其他防护	工作现场禁止吸烟、进食和饮水。工作完毕，淋浴更衣。保持良好的卫生习惯。

品名：**苯乙酰氯** 别名：无	分子式：C_8H_7ClO 分子量：154.6	相态：液 外观与性状：无色到浅黄色发烟液体
危险特性		
火灾危险性：可燃液体丙 A 腐蚀减薄：无 环境开裂：无	爆炸物：无 金属腐蚀：无 急性毒性：无	皮肤腐蚀/刺激：类别 1 严重眼损伤/眼刺激：类别 1
遇明火、高热可燃。受高热分解产生有毒的腐蚀性烟气。与强氧化剂接触可发生化学反应。对大多数金属有腐蚀性。		
理化特性		

熔点：91.0℃	临界温度：无资料	爆炸上限：无资料	引燃温度：无资料
沸点：210.0℃	临界压力：无资料	爆炸下限：无资料	燃烧热：无资料
闪点：102.0℃	饱和蒸气压：0.13kPa(48℃)	相对密度($d_{水}=1$)：1.17	

溶解性	易溶于乙醚。
主要用途	用于香料制备、有机合成，也用作实验试剂。
急救措施	
皮肤接触	立即脱去污染的衣着，用大量流动清水冲洗至少 15min。就医。
眼睛接触	立即提起眼睑，用大量流动清水或生理盐水彻底冲洗至少 15min。就医。
吸入	迅速脱离现场至空气新鲜处。保持呼吸道通畅。如呼吸困难，给予吸氧。如呼吸停止，立即进行人工呼吸。就医。
食入	用水漱口，给饮牛奶或蛋清。就医。
防护措施	
呼吸防护	可能接触其蒸气时，建议佩戴导管式防毒面具。紧急事态抢救或撤离时，佩戴自给式呼吸器。
眼睛防护	呼吸系统防护中已做防护。
身体防护	戴橡胶手套。
手防护	戴橡胶耐油手套。
其他防护	工作场所禁止吸烟、进食和饮水，饭前要洗手。工作完毕，淋浴更衣。

品名：**吡啶**		分子式：C_5H_5N	相态：液
别名：氮杂苯		分子量：79.1	外观与性状：无色或微黄色液体，有恶臭
危险特性			
火灾危险性：可燃液体甲 B 腐蚀减薄：无 环境开裂：无		爆炸物：无 金属腐蚀：无 急性毒性：无	皮肤腐蚀/刺激：无 易燃液体：类别 2
其蒸气与空气可形成爆炸性混合物，遇明火、高热极易燃烧爆炸。与氧化剂接触猛烈反应。高温时分解，释出剧毒的氮氧化物气体。与硫酸、硝酸、铬酸、发烟硫酸、氯磺酸、顺丁烯二酸酐、高氯酸银等剧烈反应，有爆炸危险。			
理化特性			
熔点：-42.0℃ 沸点：115.3℃ 闪点：17.0℃	临界温度：346.9℃ 临界压力：6.18MPa 饱和蒸气压：2.0kPa(20℃)	爆炸上限：12.4% 爆炸下限：1.7% 相对密度($d_{水}=1$)：0.98	引燃温度：482.0℃ 燃烧热：无资料
溶解性	溶于水、醇、醚等多数有机溶剂。		
主要用途	用于制造维生素、磺胺类药、杀虫剂及塑料等。		
急救措施			
皮肤接触	立即脱去污染的衣着，用大量流动清水冲洗。就医。		
眼睛接触	立即提起眼睑，用大量流动清水或生理盐水彻底冲洗至少 15min。就医。		
吸入	迅速脱离现场至空气新鲜处。保持呼吸道通畅。如呼吸困难，给予吸氧。如呼吸停止，立即进行人工呼吸。就医。		
食入	饮足量温水，催吐。洗胃，导泄。就医。		
防护措施			
呼吸防护	空气中浓度超标时，必须佩戴自吸过滤式防毒面具(全面罩)。紧急事态抢救或撤离时，应该佩戴空气呼吸器。		
眼睛防护	呼吸系统防护中已做防护。		
身体防护	穿胶布防毒衣。		
手防护	戴橡胶耐油手套。		
其他防护	工作现场禁止吸烟、进食和饮水。工作完毕，淋浴更衣。实行就业前和定期的体检。		

品名：**吡咯**		分子式：C_4H_5N	相态：液
别名：一氮二烯五环；氮杂茂		分子量：67.1	外观与性状：浅黄色或棕色油状液体，具有类似氯仿的气味
危险特性			
火灾危险性：可燃液体乙 A 腐蚀减薄：无 环境开裂：无		爆炸物：无 金属腐蚀：无 急性毒性：无	皮肤腐蚀/刺激：无 易燃液体：类别 3
其蒸气与空气可形成爆炸性混合物，遇明火、高热能引起燃烧爆炸。与氧化剂可发生反应。高温时分解，释出剧毒的氮氧化物气体。流速过快，容易产生和积聚静电。容易自聚，聚合反应随着温度的上升而急骤加剧。			
理化特性			
熔点：-24.0℃ 沸点：129.0℃ 闪点：39.0℃	临界温度：366.5℃ 临界压力：5.67MPa 饱和蒸气压：0.87kPa(20℃)	爆炸上限：无资料 爆炸下限：无资料 相对密度($d_{水}=1$)：0.97	引燃温度：无资料 燃烧热：2373
溶解性	微溶于水，溶于乙醇、乙醚、苯、丙酮等多数有机溶剂。		
主要用途	用作色谱分析标准物质，也用于有机合成及制药工业。		
急救措施			
皮肤接触	脱去污染的衣着，用流动清水冲洗。		
眼睛接触	提起眼睑，用流动清水或生理盐水冲洗。就医。		
吸入	迅速脱离现场至空气新鲜处。保持呼吸道通畅。如呼吸困难，给予吸氧。如呼吸停止，立即进行人工呼吸。就医。		
食入	饮足量温水，催吐。就医。		
防护措施			
呼吸防护	空气中浓度超标时，必须佩戴自吸过滤式防毒面具(半面罩)。紧急事态抢救或撤离时，应该佩戴空气呼吸器。		
眼睛防护	戴化学安全防护眼镜。		
身体防护	穿防静电工作服。		
手防护	戴橡胶耐油手套。		
其他防护	工作现场严禁吸烟。工作完毕，淋浴更衣。注意个人清洁卫生。		

品名：**2-吡咯酮**		分子式：C_4H_7NO	相态：固
别名：无		分子量：85.1	外观与性状：无色到淡黄色液体或结晶
危险特性			
火灾危险性：可燃液体丙 B 腐蚀减薄：无 环境开裂：无		爆炸物：无 金属腐蚀：无 急性毒性：无	皮肤腐蚀/刺激：无 严重眼损伤/眼刺激：类别 2
可燃。遇明火能燃烧。与氧化剂可发生反应。受热分解放出有毒的氧化氮烟气。			
理化特性			
熔点：25.0℃ 沸点：245.0℃ 闪点：129.0℃	临界温度：无资料 临界压力：6.20MPa 饱和蒸气压：无资料	爆炸上限：无资料 爆炸下限：无资料 相对密度($d_水=1$)：1.11	引燃温度：145.0℃ 燃烧热：2286.5kJ/mol
溶解性	溶于水、乙醇、乙醚、氯仿、乙酸乙酯等多数有机溶剂。		
主要用途	用作增塑剂、聚合剂、杀虫剂等的溶剂。		
急救措施			
皮肤接触	脱去污染的衣着，用大量流动清水冲洗。		
眼睛接触	提起眼睑，用流动清水或生理盐水冲洗。就医。		
吸入	脱离现场至空气新鲜处。如呼吸困难，给予吸氧。就医。		
食入	饮足量温水，催吐。就医。		
防护措施			
呼吸防护	空气中粉尘浓度超标时，必须佩戴自吸过滤式防尘口罩；可能接触其蒸气时，应该佩戴自吸过滤式防毒面具(半面罩)。		
眼睛防护	戴化学安全防护眼镜。		
身体防护	穿防毒物渗透工作服。		
手防护	戴橡胶手套。		
其他防护	工作现场禁止吸烟、进食和饮水。工作完毕，彻底清洗。单独存放被毒物污染的衣服，洗后备用。		

品名：***N*-苄基-*N*-乙基苯胺**		分子式：$C_{15}H_{17}N$	相态：液
别名：*N*-乙基-*N*-苄基苯胺；苄乙基苯胺		分子量：211.3	外观与性状：淡黄色至棕色液体，暴露在空气或光下会变暗
危险特性			
火灾危险性：可燃液体丙 B 腐蚀减薄：碱腐蚀、胺腐蚀 环境开裂：碱应力腐蚀开裂、胺应力腐蚀开裂		爆炸物：无 金属腐蚀：无 急性毒性：类别 3	皮肤腐蚀/刺激：无
燃烧时可能会释放毒性烟雾。加热时，容器可能爆炸。受热或接触火焰可能会产生膨胀或爆炸性分解。			
理化特性			
熔点：34.0℃ 沸点：320.7℃ 闪点：135.0℃	临界温度：无资料 临界压力：无资料 饱和蒸气压：0.13kPa(20℃)	爆炸上限：无资料 爆炸下限：无资料 相对密度($d_水=1$)：1.03	引燃温度：310.0℃ 燃烧热：无资料
溶解性	溶于乙醇、乙醚、氯仿及其他有机溶剂，不溶于水。		
主要用途	无资料。		
急救措施			
皮肤接触	脱去污染的衣服。冲洗，然后用水和肥皂清洗皮肤。		
眼睛接触	先用大量水冲洗几 min(如可能易行，摘除隐形眼镜)，然后就医。		
吸入	新鲜空气，休息。		
食入	漱口。大量饮水。		
防护措施			
呼吸防护	如果蒸气浓度超过职业接触限值或发生刺激等症状时，请使用全面罩式多功能防毒面具。		
眼睛防护	佩戴化学护目镜(符合欧盟 EN 166 或美国 NIOSH 标准)。		
身体防护	穿阻燃防静电防护服和抗静电的防护靴。		
手防护	戴化学防护手套(例如丁基橡胶手套)。		
其他防护	工作现场禁止吸烟、进食和饮水。工作完毕，淋浴更衣。保持良好的卫生习惯。		

品名：**2-苄基吡啶** 别名：2-苯甲基吡啶		分子式：$C_{12}H_{11}N$ 分子量：169.2	相态：液 外观与性状：透明暗棕色液体
危险特性			
火灾危险性：可燃液体丙 B 腐蚀减薄：无 环境开裂：无		爆炸物：无 金属腐蚀：无 急性毒性：无	皮肤腐蚀/刺激：无 严重眼损伤/眼刺激：类别 2
遇明火、高热可燃。与氧化剂能发生强烈反应。受高热分解放出有毒的气体。若遇高热，容器内压增大，有开裂和爆炸的危险。			
理化特性			
熔点：10.0℃ 沸点：276.0℃ 闪点：125.0℃	临界温度：无资料 临界压力：无资料 饱和蒸气压：无资料	爆炸上限：无资料 爆炸下限：无资料 相对密度($d_{水}=1$)：1.05	引燃温度：无资料 燃烧热：无资料
溶解性	不溶于水，可混溶于乙醇、乙醚。		
主要用途	用作分析试剂。		
急救措施			
皮肤接触	脱去污染的衣着，用大量流动清水冲洗。		
眼睛接触	提起眼睑，用流动清水或生理盐水冲洗。就医。		
吸入	迅速脱离现场至空气新鲜处。保持呼吸道通畅。如呼吸困难，给予吸氧。如呼吸停止，立即进行人工呼吸。就医。		
食入	饮足量温水，催吐。就医。		
防护措施			
呼吸防护	空气中浓度超标时，必须佩戴自吸过滤式防毒面具(半面罩)。紧急事态抢救或撤离时，应该佩戴空气呼吸器。		
眼睛防护	戴化学安全防护眼镜。		
身体防护	穿防毒物渗透工作服。		
手防护	戴橡胶手套。		
其他防护	工作场所禁止吸烟、进食和饮水，饭前要洗手。工作完毕，淋浴更衣。保持良好的卫生习惯。		

品名：**4-苄基吡啶** 别名：4-苯甲基吡啶		分子式：$C_{12}H_{11}N$ 分子量：169.2	相态：液 外观与性状：浅黄色或黄色液体
危险特性			
火灾危险性：可燃液体丙 A 腐蚀减薄：无 环境开裂：无		爆炸物：无 金属腐蚀：无 急性毒性：无	皮肤腐蚀/刺激：类别 2 严重眼损伤/眼刺激：类别 2
遇明火、高热可燃。与氧化剂可发生反应。受高热分解放出有毒的气体。若遇高热，容器内压增大，有开裂和爆炸的危险。			
理化特性			
熔点：8.0℃ 沸点：287.0℃ 闪点：115.0℃	临界温度：无资料 临界压力：无资料 饱和蒸气压：无资料	爆炸上限：无资料 爆炸下限：无资料 相对密度($d_{水}=1$)：1.00	引燃温度：无资料 燃烧热：无资料
溶解性	不溶于水，可混溶于乙醇、乙醚。		
主要用途	用于制备药物、染料，也用作分析试剂。		
急救措施			
皮肤接触	脱去污染的衣着，用大量流动清水冲洗。		
眼睛接触	提起眼睑，用流动清水或生理盐水冲洗。就医。		
吸入	迅速脱离现场至空气新鲜处。保持呼吸道通畅。如呼吸困难，给予吸氧。如呼吸停止，立即进行人工呼吸。就医。		
食入	饮足量温水，催吐。就医。		
防护措施			
呼吸防护	空气中浓度超标时，必须佩戴自吸过滤式防毒面具(半面罩)。紧急事态抢救或撤离时，应该佩戴空气呼吸器。		
眼睛防护	戴化学安全防护眼镜。		
身体防护	穿防毒物渗透工作服。		
手防护	戴橡胶手套。		
其他防护	工作场所禁止吸烟、进食和饮水，饭前要洗手。工作完毕，淋浴更衣。保持良好的卫生习惯。		

品名：**(1R,2R,4R)-冰片-2-硫氰基醋酸酯**	分子式：$C_{13}H_{19}NO_2S$	相态：液
别名：敌稻瘟	分子量：253.4	外观与性状：黄色油状液体，有萜烯味

危险特性

火灾危险性：可燃液体丙 B	爆炸物：无	皮肤腐蚀/刺激：无
腐蚀减薄：硫酸腐蚀	金属腐蚀：无	
环境开裂：连多硫酸应力腐蚀开裂	急性毒性：无	

遇明火、高热可燃。与氧化剂能发生强烈反应。受热分解产生有毒的烟气。若遇高热，容器内压增大，有开裂和爆炸的危险。

理化特性

熔点：无资料	临界温度：无资料	爆炸上限：无资料	引燃温度：无资料
沸点：340.5℃	临界压力：无资料	爆炸下限：无资料	燃烧热：无资料
闪点：159.7℃	饱和蒸气压：无资料	相对密度($d_{水}=1$)：1.15	

溶解性	不溶于水，易溶于醇、苯、氯仿、醚。
主要用途	用作农用杀菌剂。

急救措施

皮肤接触	立即脱去污染的衣着，用大量流动清水冲洗。就医。
眼睛接触	提起眼睑，用流动清水或生理盐水冲洗。就医。
吸入	迅速脱离现场至空气新鲜处。保持呼吸道通畅。如呼吸困难，给予吸氧。如呼吸停止，立即进行人工呼吸。就医。
食入	饮足量温水，催吐。洗胃，导泄。就医。

防护措施

呼吸防护	空气中浓度超标时，必须佩戴自吸过滤式防毒面具(半面罩)。紧急事态抢救或撤离时，应该佩戴空气呼吸器。
眼睛防护	戴化学安全防护眼镜。
身体防护	穿防毒物渗透工作服。
手防护	戴橡胶手套。
其他防护	工作场所禁止吸烟、进食和饮水，饭前要洗手。工作完毕，淋浴更衣。保持良好的卫生习惯。

品名：**丙胺氟磷**	分子式：$C_6H_{16}FN_2OP$	相态：无资料
别名：*N,N'*-氟磷酰二异丙胺；双(二异丙氨基)磷酰氟	分子量：182.2	外观与性状：无资料

危险特性

火灾危险性：可燃液体丙 A	爆炸物：无	皮肤腐蚀/刺激：无
腐蚀减薄：碱腐蚀、胺腐蚀	金属腐蚀：无	
环境开裂：碱应力腐蚀开裂、氨应力腐蚀开裂、胺应力腐蚀开裂	急性毒性：无	

加热时，容器可能爆炸。受热或接触火焰可能会产生膨胀或爆炸性分解。

理化特性

熔点：61.0℃	临界温度：无资料	爆炸上限：无资料	引燃温度：无资料
沸点：211.5℃	临界压力：无资料	爆炸下限：无资料	燃烧热：无资料
闪点：81.7℃	饱和蒸气压：无资料	相对密度($d_{水}=1$)：1.20	

溶解性	与水混溶。
主要用途	无资料。

急救措施

皮肤接触	立即脱去污染的衣物。用大量肥皂水和清水冲洗皮肤。如有不适，就医。
眼睛接触	用大量水彻底冲洗至少 15min。如有不适，就医。
吸入	立即将患者移到新鲜空气处，保持呼吸畅通。如果呼吸困难，给予吸氧。
食入	禁止催吐，切勿给失去知觉者从嘴里喂食任何东西。立即呼叫医生或中毒控制中心。

防护措施

呼吸防护	如果蒸气浓度超过职业接触限值或发生刺激等症状时，请使用全面罩式多功能防毒面具。
眼睛防护	佩戴化学护目镜(符合欧盟 EN 166 或美国 NIOSH 标准)。
身体防护	穿阻燃防静电防护服和抗静电的防护靴。
手防护	戴化学防护手套(例如丁基橡胶手套)。
其他防护	工作现场禁止吸烟、进食和饮水。工作完毕，淋浴更衣。保持良好的卫生习惯。

品名：**1-丙醇** 别名：正丙醇		分子式：C_3H_8O 分子量：60.1	相态：液 外观与性状：无色液体
危险特性			
火灾危险性：可燃液体甲 B 腐蚀减薄：无 环境开裂：无		爆炸物：无 金属腐蚀：无 急性毒性：无	皮肤腐蚀/刺激：无 易燃液体：类别 2 严重眼损伤/眼刺激：类别 1
易燃，其蒸气与空气可形成爆炸性混合物，遇明火、高热能引起燃烧爆炸。与氧化剂接触发生化学反应或引起燃烧。在火场中，受热的容器有爆炸危险。其蒸气比空气重，能在较低处扩散到相当远的地方，遇火源会着火回燃。			
理化特性			
熔点：-127.0℃ 沸点：97.1℃ 闪点：15.0℃	临界温度：263.6℃ 临界压力：5.17MPa 饱和蒸气压：1.33kPa(14.7℃)	爆炸上限：13.7% 爆炸下限：2.0% 相对密度($d_{水}=1$)：0.80	引燃温度：392.0℃ 燃烧热：2017.9kJ/mol
溶解性	与水混溶，可混溶于醇、醚等多数有机溶剂。		
主要用途	用作溶剂及用于制药、油漆和化妆品等。		
急救措施			
皮肤接触	脱去污染的衣着，用肥皂水和清水彻底冲洗皮肤。		
眼睛接触	提起眼睑，用流动清水或生理盐水冲洗。就医。		
吸入	迅速脱离现场至空气新鲜处。保持呼吸道通畅。如呼吸困难，给予吸氧。如呼吸停止，立即进行人工呼吸。就医。		
食入	饮足量温水，催吐。洗胃。就医。		
防护措施			
呼吸防护	空气中浓度超标时，应该佩戴过滤式防毒面具(半面罩)。		
眼睛防护	一般不需要特殊防护，高浓度接触时可戴安全防护眼镜。		
身体防护	穿防静电工作服。		
手防护	戴乳胶手套。		
其他防护	工作现场严禁吸烟。保持良好的卫生习惯。		

品名：**2-丙醇** 别名：异丙醇		分子式：C_3H_6O 分子量：60.1	相态：液 外观与性状：有象乙醇气味的无色透明液体
危险特性			
火灾危险性：可燃液体甲 B 腐蚀减薄：无 环境开裂：无		爆炸物：无 金属腐蚀：无 急性毒性：无	皮肤腐蚀/刺激：无 易燃液体：类别 2 严重眼损伤/眼刺激：类别 2
易燃，其蒸气与空气可形成爆炸性混合物，遇明火、高热能引起燃烧爆炸。与氧化剂接触猛烈反应。在火场中，受热的容器有爆炸危险。其蒸气比空气重，能在较低处扩散到相当远的地方，遇火源会着火回燃。			
理化特性			
熔点：-88.0℃ 沸点：82.5℃ 闪点：11.7℃	临界温度：235.0℃ 临界压力：4.76MPa 饱和蒸气压：4.40kPa(20℃)	爆炸上限：12.7% 爆炸下限：2.0% 相对密度($d_{水}=1$)：0.79	引燃温度：399.0℃ 燃烧热：1995.5kJ/mol
溶解性	溶于水、乙醇和乙醚。		
主要用途	用于制取丙酮、二异丙酮、乙酸异丙酯和麝香草酚等。在许多情况下可代替乙醇使用。		
急救措施			
皮肤接触	脱去污染的衣着，用肥皂水和清水彻底冲洗皮肤。		
眼睛接触	提起眼睑，用流动清水或生理盐水冲洗。就医。		
吸入	迅速脱离现场至空气新鲜处。保持呼吸道通畅。如呼吸困难，给予吸氧。如呼吸停止，立即进行人工呼吸。就医。		
食入	饮足量温水，催吐。洗胃。就医。		
防护措施			
呼吸防护	一般不需要特殊防护，高浓度接触时可佩戴过滤式防毒面具(半面罩)。		
眼睛防护	一般不需要特殊防护，高浓度接触时可戴安全防护眼镜。		
身体防护	穿防静电工作服。		
手防护	戴乳胶手套。		
其他防护	工作现场严禁吸烟。保持良好的卫生习惯。		

品名：**1,2-丙二胺** 别名：1,2-二氨基丙烷；丙邻二胺	分子式：$C_3H_{10}N_2$ 分子量：74.1	相态：液 外观与性状：无色液体，有氨的气味，有吸湿性
危险特性		
火灾危险性：可燃液体乙 A 腐蚀减薄：碱腐蚀、胺腐蚀 环境开裂：碱应力腐蚀开裂、氨应力腐蚀开裂、胺应力腐蚀开裂	爆炸物：无 金属腐蚀：无 急性毒性：无	皮肤腐蚀/刺激：类别 1 易燃液体：类别 3 严重眼损伤/眼刺激：类别 1
易燃，遇明火、高热或与氧化剂接触，有引起燃烧爆炸的危险。受热分解放出有毒的氧化氮烟气。能腐蚀铜及其合金。		

理化特性			
熔点：-37.2℃ 沸点：118.9℃ 闪点：33.0℃	临界温度：316.2℃ 临界压力：5.27MPa 饱和蒸气压：1.87kPa(20℃)	爆炸上限：11.1% 爆炸下限：1.9% 相对密度($d_{水}=1$)：0.87	引燃温度：360.0℃ 燃烧热：2511.9kJ/mol

溶解性	易溶于水。
主要用途	用作橡胶促进剂、添加剂、溶剂，以及用于染料、化学试剂制造。
急救措施	
皮肤接触	立即脱去污染的衣着，用大量流动清水冲洗至少 15min。就医。
眼睛接触	立即提起眼睑，用大量流动清水或生理盐水彻底冲洗至少 15min。就医。
吸入	迅速脱离现场至空气新鲜处。保持呼吸道通畅。如呼吸困难，给予吸氧。如呼吸停止，立即进行人工呼吸。就医。
食入	用水漱口，给饮牛奶或蛋清。就医。
防护措施	
呼吸防护	可能接触其蒸气时，应该佩戴自吸过滤式防毒面具(全面罩)。
眼睛防护	呼吸系统防护中已做防护。
身体防护	穿橡胶耐酸碱服。
手防护	戴橡胶耐油手套。
其他防护	工作现场禁止吸烟、进食和饮水。工作完毕，淋浴更衣。实行就业前和定期的体检。

品名：**1,3-丙二胺** 别名：1,3-二氨基丙烷	分子式：$C_3H_{10}N_2$ 分子量：74.1	相态：液 外观与性状：水白色液体，有氨的气味
危险特性		
火灾危险性：可燃液体乙 B 腐蚀减薄：碱腐蚀、胺腐蚀 环境开裂：碱应力腐蚀开裂、氨应力腐蚀开裂、胺应力腐蚀开裂	爆炸物：无 金属腐蚀：无 急性毒性：类别 2	皮肤腐蚀/刺激：类别 1 易燃液体：类别 3 严重眼损伤/眼刺激：类别 1
遇明火、高热或与氧化剂接触，有引起燃烧爆炸的危险。受热分解放出有毒的氧化氮烟气。若遇高热，容器内压增大，有开裂和爆炸的危险。		

理化特性			
熔点：-12.0℃ 沸点：139.7℃ 闪点：48.0℃	临界温度：333.4℃ 临界压力：5.12MPa 饱和蒸气压：1.07kPa(20℃)	爆炸上限：15.2% 爆炸下限：2.8% 相对密度($d_{水}=1$)：0.89	引燃温度：350.0℃ 燃烧热：无资料

溶解性	易溶于水，溶于甲醇、乙醚。
主要用途	用作有机合成中间体、溶剂。
急救措施	
皮肤接触	立即脱去污染的衣着，用大量流动清水冲洗至少 15min。就医。
眼睛接触	立即提起眼睑，用大量流动清水或生理盐水彻底冲洗至少 15min。就医。
吸入	迅速脱离现场至空气新鲜处。保持呼吸道通畅。如呼吸困难，给予吸氧。如呼吸停止，立即进行人工呼吸。就医。
食入	用水漱口，给饮牛奶或蛋清。就医。
防护措施	
呼吸防护	可能接触其蒸气时，应该佩戴自吸过滤式防毒面具(全面罩)。
眼睛防护	呼吸系统防护中已做防护。
身体防护	穿橡胶耐酸碱服。
手防护	戴橡胶耐油手套。
其他防护	工作现场禁止吸烟、进食和饮水。工作完毕，淋浴更衣。保持良好的卫生习惯。

品名：**丙二醇乙醚** 别名：1-乙氧基-2-丙醇	分子式：$C_5H_{12}O_2$ 分子量：104.2	相态：液 外观与性状：无色液体

危险特性

火灾危险性：可燃液体乙 A	爆炸物：无	皮肤腐蚀/刺激：无
腐蚀减薄：无	金属腐蚀：无	易燃液体：类别 3
环境开裂：无	急性毒性：无	

其蒸气与空气可形成爆炸性混合物，遇明火、高热能引起燃烧爆炸。与氧化剂可发生反应。若遇高热，容器内压增大，有开裂和爆炸的危险。

理化特性

熔点：-90.0℃	临界温度：无资料	爆炸上限：无资料	引燃温度：无资料
沸点：132.2℃	临界压力：4.11MPa	爆炸下限：无资料	燃烧热：无资料
闪点：43.0℃	饱和蒸气压：0.96kPa(25℃)	相对密度($d_{水}=1$)：0.90	

溶解性	与水混溶。
主要用途	用作溶剂。

急救措施

皮肤接触	脱去污染的衣着，用流动清水冲洗。
眼睛接触	提起眼睑，用流动清水或生理盐水冲洗。就医。
吸入	迅速脱离现场至空气新鲜处。保持呼吸道通畅。如呼吸困难，给予吸氧。如呼吸停止，立即进行人工呼吸。就医。
食入	饮足量温水，催吐。就医。

防护措施

呼吸防护	空气中浓度超标时，必须佩戴自吸过滤式防毒面具(半面罩)。紧急事态抢救或撤离时，应该佩戴空气呼吸器。
眼睛防护	戴化学安全防护眼镜。
身体防护	穿防静电工作服。
手防护	戴橡胶耐油手套。
其他防护	工作现场严禁吸烟。避免长期反复接触。定期体检。

品名：**丙二腈** 别名：二氰甲烷；氰化亚甲基；缩苹果腈	分子式：$C_3H_2N_2$ 分子量：66.1	相态：固 外观与性状：无色结晶

危险特性

火灾危险性：可燃气体甲	爆炸物：无	皮肤腐蚀/刺激：无
腐蚀减薄：无	金属腐蚀：无	易燃液体：无
环境开裂：无	急性毒性：类别 3	

加热至120℃，与碱性物质接触，立即猛烈聚合。受高热分解放出有毒的气体。

理化特性

熔点：30.5℃	临界温度：无资料	爆炸上限：19.0%	引燃温度：590.0℃
沸点：220.0℃	临界压力：3.60MPa	爆炸下限：2.9%	燃烧热：1650.3kJ/mol
闪点：112.0℃	饱和蒸气压：2.67kPa(109℃)	相对密度($d_{水}=1$)：1.05	

溶解性	溶于水、醇、苯，微溶于氯仿、乙酸。
主要用途	用于有机合成，金的浸提剂。

急救措施

皮肤接触	立即脱去污染的衣着，用流动清水或5%硫代硫酸钠溶液彻底冲洗至少 20min。就医。
眼睛接触	提起眼睑，用流动清水或生理盐水冲洗。就医。
吸入	迅速脱离现场至空气新鲜处。保持呼吸道通畅。如呼吸困难，给予吸氧。
食入	饮足量温水，催吐。用1∶5000高锰酸钾或5%硫代硫酸钠溶液洗胃。就医。

防护措施

呼吸防护	可能接触毒物时，必须佩戴自吸过滤式防毒面具(全面罩)。紧急事态抢救或撤离时，建议佩戴隔离式呼吸器。
眼睛防护	呼吸系统防护中已做防护。
身体防护	穿聚乙烯防毒服。
手防护	戴橡胶手套。
其他防护	工作现场禁止吸烟、进食和饮水。工作完毕，彻底清洗。单独存放被毒物污染的衣服，洗后备用。

品名：**丙二烯[稳定的]**	分子式：C_3H_4	相态：气
别名：无	分子量：40.1	外观与性状：无色气体，略带甜味
危险特性		
火灾危险性：可燃气体甲	爆炸物：无	皮肤腐蚀/刺激：无
腐蚀减薄：无	金属腐蚀：无	易燃气体：类别1
环境开裂：无	急性毒性：无	加压气体：是

易燃，与空气混合能形成爆炸性混合物。遇热源和明火有燃烧爆炸的危险。是非常活泼的物质，容易产生聚合。在200kPa大气压下可发生爆炸性分解。气体比空气重，能在较低处扩散到相当远的地方，遇火源会着火回燃。

理化特性

熔点：-136.6℃	临界温度：无资料	爆炸上限：13.0%	引燃温度：无资料
沸点：-34.5℃	临界压力：5.25MPa	爆炸下限：2.1%	燃烧热：无资料
闪点：无资料	饱和蒸气压：817kPa(21℃)	相对密度($d_{水}=1$)：0.78	

溶解性	不溶于水，微溶于乙醇，易溶于乙醚。
主要用途	作为活性中间体。
急救措施	
皮肤接触	若有冻伤，就医治疗。
眼睛接触	若有冻伤，就医治疗。
吸入	迅速脱离现场至空气新鲜处。保持呼吸道通畅。如呼吸困难，给予吸氧。如呼吸停止，立即进行人工呼吸。就医。
食入	禁止催吐，切勿给失去知觉者从嘴里喂食任何东西。立即呼叫医生或中毒控制中心。
防护措施	
呼吸防护	一般不需要特殊防护，高浓度接触时可佩戴自吸过滤式防毒面具(半面罩)。
眼睛防护	戴化学安全防护眼镜。
身体防护	穿防静电工作服。
手防护	戴一般作业防护手套。
其他防护	工作现场严禁吸烟。避免长期反复接触。

品名：**丙二酰氯**	分子式：$C_3H_2Cl_2O_2$	相态：液
别名：缩苹果酰氯	分子量：141.0	外观与性状：黄色液体
危险特性		
火灾危险性：可燃液体乙B	爆炸物：无	皮肤腐蚀/刺激：类别1
腐蚀减薄：无	金属腐蚀：无	易燃液体：类别3
环境开裂：无	急性毒性：无	严重眼损伤/眼刺激：类别1

其蒸气与空气可形成爆炸性混合物，遇明火、高热能引起燃烧爆炸。与氧化剂可发生反应。遇水发生剧烈反应，散发出具有刺激性和腐蚀性的氯化氢气体。受高热分解放出有毒的气体。具有腐蚀性。若遇高热，容器内压增大，有开裂和爆炸的危险。

理化特性

熔点：无资料	临界温度：无资料	爆炸上限：无资料	引燃温度：无资料
沸点：53.0℃	临界压力：无资料	爆炸下限：无资料	燃烧热：无资料
闪点：47.0℃	饱和蒸气压：无资料	相对密度($d_{水}=1$)：1.45	

溶解性	溶于乙醚、乙酸乙酯。
主要用途	用于有机合成。
急救措施	
皮肤接触	立即脱去污染的衣着，用大量流动清水冲洗至少15min。就医。
眼睛接触	立即提起眼睑，用大量流动清水或生理盐水彻底冲洗至少15min。就医。
吸入	迅速脱离现场至空气新鲜处。保持呼吸道通畅。如呼吸困难，给予吸氧。如呼吸停止，立即进行人工呼吸。就医。
食入	用水漱口，给饮牛奶或蛋清。就医。
防护措施	
呼吸防护	空气中浓度超标时，必须佩戴自吸过滤式防毒面具(全面罩)。紧急事态抢救或撤离时，应该佩戴空气呼吸器。
眼睛防护	呼吸系统防护中已做防护。
身体防护	穿橡胶耐酸碱服。
手防护	戴橡胶耐酸碱手套。
其他防护	工作现场禁止吸烟、进食和饮水。工作完毕，淋浴更衣。保持良好的卫生习惯。

品名：**丙基三氯硅烷**	分子式：$C_3H_7Cl_3Si$	相态：液	
别名：无	分子量：177.5	外观与性状：无色液体，具有刺激性臭味	
危险特性			
火灾危险性：可燃液体乙 A	爆炸物：无	皮肤腐蚀/刺激：类别 1	
腐蚀减薄：无	金属腐蚀：无	易燃液体：类别 2	
环境开裂：无	急性毒性：类别 3	严重眼损伤/眼刺激：类别 1	
其蒸气与空气可形成爆炸性混合物，遇明火、高热能引起燃烧爆炸。与氧化剂可发生反应。遇水或水蒸气反应放热并产生有毒的腐蚀性气体。受高热分解产生有毒的腐蚀性烟气。受高热分解产生有毒的腐蚀性烟气。			
理化特性			
熔点：无资料	临界温度：无资料	爆炸上限：无资料	引燃温度：31.0℃
沸点：123.0℃	临界压力：无资料	爆炸下限：无资料	燃烧热：无资料
闪点：37.8℃	饱和蒸气压：无资料	相对密度($d_{水}=1$)：1.20	
溶解性	溶于部分有机溶剂。		
主要用途	用作有机硅中间体。		
急救措施			
皮肤接触	立即脱去污染的衣着，用大量流动清水冲洗。就医。		
眼睛接触	立即提起眼睑，用大量流动清水或生理盐水彻底冲洗至少 15min。就医。		
吸入	迅速脱离现场至空气新鲜处。保持呼吸道通畅。如呼吸困难，给予吸氧。如呼吸停止，立即进行人工呼吸。就医。		
食入	用水漱口，给饮牛奶或蛋清。就医。		
防护措施			
呼吸防护	空气中浓度超标时，必须佩戴自吸过滤式防毒面具(全面罩)。紧急事态抢救或撤离时，应该佩戴空气呼吸器。		
眼睛防护	呼吸系统防护中已做防护。		
身体防护	穿橡胶耐酸碱服。		
手防护	戴橡胶耐酸碱手套。		
其他防护	工作现场禁止吸烟、进食和饮水。工作完毕，淋浴更衣。保持良好的卫生习惯。		

品名：**丙腈**	分子式：C_3H_5N	相态：液	
别名：乙基氰	分子量：55.1	外观与性状：无色液体，有醚样气味	
危险特性			
火灾危险性：可燃液体甲 B	爆炸物：无	皮肤腐蚀/刺激：无	
腐蚀减薄：无	金属腐蚀：无	易燃液体：类别 2	
环境开裂：无	急性毒性：类别 1	严重眼损伤/眼刺激：类别 2	
易燃，其蒸气与空气可形成爆炸性混合物，遇明火、高热能引起燃烧爆炸。与氧化剂能发生强烈反应。其蒸气比空气重，能在较低处扩散到相当远的地方，遇火源会着火回燃。在火场中，受热的容器有爆炸危险。			
理化特性			
熔点：-103.5℃	临界温度：291.2℃	爆炸上限：14.0%	引燃温度：510.0℃
沸点：97.1℃	临界压力：4.18MPa	爆炸下限：3.1%	燃烧热：1907.8kJ/mol
闪点：2.0℃	饱和蒸气压：5.95kPa(25℃)	相对密度($d_{水}=1$)：0.80	
溶解性	溶于水、乙醇等多数有机溶剂。		
主要用途	用作溶剂、中间体、绝缘液。		
急救措施			
皮肤接触	立即脱去污染的衣着，用流动清水或5%硫代硫酸钠溶液彻底冲洗至少 20min。就医。		
眼睛接触	立即提起眼睑，用大量流动清水或生理盐水彻底冲洗至少 15min。就医。		
吸入	迅速脱离现场至空气新鲜处。保持呼吸道通畅。如呼吸困难，给予吸氧。		
食入	饮足量温水，催吐。用 1∶5000 高锰酸钾或 5%硫代硫酸钠溶液洗胃。就医。		
防护措施			
呼吸防护	可能接触毒物时，必须佩戴自吸过滤式防毒面具(全面罩)。紧急事态抢救或撤离时，建议佩戴空气呼吸器。		
眼睛防护	呼吸系统防护中已做防护。		
身体防护	穿连衣式胶布防毒衣。		
手防护	戴橡胶耐油手套。		
其他防护	工作现场禁止吸烟、进食和饮水。工作完毕，彻底清洗。单独存放被毒物污染的衣服，洗后备用。		

<table>
<tr><td colspan="2">品名：丙醛
别名：无</td><td>分子式：C_3H_6O
分子量：58.1</td><td>相态：液
外观与性状：无色液体，有刺激性臭味</td></tr>
<tr><th colspan="4">危险特性</th></tr>
<tr><td colspan="2">火灾危险性：可燃液体甲 B
腐蚀减薄：无
环境开裂：无</td><td>爆炸物：无
金属腐蚀：无
急性毒性：无</td><td>皮肤腐蚀/刺激：类别 2
易燃液体：类别 2
严重眼损伤/眼刺激：类别 2</td></tr>
<tr><td colspan="4">易燃，其蒸气与空气可形成爆炸性混合物，遇明火、高热极易燃烧爆炸。与氧化剂接触猛烈反应。若遇高热，可发生聚合反应，放出大量热量而引起容器破裂和爆炸事故。其蒸气比空气重，能在较低处扩散到相当远的地方，遇火源会着火回燃。</td></tr>
<tr><th colspan="4">理化特性</th></tr>
<tr><td colspan="4">熔点：-81.0℃　临界温度：无资料　爆炸上限：21.0%　引燃温度：190.0℃
沸点：48.0℃　临界压力：4.65MPa　爆炸下限：2.3%　燃烧热：1143.0kJ/mol
闪点：-30.0℃　饱和蒸气压：34.4kPa(20℃)　相对密度($d_{水}=1$)：0.80</td></tr>
<tr><td>溶解性</td><td colspan="3">溶于水，可混溶于乙醇、乙醚等多数有机溶剂。</td></tr>
<tr><td>主要用途</td><td colspan="3">用于制合成树脂、橡胶促进剂和防老剂。</td></tr>
<tr><th colspan="4">急救措施</th></tr>
<tr><td>皮肤接触</td><td colspan="3">立即脱去污染的衣着，用大量流动清水冲洗至少 15min。就医。</td></tr>
<tr><td>眼睛接触</td><td colspan="3">立即提起眼睑，用大量流动清水或生理盐水彻底冲洗至少 15min。就医。</td></tr>
<tr><td>吸入</td><td colspan="3">迅速脱离现场至空气新鲜处。保持呼吸道通畅。如呼吸困难，给予吸氧。如呼吸停止，立即进行人工呼吸。就医。</td></tr>
<tr><td>食入</td><td colspan="3">用水漱口，给饮牛奶或蛋清。就医。</td></tr>
<tr><th colspan="4">防护措施</th></tr>
<tr><td>呼吸防护</td><td colspan="3">空气中浓度超标时，应该佩戴过滤式防毒面具(半面罩)。</td></tr>
<tr><td>眼睛防护</td><td colspan="3">戴化学安全防护眼镜。</td></tr>
<tr><td>身体防护</td><td colspan="3">穿防静电工作服。</td></tr>
<tr><td>手防护</td><td colspan="3">戴橡胶手套。</td></tr>
<tr><td>其他防护</td><td colspan="3">工作现场禁止吸烟、进食和饮水。工作完毕，淋浴更衣。保持良好的卫生习惯。</td></tr>
</table>

<table>
<tr><td colspan="2">品名：2-丙炔-1-醇
别名：丙炔醇；炔丙醇</td><td>分子式：C_3H_4O
分子量：56.1</td><td>相态：液
外观与性状：无色液体，有香叶气味</td></tr>
<tr><th colspan="4">危险特性</th></tr>
<tr><td colspan="2">火灾危险性：可燃液体乙 A
腐蚀减薄：无
环境开裂：无</td><td>爆炸物：无
金属腐蚀：无
急性毒性：类别 1</td><td>皮肤腐蚀/刺激：类别 1
易燃液体：类别 3
严重眼损伤/眼刺激：类别 1</td></tr>
<tr><td colspan="4">其蒸气与空气可形成爆炸性混合物，遇明火、高热能引起燃烧爆炸。与氧化剂可发生反应。受热放出辛辣的烟气。与氧化剂、五氧化二磷发生反应。容易自聚，聚合反应随着温度的上升而急骤加剧。</td></tr>
<tr><th colspan="4">理化特性</th></tr>
<tr><td colspan="4">熔点：-50.0℃　临界温度：无资料　爆炸上限：无资料　引燃温度：365.0℃
沸点：115.0℃　临界压力：无资料　爆炸下限：无资料　燃烧热：无资料
闪点：36.0℃　饱和蒸气压：1.55kPa(20℃)　相对密度($d_{水}=1$)：0.97</td></tr>
<tr><td>溶解性</td><td colspan="3">溶于水、醇、醚。</td></tr>
<tr><td>主要用途</td><td colspan="3">用作除锈剂、化学中间体、腐蚀抑制剂、溶剂、稳定剂等。</td></tr>
<tr><th colspan="4">急救措施</th></tr>
<tr><td>皮肤接触</td><td colspan="3">立即脱去污染的衣着，用大量流动清水冲洗至少 15min。就医。</td></tr>
<tr><td>眼睛接触</td><td colspan="3">立即提起眼睑，用大量流动清水或生理盐水彻底冲洗至少 15min。就医。</td></tr>
<tr><td>吸入</td><td colspan="3">迅速脱离现场至空气新鲜处。保持呼吸道通畅。如呼吸困难，给予吸氧。如呼吸停止，立即进行人工呼吸。就医。</td></tr>
<tr><td>食入</td><td colspan="3">用水漱口，给饮牛奶或蛋清。就医。</td></tr>
<tr><th colspan="4">防护措施</th></tr>
<tr><td>呼吸防护</td><td colspan="3">如果蒸气浓度超过职业接触限值或发生刺激等症状时，请使用全面罩式多功能防毒面具。</td></tr>
<tr><td>眼睛防护</td><td colspan="3">佩戴化学护目镜(符合欧盟 EN 166 或美国 NIOSH 标准)。</td></tr>
<tr><td>身体防护</td><td colspan="3">穿阻燃防静电防护服和抗静电的防护靴。</td></tr>
<tr><td>手防护</td><td colspan="3">戴化学防护手套(例如丁基橡胶手套)。</td></tr>
<tr><td>其他防护</td><td colspan="3">工作现场禁止吸烟、进食和饮水。工作完毕，淋浴更衣。保持良好的卫生习惯。</td></tr>
</table>

品名：**丙炔和丙二烯混合物[稳定的]** 别名：甲基乙炔和丙二烯混合物		分子式：C_6H_8 分子量：80.1		相态：气 外观与性状：无色气体，具恶臭味
危险特性				
火灾危险性：可燃气体甲 腐蚀减薄：无 环境开裂：无		爆炸物：1.1 金属腐蚀：无 急性毒性：类别2		皮肤腐蚀/刺激：无 易燃气体：类别1 加压气体：是
与空气接触能形成爆炸性混合物。与强氧化剂不能配伍。与铜合金接触会形成爆炸性化合物。腐蚀某些塑料、橡胶和涂料。能积聚静电而引燃其蒸气。				
理化特性				
熔点：无资料 沸点：-38.0℃ 闪点：无资料	临界温度：无资料 临界压力：无资料 饱和蒸气压：无资料		爆炸上限：10.8% 爆炸下限：3.4% 相对密度($d_{水}=1$)：无资料	引燃温度：无资料 燃烧热：无资料
溶解性	在水中略有溶解；在水中漂浮并沸腾。			
主要用途	无资料。			
急救措施				
皮肤接触	冲洗。脱去并隔离被污染的衣服和鞋。接触液化气体，接触部位用温水浸泡复温。			
眼睛接触	冲洗。			
吸入	将患者移至新鲜空气处；施行人工呼吸。如果呼吸困难，给予吸氧。			
食入	禁止催吐，切勿给失去知觉者从嘴里喂食任何东西。立即呼叫医生或中毒控制中心。			
防护措施				
呼吸防护	佩戴自携式正压全面罩呼吸器、供气式正压全面罩呼吸器辅之以辅助自携式正压呼吸器。			
眼睛防护	戴护目镜，避免眼睛接触；定期进行中枢神经系统、皮肤、眼睛检查。			
身体防护	穿适当防护服，防止皮肤冻伤。			
手防护	戴化学防护手套(例如丁基橡胶手套)。			
其他防护	工作现场禁止吸烟、进食和饮水。工作完毕，淋浴更衣。保持良好的卫生习惯。			

品名：**丙炔酸** 别名：无		分子式：$C_3H_2O_2$ 分子量：70.1		相态：液 外观与性状：无色黏稠液体
危险特性				
火灾危险性：可燃液体乙B 腐蚀减薄：低分子有机酸腐蚀 环境开裂：无		爆炸物：无 金属腐蚀：无 急性毒性：类别2		皮肤腐蚀/刺激：类别1 易燃液体：类别3 严重眼损伤/眼刺激：类别1
遇明火、高热易燃。与碱类剧烈反应。具有腐蚀性。				
理化特性				
熔点：8.8℃ 沸点：143.9℃ 闪点：58.0℃	临界温度：无资料 临界压力：无资料 饱和蒸气压：26.67kPa(102℃)		爆炸上限：无资料 爆炸下限：无资料 相对密度($d_{水}=1$)：1.14	引燃温度：无资料 燃烧热：无资料
溶解性	易溶于水、乙醇。			
主要用途	用于有机合成。			
急救措施				
皮肤接触	立即脱去污染的衣着，用大量流动清水冲洗。就医。			
眼睛接触	提起眼睑，用流动清水或生理盐水冲洗。就医。			
吸入	迅速脱离现场至空气新鲜处。保持呼吸道通畅。如呼吸困难，给予吸氧。如呼吸停止，立即进行人工呼吸。就医。			
食入	饮足量温水，催吐。就医。			
防护措施				
呼吸防护	空气中浓度超标时，必须佩戴自吸过滤式防毒面具(全面罩)。紧急事态抢救或撤离时，应该佩戴空气呼吸器。			
眼睛防护	呼吸系统防护中已做防护。			
身体防护	穿橡胶耐酸碱服。			
手防护	戴橡胶耐酸碱手套。			
其他防护	工作完毕，淋浴更衣。注意个人清洁卫生。			

品名：**丙酸** 别名：无		分子式：$C_3H_6O_2$ 分子量：74.1	相态：液 外观与性状：无色液体，有刺激性气味
危险特性			
火灾危险性：可燃液体乙 B 腐蚀减薄：低分子有机酸腐蚀 环境开裂：无		爆炸物：无 金属腐蚀：无 急性毒性：无	皮肤腐蚀/刺激：类别 1 严重眼损伤/眼刺激：类别 1
易燃，其蒸气与空气可形成爆炸性混合物，遇明火、高热能引起燃烧爆炸。与氧化剂能发生强烈反应。			
理化特性			
熔点：-22.0℃ 沸点：140.7℃ 闪点：52.0℃	临界温度：339.0℃ 临界压力：5.37MPa 饱和蒸气压：1.33kPa(39.7℃)	爆炸上限：12.1% 爆炸下限：2.9% 相对密度($d_{水}=1$)：0.99	引燃温度：465.0℃ 燃烧热：1525.8kJ/mol
溶解性	与水混溶，可混溶于乙醇、乙醚、氯仿。		
主要用途	用作酯化剂、硝酸纤维素的溶剂、增塑剂、化学试剂和配制食品原料等。		
急救措施			
皮肤接触	立即脱去污染的衣着，用大量流动清水冲洗至少 15min。就医。		
眼睛接触	立即提起眼睑，用大量流动清水或生理盐水彻底冲洗至少 15min。就医。		
吸入	迅速脱离现场至空气新鲜处。保持呼吸道通畅。如呼吸困难，给予吸氧。如呼吸停止，立即进行人工呼吸。就医。		
食入	用水漱口，给饮牛奶或蛋清。就医。		
防护措施			
呼吸防护	可能接触其蒸气时，应该佩戴自吸过滤式防毒面具(半面罩)。紧急事态抢救或撤离时，建议佩戴自给式呼吸器。		
眼睛防护	戴化学安全防护眼镜。		
身体防护	穿防酸碱工作服。		
手防护	戴橡胶耐酸碱手套。		
其他防护	工作场所禁止吸烟、进食和饮水，饭前要洗手。工作完毕，淋浴更衣。注意个人清洁卫生。		

品名：**丙酸酐** 别名：丙酐		分子式：$C_6H_{10}O_2$ 分子量：130.1	相态：液 外观与性状：无色有刺激性恶臭的液体
危险特性			
火灾危险性：可燃液体丙 A 腐蚀减薄：低分子有机酸腐蚀 环境开裂：无		爆炸物：无 金属腐蚀：无 急性毒性：无	皮肤腐蚀/刺激：类别 1 严重眼损伤/眼刺激：类别 1
其蒸气与空气可形成爆炸性混合物，遇明火、高热易引起燃烧爆炸。与强氧化剂接触可发生化学反应。具有腐蚀性。			
理化特性			
熔点：-45.0℃ 沸点：167.0℃ 闪点：63.0℃	临界温度：342.7℃ 临界压力：3.34MPa 饱和蒸气压：0.13kPa(20.6℃)	爆炸上限：9.5% 爆炸下限：1.3% 相对密度($d_{水}=1$)：1.01	引燃温度：258.0℃ 燃烧热：3120.8kJ/mol
溶解性	溶于乙醇、乙醚、氯仿、碱液。		
主要用途	作酯化剂、脱水剂及用于染料和药品、香水的制造。		
急救措施			
皮肤接触	立即脱去污染的衣着，用大量流动清水冲洗至少 15min。就医。		
眼睛接触	立即提起眼睑，用大量流动清水或生理盐水彻底冲洗至少 15min。就医。		
吸入	迅速脱离现场至空气新鲜处。保持呼吸道通畅。如呼吸困难，给予吸氧。如呼吸停止，立即进行人工呼吸。就医。		
食入	用水漱口，给饮牛奶或蛋清。就医。		
防护措施			
呼吸防护	可能接触其蒸气时，应该佩戴自吸过滤式防毒面具(全面罩)。必要时，建议佩戴空气呼吸器。		
眼睛防护	呼吸系统防护中已做防护。		
身体防护	穿橡胶耐酸碱服。		
手防护	戴橡胶耐酸碱手套。		
其他防护	工作场所禁止吸烟、进食和饮水，饭前要洗手。工作完毕，淋浴更衣。注意个人清洁卫生。		

品名：**丙酸甲酯**	分子式：$C_4H_8O_2$	相态：液
别名：无	分子量：88.2	外观与性状：无色液体

危险特性

火灾危险性：可燃液体甲 B	爆炸物：无	皮肤腐蚀/刺激：无
腐蚀减薄：低分子有机酸腐蚀	金属腐蚀：无	易燃液体：类别 2
环境开裂：无	急性毒性：无	

易燃，其蒸气与空气可形成爆炸性混合物，遇明火、高热或与氧化剂接触，有引起燃烧爆炸的危险。其蒸气比空气重，能在较低处扩散到相当远的地方，遇火源会着火回燃。

理化特性

熔点：-87.5℃	临界温度：无资料	爆炸上限：13.0%	引燃温度：469.0℃
沸点：79.8℃	临界压力：4.00MPa	爆炸下限：2.5%	燃烧热：无资料
闪点：2.0℃	饱和蒸气压：5.33kPa(11℃)	相对密度($d_{水}$=1)：0.94	

溶解性	微溶于水，可混溶于乙醇、乙醚。
主要用途	用作溶剂及制造香料。

急救措施

皮肤接触	脱去污染的衣着，用肥皂水和清水彻底冲洗皮肤。
眼睛接触	提起眼睑，用流动清水或生理盐水冲洗。就医。
吸入	迅速脱离现场至空气新鲜处。保持呼吸道通畅。如呼吸困难，给予吸氧。如呼吸停止，立即进行人工呼吸。就医。
食入	饮足量温水，催吐。就医。

防护措施

呼吸防护	高浓度环境中，应该佩戴自吸过滤式防毒面具(半面罩)。紧急事态抢救或撤离时，建议佩戴空气呼吸器。
眼睛防护	一般不需要特殊防护，高浓度接触时可戴化学安全防护眼镜。
身体防护	穿防静电工作服。
手防护	戴橡胶耐油手套。
其他防护	工作现场严禁吸烟。工作完毕，淋浴更衣。注意个人清洁卫生。

品名：**丙酸烯丙酯**	分子式：$C_6H_{10}O_2$	相态：液
别名：无	分子量：114.2	外观与性状：无色液体，有水果样香气

危险特性

火灾危险性：无法确定	爆炸物：无	皮肤腐蚀/刺激：无
腐蚀减薄：低分子有机酸腐蚀	金属腐蚀：无	易燃液体：类别 2
环境开裂：无	急性毒性：无	

可与空气形成爆炸性混合物。暴露于火中的容器可能会通过压力安全阀泄漏出内容物，从而增加火势和/或蒸气的浓度。蒸气可能会移动到着火源并回闪。液体和蒸气易燃。加热时，容器可能爆炸。受热或接触火焰可能会产生膨胀或爆炸性分解。

理化特性

熔点：无资料	临界温度：无资料	爆炸上限：无资料	引燃温度：无资料
沸点：121.0℃	临界压力：无资料	爆炸下限：无资料	燃烧热：无资料
闪点：无资料	饱和蒸气压：无资料	相对密度($d_{水}$=1)：0.91	

溶解性	微溶于水，溶于乙醇、乙醚和丙酮。
主要用途	用作食用香料和有机合成中间体。

急救措施

皮肤接触	立即脱去污染的衣物。用大量肥皂水和清水冲洗皮肤。如有不适，就医。
眼睛接触	用大量水彻底冲洗至少 15min。如有不适，就医。
吸入	立即将患者移到新鲜空气处，保持呼吸畅通。如果呼吸困难，给予吸氧。
食入	禁止催吐，切勿给失去知觉者从嘴里喂食任何东西。立即呼叫医生或中毒控制中心。

防护措施

呼吸防护	如果蒸气浓度超过职业接触限值或发生刺激等症状时，请使用全面罩式多功能防毒面具。
眼睛防护	佩戴化学护目镜(符合欧盟 EN 166 或美国 NIOSH 标准)。
身体防护	穿阻燃防静电防护服和抗静电的防护靴。
手防护	戴化学防护手套(例如丁基橡胶手套)。
其他防护	工作现场禁止吸烟、进食和饮水。工作完毕，淋浴更衣。保持良好的卫生习惯。

品名：**丙酸乙酯** 别名：无	分子式：$C_5H_{10}O_2$ 分子量：102.1	相态：液 外观与性状：无色有芳香味的液体
危险特性		
火灾危险性：可燃液体甲B 腐蚀减薄：低分子有机酸腐蚀 环境开裂：无	爆炸物：无 金属腐蚀：无 急性毒性：无	皮肤腐蚀/刺激：无 易燃液体：类别2
易燃，其蒸气与空气可形成爆炸性混合物，遇明火、高热能引起燃烧爆炸。与氧化剂能发生强烈反应。其蒸气比空气重，能在较低处扩散到相当远的地方，遇火源会着火回燃。		
理化特性		
熔点：−73.9℃ 沸点：99.1℃ 闪点：12.0℃	临界温度：无资料 临界压力：3.36MPa 饱和蒸气压：5.32kPa(27℃)	爆炸上限：11.0%　引燃温度：440.0℃ 爆炸下限：1.8%　燃烧热：无资料 相对密度($d_水=1$)：0.89
溶解性	不溶于水，溶于醇、醚，可混溶于多数有机溶剂。	
主要用途	用作溶剂，也用于有机合成。	
急救措施		
皮肤接触	脱去污染的衣着，用肥皂水和清水彻底冲洗皮肤。	
眼睛接触	提起眼睑，用流动清水或生理盐水冲洗。就医。	
吸入	迅速脱离现场至空气新鲜处。保持呼吸道通畅。如呼吸困难，给予吸氧。如呼吸停止，立即进行人工呼吸。就医。	
食入	饮足量温水，催吐。就医。	
防护措施		
呼吸防护	高浓度接触时，应该佩戴自吸过滤式防毒面具(半面罩)。紧急事态抢救或撤离时，建议佩戴空气呼吸器。	
眼睛防护	必要时，戴化学安全防护眼镜。	
身体防护	穿防静电工作服。	
手防护	戴橡胶耐油手套。	
其他防护	工作现场严禁吸烟。工作完毕，淋浴更衣。注意个人清洁卫生。	

品名：**丙酸异丁酯** 别名：丙酸-2-甲基丙酯	分子式：$C_7H_{14}O_2$ 分子量：130.2	相态：液 外观与性状：无色液体
危险特性		
火灾危险性：可燃液体甲B 腐蚀减薄：低分子有机酸腐蚀 环境开裂：无	爆炸物：无 金属腐蚀：无 急性毒性：无	皮肤腐蚀/刺激：无 易燃液体：类别3
易燃，其蒸气与空气可形成爆炸性混合物，遇明火、高热能引起燃烧爆炸。与氧化剂能发生强烈反应。		
理化特性		
熔点：−71.4℃ 沸点：138.0℃ 闪点：26.1℃	临界温度：无资料 临界压力：无资料 饱和蒸气压：无资料	爆炸上限：无资料　引燃温度：无资料 爆炸下限：无资料　燃烧热：无资料 相对密度($d_水=1$)：0.86
溶解性	不溶于水，易溶于醇、醚。	
主要用途	用作油漆溶剂、香料，用于有机合成。	
急救措施		
皮肤接触	脱去污染的衣着，用肥皂水和清水彻底冲洗皮肤。	
眼睛接触	提起眼睑，用流动清水或生理盐水冲洗。就医。	
吸入	迅速脱离现场至空气新鲜处。保持呼吸道通畅。如呼吸困难，给予吸氧。如呼吸停止，立即进行人工呼吸。就医。	
食入	饮足量温水，催吐。就医。	
防护措施		
呼吸防护	高浓度接触时，应该佩戴自吸过滤式防毒面具(半面罩)。紧急事态抢救或撤离时，建议佩戴空气呼吸器。	
眼睛防护	必要时，戴化学安全防护眼镜。	
身体防护	穿防静电工作服。	
手防护	戴橡胶耐油手套。	
其他防护	工作现场禁止吸烟、进食和饮水。特别注意眼和呼吸道的防护。工作完毕，彻底清洗。	

品名：**丙酸异戊酯** 别名：无	分子式：$C_8H_{16}O_2$ 分子量：144.2	相态：液 外观与性状：无色液体，具有水果香味

危险特性

火灾危险性：可燃液体乙 B	爆炸物：无	皮肤腐蚀/刺激：无
腐蚀减薄：低分子有机酸腐蚀	金属腐蚀：无	易燃液体：类别 3
环境开裂：无	急性毒性：无	

易燃，遇明火、高热能引起燃烧爆炸。与氧化剂可发生反应。

理化特性

熔点：−73.0℃	临界温度：无资料	爆炸上限：无资料	引燃温度：无资料
沸点：160.3℃	临界压力：无资料	爆炸下限：无资料	燃烧热：4840.0kJ/mol
闪点：47.8℃	饱和蒸气压：0.27kPa(25℃)	相对密度($d_水=1$)：0.86	

溶解性	微溶于水，可混溶于乙醇、乙醚，不溶于甘油。
主要用途	用作溶剂、萃取剂。

急救措施

皮肤接触	脱去污染的衣着，用肥皂水和清水彻底冲洗皮肤。
眼睛接触	提起眼睑，用流动清水或生理盐水冲洗。就医。
吸入	迅速脱离现场至空气新鲜处。保持呼吸道通畅。如呼吸困难，给予吸氧。如呼吸停止，立即进行人工呼吸。就医。
食入	饮足量温水，催吐。就医。

防护措施

呼吸防护	空气中浓度较高时，应该佩戴导管式防毒面具。紧急事态抢救或撤离时，建议佩戴空气呼吸器。
眼睛防护	必要时，戴安全防护眼镜。
身体防护	穿防静电工作服。
手防护	戴橡胶耐油手套。
其他防护	工作现场严禁吸烟。保持良好的卫生习惯。

品名：**丙酸正丁酯** 别名：无	分子式：$C_7H_{14}O_2$ 分子量：130.2	相态：液 外观与性状：水白色液体，有苹果香味；微溶于水，能溶于醇、醚

危险特性

火灾危险性：可燃液体乙 A	爆炸物：无	皮肤腐蚀/刺激：无
腐蚀减薄：低分子有机酸腐蚀	金属腐蚀：无	易燃液体：类别 3
环境开裂：无	急性毒性：无	

遇高温、明火、氧化剂有引起燃烧危险。

理化特性

熔点：−89.5℃	临界温度：无资料	爆炸上限：6.8%	引燃温度：427.0℃
沸点：145.5℃	临界压力：2.78MPa	爆炸下限：1.1%	燃烧热：无资料
闪点：32.2℃	饱和蒸气压：无资料	相对密度($d_水=1$)：0.88	

溶解性	微溶于水，溶于醇、醚、酮、烃类。
主要用途	用作硝基纤维素的溶剂、香精、香料。

急救措施

皮肤接触	迅速脱去被污染的衣着，并用大量流动的清水冲洗，至少 15min；严重的立即就医。
眼睛接触	立即翻开眼睑，并用大量流动的清水或生理盐水冲洗，至少 15min；严重的立即就医。
吸入	迅速脱离现场至空气新鲜处。保持呼吸道通畅。如呼吸困难，给予吸氧。如呼吸停止，立即进行人工呼吸。就医。
食入	漱口，不要催吐，给予医疗护理。

防护措施

呼吸防护	如果蒸气浓度超过职业接触限值或发生刺激等症状时，请使用全面罩式多功能防毒面具。
眼睛防护	佩戴化学护目镜(符合欧盟 EN 166 或美国 NIOSH 标准)。
身体防护	穿阻燃防静电防护服和抗静电的防护靴。
手防护	戴化学防护手套(例如丁基橡胶手套)。
其他防护	工作现场禁止吸烟、进食和饮水。工作完毕，淋浴更衣。保持良好的卫生习惯。

品名：**丙酸正戊酯**	分子式：$C_8H_{16}O_2$	相态：液
别名：无	分子量：144.2	外观与性状：无色液体，有类似苹果的香味

危险特性

火灾危险性：可燃液体乙 A	爆炸物：无	皮肤腐蚀/刺激：无
腐蚀减薄：低分子有机酸腐蚀	金属腐蚀：无	易燃液体：类别 3
环境开裂：无	急性毒性：无	

可与空气形成爆炸性混合物。暴露于火中的容器可能会通过压力安全阀泄漏出内容物，从而增加火势和/或蒸气的浓度。蒸气可能会移动到着火源并回闪。液体和蒸气易燃。加热时，容器可能爆炸。受热或接触火焰可能会产生膨胀或爆炸性分解。

理化特性

熔点：-73.0℃	临界温度：无资料	爆炸上限：无资料	引燃温度：377.0℃
沸点：106.2℃	临界压力：无资料	爆炸下限：无资料	燃烧热：无资料
闪点：41.0℃	饱和蒸气压：无资料	相对密度($d_水=1$)：0.87	

溶解性	不溶于水，不溶于甘油、丙二醇，溶于乙醇、乙醚，可混溶于多数有机溶剂。
主要用途	是一种提高光泽，抗湿晕，减少“橙皮”现象的高沸点漆溶剂。

急救措施

皮肤接触	立即脱去污染的衣物。用大量肥皂水和清水冲洗皮肤。如有不适，就医。
眼睛接触	用大量水彻底冲洗至少 15min。如有不适，就医。
吸入	立即将患者移到新鲜空气处，保持呼吸畅通。如果呼吸困难，给予吸氧。
食入	禁止催吐，切勿给失去知觉者从嘴里喂食任何东西。立即呼叫医生或中毒控制中心。

防护措施

呼吸防护	如果蒸气浓度超过职业接触限值或发生刺激等症状时，请使用全面罩式多功能防毒面具。
眼睛防护	佩戴化学护目镜(符合欧盟 EN 166 或美国 NIOSH 标准)。
身体防护	穿阻燃防静电防护服和抗静电的防护靴。
手防护	戴化学防护手套(例如丁基橡胶手套)。
其他防护	工作现场禁止吸烟、进食和饮水。工作完毕，淋浴更衣。保持良好的卫生习惯。

品名：**丙酸仲丁酯**	分子式：$C_7H_{14}O_2$	相态：液
别名：无	分子量：130.2	外观与性状：无色油状液体

危险特性

火灾危险性：可燃液体乙 A	爆炸物：无	皮肤腐蚀/刺激：无
腐蚀减薄：低分子有机酸腐蚀	金属腐蚀：无	易燃液体：类别 3
环境开裂：无	急性毒性：无	

可与空气形成爆炸性混合物。暴露于火中的容器可能会通过压力安全阀泄漏出内容物，从而增加火势和/或蒸气的浓度。蒸气可能会移动到着火源并回闪。液体和蒸气易燃。加热时，容器可能爆炸。受热或接触火焰可能会产生膨胀或爆炸性分解。

理化特性

熔点：无资料	临界温度：无资料	爆炸上限：无资料	引燃温度：无资料
沸点：133.0℃	临界压力：无资料	爆炸下限：无资料	燃烧热：无资料
闪点：33.4℃	饱和蒸气压：0.40kPa(20℃)	相对密度($d_水=1$)：0.88	

溶解性	能与乙醇、乙醚混溶，不溶于水。
主要用途	用于有机合成。

急救措施

皮肤接触	立即脱去污染的衣物。用大量肥皂水和清水冲洗皮肤。如有不适，就医。
眼睛接触	用大量水彻底冲洗至少 15min。如有不适，就医。
吸入	立即将患者移到新鲜空气处，保持呼吸畅通。如果呼吸困难，给予吸氧。
食入	禁止催吐，切勿给失去知觉者从嘴里喂食任何东西。立即呼叫医生或中毒控制中心。

防护措施

呼吸防护	如果蒸气浓度超过职业接触限值或发生刺激等症状时，请使用全面罩式多功能防毒面具。
眼睛防护	佩戴化学护目镜(符合欧盟 EN 166 或美国 NIOSH 标准)。
身体防护	穿阻燃防静电防护服和抗静电的防护靴。
手防护	戴化学防护手套(例如丁基橡胶手套)。
其他防护	工作现场禁止吸烟、进食和饮水。工作完毕，淋浴更衣。保持良好的卫生习惯。

品名：**丙酮**	分子式：C_3H_6O	相态：液
别名：二甲基酮	分子量：58.8	外观与性状：无色透明易流动液体，有芳香气味，极易挥发

危险特性

火灾危险性：可燃液体甲 B	爆炸物：无	皮肤腐蚀/刺激：无
腐蚀减薄：无	金属腐蚀：无	易燃液体：类别 2
环境开裂：无	急性毒性：无	严重眼损伤/眼刺激：类别 2

其蒸气与空气可形成爆炸性混合物，遇明火、高热极易燃烧爆炸。与氧化剂能发生强烈反应。其蒸气比空气重，能在较低处扩散到相当远的地方，遇火源会着火回燃。若遇高热，容器内压增大，有开裂和爆炸的危险。

理化特性

熔点：-94.6℃	临界温度：235.5℃	爆炸上限：13.0%	引燃温度：465.0℃
沸点：56.5℃	临界压力：4.72MPa	爆炸下限：2.5%	燃烧热：1788.7kJ/mol
闪点：-20.0℃	饱和蒸气压：53.32kPa(39.5℃)	相对密度($d_{水}=1$)：0.80	

溶解性	与水混溶，可混溶于乙醇、乙醚、氯仿、油类、烃类等多数有机溶剂。
主要用途	是基本的有机原料和低沸点溶剂。

急救措施

皮肤接触	脱去污染的衣着，用肥皂水和清水彻底冲洗皮肤。
眼睛接触	提起眼睑，用流动清水或生理盐水冲洗。就医。
吸入	迅速脱离现场至空气新鲜处。保持呼吸道通畅。如呼吸困难，给予吸氧。如呼吸停止，立即进行人工呼吸。就医。
食入	饮足量温水，催吐。就医。

防护措施

呼吸防护	空气中浓度超标时，佩戴过滤式防毒面具(半面罩)。
眼睛防护	一般不需要特殊防护，高浓度接触时可戴安全防护眼镜。
身体防护	穿防静电工作服。
手防护	戴橡胶耐油手套。
其他防护	工作现场严禁吸烟。注意个人清洁卫生。避免长期反复接触。

品名：**丙酮氰醇**	分子式：C_4H_7NO	相态：液
别名：丙酮合氰化氢；2-羟基异丁腈；氰丙醇	分子量：85.1	外观与性状：无色液体

危险特性

火灾危险性：无	爆炸物：无	皮肤腐蚀/刺激：无
腐蚀减薄：无	金属腐蚀：无	易燃液体：无
环境开裂：无	急性毒性：类别 2	

燃烧时可能会释放毒性烟雾。加热时，容器可能爆炸。受热或接触火焰可能会产生膨胀或爆炸性分解。

理化特性

熔点：-20.0℃	临界温度：无资料	爆炸上限：无资料	引燃温度：688.0℃
沸点：82.0℃	临界压力：无资料	爆炸下限：无资料	燃烧热：无资料
闪点：无资料	饱和蒸气压：3kPa(20℃)	相对密度($d_{水}=1$)：0.93	

溶解性	溶于水、乙醇和乙醚，不溶于石油醚。
主要用途	用于制杀虫剂、甲基丙烯酸甲酯等。

急救措施

皮肤接触	脱去污染的衣服，冲洗，然后用水和肥皂清洗皮肤，给予医疗护理。
眼睛接触	首先用大量水冲洗几 min(如可能易行，摘除隐形眼镜)，然后就医。
吸入	新鲜空气，休息，半直立体位，必要时进行人工呼吸，给予医疗护理。
食入	漱口，给予医疗护理。

防护措施

呼吸防护	如果蒸气浓度超过职业接触限值或发生刺激等症状时，请使用全面罩式多功能防毒面具。
眼睛防护	佩戴化学护目镜(符合欧盟 EN 166 或美国 NIOSH 标准)。
身体防护	穿阻燃防静电防护服和抗静电的防护靴。
手防护	戴化学防护手套(例如丁基橡胶手套)。
其他防护	工作现场禁止吸烟、进食和饮水。工作完毕，淋浴更衣。保持良好的卫生习惯。

品名：**丙烷**	分子式：C_3H_8	相态：气	
别名：无	分子量：44.1	外观与性状：无色气体，纯品无臭	
危险特性			
火灾危险性：可燃气体甲	爆炸物：无	皮肤腐蚀/刺激：无	
腐蚀减薄：无	金属腐蚀：无	易燃气体：类别1	
环境开裂：无	急性毒性：无	加压气体：是	
易燃气体。与空气混合能形成爆炸性混合物，遇热源和明火有燃烧爆炸的危险。与氧化剂接触猛烈反应。气体比空气重，能在较低处扩散到相当远的地方，遇火源会着火回燃。			
理化特性			
熔点：-187.6℃	临界温度：96.8℃	爆炸上限：9.5%	引燃温度：450.0℃
沸点：-42.1℃	临界压力：4.25MPa	爆炸下限：2.1%	燃烧热：2217.8kJ/mol
闪点：-104.0℃	饱和蒸气压：53.32kPa(-55.6℃)	相对密度($d_水=1$)：0.58	
溶解性	微溶于水，溶于乙醇、乙醚。		
主要用途	用于有机合成。		
急救措施			
皮肤接触	冻伤时，用大量水冲洗，不要脱去衣服。给予医疗护理。		
眼睛接触	先用大量水冲洗几min(如可能易行，摘除隐形眼镜)，然后就医。		
吸入	迅速脱离现场至空气新鲜处。保持呼吸道通畅。如呼吸困难，给予吸氧。如呼吸停止，立即进行人工呼吸。就医。		
食入	禁止催吐，切勿给失去知觉者从嘴里喂食任何东西。立即呼叫医生或中毒控制中心。		
防护措施			
呼吸防护	一般不需要特殊防护，但建议特殊情况下，佩戴自吸过滤式防毒面具(半面罩)。		
眼睛防护	一般不需要特殊防护，高浓度接触时可戴安全防护眼镜。		
身体防护	穿防静电工作服。		
手防护	戴一般作业防护手套。		
其他防护	工作现场严禁吸烟。避免长期反复接触。进入罐、限制性空间或其他高浓度区作业，须有人监护。		

品名：**丙烯**	分子式：C_3H_6	相态：气	
别名：无	分子量：42.1	外观与性状：无色、有烃类气味的气体	
危险特性			
火灾危险性：可燃气体甲	爆炸物：无	皮肤腐蚀/刺激：无	
腐蚀减薄：无	金属腐蚀：无	易燃气体：类别1	
环境开裂：无	急性毒性：无	加压气体：是	
易燃，与空气混合能形成爆炸性混合物。遇热源和明火有燃烧爆炸的危险。与二氧化氮、四氧化二氮、氧化二氮等激烈化合，与其他氧化剂接触剧烈反应。气体比空气重，能在较低处扩散到相当远的地方，遇火源会着火回燃。			
理化特性			
熔点：-191.2℃	临界温度：91.9℃	爆炸上限：15.0%	引燃温度：455.0℃
沸点：-47.7℃	临界压力：4.62MPa	爆炸下限：1.0%	燃烧热：2049.0kJ/mol
闪点：-108.0℃	饱和蒸气压：602.88kPa(0℃)	相对密度($d_水=1$)：0.5	
溶解性	溶于水、乙醇。		
主要用途	用于制丙烯腈、环氧丙烷、丙酮等。		
急救措施			
皮肤接触	冻伤时用大量水冲洗，不要脱去衣服，给予医疗护理。		
眼睛接触	首先用大量水冲洗几min(如可能易行，摘除隐形眼镜)，然后就医。		
吸入	迅速脱离现场至空气新鲜处。保持呼吸道通畅。如呼吸困难，给予吸氧。如呼吸停止，立即进行人工呼吸。就医。		
食入	禁止催吐，切勿给失去知觉者从嘴里喂食任何东西。立即呼叫医生或中毒控制中心。		
防护措施			
呼吸防护	一般不需要特殊防护，但建议特殊情况下，佩戴自吸过滤式防毒面具(半面罩)。		
眼睛防护	一般不需要特殊防护，高浓度接触时可戴安全防护眼镜。		
身体防护	穿防静电工作服。		
手防护	戴一般作业防护手套。		
其他防护	工作现场严禁吸烟。避免长期反复接触。进入罐、限制性空间或其他高浓度区作业，须有人监护。		

品名：**2-丙烯-1-醇**	分子式：C_3H_6O	相态：液
别名：烯丙醇；蒜醇；乙烯甲醇	分子量：58.1	外观与性状：无色液体，有像芥子的气味，对眼睛有刺激性，有毒

危险特性

火灾危险性：无法确定	爆炸物：无	皮肤腐蚀/刺激：类别 2
腐蚀减薄：无	金属腐蚀：无	易燃液体：类别 2
环境开裂：无	急性毒性：类别 1	严重眼损伤/眼刺激：类别 2

其蒸气与空气可形成爆炸性混合物，遇明火、高热极易燃烧爆炸。与氧化剂接触猛烈反应。遇氯磺酸、硝酸、硫酸、氢氧化钠、亚磷酸二烯丙酯，可形成不稳定产物。在火场中，受热的容器有爆炸危险。

理化特性

熔点：-129.0℃	临界温度：无资料	爆炸上限：无资料	引燃温度：378.0℃
沸点：96.9℃	临界压力：无资料	爆炸下限：无资料	燃烧热：无资料
闪点：无资料	饱和蒸气压：无资料	相对密度($a_{水}=1$)：0.85	

溶解性	溶于水、乙醇、乙醚、氯仿和石油醚。
主要用途	是制备的甘油原料，也用于制备增塑剂、树脂、药物等。

急救措施

皮肤接触	立即脱去污染的衣着，用大量流动清水冲洗至少 15min。就医。
眼睛接触	立即提起眼睑，用大量流动清水或生理盐水彻底冲洗至少 15min。就医。
吸入	迅速脱离现场至空气新鲜处。保持呼吸道通畅。如呼吸困难，给予吸氧。如呼吸停止，立即进行人工呼吸。就医。
食入	饮足量温水，催吐。洗胃，导泄。就医。

防护措施

呼吸防护	空气中浓度超标时，必须佩戴自吸过滤式防毒面具(全面罩)。紧急事态抢救或撤离时，应该佩戴空气呼吸器。
眼睛防护	呼吸系统防护中已做防护。
身体防护	穿胶布防毒衣。
手防护	戴橡胶手套。
其他防护	工作现场禁止吸烟、进食和饮水。工作完毕，淋浴更衣。单独存放被毒物污染的衣服，洗后备用。

品名：**2-丙烯-1-硫醇**	分子式：C_3H_6S	相态：液
别名：烯丙基硫醇	分子量：74.2	外观与性状：无色液体，有强烈的蒜样气味

危险特性

火灾危险性：可燃液体甲 B	爆炸物：无	皮肤腐蚀/刺激：类别 2
腐蚀减薄：硫酸腐蚀、高温硫化物腐蚀	金属腐蚀：无	易燃液体：类别 2
环境开裂：连多硫酸应力腐蚀开裂	急性毒性：无	严重眼损伤/眼刺激：类别 2

遇明火、高热易燃。遇酸产生有毒气体。遇水分解放出易燃气体。与氧化剂能发生强烈反应，引起燃烧或爆炸。

理化特性

熔点：无资料	临界温度：无资料	爆炸上限：无资料	引燃温度：无资料
沸点：68.0℃	临界压力：无资料	爆炸下限：无资料	燃烧热：无资料
闪点：21.0℃	饱和蒸气压：无资料	相对密度($d_{水}=1$)：0.92	

溶解性	不溶于水，可混溶于乙醇、乙醚等。
主要用途	用作橡胶促进剂，制造药品的中间体。

急救措施

皮肤接触	脱去污染的衣着，用流动清水冲洗。
眼睛接触	提起眼睑，用流动清水或生理盐水冲洗。就医。
吸入	脱离现场至空气新鲜处。如呼吸困难，给予吸氧。就医。
食入	饮足量温水，催吐。就医。

防护措施

呼吸防护	空气中浓度超标时，必须佩戴自吸过滤式防毒面具(半面罩)。紧急事态抢救或撤离时，应该佩戴空气呼吸器。
眼睛防护	戴化学安全防护眼镜。
身体防护	穿防毒物渗透工作服。
手防护	戴橡胶耐油手套。
其他防护	工作现场严禁吸烟。工作完毕，淋浴更衣。注意个人清洁卫生。

品名：**2-丙烯腈[稳定的]**		分子式：C_3H_3N		相态：液
别名：丙烯腈；乙烯基氰；氰基乙烯		分子量：53.1		外观与性状：无色液体，有桃仁气味
危险特性				
火灾危险性：可燃液体甲 B		爆炸物：无		皮肤腐蚀/刺激：类别 2
腐蚀减薄：无		金属腐蚀：无		易燃液体：类别 2
环境开裂：无		急性毒性：类别 3		严重眼损伤/眼刺激：类别 1
易燃，其蒸气与空气可形成爆炸性混合物。遇明火、高热易引起燃烧，并放出有毒气体。与氧化剂、强酸、强碱、胺类、溴反应剧烈。在火场高温下，能发生聚合放热，使容器破裂。				
理化特性				
熔点：-83.6℃	临界温度：263.0℃	爆炸上限：28.0%		引燃温度：481.0℃
沸点：77.3℃	临界压力：3.54MPa	爆炸下限：2.8%		燃烧热：1757.7kJ/mol
闪点：-5.0℃	饱和蒸气压：13.33kPa(22.8℃)	相对密度($d_水$=1)：0.81		
溶解性	稍溶于水，易溶于多数有机溶剂。			
主要用途	用于制造聚丙烯腈、丁腈橡胶、染料、合成树脂、医药等。			
急救措施				
皮肤接触	立即脱去污染的衣着，用流动清水或 5% 硫代硫酸钠溶液彻底冲洗至少 20min。就医。			
眼睛接触	提起眼睑，用流动清水或生理盐水冲洗。就医。			
吸入	迅速脱离现场至空气新鲜处。保持呼吸道通畅。如呼吸困难，给予吸氧。			
食入	饮足量温水，催吐。用 1∶5000 高锰酸钾或 5% 硫代硫酸钠溶液洗胃。就医。			
防护措施				
呼吸防护	可能接触其蒸气时，必须佩戴自吸过滤式防毒面具(全面罩)。紧急事态抢救或撤离时，建议佩戴空气呼吸器。			
眼睛防护	呼吸系统防护中已做防护。			
身体防护	穿连衣式胶布防毒衣。			
手防护	戴橡胶耐油手套。			
其他防护	工作现场禁止吸烟、进食和饮水。工作完毕，彻底清洗。单独存放被毒物污染的衣服，洗后备用。			

品名：**丙烯醛[稳定的]**		分子式：C_3H_4O		相态：液
别名：烯丙醛；败脂醛		分子量：56.1		外观与性状：无色或淡黄色液体，有恶臭
危险特性				
火灾危险性：可燃液体甲 B		爆炸物：无		皮肤腐蚀/刺激：类别 1
腐蚀减薄：无		金属腐蚀：无		易燃液体：类别 2
环境开裂：无		急性毒性：类别 1		严重眼损伤/眼刺激：类别 1
其蒸气与空气可形成爆炸性混合物，遇明火、高热极易燃烧爆炸。受热分解释出高毒蒸气。在空气中久置后能生成有爆炸性的过氧化物。与酸类、碱类、氨、胺类、二氧化硫、硫脲、金属盐类、氧化剂等猛烈反应。在火场高温下，能发生聚合放热，使容器破裂。				
理化特性				
熔点：-87.7℃	临界温度：无资料	爆炸上限：31.0%		引燃温度：220.0℃
沸点：52.5℃	临界压力：无资料	爆炸下限：2.8%		燃烧热：93.1kJ/mol
闪点：-26.0℃	饱和蒸气压：28.53kPa(20℃)	相对密度($d_水$=1)：0.84		
溶解性	溶于水，易溶于醇、丙酮等多数有机溶剂。			
主要用途	为合成树脂工业的重要原料之一，也大量用于有机合成与药物合成。			
急救措施				
皮肤接触	立即脱去污染的衣着，用大量流动清水冲洗至少 15min。就医。			
眼睛接触	立即提起眼睑，用大量流动清水或生理盐水彻底冲洗至少 15min。就医。			
吸入	迅速脱离现场至空气新鲜处。保持呼吸道通畅。如呼吸困难，给予吸氧。如呼吸停止，立即进行人工呼吸。就医。			
食入	用水漱口，给饮牛奶或蛋清。就医。			
防护措施				
呼吸防护	可能接触其蒸气时，必须佩戴自吸过滤式防毒面具(全面罩)。			
眼睛防护	呼吸系统防护中已做防护。			
身体防护	穿防静电工作服。			
手防护	戴橡胶耐油手套。			
其他防护	工作现场禁止吸烟、进食和饮水。工作完毕，淋浴更衣。保持良好的卫生习惯。			

品名：**丙烯酸[稳定的]**		分子式：$C_3H_4O_2$	相态：液
别名：无		分子量：72.1	外观与性状：无色液体，有刺激性气味
危险特性			
火灾危险性：可燃液体乙 B		爆炸物：无	皮肤腐蚀/刺激：类别 1
腐蚀减薄：低分子有机酸腐蚀		金属腐蚀：无	易燃液体：类别 3
环境开裂：无		急性毒性：类别 3	严重眼损伤/眼刺激：类别 1
易燃，其蒸气与空气可形成爆炸性混合物，遇明火、高热能引起燃烧爆炸。与氧化剂能发生强烈反应。若遇高热，可发生聚合反应，放出大量热量而引起容器破裂和爆炸事故。遇热、光、水分、过氧化物及铁质易自聚而引起爆炸。			
理化特性			
熔点：14.0℃	临界温度：无资料	爆炸上限：8.0%	引燃温度：438.0℃
沸点：141.0℃	临界压力：5.66MPa	爆炸下限：2.4%	燃烧热：1366.9kJ/mol
闪点：50.0℃	饱和蒸气压：0.41kPa(20℃)	相对密度($d_{水}=1$)：1.05	
溶解性	与水混溶，可混溶于乙醇、乙醚。		
主要用途	用于树脂制造。		
急救措施			
皮肤接触	立即脱去污染的衣着，用大量流动清水冲洗至少 15min。就医。		
眼睛接触	立即提起眼睑，用大量流动清水或生理盐水彻底冲洗至少 15min。就医。		
吸入	迅速脱离现场至空气新鲜处。保持呼吸道通畅。如呼吸困难，给予吸氧。如呼吸停止，立即进行人工呼吸。就医。		
食入	用水漱口，给饮牛奶或蛋清。就医。		
防护措施			
呼吸防护	可能接触其蒸气时，必须佩戴自吸过滤式防毒面具(全面罩)或直接式防毒面具(半面罩)。		
眼睛防护	呼吸系统防护中已做防护。		
身体防护	穿橡胶耐酸碱服。		
手防护	戴橡胶耐油手套。		
其他防护	工作场所禁止吸烟、进食和饮水，饭前要洗手。工作完毕，淋浴更衣。注意个人清洁卫生。		

品名：**丙烯酸甲酯[稳定的]**		分子式：$C_4H_6O_2$	相态：液
别名：无		分子量：86.1	外观与性状：无色透明液体，有类似大蒜的气味
危险特性			
火灾危险性：可燃液体甲 B		爆炸物：无	皮肤腐蚀/刺激：类别 2
腐蚀减薄：无		金属腐蚀：无	易燃液体：类别 2
环境开裂：无		急性毒性：无	严重眼损伤/眼刺激：类别 2
易燃，其蒸气与空气可形成爆炸性混合物，遇明火、高热能引起燃烧爆炸。与氧化剂能发生强烈反应。容易自聚，聚合反应随着温度的上升而急骤加剧。其蒸气比空气重，能在较低处扩散到相当远的地方，遇火源会着火回燃。			
理化特性			
熔点：-75.0℃	临界温度：无资料	爆炸上限：25.0%	引燃温度：468.0℃
沸点：80.0℃	临界压力：4.30MPa	爆炸下限：1.2%	燃烧热：无资料
闪点：-3.0℃	饱和蒸气压：9.1kPa(20℃)	相对密度($d_{水}=1$)：0.95	
溶解性	微溶于水。		
主要用途	用于聚丙烯腈纤维的第二单体，胶粘剂。		
急救措施			
皮肤接触	立即脱去污染的衣着，用肥皂水和清水彻底冲洗皮肤。就医。		
眼睛接触	立即提起眼睑，用大量流动清水或生理盐水彻底冲洗至少 15min。就医。		
吸入	迅速脱离现场至空气新鲜处。保持呼吸道通畅。如呼吸困难，给予吸氧。如呼吸停止，立即进行人工呼吸。就医。		
食入	用水漱口，给饮牛奶或蛋清。就医。		
防护措施			
呼吸防护	空气中浓度超标时，应该佩戴自吸过滤式防毒面具(半面罩)必要时，佩戴自给式呼吸器。		
眼睛防护	戴化学安全防护眼镜。		
身体防护	穿防静电工作服。		
手防护	戴橡胶耐油手套。		
其他防护	工作现场严禁吸烟。工作完毕，淋浴更衣。注意个人清洁卫生。		

品名：**丙烯酸羟丙酯** 别名：无	分子式：$C_6H_{10}O_3$ 分子量：130.1	相态：液 外观与性状：透明无色液体
危险特性		
火灾危险性：可燃液体丙 A 腐蚀减薄：无 环境开裂：无	爆炸物：无 金属腐蚀：无 急性毒性：类别 3	皮肤腐蚀/刺激：类别 1 严重眼损伤/眼刺激：类别 1
燃烧时可能会释放毒性烟雾。遇火会产生刺激性、毒性或腐蚀性的气体。加热时，容器可能爆炸。受热或接触火焰可能会产生膨胀或爆炸性分解。		
理化特性		
熔点：-76.5℃ 沸点：194.5℃ 闪点：79.9℃	临界温度：无资料 临界压力：无资料 饱和蒸气压：9.1kPa(20℃)	爆炸上限：无资料 爆炸下限：无资料 相对密度($d_水=1$)：0.96 引燃温度：无资料 燃烧热：无资料
溶解性	与水混溶。	
主要用途	无资料。	
急救措施		
皮肤接触	立即脱去污染的衣物。用大量肥皂水和清水冲洗皮肤。如有不适，就医。	
眼睛接触	用大量水彻底冲洗至少 15min。如有不适，就医。	
吸入	立即将患者移到新鲜空气处，保持呼吸畅通。如果呼吸困难，给予吸氧。	
食入	禁止催吐，切勿给失去知觉者从嘴里喂食任何东西。立即呼叫医生或中毒控制中心。	
防护措施		
呼吸防护	如果蒸气浓度超过职业接触限值或发生刺激等症状时，请使用全面罩式多功能防毒面具。	
眼睛防护	佩戴化学护目镜(符合欧盟 EN 166 或美国 NIOSH 标准)。	
身体防护	穿阻燃防静电防护服和抗静电的防护靴。	
手防护	戴化学防护手套(例如丁基橡胶手套)。	
其他防护	工作现场禁止吸烟、进食和饮水。工作完毕，淋浴更衣。保持良好的卫生习惯。	

品名：**2-丙烯酸-1,1-二甲基乙基酯** 别名：丙烯酸叔丁酯	分子式：$C_7H_{12}O_2$ 分子量：128.2	相态：液 外观与性状：透明液体
危险特性		
火灾危险性：可燃液体甲 B 腐蚀减薄：无 环境开裂：无	爆炸物：无 金属腐蚀：无 急性毒性：无	皮肤腐蚀/刺激：类别 2 易燃液体：类别 2
可与空气形成爆炸性混合物。暴露于火中的容器可能会通过压力安全阀泄漏出内容物，从而增加火势和/或蒸气的浓度。蒸气可能会移动到着火源并回闪。液体和蒸气易燃。加热时，容器可能爆炸。受热或接触火焰可能会产生膨胀或爆炸性分解。		
理化特性		
熔点：-69.0℃ 沸点：133.0℃ 闪点：17.2℃	临界温度：无资料 临界压力：无资料 饱和蒸气压：2.00kPa(23.4℃)	爆炸上限：无资料 爆炸下限：无资料 相对密度($d_水=1$)：0.88 引燃温度：400.0℃ 燃烧热：无资料
溶解性	溶于水。	
主要用途	应用于涂料树脂，车用修光表面清漆，高分子纸张定型剂，护理高分子产品，羰基重整聚烯烃。	
急救措施		
皮肤接触	立即脱去污染的衣物。用大量肥皂水和清水冲洗皮肤。如有不适，就医。	
眼睛接触	用大量水彻底冲洗至少 15min。如有不适，就医。	
吸入	立即将患者移到新鲜空气处，保持呼吸畅通。如果呼吸困难，给予吸氧。	
食入	禁止催吐，切勿给失去知觉者从嘴里喂食任何东西。立即呼叫医生或中毒控制中心。	
防护措施		
呼吸防护	如果蒸气浓度超过职业接触限值或发生刺激等症状时，请使用全面罩式多功能防毒面具。	
眼睛防护	佩戴化学护目镜(符合欧盟 EN 166 或美国 NIOSH 标准)。	
身体防护	穿阻燃防静电防护服和抗静电的防护靴。	
手防护	戴化学防护手套(例如丁基橡胶手套)。	
其他防护	工作现场禁止吸烟、进食和饮水。工作完毕，淋浴更衣。保持良好的卫生习惯。	

品名：**丙烯酸乙酯[稳定的]** 别名：无		分子式：$C_5H_8O_2$ 分子量：100.1	相态：液 外观与性状：无色液体，有辛辣的刺激气味
危险特性			
火灾危险性：可燃液体甲 B 腐蚀减薄：无 环境开裂：无		爆炸物：无 金属腐蚀：无 急性毒性：无	皮肤腐蚀/刺激：类别 2 易燃液体：类别 2 严重眼损伤/眼刺激：类别 2
易燃，其蒸气与空气可形成爆炸性混合物，遇明火、高热能引起燃烧爆炸。与氧化剂能发生强烈反应。其蒸气比空气重，能在较低处扩散到相当远的地方，遇火源会着火回燃。容易自聚，聚合反应随着温度的上升而急骤加剧。			
理化特性			
熔点：-71.0℃ 沸点：99.8℃ 闪点：9.0℃	临界温度：无资料 临界压力：3.70MPa 饱和蒸气压：3.90kPa(20℃)	爆炸上限：14.0% 爆炸下限：1.4% 相对密度($d_{水}=1$)：0.92	引燃温度：350.0℃ 燃烧热：无资料
溶解性	溶于水、乙醇。		
主要用途	用作有机合成中间体及聚合物的制造。		
急救措施			
皮肤接触	立即脱去污染的衣着，用肥皂水和清水彻底冲洗皮肤。就医。		
眼睛接触	立即提起眼睑，用大量流动清水或生理盐水彻底冲洗至少 15min。就医。		
吸入	迅速脱离现场至空气新鲜处。保持呼吸道通畅。如呼吸困难，给予吸氧。如呼吸停止，立即进行人工呼吸。就医。		
食入	用水漱口，给饮牛奶或蛋清。就医。		
防护措施			
呼吸防护	空气中浓度超标时，应该佩戴自吸过滤式防毒面具(半面罩)必要时，佩戴自给式呼吸器。		
眼睛防护	戴化学安全防护眼镜。		
身体防护	穿防静电工作服。		
手防护	戴橡胶耐油手套。		
其他防护	工作完毕，淋浴更衣。工作现场严禁吸烟。注意个人清洁卫生。		

品名：**丙烯酸异丁酯[稳定的]** 别名：无		分子式：$C_7H_{12}O_2$ 分子量：128.2	相态：液 外观与性状：无色液体
危险特性			
火灾危险性：可燃液体乙 A 腐蚀减薄：无 环境开裂：无		爆炸物：无 金属腐蚀：无 急性毒性：无	皮肤腐蚀/刺激：类别 2 易燃液体：类别 2
易燃，遇明火、高热或与氧化剂接触，有引起燃烧爆炸的危险。容易自聚，聚合反应随着温度的上升而急骤加剧。			
理化特性			
熔点：-61.1℃ 沸点：132.8℃ 闪点：30.0℃	临界温度：315.0℃ 临界压力：3.00MPa 饱和蒸气压：1.08kPa(25℃)	爆炸上限：8.0% 爆炸下限：1.8% 相对密度($d_{水}=1$)：0.89	引燃温度：340.0℃ 燃烧热：4025.2kJ/mol
溶解性	微溶于水。		
主要用途	用作有机合成中间体。		
急救措施			
皮肤接触	脱去污染的衣着，用肥皂水和清水彻底冲洗皮肤。		
眼睛接触	提起眼睑，用流动清水或生理盐水冲洗。就医。		
吸入	迅速脱离现场至空气新鲜处。保持呼吸道通畅。如呼吸困难，给予吸氧。如呼吸停止，立即进行人工呼吸。就医。		
食入	饮足量温水，催吐。就医。		
防护措施			
呼吸防护	空气中浓度超标时，应该佩戴自吸过滤式防毒面具(半面罩)必要时，佩戴自给式呼吸器。		
眼睛防护	戴化学安全防护眼镜。		
身体防护	穿防静电工作服。		
手防护	戴橡胶耐油手套。		
其他防护	工作完毕，淋浴更衣。工作现场严禁吸烟。注意个人清洁卫生。		

品名：**丙烯酸正丁酯[稳定的]**	分子式：$C_7H_{12}O_2$	相态：液
别名：无	分子量：128.2	外观与性状：无色液体
危险特性		
火灾危险性：可燃液体乙 B	爆炸物：无	皮肤腐蚀/刺激：类别 2
腐蚀减薄：无	金属腐蚀：无	易燃液体：类别 3
环境开裂：无	急性毒性：无	严重眼损伤/眼刺激：类别 2
可与空气形成爆炸性混合物。暴露于火中的容器可能会通过压力安全阀泄漏出内容物，从而增加火势和/或蒸气的浓度。蒸气可能会移动到着火源并回闪。液体和蒸气易燃。加热时，容器可能爆炸。受热或接触火焰可能会产生膨胀或爆炸性分解。		

理化特性			
熔点：-64.0℃	临界温度：无资料	爆炸上限：9.9%	引燃温度：275.0℃
沸点：146.0℃	临界压力：2.94MPa	爆炸下限：1.5%	燃烧热：无资料
闪点：48.0℃	饱和蒸气压：0.43kPa(20℃)	相对密度($d_水=1$)：0.90	

溶解性	不溶。
主要用途	用作有机合成中间体、黏合剂、乳化剂。
急救措施	
皮肤接触	立即脱去污染的衣着，用大量流动清水冲洗至少 15min。就医。
眼睛接触	立即提起眼睑，用大量流动清水或生理盐水彻底冲洗至少 15min。就医。
吸入	迅速脱离现场至空气新鲜处。保持呼吸道通畅。如呼吸困难，给予吸氧。如呼吸停止，立即进行人工呼吸。就医。
食入	漱口。不要催吐。大量饮水。给予医疗护理。
防护措施	
呼吸防护	如果蒸气浓度超过职业接触限值或发生刺激等症状时，请使用全面罩式多功能防毒面具。
眼睛防护	佩戴化学护目镜(符合欧盟 EN 166 或美国 NIOSH 标准)。
身体防护	穿阻燃防静电防护服和抗静电的防护靴。
手防护	戴化学防护手套(例如丁基橡胶手套)。
其他防护	工作现场禁止吸烟、进食和饮水。工作完毕，淋浴更衣。保持良好的卫生习惯。

品名：**丙烯酰胺**	分子式：C_3H_5NO	相态：固
别名：无	分子量：74.1	外观与性状：白色结晶固体，无气味
危险特性		
火灾危险性：可燃液体丙 A	爆炸物：无	皮肤腐蚀/刺激：类别 2
腐蚀减薄：碱腐蚀、胺腐蚀	金属腐蚀：无	严重眼损伤/眼刺激：类别 2
环境开裂：碱应力腐蚀开裂、胺应力腐蚀开裂	急性毒性：类别 3	
遇明火、高热可燃。若遇高热，可发生聚合反应，放出大量热量而引起容器破裂和爆炸事故。受高热分解产生有毒的腐蚀性烟气。		

理化特性			
熔点：84.5℃	临界温度：无资料	爆炸上限：无资料	引燃温度：424.0℃
沸点：231.7℃	临界压力：5.73MPa	爆炸下限：无资料	燃烧热：无资料
闪点：79.0℃	饱和蒸气压：0.21kPa(84.5℃)	相对密度($d_水=1$)：1.12	

溶解性	溶于水、乙醇、乙醚、丙酮，不溶于苯。
主要用途	用于制造水溶性聚合物即聚丙烯酰胺。
急救措施	
皮肤接触	脱去污染的衣着，用肥皂水和清水彻底冲洗皮肤。
眼睛接触	提起眼睑，用流动清水或生理盐水冲洗。就医。
吸入	迅速脱离现场至空气新鲜处。保持呼吸道通畅。如呼吸困难，给予吸氧。如呼吸停止，立即进行人工呼吸。就医。
食入	饮足量温水，催吐。就医。
防护措施	
呼吸防护	空气中粉尘浓度超标时，应该佩戴头罩型电动送风过滤式防尘呼吸器。紧急事态抢救或撤离时，佩戴空气呼吸器。
眼睛防护	呼吸系统防护中已做防护。
身体防护	穿胶布防毒衣。
手防护	戴橡胶手套。
其他防护	工作现场禁止吸烟、进食和饮水。工作完毕，彻底清洗。单独存放被毒物污染的衣服，洗后备用。

品名：**丙烯亚胺**	分子式：C_3H_7N	相态：液
别名：2-甲基氮丙啶；2-甲基乙撑亚胺；丙撑亚胺	分子量：57.1	外观与性状：无色易燃液体，呈碱性，具有氨样气味

危险特性

火灾危险性：无法确定	爆炸物：无	皮肤腐蚀/刺激：无
腐蚀减薄：碱腐蚀、胺腐蚀	金属腐蚀：无	易燃液体：类别 2
环境开裂：碱应力腐蚀开裂、胺应力腐蚀开裂	急性毒性：类别 1	严重眼损伤/眼刺激：类别 1

其蒸气与空气可形成爆炸性混合物，遇明火、高热能引起燃烧爆炸。与氧化剂能发生强烈反应。其蒸气比空气重，能在较低处扩散到相当远的地方，遇火源会着火回燃。若遇高热，容器内压增大，有开裂和爆炸的危险。

理化特性

熔点：-63.0℃	临界温度：无资料	爆炸上限：无资料	引燃温度：259.0℃
沸点：63.0℃	临界压力：无资料	爆炸下限：无资料	燃烧热：无资料
闪点：-15.0℃	饱和蒸气压：14.9kPa(20℃)	相对密度($d_{水}=1$)：0.81	

溶解性	与水混溶，溶于碱液。
主要用途	用作黏合剂、固化剂，也用作固体火箭燃料。

急救措施

皮肤接触	脱去污染的衣着，用流动清水冲洗。
眼睛接触	立即提起眼睑，用大量流动清水或生理盐水彻底冲洗至少15min。就医。
吸入	迅速脱离现场至空气新鲜处。保持呼吸道通畅。如呼吸困难，给予吸氧。如呼吸停止，立即进行人工呼吸。就医。
食入	饮足量温水，催吐。就医。

防护措施

呼吸防护	空气中浓度超标时，必须佩戴自吸过滤式防毒面具(全面罩)。紧急事态抢救或撤离时，应该佩戴空气呼吸器。
眼睛防护	呼吸系统防护中已做防护。
身体防护	穿连衣式胶布防毒衣。
手防护	戴橡胶耐油手套。
其他防护	工作现场禁止吸烟、进食和饮水。工作完毕，淋浴更衣。定期体检。

品名：**丙酰氯**	分子式：C_3H_5ClO	相态：液
别名：氯化丙酰	分子量：92.5	外观与性状：无色到浅黄色液体，有强烈刺激性气味

危险特性

火灾危险性：可燃液体甲 B	爆炸物：无	皮肤腐蚀/刺激：类别 1
腐蚀减薄：盐酸腐蚀、含盐水腐蚀	金属腐蚀：无	易燃液体：类别 2
环境开裂：氯化物应力腐蚀开裂	急性毒性：无	严重眼损伤/眼刺激：类别 1

其蒸气与空气可形成爆炸性混合物，遇明火、高热极易燃烧爆炸。与氧化剂接触猛烈反应。受热分解能放出剧毒的光气。与水和水蒸汽发生反应，放出有毒的腐蚀性气体。

理化特性

熔点：-94.0℃	临界温度：无资料	爆炸上限：无资料	引燃温度：270.0℃
沸点：80.0℃	临界压力：无资料	爆炸下限：无资料	燃烧热：无资料
闪点：12.0℃	饱和蒸气压：10.6kPa(20℃)	相对密度($d_{水}=1$)：1.06	

溶解性	溶于水、乙醇。
主要用途	用于制造农药的中间体，也是有机合成的原料。

急救措施

皮肤接触	立即脱去污染的衣着，用大量流动清水冲洗至少15min。就医。
眼睛接触	立即提起眼睑，用大量流动清水或生理盐水彻底冲洗至少15min。就医。
吸入	迅速脱离现场至空气新鲜处。保持呼吸道通畅。如呼吸困难，给予吸氧。如呼吸停止，立即进行人工呼吸。就医。
食入	用水漱口，给饮牛奶或蛋清。就医。

防护措施

呼吸防护	空气中浓度超标时，必须佩戴自吸过滤式防毒面具(全面罩)。紧急事态抢救或撤离时，应该佩戴空气呼吸器。
眼睛防护	呼吸系统防护中已做防护。
身体防护	穿胶布防毒衣。
手防护	戴橡胶耐油手套。
其他防护	工作现场禁止吸烟、进食和饮水。工作完毕，淋浴更衣。保持良好的卫生习惯。

品名：**次磷酸** 别名：无		分子式：$H_4O_4P_2$ 分子量：66.0	相态：无资料 外观与性状：无资料
危险特性			
火灾危险性：无 腐蚀减薄：磷酸腐蚀 环境开裂：氢脆		爆炸物：无 金属腐蚀：无 急性毒性：无	皮肤腐蚀/刺激：类别1 严重眼损伤/眼刺激：类别1
受热分解产生剧毒的氧化磷烟气。遇H发泡剂立即燃烧。与氧化剂能发生强烈反应。			
理化特性			
熔点：26.5℃ 沸点：108.0℃ 闪点：无资料	临界温度：无资料 临界压力：无资料 饱和蒸气压：2.27kPa(20℃)	爆炸上限：无资料 爆炸下限：无资料 相对密度($d_{水}=1$)：1.49	引燃温度：无资料 燃烧热：无资料
溶解性	与水混溶。		
主要用途	无资料。		
急救措施			
皮肤接触	立即脱去污染的衣着，用大量流动清水冲洗至少15min。就医。		
眼睛接触	立即提起眼睑，用大量流动清水或生理盐水彻底冲洗至少15min。就医。		
吸入	迅速脱离现场至空气新鲜处。保持呼吸道通畅。如呼吸困难，给予吸氧。如呼吸停止，立即进行人工呼吸。就医。		
食入	用水漱口，给饮牛奶或蛋清。就医。		
防护措施			
呼吸防护	高浓度蒸气接触可佩戴过滤式防毒面具(半面罩)；空气中粉尘浓度超标时，建议佩戴自吸过滤式防尘口罩。		
眼睛防护	戴化学安全防护眼镜。		
身体防护	穿防酸碱塑料工作服。		
手防护	戴耐酸(碱)手套。		
其他防护	工作现场禁止吸烟、进食和饮水。工作完毕，淋浴更衣。单独存放被毒物污染的衣服，洗后备用。		

品名：**次氯酸钙** 别名：无		分子式：$CaCl_2O_2$ 分子量：143.0	相态：固 外观与性状：白色粉末，带有一种像氯一样的气味
危险特性			
火灾危险性：无法确定 腐蚀减薄：无 环境开裂：无		爆炸物：无 金属腐蚀：无 急性毒性：无	皮肤腐蚀/刺激：类别1 氧化性固体：类别2 严重眼损伤/眼刺激：类别1
强氧化剂。遇水或潮湿空气会引起燃烧爆炸。与碱性物质混合能引起爆炸。接触有机物有引起燃烧的危险。受热、遇酸或日光照射会分解放出剧毒的氯气。			
理化特性			
熔点：100.0℃ 沸点：无资料 闪点：无资料	临界温度：无资料 临界压力：无资料 饱和蒸气压：无资料	爆炸上限：无资料 爆炸下限：无资料 相对密度($d_{水}=1$)：2.35	引燃温度：无资料 燃烧热：无资料
溶解性	溶于水。		
主要用途	用作消毒剂、杀菌剂、漂白剂等。		
急救措施			
皮肤接触	立即脱去污染的衣着，用肥皂水和清水彻底冲洗皮肤。就医。		
眼睛接触	提起眼睑，用流动清水或生理盐水冲洗。就医。		
吸入	迅速脱离现场至空气新鲜处。保持呼吸道通畅。如呼吸困难，给予吸氧。如呼吸停止，立即进行人工呼吸。就医。		
食入	饮足量温水，催吐。就医。		
防护措施			
呼吸防护	可能接触其粉尘时，建议佩戴头罩型电动送风过滤式防尘呼吸器。		
眼睛防护	呼吸系统防护中已做防护。		
身体防护	穿胶布防毒衣。		
手防护	戴氯丁橡胶手套。		
其他防护	工作现场禁止吸烟、进食和饮水。工作完毕，淋浴更衣。保持良好的卫生习惯。		

品名：**氮化镁**	分子式：Mg_3N_2	相态：固
别名：无	分子量：100.9	外观与性状：黄绿色到贵橙色疏松的粉末

危险特性

火灾危险性：无法确定	爆炸物：无	皮肤腐蚀/刺激：类别 2
腐蚀减薄：无	金属腐蚀：无	易燃固体：类别 2
环境开裂：无	急性毒性：无	严重眼损伤/眼刺激：类别 1

可与空气形成爆炸性混合物。重度撞击或过度受热能引起爆炸。

理化特性

熔点：800.0℃	临界温度：无资料	爆炸上限：无资料	引燃温度：无资料
沸点：无资料	临界压力：无资料	爆炸下限：无资料	燃烧热：无资料
闪点：无资料	饱和蒸气压：无资料	相对密度($d_{水}=1$)：2.71	

溶解性	无资料。
主要用途	无资料。

急救措施

皮肤接触	立即脱去污染的衣物。用大量肥皂水和清水冲洗皮肤。如有不适，就医。
眼睛接触	用大量水彻底冲洗至少 15min。如有不适，就医。
吸入	立即将患者移到新鲜空气处，保持呼吸畅通。如果呼吸困难，给予吸氧。
食入	禁止催吐，切勿给失去知觉者从嘴里喂食任何东西。立即呼叫医生或中毒控制中心。

防护措施

呼吸防护	如果蒸气浓度超过职业接触限值或发生刺激等症状时，请使用全面罩式多功能防毒面具。
眼睛防护	佩戴化学护目镜(符合欧盟 EN 166 或美国 NIOSH 标准)。
身体防护	穿阻燃防静电防护服和抗静电的防护靴。
手防护	戴化学防护手套(例如丁基橡胶手套)。
其他防护	工作现场禁止吸烟、进食和饮水。工作完毕，淋浴更衣。保持良好的卫生习惯。

品名：**10-氮杂蒽**	分子式：$C_{13}H_9N$	相态：固
别名：吖啶	分子量：179.2	外观与性状：无色斜方片状或针状结晶，有辛辣气味

危险特性

火灾危险性：可燃液体丙 B	爆炸物：无	皮肤腐蚀/刺激：无
腐蚀减薄：无	金属腐蚀：无	
环境开裂：无	急性毒性：无	

易遇明火能燃烧。受高热分解放出有毒的气体。粉体与空气可形成爆炸性混合物，当达到一定浓度时，遇火星会发生爆炸。

理化特性

熔点：110.0℃	临界温度：无资料	爆炸上限：无资料	引燃温度：无资料
沸点：346.0℃	临界压力：无资料	爆炸下限：无资料	燃烧热：无资料
闪点：153.8℃	饱和蒸气压：1.33kPa(184℃)	相对密度($d_{水}=1$)：无资料	

溶解性	微溶于热水，易溶于乙醇、乙醚、苯、二硫化碳等。
主要用途	用于染料、药物的合成，如制备杀菌剂等。

急救措施

皮肤接触	立即脱去污染的衣着，用大量流动清水冲洗。就医。
眼睛接触	提起眼睑，用流动清水或生理盐水冲洗。就医。
吸入	迅速脱离现场至空气新鲜处。保持呼吸道通畅。如呼吸困难，给予吸氧。如呼吸停止，立即进行人工呼吸。就医。
食入	饮足量温水，催吐。就医。

防护措施

呼吸防护	可能接触其粉尘时，必须佩戴防尘面具(全面罩)。紧急事态抢救或撤离时，应该佩戴空气呼吸器。
眼睛防护	呼吸系统防护中已做防护。
身体防护	穿胶布防毒衣。
手防护	戴橡胶手套。
其他防护	工作完毕，淋浴更衣。单独存放被毒物污染的衣服，洗后备用。保持良好的卫生习惯。

品名：**地高辛**	分子式：$C_{41}H_{64}O_{14}$	相态：液
别名：地戈辛；毛地黄叶毒苷	分子量：780.9	外观与性状：透明至哑色，无色至淡黄色液体

危险特性

火灾危险性：可燃液体丙 B	爆炸物：无	皮肤腐蚀/刺激：无
腐蚀减薄：无	金属腐蚀：无	
环境开裂：无	急性毒性：无	

燃烧时可能会释放毒性烟雾。加热时，容器可能爆炸。受热或接触火焰可能会产生膨胀或爆炸性分解。

理化特性

熔点：248.0℃	临界温度：无资料	爆炸上限：无资料	引燃温度：无资料
沸点：931.6℃	临界压力：无资料	爆炸下限：无资料	燃烧热：无资料
闪点：278.5℃	饱和蒸气压：无资料	相对密度($d_{水}=1$)：无资料	

溶解性	不溶于水。
主要用途	无资料。

急救措施

皮肤接触	立即脱去污染的衣物。用大量肥皂水和清水冲洗皮肤。如有不适，就医。
眼睛接触	用大量水彻底冲洗至少 15min。如有不适，就医。
吸入	立即将患者移到新鲜空气处，保持呼吸畅通。如果呼吸困难，给予吸氧。
食入	禁止催吐，切勿给失去知觉者从嘴里喂食任何东西。立即呼叫医生或中毒控制中心。

防护措施

呼吸防护	如果蒸气浓度超过职业接触限值或发生刺激等症状时，请使用全面罩式多功能防毒面具。
眼睛防护	佩戴化学护目镜(符合欧盟 EN 166 或美国 NIOSH 标准)。
身体防护	穿阻燃防静电防护服和抗静电的防护靴。
手防护	戴化学防护手套(例如丁基橡胶手套)。
其他防护	工作现场禁止吸烟、进食和饮水。工作完毕，淋浴更衣。保持良好的卫生习惯。

品名：**碲化镉**	分子式：CdTe	相态：固
别名：无	分子量：240.0	外观与性状：棕黑色晶体

危险特性

火灾危险性：无	爆炸物：无	皮肤腐蚀/刺激：无
腐蚀减薄：无	金属腐蚀：无	
环境开裂：无	急性毒性：类别 2	

加热时，容器可能爆炸。受热或接触火焰可能会产生膨胀或爆炸性分解。

理化特性

熔点：1041.0℃	临界温度：无资料	爆炸上限：无资料	引燃温度：无资料
沸点：无资料	临界压力：无资料	爆炸下限：无资料	燃烧热：无资料
闪点：无资料	饱和蒸气压：无资料	相对密度($d_{水}=1$)：6.20	

溶解性	不溶于水和酸。
主要用途	用作半导体和磷光体，也用光谱分析。

急救措施

皮肤接触	立即脱去污染的衣物。用大量肥皂水和清水冲洗皮肤。如有不适，就医。
眼睛接触	用大量水彻底冲洗至少 15min。如有不适，就医。
吸入	立即将患者移到新鲜空气处，保持呼吸畅通。如果呼吸困难，给予吸氧。
食入	禁止催吐，切勿给失去知觉者从嘴里喂食任何东西。立即呼叫医生或中毒控制中心。

防护措施

呼吸防护	如果蒸气浓度超过职业接触限值或发生刺激等症状时，请使用全面罩式多功能防毒面具。
眼睛防护	佩戴化学护目镜(符合欧盟 EN 166 或美国 NIOSH 标准)。
身体防护	穿阻燃防静电防护服和抗静电的防护靴。
手防护	戴化学防护手套(例如丁基橡胶手套)。
其他防护	工作现场禁止吸烟、进食和饮水。工作完毕，淋浴更衣。保持良好的卫生习惯。

品名：**3-碘-1-丙烯** 别名：3-碘丙烯；烯丙基碘；碘代烯丙基		分子式：C_3H_5I 分子量：168.0	相态：液 外观与性状：暗红色液体
危险特性			
火灾危险性：可燃液体甲 B 腐蚀减薄：无 环境开裂：无		爆炸物：无 金属腐蚀：无 急性毒性：无	皮肤腐蚀/刺激：类别 1 易燃液体：类别 2 严重眼损伤/眼刺激：类别 1
其蒸气与空气可形成爆炸性混合物，遇明火、高热极易燃烧爆炸。与氧化剂接触猛烈反应。遇高热时能分解出有毒的碘化物烟雾。			
理化特性			
熔点：-99.0℃ 沸点：102.0℃ 闪点：18.3℃	临界温度：无资料 临界压力：无资料 饱和蒸气压：无资料	爆炸上限：无资料 爆炸下限：无资料 相对密度($d_{水}=1$)：1.83	引燃温度：295.0℃ 燃烧热：无资料
溶解性	不溶于水，可混溶于乙醇、乙醚。		
主要用途	用于有机合成。		
急救措施			
皮肤接触	立即脱去污染的衣着，用大量流动清水冲洗。就医。		
眼睛接触	立即提起眼睑，用大量流动清水或生理盐水彻底冲洗至少 15min。就医。		
吸入	迅速脱离现场至空气新鲜处。保持呼吸道通畅。如呼吸困难，给予吸氧。如呼吸停止，立即进行人工呼吸。就医。		
食入	用水漱口，给饮牛奶或蛋清。就医。		
防护措施			
呼吸防护	空气中浓度超标时，必须佩戴自吸过滤式防毒面具(全面罩)。紧急事态抢救或撤离时，应该佩戴空气呼吸器。		
眼睛防护	呼吸系统防护中已做防护。		
身体防护	穿胶布防毒衣。		
手防护	戴橡胶耐油手套。		
其他防护	工作现场禁止吸烟、进食和饮水。工作完毕，淋浴更衣。单独存放被毒物污染的衣服，洗后备用。		

品名：**1-碘-2-甲基丙烷** 别名：异丁基碘；碘代异丁烷		分子式：C_4H_9I 分子量：184.0	相态：液 外观与性状：无色或微黄色液体，见光变成棕色
危险特性			
火灾危险性：可燃液体甲 B 腐蚀减薄：无 环境开裂：无		爆炸物：无 金属腐蚀：无 急性毒性：类别 3	皮肤腐蚀/刺激：无 易燃液体：类别 2
易燃，遇明火、高热、或与氧化剂接触能燃烧，并散发出有毒气体。与氧化剂能发生强烈反应。其蒸气比空气重，能在较低处扩散到相当远的地方，遇火源会着火回燃。			
理化特性			
熔点：-93.0℃ 沸点：120.0℃ 闪点：10.0℃	临界温度：无资料 临界压力：无资料 饱和蒸气压：2.66kPa(20℃)	爆炸上限：无资料 爆炸下限：无资料 相对密度($d_{水}=1$)：1.50	引燃温度：无资料 燃烧热：无资料
溶解性	不溶于水，可混溶于乙醇、乙醚。		
主要用途	可作为溶剂，并用于有机合成。		
急救措施			
皮肤接触	脱去污染的衣着，用肥皂水和清水彻底冲洗皮肤。		
眼睛接触	提起眼睑，用流动清水或生理盐水冲洗。就医。		
吸入	迅速脱离现场至空气新鲜处。保持呼吸道通畅。如呼吸困难，给予吸氧。如呼吸停止，立即进行人工呼吸。就医。		
食入	饮足量温水，催吐。就医。		
防护措施			
呼吸防护	空气中浓度超标时，应该佩戴自吸过滤式防毒面具(半面罩)。		
眼睛防护	戴化学安全防护眼镜。		
身体防护	穿防静电工作服。		
手防护	戴橡胶耐油手套。		
其他防护	工作现场严禁吸烟。注意检测毒物。		

品名：**2-碘-2-甲基丙烷** 别名：叔丁基碘；碘代叔丁烷	分子式：C_4H_9I 分子量：184.0	相态：液 外观与性状：无色或带微黄色液体
危险特性		
火灾危险性：可燃液体甲 B 腐蚀减薄：无 环境开裂：无	爆炸物：无 金属腐蚀：无 急性毒性：无	皮肤腐蚀/刺激：无 易燃液体：类别 2
易燃，遇明火、高热、或与氧化剂接触能燃烧，并散发出有毒气体。受热分解放出有毒的碘化物烟气。		
理化特性		
熔点：-34.0℃ 沸点：99.0℃ 闪点：7.0℃	临界温度：无资料 临界压力：无资料 饱和蒸气压：4.72kPa(20℃)	爆炸上限：无资料 爆炸下限：无资料 相对密度($d_水$=1)：1.57 引燃温度：无资料 燃烧热：无资料
溶解性	不溶于水，溶于乙醇、乙醚。	
主要用途	用于分析及用于有机合成。	
急救措施		
皮肤接触	脱去污染的衣着，用肥皂水和清水彻底冲洗皮肤。	
眼睛接触	提起眼睑，用流动清水或生理盐水冲洗。就医。	
吸入	迅速脱离现场至空气新鲜处。保持呼吸道通畅。如呼吸困难，给予吸氧。如呼吸停止，立即进行人工呼吸。就医。	
食入	饮足量温水，催吐。就医。	
防护措施		
呼吸防护	可能接触毒物时，应该佩戴自吸过滤式防毒面具(全面罩)。	
眼睛防护	必要时，戴化学安全防护眼镜。	
身体防护	穿防静电工作服。	
手防护	戴橡胶耐油手套。	
其他防护	工作现场严禁吸烟。注意检测毒物。注意个人清洁卫生。	

品名：**1-碘-3-甲基丁烷** 别名：异戊基碘；碘代异戊烷	分子式：$C_5H_{11}I$ 分子量：198.0	相态：液 外观与性状：透明略黄色至粉红色液体
危险特性		
火灾危险性：可燃液体乙 B 腐蚀减薄：无 环境开裂：无	爆炸物：无 金属腐蚀：无 急性毒性：无	皮肤腐蚀/刺激：无 易燃液体：类别 2
可与空气形成爆炸性混合物。暴露于火中的容器可能会通过压力安全阀泄漏出内容物，从而增加火势和/或蒸气的浓度。		
理化特性		
熔点：无资料 沸点：149.0℃ 闪点：46.1℃	临界温度：无资料 临界压力：无资料 饱和蒸气压：无资料	爆炸上限：无资料 爆炸下限：无资料 相对密度($d_水$=1)：1.50 引燃温度：无资料 燃烧热：无资料
溶解性	溶于乙醇、乙醚，不溶于水。	
主要用途	用于有机合成，也用作溶剂。	
急救措施		
皮肤接触	立即脱去污染的衣物。用大量肥皂水和清水冲洗皮肤。如有不适，就医。	
眼睛接触	用大量水彻底冲洗至少 15min。如有不适，就医。	
吸入	立即将患者移到新鲜空气处，保持呼吸畅通。如果呼吸困难，给予吸氧。	
食入	禁止催吐，切勿给失去知觉者从嘴里喂食任何东西。立即呼叫医生或中毒控制中心。	
防护措施		
呼吸防护	如果蒸气浓度超过职业接触限值或发生刺激等症状时，请使用全面罩式多功能防毒面具。	
眼睛防护	佩戴化学护目镜(符合欧盟 EN 166 或美国 NIOSH 标准)。	
身体防护	穿阻燃防静电防护服和抗静电的防护靴。	
手防护	戴化学防护手套(例如丁基橡胶手套)。	
其他防护	工作现场禁止吸烟、进食和饮水。工作完毕，淋浴更衣。保持良好的卫生习惯。	

品名：**4-碘苯酚** 别名：4-碘酚；对碘苯酚		分子式：C_6H_5IO 分子量：220.0	相态：固 外观与性状：白色或带红色针状结晶，有特殊气味
危险特性			
火灾危险性：可燃液体丙 A 腐蚀减薄：苯酚腐蚀 环境开裂：无		爆炸物：无 金属腐蚀：无 急性毒性：无	皮肤腐蚀/刺激：无
遇明火、高热可燃。其粉体与空气可形成爆炸性混合物，当达到一定浓度时，遇火星会发生爆炸。受高热分解放出有毒的气体。			
理化特性			
熔点：93.0℃ 沸点：287.2℃ 闪点：112.4℃	临界温度：无资料 临界压力：无资料 饱和蒸气压：无资料	爆炸上限：无资料 爆炸下限：无资料 相对密度($d_水=1$)：1.86	引燃温度：无资料 燃烧热：无资料
溶解性	微溶于水，易溶于醇、醚。		
主要用途	用于有机合成。		
急救措施			
皮肤接触	立即脱去污染的衣着，用大量流动清水冲洗至少 15min。就医。		
眼睛接触	提起眼睑，用流动清水或生理盐水冲洗。就医。		
吸入	迅速脱离现场至空气新鲜处。保持呼吸道通畅。如呼吸困难，给予吸氧。如呼吸停止，立即进行人工呼吸。就医。		
食入	用水漱口，给饮牛奶或蛋清。就医。		
防护措施			
呼吸防护	可能接触其粉尘时，必须佩戴防尘面具(全面罩)。紧急事态抢救或撤离时，应该佩戴空气呼吸器。		
眼睛防护	呼吸系统防护中已做防护。		
身体防护	穿防毒物渗透工作服。		
手防护	戴橡胶手套。		
其他防护	工作现场禁止吸烟、进食和饮水。工作完毕，淋浴更衣。保持良好的卫生习惯。		

品名：**1-碘丙烷** 别名：正丙基碘；碘代正丙烷		分子式：C_3H_7I 分子量：170.0	相态：液 外观与性状：无色透明液体
危险特性			
火灾危险性：可燃液体乙 A 腐蚀减薄：无 环境开裂：无		爆炸物：无 金属腐蚀：无 急性毒性：无	皮肤腐蚀/刺激：无 易燃液体：类别 3
易燃，遇明火、高热、或与氧化剂接触能燃烧，并散发出有毒气体。			
理化特性			
熔点：-101.0℃ 沸点：102.9℃ 闪点：44.4℃	临界温度：无资料 临界压力：5.30MPa 饱和蒸气压：5.72kPa(20℃)	爆炸上限：无资料 爆炸下限：无资料 相对密度($d_水=1$)：1.74	引燃温度：无资料 燃烧热：2149.8kJ/mol
溶解性	微溶于水，可混溶于乙醇、乙醚。		
主要用途	用作溶剂、分析化学试剂、有机合成原料。		
急救措施			
皮肤接触	脱去污染的衣着，用肥皂水和清水彻底冲洗皮肤。		
眼睛接触	提起眼睑，用流动清水或生理盐水冲洗。就医。		
吸入	迅速脱离现场至空气新鲜处。保持呼吸道通畅。如呼吸困难，给予吸氧。如呼吸停止，立即进行人工呼吸。就医。		
食入	饮足量温水，催吐。就医。		
防护措施			
呼吸防护	可能接触毒物时，应该佩戴自吸过滤式防毒面具(全面罩)。		
眼睛防护	戴化学安全防护眼镜。		
身体防护	穿防静电工作服。		
手防护	戴乳胶手套。		
其他防护	工作现场严禁吸烟。避免长期反复接触。注意检测毒物。		

品名：**2-碘丙烷** 别名：异丙基碘；碘代异丙烷	分子式：C_3H_7I 分子量：170.0	相态：液 外观与性状：无色液体，在空气中和光照下易变色

危险特性

火灾危险性：可燃液体乙 A	爆炸物：无	皮肤腐蚀/刺激：无
腐蚀减薄：无	金属腐蚀：无	易燃液体：类别 3
环境开裂：无	急性毒性：无	

其蒸气与空气可形成爆炸性混合物，遇明火、高热极易燃烧爆炸。与氧化剂接触猛烈反应。受高热分解放出有毒的气体。若遇高热，容器内压增大，有开裂和爆炸的危险。

理化特性

熔点：-90.0℃	临界温度：无资料	爆炸上限：无资料	引燃温度：无资料
沸点：89.0℃	临界压力：无资料	爆炸下限：无资料	燃烧热：2132.0kJ/mol
闪点：42.0℃	饱和蒸气压：无资料	相对密度($d_{水}=1$)：1.70	

溶解性	微溶于水，可混溶于醇、苯、氯仿、醚。
主要用途	用作溶剂，并用于有机合成。
急救措施	
皮肤接触	脱去污染的衣着，用大量流动清水冲洗。
眼睛接触	提起眼睑，用流动清水或生理盐水冲洗。就医。
吸入	迅速脱离现场至空气新鲜处。保持呼吸道通畅。如呼吸困难，给予吸氧。如呼吸停止，立即进行人工呼吸。就医。
食入	饮足量温水，催吐。就医。
防护措施	
呼吸防护	空气中浓度超标时，必须佩戴自吸过滤式防毒面具(全面罩)。紧急事态抢救或撤离时，应该佩戴空气呼吸器。
眼睛防护	呼吸系统防护中已做防护。
身体防护	穿防静电工作服。
手防护	戴橡胶手套。
其他防护	工作现场禁止吸烟、进食和饮水。工作完毕，淋浴更衣。保持良好的卫生习惯。

品名：**1-碘丁烷** 别名：正丁基碘；碘代正丁烷	分子式：C_4H_9I 分子量：184.0	相态：液 外观与性状：无色液体

危险特性

火灾危险性：可燃液体乙 A	爆炸物：无	皮肤腐蚀/刺激：无
腐蚀减薄：无	金属腐蚀：无	易燃液体：类别 3
环境开裂：无	急性毒性：类别 3	

易燃，遇明火、高热或与氧化剂接触，有引起燃烧爆炸的危险。受热分解放出有毒的碘化物烟气。

理化特性

熔点：-103.0℃	临界温度：无资料	爆炸上限：无资料	引燃温度：281.0℃
沸点：130.5℃	临界压力：4.32MPa	爆炸下限：无资料	燃烧热：无资料
闪点：31.0℃	饱和蒸气压：1.39kPa(20℃)	相对密度($d_{水}=1$)：1.62	

溶解性	不溶于水，溶于醇、醚。
主要用途	用作分析试剂、溶剂，也用于有机合成等。
急救措施	
皮肤接触	脱去污染的衣着，用肥皂水和清水彻底冲洗皮肤。
眼睛接触	就医。
吸入	迅速脱离现场至空气新鲜处。保持呼吸道通畅。如呼吸困难，给予吸氧。如呼吸停止，立即进行人工呼吸。就医。
食入	饮足量温水，催吐。就医。
防护措施	
呼吸防护	空气中浓度较高时，应该佩戴直接式防毒面具(半面罩)。紧急事态抢救或撤离时，佩戴自给式呼吸器。
眼睛防护	戴化学安全防护眼镜。
身体防护	穿防毒物渗透工作服。
手防护	戴橡胶耐油手套。
其他防护	工作现场禁止吸烟、进食和饮水。工作完毕，淋浴更衣。注意个人清洁卫生。

品名：**2-碘丁烷**	分子式：C_4H_9I	相态：液
别名：仲丁基碘；碘代仲丁烷	分子量：184.0	外观与性状：无色液体，见光后变成棕色
危险特性		
火灾危险性：可燃液体甲 B	爆炸物：无	皮肤腐蚀/刺激：无
腐蚀减薄：无	金属腐蚀：无	易燃液体：类别 2
环境开裂：无	急性毒性：无	
其蒸气与空气可形成爆炸性混合物，遇明火、高热极易燃烧爆炸。与氧化剂接触猛烈反应。受高热分解放出有毒的气体。若遇高热，容器内压增大，有开裂和爆炸的危险。		

理化特性			
熔点：-104.0℃	临界温度：无资料	爆炸上限：无资料	引燃温度：无资料
沸点：119.0℃	临界压力：无资料	爆炸下限：无资料	燃烧热：无资料
闪点：21.0℃	饱和蒸气压：6.00kPa(30℃)	相对密度($d_{水}=1$)：1.60	

溶解性	不溶于水，溶于醇、丙酮、醚。
主要用途	用作溶剂及用于有机合成。
急救措施	
皮肤接触	脱去污染的衣着，用大量流动清水冲洗。
眼睛接触	提起眼睑，用流动清水或生理盐水冲洗。就医。
吸入	迅速脱离现场至空气新鲜处。保持呼吸道通畅。如呼吸困难，给予吸氧。如呼吸停止，立即进行人工呼吸。就医。
食入	饮足量温水，催吐。就医。
防护措施	
呼吸防护	空气中浓度超标时，必须佩戴自吸过滤式防毒面具(全面罩)。紧急事态抢救或撤离时，应该佩戴空气呼吸器。
眼睛防护	呼吸系统防护中已做防护。
身体防护	穿防静电工作服。
手防护	戴橡胶手套。
其他防护	工作现场禁止吸烟、进食和饮水。工作完毕，淋浴更衣。保持良好的卫生习惯。

品名：**碘化钾汞**	分子式：HgI_4K_2	相态：固
别名：无	分子量：87.1	外观与性状：淡黄色透明及不透明颗粒或块状，有芳香味
危险特性		
火灾危险性：无法确定	爆炸物：1.1	皮肤腐蚀/刺激：无
腐蚀减薄：无	金属腐蚀：无	易燃液体：类别 2
环境开裂：无	急性毒性：类别 2	
本身不能燃烧。遇高热分解释出高毒烟气。		

理化特性			
熔点：无资料	临界温度：无资料	爆炸上限：无资料	引燃温度：无资料
沸点：无资料	临界压力：无资料	爆炸下限：无资料	燃烧热：无资料
闪点：110.0℃	饱和蒸气压：无资料	相对密度($d_{水}=1$)：4.29	

溶解性	易溶于水，溶于醇、丙酮、醚。
主要用途	用作杀菌剂及配制选矿液。
急救措施	
皮肤接触	立即脱去污染的衣着，用大量流动清水冲洗。就医。
眼睛接触	提起眼睑，用流动清水或生理盐水冲洗。就医。
吸入	迅速脱离现场至空气新鲜处。保持呼吸道通畅。如呼吸困难，给予吸氧。如呼吸停止，立即进行人工呼吸。就医。
食入	饮足量温水，催吐。洗胃，导泄。就医。
防护措施	
呼吸防护	可能接触其粉尘时，必须佩戴防尘面具(全面罩)。紧急事态抢救或撤离时，应该佩戴空气呼吸器。
眼睛防护	呼吸系统防护中已做防护。
身体防护	穿胶布防毒衣。
手防护	戴橡胶手套。
其他防护	工作现场禁止吸烟、进食和饮水。工作完毕，淋浴更衣。保持良好的卫生习惯。

品名：**碘化氢[无水]**		分子式：HI	相态：气
别名：无		分子量：127.9	外观与性状：无色气体
危险特性			
火灾危险性：无 腐蚀减薄：含盐水腐蚀 环境开裂：碘化物应力腐蚀开裂、氢脆		爆炸物：无 金属腐蚀：无 急性毒性：无	皮肤腐蚀/刺激：类别1 加压气体：是 严重眼损伤/眼刺激：类别1
能与氟、硝酸、氯酸钾等剧烈反应。和碱金属接触会爆炸。加热可产生有毒的碘烟雾。遇水或水蒸气时有强腐蚀性，能灼伤皮肤。			
理化特性			
熔点：−50.8℃ 沸点：−35.1℃ 闪点：无资料	临界温度：150.0℃ 临界压力：无资料 饱和蒸气压：53.32kPa(−48.3℃)	爆炸上限：无资料 爆炸下限：无资料 相对密度($d_{水}=1$)：5.23	引燃温度：无资料 燃烧热：无资料
溶解性	易溶于水。		
主要用途	用于合成碘化物、杀菌剂，及作药物原料。		
急救措施			
皮肤接触	立即脱去污染的衣着，用大量流动清水冲洗至少15min。就医。		
眼睛接触	立即提起眼睑，用大量流动清水或生理盐水彻底冲洗至少15min。就医。		
吸入	迅速脱离现场至空气新鲜处。保持呼吸道通畅。如呼吸困难，给予吸氧。如呼吸停止，立即进行人工呼吸。就医。		
食入	用水漱口，给饮牛奶或蛋清。就医。		
防护措施			
呼吸防护	空气中浓度超标时，佩戴过滤式防毒面具(半面罩)。紧急事态抢救或撤离时，建议佩戴空气呼吸器。		
眼睛防护	呼吸系统防护中已做防护。		
身体防护	穿化学防护服。		
手防护	戴橡胶手套。		
其他防护	工作完毕，淋浴更衣。保持良好的卫生习惯。		

品名：**碘化亚汞**		分子式：Hg_2I_2	相态：固
别名：一碘化汞		分子量：655.0	外观与性状：亮黄色粉末
危险特性			
火灾危险性：无 腐蚀减薄：含盐水腐蚀 环境开裂：碘化物应力腐蚀开裂		爆炸物：无 金属腐蚀：无 急性毒性：类别1	皮肤腐蚀/刺激：无
燃烧时可能会释放毒性烟雾。加热时，容器可能爆炸。受热或接触火焰可能会产生膨胀或爆炸性分解。			
理化特性			
熔点：290.0℃ 沸点：127.0℃ 闪点：无资料	临界温度：无资料 临界压力：无资料 饱和蒸气压：无资料	爆炸上限：无资料 爆炸下限：无资料 相对密度($d_{水}=1$)：7.70	引燃温度：无资料 燃烧热：无资料
溶解性	溶于碘化钾溶液、液氨和氨水，不溶于水、乙醇和乙醚。		
主要用途	用于医药。		
急救措施			
皮肤接触	立即脱去污染的衣物。用大量肥皂水和清水冲洗皮肤。如有不适，就医。		
眼睛接触	用大量水彻底冲洗至少15min。如有不适，就医。		
吸入	立即将患者移到新鲜空气处，保持呼吸畅通。如果呼吸困难，给予吸氧。		
食入	禁止催吐，切勿给失去知觉者从嘴里喂食任何东西。立即呼叫医生或中毒控制中心。		
防护措施			
呼吸防护	如果蒸气浓度超过职业接触限值或发生刺激等症状时，请使用全面罩式多功能防毒面具。		
眼睛防护	佩戴化学护目镜(符合欧盟EN 166或美国NIOSH标准)。		
身体防护	穿阻燃防静电防护服和抗静电的防护靴。		
手防护	戴化学防护手套(例如丁基橡胶手套)。		
其他防护	工作现场禁止吸烟、进食和饮水。工作完毕，淋浴更衣。保持良好的卫生习惯。		

品名：**碘化亚铊**	分子式：TlI	相态：固
别名：一碘化铊	分子量：331.3	外观与性状：红色立方体结晶或黄色粉末

危险特性

火灾危险性：可燃液体丙 B	爆炸物：无	皮肤腐蚀/刺激：无
腐蚀减薄：含盐水腐蚀	金属腐蚀：无	
环境开裂：碘化物应力腐蚀开裂	急性毒性：类别 2	

燃烧时可能会释放毒性烟雾。加热时，容器可能爆炸。受热或接触火焰可能会产生膨胀或爆炸性分解。

理化特性

熔点：440.0℃	临界温度：无资料	爆炸上限：无资料	引燃温度：无资料
沸点：823.0℃	临界压力：无资料	爆炸下限：无资料	燃烧热：无资料
闪点：824.0℃	饱和蒸气压：无资料	相对密度($d_{水}=1$)：8.00	

溶解性	微溶于水，不溶于酸，溶于王水及浓硫酸。
主要用途	用于制造药物、光谱分析、热定位的特种过滤器、与溴化铊组成混合结晶、传送极长波长的红外线辐射。

急救措施

皮肤接触	立即脱去污染的衣物。用大量肥皂水和清水冲洗皮肤。如有不适，就医。
眼睛接触	用大量水彻底冲洗至少 15min。如有不适，就医。
吸入	立即将患者移到新鲜空气处，保持呼吸畅通。如果呼吸困难，给予吸氧。
食入	禁止催吐，切勿给失去知觉者从嘴里喂食任何东西。立即呼叫医生或中毒控制中心。

防护措施

呼吸防护	如果蒸气浓度超过职业接触限值或发生刺激等症状时，请使用全面罩式多功能防毒面具。
眼睛防护	佩戴化学护目镜(符合欧盟 EN 166 或美国 NIOSH 标准)。
身体防护	穿阻燃防静电防护服和抗静电的防护靴。
手防护	戴化学防护手套(例如丁基橡胶手套)。
其他防护	工作现场禁止吸烟、进食和饮水。工作完毕，淋浴更衣。保持良好的卫生习惯。

品名：**碘化乙酰**	分子式：C_2H_3IO	相态：液
别名：碘乙酰；乙酰碘	分子量：170.0	外观与性状：无色发烟液体，在潮气中或空气中变棕色

危险特性

火灾危险性：可燃液体甲 B	爆炸物：无	皮肤腐蚀/刺激：类别 1
腐蚀减薄：含盐水腐蚀	金属腐蚀：无	严重眼损伤/眼刺激：类别 1
环境开裂：碘化物应力腐蚀开裂	急性毒性：无	

可燃。遇水或乙醇发生反应放出有毒和腐蚀性的气体。遇潮时对大多数金属有强腐蚀性。

理化特性

熔点：无资料	临界温度：无资料	爆炸上限：无资料	引燃温度：无资料
沸点：108.0℃	临界压力：无资料	爆炸下限：无资料	燃烧热：无资料
闪点：17.6℃	饱和蒸气压：无资料	相对密度($d_{水}=1$)：2.07	

溶解性	无资料。
主要用途	用于有机合成。

急救措施

皮肤接触	立即脱去污染的衣着，用大量流动清水冲洗。就医。
眼睛接触	立即提起眼睑，用大量流动清水或生理盐水彻底冲洗至少 15min。就医。
吸入	迅速脱离现场至空气新鲜处。保持呼吸道通畅。如呼吸困难，给予吸氧。如呼吸停止，立即进行人工呼吸。就医。
食入	用水漱口，给饮牛奶或蛋清。就医。

防护措施

呼吸防护	空气中浓度超标时，佩戴过滤式防毒面具(半面罩)。紧急事态抢救或撤离时，建议佩戴空气呼吸器。
眼睛防护	呼吸系统防护中已做防护。
身体防护	穿橡胶耐酸碱服。
手防护	戴橡胶耐酸碱手套。
其他防护	工作现场禁止吸烟、进食和饮水。工作完毕，淋浴更衣。实行就业前和定期的体检。保持良好的卫生习惯。

品名：**碘甲烷**	分子式：CH_3I	相态：液
别名：甲基碘	分子量：142.0	外观与性状：透明至粉红色液体
危险特性		
火灾危险性：可燃液体甲 B	爆炸物：无	皮肤腐蚀/刺激：类别 2
腐蚀减薄：无	金属腐蚀：无	
环境开裂：无	急性毒性：类别 2	
受热分解放出有毒的碘化物烟气。		

理化特性

熔点：-66.4℃	临界温度：无资料	爆炸上限：无资料	引燃温度：355.0℃
沸点：42.5℃	临界压力：7.36MPa	爆炸下限：无资料	燃烧热：813.8kJ/mol
闪点：7.8℃	饱和蒸气压：53.32kPa(25.3℃)	相对密度($d_水=1$)：2.80	

溶解性	微溶于水，溶于乙醇、乙醚。
主要用途	用于医药、有机合成、吡的检验、显微镜检查等。
急救措施	
皮肤接触	立即脱去污染的衣着，用大量流动清水冲洗。就医。
眼睛接触	立即提起眼睑，用大量流动清水或生理盐水彻底冲洗至少 15min。就医。
吸入	迅速脱离现场至空气新鲜处。保持呼吸道通畅。如呼吸困难，给予吸氧。如呼吸停止，立即进行人工呼吸。就医。
食入	饮足量温水，催吐。就医。
防护措施	
呼吸防护	空气中浓度超标时，应该佩戴自吸过滤式防毒面具(半面罩)。
眼睛防护	戴化学安全防护眼镜。
身体防护	穿透气型防毒服。
手防护	戴防化学品手套。
其他防护	工作现场禁止吸烟、进食和饮水。工作完毕，淋浴更衣。单独存放被毒物污染的衣服，洗后备用。注意个人清洁卫生。

品名：**碘酸**	分子式：HIO_3	相态：固
别名：无	分子量：175.9	外观与性状：无色斜方结晶，或有光泽的白色结晶
危险特性		
火灾危险性：无法确定	爆炸物：无	皮肤腐蚀/刺激：类别 1
腐蚀减薄：无	金属腐蚀：无	氧化性固体：类别 2
环境开裂：无	急性毒性：无	严重眼损伤/眼刺激：类别 1
强氧化剂。与易燃物硫、磷、有机物、还原剂接触，能发生化学反应，甚至燃烧。		

理化特性

熔点：110.0℃	临界温度：无资料	爆炸上限：无资料	引燃温度：无资料
沸点：无资料	临界压力：无资料	爆炸下限：无资料	燃烧热：无资料
闪点：无资料	饱和蒸气压：无资料	相对密度($d_水=1$)：4.63	

溶解性	易溶于水，不溶于乙醇、无水乙醇、乙醚、乙酸、二硫化碳。
主要用途	用作分析试剂，制造药物等。
急救措施	
皮肤接触	脱去污染的衣着，用肥皂水和清水彻底冲洗皮肤。
眼睛接触	提起眼睑，用流动清水或生理盐水冲洗。就医。
吸入	迅速脱离现场至空气新鲜处。保持呼吸道通畅。如呼吸困难，给予吸氧。如呼吸停止，立即进行人工呼吸。就医。
食入	饮足量温水，催吐。就医。
防护措施	
呼吸防护	可能接触其粉尘时，应该佩戴头罩型电动送风过滤式防尘呼吸器。
眼睛防护	呼吸系统防护中已做防护。
身体防护	穿聚乙烯防毒服。
手防护	戴橡胶手套。
其他防护	工作现场禁止吸烟、进食和饮水。工作完毕，淋浴更衣。保持良好的卫生习惯。

品名：**碘酸锶**		分子式：I_2O_6Sr	相态：固
别名：无		分子量：437.4	外观与性状：白色三斜结晶
危险特性			
火灾危险性：可燃液体丙 A 腐蚀减薄：无 环境开裂：无		爆炸物：无 金属腐蚀：无 急性毒性：无	皮肤腐蚀/刺激：无 氧化性固体：类别 2
无机氧化剂。与还原剂、有机物、易燃物如硫、磷或金属粉末等混合可形成爆炸性混合物。受热分解放出有毒的碘化物烟气。			
理化特性			
熔点：无资料 沸点：70.0℃ 闪点：70.0℃	临界温度：无资料 临界压力：无资料 饱和蒸气压：无资料	爆炸上限：无资料 爆炸下限：无资料 相对密度($d_{水}=1$)：5.05	引燃温度：无资料 燃烧热：无资料
溶解性	不溶于水。		
主要用途	用作试剂。		
急救措施			
皮肤接触	脱去污染的衣着，用肥皂水和清水彻底冲洗皮肤。		
眼睛接触	提起眼睑，用流动清水或生理盐水冲洗。就医。		
吸入	迅速脱离现场至空气新鲜处。保持呼吸道通畅。如呼吸困难，给予吸氧。如呼吸停止，立即进行人工呼吸。就医。		
食入	饮足量温水，催吐。就医。		
防护措施			
呼吸防护	可能接触其粉尘时，应该佩戴自吸过滤式防尘口罩。		
眼睛防护	戴化学安全防护眼镜。		
身体防护	穿胶布防毒衣。		
手防护	戴橡胶手套。		
其他防护	工作完毕，淋浴更衣。注意个人清洁卫生。		

品名：**1-碘戊烷**		分子式：$C_5H_{11}I$	相态：液
别名：正戊基碘；碘代正戊烷		分子量：198.1	外观与性状：无色液体
危险特性			
火灾危险性：可燃液体乙 A 腐蚀减薄：无 环境开裂：无		爆炸物：无 金属腐蚀：无 急性毒性：无	皮肤腐蚀/刺激：无 易燃液体：类别 3
易燃，遇明火、高热易燃。受热分解放出有毒的碘化物烟气。与强氧化剂如铬酸酐、氯酸盐和高锰酸钾等接触，能发生强烈反应，引起燃烧或爆炸。			
理化特性			
熔点：-85.6℃ 沸点：157.0℃ 闪点：43.0℃	临界温度：无资料 临界压力：无资料 饱和蒸气压：1.37kPa(40℃)	爆炸上限：无资料 爆炸下限：无资料 相对密度($d_{水}=1$)：1.52	引燃温度：无资料 燃烧热：无资料
溶解性	微溶于水，溶于乙醇、乙醚。		
主要用途	用作溶剂。		
急救措施			
皮肤接触	脱去污染的衣着，用肥皂水和清水彻底冲洗皮肤。		
眼睛接触	提起眼睑，用流动清水或生理盐水冲洗。就医。		
吸入	迅速脱离现场至空气新鲜处。保持呼吸道通畅。如呼吸困难，给予吸氧。如呼吸停止，立即进行人工呼吸。就医。		
食入	饮足量温水，催吐。就医。		
防护措施			
呼吸防护	空气中浓度较高时，应该佩戴直接式防毒面具(半面罩)。紧急事态抢救或撤离时，佩戴自给式呼吸器。		
眼睛防护	戴化学安全防护眼镜。		
身体防护	穿防毒物渗透工作服。		
手防护	戴橡胶耐油手套。		
其他防护	工作现场禁止吸烟、进食和饮水。工作完毕，淋浴更衣。注意个人清洁卫生。		

品名：**碘乙酸**		分子式：$C_2H_3IO_2$	相态：固
别名：碘醋酸		分子量：186.0	外观与性状：无色或白色结晶
危险特性			
火灾危险性：可燃液体丙A		爆炸物：无	皮肤腐蚀/刺激：类别1
腐蚀减薄：低分子有机酸腐蚀		金属腐蚀：无	严重眼损伤/眼刺激：类别1
环境开裂：无		急性毒性：类别3	
遇明火、高热可燃。受热分解放出有毒的碘化物烟气。遇潮时对大多数金属有腐蚀性。			
理化特性			
熔点：82.0℃	临界温度：无资料	爆炸上限：无资料	引燃温度：无资料
沸点：262.1℃	临界压力：无资料	爆炸下限：无资料	燃烧热：无资料
闪点：112.3℃	饱和蒸气压：无资料	相对密度($d_{水}=1$)：无资料	
溶解性	溶于水、热石油醚、乙醇，不溶于醚。		
主要用途	用于农业植物资源研究，染料制备，有机合成等。		
急救措施			
皮肤接触	立即脱去污染的衣着，用大量流动清水冲洗至少15min。就医。		
眼睛接触	立即提起眼睑，用大量流动清水或生理盐水彻底冲洗至少15min。就医。		
吸入	迅速脱离现场至空气新鲜处。保持呼吸道通畅。如呼吸困难，给予吸氧。如呼吸停止，立即进行人工呼吸。就医。		
食入	用水漱口，给饮牛奶或蛋清。就医。		
防护措施			
呼吸防护	可能接触其粉尘时，必须佩戴头罩型电动送风过滤式防尘呼吸器。紧急事态抢救或撤离时，必须佩戴空气呼吸器。		
眼睛防护	呼吸系统防护中已做防护。		
身体防护	穿防酸碱工作服。		
手防护	戴橡胶耐油手套。		
其他防护	工作场所禁止吸烟、进食和饮水，饭前要洗手。工作完毕，淋浴更衣。注意个人清洁卫生。		

品名：**碘乙酸乙酯**		分子式：$C_4H_7IO_2$	相态：液
别名：无		分子量：214.0	外观与性状：无色油状液体，见光及空气逐渐分解变黄色
危险特性			
火灾危险性：可燃液体丙A		爆炸物：无	皮肤腐蚀/刺激：无
腐蚀减薄：低分子有机酸腐蚀		金属腐蚀：无	
环境开裂：无		急性毒性：类别2	
遇明火、高热可燃。与氧化剂可发生反应。遇水或水蒸气反应放热并产生有毒的腐蚀性气体。受热分解或与酸类接触放出有毒气体。其蒸气比空气重，能在较低处扩散到相当远的地方，遇火源会着火回燃。若遇高热，容器内压增大，有开裂和爆炸的危险。			
理化特性			
熔点：无资料	临界温度：无资料	爆炸上限：无资料	引燃温度：无资料
沸点：179.0℃	临界压力：无资料	爆炸下限：无资料	燃烧热：无资料
闪点：76.0℃	饱和蒸气压：0.072kPa(20℃)	相对密度($d_{水}=1$)：1.81	
溶解性	不溶于水，溶于乙醇、乙醚。		
主要用途	用作有机合成的中间体。		
急救措施			
皮肤接触	立即脱去污染的衣着，用大量流动清水冲洗。就医。		
眼睛接触	立即提起眼睑，用大量流动清水或生理盐水彻底冲洗至少15min。就医。		
吸入	迅速脱离现场至空气新鲜处。保持呼吸道通畅。如呼吸困难，给予吸氧。如呼吸停止，立即进行人工呼吸。就医。		
食入	饮足量温水，催吐。就医。		
防护措施			
呼吸防护	空气中浓度超标时，必须佩戴自吸过滤式防毒面具(全面罩)。紧急事态抢救或撤离时，应该佩戴空气呼吸器。		
眼睛防护	呼吸系统防护中已做防护。		
身体防护	穿胶布防毒衣。		
手防护	戴橡胶手套。		
其他防护	工作现场禁止吸烟、进食和饮水。工作完毕，淋浴更衣。保持良好的卫生习惯。		

品名：**碘乙烷**	分子式：C_2H_5I	相态：液
别名：乙基碘	分子量：156.0	外观与性状：无色澄清重质液体，有醚的气味
危险特性		
火灾危险性：可燃液体甲B	爆炸物：无	皮肤腐蚀/刺激：类别2
腐蚀减薄：无	金属腐蚀：无	易燃液体：类别3
环境开裂：无	急性毒性：无	严重眼损伤/眼刺激：类别2
遇明火、高热能燃烧。遇高热时能分解出有毒的碘化物烟雾。遇水或水蒸气反应放热并产生有毒的腐蚀性气体。与氧化剂接触猛烈反应。		

理化特性			
熔点：-108.0℃	临界温度：无资料	爆炸上限：无资料	引燃温度：无资料
沸点：72.4℃	临界压力：5.99MPa	爆炸下限：无资料	燃烧热：无资料
闪点：21.1℃	饱和蒸气压：13.33kPa(18℃)	相对密度($d_水=1$)：1.93	

溶解性	不溶于水，溶于乙醇、乙醚等多数有机溶剂。
主要用途	用于医药，有机合成。
急救措施	
皮肤接触	立即脱去污染的衣着，用大量流动清水冲洗至少15min。就医。
眼睛接触	立即提起眼睑，用大量流动清水或生理盐水彻底冲洗至少15min。就医。
吸入	迅速脱离现场至空气新鲜处。保持呼吸道通畅。如呼吸困难，给予吸氧。如呼吸停止，立即进行人工呼吸。就医。
食入	用水漱口，给饮牛奶或蛋清。就医。
防护措施	
呼吸防护	可能接触其蒸气时，应该佩戴自吸过滤式防毒面具(全面罩)。紧急事态抢救或撤离时，佩戴循环式氧气呼吸器。
眼睛防护	呼吸系统防护中已做防护。
身体防护	穿胶布防毒衣。
手防护	戴防化学品手套。
其他防护	工作现场禁止吸烟、进食和饮水。工作完毕，淋浴更衣。单独存放被毒物污染的衣服，洗后备用。注意个人清洁卫生。

品名：**叠氮化钡**	分子式：BaN_6	相态：固
别名：叠氮钡	分子量：221.4	外观与性状：结晶固体
危险特性		
火灾危险性：无	爆炸物：1.1	皮肤腐蚀/刺激：无
腐蚀减薄：无	金属腐蚀：无	
环境开裂：无	急性毒性：无	
燃烧时可能会释放毒性烟雾。加热时，容器可能爆炸。受热或接触火焰可能会产生膨胀或爆炸性分解。		

理化特性			
熔点：120.0℃	临界温度：无资料	爆炸上限：无资料	引燃温度：无资料
沸点：无资料	临界压力：无资料	爆炸下限：无资料	燃烧热：无资料
闪点：无资料	饱和蒸气压：无资料	相对密度($d_水=1$)：2.94	

溶解性	溶于水，难溶于无水乙醇，不溶于乙醚。
主要用途	用作电子管的吸气剂。
急救措施	
皮肤接触	立即脱去污染的衣物。用大量肥皂水和清水冲洗皮肤。如有不适，就医。
眼睛接触	用大量水彻底冲洗至少15min。如有不适，就医。
吸入	立即将患者移到新鲜空气处，保持呼吸畅通。如果呼吸困难，给予吸氧。
食入	禁止催吐，切勿给失去知觉者从嘴里喂食任何东西。立即呼叫医生或中毒控制中心。
防护措施	
呼吸防护	如果蒸气浓度超过职业接触限值或发生刺激等症状时，请使用全面罩式多功能防毒面具。
眼睛防护	佩戴化学护目镜(符合欧盟EN 166或美国NIOSH标准)。
身体防护	穿阻燃防静电防护服和抗静电的防护靴。
手防护	戴化学防护手套(例如丁基橡胶手套)。
其他防护	工作现场禁止吸烟、进食和饮水。工作完毕，淋浴更衣。保持良好的卫生习惯。

品名：**叠氮化钠**		分子式：NaN_3	相态：固
别名：三氮化钠		分子量：65.0	外观与性状：无色六方形晶体，有剧毒
危险特性			
火灾危险性：无 腐蚀减薄：无 环境开裂：无		爆炸物：无 金属腐蚀：无 急性毒性：类别 2	皮肤腐蚀/刺激：无
燃烧时可能会释放毒性烟雾。加热时，容器可能爆炸。受热或接触火焰可能会产生膨胀或爆炸性分解。			
理化特性			
熔点：275.0℃ 沸点：300.0℃ 闪点：无资料	临界温度：无资料 临界压力：无资料 饱和蒸气压：无资料	爆炸上限：无资料 爆炸下限：无资料 相对密度($d_{水}=1$)：1.85	引燃温度：无资料 燃烧热：无资料
溶解性	溶于水和液氨，微溶于乙醇，不溶于乙醚。		
主要用途	用于制备叠氮化铅和药物等。		
急救措施			
皮肤接触	脱去污染的衣服，用大量水冲洗皮肤或淋浴。		
眼睛接触	先用大量水冲洗几 min(如可能易行，摘除隐形眼镜)，然后就医。		
吸入	新鲜空气，休息。必要时进行人工呼吸，给予医疗护理。		
食入	漱口。不要催吐。饮用 1 或 2 杯水。休息，给予医疗护理。		
防护措施			
呼吸防护	如果蒸气浓度超过职业接触限值或发生刺激等症状时，请使用全面罩式多功能防毒面具。		
眼睛防护	佩戴化学护目镜(符合欧盟 EN 166 或美国 NIOSH 标准)。		
身体防护	穿阻燃防静电防护服和抗静电的防护靴。		
手防护	戴化学防护手套(例如丁基橡胶手套)。		
其他防护	工作现场禁止吸烟、进食和饮水。工作完毕，淋浴更衣。保持良好的卫生习惯。		

品名：**2-丁醇**		分子式：$C_4H_{10}O$	相态：液
别名：仲丁醇		分子量：74.1	外观与性状：无色透明液体，有类似葡萄酒的气味
危险特性			
火灾危险性：可燃液体甲 B 腐蚀减薄：无 环境开裂：无		爆炸物：无 金属腐蚀：无 急性毒性：无	皮肤腐蚀/刺激：无 易燃液体：类别 3 严重眼损伤/眼刺激：类别 2
易燃，其蒸气与空气可形成爆炸性混合物，遇明火、高热能引起燃烧爆炸。受热分解放出有毒气体。与氧化剂能发生强烈反应。在火场中，受热的容器有爆炸危险。			
理化特性			
熔点：-114.7℃ 沸点：99.5℃ 闪点：24.0℃	临界温度：245.0℃ 临界压力：4.20MPa 饱和蒸气压：1.33kPa(30℃)	爆炸上限：9.8% 爆炸下限：1.7% 相对密度($d_{水}=1$)：0.81	引燃温度：390.0℃ 燃烧热：2668.3kJ/mol
溶解性	溶于水。		
主要用途	用于制造甲乙酮，合成香精、染料等的原料，也用作溶剂。		
急救措施			
皮肤接触	脱去污染的衣着，用肥皂水和清水彻底冲洗皮肤。		
眼睛接触	立即提起眼睑，用大量流动清水或生理盐水彻底冲洗至少 15min。就医。		
吸入	迅速脱离现场至空气新鲜处。保持呼吸道通畅。如呼吸困难，给予吸氧。如呼吸停止，立即进行人工呼吸。就医。		
食入	饮足量温水，催吐。就医。		
防护措施			
呼吸防护	一般不需要特殊防护，高浓度接触时可自吸过滤式防毒面具。		
眼睛防护	戴安全防护眼镜。		
身体防护	穿防静电工作服。		
手防护	戴一般作业防护手套。		
其他防护	工作现场严禁吸烟。保持良好的卫生习惯。		

品名：**1,4-丁二胺**	分子式：$C_4H_{12}N_2$	相态：固
别名：1,4-二氨基丁烷；四亚甲基二胺；腐肉碱	分子量：88.2	外观与性状：无色结晶，有六氢吡啶的气味

危险特性

火灾危险性：可燃气体甲	爆炸物：无	皮肤腐蚀/刺激：类别1
腐蚀减薄：碱腐蚀、胺腐蚀	金属腐蚀：无	严重眼损伤/眼刺激：类别1
环境开裂：碱应力腐蚀开裂、氨应力腐蚀开裂、胺应力腐蚀开裂	急性毒性：类别2	

遇明火、高热能引起燃烧爆炸。与氧化剂能发生强烈反应。具有腐蚀性。

理化特性

熔点：27.0℃	临界温度：无资料	爆炸上限：9.1%	引燃温度：无资料
沸点：159.0℃	临界压力：无资料	爆炸下限：0.9%	燃烧热：无资料
闪点：51.7℃	饱和蒸气压：无资料	相对密度($d_水=1$)：0.88	

溶解性	易溶于水。
主要用途	用作化学中间体。

急救措施

皮肤接触	脱去污染的衣着，用大量流动清水冲洗。
眼睛接触	提起眼睑，用流动清水或生理盐水冲洗。就医。
吸入	迅速脱离现场至空气新鲜处。保持呼吸道通畅。如呼吸困难，给予吸氧。如呼吸停止，立即进行人工呼吸。就医。
食入	饮足量温水，催吐。就医。

防护措施

呼吸防护	可能接触其蒸气时，应该佩戴自吸过滤式防毒面具(半面罩)。紧急事态抢救或撤离时，建议佩戴氧气呼吸器。
眼睛防护	戴化学安全防护眼镜。
身体防护	穿防毒物渗透工作服。
手防护	戴橡胶手套。
其他防护	工作现场禁止吸烟、进食和饮水。工作完毕，淋浴更衣。实行就业前和定期的体检。

品名：**丁二腈**	分子式：$C_4H_4N_2$	相态：固
别名：1,2-二氰基乙烷；琥珀腈	分子量：80.1	外观与性状：近乎于白色至棕色结晶固体

危险特性

火灾危险性：可燃气体甲	爆炸物：无	皮肤腐蚀/刺激：类别2
腐蚀减薄：无	金属腐蚀：无	严重眼损伤/眼刺激：类别2
环境开裂：无	急性毒性：无	

遇明火能燃烧。与氧化剂可发生反应。受高热或与酸接触会产生剧毒的氰化物气体。

理化特性

熔点：58.1℃	临界温度：无资料	爆炸上限：14.4%	引燃温度：511.0℃
沸点：267.0℃	临界压力：3.54MPa	爆炸下限：2.1%	燃烧热：2281.0kJ/mol
闪点：141.1℃	饱和蒸气压：0.27kPa(100℃)	相对密度($d_水=1$)：1.02	

溶解性	溶于水、乙醇、氯仿。
主要用途	用于有机合成。

急救措施

皮肤接触	立即脱去污染的衣着，用流动清水或5%硫代硫酸钠溶液彻底冲洗至少20min。就医。
眼睛接触	提起眼睑，用流动清水或生理盐水冲洗。就医。
吸入	迅速脱离现场至空气新鲜处。保持呼吸道通畅。如呼吸困难，给予吸氧。如呼吸停止，立即进行人工呼吸。就医。
食入	饮足量温水，催吐。用1∶5000高锰酸钾或5%硫代硫酸钠溶液洗胃。就医。

防护措施

呼吸防护	可能接触毒物时，必须佩戴自吸过滤式防毒面具(半面罩)。紧急事态抢救或撤离时，建议佩戴隔离式呼吸器。
眼睛防护	戴安全防护眼镜。
身体防护	穿聚乙烯防毒服。
手防护	戴橡胶手套。
其他防护	工作现场禁止吸烟、进食和饮水。工作完毕，彻底清洗。单独存放被毒物污染的衣服，洗后备用。

品名：**1,3-丁二烯[稳定的]** 别名：联乙烯		分子式：C_4H_6 分子量：54.1	相态：气 外观与性状：无色无臭气体
危险特性			
火灾危险性：可燃气体甲 腐蚀减薄：无 环境开裂：无		爆炸物：无 金属腐蚀：无 急性毒性：无	皮肤腐蚀/刺激：无 易燃气体：类别1 加压气体：是
易燃，与空气混合能形成爆炸性混合物。接触热、火星、火焰或氧化剂易燃烧爆炸。若遇高热，可发生聚合反应，放出大量热量而引起容器破裂和爆炸事故。气体比空气重，能在较低处扩散到相当远的地方，遇火源会着火回燃。			
理化特性			
熔点：-108.9℃ 沸点：-4.5℃ 闪点：无资料	临界温度：152.0℃ 临界压力：4.33MPa 饱和蒸气压：245.27kPa(21℃)	爆炸上限：16.3% 爆炸下限：1.4% 相对密度($d_{水}=1$)：0.62	引燃温度：415.0℃ 燃烧热：2541kJ/mol
溶解性	溶于丙酮、苯、乙酸、醋等多数有机溶剂。		
主要用途	用于合成橡胶ABS树脂、酸酐等。		
急救措施			
皮肤接触	立即脱去污染的衣着，用大量流动清水冲洗至少15min。就医。		
眼睛接触	提起眼睑，用流动清水或生理盐水冲洗。就医。		
吸入	迅速脱离现场至空气新鲜处。保持呼吸道通畅。如呼吸困难，给予吸氧。如呼吸停止，立即进行人工呼吸。就医。		
食入	禁止催吐，切勿给失去知觉者从嘴里喂食任何东西。立即呼叫医生或中毒控制中心。		
防护措施			
呼吸防护	一般不需要特殊防护，高浓度接触时可佩戴自吸过滤式防毒面具(半面罩)。		
眼睛防护	必要时，戴化学安全防护眼镜。		
身体防护	穿防静电工作服。		
手防护	戴一般作业防护手套。		
其他防护	工作现场严禁吸烟。避免长期反复接触。进入罐、限制性空间或其他高浓度区作业，须有人监护。		

品名：**丁二酰氯** 别名：氯化丁二酰；琥珀酰氯		分子式：$C_4H_4Cl_2O_2$ 分子量：155.0	相态：液 外观与性状：黄色发烟液体
危险特性			
火灾危险性：可燃液体丙A 腐蚀减薄：盐酸腐蚀、含盐水腐蚀 环境开裂：氯化物应力腐蚀开裂		爆炸物：无 金属腐蚀：无 急性毒性：无	皮肤腐蚀/刺激：类别1 严重眼损伤/眼刺激：类别1
遇明火、高热可燃。受热或遇水分解放热，放出有毒的腐蚀性烟气。具有较强的腐蚀性。			
理化特性			
熔点：17.0℃ 沸点：192.0℃ 闪点：76.0℃	临界温度：无资料 临界压力：无资料 饱和蒸气压：无资料	爆炸上限：无资料 爆炸下限：无资料 相对密度($d_{水}=1$)：1.40	引燃温度：无资料 燃烧热：无资料
溶解性	不溶于石油醚，可混溶于乙醚、苯。		
主要用途	用于有机合成和用作树脂和塑料中间体。		
急救措施			
皮肤接触	立即脱去污染的衣着，用大量流动清水冲洗至少15min。就医。		
眼睛接触	立即提起眼睑，用大量流动清水或生理盐水彻底冲洗至少15min。就医。		
吸入	迅速脱离现场至空气新鲜处。保持呼吸道通畅。如呼吸困难，给予吸氧。如呼吸停止，立即进行人工呼吸。就医。		
食入	用水漱口，给饮牛奶或蛋清。就医。		
防护措施			
呼吸防护	可能接触其蒸气时，应该佩戴自吸过滤式防毒面具。		
眼睛防护	呼吸系统防护中已做防护。		
身体防护	穿橡胶耐酸碱服。		
手防护	戴橡胶耐酸碱手套。		
其他防护	工作现场禁止吸烟、进食和饮水。工作完毕，淋浴更衣。单独存放被毒物污染的衣服，洗后备用。注意个人清洁卫生。		

品名：**丁基甲苯** 别名：无		分子式：$C_{11}H_{16}$ 分子量：148.2	相态：液 外观与性状：无色液体
危险特性			
火灾危险性：可燃液体丙 A 腐蚀减薄：无 环境开裂：无		爆炸物：无 金属腐蚀：无 急性毒性：无	皮肤腐蚀/刺激：无 易燃液体：类别 3
燃烧时可能会释放毒性烟雾。加热时，容器可能爆炸。受热或接触火焰可能会产生膨胀或爆炸性分解。			
理化特性			
熔点：-62.5℃ 沸点：196.0℃ 闪点：67.3℃	临界温度：无资料 临界压力：无资料 饱和蒸气压：0.08kPa(20℃)	爆炸上限：无资料 爆炸下限：无资料 相对密度($d_{水}=1$)：0.86	引燃温度：510.0℃ 燃烧热：无资料
溶解性	不溶于水，溶于乙醇、乙醚。		
主要用途	用作制造树脂的溶剂及用于有机合成。		
急救措施			
皮肤接触	冲洗，然后用水和肥皂清洗皮肤。		
眼睛接触	用大量水冲洗(如可能易行，摘除隐形眼镜)。		
吸入	新鲜空气，休息。半直立体位。立即给予医疗护理。		
食入	漱口。饮用 1 杯或 2 杯水。给予医疗护理。		
防护措施			
呼吸防护	空气中浓度较高时，应该佩戴过滤式防毒面具(半面罩)。紧急事态抢救或逃生时，应该佩戴空气呼吸器。		
眼睛防护	戴化学安全防护眼镜。		
身体防护	穿防毒物渗透工作服。		
手防护	戴橡胶耐油手套。		
其他防护	工作现场严禁吸烟。避免长期反复接触。		

品名：**丁基磷酸** 别名：酸式磷酸丁酯		分子式：$C_{12}H_{30}O_8P_2$ 分子量：364.3	相态：液 外观与性状：水白色液体
危险特性			
火灾危险性：可燃液体丙 B 腐蚀减薄：磷酸腐蚀 环境开裂：氢脆		爆炸物：无 金属腐蚀：无 急性毒性：无	皮肤腐蚀/刺激：类别 1 严重眼损伤/眼刺激：类别 1
遇明火、高热可燃。与氧化剂可发生反应。受热分解产生有毒的烟气。具有腐蚀性。若遇高热，容器内压增大，有开裂和爆炸的危险。			
理化特性			
熔点：无资料 沸点：275.3℃ 闪点：120.3℃	临界温度：无资料 临界压力：无资料 饱和蒸气压：无资料	爆炸上限：无资料 爆炸下限：无资料 相对密度($d_{水}=1$)：1.12	引燃温度：无资料 燃烧热：无资料
溶解性	不溶于水，溶于醇。		
主要用途	用于塑料工业。		
急救措施			
皮肤接触	立即脱去污染的衣着，用大量流动清水冲洗至少 15min。就医。		
眼睛接触	立即提起眼睑，用大量流动清水或生理盐水彻底冲洗至少 15min。就医。		
吸入	迅速脱离现场至空气新鲜处。保持呼吸道通畅。如呼吸困难，给予吸氧。如呼吸停止，立即进行人工呼吸。就医。		
食入	用水漱口，给饮牛奶或蛋清。就医。		
防护措施			
呼吸防护	空气中浓度超标时，必须佩戴自吸过滤式防毒面具(半面罩)。紧急事态抢救或撤离时，应该佩戴空气呼吸器。		
眼睛防护	戴化学安全防护眼镜。		
身体防护	穿橡胶耐酸碱服。		
手防护	戴橡胶耐油手套。		
其他防护	工作场所禁止吸烟、进食和饮水，饭前要洗手。工作完毕，淋浴更衣。保持良好的卫生习惯。		

品名：**2-丁基硫醇**		分子式：$C_4H_{10}S$	相态：液
别名：仲丁硫醇		分子量：90.2	外观与性状：无色液体，有不愉快气味
危险特性			
火灾危险性：可燃液体甲 B		爆炸物：无	皮肤腐蚀/刺激：无
腐蚀减薄：硫酸腐蚀、高温硫化物腐蚀		金属腐蚀：无	易燃液体：类别 2
环境开裂：连多硫酸应力腐蚀开裂		急性毒性：无	严重眼损伤/眼刺激：类别 2
其蒸气与空气可形成爆炸性混合物，遇明火、高热极易燃烧爆炸。与氧化剂接触猛烈反应。受热分解或与酸类接触放出有毒气体。流速过快，容易产生和积聚静电。			
理化特性			
熔点：-165.0℃	临界温度：无资料	爆炸上限：无资料	引燃温度：无资料
沸点：85.0℃	临界压力：无资料	爆炸下限：无资料	燃烧热：无资料
闪点：-23.0℃	饱和蒸气压：无资料	相对密度($d_{水}=1$)：0.83	
溶解性	溶于乙醇、乙醚、苯等。		
主要用途	用作有机合成中间体。		
急救措施			
皮肤接触	脱去污染的衣着，用大量流动清水冲洗。		
眼睛接触	提起眼睑，用流动清水或生理盐水冲洗。就医。		
吸入	脱离现场至空气新鲜处。如呼吸困难，给予吸氧。就医。		
食入	饮足量温水，催吐。就医。		
防护措施			
呼吸防护	空气中浓度超标时，必须佩戴自吸过滤式防毒面具。紧急事态抢救或撤离时，应该佩戴空气呼吸器。		
眼睛防护	戴化学安全防护眼镜。		
身体防护	穿防静电工作服。		
手防护	戴橡胶手套。		
其他防护	作现场严禁吸烟。工作完毕，淋浴更衣。注意个人清洁卫生。		

品名：**丁基三氯硅烷**		分子式：$C_4H_9Cl_3Si$	相态：液
别名：无		分子量：191.6	外观与性状：无色液体
危险特性			
火灾危险性：可燃液体乙 B		爆炸物：无	皮肤腐蚀/刺激：类别 1
腐蚀减薄：无		金属腐蚀：无	易燃液体：类别 3
环境开裂：无		急性毒性：无	严重眼损伤/眼刺激：类别 1
遇高热、明火或与氧化剂接触，有引起燃烧的危险。遇水发生剧烈反应，散发出具有刺激性和腐蚀性的氯化氢气体。受高热分解放出有毒的气体。遇潮时对大多数金属有腐蚀性。			
理化特性			
熔点：无资料	临界温度：无资料	爆炸上限：无资料	引燃温度：无资料
沸点：147.7℃	临界压力：无资料	爆炸下限：无资料	燃烧热：无资料
闪点：45.6℃	饱和蒸气压：无资料	相对密度($d_{水}=1$)：1.16	
溶解性	溶于苯、乙醚、庚烷。		
主要用途	无资料。		
急救措施			
皮肤接触	立即脱去污染的衣着，用大量流动清水冲洗。就医。		
眼睛接触	立即提起眼睑，用大量流动清水或生理盐水彻底冲洗至少 15min。就医。		
吸入	迅速脱离现场至空气新鲜处。保持呼吸道通畅。如呼吸困难，给予吸氧。如呼吸停止，立即进行人工呼吸。就医。		
食入	用水漱口，给饮牛奶或蛋清。就医。		
防护措施			
呼吸防护	空气中浓度超标时，必须佩戴自吸过滤式防毒面具。		
眼睛防护	戴化学安全防护眼镜。		
身体防护	穿橡胶耐酸碱服。		
手防护	戴橡胶耐酸碱手套。		
其他防护	工作场所禁止吸烟、进食和饮水，饭前要洗手。工作完毕，淋浴更衣。保持良好的卫生习惯。		

品名：**丁醛肟** 别名：无	分子式：C_4H_9NO 分子量：87.1	相态：液 外观与性状：无色、透明、油状液体

危险特性

火灾危险性：可燃液体乙B	爆炸物：无	皮肤腐蚀/刺激：无
腐蚀减薄：无	金属腐蚀：无	易燃液体：类别3
环境开裂：无	急性毒性：类别3	严重眼损伤/眼刺激：类别2

易燃，遇明火、高热或与氧化剂接触，有引起燃烧爆炸的危险。

理化特性

熔点：-23.5℃	临界温度：无资料	爆炸上限：无资料	引燃温度：无资料
沸点：152.0℃	临界压力：无资料	爆炸下限：无资料	燃烧热：无资料
闪点：58.0℃	饱和蒸气压：0.266kPa(20℃)	相对密度($d_水=1$)：0.92	

溶解性	易溶于醇、醚。
主要用途	用作有机试剂。

急救措施

皮肤接触	脱去污染的衣着，用肥皂水和清水彻底冲洗皮肤。
眼睛接触	提起眼睑，用流动清水或生理盐水冲洗。就医。
吸入	迅速脱离现场至空气新鲜处。保持呼吸道通畅。如呼吸困难，给予吸氧。如呼吸停止，立即进行人工呼吸。就医。
食入	饮足量温水，催吐。就医。

防护措施

呼吸防护	可能接触其蒸气时，应该佩戴过滤式防毒面具(半面罩)。
眼睛防护	戴化学安全防护眼镜。
身体防护	穿防毒物渗透工作服。
手防护	戴橡胶耐油手套。
其他防护	工作现场禁止吸烟、进食和饮水。工作完毕，淋浴更衣。保持良好的卫生习惯。

品名：**1-丁炔[稳定的]** 别名：乙基乙炔	分子式：C_4H_6 分子量：54.1	相态：气 外观与性状：无色、有恶臭的气体

危险特性

火灾危险性：可燃气体甲	爆炸物：无	皮肤腐蚀/刺激：无
腐蚀减薄：无	金属腐蚀：无	易燃气体：类别1
环境开裂：无	急性毒性：无	加压气体：是

与空气混合能形成爆炸性混合物。遇热、明火或强氧化剂有燃烧爆炸的危险。本品易聚合，只有经过稳定化处理才允许储运。气体比空气重，能在较低处扩散到相当远的地方，遇火源会着火回燃。

理化特性

熔点：-130.0℃	临界温度：190.5℃	爆炸上限：6.6%	引燃温度：无资料
沸点：8.1℃	临界压力：4.53MPa	爆炸下限：1.1%	燃烧热：无资料
闪点：-6.7℃	饱和蒸气压：无资料	相对密度($d_水=1$)：0.67	

溶解性	不溶于水，溶于乙醇、乙醚等多数有机溶剂。
主要用途	用作有机合成的中间体及特殊燃料。

急救措施

皮肤接触	立即脱去污染的衣物。用大量肥皂水和清水冲洗皮肤。如有不适，就医。
眼睛接触	立即提起眼睑，用大量流动清水或生理盐水彻底冲洗至少15min。就医。
吸入	迅速脱离现场至空气新鲜处。保持呼吸道通畅。如呼吸困难，给予吸氧。如呼吸停止，立即进行人工呼吸。就医。
食入	禁止催吐，切勿给失去知觉者从嘴里喂食任何东西。立即呼叫医生或中毒控制中心。

防护措施

呼吸防护	一般不需要特殊防护，高浓度接触时可佩戴自吸过滤式防毒面具(半面罩)。
眼睛防护	必要时，戴化学安全防护眼镜。
身体防护	穿防静电工作服。
手防护	戴一般作业防护手套。
其他防护	工作现场严禁吸烟。避免长期反复接触。进入罐、限制性空间或其他高浓度区作业，须有人监护。

品名：**2-丁炔**	分子式：C_4H_6	相态：液
别名：巴豆炔；二甲基乙炔	分子量：54.1	外观与性状：无色液体

危险特性

火灾危险性：可燃液体甲 B	爆炸物：无	皮肤腐蚀/刺激：无
腐蚀减薄：无	金属腐蚀：无	易燃液体：类别 1
环境开裂：无	急性毒性：无	

极易燃，其蒸气与空气可形成爆炸性混合物，遇热源和明火有燃烧爆炸的危险。与氧化剂能发生强烈反应，引起燃烧或爆炸。若遇高热，可发生聚合反应，放出大量热量而引起容器破裂和爆炸事故。

理化特性

熔点：−32.2℃	临界温度：无资料	爆炸上限：无资料	引燃温度：无资料
沸点：27.0℃	临界压力：无资料	爆炸下限：1.4%	燃烧热：无资料
闪点：−20.0℃	饱和蒸气压：无资料	相对密度($d_{水}=1$)：0.69	

溶解性	不溶于水，溶于醚。
主要用途	用于有机合成。

急救措施

皮肤接触	脱去污染的衣着，用肥皂水和清水彻底冲洗皮肤。
眼睛接触	提起眼睑，用流动清水或生理盐水冲洗。就医。
吸入	迅速脱离现场至空气新鲜处。保持呼吸道通畅。如呼吸困难，给予吸氧。如呼吸停止，立即进行人工呼吸。就医。
食入	饮足量温水，催吐。就医。

防护措施

呼吸防护	一般不需要特殊防护，高浓度接触时可佩戴自吸过滤式防毒面具(半面罩)。
眼睛防护	戴化学安全防护眼镜。
身体防护	穿防静电工作服。
手防护	戴橡胶耐油手套。
其他防护	工作现场严禁吸烟。避免长期反复接触。

品名：**1-丁炔-3-醇**	分子式：C_4H_6O	相态：液
别名：无	分子量：70.1	外观与性状：透明淡黄色液体

危险特性

火灾危险性：可燃液体甲 B	爆炸物：无	皮肤腐蚀/刺激：无
腐蚀减薄：无	金属腐蚀：无	易燃液体：类别 3
环境开裂：无	急性毒性：类别 3	

可与空气形成爆炸性混合物。暴露于火中的容器可能会通过压力安全阀泄漏出内容物，从而增加火势和/或蒸气的浓度。

理化特性

熔点：无资料	临界温度：无资料	爆炸上限：无资料	引燃温度：无资料
沸点：104.0℃	临界压力：无资料	爆炸下限：无资料	燃烧热：无资料
闪点：25.6℃	饱和蒸气压：无资料	相对密度($d_{水}=1$)：0.89	

溶解性	无资料。
主要用途	无资料。

急救措施

皮肤接触	立即脱去污染的衣物。用大量肥皂水和清水冲洗皮肤。如有不适，就医。
眼睛接触	用大量水彻底冲洗至少 15min。如有不适，就医。
吸入	立即将患者移到新鲜空气处，保持呼吸畅通。如果呼吸困难，给予吸氧。
食入	禁止催吐，切勿给失去知觉者从嘴里喂食任何东西。立即呼叫医生或中毒控制中心。

防护措施

呼吸防护	如果蒸气浓度超过职业接触限值或发生刺激等症状时，请使用全面罩式多功能防毒面具。
眼睛防护	佩戴化学护目镜(符合欧盟 EN 166 或美国 NIOSH 标准)。
身体防护	穿阻燃防静电防护服和抗静电的防护靴。
手防护	戴化学防护手套(例如丁基橡胶手套)。
其他防护	工作现场禁止吸烟、进食和饮水。工作完毕，淋浴更衣。保持良好的卫生习惯。

品名：**丁酸丙烯酯**	分子式：$C_7H_{12}O_2$	相态：液	
别名：丁酸烯丙酯；丁酸-2-丙烯酯	分子量：128.2	外观与性状：无色液体	
危险特性			
火灾危险性：可燃液体乙A	爆炸物：无	皮肤腐蚀/刺激：无	
腐蚀减薄：低分子有机酸腐蚀	金属腐蚀：无	易燃液体：类别3	
环境开裂：无	急性毒性：类别3		
其蒸气与空气可形成爆炸性混合物，遇明火、高热能引起燃烧爆炸。与氧化剂可发生反应。流速过快，容易产生和积聚静电。容易自聚，聚合反应随着温度的上升而急骤加剧。若遇高热，容器内压增大，有开裂和爆炸的危险。			
理化特性			
熔点：无资料	临界温度：无资料	爆炸上限：无资料	引燃温度：无资料
沸点：143.0℃	临界压力：无资料	爆炸下限：无资料	燃烧热：无资料
闪点：41.0℃	饱和蒸气压：2.00kPa(20℃)	相对密度($d_水=1$)：0.90	
溶解性	不溶于水，溶于乙醇、乙醚。		
主要用途	用于有机合成。		
急救措施			
皮肤接触	脱去污染的衣着，用流动清水冲洗。		
眼睛接触	提起眼睑，用流动清水或生理盐水冲洗。就医。		
吸入	脱离现场至空气新鲜处。如呼吸困难，给予吸氧。就医。		
食入	饮足量温水，催吐。就医。		
防护措施			
呼吸防护	如果蒸气浓度超过职业接触限值或发生刺激等症状时，请使用全面罩式多功能防毒面具。		
眼睛防护	佩戴化学护目镜(符合欧盟EN 166或美国NIOSH标准)。		
身体防护	穿阻燃防静电防护服和抗静电的防护靴。		
手防护	戴化学防护手套(例如丁基橡胶手套)。		
其他防护	工作现场禁止吸烟、进食和饮水。工作完毕，淋浴更衣。保持良好的卫生习惯。		

品名：**丁酸酐**	分子式：$C_8H_{14}O_3$	相态：液	
别名：无	分子量：158.2	外观与性状：无色液体，有刺激性气味	
危险特性			
火灾危险性：可燃液体丙A	爆炸物：无	皮肤腐蚀/刺激：类别1	
腐蚀减薄：低分子有机酸腐蚀	金属腐蚀：无	严重眼损伤/眼刺激：类别1	
环境开裂：无	急性毒性：无		
遇明火、高热可燃。具有腐蚀性。			
理化特性			
熔点：-73.3℃	临界温度：无资料	爆炸上限：无资料	引燃温度：370.0℃
沸点：199.5℃	临界压力：2.64MPa	爆炸下限：无资料	燃烧热：无资料
闪点：87.8℃	饱和蒸气压：0.04kPa(20℃)	相对密度($d_水=1$)：0.97	
溶解性	不溶于乙醚。		
主要用途	用于制造各种丁酸醋和用于有机合成，及用作溶剂等。		
急救措施			
皮肤接触	立即脱去污染的衣着，用大量流动清水冲洗至少15min。就医。		
眼睛接触	立即提起眼睑，用大量流动清水或生理盐水彻底冲洗至少15min。就医。		
吸入	迅速脱离现场至空气新鲜处。保持呼吸道通畅。如呼吸困难，给予吸氧。如呼吸停止，立即进行人工呼吸。就医。		
食入	用水漱口，给饮牛奶或蛋清。就医。		
防护措施			
呼吸防护	可能接触其蒸气时，佩戴自吸过滤式防毒面具。		
眼睛防护	呼吸系统防护中已做防护。		
身体防护	穿防酸碱工作服。		
手防护	戴橡胶耐油手套。		
其他防护	工作场所禁止吸烟、进食和饮水，饭前要洗手。工作完毕，淋浴更衣。避免长期反复接触。		

品名：**丁酸正戊酯** 别名：丁酸戊酯		分子式：$C_9H_{18}O_2$ 分子量：158.2	相态：液 外观与性状：无色液体，有苦杏仁味
危险特性			
火灾危险性：可燃液体丙 A 腐蚀减薄：低分子有机酸腐蚀 环境开裂：无		爆炸物：无 金属腐蚀：无 急性毒性：无	皮肤腐蚀/刺激：无 易燃液体：类别 3
易燃，遇明火、高热能引起燃烧爆炸。与氧化剂可发生反应。			
理化特性			
熔点：-73.2℃ 沸点：185.0℃ 闪点：67.8℃	临界温度：无资料 临界压力：无资料 饱和蒸气压：1.00kPa(50℃)	爆炸上限：无资料 爆炸下限：无资料 相对密度($d_{水}=1$)：0.87	引燃温度：582.0℃ 燃烧热：无资料
溶解性	微溶于水，溶于乙醇、乙醚。		
主要用途	用作食品的果子香料。		
急救措施			
皮肤接触	脱去污染的衣着，用肥皂水和清水彻底冲洗皮肤。		
眼睛接触	提起眼睑，用流动清水或生理盐水冲洗。就医。		
吸入	迅速脱离现场至空气新鲜处。保持呼吸道通畅。如呼吸困难，给予吸氧。如呼吸停止，立即进行人工呼吸。就医。		
食入	饮足量温水，催吐。就医。		
防护措施			
呼吸防护	空气中浓度较高时，应该佩戴自吸过滤式防毒面具(半面罩)。必要时，佩戴自给式呼吸器。		
眼睛防护	必要时，戴化学安全防护眼镜。		
身体防护	穿防静电工作服。		
手防护	戴橡胶耐油手套。		
其他防护	工作现场严禁吸烟。工作完毕，沐浴更衣。注意个人清洁卫生。		

品名：**2-丁酮** 别名：丁酮；乙基甲基酮；甲乙酮		分子式：C_4H_8O 分子量：72.1	相态：液 外观与性状：无色液体，有似丙酮的气味
危险特性			
火灾危险性：可燃液体甲 B 腐蚀减薄：无 环境开裂：无		爆炸物：无 金属腐蚀：无 急性毒性：无	皮肤腐蚀/刺激：无 易燃液体：类别 2 严重眼损伤/眼刺激：类别 2
易燃，其蒸气与空气可形成爆炸性混合物，遇明火、高热或与氧化剂接触，有引起燃烧爆炸的危险。其蒸气比空气重，能在较低处扩散到相当远的地方，遇火源会着火回燃。			
理化特性			
熔点：-85.9℃ 沸点：79.6℃ 闪点：-9.0℃	临界温度：260.0℃ 临界压力：4.40MPa 饱和蒸气压：9.49kPa(20℃)	爆炸上限：11.4% 爆炸下限：1.7% 相对密度($d_{水}=1$)：0.81	引燃温度：404.0℃ 燃烧热：2441.8kJ/mol
溶解性	溶于水、乙醇、乙醚，可混溶于油类。		
主要用途	用作溶剂、脱蜡剂，也用于多种有机合成，及作为合成香料和医药的原料。		
急救措施			
皮肤接触	脱去污染的衣着，用肥皂水和清水彻底冲洗皮肤。		
眼睛接触	提起眼睑，用流动清水或生理盐水冲洗。就医。		
吸入	迅速脱离现场至空气新鲜处。保持呼吸道通畅。如呼吸困难，给予吸氧。如呼吸停止，立即进行人工呼吸。就医。		
食入	饮足量温水，催吐。就医。		
防护措施			
呼吸防护	空气中浓度超标时，佩戴自吸过滤式防毒面具(半面罩)。		
眼睛防护	必要时，戴化学安全防护眼镜。		
身体防护	穿防静电工作服。		
手防护	戴橡胶耐油手套。		
其他防护	工作现场严禁吸烟。注意个人清洁卫生。避免长期反复接触。		

品名：**2-丁酮肟** 别名：无		分子式：C_4H_9NO 分子量：87.1	相态：液 外观与性状：透明液体
危险特性			
火灾危险性：可燃液体丙 A 腐蚀减薄：无 环境开裂：无		爆炸物：无 金属腐蚀：无 急性毒性：无	皮肤腐蚀/刺激：无 严重眼损伤/眼刺激：类别 1
加热时，容器可能爆炸。受热或接触火焰可能会产生膨胀或爆炸性分解。			
理化特性			
熔点：-29.5℃ 沸点：152.5℃ 闪点：60.0℃	临界温度：无资料 临界压力：无资料 饱和蒸气压：1.07kPa(20℃)	爆炸上限：50.0% 爆炸下限：3.1% 相对密度($d_{水}=1$)：0.92	引燃温度：315.0℃ 燃烧热：无资料
溶解性	能与乙醇、乙醚混溶。		
主要用途	用于有机合成。		
急救措施			
皮肤接触	立即脱去污染的衣着，用大量流动清水冲洗至少 15min。就医。		
眼睛接触	立即提起眼睑，用大量流动清水或生理盐水彻底冲洗至少 15min。就医。		
吸入	立即将患者移到新鲜空气处，保持呼吸畅通。如果呼吸困难，给予吸氧。		
食入	禁止催吐，切勿给失去知觉者从嘴里喂食任何东西。立即呼叫医生或中毒控制中心。		
防护措施			
呼吸防护	如果蒸气浓度超过职业接触限值或发生刺激等症状时，请使用全面罩式多功能防毒面具。		
眼睛防护	佩戴化学护目镜(符合欧盟 EN 166 或美国 NIOSH 标准)。		
身体防护	穿阻燃防静电防护服和抗静电的防护靴。		
手防护	戴化学防护手套(例如丁基橡胶手套)。		
其他防护	工作现场禁止吸烟、进食和饮水。工作完毕，淋浴更衣。保持良好的卫生习惯。		

品名：**1-丁烯** 别名：无		分子式：C_4H_8 分子量：56.1	相态：气 外观与性状：无色气体
危险特性			
火灾危险性：可燃气体甲 腐蚀减薄：无 环境开裂：无		爆炸物：无 金属腐蚀：无 急性毒性：无	皮肤腐蚀/刺激：无 易燃气体：类别 1 加压气体：是
易燃，与空气混合能形成爆炸性混合物。遇热源和明火有燃烧爆炸的危险。若遇高热，可发生聚合反应，放出大量热量而引起容器破裂和爆炸事故。与氧化剂接触猛烈反应。气体比空气重，能在较低处扩散到相当远的地方，遇火源会着火回燃。			
理化特性			
熔点：-185.3℃ 沸点：-6.3℃ 闪点：-80.0℃	临界温度：146.4℃ 临界压力：4.02MPa 饱和蒸气压：189.48kPa(10℃)	爆炸上限：10.0% 爆炸下限：1.6% 相对密度($d_{水}=1$)：0.76	引燃温度：385.0℃ 燃烧热：2538.8kJ/mol
溶解性	不溶于水，微溶于苯，易溶于乙醇、乙醚。		
主要用途	用于制丁二烯、异戊二烯、合成橡胶等。		
急救措施			
皮肤接触	冻伤时，用大量水冲洗，不要脱去衣服，给予医疗护理。		
眼睛接触	先用大量水冲洗几 min(如可能易行，摘除隐形眼镜)，然后就医。		
吸入	迅速脱离现场至空气新鲜处。保持呼吸道通畅。如呼吸困难，给予吸氧。如呼吸停止，立即进行人工呼吸。就医。		
食入	禁止催吐，切勿给失去知觉者从嘴里喂食任何东西。立即呼叫医生或中毒控制中心。		
防护措施			
呼吸防护	一般不需要特殊防护，高浓度接触时可佩戴自吸过滤式防毒面具(半面罩)。		
眼睛防护	戴化学安全防护眼镜。		
身体防护	穿防静电工作服。		
手防护	戴一般作业防护手套。		
其他防护	工作现场严禁吸烟。避免长期反复接触。进入罐、限制性空间或其他高浓度区作业，须有人监护。		

品名：**2-丁烯**		分子式：C_4H_8	相态：气
别名：无		分子量：56.1	外观与性状：无色气体
危险特性			
火灾危险性：可燃气体甲		爆炸物：1.1	皮肤腐蚀/刺激：无
腐蚀减薄：无		金属腐蚀：无	易燃气体：类别1
环境开裂：无		急性毒性：类别2	加压气体：是
易燃，与空气混合能形成爆炸性混合物。遇热源和明火有燃烧爆炸的危险。受热可能发生剧烈的聚合反应。与氧化剂接触猛烈反应。气体比空气重，能在较低处扩散到相当远的地方，遇火源会着火回燃。			
理化特性			
熔点：-139.0℃	临界温度：160.0℃	爆炸上限：9.7%	引燃温度：324.0℃
沸点：1.0℃	临界压力：4.10MPa	爆炸下限：1.6%	燃烧热：无资料
闪点：-73.0℃	饱和蒸气压：141.65kPa(10℃)	相对密度($d_{水}=1$)：0.63	
溶解性	不溶于水，溶于多数有机溶剂。		
主要用途	用于制丁二烯及合成碳四、碳五的衍生物等。		
急救措施			
皮肤接触	立即脱去污染的衣着，用大量流动清水冲洗至少15min。就医。		
眼睛接触	立即提起眼睑，用大量流动清水或生理盐水彻底冲洗至少15min。就医。		
吸入	迅速脱离现场至空气新鲜处。保持呼吸道通畅。如呼吸困难，给予吸氧。如呼吸停止，立即进行人工呼吸。就医。		
食入	禁止催吐，切勿给失去知觉者从嘴里喂食任何东西。立即呼叫医生或中毒控制中心。		
防护措施			
呼吸防护	一般不需要特殊防护，高浓度接触时可佩戴自吸过滤式防毒面具(半面罩)。		
眼睛防护	一般不需要特殊防护，高浓度接触时可戴化学安全防护眼镜。		
身体防护	穿防静电工作服。		
手防护	戴一般作业防护手套。		
其他防护	工作现场严禁吸烟。避免长期反复接触。进入罐、限制性空间或其他高浓度区作业，须有人监护。		

品名：**2-丁烯-1-醇**		分子式：C_4H_8O	相态：液
别名：巴豆醇；丁烯醇		分子量：72.1	外观与性状：无色和特别的气味液体
危险特性			
火灾危险性：可燃液体乙A		爆炸物：无	皮肤腐蚀/刺激：无
腐蚀减薄：无		金属腐蚀：无	易燃液体：类别3
环境开裂：无		急性毒性：无	
其蒸气与空气可形成爆炸性混合物，遇明火、高热能引起燃烧爆炸。与氧化剂可发生反应。容易自聚，聚合反应随着温度的上升而急骤加剧。其蒸气比空气重，能在较低处扩散到相当远的地方，遇火源会着火回燃。			
理化特性			
熔点：-30.0℃	临界温度：无资料	爆炸上限：无资料	引燃温度：349.0℃
沸点：123.6℃	临界压力：无资料	爆炸下限：无资料	燃烧热：无资料
闪点：37.2℃	饱和蒸气压：10.5kPa(50℃)	相对密度($d_{水}=1$)：0.85	
溶解性	溶于水、乙醇、乙醚。		
主要用途	用作化学中间体，制造杀虫剂、增塑剂、医药、涂料等。		
急救措施			
皮肤接触	立即脱去污染的衣着，用大量流动清水冲洗至少15min。就医。		
眼睛接触	立即提起眼睑，用大量流动清水或生理盐水彻底冲洗至少15min。就医。		
吸入	迅速脱离现场至空气新鲜处。保持呼吸道通畅。如呼吸困难，给予吸氧。如呼吸停止，立即进行人工呼吸。就医。		
食入	饮足量温水，催吐。就医。		
防护措施			
呼吸防护	空气中浓度超标时，必须佩戴自吸过滤式防毒面具(全面罩)。紧急事态抢救或撤离时，应该佩戴空气呼吸器。		
眼睛防护	呼吸系统防护中已做防护。		
身体防护	穿胶布防毒衣。		
手防护	戴橡胶手套。		
其他防护	工作现场禁止吸烟、进食和饮水。工作完毕，彻底清洗。单独存放被毒物污染的衣服，洗后备用。注意个人清洁卫生。		

品名：**3-丁烯-2-酮**		分子式：C_4H_6O	相态：液
别名：甲基乙烯基酮；丁烯酮		分子量：70.1	外观与性状：有强烈刺激性气味的无色可燃有毒液体
危险特性			
火灾危险性：可燃液体甲 B		爆炸物：无	皮肤腐蚀/刺激：类别 1
腐蚀减薄：无		金属腐蚀：无	易燃液体：类别 1
环境开裂：无		急性毒性：类别 1	严重眼损伤/眼刺激：类别 1
易燃，遇高热、明火及强氧化剂易引起燃烧。在火场高温下，能发生聚合放热，使容器破裂。其蒸气比空气重，能在较低处扩散到相当远的地方，遇火源会着火回燃。			
理化特性			
熔点：-7.0℃	临界温度：无资料	爆炸上限：无资料	引燃温度：491.0℃
沸点：81.4℃	临界压力：无资料	爆炸下限：无资料	燃烧热：无资料
闪点：-6.0℃	饱和蒸气压：11kPa(25℃)	相对密度($d_{水}$=1)：0.86	
溶解性	易溶于水、甲醇、乙醇、乙醚、丙酮、冰醋酸，微溶于烃类。		
主要用途	用作烷基化试剂、聚合反应单体，在合成甾族化合物和维生素 A 中用作中间体，也可用于制取毒气。		
急救措施			
皮肤接触	立即脱去污染的衣着，用大量流动清水冲洗至少 15min。就医。		
眼睛接触	立即提起眼睑，用大量流动清水或生理盐水彻底冲洗至少 15min。就医。		
吸入	立即将患者移到新鲜空气处，保持呼吸畅通。如果呼吸困难，给予吸氧。		
食入	用水漱口，给饮牛奶或蛋清。就医。		
防护措施			
呼吸防护	如果蒸气浓度超过职业接触限值或发生刺激等症状时，请使用全面罩式多功能防毒面具。		
眼睛防护	佩戴化学护目镜(符合欧盟 EN 166 或美国 NIOSH 标准)。		
身体防护	穿阻燃防静电防护服和抗静电的防护靴。		
手防护	戴化学防护手套(例如丁基橡胶手套)。		
其他防护	工作现场禁止吸烟、进食和饮水。工作完毕，淋浴更衣。保持良好的卫生习惯。		

品名：**丁烯二酰氯[反式]**		分子式：$C_4H_2Cl_2O_2$	相态：液
别名：富马酰氯		分子量：153.0	外观与性状：无色至浅黄色液体
危险特性			
火灾危险性：可燃液体丙 A		爆炸物：无	皮肤腐蚀/刺激：类别 1
腐蚀减薄：无		金属腐蚀：无	严重眼损伤/眼刺激：类别 1
环境开裂：无		急性毒性：无	
遇明火、高热可燃。与氧化剂可发生反应。遇水发生剧烈反应，散发出具有刺激性和腐蚀性的氯化氢气体。受热分解释出高毒烟雾。容易自聚，聚合反应随着温度的上升而急骤加剧。遇潮时对大多数金属有腐蚀性。若遇高热，容器内压增大，有开裂和爆炸的危险。			
理化特性			
熔点：2.0℃	临界温度：无资料	爆炸上限：无资料	引燃温度：无资料
沸点：158.0℃	临界压力：无资料	爆炸下限：无资料	燃烧热：无资料
闪点：73.0℃	饱和蒸气压：0.22kPa(20℃)	相对密度($d_{水}$=1)：1.41	
溶解性	溶于部分有机溶剂。		
主要用途	用于有机合成。		
急救措施			
皮肤接触	立即脱去污染的衣着，用大量流动清水冲洗至少 15min。就医。		
眼睛接触	立即提起眼睑，用大量流动清水或生理盐水彻底冲洗至少 15min。就医。		
吸入	迅速脱离现场至空气新鲜处。保持呼吸道通畅。如呼吸困难，给予吸氧。如呼吸停止，立即进行人工呼吸。就医。		
食入	用水漱口，给饮牛奶或蛋清。就医。		
防护措施			
呼吸防护	空气中浓度超标时，必须佩戴自吸过滤式防毒面具(半面罩)。紧急事态抢救或撤离时，应该佩戴空气呼吸器。		
眼睛防护	呼吸系统防护中已做防护。		
身体防护	穿橡胶耐酸碱服。		
手防护	戴橡胶耐酸碱手套。		
其他防护	工作现场禁止吸烟、进食和饮水。工作完毕，淋浴更衣。保持良好的卫生习惯。		

品名：**3-丁烯腈**	分子式：C_4H_5N	相态：液
别名：烯丙基氰	分子量：67.1	外观与性状：无色至淡黄色液体

危险特性

火灾危险性：可燃液体甲 B	爆炸物：无	皮肤腐蚀/刺激：无
腐蚀减薄：无	金属腐蚀：无	易燃液体：类别 3
环境开裂：无	急性毒性：类别 2	严重眼损伤/眼刺激：类别 1

易燃，遇热或明火燃烧。受热分解或接触酸和酸雾能释出剧毒的氮氧化物和氰化物的烟雾。

理化特性

熔点：-87.0℃	临界温度：无资料	爆炸上限：无资料	引燃温度：455.0℃
沸点：116.0℃	临界压力：无资料	爆炸下限：无资料	燃烧热：无资料
闪点：23.9℃	饱和蒸气压：无资料	相对密度($d_{水}=1$)：0.83	

溶解性	微溶于水，可混溶于乙醇、乙醚。
主要用途	用于有机合成和做聚合交联剂。

急救措施

皮肤接触	脱去污染的衣着，用大量流动清水冲洗。
眼睛接触	提起眼睑，用流动清水或生理盐水冲洗。就医。
吸入	迅速脱离现场至空气新鲜处。保持呼吸道通畅。如呼吸困难，给予吸氧。如呼吸停止，立即进行人工呼吸。就医。
食入	饮足量温水，催吐。洗胃，导泄。就医。

防护措施

呼吸防护	空气中浓度超标时，必须佩戴自吸过滤式防毒面具(半面罩)。紧急事态抢救或撤离时，应该佩戴空气呼吸器。
眼睛防护	戴化学安全防护眼镜。
身体防护	穿防毒物渗透工作服。
手防护	戴橡胶耐油手套。
其他防护	工作现场禁止吸烟、进食和饮水。工作完毕，彻底清洗。单独存放被毒物污染的衣服，洗后备用。

品名：**2-丁烯腈[反式]**	分子式：C_4H_5N	相态：液
别名：巴豆腈；丙烯基氰	分子量：67.1	外观与性状：无色至淡黄色液体

危险特性

火灾危险性：可燃液体甲 B	爆炸物：无	皮肤腐蚀/刺激：无
腐蚀减薄：无	金属腐蚀：无	易燃液体：类别 2
环境开裂：无	急性毒性：无	

其蒸气与空气可形成爆炸性混合物，遇明火、高热极易燃烧爆炸。与氧化剂接触猛烈反应。接触酸和酸雾产生有毒气体。流速过快，容易产生和积聚静电。容易自聚，聚合反应随着温度的上升而急骤加剧。

理化特性

熔点：-52.0℃	临界温度：无资料	爆炸上限：无资料	引燃温度：465.0℃
沸点：120.5℃	临界压力：无资料	爆炸下限：无资料	燃烧热：无资料
闪点：20.0℃	饱和蒸气压：5.00kPa(30℃)	相对密度($d_{水}=1$)：0.82	

溶解性	溶于乙醚、丙酮。
主要用途	用于有机合成。

急救措施

皮肤接触	脱去污染的衣着，用大量流动清水冲洗。
眼睛接触	提起眼睑，用流动清水或生理盐水冲洗。就医。
吸入	迅速脱离现场至空气新鲜处。保持呼吸道通畅。如呼吸困难，给予吸氧。
食入	饮足量温水，催吐。洗胃，导泄。就医。

防护措施

呼吸防护	如果蒸气浓度超过职业接触限值或发生刺激等症状时，请使用全面罩式多功能防毒面具。
眼睛防护	佩戴化学护目镜(符合欧盟 EN 166 或美国 NIOSH 标准)。
身体防护	穿阻燃防静电防护服和抗静电的防护靴。
手防护	戴化学防护手套(例如丁基橡胶手套)。
其他防护	工作现场禁止吸烟、进食和饮水。工作完毕，淋浴更衣。保持良好的卫生习惯。

品名：**2-丁烯醛**	分子式：C_4H_6O	相态：液
别名：巴豆醛；β-甲基丙烯醛	分子量：70.1	外观与性状：无色或淡黄色液体，有窒息性刺激臭味
危险特性		
火灾危险性：可燃液体甲 B	爆炸物：无	皮肤腐蚀/刺激：类别 2
腐蚀减薄：无	金属腐蚀：无	易燃液体：类别 2
环境开裂：无	急性毒性：类别 2	严重眼损伤/眼刺激：类别 1
易燃，其蒸气与空气可形成爆炸性混合物，遇明火、高热或与氧化剂接触，有引起燃烧爆炸的危险。在空气中非常容易氧化生成过氧化物，受热或撞击、甚至轻微摩擦即发生爆炸。在火场高温下，能发生聚合放热，使容器破裂。		

理化特性			
熔点：-76.0℃	临界温度：无资料	爆炸上限：15.5%	引燃温度：230.0℃
沸点：104.0℃	临界压力：无资料	爆炸下限：2.1%	燃烧热：2268.0kJ/mol
闪点：13.0℃	饱和蒸气压：4.00kPa(20℃)	相对密度($d_水=1$)：0.85	

溶解性	微溶于水，可混溶于乙醇、乙醚、苯、甲苯等多数有机溶剂。
主要用途	用于制正丁醇、正丁醛、硫化促进剂。
急救措施	
皮肤接触	脱去污染的衣着，用肥皂水和清水彻底冲洗皮肤。
眼睛接触	立即提起眼睑，用大量流动清水或生理盐水彻底冲洗至少 15min。就医。
吸入	迅速脱离现场至空气新鲜处。保持呼吸道通畅。如呼吸困难，给予吸氧。如呼吸停止，立即进行人工呼吸。就医。
食入	饮足量温水，催吐。就医。
防护措施	
呼吸防护	可能接触其蒸气时，应该佩戴自吸过滤式防毒面具(全面罩)。
眼睛防护	呼吸系统防护中已做防护。
身体防护	穿防静电工作服。
手防护	戴橡胶手套。
其他防护	工作现场禁止吸烟、进食和饮水。工作完毕，淋浴更衣。保持良好的卫生习惯。

品名：**2-丁烯酸**	分子式：$C_4H_6O_2$	相态：固
别名：巴豆酸	分子量：86.1	外观与性状：单斜针状或棱状结晶
危险特性		
火灾危险性：可燃液体丙 A	爆炸物：无	皮肤腐蚀/刺激：类别 1
腐蚀减薄：无	金属腐蚀：无	严重眼损伤/眼刺激：类别 1
环境开裂：无	急性毒性：类别 3	
遇明火、高热可燃。受热分解放出有毒气体。		

理化特性			
熔点：72.0℃	临界温度：无资料	爆炸上限：无资料	引燃温度：396.0℃
沸点：177.0℃	临界压力：无资料	爆炸下限：无资料	燃烧热：无资料
闪点：87.8℃	饱和蒸气压：0.02kPa(20℃)	相对密度($d_水=1$)：1.02	

溶解性	溶于水、乙醇、丙酮等。
主要用途	反式丁烯酸主要用于制合成树脂、增塑剂、药物，也用于其他有机合成。
急救措施	
皮肤接触	立即脱去污染的衣着，用大量流动清水冲洗。就医。
眼睛接触	提起眼睑，用流动清水或生理盐水冲洗。就医。
吸入	迅速脱离现场至空气新鲜处。保持呼吸道通畅。如呼吸困难，给予吸氧。
食入	饮足量温水，催吐。就医。
防护措施	
呼吸防护	如果蒸气浓度超过职业接触限值或发生刺激等症状时，请使用全面罩式多功能防毒面具。
眼睛防护	佩戴化学护目镜(符合欧盟 EN 166 或美国 NIOSH 标准)。
身体防护	穿阻燃防静电防护服和抗静电的防护靴。
手防护	戴化学防护手套(例如丁基橡胶手套)。
其他防护	工作现场禁止吸烟、进食和饮水。工作完毕，淋浴更衣。保持良好的卫生习惯。

品名：**丁烯酸甲酯**	分子式：$C_5H_8O_2$	相态：液
别名：巴豆酸甲酯	分子量：100.1	外观与性状：无色液体

危险特性

火灾危险性：可燃液体甲 B	爆炸物：无	皮肤腐蚀/刺激：类别 2
腐蚀减薄：无	金属腐蚀：无	易燃液体：类别 2
环境开裂：无	急性毒性：无	

其蒸气与空气可形成爆炸性混合物，遇明火、高热极易燃烧爆炸。与氧化剂接触猛烈反应。流速过快，容易产生和积聚静电。容易自聚，聚合反应随着温度的上升而急骤加剧。若遇高热，容器内压增大，有开裂和爆炸的危险。

理化特性

熔点：-42.0℃	临界温度：无资料	爆炸上限：无资料	引燃温度：无资料
沸点：120.7℃	临界压力：无资料	爆炸下限：无资料	燃烧热：无资料
闪点：4.4℃	饱和蒸气压：无资料	相对密度($d_{水}=1$)：0.98	

溶解性	不溶于水，溶于乙醇、乙醚。
主要用途	用作溶剂。

急救措施

皮肤接触	脱去污染的衣着，用大量流动清水冲洗。
眼睛接触	提起眼睑，用流动清水或生理盐水冲洗。就医。
吸入	脱离现场至空气新鲜处。如呼吸困难，给予吸氧。就医。
食入	饮足量温水，催吐。就医。

防护措施

呼吸防护	空气中浓度超标时，必须佩戴自吸过滤式防毒面具(半面罩)。紧急事态抢救或撤离时，应该佩戴空气呼吸器。
眼睛防护	戴化学安全防护眼镜。
身体防护	穿防静电工作服。
手防护	戴橡胶耐油手套。
其他防护	工作现场严禁吸烟。工作完毕，淋浴更衣。注意个人清洁卫生。

品名：**丁烯酸乙酯**	分子式：$C_6H_{10}O_2$	相态：液
别名：巴豆酸乙酯	分子量：114.2	外观与性状：水白色液体或固体，有特殊辛辣气味

危险特性

火灾危险性：可燃液体甲 B	爆炸物：无	皮肤腐蚀/刺激：类别 2
腐蚀减薄：无	金属腐蚀：无	易燃液体：类别 2
环境开裂：无	急性毒性：无	严重眼损伤/眼刺激：类别 1

其蒸气与空气可形成爆炸性混合物，遇明火、高热极易燃烧爆炸。与氧化剂接触猛烈反应。容易自聚，聚合反应随着温度的上升而急骤加剧。其蒸气比空气重，能在较低处扩散到相当远的地方，遇火源会着火回燃。

理化特性

熔点：45.0℃	临界温度：无资料	爆炸上限：无资料	引燃温度：无资料
沸点：139.0℃	临界压力：无资料	爆炸下限：无资料	燃烧热：无资料
闪点：2.2℃	饱和蒸气压：无资料	相对密度($d_{水}=1$)：0.92	

溶解性	不溶于水，溶于乙醇、乙醚。
主要用途	用作溶剂、软化剂，也用于有机合成。

急救措施

皮肤接触	脱去污染的衣着，用大量流动清水冲洗。
眼睛接触	立即提起眼睑，用大量流动清水或生理盐水彻底冲洗至少 15min。就医。
吸入	迅速脱离现场至空气新鲜处。保持呼吸道通畅。如呼吸困难，给予吸氧。如呼吸停止，立即进行人工呼吸。就医。
食入	饮足量温水，催吐。洗胃，导泄。就医。

防护措施

呼吸防护	空气中浓度超标时，必须佩戴自吸过滤式防毒面具(全面罩)。紧急事态抢救或撤离时，应该佩戴空气呼吸器。
眼睛防护	呼吸系统防护中已做防护。
身体防护	穿胶布防毒衣。
手防护	戴橡胶手套。
其他防护	工作现场禁止吸烟、进食和饮水。工作完毕，淋浴更衣。保持良好的卫生习惯。

品名：**2-丁氧基乙醇** 别名：乙二醇丁醚；丁基溶纤剂		分子式：$C_6H_{14}O_2$ 分子量：118.2	相态：液 外观与性状：无色液体
危险特性			
火灾危险性：可燃液体丙 A 腐蚀减薄：无 环境开裂：乙醇应力腐蚀开裂		爆炸物：无 金属腐蚀：无 急性毒性：类别 2	皮肤腐蚀/刺激：类别 2 严重眼损伤/眼刺激：类别 2
与空气能形成爆炸性混合物。与强腐蚀剂和强氧化剂接触发生剧烈反应。腐蚀某些涂料、塑料和橡胶。			
理化特性			
熔点：-75.0℃ 沸点：171.1℃ 闪点：60.0℃	临界温度：无资料 临界压力：3.27MPa 饱和蒸气压：0.10kPa(20℃)	爆炸上限：无资料 爆炸下限：无资料 相对密度($d_水=1$)：0.90	引燃温度：244.0℃ 燃烧热：无资料
溶解性	能以任意比例与丙酮、苯、四氯化碳、乙醇、正庚烷和水混溶。		
主要用途	是优良的溶剂。也是优良的表面活性剂，可清除金属、织物、玻璃、塑料等表面的油垢。		
急救措施			
皮肤接触	脱去并隔离被污染的衣服和鞋。对少量皮肤接触，避免将物质播散面积扩大。注意患者保暖并且保持安静。		
眼睛接触	如果皮肤或眼睛接触该物质，应立即用清水冲洗至少 20min。		
吸入	移患者至空气新鲜处，就医。如果患者呼吸停止，给予人工呼吸。		
食入	吸入、食入或皮肤接触该物质可引起迟发反应。确保医务人员了解该物质相关的个体防护知识，注意自身防护。		
防护措施			
呼吸防护	佩戴自携式正压全面罩呼吸器、供气式正压全面罩呼吸器辅之以辅助自携式正压呼吸器。		
眼睛防护	佩戴化学护目镜(符合欧盟 EN 166 或美国 NIOSH 标准)。		
身体防护	穿阻燃防静电防护服和抗静电的防护靴。		
手防护	戴化学防护手套(例如丁基橡胶手套)。		
其他防护	工作现场禁止吸烟、进食和饮水。工作完毕，淋浴更衣。保持良好的卫生习惯。		

品名：**毒毛旋花苷 G** 别名：羊角拗质		分子式：$C_{29}H_{60}O_{20}$ 分子量：584.7	相态：固 外观与性状：白色粉末
危险特性			
火灾危险性：可燃液体丙 B 腐蚀减薄：无 环境开裂：无		爆炸物：无 金属腐蚀：无 急性毒性：类别 3	皮肤腐蚀/刺激：无
燃烧时可能会释放毒性烟雾。加热时，容器可能爆炸。受热或接触火焰可能会产生膨胀或爆炸性分解。			
理化特性			
熔点：260.0℃ 沸点：(838.2±65.0)℃ 闪点：(272.9±27.8)℃	临界温度：无资料 临界压力：无资料 饱和蒸气压：无资料	爆炸上限：无资料 爆炸下限：无资料 相对密度($d_水=1$)：无资料	引燃温度：无资料 燃烧热：无资料
溶解性	可溶于水。		
主要用途	常用于治疗充血性心力衰竭。		
急救措施			
皮肤接触	立即用流动水冲洗 15min 以上。		
眼睛接触	立即用流动水冲洗 15min 以上。		
吸入	将患者移至新鲜空气处，就医；呼吸停止时，施行呼吸复苏术；呼吸困难，输氧。		
食入	让患者安静并保持正常体温。		
防护措施			
呼吸防护	如果蒸气浓度超过职业接触限值或发生刺激等症状时，请使用全面罩式多功能防毒面具。		
眼睛防护	佩戴化学护目镜(符合欧盟 EN 166 或美国 NIOSH 标准)。		
身体防护	穿阻燃防静电防护服和抗静电的防护靴。		
手防护	戴化学防护手套(例如丁基橡胶手套)。		
其他防护	工作现场禁止吸烟、进食和饮水。工作完毕，淋浴更衣。保持良好的卫生习惯。		

品名：**毒毛旋花苷 K**		分子式：$C_{30}H_{44}O_9$	相态：固
别名：无		分子量：548.7	外观与性状：白色粉末
危险特性			
火灾危险性：可燃液体丙 B		爆炸物：无	皮肤腐蚀/刺激：无
腐蚀减薄：无		金属腐蚀：无	
环境开裂：无		急性毒性：类别 3	
燃烧时可能会释放毒性烟雾。加热时，容器可能爆炸。受热或接触火焰可能会产生膨胀或爆炸性分解。			
理化特性			
熔点：148.0℃	临界温度：无资料	爆炸上限：无资料	引燃温度：无资料
沸点：722.1℃	临界压力：无资料	爆炸下限：无资料	燃烧热：无资料
闪点：232.7℃	饱和蒸气压：无资料	相对密度($d_水=1$)：无资料	
溶解性	与水混溶。		
主要用途	无资料。		
急救措施			
皮肤接触	立即脱去污染的衣物。用大量肥皂水和清水冲洗皮肤。如有不适，就医。		
眼睛接触	用大量水彻底冲洗至少 15min。如有不适，就医。		
吸入	立即将患者移到新鲜空气处，保持呼吸畅通。如果呼吸困难，给予吸氧。		
食入	禁止催吐，切勿给失去知觉者从嘴里喂食任何东西。立即呼叫医生或中毒控制中心。		
防护措施			
呼吸防护	如果蒸气浓度超过职业接触限值或发生刺激等症状时，请使用全面罩式多功能防毒面具。		
眼睛防护	佩戴化学护目镜(符合欧盟 EN 166 或美国 NIOSH 标准)。		
身体防护	穿阻燃防静电防护服和抗静电的防护靴。		
手防护	戴化学防护手套(例如丁基橡胶手套)。		
其他防护	工作现场禁止吸烟、进食和饮水。工作完毕，淋浴更衣。保持良好的卫生习惯。		

品名：**对氨基苯磺酸**		分子式：$C_6H_7NO_3S$	相态：固
别名：4-氨基苯磺酸		分子量：173.2	外观与性状：灰白色粉末
危险特性			
火灾危险性：无		爆炸物：无	皮肤腐蚀/刺激：类别 2
腐蚀减薄：低分子有机酸腐蚀		金属腐蚀：无	严重眼损伤/眼刺激：类别 2
环境开裂：氨应力腐蚀开裂		急性毒性：无	
受热分解，放出氮、硫的氧化物等毒性气体。			
理化特性			
熔点：280.0℃	临界温度：无资料	爆炸上限：无资料	引燃温度：400.0℃
沸点：500.0℃	临界压力：无资料	爆炸下限：无资料	燃烧热：无资料
闪点：无资料	饱和蒸气压：无资料	相对密度($d_水=1$)：1.50	
溶解性	微溶于冷水，溶于热水，不溶于乙醇、乙醚、苯，溶于氢氧化钠水溶液。		
主要用途	用于制造偶氮染料等，也用作防治麦锈病的农药。		
急救措施			
皮肤接触	脱去污染的衣着，用流动清水冲洗。		
眼睛接触	提起眼睑，用流动清水或生理盐水冲洗。就医。		
吸入	脱离现场至空气新鲜处。如呼吸困难，给予吸氧。就医。		
食入	饮足量温水，催吐。就医。		
防护措施			
呼吸防护	空气中粉尘浓度超标时，必须佩戴自吸过滤式防尘口罩。紧急事态抢救或撤离时，应该佩戴空气呼吸器。		
眼睛防护	戴化学安全防护眼镜。		
身体防护	穿防毒物渗透工作服。		
手防护	戴橡胶手套。		
其他防护	工作完毕，淋浴更衣。注意个人清洁卫生。定期体检。		

品名：**对苯二甲酰氯**	分子式：$C_8H_4Cl_2O_2$	相态：固
别名：无	分子量：203.0	外观与性状：白色固体

危险特性

火灾危险性：可燃液体丙 B	爆炸物：无	皮肤腐蚀/刺激：类别 1
腐蚀减薄：无	金属腐蚀：无	严重眼损伤/眼刺激：类别 1
环境开裂：无	急性毒性：类别 3	

遇明火、高热可燃。受热或遇水分解放热，放出有毒的腐蚀性烟气。与强氧化剂接触可发生化学反应。具有腐蚀性。

理化特性

熔点：79.0℃	临界温度：无资料	爆炸上限：无资料	引燃温度：450.0℃
沸点：266.0℃	临界压力：无资料	爆炸下限：无资料	燃烧热：无资料
闪点：143.1℃	饱和蒸气压：0.01kPa(38℃)	相对密度($d_{水}=1$)：1.32	

溶解性	溶于水。
主要用途	用于有机合成。

急救措施

皮肤接触	立即脱去污染的衣着，用大量流动清水冲洗至少 15min。就医。
眼睛接触	立即提起眼睑，用大量流动清水或生理盐水彻底冲洗至少 15min。就医。
吸入	迅速脱离现场至空气新鲜处。保持呼吸道通畅。如呼吸困难，给予吸氧。如呼吸停止，立即进行人工呼吸。就医。
食入	用水漱口，给饮牛奶或蛋清。就医。

防护措施

呼吸防护	可能接触其蒸气时，佩戴导管式防毒面具。紧急事态抢救或撤离时，应该佩戴氧气呼吸器、空气呼吸器。
眼睛防护	呼吸系统防护中已做防护。
身体防护	穿橡胶耐酸碱服。
手防护	戴橡胶耐酸碱手套。
其他防护	工作场所禁止吸烟、进食和饮水，饭前要洗手。工作完毕，淋浴更衣。单独存放被毒物污染的衣服，洗后备用。

品名：**对甲苯磺酰氯**	分子式：$C_7H_7SO_2Cl$	相态：固
别名：无	分子量：190.7	外观与性状：白色至黄色固体

危险特性

火灾危险性：可燃液体丙 A	爆炸物：无	皮肤腐蚀/刺激：无
腐蚀减薄：无	金属腐蚀：无	严重眼损伤/眼刺激：类别 1
环境开裂：无	急性毒性：无	

遇明火、高热易燃。受高热分解放出有毒的气体。与强氧化剂接触可发生化学反应。

理化特性

熔点：71.0℃	临界温度：无资料	爆炸上限：无资料	引燃温度：492.0℃
沸点：265.3℃	临界压力：无资料	爆炸下限：无资料	燃烧热：无资料
闪点：114.3℃	饱和蒸气压：0.13kPa(88℃)	相对密度($d_{水}=1$)：1.26	

溶解性	不溶于水，溶于乙醇和乙醚。
主要用途	用于制糖精、氯胺 T 和染料等，并用于有机合成。

急救措施

皮肤接触	立即脱去污染的衣着，用肥皂水和清水彻底冲洗皮肤。就医。
眼睛接触	提起眼睑，用流动清水或生理盐水冲洗。就医。
吸入	迅速脱离现场至空气新鲜处。保持呼吸道通畅。如呼吸困难，给予吸氧。如呼吸停止，立即进行人工呼吸。就医。
食入	饮足量温水，催吐。就医。

防护措施

呼吸防护	如果蒸气浓度超过职业接触限值或发生刺激等症状时，请使用全面罩式多功能防毒面具。
眼睛防护	佩戴化学护目镜(符合欧盟 EN 166 或美国 NIOSH 标准)。
身体防护	穿阻燃防静电防护服和抗静电的防护靴。
手防护	戴化学防护手套(例如丁基橡胶手套)。
其他防护	工作现场禁止吸烟、进食和饮水。工作完毕，淋浴更衣。保持良好的卫生习惯。

品名：**对硫氰酸苯胺** 别名：对硫氰基苯胺；硫氰酸对氨基苯酯	分子式：$C_{10}H_{12}ClN_3O_3$ 分子量：257.7	相态：无资料 外观与性状：无资料
危险特性		
火灾危险性：可燃液体丙 B 腐蚀减薄：硫酸腐蚀、碱腐蚀、胺腐蚀 环境开裂：碱应力腐蚀开裂、氨应力腐蚀开裂、胺应力腐蚀开裂、连多硫酸应力腐蚀开裂	爆炸物：无 金属腐蚀：无 急性毒性：类别 3	皮肤腐蚀/刺激：无
遇明火能燃烧。接触酸和酸雾产生剧毒气体。		

理化特性			
熔点：57.0℃	临界温度：无资料	爆炸上限：无资料	引燃温度：无资料
沸点：311.0℃	临界压力：无资料	爆炸下限：无资料	燃烧热：无资料
闪点：141.9℃	饱和蒸气压：无资料	相对密度($d_{水}=1$)：无资料	

溶解性	微溶于水，易溶于乙醇，溶于乙醚、苯。
主要用途	用作有机合成的重要原料，还用作种子消毒剂硫化氰的配料。
急救措施	
皮肤接触	脱去污染的衣着，用肥皂水和清水彻底冲洗皮肤。
眼睛接触	立即提起眼睑，用大量流动清水或生理盐水彻底冲洗至少 15min。就医。
吸入	迅速脱离现场至空气新鲜处。保持呼吸道通畅。如呼吸困难，给予吸氧。
食入	饮足量温水，催吐。用 1∶5000 高锰酸钾或 5%硫代硫酸钠溶液洗胃。就医。
防护措施	
呼吸防护	可能接触其粉尘时，佩戴自吸过滤式防尘口罩。
眼睛防护	戴化学安全防护眼镜。
身体防护	穿聚乙烯防毒服。
手防护	戴橡胶手套。
其他防护	工作现场禁止吸烟、进食和饮水。及时换洗工作服。工作前后不饮酒，用温水洗澡。实行就业前和定期的体检。

品名：**对氯苯硫醇** 别名：4-氯硫酚；对氯硫酚	分子式：C_6H_5ClS 分子量：144.6	相态：固 外观与性状：具有刺激性恶臭味的白色结晶
危险特性		
火灾危险性：可燃液体丙 A 腐蚀减薄：硫酸腐蚀、高温硫化物腐蚀 环境开裂：连多硫酸应力腐蚀开裂	爆炸物：无 金属腐蚀：无 急性毒性：无	皮肤腐蚀/刺激：类别 1 严重眼损伤/眼刺激：类别 1
遇高热、明火或与氧化剂混合，经摩擦、撞击有引起燃烧爆炸的危险。受高热分解放出有毒的气体。		

理化特性			
熔点：49.0℃	临界温度：无资料	爆炸上限：无资料	引燃温度：无资料
沸点：205.0℃	临界压力：无资料	爆炸下限：无资料	燃烧热：无资料
闪点：81.0℃	饱和蒸气压：无资料	相对密度($d_{水}=1$)：无资料	

溶解性	不溶于水，溶于热醇、醚、苯。
主要用途	用作增塑剂、油漆添加剂、润湿剂。
急救措施	
皮肤接触	立即脱去污染的衣着，用大量流动清水冲洗至少 15min。就医。
眼睛接触	立即提起眼睑，用大量流动清水或生理盐水彻底冲洗至少 15min。就医。
吸入	迅速脱离现场至空气新鲜处。保持呼吸道通畅。如呼吸困难，给予吸氧。如呼吸停止，立即进行人工呼吸。就医。
食入	用水漱口，给饮牛奶或蛋清。就医。
防护措施	
呼吸防护	可能接触其粉尘时，必须佩戴防尘面具(全面罩)。紧急事态抢救或撤离时，应该佩戴空气呼吸器。
眼睛防护	呼吸系统防护中已做防护。
身体防护	穿胶布防毒衣。
手防护	戴橡胶手套。
其他防护	工作现场禁止吸烟、进食和饮水。工作完毕，淋浴更衣。保持良好的卫生习惯。

品名：**对壬基酚**	分子式：$C_{15}H_{24}O$	相态：液	
别名：无	分子量：220.4	外观与性状：浅黄色黏稠液体，略有苯酚气味	
危险特性			
火灾危险性：可燃液体丙 B	爆炸物：无	皮肤腐蚀/刺激：类别 1	
腐蚀减薄：无	金属腐蚀：无	严重眼损伤/眼刺激：类别 1	
环境开裂：无	急性毒性：无		
遇火会产生刺激性、毒性或腐蚀性的气体。加热时，容器可能爆炸。受热或接触火焰可能会产生膨胀或爆炸性分解。			
理化特性			
熔点：43.0℃	临界温度：无资料	爆炸上限：无资料	引燃温度：无资料
沸点：(330.6±11.0)℃	临界压力：无资料	爆炸下限：无资料	燃烧热：无资料
闪点：(184.2±9.4)℃	饱和蒸气压：无资料	相对密度($d_{水}=1$)：0.94	
溶解性	溶于苯、苯胺、庚烷、脂肪醇、乙二醇等，几乎不溶于水或稀碱溶液。		
主要用途	一部分是阴离子表面活性剂，绝大部分为非离子表面活性剂，即壬基酚聚氧乙烯醚。		
急救措施			
皮肤接触	立即脱去污染的衣物。用大量肥皂水和清水冲洗皮肤。如有不适，就医。		
眼睛接触	立即提起眼睑，用大量流动清水或生理盐水彻底冲洗至少 15min。就医。		
吸入	立即将患者移到新鲜空气处，保持呼吸畅通。如果呼吸困难，给予吸氧。		
食入	禁止催吐，切勿给失去知觉者从嘴里喂食任何东西。立即呼叫医生或中毒控制中心。		
防护措施			
呼吸防护	无资料。		
眼睛防护	无资料。		
身体防护	无资料。		
手防护	无资料。		
其他防护	无资料。		

品名：**对硝基苯酚钠**	分子式：$C_6H_8NNaO_5$	相态：固	
别名：对硝基酚钠	分子量：197.1	外观与性状：橙黄色或淡黄色结晶	
危险特性			
火灾危险性：可燃液体丙 A	爆炸物：无	皮肤腐蚀/刺激：无	
腐蚀减薄：苯酚腐蚀	金属腐蚀：无		
环境开裂：无	急性毒性：无		
遇明火、高热可燃。其粉体与空气可形成爆炸性混合物，当达到一定浓度时，遇火星会发生爆炸。受高热分解放出有毒的气体。具有腐蚀性。			
理化特性			
熔点：300.0℃	临界温度：无资料	爆炸上限：无资料	引燃温度：无资料
沸点：无资料	临界压力：无资料	爆炸下限：无资料	燃烧热：无资料
闪点：90.0℃	饱和蒸气压：无资料	相对密度($d_{水}=1$)：1.41	
溶解性	溶于水、多数有机溶剂。		
主要用途	用于有机合成、测定及吸收水份，并用作酸碱指示剂。		
急救措施			
皮肤接触	脱去污染的衣着，用大量流动清水冲洗。		
眼睛接触	提起眼睑，用流动清水或生理盐水冲洗。就医。		
吸入	迅速脱离现场至空气新鲜处。保持呼吸道通畅。如呼吸困难，给予吸氧。如呼吸停止，立即进行人工呼吸。就医。		
食入	饮足量温水，催吐。就医。		
防护措施			
呼吸防护	空气中粉尘浓度超标时，必须佩戴自吸过滤式防尘口罩。紧急事态抢救或撤离时，应该佩戴空气呼吸器。		
眼睛防护	戴化学安全防护眼镜。		
身体防护	穿防毒物渗透工作服。		
手防护	戴橡胶手套。		
其他防护	工作场所禁止吸烟、进食和饮水，饭前要洗手。工作完毕，淋浴更衣。保持良好的卫生习惯。		

品名：**对硝基乙苯** 别名：无		分子式：$C_8H_9NO_2$ 分子量：151.2	相态：液 外观与性状：无色或淡黄色至绿色油性液体
危险特性			
火灾危险性：可燃液体丙 A 腐蚀减薄：无 环境开裂：无		爆炸物：无 金属腐蚀：无 急性毒性：无	皮肤腐蚀/刺激：类别 2 严重眼损伤/眼刺激：类别 2
遇明火、高热可燃。受高热分解产生有毒的腐蚀性烟气。与强氧化剂接触可发生化学反应。			
理化特性			
熔点：-11.0℃ 沸点：172.0℃ 闪点：108.9℃	临界温度：无资料 临界压力：无资料 饱和蒸气压：无资料	爆炸上限：无资料 爆炸下限：无资料 相对密度($d_{水}=1$)：1.12	引燃温度：无资料 燃烧热：无资料
溶解性	不溶于水，溶于乙醇、乙醚、丙酮等多数有机溶剂。		
主要用途	用作染料、农药的中间体，亦用于制矿山炸药等		
急救措施			
皮肤接触	立即脱去污染的衣着，用肥皂水和清水彻底冲洗皮肤。就医。		
眼睛接触	提起眼睑，用流动清水或生理盐水冲洗。就医。		
吸入	迅速脱离现场至空气新鲜处。保持呼吸道通畅。如呼吸困难，给予吸氧。如呼吸停止，立即进行人工呼吸。就医。		
食入	饮足量温水，催吐。就医。		
防护措施			
呼吸防护	可能接触其蒸气时，佩戴过滤式防毒面具。紧急事态抢救或撤离时，应该佩戴空气呼吸器。		
眼睛防护	戴安全防护眼镜。		
身体防护	穿防毒物渗透工作服。		
手防护	戴橡胶耐油手套。		
其他防护	工作现场禁止吸烟、进食和饮水。工作完毕，淋浴更衣。实行就业前和定期的体检。		

品名：**对异丙基苯酚** 别名：对异丙基酚		分子式：$C_9H_{12}O$ 分子量：136.2	相态：固 外观与性状：灰白色晶体
危险特性			
火灾危险性：可燃液体丙 A 腐蚀减薄：苯酚腐蚀 环境开裂：无		爆炸物：无 金属腐蚀：无 急性毒性：无	皮肤腐蚀/刺激：类别 1 严重眼损伤/眼刺激：类别 1
遇火会产生刺激性、毒性或腐蚀性的气体。加热时，容器可能爆炸。受热或接触火焰可能会产生膨胀或爆炸性分解。			
理化特性			
熔点：60.0℃ 沸点：208.6℃ 闪点：95.3℃	临界温度：无资料 临界压力：无资料 饱和蒸气压：无资料	爆炸上限：无资料 爆炸下限：无资料 相对密度($d_{水}=1$)：0.99	引燃温度：无资料 燃烧热：无资料
溶解性	微溶于水，易溶于乙醇、乙醚。		
主要用途	用于有机合成。		
急救措施			
皮肤接触	立即脱去污染的衣物。用大量肥皂水和清水冲洗皮肤。如有不适，就医。		
眼睛接触	用大量水彻底冲洗至少 15min。如有不适，就医。		
吸入	立即将患者移到新鲜空气处，保持呼吸畅通。如果呼吸困难，给予吸氧。		
食入	禁止催吐，切勿给失去知觉者从嘴里喂食任何东西。立即呼叫医生或中毒控制中心。		
防护措施			
呼吸防护	如果蒸气浓度超过职业接触限值或发生刺激等症状时，请使用全面罩式多功能防毒面具。		
眼睛防护	佩戴化学护目镜(符合欧盟 EN 166 或美国 NIOSH 标准)。		
身体防护	穿阻燃防静电防护服和抗静电的防护靴。		
手防护	戴化学防护手套(例如丁基橡胶手套)。		
其他防护	工作现场禁止吸烟、进食和饮水。工作完毕，淋浴更衣。保持良好的卫生习惯。		

品名：**多聚甲醛** 别名：聚蚁醛；聚合甲醛		分子式：$C_2H_6O_2$ 分子量：62.1	相态：固 外观与性状：白色粉末带有形态像醛的气味
危险特性			
火灾危险性：可燃气体甲 腐蚀减薄：无 环境开裂：无		爆炸物：无 金属腐蚀：无 急性毒性：无	皮肤腐蚀/刺激：类别 2 易燃固体：类别 2 严重眼损伤/眼刺激：类别 2
遇明火易燃。燃烧或受热分解时，均放出大量有毒的甲醛气体。			
理化特性			
熔点：120.0℃ 沸点：82.5℃ 闪点：39.9℃	临界温度：无资料 临界压力：无资料 饱和蒸气压：0.19kPa(25℃)	爆炸上限：73.0% 爆炸下限：7.0% 相对密度($d_水=1$)：1.39	引燃温度：300.0℃ 燃烧热：510.0kJ/mol
溶解性	不溶于乙醇，微溶于冷水，溶于稀酸、稀碱。		
主要用途	主要用于制造各种合成树脂和粘合剂等，也用于制取熏蒸消毒剂、杀菌剂和杀虫剂。		
急救措施			
皮肤接触	立即脱去污染的衣着，用大量流动清水冲洗至少 15min。就医。		
眼睛接触	立即提起眼睑，用大量流动清水或生理盐水彻底冲洗至少 15min。就医。		
吸入	迅速脱离现场至空气新鲜处。保持呼吸道通畅。如呼吸困难，给予吸氧。如呼吸停止，立即进行人工呼吸。就医。		
食入	用水漱口，给饮牛奶或蛋清。就医。		
防护措施			
呼吸防护	可能接触其粉尘时，必须佩戴防尘面具(全面罩)。紧急事态抢救或撤离时，应该佩戴空气呼吸器。		
眼睛防护	呼吸系统防护中已做防护。		
身体防护	穿胶布防毒衣。		
手防护	戴橡胶手套。		
其他防护	工作现场禁止吸烟、进食和饮水。工作完毕，淋浴更衣。注意个人清洁卫生。		

品名：**多聚磷酸** 别名：四磷酸		分子式：$H_6P_4O_{13}$ 分子量：337.9	相态：液 外观与性状：无色黏稠状液体，易潮解
危险特性			
火灾危险性：无 腐蚀减薄：磷酸腐蚀 环境开裂：氢脆		爆炸物：无 金属腐蚀：无 急性毒性：无	皮肤腐蚀/刺激：类别 1 严重眼损伤/眼刺激：类别 1
不燃。受热分解产生剧毒的氧化磷烟气。遇 H 发泡剂立即燃烧。具有腐蚀性。			
理化特性			
熔点：-20.0℃ 沸点：856.0℃ 闪点：无资料	临界温度：无资料 临界压力：无资料 饱和蒸气压：0.20kPa(20℃)	爆炸上限：无资料 爆炸下限：无资料 相对密度($d_水=1$)：2.10	引燃温度：无资料 燃烧热：无资料
溶解性	与水混溶。		
主要用途	主要用作分析试剂，并可作为化学环化剂及酯化剂。		
急救措施			
皮肤接触	立即脱去污染的衣着，用大量流动清水冲洗至少 15min。就医。		
眼睛接触	立即提起眼睑，用大量流动清水或生理盐水彻底冲洗至少 15min。就医。		
吸入	迅速脱离现场至空气新鲜处。保持呼吸道通畅。如呼吸困难，给予吸氧。如呼吸停止，立即进行人工呼吸。就医。		
食入	用水漱口，给饮牛奶或蛋清。就医。		
防护措施			
呼吸防护	空气中浓度超标时，建议佩戴自吸过滤式防毒面具(半面罩)。		
眼睛防护	戴化学安全防护眼镜。		
身体防护	穿防酸碱塑料工作服。		
手防护	戴耐酸(碱)手套。		
其他防护	工作现场禁止吸烟、进食和饮水。工作完毕，淋浴更衣。保持良好的卫生习惯。		

品名：**多氯联苯**	分子式：$C_{12}H_3Cl_7$	相态：液
别名：PCBs	分子量：395.3	外观与性状：无色或淡黄色的油状液体
危险特性		
火灾危险性：可燃液体丙 B	爆炸物：无	皮肤腐蚀/刺激：无
腐蚀减薄：无	金属腐蚀：无	
环境开裂：无	急性毒性：无	
遇明火、高热可燃。与氧化剂可发生反应。受高热分解放出有毒的气体。若遇高热，容器内压增大，有开裂和爆炸的危险。		

理化特性			
熔点：无资料	临界温度：无资料	爆炸上限：无资料	引燃温度：240.0℃
沸点：410.8℃	临界压力：无资料	爆炸下限：无资料	燃烧热：无资料
闪点：200.9℃	饱和蒸气压：无资料	相对密度($d_{水}=1$)：1.44	

溶解性	不溶于水，溶于多数有机溶剂。
主要用途	用作润滑材料、增塑剂、杀菌剂、热载体及变压器油等。
急救措施	
皮肤接触	脱去污染的衣着，用大量流动清水冲洗。就医。
眼睛接触	提起眼睑，用流动清水或生理盐水冲洗。就医。
吸入	迅速脱离现场至空气新鲜处。保持呼吸道通畅。如呼吸困难，给予吸氧。如呼吸停止，立即进行人工呼吸。就医。
食入	饮足量温水，催吐。洗胃，导泄。就医。
防护措施	
呼吸防护	空气中浓度超标时，必须佩戴自吸过滤式防毒面具(全面罩)。紧急事态抢救或撤离时，应该佩戴空气呼吸器。
眼睛防护	呼吸系统防护中已做防护。
身体防护	穿胶布防毒衣。
手防护	戴橡胶手套。
其他防护	工作现场禁止吸烟、进食和饮水。工作完毕，淋浴更衣。保持良好的卫生习惯。

品名：**苊**	分子式：$C_{12}H_{10}$	相态：固
别名：萘乙环	分子量：154.2	外观与性状：白色至淡黄色固体
危险特性		
火灾危险性：可燃气体甲	爆炸物：无	皮肤腐蚀/刺激：无
腐蚀减薄：无	金属腐蚀：无	易燃固体：类别 2
环境开裂：无	急性毒性：无	
遇明火、高热或与氧化剂接触，有引起燃烧爆炸的危险。受热分解产生有毒的烟气。		

理化特性			
熔点：95.0℃	临界温度：无资料	爆炸上限：5.3%	引燃温度：450.0℃
沸点：279.0℃	临界压力：3.10MPa	爆炸下限：0.8%	燃烧热：无资料
闪点：135.0℃	饱和蒸气压：1.33kPa(131.2℃)	相对密度($d_{水}=1$)：1.02	

溶解性	不溶于水，溶于热苯、醚、醇。
主要用途	用作染料中间体，也可用作杀虫剂、杀菌剂等。
急救措施	
皮肤接触	脱去污染的衣着，用肥皂水和清水彻底冲洗皮肤。
眼睛接触	提起眼睑，用流动清水或生理盐水冲洗。就医。
吸入	迅速脱离现场至空气新鲜处。保持呼吸道通畅。如呼吸困难，给予吸氧。如呼吸停止，立即进行人工呼吸。就医。
食入	饮足量温水，催吐。就医。
防护措施	
呼吸防护	空气中粉尘浓度超标时，应该佩戴自吸过滤式防尘口罩。
眼睛防护	戴安全防护眼镜。
身体防护	穿防毒物渗透工作服。
手防护	戴一般作业防护手套。
其他防护	工作现场禁止吸烟、进食和饮水。工作完毕，淋浴更衣。保持良好的卫生习惯。

品名：**二(2-环氧丙基)醚** 别名：二缩水甘油醚；双环氧稀释剂；2,2′-[氧双(亚甲基)]双环氧乙烷；二环氧甘油醚		分子式：$C_6H_{10}O_3$ 分子量：130.2	相态：液 外观与性状：无色透明液体，有刺激性气味
危险特性			
火灾危险性：可燃液体丙A 腐蚀减薄：无 环境开裂：无		爆炸物：无 金属腐蚀：无 急性毒性：类别1	皮肤腐蚀/刺激：类别2 严重眼损伤/眼刺激：类别2
遇高热、明火或与氧化剂接触，有引起燃烧的危险。			
理化特性			
熔点：无资料 沸点：260.0℃ 闪点：64.0℃	临界温度：无资料 临界压力：无资料 饱和蒸气压：0.01kPa(25℃)	爆炸上限：无资料 爆炸下限：无资料 相对密度($d_{水}=1$)：1.26	引燃温度：无资料 燃烧热：无资料
溶解性	易溶于水，溶于酮、苯、苯酚。		
主要用途	用作化学中间体，也用作环氧树脂活性稀释剂、有机氯化物的稳定剂和纺织处理剂。		
急救措施			
皮肤接触	立即脱去污染的衣着，用大量流动清水冲洗至少15min。就医。		
眼睛接触	立即提起眼睑，用大量流动清水或生理盐水彻底冲洗至少15min。就医。		
吸入	迅速脱离现场至空气新鲜处。保持呼吸道通畅。如呼吸困难，给予吸氧。如呼吸停止，立即进行人工呼吸。就医。		
食入	饮足量温水，催吐。就医。		
防护措施			
呼吸防护	空气中浓度超标时，必须佩戴自吸过滤式防毒面具。紧急事态抢救或撤离时，应该佩戴空气呼吸器。		
眼睛防护	呼吸系统防护中已做防护。		
身体防护	穿胶布防毒衣。		
手防护	戴橡胶手套。		
其他防护	工作现场禁止吸烟、进食和饮水。工作完毕，淋浴更衣。保持良好的卫生习惯。		

品名：**二-(2-乙基己基)磷酸酯** 别名：2-乙基己基-2′-乙基己基磷酸酯		分子式：$C_{16}H_{35}O_4P$ 分子量：322.4	相态：液 外观与性状：无气味的淡黄色液体
危险特性			
火灾危险性：可燃液体丙B 腐蚀减薄：磷酸腐蚀 环境开裂：氢脆		爆炸物：无 金属腐蚀：无 急性毒性：无	皮肤腐蚀/刺激：无
遇明火、高热可燃。与氧化剂可发生反应。受高热分解放出有毒的气体。			
理化特性			
熔点：-50.0℃ 沸点：393.4℃ 闪点：191.7℃	临界温度：无资料 临界压力：无资料 饱和蒸气压：0.01kPa(20℃)	爆炸上限：无资料 爆炸下限：无资料 相对密度($d_{水}=1$)：0.96	引燃温度：300.0℃ 燃烧热：无资料
溶解性	溶于苯、己烷和乙醇等一般有机溶剂和碱中，不溶于水。		
主要用途	用作有机溶剂，萃取剂，有机合成中间体。		
急救措施			
皮肤接触	立即脱去污染的衣着，用大量流动清水冲洗至少15min。就医。		
眼睛接触	立即提起眼睑，用大量流动清水或生理盐水彻底冲洗至少15min。就医。		
吸入	迅速脱离现场至空气新鲜处。保持呼吸道通畅。如呼吸困难，给予吸氧。如呼吸停止，立即进行人工呼吸。就医。		
食入	用水漱口，给饮牛奶或蛋清。就医。		
防护措施			
呼吸防护	如果蒸气浓度超过职业接触限值或发生刺激等症状时，请使用全面罩式多功能防毒面具。		
眼睛防护	佩戴化学护目镜(符合欧盟EN 166或美国NIOSH标准)。		
身体防护	穿阻燃防静电防护服和抗静电的防护靴。		
手防护	戴化学防护手套(例如丁基橡胶手套)。		
其他防护	工作现场禁止吸烟、进食和饮水。工作完毕，淋浴更衣。保持良好的卫生习惯。		

品名：**二(苯磺酰肼)醚** 别名：4,4′-氧代双苯磺酰肼		分子式：$C_{12}H_{14}N_4O_5S_2$ 分子量：358.4	相态：固 外观与性状：白色粉末
危险特性			
火灾危险性：可燃液体丙 B 腐蚀减薄：无 环境开裂：无		爆炸物：无 金属腐蚀：无 急性毒性：无	皮肤腐蚀/刺激：无 自反应物质和混合物：D 型 严重眼损伤/眼刺激：类别 2
遇火星、高温或与氧化剂接触有引起燃烧爆炸危险。			
理化特性			
熔点：130.0℃ 沸点：590.0℃ 闪点：310.6℃	临界温度：无资料 临界压力：无资料 饱和蒸气压：无资料	爆炸上限：无资料 爆炸下限：无资料 相对密度($d_{水}=1$)：1.52	引燃温度：无资料 燃烧热：无资料
溶解性	微溶于热水和乙醇，不溶于冷水和多种有机溶剂。		
主要用途	适用于生产常压发泡或压胀的弹性体和热塑性产品等。		
急救措施			
皮肤接触	脱掉污染的衣服，冲洗，然后用水和肥皂洗皮肤。		
眼睛接触	首先用大量水冲洗几 min(如可能易行，摘除隐形眼镜)，然后就医。		
吸入	新鲜空气，休息。		
食入	漱口，大量饮水。		
防护措施			
呼吸防护	如果蒸气浓度超过职业接触限值或发生刺激等症状时，请使用全面罩式多功能防毒面具。		
眼睛防护	佩戴化学护目镜(符合欧盟 EN 166 或美国 NIOSH 标准)。		
身体防护	穿阻燃防静电防护服和抗静电的防护靴。		
手防护	戴化学防护手套(例如丁基橡胶手套)。		
其他防护	工作现场禁止吸烟、进食和饮水。工作完毕，淋浴更衣。保持良好的卫生习惯。		

品名：**二(氯甲基)醚** 别名：二氯二甲醚；对称二氯二甲醚；氧代二氯甲烷		分子式：$C_2H_4Cl_2O$ 分子量：115.0	相态：液 外观与性状：无色液体，有刺激性气味，易挥发
危险特性			
火灾危险性：可燃液体丙 A 腐蚀减薄：无 环境开裂：无		爆炸物：无 金属腐蚀：无 急性毒性：类别 2	皮肤腐蚀/刺激：无 易燃液体：类别 2
易燃，遇明火、高热能引起燃烧爆炸。遇水或受热分解，放出有毒的腐蚀性烟气。			
理化特性			
熔点：-42.0℃ 沸点：106.0℃ 闪点：74.8℃	临界温度：无资料 临界压力：无资料 饱和蒸气压：3.90kPa(25℃)	爆炸上限：无资料 爆炸下限：无资料 相对密度($d_{水}=1$)：1.30	引燃温度：无资料 燃烧热：无资料
溶解性	可混溶于乙醇、乙醚等多数有机溶剂。		
主要用途	用于有机合成；医药工业用于合成抗肿瘤药溜瘤芥、解毒药物双复磷等。		
急救措施			
皮肤接触	立即脱去污染的衣着，用大量流动清水冲洗至少 15min。就医。		
眼睛接触	立即提起眼睑，用大量流动清水或生理盐水彻底冲洗至少 15min。就医。		
吸入	迅速脱离现场至空气新鲜处。保持呼吸道通畅。如呼吸困难，给予吸氧。如呼吸停止，立即进行人工呼吸。就医。		
食入	饮足量温水，催吐。就医。		
防护措施			
呼吸防护	可能接触其蒸气时，佩戴导管式防毒面具。紧急事态抢救或撤离时，应该佩戴氧气呼吸器、空气呼吸器。		
眼睛防护	呼吸系统防护中已做防护。		
身体防护	穿胶布防毒衣。		
手防护	戴防化学品手套。		
其他防护	工作现场禁止吸烟、进食和饮水。工作完毕，彻底清洗。保持良好的卫生习惯。		

品名：**二(三氯甲基)碳酸酯** 别名：三光气	分子式：$C_3Cl_6O_3$ 分子量：296.7	相态：固 外观与性状：白色晶体

危险特性

火灾危险性：可燃液体乙 B 腐蚀减薄：二氧化碳腐蚀、碱腐蚀 环境开裂：碳酸盐应力腐蚀开裂、碱应力腐蚀开裂	爆炸物：无 金属腐蚀：无 急性毒性：类别 2	皮肤腐蚀/刺激：类别 1 严重眼损伤/眼刺激：类别 1

燃烧时可能会释放毒性烟雾。遇火会产生刺激性、毒性或腐蚀性的气体。加热时，容器可能爆炸。受热或接触火焰可能会产生膨胀或爆炸性分解。

理化特性

熔点：79.0℃	临界温度：无资料	爆炸上限：无资料	引燃温度：无资料
沸点：204.5℃	临界压力：无资料	爆炸下限：无资料	燃烧热：无资料
闪点：53.3℃	饱和蒸气压：无资料	相对密度($d_{水}=1$)：无资料	

溶解性	不溶于水，可溶于乙醚、四氢呋喃、苯、环乙烷、氯仿等有机溶剂。
主要用途	用于合成氯甲酸酯、异氰酸酯、聚碳酸酯和酰氯等。

急救措施

皮肤接触	立即脱去污染的衣物。用大量肥皂水和清水冲洗皮肤。如有不适，就医。
眼睛接触	立即提起眼睑，用大量流动清水或生理盐水彻底冲洗至少 15min。就医。
吸入	立即将患者移到新鲜空气处，保持呼吸畅通。如果呼吸困难，给予吸氧。
食入	禁止催吐，切勿给失去知觉者从嘴里喂食任何东西。立即呼叫医生或中毒控制中心。

防护措施

呼吸防护	如果蒸气浓度超过职业接触限值或发生刺激等症状时，请使用全面罩式多功能防毒面具。
眼睛防护	佩戴化学护目镜(符合欧盟 EN 166 或美国 NIOSH 标准)。
身体防护	穿阻燃防静电防护服和抗静电的防护靴。
手防护	戴化学防护手套(例如丁基橡胶手套)。
其他防护	工作现场禁止吸烟、进食和饮水。工作完毕，淋浴更衣。保持良好的卫生习惯。

品名：**3,3′-二氨基二丙胺** 别名：二丙三胺；3,3′-亚氨基二丙胺；三丙撑三胺	分子式：$C_6H_{17}N_3$ 分子量：131.2	相态：液 外观与性状：透明至黄色液体

危险特性

火灾危险性：可燃液体丙 A 腐蚀减薄：碱腐蚀、胺腐蚀 环境开裂：碱应力腐蚀开裂、氨应力腐蚀开裂、胺应力腐蚀开裂	爆炸物：无 金属腐蚀：无 急性毒性：类别 2	皮肤腐蚀/刺激：类别 1 严重眼损伤/眼刺激：类别 1

遇高热、明火或氧化剂，有引起燃烧的危险。有腐蚀性。

理化特性

熔点：-14.0℃	临界温度：无资料	爆炸上限：无资料	引燃温度：无资料
沸点：242.1℃	临界压力：无资料	爆炸下限：无资料	燃烧热：无资料
闪点：118.3℃	饱和蒸气压：0.05kPa(20℃)	相对密度($d_{水}=1$)：0.94	

溶解性	溶于水和极性有机溶剂。
主要用途	用于合成生物吸附分离材料。

急救措施

皮肤接触	用流动清水冲洗，若有灼伤，按碱灼伤处理。
眼睛接触	拉开眼睑，用流动清水冲洗 15min。就医。
吸入	脱离现场至空气新鲜处。呼吸困难时给予吸氧。就医。
食入	误服者，口服牛奶、豆浆或蛋清，就医。

防护措施

呼吸防护	如果蒸气浓度超过职业接触限值或发生刺激等症状时，请使用全面罩式多功能防毒面具。
眼睛防护	佩戴化学护目镜(符合欧盟 EN 166 或美国 NIOSH 标准)。
身体防护	穿阻燃防静电防护服和抗静电的防护靴。
手防护	戴化学防护手套(例如丁基橡胶手套)。
其他防护	工作现场禁止吸烟、进食和饮水。工作完毕，淋浴更衣。保持良好的卫生习惯。

品名：**2,4-二氨基甲苯** 别名：甲苯-2,4-二胺；2,4-甲苯二胺		分子式：$C_7H_{10}N_2$ 分子量：122.2	相态：固 外观与性状：无色针状或菱形结晶
危险特性			
火灾危险性：可燃液体丙B 腐蚀减薄：碱腐蚀、胺腐蚀 环境开裂：碱应力腐蚀开裂、氨应力腐蚀开裂、胺应力腐蚀开裂		爆炸物：无 金属腐蚀：无 急性毒性：类别3	皮肤腐蚀/刺激：无
遇明火、高热可燃。受热分解放出有毒的氧化氮烟气。与强氧化剂接触可发生化学反应。			
理化特性			
熔点：99.0℃ 沸点：280.0℃ 闪点：149.5℃	临界温度：无资料 临界压力：4.38MPa 饱和蒸气压：0.13kPa(106.5℃)	爆炸上限：无资料 爆炸下限：无资料 相对密度($d_水=1$)：无资料	引燃温度：477.0℃ 燃烧热：无资料
溶解性	溶于水、乙醇、乙醚。		
主要用途	是有机合成原料之一，可制取甲苯二异氰酸酯。也用作染料中间体、毛发染黑。		
急救措施			
皮肤接触	脱去污染的衣着，用肥皂水和清水彻底冲洗皮肤。		
眼睛接触	提起眼睑，用流动清水或生理盐水冲洗。就医。		
吸入	迅速脱离现场至空气新鲜处。保持呼吸道通畅。如呼吸困难，给予吸氧。如呼吸停止，立即进行人工呼吸。就医。		
食入	饮足量温水，催吐。就医。		
防护措施			
呼吸防护	如果蒸气浓度超过职业接触限值或发生刺激等症状时，请使用全面罩式多功能防毒面具。		
眼睛防护	佩戴化学护目镜(符合欧盟EN 166或美国NIOSH标准)。		
身体防护	穿阻燃防静电防护服和抗静电的防护靴。		
手防护	戴化学防护手套(例如丁基橡胶手套)。		
其他防护	工作现场禁止吸烟、进食和饮水。工作完毕，淋浴更衣。保持良好的卫生习惯。		

品名：**2,5-二氨基甲苯** 别名：甲苯-2,5-二胺；2,5-甲苯二胺		分子式：$C_7H_{10}N_2$ 分子量：122.2	相态：固 外观与性状：无色结晶
危险特性			
火灾危险性：可燃液体丙B 腐蚀减薄：碱腐蚀、胺腐蚀 环境开裂：碱应力腐蚀开裂、氨应力腐蚀开裂、胺应力腐蚀开裂		爆炸物：无 金属腐蚀：无 急性毒性：类别3	皮肤腐蚀/刺激：无
遇明火、高热可燃。受热分解放出有毒的氧化氮烟气。与强氧化剂接触可发生化学反应。			
理化特性			
熔点：64.0℃ 沸点：274.0℃ 闪点：140.6℃	临界温度：无资料 临界压力：无资料 饱和蒸气压：无资料	爆炸上限：无资料 爆炸下限：无资料 相对密度($d_水=1$)：无资料	引燃温度：无资料 燃烧热：无资料
溶解性	溶于水、乙醇、乙醚、热苯。		
主要用途	用于有机合成，染料中间体。		
急救措施			
皮肤接触	脱去污染的衣着，用肥皂水和清水彻底冲洗皮肤。		
眼睛接触	提起眼睑，用流动清水或生理盐水冲洗。就医。		
吸入	迅速脱离现场至空气新鲜处。保持呼吸道通畅。如呼吸困难，给予吸氧。如呼吸停止，立即进行人工呼吸。就医。		
食入	饮足量温水，催吐。就医。		
防护措施			
呼吸防护	如果蒸气浓度超过职业接触限值或发生刺激等症状时，请使用全面罩式多功能防毒面具。		
眼睛防护	佩戴化学护目镜(符合欧盟EN 166或美国NIOSH标准)。		
身体防护	穿阻燃防静电防护服和抗静电的防护靴。		
手防护	戴化学防护手套(例如丁基橡胶手套)。		
其他防护	工作现场禁止吸烟、进食和饮水。工作完毕，淋浴更衣。保持良好的卫生习惯。		

品名：**2,6-二氨基甲苯** 别名：甲苯-2,6-二胺；2,6-甲苯二胺		分子式：$C_7H_{10}N_2$ 分子量：122.2	相态：固 外观与性状：灰白色晶体
危险特性			
火灾危险性：可燃液体丙 B 腐蚀减薄：碱腐蚀、胺腐蚀 环境开裂：碱应力腐蚀开裂、氨应力腐蚀开裂、胺应力腐蚀开裂		爆炸物：无 金属腐蚀：无 急性毒性：无	皮肤腐蚀/刺激：无
加热时，容器可能爆炸。受热或接触火焰可能会产生膨胀或爆炸性分解。			
理化特性			
熔点：105.0℃ 沸点：284.2℃ 闪点：148.3℃	临界温度：无资料 临界压力：无资料 饱和蒸气压：2.13kPa(150℃)	爆炸上限：无资料 爆炸下限：无资料 相对密度($d_{水}=1$)：无资料	引燃温度：无资料 燃烧热：无资料
溶解性	与水混溶。		
主要用途	主要用于医药、染料的中间体。		
急救措施			
皮肤接触	脱去污染的衣服，用大量水冲洗皮肤或淋浴。		
眼睛接触	先用大量水冲洗几 min(如可能易行，摘除隐形眼镜)，然后就医。		
吸入	新鲜空气，休息。必要时进行人工呼吸，给予医疗护理。		
食入	漱口，大量饮水，给予医疗护理。		
防护措施			
呼吸防护	如果蒸气浓度超过职业接触限值或发生刺激等症状时，请使用全面罩式多功能防毒面具。		
眼睛防护	佩戴化学护目镜(符合欧盟 EN 166 或美国 NIOSH 标准)。		
身体防护	穿阻燃防静电防护服和抗静电的防护靴。		
手防护	戴化学防护手套(例如丁基橡胶手套)。		
其他防护	工作现场禁止吸烟、进食和饮水。工作完毕，淋浴更衣。保持良好的卫生习惯。		

品名：**4,4′-二氨基联苯** 别名：联苯胺；二氨基联苯		分子式：$C_{12}H_{12}N_2$ 分子量：184.2	相态：固 外观与性状：白色或浅粉红色结晶性粉末，商品呈褐色或深紫褐色
危险特性			
火灾危险性：无 腐蚀减薄：碱腐蚀、胺腐蚀 环境开裂：碱应力腐蚀开裂、氨应力腐蚀开裂、胺应力腐蚀开裂		爆炸物：无 金属腐蚀：无 急性毒性：无	皮肤腐蚀/刺激：无
遇明火、高热可燃。与强氧化剂接触可发生化学反应。受热分解放出有毒的氧化氮烟气。			
理化特性			
熔点：128.0℃ 沸点：401.7℃ 闪点：无资料	临界温度：无资料 临界压力：无资料 饱和蒸气压：98.64kPa(128.7℃)	爆炸上限：无资料 爆炸下限：无资料 相对密度($d_{水}=1$)：1.25	引燃温度：无资料 燃烧热：6524.6kJ/mol
溶解性	不溶于冷水，溶于热水，易溶于乙醇、乙醚。		
主要用途	用于偶氮染料中间体，也作不溶偶氮染料的显色剂。		
急救措施			
皮肤接触	立即脱去污染的衣着，用流动清水冲洗。		
眼睛接触	提起眼睑，用流动清水或生理盐水冲洗。就医。		
吸入	脱离现场至空气新鲜处。如呼吸困难，给予吸氧。就医。		
食入	饮足量温水，催吐。就医。		
防护措施			
呼吸防护	如果蒸气浓度超过职业接触限值或发生刺激等症状时，请使用全面罩式多功能防毒面具。		
眼睛防护	佩戴化学护目镜(符合欧盟 EN 166 或美国 NIOSH 标准)。		
身体防护	穿阻燃防静电防护服和抗静电的防护靴。		
手防护	戴化学防护手套(例如丁基橡胶手套)。		
其他防护	工作现场禁止吸烟、进食和饮水。工作完毕，淋浴更衣。保持良好的卫生习惯。		

品名：**二苯胺** 别名：无	分子式：$C_{12}H_{11}N$ 分子量：169.2	相态：固 外观与性状：无色至灰色结晶体	
危险特性			
火灾危险性：可燃液体丙B 腐蚀减薄：碱腐蚀、胺腐蚀 环境开裂：碱应力腐蚀开裂、胺应力腐蚀开裂	爆炸物：无 金属腐蚀：无 急性毒性：类别3	皮肤腐蚀/刺激：无	
遇明火、高热可燃。粉体与空气可形成爆炸性混合物，当达到一定浓度时，遇火星会发生爆炸。			
理化特性			
熔点：52.9℃ 沸点：302.0℃ 闪点：153.0℃	临界温度：无资料 临界压力：无资料 饱和蒸气压：0.10kPa(35℃)	爆炸上限：无资料 爆炸下限：无资料 相对密度($d_{水}=1$)：1.16	引燃温度：630.0℃ 燃烧热：无资料
溶解性	不溶于水，溶于二硫化碳、苯、乙醇、乙醚等。		
主要用途	用于染料、抗氧剂、药品、炸药和农药的合成。		
急救措施			
皮肤接触	脱去污染的衣着，用流动清水冲洗。		
眼睛接触	提起眼睑，用流动清水或生理盐水冲洗。就医。		
吸入	脱离现场至空气新鲜处。就医。		
食入	饮足量温水，催吐。就医。		
防护措施			
呼吸防护	可能接触其粉尘时，必须佩戴防尘面具。紧急事态抢救或撤离时，应该佩戴空气呼吸器。		
眼睛防护	呼吸系统防护中已做防护。		
身体防护	穿连衣式胶布防毒衣。		
手防护	戴橡胶手套。		
其他防护	工作现场禁止吸烟、进食和饮水。工作前后不饮酒，用温水洗澡。		

品名：**二苯基二氯硅烷** 别名：二苯二氯硅烷	分子式：$C_{12}H_{10}Cl_2O_4Si$ 分子量：253.2	相态：液 外观与性状：液体，无色，有强刺激性气味	
危险特性			
火灾危险性：可燃液体丙B 腐蚀减薄：无 环境开裂：无	爆炸物：无 金属腐蚀：无 急性毒性：类别2	皮肤腐蚀/刺激：类别1 严重眼损伤/眼刺激：类别1	
遇强氧化剂能引起燃烧和爆炸。与水或水汽反应会产生氢氯酸。在潮湿环境下能腐蚀普通金属。蒸气比空气重，易在低处聚集。封闭区域内的蒸气遇火能爆炸。			
理化特性			
熔点：-22.0℃ 沸点：305.0℃ 闪点：142.0℃	临界温度：无资料 临界压力：无资料 饱和蒸气压：0.27kPa(125℃)	爆炸上限：无资料 爆炸下限：无资料 相对密度($d_{水}=1$)：1.20	引燃温度：无资料 燃烧热：无资料
溶解性	在水中沉底，溶解。可与水反应。可生成刺激性蒸气。		
主要用途	用于制造硅酮润滑脂。		
急救措施			
皮肤接触	对少量皮肤接触，避免将物质播散面积扩大。注意患者保暖并且保持安静。		
眼睛接触	脱去并隔离被污染的衣服和鞋。如果皮肤或眼睛接触该物质，应立即用清水冲洗至少20min。		
吸入	移患者至空气新鲜处，就医。如果患者呼吸停止，给予人工呼吸。如果呼吸困难，给予吸氧。		
食入	吸入、食入或皮肤接触该物质可引起迟发反应。确保医务人员了解该物质相关的个体防护知识，注意自身防护。		
防护措施			
呼吸防护	空气中浓度超标时，必须佩戴自吸过滤式防毒面具。紧急事态抢救或撤离时，应该佩戴空气呼吸器。		
眼睛防护	呼吸系统防护中已做防护。		
身体防护	穿橡胶耐酸碱服。		
手防护	戴橡胶耐酸碱手套。		
其他防护	工作完毕，沐浴更衣。单独存放被毒物污染的衣服，洗后备用。保持良好的卫生习惯。		

品名：**二苯基二硒**		分子式：$C_{12}H_{10}Se_2$	相态：固
别名：无		分子量：312.1	外观与性状：黄色固体，无气味
危险特性			
火灾危险性：可燃液体丙 B 腐蚀减薄：无 环境开裂：无		爆炸物：无 金属腐蚀：无 急性毒性：类别 3	皮肤腐蚀/刺激：无
遇明火能燃烧。受高热分解。与酸类接触能发生反应。			
理化特性			
熔点：63.0℃ 沸点：377.3℃ 闪点：182.0℃	临界温度：无资料 临界压力：无资料 饱和蒸气压：无资料	爆炸上限：无资料 爆炸下限：无资料 相对密度($d_{水}=1$)：1.74	引燃温度：无资料 燃烧热：无资料
溶解性	溶于热乙醇、乙醚、二甲苯。		
主要用途	用作有机合成的原料。		
急救措施			
皮肤接触	立即脱去污染的衣着，用大量流动清水冲洗。就医。		
眼睛接触	提起眼睑，用流动清水或生理盐水冲洗。就医。		
吸入	迅速脱离现场至空气新鲜处。保持呼吸道通畅。如呼吸困难，给予吸氧。如呼吸停止，立即进行人工呼吸。就医。		
食入	饮足量温水，催吐。洗胃，导泄。就医。		
防护措施			
呼吸防护	空气中粉尘浓度超标时，必须佩戴自吸过滤式防尘口罩。紧急事态抢救或撤离时，应该佩戴空气呼吸器。		
眼睛防护	戴化学安全防护眼镜。		
身体防护	穿防毒物渗透工作服。		
手防护	戴橡胶手套。		
其他防护	工作现场禁止吸烟、进食和饮水。工作完毕，淋浴更衣。实行就业前和定期的体检。保持良好的卫生习惯。		

品名：**二苯基汞**		分子式：$C_{12}H_{10}Hg$	相态：固
别名：二苯汞		分子量：354.8	外观与性状：白色结晶
危险特性			
火灾危险性：可燃液体丙 B 腐蚀减薄：无 环境开裂：无		爆炸物：无 金属腐蚀：无 急性毒性：类别 1	皮肤腐蚀/刺激：无
遇明火、高热可燃。受高热分解放出有毒的气体。与氧化剂可发生反应。			
理化特性			
熔点：122.0℃ 沸点：204.0℃ 闪点：306.0℃	临界温度：无资料 临界压力：无资料 饱和蒸气压：1.40kPa(204℃)	爆炸上限：无资料 爆炸下限：无资料 相对密度($d_{水}=1$)：2.32	引燃温度：无资料 燃烧热：无资料
溶解性	不溶于水，微溶于乙醇、热醇，溶于氯仿、苯、二硫化碳。		
主要用途	用于有机合成。		
急救措施			
皮肤接触	立即脱去污染的衣着，用肥皂水和清水彻底冲洗皮肤。就医。		
眼睛接触	提起眼睑，用流动清水或生理盐水冲洗。就医。		
吸入	迅速脱离现场至空气新鲜处。保持呼吸道通畅。如呼吸困难，给予吸氧。如呼吸停止，立即进行人工呼吸。就医。		
食入	饮足量温水，催吐。洗胃。就医。		
防护措施			
呼吸防护	可能接触其粉尘时，应该佩戴头罩型电动送风过滤式防尘呼吸器。必要时，佩戴自给式呼吸器。		
眼睛防护	呼吸系统防护中已做防护。		
身体防护	穿连衣式胶布防毒衣。		
手防护	戴橡胶手套。		
其他防护	工作现场禁止吸烟、进食和饮水。工作完毕，淋浴更衣。实行就业前和定期的体检。保持良好的卫生习惯。		

品名：**二苯基甲烷-4,4′-二异氰酸酯**	分子式：$C_{15}H_{10}N_2O_2$	相态：固
别名：亚甲基双(4,1-亚苯基)二异氰酸酯；4,4′-二异氰酸二苯甲烷	分子量：250.3	外观与性状：白色或浅黄色固体

危险特性

火灾危险性：可燃液体丙 B	爆炸物：无	皮肤腐蚀/刺激：类别 2
腐蚀减薄：无	金属腐蚀：无	严重眼损伤/眼刺激：类别 2
环境开裂：无	急性毒性：无	

加热时，容器可能爆炸。受热或接触火焰可能会产生膨胀或爆炸性分解。

理化特性

熔点：36.0℃	临界温度：无资料	爆炸上限：无资料	引燃温度：240.0℃
沸点：190.0℃	临界压力：无资料	爆炸下限：无资料	燃烧热：无资料
闪点：202.0℃	饱和蒸气压：无资料	相对密度($d_{水}=1$)：1.19	

溶解性	溶于苯、甲苯、氯苯、硝基苯、丙酮、乙醚、乙酸乙酯、二噁烷等。
主要用途	本品的初级品广泛用于聚氨酯涂料，此外，还用于防水材料、密封材料、陶器材料等。

急救措施

皮肤接触	脱去污染的衣服，用大量水冲洗皮肤或淋浴，给予医疗护理。
眼睛接触	先用大量水冲洗几 min(如可能易行，摘除隐形眼镜)，然后就医。
吸入	新鲜空气，休息，必要时进行人工呼吸，给予医疗护理。
食入	漱口。不要催吐，给予医疗护理。

防护措施

呼吸防护	如果蒸气浓度超过职业接触限值或发生刺激等症状时，请使用全面罩式多功能防毒面具。
眼睛防护	佩戴化学护目镜(符合欧盟 EN 166 或美国 NIOSH 标准)。
身体防护	穿阻燃防静电防护服和抗静电的防护靴。
手防护	戴化学防护手套(例如丁基橡胶手套)。
其他防护	工作现场禁止吸烟、进食和饮水。工作完毕，淋浴更衣。保持良好的卫生习惯。

品名：**2-(二苯基乙酰基)-2,3-二氢-1,3-茚二酮**	分子式：$C_{23}H_{16}O_3$	相态：固
别名：2-(2,2-二苯基乙酰基)-1,3-茚满二酮；敌鼠	分子量：340.4	外观与性状：纯品为无臭黄色针状结晶

危险特性

火灾危险性：无	爆炸物：无	皮肤腐蚀/刺激：无
腐蚀减薄：无	金属腐蚀：无	易燃液体：无
环境开裂：无	急性毒性：类别 2	

遇明火、高热可燃。其粉体与空气可形成爆炸性混合物，当达到一定浓度时，遇火星会发生爆炸。与氧化剂发生反应，有燃烧危险。受高热分解放出有毒的气体。

理化特性

熔点：145.0℃	临界温度：无资料	爆炸上限：无资料	引燃温度：无资料
沸点：528.7℃	临界压力：无资料	爆炸下限：无资料	燃烧热：无资料
闪点：无资料	饱和蒸气压：无资料	相对密度($d_{水}=1$)：1.28	

溶解性	不溶于水、苯、甲苯，溶于丙酮、乙醇。
主要用途	用作杀鼠剂，也用作抗凝血的药物。

急救措施

皮肤接触	立即脱去污染的衣着，用大量流动清水冲洗。就医。
眼睛接触	提起眼睑，用流动清水或生理盐水冲洗。就医。
吸入	迅速脱离现场至空气新鲜处。保持呼吸道通畅。如呼吸困难，给予吸氧。如呼吸停止，立即进行人工呼吸。就医。
食入	饮足量温水，催吐。洗胃，导泄。就医。

防护措施

呼吸防护	可能接触其粉尘时，必须佩戴防尘面具。紧急事态抢救或撤离时，应该佩戴空气呼吸器。
眼睛防护	呼吸系统防护中已做防护。
身体防护	穿胶布防毒衣。
手防护	戴橡胶手套。
其他防护	工作现场禁止吸烟、进食和饮水。工作完毕，淋浴更衣。保持良好的卫生习惯。

品名：**二苯甲基溴**	分子式：$C_{13}H_{11}Br$	相态：固
别名：溴二苯甲烷；二苯溴甲烷	分子量：247.2	外观与性状：带刺激性气味的固体，有催泪性
危险特性		
火灾危险性：可燃液体丙 A	爆炸物：无	皮肤腐蚀/刺激：类别 1
腐蚀减薄：无	金属腐蚀：无	严重眼损伤/眼刺激：类别 1
环境开裂：无	急性毒性：无	
遇明火、高热可燃。其粉体与空气可形成爆炸性混合物，当达到一定浓度时，遇火星会发生爆炸。受高热分解放出有毒的气体。具有腐蚀性。		

理化特性			
熔点：45.0℃	临界温度：无资料	爆炸上限：无资料	引燃温度：无资料
沸点：184.0℃	临界压力：无资料	爆炸下限：无资料	燃烧热：无资料
闪点：110.0℃	饱和蒸气压：无资料	相对密度($d_{水}=1$)：无资料	

溶解性	溶于醇，易溶于苯。
主要用途	用于有机合成。
急救措施	
皮肤接触	立即脱去污染的衣着，用大量流动清水冲洗至少 15min。就医。
眼睛接触	立即提起眼睑，用大量流动清水或生理盐水彻底冲洗至少 15min。就医。
吸入	迅速脱离现场至空气新鲜处。保持呼吸道通畅。如呼吸困难，给予吸氧。如呼吸停止，立即进行人工呼吸。就医。
食入	用水漱口，给饮牛奶或蛋清。就医。
防护措施	
呼吸防护	空气中粉尘浓度超标时，必须佩戴自吸过滤式防尘口罩。紧急事态抢救或撤离时，应该佩戴空气呼吸器。
眼睛防护	戴化学安全防护眼镜。
身体防护	穿橡胶耐酸碱服。
手防护	戴橡胶耐酸碱手套。
其他防护	工作场所禁止吸烟、进食和饮水，饭前要洗手。工作完毕，淋浴更衣。保持良好的卫生习惯。

品名：**1,1-二苯肼**	分子式：$C_{12}H_{12}N_2$	相态：固
别名：不对称二苯肼	分子量：184.2	外观与性状：黄色结晶性粉末
危险特性		
火灾危险性：可燃液体丙 B	爆炸物：无	皮肤腐蚀/刺激：无
腐蚀减薄：无	金属腐蚀：无	
环境开裂：无	急性毒性：无	
遇明火燃烧，受热分解，与氧化剂能反应。		

理化特性			
熔点：49.0℃	临界温度：无资料	爆炸上限：无资料	引燃温度：无资料
沸点：330.0℃	临界压力：无资料	爆炸下限：无资料	燃烧热：无资料
闪点：180.5℃	饱和蒸气压：无资料	相对密度($d_{水}=1$)：1.19	

溶解性	不溶于水。
主要用途	用于有机合成。
急救措施	
皮肤接触	迅速脱去被污染的衣着，并用大量流动的清水冲洗，至少 15min；严重的立即就医。
眼睛接触	立即翻开眼睑，并用大量流动的清水或生理盐水冲洗，至少 15min；严重的立即就医。
吸入	迅速脱离现场至空气新鲜处。保持呼吸道通畅。如呼吸困难，给予吸氧。如呼吸停止，立即进行人工呼吸。就医。
食入	禁止催吐，切勿给失去知觉者从嘴里喂食任何东西。立即呼叫医生或中毒控制中心。
防护措施	
呼吸防护	如果蒸气浓度超过职业接触限值或发生刺激等症状时，请使用全面罩式多功能防毒面具。
眼睛防护	佩戴化学护目镜(符合欧盟 EN 166 或美国 NIOSH 标准)。
身体防护	穿阻燃防静电防护服和抗静电的防护靴。
手防护	戴化学防护手套(例如丁基橡胶手套)。
其他防护	工作现场禁止吸烟、进食和饮水。工作完毕，淋浴更衣。保持良好的卫生习惯。

品名：**1,2-二苯肼** 别名：对称二苯肼		分子式：$C_{12}H_{12}N_2$ 分子量：184.2	相态：固 外观与性状：黄色至橙色结晶性粉末
危险特性			
火灾危险性：可燃气体甲 腐蚀减薄：无 环境开裂：无		爆炸物：无 金属腐蚀：无 急性毒性：无	皮肤腐蚀/刺激：无 易燃液体：无
遇明火、高热可燃。受热分解放出有毒的氧化氮烟气。与强氧化剂接触可发生化学反应。			
理化特性			
熔点：131.0℃ 沸点：229.3℃ 闪点：87.7℃	临界温度：无资料 临界压力：3.09MPa 饱和蒸气压：无资料	爆炸上限：7.6% 爆炸下限：0.7% 相对密度($d_水=1$)：1.16	引燃温度：531.0℃ 燃烧热：无资料
溶解性	不溶于水、乙酸，微溶于苯，易溶于乙醇。		
主要用途	用于阿拉伯醛糖和乳糖的测定。		
急救措施			
皮肤接触	脱去污染的衣着，用肥皂水和清水彻底冲洗皮肤。		
眼睛接触	提起眼睑，用流动清水或生理盐水冲洗。就医。		
吸入	迅速脱离现场至空气新鲜处。保持呼吸道通畅。如呼吸困难，给予吸氧。如呼吸停止，立即进行人工呼吸。就医。		
食入	饮足量温水，催吐。就医。		
防护措施			
呼吸防护	空气中粉尘浓度较高时，应该佩戴自吸过滤式防尘口罩。紧急事态抢救或撤离时，佩戴自给式呼吸器。		
眼睛防护	戴化学安全防护眼镜。		
身体防护	穿防毒物渗透工作服。		
手防护	戴橡胶手套。		
其他防护	工作现场禁止吸烟、进食和饮水。工作完毕，淋浴更衣。单独存放被毒物污染的衣服，洗后备用。保持良好的卫生习惯。		

品名：**二丙硫醚** 别名：正丙硫醚；二丙基硫；硫化二正丙基		分子式：$C_6H_{14}S$ 分子量：118.2	相态：液 外观与性状：无色或浅黄色液体，有特殊气味
危险特性			
火灾危险性：可燃液体乙 A 腐蚀减薄：硫酸腐蚀、高温硫化物腐蚀 环境开裂：连多硫酸应力腐蚀开裂		爆炸物：无 金属腐蚀：无 急性毒性：无	易燃液体：类别 3
易燃，遇高热、明火有引起燃烧的危险。受高热分解产生有毒的硫化物烟气。与强氧化剂接触可发生化学反应。			
理化特性			
熔点：-102.5℃ 沸点：142.4℃ 闪点：28.0℃	临界温度：无资料 临界压力：3.08MPa 饱和蒸气压：1.33MPa(32.3℃)	爆炸上限：无资料 爆炸下限：无资料 相对密度($d_水=1$)：0.84	引燃温度：无资料 燃烧热：无资料
溶解性	不溶于水，溶于乙醇、乙醚。		
主要用途	用于有机合成。		
急救措施			
皮肤接触	脱去污染的衣着，用肥皂水和清水彻底冲洗皮肤。		
眼睛接触	提起眼睑，用流动清水或生理盐水冲洗。就医。		
吸入	迅速脱离现场至空气新鲜处。保持呼吸道通畅。如呼吸困难，给予吸氧。如呼吸停止，立即进行人工呼吸。就医。		
食入	饮足量温水，催吐。就医。		
防护措施			
呼吸防护	空气中浓度超标时，佩戴过滤式防毒面具(半面罩)。		
眼睛防护	戴化学安全防护眼镜。		
身体防护	穿防静电工作服。		
手防护	戴橡胶耐油手套。		
其他防护	工作现场禁止吸烟、进食和饮水。工作完毕，淋浴更衣。注意个人清洁卫生。		

品名：**二碘化苯胂**		分子式：$C_6H_5AsI_2$	相态：液
别名：苯基二碘胂		分子量：405.8	外观与性状：无资料
危险特性			
火灾危险性：可燃液体丙 B		爆炸物：无	皮肤腐蚀/刺激：无
腐蚀减薄：含盐水腐蚀		金属腐蚀：无	易燃液体：无
环境开裂：碘化物应力腐蚀开裂		急性毒性：类别 3	
燃烧时可能会释放毒性烟雾。加热时，容器可能爆炸。受热或接触火焰可能会产生膨胀或爆炸性分解。			
理化特性			
熔点：15.0℃	临界温度：无资料	爆炸上限：无资料	引燃温度：无资料
沸点：312.0℃	临界压力：无资料	爆炸下限：无资料	燃烧热：无资料
闪点：153.6℃	饱和蒸气压：无资料	相对密度($d_水=1$)：2.55	

溶解性	无资料。
主要用途	无资料。
急救措施	
皮肤接触	立即脱去污染的衣物。用大量肥皂水和清水冲洗皮肤。如有不适，就医。
眼睛接触	用大量水彻底冲洗至少 15min。如有不适，就医。
吸入	立即将患者移到新鲜空气处，保持呼吸畅通。如果呼吸困难，给予吸氧。如患者食入或吸入本物质，不得进行口对口人工呼吸。如果呼吸停止。立即进行心肺复苏术。立即就医。
食入	禁止催吐，切勿给失去知觉者从嘴里喂食任何东西。立即呼叫医生或中毒控制中心。
防护措施	
呼吸防护	如果蒸气浓度超过职业接触限值或发生刺激等症状时，请使用全面罩式多功能防毒面具。
眼睛防护	佩戴化学护目镜(符合欧盟 EN 166 或美国 NIOSH 标准)。
身体防护	穿阻燃防静电防护服和抗静电的防护靴。
手防护	戴化学防护手套(例如丁基橡胶手套)。
其他防护	工作现场禁止吸烟、进食和饮水。工作完毕，淋浴更衣。保持良好的卫生习惯。

品名：**二碘化汞**		分子式：Hg_2I_2	相态：固
别名：碘化汞；碘化高汞；红色碘化汞		分子量：655	外观与性状：黄色结晶或粉末
危险特性			
火灾危险性：无		爆炸物：无	皮肤腐蚀/刺激：类别 2
腐蚀减薄：含盐水腐蚀		金属腐蚀：无	严重眼损伤/眼刺激：类别 2
环境开裂：碘化物应力腐蚀开裂		急性毒性：类别 2	
受热分解放出有毒的碘化物烟气。与三氟化氯、金属钾、金属钠剧烈反应。			
理化特性			
熔点：259.0℃	临界温度：无资料	爆炸上限：无资料	引燃温度：无资料
沸点：127.0℃	临界压力：无资料	爆炸下限：无资料	燃烧热：无资料
闪点：无资料	饱和蒸气压：0.13kPa(157℃)	相对密度($d_水=1$)：6.09	

溶解性	不溶于水、酸，微溶于无水乙醇。
主要用途	用于医药、化学试剂。
急救措施	
皮肤接触	立即脱去污染的衣着，用大量流动清水冲洗至少 15min。就医。
眼睛接触	立即提起眼睑，用大量流动清水或生理盐水彻底冲洗至少 15min。就医。
吸入	迅速脱离现场至空气新鲜处。保持呼吸道通畅。如呼吸困难，给予吸氧。如呼吸停止，立即进行人工呼吸。就医。
食入	用水漱口，给饮牛奶或蛋清。就医。
防护措施	
呼吸防护	作业工人应该佩戴头罩型电动送风过滤式防尘呼吸器。必要时，佩戴隔离式呼吸器。
眼睛防护	呼吸系统防护中已做防护。
身体防护	穿连衣式胶布防毒衣。
手防护	戴橡胶手套。
其他防护	工作现场禁止吸烟、进食和饮水。工作完毕，淋浴更衣。保持良好的卫生习惯。

品名：**二碘甲烷** 别名：无		分子式：CH_2I_2 分子量：267.9	相态：液 外观与性状：无色澄清到淡黄色液体
危险特性			
火灾危险性：可燃液体丙A 腐蚀减薄：无 环境开裂：无		爆炸物：无 金属腐蚀：无 急性毒性：无	皮肤腐蚀/刺激：类别2 严重眼损伤/眼刺激：类别2
受热分解放出有毒的碘化物烟气。与锂、钾钠合金接触剧烈反应。			
理化特性			
熔点：5.0℃ 沸点：182.0℃ 闪点：76.6℃	临界温度：无资料 临界压力：5.47MPa 饱和蒸气压：无资料	爆炸上限：无资料 爆炸下限：无资料 相对密度($d_{水}=1$)：3.32	引燃温度：无资料 燃烧热：745.7kJ/mol
溶解性	不溶于水，溶于乙醇、乙醚、苯、氯仿等多数有机溶剂。		
主要用途	用于有机合成及混合矿物的分离。		
急救措施			
皮肤接触	脱去污染的衣着，用肥皂水和清水彻底冲洗皮肤。		
眼睛接触	提起眼睑，用流动清水或生理盐水冲洗。就医。		
吸入	迅速脱离现场至空气新鲜处。保持呼吸道通畅。如呼吸困难，给予吸氧。如呼吸停止，立即进行人工呼吸。就医。		
食入	饮足量温水，催吐。就医。		
防护措施			
呼吸防护	一般不需要特殊防护，高浓度接触时可佩戴自吸过滤式防毒面具(半面罩)。		
眼睛防护	必要时，戴安全防护眼镜。		
身体防护	穿透气型防毒服。		
手防护	戴防化学品手套。		
其他防护	工作现场禁止吸烟、进食和饮水。工作完毕，淋浴更衣。单独存放被毒物污染的衣服，洗后备用。注意个人清洁卫生。		

品名：***N*,*N*-二丁基苯胺** 别名：无		分子式：$C_{14}H_{23}N$ 分子量：205.3	相态：液 外观与性状：浅黄色至红黄色透明液体
危险特性			
火灾危险性：可燃液体丙A 腐蚀减薄：碱腐蚀、胺腐蚀 环境开裂：碱应力腐蚀开裂、胺应力腐蚀开裂		爆炸物：无 金属腐蚀：无 急性毒性：无	皮肤腐蚀/刺激：类别2 严重眼损伤/眼刺激：类别2
加热时，容器可能爆炸。受热或接触火焰可能会产生膨胀或爆炸性分解。			
理化特性			
熔点：-32.2℃ 沸点：269.0℃ 闪点：110.0℃	临界温度：无资料 临界压力：无资料 饱和蒸气压：0.13kPa(94.04℃)	爆炸上限：无资料 爆炸下限：无资料 相对密度($d_{水}=1$)：0.90	引燃温度：无资料 燃烧热：无资料
溶解性	不溶于水和甲醇，溶于乙醇、乙醚、丙酮、乙酸乙酯、芳香烃和油酸等。		
主要用途	用作溶剂。		
急救措施			
皮肤接触	立即脱去污染的衣物。用大量肥皂水和清水冲洗皮肤。如有不适，就医。		
眼睛接触	用大量水彻底冲洗至少15min。如有不适，就医。		
吸入	立即将患者移到新鲜空气处，保持呼吸畅通。如果呼吸困难，给予吸氧。如患者食入或吸入本物质，不得进行口对口人工呼吸。如果呼吸停止。立即进行心肺复苏术。立即就医。		
食入	禁止催吐，切勿给失去知觉者从嘴里喂食任何东西。立即呼叫医生或中毒控制中心。		
防护措施			
呼吸防护	如果蒸气浓度超过职业接触限值或发生刺激等症状时，请使用全面罩式多功能防毒面具。		
眼睛防护	佩戴化学护目镜(符合欧盟EN 166或美国NIOSH标准)。		
身体防护	穿阻燃防静电防护服和抗静电的防护靴。		
手防护	戴化学防护手套(例如丁基橡胶手套)。		
其他防护	工作现场禁止吸烟、进食和饮水。工作完毕，淋浴更衣。保持良好的卫生习惯。		

品名：**二丁基二(十二酸)锡**	分子式：$C_{32}H_{64}O_4Sn$	相态：液
别名：二丁基二月桂酸锡；月桂酸二丁基锡	分子量：631.7	外观与性状：无色到淡黄色结晶或黄色液体

危险特性

火灾危险性：可燃液体丙 B	爆炸物：无	皮肤腐蚀/刺激：类别 2
腐蚀减薄：无	金属腐蚀：无	严重眼损伤/眼刺激：类别 2
环境开裂：无	急性毒性：类别 2	

遇明火、高热可燃。与氧化剂可发生反应。受高热分解放出有毒的气体。其蒸气比空气重，能在较低处扩散到相当远的地方，遇火源会着火回燃。若遇高热，容器内压增大，有开裂和爆炸的危险。

理化特性

熔点：22.0℃	临界温度：无资料	爆炸上限：无资料	引燃温度：235.0℃
沸点：560.5℃	临界压力：无资料	爆炸下限：无资料	燃烧热：无资料
闪点：292.8℃	饱和蒸气压：0.027kPa(160℃)	相对密度($d_{水}=1$)：1.07	

溶解性	不溶于水、甲醇，溶于乙醚、丙酮、苯、四氯化碳、石油醚、醋。
主要用途	用于有机合成用，用作聚氯乙烯树脂的稳定剂。

急救措施

皮肤接触	脱去污染的衣着，用大量流动清水冲洗。
眼睛接触	提起眼睑，用流动清水或生理盐水冲洗。就医。
吸入	迅速脱离现场至空气新鲜处。保持呼吸道通畅。如呼吸困难，给予吸氧。如呼吸停止，立即进行人工呼吸。就医。
食入	饮足量温水，催吐。就医。

防护措施

呼吸防护	空气中浓度较高时，应该佩戴过滤式防毒面具。紧急事态抢救或逃生时，建议佩戴空气呼吸器。
眼睛防护	戴化学安全防护眼镜。
身体防护	穿防毒物渗透工作服。
手防护	戴乳胶手套。
其他防护	工作场所禁止吸烟、进食和饮水，饭前要洗手。工作完毕，淋浴更衣。保持良好的卫生习惯。

品名：**二丁基二氯化锡**	分子式：$C_8H_{18}Cl_2Sn$	相态：固
别名：无	分子量：303.9	外观与性状：白色结晶

危险特性

火灾危险性：可燃液体丙 A	爆炸物：无	皮肤腐蚀/刺激：类别 1
腐蚀减薄：无盐酸腐蚀、含盐水腐蚀	金属腐蚀：无	严重眼损伤/眼刺激：类别 1
环境开裂：氯化物应力腐蚀开裂	急性毒性：类别 2	

遇明火、高热可燃。其粉体与空气可形成爆炸性混合物，当达到一定浓度时，遇火星会发生爆炸。与氧化剂能发生强烈反应。遇水或水蒸气反应放热并产生有毒的腐蚀性气体。

理化特性

熔点：43.0℃	临界温度：无资料	爆炸上限：无资料	引燃温度：无资料
沸点：275.3℃	临界压力：无资料	爆炸下限：无资料	燃烧热：无资料
闪点：107.8℃	饱和蒸气压：0.266kPa(100℃)	相对密度($d_{水}=1$)：1.36	

溶解性	无资料。
主要用途	农业上用作杀菌剂，工业上用作防腐剂、塑料稳定剂和分析试剂。

急救措施

皮肤接触	立即脱去污染的衣着，用大量流动清水冲洗至少 15min。就医。
眼睛接触	立即提起眼睑，用大量流动清水或生理盐水彻底冲洗至少 15min。就医。
吸入	迅速脱离现场至空气新鲜处。保持呼吸道通畅。如呼吸困难，给予吸氧。如呼吸停止，立即进行人工呼吸。就医。
食入	用水漱口，给饮牛奶或蛋清。就医。

防护措施

呼吸防护	空气中粉尘浓度超标时，必须佩戴自吸过滤式防尘口罩。紧急事态抢救或撤离时，应该佩戴空气呼吸器。
眼睛防护	戴化学安全防护眼镜。
身体防护	穿防毒物渗透工作服。
手防护	戴橡胶手套。
其他防护	工作场所禁止吸烟、进食和饮水，饭前要洗手。工作完毕，淋浴更衣。保持良好的卫生习惯。

品名：**二丁基氧化锡**	分子式：$C_8H_{18}OSn$	相态：固
别名：氧化二丁基锡	分子量：249.0	外观与性状：白色至微黄色粉末

危险特性

火灾危险性：可燃液体丙 A	爆炸物：无	皮肤腐蚀/刺激：无
腐蚀减薄：无	金属腐蚀：无	严重眼损伤/眼刺激：类别 2
环境开裂：无	急性毒性：类别 2	

遇明火、高热可燃。其粉体与空气可形成爆炸性混合物，当达到一定浓度时，遇火星会发生爆炸。与氧化剂可发生反应。受高热分解放出有毒的气体。

理化特性

熔点：300.0℃	临界温度：无资料	爆炸上限：无资料	引燃温度：278.0℃
沸点：300.0℃	临界压力：无资料	爆炸下限：无资料	燃烧热：无资料
闪点：81.0℃	饱和蒸气压：无资料	相对密度($d_{水}=1$)：无资料	

溶解性	不溶于水、多数有机溶剂，溶于盐酸。
主要用途	用作酯化和聚合反应的催化剂。

急救措施

皮肤接触	脱去污染的衣着，用大量流动清水冲洗。
眼睛接触	提起眼睑，用流动清水或生理盐水冲洗。就医。
吸入	迅速脱离现场至空气新鲜处。保持呼吸道通畅。如呼吸困难，给予吸氧。如呼吸停止，立即进行人工呼吸。就医。
食入	饮足量温水，催吐。就医。

防护措施

呼吸防护	空气中粉尘浓度超标时，必须佩戴自吸过滤式防尘口罩。紧急事态抢救或撤离时，应该佩戴空气呼吸器。
眼睛防护	戴化学安全防护眼镜。
身体防护	穿防毒物渗透工作服。
手防护	戴橡胶手套。
其他防护	工作场所禁止吸烟、进食和饮水，饭前要洗手。工作完毕，淋浴更衣。保持良好的卫生习惯。

品名：**S,S′-(1,4-二噁烷2,3-二基)O,O,O′,O′-四乙基双(二硫代磷酸酯)**	分子式：$C_{12}H_{26}O_6P_2S_4$	相态：液
别名：敌噁磷	分子量：456.5	外观与性状：暗琥珀色黏性液体

危险特性

火灾危险性：无法确定	爆炸物：无	皮肤腐蚀/刺激：无
腐蚀减薄：硫酸腐蚀、磷酸腐蚀	金属腐蚀：无	易燃液体：无
环境开裂：氢脆、连多硫酸应力腐蚀开裂	急性毒性：类别 2	

燃烧时可能会释放毒性烟雾。加热时，容器可能爆炸。受热或接触火焰可能会产生膨胀或爆炸性分解。

理化特性

熔点：无资料	临界温度：无资料	爆炸上限：无资料	引燃温度：无资料
沸点：60.0℃	临界压力：无资料	爆炸下限：无资料	燃烧热：无资料
闪点：无资料	饱和蒸气压：无资料	相对密度($d_{水}=1$)：无资料	

溶解性	不溶于水，溶于多数有机溶剂。
主要用途	用作农用杀虫剂。

急救措施

皮肤接触	脱掉污染的衣服，冲洗，然后用水和肥皂洗皮肤，给予医疗护理。
眼睛接触	首先用大量水冲洗几 min(如可能易行，摘除隐形眼镜)，然后就医。
吸入	新鲜空气，休息，必要时进行人工呼吸，给予医疗护理。
食入	催吐，给予医疗护理。

防护措施

呼吸防护	如果蒸气浓度超过职业接触限值或发生刺激等症状时，请使用全面罩式多功能防毒面具。
眼睛防护	佩戴化学护目镜(符合欧盟 EN 166 或美国 NIOSH 标准)。
身体防护	穿阻燃防静电防护服和抗静电的防护靴。
手防护	戴化学防护手套(例如丁基橡胶手套)。
其他防护	工作现场禁止吸烟、进食和饮水。工作完毕，淋浴更衣。保持良好的卫生习惯。

品名：**1,3-二氟-2-丙醇**	分子式：$C_3H_6F_2O$	相态：液
别名：无	分子量：96.1	外观与性状：未无色或微黄色透明液体

危险特性

火灾危险性：可燃液体乙 A	爆炸物：无	皮肤腐蚀/刺激：无
腐蚀减薄：无	金属腐蚀：无	易燃液体：无
环境开裂：无	急性毒性：类别 2	

燃烧时可能会释放毒性烟雾。加热时，容器可能爆炸。受热或接触火焰可能会产生膨胀或爆炸性分解。

理化特性

熔点：无资料	临界温度：无资料	爆炸上限：无资料	引燃温度：无资料
沸点：54.0℃	临界压力：无资料	爆炸下限：无资料	燃烧热：无资料
闪点：42.2℃	饱和蒸气压：无资料	相对密度($d_{水}=1$)：无资料	

溶解性	溶于水。
主要用途	主要用于野外灭鼠，尤其适于草原牧区。

急救措施

皮肤接触	立即脱去污染的衣物。用大量肥皂水和清水冲洗皮肤。如有不适，就医。
眼睛接触	用大量水彻底冲洗至少 15min。如有不适，就医。
吸入	立即将患者移到新鲜空气处，保持呼吸畅通。如果呼吸困难，给予吸氧。如患者食入或吸入本物质，不得进行口对口人工呼吸。如果呼吸停止。立即进行心肺复苏术。立即就医。
食入	禁止催吐，切勿给失去知觉者从嘴里喂食任何东西。立即呼叫医生或中毒控制中心。

防护措施

呼吸防护	如果蒸气浓度超过职业接触限值或发生刺激等症状时，请使用全面罩式多功能防毒面具。
眼睛防护	佩戴化学护目镜(符合欧盟 EN 166 或美国 NIOSH 标准)。
身体防护	穿阻燃防静电防护服和抗静电的防护靴。
手防护	戴化学防护手套(例如丁基橡胶手套)。
其他防护	工作现场禁止吸烟、进食和饮水。工作完毕，淋浴更衣。保持良好的卫生习惯。

品名：**1,2-二氟苯**	分子式：$C_6H_4F_2$	相态：液
别名：邻二氟苯	分子量：114.1	外观与性状：无色、有刺激性气味的液体

危险特性

火灾危险性：可燃液体甲 B	爆炸物：无	反肤腐蚀/刺激：无
腐蚀减薄：无	金属腐蚀：无	易燃液体：类别 2
环境开裂：无	急性毒性：类别 2	

易燃，遇明火能燃烧。其蒸气比空气重，能在较低处扩散到相当远的地方，遇火源会着火回燃。

理化特性

熔点：-34.0℃	临界温度：无资料	爆炸上限：无资料	引燃温度：无资料
沸点：92.0℃	临界压力：无资料	爆炸下限：无资料	燃烧热：无资料
闪点：2.0℃	饱和蒸气压：无资料	相对密度($d_{水}=1$)：1.16	

溶解性	不溶于水，溶于乙醇等。
主要用途	用于有机合成。

急救措施

皮肤接触	脱去污染的衣着，用流动清水冲洗。
眼睛接触	提起眼睑，用流动清水或生理盐水冲洗。就医。
吸入	迅速脱离现场至空气新鲜处。保持呼吸道通畅。如呼吸困难，给予吸氧。如呼吸停止，立即进行人工呼吸。就医。
食入	饮足量温水，催吐。就医。

防护措施

呼吸防护	空气中浓度超标时，佩戴自吸过滤式防毒面具(半面罩)。
眼睛防护	戴化学安全防护眼镜。
身体防护	穿防静电工作服。
手防护	戴橡胶耐油手套。
其他防护	工作现场严禁吸烟。工作完毕，淋浴更衣。注意个人清洁卫生。

品名：**1,3-二氟苯**		分子式：$C_6H_4F_2$	相态：液
别名：间二氟苯		分子量：114.1	外观与性状：无色、有刺激性气味的液体
危险特性			
火灾危险性：可燃液体甲 B 腐蚀减薄：无 环境开裂：无		爆炸物：无 金属腐蚀：无 急性毒性：类别 2	皮肤腐蚀/刺激：无 易燃液体：类别 2
易燃，遇明火能燃烧。其蒸气比空气重，能在较低处扩散到相当远的地方，遇火源会着火回燃。			
理化特性			
熔点：-59.0℃ 沸点：82.0℃ 闪点：2.0℃	临界温度：无资料 临界压力：无资料 饱和蒸气压：无资料	爆炸上限：无资料 爆炸下限：无资料 相对密度($d_水=1$)：1.16	引燃温度：无资料 燃烧热：无资料
溶解性	不溶于水，溶于乙醇等。		
主要用途	用于有机合成。		
急救措施			
皮肤接触	脱去污染的衣着，用流动清水冲洗。		
眼睛接触	提起眼睑，用流动清水或生理盐水冲洗。就医。		
吸入	迅速脱离现场至空气新鲜处。保持呼吸道通畅。如呼吸困难，给予吸氧。如呼吸停止，立即进行人工呼吸。就医。		
食入	饮足量温水，催吐。就医。		
防护措施			
呼吸防护	空气中浓度超标时，佩戴自吸过滤式防毒面具。紧急事态抢救或撤离时，应该佩戴空气呼吸器、氧气呼吸器。		
眼睛防护	戴化学安全防护眼镜。		
身体防护	穿防静电工作服。		
手防护	戴橡胶耐油手套。		
其他防护	工作现场严禁吸烟。工作完毕，淋浴更衣。注意个人清洁卫生。		

品名：**1,4-二氟苯**		分子式：$C_6H_4F_2$	相态：液
别名：对二氟苯		分子量：114.4	外观与性状：无色、有刺激性气味的液体
危险特性			
火灾危险性：可燃液体甲 B 腐蚀减薄：无 环境开裂：无		爆炸物：无 金属腐蚀：无 急性毒性：类别 2	皮肤腐蚀/刺激：无 易燃液体：类别 2
易燃，遇明火能燃烧。其蒸气比空气重，能在较低处扩散到相当远的地方，遇火源会着火回燃。			
理化特性			
熔点：-23.7℃ 沸点：88.8℃ 闪点：2.0℃	临界温度：无资料 临界压力：无资料 饱和蒸气压：无资料	爆炸上限：无资料 爆炸下限：无资料 相对密度($d_水=1$)：1.17	引燃温度：无资料 燃烧热：无资料
溶解性	不溶于水，溶于乙醇等。		
主要用途	用于有机合成。		
急救措施			
皮肤接触	脱去污染的衣着，用流动清水冲洗。		
眼睛接触	提起眼睑，用流动清水或生理盐水冲洗。就医。		
吸入	迅速脱离现场至空气新鲜处。保持呼吸道通畅。如呼吸困难，给予吸氧。如呼吸停止，立即进行人工呼吸。就医。		
食入	饮足量温水，催吐。就医。		
防护措施			
呼吸防护	空气中浓度超标时，佩戴自吸过滤式防毒面具。紧急事态抢救或撤离时，应该佩戴空气呼吸器、氧气呼吸器。		
眼睛防护	戴化学安全防护眼镜。		
身体防护	穿防静电工作服。		
手防护	戴橡胶耐油手套。		
其他防护	工作现场严禁吸烟。工作完毕，淋浴更衣。注意个人清洁卫生。		

品名：**二氟化氧**	分子式：F_2O	相态：气
别名：一氧化二氟	分子量：54.0	外观与性状：无色、有轻微刺激的气体
危险特性		
火灾危险性：无法确定	爆炸物：无	氧化性气体：类别1
腐蚀减薄：含盐水腐蚀	金属腐蚀：无	加压气体：是
环境开裂：无	急性毒性：类别1	皮肤腐蚀/刺激：类别1
		严重眼损伤/眼刺激：类别1
氧化性极强。受热分解产生有毒的烟气。与许多物质包括水蒸气和空气可产生剧烈反应，甚至发生爆炸。		

理化特性			
熔点：-223.8℃	临界温度：无资料	爆炸上限：无资料	引燃温度：无资料
沸点：-144.8℃	临界压力：0.50MPa	爆炸下限：无资料	燃烧热：无资料
闪点：无资料	饱和蒸气压：无资料	相对密度($d_水=1$)：1.90	

溶解性	无资料。
主要用途	用于氧化和氟化反应。
急救措施	
皮肤接触	若有灼伤，就医治疗。
眼睛接触	先用大量水冲洗(如可能易行，摘除隐形眼镜)。给予医疗护理。
吸入	迅速脱离现场至空气新鲜处。保持呼吸道通畅。如呼吸困难，给予吸氧。如呼吸停止，立即进行人工呼吸。就医。
食入	禁止催吐，切勿给失去知觉者从嘴里喂食任何东西。立即呼叫医生或中毒控制中心。
防护措施	
呼吸防护	空气中浓度较高时，必须佩戴空气呼吸器、氧气呼吸器或长管面具。
眼睛防护	呼吸系统防护中已做防护。
身体防护	穿密闭型防毒服。
手防护	戴橡胶手套。
其他防护	工作现场严禁吸烟。保持良好的卫生习惯。

品名：**二氟磷酸[无水]**	分子式：F_2HO_2P	相态：液
别名：二氟代磷酸	分子量：102.0	外观与性状：挥发性无色液体
危险特性		
火灾危险性：无	爆炸物：无	皮肤腐蚀/刺激：类别1
腐蚀减薄：磷酸腐蚀	金属腐蚀：无	严重眼损伤/眼刺激：类别1
环境开裂：氢脆	急性毒性：无	
本身不能燃烧。受高热分解产生有毒的腐蚀性烟气。其蒸气比空气重，能在较低处扩散到相当远的地方，遇火源会着火回燃。具有腐蚀性。若遇高热，容器内压增大，有开裂和爆炸的危险。		

理化特性			
熔点：-75.0℃	临界温度：无资料	爆炸上限：无资料	引燃温度：无资料
沸点：116.0℃	临界压力：无资料	爆炸下限：无资料	燃烧热：无资料
闪点：无资料	饱和蒸气压：无资料	相对密度($d_水=1$)：1.58	

溶解性	溶于水。
主要用途	用作催化剂。
急救措施	
皮肤接触	立即脱去污染的衣着，用大量流动清水冲洗。就医。
眼睛接触	立即提起眼睑，用大量流动清水或生理盐水彻底冲洗至少15min。就医。
吸入	迅速脱离现场至空气新鲜处。保持呼吸道通畅。如呼吸困难，给予吸氧。如呼吸停止，立即进行人工呼吸。就医。
食入	用水漱口，给饮牛奶或蛋清。就医。
防护措施	
呼吸防护	空气中浓度超标时，必须佩戴自吸过滤式防毒面具(半面罩)。紧急事态抢救或撤离时，应该佩戴空气呼吸器。
眼睛防护	戴化学安全防护眼镜。
身体防护	穿橡胶耐酸碱服。
手防护	戴橡胶耐酸碱手套。
其他防护	工作场所禁止吸烟、进食和饮水，饭前要洗手。工作完毕，淋浴更衣。保持良好的卫生习惯。

品名：**1,1-二氟乙烷**		分子式：$C_2H_4F_2$	相态：气
别名：R152a		分子量：66.1	外观与性状：无色无臭气体
危险特性			
火灾危险性：可燃气体甲		爆炸物：无	皮肤腐蚀/刺激：无
腐蚀减薄：无		金属腐蚀：无	易燃气体：类别1
环境开裂：无		急性毒性：无	加压气体：是
与空气混合能形成爆炸性混合物。遇热源和明火有燃烧爆炸的危险。受热分解放出有毒的氟化物气体。与氧化剂接触猛烈反应。			
理化特性			
熔点：-117.0℃	临界温度：113.6℃	爆炸上限：18.0%	引燃温度：455.0℃
沸点：-25.7℃	临界压力：4.50MPa	爆炸下限：3.7%	燃烧热：1222.9kJ/mol
闪点：无资料	饱和蒸气压：531.96kPa(21℃)	相对密度($d_{水}=1$)：1.00	
溶解性	不溶于水。		
主要用途	用作致冷剂、气溶胶喷射剂及有机合成中间体。		
急救措施			
皮肤接触	冻伤时，用大量水冲洗，不要脱去衣服。给予医疗护理。		
眼睛接触	先用大量水冲洗几 min(如可能易行，摘除隐形眼镜)，然后就医。		
吸入	迅速脱离现场至空气新鲜处。保持呼吸道通畅。如呼吸困难，给予吸氧。如呼吸停止，立即进行人工呼吸。就医。		
食入	禁止催吐，切勿给失去知觉者从嘴里喂食任何东西。立即呼叫医生或中毒控制中心。		
防护措施			
呼吸防护	一般不需要特殊防护，高浓度接触时可一般不需要特殊防护，但建议特殊情况下，自吸过滤式防毒面具(半面罩)。		
眼睛防护	必要时，戴化学安全防护眼镜。		
身体防护	穿防静电工作服。		
手防护	戴一般作业防护手套。		
其他防护	工作现场严禁吸烟。进入罐、限制性空间或其他高浓度区作业，须有人监护。		

品名：**1,1-二氟乙烯**		分子式：$C_2H_2F_2$	相态：气
别名：R1132a；偏氟乙烯		分子量：64.0	外观与性状：无色易燃气体，略有醚的气味
危险特性			
火灾危险性：可燃气体甲		爆炸物：无	皮肤腐蚀/刺激：无
腐蚀减薄：无		金属腐蚀：无	易燃气体：类别1
环境开裂：无		急性毒性：无	加压气体：是
与空气混合能形成爆炸性混合物。接触热、火星、火焰或氧化剂易燃烧爆炸。若遇高热，可发生聚合反应，放出大量热量而引起容器破裂和爆炸事故。气体比空气重，能在较低处扩散到相当远的地方，遇火源会着火回燃。			
理化特性			
熔点：-144.0℃	临界温度：30.1℃	爆炸上限：21.3%	引燃温度：640.0℃
沸点：-70.0℃	临界压力：4.43MPa	爆炸下限：5.5%	燃烧热：692.0kJ/mol
闪点：无资料	饱和蒸气压：3683kPa(21℃)	相对密度($d_{水}=1$)：0.82	
溶解性	微溶于水，溶于醇、醚等。		
主要用途	用于制造聚偏氟乙烯、氟橡胶和氟塑料，并可作特殊溶剂。		
急救措施			
皮肤接触	冻伤时用大量水冲洗，不要脱衣服，给予医疗护理。		
眼睛接触	首先用大量水冲洗几 min(如可能易行，摘除隐形眼镜)，然后就医。		
吸入	迅速脱离现场至空气新鲜处。保持呼吸道通畅。如呼吸困难，给予吸氧。如呼吸停止，立即进行人工呼吸。就医。		
食入	禁止催吐，切勿给失去知觉者从嘴里喂食任何东西。立即呼叫医生或中毒控制中心。		
防护措施			
呼吸防护	空气中浓度超标时，建议佩戴自吸过滤式防毒面具。		
眼睛防护	必要时，戴化学安全防护眼镜。		
身体防护	穿防静电工作服。		
手防护	戴一般作业防护手套。		
其他防护	工作现场严禁吸烟。避免高浓度吸入。		

品名：**二环庚二烯** 别名：2,5-降冰片二烯	分子式：C_7H_8 分子量：92.1	相态：液 外观与性状：无色液体，有特臭	
危险特性			
火灾危险性：可燃液体甲B 腐蚀减薄：无 环境开裂：无	爆炸物：无 金属腐蚀：无 急性毒性：无	皮肤腐蚀/刺激：无 易燃液体：类别2	
其蒸气与空气可形成爆炸性混合物，遇明火、高热极易燃烧爆炸。与氧化剂接触猛烈反应。流速过快，容易产生和积聚静电。容易自聚，聚合反应随着温度的上升而急骤加剧。若遇高热，容器内压增大，有开裂和爆炸的危险。			
理化特性			
熔点：-19.0℃ 沸点：89.0℃ 闪点：-11.0℃	临界温度：无资料 临界压力：无资料 饱和蒸气压：无资料	爆炸上限：无资料 爆炸下限：无资料 相对密度($d_水=1$)：0.85	引燃温度：350.0℃ 燃烧热：无资料
溶解性	不溶于水。		
主要用途	用于制环戊二烯系农药及不饱和聚酯树脂等。		
急救措施			
皮肤接触	脱去污染的衣着，用大量流动清水冲洗。		
眼睛接触	提起眼睑，用流动清水或生理盐水冲洗。就医。		
吸入	脱离现场至空气新鲜处。如呼吸困难，给予吸氧。就医。		
食入	饮足量温水，催吐。就医。		
防护措施			
呼吸防护	空气中浓度较高时，应该佩戴过滤式防毒面具(半面罩)。紧急事态抢救或逃生时，建议佩戴空气呼吸器。		
眼睛防护	戴化学安全防护眼镜。		
身体防护	穿防静电工作服。		
手防护	戴橡胶耐油手套。		
其他防护	工作现场严禁吸烟。避免长期反复接触。		

品名：**二环己胺** 别名：无	分子式：$C_{12}H_{23}N$ 分子量：181.3	相态：液 外观与性状：无色液体，有鱼腥臭	
危险特性			
火灾危险性：可燃液体丙A 腐蚀减薄：碱腐蚀、胺腐蚀 环境开裂：碱应力腐蚀开裂、胺应力腐蚀开裂	爆炸物：无 金属腐蚀：无 急性毒性：无	皮肤腐蚀/刺激：类别1 严重眼损伤/眼刺激：类别1	
可燃。遇明火、高热可燃。			
理化特性			
熔点：-1.0℃ 沸点：256.0℃ 闪点：96.0℃	临界温度：无资料 临界压力：2.52MPa 饱和蒸气压：1.6kPa(37.7℃)	爆炸上限：5.6% 爆炸下限：0.6% 相对密度($d_水=1$)：0.91	引燃温度：230.0℃ 燃烧热：无资料
溶解性	微溶于水，可混溶于乙醇、乙醚、苯。		
主要用途	用于有机合成和用作杀虫剂、酸性气体吸收剂、钢铁防锈剂。		
急救措施			
皮肤接触	立即脱去污染的衣着，用大量流动清水冲洗至少15min。就医。		
眼睛接触	立即提起眼睑，用大量流动清水或生理盐水彻底冲洗至少15min。就医。		
吸入	迅速脱离现场至空气新鲜处。保持呼吸道通畅。如呼吸困难，给予吸氧。如呼吸停止，立即进行人工呼吸。就医。		
食入	用水漱口，给饮牛奶或蛋清。就医。		
防护措施			
呼吸防护	可能接触其蒸气时，必须佩戴自吸过滤式防毒面具(半面罩)，或空气呼吸器。紧急事态抢救或撤离时，建议佩戴氧气呼吸器。		
眼睛防护	呼吸系统防护中已做防护。		
身体防护	穿橡胶耐酸碱服。		
手防护	戴橡胶耐酸碱手套。		
其他防护	工作现场禁止吸烟、进食和饮水。工作完毕，淋浴更衣。实行就业前和定期的体检。		

品名：**1,3-二磺酰肼苯** 别名：无		分子式：$C_6H_{10}N_4O_4S_2$ 分子量：266.0	相态：固 外观与性状：白色、黄色或灰色糊状物
危险特性			
火灾危险性：可燃液体丙 B 腐蚀减薄：无 环境开裂：无		爆炸物：无 金属腐蚀：无 急性毒性：无	皮肤腐蚀/刺激：无 自反应物质和混合物：D 型
易燃，卷入火中时强烈分解，无明火燃烧时分解也会持续。与酸和碱接触，能剧烈分解。			
理化特性			
熔点：101.0℃ 沸点：553.6℃ 闪点：288.6℃	临界温度：无资料 临界压力：无资料 饱和蒸气压：无资料	爆炸上限：无资料 爆炸下限：无资料 相对密度($d_水=1$)：无资料	引燃温度：无资料 燃烧热：无资料
溶解性	不溶于水。		
主要用途	用作天然胶和合成胶的发泡剂。		
急救措施			
皮肤接触	立即脱去污染的衣着，用大量流动清水冲洗。就医。		
眼睛接触	立即提起眼睑，用大量流动清水或生理盐水彻底冲洗至少 15min。就医。		
吸入	迅速脱离现场至空气新鲜处。保持呼吸道通畅。如呼吸困难，给予吸氧。如呼吸停止，立即进行人工呼吸。就医。		
食入	饮足量温水，催吐。洗胃，导泄。就医。		
防护措施			
呼吸防护	可能接触其粉尘时，必须佩戴防尘面具(全面罩)。紧急事态抢救或撤离时，应该佩戴空气呼吸器。		
眼睛防护	呼吸系统防护中已做防护。		
身体防护	穿胶布防毒衣。		
手防护	戴橡胶手套。		
其他防护	工作现场禁止吸烟、进食和饮水。工作完毕，淋浴更衣。单独存放被毒物污染的衣服，洗后备用。保持良好的卫生习惯。		

品名：**β-二甲氨基丙腈** 别名：2-(二甲胺基)乙基氰		分子式：$C_5H_{10}N_2$ 分子量：98.2	相态：液 外观与性状：无色透明液体，久置空气中易变质
危险特性			
火灾危险性：可燃液体丙 A 腐蚀减薄：碱腐蚀、胺腐蚀 环境开裂：碱应力腐蚀开裂、氨应力腐蚀开裂、胺应力腐蚀开裂		爆炸物：无 金属腐蚀：无 急性毒性：无	皮肤腐蚀/刺激：类别 2
遇明火、高热可燃。与氧化剂可发生反应。受高热分解放出有毒的气体。其蒸气比空气重，能在较低处扩散到相当远的地方，遇火源会着火回燃。若遇高热，容器内压增大，有开裂和爆炸的危险。			
理化特性			
熔点：-43.0℃ 沸点：172.0℃ 闪点：62.8℃	临界温度：无资料 临界压力：无资料 饱和蒸气压：1.33kPa(57℃)	爆炸上限：无资料 爆炸下限：无资料 相对密度($d_水=1$)：0.87	引燃温度：290.0℃ 燃烧热：无资料
溶解性	可混溶于水乙醇。		
主要用途	用于制造二甲基丙胺，二氧化碳吸附剂，合成 B 族维生素和聚氨酯泡沫塑料，也用作溶剂。		
急救措施			
皮肤接触	脱去污染的衣着，用大量流动清水冲洗。		
眼睛接触	提起眼睑，用流动清水或生理盐水冲洗。就医。		
吸入	迅速脱离现场至空气新鲜处。保持呼吸道通畅。如呼吸困难，给予吸氧。如呼吸停止，立即进行人工呼吸。就医。		
食入	饮足量温水，催吐。就医。		
防护措施			
呼吸防护	一般不需要特殊防护，高浓度接触时可佩戴自吸过滤式防毒面具(半面罩)。		
眼睛防护	空气中浓度较高时，佩戴化学安全防护眼镜。		
身体防护	穿透气型防毒服。		
手防护	戴防化学品手套。		
其他防护	工作时不得进食、饮水或吸烟。工作完毕，彻底清洗。保持良好的卫生习惯。		

品名：***O*-[4-(二甲氨基)磺酰基)苯基]*O*,*O*-二甲基硫代磷酸酯** 别名：伐灭磷	分子式：$C_{10}H_{16}N_2O_5PS_2$ 分子量：325.3	相态：液 外观与性状：无色液体
危险特性		
火灾危险性：可燃液体丙 B 腐蚀减薄：硫酸腐蚀、磷酸腐蚀 环境开裂：氨应力腐蚀开裂、氢脆、连多硫酸应力腐蚀开裂	爆炸物：无 金属腐蚀：无 急性毒性：类别 2	皮肤腐蚀/刺激：类别 2 严重眼损伤/眼刺激：类别 2
燃烧时可能会释放毒性烟雾。加热时，容器可能爆炸。受热或接触火焰可能会产生膨胀或爆炸性分解。		

理化特性			
熔点：52.5℃	临界温度：无资料	爆炸上限：无资料	引燃温度：无资料
沸点：394.2℃	临界压力：无资料	爆炸下限：无资料	燃烧热：无资料
闪点：192.2℃	饱和蒸气压：无资料	相对密度($d_水=1$)：无资料	

溶解性	可溶于二甲苯、氯仿、丙酮等溶剂中。
主要用途	无资料。
急救措施	
皮肤接触	立即脱去污染的衣物。用大量肥皂水和清水冲洗皮肤。如有不适，就医。
眼睛接触	用大量水彻底冲洗至少 15min。如有不适，就医。
吸入	立即将患者移到新鲜空气处，保持呼吸畅通。如果呼吸困难，给予吸氧。
食入	禁止催吐，切勿给失去知觉者从嘴里喂食任何东西。立即呼叫医生或中毒控制中心。
防护措施	
呼吸防护	如果蒸气浓度超过职业接触限值或发生刺激等症状时，请使用全面罩式多功能防毒面具。
眼睛防护	佩戴化学护目镜(符合欧盟 EN 166 或美国 NIOSH 标准)。
身体防护	穿阻燃防静电防护服和抗静电的防护靴。
手防护	戴化学防护手套。建议选择经过欧盟 EN 374、美国 US F739 或 AS/NZS 2161.1 标准测试的防护手套。
其他防护	工作现场禁止吸烟、进食和饮水。工作完毕，淋浴更衣。保持良好的卫生习惯。

品名：**二甲氨基甲酰氯** 别名：无	分子式：C_3H_6ClNO 分子量：107.5	相态：液 外观与性状：无色透明油状液体
危险特性		
火灾危险性：可燃液体丙 A 腐蚀减薄：无 环境开裂：氨应力腐蚀开裂	爆炸物：无 金属腐蚀：无 急性毒性：类别 3	皮肤腐蚀/刺激：类别 2 严重眼损伤/眼刺激：类别 2
遇明火、高热可燃。受热或遇水分解放热，放出有毒的腐蚀性烟气。有腐蚀性。		

理化特性			
熔点：-33.0℃	临界温度：无资料	爆炸上限：无资料	引燃温度：410.0℃
沸点：166.8℃	临界压力：无资料	爆炸下限：无资料	燃烧热：无资料
闪点：68.3℃	饱和蒸气压：0.36kPa(20℃)	相对密度($d_水=1$)：1.17	

溶解性	溶于乙醚、二硫化碳和苯等有机溶剂。不与水混溶。
主要用途	用于有机合成。
急救措施	
皮肤接触	脱去污染的衣着，用肥皂水及清水彻底冲洗。若有灼伤，就医治疗。
眼睛接触	立即提起眼睑，用大量流动清水或生理盐水彻底冲洗至少 15min。就医。
吸入	迅速脱离现场至空气新鲜处。保持呼吸道通畅。必要时进行人工呼吸。就医。
食入	患者清醒时立即漱口，给饮牛奶或蛋清。就医。
防护措施	
呼吸防护	如果蒸气浓度超过职业接触限值或发生刺激等症状时，请使用全面罩式多功能防毒面具。
眼睛防护	佩戴化学护目镜(符合欧盟 EN 166 或美国 NIOSH 标准)。
身体防护	穿阻燃防静电防护服和抗静电的防护靴。
手防护	戴化学防护手套(例如丁基橡胶手套)。
其他防护	工作现场禁止吸烟、进食和饮水。工作完毕，淋浴更衣。保持良好的卫生习惯。

品名：**二甲胺[无水]**		分子式：C_2H_7N		相态：气
别名：无		分子量：45.1		外观与性状：无色气体，高浓度的带有氨味，低浓度的有烂鱼味
危险特性				
火灾危险性：可燃气体甲		爆炸物：无		皮肤腐蚀/刺激：类别 2
腐蚀减薄：碱腐蚀、胺腐蚀		金属腐蚀：无		加压气体：是
环境开裂：碱应力腐蚀开裂、胺应力腐蚀开裂		易燃气体：类别 1		严重眼损伤/眼刺激：类别 1
易燃，与空气混合能形成爆炸性混合物。遇热源和明火有燃烧爆炸的危险。与氧化剂接触猛烈反应。气体比空气重，能在较低处扩散到相当远的地方，遇火源会着火回燃。				
理化特性				
熔点：-92.2℃	临界温度：164.5℃	爆炸上限：14.4%		引燃温度：400.0℃
沸点：6.9℃	临界压力：5.31MPa	爆炸下限：2.8%		燃烧热：1741.8kJ/mol
闪点：-17.8℃	饱和蒸气压：202.65kPa(10℃)	相对密度($d_{水}=1$)：0.68		
溶解性	易溶于水，溶于乙醇、乙醚。			
主要用途	用于有机合成及沉淀氢氧化锌等。			
急救措施				
皮肤接触	立即脱去污染的衣着，用大量流动清水冲洗至少 15min。就医。			
眼睛接触	立即提起眼睑，用大量流动清水或生理盐水彻底冲洗至少 15min。就医。			
吸入	迅速脱离现场至空气新鲜处。保持呼吸道通畅。如呼吸困难，给予吸氧。如呼吸停止，立即进行人工呼吸。就医。			
食入	无资料。			
防护措施				
呼吸防护	空气中浓度超标时，佩戴自吸过滤式防毒面具。紧急事态抢救或撤离时，建议佩戴氧气呼吸器或空气呼吸器。			
眼睛防护	呼吸系统防护中已做防护。			
身体防护	穿防静电工作服。			
手防护	戴橡胶耐油手套。			
其他防护	工作现场禁止吸烟、进食和饮水。工作完毕，淋浴更衣。			

品名：**1,2-二甲苯**		分子式：C_8H_{10}		相态：液
别名：邻二甲苯		分子量：106.2		外观与性状：无色透明液体，有类似甲苯的气味
危险特性				
火灾危险性：可燃液体乙 A		爆炸物：无		皮肤腐蚀/刺激：类别 2
腐蚀减薄：无		金属腐蚀：无		
环境开裂：无		易燃液体：类别 3		
易燃，其蒸气与空气可形成爆炸性混合物，遇明火、高热能引起燃烧爆炸。与氧化剂能发生强烈反应。流速过快，容易产生和积聚静电。其蒸气比空气重，能在较低处扩散到相当远的地方，遇火源会着火回燃。				
理化特性				
熔点：-25.5℃	临界温度：357.2℃	爆炸上限：7.0%		引燃温度：463.0℃
沸点：144.4℃	临界压力：3.70MPa	爆炸下限：1.0%		燃烧热：4563.3kJ/mol
闪点：31.0℃	饱和蒸气压：1.33kPa(32℃)	相对密度($d_{水}=1$)：0.88		
溶解性	不溶于水，可混溶于乙醇、乙醚、氯仿等多数有机溶剂。			
主要用途	主要用作溶剂和用于合成油漆涂料。			
急救措施				
皮肤接触	脱去污染的衣着，用肥皂水和清水彻底冲洗皮肤。			
眼睛接触	提起眼睑，用大量流动清水或生理盐水彻底冲洗。就医。			
吸入	迅速脱离现场至空气新鲜处。保持呼吸道通畅。如呼吸困难，给予吸氧。如呼吸停止，立即进行人工呼吸。就医。			
食入	饮足量温水，催吐。就医。			
防护措施				
呼吸防护	空气中浓度超标时，佩戴过滤式防毒面具(半面罩)。紧急事态抢救或撤离时，建议佩戴空气呼吸器。			
眼睛防护	戴化学安全防护眼镜。			
身体防护	穿防毒物渗透工作服。			
手防护	戴橡胶耐油手套。			
其他防护	工作现场禁止吸烟、进食和饮水。工作完毕，淋浴更衣。保持良好的卫生习惯。			

品名：**1,3-二甲苯**	分子式：C_8H_{10}	相态：液
别名：间二甲苯	分子量：106.2	外观与性状：无色透明液体，有类似甲苯的气味

危险特性

火灾危险性：可燃液体甲 B	爆炸物：无	皮肤腐蚀/刺激：类别 2
腐蚀减薄：无	金属腐蚀：无	
环境开裂：无	易燃液体：类别 3	

易燃，其蒸气与空气可形成爆炸性混合物，遇明火、高热能引起燃烧爆炸。与氧化剂能发生强烈反应。流速过快，容易产生和积聚静电。其蒸气比空气重，能在较低处扩散到相当远的地方，遇火源会着火回燃。

理化特性

熔点：-47.9℃	临界温度：343.9℃	爆炸上限：7.0%	引燃温度：525.0℃
沸点：139.0℃	临界压力：3.54MPa	爆炸下限：1.1%	燃烧热：4549.5kJ/mol
闪点：25.0℃	饱和蒸气压：1.33kPa(28.3℃)	相对密度($d_{水}=1$)：0.86	

溶解性	不溶于水，可混溶于乙醇、乙醚、氯仿等多数有机溶剂。
主要用途	用作溶剂、医药、染料中间体、香料等。

急救措施

皮肤接触	脱去污染的衣着，用肥皂水和清水彻底冲洗皮肤。
眼睛接触	提起眼睑，用大量流动清水或生理盐水彻底冲洗。就医。
吸入	迅速脱离现场至空气新鲜处。保持呼吸道通畅。如呼吸困难，给予吸氧。如呼吸停止，立即进行人工呼吸。就医。
食入	饮足量温水，催吐。就医。

防护措施

呼吸防护	空气中浓度超标时，佩戴过滤式防毒面具(半面罩)。紧急事态抢救或撤离时，建议佩戴空气呼吸器。
眼睛防护	戴化学安全防护眼镜。
身体防护	穿防毒物渗透工作服。
手防护	戴橡胶耐油手套。
其他防护	工作现场禁止吸烟、进食和饮水。工作完毕，淋浴更衣。保持良好的卫生习惯。

品名：**1,4-二甲苯**	分子式：C_8H_{10}	相态：液
别名：对二甲苯	分子量：106.2	外观与性状：无色透明液体，有类似甲苯的气味

危险特性

火灾危险性：可燃液体甲 B	爆炸物：无	皮肤腐蚀/刺激：类别 2
腐蚀减薄：无	金属腐蚀：无	
环境开裂：无	易燃液体：类别 3	

易燃，其蒸气与空气可形成爆炸性混合物，遇明火、高热能引起燃烧爆炸。与氧化剂能发生强烈反应。流速过快，容易产生和积聚静电。其蒸气比空气重，能在较低处扩散到相当远的地方，遇火源会着火回燃。

理化特性

熔点：13.3℃	临界温度：343.1℃	爆炸上限：7.0%	引燃温度：525.0℃
沸点：138.4℃	临界压力：3.51MPa	爆炸下限：1.1%	燃烧热：4555.9kJ/mol
闪点：25.0℃	饱和蒸气压：1.16kPa(25℃)	相对密度($d_{水}=1$)：0.86	

溶解性	不溶于水，可混溶于乙醇、乙醚、氯仿等多数有机溶剂。
主要用途	作为合成聚酯纤维、树脂、涂料、染料和农药等的原料。

急救措施

皮肤接触	脱去污染的衣着，用肥皂水和清水彻底冲洗皮肤。
眼睛接触	提起眼睑，用大量流动清水或生理盐水彻底冲洗。就医。
吸入	迅速脱离现场至空气新鲜处。保持呼吸道通畅。如呼吸困难，给予吸氧。如呼吸停止，立即进行人工呼吸。就医。
食入	饮足量温水，催吐。就医。

防护措施

呼吸防护	空气中浓度超标时，佩戴过滤式防毒面具(半面罩)。紧急事态抢救或撤离时，建议佩戴空气呼吸器。
眼睛防护	戴化学安全防护眼镜。
身体防护	穿防毒物渗透工作服。
手防护	戴橡胶耐油手套。
其他防护	工作现场禁止吸烟、进食和饮水。工作完毕，淋浴更衣。保持良好的卫生习惯。

<table>
<tr><td colspan="2">品名：二甲苯异构体混合物
别名：无</td><td>分子式：C_8H_{10}
分子量：106.2</td><td colspan="2">相态：液
外观与性状：无色透明液体，有类似甲苯的气味</td></tr>
<tr><th colspan="5">危险特性</th></tr>
<tr><td colspan="2">火灾危险性：可燃液体乙 A
腐蚀减薄：无
环境开裂：无</td><td>爆炸物：无
金属腐蚀：无
易燃液体：类别 3</td><td colspan="2">皮肤腐蚀/刺激：类别 2</td></tr>
<tr><td colspan="5">无资料。</td></tr>
<tr><th colspan="5">理化特性</th></tr>
<tr><td colspan="2">熔点：-34.0℃
沸点：145.9℃
闪点：32.2℃</td><td>临界温度：无资料
临界压力：无资料
饱和蒸气压：无资料</td><td>爆炸上限：7.0%
爆炸下限：1.1%
相对密度($d_{水}=1$)：无资料</td><td>引燃温度：463.8℃
燃烧热：无资料</td></tr>
<tr><td>溶解性</td><td colspan="4">能与乙醇、乙醚、三氯甲烷等多种有机溶剂相混溶，不溶于水。</td></tr>
<tr><td>主要用途</td><td colspan="4">广泛用作有机溶剂和合成医药、涂料、树脂、染料、炸药和农药等的原料。</td></tr>
<tr><th colspan="5">急救措施</th></tr>
<tr><td>皮肤接触</td><td colspan="4">无资料。</td></tr>
<tr><td>眼睛接触</td><td colspan="4">无资料。</td></tr>
<tr><td>吸入</td><td colspan="4">无资料。</td></tr>
<tr><td>食入</td><td colspan="4">无资料。</td></tr>
<tr><th colspan="5">防护措施</th></tr>
<tr><td>呼吸防护</td><td colspan="4">如果蒸气浓度超过职业接触限值或发生刺激等症状时，请使用全面罩式多功能防毒面具。</td></tr>
<tr><td>眼睛防护</td><td colspan="4">佩戴化学护目镜(符合欧盟 EN 166 或美国 NIOSH 标准)。</td></tr>
<tr><td>身体防护</td><td colspan="4">穿阻燃防静电防护服和抗静电的防护靴。</td></tr>
<tr><td>手防护</td><td colspan="4">戴化学防护手套(例如丁基橡胶手套)。</td></tr>
<tr><td>其他防护</td><td colspan="4">工作现场禁止吸烟、进食和饮水。工作完毕，淋浴更衣。保持良好的卫生习惯。</td></tr>
</table>

<table>
<tr><td colspan="2">品名：2,3-二甲苯酚
别名：1-羟基-2,3-二甲基苯；2,3-二甲酚</td><td>分子式：$C_8H_{10}O$
分子量：122.2</td><td colspan="2">相态：固
外观与性状：白色长针状结晶</td></tr>
<tr><th colspan="5">危险特性</th></tr>
<tr><td colspan="2">火灾危险性：可燃液体丙 A
腐蚀减薄：苯酚腐蚀
环境开裂：无</td><td>爆炸物：无
金属腐蚀：无
急性毒性：类别 3</td><td colspan="2">皮肤腐蚀/刺激：类别 1
严重眼损伤/眼刺激：类别 1</td></tr>
<tr><td colspan="5">遇高热、明火或与氧化剂接触，有引起燃烧的危险。具有腐蚀性。</td></tr>
<tr><th colspan="5">理化特性</th></tr>
<tr><td colspan="2">熔点：75.0℃
沸点：216.9℃
闪点：90.7℃</td><td>临界温度：449.7℃
临界压力：无资料
饱和蒸气压：0.133kPa(55.1℃)</td><td>爆炸上限：无资料
爆炸下限：无资料
相对密度($d_{水}=1$)：1.16</td><td>引燃温度：500.0℃
燃烧热：无资料</td></tr>
<tr><td>溶解性</td><td colspan="4">溶于水、醇。</td></tr>
<tr><td>主要用途</td><td colspan="4">用于有机合成。</td></tr>
<tr><th colspan="5">急救措施</th></tr>
<tr><td>皮肤接触</td><td colspan="4">立即脱去污染的衣着，用大量流动清水冲洗至少 15min。就医。</td></tr>
<tr><td>眼睛接触</td><td colspan="4">立即提起眼睑，用大量流动清水或生理盐水彻底冲洗至少 15min。就医。</td></tr>
<tr><td>吸入</td><td colspan="4">迅速脱离现场至空气新鲜处。保持呼吸道通畅。如呼吸困难，给予吸氧。如呼吸停止，立即进行人工呼吸。就医。</td></tr>
<tr><td>食入</td><td colspan="4">尽快彻底洗胃。给饮牛奶或蛋清。就医。</td></tr>
<tr><th colspan="5">防护措施</th></tr>
<tr><td>呼吸防护</td><td colspan="4">空气中粉尘浓度超标时，必须佩戴自吸过滤式防尘口罩。紧急事态抢救或撤离时，应该佩戴空气呼吸器。</td></tr>
<tr><td>眼睛防护</td><td colspan="4">戴化学安全防护眼镜。</td></tr>
<tr><td>身体防护</td><td colspan="4">穿防毒物渗透工作服。</td></tr>
<tr><td>手防护</td><td colspan="4">戴橡胶手套。</td></tr>
<tr><td>其他防护</td><td colspan="4">工作现场禁止吸烟、进食和饮水。工作完毕，淋浴更衣。实行就业前和定期的体检。</td></tr>
</table>

品名：**2,4-二甲苯酚**	分子式：$C_8H_{10}O$	相态：固
别名：1-羟基-2,4-二甲基苯；2,4-二甲酚	分子量：122.2	外观与性状：针状结晶

危险特性

火灾危险性：可燃液体丙A	爆炸物：无	皮肤腐蚀/刺激：类别1
腐蚀减薄：苯酚腐蚀	金属腐蚀：无	严重眼损伤/眼刺激：类别1
环境开裂：无	急性毒性：类别3	

遇高热、明火或与氧化剂接触，有引起燃烧的危险。具有腐蚀性。

理化特性

熔点：26.0℃	临界温度：434.4℃	爆炸上限：无资料	引燃温度：500.0℃
沸点：210.9℃	临界压力：无资料	爆炸下限：无资料	燃烧热：无资料
闪点：85.6℃	饱和蒸气压：1.33kPa(92℃)	相对密度($d_{水}=1$)：1.16	

溶解性	溶于水、醇。
主要用途	用于有机合成。

急救措施

皮肤接触	立即脱去污染的衣着，用大量流动清水冲洗至少15min。就医。
眼睛接触	立即提起眼睑，用大量流动清水或生理盐水彻底冲洗至少15min。就医。
吸入	迅速脱离现场至空气新鲜处。保持呼吸道通畅。如呼吸困难，给予吸氧。如呼吸停止，立即进行人工呼吸。就医。
食入	尽快彻底洗胃。给饮牛奶或蛋清。就医。

防护措施

呼吸防护	空气中粉尘浓度超标时，必须佩戴自吸过滤式防尘口罩。紧急事态抢救或撤离时，应该佩戴空气呼吸器。
眼睛防护	戴化学安全防护眼镜。
身体防护	穿防毒物渗透工作服。
手防护	戴橡胶手套。
其他防护	工作现场禁止吸烟、进食和饮水。工作完毕，淋浴更衣。实行就业前和定期的体检。

品名：**2,5-二甲苯酚**	分子式：$C_8H_{10}O$	相态：固
别名：1-羟基-2,5-二甲基苯；2,5-二甲酚	分子量：122.2	外观与性状：白色针状结晶

危险特性

火灾危险性：可燃液体丙A	爆炸物：无	皮肤腐蚀/刺激：类别1
腐蚀减薄：苯酚腐蚀	金属腐蚀：无	严重眼损伤/眼刺激：类别1
环境开裂：无	急性毒性：类别3	

遇高热、明火或与氧化剂接触，有引起燃烧的危险。具有腐蚀性。

理化特性

熔点：74.5℃	临界温度：449.9℃	爆炸上限：无资料	引燃温度：500.0℃
沸点：211.1℃	临界压力：无资料	爆炸下限：无资料	燃烧热：4333.51kJ/mol
闪点：86.7℃	饱和蒸气压：1.33kPa(92℃)	相对密度($d_{水}=1$)：0.97	

溶解性	溶于醇，易溶于醚。
主要用途	用于有机合成，用作消毒剂、溶剂、药物、增塑剂和润湿剂。

急救措施

皮肤接触	立即脱去污染的衣着，用大量流动清水冲洗至少15min。就医。
眼睛接触	立即提起眼睑，用大量流动清水或生理盐水彻底冲洗至少15min。就医。
吸入	迅速脱离现场至空气新鲜处。保持呼吸道通畅。如呼吸困难，给予吸氧。如呼吸停止，立即进行人工呼吸。就医。
食入	尽快彻底洗胃。给饮牛奶或蛋清。就医。

防护措施

呼吸防护	空气中粉尘浓度超标时，必须佩戴自吸过滤式防尘口罩。紧急事态抢救或撤离时，应该佩戴空气呼吸器。
眼睛防护	戴化学安全防护眼镜。
身体防护	穿防毒物渗透工作服。
手防护	戴橡胶手套。
其他防护	工作现场禁止吸烟、进食和饮水。工作完毕，淋浴更衣。实行就业前和定期的体检。

品名：**2,6-二甲苯酚**	分子式：$C_8H_{10}O$	相态：固
别名：1-羟基-2,6-二甲基苯；2,6-二甲酚	分子量：122.2	外观与性状：无色叶片状或针状结晶
危险特性		
火灾危险性：可燃液体丙 A	爆炸物：无	皮肤腐蚀/刺激：类别 1
腐蚀减薄：苯酚腐蚀	金属腐蚀：无	严重眼损伤/眼刺激：类别 1
环境开裂：无	急性毒性：类别 3	
遇高热、明火或与氧化剂接触，有引起燃烧的危险。具有腐蚀性。		

理化特性			
熔点：48.0℃	临界温度：427.8℃	爆炸上限：无资料	引燃温度：500.0℃
沸点：201.1℃	临界压力：无资料	爆炸下限：无资料	燃烧热：4342.76kJ/mol
闪点：78.3℃	饱和蒸气压：0.133kPa(51℃)	相对密度($d_水=1$)：1.14	

溶解性	溶于热水、醇、醚、氯仿、苯、氢氧化钠水溶液。
主要用途	用于有机合成和防腐消毒、医药、溶剂和抗氧剂。
急救措施	
皮肤接触	立即脱去污染的衣着，用大量流动清水冲洗至少 15min。就医。
眼睛接触	立即提起眼睑，用大量流动清水或生理盐水彻底冲洗至少 15min。就医。
吸入	迅速脱离现场至空气新鲜处。保持呼吸道通畅。如呼吸困难，给予吸氧。如呼吸停止，立即进行人工呼吸。就医。
食入	尽快彻底洗胃。给饮牛奶或蛋清。就医。
防护措施	
呼吸防护	空气中粉尘浓度超标时，必须佩戴自吸过滤式防尘口罩。紧急事态抢救或撤离时，应该佩戴空气呼吸器。
眼睛防护	戴化学安全防护眼镜。
身体防护	穿防毒物渗透工作服。
手防护	戴橡胶手套。
其他防护	工作现场禁止吸烟、进食和饮水。工作完毕，淋浴更衣。实行就业前和定期的体检。

品名：**3,4-二甲苯酚**	分子式：$C_8H_{10}O$	相态：固
别名：1-羟基-3,4-二甲基苯	分子量：122.2	外观与性状：白色针状结晶
危险特性		
火灾危险性：可燃液体丙 A	爆炸物：无	皮肤腐蚀/刺激：类别 1
腐蚀减薄：苯酚腐蚀	金属腐蚀：无	严重眼损伤/眼刺激：类别 1
环境开裂：无	急性毒性：类别 3	
遇高热、明火或与氧化剂接触，有引起燃烧的危险。具有腐蚀性。		

理化特性			
熔点：62.5℃	临界温度：456.7℃	爆炸上限：无资料	引燃温度：500.0℃
沸点：226.9℃	临界压力：无资料	爆炸下限：无资料	燃烧热：4337.82kJ/mol
闪点：94.0℃	饱和蒸气压：无资料	相对密度($d_水=1$)：1.08	

溶解性	微溶于水，溶于醇、醚。
主要用途	用于生染料，消毒剂、溶剂、药物及用作抗氧剂。
急救措施	
皮肤接触	立即脱去污染的衣着，用大量流动清水冲洗至少 15min。就医。
眼睛接触	立即提起眼睑，用大量流动清水或生理盐水彻底冲洗至少 15min。就医。
吸入	迅速脱离现场至空气新鲜处。保持呼吸道通畅。如呼吸困难，给予吸氧。如呼吸停止，立即进行人工呼吸。就医。
食入	尽快彻底洗胃。给饮牛奶或蛋清。就医。
防护措施	
呼吸防护	空气中粉尘浓度超标时，必须佩戴自吸过滤式防尘口罩。紧急事态抢救或撤离时，应该佩戴空气呼吸器。
眼睛防护	戴化学安全防护眼镜。
身体防护	穿防毒物渗透工作服。
手防护	戴橡胶手套。
其他防护	工作现场禁止吸烟、进食和饮水。工作完毕，淋浴更衣。实行就业前和定期的体检。

品名：**3,5-二甲苯酚** 别名：1-羟基-3,5-二甲基苯	分子式：$C_8H_{10}O$ 分子量：122.2		相态：固 外观与性状：白色结晶
危险特性			
火灾危险性：可燃液体丙A 腐蚀减薄：苯酚腐蚀 环境开裂：无	爆炸物：无 金属腐蚀：无 急性毒性：类别3		皮肤腐蚀/刺激：类别1 严重眼损伤/眼刺激：类别1
遇高热、明火或与氧化剂接触，有引起燃烧的危险。具有腐蚀性。			
理化特性			
熔点：64.0℃ 沸点：222.0℃ 闪点：109.0℃	临界温度：442.4℃ 临界压力：无资料 饱和蒸气压：0.13kPa(62℃)	爆炸上限：无资料 爆炸下限：无资料 相对密度($d_水=1$)：1.04	引燃温度：555.0℃ 燃烧热：4335.72kJ/mol
溶解性	微溶于水，溶于醇。		
主要用途	用于有机合成，防腐消毒。		
急救措施			
皮肤接触	立即脱去污染的衣着，用大量流动清水冲洗至少15min。就医。		
眼睛接触	立即提起眼睑，用大量流动清水或生理盐水彻底冲洗至少15min。就医。		
吸入	迅速脱离现场至空气新鲜处。保持呼吸道通畅。如呼吸困难，给予吸氧。如呼吸停止，立即进行人工呼吸。就医。		
食入	尽快彻底洗胃。给饮牛奶或蛋清。就医。		
防护措施			
呼吸防护	空气中粉尘浓度超标时，必须佩戴自吸过滤式防尘口罩。紧急事态抢救或撤离时，应该佩戴空气呼吸器。		
眼睛防护	戴化学安全防护眼镜。		
身体防护	穿防毒物渗透工作服。		
手防护	戴橡胶手套。		
其他防护	工作现场禁止吸烟、进食和饮水。工作完毕，淋浴更衣。实行就业前和定期的体检。		

品名：***O*,*O*-二甲基-(2,2,2-三氯-1-羟基乙基)膦酸酯** 别名：敌百虫	分子式：$C_4H_8Cl_3O_4P$ 分子量：257.5		相态：固 外观与性状：纯品为白色结晶，有醛类气味
危险特性			
火灾危险性：可燃液体丙A 腐蚀减薄：无 环境开裂：无	爆炸物：无 金属腐蚀：无 急性毒性：类别3		皮肤腐蚀/刺激：无
遇明火、高热可燃。受热分解，放出氧化磷和氯化物的毒性气体。与强氧化剂接触可发生化学反应。			
理化特性			
熔点：83.0℃ 沸点：269.4℃ 闪点：116.7℃	临界温度：无资料 临界压力：无资料 饱和蒸气压：13.33kPa(100℃)	爆炸上限：无资料 爆炸下限：无资料 相对密度($d_水=1$)：1.73	引燃温度：无资料 燃烧热：无资料
溶解性	溶于水、氯仿，不溶于汽油。		
主要用途	用作杀虫剂。		
急救措施			
皮肤接触	立即脱去污染的衣着，用大量流动清水冲洗。就医。		
眼睛接触	提起眼睑，用流动清水或生理盐水冲洗。就医。		
吸入	迅速脱离现场至空气新鲜处。保持呼吸道通畅。如呼吸困难，给予吸氧。如呼吸停止，立即进行人工呼吸。就医。		
食入	饮足量温水，催吐。用1：5000高锰酸钾溶液洗胃。就医。		
防护措施			
呼吸防护	生产操作或农业使用时，建议佩戴头罩型电动送风过滤式防尘呼吸器。		
眼睛防护	呼吸系统防护中已做防护。		
身体防护	穿防毒物渗透工作服。		
手防护	戴氯丁橡胶手套。		
其他防护	工作现场禁止吸烟、进食和饮水。工作完毕，淋浴更衣。工作服不准带至非作业场所。		

品名：***O*,*O*-二甲基-*O*-(2,2-二氯乙烯基)磷酸酯**	分子式：$C_4H_7Cl_2O_4P$	相态：液	
别名：敌敌畏	分子量：227.0	外观与性状：纯品是无色有芳香气味的液体，有挥发性	
危险特性			
火灾危险性：可燃液体甲 B	爆炸物：无	皮肤腐蚀/刺激：无	
腐蚀减薄：磷酸腐蚀	金属腐蚀：无		
环境开裂：氢脆	急性毒性：类别 2		
遇明火、高热可燃。受热分解，放出氧化磷和氯化物的毒性气体。与强氧化剂接触可发生化学反应。			
理化特性			
熔点：-60.0℃	临界温度：无资料	爆炸上限：无资料	引燃温度：无资料
沸点：176.8℃	临界压力：无资料	爆炸下限：无资料	燃烧热：无资料
闪点：14.7℃	饱和蒸气压：无资料	相对密度($d_{水}=1$)：1.42	
溶解性	微溶于水，易溶于乙醇、芳烃等多数有机溶剂。		
主要用途	用作杀虫剂。		
急救措施			
皮肤接触	立即脱去污染的衣着，用肥皂水及流动清水彻底冲洗污染的皮肤、头发、指甲等。就医。		
眼睛接触	立即提起眼睑，用大量流动清水或生理盐水彻底冲洗至少 15min。就医。		
吸入	迅速脱离现场至空气新鲜处。保持呼吸道通畅。如呼吸困难，给予吸氧。如呼吸停止，立即进行人工呼吸。就医。		
食入	饮足量温水，催吐。用清水或 2%~5%碳酸氢钠溶液洗胃。就医。		
防护措施			
呼吸防护	生产操作或农业使用时，建议佩戴自吸过滤式防毒面具(全面罩)。高浓度环境中，必须佩戴自给式呼吸器。		
眼睛防护	呼吸系统防护中已做防护。		
身体防护	穿胶布防毒衣。		
手防护	戴橡胶手套。		
其他防护	工作现场禁止吸烟、进食和饮水。工作完毕，彻底清洗。工作服不准带至非作业场所。单独存放被毒物污染的衣服，洗后备用。注意个人清洁卫生。		

品名：***O*,*O*-二甲基-*O*-(2-甲氧甲酰基-1-甲基)乙烯基磷酸酯[含量>5%]**	分子式：$C_7H_{13}O_6P$	相态：液	
别名：甲基-3-[(二甲氧基磷酰基)氧代]-2-丁烯酸酯；速灭磷	分子量：224.2	外观与性状：淡黄色至草绿色液体	
危险特性			
火灾危险性：可燃液体丙 A	爆炸物：无	皮肤腐蚀/刺激：无	
腐蚀减薄：磷酸腐蚀	金属腐蚀：无		
环境开裂：氢脆	急性毒性：类别 1		
遇明火、高热可燃。与氧化剂可发生反应。受高热分解放出有毒的气体。其蒸气比空气重，能在较低处扩散到相当远的地方，遇火源会着火回燃。若遇高热，容器内压增大，有开裂和爆炸的危险。			
理化特性			
熔点：-56.0℃	临界温度：无资料	爆炸上限：无资料	引燃温度：无资料
沸点：243.4℃	临界压力：3.58MPa	爆炸下限：无资料	燃烧热：无资料
闪点：115.1℃	饱和蒸气压：无资料	相对密度($d_{水}=1$)：1.25	
溶解性	溶于水、多数有机溶剂。		
主要用途	农用杀虫、杀螨剂。		
急救措施			
皮肤接触	立即脱去污染的衣着，用肥皂水及流动清水彻底冲洗污染的皮肤、头发、指甲等。就医。		
眼睛接触	提起眼睑，用流动清水或生理盐水冲洗。就医。		
吸入	迅速脱离现场至空气新鲜处。保持呼吸道通畅。如呼吸困难，给予吸氧。如呼吸停止，立即进行人工呼吸。就医。		
食入	饮足量温水，催吐。用清水或 2%~5%碳酸氢钠溶液洗胃。就医。		
防护措施			
呼吸防护	空气中浓度超标时，必须佩戴自吸过滤式防毒面具(全面罩)。紧急事态抢救或撤离时，应该佩戴空气呼吸器。		
眼睛防护	呼吸系统防护中已做防护。		
身体防护	穿胶布防毒衣。		
手防护	戴橡胶手套。		
其他防护	工作现场禁止吸烟、进食和饮水。工作完毕，淋浴更衣。保持良好的卫生习惯。		

品名：***N*,*N*-二甲基-1,3-丙二胺** 别名：3-二甲氨基-1-丙胺	分子式：$C_5H_{14}N_2$ 分子量：102.2	相态：固 外观与性状：无色液体，具有氨味	
危险特性			
火灾危险性：可燃液体乙 A 腐蚀减薄：碱腐蚀、胺腐蚀 环境开裂：碱应力腐蚀开裂、氨应力腐蚀开裂、胺应力腐蚀开裂	爆炸物：无 金属腐蚀：无 急性毒性：类别 2	皮肤腐蚀/刺激：类别 1 严重眼损伤/眼刺激：类别 1 易燃液体：类别 3	
易燃，遇明火、高热或与氧化剂接触，有引起燃烧爆炸的危险。具有腐蚀性。			
理化特性			
熔点：-70.0℃ 沸点：123.0℃ 闪点：38.0℃	临界温度：无资料 临界压力：无资料 饱和蒸气压：1.33kPa(30℃)	爆炸上限：无资料 爆炸下限：无资料 相对密度($d_{水}=1$)：0.81	引燃温度：215.0℃ 燃烧热：无资料
溶解性	与水混溶。		
主要用途	用于有机合成，用作环氧树脂固化剂。		
急救措施			
皮肤接触	脱去污染的衣着，用大量流动清水冲洗至少 15min。就医。		
眼睛接触	立即提起眼睑，用大量流动清水或生理盐水彻底冲洗至少 15min。就医。		
吸入	迅速脱离现场至空气新鲜处。保持呼吸道通畅。如呼吸困难，给予吸氧。如呼吸停止，立即进行人工呼吸。就医。		
食入	用水漱口，给饮牛奶或蛋清。就医。		
防护措施			
呼吸防护	可能接触其蒸气时，应该佩戴导管式防毒面具。		
眼睛防护	呼吸系统防护中已做防护。		
身体防护	穿聚乙烯防毒服。		
手防护	戴橡胶耐油手套。		
其他防护	工作现场禁止吸烟、进食和饮水。工作完毕，淋浴更衣。尽可能减少直接接触。定期体检。		

品名：**2,5-二甲基-1,5-己二烯** 别名：无	分子式：C_8H_{14} 分子量：110.2	相态：液 外观与性状：液体	
危险特性			
火灾危险性：可燃液体甲 B 腐蚀减薄：无 环境开裂：无	爆炸物：无 金属腐蚀：无 急性毒性：类别 2	皮肤腐蚀/刺激：无 易燃液体：类别 2	
无资料。			
理化特性			
熔点：-75.0℃ 沸点：114.0℃ 闪点：7.2℃	临界温度：无资料 临界压力：无资料 饱和蒸气压：8.25kPa(37.7℃)	爆炸上限：无资料 爆炸下限：无资料 相对密度($d_{水}=1$)：0.74	引燃温度：无资料 燃烧热：无资料
溶解性	不能溶于水。		
主要用途	无资料。		
急救措施			
皮肤接触	无资料。		
眼睛接触	无资料。		
吸入	无资料。		
食入	无资料。		
防护措施			
呼吸防护	如果蒸气浓度超过职业接触限值或发生刺激等症状时，请使用全面罩式多功能防毒面具。		
眼睛防护	佩戴化学护目镜(符合欧盟 EN 166 或美国 NIOSH 标准)。		
身体防护	穿阻燃防静电防护服和抗静电的防护靴。		
手防护	戴化学防护手套(例如丁基橡胶手套)。		
其他防护	工作现场禁止吸烟、进食和饮水。工作完毕，淋浴更衣。保持良好的卫生习惯。		

品名：**2,5-二甲基-2,4-己二烯** 别名：无		分子式：C_8H_{14} 分子量：110.2	相态：液 外观与性状：无色液体
危险特性			
火灾危险性：可燃液体乙 A 腐蚀减薄：无 环境开裂：无		爆炸物：无 金属腐蚀：无 急性毒性：无	皮肤腐蚀/刺激：无 易燃液体：类别 3
其蒸气与空气可形成爆炸性混合物，遇明火、高热能引起燃烧爆炸。与氧化剂可发生反应。流速过快，容易产生和积聚静电。容易自聚，聚合反应随着温度的上升而急骤加剧。			
理化特性			
熔点：-91.3℃ 沸点：102.5℃ 闪点：29.0℃	临界温度：无资料 临界压力：无资料 饱和蒸气压：0.96kPa(20℃)	爆炸上限：无资料 爆炸下限：无资料 相对密度($d_{水}=1$)：0.76	引燃温度：293.0℃ 燃烧热：无资料
溶解性	不溶于水，溶于醇、醚。		
主要用途	用作溶剂。		
急救措施			
皮肤接触	脱去污染的衣着，用大量流动清水冲洗。		
眼睛接触	提起眼睑，用流动清水或生理盐水冲洗。就医。		
吸入	脱离现场至空气新鲜处。如呼吸困难，给予吸氧。就医。		
食入	饮足量温水，催吐。就医。		
防护措施			
呼吸防护	空气中浓度超标时，必须佩戴自吸过滤式防毒面具。紧急事态抢救或撤离时，应该佩戴空气呼吸器。		
眼睛防护	戴化学安全防护眼镜。		
身体防护	穿防静电工作服。		
手防护	戴橡胶耐油手套。		
其他防护	工作现场严禁吸烟，避免长期反复接触。		

品名：**2,3-二甲基-1-丁烯** 别名：无		分子式：C_6H_{12} 分子量：84.2	相态：液 外观与性状：无色液体
危险特性			
火灾危险性：可燃液体甲 B 腐蚀减薄：无 环境开裂：无		爆炸物：无 金属腐蚀：无 急性毒性：无	皮肤腐蚀/刺激：无 易燃液体：类别 2
其蒸气与空气可形成爆炸性混合物，遇明火、高热极易燃烧爆炸。与氧化剂接触猛烈反应。容易自聚，聚合反应随着温度的上升而急骤加剧。流速过快，容易产生和积聚静电。			
理化特性			
熔点：-157.2℃ 沸点：56.0℃ 闪点：-18.0℃	临界温度：无资料 临界压力：无资料 饱和蒸气压：无资料	爆炸上限：无资料 爆炸下限：无资料 相对密度($d_{水}=1$)：0.68	引燃温度：360.0℃ 燃烧热：无资料
溶解性	不溶于水，可混溶于二硫化碳、乙醇、乙醚。		
主要用途	用于有机合成，也用作色谱分析对比样品。		
急救措施			
皮肤接触	脱去污染的衣着，用大量流动清水冲洗。		
眼睛接触	提起眼睑，用流动清水或生理盐水冲洗。就医。		
吸入	迅速脱离现场至空气新鲜处。保持呼吸道通畅。如呼吸困难，给予吸氧。如呼吸停止，立即进行人工呼吸。就医。		
食入	饮足量温水，催吐。就医。		
防护措施			
呼吸防护	空气中浓度超标时，必须佩戴自吸过滤式防毒面具(半面罩)。紧急事态抢救或撤离时，应该佩戴空气呼吸器。		
眼睛防护	戴化学安全防护眼镜。		
身体防护	穿防静电工作服。		
手防护	戴橡胶手套。		
其他防护	工作场所禁止吸烟、进食和饮水，饭前要洗手。工作完毕，淋浴更衣。保持良好的卫生习惯。		

品名：**2,3-二甲基-2-丁烯** 别名：四甲基乙烯		分子式：C_6H_{12} 分子量：84.2	相态：液 外观与性状：无色液体
危险特性			
火灾危险性：可燃液体甲 B 腐蚀减薄：无 环境开裂：无		爆炸物：无 金属腐蚀：无 急性毒性：无	皮肤腐蚀/刺激：无 易燃液体：类别 2
其蒸气与空气可形成爆炸性混合物，遇明火、高热极易燃烧爆炸。与氧化剂接触猛烈反应。容易自聚，聚合反应随着温度的上升而急骤加剧。流速过快，容易产生和积聚静电。			
理化特性			
熔点：-75.0℃ 沸点：73.0℃ 闪点：-16.0℃	临界温度：无资料 临界压力：无资料 饱和蒸气压：无资料	爆炸上限：无资料 爆炸下限：无资料 相对密度($d_水=1$)：0.71	引燃温度：400.5℃ 燃烧热：无资料
溶解性	不溶于水，溶于乙醚、丙酮、醇、氯仿。		
主要用途	用于有机合成，也用作色谱分析对比样品。		
急救措施			
皮肤接触	脱去污染的衣着，用大量流动清水冲洗。		
眼睛接触	提起眼睑，用流动清水或生理盐水冲洗。就医。		
吸入	迅速脱离现场至空气新鲜处。保持呼吸道通畅。如呼吸困难，给予吸氧。如呼吸停止，立即进行人工呼吸。就医。		
食入	饮足量温水，催吐。就医。		
防护措施			
呼吸防护	空气中浓度超标时，必须佩戴自吸过滤式防毒面具(半面罩)。紧急事态抢救或撤离时，应该佩戴空气呼吸器。		
眼睛防护	戴化学安全防护眼镜。		
身体防护	穿防静电工作服。		
手防护	戴橡胶手套。		
其他防护	工作场所禁止吸烟、进食和饮水，饭前要洗手。工作完毕，淋浴更衣。保持良好的卫生习惯。		

品名：**3-[2-(3,5-二甲基-2-氧代环己基)-2-羟基乙基]戊二酰胺** 别名：放线菌酮		分子式：$C_{15}H_{23}NO_4$ 分子量：281.3	相态：固 外观与性状：无色晶体
危险特性			
火灾危险性：可燃液体丙 B 腐蚀减薄：碱腐蚀、胺腐蚀 环境开裂：碱应力腐蚀开裂、胺应力腐蚀开裂		爆炸物：无 金属腐蚀：无 急性毒性：类别 2	皮肤腐蚀/刺激：无
无资料。			
理化特性			
熔点：119.0℃ 沸点：491.8℃ 闪点：251.2℃	临界温度：无资料 临界压力：无资料 饱和蒸气压：无资料	爆炸上限：无资料 爆炸下限：无资料 相对密度($d_水=1$)：无资料	引燃温度：无资料 燃烧热：无资料
溶解性	溶于氯仿、乙醇、乙醚、丙酮和甲醇。微溶于水。		
主要用途	是真核生物蛋白质合成的抑制剂。		
急救措施			
皮肤接触	依次用肥皂、乙醇、肥皂冲洗。		
眼睛接触	用大量水冲洗至少 15min。		
吸入	无资料。		
食入	无资料。		
防护措施			
呼吸防护	如果蒸气浓度超过职业接触限值或发生刺激等症状时，请使用全面罩式多功能防毒面具。		
眼睛防护	佩戴化学护目镜(符合欧盟 EN 166 或美国 NIOSH 标准)。		
身体防护	穿阻燃防静电防护服和抗静电的防护靴。		
手防护	戴化学防护手套(例如丁基橡胶手套)。		
其他防护	工作现场禁止吸烟、进食和饮水。工作完毕，淋浴更衣。保持良好的卫生习惯。		

品名：**2,6–二甲基–3–庚烯** 别名：无		分子式：C_9H_{18} 分子量：126.2	相态：液 外观与性状：无色液体
危险特性			
火灾危险性：可燃液体甲 B 腐蚀减薄：无 环境开裂：无		爆炸物：无 金属腐蚀：无 急性毒性：无	皮肤腐蚀/刺激：无 易燃液体：类别 2
其蒸气与空气可形成爆炸性混合物，遇明火、高热极易燃烧爆炸。与氧化剂接触猛烈反应。流速过快，容易产生和积聚静电。其蒸气比空气重，能在较低处扩散到相当远的地方，遇火源会着火回燃。若遇高热，容器内压增大，有开裂和爆炸的危险。			
理化特性			
熔点：无资料 沸点：128.5℃ 闪点：15.4℃	临界温度：无资料 临界压力：无资料 饱和蒸气压：3.79kPa(38℃)	爆炸上限：无资料 爆炸下限：无资料 相对密度($d_{水}=1$)：0.72	引燃温度：无资料 燃烧热：无资料
溶解性	不溶于水。		
主要用途	无资料。		
急救措施			
皮肤接触	脱去污染的衣着，用流动清水冲洗。		
眼睛接触	提起眼睑，用流动清水或生理盐水冲洗。就医。		
吸入	迅速脱离现场至空气新鲜处。保持呼吸道通畅。如呼吸困难，给予吸氧。如呼吸停止，立即进行人工呼吸。就医。		
食入	饮足量温水，催吐。就医。		
防护措施			
呼吸防护	空气中浓度较高时，应该佩戴过滤式防毒面具(半面罩)。紧急事态抢救或逃生时，建议佩戴空气呼吸器。		
眼睛防护	一般不需特殊防护。		
身体防护	穿防静电工作服。		
手防护	戴橡胶耐油手套。		
其他防护	工作现场严禁吸烟，避免长期反复接触。		

品名：**2,4–二甲基–3–戊酮** 别名：二异丙基甲酮		分子式：$C_7H_{14}O$ 分子量：114.2	相态：液 外观与性状：无色液体
危险特性			
火灾危险性：可燃液体甲 B 腐蚀减薄：无 环境开裂：无		爆炸物：无 金属腐蚀：无 急性毒性：无	皮肤腐蚀/刺激：无 易燃液体：类别 2
其蒸气与空气可形成爆炸性混合物，遇明火、高热极易燃烧爆炸。与氧化剂接触猛烈反应。流速过快，容易产生和积聚静电。其蒸气比空气重，能在较低处扩散到相当远的地方，遇火源会着火回燃。若遇高热，容器内压增大，有开裂和爆炸的危险。			
理化特性			
熔点：−80.0℃ 沸点：123.7℃ 闪点：15.0℃	临界温度：无资料 临界压力：无资料 饱和蒸气压：无资料	爆炸上限：无资料 爆炸下限：无资料 相对密度($d_{水}=1$)：0.81	引燃温度：478.0℃ 燃烧热：4377kJ/mol
溶解性	微溶于水，溶于苯，可混溶于乙醇、乙醚。		
主要用途	用作溶剂。		
急救措施			
皮肤接触	脱去污染的衣着，用大量流动清水冲洗。		
眼睛接触	提起眼睑，用流动清水或生理盐水冲洗。就医。		
吸入	迅速脱离现场至空气新鲜处。保持呼吸道通畅。如呼吸困难，给予吸氧。如呼吸停止，立即进行人工呼吸。就医。		
食入	饮足量温水，催吐。就医。		
防护措施			
呼吸防护	空气中浓度超标时，必须佩戴自吸过滤式防毒面具(半面罩)。紧急事态抢救或撤离时，应该佩戴空气呼吸器。		
眼睛防护	戴化学安全防护眼镜。		
身体防护	穿防静电工作服。		
手防护	戴橡胶手套。		
其他防护	工作场所禁止吸烟、进食和饮水，饭前要洗手。工作完毕，淋浴更衣。保持良好的卫生习惯。		

品名：**二甲基-4-(甲基硫代)苯基磷酸酯** 别名：甲硫磷	分子式：$C_9H_{13}O_4PS$　相态：无资料 分子量：248.2　外观与性状：无资料
危险特性	
火灾危险性：无法确定　爆炸物：无　皮肤腐蚀/刺激：无 腐蚀减薄：硫酸腐蚀、磷酸腐蚀　金属腐蚀：无 环境开裂：氢脆、连多硫酸应力腐蚀开裂　急性毒性：类别 1	
无资料。	
理化特性	
熔点：无资料　临界温度：无资料　爆炸上限：无资料　引燃温度：无资料 沸点：300.9℃　临界压力：无资料　爆炸下限：无资料　燃烧热：无资料 闪点：无资料　饱和蒸气压：无资料　相对密度($d_{水}=1$)：1.27	
溶解性	与水部分混溶。
主要用途	无资料。
急救措施	
皮肤接触	无资料。
眼睛接触	无资料。
吸入	无资料。
食入	无资料。
防护措施	
呼吸防护	如果蒸气浓度超过职业接触限值或发生刺激等症状时，请使用全面罩式多功能防毒面具。
眼睛防护	佩戴化学护目镜(符合欧盟 EN 166 或美国 NIOSH 标准)。
身体防护	穿阻燃防静电防护服和抗静电的防护靴。
手防护	戴化学防护手套(例如丁基橡胶手套)。
其他防护	工作现场禁止吸烟、进食和饮水。工作完毕，淋浴更衣。保持良好的卫生习惯。

品名：**1,1′-二甲基-4,4′-联吡啶阳离子** 别名：百草枯	分子式：$C_{12}H_{14}Cl_2N_2$　相态：固 分子量：257.2　外观与性状：白色粉末
危险特性	
火灾危险性：无法确定　爆炸物：无　皮肤腐蚀/刺激：类别 1 腐蚀减薄：无　金属腐蚀：无　严重眼损伤/眼刺激：类别 1 环境开裂：无　急性毒性：类别 1	
遇明火、高热可燃。与强氧化剂接触可发生化学反应。受热分解放出有毒气体。	
理化特性	
熔点：300.0℃　临界温度：无资料　爆炸上限：无资料　引燃温度：无资料 沸点：300.0℃　临界压力：无资料　爆炸下限：无资料　燃烧热：无资料 闪点：无资料　饱和蒸气压：无资料　相对密度($d_{水}=1$)：1.24	
溶解性	易溶于水，溶于醇、丙酮。
主要用途	用作除草剂。
急救措施	
皮肤接触	立即脱去污染的衣着，用肥皂水及流动清水彻底冲洗污染的皮肤、头发、指甲等。就医。
眼睛接触	提起眼睑，用流动清水或生理盐水冲洗。就医。
吸入	脱离现场至空气新鲜处。如呼吸困难，给予吸氧。就医。
食入	饮足量温水，催吐。洗胃，导泄。就医。
防护措施	
呼吸防护	空气中粉尘浓度超标时，建议佩戴自吸过滤式防尘口罩。紧急事态抢救或撤离时，应该佩戴空气呼吸器。
眼睛防护	戴化学安全防护眼镜。
身体防护	穿防毒物渗透工作服。
手防护	戴乳胶手套。
其他防护	工作现场禁止吸烟、进食和饮水。工作完毕，彻底清洗。二作服不准带至非作业场所。单独存放被毒物污染的衣服，洗后备用。注意个人清洁卫生。

品名：**3,3′-二甲基-4,4′-二氨基联苯** 别名：邻二氨基二甲基联苯；3,3′-二甲基联苯胺	分子式：$C_{14}H_{16}N_2$ 分子量：212.3		相态：固 外观与性状：淡灰色至绿色至灰色粉末
危险特性			
火灾危险性：无法确定 腐蚀减薄：碱腐蚀、胺腐蚀 环境开裂：碱应力腐蚀开裂、氨应力腐蚀开裂、胺应力腐蚀开裂	爆炸物：无 金属腐蚀：无 急性毒性：无		皮肤腐蚀/刺激：无
无资料。			
理化特性			
熔点：131.0℃ 沸点：361.0℃ 闪点：205.1℃	临界温度：无资料 临界压力：无资料 饱和蒸气压：无资料	爆炸上限：无资料 爆炸下限：无资料 相对密度($d_水=1$)：1.20	引燃温度：526.0℃ 燃烧热：无资料
溶解性	不溶于水，溶于乙醇、乙醚、乙酸。		
主要用途	用于染料工业，分析试剂、吸附指示剂和氧化还原指剂。		
急救措施			
皮肤接触	无资料。		
眼睛接触	无资料。		
吸入	无资料。		
食入	无资料。		
防护措施			
呼吸防护	如果蒸气浓度超过职业接触限值或发生刺激等症状时，请使用全面罩式多功能防毒面具。		
眼睛防护	佩戴化学护目镜(符合欧盟 EN 166 或美国 NIOSH 标准)。		
身体防护	穿阻燃防静电防护服和抗静电的防护靴。		
手防护	戴化学防护手套(例如丁基橡胶手套)。		
其他防护	工作现场禁止吸烟、进食和饮水。工作完毕，淋浴更衣。保持良好的卫生习惯。		

品名：***N′*-,*N′*-二甲基-*N′*-苯基-*N′*-(氟二氯甲硫基)磺酰胺** 别名：苯氟磺胺	分子式：$C_9H_{11}Cl_2FN_2O_2S$ 分子量：333.2		相态：固 外观与性状：白色粉末
危险特性			
火灾危险性：无法确定 腐蚀减薄：硫酸腐蚀、碱腐蚀、胺腐蚀、高温硫化物腐蚀 环境开裂：碱应力腐蚀开裂、胺应力腐蚀开裂、连多硫酸应力腐蚀开裂	爆炸物：无 金属腐蚀：无 急性毒性：无		皮肤腐蚀/刺激：无 严重眼损伤/眼刺激：类别 2
无资料。			
理化特性			
熔点：106.0℃ 沸点：336.8℃ 闪点：157.5℃	临界温度：无资料 临界压力：无资料 饱和蒸气压：无资料	爆炸上限：无资料 爆炸下限：无资料 相对密度($d_水=1$)：0.50	引燃温度：无资料 燃烧热：无资料
溶解性	不溶于水，溶于丙酮、甲醇、二甲苯。		
主要用途	保护性杀菌剂。杀菌谱广，主要用于防治柑桔、葡萄等水果和蔬菜等真菌性病害。		
急救措施			
皮肤接触	无资料。		
眼睛接触	无资料。		
吸入	无资料。		
食入	无资料。		
防护措施			
呼吸防护	如果蒸气浓度超过职业接触限值或发生刺激等症状时，请使用全面罩式多功能防毒面具。		
眼睛防护	佩戴化学护目镜(符合欧盟 EN 166 或美国 NIOSH 标准)。		
身体防护	穿阻燃防静电防护服和抗静电的防护靴。		
手防护	戴化学防护手套(例如丁基橡胶手套)。		
其他防护	工作现场禁止吸烟、进食和饮水。工作完毕，淋浴更衣。保持良好的卫生习惯。		

品名：***O*,*O*-二甲基-*O*-(1,2-二溴-2,2-二氯乙基)磷酸酯** 别名：二溴磷	分子式：$C_4H_7Br_2Cl_2O_4P$ 分子量：380.8	相态：固 外观与性状：白色结晶固体或无色黏稠油状液体，微有臭味

危险特性

火灾危险性：可燃液体丙 A	爆炸物：无	皮肤腐蚀/刺激：类别 2
腐蚀减薄：磷酸腐蚀	金属腐蚀：无	严重眼损伤/眼刺激：类别 2
环境开裂：氢脆	急性毒性：无	

遇明火、高热可燃。受高热分解放出有毒的气体。

理化特性

熔点：26.5℃	临界温度：无资料	爆炸上限：无资料	引燃温度：无资料
沸点：273.8℃	临界压力：无资料	爆炸下限：无资料	燃烧热：无资料
闪点：119.4℃	饱和蒸气压：无资料	相对密度($d_{水}=1$)：1.96	

溶解性	不溶于水，易溶于芳烃，不溶于脂肪。
主要用途	为残效期短的杀虫剂。

急救措施

皮肤接触	立即脱去污染的衣着，用肥皂水及流动清水彻底冲洗污染的皮肤、头发、指甲等。就医。
眼睛接触	提起眼睑，用流动清水或生理盐水冲洗。就医。
吸入	迅速脱离现场至空气新鲜处。保持呼吸道通畅。如呼吸困难，给予吸氧。如呼吸停止，立即进行人工呼吸。就医。
食入	饮足量温水，催吐。用清水或2%~5%碳酸氢钠溶液洗胃。就医。

防护措施

呼吸防护	生产操作或农业使用时，佩戴过滤式防毒面具(半面罩)。空气中浓度较高时，必须佩戴自给式呼吸器。
眼睛防护	戴化学安全防护眼镜。
身体防护	穿聚乙烯防毒服。
手防护	戴氯丁橡胶手套。
其他防护	皮肤防护也可采用塑料薄膜和涂皂面布相结合的方法。工作完毕，淋浴更衣。注意个人清洁卫生。

品名：***O*,*O*-二甲基-*O*-(4-甲硫基-3-甲基苯基)硫代磷酸酯** 别名：倍硫磷	分子式：$C_{10}H_{15}O_3PS_2$ 分子量：278.3	相态：液 外观与性状：纯品为无色液体，工业品为有轻度蒜臭的褐色油状液体

危险特性

火灾危险性：可燃液体丙 B	爆炸物：无	皮肤腐蚀/刺激：无
腐蚀减薄：硫酸腐蚀、磷酸腐蚀	金属腐蚀：无	
环境开裂：氢脆、连多硫酸应力腐蚀开裂	急性毒性：类别 3	

遇明火、高热可燃。受热分解，放出磷、硫的氧化物等毒性气体。

理化特性

熔点：319.0℃	临界温度：无资料	爆炸上限：无资料	引燃温度：365.0℃
沸点：330.0℃	临界压力：无资料	爆炸下限：无资料	燃烧热：无资料
闪点：153.4℃	饱和蒸气压：无资料	相对密度($d_{水}=1$)：1.25	

溶解性	不溶于水，易溶于多数有机溶剂。
主要用途	主要是触杀和胃毒作用，用于蔬菜、水稻、豆类、棉花、果树等，对于防治卫生害虫也有良效且残效期长，常用于疟区灭蚊。

急救措施

皮肤接触	立即脱去污染的衣着，用肥皂水及流动清水彻底冲洗污染的皮肤、头发、指甲等。就医。
眼睛接触	提起眼睑，用流动清水或生理盐水冲洗。就医。
吸入	迅速脱离现场至空气新鲜处。保持呼吸道通畅。如呼吸困难，给予吸氧。如呼吸停止，立即进行人工呼吸。就医。
食入	饮足量温水，催吐。用清水或2%~5%碳酸氢钠溶液洗胃。就医。

防护措施

呼吸防护	空气中浓度较高时，应该佩戴过滤式防毒面具(半面罩)。紧急事态抢救或逃生时，建议佩戴空气呼吸器。
眼睛防护	戴化学安全防护眼镜。
身体防护	穿防毒物渗透工作服。
手防护	戴乳胶手套。
其他防护	皮肤防护也可采用塑料薄膜和涂皂面布相结合的方法。工作完毕，淋浴更衣。

品名：***O*,*O*-二甲基-*O*-(4-硝基苯基)硫代磷酸酯** 别名：甲基对硫磷 分子式：$C_8H_{10}NO_5PS$ 分子量：263.2 相态：液 外观与性状：无色结晶粉末，工业品为棕色或黄色液体或固体	
危险特性	
火灾危险性：可燃液体丙B 腐蚀减薄：硫酸腐蚀、磷酸腐蚀 环境开裂：氢脆、连多硫酸应力腐蚀开裂 爆炸物：1.1 金属腐蚀：无 急性毒性：类别2 皮肤腐蚀/刺激：无 易燃液体：类别3	
遇明火、高热可燃。受热分解，放出磷、硫的氧化物等毒性气体。在碱液中能迅速分解。	
理化特性	
熔点：35.0℃ 沸点：334.7℃ 闪点：156.2℃ 临界温度：无资料 临界压力：无资料 饱和蒸气压：无资料 爆炸上限：无资料 爆炸下限：无资料 相对密度($d_水=1$)：1.36 引燃温度：120.0℃ 燃烧热：无资料	
溶解性	微溶于水，易溶于芳烃。
主要用途	用作杀虫剂。
急救措施	
皮肤接触	立即脱去污染的衣着，用肥皂水及流动清水彻底冲洗污染的皮肤、头发、指甲等。就医。
眼睛接触	提起眼睑，用流动清水或生理盐水冲洗。就医。
吸入	迅速脱离现场至空气新鲜处。保持呼吸道通畅。如呼吸困难，给予吸氧。如呼吸停止，立即进行人工呼吸。就医。
食入	饮足量温水，催吐。用清水或2%~5%碳酸氢钠溶液洗胃。就医。
防护措施	
呼吸防护	生产操作或农业使用时，必须佩戴自吸过滤式防毒面具(半面罩)。紧急事态抢救或撤离时，佩戴空气呼吸器。
眼睛防护	呼吸系统防护中已做防护。
身体防护	穿连衣式胶布防毒衣。
手防护	戴橡胶手套。
其他防护	工作现场禁止吸烟、进食和饮水。工作完毕，淋浴更衣。保持良好的卫生习惯。

品名：**(*E*)-*O*,*O*-二甲基-*O*-[1-甲基-2-(1-苯基-乙氧基甲酰)乙烯基]磷酸酯** 别名：巴毒磷 分子式：$C_{14}H_{19}O_6P$ 分子量：314.3 相态：液 外观与性状：无资料	
危险特性	
火灾危险性：可燃液体丙B 腐蚀减薄：磷酸腐蚀 环境开裂：氢脆 爆炸物：无 金属腐蚀：无 急性毒性：类别3 皮肤腐蚀/刺激：无	
遇明火、高热可燃。与氧化剂可发生反应。受高热分解放出有毒的气体。容易自聚，聚合反应随着温度的上升而急骤加剧。在潮湿条件下能腐蚀某些金属。若遇高热，容器内压增大，有开裂和爆炸的危险。	
理化特性	
熔点：无资料 沸点：365.6℃ 闪点：188.5℃ 临界温度：无资料 临界压力：无资料 饱和蒸气压：无资料 爆炸上限：无资料 爆炸下限：无资料 相对密度($d_水=1$)：无资料 引燃温度：无资料 燃烧热：无资料	
溶解性	微溶于水，溶于部分有机溶剂。
主要用途	用作畜用、农用杀虫剂。
急救措施	
皮肤接触	立即脱去污染的衣着，用肥皂水及流动清水彻底冲洗污染的皮肤、头发、指甲等。就医。
眼睛接触	提起眼睑，用流动清水或生理盐水冲洗。就医。
吸入	迅速脱离现场至空气新鲜处。保持呼吸道通畅。如呼吸困难，给予吸氧。如呼吸停止，立即进行人工呼吸。就医。
食入	饮足量温水，催吐。用清水或2%~5%碳酸氢钠溶液洗胃。就医。
防护措施	
呼吸防护	空气中浓度超标时，必须佩戴自吸过滤式防毒面具(半面罩)。紧急事态抢救或撤离时，应该佩戴空气呼吸器。
眼睛防护	戴化学安全防护眼镜。
身体防护	穿防毒物渗透工作服。
手防护	戴橡胶手套。
其他防护	工作场所禁止吸烟、进食和饮水，饭前要洗手。工作完毕，淋浴更衣。保持良好的卫生习惯。

品名：**(*E*)-*O*,*O*-二甲基-*O*-[1-甲基-2-(二甲基氨基甲酰)乙烯基]磷酸酯[含量>25%]** 别名：3-二甲氧基磷氧基-*N*,*N*-二甲基异丁烯酰胺；百治磷	分子式：$C_8H_{16}NO_5P$ 分子量：237.2	相态：液 外观与性状：黄色至棕色液体	
危险特性			
火灾危险性：无法确定 腐蚀减薄：磷酸腐蚀、碱腐蚀、胺腐蚀 环境开裂：碱应力腐蚀开裂、氨应力腐蚀开裂、胺应力腐蚀开裂、氢脆	爆炸物：无 金属腐蚀：无 急性毒性：类别2	皮肤腐蚀/刺激：无	
遇明火、高热可燃。受热分解，放出氮、磷的氧化物等毒性气体。			
理化特性			
熔点：无资料 沸点：400.0℃ 闪点：无资料	临界温度：无资料 临界压力：无资料 饱和蒸气压：无资料	爆炸上限：无资料 爆炸下限：无资料 相对密度($d_{水}=1$)：1.22	引燃温度：无资料 燃烧热：无资料
溶解性	与水混溶。		
主要用途	用作农用杀虫剂。		
急救措施			
皮肤接触	立即脱去污染的衣着，用肥皂水及流动清水彻底冲洗污染的皮肤、头发、指甲等。就医。		
眼睛接触	提起眼睑，用流动清水或生理盐水冲洗。就医。		
吸入	迅速脱离现场至空气新鲜处。保持呼吸道通畅。如呼吸困难，给予吸氧。如呼吸停止，立即进行人工呼吸。就医。		
食入	饮足量温水，催吐。用清水或2%~5%碳酸氢钠溶液洗胃。就医。		
防护措施			
呼吸防护	空气中浓度超标时，必须佩戴自吸过滤式防毒面具(全面罩)。紧急事态抢救或撤离时，应该佩戴空气呼吸器。		
眼睛防护	呼吸系统防护中已做防护。		
身体防护	穿胶布防毒衣。		
手防护	戴橡胶手套。		
其他防护	皮肤防护也可采用塑料薄膜和涂皂面布相结合的方法。工作完毕，淋浴更衣。注意个人清洁卫生。		

品名：***O*,*O*-二甲基-*O*-[1-甲基-2-(甲基氨基甲酰)乙烯基]磷酸酯[含量>0.5%]** 别名：久效磷	分子式：$C_7H_{14}NO_5P$ 分子量：223.1	相态：固 外观与性状：纯品是白色固体，工业品褐色半固体，有轻微酯味	
危险特性			
火灾危险性：可燃液体丙B 腐蚀减薄：磷酸腐蚀 环境开裂：氨应力腐蚀开裂、氢脆	爆炸物：无 金属腐蚀：无 急性毒性：类别2	皮肤腐蚀/刺激：无	
遇明火、高热可燃。与强氧化剂可发生反应。受热分解，放出氮、磷的氧化物等毒性气体。			
理化特性			
熔点：53.0℃ 沸点：315.1℃ 闪点：144.4℃	临界温度：无资料 临界压力：无资料 饱和蒸气压：无资料	爆炸上限：无资料 爆炸下限：无资料 相对密度($d_{水}=1$)：1.22	引燃温度：无资料 燃烧热：无资料
溶解性	溶于水、丙酮、乙醇、二氯甲烷，稍溶于二甲苯、乙醚，不溶于石油醚、柴油、煤油。		
主要用途	一种有内吸性、兼有强烈触杀和胃毒作用的有机磷杀虫剂。杀虫谱广。药效期长，能维持7~9天。		
急救措施			
皮肤接触	立即脱去污染的衣着，用肥皂水及流动清水彻底冲洗污染的皮肤、头发、指甲等。就医。		
眼睛接触	立即提起眼睑，用流动清水冲洗10min或用2%碳酸氢钠溶液冲洗。		
吸入	迅速脱离现场至空气新鲜处。保持呼吸道通畅。如呼吸困难，给予吸氧。如呼吸停止，立即进行人工呼吸。就医。		
食入	误服者给饮大量温水。催吐，可用温水或1∶5000高锰酸钾液彻底洗胃。或用2%碳酸氢钠反复洗胃。就医。		
防护措施			
呼吸防护	如果蒸气浓度超过职业接触限值或发生刺激等症状时，请使用全面罩式多功能防毒面具。		
眼睛防护	佩戴化学护目镜(符合欧盟EN 166或美国NIOSH标准)。		
身体防护	穿阻燃防静电防护服和抗静电的防护靴。		
手防护	戴化学防护手套(例如丁基橡胶手套)。		
其他防护	工作现场禁止吸烟、进食和饮水。工作完毕，淋浴更衣。保持良好的卫生习惯。		

品名：***O*,*O*-二甲基-*O*-[1-甲基-2 氯-2-(二乙基氨基甲酰)乙烯基]磷酸酯** 别名：2-氯-3-(二乙氨基)-1-甲基-3-氧代-1-丙烯二甲基磷酸酯；磷胺	分子式：$C_{10}H_{19}ClNO_5P$ 分子量：299.5	相态：液 外观与性状：无色无臭液体	
危险特性			
火灾危险性：无法确定 腐蚀减薄：磷酸腐蚀、碱腐蚀、胺腐蚀 环境开裂：碱应力腐蚀开裂、氨应力腐蚀开裂、胺应力腐蚀开裂、氢脆	爆炸物：无 金属腐蚀：无 急性毒性：类别 2	皮肤腐蚀/刺激：无	
无资料。			
理化特性			
熔点：-45.0℃ 沸点：160.0℃ 闪点：无资料	临界温度：无资料 临界压力：无资料 饱和蒸气压：无资料	爆炸上限：无资料 爆炸下限：无资料 相对密度($d_{水}=1$)：1.21	引燃温度：255.0℃ 燃烧热：无资料
溶解性	可溶于水，但在水中不稳定，溶于乙醇、乙醚、丙酮等，微溶于芳香，不溶于石油醚及脂肪烃。		
主要用途	磷胺为广谱性有机磷杀虫剂，可防治刺吸式口器和咀嚼式口器的多种害虫。对棉、棉红物蛛等棉花害中有较高防效，对稻叶蝉、稻飞虱、水稻虫等也有优良的防效。		
急救措施			
皮肤接触	无资料。		
眼睛接触	无资料。		
吸入	无资料。		
食入	无资料。		
防护措施			
呼吸防护	如果蒸气浓度超过职业接触限值或发生刺激等症状时，请使用全面罩式多功能防毒面具。		
眼睛防护	佩戴化学护目镜(符合欧盟 EN 166 或美国 NIOSH 标准)。		
身体防护	穿阻燃防静电防护服和抗静电的防护靴。		
手防护	戴化学防护手套(例如丁基橡胶手套)。		
其他防护	工作现场禁止吸烟、进食和饮水。工作完毕，淋浴更衣。保持良好的卫生习惯。		

品名：***O*,*O*-二甲基-*S*-(2,3-二氢-5-甲氧基-2-氧代-1,3,4-噻二唑-3-基甲基)二硫代磷酸酯** 别名：杀扑磷	分子式：$C_6H_{11}N_2O_4PS_3$ 分子量：302.3	相态：固 外观与性状：无色晶体	
危险特性			
火灾危险性：可燃液体丙 B 腐蚀减薄：硫酸腐蚀、磷酸腐蚀 环境开裂：氢脆、连多硫酸应力腐蚀开裂	爆炸物：1.1 金属腐蚀：无 急性毒性：类别 2	皮肤腐蚀/刺激：无	
无资料。			
理化特性			
熔点：39.0℃ 沸点：347.7℃ 闪点：164.1℃	临界温度：无资料 临界压力：无资料 饱和蒸气压：无资料	爆炸上限：无资料 爆炸下限：无资料 相对密度($d_{水}=1$)：1.50	引燃温度：无资料 燃烧热：无资料
溶解性	易溶于丙酮、苯和甲醇。在中性和弱酸性介质中稳定，但在强酸和碱性介质中不稳定。		
主要用途	是一种较理想的杀介壳虫药剂，可兼治螨类、粉虱、蚜虫，对梨术虱有特效。		
急救措施			
皮肤接触	用流动清水冲洗 15min。		
眼睛接触	用流动清水冲洗 15min。		
吸入	将患者移至新鲜空气处；呼吸停止时，施行人工呼吸；呼吸困难时，输氧。		
食入	其他：保持患者情绪稳定，维持其正常体温；留医观察以免延误诊治。		
防护措施			
呼吸防护	戴压气式、自吸式、全面罩自携式呼吸器或自吸式送风呼吸器。		
眼睛防护	无资料。		
身体防护	穿全遮式防化服。		
手防护	无资料。		
其他防护	无资料。		

品名：***O*,*O*-二甲基-*S*-(2-甲硫基乙基)二硫代磷酸酯(Ⅱ)** 别名：二硫代田乐磷		分子式：$C_5H_{13}O_3PS_2$ 分子量：216.3	相态：液 外观与性状：无资料
危险特性			
火灾危险性：可燃液体丙 A 腐蚀减薄：硫酸腐蚀、磷酸腐蚀 环境开裂：氢脆、连多硫酸应力腐蚀开裂		爆炸物：无 金属腐蚀：无 急性毒性：类别 2	皮肤腐蚀/刺激：无
无资料。			
理化特性			
熔点：无资料 沸点：270.3℃ 闪点：117.3℃	临界温度：无资料 临界压力：无资料 饱和蒸气压：无资料	爆炸上限：无资料 爆炸下限：无资料 相对密度($d_水$=1)：1.13	引燃温度：无资料 燃烧热：无资料
溶解性	与水部分混溶。		
主要用途	无资料。		
急救措施			
皮肤接触	无资料。		
眼睛接触	无资料。		
吸入	无资料。		
食入	无资料。		
防护措施			
呼吸防护	如果蒸气浓度超过职业接触限值或发生刺激等症状时，请使用全面罩式多功能防毒面具。		
眼睛防护	佩戴化学护目镜(符合欧盟 EN 166 或美国 NIOSH 标准)。		
身体防护	穿阻燃防静电防护服和抗静电的防护靴。		
手防护	戴化学防护手套(例如丁基橡胶手套)。		
其他防护	工作现场禁止吸烟、进食和饮水。工作完毕，淋浴更衣。保持良好的卫生习惯。		

品名：***O*,*O*-二甲基-*S*-(2-乙硫基乙基)二硫代磷酸酯** 别名：甲基乙拌磷		分子式：$C_6H_{15}O_2PS_3$ 分子量：246.4	相态：液 外观与性状：无色油状液体，有特殊气味
危险特性			
火灾危险性：可燃液体丙 A 腐蚀减薄：硫酸腐蚀、磷酸腐蚀 环境开裂：氢脆、连多硫酸应力腐蚀开裂		爆炸物：无 金属腐蚀：无 急性毒性：类别 3	皮肤腐蚀/刺激：无
遇明火、高热可燃。与氧化剂可发生反应。受高热分解产生有毒的腐蚀性烟气。若遇高热，容器内压增大，有开裂和爆炸的危险。			
理化特性			
熔点：无资料 沸点：111.0℃ 闪点：70.0℃	临界温度：无资料 临界压力：无资料 饱和蒸气压：0.399×10^{-4}kPa(20℃)	爆炸上限：无资料 爆炸下限：无资料 相对密度($d_水$=1)：1.21	引燃温度：无资料 燃烧热：无资料
溶解性	微溶于水，溶于多数有机溶剂。		
主要用途	用作农用杀虫剂。		
急救措施			
皮肤接触	立即脱去污染的衣着，用肥皂水及流动清水彻底冲洗污染的皮肤、头发、指甲等。就医。		
眼睛接触	提起眼睑，用流动清水或生理盐水冲洗。就医。		
吸入	迅速脱离现场至空气新鲜处。保持呼吸道通畅。如呼吸困难，给予吸氧。如呼吸停止，立即进行人工呼吸。就医。		
食入	饮足量温水，催吐。用清水或2%~5%碳酸氢钠溶液洗胃。就医。		
防护措施			
呼吸防护	空气中浓度较高时，应该佩戴过滤式防毒面具(半面罩)。紧急事态抢救或逃生时，建议佩戴空气呼吸器。		
眼睛防护	戴化学安全防护眼镜。		
身体防护	穿防毒物渗透工作服。		
手防护	戴乳胶手套。		
其他防护	工作场所禁止吸烟、进食和饮水，饭前要洗手。工作完毕，淋浴更衣。保持良好的卫生习惯。		

品名：**_O_,_O_-二甲基-_S_-(3,4-二氢-4-氧代苯并[d]-[1,2,3]-三氮苯-3-基甲基)二硫代磷酸酯** 别名：保棉磷	分子式：$C_{10}H_{12}N_3O_3PS_2$ 分子量：317.3	相态：固 外观与性状：白色晶体	
危险特性			
火灾危险性：可燃液体丙B 腐蚀减薄：硫酸腐蚀、磷酸腐蚀 环境开裂：氢脆、连多硫酸应力腐蚀开裂	爆炸物：无 金属腐蚀：无 急性毒性：类别2	皮肤腐蚀/刺激：无	
遇明火、高热可燃。受高热分解，放出有毒的氮、磷和硫的氧化物烟气。			
理化特性			
熔点：73.0℃ 沸点：421.3℃ 闪点：208.6℃	临界温度：无资料 临界压力：无资料 饱和蒸气压：无资料	爆炸上限：无资料 爆炸下限：无资料 相对密度($d_水=1$)：1.44	引燃温度：无资料 燃烧热：无资料
溶解性	不溶于水，易溶于多数有机溶剂。		
主要用途	主要用于防治棉花后期害虫，也能杀螨，残效1~3周，杀虫谱广。		
急救措施			
皮肤接触	立即脱去污染的衣着，用肥皂水及流动清水彻底冲洗污染的皮肤、头发、指甲等。就医。		
眼睛接触	提起眼睑，用流动清水或生理盐水冲洗。就医。		
吸入	迅速脱离现场至空气新鲜处。保持呼吸道通畅。如呼吸困难，给予吸氧。如呼吸停止，立即进行人工呼吸。就医。		
食入	饮足量温水，催吐。用清水或2%~5%碳酸氢钠溶液洗胃。就医。		
防护措施			
呼吸防护	可能接触其粉尘时，必须佩戴防尘面具。紧急事态抢救或撤离时，应该佩戴空气呼吸器。		
眼睛防护	呼吸系统防护中已做防护。		
身体防护	穿胶布防毒衣。		
手防护	戴橡胶手套。		
其他防护	工作完毕，淋浴更衣。注意个人清洁卫生。		

品名：**_O_,_O_-二甲基-_S_-(_N_-甲基氨基甲酰甲基)硫代磷酸酯** 别名：氧乐果	分子式：$C_5H_{12}NO_4PS$ 分子量：213.2	相态：液 外观与性状：纯品为无色透明油状液体，工业品为黄色液体	
危险特性			
火灾危险性：无法确定 腐蚀减薄：硫酸腐蚀、磷酸腐蚀 环境开裂：氨应力腐蚀开裂、氢脆、连多硫酸应力腐蚀开裂	爆炸物：无 金属腐蚀：无 急性毒性：类别2	皮肤腐蚀/刺激：无	
遇明火、高热可燃。与氧化剂可发生反应。受高热分解放出有毒的气体。若遇高热，容器内压增大，有开裂和爆炸的危险。			
理化特性			
熔点：无资料 沸点：135.0℃ 闪点：无资料	临界温度：无资料 临界压力：无资料 饱和蒸气压：0.33×10^{-5} kPa (20℃)	爆炸上限：无资料 爆炸下限：无资料 相对密度($d_水=1$)：1.32	引燃温度：无资料 燃烧热：无资料
溶解性	不溶于石油醚，微溶于乙醚，可混溶于水、乙醇、烃类等。		
主要用途	用作农用杀虫剂、杀螨剂。		
急救措施			
皮肤接触	立即脱去污染的衣着，用肥皂水及流动清水彻底冲洗污染的皮肤、头发、指甲等。就医。		
眼睛接触	提起眼睑，用流动清水或生理盐水冲洗。就医。		
吸入	迅速脱离现场至空气新鲜处。保持呼吸道通畅。如呼吸困难，给予吸氧。如呼吸停止，立即进行人工呼吸。就医。		
食入	饮足量温水，催吐。用清水或2%~5%碳酸氢钠溶液洗胃。就医。		
防护措施			
呼吸防护	空气中浓度超标时，必须佩戴自吸过滤式防毒面具(全面罩)。紧急事态抢救或撤离时，应该佩戴空气呼吸器。		
眼睛防护	呼吸系统防护中已做防护。		
身体防护	穿胶布防毒衣。		
手防护	戴橡胶手套。		
其他防护	工作现场禁止吸烟、进食和饮水。工作完毕，淋浴更衣。保持良好的卫生习惯。		

品名：***O*,*O*-二甲基-*S*-(酞酰亚胺基甲基)二硫代磷酸酯** 别名：亚胺硫磷	分子式：$C_{11}H_{12}NO_4PS_2$ 分子量：317.3	相态：固 外观与性状：无色结晶，工业品为灰白色结晶。具有特殊刺激性臭味	
危险特性			
火灾危险性：可燃液体丙 B 腐蚀减薄：硫酸腐蚀、磷酸腐蚀、碱腐蚀、胺腐蚀 环境开裂：碱应力腐蚀开裂、胺应力腐蚀开裂、氢脆、连多硫酸应力腐蚀开裂	爆炸物：无 金属腐蚀：无 急性毒性：无	皮肤腐蚀/刺激：无	
遇明火、高热可燃。其粉体与空气可形成爆炸性混合物，当达到一定浓度时，遇火星会发生爆炸。受高热分解放出有毒的气体。			
理化特性			
熔点：72.5℃ 沸点：412.6℃ 闪点：203.3℃	临界温度：无资料 临界压力：无资料 饱和蒸气压：0.13×10^{-3} kPa (20℃)	爆炸上限：无资料 爆炸下限：无资料 相对密度($d_{水}=1$)：无资料	引燃温度：无资料 燃烧热：无资料
溶解性	微溶于水，溶于多数有机溶剂。		
主要用途	用作农用杀虫剂。		
急救措施			
皮肤接触	立即脱去污染的衣着，用肥皂水及流动清水彻底冲洗污染的皮肤、头发、指甲等。就医。		
眼睛接触	提起眼睑，用流动清水或生理盐水冲洗。就医。		
吸入	迅速脱离现场至空气新鲜处。保持呼吸道通畅。如呼吸困难，给予吸氧。如呼吸停止，立即进行人工呼吸。就医。		
食入	饮足量温水，催吐。用清水或2%~5%碳酸氢钠溶液洗胃。就医。		
防护措施			
呼吸防护	空气中粉尘浓度超标时，建议佩戴自吸过滤式防尘口罩。紧急事态抢救或撤离时，应该佩戴空气呼吸器。		
眼睛防护	戴化学安全防护眼镜。		
身体防护	穿防毒物渗透工作服。		
手防护	戴乳胶手套。		
其他防护	工作场所禁止吸烟、进食和饮水，饭前要洗手。工作完毕，淋浴更衣。保持良好的卫生习惯。		

品名：***O*,*O*-二甲基-*S*-(乙基氨基甲酰甲基)二硫代磷酸酯** 别名：益棉磷	分子式：$C_{12}H_{16}N_3O_3PS_2$ 分子量：345.4	相态：固 外观与性状：无色针状结晶	
危险特性			
火灾危险性：可燃液体丙 B 腐蚀减薄：硫酸腐蚀、磷酸腐蚀 环境开裂：氨应力腐蚀开裂、氢脆、连多硫酸应力腐蚀开裂	爆炸物：无 金属腐蚀：无 急性毒性：类别 2	皮肤腐蚀/刺激：无	
遇明火、高热可燃。其粉体与空气可形成爆炸性混合物，当达到一定浓度时，遇火星会发生爆炸。受高热分解放出有毒的气体。			
理化特性			
熔点：53.0℃ 沸点：444.7℃ 闪点：222.7℃	临界温度：无资料 临界压力：无资料 饱和蒸气压：无资料	爆炸上限：无资料 爆炸下限：无资料 相对密度($d_{水}=1$)：无资料	引燃温度：无资料 燃烧热：无资料
溶解性	不溶于水，溶于多数有机溶剂。		
主要用途	用作农用杀虫剂。		
急救措施			
皮肤接触	立即脱去污染的衣着，用肥皂水及流动清水彻底冲洗污染的皮肤、头发、指甲等。就医。		
眼睛接触	提起眼睑，用流动清水或生理盐水冲洗。就医。		
吸入	迅速脱离现场至空气新鲜处。保持呼吸道通畅。如呼吸困难，给予吸氧。如呼吸停止，立即进行人工呼吸。就医。		
食入	饮足量温水，催吐。用清水或2%~5%碳酸氢钠溶液洗胃。就医。		
防护措施			
呼吸防护	可能接触其粉尘时，必须佩戴防尘面具(半面罩)。紧急事态抢救或撤离时，应该佩戴空气呼吸器。		
眼睛防护	呼吸系统防护中已做防护。		
身体防护	穿胶布防毒衣。		
手防护	戴橡胶手套。		
其他防护	工作现场禁止吸烟、进食和饮水。工作完毕，淋浴更衣。保持良好的卫生习惯。		

品名：***O-O*-二甲基-*S*-[1,2-双(乙氧基甲酰)乙基]二硫代磷酸酯** 别名：马拉硫磷		分子式：$C_{10}H_{19}O_6PS_2$ 分子量：330.4	相态：液 外观与性状：无色到淡黄色油状液体，有蒜恶臭，工业品带深褐色
危险特性			
火灾危险性：可燃液体丙 B 腐蚀减薄：硫酸腐蚀、磷酸腐蚀 环境开裂：氢脆、连多硫酸应力腐蚀开裂		爆炸物：无 金属腐蚀：无 急性毒性：无	皮肤腐蚀/刺激：无
遇明火、高热可燃。受热分解，放出磷、硫的氧化物等毒性气体。与强氧化剂接触可发生化学反应。			
理化特性			
熔点：2.9℃ 沸点：385.1℃ 闪点：186.7℃	临界温度：无资料 临界压力：无资料 饱和蒸气压：1.43kPa(156℃)	爆炸上限：无资料 爆炸下限：无资料 相对密度($d_{水}=1$)：1.23	引燃温度：无资料 燃烧热：无资料
溶解性	微溶于水，易溶于醇、醚、酮。		
主要用途	用作农药杀虫剂。		
急救措施			
皮肤接触	立即脱去污染的衣着，用肥皂水及流动清水彻底冲洗污染的皮肤、头发、指甲等。就医。		
眼睛接触	提起眼睑，用流动清水或生理盐水冲洗。就医。		
吸入	迅速脱离现场至空气新鲜处。保持呼吸道通畅。如呼吸困难，给予吸氧。如呼吸停止，立即进行人工呼吸。就医。		
食入	饮足量温水，催吐。用清水或2%~5%碳酸氢钠溶液洗胃。就医。		
防护措施			
呼吸防护	生产操作或农业使用时，佩戴过滤式防毒面具(半面罩)。		
眼睛防护	戴化学安全防护眼镜。		
身体防护	穿防毒物渗透工作服。		
手防护	戴氯丁橡胶手套。		
其他防护	工作现场禁止吸烟、进食和饮水。工作完毕，淋浴更衣。单独存放被毒物污染的衣服，洗后备用。注意个人清洁卫生。		

品名：**4-*N*,*N*-二甲基氨基-3,5-二甲基苯基 *N*-甲基氨基甲酸酯** 别名：4-二甲氨基-3,5-二甲苯基-*N*-甲基氨基甲酸酯；兹克威		分子式：$C_{12}H_{18}N_2O_2$ 分子量：222.3	相态：固 外观与性状：白色晶体，无气味
危险特性			
火灾危险性：可燃液体丙 B 腐蚀减薄：低分子有机酸腐蚀 环境开裂：氨应力腐蚀开裂		爆炸物：无 金属腐蚀：无 急性毒性：类别 2	皮肤腐蚀/刺激：无
无资料。			
理化特性			
熔点：85.0℃ 沸点：318.3℃ 闪点：146.3℃	临界温度：无资料 临界压力：无资料 饱和蒸气压：无资料	爆炸上限：无资料 爆炸下限：无资料 相对密度($d_{水}=1$)：1.00	引燃温度：无资料 燃烧热：无资料
溶解性	与水部分混溶。		
主要用途	无资料。		
急救措施			
皮肤接触	清水冲洗至少 15min。		
眼睛接触	将患者移至新鲜空气处，若呼吸停止，施行人工呼吸；若呼吸困难，输氧。		
吸入	迅速脱离现场至空气新鲜处。保持呼吸道通畅。如呼吸困难，给予吸氧。如呼吸停止，立即进行人工呼吸。就医。		
食入	保持患者安静，维持其正常体温；就医并观察潜伏病症。		
防护措施			
呼吸防护	紧急情况下，戴压气式呼吸器、自吸式呼吸器、全面罩自携式呼吸器或自吸式送风呼吸器。		
眼睛防护	无资料。		
身体防护	穿全遮式防化服。		
手防护	无资料。		
其他防护	无资料。		

品名：**4-*N*,*N*-二甲基氨基-3-甲基苯基 *N*-甲基氨基甲酸酯** 别名：灭害威	分子式：$C_{11}H_{16}N_2O_2$ 分子量：208.3	相态：无资料 外观与性状：无资料

危险特性

火灾危险性：可燃液体丙 B	爆炸物：无	皮肤腐蚀/刺激：无
腐蚀减薄：低分子有机酸腐蚀	金属腐蚀：无	
环境开裂：氨应力腐蚀开裂	急性毒性：类别 3	

无资料。

理化特性

熔点：93.0℃	临界温度：无资料	爆炸上限：无资料	引燃温度：无资料
沸点：307.3℃	临界压力：无资料	爆炸下限：无资料	燃烧热：无资料
闪点：139.7℃	饱和蒸气压：无资料	相对密度($d_水=1$)：无资料	

溶解性	与水部分混溶。
主要用途	广泛用于保护棉田、农作物田和森林免受虫害。

急救措施

皮肤接触	无资料。
眼睛接触	无资料。
吸入	无资料。
食入	无资料。

防护措施

呼吸防护	如果蒸气浓度超过职业接触限值或发生刺激等症状时，请使用全面罩式多功能防毒面具。
眼睛防护	佩戴化学护目镜(符合欧盟 EN 166 或美国 NIOSH 标准)。
身体防护	穿阻燃防静电防护服和抗静电的防护靴。
手防护	戴化学防护手套(例如丁基橡胶手套)。
其他防护	工作现场禁止吸烟、进食和饮水。工作完毕，淋浴更衣。保持良好的卫生习惯。

品名：**8-(二甲基氨基甲基)-7-甲氧基氨基-3-甲基黄酮** 别名：二甲弗林	分子式：$C_{20}H_{21}NO_3$ 分子量：323.4	相态：固 外观与性状：白色结晶性粉末

危险特性

火灾危险性：可燃液体丙 B	爆炸物：无	皮肤腐蚀/刺激：无
腐蚀减薄：无	金属腐蚀：无	
环境开裂：氨应力腐蚀开裂	急性毒性：类别 2	

无资料。

理化特性

熔点：109.5℃	临界温度：无资料	爆炸上限：无资料	引燃温度：无资料
沸点：465.3℃	临界压力：无资料	爆炸下限：无资料	燃烧热：无资料
闪点：235.2℃	饱和蒸气压：无资料	相对密度($d_水=1$)：1.16	

溶解性	易溶于水，略溶于乙醇。
主要用途	中枢神经兴奋药。

急救措施

皮肤接触	无资料。
眼睛接触	无资料。
吸入	无资料。
食入	无资料。

防护措施

呼吸防护	如果蒸气浓度超过职业接触限值或发生刺激等症状时，请使用全面罩式多功能防毒面具。
眼睛防护	佩戴化学护目镜(符合欧盟 EN 166 或美国 NIOSH 标准)。
身体防护	穿阻燃防静电防护服和抗静电的防护靴。
手防护	戴化学防护手套(例如丁基橡胶手套)。
其他防护	工作现场禁止吸烟、进食和饮水。工作完毕，淋浴更衣。保持良好的卫生习惯。

品名：**3–二甲基氨基亚甲基亚氨基苯基–*N*–甲基氨基甲酸酯(或其盐酸盐)** 别名：伐虫脒	分子式：$C_{11}H_{16}ClN_3O_2$ 分子量：257.7	相态：固 外观与性状：白色晶体，具有微弱气味
危险特性		
火灾危险性：无法确定 腐蚀减薄：低分子有机酸腐蚀 环境开裂：氨应力腐蚀开裂、氢脆	爆炸物：无 金属腐蚀：无 急性毒性：类别 2	皮肤腐蚀/刺激：无
无资料		

理化特性

熔点：200.0℃	临界温度：无资料	爆炸上限：无资料	引燃温度：无资料
沸点：无资料	临界压力：无资料	爆炸下限：无资料	燃烧热：无资料
闪点：无资料	饱和蒸气压：无资料	相对密度($d_{水}=1$)：1.09	

溶解性	与水部分混溶。
主要用途	无资料。
急救措施	
皮肤接触	用大量流动水冲洗至少 15min。
眼睛接触	用大量流动水冲洗至少 15min。
吸入	移至新鲜空气处。
食入	无资料。
防护措施	
呼吸防护	紧急情况下，戴压气式呼吸器、自吸式呼吸器、全面罩自携式呼吸器或自吸式送风呼吸器。
眼睛防护	无资料。
身体防护	穿全遮式防化服。
手防护	无资料。
其他防护	无资料。

品名：***N*,*N*–二甲基氨基乙腈** 别名：2–(二甲氨基)乙腈	分子式：$C_4H_8N_2$ 分子量：84.1	相态：液 外观与性状：无色至淡黄色液体
危险特性		
火灾危险性：可燃液体甲 B 腐蚀减薄：无 环境开裂：氨应力腐蚀开裂	爆炸物：无 金属腐蚀：无 急性毒性：类别 1	皮肤腐蚀/刺激：无 易燃液体：类别 2
其蒸气与空气可形成爆炸性混合物，遇明火、高热能引起燃烧爆炸。与氧化剂可发生反应。与水、水蒸气或酸接触能产生有毒烟雾。若遇高热，容器内压增大，有开裂和爆炸的危险。		

理化特性

熔点：无资料	临界温度：无资料	爆炸上限：无资料	引燃温度：无资料
沸点：137.0℃	临界压力无资料	爆炸下限：无资料	燃烧热：无资料
闪点：23.0℃	饱和蒸气压：101.10kPa(137℃)	相对密度($d_{水}=1$)：0.86	

溶解性	与水混溶。
主要用途	无资料。
急救措施	
皮肤接触	脱去污染的衣着，用流动清水冲洗。
眼睛接触	提起眼睑，用流动清水或生理盐水冲洗。就医。
吸入	脱离现场至空气新鲜处。如呼吸困难，给予吸氧。就医。
食入	饮足量温水，催吐。就医。
防护措施	
呼吸防护	空气中浓度超标时，必须佩戴自吸过滤式防毒面具(全面罩)。紧急事态抢救或撤离时，应该佩戴空气呼吸器。
眼睛防护	呼吸系统防护中已做防护。
身体防护	穿胶布防毒衣。
手防护	戴橡胶耐油手套。
其他防护	工作现场禁止吸烟、进食和饮水。工作完毕，彻底清洗。工作服不准带至非作业场所。

品名：**2,3-二甲基苯胺**	分子式：$C_8H_{11}N$	相态：液
别名：1-氨基-2,3-二甲基苯	分子量：121.2	外观与性状：浅黄色液体，有特殊气味

危险特性

火灾危险性：可燃液体丙 A	爆炸物：无	皮肤腐蚀/刺激：无
腐蚀减薄：碱腐蚀、胺腐蚀	金属腐蚀：无	
环境开裂：碱应力腐蚀开裂、氨应力腐蚀开裂、胺应力腐蚀开裂	急性毒性：类别 3	

遇明火、高热或与氧化剂接触，有引起燃烧爆炸的危险。受热分解放出有毒的氧化氮烟气。

理化特性

熔点：2.5℃	临界温度：无资料	爆炸上限：无资料	引燃温度：545.0℃
沸点：221.0℃	临界压力：无资料	爆炸下限：无资料	燃烧热：无资料
闪点：96.0℃	饱和蒸气压：无资料	相对密度($d_{水}=1$)：0.99	

溶解性	微溶于水，可混溶于乙醇、乙醚。
主要用途	用于有机合成及染料的制造等。

急救措施

皮肤接触	立即脱去污染的衣着，用肥皂水和清水彻底冲洗皮肤。就医。
眼睛接触	提起眼睑，用流动清水或生理盐水冲洗。就医。
吸入	迅速脱离现场至空气新鲜处。保持呼吸道通畅。如呼吸困难，给予吸氧。如呼吸停止，立即进行人工呼吸。就医。
食入	饮足量温水，催吐。就医。

防护措施

呼吸防护	可能接触其蒸气时，佩戴过滤式防毒面具(半面罩)。紧急事态抢救或撤离的，佩戴正压自给式呼吸器。
眼睛防护	戴安全防护眼镜。
身体防护	穿防毒物渗透工作服。
手防护	戴橡胶耐油手套。
其他防护	工作现场禁止吸烟、进食和饮水。及时换洗工作服。工作前后不饮酒，用温水洗澡。

品名：**2,4-二甲基苯胺**	分子式：$C_8H_{11}N$	相态：液
别名：1-氨基-2,4-二甲基苯	分子量：121.2	外观与性状：无色油状液体

危险特性

火灾危险性：可燃液体丙 A	爆炸物：无	皮肤腐蚀/刺激：无
腐蚀减薄：碱腐蚀、胺腐蚀	金属腐蚀：无	严重眼损伤/眼刺激：类别 2
环境开裂：碱应力腐蚀开裂、氨应力腐蚀开裂、胺应力腐蚀开裂	急性毒性：无	

遇明火、高热或与氧化剂接触，有引起燃烧爆炸的危险。受热分解放出有毒的氧化氮烟气。

理化特性

熔点：16.0℃	临界温度：无资料	爆炸上限：7.0%	引燃温度：460.0℃
沸点：214.0℃	临界压力：无资料	爆炸下限：1.1%	燃烧热：无资料
闪点：90.0℃	饱和蒸气压：0.05kPa(38℃)	相对密度($d_{水}=1$)：0.97	

溶解性	微溶于水，溶于醇、醚、苯等。
主要用途	用作分析试剂。

急救措施

皮肤接触	立即脱去污染的衣着，用肥皂水和清水彻底冲洗皮肤。就医。
眼睛接触	提起眼睑，用流动清水或生理盐水冲洗。就医。
吸入	迅速脱离现场至空气新鲜处。保持呼吸道通畅。如呼吸困难，给予吸氧。如呼吸停止，立即进行人工呼吸。就医。
食入	饮足量温水，催吐。就医。

防护措施

呼吸防护	可能接触其蒸气时，佩戴过滤式防毒面具(半面罩)。紧急事态抢救或逃生时，佩戴正压自给式呼吸器。
眼睛防护	戴安全防护眼镜。
身体防护	穿防毒物渗透工作服。
手防护	戴橡胶耐油手套。
其他防护	工作现场禁止吸烟、进食和饮水。及时换洗工作服。工作前后不饮酒，用温水洗澡。实行就业前和定期的体检。

品名：**2,5-二甲基苯胺** 别名：1-氨基-2,5-二甲基苯		分子式：$C_8H_{11}N$ 分子量：121.2	相态：液 外观与性状：无色或淡黄色油状液体，低温时形成结晶
危险特性			
火灾危险性：可燃液体丙A 腐蚀减薄：碱腐蚀、胺腐蚀 环境开裂：碱应力腐蚀开裂、氨应力腐蚀开裂、胺应力腐蚀开裂		爆炸物：无 金属腐蚀：无 急性毒性：无	皮肤腐蚀/刺激：无
遇明火、高热或与氧化剂接触，有引起燃烧爆炸的危险。受热分解放出有毒的氧化氮烟气。			
理化特性			
熔点：15.5℃ 沸点：218.0℃ 闪点：93.0℃	临界温度：无资料 临界压力：无资料 饱和蒸气压：1.33kPa(97℃)	爆炸上限：无资料 爆炸下限：无资料 相对密度($d_{水}=1$)：0.98	引燃温度：520.0℃ 燃烧热：无资料
溶解性	不溶于水，微溶于醇，溶于乙醚。		
主要用途	用于制药及染料工业。		
急救措施			
皮肤接触	立即脱去污染的衣着，用肥皂水和清水彻底冲洗皮肤。就医。		
眼睛接触	提起眼睑，用流动清水或生理盐水冲洗。就医。		
吸入	迅速脱离现场至空气新鲜处。保持呼吸道通畅。如呼吸困难，给予吸氧。如呼吸停止，立即进行人工呼吸。就医。		
食入	饮足量温水，催吐。就医。		
防护措施			
呼吸防护	可能接触其蒸气时，佩戴过滤式防毒面具(半面罩)。紧急事态抢救或逃生时，佩戴正压自给式呼吸器。		
眼睛防护	戴安全防护眼镜。		
身体防护	穿防毒物渗透工作服。		
手防护	戴橡胶耐油手套。		
其他防护	工作现场禁止吸烟、进食和饮水。及时换洗工作服。工作前后不饮酒，用温水洗澡。实行就业前和定期的体检。		

品名：**2,6-二甲基苯胺** 别名：1-氨基-2,6-二甲基苯		分子式：$C_8H_{11}N$ 分子量：121.2	相态：液 外观与性状：无色液体
危险特性			
火灾危险性：可燃液体丙A 腐蚀减薄：碱腐蚀、胺腐蚀 环境开裂：碱应力腐蚀开裂、氨应力腐蚀开裂、胺应力腐蚀开裂		爆炸物：无 金属腐蚀：无 急性毒性：无	皮肤腐蚀/刺激：类别2
遇明火、高热或与氧化剂接触，有引起燃烧爆炸的危险。受热分解放出有毒的氧化氮烟气。			
理化特性			
熔点：11.2℃ 沸点：214.0℃ 闪点：91.0℃	临界温度：无资料 临界压力：无资料 饱和蒸气压：无资料	爆炸上限：无资料 爆炸下限：无资料 相对密度($d_{水}=1$)：0.98	引燃温度：520.0℃ 燃烧热：无资料
溶解性	不溶于水，溶于乙醇、乙醚。		
主要用途	用于有机合成。		
急救措施			
皮肤接触	立即脱去污染的衣着，用肥皂水和清水彻底冲洗皮肤。就医。		
眼睛接触	提起眼睑，用流动清水或生理盐水冲洗。就医。		
吸入	迅速脱离现场至空气新鲜处。保持呼吸道通畅。如呼吸困难，给予吸氧。如呼吸停止，立即进行人工呼吸。就医。		
食入	饮足量温水，催吐。就医。		
防护措施			
呼吸防护	可能接触其蒸气时，佩戴过滤式防毒面具(半面罩)。紧急事态抢救或逃生时，应佩戴空气式呼吸器。		
眼睛防护	戴安全防护眼镜。		
身体防护	穿防毒物渗透工作服。		
手防护	戴橡胶耐油手套。		
其他防护	工作现场禁止吸烟、进食和饮水。及时换洗工作服。工作前后不饮酒，用温水洗澡。实行就业前和定期的体检。		

品名：**3,4-二甲基苯胺**	分子式：$C_8H_{11}N$	相态：固
别名：1-氨基-3,4-二甲基苯	分子量：121.2	外观与性状：白色至粉红色有色的片

危险特性

火灾危险性：可燃液体丙 A	爆炸物：无	皮肤腐蚀/刺激：无
腐蚀减薄：碱腐蚀、胺腐蚀	金属腐蚀：无	
环境开裂：碱应力腐蚀开裂、氨应力腐蚀开裂、胺应力腐蚀开裂	急性毒性：无	

遇明火、高热可燃。其粉体与空气可形成爆炸性混合物，当达到一定浓度时，遇火星会发生爆炸。与氧化剂可发生反应。受高热分解放出有毒的气体。

理化特性

熔点：51.0℃	临界温度：无资料	爆炸上限：无资料	引燃温度：580.0℃
沸点：228.0℃	临界压力：无资料	爆炸下限：无资料	燃烧热：无资料
闪点：98.0℃	饱和蒸气压：无资料	相对密度($d_{水}=1$)：1.08	

溶解性	微溶于水，溶于乙醇、乙醚、丙酮、氯仿、苯和石油醚。
主要用途	用作染料中间体；农药原料，生产杀菌剂、除草剂胺硝草，有机合成原料，维生素 B2 的原料。

急救措施

皮肤接触	立即脱去污染的衣着，用肥皂水和清水彻底冲洗皮肤。就医。
眼睛接触	提起眼睑，用流动清水或生理盐水冲洗。就医。
吸入	迅速脱离现场至空气新鲜处。保持呼吸道通畅。如呼吸困难，给予吸氧。如呼吸停止，立即进行人工呼吸。就医。
食入	饮足量温水，催吐。就医。

防护措施

呼吸防护	如果蒸气浓度超过职业接触限值或发生刺激等症状时，请使用全面罩式多功能防毒面具。
眼睛防护	佩戴化学护目镜(符合欧盟 EN 166 或美国 NIOSH 标准)。
身体防护	穿阻燃防静电防护服和抗静电的防护靴。
手防护	戴化学防护手套(例如丁基橡胶手套)。
其他防护	工作现场禁止吸烟、进食和饮水。工作完毕，淋浴更衣。保持良好的卫生习惯。

品名：**3,5-二甲基苯胺**	分子式：$C_8H_{11}N$	相态：液
别名：1-氨基-3,5-二甲基苯	分子量：121.2	外观与性状：暗棕色液体

危险特性

火灾危险性：可燃液体丙 A	爆炸物：无	皮肤腐蚀/刺激：无
腐蚀减薄：碱腐蚀、胺腐蚀	金属腐蚀：无	严重眼损伤/眼刺激：类别 2
环境开裂：碱应力腐蚀开裂、氨应力腐蚀开裂、胺应力腐蚀开裂	急性毒性：无	

遇明火、高热可燃。与氧化剂可发生反应。受高热分解放出有毒的气体。若遇高热，容器内压增大，有开裂和爆炸的危险。

理化特性

熔点：9.8℃	临界温度：无资料	爆炸上限：7.0%	引燃温度：590.0℃
沸点：220.0℃	临界压力：无资料	爆炸下限：1.1%	燃烧热：无资料
闪点：93.0℃	饱和蒸气压：无资料	相对密度($d_{水}=1$)：0.97	

溶解性	微溶于水，溶于乙醇、乙醚、丙酮、氯仿和苯。
主要用途	用作偶氮染料的原料；农药中间体，生产杀菌剂及除草剂；有机合成中间体。

急救措施

皮肤接触	立即脱去污染的衣着，用肥皂水和清水彻底冲洗皮肤。就医。
眼睛接触	提起眼睑，用流动清水或生理盐水冲洗。就医。
吸入	迅速脱离现场至空气新鲜处。保持呼吸道通畅。如呼吸困难，给予吸氧。如呼吸停止，立即进行人工呼吸。就医。
食入	饮足量温水，催吐。就医。

防护措施

呼吸防护	如果蒸气浓度超过职业接触限值或发生刺激等症状时，请使用全面罩式多功能防毒面具。
眼睛防护	佩戴化学护目镜(符合欧盟 EN 166 或美国 NIOSH 标准)。
身体防护	穿阻燃防静电防护服和抗静电的防护靴。
手防护	戴化学防护手套(例如丁基橡胶手套)。
其他防护	工作现场禁止吸烟、进食和饮水。工作完毕，淋浴更衣。保持良好的卫生习惯。

品名：***N*,*N*-二甲基苯胺**	分子式：$C_8H_{11}N$	相态：液
别名：无	分子量：121.2	外观与性状：黄色油状液体

危险特性

火灾危险性：可燃液体丙 A	爆炸物：无	皮肤腐蚀/刺激：无
腐蚀减薄：碱腐蚀、胺腐蚀	金属腐蚀：无	
环境开裂：碱应力腐蚀开裂、胺应力腐蚀开裂	急性毒性：类别 3	

遇明火、高热或与氧化剂接触，有引起燃烧爆炸的危险。受热分解放出有毒的氧化氮烟气。

理化特性

熔点：2.5℃	临界温度：无资料	爆炸上限：7.0%	引燃温度：317.0℃
沸点：193.1℃	临界压力：3.63MPa	爆炸下限：1.0%	燃烧热：4776.5kJ/mol
闪点：62.8℃	饱和蒸气压：0.13kPa(29.5℃)	相对密度($d_水=1$)：0.96	

溶解性	不溶于水，溶于乙醇、乙醚、氯仿。
主要用途	用作染料中间体、溶剂、稳定剂、分析试剂。

急救措施

皮肤接触	立即脱去污染的衣着，用肥皂水和清水彻底冲洗皮肤。就医。
眼睛接触	提起眼睑，用流动清水或生理盐水冲洗。就医。
吸入	迅速脱离现场至空气新鲜处。保持呼吸道通畅。如呼吸困难，给予吸氧。如呼吸停止，立即进行人工呼吸。就医。
食入	饮足量温水，催吐。就医。

防护措施

呼吸防护	可能接触其蒸气时，佩戴过滤式防毒面具(半面罩)。紧急事态抢救或撤离时，佩戴隔离式呼吸器。
眼睛防护	戴化学安全防护眼镜。
身体防护	穿防毒物渗透工作服。
手防护	戴橡胶耐油手套。
其他防护	工作现场禁止吸烟、进食和饮水。工作前后不饮酒，用温水洗澡。注意检测毒物。实行就业前和定期的体检。

品名：**3,5-二甲基苯甲酰氯**	分子式：C_9H_9ClO	相态：液
别名：无	分子量：168.6	外观与性状：一种彩色或黄色液体

危险特性

火灾危险性：可燃液体丙 A	爆炸物：无	皮肤腐蚀/刺激：类别 1
腐蚀减薄：无	金属腐蚀：无	严重眼损伤/眼刺激：类别 1
环境开裂：无	急性毒性：无	

无资料。

理化特性

熔点：无资料	临界温度：无资料	爆炸上限：无资料	引燃温度：无资料
沸点：251.3℃	临界压力：无资料	爆炸下限：无资料	燃烧热：无资料
闪点：108.8℃	饱和蒸气压：无资料	相对密度($d_水=1$)：无资料	

溶解性	无资料。
主要用途	用作有机合成中间体。

急救措施

皮肤接触	无资料。
眼睛接触	无资料。
吸入	无资料。
食入	无资料。

防护措施

呼吸防护	如果蒸气浓度超过职业接触限值或发生刺激等症状时，请使用全面罩式多功能防毒面具。
眼睛防护	佩戴化学护目镜(符合欧盟 EN 166 或美国 NIOSH 标准)。
身体防护	穿阻燃防静电防护服和抗静电的防护靴。
手防护	戴化学防护手套(例如丁基橡胶手套)。
其他防护	工作现场禁止吸烟、进食和饮水。工作完毕，淋浴更衣。保持良好的卫生习惯。

品名：**2,4-二甲基吡啶** 别名：2,4-二甲基氮杂苯		分子式：C_7H_9N 分子量：107.2	相态：液 外观与性状：无色液体，有胡椒气味
危险特性			
火灾危险性：可燃液体乙 A 腐蚀减薄：无 环境开裂：无		爆炸物：无 金属腐蚀：无 急性毒性：类别 3	皮肤腐蚀/刺激：无 易燃液体：类别 3
易燃，遇明火、高热或与氧化剂接触，有引起燃烧爆炸的危险。受热分解放出有毒的氧化氮烟气。			
理化特性			
熔点：-60.0℃ 沸点：157.0℃ 闪点：37.0℃	临界温度：无资料 临界压力：无资料 饱和蒸气压：无资料	爆炸上限：无资料 爆炸下限：无资料 相对密度($d_{水}=1$)：0.93	引燃温度：无资料 燃烧热：无资料
溶解性	溶于水，可混溶于多数有机溶剂。		
主要用途	用于有机合成，合成药物和用作溶剂。		
急救措施			
皮肤接触	脱去污染的衣着，用肥皂水和清水彻底冲洗皮肤。		
眼睛接触	立即提起眼睑，用大量流动清水或生理盐水彻底冲洗至少 15min。就医。		
吸入	迅速脱离现场至空气新鲜处。保持呼吸道通畅。如呼吸困难，给予吸氧。如呼吸停止，立即进行人工呼吸。就医。		
食入	饮足量温水，催吐。就医。		
防护措施			
呼吸防护	可能接触其蒸气时，应该佩戴过滤式防毒面具(半面罩)。紧急事态抢救或撤离时，建议佩戴隔离式呼吸器。		
眼睛防护	戴化学安全防护眼镜。		
身体防护	穿胶布防毒衣。		
手防护	戴橡胶耐油手套。		
其他防护	工作现场严禁吸烟。工作完毕，淋浴更衣。实行就业前和定期的体检。保持良好的卫生习惯。		

品名：**2,5-二甲基吡啶** 别名：2,5-二甲基氮杂苯		分子式：C_7H_9N 分子量：107.2	相态：液 外观与性状：无色液体
危险特性			
火灾危险性：可燃液体乙 B 腐蚀减薄：无 环境开裂：无		爆炸物：无 金属腐蚀：无 急性毒性：无	皮肤腐蚀/刺激：无 易燃液体：类别 3
其蒸气与空气可形成爆炸性混合物，遇明火、高热能引起燃烧爆炸。与氧化剂可发生反应。高温时分解，释出剧毒的氮氧化物气体。流速过快，容易产生和积聚静电。若遇高热，容器内压增大，有开裂和爆炸的危险。			
理化特性			
熔点：-15.9℃ 沸点：157.0℃ 闪点：47.0℃	临界温度：371.1℃ 临界压力：无资料 饱和蒸气压：0.32kPa(20℃)	爆炸上限：无资料 爆炸下限：无资料 相对密度($d_{水}=1$)：0.93	引燃温度：无资料 燃烧热：无资料
溶解性	溶于水、乙醇、乙醚等多数有机溶剂。		
主要用途	用于医药、有机合成等。		
急救措施			
皮肤接触	脱去污染的衣着，用肥皂水和清水彻底冲洗皮肤。		
眼睛接触	立即提起眼睑，用大量流动清水或生理盐水彻底冲洗至少 15min。就医。		
吸入	迅速脱离现场至空气新鲜处。保持呼吸道通畅。如呼吸困难，给予吸氧。如呼吸停止，立即进行人工呼吸。就医。		
食入	饮足量温水，催吐。就医。		
防护措施			
呼吸防护	空气中浓度超标时，必须佩戴自吸过滤式防毒面具(全面罩)。紧急事态抢救或撤离时，应该佩戴空气呼吸器。		
眼睛防护	呼吸系统防护中已做防护。		
身体防护	穿胶布防毒衣。		
手防护	戴橡胶耐油手套。		
其他防护	工作现场严禁吸烟。工作完毕，淋浴更衣。实行就业前和定期的体检。保持良好的卫生习惯。		

品名：**2,6-二甲基吡啶**		分子式：C_7H_9N	相态：液
别名：2,6-二甲基氮杂苯		分子量：107.2	外观与性状：无色、油状液体，有特臭
危险特性			
火灾危险性：可燃液体乙 A		爆炸物：无	皮肤腐蚀/刺激：无
腐蚀减薄：无		金属腐蚀：无	易燃液体：类别 3
环境开裂：无		急性毒性：无	
易燃，遇高热、明火有引起燃烧的危险。受热分解放出有毒的氧化氮烟气。与氧化剂接触猛烈反应。			
理化特性			
熔点：-6.0℃	临界温度：无资料	爆炸上限：无资料	引燃温度：无资料
沸点：139.0℃	临界压力：3.75MPa	爆炸下限：无资料	燃烧热：无资料
闪点：33.0℃	饱和蒸气压：8.88kPa(79℃)	相对密度($d_水=1$)：0.92	
溶解性	微溶于热水，溶于乙醇、乙醚。		
主要用途	在医药上可制治疗各种类型高血压病药及急救药，另外还用作杀虫剂及助染剂等。		
急救措施			
皮肤接触	脱去污染的衣着，用肥皂水和清水彻底冲洗皮肤。		
眼睛接触	立即提起眼睑，用大量流动清水或生理盐水彻底冲洗至少 15min。就医。		
吸入	迅速脱离现场至空气新鲜处。保持呼吸道通畅。如呼吸困难，给予吸氧。如呼吸停止，立即进行人工呼吸。就医。		
食入	饮足量温水，催吐。就医。		
防护措施			
呼吸防护	可能接触其蒸气时，应该佩戴过滤式防毒面具(半面罩)。紧急事态抢救或撤离时，建议佩戴隔离式呼吸器。		
眼睛防护	戴化学安全防护眼镜。		
身体防护	穿胶布防毒衣。		
手防护	戴橡胶耐油手套。		
其他防护	工作现场严禁吸烟。工作完毕，淋浴更衣。实行就业前和定期的体检。保持良好的卫生习惯。		

品名：**3,4-二甲基吡啶**		分子式：C_7H_9N	相态：液
别名：3,4-二甲基氮杂苯		分子量：107.2	外观与性状：无色液体，有吸湿性
危险特性			
火灾危险性：可燃液体乙 B		爆炸物：无	皮肤腐蚀/刺激：无
腐蚀减薄：无		金属腐蚀：无	易燃液体：类别 3
环境开裂：无		急性毒性：类别 2	
其蒸气与空气可形成爆炸性混合物，遇明火、高热能引起燃烧爆炸。与氧化剂可发生反应。受高热分解放出有毒的气体。若遇高热，容器内压增大，有开裂和爆炸的危险。			
理化特性			
熔点：-12.0℃	临界温度：无资料	爆炸上限：无资料	引燃温度：无资料
沸点：163.5℃	临界压力：无资料	爆炸下限：无资料	燃烧热：无资料
闪点：53.0℃	饱和蒸气压：无资料	相对密度($d_水=1$)：0.95	
溶解性	微溶于水，溶于乙醇、乙醚。		
主要用途	用于有机合成。		
急救措施			
皮肤接触	脱去污染的衣着，用肥皂水和清水彻底冲洗皮肤。		
眼睛接触	立即提起眼睑，用大量流动清水或生理盐水彻底冲洗至少 15min。就医。		
吸入	迅速脱离现场至空气新鲜处。保持呼吸道通畅。如呼吸困难，给予吸氧。如呼吸停止，立即进行人工呼吸。就医。		
食入	饮足量温水，催吐。就医。		
防护措施			
呼吸防护	空气中浓度超标时，必须佩戴自吸过滤式防毒面具(半面罩)。紧急事态抢救或撤离时，应该佩戴空气呼吸器。		
眼睛防护	戴化学安全防护眼镜。		
身体防护	穿防静电工作服。		
手防护	戴橡胶手套。		
其他防护	工作现场严禁吸烟。工作完毕，淋浴更衣。实行就业前和定期的体检。保持良好的卫生习惯。		

品名：**3,5-二甲基吡啶**		分子式：C_7H_9N	相态：液
别名：3,5-二甲基氮杂苯		分子量：107.2	外观与性状：无色液体，有异味
危险特性			
火灾危险性：可燃液体乙 B		爆炸物：无	皮肤腐蚀/刺激：无
腐蚀减薄：无		金属腐蚀：无	易燃液体：类别 3
环境开裂：无		急性毒性：无	
易燃，遇明火、高热或与氧化剂接触，有引起燃烧爆炸的危险。受热分解放出有毒的氧化氮烟气。			
理化特性			
熔点：-12.0℃	临界温度：无资料	爆炸上限：无资料	引燃温度：无资料
沸点：163.0℃	临界压力：无资料	爆炸下限：无资料	燃烧热：无资料
闪点：53.0℃	饱和蒸气压：0.20kPa(20℃)	相对密度($d_水=1$)：0.95	
溶解性	不溶于水，溶于醇、醚。		
主要用途	用于有机合成。		
急救措施			
皮肤接触	脱去污染的衣着，用肥皂水和清水彻底冲洗皮肤。		
眼睛接触	立即提起眼睑，用大量流动清水或生理盐水彻底冲洗至少 15min。就医。		
吸入	迅速脱离现场至空气新鲜处。保持呼吸道通畅。如呼吸困难，给予吸氧。如呼吸停止，立即进行人工呼吸。就医。		
食入	饮足量温水，催吐。就医。		
防护措施			
呼吸防护	可能接触其蒸气时，应该佩戴过滤式防毒面具(半面罩)。紧急事态抢救或撤离时，建议佩戴隔离式呼吸器。		
眼睛防护	戴化学安全防护眼镜。		
身体防护	穿胶布防毒衣。		
手防护	戴橡胶耐油手套。		
其他防护	工作现场严禁吸烟。工作完毕，淋浴更衣。实行就业前和定期的体检。保持良好的卫生习惯。		

品名：***N*,*N*-二甲基苄胺**		分子式：$C_9H_{13}N$	相态：液
别名：*N*-苄基二甲胺；苄基二甲胺		分子量：135.2	外观与性状：无色至淡黄色易燃液体，有臭味
危险特性			
火灾危险性：可燃液体乙 B		爆炸物：无	皮肤腐蚀/刺激：类别 1
腐蚀减薄：碱腐蚀、胺腐蚀		金属腐蚀：无	严重眼损伤/眼刺激：类别 1
环境开裂：碱应力腐蚀开裂、胺应力腐蚀开裂		易燃液体：类别 3	
其蒸气与空气可形成爆炸性混合物，遇明火、高热能引起燃烧爆炸。与氧化剂可发生反应。受高热分解放出有毒的气体。具有腐蚀性。若遇高热，容器内压增大，有开裂和爆炸的危险。			
理化特性			
熔点：-75.0℃	临界温度：无资料	爆炸上限：无资料	引燃温度：410.0℃
沸点：181.0℃	临界压力：无资料	爆炸下限：无资料	燃烧热：无资料
闪点：54.0℃	饱和蒸气压：无资料	相对密度($d_水=1$)：0.92	
溶解性	微溶于水，与乙醇、乙醚混溶。		
主要用途	用作有机合成中间体(如用于合成季铵盐)。还可用作脱氢催化剂、防腐剂、酸中和剂等。		
急救措施			
皮肤接触	立即脱去污染的衣着，用大量流动清水冲洗至少 15min。就医。		
眼睛接触	立即提起眼睑，用大量流动清水或生理盐水彻底冲洗至少 15min。就医。		
吸入	迅速脱离现场至空气新鲜处。保持呼吸道通畅。如呼吸困难，给予吸氧。如呼吸停止，立即进行人工呼吸。就医。		
食入	用水漱口，给饮牛奶或蛋清。就医。		
防护措施			
呼吸防护	如果蒸气浓度超过职业接触限值或发生刺激等症状时，请使用全面罩式多功能防毒面具。		
眼睛防护	佩戴化学护目镜(符合欧盟 EN 166 或美国 NIOSH 标准)。		
身体防护	穿阻燃防静电防护服和抗静电的防护靴。		
手防护	戴化学防护手套(例如丁基橡胶手套)。		
其他防护	工作现场禁止吸烟、进食和饮水。工作完毕，淋浴更衣。保持良好的卫生习惯。		

品名：***N*,*N*-二甲基丙胺** 别名：无		分子式：$C_5H_{13}N$ 分子量：87.2	相态：液 外观与性状：一种无色液体
危险特性			
火灾危险性：可燃液体甲 B 腐蚀减薄：碱腐蚀、胺腐蚀 环境开裂：碱应力腐蚀开裂、胺应力腐蚀开裂		爆炸物：无 金属腐蚀：无 急性毒性：无	皮肤腐蚀/刺激：无 易燃液体：类别 2
无资料。			
理化特性			
熔点：-20.0℃ 沸点：67.3℃ 闪点：-19.3℃	临界温度：无资料 临界压力：无资料 饱和蒸气压：17.25kPa(20℃)	爆炸上限：无资料 爆炸下限：无资料 相对密度($d_水$=1)：0.72	引燃温度：165.0℃ 燃烧热：无资料
溶解性	与水混溶。		
主要用途	无资料		
急救措施			
皮肤接触	无资料。		
眼睛接触	无资料。		
吸入	无资料。		
食入	无资料。		
防护措施			
呼吸防护	如果蒸气浓度超过职业接触限值或发生刺激等症状时，请使用全面罩式多功能防毒面具。		
眼睛防护	佩戴化学护目镜(符合欧盟 EN 166 或美国 NIOSH 标准)。		
身体防护	穿阻燃防静电防护服和抗静电的防护靴。		
手防护	戴化学防护手套(例如丁基橡胶手套)。		
其他防护	工作现场禁止吸烟、进食和饮水。工作完毕，淋浴更衣。保持良好的卫生习惯。		

品名：***N*,*N*-二甲基丙醇胺** 别名：3-(二甲胺基)-1-丙醇		分子式：$C_5H_{13}NO$ 分子量：103.2	相态：液 外观与性状：透明琥珀色挥发性液体
危险特性			
火灾危险性：可燃液体乙 A 腐蚀减薄：碱腐蚀、胺腐蚀 环境开裂：碱应力腐蚀开裂、胺应力腐蚀开裂		爆炸物：无 金属腐蚀：无 急性毒性：无	皮肤腐蚀/刺激：无 易燃液体：类别 3
易燃，遇高热、明火有引起燃烧的危险。受高热分解放出有毒的气体。与氧化剂能发生强烈反应。			
理化特性			
熔点：-20.0℃ 沸点：122.5℃ 闪点：32.0℃	临界温度：无资料 临界压力：无资料 饱和蒸气压：无资料	爆炸上限：无资料 爆炸下限：无资料 相对密度($d_水$=1)：0.85	引燃温度：235.0℃ 燃烧热：无资料
溶解性	溶于水。		
主要用途	用于有机合成。		
急救措施			
皮肤接触	脱去污染的衣着，用大量流动清水冲洗。		
眼睛接触	提起眼睑，用流动清水或生理盐水冲洗。就医。		
吸入	迅速脱离现场至空气新鲜处。保持呼吸道通畅。如呼吸困难，给予吸氧。如呼吸停止，立即进行人工呼吸。就医。		
食入	饮足量温水，催吐。就医。		
防护措施			
呼吸防护	空气中浓度超标时，建议佩戴过滤式防毒面具(半面罩)。紧急事态抢救或撤离时，应该佩戴空气呼吸器。		
眼睛防护	戴化学安全防护眼镜。		
身体防护	穿化学防护服。		
手防护	戴橡胶手套。		
其他防护	尽可能减少直接接触。工作现场禁止吸烟、进食和饮水。工作完毕，淋浴更衣。		

品名：**2,2-二甲基丙酸甲酯**	分子式：$C_6H_{12}O_2$	相态：液
别名：三甲基乙酸甲酯	分子量：116.2	外观与性状：无色液体
危险特性		
火灾危险性：可燃液体甲 B	爆炸物：无	皮肤腐蚀/刺激：无
腐蚀减薄：低分子有机酸腐蚀	金属腐蚀：无	易燃液体：类别 2
环境开裂：无	急性毒性：无	
其蒸气与空气可形成爆炸性混合物，遇明火、高热极易燃烧爆炸。与氧化剂接触猛烈反应。若遇高热，容器内压增大，有开裂和爆炸的危险。		

理化特性			
熔点：无资料	临界温度：无资料	爆炸上限：无资料	引燃温度：无资料
沸点：101.0℃	临界压力：无资料	爆炸下限：无资料	燃烧热：无资料
闪点：-1.0℃	饱和蒸气压：无资料	相对密度($d_{水}=1$)：0.89	

溶解性	微溶于水，可混溶于乙醇、乙醚。
主要用途	用作溶剂，用于有机合成。
急救措施	
皮肤接触	脱去污染的衣着，用大量流动清水冲洗。
眼睛接触	提起眼睑，用流动清水或生理盐水冲洗。就医。
吸入	迅速脱离现场至空气新鲜处。保持呼吸道通畅。如呼吸困难，给予吸氧。如呼吸停止，立即进行人工呼吸。就医。
食入	饮足量温水，催吐。就医。
防护措施	
呼吸防护	空气中浓度超标时，建议佩戴过滤式防毒面具(半面罩)。紧急事态抢救或撤离时，应该佩戴空气呼吸器。
眼睛防护	戴化学安全防护眼镜。
身体防护	穿防静电工作服。
手防护	戴橡胶耐油手套。
其他防护	尽可能减少直接接触。工作现场禁止吸烟、进食和饮水。工作完毕，淋浴更衣。

品名：**2,2-二甲基丙烷**	分子式：C_5H_{12}	相态：气
别名：新戊烷	分子量：72.2	外观与性状：无色气体或极易挥发的气体
危险特性		
火灾危险性：可燃气体甲	爆炸物：无	皮肤腐蚀/刺激：无
腐蚀减薄：无	金属腐蚀：无	易燃气体：类别 1
环境开裂：无	急性毒性：无	加压气体：是
其蒸气与空气可形成爆炸性混合物。遇热源和明火有燃烧爆炸的危险。与氧化剂能发生强烈反应，引起燃烧或爆炸。其蒸气比空气重，能在较低处扩散到相当远的地方，遇火源会着火回燃。		

理化特性			
熔点：-19.5℃	临界温度：160.6℃	爆炸上限：7.5%	引燃温度：550.0℃
沸点：9.5℃	临界压力：3.20MPa	爆炸下限：1.3%	燃烧热：无资料
闪点：-7.0℃	饱和蒸气压：146.63kPa(20℃)	相对密度($d_{水}=1$)：0.59	

溶解性	不溶于水，溶于乙醇等。
主要用途	是汽油的主要成分。
急救措施	
皮肤接触	脱去污染的衣着，用大量流动清水冲洗。
眼睛接触	提起眼睑，用流动清水或生理盐水冲洗。就医。
吸入	迅速脱离现场至空气新鲜处。保持呼吸道通畅。如呼吸困难，给予吸氧。如呼吸停止，立即进行人工呼吸。就医。
食入	饮足量温水，催吐。就医。
防护措施	
呼吸防护	一般不需要特殊防护，高浓度接触时可佩戴自吸过滤式防毒面具(半面罩)。
眼睛防护	一般不需要特殊防护，高浓度接触时可戴化学安全防护眼镜。
身体防护	穿防静电工作服。
手防护	戴一般作业防护手套。
其他防护	工作现场严禁吸烟。避免高浓度吸入。进入罐、限制性空间或其他高浓度区作业，须有人监护。

品名：**1,3-二甲基丁胺** 别名：2-氨基-4-甲基戊烷		分子式：$C_6H_{15}N$ 分子量：101.2	相态：液 外观与性状：无色液体
危险特性			
火灾危险性：可燃液体甲 B 腐蚀减薄：碱腐蚀、胺腐蚀 环境开裂：碱应力腐蚀开裂、氨应力腐蚀开裂、胺应力腐蚀开裂		爆炸物：无 金属腐蚀：无 急性毒性：类别 3	皮肤腐蚀/刺激：类别 1 严重眼损伤/眼刺激：类别 1 易燃液体：类别 2
易燃，遇明火、高热易燃。与氧化剂接触发生强烈反应，甚至引起燃烧。其蒸气比空气重，能在较低处扩散到相当远的地方，遇火源会着火回燃。			
理化特性			
熔点：无资料 沸点：106.0℃ 闪点：12.0℃	临界温度：无资料 临界压力：无资料 饱和蒸气压：无资料	爆炸上限：无资料 爆炸下限：无资料 相对密度($d_{水}=1$)：0.75	引燃温度：无资料 燃烧热：无资料
溶解性	不溶于水。		
主要用途	用于有机合成。		
急救措施			
皮肤接触	立即脱去污染的衣着，用大量流动清水冲洗至少 15min。就医。		
眼睛接触	立即提起眼睑，用大量流动清水或生理盐水彻底冲洗至少 15min。就医。		
吸入	迅速脱离现场至空气新鲜处。保持呼吸道通畅。如呼吸困难，给予吸氧。如呼吸停止，立即进行人工呼吸。就医。		
食入	用水漱口，给饮牛奶或蛋清。就医。		
防护措施			
呼吸防护	可能接触其蒸气时，佩戴导管式防毒面具。紧急事态抢救或撤离时，应该佩戴氧气呼吸器、空气呼吸器。		
眼睛防护	戴化学安全防护眼镜。		
身体防护	穿防毒物渗透工作服。		
手防护	戴橡胶耐油手套。		
其他防护	工作现场禁止吸烟、进食和饮水。工作完毕，淋浴更衣。定期体检。		

品名：**1,3-二甲基丁醇乙酸酯** 别名：乙酸仲己酯；2-乙酸-4-甲基戊酯		分子式：$C_8H_{16}O_2$ 分子量：144.2	相态：液 外观与性状：无色液体，有芳香气味
危险特性			
火灾危险性：可燃液体乙 A 腐蚀减薄：低分子有机酸腐蚀 环境开裂：无		爆炸物：无 金属腐蚀：无 急性毒性：无	皮肤腐蚀/刺激：类别 2 严重眼损伤/眼刺激：类别 2 易燃液体：类别 3
无资料。			
理化特性			
熔点：-63.8℃ 沸点：146.3℃ 闪点：45.0℃	临界温度：无资料 临界压力：无资料 饱和蒸气压：0.51kPa(20℃)	爆炸上限：无资料 爆炸下限：无资料 相对密度($d_{水}=1$)：0.86	引燃温度：349.0℃ 燃烧热：无资料
溶解性	不溶于水，溶于乙醇等多数有机溶剂。		
主要用途	用作硝化纤维素及油漆的溶剂，也用于香料。		
急救措施			
皮肤接触	无资料。		
眼睛接触	无资料。		
吸入	无资料。		
食入	无资料。		
防护措施			
呼吸防护	空气中浓度超标时，必须佩戴自吸过滤式防毒面具(半面罩)。紧急事态抢救或撤离时，应该佩戴空气呼吸器。		
眼睛防护	戴化学安全防护眼镜。		
身体防护	穿防毒物渗透工作服。		
手防护	戴橡胶耐油手套。		
其他防护	工作现场严禁吸烟。工作完毕，淋浴更衣。注意个人清洁卫生。		

品名：**2,2-二甲基丁烷**		分子式：C_6H_{14}	相态：液
别名：新己烷		分子量：86.2	外观与性状：常温下微有异臭的液体
危险特性			
火灾危险性：可燃液体甲B		爆炸物：无	皮肤腐蚀/刺激：类别2
腐蚀减薄：无		金属腐蚀：无	易燃液体：类别2
环境开裂：无		急性毒性：无	
极易燃，其蒸气与空气可形成爆炸性混合物，遇明火、高热极易燃烧爆炸。与氧化剂接触发生化学反应或引起燃烧。在火场中，受热的容器有爆炸危险。其蒸气比空气重，能在较低处扩散到相当远的地方，遇火源会着火回燃。			
理化特性			
熔点：-98.2℃	临界温度：216.2℃	爆炸上限：7.0%	引燃温度：405.0℃
沸点：49.7℃	临界压力：3.10MPa	爆炸下限：1.2%	燃烧热：无资料
闪点：-47.8℃	饱和蒸气压：40.00kPa(23.4℃)	相对密度($d_{水}$=1)：0.65	
溶解性	不溶于水，溶于醇、醚，可混溶于苯。		
主要用途	作为航空汽油和车用汽油的添加剂，也用于有机合成及用作气相色谱对比样品。		
急救措施			
皮肤接触	脱去污染的衣着，用大量流动清水冲洗。		
眼睛接触	提起眼睑，用流动清水或生理盐水冲洗。就医。		
吸入	迅速脱离现场至空气新鲜处。保持呼吸道通畅。如呼吸困难，给予吸氧。如呼吸停止，立即进行人工呼吸。就医。		
食入	饮足量温水，催吐。就医。		
防护措施			
呼吸防护	如果蒸气浓度超过职业接触限值或发生刺激等症状时，请使用全面罩式多功能防毒面具。		
眼睛防护	佩戴化学护目镜(符合欧盟EN 166或美国NIOSH标准)。		
身体防护	穿阻燃防静电防护服和抗静电的防护靴。		
手防护	戴化学防护手套(例如丁基橡胶手套)。		
其他防护	工作现场禁止吸烟、进食和饮水。工作完毕，淋浴更衣。保持良好的卫生习惯。		

品名：**2,3-二甲基丁烷**		分子式：C_6H_{14}	相态：液
别名：二异丙基		分子量：86.2	外观与性状：无色液体
危险特性			
火灾危险性：可燃液体甲B		爆炸物：无	皮肤腐蚀/刺激：类别2
腐蚀减薄：无		金属腐蚀：无	易燃液体：类别2
环境开裂：无		急性毒性：无	
其蒸气与空气可形成爆炸性混合物，遇明火、高热极易燃烧爆炸。与氧化剂接触猛烈反应。流速过快，容易产生和积聚静电。其蒸气比空气重，能在较低处扩散到相当远的地方，遇火源会着火回燃。若遇高热，容器内压增大，有开裂和爆炸的危险。			
理化特性			
熔点：-128.5℃	临界温度：226.8℃	爆炸上限：7.0%	引燃温度：405.0℃
沸点：58.0℃	临界压力：3.13MPa	爆炸下限：1.2%	燃烧热：4161.0kJ/mol
闪点：-29.0℃	饱和蒸气压：26.07kPa(21.1℃)	相对密度($d_{水}$=1)：0.66	
溶解性	不溶于水，可混溶于水醇、酮、苯、醚。		
主要用途	用于有机合成。		
急救措施			
皮肤接触	脱去污染的衣着，用大量流动清水冲洗。		
眼睛接触	提起眼睑，用流动清水或生理盐水冲洗。就医。		
吸入	迅速脱离现场至空气新鲜处。保持呼吸道通畅。如呼吸困难，给予吸氧。如呼吸停止，立即进行人工呼吸。就医。		
食入	饮足量温水，催吐。就医。		
防护措施			
呼吸防护	空气中浓度较高时，应该佩戴过滤式防毒面具。紧急事态抢救或逃生时，建议佩戴空气呼吸器。		
眼睛防护	戴化学安全防护眼镜。		
身体防护	穿防静电工作服。		
手防护	戴乳胶手套。		
其他防护	工作时不得进食、饮水或吸烟。工作完毕，彻底清洗。保持良好的卫生习惯。		

品名：***O*,*O*-二甲基-对硝基苯基磷酸酯**	分子式：$C_8H_{10}NO_6P$	相态：无资料
别名：甲基对氧磷	分子量：247.1	外观与性状：无资料
危险特性		
火灾危险性：无法确定	爆炸物：无	皮肤腐蚀/刺激：无
腐蚀减薄：磷酸腐蚀	金属腐蚀：无	
环境开裂：氢脆	急性毒性：类别 1	
无资料。		

理化特性			
熔点：无资料	临界温度：无资料	爆炸上限：无资料	引燃温度：无资料
沸点：315.0℃	临界压力：无资料	爆炸下限：无资料	燃烧热：无资料
闪点：无资料	饱和蒸气压：无资料	相对密度($d_水=1$)：1.38	

溶解性	无资料。
主要用途	无资料。
急救措施	
皮肤接触	无资料。
眼睛接触	无资料。
吸入	无资料。
食入	无资料。
防护措施	
呼吸防护	如果蒸气浓度超过职业接触限值或发生刺激等症状时，请使用全面罩式多功能防毒面具。
眼睛防护	佩戴化学护目镜(符合欧盟 EN 166 或美国 NIOSH 标准)。
身体防护	穿阻燃防静电防护服和抗静电的防护靴。
手防护	戴化学防护手套(例如丁基橡胶手套)。
其他防护	工作现场禁止吸烟、进食和饮水。工作完毕，淋浴更衣。保持良好的卫生习惯。

品名：**二甲基二氯硅烷**	分子式：$C_2H_{16}Cl_2Si$	相态：液
别名：二氯二甲基硅烷	分子量：129.1	外观与性状：无色液体，在潮湿空气中发烟
危险特性		
火灾危险性：可燃液体甲 B	爆炸物：无	皮肤腐蚀/刺激：类别 2
腐蚀减薄：无	金属腐蚀：无	严重眼损伤/眼刺激：类别 2
环境开裂：无	易燃液体：类别 2	
易燃，遇明火、高热或与氧化剂接触，有引起燃烧爆炸的危险。受热或遇水分解放热，放出有毒的腐蚀性烟气。具有腐蚀性。		

理化特性			
熔点：-86.0℃	临界温度：无资料	爆炸上限：9.5%	引燃温度：398.9℃
沸点：70.5℃	临界压力：3.49MPa	爆炸下限：3.4%	燃烧热：无资料
闪点：-16.0℃	饱和蒸气压：14.50kPa(20℃)	相对密度($d_水=1$)：1.07	

溶解性	溶于苯、乙醚。
主要用途	用作硅酮制造的中间体。
急救措施	
皮肤接触	立即脱去污染的衣着，用大量流动清水冲洗至少 15min。就医。
眼睛接触	立即提起眼睑，用大量流动清水或生理盐水彻底冲洗至少 15min。就医。
吸入	迅速脱离现场至空气新鲜处。保持呼吸道通畅。如呼吸困难，给予吸氧。如呼吸停止，立即进行人工呼吸。就医。
食入	用水漱口，给饮牛奶或蛋清。就医。
防护措施	
呼吸防护	可能接触其蒸气时，应该佩戴自吸过滤式防毒面具(全面罩)。紧急事态抢救或撤离时，建议佩戴隔离式呼吸器。
眼睛防护	呼吸系统防护中已做防护。
身体防护	穿胶布防毒衣。
手防护	戴橡胶耐油手套。
其他防护	工作现场严禁吸烟。工作完毕，淋浴更衣。注意个人清洁卫生。

品名：**二甲基二乙氧基硅烷** 别名：二乙氧基二甲基硅烷		分子式：$C_6H_{16}O l_2Si$ 分子量：148.3	相态：液 外观与性状：无色透明液体
危险特性			
火灾危险性：可燃液体甲 B 腐蚀减薄：无 环境开裂：无		爆炸物：无 金属腐蚀：无 急性毒性：无	皮肤腐蚀/刺激：无 易燃液体：类别 2
易燃，遇高热、明火及强氧化剂易引起燃烧。其蒸气比空气重，能在较低处扩散到相当远的地方，遇火源会着火回燃。			
理化特性			
熔点：-87.0℃ 沸点：113.5℃ 闪点：11.0℃	临界温度：无资料 临界压力：无资料 饱和蒸气压：1.33kPa(13.3℃)	爆炸上限：无资料 爆炸下限：无资料 相对密度($d_{水}=1$)：0.87	引燃温度：275.0℃ 燃烧热：无资料
溶解性	可混溶于多数有机溶剂。		
主要用途	用作化学试剂及合成高分子有机硅化合物的原料。		
急救措施			
皮肤接触	脱去污染的衣着，用大量流动清水冲洗。		
眼睛接触	提起眼睑，用流动清水或生理盐水冲洗。就医。		
吸入	迅速脱离现场至空气新鲜处。保持呼吸道通畅。如呼吸困难，给予吸氧。如呼吸停止，立即进行人工呼吸。就医。		
食入	饮足量温水，催吐。就医。		
防护措施			
呼吸防护	可能接触其蒸气时，应该佩戴过滤式防毒面具。		
眼睛防护	戴化学安全防护眼镜。		
身体防护	穿防毒物渗透工作服。		
手防护	戴橡胶耐油手套。		
其他防护	工作现场严禁吸烟。工作完毕，淋浴更衣。注意个人清洁卫生。		

品名：**2,5-二甲基呋喃** 别名：2,5-二甲基氧杂茂		分子式：C_6H_8O 分子量：96.1	相态：液 外观与性状：无色液体
危险特性			
火灾危险性：可燃液体甲 B 腐蚀减薄：无 环境开裂：无		爆炸物：无 金属腐蚀：无 急性毒性：无	皮肤腐蚀/刺激：无 易燃液体：类别 2
其蒸气与空气可形成爆炸性混合物，遇明火、高热极易燃烧爆炸。与氧化剂接触猛烈反应。流速过快，容易产生和积聚静电。其蒸气比空气重，能在较低处扩散到相当远的地方，遇火源会着火回燃。若遇高热，容器内压增大，有开裂和爆炸的危险。			
理化特性			
熔点：-62.0℃ 沸点：93.1℃ 闪点：-1.7℃	临界温度：无资料 临界压力：无资料 饱和蒸气压：无资料	爆炸上限：无资料 爆炸下限：无资料 相对密度($d_{水}=1$)：0.90	引燃温度：无资料 燃烧热：无资料
溶解性	不溶于水，溶于醇、醚、氯仿、苯。		
主要用途	作溶剂用。		
急救措施			
皮肤接触	脱去污染的衣着，用大量流动清水冲洗。		
眼睛接触	提起眼睑，用流动清水或生理盐水冲洗。就医。		
吸入	迅速脱离现场至空气新鲜处。保持呼吸道通畅。如呼吸困难，给予吸氧。如呼吸停止，立即进行人工呼吸。就医。		
食入	饮足量温水，催吐。就医。		
防护措施			
呼吸防护	空气中浓度超标时，必须佩戴自吸过滤式防毒面具(半面罩)。紧急事态抢救或撤离时，应该佩戴空气呼吸器。		
眼睛防护	戴化学安全防护眼镜。		
身体防护	穿防静电工作服。		
手防护	戴橡胶耐油手套。		
其他防护	工作现场严禁吸烟。工作完毕，淋浴更衣。		

品名：**2,2-二甲基庚烷** 别名：无		分子式：C_9H_{20} 分子量：128.3	相态：液 外观与性状：无资料
危险特性			
火灾危险性：可燃液体甲 B 腐蚀减薄：无 环境开裂：无		爆炸物：无 金属腐蚀：无 急性毒性：无	皮肤腐蚀/刺激：无 易燃液体：类别 3
无资料。			
理化特性			
熔点：-113.0℃ 沸点：132.0℃ 闪点：24.4℃	临界温度：无资料 临界压力：无资料 饱和蒸气压：无资料	爆炸上限：无资料 爆炸下限：无资料 相对密度($d_{水}=1$)：0.71	引燃温度：无资料 燃烧热：无资料
溶解性	无资料		
主要用途	无资料		
急救措施			
皮肤接触	无资料。		
眼睛接触	无资料。		
吸入	无资料。		
食入	无资料。		
防护措施			
呼吸防护	如果蒸气浓度超过职业接触限值或发生刺激等症状时，请使用全面罩式多功能防毒面具。		
眼睛防护	佩戴化学护目镜(符合欧盟 EN 166 或美国 NIOSH 标准)。		
身体防护	穿阻燃防静电防护服和抗静电的防护靴。		
手防护	戴化学防护手套(例如丁基橡胶手套)。		
其他防护	工作现场禁止吸烟、进食和饮水。工作完毕，淋浴更衣。保持良好的卫生习惯。		

品名：**2,3-二甲基庚烷** 别名：无		分子式：C_9H_{20} 分子量：128.3	相态：液 外观与性状：无资料
危险特性			
火灾危险性：可燃液体丙 A 腐蚀减薄：无 环境开裂：无		爆炸物：无 金属腐蚀：无 急性毒性：无	皮肤腐蚀/刺激：无 易燃液体：类别 3
无资料。			
理化特性			
熔点：-116.0℃ 沸点：140.8℃ 闪点：60.1℃	临界温度：无资料 临界压力：无资料 饱和蒸气压：无资料	爆炸上限：无资料 爆炸下限：无资料 相对密度($d_{水}=1$)：0.73	引燃温度：无资料 燃烧热：无资料
溶解性	无资料		
主要用途	无资料		
急救措施			
皮肤接触	无资料。		
眼睛接触	无资料。		
吸入	无资料。		
食入	无资料。		
防护措施			
呼吸防护	如果蒸气浓度超过职业接触限值或发生刺激等症状时，请使用全面罩式多功能防毒面具。		
眼睛防护	佩戴化学护目镜(符合欧盟 EN 166 或美国 NIOSH 标准)。		
身体防护	穿阻燃防静电防护服和抗静电的防护靴。		
手防护	戴化学防护手套(例如丁基橡胶手套)。		
其他防护	工作现场禁止吸烟、进食和饮水。工作完毕，淋浴更衣。保持良好的卫生习惯。		

品名：**2,4-二甲基庚烷** 别名：无	分子式：C_9H_{20} 分子量：128.3	相态：液 外观与性状：无资料	
危险特性			
火灾危险性：可燃液体乙 B 腐蚀减薄：无 环境开裂：无	爆炸物：无 金属腐蚀：无 急性毒性：无	皮肤腐蚀/刺激：无 易燃液体：类别 3	
无资料。			
理化特性			
熔点：无资料 沸点：133.6℃ 闪点：51.7℃	临界温度：无资料 临界压力：无资料 饱和蒸气压：无资料	爆炸上限：无资料 爆炸下限：无资料 相对密度($d_{水}=1$)：0.72	引燃温度：无资料 燃烧热：无资料
溶解性	能与多数有机溶剂混容，不溶于水。		
主要用途	气相色谱分析标准。		
急救措施			
皮肤接触	无资料。		
眼睛接触	无资料。		
吸入	无资料。		
食入	无资料。		
防护措施			
呼吸防护	如果蒸气浓度超过职业接触限值或发生刺激等症状时，请使用全面罩式多功能防毒面具。		
眼睛防护	佩戴化学护目镜(符合欧盟 EN 166 或美国 NIOSH 标准)。		
身体防护	穿阻燃防静电防护服和抗静电的防护靴。		
手防护	戴化学防护手套(例如丁基橡胶手套)。		
其他防护	工作现场禁止吸烟、进食和饮水。工作完毕，淋浴更衣。保持良好的卫生习惯。		

品名：**2,5-二甲基庚烷** 别名：无	分子式：C_9H_{20} 分子量：128.3	相态：液 外观与性状：无资料	
危险特性			
火灾危险性：可燃液体甲 B 腐蚀减薄：无 环境开裂：无	爆炸物：无 金属腐蚀：无 急性毒性：无	皮肤腐蚀/刺激：无 易燃液体：类别 3	
其蒸气与空气可形成爆炸性混合物，遇明火、高热能引起燃烧爆炸。与氧化剂可发生反应。流速过快，容易产生和积聚静电。其蒸气比空气重，能在较低处扩散到相当远的地方，遇火源会着火回燃。若遇高热，容器内压增大，有开裂和爆炸的危险。			
理化特性			
熔点：无资料 沸点：136.0℃ 闪点：24.0℃	临界温度：无资料 临界压力：无资料 饱和蒸气压：无资料	爆炸上限：无资料 爆炸下限：无资料 相对密度($d_{水}=1$)：0.72	引燃温度：无资料 燃烧热：无资料
溶解性	不溶于水，溶于醇、醚、苯。		
主要用途	用作气相色谱对比样品。		
急救措施			
皮肤接触	脱去污染的衣着，用流动清水冲洗。		
眼睛接触	提起眼睑，用流动清水或生理盐水冲洗。就医。		
吸入	迅速脱离现场至空气新鲜处。保持呼吸道通畅。如呼吸困难，给予吸氧。如呼吸停止，立即进行人工呼吸。就医。		
食入	饮足量温水，催吐。就医。		
防护措施			
呼吸防护	空气中浓度超标时，必须佩戴自吸过滤式防毒面具(半面罩)。紧急事态抢救或撤离时，应该佩戴空气呼吸器。		
眼睛防护	戴化学安全防护眼镜。		
身体防护	穿防静电工作服。		
手防护	戴橡胶手套。		
其他防护	工作场所禁止吸烟、进食和饮水，饭前要洗手。工作完毕，淋浴更衣。保持良好的卫生习惯。		

品名：**3,3-二甲基庚烷**	分子式：C_9H_{20}	相态：液
别名：无	分子量：128.3	外观与性状：无资料

危险特性

火灾危险性：可燃液体甲 B	爆炸物：无	皮肤腐蚀/刺激：无
腐蚀减薄：无	金属腐蚀：无	易燃液体：类别 3
环境开裂：无	急性毒性：无	

无资料。

理化特性

熔点：无资料	临界温度：无资料	爆炸上限：无资料	引燃温度：无资料
沸点：137.1℃	临界压力：无资料	爆炸下限：无资料	燃烧热：无资料
闪点：27.2℃	饱和蒸气压：无资料	相对密度($d_{水}=1$)：0.73	

溶解性	不溶于水。
主要用途	气相色谱分析标准。

急救措施

皮肤接触	无资料。
眼睛接触	无资料。
吸入	无资料。
食入	无资料。

防护措施

呼吸防护	如果蒸气浓度超过职业接触限值或发生刺激等症状时，请使用全面罩式多功能防毒面具。
眼睛防护	佩戴化学护目镜(符合欧盟 EN 166 或美国 NIOSH 标准)。
身体防护	穿阻燃防静电防护服和抗静电的防护靴。
手防护	戴化学防护手套(例如丁基橡胶手套)。
其他防护	工作现场禁止吸烟、进食和饮水。工作完毕，淋浴更衣。保持良好的卫生习惯。

品名：**3,4-二甲基庚烷**	分子式：C_9H_{20}	相态：液
别名：无	分子量：128.3	外观与性状：无色液体

危险特性

火灾危险性：可燃液体甲 B	爆炸物：无	皮肤腐蚀/刺激：无
腐蚀减薄：无	金属腐蚀：无	易燃液体：类别 3
环境开裂：无	急性毒性：无	

无资料。

理化特性

熔点：无资料	临界温度：无资料	爆炸上限：无资料	引燃温度：无资料
沸点：140.7℃	临界压力：无资料	爆炸下限：无资料	燃烧热：无资料
闪点：60.0℃	饱和蒸气压：无资料	相对密度($d_{水}=1$)：0.73	

溶解性	与水部分混溶。
主要用途	无资料。

急救措施

皮肤接触	无资料。
眼睛接触	无资料。
吸入	无资料。
食入	无资料。

防护措施

呼吸防护	如果蒸气浓度超过职业接触限值或发生刺激等症状时，请使用全面罩式多功能防毒面具。
眼睛防护	佩戴化学护目镜(符合欧盟 EN 166 或美国 NIOSH 标准)。
身体防护	穿阻燃防静电防护服和抗静电的防护靴。
手防护	戴化学防护手套(例如丁基橡胶手套)。
其他防护	工作现场禁止吸烟、进食和饮水。工作完毕，淋浴更衣。保持良好的卫生习惯。

品名：**3,5-二甲基庚烷** 别名：无		分子式：C_9H_{20} 分子量：128.3	相态：液 外观与性状：无色液体
危险特性			
火灾危险性：可燃液体甲B 腐蚀减薄：无 环境开裂：无		爆炸物：无 金属腐蚀：无 急性毒性：无	皮肤腐蚀/刺激：无 易燃液体：类别3
其蒸气与空气可形成爆炸性混合物，遇明火、高热能引起燃烧爆炸。与氧化剂可发生反应。流速过快，容易产生和积聚静电。其蒸气比空气重，能在较低处扩散到相当远的地方，遇火源会着火回燃。若遇高热，容器内压增大，有开裂和爆炸的危险。			
理化特性			
熔点：无资料 沸点：136.0℃ 闪点：23.0℃	临界温度：无资料 临界压力：无资料 饱和蒸气压：1.27kPa(25℃)	爆炸上限：无资料 爆炸下限：无资料 相对密度($d_{水}=1$)：0.72	引燃温度：无资料 燃烧热：无资料
溶解性	不溶于水，溶于醇、醚、苯。		
主要用途	用作气相色谱对比样品。		
急救措施			
皮肤接触	脱去污染的衣着，用流动清水冲洗。		
眼睛接触	提起眼睑，用流动清水或生理盐水冲洗。就医。		
吸入	迅速脱离现场至空气新鲜处。保持呼吸道通畅。如呼吸困难，给予吸氧。如呼吸停止，立即进行人工呼吸。就医。		
食入	饮足量温水，催吐。就医。		
防护措施			
呼吸防护	空气中浓度超标时，必须佩戴自吸过滤式防毒面具(半面罩)。紧急事态抢救或撤离时，应该佩戴空气呼吸器。		
眼睛防护	戴化学安全防护眼镜。		
身体防护	穿防静电工作服。		
手防护	戴橡胶手套。		
其他防护	工作场所禁止吸烟、进食和饮水，饭前要洗手。工作完毕，淋浴更衣。保持良好的卫生习惯。		

品名：**4,4-二甲基庚烷** 别名：无		分子式：C_9H_{20} 分子量：128.3	相态：液 外观与性状：无色液体
危险特性			
火灾危险性：可燃液体甲B 腐蚀减薄：无 环境开裂：无		爆炸物：无 金属腐蚀：无 急性毒性：无	皮肤腐蚀/刺激：无 易燃液体：类别3
其蒸气与空气可形成爆炸性混合物，遇明火、高热能引起燃烧爆炸。与氧化剂可发生反应。流速过快，容易产生和积聚静电。其蒸气比空气重，能在较低处扩散到相当远的地方，遇火源会着火回燃。若遇高热，容器内压增大，有开裂和爆炸的危险。			
理化特性			
熔点：无资料 沸点：135.2℃ 闪点：21.0℃	临界温度：无资料 临界压力：无资料 饱和蒸气压：1.39kPa(25℃)	爆炸上限：无资料 爆炸下限：无资料 相对密度($d_{水}=1$)：0.72	引燃温度：无资料 燃烧热：无资料
溶解性	不溶于水，溶于醇、醚、苯、氯仿。		
主要用途	用作气相色谱对比样品。		
急救措施			
皮肤接触	脱去污染的衣着，用流动清水冲洗。		
眼睛接触	提起眼睑，用流动清水或生理盐水冲洗。就医。		
吸入	迅速脱离现场至空气新鲜处。保持呼吸道通畅。如呼吸困难，给予吸氧。如呼吸停止，立即进行人工呼吸。就医。		
食入	饮足量温水，催吐。就医。		
防护措施			
呼吸防护	空气中浓度超标时，必须佩戴自吸过滤式防毒面具(半面罩)。紧急事态抢救或撤离时，应该佩戴空气呼吸器。		
眼睛防护	戴化学安全防护眼镜。		
身体防护	穿防静电工作服。		
手防护	戴橡胶手套。		
其他防护	工作场所禁止吸烟、进食和饮水，饭前要洗手。工作完毕，淋浴更衣。保持良好的卫生习惯。		

品名：**N,N-二甲基环己胺** 别名：二甲氨基环己烷		分子式：$C_8H_{17}N$ 分子量：127.2	相态：液 外观与性状：无色液体
危险特性			
火灾危险性：可燃液体乙 A 腐蚀减薄：碱腐蚀、胺腐蚀 环境开裂：碱应力腐蚀开裂、氨应力腐蚀开裂、胺应力腐蚀开裂		爆炸物：无 金属腐蚀：无 急性毒性：类别 2	皮肤腐蚀/刺激：类别 1 易燃液体：类别 3 严重眼损伤/眼刺激：类别 1
遇明火、高热或与氧化剂接触，有引起燃烧爆炸的危险。受高热分解放出有毒的气体。具有腐蚀性。			
理化特性			
熔点：-77.0℃ 沸点：156.0℃ 闪点：43.0℃	临界温度：无资料 临界压力：2.93MPa 饱和蒸气压：0.40kPa(25℃)	爆炸上限：无资料 爆炸下限：无资料 相对密度($d_水=1$)：0.85	引燃温度：304.0℃ 燃烧热：无资料
溶解性	微溶于水，可混溶于醇、丙酮、苯。		
主要用途	用作催化剂，橡胶促进剂的中间体，以及用于织物处理。		
急救措施			
皮肤接触	立即脱去污染的衣着，用大量流动清水冲洗至少 15min。就医。		
眼睛接触	立即提起眼睑，用大量流动清水或生理盐水彻底冲洗至少 15min。就医。		
吸入	迅速脱离现场至空气新鲜处。保持呼吸道通畅。如呼吸困难，给予吸氧。如呼吸停止，立即进行人工呼吸。就医。		
食入	用水漱口，给饮牛奶或蛋清。就医。		
防护措施			
呼吸防护	可能接触其蒸气时，佩戴自吸过滤式防毒面具(全面罩)。紧急事态抢救或撤离时，建议佩戴空气呼吸器。		
眼睛防护	呼吸系统防护中已做防护。		
身体防护	戴橡胶耐酸碱手套。		
手防护	戴橡胶耐油手套。		
其他防护	工作现场禁止吸烟、进食和饮水。工作完毕，淋浴更衣。实行就业前和定期的体检。		

品名：**1,1-二甲基环己烷** 别名：无		分子式：C_8H_{16} 分子量：122.2	相态：液 外观与性状：无色液体
危险特性			
火灾危险性：可燃液体甲 B 腐蚀减薄：无 环境开裂：无		爆炸物：无 金属腐蚀：无 急性毒性：无	皮肤腐蚀/刺激：无 易燃液体：类别 2
其蒸气与空气可形成爆炸性混合物，遇热源和明火有燃烧爆炸的危险。与氧化剂能发生强烈反应，引起燃烧或爆炸。在火场中，受热的容器有爆炸危险。其蒸气比空气重，能在较低处扩散到相当远的地方，遇火源会着火回燃。			
理化特性			
熔点：-33.5℃ 沸点：119.5℃ 闪点：7.0℃	临界温度：无资料 临界压力：2.93MPa 饱和蒸气压：1.33kPa(10.2℃)	爆炸上限：无资料 爆炸下限：无资料 相对密度($d_水=1$)：0.78	引燃温度：304.0℃ 燃烧热：无资料
溶解性	不溶于水，溶于乙醇、乙醚等多数有机溶剂。		
主要用途	用作化学中间体、分析试剂，用于有机合成。		
急救措施			
皮肤接触	脱去污染的衣着，用流动清水冲洗。		
眼睛接触	提起眼睑，用流动清水或生理盐水冲洗。		
吸入	迅速脱离现场至空气新鲜处。保持呼吸道通畅。如呼吸困难，给予吸氧。如呼吸停止，立即进行人工呼吸。就医。		
食入	饮足量温水，催吐。就医。		
防护措施			
呼吸防护	一般不需要特殊防护，高浓度接触时可佩戴自吸过滤式防毒面具。		
眼睛防护	必要时，戴化学安全防护眼镜。		
身体防护	穿防静电工作服。		
手防护	戴橡胶耐油手套。		
其他防护	工作现场严禁吸烟。避免长期反复接触。		

品名：**1,2-二甲基环己烷**	分子式：C_8H_{16}	相态：液
别名：无	分子量：122.2	外观与性状：无色透明液本

危险特性

火灾危险性：可燃液体甲 B	爆炸物：无	皮肤腐蚀/刺激：无
腐蚀减薄：无	金属腐蚀：无	易燃液体：类别 2
环境开裂：无	急性毒性：无	

其蒸气与空气形成爆炸性混合物，遇明火、高热或与氧化剂接触，有引起燃烧爆炸的危险。与氧化剂可发生反应。其蒸气比空气重，能在较低处扩散到相当远的地方，遇明火会引着回燃。若遇高热，容器内压增大，有开裂和爆炸的危险。

理化特性

熔点：-50.1℃	临界温度：无资料	爆炸上限：无资料	引燃温度：304.0℃
沸点：127.0℃	临界压力：无资料	爆炸下限：无资料	燃烧热：无资料
闪点：15.0℃	饱和蒸气压：无资料	相对密度($d_{水}=1$)：0.78	

溶解性	不溶于水，溶于醇、醚、酮、苯。
主要用途	用于有机合成，用作分析试剂、溶剂。

急救措施

皮肤接触	用肥皂水及清水彻底冲洗。就医。
眼睛接触	拉开眼睑，用流动清水冲洗 15min。就医。
吸入	脱离现场至空气新鲜处。就医。
食入	误服者，饮适量温水，催吐。就医。

防护措施

呼吸防护	作业工人应戴口罩。高浓度接触时，应该佩戴防毒面具。
眼睛防护	戴安全防护眼镜。
身体防护	穿防静电工作服。
手防护	戴防护手套。
其他防护	工作现场严禁吸烟。工作后，淋浴更衣。避免高浓度吸入。

品名：**1,3-二甲基环己烷**	分子式：C_8H_{16}	相态：液
别名：无	分子量：122.2	外观与性状：无色透明液本

危险特性

火灾危险性：可燃液体甲 B	爆炸物：无	皮肤腐蚀/刺激：无
腐蚀减薄：无	金属腐蚀：无	易燃液体：类别 2
环境开裂：无	急性毒性：无	

其蒸气与空气可形成爆炸性混合物，遇明火、高热极易燃烧爆炸。与氧化剂接触猛烈反应。流速过快，容易产生和积聚静电。其蒸气比空气重，能在较低处扩散到相当远的地方，遇火源会着火回燃。若遇高热，容器内压增大，有开裂和爆炸的危险。

理化特性

熔点：无资料	临界温度：无资料	爆炸上限：无资料	引燃温度：306.0℃
沸点：124.0℃	临界压力：无资料	爆炸下限：无资料	燃烧热：无资料
闪点：6.0℃	饱和蒸气压：无资料	相对密度($d_{水}=1$)：0.77	

溶解性	不溶于水，溶于醇、醚、苯、酮。
主要用途	用于有机合成，并用作分析试剂。

急救措施

皮肤接触	脱去污染的衣着，用流动清水冲洗。
眼睛接触	提起眼睑，用流动清水或生理盐水冲洗。就医。
吸入	迅速脱离现场至空气新鲜处。保持呼吸道通畅。如呼吸困难，给予吸氧。如呼吸停止，立即进行人工呼吸。就医。
食入	饮足量温水，催吐。就医。

防护措施

呼吸防护	空气中浓度超标时，必须佩戴自吸过滤式防毒面具(半面罩)。紧急事态抢救或撤离时，应该佩戴空气呼吸器。
眼睛防护	戴化学安全防护眼镜。
身体防护	穿防静电工作服。
手防护	戴橡胶手套。
其他防护	工作场所禁止吸烟、进食和饮水，饭前要洗手。工作完毕，淋浴更衣。保持良好的卫生习惯。

品名：**1,4-二甲基环己烷**	分子式：C_8H_{16}	相态：液
别名：无	分子量：122.2	外观与性状：无色透明液体
危险特性		
火灾危险性：可燃液体甲 B	爆炸物：无	皮肤腐蚀/刺激：无
腐蚀减薄：无	金属腐蚀：无	易燃液体：类别 2
环境开裂：无	急性毒性：无	皮肤腐蚀/刺激：类别 2
其蒸气与空气可形成爆炸性混合物，遇明火、高热极易燃烧爆炸。与氧化剂接触猛烈反应。流速过快，容易产生和积聚静电。其蒸气比空气重，能在较低处扩散到相当远的地方，遇火源会着火回燃。若遇高热，容器内压增大，有开裂和爆炸的危险。		

理化特性			
熔点：-86.0℃	临界温度：无资料	爆炸上限：无资料	引燃温度：304.0℃
沸点：119.5℃	临界压力：无资料	爆炸下限：无资料	燃烧热：无资料
闪点：10.0℃	饱和蒸气压：1.33kPa(10.2℃)	相对密度($d_水=1$)：0.77	

溶解性	不溶于水，溶于醇、醚、酮、苯。
主要用途	用于有机合成，用作溶剂。
急救措施	
皮肤接触	脱去污染的衣着，用流动清水冲洗。
眼睛接触	提起眼睑，用流动清水或生理盐水冲洗。就医。
吸入	迅速脱离现场至空气新鲜处。保持呼吸道通畅。如呼吸困难，给予吸氧。如呼吸停止，立即进行人工呼吸。就医。
食入	饮足量温水，催吐。就医。
防护措施	
呼吸防护	空气中浓度超标时，必须佩戴自吸过滤式防毒面具(半面罩)。紧急事态抢救或撤离时，应该佩戴空气呼吸器。
眼睛防护	戴化学安全防护眼镜。
身体防护	穿防静电工作服。
手防护	戴橡胶手套。
其他防护	工作场所禁止吸烟、进食和饮水，饭前要洗手。工作完毕，淋浴更衣。保持良好的卫生习惯。

品名：**1,1-二甲基环戊烷**	分子式：C_7H_{14}	相态：液
别名：无	分子量：98.2	外观与性状：无资料
危险特性		
火灾危险性：可燃液体甲 B	爆炸物：无	皮肤腐蚀/刺激：无
腐蚀减薄：无	金属腐蚀：无	易燃液体：类别 2
环境开裂：无	急性毒性：无	
无资料。		

理化特性			
熔点：-70.0℃	临界温度：无资料	爆炸上限：无资料	引燃温度：无资料
沸点：87.5℃	临界压力：无资料	爆炸下限：无资料	燃烧热：无资料
闪点：-8.8℃	饱和蒸气压：无资料	相对密度($d_水=1$)：0.75	

溶解性	无资料。
主要用途	无资料。
急救措施	
皮肤接触	无资料。
眼睛接触	无资料。
吸入	无资料。
食入	无资料。
防护措施	
呼吸防护	如果蒸气浓度超过职业接触限值或发生刺激等症状时，请使用全面罩式多功能防毒面具。
眼睛防护	佩戴化学护目镜(符合欧盟 EN 166 或美国 NIOSH 标准)。
身体防护	穿阻燃防静电防护服和抗静电的防护靴。
手防护	戴化学防护手套(例如丁基橡胶手套)。
其他防护	工作现场禁止吸烟、进食和饮水。工作完毕，淋浴更衣。保持良好的卫生习惯。

品名：**1,2-二甲基环戊烷** 别名：无	分子式：C_7H_{14}　相态：液 分子量：98.2　外观与性状：无色液体
危险特性	
火灾危险性：可燃液体甲B　爆炸物：无　皮肤腐蚀/刺激：无 腐蚀减薄：无　金属腐蚀：无　易燃液体：类别2 环境开裂：无　急性毒性：无	
易燃，其蒸气与空气可形成爆炸性混合物，遇热源和明火有燃烧爆炸的危险。在火场中，受热的容器有爆炸危险。与氧化剂能发生强烈反应，引起燃烧或爆炸。其蒸气比空重，能在较低处扩散到相当远的地方，遇火源会着火回燃。	
理化特性	
熔点：-62.0℃　临界温度：无资料　爆炸上限：无资料　引燃温度：无资料 沸点：99.5℃　临界压力：无资料　爆炸下限：无资料　燃烧热：无资料 闪点：21.0℃　饱和蒸气压：无资料　相对密度($d_水=1$)：0.77	
溶解性	不溶于水，可混溶于多数有机溶剂。
主要用途	用于有机合成。
急救措施	
皮肤接触	脱去污染的衣着，用肥皂水和清水彻底冲洗皮肤。
眼睛接触	提起眼睑，用流动清水或生理盐水冲洗。就医。
吸入	迅速脱离现场至空气新鲜处。保持呼吸道通畅。如呼吸困难，给予吸氧。如呼吸停止，立即进行人工呼吸。就医。
食入	饮足量温水，催吐。就医。
防护措施	
呼吸防护	一般不需要特殊防护，高浓度接触时可佩戴自吸过滤式防毒面具(半面罩)。
眼睛防护	必要时，戴化学安全防护眼镜。
身体防护	穿防静电工作服。
手防护	戴橡胶耐油手套。
其他防护	工作现场严禁吸烟。避免长期反复接触。

品名：**1,3-二甲基环戊烷** 别名：无	分子式：C_7H_{14}　相态：液 分子量：98.2　外观与性状：液体
危险特性	
火灾危险性：可燃液体甲B　爆炸物：无　皮肤腐蚀/刺激：无 腐蚀减薄：无　金属腐蚀：无　易燃液体：类别2 环境开裂：无　急性毒性：无	
无资料。	
理化特性	
熔点：无资料　临界温度：无资料　爆炸上限：无资料　引燃温度：无资料 沸点：-134.0℃　临界压力：无资料　爆炸下限：无资料　燃烧热：无资料 闪点：97.2℃　饱和蒸气压：无资料　相对密度($d_水=1$)：0.74	
溶解性	无资料。
主要用途	无资料。
急救措施	
皮肤接触	无资料。
眼睛接触	无资料。
吸入	无资料。
食入	无资料。
防护措施	
呼吸防护	如果蒸气浓度超过职业接触限值或发生刺激等症状时，请使用全面罩式多功能防毒面具。
眼睛防护	佩戴化学护目镜(符合欧盟EN 166或美国NIOSH标准)。
身体防护	穿阻燃防静电防护服和抗静电的防护靴。
手防护	戴化学防护手套(例如丁基橡胶手套)。
其他防护	工作现场禁止吸烟、进食和饮水。工作完毕，淋浴更衣。保持良好的卫生习惯。

品名：**2,2-二甲基己烷**	分子式：C_8H_{18}	相态：液
别名：无	分子量：114.2	外观与性状：无色液体

危险特性

火灾危险性：可燃液体甲 B	爆炸物：无	皮肤腐蚀/刺激：类别 2
腐蚀减薄：无	金属腐蚀：无	易燃液体：类别 2
环境开裂：无	急性毒性：无	

其蒸气与空气可形成爆炸性混合物，遇热源和明火有燃烧爆炸的危险。与氧化剂能发生强烈反应。在火场中，受热的容器有爆炸危险。其蒸气比空气重，能在较低处扩散到相当远的地方，遇火源会着火回燃。

理化特性

熔点：-121.2℃	临界温度：282.0℃	爆炸上限：无资料	引燃温度：337.0℃
沸点：106.8℃	临界压力：2.61MPa	爆炸下限：无资料	燃烧热：无资料
闪点：-3.0℃	饱和蒸气压：8.40kPa(37.7℃)	相对密度($d_{水}=1$)：0.69	

溶解性	不溶于水，易溶于乙醇，可混溶于乙醚、丙酮、氯仿、苯。
主要用途	用作化学试剂、气相色谱对比样品。
急救措施	
皮肤接触	脱去污染的衣着，用肥皂水和清水彻底冲洗皮肤。
眼睛接触	提起眼睑，用流动清水或生理盐水冲洗。就医。
吸入	迅速脱离现场至空气新鲜处。保持呼吸道通畅。如呼吸困难，给予吸氧。如呼吸停止，立即进行人工呼吸。就医。
食入	饮足量温水，催吐。就医。
防护措施	
呼吸防护	空气中浓度超标时，佩戴过滤式防毒面具(半面罩)。
眼睛防护	必要时，戴化学安全防护眼镜。
身体防护	穿防静电工作服。
手防护	戴橡胶耐油手套。
其他防护	工作现场严禁吸烟。避免长期反复接触。

品名：**2,3-二甲基己烷**	分子式：C_8H_{18}	相态：液
别名：无	分子量：114.2	外观与性状：无色澄清液体

危险特性

火灾危险性：可燃液体甲 B	爆炸物：无	皮肤腐蚀/刺激：类别 2
腐蚀减薄：无	金属腐蚀：无	易燃液体：类别 2
环境开裂：无	急性毒性：无	

其蒸气与空气可形成爆炸性混合物，遇热源和明火有燃烧爆炸的危险。与氧化剂能发生强烈反应。在火场中，受热的容器有爆炸危险。其蒸气比空气重，能在较低处扩散到相当远的地方，遇火源会着火回燃。

理化特性

熔点：无资料	临界温度：17.2℃	爆炸上限：无资料	引燃温度：438.0℃
沸点：115.6℃	临界压力：2.63MPa	爆炸下限：无资料	燃烧热：无资料
闪点：5.3℃	饱和蒸气压：无资料	相对密度($d_{水}=1$)：0.72	

溶解性	不溶于水，溶于乙醇、乙醚、丙酮、苯等。
主要用途	用作化学试剂，用于有机合成。
急救措施	
皮肤接触	脱去污染的衣着，用肥皂水和清水彻底冲洗皮肤。
眼睛接触	提起眼睑，用流动清水或生理盐水冲洗。就医。
吸入	迅速脱离现场至空气新鲜处。保持呼吸道通畅。如呼吸困难，给予吸氧。如呼吸停止，立即进行人工呼吸。就医。
食入	饮足量温水，催吐。就医。
防护措施	
呼吸防护	空气中浓度超标时，佩戴过滤式防毒面具(半面罩)。
眼睛防护	必要时，戴化学安全防护眼镜。
身体防护	穿防静电工作服。
手防护	戴橡胶耐油手套。
其他防护	工作现场严禁吸烟。避免长期反复接触。

品名：**2,4-二甲基己烷** 别名：无		分子式：C_8H_{18} 分子量：114.2	相态：液 外观与性状：无色澄清液体
危险特性			
火灾危险性：可燃液体甲 B 腐蚀减薄：无 环境开裂：无		爆炸物：无 金属腐蚀：无 急性毒性：无	皮肤腐蚀/刺激：类别 2 易燃液体：类别 2
其蒸气与空气可形成爆炸性混合物，遇热源和明火有燃烧爆炸的危险。与氧化剂能发生强烈反应。在火场中，受热的容器有爆炸危险。其蒸气比空气重，能在较低处扩散到相当远的地方，遇火源会着火回燃。			
理化特性			
熔点：25.0℃ 沸点：109.0℃ 闪点：10.0℃	临界温度：282.0℃ 临界压力：2.61MPa 饱和蒸气压：6.40kPa(34℃)	爆炸上限：无资料 爆炸下限：无资料 相对密度($d_{水}=1$)：0.71	引燃温度：307.0℃ 燃烧热：无资料
溶解性	不溶于水，溶于醇、乙醚。		
主要用途	用作色谱分析标准物质及用于有机合成。		
急救措施			
皮肤接触	脱去污染的衣着，用肥皂水和清水彻底冲洗皮肤。		
眼睛接触	提起眼睑，用流动清水或生理盐水冲洗。就医。		
吸入	迅速脱离现场至空气新鲜处。保持呼吸道通畅。如呼吸困难，给予吸氧。如呼吸停止，立即进行人工呼吸。就医。		
食入	饮足量温水，催吐。就医。		
防护措施			
呼吸防护	空气中浓度超标时，佩戴过滤式防毒面具(半面罩)。		
眼睛防护	必要时，戴化学安全防护眼镜。		
身体防护	穿防静电工作服。		
手防护	戴橡胶耐油手套。		
其他防护	工作现场严禁吸烟。避免长期反复接触。		

品名：**3,3-二甲基己烷** 别名：无		分子式：C_8H_{18} 分子量：114.2	相态：液 外观与性状：无资料
危险特性			
火灾危险性：可燃液体甲 B 腐蚀减薄：无 环境开裂：无		爆炸物：无 金属腐蚀：无 急性毒性：无	皮肤腐蚀/刺激：类别 2 易燃液体：类别 2
无资料。			
理化特性			
熔点：无资料 沸点：111.1℃ 闪点：9.3℃	临界温度：17.2℃ 临界压力：2.65MPa 饱和蒸气压：无资料	爆炸上限：无资料 爆炸下限：无资料 相对密度($d_{水}=1$)：无资料	引燃温度：346.0℃ 燃烧热：无资料
溶解性	不溶于水。		
主要用途	无资料。		
急救措施			
皮肤接触	无资料。		
眼睛接触	无资料。		
吸入	无资料。		
食入	无资料。		
防护措施			
呼吸防护	空气中浓度超标时，佩戴过滤式防毒面具(半面罩)。		
眼睛防护	必要时，戴化学安全防护眼镜。		
身体防护	穿防静电工作服。		
手防护	戴橡胶耐油手套。		
其他防护	工作现场严禁吸烟。避免长期反复接触。		

品名：**3,4-二甲基己烷**		分子式：C_8H_{18}	相态：液
别名：无		分子量：114.2	外观与性状：无资料
危险特性			
火灾危险性：可燃液体乙 A 腐蚀减薄：无 环境开裂：无		爆炸物：无 金属腐蚀：无 急性毒性：无	皮肤腐蚀/刺激：类别 2 易燃液体：类别 2
无资料。			
理化特性			
熔点：无资料 沸点：116.6℃ 闪点：31.6℃	临界温度：22.5℃ 临界压力：2.69MPa 饱和蒸气压：无资料	爆炸上限：无资料 爆炸下限：无资料 相对密度($d_{水}=1$)：无资料	引燃温度：无资料 燃烧热：无资料
溶解性	能与乙醇、丙酮、苯混溶，溶于乙醚，不溶于水。		
主要用途	气相色谱分析标准。		
急救措施			
皮肤接触	无资料。		
眼睛接触	无资料。		
吸入	无资料。		
食入	无资料。		
防护措施			
呼吸防护	空气中浓度超标时，佩戴过滤式防毒面具(半面罩)。		
眼睛防护	必要时，戴化学安全防护眼镜。		
身体防护	穿防静电工作服。		
手防护	戴橡胶耐油手套。		
其他防护	工作现场严禁吸烟。避免长期反复接触。		

品名：***N,N*-二甲基甲酰胺**		分子式：C_3H_7NO	相态：液
别名：甲酰二甲胺		分子量：73.1	外观与性状：无色液体，有微弱的特殊臭味
危险特性			
火灾危险性：可燃液体乙 B 腐蚀减薄：碱腐蚀、胺腐蚀 环境开裂：碱应力腐蚀开裂、胺应力腐蚀开裂		爆炸物：无 金属腐蚀：无 急性毒性：无	皮肤腐蚀/刺激：无 易燃液体：类别 3 严重眼损伤/眼刺激：类别 2
易燃，遇明火、高热或与氧化剂接触，有引起燃烧爆炸的危险。能与浓硫酸、发烟硝酸猛烈反应，甚至发生爆炸。与卤化物(如四氯化碳)能发生强烈反应。			
理化特性			
熔点：-61.0℃ 沸点：152.8℃ 闪点：58.0℃	临界温度：374.0℃ 临界压力：4.48MPa 饱和蒸气压：3.46kPa(60℃)	爆炸上限：15.2% 爆炸下限：2.2% 相对密度($d_{水}=1$)：0.94	引燃温度：445.0℃ 燃烧热：1915.0kJ/mol
溶解性	与水混溶，可混溶于多数有机溶剂。		
主要用途	主要用作工业溶剂，医药工业上用于生产维生素、激素，也用于制造杀虫剂。		
急救措施			
皮肤接触	立即脱去污染的衣着，用大量流动清水冲洗至少 15min。就医。		
眼睛接触	立即提起眼睑，用大量流动清水或生理盐水彻底冲洗至少 15min。就医。		
吸入	迅速脱离现场至空气新鲜处。保持呼吸道通畅。如呼吸困难，给予吸氧。如呼吸停止，立即进行人工呼吸。就医。		
食入	饮足量温水，催吐。就医。		
防护措施			
呼吸防护	空气中浓度超标时，佩戴过滤式防毒面具(全面罩)。		
眼睛防护	戴化学安全防护眼镜。		
身体防护	穿化学防护服。		
手防护	戴橡胶手套。		
其他防护	工作现场严禁吸烟。工作完毕，淋浴更衣。		

品名：**1,1-二甲基肼**	分子式：$C_2H_8N_2$	相态：液
别名：二甲基肼[不对称]；*N*,*N*-二甲基肼	分子量：60.1	外观与性状：无色带有氨气味的液体，具有吸湿性

危险特性

火灾危险性：可燃液体甲 B	爆炸物：无	皮肤腐蚀/刺激：类别 1
腐蚀减薄：无	金属腐蚀：无	易燃液体：类别 2
环境开裂：无	急性毒性：类别 2	严重眼损伤/眼刺激：类别 1

易燃，其蒸气与空气可形成爆炸性混合物，遇明火、高热极易燃烧爆炸。遇高热分解释出剧毒的气体。遇氧化剂及铝反应剧烈。

理化特性

熔点：-58.0℃	临界温度：无资料	爆炸上限：96.0%	引燃温度：247.8℃
沸点：63.3℃	临界压力：无资料	爆炸下限：2.0%	燃烧热：无资料
闪点：-15.0℃	饱和蒸气压：20.90kPa(25℃)	相对密度($d_{水}=1$)：0.78	

溶解性	与水混溶。
主要用途	用于化学合成，用作有机过氧化物的稳定剂、酸性气体吸收剂，还用于照相及农业。

急救措施

皮肤接触	立即脱去污染的衣着，用大量流动清水冲洗至少 15min。就医。
眼睛接触	立即提起眼睑，用大量流动清水或生理盐水彻底冲洗至少 15min。就医。
吸入	迅速脱离现场至空气新鲜处。保持呼吸道通畅。如呼吸困难，给予吸氧。如呼吸停止，立即进行人工呼吸。就医。
食入	用水漱口，给饮牛奶或蛋清。就医。

防护措施

呼吸防护	可能接触其蒸气时，必须佩戴导管式防毒面具。
眼睛防护	呼吸系统防护中已做防护。
身体防护	穿胶布防毒衣。
手防护	戴橡胶耐油手套。
其他防护	工作现场严禁吸烟。工作完毕，淋浴更衣。实行就业前和定期的体检。保持良好的卫生习惯。

品名：**1,2-二甲基肼**	分子式：$C_2H_8N_2$	相态：液
别名：二甲基肼[对称]	分子量：60.1	外观与性状：色带氨气味的液体，有吸湿性的液体

危险特性

火灾危险性：可燃液体甲 B	爆炸物：无	皮肤腐蚀/刺激：无
腐蚀减薄：无	金属腐蚀：无	易燃液体：类别 3
环境开裂：无	急性毒性：类别 2	

易燃，其蒸气与空气可形成爆炸性混合物，遇明火、高热极易燃烧爆炸。遇高热分解释出剧毒的气体。与氧化剂能发生强烈反应，引起燃烧或爆炸。

理化特性

熔点：-9.0℃	临界温度：无资料	爆炸上限：无资料	引燃温度：无资料
沸点：81.0℃	临界压力：无资料	爆炸下限：无资料	燃烧热：无资料
闪点：23.0℃	饱和蒸气压：9.00kPa(25℃)	相对密度($d_{水}=1$)：0.83	

溶解性	与水混溶，溶于乙醇、醚。
主要用途	无资料。

急救措施

皮肤接触	立即脱去污染的衣着，用大量流动清水冲洗至少 15min。就医。
眼睛接触	立即提起眼睑，用大量流动清水或生理盐水彻底冲洗至少 15min。就医。
吸入	迅速脱离现场至空气新鲜处。保持呼吸道通畅。如呼吸困难，给予吸氧。如呼吸停止，立即进行人工呼吸。就医。
食入	用水漱口，给饮牛奶或蛋清。就医。

防护措施

呼吸防护	可能接触其蒸气时，必须佩戴导管式防毒面具。
眼睛防护	呼吸系统防护中已做防护。
身体防护	穿胶布防毒衣。
手防护	戴橡胶耐油手套。
其他防护	工作现场严禁吸烟。工作完毕，淋浴更衣。实行就业前和定期的体检。保持良好的卫生习惯。

品名：***O,O'*-二甲基硫代磷酰氯**		分子式：C_2H_6PSCl	相态：液
别名：二甲基硫代磷酰氯		分子量：128.6	外观与性状：无色或微黄色液体，有令人窒息的刺激性气味
危险特性			
火灾危险性：可燃液体乙 A		爆炸物：无	皮肤腐蚀/刺激：类别 2
腐蚀减薄：硫酸腐蚀、高温硫化物腐蚀		金属腐蚀：无	严重眼损伤/眼刺激：类别 1
环境开裂：连多硫酸应力腐蚀开裂		急性毒性：类别 1	
遇明火、高热可燃。当加热到 120℃以上时，开始急剧分解。若遇高热可发生剧烈分解，引起容器破裂或爆炸事故。遇水或醇分解释出有毒烟雾。具有腐蚀性。			
理化特性			
熔点：无资料	临界温度：无资料	爆炸上限：无资料	引燃温度：无资料
沸点：131.6℃	临界压力：无资料	爆炸下限：无资料	燃烧热：无资料
闪点：33.4℃	饱和蒸气压：0.32kPa(40.)	相对密度($d_{水}=1$)：1.33	
溶解性	不溶于水，溶于苯、氯仿、乙醚等多数有机溶剂。		
主要用途	用于合成有机磷杀虫剂。		
急救措施			
皮肤接触	脱去污染的衣着，用流动清水冲洗。		
眼睛接触	提起眼睑，用流动清水或生理盐水冲洗。就医。		
吸入	迅速脱离现场至空气新鲜处。保持呼吸道通畅。如呼吸困难，给予吸氧。如呼吸停止，立即进行人工呼吸。就医。		
食入	饮足量温水，催吐。就医。		
防护措施			
呼吸防护	空气中浓度超标时，必须佩戴自吸过滤式防毒面具(全面罩)。紧急事态抢救或撤离时，应该佩戴空气呼吸器。		
眼睛防护	呼吸系统防护中已做防护。		
身体防护	穿橡胶耐酸碱服。		
手防护	戴橡胶耐油手套。		
其他防护	工作完毕，淋浴更衣。单独存放被毒物污染的衣服，洗后备用。保持良好的卫生习惯。		

品名：**二甲基氯乙缩醛**		分子式：$C_4H_9ClO_2$	相态：液
别名：无		分子量：124.6	外观与性状：无色液体，有刺激性臭味
危险特性			
火灾危险性：可燃液体乙 A		爆炸物：无	皮肤腐蚀/刺激：无
腐蚀减薄：无		金属腐蚀：无	易燃液体：类别 3
环境开裂：无		急性毒性：无	
其蒸气与空气可形成爆炸性混合物，遇明火、高热能引起燃烧爆炸。与氧化剂可发生反应。其蒸气比空气重，能在较低处扩散到相当远的地方，遇火源会着火回燃。若遇高热，容器内压增大，有开裂和爆炸的危险。			
理化特性			
熔点：无资料	临界温度：无资料	爆炸上限：无资料	引燃温度：232.2℃
沸点：126.0℃	临界压力：无资料	爆炸下限：无资料	燃烧热：无资料
闪点：28.0℃	饱和蒸气压：无资料	相对密度($d_{水}=1$)：1.08	
溶解性	溶于乙醇、乙醚、苯。		
主要用途	用于有机合成。		
急救措施			
皮肤接触	脱去污染的衣着，用大量流动清水冲洗。		
眼睛接触	提起眼睑，用流动清水或生理盐水冲洗。就医。		
吸入	脱离现场至空气新鲜处。如呼吸困难，给予吸氧。就医。		
食入	饮足量温水，催吐。就医。		
防护措施			
呼吸防护	空气中浓度超标时，必须佩戴自吸过滤式防毒面具(全面罩)。紧急事态抢救或撤离时，应该佩戴空气呼吸器。		
眼睛防护	戴化学安全防护眼镜。		
身体防护	穿防毒物渗透工作服。		
手防护	戴橡胶手套。		
其他防护	工作现场严禁吸烟。工作完毕，淋浴更衣。定期体检。		

品名：**2,6-二甲基吗啉** 别名：无		分子式：$C_6H_{13}NO$ 分子量：115.2	相态：液 外观与性状：透明液体
危险特性			
火灾危险性：可燃液体乙 B 腐蚀减薄：无 环境开裂：无		爆炸物：无 金属腐蚀：无 急性毒性：无	皮肤腐蚀/刺激：无 易燃液体：类别 3
其蒸气与空气可形成爆炸性混合物，遇明火、高热能引起燃烧爆炸。与氧化剂可发生反应。高温时分解，释出剧毒的氮氧化物气体。流速过快，容易产生和积聚静电。			
理化特性			
熔点：-85.0℃ 沸点：146.6℃ 闪点：48.9℃	临界温度：无资料 临界压力：无资料 饱和蒸气压：无资料	爆炸上限：无资料 爆炸下限：无资料 相对密度（$d_{水}=1$）：0.94	引燃温度：无资料 燃烧热：无资料
溶解性	易溶于水，易溶于乙醇，溶于丙酮，可混溶于苯。		
主要用途	用作腐蚀抑制剂、氯代溶剂的稳定剂、橡胶促进剂、杀虫剂及用于织物处理。		
急救措施			
皮肤接触	脱去污染的衣着，用大量流动清水冲洗。		
眼睛接触	提起眼睑，用流动清水或生理盐水冲洗。就医。		
吸入	脱离现场至空气新鲜处。如呼吸困难，给予吸氧。就医。		
食入	饮足量温水，催吐。就医。		
防护措施			
呼吸防护	如果蒸气浓度超过职业接触限值或发生刺激等症状时，请使用全面罩式多功能防毒面具。		
眼睛防护	佩戴化学护目镜（符合欧盟 EN166 或美国 NIOSH 标准）。		
身体防护	穿阻燃防静电防护服和抗静电的防护靴。		
手防护	戴化学防护手套（例如丁基橡胶手套）。		
其他防护	工作现场禁止吸烟、进食和饮水。工作完毕，淋浴更衣。保持良好的卫生习惯。		

品名：**二甲基镁** 别名：无		分子式：C_2H_6Mg 分子量：54.4	相态：固 外观与性状：无色固体
危险特性			
火灾危险性：无法确定 腐蚀减薄：无 环境开裂：无		爆炸物：无 金属腐蚀：无 急性毒性：类别 3	皮肤腐蚀/刺激：无 自燃固体：类别 1 遇水放出易燃气体的物质和混合物：类别 1
自燃物品。暴露在空气中能自燃。			
理化特性			
熔点：无资料 沸点：无资料 闪点：无资料	临界温度：无资料 临界压力：无资料 饱和蒸气压：无资料	爆炸上限：无资料 爆炸下限：无资料 相对密度（$d_{水}=1$）　无资料	引燃温度：无资料 燃烧热：无资料
溶解性	微溶于乙醚。		
主要用途	用于有机合成。		
急救措施			
皮肤接触	脱去污染的衣着，用大量流动清水冲洗。		
眼睛接触	提起眼睑，用流动清水或生理盐水冲洗。就医。		
吸入	脱离现场至空气新鲜处。如呼吸困难，给予吸氧。就医。		
食入	饮足量温水，催吐。就医。		
防护措施			
呼吸防护	空气中粉尘浓度超标时，必须佩戴自吸过滤式防尘口罩。紧急事态抢救或撤离时，应该佩戴空气呼吸器。		
眼睛防护	戴化学安全防护眼镜。		
身体防护	穿防毒物渗透工作服。		
手防护	戴橡胶手套。		
其他防护	工作场所禁止吸烟、进食和饮水，饭前要洗手。工作完毕，淋浴更衣。保持良好的卫生习惯。		

品名：**1,4-二甲基哌嗪**	分子式：$C_6H_{14}N_2$	相态：液
别名：无	分子量：114.2	外观与性状：无色挥发性液体

危险特性

火灾危险性：可燃液体甲 B	爆炸物：无	皮肤腐蚀/刺激：无
腐蚀减薄：无	金属腐蚀：无	
环境开裂：无	急性毒性：类别 2	

其蒸气与空气可形成爆炸性混合物，遇明火、高热能引起燃烧爆炸。与氧化剂可发生反应。受高热分解放出有毒的气体。具有腐蚀性。若遇高热，容器内压增大，有开裂和爆炸的危险。

理化特性

熔点：-1.0℃	临界温度：无资料	爆炸上限：无资料	引燃温度：180.0℃
沸点：131.0℃	临界压力：无资料	爆炸下限：无资料	燃烧热：无资料
闪点：18.0℃	饱和蒸气压：无资料	相对密度($d_{水}=1$)：0.84	

溶解性	易溶于水、乙醇、乙醚。
主要用途	用于医药工业。

急救措施

皮肤接触	立即脱去污染的衣着，用大量流动清水冲洗至少 15min。就医。
眼睛接触	立即提起眼睑，用大量流动清水或生理盐水彻底冲洗至少 15min。就医。
吸入	迅速脱离现场至空气新鲜处。保持呼吸道通畅。如呼吸困难，给予吸氧。如呼吸停止，立即进行人工呼吸。就医。
食入	用水漱口，给饮牛奶或蛋清。就医。

防护措施

呼吸防护	空气中浓度超标时，必须佩戴自吸过滤式防毒面具(全面罩)。紧急事态抢救或撤离时，应该佩戴空气呼吸器。
眼睛防护	戴化学安全防护眼镜。
身体防护	穿防静电工作服。
手防护	戴橡胶手套。
其他防护	工作场所禁止吸烟、进食和饮水，饭前要洗手。工作完毕，淋浴更衣。保持良好的卫生习惯。

品名：**二甲基胂酸钠**	分子式：$C_2H_7AsO_2$	相态：固
别名：卡可酸钠	分子量：138.0	外观与性状：无色或白色结晶粉末

危险特性

火灾危险性：可燃液体丙 A	爆炸物：无	皮肤腐蚀/刺激：无
腐蚀减薄：无	金属腐蚀：无	
环境开裂：无	急性毒性：无	

本身不能燃烧。受高热分解放出有毒的气体。

理化特性

熔点：60.0℃	临界温度：无资料	爆炸上限：无资料	引燃温度：无资料
沸点：253.1℃	临界压力：无资料	爆炸下限：无资料	燃烧热：无资料
闪点：109.4℃	饱和蒸气压：无资料	相对密度($d_{水}=1$)：无资料	

溶解性	溶于水、乙醇。
主要用途	用作除草剂，并用于生化研究。

急救措施

皮肤接触	脱去污染的衣着，用大量流动清水冲洗。
眼睛接触	提起眼睑，用流动清水或生理盐水冲洗。就医。
吸入	迅速脱离现场至空气新鲜处。保持呼吸道通畅。如呼吸困难，给予吸氧。如呼吸停止，立即进行人工呼吸。就医。
食入	饮足量温水，催吐。洗胃，导泄。就医。

防护措施

呼吸防护	遇紧急情况，穿戴压气式、自吸式、全面罩自携式呼吸器或自吸式送风呼吸器。
眼睛防护	无资料。
身体防护	穿全遮式防化服。
手防护	无资料。
其他防护	无资料。

品名：**2,3-二甲基戊醛** 别名：无		分子式：$C_7H_{14}O$ 分子量：114.2	相态：液 外观与性状：无色液体
危险特性			
火灾危险性：可燃液体乙 B 腐蚀减薄：无 环境开裂：无		爆炸物：无 金属腐蚀：无 急性毒性：无	皮肤腐蚀/刺激：无 易燃液体：类别 3
其蒸气与空气可形成爆炸性混合物，遇明火、高热能引起燃烧爆炸。与氧化剂可发生反应。其蒸气比空气重，能在较低处扩散到相当远的地方，遇火源会着火回燃。若遇高热，容器内压增大，有开裂和爆炸的危险。			
理化特性			
熔点：-110.0℃ 沸点：140.5℃ 闪点：58.0℃	临界温度：无资料 临界压力：无资料 饱和蒸气压：无资料	爆炸上限：无资料 爆炸下限：无资料 相对密度($d_{水}=1$)：0.83	引燃温度：无资料 燃烧热：无资料
溶解性	微溶于水。		
主要用途	用作有机合成中间体。		
急救措施			
皮肤接触	脱去污染的衣着，用大量流动清水冲洗。		
眼睛接触	提起眼睑，用流动清水或生理盐水冲洗。就医。		
吸入	脱离现场至空气新鲜处。如呼吸困难，给予吸氧。就医。		
食入	饮足量温水，催吐。就医。		
防护措施			
呼吸防护	空气中浓度超标时，必须佩戴自吸过滤式防毒面具(全面罩)。紧急事态抢救或撤离时，应该佩戴空气呼吸器。		
眼睛防护	戴化学安全防护眼镜。		
身体防护	穿防毒物渗透工作服。		
手防护	戴橡胶手套。		
其他防护	工作现场禁止吸烟、进食和饮水。工作完毕，淋浴更衣。保持良好的卫生习惯。		

品名：**2,2-二甲基戊烷** 别名：无		分子式：C_7H_{16} 分子量：100.2	相态：液 外观与性状：无色液体
危险特性			
火灾危险性：可燃液体甲 B 腐蚀减薄：无 环境开裂：无		爆炸物：无 金属腐蚀：无 急性毒性：无	皮肤腐蚀/刺激：类别 2 易燃液体：类别 2
其蒸气与空气可形成爆炸性混合物，遇热源和明火有燃烧爆炸的危险。与氧化剂接触发生化学反应或引起燃烧。在火场中，受热的容器有爆炸危险。其蒸气比空气重，能在较低处扩散到相当远的地方，遇火源会着火回燃。			
理化特性			
熔点：-123.8℃ 沸点：79.2℃ 闪点：15.0℃	临界温度：无资料 临界压力：2.77MPa 饱和蒸气压：99.04kPa(78℃)	爆炸上限：6.7% 爆炸下限：1.1% 相对密度($d_{水}=1$)：0.67	引燃温度：337.0℃ 燃烧热：4802.4kJ/mol
溶解性	不溶于水，溶于乙醇、乙醚、丙酮、苯等。		
主要用途	用作化学试剂。		
急救措施			
皮肤接触	脱去污染的衣着，用肥皂水和清水彻底冲洗皮肤。		
眼睛接触	提起眼睑，用流动清水或生理盐水冲洗。就医。		
吸入	迅速脱离现场至空气新鲜处。保持呼吸道通畅。如呼吸困难，给予吸氧。如呼吸停止，立即进行人工呼吸。就医。		
食入	饮足量温水，催吐。就医。		
防护措施			
呼吸防护	一般不需要特殊防护，高浓度接触时可佩戴自吸过滤式防毒面具。		
眼睛防护	必要时，戴化学安全防护眼镜。		
身体防护	穿防静电工作服。		
手防护	戴橡胶耐油手套。		
其他防护	工作现场严禁吸烟。避免长期反复接触。		

品名：**2,3-二甲基戊烷**		分子式：C_7H_{16}	相态：液
别名：无		分子量：100.2	外观与性状：无色液体
危险特性			
火灾危险性：可燃液体甲 B		爆炸物：无	皮肤腐蚀/刺激：类别 2
腐蚀减薄：无		金属腐蚀：无	易燃液体：类别 2
环境开裂：无		急性毒性：无	
其蒸气与空气可形成爆炸性混合物，遇热源和明火有燃烧爆炸的危险。与氧化剂接触发生化学反应或引起燃烧。在火场中，受热的容器有爆炸危险。其蒸气比空气重，能在较低处扩散到相当远的地方，遇火源会着火回燃。			
理化特性			
熔点：-135.0℃	临界温度：无资料	爆炸上限：6.7%	引燃温度：335.0℃
沸点：89.8℃	临界压力：无资料	爆炸下限：1.1%	燃烧热：4802.4kJ/mol
闪点：-7.0℃	饱和蒸气压：5.33kPa(13.9℃)	相对密度($d_{水}=1$)：0.69	
溶解性	不溶于水，溶于乙醇、乙醚、苯。		
主要用途	用作色谱分析标准物质以及用于有机合成。		
急救措施			
皮肤接触	脱去污染的衣着，用肥皂水和清水彻底冲洗皮肤。		
眼睛接触	提起眼睑，用流动清水或生理盐水冲洗。就医。		
吸入	迅速脱离现场至空气新鲜处。保持呼吸道通畅。如呼吸困难，给予吸氧。如呼吸停止，立即进行人工呼吸。就医。		
食入	饮足量温水，催吐。就医。		
防护措施			
呼吸防护	一般不需要特殊防护，高浓度接触时可佩戴自吸过滤式防毒面具。		
眼睛防护	必要时，戴化学安全防护眼镜。		
身体防护	穿防静电工作服。		
手防护	戴橡胶耐油手套。		
其他防护	工作现场严禁吸烟。避免长期反复接触。		

品名：**2,4-二甲基戊烷**		分子式：C_7H_{16}	相态：液
别名：二异丙基甲烷		分子量：100.2	外观与性状：无色液体
危险特性			
火灾危险性：可燃液体甲 B		爆炸物：无	皮肤腐蚀/刺激：类别 2
腐蚀减薄：无		金属腐蚀：无	易燃液体：类别 2
环境开裂：无		急性毒性：无	
其蒸气与空气可形成爆炸性混合物，遇热源和明火有燃烧爆炸的危险。与氧化剂接触发生化学反应或引起燃烧。在火场中，受热的容器有爆炸危险。其蒸气比空气重，能在较低处扩散到相当远的地方，遇火源会着火回燃。			
理化特性			
熔点：-123.4℃	临界温度：247.1℃	爆炸上限：6.7%	引燃温度：335.0℃
沸点：80.5℃	临界压力：2.78MPa	爆炸下限：1.6%	燃烧热：4802.4kJ/mol
闪点：-12.0℃	饱和蒸气压：1.09kPa(21℃)	相对密度($d_{水}=1$)：0.67	
溶解性	不溶于水，溶于乙醇、乙醚、苯。		
主要用途	用于有机合成。		
急救措施			
皮肤接触	脱去污染的衣着，用肥皂水和清水彻底冲洗皮肤。		
眼睛接触	提起眼睑，用流动清水或生理盐水冲洗。就医。		
吸入	迅速脱离现场至空气新鲜处。保持呼吸道通畅。如呼吸困难，给予吸氧。如呼吸停止，立即进行人工呼吸。就医。		
食入	饮足量温水，催吐。就医。		
防护措施			
呼吸防护	一般不需要特殊防护，高浓度接触时可佩戴自吸过滤式防毒面具。		
眼睛防护	必要时，戴化学安全防护眼镜。		
身体防护	穿防静电工作服。		
手防护	戴橡胶耐油手套。		
其他防护	工作现场严禁吸烟。避免长期反复接触。		

品名：**3,3-二甲基戊烷**		分子式：C_7H_{16}	相态：液
别名：2,2-二乙基丙烷		分子量：100.2	外观与性状：无色液体
危险特性			
火灾危险性：可燃液体甲 B		爆炸物：无	皮肤腐蚀/刺激：类别 2
腐蚀减薄：无		金属腐蚀：无	易燃液体：类别 2
环境开裂：无		急性毒性：无	
其蒸气与空气可形成爆炸性混合物，遇热源和明火有燃烧爆炸的危险。与氧化剂接触发生化学反应或引起燃烧。在火场中，受热的容器有爆炸危险。其蒸气比空气重，能在较低处扩散到相当远的地方，遇火源会着火回燃。			
理化特性			
熔点：-135.0℃	临界温度：无资料	爆炸上限：无资料	引燃温度：337.0℃
沸点：86.0℃	临界压力：2.95MPa	爆炸下限：无资料	燃烧热：4794.5kJ/mol
闪点：-6.0℃	饱和蒸气压：19.10kPa(37.7℃)	相对密度($d_{水}=1$)：0.69	
溶解性	不溶于水，溶于醇、醚。		
主要用途	用作气相色谱对比样品以及用于有机合成。		
急救措施			
皮肤接触	脱去污染的衣着，用肥皂水和清水彻底冲洗皮肤。		
眼睛接触	提起眼睑，用流动清水或生理盐水冲洗。就医。		
吸入	迅速脱离现场至空气新鲜处。保持呼吸道通畅。如呼吸困难，给予吸氧。如呼吸停止，立即进行人工呼吸。就医。		
食入	饮足量温水，催吐。就医。		
防护措施			
呼吸防护	一般不需要特殊防护，高浓度接触时可佩戴自吸过滤式防毒面具。		
眼睛防护	必要时，戴化学安全防护眼镜。		
身体防护	穿防静电工作服。		
手防护	戴橡胶耐油手套。		
其他防护	工作现场严禁吸烟。避免长期反复接触。		

品名：***N*,*N*-二甲基硒脲**		分子式：$C_3H_8N_2Se$	相态：固
别名：二甲基硒脲[不对称]		分子量：151.1	外观与性状：白色结晶性粉末
危险特性			
火灾危险性：无		爆炸物：无	皮肤腐蚀/刺激：无
腐蚀减薄：无		金属腐蚀：无	易燃液体：无
环境开裂：无		急性毒性：类别 3	
遇明火、高热可燃。受热分解放出有毒气体。遇明火、高热可燃。受热分解放出有毒气体。			
理化特性			
熔点：172.0℃	临界温度：无资料	爆炸上限：无资料	引燃温度：无资料
沸点：无资料	临界压力：无资料	爆炸下限：无资料	燃烧热：无资料
闪点：无资料	饱和蒸气压：无资料	相对密度($d_{水}=1$)：无资料	
溶解性	不溶于水，溶于乙醇、苯。		
主要用途	用于有机合成。		
急救措施			
皮肤接触	立即脱去污染的衣着，用大量流动清水冲洗。就医。		
眼睛接触	提起眼睑，用流动清水或生理盐水冲洗。就医。		
吸入	迅速脱离现场至空气新鲜处。保持呼吸道通畅。如呼吸困难，给予吸氧。如呼吸停止，立即进行人工呼吸。就医。		
食入	饮足量温水，催吐。洗胃，导泄。就医。		
防护措施			
呼吸防护	空气中粉尘浓度超标时，必须佩戴自吸过滤式防尘口罩。紧急事态抢救或撤离时，应该佩戴空气呼吸器。		
眼睛防护	戴化学安全防护眼镜。		
身体防护	穿防毒物渗透工作服。		
手防护	戴橡胶手套。		
其他防护	工作现场禁止吸烟、进食和饮水。工作完毕，淋浴更衣。		

品名：**二甲基锌**	分子式：C_2H_6Zn	相态：液
别名：无	分子量：95.5	外观与性状：无色非固定的液体，带有特有的大蒜气味
危险特性		
火灾危险性：可燃液体甲 B 腐蚀减薄：无 环境开裂：无	爆炸物：无 金属腐蚀：无 急性毒性：无	皮肤腐蚀/刺激：类别 1 自燃液体：类别 1 遇水放出易燃气体的物质和混合物：类别 1 严重眼损伤/眼刺激：类别 1
自燃物品。暴露在空气中能自燃。接触水、2,2-二氯丙烷发生爆炸性反应。		

理化特性			
熔点：-40.0℃	临界温度：无资料	爆炸上限：无资料	引燃温度：无资料
沸点：44.0℃	临界压力：无资料	爆炸下限：无资料	燃烧热：无资料
闪点：-1.1℃	饱和蒸气压：无资料	相对密度($d_{水}=1$)：1.39	

溶解性	溶于醚，可混溶于石油醚、苯。
主要用途	用作有机合成和聚合反应催化剂。
急救措施	
皮肤接触	脱去污染的衣着，用流动清水冲洗。
眼睛接触	提起眼睑，用流动清水或生理盐水冲洗。就医。
吸入	迅速脱离现场至空气新鲜处。保持呼吸道通畅。如呼吸困难，给予吸氧。如呼吸停止，立即进行人工呼吸。就医。
食入	饮足量温水，催吐。就医。
防护措施	
呼吸防护	空气中浓度较高时，应该佩戴过滤式防毒面具(全面罩)。紧急事态抢救或逃生时，建议佩戴空气呼吸器。
眼睛防护	戴化学安全防护眼镜。
身体防护	穿防静电工作服。
手防护	戴乳胶手套。
其他防护	工作场所禁止吸烟、进食和饮水，饭前要洗手。工作完毕，淋浴更衣。保持良好的卫生习惯。

品名：***N*,*N*-二甲基乙醇胺**	分子式：$C_4H_{11}NO$	相态：液
别名：*N*,*N*-二甲基-2-羟基乙胺；2-二甲氨基乙醇	分子量：89.2	外观与性状：无色、易挥发液体，有氨味
危险特性		
火灾危险性：可燃液体乙 A 腐蚀减薄：碱腐蚀、胺腐蚀 环境开裂：碱应力腐蚀开裂、氨应力腐蚀开裂、胺应力腐蚀开裂、乙醇应力腐蚀开裂	爆炸物：无 金属腐蚀：无 急性毒性：无	皮肤腐蚀/刺激：类别 1 易燃液体：类别 3 严重眼损伤/眼刺激：类别 1
易燃，遇明火、高热或与氧化剂接触，有引起燃烧爆炸的危险。		

理化特性			
熔点：-59.0℃	临界温度：无资料	爆炸上限：10.0%	引燃温度：295.0℃
沸点：134.6℃	临界压力：无资料	爆炸下限：1.9%	燃烧热：无资料
闪点：40.0℃	饱和蒸气压：0.53kPa(20℃)	相对密度($d_{水}=1$)：0.89	

溶解性	与水混溶，可混溶于醚、芳烃。
主要用途	用作树脂原料，也用作医药、染料及油漆溶剂的原料。
急救措施	
皮肤接触	立即脱去污染的衣着，用大量流动清水冲洗至少 15min。就医。
眼睛接触	立即提起眼睑，用大量流动清水或生理盐水彻底冲洗至少 15min。就医。
吸入	迅速脱离现场至空气新鲜处。保持呼吸道通畅。如呼吸困难，给予吸氧。如呼吸停止，立即进行人工呼吸。就医。
食入	用水漱口，给饮牛奶或蛋清。就医。
防护措施	
呼吸防护	可能接触其蒸气时，佩戴导管式防毒面具。紧急事态抢救或撤离时，应该佩戴氧气呼吸器、空气呼吸器。
眼睛防护	呼吸系统防护中已做防护。
身体防护	穿胶布防毒衣。
手防护	戴橡胶手套。
其他防护	尽可能减少直接接触。工作现场禁止吸烟、进食和饮水。工作完毕，淋浴更衣。

品名：**二甲基乙二酮**	分子式：$C_4H_6O_2$	相态：液
别名：双乙酰；丁二酮	分子量：86.1	外观与性状：黄色油状液体，稀溶液有奶油气味
危险特性		
火灾危险性：可燃液体甲 B	爆炸物：无	皮肤腐蚀/刺激：类别 2
腐蚀减薄：无	金属腐蚀：无	易燃液体：类别 2
环境开裂：无	急性毒性：无	严重眼损伤/眼刺激：类别 1
其蒸气与空气形成爆炸性混合物，遇明火、高热能引起燃烧爆炸。与氧化剂能发生强烈反应。其蒸气比空气重，能在较低处扩散到相当远的地方，遇火源引着回燃。若遇高热，容器内压增大，有开裂和爆炸的危险。		

理化特性			
熔点：-3.0℃	临界温度：无资料	爆炸上限：无资料	引燃温度：365.0℃
沸点：88.0℃	临界压力：无资料	爆炸下限：无资料	燃烧热：无资料
闪点：20.0℃	饱和蒸气压：7.60kPa(25℃)	相对密度($d_水=1$)：0.99	

溶解性	溶于水、乙醇、乙醚。
主要用途	主要用作奶油、人造奶油、干酪、糖果等的增香剂，也可用作明胶的硬化剂。
急救措施	
皮肤接触	脱去污染的衣着，用流动清水冲洗。
眼睛接触	立即提起眼睑，用流动清水冲洗。
吸入	迅速脱离现场至空气新鲜处。保持呼吸道通畅。必要时进行人工呼吸。就医。
食入	误服者给饮大量温水，催吐，就医。
防护措施	
呼吸防护	如果蒸气浓度超过职业接触限值或发生刺激等症状时，请使用全面罩式多功能防毒面具。
眼睛防护	佩戴化学护目镜(符合欧盟 EN166 或美国 NIOSH 标准)。
身体防护	穿阻燃防静电防护服和抗静电的防护靴。
手防护	戴化学防护手套(例如丁基橡胶手套)。
其他防护	工作现场禁止吸烟、进食和饮水。工作完毕，淋浴更衣。保持良好的卫生习惯。

品名：***N*,*N*-二甲基异丙醇胺**	分子式：$C_5H_{13}NO$	相态：液
别名：1-(二甲胺基)-2-丙醇	分子量：103.2	外观与性状：无色液体
危险特性		
火灾危险性：可燃液体乙 A	爆炸物：无	皮肤腐蚀/刺激：类别 1
腐蚀减薄：碱腐蚀、胺腐蚀	金属腐蚀：无	易燃液体：类别 3
环境开裂：碱应力腐蚀开裂、胺应力腐蚀开裂	急性毒性：无	严重眼损伤/眼刺激：类别 1
易燃，遇高热、明火有引起燃烧的危险。受高热分解放出有毒的气体。与氧化剂能发生强烈反应。		

理化特性			
熔点：-85.0℃	临界温度：无资料	爆炸上限：无资料	引燃温度：225.0℃
沸点：123.0℃	临界压力：无资料	爆炸下限：无资料	燃烧热：无资料
闪点：35.0℃	饱和蒸气压：1.06kPa(20℃)	相对密度($d_水=1$)：0.85	

溶解性	溶于水。
主要用途	用作有机合成原料，用于合成医药异丙嗪的中间体。
急救措施	
皮肤接触	立即脱去污染的衣着，用大量流动清水冲洗至少 15min。就医。
眼睛接触	立即提起眼睑，用大量流动清水或生理盐水彻底冲洗至少 15min。就医。
吸入	迅速脱离现场至空气新鲜处。保持呼吸道通畅。如呼吸困难，给予吸氧。如呼吸停止，立即进行人工呼吸。就医。
食入	用水漱口，给饮牛奶或蛋清。就医。
防护措施	
呼吸防护	可能接触其蒸气时，必须佩戴自吸过滤式防毒面具(全面罩)。紧急事态抢救或撤离时，应该佩戴空气呼吸器。
眼睛防护	呼吸系统防护中已做防护。
身体防护	穿胶布防毒衣。
手防护	戴橡胶手套。
其他防护	尽可能减少直接接触。工作现场禁止吸烟、进食和饮水。工作完毕，淋浴更衣。

品名：**二甲醚**	分子式：C_2H_6O	相态：气
别名：甲醚	分子量：46.1	外观与性状：无色气体，有酮类特有的气味

危险特性

火灾危险性：可燃气体甲	爆炸物：无	皮肤腐蚀/刺激：无
腐蚀减薄：无	金属腐蚀：无	易燃气体：类别 1
环境开裂：无	急性毒性：无	加压气体：是

易燃气体。与空气混合能形成爆炸性混合物。接触热、火星、火焰或氧化剂易燃烧爆炸。接触空气或在光照条件下可生成具有潜在爆炸危险性的过氧化物。

理化特性

熔点：-141.5℃	临界温度：127.0℃	爆炸上限：27.0%	引燃温度：350.0℃
沸点：-23.7℃	临界压力：5.33MPa	爆炸下限：3.4%	燃烧热：1453.0kJ/mol
闪点：无资料	饱和蒸气压：533.20kPa(20℃)	相对密度($d_{水}=1$)：0.66	

溶解性	溶于水、醇、乙醚。
主要用途	用作致冷剂、溶剂、萃取剂、聚合物的催化剂和稳定剂。

急救措施

皮肤接触	无资料。
眼睛接触	无资料。
吸入	迅速脱离现场至空气新鲜处。保持呼吸道通畅。如呼吸困难，给予吸氧。如呼吸停止，立即进行人工呼吸。就医。
食入	无资料。

防护措施

呼吸防护	空气中浓度超标时，建议佩戴自吸过滤式防毒面具。
眼睛防护	戴化学安全防护眼镜。
身体防护	穿防静电工作服。
手防护	戴防化学品手套。
其他防护	工作现场严禁吸烟。进入罐、限制性空间或其他高浓度区作业，须有人监护。

品名：**二甲胂酸**	分子式：$C_2H_7AsO_2$	相态：固
别名：二甲次胂酸；二甲基胂酸；卡可地酸；卡可酸	分子量：138.0	外观与性状：无色结晶，无臭，有吸湿性

危险特性

火灾危险性：可燃液体丙 A	爆炸物：无	皮肤腐蚀/刺激：无
腐蚀减薄：无	金属腐蚀：无	
环境开裂：无	急性毒性：类别 3	

遇明火、高热可燃。其粉体与空气可形成爆炸性混合物，当达到一定浓度时，遇火星会发生爆炸。遇高热分解释出高毒烟气。

理化特性

熔点：192.0℃	临界温度：无资料	爆炸上限：无资料	引燃温度：无资料
沸点：253.1℃	临界压力：无资料	爆炸下限：无资料	燃烧热：无资料
闪点：109.4℃	饱和蒸气压：无资料	相对密度($d_{水}=1$)：1.10	

溶解性	溶于水，易溶于乙醇，溶于乙酸，不溶于乙醚。
主要用途	用作除草剂，也用于制药物、香料、染料等。

急救措施

皮肤接触	脱去污染的衣着，用大量流动清水冲洗。
眼睛接触	提起眼睑，用流动清水或生理盐水冲洗。就医。
吸入	迅速脱离现场至空气新鲜处。保持呼吸道通畅。如呼吸困难，给予吸氧。如呼吸停止，立即进行人工呼吸。就医。
食入	饮足量温水，催吐。洗胃，导泄。就医。

防护措施

呼吸防护	空气中粉尘浓度超标时，必须佩戴自吸过滤式防尘口罩。紧急事态抢救或撤离时，应该佩戴空气呼吸器。
眼睛防护	戴化学安全防护眼镜。
身体防护	穿防毒物渗透工作服。
手防护	戴橡胶手套。
其他防护	工作场所禁止吸烟、进食和饮水，饭前要洗手。工作完毕，淋浴更衣。保持良好的卫生习惯。

品名：**马钱子碱** 别名：无		分子式：$C_{23}H_{26}N_2O_4$ 分子量：394.5	相态：固 外观与性状：无色粉末
危险特性			
火灾危险性：无 腐蚀减薄：无 环境开裂：无		爆炸物：无 金属腐蚀：无 急性毒性：类别 1	皮肤腐蚀/刺激：无
遇明火、高热可燃。受高热分解放出有毒的气体。			
理化特性			
熔点：284.0℃ 沸点：633.7℃ 闪点：无资料	临界温度：无资料 临界压力：无资料 饱和蒸气压：无资料	爆炸上限：无资料 爆炸下限：无资料 相对密度($d_{水}=1$)：1.36	引燃温度：无资料 燃烧热：无资料
溶解性	不溶于水。		
主要用途	用于有机合成。		
急救措施			
皮肤接触	立即脱去污染的衣着，用大量流动清水冲洗。就医。		
眼睛接触	提起眼睑，用流动清水或生理盐水冲洗。就医。		
吸入	迅速脱离现场至空气新鲜处。保持呼吸道通畅。如呼吸困难，给予吸氧。如呼吸停止，立即进行人工呼吸。就医。		
食入	饮足量温水，催吐。洗胃，导泄。就医。		
防护措施			
呼吸防护	空气中粉尘浓度超标时，必须佩戴自吸过滤式防尘口罩。紧急事态抢救或撤离时，应该佩戴空气呼吸器。		
眼睛防护	戴化学安全防护眼镜。		
身体防护	穿防毒物渗透工作服。		
手防护	戴橡胶手套。		
其他防护	工作现场禁止吸烟、进食和饮水。工作完毕，淋浴更衣。保持良好的卫生习惯。		

品名：**2,6-二甲氧基苯甲酰氯** 别名：无		分子式：$C_9H_9ClO_3$ 分子量：200.6	相态：固 外观与性状：无色结晶
危险特性			
火灾危险性：可燃液体丙 B 腐蚀减薄：无 环境开裂：无		爆炸物：无 金属腐蚀：无 急性毒性：无	皮肤腐蚀/刺激：类别 1 严重眼损伤/眼刺激：类别 1
遇明火、高热可燃。其粉体与空气可形成爆炸性混合物，当达到一定浓度时，遇火星会发生爆炸。与氧化剂能发生强烈反应。遇水迅速分解，放出白色烟雾。受高热分解放出有毒的气体。具有腐蚀性。			
理化特性			
熔点：64.0℃ 沸点：306.7℃ 闪点：134.1℃	临界温度：无资料 临界压力：无资料 饱和蒸气压：无资料	爆炸上限：无资料 爆炸下限：无资料 相对密度($d_{水}=1$)：无资料	引燃温度：无资料 燃烧热：无资料
溶解性	溶于乙醚、丙酮、苯。		
主要用途	用于有机合成。		
急救措施			
皮肤接触	立即脱去污染的衣着，用大量流动清水冲洗。就医。		
眼睛接触	立即提起眼睑，用大量流动清水或生理盐水彻底冲洗至少 15min。就医。		
吸入	迅速脱离现场至空气新鲜处。保持呼吸道通畅。如呼吸困难，给予吸氧。如呼吸停止，立即进行人工呼吸。就医。		
食入	用水漱口，给饮牛奶或蛋清。就医。		
防护措施			
呼吸防护	空气中粉尘浓度超标时，必须佩戴自吸过滤式防尘口罩。紧急事态抢救或撤离时，应该佩戴空气呼吸器。		
眼睛防护	戴化学安全防护眼镜。		
身体防护	穿橡胶耐酸碱服。		
手防护	戴橡胶耐酸碱手套。		
其他防护	工作场所禁止吸烟、进食和饮水，饭前要洗手。工作完毕，淋浴更衣。保持良好的卫生习惯。		

品名：**2,2-二甲氧基丙烷**		分子式：$C_5H_{12}O_2$	相态：液
别名：无		分子量：104.2	外观与性状：无色刺激性液体
危险特性			
火灾危险性：可燃液体甲B 腐蚀减薄：无 环境开裂：无		爆炸物：无 金属腐蚀：无 急性毒性：无	皮肤腐蚀/刺激：无 易燃液体：类别2
其蒸气与空气形成爆炸性混合物，遇明火、高热极易燃烧爆炸。遇明火、高热能引起燃烧爆炸。与氧化剂能发生强烈反应。若遇高热，容器内压增大，有开裂和爆炸的危险。			
理化特性			
熔点：-47.0℃ 沸点：83.0℃ 闪点：-11.0℃	临界温度：无资料 临界压力：无资料 饱和蒸气压：13.30kPa(26℃)	爆炸上限：31.0% 爆炸下限：6.0% 相对密度($d_水=1$)：0.85	引燃温度：无资料 燃烧热：无资料
溶解性	微溶于水，溶于多数有机溶剂。		
主要用途	用作溶剂及脱水剂，也用于生化研究和有机合成。		
急救措施			
皮肤接触	脱去污染的衣着，用流动清水冲洗。就医。		
眼睛接触	立即翻开上下眼睑，用流动清水冲洗15min。就医。		
吸入	脱离现场至空气新鲜处。呼吸困难时给予吸氧。呼吸停止时，立即进行人工呼吸。就医。		
食入	误服者给饮足量温水，催吐，就医。		
防护措施			
呼吸防护	可能接触其蒸气时，佩带防毒口罩。高浓度环境中，建议佩戴自给式呼吸器。		
眼睛防护	高浓度接触时，戴化学安全防护眼镜。		
身体防护	穿防静电工作服。		
手防护	戴防护手套。		
其他防护	工作现场禁止吸烟、进食和饮水。工作后，淋浴更衣。		

品名：**二甲氧基甲烷**		分子式：$C_3H_8O_2$	相态：液
别名：二甲醇缩甲醛；甲缩醛；甲撑二甲醚		分子量：76.1	外观与性状：无色液体，有类似氯仿的气味
危险特性			
火灾危险性：可燃液体甲B 腐蚀减薄：无 环境开裂：无		爆炸物：无 金属腐蚀：无 急性毒性：无	皮肤腐蚀/刺激：类别2 易燃液体：类别2 严重眼损伤/眼刺激：类别2
其蒸气与空气可形成爆炸性混合物。遇高热、明火及强氧化剂易引起燃烧。与氧化剂接触猛烈反应。接触空气或在光照条件下可生成具有潜在爆炸危险性的过氧化物。			
理化特性			
熔点：-104.8℃ 沸点：42.3℃ 闪点：-17.0℃	临界温度：无资料 临界压力：无资料 饱和蒸气压：43.99kPa(20℃)	爆炸上限：17.6% 爆炸下限：1.6% 相对密度($d_水=1$)：0.86	引燃温度：235.0℃ 燃烧热：无资料
溶解性	微溶于水，可混溶于乙醇、乙醚等多数有机溶剂。		
主要用途	用作溶剂、分析试剂。		
急救措施			
皮肤接触	脱去污染的衣着，用肥皂水和清水彻底冲洗皮肤。		
眼睛接触	提起眼睑，用流动清水或生理盐水冲洗。就医。		
吸入	迅速脱离现场至空气新鲜处。保持呼吸道通畅。如呼吸困难，给予吸氧。如呼吸停止，立即进行人工呼吸。就医。		
食入	饮足量温水，催吐。就医。		
防护措施			
呼吸防护	空气中浓度超标时，佩戴过滤式防毒面具(全面罩)。		
眼睛防护	戴化学安全防护眼镜。		
身体防护	穿防静电工作服。		
手防护	戴橡胶耐油手套。		
其他防护	工作现场禁止吸烟、进食和饮水。工作完毕，淋浴更衣。注意个人清洁卫生。		

品名：**3,3′-二甲氧基联苯胺**	分子式：$C_{14}H_{16}N_2O_2$	相态：固
别名：邻联二茴香胺；3,3′-二甲氧基-4,4′-二氨基联苯	分子量：244.3	外观与性状：灰色细晶体
危险特性		
火灾危险性：可燃液体丙 B	爆炸物：无	皮肤腐蚀/刺激：无
腐蚀减薄：碱腐蚀、胺腐蚀	金属腐蚀：无	
环境开裂：碱应力腐蚀开裂、氨应力腐蚀开裂、胺应力腐蚀开裂	急性毒性：无	
无资料。		

理化特性			
熔点：137.0℃	临界温度：无资料	爆炸上限：无资料	引燃温度：430.0℃
沸点：391.3℃	临界压力：无资料	爆炸下限：无资料	燃烧热：无资料
闪点：206.1℃	饱和蒸气压：无资料	相对密度($d_水=1$)：无资料	

溶解性	不溶于水，溶于乙醇、乙醚、苯、氯仿、丙酮等。
主要用途	用作分析试剂、氧化还原指示剂、吸附指示剂及检验铁的络合指示剂。
急救措施	
皮肤接触	无资料。
眼睛接触	无资料。
吸入	无资料。
食入	无资料。
防护措施	
呼吸防护	如果蒸气浓度超过职业接触限值或发生刺激等症状时，请使用全面罩式多功能防毒面具。
眼睛防护	佩戴化学护目镜(符合欧盟 EN166 或美国 NIOSH 标准)。
身体防护	穿阻燃防静电防护服和抗静电的防护靴。
手防护	戴化学防护手套(例如丁基橡胶手套)。
其他防护	工作现场禁止吸烟、进食和饮水。工作完毕，淋浴更衣。保持良好的卫生习惯。

品名：**1,1-二甲氧基乙烷**	分子式：$C_4H_{10}O_2$	相态：液
别名：二甲醇缩乙醛；乙醛缩二甲醇	分子量：90.1	外观与性状：无色液体，有浓芳香气味
危险特性		
火灾危险性：可燃液体甲 B	爆炸物：无	皮肤腐蚀/刺激：无
腐蚀减薄：无	金属腐蚀：无	易燃液体：类别 2
环境开裂：无	急性毒性：无	
其蒸气与空气可形成爆炸性混合物，遇明火、高热极易燃烧爆炸。与氧化剂接触猛烈反应。接触空气或在光照条件下可生成具有潜在爆炸危险性的过氧化物。流速过快，容易产生和积聚静电。		

理化特性			
熔点：-113.2℃	临界温度：无资料	爆炸上限：无资料	引燃温度：无资料
沸点：61.8℃	临界压力：无资料	爆炸下限：无资料	燃烧热：无资料
闪点：-18.0℃	饱和蒸气压：8.00kPa(20℃)	相对密度($d_水=1$)：0.85	

溶解性	溶于水、乙醇、乙醚、氯仿。
主要用途	用于医药和有机合成。
急救措施	
皮肤接触	脱去污染的衣着，用大量流动清水冲洗。
眼睛接触	提起眼睑，用流动清水或生理盐水冲洗。就医。
吸入	脱离现场至空气新鲜处。如呼吸困难，给予吸氧。就医。
食入	饮足量温水，催吐。就医。
防护措施	
呼吸防护	空气中浓度超标时，必须佩戴自吸过滤式防毒面具(全面罩)。紧急事态抢救或撤离时，应该佩戴空气呼吸器。
眼睛防护	戴化学安全防护眼镜。
身体防护	穿防静电工作服。
手防护	戴橡胶耐油手套。
其他防护	工作现场禁止吸烟、进食和饮水。工作完毕，淋浴更衣。注意个人清洁卫生。

品名：**1,2-二甲氧基乙烷**		分子式：$C_4H_{10}O_2$		相态：液
别名：二甲基溶纤剂；乙二醇二甲醚		分子量：90.1		外观与性状：无色液体，略有醚味
危险特性				
火灾危险性：可燃液体甲 B		爆炸物：无		皮肤腐蚀/刺激：无
腐蚀减薄：无		金属腐蚀：无		易燃液体：类别 2
环境开裂：无		急性毒性：无		
易燃，遇明火、高热易引起燃烧爆炸。与氧化剂能发生强烈反应。接触空气或在光照条件下可生成具有潜在爆炸危险性的过氧化物。其蒸气比空气重，能在较低处扩散到相当远的地方，遇火源会着火回燃。				
理化特性				
熔点：-69.0℃	临界温度：362.0℃		爆炸上限：无资料	引燃温度：202.0℃
沸点：83.0℃	临界压力：3.87MPa		爆炸下限：无资料	燃烧热：2516.7kJ/mol
闪点：1.0℃	饱和蒸气压：6.40kPa(20℃)		相对密度($d_{水}=1$)：0.87	
溶解性	溶于水、烃类。			
主要用途	用作溶剂、医药抽提剂、有机合成中间体。			
急救措施				
皮肤接触	脱去污染的衣着，用肥皂水和清水彻底冲洗皮肤。			
眼睛接触	提起眼睑，用流动清水或生理盐水冲洗。就医。			
吸入	迅速脱离现场至空气新鲜处。保持呼吸道通畅。如呼吸困难，给予吸氧。如呼吸停止，立即进行人工呼吸。就医。			
食入	饮足量温水，催吐。就医。			
防护措施				
呼吸防护	空气中浓度超标时，必须佩戴自吸过滤式防毒面具(全面罩)。紧急事态抢救或撤离时，应该佩戴空气呼吸器。			
眼睛防护	戴化学安全防护眼镜。			
身体防护	穿防静电工作服。			
手防护	戴橡胶耐油手套。			
其他防护	工作现场禁止吸烟、进食和饮水。工作完毕，淋浴更衣。注意个人清洁卫生。			

品名：**二聚丙烯醛[稳定的]**		分子式：$C_6H_8O_2$		相态：液
别名：无		分子量：112.1		外观与性状：无色液体
危险特性				
火灾危险性：可燃液体乙 B		爆炸物：无		皮肤腐蚀/刺激：类别 2
腐蚀减薄：无		金属腐蚀：无		易燃液体：类别 3
环境开裂：无		急性毒性：无		
其蒸气与空气可形成爆炸性混合物，遇明火、高热能引起燃烧爆炸。与氧化剂可发生反应。容易自聚，聚合反应随着温度的上升而急骤加剧。若遇高热，容器内压增大，有开裂和爆炸的危险。				
理化特性				
熔点：-100.0℃	临界温度：无资料		爆炸上限：无资料	引燃温度：无资料
沸点：151.3℃	临界压力：无资料		爆炸下限：无资料	燃烧热：无资料
闪点：47.8℃	饱和蒸气压：无资料		相对密度($d_{水}=1$)：1.08	
溶解性	溶于水。			
主要用途	用作织物精整助剂、纸张处理剂、橡胶助剂、增塑剂，用于合成树脂和医药。			
急救措施				
皮肤接触	脱去污染的衣着，用流动清水冲洗。			
眼睛接触	提起眼睑，用流动清水或生理盐水冲洗。就医。			
吸入	迅速脱离现场至空气新鲜处。保持呼吸道通畅。如呼吸困难，给予吸氧。如呼吸停止，立即进行人工呼吸。就医。			
食入	饮足量温水，催吐。就医。			
防护措施				
呼吸防护	空气中浓度超标时，必须佩戴自吸过滤式防毒面具(全面罩)。紧急事态抢救或撤离时，应该佩戴空气呼吸器。			
眼睛防护	戴化学安全防护眼镜。			
身体防护	穿防静电工作服。			
手防护	戴橡胶手套。			
其他防护	工作场所禁止吸烟、进食和饮水，饭前要洗手。工作完毕，淋浴更衣。保持良好的卫生习惯。			

品名：**二聚环戊二烯**		分子式：$C_{10}H_{12}$	相态：液
别名：双茂；双环戊二烯；4,7-亚甲基-3a,4,7,7a-四氢茚		分子量：132.2	外观与性状：无色至淡黄色的液体
危险特性			
火灾危险性：可燃液体甲 B		爆炸物：无	皮肤腐蚀/刺激：类别 2
腐蚀减薄：无		金属腐蚀：无	易燃液体：类别 2
环境开裂：无		急性毒性：无	严重眼损伤/眼刺激：类别 2
其蒸气与空气可形成爆炸性混合物，遇明火、高热能引起燃烧爆炸。与氧化剂可发生反应。容易自聚，聚合反应随着温度的上升而急骤加剧。			
理化特性			
熔点：32.5℃	临界温度：无资料	爆炸上限：10.0%	引燃温度：503.0℃
沸点：172.0℃	临界压力：无资料	爆炸下限：1.0%	燃烧热：无资料
闪点：26.0℃	饱和蒸气压：1.33kPa(47.6℃)	相对密度($d_水=1$)：0.98	
溶解性	不溶于水，溶于乙醇、乙醚。		
主要用途	用于制乙丙橡胶的第三单体乙叉降冰片烯、多聚环戊二烯农药、聚酯、树脂、塑料的阻燃剂、药物、香料等。		
急救措施			
皮肤接触	脱去污染的衣着，用流动清水冲洗。		
眼睛接触	提起眼睑，用流动清水或生理盐水冲洗。就医。		
吸入	迅速脱离现场至空气新鲜处。保持呼吸道通畅。如呼吸困难，给予吸氧。如呼吸停止，立即进行人工呼吸。就医。		
食入	饮足量温水，催吐。就医。		
防护措施			
呼吸防护	空气中浓度超标时，必须佩戴自吸过滤式防毒面具(全面罩)。紧急事态抢救或撤离时，应该佩戴空气呼吸器。		
眼睛防护	戴化学安全防护眼镜。		
身体防护	穿防静电工作服。		
手防护	戴橡胶手套。		
其他防护	工作现场严禁吸烟。工作完毕，淋浴更衣。保持良好的卫生习惯。		

品名：**二硫化二甲基**		分子式：$C_2H_6S_2$	相态：液
别名：二甲二硫；二甲基二硫；甲基化二硫		分子量：94.2	外观与性状：无色或微黄色液体
危险特性			
火灾危险性：可燃液体甲 B		爆炸物：无	皮肤腐蚀/刺激：类别 2
腐蚀减薄：硫酸腐蚀、高温硫化物腐蚀		金属腐蚀：无	易燃液体：类别 2
环境开裂：连多硫酸应力腐蚀开裂		急性毒性：类别 3	严重眼损伤/眼刺激：类别 2
其蒸气与空气可形成爆炸性混合物，遇明火、高热极易燃烧爆炸。与氧化剂接触猛烈反应。流速过快，容易产生和积聚静电。其蒸气比空气重，能在较低处扩散到相当远的地方，遇火源会着火回燃。若遇高热，容器内压增大，有开裂和爆炸的危险。			
理化特性			
熔点：-84.5℃	临界温度：无资料	爆炸上限：16.0%	引燃温度：300.0℃
沸点：116.0℃	临界压力：无资料	爆炸下限：1.1%	燃烧热：无资料
闪点：24.0℃	饱和蒸气压：3.81kPa(25℃)	相对密度($d_水=1$)：1.06	
溶解性	不溶于水，可混溶于醇、醚等。		
主要用途	用于有机合成。		
急救措施			
皮肤接触	脱去污染的衣着，用流动清水冲洗。		
眼睛接触	提起眼睑，用流动清水或生理盐水冲洗。就医。		
吸入	迅速脱离现场至空气新鲜处。保持呼吸道通畅。如呼吸困难，给予吸氧。如呼吸停止，立即进行人工呼吸。就医。		
食入	饮足量温水，催吐。洗胃，导泄。就医。		
防护措施			
呼吸防护	空气中浓度超标时，必须佩戴自吸过滤式防毒面具(全面罩)。紧急事态抢救或撤离时，应该佩戴空气呼吸器。		
眼睛防护	呼吸系统防护中已做防护。		
身体防护	穿胶布防毒衣。		
手防护	戴橡胶耐油手套。		
其他防护	工作现场禁止吸烟、进食和饮水。工作完毕，淋浴更衣。实行就业前和定期的体检。		

品名：**二硫化碳** 别名：无	分子式：CS_2 分子量：76.1	相态：液 外观与性状：无色或淡黄色透明液体，有刺激性气味，易挥发

危险特性

火灾危险性：可燃液体甲B	爆炸物：无	皮肤腐蚀/刺激：类别2
腐蚀减薄：硫酸腐蚀、高温硫化物腐蚀	金属腐蚀：无	易燃液体：类别2
环境开裂：连多硫酸应力腐蚀开裂	急性毒性：类别3	严重眼损伤/眼刺激：类别2

极易燃，其蒸气能与空气形成范围广阔的爆炸性混合物。接触热、火星、火焰或氧化剂易燃烧爆炸。受热分解产生有毒的硫化物烟气。与铝、锌、钾、氟、氯、迭氮化物等反应剧烈，有燃烧爆炸危险。

理化特性

熔点：−110.8℃	临界温度：279℃	爆炸上限：60.0%	引燃温度：90.0℃
沸点：46.5℃	临界压力：7.90MPa	爆炸下限：1.0%	燃烧热：1030.8kJ/mol
闪点：−30.0℃	饱和蒸气压：53.32kPa(28℃)	相对密度($d_{水}=1$)：1.26	

溶解性	不溶于水，溶于乙醇、乙醚等多数有机溶剂。
主要用途	用于制造人造丝、杀虫剂，也用作溶剂。

急救措施

皮肤接触	立即脱去污染的衣着，用大量流动清水冲洗至少15min。就医。
眼睛接触	提起眼睑，用流动清水或生理盐水冲洗。就医。
吸入	迅速脱离现场至空气新鲜处。保持呼吸道通畅。如呼吸困难，给予吸氧。如呼吸停止，立即进行人工呼吸。就医。
食入	饮足量温水，催吐。就医。

防护措施

呼吸防护	可能接触其蒸气时，必须佩戴自吸过滤式防毒面具(全面罩)。
眼睛防护	戴化学安全防护眼镜。
身体防护	穿防静电工作服。
手防护	戴橡胶耐油手套。
其他防护	工作现场严禁吸烟。工作完毕，淋浴更衣。注意个人清洁卫生。

品名：**二硫化硒** 别名：无	分子式：SeS_2 分子量：143.1	相态：固 外观与性状：红色至黄色结晶

危险特性

火灾危险性：无	爆炸物：无	皮肤腐蚀/刺激：无
腐蚀减薄：硫酸腐蚀、高温硫化物腐蚀	金属腐蚀：无	
环境开裂：连多硫酸应力腐蚀开裂	急性毒性：类别3	

本身不能燃烧。若遇高热，升华产生剧毒的气体。

理化特性

熔点：100.0℃	临界温度：无资料	爆炸上限：无资料	引燃温度：无资料
沸点：无资料	临界压力：无资料	爆炸下限：无资料	燃烧热：无资料
闪点：无资料	饱和蒸气压：无资料	相对密度($d_{水}=1$)：无资料	

溶解性	不溶于水、多数有机溶剂。
主要用途	用于治疗猫或狗的湿疹和细菌感染。25%的悬浮液用作慢性脂溢症的洗发香波。还用于仪器及仪表工业。

急救措施

皮肤接触	立即脱去污染的衣着，用大量流动清水冲洗至少15min。就医。
眼睛接触	提起眼睑，用流动清水或生理盐水冲洗。就医。
吸入	迅速脱离现场至空气新鲜处。保持呼吸道通畅。如呼吸困难，给予吸氧。如呼吸停止，立即进行人工呼吸。就医。
食入	饮足量温水，催吐。就医。

防护措施

呼吸防护	可能接触其粉尘时，必须佩戴防尘面具(全面罩)。紧急事态抢救或撤离时，应该佩戴空气呼吸器。
眼睛防护	呼吸系统防护中已做防护。
身体防护	穿胶布防毒衣。
手防护	戴橡胶手套。
其他防护	工作现场禁止吸烟、进食和饮水。工作完毕，淋浴更衣。保持良好的卫生习惯。

品名：**2,3-二氯-1,4-萘醌** 别名：二氯萘醌		分子式：$C_{10}H_4Cl_2O_2$ 分子量：227.1	相态：固 外观与性状：黄色针状结晶，无气味
危险特性			
火灾危险性：可燃液体丙B 腐蚀减薄：无 环境开裂：无		爆炸物：无 金属腐蚀：无 急性毒性：无	皮肤腐蚀/刺激：类别2 严重眼损伤/眼刺激：类别2
遇明火、高热可燃。其粉体与空气可形成爆炸性混合物，当达到一定浓度时，遇火星会发生爆炸。受高热分解放出有毒的气体。			
理化特性			
熔点：193.0℃ 沸点：275.0℃ 闪点：127.5℃	临界温度：无资料 临界压力：无资料 饱和蒸气压：无资料	爆炸上限：无资料 爆炸下限：无资料 相对密度（$d_{水}=1$）：无资料	引燃温度：无资料 燃烧热：无资料
溶解性	不溶于水，微溶于乙醇、乙醚、苯。		
主要用途	用作农用杀菌剂。		
急救措施			
皮肤接触	脱去污染的衣着，用大量流动清水冲洗。		
眼睛接触	提起眼睑，用流动清水或生理盐水冲洗。就医。		
吸入	迅速脱离现场至空气新鲜处。保持呼吸道通畅。如呼吸困难，给予吸氧。如呼吸停止，立即进行人工呼吸。就医。		
食入	饮足量温水，催吐。就医。		
防护措施			
呼吸防护	可能接触其粉尘时，必须佩戴防尘面具（全面罩）。紧急事态抢救或撤离时，应该佩戴空气呼吸器。		
眼睛防护	呼吸系统防护中已做防护。		
身体防护	穿防毒物渗透工作服。		
手防护	戴橡胶手套。		
其他防护	工作现场禁止吸烟、进食和饮水。工作完毕，淋浴更衣。保持良好的卫生习惯。		

品名：**1,1-二氯-1-硝基乙烷** 别名：无		分子式：$C_2H_3Cl_2NO_2$ 分子量：144.0	相态：液 外观与性状：无色液体
危险特性			
火灾危险性：可燃液体丙A 腐蚀减薄：无 环境开裂：无		爆炸物：无 金属腐蚀：无 急性毒性：类别3	皮肤腐蚀/刺激：无
遇明火、高热能燃烧。与氧化剂接触猛烈反应。受高热分解，产生有毒的氮氧化物和氯化物气体。			
理化特性			
熔点：无资料 沸点：124.0℃ 闪点：76.0℃	临界温度：无资料 临界压力：无资料 饱和蒸气压：2.00kPa（20℃）	爆炸上限：无资料 爆炸下限：无资料 相对密度（$d_{水}=1$）：1.42	引燃温度：无资料 燃烧热：无资料
溶解性	不溶于水。		
主要用途	用作溶剂及消毒剂。		
急救措施			
皮肤接触	脱去污染的衣着，用大量流动清水冲洗。		
眼睛接触	提起眼睑，用流动清水或生理盐水冲洗。就医。		
吸入	迅速脱离现场至空气新鲜处。保持呼吸道通畅。如呼吸困难，给予吸氧。如呼吸停止，立即进行人工呼吸。就医。		
食入	饮足量温水，催吐。就医。		
防护措施			
呼吸防护	空气中浓度超标时，必须佩戴自吸过滤式防毒面具（全面罩）。紧急事态抢救或撤离时，应该佩戴空气呼吸器。		
眼睛防护	戴化学安全防护眼镜。		
身体防护	穿防毒物渗透工作服。		
手防护	戴橡胶耐油手套。		
其他防护	工作现场禁止吸烟、进食和饮水。工作完毕，淋浴更衣。单独存放被毒物污染的衣服，洗后备用。注意个人清洁卫生。		

品名：**1,3-二氯-2-丙醇** 别名：1,3-二氯异丙醇；1,3-二氯代甘油		分子式：$C_3H_6Cl_2O$ 分子量：129.0	相态：液 外观与性状：无色液体，微有氯仿气味
危险特性			
火灾危险性：可燃液体丙 A 腐蚀减薄：无 环境开裂：无		爆炸物：无 金属腐蚀：无 急性毒性：类别 3	皮肤腐蚀/刺激：无
遇高热、明火或与氧化剂接触，有引起燃烧的危险。高热时能分解出剧毒的光气。吸湿性强，遇水很快释出氯化氢。			
理化特性			
熔点：-4.0℃ 沸点：174.0℃ 闪点：73.9℃	临界温度：无资料 临界压力：无资料 饱和蒸气压：0.13kPa(28℃)	爆炸上限：无资料 爆炸下限：无资料 相对密度($d_水=1$)：1.37	引燃温度：无资料 燃烧热：无资料
溶解性	不溶于水，溶于乙醇、乙醚等多数有机溶剂。		
主要用途	用作溶剂及用于有机合成。		
急救措施			
皮肤接触	脱去污染的衣着，用流动清水冲洗。		
眼睛接触	提起眼睑，用流动清水或生理盐水冲洗。就医。		
吸入	迅速脱离现场至空气新鲜处。保持呼吸道通畅。如呼吸困难，给予吸氧。如呼吸停止，立即进行人工呼吸。就医。		
食入	饮足量温水，催吐。洗胃，导泄。就医。		
防护措施			
呼吸防护	空气中浓度超标时，必须佩戴自吸过滤式防毒面具(全面罩)。紧急事态抢救或撤离时，应该佩戴空气呼吸器。		
眼睛防护	呼吸系统防护中已做防护。		
身体防护	穿胶布防毒衣。		
手防护	戴橡胶手套。		
其他防护	工作现场禁止吸烟、进食和饮水。工作完毕，淋浴更衣。单独存放被毒物污染的衣服，洗后备用。注意个人清洁卫生。		

品名：**1,3-二氯-2-丁烯** 别名：无		分子式：$C_4H_6Cl_2$ 分子量：125.0	相态：液 外观与性状：浅黄色液体
危险特性			
火灾危险性：可燃液体甲 B 腐蚀减薄：无 环境开裂：无		爆炸物：无 金属腐蚀：无 急性毒性：类别 3	皮肤腐蚀/刺激：类别 1 易燃液体：类别 3 严重眼损伤/眼刺激：类别 1
其蒸气与空气可形成爆炸性混合物，遇明火、高热能引起燃烧爆炸。与氧化剂可发生反应。受高热分解产生有毒的氯化物气体。流速过快，容易产生和积聚静电。容易自聚，聚合反应随着温度的上升而急骤加剧。			
理化特性			
熔点：无资料 沸点：123.0℃ 闪点：27.0℃	临界温度：无资料 临界压力：无资料 饱和蒸气压：无资料	爆炸上限：无资料 爆炸下限：无资料 相对密度($d_水=1$)：1.20	引燃温度：无资料 燃烧热：无资料
溶解性	不溶于水，溶于多数有机溶剂。		
主要用途	用作有机合成的中间体。		
急救措施			
皮肤接触	脱去污染的衣着，用大量流动清水冲洗。		
眼睛接触	提起眼睑，用流动清水或生理盐水冲洗。就医。		
吸入	脱离现场至空气新鲜处。如呼吸困难，给予吸氧。就医。		
食入	饮足量温水，催吐。就医。		
防护措施			
呼吸防护	空气中浓度超标时，必须佩戴自吸过滤式防毒面具(全面罩)。紧急事态抢救或撤离时，应该佩戴空气呼吸器。		
眼睛防护	戴化学安全防护眼镜。		
身体防护	穿防毒物渗透工作服。		
手防护	戴橡胶耐油手套。		
其他防护	工作现场禁止吸烟、进食和饮水。工作完毕，淋浴更衣。注意个人清洁卫生。		

品名：**1,4-二氯-2-丁烯**		分子式：$C_4H_6Cl_2$	相态：液
别名：无		分子量：125.0	外观与性状：无色液体，有特殊气味
危险特性			
火灾危险性：可燃液体甲 B		爆炸物：无	皮肤腐蚀/刺激：类别 1
腐蚀减薄：无		金属腐蚀：无	易燃液体：类别 3
环境开裂：无		急性毒性：类别 2	严重眼损伤/眼刺激：类别 1
其蒸气与空气可形成爆炸性混合物，遇明火、高热能引起燃烧爆炸。与氧化剂可发生反应。受高热分解产生有毒的氯化物气体。流速过快，容易产生和积聚静电。容易自聚，聚合反应随着温度的上升而急骤加剧。若遇高热，容器内压增大，有开裂和爆炸的危险。			
理化特性			
熔点：1.0℃	临界温度：无资料	爆炸上限：无资料	引燃温度：465.0℃
沸点：156.0℃	临界压力：无资料	爆炸下限：无资料	燃烧热：无资料
闪点：27.0℃	饱和蒸气压：1.33kPa(20℃)	相对密度($d_{水}=1$)：1.18	
溶解性	不溶于水，可混溶于乙醇、苯、四氯化碳。		
主要用途	用作有机物制造的中间体。		
急救措施			
皮肤接触	立即脱去污染的衣着，用大量流动清水冲洗。就医。		
眼睛接触	立即提起眼睑，用大量流动清水或生理盐水彻底冲洗至少 15min。就医。		
吸入	迅速脱离现场至空气新鲜处。保持呼吸道通畅。如呼吸困难，给予吸氧。如呼吸停止，立即进行人工呼吸。就医。		
食入	饮足量温水，催吐。就医。		
防护措施			
呼吸防护	空气中浓度超标时，必须佩戴自吸过滤式防毒面具(全面罩)。紧急事态抢救或撤离时，应该佩戴空气呼吸器。		
眼睛防护	呼吸系统防护中已做防护。		
身体防护	穿防毒物渗透工作服		
手防护	戴橡胶耐油手套。		
其他防护	工作现场禁止吸烟、进食和饮水。工作完毕，淋浴更衣。注意个人清洁卫生。		

品名：**1,2-二氯苯**		分子式：$C_6H_4Cl_2$	相态：液
别名：邻二氯苯		分子量：147.0	外观与性状：无色液体
危险特性			
火灾危险性：可燃液体丙 A		爆炸物：无	皮肤腐蚀/刺激：类别 2
腐蚀减薄：含盐水腐蚀		金属腐蚀：无	严重眼损伤/眼刺激：类别 2
环境开裂：无		急性毒性：类别 3	
可燃。受高热分解产生有毒的腐蚀性烟气。与强氧化剂接触可发生化学反应。在潮湿空气存在下，放出热和近似白色烟雾状有刺激性和腐蚀性的氯化氢气体。与活性金属粉末(如镁、铝等)能发生反应，引起分解。			
理化特性			
熔点：-17.0℃	临界温度：417.2℃	爆炸上限：9.2%	引燃温度：647.0℃
沸点：180.0℃	临界压力：4.03MPa	爆炸下限：2.0%	燃烧热：2725.4kJ/mol
闪点：71.0℃	饱和蒸气压：0.13kPa(20℃)	相对密度($d_{水}=1$)：1.30	
溶解性	不溶于水，能与乙醇、乙醚和苯混溶。		
主要用途	主要用作溶剂和制油漆等，也用作热交换剂和制杀虫剂等。		
急救措施			
皮肤接触	立即脱去污染的衣着，用肥皂水和清水彻底冲洗皮肤。就医。		
眼睛接触	提起眼睑，用流动清水或生理盐水冲洗。就医。		
吸入	迅速脱离现场至空气新鲜处。保持呼吸道通畅。如呼吸困难，给予吸氧。如呼吸停止，立即进行人工呼吸。就医。		
食入	饮足量温水，催吐。就医。		
防护措施			
呼吸防护	可能接触其蒸气时，应该佩戴自吸过滤式防毒面具(全面罩)。		
眼睛防护	戴安全防护眼镜。		
身体防护	穿防毒物渗透工作服。		
手防护	戴橡胶耐油手套。		
其他防护	工作现场禁止吸烟、进食和饮水。工作完毕，淋浴更衣。保持良好的卫生习惯。		

品名：**1,3-二氯苯**	分子式：$C_6H_4Cl_2$	相态：液
别名：间二氯苯	分子量：147.0	外观与性状：无色液体，有刺激性气味

危险特性

火灾危险性：可燃液体丙 A	爆炸物：无	皮肤腐蚀/刺激：无
腐蚀减薄：含盐水腐蚀	金属腐蚀：无	
环境开裂：无	急性毒性：无	

遇明火能燃烧。受高热分解放出有毒的气体。遇氧化剂及铝反应剧烈。

理化特性

熔点：-24.8℃	临界温度：415.3℃	爆炸上限：7.8%	引燃温度：647.0℃
沸点：173.0℃	临界压力：4.86MPa	爆炸下限：1.8%	燃烧热：2952.9kJ/mol
闪点：63.0℃	饱和蒸气压：0.13kPa(12.1℃)	相对密度($d_{水}=1$)：1.29	

溶解性	不溶于水，溶于醇、醚。
主要用途	用于染料制造、有机合成中间体、溶剂。

急救措施

皮肤接触	脱去污染的衣着，用肥皂水和清水彻底冲洗皮肤。
眼睛接触	提起眼睑，用流动清水或生理盐水冲洗。就医。
吸入	迅速脱离现场至空气新鲜处。保持呼吸道通畅。如呼吸困难，给予吸氧。如呼吸停止，立即进行人工呼吸。就医。
食入	饮足量温水，催吐。就医。

防护措施

呼吸防护	可能接触其蒸气时，应该佩戴自吸过滤式防毒面具(全面罩)。
眼睛防护	戴安全防护眼镜。
身体防护	穿防毒物渗透工作服。
手防护	戴橡胶耐油手套。
其他防护	工作现场禁止吸烟、进食和饮水。工作完毕，淋浴更衣。保持良好的卫生习惯。

品名：**2,3-二氯苯胺**	分子式：$C_6H_5Cl_2N$	相态：固
别名：无	分子量：162.0	外观与性状：针状结晶

危险特性

火灾危险性：可燃液体丙 A	爆炸物：无	皮肤腐蚀/刺激：类别 2
腐蚀减薄：碱腐蚀、胺腐蚀	金属腐蚀：无	
环境开裂：碱应力腐蚀开裂、胺应力腐蚀开裂	急性毒性：类别 3	

遇明火、高热可燃。受高热分解，产生有毒的氮氧化物和氯化物气体。与强氧化剂接触可发生化学反应。

理化特性

熔点：24.0℃	临界温度：无资料	爆炸上限：无资料	引燃温度：无资料
沸点：252.0℃	临界压力：无资料	爆炸下限：无资料	燃烧热：无资料
闪点：112.0℃	饱和蒸气压：无资料	相对密度($d_{水}=1$)：1.37	

溶解性	溶于乙醇、丙酮，易溶于乙醚，微溶于苯。
主要用途	用于有机合成。

急救措施

皮肤接触	脱去污染的衣着，用肥皂水和清水彻底冲洗皮肤。
眼睛接触	提起眼睑，用流动清水或生理盐水冲洗。就医。
吸入	迅速脱离现场至空气新鲜处。保持呼吸道通畅。如呼吸困难，给予吸氧。如呼吸停止，立即进行人工呼吸。就医。
食入	饮足量温水，催吐。就医。

防护措施

呼吸防护	可能接触其蒸气时，应该佩戴自吸过滤式防毒面具(全面罩)。
眼睛防护	戴安全防护眼镜。
身体防护	穿防毒物渗透工作服。
手防护	戴橡胶耐油手套。
其他防护	工作现场禁止吸烟、进食和饮水。工作完毕，淋浴更衣。保持良好的卫生习惯。

品名：**2,4-二氯苯胺**	分子式：$C_6H_5Cl_2N$	相态：固
别名：无	分子量：162.0	外观与性状：白色结晶

危险特性

火灾危险性：可燃液体丙 A	爆炸物：无	皮肤腐蚀/刺激：无
腐蚀减薄：碱腐蚀、胺腐蚀	金属腐蚀：无	
环境开裂：碱应力腐蚀开裂、胺应力腐蚀开裂	急性毒性：无	

遇明火、高热可燃。受高热分解，产生有毒的氮氧化物和氯化物气体。与强氧化剂接触可发生化学反应。

理化特性

熔点：63.0℃	临界温度：无资料	爆炸上限：无资料	引燃温度：无资料
沸点：245.0℃	临界压力：无资料	爆炸下限：无资料	燃烧热：无资料
闪点：100.2℃	饱和蒸气压：无资料	相对密度($d_水=1$)：1.57	

溶解性	微溶于水，溶于乙醇、乙醚。
主要用途	用作染料中间体。

急救措施

皮肤接触	脱去污染的衣着，用肥皂水和清水彻底冲洗皮肤。
眼睛接触	提起眼睑，用流动清水或生理盐水冲洗。就医。
吸入	迅速脱离现场至空气新鲜处。保持呼吸道通畅。如呼吸困难，给予吸氧。如呼吸停止，立即进行人工呼吸。就医。
食入	饮足量温水，催吐。就医。

防护措施

呼吸防护	可能接触其蒸气时，应该佩戴自吸过滤式防毒面具(全面罩)。
眼睛防护	戴安全防护眼镜。
身体防护	穿防毒物渗透工作服。
手防护	戴橡胶手套。
其他防护	工作现场禁止吸烟、进食和饮水。及时换洗工作服。工作前后不饮酒，用温水洗澡。实行就业前和定期的体检。

品名：**2,5-二氯苯胺**	分子式：$C_6H_5Cl_2N$	相态：固
别名：无	分子量：162.0	外观与性状：淡棕色到琥珀色针状结晶

危险特性

火灾危险性：可燃液体丙 A	爆炸物：无	皮肤腐蚀/刺激：无
腐蚀减薄：碱腐蚀、胺腐蚀	金属腐蚀：无	严重眼损伤/眼刺激：类别 1
环境开裂：碱应力腐蚀开裂、胺应力腐蚀开裂	急性毒性：无	

遇明火、高热可燃。受高热分解，产生有毒的氮氧化物和氯化物气体。与强氧化剂接触可发生化学反应。

理化特性

熔点：50.0℃	临界温度：无资料	爆炸上限：无资料	引燃温度：540.0℃
沸点：251.0℃	临界压力：无资料	爆炸下限：无资料	燃烧热：无资料
闪点：100.4℃	饱和蒸气压：无资料	相对密度($d_水=1$)：1.54	

溶解性	微溶于水，溶于乙醇、乙醚、苯、二硫化碳、稀盐酸。
主要用途	用作染料中间体，用于有机合成。

急救措施

皮肤接触	脱去污染的衣着，用肥皂水和清水彻底冲洗皮肤。
眼睛接触	提起眼睑，用流动清水或生理盐水冲洗。就医。
吸入	迅速脱离现场至空气新鲜处。保持呼吸道通畅。如呼吸困难，给输氧。如呼吸停止，立即进行人工呼吸。就医。
食入	饮足量温水，催吐。就医。

防护措施

呼吸防护	可能接触其蒸气时，应该佩戴自吸过滤式防毒面具(全面罩)。
眼睛防护	戴安全防护眼镜。
身体防护	穿防毒物渗透工作服。
手防护	戴橡胶手套。
其他防护	工作现场禁止吸烟、进食和饮水。及时换洗工作服。工作前后不饮酒，用温水洗澡。实行就业前和定期的体检。

品名：**2,6-二氯苯胺** 别名：无	分子式：$C_6H_5Cl_2N$ 分子量：162.0	相态：固 外观与性状：针状结晶
危险特性		
火灾危险性：可燃液体丙 A 腐蚀减薄：碱腐蚀、胺腐蚀 环境开裂：碱应力腐蚀开裂、胺应力腐蚀开裂	爆炸物：无 金属腐蚀：无 急性毒性：类别 3	皮肤腐蚀/刺激：无
遇明火、高热可燃。受高热分解，产生有毒的氮氧化物和氯化物气体。与强氧化剂接触可发生化学反应。		
理化特性		
熔点：39.0℃ 沸点：219.9℃ 闪点：86.8℃	临界温度：无资料 临界压力：无资料 饱和蒸气压：无资料	爆炸上限：无资料 爆炸下限：无资料 相对密度($d_水$=1)：无资料 引燃温度：600.0℃ 燃烧热：无资料
溶解性	溶于乙醇、乙醚等多数有机溶剂。	
主要用途	用于有机合成。	
急救措施		
皮肤接触	脱去污染的衣着，用肥皂水和清水彻底冲洗皮肤。	
眼睛接触	提起眼睑，用流动清水或生理盐水冲洗。就医。	
吸入	迅速脱离现场至空气新鲜处。保持呼吸道通畅。如呼吸困难，给输氧。如呼吸停止，立即进行人工呼吸。就医。	
食入	饮足量温水，催吐。就医。	
防护措施		
呼吸防护	可能接触其蒸气时，应该佩戴自吸过滤式防毒面具(全面罩)。	
眼睛防护	戴安全防护眼镜。	
身体防护	穿防毒物渗透工作服。	
手防护	戴橡胶手套。	
其他防护	工作现场禁止吸烟、进食和饮水。及时换洗工作服。工作前后不饮酒，用温水洗澡。实行就业前和定期的体检。	

品名：**3,4-二氯苯胺** 别名：无	分子式：$C_6H_5Cl_2N$ 分子量：162.0	相态：固 外观与性状：褐色针状结晶
危险特性		
火灾危险性：可燃气体甲 腐蚀减薄：碱腐蚀、胺腐蚀 环境开裂：碱应力腐蚀开裂、胺应力腐蚀开裂	爆炸物：无 金属腐蚀：无 急性毒性：类别 3	皮肤腐蚀/刺激：无 严重眼损伤/眼刺激：类别 1
遇明火、高热可燃。受高热分解，产生有毒的氮氧化物和氯化物气体。与强氧化剂接触可发生化学反应。		
理化特性		
熔点：72.0℃ 沸点：272.0℃ 闪点：118.2℃	临界温度：无资料 临界压力：4.10MPa 饱和蒸气压：0.13kPa(80.5℃)	爆炸上限：7.2% 爆炸下限：2.8% 相对密度($d_水$=1)：1.33 引燃温度：265.0℃ 燃烧热：无资料
溶解性	微溶于水，溶于多数有机溶剂。	
主要用途	用于染料中间体、农药中间体及生物组分中间体。	
急救措施		
皮肤接触	脱去污染的衣着，用肥皂水和清水彻底冲洗皮肤。	
眼睛接触	提起眼睑，用流动清水或生理盐水冲洗。就医。	
吸入	迅速脱离现场至空气新鲜处。保持呼吸道通畅。如呼吸困难，给输氧。如呼吸停止，立即进行人工呼吸。就医。	
食入	饮足量温水，催吐。就医。	
防护措施		
呼吸防护	可能接触其蒸气时，应该佩戴自吸过滤式防毒面具(全面罩)。	
眼睛防护	戴安全防护眼镜。	
身体防护	穿防毒物渗透工作服。	
手防护	戴橡胶耐油手套。	
其他防护	工作现场禁止吸烟、进食和饮水。工作完毕，淋浴更衣。保持良好的卫生习惯。	

品名：**3,5-二氯苯胺**	分子式：$C_6H_5Cl_2N$	相态：固	
别名：无	分子量：162.0	外观与性状：白色晶体	
危险特性			
火灾危险性：可燃液体丙 A	爆炸物：无	皮肤腐蚀/刺激：无	
腐蚀减薄：碱腐蚀、胺腐蚀	金属腐蚀：无		
环境开裂：碱应力腐蚀开裂、胺应力腐蚀开裂	急性毒性：类别 3		
无资料。			
理化特性			
熔点：51.0℃	临界温度：无资料	爆炸上限：无资料	引燃温度：620.0℃
沸点：260.6℃	临界压力：无资料	爆炸下限：无资料	燃烧热：无资料
闪点：118.3℃	饱和蒸气压：无资料	相对密度($d_水=1$)：无资料	
溶解性	与水部分混溶。		
主要用途	用作农药、医药中间体。		
急救措施			
皮肤接触	无资料。		
眼睛接触	无资料。		
吸入	无资料。		
食入	无资料。		
防护措施			
呼吸防护	使用全面罩式多功能微粒防毒面具 N99 型或 P2 型防毒面具筒作为工程控制的候补。		
眼睛防护	面罩与安全眼镜请使用经官方标准如 NIOSH 或 EN166 检测与批准的设备防护眼部。		
身体防护	穿胶布防毒衣。		
手防护	戴橡胶耐油手套。		
其他防护	工作现场禁止吸烟、进食和饮水。工作完毕，淋浴更衣。实行就业前和定期的体检。		

品名：**2,3-二氯苯酚**	分子式：$C_6H_4Cl_2O$	相态：固	
别名：2,3-二氯酚	分子量：163.0	外观与性状：白色结晶	
危险特性			
火灾危险性：可燃液体丙 A	爆炸物：无	皮肤腐蚀/刺激：类别 2	
腐蚀减薄：苯酚腐蚀	金属腐蚀：无	严重眼损伤/眼刺激：类别 2	
环境开裂：无	急性毒性：无		
遇明火、高热可燃。其粉体与空气可形成爆炸性混合物，当达到一定浓度时，遇火星会发生爆炸。受高热分解放出有毒的气体。			
理化特性			
熔点：57.0℃	临界温度：无资料	爆炸上限：无资料	引燃温度：无资料
沸点：206.0℃	临界压力：无资料	爆炸下限：无资料	燃烧热：无资料
闪点：100.0℃	饱和蒸气压：无资料	相对密度($d_水=1$)：无资料	
溶解性	溶于乙醇、乙醚。		
主要用途	用作气相色谱对比样品、分析试剂，并用于有机合成。		
急救措施			
皮肤接触	脱去污染的衣着，用大量流动清水冲洗。		
眼睛接触	提起眼睑，用流动清水或生理盐水冲洗。就医。		
吸入	迅速脱离现场至空气新鲜处。保持呼吸道通畅。如呼吸困难，给输氧。如呼吸停止，立即进行人工呼吸。就医。		
食入	饮足量温水，催吐。就医。		
防护措施			
呼吸防护	空气中粉尘浓度超标时，必须佩戴自吸过滤式防尘口罩。紧急事态抢救或撤离时，应该佩戴空气呼吸器。		
眼睛防护	戴化学安全防护眼镜。		
身体防护	穿防毒物渗透工作服。		
手防护	戴橡胶手套。		
其他防护	工作场所禁止吸烟、进食和饮水，饭前要洗手。工作完毕，沐浴更衣。保持良好的卫生习惯。		

品名：**2,4-二氯苯酚** 别名：2,4-二氯酚		分子式：$C_6H_4Cl_2O$ 分子量：163.0	相态：固 外观与性状：无色结晶
危险特性			
火灾危险性：可燃液体丙 A 腐蚀减薄：苯酚腐蚀 环境开裂：无		爆炸物：无 金属腐蚀：无 急性毒性：类别 3	皮肤腐蚀/刺激：类别 1 严重眼损伤/眼刺激：类别 1
遇明火能燃烧。与氧化剂接触猛烈反应。受热或接触酸或酸雾，产生氯化物烟气。			
理化特性			
熔点：45.0℃ 沸点：210.0℃ 闪点：113.0℃	临界温度：无资料 临界压力：无资料 饱和蒸气压：0.13kPa(53℃)	爆炸上限：无资料 爆炸下限：无资料 相对密度($d_{水}=1$)：1.38	引燃温度：500.0℃ 燃烧热：无资料
溶解性	微溶于水，溶于醇、乙醚、苯、四氯化碳。		
主要用途	用于有机合成。		
急救措施			
皮肤接触	立即脱去污染的衣着，用大量流动清水冲洗至少 15min。就医。		
眼睛接触	立即提起眼睑，用大量流动清水或生理盐水彻底冲洗至少 15min。就医。		
吸入	迅速脱离现场至空气新鲜处。保持呼吸道通畅。如呼吸困难，给输氧。如呼吸停止，立即进行人工呼吸。就医。		
食入	用水漱口，给饮牛奶或蛋清。就医。		
防护措施			
呼吸防护	空气中粉尘浓度超标时，必须佩戴自吸过滤式防尘口罩。紧急事态抢救或撤离时，应该佩戴空气呼吸器。		
眼睛防护	戴化学安全防护眼镜。		
身体防护	穿防毒物渗透工作服。		
手防护	戴橡胶手套。		
其他防护	工作场所禁止吸烟、进食和饮水，饭前要洗手。工作完毕，淋浴更衣。保持良好的卫生习惯。		

品名：**2,5-二氯苯酚** 别名：2,5-二氯酚		分子式：$C_6H_4Cl_2O$ 分子量：163.0	相态：固 外观与性状：白色棱形结晶
危险特性			
火灾危险性：可燃液体丙 A 腐蚀减薄：苯酚腐蚀 环境开裂：无		爆炸物：无 金属腐蚀：无 急性毒性：无	皮肤腐蚀/刺激：类别 2 严重眼损伤/眼刺激：类别 2
遇明火、高热可燃。其粉体与空气可形成爆炸性混合物，当达到一定浓度时，遇火星会发生爆炸。受高热分解放出有毒的气体。			
理化特性			
熔点：59.0℃ 沸点：211.0℃ 闪点：108.0℃	临界温度：无资料 临界压力：无资料 饱和蒸气压：无资料	爆炸上限：无资料 爆炸下限：无资料 相对密度($d_{水}=1$)：无资料	引燃温度：无资料 燃烧热：无资料
溶解性	微溶于水，溶于苯、石油醚，易溶于乙醇、乙醚。		
主要用途	用作分析试剂和气相色谱对比样品。		
急救措施			
皮肤接触	脱去污染的衣着，用大量流动清水冲洗。		
眼睛接触	提起眼睑，用流动清水或生理盐水冲洗。就医。		
吸入	迅速脱离现场至空气新鲜处。保持呼吸道通畅。如呼吸困难，给输氧。如呼吸停止，立即进行人工呼吸。就医。		
食入	饮足量温水，催吐。就医。		
防护措施			
呼吸防护	空气中粉尘浓度超标时，必须佩戴自吸过滤式防尘口罩。紧急事态抢救或撤离时，应该佩戴空气呼吸器。		
眼睛防护	戴化学安全防护眼镜。		
身体防护	穿防毒物渗透工作服。		
手防护	戴橡胶手套。		
其他防护	工作场所禁止吸烟、进食和饮水，饭前要洗手。工作完毕，淋浴更衣。保持良好的卫生习惯。		

品名：**2,6-二氯苯酚** 别名：2,6-二氯酚		分子式：$C_6H_4Cl_2O$ 分子量：163.0	相态：固 外观与性状：无色针状结晶
危险特性			
火灾危险性：可燃液体丙 A 腐蚀减薄：苯酚腐蚀 环境开裂：无		爆炸物：无 金属腐蚀：无 急性毒性：无	皮肤腐蚀/刺激：类别 2 严重眼损伤/眼刺激：类别 2
遇明火、高热可燃。与强氧化剂接触可发生化学反应。受热分解放出有毒气体。			
理化特性			
熔点：68.0℃ 沸点：219.0℃ 闪点：94.9℃	临界温度：无资料 临界压力：无资料 饱和蒸气压：0.53kPa(80℃)	爆炸上限：无资料 爆炸下限：无资料 相对密度($d_水=1$)：无资料	引燃温度：无资料 燃烧热：无资料
溶解性	溶于水，易溶于乙醇、乙醚。		
主要用途	用作分析试剂及有机合成。		
急救措施			
皮肤接触	立即脱去污染的衣着，用大量流动清水冲洗至少 15min。就医。		
眼睛接触	立即提起眼睑，用大量流动清水或生理盐水彻底冲洗至少 15min。就医。		
吸入	迅速脱离现场至空气新鲜处。保持呼吸道通畅。如呼吸困难，给输氧。如呼吸停止，立即进行人工呼吸。就医。		
食入	用水漱口，给饮牛奶或蛋清。就医。		
防护措施			
呼吸防护	空气中粉尘浓度超标时，必须佩戴自吸过滤式防尘口罩。紧急事态抢救或撤离时，应该佩戴空气呼吸器。		
眼睛防护	戴化学安全防护眼镜。		
身体防护	穿防毒物渗透工作服。		
手防护	戴橡胶手套。		
其他防护	工作场所禁止吸烟、进食和饮水，饭前要洗手。工作完毕，淋浴更衣。保持良好的卫生习惯。		

品名：**3,4-二氯苯酚** 别名：3,4-二氯酚		分子式：$C_6H_4Cl_2O$ 分子量：163.0	相态：固 外观与性状：针状结晶
危险特性			
火灾危险性：可燃液体丙 A 腐蚀减薄：苯酚腐蚀 环境开裂：无		爆炸物：无 金属腐蚀：无 急性毒性：无	皮肤腐蚀/刺激：无
遇明火、高热可燃。其粉体与空气可形成爆炸性混合物，当达到一定浓度时，遇火星会发生爆炸。受高热分解放出有毒的气体。			
理化特性			
熔点：68.0℃ 沸点：247.1℃ 闪点：109.1℃	临界温度：无资料 临界压力：无资料 饱和蒸气压：无资料	爆炸上限：无资料 爆炸下限：无资料 相对密度($d_水=1$)：无资料	引燃温度：无资料 燃烧热：无资料
溶解性	溶于乙醇、乙醚、苯。		
主要用途	用作气相色谱对比样品，并用于有机合成。		
急救措施			
皮肤接触	立即脱去污染的衣着，用大量流动清水冲洗。就医。		
眼睛接触	立即脱去污染的衣着，用大量流动清水冲洗。就医。		
吸入	迅速脱离现场至空气新鲜处。保持呼吸道通畅。如呼吸困难，给输氧。如呼吸停止，立即进行人工呼吸。就医。		
食入	饮足量温水，催吐。就医。		
防护措施			
呼吸防护	空气中粉尘浓度超标时，必须佩戴自吸过滤式防尘口罩。紧急事态抢救或撤离时，应该佩戴空气呼吸器。		
眼睛防护	戴化学安全防护眼镜。		
身体防护	穿防毒物渗透工作服。		
手防护	戴橡胶手套。		
其他防护	工作场所禁止吸烟、进食和饮水，饭前要洗手。工作完毕，淋浴更衣。保持良好的卫生习惯。		

品名：**二氯苯基三氯硅烷**	分子式：$C_6H_3Cl_5Si$	相态：液	
别名：无	分子量：280.4	外观与性状：稻草色液体	
危险特性			
火灾危险性：可燃液体丙 B	爆炸物：无	皮肤腐蚀/刺激：类别 1	
腐蚀减薄：无	金属腐蚀：无	严重眼损伤/眼刺激：类别 1	
环境开裂：无	急性毒性：无		
遇明火、高热可燃。与氧化剂可发生反应。吸潮或遇水会产生大量的腐蚀性烟雾。受高热分解产生有毒的腐蚀性烟气。具有腐蚀性。若遇高热，容器内压增大，有开裂和爆炸的危险。			
理化特性			
熔点：无资料	临界温度：无资料	爆炸上限：无资料	引燃温度：无资料
沸点：260.0℃	临界压力：无资料	爆炸下限：无资料	燃烧热：无资料
闪点：141.0℃	饱和蒸气压：无资料	相对密度（$d_{水}=1$）：1.56	
溶解性	溶于水、过氯乙烯。		
主要用途	用于有机合成。		
急救措施			
皮肤接触	脱去污染的衣着，用大量流动清水冲洗。就医。		
眼睛接触	提起眼睑，用流动清水或生理盐水冲洗。就医。		
吸入	迅速脱离现场至空气新鲜处。保持呼吸道通畅。如呼吸困难，给输氧。如呼吸停止，立即进行人工呼吸。就医。		
食入	饮足量温水，催吐。就医。		
防护措施			
呼吸防护	空气中浓度超标时，必须佩戴自吸过滤式防毒面具（全面罩）。紧急事态抢救或撤离时，应该佩戴空气呼吸器。		
眼睛防护	呼吸系统防护中已做防护。		
身体防护	穿橡胶耐酸碱服。		
手防护	戴橡胶耐酸碱手套。		
其他防护	工作现场禁止吸烟、进食和饮水。工作完毕，淋浴更衣。保持良好的卫生习惯。		

品名：**2,4-二氯苯甲酰氯**	分子式：$C_7H_3Cl_3O$	相态：液	
别名：2,4-二氯代氯化苯甲酰	分子量：209.5	外观与性状：无色液体。	
危险特性			
火灾危险性：可燃液体丙 B	爆炸物：无	皮肤腐蚀/刺激：类别 1	
腐蚀减薄：盐酸腐蚀、含盐水腐蚀	金属腐蚀：无	严重眼损伤/眼刺激：类别 1	
环境开裂：氯化物应力腐蚀开裂	急性毒性：无		
可燃。遇高热、明火有引起燃烧的危险。与氧化剂可发生反应。与水或潮气发生反应，散发出刺激性和腐蚀性的氯化氢气体。遇潮时对大多数金属有腐蚀性。			
理化特性			
熔点：16.0℃	临界温度：无资料	爆炸上限：无资料	引燃温度：450.0℃
沸点：150.0℃	临界压力：无资料	爆炸下限：无资料	燃烧热：无资料
闪点：137.0℃	饱和蒸气压：1.00kPa（111℃）	相对密度（$d_{水}=1$）：1.49	
溶解性	溶于乙醚、氯仿等多数有机溶剂。		
主要用途	用于有机合成，用作染料、制药工业的中间体。		
急救措施			
皮肤接触	立即脱去污染的衣着，用大量流动清水冲洗。就医。		
眼睛接触	提起眼睑，用流动清水或生理盐水冲洗。就医。		
吸入	迅速脱离现场至空气新鲜处。保持呼吸道通畅。如呼吸困难，给输氧。如呼吸停止，立即进行人工呼吸。就医。		
食入	饮足量温水，催吐。就医。		
防护措施			
呼吸防护	可能接触其粉尘时，必须佩戴防尘面具（全面罩）；可能接触其蒸气时，应该佩戴自吸过滤式防毒面具（全面罩）。		
眼睛防护	呼吸系统防护中已做防护。		
身体防护	穿橡胶耐酸碱服。		
手防护	戴橡胶耐酸碱手套。		
其他防护	工作完毕，淋浴更衣。单独存放被毒物污染的衣服，洗后备用。注意个人清洁卫生。		

品名：**2-(2,4-二氯苯氧基)丙酸** 别名：2,4-滴丙酸		分子式：$C_9H_8Cl_2O_3$ 分子量：235.1	相态：固 外观与性状：纯品为无色无味结晶
危险特性			
火灾危险性：可燃液体丙 B 腐蚀减薄：低分子有机酸腐蚀 环境开裂：无		爆炸物：无 金属腐蚀：无 急性毒性：无	皮肤腐蚀/刺激：类别 2 严重眼损伤/眼刺激：类别 1
遇明火、高热可燃。其粉体与空气可形成爆炸性混合物，当达到一定浓度时，遇火星会发生爆炸。受高热分解放出有毒的气体。遇潮时对大多数金属有腐蚀性。			
理化特性			
熔点：117.5℃ 沸点：348.3℃ 闪点：164.5℃	临界温度：无资料 临界压力：无资料 饱和蒸气压：无资料	爆炸上限：无资料 爆炸下限：无资料 相对密度($d_{水}=1$)：无资料	引燃温度：无资料 燃烧热：无资料
溶解性	微溶于水，溶于多数有机溶剂。		
主要用途	用作农用除草剂、薰蒸剂。		
急救措施			
皮肤接触	立即脱去污染的衣着，用大量流动清水冲洗。就医。		
眼睛接触	提起眼睑，用流动清水或生理盐水冲洗。就医。		
吸入	迅速脱离现场至空气新鲜处。保持呼吸道通畅。如呼吸困难，给输氧。如呼吸停止，立即进行人工呼吸。就医。		
食入	饮足量温水，催吐。就医。		
防护措施			
呼吸防护	空气中粉尘浓度超标时，必须佩戴自吸过滤式防尘口罩。紧急事态抢救或撤离时，应该佩戴空气呼吸器。		
眼睛防护	戴化学安全防护眼镜。		
身体防护	穿防毒物渗透工作服。		
手防护	戴橡胶手套。		
其他防护	工作场所禁止吸烟、进食和饮水，饭前要洗手。工作完毕，淋浴更衣。保持良好的卫生习惯。		

品名：**3,4-二氯苄基氯** 别名：3,4-二氯氯化苄；氯化-3,4-二氯苄		分子式：$C_7H_5Cl_3$ 分子量：195.5	相态：液 外观与性状：无色液体
危险特性			
火灾危险性：可燃液体丙 B 腐蚀减薄：盐酸腐蚀、含盐水腐蚀 环境开裂：氯化物应力腐蚀开裂		爆炸物：无 金属腐蚀：无 急性毒性：无	皮肤腐蚀/刺激：无
遇明火、高热可燃。与氧化剂可发生反应。受高热分解产生有毒的腐蚀性烟气。其蒸气比空气重，能在较低处扩散到相当远的地方，遇火源会着火回燃。若遇高热，容器内压增大，有开裂和爆炸的危险。			
理化特性			
熔点：245.0℃ 沸点：241.0℃ 闪点：160.2℃	临界温度：无资料 临界压力：无资料 饱和蒸气压：无资料	爆炸上限：无资料 爆炸下限：无资料 相对密度($d_{水}=1$)：1.41	引燃温度：无资料 燃烧热：无资料
溶解性	不溶于水，溶于醇、丙酮、醚。		
主要用途	用作杀虫剂、有机合成中间体。		
急救措施			
皮肤接触	立即脱去污染的衣着，用大量流动清水冲洗。就医。		
眼睛接触	提起眼睑，用流动清水或生理盐水冲洗。就医。		
吸入	迅速脱离现场至空气新鲜处。保持呼吸道通畅。如呼吸困难，给输氧。如呼吸停止，立即进行人工呼吸。就医。		
食入	饮足量温水，催吐。就医。		
防护措施			
呼吸防护	空气中浓度超标时，必须佩戴自吸过滤式防毒面具(全面罩)。紧急事态抢救或撤离时，应该佩戴空气呼吸器。		
眼睛防护	戴化学安全防护眼镜。		
身体防护	穿防毒物渗透工作服。		
手防护	戴橡胶手套。		
其他防护	工作现场禁止吸烟、进食和饮水。工作完毕，淋浴更衣。保持良好的卫生习惯。		

品名：**1,3-二氯丙酮** 别名：α,γ-二氯丙酮		分子式：$C_3H_4Cl_2O$ 分子量：127.0	相态：固 外观与性状：无色结晶
危险特性			
火灾危险性：可燃液体丙 A 腐蚀减薄：无 环境开裂：无		爆炸物：无 金属腐蚀：无 急性毒性：类别 2	皮肤腐蚀/刺激：无
遇明火能燃烧。受热易分解，燃烧时产生有毒的氯化物气体。与氧化剂接触猛烈反应。			
理化特性			
熔点：45.0℃ 沸点：173.0℃ 闪点：89.0℃	临界温度：无资料 临界压力：无资料 饱和蒸气压：0.93kPa(55℃)	爆炸上限：无资料 爆炸下限：无资料 相对密度($d_水=1$)：1.38	引燃温度：590.0℃ 燃烧热：无资料
溶解性	溶于水，溶于乙醇、乙醚。		
主要用途	用于有机合成，也用作催泪性毒剂。		
急救措施			
皮肤接触	立即脱去污染的衣着，用大量流动清水冲洗至少 15min。就医。		
眼睛接触	立即提起眼睑，用大量流动清水或生理盐水彻底冲洗至少 15min。就医。		
吸入	迅速脱离现场至空气新鲜处。保持呼吸道通畅。如呼吸困难，给输氧。如呼吸停止，立即进行人工呼吸。就医。		
食入	用水漱口，给饮牛奶或蛋清。就医。		
防护措施			
呼吸防护	可能接触其粉尘时，必须佩戴头罩型电动送风过滤式防尘呼吸器。		
眼睛防护	呼吸系统防护中已做防护。		
身体防护	穿胶布防毒衣。		
手防护	戴橡胶手套。		
其他防护	工作现场禁止吸烟、进食和饮水。工作完毕，淋浴更衣。注意个人清洁卫生。		

品名：**1,2-二氯丙烷** 别名：二氯化丙烯		分子式：$C_3H_6Cl_2$ 分子量：113.0	相态：液 外观与性状：无色液体，有类似氯仿的气味
危险特性			
火灾危险性：可燃液体甲 B 腐蚀减薄：盐酸腐蚀、含盐水腐蚀 环境开裂：氯化物应力腐蚀开裂		爆炸物：无 金属腐蚀：无 急性毒性：无	皮肤腐蚀/刺激：无 易燃液体：类别 2
其蒸气与空气可形成爆炸性混合物，遇明火、高热极易燃烧爆炸。与氧化剂接触猛烈反应。受高热分解产生有毒的氯化物气体。流速过快，容易产生和积聚静电。其蒸气比空气重，能在较低处扩散到相当远的地方，遇火源会着火回燃。若遇高热，容器内压增大，有开裂和爆炸的危险。			
理化特性			
熔点：-80.0℃ 沸点：96.8℃ 闪点：15.0℃	临界温度：304.3℃ 临界压力：4.44MPa 饱和蒸气压：5.33kPa(20℃)	爆炸上限：14.5% 爆炸下限：3.4% 相对密度($d_水=1$)：1.16	引燃温度：555.0℃ 燃烧热：1542.8kJ/mol
溶解性	不溶于水，溶于多数有机溶剂。		
主要用途	用作脂肪、油、蜡、树脂和树胶的溶剂及杀虫剂等。		
急救措施			
皮肤接触	脱去污染的衣着，用流动清水冲洗。		
眼睛接触	提起眼睑，用流动清水或生理盐水冲洗。就医。		
吸入	迅速脱离现场至空气新鲜处。保持呼吸道通畅。如呼吸困难，给输氧。如呼吸停止，立即进行人工呼吸。就医。		
食入	饮足量温水，催吐。就医。		
防护措施			
呼吸防护	空气中浓度超标时，必须佩戴自吸过滤式防毒面具(全面罩)。紧急事态抢救或撤离时，应该佩戴空气呼吸器。		
眼睛防护	戴化学安全防护眼镜。		
身体防护	穿防静电工作服。		
手防护	戴橡胶耐油手套。		
其他防护	工作现场禁止吸烟、进食和饮水。工作完毕，淋浴更衣。注意个人清洁卫生。		

品名：**1,3-二氯丙烷**	分子式：$C_3H_6Cl_2$	相态：液
别名：无	分子量：113.0	外观与性状：无色液体，有类似氯仿的气味

危险特性

火灾危险性：可燃液体乙 A	爆炸物：无	皮肤腐蚀/刺激：类别 2
腐蚀减薄：无	金属腐蚀：无	易燃液体：类别 2
环境开裂：无	急性毒性：无	

遇明火、高热易燃。受热分解能放出剧毒的光气。与氧化剂能发生强烈反应。

理化特性

熔点：-99.5℃	临界温度：无资料	爆炸上限：无资料	引燃温度：480.0℃
沸点：125.0℃	临界压力：4.23MPa	爆炸下限：无资料	燃烧热：1751.8kJ/mol
闪点：32.0℃	饱和蒸气压：5.32kPa(20℃)	相对密度($d_{水}=1$)：1.20	

溶解性	微溶于水，易溶于乙醇、乙醚等多数有机溶剂。
主要用途	用于有机合成，制洗涤剂，也用作溶剂。

急救措施

皮肤接触	脱去污染的衣着，用肥皂水和清水彻底冲洗皮肤。
眼睛接触	提起眼睑，用流动清水或生理盐水冲洗。就医。
吸入	迅速脱离现场至空气新鲜处。保持呼吸道通畅。如呼吸困难，给输氧。如呼吸停止，立即进行人工呼吸。就医。
食入	饮足量温水，催吐。就医。

防护措施

呼吸防护	空气中浓度超标时，必须佩戴自吸过滤式防毒面具(全面罩)。紧急事态抢救或撤离时，应该佩戴空气呼吸器。
眼睛防护	戴化学安全防护眼镜。
身体防护	穿防静电工作服。
手防护	戴橡胶耐油手套。
其他防护	工作现场禁止吸烟、进食和饮水。工作完毕，淋浴更衣。注意个人清洁卫生。

品名：**1,2-二氯丙烯**	分子式：$C_3H_4Cl_2$	相态：液
别名：2-氯丙烯基氯	分子量：111.0	外观与性状：无色液体，有类似氯仿的气味

危险特性

火灾危险性：可燃液体甲 B	爆炸物：无	皮肤腐蚀/刺激：无
腐蚀减薄：含盐水腐蚀	金属腐蚀：无	易燃液体：类别 2
环境开裂：无	急性毒性：无	

易燃，其蒸气与空气可形成爆炸性混合物，遇明火、高热能引起燃烧爆炸。在空气中受热分解释出剧毒的光气和氯化氢气体。与氧化剂能发生强烈反应。与铜及其合金有可能生成具有爆炸性的氯乙炔。

理化特性

熔点：无资料	临界温度：无资料	爆炸上限：无资料	引燃温度：无资料
沸点：75.0℃	临界压力：无资料	爆炸下限：无资料	燃烧热：无资料
闪点：15.7℃	饱和蒸气压：无资料	相对密度($d_{水}=1$)：1.18	

溶解性	不溶于水，溶于乙醇、甲醇、四氯化碳等多数有机溶剂。
主要用途	用于有机合成。

急救措施

皮肤接触	脱去污染的衣着，用流动清水冲洗。
眼睛接触	提起眼睑，用流动清水或生理盐水冲洗。就医。
吸入	迅速脱离现场至空气新鲜处。保持呼吸道通畅。如呼吸困难，给输氧。如呼吸停止，立即进行人工呼吸。就医。
食入	饮足量温水，催吐。就医。

防护措施

呼吸防护	可能接触其蒸气时，应该佩戴自吸过滤式防毒面具(全面罩)。紧急事态抢救或撤离时，佩戴循环式氧气呼吸器。
眼睛防护	呼吸系统防护中已做防护。
身体防护	穿胶布防毒衣。
手防护	戴橡胶耐油手套。
其他防护	工作现场禁止吸烟、进食和饮水。工作完毕，淋浴更衣。注意个人清洁卫生。

品名：**1,3-二氯丙烯**	分子式：$C_3H_4Cl_2$	相态：液	
别名：无	分子量：111.0	外观与性状：无色液体，有类似氯仿的气味	
危险特性			
火灾危险性：可燃液体甲 B	爆炸物：无	皮肤腐蚀/刺激：类别 2	
腐蚀减薄：无	金属腐蚀：无	易燃液体：类别 3	
环境开裂：无	急性毒性：类别 3	严重眼损伤/眼刺激：类别 2	
易燃，其蒸气与空气可形成爆炸性混合物，遇明火、高热能引起燃烧爆炸。与氧化剂能发生强烈反应。			
理化特性			
熔点：-84.0℃	临界温度：无资料	爆炸上限：14.5%	引燃温度：无资料
沸点：102.0℃	临界压力：无资料	爆炸下限：5.3%	燃烧热：1775.5kJ/mol
闪点：27.8℃	饱和蒸气压：4.5kPa(25℃)	相对密度($d_{水}=1$)：1.22	
溶解性	不溶于水，溶于乙醇、乙醚苯等多数有机溶剂。		
主要用途	用于有机合成和用作防霉剂。		
急救措施			
皮肤接触	立即脱去污染的衣着，用大量流动清水冲洗至少 15min。就医。		
眼睛接触	立即提起眼睑，用大量流动清水或生理盐水彻底冲洗至少 15min。就医。		
吸入	迅速脱离现场至空气新鲜处。保持呼吸道通畅。如呼吸困难，给输氧。如呼吸停止，立即进行人工呼吸。就医。		
食入	用水漱口，给饮牛奶或蛋清。就医。		
防护措施			
呼吸防护	可能接触其蒸气时，应该佩戴自吸过滤式防毒面具(全面罩)。紧急事态抢救或撤离时，佩戴循环式氧气呼吸器。		
眼睛防护	呼吸系统防护中已做防护。		
身体防护	穿胶布防毒衣。		
手防护	戴橡胶耐油手套。		
其他防护	工作现场禁止吸烟、进食和饮水。工作完毕，淋浴更衣。注意个人清洁卫生。		

品名：**2,3-二氯丙烯**	分子式：$C_3H_4Cl_2$	相态：液	
别名：无	分子量：111.0	外观与性状：无色或微黄色液体	
危险特性			
火灾危险性：可燃液体甲 B	爆炸物：无	皮肤腐蚀/刺激：类别 2	
腐蚀减薄：无	金属腐蚀：无	易燃液体：类别 2	
环境开裂：无	急性毒性：无	严重眼损伤/眼刺激：类别 1	
其蒸气与空气可形成爆炸性混合物，遇明火、高热极易燃烧爆炸。与氧化剂接触猛烈反应。容易自聚，聚合反应随着温度的上升而急骤加剧。流速过快，容易产生和积聚静电。			
理化特性			
熔点：-81.7℃	临界温度：无资料	爆炸上限：无资料	引燃温度：510.0℃
沸点：94.0℃	临界压力：无资料	爆炸下限：无资料	燃烧热：1775kJ/mol
闪点：10.0℃	饱和蒸气压：无资料	相对密度($d_{水}=1$)：1.21	
溶解性	不溶于水，易溶于醇，溶于醚、苯、氯仿。		
主要用途	用于有机合成和用作熏蒸剂。		
急救措施			
皮肤接触	立即脱去污染的衣着，用大量流动清水冲洗至少 15min。就医。		
眼睛接触	立即提起眼睑，用大量流动清水或生理盐水彻底冲洗至少 15min。就医。		
吸入	迅速脱离现场至空气新鲜处。保持呼吸道通畅。如呼吸困难，给输氧。如呼吸停止，立即进行人工呼吸。就医。		
食入	用水漱口，给饮牛奶或蛋清。就医。		
防护措施			
呼吸防护	可能接触其蒸气时，应该佩戴自吸过滤式防毒面具(全面罩)。紧急事态抢救或撤离时，佩戴循环式氧气呼吸器。		
眼睛防护	呼吸系统防护中已做防护。		
身体防护	穿胶布防毒衣。		
手防护	戴橡胶耐油手套。		
其他防护	工作现场禁止吸烟、进食和饮水。工作完毕，淋浴更衣。注意个人清洁卫生。		

品名：**1,4-二氯丁烷**	分子式：$C_4H_8Cl_2$	相态：液
别名：无	分子量：127.0	外观与性状：无色液体，有芳香气味

危险特性

火灾危险性：可燃液体乙A	爆炸物：无	皮肤腐蚀/刺激：无
腐蚀减薄：无	金属腐蚀：无	易燃液体：类别3
环境开裂：无	急性毒性：无	

易燃，遇明火、高热易燃。受热分解能放出剧毒的光气。与氧化剂能发生强烈反应。

理化特性

熔点：-38.0℃	临界温度：无资料	爆炸上限：无资料	引燃温度：220.0℃
沸点：155.0℃	临界压力：3.61MPa	爆炸下限：无资料	燃烧热：无资料
闪点：40.8℃	饱和蒸气压：0.53kPa(20℃)	相对密度($d_{水}=1$)：1.16	

溶解性	不溶于水，溶于多数有机溶剂。
主要用途	用于有机合成。

急救措施

皮肤接触	脱去污染的衣着，用肥皂水和清水彻底冲洗皮肤。
眼睛接触	提起眼睑，用流动清水或生理盐水冲洗。就医。
吸入	迅速脱离现场至空气新鲜处。保持呼吸道通畅。如呼吸困难，给输氧。如呼吸停止，立即进行人工呼吸。就医。
食入	饮足量温水，催吐。就医。

防护措施

呼吸防护	可能接触其蒸气时，应该佩戴自吸过滤式防毒面具(全面罩)。紧急事态抢救或撤离时，佩戴自给式氧气呼吸器。
眼睛防护	戴化学安全防护眼镜。
身体防护	穿防毒物渗透工作服。
手防护	戴橡胶耐油手套。
其他防护	工作现场禁止吸烟、进食和饮水。工作完毕，淋浴更衣。注意个人清洁卫生。

品名：**二氯硅烷**	分子式：H_2Cl_2Si	相态：气
别名：无	分子量：101.0	外观与性状：无色气体

危险特性

火灾危险性：可燃气体甲	爆炸物：无	皮肤腐蚀/刺激：类别1
腐蚀减薄：无	金属腐蚀：无	加压气体：是
环境开裂：无	急性毒性：类别2	严重眼损伤/眼刺激：类别1

易燃，其蒸气能与空气形成范围广阔的爆炸性混合物。遇热源和明火有燃烧爆炸的危险。与卤素及其它氧化剂剧烈反应。遇水或水蒸气剧烈反应，生成盐酸烟雾。

理化特性

熔点：-122.0℃	临界温度：无资料	爆炸上限：99.0%	引燃温度：41.0℃
沸点：8.3℃	临界压力：4.55MPa	爆炸下限：4.1%	燃烧热：无资料
闪点：58.0℃	饱和蒸气压：163.6kPa(20℃)	相对密度($d_{水}=1$)：1.26	

溶解性	溶于苯、乙醚等多数有机溶剂。
主要用途	用于合成砖的有机化合物。

急救措施

皮肤接触	立即脱去污染的衣着，用大量流动清水冲洗至少15min。就医。
眼睛接触	立即提起眼睑，用大量流动清水或生理盐水彻底冲洗至少15min。就医。
吸入	迅速脱离现场至空气新鲜处。保持呼吸道通畅。如呼吸困难，给输氧。如呼吸停止，立即进行人工呼吸。就医。
食入	无资料。

防护措施

呼吸防护	正常工作情况下，佩带过滤式防毒面具(全面罩)。高浓度环境中，必须佩戴氧气呼吸器。
眼睛防护	呼吸系统防护中已做防护。
身体防护	穿胶布防毒衣。
手防护	戴橡胶手套。
其他防护	工作现场禁止吸烟、进食和饮水。工作完毕，淋浴更衣。进入罐、限制性空间或其他高浓度区作业，须有人监护。

品名：**二氯化膦苯**		分子式：$C_6H_5Cl_2P$	相态：液
别名：苯基二氯磷；苯膦化二氯		分子量：179.0	外观与性状：无色发烟液体
危险特性			
火灾危险性：可燃液体丙 A 腐蚀减薄：盐酸腐蚀、含盐水腐蚀 环境开裂：氯化物应力腐蚀开裂		爆炸物：无 金属腐蚀：无 急性毒性：无	皮肤腐蚀/刺激：类别 1 严重眼损伤/眼刺激：类别 1
遇明火、高热可燃。与氧化剂可发生反应。遇高热分解释出剧毒的气体。其蒸气比空气重，能在较低处扩散到相当远的地方，遇火源会着火回燃。若遇高热，容器内压增大，有开裂和爆炸的危险。			
理化特性			
熔点：-51.0℃ 沸点：225.0℃ 闪点：110.0℃	临界温度：无资料 临界压力：无资料 饱和蒸气压：无资料	爆炸上限：无资料 爆炸下限：无资料 相对密度($d_{水}=1$)：1.32	引燃温度：无资料 燃烧热：无资料
溶解性	不溶于乙醚，可混溶于苯。		
主要用途	用于有机合成。		
急救措施			
皮肤接触	立即脱去污染的衣着，用大量流动清水冲洗。就医。		
眼睛接触	提起眼睑，用流动清水或生理盐水冲洗。就医。		
吸入	迅速脱离现场至空气新鲜处。保持呼吸道通畅。如呼吸困难，给输氧。如呼吸停止，立即进行人工呼吸。就医。		
食入	饮足量温水，催吐。就医。		
防护措施			
呼吸防护	空气中浓度超标时，必须佩戴自吸过滤式防毒面具(全面罩)。紧急事态抢救或撤离时，应该佩戴空气呼吸器。		
眼睛防护	戴化学安全防护眼镜。		
身体防护	穿橡胶耐酸碱服。		
手防护	戴橡胶耐酸碱手套。		
其他防护	工作场所禁止吸烟、进食和饮水，饭前要洗手。工作完毕，淋浴更衣。保持良好的卫生习惯。		

品名：**二氯化硫**		分子式：SCl_2	相态：液
别名：无		分子量：103.0	外观与性状：红棕色液体，有刺激性臭味
危险特性			
火灾危险性：可燃液体丙 A 腐蚀减薄：盐酸腐蚀、硫酸腐蚀、高温硫化物腐蚀、含盐水腐蚀 环境开裂：氯化物应力腐蚀开裂、连多硫酸应力腐蚀开裂		爆炸物：无 金属腐蚀：无 急性毒性：无	皮肤腐蚀/刺激：类别 1 严重眼损伤/眼刺激：类别 1
遇水或潮气分解出二氧化硫与氯化氢气体。若遇高热可发生剧烈分解，引起容器破裂或爆炸事故。对很多金属尤其是潮湿空气存在下有腐蚀性。			
理化特性			
熔点：-78.0℃ 沸点：60.0℃ 闪点：118.0℃	临界温度：无资料 临界压力：6.68MPa 饱和蒸气压：22.66kPa(20℃)	爆炸上限：无资料 爆炸下限：无资料 相对密度($d_{水}=1$)：1.62	引燃温度：234.0℃ 燃烧热：无资料
溶解性	可混溶于醚、苯。		
主要用途	用作试剂。		
急救措施			
皮肤接触	立即脱去污染的衣着，用大量流动清水冲洗至少 15min。就医。		
眼睛接触	立即提起眼睑，用大量流动清水或生理盐水彻底冲洗至少 15min。就医。		
吸入	迅速脱离现场至空气新鲜处。保持呼吸道通畅。如呼吸困难，给输氧。如呼吸停止，立即进行人工呼吸。就医。		
食入	用水漱口，给饮牛奶或蛋清。就医。		
防护措施			
呼吸防护	可能接触其烟雾时，佩戴自吸过滤式防毒面具(全面罩)或空气呼吸器。紧急事态抢救或撤离时，建议佩戴氧气呼吸器。		
眼睛防护	呼吸系统防护中已做防护。		
身体防护	穿橡胶耐酸碱服。		
手防护	戴橡胶耐酸碱手套。		
其他防护	工作现场禁止吸烟、进食和饮水。工作完毕，淋浴更衣。单独存放被毒物污染的衣服，洗后备用。保持良好的卫生习惯。		

品名：**二氯化乙基铝** 别名：乙基二氯化铝	分子式：CH_5AlCl_2 分子量：127.0	相态：液 外观与性状：黄色透明液体，有刺激性。
危险特性		
火灾危险性：无法确定 腐蚀减薄：盐酸腐蚀、含盐水腐蚀 环境开裂：氯化物应力腐蚀开裂	爆炸物：无 金属腐蚀：无 急性毒性：无	皮肤腐蚀/刺激：无 自燃液体：类别 1 遇水放出易燃气体的物质和混合物：类别 1 严重眼损伤/眼刺激：类别 2
遇空气易燃烧。遇水发生爆炸。与卤化物(如四氯化碳)能发生强烈反应。受热分解产生有毒的烟气。具有强腐蚀性。		

理化特性			
熔点：32.0℃	临界温度：无资料	爆炸上限：无资料	引燃温度：20.0℃
沸点：113.0℃	临界压力：无资料	爆炸下限：无资料	燃烧热：无资料
闪点：无资料	饱和蒸气压：无资料	相对密度($d_{水}=1$)：1.22	

溶解性	溶于苯、乙醚、戊烷。
主要用途	用作烯烃聚合温和芳烃加氢的催化剂，如用作生产聚丙烯的催化剂。
急救措施	
皮肤接触	立即脱去污染的衣着，用大量流动清水冲洗至少 15min。就医。
眼睛接触	立即提起眼睑，用大量流动清水或生理盐水彻底冲洗至少 15min。就医。
吸入	迅速脱离现场至空气新鲜处。保持呼吸道通畅。如呼吸困难，给输氧。如呼吸停止，立即进行人工呼吸。就医。
食入	用水漱口，给饮牛奶或蛋清。就医。
防护措施	
呼吸防护	可能接触其粉尘时，必须佩戴防尘面具(全面罩)。紧急事态抢救或撤离时，应该佩戴空气呼吸器。
眼睛防护	呼吸系统防护中已做防护。
身体防护	穿胶布防毒衣。
手防护	戴橡胶手套。
其他防护	工作现场禁止吸烟、进食和饮水。工作完毕，淋浴更衣。保持良好的卫生习惯。

品名：**2,4-二氯甲苯** 别名：无	分子式：$C_7H_6Cl_2$ 分子量：161.0	相态：液 外观与性状：无色透明液体，有刺激性气味
危险特性		
火灾危险性：可燃液体丙 A 腐蚀减薄：含盐水腐蚀 环境开裂：无	爆炸物：无 金属腐蚀：无 急性毒性：无	皮肤腐蚀/刺激：类别 2
遇明火、高热可燃。受高热分解产生有毒的腐蚀性烟气。		

理化特性			
熔点：-13.5℃	临界温度：无资料	爆炸上限：4.5%	引燃温度：500.0℃
沸点：200.0℃	临界压力：3.59MPa	爆炸下限：1.9%	燃烧热：无资料
闪点：79.0℃	饱和蒸气压：无资料	相对密度($d_{水}=1$)：1.25	

溶解性	可混溶于乙醇、乙醚、苯。
主要用途	用作溶剂、制药及有机合成。
急救措施	
皮肤接触	立即脱去污染的衣着，用肥皂水和清水彻底冲洗皮肤。就医。
眼睛接触	立即提起眼睑，用大量流动清水或生理盐水彻底冲洗至少 15min。就医。
吸入	迅速脱离现场至空气新鲜处。保持呼吸道通畅。如呼吸困难，给输氧。如呼吸停止，立即进行人工呼吸。就医。
食入	饮足量温水，催吐。就医。
防护措施	
呼吸防护	空气中浓度超标时，应该佩戴过滤式防毒面具(全面罩)。紧急事态抢救或撤离时，佩戴隔离式呼吸器。
眼睛防护	戴安全防护眼镜。
身体防护	穿防毒物渗透工作服。
手防护	戴橡胶耐油手套。
其他防护	工作现场禁止吸烟、进食和饮水。工作完毕，彻底清洗。单独存放被毒物污染的衣服，洗后备用。注意个人清洁。

品名：**2,5-二氯甲苯** 别名：无	分子式：$C_7H_6Cl_2$ 分子量：161.0		相态：液 外观与性状：无色透明液体，有刺激性气味
危险特性			
火灾危险性：可燃液体丙 A 腐蚀减薄：含盐水腐蚀 环境开裂：无	爆炸物：无 金属腐蚀：无 急性毒性：无		皮肤腐蚀/刺激：无
遇明火能燃烧。与强氧化剂接触可发生化学反应。受高热分解放出有毒的气体。			
理化特性			
熔点：5.0℃ 沸点：201.8℃ 闪点：79.0℃	临界温度：无资料 临界压力：无资料 饱和蒸气压：102.64kPa(200℃)	爆炸上限：无资料 爆炸下限：无资料 相对密度($d_{水}=1$)：1.25	引燃温度：无资料 燃烧热：无资料
溶解性	不溶于水，溶于苯，可混溶于乙醇、乙醚、氯仿。		
主要用途	用于有机合成。		
急救措施			
皮肤接触	立即脱去污染的衣着，用大量流动清水冲洗。就医。		
眼睛接触	提起眼睑，用流动清水或生理盐水冲洗。就医。		
吸入	迅速脱离现场至空气新鲜处。保持呼吸道通畅。如呼吸困难，给输氧。如呼吸停止，立即进行人工呼吸。就医。		
食入	饮足量温水，催吐。就医。		
防护措施			
呼吸防护	空气中浓度超标时，应该佩戴过滤式防毒面具(全面罩)。紧急事态抢救或撤离时，佩戴隔离式呼吸器。		
眼睛防护	戴安全防护眼镜。		
身体防护	穿防毒物渗透工作服。		
手防护	戴橡胶耐油手套。		
其他防护	工作现场禁止吸烟、进食和饮水。工作完毕，彻底清洗。单独存放被毒物污染的衣服，洗后备用。注意个人清洁。		

品名：**2,6-二氯甲苯** 别名：无	分子式：$C_7H_6Cl_2$ 分子量：161.0		相态：液 外观与性状：无色液体，有刺激性气味
危险特性			
火灾危险性：可燃液体丙 A 腐蚀减薄：含盐水腐蚀 环境开裂：无	爆炸物：无 金属腐蚀：无 急性毒性：无		皮肤腐蚀/刺激：无
遇明火、高热可燃。受高热分解产生有毒的腐蚀性烟气。			
理化特性			
熔点：2.6℃ 沸点：198.0℃ 闪点：82.0℃	临界温度：无资料 临界压力：无资料 饱和蒸气压：无资料	爆炸上限：无资料 爆炸下限：无资料 相对密度($d_{水}=1$)：1.25	引燃温度：600.0℃ 燃烧热：无资料
溶解性	不溶于水，溶于氯仿。		
主要用途	用作有机合成原料。		
急救措施			
皮肤接触	立即脱去污染的衣着，用肥皂水和清水彻底冲洗皮肤。就医。		
眼睛接触	立即提起眼睑，用大量流动清水或生理盐水彻底冲洗至少 15min。就医。		
吸入	迅速脱离现场至空气新鲜处。保持呼吸道通畅。如呼吸困难，给输氧。如呼吸停止，立即进行人工呼吸。就医。		
食入	饮足量温水，催吐。就医。		
防护措施			
呼吸防护	空气中浓度超标时，应该佩戴过滤式防毒面具(全面罩)。紧急事态抢救或撤离时，佩戴隔离式呼吸器。		
眼睛防护	戴安全防护眼镜。		
身体防护	穿防毒物渗透工作服。		
手防护	戴橡胶耐油手套。		
其他防护	工作现场禁止吸烟、进食和饮水。工作完毕，彻底清洗。单独存放被毒物污染的衣服，洗后备用。注意个人清洁。		

品名：**3,4-二氯甲苯**	分子式：$C_7H_6Cl_2$	相态：液
别名：无	分子量：161.0	外观与性状：无色液体，有刺激性气味

危险特性

火灾危险性：可燃液体丙 A	爆炸物：无	皮肤腐蚀/刺激：无
腐蚀减薄：含盐水腐蚀	金属腐蚀：无	
环境开裂：无	急性毒性：无	

遇明火能燃烧。受高热分解产生有毒的腐蚀性烟气。

理化特性

熔点：-15.3℃	临界温度：无资料	爆炸上限：无资料	引燃温度：450.0℃
沸点：208.9℃	临界压力：无资料	爆炸下限：无资料	燃烧热：无资料
闪点：85.0℃	饱和蒸气压：无资料	相对密度($d_{水}=1$)：1.26	

溶解性	不溶于水，可混溶于乙醇、乙醚、丙酮、苯、四氯化碳。
主要用途	用作溶剂及用于有机合成。
急救措施	
皮肤接触	立即脱去污染的衣着，用肥皂水和清水彻底冲洗皮肤。就医。
眼睛接触	提起眼睑，用流动清水或生理盐水冲洗。就医。
吸入	迅速脱离现场至空气新鲜处。保持呼吸道通畅。如呼吸困难，给输氧。如呼吸停止，立即进行人工呼吸。就医。
食入	饮足量温水，催吐。就医。
防护措施	
呼吸防护	空气中浓度超标时，应该佩戴过滤式防毒面具(全面罩)。紧急事态抢救或撤离时，佩戴隔离式呼吸器。
眼睛防护	戴安全防护眼镜。
身体防护	穿防毒物渗透工作服。
手防护	戴橡胶耐油手套。
其他防护	工作现场禁止吸烟、进食和饮水。工作完毕，彻底清洗。单独存放被毒物污染的衣服，洗后备用。注意个人清洁。

品名：**α,α-二氯甲苯**	分子式：$C_7H_6Cl_2$	相态：液
别名：二氯化苄；二氯甲基苯；苄叉二氯	分子量：161.0	外观与性状：无色油状液体，有刺激性气味

危险特性

火灾危险性：可燃液体丙 A	爆炸物：无	皮肤腐蚀/刺激：类别 2
腐蚀减薄：含盐水腐蚀	金属腐蚀：无	严重眼损伤/眼刺激：类别 1
环境开裂：氯化物应力腐蚀开裂	急性毒性：类别 3	

遇明火、高热可燃。与氧化剂可发生反应。受高热分解产生有毒的腐蚀性烟气。具有腐蚀性。若遇高热，容器内压增大，有开裂和爆炸的危险。

理化特性

熔点：-16.0℃	临界温度：无资料	爆炸上限：无资料	引燃温度：525.0℃
沸点：205.0℃	临界压力：无资料	爆炸下限：无资料	燃烧热：无资料
闪点：92.0℃	饱和蒸气压：0.04kPa(20℃)	相对密度($d_{水}=1$)：1.26	

溶解性	不溶于水，溶于乙醇、乙醚。
主要用途	用于有机合成。
急救措施	
皮肤接触	立即脱去污染的衣着，用肥皂水和清水彻底冲洗皮肤。就医。
眼睛接触	立即提起眼睑，用大量流动清水或生理盐水彻底冲洗至少 15min。就医。
吸入	迅速脱离现场至空气新鲜处。保持呼吸道通畅。如呼吸困难，给输氧。如呼吸停止，立即进行人工呼吸。就医。
食入	用水漱口，给饮牛奶或蛋清。就医。
防护措施	
呼吸防护	空气中浓度超标时，必须佩戴自吸过滤式防毒面具(全面罩)。紧急事态抢救或撤离时，应该佩戴空气呼吸器。
眼睛防护	戴化学安全防护眼镜。
身体防护	穿橡胶防腐工作服。
手防护	戴橡胶耐油手套。
其他防护	工作场所禁止吸烟、进食和饮水，饭前要洗手。工作完毕，淋浴更衣。保持良好的卫生习惯。

品名：**二氯甲烷** 别名：亚甲基氯；甲撑氯		分子式：CH_2Cl_2 分子量：84.9	相态：液 外观与性状：无色透明液体，有芳香气味
危险特性			
火灾危险性：可燃液体甲 B 腐蚀减薄：无 环境开裂：无		爆炸物：无 金属腐蚀：无 急性毒性：无	皮肤腐蚀/刺激：类别 2 严重眼损伤/眼刺激：类别 2
与明火或灼热的物体接触时能产生剧毒的光气。遇潮湿空气能水解生成微量的氯化氢，光照亦能促进水解而对金属的腐蚀性增强。			
理化特性			
熔点：-97.6℃ 沸点：39.8℃ 闪点：-14.1℃	临界温度：237.0℃ 临界压力：6.08MPa 饱和蒸气压：46.5kPa(20℃)	爆炸上限：19.0% 爆炸下限：12.0% 相对密度($d_水=1$)：1.33	引燃温度：615.0℃ 燃烧热：604.9kJ/mol
溶解性	微溶于水，溶于乙醇、乙醚。		
主要用途	用作树脂及塑料工业的溶剂。		
急救措施			
皮肤接触	脱去污染的衣着，用肥皂水和清水彻底冲洗皮肤。		
眼睛接触	立即提起眼睑，用大量流动清水或生理盐水冲洗。就医。		
吸入	迅速脱离现场至空气新鲜处。保持呼吸道通畅。如呼吸困难，给输氧。如呼吸停止，立即进行人工呼吸。就医。		
食入	饮足量温水，催吐。就医。		
防护措施			
呼吸防护	空气中浓度超标时，应该佩戴直接式防毒面具(全面罩)。紧急事态抢救或撤离时，佩戴空气呼吸器。		
眼睛防护	必要时，戴化学安全防护眼镜。		
身体防护	穿防毒物渗透工作服。		
手防护	戴防化学品手套。		
其他防护	工作现场禁止吸烟、进食和饮水。工作完毕，淋浴更衣。单独存放被毒物污染的衣服，洗后备用。注意个人清洁。		

品名：**3,3′-二氯联苯胺** 别名：无		分子式：$C_{12}H_{10}Cl_2N_2$ 分子量：253.1	相态：固 外观与性状：棕褐色针状结晶，易氧化
危险特性			
火灾危险性：可燃液体丙 B 腐蚀减薄：碱腐蚀、胺腐蚀 环境开裂：碱应力腐蚀开裂、胺应力腐蚀开裂		爆炸物：无 金属腐蚀：无 急性毒性：无	皮肤腐蚀/刺激：无
遇明火、高热可燃。其粉体与空气可形成爆炸性混合物，当达到一定浓度时，遇火星会发生爆炸。受高热分解放出有毒的气体。			
理化特性			
熔点：132.0℃ 沸点：385.0℃ 闪点：186.6℃	临界温度：无资料 临界压力：无资料 饱和蒸气压：无资料	爆炸上限：无资料 爆炸下限：无资料 相对密度($d_水=1$)：无资料	引燃温度：350.0℃ 燃烧热：无资料
溶解性	微溶于水，溶于醇、醚、稀酸。		
主要用途	用作偶氮染料中间体和颜料苯胺黄的重要原料。		
急救措施			
皮肤接触	脱去污染的衣着，用流动清水冲洗。		
眼睛接触	提起眼睑，用流动清水或生理盐水冲洗。就医。		
吸入	迅速脱离现场至空气新鲜处。保持呼吸道通畅。如呼吸困难，给输氧。如呼吸停止，立即进行人工呼吸。就医。		
食入	饮足量温水，催吐。就医。		
防护措施			
呼吸防护	可能接触其粉尘时，必须佩戴防尘面具(全面罩)。紧急事态抢救或撤离时，应该佩戴空气呼吸器。		
眼睛防护	呼吸系统防护中已做防护。		
身体防护	穿胶布防毒衣。		
手防护	戴橡胶手套。		
其他防护	工作现场禁止吸烟、进食和饮水。工作完毕，淋浴更衣。保持良好的卫生习惯。		

品名：**二氯硫化碳**	分子式：$CSCl_2$	相态：液
别名：硫光气；硫代羰基氯	分子量：115.0	外观与性状：红色液体，有刺激性气味
危险特性		
火灾危险性：可燃液体甲 B	爆炸物：无	皮肤腐蚀/刺激：类别 2
腐蚀减薄：硫酸腐蚀、高温硫化物腐蚀	金属腐蚀：无	严重眼损伤/眼刺激：类别 2
环境开裂：连多硫酸应力腐蚀开裂	急性毒性：类别 3	
遇明火、高热可燃。与氧化剂可发生反应。与酸反应，放出有毒的腐蚀性烟气。受高热分解放出有毒的气体。流速过快，容易产生和积聚静电。其蒸气比空气重，能在较低处扩散到相当远的地方，遇火源会着火回燃。若遇高热，容器内压增大，有开裂和爆炸的危险。		

理化特性			
熔点：无资料	临界温度：无资料	爆炸上限：无资料	引燃温度：无资料
沸点：73.5℃	临界压力：无资料	爆炸下限：无资料	燃烧热：无资料
闪点：-2.0℃	饱和蒸气压：无资料	相对密度($d_{水}=1$)：1.51	

溶解性	溶于醚。
主要用途	用于有机合成。
急救措施	
皮肤接触	迅速脱离现场至空气新鲜处。用大量流动清水冲洗。就医。
眼睛接触	立即提起眼睑，用大量流动清水或生理盐水彻底冲洗至少 15min。就医。
吸入	迅速脱离现场至空气新鲜处。保持呼吸道通畅。如呼吸困难，给输氧。如呼吸停止，立即进行人工呼吸。就医。
食入	用水漱口，给饮牛奶或蛋清。就医。
防护措施	
呼吸防护	空气中浓度超标时，必须佩戴自吸过滤式防毒面具(全面罩)。紧急事态抢救或撤离时，应该佩戴空气呼吸器。
眼睛防护	呼吸系统防护中已做防护。
身体防护	穿胶布防毒衣。
手防护	戴橡胶手套。
其他防护	工作现场禁止吸烟、进食和饮水。工作完毕，淋浴更衣。保持良好的卫生习惯。

品名：**二氯醛基丙烯酸**	分子式：$C_4H_2Cl_2O_3$	相态：固
别名：粘氯酸；二氯代丁烯醛酸；糠氯酸	分子量：169.0	外观与性状：白色结晶或淡黄色粉末，有刺激性气味，易潮解
危险特性		
火灾危险性：可燃液体丙 A	爆炸物：无	皮肤腐蚀/刺激：类别 1
腐蚀减薄：无	金属腐蚀：无	严重眼损伤/眼刺激：类别 1
环境开裂：无	急性毒性：无	
遇明火、高热、氧化剂能燃烧，并散发出有毒气体。有腐蚀性。		

理化特性			
熔点：127.0℃	临界温度：无资料	爆炸上限：无资料	引燃温度：无资料
沸点：271.0℃	临界压力：无资料	爆炸下限：无资料	燃烧热：无资料
闪点：117.7℃	饱和蒸气压：无资料	相对密度($d_{水}=1$)：1.85	

溶解性	微溶于冷水，溶于热水、热苯、乙醇。
主要用途	用于有机合成和制药。
急救措施	
皮肤接触	脱去污染的衣着，用肥皂水及清水彻底冲洗。如有灼伤，按酸灼伤处理。
眼睛接触	立即翻开上下眼睑，用流动清水冲洗 15min。就医。
吸入	脱离现场至空气新鲜处。注意保暖，就医。
食入	误服者给饮牛奶或蛋清。就医。
防护措施	
呼吸防护	可能接触毒物时，应该佩戴防毒口罩。紧急事态抢救或撤离时，建议佩戴自给式呼吸器。
眼睛防护	戴化学安全防护眼镜。
身体防护	穿防酸碱工作服。
手防护	戴防护手套。
其他防护	工作现场禁止吸烟、进食和饮水。工作后，彻底清洗。

品名：**1,5-二氯戊烷** 别名：无		分子式：$C_5H_{10}Cl_2$ 分子量：141.0		相态：液 外观与性状：无色液体
危险特性				
火灾危险性：可燃液体甲 B 腐蚀减薄：无 环境开裂：无		爆炸物：无 金属腐蚀：无 急性毒性：无		皮肤腐蚀/刺激：无 易燃液体：类别 3
易燃，遇明火、高热或与氧化剂接触，有引起燃烧爆炸的危险。受热分解能放出剧毒的光气。				
理化特性				
熔点：-72.0℃ 沸点：178.0℃ 闪点：27.0℃	临界温度：无资料 临界压力：无资料 饱和蒸气压：无资料	爆炸上限：无资料 爆炸下限：无资料 相对密度($d_{水}=1$)：1.10		引燃温度：无资料 燃烧热：无资料
溶解性	不溶于水，可混溶于乙醇、乙醚、氯仿。			
主要用途	用作溶剂。			
急救措施				
皮肤接触	脱去污染的衣着，用肥皂水和清水彻底冲洗皮肤。			
眼睛接触	提起眼睑，用流动清水或生理盐水冲洗。就医。			
吸入	迅速脱离现场至空气新鲜处。保持呼吸道通畅。如呼吸困难，给输氧。如呼吸停止，立即进行人工呼吸。就医。			
食入	饮足量温水，催吐。就医。			
防护措施				
呼吸防护	可能接触其蒸气时，应该佩戴自吸过滤式防毒面具(全面罩)。紧急事态抢救或撤离时，佩戴空气呼吸器。			
眼睛防护	戴化学安全防护眼镜。			
身体防护	穿防毒物渗透工作服。			
手防护	戴橡胶耐油手套。			
其他防护	工作现场严禁吸烟。注意检测毒物。注意个人清洁卫生。			

品名：**2,3-二氯硝基苯** 别名：1,2-二氯-3-硝基苯		分子式：$C_6H_3Cl_2NO_2$ 分子量：192.0		相态：固 外观与性状：淡黄色晶体或黄色结晶固体
危险特性				
火灾危险性：可燃液体丙 B 腐蚀减薄：无 环境开裂：无		爆炸物：无 金属腐蚀：无 急性毒性：无		皮肤腐蚀/刺激：类别 2
稳定，不易燃。				
理化特性				
熔点：60.0℃ 沸点：257.5℃ 闪点：123.9℃	临界温度：无资料 临界压力：无资料 饱和蒸气压：无资料	爆炸上限：无资料 爆炸下限：无资料 相对密度($d_{水}=1$)：1.45		引燃温度：479.0℃ 燃烧热：无资料
溶解性	可溶于水。			
主要用途	无资料。			
急救措施				
皮肤接触	脱去污染的衣着，大量水冲洗皮肤至少 15min。就医。			
眼睛接触	立即提起眼睑用大量水冲洗眼睛，至少 15min。就医。			
吸入	迅速撤离现场到空气新鲜处；如呼吸停止，进行人工呼吸；如呼吸困难，给输氧(如有适当的解毒剂，立即服用)。就医。			
食入	漱口，喝 2~4 杯水或牛奶，已昏迷者不要喂食或催吐，立即就医。			
防护措施				
呼吸防护	戴自给式呼吸器。			
眼睛防护	戴化学安全防护眼镜。			
身体防护	穿相应防护服。			
手防护	佩戴防护手套。			
其他防护	无资料。			

品名：**3,4-二氯硝基苯**		分子式：$C_6H_3Cl_2NO_2$	相态：固
别名：无		分子量：192.0	外观与性状：针状结晶
危险特性			
火灾危险性：可燃液体丙 B 腐蚀减薄：无 环境开裂：无		爆炸物：无 金属腐蚀：无 急性毒性：无	皮肤腐蚀/刺激：无
遇明火能燃烧。与氧化剂接触猛烈反应。受高热分解，产生有毒的氮氧化物和氯化物气体。			
理化特性			
熔点：43.0℃ 沸点：255.0℃ 闪点：123.0℃	临界温度：无资料 临界压力：无资料 饱和蒸气压：无资料	爆炸上限：无资料 爆炸下限：无资料 相对密度($d_水=1$)：1.46	引燃温度：420.0℃ 燃烧热：无资料
溶解性	不溶于水，溶于热乙醇、乙醚。		
主要用途	用作中间体。		
急救措施			
皮肤接触	立即脱去污染的衣着，用大量流动清水冲洗。就医。		
眼睛接触	提起眼睑，用流动清水或生理盐水冲洗。就医。		
吸入	迅速脱离现场至空气新鲜处。保持呼吸道通畅。如呼吸困难，给输氧。如呼吸停止，立即进行人工呼吸。就医。		
食入	饮足量温水，催吐。洗胃，导泄。就医。		
防护措施			
呼吸防护	空气中粉尘浓度超标时，必须佩戴自吸过滤式防尘口罩。紧急事态抢救或撤离时，应该佩戴空气呼吸器。		
眼睛防护	戴化学安全防护眼镜。		
身体防护	穿防毒物渗透工作服。		
手防护	戴橡胶手套。		
其他防护	工作现场禁止吸烟、进食和饮水。及时换洗工作服。工作前后不饮酒，用温水洗澡。实行就业前和定期的体检。		

品名：**二氯乙腈**		分子式：C_2HCl_2N	相态：液
别名：氰化二氯甲烷		分子量：109.9	外观与性状：无色液体
危险特性			
火灾危险性：可燃液体乙 A 腐蚀减薄：无 环境开裂：无		爆炸物：无 金属腐蚀：无 急性毒性：无	皮肤腐蚀/刺激：类别 1 易燃液体：类别 3 严重眼损伤/眼刺激：类别 1
遇明火、高热易燃。受热分解放出剧毒的氰化物气体。遇水或水蒸气、酸或酸气产生剧毒的烟雾。与强氧化剂接触可发生化学反应。			
理化特性			
熔点：无资料 沸点：112.0℃ 闪点：35.6℃	临界温度：无资料 临界压力：无资料 饱和蒸气压：无资料	爆炸上限：无资料 爆炸下限：无资料 相对密度($d_水=1$)：1.37	引燃温度：无资料 燃烧热：无资料
溶解性	可混溶于乙醇、乙醚、甲醇。		
主要用途	用于有机合成，也用作溶剂。		
急救措施			
皮肤接触	立即脱去污染的衣着，用流动清水或 5%硫代硫酸钠溶液彻底冲洗至少 20min。就医。		
眼睛接触	提起眼睑，用流动清水或生理盐水冲洗。就医。		
吸入	迅速脱离现场至空气新鲜处。保持呼吸道通畅。如呼吸困难，给输氧。呼吸心跳停止时，立即进行人工呼吸(勿用口对口)和胸外心脏按压术。给吸入亚硝酸异戊酯，就医。		
食入	饮足量温水，催吐。用 1：5000 高锰酸钾或 5%硫代硫酸钠溶液洗胃。就医。		
防护措施			
呼吸防护	可能接触其蒸气时，应该佩戴自吸过滤式防毒面具(全面罩)。紧急事态抢救或撤离时，建议佩戴空气呼吸器。		
眼睛防护	呼吸系统防护中已做防护。		
身体防护	穿聚乙烯防毒服。		
手防护	戴橡胶耐油手套。		
其他防护	工作现场禁止吸烟、进食和饮水。工作完毕，彻底清洗。工作服不准带至非作业场所。单独存放被毒物污染的衣服，洗后备用。		

品名：**二氯乙酸**	分子式：$C_2H_2Cl_2O_2$	相态：液
别名：二氯醋酸	分子量：129.0	外观与性状：无色液体，有刺鼻气味

危险特性

火灾危险性：可燃液体丙 A	爆炸物：无	皮肤腐蚀/刺激：类别 1
腐蚀减薄：低分子有机酸腐蚀	金属腐蚀：无	严重眼损伤/眼刺激：类别 1
环境开裂：无	急性毒性：无	

遇明火、高热可燃。受高热分解产生有毒的腐蚀性烟气。与强氧化剂接触可发生化学反应。对大多数金属有腐蚀性。

理化特性

熔点：9.0℃	临界温度：无资料	爆炸上限：无资料	引燃温度：无资料
沸点：194.0℃	临界压力：无资料	爆炸下限：无资料	燃烧热：无资料
闪点：110.0℃	饱和蒸气压：0.13kPa(44℃)	相对密度($d_{水}=1$)：1.56	

溶解性	可混溶于乙醇、乙醚、甲醇。
主要用途	用于有机合成，也用作溶剂。

急救措施

皮肤接触	立即脱去污染的衣着，用大量流动清水冲洗至少 15min。就医。
眼睛接触	立即提起眼睑，用大量流动清水或生理盐水彻底冲洗至少 15min。就医。
吸入	迅速脱离现场至空气新鲜处。保持呼吸道通畅。如呼吸困难，给输氧。如呼吸停止，立即进行人工呼吸。就医。
食入	用水漱口，给饮牛奶或蛋清。就医。

防护措施

呼吸防护	空气中浓度超标时，建议佩戴直接式防毒面具(全面罩)。
眼睛防护	戴化学安全防护眼镜。
身体防护	穿防酸碱工作服。
手防护	戴橡胶耐油手套。
其他防护	工作场所禁止吸烟、进食和饮水，饭前要洗手。工作完毕，淋浴更衣。注意个人清洁卫生。

品名：**二氯乙酸甲酯**	分子式：$C_3H_4Cl_2O_2$	相态：液
别名：二氯醋酸甲酯	分子量：143.0	外观与性状：无色液体，有醚样气味

危险特性

火灾危险性：可燃液体丙 A	爆炸物：无	皮肤腐蚀/刺激：类别 2
腐蚀减薄：低分子有机酸腐蚀	金属腐蚀：无	严重眼损伤/眼刺激：类别 2
环境开裂：无	急性毒性：类别 3	

遇明火、高热易燃。受热分解能放出剧毒的光气。遇水或水蒸气反应放热并产生有毒的腐蚀性气体。与强氧化剂接触可发生化学反应。

理化特性

熔点：-52.0℃	临界温度：无资料	爆炸上限：无资料	引燃温度：无资料
沸点：143.0℃	临界压力：无资料	爆炸下限：无资料	燃烧热：无资料
闪点：80.0℃	饱和蒸气压：0.665kPa(26.7℃)	相对密度($d_{水}=1$)：1.38	

溶解性	微溶于水，溶于乙醇、乙醚。
主要用途	用作有机合成中间体。

急救措施

皮肤接触	立即脱去污染的衣着，用大量流动清水冲洗至少 15min。就医。
眼睛接触	立即提起眼睑，用大量流动清水或生理盐水彻底冲洗至少 15min。就医。
吸入	迅速脱离现场至空气新鲜处。保持呼吸道通畅。如呼吸困难，给输氧。如呼吸停止，立即进行人工呼吸。就医。
食入	用水漱口，给饮牛奶或蛋清。就医。

防护措施

呼吸防护	可能接触其蒸气时，必须佩戴自吸过滤式防毒面具(全面罩)。紧急事态抢救或撤离时，建议佩戴隔离式呼吸器。
眼睛防护	呼吸系统防护中已做防护。
身体防护	穿胶布防毒衣。
手防护	戴橡胶耐油手套。
其他防护	工作现场禁止吸烟、进食和饮水。工作完毕，彻底清洗。工作服不准带至非作业场所。单独存放被毒物污染的衣服，洗后备用。

品名：**1,1-二氯乙烷** 别名：乙叉二氯	分子式：$C_2H_4Cl_2$ 分子量：99.0	相态：液 外观与性状：无色带有醚味的油状液体
危险特性		
火灾危险性：可燃液体甲 B 腐蚀减薄：无 环境开裂：无	爆炸物：无 金属腐蚀：无 急性毒性：类别 3	皮肤腐蚀/刺激：无 易燃液体：类别 2 严重眼损伤/眼刺激：类别 2
易燃，其蒸气与空气可形成爆炸性混合物，遇明火、高热能引起燃烧爆炸。受高热分解产生有毒的腐蚀性烟气。与氧化剂能发生强烈反应。其蒸气比空气重，能在较低处扩散到相当远的地方，遇火源会着火回燃。		
理化特性		
熔点：-96.7℃ 沸点：57.3℃ 闪点：-10.0℃	临界温度：261.5℃ 临界压力：5.05MPa 饱和蒸气压：15.33kPa(10℃)	爆炸上限：16.0%　引燃温度：458.0℃ 爆炸下限：5.6%　燃烧热：1244.8kJ/mol 相对密度($d_{水}=1$)：1.17
溶解性	溶于多数有机溶剂。	
主要用途	用作溶剂及制造 1.1.1-三氯乙烷的中间体。	
急救措施		
皮肤接触	脱去污染的衣着，用流动清水冲洗。	
眼睛接触	提起眼睑，用流动清水或生理盐水冲洗。	
吸入	迅速脱离现场至空气新鲜处。保持呼吸道通畅。如呼吸困难，给输氧。如呼吸停止，立即进行人工呼吸。就医。	
食入	饮足量温水，催吐。就医。	
防护措施		
呼吸防护	空气中浓度超标时，建议佩戴过滤式防毒面具(全面罩)。紧急事态抢救或撤离时，佩戴隔离式呼吸器。	
眼睛防护	戴化学安全防护眼镜。	
身体防护	穿防静电工作服。	
手防护	戴橡胶耐油手套。	
其他防护	工作现场禁止吸烟、进食和饮水。工作完毕，淋浴更衣。注意个人清洁卫生。	

品名：**1,2-二氯乙烷** 别名：乙撑二氯；亚乙基二氯；1,2-二氯化乙烯	分子式：$C_2H_4Cl_2$ 分子量：99.0	相态：液 外观与性状：无色或浅黄色透明液体，有类似氯仿的气味
危险特性		
火灾危险性：可燃液体甲 B 腐蚀减薄：盐酸腐蚀、含盐水腐蚀 环境开裂：氯化物应力腐蚀开裂	爆炸物：无 金属腐蚀：无 急性毒性：类别 3	皮肤腐蚀/刺激：类别 2 易燃液体：类别 2
易燃，其蒸气与空气可形成爆炸性混合物，遇明火、高热能引起燃烧爆炸。受高热分解产生有毒的腐蚀性烟气。与氧化剂接触发生反应，遇明火、高热易引起燃烧，并放出有毒气体。其蒸气比空气重，能在较低处扩散到相当远的地方，遇火源会着火回燃。		
理化特性		
熔点：-35.7℃ 沸点：83.5℃ 闪点：-13.0℃	临界温度：290.0℃ 临界压力：5.36MPa 饱和蒸气压：13.33kPa(29.4℃)	爆炸上限：16.0%　引燃温度：413.0℃ 爆炸下限：6.2%　燃烧热：1244.8kJ/mol 相对密度($d_{水}=1$)：1.26
溶解性	微溶于水，可混溶于醇、醚、氯仿。	
主要用途	用作蜡、脂肪、橡胶等的溶剂及谷物杀虫剂。	
急救措施		
皮肤接触	脱去污染的衣着，用肥皂水和清水彻底冲洗皮肤。	
眼睛接触	提起眼睑，用流动清水或生理盐水冲洗。就医。	
吸入	迅速脱离现场至空气新鲜处。保持呼吸道通畅。如呼吸困难，给输氧。如呼吸停止，立即进行人工呼吸。就医。	
食入	洗胃。就医。	
防护措施		
呼吸防护	空气中浓度超标时，建议佩戴过滤式防毒面具(全面罩)。紧急事态抢救或撤离时，佩戴隔离式呼吸器。	
眼睛防护	戴化学安全防护眼镜。	
身体防护	穿防静电工作服。	
手防护	戴橡胶耐油手套。	
其他防护	工作现场禁止吸烟、进食和饮水。工作完毕，淋浴更衣。注意个人清洁卫生。	

品名：**1,1-二氯乙烯**	分子式：$C_2H_2Cl_2$	相态：液
别名：偏二氯乙烯；乙烯叉二氯	分子量：96.9	外观与性状：无色液体，带有不愉快气味

危险特性

火灾危险性：可燃液体甲 B	爆炸物：无	皮肤腐蚀/刺激：无
腐蚀减薄：无	金属腐蚀：无	易燃液体：类别 1
环境开裂：无	急性毒性：无	

易燃，其蒸气与空气可形成爆炸性混合物，遇明火、高热能引起燃烧爆炸。受高热分解产生有毒的腐蚀性烟气。与氧化剂接触猛烈反应。其蒸气比空气重，能在较低处扩散到相当远的地方，遇火源会着火回燃。

理化特性

熔点：-122.6℃	临界温度：220.8℃	爆炸上限：15.0%	引燃温度：530.0℃
沸点：31.6℃	临界压力：5.21MPa	爆炸下限：6.5%	燃烧热：1094.9kJ/mol
闪点：-28.0℃	饱和蒸气压：65.98kPa(20℃)	相对密度($d_{水}=1$)：1.21	

溶解性	不溶于水。
主要用途	用作辅聚剂、黏合剂和用于有机合成。

急救措施

皮肤接触	立即脱去污染的衣着，用大量流动清水冲洗至少 15min。就医。
眼睛接触	立即提起眼睑，用大量流动清水或生理盐水彻底冲洗至少 15min。就医。
吸入	迅速脱离现场至空气新鲜处。保持呼吸道通畅。如呼吸困难，给输氧。如呼吸停止，立即进行人工呼吸。就医。
食入	用水漱口，给饮牛奶或蛋清。就医。

防护措施

呼吸防护	空气中浓度超标时，应该佩戴过滤式防毒面具(全面罩)。紧急事态抢救或撤离时，佩戴隔离式呼吸器。
眼睛防护	戴化学安全防护眼镜。
身体防护	穿防静电工作服。
手防护	戴橡胶耐油手套。
其他防护	工作现场禁止吸烟、进食和饮水。工作完毕，淋浴更衣。注意个人清洁卫生。

品名：**1,2-二氯乙烯**	分子式：$C_2H_2Cl_2$	相态：液
别名：二氯化乙炔	分子量：96.9	外观与性状：无色、略带刺激气味的易挥发液体

危险特性

火灾危险性：可燃液体甲 B	爆炸物：无	皮肤腐蚀/刺激：无
腐蚀减薄：盐酸腐蚀、含盐水腐蚀	金属腐蚀：无	易燃液体：类别 2
环境开裂：氯化物应力腐蚀开裂	急性毒性：无	

易燃，其蒸气与空气可形成爆炸性混合物，遇明火、高热能引起燃烧爆炸。在空气中受热分解释出剧毒的光气和氯化氢气体。与氧化剂能发生强烈反应。与铜及其合金有可能生成具有爆炸性的氯乙炔。

理化特性

熔点：-80.5℃	临界温度：271.0℃	爆炸上限：12.8%	引燃温度：460.0℃
沸点：60.2℃	临界压力：5.87MPa	爆炸下限：9.7%	燃烧热：无资料
闪点：6.0℃	饱和蒸气压：14.7kPa(10℃)	相对密度($d_{水}=1$)：1.29	

溶解性	不溶于水，溶于醇、醚等。
主要用途	用作萃取剂、冷冻剂，也用作溶剂。

急救措施

皮肤接触	立即脱去污染的衣着，用大量流动清水冲洗至少 15min。就医。
眼睛接触	立即提起眼睑，用大量流动清水或生理盐水彻底冲洗至少 15min。就医。
吸入	迅速脱离现场至空气新鲜处。保持呼吸道通畅。如呼吸困难，给输氧。如呼吸停止，立即进行人工呼吸。就医。
食入	用水漱口，给饮牛奶或蛋清。就医。

防护措施

呼吸防护	空气中浓度超标时，应该佩戴过滤式防毒面具(全面罩)。紧急事态抢救或撤离时，佩戴隔离式呼吸器。
眼睛防护	戴化学安全防护眼镜。
身体防护	穿防静电工作服。
手防护	戴橡胶耐油手套。
其他防护	工作现场禁止吸烟、进食和饮水。工作完毕，淋浴更衣。注意个人清洁卫生。

品名：**二氯乙酰氯** 别名：无		分子式：C_2HCl_3O 分子量：147.4	相态：液 外观与性状：无色至淡黄色冒烟的液体
危险特性			
火灾危险性：可燃液体乙A 腐蚀减薄：无 环境开裂：无		爆炸物：无 金属腐蚀：无 急性毒性：无	皮肤腐蚀/刺激：类别1 严重眼损伤/眼刺激：类别1
能与很多物质发生剧烈反应导致燃烧爆炸。受热或遇水、酸分解放热，放出有毒烟气。遇潮时对大多数金属有强腐蚀性。			
理化特性			
熔点：无资料 沸点：107.5℃ 闪点：(31.8±22.3)℃	临界温度：无资料 临界压力：无资料 饱和蒸气压：3.10kPa(20℃)	爆炸上限：无资料 爆炸下限：11.9% 相对密度($d_水=1$)：1.53	引燃温度：585.0℃ 燃烧热：无资料
溶解性	能与乙醚混溶，遇水和醇会分解，在空气中会发烟。		
主要用途	作为有机合成中间体、氯乙酰化剂。		
急救措施			
皮肤接触	立即脱去污染的衣着，用大量流动清水冲洗至少15min。就医。		
眼睛接触	提起眼睑，用流动清水或生理盐水冲洗。就医。		
吸入	迅速脱离现场至空气新鲜处。保持呼吸道通畅。如呼吸困难，给输氧。如呼吸停止，立即进行人工呼吸。就医。		
食入	用水漱口，给饮牛奶或蛋清。就医。		
防护措施			
呼吸防护	空气中浓度超标时，必须佩戴自吸过滤式防毒面具(全面罩)。紧急事态抢救或撤离时，应该佩戴空气呼吸器。		
眼睛防护	呼吸系统防护中已做防护。		
身体防护	穿橡胶耐酸碱服。		
手防护	戴橡胶耐酸碱手套。		
其他防护	工作完毕，淋浴更衣。单独存放被毒物污染的衣服，洗后备用。保持良好的卫生习惯。		

品名：**二氯异丙基醚** 别名：二氯异丙醚		分子式：$C_6H_{12}Cl_2O$ 分子量：171.1	相态：液 外观与性状：无色至棕色，油性液体
危险特性			
火灾危险性：可燃液体丙A 腐蚀减薄：无 环境开裂：无		爆炸物：无 金属腐蚀：无 急性毒性：类别2	皮肤腐蚀/刺激：无
遇明火、高热可燃。与氧化剂可发生反应。流速过快，容易产生和积聚静电。其蒸气比空气重，能在较低处扩散到相当远的地方，遇火源会着火回燃。若遇高热，容器内压增大，有开裂和爆炸的危险。			
理化特性			
熔点：无资料 沸点：187.8℃ 闪点：85.0℃	临界温度：无资料 临界压力：无资料 饱和蒸气压：0.01kPa(20℃)	爆炸上限：无资料 爆炸下限：无资料 相对密度($d_水=1$)：1.11	引燃温度：无资料 燃烧热：无资料
溶解性	不溶于水，可混溶于多数有机溶剂。		
主要用途	用作脂、蜡、润滑脂的溶剂和去漆剂、去垢剂、萃取剂。		
急救措施			
皮肤接触	脱去污染的衣着，用流动清水冲洗。		
眼睛接触	提起眼睑，用流动清水或生理盐水冲洗。就医。		
吸入	脱离现场至空气新鲜处。如呼吸困难，给输氧。就医。		
食入	饮足量温水，催吐。就医。		
防护措施			
呼吸防护	空气中浓度超标时，必须佩戴自吸过滤式防毒面具(全面罩)。紧急事态抢救或撤离时，应该佩戴空气呼吸器。		
眼睛防护	戴化学安全防护眼镜。		
身体防护	穿防毒物渗透工作服。		
手防护	戴橡胶耐油手套。		
其他防护	工作现场禁止吸烟、进食和饮水。工作完毕，彻底清洗。单独存放被毒物污染的衣服，洗后备用。保持良好的卫生习惯。		

品名：**二氯异氰尿酸**	分子式：$C_3HCl_2N_3O_3$	相态：固
别名：无	分子量：198.0	外观与性状：白色结晶粉末

危险特性

火灾危险性：可燃液体丙 B	爆炸物：无	皮肤腐蚀/刺激：无
腐蚀减薄：无	金属腐蚀：无	氧化性固体：类别 2
环境开裂：无	急性毒性：无	严重眼损伤/眼刺激：类别 2

具有强氧化性。与易燃物(如苯)和可燃物(如糖、纤维素等)接触会发生剧烈反应，甚至引起燃烧。与还原剂能发生强烈反应。与含氮化合物(如氨、尿素等)反应生成易爆炸的三氯化氮。受热或遇潮易分解释出剧毒的烟气。

理化特性

熔点：225.0℃	临界温度：无资料	爆炸上限：无资料	引燃温度：无资料
沸点：306.7℃	临界压力：无资料	爆炸下限：无资料	燃烧热：无资料
闪点：139.3℃	饱和蒸气压：无资料	相对密度($d_水=1$)：无资料	

溶解性	微溶于水。
主要用途	用作强氧化剂，强氯化剂。

急救措施

皮肤接触	脱去污染的衣着，用大量流动清水冲洗。
眼睛接触	提起眼睑，用流动清水或生理盐水冲洗。就医。
吸入	迅速脱离现场至空气新鲜处。保持呼吸道通畅。如呼吸困难，给输氧。如呼吸停止，立即进行人工呼吸。就医。
食入	误服者，口服牛奶、豆浆或蛋清，就医。

防护措施

呼吸防护	可能接触其粉尘时，必须佩戴防尘面具(全面罩)。紧急事态抢救或撤离时，应该佩戴空气呼吸器。
眼睛防护	呼吸系统防护中已做防护。
身体防护	穿连衣式胶布防毒衣。
手防护	戴橡胶手套。
其他防护	工作现场禁止吸烟、进食和饮水。工作完毕，淋浴更衣。保持良好的卫生习惯。

品名：**1,4-二羟基-2-丁炔**	分子式：$C_4H_6O_2$	相态：固
别名：1,4-丁炔二醇；丁炔二醇	分子量：86.1	外观与性状：无色或淡黄色片状晶体

危险特性

火灾危险性：可燃液体丙 B	爆炸物：无	皮肤腐蚀/刺激：类别 1
腐蚀减薄：无	金属腐蚀：无	严重眼损伤/眼刺激：类别 1
环境开裂：无	急性毒性：类别 3	

燃烧时可能会释放毒性烟雾。加热时，容器可能爆炸。受热或接触火焰可能会产生膨胀或爆炸性分解。

理化特性

熔点：54.0℃	临界温度：无资料	爆炸上限：无资料	引燃温度：410.0℃
沸点：(238.0±8.0)℃	临界压力：无资料	爆炸下限：无资料	燃烧热：无资料
闪点：152.2℃	饱和蒸气压：无资料	相对密度($d_水=1$)：1.11	

溶解性	易溶于水。
主要用途	用于制药、农药、丁烯二醇、丁二醇等，也用作电镀光亮剂等。

急救措施

皮肤接触	脱去污染的衣服。冲洗，然后用水和肥皂清洗皮肤。立即给予医疗护理。
眼睛接触	用大量水冲洗(如可能易行，摘除隐形眼镜)。立即给与医疗护理。
吸入	新鲜空气，休息。半直立体位。立即给予医疗护理。
食入	漱口。不要催吐。立即给予医疗护理。

防护措施

呼吸防护	如果蒸气浓度超过职业接触限值或发生刺激等症状时，请使用全面罩式多功能防毒面具(US)或 AXBEK 型(EN14387)防毒面具筒。
眼睛防护	面罩与安全眼镜请使用经官方标准如 NIOSH(美国)或 EN166(欧盟)检测与批准的设备防护眼部。
身体防护	全套防化学试剂工作服，防护设备的类型必须根据特定工作场所中的危险物的浓度和含量来选择。
手防护	所选择的保护手套必须符合 EU 的 89/686/EEC 规定和从它衍生出来的 EN376 标准。
其他防护	工作现场禁止吸烟、进食和饮水。工作完毕，淋浴更衣。保持良好的卫生习惯。

品名：**1,5-二羟基-4,8-二硝基蒽醌** 别名：无	分子式：$C_{14}H_6N_2O_8$ 分子量：330.2	相态：固 外观与性状：黄色粉末状固体
危险特性		
火灾危险性：可燃液体丙 B 腐蚀减薄：无 环境开裂：无	爆炸物：无 金属腐蚀：无 急性毒性：无	皮肤腐蚀/刺激：无 易燃固体：类别 2
可与空气形成爆炸性混合物。重度撞击或过度受热能引起爆炸。易燃固体，燃烧时火焰容易蔓延(即使部分用水润湿)。可能会剧烈燃烧。任何点火源，即摩擦、受热、火花或火焰都可能引起火灾和爆炸。加热时，容器可能爆炸。受热或接触火焰可能会产生膨胀或爆炸性分解。		

理化特性			
熔点：360.0℃	临界温度：无资料	爆炸上限：无资料	引燃温度：无资料
沸点：(669.4±55.0)℃	临界压力：无资料	爆炸下限：无资料	燃烧热：无资料
闪点：(280.8±20.0)℃	饱和蒸气压：无资料	相对密度($d_{水}=1$)：1.84	

溶解性	与水部分混溶。
主要用途	用于合成染料。
急救措施	
皮肤接触	立即去除/脱掉所有被污染的衣物。用水清洗皮肤/淋浴。若皮肤刺激或发生皮疹：求医/就诊。
眼睛接触	用水小心清洗几 min。如果方便，易操作，摘除隐形眼镜。继续清洗。如果眼睛刺激：求医/就诊。
吸入	立即将患者移到新鲜空气处，保持呼吸畅通。如果呼吸困难，给予吸氧。如患者食入或吸入本物质，不得进行口对口人工呼吸。如果呼吸停止。立即进行心肺复苏术。立即就医。
食入	若感不适，求医/就诊。漱口。
防护措施	
呼吸防护	防尘面具。依据当地和政府法规。
眼睛防护	戴安全防护镜。如果情况需要，佩戴面具。
身体防护	穿防护服。如果情况需要，穿戴防护靴。
手防护	戴防护手套。
其他防护	工作现场禁止吸烟、进食和饮水。工作完毕，淋浴更衣。保持良好的卫生习惯。

品名：**2,2′-二羟基二乙胺** 别名：二乙醇胺	分子式：$C_4H_{11}NO_2$ 分子量：105.1	相态：固 外观与性状：无色黏性液体或结晶
危险特性		
火灾危险性：可燃气体甲 腐蚀减薄：碱腐蚀、胺腐蚀 环境开裂：碱应力腐蚀开裂、胺应力腐蚀开裂、乙醇应力腐蚀开裂	爆炸物：无 金属腐蚀：无 急性毒性：类别 2	皮肤腐蚀/刺激：类别 2 严重眼损伤/眼刺激：类别 1
明火、高热可燃。受热分解放出有毒的氧化氮烟气。与强氧化剂接触可发生化学反应。能腐蚀铜及铜的化合物。		

理化特性			
熔点：28.0℃	临界温度：无资料	爆炸上限：13.4%	引燃温度：662.0℃
沸点：268.4℃	临界压力：无资料	爆炸下限：1.8%	燃烧热：无资料
闪点：137℃	饱和蒸气压：0.67kPa(138℃)	相对密度($d_{水}=1$)：1.09	

溶解性	易溶于水、乙醇，不溶于乙醚、苯。
主要用途	用作分析试剂，酸性气体吸收剂，软化剂和润滑剂，以及用于有机合成。
急救措施	
皮肤接触	立即脱去污染的衣着，用大量流动清水冲洗至少 15min。就医。
眼睛接触	立即提起眼睑，用大量流动清水或生理盐水彻底冲洗至少 15min。就医。
吸入	迅速脱离现场至空气新鲜处。保持呼吸道通畅。如呼吸困难，给输氧。如呼吸停止，立即进行人工呼吸。就医。
食入	用水漱口，给饮牛奶或蛋清。就医。
防护措施	
呼吸防护	空气中粉尘浓度超标时，应该佩戴头罩型电动送风过滤式防尘呼吸器。可能接触其蒸气时，建议佩戴直接式防毒面具(全面罩)。
眼睛防护	呼吸系统防护中已做防护。
身体防护	穿聚乙烯防毒服。
手防护	戴防化学品手套。
其他防护	工作现场禁止吸烟、进食和饮水。工作完毕，淋浴更衣。实行就业前和定期的体检。

品名：**3,6-二羟基邻苯二甲腈**		分子式：$C_8H_4N_2O_2$	相态：固
别名：2,3-二氰基对苯二酚		分子量：160.1	外观与性状：微黄色片状结晶
危险特性			
火灾危险性：可燃液体丙 B 腐蚀减薄：无 环境开裂：无		爆炸物：无 金属腐蚀：无 急性毒性：无	皮肤腐蚀/刺激：类别 2 严重眼损伤/眼刺激：类别 2
遇明火能燃烧。与强氧化剂接触可发生化学反应。受高热分解放出有毒的气体。			
理化特性			
熔点：230.0℃ 沸点：(443.5±45.0)℃ 闪点：(222.0±28.7)℃	临界温度：无资料 临界压力：无资料 饱和蒸气压：无资料	爆炸上限：无资料 爆炸下限：无资料 相对密度($d_{水}=1$)：无资料	引燃温度：无资料 燃烧热：无资料
溶解性	微溶于水、苯，易溶于乙醇、乙醚。		
主要用途	用于有机合成。		
急救措施			
皮肤接触	脱去污染的衣着，用大量流动清水冲洗。		
眼睛接触	提起眼睑，用流动清水或生理盐水冲洗。就医。		
吸入	脱离现场至空气新鲜处。如呼吸困难，给输氧。就医。		
食入	饮足量温水，催吐。就医。		
防护措施			
呼吸防护	空气中粉尘浓度超标时，必须佩戴自吸过滤式防尘口罩。紧急事态抢救或撤离时，应该佩戴空气呼吸器。		
眼睛防护	戴化学安全防护眼镜。		
身体防护	穿防毒物渗透工作服。		
手防护	戴橡胶手套。		
其他防护	工作现场禁止吸烟、进食和饮水。工作完毕，彻底清洗。单独存放被毒物污染的衣服，洗后备用。车间应配备急救设备及药品。作业人员应学会自救互救。		

品名：**二烯丙基胺**		分子式：$C_6H_{11}N$	相态：液
别名：二烯丙胺		分子量：97.2	外观与性状：无色液体
危险特性			
火灾危险性：可燃液体甲 B 腐蚀减薄：碱腐蚀、胺腐蚀 环境开裂：碱应力腐蚀开裂、胺应力腐蚀开裂		爆炸物：无 金属腐蚀：无 急性毒性：类别 3	皮肤腐蚀/刺激：类别 1 易燃液体：类别 2 严重眼损伤/眼刺激：类别 1
其蒸气与空气可形成爆炸性混合物，遇明火、高热极易燃烧爆炸。与氧化剂接触猛烈反应。容易自聚，聚合反应随着温度的上升而急骤加剧。其蒸气比空气重，能在较低处扩散到相当远的地方，遇火源会着火回燃。			
理化特性			
熔点：-88.4℃ 沸点：(115.3±9.0)℃ 闪点：15.6℃	临界温度：无资料 临界压力：无资料 饱和蒸气压：2.4kPa(20℃)	爆炸上限：无资料 爆炸下限：无资料 相对密度($d_{水}=1$)：0.79	引燃温度：273.0℃ 燃烧热：无资料
溶解性	与水混溶，可混溶于乙醇、乙醚、苯。		
主要用途	用于制药、化工合成等。		
急救措施			
皮肤接触	立即脱去污染的衣着，用大量流动清水冲洗至少 15min。就医。		
眼睛接触	立即提起眼睑，用大量流动清水或生理盐水彻底冲洗至少 15min。就医。		
吸入	迅速脱离现场至空气新鲜处。保持呼吸道通畅。如呼吸困难，给输氧。如呼吸停止，立即进行人工呼吸。就医。		
食入	用水漱口，给饮牛奶或蛋清。就医。		
防护措施			
呼吸防护	空气中浓度超标时，必须佩戴自吸过滤式防毒面具(全面罩)。紧急事态抢救或撤离时，应该佩戴空气呼吸器。		
眼睛防护	戴化学安全防护眼镜。		
身体防护	穿防毒物渗透工作服。		
手防护	戴橡胶耐油手套。		
其他防护	尽可能减少直接接触。工作现场禁止吸烟、进食和饮水。工作完毕，淋浴更衣。		

品名：**二烯丙基代氰胺** 别名：*N*-氰基二烯丙基胺	分子式：$C_7H_{10}N_2$ 分子量：122.2	相态：液 外观与性状：无色液体	
危险特性			
火灾危险性：可燃液体丙 A 腐蚀减薄：碱腐蚀、胺腐蚀 环境开裂：碱应力腐蚀开裂、胺应力腐蚀开裂	爆炸物：无 金属腐蚀：无 急性毒性：类别 3	皮肤腐蚀/刺激：无	
遇明火能燃烧。受高热分解放出有毒的气体。			
理化特性			
熔点：-70.0℃ 沸点：230.6℃ 闪点：90.5℃	临界温度：无资料 临界压力：无资料 饱和蒸气压：无资料	爆炸上限：无资料 爆炸下限：无资料 相对密度($d_水=1$)：0.90	引燃温度：无资料 燃烧热：无资料
溶解性	不溶于水，可混溶于多数有机溶剂。		
主要用途	用于有机合成、聚合物合成。		
急救措施			
皮肤接触	立即脱去污染的衣着，用大量流动清水冲洗。就医。		
眼睛接触	立即提起眼睑，用大量流动清水或生理盐水彻底冲洗至少 15min。就医。		
吸入	迅速脱离现场至空气新鲜处。保持呼吸道通畅。如呼吸困难，给输氧。如呼吸停止，立即进行人工呼吸。就医。		
食入	饮足量温水，催吐。就医。		
防护措施			
呼吸防护	可能接触其蒸气时，必须佩戴防毒面具。紧急事态抢救或撤离时，建议佩戴正压自给式呼吸器。		
眼睛防护	戴化学安全防护眼镜。		
身体防护	穿聚乙烯薄膜防毒服。		
手防护	戴防化学品手套。		
其他防护	工作现场禁止吸烟、进食和饮水。工作后，彻底清洗。工作服不要带到非作业场所，单独存放被毒物污染的衣服。		

品名：**二烯丙基硫醚** 别名：硫化二烯丙基；烯丙基硫醚	分子式：$C_6H_{10}S$ 分子量：114.2	相态：液 外观与性状：无色油状液体，有蒜臭味	
危险特性			
火灾危险性：可燃液体乙 B 腐蚀减薄：硫酸腐蚀、高温硫化物腐蚀 环境开裂：连多硫酸应力腐蚀开裂	爆炸物：无 金属腐蚀：无 急性毒性：无	皮肤腐蚀/刺激：无 易燃液体：类别 3	
遇明火、高热易燃。遇水蒸气、酸或酸雾会产生易燃和有毒的硫化氢气体。			
理化特性			
熔点：-83.0℃ 沸点：(141.5±9.0)℃ 闪点：46.0℃	临界温度：无资料 临界压力：无资料 饱和蒸气压：无资料	爆炸上限：无资料 爆炸下限：无资料 相对密度($d_水=1$)：0.89	引燃温度：无资料 燃烧热：无资料
溶解性	不溶于水，可混溶于乙醇、乙醚、氯仿、四氯化碳。		
主要用途	用于有机合成。		
急救措施			
皮肤接触	立即脱去污染的衣着，用大量流动清水冲洗。就医。		
眼睛接触	立即提起眼睑，用大量流动清水或生理盐水彻底冲洗至少 15min。就医。		
吸入	迅速脱离现场至空气新鲜处。保持呼吸道通畅。如呼吸困难，给输氧。如呼吸停止，立即进行人工呼吸。就医。		
食入	用水漱口，给饮牛奶或蛋清。就医。		
防护措施			
呼吸防护	空气中浓度超标时，必须佩戴自吸过滤式防毒面具(全面罩)。紧急事态抢救或撤离时，应该佩戴空气呼吸器。		
眼睛防护	呼吸系统防护中已做防护。		
身体防护	穿胶布防毒衣。		
手防护	戴橡胶耐油手套。		
其他防护	工作现场禁止吸烟、进食和饮水。工作完毕，淋浴更衣。保持良好的卫生习惯。		

品名：**二烯丙基醚**	分子式：$C_6H_{10}O$	相态：液
别名：烯丙基醚	分子量：98.2	外观与性状：无色液体，有萝卜气味
危险特性		
火灾危险性：可燃液体甲 B	爆炸物：无	皮肤腐蚀/刺激：无
腐蚀减薄：无	金属腐蚀：无	易燃液体：类别 2
环境开裂：无	急性毒性：类别 3	严重眼损伤/眼刺激：类别 2
其蒸气与空气可形成爆炸性混合物，遇明火、高热极易燃烧爆炸。与氧化剂接触猛烈反应。高热时能放出辛辣的有毒气体。流速过快，容易产生和积聚静电。容易自聚，聚合反应随着温度的上升而急骤加剧。		

理化特性			
熔点：-6.0℃	临界温度：无资料	爆炸上限：无资料	引燃温度：无资料
沸点：94.3℃	临界压力：无资料	爆炸下限：无资料	燃烧热：无资料
闪点：-7.0℃	饱和蒸气压：5.79kPa(20℃)	相对密度($d_{水}=1$)：0.80	

溶解性	不溶于水，可混溶于乙醇、乙醚等多数有机溶剂。
主要用途	用于有机合成。
急救措施	
皮肤接触	脱去污染的衣着，用大量流动清水冲洗。
眼睛接触	提起眼睑，用流动清水或生理盐水冲洗。就医。
吸入	脱离现场至空气新鲜处。如呼吸困难，给输氧。就医。
食入	饮足量温水，催吐。就医。
防护措施	
呼吸防护	空气中浓度超标时，必须佩戴自吸过滤式防毒面具(全面罩)。紧急事态抢救或撤离时，应该佩戴空气呼吸器。
眼睛防护	戴化学安全防护眼镜。
身体防护	穿防静电工作服。
手防护	戴橡胶耐油手套。
其他防护	工作现场禁止吸烟、进食和饮水。工作完毕，淋浴更衣。注意个人清洁卫生。

品名：**4,6-二硝基-2-氨基苯酚**	分子式：$C_6H_5N_3O_5$	相态：固
别名：苦氨酸；二硝基氨基苯酚	分子量：199.1	外观与性状：暗红色针状或棱形结晶
危险特性		
火灾危险性：可燃液体丙 B	爆炸物：1.1	皮肤腐蚀/刺激：无
腐蚀减薄：苯酚腐蚀	金属腐蚀：无	
环境开裂：氨应力腐蚀开裂	急性毒性：无	
遇明火、高热、摩擦、震动、撞击，有引起燃烧爆炸的危险。与氧化剂混合能形成爆炸性混合物。干燥时经震动、撞击会引起爆炸。受高热分解放出有毒的气体。		

理化特性			
熔点：168.0℃	临界温度：无资料	爆炸上限：无资料	引燃温度：无资料
沸点：386.3℃	临界压力：无资料	爆炸下限：无资料	燃烧热：无资料
闪点：187.5℃	饱和蒸气压：无资料	相对密度($d_{水}=1$)：无资料	

溶解性	微溶于水，溶于苯、醇、苯胺。
主要用途	用于制造偶氮染料、分析试剂、指示剂等。
急救措施	
皮肤接触	立即脱去污染的衣着，用大量流动清水冲洗。就医。
眼睛接触	提起眼睑，用流动清水或生理盐水冲洗。就医。
吸入	迅速脱离现场至空气新鲜处。保持呼吸道通畅。如呼吸困难，给输氧。如呼吸停止，立即进行人工呼吸。就医。
食入	饮足量温水，催吐。就医。
防护措施	
呼吸防护	空气中粉尘浓度较高时，建议佩戴自吸过滤式防尘口罩。
眼睛防护	戴化学安全防护眼镜。
身体防护	一般不需特殊防护。
手防护	戴防化学品手套。
其他防护	工作时不得进食、饮水或吸烟。工作完毕，彻底清洗。保持良好的卫生习惯。

品名：**1,2-二硝基苯**	分子式：$C_6H_4N_2O_4$	相态：固
别名：邻二硝基苯	分子量：168.1	外观与性状：无色到黄色片状结晶，有苦杏仁味，有挥发性

危险特性

火灾危险性：可燃液体丙 B	爆炸物：1.1	皮肤腐蚀/刺激：无
腐蚀减薄：无	金属腐蚀：无	
环境开裂：无	急性毒性：类别 1	

遇明火、高热易燃。与氧化剂混合能形成爆炸性混合物。经摩擦、震动或撞击可引起燃烧或爆炸。

理化特性

熔点：118.0℃	临界温度：无资料	爆炸上限：无资料	引燃温度：无资料
沸点：(319.9±15.0)℃	临界压力：无资料	爆炸下限：无资料	燃烧热：无资料
闪点：(169.2±13.2)℃	饱和蒸气压：无资料	相对密度($d_水=1$)：1.57	

溶解性	微溶于水，溶于乙醇、乙醚、苯等。
主要用途	用于有机合成及用作染料中间体。

急救措施

皮肤接触	立即脱去污染的衣着，用肥皂水和清水彻底冲洗皮肤。就医。
眼睛接触	提起眼睑，用流动清水或生理盐水冲洗。就医。
吸入	迅速脱离现场至空气新鲜处。保持呼吸道通畅。如呼吸困难，给输氧。如呼吸停止，立即进行人工呼吸。就医。
食入	饮足量温水，催吐。就医。

防护措施

呼吸防护	可能接触其粉尘时，必须佩戴头罩型电动送风过滤式防尘呼吸器。紧急事态抢救或撤离时，佩戴空气呼吸器。
眼睛防护	呼吸系统防护中已做防护。
身体防护	穿胶布防毒衣。
手防护	戴橡胶手套。
其他防护	工作现场禁止吸烟、进食和饮水。及时换洗工作服。工作前后不饮酒，用温水洗澡。实行就业前和定期的体检。

品名：**1,3-二硝基苯**	分子式：$C_6H_4N_2O_4$	相态：固
别名：间二硝基苯	分子量：168.1	外观与性状：无色固体，有挥发性

危险特性

火灾危险性：可燃液体丙 B	爆炸物：无	皮肤腐蚀/刺激：无
腐蚀减薄：无	金属腐蚀：无	
环境开裂：无	急性毒性：类别 1	

遇明火、高热易燃。与氧化剂混合能形成爆炸性混合物。经摩擦、震动或撞击可引起燃烧或爆炸。

理化特性

熔点：89.0℃	临界温度：无资料	爆炸上限：无资料	引燃温度：无资料
沸点：301.0℃	临界压力：无资料	爆炸下限：无资料	燃烧热：2912.6kJ/mol
闪点：(136.9±12.6)℃	饱和蒸气压：无资料	相对密度($d_水=1$)：1.57	

溶解性	微溶于水，溶于乙醇、乙醚、苯等。
主要用途	用于有机合成及用作染料中间体，并用来制造炸药。

急救措施

皮肤接触	立即脱去污染的衣着，用肥皂水和清水彻底冲洗皮肤。就医。
眼睛接触	提起眼睑，用流动清水或生理盐水冲洗。就医。
吸入	迅速脱离现场至空气新鲜处。保持呼吸道通畅。如呼吸困难，给输氧。如呼吸停止，立即进行人工呼吸。就医。
食入	饮足量温水，催吐。就医。

防护措施

呼吸防护	可能接触其粉尘时，必须佩戴头罩型电动送风过滤式防尘呼吸器。紧急事态抢救或撤离时，佩戴空气呼吸器。
眼睛防护	呼吸系统防护中已做防护。
身体防护	穿胶布防毒衣。
手防护	戴橡胶手套。
其他防护	工作现场禁止吸烟、进食和饮水。及时换洗工作服。工作前后不饮酒，用温水洗澡。实行就业前和定期的体检。

品名：**1,4-二硝基苯** 别名：对二硝基苯		分子式：$C_6H_4N_2O_4$ 分子量：168.1	相态：固 外观与性状：黄色结晶，有挥发性
危险特性			
火灾危险性：可燃液体丙 B 腐蚀减薄：无 环境开裂：无		爆炸物：无 金属腐蚀：无 急性毒性：类别 1	皮肤腐蚀/刺激：无
遇明火、高热易燃。与氧化剂混合能形成爆炸性混合物。经摩擦、震动或撞击可引起燃烧或爆炸。			
理化特性			
熔点：170.0~173.0℃ 沸点：(299.9±13.0)℃ 闪点：(154.4±12.6)℃	临界温度：无资料 临界压力：无资料 饱和蒸气压：无资料	爆炸上限：无资料 爆炸下限：无资料 相对密度($d_{水}=1$)：1.59	引燃温度：无资料 燃烧热：2912.6kJ/mol
溶解性	微溶于水，溶于乙醇、乙醚、苯等。		
主要用途	用于有机合成和染料制造。		
急救措施			
皮肤接触	立即脱去污染的衣着，用肥皂水和清水彻底冲洗皮肤。就医。		
眼睛接触	提起眼睑，用流动清水或生理盐水冲洗。就医。		
吸入	迅速脱离现场至空气新鲜处。保持呼吸道通畅。如呼吸困难，给输氧。如呼吸停止，立即进行人工呼吸。就医。		
食入	饮足量温水，催吐。就医。		
防护措施			
呼吸防护	可能接触其粉尘时，必须佩戴头罩型电动送风过滤式防尘呼吸器。紧急事态抢救或撤离时，佩戴空气呼吸器。		
眼睛防护	呼吸系统防护中已做防护。		
身体防护	穿胶布防毒衣。		
手防护	戴橡胶手套。		
其他防护	工作现场禁止吸烟、进食和饮水。及时换洗工作服。工作前后不饮酒，用温水洗澡。实行就业前和定期的体检。		

品名：**2,4-二硝基苯胺** 别名：无		分子式：$C_6H_5N_3O_4$ 分子量：183.1	相态：固 外观与性状：黄色针状结晶
危险特性			
火灾危险性：可燃液体丙 B 腐蚀减薄：碱腐蚀、胺腐蚀 环境开裂：碱应力腐蚀开裂、胺应力腐蚀开裂		爆炸物：无 金属腐蚀：无 急性毒性：类别 1	皮肤腐蚀/刺激：无
遇明火、高热可燃。受热分解产生有毒的烟气。与强氧化剂接触可发生化学反应。具有爆炸性，但只有在强起爆药引爆下才能起爆。			
理化特性			
熔点：180.0℃ 沸点：(400.6±25.0)℃ 闪点：(196.1±23.2)℃	临界温度：无资料 临界压力：无资料 饱和蒸气压：无资料	爆炸上限：无资料 爆炸下限：无资料 相对密度($d_{水}=1$)：1.62	引燃温度：300.0℃ 燃烧热：无资料
溶解性	不溶于水，微溶于乙醇，溶于热盐酸。		
主要用途	用作偶氮染料中间体，腐蚀抑制剂，分析试剂。		
急救措施			
皮肤接触	立即脱去污染的衣着，用肥皂水和清水彻底冲洗皮肤。就医。		
眼睛接触	提起眼睑，用流动清水或生理盐水冲洗。就医。		
吸入	迅速脱离现场至空气新鲜处。保持呼吸道通畅。如呼吸困难，给输氧。如呼吸停止，立即进行人工呼吸。就医。		
食入	饮足量温水，催吐。就医。		
防护措施			
呼吸防护	可能接触其粉尘时，必须佩戴头罩型电动送风过滤式防尘呼吸器。紧急事态抢救或撤离时，应该佩戴自给式呼吸器。		
眼睛防护	呼吸系统防护中已做防护。		
身体防护	穿胶布防毒衣。		
手防护	戴橡胶手套。		
其他防护	工作现场禁止吸烟、进食和饮水。及时换洗工作服。工作前后不饮酒，用温水洗澡。实行就业前和定期的体检。		

品名：**2,6-二硝基苯胺**		分子式：$C_6H_5N_3O_4$	相态：固
别名：无		分子量：183.1	外观与性状：黄色针状结晶
危险特性			
火灾危险性：可燃液体丙 B		爆炸物：无	皮肤腐蚀/刺激：无
腐蚀减薄：碱腐蚀、胺腐蚀		金属腐蚀：无	
环境开裂：碱应力腐蚀开裂、胺应力腐蚀开裂		急性毒性：类别 1	
遇明火、高热可燃。受热分解产生有毒的烟气。与强氧化剂接触可发生化学反应。具有爆炸性，但只有在强起爆药引爆下才能起爆。			
理化特性			
熔点：141.0℃	临界温度：无资料	爆炸上限：无资料	引燃温度：无资料
沸点：(354.5±22.0)℃	临界压力：无资料	爆炸下限：无资料	燃烧热：无资料
闪点：(168.2±22.3)℃	饱和蒸气压：无资料	相对密度($d_{水}=1$)：无资料	
溶解性	不溶于水，微溶于乙醇，溶于乙醚、热苯。		
主要用途	用于有机合成及作为分析试剂。		
急救措施			
皮肤接触	立即脱去污染的衣着，用肥皂水和清水彻底冲洗皮肤。就医。		
眼睛接触	提起眼睑，用流动清水或生理盐水冲洗。就医。		
吸入	迅速脱离现场至空气新鲜处。保持呼吸道通畅。如呼吸困难，给输氧。如呼吸停止，立即进行人工呼吸。就医。		
食入	饮足量温水，催吐。就医。		
防护措施			
呼吸防护	可能接触其粉尘时，必须佩戴头罩型电动送风过滤式防尘呼吸器。紧急事态抢救或撤离时，应该佩戴自给式呼吸器。		
眼睛防护	呼吸系统防护中已做防护。		
身体防护	穿胶布防毒衣。		
手防护	戴橡胶手套。		
其他防护	工作现场禁止吸烟、进食和饮水。及时换洗工作服。工作前后不饮酒，用温水洗澡。实行就业前和定期的体检。		

品名：**3,5-二硝基苯胺**		分子式：$C_6H_5N_3O_4$	相态：固
别名：无		分子量：183.1	外观与性状：黄色针状结晶
危险特性			
火灾危险性：可燃液体丙 B		爆炸物：无	皮肤腐蚀/刺激：无
腐蚀减薄：碱腐蚀、胺腐蚀		金属腐蚀：无	
环境开裂：碱应力腐蚀开裂、胺应力腐蚀开裂		急性毒性：类别 1	
遇明火、高热可燃。受热分解产生有毒的烟气。与强氧化剂接触可发生化学反应。具有爆炸性，但只有在强起爆药引爆下才能起爆。			
理化特性			
熔点：160.0~162.0℃	临界温度：无资料	爆炸上限：无资料	引燃温度：无资料
沸点：397.9℃	临界压力：无资料	爆炸下限：无资料	燃烧热：无资料
闪点：194.4℃	饱和蒸气压：无资料	相对密度($d_{水}=1$)：1.60	
溶解性	微溶于苯，溶于乙醇、乙醚。		
主要用途	用于有机合成。		
急救措施			
皮肤接触	立即脱去污染的衣着，用肥皂水和清水彻底冲洗皮肤。就医。		
眼睛接触	提起眼睑，用流动清水或生理盐水冲洗。就医。		
吸入	迅速脱离现场至空气新鲜处。保持呼吸道通畅。如呼吸困难，给输氧。如呼吸停止，立即进行人工呼吸。就医。		
食入	饮足量温水，催吐。就医。		
防护措施			
呼吸防护	可能接触其粉尘时，必须佩戴头罩型电动送风过滤式防尘呼吸器。紧急事态抢救或撤离时，应该佩戴自给式呼吸器。		
眼睛防护	呼吸系统防护中已做防护。		
身体防护	穿胶布防毒衣。		
手防护	戴橡胶手套。		
其他防护	工作现场禁止吸烟、进食和饮水。及时换洗工作服。工作前后不饮酒，用温水洗澡。实行就业前和定期的体检。		

品名：**2,4-二硝基苯酚[含水≥15%]** 别名：1-羟基-2,4-二硝基苯	分子式：$C_6H_4N_2O_5$ 分子量：184.1		相态：固 外观与性状：黄色结晶或粉末
危险特性			
火灾危险性：无法确定 腐蚀减薄：苯酚腐蚀 环境开裂：无	爆炸物：无 金属腐蚀：无 急性毒性：类别3		皮肤腐蚀/刺激：无 易燃固体：类别1
遇明火、高热易燃。急剧加热时可发生爆炸。燃烧时放出有毒的刺激性烟雾。与氧化剂混合能形成爆炸性混合物。与重金属粉末能起化学反应生成金属盐，增加敏感度。			
理化特性			
熔点：112.0℃ 沸点：312.1℃ 闪点：无资料	临界温度：无资料 临界压力：无资料 饱和蒸气压：无资料	爆炸上限：无资料 爆炸下限：无资料 相对密度($d_{水}$=1)：1.68	引燃温度：无资料 燃烧热：2708.6kJ/mol
溶解性	不溶于冷水，溶于热水、乙醇、乙醚、丙酮、苯、氯仿。		
主要用途	用于有机合成、染料、炸药等。		
急救措施			
皮肤接触	脱去污染的衣着，用流动清水冲洗。		
眼睛接触	提起眼睑，用流动清水或生理盐水冲洗。就医。		
吸入	迅速脱离现场至空气新鲜处。保持呼吸道通畅。如呼吸困难，给输氧。如呼吸停止，立即进行人工呼吸。就医。		
食入	饮足量温水，催吐。就医。		
防护措施			
呼吸防护	可能接触其粉尘时，必须佩戴自吸过滤式防尘口罩。		
眼睛防护	戴安全防护眼镜。		
身体防护	穿胶布防毒衣。		
手防护	戴防毒物渗透手套。		
其他防护	工作现场禁止吸烟、进食和饮水。工作完毕，淋浴更衣。注意个人清洁卫生。		

品名：**2,5-二硝基苯酚[含水≥15%]** 别名：无	分子式：$C_6H_4N_2O_5$ 分子量：184.1		相态：固 外观与性状：黄色结晶或粉末
危险特性			
火灾危险性：无法确定 腐蚀减薄：苯酚腐蚀 环境开裂：无	爆炸物：无 金属腐蚀：无 急性毒性：类别3		皮肤腐蚀/刺激：无 易燃固体：类别1
遇明火、高热易燃。与重金属粉末能起化学反应生成金属盐，增加敏感度。经摩擦、震动或撞击可引起燃烧或爆炸。受高热分解放出有毒的气体。			
理化特性			
熔点：108.0℃ 沸点：309.6℃ 闪点：无资料	临界温度：无资料 临界压力：无资料 饱和蒸气压：无资料	爆炸上限：无资料 爆炸下限：无资料 相对密度($d_{水}$=1)：1.69	引燃温度：无资料 燃烧热：2623.0kJ/mol
溶解性	微溶于冷水、醇，溶于热醇、醚、碱。		
主要用途	用于染料工业和有机合成，也用作木材防腐和酸碱指示剂。		
急救措施			
皮肤接触	立即脱去污染的衣着，用大量流动清水冲洗。就医。		
眼睛接触	提起眼睑，用流动清水或生理盐水冲洗。就医。		
吸入	迅速脱离现场至空气新鲜处。保持呼吸道通畅。如呼吸困难，给输氧。如呼吸停止，立即进行人工呼吸。就医。		
食入	饮足量温水，催吐。就医。		
防护措施			
呼吸防护	空气中粉尘浓度较高时，建议佩戴自吸过滤式防尘口罩。		
眼睛防护	戴化学安全防护眼镜。		
身体防护	一般不需特殊防护。		
手防护	戴防化学品手套。		
其他防护	工作时不得进食、饮水或吸烟。工作完毕，彻底清洗。保持良好的卫生习惯。		

品名：**2,4-二硝基苯磺酰氯** 别名：无		分子式：$C_6H_2ClN_2O_6S$ 分子量：266.6		相态：固 外观与性状：淡黄色结晶
危险特性				
火灾危险性：可燃液体丙 B 腐蚀减薄：无 环境开裂：无		爆炸物：无 金属腐蚀：无 急性毒性：无		皮肤腐蚀/刺激：类别 1 严重眼损伤/眼刺激：类别 1
遇明火、高热易燃。燃烧时，放出有毒气体。与强氧化剂接触可发生化学反应。				
理化特性				
熔点：100.0℃ 沸点：418.1℃ 闪点：206.6℃	临界温度：无资料 临界压力：无资料 饱和蒸气压：无资料		爆炸上限：无资料 爆炸下限：无资料 相对密度($d_水=1$)：无资料	引燃温度：无资料 燃烧热：无资料
溶解性	微溶于石油醚，溶于苯。			
主要用途	用于制药工业、有机合成，也用作染料中间体。			
急救措施				
皮肤接触	立即脱去污染的衣着，用大量流动清水冲洗。就医。			
眼睛接触	立即提起眼睑，用大量流动清水或生理盐水彻底冲洗至少 15min。就医。			
吸入	迅速脱离现场至空气新鲜处。保持呼吸道通畅。如呼吸困难，给输氧。如呼吸停止，立即进行人工呼吸。就医。			
食入	用水漱口，给饮牛奶或蛋清。就医。			
防护措施				
呼吸防护	可能接触其粉尘时，必须佩戴防尘面具(全面罩)。紧急事态抢救或撤离时，应该佩戴空气呼吸器。			
眼睛防护	呼吸系统防护中已做防护。			
身体防护	穿胶布防毒衣。			
手防护	戴橡胶手套。			
其他防护	工作完毕，淋浴更衣。单独存放被毒物污染的衣服，洗后备用。保持良好的卫生习惯。			

品名：**2,4-二硝基苯甲醚** 别名：2,4-二硝基茴香醚		分子式：$C_7H_6N_2O_5$ 分子量：198.1		相态：固 外观与性状：无色到黄色针状结晶体
危险特性				
火灾危险性：可燃液体丙 B 腐蚀减薄：无 环境开裂：无		爆炸物：无 金属腐蚀：无 急性毒性：类别 3		皮肤腐蚀/刺激：无 易燃固体：类别 1
易燃，遇明火、高热、摩擦、撞击有引起燃烧的危险。燃烧时放出有毒的刺激性烟雾。与氧化剂混合能形成爆炸性混合物。				
理化特性				
熔点：94.0~96.0℃ 沸点：(351.0±22.0)℃ 闪点：(180.5±24.3)℃	临界温度：无资料 临界压力：无资料 饱和蒸气压：无资料		爆炸上限：无资料 爆炸下限：无资料 相对密度($d_水=1$)：1.34	引燃温度：无资料 燃烧热：无资料
溶解性	微溶于热水，溶于乙醇、乙醚等多数有机溶剂。			
主要用途	用于染料中间体及用作杀虫卵剂。			
急救措施				
皮肤接触	脱去污染的衣着，用肥皂水和清水彻底冲洗皮肤。			
眼睛接触	提起眼睑，用流动清水或生理盐水冲洗。就医。			
吸入	迅速脱离现场至空气新鲜处。保持呼吸道通畅。如呼吸困难，给输氧。如呼吸停止，立即进行人工呼吸。就医。			
食入	饮足量温水，催吐。就医。			
防护措施				
呼吸防护	可能接触其粉尘时，佩戴自吸过滤式防尘口罩。			
眼睛防护	戴安全防护眼镜。			
身体防护	穿透气型防毒服。			
手防护	戴防毒物渗透手套。			
其他防护	工作现场禁止吸烟、进食和饮水。工作完毕，淋浴更衣。注意个人清洁卫生。			

品名：**3,5-二硝基苯甲酰氯** 别名：3,5-二硝基氯化苯甲酰	分子式：$C_7H_3ClN_2O_5$ 分子量：230.6	相态：固 外观与性状：黄色结晶
危险特性		
火灾危险性：可燃液体丙 B 腐蚀减薄：盐酸腐蚀、含盐水腐蚀 环境开裂：氯化物应力腐蚀开裂	爆炸物：无 金属腐蚀：无 急性毒性：无	皮肤腐蚀/刺激：无 易燃固体：类别 2
易燃，遇明火、高热、摩擦、撞击有引起燃烧的危险。燃烧时放出有毒的刺激性烟雾。与氧化剂混合能形成爆炸性混合物。		
理化特性		
熔点：68.0~69.0℃ 沸点：(339.0±22.0)℃ 闪点：(158.8±22.3)℃	临界温度：无资料 临界压力：无资料 饱和蒸气压：无资料	爆炸上限：无资料　引燃温度：380℃ 爆炸下限：无资料　燃烧热：无资料 相对密度($d_{水}=1$)：无资料

溶解性	溶于乙醇、丙酮、苯，易溶于氢氧化钠水溶液。
主要用途	用于医药工业，也用作消毒防腐剂和试剂。
急救措施	
皮肤接触	立即脱去污染的衣着，用大量流动清水冲洗。就医。
眼睛接触	立即提起眼睑，用大量流动清水或生理盐水彻底冲洗至少 15min。就医。
吸入	迅速脱离现场至空气新鲜处。保持呼吸道通畅。如呼吸困难，给输氧。如呼吸停止，立即进行人工呼吸。就医。
食入	用水漱口，给饮牛奶或蛋清。就医。
防护措施	
呼吸防护	可能接触其粉尘时，必须佩戴防尘面具(全面罩)。紧急事态抢救或撤离时，应该佩戴空气呼吸器。
眼睛防护	呼吸系统防护中已做防护。
身体防护	穿胶布防毒衣。
手防护	戴橡胶手套。
其他防护	工作现场禁止吸烟、进食和饮水。工作完毕，淋浴更衣。保持良好的卫生习惯。

品名：**2,4-二硝基苯肼** 别名：无	分子式：$C_6H_6N_4O_4$ 分子量：198.1	相态：固 外观与性状：红色结晶性粉末
危险特性		
火灾危险性：可燃液体丙 B 腐蚀减薄：无 环境开裂：无	爆炸物：无 金属腐蚀：无 急性毒性：无	皮肤腐蚀/刺激：无 易燃固体：类别 1
遇明火极易燃烧爆炸。干燥时经震动、撞击会引起爆炸。燃烧时放出有毒的刺激性烟雾。与氧化剂混合能形成爆炸性混合物。		
理化特性		
熔点：197.0~200.0℃ 沸点：(378.6±32.0)℃ 闪点：(182.8±25.1)℃	临界温度：无资料 临界压力：无资料 饱和蒸气压：无资料	爆炸上限：无资料　引燃温度：无资料 爆炸下限：无资料　燃烧热：无资料 相对密度($d_{水}=1$)：无资料

溶解性	微溶于水、乙醇，溶于酸。
主要用途	用于炸药制造，也作化学试剂。
急救措施	
皮肤接触	脱去污染的衣着，用肥皂水和清水彻底冲洗皮肤。
眼睛接触	提起眼睑，用流动清水或生理盐水冲洗。就医。
吸入	迅速脱离现场至空气新鲜处。保持呼吸道通畅。如呼吸困难，给输氧。如呼吸停止，立即进行人工呼吸。就医。
食入	饮足量温水，催吐。就医。
防护措施	
呼吸防护	可能接触其粉尘时，必须佩戴自吸过滤式防尘口罩。
眼睛防护	戴化学安全防护眼镜。
身体防护	穿防毒物渗透工作服。
手防护	戴防毒物渗透手套。
其他防护	工作现场禁止吸烟、进食和饮水。工作完毕，淋浴更衣。注意个人清洁卫生。

品名：**1,3-二硝基丙烷** 别名：无		分子式：$C_3H_6N_2O_4$ 分子量：134.1	相态：液 外观与性状：黄色液体，带有刺激性气味，性质极不稳定。
危险特性			
火灾危险性：可燃液体丙B 腐蚀减薄：无 环境开裂：无		爆炸物：无 金属腐蚀：无 急性毒性：无	皮肤腐蚀/刺激：无 易燃液体：类别3
易燃，其蒸气与空气可形成爆炸性混合物。强烈震动及受热或遇无机碱类、氧化剂、烃类、胺类及三氯化铝、六甲基苯等均能引起燃烧爆炸。燃烧分解时，放出有毒的氮氧化物气体。			
理化特性			
熔点：-21.4℃ 沸点：103.0℃ 闪点：137.6℃	临界温度：无资料 临界压力：无资料 饱和蒸气压：无资料	爆炸上限：无资料 爆炸下限：无资料 相对密度($d_水$=1)：1.35	引燃温度：无资料 燃烧热：无资料
溶解性	与水混溶。		
主要用途	无资料。		
急救措施			
皮肤接触	立即脱去污染的衣着，用肥皂水和清水彻底冲洗皮肤。就医。		
眼睛接触	立即提起眼睑，用大量流动清水或生理盐水彻底冲洗至少15min。就医。		
吸入	迅速脱离现场至空气新鲜处。保持呼吸道通畅。如呼吸困难，给输氧。如呼吸停止，立即进行人工呼吸。就医。		
食入	饮足量温水，催吐。就医。		
防护措施			
呼吸防护	可能接触其蒸气时，应该佩戴自吸过滤式防毒面具(全面罩)紧急事态抢救或撤离时，建议佩戴隔离式呼吸器。		
眼睛防护	呼吸系统防护中已做防护。		
身体防护	穿胶布防毒衣。		
手防护	戴橡胶耐油手套。		
其他防护	工作现场严禁吸烟。注意个人清洁卫生。		

品名：**2,4-二硝基二苯胺** 别名：无		分子式：$C_{12}H_9N_9O_4$ 分子量：259.2	相态：固 外观与性状：红色针状结晶
危险特性			
火灾危险性：可燃液体丙B 腐蚀减薄：碱腐蚀、胺腐蚀 环境开裂：碱应力腐蚀开裂、胺应力腐蚀开裂		爆炸物：无 金属腐蚀：无 急性毒性：无	皮肤腐蚀/刺激：类别2 严重眼损伤/眼刺激：类别2
可燃。遇明火、高热可燃。受热分解放出有毒的氧化氮烟气。与强氧化剂接触可发生化学反应。			
理化特性			
熔点：159.0~161.0℃ 沸点：(413.8±35.0)℃ 闪点：(204.1±25.9)℃	临界温度：无资料 临界压力：无资料 饱和蒸气压：无资料	爆炸上限：无资料 爆炸下限：无资料 相对密度($d_水$=1)：无资料	引燃温度：无资料 燃烧热：无资料
溶解性	溶于热乙醇、热苯、丙酮、氯仿。		
主要用途	用于染料制备。		
急救措施			
皮肤接触	脱去污染的衣着，用肥皂水和清水彻底冲洗皮肤。		
眼睛接触	提起眼睑，用流动清水或生理盐水冲洗。就医。		
吸入	迅速脱离现场至空气新鲜处。保持呼吸道通畅。如呼吸困难，给输氧。如呼吸停止，立即进行人工呼吸。就医。		
食入	饮足量温水，催吐。就医。		
防护措施			
呼吸防护	空气中粉尘浓度超标时，佩戴自吸过滤式防尘口罩。紧急事态抢救或撤离时，应该佩戴空气呼吸器。		
眼睛防护	化学安全防护眼镜。		
身体防护	穿防毒物渗透工作服。		
手防护	戴橡胶手套。		
其他防护	工作现场禁止吸烟、进食和饮水。及时换洗工作服。工作前后不饮酒，用温水洗澡。实行就业前和定期的体检。		

品名：**2,4-二硝基甲苯**	分子式：$C_7H_6N_2O_4$	相态：固
别名：无	分子量：182.1	外观与性状：浅黄色针状结晶，有苦杏仁味

危险特性

火灾危险性：无	爆炸物：无	皮肤腐蚀/刺激：无
腐蚀减薄：无	金属腐蚀：无	
环境开裂：无	急性毒性：类别3	

遇明火、高热易燃。与氧化剂混合能形成爆炸性混合物。经摩擦、震动或撞击可引起燃烧或爆炸。燃烧时产生大量烟雾。

理化特性

熔点：65.5~70.5℃	临界温度：无资料	爆炸上限：无资料	引燃温度：360.0℃
沸点：(299.9±20.0)℃	临界压力：无资料	爆炸下限：无资料	燃烧热：3564.7kJ/mol
闪点：无资料	饱和蒸气压：13.33kPa(157.7℃)	相对密度($d_{水}=1$)：1.52	

溶解性	微溶于水、乙醇、乙醚，易溶于苯、丙酮。
主要用途	用于制造染料中间体、炸药。

急救措施

皮肤接触	立即脱去污染的衣着，用肥皂水和清水彻底冲洗皮肤。就医。
眼睛接触	提起眼睑，用流动清水或生理盐水冲洗。就医。
吸入	迅速脱离现场至空气新鲜处。保持呼吸道通畅。如呼吸困难，给输氧。如呼吸停止，立即进行人工呼吸。就医。
食入	饮足量温水，催吐。就医。

防护措施

呼吸防护	空气中粉尘浓度超标时，佩戴自吸过滤式防尘口罩。紧急事态抢救或撤离时，佩戴空气呼吸器。
眼睛防护	戴安全防护眼镜。
身体防护	穿防毒物渗透工作服。
手防护	戴橡胶手套。
其他防护	工作现场禁止吸烟、进食和饮水。及时换洗工作服。工作前后不饮酒，用温水洗澡。实行就业前和定期的体检。

品名：**2,6-二硝基甲苯**	分子式：$C_7H_6N_2O_4$	相态：固
别名：无	分子量：182.1	外观与性状：浅黄色针状结晶

危险特性

火灾危险性：无	爆炸物：无	皮肤腐蚀/刺激：无
腐蚀减薄：无	金属腐蚀：无	
环境开裂：无	急性毒性：类别3	

遇明火、高热易燃。燃烧时放出有毒的刺激性烟雾。与氧化剂混合能形成爆炸性混合物。经摩擦、震动或撞击可引起燃烧或爆炸。

理化特性

熔点：56.0~61.0℃	临界温度：无资料	爆炸上限：无资料	引燃温度：无资料
沸点：(278.2±20.0)℃	临界压力：无资料	爆炸下限：无资料	燃烧热：无资料
闪点：无资料	饱和蒸气压：无资料	相对密度($d_{水}=1$)：1.28	

溶解性	不溶于水，溶于乙醇、乙醚。
主要用途	用作有机合成原料。

急救措施

皮肤接触	立即脱去污染的衣着，用大量流动清水冲洗。就医。
眼睛接触	提起眼睑，用流动清水或生理盐水冲洗。就医。
吸入	迅速脱离现场至空气新鲜处。保持呼吸道通畅。如呼吸困难，给输氧。如呼吸停止，立即进行人工呼吸。就医。
食入	饮足量温水，催吐。洗胃，导泄。就医。

防护措施

呼吸防护	空气中粉尘浓度超标时，佩戴自吸过滤式防尘口罩。紧急事态抢救或撤离时，佩戴空气呼吸器。
眼睛防护	戴安全防护眼镜。
身体防护	穿防毒物渗透工作服。
手防护	戴橡胶手套。
其他防护	工作现场禁止吸烟、进食和饮水。及时换洗工作服。工作前后不饮酒，用温水洗澡。实行就业前和定期的体检。

品名：**二硝基间苯二酚** 别名：无	分子式：$C_6H_4N_2O_6$ 分子量：200.1	相态：固 外观与性状：黄色结晶	
危险特性			
火灾危险性：可燃液体丙 B 腐蚀减薄：无 环境开裂：无	爆炸物：1.1 金属腐蚀：无 急性毒性：无	皮肤腐蚀/刺激：无	
受热、接触明火、或受到摩擦、震动、撞击时可发生爆炸。与重金属粉末能起化学反应生成金属盐，增加敏感度。与氧化剂混合能形成爆炸性混合物。			
理化特性			
熔点：146.0℃ 沸点：404.6℃ 闪点：186.0℃	临界温度：无资料 临界压力：无资料 饱和蒸气压：无资料	爆炸上限：无资料 爆炸下限：无资料 相对密度($d_水=1$)：1.82	引燃温度：无资料 燃烧热：无资料
溶解性	溶于水，溶于醇、碱等。		
主要用途	用于制造引爆剂，染料和分析试剂。		
急救措施			
皮肤接触	脱去污染的衣着，用肥皂水和清水彻底冲洗皮肤。		
眼睛接触	提起眼睑，用流动清水或生理盐水冲洗。就医。		
吸入	脱离现场至空气新鲜处。如呼吸困难，给输氧。如呼吸停止，立即进行人工呼吸。就医。		
食入	用水漱口，给饮牛奶或蛋清。就医。		
防护措施			
呼吸防护	空气中粉尘浓度超标时，佩戴自吸过滤式防尘口罩。紧急事态抢救或撤离时，应该佩戴自给式呼吸器。		
眼睛防护	戴化学安全防护眼镜。		
身体防护	穿紧袖工作服，长筒胶鞋。		
手防护	戴橡胶手套。		
其他防护	工作现场禁止吸烟、进食和饮水。及时换洗工作服。工作前后不饮酒．用温水洗澡。注意检测毒物。实行就业前和定期的体检。		

品名：**二硝基联苯** 别名：无	分子式：$C_{12}H_8N_2O_4$ 分子量：244.4	相态：固 外观与性状：淡黄色针状结晶	
危险特性			
火灾危险性：可燃液体丙 B 腐蚀减薄：无 环境开裂：无	爆炸物：无 金属腐蚀：无 急性毒性：无	皮肤腐蚀/刺激：无 易燃固体：类别 2	
遇高热、明火及强氧化剂易引起燃烧。受高热分解放出有毒的气体。			
理化特性			
熔点：124.0~126.0℃ 沸点：(387.6±17.0)℃ 闪点：(187.9±13.7)℃	临界温度：无资料 临界压力：无资料 饱和蒸气压：无资料	爆炸上限：无资料 爆炸下限：无资料 相对密度($d_水=1$)：1.45	引燃温度：无资料 燃烧热：无资料
溶解性	不溶于水，溶于热乙醇、乙醚、苯。		
主要用途	用于有机合成。		
急救措施			
皮肤接触	脱去污染的衣着，用大量流动清水冲洗。		
眼睛接触	提起眼睑，用流动清水或生理盐水冲洗。就医。		
吸入	迅速脱离现场至空气新鲜处。保持呼吸道通畅。如呼吸困难，给输氧。如呼吸停止，立即进行人工呼吸。就医。		
食入	饮足量温水，催吐。就医。		
防护措施			
呼吸防护	空气中粉尘浓度超标时，必须佩戴自吸过滤式防尘口罩。紧急事态抢救或撤离时，应该佩戴空气呼吸器。		
眼睛防护	戴化学安全防护眼镜。		
身体防护	穿防毒物渗透工作服。		
手防护	戴橡胶手套。		
其他防护	工作场所禁止吸烟、进食和饮水，饭前要洗手。工作完毕，淋浴更衣。保持良好的卫生习惯。		

品名：**二硝基邻甲酚铵**		分子式：$C_7H_9N_3O_5$	相态：无资料
别名：无		分子量：215.2	外观与性状：无资料
危险特性			
火灾危险性：可燃液体丙 B 腐蚀减薄：无 环境开裂：无		爆炸物：无 金属腐蚀：无 急性毒性：类别 1	皮肤腐蚀/刺激：无
具有强氧化性。与易燃物、有机物接触易着火燃烧。能与铅、银或其它金属及其盐形成敏感性极强的爆炸性物质。受高热分解放出有毒的气体。			
理化特性			
熔点：无资料 沸点：332.4℃ 闪点：149.2℃	临界温度：无资料 临界压力：无资料 饱和蒸气压：无资料	爆炸上限：无资料 爆炸下限：无资料 相对密度($d_水=1$)：1.45	引燃温度：无资料 燃烧热：无资料
溶解性	溶于水。		
主要用途	用作除锈剂。		
急救措施			
皮肤接触	立即脱去污染的衣着，用大量流动清水冲洗。就医。		
眼睛接触	提起眼睑，用流动清水或生理盐水冲洗。就医。		
吸入	迅速脱离现场至空气新鲜处。保持呼吸道通畅。如呼吸困难，给输氧。如呼吸停止，立即进行人工呼吸。就医。		
食入	饮足量温水，催吐。就医。		
防护措施			
呼吸防护	空气中浓度较高时，应该佩戴过滤式防毒面具(全面罩)。紧急事态抢救或逃生时，建议佩戴空气呼吸器。		
眼睛防护	戴化学安全防护眼镜。		
身体防护	穿防毒物渗透工作服。		
手防护	戴乳胶手套。		
其他防护	工作场所禁止吸烟、进食和饮水，饭前要洗手。工作完毕，淋浴更衣。保持良好的卫生习惯。		

品名：**2,4-二硝基氯化苄**		分子式：$C_7H_5ClN_2O_4$	相态：固
别名：2,4-二硝基苯代氯甲烷		分子量：216.6	外观与性状：黄色柱状结晶
危险特性			
火灾危险性：可燃液体丙 A 腐蚀减薄：盐酸腐蚀、含盐水腐蚀 环境开裂：氯化物应力腐蚀开裂		爆炸物：无 金属腐蚀：无 急性毒性：类别 1	皮肤腐蚀/刺激：无 易燃固体：类别 2
易燃，在密闭容器中，已知在 150℃下受震动或撞击能引起爆炸。			
理化特性			
熔点：34.0~36.0℃ 沸点：349.8℃ 闪点：110.0℃	临界温度：无资料 临界压力：无资料 饱和蒸气压：无资料	爆炸上限：无资料 爆炸下限：无资料 相对密度($d_水=1$)：1.45	引燃温度：无资料 燃烧热：无资料
溶解性	不溶于水，溶于多数有机溶剂。		
主要用途	无资料。		
急救措施			
皮肤接触	立即脱去污染的衣着，用大量流动清水冲洗至少 15min。就医。		
眼睛接触	立即提起眼睑，用大量流动清水或生理盐水彻底冲洗至少 15min。就医。		
吸入	迅速脱离现场至空气新鲜处。保持呼吸道通畅。如呼吸困难，给输氧。如呼吸停止，立即进行人工呼吸。就医。		
食入	用水漱口，给饮牛奶或蛋清。就医。		
防护措施			
呼吸防护	可能接触其粉尘时，必须佩戴防尘面具(全面罩)。紧急事态抢救或撤离时，应该佩戴空气呼吸器。		
眼睛防护	呼吸系统防护中已做防护。		
身体防护	穿胶布防毒衣。		
手防护	戴橡胶手套。		
其他防护	工作现场禁止吸烟、进食和饮水。及时换洗工作服。工作前后不饮酒，用温水洗澡。注意检测毒物。实行就业前和定期的体检。		

品名：**2,4-二硝基萘酚** 别名：无	分子式：$C_{10}H_6N_2O_5$ 分子量：234.2		相态：固 外观与性状：黄色针状结晶。
危险特性			
火灾危险性：可燃液体丙B 腐蚀减薄：无 环境开裂：无	爆炸物：无 金属腐蚀：无 急性毒性：无		皮肤腐蚀/刺激：无
遇高热、明火或与氧化剂混合，经摩擦、撞击有引起燃烧爆炸的危险。受热分解放出有毒的氧化氮烟气。			
理化特性			
熔点：130.0~133.0℃ 沸点：407.9℃ 闪点：179.8℃	临界温度：无资料 临界压力：无资料 饱和蒸气压：无资料	爆炸上限：无资料 爆炸下限：无资料 相对密度($d_{水}=1$)：无资料	引燃温度：无资料 燃烧热：无资料
溶解性	微溶于热水、乙醇、乙醚，溶于丙酮。		
主要用途	用于制造混合炸药，用作检定钦和的分析试剂。		
急救措施			
皮肤接触	用于制造混合炸药，用作检定钦和的分析试剂。		
眼睛接触	提起眼睑，用流动清水或生理盐水冲洗。就医。		
吸入	迅速脱离现场至空气新鲜处。保持呼吸道通畅。如呼吸困难，给输氧。如呼吸停止，立即进行人工呼吸。就医。		
食入	饮足量温水，催吐。就医。		
防护措施			
呼吸防护	空气中粉尘浓度超标时，佩戴自吸过滤式防尘口罩。紧急事态抢救或撤离时，应该佩戴空气呼吸器。		
眼睛防护	戴化学安全防护眼镜。		
身体防护	穿防毒物渗透工作服。		
手防护	戴橡胶手套。		
其他防护	工作现场禁止吸烟、进食和饮水。工作完毕，淋浴更衣。单独存放被毒物污染的衣服，洗后备用。保持良好的卫生习惯。		

品名：**2,7-二硝基芴** 别名：无	分子式：$C_{13}H_8N_2O_4$ 分子量：256.2		相态：固 外观与性状：针状结晶或黄色粉末
危险特性			
火灾危险性：可燃液体丙B 腐蚀减薄：无 环境开裂：无	爆炸物：无 金属腐蚀：无 急性毒性：无		皮肤腐蚀/刺激：无 易燃固体：类别2
遇明火、高热能引起燃烧爆炸。与氧化剂混合能形成爆炸性混合物。受高热分解放出有毒的气体。			
理化特性			
熔点：330.0~334.0℃ 沸点：(451.5±38.0)℃ 闪点：(229.9±19.6)℃	临界温度：无资料 临界压力：无资料 饱和蒸气压：无资料	爆炸上限：无资料 爆炸下限：无资料 相对密度($d_{水}=1$)：无资料	引燃温度：无资料 燃烧热：无资料
溶解性	不溶于乙醇，溶于热乙酸。		
主要用途	用于有机合成。		
急救措施			
皮肤接触	立即脱去污染的衣着，用大量流动清水冲洗。就医。		
眼睛接触	提起眼睑，用流动清水或生理盐水冲洗。就医。		
吸入	迅速脱离现场至空气新鲜处。保持呼吸道通畅。如呼吸困难，给输氧。如呼吸停止，立即进行人工呼吸。就医。		
食入	饮足量温水，催吐。就医。		
防护措施			
呼吸防护	可能接触其粉尘时，必须佩戴防尘面具(全面罩)。紧急事态抢救或撤离时，应该佩戴空气呼吸器。		
眼睛防护	呼吸系统防护中已做防护。		
身体防护	穿防毒物渗透工作服。		
手防护	戴橡胶手套。		
其他防护	工作现场禁止吸烟、进食和饮水。工作完毕，淋浴更衣。保持良好的卫生习惯。		

品名：**3,5-二溴-4-羟基苄腈** 别名：溴苯腈		分子式：$C_7H_7Br_2NO$ 分子量：280.9	相态：固 外观与性状：无色固体
危险特性			
火灾危险性：可燃液体丙 B 腐蚀减薄：无 环境开裂：无		爆炸物：无 金属腐蚀：无 急性毒性：类别 2	皮肤腐蚀/刺激：无
遇明火、高热可燃。受高热分解，放出有毒的氮、溴化物烟气。			
理化特性			
熔点：无资料 沸点：307.1℃ 闪点：139.6℃	临界温度：无资料 临界压力：无资料 饱和蒸气压：无资料	爆炸上限：无资料 爆炸下限：无资料 相对密度($d_{水}=1$)：无资料	引燃温度：无资料 燃烧热：无资料
溶解性	溶于苯、醇等有机溶剂，难溶于水。		
主要用途	溴苯腈及其盐和醋是有一定内吸活性的触杀型除草剂，抑制植物磷酸化反应和电子传递特别是抑制光合作用的希尔反应，使杂草组织迅速坏死，达到除草的目的。		
急救措施			
皮肤接触	脱去污染的衣着，用肥皂水及清水彻底冲洗。		
眼睛接触	立即翻开上下眼睑，用流动清水冲洗 15min。就医。		
吸入	脱离现场至空气新鲜处。呼吸困难时给输氧。呼吸停止者，立即进行人工呼吸(勿用口对口)。就医。		
食入	误服者用水漱口，用 1∶5000 高锰酸钾或 5%硫代硫酸钠洗胃，就医。		
防护措施			
呼吸防护	可能接触毒物时，必须佩戴防毒面具。紧急事态抢救或撤离时，建议佩戴自给式呼吸器。		
眼睛防护	戴化学安全防护眼镜。		
身体防护	穿聚乙烯薄膜防毒服。		
手防护	戴防化学品手套。		
其他防护	工作现场禁止吸烟、进食和饮水。工作后，彻底清洗。工作服不要带到非作业场所，单独存放被毒物污染的衣服，		

品名：**1,2-二溴苯** 别名：邻二溴苯		分子式：$C_6H_6Br_2$ 分子量：236.0	相态：液 外观与性状：无色液体，有芳香气味
危险特性			
火灾危险性：可燃液体丙 A 腐蚀减薄：无 环境开裂：无		爆炸物：无 金属腐蚀：无 急性毒性：无	皮肤腐蚀/刺激：类别 2
其蒸气与空气可形成爆炸性混合物，遇明火、高热能引起燃烧爆炸。与氧化剂可发生反应。受高热分解放出有毒的气体。若遇高热，容器内压增大，有开裂和爆炸的危险。			
理化特性			
熔点：4.0~6.0℃ 沸点：(225.4±13.0)℃ 闪点：91.7℃	临界温度：486.6℃ 临界压力：4.26MPa 饱和蒸气压：0.67kPa(70℃)	爆炸上限：无资料 爆炸下限：无资料 相对密度($d_{水}=1$)：1.96	引燃温度：无资料 燃烧热：无资料
溶解性	不溶于水，溶于乙醇、乙醚、丙酮、乙酸、苯、石油醚、四氯化碳。		
主要用途	用作溶剂、浮选剂，也用于有机合成。		
急救措施			
皮肤接触	立即脱去污染的衣着，用大量流动清水冲洗。就医。		
眼睛接触	提起眼睑，用流动清水或生理盐水冲洗。就医。		
吸入	迅速脱离现场至空气新鲜处。保持呼吸道通畅。如呼吸困难，给输氧。如呼吸停止，立即进行人工呼吸。就医。		
食入	饮足量温水，催吐。就医。		
防护措施			
呼吸防护	空气中浓度超标时，必须佩戴自吸过滤式防毒面具(全面罩)。紧急事态抢救或撤离时，应该佩戴空气呼吸器。		
眼睛防护	戴化学安全防护眼镜。		
身体防护	穿防静电工作服。		
手防护	戴橡胶手套。		
其他防护	工作场所禁止吸烟、进食和饮水，饭前要洗手。工作完毕，淋浴更衣。保持良好的卫生习惯。		

品名：**2,4-二溴苯胺** 别名：无		分子式：$C_6H_5Br_2N$ 分子量：250.9		相态：固 外观与性状：灰白色结晶状粉末	
危险特性					
火灾危险性：可燃液体丙 A 腐蚀减薄：碱腐蚀、胺腐蚀 环境开裂：碱应力腐蚀开裂、胺应力腐蚀开裂		爆炸物：无 金属腐蚀：无 急性毒性：类别 3		皮肤腐蚀/刺激：类别 2 严重眼损伤/眼刺激：类别 2	
遇明火、高热可燃。其粉体与空气可形成爆炸性混合物，当达到一定浓度时，遇火星会发生爆炸。受高热分解放出有毒的气体。					
理化特性					
熔点：78.0~82.0℃ 沸点：(264.8±20.0)℃ 闪点：(114.0±21.8)℃		临界温度：无资料 临界压力：无资料 饱和蒸气压：无资料	爆炸上限：无资料 爆炸下限：无资料 相对密度($d_{水}=1$)：2.26		引燃温度：无资料 燃烧热：无资料
溶解性	微溶于氯仿，溶于乙醇。				
主要用途	用于有机合成。				
急救措施					
皮肤接触	立即脱去污染的衣着，用肥皂水及流动清水彻底冲洗污染的皮肤、头发、指甲等。就医。				
眼睛接触	提起眼睑，用流动清水或生理盐水冲洗。就医。				
吸入	迅速脱离现场至空气新鲜处。保持呼吸道通畅。如呼吸困难，给输氧。如呼吸停止，立即进行人工呼吸。就医。				
食入	饮足量温水，催吐。就医。				
防护措施					
呼吸防护	可能接触其粉尘时，必须佩戴防尘面具(全面罩)。紧急事态抢救或撤离时，应该佩戴空气呼吸器。				
眼睛防护	呼吸系统防护中已做防护。				
身体防护	穿胶布防毒衣。				
手防护	戴橡胶手套。				
其他防护	工作现场禁止吸烟、进食和饮水。工作完毕，淋浴更衣。保持良好的卫生习惯。				

品名：**2,5-二溴苯胺** 别名：无		分子式：$C_6H_5Br_2N$ 分子量：250.9		相态：固 外观与性状：棕色棱形结晶	
危险特性					
火灾危险性：可燃液体丙 B 腐蚀减薄：碱腐蚀、胺腐蚀 环境开裂：碱应力腐蚀开裂、胺应力腐蚀开裂		爆炸物：无 金属腐蚀：无 急性毒性：类别 3		皮肤腐蚀/刺激：类别 2 严重眼损伤/眼刺激：类别 2	
遇明火、高热可燃。其粉体与空气可形成爆炸性混合物，当达到一定浓度时，遇火星会发生爆炸。受高热分解放出有毒的气体。					
理化特性					
熔点：51.0~53.0℃ 沸点：(281.4±20.0)℃ 闪点：(124.0±21.8)℃		临界温度：无资料 临界压力：无资料 饱和蒸气压：无资料	爆炸上限：无资料 爆炸下限：无资料 相对密度($d_{水}=1$)：无资料		引燃温度：无资料 燃烧热：无资料
溶解性	易溶于醇，溶于醚。				
主要用途	用于有机合成。				
急救措施					
皮肤接触	立即脱去污染的衣着，用肥皂水及流动清水彻底冲洗污染的皮肤、头发、指甲等。就医。				
眼睛接触	提起眼睑，用流动清水或生理盐水冲洗。就医。				
吸入	迅速脱离现场至空气新鲜处。保持呼吸道通畅。如呼吸困难，给输氧。如呼吸停止，立即进行人工呼吸。就医。				
食入	饮足量温水，催吐。就医。				
防护措施					
呼吸防护	可能接触其粉尘时，必须佩戴防尘面具(全面罩)。紧急事态抢救或撤离时，应该佩戴空气呼吸器。				
眼睛防护	呼吸系统防护中已做防护。				
身体防护	穿胶布防毒衣。				
手防护	戴橡胶手套。				
其他防护	工作现场禁止吸烟、进食和饮水。工作完毕，淋浴更衣。保持良好的卫生习惯。				

品名：**1,2-二溴丙烷**		分子式：$C_3H_6Br_2$		相态：液
别名：无		分子量：201.9		外观与性状：无色液体
危险特性				
火灾危险性：可燃液体乙 B		爆炸物：无		皮肤腐蚀/刺激：无
腐蚀减薄：无		金属腐蚀：无		易燃液体：类别 3
环境开裂：无		急性毒性：无		
受高热分解产生有毒的溴化物气体。				
理化特性				
熔点：-55.2℃	临界温度：无资料	爆炸上限：无资料		引燃温度：无资料
沸点：(140.4±8.0)℃	临界压力：4.08MPa	爆炸下限：无资料		燃烧热：无资料
闪点：(21.9±17.7)℃	饱和蒸气压：1.33kPa(35.7℃)	相对密度($d_水$=1)：1.94		
溶解性	不溶于水，可混溶于乙醇、乙醚、丙酮、氯仿。			
主要用途	用作溶剂及用于有机合成。			
急救措施				
皮肤接触	脱去污染的衣着，用肥皂水和清水彻底冲洗皮肤。			
眼睛接触	提起眼睑，用流动清水或生理盐水冲洗。就医。			
吸入	迅速脱离现场至空气新鲜处。保持呼吸道通畅。如呼吸困难，给输氧。如呼吸停止，立即进行人工呼吸。就医。			
食入	饮足量温水，催吐。就医。			
防护措施				
呼吸防护	空气中浓度超标时，应该佩戴自吸过滤式防毒面具(全面罩)。			
眼睛防护	戴安全防护眼镜。			
身体防护	穿透气型防毒服。			
手防护	戴防化学品手套。			
其他防护	工作现场禁止吸烟、进食和饮水。工作完毕，淋浴更衣。单独存放被毒物污染的衣服，洗后备用。注意个人清洁卫生。			

品名：**二溴二氟甲烷**		分子式：CBr_2F_2		相态：液
别名：二氟二溴甲烷		分子量：209.8		外观与性状：无色液体
危险特性				
火灾危险性：可燃液体甲 B		爆炸物：无		皮肤腐蚀/刺激：无
腐蚀减薄：无		金属腐蚀：无		
环境开裂：无		急性毒性：无		
受热分解产生有毒的烟气。与碱金属能发生剧烈反应。与活性金属粉末(如镁、铝等)能发生反应，引起分解。				
理化特性				
熔点：-141.0℃	临界温度：无资料	爆炸上限：无资料		引燃温度：无资料
沸点：(26.4±8.0)℃	临界压力：无资料	爆炸下限：无资料		燃烧热：无资料
闪点：(-30.3±18.4)℃	饱和蒸气压：83.07kPa(21.1℃)	相对密度($d_水$=1)：2.31		
溶解性	不溶于水，溶于甲醇、乙醚。			
主要用途	合成染料、药物、灭火剂、第四胺化合物。			
急救措施				
皮肤接触	脱去污染的衣着，用流动清水冲洗。			
眼睛接触	提起眼睑，用流动清水或生理盐水冲洗。就医。			
吸入	迅速脱离现场至空气新鲜处。保持呼吸道通畅。如呼吸困难，给输氧。如呼吸停止，立即进行人工呼吸。就医。			
食入	饮足量温水，催吐。就医。			
防护措施				
呼吸防护	空气中浓度超标时，必须佩戴自吸过滤式防毒面具(全面罩)。紧急事态抢救或撤离时，应该佩戴空气呼吸器。			
眼睛防护	戴化学安全防护眼镜。			
身体防护	穿防毒物渗透工作服。			
手防护	戴橡胶耐油手套。			
其他防护	工作现场禁止吸烟、进食和饮水。工作完毕，淋浴更衣。单独存放被毒物污染的衣服，洗后备用。注意个人清洁卫生。			

品名：**二溴甲烷** 别名：二溴化亚甲基		分子式：CH_2Br_2 分子量：173.8	相态：液 外观与性状：无色液体
危险特性			
火灾危险性：可燃液体甲 B 腐蚀减薄：含盐水腐蚀 环境开裂：溴化物应力腐蚀开裂、碘化物应力腐蚀开裂		爆炸物：无 金属腐蚀：无 急性毒性：无	皮肤腐蚀/刺激：无
受高热分解产生有毒的溴化物气体。			
理化特性			
熔点：-50.0℃ 沸点：97.0℃ 闪点：(-22.1±17.7)℃	临界温度：309.8℃ 临界压力：7.15MPa 饱和蒸气压：4.65kPa(20℃)	爆炸上限：无资料 爆炸下限：无资料 相对密度($d_{水}=1$)：2.48	引燃温度：515.0℃ 燃烧热：无资料
溶解性	微溶于水，可混溶于乙醇、乙醚、丙酮、氯仿。		
主要用途	用于有机合成，用作溶剂。		
急救措施			
皮肤接触	脱去污染的衣着，用肥皂水和清水彻底冲洗皮肤。		
眼睛接触	提起眼睑，用流动清水或生理盐水冲洗。就医。		
吸入	迅速脱离现场至空气新鲜处。保持呼吸道通畅。如呼吸困难，给输氧。如呼吸停止，立即进行人工呼吸。就医。		
食入	饮足量温水，催吐。就医。		
防护措施			
呼吸防护	空气中浓度超标时，应选择佩戴自吸过滤式防毒面具(全面罩)。紧急事态抢救或撤离时，佩戴氧气呼吸器。		
眼睛防护	戴安全防护眼镜。		
身体防护	穿透气型防毒服。		
手防护	戴防化学品手套。		
其他防护	工作现场禁止吸烟、进食和饮水。工作完毕，淋浴更衣。单独存放被毒物污染的衣服，洗后备用。注意个人清洁卫生。		

品名：**1,2-二溴乙烷** 别名：乙撑二溴；二溴化乙烯		分子式：$C_2H_4Br_2$ 分子量：187.9	相态：液 外观与性状：无色有甜味的液体
危险特性			
火灾危险性：可燃液体甲 B 腐蚀减薄：含盐水腐蚀 环境开裂：溴化物应力腐蚀开裂、溴化物应力腐蚀开裂		爆炸物：无 金属腐蚀：无 急性毒性：类别 3	皮肤腐蚀/刺激：类别 2 严重眼损伤/眼刺激：类别 2
受高热分解产生有毒的溴化物气体。与强氧化剂接触可发生化学反应。			
理化特性			
熔点：9.3℃ 沸点：(130.2±8.0)℃ 闪点：(12.6±17.7)℃	临界温度：无资料 临界压力：7.15MPa 饱和蒸气压：2.32kPa(30℃)	爆炸上限：无资料 爆炸下限：无资料 相对密度($d_{水}=1$)：2.17	引燃温度：无资料 燃烧热：1217.9kJ/mol
溶解性	微溶于水，可混溶于多数有机溶剂。		
主要用途	用作溶剂，用于有机合成、杀虫剂、医药等。		
急救措施			
皮肤接触	脱去污染的衣着，用肥皂水和清水彻底冲洗皮肤。		
眼睛接触	提起眼睑，用流动清水或生理盐水冲洗。就医。		
吸入	迅速脱离现场至空气新鲜处。保持呼吸道通畅。如呼吸困难，给输氧。如呼吸停止，立即进行人工呼吸。就医。		
食入	饮足量温水，催吐。就医。		
防护措施			
呼吸防护	空气中浓度超标时，应该佩戴自吸过滤式防毒面具(全面罩)。		
眼睛防护	戴安全防护眼镜。		
身体防护	穿透气型防毒服。		
手防护	戴防化学品手套。		
其他防护	工作现场禁止吸烟、进食和饮水。工作完毕，淋浴更衣。单独存放被毒物污染的衣服，洗后备用。注意个人清洁卫生。		

品名：**二亚硝基苯** 别名：无	分子式：$C_6H_4N_2O_2$ 分子量：136.1		相态：固 外观与性状：棕色晶体
危险特性			
火灾危险性：可燃液体丙 A 腐蚀减薄：无 环境开裂：无	爆炸物：1.3 金属腐蚀：无 急性毒性：无		皮肤腐蚀/刺激：无
遇明火、高温能引起分解爆炸和燃烧。燃烧分解时，放出有毒的氮氧化物气体。			
理化特性			
熔点：146.5℃ 沸点：259.7℃ 闪点：103.5℃	临界温度：无资料 临界压力：无资料 饱和蒸气压：无资料	爆炸上限：无资料 爆炸下限：无资料 相对密度($d_水=1$)：无资料	引燃温度：无资料 燃烧热：无资料
溶解性	无资料。		
主要用途	用于制造炸药。		
急救措施			
皮肤接触	脱去污染的衣着，用肥皂水和清水彻底冲洗皮肤。		
眼睛接触	提起眼睑，用流动清水或生理盐水冲洗。就医。		
吸入	迅速脱离现场至空气新鲜处。保持呼吸道通畅。如呼吸困难，给输氧。如呼吸停止，立即进行人工呼吸。就医。		
食入	饮足量温水，催吐。洗胃，导泄。就医。		
防护措施			
呼吸防护	可能接触其粉尘时，建议佩戴自吸过滤式防尘口罩。		
眼睛防护	戴化学安全防护眼镜。		
身体防护	穿紧袖工作服，长筒胶鞋。		
手防护	戴橡胶手套。		
其他防护	工作现场禁止吸烟、进食和饮水。及时换洗工作服。工作前后不饮酒，用温水洗澡。注意检测毒物。实行就业前和定期的体检。		

品名：**2,4-二亚硝基间苯二酚** 别名：1,3-二羟基-2,4-二亚硝基苯	分子式：$C_6H_4N_2O_4$ 分子量：168.1		相态：固 外观与性状：黄褐色叶片结晶
危险特性			
火灾危险性：可燃液体丙 B 腐蚀减薄：无 环境开裂：无	爆炸物：无 金属腐蚀：无 急性毒性：无		皮肤腐蚀/刺激：无 易燃固体：类别 1
遇高热或与氧化剂接触易发生燃烧爆炸。			
理化特性			
熔点：168.0℃ 沸点：449.8℃ 闪点：225.8℃	临界温度：无资料 临界压力：无资料 饱和蒸气压：无资料	爆炸上限：无资料 爆炸下限：无资料 相对密度($d_水=1$)：无资料	引燃温度：115.0℃ 燃烧热：无资料
溶解性	不溶于水，不溶于冷水、乙醇，易溶于乙醚、苯。		
主要用途	用作重金属的络合剂、交联剂、生物染色剂及用于弹药制造和钴的测定。		
急救措施			
皮肤接触	脱去污染的衣着，用流动清水冲洗。		
眼睛接触	提起眼睑，用流动清水或生理盐水冲洗。就医。		
吸入	脱离现场至空气新鲜处。		
食入	饮足量温水，催吐。就医。		
防护措施			
呼吸防护	空气中粉尘浓度超标时，建议佩戴自吸过滤式防尘口罩。紧急事态抢救或撤离时，应该佩戴空气呼吸器。		
眼睛防护	戴化学安全防护眼镜。		
身体防护	穿防毒物渗透工作服。		
手防护	戴乳胶手套。		
其他防护	尽可能减少直接接触。工作完毕，淋浴更衣。工作服不准带至非作业场所。保持良好的卫生习惯。		

品名：***N*,*N*′-二亚硝基五亚甲基四胺[减敏的]**	分子式：$C_5H_{10}N_6O_2$	相态：固	
别名：发泡剂 H	分子量：186.2	外观与性状：浅黄色粉末，无臭味	
危险特性			
火灾危险性：可燃液体丙 B	爆炸物：无	皮肤腐蚀/刺激：无	
腐蚀减薄：碱腐蚀、胺腐蚀	金属腐蚀：无	自反应物质和混合物：C 型	
环境开裂：碱应力腐蚀开裂、胺应力腐蚀开裂	急性毒性：无		
易燃，遇明火、高温能引起分解爆炸和燃烧。与碱、酸或酸雾接触将迅速起火燃烧。与氧化剂混合能形成爆炸性混合物。经摩擦、震动或撞击可引起燃烧或爆炸。			
理化特性			
熔点：200.0℃	临界温度：无资料	爆炸上限：无资料	引燃温度：无资料
沸点：458.4℃	临界压力：无资料	爆炸下限：无资料	燃烧热：无资料
闪点：231.1℃	饱和蒸气压：无资料	相对密度($d_{水}=1$)：1.40	
溶解性	微溶于水，不溶于乙醚，微溶于乙醇、氯仿，溶于丙酮。		
主要用途	用于橡胶、聚氯乙烯等塑料发生微孔，制造微孔塑料。		
急救措施			
皮肤接触	脱去污染的衣着，用肥皂水和清水彻底冲洗皮肤。		
眼睛接触	提起眼睑，用流动清水或生理盐水冲洗。就医。		
吸入	迅速脱离现场至空气新鲜处。保持呼吸道通畅。如呼吸困难，给输氧。如呼吸停止，立即进行人工呼吸。就医。		
食入	饮足量温水，催吐。就医。		
防护措施			
呼吸防护	可能接触其粉尘时，应该佩戴自吸过滤式防尘口罩。必要时，佩戴空气呼吸器。		
眼睛防护	戴安全防护眼镜。		
身体防护	穿透气型防毒服。		
手防护	戴防毒物渗透手套。		
其他防护	工作完毕，淋浴更衣。保持良好的卫生习惯。		

品名：**二亚乙基三胺**	分子式：$C_4H_{13}N_3$	相态：液	
别名：二乙撑三胺	分子量：103.2	外观与性状：液体，无色至黄色，有氨味	
危险特性			
火灾危险性：可燃液体丙 A	爆炸物：无	皮肤腐蚀/刺激：类别 1	
腐蚀减薄：碱腐蚀、胺腐蚀	金属腐蚀：无	严重眼损伤/眼刺激：类别 1	
环境开裂：碱应力腐蚀开裂、胺应力腐蚀开裂	急性毒性：无		
蒸气比空气重，易积聚停留在低洼处。封闭区域内的蒸气遇火能爆炸。蒸气能扩散到远处，遇点火源着火，并引起回燃。储存容器及其部件可能向四面八方飞射很远。与硝酸纤维素发生自燃。与银、钴或铬的化合物接触会引起爆炸。与空气接触能形成爆炸性混合物。能腐蚀铝、铜、铅、锡、锌及其合金。			
理化特性			
熔点：-39.0℃	临界温度：无资料	爆炸上限：6.7%	引燃温度：358.0℃
沸点：206.9℃	临界压力：无资料	爆炸下限：2.0%	燃烧热：无资料
闪点：99.0℃	饱和蒸气压：21.30kPa(20℃)	相对密度($d_{水}=1$)：无资料	
溶解性	在水中漂浮并与水混合。		
主要用途	用作氨羧络合指示剂、气体净化剂、环氧树脂固化剂，也用于合成橡胶。		
急救措施			
皮肤接触	脱去并隔离被污染的衣服和鞋。对少量皮肤接触，避免将物质播散面积扩大。		
眼睛接触	如果皮肤或眼睛接触该物质，应立即用清水冲洗至少 20min。		
吸入	移患者至空气新鲜处，就医。如果患者呼吸停止，给予人工呼吸。如果患者食入或吸入该物质不要用口对口进行人工呼吸；可用单向阀小型呼吸器或其他适当的医疗呼吸器。如果呼吸困难，给予吸氧。		
食入	注意患者保暖并且保持安静。吸入、食入或皮肤接触该物质可引起迟发反应。确保医务人员了解该物质相关的个体防护知识，注意自身防护。		
防护措施			
呼吸防护	可能接触其蒸气时，佩带防毒面具或供气式头盔。紧急事态抢救或逃生时，建议佩带自给式呼吸器。		
眼睛防护	戴化学安全防护眼镜。		
身体防护	穿工作服(防腐材料制作)。		
手防护	戴橡皮手套。		
其他防护	工作现场禁止吸烟、进食和饮水。工作后，淋浴更衣。进行就业前和定期的体检。		

品名：**二氧化氮** 别名：无		分子式：NO_2 分子量：46.0	相态：气 外观与性状：黄褐色液体或气体，有刺激性气味
危险特性			
火灾危险性：无法确定 腐蚀减薄：无 环境开裂：无		爆炸物：无 金属腐蚀：无 急性毒性：类别 2	皮肤腐蚀/刺激：类别 1 氧化性气体：类别 1 加压气体：是 严重眼损伤/眼刺激：类别 1
本品不会燃烧，但可助燃。具有强氧化性。遇衣物、锯末、棉花或其它可燃物能立即燃烧。与一般燃料或火箭燃料以及氯代烃等猛烈反应引起爆炸。遇水有腐蚀性，腐蚀作用随水分含量增加而加剧。			
理化特性			
熔点：−9.2℃ 沸点：22.4℃ 闪点：20.0℃	临界温度：158.0℃ 临界压力：10.53MPa 饱和蒸气压：101.32kPa(22℃)	爆炸上限：无资料 爆炸下限：无资料 相对密度($d_{水}=1$)：1.45	引燃温度：无资料 燃烧热：无资料
溶解性	溶于水。		
主要用途	用于制硝酸、硝化剂、氧化剂、催化剂、丙烯酸酯聚合抑制剂等。		
急救措施			
皮肤接触	无资料。		
眼睛接触	无资料。		
吸入	迅速脱离现场至空气新鲜处。保持呼吸道通畅。如呼吸困难，给输氧。如呼吸停止，立即进行人工呼吸。就医。		
食入	无资料。		
防护措施			
呼吸防护	空气中浓度超标时，佩戴自吸过滤式防毒面具(全面罩)。紧急事态抢救或撤离时，建议佩戴空气呼吸器。		
眼睛防护	呼吸系统防护中已做防护。		
身体防护	穿胶布防毒衣。		
手防护	戴橡胶手套。		
其他防护	工作现场禁止吸烟、进食和饮水。保持良好的卫生习惯。进入罐、限制性空间或其它高浓度区作业，须有人监护。		

品名：**二氧化丁二烯** 别名：双环氧乙烷		分子式：$C_4H_6O_2$ 分子量：86.1	相态：液 外观与性状：白色水样液体
危险特性			
火灾危险性：可燃液体乙 A 腐蚀减薄：无 环境开裂：无		爆炸物：无 金属腐蚀：无 急性毒性：类别 2	皮肤腐蚀/刺激：无
遇明火、高热或与氧化剂接触，有引起燃烧爆炸的危险。若遇高热可发生剧烈分解，引起容器破裂或爆炸事故。			
理化特性			
熔点：2.0~4.0℃ 沸点：138.0℃ 闪点：45.0℃	临界温度：无资料 临界压力：无资料 饱和蒸气压：0.52kPa(20℃)	爆炸上限：无资料 爆炸下限：无资料 相对密度($d_{水}=1$)：0.96	引燃温度：无资料 燃烧热：无资料
溶解性	与水混溶。		
主要用途	用作化学中间体、交联剂，也用于制备丁四醇和药物。		
急救措施			
皮肤接触	脱去污染的衣着，用大量流动清水冲洗至少 15min。就医。		
眼睛接触	立即提起眼睑，用大量流动清水或生理盐水彻底冲洗至少 15min。就医。		
吸入	迅速脱离现场至空气新鲜处。如呼吸困难，给输氧。如呼吸停止，立即进行人工呼吸。就医。		
食入	饮足量温水，催吐。就医。		
防护措施			
呼吸防护	空气中浓度超标时，必须佩戴自吸过滤式防毒面具(全面罩)。紧急事态抢救或撤离时，应该佩戴空气呼吸器。		
眼睛防护	呼吸系统防护中已做防护。		
身体防护	穿连衣式胶布防毒衣。		
手防护	戴橡胶耐油手套。		
其他防护	工作完毕，淋浴更衣。保持良好的卫生习惯。防止皮肤和黏膜的损害。		

品名：**二氧化硫**		分子式：SO_2	相态：气
别名：亚硫酸酐		分子量：64.1	外观与性状：无色气体，特臭
危险特性			
火灾危险性：无 腐蚀减薄：硫酸腐蚀 环境开裂：氢脆、连多硫酸应力腐蚀开裂、硫酸盐应力腐蚀开裂		爆炸物：无 金属腐蚀：无 急性毒性：类别3	皮肤腐蚀/刺激：类别1 加压气体：是 严重眼损伤/眼刺激：类别1
不燃。若遇高热，容器内压增大，有开裂和爆炸的危险。			
理化特性			
熔点：-75.5℃ 沸点：(-10.0±9.0)℃ 闪点：无资料	临界温度：157.8℃ 临界压力：7.87MPa 饱和蒸气压：338.42kPa(21.1℃)	爆炸上限：无资料 爆炸下限：无资料 相对密度($d_水=1$)：1.43	引燃温度：无资料 燃烧热：无资料
溶解性	溶于水、乙醇。		
主要用途	用于制造硫酸和保险粉等。		
急救措施			
皮肤接触	立即脱去污染的衣着，用大量流动清水冲洗。就医。		
眼睛接触	提起眼睑，用流动清水或生理盐水冲洗。就医。		
吸入	迅速脱离现场至空气新鲜处。保持呼吸道通畅。如呼吸困难，给输氧。如呼吸停止，立即进行人工呼吸。就医。		
食入	无资料。		
防护措施			
呼吸防护	空气中浓度超标时，佩戴自吸过滤式防毒面具(全面罩)。紧急事态抢救或撤离时，建议佩戴正压自给式呼吸器。		
眼睛防护	呼吸系统防护中已做防护。		
身体防护	穿聚乙烯防毒服。		
手防护	戴橡胶手套。		
其他防护	作现场禁止吸烟、进食和饮水。工作完毕，淋浴更衣。保持良好的卫生习惯。		

品名：**二氧化氯**		分子式：ClO_2	相态：气
别名：无		分子量：67.5	外观与性状：黄红色气体，有刺激性气味
危险特性			
火灾危险性：无法确定 腐蚀减薄：无 环境开裂：无		爆炸物：无 金属腐蚀：无 急性毒性：类别2	皮肤腐蚀/刺激：类别1 氧化性气体：类别1 加压气体：是 严重眼损伤/眼刺激：类别1
具有强氧化性。能与许多化学物质发生爆炸性反应。对热、震动、撞击和摩擦相当敏感，极易分解发生爆炸。			
理化特性			
熔点：-59.0℃ 沸点：9.9℃ 闪点：无资料	临界温度：无资料 临界压力：无资料 饱和蒸气压：无资料	爆炸上限：无资料 爆炸下限：无资料 相对密度($d_水=1$)：3.09	引燃温度：10.0℃ 燃烧热：无资料
溶解性	不溶于水。		
主要用途	用作漂白剂、除臭剂、氧化剂等。		
急救措施			
皮肤接触	立即脱去污染的衣着，用大量流动清水冲洗至少15min。就医。		
眼睛接触	立即提起眼睑，用大量流动清水或生理盐水彻底冲洗至少15min。就医。		
吸入	迅速脱离现场至空气新鲜处。保持呼吸道通畅。如呼吸困难，给输氧。如呼吸停止，立即进行人工呼吸。就医。		
食入	用水漱口，给饮牛奶或蛋清。就医。		
防护措施			
呼吸防护	空气中浓度超标时，必须佩戴自吸过滤式防毒面具(全面罩)。紧急事态抢救或撤离时，应该佩戴空气呼吸器。		
眼睛防护	呼吸系统防护中已做防护。		
身体防护	穿连衣式胶布防毒衣。		
手防护	戴橡胶手套。		
其他防护	工作现场严禁吸烟。工作完毕，淋浴更衣。保持良好的卫生习惯。		

品名：**二氧化铅**		分子式：PbO_2	相态：固
别名：过氧化铅		分子量：239.2	外观与性状：棕褐色结晶或粉末
危险特性			
火灾危险性：无法确定 腐蚀减薄：无 环境开裂：无		爆炸物：无 金属腐蚀：无 急性毒性：无	皮肤腐蚀/刺激：类别 2 氧化性固体：类别 3 严重眼损伤/眼刺激：类别 2
无机氧化剂。与有机物、还原剂、易燃物如硫、磷等接触或混合时有引起燃烧爆炸的危险。受高热分解放出有毒的气体。			
理化特性			
熔点：290.0℃ 沸点：无资料 闪点：无资料	临界温度：无资料 临界压力：无资料 饱和蒸气压：无资料	爆炸上限：无资料 爆炸下限：无资料 相对密度（$d_{水}=1$）：9.38	引燃温度：无资料 燃烧热：无资料
溶解性	不溶于水、醇，溶于乙酸、氢氧化钠水溶液。		
主要用途	用作氧化剂、电极、蓄电池、分析试剂、火柴等。		
急救措施			
皮肤接触	脱去污染的衣着，用肥皂水和清水彻底冲洗皮肤。		
眼睛接触	提起眼睑，用流动清水或生理盐水冲洗。就医。		
吸入	迅速脱离现场至空气新鲜处。保持呼吸道通畅。如呼吸困难，给输氧。如呼吸停止，立即进行人工呼吸。就医。		
食入	饮足量温水，催吐。洗胃，导泄。就医。		
防护措施			
呼吸防护	空气中粉尘浓度超标时，建议佩戴自吸过滤式防尘口罩。紧急事态抢救或撤离时，应该佩戴空气呼吸器。		
眼睛防护	化学安全防护眼镜。		
身体防护	穿胶布防毒衣。		
手防护	戴乳胶手套。		
其他防护	工作现场禁止吸烟、进食和饮水。工作完毕，淋浴更衣。实行就业前和定期的体检。保持良好的卫生习惯。		

品名：**二氧化碳[压缩的或液化的]**		分子式：CO_2	相态：气
别名：碳酸酐		分子量：44.0	外观与性状：无色无臭气体
危险特性			
火灾危险性：无 腐蚀减薄：二氧化碳腐蚀、碱腐蚀 环境开裂：碳酸盐应力腐蚀开裂、碱应力腐蚀开裂		爆炸物：无 金属腐蚀：无 急性毒性：无	皮肤腐蚀/刺激：无 加压气体：是
若遇高热，容器内压增大，有开裂和爆炸的危险。			
理化特性			
熔点：-56.6℃ 沸点：-78.5℃ 闪点：-131.1℃	临界温度：无资料 临界压力：7.39MPa 饱和蒸气压：1013.25kPa（-39℃）	爆炸上限：无资料 爆炸下限：无资料 相对密度（$d_{水}=1$）：1.56	引燃温度：无资料 燃烧热：无资料
溶解性	溶于水、烃类等多数有机溶剂。		
主要用途	用于制糖工业、制碱工业、制铅白等，也用于冷饮、灭火及有机合成。		
急救措施			
皮肤接触	若有冻伤，就医治疗。		
眼睛接触	若有冻伤，就医治疗。		
吸入	迅速脱离现场至空气新鲜处。保持呼吸道通畅。如呼吸困难，给输氧。如呼吸停止，立即进行人工呼吸。就医。		
食入	无资料。		
防护措施			
呼吸防护	一般不需要特殊防护，高浓度接触时可佩戴空气呼吸器。		
眼睛防护	一般不需特殊防护。		
身体防护	穿一般作业工作服。		
手防护	戴一般作业防护手套。		
其他防护	避免高浓度吸入。进入罐、限制性空间或其它高浓度区作业，须有人监护。		

品名：**二氧化硒**　　分子式：SeO_2　　相态：固

别名：亚硒酐　　分子量：111.0　　外观与性状：白色或微红色有光泽的针状结晶粉末，有刺激性气味

危险特性

火灾危险性：可燃液体丙 B　　爆炸物：无　　皮肤腐蚀/刺激：无

腐蚀减薄：无　　金属腐蚀：无　　严重眼损伤/眼刺激：类别 2

环境开裂：无　　急性毒性：类别 2

本身不能燃烧。若遇高热，升华产生剧毒的气体。

理化特性

熔点：340.0℃　　临界温度：无资料　　爆炸上限：无资料　　引燃温度：无资料

沸点：684.9℃　　临界压力：无资料　　爆炸下限：无资料　　燃烧热：无资料

闪点：315.0℃　　饱和蒸气压：0.13kPa(157℃)　　相对密度($d_{水}=1$)：3.95

溶解性	溶于水、乙醇、丙酮、苯、乙酸。
主要用途	用作氧化剂、催化剂、试剂等。

急救措施

皮肤接触	立即脱去污染的衣着，用大量流动清水冲洗至少 15min。就医。
眼睛接触	提起眼睑，用流动清水或生理盐水冲洗。就医。
吸入	迅速脱离现场至空气新鲜处。保持呼吸道通畅。如呼吸困难，给输氧。如呼吸停止，立即进行人工呼吸。就医。
食入	饮足量温水，催吐。就医。

防护措施

呼吸防护	可能接触其粉尘时，必须佩戴防尘面具(全面罩)。紧急事态抢救或撤离时，应该佩戴空气呼吸器。
眼睛防护	呼吸系统防护中已做防护。
身体防护	穿胶布防毒衣。
手防护	戴橡胶手套。
其他防护	工作现场禁止吸烟、进食和饮水。工作完毕，淋浴更衣。工作服不准带至非作业场所。单独存放被毒物污染的衣服，洗后备用。保持良好的卫生习惯。

品名：**1,3-二氧戊环**　　分子式：$C_3H_6O_2$　　相态：液

别名：二氧戊环；乙二醇缩甲醛　　分子量：74.1　　外观与性状：水白色液体

危险特性

火灾危险性：可燃液体甲 B　　爆炸物：无　　皮肤腐蚀/刺激：无

腐蚀减薄：无　　金属腐蚀：无　　易燃液体：类别 2

环境开裂：无　　急性毒性：无

易燃，其蒸气与空气可形成爆炸性混合物，遇明火、高热能引起燃烧爆炸。与氧化剂能发生强烈反应。接触空气或在光照条件下可生成具有潜在爆炸危险性的过氧化物。其蒸气比空气重，能在较低处扩散到相当远的地方，遇火源会着火回燃。

理化特性

熔点：-95.0℃　　临界温度：无资料　　爆炸上限：无资料　　引燃温度：274.0℃

沸点：74.0℃　　临界压力：无资料　　爆炸下限：无资料　　燃烧热：无资料

闪点：2.0℃　　饱和蒸气压：9.33kPa(20℃)　　相对密度($d_{水}=1$)：1.06

溶解性	溶于水。
主要用途	用作低沸点化合物的溶剂，及油脂、蜡、染料及纤维素衍生物的萃取剂。

急救措施

皮肤接触	脱去污染的衣着，用肥皂水和清水彻底冲洗皮肤。
眼睛接触	提起眼睑，用流动清水或生理盐水冲洗。就医。
吸入	迅速脱离现场至空气新鲜处。保持呼吸道通畅。如呼吸困难，给输氧。如呼吸停止，立即进行人工呼吸。就医。
食入	饮足量温水，催吐。就医。

防护措施

呼吸防护	可能接触其蒸气时，佩戴自吸过滤式防毒面具(全面罩)。
眼睛防护	戴化学安全防护眼镜。
身体防护	穿防静电工作服。
手防护	戴橡胶耐油手套。
其他防护	工作现场严禁吸烟。工作完毕，淋浴更衣。注意个人清洁卫生。

品名：**1,4-二氧杂环己烷**	分子式：$C_4H_8O_2$	相态：液
别名：二噁烷；1,4-二氧己环	分子量：88.1	外观与性状：液体，无色，略有醚或酒精味

危险特性

火灾危险性：可燃液体甲 B	爆炸物：无	皮肤腐蚀/刺激：无
腐蚀减薄：无	金属腐蚀：无	易燃液体：类别 2
环境开裂：无	急性毒性：无	严重眼损伤/眼刺激：类别 2

其非水化合物与空气接触形成爆炸性混合物。空气与其蒸气形成不稳定的过氧化物。能积聚静电而引燃其蒸气。腐蚀许多种塑料。避免光照。

理化特性

熔点：11.8℃	临界温度：312.0℃	爆炸上限：22.5%	引燃温度：180.0℃
沸点：101.0℃	临界压力：5.14MPa	爆炸下限：2.0%	燃烧热：2428.6kJ/mol
闪点：12.0℃	饱和蒸气压：4.10kPa(20℃)	相对密度($d_水=1$)：1.04	

溶解性	与水混溶，可混溶于多数有机溶剂。
主要用途	用作醋酸纤维素、树脂、植物油、矿物油、溶性染料等的溶剂，用于制喷漆、清漆、增塑剂、润滑剂等。

急救措施

皮肤接触	脱去并隔离被污染的衣服和鞋。用肥皂和清水清洗皮肤。注意患者保暖并且保持安静。确保医务人员了解该物质相关的个体防护知识，注意自身防护。
眼睛接触	如果皮肤或眼睛接触该物质，应立即用清水冲洗至少 20min。
吸入	移患者至空气新鲜处，就医。如果患者呼吸停止，给予人工呼吸。如果呼吸困难，给予吸氧。
食入	无资料。

防护措施

呼吸防护	可能接触其蒸气时，佩戴自吸过滤式防毒面具(全面罩)。
眼睛防护	戴化学安全防护眼镜。
身体防护	穿防静电工作服。
手防护	戴橡胶手套。
其他防护	工作现场严禁吸烟。工作毕，淋浴更衣。注意个人清洁卫生。

品名：***S*-[2-(二乙氨基)乙基]-*O*,*O*-二乙基硫赶磷酸酯**	分子式：$C_{10}H_{24}NO_3PS$	相态：液
别名：胺吸磷	分子量：269.4	外观与性状：无色至黄色低黏度液体，略有气味

危险特性

火灾危险性：无	爆炸物：无	皮肤腐蚀/刺激：无
腐蚀减薄：硫酸腐蚀、磷酸腐蚀、碱腐蚀、胺腐蚀	金属腐蚀：无	
	急性毒性：类别 1	
环境开裂：碱应力腐蚀开裂、氨应力腐蚀开裂、胺应力腐蚀开裂、氢脆、连多硫酸应力腐蚀开裂		

遇明火、高热可燃。与氧化剂可发生反应。受高热分解放出有毒的气体。若遇高热，容器内压增大，有开裂和爆炸的危险。

理化特性

熔点：无资料	临界温度：无资料	爆炸上限：无资料	引燃温度：无资料
沸点：110.0℃	临界压力：无资料	爆炸下限：无资料	燃烧热：无资料
闪点：无资料	饱和蒸气压：无资料	相对密度($d_水=1$)：无资料	

溶解性	易溶于水，溶于多数有机溶剂。
主要用途	用作杀虫剂和杀螨剂。

急救措施

皮肤接触	立即脱去污染的衣着，用肥皂水及流动清水彻底冲洗污染的皮肤、头发、指甲等。就医。
眼睛接触	提起眼睑，用流动清水或生理盐水冲洗。就医。
吸入	迅速脱离现场至空气新鲜处。保持呼吸道通畅。如呼吸困难，给输氧。如呼吸停止，立即进行人工呼吸。就医。
食入	饮足量温水，催吐。洗胃，导泄。就医。

防护措施

呼吸防护	空气中浓度超标时，必须佩戴自吸过滤式防毒面具(全面罩)。紧急事态抢救或撤离时，应该佩戴空气呼吸器。
眼睛防护	呼吸系统防护中已做防护。
身体防护	穿胶布防毒衣。
手防护	戴橡胶手套。
其他防护	工作现场禁止吸烟、进食和饮水。工作完毕，淋浴更衣。保持良好的卫生习惯。

品名：***N*-二乙氨基乙基氯**	分子式：$C_6H_{14}ClN$	相态：液
别名：2-氯乙基二乙胺	分子量：135.7	外观与性状：液体

危险特性

火灾危险性：无	爆炸物：无	皮肤腐蚀/刺激：无
腐蚀减薄：碱腐蚀、胺腐蚀	金属腐蚀：无	
环境开裂：碱应力腐蚀开裂、氨应力腐蚀开裂、胺应力腐蚀开裂	急性毒性：类别1	

遇明火、高热可燃。与氧化剂可发生反应。受高热分解放出有毒的气体。其蒸气比空气重，能在较低处扩散到相当远的地方，遇火源会着火回燃。若遇高热，容器内压增大，有开裂和爆炸的危险。

理化特性

熔点：无资料	临界温度：无资料	爆炸上限：无资料	引燃温度：无资料
沸点：(114.0±13.0)℃	临界压力：无资料	爆炸下限：无资料	燃烧热：无资料
闪点：无资料	饱和蒸气压：无资料	相对密度($d_{水}=1$)：0.92	

溶解性	无资料。
主要用途	用作抗癌药物、杀菌剂和有机合成中间体。

急救措施

皮肤接触	立即脱去污染的衣着，用大量流动清水冲洗至少15min。就医。
眼睛接触	立即提起眼睑，用大量流动清水或生理盐水彻底冲洗至少15min。就医。
吸入	迅速脱离现场至空气新鲜处。保持呼吸道通畅。如呼吸困难，给输氧。如呼吸停止，立即进行人工呼吸。就医。
食入	用水漱口，给饮牛奶或蛋清。就医。

防护措施

呼吸防护	空气中浓度超标时，必须佩戴目吸过滤式防毒面具(全面罩)。紧急事态抢救或撤离时，应该佩戴空气呼吸器。
眼睛防护	呼吸系统防护中已做防护。
身体防护	穿胶布防毒衣。
手防护	戴橡胶手套。
其他防护	工作现场禁止吸烟、进食和饮水。工作完毕，淋浴更衣。保持良好的卫生习惯。

品名：**二乙胺**	分子式：$C_4H_{11}N$	相态：液
别名：无	分子量：73.1	外观与性状：无色液体，有氨臭

危险特性

火灾危险性：可燃液体甲B	爆炸物：无	皮肤腐蚀/刺激：类别1
腐蚀减薄：碱腐蚀、胺腐蚀	金属腐蚀：无	易燃液体：类别2
环境开裂：碱应力腐蚀开裂、胺应力腐蚀开裂	急性毒性：无	严重眼损伤/眼刺激：类别1

其蒸气与空气可形成爆炸性混合物。遇高热、明火及强氧化剂易引起燃烧。其蒸气比空气重，能在较低处扩散到相当远的地方，遇火源会着火回燃。有腐蚀性，能腐蚀玻璃。

理化特性

熔点：-38.9℃	临界温度：223.0℃	爆炸上限：10.1%	引燃温度：312.0℃
沸点：(57.3±8.0)℃	临界压力：3.71MPa	爆炸下限：1.7%	燃烧热：2996.6kJ/mol
闪点：-23.0℃	饱和蒸气压：53.32kPa(38℃)	相对密度($d_{水}=1$)：0.71	

溶解性	溶于水、醇、醚。
主要用途	用于有机合成和环氧树脂固化剂。

急救措施

皮肤接触	立即脱去污染的衣着，用大量流动清水冲洗至少15min。就医。
眼睛接触	立即提起眼睑，用大量流动清水或生理盐水彻底冲洗至少15min。就医。
吸入	迅速脱离现场至空气新鲜处。保持呼吸道通畅。如呼吸困难，给输氧。如呼吸停止，立即进行人工呼吸。就医。
食入	用水漱口，给饮牛奶或蛋清。就医。

防护措施

呼吸防护	可能接触其蒸气时，应该佩戴自吸过滤式防毒面具(全面罩)。
眼睛防护	呼吸系统防护中已作防护。
身体防护	穿防静电工作服。尽可能减少直接接触。
手防护	戴橡胶耐油手套。
其他防护	工作现场禁止吸烟、进食和饮水。工作完毕，淋浴更衣。实行就业前和定期的体检。

品名：**二乙二醇二硝酸酯[含不挥发、不溶于水的减敏剂≥25%]** 别名：二甘醇二硝酸酯		分子式：$C_4H_8N_2O_7$ 分子量：196.1		相态：液 外观与性状：无色油状物
危险特性				
火灾危险性：无 腐蚀减薄：无 环境开裂：硝酸盐应力腐蚀开裂		爆炸物：1.1 金属腐蚀：无 急性毒性：类别1		皮肤腐蚀/刺激：无
遇明火、高热、摩擦、震动、撞击，有引起燃烧爆炸的危险。能与氧化剂、还原剂发生强烈反应。				
理化特性				
熔点：2.0℃ 沸点：无资料 闪点：无资料	临界温度：无资料 临界压力：无资料 饱和蒸气压：无资料		爆炸上限：10.1% 爆炸下限：1.7% 相对密度($d_水=1$)：1.38	引燃温度：无资料 燃烧热：无资料
溶解性	微溶于水，可混溶于硝化甘油、二乙二醇、乙醚、丙酮、甲醇等。			
主要用途	用作双基火药的主要成分及火箭推进剂。			
急救措施				
皮肤接触	脱去污染的衣着，用大量流动清水冲洗。			
眼睛接触	提起眼睑，用流动清水或生理盐水冲洗。就医。			
吸入	脱离现场至空气新鲜处。保持呼吸道通畅。如呼吸困难，给输氧。如呼吸停止，立即进行人工呼吸。就医。			
食入	饮足量温水，催吐。洗胃，导泄。就医。			
防护措施				
呼吸防护	一般不需要特殊防护，高浓度接触时可佩戴自吸过滤式防毒面具(全面罩)。			
眼睛防护	空气中浓度较高时，佩戴化学安全防护眼镜。			
身体防护	穿防静电工作服。			
手防护	戴防化学品手套。			
其他防护	工作时不得进食、饮水或吸烟。工作完毕，彻底清洗。保持良好的卫生习惯。			

品名：***N*,*N*-二乙基-1,3-丙二胺** 别名：*N*,*N*-二乙基-1,3-二氨基丙烷；3-二乙氨基丙胺		分子式：$C_7H_{18}N_2$ 分子量：130.3		相态：液 外观与性状：无色液体，具有鱼腥气味
危险特性				
火灾危险性：可燃液体乙B 腐蚀减薄：碱腐蚀、胺腐蚀 环境开裂：碱应力腐蚀开裂、氨应力腐蚀开裂、胺应力腐蚀开裂		爆炸物：无 金属腐蚀：无 急性毒性：无		皮肤腐蚀/刺激：类别1 易燃液体：类别3 严重眼损伤/眼刺激：类别1
其蒸气与空气可形成爆炸性混合物，遇明火、高热能引起燃烧爆炸。与氧化剂可发生反应。受高热分解放出有毒的气体。其蒸气比空气重，能在较低处扩散到相当远的地方，遇火源会着火回燃。具有腐蚀性。若遇高热，容器内压增大，有开裂和爆炸的危险。				
理化特性				
熔点：-60.0℃ 沸点：(170.7±8.0)℃ 闪点：58.0℃	临界温度：无资料 临界压力：无资料 饱和蒸气压：无资料		爆炸上限：无资料 爆炸下限：无资料 相对密度($d_水=1$)：0.83	引燃温度：215.0℃ 燃烧热：无资料
溶解性	与水混溶。			
主要用途	用作溶剂，萃取剂，环氧树脂固化剂及用于有机合成。			
急救措施				
皮肤接触	立即脱去污染的衣着，用大量流动清水冲洗。就医。			
眼睛接触	立即提起眼睑，用大量流动清水或生理盐水彻底冲洗至少15min。就医。			
吸入	迅速脱离现场至空气新鲜处。保持呼吸道通畅。如呼吸困难，给输氧。如呼吸停止，立即进行人工呼吸。就医。			
食入	用水漱口，给饮牛奶或蛋清。就医。			
防护措施				
呼吸防护	空气中浓度超标时，必须佩戴自吸过滤式防毒面具(全面罩)。紧急事态抢救或撤离时，应该佩戴空气呼吸器。			
眼睛防护	戴化学安全防护眼镜。			
身体防护	穿橡胶耐酸碱服。			
手防护	戴橡胶耐酸碱手套。			
其他防护	工作场所禁止吸烟、进食和饮水，饭前要洗手。工作完毕，淋浴更衣。保持良好的卫生习惯。			

品名：***N*,*N*-二乙基-1-萘胺** 别名：*N*,*N*-二乙基-α-萘胺	分子式：$C_{14}H_{17}N$ 分子量：199.3	相态：液 外观与性状：浅黄色有荧光的油状液体久置后呈黄棕色
危险特性		
火灾危险性：可燃液体丙B 腐蚀减薄：碱腐蚀、胺腐蚀 环境开裂：碱应力腐蚀开裂、胺应力腐蚀开裂	爆炸物：无 金属腐蚀：无 急性毒性：无	皮肤腐蚀/刺激：无
无资料。		

理化特性			
熔点：无资料 沸点：285.0℃ 闪点：121.1℃	临界温度：无资料 临界压力：无资料 饱和蒸气压：无资料	爆炸上限：无资料 爆炸下限：无资料 相对密度($d_水=1$)：无资料	引燃温度：无资料 燃烧热：无资料

溶解性	溶于乙醇、乙醚和苯，不溶于水。
主要用途	用于有机合成。制备染料。
急救措施	
皮肤接触	无资料。
眼睛接触	无资料。
吸入	无资料。
食入	无资料。
防护措施	
呼吸防护	戴防毒面具。依据当地和政府法规。
眼睛防护	戴安全防护镜。如果情况需要，佩戴面具。
身体防护	穿防护服。如果情况需要，穿戴防护靴。
手防护	戴防护手套。
其他防护	工作场所禁止吸烟、进食和饮水，饭前要洗手。工作完毕，淋浴更衣。保持良好的卫生习惯。

品名：***O*,*O*-二乙基-*N*-(1,3-二硫戊环-2-亚基)磷酰胺[含量>15%]** 别名：2-(二乙氧基磷酰亚氨基)-1,3-二硫戊环；硫环磷	分子式：$C_7H_{14}NO_3PS_2$ 分子量：255.2	相态：固 外观与性状：无色至黄色固体
危险特性		
火灾危险性：无 腐蚀减薄：硫酸腐蚀、碱腐蚀、胺腐蚀、高温硫化物腐蚀 环境开裂：碱应力腐蚀开裂、氨应力腐蚀开裂、胺应力腐蚀开裂、连多硫酸应力腐蚀开裂	爆炸物：无 金属腐蚀：无 急性毒性：类别1	皮肤腐蚀/刺激：无
无资料。		

理化特性			
熔点：37.0℃ 沸点：115.0℃ 闪点：无资料	临界温度：无资料 临界压力：无资料 饱和蒸气压：无资料	爆炸上限：无资料 爆炸下限：无资料 相对密度($d_水=1$)：1.42	引燃温度：无资料 燃烧热：无资料

溶解性	可溶于水、丙酮、苯、乙醇、环己烷、甲苯，微溶于乙醚，难溶于己烷。
主要用途	一种有机磷杀虫剂。硫环磷是内吸性杀虫剂，用于防治刺吸式口器害虫，蛾和鳞翅目幼虫。
急救措施	
皮肤接触	立即脱掉被污染衣服，用水冲洗患处。
眼睛接触	用水冲洗15min。
吸入	将患者移至新鲜空气处，呼吸停止，施行人工呼吸；呼吸困难，输氧或采取其他辅助呼吸办法。
食入	保持患者情绪稳定，维持其正常体温；注意观察潜伏病症。
防护措施	
呼吸防护	无资料。
眼睛防护	无资料。
身体防护	无资料。
手防护	无资料。
其他防护	无资料。

品名：**O,O-二乙基-O-(2-乙硫基乙基)硫代磷酸酯与 O,O-二乙基-S-(2-乙硫基乙基)硫代磷酸酯的混合物[含量>3%]** 别名：内吸磷	分子式：$C_{16}H_{38}O_6P_2S_4$ 分子量：516.7		相态：液 外观与性状：浅棕色液体，有硫的化合物气味
危险特性			
火灾危险性：可燃液体乙 A 腐蚀减薄：硫酸腐蚀、磷酸腐蚀 环境开裂：氢脆、连多硫酸应力腐蚀开裂	爆炸物：无 金属腐蚀：无 急性毒性：类别 1		皮肤腐蚀/刺激：无
无资料。			
理化特性			
熔点：-25.0℃ 沸点：299.6℃ 闪点：45.0℃	临界温度：无资料 临界压力：无资料 饱和蒸气压：0.01kPa(20℃)	爆炸上限：5.3% 爆炸下限：1.0% 相对密度($d_水$=1)：1.12	引燃温度：无资料 燃烧热：无资料
溶解性	与水部分混溶。		
主要用途	无资料。		
急救措施			
皮肤接触	立即用肥皂、水清洗。		
眼睛接触	立即用水冲洗。		
吸入	将患者移至空气新鲜处，施行人工呼吸。		
食入	给饮大量水催吐(昏迷者除外)。		
防护措施			
呼吸防护	空气中浓度超标时，必须佩戴自吸过滤式防毒面具(全面罩)。紧急事态抢救或撤离时，应该佩戴空气呼吸器。		
眼睛防护	呼吸系统防护中已做防护。		
身体防护	穿胶布防毒衣。		
手防护	戴橡胶手套。		
其他防护	工作完毕，淋浴更衣。注意个人清洁卫生。		

品名：**O,O-二乙基-O-(3-氯-4-甲基香豆素-7-基)硫代磷酸酯** 别名：蝇毒磷	分子式：$C_{14}H_{16}ClO_5PS$ 分子量：362.8		相态：固 外观与性状：无色结晶，工业为棕色结晶
危险特性			
火灾危险性：可燃液体丙 B 腐蚀减薄：硫酸腐蚀、磷酸腐蚀 环境开裂：氢脆、连多硫酸应力腐蚀开裂	爆炸物：无 金属腐蚀：无 急性毒性：类别 2		皮肤腐蚀/刺激：无
遇明火、高热可燃。其粉体与空气可形成爆炸性混合物，当达到一定浓度时，遇火星会发生爆炸。遇高热分解释出高毒烟气。			
理化特性			
熔点：95.0℃ 沸点：(449.9±55.0)℃ 闪点：225.9℃	临界温度：无资料 临界压力：无资料 饱和蒸气压：0.13×10^{-7} kPa (20℃)	爆炸上限：无资料 爆炸下限：无资料 相对密度($d_水$=1)：1.47	引燃温度：无资料 燃烧热：无资料
溶解性	微溶于水。		
主要用途	用作畜用杀虫剂。		
急救措施			
皮肤接触	立即脱去污染的衣着，用肥皂水及流动清水彻底冲洗污染的皮肤、头发、指甲等。就医。		
眼睛接触	提起眼睑，用流动清水或生理盐水冲洗。就医。		
吸入	迅速脱离现场至空气新鲜处。保持呼吸道通畅。如呼吸困难，给输氧。如呼吸停止，立即进行人工呼吸。就医。		
食入	饮足量温水，催吐。用清水或2%~5%碳酸氢钠溶液洗胃。就医。		
防护措施			
呼吸防护	可能接触其粉尘时，必须佩戴防尘面具(全面罩)。紧急事态抢救或撤离时，应该佩戴空气呼吸器。		
眼睛防护	呼吸系统防护中已做防护。		
身体防护	穿胶布防毒衣。		
手防护	戴橡胶手套。		
其他防护	工作现场禁止吸烟、进食和饮水。工作完毕，淋浴更衣。保持良好的卫生习惯。		

品名：**O,O-二乙基-O-(4-硝基苯基)硫代磷酸酯[含量>4%]** 别名：对硫磷	分子式：$C_{10}H_{14}NO_5PS$ 分子量：291.3		相态：液 外观与性状：纯品为无色无臭的液体，工业品为棕色并有蒜臭的液体
危险特性			
火灾危险性：无 腐蚀减薄：硫酸腐蚀、磷酸腐蚀 环境开裂：氢脆、连多硫酸应力腐蚀开裂	爆炸物：无 金属腐蚀：无 急性毒性：类别2		皮肤腐蚀/刺激：无
无资料。			
理化特性			
熔点：6.0℃ 沸点：157.0℃ 闪点：无资料	临界温度：无资料 临界压力：无资料 饱和蒸气压：0.08kPa(157℃)	爆炸上限：无资料 爆炸下限：无资料 相对密度($d_水=1$)：1.26	引燃温度：无资料 燃烧热：无资料
溶解性	不溶于水，溶于多数有机溶剂。		
主要用途	作农药杀虫剂。		
急救措施			
皮肤接触	无资料。		
眼睛接触	无资料。		
吸入	无资料。		
食入	无资料。		
防护措施			
呼吸防护	生产操作或农业使用时，佩戴自吸过滤式防毒面具(全面罩)。空气中浓度较高时，必须佩戴自给式呼吸器。		
眼睛防护	呼吸系统防护中已做防护。		
身体防护	穿连衣式胶布防毒衣。		
手防护	戴橡胶手套。		
其他防护	工作现场禁止吸烟、进食和饮水。工作完毕，彻底清洗。工作服不准带至非作业场所。单独存放被毒物污染的衣服，洗后备用。注意个人清洁卫生。		

品名：**O,O-二乙基-O-(4-溴-2,5-二氯苯基)硫代磷酸酯** 别名：乙基溴硫磷	分子式：$C_{10}H_{12}BrCl_2O_3PS$ 分子量：394.0		相态：液 外观与性状：无色至淡黄色液体，几乎无味
危险特性			
火灾危险性：可燃液体丙B 腐蚀减薄：硫酸腐蚀、磷酸腐蚀 环境开裂：氢脆、连多硫酸应力腐蚀开裂	爆炸物：无 金属腐蚀：无 急性毒性：类别3		皮肤腐蚀/刺激：无
遇明火、高热可燃。与氧化剂可发生反应。遇高热分解释出高毒烟气。若遇高热，容器内压增大，有开裂和爆炸的危险。			
理化特性			
熔点：无资料 沸点：(388.8±52.0)℃ 闪点：(188.9±30.7)℃	临界温度：无资料 临界压力：无资料 饱和蒸气压：0.61×10^{-5} kPa(30℃)	爆炸上限：无资料 爆炸下限：无资料 相对密度($d_水=1$)：1.52	引燃温度：无资料 燃烧热：无资料
溶解性	难溶于水，可混溶于多数有机溶剂。		
主要用途	用作农用杀虫剂。		
急救措施			
皮肤接触	立即脱去污染的衣着，用肥皂水及流动清水彻底冲洗污染的皮肤、头发、指甲等。就医。		
眼睛接触	提起眼睑，用流动清水或生理盐水冲洗。就医。		
吸入	迅速脱离现场至空气新鲜处。保持呼吸道通畅。如呼吸困难，给输氧。如呼吸停止，立即进行人工呼吸。就医。		
食入	饮足量温水，催吐。用清水或2%~5%碳酸氢钠溶液洗胃。就医。		
防护措施			
呼吸防护	空气中浓度较高时，应该佩戴过滤式防毒面具(全面罩)。紧急事态抢救或逃生时，建议佩戴空气呼吸器。		
眼睛防护	戴化学安全防护眼镜。		
身体防护	穿防毒物渗透工作服。		
手防护	戴乳胶手套。		
其他防护	工作场所禁止吸烟、进食和饮水，饭前要洗手。工作完毕，淋浴更衣。保持良好的卫生习惯。		

品名：***O*,*O*-二乙基-*O*-喹噁啉-2-基硫代磷酸酯** 别名：喹硫磷		分子式：$C_{12}H_{15}N_2O_3PS$ 分子量：298.3	相态：固 外观与性状：纯品为无色无味结晶
危险特性			
火灾危险性：可燃液体丙 B 腐蚀减薄：硫酸腐蚀、磷酸腐蚀 环境开裂：氢脆、连多硫酸应力腐蚀开裂		爆炸物：无 金属腐蚀：无 急性毒性：类别 3	皮肤腐蚀/刺激：无
无资料。			
理化特性			
熔点：31.0~32.0℃ 沸点：(387.0±45.0)℃ 闪点：(187.9±28.7)℃	临界温度：无资料 临界压力：无资料 饱和蒸气压：7.60×10^{-3} kPa (25℃)	爆炸上限：无资料 爆炸下限：无资料 相对密度($d_{水}=1$)：1.24	引燃温度：无资料 燃烧热：无资料
溶解性	水中溶解度低，但易溶于乙醇、甲醇、乙醚、丙酮和芳香烃，微溶于石油醚。		
主要用途	为中等毒性的有机磷杀虫剂、杀螨剂。具有胃毒和触杀作用，无内吸和熏蒸性能。杀虫谱，有一定的杀卵作用。在植物上降解速度快，残效期短。适用于水稻、棉花、茶、柑橘等作物。能防治鳞翅目幼虫及蚜虫、粉虱、介壳虫等害虫。		
急救措施			
皮肤接触	无资料。		
眼睛接触	无资料。		
吸入	无资料。		
食入	无资料。		
防护措施			
呼吸防护	如危险性评测显示需要使用空气净化的防毒面具，请使用全面罩式多功能微粒防毒面具 N99 型(US)或 P2 型(EN143)防毒面具筒作为工程控制的候补。如果防毒面具是保护的唯一方式，则使用全面罩式送风防毒面具。呼吸器使用经过测试并通过政府标准如 NIOSH(US)或 CEN(EU)的呼吸器和零件。		
眼睛防护	面罩与安全眼镜请使用经官方标准如 NIOSH(美国)或 EN166(欧盟)检测与批准的设备防护眼部。		
身体防护	全套防化学试剂工作服，防护设备的类型必须根据特定工作场所中的危险物的浓度和含量来选择。		
手防护	所选择的保护手套必须符合 EU 的 89/686/EEC 规定和从它衍生出来的 EN376 标准。		
其他防护	无资料。		

品名：***O*,*O*-二乙基-*S*-(2-氯-1-酞酰亚氨基乙基)二硫代磷酸酯** 别名：氯亚胺硫磷		分子式：$C_{14}H_{17}ClNO_4PS_2$ 分子量：393.8	相态：固 外观与性状：固体
危险特性			
火灾危险性：可燃液体丙 A 腐蚀减薄：硫酸腐蚀、磷酸腐蚀、碱腐蚀、胺腐蚀 环境开裂：碱应力腐蚀开裂、氨应力腐蚀开裂、胺应力腐蚀开裂、氢脆、连多硫酸应力腐蚀开裂		爆炸物：无 金属腐蚀：无 急性毒性：类别 2	皮肤腐蚀/刺激：无
遇明火、高热可燃。其粉体与空气可形成爆炸性混合物，当达到一定浓度时，遇火星会发生爆炸。遇高热分解释出高毒烟气。			
理化特性			
熔点：67.0~69.0℃ 沸点：393.8℃ 闪点：100.0℃	临界温度：无资料 临界压力：无资料 饱和蒸气压：无资料	爆炸上限：无资料 爆炸下限：无资料 相对密度($d_{水}=1$)：无资料	引燃温度：无资料 燃烧热：无资料
溶解性	不溶于水。		
主要用途	无资料。		
急救措施			
皮肤接触	立即脱去污染的衣着，用肥皂水及流动清水彻底冲洗污染的皮肤、头发、指甲等。就医。		
眼睛接触	提起眼睑，用流动清水或生理盐水冲洗。就医。		
吸入	迅速脱离现场至空气新鲜处。保持呼吸道通畅。如呼吸困难，给输氧。如呼吸停止，立即进行人工呼吸。就医。		
食入	饮足量温水，催吐。用清水或2%~5%碳酸氢钠溶液洗胃。就医。		
防护措施			
呼吸防护	可能接触其粉尘时，必须佩戴防尘面具(全面罩)。紧急事态抢救或撤离时，应该佩戴空气呼吸器。		
眼睛防护	呼吸系统防护中已做防护。		
身体防护	穿胶布防毒衣。		
手防护	戴橡胶手套。		
其他防护	工作现场禁止吸烟、进食和饮水。工作完毕，淋浴更衣。保持良好的卫生习惯。		

品名：**O,O-二乙基-S-(2-乙硫基乙基)二硫代磷酸酯[含量>15%]** 别名：乙拌磷	分子式：$C_8H_{19}O_2PS_3$ 分子量：274.4		相态：液 外观与性状：棕黄色油状液体，有特殊气味
危险特性			
火灾危险性：无 腐蚀减薄：硫酸腐蚀、磷酸腐蚀 环境开裂：氢脆、连多硫酸应力腐蚀开裂	爆炸物：无 金属腐蚀：无 急性毒性：类别1		皮肤腐蚀/刺激：无
遇明火、高热可燃。受热分解，放出磷、硫的氧化物等毒性气体。			
理化特性			
熔点：110.0~112.0℃ 沸点：(330.8±44.0)℃ 闪点：无资料	临界温度：无资料 临界压力：无资料 饱和蒸气压：0.20×10^{-4} kPa (20℃)	爆炸上限：无资料 爆炸下限：无资料 相对密度($d_{水}=1$)：1.14	引燃温度：无资料 燃烧热：无资料
溶解性	不溶于水。		
主要用途	用作杀虫剂。		
急救措施			
皮肤接触	立即脱去污染的衣着，用肥皂水及流动清水彻底冲洗污染的皮肤、头发、指甲等。就医。		
眼睛接触	提起眼睑，用流动清水或生理盐水冲洗。就医。		
吸入	迅速脱离现场至空气新鲜处。保持呼吸道通畅。如呼吸困难，给输氧。如呼吸停止，立即进行人工呼吸。就医。		
食入	饮足量温水，催吐。用清水或2%~5%碳酸氢钠溶液洗胃。就医。		
防护措施			
呼吸防护	无资料。		
眼睛防护	无资料。		
身体防护	无资料。		
手防护	无资料。		
其他防护	无资料。		

品名：**O,O-二乙基-S-(4-甲基亚磺酰基苯基)硫代磷酸酯[含量>4%]** 别名：丰索磷	分子式：$C_{11}H_{17}O_4PS_2$ 分子量：308.4		相态：液 外观与性状：黄色油状液体
危险特性			
火灾危险性：无 腐蚀减薄：硫酸腐蚀、磷酸腐蚀 环境开裂：氢脆、连多硫酸应力腐蚀开裂	爆炸物：无 金属腐蚀：无 急性毒性：类别1		皮肤腐蚀/刺激：无
遇明火、高热可燃。与氧化剂可发生反应。受高热分解放出有毒的气体。若遇高热，容器内压增大，有开裂和爆炸的危险。			
理化特性			
熔点：190.0℃ 沸点：(404.0±47.0)℃ 闪点：无资料	临界温度：无资料 临界压力：无资料 饱和蒸气压：6.70×10^{-3} kPa (25℃)	爆炸上限：无资料 爆炸下限：无资料 相对密度($d_{水}=1$)：1.20	引燃温度：无资料 燃烧热：无资料
溶解性	微溶于水，溶于多数有机溶剂。		
主要用途	用作农用杀虫剂、杀线虫剂。		
急救措施			
皮肤接触	立即脱去污染的衣着，用肥皂水及流动清水彻底冲洗污染的皮肤、头发、指甲等。就医。		
眼睛接触	提起眼睑，用流动清水或生理盐水冲洗。就医。		
吸入	迅速脱离现场至空气新鲜处。保持呼吸道通畅。如呼吸困难，给输氧。如呼吸停止，立即进行人工呼吸。就医。		
食入	饮足量温水，催吐。用清水或2%~5%碳酸氢钠溶液洗胃。就医。		
防护措施			
呼吸防护	无资料。		
眼睛防护	无资料。		
身体防护	无资料。		
手防护	无资料。		
其他防护	无资料。		

品名：***O*,*O*-二乙基-*S*-(4-氯苯硫基甲基)二硫代磷酸酯** 别名：三硫磷		分子式：$C_{11}H_{16}ClO_2PS_3$ 分子量：342.9		相态：液 外观与性状：灰白色至琥珀色、微有硫醇气味的液体
危险特性				
火灾危险性：可燃液体甲 B 腐蚀减薄：硫酸腐蚀、磷酸腐蚀 环境开裂：氢脆、连多硫酸应力腐蚀开裂		爆炸物：无 金属腐蚀：无 急性毒性：类别 3		皮肤腐蚀/刺激：无
遇明火、高热可燃。受热分解，放出氧化磷和氯化物的毒性气体。				
理化特性				
熔点：无资料 沸点：82.0℃ 闪点：-18.0℃	临界温度：无资料 临界压力：无资料 饱和蒸气压：4.06×10^{-8} kPa (20℃)	爆炸上限：无资料 爆炸下限：无资料 相对密度($d_{水}=1$)：1.29	引燃温度：无资料 燃烧热：无资料	
溶解性	不溶于水，溶于苯、甲苯、醇、酮。			
主要用途	用作农用杀虫剂。			
急救措施				
皮肤接触	立即脱去污染的衣着，用大量流动清水冲洗。			
眼睛接触	提起眼睑，用流动清水或生理盐水冲洗。就医。			
吸入	迅速脱离现场至空气新鲜处。保持呼吸道通畅。如呼吸困难，给输氧。如呼吸停止，立即进行人工呼吸。就医。			
食入	饮足量温水，催吐。用清水或2%~5%碳酸氢钠溶液洗胃。就医。			
防护措施				
呼吸防护	空气中浓度超标时，必须佩戴自吸过滤式防毒面具(全面罩)。紧急事态抢救或撤离时，应该佩戴空气呼吸器。			
眼睛防护	呼吸系统防护中已做防护。			
身体防护	穿胶布防毒衣。			
手防护	戴橡胶手套。			
其他防护	工作完毕，淋浴更衣。注意个人清洁卫生。			

品名：***O*,*O*-二乙基-*S*-(乙硫基甲基)二硫代磷酸酯** 别名：甲拌磷		分子式：$C_7H_{17}O_2PS_3$ 分子量：260.4		相态：液 外观与性状：纯品为无色透明，有蒜臭的油状液体，工业品为棕黄色
危险特性				
火灾危险性：无 腐蚀减薄：硫酸腐蚀、磷酸腐蚀 环境开裂：氢脆、连多硫酸应力腐蚀开裂		爆炸物：无 金属腐蚀：无 急性毒性：类别 1		皮肤腐蚀/刺激：无
遇明火、高热可燃。受热分解，放出磷、硫的氧化物等毒性气体。				
理化特性				
熔点：-43.0℃ 沸点：(296.0±42.0)℃ 闪点：无资料	临界温度：无资料 临界压力：无资料 饱和蒸气压：0.10×10^{-3} kPa (20℃)	爆炸上限：无资料 爆炸下限：无资料 相对密度($d_{水}=1$)：1.17	引燃温度：无资料 燃烧热：无资料	
溶解性	不溶于水，溶于乙醇、乙醚、丙酮等多数有机溶剂。			
主要用途	农药中用于浸种、拌种，不能用于喷洒。			
急救措施				
皮肤接触	立即脱去污染的衣着，用肥皂水及流动清水彻底冲洗污染的皮肤、头发、指甲等。就医。			
眼睛接触	提起眼睑，用流动清水或生理盐水冲洗。就医。			
吸入	迅速脱离现场至空气新鲜处。保持呼吸道通畅。如呼吸困难，给输氧。如呼吸停止，立即进行人工呼吸。就医。			
食入	饮足量温水，催吐。用清水或2%~5%碳酸氢钠溶液洗胃。就医。			
防护措施				
呼吸防护	生产操作或农业使用时，必须佩戴自吸过滤式防毒面具(全面罩)。紧急事态抢救或撤离时，应该佩戴空气呼吸器。			
眼睛防护	呼吸系统防护中已做防护。			
身体防护	穿连衣式胶布防毒衣。			
手防护	戴氯丁橡胶手套。			
其他防护	工作现场禁止吸烟、进食和饮水。工作完毕，彻底清洗。工作服不准带至非作业场所。单独存放被毒物污染的衣服，洗后备用。注意个人清洁卫生。			

品名：**1-二乙基氨基-4-氨基戊烷** 别名：2-氨基-5-二乙基氨基戊烷；*N′*,*N′*-二乙基-1,4-戊二胺；2-氨基-5-二乙氨基戊烷	分子式：$C_9H_{22}N_2$ 分子量：158.3		相态：液 外观与性状：液体，有氨气味
危险特性			
火灾危险性：可燃液体丙 A 腐蚀减薄：碱腐蚀、胺腐蚀 环境开裂：碱应力腐蚀开裂、氨应力腐蚀开裂、胺应力腐蚀开裂	爆炸物：无 金属腐蚀：无 急性毒性：无		皮肤腐蚀/刺激：类别 1 严重眼损伤/眼刺激：类别 1
遇明火、高热可燃。与强氧化剂接触可发生化学反应。受高热分解放出有毒的气体。具有腐蚀性。若遇高热，容器内压增大，有开裂和爆炸的危险。			
理化特性			
熔点：无资料	临界温度：无资料	爆炸上限：无资料	引燃温度：无资料
沸点：(200.5±8.0)℃	临界压力：无资料	爆炸下限：无资料	燃烧热：无资料
闪点：65.0℃	饱和蒸气压：无资料	相对密度($d_水=1$)：0.82	
溶解性	溶于水、乙醇、乙醚。		
主要用途	用于药物合成。		
急救措施			
皮肤接触	立即脱去污染的衣着，用大量流动清水冲洗。就医。		
眼睛接触	立即提起眼睑，用大量流动清水或生理盐水彻底冲洗至少 15min。就医。		
吸入	迅速脱离现场至空气新鲜处。保持呼吸道通畅。如呼吸困难，给输氧。如呼吸停止，立即进行人工呼吸。就医。		
食入	用水漱口，给饮牛奶或蛋清。就医。		
防护措施			
呼吸防护	空气中浓度超标时，必须佩戴自吸过滤式防毒面具(全面罩)。紧急事态抢救或撤离时，应该佩戴空气呼吸器。		
眼睛防护	戴化学安全防护眼镜。		
身体防护	穿橡胶防腐工作服。		
手防护	戴橡胶手套。		
其他防护	工作场所禁止吸烟、进食和饮水，饭前要洗手。工作完毕，淋浴更衣。保持良好的卫生习惯。		

品名：**二乙基氨基氰** 别名：氰化二乙胺	分子式：$C_5H_{10}N_2$ 分子量：98.2		相态：液 外观与性状：无色液体
危险特性			
火灾危险性：可燃液体丙 A 腐蚀减薄：碱腐蚀、胺腐蚀 环境开裂：碱应力腐蚀开裂、氨应力腐蚀开裂、胺应力腐蚀开裂	爆炸物：无 金属腐蚀：无 急性毒性：类别 2		皮肤腐蚀/刺激：类别 2 严重眼损伤/眼刺激：类别 2
易燃，与氧化剂接触猛烈反应。受热分解或接触酸液、酸雾能放出有毒的氰化物气本。遇水或水蒸气反应放热并产生有毒的腐蚀性气体。			
理化特性			
熔点：-80.0℃	临界温度：无资料	爆炸上限：无资料	引燃温度：无资料
沸点：186.0℃	临界压力：无资料	爆炸下限：无资料	燃烧热：无资料
闪点：69.0℃	饱和蒸气压：无资料	相对密度($d_水=1$)：0.85	
溶解性	微溶于水，可混溶于乙醇、乙等多数有机溶剂。		
主要用途	用于有机合成等。		
急救措施			
皮肤接触	立即脱去污染的衣着，用大量流动清水冲洗。就医。		
眼睛接触	提起眼睑，用流动清水或生理盐水冲洗。就医。		
吸入	迅速脱离现场至空气新鲜处。保持呼吸道通畅。如呼吸困难，给输氧。如呼吸停止，立即进行人工呼吸。就医。		
食入	饮足量温水，催吐。就医。		
防护措施			
呼吸防护	空气中浓度超标时，必须佩戴自吸过滤式防毒面具(全面罩)。紧急事态抢救或撤离时，应该佩戴空气呼吸器。		
眼睛防护	呼吸系统防护中已做防护。		
身体防护	穿胶布防毒衣。		
手防护	戴橡胶耐油手套。		
其他防护	工作现场禁止吸烟、进食和饮水。工作完毕，彻底清洗。工作服不准带至非作业场所。车间应配备急救设备及药品。作业人员应学会自救互救。		

品名：**1,2-二乙基苯** 别名：邻二乙基苯		分子式：$C_{10}H_{14}$ 分子量：134.2	相态：液 外观与性状：无色液体
危险特性			
火灾危险性：可燃液体乙 B 腐蚀减薄：无 环境开裂：无		爆炸物：无 金属腐蚀：无 急性毒性：类别 2	皮肤腐蚀/刺激：无 易燃液体：类别 3 严重眼损伤/眼刺激：类别 2
易燃，遇明火、高热或与氧化剂接触，有引起燃烧爆炸的危险。			
理化特性			
熔点：-31.2℃ 沸点：183.4℃ 闪点：57.0℃	临界温度：394.8℃ 临界压力：2.88MPa 饱和蒸气压：1.33kPa(62.8℃)	爆炸上限：无资料 爆炸下限：无资料 相对密度($d_水=1$)：0.87	引燃温度：395.0℃ 燃烧热：无资料
溶解性	不溶于水，溶于乙醇、苯等多数有机溶剂。		
主要用途	用作溶剂及有机合成中间体。		
急救措施			
皮肤接触	脱去污染的衣着，用肥皂水和清水彻底冲洗皮肤。		
眼睛接触	提起眼睑，用流动清水或生理盐水冲洗。就医。		
吸入	迅速脱离现场至空气新鲜处。保持呼吸道通畅。如呼吸困难，给输氧。如呼吸停止，立即进行人工呼吸。就医。		
食入	饮足量温水，催吐。就医。		
防护措施			
呼吸防护	空气中浓度超标时，佩戴过滤式防毒面具(全面罩)。紧急事态抢救或撤离时，建议佩戴自给式呼吸器。		
眼睛防护	戴化学安全防护眼镜。		
身体防护	穿防毒物渗透工作服。		
手防护	戴橡胶耐油手套。		
其他防护	工作现场禁止吸烟、进食和饮水。工作完毕，淋浴更衣。保持良好的卫生习惯。		

品名：**1,3-二乙基苯** 别名：间二乙基苯		分子式：$C_{10}H_{14}$ 分子量：134.2	相态：液 外观与性状：无色液体，有芳香气味
危险特性			
火灾危险性：可燃液体乙 B 腐蚀减薄：无 环境开裂：无		爆炸物：无 金属腐蚀：无 急性毒性：类别 2	皮肤腐蚀/刺激：无 易燃液体：类别 3 严重眼损伤/眼刺激：类别 2
易燃，遇明火、高热能引起燃烧爆炸。与强氧化剂发生反应，可引起燃烧。			
理化特性			
熔点：-83.9℃ 沸点：(181.7±10.0)℃ 闪点：56.0℃	临界温度：389.8℃ 临界压力：2.88MPa 饱和蒸气压：1.33kPa(61.4℃)	爆炸上限：无资料 爆炸下限：无资料 相对密度($d_水=1$)：0.86	引燃温度：450.0℃ 燃烧热：无资料
溶解性	不溶于水，溶于乙醇、乙醚、苯、四氯化碳等多数有机溶剂。		
主要用途	用作溶剂及有机合成中间体。		
急救措施			
皮肤接触	脱去污染的衣着，用肥皂水和清水彻底冲洗皮肤。		
眼睛接触	提起眼睑，用流动清水或生理盐水冲洗。就医。		
吸入	迅速脱离现场至空气新鲜处。保持呼吸道通畅。如呼吸困难，给输氧。如呼吸停止，立即进行人工呼吸。就医。		
食入	饮足量温水，催吐。就医。		
防护措施			
呼吸防护	空气中浓度超标时，佩戴过滤式防毒面具(全面罩)。紧急事态抢救或撤离时，建议佩戴自给式呼吸器。		
眼睛防护	戴化学安全防护眼镜。		
身体防护	穿防毒物渗透工作服。		
手防护	戴橡胶耐油手套。		
其他防护	工作现场禁止吸烟、进食和饮水。工作完毕，淋浴更衣。保持良好的卫生习惯。		

品名：**1,4-二乙基苯** 别名：对二乙基苯	分子式：$C_{10}H_{14}$ 分子量：134.2	相态：液 外观与性状：无色液体

危险特性

火灾危险性：可燃液体乙 B	爆炸物：无	皮肤腐蚀/刺激：类别 2
腐蚀减薄：无	金属腐蚀：无	易燃液体：类别 3
环境开裂：无	急性毒性：无	严重眼损伤/眼刺激：类别 2

易燃，遇明火、高热或与氧化剂接触，有引起燃烧爆炸的危险。

理化特性

熔点：-42.8℃	临界温度：无资料	爆炸上限：6.0%	引燃温度：430.0℃
沸点：(183.1±10.0)℃	临界压力：2.80MPa	爆炸下限：0.7%	燃烧热：无资料
闪点：56.0℃	饱和蒸气压：1.33kPa(62.8℃)	相对密度($d_{水}=1$)：0.86	

溶解性	不溶于水，溶于乙醇、苯、四氯化碳等多数有机溶剂。
主要用途	用作溶剂。

急救措施

皮肤接触	脱去污染的衣着，用肥皂水和清水彻底冲洗皮肤。
眼睛接触	提起眼睑，用流动清水或生理盐水冲洗。就医。
吸入	迅速脱离现场至空气新鲜处。保持呼吸道通畅。如呼吸困难，给输氧。如呼吸停止，立即进行人工呼吸。就医。
食入	饮足量温水，催吐。就医。

防护措施

呼吸防护	空气中浓度超标时，佩戴过滤式防毒面具(全面罩)。紧急事态抢救或撤离时，建议佩戴自给式呼吸器。
眼睛防护	戴化学安全防护眼镜。
身体防护	穿防毒物渗透工作服。
手防护	戴橡胶耐油手套。
其他防护	工作现场禁止吸烟、进食和饮水。工作完毕，淋浴更衣。保持良好的卫生习惯。

品名：***N,N*-二乙基苯胺** 别名：二乙氨基苯	分子式：$C_{10}H_{15}N$ 分子量：149.2	相态：液 外观与性状：无色至黄色油状液体，有特臭

危险特性

火灾危险性：可燃液体丙 A	爆炸物：无	皮肤腐蚀/刺激：无
腐蚀减薄：碱腐蚀、胺腐蚀	金属腐蚀：无	
环境开裂：碱应力腐蚀开裂、氨应力腐蚀开裂、胺应力腐蚀开裂	急性毒性：类别 3	

遇明火、高热易燃。与氧化剂接触猛烈反应。

理化特性

熔点：-38.8℃	临界温度：无资料	爆炸上限：无资料	引燃温度：332.0℃
沸点：(213.5±9.0)℃	临界压力：无资料	爆炸下限：无资料	燃烧热：6066.7kJ/mol
闪点：97.8℃	饱和蒸气压：0.31kPa(65℃)	相对密度($d_{水}=1$)：0.93	

溶解性	溶于水，微溶于乙醇、乙醚。
主要用途	用于染料及其中间体合成，也用于制造药品。

急救措施

皮肤接触	立即脱去污染的衣着，用肥皂水和清水彻底冲洗皮肤。就医。
眼睛接触	提起眼睑，用流动清水或生理盐水冲洗。就医。
吸入	迅速脱离现场至空气新鲜处。保持呼吸道通畅。如呼吸困难，给输氧。如呼吸停止，立即进行人工呼吸。就医。
食入	饮足量温水，催吐。就医。

防护措施

呼吸防护	可能接触其蒸气时，佩戴过滤式防毒面具(全面罩)。紧急事态抢救或撤离时，佩戴隔离式呼吸器。
眼睛防护	戴化学安全防护眼镜。
身体防护	穿防毒物渗透工作服。
手防护	戴橡胶耐油手套。
其他防护	工作现场禁止吸烟、进食和饮水。及时换洗工作服。工作前后不饮酒，用温水洗澡。注意检测毒物。实行就业前和定期的体检。

品名：***N*-(2,6-二乙基苯基)-*N*-甲氧基甲基-氯乙酰胺** 别名：甲草胺	分子式：$C_{14}H_{20}ClNO_2$ 分子量：269.8	相态：固 外观与性状：淡黄色晶体	
危险特性			
火灾危险性：可燃液体丙 B 腐蚀减薄：碱腐蚀、胺腐蚀 环境开裂：碱应力腐蚀开裂、胺应力腐蚀开裂	爆炸物：无 金属腐蚀：无 急性毒性：无	皮肤腐蚀/刺激：无	
遇明火、高热可燃。其粉体与空气可形成爆炸性混合物，当达到一定浓度时，遇火星会发生爆炸。受高热分解放出有毒的气体。			
理化特性			
熔点：39.0~42.0℃ 沸点：(404.0±45.0)℃ 闪点：(198.1±28.7)℃	临界温度：无资料 临界压力：无资料 饱和蒸气压：0.29×10^{-5} kPa (25℃)	爆炸上限：无资料 爆炸下限：无资料 相对密度($d_{水}=1$)：1.13	引燃温度：无资料 燃烧热：无资料
溶解性	难溶于水，溶于乙醚、丙酮、苯、氯仿、乙醇。		
主要用途	用作农用除草剂。		
急救措施			
皮肤接触	立即脱去污染的衣着，用大量流动清水冲洗。就医。		
眼睛接触	提起眼睑，用流动清水或生理盐水冲洗。就医。		
吸入	迅速脱离现场至空气新鲜处。保持呼吸道通畅。如呼吸困难，给输氧。如呼吸停止，立即进行人工呼吸。就医。		
食入	饮足量温水，催吐。就医。		
防护措施			
呼吸防护	可能接触其粉尘时，必须佩戴防尘面具(全面罩)。紧急事态抢救或撤离时，应该佩戴空气呼吸器。		
眼睛防护	呼吸系统防护中已做防护。		
身体防护	穿防毒物渗透工作服。		
手防护	戴橡胶手套。		
其他防护	工作现场禁止吸烟、进食和饮水。工作完毕，淋浴更衣。保持良好的卫生习惯。		

品名：***N*,*N*-二乙基对甲苯胺** 别名：4-(二乙胺基)甲苯	分子式：$C_{11}H_{17}N$ 分子量：163.3	相态：液 外观与性状：无色液体	
危险特性			
火灾危险性：可燃液体丙 A 腐蚀减薄：碱腐蚀、胺腐蚀 环境开裂：碱应力腐蚀开裂、胺应力腐蚀开裂	爆炸物：无 金属腐蚀：无 急性毒性：无	皮肤腐蚀/刺激：类别 2 严重眼损伤/眼刺激：类别 2	
遇明火能燃烧。受热分解放出有毒气体。			
理化特性			
熔点：无资料 沸点：103.0℃ 闪点：93.0℃	临界温度：无资料 临界压力：无资料 饱和蒸气压：无资料	爆炸上限：无资料 爆炸下限：无资料 相对密度($d_{水}=1$)：0.92	引燃温度：无资料 燃烧热：无资料
溶解性	微溶于水，溶于乙醇、乙醚。		
主要用途	用于有机合成。		
急救措施			
皮肤接触	脱去污染的衣着，用流动清水冲洗。		
眼睛接触	提起眼睑，用流动清水或生理盐水冲洗。就医。		
吸入	迅速脱离现场至空气新鲜处。保持呼吸道通畅。如呼吸困难，给输氧。如呼吸停止，立即进行人工呼吸。就医。		
食入	饮足量温水，催吐。洗胃，导泄。就医。		
防护措施			
呼吸防护	空气中浓度较高时，应该佩戴过滤式防毒面具(全面罩)。紧急事态抢救或逃生时，建议佩戴空气呼吸器。		
眼睛防护	戴化学安全防护眼镜。		
身体防护	穿防毒物渗透工作服。		
手防护	戴橡胶耐油手套。		
其他防护	工作现场禁止吸烟、进食和饮水。及时换洗工作服。工作前后不饮酒，用温水洗澡。实行就业前和定期的体检。		

品名：***N*,*N*-二乙基二硫代氨基甲酸-2-氯烯丙基酯** 别名：菜草畏	分子式：$C_8H_{14}ClNS_2$ 分子量：223.8	相态：液 外观与性状：琥珀色液体
危险特性		
火灾危险性：可燃液体丙 A 腐蚀减薄：硫酸腐蚀、低分子有机酸腐蚀 环境开裂：氨应力腐蚀开裂、连多硫酸应力腐蚀开裂	爆炸物：无 金属腐蚀：无 急性毒性：无	皮肤腐蚀/刺激：无
遇明火、高热可燃。与氧化剂可发生反应。受高热分解放出有毒的气体。若遇高热，容器内压增大，有开裂和爆炸的危险。		
理化特性		
熔点：无资料 沸点：264.3℃ 闪点：100.0℃	临界温度：无资料 临界压力：无资料 饱和蒸气压：0.29×10^{-3} kPa (20℃)	爆炸上限：无资料 爆炸下限：无资料 相对密度($d_水=1$)：1.09 引燃温度：无资料 燃烧热：无资料
溶解性	难溶于水，易溶于多数有机溶剂。	
主要用途	用作农用除草剂。	
急救措施		
皮肤接触	用肥皂水及清水彻底冲洗。就医。	
眼睛接触	拉开眼睑，用流动清水冲洗 15min。就医。	
吸入	迅速脱离现场至空气新鲜处。保持呼吸道通畅。如呼吸困难，给输氧。如呼吸停止，立即进行人工呼吸。就医。	
食入	误服者，饮适量温水，催吐。就医。	
防护措施		
呼吸防护	空气中浓度超标时，必须佩戴自吸过滤式防毒面具(全面罩)。紧急事态抢救或撤离时，应该佩戴空气呼吸器。	
眼睛防护	呼吸系统防护中已做防护。	
身体防护	穿防毒物渗透工作服。	
手防护	戴橡胶手套。	
其他防护	工作现场禁止吸烟、进食和饮水。工作完毕，淋浴更衣。保持良好的卫生习惯。	

品名：**二乙基二氯硅烷** 别名：二氯二乙基硅烷	分子式：$C_4H_{10}Cl_2Si$ 分子量：157.1	相态：液 外观与性状：无色液体，极易水解
危险特性		
火灾危险性：可燃液体甲 B 腐蚀减薄：无 环境开裂：无	爆炸物：无 金属腐蚀：无 急性毒性：无	皮肤腐蚀/刺激：类别 1 易燃液体：类别 2 严重眼损伤/眼刺激：类别 1
其蒸气与空气可形成爆炸性混合物，遇明火、高热能引起燃烧爆炸。与氧化剂可发生反应。吸潮或遇水会产生大量的腐蚀性烟雾。受高热分解放出有毒的气体。		
理化特性		
熔点：-96.0℃ 沸点：(127.8±8.0)℃ 闪点：24.0℃	临界温度：无资料 临界压力：无资料 饱和蒸气压：无资料	爆炸上限：78.0% 爆炸下限：0.9% 相对密度($d_水=1$)：1.05 引燃温度：295.0℃ 燃烧热：无资料
溶解性	溶于醚、石油醚、苯。	
主要用途	用作制造硅铜的中间体。	
急救措施		
皮肤接触	立即脱去污染的衣着，用大量流动清水冲洗至少 15min。就医。	
眼睛接触	立即提起眼睑，用大量流动清水或生理盐水彻底冲洗至少 15min。就医。	
吸入	迅速脱离现场至空气新鲜处。保持呼吸道通畅。如呼吸困难，给输氧。如呼吸停止，立即进行人工呼吸。就医。	
食入	用水漱口，给饮牛奶或蛋清。就医。	
防护措施		
呼吸防护	空气中浓度超标时，必须佩戴自吸过滤式防毒面具(全面罩)。紧急事态抢救或撤离时，应该佩戴空气呼吸器。	
眼睛防护	呼吸系统防护中已作防护。	
身体防护	穿橡胶耐酸碱服。	
手防护	戴橡胶耐酸碱手套。	
其他防护	工作现场禁止吸烟、进食和饮水。工作完毕，淋浴更衣。保持良好的卫生习惯。	

品名：**二乙基汞**	分子式：$C_4H_{10}Hg$		相态：液
别名：二乙汞	分子量：258.7		外观与性状：无色液体，有刺激气味
危险特性			
火灾危险性：无	爆炸物：无		皮肤腐蚀/刺激：无
腐蚀减薄：无	金属腐蚀：无		
环境开裂：无	急性毒性：类别1		
遇明火能燃烧。与氧化剂可发生反应。受热分解或接触酸或酸雾能发出有毒汞蒸气。			
理化特性			
熔点：无资料	临界温度：无资料	爆炸上限：无资料	引燃温度：无资料
沸点：159.0℃	临界压力：无资料	爆炸下限：无资料	燃烧热：无资料
闪点：无资料	饱和蒸气压：0.48kPa(20℃)	相对密度($d_{水}=1$)：2.47	
溶解性	不溶于水，微溶于乙醇，易溶于乙醚。		
主要用途	用于有机合成。		
急救措施			
皮肤接触	脱去污染的衣着，用大量流动清水冲洗。		
眼睛接触	提起眼睑，用流动清水或生理盐水冲洗。就医。		
吸入	迅速脱离现场至空气新鲜处。保持呼吸道通畅。如呼吸困难，给输氧。如呼吸停止，立即进行人工呼吸。就医。		
食入	饮足量温水，催吐。洗胃，导泄。就医。		
防护措施			
呼吸防护	空气中浓度超标时，必须佩戴自吸过滤式防毒面具(全面罩)。紧急事态抢救或撤离时，应该佩戴空气呼吸器。		
眼睛防护	呼吸系统防护中已做防护。		
身体防护	穿胶布防毒衣。		
手防护	戴橡胶手套。		
其他防护	工作现场禁止吸烟、进食和饮水。工作完毕，彻底清洗。单独存放被毒物污染的衣服，洗后备用。实行就业前和定期的体检。		

品名：**N,N-二乙基邻甲苯胺**	分子式：$C_{11}H_{17}N$		相态：液
别名：2-(二乙胺基)甲苯	分子量：163.3		外观与性状：无色或浅黄色油状液体
危险特性			
火灾危险性：可燃液体丙A	爆炸物：无		皮肤腐蚀/刺激：类别2
腐蚀减薄：碱腐蚀、胺腐蚀	金属腐蚀：无		严重眼损伤/眼刺激：类别2
环境开裂：碱应力腐蚀开裂、胺应力腐蚀开裂	急性毒性：无		
遇明火、高热可燃。与氧化剂可发生反应。受高热分解放出有毒的气体。若遇高热，容器内压增大，有开裂和爆炸的危险。			
理化特性			
熔点：-60.0℃	临界温度：无资料	爆炸上限：无资料	引燃温度：无资料
沸点：210.0℃	临界压力：无资料	爆炸下限：无资料	燃烧热：无资料
闪点：91.2℃	饱和蒸气压：无资料	相对密度($d_{水}=1$)：无资料	
溶解性	溶于乙醇和乙醚，不溶于水。		
主要用途	用于有机合成。		
急救措施			
皮肤接触	脱去污染的衣着，用大量流动清水冲洗。		
眼睛接触	提起眼睑，用流动清水或生理盐水冲洗。就医。		
吸入	迅速脱离现场至空气新鲜处。保持呼吸道通畅。如呼吸困难，给输氧。如呼吸停止，立即进行人工呼吸。就医。		
食入	饮足量温水，催吐。就医。		
防护措施			
呼吸防护	空气中浓度超标时，必须佩戴自吸过滤式防毒面具(全面罩)。紧急事态抢救或撤离时，应该佩戴空气呼吸器。		
眼睛防护	戴化学安全防护眼镜。		
身体防护	穿防毒物渗透工作服。		
手防护	戴橡胶手套。		
其他防护	工作场所禁止吸烟、进食和饮水，饭前要洗手。工作完毕，淋浴更衣。保持良好的卫生习惯。		

品名：***O,O'*-二乙基硫代磷酰氯**	分子式：$C_4H_{10}ClO_2PS$	相态：液
别名：二乙基硫代磷酰氯	分子量：188.6	外观与性状：无色透明液体

危险特性

火灾危险性：可燃液体丙 A	爆炸物：无	皮肤腐蚀/刺激：类别 1
腐蚀减薄：硫酸腐蚀、高温硫化物腐蚀	金属腐蚀：无	严重眼损伤/眼刺激：类别 1
环境开裂：连多硫酸应力腐蚀开裂	急性毒性：类别 2	

遇明火、高热可燃。撞击能引起爆炸。遇水反应产生有毒和腐蚀性的烟雾。

理化特性

熔点：-75.0℃	临界温度：无资料	爆炸上限：无资料	引燃温度：无资料
沸点：96.0℃	临界压力：无资料	爆炸下限：无资料	燃烧热：无资料
闪点：110.0℃	饱和蒸气压：0.68kPa(70℃)	相对密度($d_水=1$)：1.20	

溶解性	不溶于水，易溶于苯、乙醚、脂肪等多数有机溶剂。
主要用途	用于合成农药。

急救措施

皮肤接触	立即脱去污染的衣着，用大量流动清水冲洗。就医。
眼睛接触	提起眼睑，用流动清水或生理盐水冲洗。就医。
吸入	迅速脱离现场至空气新鲜处。保持呼吸道通畅。如呼吸困难，给输氧。如呼吸停止，立即进行人工呼吸。就医。
食入	饮足量温水，催吐。就医。

防护措施

呼吸防护	空气中浓度超标时，必须佩戴自吸过滤式防毒面具(全面罩)。紧急事态抢救或撤离时，应该佩戴空气呼吸器。
眼睛防护	呼吸系统防护中已做防护。
身体防护	穿橡胶耐酸碱服。
手防护	戴橡胶耐酸碱手套。
其他防护	工作完毕，淋浴更衣。单独存放被毒物污染的衣服，洗后备用。保持良好的卫生习惯。

品名：**二乙基硒**	分子式：$C_4H_{10}Se$	相态：液
别名：无	分子量：137.1	外观与性状：淡黄色液体

危险特性

火灾危险性：可燃液体甲 B	爆炸物：无	皮肤腐蚀/刺激：无
腐蚀减薄：无	金属腐蚀：无	易燃液体：类别 2
环境开裂：无	急性毒性：类别 3	

遇热、强氧化剂有引起燃烧危险；遇明火极易燃烧爆炸；本品及燃烧产物均有毒。

理化特性

熔点：无资料	临界温度：无资料	爆炸上限：无资料	引燃温度：无资料
沸点：108.0℃	临界压力：无资料	爆炸下限：无资料	燃烧热：无资料
闪点：22.2℃	饱和蒸气压：5.33kPa(31.2℃)	相对密度($d_水=1$)：1.23	

溶解性	不溶于水，易溶于乙醇、乙醚、苯和氯仿，遇空气和水分解。
主要用途	无资料。

急救措施

皮肤接触	迅速脱去被污染的衣着，并用大量流动的清水冲洗，至少 15min；严重的立即就医。
眼睛接触	立即翻开眼睑，并用大量流动的清水或生理盐水冲洗，至少 15min；严重的立即就医。
吸入	迅速脱离现场至空气新鲜处，保持呼吸道畅通；如呼吸困难，给输氧；如呼吸停止，立即进行人工呼吸，并立即就医。
食入	无资料。

防护措施

呼吸防护	如危险性评测显示需要使用空气净化的防毒面具，请使用全面罩式多功能微粒防毒面具 N99 型(US)或 P2 型(EN143)防毒面具筒作为工程控制的候补。如果防毒面具是保护的唯一方式，则使用全面罩式送风防毒面具。呼吸器使用经过测试并通过政府标准如 NIOSH(US)或 CEN(EU)的呼吸器和零件。
眼睛防护	面罩与安全眼镜请使用经官方标准如 NIOSH(美国)或 EN166(欧盟)检测与批准的设备防护眼部。
身体防护	全套防化学试剂工作服，防护设备的类型必须根据特定工作场所中的危险物的浓度和含量来选择。
手防护	所选择的保护手套必须符合 EU 的 89/686/EEC 规定和从它衍生出来的 EN376 标准。
其他防护	无资料。

品名：**二乙基锌**		分子式：$C_4H_{10}Zn$	相态：液
别名：无		分子量：123.5	外观与性状：无色液体。
危险特性			
火灾危险性：无法确定 腐蚀减薄：无 环境开裂：无		爆炸物：无 金属腐蚀：无 急性毒性：类别3	皮肤腐蚀/刺激：类别1 自燃液体：类别1 遇水放出易燃气体的物质和混合物：类别1 严重眼损伤/眼刺激：类别1
在潮湿空气中能自燃。加热时可能发生爆炸。化学反应活性较高，能与烯烃、十二碘甲烷、二氧化硫发生爆炸性反应。能和溴、水、硝基化合物发生剧烈反应。接触空气、臭氧、甲醇或肼能着火。和非金属卤化物剧烈反应生成可自燃的产物。			
理化特性			
熔点：-28.0℃ 沸点：118.0℃ 闪点：无资料	临界温度：无资料 临界压力：无资料 饱和蒸气压：2.00kPa(20℃)	爆炸上限：无资料 爆炸下限：无资料 相对密度($d_水=1$)：1.21	引燃温度：无资料 燃烧热：无资料
溶解性	可混溶于乙醚、苯、石油醚。		
主要用途	用于电子工业和有机合成。		
急救措施			
皮肤接触	立即脱去污染的衣着，用大量流动清水冲洗。就医。		
眼睛接触	立即提起眼睑，用大量流动清水或生理盐水彻底冲洗至少15min。就医。		
吸入	迅速脱离现场至空气新鲜处。保持呼吸道通畅。如呼吸困难，给输氧。如呼吸停止，立即进行人工呼吸。就医。		
食入	用水漱口，给饮牛奶或蛋清。就医。		
防护措施			
呼吸防护	空气中浓度超标时，必须佩戴自吸过滤式防毒面具(全面罩)。紧急事态抢救或撤离时，应该佩戴空气呼吸器。		
眼睛防护	呼吸系统防护中已做防护。		
身体防护	穿防静电工作服。		
手防护	戴橡胶手套。		
其他防护	工作现场禁止吸烟、进食和饮水。工作完毕，淋浴更衣。保持良好的卫生习惯。		

品名：***N*,*N*-二乙基乙醇胺**		分子式：$C_6H_{15}NO$	相态：液
别名：2-(二乙胺基)乙醇		分子量：117.2	外观与性状：无色有氨味的液体
危险特性			
火灾危险性：可燃液体乙B 腐蚀减薄：碱腐蚀、胺腐蚀 环境开裂：碱应力腐蚀开裂、胺应力腐蚀开裂、乙醇应力腐蚀开裂		爆炸物：无 金属腐蚀：无 急性毒性：无	皮肤腐蚀/刺激：类别1 易燃液体：类别3 严重眼损伤/眼刺激：类别1
易燃，遇高热、明火有引起燃烧的危险。与氧化剂接触猛烈反应。能腐蚀轻金属和铜。			
理化特性			
熔点：-70.0℃ 沸点：(164.8±13.0)℃ 闪点：48.9℃	临界温度：无资料 临界压力：无资料 饱和蒸气压：10.66kPa(100℃)	爆炸上限：11.7% 爆炸下限：6.7% 相对密度($d_水=1$)：0.89	引燃温度：320.0℃ 燃烧热：无资料
溶解性	与水混溶，溶于乙醇、乙醚、苯、丙酮等多数有机溶剂。		
主要用途	用于有机合成，用作织物软化剂。		
急救措施			
皮肤接触	脱去污染的衣着，用流动清水冲洗。		
眼睛接触	提起眼睑，用流动清水或生理盐水冲洗。就医。		
吸入	迅速脱离现场至空气新鲜处。保持呼吸道通畅。如呼吸困难，给输氧。如呼吸停止，立即进行人工呼吸。就医。		
食入	饮足量温水，催吐。就医。		
防护措施			
呼吸防护	空气中浓度超标时，应该佩戴过滤式防毒面具(全面罩)。紧急事态抢救或撤离时，佩戴自给式呼吸器。		
眼睛防护	戴化学安全防护眼镜。		
身体防护	穿化学防护服。		
手防护	戴橡胶手套。		
其他防护	工作现场禁止吸烟、进食和饮水。工作完毕，彻底清洗。单独存放被毒物污染的衣服，洗后备用。注意个人清洁卫生。		

品名：**二乙烯基醚[稳定的]** 别名：乙烯基醚	分子式：C_4H_6O 分子量：70.1	相态：液 外观与性状：无色液体　带有特殊不舒适气味，具有挥发性
危险特性		
火灾危险性：可燃液体丙 A 腐蚀减薄：无 环境开裂：无	爆炸物：无 金属腐蚀：无 急性毒性：无	皮肤腐蚀/刺激：无 易燃液体：类别 1
无资料。		

理化特性			
熔点：-101.0℃ 沸点：28.3℃ 闪点：110.0℃	临界温度：无资料 临界压力：无资料 饱和蒸气压：57.32kPa(20℃)	爆炸上限：27.0% 爆炸下限：1.7% 相对密度($d_水=1$)：0.77	引燃温度：360.0℃ 燃烧热：无资料

溶解性	不溶于水，可混溶于乙醇、乙醚、油类、丙酮等多数有机溶剂。
主要用途	用作麻醉剂，用于生产乙烯-氯乙烯共聚物。
急救措施	
皮肤接触	无资料。
眼睛接触	无资料。
吸入	无资料。
食入	无资料。
防护措施	
呼吸防护	空气中浓度超标时，佩戴过滤式防毒面具(全面罩)。
眼睛防护	一般不需要特殊防护，但建议特殊情况下，戴化学安全防护眼镜。
身体防护	穿防静电工作服。
手防护	戴橡胶手套。
其他防护	工作现场严禁吸烟。注意个人清洁卫生。

品名：**3,3-二乙氧基丙烯** 别名：丙烯醛二乙缩醛；二乙基缩醛丙烯醛	分子式：$C_7H_{14}O_2$ 分子量：130.2	相态：液 外观与性状：无色液体
危险特性		
火灾危险性：可燃液体甲 B 腐蚀减薄：无 环境开裂：无	爆炸物：无 金属腐蚀：无 急性毒性：无	皮肤腐蚀/刺激：无 易燃液体：类别 2
其蒸气与空气可形成爆炸性混合物，遇明火、高热极易燃烧爆炸。与氧化剂接触猛烈反应。流速过快，容易产生和积聚静电。容易自聚，聚合反应随着温度的上升而急骤加剧。若遇高热，容器内压增大，有开裂和爆炸的危险。		

理化特性			
熔点：120.0~125.0℃ 沸点：125.0℃ 闪点：4.0℃	临界温度：无资料 临界压力：无资料 饱和蒸气压：无资料	爆炸上限：无资料 爆炸下限：无资料 相对密度($d_水=1$)：0.85	引燃温度：360.0℃ 燃烧热：无资料

溶解性	不溶于水。
主要用途	用于有机合成。
急救措施	
皮肤接触	脱去污染的衣着，用大量流动清水冲洗。
眼睛接触	提起眼睑，用流动清水或生理盐水冲洗。就医。
吸入	脱离现场至空气新鲜处。如呼吸困难，给输氧。就医。
食入	饮足量温水，催吐。就医。
防护措施	
呼吸防护	空气中浓度超标时，必须佩戴自吸过滤式防毒面具(全面罩)。紧急事态抢救或撤离时，应该佩戴空气呼吸器。
眼睛防护	戴化学安全防护眼镜。
身体防护	穿防静电工作服。
手防护	戴橡胶耐油手套。
其他防护	工作现场禁止吸烟、进食和饮水。工作完毕，淋浴更衣。保持良好的卫生习惯。

品名：**二乙氧基甲烷**	分子式：$C_5H_{12}O_2$	相态：液	
别名：甲醛缩二乙醇；二乙醇缩甲醛	分子量：104.2	外观与性状：无色、澄清易挥发液体，有类似醚的气味	
危险特性			
火灾危险性：可燃液体甲 B	爆炸物：无	皮肤腐蚀/刺激：无	
腐蚀减薄：无	金属腐蚀：无	易燃液体：类别 2	
环境开裂：乙醇应力腐蚀开裂	急性毒性：类别 3		
其蒸气与空气可形成爆炸性混合物，遇明火、高热极易燃烧爆炸。与氧化剂接触猛烈反应。流速过快，容易产生和积聚静电。若遇高热，容器内压增大，有开裂和爆炸的危险。			
理化特性			
熔点：-66.5℃	临界温度：258.6℃	爆炸上限：无资料	引燃温度：174.4℃
沸点：89.0℃	临界压力：无资料	爆炸下限：无资料	燃烧热：无资料
闪点：-18.0℃	饱和蒸气压：7.03kPa(20℃)	相对密度($d_{水}=1$)：0.87	
溶解性	微溶于水，溶于醇、醚等多数有机溶剂。		
主要用途	用于翊树脂畏和香料合成。		
急救措施			
皮肤接触	脱去污染的衣着，用大量流动清水冲洗。		
眼睛接触	提起眼睑，用流动清水或生理盐水冲洗。就医。		
吸入	脱离现场至空气新鲜处。如呼吸困难，给输氧。就医。		
食入	饮足量温水，催吐。就医。		
防护措施			
呼吸防护	空气中浓度超标时，必须佩戴自吸过滤式防毒面具(全面罩)。紧急事态抢救或撤离时，应该佩戴空气呼吸器。		
眼睛防护	戴化学安全防护眼镜。		
身体防护	穿防静电工作服。		
手防护	戴橡胶耐油手套。		
其他防护	工作现场禁止吸烟、进食和饮水。工作完毕，淋浴更衣。注意个人清洁卫生。		

品名：**1,1-二乙氧基乙烷**	分子式：$C_6H_{14}O_2$	相态：液	
别名：乙叉二乙基醚；二乙醇缩乙醛；乙缩醛	分子量：118.2	外观与性状：无色易挥发液体，有芳香气味	
危险特性			
火灾危险性：可燃液体甲 B	爆炸物：无	皮肤腐蚀/刺激：类别 2	
腐蚀减薄：无	金属腐蚀：无	严重眼损伤/眼刺激：类别 2	
环境开裂：乙醇应力腐蚀开裂	急性毒性：类别 2		
其蒸气与空气可形成爆炸性混合物。遇高热、明火及强氧化剂易引起燃烧。与氧化剂接触猛烈反应。接触空气或在光照条件下可生成具有潜在爆炸危险性的过氧化物。其蒸气比空气重，能在较低处扩散到相当远的地方，遇火源会着火回燃。			
理化特性			
熔点：-100.0℃	临界温度：无资料	爆炸上限：10.4%	引燃温度：230.0℃
沸点：102.7℃	临界压力：2.98MPa	爆炸下限：1.6%	燃烧热：459.4kJ/mol
闪点：-21.0℃	饱和蒸气压：1.33kPa(8℃)	相对密度($d_{水}=1$)：0.83	
溶解性	溶于水、乙醇、乙醚。		
主要用途	用作溶剂，以及用于有机合成和化妆品、香料的制造。		
急救措施			
皮肤接触	脱去污染的衣着，用流动清水冲洗。		
眼睛接触	提起眼睑，用流动清水或生理盐水冲洗。就医。		
吸入	迅速脱离现场至空气新鲜处。保持呼吸道通畅。如呼吸困难，给输氧。如呼吸停止，立即进行人工呼吸。就医。		
食入	饮足量温水，催吐。就医。		
防护措施			
呼吸防护	空气中浓度超标时，佩戴过滤式防毒面具(全面罩)。		
眼睛防护	必要时，戴化学安全防护眼镜。		
身体防护	穿防静电工作服。		
手防护	戴橡胶耐油手套。		
其他防护	工作现场禁止吸烟、进食和饮水。工作完毕，淋浴更衣。注意个人清洁卫生。		

品名：**二异丙胺** 别名：无	分子式：$C_6H_{15}N$ 分子量：101.2		相态：液 外观与性状：无色，带氨臭的挥发性液体。
危险特性			
火灾危险性：可燃液体甲 B 腐蚀减薄：碱腐蚀、胺腐蚀 环境开裂：碱应力腐蚀开裂、胺应力腐蚀开裂	爆炸物：无 金属腐蚀：无 急性毒性：类别 2		皮肤腐蚀/刺激：类别 1 易燃液体：类别 2 严重眼损伤/眼刺激：类别 1
易燃，其蒸气与空气可形成爆炸性混合物，遇明火、高热能引起燃烧爆炸。与氧化剂能发生强烈反应。其蒸气比空气重，能在较低处扩散到相当远的地方，遇火源会着火回燃。具有腐蚀性。			
理化特性			
熔点：-61.0℃ 沸点：84.1℃ 闪点：-1.0℃	临界温度：无资料 临界压力：3.04MPa 饱和蒸气压：6.67kPa(20℃)	爆炸上限：7.1% 爆炸下限：1.1% 相对密度($d_水=1$)：0.72	引燃温度：315.0℃ 燃烧热：无资料
溶解性	微溶于水，溶于多数有机溶剂。		
主要用途	用作橡胶促进剂、医药中间体和农药除草剂、表面活性剂等。		
急救措施			
皮肤接触	立即脱去污染的衣着，用大量流动清水冲洗至少 15min。就医。		
眼睛接触	立即提起眼睑，用大量流动清水或生理盐水彻底冲洗至少 15min。就医。		
吸入	迅速脱离现场至空气新鲜处。保持呼吸道通畅。如呼吸困难，给输氧。如呼吸停止，立即进行人工呼吸。就医。		
食入	用水漱口，给饮牛奶或蛋清。就医。		
防护措施			
呼吸防护	可能接触其蒸气时，佩戴自吸过滤式防毒面具(全面罩)。紧急事态抢救或撤离时，应该佩戴氧气呼吸器、空气呼吸器。		
眼睛防护	戴化学安全防护眼镜。		
身体防护	穿防毒物渗透工作服。		
手防护	戴橡胶耐油手套。		
其他防护	工作现场禁止吸烟、进食和饮水。工作完毕，淋浴更衣。实行就业前和定期的体检。		

品名：**二异丙醇胺** 别名：2,2′-二羟基二丙胺	分子式：$C_6H_{15}NO_2$ 分子量：133.2		相态：固 外观与性状：白色结晶固体，有类似氨的气味
危险特性			
火灾危险性：可燃气体甲 腐蚀减薄：碱腐蚀、胺腐蚀 环境开裂：碱应力腐蚀开裂、胺应力腐蚀开裂	爆炸物：无 金属腐蚀：无 急性毒性：无		皮肤腐蚀/刺激：无 严重眼损伤/眼刺激：类别 2
遇明火、高热可燃。与强氧化剂接触可发生化学反应。具有腐蚀性。			
理化特性			
熔点：42.0~45.0℃ 沸点：(254.4±15.0)℃ 闪点：126.7℃	临界温度：无资料 临界压力：无资料 饱和蒸气压：0.30×10^{-2} kPa (42℃)	爆炸上限：9.8% 爆炸下限：1.2% 相对密度($d_水=1$)：0.99	引燃温度：374.0℃ 燃烧热：无资料
溶解性	与水混溶。		
主要用途	用作乳化剂，以及用于织物处理等。		
急救措施			
皮肤接触	立即脱去污染的衣着，用大量流动清水冲洗至少 15min。就医。		
眼睛接触	立即提起眼睑，用大量流动清水或生理盐水彻底冲洗至少 15min。就医。		
吸入	迅速脱离现场至空气新鲜处。保持呼吸道通畅。如呼吸困难，给输氧。如呼吸停止，立即进行人工呼吸。就医。		
食入	用水漱口，给饮牛奶或蛋清。就医。		
防护措施			
呼吸防护	空气中粉尘浓度超标时，佩戴自吸过滤式防尘口罩。		
眼睛防护	戴化学安全防护眼镜。		
身体防护	穿橡胶耐酸碱服。		
手防护	戴防化学品手套。		
其他防护	工作场所禁止吸烟、进食和饮水，饭前要洗手。工作完毕，淋浴更衣。注意个人清洁卫生。		

品名：**O,O-二异丙基-S-(2-苯磺酰胺基)乙基二硫代磷酸酯** 别名：S-2-苯磺酰基氨基乙基-O,O-二异丙基二硫代磷酸酯；地散磷	分子式：$C_{14}H_{24}NO_4PS_3$ 分子量：397.5		相态：无资料 外观与性状：无资料
危险特性			
火灾危险性：无 腐蚀减薄：硫酸腐蚀、磷酸腐蚀、碱腐蚀、胺腐蚀 环境开裂：碱应力腐蚀开裂、氨应力腐蚀开裂、胺应力腐蚀开裂、氢脆、连多硫酸应力腐蚀开裂	爆炸物：无 金属腐蚀：无 急性毒性：无		皮肤腐蚀/刺激：无
无资料			
理化特性			
熔点：34.4℃ 沸点：487.2℃ 闪点：248.4℃	临界温度：无资料 临界压力：无资料 饱和蒸气压：无资料	爆炸上限：无资料 爆炸下限：无资料 相对密度($d_{水}=1$)：1.20	引燃温度：无资料 燃烧热：无资料
溶解性	与水部分混溶。		
主要用途	适用于葫芦科，十字花科和棉花等作物植前使用。		
急救措施			
皮肤接触	用肥皂和大量的水冲洗。立即将患者送往医院。请教医生。		
眼睛接触	用水冲洗眼睛作为预防措施。		
吸入	如果吸入，请将患者移到新鲜空气处。如呼吸停止，进行人工呼吸。请教医生。		
食入	切勿给失去知觉者通过口喂任何东西。用水漱口。请教医生。		
防护措施			
呼吸防护	如危险性评测显示需要使用空气净化的防毒面具，请使用全面罩式多功能微粒防毒面具 N99 型(US)或 P2 型(EN143)防毒面具筒作为工程控制的候补。如果防毒面具是保护的唯一方式，则使用全面罩式送风防毒面具。呼吸器使用经过测试并通过政府标准如 NIOSH(US)或 CEN(EU)的呼吸器和零件。		
眼睛防护	面罩与安全眼镜请使用经官方标准如 NIOSH(美国)或 EN166(欧盟)检测与批准的设备防护眼部。		
身体防护	全套防化学试剂工作服，防护设备的类型必须根据特定工作场所中的危险物的浓度和含量来选择。		
手防护	所选择的保护手套必须符合 EU 的 89/686/EEC 规定和从它衍生出来的 EN376 标准。		
其他防护	无资料。		

品名：**二异丙基二硫代磷酸锑** 别名：无	分子式：$C_{48}H_{42}O_6P_3S_6Sb$ 分子量：761.5		相态：固 外观与性状：鹅黄色结晶固体
危险特性			
火灾危险性：无 腐蚀减薄：硫酸腐蚀、磷酸腐蚀 环境开裂：氢脆、连多硫酸应力腐蚀开裂	爆炸物：无 金属腐蚀：无 急性毒性：无		皮肤腐蚀/刺激：无
遇明火能燃烧。受热分解放出有毒气体。			
理化特性			
熔点：79.0℃ 沸点：无资料 闪点：无资料	临界温度：无资料 临界压力：无资料 饱和蒸气压：无资料	爆炸上限：无资料 爆炸下限：无资料 相对密度($d_{水}=1$)：无资料	引燃温度：无资料 燃烧热：无资料
溶解性	无资料。		
主要用途	用作钝化剂。		
急救措施			
皮肤接触	立即脱去污染的衣着，用大量流动清水冲洗。就医。		
眼睛接触	立即提起眼睑，用大量流动清水或生理盐水彻底冲洗至少 15min。就医。		
吸入	迅速脱离现场至空气新鲜处。保持呼吸道通畅。如呼吸困难，给输氧。如呼吸停止，立即进行人工呼吸。就医。		
食入	饮足量温水，催吐。洗胃，导泄。就医。		
防护措施			
呼吸防护	可能接触其粉尘时，必须佩戴防尘面具(全面罩)。紧急事态抢救或撤离时，应该佩戴空气呼吸器。		
眼睛防护	呼吸系统防护中已做防护。		
身体防护	穿胶布防毒衣。		
手防护	戴橡胶手套。		
其他防护	避免高浓度吸入。保持良好的卫生习惯。		

品名：***N*,*N*-二异丙基乙胺** 别名：*N*-乙基二异丙胺	分子式：$C_8H_{19}N$ 分子量：129.3	相态：液 外观与性状：无色液体
危险特性		
火灾危险性：可燃液体甲 B 腐蚀减薄：碱腐蚀、胺腐蚀 环境开裂：碱应力腐蚀开裂、胺应力腐蚀开裂	爆炸物：无 金属腐蚀：无 急性毒性：无	皮肤腐蚀/刺激：类别 1 易燃液体：类别 2 严重眼损伤/眼刺激：类别 1
其蒸气与空气可形成爆炸性混合物，遇明火、高热极易燃烧爆炸。与氧化剂接触猛烈反应。若遇高热，容器内压增大，有开裂和爆炸的危险。		
理化特性		

熔点：-46.0℃	临界温度：无资料	爆炸上限：无资料	引燃温度：240.0℃
沸点：126.5℃	临界压力：无资料	爆炸下限：无资料	燃烧热：无资料
闪点：10.6℃	饱和蒸气压：4.13kPa(37.7℃)	相对密度($d_水=1$)：0.74	

溶解性	溶于醇、醚等有机溶剂，微溶于水。
主要用途	用于有机合成。
急救措施	
皮肤接触	脱去污染的衣着，用大量流动清水冲洗。
眼睛接触	提起眼睑，用流动清水或生理盐水冲洗。就医。
吸入	迅速脱离现场至空气新鲜处。保持呼吸道通畅。如呼吸困难，给输氧。如呼吸停止，立即进行人工呼吸。就医。
食入	饮足量温水，催吐。就医。
防护措施	
呼吸防护	空气中浓度超标时，必须佩戴自吸过滤式防毒面具(全面罩)。紧急事态抢救或撤离时，应该佩戴空气呼吸器。
眼睛防护	戴化学安全防护眼镜。
身体防护	穿防静电工作服。
手防护	戴橡胶耐油手套。
其他防护	工作现场禁止吸烟、进食和饮水。工作完毕，淋浴更衣。定期体检。

品名：***N*,*N*-二异丙基乙醇胺** 别名：*N*,*N*-二异丙氨基乙醇	分子式：$C_8H_{19}NO$ 分子量：145.3	相态：液 外观与性状：无色油状液体
危险特性		
火灾危险性：可燃液体丙 A 腐蚀减薄：碱腐蚀、胺腐蚀 环境开裂：碱应力腐蚀开裂、氨应力腐蚀开裂、胺应力腐蚀开裂、乙醇应力腐蚀开裂	爆炸物：无 金属腐蚀：无 急性毒性：无	皮肤腐蚀/刺激：类别 1 严重眼损伤/眼刺激：类别 1
其蒸气与空气可形成爆炸性混合物，遇明火、高热能引起燃烧爆炸。与氧化剂可发生反应。受高热分解放出有毒的气体。其蒸气比空气重，能在较低处扩散到相当远的地方，遇火源会着火回燃。具有腐蚀性。若遇高热，容器内压增大，有开裂和爆炸的危险。		
理化特性		

熔点：-39.3℃	临界温度：无资料	爆炸上限：无资料	引燃温度：245.0℃
沸点：189.5℃	临界压力：无资料	爆炸下限：无资料	燃烧热：无资料
闪点：(60.1±16.4)℃	饱和蒸气压：0.11kPa(20℃)	相对密度($d_水=1$)：0.87	

溶解性	微溶于水。
主要用途	用于有机合成，是医药的中间体，也可用于纤维助剂、乳化剂和催化剂等。
急救措施	
皮肤接触	立即脱去污染的衣着，用大量流动清水冲洗。就医。
眼睛接触	立即提起眼睑，用大量流动清水或生理盐水彻底冲洗至少 15min。就医。
吸入	迅速脱离现场至空气新鲜处。保持呼吸道通畅。如呼吸困难，给输氧。如呼吸停止，立即进行人工呼吸。就医。
食入	用水漱口，给饮牛奶或蛋清。就医。
防护措施	
呼吸防护	空气中浓度超标时，必须佩戴自吸过滤式防毒面具(全面罩)。紧急事态抢救或撤离时，应该佩戴空气呼吸器。
眼睛防护	戴化学安全防护眼镜。
身体防护	穿橡胶耐酸碱服。
手防护	戴橡胶耐酸碱手套。
其他防护	工作场所禁止吸烟、进食和饮水，饭前要洗手。工作完毕，淋浴更衣。保持良好的卫生习惯。

品名：**二异丁胺** 别名：无		分子式：$C_8H_{19}N$ 分子量：129.2	相态：液 外观与性状：无色液体，有氨的气味。
危险特性			
火灾危险性：可燃液体乙 A 腐蚀减薄：碱腐蚀、胺腐蚀 环境开裂：碱应力腐蚀开裂、胺应力腐蚀开裂		爆炸物：无 金属腐蚀：无 急性毒性：类别 1	皮肤腐蚀/刺激：无 易燃液体：类别 3
易燃，遇明火、高热或与氧化剂接触，有引起燃烧爆炸的危险。受热分解放出有毒的氧化氮烟气。具有腐蚀性。			
理化特性			
熔点：-77.0℃ 沸点：(140.5±8.0)℃ 闪点：29.4℃	临界温度：306.7℃ 临界压力：2.57MPa 饱和蒸气压：1.33kPa(30.6℃)	爆炸上限：无资料 爆炸下限：无资料 相对密度($d_{水}=1$)：0.74	引燃温度：无资料 燃烧热：5644.9kJ/mol
溶解性	微溶于水，溶于乙醇、乙醚。		
主要用途	用作有机合成中间体。		
急救措施			
皮肤接触	立即脱去污染的衣着，用大量流动清水冲洗至少 15min。就医。		
眼睛接触	立即提起眼睑，用大量流动清水或生理盐水彻底冲洗至少 15min。就医。		
吸入	迅速脱离现场至空气新鲜处。保持呼吸道通畅。如呼吸困难，给输氧。如呼吸停止，立即进行人工呼吸。就医。		
食入	用水漱口，给饮牛奶或蛋清。就医。		
防护措施			
呼吸防护	可能接触其蒸气时，佩戴导管式防毒面具。		
眼睛防护	呼吸系统防护中已做防护。		
身体防护	穿胶布防毒衣。		
手防护	戴橡胶耐油手套。		
其他防护	工作现场禁止吸烟、进食和饮水。工作完毕，淋浴更衣。实行就业前和定期的体检。		

品名：**二异丁基酮** 别名：2,6-二甲基-4-庚酮		分子式：$C_9H_{18}O$ 分子量：142.2	相态：液 外观与性状：透明液体
危险特性			
火灾危险性：可燃液体乙 A 腐蚀减薄：无 环境开裂：无		爆炸物：无 金属腐蚀：无 急性毒性：无	皮肤腐蚀/刺激：无 易燃液体：类别 3
其蒸气与空气可形成爆炸性混合物，遇明火、高热能引起燃烧爆炸。与氧化剂可发生反应。流速过快，容易产生和积聚静电。其蒸气比空气重，能在较低处扩散到相当远的地方，遇火源会着火回燃。若遇高热，容器内压增大，有开裂和爆炸的危险。			
理化特性			
熔点：-46.0℃ 沸点：(170.3±8.0)℃ 闪点：45.0℃	临界温度：340.0℃ 临界压力：3.04MPa 饱和蒸气压：0.27kPa(20℃)	爆炸上限：7.1% 爆炸下限：0.8% 相对密度($d_{水}=1$)：0.81	引燃温度：396.0℃ 燃烧热：无资料
溶解性	不溶于水，可混溶于乙醇、乙醚等多数有机溶剂。		
主要用途	用作硝化纤维素、橡胶、树脂等的溶剂和涂料，以及有机合成等。		
急救措施			
皮肤接触	脱去污染的衣着，用流动清水冲洗。		
眼睛接触	提起眼睑，用流动清水或生理盐水冲洗。就医。		
吸入	迅速脱离现场至空气新鲜处。保持呼吸道通畅。如呼吸困难，给输氧。如呼吸停止，立即进行人工呼吸。就医。		
食入	饮足量温水，催吐。就医。		
防护措施			
呼吸防护	空气中浓度较高时，应该佩戴过滤式防毒面具(全面罩)。紧急事态抢救或逃生时，建议佩戴空气呼吸器。		
眼睛防护	空气中浓度较高时，佩戴化学安全防护眼镜。		
身体防护	穿防静电工作服。		
手防护	戴防化学品手套。		
其他防护	工作现场严禁吸烟。注意个人清洁卫生。避免长期反复接触。		

品名：**二异戊醚**	分子式：$C_{10}H_{22}O$	相态：液	
别名：无	分子量：158.3	外观与性状：无色液体，微有果香味	
危险特性			
火灾危险性：可燃液体乙 A	爆炸物：无	皮肤腐蚀/刺激：无	
腐蚀减薄：无	金属腐蚀：无	易燃液体：类别 3	
环境开裂：无	急性毒性：无		
易燃，遇高热、明火有引起燃烧的危险。接触空气或在光照条件下可生成具有潜在爆炸危险性的过氧化物。			
理化特性			
熔点：-69.3℃	临界温度：无资料	爆炸上限：无资料	引燃温度：428.0℃
沸点：173.4℃	临界压力：无资料	爆炸下限：无资料	燃烧热：无资料
闪点：45.0℃	饱和蒸气压：1.33kPa(60℃)	相对密度($d_{水}=1$)：0.78	
溶解性	不溶于水，可混溶于乙醇、乙醚、氯仿等多数有机溶剂。		
主要用途	用作溶剂及用于制漆和再生橡胶工业。		
急救措施			
皮肤接触	脱去污染的衣着，用肥皂水和清水彻底冲洗皮肤。		
眼睛接触	提起眼睑，用流动清水或生理盐水冲洗。就医。		
吸入	迅速脱离现场至空气新鲜处。保持呼吸道通畅。如呼吸困难，给输氧。如呼吸停止，立即进行人工呼吸。就医。		
食入	饮足量温水，催吐。就医。		
防护措施			
呼吸防护	空气中浓度超标时，佩戴自吸过滤式防毒面具(全面罩)。		
眼睛防护	必要时，戴化学安全防护眼镜。		
身体防护	穿防静电工作服。		
手防护	戴橡胶耐油手套。		
其他防护	工作现场严禁吸烟。注意个人清洁卫生。		

品名：**二异辛基磷酸**	分子式：$C_{16}H_{35}O_4P$	相态：液	
别名：酸式磷酸二异辛酯	分子量：322.5	外观与性状：无色透明油状液体	
危险特性			
火灾危险性：可燃液体丙 B	爆炸物：无	皮肤腐蚀/刺激：类别 1	
腐蚀减薄：磷酸腐蚀	金属腐蚀：无	严重眼损伤/眼刺激：类别 1	
环境开裂：氢脆	急性毒性：无		
遇明火、高热可燃。与氧化剂可发生反应。受高热分解放出有毒的气体。具有腐蚀性。若遇高热，容器内压增大，有开裂和爆炸的危险。			
理化特性			
熔点：-60.0℃	临界温度：无资料	爆炸上限：无资料	引燃温度：无资料
沸点：(393.4±25.0)℃	临界压力：无资料	爆炸下限：无资料	燃烧热：无资料
闪点：(191.7±23.2)℃	饱和蒸气压：无资料	相对密度($d_{水}=1$)：0.97	
溶解性	不溶于水，不溶于苯、醇、己烷。		
主要用途	用作萃取剂、表面活性剂、清洗剂的中间体、有机溶剂、气相色谱固定液，也用于金属分离、提取。		
急救措施			
皮肤接触	立即脱去污染的衣着，用大量流动清水冲洗。就医。		
眼睛接触	立即提起眼睑，用大量流动清水或生理盐水彻底冲洗至少 15min。就医。		
吸入	迅速脱离现场至空气新鲜处。保持呼吸道通畅。如呼吸困难，给输氧。如呼吸停止，立即进行人工呼吸。就医。		
食入	用水漱口，给饮牛奶或蛋清。就医。		
防护措施			
呼吸防护	空气中浓度超标时，必须佩戴自吸过滤式防毒面具(全面罩)。紧急事态抢救或撤离时，应该佩戴空气呼吸器。		
眼睛防护	戴化学安全防护眼镜。		
身体防护	穿橡胶耐酸碱服。		
手防护	戴橡胶耐酸碱手套。		
其他防护	工作场所禁止吸烟、进食和饮水，饭前要洗手。工作完毕，淋浴更衣。保持良好的卫生习惯。		

品名：**二正丙胺** 别名：二丙胺	分子式：$C_6H_{15}N$ 分子量：101.2	相态：液 外观与性状：无色液体，有氨的气味
危险特性		
火灾危险性：可燃液体甲 B 腐蚀减薄：碱腐蚀、胺腐蚀 环境开裂：碱应力腐蚀开裂、胺应力腐蚀开裂	爆炸物：无 金属腐蚀：无 急性毒性：无	皮肤腐蚀/刺激：类别 1 易燃液体：类别 2 严重眼损伤/眼刺激：类别 1
易燃，其蒸气与空气可形成爆炸性混合物。遇高热、明火及强氧化剂易引起燃烧。其蒸气比空气重，能在较低处扩散到相当远的地方，遇火源会着火回燃。具有腐蚀性。		

理化特性			
熔点：-39.8℃ 沸点：109.2℃ 闪点：17.0℃	临界温度：277.0℃ 临界压力：3.14MPa 饱和蒸气压：2.68kPa(25℃)	爆炸上限：无资料 爆炸下限：无资料 相对密度($d_水=1$)：0.74	引燃温度：299.0℃ 燃烧热：4411.9kJ/mol

溶解性	可混溶于乙醇、乙醚、苯、丙酮。
主要用途	有机合成中间体，及作溶剂。
急救措施	
皮肤接触	立即脱去污染的衣着，用大量流动清水冲洗至少 15min。就医。
眼睛接触	立即提起眼睑，用大量流动清水或生理盐水彻底冲洗至少 15min。就医。
吸入	迅速脱离现场至空气新鲜处。保持呼吸道通畅。如呼吸困难，给输氧。如呼吸停止，立即进行人工呼吸。就医。
食入	用水漱口，给饮牛奶或蛋清。就医。
防护措施	
呼吸防护	可能接触其蒸气时，佩戴导管式防毒面具。紧急事态抢救或撤离时，应该佩戴氧气呼吸器、空气呼吸器。
眼睛防护	呼吸系统防护中已做防护。
身体防护	穿胶布防毒衣。
手防护	戴橡胶耐油手套。
其他防护	工作现场禁止吸烟、进食和饮水。工作完毕，淋浴更衣。实行就业前和定期的体检。

品名：**二正丁胺** 别名：二丁胺	分子式：$C_8H_{19}N$ 分子量：129.2	相态：液 外观与性状：无色液体，有氨的气味
危险特性		
火灾危险性：可燃液体乙 A 腐蚀减薄：碱腐蚀、胺腐蚀 环境开裂：碱应力腐蚀开裂、胺应力腐蚀开裂	爆炸物：无 金属腐蚀：无 急性毒性：类别 2	皮肤腐蚀/刺激：类别 1 易燃液体：类别 3 严重眼损伤/眼刺激：类别 1
遇明火、高热或与氧化剂接触，有引起燃烧爆炸的危险。		

理化特性			
熔点：-59.0℃ 沸点：(163.0±8.0)℃ 闪点：41.0℃	临界温度：无资料 临界压力：3.11MPa 饱和蒸气压：0.27kPa(20℃)	爆炸上限：10.0% 爆炸下限：1.1% 相对密度($d_水=1$)：0.77	引燃温度：312.2℃ 燃烧热：无资料

溶解性	微溶于水，溶于乙醇、乙醚。
主要用途	用作腐蚀抑制剂，乳化剂，橡胶促进剂，杀虫剂，阻聚剂等。
急救措施	
皮肤接触	立即脱去污染的衣着，用大量流动清水冲洗至少 15min。就医。
眼睛接触	立即提起眼睑，用大量流动清水或生理盐水彻底冲洗至少 15min。就医。
吸入	迅速脱离现场至空气新鲜处。保持呼吸道通畅。如呼吸困难，给输氧。如呼吸停止，立即进行人工呼吸。就医。
食入	用水漱口，给饮牛奶或蛋清。就医。
防护措施	
呼吸防护	可能接触其蒸气时，佩戴导管式防毒面具。紧急事态抢救或撤离时，建议佩戴自给式呼吸器。
眼睛防护	呼吸系统防护中已做防护。
身体防护	穿胶布防毒衣。
手防护	戴橡胶耐油手套。
其他防护	工作现场禁止吸烟、进食和饮水。工作完毕，淋浴更衣。实行就业前和定期的体检。

品名：***N*,*N*-二正丁基氨基乙醇** 别名：*N*,*N*-二正丁基乙醇胺；2-二丁氨基乙醇	分子式：$C_{26}H_{53}NO_2$ 分子量：411.7	相态：无资料 外观与性状：无资料
危险特性		
火灾危险性：可燃液体丙 B 腐蚀减薄：碱腐蚀、胺腐蚀 环境开裂：碱应力腐蚀开裂、氨应力腐蚀开裂、胺应力腐蚀开裂、乙醇应力腐蚀开裂	爆炸物：无 金属腐蚀：无 急性毒性：无	皮肤腐蚀/刺激：类别 1 严重眼损伤/眼刺激：类别 1
遇明火、高热可燃。与氧化剂可发生反应。其蒸气比空气重，能在较低处扩散到相当远的地方，遇火源会着火回燃。若遇高热，容器内压增大，有开裂和爆炸的危险。		

理化特性			
熔点：无资料 沸点：360.0℃ 闪点：270.1℃	临界温度：无资料 临界压力：无资料 饱和蒸气压：无资料	爆炸上限：无资料 爆炸下限：无资料 相对密度($d_{水}=1$)：无资料	引燃温度：155.0℃ 燃烧热：无资料

溶解性	微溶于水，溶于甲醇、乙醇、乙醚、芳烃、乙酸乙酯，微溶于烃类。
主要用途	用作溶剂、萃取剂及用于有机合成。
急救措施	
皮肤接触	脱去污染的衣着，用流动清水冲洗。
眼睛接触	提起眼睑，用流动清水或生理盐水冲洗。就医。
吸入	脱离现场至空气新鲜处。如呼吸困难，给输氧。就医。
食入	饮足量温水，催吐。就医。
防护措施	
呼吸防护	无资料。
眼睛防护	无资料。
身体防护	无资料。
手防护	无资料。
其他防护	无资料。

品名：**二正戊胺** 别名：二戊胺	分子式：$C_{10}H_{23}N$ 分子量：157.3	相态：无资料 外观与性状：无色液体
危险特性		
火灾危险性：可燃液体乙 B 腐蚀减薄：碱腐蚀、胺腐蚀 环境开裂：碱应力腐蚀开裂、胺应力腐蚀开裂	爆炸物：无 金属腐蚀：无 急性毒性：类别 2	皮肤腐蚀/刺激：无 易燃液体：类别 3 严重眼损伤/眼刺激：类别 1
遇明火、高热或与氧化剂接触，有引起燃烧爆炸的危险。燃烧分解时，放出有毒的氮氧化物气体。		

理化特性			
熔点：-44.0℃ 沸点：(203.8±8.0)℃ 闪点：52.2℃	临界温度：无资料 临界压力：无资料 饱和蒸气压：0.02kPa(20℃)	爆炸上限：无资料 爆炸下限：无资料 相对密度($d_{水}=1$)：0.78	引燃温度：无资料 燃烧热：无资料

溶解性	微溶于水，溶于乙醇、乙醚等多数有机溶剂。
主要用途	用于有机合成，用作橡胶促进剂、浮选剂。
急救措施	
皮肤接触	立即脱去污染的衣着，用大量流动清水冲洗至少 15min。就医。
眼睛接触	立即提起眼睑，用大量流动清水或生理盐水彻底冲洗至少 15min。就医。
吸入	迅速脱离现场至空气新鲜处。保持呼吸道通畅。如呼吸困难，给输氧。如呼吸停止，立即进行人工呼吸。就医。
食入	用水漱口，给饮牛奶或蛋清。就医。
防护措施	
呼吸防护	可能接触其蒸气时，应该佩戴自吸过滤式防毒面具(全面罩)。紧急事态抢救或撤离时，建议佩戴氧气呼吸器。
眼睛防护	戴化学安全防护眼镜。
身体防护	穿防毒物渗透工作服。
手防护	戴橡胶耐油手套。
其他防护	工作现场禁止吸烟、进食和饮水。工作完毕，淋浴更衣。定期体检。

品名：**发烟硫酸**	分子式：$H_2O_7S_2$	相态：液
别名：硫酸和三氧化硫的混合物；焦硫酸	分子量：178.1	外观与性状：无色或棕色油状稠厚的发烟液体，有强刺激臭

危险特性

火灾危险性：无	爆炸物：无	皮肤腐蚀/刺激：类别 1
腐蚀减薄：硫酸腐蚀	金属腐蚀：无	严重眼损伤/眼刺激：类别 1
环境开裂：氢脆、连多硫酸应力腐蚀开裂、硫酸盐应力腐蚀开裂	急性毒性：无	

遇水大量放热，可发生沸溅。与易燃物(如苯)和可燃物(如糖、纤维素等)接触会发生剧烈反应，甚至引起燃烧。遇电石、高氯酸盐、雷酸盐、硝酸盐、苦味酸盐、金属粉末等猛烈反应，发生爆炸或燃烧。

理化特性

熔点：4.0℃	临界温度：无资料	爆炸上限：无资料	引燃温度：无资料
沸点：290.0℃	临界压力：无资料	爆炸下限：无资料	燃烧热：无资料
闪点：无资料	饱和蒸气压：无资料	相对密度($d_水=1$)：1.99	

溶解性	与水混溶。
主要用途	用作磺化剂，还广泛用于制造染料、炸药、硝化纤维以及药物等。

急救措施

皮肤接触	立即脱去污染的衣着，用大量流动清水冲洗至少 15min。就医。
眼睛接触	立即提起眼睑，用大量流动清水或生理盐水彻底冲洗至少 15min。就医。
吸入	迅速脱离现场至空气新鲜处。保持呼吸道通畅。如呼吸困难，给输氧。如呼吸停止，立即进行人工呼吸。就医。
食入	用水漱口，给饮牛奶或蛋清。就医。

防护措施

呼吸防护	可能接触其烟雾时，佩戴自吸过滤式防毒面具(全面罩)或空气呼吸器。紧急事态抢救或撤离时，建议佩戴氧气呼吸器。
眼睛防护	呼吸系统防护中已做防护。
身体防护	穿橡胶耐酸碱服。
手防护	戴橡胶耐酸碱手套。
其他防护	工作完毕，淋浴更衣。单独存放被毒物污染的衣服，洗后备用。保持良好的卫生习惯。

品名：**呋喃**	分子式：C_4H_4O	相态：液
别名：氧杂茂	分子量：68.1	外观与性状：无色液体，有温和的香味

危险特性

火灾危险性：可燃液体甲 B	爆炸物：无	皮肤腐蚀/刺激：类别 2
腐蚀减薄：无	金属腐蚀：无	易燃液体：类别 1
环境开裂：无	急性毒性：无	

其蒸气与空气可形成爆炸性混合物，遇明火、高热能引起燃烧爆炸。与氧化剂能发生强烈反应。在空气中能形成不稳定的过氧化物，蒸馏时易引起爆炸。本品与酸液接触，能发生强烈的放热反应。在火场中，受热的容器有爆炸危险。其蒸气比空气重，能在较低处扩散到相当远的地方，遇火源会着火回燃。

理化特性

熔点：-85.6℃	临界温度：无资料	爆炸上限：14.3%	引燃温度：390.0℃
沸点：(31.4±9.0)℃	临界压力：5.32MPa	爆炸下限：1.3%	燃烧热：2090.4kJ/mol
闪点：-35.6℃	饱和蒸气压：65.60kPa(20℃)	相对密度($d_水=1$)：0.94	

溶解性	不溶于水，溶于丙酮、苯，易溶于乙醇、乙醚等多数有机溶剂。
主要用途	用于有机合成或用作溶剂。

急救措施

皮肤接触	脱去污染的衣着，用肥皂水和清水彻底冲洗皮肤。
眼睛接触	提起眼睑，用流动清水或生理盐水冲洗。就医。
吸入	迅速脱离现场至空气新鲜处。保持呼吸道通畅。如呼吸困难，给输氧。如呼吸停止，立即进行人工呼吸。就医。
食入	饮足量温水，催吐。就医。

防护措施

呼吸防护	一般不需要特殊防护，高浓度接触时可佩戴自吸过滤式防毒面具(全面罩)。
眼睛防护	一般不需特殊防护。必要时，戴安全防护眼镜。
身体防护	穿防静电工作服。
手防护	戴橡胶耐油手套。
其他防护	工作现场严禁吸烟。工作完毕，淋浴更衣。注意个人清洁卫生。

品名：**2-呋喃甲醇** 别名：糠醇		分子式：$C_5H_6O_2$ 分子量：98.1	相态：液 外观与性状：无色或淡黄色液体
危险特性			
火灾危险性：可燃液体丙 A 腐蚀减薄：无 环境开裂：无		爆炸物：无 金属腐蚀：无 急性毒性：类别 2	皮肤腐蚀/刺激：无 严重眼损伤/眼刺激：类别 2
其蒸气与空气形成爆炸性混合物，遇明火、高热或与氧化剂接触，有引起燃烧爆炸的危险。遇无机酸和某些有机酸可能引起爆炸。若遇高热、容器内压增大，有开裂和爆炸的危险。			
理化特性			
熔点：-31.0℃ 沸点：170.0℃ 闪点：65.0℃	临界温度：无资料 临界压力：无资料 饱和蒸气压：0.08kPa(25℃)	爆炸上限：16.3% 爆炸下限：1.8% 相对密度($d_{水}=1$)：1.13	引燃温度：490.0℃ 燃烧热：2550.4kJ/mol
溶解性	溶于水、乙醇和乙醚等。		
主要用途	可用于有机合成、合成纤维、橡胶、农药等，也用于制造树脂、火箭燃料和溶剂。		
急救措施			
皮肤接触	脱去污染的衣着，立即用流动清水彻底冲洗。		
眼睛接触	立即提起眼睑，用大量流动清水彻底冲洗。		
吸入	迅速脱离现场至空气新鲜处。保持呼吸道通畅。呼吸困难时给输氧。呼吸停止时，立即进行人工呼吸。就医。		
食入	患者清醒时给饮大量温水，催吐，就医。		
防护措施			
呼吸防护	可能接触其蒸气时，应该佩带防毒面具。紧急事态抢救或逃生时，佩带自给式呼吸。		
眼睛防护	戴安全防护眼镜。		
身体防护	穿相应的防护服。		
手防护	戴防化学品手套。		
其他防护	工作现场禁止吸烟、进食和饮水。工作后，彻底清洗。单独存放被毒物污染的衣服，洗后再用。注意个人清洁卫生。		

品名：**呋喃甲酰氯** 别名：氯化呋喃甲酰		分子式：$C_5H_3ClO_2$ 分子量：130.5	相态：液 外观与性状：无色或浅黄色液体
危险特性			
火灾危险性：可燃液体丙 A 腐蚀减薄：盐酸腐蚀、含盐水腐蚀 环境开裂：氯化物应力腐蚀开裂		爆炸物：无 金属腐蚀：无 急性毒性：无	皮肤腐蚀/刺激：类别 1 严重眼损伤/眼刺激：类别 1
可燃。遇高热、明火或与氧化剂接触，有引起燃烧的危险。在空气中受热分解释出剧毒的光气和氯化氢气体。遇水或水蒸气反应放热并产生有毒的腐蚀性气体。			
理化特性			
熔点：-2.0℃ 沸点：173.0~174.0℃ 闪点：85.0℃	临界温度：无资料 临界压力：无资料 饱和蒸气压：1.33kPa(66℃)	爆炸上限：无资料 爆炸下限：无资料 相对密度($d_{水}=1$)：1.32	引燃温度：无资料 燃烧热：无资料
溶解性	不溶于水，溶于乙醚、氯仿。		
主要用途	用于有机合成。		
急救措施			
皮肤接触	立即脱去污染的衣着，用大量流动清水冲洗。就医。		
眼睛接触	提起眼睑，用流动清水或生理盐水冲洗。就医。		
吸入	迅速脱离现场至空气新鲜处。保持呼吸道通畅。如呼吸困难，给输氧。如呼吸停止，立即进行人工呼吸。就医。		
食入	饮足量温水，催吐。就医。		
防护措施			
呼吸防护	空气中浓度超标时，必须佩戴自吸过滤式防毒面具(全面罩)。紧急事态抢救或撤离时，应该佩戴空气呼吸器。		
眼睛防护	呼吸系统防护中已做防护。		
身体防护	穿橡胶耐酸碱服。		
手防护	戴橡胶耐酸碱手套。		
其他防护	工作完毕，淋浴更衣。单独存放被毒物污染的衣服，洗后备用。注意个人清洁卫生。		

品名：**氟** 别名：无	分子式：F_2 分子量：38.0	相态：气 外观与性状：淡黄色气体，有刺激性气味
危险特性		
火灾危险性：无法确定 腐蚀减薄：氢氟酸腐蚀 环境开裂：无	爆炸物：无 金属腐蚀：无 急性毒性：类别 2	皮肤腐蚀/刺激：类别 1 严重眼损伤/眼刺激：类别 1 氧化性气体：类别 1 加压气体：是
强氧化剂。是最活泼的非金属元素，几乎可与所有的物质发生剧烈反应而燃烧。与氢气混合时会引起爆炸。特别是与水或杂质接触时，可发生激烈反应而燃烧，使容器破裂。氟对许多金属有腐蚀性，并能形成一层保护性金属氟化物。		

理化特性

熔点：-218.0℃	临界温度：-129.0℃	爆炸上限：无资料	引燃温度：无资料
沸点：-187.0℃	临界压力：5.57MPa	爆炸下限：无资料	燃烧热：无资料
闪点：无资料	饱和蒸气压：101.32kPa(-187℃)	相对密度($d_水$=1)：1.14	

溶解性	溶于水。
主要用途	用作火箭燃料中的氧化剂，以及用于氟化合物、含氟塑料、氟橡胶等的制造。
急救措施	
皮肤接触	立即脱去污染的衣着，用大量流动清水冲洗至少 15min。就医。
眼睛接触	立即提起眼睑，用大量流动清水或生理盐水彻底冲洗至少 15min。就医。
吸入	迅速脱离现场至空气新鲜处。保持呼吸道通畅。如呼吸困难，给输氧。如呼吸停止，立即进行人工呼吸。就医。
食入	无资料。
防护措施	
呼吸防护	正常工作情况下，佩带过滤式防毒面具(全面罩)。高浓度环境中，必须佩戴空气呼吸器或氧气呼吸器。紧急事态抢救或撤离时，建议佩戴隔离式呼吸器。
眼睛防护	呼吸系统防护中已做防护。
身体防护	穿胶布防毒衣。
手防护	戴橡胶手套。
其他防护	工作现场禁止吸烟、进食和饮水。工作完毕，淋浴更衣。保持良好的卫生习惯。

品名：**1-氟-2,4-二硝基苯** 别名：2,4-二硝基-1-氟苯	分子式：$C_6H_3FN_2O_4$ 分子量：186.1	相态：固 外观与性状：黄色针状结晶，液化后为澄黄色液体
危险特性		
火灾危险性：可燃液体丙 B 腐蚀减薄：无 环境开裂：无	爆炸物：无 金属腐蚀：无 急性毒性：无	皮肤腐蚀/刺激：类别 2
遇明火能燃烧。受热分解，放出有毒的氮氧化物和氟化物烟气。		

理化特性

熔点：25.0~27.0℃	临界温度：无资料	爆炸上限：无资料	引燃温度：无资料
沸点：(296.0±20.0)℃	临界压力：无资料	爆炸下限：无资料	燃烧热：无资料
闪点：(132.8±21.8)℃	饱和蒸气压：2.67kPa(137℃)	相对密度($d_水$=1)：1.48	

溶解性	溶于乙醚、苯、热乙醇。
主要用途	用作蛋白质分析的试剂以及测定酚、吗啡及氨基酸、醛、肪的还原剂。
急救措施	
皮肤接触	脱去污染的衣着，用肥皂水和清水彻底冲洗皮肤。
眼睛接触	提起眼睑，用流动清水或生理盐水冲洗。就医。
吸入	迅速脱离现场至空气新鲜处。保持呼吸道通畅。如呼吸困难，给输氧。如呼吸停止，立即进行人工呼吸。就医。
食入	饮足量温水，催吐。就医。
防护措施	
呼吸防护	可能接触其蒸气时，必须佩戴自吸过滤式防毒面具(全面罩)。可能接触其粉尘时，建议佩戴自吸过滤式防尘口罩。
眼睛防护	戴化学安全防护眼镜。
身体防护	穿防毒物渗透工作服。
手防护	戴橡胶手套。
其他防护	工作现场禁止吸烟、进食和饮水。及时换洗工作服。保持良好的卫生习惯。

品名：**2-氟苯胺** 别名：邻氟苯胺；邻氨基氟化苯		分子式：C_6H_6FN 分子量：111.1	相态：液 外观与性状：淡黄色液体
危险特性			
火灾危险性：可燃液体丙 A 腐蚀减薄：碱腐蚀、胺腐蚀、含盐水腐蚀 环境开裂：碱应力腐蚀开裂、氨应力腐蚀开裂、胺应力腐蚀开裂		爆炸物：无 金属腐蚀：无 急性毒性：无	皮肤腐蚀/刺激：类别 2 易燃液体：类别 3 严重眼损伤/眼刺激：类别 2
其蒸气与空气可形成爆炸性混合物，遇明火、高热能引起燃烧爆炸。与氧化剂可发生反应。受高热分解放出有毒的气体。若遇高热，容器内压增大，有开裂和爆炸的危险。			
理化特性			
熔点：-28.5℃ 沸点：182.0℃ 闪点：60.0℃	临界温度：无资料 临界压力：无资料 饱和蒸气压：无资料	爆炸上限：无资料 爆炸下限：无资料 相对密度($d_{水}=1$)：1.15	引燃温度：无资料 燃烧热：无资料
溶解性	不溶于水，溶于乙醇、乙醚。		
主要用途	用作分析试剂。		
急救措施			
皮肤接触	脱去污染的衣着，用大量流动清水冲洗。		
眼睛接触	提起眼睑，用流动清水或生理盐水冲洗。就医。		
吸入	迅速脱离现场至空气新鲜处。保持呼吸道通畅。如呼吸困难，给输氧。如呼吸停止，立即进行人工呼吸。就医。		
食入	饮足量温水，催吐。就医。		
防护措施			
呼吸防护	空气中浓度超标时，必须佩戴自吸过滤式防毒面具(全面罩)。紧急事态抢救或撤离时，应该佩戴空气呼吸器。		
眼睛防护	戴化学安全防护眼镜。		
身体防护	穿防毒物渗透工作服。		
手防护	戴橡胶手套。		
其他防护	工作场所禁止吸烟、进食和饮水，饭前要洗手。工作完毕，淋浴更衣。保持良好的卫生习惯。		

品名：**3-氟苯胺** 别名：间氟苯胺；间氨基氟化苯		分子式：C_6H_6FN 分子量：111.1	相态：液 外观与性状：淡黄色液体
危险特性			
火灾危险性：可燃液体丙 A 腐蚀减薄：碱腐蚀、胺腐蚀、含盐水腐蚀 环境开裂：碱应力腐蚀开裂、氨应力腐蚀开裂、胺应力腐蚀开裂		爆炸物：无 金属腐蚀：无 急性毒性：无	皮肤腐蚀/刺激：类别 2 严重眼损伤/眼刺激：类别 2
遇明火、高热可燃。与氧化剂可发生反应。受热分解产生有毒的烟气。若遇高热，容器内压增大，有开裂和爆炸的危险。			
理化特性			
熔点：-34.6℃ 沸点：(186.3±13.0)℃ 闪点：77.0℃	临界温度：无资料 临界压力：无资料 饱和蒸气压：无资料	爆炸上限：无资料 爆炸下限：无资料 相对密度($d_{水}=1$)：1.16	引燃温度：无资料 燃烧热：无资料
溶解性	微溶于水，溶于乙醇、乙醚。		
主要用途	用于制造药物、杀虫剂、农用化学品，也是偶氮染料和颜料的中间体。		
急救措施			
皮肤接触	立即脱去污染的衣着，用大量流动清水冲洗。就医。		
眼睛接触	提起眼睑，用流动清水或生理盐水冲洗。就医。		
吸入	迅速脱离现场至空气新鲜处。保持呼吸道通畅。如呼吸困难，给输氧。如呼吸停止，立即进行人工呼吸。就医。		
食入	饮足量温水，催吐。就医。		
防护措施			
呼吸防护	空气中浓度超标时，必须佩戴自吸过滤式防毒面具(全面罩)。紧急事态抢救或撤离时，应该佩戴空气呼吸器。		
眼睛防护	戴化学安全防护眼镜。		
身体防护	穿防毒物渗透工作服。		
手防护	戴橡胶手套。		
其他防护	工作场所禁止吸烟、进食和饮水，饭前要洗手。工作完毕，淋浴更衣。保持良好的卫生习惯。		

品名：**4-氟苯胺**	分子式：C_6H_6FN	相态：液
别名：对氟苯胺；对氨基氟化苯	分子量：111.1	外观与性状：淡黄色的油状液体，有刺激性气味

危险特性

火灾危险性：可燃液体丙 A	爆炸物：无	皮肤腐蚀/刺激：类别 2
腐蚀减薄：碱腐蚀、胺腐蚀、含盐水腐蚀	金属腐蚀：无	严重眼损伤/眼刺激：类别 2
环境开裂：碱应力腐蚀开裂、氨应力腐蚀开裂、胺应力腐蚀开裂	急性毒性：无	

遇明火、高热可燃。受高热分解放出有毒的气体。与强氧化剂接触可发生化学反应。

理化特性

熔点：-1.9℃	临界温度：无资料	爆炸上限：无资料	引燃温度：无资料
沸点：(188.9±13.0)℃	临界压力：无资料	爆炸下限：无资料	燃烧热：无资料
闪点：73.0℃	饱和蒸气压：无资料	相对密度($d_{水}=1$)：1.17	

溶解性	微溶于水，溶于乙醇、乙醚等。
主要用途	用作染料中间体。

急救措施

皮肤接触	立即脱去污染的衣着，用肥皂水和清水彻底冲洗皮肤。就医。
眼睛接触	提起眼睑，用流动清水或生理盐水冲洗。就医。
吸入	迅速脱离现场至空气新鲜处。保持呼吸道通畅。如呼吸困难，给输氧。如呼吸停止，立即进行人工呼吸。就医。
食入	饮足量温水，催吐。就医。

防护措施

呼吸防护	空气中浓度超标时，必须佩戴自吸过滤式防毒面具(全面罩)。紧急事态抢救或撤离时，应该佩戴空气呼吸器。
眼睛防护	戴化学安全防护眼镜。
身体防护	穿防毒物渗透工作服。
手防护	戴橡胶手套。
其他防护	工作场所禁止吸烟、进食和饮水，饭前要洗手。工作完毕，淋浴更衣。保持良好的卫生习惯。

品名：**氟代苯**	分子式：C_6H_5F	相态：液
别名：氟苯	分子量：96.1	外观与性状：无色液体，有苯样的气味

危险特性

火灾危险性：可燃液体甲 B	爆炸物：无	皮肤腐蚀/刺激：无
腐蚀减薄：含盐水腐蚀	金属腐蚀：无	严重眼损伤/眼刺激：类别 2
环境开裂：无	急性毒性：无	易燃液体：类别 2

易燃，遇高热、明火、氧化剂有引起燃烧的危险。其蒸气比空气重，能在较低处扩散到相当远的地方，遇火源会着火回燃。

理化特性

熔点：-41.9℃	临界温度：286.6℃	爆炸上限：无资料	引燃温度：630.0℃
沸点：(84.7±9.0)℃	临界压力：4.52MPa	爆炸下限：无资料	燃烧热：3123.3kJ/mol
闪点：-15.0℃	饱和蒸气压：19.92kPa(39.4℃)	相对密度($d_{水}=1$)：1.03	

溶解性	不溶于水，可混溶于乙醇、乙醚、丙酮、苯。
主要用途	用作杀虫、杀卵剂，及用于塑料和树脂聚合物的鉴定。

急救措施

皮肤接触	脱去污染的衣着，用肥皂水和清水彻底冲洗皮肤。
眼睛接触	提起眼睑，用流动清水或生理盐水冲洗。
吸入	迅速脱离现场至空气新鲜处。保持呼吸道通畅。如呼吸困难，给输氧。如呼吸停止，立即进行人工呼吸。就医。
食入	饮足量温水，催吐。就医。

防护措施

呼吸防护	空气中浓度超标时，佩戴自吸过滤式防毒面具(全面罩)。紧急事态抢救或撤离时，应该佩戴空气呼吸器或氧气呼吸器。
眼睛防护	一般不需要特殊防护，高浓度接触时可戴安全防护眼镜。
身体防护	穿防静电工作服。
手防护	戴橡胶耐油手套。
其他防护	工作现场严禁吸烟。工作完毕，淋浴更衣。注意个人清洁卫生。

品名：**氟锆酸钾** 别名：氟化锆钾		分子式：F_6K_2Zr 分子量：283.4	相态：固 外观与性状：无色或白色单斜晶系结晶
危险特性			
火灾危险性：无 腐蚀减薄：含盐水腐蚀 环境开裂：无		爆炸物：无 金属腐蚀：无 急性毒性：类别 3	皮肤腐蚀/刺激：无 严重眼损伤/眼刺激：类别 1
本身不能燃烧。受高热分解放出有毒的气体。具有腐蚀性。			
理化特性			
熔点：840.0℃ 沸点：19.5℃ 闪点：无资料	临界温度：无资料 临界压力：无资料 饱和蒸气压：无资料	爆炸上限：无资料 爆炸下限：无资料 相对密度($d_{水}=1$)：3.48	引燃温度：无资料 燃烧热：无资料
溶解性	微溶于冷水，溶于热水。		
主要用途	用于制金属蜡、蜡化合物、高级电器材料、耐火材料、烟火、陶瓷、塘瓷、玻璃等。		
急救措施			
皮肤接触	立即脱去污染的衣着，用大量流动清水冲洗。就医。		
眼睛接触	提起眼睑，用流动清水或生理盐水冲洗。就医。		
吸入	迅速脱离现场至空气新鲜处。保持呼吸道通畅。如呼吸困难，给输氧。如呼吸停止，立即进行人工呼吸。就医。		
食入	饮足量温水，催吐。就医。		
防护措施			
呼吸防护	空气中粉尘浓度超标时，必须佩戴自吸过滤式防尘口罩。紧急事态抢救或撤离时，应该佩戴空气呼吸器。		
眼睛防护	戴化学安全防护眼镜。		
身体防护	穿防毒物渗透工作服。		
手防护	戴橡胶手套。		
其他防护	工作场所禁止吸烟、进食和饮水，饭前要洗手。工作完毕，淋浴更衣。保持良好的卫生习惯。		

品名：**氟硅酸** 别名：硅氟酸		分子式：H_2SiF_6 分子量：144.1	相态：液 外观与性状：其水溶液为无色透明的发烟液体，有刺激性气味
危险特性			
火灾危险性：无 腐蚀减薄：无 环境开裂：无		爆炸物：无 金属腐蚀：无 急性毒性：无	皮肤腐蚀/刺激：类别 1 严重眼损伤/眼刺激：类别 1
受热分解放出有毒的氟化物气体。具有较强的腐蚀性。			
理化特性			
熔点：-20.0℃ 沸点：108.0~109.0℃ 闪点：无资料	临界温度：无资料 临界压力：无资料 饱和蒸气压：3.19kPa(20℃)	爆炸上限：无资料 爆炸下限：无资料 相对密度($d_{水}=1$)：1.32	引燃温度：无资料 燃烧热：无资料
溶解性	溶于水。		
主要用途	制取氟硅酸盐及四氟化硅的原料，也应用于金属电镀、木材防腐、啤酒消毒等。		
急救措施			
皮肤接触	立即脱去污染的衣着，用大量流动清水冲洗至少 15min。就医。		
眼睛接触	立即提起眼睑，用大量流动清水或生理盐水彻底冲洗至少 15min。就医。		
吸入	迅速脱离现场至空气新鲜处。保持呼吸道通畅。如呼吸困难，给输氧。如呼吸停止，立即进行人工呼吸。就医。		
食入	用水漱口，给饮牛奶或蛋清。就医。		
防护措施			
呼吸防护	可能接触其烟雾时，佩戴自吸过滤式防毒面具(全面罩)或空气呼吸器。紧急事态抢救或撤离时，建议佩戴氧气呼吸器。		
眼睛防护	呼吸系统防护中已做防护。		
身体防护	穿橡胶耐酸碱服。		
手防护	戴橡胶耐酸碱手套。		
其他防护	工作现场禁止吸烟、进食和饮水。工作完毕，淋浴更衣。单独存放被毒物污染的衣服，洗后备用。保持良好的卫生习惯。		

品名：**氟硅酸铵** 别名：无		分子式：$F_6H_8N_2Si$ 分子量：178.2	相态：固 外观与性状：无色结晶粉末，无臭，有毒
危险特性			
火灾危险性：无 腐蚀减薄：无 环境开裂：无		爆炸物：无 金属腐蚀：无 急性毒性：类别 3	皮肤腐蚀/刺激：无
与酸反应，放出有毒的腐蚀性烟气。受高热分解，放出有毒的烟气。			
理化特性			
熔点：无资料 沸点：无资料 闪点：无资料	临界温度：无资料 临界压力：无资料 饱和蒸气压：无资料	爆炸上限：无资料 爆炸下限：无资料 相对密度($d_{水}=1$)：2.01	引燃温度：无资料 燃烧热：无资料
溶解性	溶于醇和水，不溶于丙酮。		
主要用途	用作酿造工业的消毒剂、玻璃蚀刻剂、纺织品的防蛀剂、木材防腐剂，也用于轻金属浇铸、电镀，还用于由绿砂中提钾及制取人造冰晶石和氯酸等。在化学分析中还用于测定钡盐。		
急救措施			
皮肤接触	用流动清水冲洗。		
眼睛接触	拉开眼睑，用流动清水冲洗 15min。就医。		
吸入	脱离现场至空气新鲜处。呼吸困难时给输氧。呼吸停止时，立即进行人工呼吸。就医。		
食入	误服者，用水漱口。饮水及镁乳。就医。		
防护措施			
呼吸防护	佩戴防尘口罩。紧急事态抢救或逃生时，应该佩戴防毒面具。		
眼睛防护	戴化学安全防护眼镜。		
身体防护	穿相应的防护服。		
手防护	戴防化学品手套。		
其他防护	工作现场禁止吸烟、进食和饮水。工作后，淋浴更衣。注意个人清洁卫生。		

品名：**氟硅酸钾** 别名：无		分子式：K_2SiF_6 分子量：220.3	相态：固 外观与性状：白色晶体或结晶粉末
危险特性			
火灾危险性：无 腐蚀减薄：无 环境开裂：无		爆炸物：无 金属腐蚀：无 急性毒性：类别 3	皮肤腐蚀/刺激：无
与酸反应，放出有毒的腐蚀性烟气。受高热分解，放出有毒的烟气。			
理化特性			
熔点：无资料 沸点：无资料 闪点：无资料	临界温度：无资料 临界压力：无资料 饱和蒸气压：无资料	爆炸上限：无资料 爆炸下限：无资料 相对密度($d_{水}=1$)：3.08	引燃温度：无资料 燃烧热：无资料
溶解性	难溶于水和乙醇。		
主要用途	用于木材防腐、陶瓷制造以及铝和镁的治炼。		
急救措施			
皮肤接触	用肥皂水及清水彻底冲洗。就医。		
眼睛接触	拉开眼睑，用流动清水冲洗 15min。就医。		
吸入	脱离现场至空气新鲜处。呼吸困难时给输氧。呼吸停止时，立即进行人工呼吸。就医。		
食入	误服者，口服牛奶、豆浆或蛋清，就医。		
防护措施			
呼吸防护	佩戴防尘口罩。紧急事态抢救或逃生时，应该佩戴防毒面具。		
眼睛防护	戴化学安全防护眼镜。		
身体防护	穿相应的防护服。		
手防护	戴防化学品手套。		
其他防护	工作现场禁止吸烟、进食和饮水。工作后，淋浴更衣。注意个人清洁卫生。		

品名：**氟硅酸钠** 别名：无		分子式：Na_2SiF_6 分子量：188.1	相态：固 外观与性状：白色颗粒粉末，无臭无味，有吸湿性
危险特性			
火灾危险性：无 腐蚀减薄：无 环境开裂：无		爆炸物：无 金属腐蚀：无 急性毒性：类别3	皮肤腐蚀/刺激：无
不燃。与酸类反应，散发出腐蚀性和刺激性的氟化氢和四氟化硅气体。			
理化特性			
熔点：无资料 沸点：无资料 闪点：无资料	临界温度：无资料 临界压力：无资料 饱和蒸气压：无资料	爆炸上限：无资料 爆炸下限：无资料 相对密度($d_{水}=1$)：2.68	引燃温度：无资料 燃烧热：无资料
溶解性	微溶于水，不溶于乙醇，于乙醚等。		
主要用途	用作搪瓷乳白剂、农业杀虫剂、木材防腐剂等。		
急救措施			
皮肤接触	脱去污染的衣着，用流动清水冲洗。		
眼睛接触	提起眼睑，用流动清水或生理盐水冲洗。就医。		
吸入	脱离现场至空气新鲜处。如呼吸困难，给输氧。就医。		
食入	饮足量温水，催吐。就医。		
防护措施			
呼吸防护	空气中粉尘浓度超标时，建议佩戴自吸过滤式防尘口罩。紧急事态抢救或撤离时，应该佩戴空气呼吸器。		
眼睛防护	戴化学安全防护眼镜。		
身体防护	穿防毒物渗透工作服。		
手防护	戴乳胶手套。		
其他防护	工作完毕，淋浴更衣。注意个人清洁卫生。		

品名：**氟化铵** 别名：无		分子式：NH_4F 分子量：37.0	相态：固 外观与性状：白色六角晶体或粉末，易潮解
危险特性			
火灾危险性：无 腐蚀减薄：含盐水腐蚀 环境开裂：无		爆炸物：无 金属腐蚀：无 急性毒性：类别3	皮肤腐蚀/刺激：无
遇酸分解，放出腐蚀性的氟化氢气体。遇碱放出有刺激性的氨。受高热分解产生有毒的腐蚀性烟气。			
理化特性			
熔点：无资料 沸点：65.0℃ 闪点：无资料	临界温度：无资料 临界压力：无资料 饱和蒸气压：无资料	爆炸上限：无资料 爆炸下限：无资料 相对密度($d_{水}=1$)：1.01	引燃温度：无资料 燃烧热：无资料
溶解性	难溶于乙醇，易溶于水、甲醇，不溶于氨水。		
主要用途	用于提取稀有元素、雕刻玻璃，并用作分析试剂、消毒剂等。		
急救措施			
皮肤接触	立即脱去污染的衣着，用大量流动清水冲洗至少15min。就医。		
眼睛接触	立即提起眼睑，用大量流动清水或生理盐水彻底冲洗至少15min。就医。		
吸入	迅速脱离现场至空气新鲜处。保持呼吸道通畅。如呼吸困难，给输氧。如呼吸停止，立即进行人工呼吸。就医。		
食入	用水漱口，给饮牛奶或蛋清。就医。		
防护措施			
呼吸防护	可能接触其粉尘时，必须佩戴防尘面具(全面罩)。紧急事态抢救或撤离时，应该佩戴空气呼吸器。		
眼睛防护	呼吸系统防护中已做防护。		
身体防护	穿胶布防毒衣。		
手防护	戴橡胶手套。		
其他防护	工作现场禁止吸烟、进食和饮水。工作完毕，淋浴更衣。保持良好的卫生习惯。		

品名：**氟化钡** 别名：无	分子式：BaF_2 分子量：175.3		相态：固 外观与性状：白色粉末或无色透明四方晶系结晶
危险特性			
火灾危险性：无 腐蚀减薄：含盐水腐蚀 环境开裂：无	爆炸物：无 金属腐蚀：无 急性毒性：类别 3		皮肤腐蚀/刺激：无 严重眼损伤/眼刺激：类别 2
本身不能燃烧。受高热分解放出有毒的气体。			
理化特性			
熔点：1280.0℃ 沸点：2260.0℃ 闪点：无资料	临界温度：无资料 临界压力：无资料 饱和蒸气压：无资料	爆炸上限：无资料 爆炸下限：无资料 相对密度($d_{水}=1$)：4.89	引燃温度：无资料 燃烧热：无资料
溶解性	微溶于水，溶于盐酸、硝酸、氢氟酸、氯化按。		
主要用途	用作防腐剂，用于金属热处理及陶瓷、搪瓷、玻璃制造。		
急救措施			
皮肤接触	立即脱去污染的衣着，用大量流动清水冲洗。就医。		
眼睛接触	立即提起眼睑，用大量流动清水或生理盐水彻底冲洗至少 15min。就医。		
吸入	迅速脱离现场至空气新鲜处。保持呼吸道通畅。如呼吸困难，给输氧。如呼吸停止，立即进行人工呼吸。就医。		
食入	饮足量温水，催吐。就医。		
防护措施			
呼吸防护	可能接触其粉尘时，必须佩戴防尘面具(全面罩)。紧急事态抢救或撤离时，应该佩戴空气呼吸器。		
眼睛防护	呼吸系统防护中已做防护。		
身体防护	穿胶布防毒衣。		
手防护	戴橡胶手套。		
其他防护	工作现场禁止吸烟、进食和饮水。工作完毕，淋浴更衣。保持良好的卫生习惯。		

品名：**氟化锆** 别名：无	分子式：ZrF_4 分子量：258.4		相态：固 外观与性状：无色有强折光率的透明单斜系结晶
危险特性			
火灾危险性：无 腐蚀减薄：含盐水腐蚀 环境开裂：无	爆炸物：无 金属腐蚀：无 急性毒性：无		皮肤腐蚀/刺激：类别 1 严重眼损伤/眼刺激：类别 1
遇酸分解，放出腐蚀性的氟化氢气体。遇高热分解释出高毒烟气。			
理化特性			
熔点：932.0℃ 沸点：905.0℃ 闪点：无资料	临界温度：无资料 临界压力：无资料 饱和蒸气压：无资料	爆炸上限：无资料 爆炸下限：无资料 相对密度($d_{水}=1$)：4.60	引燃温度：无资料 燃烧热：无资料
溶解性	不溶于水，易溶于氢氟酸。		
主要用途	原子反应堆用助熔性盐。		
急救措施			
皮肤接触	脱去污染的衣着，用大量流动清水冲洗。		
眼睛接触	提起眼睑，用流动清水或生理盐水冲洗。就医。		
吸入	迅速脱离现场至空气新鲜处。保持呼吸道通畅。如呼吸困难，给输氧。如呼吸停止，立即进行人工呼吸。就医。		
食入	饮足量温水，催吐。就医。		
防护措施			
呼吸防护	空气中粉尘浓度超标时，建议佩戴自吸过滤式防尘口罩。紧急事态抢救或撤离时，应该佩戴空气呼吸器。		
眼睛防护	戴化学安全防护眼镜。		
身体防护	穿防毒物渗透工作服。		
手防护	戴乳胶手套。		
其他防护	工作场所禁止吸烟、进食和饮水，饭前要洗手。工作完毕，淋浴更衣。保持良好的卫生习惯。		

品名：**氟化镉** 别名：无		分子式：CdF_2 分子量：150.4	相态：固 外观与性状：白色立方体结晶
危险特性			
火灾危险性：无 腐蚀减薄：含盐水腐蚀 环境开裂：无		爆炸物：无 金属腐蚀：无 急性毒性：类别 2	皮肤腐蚀/刺激：无
能与钾猛烈反应。遇酸分解，放出腐蚀性的氟化氢气体。遇高热分解释出高毒烟气。			
理化特性			
熔点：1049.0℃ 沸点：1748.0℃ 闪点：无资料	临界温度：无资料 临界压力：无资料 饱和蒸气压：无资料	爆炸上限：无资料 爆炸下限：无资料 相对密度($d_{水}=1$)：6.64	引燃温度：无资料 燃烧热：无资料
溶解性	微溶于水，溶于氢氟酸、无机酸，不溶于醇、液氨。		
主要用途	用于阴极射线管、磷光体、玻璃、控制核反应器及激光结晶的起始材料。		
急救措施			
皮肤接触	脱去污染的衣着，用大量流动清水冲洗。		
眼睛接触	提起眼睑，用流动清水或生理盐水冲洗。就医。		
吸入	迅速脱离现场至空气新鲜处。保持呼吸道通畅。如呼吸困难，给输氧。如呼吸停止，立即进行人工呼吸。就医。		
食入	饮足量温水，催吐。就医。		
防护措施			
呼吸防护	可能接触其粉尘时，必须佩戴防尘面具(全面罩)。紧急事态抢救或撤离时，应该佩戴空气呼吸器。		
眼睛防护	呼吸系统防护中已做防护。		
身体防护	穿胶布防毒衣。		
手防护	戴橡胶手套。		
其他防护	工作现场禁止吸烟、进食和饮水。工作完毕，淋浴更衣。保持良好的卫生习惯。		

品名：**氟化铬** 别名：三氟化铬		分子式：CrF_3 分子量：109.0	相态：固 外观与性状：无
危险特性			
火灾危险性：无 腐蚀减薄：含盐水腐蚀 环境开裂：无		爆炸物：无 金属腐蚀：无 急性毒性：无	皮肤腐蚀/刺激：类别 1 严重眼损伤/眼刺激：类别 1
受高热分解，放出刺激性烟气。燃烧(分解)产物：氟化氢。			
理化特性			
熔点：1000.0℃ 沸点：无资料 闪点：无资料	临界温度：无资料 临界压力：无资料 饱和蒸气压：无资料	爆炸上限：无资料 爆炸下限：无资料 相对密度($d_{水}=1$)：3.78	引燃温度：无资料 燃烧热：无资料
溶解性	不溶于水，不溶于醇，微溶于酸，溶于氢氟酸。		
主要用途	用于印染工业，用作毛织品防蛀剂、卤化催化剂、大理石硬化及着色剂。		
急救措施			
皮肤接触	无资料。		
眼睛接触	无资料。		
吸入	无资料。		
食入	无资料。		
防护措施			
呼吸防护	空气中粉尘浓度超标时，建议佩戴自吸过滤式防尘口罩。		
眼睛防护	戴安全防护眼镜。		
身体防护	穿防腐工作服。		
手防护	戴防化学品手套。		
其他防护	工作场所禁止吸烟、进食和饮水，饭前要洗手。保持良好的卫生习惯。实行就业前和定期的体检。		

品名：**氟化钴** 别名：三氟化钴		分子式：CoF_3 分子量：115.9	相态：固 外观与性状：微红的结晶粉末
危险特性			
火灾危险性：无 腐蚀减薄：含盐水腐蚀 环境开裂：无		爆炸物：无 金属腐蚀：无 急性毒性：无	皮肤腐蚀/刺激：无
强氧化剂。遇水发生剧烈反应，散发出白色有强刺激性和腐蚀性的氟化氢烟雾。与磷、钾能发生猛烈的化学反应。受高热分解放出有毒的气体。具有腐蚀性。			
理化特性			
熔点：1200.0℃ 沸点：1400.0℃ 闪点：无资料	临界温度：无资料 临界压力：无资料 饱和蒸气压：2×10^{-3}kPa(20℃)	爆炸上限：无资料 爆炸下限：无资料 相对密度($d_水$=1)：3.88	引燃温度：无资料 燃烧热：无资料
溶解性	不溶于水。		
主要用途	用作氟化剂。		
急救措施			
皮肤接触	立即脱去污染的衣着，用大量流动清水冲洗至少15min。就医。		
眼睛接触	立即提起眼睑，用大量流动清水或生理盐水彻底冲洗至少15min。就医。		
吸入	迅速脱离现场至空气新鲜处。保持呼吸道通畅。如呼吸困难，给输氧。如呼吸停止，立即进行人工呼吸。就医。		
食入	用水漱口，给饮牛奶或蛋清。就医。		
防护措施			
呼吸防护	可能接触其粉尘时，必须佩戴防尘面具(全面罩)。紧急事态抢救或撤离时，应该佩戴空气呼吸器。		
眼睛防护	呼吸系统防护中已做防护。		
身体防护	穿胶布防毒衣。		
手防护	戴橡胶手套。		
其他防护	工作现场禁止吸烟、进食和饮水。工作完毕，淋浴更衣。保持良好的卫生习惯。		

品名：**氟化钾** 别名：无		分子式：KF 分子量：58.1	相态：固 外观与性状：无色立方结晶，易潮解
危险特性			
火灾危险性：无 腐蚀减薄：含盐水腐蚀 环境开裂：无		爆炸物：无 金属腐蚀：无 急性毒性：类别3	皮肤腐蚀/刺激：无
与酸类反应放出有腐蚀性、刺激性更强的氢氟酸，能腐蚀玻璃。			
理化特性			
熔点：858.0℃ 沸点：1505.0℃ 闪点：无资料	临界温度：无资料 临界压力：无资料 饱和蒸气压：0.13kPa(885℃)	爆炸上限：无资料 爆炸下限：无资料 相对密度($d_水$=1)：2.48	引燃温度：无资料 燃烧热：无资料
溶解性	溶于水、氢氟酸、液氨，不溶于醇。		
主要用途	用作分析试剂、络合物形成剂，及用于玻璃雕刻和食物防腐，还用作杀虫剂、氟化剂等。		
急救措施			
皮肤接触	立即脱去污染的衣着，用大量流动清水冲洗至少15min。就医。		
眼睛接触	立即提起眼睑，用大量流动清水或生理盐水彻底冲洗至少15min。就医。		
吸入	迅速脱离现场至空气新鲜处。保持呼吸道通畅。如呼吸困难，给输氧。如呼吸停止，立即进行人工呼吸。就医。		
食入	用水漱口，给饮牛奶或蛋清。就医。		
防护措施			
呼吸防护	可能接触其粉尘时，应该佩戴头罩型电动送风过滤式防尘呼吸器。紧急事态抢救或撤离时，建议佩戴自给式呼吸器。		
眼睛防护	呼吸系统防护中已做防护。		
身体防护	穿胶布防毒衣。		
手防护	戴乳胶手套。		
其他防护	工作现场禁止吸烟、进食和饮水。工作完毕，淋浴更衣。工作服不准带至非作业场所。单独存放被毒物污染的衣服，洗后备用。保持良好的卫生习惯。		

品名：**氟化镧**		分子式：LaF_3	相态：固
别名：三氟化镧		分子量：195.9	外观与性状：白色面心立方晶体
危险特性			
火灾危险性：无		爆炸物：无	皮肤腐蚀/刺激：类别 2
腐蚀减薄：含盐水腐蚀		金属腐蚀：无	严重眼损伤/眼刺激：类别 2
环境开裂：无		急性毒性：无	
无资料。			
理化特性			
熔点：1493.0℃	临界温度：无资料	爆炸上限：无资料	引燃温度：无资料
沸点：无资料	临界压力：无资料	爆炸下限：无资料	燃烧热：无资料
闪点：无资料	饱和蒸气压：无资料	相对密度($d_{水}=1$)：5.94	
溶解性	几乎不溶于水，但可溶在醇中，溶解规律同于稀土氯化物。		
主要用途	用于制备现代医学图像显示技术和核子科学要求的闪烁体，稀土晶体激光材料，氟化物玻璃光导纤维和稀土红外玻璃。		
急救措施			
皮肤接触	无资料。		
眼睛接触	无资料。		
吸入	无资料。		
食入	无资料。		
防护措施			
呼吸防护	如危险性评测显示需要使用空气净化的防毒面具，请使用全面罩式多功能微粒防毒面具 N99 型(US)或 P2 型(EN143)防毒面具筒作为工程控制的候补。如果防毒面具是保护的唯一方式，则使用全面罩式送风防毒面具。		
眼睛防护	面罩与安全眼镜请使用经官方标准如 NIOSH(美国)或 EN166(欧盟)检测与批准的设备防护眼部。		
身体防护	全套防化学试剂工作服，防护设备的类型必须根据特定工作场所中的危险物的浓度和含量来选择。		
手防护	所选择的保护手套必须符合 EU 的 89/686/EEC 规定和从它衍生出来的 EN376 标准。		
其他防护	无资料。		

品名：**氟化锂**		分子式：LiF	相态：固
别名：无		分子量：25.9	外观与性状：白色粉末或立方晶体
危险特性			
火灾危险性：无		爆炸物：无	皮肤腐蚀/刺激：无
腐蚀减薄：含盐水腐蚀		金属腐蚀：无	
环境开裂：无		急性毒性：类别 3	
遇酸分解，放出腐蚀性的氟化氢气体。遇高热分解释出高毒烟气。			
理化特性			
熔点：848.0℃	临界温度：无资料	爆炸上限：无资料	引燃温度：无资料
沸点：1681.0℃	临界压力：无资料	爆炸下限：无资料	燃烧热：无资料
闪点：无资料	饱和蒸气压：0.13kPa(60℃)	相对密度($d_{水}=1$)：2.64	
溶解性	难溶于水，不溶于醇，溶于酸。		
主要用途	用于搪瓷、玻璃、釉和焊接中作助熔剂。		
急救措施			
皮肤接触	立即脱去污染的衣着，用大量流动清水冲洗。就医。		
眼睛接触	提起眼睑，用流动清水或生理盐水冲洗。就医。		
吸入	迅速脱离现场至空气新鲜处。保持呼吸道通畅。如呼吸困难，给输氧。如呼吸停止，立即进行人工呼吸。就医。		
食入	饮足量温水，催吐。就医。		
防护措施			
呼吸防护	空气中粉尘浓度超标时，必须佩戴自吸过滤式防尘口罩。紧急事态抢救或撤离时，应该佩戴空气呼吸器。		
眼睛防护	戴化学安全防护眼镜。		
身体防护	穿防毒物渗透工作服。		
手防护	戴橡胶手套。		
其他防护	工作场所禁止吸烟、进食和饮水，饭前要洗手。工作完毕，淋浴更衣。保持良好的卫生习惯。		

品名：**氟化钠**	分子式：NaF	相态：固
别名：无	分子量：42.0	外观与性状：白色粉末或结晶，无臭
	危险特性	
火灾危险性：无	爆炸物：无	皮肤腐蚀/刺激：类别 2
腐蚀减薄：含盐水腐蚀	金属腐蚀：无	严重眼损伤/眼刺激：类别 2
环境开裂：无	急性毒性：类别 3	
与酸类反应放出有腐蚀性、刺激性更强的氢氟酸，能腐蚀玻璃。		
	理化特性	

熔点：993.0℃	临界温度：无资料	爆炸上限：无资料	引燃温度：无资料
沸点：1700.0℃	临界压力：无资料	爆炸下限：无资料	燃烧热：无资料
闪点：无资料	饱和蒸气压：0.13kPa(1077℃)	相对密度($d_{水}=1$)：2.56	

溶解性	溶于水，微溶于醇。
主要用途	用作杀虫剂、木材防腐剂、清洗剂等
急救措施	
皮肤接触	脱去污染的衣着，用肥皂水和清水彻底冲洗皮肤。
眼睛接触	提起眼睑，用流动清水或生理盐水冲洗。就医。
吸入	迅速脱离现场至空气新鲜处。保持呼吸道通畅。如呼吸困难，给输氧。如呼吸停止，立即进行人工呼吸。就医。
食入	饮足量温水，催吐。洗胃。就医。
防护措施	
呼吸防护	可能接触其粉尘时，应该佩戴自吸过滤式防尘口罩。紧急事态抢救或撤离时，建议佩戴自给式呼吸器。
眼睛防护	戴化学安全防护眼镜。
身体防护	穿透气型防毒服。
手防护	戴乳胶手套。
其他防护	工作现场禁止吸烟、进食和饮水。工作完毕，淋浴更衣。工作服不准带至非作业场所。单独存放被毒物污染的衣服，洗后备用。保持良好的卫生习惯。

品名：**氟化铅**	分子式：PbF_2	相态：固
别名：二氟化铅	分子量：245.2	外观与性状：无色斜方粉晶，有毒
	危险特性	
火灾危险性：无	爆炸物：无	皮肤腐蚀/刺激：无
腐蚀减薄：含盐水腐蚀	金属腐蚀：无	严重眼损伤/眼刺激：类别 2
环境开裂：无	急性毒性：无	
无资料。		
	理化特性	

熔点：855.0℃	临界温度：无资料	爆炸上限：无资料	引燃温度：无资料
沸点：1293.0℃	临界压力：无资料	爆炸下限：无资料	燃烧热：无资料
闪点：无资料	饱和蒸气压：1.33kPa(904℃)	相对密度($d_{水}=1$)：8.24	

溶解性	微溶于水，不溶于乙醇、丙酮等有机溶剂。
主要用途	用作还原剂、熔接剂及除硫剂；用作红外线分光材料及同步加速器材料、熔接剂及除硫剂。
急救措施	
皮肤接触	无资料。
眼睛接触	无资料。
吸入	无资料。
食入	无资料。
防护措施	
呼吸防护	作业工人应该佩戴防尘口罩。必要时佩带防毒面具。
眼睛防护	必要时戴化学安全防护眼镜。
身体防护	穿相应的防护服。
手防护	必要时戴防护手套。
其他防护	工作现场禁止吸烟，进食和饮水。工作完毕，沐浴更衣。实行就业前和定期的体检。单独存放被污染的衣服，洗后备用。保持良好的卫生习惯。

品名：**氟化氢[无水]**		分子式：HF	相态：气
别名：无		分子量：20.0	外观与性状：无色气体带有一种辛辣气味
危险特性			
火灾危险性：无		爆炸物：无	皮肤腐蚀/刺激：类别1
腐蚀减薄：氢氟酸腐蚀、含盐水腐蚀		金属腐蚀：无	严重眼损伤/眼刺激：类别1
环境开裂：氢氟酸致氢应力开裂、氢脆、氢氟酸应力腐蚀开裂		急性毒性：类别1	
氟化氢为反应性极强的物质，能与各种物质发生反应。腐蚀性极强。			
理化特性			
熔点：-83.5℃	临界温度：188.0℃	爆炸上限：无资料	引燃温度：无资料
沸点：105.0℃	临界压力：6.48MPa	爆炸下限：无资料	燃烧热：无资料
闪点：112.0℃	饱和蒸气压：122.00kPa(25℃)	相对密度($d_水=1$)：1.15	
溶解性	易溶于水。		
主要用途	用于有机或无机氟化物的制造；用作分析试剂；是氟盐、氟致冷剂、氟塑料、氟橡胶、氟医药及农药等所必需的氟来源；主要用作含氟化合物的原料，也用于氟化铝和冰晶石的制造，半导体表面刻蚀及用作烷基化的催化剂。		
急救措施			
皮肤接触	立即脱去污染的衣着，用大量流动清水冲洗至少15min。就医。		
眼睛接触	立即提起眼睑，用大量流动清水或生理盐水彻底冲洗至少15min。就医。		
吸入	迅速脱离现场至空气新鲜处。保持呼吸道通畅。如呼吸困难，给输氧。如呼吸停止，立即进行人工呼吸。就医。		
食入	用水漱口，给饮牛奶或蛋清。就医。		
防护措施			
呼吸防护	可能接触其烟雾时，佩戴自吸过滤式防毒面具(全面罩)或空气呼吸器。紧急事态抢救或撤离时，建议佩戴氧气呼吸器。		
眼睛防护	呼吸系统防护中已做防护。		
身体防护	穿橡胶耐酸碱服。		
手防护	戴橡胶耐酸碱手套。		
其他防护	工作现场禁止吸烟、进食和饮水。工作完毕，淋浴更衣。单独存放被毒物污染的衣服，洗后备用。保持良好的卫生习惯。		

品名：**氟化氢铵**		分子式：NH_4HF_2	相态：固
别名：酸性氟化铵；二氟化氢铵		分子量：57.0	外观与性状：白色或无色透明斜方晶系结晶，略带酸味，有毒
危险特性			
火灾危险性：可燃液体丙B		爆炸物：无	皮肤腐蚀/刺激：类别1
腐蚀减薄：氢氟酸腐蚀、含盐水腐蚀		金属腐蚀：无	严重眼损伤/眼刺激：类别1
环境开裂：氨应力腐蚀开裂、氢氟酸致氢应力开裂、氢脆、氢氟酸应力腐蚀开裂		急性毒性：类别3	
受热分解，放出有毒的氮氧化物和氟化物烟气。			
理化特性			
熔点：125.6℃	临界温度：无资料	爆炸上限：无资料	引燃温度：无资料
沸点：230.0℃	临界压力：无资料	爆炸下限：无资料	燃烧热：无资料
闪点：238.0℃	饱和蒸气压：无资料	相对密度($d_水=1$)：1.50	
溶解性	微溶于醇、极易溶于冷水，热水中分解，水溶液呈强酸性。		
主要用途	主要用作雕花玻璃刻蚀剂、防腐剂、消毒剂、氧化铍制金属铍的溶剂、分析试剂和硅素钢板的表面处理剂。		
急救措施			
皮肤接触	脱去污染的衣着，用大量流动清水彻底冲洗。		
眼睛接触	立即翻开上下眼睑，用流动清水或生理盐水冲洗。就医。		
吸入	迅速脱离现场至空气新鲜处。保持呼吸道通畅。呼吸困难时给输氧。呼吸停止时，立即进行人工呼吸。就医。		
食入	误服者漱口，饮牛奶或蛋清，就医。		
防护措施			
呼吸防护	作业工人应戴口罩。必要时佩带防毒面具。		
眼睛防护	戴化学安全防护眼镜。		
身体防护	穿防腐工作服。		
手防护	戴橡皮手套。		
其他防护	工作现场禁止吸烟、进食和饮水。保持良好的卫生习惯。		

品名：**氟化氢钾**	分子式：KHF_2	相态：固
别名：酸性氟化钾；二氟化氢钾	分子量：78.1	外观与性状：无色至白色结晶

危险特性

火灾危险性：无	爆炸物：无	皮肤腐蚀/刺激：类别 1
腐蚀减薄：氢氟酸腐蚀、含盐水腐蚀	金属腐蚀：无	严重眼损伤/眼刺激：类别 1
环境开裂：氢氟酸致氢应力开裂、氢脆、氢氟酸应力腐蚀开裂	急性毒性：类别 3	

吸潮或遇水会产生大量的腐蚀性烟雾。其水溶液有腐蚀性和强烈的刺激性。受高热分解产生有毒的腐蚀性烟气。

理化特性

熔点：238.7℃	临界温度：无资料	爆炸上限：无资料	引燃温度：无资料
沸点：238.7℃	临界压力：无资料	爆炸下限：无资料	燃烧热：无资料
闪点：无资料	饱和蒸气压：无资料	相对密度($d_{水}=1$)：2.37	

溶解性	易溶于水，不溶于醇。
主要用途	用于制造无水氟化氢、纯氟化钾、光学玻璃、元素氟，还用作玻璃蚀刻剂、焊接助熔剂、木材防腐剂等。

急救措施

皮肤接触	立即脱去污染的衣着，用大量流动清水冲洗至少 15min。就医。
眼睛接触	立即提起眼睑，用大量流动清水或生理盐水彻底冲洗至少 15min。就医。
吸入	迅速脱离现场至空气新鲜处。保持呼吸道通畅。如呼吸困难，给输氧。如呼吸停止，立即进行人工呼吸。就医。
食入	用水漱口，给饮牛奶或蛋清。就医。

防护措施

呼吸防护	可能接触其粉尘时，必须佩戴防尘面具(全面罩)。紧急事态抢救或撤离时，应该佩戴空气呼吸器。
眼睛防护	呼吸系统防护中已做防护。
身体防护	穿橡胶耐酸碱服。
手防护	戴橡胶耐酸碱手套。
其他防护	工作现场禁止吸烟、进食和饮水。工作完毕，淋浴更衣。保持良好的卫生习惯。

品名：**氟化氢钠**	分子式：$NaHF_2$	相态：固
别名：酸性氟化钠；二氟化氢钠	分子量：62.0	外观与性状：无色或白色粉末，有强烈酸味

危险特性

火灾危险性：无	爆炸物：无	皮肤腐蚀/刺激：类别 1
腐蚀减薄：氢氟酸腐蚀、含盐水腐蚀	金属腐蚀：无	严重眼损伤/眼刺激：类别 1
环境开裂：氢氟酸致氢应力开裂、氢脆、氢氟酸应力腐蚀开裂	急性毒性：类别 3	

遇水分解，放出剧毒的氟化氢气体。其水溶液有腐蚀性和强烈的刺激性。受热易分解，燃烧时产生有毒的氯化物气体。受热分解，放出高毒的氟化物烟气。

理化特性

熔点：68.0℃	临界温度：无资料	爆炸上限：无资料	引燃温度：无资料
沸点：19.5℃	临界压力：无资料	爆炸下限：无资料	燃烧热：无资料
闪点：无资料	饱和蒸气压：无资料	相对密度($d_{水}=1$)：2.08	

溶解性	溶于水，不溶于醇。
主要用途	主要用作食物保护剂、动物标本及解剖标本保存剂和防腐剂，也用于蚀刻玻璃、锡版制造、纺织品的处理、去除铁锈、皮革防虫和马口铁生产等。

急救措施

皮肤接触	用大量流动清水冲洗。就医。
眼睛接触	立即提起眼睑，用大量流动清水或生理盐水彻底冲洗至少 15min。就医。
吸入	迅速脱离现场至空气新鲜处。保持呼吸道通畅。如呼吸困难，给输氧。如呼吸停止，立即进行人工呼吸。就医。
食入	用水漱口，给饮牛奶或蛋清。就医。

防护措施

呼吸防护	可能接触其粉尘时，必须佩戴防尘面具(全面罩)。紧急事态抢救或撤离时，应该佩戴空气呼吸器。
眼睛防护	呼吸系统防护中已做防护。
身体防护	穿橡胶耐酸碱服。
手防护	戴橡胶耐酸碱手套。
其他防护	工作现场禁止吸烟、进食和饮水。工作完毕，淋浴更衣。保持良好的卫生习惯。

品名：**氟化铷**	分子式：RbF		相态：固
别名：无	分子量：104.5		外观与性状：无色结晶
危险特性			
火灾危险性：无	爆炸物：无		皮肤腐蚀/刺激：类别 2
腐蚀减薄：含盐水腐蚀	金属腐蚀：无		严重眼损伤/眼刺激：类别 2
环境开裂：无	急性毒性：无		
未有特殊的燃烧爆炸特性。			
理化特性			
熔点：775.0℃	临界温度：无资料	爆炸上限：无资料	引燃温度：无资料
沸点：1410.0℃	临界压力：无资料	爆炸下限：无资料	燃烧热：无资料
闪点：无资料	饱和蒸气压：0.13kPa(920℃)	相对密度($d_水=1$)：3.56	

溶解性	溶于水，不溶于醇、乙醚、液氨，溶于氢氟酸。
主要用途	用于制牙膏等。
急救措施	
皮肤接触	脱去污染的衣着，用肥皂水和清水彻底冲洗皮肤。
眼睛接触	提起眼睑，用流动清水或生理盐水冲洗。就医。
吸入	迅速脱离现场至空气新鲜处。保持呼吸道通畅。如呼吸困难，给输氧。如呼吸停止，立即进行人工呼吸。就医。
食入	饮足量温水，催吐。就医。
防护措施	
呼吸防护	可能接触其粉尘时，应该佩戴自吸过滤式防尘口罩。紧急事态抢救或撤离时，建议佩戴自给式呼吸器。
眼睛防护	戴化学安全防护眼镜。
身体防护	穿透气型防毒服。
手防护	戴乳胶手套。
其他防护	工作现场禁止吸烟、进食和饮水。工作完毕，淋浴更衣。注意个人清洁卫生。实行就业前和定期的体检。

品名：**氟化铯**	分子式：CsF		相态：固
别名：无	分子量：151.9		外观与性状：无色立方结晶或粉末
危险特性			
火灾危险性：无	爆炸物：无		皮肤腐蚀/刺激：类别 1
腐蚀减薄：含盐水腐蚀	金属腐蚀：无		严重眼损伤/眼刺激：类别 1
环境开裂：无	急性毒性：类别 3		
未有特殊的燃烧爆炸特性。			
理化特性			
熔点：683.0℃	临界温度：无资料	爆炸上限：无资料	引燃温度：无资料
沸点：1251.0℃	临界压力：无资料	爆炸下限：无资料	燃烧热：无资料
闪点：无资料	饱和蒸气压：无资料	相对密度($d_水=1$)：4.12	

溶解性	易溶于水，不溶于甲醇。
主要用途	用于制含氟异氰酸酯。
急救措施	
皮肤接触	立即脱去污染的衣着，用大量流动清水冲洗至少 15min。就医。
眼睛接触	立即提起眼睑，用大量流动清水或生理盐水彻底冲洗至少 15min。就医。
吸入	迅速脱离现场至空气新鲜处。保持呼吸道通畅。如呼吸困难，给输氧。如呼吸停止，立即进行人工呼吸。就医。
食入	用水漱口，给饮牛奶或蛋清。就医。
防护措施	
呼吸防护	可能接触其粉尘时，应该佩戴头罩型电动送风过滤式防尘呼吸器。紧急事态抢救或撤离时，建议佩戴自给式呼吸器。
眼睛防护	呼吸系统防护中已做防护。
身体防护	穿胶布防毒衣。
手防护	戴乳胶手套。
其他防护	工作现场禁止吸烟、进食和饮水。工作完毕，淋浴更衣。注意个人清洁卫生。实行就业前和定期的体检。

品名：**氟化铜**		分子式：CuF_2		相态：固
别名：二氟化铜		分子量：101.5		外观与性状：浅灰白色粉末
危险特性				
火灾危险性：无		爆炸物：无		皮肤腐蚀/刺激：无
腐蚀减薄：含盐水腐蚀		金属腐蚀：无		严重眼损伤/眼刺激：类别 2
环境开裂：无		急性毒性：无		
遇酸分解，放出腐蚀性的氟化氢气体。遇高热分解释出高毒烟气。				
理化特性				
熔点：770.0℃	临界温度：无资料	爆炸上限：无资料	引燃温度：无资料	
沸点：950.0℃	临界压力：无资料	爆炸下限：无资料	燃烧热：无资料	
闪点：无资料	饱和蒸气压：无资料	相对密度($d_水=1$)：4.23		
溶解性	微溶于水，溶于醇、酸、丙酮、氨水。			
主要用途	用作高温氟化剂。			
急救措施				
皮肤接触	脱去污染的衣着，用大量流动清水冲洗。			
眼睛接触	提起眼睑，用流动清水或生理盐水冲洗。就医。			
吸入	迅速脱离现场至空气新鲜处。保持呼吸道通畅。如呼吸困难，给输氧。如呼吸停止，立即进行人工呼吸。就医。			
食入	饮足量温水，催吐。就医。			
防护措施				
呼吸防护	空气中粉尘浓度超标时，建议佩戴自吸过滤式防尘口罩。紧急事态抢救或撤离时，应该佩戴空气呼吸器。			
眼睛防护	戴化学安全防护眼镜。			
身体防护	穿防毒物渗透工作服。			
手防护	戴乳胶手套。			
其他防护	工作场所禁止吸烟、进食和饮水，饭前要洗手。工作完毕，淋浴更衣。保持良好的卫生习惯。			

品名：**氟化锌**		分子式：ZnF_2		相态：固
别名：无		分子量：103.4		外观与性状：白色结晶粉末
危险特性				
火灾危险性：无		爆炸物：无		皮肤腐蚀/刺激：无
腐蚀减薄：含盐水腐蚀		金属腐蚀：无		严重眼损伤/眼刺激：类别 2
环境开裂：无		急性毒性：无		
能与钾猛烈反应。				
理化特性				
熔点：872.0~910.0℃	临界温度：无资料	爆炸上限：无资料	引燃温度：无资料	
沸点：1497.0℃	临界压力：无资料	爆炸下限：无资料	燃烧热：无资料	
闪点：无资料	饱和蒸气压：0.13kPa(970℃)	相对密度($d_水=1$)：4.84		
溶解性	微溶于冷水，溶于热水、热酸，不溶于醇。			
主要用途	用作分析试剂。			
急救措施				
皮肤接触	脱去污染的衣着，用肥皂水和清水彻底冲洗皮肤。			
眼睛接触	提起眼睑，用流动清水或生理盐水冲洗。就医。			
吸入	迅速脱离现场至空气新鲜处。保持呼吸道通畅。如呼吸困难，给输氧。如呼吸停止，立即进行人工呼吸。就医。			
食入	饮足量温水，催吐。就医。			
防护措施				
呼吸防护	可能接触其粉尘时，应该佩戴头罩型电动送风过滤式防尘呼吸器。紧急事态抢救或撤离时，建议佩戴自给式呼吸器。			
眼睛防护	呼吸系统防护中已做防护。			
身体防护	穿胶布防毒衣。			
手防护	戴乳胶手套。			
其他防护	工作现场禁止吸烟、进食和饮水。工作完毕，淋浴更衣。工作服不准带至非作业场所。单独存放被毒物污染的衣服，洗后备用。保持良好的卫生习惯。			

品名：**氟化亚钴**	分子式：CoF_2	相态：固	
别名：二氟化钴	分子量：96.9	外观与性状：淡红色单斜或四方形结晶	
危险特性			
火灾危险性：无	爆炸物：无	皮肤腐蚀/刺激：无	
腐蚀减薄：含盐水腐蚀	金属腐蚀：无		
环境开裂：无	急性毒性：类别 3		
本身不能燃烧。受高热分解放出有毒的气体。具有腐蚀性。			
理化特性			
熔点：1100.0℃	临界温度：无资料	爆炸上限：无资料	引燃温度：无资料
沸点：1400.0℃	临界压力：无资料	爆炸下限：无资料	燃烧热：无资料
闪点：无资料	饱和蒸气压：无资料	相对密度($d_{水}=1$)：4.43	
溶解性	微溶于水，溶于浓盐酸、硫酸、硝酸。		
主要用途	用作有机反应的催化剂。		
急救措施			
皮肤接触	立即脱去污染的衣着，用大量流动清水冲洗。就医。		
眼睛接触	立即提起眼睑，用大量流动清水或生理盐水彻底冲洗至少 15min。就医。		
吸入	迅速脱离现场至空气新鲜处。保持呼吸道通畅。如呼吸困难，给输氧。如呼吸停止，立即进行人工呼吸。就医。		
食入	饮足量温水，催吐。就医。		
防护措施			
呼吸防护	空气中粉尘浓度超标时，必须佩戴自吸过滤式防尘口罩。紧急事态抢救或撤离时，应该佩戴空气呼吸器。		
眼睛防护	戴化学安全防护眼镜。		
身体防护	穿防毒物渗透工作服。		
手防护	戴橡胶手套。		
其他防护	工作场所禁止吸烟、进食和饮水，饭前要洗手。工作完毕，淋浴更衣。保持良好的卫生习惯。		

品名：**氟磺酸**	分子式：HFO_3S	相态：液	
别名：无	分子量：100.1	外观与性状：无色透明的发烟液体，有强烈的刺激性气味	
危险特性			
火灾危险性：无	爆炸物：无	皮肤腐蚀/刺激：类别 1	
腐蚀减薄：低分子有机酸腐蚀	金属腐蚀：无	严重眼损伤/眼刺激：类别 1	
环境开裂：无	急性毒性：无		
露置空气中冒烟，加热更甚，有强烈的刺激性和腐蚀性。遇水发生剧烈反应，散发出白色有强刺激性和腐蚀性的氟化氢烟雾。遇潮时对玻璃、其它硅质材料及大多数金属有强腐蚀性。			
理化特性			
熔点：-87.3℃	临界温度：无资料	爆炸上限：无资料	引燃温度：无资料
沸点：(165.5±9.0)℃	临界压力：无资料	爆炸下限：无资料	燃烧热：无资料
闪点：无资料	饱和蒸气压：0.33kPa(25℃)	相对密度($d_{水}=1$)：1.74	
溶解性	溶于水。		
主要用途	用于制造药品及用于有机合成。		
急救措施			
皮肤接触	立即脱去污染的衣着，用大量流动清水冲洗至少 15min。就医。		
眼睛接触	立即提起眼睑，用大量流动清水或生理盐水彻底冲洗至少 15min。就医。		
吸入	迅速脱离现场至空气新鲜处。保持呼吸道通畅。如呼吸困难，给输氧。如呼吸停止，立即进行人工呼吸。就医。		
食入	用水漱口，给饮牛奶或蛋清。就医。		
防护措施			
呼吸防护	可能接触其烟雾时，佩戴自吸过滤式防毒面具(全面罩)或空气呼吸器。紧急事态抢救或撤离时，建议佩戴氧气呼吸器。		
眼睛防护	呼吸系统防护中已做防护。		
身体防护	穿橡胶耐酸碱服。		
手防护	戴橡胶耐酸碱手套。		
其他防护	工作现场禁止吸烟、进食和饮水。工作完毕，淋浴更衣。单独存放被毒物污染的衣服，洗后备用。保持良好的卫生习惯。		

品名：**2-氟甲苯**		分子式：C_7H_7F	相态：液
别名：邻氟甲苯；邻甲基氟苯；2-甲基氟苯		分子量：110.1	外观与性状：无色液体
危险特性			
火灾危险性：可燃液体甲 B		爆炸物：无	皮肤腐蚀/刺激：无
腐蚀减薄：无		金属腐蚀：无	易燃液体：类别 2
环境开裂：无		急性毒性：无	
其蒸气与空气可形成爆炸性混合物，遇明火、高热极易燃烧爆炸。与氧化剂接触猛烈反应。受高热分解放出有毒的气体。流速过快，容易产生和积聚静电。若遇高热，容器内压增大，有开裂和爆炸的危险。			
理化特性			
熔点：-62.0℃	临界温度：无资料	爆炸上限：无资料	引燃温度：无资料
沸点：(116.3±9.0)℃	临界压力：无资料	爆炸下限：无资料	燃烧热：无资料
闪点：12.0℃	饱和蒸气压：1.33kPa(8.9℃)	相对密度($d_{水}=1$)：1.00	
溶解性	溶于乙醇、乙醚、丙酮、苯等。		
主要用途	用于有机合成。		
急救措施			
皮肤接触	脱去污染的衣着，用大量流动清水冲洗。		
眼睛接触	提起眼睑，用流动清水或生理盐水冲洗。就医。		
吸入	脱离现场至空气新鲜处。如呼吸困难，给输氧。就医。		
食入	饮足量温水，催吐。就医。		
防护措施			
呼吸防护	空气中浓度超标时，必须佩戴自吸过滤式防毒面具(全面罩)。紧急事态抢救或撤离时，应该佩戴空气呼吸器。		
眼睛防护	戴化学安全防护眼镜。		
身体防护	穿防静电工作服。		
手防护	戴橡胶耐油手套。		
其他防护	工作现场严禁吸烟。工作完毕，淋浴更衣。注意个人清洁卫生。		

品名：**3-氟甲苯**		分子式：C_7H_7F	相态：液
别名：间氟甲苯；间甲基氟苯；3-甲基氟苯		分子量：110.1	外观与性状：无色至浅黄色液体
危险特性			
火灾危险性：可燃液体甲 B		爆炸物：无	皮肤腐蚀/刺激：无
腐蚀减薄：无		金属腐蚀：无	易燃液体：类别 2
环境开裂：无		急性毒性：无	
其蒸气与空气可形成爆炸性混合物，遇明火、高热极易燃烧爆炸。与氧化剂接触猛烈反应。受高热分解放出有毒的气体。流速过快，容易产生和积聚静电。若遇高热，容器内压增大，有开裂和爆炸的危险。			
理化特性			
熔点：-87.0℃	临界温度：无资料	爆炸上限：无资料	引燃温度：无资料
沸点：(118.2±9.0)℃	临界压力：无资料	爆炸下限：无资料	燃烧热：无资料
闪点：9.0℃	饱和蒸气压：1.33kPa(11℃)	相对密度($d_{水}=1$)：0.99	
溶解性	溶于乙醇、乙醚、丙酮、苯等。		
主要用途	用于有机合成。		
急救措施			
皮肤接触	脱去污染的衣着，用大量流动清水冲洗。		
眼睛接触	提起眼睑，用流动清水或生理盐水冲洗。就医。		
吸入	脱离现场至空气新鲜处。如呼吸困难，给输氧。就医。		
食入	饮足量温水，催吐。就医。		
防护措施			
呼吸防护	空气中浓度超标时，必须佩戴自吸过滤式防毒面具(全面罩)。紧急事态抢救或撤离时，应该佩戴空气呼吸器。		
眼睛防护	戴化学安全防护眼镜。		
身体防护	穿防静电工作服。		
手防护	戴橡胶耐油手套。		
其他防护	工作现场严禁吸烟。工作完毕，淋浴更衣。注意个人清洁卫生。		

品名：**4-氟甲苯** 别名：对氟甲苯；对甲基氟苯；4-甲基氟苯	分子式：C_7H_7F 分子量：110.1		相态：液 外观与性状：无色至浅棕色液体
危险特性			
火灾危险性：可燃液体甲 B 腐蚀减薄：无 环境开裂：无	爆炸物：无 金属腐蚀：无 急性毒性：无		皮肤腐蚀/刺激：无 易燃液体：类别 2
易燃，遇明火能燃烧。受高热分解放出有毒的气体。其蒸气比空气重，能在较低处扩散到相当远的地方，遇火源会着火回燃。			
理化特性			
熔点：-56.0℃ 沸点：(117.0±9.0)℃ 闪点：17.2℃	临界温度：无资料 临界压力：无资料 饱和蒸气压：1.33(11.8℃)	爆炸上限：无资料 爆炸下限：无资料 相对密度($d_{水}=1$)：1.00	引燃温度：无资料 燃烧热：无资料
溶解性	溶于乙醇、乙醚、丙酮、苯等。		
主要用途	用于有机合成。		
急救措施			
皮肤接触	脱去污染的衣着，用肥皂水和清水彻底冲洗皮肤。		
眼睛接触	提起眼睑，用流动清水或生理盐水冲洗。就医。		
吸入	迅速脱离现场至空气新鲜处。保持呼吸道通畅。如呼吸困难，给输氧。如呼吸停止，立即进行人工呼吸。就医。		
食入	饮足量温水，催吐。就医。		
防护措施			
呼吸防护	空气中浓度超标时，佩戴自吸过滤式防毒面具(全面罩)。紧急事态抢救或撤离时，应该佩戴空气呼吸器或氧气呼吸器。		
眼睛防护	戴化学安全防护眼镜。		
身体防护	穿防静电工作服。		
手防护	戴橡胶耐油手套。		
其他防护	工作现场严禁吸烟。工作完毕，淋浴更衣。注意个人清洁卫生。		

品名：**氟硼酸** 别名：无	分子式：HBF_4 分子量：87.8		相态：液 外观与性状：无色透明液体
危险特性			
火灾危险性：可燃液体甲 B 腐蚀减薄：无 环境开裂：氢脆	爆炸物：无 金属腐蚀：无 急性毒性：无		皮肤腐蚀/刺激：类别 1 易燃液体：类别 1
遇 H 发泡剂立即燃烧。受热分解放出有毒的氟化物气体。能腐蚀大多数金属及有机组织。			
理化特性			
熔点：-89.9℃ 沸点：130.0℃ 闪点：-40.0℃	临界温度：无资料 临界压力：无资料 饱和蒸气压：0.67kPa(20℃)	爆炸上限：无资料 爆炸下限：无资料 相对密度($d_{水}=1$)：1.84	引燃温度：无资料 燃烧热：无资料
溶解性	与水混溶，可混溶于醇。		
主要用途	铅锡电镀时作导电液，也用作触媒、金属表面活性剂。		
急救措施			
皮肤接触	立即脱去污染的衣着，用大量流动清水冲洗至少 15min。就医。		
眼睛接触	立即提起眼睑，用大量流动清水或生理盐水彻底冲洗至少 15min。就医。		
吸入	迅速脱离现场至空气新鲜处。保持呼吸道通畅。如呼吸困难，给输氧。如呼吸停止，立即进行人工呼吸。就医。		
食入	用水漱口，给饮牛奶或蛋清。就医。		
防护措施			
呼吸防护	可能接触其蒸气或烟雾时，必须佩戴防毒面具或供气式头盔。紧急事态抢救或逃生时，建议佩带自给式呼吸器。		
眼睛防护	戴化学安全防护眼镜。		
身体防护	穿工作服(防腐材料制作)。		
手防护	戴橡皮手套。		
其他防护	工作后，淋浴更衣。单独存放被毒物污染的衣服，洗后再用。保持良好的卫生习惯。		

品名：**氟硼酸镉**		分子式：$C_7H_{17}Cl_2N_3O_3$	相态：固
别名：无		分子量：262.1	外观与性状：无色结晶，易潮解。
危险特性			
火灾危险性：无		爆炸物：无	皮肤腐蚀/刺激：无
腐蚀减薄：无		金属腐蚀：无	
环境开裂：氢脆		急性毒性：无	
本身不能燃烧。遇高热分解释出高毒烟气。			
理化特性			
熔点：无资料	临界温度：无资料	爆炸上限：无资料	引燃温度：无资料
沸点：无资料	临界压力：无资料	爆炸下限：无资料	燃烧热：无资料
闪点：无资料	饱和蒸气压：无资料	相对密度($d_{水}=1$)：2.29	
溶解性	易溶于水、乙醇。		
主要用途	用于电镀工业，有色金属焊接。		
急救措施			
皮肤接触	脱去污染的衣着，用大量流动清水冲洗。		
眼睛接触	提起眼睑，用流动清水或生理盐水冲洗。就医。		
吸入	迅速脱离现场至空气新鲜处。保持呼吸道通畅。如呼吸困难，给输氧。如呼吸停止，立即进行人工呼吸。就医。		
食入	饮足量温水，催吐。就医。		
防护措施			
呼吸防护	可能接触其粉尘时，必须佩戴防尘面具(全面罩)。紧急事态抢救或撤离时，应该佩戴空气呼吸器。		
眼睛防护	呼吸系统防护中已做防护。		
身体防护	穿胶布防毒衣。		
手防护	戴橡胶手套。		
其他防护	工作现场禁止吸烟、进食和饮水。工作完毕，淋浴更衣。保持良好的卫生习惯。		

品名：**氟硼酸铅**		分子式：$Pb(BF_4)_2$	相态：液
别名：无		分子量：380.8	外观与性状：淡黄色液体
危险特性			
火灾危险性：无		爆炸物：无	皮肤腐蚀/刺激：无
腐蚀减薄：无		金属腐蚀：无	
环境开裂：氢脆		急性毒性：无	
本身不能燃烧。遇高热分解释出高毒烟气。具有腐蚀性。若遇高热，容器内压增大，有开裂和爆炸的危险。			
理化特性			
熔点：无资料	临界温度：无资料	爆炸上限：无资料	引燃温度：无资料
沸点：无资料	临界压力：无资料	爆炸下限：无资料	燃烧热：无资料
闪点：无资料	饱和蒸气压：无资料	相对密度($d_{水}=1$)：1.50	
溶解性	与水混溶。		
主要用途	用作电解质及用于容器耐酸表面、轴承等耐腐蚀表面处理。		
急救措施			
皮肤接触	立即脱去污染的衣着，用大量流动清水冲洗。就医。		
眼睛接触	立即提起眼睑，用大量流动清水或生理盐水彻底冲洗至少15min。就医。		
吸入	迅速脱离现场至空气新鲜处。保持呼吸道通畅。如呼吸困难，给输氧。如呼吸停止，立即进行人工呼吸。就医。		
食入	用水漱口，给饮牛奶或蛋清。就医。		
防护措施			
呼吸防护	空气中浓度超标时，必须佩戴自吸过滤式防毒面具(全面罩)。紧急事态抢救或撤离时，应该佩戴空气呼吸器。		
眼睛防护	呼吸系统防护中已做防护。		
身体防护	穿胶布防毒衣。		
手防护	戴橡胶手套。		
其他防护	工作现场禁止吸烟、进食和饮水。工作完毕，淋浴更衣。保持良好的卫生习惯。		

品名：**氟钽酸钾**	分子式：K_2TaF_7	相态：固	
别名：钽氟酸钾；七氟化钽钾	分子量：392.1	外观与性状：白色至米白色结晶碎屑或固体	
危险特性			
火灾危险性：无	爆炸物：无	皮肤腐蚀/刺激：无	
腐蚀减薄：含盐水腐蚀	金属腐蚀：无		
环境开裂：无	急性毒性：类别 3		
受高热分解，放出有毒的烟气。			
理化特性			
熔点：730.0℃	临界温度：无资料	爆炸上限：无资料	引燃温度：无资料
沸点：无资料	临界压力：无资料	爆炸下限：无资料	燃烧热：无资料
闪点：无资料	饱和蒸气压：无资料	相对密度($d_水=1$)：5.24	
溶解性	无资料。		
主要用途	无资料。		
急救措施			
皮肤接触	用肥皂水及清水彻底冲洗。就医。		
眼睛接触	拉开眼睑，用流动清水冲洗 15min。就医。		
吸入	脱离现场至空气新鲜处。就医。		
食入	误服者，饮适量温水，催吐。就医。		
防护措施			
呼吸防护	作业工人应该佩戴防尘口罩。		
眼睛防护	必要时戴化学安全防护眼镜。		
身体防护	穿紧袖工作服，长筒胶鞋。		
手防护	戴防护手套。		
其他防护	工作后，淋浴更衣。保持良好的卫生习惯。		

品名：**氟乙酸**	分子式：$C_2H_3FO_2$	相态：固	
别名：氟醋酸	分子量：78.0	外观与性状：无色正交晶系，白色针状结晶，有毒	
危险特性			
火灾危险性：无	爆炸物：无	皮肤腐蚀/刺激：无	
腐蚀减薄：低分子有机酸腐蚀	金属腐蚀：无		
环境开裂：无	急性毒性：类别 2		
遇明火、高热可燃。受热分解放出有毒的氟化物气体。			
理化特性			
熔点：35.2℃	临界温度：无资料	爆炸上限：无资料	引燃温度：无资料
沸点：165.0℃	临界压力：无资料	爆炸下限：无资料	燃烧热：无资料
闪点：无资料	饱和蒸气压：无资料	相对密度($d_水=1$)：1.37	
溶解性	微溶于冷水、氢氟酸，溶于热水。		
主要用途	用于制金属银，也用作催化剂、试剂等。		
急救措施			
皮肤接触	脱去污染的衣着，用肥皂水和清水彻底冲洗皮肤。就医。		
眼睛接触	提起眼睑，用流动清水或生理盐水冲洗。就医。		
吸入	迅速脱离现场至空气新鲜处。保持呼吸道通畅。如呼吸困难，给输氧。如呼吸停止，立即进行人工呼吸。就医。		
食入	饮足量温水，催吐。洗胃。就医。		
防护措施			
呼吸防护	可能接触其蒸气时，必须佩戴自吸过滤式防毒面具(全面罩)。可能接触其粉尘时，建议佩戴头罩型电动送风过滤式防尘呼吸器。		
眼睛防护	呼吸系统防护中已做防护。		
身体防护	穿连衣式胶布防毒衣。		
手防护	戴橡胶耐酸碱手套。		
其他防护	工作现场禁止吸烟、进食和饮水。工作完毕，彻底清洗。工作服不准带至非作业场所。单独存放被毒物污染的衣服，洗后备用。保持良好的卫生习惯。		

品名：**氟乙酸钾**		分子式：$C_2H_2FKO_2$	相态：固
别名：氟醋酸钾		分子量：116.1	外观与性状：固体
危险特性			
火灾危险性：可燃液体乙 B		爆炸物：无	皮肤腐蚀/刺激：无
腐蚀减薄：低分子有机酸腐蚀		金属腐蚀：无	
环境开裂：无		急性毒性：类别 1	
遇明火、高热可燃。其粉体与空气可形成爆炸性混合物，当达到一定浓度时，遇火星会发生爆炸。遇高热分解释出高毒烟气。			
理化特性			
熔点：35.2℃	临界温度：无资料	爆炸上限：无资料	引燃温度：无资料
沸点：167.9℃	临界压力：无资料	爆炸下限：无资料	燃烧热：无资料
闪点：55.3℃	饱和蒸气压：无资料	相对密度($d_{水}=1$)：无资料	
溶解性	溶于水，不溶于多数有机溶剂。		
主要用途	无资料。		
急救措施			
皮肤接触	立即脱去污染的衣着，用大量流动清水冲洗。就医。		
眼睛接触	提起眼睑，用流动清水或生理盐水冲洗。就医。		
吸入	迅速脱离现场至空气新鲜处。保持呼吸道通畅。如呼吸困难，给输氧。如呼吸停止，立即进行人工呼吸。就医。		
食入	饮足量温水，催吐。洗胃，导泄。就医。		
防护措施			
呼吸防护	可能接触其粉尘时，必须佩戴空气呼吸器。		
眼睛防护	呼吸系统防护中已做防护。		
身体防护	穿胶布防毒衣。		
手防护	戴橡胶手套。		
其他防护	工作现场禁止吸烟、进食和饮水。工作完毕，淋浴更衣。保持良好的卫生习惯。		

品名：**氟乙酸钠**		分子式：$C_2H_2FNaO_2$	相态：固
别名：氟醋酸钠		分子量：100.0	外观与性状：白色粉末，无气味
危险特性			
火灾危险性：无		爆炸物：无	皮肤腐蚀/刺激：无
腐蚀减薄：低分子有机酸腐蚀		金属腐蚀：无	
环境开裂：无		急性毒性：类别 1	
遇明火、高热可燃。其粉体与空气可形成爆炸性混合物，当达到一定浓度时，遇火星会发生爆炸。遇高热分解释出高毒烟气。			
理化特性			
熔点：200.0℃	临界温度：无资料	爆炸上限：无资料	引燃温度：无资料
沸点：167.9℃	临界压力：无资料	爆炸下限：无资料	燃烧热：无资料
闪点：无资料	饱和蒸气压：无资料	相对密度($d_{水}=1$)：1.00	
溶解性	易溶于水，溶于多数有机溶剂。		
主要用途	用作杀鼠剂，杀昆虫药。		
急救措施			
皮肤接触	立即脱去污染的衣着，用大量流动清水冲洗。就医。		
眼睛接触	提起眼睑，用流动清水或生理盐水冲洗。就医。		
吸入	迅速脱离现场至空气新鲜处。保持呼吸道通畅。如呼吸困难，给输氧。如呼吸停止，立即进行人工呼吸。就医。		
食入	饮足量温水，催吐。洗胃，导泄。就医。		
防护措施			
呼吸防护	可能接触其粉尘时，必须佩戴防尘面具(全面罩)。紧急事态抢救或撤离时，应该佩戴空气呼吸器。		
眼睛防护	呼吸系统防护中已做防护。		
身体防护	穿胶布防毒衣。		
手防护	戴橡胶手套。		
其他防护	工作现场禁止吸烟、进食和饮水。工作完毕，淋浴更衣。保持良好的卫生习惯。		

品名：**氟乙酸乙酯** 别名：氟醋酸乙酯		分子式：$C_4H_7FO_2$ 分子量：106.1	相态：液 外观与性状：无色液体，有乙酸乙酯气味
危险特性			
火灾危险性：可燃液体乙 A 腐蚀减薄：低分子有机酸腐蚀 环境开裂：无		爆炸物：无 金属腐蚀：无 急性毒性：类别 2	皮肤腐蚀/刺激：无 易燃液体：类别 3
其蒸气与空气可形成爆炸性混合物，遇明火、高热能引起燃烧爆炸。与氧化剂可发生反应。遇高热分解释出高毒烟气。其蒸气比空气重，能在较低处扩散到相当远的地方，遇火源会着火回燃。若遇高热，容器内压增大，有开裂和爆炸的危险。			
理化特性			
熔点：无资料 沸点：(118.0±8.0)℃ 闪点：31.0℃	临界温度：无资料 临界压力：无资料 饱和蒸气压：0.07kPa(20℃)	爆炸上限：无资料 爆炸下限：无资料 相对密度($d_{水}=1$)：1.10	引燃温度：无资料 燃烧热：无资料
溶解性	溶于水。		
主要用途	用于有机合成。		
急救措施			
皮肤接触	脱去污染的衣着，用大量流动清水冲洗。		
眼睛接触	提起眼睑，用流动清水或生理盐水冲洗。就医。		
吸入	迅速脱离现场至空气新鲜处。保持呼吸道通畅。如呼吸困难，给输氧。如呼吸停止，立即进行人工呼吸。就医。		
食入	饮足量温水，催吐。就医。		
防护措施			
呼吸防护	空气中浓度超标时，必须佩戴自吸过滤式防毒面具(全面罩)。紧急事态抢救或撤离时，应该佩戴空气呼吸器。		
眼睛防护	呼吸系统防护中已做防护。		
身体防护	穿胶布防毒衣。		
手防护	戴橡胶手套。		
其他防护	工作现场禁止吸烟、进食和饮水。工作完毕，淋浴更衣。保持良好的卫生习惯。		

品名：**氟乙烷** 别名：R161；乙基氟		分子式：C_2H_5F 分子量：48.1	相态：气 外观与性状：无色易燃液化气体
危险特性			
火灾危险性：可燃气体甲 腐蚀减薄：无 环境开裂：无		爆炸物：无 金属腐蚀：无 急性毒性：无	皮肤腐蚀/刺激：无 易燃气体：类别 1 加压气体：是
与空气混合能形成爆炸性混合物。遇明火、高热或与氧化剂接触，有引起燃烧爆炸的危险。受热分解放出有毒的氟化物气体。气体比空气重，能在较低处扩散到相当远的地方，遇火源会着火回燃。			
理化特性			
熔点：-143.2℃ 沸点：-37.7℃ 闪点：无资料	临界温度：无资料 临界压力：无资料 饱和蒸气压：无资料	爆炸上限：10.0% 爆炸下限：5.0% 相对密度($d_{水}=1$)：0.82	引燃温度：无资料 燃烧热：无资料
溶解性	溶于乙醇、乙醚，微溶于水。		
主要用途	无资料。		
急救措施			
皮肤接触	无资料。		
眼睛接触	无资料。		
吸入	迅速脱离现场至空气新鲜处。保持呼吸道通畅。如呼吸困难，给输氧。如呼吸停止，立即进行人工呼吸。就医。		
食入	无资料。		
防护措施			
呼吸防护	一般不需要特殊防护，高浓度接触时可佩戴自吸过滤式防毒面具(全面罩)。		
眼睛防护	必要时，戴化学安全防护眼镜。		
身体防护	穿防静电工作服。		
手防护	戴一般作业防护手套。		
其他防护	工作现场严禁吸烟。避免高浓度吸入。		

品名：**氟乙烯[稳定的]** 别名：乙烯基氟		分子式：C_2H_3F 分子量：46.0	相态：气 外观与性状：无色、无嗅气体
危险特性			
火灾危险性：可燃气体甲 腐蚀减薄：无 环境开裂：无		爆炸物：无 金属腐蚀：无 急性毒性：无	皮肤腐蚀/刺激：无 易燃气体：类别 1 加压气体：是
与空气混合能形成爆炸性混合物。遇热源和明火有燃烧爆炸的危险。与氧化剂接触猛烈反应。燃烧或无抑制剂时可发生剧烈聚合。气体比空气重，能在较低处扩散到相当远的地方，遇火源会着火回燃。			
理化特性			
熔点：-160.5℃ 沸点：(-73.5±9.0)℃ 闪点：(-91.0±11.9)℃	临界温度：54.7℃ 临界压力：5.62MPa 饱和蒸气压：无资料	爆炸上限：21.7% 爆炸下限：2.6% 相对密度($d_{水}=1$)：0.78	引燃温度：460.0℃ 燃烧热：无资料
溶解性	不溶于水，溶于醇、醚等。		
主要用途	主要用于聚合制聚氟乙烯。		
急救措施			
皮肤接触	无资料。		
眼睛接触	无资料。		
吸入	迅速脱离现场至空气新鲜处。保持呼吸道通畅。如呼吸困难，给输氧。如呼吸停止，立即进行人工呼吸。就医。		
食入	无资料。		
防护措施			
呼吸防护	一般不需要特殊防护，但建议特殊情况下，佩戴自吸过滤式防毒面具(全面罩)。		
眼睛防护	必要时，戴化学安全防护眼镜。		
身体防护	穿防静电工作服。		
手防护	戴一般作业防护手套。		
其他防护	工作现场严禁吸烟。避免高浓度吸入。		

品名：**高碘酸** 别名：过碘酸；仲高碘酸		分子式：H_5IO_6 分子量：227.9	相态：固 外观与性状：无色或白色结晶，无臭，有潮解性
危险特性			
火灾危险性：可燃液体丙 B 腐蚀减薄：无 环境开裂：无		爆炸物：无 金属腐蚀：无 急性毒性：无	皮肤腐蚀/刺激：类别 1 氧化性固体：类别 2 严重眼损伤/眼刺激：类别 1
无机氧化剂。遇易燃物、有机物会引起爆炸。受热分解，放出氧气。			
理化特性			
熔点：122.0℃ 沸点：140.0℃ 闪点：140.0℃	临界温度：无资料 临界压力：无资料 饱和蒸气压：无资料	爆炸上限：无资料 爆炸下限：无资料 相对密度($d_{水}=1$)：无资料	引燃温度：无资料 燃烧热：无资料
溶解性	溶于水、乙醇，微溶于乙醚。		
主要用途	用作氧化剂。		
急救措施			
皮肤接触	立即脱去污染的衣着，用大量流动清水冲洗至少 15min。就医。		
眼睛接触	立即提起眼睑，用大量流动清水或生理盐水彻底冲洗至少 15min。就医。		
吸入	迅速脱离现场至空气新鲜处。保持呼吸道通畅。如呼吸困难，给输氧。如呼吸停止，立即进行人工呼吸。就医。		
食入	用水漱口，给饮牛奶或蛋清。就医。		
防护措施			
呼吸防护	空气中粉尘浓度超标时，应该佩戴头罩型电动送风过滤式防尘呼吸器。紧急事态抢救或撤离时，佩戴空气呼吸器。		
眼睛防护	呼吸系统防护中已做防护。		
身体防护	穿聚乙烯防毒服。		
手防护	戴橡胶手套。		
其他防护	工作现场禁止吸烟、进食和饮水。工作完毕，淋浴更衣。保持良好的卫生习惯。		

品名：**高碘酸铵** 别名：过碘酸铵	分子式：NH_4IO_4 分子量：209.0		相态：固 外观与性状：无色正方形结晶
危险特性			
火灾危险性：无法确定 腐蚀减薄：无 环境开裂：氨应力腐蚀开裂	爆炸物：无 金属腐蚀：无 急性毒性：无		皮肤腐蚀/刺激：无 氧化性固体：类别2
强氧化剂。震动撞击时可发生爆炸。与易燃物、可燃物混合能引起燃烧爆炸。受高热分解放出有毒的气体。			
理化特性			
熔点：无资料 沸点：无资料 闪点：无资料	临界温度：无资料 临界压力：无资料 饱和蒸气压：无资料	爆炸上限：无资料 爆炸下限：无资料 相对密度($d_水=1$)：3.06	引燃温度：无资料 燃烧热：无资料
溶解性	微溶于水。		
主要用途	用作氧化剂。		
急救措施			
皮肤接触	脱去污染的衣着，用大量流动清水冲洗。		
眼睛接触	提起眼睑，用流动清水或生理盐水冲洗。就医。		
吸入	迅速脱离现场至空气新鲜处。保持呼吸道通畅。如呼吸困难，给输氧。如呼吸停止，立即进行人工呼吸。就医。		
食入	饮足量温水，催吐。就医。		
防护措施			
呼吸防护	空气中粉尘浓度超标时，必须佩戴自吸过滤式防尘口罩。紧急事态抢救或撤离时，应该佩戴空气呼吸器。		
眼睛防护	戴化学安全防护眼镜。		
身体防护	穿胶布防毒衣。		
手防护	戴橡胶手套。		
其他防护	工作场所禁止吸烟、进食和饮水，饭前要洗手。工作完毕，淋浴更衣。保持良好的卫生习惯。		

品名：**高氯酸铵** 别名：过氯酸铵	分子式：NH_4ClO_4 分子量：117.5		相态：固 外观与性状：白色晶体
危险特性			
火灾危险性：无法确定 腐蚀减薄：无 环境开裂：氨应力腐蚀开裂	爆炸物：1.1 金属腐蚀：无 急性毒性：无		皮肤腐蚀/刺激：无 氧化性固体：类别1
强氧化剂。与还原剂、有机物、易燃物如硫、磷或金属粉末等混合可形成爆炸性混合物。急剧加热时可发生爆炸。			
理化特性			
熔点：200.0℃ 沸点：无资料 闪点：无资料	临界温度：无资料 临界压力：无资料 饱和蒸气压：无资料	爆炸上限：无资料 爆炸下限：无资料 相对密度($d_水=1$)：1.95	引燃温度：无资料 燃烧热：无资料
溶解性	溶于水，微溶于醇，不溶于乙醚。有潮解性。		
主要用途	是强的氧化剂。于有机物或可燃物研磨则发生爆炸。用于制炸药、焰火，并用作分析试剂。		
急救措施			
皮肤接触	脱去污染的衣着，用大量流动清水冲洗。		
眼睛接触	提起眼睑，用流动清水或生理盐水冲洗。就医。		
吸入	迅速脱离现场至空气新鲜处。保持呼吸道通畅。如呼吸困难，给输氧。如呼吸停止，立即进行人工呼吸。就医。		
食入	饮足量温水，催吐。就医。		
防护措施			
呼吸防护	可能接触其粉尘时，建议佩戴头罩型电动送风过滤式防尘呼吸器。		
眼睛防护	呼吸系统防护中已做防护。		
身体防护	穿聚乙烯防毒服。		
手防护	戴橡胶手套。		
其他防护	工作现场禁止吸烟、进食和饮水。工作完毕，淋浴更衣。保持良好的卫生习惯。		

品名：**高锰酸钙**	分子式：$CaMn_2O_8$	相态：固
别名：过锰酸钙	分子量：277.9	外观与性状：紫色结晶

危险特性

火灾危险性：可燃液体丙 A	爆炸物：无	皮肤腐蚀/刺激：无
腐蚀减薄：无	金属腐蚀：无	氧化性固体：类别 2
环境开裂：无	急性毒性：无	

强氧化剂。与有机物、还原剂、易燃物如硫、磷等接触或混合时有引起燃烧爆炸的危险。遇硫酸、铵盐或过氧化氢能发生爆炸。遇甘油、乙醇能引起自燃。

理化特性

熔点：130.0℃	临界温度：无资料	爆炸上限：无资料	引燃温度：无资料
沸点：214.0℃	临界压力：无资料	爆炸下限：无资料	燃烧热：无资料
闪点：104.4℃	饱和蒸气压：无资料	相对密度($d_{水}=1$)：2.40	

溶解性	溶于液氨。
主要用途	用于纺织工业及水的消毒。

急救措施

皮肤接触	脱去污染的衣着，用大量流动清水冲洗。
眼睛接触	提起眼睑，用流动清水或生理盐水冲洗。就医。
吸入	迅速脱离现场至空气新鲜处。保持呼吸道通畅。如呼吸困难，给输氧。如呼吸停止，立即进行人工呼吸。就医。
食入	饮足量温水，催吐。就医。

防护措施

呼吸防护	可能接触其粉尘时，建议佩戴头罩型电动送风过滤式防尘呼吸器。
眼睛防护	呼吸系统防护中已做防护。
身体防护	穿聚乙烯防毒服。
手防护	戴氯丁橡胶手套。
其他防护	工作现场禁止吸烟、进食和饮水。工作完毕，淋浴更衣。保持良好的卫生习惯。

品名：**高锰酸钠**	分子式：$NaMnO_4$	相态：固
别名：过锰酸钠	分子量：141.9	外观与性状：红紫色晶体

危险特性

火灾危险性：无法确定	爆炸物：无	皮肤腐蚀/刺激：类别 1
腐蚀减薄：无	金属腐蚀：无	氧化性固体：类别 2
环境开裂：无	急性毒性：无	严重眼损伤/眼刺激：类别 1

强氧化剂。遇硫酸、铵盐或过氧化氢能发生爆炸。遇甘油、乙醇能引起自燃。与有机物、还原剂、易燃物如硫、磷等接触或混合时有引起燃烧爆炸的危险。

理化特性

熔点：170.0℃	临界温度：无资料	爆炸上限：无资料	引燃温度：无资料
沸点：无资料	临界压力：无资料	爆炸下限：无资料	燃烧热：无资料
闪点：无资料	饱和蒸气压：无资料	相对密度($d_{水}=1$)：2.46	

溶解性	溶于水、乙醇和乙醚。
主要用途	可用作氧化剂、消毒剂、杀菌剂、吗啡和磷的解毒剂等。

急救措施

皮肤接触	立即脱去污染的衣着，用大量流动清水冲洗至少 15min。就医。
眼睛接触	立即提起眼睑，用大量流动清水或生理盐水彻底冲洗至少 15min。就医。
吸入	迅速脱离现场至空气新鲜处。保持呼吸道通畅。如呼吸困难，给输氧。如呼吸停止，立即进行人工呼吸。就医。
食入	用水漱口，给饮牛奶或蛋清。就医。

防护措施

呼吸防护	可能接触其粉尘时，建议佩戴头罩型电动送风过滤式防尘呼吸器。
眼睛防护	呼吸系统防护中已做防护。
身体防护	穿胶布防毒衣。
手防护	戴氯丁橡胶手套。
其他防护	工作现场禁止吸烟、进食和饮水。工作完毕，淋浴更衣。保持良好的卫生习惯。

品名：**镉[非发火的]**	分子式：Cd	相态：固
别名：无	分子量：112.4	外观与性状：银色的白色金属

危险特性

火灾危险性：无	爆炸物：无	皮肤腐蚀/刺激：无
腐蚀减薄：无	金属腐蚀：无	
环境开裂：液体金属脆断	急性毒性：类别 2	

其粉体遇高热、明火能燃烧甚至爆炸。

理化特性

熔点：321.0℃	临界温度：无资料	爆炸上限：无资料	引燃温度：无资料
沸点：765.0℃	临界压力：无资料	爆炸下限：无资料	燃烧热：无资料
闪点：无资料	饱和蒸气压：无资料	相对密度($d_{水}=1$)：8.60	

溶解性	无资料。
主要用途	无资料。

急救措施

皮肤接触	脱去污染的衣着，用流动清水冲洗。
眼睛接触	提起眼睑，用流动清水或生理盐水冲洗。就医。
吸入	迅速脱离现场至空气新鲜处。保持呼吸道通畅。如呼吸困难，给输氧。如呼吸停止，立即进行人工呼吸。就医。
食入	饮足量温水，催吐。洗胃，导泄。就医。

防护措施

呼吸防护	空气中粉尘浓度超标时，必须佩戴自吸过滤式防尘口罩。紧急事态抢救或撤离时，应该佩戴空气呼吸器。
眼睛防护	戴化学安全防护眼镜。
身体防护	穿防毒物渗透工作服。
手防护	戴橡胶手套。
其他防护	无资料。

品名：**铬酸钾**	分子式：K_2CrO_4	相态：固
别名：无	分子量：194.2	外观与性状：黄色斜方晶体

危险特性

火灾危险性：无	爆炸物：无	皮肤腐蚀/刺激：类别 2
腐蚀减薄：无	金属腐蚀：无	严重眼损伤/眼刺激：类别 2
环境开裂：无	急性毒性：无	

强氧化剂。接触有机物有引起燃烧危险。受高热分解，放出有毒的烟气。

理化特性

熔点：968.0℃	临界温度：无资料	爆炸上限：无资料	引燃温度：无资料
沸点：无资料	临界压力：无资料	爆炸下限：无资料	燃烧热：无资料
闪点：无资料	饱和蒸气压：无资料	相对密度($d_{水}=1$)：2.73	

溶解性	溶于水，不溶于乙醇。
主要用途	有氧化作用。用于彝革、医药，并用作媒染剂和分析试剂等

急救措施

皮肤接触	用肥皂水及清水彻底冲洗。若有灼伤，按酸灼伤处理。就医。
眼睛接触	拉开眼睑，用流动清水冲洗 15min。就医。
吸入	脱离现场至空气新鲜处。呼吸困难时给输氧。呼吸停止时，立即进行人工呼吸。就医。
食入	误服者，口服牛奶、豆浆或蛋清，就医。

防护措施

呼吸防护	可能接触其蒸气时，必须佩戴防毒面具。紧急事态抢救或逃生时，佩戴自给式呼吸器。
眼睛防护	戴化学安全防护眼镜。
身体防护	穿防腐工作服。
手防护	戴橡胶手套。
其他防护	工作现场禁止吸烟、进食和饮水。工作后，淋浴更衣。车间应配备急救设备及药品。严禁皮肤直接接触。

品名：**铬酸钠** 别名：无		分子式：Na_2CrO_4 分子量：162.0	相态：固 外观与性状：黄色单斜晶体，易潮解
危险特性			
火灾危险性：无 腐蚀减薄：无 环境开裂：无		爆炸物：无 金属腐蚀：无 急性毒性：类别2	皮肤腐蚀/刺激：类别1 严重眼损伤/眼刺激：类别1
强氧化剂。接触有机物有引起燃烧的危险。受高热分解放出有毒的气体。			
理化特性			
熔点：792.0℃ 沸点：392.0℃ 闪点：无资料	临界温度：无资料 临界压力：无资料 饱和蒸气压：无资料	爆炸上限：无资料 爆炸下限：无资料 相对密度($d_{水}=1$)：2.73	引燃温度：无资料 燃烧热：无资料
溶解性	溶于水、甲醇，微溶于乙醇。		
主要用途	用于染色、鞣革和制铬黄颜料等。		
急救措施			
皮肤接触	立即脱去污染的衣着，用大量流动清水冲洗至少15min。就医。		
眼睛接触	立即提起眼睑，用大量流动清水或生理盐水彻底冲洗至少15min。就医。		
吸入	迅速脱离现场至空气新鲜处。保持呼吸道通畅。如呼吸困难，给输氧。如呼吸停止，立即进行人工呼吸。就医。		
食入	用清水或1%硫代硫酸钠溶液洗胃。给饮牛奶或蛋清。就医。		
防护措施			
呼吸防护	可能接触其粉尘时，必须佩戴防尘面具(全面罩)。紧急事态抢救或撤离时，应该佩戴空气呼吸器。		
眼睛防护	呼吸系统防护中已做防护。		
身体防护	穿连衣式胶布防毒衣。		
手防护	戴橡胶手套。		
其他防护	工作现场禁止吸烟、进食和饮水。工作完毕，淋浴更衣。保持良好的卫生习惯。		

品名：**铬酸溶液** 别名：无		分子式：H_2CrO_4 分子量：118.0	相态：液 外观与性状：桔红色液体
危险特性			
火灾危险性：无 腐蚀减薄：无 环境开裂：无		爆炸物：无 金属腐蚀：无 急性毒性：无	皮肤腐蚀/刺激：类别1 严重眼损伤/眼刺激：类别1
强氧化剂。接触有机物有引起燃烧的危险。具有腐蚀性。			
理化特性			
熔点：无资料 沸点：无资料 闪点：无资料	临界温度：无资料 临界压力：无资料 饱和蒸气压：无资料	爆炸上限：无资料 爆炸下限：无资料 相对密度($d_{水}=1$)：1.50	引燃温度：无资料 燃烧热：无资料
溶解性	无资料。		
主要用途	用于镀铬、制颜料、媒染剂、蚀媒，也用于医药。		
急救措施			
皮肤接触	立即脱去污染的衣着，用大量流动清水冲洗至少15min。就医。		
眼睛接触	立即提起眼睑，用大量流动清水或生理盐水彻底冲洗至少15min。就医。		
吸入	迅速脱离现场至空气新鲜处。保持呼吸道通畅。如呼吸困难，给输氧。如呼吸停止，立即进行人工呼吸。就医。		
食入	用清水或1%硫代硫酸钠溶液洗胃。给饮牛奶或蛋清。就医。		
防护措施			
呼吸防护	空气中浓度超标时，必须佩戴自吸过滤式防毒面具(全面罩)。紧急事态抢救或撤离时，应该佩戴空气呼吸器。		
眼睛防护	呼吸系统防护中已做防护。		
身体防护	穿橡胶耐酸碱服。		
手防护	戴橡胶耐酸碱手套。		
其他防护	工作现场禁止吸烟、进食和饮水。工作完毕，淋浴更衣。保持良好的卫生习惯。		

品名：**庚二腈** 别名：1,5-二氰基戊烷		分子式：$C_7H_{10}N_2$ 分子量：122.2	相态：液 外观与性状：无色液体
危险特性			
火灾危险性：可燃液体丙 B 腐蚀减薄：无 环境开裂：无		爆炸物：无 金属腐蚀：无 急性毒性：类别 3	皮肤腐蚀/刺激：无
遇明火能燃烧。与氧化剂可发生反应。遇高热分解释出剧毒的气体。			
理化特性			
熔点：-31.4℃ 沸点：310.8℃ 闪点：143.4℃	临界温度：无资料 临界压力：无资料 饱和蒸气压：1.870kPa	爆炸上限：无资料 爆炸下限：无资料 相对密度($d_{水}=1$)：0.95	引燃温度：无资料 燃烧热：无资料
溶解性	不溶于水，可混溶于乙醇、乙醚、氯仿。		
主要用途	用于有机合成。		
急救措施			
皮肤接触	脱去污染的衣着，用大量流动清水冲洗。		
眼睛接触	提起眼睑，用流动清水或生理盐水冲洗。就医。		
吸入	迅速脱离现场至空气新鲜处。保持呼吸道通畅。如呼吸困难，给输氧。如呼吸停止，立即进行人工呼吸。就医。		
食入	饮足量温水，催吐。就医。		
防护措施			
呼吸防护	空气中浓度超标时，必须佩戴自吸过滤式防毒面具(全面罩)。紧急事态抢救或撤离时，应该佩戴空气呼吸器。		
眼睛防护	戴化学安全防护眼镜。		
身体防护	穿防毒物渗透工作服。		
手防护	戴橡胶耐油手套。		
其他防护	工作现场禁止吸烟、进食和饮水。工作完毕，彻底清洗。工作服不准带至非作业场所。单独存放被毒物污染的衣服，洗后备用。		

品名：**1-庚炔** 别名：正庚炔		分子式：C_7H_{12} 分子量：96.2	相态：液 外观与性状：无色液体
危险特性			
火灾危险性：可燃液体甲 B 腐蚀减薄：无 环境开裂：无		爆炸物：无 金属腐蚀：无 急性毒性：无	皮肤腐蚀/刺激：无 易燃液体：类别 2
易燃，其蒸气与空气可形成爆炸性混合物，遇明火、高热能引起燃烧爆炸。与氧化剂能发生强烈反应。若遇高热，可发生聚合反应，放出大量热量而引起容器破裂和爆炸事故。高速冲击、流动、激荡后可因产生静电火花放电引起燃烧爆炸。其蒸气比空气重，能在较低处扩散到相当远的地方，遇火源会着火回燃。			
理化特性			
熔点：-81.0℃ 沸点：99.7℃ 闪点：-10.0℃	临界温度：无资料 临界压力：无资料 饱和蒸气压：12.39kPa(37.7℃)	爆炸上限：无资料 爆炸下限：无资料 相对密度($d_{水}=1$)：0.73	引燃温度：无资料 燃烧热：无资料
溶解性	微溶于水，溶于苯、氯仿等。		
主要用途	用于有机合成。		
急救措施			
皮肤接触	脱去污染的衣着，用肥皂水和清水彻底冲洗皮肤。		
眼睛接触	提起眼睑，用流动清水或生理盐水冲洗。就医。		
吸入	迅速脱离现场至空气新鲜处。保持呼吸道通畅。如呼吸因难，给输氧。如呼吸停止，立即进行人工呼吸。就医。		
食入	饮足量温水，催吐。就医。		
防护措施			
呼吸防护	空气中浓度超标时，应该佩戴过滤式防毒面具(全面罩)。紧急事态抢救或撤离时，佩戴空气呼吸器、氧气呼吸器。		
眼睛防护	戴化学安全防护眼镜。		
身体防护	穿防静电工作服。		
手防护	戴橡胶耐油手套。		
其他防护	工作现场严禁吸烟。避免长期反复接触。		

品名：**庚酸**		分子式：$C_7H_{14}O_2$	相态：液
别名：正庚酸		分子量：130.1	外观与性状：油状液体
危险特性			
火灾危险性：可燃液体丙 A		爆炸物：无	皮肤腐蚀/刺激：类别 1
腐蚀减薄：低分子有机酸腐蚀		金属腐蚀：无	严重眼损伤/眼刺激：类别 1
环境开裂：无		急性毒性：无	
遇明火、高热可燃。与氧化剂可发生反应。具有腐蚀性。若遇高热，容器内压增大，有开裂和爆炸的危险。			
理化特性			
熔点：-7.5℃	临界温度：404.9℃	爆炸上限：无资料	引燃温度：无资料
沸点：223.0℃	临界压力：无资料	爆炸下限：无资料	燃烧热：无资料
闪点：99.2℃	饱和蒸气压：0.13kPa(78℃)	相对密度($d_{水}=1$)：0.92	
溶解性	微溶于水，溶于乙醇、乙醚。		
主要用途	用于有机合成。		
急救措施			
皮肤接触	立即脱去污染的衣着，用大量流动清水冲洗。就医。		
眼睛接触	提起眼睑，用流动清水或生理盐水冲洗。就医。		
吸入	迅速脱离现场至空气新鲜处。保持呼吸道通畅。如呼吸困难，给输氧。如呼吸停止，立即进行人工呼吸。就医。		
食入	饮足量温水，催吐。就医。		
防护措施			
呼吸防护	空气中浓度超标时，必须佩戴自吸过滤式防毒面具(全面罩)。紧急事态抢救或撤离时，应该佩戴空气呼吸器。		
眼睛防护	呼吸系统防护中已做防护。		
身体防护	穿橡胶耐酸碱服。		
手防护	戴橡胶耐酸碱手套。		
其他防护	工作现场禁止吸烟、进食和饮水。工作完毕，淋浴更衣。保持良好的卫生习惯。		

品名：**2-庚酮**		分子式：$C_7H_{14}O$	相态：液
别名：甲基戊基甲酮		分子量：114.2	外观与性状：无色液体，有类似梨的水果香味
危险特性			
火灾危险性：可燃液体乙 B		爆炸物：无	皮肤腐蚀/刺激：无
腐蚀减薄：低分子有机酸腐蚀		金属腐蚀：无	易燃液体：类别 3
环境开裂：无		急性毒性：无	
易燃，遇明火、高热或与氧化剂接触，有引起燃烧爆炸的危险。			
理化特性			
熔点：-35.0℃	临界温度：无资料	爆炸上限：无资料	引燃温度：523.0℃
沸点：150.2℃	临界压力：无资料	爆炸下限：无资料	燃烧热：无资料
闪点：47.0℃	饱和蒸气压：0.2kPa(25℃)	相对密度($d_{水}=1$)：0.82	
溶解性	溶于水，可混溶于多数有机溶剂。		
主要用途	用作硝化纤维素的溶剂和涂料、惰性反应介质。也用作香料原料。		
急救措施			
皮肤接触	脱去污染的衣着，用肥皂水和清水彻底冲洗皮肤。		
眼睛接触	立即提起眼睑，用大量流动清水或生理盐水彻底冲洗至少 15min。就医。		
吸入	迅速脱离现场至空气新鲜处。保持呼吸道通畅。如呼吸困难，给输氧。如呼吸停止，立即进行人工呼吸。就医。		
食入	饮足量温水，催吐。就医。		
防护措施			
呼吸防护	空气中浓度超标时，佩戴自吸过滤式防毒面具(全面罩)。		
眼睛防护	戴化学安全防护眼镜。		
身体防护	穿防静电工作服。		
手防护	戴橡胶耐油手套。		
其他防护	工作现场严禁吸烟。注意个人清洁卫生。避免长期反复接触。		

品名：**3-庚酮** 别名：乙基正丁基甲酮		分子式：$C_7H_{14}O$ 分子量：114.2	相态：液 外观与性状：无色液体，具有丙酮样气味
危险特性			
火灾危险性：可燃液体乙 B 腐蚀减薄：无 环境开裂：无		爆炸物：无 金属腐蚀：无 急性毒性：无	皮肤腐蚀/刺激：无 易燃液体：类别 3 严重眼损伤/眼刺激：类别 2
易燃，遇明火、高热或与氧化剂接触，有引起燃烧爆炸的危险。			
理化特性			
熔点：-36.7℃ 沸点：147.3℃ 闪点：46.0℃	临界温度：无资料 临界压力：无资料 饱和蒸气压：0.187kPa(25℃)	爆炸上限：无资料 爆炸下限：无资料 相对密度($d_{水}=1$)：0.82	引燃温度：无资料 燃烧热：无资料
溶解性	不溶于水，溶于乙醇。		
主要用途	用于制混合溶剂及有机溶胶的分散剂。		
急救措施			
皮肤接触	脱去污染的衣着，用肥皂水和清水彻底冲洗皮肤。		
眼睛接触	提起眼睑，用流动清水或生理盐水冲洗。就医。		
吸入	迅速脱离现场至空气新鲜处。保持呼吸道通畅。如呼吸困难，给输氧。如呼吸停止，立即进行人工呼吸。就医。		
食入	饮足量温水，催吐。就医。		
防护措施			
呼吸防护	空气中浓度超标时，佩戴自吸过滤式防毒面具(全面罩)。		
眼睛防护	戴化学安全防护眼镜。		
身体防护	穿防静电工作服。		
手防护	戴橡胶耐油手套。		
其他防护	工作现场严禁吸烟。注意个人清洁卫生。避免长期反复接触。		

品名：**4-庚酮** 别名：乳酮；二丙基甲酮		分子式：$C_7H_{14}O$ 分子量：114.2	相态：液 外观与性状：无色、透明、低挥发性并具有香味的液体
危险特性			
火灾危险性：可燃液体乙 B 腐蚀减薄：无 环境开裂：无		爆炸物：无 金属腐蚀：无 急性毒性：无	皮肤腐蚀/刺激：无 易燃液体：类别 3
其蒸气与空气可形成爆炸性混合物，遇明火、高热能引起燃烧爆炸。与氧化剂可发生反应。流速过快，容易产生和积聚静电。其蒸气比空气重，能在较低处扩散到相当远的地方，遇火源会着火回燃。若遇高热，容器内压增大，有开裂和爆炸的危险。			
理化特性			
熔点：-32.6℃ 沸点：143.7℃ 闪点：49.0℃	临界温度：328.9℃ 临界压力：无资料 饱和蒸气压：0.69kPa(20℃)	爆炸上限：无资料 爆炸下限：无资料 相对密度($d_{水}=1$)：0.82	引燃温度：无资料 燃烧热：4400kJ/mol
溶解性	微溶于水，易溶于多数有机溶剂。		
主要用途	用作硝化纤维、原油和树脂等的溶剂，也用于油漆工业。		
急救措施			
皮肤接触	脱去污染的衣着，用流动清水冲洗。		
眼睛接触	提起眼睑，用流动清水或生理盐水冲洗。就医。		
吸入	脱离现场至空气新鲜处。		
食入	饮足量温水，催吐。就医。		
防护措施			
呼吸防护	一般不需要特殊防护，高浓度接触时可佩戴自吸过滤式防毒面具(全面罩)。		
眼睛防护	空气中浓度较高时，佩戴化学安全防护眼镜。		
身体防护	穿防静电工作服。		
手防护	戴防化学品手套。		
其他防护	工作现场严禁吸烟。避免长期反复接触。		

品名：**1-庚烯**	分子式：C_7H_{14}	相态：液
别名：正庚烯；正戊基乙烯	分子量：98.2	外观与性状：无色透明液体

危险特性

火灾危险性：可燃液体甲 B	爆炸物：无	皮肤腐蚀/刺激：无
腐蚀减薄：无	金属腐蚀：无	易燃液体：类别 2
环境开裂：无	急性毒性：无	

易燃，其蒸气与空气可形成爆炸性混合物，遇明火、高热能引起燃烧爆炸。与氧化剂接触猛烈反应。若遇高热，可发生聚合反应，放出大量热量而引起容器破裂和爆炸事故。

理化特性

熔点：-119.0℃	临界温度：无资料	爆炸上限：无资料	引燃温度：260.0℃
沸点：93.6℃	临界压力：无资料	爆炸下限：无资料	燃烧热：4653.1kJ/mol
闪点：0.0℃	饱和蒸气压：13.4kPa(37.7℃)	相对密度($d_{水}=1$)：0.70	

溶解性	不溶于水，溶于乙醚、乙醇、丙酮等多数有机溶剂。
主要用途	用于有机合成。

急救措施

皮肤接触	脱去污染的衣着，用肥皂水和清水彻底冲洗皮肤。
眼睛接触	提起眼睑，用流动清水或生理盐水冲洗。就医。
吸入	迅速脱离现场至空气新鲜处。保持呼吸道通畅。如呼吸困难，给输氧。如呼吸停止，立即进行人工呼吸。就医。
食入	饮足量温水，催吐。就医。

防护措施

呼吸防护	空气中浓度超标时，应该佩戴自吸过滤式防毒面具(全面罩)。
眼睛防护	戴安全防护眼镜。
身体防护	穿防静电工作服。
手防护	戴橡胶耐油手套。
其他防护	工作现场严禁吸烟。避免长期反复接触。

品名：**2-庚烯**	分子式：C_6H_{14}	相态：液
别名：无	分子量：98.2	外观与性状：无色液体

危险特性

火灾危险性：可燃液体甲 B	爆炸物：无	皮肤腐蚀/刺激：无
腐蚀减薄：无	金属腐蚀：无	易燃液体：类别 2
环境开裂：无	急性毒性：无	

易燃，其蒸气与空气可形成爆炸性混合物，遇明火、高热能引起燃烧爆炸。与氧化剂接触猛烈反应。其蒸气比空气重，能在较低处扩散到相当远的地方，遇火源会着火回燃。

理化特性

熔点：-109.5℃	临界温度：无资料	爆炸上限：无资料	引燃温度：无资料
沸点：97.0℃	临界压力：无资料	爆炸下限：无资料	燃烧热：无资料
闪点：-2.0℃	饱和蒸气压：无资料	相对密度($d_{水}=1$)：0.70	

溶解性	不溶于水，溶于乙醇、丙酮、乙醚、石油醚。
主要用途	用于有机合成。

急救措施

皮肤接触	脱去污染的衣着，用肥皂水和清水彻底冲洗皮肤。
眼睛接触	提起眼睑，用流动清水或生理盐水冲洗。就医。
吸入	迅速脱离现场至空气新鲜处。保持呼吸道通畅。如呼吸困难，给输氧。如呼吸停止，立即进行人工呼吸。就医。
食入	饮足量温水，催吐。就医。

防护措施

呼吸防护	空气中浓度超标时，应该佩戴自吸过滤式防毒面具(全面罩)。
眼睛防护	戴化学安全防护眼镜。
身体防护	穿防静电工作服。
手防护	戴橡胶耐油手套。
其他防护	工作现场严禁吸烟。避免长期反复接触。

品名：**3-庚烯**	分子式：C_6H_{14}	相态：液
别名：无	分子量：98.2	外观与性状：无色液体

危险特性

火灾危险性：可燃液体甲 B	爆炸物：无	皮肤腐蚀/刺激：无
腐蚀减薄：无	金属腐蚀：无	易燃液体：类别 2
环境开裂：无	急性毒性：无	

易燃，其蒸气与空气可形成爆炸性混合物，遇明火、高热能引起燃烧爆炸。与氧化剂接触猛烈反应。其蒸气比空气重，能在较低处扩散到相当远的地方，遇火源会着火回燃。

理化特性

熔点：-119.2℃	临界温度：无资料	爆炸上限：无资料	引燃温度：无资料
沸点：95.7℃	临界压力：无资料	爆炸下限：无资料	燃烧热：无资料
闪点：-6.7℃	饱和蒸气压：无资料	相对密度($d_{水}=1$)：0.71	

溶解性	不溶于水，可混溶于乙醇、乙醚、丙酮、石油醚。
主要用途	用于有机合成，用作植物生长抑制剂。

急救措施

皮肤接触	脱去污染的衣着，用肥皂水和清水彻底冲洗皮肤。
眼睛接触	提起眼睑，用流动清水或生理盐水冲洗。就医。
吸入	迅速脱离现场至空气新鲜处。保持呼吸道通畅。如呼吸困难，给输氧。如呼吸停止，立即进行人工呼吸。就医。
食入	饮足量温水，催吐。就医。

防护措施

呼吸防护	空气中浓度超标时，应该佩戴自吸过滤式防毒面具(全面罩)。
眼睛防护	戴安全防护眼镜。
身体防护	穿防静电工作服。
手防护	戴橡胶耐油手套。
其他防护	工作现场严禁吸烟。避免长期反复接触。

品名：**汞**	分子式：Hg	相态：液
别名：水银	分子量：200.6	外观与性状：银白色液态金属，在常温下可挥发

危险特性

火灾危险性：无	爆炸物：无	皮肤腐蚀/刺激：无
腐蚀减薄：无	金属腐蚀：无	
环境开裂：液体金属脆断	急性毒性：类别 2	

与叠氮化物、乙炔或氨反应可生成爆炸性化合物。与乙烯、氯、三氮甲烷、碳化钠接触引起剧烈反应。

理化特性

熔点：-38.9℃	临界温度：1550.0℃	爆炸上限：无资料	引燃温度：无资料
沸点：356.9℃	临界压力：20.26MPa	爆炸下限：无资料	燃烧热：无资料
闪点：无资料	饱和蒸气压：0.13kPa(126.2℃)	相对密度($d_{水}=1$)：13.55	

溶解性	不溶于水、盐酸、稀硫酸，溶于浓硝酸，易溶于王水及浓硫酸。
主要用途	用于制造汞盐，也用于仪表工业。

急救措施

皮肤接触	脱去污染的衣着，用大量流动清水冲洗。
眼睛接触	提起眼睑，用流动清水或生理盐水冲洗。就医。
吸入	迅速脱离现场至空气新鲜处。保持呼吸道通畅。如呼吸困难，给输氧。如呼吸停止，立即进行人工呼吸。就医。
食入	用水漱口，给饮牛奶或蛋清。就医。

防护措施

呼吸防护	空气中浓度超标时，必须佩戴自吸过滤式防毒面具(全面罩)。紧急事态抢救或撤离时，应该佩戴空气呼吸器。
眼睛防护	戴化学安全防护眼镜。
身体防护	穿胶布防毒衣。
手防护	戴橡胶手套。
其他防护	工作现场禁止吸烟、进食和饮水。工作完毕，彻底清洗。单独存放被毒物污染的衣服，洗后备用。实行就业前和定期的体检。

品名：**硅酸四乙酯** 别名：四乙氧基硅烷；正硅酸乙酯	分子式：$C_8H_{20}O_4Si$ 分子量：208.3	相态：液 外观与性状：无色或淡棕色液体，略有香味
危险特性		
火灾危险性：可燃液体乙 B 腐蚀减薄：无 环境开裂：无	爆炸物：无 金属腐蚀：无 急性毒性：无	皮肤腐蚀/刺激：无 易燃液体：类别 3 严重眼损伤/眼刺激：类别 2
易燃，遇高热、明火有引起燃烧的危险。遇水能逐渐水解放出刺激性气体。		

理化特性			
熔点：-82.5℃	临界温度：无资料	爆炸上限：无资料	引燃温度：无资料
沸点：168.8℃	临界压力：无资料	爆炸下限：无资料	燃烧热：无资料
闪点：51.7℃	饱和蒸气压：0.13kPa(20℃)	相对密度($d_{水}=1$)：0.93	

溶解性	无资料。
主要用途	用于制造耐化学品涂料和耐热涂料。也用于制备有机硅的溶剂。
急救措施	
皮肤接触	脱去污染的衣着，用肥皂水和清水彻底冲洗皮肤。
眼睛接触	提起眼睑，用流动清水或生理盐水冲洗。就医。
吸入	迅速脱离现场至空气新鲜处。保持呼吸道通畅。如呼吸困难，给输氧。如呼吸停止，立即进行人工呼吸。就医。
食入	足量温水，催吐。就医。
防护措施	
呼吸防护	空气中浓度超标时，应该佩戴防毒面具。
眼睛防护	戴化学安全防护眼镜。
身体防护	穿防静电工作服。
手防护	戴橡胶耐油手套。
其他防护	工作现场严禁吸烟。工作完毕，淋浴更衣。注意个人清洁卫生。

品名：**癸二酰氯** 别名：氯化癸二酰	分子式：$C_{10}H_{16}Cl_2O_2$ 分子量：239.1	相态：液 外观与性状：液体
危险特性		
火灾危险性：可燃液体丙 A 腐蚀减薄：盐酸腐蚀、含盐水腐蚀 环境开裂：氯化物应力腐蚀开裂	爆炸物：无 金属腐蚀：无 急性毒性：无	皮肤腐蚀/刺激：类别 1 严重眼损伤/眼刺激：类别 1
遇高热、明火有引起燃烧的危险。具有腐蚀性。		

理化特性			
熔点：-2.5℃	临界温度：无资料	爆炸上限：无资料	引燃温度：无资料
沸点：220.0℃	临界压力：无资料	爆炸下限：无资料	燃烧热：无资料
闪点：110.0℃	饱和蒸气压：10.00kPa(220℃)	相对密度($d_{水}=1$)：1.12	

溶解性	溶于醚、烃类。
主要用途	用于有机合成。
急救措施	
皮肤接触	立即脱去污染的衣着，用大量流动清水冲洗。就医。
眼睛接触	提起眼睑，用流动清水或生理盐水冲洗。就医。
吸入	迅速脱离现场至空气新鲜处。保持呼吸道通畅。如呼吸困难，给输氧。如呼吸停止，立即进行人工呼吸。就医。
食入	饮足量温水，催吐。就医。
防护措施	
呼吸防护	空气中浓度超标时，必须佩戴自吸过滤式防毒面具(全面罩)。紧急事态抢救或撤离时，应该佩戴空气呼吸器。
眼睛防护	呼吸系统防护中已做防护。
身体防护	穿橡胶耐酸碱服。
手防护	戴橡胶耐酸碱手套。
其他防护	工作完毕，淋浴更衣。保持良好的卫生习惯。定期体检。

品名：**癸硼烷**		分子式：$B_{10}H_{14}$	相态：固
别名：十硼烷；十硼氢		分子量：122.3	外观与性状：无色结晶
危险特性			
火灾危险性：可燃液体丙 A		爆炸物：无	皮肤腐蚀/刺激：无
腐蚀减薄：无		金属腐蚀：无	易燃固体：类别 1
环境开裂：无		急性毒性：类别 1	严重眼损伤/眼刺激：类别 2
具有强还原性。遇水、潮湿空气、酸类、氧化剂、高热及明火能引起燃烧。			
理化特性			
熔点：99.0~103.0℃	临界温度：无资料	爆炸上限：无资料	引燃温度：无资料
沸点：213.0℃	临界压力：无资料	爆炸下限：无资料	燃烧热：无资料
闪点：80.0℃	饱和蒸气压：2.54kPa(100℃)	相对密度($d_{水}=1$)：0.94	
溶解性	微溶于冷水，溶于苯、甲苯、烃类等。		
主要用途	用于聚合物合成，也作固体燃料、腐蚀抑制剂、稳定剂、还原剂等。		
急救措施			
皮肤接触	立即脱去污染的衣着，立即用1%~3%三乙醇胺水溶液或3%氨水冲洗，至少5min，再用肥皂水及清水彻底冲洗。就医。		
眼睛接触	立即提起眼睑，用大量流动清水或生理盐水彻底冲洗至少15min。就医。		
吸入	迅速脱离现场至空气新鲜处。保持呼吸道通畅。如呼吸困难，给输氧。如呼吸停止，立即进行人工呼吸。就医。		
食入	饮足量温水，催吐。就医。		
防护措施			
呼吸防护	空气中粉尘浓度超标时，应该佩戴自吸过滤式防尘口罩。必要时，建议佩戴空气呼吸器。		
眼睛防护	戴化学安全防护眼镜。		
身体防护	穿防毒物渗透工作服。		
手防护	戴防毒物渗透手套。		
其他防护	工作现场禁止吸烟、进食和饮水。工作完毕，淋浴更衣。注意个人清洁卫生。		

品名：**1-癸烯**		分子式：$C_{10}H_{20}$	相态：液
别名：无		分子量：140.3	外观与性状：无色液体
危险特性			
火灾危险性：可燃液体乙 B		爆炸物：无	皮肤腐蚀/刺激：类别 2
腐蚀减薄：无		金属腐蚀：无	易燃液体：类别 3
环境开裂：无		急性毒性：无	严重眼损伤/眼刺激：类别 2
遇明火、高热、摩擦、撞击有引起燃烧的危险。与氧化剂接触猛烈反应。若遇高热，可发生聚合反应，放出大量热量而引起容器破裂和爆炸事故。			
理化特性			
熔点：-66.3℃	临界温度：无资料	爆炸上限：无资料	引燃温度：235.0℃
沸点：169.0~171.0℃	临界压力：无资料	爆炸下限：无资料	燃烧热：6612.7kJ/mol
闪点：47.0℃	饱和蒸气压：0.13kPa(95.7℃)	相对密度($d_{水}=1$)：0.74	
溶解性	不溶于水，溶于醇。		
主要用途	用于香精、香料、药品、染料、油脂、树脂等的有机合成。		
急救措施			
皮肤接触	脱去污染的衣着，用肥皂水和清水彻底冲洗皮肤。		
眼睛接触	提起眼睑，用流动清水或生理盐水冲洗。就医。		
吸入	迅速脱离现场至空气新鲜处。保持呼吸道通畅。如呼吸困难，给输氧。如呼吸停止，立即进行人工呼吸。就医。		
食入	饮足量温水，催吐。就医。		
防护措施			
呼吸防护	可能接触其蒸气时，应该佩戴自吸过滤式防毒面具(全面罩)		
眼睛防护	戴安全防护眼镜。		
身体防护	穿防静电工作服。		
手防护	戴橡胶耐油手套。		
其他防护	工作现场严禁吸烟。避免长期反复接触。		

品名：**过二硫酸铵** 别名：高硫酸铵；过硫酸铵	分子式：$(NH_4)_2S_2O_8$ 分子量：228.0	相态：固 外观与性状：无色单斜晶体，有时略带浅绿色，有潮解性
危险特性		
火灾危险性：无法确定 腐蚀减薄：硫酸腐蚀 环境开裂：氨应力腐蚀开裂、氢脆、连多硫酸应力腐蚀开裂、硫酸盐应力腐蚀开裂	爆炸物：无 金属腐蚀：无 急性毒性：无	皮肤腐蚀/刺激：类别2 氧化性固体：类别3 严重眼损伤/眼刺激：类别2
无机氧化剂。受高热或撞击时即爆炸。与还原剂、有机物、易燃物如硫、磷或金属粉末等混合可形成爆炸性混合物。		

理化特性			
熔点：120.0℃	临界温度：无资料	爆炸上限：无资料	引燃温度：无资料
沸点：无资料	临界压力：无资料	爆炸下限：无资料	燃烧热：无资料
闪点：无资料	饱和蒸气压：无资料	相对密度($d_水=1$)：1.98	

溶解性	易溶于水。
主要用途	用作氧化剂、漂白剂、照相材料、分析试剂等。
急救措施	
皮肤接触	立即脱去污染的衣着，用大量流动清水冲洗至少15min。就医。
眼睛接触	立即提起眼睑，用大量流动清水或生理盐水彻底冲洗至少15min。就医。
吸入	迅速脱离现场至空气新鲜处。保持呼吸道通畅。如呼吸困难，给输氧。如呼吸停止，立即进行人工呼吸。就医。
食入	用水漱口，给饮牛奶或蛋清。就医。
防护措施	
呼吸防护	可能接触其粉尘时，应该佩戴头罩型电动送风过滤式防尘呼吸器。高浓度环境中，建议佩戴自给式呼吸器。
眼睛防护	呼吸系统防护中已做防护
身体防护	穿聚乙烯防毒服。
手防护	戴橡胶手套。
其他防护	工作现场禁止吸烟、进食和饮水。工作完毕，彻底清洗。注意个人清洁卫生。

品名：**过二硫酸钾** 别名：高硫酸钾；过硫酸钾	分子式：$K_2S_2O_8$ 分子量：270.3	相态：固 外观与性状：白色结晶，无气味，有潮解性
危险特性		
火灾危险性：无法确定 腐蚀减薄：硫酸腐蚀 环境开裂：氢脆、连多硫酸应力腐蚀开裂、硫酸盐应力腐蚀开裂	爆炸物：无 金属腐蚀：无 急性毒性：无	皮肤腐蚀/刺激：类别2 氧化性固体：类别3 严重眼损伤/眼刺激：类别2
无机氧化剂。与有机物、还原剂、易燃物如硫、磷等接触或混合时有引起燃烧爆炸的危险。急剧加热时可发生爆炸。		

理化特性			
熔点：1067.0℃	临界温度：无资料	爆炸上限：无资料	引燃温度：无资料
沸点：1689.0℃	临界压力：无资料	爆炸下限：无资料	燃烧热：无资料
闪点：无资料	饱和蒸气压：无资料	相对密度($d_水=1$)：2.48	

溶解性	溶于水，不溶于乙醇。
主要用途	用作漂白剂、还原剂、照相药品、分析试剂、聚合促进剂等。
急救措施	
皮肤接触	脱去污染的衣着，用大量流动清水冲洗。
眼睛接触	提起眼睑，用流动清水或生理盐水冲洗。就医。
吸入	迅速脱离现场至空气新鲜处。保持呼吸道通畅。如呼吸困难，给输氧。如呼吸停止，立即进行人工呼吸。就医。
食入	饮足量温水，催吐。就医。
防护措施	
呼吸防护	可能接触其粉尘时，应该佩戴头罩型电动送风过滤式防尘呼吸器。高浓度环境中，建议佩戴自给式呼吸器。
眼睛防护	呼吸系统防护中已做防护。
身体防护	穿聚乙烯防毒服。
手防护	戴橡胶手套。
其他防护	工作现场禁止吸烟、进食和饮水。工作完毕，淋浴更衣。保持良好的卫生习惯。

品名：**过硫酸钠** 别名：过二硫酸钠；高硫酸钠		分子式：$Na_2S_2O_8$ 分子量：238.1	相态：固 外观与性状：白色晶状粉末，无臭
危险特性			
火灾危险性：可燃液体丙 B 腐蚀减薄：硫酸腐蚀 环境开裂：氢脆、连多硫酸应力腐蚀开裂、硫酸盐应力腐蚀开裂		爆炸物：无 金属腐蚀：无 急性毒性：无	皮肤腐蚀/刺激：无 氧化性固体：类别 3 严重眼损伤/眼刺激：类别 2
无机氧化剂。与有机物、还原剂、易燃物如硫、磷等接触或混合时有引起燃烧爆炸的危险。急剧加热时可发生爆炸。			
理化特性			
熔点：100.0℃ 沸点：无资料 闪点：180.0℃	临界温度：无资料 临界压力：无资料 饱和蒸气压：无资料	爆炸上限：无资料 爆炸下限：无资料 相对密度（$d_{水}=1$）：2.40	引燃温度：无资料 燃烧热：无资料
溶解性	溶于水。		
主要用途	用作漂白剂、氧化剂、乳液聚合促进剂。		
急救措施			
皮肤接触	脱去污染的衣着，用大量流动清水冲洗。		
眼睛接触	提起眼睑，用流动清水或生理盐水冲洗。就医。		
吸入	迅速脱离现场至空气新鲜处。保持呼吸道通畅。如呼吸困难，给输氧。如呼吸停止，立即进行人工呼吸。就医。		
食入	饮足量温水，催吐。就医。		
防护措施			
呼吸防护	可能接触其粉尘时，应该佩戴头罩型电动送风过滤式防尘呼吸器。高浓度环境中，建议佩戴自给式呼吸器。		
眼睛防护	呼吸系统防护中已做防护。		
身体防护	穿聚乙烯防毒服。		
手防护	戴橡胶手套。		
其他防护	工作现场禁止吸烟、进食和饮水。工作完毕，淋浴更衣。保持良好的卫生习惯。		

品名：**过氯酰氟** 别名：氟化过氯氧；氟化过氯酰		分子式：$ClFO_3$ 分子量：102.5	相态：气 外观与性状：无色气体，带甜味
危险特性			
火灾危险性：无法确定 腐蚀减薄：含盐水腐蚀 环境开裂：无		爆炸物：无 金属腐蚀：无 急性毒性：类别 2	皮肤腐蚀/刺激：无 氧化性气体：类别 1 加压气体：是 严重眼损伤/眼刺激：类别 2
强氧化剂。与可燃气体或蒸气、氰化钾、硫氰化钾、氧化氮等发生爆炸性反应。与含氮碱类(如异丙胺、苯胺、苯肼等)反应生成爆炸性产物。受热分解产生有毒的烟气。			
理化特性			
熔点：-146.0℃ 沸点：-46.8℃ 闪点：无资料	临界温度：无资料 临界压力：5.37MPa 饱和蒸气压：无资料	爆炸上限：无资料 爆炸下限：无资料 相对密度（$d_{水}=1$）：1.43	引燃温度：无资料 燃烧热：无资料
溶解性	无资料。		
主要用途	用于有机合成、制药及国防工业中作为氟化剂、氧化剂。		
急救措施			
皮肤接触	立即脱去污染的衣着，用肥皂水及流动清水彻底冲洗污染的皮肤、头发、指甲等。就医。		
眼睛接触	提起眼睑，用流动清水或生理盐水冲洗。就医。		
吸入	迅速脱离现场至空气新鲜处。保持呼吸道通畅。如呼吸困难，给输氧。如呼吸停止，立即进行人工呼吸。就医。		
食入	饮足量温水，催吐。就医。		
防护措施			
呼吸防护	空气中浓度超标时，建议佩戴自吸过滤式防毒面具(全面罩)。紧急事态抢救或撤离时，应该佩戴空气呼吸器。		
眼睛防护	戴化学安全防护眼镜。		
身体防护	穿密闭型防毒服。		
手防护	戴乳胶手套。		
其他防护	工作场所禁止吸烟、进食和饮水，饭前要洗手。工作完毕，淋浴更衣。保持良好的卫生习惯。		

品名：**过氧化钾** 别名：无	分子式：K_2O_2 分子量：110.2	相态：固 外观与性状：黄色无定形块状物，易潮解
危险特性		
火灾危险性：无法确定 腐蚀减薄：无 环境开裂：无	爆炸物：无 金属腐蚀：无 急性毒性：无	皮肤腐蚀/刺激：类别 2 氧化性固体：类别 1 严重眼损伤/眼刺激：类别 2
高温下分解。易潮解，跟水反应生成氢氧化钾，放出氧气。溶于稀硫酸生成过氧化氢；过氧化钾能吸收二氧化碳并放出氧气。是强氧化剂。		

理化特性			
熔点：490.0℃ 沸点：无资料 闪点：无资料	临界温度：无资料 临界压力：无资料 饱和蒸气压：无资料	爆炸上限：无资料 爆炸下限：无资料 相对密度($d_{水}=1$)：3.50	引燃温度：无资料 燃烧热：无资料

溶解性	不溶于乙醇。
主要用途	用作氧化剂、漂白剂、氧发生剂。
急救措施	
皮肤接触	立即脱去污染的衣着，用大量流动清水冲洗至少 15min。就医。
眼睛接触	立即提起眼睑，用大量流动清水或生理盐水彻底冲洗至少 15min。就医。
吸入	迅速脱离现场至空气新鲜处。保持呼吸道通畅。如呼吸困难，给输氧。如呼吸停止，立即进行人工呼吸。就医。
食入	用水漱口，给饮牛奶或蛋清。就医。
防护措施	
呼吸防护	可能接触其粉尘时，建议佩戴头罩型电动送风过滤式防尘呼吸器。
眼睛防护	呼吸系统防护中已做防护。
身体防护	穿聚乙烯防毒服。
手防护	戴氯丁橡胶手套。
其他防护	工作现场禁止吸烟、进食和饮水。工作完毕，淋浴更衣。保持良好的卫生习惯。

品名：**过氧化钠** 别名：双氧化钠；二氧化钠	分子式：Na_2O_2 分子量：78.0	相态：固 外观与性状：米黄色粉末或颗粒，加热则变为黄色，有吸湿性
危险特性		
火灾危险性：无法确定 腐蚀减薄：无 环境开裂：无	爆炸物：无 金属腐蚀：无 急性毒性：无	皮肤腐蚀/刺激：类别 1 氧化性固体：类别 1 严重眼损伤/眼刺激：类别 1
过氧化钠可用于医药、印染、漂白及用作分析试剂等。用作分析试剂，如用作分解样品的碱性氧化性溶剂。还可用做氧化剂、防腐剂、除臭剂、杀菌剂、漂白剂等。也可用于制备过氧化氢。		

理化特性			
熔点：460.0℃ 沸点：657.0℃ 闪点：无资料	临界温度：无资料 临界压力：无资料 饱和蒸气压：无资料	爆炸上限：无资料 爆炸下限：无资料 相对密度($d_{水}=1$)：2.80	引燃温度：无资料 燃烧热：无资料

溶解性	溶于水。
主要用途	用于医药、印染、漂白及用作分析试剂等。
急救措施	
皮肤接触	立即脱去污染的衣着，用大量流动清水冲洗至少 15min。就医。
眼睛接触	立即提起眼睑，用大量流动清水或生理盐水彻底冲洗至少 15min。就医。
吸入	迅速脱离现场至空气新鲜处。保持呼吸道通畅。如呼吸困难，给输氧。如呼吸停止，立即进行人工呼吸。就医。
食入	用水漱口，给饮牛奶或蛋清。就医。
防护措施	
呼吸防护	可能接触其粉尘时，建议佩戴头罩型电动送风过滤式防尘呼吸器。
眼睛防护	呼吸系统防护中已做防护。
身体防护	穿聚乙烯防毒服。
手防护	戴氯丁橡胶手套。
其他防护	工作时不得进食、饮水或吸烟。工作完毕，淋浴更衣。保持良好的卫生习惯。

品名：**过氧化脲** 别名：过氧化氢尿素；过氧化氢脲	分子式：$CH_6N_2O_3$ 分子量：94.1	相态：固 外观与性状：白色结晶性粉末

危险特性

火灾危险性：可燃液体丙 A	爆炸物：无	皮肤腐蚀/刺激：类别 1
腐蚀减薄：甲铵腐蚀	金属腐蚀：无	氧化性固体：类别 3
环境开裂：无	急性毒性：无	严重眼损伤/眼刺激：类别 1

强氧化剂。与易燃物、可燃物接触能引起剧烈燃烧。

理化特性

熔点：90.0~93.0℃	临界温度：无资料	爆炸上限：无资料	引燃温度：无资料
沸点：196.6℃	临界压力：无资料	爆炸下限：无资料	燃烧热：无资料
闪点：72.7℃	饱和蒸气压：无资料	相对密度($d_水=1$)：1.00	

溶解性	无资料。
主要用途	无资料。

急救措施

皮肤接触	脱去污染的衣着，用大量流动清水冲洗。
眼睛接触	提起眼睑，用流动清水或生理盐水冲洗。就医。
吸入	迅速脱离现场至空气新鲜处。保持呼吸道通畅。如呼吸困难，给输氧。如呼吸停止，立即进行人工呼吸。就医。
食入	饮足量温水，催吐。就医。

防护措施

呼吸防护	空气中粉尘浓度超标时，必须佩戴自吸过滤式防尘口罩。紧急事态抢救或撤离时，应该佩戴空气呼吸器。
眼睛防护	戴化学安全防护眼镜。
身体防护	穿胶布防毒衣。
手防护	戴橡胶手套。
其他防护	工作场所禁止吸烟、进食和饮水，饭前要洗手。工作完毕，淋浴更衣。保持良好的卫生习惯。

品名：**过氧化氢苯甲酰** 别名：过苯甲酸	分子式：$C_7H_6O_3$ 分子量：138.1	相态：固 外观与性状：无色或白色棱柱形结晶体

危险特性

火灾危险性：无法确定	爆炸物：无	皮肤腐蚀/刺激：类别 1
腐蚀减薄：低分子有机酸腐蚀	金属腐蚀：无	有机过氧化物：C 型
环境开裂：无	急性毒性：无	严重眼损伤/眼刺激：类别 1

具有强氧化性。遇热源和明火有燃烧爆炸的危险。与还原剂、促进剂、有机物、可燃物等接触会发生剧烈反应，有燃烧爆炸的危险。

理化特性

熔点：42.0℃	临界温度：无资料	爆炸上限：无资料	引燃温度：无资料
沸点：80.0~100.0℃	临界压力：无资料	爆炸下限：无资料	燃烧热：无资料
闪点：无资料	饱和蒸气压：无资料	相对密度($d_水=1$)：无资料	

溶解性	微溶于水，不溶于甲醇，溶于乙醇、乙醚、氯仿。
主要用途	用于有机合成。

急救措施

皮肤接触	脱去污染的衣着，用流动清水冲洗。
眼睛接触	提起眼睑，用流动清水或生理盐水冲洗。就医。
吸入	脱离现场至空气新鲜处。就医。
食入	饮足量温水，催吐。就医。

防护措施

呼吸防护	空气中粉尘浓度超标时，建议佩戴自吸过滤式防尘口罩。紧急事态抢救或撤离时，应该佩戴空气呼吸器。
眼睛防护	戴化学安全防护眼镜。
身体防护	穿胶布防毒衣。
手防护	戴乳胶手套。
其他防护	工作现场严禁吸烟。工作完毕，淋浴更衣。注意个人清洁卫生。

品名：**氦[压缩的或液化的]**		分子式：He	相态：气
别名：无		分子量：4.0	外观与性状：无色，无臭，冷冻的，液化气体
危险特性			
火灾危险性：无		爆炸物：无	皮肤腐蚀/刺激：无
腐蚀减薄：无		金属腐蚀：无	加压气体：是
环境开裂：无		急性毒性：类别 3	
若遇高热，容器内压增大，有开裂和爆炸的危险。			
理化特性			
熔点：-271.2℃	临界温度：无资料	爆炸上限：无资料	引燃温度：无资料
沸点：-268.9℃	临界压力：无资料	爆炸下限：无资料	燃烧热：无资料
闪点：无资料	饱和蒸气压：无资料	相对密度($d_{水}=1$)：无资料	
溶解性	无资料。		
主要用途	无资料。		
急救措施			
皮肤接触	无资料。		
眼睛接触	无资料。		
吸入	迅速脱离现场至空气新鲜处。保持呼吸道通畅。如呼吸困难，给输氧。如呼吸停止，立即进行人工呼吸。就医。		
食入	无资料。		
防护措施			
呼吸防护	一般不需特殊防护。当作业场所空气中氧气浓度低于18%时，必须佩戴空气呼吸器、氧气呼吸器或长管面具。		
眼睛防护	一般不需特殊防护。		
身体防护	穿一般作业工作服。		
手防护	戴一般作业防护手套。		
其他防护	避免高浓度吸入。进入罐、限制性空间或其他高浓度区作业，须有人监护。		

品名：**苄胺**		分子式：C_7H_9N	相态：液
别名：苯甲胺		分子量：107.2	外观与性状：无色液体
危险特性			
火灾危险性：可燃液体丙 A		爆炸物：无	皮肤腐蚀/刺激：类别 1
腐蚀减薄：碱腐蚀、胺腐蚀		金属腐蚀：无	严重眼损伤/眼刺激：类别 1
环境开裂：碱应力腐蚀开裂、胺应力腐蚀开裂		急性毒性：无	
遇明火、高热易燃。受高热分解放出有毒的气体。			
理化特性			
熔点：10.0℃	临界温度：无资料	爆炸上限：无资料	引燃温度：无资料
沸点：185.0℃	临界压力：无资料	爆炸下限：无资料	燃烧热：无资料
闪点：60.0℃	饱和蒸气压：0.087kPa(25℃)	相对密度($d_{水}=1$)：0.98	
溶解性	无资料。		
主要用途	无资料。		
急救措施			
皮肤接触	脱去污染的衣着，用大量流动清水冲洗。		
眼睛接触	提起眼睑，用流动清水或生理盐水冲洗。就医。		
吸入	迅速脱离现场至空气新鲜处。保持呼吸道通畅。如呼吸困难，给输氧。如呼吸停止，立即进行人工呼吸。就医。		
食入	饮足量温水，催吐。洗胃，导泄。就医。		
防护措施			
呼吸防护	可能接触其蒸气时，佩戴防毒面具。紧急事态抢救或逃生时，佩戴自给式呼吸器。		
眼睛防护	戴安全防护眼镜。		
身体防护	穿紧袖工作服，长筒胶鞋。		
手防护	戴橡皮手套。		
其他防护	工作现场禁止吸烟、进食和饮水。及时换洗工作服。工作前后不饮酒，用温水洗澡。监测毒物。进行就业前和定期体检。		

品名：**环丙基甲醇**	分子式：C_4H_8O	相态：液
别名：无	分子量：72.1	外观与性状：无色液体

危险特性

火灾危险性：可燃液体乙 A	爆炸物：无	皮肤腐蚀/刺激：无
腐蚀减薄：无	金属腐蚀：无	易燃液体：类别 3
环境开裂：无	急性毒性：无	

其蒸气与空气可形成爆炸性混合物，遇明火、高热能引起燃烧爆炸。与氧化剂可发生反应。若遇高热，容器内压增大，有开裂和爆炸的危险。

理化特性

熔点：-60.0℃	临界温度：无资料	爆炸上限：无资料	引燃温度：无资料
沸点：123.0~124.0℃	临界压力：无资料	爆炸下限：无资料	燃烧热：无资料
闪点：35.0℃	饱和蒸气压：无资料	相对密度($d_{水}=1$)：0.89	

溶解性	不溶于水，可混溶于醇、醚。
主要用途	用作分析试剂。
急救措施	
皮肤接触	立即脱去污染的衣着，用大量流动清水冲洗。就医。
眼睛接触	提起眼睑，用流动清水或生理盐水冲洗。就医。
吸入	迅速脱离现场至空气新鲜处。保持呼吸道通畅。如呼吸困难，给输氧。如呼吸停止，立即进行人工呼吸。就医。
食入	饮足量温水，催吐。就医。
防护措施	
呼吸防护	空气中浓度超标时，必须佩戴自吸过滤式防毒面具(半面罩)。紧急事态抢救或撤离时，应该佩戴空气呼吸器。
眼睛防护	戴化学安全防护眼镜。
身体防护	穿防静电工作服。
手防护	戴橡胶手套。
其他防护	工作场所禁止吸烟、进食和饮水，饭前要洗手。工作完毕，淋浴更衣。保持良好的卫生习惯。

品名：**环丙烷**	分子式：C_3H_6	相态：气
别名：无	分子量：42.1	外观与性状：无色气体，有石油醚样气味

危险特性

火灾危险性：可燃气体甲	爆炸物：无	皮肤腐蚀/刺激：无
腐蚀减薄：无	金属腐蚀：无	易燃气体：类别 1
环境开裂：无	急性毒性：无	加压气体：是

易燃，与空气混合能形成爆炸性混合物，遇明火、高热极易燃烧爆炸。气体比空气重，能在较低处扩散到相当远的地方，遇火源会着火回燃。

理化特性

熔点：-126.6℃	临界温度：124.7℃	爆炸上限：10.4%	引燃温度：500.0℃
沸点：-33.0℃	临界压力：无资料	爆炸下限：2.4%	燃烧热：-2076.3kJ/mol
闪点：(-100.5±11.7)℃	饱和蒸气压：无资料	相对密度($d_{水}=1$)：1.88	

溶解性	微溶于水，易溶于乙醇、乙醚等多数有机溶剂。
主要用途	工业上用于有机合成，医药上可作麻醉剂。
急救措施	
皮肤接触	无资料。
眼睛接触	无资料。
吸入	迅速脱离现场至空气新鲜处。保持呼吸道通畅。如呼吸困难，给输氧。如呼吸停止，立即进行人工呼吸。就医。
食入	无资料。
防护措施	
呼吸防护	一般不需要特殊防护，高浓度接触时可佩戴自吸过滤式防毒面具(半面罩)。
眼睛防护	必要时，戴化学安全防护眼镜。
身体防护	穿防静电工作服。
手防护	戴一般作业防护手套。
其他防护	工作现场严禁吸烟。避免长期反复接触。进入罐、限制性空间或其它高浓度区作业，须有人监护。

品名：**1,3,5-环庚三烯**	分子式：C_7H_8	相态：液	
别名：环庚三烯	分子量：92.1	外观与性状：无色至暗黄色液体，在空气中久置能成树脂样物质	
危险特性			
火灾危险性：可燃液体甲B	爆炸物：无	皮肤腐蚀/刺激：无	
腐蚀减薄：无	金属腐蚀：无	易燃液体：类别2	
环境开裂：无	急性毒性：类别3		
其蒸气与空气形成爆炸性混合物，遇明火、高热能引起燃烧爆炸。与氧化剂能发生强烈反应。其蒸气比空气重，能在较低处扩散到相当远的地方，遇明火会引着回燃。遇高热能发生聚合反应，出现大量放热现象，引起容器破裂或爆炸事故。			
理化特性			
熔点：−75.3℃	临界温度：无资料	爆炸上限：无资料	引燃温度：无资料
沸点：116.0~117.0℃	临界压力：无资料	爆炸下限：无资料	燃烧热：无资料
闪点：4.0℃	饱和蒸气压：无资料	相对密度($d_水=1$)：0.89	
溶解性	溶于乙醇、乙醚，易溶于苯、氯仿。		
主要用途	用于有机合成。		
急救措施			
皮肤接触	脱去污染的衣着，用大量流动清水冲洗。		
眼睛接触	提起眼睑，用流动清水或生理盐水冲洗。就医。		
吸入	迅速脱离现场至空气新鲜处。保持呼吸道通畅。如呼吸困难，给输氧。如呼吸停止，立即进行人工呼吸。就医。		
食入	饮足量温水，催吐。就医。		
防护措施			
呼吸防护	空气中浓度超标时，必须佩戴自吸过滤式防毒面具(半面罩)。紧急事态抢救或撤离时，应该佩戴空气呼吸器。		
眼睛防护	戴化学安全防护眼镜。		
身体防护	穿防静电工作服。		
手防护	戴橡胶手套。		
其他防护	工作场所禁止吸烟、进食和饮水，饭前要洗手。工作完毕，淋浴更衣。保持良好的卫生习惯。		

品名：**环庚酮**	分子式：$C_7H_{12}O$	相态：液	
别名：软木酮	分子量：112.2	外观与性状：无色液体，有薄荷气味	
危险特性			
火灾危险性：可燃液体乙B	爆炸物：无	皮肤腐蚀/刺激：无	
腐蚀减薄：无	金属腐蚀：无	易燃液体：类别3	
环境开裂：无	急性毒性：无		
易燃，遇明火、高热或与氧化剂接触，有引起燃烧爆炸的危险。			
理化特性			
熔点：25.0℃	临界温度：无资料	爆炸上限：无资料	引燃温度：无资料
沸点：181.0℃	临界压力：无资料	爆炸下限：无资料	燃烧热：无资料
闪点：55.0℃	饱和蒸气压：无资料	相对密度($d_水=1$)：0.95	
溶解性	不溶于水，溶于乙醇等多数有机溶剂。		
主要用途	用作有机合成中间体，也用于化学研究。		
急救措施			
皮肤接触	脱去污染的衣着，用肥皂水和清水彻底冲洗皮肤。		
眼睛接触	提起眼睑，用流动清水或生理盐水冲洗。就医。		
吸入	迅速脱离现场至空气新鲜处。保持呼吸道通畅。如呼吸困难，给输氧。如呼吸停止，立即进行人工呼吸。就医。		
食入	饮足量温水，催吐。就医。		
防护措施			
呼吸防护	可能接触其蒸气时，应该佩戴自吸过滤式防毒面具(半面罩)。		
眼睛防护	戴安全防护眼镜。		
身体防护	穿防静电工作服。		
手防护	戴橡胶耐油手套。		
其他防护	工作现场禁止吸烟、进食和饮水。工作完毕，淋浴更衣。避免长期反复接触。		

品名：**环庚烷**		分子式：C_7H_{14}		相态：液	
别名：无		分子量：98.2		外观与性状：无色、油状液体	
危险特性					
火灾危险性：可燃液体甲 B		爆炸物：无		皮肤腐蚀/刺激：无	
腐蚀减薄：无		金属腐蚀：无		易燃液体：类别 2	
环境开裂：无		急性毒性：无			
易燃，其蒸气与空气可形成爆炸性混合物，遇热源和明火有燃烧爆炸的危险。与氧化剂能发生强烈反应，引起燃烧或爆炸。在火场中，受热的容器有爆炸危险。其蒸气比空气重，能在较低处扩散到相当远的地方，遇火源会着火回燃。					
理化特性					
熔点：-12.0℃		临界温度：无资料	爆炸上限：无资料	引燃温度：无资料	
沸点：(118.5±7.0)℃		临界压力：无资料	爆炸下限：无资料	燃烧热：无资料	
闪点：6.0℃		饱和蒸气压：2.88kPa(25℃)	相对密度($d_{水}=1$)：0.81		
溶解性	不溶于水，溶于醇、醚、苯。				
主要用途	用于有机合成，用作溶剂。				
急救措施					
皮肤接触	脱去污染的衣着，用肥皂水和清水彻底冲洗皮肤。				
眼睛接触	提起眼睑，用流动清水或生理盐水冲洗。就医。				
吸入	迅速脱离现场至空气新鲜处。保持呼吸道通畅。如呼吸困难，给输氧。如呼吸停止，立即进行人工呼吸。就医。				
食入	饮足量温水，催吐。就医。				
防护措施					
呼吸防护	空气中浓度较高时，佩戴过滤式防毒面具(半面罩)。				
眼睛防护	戴安全防护眼镜。				
身体防护	穿防静电工作服。				
手防护	戴橡胶耐油手套。				
其他防护	工作现场严禁吸烟。避免长期反复接触。				

品名：**环庚烯**		分子式：C_7H_{12}		相态：液	
别名：无		分子量：96.2		外观与性状：无色油状液体	
危险特性					
火灾危险性：可燃液体甲 B		爆炸物：无		皮肤腐蚀/刺激：无	
腐蚀减薄：无		金属腐蚀：无		易燃液体：类别 2	
环境开裂：无		急性毒性：无			
易燃，遇明火、高热或与氧化剂接触，有引起燃烧爆炸的危险。若遇高热，可发生聚合反应，放出大量热量而引起容器破裂和爆炸事故。					
理化特性					
熔点：-56.0℃		临界温度：无资料	爆炸上限：无资料	引燃温度：无资料	
沸点：114.7℃		临界压力：无资料	爆炸下限：无资料	燃烧热：4594.2kJ/mol	
闪点：-6.0℃		饱和蒸气压：无资料	相对密度($d_{水}=1$)：0.82		
溶解性	不溶于水，溶于乙醇、乙醚。				
主要用途	无资料。				
急救措施					
皮肤接触	脱去污染的衣着，用肥皂水和清水彻底冲洗皮肤。就医。				
眼睛接触	提起眼睑，用流动清水或生理盐水冲洗。就医。				
吸入	迅速脱离现场至空气新鲜处。保持呼吸道通畅。如呼吸困难，给输氧。如呼吸停止，立即進行人工呼吸。就医。				
食入	饮足量温水，催吐。就医。				
防护措施					
呼吸防护	空气中浓度较高时，应该佩戴自吸过滤式防毒面具(半面罩)。				
眼睛防护	戴化学安全防护眼镜。				
身体防护	穿防静电工作服。				
手防护	戴橡胶耐油手套。				
其他防护	工作现场严禁吸烟。避免长期反复接触。				

品名：**环己胺** 别名：六氢苯胺；氨基环己烷		分子式：$C_6H_{13}N$ 分子量：92.2	相态：液 外观与性状：无色液体，有不愉快的气味
危险特性			
火灾危险性：可燃液体乙 A 腐蚀减薄：碱腐蚀、胺腐蚀 环境开裂：碱应力腐蚀开裂、氨应力腐蚀开裂、胺应力腐蚀开裂		爆炸物：无 金属腐蚀：无 急性毒性：无	皮肤腐蚀/刺激：类别 1 易燃液体：类别 3 严重眼损伤/眼刺激：类别 1
易燃，遇明火、高热易燃。受热分解释出剧毒的烟雾。与氧化剂接触猛烈反应。其蒸气比空气重，能在较低处扩散到相当远的地方，遇火源会着火回燃。			
理化特性			
熔点：-17.7℃ 沸点：134.5℃ 闪点：32.0℃	临界温度：无资料 临界压力：无资料 饱和蒸气压：1.2kPa(20℃)	爆炸上限：无资料 爆炸下限：无资料 相对密度($d_{水}=1$)：0.86	引燃温度：293.0℃ 燃烧热：无资料
溶解性	溶于水，可混溶于多数有机溶剂。		
主要用途	用作锅炉水处理剂及腐蚀抑制剂，橡胶促进剂，有机合成中间体。		
急救措施			
皮肤接触	立即脱去污染的衣着，用大量流动清水冲洗至少 15min。就医。		
眼睛接触	立即提起眼睑，用大量流动清水或生理盐水彻底冲洗至少 15min。就医。		
吸入	迅速脱离现场至空气新鲜处。保持呼吸道通畅。如呼吸困难，给输氧。如呼吸停止，立即进行人工呼吸。就医。		
食入	用水漱口，给饮牛奶或蛋清。就医。		
防护措施			
呼吸防护	空气中浓度超标时，佩戴直接式防毒面具(半面罩)。紧急事态抢救或撤离时，建议佩戴空气呼吸器。		
眼睛防护	戴化学安全防护眼镜。		
身体防护	穿防腐工作服。		
手防护	戴橡胶耐油手套。		
其他防护	工作现场禁止吸烟、进食和饮水。工作完毕，淋浴更衣。实行就上前和定期的体检。		

品名：**环己二胺** 别名：1,2-二氨基环己烷		分子式：$C_6H_{14}N_2$ 分子量：114.2	相态：液 外观与性状：透明暗黄色液体
危险特性			
火灾危险性：可燃液体丙 A 腐蚀减薄：碱腐蚀、胺腐蚀 环境开裂：碱应力腐蚀开裂、氨应力腐蚀开裂、胺应力腐蚀开裂		爆炸物：无 金属腐蚀：无 急性毒性：无	皮肤腐蚀/刺激：类别 1 严重眼损伤/眼刺激：类别 1
遇高热、明火或与氧化剂接触，有引起燃烧的危险。受高热分解放出有毒的气体。具有腐蚀性。			
理化特性			
熔点：2.0℃ 沸点：193.6℃ 闪点：75.0℃	临界温度：无资料 临界压力：无资料 饱和蒸气压：无资料	爆炸上限：无资料 爆炸下限：无资料 相对密度($d_{水}=1$)：0.93	引燃温度：无资料 燃烧热：无资料
溶解性	与水混溶。		
主要用途	用于有机合成。		
急救措施			
皮肤接触	立即脱去污染的衣着，用大量流动清水冲洗至少 15min。就医。		
眼睛接触	立即提起眼睑，用大量流动清水或生理盐水彻底冲洗至少 15min。就医。		
吸入	迅速脱离现场至空气新鲜处。保持呼吸道通畅。如呼吸困难，给输氧。如呼吸停止，立即进行人工呼吸。就医。		
食入	用水漱口，给饮牛奶或蛋清。就医。		
防护措施			
呼吸防护	空气中浓度超标时，佩戴直接式防毒面具(半面罩)。紧急事态抢救或撤离时，建议佩戴空气呼吸器。		
眼睛防护	戴化学安全防护眼镜。		
身体防护	橡胶防腐工作服。		
手防护	戴橡胶手套。		
其他防护	工作场所禁止吸烟、进食和饮水，饭前要洗手。工作完毕，淋浴更衣。保持良好的卫生习惯。		

品名：**1,3-环己二烯**	分子式：C_6H_8	相态：液	
别名：1,2-二氢苯	分子量：80.1	外观与性状：无色液体	
危险特性			
火灾危险性：可燃液体甲 B	爆炸物：无	皮肤腐蚀/刺激：无	
腐蚀减薄：无	金属腐蚀：无	易燃液体：类别 3	
环境开裂：无	急性毒性：无	严重眼损伤/眼刺激：类别 2	
易燃，其蒸气与空气可形成爆炸性混合物，遇明火、高热能引起燃烧爆炸。与氧化剂能发生强烈反应。高速冲击、流动、激荡后可因产生静电火花放电引起燃烧爆炸。其蒸气比空气重，能在较低处扩散到相当远的地方，遇火源会着火回燃。			
理化特性			
熔点：-98.0℃	临界温度：无资料	爆炸上限：无资料	引燃温度：无资料
沸点：(93.7±7.0)℃	临界压力：无资料	爆炸下限：无资料	燃烧热：无资料
闪点：26.7℃	饱和蒸气压：无资料	相对密度($d_{水}=1$)：0.84	
溶解性	不溶于水，溶于乙醇、乙醚等多数有机溶剂。		
主要用途	用于有机合成。		
急救措施			
皮肤接触	脱去污染的衣着，用肥皂水和清水彻底冲洗皮肤。		
眼睛接触	提起眼睑，用流动清水或生理盐水冲洗。就医。		
吸入	迅速脱离现场至空气新鲜处。保持呼吸道通畅。如呼吸困难，给输氧。如呼吸停止，立即进行人工呼吸。就医。		
食入	饮足量温水，催吐。就医。		
防护措施			
呼吸防护	空气中浓度超标时，应该佩戴自吸过滤式防毒面具(半面罩)。		
眼睛防护	戴化学安全防护眼镜。		
身体防护	穿防静电工作服。		
手防护	戴橡胶耐油手套。		
其他防护	工作现场严禁吸烟。避免长期反复接触。		

品名：**1,4-环己二烯**	分子式：C_6H_8	相态：液	
别名：1,4-二氢苯	分子量：80.1	外观与性状：无色液体	
危险特性			
火灾危险性：可燃液体甲 B	爆炸物：无	皮肤腐蚀/刺激：无	
腐蚀减薄：无	金属腐蚀：无	易燃液体：类别 2	
环境开裂：无	急性毒性：无		
易燃，其蒸气与空气可形成爆炸性混合物，遇明火、高热能引起燃烧爆炸。与氧化剂接触猛烈反应。本品易聚合，只有经过稳定化处理才允许储运。高速冲击、流动、激荡后可因产生静电火花放电引起燃烧爆炸。其蒸气比空气重，能在较低处扩散到相当远的地方，遇火源会着火回燃。			
理化特性			
熔点：-90.0℃	临界温度：无资料	爆炸上限：无资料	引燃温度：无资料
沸点：85.6℃	临界压力：无资料	爆炸下限：无资料	燃烧热：无资料
闪点：-6.7℃	饱和蒸气压：无资料	相对密度($d_{水}=1$)：0.85	
溶解性	不溶于水，溶于乙醇、乙醚等多数有机溶剂。		
主要用途	用于有机合成。		
急救措施			
皮肤接触	脱去污染的衣着，用肥皂水和清水彻底冲洗皮肤。		
眼睛接触	提起眼睑，用流动清水或生理盐水冲洗。就医。		
吸入	迅速脱离现场至空气新鲜处。保持呼吸道通畅。如呼吸困难，给输氧。如呼吸停止，立即进行人工呼吸。就医。		
食入	饮足量温水，催吐。就医。		
防护措施			
呼吸防护	空气中浓度超标时，应该佩戴自吸过滤式防毒面具(半面罩)。		
眼睛防护	戴化学安全防护眼镜。		
身体防护	穿防静电工作服。		
手防护	戴橡胶耐油手套。		
其他防护	工作现场严禁吸烟。避免长期反复接触。		

品名：**环己基三氯硅烷** 别名：无	分子式：$C_6H_{11}Cl_3Si$ 分子量：217.6	相态：液 外观与性状：无色至微黄色液体，有刺激性气味

危险特性

火灾危险性：可燃液体丙 A	爆炸物：无	皮肤腐蚀/刺激：类别 1
腐蚀减薄：含盐水腐蚀	金属腐蚀：无	严重眼损伤/眼刺激：类别 1
环境开裂：无	急性毒性：无	

可燃。燃烧时，放出有毒气体。遇火焰、热源或氧化剂有中等程度的爆炸危险。遇水或水蒸气发生剧烈反应释出有刺激性和腐蚀性的氯化氢烟雾。遇潮时对大多数金属有强腐蚀性。

理化特性

熔点：无资料	临界温度：无资料	爆炸上限：无资料	引燃温度：无资料
沸点：(200.2±8.0)℃	临界压力：无资料	爆炸下限：无资料	燃烧热：无资料
闪点：(87.0±13.1)℃	饱和蒸气压：无资料	相对密度($d_{水}=1$)：1.22	

溶解性	不溶于水，遇水生成氯化氢。
主要用途	无资料。

急救措施

皮肤接触	立即用大量肥皂、水冲洗；就医。对少量皮肤接触，避免将物质播散面积扩大。
眼睛接触	用大量水冲洗至少 30min，就医。
吸入	将患者移至空气新鲜处，呼吸停止，施行呼吸复苏术；心跳停止，施行心肺复苏术；就医。
食入	饮足量温水，催吐。就医。

防护措施

呼吸防护	空气中浓度超标时，必须佩戴自吸过滤式防毒面具(全面罩)。紧急事态抢救或撤离时，应该佩戴空气呼吸器。
眼睛防护	呼吸系统防护中已做防护。
身体防护	穿橡胶耐酸碱服。
手防护	戴橡胶耐酸碱手套。
其他防护	工作现场禁止吸烟、进食和饮水。工作完毕，淋浴更衣。保持良好的卫生习惯。

品名：**1-环己基正丁烷** 别名：正丁基环己烷	分子式：$C_{10}H_{20}$ 分子量：140.3	相态：液 外观与性状：无色液体

危险特性

火灾危险性：可燃液体乙 A	爆炸物：无	皮肤腐蚀/刺激：无
腐蚀减薄：无	金属腐蚀：无	易燃液体：类别 3
环境开裂：无	急性毒性：无	

易燃，遇明火、高热或与氧化剂接触，有引起燃烧爆炸的危险。在火场中，受热的容器有爆炸危险。

理化特性

熔点：-74.7℃	临界温度：无资料	爆炸上限：无资料	引燃温度：无资料
沸点：(180.4±3.0)℃	临界压力：无资料	爆炸下限：无资料	燃烧热：无资料
闪点：41.0℃	饱和蒸气压：0.38kPa(37.7℃)	相对密度($d_{水}=1$)：0.80	

溶解性	不溶于水，溶于醇、醚。
主要用途	用于有机合成。

急救措施

皮肤接触	脱去污染的衣着，用肥皂水和清水彻底冲洗皮肤。
眼睛接触	提起眼睑，用流动清水或生理盐水冲洗。就医。
吸入	迅速脱离现场至空气新鲜处。保持呼吸道通畅。如呼吸困难，给输氧。如呼吸停止，立即进行人工呼吸。就医。
食入	饮足量温水，催吐。就医。

防护措施

呼吸防护	高浓度环境中，应该佩戴过滤式防毒面具(半面罩)。紧急事态抢救或撤离时，建议佩戴空气呼吸器。
眼睛防护	必要时，戴化学安全防护眼镜。
身体防护	穿防静电工作服。
手防护	戴橡胶耐油手套。
其他防护	工作现场严禁吸烟。避免长期反复接触。

品名：**环己酮** 别名：无	分子式：$C_6H_{10}O$ 分子量：98.1	相态：液 外观与性状：无色或浅黄色透明液体，有强烈的刺激性臭味

危险特性		
火灾危险性：可燃液体乙 A	爆炸物：无	皮肤腐蚀/刺激：无
腐蚀减薄：无	金属腐蚀：无	易燃液体：类别 2
环境开裂：无	急性毒性：无	
易燃，遇高热、明火有引起燃烧的危险。与氧化剂接触猛烈反应。		

理化特性			
熔点：-45.0℃	临界温度：385.9℃	爆炸上限：9.4%	引燃温度：420.0℃
沸点：115.6℃	临界压力：4.06MPa	爆炸下限：1.1%	燃烧热：无资料
闪点：43.0℃	饱和蒸气压：0.50kPa(20℃)	相对密度($d_{水}=1$)：0.95	

溶解性	微溶于水，可混溶于醇、醚、苯、丙酮等多数有机溶剂。
主要用途	主要用于制造己内酯胺和己二酸，也是优良的溶剂。
急救措施	
皮肤接触	脱去污染的衣着，用肥皂水和清水彻底冲洗皮肤。
眼睛接触	立即提起眼睑，用大量流动清水或生理盐水彻底冲洗至少 15min。就医。
吸入	迅速脱离现场至空气新鲜处。保持呼吸道通畅。如呼吸困难，给输氧。如呼吸停止，立即进行人工呼吸。就医。
食入	饮足量温水，催吐。就医。
防护措施	
呼吸防护	可能接触其蒸气时，应该佩戴自吸过滤式防毒面具(半面罩)。
眼睛防护	戴化学安全防护眼镜。
身体防护	穿防静电工作服。
手防护	戴橡胶耐油手套。
其他防护	工作现场严禁吸烟。注意个人清洁卫生。避免长期反复接触。

品名：**环己烷** 别名：六氢化苯	分子式：C_6H_{12} 分子量：84.2	相态：液 外观与性状：无色液体，有刺激性气味

危险特性		
火灾危险性：可燃液体甲 B	爆炸物：无	皮肤腐蚀/刺激：类别 2
腐蚀减薄：无	金属腐蚀：无	易燃液体：类别 2
环境开裂：无	急性毒性：无	
极易燃，其蒸气与空气可形成爆炸性混合物，遇明火、高热极易燃烧爆炸。与氧化剂接触发生强烈反应，甚至引起燃烧。在火场中，受热的容器有爆炸危险。其蒸气比空气重，能在较低处扩散到相当远的地方，遇火源会着火回燃。		

理化特性			
熔点：6.5℃	临界温度：280.4℃	爆炸上限：8.4%	引燃温度：245.0℃
沸点：80.7℃	临界压力：4.05MPa	爆炸下限：1.2%	燃烧热：3916.1kJ/mol
闪点：-16.5℃	饱和蒸气压：12.7kPa(20℃)	相对密度($d_{水}=1$)：0.78	

溶解性	不溶于水，溶于乙醇、乙醚、苯、丙酮等多数有机溶剂。
主要用途	用作一般溶剂、色谱分析标准物质及用于有机合成。
急救措施	
皮肤接触	脱去污染的衣着，用肥皂水和清水彻底冲洗皮肤。
眼睛接触	提起眼睑，用流动清水或生理盐水冲洗。就医。
吸入	迅速脱离现场至空气新鲜处。保持呼吸道通畅。如呼吸困难，给输氧。如呼吸停止，立即进行人工呼吸。就医。
食入	饮足量温水，催吐。就医。
防护措施	
呼吸防护	一般不需要特殊防护，高浓度接触时可佩戴自吸过滤式防毒面具(半面罩)。
眼睛防护	空气中浓度超标时，戴安全防护眼镜。
身体防护	穿防静电工作服。
手防护	戴橡胶耐油手套。
其他防护	工作现场严禁吸烟。避免长期反复接触。

品名：**环己烯**	分子式：C_6H_{10}	相态：液
别名：1,2,3,4-四氢化苯	分子量：82.2	外观与性状：无色液体，有特殊刺激性气味

危险特性

火灾危险性：可燃液体甲 B	爆炸物：无	皮肤腐蚀/刺激：无
腐蚀减薄：无	金属腐蚀：无	易燃液体：类别 2
环境开裂：无	急性毒性：无	严重眼损伤/眼刺激：类别 2

易燃，其蒸气与空气可形成爆炸性混合物，遇明火、高热极易燃烧爆炸。与氧化剂能发生强烈反应，引起燃烧或爆炸。长期储存，可生成具有潜在爆炸危险性的过氧化物。其蒸气比空气重，能在较低处扩散到相当远的地方，遇火源会着火回燃。

理化特性

熔点：-103.7℃	临界温度：287.1℃	爆炸上限：5.0%	引燃温度：244.0℃
沸点：(85.6±7.0)℃	临界压力：4.35MPa	爆炸下限：1.0%	燃烧热：3728.1kJ/mol
闪点：-12.2℃	饱和蒸气压：8.9kPa(20℃)	相对密度($d_{水}$=1)：0.81	

溶解性	不溶于水，溶于乙醇、醚。
主要用途	用于有机合成、油类萃取及用作溶剂。

急救措施

皮肤接触	脱去污染的衣着，用肥皂水和清水彻底冲洗皮肤。
眼睛接触	提起眼睑，用流动清水或生理盐水冲洗。就医。
吸入	迅速脱离现场至空气新鲜处。保持呼吸道通畅。如呼吸困难，给输氧。如呼吸停止，立即进行人工呼吸。就医。
食入	饮足量温水，催吐。就医。

防护措施

呼吸防护	空气中浓度超标时，应该佩戴自吸过滤式防毒面具(半面罩)。
眼睛防护	戴化学安全防护眼镜。
身体防护	穿防静电工作服。
手防护	戴橡胶耐油手套。
其他防护	工作现场严禁吸烟。避免长期反复接触。

品名：**2-环己烯-1-酮**	分子式：C_6H_8O	相态：液
别名：环己烯酮	分子量：96.1	外观与性状：透明淡黄色至黄色液体

危险特性

火灾危险性：可燃液体乙 B	爆炸物：无	皮肤腐蚀/刺激：无
腐蚀减薄：无	金属腐蚀：无	
环境开裂：无	急性毒性：类别 2	

遇明火、高热或与氧化剂接触，有引起燃烧爆炸的危险。若遇高热，容器内压增大，有开裂和爆炸的危险。

理化特性

熔点：-53.0℃	临界温度：无资料	爆炸上限：无资料	引燃温度：无资料
沸点：(166.6±10.0)℃	临界压力：无资料	爆炸下限：无资料	燃烧热：无资料
闪点：56.1℃	饱和蒸气压：101.1kPa(168℃)	相对密度($d_{水}$=1)：0.99	

溶解性	溶于水，溶于乙醇、苯。
主要用途	用于有机合成。

急救措施

皮肤接触	脱去污染的衣着，用大量流动清水冲洗。就医。
眼睛接触	提起眼睑，用流动清水或生理盐水冲洗。就医。
吸入	脱离现场至空气新鲜处。如呼吸困难，给输氧。就医。
食入	饮足量温水，催吐。就医。

防护措施

呼吸防护	空气中浓度超标时，必须佩戴自吸过滤式防毒面具(半面罩)。紧急事态抢救或撤离时，应该佩戴空气呼吸器。
眼睛防护	戴化学安全防护眼镜。
身体防护	穿防毒物渗透工作服。
手防护	戴橡胶耐油手套。
其他防护	工作现场严禁吸烟。避免长期反复接触。

品名：**环己烯基三氯硅烷** 别名：无		分子式：$C_6H_9Cl_3Si$ 分子量：215.6	相态：液 外观与性状：无色冒烟的液体
危险特性			
火灾危险性：可燃液体丙 A 腐蚀减薄：含盐水腐蚀 环境开裂：无		爆炸物：无 金属腐蚀：无 急性毒性：类别 3	皮肤腐蚀/刺激：类别 1 严重眼损伤/眼刺激：类别 1
遇明火、高热可燃。与氧化剂可发生反应。遇水或水蒸气反应放热并产生有毒的腐蚀性气体。受高热分解放出有毒的气体。其蒸气比空气重，能在较低处扩散到相当远的地方，遇火源会着火回燃。			
理化特性			
熔点：无资料 沸点：202.0℃ 闪点：88.4℃	临界温度：无资料 临界压力：无资料 饱和蒸气压：无资料	爆炸上限：无资料 爆炸下限：无资料 相对密度($d_{水}=1$)：1.26	引燃温度：无资料 燃烧热：无资料
溶解性	无资料。		
主要用途	合成高分子有机硅化合物。		
急救措施			
皮肤接触	立即脱去污染的衣着，用大量流动清水冲洗。就医。		
眼睛接触	立即提起眼睑，用大量流动清水或生理盐水彻底冲洗至少 15min。就医。		
吸入	迅速脱离现场至空气新鲜处。保持呼吸道通畅。如呼吸困难，给输氧。如呼吸停止，立即进行人工呼吸。就医。		
食入	用水漱口，给饮牛奶或蛋清。就医。		
防护措施			
呼吸防护	空气中浓度超标时，必须佩戴自吸过滤式防毒面具(半面罩)。紧急事态抢救或撤离时，应该佩戴空气呼吸器。		
眼睛防护	戴化学安全防护眼镜。		
身体防护	穿橡胶耐酸碱服。		
手防护	戴橡胶耐酸碱手套。		
其他防护	工作场所禁止吸烟、进食和饮水，饭前要洗手。工作完毕，淋浴更衣。保持良好的卫生习惯。		

品名：**环烷酸钴[粉状的]** 别名：萘酸钴		分子式：$C_{20}H_{34}CoO_4$ 分子量：397.4	相态：固 外观与性状：紫色至深棕色非结晶粉末
危险特性			
火灾危险性：可燃液体乙 B 腐蚀减薄：环烷酸腐蚀 环境开裂：无		爆炸物：无 金属腐蚀：无 急性毒性：无	皮肤腐蚀/刺激：无 易燃固体：类别 2
遇高热、明火及强氧化剂易引起燃烧。受高热分解放出有毒的气体。			
理化特性			
熔点：140.0℃ 沸点：无资料 闪点：48.9℃	临界温度：无资料 临界压力：无资料 饱和蒸气压：无资料	爆炸上限：无资料 爆炸下限：无资料 相对密度($d_{水}=1$)：0.90	引燃温度：276.0℃ 燃烧热：无资料
溶解性	不溶于水，微溶于乙醇，溶于苯、甲苯、油类、石油溶剂、汽油。		
主要用途	用于油漆、油墨中作催干剂。		
急救措施			
皮肤接触	脱去污染的衣着，用大量流动清水冲洗。		
眼睛接触	提起眼睑，用流动清水或生理盐水冲洗。就医。		
吸入	迅速脱离现场至空气新鲜处。保持呼吸道通畅。如呼吸困难，给输氧。如呼吸停止，立即进行人工呼吸。就医。		
食入	饮足量温水，催吐。就医。		
防护措施			
呼吸防护	空气中粉尘浓度超标时，必须佩戴自吸过滤式防尘口罩。紧急事态抢救或撤离时，应该佩戴空气呼吸器。		
眼睛防护	戴化学安全防护眼镜。		
身体防护	穿防毒物渗透工作服。		
手防护	戴橡胶手套。		
其他防护	工作场所禁止吸烟、进食和饮水，饭前要洗手。工作完毕，淋浴更衣。保持良好的卫生习惯。		

品名：**环烷酸锌**		分子式：$C_{20}H_{34}O_4Zn$	相态：固
别名：萘酸锌		分子量：403.9	外观与性状：琥珀色半固体膏状物或固体
危险特性			
火灾危险性：无法确定		爆炸物：无	皮肤腐蚀/刺激：无
腐蚀减薄：环烷酸腐蚀		金属腐蚀：无	易燃固体：类别 2
环境开裂：无		急性毒性：无	
遇高热、明火及强氧化剂易引起燃烧。受高热分解放出有毒的气体。			
理化特性			
熔点：无资料	临界温度：无资料	爆炸上限：无资料	引燃温度：无资料
沸点：100.0℃	临界压力：无资料	爆炸下限：无资料	燃烧热：无资料
闪点：无资料	饱和蒸气压：无资料	相对密度($d_{水}=1$)：无资料	
溶解性	不溶于水，微溶于乙醇，溶于苯、甲苯、丙酮、松节油、松香水。		
主要用途	用作油漆、油墨催干剂、木材防腐剂、织物防水剂、杀虫剂、杀菌剂等。		
急救措施			
皮肤接触	脱去污染的衣着，用大量流动清水冲洗。		
眼睛接触	提起眼睑，用流动清水或生理盐水冲洗。就医。		
吸入	迅速脱离现场至空气新鲜处。保持呼吸道通畅。如呼吸困难，给输氧。如呼吸停止，立即进行人工呼吸。就医。		
食入	饮足量温水，催吐。就医。		
防护措施			
呼吸防护	空气中浓度超标时，必须佩戴自吸过滤式防毒面具(半面罩)。紧急事态抢救或撤离时，应该佩戴空气呼吸器。		
眼睛防护	化学安全防护眼镜。		
身体防护	穿防静电工作服。		
手防护	戴橡胶手套。		
其他防护	工作场所禁止吸烟、进食和饮水，饭前要洗手。工作完毕，淋浴更衣。保持良好的卫生习惯。		

品名：**环戊胺**		分子式：$C_5H_{11}N$	相态：液
别名：氨基环戊烷		分子量：85.2	外观与性状：无色液体，有强烈的氨气味
危险特性			
火灾危险性：可燃液体甲 B		爆炸物：无	皮肤腐蚀/刺激：无
腐蚀减薄：碱腐蚀、胺腐蚀		金属腐蚀：无	易燃液体：类别 2
环境开裂：碱应力腐蚀开裂、氨应力腐蚀开裂、胺应力腐蚀开裂		急性毒性：无	
其蒸气与空气可形成爆炸性混合物，遇明火、高热极易燃烧爆炸。与氧化剂接触猛烈反应。若遇高热，容器内压增大，有开裂和爆炸的危险。			
理化特性			
熔点：-85.6℃	临界温度：310.3℃	爆炸上限：无资料	引燃温度：无资料
沸点：(110.0±8.0)℃	临界压力：4.64MPa	爆炸下限：无资料	燃烧热：3444.5kJ/mol
闪点：17.0℃	饱和蒸气压：无资料	相对密度($d_{水}=1$)：0.86	
溶解性	溶于水、多数有机溶剂。		
主要用途	用作制药的中间体。		
急救措施			
皮肤接触	脱去污染的衣着，用流动清水冲洗。		
眼睛接触	提起眼睑，用流动清水或生理盐水冲洗。就医。		
吸入	脱离现场至空气新鲜处。如呼吸困难，给输氧。就医。		
食入	饮足量温水，催吐。就医。		
防护措施			
呼吸防护	空气中浓度超标时，必须佩戴自吸过滤式防毒面具(半面罩)。紧急事态抢救或撤离时，应该佩戴空气呼吸器。		
眼睛防护	戴化学安全防护眼镜。		
身体防护	穿防静电工作服。		
手防护	戴橡胶耐油手套。		
其他防护	工作现场禁止吸烟、进食和饮水。工作完毕，淋浴更衣。实行就业前和定期的体检。		

品名：**环戊醇** 别名：羟基环戊烷	分子式：$C_5H_{10}O$ 分子量：86.1	相态：液 外观与性状：无色澄清液体，有令人愉快的气味

危险特性

火灾危险性：可燃液体乙 B	爆炸物：无	皮肤腐蚀/刺激：无
腐蚀减薄：无	金属腐蚀：无	易燃液体：类别 3
环境开裂：无	急性毒性：类别 2	严重眼损伤/眼刺激：类别 2

易燃，遇明火、高热或与氧化剂接触，有引起燃烧爆炸的危险。在火场中，受热的容器有爆炸危险。

理化特性

熔点：-19.0℃	临界温度：无资料	爆炸上限：无资料	引燃温度：无资料
沸点：139.5℃	临界压力：无资料	爆炸下限：无资料	燃烧热：无资料
闪点：51.0℃	饱和蒸气压：252.20kPa(25℃)	相对密度($d_{水}=1$)：0.95	

溶解性	微溶于水，溶于乙醇，可混溶于酮、醚。
主要用途	用作香料及药品的溶剂和染料中间体。

急救措施

皮肤接触	脱去污染的衣着，用肥皂水和清水彻底冲洗皮肤。
眼睛接触	提起眼睑，用流动清水或生理盐水冲洗。就医。
吸入	迅速脱离现场至空气新鲜处。保持呼吸道通畅。如呼吸困难，给输氧。如呼吸停止，立即进行人工呼吸。就医。
食入	饮足量温水，催吐。就医。

防护措施

呼吸防护	一般不需要特殊防护，高浓度接触时可佩戴自吸过滤式防毒面具(半面罩)。
眼睛防护	必要时，戴安全防护眼镜。
身体防护	穿防静电工作服。
手防护	戴一般作业防护手套。
其他防护	工作现场严禁吸烟。保持良好的卫生习惯。

品名：**1,3-环戊二烯** 别名：环戊间二烯；环戊二烯	分子式：C_5H_6 分子量：66.1	相态：液 外观与性状：无色液体

危险特性

火灾危险性：可燃液体甲 B	爆炸物：无	皮肤腐蚀/刺激：无
腐蚀减薄：无	金属腐蚀：无	易燃液体：类别 2
环境开裂：无	急性毒性：类别 3	严重眼损伤/眼刺激：类别 2

易燃，其蒸气与空气可形成爆炸性混合物，遇明火、高热或与氧化剂接触，有引起燃烧爆炸的危险。高温时能强烈分解。与氧化剂能发生强烈反应。高速冲击、流动、激荡后可因产生静电火花放电引起燃烧爆炸。其蒸气比空气重，能在较低处扩散到相当远的地方，遇火源会着火回燃。

理化特性

熔点：-85.0℃	临界温度：无资料	爆炸上限：14.6%	引燃温度：640.0℃
沸点：42.5℃	临界压力：无资料	爆炸下限：1.7%	燃烧热：无资料
闪点：无资料	饱和蒸气压：33.12kPa(12℃)	相对密度($d_{水}=1$)：0.80	

溶解性	不溶于水，溶于乙醇、乙醚、苯等多数有机溶剂。
主要用途	用作有机合成中间体，及制造农药杀虫剂氯丹等。

急救措施

皮肤接触	立即脱去污染的衣着，用肥皂水和清水彻底冲洗皮肤。就医。
眼睛接触	立即提起眼睑，用大量流动清水或生理盐水彻底冲洗至少 15min。就医。
吸入	迅速脱离现场至空气新鲜处。保持呼吸道通畅。如呼吸困难，给输氧。如呼吸停止，立即进行人工呼吸。就医。
食入	饮足量温水，催吐。就医。

防护措施

呼吸防护	空气中浓度超标时，应该佩戴自吸过滤式防毒面具(全面罩)。
眼睛防护	戴化学安全防护眼镜。
身体防护	穿防静电工作服。
手防护	戴橡胶耐油手套。
其他防护	工作现场严禁吸烟。避免长期反复接触。

品名：**环戊酮**	分子式：C_5H_8O	相态：液	
别名：无	分子量：84.1	外观与性状：水白色液体，有醚样的气味	
危险特性			
火灾危险性：可燃液体甲 B	爆炸物：无	皮肤腐蚀/刺激：类别 2	
腐蚀减薄：无	金属腐蚀：无	易燃液体：类别 3	
环境开裂：无	急性毒性：无	严重眼损伤/眼刺激：类别 2	
易燃，遇明火、高热或与氧化剂接触，有引起燃烧爆炸的危险。			
理化特性			
熔点：−58.2℃	临界温度：无资料	爆炸上限：无资料	引燃温度：无资料
沸点：(130.5±8.0)℃	临界压力：无资料	爆炸下限：无资料	燃烧热：无资料
闪点：26.0℃	饱和蒸气压：1.52kPa(25℃)	相对密度($d_水=1$)：0.95	
溶解性	不溶于水，溶于醇、醚等多数有机溶剂。		
主要用途	用于药品、生物制品、杀虫剂和合成橡胶的中间体。		
急救措施			
皮肤接触	脱去污染的衣着，用肥皂水和清水彻底冲洗皮肤。		
眼睛接触	提起眼睑，用流动清水或生理盐水冲洗。就医。		
吸入	迅速脱离现场至空气新鲜处。保持呼吸道通畅。如呼吸困难，给输氧。如呼吸停止，立即进行人工呼吸。就医。		
食入	饮足量温水，催吐。就医。		
防护措施			
呼吸防护	空气中浓度超标时，应该佩戴自吸过滤式防毒面具(半面罩)。		
眼睛防护	戴化学安全防护眼镜。		
身体防护	穿防静电工作服。		
手防护	戴橡胶耐油手套。		
其他防护	工作现场严禁吸烟。注意个人清洁卫生。避免长期反复接触。		

品名：**环戊烷**	分子式：C_5H_{10}	相态：液	
别名：无	分子量：70.1	外观与性状：无色透明液体，有苯样的气味	
危险特性			
火灾危险性：可燃液体甲 B	爆炸物：无	皮肤腐蚀/刺激：无	
腐蚀减薄：无	金属腐蚀：无	易燃液体：类别 2	
环境开裂：无	急性毒性：无		
极易燃，其蒸气与空气可形成爆炸性混合物，遇明火、高热极易燃烧爆炸。与氧化剂接触发生强烈反应，甚至引起燃烧。在火场中，受热的容器有爆炸危险。其蒸气比空气重，能在较低处扩散到相当远的地方，遇火源会着火回燃。			
理化特性			
熔点：−93.7℃	临界温度：238.6℃	爆炸上限：8.0%	引燃温度：361.0℃
沸点：49.3℃	临界压力：4.52MPa	爆炸下限：1.4%	燃烧热：3287.8kJ/mol
闪点：−25.0℃	饱和蒸气压：40.00kPa(20℃)	相对密度($d_水=1$)：0.75	
溶解性	不溶于水，溶于醇、醚、苯、四氯化碳、丙酮等多数有机溶剂。		
主要用途	用作溶剂和色谱分析的标准物质。		
急救措施			
皮肤接触	脱去污染的衣着，用肥皂水和清水彻底冲洗皮肤。		
眼睛接触	提起眼睑，用流动清水或生理盐水冲洗。就医。		
吸入	迅速脱离现场至空气新鲜处。保持呼吸道通畅。如呼吸困难，给输氧。如呼吸停止，立即进行人工呼吸。就医。		
食入	饮足量温水，催吐。就医。		
防护措施			
呼吸防护	空气中浓度超标时，佩戴自吸过滤式防毒面具(半面罩)。		
眼睛防护	一般不需要特殊防护，高浓度接触时可戴化学安全防护眼镜。		
身体防护	穿防静电工作服。		
手防护	戴橡胶耐油手套。		
其他防护	工作现场严禁吸烟。避免长期反复接触。		

品名：**环戊烯** 别名：无	分子式：C_5H_8 分子量：68.1		相态：液 外观与性状：无色液体
危险特性			
火灾危险性：可燃液体甲 B 腐蚀减薄：无 环境开裂：无	爆炸物：无 金属腐蚀：无 急性毒性：无		皮肤腐蚀/刺激：无 易燃液体：类别 2
其蒸气与空气可形成爆炸性混合物，遇明火、高热或与氧化剂接触，有引起燃烧爆炸的危险。与氧化剂接触发生强烈反应，甚至引起燃烧。其蒸气比空气重，能在较低处扩散到相当远的地方，遇火源会着火回燃。			
理化特性			
熔点：-93.3℃ 沸点：44.2℃ 闪点：(-44.9±10.3)℃	临界温度：233.0℃ 临界压力：4.79MPa 饱和蒸气压：42.10kPa(20℃)	爆炸上限：无资料 爆炸下限：无资料 相对密度($d_水=1$)：0.77	引燃温度：395.0℃ 燃烧热：无资料
溶解性	不溶于水，溶于乙醇、乙醚、苯等多数有机溶剂。		
主要用途	用于有机合成，用作树脂的交联剂。		
急救措施			
皮肤接触	脱去污染的衣着，用流动清水冲洗。		
眼睛接触	提起眼睑，用流动清水或生理盐水冲洗。就医。		
吸入	迅速脱离现场至空气新鲜处。保持呼吸道通畅。如呼吸困难，给输氧。如呼吸停止，立即进行人工呼吸。就医。		
食入	饮足量温水，催吐。就医。		
防护措施			
呼吸防护	空气中浓度超标时，佩戴过滤式防毒面具(半面罩)。		
眼睛防护	必要时，戴化学安全防护眼镜。		
身体防护	穿防静电工作服。		
手防护	戴橡胶耐油手套。		
其他防护	工作现场严禁吸烟。避免长期反复接触。		

品名：**1,5-环辛二烯** 别名：无	分子式：C_8H_{12} 分子量：108.2		相态：液 外观与性状：液体
危险特性			
火灾危险性：可燃液体乙 A 腐蚀减薄：无 环境开裂：无	爆炸物：无 金属腐蚀：无 急性毒性：无		皮肤腐蚀/刺激：类别 2 易燃液体：类别 3
其蒸气与空气可形成爆炸性混合物，遇明火、高热能引起燃烧爆炸。与氧化剂可发生反应。流速过快，容易产生和积聚静电。容易自聚，聚合反应随着温度的上升而急骤加剧。若遇高热，容器内压增大，有开裂和爆炸的危险。			
理化特性			
熔点：-69.0℃ 沸点：149.0℃ 闪点：31.0℃	临界温度：无资料 临界压力：无资料 饱和蒸气压：0.67kPa(20℃)	爆炸上限：无资料 爆炸下限：无资料 相对密度($d_水=1$)：0.88	引燃温度：222.8℃ 燃烧热：无资料
溶解性	不溶于水，不溶于四氯化碳。		
主要用途	用于有机合成及生产合成油、塑料，并用于制取溴代衍生物。		
急救措施			
皮肤接触	立即脱去污染的衣着，用大量流动清水冲洗至少 15min。就医。		
眼睛接触	立即提起眼睑，用大量流动清水或生理盐水彻底冲洗至少 15min。就医。		
吸入	迅速脱离现场至空气新鲜处。保持呼吸道通畅。如呼吸困难，给输氧。如呼吸停止，立即进行人工呼吸。就医。		
食入	用水漱口，给饮牛奶或蛋清。就医。		
防护措施			
呼吸防护	空气中浓度超标时，必须佩戴自吸过滤式防毒面具(全面罩)。紧急事态抢救或撤离时，应该佩戴空气呼吸器。		
眼睛防护	呼吸系统防护中已做防护。		
身体防护	穿胶布防毒衣。		
手防护	戴橡胶耐油手套。		
其他防护	工作现场严禁吸烟。避免长期反复接触。		

品名：**1,3,5,7-环辛四烯** 别名：环辛四烯		分子式：C_8H_8 分子量：104.1	相态：液 外观与性状：无色至黄色液体
危险特性			
火灾危险性：可燃液体甲 B 腐蚀减薄：无 环境开裂：无		爆炸物：无 金属腐蚀：无 急性毒性：无	皮肤腐蚀/刺激：无 易燃液体：类别 2
易燃，遇明火、高热或与氧化剂接触，有引起燃烧爆炸的危险。			
理化特性			
熔点：-5.0~-3.0℃ 沸点：142.0~143.0℃ 闪点：22.0℃	临界温度：无资料 临界压力：无资料 饱和蒸气压：1.05kPa(25℃)	爆炸上限：无资料 爆炸下限：无资料 相对密度($d_{水}=1$)：0.93	引燃温度：无资料 燃烧热：无资料
溶解性	不溶于水，溶于乙醇、乙醚、丙酮、苯。		
主要用途	用于制合成纤维、染料和药物等，也广泛用于有机合成。		
急救措施			
皮肤接触	脱去污染的衣着，用肥皂水和清水彻底冲洗皮肤。		
眼睛接触	提起眼睑，用流动清水或生理盐水冲洗。就医。		
吸入	迅速脱离现场至空气新鲜处。保持呼吸道通畅。如呼吸困难，给输氧。如呼吸停止，立即进行人工呼吸。就医。		
食入	饮足量温水，催吐。就医。		
防护措施			
呼吸防护	空气中浓度超标时，应该佩戴自吸过滤式防毒面具(半面罩)。		
眼睛防护	戴化学安全防护眼镜。		
身体防护	穿防静电工作服。		
手防护	戴橡胶耐油手套。		
其他防护	工作现场严禁吸烟。避免长期反复接触。		

品名：**环辛烷** 别名：无		分子式：C_8H_{16} 分子量：112.2	相态：液 外观与性状：无色液体或潮湿的白色固体，有类似樟脑的气味
危险特性			
火灾危险性：可燃液体乙 A 腐蚀减薄：无 环境开裂：无		爆炸物：无 金属腐蚀：无 急性毒性：无	皮肤腐蚀/刺激：无 易燃液体：类别 3
易燃，遇明火、高热或与氧化剂接触，有引起燃烧爆炸的危险。与强氧化剂接触可发生化学反应。在火场中，受热的容器有爆炸危险。			
理化特性			
熔点：10.0~13.0℃ 沸点：140.0℃ 闪点：30.0℃	临界温度：无资料 临界压力：无资料 饱和蒸气压：2.13kPa(37.7℃)	爆炸上限：无资料 爆炸下限：无资料 相对密度($d_{水}=1$)：0.83	引燃温度：无资料 燃烧热：无资料
溶解性	不溶于水，溶于苯。		
主要用途	用于有机合成，用作化学试剂。		
急救措施			
皮肤接触	脱去污染的衣着，用肥皂水和清水彻底冲洗皮肤。		
眼睛接触	提起眼睑，用流动清水或生理盐水冲洗。就医。		
吸入	迅速脱离现场至空气新鲜处。保持呼吸道通畅。如呼吸困难，给输氧。如呼吸停止，立即进行人工呼吸。就医。		
食入	饮足量温水，催吐。就医。		
防护措施			
呼吸防护	空气中浓度超标时，应该佩戴自吸过滤式防毒面具(半面罩)。紧急事态抢救或撤离时，建议佩戴自给式呼吸器。		
眼睛防护	戴化学安全防护眼镜。		
身体防护	穿防静电工作服。		
手防护	戴橡胶耐油手套。		
其他防护	工作现场严禁吸烟。避免长期反复接触。		

品名：**环辛烯**	分子式：C_8H_{14}	相态：液
别名：无	分子量：110.2	外观与性状：无色液体

危险特性

火灾危险性：可燃液体甲 B	爆炸物：无	皮肤腐蚀/刺激：无
腐蚀减薄：无	金属腐蚀：无	易燃液体：类别 3
环境开裂：无	急性毒性：无	

易燃，遇明火、高热或与氧化剂接触，有引起燃烧爆炸的危险。若遇高热，可发生聚合反应，放出大量热量而引起容器破裂和爆炸事故。

理化特性

熔点：-12.0℃	临界温度：无资料	爆炸上限：无资料	引燃温度：无资料
沸点：32.0~34.0℃	临界压力：无资料	爆炸下限：无资料	燃烧热：无资料
闪点：25.0℃	饱和蒸气压：2.40kPa(18℃)	相对密度($d_{水}=1$)：0.85	

溶解性	不溶于水，溶于乙醇、乙醚。
主要用途	无资料。

急救措施

皮肤接触	脱去污染的衣着，用肥皂水和清水彻底冲洗皮肤。
眼睛接触	提起眼睑，用流动清水或生理盐水冲洗。就医。
吸入	迅速脱离现场至空气新鲜处。保持呼吸道通畅。如呼吸困难，给输氧。如呼吸停止，立即进行人工呼吸。就医。
食入	饮足量温水，催吐。就医。

防护措施

呼吸防护	空气中浓度超标时，应该佩戴过滤式防毒面具(全面罩)或自给式呼吸器。
眼睛防护	戴化学安全防护眼镜。
身体防护	穿防静电工作服。
手防护	戴橡胶耐油手套。
其他防护	工作现场严禁吸烟。避免长期反复接触。

品名：**2,3-环氧-1-丙醛**	分子式：$C_3H_4O_2$	相态：液
别名：缩水甘油醛	分子量：72.1	外观与性状：无色不稳定液体，有刺鼻气味

危险特性

火灾危险性：可燃液体乙 A	爆炸物：无	皮肤腐蚀/刺激：类别 2
腐蚀减薄：无	金属腐蚀：无	易燃液体：类别 3
环境开裂：无	急性毒性：类别 2	严重眼损伤/眼刺激：类别 2

其蒸气与空气可形成爆炸性混合物，遇明火、高热能引起燃烧爆炸。与氧化剂可发生反应。其蒸气比空气重，能在较低处扩散到相当远的地方，遇火源会着火回燃。若遇高热，容器内压增大，有开裂和爆炸的危险。

理化特性

熔点：-62.0℃	临界温度：无资料	爆炸上限：无资料	引燃温度：无资料
沸点：112.5℃	临界压力：无资料	爆炸下限：无资料	燃烧热：无资料
闪点：29.9℃	饱和蒸气压：无资料	相对密度($d_{水}=1$)：1.14	

溶解性	无资料。
主要用途	无资料。

急救措施

皮肤接触	立即脱去污染的衣着，用大量流动清水冲洗。就医。
眼睛接触	提起眼睑，用流动清水或生理盐水冲洗。就医。
吸入	脱离现场至空气新鲜处。如呼吸困难，给输氧。就医。
食入	饮足量温水，催吐。就医。

防护措施

呼吸防护	空气中浓度超标时，必须佩戴自吸过滤式防毒面具(半面罩)。紧急事态抢救或撤离时，应该佩戴空气呼吸器。
眼睛防护	戴化学安全防护眼镜。
身体防护	穿防毒物渗透工作服。
手防护	戴橡胶手套。
其他防护	工作完毕，淋浴更衣。保持良好的卫生习惯。防止皮肤和粘膜的损害。

品名：**1,2-环氧-3-乙氧基丙烷** 分子式：$C_5H_{10}O_2$ 相态：液 别名：无 分子量：102.1 外观与性状：无资料	
危险特性	
火灾危险性：可燃液体甲 B 爆炸物：无 皮肤腐蚀/刺激：无 腐蚀减薄：无 金属腐蚀：无 易燃液体：类别 3 环境开裂：无 急性毒性：无	
无资料。	
理化特性	
熔点：无资料 临界温度：无资料 爆炸上限：无资料 引燃温度：无资料 沸点：(130.3±8.0)℃ 临界压力：无资料 爆炸下限：无资料 燃烧热：无资料 闪点：(23.5±3.4)℃ 饱和蒸气压：无资料 相对密度($d_水=1$)：无资料	
溶解性	无资料。
主要用途	无资料。
急救措施	
皮肤接触	求医/就诊。
眼睛接触	用水小心清洗几 min。如果方便，易操作，摘除隐形眼镜。继续清洗。
吸入	将受害者移到新鲜空气处，保持呼吸通畅，休息。若感不适请求医/就诊。
食入	若感不适，求医/就诊。漱口。
防护措施	
呼吸防护	防毒面具。
眼睛防护	安全防护镜。如果情况需要，佩戴面具。
身体防护	穿防毒物渗透工作服。
手防护	防护手套。
其他防护	工作完毕，淋浴更衣。保持良好的卫生习惯。

品名：**1,2-环氧丙烷** 分子式：C_3H_6O 相态：液 别名：氧化丙烯；甲基环氧乙烷 分子量：58.1 外观与性状：无色液体，有类似乙醚的气味	
危险特性	
火灾危险性：可燃液体甲 B 爆炸物：无 皮肤腐蚀/刺激：类别 2 腐蚀减薄：无 金属腐蚀：无 易燃液体：类别 1 环境开裂：无 急性毒性：无 严重眼损伤/眼刺激：类别 2	
遇明火、高热或与氧化剂接触，有引起燃烧爆炸的危险。与铁、锡、铝的无水氯化物，铁、铝的过氧化物以及碱金属氢氧化物等催化剂的活性表面接触能聚合放热，使容器爆破。遇氨水、氯磺酸、盐酸、氟化氢、硝酸、硫酸、发烟硫酸猛烈反应，有爆炸危险。	
理化特性	
熔点：-104.4℃ 临界温度：209.1℃ 爆炸上限：37.0% 引燃温度：420.0℃ 沸点：(32.9±8.0)℃ 临界压力：4.93MPa 爆炸下限：2.8% 燃烧热：1887.6kJ/mol 闪点：-37.0℃ 饱和蒸气压：71.70kPa(25℃) 相对密度($d_水=1$)：0.83	
溶解性	溶于水、乙醇、乙酬等多数有机溶剂。
主要用途	是有机合成的重要原料。用于润滑剂合成、表面活性剂、去垢剂，及制造杀虫剂等。
急救措施	
皮肤接触	立即脱去污染的衣着，用大量流动清水冲洗至少 15min。就医。
眼睛接触	立即提起眼睑，用大量流动清水或生理盐水彻底冲洗至少 15min。就医。
吸入	迅速脱离现场至空气新鲜处。保持呼吸道通畅。如呼吸困难，给输氧。如呼吸停止，立即进行人工呼吸。就医。
食入	用水漱口，给饮牛奶或蛋清。就医。
防护措施	
呼吸防护	可能接触其蒸气时，佩戴自吸过滤式防毒面具(全面罩)。
眼睛防护	呼吸系统防护中已做防护。
身体防护	穿防静电工作服。
手防护	戴橡胶耐油手套。
其他防护	工作现场严禁吸烟。工作完毕，淋浴更衣。注意个人清洁卫生。

品名：**1,2-环氧丁烷** 别名：氧化丁烯	分子式：C_4H_8O 分子量：72.1	相态：液 外观与性状：无色液体，有醚样的气味
危险特性		
火灾危险性：可燃液体甲 B 腐蚀减薄：无 环境开裂：无	爆炸物：无 金属腐蚀：无 急性毒性：无	皮肤腐蚀/刺激：类别 2 易燃液体：类别 2 严重眼损伤/眼刺激：类别 2
易燃，其蒸气与空气可形成爆炸性混合物，遇明火、高热或与氧化剂接触，有引起燃烧爆炸的危险。与氧化剂能发生强烈反应。在空气中久置后能生成有爆炸性的过氧化物。其蒸气比空气重，能在较低处扩散到相当远的地方，遇火源会着火回燃。		

理化特性			
熔点：-150.0℃	临界温度：无资料	爆炸上限：11.8%	引燃温度：321.0℃
沸点：63.0℃	临界压力：无资料	爆炸下限：2.3%	燃烧热：-2552.3kJ/mol
闪点：-14.0℃	饱和蒸气压：18.62kPa(20℃)	相对密度($d_{水}=1$)：0.84	

溶解性	溶于水，可混溶于多数有机溶剂。
主要用途	用作溶剂、氯化溶剂的稳定剂、有机合成的中间体。
急救措施	
皮肤接触	脱去污染的衣着，用肥皂水和清水彻底冲洗皮肤。
眼睛接触	立即提起眼睑，用大量流动清水或生理盐水彻底冲洗至少 15min。就医。
吸入	迅速脱离现场至空气新鲜处。保持呼吸道通畅。如呼吸困难，给输氧。如呼吸停止，立即进行人工呼吸。就医。
食入	饮足量温水，催吐。就医。
防护措施	
呼吸防护	可能接触其蒸气时，佩戴自吸过滤式防毒面具(全面罩)。
眼睛防护	呼吸系统防护中已做防护。
身体防护	穿防静电工作服。
手防护	戴橡胶耐油手套。
其他防护	工作现场严禁吸烟。工作完毕，淋浴更衣。注意个人清洁卫生。

品名：**环氧乙烷** 别名：氧化乙烯	分子式：C_2H_4O 分子量：44.1	相态：气 外观与性状：无色气体
危险特性		
火灾危险性：可燃气体甲 腐蚀减薄：无 环境开裂：无	爆炸物：无 金属腐蚀：无 急性毒性：类别 3	皮肤腐蚀/刺激：类别 2 易燃气体：类别 1 加压气体：是 严重眼损伤/眼刺激：类别 2
其蒸气能与空气形成范围广阔的爆炸性混合物。遇热源和明火有燃烧爆炸的危险。若遇高热可发生剧烈分解，引起容器破裂或爆炸事故。接触碱金属、氢氧化物或高活性催化剂如铁、锡和铝的无水氯化物及铁和铝的氧化物可大量放热，并可能引起爆炸。		

理化特性			
熔点：-112.2℃	临界温度：195.8℃	爆炸上限：100.0%	引燃温度：429.0℃
沸点：10.4℃	临界压力：7.19MPa	爆炸下限：3.0%	燃烧热：1262.8kJ/mol
闪点：-17.8℃	饱和蒸气压：145.91kPa(20℃)	相对密度($d_{水}=1$)：0.87	

溶解性	易溶于水、多数有机溶剂。
主要用途	用于制造乙二醇、表面活性剂、洗涤剂、增塑剂以及树脂等。
急救措施	
皮肤接触	立即脱去污染的衣着，用大量流动清水冲洗至少 15min。就医。
眼睛接触	立即提起眼睑，用大量流动清水或生理盐水彻底冲洗至少 15min。就医。
吸入	迅速脱离现场至空气新鲜处。保持呼吸道通畅。如呼吸困难，给输氧。如呼吸停止，立即进行人工呼吸。呼吸心跳停止时，立即进行人工呼吸和胸外心脏按压术。
食入	无资料。
防护措施	
呼吸防护	空气中浓度超标时，建议佩戴自吸过滤式防毒面具(全面罩)。紧急事态抢救或撤离时，建议佩戴空气呼吸器。
眼睛防护	呼吸系统防护中已做防护。
身体防护	穿防静电工作服。
手防护	戴橡胶手套。
其他防护	工作现场严禁吸烟。工作完毕，淋浴更衣。注意个人清洁卫生。

品名：**1,8-环氧对孟烷** 别名：桉叶油醇	分子式：$C_{10}H_{18}O$ 分子量：154.3		相态：液 外观与性状：无色、油状液体
危险特性			
火灾危险性：可燃液体乙 B 腐蚀减薄：无 环境开裂：无	爆炸物：无 金属腐蚀：无 急性毒性：无		皮肤腐蚀/刺激：无 易燃液体：类别 3
其蒸气与空气可形成爆炸性混合物，遇明火、高热能引起燃烧爆炸。与氧化剂可发生反应。若遇高热，容器内压增大，有开裂和爆炸的危险。			
理化特性			
熔点：1.5℃ 沸点：(174.0±8.0)℃ 闪点：(50.9±15.3)℃	临界温度：无资料 临界压力：无资料 饱和蒸气压：1.33kPa(54℃)	爆炸上限：无资料 爆炸下限：无资料 相对密度($d_{水}=1$)：0.92	引燃温度：无资料 燃烧热：6110kJ/mol
溶解性	微溶于水，可混溶于醇、氯仿、甘油。		
主要用途	主要用于口腔剂香精的调配，也用于医药产品的制造。		
急救措施			
皮肤接触	脱去污染的衣着，用流动清水冲洗。		
眼睛接触	提起眼睑，用流动清水或生理盐水冲洗。就医。		
吸入	脱离现场至空气新鲜处。如呼吸困难，给输氧。就医。		
食入	饮足量温水，催吐。就医。		
防护措施			
呼吸防护	空气中浓度超标时，必须佩戴自吸过滤式防毒面具(半面罩)。紧急事态抢救或撤离时，应该佩戴空气呼吸器。		
眼睛防护	戴化学安全防护眼镜。		
身体防护	穿防静电工作服。		
手防护	戴橡胶耐油手套。		
其他防护	工作现场严禁吸烟。保持良好的卫生习惯。		

品名：**1,6-己二胺** 别名：1,6-二氨基己烷；己撑二胺	分子式：$C_6H_{16}N_2$ 分子量：116.2		相态：固 外观与性状：白色至奶油色固体
危险特性			
火灾危险性：可燃气体甲 腐蚀减薄：碱腐蚀、胺腐蚀 环境开裂：碱应力腐蚀开裂、氨应力腐蚀开裂、胺应力腐蚀开裂	爆炸物：无 金属腐蚀：无 急性毒性：无		皮肤腐蚀/刺激：类别 1 严重眼损伤/眼刺激：类别 1
可燃。遇明火、高热可燃。加热分解产生易燃的有毒气体。具有腐蚀性。			
理化特性			
熔点：42.0~45.0℃ 沸点：204.0~205.0℃ 闪点：93.9℃	临界温度：无资料 临界压力：无资料 饱和蒸气压：2.00kPa(90℃)	爆炸上限：6.3% 爆炸下限：0.7% 相对密度($d_{水}=1$)：0.85	引燃温度：无资料 燃烧热：4440kJ/mol
溶解性	易溶于水，溶于乙醇、乙醚。		
主要用途	用于有机合成，高分子化合物的聚合，也作环氧树脂固化剂、化学试剂。		
急救措施			
皮肤接触	脱去污染的衣着，用大量流动清水冲洗。就医。		
眼睛接触	立即提起眼睑，用大量流动清水或生理盐水彻底冲洗至少 15min。就医。		
吸入	迅速脱离现场至空气新鲜处。保持呼吸道通畅。如呼吸困难，给输氧。如呼吸停止，立即进行人工呼吸。就医。		
食入	用水漱口，给饮牛奶或蛋清。就医。		
防护措施			
呼吸防护	空气中粉尘浓度超标时，应该佩戴自吸过滤式防尘口罩；可能接触其蒸气时，应该佩戴过滤式防毒面具(半面罩)。		
眼睛防护	戴安全防护眼镜。		
身体防护	穿防腐工作服。		
手防护	戴橡胶手套。		
其他防护	工作场所禁止吸烟、进食和饮水，饭前要洗手。工作完毕，淋浴更衣。实行就业前和定期的体检。		

品名：**己二腈** 别名：1,4-二氰基丁烷；氰化四亚甲基		分子式：$C_6H_8N_2$ 分子量：108.1	相态：液 外观与性状：无色油状液体，略有气味
危险特性			
火灾危险性：可燃液体丙 B 腐蚀减薄：无 环境开裂：无		爆炸物：无 金属腐蚀：无 急性毒性：类别 3	皮肤腐蚀/刺激：无 严重眼损伤/眼刺激：类别 2
遇明火能燃烧。遇高热分解释出剧毒的气体。与氧化剂可发生反应。			
理化特性			
熔点：1.0~3.0℃ 沸点：(296.1±13.0)℃ 闪点：(149.0±13.7)℃	临界温度：507.0℃ 临界压力：2.80MPa 饱和蒸气压：0.27kPa(100℃)	爆炸上限：5.0% 爆炸下限：1.7% 相对密度($d_{水}=1$)：0.96	引燃温度：550.0℃ 燃烧热：4368.8kJ/mol
溶解性	微溶于水、醚，溶于醇。		
主要用途	制造尼龙的中间体。		
急救措施			
皮肤接触	立即脱去污染的衣着，用流动清水或5%硫代硫酸钠溶液彻底冲洗至少 20min。就医。		
眼睛接触	提起眼睑，用流动清水或生理盐水冲洗。就医。		
吸入	迅速脱离现场至空气新鲜处。保持呼吸道通畅。如呼吸困难，给输氧。		
食入	饮足量温水，催吐。用 1∶5000 高锰酸钾或 5%硫代硫酸钠溶液洗胃。就医。		
防护措施			
呼吸防护	可能接触毒物时，必须佩戴自吸过滤式防毒面具(半面罩)。紧急事态抢救或撤离时，建议佩戴隔离式呼吸器。		
眼睛防护	戴化学安全防护眼镜。		
身体防护	穿聚乙烯防毒服。		
手防护	戴橡胶耐油手套。		
其他防护	工作现场禁止吸烟、进食和饮水。工作完毕，彻底清洗。单独存放被毒物污染的衣服，洗后备用。		

品名：**1,3-己二烯** 别名：无		分子式：C_6H_{10} 分子量：82.2	相态：液 外观与性状：无色液体
危险特性			
火灾危险性：可燃液体甲 B 腐蚀减薄：无 环境开裂：无		爆炸物：无 金属腐蚀：无 急性毒性：无	皮肤腐蚀/刺激：无 易燃液体：类别 2
其蒸气与空气可形成爆炸性混合物，遇明火、高热极易燃烧爆炸。与氧化剂接触猛烈反应。容易自聚，聚合反应随着温度的上升而急骤加剧。流速过快，容易产生和积聚静电。若遇高热，容器内压增大，有开裂和爆炸的危险。			
理化特性			
熔点：72.0~76.0℃ 沸点：72.0℃ 闪点：-3.0℃	临界温度：无资料 临界压力：无资料 饱和蒸气压：无资料	爆炸上限：无资料 爆炸下限：无资料 相对密度($d_{水}=1$)：0.71	引燃温度：无资料 燃烧热：无资料
溶解性	不溶于水，溶于乙醚。		
主要用途	用于有机合成。		
急救措施			
皮肤接触	立即脱去污染的衣着，用大量流动清水冲洗。就医。		
眼睛接触	提起眼睑，用流动清水或生理盐水冲洗。就医。		
吸入	迅速脱离现场至空气新鲜处。保持呼吸道通畅。如呼吸困难，给输氧。如呼吸停止，立即进行人工呼吸。就医。		
食入	饮足量温水，催吐。就医。		
防护措施			
呼吸防护	空气中浓度超标时，必须佩戴自吸过滤式防毒面具(半面罩)。紧急事态抢救或撤离时，应该佩戴空气呼吸器。		
眼睛防护	戴化学安全防护眼镜。		
身体防护	穿防静电工作服。		
手防护	戴橡胶手套。		
其他防护	工作场所禁止吸烟、进食和饮水，饭前要洗手。工作完毕，淋浴更衣。保持良好的卫生习惯。		

品名：**1,4-己二烯**			分子式：C_6H_{10}		相态：液
别名：无			分子量：82.2		外观与性状：无色液体
危险特性					
火灾危险性：可燃液体甲B			爆炸物：无		皮肤腐蚀/刺激：无
腐蚀减薄：无			金属腐蚀：无		易燃液体：类别2
环境开裂：无			急性毒性：无		
其蒸气与空气可形成爆炸性混合物，遇明火、高热极易燃烧爆炸。与氧化剂能发生强烈反应，引起燃烧或爆炸。若遇高热，可发生聚合反应，放出大量热量而引起容器破裂和爆炸事故。其蒸气比空气重，能在较低处扩散到相当远的地方，遇火源会着火回燃。					
理化特性					
熔点：-138.6℃		临界温度：无资料	爆炸上限：6.1%		引燃温度：无资料
沸点：64.0~66.0℃		临界压力：无资料	爆炸下限：2.0%		燃烧热：无资料
闪点：-21.0℃		饱和蒸气压：99.31kPa(64℃)	相对密度($d_{水}=1$)：0.70		
溶解性	不溶于水。				
主要用途	用于有机合成。				
急救措施					
皮肤接触	脱去污染的衣着，用肥皂水和清水彻底冲洗皮肤。				
眼睛接触	提起眼睑，用流动清水或生理盐水冲洗。就医。				
吸入	迅速脱离现场至空气新鲜处。保持呼吸道通畅。如呼吸困难，给输氧。如呼吸停止，立即进行人工呼吸。就医。				
食入	饮足量温水，催吐。就医。				
防护措施					
呼吸防护	空气中浓度超标时，佩戴过滤式防毒面具(半面罩)。				
眼睛防护	戴化学安全防护眼镜。				
身体防护	穿防静电工作服。				
手防护	戴橡胶耐油手套。				
其他防护	工作现场严禁吸烟。避免长期反复接触。				

品名：**1,5-己二烯**			分子式：C_6H_{10}		相态：液
别名：无			分子量：82.2		外观与性状：无色液体
危险特性					
火灾危险性：可燃液体甲B			爆炸物：无		皮肤腐蚀/刺激：无
腐蚀减薄：无			金属腐蚀：无		易燃液体：类别2
环境开裂：无			急性毒性：无		
其蒸气与空气可形成爆炸性混合物，遇明火、高热极易燃烧爆炸。与氧化剂能发生强烈反应，引起燃烧或爆炸。若遇高热，可发生聚合反应，放出大量热量而引起容器破裂和爆炸事故。其蒸气比空气重，能在较低处扩散到相当远的地方，遇火源会着火回燃。					
理化特性					
熔点：-141.0℃		临界温度：无资料	爆炸上限：6.1%		引燃温度：无资料
沸点：60.0℃		临界压力：无资料	爆炸下限：2.0%		燃烧热：无资料
闪点：-21.0℃		饱和蒸气压：48.80kPa(37.7℃)	相对密度($d_{水}=1$)：0.69		
溶解性	不溶于水。				
主要用途	用于有机合成及用作色谱分析标准物质。				
急救措施					
皮肤接触	脱去污染的衣着，用肥皂水和清水彻底冲洗皮肤。				
眼睛接触	提起眼睑，用流动清水或生理盐水冲洗。就医。				
吸入	迅速脱离现场至空气新鲜处。保持呼吸道通畅。如呼吸困难，给输氧。如呼吸停止，立即进行人工呼吸。就医。				
食入	饮足量温水，催吐。就医。				
防护措施					
呼吸防护	空气中浓度超标时，佩戴过滤式防毒面具(半面罩)。				
眼睛防护	戴化学安全防护眼镜。				
身体防护	穿防静电工作服。				
手防护	戴橡胶耐油手套。				
其他防护	工作现场严禁吸烟。避免长期反复接触。				

品名：**2,4-己二烯** 别名：无	分子式：C_6H_{10} 分子量：82.2		相态：液 外观与性状：无色液体
危险特性			
火灾危险性：可燃液体甲 B 腐蚀减薄：无 环境开裂：无	爆炸物：无 金属腐蚀：无 急性毒性：无		皮肤腐蚀/刺激：无 易燃液体：类别 2
其蒸气与空气可形成爆炸性混合物，遇明火、高热极易燃烧爆炸。与氧化剂接触猛烈反应。容易自聚，聚合反应随着温度的上升而急骤加剧。流速过快，容易产生和积聚静电。若遇高热，容器内压增大，有开裂和爆炸的危险。			
理化特性			
熔点：无资料 沸点：77.8℃ 闪点：-21.0℃	临界温度：无资料 临界压力：无资料 饱和蒸气压：无资料	爆炸上限：6.1% 爆炸下限：2.0% 相对密度($d_{水}=1$)：0.72	引燃温度：无资料 燃烧热：无资料
溶解性	不溶于水。		
主要用途	用于有机合成。		
急救措施			
皮肤接触	立即脱去污染的衣着，用大量流动清水冲洗。就医。		
眼睛接触	提起眼睑，用流动清水或生理盐水冲洗。就医。		
吸入	迅速脱离现场至空气新鲜处。保持呼吸道通畅。如呼吸困难，给输氧。如呼吸停止，立即进行人工呼吸。就医。		
食入	饮足量温水，催吐。就医。		
防护措施			
呼吸防护	空气中浓度超标时，必须佩戴自吸过滤式防毒面具(半面罩)。紧急事态抢救或撤离时，应该佩戴空气呼吸器。		
眼睛防护	戴化学安全防护眼镜。		
身体防护	穿防静电工作服。		
手防护	戴橡胶手套。		
其他防护	工作场所禁止吸烟、进食和饮水，饭前要洗手。工作完毕，淋浴更衣。保持良好的卫生习惯。		

品名：**己二酰二氯** 别名：己二酰氯	分子式：$C_6H_8Cl_2O_2$ 分子量：183.0		相态：液 外观与性状：无色或淡黄色液体，久存或见光变成蓝黑色
危险特性			
火灾危险性：可燃液体丙 A 腐蚀减薄：含盐水腐蚀 环境开裂：无	爆炸物：无 金属腐蚀：无 急性毒性：无		皮肤腐蚀/刺激：类别 1 严重眼损伤/眼刺激：类别 1
遇明火、高热可燃。与氧化剂可发生反应。遇水或水蒸气反应放热并产生有毒的腐蚀性气体。遇高热分解释出高毒烟气。遇潮时对大多数金属有腐蚀性。若遇高热，容器内压增大，有开裂和爆炸的危险。			
理化特性			
熔点：无资料 沸点：273.9℃ 闪点：(99.4±21.2)℃	临界温度：无资料 临界压力：无资料 饱和蒸气压：无资料	爆炸上限：无资料 爆炸下限：无资料 相对密度($d_{水}=1$)：1.26	引燃温度：无资料 燃烧热：无资料
溶解性	可混溶于乙醚、苯。		
主要用途	用于树脂、医药、塑料制备及有机合成，也用作分析试剂。		
急救措施			
皮肤接触	立即脱去污染的衣着，用大量流动清水冲洗至少 15min。就医。		
眼睛接触	立即提起眼睑，用大量流动清水或生理盐水彻底冲洗至少 15min。就医。		
吸入	迅速脱离现场至空气新鲜处。保持呼吸道通畅。如呼吸困难，给输氧。如呼吸停止，立即进行人工呼吸。就医。		
食入	用水漱口，给饮牛奶或蛋清。就医。		
防护措施			
呼吸防护	空气中浓度超标时，必须佩戴自吸过滤式防毒面具(半面罩)。紧急事态抢救或撤离时，应该佩戴空气呼吸器。		
眼睛防护	戴化学安全防护眼镜。		
身体防护	穿橡胶耐酸碱服。		
手防护	戴橡胶耐酸碱手套。		
其他防护	工作场所禁止吸烟、进食和饮水，饭前要洗手。工作完毕，淋浴更衣。保持良好的卫生习惯。		

品名：**己基三氯硅烷**		分子式：$C_6H_{13}Cl_3Si$	相态：液
别名：无		分子量：219.6	外观与性状：无色带有刺激气味的液体
危险特性			
火灾危险性：可燃液体丙 A		爆炸物：无	皮肤腐蚀/刺激：类别 1
腐蚀减薄：含盐水腐蚀		金属腐蚀：无	严重眼损伤/眼刺激：类别 1
环境开裂：无		急性毒性：无	
遇明火、高热可燃。与氧化剂可发生反应。遇水发生剧烈反应，散发出具有刺激性和腐蚀性的氯化氢气体。受高热分解产生有毒的腐蚀性烟气。遇潮时对大多数金属有腐蚀性。若遇高热，容器内压增大，有开裂和爆炸的危险。			
理化特性			
熔点：191.0℃	临界温度：无资料	爆炸上限：无资料	引燃温度：无资料
沸点：(189.6±3.0)℃	临界压力：无资料	爆炸下限：无资料	燃烧热：无资料
闪点：(80.3±11.7)℃	饱和蒸气压：无资料	相对密度($d_水=1$)：1.11	
溶解性	溶于部分有机溶剂。		
主要用途	用于有机合成。		
急救措施			
皮肤接触	立即脱去污染的衣着，用大量流动清水冲洗。就医。		
眼睛接触	立即提起眼睑，用大量流动清水或生理盐水彻底冲洗至少 15min。就医。		
吸入	迅速脱离现场至空气新鲜处。保持呼吸道通畅。如呼吸困难，给输氧。如呼吸停止，立即进行人工呼吸。就医。		
食入	用水漱口，给饮牛奶或蛋清。就医。		
防护措施			
呼吸防护	空气中浓度超标时，必须佩戴自吸过滤式防毒面具(全面罩)。紧急事态抢救或撤离时，应该佩戴空气呼吸器。		
眼睛防护	呼吸系统防护中已做防护。		
身体防护	穿橡胶耐酸碱服。		
手防护	戴橡胶耐酸碱手套。		
其他防护	工作现场禁止吸烟、进食和饮水。工作完毕，淋浴更衣。保持良好的卫生习惯。		

品名：**己腈**		分子式：$C_6H_{11}N$	相态：液
别名：戊基氰；氰化正戊烷		分子量：97.2	外观与性状：无色液体
危险特性			
火灾危险性：可燃液体乙 A		爆炸物：无	皮肤腐蚀/刺激：类别 2
腐蚀减薄：无		金属腐蚀：无	易燃液体：类别 3
环境开裂：无		急性毒性：无	严重眼损伤/眼刺激：类别 2
遇明火能燃烧。			
理化特性			
熔点：-80.0℃	临界温度：348.8℃	爆炸上限：无资料	引燃温度：无资料
沸点：(164.5±3.0)℃	临界压力：3.25MPa	爆炸下限：无资料	燃烧热：无资料
闪点：43.0℃	饱和蒸气压：1.33kPa(47.5℃)	相对密度($d_水=1$)：0.81	
溶解性	不溶于水，可混溶于乙醇、乙醚。		
主要用途	用于有机合成。		
急救措施			
皮肤接触	立即脱去污染的衣着，用流动清水或5%硫代硫酸钠溶液彻底冲洗至少 20min。就医。		
眼睛接触	提起眼睑，用流动清水或生理盐水冲洗。就医。		
吸入	迅速脱离现场至空气新鲜处。保持呼吸道通畅。如呼吸困难，给输氧。呼吸心跳停止时，立即进行人工呼吸(勿用口对口)和胸外心脏按压术。给吸入亚硝酸异戊酯，就医。		
食入	饮足量温水，催吐。用 1∶5000 高锰酸钾或5%硫代硫酸钠溶液洗胃。就医。		
防护措施			
呼吸防护	可能接触毒物时，必须佩戴自吸过滤式防毒面具(半面罩)。紧急事态抢救或撤离时，建议佩戴隔离式呼吸器。		
眼睛防护	戴化学安全防护眼镜。		
身体防护	穿聚乙烯防毒服。		
手防护	戴橡胶耐油手套。		
其他防护	工作现场禁止吸烟、进食和饮水。工作完毕，彻底清洗。单独存放被毒物污染的衣服，洗后备用。车间应配备急救设备及药品。作业人员应学会自救互救。		

品名：**己硫醇**	分子式：$C_6H_{14}S$	相态：液
别名：巯基己烷	分子量：118.3	外观与性状：无色液体，有恶臭

危险特性

火灾危险性：可燃液体甲 B	爆炸物：无	皮肤腐蚀/刺激：无
腐蚀减薄：硫酸腐蚀、高温硫化物腐蚀	金属腐蚀：无	易燃液体：类别 2
环境开裂：连多硫酸应力腐蚀开裂	急性毒性：无	

其蒸气与空气可形成爆炸性混合物，遇明火、高热极易燃烧爆炸。与氧化剂接触猛烈反应。接触酸或酸气能产生有毒气体。受高热分解放出有毒的气体。具有腐蚀性。若遇高热，容器内压增大，有开裂和爆炸的危险。

理化特性

熔点：-81.0℃	临界温度：无资料	爆炸上限：无资料	引燃温度：无资料
沸点：(152.3±3.0)℃	临界压力：无资料	爆炸下限：无资料	燃烧热：无资料
闪点：20.0℃	饱和蒸气压：无资料	相对密度($d_水=1$)：0.84	

溶解性	不溶于水，易溶于醇、醚。
主要用途	掺入有害气体中作为报警嗅味剂，用于生产燃料添加剂、催化剂、农药、香料、溶剂和合成橡胶。

急救措施

皮肤接触	立即脱去污染的衣着，用大量流动清水冲洗。就医。
眼睛接触	立即提起眼睑，用大量流动清水或生理盐水彻底冲洗至少 15min。就医。
吸入	迅速脱离现场至空气新鲜处。保持呼吸道通畅。如呼吸困难，给输氧。如呼吸停止，立即进行人工呼吸。就医。
食入	饮足量温水，催吐。就医。

防护措施

呼吸防护	空气中浓度超标时，必须佩戴自吸过滤式防毒面具(全面罩)。紧急事态抢救或撤离时，应该佩戴空气呼吸器。
眼睛防护	呼吸系统防护中已做防护。
身体防护	穿胶布防毒衣。
手防护	戴橡胶手套。
其他防护	工作现场禁止吸烟、进食和饮水。工作完毕，淋浴更衣。保持良好的卫生习惯。

品名：**1–己炔**	分子式：C_6H_{10}	相态：液
别名：无	分子量：71.4	外观与性状：水白色液体，有特殊气味

危险特性

火灾危险性：可燃液体甲 B	爆炸物：无	皮肤腐蚀/刺激：无
腐蚀减薄：无	金属腐蚀：无	易燃液体：类别 2
环境开裂：无	急性毒性：类别 3	

易燃，其蒸气与空气可形成爆炸性混合物，遇明火、高热能引起燃烧爆炸。与氧化剂能发生强烈反应。若遇高热，可发生聚合反应，放出大量热量而引起容器破裂和爆炸事故。高速冲击、流动、激荡后可因产生静电火花放电引起燃烧爆炸。其蒸气比空气重，能在较低处扩散到相当远的地方，遇火源会着火回燃。

理化特性

熔点：-132.0℃	临界温度：无资料	爆炸上限：无资料	引燃温度：无资料
沸点：(71.4±3.0)℃	临界压力：无资料	爆炸下限：无资料	燃烧热：无资料
闪点：-21.1℃	饱和蒸气压：33.65kPa(37.7℃)	相对密度($d_水=1$)：0.72	

溶解性	不溶于水，溶于乙醇、乙醚、苯等。
主要用途	用于有机合成。

急救措施

皮肤接触	脱去污染的衣着，用肥皂水和清水彻底冲洗皮肤。
眼睛接触	提起眼睑，用流动清水或生理盐水冲洗。就医。
吸入	迅速脱离现场至空气新鲜处。保持呼吸道通畅。如呼吸困难，给输氧。如呼吸停止，立即进行人工呼吸。就医。
食入	饮足量温水，催吐。就医。

防护措施

呼吸防护	空气中浓度超标时，应该佩戴过滤式防毒面具(半面罩)。紧急事态抢救或撤离时，佩戴空气呼吸器、氧气呼吸器。
眼睛防护	戴化学安全防护眼镜。
身体防护	穿防静电工作服。
手防护	戴橡胶耐油手套。
其他防护	工作现场严禁吸烟。避免长期反复接触。

品名：**2-己炔**	分子式：C_6H_{12}	相态：液
别名：无	分子量：85.4	外观与性状：无色液体
危险特性		
火灾危险性：可燃液体甲 B	爆炸物：无	皮肤腐蚀/刺激：无
腐蚀减薄：无	金属腐蚀：无	易燃液体：类别 2
环境开裂：无	急性毒性：无	
其蒸气与空气可形成爆炸性混合物，遇明火、高热极易燃烧爆炸。与氧化剂接触猛烈反应。流速过快，容易产生和积聚静电。容易自聚，聚合反应随着温度的上升而急骤加剧。其蒸气比空气重，能在较低处扩散到相当远的地方，遇火源会着火回燃。若遇高热，容器内压增大，有开裂和爆炸的危险。		

理化特性

熔点：-89.6℃	临界温度：无资料	爆炸上限：无资料	引燃温度：无资料
沸点：(85.4±3.0)℃	临界压力：无资料	爆炸下限：无资料	燃烧热：无资料
闪点：-11.1℃	饱和蒸气压：无资料	相对密度($d_{水}=1$)：0.73	

溶解性	不溶于水，溶于苯，可混溶于乙醇、乙醚。
主要用途	无资料。
急救措施	
皮肤接触	脱去污染的衣着，用流动清水冲洗。
眼睛接触	提起眼睑，用流动清水或生理盐水冲洗。就医。
吸入	脱离现场至空气新鲜处。如呼吸困难，给输氧。就医。
食入	饮足量温水，催吐。就医。
防护措施	
呼吸防护	空气中浓度超标时，必须佩戴自吸过滤式防毒面具(半面罩)。紧急事态抢救或撤离时，应该佩戴空气呼吸器。
眼睛防护	戴化学安全防护眼镜。
身体防护	穿防静电工作服。
手防护	戴橡胶耐油手套。
其他防护	工作现场严禁吸烟。避免长期反复接触。

品名：**3-己炔**	分子式：C_6H_{10}	相态：液
别名：无	分子量：79.8	外观与性状：无色液体
危险特性		
火灾危险性：可燃液体甲 B	爆炸物：无	皮肤腐蚀/刺激：无
腐蚀减薄：无	金属腐蚀：无	易燃液体：类别 2
环境开裂：无	急性毒性：无	
易燃，其蒸气与空气可形成爆炸性混合物，遇明火、高热能引起燃烧爆炸。与氧化剂能发生强烈反应。其蒸气比空气重，能在较低处扩散到相当远的地方，遇火源会着火回燃。		

理化特性

熔点：-103.0℃	临界温度：无资料	爆炸上限：无资料	引燃温度：无资料
沸点：(79.8±3.0)℃	临界压力：无资料	爆炸下限：无资料	燃烧热：无资料
闪点：-14.4℃	饱和蒸气压：24.74kPa(37.7℃)	相对密度($d_{水}=1$)：0.72	

溶解性	无资料。
主要用途	无资料。
急救措施	
皮肤接触	脱去污染的衣着，用肥皂水和清水彻底冲洗皮肤。
眼睛接触	提起眼睑，用流动清水或生理盐水冲洗。就医。
吸入	迅速脱离现场至空气新鲜处。保持呼吸道通畅。如呼吸困难，给输氧。如呼吸停止，立即进行人工呼吸。就医。
食入	饮足量温水，催吐。就医。
防护措施	
呼吸防护	空气中浓度超标时，应该佩戴过滤式防毒面具(半面罩)。紧急事态抢救或撤离时，佩戴空气呼吸器或氧气呼吸器。
眼睛防护	戴化学安全防护眼镜。
身体防护	穿防静电工作服。
手防护	戴橡胶耐油手套。
其他防护	工作现场严禁吸烟。避免长期反复接触。

品名：**己酸**	分子式：$C_6H_{12}O_2$	相态：液
别名：无	分子量：116.2	外观与性状：无色或浅黄色油状液体

危险特性

火灾危险性：可燃液体丙 A	爆炸物：无	皮肤腐蚀/刺激：类别 1
腐蚀减薄：低分子有机酸腐蚀	金属腐蚀：无	严重眼损伤/眼刺激：类别 1
环境开裂：无	急性毒性：类别 3	

遇明火、高热可燃。与氧化剂可发生反应。

理化特性

熔点：-3.9℃	临界温度：381.9℃	爆炸上限：无资料	引燃温度：300.0℃
沸点：(204.6±3.0)℃	临界压力：无资料	爆炸下限：无资料	燃烧热：3490.11kJ/mol
闪点：104.4℃	饱和蒸气压：0.13kPa(61.7℃)	相对密度($d_{水}=1$)：0.93	

溶解性	微溶于水，溶于乙醇。
主要用途	用作试剂、调味品、干燥剂及生产树脂等。

急救措施

皮肤接触	立即脱去污染的衣着，用大量流动清水冲洗。就医。
眼睛接触	提起眼睑，用流动清水或生理盐水冲洗。就医。
吸入	迅速脱离现场至空气新鲜处。保持呼吸道通畅。如呼吸困难，给输氧。如呼吸停止，立即进行人工呼吸。就医。
食入	饮足量温水，催吐。就医。

防护措施

呼吸防护	空气中浓度超标时，必须佩戴自吸过滤式防毒面具(半面罩)。紧急事态抢救或撤离时，应该佩戴空气呼吸器。
眼睛防护	戴化学安全防护眼镜。
身体防护	穿橡胶耐酸碱服。
手防护	戴橡胶耐酸碱手套。
其他防护	工作现场严禁吸烟。工作完毕，淋浴更衣。注意个人清洁卫生。定期体检。

品名：**2-己酮**	分子式：$C_6H_{12}O$	相态：液
别名：甲基丁基甲酮	分子量：100.2	外观与性状：无色液体，有丙酮的气味

危险特性

火灾危险性：可燃液体甲 B	爆炸物：无	皮肤腐蚀/刺激：无
腐蚀减薄：无	金属腐蚀：无	易燃液体：类别 3
环境开裂：无	急性毒性：无	

其蒸气与空气可形成爆炸性混合物，遇明火、高热能引起燃烧爆炸。与氧化剂可发生反应。流速过快，容易产生和积聚静电。其蒸气比空气重，能在较低处扩散到相当远的地方，遇火源会着火回燃。若遇高热，容器内压增大，有开裂和爆炸的危险。

理化特性

熔点：-55.8℃	临界温度：314.0℃	爆炸上限：8.0%	引燃温度：423.0℃
沸点：(127.8±3.0)℃	临界压力：无资料	爆炸下限：1.2%	燃烧热：3740.7kJ/mol
闪点：23.0℃	饱和蒸气压：1.33kPa(38.8℃)	相对密度($d_{水}=1$)：0.81	

溶解性	微溶于水，可混溶于乙醇、甲醇、苯。
主要用途	用作溶剂。

急救措施

皮肤接触	脱去污染的衣着，用流动清水冲洗。
眼睛接触	提起眼睑，用流动清水或生理盐水冲洗。就医。
吸入	迅速脱离现场至空气新鲜处。保持呼吸道通畅。如呼吸困难，给输氧。如呼吸停止，立即进行人工呼吸。就医。
食入	饮足量温水，催吐。就医。

防护措施

呼吸防护	空气中浓度超标时，必须佩戴自吸过滤式防毒面具(半面罩)。紧急事态抢救或撤离时，应该佩戴空气呼吸器。
眼睛防护	戴化学安全防护眼镜。
身体防护	穿防静电工作服。
手防护	戴橡胶耐油手套。
其他防护	工作现场严禁吸烟。注意个人清洁卫生。避免长期反复接触。

品名：**3-己酮** 别名：乙基丙基甲酮		分子式：$C_6H_{12}O$ 分子量：100.2	相态：液 外观与性状：无色液体
危险特性			
火灾危险性：可燃液体甲 B 腐蚀减薄：无 环境开裂：无		爆炸物：无 金属腐蚀：无 急性毒性：无	皮肤腐蚀/刺激：无 易燃液体：类别 3
易燃，遇高热、明火有引起燃烧的危险。与强氧化剂接触可发生化学反应。			
理化特性			
熔点：-55.4℃ 沸点：(125.5±3.0)℃ 闪点：24.0℃	临界温度：无资料 临界压力：无资料 饱和蒸气压：无资料	爆炸上限：8.0% 爆炸下限：1.0% 相对密度($d_{水}=1$)：0.81	引燃温度：无资料 燃烧热：无资料
溶解性	微溶于水，溶于丙酮，可混溶于乙醇、乙醚。		
主要用途	用作溶剂。		
急救措施			
皮肤接触	脱去污染的衣着，用肥皂水和清水彻底冲洗皮肤。		
眼睛接触	提起眼睑，用流动清水或生理盐水冲洗。就医。		
吸入	迅速脱离现场至空气新鲜处。保持呼吸道通畅。如呼吸困难，给输氧。如呼吸停止，立即进行人工呼吸。就医。		
食入	饮足量温水，催吐。就医。		
防护措施			
呼吸防护	空气中浓度超标时，佩戴自吸过滤式防毒面具(半面罩)。		
眼睛防护	必要时，戴化学安全防护眼镜。		
身体防护	穿防静电工作服。		
手防护	戴橡胶耐油手套。		
其他防护	工作现场严禁吸烟。注意个人清洁卫生。避免长期反复接触。		

品名：**1-己烯** 别名：丁基乙烯		分子式：C_6H_{12} 分子量：84.2	相态：液 外观与性状：无色易挥发液体
危险特性			
火灾危险性：可燃液体甲 B 腐蚀减薄：无 环境开裂：无		爆炸物：无 金属腐蚀：无 急性毒性：无	皮肤腐蚀/刺激：无 易燃液体：类别 2
其蒸气与空气可形成爆炸性混合物，遇明火、高热极易燃烧爆炸。与氧化剂接触猛烈反应。若遇高热，可发生聚合反应，放出大量热量而引起容器破裂和爆炸事故。其蒸气比空气重，能在较低处扩散到相当远的地方，遇火源会着火回燃。			
理化特性			
熔点：-139.9℃ 沸点：(65.6±7.0)℃ 闪点：-20.0℃	临界温度：243.5℃ 临界压力：无资料 饱和蒸气压：41.32kPa(38℃)	爆炸上限：6.9% 爆炸下限：1.2% 相对密度($d_{水}=1$)：0.67	引燃温度：253.0℃ 燃烧热：3981.9kJ/mol
溶解性	不溶于水，溶于醇、醚等多数有机溶剂。		
主要用途	用于制造香料、染料及合成树脂。		
急救措施			
皮肤接触	脱去污染的衣着，用肥皂水和清水彻底冲洗皮肤。		
眼睛接触	提起眼睑，用流动清水或生理盐水冲洗。就医。		
吸入	迅速脱离现场至空气新鲜处。保持呼吸道通畅。如呼吸困难，给输氧。如呼吸停止，立即进行人工呼吸。就医。		
食入	饮足量温水，催吐。就医。		
防护措施			
呼吸防护	空气中浓度超标时，佩戴过滤式防毒面具(半面罩)。		
眼睛防护	必要时，戴化学安全防护眼镜。		
身体防护	穿防静电工作服。		
手防护	戴橡胶耐油手套。		
其他防护	工作现场严禁吸烟。避免长期反复接触。		

品名：**2-己烯**	分子式：C_6H_{12}	相态：液
别名：无	分子量：84.2	外观与性状：无色易挥发液体

危险特性

火灾危险性：可燃液体甲 B	爆炸物：无	皮肤腐蚀/刺激：无
腐蚀减薄：无	金属腐蚀：无	易燃液体：类别 2
环境开裂：无	急性毒性：无	

其蒸气与空气可形成爆炸性混合物，遇明火、高热极易燃烧爆炸。与氧化剂接触猛烈反应。流速过快，容易产生和积聚静电。容易自聚，聚合反应随着温度的上升而急骤加剧。其蒸气比空气重，能在较低处扩散到相当远的地方，遇火源会着火回燃。若遇高热，容器内压增大，有开裂和爆炸的危险。

理化特性

熔点：-98.5~-98.0℃	临界温度：无资料	爆炸上限：无资料	引燃温度：245.0℃
沸点：68.0~69.0℃	临界压力：无资料	爆炸下限：无资料	燃烧热：3981.9kJ/mol
闪点：-20.0℃	饱和蒸气压：无资料	相对密度($d_{水}=1$)：0.69	

溶解性	不溶于水，溶于乙醇、乙醚等。
主要用途	用作有机合成的中间体。

急救措施

皮肤接触	脱去污染的衣着，用流动清水冲洗。
眼睛接触	提起眼睑，用流动清水或生理盐水冲洗。就医。
吸入	脱离现场至空气新鲜处。如呼吸困难，给输氧。就医。
食入	饮足量温水，催吐。就医。

防护措施

呼吸防护	空气中浓度超标时，必须佩戴自吸过滤式防毒面具(半面罩)。紧急事态抢救或撤离时，应该佩戴空气呼吸器。
眼睛防护	戴化学安全防护眼镜。
身体防护	穿防静电工作服。
手防护	戴橡胶耐油手套。
其他防护	工作现场严禁吸烟。避免长期反复接触。

品名：**5-己烯-2-酮**	分子式：$C_6H_{10}O$	相态：液
别名：烯丙基丙酮	分子量：98.2	外观与性状：无色液体

危险特性

火灾危险性：可燃液体甲 B	爆炸物：无	皮肤腐蚀/刺激：无
腐蚀减薄：无	金属腐蚀：无	易燃液体：类别 3
环境开裂：无	急性毒性：无	

其蒸气与空气可形成爆炸性混合物，遇明火、高热能引起燃烧爆炸。与氧化剂可发生反应。流速过快，容易产生和积聚静电。容易自聚，聚合反应随着温度的上升而急骤加剧。其蒸气比空气重，能在较低处扩散到相当远的地方，遇火源会着火回燃。若遇高热，容器内压增大，有开裂和爆炸的危险。

理化特性

熔点：无资料	临界温度：无资料	爆炸上限：无资料	引燃温度：无资料
沸点：129.5℃	临界压力：无资料	爆炸下限：无资料	燃烧热：无资料
闪点：23.0℃	饱和蒸气压：无资料	相对密度($d_{水}=1$)：0.84	

溶解性	不溶于水，易溶于醇、醚等。
主要用途	用于合成香料、杀虫剂和药品等。

急救措施

皮肤接触	脱去污染的衣着，用流动清水冲洗。
眼睛接触	提起眼睑，用流动清水或生理盐水冲洗。就医。
吸入	脱离现场至空气新鲜处。如呼吸困难，给输氧。就医。
食入	饮足量温水，催吐。就医。

防护措施

呼吸防护	空气中浓度超标时，必须佩戴自吸过滤式防毒面具(半面罩)。紧急事态抢救或撤离时，应该佩戴空气呼吸器。
眼睛防护	戴化学安全防护眼镜。
身体防护	穿防毒物渗透工作服。
手防护	戴橡胶耐油手套。
其他防护	工作现场禁止吸烟、进食和饮水。工作完毕，淋浴更衣。避免长期反复接触。

品名：**己酰氯**	分子式：$C_6H_{11}ClO$	相态：液
别名：氯化己酰	分子量：134.6	外观与性状：无色液体

危险特性

火灾危险性：可燃液体乙 B	爆炸物：无	皮肤腐蚀/刺激：类别 1
腐蚀减薄：盐酸腐蚀、含盐水腐蚀	金属腐蚀：无	易燃液体：类别 3
环境开裂：氯化物应力腐蚀开裂	急性毒性：无	严重眼损伤/眼刺激：类别 1

易燃，与水或潮气发生反应，散发出刺激性和腐蚀性的氯化氢气体。对大多数金属有腐蚀性。

理化特性

熔点：-887.3℃	临界温度：无资料	爆炸上限：无资料	引燃温度：无资料
沸点：(152.2±3.0)℃	临界压力：无资料	爆炸下限：无资料	燃烧热：无资料
闪点：50.0℃	饱和蒸气压：无资料	相对密度($d_{水}=1$)：0.97	

溶解性	溶于乙醚、氯仿等多数有机溶剂。
主要用途	用于有机合成。

急救措施

皮肤接触	立即脱去污染的衣着，用大量流动清水冲洗。就医。
眼睛接触	提起眼睑，用流动清水或生理盐水冲洗。就医。
吸入	迅速脱离现场至空气新鲜处。保持呼吸道通畅。如呼吸困难，给输氧。如呼吸停止，立即进行人工呼吸。就医。
食入	饮足量温水，催吐。就医。

防护措施

呼吸防护	空气中浓度超标时，必须佩戴自吸过滤式防毒面具(全面罩)。紧急事态抢救或撤离时，应该佩戴空气呼吸器。
眼睛防护	呼吸系统防护中已做防护。
身体防护	穿橡胶耐酸碱服。
手防护	戴橡胶耐酸碱手套。
其他防护	工作完毕，淋浴更衣。单独存放被毒物污染的衣服，洗后备用。注意个人清洁卫生。

品名：**镓**	分子式：Ga	相态：固
别名：金属镓	分子量：69.7	外观与性状：淡灰色固体

危险特性

火灾危险性：无	爆炸物：无	皮肤腐蚀/刺激：类别 1
腐蚀减薄：无	金属腐蚀：无	严重眼损伤/眼刺激：类别 1
环境开裂：液体金属脆断	急性毒性：无	

无资料。

理化特性

熔点：30.0℃	临界温度：无资料	爆炸上限：无资料	引燃温度：无资料
沸点：2400.0℃	临界压力：无资料	爆炸下限：无资料	燃烧热：无资料
闪点：无资料	饱和蒸气压：无资料	相对密度($d_{水}=1$)：5.9(固)；6.09(液)	

溶解性	无资料。
主要用途	无资料。

急救措施

皮肤接触	迅速脱去污染的衣物，用清水冲洗患处。
眼睛接触	立刻用大量清水冲洗至少 15min。
吸入	将患者移至新鲜空气处，呼吸停止，施行呼吸复苏术；心跳停止，施行心肺复苏术。
食入	禁止催吐。切勿给失去知觉者从嘴里喂食任何东西。用水漱口。请教医生。

防护措施

呼吸防护	选用适当的呼吸器。
眼睛防护	戴化学安全防护眼镜。
身体防护	穿戴清洁完好的防护服、足靴、头盔，以保护皮肤。
手防护	戴手套。
其他防护	工作现场禁止吸烟、进食和饮水。工作完毕，淋浴更衣。保持良好的卫生习惯。

品名：**甲苯** 别名：甲基苯；苯基甲烷		分子式：C_7H_8 分子量：92.1	相态：液 外观与性状：无色透明液体，有类似苯的芳香气味
危险特性			
火灾危险性：可燃液体甲 B 腐蚀减薄：无 环境开裂：无		爆炸物：无 金属腐蚀：无 急性毒性：无	皮肤腐蚀/刺激：类别 2 易燃液体：类别 2
易燃，其蒸气与空气可形成爆炸性混合物，遇明火、高热能引起燃烧爆炸。与氧化剂能发生强烈反应。流速过快，容易产生和积聚静电。其蒸气比空气重，能在较低处扩散到相当远的地方，遇火源会着火回燃。			
理化特性			
熔点：-94.9℃ 沸点：(110.6±3.0)℃ 闪点：4.0℃	临界温度：318.6℃ 临界压力：4.11MPa 饱和蒸气压：3.80kPa(25℃)	爆炸上限：7.0% 爆炸下限：1.2% 相对密度($d_{水}=1$)：0.87	引燃温度：535.0℃ 燃烧热：3905kJ/mol
溶解性	不溶于水，可混溶于苯、醇、醚等多数有机溶剂。		
主要用途	用于掺合汽油组成及作为生产甲苯衍生物、炸药、染料中间体、药物等的主要原料。		
急救措施			
皮肤接触	脱去污染的衣着，用肥皂水和清水彻底冲洗皮肤。		
眼睛接触	提起眼睑，用流动清水或生理盐水冲洗。就医。		
吸入	迅速脱离现场至空气新鲜处。保持呼吸道通畅。如呼吸困难，给输氧。如呼吸停止，立即进行人工呼吸。就医。		
食入	饮足量温水，催吐。就医。		
防护措施			
呼吸防护	空气中浓度超标时，佩戴自吸过滤式防毒面具(半面罩)。紧急事态抢救或撤离时，应该佩戴空气呼吸器或氧气呼吸器。		
眼睛防护	戴化学安全防护眼镜。		
身体防护	穿防毒物渗透工作服。		
手防护	戴橡胶耐油手套。		
其他防护	工作现场禁止吸烟、进食和饮水。工作完毕，淋浴更衣。保持良好的卫生习惯。		

品名：**甲苯-2,4-二异氰酸酯** 别名：2,4-二异氰酸甲苯酯；2,4-TDI		分子式：$C_9H_6N_2O_2$ 分子量：174.2	相态：液 外观与性状：无色到淡黄色透明液体
危险特性			
火灾危险性：可燃液体丙 A 腐蚀减薄：无 环境开裂：无		爆炸物：无 金属腐蚀：无 急性毒性：类别 2	皮肤腐蚀/刺激：类别 2 严重眼损伤/眼刺激：类别 2
毫无预示下能发生自身反应，阻塞安全阀，引发剧烈爆炸。与一胺、二胺、醇、酸、碱金属接触剧烈反应，会引起着火和爆炸。与氨、乙二醇和己内酰胺溶液不能配伍。与水接触，能剧烈冒泡，发生溅射，形成二氧化碳(能使容器破裂)和有机碱。腐蚀铜及其合金、聚乙烯塑料和橡胶。			
理化特性			
熔点：20.0~22.0℃ 沸点：251.0℃ 闪点：(110.5±30.7)℃	临界温度：无资料 临界压力：无资料 饱和蒸气压：无资料	爆炸上限：9.5% 爆炸下限：0.9% 相对密度($d_{水}=1$)：1.22	引燃温度：无资料 燃烧热：无资料
溶解性	溶于丙酮、醚。		
主要用途	用于有机合成、生产泡沫塑料、涂料和用作化学试剂。		
急救措施			
皮肤接触	立即用肥皂冲洗。脱去并隔离被污染的衣服和鞋。对少量皮肤接触，避免将物质播散面积扩大。		
眼睛接触	立即冲洗。		
吸入	将患者移至新鲜空气处，施行人工呼吸。如果呼吸困难，给予吸氧。		
食入	就医，给饮大量水催吐(昏迷者除外)。		
防护措施			
呼吸防护	空气中浓度超标时，必须佩戴自吸过滤式防毒面具(半面罩)。紧急事态抢救或撤离时，应该佩戴空气呼吸器。		
眼睛防护	戴化学安全防护眼镜。		
身体防护	穿防毒物渗透工作服。		
手防护	戴橡胶耐油手套。		
其他防护	工作现场禁止吸烟、进食和饮水。工作完毕，彻底清洗。单独存放被毒物污染的衣服，洗后备用。		

品名：**甲苯-2,6-二异氰酸酯** 别名：2,6-二异氰酸甲苯酯；2,6-TDI	分子式：$C_9H_6N_2O_2$ 分子量：174.2	相态：液 外观与性状：无色/极淡的黄色液体，有刺鼻味
危险特性		
火灾危险性：可燃液体丙 A 腐蚀减薄：无 环境开裂：无	爆炸物：无 金属腐蚀：无 急性毒性：类别 2	皮肤腐蚀/刺激：类别 2 严重眼损伤/眼刺激：类别 2
无资料。		

理化特性

熔点：无资料	临界温度：无资料	爆炸上限：无资料	引燃温度：无资料
沸点：129.0~133.0℃	临界压力：无资料	爆炸下限：无资料	燃烧热：无资料
闪点：110.0℃	饱和蒸气压：无资料	相对密度($d_水=1$)：无资料	

溶解性	无资料。
主要用途	无资料。
急救措施	
皮肤接触	用水小心清洗几 min。如果方便，易操作，摘除隐形眼镜。继续冲洗。
眼睛接触	用大量肥皂和水轻轻洗。
吸入	将受害者移到新鲜空气处，保持呼吸通畅，休息。立即呼叫解毒中心/医生。
食入	将受害者移到新鲜空气处，保持呼吸通畅，休息。立即呼叫解毒中心/医生。
防护措施	
呼吸防护	半面罩或全面罩呼吸器，自携式呼吸器(SCBA)，供气呼吸器等。
眼睛防护	护目镜。如果情况需要，佩戴面具。
身体防护	防渗防护服。如果情况需要，穿戴防护靴。
手防护	防渗手套。
其他防护	工作现场禁止吸烟、进食和饮水。工作完毕，彻底清洗。单独存放被毒物污染的衣服，洗后备用。保持良好的卫生习惯。

品名：**甲苯-3,4-二硫酚** 别名：3,4-二巯基甲苯	分子式：$C_7H_8S_2$ 分子量：156.3	相态：固 外观与性状：白色结晶
危险特性		
火灾危险性：可燃液体丙 B 腐蚀减薄：硫酸腐蚀、高温硫化物腐蚀 环境开裂：连多硫酸应力腐蚀开裂	爆炸物：无 金属腐蚀：无 急性毒性：无	皮肤腐蚀/刺激：类别 2 严重眼损伤/眼刺激：类别 1
遇明火、高热可燃。其粉体与空气可形成爆炸性混合物，当达到一定浓度时，遇火星会发生爆炸。受高热分解放出有毒的气体。具有腐蚀性。		

理化特性

熔点：30.0~33.0℃	临界温度：无资料	爆炸上限：无资料	引燃温度：无资料
沸点：(265.5±20.0)℃	临界压力：无资料	爆炸下限：无资料	燃烧热：无资料
闪点：(122.8±15.7)℃	饱和蒸气压：无资料	相对密度($d_水=1$)：1.18	

溶解性	溶于苯、碱液。
主要用途	用于有机合成及用作分析试剂。
急救措施	
皮肤接触	立即脱去污染的衣着，用大量流动清水冲洗。就医。
眼睛接触	立即提起眼睑，用大量流动清水或生理盐水彻底冲洗至少 15min。就医。
吸入	迅速脱离现场至空气新鲜处。保持呼吸道通畅。如呼吸困难，给输氧。如呼吸停止，立即进行人工呼吸。就医。
食入	用水漱口，给饮牛奶或蛋清。就医。
防护措施	
呼吸防护	可能接触其粉尘时，必须佩戴防尘面具(全面罩)。紧急事态抢救或撤离时，应该佩戴空气呼吸器。
眼睛防护	呼吸系统防护中已做防护。
身体防护	穿橡胶耐酸碱服。
手防护	戴橡胶耐酸碱手套。
其他防护	工作现场禁止吸烟、进食和饮水。工作完毕，淋浴更衣。保持良好的卫生习惯。

品名：**2-甲苯硫酚** 别名：邻甲苯硫酚；2-巯基甲苯		分子式：C_7H_8S 分子量：124.2	相态：液 外观与性状：棕色透明液体
危险特性			
火灾危险性：可燃液体丙 A 腐蚀减薄：硫酸腐蚀、高温硫化物腐蚀 环境开裂：连多硫酸应力腐蚀开裂		爆炸物：无 金属腐蚀：无 急性毒性：无	皮肤腐蚀/刺激：无 严重眼损伤/眼刺激：类别 2
遇明火、高热可燃。与氧化剂可发生反应。具有腐蚀性。			
理化特性			
熔点：10.0~12.0℃ 沸点：195.0℃ 闪点：63.9℃	临界温度：无资料 临界压力：无资料 饱和蒸气压：无资料	爆炸上限：无资料 爆炸下限：无资料 相对密度($d_{水}=1$)：1.05	引燃温度：无资料 燃烧热：无资料
溶解性	不溶于水，溶于乙醇、乙醚。		
主要用途	用于医药、有机合成。		
急救措施			
皮肤接触	脱去污染的衣着，用大量流动清水冲洗。		
眼睛接触	提起眼睑，用流动清水或生理盐水冲洗。就医。		
吸入	脱离现场至空气新鲜处。如呼吸困难，给输氧。就医。		
食入	饮足量温水，催吐。就医。		
防护措施			
呼吸防护	可能接触其粉尘时，必须佩戴防尘面具(全面罩)。可能接触其蒸气时，应该佩戴自吸过滤式防毒面具(全面罩)。		
眼睛防护	呼吸系统防护中已做防护。		
身体防护	穿橡胶耐酸碱服。		
手防护	戴橡胶耐酸碱手套。		
其他防护	工作现场禁止吸烟、进食和饮水。工作完毕，淋浴更衣。单独存放被毒物污染的衣服，洗后备用。		

品名：**3-甲苯硫酚** 别名：间甲苯硫酚；3-巯基甲苯		分子式：C_7H_8S 分子量：124.2	相态：液 外观与性状：透明无色至淡黄色液体
危险特性			
火灾危险性：可燃液体丙 A 腐蚀减薄：硫酸腐蚀、高温硫化物腐蚀 环境开裂：连多硫酸应力腐蚀开裂		爆炸物：无 金属腐蚀：无 急性毒性：无	皮肤腐蚀/刺激：无 严重眼损伤/眼刺激：类别 2
遇明火、高热、或与氧化剂接触能燃烧，并散发出有毒气体。			
理化特性			
熔点：-20.0℃ 沸点：195.0℃ 闪点：68.3℃	临界温度：无资料 临界压力：无资料 饱和蒸气压：无资料	爆炸上限：无资料 爆炸下限：无资料 相对密度($d_{水}=1$)：1.04	引燃温度：无资料 燃烧热：无资料
溶解性	不溶于水，溶于乙醇、乙醚。		
主要用途	用于医药。		
急救措施			
皮肤接触	脱去污染的衣着，用肥皂水和清水彻底冲洗皮肤。		
眼睛接触	提起眼睑，用流动清水或生理盐水冲洗。就医。		
吸入	迅速脱离现场至空气新鲜处。保持呼吸道通畅。如呼吸困难，给输氧。如呼吸停止，立即进行人工呼吸。就医。		
食入	饮足量温水，催吐。就医。		
防护措施			
呼吸防护	空气中浓度较高时，应该佩戴过滤式防毒面具(半面罩)。		
眼睛防护	戴化学安全防护眼镜。		
身体防护	穿防腐工作服。		
手防护	戴防化学品手套。		
其他防护	工作现场禁止吸烟、进食和饮水。工作完毕，淋浴更衣。		

品名：**4-甲苯硫酚** 别名：对甲苯硫酚；4-巯基甲苯		分子式：C_7H_8S 分子量：124.2	相态：固 外观与性状：无色晶体粉末
危险特性			
火灾危险性：可燃液体丙 A 腐蚀减薄：硫酸腐蚀、高温硫化物腐蚀 环境开裂：连多硫酸应力腐蚀开裂		爆炸物：无 金属腐蚀：无 急性毒性：无	皮肤腐蚀/刺激：无 严重眼损伤/眼刺激：类别 2
遇明火、高热可燃。受高热分解放出有毒的气体。与氧化剂可发生反应。			
理化特性			
熔点：84.0~86.0℃ 沸点：195.0℃ 闪点：68.3℃	临界温度：无资料 临界压力：无资料 饱和蒸气压：1.33kPa(71℃)	爆炸上限：无资料 爆炸下限：无资料 相对密度($d_{水}=1$)：无资料	引燃温度：无资料 燃烧热：无资料
溶解性	溶于乙醇，易溶于乙醚。		
主要用途	不溶于水，用于医药。		
急救措施			
皮肤接触	立即脱去污染的衣着，用大量流动清水冲洗至少 15min。就医。		
眼睛接触	立即提起眼睑，用大量流动清水或生理盐水彻底冲洗至少 15min。就医。		
吸入	迅速脱离现场至空气新鲜处。保持呼吸道通畅。如呼吸困难，给输氧。如呼吸停止，立即进行人工呼吸。就医。		
食入	用水漱口，给饮牛奶或蛋清。就医。		
防护措施			
呼吸防护	可能接触其粉尘时，应该佩戴头罩型电动送风过滤式防尘呼吸器。		
眼睛防护	呼吸系统防护中已做防护。		
身体防护	穿聚乙烯防毒服。		
手防护	戴橡胶手套。		
其他防护	工作现场禁止吸烟、进食和饮水。工作完毕，淋浴更衣。单独存放被毒物污染的衣服，洗后备用。保持良好的卫生习惯。		

品名：**甲醇** 别名：木醇；木精		分子式：CH_4O 分子量：32.0	相态：液 外观与性状：无色澄清液体，有刺激性气味
危险特性			
火灾危险性：可燃液体甲 B 腐蚀减薄：无 环境开裂：无		爆炸物：无 金属腐蚀：无 急性毒性：类别 3	皮肤腐蚀/刺激：无 易燃液体：类别 2
易燃，其蒸气与空气可形成爆炸性混合物，遇明火、高热能引起燃烧爆炸。与氧化剂接触发生化学反应或引起燃烧。在火场中，受热的容器有爆炸危险。其蒸气比空气重，能在较低处扩散到相当远的地方，遇火源会着火回燃。			
理化特性			
熔点：-97.8℃ 沸点：(48.1±3.0)℃ 闪点：11.0℃	临界温度：240.0℃ 临界压力：7.95MPa 饱和蒸气压：12.33kPa(20℃)	爆炸上限：44.0% 爆炸下限：5.5% 相对密度($d_{水}=1$)：0.79	引燃温度：385.0℃ 燃烧热：727kJ/mol
溶解性	溶于水，可混溶于醇、醚等多数有机溶剂。		
主要用途	主要用于制甲醛、香精、染料、医药、火药、防冻剂等。		
急救措施			
皮肤接触	脱去污染的衣着，用肥皂水和清水彻底冲洗皮肤。		
眼睛接触	提起眼睑，用流动清水或生理盐水冲洗。就医。		
吸入	迅速脱离现场至空气新鲜处。保持呼吸道通畅。如呼吸困难，给输氧。如呼吸停止，立即进行人工呼吸。就医。		
食入	饮足量温水，催吐。用清水或 1%硫代硫酸钠溶液洗胃。就医。		
防护措施			
呼吸防护	可能接触其蒸气时，应该佩戴过滤式防毒面具(半面罩)。紧急事态抢救或撤离时，建议佩戴空气呼吸器。		
眼睛防护	戴化学安全防护眼镜。		
身体防护	穿防静电工作服。		
手防护	戴橡胶手套。		
其他防护	工作现场禁止吸烟、进食和饮水。工作完毕，淋浴更衣。实行就业前和定期的体检。		

<table>
<tr><td colspan="4">品名：**甲醇钠**
别名：甲氧基钠</td><td colspan="2">分子式：CH_3NaO
分子量：54.0</td><td colspan="2">相态：固
外观与性状：白色无定形粉末</td></tr>
<tr><td colspan="8">**危险特性**</td></tr>
<tr><td colspan="4">火灾危险性：可燃液体甲 B
腐蚀减薄：无
环境开裂：无</td><td colspan="2">爆炸物：无
金属腐蚀：无
急性毒性：无</td><td colspan="2">皮肤腐蚀/刺激：类别 1
自热物质和混合物：类别 1
严重眼损伤/眼刺激：类别 1</td></tr>
<tr><td colspan="8">遇明火、高热易燃。与氧化剂接触猛烈反应。受热分解释出高毒烟雾。遇潮时对部分金属如铝、锌等有腐蚀性。</td></tr>
<tr><td colspan="8">**理化特性**</td></tr>
<tr><td colspan="2">熔点：127.0℃
沸点：65.0℃
闪点：11.0℃</td><td colspan="2">临界温度：无资料
临界压力：无资料
饱和蒸气压：无资料</td><td colspan="2">爆炸上限：无资料
爆炸下限：无资料
相对密度($d_{水}=1$)：0.55</td><td colspan="2">引燃温度：无资料
燃烧热：无资料</td></tr>
<tr><td>溶解性</td><td colspan="7">溶于甲醇、乙醇。</td></tr>
<tr><td>主要用途</td><td colspan="7">用于有机合成，主要用于医药工业。可作缩合剂、强碱性催化剂、甲氧基化剂。少量用于农药生产。也可用作处理食用脂肪和食用油的催化剂，还可用作分析试剂。</td></tr>
<tr><td colspan="8">**急救措施**</td></tr>
<tr><td>皮肤接触</td><td colspan="7">立即脱去污染的衣着，用大量流动清水冲洗至少 15min。就医。</td></tr>
<tr><td>眼睛接触</td><td colspan="7">立即提起眼睑，用大量流动清水或生理盐水彻底冲洗至少 15min。就医。</td></tr>
<tr><td>吸入</td><td colspan="7">迅速脱离现场至空气新鲜处。保持呼吸道通畅。如呼吸困难，给输氧。如呼吸停止，立即进行人工呼吸。就医。</td></tr>
<tr><td>食入</td><td colspan="7">用水漱口，用水漱口，就医。</td></tr>
<tr><td colspan="8">**防护措施**</td></tr>
<tr><td>呼吸防护</td><td colspan="7">可能接触其粉尘时，应该佩带防毒口罩。必要时佩带防毒面具。</td></tr>
<tr><td>眼睛防护</td><td colspan="7">戴化学安全防护眼镜。</td></tr>
<tr><td>身体防护</td><td colspan="7">穿工作服(防腐材料制作)。</td></tr>
<tr><td>手防护</td><td colspan="7">戴橡皮手套。</td></tr>
<tr><td>其他防护</td><td colspan="7">工作后，淋浴更衣。单独存放被毒物污染的衣服，洗后再用。保持良好的卫生习惯。</td></tr>
</table>

<table>
<tr><td colspan="4">品名：**2-甲酚**
别名：1-羟基-2-甲苯；邻甲酚</td><td colspan="2">分子式：C_7H_8O
分子量：108.1</td><td colspan="2">相态：液
外观与性状：白色结晶，有芳香气味</td></tr>
<tr><td colspan="8">**危险特性**</td></tr>
<tr><td colspan="4">火灾危险性：可燃液体丙 A
腐蚀减薄：无
环境开裂：无</td><td colspan="2">爆炸物：无
金属腐蚀：无
急性毒性：类别 3</td><td colspan="2">皮肤腐蚀/刺激：类别 1
严重眼损伤/眼刺激：类别 1</td></tr>
<tr><td colspan="8">遇明火、高热可燃。具有腐蚀性。</td></tr>
<tr><td colspan="8">**理化特性**</td></tr>
<tr><td colspan="2">熔点：30.0~32.0℃
沸点：191.0℃
闪点：81.1℃</td><td colspan="2">临界温度：422.0℃
临界压力：5.00MPa
饱和蒸气压：0.13kPa(38.2℃)</td><td colspan="2">爆炸上限：7.6%
爆炸下限：1.4%
相对密度($d_{水}=1$)：1.05</td><td colspan="2">引燃温度：598.0℃
燃烧热：3689.8kJ/mol</td></tr>
<tr><td>溶解性</td><td colspan="7">微溶于水，溶于乙醇、乙醚、氯仿等。</td></tr>
<tr><td>主要用途</td><td colspan="7">用作分析试剂并用于有机合成。</td></tr>
<tr><td colspan="8">**急救措施**</td></tr>
<tr><td>皮肤接触</td><td colspan="7">立即脱去污染的衣着，用甘油、聚乙烯乙二醇或聚乙烯乙二醇和酒精混合液(7∶3)抹洗，然后用水彻底清洗。或用大量流动清水冲洗至少 15min。就医。</td></tr>
<tr><td>眼睛接触</td><td colspan="7">立即提起眼睑，用大量流动清水或生理盐水彻底冲洗至少 15min。就医。</td></tr>
<tr><td>吸入</td><td colspan="7">迅速脱离现场至空气新鲜处。保持呼吸道通畅。如呼吸困难，给输氧。如呼吸停止，立即进行人工呼吸。就医。</td></tr>
<tr><td>食入</td><td colspan="7">立即给饮植物油 15~30ml。催吐。就医。</td></tr>
<tr><td colspan="8">**防护措施**</td></tr>
<tr><td>呼吸防护</td><td colspan="7">空气中粉尘浓度超标时，应该佩戴头罩型电动送风过滤式防尘呼吸器。可能接触其蒸气时，应该佩戴自吸过滤式防毒面具(全面罩)。</td></tr>
<tr><td>眼睛防护</td><td colspan="7">呼吸系统防护中已做防护。</td></tr>
<tr><td>身体防护</td><td colspan="7">穿胶布防毒衣。</td></tr>
<tr><td>手防护</td><td colspan="7">戴橡胶手套。</td></tr>
<tr><td>其他防护</td><td colspan="7">工作现场禁止吸烟、进食和饮水。工作完毕，彻底清洗。单独存放被毒物污染的衣服，洗后备用。注意个人清洁卫生。</td></tr>
</table>

品名：**3-甲酚** 别名：1-羟基-3-甲苯；间甲酚	分子式：C_7H_8O 分子量：108.1	相态：液 外观与性状：无色透明液体，有芳香气味	
危险特性			
火灾危险性：可燃液体丙 A 腐蚀减薄：无 环境开裂：无	爆炸物：无 金属腐蚀：无 急性毒性：类别 3	皮肤腐蚀/刺激：类别 1 严重眼损伤/眼刺激：类别 1	
遇明火、高热可燃。			
理化特性			
熔点：8.0~10.0℃	临界温度：432.0℃	爆炸上限：7.6%	引燃温度：558.0℃
沸点：202.3℃	临界压力：4.56MPa	爆炸下限：1.1%	燃烧热：3680.5kJ/mol
闪点：86.1℃	饱和蒸气压：0.13kPa(72℃)	相对密度($d_{水}=1$)：1.03	
溶解性	微溶于水，可混溶于乙醇、乙醚、氢氧化钠水溶液等。		
主要用途	用作分析试剂并用于有机合成。		
急救措施			
皮肤接触	立即脱去污染的衣着，用甘油、聚乙烯乙二醇或聚乙烯乙二醇和酒精混合液(7：3)抹洗，然后用水彻底清洗。或用大量流动清水冲洗至少 15min。就医。		
眼睛接触	立即提起眼睑，用大量流动清水或生理盐水彻底冲洗至少 15min。就医。		
吸入	迅速脱离现场至空气新鲜处。保持呼吸道通畅。如呼吸困难，给输氧。如呼吸停止，立即进行人工呼吸。就医。		
食入	立即给饮植物油 15~30ml。催吐。就医。		
防护措施			
呼吸防护	空气中粉尘浓度超标时，应该佩戴头罩型电动送风过滤式防尘呼吸器。可能接触其蒸气时，应该佩戴自吸过滤式防毒面具(全面罩)。		
眼睛防护	呼吸系统防护中已做防护。		
身体防护	穿胶布防毒衣。		
手防护	戴橡胶手套。		
其他防护	工作现场禁止吸烟、进食和饮水。工作完毕，彻底清洗。单独存放被毒物污染的衣服，洗后备用。注意个人清洁卫生。		

品名：**4-甲酚** 别名：1-羟基-4-甲苯；对甲酚	分子式：C_7H_8O 分子量：108.1	相态：固 外观与性状：无色结晶，有芳香气味	
危险特性			
火灾危险性：可燃气体甲 腐蚀减薄：苯酚腐蚀 环境开裂：无	爆炸物：无 金属腐蚀：无 急性毒性：类别 3	皮肤腐蚀/刺激：类别 1 严重眼损伤/眼刺激：类别 1	
遇明火、高热可燃。			
理化特性			
熔点：32.0~34.0℃	临界温度：426.0℃	爆炸上限：7.6%	引燃温度：559.0℃
沸点：202.0℃	临界压力：5.51MPa	爆炸下限：1.1%	燃烧热：3695.1kJ/mol
闪点：(81.0±8.2)℃	饱和蒸气压：0.13kPa(53℃)	相对密度($d_{水}=1$)：1.03	
溶解性	微溶于水，溶于乙醇、乙醚、氯仿、碱液等。		
主要用途	用于有机合成和作杀菌剂、防霉剂。		
急救措施			
皮肤接触	立即脱去污染的衣着，用甘油、聚乙烯乙二醇或聚乙烯乙二醇和酒精混合液(7：3)抹洗，然后用水彻底清洗。		
眼睛接触	立即提起眼睑，用大量流动清水或生理盐水彻底冲洗至少 15min。就医。		
吸入	迅速脱离现场至空气新鲜处。保持呼吸道通畅。如呼吸困难，给输氧。如呼吸停止，立即进行人工呼吸。就医。		
食入	立即给饮植物油 15~30ml。催吐。就医。		
防护措施			
呼吸防护	空气中粉尘浓度超标时，应该佩戴头罩型电动送风过滤式防尘呼吸器。可能接触其蒸气时，应该佩戴自吸过滤式防毒面具(全面罩)。		
眼睛防护	呼吸系统防护中已做防护。		
身体防护	穿胶布防毒衣。		
手防护	戴橡胶手套。		
其他防护	工作现场禁止吸烟、进食和饮水。工作完毕，彻底清洗。单独存放被毒物污染的衣服，洗后备用。注意个人清洁卫生。		

品名：**2-甲基-1-丙醇** 别名：异丁醇		分子式：$C_4H_{10}O$ 分子量：74.1	相态：液 外观与性状：无色透明液体，微有戊醇味
危险特性			
火灾危险性：可燃液体甲 B 腐蚀减薄：无 环境开裂：无		爆炸物：无 金属腐蚀：无 急性毒性：无	皮肤腐蚀/刺激：类别 2 易燃液体：类别 3 严重眼损伤/眼刺激：类别 1
易燃，其蒸气与空气可形成爆炸性混合物，遇明火、高热能引起燃烧爆炸。受热分解放出有毒气体。与氧化剂能发生强烈反应。在火场中，受热的容器有爆炸危险。			
理化特性			
熔点：-108.0℃ 沸点：(105.0±8.0)℃ 闪点：27.0℃	临界温度：265.0℃ 临界压力：4.86MPa 饱和蒸气压：1.17kPa(20℃)	爆炸上限：10.6% 爆炸下限：1.7% 相对密度($d_水$=1)：0.81	引燃温度：415.0℃ 燃烧热：2667.7kJ/mol
溶解性	溶于水，易溶于醇、醚。		
主要用途	主要用作溶剂及有机合成。		
急救措施			
皮肤接触	脱去污染的衣着，用肥皂水和清水彻底冲洗皮肤。		
眼睛接触	立即提起眼睑，用大量流动清水或生理盐水彻底冲洗至少 15min。就医。		
吸入	迅速脱离现场至空气新鲜处。保持呼吸道通畅。如呼吸困难，给输氧。如呼吸停止，立即进行人工呼吸。就医。		
食入	饮足量温水，催吐。就医。		
防护措施			
呼吸防护	一般不需要特殊防护，高浓度接触时可佩戴自吸过滤式防毒面具(半面罩)。		
眼睛防护	必要时，戴安全防护眼镜。		
身体防护	穿防静电工作服。		
手防护	戴一般作业防护手套。		
其他防护	工作现场严禁吸烟。保持良好的卫生习惯。		

品名：**2-甲基-1-丙硫醇** 别名：异丁硫醇		分子式：$C_4H_{10}S$ 分子量：90.2	相态：液 外观与性状：无色液体，有强烈的特异气味
危险特性			
火灾危险性：可燃液体甲 B 腐蚀减薄：硫酸腐蚀、高温硫化物腐蚀 环境开裂：连多硫酸应力腐蚀开裂		爆炸物：无 金属腐蚀：无 急性毒性：无	皮肤腐蚀/刺激：无 易燃液体：类别 2 严重眼损伤/眼刺激：类别 2
易燃，遇高热、明火及强氧化剂易引起燃烧。受热分解。接触酸或酸气能产生有毒气体。遇水或水蒸气反应放热并产生有毒的腐蚀性气体。			
理化特性			
熔点：-114.9℃ 沸点：(86.6±8.0)℃ 闪点：-9.4℃	临界温度：无资料 临界压力：无资料 饱和蒸气压：16.53kPa(37.8℃)	爆炸上限：无资料 爆炸下限：无资料 相对密度($d_水$=1)：0.83	引燃温度：无资料 燃烧热：无资料
溶解性	微溶于水，易溶于乙醇、乙醚等。		
主要用途	石油分析用试剂及用于有机合成。		
急救措施			
皮肤接触	脱去污染的衣着，用肥皂水和清水彻底冲洗皮肤。		
眼睛接触	提起眼睑，用流动清水或生理盐水冲洗。就医。		
吸入	迅速脱离现场至空气新鲜处。保持呼吸道通畅。如呼吸困难，给输氧。如呼吸停止，立即进行人工呼吸。就医。		
食入	饮足量温水，催吐。就医。		
防护措施			
呼吸防护	高浓度环境中，应该佩戴自吸过滤式防毒面具(半面罩)。		
眼睛防护	戴化学安全防护眼镜。		
身体防护	穿防毒物渗透工作服。		
手防护	戴乳胶手套。		
其他防护	工作现场严禁吸烟。工作完毕，淋浴更衣。注意个人清洁卫生。		

品名：**2-甲基-1-丁醇** 别名：活性戊醇；旋性戊醇	分子式：$C_5H_{12}O$ 分子量：88.1		相态：液 外观与性状：无色易燃液体
危险特性			
火灾危险性：可燃液体乙 A 腐蚀减薄：无 环境开裂：无	爆炸物：无 金属腐蚀：无 急性毒性：无		皮肤腐蚀/刺激：无 易燃液体：类别 3
与空气接触能形成爆炸性混合物。与氧化剂接触会引起着火和爆炸。与碱金属、三硫化氢、硫酸、硝酸、腐蚀剂、脂肪胺、异氰酸酯接触发生反应。会引起静电积聚，点燃其蒸气。			
理化特性			
熔点：无资料 沸点：128.7℃ 闪点：43.3℃	临界温度：302.3℃ 临界压力：无资料 饱和蒸气压：无资料	爆炸上限：9.0% 爆炸下限：1.4% 相对密度($d_水=1$)：0.81	引燃温度：385.0℃ 燃烧热：无资料
溶解性	在水中微溶。		
主要用途	无资料。		
急救措施			
皮肤接触	脱去并隔离被污染的衣服和鞋。用肥皂和清水清洗皮肤。注意患者保暖并且保持安静。		
眼睛接触	如果皮肤或眼睛接触该物质，应立即用清水冲洗至少 20min。		
吸入	移患者至空气新鲜处，就医。如果患者呼吸停止，给予人工呼吸。如果患者食入或吸入该物质不要用口对口进行人工呼吸；可用单向阀小型呼吸器或其他适当的医疗呼吸器。如果呼吸困难，给予吸氧。		
食入	吸入、食入或皮肤接触该物质可引起迟发反应。确保医务人员了解该物质相关的个体防护知识，注意自身防护。		
防护措施			
呼吸防护	如危险性评测显示需要使用空气净化的防毒面具，请使用全面罩式多功能微粒防毒面具 N99 型(US)。		
眼睛防护	面罩与安全眼镜请使用经官方标准如 NIOSH(美国)或 EN166(欧盟)检测与批准的设备防护眼部。		
身体防护	全套防化学试剂工作服，防护设备的类型必须根据特定工作场所中的危险物的浓度和含量来选择。		
手防护	所选择的保护手套必须符合 EU 的 89/686/EEC 规定和从它衍生出来的 EN376 标准。		
其他防护	无资料。		

品名：**3-甲基-1-丁醇** 别名：异戊醇	分子式：$C_5H_{12}O$ 分子量：88.2		相态：液 外观与性状：无色液体，有不愉快的气味
危险特性			
火灾危险性：可燃液体乙 A 腐蚀减薄：无 环境开裂：无	爆炸物：无 金属腐蚀：无 急性毒性：无		皮肤腐蚀/刺激：无 易燃液体：类别 3 严重眼损伤/眼刺激：类别 2
易燃，其蒸气与空气可形成爆炸性混合物，遇明火、高热能引起燃烧爆炸。与氧化剂能发生强烈反应。在火场中，受热的容器有爆炸危险。			
理化特性			
熔点：-117.2℃ 沸点：132.5℃ 闪点：43.0℃	临界温度：309.7℃ 临界压力：无资料 饱和蒸气压：0.27kPa(20℃)	爆炸上限：9.0% 爆炸下限：1.2% 相对密度($d_水=1$)：0.81	引燃温度：340.0℃ 燃烧热：3323.0kJ/mol
溶解性	微溶于水，可混溶于醇、醚。		
主要用途	用作照相化学药品、香精、分析试剂，以及用于有机合成、制药等。		
急救措施			
皮肤接触	脱去污染的衣着，用肥皂水和清水彻底冲洗皮肤。		
眼睛接触	提起眼睑，用流动清水或生理盐水冲洗。就医。		
吸入	迅速脱离现场至空气新鲜处。保持呼吸道通畅。如呼吸困难，给输氧。如呼吸停止，立即进行人工呼吸。就医。		
食入	饮足量温水，催吐。就医。		
防护措施			
呼吸防护	一般不需要特殊防护，高浓度接触时可佩戴自吸过滤式防毒面具(半面罩)。		
眼睛防护	必要时，戴安全防护眼镜。		
身体防护	穿防静电工作服。		
手防护	戴一般作业防护手套。		
其他防护	工作现场严禁吸烟。保持良好的卫生习惯。		

品名：**3-甲基-1-丁硫醇**	分子式：$C_5H_{12}S$	相态：液
别名：异戊硫醇	分子量：104.2	外观与性状：水白色到淡黄色液体，有不愉快的气味

危险特性

火灾危险性：可燃液体甲 B	爆炸物：无	皮肤腐蚀/刺激：无
腐蚀减薄：硫酸腐蚀、高温硫化物腐蚀	金属腐蚀：无	易燃液体：类别 2
环境开裂：连多硫酸应力腐蚀开裂	急性毒性：无	

易燃，遇明火、高热或与氧化剂接触，有引起燃烧爆炸的危险。受热或遇酸易产生有毒的硫氧化物气体。与强氧化剂发生反应，可引起燃烧。

理化特性

熔点：-169.0℃	临界温度：无资料	爆炸上限：无资料	引燃温度：无资料
沸点：(114.8±8.0)℃	临界压力：无资料	爆炸下限：无资料	燃烧热：无资料
闪点：18.0℃	饱和蒸气压：无资料	相对密度($d_水=1$)：0.83	

溶解性	不溶于水，溶于醇。
主要用途	用于合成硫的有机化合物。

急救措施

皮肤接触	脱去污染的衣着，用肥皂水和清水彻底冲洗皮肤。
眼睛接触	提起眼睑，用流动清水或生理盐水冲洗。就医。
吸入	迅速脱离现场至空气新鲜处。保持呼吸道通畅。如呼吸困难，给输氧。如呼吸停止，立即进行人工呼吸。就医。
食入	饮足量温水，催吐。就医。

防护措施

呼吸防护	高浓度环境中，应该佩戴自吸过滤式防毒面具(半面罩)。
眼睛防护	戴化学安全防护眼镜。
身体防护	穿防毒物渗透工作服。
手防护	戴橡胶耐油手套。
其他防护	工作现场严禁吸烟。工作完毕，淋浴更衣。注意个人清洁卫生。

品名：**2-甲基-1-丁烯**	分子式：C_5H_{10}	相态：液
别名：无	分子量：70.1	外观与性状：无色、易挥发液体，有不愉快的气味

危险特性

火灾危险性：可燃液体甲 B	爆炸物：无	皮肤腐蚀/刺激：无
腐蚀减薄：无	金属腐蚀：无	易燃液体：类别 1
环境开裂：无	急性毒性：无	

极易燃，其蒸气与空气可形成爆炸性混合物，遇明火、高热能引起燃烧爆炸。与氧化剂能发生强烈反应。遇水分解产生有毒气体。若遇高热，可发生聚合反应，放出大量热量而引起容器破裂和爆炸事故。

理化特性

熔点：-137.0℃	临界温度：无资料	爆炸上限：无资料	引燃温度：无资料
沸点：(30.4±7.0)℃	临界压力：无资料	爆炸下限：无资料	燃烧热：无资料
闪点：(-46.5±2.4)℃	饱和蒸气压：81.32kPa(25℃)	相对密度($d_水=1$)：0.65	

溶解性	不溶于水，溶于乙醇等多数有机溶剂。
主要用途	用于有机合成。

急救措施

皮肤接触	脱去污染的衣着，用肥皂水和清水彻底冲洗皮肤。
眼睛接触	提起眼睑，用流动清水或生理盐水冲洗。就医。
吸入	迅速脱离现场至空气新鲜处。保持呼吸道通畅。如呼吸困难，给输氧。如呼吸停止，立即进行人工呼吸。就医。
食入	饮足量温水，催吐。就医。

防护措施

呼吸防护	空气中浓度超标时，佩戴过滤式防毒面具(半面罩)。
眼睛防护	戴化学安全防护眼镜。
身体防护	穿防静电工作服。
手防护	戴橡胶耐油手套。
其他防护	工作现场严禁吸烟。避免长期反复接触。

品名：**3-甲基-1-丁烯** 别名：α-异戊烯；异丙基乙烯	分子式：C_5H_{10} 分子量：70.1	相态：液 外观与性状：无色易挥发液体，有不愉快气味
危险特性		
火灾危险性：可燃液体甲 B 腐蚀减薄：无 环境开裂：无	爆炸物：无 金属腐蚀：无 急性毒性：无	皮肤腐蚀/刺激：无 易燃液体：类别 1
其蒸气与空气可形成爆炸性混合物，遇明火、高热极易燃烧爆炸。与氧化剂接触猛烈反应。流速过快，容易产生和积聚静电。容易自聚，聚合反应随着温度的上升而急骤加剧。其蒸气比空气重，能在较低处扩散到相当远的地方，遇火源会着火回燃。若遇高热，容器内压增大，有开裂和爆炸的危险。		

理化特性			
熔点：-168.5℃	临界温度：191.6℃	爆炸上限：9.1%	引燃温度：365.0℃
沸点：31.1℃	临界压力：3.43MPa	爆炸下限：1.5%	燃烧热：无资料
闪点：-20.0℃	饱和蒸气压：无资料	相对密度($d_水=1$)：0.63	

溶解性	不溶于水，易溶于醇、醚。
主要用途	用于有机合成和高辛燃料制造。
急救措施	
皮肤接触	脱去污染的衣着，用流动清水冲洗。
眼睛接触	提起眼睑，用流动清水或生理盐水冲洗。就医。
吸入	脱离现场至空气新鲜处。如呼吸困难，给输氧。就医。
食入	饮足量温水，催吐。就医。
防护措施	
呼吸防护	空气中浓度超标时，必须佩戴自吸过滤式防毒面具(半面罩)。紧急事态抢救或撤离时，应该佩戴空气呼吸器。
眼睛防护	戴化学安全防护眼镜。
身体防护	穿防静电工作服。
手防护	戴橡胶耐油手套。
其他防护	工作现场严禁吸烟。避免长期反复接触。

品名：**4-甲基-1-环己烯** 别名：无	分子式：C_7H_{12} 分子量：96.2	相态：液 外观与性状：无色透明液体
危险特性		
火灾危险性：可燃液体甲 B 腐蚀减薄：无 环境开裂：无	爆炸物：无 金属腐蚀：无 急性毒性：无	皮肤腐蚀/刺激：无 易燃液体：类别 2
其蒸气与空气形成爆炸性混合物，遇明火、高热或与氧化剂接触，有引起燃烧爆炸的危险。其蒸气比空气重，能在较低处扩散到相当远的地方，遇明火会引着回燃。若遇高热，容器内压增大，有开裂和爆炸的危险。		

理化特性			
熔点：-115.5℃	临界温度：无资料	爆炸上限：无资料	引燃温度：无资料
沸点：101.0~102.0℃	临界压力：无资料	爆炸下限：无资料	燃烧热：无资料
闪点：-1.1℃	饱和蒸气压：无资料	相对密度($d_水=1$)：0.80	

溶解性	无资料。
主要用途	无资料。
急救措施	
皮肤接触	用肥皂水及清水彻底冲洗。就医。
眼睛接触	拉开眼睑，用流动清水冲洗 15min。就医。
吸入	脱离现场至空气新鲜处。呼吸困难时给输氧。呼吸停止时，立即进行人工呼吸。就医。
食入	误服者，饮适量温水，催吐。就医。
防护措施	
呼吸防护	高浓度环境中，应该佩戴防毒面具。
眼睛防护	高浓度环境中，戴化学安全防护眼镜。
身体防护	穿防静电工作服。
手防护	戴防护手套。
其他防护	工作现场严禁吸烟。工作后，淋浴更衣。注意个人清洁卫生。

品名：**1-甲基-1-环戊烯** 别名：无	分子式：C_6H_{10} 分子量：82.1	相态：液 外观与性状：透明，无色液体
危险特性		
火灾危险性：可燃液体甲 B 腐蚀减薄：无 环境开裂：无	爆炸物：无 金属腐蚀：无 急性毒性：无	皮肤腐蚀/刺激：无 易燃液体：类别 2
其蒸气与空气形成爆炸性混合物，遇明火、高热或与氧化剂接触，有引起燃烧爆炸的危险。其蒸气比空气重，能在较低处扩散到相当远的地方，遇明火会引着回燃。若遇高热，容器内压增大，有开裂和爆炸的危险。		

理化特性			
熔点：-142.0℃	临界温度：无资料	爆炸上限：无资料	引燃温度：无资料
沸点：(78.4±7.0)℃	临界压力：无资料	爆炸下限：无资料	燃烧热：无资料
闪点：-17.2℃	饱和蒸气压：无资料	相对密度($d_水=1$)：无资料	

溶解性	无资料。
主要用途	无资料。
急救措施	
皮肤接触	用肥皂水及清水彻底冲洗。就医。
眼睛接触	拉开眼睑，用流动清水冲洗 15min。就医。
吸入	脱离现场至空气新鲜处。就医。
食入	误服者，饮适量温水，催吐。就医。
防护措施	
呼吸防护	高浓度环境中，应该佩戴防毒面具。
眼睛防护	高浓度环境中，戴化学安全防护眼镜。
身体防护	穿防静电工作服。
手防护	戴防护手套。
其他防护	工作现场严禁吸烟。工作后，淋浴更衣。注意个人清洁卫生。

品名：**2-甲基-1-戊醇** 别名：无	分子式：$C_6H_{14}O$ 分子量：102.2	相态：液 外观与性状：无色液体
危险特性		
火灾危险性：可燃液体乙 B 腐蚀减薄：无 环境开裂：无	爆炸物：无 金属腐蚀：无 急性毒性：无	皮肤腐蚀/刺激：无 易燃液体：类别 3
其蒸气与空气可形成爆炸性混合物，遇明火、高热能引起燃烧爆炸。与氧化剂可发生反应。其蒸气比空气重，能在较低处扩散到相当远的地方，遇火源会着火回燃。若遇高热，容器内压增大，有开裂和爆炸的危险。		

理化特性			
熔点：无资料	临界温度：无资料	爆炸上限：9.6%	引燃温度：310.0℃
沸点：148.0℃	临界压力：无资料	爆炸下限：1.1%	燃烧热：无资料
闪点：45.6℃	饱和蒸气压：1.33kPa(50℃)	相对密度($d_水=1$)：0.83	

溶解性	微溶于水，可混溶于醇、醚、酮。
主要用途	用作溶剂及有机合成中间体。
急救措施	
皮肤接触	脱去污染的衣着，用大量流动清水冲洗。
眼睛接触	提起眼睑，用流动清水或生理盐水冲洗。就医。
吸入	迅速脱离现场至空气新鲜处。保持呼吸道通畅。如呼吸困难，给输氧。如呼吸停止，立即进行人工呼吸。就医。
食入	饮足量温水，催吐。就医。
防护措施	
呼吸防护	空气中浓度超标时，必须佩戴自吸过滤式防毒面具(半面罩)。紧急事态抢救或撤离时，应该佩戴空气呼吸器。
眼睛防护	戴化学安全防护眼镜。
身体防护	穿防静电工作服。
手防护	戴橡胶手套。
其他防护	作场所禁止吸烟、进食和饮水，饭前要洗手。工作完毕，淋浴更衣。保持良好的卫生习惯。

品名：**3-甲基-1-戊炔-3-醇** 别名：2-乙炔-2-丁醇	分子式：$C_6H_{10}O$ 分子量：98.1	相态：液 外观与性状：无色液体，有酸的气味和焦灼味	
危险特性			
火灾危险性：可燃液体甲 B 腐蚀减薄：无 环境开裂：无	爆炸物：无 金属腐蚀：无 急性毒性：无	皮肤腐蚀/刺激：无 易燃液体：类别 3 严重眼损伤/眼刺激：类别 1	
其蒸气与空气可形成爆炸性混合物，遇明火、高热能引起燃烧爆炸。与氧化剂可发生反应。容易自聚，聚合反应随着温度的上升而急骤加剧。其蒸气比空气重，能在较低处扩散到相当远的地方，遇火源会着火回燃。若遇高热，容器内压增大，有开裂和爆炸的危险。			
理化特性			
熔点：-30.6℃ 沸点：(120.5±8.0)℃ 闪点：26.0℃	临界温度：无资料 临界压力：无资料 饱和蒸气压：8.70×10^{-3} kPa (20℃)	爆炸上限：无资料 爆炸下限：无资料 相对密度($d_水=1$)：0.87	引燃温度：无资料 燃烧热：无资料
溶解性	溶于水，溶于乙醇。		
主要用途	用作氯化溶剂的稳定剂、电镀光亮剂、有机合成中间体、溶剂。		
急救措施			
皮肤接触	脱去污染的衣着，用大量流动清水冲洗。		
眼睛接触	提起眼睑，用流动清水或生理盐水冲洗。就医。		
吸入	脱离现场至空气新鲜处。如呼吸困难，给输氧。就医。		
食入	饮足量温水，催吐。就医。		
防护措施			
呼吸防护	空气中浓度超标时，必须佩戴自吸过滤式防毒面具(半面罩)。紧急事态抢救或撤离时，应该佩戴空气呼吸器。		
眼睛防护	戴化学安全防护眼镜。		
身体防护	穿防毒物渗透工作服。		
手防护	戴橡胶手套。		
其他防护	工作现场严禁吸烟。保持良好的卫生习惯。		

品名：**2-甲基-1-戊烯** 别名：无	分子式：C_6H_{12} 分子量：84.2	相态：液 外观与性状：无色易挥发液体，有不愉快的气味	
危险特性			
火灾危险性：可燃液体甲 B 腐蚀减薄：无 环境开裂：无	爆炸物：无 金属腐蚀：无 急性毒性：无	皮肤腐蚀/刺激：无 易燃液体：类别 2	
其蒸气与空气可形成爆炸性混合物，遇明火、高热极易燃烧爆炸。与氧化剂接触猛烈反应。流速过快，容易产生和积聚静电。容易自聚，聚合反应随着温度的上升而急骤加剧。其蒸气比空气重，能在较低处扩散到相当远的地方，遇火源会着火回燃。若遇高热，容器内压增大，有开裂和爆炸的危险。			
理化特性			
熔点：-135.0℃ 沸点：62.2℃ 闪点：-20.0℃	临界温度：无资料 临界压力：无资料 饱和蒸气压：20.90kPa(20℃)	爆炸上限：无资料 爆炸下限：无资料 相对密度($d_水=1$)：0.68	引燃温度：300.0℃ 燃烧热：无资料
溶解性	不溶于水，溶于醇。		
主要用途	用于有机合成。		
急救措施			
皮肤接触	脱去污染的衣着，用大量流动清水冲洗。		
眼睛接触	提起眼睑，用流动清水或生理盐水冲洗。就医。		
吸入	脱离现场至空气新鲜处。如呼吸困难，给输氧。就医。		
食入	饮足量温水，催吐。就医。		
防护措施			
呼吸防护	空气中浓度超标时，必须佩戴自吸过滤式防毒面具(半面罩)。紧急事态抢救或撤离时，应该佩戴空气呼吸器。		
眼睛防护	戴化学安全防护眼镜。		
身体防护	穿防静电工作服。		
手防护	戴橡胶耐油手套。		
其他防护	工作现场严禁吸烟。避免长期反复接触。		

品名：**3-甲基-1-戊烯** 别名：无		分子式：C_6H_{12} 分子量：84.2	相态：液 外观与性状：无色液体
危险特性			
火灾危险性：可燃液体甲 B 腐蚀减薄：无 环境开裂：无		爆炸物：无 金属腐蚀：无 急性毒性：无	皮肤腐蚀/刺激：无 易燃液体：类别 2
其蒸气与空气可形成爆炸性混合物，遇明火、高热极易燃烧爆炸。与氧化剂接触猛烈反应。容易自聚，聚合反应随着温度的上升而急骤加剧。流速过快，容易产生和积聚静电。若遇高热，容器内压增大，有开裂和爆炸的危险。			
理化特性			
熔点：-150.0℃ 沸点：54.0℃ 闪点：-28.0℃	临界温度：无资料 临界压力：无资料 饱和蒸气压：无资料	爆炸上限：无资料 爆炸下限：无资料 相对密度($d_{水}=1$)：0.67	引燃温度：无资料 燃烧热：无资料
溶解性	不溶于水，溶于乙醇。		
主要用途	用于有机合成及用作所相色谱对比样品。		
急救措施			
皮肤接触	脱去污染的衣着，用大量流动清水冲洗。		
眼睛接触	提起眼睑，用流动清水或生理盐水冲洗。就医。		
吸入	迅速脱离现场至空气新鲜处。保持呼吸道通畅。如呼吸困难，给输氧。如呼吸停止，立即进行人工呼吸。就医。		
食入	饮足量温水，催吐。就医。		
防护措施			
呼吸防护	空气中浓度超标时，必须佩戴自吸过滤式防毒面具(半面罩)。紧急事态抢救或撤离时，应该佩戴空气呼吸器。		
眼睛防护	戴化学安全防护眼镜。		
身体防护	穿防静电工作服。		
手防护	戴橡胶手套。		
其他防护	工作场所禁止吸烟、进食和饮水，饭前要洗手。工作完毕，淋浴更衣。保持良好的卫生习惯。		

品名：**4-甲基-1-戊烯** 别名：无		分子式：C_6H_{12} 分子量：84.2	相态：液 外观与性状：无色液体
危险特性			
火灾危险性：可燃液体甲 B 腐蚀减薄：无 环境开裂：无		爆炸物：无 金属腐蚀：无 急性毒性：无	皮肤腐蚀/刺激：无 易燃液体：类别 2
其蒸气与空气可形成爆炸性混合物，遇明火、高热极易燃烧爆炸。与氧化剂接触猛烈反应。流速过快，容易产生和积聚静电。容易自聚，聚合反应随着温度的上升而急骤加剧。其蒸气比空气重，能在较低处扩散到相当远的地方，遇火源会着火回燃。若遇高热，容器内压增大，有开裂和爆炸的危险。			
理化特性			
熔点：-53.6℃ 沸点：53.0~54.0℃ 闪点：-31.0℃	临界温度：221.9℃ 临界压力：无资料 饱和蒸气压：30.70kPa(20℃)	爆炸上限：无资料 爆炸下限：无资料 相对密度($d_{水}=1$)：0.67	引燃温度：300.0℃ 燃烧热：无资料
溶解性	不溶于水，溶于乙醇、乙醚。		
主要用途	用于有机合成，用作塑料单体。		
急救措施			
皮肤接触	脱去污染的衣着，用大量流动清水冲洗。		
眼睛接触	提起眼睑，用流动清水或生理盐水冲洗。就医。		
吸入	脱离现场至空气新鲜处。如呼吸困难，给输氧。就医。		
食入	饮足量温水，催吐。就医。		
防护措施			
呼吸防护	空气中浓度超标时，必须佩戴自吸过滤式防毒面具(半面罩)。紧急事态抢救或撤离时，应该佩戴空气呼吸器。		
眼睛防护	戴化学安全防护眼镜。		
身体防护	穿防静电工作服。		
手防护	戴橡胶耐油手套。		
其他防护	工作现场严禁吸烟。避免长期反复接触。		

品名：**2-甲基-2-丙醇** 别名：叔丁醇；三甲基甲醇；特丁醇	分子式：$C_4H_{10}O$ 分子量：74.1	相态：液 外观与性状：无色结晶或液体，有樟脑气味
危险特性		
火灾危险性：可燃液体甲 B 腐蚀减薄：无 环境开裂：无	爆炸物：无 金属腐蚀：无 急性毒性：无	皮肤腐蚀/刺激：无 易燃液体：类别 2 严重眼损伤/眼刺激：类别 2
易燃，其蒸气与空气可形成爆炸性混合物，遇明火、高热能引起燃烧爆炸。与氧化剂能发生强烈反应。其蒸气比空气重，能在较低处扩散到相当远的地方，遇火源会着火回燃。		
理化特性		
熔点：23.0~26.0℃ 沸点：(84.6±8.0)℃ 闪点：11.0℃	临界温度：无资料 临界压力：无资料 饱和蒸气压：4.10kPa(20℃)	爆炸上限：8.0%　引燃温度：470.0℃ 爆炸下限：2.3%　燃烧热：2630.5kJ/mol 相对密度($d_{水}=1$)：0.79

溶解性	溶于水、醇、醚。
主要用途	用于有机合成，制造香精等。
急救措施	
皮肤接触	脱去污染的衣着，用肥皂水和清水彻底冲洗皮肤。
眼睛接触	提起眼睑，用流动清水或生理盐水冲洗。就医。
吸入	迅速脱离现场至空气新鲜处。保持呼吸道通畅。如呼吸困难，给输氧。如呼吸停止，立即进行人工呼吸。就医。
食入	饮足量温水，催吐。就医。
防护措施	
呼吸防护	空气中浓度超标时，应该佩戴过滤式防毒面具(半面罩)。
眼睛防护	戴化学安全防护眼镜。
身体防护	穿防静电工作服。
手防护	戴一般作业防护手套。
其他防护	工作现场严禁吸烟。保持良好的卫生习惯。

品名：**2-甲基-2-丁醇** 别名：叔戊醇	分子式：$C_5H_{12}O$ 分子量：88.2	相态：液 外观与性状：无色透明液体，有特殊气味
危险特性		
火灾危险性：可燃液体甲 B 腐蚀减薄：无 环境开裂：无	爆炸物：无 金属腐蚀：无 急性毒性：无	皮肤腐蚀/刺激：类别 2 易燃液体：类别 2
其蒸气与空气可形成爆炸性混合物，遇明火、高热能引起燃烧爆炸。与氧化剂可发生反应。其蒸气比空气重，能在较低处扩散到相当远的地方，遇火源会着火回燃。若遇高热，容器内压增大，有开裂和爆炸的危险。		
理化特性		
熔点：-8.4℃ 沸点：102.0℃ 闪点：24.0℃	临界温度：无资料 临界压力：无资料 饱和蒸气压：无资料	爆炸上限：无资料　引燃温度：无资料 爆炸下限：无资料　燃烧热：无资料 相对密度($d_{水}=1$)：0.80

溶解性	溶于水，与乙醇和乙醚混溶。
主要用途	溶作溶剂、浮选剂，并用于制药物等。
急救措施	
皮肤接触	立即脱去污染的衣着，用大量流动清水冲洗。就医。
眼睛接触	提起眼睑，用流动清水或生理盐水冲洗。就医。
吸入	迅速脱离现场至空气新鲜处。保持呼吸道通畅。如呼吸困难，给输氧。如呼吸停止，立即进行人工呼吸。就医。
食入	饮足量温水，催吐。就医。
防护措施	
呼吸防护	空气中浓度超标时，应该佩戴过滤式防毒面具(半面罩)。
眼睛防护	戴化学安全防护眼镜。
身体防护	穿防静电工作服。
手防护	戴一般作业防护手套。
其他防护	工作现场严禁吸烟。保持良好的卫生习惯。

品名：**3-甲基-2-丁醇**	分子式：$C_5H_{12}O$	相态：液	
别名：无	分子量：88.2	外观与性状：无色液体，有果香味	
危险特性			
火灾危险性：可燃液体乙A	爆炸物：无	皮肤腐蚀/刺激：无	
腐蚀减薄：无	金属腐蚀：无	易燃液体：类别2	
环境开裂：无	急性毒性：无		
其蒸气与空气可形成爆炸性混合物，遇明火、高热能引起燃烧爆炸。与氧化剂可发生反应。若遇高热，容器内压增大，有开裂和爆炸的危险。			
理化特性			
熔点：无资料	临界温度：300.9℃	爆炸上限：9.0%	引燃温度：347.2℃
沸点：(113.6±8.0)℃	临界压力：无资料	爆炸下限：1.2%	燃烧热：无资料
闪点：39.4℃	饱和蒸气压：无资料	相对密度($d_{水}=1$)：无资料	
溶解性	溶于水，可混溶于醇、醚。		
主要用途	用作溶剂。		
急救措施			
皮肤接触	脱去污染的衣着，用大量流动清水冲洗。		
眼睛接触	提起眼睑，用流动清水或生理盐水冲洗。就医。		
吸入	迅速脱离现场至空气新鲜处。保持呼吸道通畅。如呼吸困难，给输氧。如呼吸停止，立即进行人工呼吸。就医。		
食入	饮足量温水，催吐。就医。		
防护措施			
呼吸防护	空气中浓度超标时，必须佩戴自吸过滤式防毒面具(半面罩)。紧急事态抢救或撤离时，应该佩戴空气呼吸器。		
眼睛防护	戴化学安全防护眼镜。		
身体防护	穿防静电工作服。		
手防护	戴橡胶手套。		
其他防护	工作场所禁止吸烟、进食和饮水，饭前要洗手。工作完毕，淋浴更衣。保持良好的卫生习惯。		

品名：**2-甲基-2-丁硫醇**	分子式：$C_5H_{12}S$	相态：液	
别名：叔戊硫醇；特戊硫醇	分子量：104.2	外观与性状：无色液体，有强烈刺激性气味	
危险特性			
火灾危险性：可燃液体甲B	爆炸物：无	皮肤腐蚀/刺激：无	
腐蚀减薄：硫酸腐蚀、高温硫化物腐蚀	金属腐蚀：无	易燃液体：类别2	
环境开裂：连多硫酸应力腐蚀开裂	急性毒性：无	严重眼损伤/眼刺激：类别2	
其蒸气与空气可形成爆炸性混合物，遇明火、高热极易燃烧爆炸。与氧化剂接触猛烈反应。受热或遇酸易产生有毒的硫氧化物气体。若遇高热，容器内压增大，有开裂和爆炸的危险。			
理化特性			
熔点：无资料	临界温度：无资料	爆炸上限：无资料	引燃温度：无资料
沸点：(96.6±8.0)℃	临界压力：无资料	爆炸下限：无资料	燃烧热：无资料
闪点：-1.0℃	饱和蒸气压：无资料	相对密度($d_{水}=1$)：0.84	
溶解性	用作硫化合物。		
主要用途	无资料。		
急救措施			
皮肤接触	脱去污染的衣着，用大量流动清水冲洗。		
眼睛接触	提起眼睑，用流动清水或生理盐水冲洗。就医。		
吸入	脱离现场至空气新鲜处。如呼吸困难，给输氧。就医。		
食入	饮足量温水，催吐。就医。		
防护措施			
呼吸防护	空气中浓度超标时，必须佩戴自吸过滤式防毒面具(半面罩)。紧急事态抢救或撤离时，应该佩戴空气呼吸器。		
眼睛防护	戴化学安全防护眼镜。		
身体防护	穿防静电工作服。		
手防护	戴橡胶耐油手套。		
其他防护	工作现场禁止吸烟、进食和饮水。工作完毕，彻底清洗。单独存放被毒物污染的衣服，洗后备用。		

品名：**3-甲基-2-丁酮**	分子式：$C_5H_{10}O$	相态：液
别名：甲基异丙基甲酮	分子量：86.1	外观与性状：无色至淡黄色液体

危险特性

火灾危险性：可燃液体甲B	爆炸物：无	皮肤腐蚀/刺激：无
腐蚀减薄：无	金属腐蚀：无	易燃液体：类别2
环境开裂：无	急性毒性：无	

易燃，其蒸气与空气可形成爆炸性混合物，遇明火、高热能引起燃烧爆炸。与氧化剂能发生强烈反应。其蒸气比空气重，能在较低处扩散到相当远的地方，遇火源会着火回燃。

理化特性

熔点：-92.0℃	临界温度：无资料	爆炸上限：8.0%	引燃温度：无资料
沸点：(78.3±3.0)℃	临界压力：无资料	爆炸下限：1.2%	燃烧热：无资料
闪点：6.1℃	饱和蒸气压：5.50kPa(20℃)	相对密度($d_水=1$)：0.81	

溶解性	无资料。
主要用途	无资料。

急救措施

皮肤接触	脱去污染的衣着，用肥皂水和清水彻底冲洗皮肤。
眼睛接触	提起眼睑，用流动清水或生理盐水冲洗。就医。
吸入	迅速脱离现场至空气新鲜处。保持呼吸道通畅。如呼吸困难，给输氧。如呼吸停止，立即进行人工呼吸。就医。
食入	饮足量温水，催吐。就医。

防护措施

呼吸防护	空气中浓度超标时，佩戴过滤式防毒面具(半面罩)。
眼睛防护	戴化学安全防护眼镜。
身体防护	穿防静电工作服。
手防护	戴橡胶耐油手套。
其他防护	工作现场严禁吸烟。注意个人清洁卫生。避免长期反复接触。

品名：**2-甲基-2-丁烯**	分子式：C_5H_{10}	相态：液
别名：β-异戊烯	分子量：70.1	外观与性状：无色、易挥发液体，有不愉快的气味

危险特性

火灾危险性：可燃液体甲B	爆炸物：无	皮肤腐蚀/刺激：无
腐蚀减薄：无	金属腐蚀：无	易燃液体：类别2
环境开裂：无	急性毒性：无	

其蒸气与空气可形成爆炸性混合物，遇明火极易燃烧爆炸。与氧化剂能发生强烈反应。在火场中，受热的容器有爆炸危险。其蒸气比空气重，能在较低处扩散到相当远的地方，遇火源会着火回燃。

理化特性

熔点：-133.0℃	临界温度：197.0℃	爆炸上限：无资料	引燃温度：无资料
沸点：(36.0±3.0)℃	临界压力：3.44MPa	爆炸下限：无资料	燃烧热：无资料
闪点：-45.0℃	饱和蒸气压：96.30kPa(37.8℃)	相对密度($d_水=1$)：0.66	

溶解性	不溶于水，溶于乙醇等多数有机剂。
主要用途	用于有机合成。

急救措施

皮肤接触	脱去污染的衣着，用肥皂水和清水彻底冲洗皮肤。
眼睛接触	提起眼睑，用流动清水或生理盐水冲洗。就医。
吸入	迅速脱离现场至空气新鲜处。保持呼吸道通畅。如呼吸困难，给输氧。如呼吸停止，立即进行人工呼吸。就医。
食入	饮足量温水，催吐。就医。

防护措施

呼吸防护	空气中浓度超标时，佩戴过滤式防毒面具(半面罩)。
眼睛防护	戴化学安全防护眼镜。
身体防护	穿防静电工作服。
手防护	戴橡胶耐油手套。
其他防护	工作现场严禁吸烟。避免长期反复接触。

品名：**5-甲基-2-己酮**		分子式：$C_7H_{14}O$	相态：液
别名：无		分子量：114.2	外观与性状：无色液体，有特殊的臭味
危险特性			
火灾危险性：可燃液体乙 A		爆炸物：无	皮肤腐蚀/刺激：无
腐蚀减薄：无		金属腐蚀：无	易燃液体：类别 3
环境开裂：无		急性毒性：无	
遇高热、明火或与氧化剂接触，有引起燃烧的危险。若遇高热，容器内压增大，有开裂和爆炸的危险。			
理化特性			
熔点：-73.9℃	临界温度：331.0℃	爆炸上限：无资料	引燃温度：无资料
沸点：144.0℃	临界压力：无资料	爆炸下限：无资料	燃烧热：无资料
闪点：41.0℃	饱和蒸气压：0.60kPa(20℃)	相对密度($d_{水}=1$)：0.81	
溶解性	微溶于水，可混溶于多数有机溶剂。		
主要用途	用于有机合成。		
急救措施			
皮肤接触	脱去污染的衣着，用流动清水冲洗。		
眼睛接触	立即翻开上下眼睑，用流动清水冲洗。就医。		
吸入	脱离现场至空气新鲜处。就医。		
食入	误服者给饮足量温水，催吐，就医。		
防护措施			
呼吸防护	高浓度环境中，戴面具式呼吸器。		
眼睛防护	戴安全防护眼镜。		
身体防护	穿工作服。		
手防护	必要时戴防护手套。		
其他防护	工作现场严禁吸烟。保持良好的卫生习惯。		

品名：**2-甲基-2-戊醇**		分子式：$C_6H_{14}O$	相态：液
别名：无		分子量：102.2	外观与性状：无色液体
危险特性			
火灾危险性：可燃液体甲 B		爆炸物：无	皮肤腐蚀/刺激：无
腐蚀减薄：无		金属腐蚀：无	易燃液体：类别 3
环境开裂：无		急性毒性：无	
其蒸气与空气可形成爆炸性混合物，遇明火、高热能引起燃烧爆炸。与氧化剂可发生反应。若遇高热，容器内压增大，有开裂和爆炸的危险。			
理化特性			
熔点：-103.0℃	临界温度：无资料	爆炸上限：无资料	引燃温度：无资料
沸点：120.0~122.0℃	临界压力：无资料	爆炸下限：无资料	燃烧热：无资料
闪点：21.0℃	饱和蒸气压：无资料	相对密度($d_{水}=1$)：0.84	
溶解性	微溶于水，可混溶于醇、醚。		
主要用途	用作溶剂，并用于有机合成。		
急救措施			
皮肤接触	脱去污染的衣着，用大量流动清水冲洗。		
眼睛接触	提起眼睑，用流动清水或生理盐水冲洗。就医。		
吸入	迅速脱离现场至空气新鲜处。保持呼吸道通畅。如呼吸困难，给输氧。如呼吸停止，立即进行人工呼吸。就医。		
食入	饮足量温水，催吐。就医。		
防护措施			
呼吸防护	空气中浓度超标时，必须佩戴自吸过滤式防毒面具(半面罩)。紧急事态抢救或撤离时，应该佩戴空气呼吸器。		
眼睛防护	戴化学安全防护眼镜。		
身体防护	穿防静电工作服。		
手防护	戴橡胶手套。		
其他防护	工作场所禁止吸烟、进食和饮水，饭前要洗手。工作完毕，淋浴更衣。保持良好的卫生习惯。		

品名：**4-甲基-2-戊醇** 别名：甲基异丁基甲醇		分子式：$C_6H_{14}O$ 分子量：102.2	相态：液 外观与性状：无色液体
危险特性			
火灾危险性：可燃液体乙 A 腐蚀减薄：无 环境开裂：无		爆炸物：无 金属腐蚀：无 急性毒性：无	皮肤腐蚀/刺激：无 易燃液体：类别 3
其蒸气与空气可形成爆炸性混合物，遇明火、高热能引起燃烧爆炸。与氧化剂可发生反应。受热放出辛辣的烟气。其蒸气比空气重，能在较低处扩散到相当远的地方，遇火源会着火回燃。若遇高热，容器内压增大，有开裂和爆炸的危险。			
理化特性			
熔点：-90.0℃ 沸点：131.8℃ 闪点：41.0℃	临界温度：312.0℃ 临界压力：无资料 饱和蒸气压：0.29kPa(20℃)	爆炸上限：5.5% 爆炸下限：1.0% 相对密度($d_{水}=1$)：0.81	引燃温度：无资料 燃烧热：无资料
溶解性	溶于水，溶于乙醇、烃类、多数有机溶剂。		
主要用途	用于制造泡沫剂、浮选剂以及添加剂、润滑剂、溶剂、稳定剂、喷漆和用于有机合成。		
急救措施			
皮肤接触	立即脱去污染的衣着，用大量流动清水冲洗。就医。		
眼睛接触	立即提起眼睑，用大量流动清水或生理盐水彻底冲洗至少 15min。就医。		
吸入	迅速脱离现场至空气新鲜处。保持呼吸道通畅。如呼吸困难，给输氧。如呼吸停止，立即进行人工呼吸。就医。		
食入	饮足量温水，催吐。就医。		
防护措施			
呼吸防护	空气中浓度超标时，必须佩戴自吸过滤式防毒面具(半面罩)。紧急事态抢救或撤离时，应该佩戴空气呼吸器。		
眼睛防护	戴化学安全防护眼镜。		
身体防护	穿防静电工作服。		
手防护	戴橡胶手套。		
其他防护	工作现场严禁吸烟。保持良好的卫生习惯。		

品名：**3-甲基-2-戊酮** 别名：甲基仲丁基甲酮		分子式：$C_6H_{12}O$ 分子量：100.2	相态：液 外观与性状：无色液体
危险特性			
火灾危险性：可燃液体甲 B 腐蚀减薄：无 环境开裂：无		爆炸物：无 金属腐蚀：无 急性毒性：无	皮肤腐蚀/刺激：无 易燃液体：类别 2
其蒸气与空气可形成爆炸性混合物，遇明火、高热极易燃烧爆炸。与氧化剂接触猛烈反应。流速过快，容易产生和积聚静电。若遇高热，容器内压增大，有开裂和爆炸的危险。			
理化特性			
熔点：-106.0℃ 沸点：118.0℃ 闪点：12.0℃	临界温度：无资料 临界压力：无资料 饱和蒸气压：101.04kPa(118℃)	爆炸上限：无资料 爆炸下限：无资料 相对密度($d_{水}=1$)：0.82	引燃温度：无资料 燃烧热：无资料
溶解性	微溶于水，可混溶于乙醇、乙醚。		
主要用途	用作溶剂。		
急救措施			
皮肤接触	脱去污染的衣着，用大量流动清水冲洗。		
眼睛接触	提起眼睑，用流动清水或生理盐水冲洗。就医。		
吸入	脱离现场至空气新鲜处。如呼吸困难，给输氧。就医。		
食入	饮足量温水，催吐。就医。		
防护措施			
呼吸防护	空气中浓度超标时，必须佩戴自吸过滤式防毒面具(半面罩)。紧急事态抢救或撤离时，应该佩戴空气呼吸器。		
眼睛防护	戴化学安全防护眼镜。		
身体防护	穿防静电工作服。		
手防护	戴橡胶耐油手套。		
其他防护	工作现场严禁吸烟。注意个人清洁卫生。避免长期反复接触。		

品名：**4-甲基-2-戊酮** 别名：甲基异丁基酮；异己酮		分子式：$C_6H_{12}O$ 分子量：100.2	相态：液 外观与性状：透明液体
危险特性			
火灾危险性：可燃液体甲 B 腐蚀减薄：无 环境开裂：无		爆炸物：无 金属腐蚀：无 急性毒性：无	皮肤腐蚀/刺激：无 易燃液体：类别 2 严重眼损伤/眼刺激：类别 2
易燃，遇高热、明火、氧化剂有引起燃烧的危险。其蒸气比空气重，能在较低处扩散到相当远的地方，遇火源会着火回燃。			
理化特性			
熔点：-85.0℃ 沸点：(116.5±8.0)℃ 闪点：13.3℃	临界温度：298.2℃ 临界压力：无资料 饱和蒸气压：2.13kPa(20℃)	爆炸上限：7.5% 爆炸下限：1.4% 相对密度($d_水=1$)：0.80	引燃温度：无资料 燃烧热：3740.0kJ/mol
溶解性	无资料。		
主要用途	无资料。		
急救措施			
皮肤接触	脱去污染的衣着，用肥皂水和清水彻底冲洗皮肤。		
眼睛接触	提起眼睑，用流动清水或生理盐水冲洗。就医。		
吸入	迅速脱离现场至空气新鲜处。保持呼吸道通畅。如呼吸困难，给输氧。如呼吸停止，立即进行人工呼吸。就医。		
食入	饮足量温水，催吐。就医。		
防护措施			
呼吸防护	空气中浓度超标时，佩戴自吸过滤式防毒面具(半面罩)。		
眼睛防护	可能接触其蒸气时，戴化学安全防护眼镜。		
身体防护	穿防静电工作服。		
手防护	戴橡胶耐油手套。		
其他防护	工作现场严禁吸烟。避免长期反复接触。		

品名：**2-甲基-2-戊烯** 别名：无		分子式：C_6H_{12} 分子量：84.2	相态：液 外观与性状：无色液体
危险特性			
火灾危险性：可燃液体甲 B 腐蚀减薄：无 环境开裂：无		爆炸物：无 金属腐蚀：无 急性毒性：无	皮肤腐蚀/刺激：无 易燃液体：类别 2
其蒸气与空气可形成爆炸性混合物，遇明火、高热极易燃烧爆炸。与氧化剂接触猛烈反应。流速过快，容易产生和积聚静电。容易自聚，聚合反应随着温度的上升而急骤加剧。其蒸气比空气重，能在较低处扩散到相当远的地方，遇火源会着火回燃。若遇高热，容器内压增大，有开裂和爆炸的危险。			
理化特性			
熔点：-135.0℃ 沸点：66.9℃ 闪点：-23.0℃	临界温度：无资料 临界压力：无资料 饱和蒸气压：43.46kPa(60℃)	爆炸上限：无资料 爆炸下限：无资料 相对密度($d_水=1$)：0.69	引燃温度：无资料 燃烧热：无资料
溶解性	不溶于水，溶于乙醇、乙醚。		
主要用途	用于有机合成。		
急救措施			
皮肤接触	脱去污染的衣着，大量流动清水冲洗皮肤。		
眼睛接触	提起眼睑，用流动清水或生理盐水冲洗。就医。		
吸入	脱离现场至空气新鲜处。如呼吸困难，给输氧。就医。		
食入	饮足量温水，催吐。就医。		
防护措施			
呼吸防护	空气中浓度超标时，必须佩戴自吸过滤式防毒面具(半面罩)。紧急事态抢救或撤离时，应该佩戴空气呼吸器。		
眼睛防护	戴化学安全防护眼镜。		
身体防护	穿防静电工作服。		
手防护	戴橡胶耐油手套。		
其他防护	工作现场严禁吸烟。避免长期反复接触。		

品名：**3-甲基-2-戊烯** 别名：无	分子式：C_6H_{12} 分子量：84.2		相态：液 外观与性状：无色液体
危险特性			
火灾危险性：可燃液体甲 B 腐蚀减薄：无 环境开裂：无	爆炸物：无 金属腐蚀：无 急性毒性：无		皮肤腐蚀/刺激：无 易燃液体：类别 2
其蒸气与空气可形成爆炸性混合物，遇明火、高热极易燃烧爆炸。与氧化剂接触猛烈反应。流速过快，容易产生和积聚静电。容易自聚，聚合反应随着温度的上升而急骤加剧。若遇高热，容器内压增大，有开裂和爆炸的危险。			
理化特性			
熔点：−138.4℃ 沸点：70.5℃ 闪点：−6.0℃	临界温度：无资料 临界压力：无资料 饱和蒸气压：无资料	爆炸上限：无资料 爆炸下限：无资料 相对密度($d_{水}=1$)：0.70	引燃温度：无资料 燃烧热：无资料
溶解性	不溶于水，溶于乙醇、苯、氯仿。		
主要用途	用于有机合成。		
急救措施			
皮肤接触	脱去污染的衣着，用大量流动清水冲洗。		
眼睛接触	提起眼睑，用流动清水或生理盐水冲洗。就医。		
吸入	脱离现场至空气新鲜处。如呼吸困难，给输氧。就医。		
食入	饮足量温水，催吐。就医。		
防护措施			
呼吸防护	空气中浓度超标时，必须佩戴自吸过滤式防毒面具(半面罩)。紧急事态抢救或撤离时，应该佩戴空气呼吸器。		
眼睛防护	戴化学安全防护眼镜。		
身体防护	穿防静电工作服。		
手防护	戴橡胶耐油手套。		
其他防护	工作现场严禁吸烟。避免长期反复接触。		

品名：**4-甲基-2-戊烯** 别名：无	分子式：C_6H_{12} 分子量：84.2		相态：液 外观与性状：无色液体
危险特性			
火灾危险性：可燃液体甲 B 腐蚀减薄：无 环境开裂：无	爆炸物：无 金属腐蚀：无 急性毒性：无		皮肤腐蚀/刺激：无 易燃液体：类别 2
其蒸气与空气可形成爆炸性混合物，遇明火、高热极易燃烧爆炸。与氧化剂接触猛烈反应。流速过快，容易产生和积聚静电。容易自聚，聚合反应随着温度的上升而急骤加剧。其蒸气比空气重，能在较低处扩散到相当远的地方，遇火源会着火回燃。若遇高热，容器内压增大，有开裂和爆炸的危险。			
理化特性			
熔点：−134.4℃ 沸点：58.0℃ 闪点：−33.0℃	临界温度：无资料 临界压力：无资料 饱和蒸气压：无资料	爆炸上限：无资料 爆炸下限：无资料 相对密度($d_{水}=1$)：0.67	引燃温度：无资料 燃烧热：无资料
溶解性	不溶于水，溶于乙醇、丙酮、乙醚等。		
主要用途	用于有机合成。		
急救措施			
皮肤接触	脱去污染的衣着，用大量流动清水冲洗。		
眼睛接触	提起眼睑，用流动清水或生理盐水冲洗。就医。		
吸入	脱离现场至空气新鲜处。如呼吸困难，给输氧。就医。		
食入	饮足量温水，催吐。就医。		
防护措施			
呼吸防护	空气中浓度超标时，必须佩戴自吸过滤式防毒面具(半面罩)。紧急事态抢救或撤离时，应该佩戴空气呼吸器。		
眼睛防护	戴化学安全防护眼镜。		
身体防护	穿防静电工作服。		
手防护	戴橡胶耐油手套。		
其他防护	工作现场严禁吸烟。避免长期反复接触。		

品名：**3-甲基-2-戊烯-4-炔醇**	分子式：C_6H_8O	相态：液
别名：无	分子量：96.1	外观与性状：无色带有轻微油漆气味的液体

危险特性

火灾危险性：可燃液体丙 A	爆炸物：无	皮肤腐蚀/刺激：类别 1
腐蚀减薄：无	金属腐蚀：无	严重眼损伤/眼刺激：类别 1
环境开裂：无	急性毒性：无	

遇明火、高热可燃。与氧化剂能发生强烈反应。容易自聚，聚合反应随着温度的上升而急骤加剧。具有强腐蚀性。若遇高热，容器内压增大，有开裂和爆炸的危险。

理化特性

熔点：无资料	临界温度：无资料	爆炸上限：无资料	引燃温度：无资料
沸点：65.0℃	临界压力：无资料	爆炸下限：无资料	燃烧热：无资料
闪点：65.6℃	饱和蒸气压：无资料	相对密度($d_{水}=1$)：无资料	

溶解性	溶于部分有机溶剂。
主要用途	用于合成维化命 A。

急救措施

皮肤接触	立即脱去污染的衣着，用大量流动清水冲洗至少 15min。就医。
眼睛接触	立即提起眼睑，用大量流动清水或生理盐水彻底冲洗至少 15min。就医。
吸入	迅速脱离现场至空气新鲜处。保持呼吸道通畅。如呼吸困难，给输氧。如呼吸停止，立即进行人工呼吸。就医。
食入	用水漱口，给饮牛奶或蛋清。就医。

防护措施

呼吸防护	空气中浓度超标时，必须佩戴自吸过滤式防毒面具(全面罩)。紧急事态抢救或撤离时，应该佩戴空气呼吸器。
眼睛防护	呼吸系统防护中已做防护。
身体防护	穿橡胶耐酸碱服。
手防护	戴橡胶耐酸碱手套。
其他防护	工作现场禁止吸烟、进食和饮水。工作完毕，淋浴更衣。保持良好的卫生习惯。

品名：**1-甲基-3-丙基苯**	分子式：$C_{10}H_{14}$	相态：液
别名：3-丙基甲苯	分子量：134.2	外观与性状：液体，不溶于水，能溶于无水乙醇、与乙醚混溶

危险特性

火灾危险性：可燃液体乙 B	爆炸物：无	皮肤腐蚀/刺激：无
腐蚀减薄：无	金属腐蚀：无	易燃液体：类别 3
环境开裂：无	急性毒性：无	

遇明火、热、氧化剂有引起燃烧危险。

理化特性

熔点：-82.5℃	临界温度：无资料	爆炸上限：无资料	引燃温度：无资料
沸点：(183.7±10.0)℃	临界压力：无资料	爆炸下限：无资料	燃烧热：5884kJ/mol
闪点：(56.0±7.1)℃	饱和蒸气压：无资料	相对密度($d_{水}=1$)：0.86	

溶解性	无资料。
主要用途	用于有机合成。

急救措施

皮肤接触	迅速脱去被污染的衣着，并用大量流动的清水冲洗，至少 15min；严重的立即就医。
眼睛接触	立即翻开眼睑，并用大量流动的清水或生理盐水冲洗，至少 15min；严重的立即就医。
吸入	迅速脱离现场至空气新鲜处，保持呼吸道畅通；如呼吸困难，给输氧；如呼吸停止，立即进行人工呼吸，并立即就医。
食入	若感不适，求医/就诊。漱口。

防护措施

呼吸防护	空气中浓度超标时，佩戴过滤式防毒面具(半面罩)。
眼睛防护	戴化学安全防护眼镜。
身体防护	穿防静电工作服。
手防护	戴橡胶耐油手套。
其他防护	工作现场严禁吸烟。注意个人清洁卫生。避免长期反复接触。

品名：**2-甲基-3-丁炔-2-醇** 别名：无		分子式：C_5H_8O 分子量：84.1	相态：液 外观与性状：无色、有芳香气味的液体
危险特性			
火灾危险性：可燃液体甲 B 腐蚀减薄：无 环境开裂：无		爆炸物：无 金属腐蚀：无 急性毒性：无	皮肤腐蚀/刺激：无 易燃液体：类别 3 严重眼损伤/眼刺激：类别 1
其蒸气与空气可形成爆炸性混合物，遇明火、高热能引起燃烧爆炸。与氧化剂可发生反应。容易自聚，聚合反应随着温度的上升而急骤加剧。其蒸气比空气重，能在较低处扩散到相当远的地方，遇火源会着火回燃。若遇高热，容器内压增大，有开裂和爆炸的危险。			
理化特性			
熔点：3.0℃ 沸点：(104.2±8.0)℃ 闪点：25.0℃	临界温度：无资料 临界压力：无资料 饱和蒸气压：1.60kPa(20℃)	爆炸上限：无资料 爆炸下限：无资料 相对密度($d_{水}=1$)：0.86	引燃温度：无资料 燃烧热：无资料
溶解性	与水混溶，可混溶于丙酮、苯、四氯化碳、石油醚。		
主要用途	用作溶剂、中间体、含氯溶剂的稳定剂。		
急救措施			
皮肤接触	脱去污染的衣着，用流动清水冲洗。		
眼睛接触	提起眼睑，用流动清水或生理盐水冲洗。就医。		
吸入	脱离现场至空气新鲜处。如呼吸困难，给输氧。就医。		
食入	饮足量温水，催吐。就医。		
防护措施			
呼吸防护	空气中浓度较高时，应该佩戴过滤式防毒面具(半面罩)。紧急事态抢救或逃生时，建议佩戴空气呼吸器。		
眼睛防护	戴化学安全防护眼镜。		
身体防护	穿防静电工作服。		
手防护	戴橡胶耐油手套。		
其他防护	工作现场严禁吸烟。保持良好的卫生习惯。		

品名：**2-甲基-3-戊醇** 别名：无		分子式：$C_6H_{14}O$ 分子量：102.2	相态：液 外观与性状：无色透明液体
危险特性			
火灾危险性：可燃液体乙 B 腐蚀减薄：无 环境开裂：无		爆炸物：无 金属腐蚀：无 急性毒性：无	皮肤腐蚀/刺激：无 易燃液体：类别 3
其蒸气与空气可形成爆炸性混合物，遇明火、高热能引起燃烧爆炸。与氧化剂可发生反应。若遇高热，容器内压增大，有开裂和爆炸的危险。			
理化特性			
熔点：无资料 沸点：126.5℃ 闪点：46.1℃	临界温度：302.9℃ 临界压力：无资料 饱和蒸气压：无资料	爆炸上限：无资料 爆炸下限：无资料 相对密度($d_{水}=1$)：0.82	引燃温度：无资料 燃烧热：无资料
溶解性	无资料。		
主要用途	无资料。		
急救措施			
皮肤接触	脱去污染的衣着，用大量流动清水冲洗。		
眼睛接触	提起眼睑，用流动清水或生理盐水冲洗。就医。		
吸入	迅速脱离现场至空气新鲜处。保持呼吸道通畅。如呼吸困难，给输氧。如呼吸停止，立即进行人工呼吸。就医。		
食入	饮足量温水，催吐。就医。		
防护措施			
呼吸防护	空气中浓度超标时，必须佩戴自吸过滤式防毒面具(半面罩)。紧急事态抢救或撤离时，应该佩戴空气呼吸器。		
眼睛防护	戴化学安全防护眼镜。		
身体防护	穿防静电工作服。		
手防护	戴橡胶手套。		
其他防护	工作场所禁止吸烟、进食和饮水，饭前要洗手。工作完毕，淋浴更衣。保持良好的卫生习惯。		

品名：**3-甲基-3-戊醇** 别名：无		分子式：$C_6H_{12}O$ 分子量：102.2	相态：液 外观与性状：无色液体
危险特性			
火灾危险性：可燃液体乙 B 腐蚀减薄：无 环境开裂：无		爆炸物：无 金属腐蚀：无 急性毒性：无	皮肤腐蚀/刺激：无 易燃液体：类别 3
其蒸气与空气可形成爆炸性混合物，遇明火、高热能引起燃烧爆炸。与氧化剂可发生反应。其蒸气比空气重，能在较低处扩散到相当远的地方，遇火源会着火回燃。若遇高热，容器内压增大，有开裂和爆炸的危险。			
理化特性			
熔点：−23.6℃ 沸点：122.1℃ 闪点：46.0℃	临界温度：无资料 临界压力：无资料 饱和蒸气压：无资料	爆炸上限：无资料 爆炸下限：无资料 相对密度($d_{水}=1$)：0.83	引燃温度：无资料 燃烧热：无资料
溶解性	不溶于水，可混溶于醇、醚等。		
主要用途	用作溶剂，也用于有机合成。		
急救措施			
皮肤接触	脱去污染的衣着，用大量流动清水冲洗。		
眼睛接触	提起眼睑，用流动清水或生理盐水冲洗。就医。		
吸入	迅速脱离现场至空气新鲜处。保持呼吸道通畅。如呼吸困难，给输氧。如呼吸停止，立即进行人工呼吸。就医。		
食入	饮足量温水，催吐。就医。		
防护措施			
呼吸防护	空气中浓度超标时，必须佩戴自吸过滤式防毒面具(半面罩)。紧急事态抢救或撤离时，应该佩戴空气呼吸器。		
眼睛防护	戴化学安全防护眼镜。		
身体防护	穿防静电工作服。		
手防护	戴橡胶手套。		
其他防护	工作场所禁止吸烟、进食和饮水，饭前要洗手。工作完毕，淋浴更衣。保持良好的卫生习惯。		

品名：**2-甲基-3-戊酮** 别名：乙基异丙基甲酮		分子式：$C_6H_{12}O$ 分子量：110.2	相态：液 外观与性状：无色液体
危险特性			
火灾危险性：可燃液体甲 B 腐蚀减薄：无 环境开裂：无		爆炸物：无 金属腐蚀：无 急性毒性：无	皮肤腐蚀/刺激：无 易燃液体：类别 2
其蒸气与空气可形成爆炸性混合物，遇明火、高热极易燃烧爆炸。与氧化剂接触猛烈反应。流速过快，容易产生和积聚静电。若遇高热，容器内压增大，有开裂和爆炸的危险。			
理化特性			
熔点：无资料 沸点：114.5℃ 闪点：13.0℃	临界温度：无资料 临界压力：无资料 饱和蒸气压：99.31kPa(114.5℃)	爆炸上限：无资料 爆炸下限：无资料 相对密度($d_{水}=1$)：0.83	引燃温度：无资料 燃烧热：无资料
溶解性	微溶于水，易溶于乙醇、苯，可混溶于丙酮。		
主要用途	用作溶剂。		
急救措施			
皮肤接触	脱去污染的衣着，用大量流动清水冲洗。		
眼睛接触	提起眼睑，用流动清水或生理盐水冲洗。就医。		
吸入	脱离现场至空气新鲜处。如呼吸困难，给输氧。就医。		
食入	饮足量温水，催吐。就医。		
防护措施			
呼吸防护	空气中浓度超标时，必须佩戴自吸过滤式防毒面具(半面罩)。紧急事态抢救或撤离时，应该佩戴空气呼吸器。		
眼睛防护	戴化学安全防护眼镜。		
身体防护	穿防静电工作服。		
手防护	戴橡胶耐油手套。		
其他防护	工作现场严禁吸烟。避免长期反复接触。注意个人清洁卫生。		

品名：**4-甲基-3-戊烯-2-酮** 别名：异丙叉丙酮；异亚丙基丙酮		分子式：$C_6H_{10}O$ 分子量：98.1	相态：液 外观与性状：无色粘性液体，带有特有的气味，一经静置会变暗
危险特性			
火灾危险性：可燃液体乙 A 腐蚀减薄：无 环境开裂：无		爆炸物：无 金属腐蚀：无 急性毒性：无	皮肤腐蚀/刺激：无 易燃液体：类别 3
其蒸气与空气可形成爆炸性混合物，遇明火、高热能引起燃烧爆炸。与氧化剂可发生反应。与氯磺酸、发烟硫酸、硫酸剧烈反应。流速过快，容易产生和积聚静电。容易自聚，聚合反应随着温度的上升而急骤加剧。其蒸气比空气重，能在较低处扩散到相当远的地方，遇火源会着火回燃。若遇高热，容器内压增大，有开裂和爆炸的危险。			
理化特性			
熔点：-52.8℃ 沸点：(132.7±9.0)℃ 闪点：30.6℃	临界温度：330.0℃ 临界压力：无资料 饱和蒸气压：1.33kPa(26℃)	爆炸上限：无资料 爆炸下限：无资料 相对密度($d_{水}=1$)：0.86	引燃温度：无资料 燃烧热：无资料
溶解性	无资料。		
主要用途	无资料。		
急救措施			
皮肤接触	脱去污染的衣着，用大量流动清水冲洗。		
眼睛接触	立即提起眼睑，用大量流动清水或生理盐水彻底冲洗至少 15min。就医。		
吸入	迅速脱离现场至空气新鲜处。保持呼吸道通畅。如呼吸困难，给输氧。如呼吸停止，立即进行人工呼吸。就医。		
食入	饮足量温水，催吐。就医。		
防护措施			
呼吸防护	空气中浓度超标时，必须佩戴自吸过滤式防毒面具(半面罩)。紧急事态抢救或撤离时，应该佩戴空气呼吸器。		
眼睛防护	戴化学安全防护眼镜。		
身体防护	穿防静电工作服。		
手防护	戴橡胶耐油手套。		
其他防护	工作现场严禁吸烟。避免长期反复接触。		

品名：**2-甲基-3-乙基戊烷** 别名：无		分子式：C_8H_{18} 分子量：114.2	相态：液 外观与性状：无色液体
危险特性			
火灾危险性：可燃液体甲 B 腐蚀减薄：无 环境开裂：无		爆炸物：无 金属腐蚀：无 急性毒性：无	皮肤腐蚀/刺激：类别 2 易燃液体：类别 2
其蒸气与空气可形成爆炸性混合物，遇明火、高热极易燃烧爆炸。与氧化剂接触猛烈反应。流速过快，容易产生和积聚静电。若遇高热，容器内压增大，有开裂和爆炸的危险。			
理化特性			
熔点：-114.9℃ 沸点：115.6℃ 闪点：3.0℃	临界温度：无资料 临界压力：无资料 饱和蒸气压：无资料	爆炸上限：无资料 爆炸下限：无资料 相对密度($d_{水}=1$)：0.72	引燃温度：无资料 燃烧热：无资料
溶解性	不溶于水，溶于乙醇、乙醚、丙酮、苯等。		
主要用途	用于有机合成。		
急救措施			
皮肤接触	脱去污染的衣着，用流动清水冲洗。		
眼睛接触	提起眼睑，用流动清水或生理盐水冲洗。就医。		
吸入	迅速脱离现场至空气新鲜处。保持呼吸道通畅。如呼吸困难，给输氧。如呼吸停止，立即进行人工呼吸。就医。		
食入	饮足量温水，催吐。就医。		
防护措施			
呼吸防护	空气中浓度超标时，建议佩戴自吸过滤式防毒面具(半面罩)。		
眼睛防护	戴化学安全防护眼镜。		
身体防护	穿防静电工作服。		
手防护	戴防化学品手套。		
其他防护	工作现场严禁吸烟。避免长期反复接触。		

品名：**1-甲基-4-丙基苯**	分子式：$C_{10}H_{14}$	相态：液
别名：4-丙基甲苯	分子量：134.2	外观与性状：无资料

危险特性

火灾危险性：可燃液体乙 B	爆炸物：无	皮肤腐蚀/刺激：无
腐蚀减薄：无	金属腐蚀：无	易燃液体：类别 3
环境开裂：无	急性毒性：无	

无资料。

理化特性

熔点：-63.6℃	临界温度：无资料	爆炸上限：无资料	引燃温度：无资料
沸点：(184.2±10.0)℃	临界压力：无资料	爆炸下限：无资料	燃烧热：无资料
闪点：(56.3±7.1)℃	饱和蒸气压：无资料	相对密度($d_{水}=1$)：0.86	

溶解性	无资料。
主要用途	无资料。

急救措施

皮肤接触	立即去除/脱掉所有被污染的衣物。用大量肥皂和水轻轻洗。
眼睛接触	用水小心清洗几 min。如果方便，易操作，摘除隐形眼镜。继续清洗。
吸入	将受害者移到新鲜空气处，保持呼吸通畅，休息。若感不适请求医/就诊。
食入	立即呼叫解毒中心/医生。漱口。切勿引吐。

防护措施

呼吸防护	半面罩或全面罩呼吸器，自携式呼吸器(SCBA)，供气呼吸器等。
眼睛防护	护目镜。如果情况需要，佩戴面具。
身体防护	防渗防护服。如果情况需要，穿戴防护靴。
手防护	防渗手套。
其他防护	工作现场禁止吸烟、进食和饮水。工作完毕，淋浴更衣。保持良好的卫生习惯。

品名：**2-甲基-5-乙基吡啶**	分子式：$C_8H_{11}N$	相态：液
别名：无	分子量：121.2	外观与性状：无色刺激性液体

危险特性

火灾危险性：可燃液体丙 A	爆炸物：无	皮肤腐蚀/刺激：无
腐蚀减薄：无	金属腐蚀：无	
环境开裂：无	急性毒性：类别 3	

其蒸气与空气形成爆炸性混合物，遇明火、高热能引起燃烧爆炸。与氧化剂能发生强烈反应。受高热分解，放出有毒的烟气。

理化特性

熔点：-70.9℃	临界温度：无资料	爆炸上限：无资料	引燃温度：无资料
沸点：(176.0±9.0)℃	临界压力：无资料	爆炸下限：无资料	燃烧热：无资料
闪点：66.1℃	饱和蒸气压：无资料	相对密度($d_{水}=1$)：0.92	

溶解性	微溶于水，于乙醇、乙醚和浓硫酸。
主要用途	主要用于制烟酸和2-甲基-5-乙烯基吡啶。

急救措施

皮肤接触	用肥皂水及清水彻底冲洗。就医。
眼睛接触	拉开眼睑，用流动清水冲洗 15min。就医。
吸入	脱离现场至空气新鲜处。就医。
食入	误服者，饮适量温水，催吐。就医。

防护措施

呼吸防护	可能接触其蒸气时，佩戴防毒口罩。高浓度环境中，佩戴防毒面具。
眼睛防护	戴安全防护眼镜。
身体防护	穿工作服。
手防护	戴防护手套。
其他防护	工作现场禁止吸烟、进食和饮水。工作后，淋浴更衣。注意个人清洁卫生。

品名：**3-甲基-6-甲氧基苯胺** 别名：邻氨基对甲苯甲醚		分子式：$C_8H_{11}NO$ 分子量：137.2	相态：固 外观与性状：白色针状或片状结晶
危险特性			
火灾危险性：可燃液体丙A 腐蚀减薄：碱腐蚀、胺腐蚀 环境开裂：碱应力腐蚀开裂、氨应力腐蚀开裂、胺应力腐蚀开裂		爆炸物：无 金属腐蚀：无 急性毒性：无	皮肤腐蚀/刺激：无
遇明火、高热可燃。其粉体与空气可形成爆炸性混合物，当达到一定浓度时，遇火星会发生爆炸。受高热分解放出有毒的气体。			
理化特性			
熔点：50.0~52.0℃ 沸点：(235.4±20.0)℃ 闪点：(102.1±15.0)℃	临界温度：无资料 临界压力：无资料 饱和蒸气压：无资料	爆炸上限：无资料 爆炸下限：无资料 相对密度($d_{水}=1$)：无资料	引燃温度：无资料 燃烧热：无资料
溶解性	微溶于热水，溶于乙醚、乙醇、苯、稀酸。		
主要用途	用作染料中间体。		
急救措施			
皮肤接触	脱去污染的衣着，用大量流动清水冲洗。		
眼睛接触	提起眼睑，用流动清水或生理盐水冲洗。就医。		
吸入	迅速脱离现场至空气新鲜处。保持呼吸道通畅。如呼吸困难，给输氧。如呼吸停止，立即进行人工呼吸。就医。		
食入	饮足量温水，催吐。就医。		
防护措施			
呼吸防护	可能接触其粉尘时，必须佩戴防尘面具(全面罩)。紧急事态抢救或撤离时，应该佩戴空气呼吸器。		
眼睛防护	呼吸系统防护中已做防护。		
身体防护	穿防毒物渗透工作服。		
手防护	戴橡胶手套。		
其他防护	工作现场禁止吸烟、进食和饮水。工作完毕，淋浴更衣。保持良好的卫生习惯。		

品名：***S*-甲基-*N*-[(甲基氨基甲酰基)-氧基]硫代乙酰胺酸酯** 别名：灭多威；O-甲基氨基甲酰酯-2-甲硫基乙醛肟		分子式：$C_5H_{10}N_2O_2S$ 分子量：162.2	相态：固 外观与性状：白色结晶固体，稍带硫黄臭味
危险特性			
火灾危险性：无 腐蚀减薄：硫酸腐蚀、碱腐蚀、胺腐蚀 环境开裂：碱应力腐蚀开裂、氨应力腐蚀开裂、胺应力腐蚀开裂、连多硫酸应力腐蚀开裂		爆炸物：无 金属腐蚀：无 急性毒性：类别2	皮肤腐蚀/刺激：无
遇明火、高热可燃。受热分解，放出氮、硫的氧化物等毒性气体。			
理化特性			
熔点：78.0℃ 沸点：144.0℃ 闪点：无资料	临界温度：无资料 临界压力：无资料 饱和蒸气压：无资料	爆炸上限：无资料 爆炸下限：无资料 相对密度($d_{水}=1$)：1.29	引燃温度：无资料 燃烧热：无资料
溶解性	水5.8g/100ml，丙酮73g/100g，乙醇42g/100g，异丙醇22g/100g，甲醇100g/100g，甲苯3g/100g。		
主要用途	灭多威为内吸性广谱杀虫剂，通过触杀和胃毒防治害虫。		
急救措施			
皮肤接触	立即脱去污染的衣着，用肥皂水及流动清水彻底冲洗污染的皮肤、头发、指甲等。就医。		
眼睛接触	立即提起眼睑，用流动清水冲洗10min或用2%碳酸氢钠溶液冲洗。		
吸入	迅速脱离现场至空气新鲜处。注意保暖，呼吸困难时给输氧。呼吸停止时，立即进行人工呼吸。就医。		
食入	患者清醒时给饮大量温水，催吐，可用温水或1∶5000高锰酸钾液彻底洗胃。立即就医。		
防护措施			
呼吸防护	生产操作或农业使用时，应该佩戴防毒口罩。紧急事态抢救或逃生时，建议佩戴自给式呼吸器。		
眼睛防护	可采用安全面罩。		
身体防护	穿相应的防护服。		
手防护	必要时戴防护手套。		
其他防护	工作现场禁止吸烟、进食和饮水。工作后，淋浴更衣。保持良好的卫生习惯。		

品名：***O*-甲基-*O*-(2-异丙氧基甲酰基苯基)硫代磷酰胺** 别名：水胺硫磷	分子式：$C_{11}H_{16}NO_4PS$ 分子量：289.3		相态：固 外观与性状：无色菱形片状结晶
危险特性			
火灾危险性：可燃液体丙 B 腐蚀减薄：硫酸腐蚀、碱腐蚀、胺腐蚀、高温硫化物腐蚀 环境开裂：碱应力腐蚀开裂、胺应力腐蚀开裂、连多硫酸应力腐蚀开裂	爆炸物：无 金属腐蚀：无 急性毒性：类别 2		皮肤腐蚀/刺激：无
无资料。			
理化特性			
熔点：45.0℃	临界温度：无资料	爆炸上限：无资料	引燃温度：无资料
沸点：(385.1±44.0)℃	临界压力：无资料	爆炸下限：无资料	燃烧热：无资料
闪点：(186.7±28.4)℃	饱和蒸气压：无资料	相对密度($d_水=1$)：1.28	
溶解性	能溶于乙醇、乙醚、苯、丙酮及乙酸乙酯，不溶于水和石油醚。		
主要用途	是一种触杀作用很强的有机磷杀卵、杀虫、杀蛾剂，能有效地防治水稻、小麦、玉米、棉花和牧场的多种害虫。在各种果树、蔬菜上使用时，采收前一个月禁用，一般禁止用于果、菜、烟、茶、中药植物上；应避免与碱性农药混合使用。		
急救措施			
皮肤接触	用肥皂和大量的水冲洗。立即将患者送往医院。请教医生。		
眼睛接触	用水冲洗眼睛作为预防措施。		
吸入	用肥皂和大量的水冲洗。立即将患者送往医院。请教医生。		
食入	切勿给失去知觉者通过口喂任何东西。用水漱口。请教医生。		
防护措施			
呼吸防护	如危险性评测显示需要使用空气净化的防毒面具，请使用全面罩式多功能微粒防毒面具 N99 型(US)。		
眼睛防护	面罩与安全眼镜请使用经官方标准如 NIOSH(美国)或 EN166(欧盟)检测与批准的设备防护眼部。		
身体防护	全套防化学试剂工作服，防护设备的类型必须根据特定工作场所中的危险物的浓度和含量来选择。		
手防护	所选择的保护手套必须符合 EU 的 89/686/EEC 规定和从它衍生出来的 EN376 标准。		
其他防护	无资料。		

品名：***O*-甲基-*O*-(4-溴-2,5-二氯苯基)苯基硫代磷酸酯** 别名：溴苯膦	分子式：$C_{13}H_{10}BrCl_2O_2PS$ 分子量：412.1		相态：固 外观与性状：白色固体
危险特性			
火灾危险性：可燃液体丙 A 腐蚀减薄：硫酸腐蚀、磷酸腐蚀 环境开裂：氢脆、连多硫酸应力腐蚀开裂	爆炸物：无 金属腐蚀：无 急性毒性：类别 2		皮肤腐蚀/刺激：无
遇明火、高热可燃。其粉体与空气可形成爆炸性混合物，当达到一定浓度时，遇火星会发生爆炸。遇高热分解释出高毒烟气。			
理化特性			
熔点：53.0~56.0℃	临界温度：无资料	爆炸上限：无资料	引燃温度：无资料
沸点：(360.8±52.0)℃	临界压力：无资料	爆炸下限：无资料	燃烧热：无资料
闪点：(172.0±30.7)℃	饱和蒸气压：无资料	相对密度($d_水=1$)：1.53	
溶解性	无资料。		
主要用途	无资料。		
急救措施			
皮肤接触	立即脱去污染的衣着，用肥皂水及流动清水彻底冲洗污染的皮肤、头发、指甲等。就医。		
眼睛接触	提起眼睑，用流动清水或生理盐水冲洗。就医。		
吸入	迅速脱离现场至空气新鲜处。保持呼吸道通畅。如呼吸困难，给输氧。如呼吸停止，立即进行人工呼吸。就医。		
食入	饮足量温水，催吐。用清水或2%~5%碳酸氢钠溶液洗胃。就医。		
防护措施			
呼吸防护	可能接触其粉尘时，必须佩戴防尘面具(全面罩)。紧急事态抢救或撤离时，应该佩戴空气呼吸器。		
眼睛防护	呼吸系统防护中已做防护。		
身体防护	穿胶布防毒衣。		
手防护	戴橡胶手套。		
其他防护	工作现场禁止吸烟、进食和饮水。工作完毕，淋浴更衣。保持良好的卫生习惯。		

品名：***O*-甲基-*S*-甲基-硫代磷酰胺** 别名：甲胺磷	分子式：$C_2H_8NO_2PS$ 分子量：141.1		相态：固 外观与性状：纯品为白色针状晶体，工业品为无色黏稠状液体，冷却或放置后能析出针状结晶
危险特性			
火灾危险性：无 腐蚀减薄：硫酸腐蚀、碱腐蚀、胺腐蚀、高温硫化物腐蚀 环境开裂：碱应力腐蚀开裂、胺应力腐蚀开裂、连多硫酸应力腐蚀开裂	爆炸物：无 金属腐蚀：无 急性毒性：类别2		皮肤腐蚀/刺激：无
遇明火、高热可燃。受热分解，放出氮、磷的氧化物等毒性气体。			
理化特性			
熔点：43.0℃	临界温度：无资料	爆炸上限：无资料	引燃温度：无资料
沸点：208.7℃	临界压力：无资料	爆炸下限：无资料	燃烧热：无资料
闪点：无资料	饱和蒸气压：无资料	相对密度($d_{水}=1$)：1.30	
溶解性	微溶于水，溶于醇。		
主要用途	广谱高效杀虫剂，用于防治棉红蜘蛛、蚜、螨等，对抗药性虫害有良好防治效果。		
急救措施			
皮肤接触	立即脱去污染的衣着，用肥皂水及流动清水彻底冲洗污染的皮肤、头发、指甲等。就医。		
眼睛接触	提起眼睑，用流动清水或生理盐水冲洗。就医。		
吸入	迅速脱离现场至空气新鲜处。保持呼吸道通畅。如呼吸困难，给输氧。如呼吸停止，立即进行人工呼吸。就医。		
食入	饮足量温水，催吐。用清水或2%~5%碳酸氢钠溶液洗胃。就医。		
防护措施			
呼吸防护	生产操作或农业使用时，必须佩戴自吸过滤式防毒面具(全面罩)。紧急事态抢救或撤离时，佩戴空气呼吸器。		
眼睛防护	呼吸系统防护中已做防护。		
身体防护	穿聚乙烯防毒服。		
手防护	戴橡胶手套。		
其他防护	工作完毕，淋浴更衣。注意个人清洁卫生。		

品名：***O*-(甲基氨基甲酰基)-1-二甲氨基甲酰-1-甲硫基甲醛肟** 别名：杀线威	分子式：$C_7H_{13}N_3O_3S$ 分子量：219.3		相态：固 外观与性状：白色结晶，略带硫的臭味
危险特性			
火灾危险性：无 腐蚀减薄：硫酸腐蚀、高温硫化物腐蚀 环境开裂：氨应力腐蚀开裂、连多硫酸应力腐蚀开裂	爆炸物：无 金属腐蚀：无 急性毒性：类别2		皮肤腐蚀/刺激：无
遇明火、高热可燃。其粉体与空气可形成爆炸性混合物，当达到一定浓度时，遇火星会发生爆炸。受高热分解放出有毒的气体。			
理化特性			
熔点：101.0℃	临界温度：无资料	爆炸上限：无资料	引燃温度：无资料
沸点：无资料	临界压力：无资料	爆炸下限：无资料	燃烧热：无资料
闪点：无资料	饱和蒸气压：无资料	相对密度($d_{水}=1$)：0.97	
溶解性	溶于水、丙酮、乙醇、甲醇。		
主要用途	用作农用杀虫剂、杀线虫剂。		
急救措施			
皮肤接触	立即脱去污染的衣着，用大量流动清水冲洗。就医。		
眼睛接触	提起眼睑，用流动清水或生理盐水冲洗。就医。		
吸入	迅速脱离现场至空气新鲜处。保持呼吸道通畅。如呼吸困难，给输氧。如呼吸停止，立即进行人工呼吸。就医。		
食入	饮足量温水，催吐。洗胃，导泄。就医。		
防护措施			
呼吸防护	可能接触其粉尘时，必须佩戴防尘面具(全面罩)。紧急事态抢救或撤离时，应该佩戴空气呼吸器。		
眼睛防护	呼吸系统防护中已做防护。		
身体防护	穿胶布防毒衣。		
手防护	戴橡胶手套。		
其他防护	工作现场禁止吸烟、进食和饮水。工作完毕，淋浴更衣。保持良好的卫生习惯。		

品名：**2-甲基苯胺** 别名：邻甲苯胺；2-氨基甲苯；邻氨基甲苯		分子式：C_7H_9N 分子量：107.2	相态：液 外观与性状：无色或淡黄色油状液体
危险特性			
火灾危险性：可燃液体丙 A 腐蚀减薄：碱腐蚀、胺腐蚀 环境开裂：碱应力腐蚀开裂、氨应力腐蚀开裂、胺应力腐蚀开裂		爆炸物：无 金属腐蚀：无 急性毒性：类别 3	皮肤腐蚀/刺激：无 严重眼损伤/眼刺激：类别 2
遇明火、高热可燃。受高热分解放出有毒的气体。与硝酸反应强烈。			
理化特性			
熔点：-24.4℃ 沸点：200.4℃ 闪点：85.0℃	临界温度：无资料 临界压力：无资料 饱和蒸气压：3.46×10^{-2} kPa (25℃)	爆炸上限：7.6% 爆炸下限：1.5% 相对密度($d_{水}=1$)：1.00	引燃温度：481.0℃ 燃烧热：4054.3kJ/mol
溶解性	微溶于水，溶于乙醇、乙醚、稀酸。		
主要用途	用作染料中间体、有机合成及合成糖精等。		
急救措施			
皮肤接触	立即脱去污染的衣着，用肥皂水和清水彻底冲洗皮肤。就医。		
眼睛接触	提起眼睑，用流动清水或生理盐水冲洗。就医。		
吸入	迅速脱离现场至空气新鲜处。保持呼吸道通畅。如呼吸困难，给输氧。如呼吸停止，立即进行人工呼吸。就医。		
食入	饮足量温水，催吐。就医。		
防护措施			
呼吸防护	可能接触其蒸气时，佩戴自吸过滤式防毒面具(全面罩)。紧急事态抢救或撤离时，佩戴空气呼吸器。		
眼睛防护	呼吸系统防护中已做防护。		
身体防护	穿胶布防毒衣。		
手防护	戴橡胶耐油手套。		
其他防护	工作现场禁止吸烟、进食和饮水。及时换洗工作服。工作前后不饮酒，用温水洗澡。		

品名：**3-甲基苯胺** 别名：间甲苯胺；3-氨基甲苯；间氨基甲苯		分子式：C_7H_9N 分子量：107.2	相态：液 外观与性状：无色油状黏性液体
危险特性			
火灾危险性：可燃液体丙 A 腐蚀减薄：碱腐蚀、胺腐蚀 环境开裂：碱应力腐蚀开裂、氨应力腐蚀开裂、胺应力腐蚀开裂		爆炸物：无 金属腐蚀：无 急性毒性：类别 3	皮肤腐蚀/刺激：无
遇明火、高热可燃。受高热分解放出有毒的气体。			
理化特性			
熔点：-50.5℃ 沸点：203.4℃ 闪点：85.6℃	临界温度：无资料 临界压力：无资料 饱和蒸气压：0.13kPa(41℃)	爆炸上限：6.6% 爆炸下限：1.1% 相对密度($d_{水}=1$)：0.99	引燃温度：481.0℃ 燃烧热：无资料
溶解性	微溶于水，溶于醇、醚、稀酸。		
主要用途	用作制造还原染料的中间体。		
急救措施			
皮肤接触	立即脱去污染的衣着，用肥皂水和清水彻底冲洗皮肤。就医。		
眼睛接触	提起眼睑，用流动清水或生理盐水冲洗。就医。		
吸入	迅速脱离现场至空气新鲜处。保持呼吸道通畅。如呼吸困难，给输氧。如呼吸停止，立即进行人工呼吸。就医。		
食入	饮足量温水，催吐。就医。		
防护措施			
呼吸防护	可能接触其蒸气时，佩戴自吸过滤式防毒面具(全面罩)。紧急事态抢救或撤离时，佩戴空气呼吸器。		
眼睛防护	呼吸系统防护中已做防护。		
身体防护	穿胶布防毒衣。		
手防护	戴橡胶耐油手套。		
其他防护	工作现场禁止吸烟、进食和饮水。及时换洗工作服。工作前后不饮酒，用温水洗澡。注意检测毒物。实行就业前和定期的体检。		

品名：**4-甲基苯胺** 别名：对甲基苯胺；4-氨甲苯；对氨基甲苯		分子式：C_7H_9N 分子量：107.2	相态：固 外观与性状：纯品为无色片状结晶
危险特性			
火灾危险性：可燃气体甲 腐蚀减薄：碱腐蚀、胺腐蚀 环境开裂：碱应力腐蚀开裂、氨应力腐蚀开裂、胺应力腐蚀开裂		爆炸物：无 金属腐蚀：无 急性毒性：类别 3	皮肤腐蚀/刺激：无 严重眼损伤/眼刺激：类别 2
遇明火、高热可燃。受高热分解放出有毒的气体。			
理化特性			
熔点：44.5℃ 沸点：197.4℃ 闪点：88.9℃	临界温度：无资料 临界压力：无资料 饱和蒸气压：0.13kPa(42℃)	爆炸上限：6.6% 爆炸下限：1.1% 相对密度($d_{水}=1$)：1.05	引燃温度：481.0℃ 燃烧热：4006.1kJ/mol
溶解性	微溶于水，溶于乙醇、乙醚、苯、盐酸。		
主要用途	用作染料中间体及医药乙胺嗪的中间体。		
急救措施			
皮肤接触	立即脱去污染的衣着，用肥皂水和清水彻底冲洗皮肤。就医。		
眼睛接触	提起眼睑，用流动清水或生理盐水冲洗。就医。		
吸入	迅速脱离现场至空气新鲜处。保持呼吸道通畅。如呼吸困难，给输氧。如呼吸停止，立即进行人工呼吸。就医。		
食入	饮足量温水，催吐。就医。		
防护措施			
呼吸防护	可能接触其粉尘时，佩戴头罩型电动送风过滤式防尘呼吸器。紧急事态抢救或撤离时，应该佩戴自给式呼吸器。		
眼睛防护	呼吸系统防护中已做防护。		
身体防护	穿胶布防毒衣。		
手防护	戴橡胶手套。		
其他防护	工作现场禁止吸烟、进食和饮水。及时换洗工作服。工作前后不饮酒，用温水洗澡。实行就业前和定期的体检。		

品名：***N*-甲基苯胺** 别名：无		分子式：C_7H_9N 分子量：107.2	相态：液 外观与性状：无色到红棕色油状液体
危险特性			
火灾危险性：可燃液体丙 A 腐蚀减薄：碱腐蚀、胺腐蚀 环境开裂：碱应力腐蚀开裂、胺应力腐蚀开裂		爆炸物：无 金属腐蚀：无 急性毒性：类别 3	皮肤腐蚀/刺激：无
遇明火、高热或与氧化剂接触，有引起燃烧爆炸的危险。受热分解放出有毒的氧化氮烟气。			
理化特性			
熔点：-57.0℃ 沸点：196.2℃ 闪点：78.9℃	临界温度：无资料 临界压力：无资料 饱和蒸气压：0.13kPa(36.0℃)	爆炸上限：7.4% 爆炸下限：1.2% 相对密度($d_{水}=1$)：0.99	引燃温度：无资料 燃烧热：4069.0kJ/mol
溶解性	溶于水、乙醇、乙醚、氯仿。		
主要用途	用于有机合成及用作溶剂。		
急救措施			
皮肤接触	立即脱去污染的衣着，用肥皂水和清水彻底冲洗皮肤。就医。		
眼睛接触	提起眼睑，用流动清水或生理盐水冲洗。就医。		
吸入	迅速脱离现场至空气新鲜处。保持呼吸道通畅。如呼吸困难，给输氧。如呼吸停止，立即进行人工呼吸。就医。		
食入	饮足量温水，催吐。就医。		
防护措施			
呼吸防护	可能接触其蒸气时，佩戴过滤式防毒面具(半面罩)。紧急事态抢救或撤离时，佩戴隔离式呼吸器。		
眼睛防护	戴安全防护眼镜。		
身体防护	穿防毒物渗透工作服。		
手防护	戴橡胶耐油手套。		
其他防护	工作现场禁止吸烟、进食和饮水。及时换洗工作服。工作前后不饮酒，用温水洗澡。注意检测毒物。实行就业前和定期的体检。		

品名：**甲基苯基二氯硅烷** 别名：无		分子式：$C_7H_8Cl_2Si$ 分子量：191.1	相态：液 外观与性状：无色透明液体
危险特性			
火灾危险性：可燃液体丙A 腐蚀减薄：无 环境开裂：无		爆炸物：无 金属腐蚀：无 急性毒性：无	皮肤腐蚀/刺激：类别1 严重眼损伤/眼刺激：类别1
易燃，遇明火、高热、或与氧化剂接触能燃烧，并散发出有毒气体。			
理化特性			
熔点：-43.4℃ 沸点：(194.9±30.0)℃ 闪点：(71.6±24.6)℃	临界温度：无资料 临界压力：无资料 饱和蒸气压：无资料	爆炸上限：8.6% 爆炸下限：0.2% 相对密度($d_水=1$)：1.19	引燃温度：无资料 燃烧热：无资料
溶解性	溶于甲醇、乙醚、苯。		
主要用途	制备高温硅油和其他有机硅化合物的原料。		
急救措施			
皮肤接触	立即脱去污染的衣着，用大量流动清水冲洗至少15min。就医。		
眼睛接触	立即提起眼睑，用大量流动清水或生理盐水彻底冲洗至少15min。就医。		
吸入	迅速脱离现场至空气新鲜处。保持呼吸道通畅。如呼吸困难，给输氧。如呼吸停止，立即进行人工呼吸。就医。		
食入	用水漱口，给饮牛奶或蛋清。就医。		
防护措施			
呼吸防护	可能接触其蒸气时，佩戴自吸过滤式防毒面具(全面罩)。		
眼睛防护	呼吸系统防护中已做防护。		
身体防护	穿橡胶耐酸碱服。		
手防护	戴橡胶耐酸碱手套。		
其他防护	工作现场禁止吸烟、进食和饮水。工作完毕，淋浴更衣。保持良好的卫生习惯。		

品名：**α-甲基苯基甲醇** 别名：苯基甲基甲醇；α-甲基苄醇		分子式：$C_8H_{10}O$ 分子量：122.2	相态：液 外观与性状：无色液体，有花香味
危险特性			
火灾危险性：可燃液体丙A 腐蚀减薄：无 环境开裂：无		爆炸物：无 金属腐蚀：无 急性毒性：类别3	皮肤腐蚀/刺激：无
遇明火、高热可燃。与氧化剂能发生强烈反应。其蒸气比空气重，能在较低处扩散到相当远的地方，遇火源会着火回燃。若遇高热，容器内压增大，有开裂和爆炸的危险。			
理化特性			
熔点：19.0~20.0℃ 沸点：(206.9±8.0)℃ 闪点：85.0℃	临界温度：无资料 临界压力：无资料 饱和蒸气压：1.33×10^{-2} kPa (20℃)	爆炸上限：无资料 爆炸下限：无资料 相对密度($d_水=1$)：1.01	引燃温度：无资料 燃烧热：无资料
溶解性	不溶于水，溶于丙二醇、醇、醚、氯仿，易溶于甘油。		
主要用途	用于有机合成，用作香料的原料。		
急救措施			
皮肤接触	立即脱去污染的衣着，用大量流动清水冲洗。就医。		
眼睛接触	立即提起眼睑，用大量流动清水或生理盐水彻底冲洗至少15min。就医。		
吸入	迅速脱离现场至空气新鲜处。保持呼吸道通畅。如呼吸困难，给输氧。如呼吸停止，立即进行人工呼吸。就医。		
食入	用水漱口，给饮牛奶或蛋清。就医。		
防护措施			
呼吸防护	空气中浓度超标时，必须佩戴自吸过滤式防毒面具(全面罩)。紧急事态抢救或撤离时，应该佩戴空气呼吸器。		
眼睛防护	呼吸系统防护中已做防护。		
身体防护	穿防毒物渗透工作服。		
手防护	戴橡胶手套。		
其他防护	工作现场禁止吸烟、进食和饮水。工作完毕，淋浴更衣。保持良好的卫生习惯。		

品名：**4-甲基苯乙烯[稳定的]** 别名：对甲基苯乙烯		分子式：C_9H_{10} 分子量：118.2		相态：液 外观与性状：无色液体
危险特性				
火灾危险性：可燃液体丙 A 腐蚀减薄：无 环境开裂：无		爆炸物：无 金属腐蚀：无 急性毒性：无		皮肤腐蚀/刺激：无
易燃，其蒸气与空气可形成爆炸性混合物，遇明火、高热能引起燃烧爆炸。本品易聚合，只有经过稳定化处理才允许储运。若遇高热，可发生聚合反应，放出大量热量而引起容器破裂和爆炸事故。				
理化特性				
熔点：-34.2℃ 沸点：170.0~175.0℃ 闪点：60.0℃	临界温度：382.0℃ 临界压力：4.19MPa 饱和蒸气压：0.10kPa(20℃)		爆炸上限：6.1% 爆炸下限：1.9% 相对密度($d_{水}=1$)：0.94	引燃温度：575.0℃ 燃烧热：4816.5kJ/mol
溶解性	不溶于水，溶于乙醇、乙醚。			
主要用途	用作聚合物单体及用于涂料。			
急救措施				
皮肤接触	脱去污染的衣着，用肥皂水和清水彻底冲洗皮肤。			
眼睛接触	提起眼睑，用流动清水或生理盐水冲洗。就医。			
吸入	迅速脱离现场至空气新鲜处。保持呼吸道通畅。如呼吸困难，给输氧。如呼吸停止，立即进行人工呼吸。就医。			
食入	饮足量温水，催吐。就医。			
防护措施				
呼吸防护	可能接触其蒸气时，建议佩戴过滤式防毒面具(半面罩)。紧急事态抢救或撤离时，建议佩戴空气呼吸器。			
眼睛防护	戴化学安全防护眼镜。			
身体防护	穿防毒物渗透工作服。			
手防护	戴橡胶耐油手套。			
其他防护	工作现场禁止吸烟、进食和饮水。工作完毕，淋浴更衣。保持良好的卫生习惯。			

品名：**2-甲基吡啶** 别名：α-皮考林		分子式：C_6H_7N 分子量：93.1		相态：液 外观与性状：无色液体，有特殊气味
危险特性				
火灾危险性：可燃液体甲 B 腐蚀减薄：无 环境开裂：无		爆炸物：无 金属腐蚀：无 急性毒性：无		皮肤腐蚀/刺激：无 易燃液体：类别 3 严重眼损伤/眼刺激：类别 2
易燃，遇明火、高热或与氧化剂接触，有引起燃烧爆炸的危险。受热分解放出有毒的氧化氮烟气。				
理化特性				
熔点：-70.0℃ 沸点：(127.5±3.0)℃ 闪点：27.0℃	临界温度：无资料 临界压力：无资料 饱和蒸气压：1.20kPa(20℃)		爆炸上限：8.7% 爆炸下限：1.3% 相对密度($d_{水}=1$)：0.95	引燃温度：535.0℃ 燃烧热：3414.7kJ/mol
溶解性	与水混溶，溶于多数有机溶剂。			
主要用途	用于药品、染料、橡胶等化学品的合成，也用作溶剂、实验试剂。			
急救措施				
皮肤接触	脱去污染的衣着，用肥皂水和清水彻底冲洗皮肤。			
眼睛接触	提起眼睑，用流动清水或生理盐水冲洗。就医。			
吸入	迅速脱离现场至空气新鲜处。保持呼吸道通畅。如呼吸困难，给输氧。如呼吸停止，立即进行人工呼吸。就医。			
食入	饮足量温水，催吐。就医。			
防护措施				
呼吸防护	可能接触其蒸气时，应该佩戴过滤式防毒面具(半面罩)。必要时，建议佩戴自给式呼吸器。			
眼睛防护	戴化学安全防护眼镜。			
身体防护	穿防毒物渗透工作服。			
手防护	戴橡胶耐油手套。			
其他防护	工作现场严禁吸烟。工作完毕，淋浴更衣。注意个人清洁卫生。			

品名：**3-甲基吡啶** 别名：β-皮考林		分子式：C_6H_7N 分子量：93.1	相态：液 外观与性状：无色液体，有不愉快的气味
危险特性			
火灾危险性：可燃液体乙 A 腐蚀减薄：无 环境开裂：无		爆炸物：无 金属腐蚀：无 急性毒性：类别 3	皮肤腐蚀/刺激：类别 1 易燃液体：类别 3 严重眼损伤/眼刺激：类别 1
易燃，遇明火、高热或与氧化剂接触，有引起燃烧爆炸的危险。受热分解放出有毒的氧化氮烟气。			
理化特性			
熔点：-17.7℃ 沸点：(143.5±3.0)℃ 闪点：36.1℃	临界温度：无资料 临界压力：无资料 饱和蒸气压：0.60kPa(20℃)	爆炸上限：8.7% 爆炸下限：1.3% 相对密度($d_{水}$=1)：0.96	引燃温度：500.0℃ 燃烧热：3420kJ/mol
溶解性	溶于水、醇、醚，溶于多数有机剂。		
主要用途	有机合成中用作溶剂，以及用于烟碱及烟酯胺制备。		
急救措施			
皮肤接触	脱去污染的衣着，用肥皂水和清水彻底冲洗皮肤。		
眼睛接触	提起眼睑，用流动清水或生理盐水冲洗。就医。		
吸入	迅速脱离现场至空气新鲜处。保持呼吸道通畅。如呼吸困难，给输氧。如呼吸停止，立即进行人工呼吸。就医。		
食入	饮足量温水，催吐。就医。		
防护措施			
呼吸防护	可能接触其蒸气时，应该佩戴过滤式防毒面具(半面罩)。必要时，佩戴空气呼吸器。		
眼睛防护	戴化学安全防护眼镜。		
身体防护	穿防毒物渗透工作服。		
手防护	戴橡胶耐油手套。		
其他防护	工作现场严禁吸烟。工作完毕，淋浴更衣。注意个人清洁卫生。		

品名：**4-甲基吡啶** 别名：γ-皮考林		分子式：C_6H_7N 分子量：93.1	相态：液 外观与性状：无色液体，有甜味
危险特性			
火灾危险性：可燃液体乙 B 腐蚀减薄：无 环境开裂：无		爆炸物：无 金属腐蚀：无 急性毒性：类别 3	皮肤腐蚀/刺激：类别 2 易燃液体：类别 3 严重眼损伤/眼刺激：类别 2
无资料。			
理化特性			
熔点：4.3℃ 沸点：(144.2±9.0)℃ 闪点：56.0℃	临界温度：372.5℃ 临界压力：无资料 饱和蒸气压：无资料	爆炸上限：无资料 爆炸下限：无资料 相对密度($d_{水}$=1)：0.95	引燃温度：无资料 燃烧热：3420kJ/mol
溶解性	溶于水、乙醇、乙醚。		
主要用途	用于制异烟酸、异烟肼、杀虫剂、染料和树脂中间体、橡胶硫化促进剂等。		
急救措施			
皮肤接触	用肥皂和大量的水冲洗。立即将患者送往医院。请教医生。		
眼睛接触	用大量水彻底冲洗至少 15min 并请教医生。		
吸入	如果吸入，请将患者移到新鲜空气处。如呼吸停止，进行人工呼吸。请教医生。		
食入	禁止催吐。切勿给失去知觉者通过口喂任何东西。用水漱口。请教医生。		
防护措施			
呼吸防护	如危险性评测显示需要使用空气净化的防毒面具，请使用全面罩式多功能微粒防毒面具 N99 型(US)。		
眼睛防护	面罩与安全眼镜请使用经官方标准如 NIOSH(美国)或 EN166(欧盟)检测与批准的设备防护眼部。		
身体防护	全套防化学试剂工作服，防护设备的类型必须根据特定工作场所中的危险物的浓度和含量来选择。		
手防护	所选择的保护手套必须符合 EU 的 89/686/EEC 规定和从它衍生出来的 EN376 标准。		
其他防护	无资料。		

品名：**甲基丙基醚** 别名：甲丙醚		分子式：$C_4H_{10}O$ 分子量：74.1	相态：液 外观与性状：无色流动液体，有特殊臭味
危险特性			
火灾危险性：可燃液体甲 B 腐蚀减薄：无 环境开裂：无		爆炸物：无 金属腐蚀：无 急性毒性：无	皮肤腐蚀/刺激：无 易燃液体：类别 2
其蒸气与空气形成爆炸性混合物，遇明火、高热易燃烧爆炸。与氧化剂发生强烈反应。其蒸气比空气重，能在较低处扩散到远处，遇明火引着回燃。接触空气或光照条件下可生成具有潜在爆炸危险性的过氧化物。			
理化特性			
熔点：-69.0℃ 沸点：39.0℃ 闪点：-20.0℃	临界温度：203.1℃ 临界压力：无 饱和蒸气压：53.32kPa(20℃)	爆炸上限：无资料 爆炸下限：无资料 相对密度($d_{水}=1$)：0.74	引燃温度：无资料 燃烧热：无资料
溶解性	微溶于水，可混溶于醇、醚。		
主要用途	用作溶剂、麻醉剂。		
急救措施			
皮肤接触	脱去污染的衣着，用流动清水冲洗。		
眼睛接触	立即翻开上下眼睑，用流动清水冲洗 15min。就医。		
吸入	脱离现场至空气新鲜处。就医。		
食入	误服者给饮足量温水，催吐，就医。		
防护措施			
呼吸防护	一般不需要特殊防护，高浓度接触时可佩戴过滤式防毒面具(半面罩)。紧急事态抢救或逃生时，建议佩戴空气呼吸器。		
眼睛防护	一般不需特殊防护。		
身体防护	穿防静电工作服。		
手防护	戴橡胶耐油手套。		
其他防护	工作现场禁止吸烟、进食和饮水。工作完毕，淋浴更衣。注意个人清洁卫生。		

品名：**2-甲基丙烯腈[稳定的]** 别名：异丁烯腈		分子式：C_4H_5N 分子量：67.1	相态：液 外观与性状：无色液体，有轻微杏仁气味
危险特性			
火灾危险性：可燃液体甲 B 腐蚀减薄：无 环境开裂：无		爆炸物：无 金属腐蚀：无 急性毒性：类别 3	皮肤腐蚀/刺激：无 易燃液体：类别 2
其蒸气与空气可形成爆炸性混合物，遇明火、高热极易燃烧爆炸。与氧化剂接触猛烈反应。流速过快，容易产生和积聚静电。容易自聚，聚合反应随着温度的上升而急骤加剧。若遇高热，容器内压增大，有开裂和爆炸的危险。			
理化特性			
熔点：-35.8℃ 沸点：90.3℃ 闪点：12.8℃	临界温度：无资料 临界压力：无资料 饱和蒸气压：8.66kPa(25℃)	爆炸上限：无资料 爆炸下限：无资料 相对密度($d_{水}=1$)：0.80	引燃温度：无资料 燃烧热：无资料
溶解性	不溶于水，溶于苯、乙醇、乙醚。		
主要用途	用于合成橡胶、弹性塑料和涂料等。		
急救措施			
皮肤接触	立即脱去污染的衣着，用大量流动清水冲洗。就医。		
眼睛接触	提起眼睑，用流动清水或生理盐水冲洗。就医。		
吸入	迅速脱离现场至空气新鲜处。保持呼吸道通畅。如呼吸困难，给输氧。如呼吸停止，立即进行人工呼吸。就医。		
食入	饮足量温水，催吐。洗胃，导泄。就医。		
防护措施			
呼吸防护	空气中浓度超标时，必须佩戴自吸过滤式防毒面具(全面罩)。紧急事态抢救或撤离时，应该佩戴空气呼吸器。		
眼睛防护	呼吸系统防护中已做防护。		
身体防护	穿胶布防毒衣。		
手防护	戴橡胶耐油手套。		
其他防护	工作现场禁止吸烟、进食和饮水。工作完毕，彻底清洗。单独存放被毒物污染的衣服，洗后备用。车间应配备急救设备及药品。作业人员应学会自救互救。		

品名：**α-甲基丙烯醛**	分子式：C_4H_5N	相态：液	
别名：异丁烯醛	分子量：67.1	外观与性状：无色液体，有轻微杏仁气味	
危险特性			
火灾危险性：可燃液体甲 B	爆炸物：无	皮肤腐蚀/刺激：类别 1	
腐蚀减薄：无	金属腐蚀：无	易燃液体：类别 2	
环境开裂：无	急性毒性：类别 2		
其蒸气与空气可形成爆炸性混合物，遇明火、高热极易燃烧爆炸。与氧化剂接触猛烈反应。受热分解产生有毒的烟气。容易自聚，聚合反应随着温度的上升而急骤加剧。其蒸气比空气重，能在较低处扩散到相当远的地方，遇火源会着火回燃。			
理化特性			
熔点：-35.8℃	临界温度：无资料	爆炸上限：无资料	引燃温度：无资料
沸点：90.3℃	临界压力：无资料	爆炸下限：无资料	燃烧热：无资料
闪点：12.8℃	饱和蒸气压：16.00kPa(20℃)	相对密度($d_{水}=1$)：0.80	
溶解性	不溶于水，溶于苯、乙醇、乙醚。		
主要用途	用于合成橡胶、弹性塑料和涂料等。		
急救措施			
皮肤接触	立即脱去污染的衣着，用大量流动清水冲洗。就医。		
眼睛接触	立即提起眼睑，用大量流动清水或生理盐水彻底冲洗至少 15min。就医。		
吸入	迅速脱离现场至空气新鲜处。保持呼吸道通畅。如呼吸困难，给输氧。如呼吸停止，立即进行人工呼吸。就医。		
食入	饮足量温水，催吐。就医。		
防护措施			
呼吸防护	空气中浓度超标时，必须佩戴自吸过滤式防毒面具(半面罩)。紧急事态抢救或撤离时，应该佩戴空气呼吸器。		
眼睛防护	呼吸系统防护中已做防护。		
身体防护	穿胶布防毒衣。		
手防护	戴橡胶手套。		
其他防护	工作现场禁止吸烟、进食和饮水。工作完毕，淋浴更衣。保持良好的卫生习惯。		

品名：**甲基丙烯酸[稳定的]**	分子式：$C_4H_6O_2$	相态：固	
别名：异丁烯酸	分子量：86.1	外观与性状：无色结晶性粉末	
危险特性			
火灾危险性：可燃液体甲	爆炸物：无	皮肤腐蚀/刺激：类别 1	
腐蚀减薄：低分子有机酸腐蚀	金属腐蚀：无	易燃固体：无	
环境开裂：无	急性毒性：无		
其蒸气与空气可形成爆炸性混合物，遇明火、高热易引起燃烧爆炸。与氧化剂能发生强烈反应。若遇高热，可发生聚合反应，放出大量热量而引起容器破裂和爆炸事故。			
理化特性			
熔点：15.0℃	临界温度：无资料	爆炸上限：8.7%	引燃温度：400.0℃
沸点：160.5℃	临界压力：无资料	爆炸下限：1.6%	燃烧热：无资料
闪点：76.7℃	饱和蒸气压：0.13kPa(25℃)	相对密度($d_{水}=1$)：1.01	
溶解性	溶于水、乙醇、乙醚等多数有机溶剂。		
主要用途	用于有机合成，及聚合物制备。		
急救措施			
皮肤接触	立即脱去污染的衣着，用大量流动清水冲洗至少 15min。就医。		
眼睛接触	立即提起眼睑，用大量流动清水或生理盐水彻底冲洗至少 15min。就医。		
吸入	迅速脱离现场至空气新鲜处。保持呼吸道通畅。如呼吸困难，给输氧。如呼吸停止，立即进行人工呼吸。就医。		
食入	用水漱口，给饮牛奶或蛋清。就医。		
防护措施			
呼吸防护	空气中浓度超标时，佩戴直接式防毒面具(半面罩)。		
眼睛防护	戴化学安全防护眼镜。		
身体防护	穿防酸碱工作服。		
手防护	戴橡胶耐酸碱手套。		
其他防护	工作场所禁止吸烟、进食和饮水，饭前要洗手。工作完毕，淋浴更衣。注意个人清洁卫生。		

品名：**甲基丙烯酸甲酯[稳定的]**	分子式：$C_5H_8O_2$	相态：液
别名：牙托水；有机玻璃单体；异丁烯酸甲酯	分子量：100.1	外观与性状：无色易挥发液体，并具有强辣味

危险特性

火灾危险性：可燃液体甲 B	爆炸物：无	皮肤腐蚀/刺激：类别 2
腐蚀减薄：无	金属腐蚀：无	易燃液体：类别 2
环境开裂：无	急性毒性：无	

易燃，其蒸气与空气可形成爆炸性混合物，遇明火、高热能引起燃烧爆炸。在热、光和紫外线作用下易发生聚合，黏度逐渐增加，严重时整个容器的单体可全部发生不规则爆发性聚合。其蒸气比空气重，能在较低处扩散到相当远的地方，遇火源会着火回燃。

理化特性

熔点：−50.0℃	临界温度：无资料	爆炸上限：12.5%	引燃温度：435.0℃
沸点：101.0℃	临界压力：无资料	爆炸下限：2.1%	燃烧热：无资料
闪点：10.0℃	饱和蒸气压：3.90kPa(20℃)	相对密度($d_{水}=1$)：0.94	

溶解性	微溶于水，溶于乙醇等。
主要用途	用作有机玻璃的单体，也用于制造其他树脂、塑料、涂料、黏合剂、润滑剂、木材和软木的浸润剂、纸张上光剂等。

急救措施

皮肤接触	脱去污染的衣着，用肥皂水和清水彻底冲洗皮肤。
眼睛接触	提起眼睑，用流动清水或生理盐水冲洗。就医。
吸入	迅速脱离现场至空气新鲜处。保持呼吸道通畅。如呼吸困难，给输氧。如呼吸停止，立即进行人工呼吸。就医。
食入	饮足量温水，催吐。就医。

防护措施

呼吸防护	可能接触其蒸气时，应该佩戴自吸过滤式防毒面具。
眼睛防护	戴化学安全防护眼镜。
身体防护	穿防静电工作服。
手防护	戴橡胶耐油手套。
其他防护	工作现场严禁吸烟。工作完毕，淋浴更衣。注意个人清洁卫生。

品名：**甲基丙烯酸乙酯[稳定的]**	分子式：$C_6H_{10}O_2$	相态：液
别名：异丁烯酸乙酯	分子量：114.2	外观与性状：无色液体，易挥发，有刺激性

危险特性

火灾危险性：可燃液体甲 B	爆炸物：无	皮肤腐蚀/刺激：类别 2
腐蚀减薄：无	金属腐蚀：无	易燃液体：类别 2
环境开裂：无	急性毒性：无	

易燃，其蒸气与空气可形成爆炸性混合物，遇明火、高热能引起燃烧爆炸。在受热、光和紫外线的作用下易发生聚合，黏度逐渐增加，严重时整个容器的单体可全部发生不规则爆发性聚合。其蒸气比空气重，能在较低处扩散到相当远的地方，遇火源会着火回燃。

理化特性

熔点：−75.0℃	临界温度：无资料	爆炸上限：9.6%	引燃温度：410.0℃
沸点：118.0℃	临界压力：无资料	爆炸下限：1.8%	燃烧热：3356.3kJ/mol
闪点：15.0℃	饱和蒸气压：2.00kPa(20℃)	相对密度($d_{水}=1$)：0.91	

溶解性	微溶于水，可混溶于醇、醚。
主要用途	用于制备聚合物和共聚物、合成树脂、有机玻璃和涂料等。

急救措施

皮肤接触	脱去污染的衣着，用肥皂水和清水彻底冲洗皮肤。
眼睛接触	提起眼睑，用流动清水或生理盐水冲洗。就医。
吸入	迅速脱离现场至空气新鲜处。保持呼吸道通畅。如呼吸困难，给输氧。如呼吸停止，立即进行人工呼吸。就医。
食入	饮足量温水，催吐。就医。

防护措施

呼吸防护	可能接触其蒸气时，应该佩戴自吸过滤式防毒面具(半面罩)。
眼睛防护	戴化学安全防护眼镜。
身体防护	穿防静电工作服。
手防护	戴橡胶耐油手套。
其他防护	工作现场严禁吸烟。工作完毕，淋浴更衣。保持良好的卫生习惯。

品名：**甲基丙烯酸异丁酯[稳定的]**	分子式：$C_8H_{14}O_2$	相态：液
别名：无	分子量：142.2	外观与性状：无色液体
危险特性		
火灾危险性：可燃液体乙 B	爆炸物：无	皮肤腐蚀/刺激：类别 2
腐蚀减薄：无	金属腐蚀：无	易燃液体：类别 3
环境开裂：无	急性毒性：无	
易燃，在受热、光和紫外线的作用下易发生聚合，粘度逐渐增加，严重时整个容器的单体可全部发生不规则爆发性聚合。其蒸气比空气重，能在较低处扩散到相当远的地方，遇火源会着火回燃。		

理化特性			
熔点：-60.9℃	临界温度：无资料	爆炸上限：无资料	引燃温度：无资料
沸点：155.0℃	临界压力：无资料	爆炸下限：无资料	燃烧热：无资料
闪点：48.0℃	饱和蒸气压：0.48kPa(25℃)	相对密度($d_{水}=1$)：0.89	

溶解性	不溶于水，易溶于醇、醚。
主要用途	作为有机合成的单体，用于合成树脂、塑料和涂料等。
急救措施	
皮肤接触	脱去污染的衣着，用肥皂水和清水彻底冲洗皮肤。
眼睛接触	提起眼睑，用流动清水或生理盐水冲洗。就医。
吸入	迅速脱离现场至空气新鲜处。保持呼吸道通畅。如呼吸困难，给输氧。如呼吸停止，立即进行人工呼吸。就医。
食入	饮足量温水，催吐。就医。
防护措施	
呼吸防护	空气中浓度超标时，应该佩戴直接式防毒面具(半面罩)。必要时，佩戴导管式防毒面具或自给式呼吸器。
眼睛防护	必要时，戴化学安全防护眼镜。
身体防护	穿防静电工作服。
手防护	戴橡胶耐油手套。
其他防护	工作现场严禁吸烟。工作完毕，淋浴更衣。保持良好的卫生习惯。

品名：**甲基丙烯酸正丁酯[稳定的]**	分子式：$C_8H_{14}O_2$	相态：液
别名：无	分子量：142.2	外观与性状：无色、具有甜味和醋气味的液体
危险特性		
火灾危险性：可燃液体乙 A	爆炸物：无	皮肤腐蚀/刺激：类别 2
腐蚀减薄：无	金属腐蚀：无	易燃液体：类别 3
环境开裂：无	急性毒性：无	
易燃，遇明火、高热能引起燃烧爆炸。在受热、光和紫外线的作用下易发生聚合，黏度逐渐增加，严重时整个容器的单体可全部发生不规则爆发性聚合。		

理化特性			
熔点：-50.0℃	临界温度：无资料	爆炸上限：8.0%	引燃温度：259.0℃
沸点：160.0℃	临界压力：无资料	爆炸下限：2.0%	燃烧热：无资料
闪点：41.1℃	饱和蒸气压：0.30kPa(20℃)	相对密度($d_{水}=1$)：0.90	

溶解性	不溶于水，可混溶于醇、醚，溶于多数有机溶剂。
主要用途	用于有机合成，制造塑料、光学玻璃的粘结剂，纺织、皮革及造纸用助剂。
急救措施	
皮肤接触	脱去污染的衣着，用肥皂水和清水彻底冲洗皮肤。
眼睛接触	提起眼睑，用流动清水或生理盐水冲洗。就医。
吸入	迅速脱离现场至空气新鲜处。保持呼吸道通畅。如呼吸困难，给输氧。如呼吸停止，立即进行人工呼吸。就医。
食入	饮足量温水，催吐。就医。
防护措施	
呼吸防护	空气中浓度超标时，应该佩戴直接式防毒面具(半面罩)。必要时，佩戴导管式防毒面具或自给式呼吸器。
眼睛防护	戴化学安全防护眼镜。
身体防护	穿防静电工作服。
手防护	戴橡胶耐油手套。
其他防护	工作现场严禁吸烟。工作完毕，淋浴更衣。特别注意眼和呼吸道的防护。

品名：**3-甲基丁醛** 别名：异戊醛		分子式：$C_5H_{10}O$ 分子量：86.1	相态：液 外观与性状：无色液体，有苹果香味
危险特性			
火灾危险性：可燃液体甲 B 腐蚀减薄：无 环境开裂：无		爆炸物：无 金属腐蚀：无 急性毒性：无	皮肤腐蚀/刺激：类别 2 易燃液体：类别 2
易燃，其蒸气与空气可形成爆炸性混合物，遇明火、高热能引起燃烧爆炸。与氧化剂能发生强烈反应。其蒸气比空气重，能在较低处扩散到相当远的地方，遇火源会着火回燃。			
理化特性			
熔点：-51.0℃ 沸点：92.5℃ 闪点：-4.0℃	临界温度：无资料 临界压力：无资料 饱和蒸气压：6.66kPa(25℃)	爆炸上限：无资料 爆炸下限：无资料 相对密度($d_{水}=1$)：0.80	引燃温度：无资料 燃烧热：无资料
溶解性	微溶于水，溶于醇、醚。		
主要用途	用作食品原料、香精、试剂等。		
急救措施			
皮肤接触	脱去污染的衣着，用肥皂水和清水彻底冲洗皮肤。		
眼睛接触	提起眼睑，用流动清水或生理盐水冲洗。就医。		
吸入	迅速脱离现场至空气新鲜处。保持呼吸道通畅。如呼吸困难，给输氧。如呼吸停止，立即进行人工呼吸。就医。		
食入	饮足量温水，催吐。就医。		
防护措施			
呼吸防护	可能接触其蒸气时，应该佩戴过滤式防毒面具(半面罩)。		
眼睛防护	戴安全防护眼镜。		
身体防护	穿防静电工作服。		
手防护	戴橡胶手套。		
其他防护	工作现场禁止吸烟、进食和饮水。工作完毕，淋浴更衣。保持良好的卫生习惯。		

品名：**2-甲基丁烷** 别名：异戊烷		分子式：C_5H_{12} 分子量：72.2	相态：液 外观与性状：无色透明的易挥发液体，有令人愉快的芳香气味
危险特性			
火灾危险性：可燃液体甲 B 腐蚀减薄：无 环境开裂：无		爆炸物：无 金属腐蚀：无 急性毒性：无	皮肤腐蚀/刺激：无 易燃液体：类别 1
极易燃，其蒸气与空气可形成爆炸性混合物，遇明火、高热极易燃烧爆炸。与氧化剂接触发生强烈反应，甚至引起燃烧。其蒸气比空气重，能在较低处扩散到相当远的地方，遇火源会着火回燃。若遇高热，容器内压增大，有开裂和爆炸的危险。			
理化特性			
熔点：-159.4℃ 沸点：27.8℃ 闪点：-56.0℃	临界温度：187.8℃ 临界压力：3.33MPa 饱和蒸气压：79.31kPa(21.1℃)	爆炸上限：7.6% 爆炸下限：1.4% 相对密度($d_{水}=1$)：0.62	引燃温度：420.0℃ 燃烧热：3504.1kJ/mol
溶解性	不溶于水，可混溶于乙醇、乙醚等多数有机溶剂。		
主要用途	用于有机合成，也作溶剂。		
急救措施			
皮肤接触	脱去污染的衣着，用肥皂水和清水彻底冲洗皮肤。		
眼睛接触	提起眼睑，用流动清水或生理盐水冲洗。就医。		
吸入	迅速脱离现场至空气新鲜处。保持呼吸道通畅。如呼吸困难，给输氧。如呼吸停止，立即进行人工呼吸。就医。		
食入	饮足量温水，催吐。就医。		
防护措施			
呼吸防护	空气中浓度较高时，应该佩戴自吸过滤式防毒面具。		
眼睛防护	必要时，戴化学安全防护眼镜。		
身体防护	穿防静电工作服。		
手防护	戴橡胶耐油手套。		
其他防护	工作现场严禁吸烟。避免长期反复接触。		

品名：**甲基二氯硅烷** 别名：二氯甲基硅烷	分子式：CH_4Cl_2Si 分子量：115.0		相态：液 外观与性状：无色液体，具有刺鼻气味，易潮解
危险特性			
火灾危险性：可燃液体甲 B	爆炸物：无		皮肤腐蚀/刺激：类别 1
腐蚀减薄：无	金属腐蚀：无		易燃液体：类别 2
环境开裂：无	急性毒性：类别 2		
其蒸气与空气可形成爆炸性混合物，遇明火、高热能引起燃烧爆炸。遇水或水蒸气剧烈反应，放出的热量可导致其自燃，并放出有毒和腐蚀性的烟雾。与氧化剂接触猛烈反应。			
理化特性			
熔点：-90.6℃	临界温度：无资料	爆炸上限：55.0%	引燃温度：316.0℃
沸点：41.9℃	临界压力：无资料	爆炸下限：6.0%	燃烧热：无资料
闪点：-32.0℃	饱和蒸气压：46.78kPa(20℃)	相对密度($d_{水}=1$)：1.10	
溶解性	溶于苯、醚。		
主要用途	用于硅酮化合物的制造。		
急救措施			
皮肤接触	立即脱去污染的衣着，用大量流动清水冲洗至少 15min。就医。		
眼睛接触	立即提起眼睑，用大量流动清水或生理盐水彻底冲洗至少 15min。就医。		
吸入	迅速脱离现场至空气新鲜处。保持呼吸道通畅。如呼吸困难，给输氧。如呼吸停止，立即进行人工呼吸。就医。		
食入	用水漱口，给饮牛奶或蛋清。就医。		
防护措施			
呼吸防护	可能接触其蒸气时，应该佩戴自吸过滤式防毒面具(半面罩)。紧急事态抢救或撤离时，建议佩戴自给式呼吸器。		
眼睛防护	呼吸系统防护中已做防护。		
身体防护	穿胶布防毒衣。		
手防护	戴橡胶手套。		
其他防护	工作现场禁止吸烟、进食和饮水。工作完毕，淋浴更衣。保持良好的卫生习惯。		

品名：**2–甲基呋喃** 别名：无	分子式：C_5H_6O 分子量：82.1		相态：液 外观与性状：无色液本，有醚样气味，在空气中或阳光照射下变黄至黑色
危险特性			
火灾危险性：可燃液体甲 B	爆炸物：无		皮肤腐蚀/刺激：无
腐蚀减薄：无	金属腐蚀：无		易燃液体：类别 2
环境开裂：无	急性毒性：类别 2		
其蒸气与空气可形成爆炸性混合物，遇明火、高热极易燃烧爆炸。与氧化剂接触猛烈反应。接触空气或在光照条件下可生成具有潜在爆炸危险性的过氧化物。其蒸气比空气重，能在较低处扩散到相当远的地方，遇火源会着火回燃。若遇高热，容器内压增大，有开裂和爆炸的危险。			
理化特性			
熔点：-88.7℃	临界温度：254.9℃	爆炸上限：无资料	引燃温度：无资料
沸点：63.7℃	临界压力：无资料	爆炸下限：无资料	燃烧热：无资料
闪点：-30.0℃	饱和蒸气压：18.53kPa(20℃)	相对密度($d_{水}=1$)：0.91	
溶解性	微溶于水，可混溶于乙醇、乙醚、丙酮等。		
主要用途	用作溶剂、医药中间体。		
急救措施			
皮肤接触	脱去污染的衣着，用大量流动清水冲洗。		
眼睛接触	提起眼睑，用流动清水或生理盐水冲洗。就医。		
吸入	迅速脱离现场至空气新鲜处。保持呼吸道通畅。如呼吸困难，给输氧。如呼吸停止，立即进行人工呼吸。就医。		
食入	饮足量温水，催吐。就医。		
防护措施			
呼吸防护	空气中浓度超标时，必须佩戴自吸过滤式防毒面具(半面罩)。紧急事态抢救或撤离时，应该佩戴空气呼吸器。		
眼睛防护	戴化学安全防护眼镜。		
身体防护	穿防静电工作服。		
手防护	戴橡胶手套。		
其他防护	工作场所禁止吸烟、进食和饮水，饭前要洗手。工作完毕，淋浴更衣。保持良好的卫生习惯。		

品名：**2-甲基庚烷** 别名：无		分子式：C_8H_{18} 分子量：114.2	相态：液 外观与性状：无色液体，有汽油味
危险特性			
火灾危险性：可燃液体甲 B 腐蚀减薄：无 环境开裂：无		爆炸物：无 金属腐蚀：无 急性毒性：无	皮肤腐蚀/刺激：类别 2 易燃液体：类别 2
其蒸气与空气可形成爆炸性混合物，遇明火、高热极易燃烧爆炸。与氧化剂接触猛烈反应。流速过快，容易产生和积聚静电。若遇高热，容器内压增大，有开裂和爆炸的危险。			
理化特性			
熔点：-109.0℃ 沸点：117.6℃ 闪点：4.0℃	临界温度：无资料 临界压力：无资料 饱和蒸气压：无资料	爆炸上限：无资料 爆炸下限：无资料 相对密度($d_{水}=1$)：0.70	引燃温度：无资料 燃烧热：无资料
溶解性	不溶于水，可混溶于醇、酮、醚、氯仿。		
主要用途	用作分析试剂，也用于有机合成。		
急救措施			
皮肤接触	脱去污染的衣着，用流动清水冲洗。		
眼睛接触	提起眼睑，用流动清水或生理盐水冲洗。就医。		
吸入	迅速脱离现场至空气新鲜处。保持呼吸道通畅。如呼吸困难，给输氧。如呼吸停止，立即进行人工呼吸。就医。		
食入	饮足量温水，催吐。洗胃，导泄。就医。		
防护措施			
呼吸防护	空气中浓度超标时，必须佩戴自吸过滤式防毒面具(半面罩)。紧急事态抢救或撤离时，应该佩戴空气呼吸器。		
眼睛防护	戴化学安全防护眼镜。		
身体防护	穿防静电工作服。		
手防护	戴橡胶手套。		
其他防护	工作场所禁止吸烟、进食和饮水，饭前要洗手。工作完毕，淋浴更衣。保持良好的卫生习惯。		

品名：**4-甲基庚烷** 别名：无		分子式：C_8H_{18} 分子量：114.2	相态：液 外观与性状：无色液体，有汽油味
危险特性			
火灾危险性：可燃液体甲 B 腐蚀减薄：无 环境开裂：无		爆炸物：无 金属腐蚀：无 急性毒性：无	皮肤腐蚀/刺激：类别 2 易燃液体：类别 2
其蒸气与空气可形成爆炸性混合物，遇明火、高热极易燃烧爆炸。与氧化剂接触猛烈反应。流速过快，容易产生和积聚静电。若遇高热，容器内压增大，有开裂和爆炸的危险。			
理化特性			
熔点：-121.0℃ 沸点：122.2℃ 闪点：6.0℃	临界温度：无资料 临界压力：无资料 饱和蒸气压：无资料	爆炸上限：无资料 爆炸下限：无资料 相对密度($d_{水}=1$)：0.70	引燃温度：无资料 燃烧热：无资料
溶解性	不溶于水，可混溶于醇、酮、醚、氯仿。		
主要用途	用作分析试剂，也用于有机合成。		
急救措施			
皮肤接触	脱去污染的衣着，用大量流动清水冲洗。		
眼睛接触	提起眼睑，用流动清水或生理盐水冲洗。就医。		
吸入	迅速脱离现场至空气新鲜处。保持呼吸道通畅。如呼吸困难，给输氧。如呼吸停止，立即进行人工呼吸。就医。		
食入	饮足量温水，催吐。就医。		
防护措施			
呼吸防护	空气中浓度超标时，必须佩戴自吸过滤式防毒面具(半面罩)。紧急事态抢救或撤离时，应该佩戴空气呼吸器。		
眼睛防护	戴化学安全防护眼镜。		
身体防护	穿防静电工作服。		
手防护	戴橡胶手套。		
其他防护	工作场所禁止吸烟、进食和饮水，饭前要洗手。工作完毕，淋浴更衣。保持良好的卫生习惯。		

品名：**甲基环己酮**　分子式：$C_7H_{12}O$　相态：液
别名：无　分子量：112.2　外观与性状：无色或淡黄色液体，有类似丙酮或薄荷气味

危险特性

火灾危险性：可燃液体乙 B　爆炸物：无　皮肤腐蚀/刺激：类别 2
腐蚀减薄：无　金属腐蚀：无　易燃液体：类别 3
环境开裂：无　急性毒性：无

遇高热、明火或与氧化剂接触，有引起燃烧的危险。若遇高热，容器内压增大，有开裂和爆炸的危险。

理化特性

熔点：-20.0℃　临界温度：无资料　爆炸上限：无资料　引燃温度：无资料
沸点：169.0℃　临界压力：无资料　爆炸下限：无资料　燃烧热：无资料
闪点：46.0℃　饱和蒸气压：13.3kPa(55℃)　相对密度($d_{水}=1$)：0.91

溶解性	微溶于水，溶于乙醇、乙醚。
主要用途	用来代替环己酮作硝基喷漆的溶剂以及橡胶粘合剂及杀虫剂的溶剂。

急救措施

皮肤接触	脱去污染的衣着，用肥皂水及清水彻底冲洗。
眼睛接触	立即翻开上下眼睑，用流动清水冲洗 15min。就医。
吸入	脱离现场至空气新鲜处。注意保暖，静卧休息。就医。
食入	误服者用水漱口，饮足量温水，催吐，立即就医。

防护措施

呼吸防护	空气中浓度超标时，应该佩戴防毒面具。
眼睛防护	可能接触其蒸气时，戴化学安全防护眼镜。
身体防护	穿防静电工作服。
手防护	高浓度接触时，戴防护手套。
其他防护	工作现场严禁吸烟。避免长期反复接触。

品名：**甲基环己烷**　分子式：C_7H_{14}　相态：液
别名：六氢化甲苯；环己基甲烷　分子量：98.2　外观与性状：无色液体

危险特性

火灾危险性：可燃液体甲 B　爆炸物：无　皮肤腐蚀/刺激：类别 2
腐蚀减薄：无　金属腐蚀：无　易燃液体：类别 2
环境开裂：无　急性毒性：无

其蒸气与空气可形成爆炸性混合物，遇热源和明火有燃烧爆炸的危险。与氧化剂能发生强烈反应，引起燃烧或爆炸。在火场中，受热的容器有爆炸危险。高速冲击、流动、激荡后可因产生静电火花放电引起燃烧爆炸。其蒸气比空气重，能在较低处扩散到相当远的地方，遇火源会着火回燃。

理化特性

熔点：-126.4℃　临界温度：299.1℃　爆炸上限：6.7%　引燃温度：250.0℃
沸点：100.3℃　临界压力：3.48MPa　爆炸下限：1.2%　燃烧热：4563.7kJ/mol
闪点：-4.0℃　饱和蒸气压：5.73kPa(25℃)　相对密度($d_{水}=1$)：0.79

溶解性	不溶于水，溶于乙醇、乙醚、丙酮、苯、石油醚、四氯化碳等。
主要用途	用作溶剂、色谱分析标准物质，及作为校正温度计的标准，也用于有机合成。

急救措施

皮肤接触	立即脱去污染的衣着，用肥皂水和清水彻底冲洗皮肤。就医。
眼睛接触	提起眼睑，用流动清水或生理盐水冲洗。就医。
吸入	迅速脱离现场至空气新鲜处。保持呼吸道通畅。如呼吸困难，给输氧。如呼吸停止，立即进行人工呼吸。就医。
食入	饮足量温水，催吐。就医。

防护措施

呼吸防护	空气中浓度超标时，佩戴过滤式防毒面具(半面罩)。
眼睛防护	一般不需要特殊防护，高浓度接触时可戴化学安全防护眼镜。
身体防护	穿防静电工作服。
手防护	戴橡胶耐油手套。
其他防护	工作现场严禁吸烟。避免长期反复接触。

品名：**甲基环戊烷**	分子式：C_6H_{12}	相态：液
别名：无	分子量：84.2	外观与性状：无色液体，有刺激性气味
危险特性		
火灾危险性：可燃液体甲 B	爆炸物：无	皮肤腐蚀/刺激：无
腐蚀减薄：无	金属腐蚀：无	易燃液体：类别 2
环境开裂：无	急性毒性：无	
其蒸气与空气形成爆炸性混合物，遇热源明火有燃烧爆炸危险。与氧化剂发生强烈反应。在火场中，受热容器有爆炸危险。高速冲击、流动、激荡后可因产生静电火花放电引起燃烧爆炸。其蒸气比空气重，能在较低处扩散到相当远处，遇火源会着火回燃。		

理化特性			
熔点：-142.5℃	临界温度：259.5℃	爆炸上限：8.4%	引燃温度：258.0℃
沸点：71.8℃	临界压力：3.79MPa	爆炸下限：1.0%	燃烧热：3920.4kJ/mol
闪点：-18.0℃	饱和蒸气压：18.4kPa(25℃)	相对密度($d_{水}=1$)：0.75	

溶解性	不溶于水，溶于醇、乙醚、苯、丙酮等多数有机溶剂。
主要用途	用作溶剂及色谱分析标准物质，也用于有机合成。
急救措施	
皮肤接触	脱去污染的衣着，用肥皂水和清水彻底冲洗皮肤。
眼睛接触	提起眼睑，用流动清水或生理盐水冲洗。就医。
吸入	迅速脱离现场至空气新鲜处。保持呼吸道通畅。如呼吸困难，给输氧。如呼吸停止，立即进行人工呼吸。就医。
食入	饮足量温水，催吐。就医。
防护措施	
呼吸防护	空气中浓度超标时，佩戴过滤式防毒面具。
眼睛防护	戴化学安全防护眼镜。
身体防护	穿防静电工作服。
手防护	戴橡胶耐油手套。
其他防护	工作现场严禁吸烟。避免长期反复接触。

品名：**甲基磺酸**	分子式：CH_4O_2S	相态：液
别名：无	分子量：96.1	外观与性状：无色至淡黄色液体
危险特性		
火灾危险性：可燃液体丙 A	爆炸物：无	皮肤腐蚀/刺激：类别 1
腐蚀减薄：低分子有机酸腐蚀	金属腐蚀：无	易燃液体：无
环境开裂：无	急性毒性：无	
遇明火、高热可燃。受热分解为有毒的甲醛和二氧化硫。与氧化剂接触猛烈反应。		

理化特性			
熔点：20.0℃	临界温度：无资料	爆炸上限：无资料	引燃温度：无资料
沸点：167.0℃	临界压力：无资料	爆炸下限：无资料	燃烧热：无资料
闪点：110.0℃	饱和蒸气压：0.13kPa(20℃)	相对密度($d_{水}=1$)：1.48	

溶解性	溶于水、乙醇、乙醚，微溶于苯、甲苯。
主要用途	用作酯化催化剂、烷化剂，以及用于氧化反应。
急救措施	
皮肤接触	立即脱去污染的衣着，用大量流动清水冲洗至少 15min。就医。
眼睛接触	立即提起眼睑，用大量流动清水或生理盐水彻底冲洗至少 15min。就医。
吸入	迅速脱离现场至空气新鲜处。保持呼吸道通畅。如呼吸困难，给输氧。如呼吸停止，立即进行人工呼吸。就医。
食入	用水漱口，给饮牛奶或蛋清。就医。
防护措施	
呼吸防护	可能接触其粉尘时，必须佩戴防尘面具(半面罩)；可能接触其蒸气时，应该佩戴自吸过滤式防毒面具(半面罩)。
眼睛防护	呼吸系统防护中已做防护。
身体防护	穿橡胶耐酸碱服。
手防护	戴橡胶耐酸碱手套。
其他防护	工作完毕，淋浴更衣。注意个人清洁卫生。

品名：**3-甲基己烷** 别名：无		分子式：C_7H_{16} 分子量：100.2	相态：液 外观与性状：无色、有刺激性的液体
危险特性			
火灾危险性：可燃液体甲 B 腐蚀减薄：无 环境开裂：无		爆炸物：无 金属腐蚀：无 急性毒性：无	皮肤腐蚀/刺激：类别 2 易燃液体：类别 2
其蒸气与空气可形成爆炸性混合物，遇明火、高热极易燃烧爆炸。与氧化剂接触猛烈反应。流速过快，容易产生和积聚静电。其蒸气比空气重，能在较低处扩散到相当远的地方，遇火源会着火回燃。若遇高热，容器内压增大，有开裂和爆炸的危险。			
理化特性			
熔点：-119.0℃ 沸点：92.0℃ 闪点：-4.0℃	临界温度：无资料 临界压力：无资料 饱和蒸气压：无资料	爆炸上限：7.0% 爆炸下限：1.0% 相对密度($d_{水}=1$)：0.69	引燃温度：280.0℃ 燃烧热：无资料
溶解性	不溶于水，可混溶于醇、谜、酮、苯等。		
主要用途	用于有机合成，用作溶剂、气相色谱对比样品。		
急救措施			
皮肤接触	脱去污染的衣着，用大量流动清水冲洗。		
眼睛接触	提起眼睑，用流动清水或生理盐水冲洗。就医。		
吸入	迅速脱离现场至空气新鲜处。保持呼吸道通畅。如呼吸困难，给输氧。如呼吸停止，立即进行人工呼吸。就医。		
食入	饮足量温水，催吐。就医。		
防护措施			
呼吸防护	空气中浓度超标时，必须佩戴自吸过滤式防毒面具。紧急事态抢救或撤离时，应该佩戴空气呼吸器。		
眼睛防护	戴化学安全防护眼镜。		
身体防护	穿防静电工作服。		
手防护	戴橡胶耐油手套。		
其他防护	工作现场严禁吸烟。避免长期反复接触。		

品名：**甲基肼** 别名：一甲肼；甲基联氨		分子式：CH_6N_2 分子量：46.1	相态：液 外观与性状：无色液体，有氨的气味
危险特性			
火灾危险性：可燃液体甲 B 腐蚀减薄：无 环境开裂：氨应力腐蚀开裂		爆炸物：无 金属腐蚀：无 急性毒性：类别 1	皮肤腐蚀/刺激：类别 2 易燃液体：类别 1
易燃，其蒸气与空气可形成爆炸性混合物，遇明火、高热极易燃烧爆炸。在空气中遇尘土、石棉、木材等疏松性物质能自燃。遇过氧化氢或硝酸等氧化剂，也能自燃。高热时其蒸气能发生爆炸。具有腐蚀性。			
理化特性			
熔点：-20.9℃ 沸点：87.8℃ 闪点：-8.0℃	临界温度：无资料 临界压力：无资料 饱和蒸气压：6.61kPa(25℃)	爆炸上限：98.0% 爆炸下限：2.5% 相对密度($d_{水}=1$)：0.87	引燃温度：194.0℃ 燃烧热：无资料
溶解性	溶于水、乙醇、乙醚。		
主要用途	用作有机合成中间体、溶剂。		
急救措施			
皮肤接触	立即脱去污染的衣着，用大量流动清水冲洗至少 15min。就医。		
眼睛接触	立即提起眼睑，用大量流动清水或生理盐水彻底冲洗至少 15min。就医。		
吸入	迅速脱离现场至空气新鲜处。保持呼吸道通畅。如呼吸困难，给输氧。如呼吸停止，立即进行人工呼吸。就医。		
食入	用水漱口，给饮牛奶或蛋清。就医。		
防护措施			
呼吸防护	正常工作情况下，佩戴过滤式防毒面具(全面罩)。高浓度环境中，必须佩戴空气呼吸器、氧气呼吸器或长管面具。紧急事态抢救或撤离时，建议佩戴自给式呼吸器。		
眼睛防护	呼吸系统防护中已做防护。		
身体防护	穿连衣式胶布防毒衣。		
手防护	戴橡胶耐油手套。		
其他防护	工作现场禁止吸烟、进食和饮水。工作完毕，淋浴更衣。		

品名：**2-甲基喹啉**	分子式：$C_{10}H_9N$	相态：液
别名：无	分子量：143.2	外观与性状：无色油状液体

危险特性

火灾危险性：可燃液体丙 A	爆炸物：无	皮肤腐蚀/刺激：类别 2
腐蚀减薄：无	金属腐蚀：无	易燃液体：无
环境开裂：无	急性毒性：无	

可燃。受热分解放出有毒气体。

理化特性

熔点：-2.0℃	临界温度：无资料	爆炸上限：无资料	引燃温度：无资料
沸点：246.5℃	临界压力：无资料	爆炸下限：无资料	燃烧热：无资料
闪点：79.4℃	饱和蒸气压：1.33kPa(118℃)	相对密度($d_{水}=1$)：1.06	

溶解性	微溶于水，溶于乙醇、乙醚、丙酮、氯仿等多数有机溶剂。
主要用途	用于有机合成，也作测定溶剂。

急救措施

皮肤接触	脱去污染的衣着，用大量流动清水冲洗。
眼睛接触	提起眼睑，用流动清水或生理盐水冲洗。就医。
吸入	脱离现场至空气新鲜处。如呼吸困难，给输氧。就医。
食入	饮足量温水，催吐。就医。

防护措施

呼吸防护	空气中浓度超标时，必须佩戴自吸过滤式防毒面具(半面罩)。紧急事态抢救或撤离时，应该佩戴空气呼吸器。
眼睛防护	戴化学安全防护眼镜。
身体防护	穿防毒物渗透工作服。
手防护	戴橡胶耐油手套。
其他防护	工作现场禁止吸烟、进食和饮水。工作完毕，彻底清洗。工作服不准带至非作业场所。

品名：**2-甲基喹啉**	分子式：$C_{10}H_9N$	相态：液
别名：无	分子量：143.2	外观与性状：无色油状液体

危险特性

火灾危险性：可燃液体丙 A	爆炸物：无	皮肤腐蚀/刺激：类别 2
腐蚀减薄：无	金属腐蚀：无	易燃液体：无
环境开裂：无	急性毒性：无	

可燃。受热分解放出有毒气体。

理化特性

熔点：-2.0℃	临界温度：无资料	爆炸上限：无资料	引燃温度：无资料
沸点：246.5℃	临界压力：无资料	爆炸下限：无资料	燃烧热：无资料
闪点：79.4℃	饱和蒸气压：1.33kPa(118℃)	相对密度($d_{水}=1$)：1.06	

溶解性	微溶于水，溶于乙醇、乙醚、丙酮、氯仿等多数有机溶剂。
主要用途	用于有机合成，也作测定溶剂。

急救措施

皮肤接触	脱去污染的衣着，用大量流动清水冲洗。
眼睛接触	提起眼睑，用流动清水或生理盐水冲洗。就医。
吸入	脱离现场至空气新鲜处。如呼吸困难，给输氧。就医。
食入	饮足量温水，催吐。就医。

防护措施

呼吸防护	空气中浓度超标时，必须佩戴自吸过滤式防毒面具(半面罩)。紧急事态抢救或撤离时，应该佩戴空气呼吸器。
眼睛防护	戴化学安全防护眼镜。
身体防护	穿防毒物渗透工作服。
手防护	戴橡胶耐油手套。
其他防护	工作现场禁止吸烟、进食和饮水。工作完毕，彻底清洗。工作服不准带至非作业场所。保持良好的卫生习惯。

品名：**4-甲基喹啉** 别名：无	分子式：$C_{10}H_9N$ 分子量：143.2		相态：液 外观与性状：无色油状液体，遇光变成红棕色
危险特性			
火灾危险性：可燃液体丙A 腐蚀减薄：无 环境开裂：无	爆炸物：无 金属腐蚀：无 急性毒性：无		皮肤腐蚀/刺激：类别2 易燃液体：无
理化特性			
熔点：9.0℃ 沸点：262.0℃ 闪点：106.1℃	临界温度：无资料 临界压力：无资料 饱和蒸气压：无资料	爆炸上限：无资料 爆炸下限：无资料 相对密度($d_水=1$)：1.09	引燃温度：无资料 燃烧热：无资料
溶解性	微溶于水，溶于乙醇、苯、乙醚。		
主要用途	用于制备药物、染料等，也用作彩色电影胶片的增感剂。		
急救措施			
皮肤接触	立即脱去污染的衣着，用大量流动清水冲洗。就医。		
眼睛接触	立即提起眼睑，用大量流动清水或生理盐水彻底冲洗至少15min。就医。		
吸入	迅速脱离现场至空气新鲜处。保持呼吸道通畅。如呼吸困难，给输氧。如呼吸停止，立即进行人工呼吸。就医。		
食入	饮足量温水，催吐。就医。		
防护措施			
呼吸防护	空气中浓度超标时，必须佩戴自吸过滤式防毒面具(半面罩)。紧急事态抢救或撤离时，应该佩戴空气呼吸器。		
眼睛防护	戴化学安全防护眼镜。		
身体防护	穿防毒物渗透工作服。		
手防护	戴橡胶手套。		
其他防护	工作场所禁止吸烟、进食和饮水，饭前要洗手。工作完毕，淋浴更衣。保持良好的卫生习惯。		

品名：**6-甲基喹啉** 别名：无	分子式：$C_{10}H_9N$ 分子量：143.2		相态：液 外观与性状：淡黄色油状液体
危险特性			
火灾危险性：可燃液体丙A 腐蚀减薄：无 环境开裂：无	爆炸物：无 金属腐蚀：无 急性毒性：无		皮肤腐蚀/刺激：类别2 易燃液体：无
遇明火、高热可燃。与氧化剂可发生反应。受高热分解放出有毒的气体。若遇高热，容器内压增大，有开裂和爆炸的危险。			
理化特性			
熔点：-22.0℃ 沸点：258.6℃ 闪点：104.4℃	临界温度：无资料 临界压力：无资料 饱和蒸气压：无资料	爆炸上限：无资料 爆炸下限：无资料 相对密度($d_水=1$)：1.07	引燃温度：无资料 燃烧热：无资料
溶解性	微溶于水，溶于乙醇、乙醚。		
主要用途	用于有机合成。		
急救措施			
皮肤接触	立即脱去污染的衣着，用大量流动清水冲洗。就医。		
眼睛接触	立即提起眼睑，用大量流动清水或生理盐水彻底冲洗至少15min。就医。		
吸入	迅速脱离现场至空气新鲜处。保持呼吸道通畅。如呼吸困难，给输氧。如呼吸停止，立即进行人工呼吸。就医。		
食入	饮足量温水，催吐。就医。		
防护措施			
呼吸防护	空气中浓度超标时，必须佩戴自吸过滤式防毒面具(半面罩)。紧急事态抢救或撤离时，应该佩戴空气呼吸器。		
眼睛防护	戴化学安全防护眼镜。		
身体防护	穿防毒物渗透工作服。		
手防护	戴橡胶手套。		
其他防护	工作场所禁止吸烟、进食和饮水，饭前要洗手。工作完毕，淋浴更衣。保持良好的卫生习惯。		

品名：**7-甲基喹啉** 别名：无		分子式：$C_{10}H_9N$ 分子量：143.2	相态：液 外观与性状：淡黄色油状液体
危险特性			
火灾危险性：可燃液体丙 A 腐蚀减薄：无 环境开裂：无		爆炸物：无 金属腐蚀：无 急性毒性：无	皮肤腐蚀/刺激：类别 2 易燃液体：无
遇明火、高热可燃。与氧化剂可发生反应。受高热分解放出有毒的气体。若遇高热，容器内压增大，有开裂和爆炸的危险。			
理化特性			
熔点：35.0℃ 沸点：254.5℃ 闪点：104.4℃	临界温度：无资料 临界压力：无资料 饱和蒸气压：无资料	爆炸上限：无资料 爆炸下限：无资料 相对密度($d_{水}=1$)：1.06	引燃温度：无资料 燃烧热：无资料
溶解性	微溶于水，溶于乙醇、乙醚。		
主要用途	用于有机合成。		
急救措施			
皮肤接触	立即脱去污染的衣着，用大量流动清水冲洗。就医。		
眼睛接触	立即提起眼睑，用大量流动清水或生理盐水彻底冲洗至少 15min。就医。		
吸入	迅速脱离现场至空气新鲜处。保持呼吸道通畅。如呼吸困难，给输氧。如呼吸停止，立即进行人工呼吸。就医。		
食入	饮足量温水，催吐。就医。		
防护措施			
呼吸防护	空气中浓度超标时，必须佩戴自吸过滤式防毒面具(半面罩)。紧急事态抢救或撤离时，应该佩戴空气呼吸器。		
眼睛防护	戴化学安全防护眼镜。		
身体防护	穿防毒物渗透工作服。		
手防护	戴橡胶手套。		
其他防护	工作场所禁止吸烟、进食和饮水，饭前要洗手。工作完毕，淋浴更衣。保持良好的卫生习惯。		

品名：**8-甲基喹啉** 别名：无		分子式：$C_{10}H_9N$ 分子量：143.2	相态：液 外观与性状：淡黄色油状液体
危险特性			
火灾危险性：可燃液体丙 A 腐蚀减薄：无 环境开裂：无		爆炸物：无 金属腐蚀：无 急性毒性：无	皮肤腐蚀/刺激：类别 2 易燃液体：无
遇明火、高热可燃。与氧化剂可发生反应。受高热分解放出有毒的气体。若遇高热，容器内压增大，有开裂和爆炸的危险。			
理化特性			
熔点：-80.0℃ 沸点：247.5℃ 闪点：105.0℃	临界温度：无资料 临界压力：无资料 饱和蒸气压：无资料	爆炸上限：无资料 爆炸下限：无资料 相对密度($d_{水}=1$)：1.70	引燃温度：无资料 燃烧热：无资料
溶解性	微溶于水，溶于乙醇、乙醚。		
主要用途	用于有机合成。		
急救措施			
皮肤接触	立即脱去污染的衣着，用大量流动清水冲洗。就医。		
眼睛接触	立即提起眼睑，用大量流动清水或生理盐水彻底冲洗至少 15min。就医。		
吸入	迅速脱离现场至空气新鲜处。保持呼吸道通畅。如呼吸困难，给输氧。如呼吸停止，立即进行人工呼吸。就医。		
食入	饮足量温水，催吐。就医。		
防护措施			
呼吸防护	空气中浓度超标时，必须佩戴自吸过滤式防毒面具(半面罩)。紧急事态抢救或撤离时，应该佩戴空气呼吸器。		
眼睛防护	戴化学安全防护眼镜。		
身体防护	穿防毒物渗透工作服。		
手防护	戴橡胶手套。		
其他防护	工作场所禁止吸烟、进食和饮水，饭前要洗手。工作完毕，淋浴更衣。保持良好的卫生习惯。		

品名：***N*-甲基吗啉**		分子式：$C_5H_{11}NO$	相态：液
别名：无		分子量：101.2	外观与性状：无色液体，有氨的气味
危险特性			
火灾危险性：可燃液体甲 B		爆炸物：无	皮肤腐蚀/刺激：无
腐蚀减薄：无		金属腐蚀：无	易燃液体：类别 2
环境开裂：无		急性毒性：无	
易燃，遇高热、明火、氧化剂有引起燃烧的危险。受热分解放出有毒的氧化氮烟气。			
理化特性			
熔点：-66.0℃	临界温度：无资料	爆炸上限：无资料	引燃温度：无资料
沸点：115.4℃	临界压力：无资料	爆炸下限：无资料	燃烧热：无资料
闪点：24℃	饱和蒸气压：2.39kPa(20℃)	相对密度($d_{水}=1$)：0.92	
溶解性	与水混溶，溶于苯。		
主要用途	用作催化剂、萃取剂、氯竖的稳定剂、腐蚀抑制剂、分析试剂及药品制造等。		
急救措施			
皮肤接触	脱去污染的衣着，用肥皂水和清水彻底冲洗皮肤。		
眼睛接触	提起眼睑，用流动清水或生理盐水冲洗。就医。		
吸入	迅速脱离现场至空气新鲜处。保持呼吸道通畅。如呼吸困难，给输氧。如呼吸停止，立即进行人工呼吸。就医。		
食入	饮足量温水，催吐。就医。		
防护措施			
呼吸防护	可能接触其蒸气时，佩戴过滤式防毒面具(半面罩)。紧急事态抢救或撤离时，建议佩戴氧气呼吸器。		
眼睛防护	戴化学安全防护眼镜。		
身体防护	穿胶布防毒衣。		
手防护	戴橡胶耐油手套。		
其他防护	工作现场严禁吸烟。工作完毕，淋浴更衣。注意个人清洁卫生。		

品名：**1-甲基萘**		分子式：$C_{11}H_{10}$	相态：液
别名：α-甲基萘		分子量：142.2	外观与性状：无色油状液体，有类似萘的气味
危险特性			
火灾危险性：可燃液体丙 A		爆炸物：无	皮肤腐蚀/刺激：无
腐蚀减薄：无		金属腐蚀：无	易燃液体：无
环境开裂：无		急性毒性：无	
遇明火、高热易燃。燃烧时放出有毒的刺激性烟雾。与强氧化剂如铬酸酐、氯酸盐和高锰酸钾等接触，能发生强烈反应，引起燃烧或爆炸。			
理化特性			
熔点：-22.0℃	临界温度：无资料	爆炸上限：5.3%	引燃温度：529.0℃
沸点：242.8℃	临界压力：无资料	爆炸下限：0.8%	燃烧热：无资料
闪点：82.2℃	饱和蒸气压：无资料	相对密度($d_{水}=1$)：1.02	
溶解性	不溶于水，溶于乙醇、乙醚等多数有机溶剂。		
主要用途	用于有机合成、印染载体、热载体、增塑剂等。		
急救措施			
皮肤接触	脱去污染的衣着，用肥皂水和清水彻底冲洗皮肤。		
眼睛接触	提起眼睑，用流动清水或生理盐水冲洗。就医。		
吸入	迅速脱离现场至空气新鲜处。保持呼吸道通畅。如呼吸困难，给输氧。如呼吸停止，立即进行人工呼吸。就医。		
食入	饮足量温水，催吐。就医。		
防护措施			
呼吸防护	一般不需要特殊防护，高浓度接触时可佩戴自吸过滤式防毒面具。		
眼睛防护	必要时，戴安全防护眼镜。		
身体防护	穿一般作业防护服。		
手防护	戴一般作业防护手套。		
其他防护	工作现场禁止吸烟、进食和饮水。工作完毕，淋浴更衣。注意个人清洁卫生。		

品名：**2-甲基萘** 别名：β-甲基萘	分子式：$C_{11}H_{10}$ 分子量：142.2	相态：固 外观与性状：白色至浅黄色单斜晶体或熔融状固体
危险特性		
火灾危险性：可燃液体丙 A 腐蚀减薄：无 环境开裂：无	爆炸物：无 金属腐蚀：无 急性毒性：无	皮肤腐蚀/刺激：无 易燃固体：类别 2
遇明火、高热易燃。燃烧时放出有毒的刺激性烟雾。与强氧化剂如铬酸酐、氯酸盐和高锰酸钾等接触，能发生强烈反应，引起燃烧或爆炸。粉体与空气可形成爆炸性混合物，当达到一定浓度时，遇火星会发生爆炸。		
理化特性		
熔点：34.6℃ 沸点：241.1℃ 闪点：97.0℃	临界温度：无资料　爆炸上限：无资料 临界压力：无资料　爆炸下限：无资料 饱和蒸气压：无资料　相对密度($d_{水}=1$)：1.03	引燃温度：无资料 燃烧热：无资料
溶解性	不溶于水，溶于乙醇、乙醚等多数有机溶剂。	
主要用途	用于有机合成、杀虫剂、医药、染料中间体等。	
急救措施		
皮肤接触	脱去污染的衣着，用肥皂水和清水彻底冲洗皮肤。	
眼睛接触	提起眼睑，用流动清水或生理盐水冲洗。就医。	
吸入	迅速脱离现场至空气新鲜处。保持呼吸道通畅。如呼吸困难，给输氧。如呼吸停止，立即进行人工呼吸。就医。	
食入	饮足量温水，催吐。就医。	
防护措施		
呼吸防护	一般不需要特殊防护，高浓度接触时可佩戴自吸过滤式防毒面具。	
眼睛防护	必要时，戴安全防护眼镜。	
身体防护	穿一般作业防护服。	
手防护	戴一般作业防护手套。	
其他防护	工作现场禁止吸烟、进食和饮水。工作完毕，淋浴更衣。注意个人清洁卫生。	

品名：**2-甲基哌啶** 别名：2-甲基六氢吡啶	分子式：$C_6H_{13}N$ 分子量：99.2	相态：液 外观与性状：无色液体，有刺激性气味
危险特性		
火灾危险性：可燃液体甲 B 腐蚀减薄：无 环境开裂：无	爆炸物：无 金属腐蚀：无 急性毒性：无	皮肤腐蚀/刺激：类别 1 易燃液体：类别 2
易燃，遇高热、明火及强氧化剂易引起燃烧。受热分解放出有毒的氧化氮烟气。		
理化特性		
熔点：-4.2℃ 沸点：118.2℃ 闪点：8.0℃	临界温度：无资料　爆炸上限：无资料 临界压力：无资料　爆炸下限：无资料 饱和蒸气压：无资料　相对密度($d_{水}=1$)：0.84	引燃温度：无资料 燃烧热：无资料
溶解性	与水混溶。	
主要用途	用作有机合成的中间体。	
急救措施		
皮肤接触	脱去污染的衣着，用肥皂水和清水彻底冲洗皮肤。	
眼睛接触	提起眼睑，用流动清水或生理盐水冲洗。就医。	
吸入	迅速脱离现场至空气新鲜处。保持呼吸道通畅。如呼吸困难，给输氧。如呼吸停止，立即进行人工呼吸。就医。	
食入	饮足量温水，催吐。就医。	
防护措施		
呼吸防护	可能接触其蒸气时，佩戴过滤式防毒面具(半面罩)。紧急事态抢救或撤离时，建议佩戴氧气呼吸器。	
眼睛防护	戴化学安全防护眼镜。	
身体防护	穿防毒物渗透工作服。	
手防护	戴橡胶耐油手套。	
其他防护	工作现场禁止吸烟、进食和饮水。工作完毕，淋浴更衣。注意个人清洁卫生。	

品名：**3-甲基噻吩** 别名：甲基硫茂		分子式：C_5H_6S 分子量：98.2	相态：液 外观与性状：无色油状液体
危险特性			
火灾危险性：可燃液体甲 B 腐蚀减薄：硫酸腐蚀、高温硫化物腐蚀 环境开裂：连多硫酸应力腐蚀开裂		爆炸物：无 金属腐蚀：无 急性毒性：无	皮肤腐蚀/刺激：无 易燃液体：类别 2
其蒸气与空气可形成爆炸性混合物，遇明火、高热极易燃烧爆炸。与氧化剂接触猛烈反应。受高热分解产生有毒的硫化物烟气。流速过快，容易产生和积聚静电。若遇高热，容器内压增大，有开裂和爆炸的危险。			
理化特性			
熔点：-69.0℃ 沸点：115.4℃ 闪点：11.0℃	临界温度：无资料 临界压力：无资料 饱和蒸气压：5.64kPa(37.7℃)	爆炸上限：无资料 爆炸下限：无资料 相对密度($d_{水}=1$)：1.02	引燃温度：无资料 燃烧热：无资料
溶解性	不溶于水，可混溶于乙醇、乙醚、苯、丙酮、氯仿。		
主要用途	用于有机合成。		
急救措施			
皮肤接触	脱去污染的衣着，用流动清水冲洗。		
眼睛接触	提起眼睑，用流动清水或生理盐水冲洗。就医。		
吸入	脱离现场至空气新鲜处。如呼吸困难，给输氧。就医。		
食入	饮足量温水，催吐。就医。		
防护措施			
呼吸防护	空气中浓度超标时，必须佩戴自吸过滤式防毒面具(半面罩)。紧急事态抢救或撤离时，应该佩戴空气呼吸器。		
眼睛防护	戴化学安全防护眼镜。		
身体防护	穿防静电工作服。		
手防护	戴橡胶耐油手套。		
其他防护	工作现场严禁吸烟。工作完毕，淋浴更衣。注意个人清洁卫生。		

品名：**甲基三氯硅烷** 别名：三氯甲基硅烷		分子式：CH_3Cl_3Si 分子量：149.5	相态：液 外观与性状：无色液体，具有刺鼻恶臭，易潮解
危险特性			
火灾危险性：可燃液体甲 B 腐蚀减薄：无 环境开裂：无		爆炸物：无 金属腐蚀：无 急性毒性：无	皮肤腐蚀/刺激：类别 2 易燃液体：类别 2
易燃，遇明火、高热或与氧化剂接触，有引起燃烧爆炸的危险。受热或遇水分解放热，放出有毒的腐蚀性烟气。具有腐蚀性。			
理化特性			
熔点：-90.0℃ 沸点：1.3℃ 闪点：-9.0℃	临界温度：无资料 临界压力：无资料 饱和蒸气压：17.9kPa(20℃)	爆炸上限：20.0% 爆炸下限：7.6% 相对密度($d_{水}=1$)：1.28	引燃温度：490.0℃ 燃烧热：无资料
溶解性	溶于苯、醚。		
主要用途	用于制造硅酮化合物。		
急救措施			
皮肤接触	立即脱去污染的衣着，用大量流动清水冲洗至少 15min。就医。		
眼睛接触	立即提起眼睑，用大量流动清水或生理盐水彻底冲洗至少 15min。就医。		
吸入	迅速脱离现场至空气新鲜处。保持呼吸道通畅。如呼吸困难，给输氧。如呼吸停止，立即进行人工呼吸。就医。		
食入	用水漱口，给饮牛奶或蛋清。就医。		
防护措施			
呼吸防护	可能接触其蒸气时，应该佩戴自吸过滤式防毒面具(半面罩)。紧急事态抢救或撤离时，建议佩戴自给式呼吸器。		
眼睛防护	呼吸系统防护中已做防护。		
身体防护	穿胶布防毒衣。		
手防护	戴橡胶耐油手套。		
其他防护	工作现场严禁吸烟。工作完毕，淋浴更衣。注意个人清洁卫生。		

品名：**甲基叔丁基醚**		分子式：$C_5H_{12}O$	相态：液
别名：2-甲氧基-2-甲基丙烷；MTBE		分子量：88.2	外观与性状：无色液体，具有醚样气味
危险特性			
火灾危险性：可燃液体甲 B		爆炸物：无	皮肤腐蚀/刺激：类别 2
腐蚀减薄：无		金属腐蚀：无	易燃液体：类别 2
环境开裂：无		急性毒性：无	
易燃，其蒸气与空气可形成爆炸性混合物，遇明火、高热或与氧化剂接触，有引起燃烧爆炸的危险。与氧化剂接触猛烈反应。其蒸气比空气重，能在较低处扩散到相当远的地方，遇火源会着火回燃。			

理化特性			
熔点：-109.0℃	临界温度：无资料	爆炸上限：15.1%	引燃温度：无资料
沸点：53.0℃	临界压力：无资料	爆炸下限：1.6%	燃烧热：3360.7kJ/mol
闪点：-10.0℃	饱和蒸气压：27.00kPa(20℃)	相对密度($d_{水}=1$)：0.76	

溶解性	不溶于水。
主要用途	用作汽油添加剂。
急救措施	
皮肤接触	脱去污染的衣着，用肥皂水和清水彻底冲洗皮肤。
眼睛接触	提起眼睑，用流动清水或生理盐水冲洗。就医。
吸入	迅速脱离现场至空气新鲜处。保持呼吸道通畅。如呼吸困难，给输氧。如呼吸停止，立即进行人工呼吸。就医。
食入	饮足量温水，催吐。就医。
防护措施	
呼吸防护	可能接触其蒸气时，佩戴过滤式防毒面具(半面罩)。
眼睛防护	戴化学安全防护眼镜。
身体防护	穿防静电工作服。
手防护	戴橡胶耐油手套。
其他防护	工作现场严禁吸烟。工作完毕，淋浴更衣。

品名：**2-甲基四氢呋喃**		分子式：$C_5H_{10}O$	相态：液
别名：四氢-2-甲基呋喃		分子量：86.1	外观与性状：无色挥发性液体，有类似醚的气味
危险特性			
火灾危险性：可燃液体甲 B		爆炸物：无	皮肤腐蚀/刺激：无
腐蚀减薄：无		金属腐蚀：无	易燃液体：类别 2
环境开裂：无		急性毒性：无	
其蒸气与空气可形成爆炸性混合物，遇明火、高热极易燃烧爆炸。与氧化剂接触猛烈反应。流速过快，容易产生和积聚静电。其蒸气比空气重，能在较低处扩散到相当远的地方，遇火源会着火回燃。若遇高热，容器内压增大，有开裂和爆炸的危险。			

理化特性			
熔点：-136.0℃	临界温度：263.9℃	爆炸上限：无资料	引燃温度：无资料
沸点：80.2℃	临界压力：无资料	爆炸下限：无资料	燃烧热：无资料
闪点：-11.0℃	饱和蒸气压：无资料	相对密度($d_{水}=1$)：0.85	

溶解性	微溶于水，可混溶于多数有机溶剂。
主要用途	用作合成药物磷酸氯喹、磷酸伯氨喹等的原料，也可用作溶剂。
急救措施	
皮肤接触	脱去污染的衣着，用大量流动清水冲洗。
眼睛接触	提起眼睑，用流动清水或生理盐水冲洗。就医。
吸入	脱离现场至空气新鲜处。如呼吸困难，给输氧。就医。
食入	饮足量温水，催吐。就医。
防护措施	
呼吸防护	空气中浓度超标时，必须佩戴自吸过滤式防毒面具(半面罩)。紧急事态抢救或撤离时，应该佩戴空气呼吸器。
眼睛防护	戴化学安全防护眼镜。
身体防护	穿防静电工作服。
手防护	戴橡胶耐油手套。
其他防护	工作现场严禁吸烟。工作完毕，淋浴更衣。保持良好的卫生习惯。

品名：**1-甲基戊醇** 别名：仲己醇；2-己醇		分子式：$C_6H_{14}O$ 分子量：102.2	相态：液 外观与性状：无色液体
危险特性			
火灾危险性：可燃液体乙 B 腐蚀减薄：无 环境开裂：无		爆炸物：无 金属腐蚀：无 急性毒性：无	皮肤腐蚀/刺激：无 易燃液体：类别 3
易燃，遇明火、高热或与氧化剂接触，有引起燃烧爆炸的危险。受热放出辛辣的腐蚀性烟雾。			
理化特性			
熔点：-22.9℃ 沸点：140.0℃ 闪点：58.0℃	临界温度：无资料 临界压力：无资料 饱和蒸气压：0.13kPa(14.6℃)	爆炸上限：无资料 爆炸下限：无资料 相对密度($d_{水}=1$)：0.82	引燃温度：无资料 燃烧热：无资料
溶解性	不溶于水，可混溶于乙醇、乙醚。		
主要用途	用作溶剂。		
急救措施			
皮肤接触	脱去污染的衣着，用肥皂水和清水彻底冲洗皮肤。		
眼睛接触	提起眼睑，用流动清水或生理盐水冲洗。就医。		
吸入	迅速脱离现场至空气新鲜处。保持呼吸道通畅。如呼吸困难，给输氧。如呼吸停止，立即进行人工呼吸。就医。		
食入	饮足量温水，催吐。就医。		
防护措施			
呼吸防护	空气中浓度超标时，佩戴自吸过滤式防毒面具(半面罩)。		
眼睛防护	戴安全防护眼镜。		
身体防护	穿防静电工作服。		
手防护	戴一般作业防护手套。		
其他防护	工作现场严禁吸烟。保持良好的卫生习惯。		

品名：**4-甲基戊腈** 别名：异戊基氰；氰化异戊烷；异己腈		分子式：$C_6H_{11}N$ 分子量：97.2	相态：液 外观与性状：无色液体
危险特性			
火灾危险性：可燃液体乙 B 腐蚀减薄：无 环境开裂：无		爆炸物：无 金属腐蚀：类别 急性毒性：类别 2	皮肤腐蚀/刺激：无 易燃液体：类别 3
遇明火易燃。受高热分解放出有毒的气体。在火场中，受热的容器有爆炸危险。			
理化特性			
熔点：-51.0℃ 沸点：155.0℃ 闪点：无资料	临界温度：无资料 临界压力：无资料 饱和蒸气压：101.44kPa(156℃)	爆炸上限：无资料 爆炸下限：无资料 相对密度($d_{水}=1$)：0.80	引燃温度：无资料 燃烧热：无资料
溶解性	不溶于水，可混溶于乙醇、乙醚。		
主要用途	用于有机合成。		
急救措施			
皮肤接触	立即脱去污染的衣着，用大量流动清水冲洗。就医。		
眼睛接触	提起眼睑，用流动清水或生理盐水冲洗。就医。		
吸入	迅速脱离现场至空气新鲜处。保持呼吸道通畅。如呼吸困难，给输氧。呼吸心跳停止时，立即进行人工呼吸(勿用口对口)和胸外心脏按压术。给吸入亚硝酸异戊酯，就医。		
食入	饮足量温水，催吐。用 1：5000 高锰酸钾或 5%硫代硫酸钠溶液洗胃。就医。		
防护措施			
呼吸防护	空气中浓度较高时，应该佩戴过滤式防毒面具(半面罩)。紧急事态抢救或逃生时，建议佩戴空气呼吸器。		
眼睛防护	戴化学安全防护眼镜。		
身体防护	穿防毒物渗透工作服。		
手防护	戴橡胶耐油手套。		
其他防护	工作现场禁止吸烟、进食和饮水。工作完毕，彻底清洗。单独存放被毒物污染的衣服，洗后备用。车间应配备急救设备及药品。作业人员应学会自救互救。		

品名：**2-甲基戊醛** 别名：α-甲基戊醛		分子式：$C_6H_{12}O$ 分子量：100.2	相态：液 外观与性状：无色液体，有果香味
危险特性			
火灾危险性：可燃液体甲 B 腐蚀减薄：无 环境开裂：无		爆炸物：无 金属腐蚀：无 急性毒性：无	皮肤腐蚀/刺激：无 易燃液体：类别 2
其蒸气与空气可形成爆炸性混合物，遇明火、高热能引起燃烧爆炸。与氧化剂可发生反应。容易自聚，聚合反应随着温度的上升而急骤加剧。其蒸气比空气重，能在较低处扩散到相当远的地方，遇火源会着火回燃。若遇高热，容器内压增大，有开裂和爆炸的危险。			
理化特性			
熔点：119.0℃ 沸点：118.3℃ 闪点：13.0℃	临界温度：无资料 临界压力：无资料 饱和蒸气压：无资料	爆炸上限：无资料 爆炸下限：无资料 相对密度($d_{水}=1$)：0.81	引燃温度：199.0℃ 燃烧热：无资料
溶解性	微溶于水，可混溶于乙醇及其他。		
主要用途	用于合成镇定药物、增塑剂、颜料、树脂和杀虫剂。		
急救措施			
皮肤接触	立即脱去污染的衣着，用大量流动清水冲洗。就医。		
眼睛接触	提起眼睑，用流动清水或生理盐水冲洗。就医。		
吸入	迅速脱离现场至空气新鲜处。保持呼吸道通畅。如呼吸困难，给输氧。如呼吸停止，立即进行人工呼吸。就医。		
食入	饮足量温水，催吐。就医。		
防护措施			
呼吸防护	空气中浓度超标时，必须佩戴自吸过滤式防毒面具(半面罩)。紧急事态抢救或撤离时，应该佩戴空气呼吸器。		
眼睛防护	戴化学安全防护眼镜。		
身体防护	穿防静电工作服。		
手防护	戴橡胶手套。		
其他防护	工作场所禁止吸烟、进食和饮水，饭前要洗手。工作完毕，淋浴更衣。保持良好的卫生习惯。		

品名：**2-甲基戊烷** 别名：异己烷		分子式：C_6H_{14} 分子量：86.2	相态：液 外观与性状：无色透明液体
危险特性			
火灾危险性：可燃液体甲 B 腐蚀减薄：无 环境开裂：无		爆炸物：无 金属腐蚀：无 急性毒性：无	皮肤腐蚀/刺激：类别 2 易燃液体：类别 2
极易燃，其蒸气与空气可形成爆炸性混合物，遇明火、高热极易燃烧爆炸。与氧化剂接触发生强烈反应，甚至引起燃烧。在火场中，受热的容器有爆炸危险。其蒸气比空气重，能在较低处扩散到相当远的地方，遇火源会着火回燃。			
理化特性			
熔点：-153.0℃ 沸点：60.0℃ 闪点：-20.0℃	临界温度：224.3℃ 临界压力：3.10MPa 饱和蒸气压：53.32kPa(41.6℃)	爆炸上限：7.0% 爆炸下限：1.2% 相对密度($d_{水}=1$)：0.65	引燃温度：300.0℃ 燃烧热：4153.7kJ/mol
溶解性	不溶于水，溶于乙醇、乙醚、苯等多数有机溶剂。		
主要用途	用作溶剂、有机合成中间体、化学试剂。		
急救措施			
皮肤接触	脱去污染的衣着，用肥皂水和清水彻底冲洗皮肤。		
眼睛接触	提起眼睑，用流动清水或生理盐水冲洗。就医。		
吸入	迅速脱离现场至空气新鲜处。保持呼吸道通畅。如呼吸困难，给输氧。如呼吸停止，立即进行人工呼吸。就医。		
食入	饮足量温水，催吐。就医。		
防护措施			
呼吸防护	空气中浓度超标时，佩戴自吸过滤式防毒面具(半面罩)。		
眼睛防护	一般不需要特殊防护，高浓度接触时可戴化学安全防护眼镜。		
身体防护	穿防静电工作服。		
手防护	戴橡胶耐油手套。		
其他防护	工作现场严禁吸烟。避免长期反复接触。		

<table>
<tr><td colspan="2">品名：2-甲基戊烷
别名：异己烷</td><td>分子式：C_6H_{14}
分子量：86.2</td><td colspan="2">相态：液
外观与性状：无色透明液体</td></tr>
<tr><td colspan="5">危险特性</td></tr>
<tr><td colspan="2">火灾危险性：可燃液体甲 B
腐蚀减薄：无
环境开裂：无</td><td>爆炸物：无
金属腐蚀：无
急性毒性：无</td><td colspan="2">皮肤腐蚀/刺激：类别 2
易燃液体：类别 2</td></tr>
<tr><td colspan="5">极易燃，其蒸气与空气可形成爆炸性混合物，遇明火、高热极易燃烧爆炸。与氧化剂接触发生强烈反应，甚至引起燃烧。在火场中，受热的容器有爆炸危险。其蒸气比空气重，能在较低处扩散到相当远的地方，遇火源会着火回燃。</td></tr>
<tr><td colspan="5">理化特性</td></tr>
<tr><td colspan="2">熔点：-153.0℃
沸点：60.0℃
闪点：-20.0℃</td><td>临界温度：224.3℃
临界压力：3.10MPa
饱和蒸气压：53.32kPa(41.6℃)</td><td>爆炸上限：7.0%
爆炸下限：1.2%
相对密度($d_{水}=1$)：0.65</td><td>引燃温度：300.0℃
燃烧热：4153.7kJ/mol</td></tr>
<tr><td>溶解性</td><td colspan="4">不溶于水，溶于乙醇、乙醚、苯等多数有机溶剂。</td></tr>
<tr><td>主要用途</td><td colspan="4">用作溶剂、有机合成中间体、化学试剂。</td></tr>
<tr><td colspan="5">急救措施</td></tr>
<tr><td>皮肤接触</td><td colspan="4">脱去污染的衣着，用肥皂水和清水彻底冲洗皮肤。</td></tr>
<tr><td>眼睛接触</td><td colspan="4">提起眼睑，用流动清水或生理盐水冲洗。就医。</td></tr>
<tr><td>吸入</td><td colspan="4">迅速脱离现场至空气新鲜处。保持呼吸道通畅。如呼吸困难，给输氧。如呼吸停止，立即进行人工呼吸。就医。</td></tr>
<tr><td>食入</td><td colspan="4">饮足量温水，催吐。就医。</td></tr>
<tr><td colspan="5">防护措施</td></tr>
<tr><td>呼吸防护</td><td colspan="4">空气中浓度超标时，佩戴自吸过滤式防毒面具(半面罩)。</td></tr>
<tr><td>眼睛防护</td><td colspan="4">一般不需要特殊防护，高浓度接触时可戴化学安全防护眼镜。</td></tr>
<tr><td>身体防护</td><td colspan="4">穿防静电工作服。</td></tr>
<tr><td>手防护</td><td colspan="4">戴橡胶耐油手套。</td></tr>
<tr><td>其他防护</td><td colspan="4">工作现场严禁吸烟。避免长期反复接触。</td></tr>
</table>

<table>
<tr><td colspan="2">品名：3-甲基戊烷
别名：无</td><td>分子式：C_6H_{14}
分子量：86.2</td><td colspan="2">相态：液
外观与性状：无色透明液体</td></tr>
<tr><td colspan="5">危险特性</td></tr>
<tr><td colspan="2">火灾危险性：可燃液体甲 B
腐蚀减薄：无
环境开裂：无</td><td>爆炸物：无
金属腐蚀：无
急性毒性：无</td><td colspan="2">皮肤腐蚀/刺激：类别 2
易燃液体：类别 2</td></tr>
<tr><td colspan="5">其蒸气与空气可形成爆炸性混合物，遇热源和明火有燃烧爆炸的危险。与氧化剂接触发生化学反应或引起燃烧。其蒸气比空气重，能在较低处扩散到相当远的地方，遇火源会着火回燃。</td></tr>
<tr><td colspan="5">理化特性</td></tr>
<tr><td colspan="2">熔点：-118.0℃
沸点：63.3℃
闪点：-6.6℃</td><td>临界温度：231.5℃
临界压力：3.12MPa
饱和蒸气压：20.50kPa(25℃)</td><td>爆炸上限：7.0%
爆炸下限：1.0%
相对密度($d_{水}=1$)：0.66</td><td>引燃温度：306.0℃
燃烧热：4155.5kJ/mol</td></tr>
<tr><td>溶解性</td><td colspan="4">不溶于水，微溶于乙醚、丙酮、苯，溶于乙醇。</td></tr>
<tr><td>主要用途</td><td colspan="4">用于有机合成及用作溶剂。</td></tr>
<tr><td colspan="5">急救措施</td></tr>
<tr><td>皮肤接触</td><td colspan="4">脱去污染的衣着，用肥皂水和清水彻底冲洗皮肤。</td></tr>
<tr><td>眼睛接触</td><td colspan="4">提起眼睑，用流动清水或生理盐水冲洗。就医。</td></tr>
<tr><td>吸入</td><td colspan="4">迅速脱离现场至空气新鲜处。保持呼吸道通畅。如呼吸困难，给输氧。如呼吸停止，立即进行人工呼吸。就医。</td></tr>
<tr><td>食入</td><td colspan="4">饮足量温水，催吐。就医。</td></tr>
<tr><td colspan="5">防护措施</td></tr>
<tr><td>呼吸防护</td><td colspan="4">空气中浓度超标时，佩戴自吸过滤式防毒面具(半面罩)。</td></tr>
<tr><td>眼睛防护</td><td colspan="4">一般不需要特殊防护，高浓度接触时可戴化学安全防护眼镜。</td></tr>
<tr><td>身体防护</td><td colspan="4">穿防静电工作服。</td></tr>
<tr><td>手防护</td><td colspan="4">戴橡胶耐油手套。</td></tr>
<tr><td>其他防护</td><td colspan="4">工作现场严禁吸烟。避免长期反复接触。</td></tr>
</table>

品名：**2-甲基烯丙醇**		分子式：C_4H_8O		相态：液	
别名：异丁烯醇异丁烯醇		分子量：72.1		外观与性状：无色液体	
危险特性					
火灾危险性：可燃液体乙 A		爆炸物：无		皮肤腐蚀/刺激：无	
腐蚀减薄：无		金属腐蚀：无		易燃液体：类别 3	
环境开裂：无		急性毒性：无			
其蒸气与空气可形成爆炸性混合物，遇明火、高热能引起燃烧爆炸。与氧化剂发生反应。容易自聚，聚合反应随着温度上升而急骤加剧。蒸气比空气重，能在较低处扩散到相当远的地方，遇火源会着火回燃。若遇高热，容器内压增大，有开裂和爆炸的危险。					
理化特性					
熔点：-50.0℃	临界温度：无资料		爆炸上限：无资料		引燃温度：无资料
沸点：113.0℃	临界压力：无资料		爆炸下限：无资料		燃烧热：无资料
闪点：33.0℃	饱和蒸气压：无资料		相对密度($d_{水}=1$)：0.85		
溶解性	易溶于水，可混溶于乙醇、乙醚。				
主要用途	用作有机合成中间体。				
急救措施					
皮肤接触	立即脱去污染的衣着，用大量流动清水冲洗。就医。				
眼睛接触	提起眼睑，用流动清水或生理盐水冲洗。就医。				
吸入	迅速脱离现场至空气新鲜处。保持呼吸道通畅。如呼吸困难，给输氧。如呼吸停止，立即进行人工呼吸。就医。				
食入	饮足量温水，催吐。就医。				
防护措施					
呼吸防护	空气中浓度超标时，必须佩戴自吸过滤式防毒面具(半面罩)。紧急事态抢救或撤离时，应该佩戴空气呼吸器。				
眼睛防护	戴化学安全防护眼镜。				
身体防护	穿防静电工作服。				
手防护	戴橡胶手套。				
其他防护	工作场所禁止吸烟、进食和饮水，饭前要洗手。工作完毕，淋浴更衣。保持良好的卫生习惯。				

品名：**2-甲基己烷**		分子式：C_7H_{16}		相态：液	
别名：无		分子量：100.2		外观与性状：无色油状液体	
危险特性					
火灾危险性：可燃液体甲 B		爆炸物：无		皮肤腐蚀/刺激：类别 2	
腐蚀减薄：无		金属腐蚀：无		易燃液体：类别 2	
环境开裂：无		急性毒性：无			
其蒸气与空气可形成爆炸性混合物，遇明火、高热极易燃烧爆炸。与氧化剂接触猛烈反应。流速过快，容易产生和积聚静电。其蒸气比空气重，能在较低处扩散到相当远的地方，遇火源会着火回燃。若遇高热，容器内压增大，有开裂和爆炸的危险。					
理化特性					
熔点：-118.2℃	临界温度：无资料		爆炸上限：6.0%		引燃温度：无资料
沸点：90.0℃	临界压力：无资料		爆炸下限：1.0%		燃烧热：4810.0kJ/mol
闪点：-3.0℃	饱和蒸气压：5.33kPa(14.9℃)		相对密度($d_{水}=1$)：0.68		
溶解性	不溶于水，可混溶于醇、醚、酮、苯等。				
主要用途	用作气相色谱对比样品。				
急救措施					
皮肤接触	脱去污染的衣着，用大量流动清水冲洗。				
眼睛接触	提起眼睑，用流动清水或生理盐水冲洗。就医。				
吸入	迅速脱离现场至空气新鲜处。保持呼吸道通畅。如呼吸困难，给输氧。如呼吸停止，立即进行人工呼吸。就医。				
食入	饮足量温水，催吐。就医。				
防护措施					
呼吸防护	空气中浓度超标时，必须佩戴自吸过滤式防毒面具(半面罩)。紧急事态抢救或撤离时，应该佩戴空气呼吸器。				
眼睛防护	戴化学安全防护眼镜。				
身体防护	穿防静电工作服。				
手防护	戴橡胶手套。				
其他防护	工作场所禁止吸烟、进食和饮水，饭前要洗手。工作完毕，淋浴更衣。保持良好的卫生习惯。				

品名：**甲基异丙基苯** 别名：伞花烃	分子式：$C_{10}H_{14}$ 分子量：134.2		相态：液 外观与性状：无色、透明液体，有芳香气味
危险特性			
火灾危险性：可燃液体乙B 腐蚀减薄：无 环境开裂：无	爆炸物：无 金属腐蚀：无 急性毒性：无		皮肤腐蚀/刺激：无 易燃液体：类别3
其蒸气与空气可形成爆炸性混合物，遇明火、高热能引起燃烧爆炸。与氧化剂可发生反应。流速过快，容易产生和积聚静电。若遇高热，容器内压增大，有开裂和爆炸的危险。			
理化特性			
熔点：-67.9℃ 沸点：177.1℃ 闪点：47.0℃	临界温度：380.0℃ 临界压力：无资料 饱和蒸气压：0.20kPa(25℃)	爆炸上限：5.6% 爆炸下限：0.7% 相对密度($d_{水}=1$)：0.86	引燃温度：436.0℃ 燃烧热：无资料
溶解性	不溶于水，溶于乙醇、乙醚、丙酮、氯仿。		
主要用途	用于有机合成及配制油漆稀释剂。		
急救措施			
皮肤接触	脱去污染的衣着，用大量流动清水冲洗。		
眼睛接触	提起眼睑，用流动清水或生理盐水冲洗。就医。		
吸入	脱离现场至空气新鲜处。如呼吸困难，给输氧。就医。		
食入	饮足量温水，催吐。就医。		
防护措施			
呼吸防护	空气中浓度超标时，必须佩戴自吸过滤式防毒面具。紧急事态抢救或撤离时，应该佩戴空气呼吸器。		
眼睛防护	戴化学安全防护眼镜。		
身体防护	穿防毒物渗透工作服。		
手防护	戴橡胶耐油手套。		
其他防护	工作现场禁止吸烟、进食和饮水。工作完毕，淋浴更衣。保持良好的卫生习惯。		

品名：**1-甲基异喹啉** 别名：无	分子式：$C_{10}H_{9}N$ 分子量：143.2		相态：固 外观与性状：黄色液体或结晶
危险特性			
火灾危险性：可燃液体丙A 腐蚀减薄：无 环境开裂：无	爆炸物：无 金属腐蚀：无 急性毒性：无		皮肤腐蚀/刺激：类别2 易燃液体：无
遇明火、高热可燃。与氧化剂可发生反应。受高热分解放出有毒的气体。若遇高热，容器内压增大，有开裂和爆炸的危险。			
理化特性			
熔点：10.0℃ 沸点：248.0℃ 闪点：106.8℃	临界温度：无资料 临界压力：无资料 饱和蒸气压：无资料	爆炸上限：无资料 爆炸下限：无资料 相对密度($d_{水}=1$)：1.08	引燃温度：无资料 燃烧热：无资料
溶解性	难溶于水，溶于乙醇、丙酮、苯。		
主要用途	用于有机合成。		
急救措施			
皮肤接触	脱去污染的衣着，用大量流动清水冲洗。		
眼睛接触	提起眼睑，用流动清水或生理盐水冲洗。就医。		
吸入	迅速脱离现场至空气新鲜处。保持呼吸道通畅。如呼吸困难，给输氧。如呼吸停止，立即进行人工呼吸。就医。		
食入	饮足量温水，催吐。就医。		
防护措施			
呼吸防护	空气中浓度超标时，必须佩戴自吸过滤式防毒面具(半面罩)。紧急事态抢救或撤离时，应该佩戴空气呼吸器。		
眼睛防护	戴化学安全防护眼镜。		
身体防护	穿防毒物渗透工作服。		
手防护	戴橡胶手套。		
其他防护	工作场所禁止吸烟、进食和饮水，饭前要洗手。工作完毕，淋浴更衣。保持良好的卫生习惯。		

品名：***N*-甲基正丁胺**	分子式：$C_5H_{13}N$	相态：液
别名：*N*-甲基丁胺	分子量：87.2	外观与性状：无色液体，具有挥发性，有强烈的氨气味

危险特性

火灾危险性：可燃液体甲 B	爆炸物：无	皮肤腐蚀/刺激：类别 1
腐蚀减薄：碱腐蚀、胺腐蚀	金属腐蚀：无	易燃液体：类别 2
环境开裂：碱应力腐蚀开裂、胺应力腐蚀开裂	急性毒性：类别 3	

易燃，遇高热、明火及强氧化剂易引起燃烧。其蒸气比空气重，能在较低处扩散到相当远的地方，遇火源会着火回燃。

理化特性

熔点：-75.0℃	临界温度：无资料	爆炸上限：无资料	引燃温度：无资料
沸点：91.1℃	临界压力：无资料	爆炸下限：无资料	燃烧热：无资料
闪点：13.0℃	饱和蒸气压：无资料	相对密度($d_水=1$)：0.74	

溶解性	与水混溶，可混溶于乙醇。
主要用途	用于有机合成。

急救措施

皮肤接触	立即脱去污染的衣着，用大量流动清水冲洗至少 15min。就医。
眼睛接触	立即提起眼睑，用大量流动清水或生理盐水彻底冲洗至少 15min。就医。
吸入	迅速脱离现场至空气新鲜处。保持呼吸道通畅。如呼吸困难，给输氧。如呼吸停止，立即进行人工呼吸。就医。
食入	用水漱口，给饮牛奶或蛋清。就医。

防护措施

呼吸防护	可能接触其蒸气时，佩戴导管式防毒面具。紧急事态抢救或撤离时，应该佩戴氧气呼吸器、空气呼吸器。
眼睛防护	呼吸系统防护中已做防护。
身体防护	穿胶布防毒衣。
手防护	戴橡胶耐油手套。
其他防护	工作现场禁止吸烟、进食和饮水。工作完毕，淋浴更衣。定期体检。

品名：**甲基正丁基醚**	分子式：$C_5H_{12}O$	相态：液
别名：1-甲氧基丁烷；甲丁醚	分子量：88.2	外观与性状：无色液体

危险特性

火灾危险性：可燃液体甲 B	爆炸物：无	皮肤腐蚀/刺激：无
腐蚀减薄：无	金属腐蚀：无	易燃液体：类别 2
环境开裂：无	急性毒性：无	

易燃，其蒸气与空气可形成爆炸性混合物，遇明火、高热或与氧化剂接触，有引起燃烧爆炸的危险。与氧化剂能发生强烈反应。接触空气或在光照条件下可生成具有潜在爆炸危险性的过氧化物。其蒸气比空气重，能在较低处扩散到相当远的地方，遇火源会着火回燃。

理化特性

熔点：-115.5℃	临界温度：无资料	爆炸上限：无资料	引燃温度：无资料
沸点：70.0℃	临界压力：无资料	爆炸下限：无资料	燃烧热：3360.7kJ/mol
闪点：-10.0℃	饱和蒸气压：18.50kPa(25℃)	相对密度($d_水=1$)：0.74	

溶解性	不溶于水，可混溶于乙醇、乙醚。
主要用途	用作溶剂、麻醉剂，并用于有机合成。

急救措施

皮肤接触	脱去污染的衣着，用肥皂水和清水彻底冲洗皮肤。
眼睛接触	提起眼睑，用流动清水或生理盐水冲洗。就医。
吸入	迅速脱离现场至空气新鲜处。保持呼吸道通畅。如呼吸困难，给输氧。如呼吸停止，立即进行人工呼吸。就医。
食入	饮足量温水，催吐。就医。

防护措施

呼吸防护	空气中浓度较高时，佩戴过滤式防毒面具(半面罩)。
眼睛防护	高浓度接触时，戴化学安全防护眼镜。
身体防护	穿防静电工作服。
手防护	戴橡胶耐油手套。
其他防护	工作现场严禁吸烟。工作完毕，淋浴更衣。

品名：**甲硫醇**	分子式：CH_4S	相态：气	
别名：巯基甲烷	分子量：48.1	外观与性状：无色气体，有不愉快的气味	
危险特性			
火灾危险性：可燃液体甲	爆炸物：无	皮肤腐蚀/刺激：无	
腐蚀减薄：硫酸腐蚀、高温硫化物腐蚀	金属腐蚀：无	易燃气体：类别 1	
环境开裂：连多硫酸应力腐蚀开裂	急性毒性：类别 3		
易燃，其蒸气与空气可形成爆炸性混合物，遇热源、明火、氧化剂有燃烧爆炸的危险。与水、水蒸气、酸类反应产生有毒和易燃气体。与氧化剂接触猛烈反应。			
理化特性			
熔点：-123.1℃	临界温度：197.0℃	爆炸上限：21.8%	引燃温度：无资料
沸点：7.6℃	临界压力：7.23MPa	爆炸下限：3.9%	燃烧热：1244.0kJ/mol
闪点：17.8℃	饱和蒸气压：202.00kPa(26.1℃)	相对密度($d_{水}=1$)：0.87	
溶解性	不溶于水，溶于乙醇、乙醚等。		
主要用途	用于有机合成及喷气机添加剂、杀虫剂、催化剂等。		
急救措施			
皮肤接触	无资料。		
眼睛接触	无资料。		
吸入	迅速脱离现场至空气新鲜处。保持呼吸道通畅。如呼吸困难，给输氧。如呼吸停止，立即进行人工呼吸。就医。		
食入	无资料。		
防护措施			
呼吸防护	空气中浓度超标时，佩戴过滤式防毒面具(全面罩)或自给式呼吸器。紧急事态抢救或撤离时，建议佩戴空气呼吸器。		
眼睛防护	呼吸系统防护中已做防护。		
身体防护	穿防静电工作服。		
手防护	戴防化学品手套。		
其他防护	工作现场严禁吸烟。进入罐、限制性空间或其他高浓度区作业，须有人监护。		

品名：**甲硫醚**	分子式：C_2H_6S	相态：液	
别名：二甲硫；二甲基硫醚	分子量：62.1	外观与性状：无色至淡黄色液本，有恶臭味	
危险特性			
火灾危险性：可燃液体甲 B 腐蚀减薄：硫酸腐蚀、高温硫化物腐蚀 环境开裂：连多硫酸应力腐蚀开裂	爆炸物：无 金属腐蚀：无 急性毒性：无	皮扶腐蚀/刺激：无 易燃液体：类别 2	
其蒸气与空气形成爆炸性混合物，遇明火、高热或与氧化剂接触，有引起燃烧爆炸的危险。其蒸气比空气重，能在较低处扩散到相当远的地方，遇明火会引着回燃。若遇高热，容器内压增大，有开裂和爆炸的危险。			
理化特性			
熔点：-83.2℃	临界温度：229.0℃	爆炸上限：19.7%	引燃温度：206.0℃
沸点：37.0℃	临界压力：无资料	爆炸下限：2.2%	燃烧热：1907.7kJ/mol
闪点：-17.7℃	饱和蒸气压：53.20kPa(20℃)	相对密度($d_{水}=1$)：0.85	
溶解性	不溶于水，溶于乙醇、乙醚等。		
主要用途	用作溶剂、二甲基亚砜中间体、合纤纺织溶剂、涂料脱模剂、液压油溶剂、药物渗透剂等。		
急救措施			
皮肤接触	脱去污染的衣着，用流动清水冲洗。		
眼睛接触	立即翻开上下眼睑，用流动清水冲洗 15min。就医。		
吸入	脱离现场至空气新鲜处。就医。		
食入	误服者用水漱口，饮牛奶或蛋清，就医。		
防护措施			
呼吸防护	可能接触其蒸气时，佩戴防毒口罩。高浓度环境中，建议佩戴自给式呼吸器。		
眼睛防护	戴化学安全防护眼镜。		
身体防护	穿防静电工作服。		
手防护	一般不需要特殊防护，高浓度接触时可戴防护手套。		
其他防护	工作现场严禁吸烟。工作后，淋浴更衣。		

品名：**甲酸**	分子式：CH_2O_2	相态：液	
别名：蚁酸	分子量：46.0	外观与性状：无色透明发烟液体，有强烈刺激性酸味	
危险特性			
火灾危险性：可燃液体乙 A	爆炸物：无	皮肤腐蚀/刺激：类别 1	
腐蚀减薄：低分子有机酸腐蚀	金属腐蚀：无	易燃液体：无	
环境开裂：无	急性毒性：无		
可燃。其蒸气与空气可形成爆炸性混合物，遇明火、高热能引起燃烧爆炸。与强氧化剂接触可发生化学反应。具有较强的腐蚀性。			
理化特性			
熔点：8.2℃	临界温度：306.8℃	爆炸上限：57.0%	引燃温度：410.0℃
沸点：100.6℃	临界压力：8.63MPa	爆炸下限：12.0%	燃烧热：254.4kJ/mol
闪点：29.9℃	饱和蒸气压：5.30kPa(24℃)	相对密度($d_{水}=1$)：1.23	
溶解性	与水混溶，不溶于烃类，可混溶于醇。		
主要用途	用于制化学药品、橡胶凝固剂及纺织、印染、电镀等。		
急救措施			
皮肤接触	立即脱去污染的衣着，用大量流动清水冲洗至少 15min。就医。		
眼睛接触	立即提起眼睑，用大量流动清水或生理盐水彻底冲洗至少 15min。就医。		
吸入	迅速脱离现场至空气新鲜处。保持呼吸道通畅。如呼吸困难，给输氧。如呼吸停止，立即进行人工呼吸。就医。		
食入	用水漱口，给饮牛奶或蛋清。就医。		
防护措施			
呼吸防护	可能接触其蒸气时，必须佩戴自吸过滤式防毒面具(全面罩)或自吸式长管面具。		
眼睛防护	呼吸系统防护中已做防护。		
身体防护	穿橡胶耐酸碱服。		
手防护	戴橡胶耐酸碱手套。		
其他防护	工作现场禁止吸烟、进食和饮水。工作完毕，淋浴更衣。注意个人清洁卫生。		

品名：**甲酸甲酯**	分子式：$C_2H_4O_2$	相态：液	
别名：无	分子量：60.1	外观与性状：无色液体，有芳香气味	
危险特性			
火灾危险性：可燃液体甲 B	爆炸物：无	皮肤腐蚀/刺激：无	
腐蚀减薄：低分子有机酸腐蚀	金属腐蚀：无	易燃液体：类别 1	
环境开裂：无	急性毒性：无		
其蒸气与空气可形成爆炸性混合物，遇明火、高热极易燃烧爆炸。与氧化剂接触猛烈反应。流速过快，容易产生和积聚静电。若遇高热，容器内压增大，有开裂和爆炸的危险。容易自聚，聚合反应随着温度的上升而急骤加剧。			
理化特性			
熔点：-99.8℃	临界温度：214.0℃	爆炸上限：32.0%	引燃温度：449.0℃
沸点：32.0℃	临界压力：6.00MPa	爆炸下限：4.5%	燃烧热：978.7kJ/mol
闪点：-32.0℃	饱和蒸气压：64.00kPa(20℃)	相对密度($d_{水}=1$)：0.98	
溶解性	溶于水、乙醇、乙醚、甲醇。		
主要用途	用于有机合成，乙酸纤维的溶剂，分析试剂等。		
急救措施			
皮肤接触	立即脱去污染的衣着，用大量流动清水冲洗。就医。		
眼睛接触	立即提起眼睑，用大量流动清水或生理盐水彻底冲洗至少 15min。就医。		
吸入	迅速脱离现场至空气新鲜处。保持呼吸道通畅。如呼吸困难，给输氧。如呼吸停止，立即进行人工呼吸。就医。		
食入	饮足量温水，催吐。洗胃，导泄。就医。		
防护措施			
呼吸防护	空气中浓度超标时，应该佩戴自吸过滤式防毒面具(半面罩)。紧急事态抢救或撤离时，建议佩戴空气呼吸器。		
眼睛防护	戴化学安全防护眼镜。		
身体防护	穿防静电工作服。		
手防护	戴橡胶耐油手套。		
其他防护	工作现场严禁吸烟。工作完毕，淋浴更衣。注意个人清洁卫生。		

品名：**甲酸乙酯**	分子式：$C_3H_6O_2$	相态：液
别名：无	分子量：74.1	外观与性状：无色易流动液体，有芳香气味
危险特性		
火灾危险性：可燃液体甲 B 腐蚀减薄：低分子有机酸腐蚀 环境开裂：无	爆炸物：无 金属腐蚀：无 急性毒性：无	皮肤腐蚀/刺激：无 易燃液体：类别 2
极易燃，其蒸气与空气可形成爆炸性混合物，遇明火、高热或与氧化剂接触，有引起燃烧爆炸的危险。在火场中，受热的容器有爆炸危险。其蒸气比空气重，能在较低处扩散到相当远的地方，遇火源会着火回燃。		

理化特性			
熔点：-79.0℃	临界温度：235.3℃	爆炸上限：16.0%	引燃温度：440.0℃
沸点：54.3℃	临界压力：无资料	爆炸下限：2.7%	燃烧热：1637.3kJ/mol
闪点：-20.0℃	饱和蒸气压：25.60kPa(20℃)	相对密度($d_{水}=1$)：0.92	

溶解性	微溶于水，溶于苯、乙醇、乙醚等多数有机溶剂。
主要用途	用作醋酸或硝酸纤维的溶剂，以及用于香精合成和医药生产。
急救措施	
皮肤接触	脱去污染的衣着，用肥皂水和清水彻底冲洗皮肤。
眼睛接触	提起眼睑，用流动清水或生理盐水冲洗。就医。
吸入	迅速脱离现场至空气新鲜处。保持呼吸道通畅。如呼吸困难，给输氧。如呼吸停止，立即进行人工呼吸。就医。
食入	饮足量温水，催吐。就医。
防护措施	
呼吸防护	空气中浓度超标时，应该佩戴自吸过滤式防毒面具(半面罩)。紧急事态抢救或撤离时，建议佩戴空气呼吸器。
眼睛防护	戴化学安全防护眼镜。
身体防护	穿防静电工作服。
手防护	戴橡胶耐油手套。
其他防护	工作现场严禁吸烟。工作完毕，淋浴更衣。注意个人清洁卫生。

品名：**甲酸异丙酯**	分子式：$C_4H_8O_2$	相态：液
别名：无	分子量：88.1	外观与性状：无色透明挥发性液体，有芳香气味
危险特性		
火灾危险性：可燃液体甲 B 腐蚀减薄：低分子有机酸腐蚀 环境开裂：无	爆炸物：无 金属腐蚀：无 急性毒性：无	皮肤腐蚀/刺激：无 易燃液体：类别 2
其蒸气与空气可形成爆炸性混合物，遇明火、高热极易燃烧爆炸。与氧化剂接触猛烈反应。其蒸气比空气重，能在较低处扩散到相当远的地方，遇火源会着火回燃。若遇高热，容器内压增大，有开裂和爆炸的危险。		

理化特性			
熔点：-80.0℃	临界温度：无资料	爆炸上限：13.5%	引燃温度：485.0℃
沸点：68.0℃	临界压力：无资料	爆炸下限：2.7%	燃烧热：无资料
闪点：-5.6℃	饱和蒸气压：13.30kPa(5.4℃)	相对密度($d_{水}=1$)：0.87	

溶解性	微溶于水，可混溶于醇、醚。
主要用途	用作溶剂、色谱分析标准物。
急救措施	
皮肤接触	脱去污染的衣着，用大量流动清水冲洗。
眼睛接触	提起眼睑，用流动清水或生理盐水冲洗。就医。
吸入	迅速脱离现场至空气新鲜处。保持呼吸道通畅。如呼吸困难，给输氧。如呼吸停止，立即进行人工呼吸。就医。
食入	饮足量温水，催吐。就医。
防护措施	
呼吸防护	空气中浓度超标时，必须佩戴自吸过滤式防毒面具(半面罩)。紧急事态抢救或撤离时，应该佩戴空气呼吸器。
眼睛防护	呼吸系统防护中已做防护。
身体防护	穿胶布防毒衣。
手防护	戴橡胶手套。
其他防护	工作现场禁止吸烟、进食和饮水。工作完毕，淋浴更衣。保持良好的卫生习惯。

品名：**甲酸异丁酯** 别名：无	分子式：$C_5H_{10}O_2$ 分子量：102.1	相态：液 外观与性状：无色液体，有水果香味	
危险特性			
火灾危险性：可燃液体甲 B 腐蚀减薄：低分子有机酸腐蚀 环境开裂：无	爆炸物：无 金属腐蚀：无 急性毒性：无	皮肤腐蚀/刺激：无 易燃液体：类别 2	
易燃，其蒸气与空气可形成爆炸性混合物，遇明火、高热能引起燃烧爆炸。与氧化剂接触猛烈反应。在火场中，受热的容器有爆炸危险。其蒸气比空气重，能在较低处扩散到相当远的地方，遇火源会着火回燃。			
理化特性			
熔点：-95.8℃ 沸点：98.4℃ 闪点：10.0℃	临界温度：无资料 临界压力：无资料 饱和蒸气压：4.35kPa(20℃)	爆炸上限：8.0% 爆炸下限：1.7% 相对密度($d_水=1$)：0.89	引燃温度：322.0℃ 燃烧热：无资料
溶解性	微溶于水，可混溶于醇、乙醚、苯、石油醚。		
主要用途	用作纤维素、树脂和漆的溶剂，还用于制造香料、杀虫剂和用于有机合成。		
急救措施			
皮肤接触	立即脱去污染的衣着，用大量流动清水冲洗至少 15min。就医。		
眼睛接触	立即提起眼睑，用大量流动清水或生理盐水彻底冲洗至少 15min。就医。		
吸入	迅速脱离现场至空气新鲜处。保持呼吸道通畅。如呼吸困难，给输氧。如呼吸停止，立即进行人工呼吸。就医。		
食入	用水漱口，给饮牛奶或蛋清。就医。		
防护措施			
呼吸防护	可能接触其蒸气时，应该佩戴自吸过滤式防毒面具(半面罩)。紧急事态抢救或撤离时，建议佩戴空气呼吸器。		
眼睛防护	呼吸系统防护中已做防护。		
身体防护	穿胶布防毒衣。		
手防护	戴橡胶耐油手套。		
其他防护	工作现场禁止吸烟、进食和饮水。特别注意眼和呼吸道的防护。		

品名：**甲酸异戊酯** 别名：无	分子式：$C_6H_{12}O_2$ 分子量：116.2	相态：液 外观与性状：无色液体，有特殊香味	
危险特性			
火灾危险性：可燃液体甲 B 腐蚀减薄：低分子有机酸腐蚀 环境开裂：无	爆炸物：无 金属腐蚀：无 急性毒性：无	皮肤腐蚀/刺激：无 易燃液体：类别 2	
易燃，遇明火、高热或与氧化剂接触，有引起燃烧爆炸的危险。其蒸气比空气重，能在较低处扩散到相当远的地方，遇火源会着火回燃。			
理化特性			
熔点：-93.5℃ 沸点：124.2℃ 闪点：22.3℃	临界温度：无资料 临界压力：无资料 饱和蒸气压：1.33kPa(17℃)	爆炸上限：10.0% 爆炸下限：1.7% 相对密度($d_水=1$)：0.89	引燃温度：无资料 燃烧热：无资料
溶解性	微溶于水，溶于多数有机溶剂。		
主要用途	用作有机溶剂，用于制造香料、熏蒸杀虫剂和杀菌剂。		
急救措施			
皮肤接触	脱去污染的衣着，用肥皂水和清水彻底冲洗皮肤。		
眼睛接触	提起眼睑，用流动清水或生理盐水冲洗。就医。		
吸入	迅速脱离现场至空气新鲜处。保持呼吸道通畅。如呼吸困难，给输氧。如呼吸停止，立即进行人工呼吸。就医。		
食入	饮足量温水，催吐。就医。		
防护措施			
呼吸防护	空气中浓度较高时，应该佩戴直接式防毒面具((半面罩)。		
眼睛防护	戴化学安全防护眼镜。		
身体防护	穿防静电工作服。		
手防护	戴橡胶耐油手套。		
其他防护	工作现场严禁吸烟。工作完毕，淋浴更衣。		

品名：**甲酸正丙酯**	分子式：$C_4H_8O_2$	柜态：液	
别名：无	分子量：88.1	外观与性状：无色液体，具有特殊香味	
危险特性			
火灾危险性：可燃液体甲 B	爆炸物：无	皮肤腐蚀/刺激：无	
腐蚀减薄：低分子有机酸腐蚀	金属腐蚀：无	易燃液体：类别 2	
环境开裂：无	急性毒性：无		
易燃，其蒸气与空气可形成爆炸性混合物，遇明火、高热能引起燃烧爆炸。与氧化剂能发生强烈反应。在火场中，受热的容器有爆炸危险。其蒸气比空气重能在较低处扩散到相当远的地方，遇火源会着火回燃。			
理化特性			
熔点：-92.9℃	临界温度：无资料	爆炸上限：13.5%	引燃温度：455.0℃
沸点：81.3℃	临界压力：无资料	爆炸下限：2.7%	燃烧热：无资料
闪点：-3.0℃	饱和蒸气压：6.65kPa(20℃)	相对密度($d_{水}=1$)：0.91	
溶解性	微溶于水，溶于多数有机溶剂。		
主要用途	用作有机溶剂，并用于制造香料、熏蒸杀虫剂和杀菌剂。		
急救措施			
皮肤接触	脱去污染的衣着，用肥皂水和清水彻底冲洗皮肤。		
眼睛接触	提起眼睑，用流动清水或生理盐水冲洗。就医。		
吸入	迅速脱离现场至空气新鲜处。保持呼吸道通畅。如呼吸困难，给输氧。如呼吸停止，立即进行人工呼吸。就医。		
食入	饮足量温水，催吐。就医。		
防护措施			
呼吸防护	可能接触其蒸气时，应该佩戴自吸过滤式防毒面具(半面罩)。紧急事态抢救或撤离时，建议佩戴空气呼吸器。		
眼睛防护	戴化学安全防护眼镜。		
身体防护	穿防静电工作服。		
手防护	戴橡胶耐油手套。		
其他防护	工作现场严禁吸烟。工作完毕，淋浴更衣。特别注意眼和呼吸道的防护。		

品名：**甲酸正丙酯**	分子式：$C_4H_8O_2$	相态：液	
别名：无	分子量：88.1	外观与性状：无色液体，具有特殊香味	
危险特性			
火灾危险性：可燃液体甲 B	爆炸物：无	皮肤腐蚀/刺激：无	
腐蚀减薄：低分子有机酸腐蚀	金属腐蚀：无	易燃液体：类别 2	
环境开裂：无	急性毒性：无		
易燃，其蒸气与空气可形成爆炸性混合物，遇明火、高热能引起燃烧爆炸。与氧化剂能发生强烈反应。在火场中，受热的容器有爆炸危险。其蒸气比空气重能在较低处扩散到相当远的地方，遇火源会着火叵燃。			
理化特性			
熔点：-92.9℃	临界温度：无资料	爆炸上限：13.5%	引燃温度：455.0℃
沸点：81.3℃	临界压力：无资料	爆炸下限：2.7%	燃烧热：无资料
闪点：-3.0℃	饱和蒸气压：6.65kPa(20℃)	相对密度($d_{水}=1$)：0.91	
溶解性	微溶于水，溶于多数有机溶剂。		
主要用途	用作有机溶剂，并用于制造香料、熏蒸杀虫剂和杀菌剂。		
急救措施			
皮肤接触	脱去污染的衣着，用肥皂水和清水彻底冲洗皮肤。		
眼睛接触	提起眼睑，用流动清水或生理盐水冲洗。就医。		
吸入	迅速脱离现场至空气新鲜处。保持呼吸道通畅。如呼吸困难，给输氧。如呼吸停止，立即进行人工呼吸。就医。		
食入	饮足量温水，催吐。就医。		
防护措施			
呼吸防护	可能接触其蒸气时，应该佩戴自吸过滤式防毒面具(半面罩)。紧急事态抢救或撤离时，建议佩戴空气呼吸器。		
眼睛防护	戴化学安全防护眼镜。		
身体防护	穿防静电工作服。		
手防护	戴橡胶耐油手套。		
其他防护	工作现场严禁吸烟。工作完毕，淋浴更衣。特别注意眼和呼吸道的防护。		

品名：**甲酸正丁酯**	分子式：$C_5H_{10}O_2$	相态：液	
别名：无	分子量：102.1	外观与性状：无色液体，具有果子香味	
危险特性			
火灾危险性：可燃液体甲 B	爆炸物：无	皮肤腐蚀/刺激：无	
腐蚀减薄：低分子有机酸腐蚀	金属腐蚀：无	易燃液体：类别 2	
环境开裂：无	急性毒性：无		
易燃，其蒸气与空气可形成爆炸性混合物，遇明火、高热能引起燃烧爆炸。与氧化剂接触猛烈反应。在火场中，受热的容器有爆炸危险。其蒸气比空气重，能在较低处扩散到相当远的地方，遇火源会着火回燃。			
理化特性			
熔点：-90.0℃	临界温度：无资料	爆炸上限：8.0%	引燃温度：无资料
沸点：107.8℃	临界压力：无资料	爆炸下限：1.7%	燃烧热：无资料
闪点：13.9℃	饱和蒸气压：5.33kPa(31.6℃)	相对密度($d_水=1$)：0.91	
溶解性	无资料。		
主要用途	无资料。		
急救措施			
皮肤接触	脱去污染的衣着，用肥皂水和清水彻底冲洗皮肤。		
眼睛接触	提起眼睑，用流动清水或生理盐水冲洗。就医。		
吸入	迅速脱离现场至空气新鲜处。保持呼吸道通畅。如呼吸困难，给输氧。如呼吸停止，立即进行人工呼吸。就医。		
食入	饮足量温水，催吐。就医。		
防护措施			
呼吸防护	可能接触其蒸气时，应该佩戴自吸过滤式防毒面具(半面罩)。紧急事态抢救或撤离时，建议佩戴空气呼吸器。		
眼睛防护	戴化学安全防护眼镜。		
身体防护	穿防静电工作服。		
手防护	戴橡胶耐油手套。		
其他防护	工作现场严禁吸烟。工作完毕，淋浴更衣。注意个人清洁卫生。		

品名：**甲酸正己酯**	分子式：$C_7H_{14}O_2$	相态：液	
别名：无	分子量：130.2	外观与性状：无色液体	
危险特性			
火灾危险性：可燃液体甲 B	爆炸物：无	皮肤腐蚀/刺激：无	
腐蚀减薄：低分子有机酸腐蚀	金属腐蚀：无	易燃液体：类别 3	
环境开裂：无	急性毒性：无		
易燃，遇明火、高热或与氧化剂接触，有引起燃烧爆炸的危险。			
理化特性			
熔点：-62.7℃	临界温度：无资料	爆炸上限：无资料	引燃温度：370.0℃
沸点：155.5℃	临界压力：无资料	爆炸下限：无资料	燃烧热：无资料
闪点：47.7℃	饱和蒸气压：无资料	相对密度($d_水=1$)：0.89	
溶解性	微溶于水，溶于乙醇、乙醚。		
主要用途	用作油脂、树脂及涂料的溶剂，杀虫剂及杀菌剂的中间体。		
急救措施			
皮肤接触	脱去污染的衣着，用肥皂水和清水彻底冲洗皮肤。		
眼睛接触	提起眼睑，用流动清水或生理盐水冲洗。就医。		
吸入	迅速脱离现场至空气新鲜处。保持呼吸道通畅。如呼吸困难，给输氧。如呼吸停止，立即进行人工呼吸。就医。		
食入	饮足量温水，催吐。就医。		
防护措施			
呼吸防护	空气中浓度超标时，佩戴自吸过滤式防毒面具。		
眼睛防护	戴化学安全防护眼镜。		
身体防护	穿防静电工作服。		
手防护	戴橡胶耐油手套。		
其他防护	工作现场严禁吸烟。工作完毕，淋浴更衣。注意个人清洁卫生。		

品名：**甲酸正戊酯**	分子式：$C_6H_{12}O_2$	相态：液
别名：无	分子量：116.2	外观与性状：无色/几乎无色透明液体

危险特性

火灾危险性：可燃液体乙 A	爆炸物：无	皮肤腐蚀/刺激：无
腐蚀减薄：低分子有机酸腐蚀	金属腐蚀：无	易燃液体：类别 2
环境开裂：无	急性毒性：无	

易燃，遇明火、高热或与氧化剂接触，有引起燃烧爆炸的危险。其蒸气比空气重，能在较低处扩散到相当远的地方，遇火源会着火回燃。

理化特性

熔点：-73.5℃	临界温度：302.6℃	爆炸上限：8.1%	引燃温度：无资料
沸点：132.4℃	临界压力：无资料	爆炸下限：1.3%	燃烧热：无资料
闪点：31.9℃	饱和蒸气压：6.53kPa(50℃)	相对密度($d_{水}=1$)：0.89	

溶解性	无资料。
主要用途	无资料。

急救措施

皮肤接触	脱去污染的衣着，用肥皂水和清水彻底冲洗皮肤。
眼睛接触	提起眼睑，用流动清水或生理盐水冲洗。就医。
吸入	迅速脱离现场至空气新鲜处。保持呼吸道通畅。如呼吸困难，给输氧如呼吸停止，立即进行人工呼吸。就医。
食入	饮足量温水，催吐。就医。

防护措施

呼吸防护	空气中浓度超标时，应该佩戴自吸过滤式防毒面具(半面罩)。必要时，佩戴自给式呼吸器。
眼睛防护	戴化学安全防护眼镜。
身体防护	穿连衣式胶布防毒衣。
手防护	戴橡胶耐油手套。
其他防护	工作现场严禁吸烟。工作完毕，淋浴更衣。注意个人清洁卫生。

品名：**甲烷**	分子式：CH_4	相态：气
别名：无	分子量：16.0	外观与性状：无色无臭气体

危险特性

火灾危险性：可燃气体甲	爆炸物：无	皮肤腐蚀/刺激：无
腐蚀减薄：无	金属腐蚀：无	易燃气体：类别 1
环境开裂：无	急性毒性：无	

易燃，与空气混合能形成爆炸性混合物，遇热源和明火有燃烧爆炸的危险。与五氧化溴、氯气、次氯酸、三氟化氮、液氧、二氟化氧及其他强氧化剂接触剧烈反应。

理化特性

熔点：-182.5℃	临界温度：-82.6℃	爆炸上限：15.0%	引燃温度：538.0℃
沸点：-161.5℃	临界压力：4.59MPa	爆炸下限：5.3%	燃烧热：889.5kJ/mol
闪点：-188.0℃	饱和蒸气压：53.32kPa(-168.8℃)	相对密度($d_{水}=1$)：0.42	

溶解性	微溶于水，溶于醇、乙醚。
主要用途	用作燃料和用于炭黑、氢、乙炔、甲醛等的制造。

急救措施

皮肤接触	若有冻伤，就医治疗。
眼睛接触	无资料。
吸入	迅速脱离现场至空气新鲜处。保持呼吸道通畅。如呼吸困难，给输氧。如呼吸停止，立即进行人工呼吸。就医。
食入	无资料。

防护措施

呼吸防护	一般不需要特殊防护，但建议特殊情况下，佩戴自吸过滤式防毒面具。
眼睛防护	一般不需要特殊防护，高浓度接触时可戴安全防护眼镜。
身体防护	穿防静电工作服。
手防护	戴一般作业防护手套。
其他防护	工作现场严禁吸烟。避免长期反复接触。进入罐、限制性空间或其他高浓度区作业，须有人监护。

品名：**4-甲氧基-4-甲基-2-戊酮** 别名：无	分子式：$C_7H_{14}O_2$ 分子量：130.2	相态：液 外观与性状：无色液体	
危险特性			
火灾危险性：可燃液体乙 B 腐蚀减薄：无 环境开裂：无	爆炸物：无 金属腐蚀：无 急性毒性：无	皮肤腐蚀/刺激：无 易燃液体：类别 3	
其蒸气与空气可形成爆炸性混合物，遇明火、高热能引起燃烧爆炸。与氧化剂可发生反应。流速过快，容易产生和积聚静电。若遇高热，容器内压增大，有开裂和爆炸的危险。			
理化特性			
熔点：-30.0℃ 沸点：156.0℃ 闪点：48.0℃	临界温度：无资料 临界压力：无资料 饱和蒸气压：0.42kPa(25℃)	爆炸上限：无资料 爆炸下限：无资料 相对密度($d_水=1$)：0.89	引燃温度：无资料 燃烧热：无资料
溶解性	无资料。		
主要用途	无资料。		
急救措施			
皮肤接触	脱去污染的衣着，用大量流动清水冲洗。		
眼睛接触	提起眼睑，用流动清水或生理盐水冲洗。就医。		
吸入	迅速脱离现场至空气新鲜处。保持呼吸道通畅。如呼吸困难，给输氧。如呼吸停止，立即进行人工呼吸。就医。		
食入	饮足量温水，催吐。就医。		
防护措施			
呼吸防护	空气中浓度超标时，必须佩戴自吸过滤式防毒面具(半面罩)。紧急事态抢救或撤离时，应该佩戴空气呼吸器。		
眼睛防护	戴化学安全防护眼镜。		
身体防护	穿防静电工作服。		
手防护	戴橡胶耐油手套。		
其他防护	工作现场严禁吸烟。避免长期反复接触。		

品名：**3-甲氧基苯胺** 别名：间甲氧基苯胺；间氨基苯甲醚；间茴香胺	分子式：C_7H_9NO 分子量：123.2	相态：液 外观与性状：淡黄色油性液体或暗红色液体	
危险特性			
火灾危险性：可燃液体丙 A 腐蚀减薄：碱腐蚀、胺腐蚀 环境开裂：碱应力腐蚀开裂、氨应力腐蚀开裂、胺应力腐蚀开裂	爆炸物：无 金属腐蚀：无 急性毒性：无	皮肤腐蚀/刺激：无 易燃液体：无	
遇明火、高热可燃。与强氧化剂接触可发生化学反应。受高热分解放出有毒的气体。			
理化特性			
熔点：-1.0℃ 沸点：251.0℃ 闪点：109.6℃	临界温度：无资料 临界压力：无资料 饱和蒸气压：无资料	爆炸上限：无资料 爆炸下限：无资料 相对密度($d_水=1$)：1.15	引燃温度：无资料 燃烧热：无资料
溶解性	无资料。		
主要用途	用于有机合成。		
急救措施			
皮肤接触	脱去污染的衣着，用大量流动清水冲洗。		
眼睛接触	提起眼睑，用流动清水或生理盐水冲洗。就医。		
吸入	迅速脱离现场至空气新鲜处。保持呼吸道通畅。如呼吸困难，给输氧。如呼吸停止，立即进行人工呼吸。就医。		
食入	饮足量温水，催吐。洗胃，导泄。就医。		
防护措施			
呼吸防护	空气中浓度超标时，必须佩戴自吸过滤式防毒面具(半面罩)。紧急事态抢救或撤离时，应该佩戴空气呼吸器。		
眼睛防护	戴化学安全防护眼镜。		
身体防护	穿防毒物渗透工作服。		
手防护	戴橡胶耐油手套。		
其他防护	工作现场禁止吸烟、进食和饮水。及时换洗工作服。工作前后不饮酒，用温水洗澡。注意检测毒物。实行就业前和定期的体检。		

品名：**甲氧基苯甲酰氯**	分子式：$C_8H_9ClO_2$		相态：无资料
别名：茴香酰氯	分子量：172.6		外观与性状：无资料
危险特性			
火灾危险性：可燃液体丙 B	爆炸物：无		皮肤腐蚀/刺激：类别 1
腐蚀减薄：无	金属腐蚀：无		易燃液体：无
环境开裂：无	急性毒性：无		
可燃。在室温时有爆炸的危险。遇明火、高热易引起燃烧爆炸。与氧化剂接触猛烈反应。遇水发生剧烈反应，散发出具有刺激性和腐蚀性的氯化氢气体。遇潮时对大多数金属有强腐蚀性。			
理化特性			
熔点：22.0℃	临界温度：无资料	爆炸上限：无资料	引燃温度：无资料
沸点：822.3℃	临界压力：无资料	爆炸下限：无资料	燃烧热：无资料
闪点：451.1℃	饱和蒸气压：无资料	相对密度($d_{水}=1$)：1.26	
溶解性	无资料。		
主要用途	无资料。		
急救措施			
皮肤接触	立即脱去污染的衣着，用大量流动清水冲洗。就医。		
眼睛接触	提起眼睑，用流动清水或生理盐水冲洗。就医。		
吸入	迅速脱离现场至空气新鲜处。保持呼吸道通畅。如呼吸困难，给输氧。如呼吸停止，立即进行人工呼吸。就医。		
食入	饮足量温水，催吐。就医。		
防护措施			
呼吸防护	空气中浓度超标时，必须佩戴自吸过滤式防毒面具(半面罩)。紧急事态抢救或撤离时，应该佩戴空气呼吸器。		
眼睛防护	呼吸系统防护中已做防护。		
身体防护	穿橡胶耐酸碱服。		
手防护	戴橡胶耐酸碱手套。		
其他防护	工作完毕，淋浴更衣。单独存放被毒物污染的衣服，洗后备用。注意个人清洁卫生。		

品名：**3-甲氧基乙酸丁酯**	分子式：$C_7H_{14}O_3$		相态：液
别名：3-甲氧基丁基乙酸酯	分子量：146.2		外观与性状：无色液体，味苦，略有气味
危险特性			
火灾危险性：可燃液体乙 B	爆炸物：无		皮肤腐蚀/刺激：无
腐蚀减薄：低分子有机酸腐蚀	金属腐蚀：无		易燃液体：无
环境开裂：无	急性毒性：无		
其蒸气与空气可形成爆炸性混合物，遇明火、高热能引起燃烧爆炸。与氧化剂可发生反应。其蒸气比空气重，能在较低处扩散到相当远的地方，遇火源会着火回燃。若遇高热，容器内压增大，有开裂和爆炸的危险。			
理化特性			
熔点：无资料	临界温度：无资料	爆炸上限：15.0%	引燃温度：无资料
沸点：175.3℃	临界压力：无资料	爆炸下限：2.3%	燃烧热：无资料
闪点：55.9℃	饱和蒸气压：0.40kPa(30℃)	相对密度($d_{水}=1$)：0.96	
溶解性	溶于水，溶于多数有机溶剂。		
主要用途	用作树脂及涂料的溶剂。		
急救措施			
皮肤接触	脱去污染的衣着，用流动清水冲洗。		
眼睛接触	提起眼睑，用流动清水或生理盐水冲洗。就医。		
吸入	脱离现场至空气新鲜处。如呼吸困难，给输氧。就医。		
食入	饮足量温水，催吐。就医。		
防护措施			
呼吸防护	空气中浓度较高时，戴面具式呼吸器。紧急事态抢救或撤离时，佩戴供气式呼吸器。		
眼睛防护	戴化学安全防护眼镜。		
身体防护	穿防毒物渗透工作服。		
手防护	戴橡胶耐油手套。		
其他防护	工作现场严禁吸烟。工作完毕，淋浴更衣。特别注意眼和呼吸道的防护。		

品名：**甲氧基乙酸甲酯** 别名：无		分子式：$C_4H_8O_3$ 分子量：104.1	相态：液 外观与性状：透明无色液体
危险特性			
火灾危险性：可燃液体乙 A 腐蚀减薄：低分子有机酸腐蚀 环境开裂：无		爆炸物：无 金属腐蚀：无 急性毒性：无	皮肤腐蚀/刺激：无 易燃液体：类别 3
遇高温、明火、氧化剂有引起燃烧危险。			
理化特性			
熔点：无资料 沸点：131.0℃ 闪点：35.0℃	临界温度：无资料 临界压力：无资料 饱和蒸气压：无资料	爆炸上限：无资料 爆炸下限：无资料 相对密度($d_{水}=1$)：1.05	引燃温度：无资料 燃烧热：无资料
溶解性	易溶于乙醇和乙醚，溶于丙酮，微溶于水。		
主要用途	用作医药、农药、染料中间体。		
急救措施			
皮肤接触	脱去污染的衣着，用流动清水冲洗。就医。		
眼睛接触	提起眼睑，用流动清水或生理盐水冲洗。就医。		
吸入	脱离现场至空气新鲜处。如呼吸困难，给输氧。就医。		
食入	禁止催吐，切勿给失去知觉者喂食任何东西。用水漱口。就医。		
防护措施			
呼吸防护	如危险性测评显示需空气净化的防毒面具，则使用全面罩式多功能防毒面具或 ABEK 型防毒面具筒候补。		
眼睛防护	面罩与安全眼镜请使用经官方标准如 NIOSH（美国）或 EN 166（欧盟）检测与批准的设备防护眼部。		
身体防护	穿全套防化学试剂工作服，防护类型根据工作场所中危险物的浓度、含量选择。		
手防护	佩戴保护手套，手套需符合 EU 的 89/686/EEC 规定和衍生的 EN376 标准。		
其他防护	无资料		

品名：**2-甲氧基乙酸乙酯** 别名：乙酸甲基溶纤剂；乙二醇甲醚乙酸酯；乙酸乙二醇甲醚		分子式：$C_5H_{10}O_3$ 分子量：118.1	相态：液 外观与性状：无色液体，略有醚样的气味
危险特性			
火灾危险性：可燃液体乙 A 腐蚀减薄：低分子有机酸腐蚀 环境开裂：无		爆炸物：无 金属腐蚀：无 急性毒性：无	皮肤腐蚀/刺激：无 易燃液体：类别 3
易燃，遇明火、高热或与氧化剂接触，有引起燃烧爆炸的危险。			
理化特性			
熔点：-65.0℃ 沸点：143.2℃ 闪点：43.9℃	临界温度：无资料 临界压力：无资料 饱和蒸气压：0.27kPa(20℃)	爆炸上限：8.2% 爆炸下限：1.6% 相对密度($d_{水}=1$)：1.01	引燃温度：392.0℃ 燃烧热：无资料
溶解性	溶于水，可混溶于多数有机溶剂。		
主要用途	用作纤维素脂以及各种树脂、蜡、油的溶剂。		
急救措施			
皮肤接触	脱去污染的衣着，用肥皂水和清水彻底冲洗皮肤。		
眼睛接触	提起眼睑，用流动清水或生理盐水冲洗。就医。		
吸入	迅速脱离现场至空气新鲜处，保持呼吸道通畅。如呼吸困难，给输氧。如呼吸停止，立即进行人工呼吸。就医。		
食入	饮足量温水，催吐。就医。		
防护措施			
呼吸防护	空气中浓度超标时，佩戴过滤式防毒面具(半面罩)。高浓度环境中，佩戴自给式呼吸器或自吸式长管面具。		
眼睛防护	戴化学安全防护眼镜。		
身体防护	穿全套防化学试剂工作服，防护类型根据工作场所中危险物的浓度、含量选择。		
手防护	戴橡胶耐油手套。		
其他防护	工作现场禁止吸烟、进食和饮水。工作完毕，淋浴更衣。注意个人清洁卫生。		

品名：**2-甲氧基乙酸乙酯**	分子式：$C_5H_{10}O_3$	相态：液
别名：乙酸甲基溶纤剂；乙二醇甲醚乙酸酯；乙酸乙二醇甲醚	分子量：118.1	外观与性状：无色液体，略有醚样的气味
危险特性		
火灾危险性：可燃液体乙 A	爆炸物：无	皮肤腐蚀/刺激：无
腐蚀减薄：低分子有机酸腐蚀	金属腐蚀：无	易燃液体：类别 3
环境开裂：无	急性毒性：无	
易燃，遇明火、高热或与氧化剂接触，有引起燃烧爆炸的危险。		

理化特性			
熔点：-65.0℃	临界温度：无资料	爆炸上限：8.2%	引燃温度：392.0℃
沸点：143.2℃	临界压力：无资料	爆炸下限：1.6%	燃烧热：无资料
闪点：43.9℃	饱和蒸气压：0.27kPa(20℃)	相对密度($d_{水}=1$)：1.01	

溶解性	溶于水，可混溶于多数有机溶剂。
主要用途	用作纤维素脂以及各种树脂、蜡、油的溶剂。
急救措施	
皮肤接触	脱去污染的衣着，用肥皂水和清水彻底冲洗皮肤。
眼睛接触	提起眼睑，用流动清水或生理盐水冲洗。就医。
吸入	迅速脱离现场至空气新鲜处，保持呼吸道通畅。如呼吸困难，给输氧。如呼吸停止，立即进行人工呼吸。就医。
食入	饮足量温水，催吐。就医。
防护措施	
呼吸防护	空气中浓度超标时，佩戴过滤式防毒面具(半面罩)。高浓度环境中，佩戴自给式呼吸器或自吸式长管面具。
眼睛防护	戴化学安全防护眼镜。
身体防护	穿全套防化学试剂工作服，防护类型根据工作场所中危险物的浓度、含量选择。
手防护	戴橡胶耐油手套。
其他防护	工作现场禁止吸烟、进食和饮水。工作完毕，淋浴更衣。注意个人清洁卫生。

品名：**甲乙醚**	分子式：C_3H_8O	相态：气
别名：乙甲醚；甲氧基乙烷酯；乙酸乙二醇甲醚	分子量：60.1	外观与性状：无色液体或气体
危险特性		
火灾危险性：可燃气体甲	爆炸物：无	皮肤腐蚀/刺激：无
腐蚀减薄：无	金属腐蚀：无	易燃气体：类别 2
环境开裂：无	急性毒性：无	
与空气混合能形成爆炸性混合物。遇热源和明火有燃烧爆炸的危险。长期储存，可生成具有潜在爆炸危险性的过氧化物。其蒸气比空气重，能在较低处扩散到相当远的地方，遇火源会着火回燃。		

理化特性			
熔点：-139.2℃	临界温度：164.7℃	爆炸上限：10.1%	引燃温度：190.0℃
沸点：11.0℃	临界压力：4.40℃	爆炸下限：2.0%	燃烧热：2105.4kJ/mol
闪点：-37.0℃	饱和蒸气压：53.32kPa(-7.8℃)	相对密度($d_{水}=1$)：0.73	

溶解性	溶于水，可混溶于乙醇、乙醚。
主要用途	用作纤维素脂以及各种树脂、蜡、油的溶剂。
急救措施	
皮肤接触	脱去污染的衣着，用肥皂水和清水彻底冲洗皮肤。
眼睛接触	提起眼睑，用流动清水或生理盐水冲洗。就医。
吸入	迅速脱离现场至空气新鲜处，保持呼吸道通畅。如呼吸困难，给输氧。如呼吸停止，立即进行人工呼吸。就医。
食入	无资料。
防护措施	
呼吸防护	空气中浓度超标时，建议佩戴自吸过滤式防毒面具(半面罩)。紧急事态抢救或撤离时，必须佩戴空气呼吸器。
眼睛防护	一般不需要特殊防护，高浓度接触时可戴化学安全防护眼镜。
身体防护	穿防静电工作服。
手防护	戴一般作业防护手套。
其他防护	工作现场严禁吸烟。注意个人清洁卫生。进入罐、限制性空间或其他高浓度区作业，须有人监护。

品名：**钾**		分子式：K	相态：固
别名：金属钾		分子量：39.1	外观与性状：银白色柔软金属
危险特性			
火灾危险性：无		爆炸物：无	皮肤腐蚀/刺激：类别 1
腐蚀减薄：无		金属腐蚀：无	易燃固体：无
环境开裂：液体金属脆断		急性毒性：无	
化学反应活性很高，潮湿空气中能自燃。遇水或潮气猛烈反应放氢气，大量放热，引起燃烧或爆炸。暴露在空气或氧气中能自行燃烧并爆炸使熔融物飞溅。遇水、二氧化碳都能猛烈反应。与卤素、磷、许多氧化物、氧化剂和酸类剧烈反应。燃烧时紫色火焰。			
理化特性			
熔点：63.6℃	临界温度：无资料	爆炸上限：无资料	引燃温度：无资料
沸点：774.0℃	临界压力：无资料	爆炸下限：无资料	燃烧热：无资料
闪点：无资料	饱和蒸气压：1.33kPa(443℃)	相对密度($d_{水}=1$)：0.86	
溶解性	不溶于烃，溶于液氨。		
主要用途	用于制作过氧化钾、合金的热交换剂，也用作试剂。		
急救措施			
皮肤接触	脱去污染的衣着，用清水彻底冲洗皮肤至少 15min。就医。		
眼睛接触	提起眼睑，用流动清水或生理盐水冲洗至少 15min。就医。		
吸入	迅速脱离现场至空气新鲜处。保持呼吸道通畅。如呼吸困难，给输氧。如呼吸停止，立即进行人工呼吸。就医。		
食入	用水漱口，给饮牛奶或蛋清。就医。		
防护措施			
呼吸防护	一般不需要特殊防护，但建议特殊情况下，佩戴自吸过滤式防毒面具(半面罩)。		
眼睛防护	戴安全防护面罩。		
身体防护	穿化学防护服。		
手防护	戴橡胶手套。		
其他防护	工作现场严禁吸烟。注意个人清洁卫生。		

品名：**钾钠合金**		分子式：C_3H_8O	相态：气
别名：乙甲醚；甲氧基乙烷酯；乙酸乙二醇甲醚		分子量：60.1	外观与性状：无色液体或气体
危险特性			
火灾危险性：可燃气体甲		爆炸物：无	皮肤腐蚀/刺激：无
腐蚀减薄：无		金属腐蚀：无	易燃气体：类别 2
环境开裂：无		急性毒性：无	
与空气混合能形成爆炸性混合物。遇热源和明火有燃烧爆炸的危险。长期储存，可生成具有潜在爆炸危险性的过氧化物。其蒸气比空气重，能在较低处扩散到相当远的地方，遇火源会着火回燃。			
理化特性			
熔点：−139.2℃	临界温度：164.7℃	爆炸上限：10.1%	引燃温度：190.0℃
沸点：11.0℃	临界压力：4.40℃	爆炸下限：2.0%	燃烧热：2105.4kJ/mol
闪点：−37.0℃	饱和蒸气压：53.32kPa(−7.8℃)	相对密度($d_{水}=1$)：0.73	
溶解性	溶于水，可混溶于乙醇、乙醚。		
主要用途	用作纤维素脂以及各种树脂、蜡、油的溶剂。		
急救措施			
皮肤接触	脱去污染的衣着，用肥皂水和清水彻底冲洗皮肤。		
眼睛接触	提起眼睑，用流动清水或生理盐水冲洗。就医。		
吸入	迅速脱离现场至空气新鲜处，保持呼吸道通畅。如呼吸困难，给输氧。如呼吸停止，立即进行人工呼吸。就医。		
食入	无资料。		
防护措施			
呼吸防护	空气中浓度超标时，建议佩戴自吸过滤式防毒面具(半面罩)。紧急事态抢救或撤离时，必须佩戴空气呼吸器。		
眼睛防护	一般不需要特殊防护，高浓度接触时可戴化学安全防护眼镜。		
身体防护	穿防静电工作服。		
手防护	戴一般作业防护手套。		
其他防护	工作现场严禁吸烟。注意个人清洁卫生。进入罐、限制性空间或其他高浓度区作业，须有人监护。		

品名：**间苯二甲酰氯**	分子式：$C_8H_4Cl_2O_2$	相态：固	
别名：二氯化间苯二甲酰	分子量：203.022	外观与性状：无色或浅黄色结晶固体	
危险特性			
火灾危险性：可燃液体丙 B	爆炸物：无	皮肤腐蚀/刺激：类别 1	
腐蚀减薄：盐酸腐蚀、含盐水腐蚀	金属腐蚀：无	易燃液体：无	
环境开裂：氯化物应力腐蚀开裂	急性毒性：类别 3		
遇明火、高热可燃。其粉体与空气可形成爆炸性混合物，当达到一定浓度时，遇火星会发生爆炸。与强氧化剂接触可发生化学反应。受热分解释出高毒烟雾。具有腐蚀性。			
理化特性			
熔点：41.0℃	临界温度：无资料	爆炸上限：无资料	引燃温度：无资料
沸点：276.7℃	临界压力：无资料	爆炸下限：无资料	燃烧热：无资料
闪点：131.9℃	饱和蒸气压：3.90×10^{-3}kPa(25℃)	相对密度($d_水=1$)：1.39	
溶解性	溶于苯、四氯化碳。		
主要用途	用于有机合成。		
急救措施			
皮肤接触	立即脱去污染的衣着，用清水彻底冲洗皮肤。就医。		
眼睛接触	立即提起眼睑，用大量流动清水或生理盐水彻底冲洗至少 15min。就医。		
吸入	迅速脱离现场至空气新鲜处。保持呼吸道通畅。		
食入	用水漱口，给饮牛奶或蛋清。就医。		
防护措施			
呼吸防护	可能接触其粉末时，必须佩戴防尘面具(全面罩)。紧急事态抢救或撤离时，应该佩戴空气呼吸器。		
眼睛防护	呼吸系统防护已做防护。		
身体防护	穿橡胶耐酸碱服。		
手防护	戴橡胶耐酸碱手套。		
其他防护	工作现场禁止吸烟、进食和饮水。工作完毕，淋浴更衣。保持良好的卫生习惯。		

品名：**金属铷**	分子式：Rb	相态：固	
别名：铷	分子量：85.5	外观与性状：银白色蜡状柔软金属	
危险特性			
火灾危险性：无法确定	爆炸物：无	皮肤腐蚀/刺激：无	
腐蚀减薄：无	金属腐蚀：无	易燃液体：无	
环境开裂：液体金属脆断	急性毒性：无		
化学反应活性很高，暴露在空气或氧气中能自行燃烧并爆炸使熔融物飞溅。与空气中的氧气反应生成超氧化物，如混有有机物等，发生爆炸性反应。遇水或潮气猛烈反应放出氢气，大量放热，引起燃烧或爆炸。与卤素、硫、磷等发生剧烈的化学反应，引起燃烧。			
理化特性			
熔点：38.9℃	临界温度：无资料	爆炸上限：无资料	引燃温度：无资料
沸点：688.0℃	临界压力：无资料	爆炸下限：无资料	燃烧热：无资料
闪点：无资料	饱和蒸气压：0.13kPa(297℃)	相对密度($d_水=1$)：1.53	
溶解性	溶于酸类、乙醇和氨。		
主要用途	用于制造光电池、真空管和作催化剂等。		
急救措施			
皮肤接触	脱去污染的衣着，用肥皂水和清水彻底冲洗皮肤。		
眼睛接触	提起眼睑，用流动清水或生理盐水冲洗。就医。		
吸入	迅速脱离现场至空气新鲜处。保持呼吸道通畅。如呼吸困难，给输氧。如呼吸停止，立即进行人工呼吸。就医。		
食入	饮足量温水，催吐。就医。		
防护措施			
呼吸防护	一般不需要特殊防护，但建议特殊情况下，佩戴自吸过滤式防尘口罩。		
眼睛防护	戴化学安全防护眼镜。		
身体防护	穿化学防护服。		
手防护	戴橡胶手套。		
其他防护	工作现场严禁吸烟。注意个人清洁卫生。		

品名：**金属铯** 别名：铯	分子式：Cs 分子量：132.9		相态：固 外观与性状：银白色柔软金属或银白色液体
危险特性			
火灾危险性：无法确定 腐蚀减薄：无 环境开裂：液体金属脆断	爆炸物：无 金属腐蚀：无 急性毒性：无		皮肤腐蚀/刺激：无 易燃液体：无
化学反应活性很高，在潮湿空气中能自燃。与空气中的氧气反应则生成超氧化物，如混有有机物等，发生爆炸性反应。与水和酸强烈反应，发热冒烟，甚至发生燃烧爆炸。与卤素及其他氧化剂剧烈反应。			
理化特性			
熔点：28.5℃ 沸点：679.0℃ 闪点：无资料	临界温度：无资料 临界压力：无资料 饱和蒸气压：0.13kPa(297℃)	爆炸上限：无资料 爆炸下限：无资料 相对密度($d_{水}=1$)：1.87	引燃温度：无资料 燃烧热：无资料
溶解性	溶于酸、乙醇。		
主要用途	用作光电池、电子管的吸气剂、氢化催化剂等。		
急救措施			
皮肤接触	脱去污染的衣着，用肥皂水和清水彻底冲洗皮肤。		
眼睛接触	提起眼睑，用流动清水或生理盐水冲洗。就医。		
吸入	迅速脱离现场至空气新鲜处。保持呼吸道通畅。如呼吸困难，给输氧。如呼吸停止，立即进行人工呼吸。就医。		
食入	饮足量温水，催吐。就医。		
防护措施			
呼吸防护	一般不需要特殊防护，但建议特殊情况下，佩戴自吸过滤式防毒面具(半面罩)。		
眼睛防护	必要时，戴化学安全防护眼镜。		
身体防护	穿化学防护服。		
手防护	戴橡胶手套。		
其他防护	工作现场严禁吸烟。注意个人清洁卫生。		

品名：**莰烯** 别名：樟脑萜；莰芬	分子式：$C_{10}H_{16}$ 分子量：136.23		相态：固 外观与性状：无色或微黄结晶，具有樟脑的气味
危险特性			
火灾危险性：可燃液体乙A 腐蚀减薄：无 环境开裂：无	爆炸物：无 金属腐蚀：无 急性毒性：无		皮肤腐蚀/刺激：无 易燃固体：类别1
遇明火、高热或与氧化剂接触，有引起燃烧爆炸的危险。燃烧时产生大量烟雾。			
理化特性			
熔点：48.0~52.0℃ 沸点：158.6℃ 闪点：36.7℃	临界温度：无资料 临界压力：无资料 饱和蒸气压：5.32kPa(75.7℃)	爆炸上限：无资料 爆炸下限：无资料 相对密度($d_{水}=1$)：0.84	引燃温度：无资料 燃烧热：6139.6kJ/mol
溶解性	溶于醚，微溶于醇，不溶于水。		
主要用途	用于医药，及合成樟脑、香料等原料。		
急救措施			
皮肤接触	脱去污染的衣着，用肥皂水和清水彻底冲洗皮肤。		
眼睛接触	提起眼睑，用流动清水或生理盐水冲洗。就医。		
吸入	迅速脱离现场至空气新鲜处。保持呼吸道通畅。如呼吸困难，给输氧。如呼吸停止，立即进行人工呼吸。就医。		
食入	饮足量温水，催吐。就医。		
防护措施			
呼吸防护	空气中浓度超标时，佩戴自吸过滤式防尘口罩。		
眼睛防护	一般不需要特殊防护。必要时，戴安全防护眼镜。		
身体防护	穿透气型防毒服。		
手防护	戴防化学品手套。		
其他防护	工作现场禁止吸烟、进食和饮水。工作完毕，淋浴更衣。注意个人清洁卫生。		

<table>
<tr><td colspan="2">品名：**糠胺**</td><td colspan="2">分子式：C_5H_7NO</td><td colspan="2">相态：液</td></tr>
<tr><td colspan="2">别名：2-呋喃甲胺；麸胺</td><td colspan="2">分子量：97.1</td><td colspan="2">外观与性状：无色至淡黄色液体</td></tr>
<tr><th colspan="6">危险特性</th></tr>
<tr><td colspan="2">火灾危险性：可燃液体乙 A
腐蚀减薄：碱腐蚀、胺腐蚀
环境开裂：碱应力腐蚀开裂、胺应力腐蚀开裂</td><td colspan="2">爆炸物：无
金属腐蚀：无
急性毒性：无</td><td colspan="2">皮肤腐蚀/刺激：类别 1
易燃液体：类别 3</td></tr>
<tr><td colspan="6">其蒸气与空气可形成爆炸性混合物，遇明火、高热能引起燃烧爆炸。与氧化剂可发生反应。其蒸气比空气重，能在较低处扩散到相当远的地方，遇火源会着火回燃。若遇高热，容器内压增大，有开裂和爆炸的危险。</td></tr>
<tr><th colspan="6">理化特性</th></tr>
<tr><td colspan="2">熔点：-70.0℃
沸点：142.2℃
闪点：46.7℃</td><td>临界温度：无资料
临界压力：无资料
饱和蒸气压：无资料</td><td colspan="2">爆炸上限：无资料
爆炸下限：无资料
相对密度($d_{水}=1$)：1.05</td><td>引燃温度：490.5℃
燃烧热：无资料</td></tr>
<tr><td>溶解性</td><td colspan="5">溶于水，溶于乙醇、乙醚。</td></tr>
<tr><td>主要用途</td><td colspan="5">用作腐蚀抑制剂、助焊剂。</td></tr>
<tr><th colspan="6">急救措施</th></tr>
<tr><td>皮肤接触</td><td colspan="5">立即脱去污染的衣着，用流动清水冲洗皮肤。就医。</td></tr>
<tr><td>眼睛接触</td><td colspan="5">提起眼睑，用流动清水或生理盐水冲洗。就医。</td></tr>
<tr><td>吸入</td><td colspan="5">迅速脱离现场至空气新鲜处。保持呼吸道通畅。如呼吸困难，给输氧。就医。</td></tr>
<tr><td>食入</td><td colspan="5">饮足量温水，催吐。就医。</td></tr>
<tr><th colspan="6">防护措施</th></tr>
<tr><td>呼吸防护</td><td colspan="5">空气中浓度超标时，必须佩戴自吸过滤式防毒面具(半面罩)。紧急事态抢救或撤离时，应该佩戴自给式空气呼吸器。</td></tr>
<tr><td>眼睛防护</td><td colspan="5">戴化学安全防护眼镜。</td></tr>
<tr><td>身体防护</td><td colspan="5">穿防静电工作服。</td></tr>
<tr><td>手防护</td><td colspan="5">戴橡皮手套。</td></tr>
<tr><td>其他防护</td><td colspan="5">尽可能减少直接接触。工作现场禁止吸烟、进食和饮水。工作完毕，淋浴更衣。</td></tr>
</table>

<table>
<tr><td colspan="2">品名：**喹啉**</td><td colspan="2">分子式：C_9H_7N</td><td colspan="2">相态：液</td></tr>
<tr><td colspan="2">别名：苯并吡啶；氮杂萘</td><td colspan="2">分子量：129.2</td><td colspan="2">外观与性状：无色液体，日久变黄，有特殊气味</td></tr>
<tr><th colspan="6">危险特性</th></tr>
<tr><td colspan="2">火灾危险性：可燃液体丙 A
腐蚀减薄：无
环境开裂：无</td><td colspan="2">爆炸物：无
金属腐蚀：无
急性毒性：类别 3</td><td colspan="2">皮肤腐蚀/刺激：类别 2
易燃液体：无</td></tr>
<tr><td colspan="6">遇明火、高热可燃。受热分解放出有毒的氧化氮烟气。与强氧化剂接触可发生化学反应。</td></tr>
<tr><th colspan="6">理化特性</th></tr>
<tr><td colspan="2">熔点：-14.5℃
沸点：234.1℃
闪点：101.1℃</td><td>临界温度：无资料
临界压力：4.66MPa
饱和蒸气压：0.13kPa(59.7℃)</td><td colspan="2">爆炸上限：7.0%
爆炸下限：1.2%
相对密度($d_{水}=1$)：1.09</td><td>引燃温度：480℃
燃烧热：4696.2kJ/mol</td></tr>
<tr><td>溶解性</td><td colspan="5">溶于水、醇、醚、二硫化碳等多数有机溶剂。</td></tr>
<tr><td>主要用途</td><td colspan="5">用于药物合成。</td></tr>
<tr><th colspan="6">急救措施</th></tr>
<tr><td>皮肤接触</td><td colspan="5">脱去污染的衣着，立即用流动清水彻底冲洗。</td></tr>
<tr><td>眼睛接触</td><td colspan="5">提起眼睑，用流动清水或生理盐水冲洗。就医。</td></tr>
<tr><td>吸入</td><td colspan="5">迅速脱离现场至空气新鲜处。保持呼吸道通畅。如呼吸困难，给输氧。如呼吸停止，立即进行人工呼吸。就医。</td></tr>
<tr><td>食入</td><td colspan="5">患者清醒时给充分漱口、饮水，如发生呕吐，使其取侧卧位，防止呕吐物进入气管。就医。</td></tr>
<tr><th colspan="6">防护措施</th></tr>
<tr><td>呼吸防护</td><td colspan="5">气中浓度超标时，应该佩戴防毒口罩。紧急事态抢救或逃生时，建议佩戴自给式呼吸器。</td></tr>
<tr><td>眼睛防护</td><td colspan="5">戴化学安全防护眼镜。</td></tr>
<tr><td>身体防护</td><td colspan="5">穿相应的防护服。</td></tr>
<tr><td>手防护</td><td colspan="5">戴防化学品手套。</td></tr>
<tr><td>其他防护</td><td colspan="5">工作现场禁止吸烟、进食和饮水。工作完毕，彻底清洗。工作服不准带至非作业场所。单独存放被毒物污染的衣服，洗后备用。保持良好的卫生习惯。</td></tr>
</table>

品名：**锂**	分子式：Li	相态：固	
别名：金属锂	分子量：6.0	外观与性状：银白色软金属	
危险特性			
火灾危险性：无法确定	爆炸物：无	皮肤腐蚀/刺激：类别 1	
腐蚀减薄：无	金属腐蚀：无	易燃液体：无	
环境开裂：液体金属脆断	急性毒性：无		
化学反应活性很高，熔融状态能在空气中自燃，粉尘能在常温下燃烧。遇水或酸反应放出氢气及热量，引起燃烧。高温下与混凝土或其他含湿的材料猛烈反应，放出氢气与空气形成爆炸性混合物。与卤素、硫、磷等发生剧烈的化学反应，引起燃烧。			
理化特性			
熔点：180.5℃	临界温度：无资料	爆炸上限：无资料	引燃温度：无资料
沸点：1342.0℃	临界压力：无资料	爆炸下限：无资料	燃烧热：无资料
闪点：无资料	饱和蒸气压：0.13kPa(723℃)	相对密度($d_{水}=1$)：0.53	
溶解性	不溶于烃类，溶于硝酸、液氨。		
主要用途	用作还原剂和氧化剂、合金硬化剂、铜和铜合金中的脱氧剂，也用于有机合成。		
急救措施			
皮肤接触	立即脱去污染的衣着，用大量流动清水冲洗至少 15min。就医。		
眼睛接触	立即提起眼睑，用大量流动清水或生理盐水彻底冲洗至少 15min。就医。		
吸入	迅速脱离现场至空气新鲜处。保持呼吸道通畅。如呼吸困难，给输氧。如呼吸停止，立即进行人工呼吸。就医。		
食入	用水漱口，给饮牛奶或蛋清。就医。		
防护措施			
呼吸防护	一般不需要特殊防护，但建议特殊情况下，佩戴自吸过滤式防尘口罩。		
眼睛防护	戴化学安全防护眼镜。		
身体防护	穿化学防护服。		
手防护	戴橡胶手套。		
其他防护	工作现场严禁吸烟。注意个人清洁卫生。		

品名：**联苯**	分子式：$C_{12}H_{10}$	相态：固	
别名：无	分子量：154.2	外观与性状：无色或淡黄色、片状晶体，略带甜嗅味	
危险特性			
火灾危险性：可燃气体甲	爆炸物：无	皮肤腐蚀/刺激：类别 2	
腐蚀减薄：无	金属腐蚀：无	易燃液体：无	
环境开裂：无	急性毒性：无		
遇明火、高热或与氧化剂接触，有引起燃烧爆炸的危险。			
理化特性			
熔点：69.7℃	临界温度：515.7℃	爆炸上限：5.8%	引燃温度：540.0℃
沸点：255.0℃	临界压力：3.38 MP	爆炸下限：0.6%	燃烧热：6252.4kJ/mol
闪点：105.5℃	饱和蒸气压：0.66kPa(101.8℃)	相对密度($d_{水}=1$)：1.04	
溶解性	不溶于水，溶于乙醇、乙醚等。		
主要用途	用作热交换剂，并用于有机合成。		
急救措施			
皮肤接触	脱去污染的衣着，用肥皂水及清水彻底冲洗。		
眼睛接触	立即提起眼睑，用大量流动清水或生理盐水彻底冲洗。就医。		
吸入	迅速脱离现场至空气新鲜处。保持呼吸道通畅。如呼吸困难，给输氧。如呼吸停止，立即进行人工呼吸。就医。		
食入	饮足量温水，催吐。就医。		
防护措施			
呼吸防护	空气中粉尘浓度超标时，建议佩戴自吸过滤式防尘口罩。		
眼睛防护	戴化学安全防护眼镜。		
身体防护	穿放毒物渗透工作服。		
手防护	戴防化学品手套。		
其他防护	工作现场严禁吸烟。工作完毕，淋浴更衣。		

品名：**邻苯二甲酸二异丁酯** 别名：无	分子式：$C_{16}H_{22}O_4$ 分子量：278.4	相态：液 外观与性状：无色透明液体	
危险特性			
火灾危险性：可燃液体丙B 腐蚀减薄：低分子有机酸腐蚀 环境开裂：无	爆炸物：无 金属腐蚀：无 急性毒性：无	皮肤腐蚀/刺激：无 易燃液体：无	
遇明火、高热可燃。			
理化特性			
熔点：-644.0℃ 沸点：295.3℃ 闪点：153.9℃	临界温度：无资料 临界压力：无资料 饱和蒸气压：无资料	爆炸上限：无资料 爆炸下限：无资料 相对密度($d_{水}=1$)：1.04	引燃温度：185.0℃ 燃烧热：无资料
溶解性	微溶于水。		
主要用途	用作纤维素树脂、乙烯基树脂、丁腈橡胶和氯化橡胶等的增塑剂。		
急救措施			
皮肤接触	立即脱去污染的衣着，用大量流动清水冲洗。就医。		
眼睛接触	立即提起眼睑，用大量流动清水或生理盐水彻底冲洗。就医。		
吸入	迅速脱离现场至空气新鲜处。如呼吸困难，给输氧。就医。		
食入	饮足量温水，催吐。就医。		
防护措施			
呼吸防护	一般不需要特殊防护，高浓度接触时可佩戴自吸过滤式防毒面具(半面罩)。		
眼睛防护	空气中浓度较高时，佩戴化学安全防护眼镜。		
身体防护	穿放毒物渗透工作服。		
手防护	戴防化学品手套。		
其他防护	工作现场禁止吸烟、进食和饮水。工作完毕，淋浴更衣。注意个人清洁卫生。		

品名：**邻苯二甲酸酐[含马来酸酐大于0.05%]** 别名：苯酐；酞酐	分子式：$C_8H_4O_3$ 分子量：148.1	相态：固 外观与性状：白色针状结晶	
危险特性			
火灾危险性：可燃气体甲 腐蚀减薄：低分子有机酸腐蚀 环境开裂：无	爆炸物：无 金属腐蚀：无 急性毒性：无	皮肤腐蚀/刺激：类别1 易燃液体：无	
无资料。			
理化特性			
熔点：131.2℃ 沸点：284.0℃ 闪点：152.0℃	临界温度：无资料 临界压力：无资料 饱和蒸气压：0.13kPa(96.5℃)	爆炸上限：10.4% 爆炸下限：1.7% 相对密度($d_{水}=1$)：1.53	引燃温度：570.0℃ 燃烧热：无资料
溶解性	不溶于冷水，溶于热水、乙醇、乙醚、苯等多数有机溶剂。		
主要用途	用于制造增塑剂，苯二甲酸二丁酯，树脂和染料等。		
急救措施			
皮肤接触	脱去污染的衣着，用大量肥皂水和水清洗皮肤。		
眼睛接触	提起眼睑，用流动清水或生理盐水冲洗。就医。		
吸入	迅速脱离现场至空气新鲜处。保持呼吸道通畅。		
食入	用水漱口，不要诱导呕吐。就医。		
防护措施			
呼吸防护	空气中粉尘浓度超标时，建议佩戴自吸过滤式防尘口罩。		
眼睛防护	戴安全防护眼镜。		
身体防护	穿防酸碱塑料工作服。		
手防护	戴橡胶耐酸碱手套。		
其他防护	工作场所禁止吸烟、进食和饮水，饭前要洗手。工作完毕，淋浴更衣。注意个人清洁卫生。		

品名：**邻苯二甲酰氯** 别名：二氯化邻苯二甲酰		分子式：$C_8H_4Cl_2O_2$ 分子量：203.0	相态：液 外观与性状：无色至浅黄色液体
危险特性			
火灾危险性：可燃液体丙 B 腐蚀减薄：盐酸腐蚀、含盐水腐蚀 环境开裂：氯化物应力腐蚀开裂		爆炸物：无 金属腐蚀：无 急性毒性：无	皮肤腐蚀/刺激：类别 1 易燃液体：无
遇明火、高热可燃。与强氧化剂接触可发生化学反应。受高热分解产生有毒的腐蚀性烟气。具有腐蚀性。			
理化特性			
熔点：12℃ 沸点：281.7℃ 闪点：135.4℃	临界温度：无资料 临界压力：无资料 饱和蒸气压：无资料	爆炸上限：无资料 爆炸下限：无资料 相对密度($d_{水}=1$)：1.41	引燃温度：无资料 燃烧热：无资料
溶解性	溶于乙醇、乙醚、苯等。		
主要用途	用于有机合成。		
急救措施			
皮肤接触	立即脱去污染的衣着，用大量流动清水冲洗。就医。		
眼睛接触	立即提起眼睑，用大量流动清水或生理盐水彻底冲洗。就医。		
吸入	迅速脱离现场至空气新鲜处。保持呼吸道通畅。如呼吸困难，给输氧。如呼吸停止，立即进行人工呼吸。就医。		
食入	饮足量温水，催吐。就医。		
防护措施			
呼吸防护	空气中浓度超标时，必须佩戴自吸过滤式防毒面具(全面罩)。紧急事态抢救或撤离时，应该佩戴空气呼吸器。		
眼睛防护	呼吸系统防护中已做防护。		
身体防护	穿橡胶耐酸碱服。		
手防护	戴橡胶耐酸碱手套。		
其他防护	工作完毕，淋浴更衣。单独存放被毒物污染的衣服，洗后备用。注意个人清洁卫生。		

品名：**邻异丙基苯酚** 别名：邻异丙基酚		分子式：$C_9H_{12}O$ 分子量：136.2	相态：液 外观与性状：透明至淡黄色液体
危险特性			
火灾危险性：可燃液体丙 A 腐蚀减薄：苯酚腐蚀 环境开裂：无		爆炸物：无 金属腐蚀：无 急性毒性：无	皮肤腐蚀/刺激：类别 1 易燃液体：无
遇明火、高热、氧化剂能燃烧，并散发出有毒气体。			
理化特性			
熔点：15.0℃ 沸点：213.5℃ 闪点：88.9℃	临界温度：无资料 临界压力：无资料 饱和蒸气压：0.13kPa(256.6℃)	爆炸上限：无资料 爆炸下限：无资料 相对密度($d_{水}=1$)：1.01	引燃温度：无资料 燃烧热：无资料
溶解性	溶于苯、醚、醇等有机溶剂。		
主要用途	主要用于合成异丙威。		
急救措施			
皮肤接触	脱去污染的衣着，用清水清洗皮肤。		
眼睛接触	提起眼睑，用流动清水或生理盐水冲洗。就医。		
吸入	迅速脱离现场至空气新鲜处。保持呼吸道通畅。		
食入	用水漱口，不要诱导呕吐。就医。		
防护措施			
呼吸防护	可能接触其蒸气时，应该佩戴防毒面具。紧急事态抢救或撤离时，建议佩戴自给式呼吸器。		
眼睛防护	戴化学安全防护眼镜。		
身体防护	穿橡胶耐酸碱服。		
手防护	戴橡胶耐酸碱手套。		
其他防护	工作现场禁止吸烟、进食和饮水。工作后，彻底清洗。单独存放被毒物污染的衣服，洗后再用。		

品名：**磷酸三甲苯酯** 别名：磷酸三甲酚酯；增塑剂 TCP		分子式：$C_{63}H_{63}O_{12}P_3$ 分子量：368.4	相态：液 外观与性状：无色至淡黄色液体
危险特性			
火灾危险性：可燃液体丙 B 腐蚀减薄：磷酸腐蚀 环境开裂：氢脆		爆炸物：无 金属腐蚀：无 急性毒性：无	反肤腐蚀/刺激：无 易燃液体：无
可燃。受热分解产生剧毒的氧化磷烟气。与氧化剂能发生强烈反应。			
理化特性			
熔点：-33.0℃ 沸点：438.5℃ 闪点：232.4℃	临界温度：无资料 临界压力：无资料 饱和蒸气压：1.33kPa(265℃)	爆炸上限：1.4% 爆炸下限：0.4% 相对密度($d_水=1$)：1.16	引燃温度：385.0℃ 燃烧热：无资料
溶解性	不溶于水，溶于醇、苯等多数有机溶剂。		
主要用途	用作塑料增塑剂、喷漆增塑剂。		
急救措施			
皮肤接触	立即脱去污染的衣着，用大量流动清水冲洗。就医。		
眼睛接触	立即提起眼睑，用流动清水或生理盐水彻底冲洗。就医。		
吸入	迅速脱离现场至空气新鲜处。保持呼吸道通畅。如呼吸困难，给输氧。如呼吸停止，立即进行人工呼吸。就医。		
食入	饮足量温水，催吐。就医。		
防护措施			
呼吸防护	可能接触其蒸气时，应该佩戴自吸过滤式防毒面具。紧急事态抢救或撤离时佩戴循环式氧气呼吸器。		
眼睛防护	戴化学安全防护眼镜。		
身体防护	穿胶布防毒衣。		
手防护	戴防化学品手套。		
其他防护	工作现场禁止吸烟、进食和饮水。工作完毕，彻底清洗。单独存放被毒物污染的衣服，洗后备用。实行就业前和定期的体检。		

品名：**膦酸** 别名：无		分子式：H_3O_3P 分子量：82.0	相态：固 外观与性状：白色结晶固体
危险特性			
火灾危险性：可燃液体丙 B 腐蚀减薄：无 环境开裂：无		爆炸物：无 金属腐蚀：无 急性毒性：无	皮肤腐蚀/刺激：类别 1 易燃液体：无
有腐蚀性。受热分解产生剧毒的氧化磷烟气。			
理化特性			
熔点：73.0℃ 沸点：200.0℃ 闪点：200.0℃	临界温度：无资料 临界压力：无资料 饱和蒸气压：无资料	爆炸上限：无资料 爆炸下限：无资料 相对密度($d_水=1$)：1.65	引燃温度：无资料 燃烧热：无资料
溶解性	易溶于水、乙醇。		
主要用途	用作还原剂、尼龙增白剂，也用作亚磷酸盐原料、农药中间体。		
急救措施			
皮肤接触	脱去污染的衣着，用清水清洗皮肤。		
眼睛接触	提起眼睑，用流动清水或生理盐水冲洗。就医。		
吸入	迅速脱离现场至空气新鲜处。保持呼吸道通畅。		
食入	用水漱口，不要诱导呕吐。就医。		
防护措施			
呼吸防护	高浓度环境中，必须佩戴防毒面具或供气式头盔。紧急事态抢救或逃生时，建议佩戴自给式呼吸器。		
眼睛防护	戴化学安全防护眼镜。		
身体防护	穿工作服(防腐材料制作)。		
手防护	戴橡皮手套。		
其他防护	工作后，淋浴更衣。单独存放被毒物污染的衣服，洗后再用。保持良好的卫生习惯。		

品名：**2-硫代呋喃甲醇**	分子式：C_5H_6OS	相态：液	
别名：糠硫醇	分子量：114.2	外观与性状：无色油状液体，有恶臭	
危险特性			
火灾危险性：可燃液体乙 A 腐蚀减薄：硫酸腐蚀、高温硫化物腐蚀 环境开裂：连多硫酸应力腐蚀开裂	爆炸物：无 金属腐蚀：无 急性毒性：无	皮肤腐蚀/刺激：无 易燃液体：类别 3	
遇高热、明火或与氧化剂接触，有引起燃烧的危险。受高热分解产生有毒的硫化物烟气。			
理化特性			
熔点：无资料	临界温度：无资料	爆炸上限：无资料	引燃温度：无资料
沸点：155.0	临界压力：无资料	爆炸下限：无资料	燃烧热：无资料
闪点：45.0	饱和蒸气压：无资料	相对密度($d_水=1$)：1.13	
溶解性	不溶于水，溶于多种有机溶剂和稀碱液中，性质尚稳定，若在无机酸存在下容易聚合。		
主要用途	为允许使用的食品用香料。用于配制咖啡、牛肉、洋葱、大蒜等型香精。		
急救措施			
皮肤接触	立即脱去污染的衣着，用大量流动清水冲洗。就医。		
眼睛接触	立即提起眼睑，用流动清水或生理盐水彻底冲洗。就医。		
吸入	迅速脱离现场至空气新鲜处。保持呼吸道通畅。如呼吸困难，给输氧。就医。		
食入	饮足量温水，催吐。就医。		
防护措施			
呼吸防护	空气中浓度超标时，必须佩戴自吸过滤式防毒面具。紧急事态抢救或撤离时应该佩戴空气呼吸器。		
眼睛防护	戴化学安全防护眼镜。		
身体防护	穿防毒物渗透工作服。		
手防护	戴橡胶手套。		
其他防护	工作现场禁止吸烟、进食和饮水。工作完毕，彻底清洗。单独存放被毒物污染的衣服，洗后备用。		

品名：**硫代磷酰氯**	分子式：$PSCl_3$	相态：液	
别名：硫代氯化磷酰；三氯化硫磷；三氯硫磷	分子量：169.4	外观与性状：无色或浅黄色油状液体，有刺激性气味	
危险特性			
火灾危险性：无 腐蚀减薄：盐酸腐蚀、硫酸腐蚀、高温硫化物腐蚀、含盐水腐蚀 环境开裂：氯化物应力腐蚀开裂、连多硫酸应力腐蚀开裂	爆炸物：无 金属腐蚀：无 急性毒性：类别 1	皮肤腐蚀/刺激：类别 1 易燃液体：无	
与乙醇、甲醇激烈反应。受热或遇水分解放热。放出有毒的腐蚀性烟气。具有较强的腐蚀性。			
理化特性			
熔点：-35.0℃	临界温度：无资料	爆炸上限：无资料	引燃温度：无资料
沸点：125.0℃	临界压力：无资料	爆炸下限：无资料	燃烧热：无资料
闪点：无资料	饱和蒸气压：2.94kPa(25℃)	相对密度($d_水=1$)：1.63	
溶解性	溶于二硫化碳、四氯化碳。		
主要用途	作为制造农药的原料。		
急救措施			
皮肤接触	立即脱去污染的衣着，用大量流动清水冲洗至少 15min。就医。		
眼睛接触	立即提起眼睑，用大量流动清水或生理盐水彻底冲洗至少 15min。就医。		
吸入	迅速脱离现场至空气新鲜处。保持呼吸道通畅。如呼吸困难，给输氧。如呼吸停止，立即进行人工呼吸。就医。		
食入	用水漱口，给饮牛奶或蛋清。就医。		
防护措施			
呼吸防护	可能接触其蒸气时，必须佩戴导管式防毒面具或自吸式长管面具。紧急事态抢救或撤离时，建议佩戴空气呼吸器。		
眼睛防护	呼吸系统防护中已做防护。		
身体防护	穿橡胶耐酸碱服。		
手防护	戴橡胶耐酸碱手套。		
其他防护	工作现场禁止吸烟、进食和饮水。工作完毕，淋浴更衣。单独存放被毒物污染的衣服，洗后备用。保持良好的卫生习惯。		

品名：**4-硫代戊醛**	分子式：C_4H_8OS	相态：液
别名：甲基巯基丙醛	分子量：104.2	外观与性状：无色至琥珀色液体

危险特性

火灾危险性：可燃液体丙 A	爆炸物：无	皮肤腐蚀/刺激：类别 2
腐蚀减薄：硫酸腐蚀、高温硫化物腐蚀	金属腐蚀：无	易燃液体：无
环境开裂：连多硫酸应力腐蚀开裂	急性毒性：类别 3	

无资料。

理化特性

熔点：-68.0℃	临界温度：无资料	爆炸上限：无资料	引燃温度：无资料
沸点：168.2℃	临界压力：无资料	爆炸下限：无资料	燃烧热：无资料
闪点：61.1℃	饱和蒸气压：0.1kPa(20℃)	相对密度($d_{水}=1$)：1.03	

溶解性	无资料。
主要用途	医药蛋氨酸的中间体，用于配制食用香精。

急救措施

皮肤接触	脱去污染的衣着，用大量肥皂水和清水清洗皮肤。
眼睛接触	提起眼睑，用流动清水或生理盐水冲洗。就医。
吸入	迅速脱离现场至空气新鲜处。保持呼吸道通畅。
食入	用水漱口，不要诱导呕吐。就医。

防护措施

呼吸防护	如危险性评测需要，使用全面罩式多功能微粒防毒面具 N99 型(US)或 P2 型(EN143)防毒面具筒作为工程控制的候补。如防毒面具是保护的唯一方式，则使用全面罩式送风防毒面具。
眼睛防护	面罩与安全眼镜请使用经官方标准如 NIOSH（美国）或 EN 166（欧盟）检测与批准的设备防护眼部。
身体防护	全套防化学试剂工作服，防护设备的类型必须根据特定工作场所中的危险物的浓度和含量来选择。
手防护	所选择的保护手套必须符合 EU 的 89/686/EEC 规定和从它衍生出来的 EN376 标准。
其他防护	无资料。

品名：**硫代乙酸**	分子式：C_2H_4OS	相态：液
别名：硫代醋酸	分子量：76.1	外观与性状：无色液体，有刺激性气味

危险特性

火灾危险性：可燃液体甲 B	爆炸物：无	反肤腐蚀/刺激：类别 1
腐蚀减薄：硫酸腐蚀、低分子有机酸腐蚀	金属腐蚀：无	易燃液体：类别 2
	急性毒性：无	
环境开裂：连多硫酸应力腐蚀开裂		

易燃，遇明火、高热或与氧化剂接触，有引起燃烧爆炸的危险。受高热分解产生有毒的硫化物烟气。具有腐蚀性。

理化特性

熔点：-17.0℃	临界温度：无资料	爆炸上限：无资料	引燃温度：427.0℃
沸点：93.0℃	临界压力：无资料	爆炸下限：无资料	燃烧热：无资料
闪点：11.1℃	饱和蒸气压：无资料	相对密度($d_{水}=1$)：1.07	

溶解性	溶于水、乙醇、乙醚等。
主要用途	用作化学试剂、催泪剂等。

急救措施

皮肤接触	立即脱去污染的衣着，用大量流动清水冲洗至少 15min。就医。
眼睛接触	立即提起眼睑，用大量流动清水或生理盐水彻底冲洗至少 15min。就医。
吸入	迅速脱离现场至空气新鲜处。保持呼吸道通畅。如呼吸困难，给输氧。如呼吸停止，立即进行人工呼吸。就医。
食入	饮足量温水，催吐。就医。

防护措施

呼吸防护	空气中浓度超标时，必须佩戴自吸过滤式防毒面具。紧急事态抢救或撤离时应该佩戴空气呼吸器。
眼睛防护	戴化学安全防护眼镜。
身体防护	穿橡胶耐酸碱服。
手防护	戴橡胶耐酸碱手套。
其他防护	工作场所禁止吸烟、进食和饮水，饭前要洗手。工作完毕，淋浴更衣。保持良好的卫生习惯。

品名：**硫代异氰酸甲酯**	分子式：C_2H_3NS	相态：液	
别名：异硫氰酸甲酯；甲基芥子油	分子量：73.1	外观与性状：无资料	
危险特性			
火灾危险性：可燃液体乙 A	爆炸物：无	皮肤腐蚀/刺激：类别 1	
腐蚀减薄：硫酸腐蚀	金属腐蚀：无	易燃液体：类别 3	
环境开裂：连多硫酸应力腐蚀开裂	急性毒性：类别 3		
其蒸气与空气可形成爆炸性混合物，遇明火、高热极易燃烧爆炸。与氧化剂接触猛烈反应。			
理化特性			
熔点：36.0℃	临界温度：无资料	爆炸上限：无资料	引燃温度：无资料
沸点：107.8℃	临界压力：无资料	爆炸下限：无资料	燃烧热：无资料
闪点：32.2℃	饱和蒸气压：无资料	相对密度($d_水=1$)：1.07	
溶解性	溶于丙酮、苯、环已酮、乙醇、甲醇、二氯甲烷、石油醚。		
主要用途	用作农药杀虫剂(即敌线酯，或称氰土灵)、军用毒剂。		
急救措施			
皮肤接触	脱去污染的衣着，用大量肥皂水和水清洗皮肤。		
眼睛接触	提起眼睑，用流动清水或生理盐水冲洗。就医。		
吸入	迅速脱离现场至空气新鲜处。保持呼吸道通畅。		
食入	用水漱口，不要诱导呕吐。就医。		
防护措施			
呼吸防护	可能接触毒物时，应该佩戴防毒面具。		
眼睛防护	戴化学安全防护眼镜。		
身体防护	穿防腐工作服。		
手防护	戴防化学品手套。		
其他防护	工作现场禁止吸烟、进食和饮水。工作后，彻底清洗。工作服不要带到非作业场所，单独存放被毒物污染的衣服。		

品名：**硫化氢**	分子式：H_2S	相态：气	
别名：无	分子量：34.1	外观与性状：无色、有恶臭的气体	
危险特性			
火灾危险性：可燃气体甲	爆炸物：无	皮肤腐蚀/刺激：无	
腐蚀减薄：硫酸腐蚀、高温硫化物腐蚀、酸性水腐蚀(酸式酸性水)	金属腐蚀：无	易燃气体：类别 1	
环境开裂：湿硫化氢破坏、氢脆、连多硫酸应力腐蚀开裂	急性毒性：类别 2		
易燃，与空气混合能形成爆炸性混合物，遇明火、高热能引起燃烧爆炸。与浓硝酸、发烟硝酸或其他强氧化剂剧烈反应，发生爆炸。气体比空气重，能在较低处扩散到相当远的地方，遇火源会着火回燃。			
理化特性			
熔点：-85.5℃	临界温度：100.4℃	爆炸上限：46.0%	引燃温度：260.0℃
沸点：-60.4℃	临界压力：9.01MPa	爆炸下限：4.0%	燃烧热：无资料
闪点：无资料	饱和蒸气压：2026.5kPa(25.5℃)	相对密度($d_水=1$)：1.19	
溶解性	溶于水、乙醇。		
主要用途	用于化学分析如鉴定金属离子。		
急救措施			
皮肤接触	无资料。		
眼睛接触	立即提起眼睑，用大量流动清水或生理盐水彻底冲洗至少 15min。就医。		
吸入	迅速脱离现场至空气新鲜处。保持呼吸道通畅。如呼吸困难，给输氧。如呼吸停止，立即进行人工呼吸。就医。		
食入	无资料。		
防护措施			
呼吸防护	可能接触其粉尘时，必须佩戴自吸过滤式防尘口罩。必要时，佩戴空气呼吸器。		
眼睛防护	戴化学安全防护眼镜。		
身体防护	穿橡胶耐酸碱服。		
手防护	戴橡胶耐酸碱手套。		
其他防护	工作场所禁止吸烟、进食和饮水，饭前要洗手。工作完毕，淋浴更衣。注意个人清洁卫生。		

品名：**硫脲** 别名：硫代尿素	分子式：CH_4N_2S 分子量：76.1	相态：固 外观与性状：白色光亮苦味晶体	
危险特性			
火灾危险性：可燃液体丙A 腐蚀减薄：硫酸腐蚀、高温硫化物腐蚀、甲铵腐蚀 环境开裂：连多硫酸应力腐蚀开裂	爆炸物：无 金属腐蚀：无 急性毒性：无	皮肤腐蚀/刺激：无 易燃液体：无	
遇明火、高热可燃。受热分解，放出氮、硫的氧化物等毒性气体。与氧化剂能发生强烈反应。			
理化特性			
熔点：182.0℃ 沸点：186.8℃ 闪点：66.8℃	临界温度：无资料 临界压力：8.23MPa 饱和蒸气压：无资料	爆炸上限：无资料 爆炸下限：无资料 相对密度($d_水=1$)：1.41	引燃温度：无资料 燃烧热：无资料
溶解性	溶于冷水、乙醇，微溶于乙醚。		
主要用途	用于有机合成，可用作药品、橡胶添加物、镀金材料等。		
急救措施			
皮肤接触	脱去污染的衣着，用大量肥皂水和水清洗皮肤。		
眼睛接触	立即提起眼睑，用流动清水或生理盐水彻底冲洗。就医。		
吸入	迅速脱离现场至空气新鲜处。保持呼吸道通畅。如呼吸困难，给输氧。如呼吸停止，立即进行人工呼吸。就医。		
食入	饮足量温水，催吐。就医。		
防护措施			
呼吸防护	空气中浓度超标时，佩戴过滤式防毒面具(半面罩)。紧急事态抢救或撤离时，建议佩戴氧气呼吸器或空气呼吸器。		
眼睛防护	戴化学安全防护眼镜。		
身体防护	穿防静电工作服。		
手防护	戴防化学品手套。		
其他防护	工作场所禁止吸烟、进食和饮水，饭前要洗手。工作完毕，淋浴更衣。注意个人清洁卫生。		

品名：**硫氰酸苄** 别名：硫氰化苄；硫氰酸苄酯	分子式：C_8H_7NS 分子量：149.2	相态：固 外观与性状：橙红色结晶固体，有特殊刺激性气味	
危险特性			
火灾危险性：可燃液体丙A 腐蚀减薄：硫酸腐蚀 环境开裂：连多硫酸应力腐蚀开裂	爆炸物：无 金属腐蚀：无 急性毒性：无	皮肤腐蚀/刺激：无 严重眼损伤/眼刺激：类别2	
遇明火、高热可燃。其粉体与空气可形成爆炸性混合物，当达到一定浓度时，遇火星会发生爆炸。遇高热分解释出高毒烟气。			
理化特性			
熔点：41.0℃ 沸点：230.0℃ 闪点：110.0℃	临界温度：无资料 临界压力：无资料 饱和蒸气压：无资料	爆炸上限：无资料 爆炸下限：无资料 相对密度($d_水=1$)：1.13	引燃温度：无资料 燃烧热：无资料
溶解性	不溶于水，溶于乙醇、乙醚。		
主要用途	用作杀虫剂。		
急救措施			
皮肤接触	脱去污染的衣着，用大量流动清水冲洗。就医。		
眼睛接触	立即提起眼睑，用流动清水或生理盐水彻底冲洗至少15min。就医。		
吸入	迅速脱离现场至空气新鲜处。保持呼吸道通畅。如呼吸困难，给输氧。如呼吸停止，立即进行人工呼吸。就医。		
食入	饮足量温水，催吐。就医。		
防护措施			
呼吸防护	可能接触其粉尘时，必须佩戴防尘面具(全面罩)。紧急事态抢救或撤离时，应该佩戴空气呼吸器。		
眼睛防护	呼吸系统防护中已做防护。		
身体防护	穿胶布防毒衣。		
手防护	戴橡胶手套。		
其他防护	工作现场禁止吸烟、进食和饮水。工作完毕，淋浴更衣。保持良好的卫生习惯。		

品名：**硫氰酸钙**	分子式：$C_2CaN_2S_2$	相态：固	
别名：硫氰化钙	分子量：156.2	外观与性状：无色或微带黄色结晶或结晶粉	
危险特性			
火灾危险性：可燃液体丙 B	爆炸物：无	皮肤腐蚀/刺激：无	
腐蚀减薄：硫酸腐蚀	金属腐蚀：无		
环境开裂：连多硫酸应力腐蚀开裂	急性毒性：无		
受高热分解放出有毒的气体。			
理化特性			
熔点：42.5℃	临界温度：无资料	爆炸上限：无资料	引燃温度：无资料
沸点：无资料	临界压力：无资料	爆炸下限：无资料	燃烧热：无资料
闪点：160.0℃	饱和蒸气压：无资料	相对密度($d_水=1$)：无资料	
溶解性	溶于水、乙醇。		
主要用途	主要用于印染工业，化学分析。		
急救措施			
皮肤接触	脱去污染的衣着，用大量流动清水冲洗。就医。		
眼睛接触	立即提起眼睑，用流动清水或生理盐水彻底冲洗。就医。		
吸入	迅速脱离现场至空气新鲜处。保持呼吸道通畅。如呼吸困难，给输氧。如呼吸停止，立即进行人工呼吸。就医。		
食入	饮足量温水，催吐。洗胃，导泻。就医。		
防护措施			
呼吸防护	可能接触其粉尘时，必须佩戴防尘面具(全面罩)，可能接触其蒸气时，应该佩戴自吸过滤式防毒面具(全面罩)。		
眼睛防护	呼吸系统防护中已做防护。		
身体防护	穿胶布防毒衣。		
手防护	戴橡胶手套。		
其他防护	及时换洗工作服。保持良好的卫生习惯。		

品名：**硫氰酸汞**	分子式：$C_2HgN_2S_2$	相态：固	
别名：无	分子量：316.8	外观与性状：白色无臭味的粉末或针状结晶	
危险特性			
火灾危险性：无	爆炸物：无	皮肤腐蚀/刺激：无	
腐蚀减薄：硫酸腐蚀	金属腐蚀：无	严重眼损伤/眼刺激：类别 2	
环境开裂：连多硫酸应力腐蚀开裂	急性毒性：类别 2		
接触酸或酸气能产生有毒气体。遇高热分解释出高毒烟气。			
理化特性			
熔点：165.0℃	临界温度：无资料	爆炸上限：无资料	引燃温度：无资料
沸点：146.0℃	临界压力：无资料	爆炸下限：无资料	燃烧热：无资料
闪点：无资料	饱和蒸气压：无资料	相对密度($d_水=1$)：4.00	
溶解性	微溶于水、醇、醚，溶于铵盐、氨水、氯化钾、溶液。		
主要用途	用于烟火和照相显影剂。		
急救措施			
皮肤接触	立即脱去污染的衣着，用大量流动清水冲洗至少 15min。就医。		
眼睛接触	立即提起眼睑，用大量流动清水或生理盐水彻底冲洗至少 15min。就医。		
吸入	迅速脱离现场至空气新鲜处。保持呼吸道通畅。如呼吸困难，给输氧。如呼吸停止，立即进行人工呼吸。就医。		
食入	用水漱口，给饮牛奶或蛋清。就医。		
防护措施			
呼吸防护	可能接触其粉尘时，必须佩戴防尘面具(全面罩)。紧急事态抢救或撤离时，应该佩戴空气呼吸器。		
眼睛防护	呼吸系统防护中已做防护。		
身体防护	穿胶布防毒衣。		
手防护	戴橡胶手套。		
其他防护	工作现场禁止吸烟、进食和饮水。工作完毕，淋浴更衣。保持良好的卫生习惯。		

品名：**硫氰酸甲酯** 别名：无	分子式：C_2H_3NS 分子量：73.1		相态：液 外观与性状：无色液体，有蒜的气味
危险特性			
火灾危险性：可燃液体乙 A 腐蚀减薄：硫酸腐蚀 环境开裂：连多硫酸应力腐蚀开裂	爆炸物：无 金属腐蚀：无 急性毒性：类别 3		皮肤腐蚀/刺激：无 易燃液体：类别 3
易燃，遇明火、高热或与氧化剂接触，有引起燃烧爆炸的危险。受高热分解释出剧毒的氮氧化物和氧化硫气体。			
理化特性			
熔点：-51.0℃ 沸点：133.0℃ 闪点：38.0℃	临界温度：无资料 临界压力：无资料 饱和蒸气压：1.33kPa(21.6℃)	爆炸上限：无资料 爆炸下限：无资料 相对密度($d_{水}=1$)：1.07	引燃温度：无资料 燃烧热：1894.0kJ/mol
溶解性	不溶于水，可混溶于醇、醚。		
主要用途	用于有机合成。		
急救措施			
皮肤接触	立即脱去污染的衣着，用流动清水或5%硫代硫酸钠溶液彻底冲洗至少 20min。就医。		
眼睛接触	提起眼睑，用流动清水或生理盐水冲洗。就医。		
吸入	迅速脱离现场至空气新鲜处。保持呼吸道通畅。如呼吸困难，给输氧。如呼吸停止，立即进行人工呼吸。就医。		
食入	饮足量温水，催吐。用 1∶5000 高锰酸钾或 5%硫代硫酸钠溶液洗胃。就医。		
防护措施			
呼吸防护	可能接触其蒸气时，应该佩戴自吸过滤式防毒面具(全面罩)。紧急事态抢救或撤离时，佩戴自给式呼吸器。		
眼睛防护	戴化学安全防护眼镜。		
身体防护	穿聚乙烯防毒服。		
手防护	戴橡胶手套。		
其他防护	工作现场禁止吸烟、进食和饮水。工作完毕，彻底清洗。工作服不准带至非作业场所。单独存放被毒物污染的衣服，洗后备用。		

品名：**硫氰酸乙酯** 别名：无	分子式：C_3H_5NS 分子量：87.1		相态：液 外观与性状：带葱气味的浅黄色液体
危险特性			
火灾危险性：可燃液体乙 A 腐蚀减薄：硫酸腐蚀 环境开裂：连多硫酸应力腐蚀开裂	爆炸物：无 金属腐蚀：无 急性毒性：无		皮肤腐蚀/刺激：无 易燃液体：类别 3
遇明火易燃。受高热燃烧并分解产生有毒气体。			
理化特性			
熔点：-85.5℃ 沸点：144.4℃ 闪点：42.0℃	临界温度：无资料 临界压力：无资料 饱和蒸气压：无资料	爆炸上限：无资料 爆炸下限：无资料 相对密度($d_{水}=1$)：1.01	引燃温度：无资料 燃烧热：无资料
溶解性	不溶于水，可混溶于醇、醚。		
主要用途	用作杀虫剂和杀霉菌剂。		
急救措施			
皮肤接触	立即脱去污染的衣着，用流动清水或5%硫代硫酸钠溶液彻底冲洗至少 20min。就医。		
眼睛接触	提起眼睑，用流动清水或生理盐水冲洗。就医。		
吸入	迅速脱离现场至空气新鲜处。保持呼吸道通畅。如呼吸困难，给输氧。如呼吸停止，立即进行人工呼吸。就医。		
食入	饮足量温水，催吐。用 1∶5000 高锰酸钾或 5%硫代硫酸钠溶液洗胃。就医。		
防护措施			
呼吸防护	如危险性评测显示需要使用空气净化的防毒面具，请使用全面罩式多功能微粒防毒面具 N99 型(US)。		
眼睛防护	面罩与安全眼镜请使用经官方标准如 NIOSH(美国)或 EN 166(欧盟)检测与批准的设备防护眼部。		
身体防护	全套防化学试剂工作服，防护设备的类型必须根据特定工作场所中的危险物的浓度和含量来选择。		
手防护	所选择的保护手套必须符合 EU 的 89/686/EEC 规定和从它衍生出来的 EN 376 标准。		
其他防护	无资料。		

品名：**硫氰酸异丙酯**	分子式：C_7H_7NS	相态：液
别名：无	分子量：101.2	外观与性状：无色液体

危险特性

火灾危险性：可燃液体甲 B	爆炸物：无	皮肤腐蚀/刺激：无
腐蚀减薄：硫酸腐蚀	金属腐蚀：无	易燃液体：类别 2
环境开裂：连多硫酸应力腐蚀开裂	急性毒性：无	

遇明火易燃。受高热燃烧并分解产生有毒气体。与强氧化剂接触可发生化学反应。

理化特性

熔点：无资料	临界温度：无资料	爆炸上限：无资料	引燃温度：无资料
沸点：197.0℃	临界压力：无资料	爆炸下限：无资料	燃烧热：无资料
闪点：-3.0℃	饱和蒸气压：100.51kPa(152℃)	相对密度($d_{水}=1$)：0.99	

溶解性	不溶于水，可混溶于醇、醚。
主要用途	用于有机合成。

急救措施

皮肤接触	脱去污染的衣着，用大量流动清水冲洗。就医。
眼睛接触	提起眼睑，用流动清水或生理盐水冲洗。就医。
吸入	迅速脱离现场至空气新鲜处。保持呼吸道通畅。如呼吸困难，给输氧。如呼吸停止，立即进行人工呼吸。就医。
食入	饮足量温水，催吐。用 1∶5000 高锰酸钾或 5%硫代硫酸钠溶液洗胃。就医。

防护措施

呼吸防护	可能接触其蒸气时，应该佩戴自吸过滤式防毒面具(全面罩)。紧急事态抢救或撤离时佩戴氧气呼吸器。
眼睛防护	戴化学安全防护眼镜。
身体防护	穿防毒物渗透工作服。
手防护	戴防化学品手套。
其他防护	工作现场禁止吸烟、进食和饮水。工作完毕，彻底清洗。单独存放被毒物污染的衣服，洗后备用。车间应配备急救设备及药品。作业人员应学会自救互救。

品名：**硫酸**	分子式：H_2SO_4	相态：液
别名：无	分子量：98.1	外观与性状：纯品为无色透明油状液体，无臭

危险特性

火灾危险性：无	爆炸物：无	皮肤腐蚀/刺激：类别 1
腐蚀减薄：硫酸腐蚀	金属腐蚀：无	严重眼损伤/眼刺激：类别 1
环境开裂：氢脆、连多硫酸应力腐蚀开裂、硫酸盐应力腐蚀开裂	急性毒性：无	

遇水大量放热，可发生沸溅。与易燃物(如苯)和可燃物(如糖、纤维素等)接触会发生剧烈反应，甚至引起燃烧。遇电石、高氯酸盐、雷酸盐、硝酸盐、苦味酸盐、金属粉末等猛烈反应，发生爆炸或燃烧。有强烈的腐蚀性和吸水性。

理化特性

熔点：10.5℃	临界温度：无资料	爆炸上限：无资料	引燃温度：无资料
沸点：290.0℃	临界压力：无资料	爆炸下限：无资料	燃烧热：无资料
闪点：无资料	饱和蒸气压：0.13kPa(145.8℃)	相对密度($d_{水}=1$)：1.83	

溶解性	与水混溶。
主要用途	用于生产化学肥料，在化工、医药、塑料、染料、石油提炼等工业也有广泛的应用。

急救措施

皮肤接触	立即脱去污染的衣着，用大量流动清水冲洗至少 15min。就医。
眼睛接触	立即提起眼睑，用大量流动清水或生理盐水彻底冲洗至少 15min。就医。
吸入	迅速脱离现场至空气新鲜处。保持呼吸道通畅。如呼吸困难，给输氧。如呼吸停止，立即进行人工呼吸。就医。
食入	用水漱口，给饮牛奶或蛋清。就医。

防护措施

呼吸防护	可能接触其蒸气时，应该佩戴自吸过滤式防毒面具(全面罩)。紧急事态抢救或撤离时佩戴氧气呼吸器。
眼睛防护	戴化学安全防护眼镜。
身体防护	穿聚乙烯防毒服。
手防护	戴橡胶耐油手套。
其他防护	工作现场禁止吸烟、进食和饮水。工作完毕，彻底清洗。工作服不准带至非作业场所。单独存放被毒物污染的衣服，洗后备用。

品名：**硫酸-2，5-二氨基甲苯**		分子式：$C_7H_{12}N_2O_4S$	相态：固
别名：2，5-二氨基甲苯硫酸		分子量：220.2	外观与性状：淡红紫色结晶
危险特性			
火灾危险性：无 腐蚀减薄：硫酸腐蚀 环境开裂：氨应力腐蚀开裂、氢脆、连多硫酸应力腐蚀开裂、硫酸盐应力腐蚀开裂		爆炸物：无 金属腐蚀：无 急性毒性：类别3	皮肤腐蚀/刺激：无
遇明火、高热可燃。其粉体与空气可形成爆炸性混合物，当达到一定浓度时，遇火星会发生爆炸。受高热分解放出有毒的气体。			
理化特性			
熔点：300.0℃ 沸点：273.7℃ 闪点：无资料	临界温度：无资料 临界压力：无资料 饱和蒸气压：无资料	爆炸上限：无资料 爆炸下限：无资料 相对密度($d_{水}=1$)：无资料	引燃温度：无资料 燃烧热：无资料
溶解性	溶于水、乙醇。		
主要用途	用作化学试剂，也用于有机合成。		
急救措施			
皮肤接触	脱去污染的衣着，用大量流动清水冲洗。就医。		
眼睛接触	提起眼睑，用流动清水或生理盐水冲洗。就医。		
吸入	迅速脱离现场至空气新鲜处。保持呼吸道通畅。如呼吸困难，给输氧。如呼吸停止，立即进行人工呼吸。就医。		
食入	饮足量温水，催吐。就医。		
防护措施			
呼吸防护	可能接触其烟雾时，佩戴自吸过滤式防毒面具(全面罩)或空气呼吸器。紧急事态抢救或撤离时，建议佩戴氧气呼吸器。		
眼睛防护	呼吸系统防护中已做防护。		
身体防护	穿橡胶耐酸碱服。		
手防护	戴橡胶耐酸碱手套。		
其他防护	工作现场禁止吸烟、进食和饮水。工作完毕，淋浴更衣。单独存放被毒物污染的衣服，洗后备用。保持良好的卫生习惯。		

品名：**硫酸苯肼**		分子式：$C_{12}H_{18}N_4O_4S$	相态：无资料
别名：苯肼硫酸		分子量：314.4	外观与性状：无资料
危险特性			
火灾危险性：可燃液体丙A 腐蚀减薄：硫酸腐蚀 环境开裂：氢脆、连多硫酸应力腐蚀开裂、硫酸盐应力腐蚀开裂		爆炸物：无 金属腐蚀：无 急性毒性：类别3	皮肤腐蚀/刺激：类别2 严重眼损伤/眼刺激：类别2
无资料。			
理化特性			
熔点：无资料 沸点：243.0℃ 闪点：115.4℃	临界温度：无资料 临界压力：无资料 饱和蒸气压：无资料	爆炸上限：无资料 爆炸下限：无资料 相对密度($d_{水}=1$)：无资料	引燃温度：无资料 燃烧热：无资料
溶解性	无资料。		
主要用途	用作有机试剂，主要用于合成农药、医药、染料及合成其他有机物。		
急救措施			
皮肤接触	脱去污染的衣着，用大量肥皂水和水清洗皮肤。		
眼睛接触	提起眼睑，用流动清水或生理盐水冲洗。就医。		
吸入	迅速脱离现场至空气新鲜处。保持呼吸道通畅。		
食入	用水漱口，不要诱导呕吐。就医。		
防护措施			
呼吸防护	防尘面具，自携式呼吸器(SCBA)，供气呼吸器等。依据当地和政府法规，使用通过政府标准的呼吸器。		
眼睛防护	护目镜。如果情况需要，佩戴面具。		
身体防护	防渗防护服。如果情况需要，穿戴防护靴。		
手防护	防渗手套。		
其他防护	工作现场禁止吸烟、进食和饮水。工作完毕，淋浴更衣。单独存放被毒物污染的衣服，洗后备用。保持良好的卫生习惯。		

品名：**硫酸二甲酯** 别名：硫酸甲酯		分子式：$C_2H_6O_4S$ 分子量：126.1	相态：液 外观与性状：无色液体
危险特性			
火灾危险性：可燃液体丙 A 腐蚀减薄：硫酸腐蚀 环境开裂：氢脆、连多硫酸应力腐蚀开裂、硫酸盐应力腐蚀开裂		爆炸物：无 金属腐蚀：无 急性毒性：类别 2	皮肤腐蚀/刺激：类别 1 严重眼损伤/眼刺激：类别 1
无资料。			
理化特性			
熔点：-31.8℃ 沸点：188.0℃ 闪点：83.3℃	临界温度：无资料 临界压力：无资料 饱和蒸气压：2.00kPa(76℃)	爆炸上限：23.3% 爆炸下限：3.6% 相对密度($d_水=1$)：1.33	引燃温度：无资料 燃烧热：无资料
溶解性	不溶于水，溶于乙醇和乙醚，在冷水中缓缓分解，随温度的上升而加速。		
主要用途	是良好的甲基化试剂。用于制造药物、染料、香料等。		
急救措施			
皮肤接触	立即脱去污染的衣着，用大量流动清水冲洗至少 15min。就医。		
眼睛接触	立即提起眼睑，用大量流动清水或生理盐水彻底冲洗至少 15min。就医。		
吸入	迅速脱离现场至空气新鲜处。保持呼吸道通畅。如呼吸困难，给输氧。如呼吸停止，立即进行人工呼吸。就医。		
食入	用水漱口，给饮牛奶或蛋清。就医。		
防护措施			
呼吸防护	可能接触其蒸气时，应该佩戴自吸过滤式防毒面具(全面罩)。紧急事态抢救或撤离时，佩戴氧气呼吸器。		
眼睛防护	戴化学安全防护眼镜。		
身体防护	穿胶布防毒衣。		
手防护	戴橡胶手套。		
其他防护	工作现场禁止吸烟、进食和饮水。工作完毕，彻底清洗。工作服不准带至非工作场所。单独存放被毒物污染的衣服，洗后备用。		

品名：**硫酸二乙酯** 别名：硫酸乙酯		分子式：$C_4H_{10}O_4S$ 分子量：154.2	相态：液 外观与性状：透明油性液体
危险特性			
火灾危险性：可燃液体丙 A 腐蚀减薄：硫酸腐蚀 环境开裂：氢脆、连多硫酸应力腐蚀开裂、硫酸盐应力腐蚀开裂		爆炸物：无 金属腐蚀：无 急性毒性：类别 3	皮肤腐蚀/刺激：类别 1 严重眼损伤/眼刺激：类别 1
遇高热、明火或与氧化剂接触，有引起燃烧的危险。受热分解放出易燃气体，能与空气形成爆炸性混合物。若遇高热可发生剧烈分解，引起容器破裂或爆炸事故。			
理化特性			
熔点：-25.0℃ 沸点：208.0℃ 闪点：78.3℃	临界温度：无资料 临界压力：6.48MPa 饱和蒸气压：0.13kPa(47℃)	爆炸上限：无资料 爆炸下限：4.1% 相对密度($d_水=1$)：1.18	引燃温度：436.0℃ 燃烧热：无资料
溶解性	不溶于水，但逐渐被水所分解。溶于乙醇、乙醚。		
主要用途	用作乙基化剂，广泛用于染料、医药等精细化工品的生产。		
急救措施			
皮肤接触	立即脱去污染的衣着，用大量流动清水冲洗至少 15min。就医。		
眼睛接触	立即提起眼睑，用大量流动清水或生理盐水彻底冲洗至少 15min。就医。		
吸入	迅速脱离现场至空气新鲜处。保持呼吸道通畅。如呼吸困难，给输氧。如呼吸停止，立即进行人工呼吸。就医。		
食入	饮足量温水，催吐。就医。		
防护措施			
呼吸防护	无资料。		
眼睛防护	无资料。		
身体防护	无资料。		
手防护	无资料。		
其他防护	无资料。		

品名：**硫酸镉** 别名：无	分子式：$CdSO_4$ 分子量：208.5	相态：固 外观与性状：白色单斜晶体	
危险特性			
火灾危险性：无 腐蚀减薄：硫酸腐蚀 环境开裂：氢脆、连多硫酸应力腐蚀开裂、硫酸盐应力腐蚀开裂	爆炸物：无 金属腐蚀：无 急性毒性：类别2	皮肤腐蚀/刺激：无	
受高热分解产生有毒的硫化物烟气。			
理化特性			
熔点：1000.0℃ 沸点：330.0℃ 闪点：无资料	临界温度：无资料 临界压力：无资料 饱和蒸气压：无资料	爆炸上限：无资料 爆炸下限：无资料 相对密度($d_{水}=1$)：4.69	引燃温度：无资料 燃烧热：无资料
溶解性	溶于水，不溶于乙醇。		
主要用途	制造镉电池和镉肥，并用作消毒剂和收敛剂。		
急救措施			
皮肤接触	脱去污染的衣着，用大量流动清水冲洗皮肤。		
眼睛接触	提起眼睑，用流动清水或生理盐水冲洗。就医。		
吸入	迅速脱离现场至空气新鲜处。保持呼吸道通畅。如呼吸困难，给输氧。如呼吸停止，立即进行人工呼吸。就医。		
食入	饮足量温水，催吐。就医。		
防护措施			
呼吸防护	可能接触其蒸气时，应该佩戴自吸过滤式防毒面具(半面罩)。紧急事态抢救或撤离时，佩戴氧气呼吸器。		
眼睛防护	戴化学安全防护眼镜。		
身体防护	穿胶布防毒衣。		
手防护	戴橡胶手套。		
其他防护	工作现场禁止吸烟、进食和饮水。工作完毕，彻底清洗。工作服不准带至非作业场所。单独存放被毒物污染的衣服，洗后备用。		

品名：**硫酸汞** 别名：硫酸高汞	分子式：$HgSO_4$ 分子量：296.7	相态：固 外观与性状：白色结晶粉末，无气味	
危险特性			
火灾危险性：无 腐蚀减薄：硫酸腐蚀 环境开裂：氢脆、连多硫酸应力腐蚀开裂、硫酸盐应力腐蚀开裂	爆炸物：无 金属腐蚀：无 急性毒性：类别3	皮肤腐蚀/刺激：无	
本身不能燃烧。遇高热分解释出高毒烟气。			
理化特性			
熔点：850.0℃ 沸点：无资料 闪点：无资料	临界温度：无资料 临界压力：无资料 饱和蒸气压：无资料	爆炸上限：无资料 爆炸下限：无资料 相对密度($d_{水}=1$)：6.47	引燃温度：无资料 燃烧热：无资料
溶解性	溶于盐酸、热硫酸、浓氯化钠，不溶于丙酮、氨水。		
主要用途	制作甘汞、升汞和蓄电池组，并用作乙烯水合制乙醛的催化剂。		
急救措施			
皮肤接触	脱去污染的衣着，用大量流动清水冲洗皮肤。		
眼睛接触	提起眼睑，用流动清水或生理盐水冲洗。就医。		
吸入	迅速脱离现场至空气新鲜处。保持呼吸道通畅。如呼吸困难，给输氧。如呼吸停止，立即进行人工呼吸。就医。		
食入	饮足量温水，催吐。就医。		
防护措施			
呼吸防护	可能接触其蒸气时，应该佩戴自吸过滤式防毒面具(半面罩)。		
眼睛防护	戴化学安全防护眼镜。		
身体防护	穿防静电工作服。		
手防护	戴橡胶手套。		
其他防护	工作现场禁止吸烟、进食和饮水。工作完毕，彻底清洗。工作服不准带至非作业场所。单独存放被毒物污染的衣服，洗后备用。		

品名：**硫酸钴**		分子式：CoH_2O_5S		相态：固
别名：无		分子量：173.0		外观与性状：玫瑰红色单斜晶体
危险特性				
火灾危险性：无 腐蚀减薄：硫酸腐蚀 环境开裂：氢脆、连多硫酸应力腐蚀开裂、硫酸盐应力腐蚀开裂		爆炸物：无 金属腐蚀：无 急性毒性：无		皮肤腐蚀/刺激：无
本身不能燃烧。受高热分解放出有毒的气体。				
理化特性				
熔点：96~98℃ 沸点：420.0℃ 闪点：无资料		临界温度：无资料 临界压力：无资料 饱和蒸气压：无资料	爆炸上限：无资料 爆炸下限：无资料 相对密度($d_水=1$)：1.98	引燃温度：无资料 燃烧热：无资料
溶解性	溶于水、甲醇，微溶于乙醇。			
主要用途	用于制陶瓷釉料、尤其催干剂和镀钴等。			
急救措施				
皮肤接触	脱去污染的衣着，用大量流动清水冲洗皮肤。			
眼睛接触	提起眼睑，用流动清水或生理盐水冲洗。就医。			
吸入	迅速脱离现场至空气新鲜处。保持呼吸道通畅。如呼吸困难，给输氧。如呼吸停止，立即进行人工呼吸。就医。			
食入	饮足量温水，催吐。就医。			
防护措施				
呼吸防护	空气中粉尘浓度超标时，必须佩戴自吸过滤式防尘口罩。紧急事态抢救或撤离时，应该佩戴空气呼吸器。			
眼睛防护	戴化学安全防护眼镜。			
身体防护	穿防毒物渗透工作服。			
手防护	戴橡胶手套。			
其他防护	工作现场禁止吸烟、进食和饮水。工作完毕，淋浴更衣。注意个人清洁卫生。实行就业和定期的体检。			

品名：**硫酸间苯二胺**		分子式：$C_6H_{10}N_2O_4S$		相态：固
别名：硫酸间二氨基苯		分子量：206.2		外观与性状：无色或浅灰色结晶或粉末
危险特性				
火灾危险性：可燃液体丙 B 腐蚀减薄：硫酸腐蚀、碱腐蚀、胺腐蚀 环境开裂：碱应力腐蚀开裂、氨应力腐蚀开裂、胺应力腐蚀开裂、氢脆、连多硫酸应力腐蚀开裂、硫酸盐应力腐蚀开裂		爆炸物：无 金属腐蚀：无 急性毒性：类别 3		皮肤腐蚀/刺激：无 严重眼损伤/眼刺激：类别 2
无资料。				
理化特性				
熔点：无资料 沸点：283.2℃ 闪点：147.6℃		临界温度：无资料 临界压力：无资料 饱和蒸气压：无资料	爆炸上限：无资料 爆炸下限：无资料 相对密度($d_水=1$)：无资料	引燃温度：无资料 燃烧热：无资料
溶解性	无资料。			
主要用途	无资料。			
急救措施				
皮肤接触	脱去污染的衣着，用大量肥皂水和水清洗皮肤。			
眼睛接触	提起眼睑，用流动清水或生理盐水冲洗。就医。			
吸入	迅速脱离现场至空气新鲜处。如呼吸困难，给输氧。就医。			
食入	用水漱口，不要诱导呕吐。就医。			
防护措施				
呼吸防护	空气中粉尘浓度超标时，必须佩戴自吸过滤式防尘口罩。紧急事态抢救或撤离时，应该佩戴空气呼吸器。			
眼睛防护	戴化学安全防护眼镜。			
身体防护	穿防毒物渗透工作服。			
手防护	戴乳胶手套。			
其他防护	工作场所禁止吸烟、进食和饮水，饭前要洗手。工作完毕，淋浴更衣。保持良好的卫生习惯。			

品名：**硫酸马钱子碱**	分子式：$C_{46}H_{54}N_4O_{12}S$	相态：固	
别名：二甲氧基士的宁硫酸盐	分子量：887.0	外观与性状：白色结晶固体	
危险特性			
火灾危险性：可燃液体丙 B	爆炸物：无	皮肤腐蚀/刺激：无	
腐蚀减薄：硫酸腐蚀	金属腐蚀：无		
环境开裂：氢脆、连多硫酸应力腐蚀开裂、硫酸盐应力腐蚀开裂	急性毒性：类别 2		
无资料。			
理化特性			
熔点：无资料	临界温度：无资料	爆炸上限：无资料	引燃温度：无资料
沸点：633.7℃	临界压力：无资料	爆炸下限：无资料	燃烧热：无资料
闪点：337.1℃	饱和蒸气压：无资料	相对密度($d_水=1$)：无资料	
溶解性	无资料。		
主要用途	无资料。		
急救措施			
皮肤接触	无资料。		
眼睛接触	无资料。		
吸入	迅速脱离现场至空气新鲜处。保持呼吸道通畅。		
食入	用水漱口，不要诱导呕吐。就医。		
防护措施			
呼吸防护	空气中粉尘浓度超标时，必须佩戴自吸过滤式防尘口罩。紧急事态抢救或撤离时，应该佩戴空气呼吸器。		
眼睛防护	戴化学安全防护眼镜。		
身体防护	穿橡胶耐酸碱服。		
手防护	戴橡胶耐酸碱手套。		
其他防护	工作场所禁止吸烟、进食和饮水，饭前要洗手。工作完毕，淋浴更衣。保持良好的卫生习惯。		

品名：**硫酸镍**	分子式：$NiSO_4$	相态：固	
别名：无	分子量：154.8	外观与性状：绿色结晶，正方晶系	
危险特性			
火灾危险性：无	爆炸物：无	皮肤腐蚀/刺激：类别 2	
腐蚀减薄：硫酸腐蚀	金属腐蚀：无		
环境开裂：氢脆、连多硫酸应力腐蚀开裂、硫酸盐应力腐蚀开裂	急性毒性：无		
受高热分解产生有毒的硫化物烟气。			
理化特性			
熔点：无资料	临界温度：无资料	爆炸上限：无资料	引燃温度：无资料
沸点：330.0℃	临界压力：无资料	爆炸下限：无资料	燃烧热：无资料
闪点：无资料	饱和蒸气压：无资料	相对密度($d_水=1$)：2.07	
溶解性	易溶于水，溶于乙醇，微溶于酸、氨水。		
主要用途	主要用于电镀工业及制镍镉电池和其他镍盐，也用于有机合成和生产硬化油作为油漆的催化剂。		
急救措施			
皮肤接触	脱去污染的衣着，用大量流动清水冲洗皮肤。		
眼睛接触	提起眼睑，用流动清水或生理盐水冲洗。就医。		
吸入	迅速脱离现场至空气新鲜处。保持呼吸道通畅。如呼吸困难，给输氧。如呼吸停止，立即进行人工呼吸。就医。		
食入	饮足量温水，催吐。就医。		
防护措施			
呼吸防护	如危险性评测显示需要使用空气净化的防毒面具，请使用全面罩式多功能微粒防毒面具 N99 型(US)。		
眼睛防护	面罩与安全眼镜请使用经官方标准如 NIOSH(美国)或 EN 166(欧盟)检测与批准的设备防护眼部。		
身体防护	全套防化学试剂工作服，防护设备的类型必须根据特定工作场所中的危险物的浓度和含量来选择。		
手防护	所选择的保护手套必须符合 EU 的 89/686/EEC 规定和从它衍生出来的 EN376 标准。		
其他防护	无资料。		

品名：**硫酸铍**	分子式：BeH_8O_8S	相态：固	
别名：无	分子量：177.1	外观与性状：白色粉末或正方晶系结晶	
危险特性			
火灾危险性：无	爆炸物：无	皮肤腐蚀/刺激：无	
腐蚀减薄：硫酸腐蚀	金属腐蚀：无		
环境开裂：氢脆、连多硫酸应力腐蚀开裂、硫酸盐应力腐蚀开裂	急性毒性：类别1		
本身不能燃烧。遇高热分解释出高毒烟气。			
理化特性			
熔点：100.0℃	临界温度：无资料	爆炸上限：无资料	引燃温度：无资料
沸点：330.0℃	临界压力：无资料	爆炸下限：无资料	燃烧热：无资料
闪点：无资料	饱和蒸气压：无资料	相对密度($d_{水}=1$)：1.71	
溶解性	易溶于水，不溶于醇。		
主要用途	用于制造铍盐、陶瓷，并用作化学试剂。		
急救措施			
皮肤接触	脱去污染的衣着，用大量流动清水冲洗皮肤。		
眼睛接触	提起眼睑，用流动清水或生理盐水冲洗。就医。		
吸入	迅速脱离现场至空气新鲜处。保持呼吸道通畅。如呼吸困难，给输氧。如呼吸停止，立即进行人工呼吸。就医。		
食入	饮足量温水，催吐。就医。		
防护措施			
呼吸防护	可能接触其粉尘时，必须佩戴防尘面具(全面罩)。紧急事态抢救或撤离时，应该佩戴空气呼吸器。		
眼睛防护	呼吸系统防护中已做防护。		
身体防护	穿胶布防毒衣。		
手防护	戴橡胶手套。		
其他防护	工作现场禁止吸烟、进食和饮水。工作完毕，淋浴更衣。保持良好的卫生习惯。		

品名：**硫酸铅[含游离酸>3%]**	分子式：$PbSO_4$	相态：固	
别名：无	分子量：303.3	外观与性状：白色晶体或粉末	
危险特性			
火灾危险性：无	爆炸物：无	皮肤腐蚀/刺激：类别1	
腐蚀减薄：硫酸腐蚀	金属腐蚀：无	严重眼损伤/眼刺激：类别1	
环境开裂：氢脆、连多硫酸应力腐蚀开裂、硫酸盐应力腐蚀开裂	急性毒性：无		
无资料。			
理化特性			
熔点：1000.0℃	临界温度：无资料	爆炸上限：无资料	引燃温度：无资料
沸点：无资料	临界压力：无资料	爆炸下限：无资料	燃烧热：无资料
闪点：无资料	饱和蒸气压：无资料	相对密度($d_{水}=1$)：6.20	
溶解性	微溶于热水、浓硫酸，溶于浓盐酸、浓碱，不溶于醇。		
主要用途	用作草酸的触媒，用于制白色颜料、电池及快干漆等。		
急救措施			
皮肤接触	脱去污染的衣着，用大量流动清水冲洗皮肤。		
眼睛接触	提起眼睑，用流动清水或生理盐水冲洗。就医。		
吸入	迅速脱离现场至空气新鲜处。保持呼吸道通畅。如呼吸困难，给输氧。如呼吸停止，立即进行人工呼吸。就医。		
食入	饮足量温水，催吐。就医。		
防护措施			
呼吸防护	可能接触其粉尘时，必须佩戴防尘面具(全面罩)。紧急事态抢救或撤离时，应该佩戴空气呼吸器。		
眼睛防护	呼吸系统防护中已做防护。		
身体防护	穿胶布防毒衣。		
手防护	戴橡胶手套。		
其他防护	工作现场禁止吸烟、进食和饮水。工作完毕，淋浴更衣。保持良好的卫生习惯。		

品名：**硫酸羟胺**	分子式：$H_8N_2O_6S$	相态：固
别名：硫酸胲	分子量：164.1	外观与性状：无色晶体

危险特性

火灾危险性：无	爆炸物：无	皮肤腐蚀/刺激：类别 2
腐蚀减薄：硫酸腐蚀、碱腐蚀、胺腐蚀	金属腐蚀：无	严重眼损伤/眼刺激：类别 2
环境开裂：碱应力腐蚀开裂、胺应力腐蚀开裂、氢脆、连多硫酸应力腐蚀开裂、硫酸盐应力腐蚀开裂	急性毒性：类别 1	

强还原剂。遇热能分解形成有腐蚀性并易爆炸的烟雾。与氧化剂接触猛烈反应。8%的硫酸羟胺水溶液加热至90℃时即发生爆炸性分解。具有腐蚀性。

理化特性

熔点：172.0℃	临界温度：无资料	爆炸上限：无资料	引燃温度：无资料
沸点：56.5℃	临界压力：无资料	爆炸下限：无资料	燃烧热：无资料
闪点：无资料	饱和蒸气压：无资料	相对密度($d_{水}=1$)：无资料	

溶解性	易溶于水，微溶于乙醇。
主要用途	用作分析试剂，还原剂，影片、照相洗印药，也用于有机合成。

急救措施

皮肤接触	脱去污染的衣着，用大量流动清水冲洗皮肤。
眼睛接触	提起眼睑，用流动清水或生理盐水冲洗。就医。
吸入	迅速脱离现场至空气新鲜处。保持呼吸道通畅。如呼吸困难，给输氧。如呼吸停止，立即进行人工呼吸。就医。
食入	饮足量温水，催吐。就医。

防护措施

呼吸防护	可能接触其粉尘时，必须佩戴防尘面具(全面罩)。紧急事态抢救或撤离时，应该佩戴空气呼吸器。
眼睛防护	呼吸系统防护中已做防护。
身体防护	穿胶布防毒衣。
手防护	戴橡胶手套。
其他防护	工作现场禁止吸烟、进食和饮水。工作完毕，淋浴更衣。保持良好的卫生习惯。

品名：**硫酸氢铵**	分子式：H_5NO_4S	相态：固
别名：酸式硫酸铵	分子量：115.1	外观与性状：白色结晶粉末或大块

危险特性

火灾危险性：无	爆炸物：无	皮肤腐蚀/刺激：类别 1
腐蚀减薄：硫酸腐蚀	金属腐蚀：无	严重眼损伤/眼刺激：类别 1
环境开裂：氨应力腐蚀开裂、氢脆、连多硫酸应力腐蚀开裂、硫酸盐应力腐蚀开裂	急性毒性：无	

无资料。

理化特性

熔点：146.9℃	临界温度：无资料	爆炸上限：无资料	引燃温度：无资料
沸点：350.0℃	临界压力：无资料	爆炸下限：无资料	燃烧热：无资料
闪点：无资料	饱和蒸气压：无资料	相对密度($d_{水}=1$)：无资料	

溶解性	无资料。
主要用途	用作分析试剂，也用于制药工业。

急救措施

皮肤接触	脱去污染的衣着，用清水清洗皮肤。
眼睛接触	提起眼睑，用流动清水或生理盐水冲洗。就医。
吸入	迅速脱离现场至空气新鲜处。保持呼吸道通畅。
食入	用水漱口，不要诱导呕吐。就医。

防护措施

呼吸防护	空气中粉尘浓度超标时，必须佩戴自吸过滤式防尘口罩。紧急事态抢救或撤离时，应该佩戴空气呼吸器。
眼睛防护	戴化学安全防护眼镜。
身体防护	穿橡胶耐酸碱服。
手防护	戴橡胶耐酸碱手套。
其他防护	工作完毕，淋浴更衣。单独存放被毒物污染的衣服，洗后备用。保持良好的卫生习惯。

品名：**硫酸氢钾**	分子式：$KHSO_4$	相态：固	
别名：酸式硫酸钾	分子量：136.2	外观与性状：无色单斜晶体，易潮解	
危险特性			
火灾危险性：无 腐蚀减薄：硫酸腐蚀 环境开裂：氢脆、连多硫酸应力腐蚀开裂、硫酸盐应力腐蚀开裂	爆炸物：无 金属腐蚀：无 急性毒性：无	皮肤腐蚀/刺激：类别 1 严重眼损伤/眼刺激：类别 1	
本身不能燃烧。受高热分解放出有毒的气体。具有腐蚀性。			
理化特性			
熔点：197.0℃	临界温度：无资料	爆炸上限：无资料	引燃温度：无资料
沸点：330.0℃	临界压力：无资料	爆炸下限：无资料	燃烧热：无资料
闪点：无资料	饱和蒸气压：无资料	相对密度($d_水=1$)：2.25	
溶解性	易溶于水，不溶于乙醇、丙酮。		
主要用途	用作食物防腐剂、分析试剂等。		
急救措施			
皮肤接触	立即脱去污染的衣着，用大量流动清水冲洗至少 15min。就医。		
眼睛接触	立即提起眼睑，用大量流动清水或生理盐水彻底冲洗至少 15min。就医。		
吸入	迅速脱离现场至空气新鲜处。保持呼吸道通畅。如呼吸困难，给输氧。如呼吸停止，立即进行人工呼吸。就医。		
食入	用水漱口，给饮牛奶或蛋清。就医。		
防护措施			
呼吸防护	作业工人应该佩戴防毒口罩。		
眼睛防护	戴化学安全防护眼镜。		
身体防护	穿防腐工作服。		
手防护	戴橡胶手套。		
其他防护	工作后，淋浴更衣。单独存放被毒物污染的衣服，洗后再用。注意个人清洁卫生。		

品名：**硫酸氢钠**	分子式：$NaHSO_4$	相态：固	
别名：酸式硫酸钠	分子量：120.1	外观与性状：灰白色颗粒，晶体或粉末	
危险特性			
火灾危险性：无 腐蚀减薄：硫酸腐蚀 环境开裂：氢脆、连多硫酸应力腐蚀开裂、硫酸盐应力腐蚀开裂	爆炸物：无 金属腐蚀：无 急性毒性：无	皮肤腐蚀/刺激：无 严重眼损伤/眼刺激：类别 1	
本身不能燃烧。受高热分解放出有毒的气体。具有腐蚀性。			
理化特性			
熔点：315.0℃	临界温度：无资料	爆炸上限：无资料	引燃温度：无资料
沸点：330.0℃	临界压力：无资料	爆炸下限：无资料	燃烧热：无资料
闪点：无资料	饱和蒸气压：无资料	相对密度($d_水=1$)：2.44	
溶解性	溶于水，不溶于液氨。		
主要用途	用作助燃剂、印染助剂、分析试剂、土地改良剂和消毒剂，并用于制硫酸盐和钠矾等。		
急救措施			
皮肤接触	立即脱去污染的衣着，用大量流动清水冲洗至少 15min。就医。		
眼睛接触	立即提起眼睑，用大量流动清水或生理盐水彻底冲洗至少 15min。就医。		
吸入	迅速脱离现场至空气新鲜处。保持呼吸道通畅。如呼吸困难，给输氧。如呼吸停止，立即进行人工呼吸。就医。		
食入	用水漱口，给饮牛奶或蛋清。就医。		
防护措施			
呼吸防护	应该佩戴防毒口罩。紧急事态抢救或逃生时，建议佩戴防毒面具。		
眼睛防护	戴化学安全防护眼镜。		
身体防护	穿防腐工作服。		
手防护	戴橡胶手套。		
其他防护	工作现场禁止吸烟、进食和饮水。工作后，淋浴更衣。单独存放被毒物污染的衣服，洗后再用。注意个人清洁卫生。		

品名：**硫酸铊**	分子式：O_4STl_2	相态：固
别名：硫酸亚铊	分子量：504.8	外观与性状：无色或白色斜方晶系结晶

危险特性

火灾危险性：无	爆炸物：无	皮肤腐蚀/刺激：类别 2
腐蚀减薄：硫酸腐蚀	金属腐蚀：无	
环境开裂：氢脆、连多硫酸应力腐蚀开裂、硫酸盐应力腐蚀开裂	急性毒性：类别 2	

本身不能燃烧。受高热分解放出有毒的气体。

理化特性

熔点：632.0℃	临界温度：无资料	爆炸上限：无资料	引燃温度：无资料
沸点：无资料	临界压力：无资料	爆炸下限：无资料	燃烧热：无资料
闪点：无资料	饱和蒸气压：无资料	相对密度($d_{水}=1$)：6.77	

溶解性	溶于水，易溶于硫酸。
主要用途	用作杀鼠剂、分析试剂。
急救措施	
皮肤接触	立即脱去污染的衣着，用大量流动清水冲洗。就医。
眼睛接触	立即提起眼睑，用大量流动清水或生理盐水彻底冲洗。就医。
吸入	迅速脱离现场至空气新鲜处。保持呼吸道通畅。如呼吸困难，给输氧。如呼吸停止，立即进行人工呼吸。就医。
食入	饮足量温水，催吐。用1%碘化钾 60 mL 灌胃。就医。
防护措施	
呼吸防护	无资料。
眼睛防护	无资料。
身体防护	无资料。
手防护	无资料。
其他防护	无资料。

品名：**硫酸氧钒**	分子式：O_5SV	相态：固
别名：硫酸钒酰	分子量：163.0	外观与性状：蓝色晶体或粉末

危险特性

火灾危险性：无	爆炸物：无	皮肤腐蚀/刺激：类别 2
腐蚀减薄：硫酸腐蚀	金属腐蚀：无	严重眼损伤/眼刺激：类别 2
环境开裂：氢脆、连多硫酸应力腐蚀开裂、硫酸盐应力腐蚀开裂	急性毒性：类别 3	

无资料。

理化特性

熔点：105.0℃	临界温度：无资料	爆炸上限：无资料	引燃温度：无资料
沸点：330.0℃	临界压力：无资料	爆炸下限：无资料	燃烧热：无资料
闪点：无资料	饱和蒸气压：无资料	相对密度($d_{水}=1$)：无资料	

溶解性	溶于水。
主要用途	用作织物的媒染剂、催化剂及还原剂。
急救措施	
皮肤接触	脱掉被污染衣服，用肥皂水和水冲洗皮肤。
眼睛接触	用大量水冲洗至少 15min。
吸入	将患者移至新鲜空气处；呼吸停止时．施行呼吸复苏术，心跳停止时，施行心肺复苏术，就医。
食入	留医观察 24~48 小时，以免延误肺水肿的诊治。
防护措施	
呼吸防护	可能接触其粉尘时，必须佩戴防尘面具(全面罩)。紧急事态抢救或撤离时，应该佩戴空气呼吸器。
眼睛防护	呼吸系统防护中已做防护。
身体防护	穿胶布防毒衣。
手防护	戴橡胶手套。
其他防护	工作现场禁止吸烟、进食和饮水。工作完毕，淋浴更衣。保持良好的卫生习惯。

品名：**硫酰氟**　分子式：F_2O_2S　相态：气	
别名：氟化磺酰　分子量：102.1　外观与性状：无色、无臭气味	
危险特性	
火灾危险性：无　爆炸物：无　皮肤腐蚀/刺激：无 腐蚀减薄：硫酸腐蚀、高温硫化物腐蚀、含盐水腐蚀　金属腐蚀：无　加压气体：是 急性毒性：类别3 环境开裂：连多硫酸应力腐蚀开裂	
遇水或水蒸气反应放热并产生有毒的腐蚀性气体。若遇高热，容器内压增大，有开裂和爆炸的危险。	
理化特性	
熔点：-137.0℃　临界温度：无资料　爆炸上限：无资料　引燃温度：无资料 沸点：-55.2℃　临界压力：无资料　爆炸下限：无资料　燃烧热：无资料 闪点：无资料　饱和蒸气压：无资料　相对密度($d_水=1$)：1.70	
溶解性	溶于乙醇、苯、四氯化碳。
主要用途	用作分析试剂、药品、染料、杀虫剂及熏蒸剂的成分。
急救措施	
皮肤接触	脱去污染的衣着，用流动清水冲洗。
眼睛接触	立即翻开上下眼睑，用流动清水冲洗15min。就医。
吸入	迅速脱离现场至空气新鲜处。保持呼吸道通畅。如呼吸困难，给输氧。如呼吸停止，立即进行人工呼吸。就医。
食入	无资料。
防护措施	
呼吸防护	空气中浓度超标时，应该佩戴防毒面具。紧急事态抢救或撤离时，建议佩戴自给式呼吸器。
眼睛防护	戴化学安全防护眼镜。
身体防护	穿胶布防毒衣。
手防护	戴防化学品手套。
其他防护	工作现场严禁吸烟。保持良好的卫生习惯。

品名：**六氟-2,3-二氯-2-丁烯**　分子式：$C_4Cl_2F_6$　相态：液	
别名：2,3-二氯六氟-2-丁烯　分子量：232.9　外观与性状：无色液体	
危险特性	
火灾危险性：无　爆炸物：无　皮肤腐蚀/刺激：无 腐蚀减薄：无　金属腐蚀：无 环境开裂：无　急性毒性：类别1	
受高热分解，放出有毒的氟化物和氯化物气体。	
理化特性	
熔点：无资料　临界温度：无资料　爆炸上限：无资料　引燃温度：无资料 沸点：66.0℃　临界压力：无资料　爆炸下限：无资料　燃烧热：无资料 闪点：无资料　饱和蒸气压：101.08kPa(66℃)　相对密度($d_水=1$)：1.61	
溶解性	无资料。
主要用途	无资料。
急救措施	
皮肤接触	脱去污染的衣着，用清水清洗皮肤。
眼睛接触	提起眼睑，用流动清水或生理盐水冲洗。就医。
吸入	迅速脱离现场至空气新鲜处。保持呼吸道通畅。
食入	用水漱口，给饮牛奶和蛋清。就医。
防护措施	
呼吸防护	选用适当的呼吸器，定期检查肺功能。
眼睛防护	戴防化眼镜和面罩。
身体防护	穿戴清洁的防护用具(防护手套，靴子，帽子)，避免皮肤接触。
手防护	戴防护手套。
其他防护	工作现场严禁吸烟。保持良好的卫生习惯。

品名：**六氟丙酮**	分子式：C_3F_6O	柜态：气
别名：全氟丙酮	分子量：166.0	外观与性状：无色气体

危险特性

火灾危险性：无	爆炸物：无	皮肤腐蚀/刺激：类别 2
腐蚀减薄：无	金属腐蚀：无	加压气体：是
环境开裂：无	急性毒性：类别 2	严重眼损伤/眼刺激：类别 2

遇水发生剧烈反应并放热。若遇高热，容器内压增大，有开裂和爆炸的危险。

理化特性

熔点：-125.5℃	临界温度：无资料	爆炸上限：无资料	引燃温度：无资料
沸点：-28.0℃	临界压力：2.84MPa	爆炸下限：无资料	燃烧热：无资料
闪点：-23.6℃	饱和蒸气压：无资料	相对密度($d_{水}=1$)：1.32	

溶解性	溶于卤代烃。
主要用途	用作溶剂，用于医药、农药和一些化学品的合成。

急救措施

皮肤接触	无资料。
眼睛接触	无资料。
吸入	迅速脱离现场至空气新鲜处。保持呼吸道通畅。如呼吸困难，给输氧。如呼吸停止，立即进行人工呼吸。就医。
食入	无资料。

防护措施

呼吸防护	空气中浓度超标时，必须佩戴自吸过滤式防毒面具(全面罩)。紧急事态抢救或撤离时，应该佩戴空气呼吸器。
眼睛防护	呼吸系统防护中已做防护。
身体防护	穿密闭型防毒服。
手防护	戴橡胶手套。
其他防护	工作现场严禁吸烟。保持良好的卫生习惯。

品名：**六氟硅酸镁**	分子式：$F_6H_{12}MgO_6Si$	相态：固
别名：氟硅酸镁	分子量：274.5	外观与性状：白色易风化无臭结晶

危险特性

火灾危险性：无	爆炸物：无	皮肤腐蚀/刺激：无
腐蚀减薄：无	金属腐蚀：无	
环境开裂：无	急性毒性：类别 3	

与酸反应，放出有毒的腐蚀性烟气。受高热分解放出有毒的气体。

理化特性

熔点：120.0℃	临界温度：无资料	爆炸上限：无资料	引燃温度：无资料
沸点：120.0℃	临界压力：无资料	爆炸下限：无资料	燃烧热：无资料
闪点：无资料	饱和蒸气压：无资料	相对密度($d_{水}=1$)：1.79	

溶解性	溶于水，不溶于醇。
主要用途	用作混凝土增强剂、混凝土缓硬剂、橡胶胶乳凝固剂、防腐剂和纺织品防蛀剂。

急救措施

皮肤接触	脱去污染的衣着，用清水清洗皮肤。
眼睛接触	提起眼睑，用流动清水或生理盐水冲洗。就医。
吸入	迅速脱离现场至空气新鲜处。保持呼吸道通畅。如呼吸困难，给输氧。如呼吸停止，立即进行人工呼吸。就医。
食入	饮用足量温水，催吐。就医。

防护措施

呼吸防护	佩戴防尘口罩。紧急事态抢救或逃生时，应该佩戴防毒面具。
眼睛防护	戴化学安全防护眼镜。
身体防护	穿相应的防护服。
手防护	戴防化学品手套。
其他防护	工作现场禁止吸烟、进食和饮水。工作后，淋浴更衣。注意个人清洁卫生。

品名：**六氟合硅酸锌** 别名：氟硅酸锌	分子式：F_6SiZn 分子量：207.5	相态：固 外观与性状：无色六方晶系棱形结晶或白色结晶粉末	
危险特性			
火灾危险性：无 腐蚀减薄：无 环境开裂：无	爆炸物：无 金属腐蚀：无 急性毒性：类别3	皮肤腐蚀/刺激：无 严重眼损伤/眼刺激：类别2	
与酸反应，放出有毒的腐蚀性烟气。受高热分解放出有毒的气体。			
理化特性			
熔点：无资料 沸点：50.0℃ 闪点：无资料	临界温度：无资料 临界压力：无资料 饱和蒸气压：无资料	爆炸上限：无资料 爆炸下限：无资料 相对密度($d_水=1$)：无资料	引燃温度：无资料 燃烧热：无资料
溶解性	溶于水、无机酸，不溶于甲醇。		
主要用途	用作木材防腐剂、熟石膏增强剂、锌电解浴、混凝土硬化剂及用于合成洗涤剂生产。		
急救措施			
皮肤接触	用流动清水冲洗。		
眼睛接触	拉开眼睑，用流动清水冲洗15min。就医。		
吸入	脱离现场至空气新鲜处。就医。		
食入	误服者，用水漱口。饮水及镁乳。就医。		
防护措施			
呼吸防护	空气中粉尘浓度超标时，建议佩戴自吸过滤式防尘口罩。紧急事态抢救或撤离时，应该佩戴空气呼吸器。		
眼睛防护	戴化学安全防护眼镜。		
身体防护	穿防毒物渗透工作服。		
手防护	戴乳胶手套。		
其他防护	工作场所禁止吸烟、进食和饮水，饭前要洗手。工作完毕，淋浴更衣。保持良好的卫生习惯。		

品名：**六氟合磷氢酸[无水]** 别名：六氟代磷酸	分子式：HPF_6 分子量：146.0	相态：液 外观与性状：无色透明腐蚀性液体	
危险特性			
火灾危险性：无 腐蚀减薄：磷酸腐蚀 环境开裂：氢脆	爆炸物：无 金属腐蚀：无 急性毒性：无	皮肤腐蚀/刺激：类别1 严重眼损伤/眼刺激：类别1	
遇潮时对玻璃、其他硅质材料及大多数金属有强腐蚀性。遇水或水蒸气反应放热并产生有毒的腐蚀性气体。受热易分解，燃烧时产生有毒的氟化物气体。			
理化特性			
熔点：1.7℃ 沸点：无资料 闪点：无资料	临界温度：无资料 临界压力：无资料 饱和蒸气压：无资料	爆炸上限：无资料 爆炸下限：无资料 相对密度($d_水=1$)：无资料	引燃温度：无资料 燃烧热：无资料
溶解性	溶于水。		
主要用途	无资料。		
急救措施			
皮肤接触	脱去污染的衣着，用清水清洗皮肤。		
眼睛接触	提起眼睑，用流动清水或生理盐水冲洗至少15min。就医。		
吸入	迅速脱离现场至空气新鲜处。保持呼吸道通畅。		
食入	用水漱口，给饮牛奶和蛋清。就医。		
防护措施			
呼吸防护	空气中粉尘浓度超标时，建议佩戴自吸过滤式防尘口罩。紧急事态抢救或撤离时，应该佩戴空气呼吸器。		
眼睛防护	戴化学安全防护眼镜。		
身体防护	穿防毒物渗透工作服。		
手防护	戴乳胶手套。		
其他防护	工作现场禁止吸烟、进食和饮水。保持良好的卫生习惯。进入罐、限制性空间或其他高浓度区作业，须有人监护。		

品名：**六氟化碲**	分子式：TeF_6	相态：气	
别名：无	分子量：241.6	外观与性状：无色、有蒜臭的气味	
危险特性			
火灾危险性：无	爆炸物：无	皮肤腐蚀/刺激：无	
腐蚀减薄：含盐水腐蚀	金属腐蚀：无	加压气体：是	
环境开裂：无	急性毒性：类别 2		
在水中分解放出剧毒的腐蚀性气体。具有腐蚀性。			
理化特性			
熔点：-37.6℃	临界温度：无资料	爆炸上限：无资料	引燃温度：无资料
沸点：-38.9℃	临界压力：无资料	爆炸下限：无资料	燃烧热：无资料
闪点：无资料	饱和蒸气压：无资料	相对密度($d_{水}=1$)：4.01	
溶解性	无资料。		
主要用途	用作化学药品。		
急救措施			
皮肤接触	脱去污染的衣着，用清水清洗皮肤。		
眼睛接触	提起眼睑，用流动清水或生理盐水冲洗。就医。		
吸入	迅速脱离现场至空气新鲜处。保持呼吸道通畅。		
食入	无资料。		
防护措施			
呼吸防护	空气中粉尘浓度超标时，建议佩戴自吸过滤式防尘口罩。紧急事态抢救或撤离时，应该佩戴空气呼吸器。		
眼睛防护	戴化学安全防护眼镜。		
身体防护	穿防毒物渗透工作服。		
手防护	戴乳胶手套。		
其他防护	工作场所禁止吸烟、进食和饮水，饭前要洗手。工作完毕，淋浴更衣。保持良好的卫生习惯。		

品名：**六氟化硫**	分子式：FS_6	相态：气	
别名：无	分子量：146.1	外观与性状：无色无臭气体	
危险特性			
火灾危险性：无	爆炸物：无	皮肤腐蚀/刺激：无	
腐蚀减薄：硫酸腐蚀、高温硫化物腐蚀、含盐水腐蚀	金属腐蚀：无	加压气体：是	
	急性毒性：无		
环境开裂：连多硫酸应力腐蚀开裂			
若遇高热，容器内压增大，有开裂和爆炸的危险。			
理化特性			
熔点：-51.0℃	临界温度：45.6℃	爆炸上限：无资料	引燃温度：无资料
沸点：-64.0℃	临界压力：3.37MPa	爆炸下限：无资料	燃烧热：无资料
闪点：无资料	饱和蒸气压：2450kPa(25℃)	相对密度($d_{水}=1$)：1.67	
溶解性	微溶于水、乙醇、乙醚。		
主要用途	用作电子设备和雷达波导的气体绝缘体。		
急救措施			
皮肤接触	无资料。		
眼睛接触	无资料。		
吸入	迅速脱离现场至空气新鲜处。保持呼吸道通畅。		
食入	无资料。		
防护措施			
呼吸防护	空气中浓度超标时，必须佩戴自吸过滤式防毒面具(全面罩)。紧急事态抢救或撤离时，应该佩戴空气呼吸器。		
眼睛防护	呼吸系统防护中已做防护。		
身体防护	穿橡胶耐酸碱服。		
手防护	戴橡胶耐酸碱手套。		
其他防护	工作现场禁止吸烟、进食和饮水。工作完毕，淋浴更衣。保持良好的卫生习惯。		

品名：**六氟化钨**	分子式：WF_6	相态：无资料
别名：无	分子量：297.8	外观与性状：无色气体或浅黄色液体或固体，固体为易潮解的白色结晶，接触潮湿空气冒烟

危险特性

火灾危险性：无	爆炸物：无	皮肤腐蚀/刺激：无
腐蚀减薄：含盐水腐蚀	金属腐蚀：无	加压气体：是
环境开裂：无	急性毒性：类别 2	

能与许多物质发生化学反应。遇潮气、空气或水解，放出剧毒的腐蚀性氟化氢气体。腐蚀性很强，能侵蚀几乎所有的金属，能迅速腐蚀湿的玻璃。

理化特性

熔点：2.3℃	临界温度：171.0℃	爆炸上限：无资料	引燃温度：无资料
沸点：17.5℃	临界压力：0.45MPa	爆炸下限：无资料	燃烧热：无资料
闪点：无资料	饱和蒸气压：无资料	相对密度($d_水=1$)：3.44	

溶解性	溶于多数有机溶剂。
主要用途	用于钨的化学蒸镀，用作氯化剂。
急救措施	
皮肤接触	脱去污染的衣着，用清水清洗皮肤至少15min。就医。
眼睛接触	提起眼睑，用流动清水或生理盐水冲洗至少15min。就医。
吸入	迅速脱离现场至空气新鲜处。保持呼吸道通畅。如呼吸困难，给输氧。如呼吸停止，立即进行人工呼吸。就医。
食入	用水漱口，给饮牛奶和蛋清。就医。
防护措施	
呼吸防护	空气中浓度超标时，必须佩戴自吸过滤式防毒面具(全面罩)。紧急事态抢救或撤离时，应该佩戴空气呼吸器。
眼睛防护	呼吸系统防护中已做防护。
身体防护	穿密闭型防毒服。
手防护	戴橡胶手套。
其他防护	工作现场禁止吸烟、进食和饮水。工作完毕，淋浴更衣。

品名：**六氟化硒**	分子式：SeF_6	相态：气
别名：无	分子量：193.0	外观与性状：无色、有气味的气体

危险特性

火灾危险性：无	爆炸物：无	皮肤腐蚀/刺激：类别 2
腐蚀减薄：含盐水腐蚀	金属腐蚀：无	易加压气体：是
环境开裂：无	急性毒性：类别 1	严重眼损伤/眼刺激：类别 1

不燃的剧毒气体。

理化特性

熔点：-39.0℃	临界温度：86.8℃	爆炸上限：无资料	引燃温度：无资料
沸点：-34.5℃	临界压力：无资料	爆炸下限：无资料	燃烧热：无资料
闪点：无资料	饱和蒸气压：无资料	相对密度($d_水=1$)：3.25	

溶解性	不溶于水。
主要用途	用作氟化剂。
急救措施	
皮肤接触	无资料。
眼睛接触	无资料。
吸入	迅速脱离现场至空气新鲜处。保持呼吸道通畅。如呼吸困难，给输氧。如呼吸停止，立即进行人工呼吸。就医。
食入	无资料。
防护措施	
呼吸防护	一般不需要特殊防护，高浓度接触时可佩戴过滤式防毒面具(全面罩)或自给式呼吸器。
眼睛防护	必要时，戴安全防护眼镜。
身体防护	穿一般作业防护服。
手防护	戴一般作业防护手套。
其他防护	工作完毕，淋浴更衣。保持良好的卫生习惯。进入罐、限制性空间或其他高浓度区作业须有人监护。

品名：**六甲基二硅醚** 分子式：$C_6H_{18}SiO$ 相态：液	
别名：六甲基氧二硅烷 分子量：162.4 外观与性状：无色、透明液体 易潮解	
危险特性	
火灾危险性：可燃液体甲 B 爆炸物：无 皮肤腐蚀/刺激：无 腐蚀减薄：无 金属腐蚀：无 易燃液体：类别 2 环境开裂：无 急性毒性：无	
遇高热、明火及强氧化剂易引起燃烧。	
理化特性	
熔点：-59.0℃ 临界温度：无资料 爆炸上限：无资料 引燃温度：341.0℃ 沸点：99.5℃ 临界压力：1.91MPa 爆炸下限：无资料 燃烧热：无资料 闪点：-1.1℃ 饱和蒸气压：5.6kPa(25℃) 相对密度($d_{水}=1$)：0.76	
溶解性	不溶于水，溶于多数有机溶剂。
主要用途	用作硅油、硅橡胶、药品、气相色谱固定液、分析试剂、憎水剂等。
急救措施	
皮肤接触	脱去污染的衣着，用大量肥皂水和水清洗皮肤。
眼睛接触	提起眼睑，用流动清水或生理盐水冲洗。就医。
吸入	迅速脱离现场至空气新鲜处。保持呼吸道通畅。如呼吸困难，给输氧。如呼吸停止，立即进行人工呼吸。就医。
食入	饮用足量温水，催吐。就医。
防护措施	
呼吸防护	空气中浓度超标时，佩戴自吸过滤式防毒面具(半面罩)。紧急事态抢救或撤离时，建议佩戴自给式呼吸器。
眼睛防护	戴化学安全防护眼镜。
身体防护	穿防毒物渗透工作服。
手防护	戴橡胶耐油手套。
其他防护	工作现场严禁吸烟。工作完毕，淋浴更衣。注意个人清洁卫生。

品名：**六甲基二硅烷** 分子式：$C_6H_{18}Si_2$ 相态：液	
别名：无 分子量：146.4 外观与性状：无色液体	
危险特性	
火灾危险性：可燃液体甲 B 爆炸物：无 皮肤腐蚀/刺激：无 腐蚀减薄：无 金属腐蚀：无 易燃液体：类别 2 环境开裂：无 急性毒性：无	
其蒸气与空气可形成爆炸性混合物，遇明火、高热极易燃烧爆炸。与氧化剂接触猛烈反应。受高热分解放出有毒的气体。若遇高热，容器内压增大，有开裂和爆炸的危险。	
理化特性	
熔点：13.0℃ 临界温度：无资料 爆炸上限：无资料 引燃温度：341.0℃ 沸点：112.0℃ 临界压力：无资料 爆炸下限：无资料 燃烧热：无资料 闪点：-1.0℃ 饱和蒸气压：无资料 相对密度($d_{水}=1$)：0.73	
溶解性	不溶于水，溶于丙酮、苯、乙醚、庚烷。
主要用途	用作分析试剂、化学中间体。
急救措施	
皮肤接触	脱去污染的衣着，用大量流动清水清洗皮肤。
眼睛接触	提起眼睑，用流动清水或生理盐水冲洗。就医。
吸入	迅速脱离现场至空气新鲜处。保持呼吸道通畅。如呼吸困难，给输氧。如呼吸停止，立即进行人工呼吸。就医。
食入	饮用足量温水，催吐。就医。
防护措施	
呼吸防护	空气中浓度超标时，必须佩戴自吸过滤式防毒面具(半面罩)。紧急事态抢救或撤离时，应该佩戴空气呼吸器。
眼睛防护	戴化学安全防护眼镜。
身体防护	穿防静电工作服。
手防护	戴橡胶手套。
其他防护	工作场所禁止吸烟、进食和饮水，饭前要洗手。工作完毕，淋浴更衣。保持良好的卫生习惯。

品名：**六甲基二硅烷胺** 别名：六甲基二硅亚胺	分子式：$C_6H_{19}NSi_2$ 分子量：161.4		相态：液 外观与性状：无色、透明、易流动液体
危险特性			
火灾危险性：可燃液体甲 B 腐蚀减薄：碱腐蚀、胺腐蚀 环境开裂：碱应力腐蚀开裂、胺应力腐蚀开裂	爆炸物：无 金属腐蚀：无 急性毒性：类别 3		皮肤腐蚀/刺激：类别 1 易燃液体：类别 3 严重眼损伤/眼刺激：类别 1
其蒸气与空气可形成爆炸性混合物，遇明火、高热极易燃烧爆炸。与氧化剂接触猛烈反应。遇水和甲醇发生化学反应而分解。若遇高热，容器内压增大，有开裂和爆炸的危险。			
理化特性			
熔点：无资料 沸点：126.0℃ 闪点：25.0℃	临界温度：无资料 临界压力：无资料 饱和蒸气压：无资料	爆炸上限：无资料 爆炸下限：无资料 相对密度($d_{水}=1$)：0.77	引燃温度：无资料 燃烧热：无资料
溶解性	溶于多数有机溶剂。		
主要用途	用作分析试剂和作为有机合成中间体。		
急救措施			
皮肤接触	脱去污染的衣着，用大量流动清水清洗皮肤。		
眼睛接触	提起眼睑，用流动清水或生理盐水冲洗。就医。		
吸入	迅速脱离现场至空气新鲜处。保持呼吸道通畅。如呼吸困难，给输氧。如呼吸停止，立即进行人工呼吸。就医。		
食入	饮用足量温水，催吐。就医。		
防护措施			
呼吸防护	空气中浓度超标时，必须佩戴自吸过滤式防毒面具(半面罩)。紧急事态抢救或撤离时，应该佩戴空气呼吸器。		
眼睛防护	佩戴自给式呼吸器。		
身体防护	穿防毒物渗透工作服。		
手防护	戴橡胶耐油手套。		
其他防护	工作现场严禁吸烟。工作完毕，淋浴更衣。注意个人清洁卫生习惯。		

品名：**六氯-1,3-丁二烯** 别名：六氯丁二烯；全氯-1,3-丁二烯	分子式：C_4Cl_6 分子量：260.8		相态：液 外观与性状：无色至淡黄色液体，稍有特殊气味
危险特性			
火灾危险性：可燃液体丙 B 腐蚀减薄：无 环境开裂：无	爆炸物：无 金属腐蚀：无 急性毒性：类别 1		皮肤腐蚀/刺激：无
遇明火、高热可燃。与氧化剂能发生强烈反应。受高热分解，放出剧毒的光气和有腐蚀性的氯化氢烟气。			
理化特性			
熔点：-19.0℃ 沸点：210.0℃ 闪点：210.0℃	临界温度：无资料 临界压力：无资料 饱和蒸气压：3.99×10^{-2}kPa(25℃)	爆炸上限：无资料 爆炸下限：无资料 相对密度($d_{水}=1$)：1.68	引燃温度：610.0℃ 燃烧热：无资料
溶解性	不溶于水，溶于醇、醚。		
主要用途	用作溶剂、热载体、热交换剂、水力系统用流体、洗液，也用于合成橡胶工业。		
急救措施			
皮肤接触	脱去污染的衣着，用大量流动清水清洗皮肤。就医。		
眼睛接触	提起眼睑，用流动清水或生理盐水冲洗至少 15min。就医。		
吸入	迅速脱离现场至空气新鲜处。保持呼吸道通畅。		
食入	用水漱口，给饮牛奶和蛋清。就医。		
防护措施			
呼吸防护	空气中浓度超标时，必须佩戴自吸过滤式防毒面具(半面罩)。紧急事态抢救或撤离时，应该佩戴空气呼吸器。		
眼睛防护	戴化学安全防护眼镜。		
身体防护	穿防毒物渗透工作服。		
手防护	戴橡胶耐油手套。		
其他防护	工作完毕，淋浴更衣。注意个人清洁卫生习惯。		

品名：**(1*R*,4*S*,5*R*,8*S*)-1,2,3,4,10,10-六氯-1,4,4*a*,5,6,7,8,8*a*-八氢-6,7-环氧-1,4,5,8-二亚甲基萘[含量>5%]** 别名：异狄氏剂		分子式：$C_{12}H_8Cl_6O$ 分子量：380.9		相态：固 外观与性状：白色晶体
危险特性				
火灾危险性：无 腐蚀减薄：无 环境开裂：无		爆炸物：无 金属腐蚀：无 急性毒性：类别 2		皮肤腐蚀/刺激：无
遇明火、高热可燃。其粉体与空气可形成爆炸性混合物，当达到一定浓度时，遇火星会发生爆炸。受高热分解放出有毒的气体。				
理化特性				
熔点：245.0℃ 沸点：416.2℃ 闪点：无资料	临界温度：无资料 临界压力：无资料 饱和蒸气压：0.26×10^{-7}kPa(25℃)		爆炸上限：无资料 爆炸下限：无资料 相对密度($d_{水}=1$)：1.65	引燃温度：无资料 燃烧热：无资料
溶解性	不溶于水、溶于醇、石油烃，溶于苯、丙酮、二甲苯。			
主要用途	用作农用杀虫剂。			
急救措施				
皮肤接触	脱去污染的衣着，用大量流动清水清洗皮肤。就医。			
眼睛接触	提起眼睑，用流动清水或生理盐水冲洗。就医。			
吸入	迅速脱离现场至空气新鲜处。保持呼吸道通畅。如呼吸困难，给输氧。如呼吸停止，立即进行人工呼吸。就医。			
食入	饮用足量温水，催吐。就医。			
防护措施				
呼吸防护	空气中浓度超标时，必须佩戴自吸过滤式防毒面具(全面罩)。紧急事态抢救或撤离时，应该佩戴空气呼吸器。			
眼睛防护	呼吸系统防护中已做防护。			
身体防护	穿胶布防毒衣。			
手防护	戴橡胶手套。			
其他防护	工作现场禁止吸烟、进食和饮水。工作完毕，淋浴更衣。保持良好的卫生习惯。			

品名：**1,2,3,4,10,10-六氯-1,4,4*a*,5,8,8*a*-六氢-1,4:5,8-桥，挂-二甲撑萘[含量>75%]** 别名：六氯-六氢-二甲撑萘；艾氏剂		分子式：$C_{12}H_8Cl_6$ 分子量：364.9		相态：固 外观与性状：纯品为白色无臭结晶，工业品为暗棕色固体
危险特性				
火灾危险性：可燃液体丙 A 腐蚀减薄：无 环境开裂：无		爆炸物：无 金属腐蚀：无 急性毒性：类别 2		皮肤腐蚀/刺激：无
遇明火、高热可燃。受热分解产生有毒的烟气。				
理化特性				
熔点：104.0℃ 沸点：384.9℃ 闪点：65.0℃	临界温度：无资料 临界压力：无资料 饱和蒸气压：无资料		爆炸上限：无资料 爆炸下限：无资料 相对密度($d_{水}=1$)：无资料	引燃温度：无资料 燃烧热：无资料
溶解性	不溶于水，溶于乙醇、苯、丙酮等多数有机溶剂。			
主要用途	用作杀虫剂。			
急救措施				
皮肤接触	脱去污染的衣着，用大量肥皂水和水清洗皮肤。			
眼睛接触	提起眼睑，用流动清水或生理盐水冲洗。就医。			
吸入	迅速脱离现场至空气新鲜处。保持呼吸道通畅。			
食入	饮用足量温水，催吐。就医。			
防护措施				
呼吸防护	可能接触其粉尘时，必须佩戴防尘面具(全面罩)。紧急事态抢救或撤离时，应该佩戴空气呼吸器。			
眼睛防护	呼吸系统防护中已做防护。			
身体防护	穿胶布防毒衣。			
手防护	戴橡胶手套。			
其他防护	工作现场禁止吸烟、进食和饮水。工作完毕，淋浴更衣。保持良好的卫生习惯。			

品名：**(1,4,5,6,7,7-六氯-8,9,10-三降冰片-5-烯-2,3-亚基双亚甲基)亚硫酸酯** 别名：1,2,3,4,7,7-六氯双环[2,2,1]庚烯-(2)-双羟甲基-5,6-亚硫酸酯；硫丹	分子式：$C_9H_6Cl_6O_3S$ 分子量：406.9	相态：固 外观与性状：二种异构体的混合物，是棕色晶体	
危险特性			
火灾危险性：可燃液体丙 B 腐蚀减薄：硫酸腐蚀 环境开裂：氢脆、连多硫酸应力腐蚀开裂、硫酸盐应力腐蚀开裂	爆炸物：无 金属腐蚀：无 急性毒性：类别 2	皮肤腐蚀/刺激：无	
遇明火、高热可燃。其粉体与空气可形成爆炸性混合物，当达到一定浓度时，遇火星会发生爆炸。受高热分解放出有毒的气体。			
理化特性			
熔点：70.0℃	临界温度：无资料	爆炸上限：无资料	引燃温度：无资料
沸点：449.7℃	临界压力：无资料	爆炸下限：无资料	燃烧热：无资料
闪点：225.8℃	饱和蒸气压：0.13×10^{-5}kPa(25℃)	相对密度($d_{水}=1$)：1.75	
溶解性	不溶于水，溶于多数有机溶剂。		
主要用途	用作农用杀虫剂。		
急救措施			
皮肤接触	立即脱去污染的衣着，用大量流动清水冲洗。就医。		
眼睛接触	提起眼睑，用流动清水或生理盐水冲洗。就医。		
吸入	迅速脱离现场至空气新鲜处。保持呼吸道通畅。		
食入	用水漱口。就医。		
防护措施			
呼吸防护	紧急情况下，戴压气式、自吸式、全面罩自携式呼吸器或自吸式送风呼吸器。		
眼睛防护	呼吸系统防护中已做防护。		
身体防护	穿全遮式防化服。		
手防护	戴橡胶手套。		
其他防护	工作现场禁止吸烟、进食和饮水。工作完毕，淋浴更衣。保持良好的卫生习惯。		

品名：**六氯丙酮** 别名：无	分子式：C_3Cl_6O 分子量：264.7	相态：液 外观与性状：无色液体	
危险特性			
火灾危险性：可燃液体丙 A 腐蚀减薄：无 环境开裂：无	爆炸物：无 金属腐蚀：无 急性毒性：无	皮肤腐蚀/刺激：无	
遇明火、高热可燃。与氧化剂可发生反应。受高热分解放出有毒的气体。其蒸气比空气重，能在较低处扩散到相当远的地方，遇火源会着火回燃。若遇高热，容器内压增大，有开裂和爆炸的危险。			
理化特性			
熔点：-2.0℃	临界温度：无资料	爆炸上限：无资料	引燃温度：无资料
沸点：203.0℃	临界压力：无资料	爆炸下限：无资料	燃烧热：无资料
闪点：110.0℃	饱和蒸气压：无资料	相对密度($d_{水}=1$)：1.74	
溶解性	微溶于水，溶于酮。		
主要用途	用作除草剂、干燥剂。		
急救措施			
皮肤接触	用肥皂水及清水彻底冲洗。就医。		
眼睛接触	拉开眼睑，用流动清水冲洗 15min。就医。		
吸入	脱离现场至空气新鲜处。就医。		
食入	误服者，饮适量温水，催吐。就医。		
防护措施			
呼吸防护	可能接触其粉尘时，必须佩戴防尘面具(全面罩)。紧急事态抢救或撤离时，应该佩戴空气呼吸器。		
眼睛防护	呼吸系统防护中已做防护。		
身体防护	穿胶布防毒衣。		
手防护	戴橡胶手套。		
其他防护	工作现场禁止吸烟、进食和饮水。工作完毕，淋浴更衣。保持良好的卫生习惯。		

品名：**六氯环戊二烯** 别名：全氯环戊二烯	分子式：C_5Cl_6 分子量：272.8	相态：液 外观与性状：黄色至琥珀色油状液体，有刺激性气味	
危险特性			
火灾危险性：无 腐蚀减薄：无 环境开裂：无	爆炸物：无 金属腐蚀：无 急性毒性：类别 2	皮肤腐蚀/刺激：类别 1 严重眼损伤/眼刺激：类别 1	
可燃。受高热分解，放出腐蚀性、刺激性的烟雾。			
理化特性			
熔点：9.6℃ 沸点：无资料 闪点：239.0℃	临界温度：无资料 临界压力：无资料 饱和蒸气压：0.012kPa(25℃)	爆炸上限：无资料 爆炸下限：无资料 相对密度($d_水=1$)：1.70	引燃温度：无资料 燃烧热：无资料
溶解性	不溶于水，溶于乙醚，四氯化碳等多数有机溶剂。		
主要用途	用于制农药如灭蚊灵，也用作聚酯树脂和聚氨酯泡沫塑料的阻燃剂。		
急救措施			
皮肤接触	脱去污染的衣着，用大量流动清水冲洗皮肤。		
眼睛接触	提起眼睑，用流动清水或生理盐水冲洗。就医。		
吸入	迅速脱离现场至空气新鲜处。保持呼吸道通畅。如呼吸困难，给输氧。如呼吸停止，立即进行人工呼吸。就医。		
食入	饮足量温水，催吐。就医。		
防护措施			
呼吸防护	可能接触其粉尘时，应该佩戴自吸过滤式防尘口罩。紧急事态抢救或撤离时，建议佩戴空气呼吸器。		
眼睛防护	戴化学安全防护眼镜。		
身体防护	穿连衣式胶布防毒衣。		
手防护	戴氯丁橡胶手套。		
其他防护	工作现场禁止吸烟、进食和饮水。工作完毕，彻底清洗。及时换洗工作服。注意个人清洁卫生。		

品名：**γ-(1,2,4,5/3,6)-六氯环己烷** 别名：林丹	分子式：$C_6H_6Cl_6$ 分子量：290.8	相态：固 外观与性状：白色结晶粉末	
危险特性			
火灾危险性：可燃液体丙 B 腐蚀减薄：无 环境开裂：无	爆炸物：无 金属腐蚀：无 急性毒性：类别 3	皮肤腐蚀/刺激：无	
遇明火、高热可燃。其粉体与空气可形成爆炸性混合物，当达到一定浓度时，遇火星会发生爆炸。遇高热分解释出高毒烟气。			
理化特性			
熔点：111.8℃ 沸点：288.0℃ 闪点：157.5℃	临界温度：无资料 临界压力：无资料 饱和蒸气压：1.25×10^{-6}kPa(25℃)	爆炸上限：无资料 爆炸下限：无资料 相对密度($d_水=1$)：1.89	引燃温度：无资料 燃烧热：无资料
溶解性	微溶于水，溶于乙醇、苯、甲苯、丙酮等。		
主要用途	用作农用杀虫剂。		
急救措施			
皮肤接触	脱去污染的衣着，用大量流动清水冲洗皮肤。		
眼睛接触	提起眼睑，用流动清水或生理盐水冲洗。就医。		
吸入	迅速脱离现场至空气新鲜处。保持呼吸道通畅。如呼吸困难，给输氧。就医。		
食入	饮足量温水，催吐。洗胃，导泻。就医。		
防护措施			
呼吸防护	空气中浓度超标时，必须佩戴自吸过滤式防毒面具(半面罩)。紧急事态抢救或撤离时，应该佩戴空气呼吸器。		
眼睛防护	戴化学安全防护眼镜。		
身体防护	穿防毒物渗透工作服。		
手防护	戴乳胶手套。		
其他防护	工作场所禁止吸烟、进食和饮水，饭前要洗手。工作完毕，淋浴更衣。保持良好的卫生习惯。		

品名：**六氯乙烷** 别名：全氯乙烷；六氯化碳		分子式：C_2Cl_6 分子量：236.8	相态：固 外观与性状：无色结晶，有樟脑样气味
危险特性			
火灾危险性：可燃液体丙 A 腐蚀减薄：盐酸腐蚀、含盐水腐蚀 环境开裂：氯化物应力腐蚀开裂		爆炸物：无 金属腐蚀：无 急性毒性：无	皮肤腐蚀/刺激：无 严重眼损伤/眼刺激：类别 2
高热时能分解出剧毒的光气。			
理化特性			
熔点：186.0℃ 沸点：186.8℃ 闪点：61.3℃	临界温度：无资料 临界压力：3.34MPa 饱和蒸气压：0.13kPa(32.7℃)	爆炸上限：无资料 爆炸下限：无资料 相对密度($d_水=1$)：2.09	引燃温度：无资料 燃烧热：461kJ/mol
溶解性	不溶于水，溶于醇、醚、苯、氯仿、油类等多数有机溶剂。		
主要用途	用于有机合成、医药等。也用作溶剂。		
急救措施			
皮肤接触	脱去污染的衣着，用大量肥皂水和水清洗皮肤。		
眼睛接触	提起眼睑，用流动清水或生理盐水冲洗。就医。		
吸入	迅速脱离现场至空气新鲜处。保持呼吸道通畅。如呼吸困难，给输氧。如呼吸停止，立即进行人工呼吸。就医。		
食入	饮足量温水，催吐。洗胃。就医。		
防护措施			
呼吸防护	空气中粉尘浓度超标时，建议佩戴自吸过滤式防尘口置。紧急事态抢救或撤离时，应该佩戴空气呼吸器。		
眼睛防护	戴化学安全防护眼镜。		
身体防护	穿防毒物渗透工作服。		
手防护	戴乳胶手套。		
其他防护	工作场所禁止吸烟、进食和饮水，饭前要洗手。工作完毕，淋浴更衣。保持良好的卫生习惯。		

品名：**六硝基二苯胺** 别名：六硝炸药；二苦基胺		分子式：$C_{12}H_7N_6O_{12}$ 分子量：439.2	相态：固 外观与性状：黄色针状或菱形结晶，对光敏感
危险特性			
火灾危险性：可燃液体丙 B 腐蚀减薄：碱腐蚀、胺腐蚀 环境开裂：碱应力腐蚀开裂、胺应力腐蚀开裂		爆炸物：1.1 金属腐蚀：无 急性毒性：类别 1	皮肤腐蚀/刺激：无
受热、接触明火或受到摩擦、震动、撞击时可发生爆炸。			
理化特性			
熔点：240~241℃ 沸点：532.5℃ 闪点：275.9℃	临界温度：无资料 临界压力：无资料 饱和蒸气压：无资料	爆炸上限：无资料 爆炸下限：无资料 相对密度($d_水=1$)：1.64	引燃温度：无资料 燃烧热：无资料
溶解性	不溶于水、乙醇，微溶于丙酮，溶于碱、热乙酸。		
主要用途	用于制造弹药及用作钾盐的分析。		
急救措施			
皮肤接触	脱去污染的衣着，轻轻地用大量肥皂水和水清洗皮肤。		
眼睛接触	提起眼睑，用流动清水或生理盐水冲洗。就医。		
吸入	迅速脱离现场至空气新鲜处。保持呼吸道通畅。如呼吸困难，给输氧。如呼吸停止，立即进行人工呼吸。就医。		
食入	用水漱口。就医。		
防护措施			
呼吸防护	可能接触其粉尘时，应该佩戴自吸过滤式防尘口罩。紧急事态抢救或撤离时，建议佩戴自给式呼吸器。		
眼睛防护	一般不需要特殊防护，高浓度接触时可戴安全防护眼镜。		
身体防护	穿透气型防毒服。		
手防护	戴防化学品手套。		
其他防护	工作现场禁止吸烟、进食和饮水。工作完毕，淋浴更衣。单独存放被毒物污染的衣服，洗后备用。注意个人清洁卫生。		

品名：**六硝基二苯硫**	分子式：$C_{12}H_4N_6O_{12}S$	相态：固
别名：二苦基硫	分子量：456.3	外观与性状：金黄色片状结晶

危险特性

火灾危险性：可燃液体丙 B	爆炸物：1.1	皮肤腐蚀/刺激：无
腐蚀减薄：硫酸腐蚀、高温硫化物腐蚀	金属腐蚀：无	
环境开裂：连多硫酸应力腐蚀开裂	急性毒性：无	

干燥状态下，受摩擦、震动、撞击可引起爆炸。受高热分解放出有毒的气体。

理化特性

熔点：226.0℃	临界温度：无资料	爆炸上限：无资料	引燃温度：无资料
沸点：606.4℃	临界压力：无资料	爆炸下限：无资料	燃烧热：无资料
闪点：320.5℃	饱和蒸气压：无资料	相对密度($d_水=1$)：无资料	

溶解性	不溶于水。
主要用途	用作炸药。

急救措施

皮肤接触	脱去污染的衣着，用大量流动清水冲洗皮肤。
眼睛接触	提起眼睑，用流动清水或生理盐水冲洗。就医。
吸入	迅速脱离现场至空气新鲜处。保持呼吸道通畅。如呼吸困难，给输氧。如呼吸停止，立即进行人工呼吸。就医。
食入	饮足量温水，催吐。就医。

防护措施

呼吸防护	空气中粉尘浓度较高时，建议佩戴自吸过滤式防尘口罩。
眼睛防护	戴化学安全防护眼镜。
身体防护	穿紧袖工作服，长筒胶鞋。
手防护	戴橡胶手套。
其他防护	工作现场禁止吸烟、进食和饮水。工作完毕，淋浴更衣。保持良好的卫生习惯。实行就业前和定期的体检。

品名：**六溴环十二烷**	分子式：$C_{12}H_{18}Br_6$	相态：固
别名：无	分子量：641.7	外观与性状：灰白色至米色结晶粉末和块

危险特性

火灾危险性：可燃液体丙 B	爆炸物：无	皮肤腐蚀/刺激：无
腐蚀减薄：无	金属腐蚀：无	
环境开裂：无	急性毒性：无	

无资料。

理化特性

熔点：198.0℃	临界温度：无资料	爆炸上限：无资料	引燃温度：无资料
沸点：505.2℃	临界压力：无资料	爆炸下限：无资料	燃烧热：无资料
闪点：249.5℃	饱和蒸气压：无资料	相对密度($d_水=1$)：无资料	

溶解性	无资料。
主要用途	无资料。

急救措施

皮肤接触	脱去污染的衣着，用大量肥皂水和水清洗皮肤。
眼睛接触	提起眼睑，用流动清水或生理盐水冲洗。就医。
吸入	迅速脱离现场至空气新鲜处。保持呼吸道通畅。
食入	无资料。

防护措施

呼吸防护	无资料。
眼睛防护	无资料。
身体防护	无资料。
手防护	无资料。
其他防护	无资料。

品名：**六溴联苯**	分子式：$C_{12}H_4Br_6$	相态：固
别名：无	分子量：627.6	外观与性状：鳞片状物

危险特性

火灾危险性：可燃液体丙 B	爆炸物：无	皮肤腐蚀/刺激：无
腐蚀减薄：无	金属腐蚀：无	
环境开裂：无	急性毒性：无	

遇明火、高热可燃。其粉体与空气可形成爆炸性混合物，当达到一定浓度时，遇火星会发生爆炸。受高热分解放出有毒的气体。

理化特性

熔点：198.0℃	临界温度：67.0℃	爆炸上限：无资料	引燃温度：无资料
沸点：484.7℃	临界压力：无资料	爆炸下限：无资料	燃烧热：无资料
闪点：237.8℃	饱和蒸气压：无资料	相对密度($d_水=1$)：2.75	

溶解性	无资料。
主要用途	用作塑料和合成纤维的阻燃剂。

急救措施

皮肤接触	脱去污染的衣着，用大量流动清水冲洗皮肤。
眼睛接触	提起眼睑，用流动清水或生理盐水冲洗。就医。
吸入	迅速脱离现场至空气新鲜处。保持呼吸道通畅。如呼吸困难，给输氧。如呼吸停止，立即进行人工呼吸。就医。
食入	饮足量温水，催吐。就医。

防护措施

呼吸防护	作业工人应戴口罩。
眼睛防护	必要时可采用安全面罩。
身体防护	穿工作服。
手防护	戴防护手套。
其他防护	工作后，淋浴更衣。注意个人清洁卫生。

品名：**六亚甲基二异氰酸酯**	分子式：$C_8H_{12}N_2O_2$	相态：液
别名：六甲撑二异氰酸酯；1,6-二异氰酸己烷；己撑二异氰酸酯；1,6-己二异氰酸酯	分子量：168.2	外观与性状：有不愉快气味的液体

危险特性

火灾危险性：可燃液体丙 B	爆炸物：无	皮肤腐蚀/刺激：类别 2
腐蚀减薄：无	金属腐蚀：无	严重眼损伤/眼刺激：类别 2
环境开裂：无	急性毒性：类别 3	

可燃。高热时有燃烧爆炸危险。与胺类、醇、碱类和温水反应剧烈，能引起燃烧或爆炸。加热或燃烧时可分解生成有毒气体。

理化特性

熔点：-67.0℃	临界温度：无资料	爆炸上限：无资料	引燃温度：无资料
沸点：255.0℃	临界压力：无资料	爆炸下限：无资料	燃烧热：无资料
闪点：140.0℃	饱和蒸气压：66.70kPa(85℃)	相对密度($d_水=1$)：1.05	

溶解性	溶于苯、甲苯等多数有机溶剂。
主要用途	主要用于制泡沫塑料、合成纤维，涂料和固体弹性物等。

急救措施

皮肤接触	脱去污染的衣着，用大量肥皂水和水清洗皮肤。
眼睛接触	提起眼睑，用流动清水或生理盐水冲洗。就医。
吸入	迅速脱离现场至空气新鲜处。保持呼吸道通畅。
食入	误服者立即漱口，给饮牛奶或蛋清。就医。

防护措施

呼吸防护	可能接触其蒸气时，必须佩戴防毒面具。紧急事态抢救或撤离时，建议佩戴正压自给式呼吸器。
眼睛防护	戴化学安全防护眼镜。
身体防护	穿聚乙烯薄膜防毒服。
手防护	戴防化学品手套。
其他防护	工作后，彻底清洗。工作服不要带到非作业场所，单独存放被毒物污染的衣服洗后再用。车间应配备急救设备及药品。

品名：**六亚甲基四胺** 别名：六甲撑四胺；乌洛托品		分子式：$C_6H_{12}N_4$ 分子量：140.2		相态：固 外观与性状：白色细粒状结晶，味初甜后苦
危险特性				
火灾危险性：无法确定 腐蚀减薄：碱腐蚀、胺腐蚀 环境开裂：碱应力腐蚀开裂、胺应力腐蚀开裂		爆炸物：无 金属腐蚀：无 急性毒性：无		皮肤腐蚀/刺激：无 易燃固体：类别 2
遇明火有引起燃烧的危险。受热分解放出有毒的氧化氮烟气。与氧化剂混合能形成爆炸性混合物。具有腐蚀性。				
理化特性				
熔点：263.0℃ 沸点：252.7℃ 闪点：无资料	临界温度：无资料 临界压力：无资料 饱和蒸气压：无资料		爆炸上限：无资料 爆炸下限：无资料 相对密度($d_水=1$)：1.27	引燃温度：无资料 燃烧热：239.7kJ/mol
溶解性	溶于水、乙醇、氯仿、四氯化碳，不溶于乙醚、石油醚、芳烃。			
主要用途	用作纺织品的防缩整理剂，亚氯酸钠漂白活化剂、防水剂 CR 的缓冲剂等。			
急救措施				
皮肤接触	脱去污染的衣着，用大量肥皂水和水清洗皮肤。			
眼睛接触	提起眼睑，用流动清水或生理盐水冲洗。就医。			
吸入	迅速脱离现场至空气新鲜处。保持呼吸道通畅。如呼吸困难，给输氧。如呼吸停止，立即进行人工呼吸。就医。			
食入	饮足量温水，催吐。就医。			
防护措施				
呼吸防护	无资料。			
眼睛防护	无资料。			
身体防护	无资料。			
手防护	无资料。			
其他防护	无资料。			

品名：**六亚甲基亚胺** 别名：高哌啶		分子式：$C_6H_{13}N$ 分子量：99.2		相态：液 外观与性状：无色至微黄色液体，具有氨气味
危险特性				
火灾危险性：可燃液体甲 B 腐蚀减薄：碱腐蚀、胺腐蚀 环境开裂：碱应力腐蚀开裂、胺应力腐蚀开裂		爆炸物：无 金属腐蚀：无 急性毒性：类别 2		皮肤腐蚀/刺激：类别 1 易燃液体：类别 2 严重眼损伤/眼刺激：类别 1
易燃，其蒸气与空气可形成爆炸性混合物。遇明火、高热或与氧化剂接触，有引起燃烧爆炸的危险。				
理化特性				
熔点：-37.0℃ 沸点：138.0℃ 闪点：18.0℃	临界温度：无资料 临界压力：无资料 饱和蒸气压：无资料		爆炸上限：无资料 爆炸下限：无资料 相对密度($d_水=1$)：0.88	引燃温度：无资料 燃烧热：无资料
溶解性	溶于水。			
主要用途	用作农药、医药品和橡胶制品的原料。			
急救措施				
皮肤接触	立即脱去污染的衣着，用大量流动清水冲洗至少 15min。就医。			
眼睛接触	立即提起眼睑，用大量流动清水或生理盐水彻底冲洗至少 15min。就医。			
吸入	迅速脱离现场至空气新鲜处。保持呼吸道通畅。如呼吸困难，给输氧。如呼吸停止，立即进行人工呼吸。就医。			
食入	用水漱口，给饮牛奶或蛋清。就医。			
防护措施				
呼吸防护	无资料。			
眼睛防护	无资料。			
身体防护	无资料。			
手防护	无资料。			
其他防护	无资料。			

品名：**铝粉**	分子式：Al	相态：固	
别名：无	分子量：27.0	外观与性状：银白色粉末	
危险特性			
火灾危险性：无法确定	爆炸物：无	皮肤腐蚀/刺激：无	
腐蚀减薄：无	金属腐蚀：无	易燃固体：类别 1	
环境开裂：液体金属脆断	急性毒性：无		
大量粉尘遇潮湿、水蒸气能自燃。与氧化剂混合能形成爆炸性混合物与氟、氯等接触会发生剧烈的化学反应。与酸类或与强碱接触也能产生氢气，引起燃烧爆炸。粉体与空气可形成爆炸性混合物、当达到一定浓度时，遇火星会发生爆炸。			
理化特性			
熔点：660.0℃	临界温度：无资料	爆炸上限：无资料	引燃温度：645.0℃
沸点：2056.0℃	临界压力：无资料	爆炸下限：无资料	燃烧热：无资料
闪点：无资料	饱和蒸气压：0.13kPa(1284℃)	相对密度($d_{水}=1$)：2.70	
溶解性	不溶于水，溶于碱、盐酸、硫酸。		
主要用途	用作颜料、油漆、烟花等，也用于冶金工业。		
急救措施			
皮肤接触	脱去污染的衣着，用大量肥皂水和水清洗皮肤。		
眼睛接触	立即提起眼睑，用大量流动清水或生理盐水彻底冲洗至少 15min。就医。		
吸入	迅速脱离现场至空气新鲜处。保持呼吸道通畅。		
食入	饮足量温水，催吐。就医。		
防护措施			
呼吸防护	高浓度环境中，佩戴防毒口罩，必要时建议佩戴自给式呼吸器。高于 NIOSH REL 浓度或尚未建立 REL，任何可检测浓度下，自携式正压全面罩呼吸器、供气式正压全面罩呼吸器辅之以辅助自携式正压呼吸器。逃生：装有机蒸气滤毒盒的空气净化式全面罩呼吸器(防毒面具)、自携式逃生呼吸器。		
眼睛防护	可采用安全面罩。		
身体防护	穿相应的防护服。		
手防护	戴防护手套。		
其他防护	工作现场禁止吸烟、进食和饮水。工作后，淋浴更衣。注意个人清洁卫生。		

品名：**1-氯-1,1-二氟乙烷**	分子式：$C_2H_3ClF_2$	相态：气	
别名：R142；二氟氯乙烷	分子量：100.5	外观与性状：无色气体	
危险特性			
火灾危险性：可燃气体甲	爆炸物：无	皮肤腐蚀/刺激：无	
腐蚀减薄：无	金属腐蚀：无	加压气体：是	
环境开裂：无	急性毒性：无	严重眼损伤/眼刺激：类别 2	
与空气混合能形成爆炸性混合物。遇热源和明火有燃烧爆炸的危险。受热分解放出有毒的氟化物气体。与氧化剂接触猛烈反应。气体比空气重，能在较低处扩散到相当远的地方，遇火源会着火回燃。			
理化特性			
熔点：-131.0℃	临界温度：137.1℃	爆炸上限：18.0%	引燃温度：633.0℃
沸点：-9.3℃	临界压力：4.12MPa	爆炸下限：6.2%	燃烧热：无资料
闪点：-64.4℃	饱和蒸气压：337.00kPa(25℃)	相对密度($d_{水}=1$)：1.11	
溶解性	不溶于水，溶于苯。		
主要用途	用作致冷剂。		
急救措施			
皮肤接触	若有冻伤，就医治疗。		
眼睛接触	提起眼睑，用流动清水或生理盐水冲洗。就医。		
吸入	迅速脱离现场至空气新鲜处。保持呼吸道通畅。如呼吸困难，给输氧。如呼吸停止，立即进行人工呼吸。就医。		
食入	无资料。		
防护措施			
呼吸防护	一般不需要特殊防护，高浓度接触时可佩戴自吸过滤式防毒面具(半面罩)。		
眼睛防护	一般不需特殊防护。		
身体防护	穿防静电工作服。		
手防护	戴一般作业防护手套。		
其他防护	工作现场严禁吸烟。避免高浓度吸入。		

品名：**3-氯-1,2-丙二醇** 别名：α-氯代丙二醇；3-氯-1,2-二羟基丙烷；α-氯甘油；3-氯代丙二醇	分子式：$C_3H_7ClO_2$ 分子量：110.5	相态：液 外观与性状：无色液体，放置后逐渐变为淡黄色，有愉快气味
危险特性		
火灾危险性：可燃液体丙 A	爆炸物：无	皮肤腐蚀/刺激：无
腐蚀减薄：无	金属腐蚀：无	严重眼损伤/眼刺激：类别 2
环境开裂：无	急性毒性：类别 2	
其蒸气与空气可形成爆炸性混合物，遇明火、高热能引起燃烧爆炸。与氧化剂可发生反应。受高热分解放出有毒的气体。若遇高热，容器内压增大，有开裂和爆炸的危险。		

理化特性			
熔点：-40.0℃	临界温度：无资料	爆炸上限：无资料	引燃温度：无资料
沸点：213.0℃	临界压力：无资料	爆炸下限：无资料	燃烧热：1680.6kJ/mol
闪点：113.3℃	饱和蒸气压：无资料	相对密度($d_{水}=1$)：1.32	

溶解性	能溶于水、乙醇、乙醚和丙酮，微溶于甲苯，不溶于苯、石油醚和四氯化碳。
主要用途	主要用作乙酸纤维等的溶剂，和制备增塑剂、表面活性剂、染料、药物和甘油的衍生物。
急救措施	
皮肤接触	立即脱去污染的衣着，用大量流动清水冲洗。就医。
眼睛接触	提起眼睑，用流动清水或生理盐水冲洗。就医。
吸入	迅速脱离现场至空气新鲜处。保持呼吸道通畅。如呼吸困难，给输氧。如呼吸停止，立即进行人工呼吸。就医。
食入	饮足量温水，催吐。就医。
防护措施	
呼吸防护	空气中浓度超标时，建议佩戴空气呼吸器或氧气呼吸器。紧急事态抢救或撤离时，必须佩戴氧气呼吸器。
眼睛防护	呼吸系统防护中已做防护。
身体防护	穿带面罩式胶布防毒衣。
手防护	戴橡胶手套。
其他防护	工作现场禁止吸烟、进食和饮水。工作完毕，淋浴更衣。保持良好的卫生习惯。进入罐、限制性空间或其他高浓度区作业，须有人监护。

品名：**2-氯-1,3-丁二烯[稳定的]** 别名：氯丁二烯	分子式：C_4H_5Cl 分子量：88.5	相态：液 外观与性状：无色液体，有辛辣气味，易挥发
危险特性		
火灾危险性：可燃液体甲 B	爆炸物：无	皮肤腐蚀/刺激：类别 2
腐蚀减薄：无	金属腐蚀：无	易燃液体：类别 2
环境开裂：无	急性毒性：类别 2	严重眼损伤/眼刺激：类别 2
无资料。		

理化特性			
熔点：-130.0℃	临界温度：无资料	爆炸上限：无资料	引燃温度：无资料
沸点：59.4℃	临界压力：无资料	爆炸下限：无资料	燃烧热：无资料
闪点：-20.0℃	饱和蒸气压：23.20kPa(20℃)	相对密度($d_{水}=1$)：0.96	

溶解性	微溶于水，与乙醇、乙醚互溶。
主要用途	合成有阻燃性的氯丁橡胶；制备其他共聚物；有机合成中间体。
急救措施	
皮肤接触	立即脱去污染的衣着，用大量流动清水冲洗。就医。
眼睛接触	立即提起眼睑，用大量流动清水或生理盐水彻底冲洗至少 15min。就医。
吸入	迅速脱离现场至空气新鲜处。保持呼吸道通畅。如呼吸困难，给输氧。如呼吸停止，立即进行人工呼吸。就医。
食入	用水漱口，给饮牛奶或蛋清。就医。
防护措施	
呼吸防护	空气中浓度超标时，佩戴过滤式防毒面具(半面罩)。
眼睛防护	戴化学安全防护眼镜。
身体防护	穿防静电工作服。
手防护	戴橡胶耐油手套。
其他防护	工作现场禁止吸烟、进食和饮水。工作完毕，淋浴更衣。注意个人清洁卫生。

品名：**2-氯-1-丙醇**	分子式：C_3H_7ClO	相态：液
别名：2-氯-1-羟基丙烷	分子量：94.5	外观与性状：稍带醚臭的无色液体

危险特性

火灾危险性：可燃液体乙 A	爆炸物：无	皮肤腐蚀/刺激：无
腐蚀减薄：无	金属腐蚀：无	易燃液体：类别 3
环境开裂：无	急性毒性：类别 2	

遇高热、明火有引起燃烧的危险。受高热分解放出有毒的气体。若遇高热，容器内压增大，有开裂和爆炸的危险。

理化特性

熔点：无资料	临界温度：无资料	爆炸上限：无资料	引燃温度：无资料
沸点：133.0℃	临界压力：无资料	爆炸下限：无资料	燃烧热：无资料
闪点：44.0℃	饱和蒸气压：无资料	相对密度($d_{水}=1$)：1.11	

溶解性	可混溶于多数有机溶剂。
主要用途	是制造环氧丙烷的重要中间体，也广泛用于聚酯树脂的生产。

急救措施

皮肤接触	立即脱去污染的衣着，用大量流动清水冲洗。就医。
眼睛接触	立即提起眼睑，用大量流动清水或生理盐水彻底冲洗。就医。
吸入	迅速脱离现场至空气新鲜处。如呼吸困难，给输氧。就医。
食入	饮足量温水，催吐。就医。

防护措施

呼吸防护	空气中浓度超标时，必须佩戴自吸过滤式防毒面具(全面罩)。紧急事态抢救或撤离时应该佩戴空气呼吸器。
眼睛防护	呼吸系统防护中已做防护。
身体防护	穿胶布防毒衣。
手防护	戴橡胶手套。
其他防护	工作现场禁止吸烟、进食和饮水。工作完毕，淋浴更衣。保持良好的卫生习惯。

品名：**3-氯-1-丙醇**	分子式：C_3H_7ClO	相态：液
别名：三亚甲基氯醇	分子量：94.5	外观与性状：无色液体

危险特性

火灾危险性：可燃液体丙 A	爆炸物：无	皮肤腐蚀/刺激：类别 2
腐蚀减薄：无	金属腐蚀：无	严重眼损伤/眼刺激：类别 2
环境开裂：无	急性毒性：类别 3	

遇高热、明火有引起燃烧的危险。受高热分解放出有毒的气体。若遇高热，容器内压增大，有开裂和爆炸的危险。

理化特性

熔点：-20.0℃	临界温度：无资料	爆炸上限：无资料	引燃温度：无资料
沸点：165.0℃	临界压力：无资料	爆炸下限：无资料	燃烧热：无资料
闪点：73.3℃	饱和蒸气压：无资料	相对密度($d_{水}=1$)：1.13	

溶解性	溶于水。
主要用途	用于有机合成。

急救措施

皮肤接触	立即脱去污染的衣着，用大量流动清水冲洗。就医。
眼睛接触	立即提起眼睑，用大量流动清水或生理盐水彻底冲洗。就医。
吸入	迅速脱离现场至空气新鲜处。如呼吸困难，给输氧。就医。
食入	饮足量温水，催吐。就医。

防护措施

呼吸防护	空气中浓度超标时，必须佩戴自吸过滤式防毒面具(半面罩)。紧急事态抢救或撤离时应该佩戴空气呼吸器。
眼睛防护	戴化学安全防护眼镜。
身体防护	穿防毒物渗透工作服。
手防护	戴橡胶手套。
其他防护	工作现场禁止吸烟、进食和饮水。工作完毕，彻底清洗。单独存放被毒物污染的衣服，洗后备用。注意个人清洁卫生。

品名：**3-氯-1-丁烯**	分子式：C_4H_7Cl	相态：液	
别名：无	分子量：90.6	外观与性状：无色液体	
危险特性			
火灾危险性：可燃液体甲 B	爆炸物：无	皮肤腐蚀/刺激：无	
腐蚀减薄：无	金属腐蚀：无	易燃液体：类别 2	
环境开裂：无	急性毒性：无		
其蒸气与空气可形成爆炸性混合物，遇明火、高热极易燃烧爆炸。与氧化剂接触猛烈反应。受高热分解产生有毒的氯化物气体。流速过快，容易产生和积聚静电。容易自聚，聚合反应随着温度的上升而急骤加剧。若遇高热，容器内压增大，有开裂和爆炸的危险。			
理化特性			
熔点：-50.0℃	临界温度：无资料	爆炸上限：无资料	引燃温度：无资料
沸点：64.0℃	临界压力：无资料	爆炸下限：无资料	燃烧热：无资料
闪点：-20.0℃	饱和蒸气压：无资料	相对密度($d_{水}=1$)：0.90	
溶解性	溶于氯仿，易溶于乙醚、丙酮。		
主要用途	用于有机合成。		
急救措施			
皮肤接触	立即脱去污染的衣着，用大量流动清水冲洗。就医。		
眼睛接触	立即提起眼睑，用大量流动清水或生理盐水彻底冲洗。就医。		
吸入	迅速脱离现场至空气新鲜处。如呼吸困难，给输氧。就医。		
食入	饮足量温水，催吐。就医。		
防护措施			
呼吸防护	空气中浓度超标时，必须佩戴自吸过滤式防毒面具(半面罩)。紧急事态抢救或撤离时应该佩戴空气呼吸器。		
眼睛防护	戴化学安全防护眼镜。		
身体防护	穿防毒物渗透工作服。		
手防护	戴橡胶手套。		
其他防护	工作现场禁止吸烟、进食和饮水。工作完毕，彻底清洗。单独存放被毒物污染的衣服，洗后备用。注意个人清洁卫生。		

品名：**1-氯-1-硝基丙烷**	分子式：$C_3H_6ClNO_2$	相态：液	
别名：1-硝基-1-氯丙烷	分子量：123.5	外观与性状：淡黄色液体	
危险特性			
火灾危险性：可燃液体丙 A	爆炸物：无	皮肤腐蚀/刺激：无	
腐蚀减薄：无	金属腐蚀：无	严重眼损伤/眼刺激：类别 2	
环境开裂：无	急性毒性：无		
遇明火、高热能燃烧。急剧加热时可发生爆炸。与氧化剂可发生反应。接触酸或酸气能产生有毒气体险。			
理化特性			
熔点：无资料	临界温度：无资料	爆炸上限：无资料	引燃温度：无资料
沸点：139.5℃	临界压力：无资料	爆炸下限：无资料	燃烧热：无资料
闪点：62.0℃	饱和蒸气压：无资料	相对密度($d_{水}=1$)：1.21	
溶解性	微溶于水，可混溶于多数有机溶剂。		
主要用途	用作杀虫剂、碳氢化合物的溶剂。		
急救措施			
皮肤接触	立即脱去污染的衣着，用大量流动清水冲洗。就医。		
眼睛接触	立即提起眼睑，用大量流动清水或生理盐水彻底冲洗。就医。		
吸入	迅速脱离现场至空气新鲜处。如呼吸困难，给输氧。就医。		
食入	饮足量温水，催吐。就医。		
防护措施			
呼吸防护	空气中浓度超标时，必须佩戴自吸过滤式防毒面具(半面罩)。紧急事态抢救或撤离时应该佩戴空气呼吸器。		
眼睛防护	戴化学安全防护眼镜。		
身体防护	穿防毒物渗透工作服。		
手防护	戴橡胶手套。		
其他防护	工作现场禁止吸烟、进食和饮水。工作完毕，彻底清洗。单独存放被毒物污染的衣服，洗后备用。注意个人清洁卫生。		

品名：**1-氯-2,3-环氧丙烷** 别名：环氧氯丙烷；3-氯-1，2-环氧丙烷	分子式：C_3H_5ClO 分子量：92.5	相态：液 外观与性状：无色油状液体，有刺激性的像醚和氯仿的气味，有毒性的麻醉性

危险特性

火灾危险性：可燃液体乙 A	爆炸物：无	皮肤腐蚀/刺激：类别 1
腐蚀减薄：无	金属腐蚀：无	易燃液体：类别 3
环境开裂：无	急性毒性：类别 3	严重眼损伤/眼刺激：类别 1

其蒸气与空气形成爆炸性混合物，遇明火、高温能引起分解爆炸和燃烧。若遇高热可发生剧烈分解，引起容器破裂或爆炸事故。

理化特性

熔点：-25.6℃	临界温度：351.3℃	爆炸上限：无资料	引燃温度：无资料
沸点：117.9℃	临界压力：无资料	爆炸下限：无资料	燃烧热：1750.0℃
闪点：40.6℃	饱和蒸气压：无资料	相对密度($d_{水}=1$)：1.18	

溶解性	不溶于水，溶于乙醇、丙酮等许多有机溶剂。
主要用途	用于制备甘油、环氧树脂、氯醇橡胶、消化甘油炸药、玻璃钢、电绝缘制品等。

急救措施

皮肤接触	脱去污染的衣着，用大量肥皂水和水清洗皮肤。
眼睛接触	提起眼睑，用流动清水或生理盐水冲洗。就医。
吸入	迅速脱离现场至空气新鲜处。保持呼吸道通畅。
食入	用水漱口。就医。

防护措施

呼吸防护	空气中浓度超标时，戴面具式呼吸器。紧急事态抢救或撤离时，建议佩戴自给式呼吸器。
眼睛防护	戴化学安全防护眼镜。
身体防护	穿紧袖工作服，长筒胶鞋。
手防护	戴防化学品手套。
其他防护	工作后，淋浴更衣。保持良好的卫生习惯。防止皮肤和粘膜的损害。

品名：**1-氯-2,4-二硝基苯** 别名：2,4-二硝基氯苯	分子式：$C_6H_3ClN_2O_4$ 分子量：202.6	相态：固 外观与性状：淡黄色或黄棕色针状结晶，不溶于水，易溶于乙醇、乙醚，有苦香仁味

危险特性

火灾危险性：可燃气体甲	爆炸物：无	皮肤腐蚀/刺激：类别 2
腐蚀减薄：无	金属腐蚀：无	严重眼损伤/眼刺激：类别 1
环境开裂：无	急性毒性：类别 2	

有腐蚀性和易燃性，毒性很高；遇明火或受热 150℃以上有引起燃烧爆炸危险。

理化特性

熔点：无资料	临界温度：无资料	爆炸上限：22.0%	引燃温度：无资料
沸点：315.0℃	临界压力：无资料	爆炸下限：2.0%	燃烧热：无资料
闪点：194.0℃	饱和蒸气压：无资料	相对密度($d_{水}=1$)：1.69	

溶解性	合成染料、农药、医药的原料。
主要用途	无资料。

急救措施

皮肤接触	立即脱去污染的衣着，用大量流动清水冲洗至少 15min。就医。
眼睛接触	立即提起眼睑，用大量流动清水或生理盐水彻底冲洗至少 15min。就医。
吸入	迅速脱离现场至空气新鲜处。保持呼吸道通畅。如呼吸困难，给输氧。如呼吸停止，立即进行人工呼吸。就医。
食入	无资料。

防护措施

呼吸防护	无资料。
眼睛防护	无资料。
身体防护	无资料。
手防护	无资料。
其他防护	无资料。

品名：**4-氯-2-氨基苯酚**	分子式：C_6H_6ClNO	相态：固	
别名：2-氨基-4-氯苯酚；对氯邻氨基苯酚	分子量：143.6	外观与性状：淡棕色结晶	
危险特性			
火灾危险性：可燃液体丙 B	爆炸物：无	皮肤腐蚀/刺激：无	
腐蚀减薄：苯酚腐蚀	金属腐蚀：无		
环境开裂：氨应力腐蚀开裂	急性毒性：无		
遇明火、高热可燃。其粉体与空气可形成爆炸性混合物，当达到一定浓度时，遇火星会发生爆炸。受高热分解放出有毒的气体。			
理化特性			
熔点：140.0℃	临界温度：无资料	爆炸上限：无资料	引燃温度：无资料
沸点：276.8℃	临界压力：无资料	爆炸下限：无资料	燃烧热：无资料
闪点：121.2℃	饱和蒸气压：无资料	相对密度($d_水=1$)：无资料	
溶解性	溶于稀无机酸、稀碱液。		
主要用途	用于有机合成，用作染料中间体。		
急救措施			
皮肤接触	脱去污染的衣着，用大量肥皂水和水彻底清洗皮肤。		
眼睛接触	立即提起眼睑，用大量流动清水或生理盐水彻底冲洗。就医。		
吸入	迅速脱离现场至空气新鲜处。保持呼吸道通畅。如呼吸困难，给输氧。如呼吸停止，立即进行人工呼吸。就医。		
食入	饮足量温水，催吐。就医。		
防护措施			
呼吸防护	空气中粉尘浓度超标时，必须佩戴自吸过滤式防尘口罩。紧急事态抢救或撤离时，应该佩戴空气呼吸器。		
眼睛防护	戴化学安全防护眼镜。		
身体防护	穿防毒物渗透工作服。		
手防护	戴橡胶手套。		
其他防护	工作场所禁止吸烟、进食和饮水，饭前要洗手。工作完毕，淋浴更衣。保持良好的卫生习惯。		

品名：**1-氯-2-丙醇**	分子式：C_3H_7ClO	相态：液	
别名：氯异丙醇；丙氯仲醇	分子量：94.5	外观与性状：无色液体，略有气味	
危险特性			
火灾危险性：可燃液体乙 B	爆炸物：无	皮肤腐蚀/刺激：无	
腐蚀减薄：无	金属腐蚀：无	易燃液体：类别 3	
环境开裂：无	急性毒性：类别 2		
遇高热、明火或与氧化剂接触，有引起燃烧的危险。受高热分解产生有毒的腐蚀性气体。若遇高热，容器内压增大，有开裂和爆炸的危险。			
理化特性			
熔点：无资料	临界温度：无资料	爆炸上限：无资料	引燃温度：无资料
沸点：127.0℃	临界压力：无资料	爆炸下限：无资料	燃烧热：无资料
闪点：54.5℃	饱和蒸气压：0.65kPa(20℃)	相对密度($d_水=1$)：1.11	
溶解性	溶于水。		
主要用途	用于有机合成。		
急救措施			
皮肤接触	立即脱去污染的衣着，用大量流动清水冲洗皮肤。		
眼睛接触	立即提起眼睑，用大量流动清水或生理盐水彻底冲洗。就医。		
吸入	迅速脱离现场至空气新鲜处。如呼吸困难，给输氧。就医。		
食入	饮足量温水，催吐。就医。		
防护措施			
呼吸防护	可能接触其蒸气时，应该佩戴防毒面具。紧急事态抢救或逃生时，佩戴自给式呼吸器。		
眼睛防护	戴安全防护眼镜。		
身体防护	穿相应的防护服。		
手防护	戴防化学品手套。		
其他防护	工作现场禁止吸烟、进食和饮水。工作后，彻底清洗。单独存放被毒物污染的衣服，洗后再用。注意个人清洁卫生。		

品名：**1-氯-2-丁烯** 别名：无	分子式：C_4H_7Cl 分子量：90.6		相态：液 外观与性状：无色液体，为异构体的混合物，有催泪性
危险特性			
火灾危险性：可燃液体甲 B 腐蚀减薄：无 环境开裂：无	爆炸物：无 金属腐蚀：无 急性毒性：无		皮肤腐蚀/刺激：无 易燃液体：类别 2
其蒸气与空气可形成爆炸性混合物，遇明火、高热极易燃烧爆炸。与氧化剂接触猛烈反应。受高热分解产生有毒的腐蚀性烟气。容易自聚，聚合反应随着温度的上升而急骤加剧。其蒸气比空气重，能在较低处扩散到相当远的地方，遇火源会着火回燃。若遇高热，容器内压增大，有开裂和爆炸的危险。			
理化特性			
熔点：无资料 沸点：-65.0℃ 闪点：-15.0℃	临界温度：无资料 临界压力：无资料 饱和蒸气压：无资料	爆炸上限：无资料 爆炸下限：无资料 相对密度($d_{水}=1$)：0.92	引燃温度：无资料 燃烧热：无资料
溶解性	不溶于水，溶于乙醇、丙酮、乙醚。		
主要用途	用于有机合成。		
急救措施			
皮肤接触	立即脱去污染的衣着，用大量流动清水冲洗。就医。		
眼睛接触	立即提起眼睑，用大量流动清水或生理盐水彻底冲洗至少 15min。就医。		
吸入	迅速脱离现场至空气新鲜处。保持呼吸道通畅。如呼吸困难，给输氧。如呼吸停止，立即进行人工呼吸。就医。		
食入	用水漱口，给饮牛奶或蛋清。就医。		
防护措施			
呼吸防护	空气中粉尘浓度超标时，必须佩戴自吸过滤式防尘口罩。紧急事态抢救或撤离时，应该佩戴空气呼吸器。		
眼睛防护	戴化学安全防护眼镜。		
身体防护	穿防毒物渗透工作服。		
手防护	戴橡胶手套。		
其他防护	工作场所禁止吸烟、进食和饮水，饭前要洗手。工作完毕，淋浴更衣。保持良好的卫生习惯。		

品名：**5-氯-2-甲基苯胺** 别名：5-氯邻甲苯胺；2-氨基-4-氯甲苯	分子式：C_7H_8ClN 分子量：141.6		相态：固 外观与性状：棕褐色片状结晶，有刺激性气味
危险特性			
火灾危险性：可燃液体丙 B 腐蚀减薄：碱腐蚀、胺腐蚀 环境开裂：碱应力腐蚀开裂、氨应力腐蚀开裂、胺应力腐蚀开裂	爆炸物：无 金属腐蚀：无 急性毒性：无		皮肤腐蚀/刺激：无
遇明火能燃烧。受高热分解放出有毒的气体。			
理化特性			
熔点：26.0℃ 沸点：237.0℃ 闪点：160.0℃	临界温度：无资料 临界压力：无资料 饱和蒸气压：96.2kPa(237℃)	爆炸上限：无资料 爆炸下限：无资料 相对密度($d_{水}=1$)：无资料	引燃温度：无资料 燃烧热：无资料
溶解性	溶于热乙醇。		
主要用途	用于有机合成。		
急救措施			
皮肤接触	立即脱去污染的衣着，用大量流动清水冲洗。就医。		
眼睛接触	立即提起眼睑，用大量流动清水或生理盐水彻底冲洗。就医。		
吸入	迅速脱离现场至空气新鲜处。保持呼吸道通畅。如呼吸困难，给输氧。如呼吸停止，立即进行人工呼吸。就医。		
食入	饮足量温水，催吐。洗胃，导泻。就医。		
防护措施			
呼吸防护	空气中浓度超标时，必须佩戴自吸过滤式防毒面具(半面罩)。紧急事态抢救或撤离时，应该佩戴空气呼吸器。		
眼睛防护	戴化学安全防护眼镜。		
身体防护	穿防毒物渗透工作服。		
手防护	戴橡胶手套。		
其他防护	工作现场禁止吸烟、进食和饮水。工作完毕，彻底清洗。单独存放被毒物污染的衣服，洗后备用。注意个人清洁卫生。		

品名：***N*-(4-氯-2-甲基苯基)-*N'*,*N'*-二甲基甲脒** 别名：杀虫脒	分子式：$C_{10}H_{13}ClN_2$ 分子量：196.7	相态：固 外观与性状：白色结晶，有氨的气味	
危险特性			
火灾危险性：可燃液体丙B 腐蚀减薄：无 环境开裂：无	爆炸物：无 金属腐蚀：无 急性毒性：类别3	皮肤腐蚀/刺激：无 易燃液体：无	
明火、高热可燃。受高热分解，产生有毒的氮氧化物和氯化物气体。			
理化特性			
熔点：32.0℃ 沸点：163.0℃ 闪点：130.8℃	临界温度：无资料 临界压力：无资料 饱和蒸气压：无资料	爆炸上限：无资料 爆炸下限：无资料 相对密度($d_水=1$)：1.10	引燃温度：无资料 燃烧热：无资料
溶解性	微溶于水、苯、氯仿。		
主要用途	用作农药杀虫剂。		
急救措施			
皮肤接触	立即脱去污染的衣着，用大量肥皂水和水清洗皮肤。		
眼睛接触	立即提起眼睑，用大量流动清水或生理盐水彻底冲洗。就医。		
吸入	迅速脱离现场至空气新鲜处。保持呼吸道通畅。如呼吸困难，给输氧。如呼吸停止，立即进行人工呼吸。就医。		
食入	饮足量温水，催吐。洗胃。就医。		
防护措施			
呼吸防护	空气中浓度超标时，必须佩戴自吸过滤式防毒面具(全面罩)。紧急事态抢救或撤离时，应该佩戴空气呼吸器。		
眼睛防护	呼吸系统防护中已做防护。		
身体防护	穿胶布防毒衣。		
手防护	戴橡胶手套。		
其他防护	工作现场禁止吸烟、进食和饮水。工作完毕，淋浴更衣。保持良好的卫生习惯。		

品名：**3-氯-2-甲基丙烯** 别名：2-甲基-3-氯丙烯；甲基烯丙基氯；氯化异丁烯；1-氯-2-甲基-2-丙烯	分子式：C_4H_7Cl 分子量：90.6	相态：液 外观与性状：透明液体	
危险特性			
火灾危险性：可燃液体甲B 腐蚀减薄：盐酸腐蚀、含盐水腐蚀 环境开裂：氯化物应力腐蚀开裂	爆炸物：无 金属腐蚀：无 急性毒性：无	皮肤腐蚀/刺激：类别1 易燃液体：类别2 严重眼损伤/眼刺激：类别1	
其蒸气与空气可形成爆炸性混合物，遇明火、高热极易燃烧爆炸。与氧化剂接触猛烈反应。受高热分解产生有毒的氯化物气体。流速过快，容易产生和积聚静电。容易自聚，聚合反应随着温度的上升而急骤加剧。其蒸气比空气重，能在较低处扩散到相当远的地方，遇火源会着火回燃。若遇高热，容器内压增大，有开裂和爆炸的危险。			
理化特性			
熔点：无资料 沸点：72.4℃ 闪点：-10.0℃	临界温度：无资料 临界压力：无资料 饱和蒸气压：无资料	爆炸上限：无资料 爆炸下限：无资料 相对密度($d_水=1$)：无资料	引燃温度：无资料 燃烧热：无资料
溶解性	无资料。		
主要用途	无资料。		
急救措施			
皮肤接触	立即脱去污染的衣着，用大量肥皂水和水清洗皮肤。		
眼睛接触	立即提起眼睑，用大量流动清水或生理盐水彻底冲洗至少15min。就医。		
吸入	迅速脱离现场至空气新鲜处。保持呼吸道通畅。如呼吸困难，给输氧。如呼吸停止，立即进行人工呼吸。就医。		
食入	饮足量温水，催吐。就医。		
防护措施			
呼吸防护	空气中粉尘浓度超标时，必须佩戴自吸过滤式防尘口罩。紧急事态抢救或撤离时，应该佩戴空气呼吸器。		
眼睛防护	戴化学安全防护眼镜。		
身体防护	穿防毒物渗透工作服。		
手防护	戴橡胶手套。		
其他防护	工作现场禁止吸烟、进食和饮水。及时换洗工作服。工作前后不饮酒，用温水洗澡。实行就业前和定期的体检。		

品名：**2-氯-2-甲基丁烷**	分子式：$C_5H_{11}Cl$	相态：液
别名：叔戊基氯；氯代叔戊烷	分子量：106.6	外观与性状：无色液体

危险特性

火灾危险性：可燃液体甲 B	爆炸物：无	皮肤腐蚀/刺激：无
腐蚀减薄：无	金属腐蚀：无	易燃液体：类别 2
环境开裂：无	急性毒性：无	

其蒸气与空气可形成爆炸性混合物，遇明火、高热极易燃烧爆炸。与氧化剂接触猛烈反应。接触酸或酸气能产生有毒气体。受高热分解放出有毒的气体。若遇高热，容器内压增大，有开裂和爆炸的危险。

理化特性

熔点：-73.7℃	临界温度：无资料	爆炸上限：7.4%	引燃温度：345.0℃
沸点：87.0℃	临界压力：无资料	爆炸下限：1.5%	燃烧热：无资料
闪点：-8.9℃	饱和蒸气压：无资料	相对密度($d_{水}=1$)：0.87	

溶解性	不溶于水，溶于乙醇、乙醚。
主要用途	用作溶剂和用于合成其他戊烷化合物。

急救措施

皮肤接触	立即脱去污染的衣着，用大量流动清水冲洗。就医。
眼睛接触	立即提起眼睑，用大量流动清水或生理盐水彻底冲洗至少 15min。就医。
吸入	迅速脱离现场至空气新鲜处。保持呼吸道通畅。如呼吸困难，给输氧。如呼吸停止，立即进行人工呼吸。就医。
食入	饮足量温水，催吐。就医。

防护措施

呼吸防护	生产操作或农业使用时，建议佩戴自吸过滤式防毒面具(半面罩)。紧急事态抢救或撤离时，应该佩戴空气呼吸器。
眼睛防护	戴化学安全防护眼镜。
身体防护	穿连衣式胶布防毒衣。
手防护	戴氯丁橡胶手套。
其他防护	工作现场禁止吸烟、进食和饮水。工作完毕，彻底清洗。工作服不准带至非作业场所。单独存放被毒物污染的衣服，洗后备用。注意个人清洁卫生。

品名：**5-氯-2-甲氧基苯胺**	分子式：C_7H_8ClNO	相态：固
别名：4-氯-2-氨基苯甲醚	分子量：157.6	外观与性状：针状结晶

危险特性

火灾危险性：可燃液体丙 B	爆炸物：无	皮肤腐蚀/刺激：类别 2
腐蚀减薄：碱腐蚀、胺腐蚀	金属腐蚀：无	严重眼损伤/眼刺激：类别 2
环境开裂：碱应力腐蚀开裂、氨应力腐蚀开裂、胺应力腐蚀开裂	急性毒性：无	

遇明火、高热可燃。其粉体与空气可形成爆炸性混合物，当达到一定浓度时，遇火星会发生爆炸。受高热分解放出有毒的气体。

理化特性

熔点：84.0℃	临界温度：无资料	爆炸上限：无资料	引燃温度：无资料
沸点：260.0℃	临界压力：无资料	爆炸下限：无资料	燃烧热：无资料
闪点：136.0℃	饱和蒸气压：无资料	相对密度($d_{水}=1$)：无资料	

溶解性	溶于乙醇、乙醚、苯。
主要用途	用于有机合成。

急救措施

皮肤接触	立即脱去污染的衣着，用大量流动清水冲洗。就医。
眼睛接触	立即提起眼睑，用大量流动清水或生理盐水彻底冲洗至少 15min。就医。
吸入	迅速脱离现场至空气新鲜处。保持呼吸道通畅。如呼吸困难，给输氧。如呼吸停止，立即进行人工呼吸。就医。
食入	饮足量温水，催吐。就医。

防护措施

呼吸防护	空气中浓度超标时，必须佩戴自吸过滤式防毒面具(全面罩)。紧急事态抢救或撤离时应该佩戴空气呼吸器。
眼睛防护	呼吸系统防护中已做防护。
身体防护	穿胶布防毒衣。
手防护	戴橡胶耐油手套。
其他防护	工作现场禁止吸烟、进食和饮水。工作完毕，淋浴更衣。单独存放被毒物污染的衣服，洗后备用。

品名：**4-氯-2-硝基苯胺**		分子式：$C_6H_5ClN_2O_2$	相态：固
别名：对氯邻硝基苯胺		分子量：172.6	外观与性状：橙黄色或橙红色针状结晶
危险特性			
火灾危险性：可燃液体丙 B 腐蚀减薄：碱腐蚀、胺腐蚀 环境开裂：碱应力腐蚀开裂、胺应力腐蚀开裂		爆炸物：无 金属腐蚀：无 急性毒性：无	皮肤腐蚀/刺激：无
遇明火、高热可燃。其粉体与空气可形成爆炸性混合物，当达到一定浓度时，遇火星会发生爆炸。接触酸或酸气能产生有毒气体。与强氧化剂接触可发生化学反应。受热分解产生有毒的烟气。			
理化特性			
熔点：无资料 沸点：308.8℃ 闪点：140.5℃	临界温度：无资料 临界压力：无资料 饱和蒸气压：无资料	爆炸上限：无资料 爆炸下限：无资料 相对密度($d_{水}=1$)：无资料	引燃温度：无资料 燃烧热：无资料
溶解性	微溶于水，油类，溶于乙醇、乙醚、乙酸。		
主要用途	用作染料中间体，也用于有机合成。		
急救措施			
皮肤接触	脱去污染的衣着，用大量肥皂水和水清洗皮肤。		
眼睛接触	立即提起眼睑，用大量流动清水或生理盐水彻底冲洗。就医。		
吸入	迅速脱离现场至空气新鲜处。保持呼吸道通畅。如呼吸困难，给输氧。如呼吸停止，立即进行人工呼吸。就医。		
食入	饮足量温水，催吐。就医。		
防护措施			
呼吸防护	空气中浓度超标时，必须佩戴自吸过滤式防毒面具(半面罩)。紧急事态抢救或撤离时，应该佩戴空气呼吸器。		
眼睛防护	戴化学安全防护眼镜。		
身体防护	穿防毒物渗透工作服。		
手防护	戴橡胶手套。		
其他防护	工作场所禁止吸烟、进食和饮水，饭前要洗手。工作完毕，淋浴更衣。保持良好的卫生习惯。		

品名：**4-氯-2-硝基苯酚**		分子式：$C_6H_4ClNO_3$	相态：固
别名：无		分子量：173.6	外观与性状：黄色结晶
危险特性			
火灾危险性：可燃液体丙 A 腐蚀减薄：苯酚腐蚀 环境开裂：无		爆炸物：无 金属腐蚀：无 急性毒性：无	皮肤腐蚀/刺激：类别 2 严重眼损伤/眼刺激：类别 2
遇明火能燃烧。与氧化剂可发生反应。受高热分解放出有毒的气体。			
理化特性			
熔点：87.0℃ 沸点：242.5℃ 闪点：100.4℃	临界温度：无资料 临界压力：无资料 饱和蒸气压：无资料	爆炸上限：无资料 爆炸下限：无资料 相对密度($d_{水}=1$)：无资料	引燃温度：无资料 燃烧热：无资料
溶解性	微溶于水，溶于乙醇，易溶于乙醚。		
主要用途	用作染料中间体。		
急救措施			
皮肤接触	立即脱去污染的衣着，用大量流动清水冲洗。就医。		
眼睛接触	立即提起眼睑，用大量流动清水或生理盐水彻底冲洗。就医。		
吸入	迅速脱离现场至空气新鲜处。保持呼吸道通畅。如呼吸困难，给输氧。如呼吸停止，立即进行人工呼吸。就医。		
食入	饮足量温水，催吐。就医。		
防护措施			
呼吸防护	空气中粉尘浓度超标时，必须佩戴自吸过滤式防尘口罩。紧急事态抢救或撤离时，应该佩戴空气呼吸器。		
眼睛防护	戴化学安全防护眼镜。		
身体防护	穿防毒物渗透工作服。		
手防护	戴橡胶手套。		
其他防护	工作场所禁止吸烟、进食和饮水，饭前要洗手。工作完毕，淋浴更衣。保持良好的卫生习惯。		

品名：**4-氯-2-硝基甲苯** 别名：对氯邻硝基甲苯	分子式：$C_7H_6ClNO_2$ 分子量：171.6		相态：固 外观与性状：黄色至浅褐色针状结晶
危险特性			
火灾危险性：可燃液体丙 A 腐蚀减薄：无 环境开裂：无	爆炸物：无 金属腐蚀：无 急性毒性：无		皮肤腐蚀/刺激：无
遇明火、高热可燃。其粉体与空气可形成爆炸性混合物，当达到一定浓度时，遇火星会发生爆炸。受高热分解放出有毒的气体。			
理化特性			
熔点：38.0℃ 沸点：238.5℃ 闪点：98.1℃	临界温度：无资料 临界压力：无资料 饱和蒸气压：无资料	爆炸上限：无资料 爆炸下限：无资料 相对密度($d_{水}=1$)：无资料	引燃温度：无资料 燃烧热：无资料
溶解性	不溶于水，溶于多数有机溶剂。		
主要用途	用于有机合成。		
急救措施			
皮肤接触	立即脱去污染的衣着，用大量流动清水冲洗。就医。		
眼睛接触	立即提起眼睑，用大量流动清水或生理盐水彻底冲洗。就医。		
吸入	迅速脱离现场至空气新鲜处。保持呼吸道通畅。如呼吸困难，给输氧。如呼吸停止，立即进行人工呼吸。就医。		
食入	饮足量温水，催吐。就医。		
防护措施			
呼吸防护	空气中粉尘浓度超标时，必须佩戴自吸过滤式防尘口罩。紧急事态抢救或撤离时，应该佩戴空气呼吸器。		
眼睛防护	戴化学安全防护眼镜。		
身体防护	穿防毒物渗透工作服。		
手防护	戴橡胶手套。		
其他防护	工作场所禁止吸烟、进食和饮水，饭前要洗手。工作完毕，淋浴更衣。保持良好的卫生习惯。		

品名：**1-氯-2-溴丙烷** 别名：2-溴-1-氯丙烷	分子式：C_3H_6BrCl 分子量：157.4		相态：液 外观与性状：无色液体
危险特性			
火灾危险性：可燃液体丙 A 腐蚀减薄：无 环境开裂：无	爆炸物：无 金属腐蚀：无 急性毒性：类别 3		皮肤腐蚀/刺激：无
遇明火、高热可燃。与氧化剂可发生反应。接触酸或酸气能产生有毒气体。受高热分解放出有毒的气体。			
理化特性			
熔点：58.9℃ 沸点：116.0℃ 闪点：110.0℃	临界温度：无资料 临界压力：无资料 饱和蒸气压：无资料	爆炸上限：无资料 爆炸下限：无资料 相对密度($d_{水}=1$)：1.54	引燃温度：无资料 燃烧热：无资料
溶解性	不溶于水，溶于丙酮、苯，易溶于乙醇、乙醚、氯仿。		
主要用途	用于有机合成。		
急救措施			
皮肤接触	立即脱去污染的衣着，用大量流动清水冲洗。就医。		
眼睛接触	立即提起眼睑，用大量流动清水或生理盐水彻底冲洗。就医。		
吸入	迅速脱离现场至空气新鲜处。保持呼吸道通畅。如呼吸困难，给输氧。如呼吸停止，立即进行人工呼吸。就医。		
食入	饮足量温水，催吐。就医。		
防护措施			
呼吸防护	高浓度环境中，佩戴防毒面具。		
眼睛防护	戴安全防护眼镜。		
身体防护	穿工作服。		
手防护	戴防护手套。		
其他防护	工作现场禁止吸烟、进食和饮水。工作后，淋浴更衣。注意个人清洁卫生。		

品名：**1-氯-2-溴乙烷** 别名：1-溴-2-氯乙烷；氯乙基溴	分子式：C_2H_4BrCl 分子量：143.4	相态：液 外观与性状：无色至浅黄色液体，有挥发性	
危险特性			
火灾危险性：可燃液体甲 B 腐蚀减薄：无 环境开裂：无	爆炸物：无 金属腐蚀：无 急性毒性：类别 3	皮肤腐蚀/刺激：无	
遇明火、高热可燃。与氧化剂可发生反应。受高热分解放出有毒的气体。其蒸气比空气重，能在较低处扩散到相当远的地方，遇火源会着火回燃。若遇高热，容器内压增大，有开裂和爆炸的危险。			
理化特性			
熔点：-16.7℃ 沸点：106.7℃ 闪点：9.5℃	临界温度：无资料 临界压力：无资料 饱和蒸气压：无资料	爆炸上限：无资料 爆炸下限：无资料 相对密度($d_水=1$)：1.74	引燃温度：无资料 燃烧热：无资料
溶解性	不溶于水，溶于乙醇、乙醚。		
主要用途	用作农药熏蒸剂、溶剂、有机合成中间体。		
急救措施			
皮肤接触	用肥皂水及清水彻底冲洗。就医。		
眼睛接触	拉开眼睑，用流动清水冲洗 15min。就医。		
吸入	迅速脱离现场至空气新鲜处。保持呼吸道通畅。如呼吸困难，给输氧。如呼吸停止，立即进行人工呼吸。就医。		
食入	用水漱口。就医。		
防护措施			
呼吸防护	空气中粉尘浓度超标时，必须佩戴自吸过滤式防尘口罩。紧急事态抢救或撤离时，应该佩戴空气呼吸器。		
眼睛防护	戴化学安全防护眼镜。		
身体防护	穿防毒物渗透工作服。		
手防护	戴橡胶手套。		
其他防护	工作场所禁止吸烟、进食和饮水，饭前要洗手。工作完毕，淋浴更衣。保持良好的卫生习惯。		

品名：**4-氯间甲酚** 别名：2-氯-5-羟基甲苯；4-氯-3-甲酚	分子式：C_7H_7ClO 分子量：142.6	相态：固 外观与性状：灰白色晶体	
危险特性			
火灾危险性：可燃液体丙 A 腐蚀减薄：无 环境开裂：无	爆炸物：无 金属腐蚀：无 急性毒性：无	皮肤腐蚀/刺激：无 严重眼损伤/眼刺激：类别 1	
遇明火、高热可燃。其粉体与空气可形成爆炸性混合物，当达到一定浓度时，遇火星会发生爆炸。遇高热分解放出高毒烟气。			
理化特性			
熔点：66.0℃ 沸点：235.0℃ 闪点：93.4℃	临界温度：无资料 临界压力：无资料 饱和蒸气压：无资料	爆炸上限：无资料 爆炸下限：无资料 相对密度($d_水=1$)：无资料	引燃温度：无资料 燃烧热：无资料
溶解性	无资料。		
主要用途	无资料。		
急救措施			
皮肤接触	立即脱去污染的衣着，用大量流动清水冲洗至少 15min。就医。		
眼睛接触	提起眼睑，用流动清水或生理盐水冲洗。就医。		
吸入	迅速脱离现场至空气新鲜处。保持呼吸道通畅。如呼吸困难，给输氧。如呼吸停止，立即进行人工呼吸。就医。		
食入	用水漱口，给饮牛奶或蛋清。就医。		
防护措施			
呼吸防护	空气中浓度超标时，必须佩戴自吸过滤式防毒面具(全面罩)。紧急事态抢救或撤离时，应该佩戴空气呼吸器。		
眼睛防护	呼吸系统防护中已做防护。		
身体防护	穿胶布防毒衣。		
手防护	戴橡胶手套。		
其他防护	工作现场禁止吸烟、进食和饮水。工作完毕，淋浴更衣。保持良好的卫生习惯。		

品名：**1-氯-3-甲基丁烷**	分子式：$C_5H_{11}Cl$	相态：液	
别名：异戊基氯；氯代异戊烷	分子量：106.6	外观与性状：无色到黄色液体	
危险特性			
火灾危险性：可燃液体甲 B	爆炸物：无	皮肤腐蚀/刺激：无	
腐蚀减薄：无	金属腐蚀：无	易燃液体：类别 2	
环境开裂：无	急性毒性：无		
易燃，其蒸气与空气可形成爆炸性混合物，遇明火、高热能引起燃烧爆炸。与氧化剂接触猛烈反应。受热分解产生有毒的烟气。其蒸气比空气重，能在较低处扩散到相当远的地方，遇火源会着火回燃。			
理化特性			
熔点：-104.0℃	临界温度：无资料	爆炸上限：7.4%	引燃温度：无资料
沸点：98.3℃	临界压力：无资料	爆炸下限：1.5%	燃烧热：7.4℃
闪点：9.8℃	饱和蒸气压：无资料	相对密度($d_水$=1)：0.88	
溶解性	微溶于水，溶于乙醇、乙醚等多数有机溶剂。		
主要用途	用于制造有机化合物，以及用作硝基纤维素和漆等的溶剂。		
急救措施			
皮肤接触	脱去污染的衣着，用大量肥皂水和水清洗皮肤。		
眼睛接触	立即提起眼睑，用大量流动清水或生理盐水彻底冲洗。就医。		
吸入	迅速脱离现场至空气新鲜处。保持呼吸道通畅。如呼吸困难，给输氧。如呼吸停止，立即进行人工呼吸。就医。		
食入	饮足量温水，催吐。就医。		
防护措施			
呼吸防护	空气中浓度超标时，必须佩戴自吸过滤式防毒面具(半面罩)。紧急事态抢救或撤离时，应该佩戴空气呼吸器。		
眼睛防护	戴化学安全防护眼镜。		
身体防护	穿防毒物渗透工作服。		
手防护	戴橡胶手套。		
其他防护	工作场所禁止吸烟、进食和饮水，饭前要洗手。工作完毕，淋浴更衣。保持良好的卫生习惯。		

品名：**1-氯-3-溴丙烷**	分子式：C_3H_6BrCl	相态：液	
别名：3-溴-1-氯丙烷	分子量：157.5	外观与性状：无色液体	
危险特性			
火灾危险性：可燃液体乙 A	爆炸物：无	皮肤腐蚀/刺激：无	
腐蚀减薄：无	金属腐蚀：无	易燃液体：类别 3	
环境开裂：无	急性毒性：类别 3		
遇明火、高热可燃。与氧化剂可发生反应。接触酸或酸气能产生有毒气体。受高热分解放出有毒的气体。			
理化特性			
熔点：-59.0℃	临界温度：无资料	爆炸上限：无资料	引燃温度：无资料
沸点：136.4℃	临界压力：无资料	爆炸下限：无资料	燃烧热：无资料
闪点：38.0℃	饱和蒸气压：0.4719kPa(20℃)	相对密度($d_水$=1)：1.59	
溶解性	不溶于水，微溶于甘油、乙醚、乙醇、氯仿。		
主要用途	用于制造三氟拉嗪盐及有机合成。		
急救措施			
皮肤接触	立即脱去污染的衣着，用大量流动清水冲洗。就医。		
眼睛接触	立即提起眼睑，用大量流动清水或生理盐水彻底冲洗至少 15min。就医。		
吸入	迅速脱离现场至空气新鲜处。保持呼吸道通畅。如呼吸困难，给输氧。如呼吸停止，立即进行人工呼吸。就医。		
食入	用水漱口，给饮牛奶或蛋清。就医。		
防护措施			
呼吸防护	可能接触其蒸气时，应该佩戴防毒口罩。紧急事态抢救或逃生时，佩戴自给式呼吸器。		
眼睛防护	戴化学安全防护眼镜。		
身体防护	穿相应的防护服。		
手防护	戴防护手套。		
其他防护	工作现场禁止吸烟、进食和饮水。工作后，淋浴更衣。注意个人清洁卫生。		

品名：**2-氯-4,5-二甲基苯基-*N*-甲基氨基甲酸酯** 别名：氯灭杀威	分子式：$C_{10}H_{12}ClNO_2$ 分子量：213.7	相态：无资料 外观与性状：无资料	
危险特性			
火灾危险性：可燃液体丙 B 腐蚀减薄：低分子有机酸腐蚀 环境开裂：氨应力腐蚀开裂	爆炸物：无 金属腐蚀：无 急性毒性：类别 3	皮肤腐蚀/刺激：无	
无资料。			
理化特性			
熔点：无资料 沸点：306.8℃ 闪点：139.3℃	临界温度：无资料 临界压力：无资料 饱和蒸气压：无资料	爆炸上限：无资料 爆炸下限：无资料 相对密度($d_{水}=1$)：无资料	引燃温度：无资料 燃烧热：无资料
溶解性	无资料。		
主要用途	无资料。		
急救措施			
皮肤接触	无资料。		
眼睛接触	无资料。		
吸入	无资料。		
食入	用水漱口。就医。		
防护措施			
呼吸防护	空气中浓度超标时，应该佩戴过滤式防毒面具(半面罩)。紧急事态抢救或撤离时，佩戴隔离式呼吸器。		
眼睛防护	戴化学安全防护眼镜。		
身体防护	穿防静电工作服。		
手防护	戴橡胶耐油手套。		
其他防护	工作现场禁止吸烟、进食和饮水。工作完毕，淋浴更衣。注意个人清洁卫生。		

品名：**2-氯-4-二甲氨基-6-甲基嘧啶** 别名：鼠立死	分子式：$C_7H_{10}ClN_3$ 分子量：171.6	相态：固 外观与性状：棕色蜡状固体	
危险特性			
火灾危险性：可燃液体丙 B 腐蚀减薄：无 环境开裂：氨应力腐蚀开裂	爆炸物：无 金属腐蚀：无 急性毒性：类别 3	皮肤腐蚀/刺激：无	
无资料。			
理化特性			
熔点：87.0℃ 沸点：291.2℃ 闪点：129.9℃	临界温度：无资料 临界压力：无资料 饱和蒸气压：无资料	爆炸上限：无资料 爆炸下限：无资料 相对密度($d_{水}=1$)：无资料	引燃温度：无资料 燃烧热：无资料
溶解性	酸及酸雾。		
主要用途	无资料。		
急救措施			
皮肤接触	立即用水洗。就医。		
眼睛接触	用大量水冲洗至少 15min。		
吸入	避免剧烈搬动和噪声，如呼吸、心脏停止，立即抢救，转移病人前一定要先医疗检查。		
食入	无资料。		
防护措施			
呼吸防护	空气中浓度超标时，必须佩戴自吸过滤式防毒面具(全面罩)。紧急事态抢救或撤离时，应该佩戴空气呼吸器。		
眼睛防护	呼吸系统防护中已做防护。		
身体防护	穿胶布防毒衣。		
手防护	戴橡胶手套。		
其他防护	工作现场禁止吸烟、进食和饮水。工作完毕，淋浴更衣。保持良好的卫生习惯。		

品名：**3-氯-4-甲氧基苯胺** 别名：2-氯-4-氨基苯甲醚；邻氯对氨基苯甲醚	分子式：C_7H_8ClNO 分子量：157.6		相态：固 外观与性状：针状结晶
危险特性			
火灾危险性：可燃液体丙 A 腐蚀减薄：碱腐蚀、胺腐蚀 环境开裂：碱应力腐蚀开裂、氨应力腐蚀开裂、胺应力腐蚀开裂	爆炸物：无 金属腐蚀：无 急性毒性：无		皮肤腐蚀/刺激：类别 2 严重眼损伤/眼刺激：类别 2
遇明火、高热可燃。其粉体与空气可形成爆炸性混合物，当达到一定浓度时，遇火星会发生爆炸。受高热分解放出有毒的气体。			
理化特性			
熔点：62.0℃ 沸点：271.1℃ 闪点：117.7℃	临界温度：无资料 临界压力：无资料 饱和蒸气压：无资料	爆炸上限：无资料 爆炸下限：无资料 相对密度($d_{水}=1$)：无资料	引燃温度：无资料 燃烧热：无资料
溶解性	溶于水。		
主要用途	用于有机合成。		
急救措施			
皮肤接触	脱去污染的衣着，用大量流动清水冲洗。		
眼睛接触	提起眼睑，用流动清水或生理盐水冲洗。就医。		
吸入	迅速脱离现场至空气新鲜处。保持呼吸道通畅。如呼吸困难，给输氧。如呼吸停止，立即进行人工呼吸。就医。		
食入	饮足量温水，催吐。就医。		
防护措施			
呼吸防护	佩戴防尘口罩。空气中浓度较高时，应该佩戴自给式呼吸器。		
眼睛防护	可采用安全面罩。		
身体防护	穿相应的防护服。		
手防护	戴防化学品手套。		
其他防护	工作现场禁止吸烟、进食和饮水。工作后，淋浴更衣。注意个人清洁卫生。		

品名：**2-氯-4-硝基苯胺** 别名：邻氯对硝基苯胺	分子式：$C_6H_5ClN_2O_2$ 分子量：172.6		相态：固 外观与性状：黄色结晶粉末
危险特性			
火灾危险性：可燃液体丙 B 腐蚀减薄：碱腐蚀、胺腐蚀 环境开裂：碱应力腐蚀开裂、胺应力腐蚀开裂	爆炸物：无 金属腐蚀：无 急性毒性：无		皮肤腐蚀/刺激：无
遇明火能燃烧。受热分解放出有毒气体。			
理化特性			
熔点：108.4℃ 沸点：326.2℃ 闪点：151.1℃	临界温度：无资料 临界压力：无资料 饱和蒸气压：无资料	爆炸上限：无资料 爆炸下限：无资料 相对密度($d_{水}=1$)：无资料	引燃温度：无资料 燃烧热：无资料
溶解性	微溶于水酸，溶于乙醇、苯、乙醚。		
主要用途	用于染料制造中间体。		
急救措施			
皮肤接触	脱去污染的衣着，用大量流动清水清洗皮肤。		
眼睛接触	提起眼睑，用流动清水或生理盐水冲洗。就医。		
吸入	迅速脱离现场至空气新鲜处。保持呼吸道通畅。如呼吸困难，给输氧。如呼吸停止，立即进行人工呼吸。就医。		
食入	饮足量温水，催吐。洗胃，导泄。就医。		
防护措施			
呼吸防护	高浓度环境中，佩戴防毒面具。紧急事态抢救或逃生时，应该佩戴自给式呼吸器。		
眼睛防护	戴化学安全防护眼镜。		
身体防护	穿紧袖工作服，长筒胶鞋。		
手防护	戴橡皮手套。		
其他防护	工作现场禁止吸烟、进食和饮水。及时换洗工作服。工作前后不饮酒，用温水洗澡。进行就业前和定期的体检。		

品名：**氯苯**	分子式：C_6H_5Cl	相态：液
别名：一氯化苯	分子量：112.6	外观与性状：无色透明液体、具有不愉快的苦杏仁味

危险特性

火灾危险性：可燃液体乙 A	爆炸物：无	皮肤腐蚀/刺激：无
腐蚀减薄：盐酸腐蚀、含盐水腐蚀	金属腐蚀：无	易燃液体：类别 3
环境开裂：氯化物应力腐蚀开裂	急性毒性：无	

易燃，遇明火、高热或与氧化剂接触，有引起燃烧爆炸的危险。与过氯酸银、二甲亚砜反应剧烈。

理化特性

熔点：-45.2℃	临界温度：359.2℃	爆炸上限：9.6%	引燃温度：590.0℃
沸点：132.2℃	临界压力：4.52MPa	爆炸下限：1.3%	燃烧热：3110.96kJ/mol
闪点：28.0℃	饱和蒸气压：1.17kPa(20℃)	相对密度($d_{水}=1$)：1.10	

溶解性	不溶于水，溶于乙醇、乙醚、氯仿、二硫化碳、苯等多数有机溶剂。
主要用途	作为有机合成的重要原料。

急救措施

皮肤接触	立即脱去污染的衣着，用大量肥皂水和流动清水冲洗。就医。
眼睛接触	立即提起眼睑，用大量流动清水或生理盐水彻底冲洗。就医。
吸入	迅速脱离现场至空气新鲜处。保持呼吸道通畅。如呼吸困难，给输氧。如呼吸停止，立即进行人工呼吸。就医。
食入	饮足量温水，催吐。就医。

防护措施

呼吸防护	空气中粉尘浓度超标时，必须佩戴自吸过滤式防尘口罩。紧急事态抢救或撤离时，应该佩戴空气呼吸器。
眼睛防护	戴化学安全防护眼镜。
身体防护	穿防毒物渗透工作服。
手防护	戴橡胶手套。
其他防护	工作场所禁止吸烟、进食和饮水，饭前要洗手。工作完毕，淋浴更衣。保持良好的卫生习惯。

品名：**2-氯苯胺**	分子式：C_6H_6ClN	相态：液
别名：间氨基氯苯；间氯苯胺	分子量：127.6	外观与性状：琥珀色液体，有氨臭

危险特性

火灾危险性：可燃液体丙 A	爆炸物：无	皮肤腐蚀/刺激：无
腐蚀减薄：碱腐蚀、胺腐蚀	金属腐蚀：无	严重眼损伤/眼刺激：类别 2
环境开裂：碱应力腐蚀开裂、氨应力腐蚀开裂、胺应力腐蚀开裂	急性毒性：类别 3	

遇明火、高热可燃。受高热分解，产生有毒的氮氧化物和氯化物气体。

理化特性

熔点：-2.3℃	临界温度：无资料	爆炸上限：14.2%	引燃温度：500.0℃
沸点：209.0℃	临界压力：4.59MPa	爆炸下限：2.4%	燃烧热：无资料
闪点：97.0℃	饱和蒸气压：0.13kPa(46.3℃)	相对密度($d_{水}=1$)：1.21	

溶解性	不溶于水，溶于乙醇、乙醚。
主要用途	用作染料中间体、溶剂、防霉剂及试剂。

急救措施

皮肤接触	立即脱去污染的衣着，用大量肥皂水和流动清水冲洗。就医。
眼睛接触	立即提起眼睑，用大量流动清水或生理盐水彻底冲洗。就医。
吸入	迅速脱离现场至空气新鲜处。保持呼吸道通畅。如呼吸困难，给输氧。如呼吸停止，立即进行人工呼吸。就医。
食入	饮足量温水，催吐。就医。

防护措施

呼吸防护	空气中粉尘浓度超标时，必须佩戴自吸过滤式防尘口罩。紧急事态抢救或撤离时，应该佩戴空气呼吸器。
眼睛防护	戴化学安全防护眼镜。
身体防护	穿防毒物渗透工作服。
手防护	戴橡胶手套。
其他防护	工作现场禁止吸烟、进食和饮水。及时换洗工作服。工作前后不饮酒，用温水洗澡。实行就业前和定期的体检。

品名：**3-氯苯胺**	分子式：C_6H_6ClN	相态：液
别名：间氨基氯苯；间氯苯胺	分子量：127.6	外观与性状：无色液体到淡琥珀色液体

危险特性

火灾危险性：可燃液体丙B	爆炸物：无	皮肤腐蚀/刺激：无
腐蚀减薄：碱腐蚀、胺腐蚀	金属腐蚀：无	严重眼损伤/眼刺激：类别2
环境开裂：碱应力腐蚀开裂、氨应力腐蚀开裂、胺应力腐蚀开裂	急性毒性：类别3	

遇明火、高热可燃。受高热分解，产生有毒的氮氧化物和氯化物气体。

理化特性

熔点：-10.0℃	临界温度：无资料	爆炸上限：8.8%	引燃温度：540.0℃
沸点：230.5℃	临界压力：4.59MPa	爆炸下限：1.5%	燃烧热：无资料
闪点：123.9℃	饱和蒸气压：0.13kPa(63.5℃)	相对密度($d_{水}=1$)：1.21	

溶解性	不溶于水，溶于多数有机溶剂。
主要用途	用作偶氮染料及颜料的中间体、药物、杀虫剂、农药化学品。

急救措施

皮肤接触	立即脱去污染的衣着，用大量肥皂水和流动清水冲洗。就医。
眼睛接触	立即提起眼睑，用大量流动清水或生理盐水彻底冲洗。就医。
吸入	迅速脱离现场至空气新鲜处。保持呼吸道通畅。如呼吸困难，给输氧。如呼吸停止，立即进行人工呼吸。就医。
食入	饮足量温水，催吐。就医。

防护措施

呼吸防护	空气中浓度超标时，应该佩戴自吸过滤式防毒面具(半面罩)。
眼睛防护	一般不需要特殊防护，高浓度接触时可戴化学安全防护眼镜。
身体防护	穿防毒物渗透工作服。
手防护	戴橡胶耐油手套。
其他防护	工作现场严禁吸烟。工作完毕，淋浴更衣。注意个人清洁卫生。

品名：**4-氯苯胺**	分子式：C_6H_6ClN	相态：固
别名：对氯苯胺；对氨基氯苯	分子量：127.6	外观与性状：白色结晶或淡黄色固体

危险特性

火灾危险性：可燃气体甲	爆炸物：无	皮肤腐蚀/刺激：无
腐蚀减薄：碱腐蚀、胺腐蚀	金属腐蚀：无	
环境开裂：碱应力腐蚀开裂、氨应力腐蚀开裂、胺应力腐蚀开裂	急性毒性：类别3	

无资料。

理化特性

熔点：72.5℃	临界温度：无资料	爆炸上限：8.8%	引燃温度：685.0℃
沸点：232.0℃	临界压力：4.45MPa	爆炸下限：2.2%	燃烧热：无资料
闪点：89.5℃	饱和蒸气压：0.0036kPa(26℃)	相对密度($d_{水}=1$)：1.17	

溶解性	溶于乙醇、乙醚、乙酸，微溶于里格罗因。
主要用途	为冰染染料色基，用于制取大红色淀、嫩黄10G色淀等有机颜料和染料。

急救措施

皮肤接触	脱去污染的衣着，用大量肥皂水和水清洗皮肤。
眼睛接触	立即提起眼睑，用大量流动清水或生理盐水彻底冲洗。就医。
吸入	迅速脱离现场至空气新鲜处。保持呼吸道通畅。
食入	无资料。

防护措施

呼吸防护	可能接触其蒸气时，佩戴自吸过滤式防毒面具(半面罩)。紧急事态抢救或撤离时，应该佩戴空气呼吸器。
眼睛防护	戴安全防护眼镜。
身体防护	穿防毒物渗透工作服。
手防护	戴橡胶耐油手套。
其他防护	工作现场禁止吸烟、进食和饮水。及时换洗工作服。工作前后不饮酒，用温水洗澡。注意检测毒物。实行就业前和定期的体检。

品名：**2-氯苯酚** 别名：2-羟基氯苯；2-氯-1-羟基苯；邻氯苯酚；邻羟基氯苯		分子式：C_6H_5ClO 分子量：128.6	相态：液 外观与性状：无色至淡棕色液体
危险特性			
火灾危险性：可燃液体丙 A 腐蚀减薄：苯酚腐蚀 环境开裂：无		爆炸物：无 金属腐蚀：无 急性毒性：类别 2	支肤腐蚀/刺激：无
无资料。			
理化特性			
熔点：9.3℃ 沸点：175.0℃ 闪点：63.9℃	临界温度：无资料 临界压力：5.30MPa 饱和蒸气压：0.13kPa(12.1℃)	爆炸上限：8.8% 爆炸下限：1.7% 相对密度($d_{水}=1$)：1.26	引燃温度：无资料 燃烧热：无资料
溶解性	易溶于水，溶于乙醇、乙醚、氢氧化钠水溶液。		
主要用途	无资料。		
急救措施			
皮肤接触	无资料。		
眼睛接触	无资料。		
吸入	迅速脱离现场至空气新鲜处。保持呼吸道通畅。		
食入	无资料。		
防护措施			
呼吸防护	可能接触其蒸气时，佩戴自吸过滤式防毒面具(半面罩)。紧急事态抢救或撤离时，应该佩戴空气呼吸器。		
眼睛防护	戴安全防护眼镜。		
身体防护	穿防毒物渗透工作服。		
手防护	戴橡胶耐油手套。		
其他防护	工作现场禁止吸烟、进食和饮水。及时换洗工作服。工作前后不饮酒，用温水洗澡。注意检测毒物。实行就业前和定期的体检。		

品名：**3-氯苯酚** 别名：3-羟基氯苯；3-氯-1-羟基苯；间氯苯酚；间羟基氯苯		分子式：C_6H_5ClO 分子量：128.6	相态：固 外观与性状：无色针状结晶
危险特性			
火灾危险性：可燃气体甲 腐蚀减薄：苯酚腐蚀 环境开裂：无		爆炸物：无 金属腐蚀：无 急性毒性：无	皮肤腐蚀/刺激：无
无资料。			
理化特性			
熔点：32.0℃ 沸点：214.0℃ 闪点：76.9℃	临界温度：无资料 临界压力：4.75~5.31MPa 饱和蒸气压：0.13kPa(44.2℃)	爆炸上限：8.8% 爆炸下限：1.7% 相对密度($d_{水}=1$)：1.27	引燃温度：无资料 燃烧热：无资料
溶解性	微溶于水。		
主要用途	媒染剂及酸性染料的原料。		
急救措施			
皮肤接触	无资料。		
眼睛接触	无资料。		
吸入	无资料。		
食入	无资料。		
防护措施			
呼吸防护	空气中粉尘浓度超标时，佩戴自吸过滤式防尘口罩。紧急事态抢救或撤离时，应该佩戴氧气呼吸器。		
眼睛防护	戴化学安全防护眼镜。		
身体防护	穿防毒物渗透工作服。		
手防护	戴橡胶手套。		
其他防护	工作现场禁止吸烟、进食和饮水。及时换洗工作服。工作前后不饮酒，用温水洗澡。实行就业前和定期的体检。		

品名：**4-氯苯酚** 别名：4-羟基氯苯；4-氯-1-羟基苯；对氯苯酚；对羟基氯苯	分子式：C_6H_5ClO 分子量：128.6	相态：固 外观与性状：白色结晶，有不愉快气味

危险特性

火灾危险性：可燃气体甲	爆炸物：无	皮肤腐蚀/刺激：无
腐蚀减薄：苯酚腐蚀	金属腐蚀：无	
环境开裂：无	急性毒性：类别 3	

遇明火、高热可燃。受高热分解产生有毒的腐蚀性烟气。与强氧化剂接触可发生化学反应。具有腐蚀性。

理化特性

熔点：43.0℃	临界温度：无资料	爆炸上限：8.8%	引燃温度：无资料
沸点：220.0℃	临界压力：4.75~5.32MPa	爆炸下限：1.7%	燃烧热：无资料
闪点：121.0℃	饱和蒸气压：0.13kPa(49.8℃)	相对密度($d_{水}=1$)：1.31	

溶解性	极微溶于水，溶于苯、乙醇和乙醚。
主要用途	用于制染料和药物，也用作酒精和变性剂和精炼矿物油的选择性溶剂等。

急救措施

皮肤接触	立即脱去污染的衣着，用大量流动清水冲洗至少 15min。就医。
眼睛接触	立即提起眼睑，用大量流动清水或生理盐水彻底冲洗至少 15min。就医。
吸入	迅速脱离现场至空气新鲜处。保持呼吸道通畅。如呼吸困难，给输氧。如呼吸停止，立即进行人工呼吸。就医。
食入	用水漱口。就医。

防护措施

呼吸防护	可能接触其粉尘时，应该佩戴头罩型电动送风过滤式防尘呼吸器。紧急事态抢救或撤离时，佩戴空气呼吸器。
眼睛防护	呼吸系统防护中已做防护。
身体防护	穿聚乙烯防毒服。
手防护	戴橡胶手套。
其他防护	工作现场禁止吸烟、进食和饮水。工作完毕，彻底清洗。单独存放被毒物污染的衣服，洗后备用。注意个人清洁卫生。

品名：**2-[(*RS*)-2-(4-氯苯基)-2-苯基乙酰基]-2,3-二氢-1,3-茚二酮[含量>4%]** 别名：2-(苯基对氯苯基乙酰)茚满-1,3-二酮；氯鼠酮	分子式：$C_{23}H_{15}ClO_3$ 分子量：374.8	相态：固 外观与性状：原药为黄色无臭结晶

危险特性

火灾危险性：无	爆炸物：无	皮肤腐蚀/刺激：无
腐蚀减薄：无	金属腐蚀：无	
环境开裂：无	急性毒性：类别 1	

遇明火、高热可燃。其粉体与空气可形成爆炸性混合物，当达到一定浓度时，遇火星会发生爆炸。受高热分解放出有毒的气体。

理化特性

熔点：142.0℃	临界温度：无资料	爆炸上限：无资料	引燃温度：无资料
沸点：555.5℃	临界压力：无资料	爆炸下限：无资料	燃烧热：无资料
闪点：无资料	饱和蒸气压：无资料	相对密度($d_{水}=1$)：无资料	

溶解性	不溶于水，溶于丙酮、乙醇、乙酸乙酯。
主要用途	用作杀鼠剂。

急救措施

皮肤接触	脱去污染的衣着，用大量流动清水冲洗。
眼睛接触	立即提起眼睑，用大量流动清水或生理盐水彻底冲洗。就医。
吸入	迅速脱离现场至空气新鲜处。保持呼吸道通畅。如呼吸困难，给输氧。如呼吸停止，立即进行人工呼吸。就医。
食入	饮足量温水，催吐。洗胃，催吐。就医。

防护措施

呼吸防护	无资料。
眼睛防护	无资料。
身体防护	无资料。
手防护	无资料。
其他防护	无资料。

品名：***N*-(3-氯苯基)氨基甲酸(4-氯丁炔-2-基)酯** 别名：燕麦灵		分子式：$C_{11}H_9Cl_2NO_2$ 分子量：258.1	相态：固 外观与性状：纯品为白色结晶，原药为棕色固体
危险特性			
火灾危险性：可燃液体丙 B 腐蚀减薄：低分子有机酸腐蚀 环境开裂：氨应力腐蚀开裂		爆炸物：无 金属腐蚀：无 急性毒性：无	皮肤腐蚀/刺激：无
遇明火、高热可燃。其粉体与空气可形成爆炸性混合物，当达到一定浓度时，遇火星会发生爆炸。受高热分解放出有毒的气体。			
理化特性			
熔点：75.0℃ 沸点：340.8℃ 闪点：159.9℃	临界温度：无资料 临界压力：无资料 饱和蒸气压：0.499×10^{-7}kPa(25℃)	爆炸上限：无资料 爆炸下限：无资料 相对密度($d_水$=1)：无资料	引燃温度：无资料 燃烧热：无资料
溶解性	微溶于水、己烷，溶于苯、二氯乙烷。		
主要用途	用作农用除草剂及农药分析标准样品。		
急救措施			
皮肤接触	脱去污染的衣着，用大量流动清水冲洗。		
眼睛接触	立即提起眼睑，用大量流动清水或生理盐水彻底冲洗。就医。		
吸入	迅速脱离现场至空气新鲜处。保持呼吸道通畅。如呼吸困难，给输氧。如呼吸停止，立即进行人工呼吸。就医。		
食入	饮足量温水，催吐。就医。		
防护措施			
呼吸防护	作业工人应该佩戴防毒口罩。紧急事态抢救或逃生时，佩戴防毒面具。		
眼睛防护	必要时戴安全防护眼镜。		
身体防护	穿工作服。		
手防护	戴防护手套。		
其他防护	工作现场禁止吸烟、进食和饮水。工作后，淋浴更衣。注意个人清洁卫生。		

品名：**氯苯基三氯硅烷** 别名：无		分子式：$C_6H_4Cl_4Si$ 分子量：246.0	相态：液 外观与性状：无色至浅黄色液体
危险特性			
火灾危险性：可燃液体丙 A 腐蚀减薄：含盐水腐蚀 环境开裂：无		爆炸物：无 金属腐蚀：无 急性毒性：无	皮肤腐蚀/刺激：类别 1 严重眼损伤/眼刺激：类别 1
遇明火、高热可燃。与氧化剂可发生反应。遇水发生剧烈反应，散发出具有刺激性和腐蚀性的氯化氢气体。受高热分解放出有毒的气体。遇潮时对大多数金属有腐蚀性。若遇高热，容器内压增大，有开裂和爆炸的危险。			
理化特性			
熔点：无资料 沸点：222.9℃ 闪点：98.7℃	临界温度：无资料 临界压力：无资料 饱和蒸气压：无资料	爆炸上限：无资料 爆炸下限：无资料 相对密度($d_水$=1)：1.44	引燃温度：无资料 燃烧热：无资料
溶解性	溶于部分有机溶剂。		
主要用途	用于制有机硅聚合物。		
急救措施			
皮肤接触	立即脱去污染的衣着，用大量流动清水冲洗至少 15min。就医。		
眼睛接触	立即提起眼睑，用大量流动清水或生理盐水彻底冲洗至少 15min。就医。		
吸入	迅速脱离现场至空气新鲜处。保持呼吸道通畅。如呼吸困难，给输氧。如呼吸停止，立即进行人工呼吸。就医。		
食入	用水漱口，给饮牛奶或蛋清。就医。		
防护措施			
呼吸防护	可能接触其粉尘时，必须佩戴防尘面具(全面罩)。紧急事态抢救或撤离时，应该佩戴空气呼吸器。		
眼睛防护	呼吸系统防护中已做防护。		
身体防护	穿胶布防毒衣。		
手防护	戴橡胶手套。		
其他防护	工作现场禁止吸烟、进食和饮水。工作完毕，淋浴更衣。保持良好的卫生习惯。		

品名：**2-氯苯甲酰氯** 别名：邻氯苯甲酰氯；氯化邻氯苯甲酰	分子式：$C_7H_4Cl_2O$ 分子量：175.1	相态：液 外观与性状：无色液体	
危险特性			
火灾危险性：可燃液体丙A 腐蚀减薄：盐酸腐蚀、含盐水腐蚀 环境开裂：氯化物应力腐蚀开裂	爆炸物：无 金属腐蚀：无 急性毒性：无	皮肤腐蚀/刺激：类别1 严重眼损伤/眼刺激：类别1	
无资料。			
理化特性			
熔点：-4.0℃ 沸点：238.0℃ 闪点：91.2℃	临界温度：无资料 临界压力：无资料 饱和蒸气压：无资料	爆炸上限：无资料 爆炸下限：无资料 相对密度($d_水=1$)：1.38	引燃温度：无资料 燃烧热：无资料
溶解性	不溶于水，遇水分解，可溶于乙醇、乙醚和丙酮。		
主要用途	用作染料及医药中间体、黏结剂及油漆的防腐剂和杀菌剂。		
急救措施			
皮肤接触	脱去污染的衣着，用清水清洗皮肤。		
眼睛接触	提起眼睑，用流动清水或生理盐水冲洗。就医。		
吸入	迅速脱离现场至空气新鲜处。保持呼吸道通畅。		
食入	用水漱口。就医。		
防护措施			
呼吸防护	空气中粉尘浓度较高时，建议佩戴自吸过滤式防尘口罩。		
眼睛防护	戴化学安全防护眼镜。		
身体防护	穿透气型防毒服。		
手防护	戴防化学品手套。		
其他防护	工作场所禁止吸烟、进食和饮水，饭前要洗手。工作完毕，淋浴更衣。保持良好的卫生习惯。		

品名：**4-氯苯甲酰氯** 别名：对氯苯甲酰氯；氯化对氯苯甲酰	分子式：$C_7H_4Cl_2O$ 分子量：175.0	相态：液 外观与性状：无色或微黄色透明液体或结晶	
危险特性			
火灾危险性：可燃液体丙A 腐蚀减薄：盐酸腐蚀、含盐水腐蚀 环境开裂：氯化物应力腐蚀开裂	爆炸物：无 金属腐蚀：无 急性毒性：无	皮肤腐蚀/刺激：类别1 严重眼损伤/眼刺激：类别1	
遇明火、高热可燃。与强氧化剂接触可发生化学反应。吸潮或遇水会产生大量的腐蚀性烟雾。受高热分解产生有毒的腐蚀性烟气。具有腐蚀性。若遇高热，容器内压增大，有开裂和爆炸的危险。			
理化特性			
熔点：20.0℃ 沸点：222.0℃ 闪点：105.0℃	临界温度：无资料 临界压力：无资料 饱和蒸气压：无资料	爆炸上限：无资料 爆炸下限：无资料 相对密度($d_水=1$)：1.38	引燃温度：无资料 燃烧热：无资料
溶解性	不溶于水，遇水分解，可溶于乙醇、乙醚和丙酮。		
主要用途	用作农药和医药中间体。		
急救措施			
皮肤接触	立即脱去污染的衣着，用大量流动清水冲洗至少15min。就医。		
眼睛接触	立即提起眼睑，用大量流动清水或生理盐水彻底冲洗至少15min。就医。		
吸入	迅速脱离现场至空气新鲜处。保持呼吸道通畅。如呼吸困难，给输氧。如呼吸停止，立即进行人工呼吸。就医。		
食入	用水漱口，给饮牛奶或蛋清。就医。		
防护措施			
呼吸防护	空气中浓度超标时，必须佩戴自吸过滤式防毒面具(全面罩)。紧急事态抢救或撤离时，应该佩戴空气呼吸器。		
眼睛防护	呼吸系统防护中已做防护。		
身体防护	穿橡胶耐酸碱服。		
手防护	戴橡胶耐酸碱手套。		
其他防护	工作现场禁止吸烟、进食和饮水。工作完毕，淋浴更衣。保持良好的卫生习惯。		

品名：**2-氯苯乙酮** 别名：氯乙酰苯；氯苯乙酮；苯基氯甲基甲酮；苯酰甲基氯；α-氯苯乙酮	分子式：C_8H_7ClO 分子量：154.6	相态：固 外观与性状：白色晶体	
危险特性			
火灾危险性：可燃液体丙A 腐蚀减薄：无 环境开裂：无	爆炸物：无 金属腐蚀：无 急性毒性：类别3	皮肤腐蚀/刺激：类别2 严重眼损伤/眼刺激：类别1	
遇明火、高热可燃。其粉体与空气可形成爆炸性混合物，当达到一定浓度时，遇火星会发生爆炸。遇水或水蒸气反应放热并产生有毒的腐蚀性气体。受高热分解放出有毒的气体。具有强腐蚀性。			
理化特性			
熔点：54.0℃ 沸点：244.0℃ 闪点：104.8℃	临界温度：无资料 临界压力：无资料 饱和蒸气压：无资料	爆炸上限：无资料 爆炸下限：无资料 相对密度($d_水=1$)：1.32	引燃温度：无资料 燃烧热：无资料
溶解性	溶于醚、醇等。		
主要用途	用作药物中间体。		
急救措施			
皮肤接触	脱去污染的衣着，用大量肥皂水和水清洗皮肤。		
眼睛接触	提起眼睑，用流动清水或生理盐水冲洗。就医。		
吸入	迅速脱离现场至空气新鲜处。保持呼吸道通畅。		
食入	用水漱口。就医。		
防护措施			
呼吸防护	空气中浓度超标时，佩戴防毒面具。紧急事态抢救或逃生时，佩戴自给式呼吸器。		
眼睛防护	戴化学安全防护眼镜。		
身体防护	穿相应的防护服。		
手防护	必要时戴防化学品手套。		
其他防护	工作现场禁止吸烟、进食和饮水。工作后，彻底清洗。单独存放被毒物污染的衣服，洗后再用。注意个人清洁卫生。		

品名：**2-氯吡啶** 别名：无	分子式：C_5H_4ClN 分子量：113.6	相态：液 外观与性状：无色液体	
危险特性			
火灾危险性：可燃液体丙A 腐蚀减薄：无 环境开裂：无	爆炸物：无 金属腐蚀：无 急性毒性：类别2	皮肤腐蚀/刺激：无	
遇明火、高热可燃。与氧化剂可发生反应。受高热分解，产生有毒的氮氧化物和氯化物气体。流速过快，容易产生和积聚静电。若遇高热，容器内压增大，有开裂和爆炸的危险。			
理化特性			
熔点：-46.0℃ 沸点：166.0℃ 闪点：65.0℃	临界温度：无资料 临界压力：无资料 饱和蒸气压：1.6kPa(55℃)	爆炸上限：无资料 爆炸下限：无资料 相对密度($d_水=1$)：1.20	引燃温度：无资料 燃烧热：无资料
溶解性	溶于芳烃、卤代烃。		
主要用途	用于有机合成。		
急救措施			
皮肤接触	立即脱去污染的衣着，用大量流动清水清洗皮肤。		
眼睛接触	立即提起眼睑，用大量流动清水或生理盐水彻底冲洗。就医。		
吸入	迅速脱离现场至空气新鲜处。保持呼吸道通畅。如呼吸困难，给输氧。如呼吸停止，立即进行人工呼吸。就医。		
食入	饮足量温水，催吐。洗胃，导泻。就医。		
防护措施			
呼吸防护	空气中浓度超标时，必须佩戴自吸过滤式防毒面具(半面罩)。紧急事态抢救或撤离时，应该佩戴空气呼吸器。		
眼睛防护	戴化学安全防护眼镜。		
身体防护	穿橡胶耐酸碱服。		
手防护	戴橡胶耐酸碱手套。		
其他防护	工作场所禁止吸烟、进食和饮水，饭前要洗手。工作完毕，淋浴更衣。保持良好的卫生习惯。		

品名：**4-氯苄基氯**	分子式：$C_7H_6Cl_2$	相态：固
别名：对氯苄基氯；对氯苯甲基氯	分子量：161.0	外观与性状：白色固体

危险特性

火灾危险性：可燃液体丙 A	爆炸物：无	皮肤腐蚀/刺激：无
腐蚀减薄：无	金属腐蚀：无	
环境开裂：无	急性毒性：无	

遇明火能燃烧。受高热分解放出有毒的气体。遇水或水蒸气反应放热并生有毒的腐蚀性气体。

理化特性

熔点：28.0℃	临界温度：无资料	爆炸上限：无资料	引燃温度：无资料
沸点：无资料	临界压力：无资料	爆炸下限：无资料	燃烧热：无资料
闪点：97.0℃	饱和蒸气压：无资料	相对密度($d_水=1$)：无资料	

溶解性	微溶于苯等多数有机溶剂。
主要用途	用于有机合成。

急救措施

皮肤接触	脱去污染的衣着，用大量流动清水冲洗。
眼睛接触	立即提起眼睑，用大量流动清水或生理盐水彻底冲洗。就医。
吸入	迅速脱离现场至空气新鲜处。如呼吸困难，给输氧。就医。
食入	饮足量温水，催吐。就医。

防护措施

呼吸防护	可能接触其粉尘时，必须佩戴防尘面具(全面罩)。紧急事态抢救或撤离时，应该佩戴空气呼吸器。
眼睛防护	呼吸系统防护中已做防护。
身体防护	穿胶布防毒衣。
手防护	戴橡胶手套。
其他防护	工作现场禁止吸烟、进食和饮水。工作完毕，淋浴更衣。保持良好的卫生习惯。

品名：**3-氯丙腈**	分子式：C_3H_4ClN	相态：液
别名：β-氯丙腈；氰化-β-氯乙烷	分子量：89.5	外观与性状：无色有特殊臭味的液体

危险特性

火灾危险性：可燃液体丙 A	爆炸物：无	皮肤腐蚀/刺激：无
腐蚀减薄：无	金属腐蚀：无	严重眼损伤/眼刺激：类别 2
环境开裂：无	急性毒性：类别 3	

遇明火、高热可燃。受高热分解，产生有毒的氮氧化物和氯化物气体。

理化特性

熔点：-51.0℃	临界温度：无资料	爆炸上限：无资料	引燃温度：无资料
沸点：176.0℃	临界压力：无资料	爆炸下限：无资料	燃烧热：无资料
闪点：75.6℃	饱和蒸气压：0.8kPa(50℃)	相对密度($d_水=1$)：1.14	

溶解性	可混溶于乙醇、丙酮、乙醚、苯、四氯化碳。
主要用途	用作有机合成中间体。

急救措施

皮肤接触	立即脱去污染的衣着，用肥皂水和流动清水冲洗。就医。
眼睛接触	立即提起眼睑，用大量流动清水或生理盐水彻底冲洗。就医。
吸入	迅速脱离现场至空气新鲜处。保持呼吸道通畅。如呼吸困难，给输氧。如呼吸停止，立即进行人工呼吸。就医。
食入	饮足量温水，催吐。就医。

防护措施

呼吸防护	空气中浓度超标时，必须佩戴自吸过滤式防毒面具(半面罩)。紧急事态抢救或撤离时，应该佩戴空气呼吸器。
眼睛防护	戴化学安全防护眼镜。
身体防护	穿防毒物渗透工作服。
手防护	戴橡胶手套。
其他防护	工作现场禁止吸烟、进食和饮水。工作完毕，彻底清洗。工作服不准带至非作业场所。单独存放被毒物污染的衣服，洗后备用。保持良好的卫生习惯。

品名：**2-氯丙酸**	分子式：$C_3H_5ClO_2$	相态：液
别名：2-氯代丙酸	分子量：108.5	外观与性状：无色液体，有持殊臭味
危险特性		
火灾危险性：可燃液体丙 A	爆炸物：无	皮肤腐蚀/刺激：类别 1
腐蚀减薄：低分子有机酸腐蚀	金属腐蚀：无	严重眼损伤/眼刺激：类别 1
环境开裂：无	急性毒性：无	
遇明火、高热可燃。与强氧化剂接触可发生化学反应。受高热分解产生有毒的腐蚀性烟气。具有腐蚀性。		

理化特性			
熔点：-12.0℃	临界温度：无资料	爆炸上限：无资料	引燃温度：500.0℃
沸点：189.0℃	临界压力：无资料	爆炸下限：无资料	燃烧热：无资料
闪点：107.0℃	饱和蒸气压：0.14kPa(25℃)	相对密度($d_水=1$)：1.26	

溶解性	与水混溶，可混溶于乙醚、丙酮、苯、四氯化碳。
主要用途	用于有机合成及作为除草剂的中间体。
急救措施	
皮肤接触	立即脱去污染的衣着，用大量流动清水冲洗至少 15min。就医。
眼睛接触	立即提起眼睑，用大量流动清水或生理盐水彻底冲洗至少 15min。就医。
吸入	迅速脱离现场至空气新鲜处。保持呼吸道通畅。如呼吸困难，给输氧。如呼吸停止，立即进行人工呼吸。就医。
食入	用水漱口，给饮牛奶或蛋清。就医。
防护措施	
呼吸防护	空气中粉尘浓度超标时，建议佩戴自吸过滤式防尘口罩。紧急事态抢救或撤离时，应该佩戴空气呼吸器。
眼睛防护	戴化学安全防护眼镜。
身体防护	穿防毒物渗透工作服。
手防护	戴乳胶手套。
其他防护	工作现场禁止吸烟、进食和饮水。工作完毕，彻底清洗。单独存放被毒物污染的衣服，洗后备用。注意个人清洁卫生。

品名：**3-氯丙酸**	分子式：$C_3H_5ClO_2$	相态：固
别名：3-氯代丙酸	分子量：108.5	外观与性状：白色至灰白色结晶粉末
危险特性		
火灾危险性：无	爆炸物：无	皮肤腐蚀/刺激：类别 1
腐蚀减薄：低分子有机酸腐蚀	金属腐蚀：无	严重眼损伤/眼刺激：类别 1
环境开裂：无	急性毒性：无	
遇明火、高热、或与氧化剂接触能燃烧，并散发出有毒气体。具有腐蚀性。		

理化特性			
熔点：38.0℃	临界温度：无资料	爆炸上限：无资料	引燃温度：无资料
沸点：203.0℃	临界压力：无资料	爆炸下限：无资料	燃烧热：无资料
闪点：无资料	饱和蒸气压：无资料	相对密度($d_水=1$)：无资料	

溶解性	溶于水，溶于乙醇、乙醚、氯仿。
主要用途	用作农药及医药中间体。
急救措施	
皮肤接触	立即脱去污染的衣着，用肥皂水和流动清水冲洗。就医。
眼睛接触	立即提起眼睑，用大量流动清水或生理盐水彻底冲洗。就医。
吸入	迅速脱离现场至空气新鲜处。保持呼吸道通畅。如呼吸困难，给输氧。如呼吸停止，立即进行人工呼吸。就医。
食入	饮足量温水，催吐。就医。
防护措施	
呼吸防护	可能接触其蒸气时，应该佩戴导管式防毒面具。紧急事态抢救或撤离时，佩戴氧气呼吸器。
眼睛防护	呼吸系统防护中已做防护。
身体防护	穿连衣式胶布防毒衣。
手防护	戴防化学品手套。
其他防护	工作现场禁止吸烟、进食和饮水。工作完毕，彻底清洗。单独存放被毒物污染的衣服，洗后备用。车间应配备急救设备及药品。作业人员应学会自救互救。

品名：**2-氯丙酸甲酯** 别名：无		分子式：$C_4H_7ClO_2$ 分子量：122.6	相态：液 外观与性状：无色液体，有类似醚的气味
危险特性			
火灾危险性：可燃液体乙 A 腐蚀减薄：低分子有机酸腐蚀 环境开裂：无		爆炸物：无 金属腐蚀：无 急性毒性：无	皮肤腐蚀/刺激：无 易燃液体：类别 3
其蒸气与空气可形成爆炸性混合物，遇明火、高热能引起燃烧爆炸。与氧化剂可发生反应。受高热分解放出有毒的气体。若遇高热，容器内压增大，有开裂和爆炸的危险。			
理化特性			
熔点：-10.0℃ 沸点：132.0℃ 闪点：32.0℃	临界温度：无资料 临界压力：无资料 饱和蒸气压：无资料	爆炸上限：无资料 爆炸下限：无资料 相对密度($d_{水}=1$)：1.08	引燃温度：无资料 燃烧热：无资料
溶解性	微溶于水，溶于乙醇。		
主要用途	用作溶剂，并用于有机合成。		
急救措施			
皮肤接触	立即脱去污染的衣着，用大量流动清水清洗皮肤。		
眼睛接触	立即提起眼睑，用大量流动清水或生理盐水彻底冲洗。就医。		
吸入	迅速脱离现场至空气新鲜处。保持呼吸道通畅。如呼吸困难，给输氧。如呼吸停止，立即进行人工呼吸。就医。		
食入	饮足量温水，催吐。就医。		
防护措施			
呼吸防护	可能接触其蒸气时，必须佩戴过滤式防毒面具(半面罩)。必要时，建议佩戴空气呼吸器。		
眼睛防护	戴化学安全防护眼镜。		
身体防护	穿防酸碱工作服。		
手防护	戴橡胶耐酸碱手套。		
其他防护	工作场所禁止吸烟、进食和饮水，饭前要洗手。工作完毕，淋浴更衣。注意个人清洁卫生。		

品名：**2-氯丙酸乙酯** 别名：无		分子式：$C_5H_9ClO_2$ 分子量：136.6	相态：液 外观与性状：无色液体，有香味
危险特性			
火灾危险性：可燃液体乙 A 腐蚀减薄：低分子有机酸腐蚀 环境开裂：无		爆炸物：无 金属腐蚀：无 急性毒性：无	皮肤腐蚀/刺激：无 易燃液体：类别 3
其蒸气与空气可形成爆炸性混合物，遇明火、高热能引起燃烧爆炸。与氧化剂可发生反应。受热分解放出有毒气体。若遇高热，容器内压增大，有开裂和爆炸的危险。			
理化特性			
熔点：无资料 沸点：147.0℃ 闪点：38.0℃	临界温度：无资料 临界压力：无资料 饱和蒸气压：0.13kPa(6.6℃)	爆炸上限：无资料 爆炸下限：无资料 相对密度($d_{水}=1$)：1.08	引燃温度：无资料 燃烧热：无资料
溶解性	不溶于水，溶于乙醇、乙醚。		
主要用途	用作溶剂及用于有机合成。		
急救措施			
皮肤接触	立即脱去污染的衣着，用大量流动清水清洗皮肤。		
眼睛接触	立即提起眼睑，用大量流动清水或生理盐水彻底冲洗至少 15min。就医。		
吸入	迅速脱离现场至空气新鲜处。保持呼吸道通畅。如呼吸困难，给输氧。如呼吸停止，立即进行人工呼吸。就医。		
食入	用水漱口，给饮牛奶或蛋清。就医。		
防护措施			
呼吸防护	空气中粉尘浓度超标时，建议佩戴自吸过滤式防尘口罩，可能接触其蒸气时，应该佩戴过滤式防毒面具(半面罩)。		
眼睛防护	戴化学安全防护眼镜。		
身体防护	穿防酸碱工作服。		
手防护	戴橡胶耐酸碱手套。		
其他防护	工作现场禁止吸烟、进食和饮水。工作完毕，彻底清洗。		

品名：**3-氯丙酸乙酯** 别名：无	分子式：$C_5H_9ClO_2$ 分子量：136.6	相态：液 外观与性状：无色液体，有香味	
危险特性			
火灾危险性：可燃液体乙B 腐蚀减薄：低分子有机酸腐蚀 环境开裂：无	爆炸物：无 金属腐蚀：无 急性毒性：无	皮肤腐蚀/刺激：无 易燃液体：类别3	
其蒸气与空气可形成爆炸性混合物，遇明火、高热能引起燃烧爆炸。与氧化剂可发生反应。受热分解放出有毒气体。若遇高热，容器内压增大，有开裂和爆炸的危险。			
理化特性			
熔点：54.0℃ 沸点：162.0℃ 闪点：54.0℃	临界温度：无资料 临界压力：无资料 饱和蒸气压：无资料	爆炸上限：无资料 爆炸下限：无资料 相对密度($d_{水}=1$)：1.11	引燃温度：无资料 燃烧热：无资料
溶解性	不溶于水，溶于乙醇、乙醚。		
主要用途	用作溶剂及用于有机合成。		
急救措施			
皮肤接触	立即脱去污染的衣着，用大量流动清水清洗皮肤。		
眼睛接触	立即提起眼睑，用大量流动清水或生理盐水彻底冲洗至少15min。就医。		
吸入	迅速脱离现场至空气新鲜处。保持呼吸道通畅。如呼吸困难，给输氧。如呼吸停止，立即进行人工呼吸。就医。		
食入	用水漱口，给饮牛奶或蛋清。就医。		
防护措施			
呼吸防护	空气中浓度超标时，必须佩戴自吸过滤式防毒面具(全面罩)。紧急事态抢救或撤离时，应该佩戴空气呼吸器。		
眼睛防护	呼吸系统防护中已做防护。		
身体防护	穿胶布防毒衣。		
手防护	戴橡胶手套。		
其他防护	工作现场禁止吸烟、进食和饮水。工作完毕，淋浴更衣。保持良好的卫生习惯。		

品名：**2-氯丙酸异丙酯** 别名：无	分子式：$C_6H_{11}ClO_2$ 分子量：150.6	相态：液 外观与性状：无资料	
危险特性			
火灾危险性：可燃液体乙A 腐蚀减薄：低分子有机酸腐蚀 环境开裂：无	爆炸物：无 金属腐蚀：无 急性毒性：无	皮肤腐蚀/刺激：无 易燃液体：类别3	
无资料。			
理化特性			
熔点：无资料 沸点：153.9℃ 闪点：44.7℃	临界温度：无资料 临界压力：无资料 饱和蒸气压：无资料	爆炸上限：无资料 爆炸下限：无资料 相对密度($d_{水}=1$)：无资料	引燃温度：无资料 燃烧热：无资料
溶解性	无资料。		
主要用途	无资料。		
急救措施			
皮肤接触	无资料。		
眼睛接触	无资料。		
吸入	无资料。		
食入	无资料。		
防护措施			
呼吸防护	空气中浓度超标时，必须佩戴自吸过滤式防毒面具(全面罩)。紧急事态抢救或撤离时，应该佩戴空气呼吸器。		
眼睛防护	呼吸系统防护中已做防护。		
身体防护	穿胶布防毒衣。		
手防护	戴橡胶耐油手套。		
其他防护	工作现场严禁吸烟。工作完毕，淋浴更衣。注意个人清洁卫生。		

品名：**1-氯丙烷** 别名：氯正丙烷；丙基氯	分子式：C_3H_7Cl 分子量：78.5	相态：液 外观与性状：无色液体，有氯仿的气味	
危险特性			
火灾危险性：可燃液体甲 B 腐蚀减薄：无 环境开裂：无	爆炸物：无 金属腐蚀：无 急性毒性：无	皮肤腐蚀/刺激：无 易燃液体：类别 2	
其蒸气与空气可形成爆炸性混合物。遇明火、高热或与氧化剂接触，有引起燃烧爆炸的危险。受高热分解产生有毒的氯化物气体。其蒸气比空气重，能在较低处扩散到相当远的地方，遇火源会着火回燃。			
理化特性			
熔点：-122.8℃ 沸点：47.2℃ 闪点：-20.0℃	临界温度：230.0℃ 临界压力：4.58MPa 饱和蒸气压：45.9kPa(25℃)	爆炸上限：11.1% 爆炸下限：2.6% 相对密度($d_{水}=1$)：0.89	引燃温度：520.0℃ 燃烧热：1999.3kJ/mol
溶解性	微溶于水，溶于乙醇、乙醚。		
主要用途	用作有机合成中间体及溶剂。		
急救措施			
皮肤接触	立即脱去污染的衣着，用肥皂水和流动清水冲洗。就医。		
眼睛接触	立即提起眼睑，用大量流动清水或生理盐水彻底冲洗。就医。		
吸入	迅速脱离现场至空气新鲜处。保持呼吸道通畅。如呼吸困难，给输氧。如呼吸停止，立即进行人工呼吸。就医。		
食入	饮足量温水，催吐。就医。		
防护措施			
呼吸防护	空气中浓度超标时，必须佩戴自吸过滤式防毒面具(全面罩)。紧急事态抢救或撤离时，应该佩戴空气呼吸器。		
眼睛防护	呼吸系统防护中已做防护。		
身体防护	穿胶布防毒衣。		
手防护	戴橡胶耐油手套。		
其他防护	工作现场禁止吸烟、进食和饮水。特别注意眼和呼吸道的防护。工作完毕，彻底清洗。单独存放被毒物污染的衣服，洗后备用。		

品名：**2-氯丙烷** 别名：氯异丙烷；异丙基氯	分子式：C_3H_7Cl 分子量：78.5	相态：液 外观与性状：无色液体	
危险特性			
火灾危险性：可燃液体甲 B 腐蚀减薄：无 环境开裂：无	爆炸物：无 金属腐蚀：无 急性毒性：无	皮肤腐蚀/刺激：无 易燃液体：类别 2	
其蒸气与空气可形成爆炸性混合物。遇明火、高热或与氧化剂接触，有引起燃烧爆炸的危险。受高热分解产生有毒的氯化物气体。其蒸气比空气重，能在较低处扩散到相当远的地方，遇火源会着火回燃。			
理化特性			
熔点：-117.6℃ 沸点：35.3℃ 闪点：-32.0℃	临界温度：212.0℃ 临界压力：4.72MPa 饱和蒸气压：68.7kPa(25.5℃)	爆炸上限：10.7% 爆炸下限：2.8% 相对密度($d_{水}=1$)：0.86	引燃温度：590.0℃ 燃烧热：2014.8kJ/mol
溶解性	微溶于水，溶于甲醇、乙醚。		
主要用途	用作溶剂和用于异丙胺制造。		
急救措施			
皮肤接触	立即脱去污染的衣着，用肥皂水和流动清水冲洗。就医。		
眼睛接触	立即提起眼睑，用大量流动清水或生理盐水彻底冲洗。就医。		
吸入	迅速脱离现场至空气新鲜处。保持呼吸道通畅。如呼吸困难，给输氧。如呼吸停止，立即进行人工呼吸。就医。		
食入	饮足量温水，催吐。就医。		
防护措施			
呼吸防护	空气中浓度超标时，佩戴自吸过滤式防毒面具(半面罩)。		
眼睛防护	戴化学安全防护眼镜。		
身体防护	穿防静电工作服。		
手防护	戴橡胶耐油手套。		
其他防护	工作现场禁止吸烟、进食和饮水。工作完毕，淋浴更衣。注意个人清洁卫生。		

品名：**2-氯丙烯**	分子式：C_3H_5Cl	相态：液	
别名：异丙烯基氯	分子量：76.5	外观与性状：无色液体	
危险特性			
火灾危险性：可燃液体甲B	爆炸物：无	皮肤腐蚀/刺激：无	
腐蚀减薄：无	金属腐蚀：无	易燃液体：类别1	
环境开裂：无	急性毒性：无		
其蒸气与空气可形成爆炸性混合物。遇明火、高热或与氧化剂接触，有引起燃烧爆炸的危险。本品遇火焰或受热会发生分解，产生剧毒的光气和腐蚀性的氯化氢气体。在火场高温下，能发生聚合放热，使容器破裂。遇酸性催化剂如路易斯催化剂、齐格勒催化剂、硫酸、氯化铁、氯化铝等都能产生猛烈聚合，放出大量热量。其蒸气比空气重，能在较低处扩散到相当远的地方，遇火源会着火回燃。对很多金属尤其是潮湿空气存在下有腐蚀性。			
理化特性			
熔点：-138.6℃	临界温度：无资料	爆炸上限：16.0%	引燃温度：无资料
沸点：22.5℃	临界压力：4.71MPa	爆炸下限：4.5%	燃烧热：无资料
闪点：-34.0℃	饱和蒸气压：109.2kPa(25℃)	相对密度($d_水=1$)：0.90	
溶解性	不溶于水，溶于乙醇、乙醚等多数有机溶剂。		
主要用途	用于有机合成。		
急救措施			
皮肤接触	立即脱去污染的衣着，用大量肥皂水和流动清水冲洗至少15min。就医。		
眼睛接触	立即提起眼睑，用大量流动清水或生理盐水彻底冲洗至少15min。就医。		
吸入	迅速脱离现场至空气新鲜处。保持呼吸道通畅。如呼吸困难，给输氧。如呼吸停止，立即进行人工呼吸。就医。		
食入	饮足量温水，催吐。就医。		
防护措施			
呼吸防护	空气中浓度超标时，佩戴自吸过滤式防毒面具(半面罩)。		
眼睛防护	戴化学安全防护眼镜。		
身体防护	穿防静电工作服。		
手防护	戴橡胶耐油手套。		
其他防护	工作现场禁止吸烟、进食和饮水。工作完毕，淋浴更衣。注意个人清洁卫生。		

品名：**3-氯丙烯**	分子式：C_3H_5Cl	相态：液	
别名：α-氯丙烯；烯丙基氯	分子量：76.5	外观与性状：无色透明液体，有不愉快的刺激性气味	
危险特性			
火灾危险性：可燃液体甲B	爆炸物：无	皮肤腐蚀/刺激：类别2	
腐蚀减薄：无	金属腐蚀：无	易燃液体：类别2	
环境开裂：无	急性毒性：无	严重眼损伤/眼刺激：类别2	
其蒸气与空气可形成爆炸性混合物。遇明火、高热或与氧化剂接触，有引起燃烧爆炸的危险。与硝酸、发烟硫酸、氯磺酸、乙烯亚胺、乙烯二胺、氢氧化钠剧烈反应。在火场高温下，能发生聚合放热，使容器破裂。遇酸性催化剂如路易斯催化剂、齐格勒催化剂、硫酸、氯化铁、氯化铝等都能产生猛烈聚合，放出大量热量。其蒸气比空气重，能在较低处扩散到相当远的地方，遇火源会着火回燃。			
理化特性			
熔点：-136.4℃	临界温度：241.0℃	爆炸上限：11.2%	引燃温度：485.0℃
沸点：44.6℃	临界压力：无资料	爆炸下限：2.9%	燃烧热：1824.5kJ/mol
闪点：-32.0℃	饱和蒸气压：45.2kPa(20℃)	相对密度($d_水=1$)：0.94	
溶解性	不溶于水，可混溶于乙醇、乙醚、氯仿、石油醚等多数有机溶剂。		
主要用途	用作药品、杀虫剂、塑料等的中间体。		
急救措施			
皮肤接触	立即脱去污染的衣着，用肥皂水和流动清水冲洗。就医。		
眼睛接触	立即提起眼睑，用大量流动清水或生理盐水彻底冲洗。就医。		
吸入	迅速脱离现场至空气新鲜处。保持呼吸道通畅。如呼吸困难，给输氧。如呼吸停止，立即进行人工呼吸。就医。		
食入	饮足量温水，催吐。就医。		
防护措施			
呼吸防护	空气中浓度超标时，佩戴自吸过滤式防毒面具(半面罩)。		
眼睛防护	戴化学安全防护眼镜。		
身体防护	穿防静电工作服。		
手防护	戴橡胶耐油手套。		
其他防护	工作现场禁止吸烟、进食和饮水。工作完毕，淋浴更衣。注意个人清洁卫生。		

品名：**氯铂酸**	分子式：H_2Cl_6Pt	相态：液	
别名：无	分子量：409.8	外观与性状：透明深黄色溶液	
危险特性			
火灾危险性：无	爆炸物：无	皮肤腐蚀/刺激：类别1	
腐蚀减薄：无	金属腐蚀：无	严重眼损伤/眼刺激：类别1	
环境开裂：无	急性毒性：类别3		
有腐蚀性。与三氟化硼发生剧烈反应。受高热分解，放出有毒的烟气。			
理化特性			
熔点：-60.0℃	临界温度：无资料	爆炸上限：无资料	引燃温度：无资料
沸点：无资料	临界压力：无资料	爆炸下限：无资料	燃烧热：无资料
闪点：无资料	饱和蒸气压：无资料	相对密度($d_{水}=1$)：无资料	
溶解性	溶于水、乙醇和乙醚。		
主要用途	用于镀铂及用作铂催化剂、不灭墨水和铂镜等。		
急救措施			
皮肤接触	脱去污染的衣着，用大量肥皂水和水清洗皮肤。		
眼睛接触	提起眼睑，用流动清水或生理盐水冲洗。就医。		
吸入	迅速脱离现场至空气新鲜处。保持呼吸道通畅。		
食入	用水漱口。就医。		
防护措施			
呼吸防护	空气中浓度超标时，佩戴自吸过滤式防毒面具(半面罩)。		
眼睛防护	戴化学安全防护眼镜。		
身体防护	穿防静电工作服。		
手防护	戴橡胶耐油手套。		
其他防护	工作现场禁止吸烟、进食和饮水。工作完毕，淋浴更衣。注意个人清洁卫生。		

品名：**氯代磷酸二乙酯**	分子式：无资料	相态：无资料	
别名：氯化磷酸二乙酯	分子量：无资料	外观与性状：无资料	
危险特性			
火灾危险性：无	爆炸物：无	皮肤腐蚀/刺激：无	
腐蚀减薄：盐酸腐蚀、磷酸腐蚀、含盐水腐蚀	金属腐蚀：无		
	急性毒性：类别1		
环境开裂：氯化物应力腐蚀开裂、氢脆			
无资料。			
理化特性			
熔点：无资料	临界温度：无资料	爆炸上限：无资料	引燃温度：无资料
沸点：无资料	临界压力：无资料	爆炸下限：无资料	燃烧热：无资料
闪点：无资料	饱和蒸气压：无资料	相对密度($d_{水}=1$)：无资料	
溶解性	无资料。		
主要用途	无资料。		
急救措施			
皮肤接触	脱去污染的衣着，轻轻地用大量肥皂水和水清洗皮肤。		
眼睛接触	无资料。		
吸入	无资料。		
食入	用水漱口。就医。		
防护措施			
呼吸防护	空气中浓度超标时，佩戴自吸过滤式防毒面具(半面罩)。		
眼睛防护	戴化学安全防护眼镜。		
身体防护	穿防静电工作服。		
手防护	戴橡胶耐油手套。		
其他防护	工作现场禁止吸烟、进食和饮水。工作完毕，淋浴更衣。注意个人清洁卫生。		

品名：**氯代叔丁烷**	分子式：C_4H_9Cl	相态：液
别名：叔丁基氯；特丁基氯	分子量：92.6	外观与性状：无色液体

危险特性

火灾危险性：可燃液体甲B	爆炸物：无	皮肤腐蚀/刺激：无
腐蚀减薄：无	金属腐蚀：无	易燃液体：类别2
环境开裂：无	急性毒性：无	

其蒸气与空气可形成爆炸性混合物，遇明火、高热极易燃烧爆炸。与氧化剂接触猛烈反应。受高热分解产生有毒的氯化物气体。流速过快，容易产生和积聚静电。其蒸气比空气重，能在较低处扩散到相当远的地方，遇火源会着火回燃。若遇高热，容器内压增大，有开裂和爆炸的危险。

理化特性

熔点：-25.4℃	临界温度：无资料	爆炸上限：无资料	引燃温度：无资料
沸点：50.6℃	临界压力：无资料	爆炸下限：无资料	燃烧热：2682.1kJ/mol
闪点：18.3℃	饱和蒸气压：53.33kPa(32.6℃)	相对密度($d_水=1$)：0.84	

溶解性	微溶于水，能与醇、醚混溶。
主要用途	无资料。

急救措施

皮肤接触	脱去污染的衣着，用清水清洗皮肤。
眼睛接触	提起眼睑，用流动清水或生理盐水冲洗。就医。
吸入	脱离现场至空气新鲜处。如呼吸困难，给输氧。就医。
食入	饮足量温水，催吐。就医。

防护措施

呼吸防护	空气中粉尘浓度超标时，必须佩戴自吸过滤式防尘口罩。紧急事态抢救或撤离时，应该佩戴空气呼吸器。
眼睛防护	戴化学安全防护眼镜。
身体防护	穿橡胶耐酸碱服。
手防护	戴橡胶耐酸碱手套。
其他防护	工作场所禁止吸烟、进食和饮水，饭前要洗手。工作完毕，淋浴更衣。保持良好的卫生习惯。

品名：**氯代异丁烷**	分子式：C_4H_9Cl	相态：液
别名：异丁基氯	分子量：92.6	外观与性状：无色液体

危险特性

火灾危险性：可燃液体甲B	爆炸物：无	皮肤腐蚀/刺激：无
腐蚀减薄：无	金属腐蚀：无	易燃液体：类别2
环境开裂：无	急性毒性：无	

其蒸气与空气形成爆炸性混合物，遇明火、高热能引起燃烧爆炸。与氧化剂能发生强烈反应。其蒸气比空气重，能在较低处扩散到相当远的地方，遇明火会着火回燃。若遇高热，容器内压增大，有开裂和爆炸的危险。

理化特性

熔点：-131.0℃	临界温度：无资料	爆炸上限：无资料	引燃温度：无资料
沸点：68.0℃	临界压力：无资料	爆炸下限：无资料	燃烧热：2650.7kJ/mol
闪点：21.0℃	饱和蒸气压：无资料	相对密度($d_水=1$)：0.88	

溶解性	不溶于水，可混溶于乙醇、乙醚。
主要用途	可作为溶剂，并用于有机合成。

急救措施

皮肤接触	脱去污染的衣着，用清水清洗皮肤。
眼睛接触	提起眼睑，用流动清水或生理盐水冲洗。就医。
吸入	脱离现场至空气新鲜处。如呼吸困难，给输氧。就医。
食入	饮足量温水，催吐。就医。

防护措施

呼吸防护	空气中浓度超标时，必须佩戴自吸过滤式防毒面具(半面罩)。紧急事态抢救或撤离时，应该佩戴空气呼吸器。
眼睛防护	戴化学安全防护眼镜。
身体防护	穿防静电工作服。
手防护	戴橡胶耐油手套。
其他防护	工作场所禁止吸烟、进食和饮水，饭前要洗手。工作完毕，淋浴更衣。保持良好的卫生习惯。

品名：**氯代正己烷** 别名：氯代己烷；己基氯	分子式：$C_6H_{13}Cl$ 分子量：120.6	相态：液 外观与性状：无色液体，芳香气味	
危险特性			
火灾危险性：可燃液体甲 B 腐蚀减薄：无 环境开裂：无	爆炸物：无 金属腐蚀：无 急性毒性：无	皮肤腐蚀/刺激：无 易燃液体：类别 3	
遇明火、高热易燃。受热分解能放出剧毒的光气。与氧化剂能发生强烈反应。			
理化特性			
熔点：-94.0℃ 沸点：133.9℃ 闪点：26.7℃	临界温度：无资料 临界压力：无资料 饱和蒸气压：无资料	爆炸上限：9.6% 爆炸下限：1.0% 相对密度($d_水=1$)：0.88	引燃温度：225.0℃ 燃烧热：无资料
溶解性	不溶于水，溶于甲醇、乙醇、苯、油类等多数有机溶剂。		
主要用途	无资料。		
急救措施			
皮肤接触	脱去污染的衣着，用肥皂水和清水彻底冲洗皮肤。		
眼睛接触	提起眼睑，用流动清水或生理盐水冲洗。就医。		
吸入	迅速脱离现场至空气新鲜处。保持呼吸道通畅。如呼吸困难，给输氧。如呼吸停止，立即进行人工呼吸。就医。		
食入	饮足量温水，催吐。就医。		
防护措施			
呼吸防护	空气中浓度超标时，必须佩戴自吸过滤式防毒面具(半面罩)。紧急事态抢救或撤离时，应该佩戴空气呼吸器。		
眼睛防护	戴化学安全防护眼镜。		
身体防护	穿防静电工作服。		
手防护	戴橡胶耐油手套。		
其他防护	工作场所禁止吸烟、进食和饮水，饭前要洗手。工作完毕，淋浴更衣。保持良好的卫生习惯。		

品名：**1-氯丁烷** 别名：正丁基氯；氯代正丁烷	分子式：C_4H_9Cl 分子量：92.6	相态：液 外观与性状：无色易燃液体	
危险特性			
火灾危险性：可燃液体甲 B 腐蚀减薄：无 环境开裂：无	爆炸物：无 金属腐蚀：无 急性毒性：无	皮肤腐蚀/刺激：无 易燃液体：类别 2	
其蒸气与空气形成爆炸性混合物，遇明火、高热能引起燃烧爆炸。与氧化剂能发生强烈反应。其蒸气比空气重，能在较低处扩散到相当远的地方，遇明火会引着回燃。若遇高热，容器内压增大，有开裂和爆炸的危险。			
理化特性			
熔点：-123.1℃ 沸点：78.6℃ 闪点：-6.7℃	临界温度：269.0℃ 临界压力：3.68MPa 饱和蒸气压：10.7kPa(20℃)	爆炸上限：无资料 爆炸下限：无资料 相对密度($d_水=1$)：0.89	引燃温度：460.0℃ 燃烧热：2701.07kJ/mol
溶解性	不溶于水，溶于乙醇、乙醚等多数有机溶剂。		
主要用途	是制备丁基纤维素时的丁基化剂，也用于其他有机合成。		
急救措施			
皮肤接触	脱去污染的衣着，用流动清水冲洗。		
眼睛接触	立即翻开上下眼睑，用流动清水或生理盐水冲洗。		
吸入	迅速脱离现场至空气新鲜处。保持呼吸道通畅。呼吸困难时给输氧。呼吸停止时，立即进行人工呼吸。就医。		
食入	饮足量温水，催吐。就医。		
防护措施			
呼吸防护	空气中浓度较高时，应该佩戴防毒面具。		
眼睛防护	戴化学安全防护眼镜。		
身体防护	穿防静电工作服。		
手防护	必要时戴防护手套。		
其他防护	工作现场严禁吸烟。注意监测毒物。		

品名：**2-氯丁烷** 别名：仲丁基氯；氯代仲丁烷		分子式：C_4H_9Cl 分子量：92.6	相态：液 外观与性状：无色透明液体，有类似醚的气味
危险特性			
火灾危险性：可燃液体甲 B 腐蚀减薄：无 环境开裂：无		爆炸物：无 金属腐蚀：无 急性毒性：无	皮肤腐蚀/刺激：无 易燃液体：类别 2
易燃，其蒸气与空气可形成爆炸性混合物，遇明火、高热能引起燃烧爆炸。受高热分解产生有毒的腐蚀性烟气。与氧化剂能发生强烈反应。其蒸气比空气重，能在较低处扩散到相当远的地方，遇火源会着火回燃。			
理化特性			
熔点：−131.3℃ 沸点：69.2℃ 闪点：−15.0℃	临界温度：247.5℃ 临界压力：3.90MPa 饱和蒸气压：10.65kPa(78.4℃)	爆炸上限：10.1% 爆炸下限：1.8% 相对密度($d_{水}=1$)：0.87	引燃温度：10.1℃ 燃烧热：无资料
溶解性	微溶于水，可混溶于乙醇、乙醚、氯仿等多数有机溶剂。		
主要用途	用于有机合成。		
急救措施			
皮肤接触	脱去污染的衣着，用大量肥皂水和水清洗皮肤。		
眼睛接触	提起眼睑，用流动清水或生理盐水冲洗。就医。		
吸入	迅速脱离现场至空气新鲜处。保持呼吸道通畅。		
食入	饮足量温水，催吐。就医。		
防护措施			
呼吸防护	可能接触其蒸气时，应该佩戴自吸过滤式防毒面具(半面罩)。紧急事态抢救或撤离时，佩戴氧气呼吸器。		
眼睛防护	戴化学安全防护眼镜。		
身体防护	穿防毒物渗透工作服。		
手防护	戴橡胶耐油手套。		
其他防护	工作现场禁止吸烟、进食和饮水。工作完毕，淋浴更衣。注意个人清洁卫生。		

品名：**氯锇酸铵** 别名：氯化锇铵		分子式：$H_8Cl_6N_2Os$ 分子量：439.6	相态：固 外观与性状：红色粉末或深红色八面形结晶
危险特性			
火灾危险性：无 腐蚀减薄：盐酸腐蚀、氯化铵腐蚀、含盐水腐蚀 环境开裂：氯化物应力腐蚀开裂、氨应力腐蚀开裂		爆炸物：无 金属腐蚀：无 急性毒性：无	皮肤腐蚀/刺激：类别 2 严重眼损伤/眼刺激：类别 2
强氧化剂。蒸气在灼烧时与氢接触会引起爆炸。与有机物接触剧烈反应。			
理化特性			
熔点：无资料 沸点：无资料 闪点：无资料	临界温度：无资料 临界压力：无资料 饱和蒸气压：无资料	爆炸上限：无资料 爆炸下限：无资料 相对密度($d_{水}=1$)：2.92	引燃温度：无资料 燃烧热：无资料
溶解性	溶于水，溶于醇。		
主要用途	用作分析试剂。		
急救措施			
皮肤接触	脱去污染的衣着，用清水清洗皮肤。		
眼睛接触	提起眼睑，用流动清水或生理盐水冲洗。就医。		
吸入	迅速脱离现场至空气新鲜处。保持呼吸道通畅。		
食入	饮足量温水，催吐。就医。		
防护措施			
呼吸防护	空气中浓度较高时，应该佩戴防毒面具。		
眼睛防护	必要时戴化学安全防护眼镜。		
身体防护	穿防静电工作服。		
手防护	必要时戴防护手套。		
其他防护	工作现场严禁吸烟。注意监测毒物。注意个人清洁卫生。		

品名：**2-氯氟苯**	分子式：C_6H_4ClF	相态：液
别名：邻氯氟苯；2-氟氯苯；邻氟氯苯	分子量：130.5	外观与性状：无色至淡棕色透明液体
危险特性		
火灾危险性：可燃液体乙 A	爆炸物：无	皮肤腐蚀/刺激：无
腐蚀减薄：无	金属腐蚀：无	易燃液体：类别 3
环境开裂：无	急性毒性：无	
无资料。		

理化特性			
熔点：-42.0℃	临界温度：无资料	爆炸上限：无资料	引燃温度：无资料
沸点：136.2℃	临界压力：无资料	爆炸下限：无资料	燃烧热：无资料
闪点：31.1℃	饱和蒸气压：无资料	相对密度($d_{水}=1$)：无资料	

溶解性	无资料。
主要用途	无资料。
急救措施	
皮肤接触	无资料。
眼睛接触	无资料。
吸入	无资料。
食入	无资料。
防护措施	
呼吸防护	如危险性评测显示需要使用空气净化的防毒面具，请使用全面罩式多功能微粒防毒面具 N99 型(US)或 P2 型(EN 143)防毒面具筒作为工程控制的候补。如果防毒面具是保护的唯一方式，则使用全面罩式送风防毒面具。呼吸器使用经过测试并通过政府标准，如 NIOSH(US)或 CEN(EU)的呼吸器和零件。
眼睛防护	面罩与安全眼镜请使用经官方标准，如 NIOSH（美国）或 EN 166（欧盟）检测与批准的设备防护眼部。
身体防护	全套防化学试剂工作服，防护设备的类型必须根据特定工作场所中的危险物的浓度和含量来选择。
手防护	所选择的保护手套必须符合 EU 的 89/686/EEC 规定和从它衍生出来的 EN376 标准。
其他防护	无资料。

品名：**3-氯氟苯**	分子式：C_6H_4ClF	相态：液
别名：间氯氟苯；3-氟氯苯；间氟氯苯	分子量：130.6	外观与性状：无色液体
危险特性		
火灾危险性：可燃液体甲 B	爆炸物：无	皮肤腐蚀/刺激：无
腐蚀减薄：无	金属腐蚀：无	易燃液体：类别 2
环境开裂：无	急性毒性：无	
其蒸气与空气可形成爆炸性混合物，遇明火、高热极易燃烧爆炸。与氧化剂接触猛烈反应。受高热分解放出有毒的气体。若遇高热，容器内压增大，有开裂和爆炸的危险。		

理化特性			
熔点：无资料	临界温度：无资料	爆炸上限：无资料	引燃温度：无资料
沸点：127.6℃	临界压力：无资料	爆炸下限：无资料	燃烧热：无资料
闪点：18.0℃	饱和蒸气压：无资料	相对密度($d_{水}=1$)：1.22	

溶解性	不溶于水，溶于醇、醚、苯等。
主要用途	用于有机合成。
急救措施	
皮肤接触	脱去污染的衣着，用清水清洗皮肤。
眼睛接触	提起眼睑，用流动清水或生理盐水冲洗。就医。
吸入	迅速脱离现场至空气新鲜处。保持呼吸道通畅。
食入	饮足量温水，催吐。就医。
防护措施	
呼吸防护	可能接触其蒸气时，应该佩戴防毒口罩。紧急事态抢救或逃生时，佩戴自给式呼吸器。
眼睛防护	戴安全防护眼镜。
身体防护	穿防静电工作服。
手防护	戴防护手套。
其他防护	工作现场禁止吸烟、进食和饮水。工作后，淋浴更衣。注意个人清洁卫生。

品名：**4-氯氟苯** 别名：对氯氟苯；4-氟氯苯；对氟氯苯	分子式：C_6H_4ClF 分子量：130.6	相态：液 外观与性状：无色或浅黄色液体
危险特性		
火灾危险性：可燃液体甲 B 腐蚀减薄：无 环境开裂：无	爆炸物：无 金属腐蚀：无 急性毒性：无	皮肤腐蚀/刺激：无 易燃液体：类别 3
其蒸气与空气可形成爆炸性混合物，遇明火、高热极易燃烧爆炸。与氧化剂接触猛烈反应。受高热分解放出有毒的气体。若遇高热，容器内压增大，有开裂和爆炸的危险。		
理化特性		
熔点：-42.0℃ 沸点：130.0℃ 闪点：18.0℃	临界温度：无资料 临界压力：无资料 饱和蒸气压：无资料	爆炸上限：无资料　引燃温度：无资料 爆炸下限：无资料　燃烧热：无资料 相对密度($d_{水}=1$)：1.23
溶解性	不溶于水，溶于醇、醚、苯。	
主要用途	用于有机合成。	
急救措施		
皮肤接触	脱去污染的衣着，用大量流动清水冲洗。	
眼睛接触	提起眼睑，用流动清水或生理盐水冲洗。就医。	
吸入	迅速脱离现场至空气新鲜处。保持呼吸道通畅。如呼吸困难，给输氧。如呼吸停止，立即进行人工呼吸。就医。	
食入	误服者，饮适量温水，催吐。就医。	
防护措施		
呼吸防护	空气中浓度超标时，必须佩戴自吸过滤式防毒面具(半面罩)。紧急事态抢救或撤离时，应该佩戴空气呼吸器。	
眼睛防护	戴化学安全防护眼镜。	
身体防护	穿防毒物渗透工作服。	
手防护	戴橡胶手套。	
其他防护	工作现场禁止吸烟、进食和饮水。工作后，淋浴更衣。注意个人清洁卫生。	

品名：**2-氯汞苯酚** 别名：无	分子式：C_6H_5ClHgO 分子量：329.1	相态：固 外观与性状：白色或粉红色羽毛状结晶
危险特性		
火灾危险性：无 腐蚀减薄：苯酚腐蚀 环境开裂：无	爆炸物：无 金属腐蚀：无 急性毒性：类别 1	皮肤腐蚀/刺激：无
遇明火、高热可燃。其粉体与空气可形成爆炸性混合物，当达到一定浓度时，遇火星会发生爆炸。遇高热分解放出高毒烟气。		
理化特性		
熔点：150.0℃ 沸点：无资料 闪点：无资料	临界温度：无资料 临界压力：无资料 饱和蒸气压：无资料	爆炸上限：无资料　引燃温度：无资料 爆炸下限：无资料　燃烧热：无资料 相对密度($d_{水}=1$)：无资料
溶解性	微溶于水，易溶于乙醇、热苯。	
主要用途	用于防腐消毒。	
急救措施		
皮肤接触	脱去污染的衣着，用清水清洗皮肤。	
眼睛接触	提起眼睑，用流动清水或生理盐水冲洗。就医。	
吸入	迅速脱离现场至空气新鲜处。保持呼吸道通畅。	
食入	饮足量温水，催吐。就医。	
防护措施		
呼吸防护	空气中浓度超标时，必须佩戴自吸过滤式防毒面具(半面罩)。紧急事态抢救或撤离时，应该佩戴空气呼吸器。	
眼睛防护	戴化学安全防护眼镜。	
身体防护	穿防毒物渗透工作服。	
手防护	戴橡胶手套。	
其他防护	工作场所禁止吸烟、进食和饮水，饭前要洗手。工作完毕，淋浴更衣。保持良好的卫生习惯。	

品名：**4-氯汞苯甲酸** 别名：对氯化汞苯甲酸	分子式：$C_7H_5ClHgO_2$ 分子量：357.2	相态：固 外观与性状：白色结晶粉末	
危险特性			
火灾危险性：无 腐蚀减薄：盐酸腐蚀、含盐水腐蚀 环境开裂：氯化物应力腐蚀开裂	爆炸物：无 金属腐蚀：无 急性毒性：类别1	皮肤腐蚀/刺激：无 易燃液体：无	
遇明火、高热可燃。其粉体与空气可形成爆炸性混合物，当达到一定浓度时，遇火星会发生爆炸。受高热分解放出有毒的气体。			
理化特性			
熔点：273.0℃ 沸点：无资料 闪点：无资料	临界温度：无资料 临界压力：无资料 饱和蒸气压：无资料	爆炸上限：无资料 爆炸下限：无资料 相对密度($d_水=1$)：无资料	引燃温度：无资料 燃烧热：无资料
溶解性	不溶于水，溶于乙醇。		
主要用途	用于碘苯甲酸制造，用作生化研究中测定巯基的试剂。		
急救措施			
皮肤接触	脱去污染的衣着，用清水清洗皮肤。		
眼睛接触	提起眼睑，用流动清水或生理盐水冲洗。就医。		
吸入	迅速脱离现场至空气新鲜处。保持呼吸道通畅。		
食入	饮足量温水，催吐。就医。		
防护措施			
呼吸防护	可能接触其粉尘时，必须佩戴防尘面具(全面罩)。紧急事态抢救或撤离时，应该佩戴空气呼吸器。		
眼睛防护	呼吸系统防护中已做防护。		
身体防护	穿胶布防毒衣。		
手防护	戴橡胶手套。		
其他防护	工作现场禁止吸烟、进食和饮水。工作完毕，淋浴更衣。保持良好的卫生习惯。		

品名：**氯化铵汞** 别名：白降汞；氯化汞铵	分子式：NH_2HgCl 分子量：252.1	相态：固 外观与性状：白色无定形粉末或易碎的块状物，无气味	
危险特性			
火灾危险性：无 腐蚀减薄：盐酸腐蚀、氯化铵腐蚀、含盐水腐蚀 环境开裂：氯化物应力腐蚀开裂、氨应力腐蚀开裂	爆炸物：无 金属腐蚀：无 急性毒性：类别1	皮肤腐蚀/刺激：无	
与氟、氯、溴等卤素会剧烈反应。遇高热分解释出高毒烟气。			
理化特性			
熔点：无资料 沸点：无资料 闪点：无资料	临界温度：无资料 临界压力：无资料 饱和蒸气压：无资料	爆炸上限：无资料 爆炸下限：无资料 相对密度($d_水=1$)：5.70	引燃温度：无资料 燃烧热：无资料
溶解性	不溶于水、醇，溶于热盐酸、硝酸、乙酸。		
主要用途	用于制药。		
急救措施			
皮肤接触	脱去污染的衣着，用清水清洗皮肤。		
眼睛接触	提起眼睑，用流动清水或生理盐水冲洗。就医。		
吸入	迅速脱离现场至空气新鲜处。保持呼吸道通畅。		
食入	饮足量温水，催吐。就医。		
防护措施			
呼吸防护	可能接触其粉尘时，必须佩戴防尘面具(全面罩)。紧急事态抢救或撤离时，应该佩戴空气呼吸器。		
眼睛防护	呼吸系统防护中已做防护。		
身体防护	穿胶布防毒衣。		
手防护	戴橡胶手套。		
其他防护	工作现场禁止吸烟、进食和饮水。工作完毕，淋浴更衣。保持良好的卫生习惯。		

品名：**氯化钡** 别名：无		分子式：$BaCl_2$ 分子量：208.2	相态：固 外观与性状：白色粉末，无臭
危险特性			
火灾危险性：无 腐蚀减薄：盐酸腐蚀、含盐水腐蚀 环境开裂：氯化物应力腐蚀开裂		爆炸物：无 金属腐蚀：无 急性毒性：类别3	皮肤腐蚀/刺激：无
与三氟化硼接触剧烈反应。			
理化特性			
熔点：965.0℃ 沸点：1560.0℃ 闪点：无资料	临界温度：无资料 临界压力：无资料 饱和蒸气压：无资料	爆炸上限：无资料 爆炸下限：无资料 相对密度($d_水=1$)：3.86	引燃温度：无资料 燃烧热：无资料
溶解性	溶于水，不溶于丙酮、乙醇，微溶于乙酸、硫酸。		
主要用途	制造钡盐的原料。也用作杀虫剂、人造丝的消光剂及制造色淀等钡颜料。		
急救措施			
皮肤接触	脱去污染的衣着，用大量肥皂水和水清洗皮肤。		
眼睛接触	提起眼睑，用流动清水或生理盐水冲洗。就医。		
吸入	迅速脱离现场至空气新鲜处。保持呼吸道通畅。		
食入	饮足量温水，催吐。用2%~5%硫酸钠溶液洗胃，导泄。就医。		
防护措施			
呼吸防护	可能接触其粉尘时，必须佩戴防尘面具(全面罩)。紧急事态抢救或撤离时，应该佩戴空气呼吸器。		
眼睛防护	呼吸系统防护中已做防护。		
身体防护	穿胶布防毒衣。		
手防护	戴橡胶手套。		
其他防护	工作现场禁止吸烟、进食和饮水。工作完毕，淋浴更衣。保持良好的卫生习惯。		

品名：**氯化苯汞** 别名：无		分子式：C_6H_5ClHg 分子量：313.1	相态：固 外观与性状：无色叶片状结晶
危险特性			
火灾危险性：无 腐蚀减薄：盐酸腐蚀、含盐水腐蚀 环境开裂：氯化物应力腐蚀开裂		爆炸物：无 金属腐蚀：无 急性毒性：类别1	皮肤腐蚀/刺激：无
遇明火、高热可燃。其粉体与空气可形成爆炸性混合物，当达到一定浓度时，遇火星会发生爆炸。遇高热分解放出高毒烟气。			
理化特性			
熔点：245.0℃ 沸点：无资料 闪点：无资料	临界温度：无资料 临界压力：无资料 饱和蒸气压：无资料	爆炸上限：无资料 爆炸下限：无资料 相对密度($d_水=1$)：无资料	引燃温度：无资料 燃烧热：无资料
溶解性	不溶于水，微溶于热醇，溶于吡啶、醚、苯等多数有机溶剂。		
主要用途	用作农用杀虫剂、杀菌剂、除草剂。		
急救措施			
皮肤接触	脱去污染的衣着，用清水清洗皮肤。		
眼睛接触	提起眼睑，用流动清水或生理盐水冲洗。就医。		
吸入	迅速脱离现场至空气新鲜处。保持呼吸道通畅。		
食入	饮足量温水，催吐。就医。		
防护措施			
呼吸防护	可能接触其粉尘时，必须佩戴防尘面具(全面罩)。紧急事态抢救或撤离时，应该佩戴空气呼吸器。		
眼睛防护	呼吸系统防护中已做防护。		
身体防护	穿胶布防毒衣。		
手防护	戴橡胶手套。		
其他防护	工作现场禁止吸烟、进食和饮水。工作完毕，淋浴更衣。保持良好的卫生习惯。		

品名：**氯化苄** 别名：α-氯甲苯；苄基氯		分子式：C_7H_7Cl 分子量：126.6	相态：液 外观与性状：无色液体，有不愉快的刺激性气味
危险特性			
火灾危险性：可燃液体丙 A 腐蚀减薄：盐酸腐蚀、含盐水腐蚀 环境开裂：氯化物应力腐蚀开裂		爆炸物：无 金属腐蚀：无 急性毒性：类别 2	皮肤腐蚀/刺激：类别 2 严重眼损伤/眼刺激：类别 1
遇明火、高热可燃。受高热分解产生有毒的腐蚀性烟气。与铜、铝、镁、锌及锡等接触放出热量及氯化氢气体。			
理化特性			
熔点：-39.2℃ 沸点：179.4℃ 闪点：67.0℃	临界温度：无资料 临界压力：无资料 饱和蒸气压：2.93kPa(78℃)	爆炸上限：无资料 爆炸下限：1.1% 相对密度($d_{水}=1$)：1.10	引燃温度：585.0℃ 燃烧热：3705.2kJ/mol
溶解性	不溶于水，可混溶于乙醇、氯仿等多数有机溶剂。		
主要用途	用作染料中间体及单宁、香料、药品等的合成。		
急救措施			
皮肤接触	脱去污染的衣着，用大量肥皂水和水清洗皮肤。		
眼睛接触	提起眼睑，用流动清水或生理盐水冲洗至少 15min。就医。		
吸入	迅速脱离现场至空气新鲜处。保持呼吸道通畅。		
食入	饮足量温水，催吐。就医。		
防护措施			
呼吸防护	可能接触其粉尘时，必须佩戴自吸过滤式防尘口罩。紧急事态抢救或撤离时，建议佩戴空气呼吸器。		
眼睛防护	戴化学安全防护眼镜。		
身体防护	穿连衣式胶布防毒衣。		
手防护	戴橡胶手套。		
其他防护	工作现场禁止吸烟、进食和饮水。工作完毕，淋浴更衣。单独存放被毒物污染的衣服，洗后备用。保持良好的卫生习惯。		

品名：**氯化二硫酰** 别名：二硫酰氯；焦硫酰氯		分子式：$S_2O_5Cl_2$ 分子量：215.0	相态：液 外观与性状：无色挥发性发烟液体，并带有刺激性臭味
危险特性			
火灾危险性：无 腐蚀减薄：盐酸腐蚀、硫酸腐蚀、高温硫化物腐蚀、含盐水腐蚀 环境开裂：氯化物应力腐蚀开裂、连多硫酸应力腐蚀开裂		爆炸物：无 金属腐蚀：无 急性毒性：无	皮肤腐蚀/刺激：类别 1 严重眼损伤/眼刺激：类别 1
本身不能燃烧。遇水发生剧烈反应散发出具有刺激性和腐蚀性的氯化氢气体。与磷发生猛烈反应。其蒸气比空气重，能在较低处扩散到相当远的地方，遇火源会着火回燃。在潮湿条件下能腐蚀某些金属。若遇高热，容器内压增大，有开裂和爆炸的危险。			
理化特性			
熔点：-37.0℃ 沸点：151.0℃ 闪点：无资料	临界温度：无资料 临界压力：无资料 饱和蒸气压：无资料	爆炸上限：无资料 爆炸下限：无资料 相对密度($d_{水}=1$)：1.83	引燃温度：无资料 燃烧热：无资料
溶解性	无资料。		
主要用途	用于有机合成。		
急救措施			
皮肤接触	脱去污染的衣着，用大量肥皂水和水清洗皮肤。		
眼睛接触	提起眼睑，用流动清水或生理盐水冲洗至少 15min。就医。		
吸入	迅速脱离现场至空气新鲜处。保持呼吸道通畅。		
食入	饮足量温水，催吐。就医。		
防护措施			
呼吸防护	空气中粉尘浓度超标时，建议佩戴自吸过滤式防尘口罩。紧急事态抢救或撤离时，应该佩戴空气呼吸器。		
眼睛防护	戴化学安全防护眼镜。		
身体防护	穿防毒物渗透工作服。		
手防护	戴乳胶手套。		
其他防护	工作场所禁止吸烟、进食和饮水，饭前要洗手。工作完毕，淋浴更衣。保持良好的卫生习惯。		

品名：**氯化二乙基铝** 别名：无	分子式：$C_4H_{10}AlCl$ 分子量：120.6	相态：液 外观与性状：澄清、黄色液体	
危险特性			
火灾危险性：无法确定 腐蚀减薄：盐酸腐蚀、含盐水腐蚀 环境开裂：氯化物应力腐蚀开裂	爆炸物：无 金属腐蚀：无 急性毒性：无	皮肤腐蚀/刺激：无 自燃液体：类别 1 严重眼损伤/眼刺激：类别 2	
暴露在空气或二氧化碳中会自燃。与水、强氧化剂、酸类、卤化烃、碱类和胺类接触剧烈反应。燃烧时能产生剧毒气体。具有强腐蚀性。			
理化特性			
熔点：-50.0℃ 沸点：208.0℃ 闪点：无资料	临界温度：无资料 临界压力：无资料 饱和蒸气压：无资料	爆炸上限：无资料 爆炸下限：无资料 相对密度($d_{水}=1$)：0.96	引燃温度：无资料 燃烧热：无资料
溶解性	溶于二甲苯、汽油。		
主要用途	用作聚烯烃工业的催化剂，制造有机化合物的中间体。		
急救措施			
皮肤接触	脱去污染的衣着，用汽油或酒精擦洗皮肤，不可用水冲洗。		
眼睛接触	提起眼睑，用流动清水或生理盐水冲洗至少 15min。就医。		
吸入	迅速脱离现场至空气新鲜处。保持呼吸道通畅。		
食入	用水漱口，给饮牛奶或蛋清。就医。		
防护措施			
呼吸防护	空气中浓度超标时，必须佩戴自吸过滤式防毒面具(全面罩)。紧急事态抢救或撤离时，应该佩戴空气呼吸器。		
眼睛防护	呼吸系统防护中已做防护。		
身体防护	穿橡胶耐酸碱服。		
手防护	戴橡胶耐酸碱手套。		
其他防护	工作现场禁止吸烟、进食和饮水。工作完毕，淋浴更衣。保持良好的卫生习惯。		

品名：**氯化镉** 别名：无	分子式：$CdCl_2$ 分子量：183.3	相态：固 外观与性状：无色单斜晶体	
危险特性			
火灾危险性：无 腐蚀减薄：盐酸腐蚀、含盐水腐蚀 环境开裂：氯化物应力腐蚀开裂	爆炸物：无 金属腐蚀：无 急性毒性：类别 2	皮肤腐蚀/刺激：无	
受高热分解产生有毒的腐蚀性烟气。			
理化特性			
熔点：556.0℃ 沸点：967.0℃ 闪点：无资料	临界温度：无资料 临界压力：无资料 饱和蒸气压：无资料	爆炸上限：无资料 爆炸下限：无资料 相对密度($d_{水}=1$)：4.05	引燃温度：无资料 燃烧热：无资料
溶解性	易溶于水，溶于甲醇、乙醇。		
主要用途	用于照相术、印染、电镀等工业，并用于制造特殊镜子。		
急救措施			
皮肤接触	脱去污染的衣着，用大量肥皂水和水清洗皮肤。		
眼睛接触	提起眼睑，用流动清水或生理盐水冲洗。就医。		
吸入	迅速脱离现场至空气新鲜处。保持呼吸道通畅。		
食入	饮足量温水，催吐。就医。		
防护措施			
呼吸防护	如危险性评测显示需要使用空气净化的防毒面具，请使用全面罩式多功能微粒防毒面具 N99 型(US)或 P2 型(EN 143)防毒面具筒作为工程控制的候补。如果防毒面具是保护的唯一方式，则使用全面罩式送风防毒面具。呼吸器使用经过测试并通过政府标准，如 NIOSH(US)或 CEN(EU)的呼吸器和零件。		
眼睛防护	面罩与安全眼镜请使用经官方标准，如 NIOSH(美国)或 EN 166(欧盟)检测与批准的设备防护眼部。		
身体防护	全套防化学试剂工作服，防护设备的类型必须根据特定工作场所中的危险物的浓度和含量来选择。		
手防护	所选择的保护手套必须符合 EU 的 89/686/EEC 规定和从它衍生出来的 EN376 标准。		
其他防护	无资料。		

品名：**氯化汞** 别名：氯化高汞；二氯化汞；升汞	分子式：$HgCl_2$ 分子量：271.5		相态：固 外观与性状：无色或白色结晶性粉末，常温下微量挥发
危险特性			
火灾危险性：无 腐蚀减薄：盐酸腐蚀、含盐水腐蚀 环境开裂：氯化物应力腐蚀开裂	爆炸物：无 金属腐蚀：无 急性毒性：类别 2		皮肤腐蚀/刺激：类别 1 严重眼损伤/眼刺激：类别 1
与碱金属能发生剧烈反应。			
理化特性			
熔点：276.0℃ 沸点：302.0℃ 闪点：无资料	临界温度：无资料 临界压力：无资料 饱和蒸气压：无资料	爆炸上限：无资料 爆炸下限：无资料 相对密度($d_{水}=1$)：5.44	引燃温度：无资料 燃烧热：无资料
溶解性	溶于水、乙醇、乙醚、乙酸乙酯，不溶于二硫化碳。		
主要用途	用作有机合成的催化剂、防腐剂、消毒剂和分析试剂。		
急救措施			
皮肤接触	脱去污染的衣着，用大量肥皂水和水清洗皮肤。		
眼睛接触	提起眼睑，用流动清水或生理盐水冲洗。就医。		
吸入	迅速脱离现场至空气新鲜处。保持呼吸道通畅。		
食入	用水漱口，给饮牛奶或蛋清。就医。		
防护措施			
呼吸防护	空气中浓度超标时，必须佩戴自吸过滤式防毒面具(全面罩)。紧急事态抢救或撤离时，应该佩戴空气呼吸器。		
眼睛防护	呼吸系统防护中已做防护。		
身体防护	穿胶布防毒衣。		
手防护	戴橡胶手套。		
其他防护	尽可能减少直接接触。		

品名：**氯化钴** 别名：无	分子式：$CoCl_2$ 分子量：129.8		相态：固 外观与性状：蓝色的晶状固体
危险特性			
火灾危险性：无 腐蚀减薄：盐酸腐蚀、含盐水腐蚀 环境开裂：氯化物应力腐蚀开裂	爆炸物：无 金属腐蚀：无 急性毒性：无		皮肤腐蚀/刺激：无
未有特殊的燃烧爆炸特性。受高热分解产生有毒的腐蚀性烟气。			
理化特性			
熔点：86.0℃ 沸点：1049.0℃ 闪点：无资料	临界温度：无资料 临界压力：无资料 饱和蒸气压：无资料	爆炸上限：无资料 爆炸下限：无资料 相对密度($d_{水}=1$)：1.92	引燃温度：无资料 燃烧热：无资料
溶解性	易溶于水，溶于乙醇、醚、丙酮。		
主要用途	用于油漆干燥剂、氨气吸收剂、毒气罩、干湿指示剂、电镀、气压计、陶瓷、着色剂、催化剂和医药试剂等。		
急救措施			
皮肤接触	脱去污染的衣着，用清水清洗皮肤。		
眼睛接触	提起眼睑，用流动清水或生理盐水冲洗至少 15min。就医。		
吸入	迅速脱离现场至空气新鲜处。保持呼吸道通畅。		
食入	饮足量温水，催吐。洗胃，导泄。就医。		
防护措施			
呼吸防护	作业工人应该佩戴自吸过滤式防尘口罩。必要时，佩戴空气呼吸器、氧气呼吸器或长管面具。		
眼睛防护	戴安全防护眼镜。		
身体防护	穿透气型防毒服。		
手防护	戴橡胶手套。		
其他防护	工作现场禁止吸烟、进食和饮水。工作完毕，淋浴更衣。注意个人清洁卫生。实行就业前和定期的体检。		

品名：**氯化环戊烷**　分子式：C_5H_9Cl　相态：液
别名：无　分子量：104.6　外观与性状：无色液体

危险特性

火灾危险性：可燃液体甲 B　爆炸物：无　皮肤腐蚀/刺激：无
腐蚀减薄：盐酸腐蚀、含盐水腐蚀　金属腐蚀：无　易燃液体：类别 2
环境开裂：氯化物应力腐蚀开裂　急性毒性：无

其蒸气与空气可形成爆炸性混合物，遇明火、高热极易燃烧爆炸。与氧化剂接触猛烈反应。受高热分解产生有毒的氯化物气体。流速过快，容易产生和积聚静电。其蒸气比空气重，能在较低处扩散到相当远的地方，遇火源会着火回燃。若遇高热，容器内压增大，有开裂和爆炸的危险。

理化特性

熔点：−94.3℃　临界温度：无资料　爆炸上限：无资料　引燃温度：无资料
沸点：113.5℃　临界压力：无资料　爆炸下限：无资料　燃烧热：无资料
闪点：15.0℃　饱和蒸气压：无资料　相对密度($d_{水}=1$)：1.01

溶解性	不溶于水、溶于乙醇等。
主要用途	作为有机合成的原料。

急救措施

皮肤接触	脱去污染的衣着，用大量流动清水清洗皮肤。
眼睛接触	提起眼睑，用流动清水或生理盐水冲洗。就医。
吸入	迅速脱离现场至空气新鲜处。保持呼吸道通畅。
食入	饮足量温水，催吐。就医。

防护措施

呼吸防护	空气中粉尘浓度超标时，必须佩戴自吸过滤式防尘口罩。紧急事态抢救或撤离时，应该佩戴空气呼吸器。
眼睛防护	戴化学安全防护眼镜。
身体防护	穿防毒物渗透工作服。
手防护	戴橡胶手套。
其他防护	工作完毕，淋浴更衣。保持良好的卫生习惯。

品名：**氯化甲基汞**　分子式：CH_3ClHg　相态：固
别名：无　分子量：251.1　外观与性状：红色结晶，具有特殊臭味

危险特性

火灾危险性：无　爆炸物：无　皮肤腐蚀/刺激：无
腐蚀减薄：盐酸腐蚀、含盐水腐蚀　金属腐蚀：无
环境开裂：氯化物应力腐蚀开裂　急性毒性：类别 1

遇明火、高热可燃。受高热分解产生有毒的腐蚀性烟气。

理化特性

熔点：170.0℃　临界温度：无资料　爆炸上限：无资料　引燃温度：无资料
沸点：无资料　临界压力：无资料　爆炸下限：无资料　燃烧热：无资料
闪点：无资料　饱和蒸气压：无资料　相对密度($d_{水}=1$)：4.06

溶解性	无资料。
主要用途	用于种子消毒。

急救措施

皮肤接触	脱去污染的衣着，用大量流动清水清洗皮肤。
眼睛接触	提起眼睑，用流动清水或生理盐水冲洗。就医。
吸入	迅速脱离现场至空气新鲜处。保持呼吸道通畅。
食入	饮足量温水，催吐。洗胃，导泄。就医。

防护措施

呼吸防护	作业工人应该佩戴碘化活性炭口罩。紧急事态抢救或撤离时，佩戴自给式呼吸器。
眼睛防护	必要时戴安全防护眼镜。
身体防护	穿聚乙烯薄膜防毒服。
手防护	戴防化学品手套。
其他防护	工作现场禁止吸烟、进食和饮水。工作后，淋浴更衣。注意个人清洁卫生。实行就业前和定期的体检。

品名：**氯化甲氧基乙基汞** 别名：无	分子式：C_3H_7ClHgO 分子量：295.1		相态：无资料 外观与性状：无资料
危险特性			
火灾危险性：无 腐蚀减薄：盐酸腐蚀、含盐水腐蚀 环境开裂：氯化物应力腐蚀开裂	爆炸物：无 金属腐蚀：无 急性毒性：类别 2		皮肤腐蚀/刺激：类别 1 严重眼损伤/眼刺激：类别 1
无资料。			
理化特性			
熔点：无资料 沸点：无资料 闪点：无资料	临界温度：无资料 临界压力：无资料 饱和蒸气压：无资料	爆炸上限：无资料 爆炸下限：无资料 相对密度($d_{水}=1$)：无资料	引燃温度：无资料 燃烧热：无资料
溶解性	无资料。		
主要用途	无资料。		
急救措施			
皮肤接触	无资料。		
眼睛接触	无资料。		
吸入	无资料。		
食入	无资料。		
防护措施			
呼吸防护	空气中浓度超标时，必须佩戴自吸过滤式防毒面具(半面罩)。紧急事态抢救或撤离时，应该佩戴空气呼吸器。		
眼睛防护	戴化学安全防护眼镜。		
身体防护	穿防静电工作服。		
手防护	戴橡胶耐油手套。		
其他防护	工作现场严禁吸烟。工作完毕，淋浴更衣。		

品名：**氯化钾汞** 别名：氯化汞钾	分子式：$HgKCl_3$ 分子量：346.0		相态：无资料 外观与性状：无资料
危险特性			
火灾危险性：无 腐蚀减薄：盐酸腐蚀、含盐水腐蚀 环境开裂：氯化物应力腐蚀开裂	爆炸物：无 金属腐蚀：无 急性毒性：类别 1		皮肤腐蚀/刺激：无
无资料。			
理化特性			
熔点：无资料 沸点：无资料 闪点：无资料	临界温度：无资料 临界压力：无资料 饱和蒸气压：无资料	爆炸上限：无资料 爆炸下限：无资料 相对密度($d_{水}=1$)：无资料	引燃温度：无资料 燃烧热：无资料
溶解性	无资料。		
主要用途	无资料。		
急救措施			
皮肤接触	无资料。		
眼睛接触	无资料。		
吸入	无资料。		
食入	无资料。		
防护措施			
呼吸防护	可能接触其粉尘时，必须佩戴防尘面具(全面罩)。紧急事态抢救或撤离时，应该佩戴空气呼吸器。		
眼睛防护	呼吸系统防护中已做防护。		
身体防护	穿胶布防毒衣。		
手防护	戴橡胶手套。		
其他防护	工作现场禁止吸烟、进食和饮水。工作完毕，淋浴更衣。注意个人清洁卫生。实行就业前和定期的体检。		

品名：**1-氯化萘**		分子式：$C_{10}H_7Cl$	相态：液
别名：α-氯化萘		分子量：162.6	外观与性状：无色或浅黄色油状液体
危险特性			
火灾危险性：可燃液体丙 B		爆炸物：无	皮肤腐蚀/刺激：类别 2
腐蚀减薄：盐酸腐蚀、含盐水腐蚀		金属腐蚀：无	严重眼损伤/眼刺激：类别 2
环境开裂：氯化物应力腐蚀开裂		急性毒性：无	
遇明火、高热能燃烧。受热分解产生有毒的烟气。			
理化特性			
熔点：-20.0℃	临界温度：无资料	爆炸上限：无资料	引燃温度：557.0℃
沸点：259.3℃	临界压力：无资料	爆炸下限：无资料	燃烧热：无资料
闪点：121.0℃	饱和蒸气压：0.13kPa(80.6℃)	相对密度($d_{水}=1$)：1.19	
溶解性	不溶于水，溶于苯、醇、石油醚。		
主要用途	用作溶剂及合成燃料的原料。		
急救措施			
皮肤接触	脱去污染的衣着，用大量流动清水清洗皮肤。		
眼睛接触	提起眼睑，用流动清水或生理盐水冲洗。就医。		
吸入	迅速脱离现场至空气新鲜处，保持呼吸道通畅。如呼吸困难，给输氧。		
食入	饮足量温水，催吐。洗胃，导泄。就医。		
防护措施			
呼吸防护	作业工人应戴口罩。高浓度环境中，佩戴防毒面具。		
眼睛防护	必要时可戴安全面罩。		
身体防护	穿紧袖工作服，长筒胶鞋。		
手防护	戴防护手套。		
其他防护	工作后，淋浴更衣。注意个人清洁卫生。		

品名：**氯化镍**		分子式：$NiCl_2$	相态：固
别名：氯化亚镍		分子量：129.6	外观与性状：淡黄色粉末或鳞片状晶体
危险特性			
火灾危险性：无		爆炸物：无	皮肤腐蚀/刺激：类别 2
腐蚀减薄：盐酸腐蚀、含盐水腐蚀		金属腐蚀：无	
环境开裂：氯化物应力腐蚀开裂		急性毒性：类别 2	
遇钾、钠剧烈反应。受高热分解放出有毒的气体。			
理化特性			
熔点：无资料	临界温度：无资料	爆炸上限：无资料	引燃温度：无资料
沸点：无资料	临界压力：无资料	爆炸下限：无资料	燃烧热：无资料
闪点：无资料	饱和蒸气压：无资料	相对密度($d_{水}=1$)：1.92	
溶解性	易溶于水、醇。		
主要用途	用于镀镍和用作氨吸收剂、催化剂等。		
急救措施			
皮肤接触	脱去污染的衣着，用大量流动清水清洗皮肤。		
眼睛接触	提起眼睑，用流动清水或生理盐水冲洗。就医。		
吸入	迅速脱离现场至空气新鲜处，保持呼吸道通畅。如呼吸困难，给输氧。		
食入	饮足量温水，催吐。就医。		
防护措施			
呼吸防护	无资料。		
眼睛防护	无资料。		
身体防护	无资料。		
手防护	无资料。		
其他防护	无资料。		

品名：**氯化铍**		分子式：$BeCl_2$	相态：固
别名：氯化亚铍		分子量：79.9	外观与性状：无色针状或板状结晶
危险特性			
火灾危险性：无		爆炸物：无	皮肤腐蚀/刺激：类别 1
腐蚀减薄：盐酸腐蚀、含盐水腐蚀		金属腐蚀：无	严重眼损伤/眼刺激：类别 1
环境开裂：氯化物应力腐蚀开裂		急性毒性：类别 2	
遇水发生剧烈反应，散发出具有刺激性和腐蚀性的氯化氢气体。受高热分解放出有毒的气体。			
理化特性			
熔点：405.0℃	临界温度：无资料	爆炸上限：无资料	引燃温度：无资料
沸点：520.0℃	临界压力：无资料	爆炸下限：无资料	燃烧热：无资料
闪点：无资料	饱和蒸气压：0.133kPa(291℃)	相对密度($d_{水}=1$)：1.90	
溶解性	易溶于水，溶于醇、醚、吡啶、二硫化碳。		
主要用途	用于制造铍，用作有机反应的催化剂。		
急救措施			
皮肤接触	脱去污染的衣着，用大量流动清水清洗皮肤。		
眼睛接触	提起眼睑，用流动清水或生理盐水冲洗。就医。		
吸入	迅速脱离现场至空气新鲜处，保持呼吸道通畅。如呼吸困难，给输氧。		
食入	饮足量温水，催吐。就医。		
防护措施			
呼吸防护	空气中浓度超标时，必须佩戴自吸过滤式防毒面具(半面罩)。紧急事态抢救或撤离时，应该佩戴空气呼吸器。		
眼睛防护	戴化学安全防护眼镜。		
身体防护	穿防毒物渗透工作服。		
手防护	戴橡胶耐油手套。		
其他防护	工作现场禁止吸烟、进食和饮水。工作完毕，彻底清洗。单独存放被毒物污染的衣服，洗后备用。注意个人清洁卫生。		

品名：**氯化氢[无水]**		分子式：HCl	相态：气
别名：无		分子量：36.5	外观与性状：无色有刺激性气味的气体
危险特性			
火灾危险性：无		爆炸物：无	皮肤腐蚀/刺激：类别 1
腐蚀减薄：盐酸腐蚀、含盐水腐蚀		金属腐蚀：无	加压气体：是
环境开裂：氯化物应力腐蚀开裂		急性毒性：类别 3	严重眼损伤/眼刺激：类别 1
无水氯化氢无腐蚀性，但遇水时有强腐蚀性。能与一些活性金属粉末发生反应，放出氢气。遇氰化物能产生剧毒的氰化氢气体。			
理化特性			
熔点：-114.2℃	临界温度：51.4℃	爆炸上限：无资料	引燃温度：无资料
沸点：-85.0℃	临界压力：8.26MPa	爆炸下限：无资料	燃烧热：无资料
闪点：无资料	饱和蒸气压：4225.6kPa(20℃)	相对密度($d_{水}=1$)：1.19	
溶解性	易溶于水。		
主要用途	制染料、香料、药物、各种氯化物及复试抑制剂。		
急救措施			
皮肤接触	脱去污染的衣着，用大量流动清水清洗皮肤至少 15min。		
眼睛接触	提起眼睑，用流动清水或生理盐水冲洗至少 15min。就医。		
吸入	迅速脱离现场至空气新鲜处，保持呼吸道通畅。如呼吸困难，给输氧。		
食入	无资料。		
防护措施			
呼吸防护	空气中粉尘浓度超标时，建议佩戴自吸过滤式防尘口罩。紧急事态抢救或撤离时，应该佩戴空气呼吸器。		
眼睛防护	戴化学安全防护眼镜。		
身体防护	穿橡胶耐酸碱服。		
手防护	戴乳胶手套。		
其他防护	工作场所禁止吸烟、进食和饮水，饭前要洗手。工作完毕，淋浴更衣。保持良好的卫生习惯。		

品名：**氯化氰** 别名：氰化氯；氯甲腈		分子式：CNCl 分子量：61.5	相态：气 外观与性状：无色液体或气体，有催泪性
危险特性			
火灾危险性：无 腐蚀减薄：盐酸腐蚀、含盐水腐蚀 环境开裂：氯化物应力腐蚀开裂		爆炸物：无 金属腐蚀：无 急性毒性：类别 1	皮肤腐蚀/刺激：类别 1 加压气体：是 严重眼损伤/眼刺激：类别 1
化学反应活性较高，能与许多物质发生化学反应。受热分解或接触水、水蒸气会发生剧烈反应，放出剧毒和腐蚀性的烟雾。			
理化特性			
熔点：-6.5℃ 沸点：13.1℃ 闪点：无资料	临界温度：无资料 临界压力：无资料 饱和蒸气压：134.63kPa(20℃)	爆炸上限：无资料 爆炸下限：无资料 相对密度($a_{水}=1$)：1.22	引燃温度：无资料 燃烧热：无资料
溶解性	溶于水、乙醇、乙醚等。		
主要用途	用于有机合成。		
急救措施			
皮肤接触	脱去污染的衣着，用大量肥皂水和水清洗皮肤。		
眼睛接触	提起眼睑，用流动清水或生理盐水冲洗至少 15min。就医。		
吸入	迅速脱离现场至空气新鲜处，保持呼吸道通畅。如呼吸困难，给输氧。给吸入亚硝酸异戊酯。		
食入	饮足量温水，催吐。用 1∶5000 高锰酸钾或 5%硫代硫酸钠溶液洗胃。就医。		
防护措施			
呼吸防护	可能接触其粉尘时，必须佩戴防尘面具(全面罩)。紧急事态抢救或撤离时，应该佩戴空气呼吸器。		
眼睛防护	呼吸系统防护中已做防护。		
身体防护	穿胶布防毒衣。		
手防护	戴橡胶手套。		
其他防护	工作现场禁止吸烟、进食和饮水。工作完毕，淋浴更衣。保持良好的卫生习惯。		

品名：**氯化铜** 别名：无		分子式：$CuCl_2 \cdot 2H_2O$ 分子量：170.5	相态：固 外观与性状：蓝绿色斜方晶系结晶
危险特性			
火灾危险性：无 腐蚀减薄：盐酸腐蚀、含盐水腐蚀 环境开裂：氯化物应力腐蚀开裂		爆炸物：无 金属腐蚀：无 急性毒性：类别 3	皮肤腐蚀/刺激：类别 2 严重眼损伤/眼刺激：类别 2
无资料。			
理化特性			
熔点：489.0℃ 沸点：993.0℃ 闪点：无资料	临界温度：无资料 临界压力：无资料 饱和蒸气压：无资料	爆炸上限：无资料 爆炸下限：无资料 相对密度($a_{水}=1$)：2.38	引燃温度：无资料 燃烧热：无资料
溶解性	溶于水、甲醇、乙醇等。		
主要用途	用作试剂、媒染剂、氧化剂、木材防腐剂，也用于石油馏分的脱臭和脱硫、隐显墨水和不褪黑的制备等。		
急救措施			
皮肤接触	无资料。		
眼睛接触	无资料。		
吸入	无资料。		
食入	无资料。		
防护措施			
呼吸防护	空气中浓度超标时，佩戴过滤式防毒面具(半面罩)。紧急事态抢救或撤离时，建议佩戴空气呼吸器。		
眼睛防护	必要时，戴化学安全防护眼镜。		
身体防护	穿化学防护服。		
手防护	戴橡胶手套。		
其他防护	工作完毕，淋浴更衣。保持良好的卫生习惯。		

品名：**α-氯化筒箭毒碱** 别名：氯化南美防己碱；氢氧化吐巴寇拉令碱；氯化箭毒块茎碱；氯化管箭毒碱		分子式：$C_{38}H_{44}Cl_2N_2O_6$ 分子量：694.7	相态：固 外观与性状：白色或微带黄色的六角形或五角形小片状结晶
危险特性			
火灾危险性：无 腐蚀减薄：盐酸腐蚀、碱腐蚀、含盐水腐蚀 环境开裂：氯化物应力腐蚀开裂、碱应力腐蚀开裂		爆炸物：无 金属腐蚀：无 急性毒性：类别2	皮肤腐蚀/刺激：无
遇明火、高热可燃。其粉体与空气可形成爆炸性混合物，当达到一定浓度时，遇火星会发生爆炸。受高热分解放出有毒的气体。			
理化特性			
熔点：274.0℃ 沸点：无资料 闪点：无资料	临界温度：无资料 临界压力：无资料 饱和蒸气压：无资料	爆炸上限：无资料 爆炸下限：无资料 相对密度($d_{水}=1$)：无资料	引燃温度：无资料 燃烧热：无资料
溶解性	溶于水。		
主要用途	用作骨骼肌肉放松剂，帮助诊断重症肌无力。		
急救措施			
皮肤接触	脱去污染的衣着，用大量流动清水清洗皮肤。		
眼睛接触	提起眼睑，用流动清水或生理盐水冲洗。就医。		
吸入	迅速脱离现场至空气新鲜处，保持呼吸道通畅。如呼吸困难，给输氧。		
食入	饮足量温水，催吐。用1%碘化钾60mL灌胃。就医。		
防护措施			
呼吸防护	正常工作情况下，佩戴过滤式防毒面具(全面罩)。高浓度环境中，必须佩戴空气呼吸器、氧气呼吸器或长管面具。		
眼睛防护	呼吸系统防护中已做防护。		
身体防护	穿带面罩式胶布防毒衣。		
手防护	戴橡胶手套。		
其他防护	工作现场禁止吸烟、进食和饮水。工作完毕，彻底清洗。单独存放被毒物污染的衣服，洗后备用。车间应配备急救设备及药品。作业人员应学会自救互救。		

品名：**氯化硒** 别名：二氯化二硒		分子式：Se_2Cl_2 分子量：228.8	相态：液 外观与性状：深棕红色液体
危险特性			
火灾危险性：可燃液体丙B 腐蚀减薄：盐酸腐蚀、含盐水腐蚀 环境开裂：氯化物应力腐蚀开裂		爆炸物：无 金属腐蚀：无 急性毒性：类别3	皮肤腐蚀/刺激：无
能与磷、钾、过氧化钾、过氧化钠剧烈反应。遇水分解成亚硒酸、硒和盐酸，有腐蚀性。			
理化特性			
熔点：-85.0℃ 沸点：127.0℃ 闪点：无资料	临界温度：无资料 临界压力：无资料 饱和蒸气压：无资料	爆炸上限：无资料 爆炸下限：无资料 相对密度($d_{水}=1$)：2.91	引燃温度：无资料 燃烧热：无资料
溶解性	溶于氯仿、苯、四氯化碳、二硫化碳。		
主要用途	用作分析试剂、还原剂。		
急救措施			
皮肤接触	脱去污染的衣着，用大量流动清水清洗皮肤至少15min。		
眼睛接触	提起眼睑，用流动清水或生理盐水冲洗至少15min。就医。		
吸入	迅速脱离现场至空气新鲜处，保持呼吸道通畅。如呼吸困难，给输氧。		
食入	饮足量温水，催吐。就医。		
防护措施			
呼吸防护	无资料。		
眼睛防护	无资料。		
身体防护	无资料。		
手防护	无资料。		
其他防护	无资料。		

品名：**氯化锌** 别名：无	分子式：$ZnCl_2$ 分子量：136.3	相态：固 外观与性状：白色粉末，无臭，易潮解

危险特性

火灾危险性：无 腐蚀减薄：盐酸腐蚀、含盐水腐蚀 环境开裂：氯化物应力腐蚀开裂	爆炸物：无 金属腐蚀：无 急性毒性：无	皮肤腐蚀/刺激：类别1 严重眼损伤/眼刺激：类别1

受高热分解产生有毒的腐蚀性烟气。遇水迅速分解，放出白色烟雾。

理化特性

熔点：365.0℃ 沸点：219.0℃ 闪点：无资料	临界温度：无资料 临界压力：无资料 饱和蒸气压：无资料	爆炸上限：无资料 爆炸下限：无资料 相对密度($d_{水}=1$)：2.91	引燃温度：无资料 燃烧热：无资料

溶解性	溶于水、乙醇、乙醚、甘油，不溶于液氨。
主要用途	用作脱水剂、缩合剂、媒染剂、石油净化剂，还用于电池、电镀、医药等行业。
急救措施	
皮肤接触	脱去污染的衣着，用大量流动清水清洗皮肤至少15min。
眼睛接触	提起眼睑，用流动清水或生理盐水冲洗至少15min。就医。
吸入	迅速脱离现场至空气新鲜处，保持呼吸道通畅。如呼吸困难，给输氧。
食入	用水漱口，给饮牛奶或蛋清。就医。
防护措施	
呼吸防护	可能接触其粉尘时，必须佩戴防尘面具(全面罩)。紧急事态抢救或撤离时，应该佩戴空气呼吸器。
眼睛防护	呼吸系统防护中已做防护。
身体防护	穿胶布防毒衣。
手防护	戴橡胶手套。
其他防护	工作现场禁止吸烟、进食和饮水。工作完毕，淋浴更衣。保持良好的卫生习惯。

品名：**氯化锌-2-(2-羟乙氧基)-1(吡咯烷-1-基)重氮苯** 别名：无	分子式：无资料 分子量：无资料	相态：无资料 外观与性状：无资料

危险特性

火灾危险性：无 腐蚀减薄：盐酸腐蚀、含盐水腐蚀 环境开裂：氯化物应力腐蚀开裂	爆炸物：无 金属腐蚀：无 急性毒性：无	皮肤腐蚀/刺激：无 自反应物质和混合物：D型

受高热分解产生有毒的腐蚀性烟气。遇水迅速分解，放出白色烟雾。

理化特性

熔点：无资料 沸点：无资料 闪点：无资料	临界温度：无资料 临界压力：无资料 饱和蒸气压：无资料	爆炸上限：无资料 爆炸下限：无资料 相对密度($d_{水}=1$)：无资料	引燃温度：无资料 燃烧热：无资料

溶解性	无资料。
主要用途	无资料。
急救措施	
皮肤接触	无资料。
眼睛接触	无资料。
吸入	无资料。
食入	无资料。
防护措施	
呼吸防护	空气中粉尘浓度超标时，必须佩戴自吸过滤式防尘口罩。紧急事态抢救或撤离时，应该佩戴空气呼吸器。
眼睛防护	戴化学安全防护眼镜。
身体防护	穿橡胶耐酸碱服。
手防护	戴橡胶耐酸碱手套。
其他防护	工作完毕，淋浴更衣。单独存放被毒物污染的衣服，洗后备用。保持良好的卫生习惯。

品名：**氯化溴** 别名：溴化氯	分子式：BrCl 分子量：115.4	相态：气 外观与性状：桔红色、挥发性不稳定的液体或气体
危险特性		
火灾危险性：无法确定 腐蚀减薄：盐酸腐蚀、含盐水腐蚀 环境开裂：氯化物应力腐蚀开裂、溴化物应力腐蚀开裂	爆炸物：无 金属腐蚀：无 急性毒性：无	皮肤腐蚀/刺激：类别 1 氧化性气体：类别 1 加压气体：是 严重眼损伤/眼刺激：类别 1
具有强氧化性。与易燃物、可燃物接触能引起剧烈燃烧。具有较强的腐蚀性。室温下迅速分解，放出剧毒的氯和溴的烟雾。吸潮或遇水会产生大量的腐蚀性烟雾。		

理化特性			
熔点：-66.0℃	临界温度：无资料	爆炸上限：无资料	引燃温度：无资料
沸点：10.0℃	临界压力：无资料	爆炸下限：无资料	燃烧热：无资料
闪点：16.7℃	饱和蒸气压：314.95kPa(25℃)	相对密度($d_{水}=1$)：无资料	

溶解性	溶于水，溶于醚。
主要用途	用作工业消毒剂。
急救措施	
皮肤接触	脱去污染的衣着，用大量流动清水清洗皮肤至少 15min。
眼睛接触	提起眼睑，用流动清水或生理盐水冲洗至少 15min。就医。
吸入	迅速脱离现场至空气新鲜处，保持呼吸道通畅。如呼吸困难，给输氧。
食入	用水漱口，给饮牛奶或蛋清。就医。
防护措施	
呼吸防护	无资料。
眼睛防护	无资料。
身体防护	无资料。
手防护	无资料。
其他防护	无资料。

品名：**氯化亚砜** 别名：亚硫酰二氯；二氯氧化硫；亚硫酰氯	分子式：$SOCl_2$ 分子量：119.0	相态：液 外观与性状：透明至黄色液体
危险特性		
火灾危险性：可燃液体丙 A 腐蚀减薄：盐酸腐蚀、硫酸腐蚀、高温硫化物腐蚀、含盐水腐蚀 环境开裂：氯化物应力腐蚀开裂、连多硫酸应力腐蚀开裂	爆炸物：无 金属腐蚀：无 急性毒性：无	皮肤腐蚀/刺激：类别 1 严重眼损伤/眼刺激：类别 1
本品不燃。遇水或潮气会分解放出二氧化硫、氯化氢等刺激性的有毒烟气。受热分解也能产生有毒物质。对很多金属尤其是潮湿空气存在下有腐蚀性。		

理化特性			
熔点：-105.0℃	临界温度：无资料	爆炸上限：无资料	引燃温度：无资料
沸点：79.0℃	临界压力：无资料	爆炸下限：无资料	燃烧热：无资料
闪点：无资料	饱和蒸气压：13.3kPa(21.4℃)	相对密度($d_{水}=1$)：1.64	

溶解性	可混溶于苯、氯仿、四氯化碳等。
主要用途	用于有机合成，农药及医药。
急救措施	
皮肤接触	脱去污染的衣着，用大量流动清水清洗皮肤至少 15min。
眼睛接触	提起眼睑，用流动清水或生理盐水冲洗至少 15min。就医。
吸入	迅速脱离现场至空气新鲜处，保持呼吸道通畅。如呼吸困难，给输氧。
食入	用水漱口，给饮牛奶或蛋清。就医。
防护措施	
呼吸防护	如危险性评测显示需要使用空气净化的防毒面具，请使用全面罩式多功能微粒防毒面具 N99 型(US)或 P2 型(EN 143)防毒面具筒作为工程控制的候补。如果防毒面具是保护的唯一方式，则使用全面罩式送风防毒面具。呼吸器使用经过测试并通过政府标准，如 NIOSH(US)或 CEN(EU)的呼吸器和零件。
眼睛防护	面罩与安全眼镜请使用经官方标准，如 NIOSH（美国）或 EN 166(欧盟)检测与批准的设备防护眼部。
身体防护	全套防化学试剂工作服，防护设备的类型必须根据特定工作场所中的危险物的浓度和含量来选择。
手防护	所选择的保护手套必须符合 EU 的 89/686/EEC 规定和从它衍生出来的 EN376 标准。
其他防护	无资料。

品名：**氯化亚汞**	分子式：Hg_2Cl_2	相态：固
别名：甘汞	分子量：236.0	外观与性状：白色四角晶体

危险特性

火灾危险性：无	爆炸物：无	皮肤腐蚀/刺激：类别 2
腐蚀减薄：盐酸腐蚀、含盐水腐蚀	金属腐蚀：无	严重眼损伤/眼刺激：类别 2
环境开裂：氯化物应力腐蚀开裂	急性毒性：无	

本品不燃。遇水或潮气会分解放出二氧化硫、氯化氢等刺激性的有毒烟气。受热分解也能产生有毒物质。对很多金属尤其是潮湿空气存在下有腐蚀性。

理化特性

熔点：400.0℃	临界温度：无资料	爆炸上限：无资料	引燃温度：无资料
沸点：384.0℃	临界压力：无资料	爆炸下限：无资料	燃烧热：无资料
闪点：无资料	饱和蒸气压：无资料	相对密度($d_{水}=1$)：7.15	

溶解性	不溶于水，不溶于乙醇、乙醚、稀酸，溶于浓硝酸、硫酸。
主要用途	用作泻剂和制甘汞电极等。

急救措施

皮肤接触	脱去污染的衣着，用大量流动清水清洗皮肤。
眼睛接触	提起眼睑，用流动清水或生理盐水冲洗。就医。
吸入	迅速脱离现场至空气新鲜处，保持呼吸道通畅。如呼吸困难，给输氧。
食入	用水漱口，给饮牛奶或蛋清。就医。

防护措施

呼吸防护	正常工作情况下，佩戴过滤式防毒面具(全面罩)。高浓度环境中，必须佩戴空气呼吸器、氧气呼吸器或长管面具。
眼睛防护	呼吸系统防护中已做防护。
身体防护	穿带面罩式胶布防毒衣。
手防护	戴橡胶手套。
其他防护	工作现场严禁吸烟。工作完毕，淋浴更衣。保持良好的卫生习惯。

品名：**氯化亚铊**	分子式：TlCl	相态：固
别名：一氯化铊；一氧化二铊	分子量：239.8	外观与性状：无色或白色粉末或结晶，在空气及光线中变成紫色

危险特性

火灾危险性：无	爆炸物：无	支肤腐蚀/刺激：无
腐蚀减薄：盐酸腐蚀、含盐水腐蚀	金属腐蚀：无	
环境开裂：氯化物应力腐蚀开裂	急性毒性：类别 2	

能与氟或钾发生剧烈反应。遇高热分解放出高毒烟气。

理化特性

熔点：430.0℃	临界温度：无资料	爆炸上限：无资料	引燃温度：无资料
沸点：720.0℃	临界压力：无资料	爆炸下限：无资料	燃烧热：无资料
闪点：无资料	饱和蒸气压：0.133kPa(517℃)	相对密度($d_{水}=1$)：7.00	

溶解性	微溶于水，不溶于醇、丙酮。
主要用途	用作氯化反应催化剂，也用于极谱分析及制药等。

急救措施

皮肤接触	脱去污染的衣着，用大量流动清水清洗皮肤。
眼睛接触	提起眼睑，用流动清水或生理盐水冲洗。就医。
吸入	迅速脱离现场至空气新鲜处，保持呼吸道通畅。如呼吸困难，给输氧。
食入	饮足量温水，催吐。就医。

防护措施

呼吸防护	空气中浓度超标时，必须佩戴自吸过滤式防毒面具(全面罩)或隔离式呼吸器。紧急事态抢救或撤离时，佩戴自给式呼吸器。
眼睛防护	呼吸系统防护中已做防护。
身体防护	穿橡胶耐酸碱服。
手防护	戴橡胶耐酸碱手套。
其他防护	工作现场禁止吸烟、进食和饮水。工作现场禁止吸烟、进食和饮水。工作完毕，淋浴更衣。

品名：**氯磺酸**	分子式：$HClO_3S$	相态：液
别名：氯化硫酸；氯硫酸	分子量：116.5	外观与性状：无色半油状液体，有极浓的刺激性气味

危险特性

火灾危险性：可燃液体丙 B 腐蚀减薄：盐酸腐蚀、硫酸腐蚀、低分子有机酸腐蚀、含盐水腐蚀 环境开裂：氯化物应力腐蚀开裂、氢脆、连多硫酸应力腐蚀开裂、硫酸盐应力腐蚀开裂	爆炸物：无 金属腐蚀：无 急性毒性：类别 2	皮肤腐蚀/刺激：类别 1 严重眼损伤/眼刺激：类别 1

强氧化剂。遇水猛烈分解。产生大量的热和浓烟，甚至爆炸。在潮湿空气中与金属接触，能腐蚀金属并放出氢气，容易燃烧爆炸。与易燃物(如苯)和可燃(如糖、纤维素等)接触会发生剧烈反应，甚至引起燃烧。具有强腐蚀性。

理化特性

熔点：-80.0℃	临界温度：无资料	爆炸上限：无资料	引燃温度：无资料
沸点：158.0℃	临界压力：8.50MPa	爆炸下限：无资料	燃烧热：无资料
闪点：无资料	饱和蒸气压：0.13kPa(32℃)	相对密度($d_水=1$)：1.77	

溶解性	不溶于二硫化碳、四氯化碳，溶于氯仿、乙酸。
主要用途	用于制造磺胺类药品，用作染料中间体、硬化剂、脱水剂及合成糖精等。

急救措施

皮肤接触	脱去污染的衣着，用大量流动清水清洗皮肤至少 15min。
眼睛接触	提起眼睑，用流动清水或生理盐水冲洗至少 15min。就医。
吸入	迅速脱离现场至空气新鲜处，保持呼吸道通畅。如呼吸困难，给输氧。
食入	用水漱口，给饮牛奶或蛋清。就医。

防护措施

呼吸防护	可能接触其粉尘时，必须佩戴防尘面具(全面罩)。紧急事态抢救或撤离时，应该佩戴空气呼吸器。
眼睛防护	呼吸系统防护中已做防护。
身体防护	穿胶布防毒衣。
手防护	戴橡胶手套。
其他防护	工作现场禁止吸烟、进食和饮水。工作完毕，淋浴更衣。保持良好的卫生习惯。

品名：**2-氯甲苯**	分子式：C_7H_7Cl	相态：液
别名：邻氯甲苯	分子量：126.6	外观与性状：无色液体

危险特性

火灾危险性：可燃液体乙 B 腐蚀减薄：无 环境开裂：无	爆炸物：无 金属腐蚀：无 急性毒性：无	皮肤腐蚀/刺激：无 易燃液体：类别 3

其蒸气与空气可形成爆炸性混合物，遇明火、高热能引起燃烧爆炸。与氧化剂可发生反应。本品在加热和水分影响下，逐渐分解放出腐蚀性强的氯化氢气体。流速过快，容易产生和积聚静电。其蒸气比空气重，能在较低处扩散到相当远的地方，遇火源会着火回燃。若遇高热，容器内压增大，有开裂和爆炸的危险。

理化特性

熔点：-35.5℃	临界温度：381.1℃	爆炸上限：无资料	引燃温度：无资料
沸点：158.5℃	临界压力：无资料	爆炸下限：无资料	燃烧热：无资料
闪点：47.0℃	饱和蒸气压：1.33kPa(43℃)	相对密度($d_水=1$)：1.08	

溶解性	不溶于水，可混溶于多数有机溶剂。
主要用途	制造农药、医药、染料及过氧化物的中间体和溶剂。

急救措施

皮肤接触	脱去污染的衣着，用大量流动清水清洗皮肤。
眼睛接触	提起眼睑，用流动清水或生理盐水冲洗。就医。
吸入	迅速脱离现场至空气新鲜处，保持呼吸道通畅。如呼吸困难，给输氧。
食入	饮足量温水，催吐。就医。

防护措施

呼吸防护	作业工人应该佩戴自吸过滤式防尘口罩。必要时，建议佩戴空气呼吸器、氧气呼吸器或长管面具。
眼睛防护	戴化学安全防护眼镜。
身体防护	穿聚乙烯防毒服。
手防护	戴橡胶手套。
其他防护	工作现场禁止吸烟、进食和饮水。工作完毕，淋浴更衣。注意个人清洁卫生。实行就业前和定期的体检。

品名：**3-氯甲苯** 别名：间氯甲苯	分子式：C_7H_7Cl 分子量：126.6	相态：液 外观与性状：无色液体
危险特性		
火灾危险性：可燃液体乙 B 腐蚀减薄：无 环境开裂：无	爆炸物：无 金属腐蚀：无 急性毒性：无	皮肤腐蚀/刺激：无 易燃液体：类别 3
其蒸气与空气可形成爆炸性混合物，遇明火、高热能引起燃烧爆炸。与氧化剂可发生反应。本品在加热和水分影响下，逐渐分解放出腐蚀性强的氯化氢气体。流速过快，容易产生和积聚静电。其蒸气比空气重，能在较低处扩散到相当远的地方，遇火源会着火回燃。若遇高热，容器内压增大，有开裂和爆炸的危险。		
理化特性		
熔点：-48.7℃ 沸点：161.2℃ 闪点：50.0℃	临界温度：无资料 临界压力：无资料 饱和蒸气压：0.13kPa(4.8℃)	爆炸上限：无资料 爆炸下限：无资料 相对密度($d_{水}$=1)：1.07 引燃温度：无资料 燃烧热：-3749.0kJ/mol
溶解性	不溶于水，溶于乙醇、苯、氯仿，易溶于乙醚等。	
主要用途	制造农药、医药、染料及过氧化物的中间体和溶剂。	
急救措施		
皮肤接触	脱去污染的衣着，用大量流动清水清洗皮肤。	
眼睛接触	提起眼睑，用流动清水或生理盐水冲洗。就医。	
吸入	迅速脱离现场至空气新鲜处，保持呼吸道通畅。如呼吸困难，给输氧。	
食入	饮足量温水，催吐。就医。	
防护措施		
呼吸防护	可能接触其烟雾时，佩戴过滤式防毒面具(半面罩)或空气呼吸器。紧急事态抢救或撤离时，建议佩戴氧气呼吸器。	
眼睛防护	戴化学安全防护眼镜。	
身体防护	穿橡胶耐酸碱服。	
手防护	戴橡胶耐酸碱手套。	
其他防护	工作现场禁止吸烟、进食和饮水。工作完毕，淋浴更衣。单独存放被毒物污染的衣服，洗后备用。保持良好的卫生习惯。	

品名：**4-氯甲苯** 别名：对氯甲苯	分子式：C_7H_7Cl 分子量：126.6	相态：液 外观与性状：无色液体，有特殊气味
危险特性		
火灾危险性：可燃液体乙 B 腐蚀减薄：无 环境开裂：无	爆炸物：无 金属腐蚀：无 急性毒性：无	皮肤腐蚀/刺激：无 易燃液体：类别 3
易燃，遇明火有引起燃烧的危险。与氧化剂接触猛烈反应。		
理化特性		
熔点：7.5℃ 沸点：161.5℃ 闪点：49.0℃	临界温度：385.7℃ 临界压力：3.91MPa 饱和蒸气压：1.33kPa(45℃)	爆炸上限：无资料 爆炸下限：无资料 相对密度($d_{水}$=1)：1.07 引燃温度：595.0℃ 燃烧热：无资料
溶解性	不溶于水，溶于乙醇、氯仿、乙酸，可混溶于乙醚。	
主要用途	用于有机合成、染料中间体的制备，用作溶剂。	
急救措施		
皮肤接触	脱去污染的衣着，用大量流动清水清洗皮肤。	
眼睛接触	提起眼睑，用流动清水或生理盐水冲洗。就医。	
吸入	迅速脱离现场至空气新鲜处。保持呼吸道通畅。如呼吸困难，给输氧。如呼吸停止，立即进行人工呼吸。就医。	
食入	饮足量温水，催吐。就医。	
防护措施		
呼吸防护	空气中浓度超标时，必须佩戴自吸过滤式防毒面具(半面罩)。紧急事态抢救或撤离时，应该佩戴空气呼吸器。	
眼睛防护	戴化学安全防护眼镜。	
身体防护	穿防静电工作服。	
手防护	戴橡胶耐油手套。	
其他防护	工作现场严禁吸烟。工作完毕，淋浴更衣。注意个人清洁卫生。	

品名：**氯甲基甲醚** 别名：甲基氯甲醚；氯二甲醚		分子式：C_2H_5ClO 分子量：80.5	相态：液 外观与性状：无色或微黄色液体，带有刺激性气味
危险特性			
火灾危险性：可燃液体甲 B 腐蚀减薄：无 环境开裂：无		爆炸物：无 金属腐蚀：无 急性毒性：类别 1	皮肤腐蚀/刺激：无 易燃液体：类别 2
遇高热、明火、氧化剂有引起燃烧的危险。长期储存，可生成具有潜在爆炸危险性的过氧化物。遇潮气、水分分解出有毒的甲醛气体。其蒸气比空气重，能在较低处扩散到相当远的地方，遇火源会着火回燃。			
理化特性			
熔点：-103.5℃ 沸点：59.5℃ 闪点：15.5℃	临界温度：无资料 临界压力：无资料 饱和蒸气压：34.66kPa(20℃)	爆炸上限：无资料 爆炸下限：无资料 相对密度($d_{水}=1$)：1.06	引燃温度：无资料 燃烧热：无资料
溶解性	溶于乙醇、乙醚等多数有机溶剂。		
主要用途	作为氯甲基化剂。		
急救措施			
皮肤接触	立即脱去污染的衣着，用大量流动清水冲洗至少 15min。就医。		
眼睛接触	立即提起眼睑，用大量流动清水或生理盐水彻底冲洗至少 15min。就医。		
吸入	迅速脱离现场至空气新鲜处。保持呼吸道通畅。如呼吸困难，给输氧。如呼吸停止，立即进行人工呼吸。就医。		
食入	用水漱口，给饮牛奶或蛋清。就医。		
防护措施			
呼吸防护	空气中浓度超标时，必须佩戴自吸过滤式防毒面具(半面罩)。紧急事态抢救或撤离时，应该佩戴自给式呼吸器。		
眼睛防护	戴化学安全防护眼镜。		
身体防护	穿防毒物渗透工作服。		
手防护	戴橡胶耐油手套。		
其他防护	工作现场严禁吸烟。工作完毕，淋浴更衣。注意个人清洁卫生。		

品名：**氯甲基三甲基硅烷** 别名：三甲基氯甲硅烷		分子式：$C_4H_{11}ClSi$ 分子量：122.7	相态：液 外观与性状：透明无色液体
危险特性			
火灾危险性：可燃液体甲 B 腐蚀减薄：无 环境开裂：无		爆炸物：无 金属腐蚀：无 急性毒性：无	皮肤腐蚀/刺激：类别 2 易燃液体：类别 2 严重眼损伤/眼刺激：类别 2
其蒸气与空气可形成爆炸性混合物，遇明火、高热极易燃烧爆炸。与氧化剂接触猛烈反应。遇水发生剧烈反应，散发出具有刺激性和腐蚀性的氯化氢气体。受高热分解放出有毒的气体。遇潮时对大多数金属有腐蚀性。若遇高热，容器内压增大，有开裂和爆炸的危险。			
理化特性			
熔点：97.0℃ 沸点：96.0℃ 闪点：-2.8℃	临界温度：无资料 临界压力：无资料 饱和蒸气压：3.33kPa(20℃)	爆炸上限：无资料 爆炸下限：无资料 相对密度($d_{水}=1$)：无资料	引燃温度：-3.0℃ 燃烧热：无资料
溶解性	无资料。		
主要用途	无资料。		
急救措施			
皮肤接触	脱去污染的衣着，用大量肥皂水和水清洗皮肤。		
眼睛接触	提起眼睑，用流动清水或生理盐水冲洗。就医。		
吸入	迅速脱离现场至空气新鲜处。保持呼吸道通畅。		
食入	用水漱口，给饮牛奶或蛋清。就医。		
防护措施			
呼吸防护	空气中浓度超标时，必须佩戴自吸过滤式防毒面具(全面罩)。紧急事态抢救或撤离时，应该佩戴空气呼吸器。		
眼睛防护	呼吸系统防护中已做防护。		
身体防护	穿橡胶耐酸碱服。		
手防护	戴橡胶耐酸碱手套。		
其他防护	工作现场禁止吸烟、进食和饮水。工作完毕，淋浴更衣。保持良好的卫生习惯。		

品名：**氯甲基乙醚**	分子式：C_3H_7ClO	相态：液
别名：氯甲基乙基醚	分子量：94.5	外观与性状：无色液体

危险特性

火灾危险性：可燃液体甲 B	爆炸物：无	皮肤腐蚀/刺激：无
腐蚀减薄：无	金属腐蚀：无	易燃液体：类别 2
环境开裂：无	急性毒性：类别 3	

遇高热、明火、氧化剂有引起燃烧的危险。接触空气或在光照条件下可生成具有潜在爆炸危险性的过氧化物。遇潮气、水分分解出有毒的甲醛气体。其蒸气比空气重，能在较低处扩散到相当远的地方，遇火源会着火回燃。

理化特性

熔点：无资料	临界温度：无资料	爆炸上限：无资料	引燃温度：无资料
沸点：82.0℃	临界压力：无资料	爆炸下限：无资料	燃烧热：无资料
闪点：-6.0℃	饱和蒸气压：无资料	相对密度($d_水=1$)：1.02	

溶解性	溶于多数有机溶剂。
主要用途	用于有机合成。

急救措施

皮肤接触	脱去污染的衣着，用肥皂水和清水彻底冲洗皮肤。
眼睛接触	提起眼睑，用流动清水或生理盐水冲洗。就医。
吸入	迅速脱离现场至空气新鲜处。保持呼吸道通畅。如呼吸困难，给输氧。如呼吸停止，立即进行人工呼吸。就医。
食入	饮足量温水，催吐。就医。

防护措施

呼吸防护	可能接触其蒸气时，应该佩戴过滤式防毒面具(半面罩)。紧急事态抢救或撤离时，应该佩戴空气呼吸器。
眼睛防护	戴化学安全防护眼镜。
身体防护	穿防静电工作服。
手防护	戴橡胶耐油手套。
其他防护	工作现场禁止吸烟、进食和饮水。工作完毕，淋浴更衣。保持良好的卫生习惯。

品名：**氯甲酸-2-乙基己酯**	分子式：$C_9H_{17}ClO_2$	相态：液
别名：无	分子量：192.7	外观与性状：无色液体

危险特性

火灾危险性：可燃液体丙 A	爆炸物：无	皮肤腐蚀/刺激：类别 2
腐蚀减薄：低分子有机酸腐蚀	金属腐蚀：无	
环境开裂：无	急性毒性：类别 1	

遇明火、高热可燃。与氧化剂可发生反应。遇水或水蒸气反应放热并产生有毒的腐蚀性气体。受高热分解放出有毒的气体。具有腐蚀性。若遇高热，容器内压增大，有开裂和爆炸的危险。

理化特性

熔点：无资料	临界温度：无资料	爆炸上限：无资料	引燃温度：无资料
沸点：106.0℃	临界压力：无资料	爆炸下限：无资料	燃烧热：无资料
闪点：73.0℃	饱和蒸气压：0.133kPa(45℃)	相对密度($d_水=1$)：无资料	

溶解性	溶于乙醚。
主要用途	用于有机合成。

急救措施

皮肤接触	立即脱去污染的衣着，用大量流动清水冲洗至少 15min。就医。
眼睛接触	立即提起眼睑，用大量流动清水或生理盐水彻底冲洗至少 15min。就医。
吸入	迅速脱离现场至空气新鲜处。保持呼吸道通畅。如呼吸困难，给输氧。如呼吸停止，立即进行人工呼吸。就医。
食入	用水漱口，给饮牛奶或蛋清。就医。

防护措施

呼吸防护	空气中浓度超标时，必须佩戴自吸过滤式防毒面具(全面罩)。紧急事态抢救或撤离时，应该佩戴空气呼吸器。
眼睛防护	呼吸系统防护中已做防护。
身体防护	穿胶布防毒衣。
手防护	戴橡胶手套。
其他防护	工作现场禁止吸烟、进食和饮水。工作完毕，淋浴更衣。保持良好的卫生习惯。

品名：**氯甲酸苯酯**		分子式：$C_7H_5ClO_2$	相态：液
别名：无		分子量：156.6	外观与性状：无色油状液体
危险特性			
火灾危险性：可燃液体丙 A		爆炸物：无	皮肤腐蚀/刺激：类别 1
腐蚀减薄：低分子有机酸腐蚀		金属腐蚀：无	严重眼损伤/眼刺激：类别 1
环境开裂：无		急性毒性：类别 1	
可燃。遇明火能燃烧。遇水或受热会反应放出具有刺激性和腐蚀性的白色氯化氢烟雾。			
理化特性			
熔点：-38.0℃	临界温度：无资料	爆炸上限：无资料	引燃温度：560.0℃
沸点：186.5℃	临界压力：无资料	爆炸下限：无资料	燃烧热：无资料
闪点：75.0℃	饱和蒸气压：1.73kPa(74℃)	相对密度($d_水=1$)：1.25	
溶解性	不溶于水，溶于乙醇、乙醚，易溶于石油醚。		
主要用途	用于有机合成。		
急救措施			
皮肤接触	脱去污染的衣着，用大量清水冲洗皮肤。		
眼睛接触	提起眼睑，用流动清水或生理盐水冲洗至少 15min。就医。		
吸入	迅速脱离现场至空气新鲜处。保持呼吸道通畅。如呼吸困难，给输氧。如呼吸停止，立即进行人工呼吸。就医。		
食入	饮足量温水，催吐。就医。		
防护措施			
呼吸防护	空气中浓度超标时，必须佩戴自吸过滤式防毒面具(全面罩)。紧急事态抢救或撤离时，应该佩戴空气呼吸器。		
眼睛防护	呼吸系统防护中已做防护。		
身体防护	穿胶布防毒衣。		
手防护	戴橡胶耐油手套。		
其他防护	工作现场禁止吸烟、进食和饮水。现场备有冲洗眼及皮肤的设备。工作完毕，彻底清洗。单独存放被毒物污染的衣服，洗后备用。		

品名：**氯甲酸苄酯**		分子式：$C_8H_7ClO_2$	相态：液
别名：苯甲氧基碳酰氯		分子量：170.6	外观与性状：无色至浅黄色液体，有刺激性气味，具有催泪性
危险特性			
火灾危险性：可燃液体丙 A		爆炸物：无	皮肤腐蚀/刺激：类别 1
腐蚀减薄：低分子有机酸腐蚀		金属腐蚀：无	严重眼损伤/眼刺激：类别 1
环境开裂：无		急性毒性：无	
遇明火、高热可燃。与氧化剂可发生反应。遇水或水蒸气反应放热并产生有毒的腐蚀性气体。受高热分解放出有毒的气体。若遇高热，容器内压增大，有开裂和爆炸的危险。			
理化特性			
熔点：无资料	临界温度：无资料	爆炸上限：无资料	引燃温度：无资料
沸点：152.0℃	临界压力：无资料	爆炸下限：无资料	燃烧热：无资料
闪点：80.0℃	饱和蒸气压：0.266kPa(78℃)	相对密度($d_水=1$)：1.20	
溶解性	溶于醚、苯、氯仿。		
主要用途	用于生化研究及肽合成的保护基。		
急救措施			
皮肤接触	立即脱去污染的衣着，用大量流动清水冲洗至少 15min。就医。		
眼睛接触	立即提起眼睑，用大量流动清水或生理盐水彻底冲洗至少 15min。就医。		
吸入	迅速脱离现场至空气新鲜处。保持呼吸道通畅。如呼吸困难，给输氧。如呼吸停止，立即进行人工呼吸。就医。		
食入	用水漱口，给饮牛奶或蛋清。就医。		
防护措施			
呼吸防护	空气中浓度超标时，必须佩戴自吸过滤式防毒面具(全面罩)。紧急事态抢救或撤离时，应该佩戴空气呼吸器。		
眼睛防护	呼吸系统防护中已做防护。		
身体防护	穿橡胶耐酸碱服。		
手防护	戴橡胶耐酸碱手套。		
其他防护	工作现场禁止吸烟、进食和饮水。工作完毕，淋浴更衣。保持良好的卫生习惯。		

品名：**氯甲酸环丁酯**	分子式：$C_5H_7ClO_2$	相态：液
别名：无	分子量：134.6	外观与性状：无资料
危险特性		
火灾危险性：可燃液体乙B 腐蚀减薄：低分子有机酸腐蚀 环境开裂：无	爆炸物：无 金属腐蚀：无 急性毒性：类别3	皮肤腐蚀/刺激：类别1 易燃液体：类别3 严重眼损伤/眼刺激：类别1
无资料。		
理化特性		
熔点：无资料 沸点：148.3℃ 闪点：56.8℃	临界温度：无资料 临界压力：无资料 饱和蒸气压：无资料	爆炸上限：无资料　引燃温度：无资料 爆炸下限：无资料　燃烧热：无资料 相对密度($d_{水}=1$)：无资料
溶解性	无资料。	
主要用途	无资料。	
急救措施		
皮肤接触	脱去污染的衣着，用大量流动清水清洗皮肤。	
眼睛接触	提起眼睑，用流动清水或生理盐水冲洗。就医。	
吸入	迅速脱离现场至空气新鲜处。保持呼吸道通畅。	
食入	用水漱口。就医。	
防护措施		
呼吸防护	无资料。	
眼睛防护	无资料。	
身体防护	无资料。	
手防护	无资料。	
其他防护	无资料。	

品名：**氯甲酸甲酯**	分子式：$C_2H_3ClO_2$	相态：液
别名：氯碳酸甲酯	分子量：94.5	外观与性状：无色液体，有强烈刺激性气味
危险特性		
火灾危险性：可燃液体甲B 腐蚀减薄：二氧化碳腐蚀、低分子有机酸腐蚀、碱腐蚀 环境开裂：碳酸盐应力腐蚀开裂、碱应力腐蚀开裂	爆炸物：无 金属腐蚀：无 急性毒性：类别2	皮肤腐蚀/刺激：类别1 易燃液体：类别2 严重眼损伤/眼刺激：类别1
遇明火、高热易引起燃烧，并放出有毒气体。遇水或水蒸气反应放热并产生有毒的腐蚀性气体。具有腐蚀性。		
理化特性		
熔点：无资料 沸点：71.4℃ 闪点：18.0℃	临界温度：无资料 临界压力：无资料 饱和蒸气压：16.93kPa(20℃)	爆炸上限：无资料　引燃温度：504.0℃ 爆炸下限：无资料　燃烧热：无资料 相对密度($d_{水}=1$)：1.22
溶解性	不溶于水，溶于苯、甲醇、乙醚等多数有机溶剂。	
主要用途	用于有机合成及制造杀虫剂，也用于制取催泪毒气弹。	
急救措施		
皮肤接触	立即脱去污染的衣着，用大量流动清水冲洗至少15min。就医。	
眼睛接触	立即提起眼睑，用大量流动清水或生理盐水彻底冲洗至少15min。就医。	
吸入	迅速脱离现场至空气新鲜处。保持呼吸道通畅。如呼吸困难，给输氧。如呼吸停止，立即进行人工呼吸。就医。	
食入	用水漱口，给饮牛奶或蛋清。就医。	
防护措施		
呼吸防护	可能接触其蒸气时，佩戴自吸过滤式防毒面具(全面罩)。必要时，佩戴空气呼吸器。	
眼睛防护	戴化学安全防护眼镜。	
身体防护	穿防毒物渗透工作服。	
手防护	戴橡胶耐油手套。	
其他防护	工作现场严禁吸烟。工作完毕，淋浴更衣。特别注意眼和呼吸道的防护。	

品名：**氯甲酸氯甲酯** 别名：无	分子式：$C_2H_2Cl_2O_2$ 分子量：128.9	相态：液 外观与性状：有渗透性、刺激性的无色液体，易分解	
危险特性			
火灾危险性：可燃液体甲 B 腐蚀减薄：低分子有机酸腐蚀 环境开裂：无	爆炸物：无 金属腐蚀：无 急性毒性：类别 2	皮肤腐蚀/刺激：类别 1 严重眼损伤/眼刺激：类别 1	
可燃。遇水或水蒸气反应放热并产生有毒的腐蚀性气体。			
理化特性			
熔点：-20.0℃ 沸点：107.0℃ 闪点：无资料	临界温度：无资料 临界压力：无资料 饱和蒸气压：无资料	爆炸上限：无资料 爆炸下限：无资料 相对密度($d_水=1$)：1.47	引燃温度：无资料 燃烧热：无资料
溶解性	无资料。		
主要用途	用于合成反应，也用作催泪毒气弹。		
急救措施			
皮肤接触	立即脱去污染的衣着，用大量流动清水冲洗至少 15min。就医。		
眼睛接触	立即提起眼睑，用大量流动清水或生理盐水彻底冲洗至少 15min。就医。		
吸入	迅速脱离现场至空气新鲜处。保持呼吸道通畅。如呼吸困难，给输氧。如呼吸停止，立即进行人工呼吸。就医。		
食入	用水漱口，给饮牛奶或蛋清。就医。		
防护措施			
呼吸防护	空气中浓度超标时，必须佩戴自吸过滤式防毒面具(全面罩)。紧急事态抢救或撤离时，应该佩戴空气呼吸器。		
眼睛防护	呼吸系统防护中已做防护。		
身体防护	穿胶布防毒衣。		
手防护	戴橡胶耐油手套。		
其他防护	工作现场禁止吸烟、进食和饮水。工作完毕，彻底清洗。工作服不准带至非作业场所。单独存放被毒物污染的衣服，洗后备用。		

品名：**氯甲酸三氯甲酯** 别名：双光气	分子式：$C_2Cl_4O_2$ 分子量：197.8	相态：液 外观与性状：无色液体，有窒息性	
危险特性			
火灾危险性：可燃液体乙 A 腐蚀减薄：低分子有机酸腐蚀 环境开裂：无	爆炸物：无 金属腐蚀：无 急性毒性：类别 2	皮肤腐蚀/刺激：类别 1 严重眼损伤/眼刺激：类别 1	
遇高热、碱类、活性炭能产生剧毒的光气。遇水或水蒸气反应放热并产生有毒的腐蚀性气体。			
理化特性			
熔点：-57.0℃ 沸点：128.0℃ 闪点：无资料	临界温度：无资料 临界压力：无资料 饱和蒸气压：1.37kPa(20℃)	爆炸上限：无资料 爆炸下限：无资料 相对密度($d_水=1$)：1.65	引燃温度：无资料 燃烧热：无资料
溶解性	不溶于水，溶于醇、乙醚等多数有机溶剂。		
主要用途	用于有机合成。		
急救措施			
皮肤接触	脱去污染的衣着，用大量流动清水冲洗皮肤。		
眼睛接触	提起眼睑，用流动清水或生理盐水冲洗。就医。		
吸入	迅速脱离现场至空气新鲜处。保持呼吸道通畅。如呼吸困难，给输氧。如呼吸停止，立即进行人工呼吸。就医。		
食入	饮足量温水，催吐。就医。		
防护措施			
呼吸防护	空气中浓度超标时，必须佩戴自吸过滤式防毒面具(全面罩)。紧急事态抢救或撤离时，应该佩戴空气呼吸器。		
眼睛防护	呼吸系统防护中已做防护。		
身体防护	穿胶布防毒衣。		
手防护	戴橡胶耐油手套。		
其他防护	工作现场禁止吸烟、进食和饮水。工作完毕，彻底清洗。工作服不准带至非作业场所。单独存放被毒物污染的衣服，洗后备用。		

品名：**氯甲酸乙酯** 别名：氯碳酸乙酯	分子式：$C_3H_5ClO_2$ 分子量：108.5	相态：液 外观与性状：无色液体，有刺激性气味	
危险特性			
火灾危险性：可燃液体甲 B 腐蚀减薄：二氧化碳腐蚀、低分子有机酸腐蚀、碱腐蚀 环境开裂：碳酸盐应力腐蚀开裂、碱应力腐蚀开裂	爆炸物：无 金属腐蚀：无 急性毒性：类别 2	皮肤腐蚀/刺激：类别 1 易燃液体：类别 2 严重眼损伤/眼刺激：类别 1	
遇明火、高热易引起燃烧，并放出有毒气体。遇水或水蒸气反应放热并产生有毒的腐蚀性气体。具有腐蚀性。			
理化特性			
熔点：-80.6℃ 沸点：94.0℃ 闪点：16.0℃	临界温度：无资料 临界压力：无资料 饱和蒸气压：7.06kPa(20℃)	爆炸上限：无资料 爆炸下限：无资料 相对密度($d_水$=1)：1.14	引燃温度：500.0℃ 燃烧热：无资料
溶解性	不溶于水，溶于苯、氯仿、乙醚等多数有机溶剂。		
主要用途	用于有机合成及用作溶剂。		
急救措施			
皮肤接触	立即脱去污染的衣着，用大量流动清水冲洗至少 15min。就医。		
眼睛接触	立即提起眼睑，用大量流动清水或生理盐水彻底冲洗至少 15min。就医。		
吸入	迅速脱离现场至空气新鲜处。保持呼吸道通畅。如呼吸困难，给输氧。如呼吸停止，立即进行人工呼吸。就医。		
食入	用水漱口，给饮牛奶或蛋清。就医。		
防护措施			
呼吸防护	可能接触其蒸气时，佩戴自吸过滤式防毒面具(半面罩)。必要时，佩戴空气呼吸器。		
眼睛防护	戴化学安全防护眼镜。		
身体防护	穿防毒物渗透工作服。		
手防护	戴橡胶耐油手套。		
其他防护	工作现场严禁吸烟。工作完毕，淋浴更衣。特别注意眼和呼吸道的防护。		

品名：**氯甲酸异丙酯** 别名：无	分子式：$C_4H_7ClO_2$ 分子量：122.6	相态：液 外观与性状：无色液体	
危险特性			
火灾危险性：可燃液体甲 B 腐蚀减薄：低分子有机酸腐蚀 环境开裂：无	爆炸物：无 金属腐蚀：无 急性毒性：类别 1	皮肤腐蚀/刺激：类别 1 易燃液体：类别 2 严重眼损伤/眼刺激：类别 1	
其蒸气与空气可形成爆炸性混合物，遇明火、高热或与氧化剂接触，有引起燃烧爆炸的危险。受热分解能放出剧毒的光气。遇水或水蒸气反应放热并产生有毒的腐蚀性气体。其蒸气比空气重，能在较低处扩散到相当远的地方，遇火源会着火回燃。			
理化特性			
熔点：-80.0℃ 沸点：104.6℃ 闪点：-11.0℃	临界温度：无资料 临界压力：无资料 饱和蒸气压：2.8kPa(20℃)	爆炸上限：15.0% 爆炸下限：4.0% 相对密度($d_水$=1)：1.08	引燃温度：无资料 燃烧热：无资料
溶解性	不溶于水，溶于乙醚。		
主要用途	用作农药中间体。		
急救措施			
皮肤接触	立即脱去污染的衣着，用大量流动清水冲洗至少 15min。就医。		
眼睛接触	立即提起眼睑，用大量流动清水或生理盐水彻底冲洗至少 15min。就医。		
吸入	迅速脱离现场至空气新鲜处。保持呼吸道通畅。如呼吸困难，给输氧。如呼吸停止，立即进行人工呼吸。就医。		
食入	用水漱口，给饮牛奶或蛋清。就医。		
防护措施			
呼吸防护	可能接触其蒸气时，佩戴自吸过滤式防毒面具(半面罩)。必要时，佩戴空气呼吸器。		
眼睛防护	戴化学安全防护眼镜。		
身体防护	穿防毒物渗透工作服。		
手防护	戴橡胶耐油手套。		
其他防护	工作现场严禁吸烟。工作完毕，淋浴更衣。特别注意眼和呼吸道的防护。		

品名：**氯甲酸异丁酯**	分子式：$C_5H_9ClO_2$	相态：液
别名：无	分子量：136.6	外观与性状：无色液体，有刺激性气味

危险特性

火灾危险性：可燃液体甲 B	爆炸物：无	皮肤腐蚀/刺激：类别 1
腐蚀减薄：低分子有机酸腐蚀	金属腐蚀：无	易燃液体：类别 3
环境开裂：无	急性毒性：类别 3	严重眼损伤/眼刺激：类别 1

遇明火、高热易燃。遇水或受热分解，放出有毒的腐蚀性烟气。其蒸气比空气重，能在较低处扩散到相当远的地方，遇火源会着火回燃。若遇高热，容器内压增大，有开裂和爆炸的危险。

理化特性

熔点：无资料	临界温度：无资料	爆炸上限：无资料	引燃温度：无资料
沸点：128.8℃	临界压力：无资料	爆炸下限：无资料	燃烧热：无资料
闪点：27.0℃	饱和蒸气压：2.27kPa(20℃)	相对密度($d_水=1$)：1.05	

溶解性	溶于热乙醇、苯、氯仿，可混溶于乙醚。
主要用途	用于有机合成。

急救措施

皮肤接触	立即脱去污染的衣着，用大量流动清水冲洗至少 15min。就医。
眼睛接触	立即提起眼睑，用大量流动清水或生理盐水彻底冲洗至少 15min。就医。
吸入	迅速脱离现场至空气新鲜处。保持呼吸道通畅。如呼吸困难，给输氧。如呼吸停止，立即进行人工呼吸。就医。
食入	用水漱口，给饮牛奶或蛋清。就医。

防护措施

呼吸防护	可能接触其蒸气时，建议佩戴自吸过滤式防毒面具(半面罩)。紧急事态抢救或撤离时，建议佩戴隔离式呼吸器。
眼睛防护	戴化学安全防护眼镜。
身体防护	穿防毒物渗透工作服。
手防护	戴橡胶耐油手套。
其他防护	工作现场禁止吸烟、进食和饮水。特别注意眼和呼吸道的防护。工作完毕，彻底清洗。单独存放被毒物污染的衣服，洗后备用。

品名：**氯甲酸正丙酯**	分子式：$C_4H_7ClO_2$	相态：液
别名：氯甲酸丙酯	分子量：122.6	外观与性状：无色至淡黄色透明液体

危险特性

火灾危险性：可燃液体乙 A	爆炸物：无	皮肤腐蚀/刺激：类别 1
腐蚀减薄：低分子有机酸腐蚀	金属腐蚀：无	易燃液体：类别 2
环境开裂：无	急性毒性：类别 3	严重眼损伤/眼刺激：类别 1

无资料。

理化特性

熔点：-70.0℃	临界温度：无资料	爆炸上限：无资料	引燃温度：475.0℃
沸点：116.2℃	临界压力：无资料	爆炸下限：无资料	燃烧热：无资料
闪点：28.9℃	饱和蒸气压：2.66kPa(25℃)	相对密度($d_水=1$)：1.09	

溶解性	无资料。
主要用途	无资料。

急救措施

皮肤接触	脱去污染的衣着，用大量流动清水清洗皮肤。
眼睛接触	提起眼睑，用流动清水或生理盐水冲洗。就医。
吸入	迅速脱离现场至空气新鲜处。保持呼吸道通畅。
食入	用水漱口。就医。

防护措施

呼吸防护	可能接触其蒸气时，必须佩戴自吸过滤式防毒面具(半面罩)。紧急事态抢救或撤离时，佩戴氧气呼吸器。
眼睛防护	戴化学安全防护眼镜。
身体防护	穿防毒物渗透工作服。
手防护	戴橡胶手套。
其他防护	工作现场禁止吸烟、进食和饮水。现场备有冲洗眼及皮肤的设备。工作完毕，彻底清洗。单独存放被毒物污染的衣服，洗后备用。

品名：**氯甲酸正丁酯**	分子式：$C_5H_9ClO_2$	相态：液
别名：氯甲酸丁酯	分子量：136.6	外观与性状：无色液体，有刺激性气味

危险特性

火灾危险性：可燃液体甲 B	爆炸物：无	皮肤腐蚀/刺激：类别 1
腐蚀减薄：低分子有机酸腐蚀	金属腐蚀：无	易燃液体：类别 3
环境开裂：无	急性毒性：类别 3	严重眼损伤/眼刺激：类别 1

遇明火、高热易燃。遇水或受热分解，放出有毒的腐蚀性烟气。其蒸气比空气重，能在较低处扩散到相当远的地方，遇火源会着火回燃。若遇高热，容器内压增大，有开裂和爆炸的危险。

理化特性

熔点：-70.0℃	临界温度：无资料	爆炸上限：无资料	引燃温度：285.0℃
沸点：142.0℃	临界压力：无资料	爆炸下限：无资料	燃烧热：无资料
闪点：25.0℃	饱和蒸气压：0.72kPa(20℃)	相对密度($d_{水}=1$)：1.05	

溶解性	可混溶于乙醚、苯。
主要用途	用于有机合成。

急救措施

皮肤接触	立即脱去污染的衣着，用大量流动清水冲洗至少 15min。就医。
眼睛接触	立即提起眼睑，用大量流动清水或生理盐水彻底冲洗至少 15min。就医。
吸入	迅速脱离现场至空气新鲜处。保持呼吸道通畅。如呼吸困难，给输氧。如呼吸停止，立即进行人工呼吸。就医。
食入	用水漱口，给饮牛奶或蛋清。就医。

防护措施

呼吸防护	可能接触其蒸气时，必须佩戴自吸过滤式防毒面具(半面罩)。紧急事态抢救或撤离时，佩戴隔离式呼吸器。
眼睛防护	戴化学安全防护眼镜。
身体防护	穿防毒物渗透工作服。
手防护	戴橡胶耐油手套。
其他防护	工作现场禁止吸烟、进食和饮水。特别注意眼和呼吸道的防护。工作完毕，彻底清洗。单独存放被毒物污染的衣服，洗后备用。

品名：**氯甲酸仲丁酯**	分子式：$C_5H_9ClO_2$	相态：液
别名：无	分子量：136.6	外观与性状：无色液体

危险特性

火灾危险性：可燃液体乙 A	爆炸物：无	皮肤腐蚀/刺激：类别 1
腐蚀减薄：低分子有机酸腐蚀	金属腐蚀：无	易燃液体：类别 3
环境开裂：无	急性毒性：类别 3	严重眼损伤/眼刺激：类别 1

无资料。

理化特性

熔点：无资料	临界温度：无资料	爆炸上限：无资料	引燃温度：无资料
沸点：134.0℃	临界压力：无资料	爆炸下限：无资料	燃烧热：无资料
闪点：35.8℃	饱和蒸气压：无资料	相对密度($d_{水}=1$)：无资料	

溶解性	无资料。
主要用途	无资料。

急救措施

皮肤接触	脱去污染的衣着，用大量流动清水清洗皮肤。
眼睛接触	提起眼睑，用流动清水或生理盐水冲洗。就医。
吸入	迅速脱离现场至空气新鲜处。保持呼吸道通畅。
食入	用水漱口。就医。

防护措施

呼吸防护	无资料。
眼睛防护	无资料。
身体防护	无资料。
手防护	无资料。
其他防护	无资料。

品名：**氯甲烷** 别名：R40；甲基氯；一氯甲烷	分子式：CH_3Cl 分子量：50.5		相态：气 外观与性状：无色气体，有醚样的微甜气味
危险特性			
火灾危险性：可燃气体甲 腐蚀减薄：无 环境开裂：无	爆炸物：无 金属腐蚀：无 急性毒性：无		皮肤腐蚀/刺激：无 易燃气体：类别 1 加压气体：是
与空气混合能形成爆炸性混合物。遇火花或高热能引起爆炸，并生成光气。接触铝及其合金能生成自燃性的铝化合物。			
理化特性			
熔点：-97.7℃ 沸点：-23.7℃ 闪点：-86.4℃	临界温度：143.8℃ 临界压力：6.68MPa 饱和蒸气压：506.62kPa(22℃)	爆炸上限：19.0% 爆炸下限：7.0% 相对密度($d_{水}=1$)：0.92	引燃温度：632.0℃ 燃烧热：685.5kJ/mol
溶解性	易溶于水、乙醇、氯仿等。		
主要用途	用作制冷剂、甲基化剂，还用于有机合成。		
急救措施			
皮肤接触	若有冻伤，立即治疗。		
眼睛接触	无资料。		
吸入	迅速脱离现场至空气新鲜处。保持呼吸道通畅。如呼吸困难，给输氧。如呼吸停止，立即进行人工呼吸。就医。		
食入	无资料。		
防护措施			
呼吸防护	空气中浓度超标时，必须佩戴自吸过滤式防毒面具(全面罩)。紧急事态抢救或撤离时，应该佩戴空气呼吸器。		
眼睛防护	戴化学安全防护眼镜。		
身体防护	穿透气型防毒服。		
手防护	戴防化学品手套。		
其他防护	工作现场禁止吸烟、进食和饮水。工作完毕，淋浴更衣。注意个人清洁卫生。		

品名：**6-氯间甲酚** 别名：R4-氯-5-羟基甲苯	分子式：C_7H_7ClO 分子量：142.6		相态：固 外观与性状：从石油醚中分析出的为白色棱柱状结晶
危险特性			
火灾危险性：可燃液体丙 A 腐蚀减薄：苯酚腐蚀 环境开裂：无	爆炸物：无 金属腐蚀：无 急性毒性：无		皮肤腐蚀/刺激：类别 2
遇明火、高热可燃。其粉体与空气可形成爆炸性混合物，当达到一定浓度时，遇火星会发生爆炸。遇高热分解放出高毒烟气。			
理化特性			
熔点：45.0℃ 沸点：196.0℃ 闪点：81.0℃	临界温度：无资料 临界压力：无资料 饱和蒸气压：无资料	爆炸上限：无资料 爆炸下限：无资料 相对密度($d_{水}=1$)：1.22	引燃温度：无资料 燃烧热：无资料
溶解性	不溶于水，溶于乙醇、乙醚。		
主要用途	用作有机合成、农药和染料的原料；也用作影片防腐剂。		
急救措施			
皮肤接触	脱去污染的衣着，用大量肥皂水和水清洗皮肤。		
眼睛接触	立即提起眼睑，用大量流动清水或生理盐水彻底冲洗至少 15min。就医。		
吸入	脱离现场至空气新鲜处。呼吸困难时给输氧。迅速脱离现场至空气新鲜处。保持呼吸道通畅。如呼吸困难，给输氧。如呼吸停止，立即进行人工呼吸。就医。		
食入	误服者，口服牛奶、豆浆或蛋清，催吐。就医。		
防护措施			
呼吸防护	可能接触其蒸气时，佩戴防毒口罩。紧急事态抢救或逃生时，应该佩戴自给式呼吸器。		
眼睛防护	戴化学安全防护眼镜。		
身体防护	穿胶布防毒衣。		
手防护	戴防化学品手套。		
其他防护	工作现场禁止吸烟、进食和饮水。工作后，淋浴更衣。车间应配备急救设备及药品。保持良好的卫生习惯。		

品名：**4-氯邻甲苯胺盐酸盐** 别名：盐酸-4-氯-2-甲苯胺	分子式：$C_7H_8ClNHCl$ 分子量：178.1	相态：固 外观与性状：白色或灰白色粉末
危险特性		
火灾危险性：无 腐蚀减薄：碱腐蚀、胺腐蚀 环境开裂：碱应力腐蚀开裂、胺应力腐蚀开裂、氢脆	爆炸物：无 金属腐蚀：无 急性毒性：类别 3	皮肤腐蚀/刺激：无
遇明火、高热可燃。其粉体与空气可形成爆炸性混合物，当达到一定浓度时，遇火星会发生爆炸。受高热分解放出有毒的气体。		

理化特性			
熔点：265.0℃	临界温度：无资料	爆炸上限：无资料	引燃温度：无资料
沸点：无资料	临界压力：无资料	爆炸下限：无资料	燃烧热：无资料
闪点：无资料	饱和蒸气压：无资料	相对密度($d_{水}=1$)：无资料	

溶解性	溶于水。
主要用途	用作显色剂，并用于染料制造。
急救措施	
皮肤接触	脱去污染的衣着，用大量流动清水冲洗皮肤。
眼睛接触	提起眼睑，用流动清水或生理盐水冲洗。就医。
吸入	迅速脱离现场至空气新鲜处。保持呼吸道通畅。如呼吸困难，给输氧。如呼吸停止，立即进行人工呼吸。就医。
食入	饮足量温水，催吐。就医。
防护措施	
呼吸防护	可能接触其粉尘时，必须佩戴防尘面具(全面罩)。紧急事态抢救或撤离时，应该佩戴空气呼吸器。
眼睛防护	呼吸系统防护中已做防护。
身体防护	穿透气型防毒服。
手防护	戴橡胶手套。
其他防护	工作现场禁止吸烟、进食和饮水。工作完毕，淋浴更衣。保持良好的卫生习惯。

品名：**2-氯三氟甲苯** 别名：邻氯三氟甲苯	分子式：$C_7H_4ClF_3$ 分子量：180.6	相态：液 外观与性状：透明无色至淡黄色液体
危险特性		
火灾危险性：可燃液体乙 A 腐蚀减薄：无 环境开裂：无	爆炸物：无 金属腐蚀：无 急性毒性：无	皮肤腐蚀/刺激：无
遇明火、高热、或与氧化剂接触能燃烧，并散发出有毒气体。		

理化特性			
熔点：-7.4℃	临界温度：无资料	爆炸上限：无资料	引燃温度：无资料
沸点：152.0℃	临界压力：无资料	爆炸下限：无资料	燃烧热：无资料
闪点：58.0℃	饱和蒸气压：无资料	相对密度($d_{水}=1$)：1.38	

溶解性	不溶于水，溶于乙醚、丙酮。
主要用途	用作药物、染料及化学品的中间体、溶剂及绝缘液。
急救措施	
皮肤接触	脱去污染的衣着，用大量流动清水冲洗皮肤。
眼睛接触	提起眼睑，用流动清水或生理盐水冲洗。就医。
吸入	迅速脱离现场至空气新鲜处。保持呼吸道通畅。如呼吸困难，给输氧。如呼吸停止，立即进行人工呼吸。就医。
食入	饮足量温水，催吐。就医。
防护措施	
呼吸防护	空气中浓度超标时，必须佩戴自吸过滤式防毒面具(全面罩)。紧急事态抢救或撤离时，应该佩戴空气呼吸器。
眼睛防护	呼吸系统防护中已做防护。
身体防护	穿胶布防毒衣。
手防护	戴橡胶耐油手套。
其他防护	工作现场禁止吸烟、进食和饮水。及时换洗工作服。

品名：**3-氯三氟甲苯** 别名：间氯三氟甲苯	分子式：$C_7H_4ClF_3$ 分子量：180.6	相态：液 外观与性状：一种无色透明液体带有一种樟脑丸的气味
危险特性		
火灾危险性：可燃液体乙 A 腐蚀减薄：无 环境开裂：无	爆炸物：无 金属腐蚀：无 急性毒性：无	皮肤腐蚀/刺激：无 易燃液体：类别 3
遇高热、明火或氧化剂，有引起燃烧的危险。遇水或高热能放出大量有毒的气体。		

理化特性

熔点：-56.0℃	临界温度：无资料	爆炸上限：无资料	引燃温度：无资料
沸点：135.9℃	临界压力：无资料	爆炸下限：无资料	燃烧热：无资料
闪点：38.3℃	饱和蒸气压：无资料	相对密度($d_{水}=1$)：1.33	

溶解性	无资料。
主要用途	无资料。
急救措施	
皮肤接触	脱去污染的衣着，用大量肥皂水和水清洗皮肤。
眼睛接触	拉开眼睑，用流动清水冲洗 15min。就医。
吸入	脱离现场至空气新鲜处。就医。
食入	用水漱口。就医。
防护措施	
呼吸防护	作业工人应戴口罩。高浓度环境中，佩戴防毒口罩。
眼睛防护	高浓度接触时，戴化学安全防护眼镜。
身体防护	穿防静电工作服。
手防护	高浓度环境中，戴防化学品手套。
其他防护	工作现场严禁吸烟。工作后，淋浴更衣。保持良好的卫生习惯。

品名：**4-氯三氟甲苯** 别名：对氯三氟甲苯	分子式：$C_7H_4ClF_3$ 分子量：180.6	相态：液 外观与性状：透明液体
危险特性		
火灾危险性：可燃液体乙 B 腐蚀减薄：无 环境开裂：无	爆炸物：无 金属腐蚀：无 急性毒性：无	皮肤腐蚀/刺激：无 易燃液体：类别 3
遇高热、明火或氧化剂，有引起燃烧的危险。其蒸气比空气重，能在较低处扩散到相当远的地方，遇明火会引着回燃。遇水或高热能放出大量有毒的气体。		

理化特性

熔点：-36.0℃	临界温度：无资料	爆炸上限：无资料	引燃温度：无资料
沸点：138.5℃	临界压力：无资料	爆炸下限：无资料	燃烧热：无资料
闪点：47.2℃	饱和蒸气压：无资料	相对密度($d_{水}=1$)：1.34	

溶解性	不溶于水，溶于醇醚苯甲苯等有机溶剂。
主要用途	无资料。
急救措施	
皮肤接触	脱去污染的衣着，用大量肥皂水和水清洗皮肤。
眼睛接触	拉开眼睑，用流动清水冲洗 15min。就医。
吸入	脱离现场至空气新鲜处。就医。
食入	误服者，饮适量温水，催吐。就医。
防护措施	
呼吸防护	作业工人应戴口罩。
眼睛防护	必要时戴化学安全防护眼镜。
身体防护	穿防静电工作服。
手防护	必要时戴防化学品手套。
其他防护	工作现场严禁吸烟。工作后，淋浴更衣。保持良好的卫生习惯。

品名：**氯酸铵**	分子式：NH_4ClO_3		相态：固
别名：无	分子量：101.5		外观与性状：白色结晶或块状
危险特性			
火灾危险性：无	爆炸物：无		皮肤腐蚀/刺激：无
腐蚀减薄：无	金属腐蚀：无		爆炸物：不稳定爆炸物
环境开裂：无	急性毒性：无		
强氧化剂。不稳定，在常温下有时也会发生自燃爆炸，加热至100℃以上时能爆炸分解。遇有机物等易于自燃。常因撞击、摩擦、加热及氧化反应时发生爆炸。			
理化特性			
熔点：102.0℃	临界温度：无资料	爆炸上限：无资料	引燃温度：无资料
沸点：203.0℃	临界压力：无资料	爆炸下限：无资料	燃烧热：无资料
闪点：无资料	饱和蒸气压：无资料	相对密度($d_{水}=1$)：1.80	
溶解性	溶于水，微溶于醇。		
主要用途	用作氧化剂、试剂。		
急救措施			
皮肤接触	脱去污染的衣着，用大量流动清水冲洗皮肤。		
眼睛接触	提起眼睑，用流动清水或生理盐水冲洗。就医。		
吸入	脱离现场至空气新鲜处。就医。		
食入	饮足量温水，催吐。就医。		
防护措施			
呼吸防护	可能接触其粉尘时，建议佩戴自吸过滤式防尘口罩。		
眼睛防护	戴化学安全防护眼镜。		
身体防护	一般作业防护服。		
手防护	戴一般作业防护手套。		
其他防护	工作现场禁止吸烟、进食和饮水。工作完毕，淋浴更衣。保持良好的卫生习惯。		

品名：**氯酸钡**	分子式：$Ba(ClO_3)_2$		相态：固
别名：无	分子量：304.2		外观与性状：无色棱形结晶或白色粉末
危险特性			
火灾危险性：无法确定	爆炸物：无		皮肤腐蚀/刺激：无
腐蚀减薄：无	金属腐蚀：无		氧化性固体：类别1
环境开裂：无	急性毒性：无		
强氧化剂。与还原剂、有机物、易燃物(如硫、磷或金属粉末)等混合可形成爆炸性混合物。与硫酸接触容易发生爆炸。急剧加热时可发生爆炸。			
理化特性			
熔点：414.0℃	临界温度：无资料	爆炸上限：无资料	引燃温度：无资料
沸点：无资料	临界压力：无资料	爆炸下限：无资料	燃烧热：无资料
闪点：无资料	饱和蒸气压：无资料	相对密度($d_{水}=1$)：3.18	
溶解性	溶于水，微溶于乙醇。		
主要用途	用作分析试剂，也用于烟花和炸药的制造。		
急救措施			
皮肤接触	脱去污染的衣着，用肥皂水和清水彻底冲洗皮肤。		
眼睛接触	提起眼睑，用流动清水或生理盐水冲洗。就医。		
吸入	脱离现场至空气新鲜处。就医。		
食入	饮足量温水，催吐。用2%~5%硫酸钠溶液洗胃，导泻。就医。		
防护措施			
呼吸防护	可能接触其粉尘时，建议佩戴自吸过滤式防尘口罩。		
眼睛防护	戴化学安全防护眼镜。		
身体防护	穿胶布防毒衣。		
手防护	戴橡胶手套。		
其他防护	工作现场禁止吸烟、进食和饮水。工作完毕，淋浴更衣。保持良好的卫生习惯。		

品名：**氯酸钙**	分子式：$CaCl_2O_6$	相态：固
别名：无	分子量：243.0	外观与性状：白色或黄色晶体，易潮解

危险特性

火灾危险性：无法确定	爆炸物：无	皮肤腐蚀/刺激：无
腐蚀减薄：无	金属腐蚀：无	氧化性固体：类别 2
环境开裂：无	急性毒性：无	

与易燃物、硫、磷、有机物、还原剂等混合后，经摩擦、撞击、受热有引起燃烧爆炸的危险。为强氧化剂。能与可燃物、有机物、金属粉末或其他易氧化物形成爆炸性混合物。

理化特性

熔点：414.0℃	临界温度：无资料	爆炸上限：无资料	引燃温度：无资料
沸点：无资料	临界压力：无资料	爆炸下限：无资料	燃烧热：无资料
闪点：无资料	饱和蒸气压：无资料	相对密度($d_水=1$)：2.77	

溶解性	能溶于水，乙醇。
主要用途	无资料。

急救措施

皮肤接触	用水冲洗。
眼睛接触	用水冲洗至少 15min。
吸入	将患者移至新鲜空气处；呼吸停止时，施行呼吸复苏术，心跳停止时，施行心肺复苏术，就医。
食入	无资料。

防护措施

呼吸防护	无资料。
眼睛防护	无资料。
身体防护	无资料。
手防护	无资料。
其他防护	无资料。

品名：**氯酸镁**	分子式：$MgCl_2O_6$	相态：固
别名：无	分子量：191.2	外观与性状：白色结晶或粉末，味苦，有潮解性

危险特性

火灾危险性：可燃液体丙 A	爆炸物：无	皮肤腐蚀/刺激：无
腐蚀减薄：无	金属腐蚀：无	氧化性固体：类别 2
环境开裂：无	急性毒性：无	

无机氧化剂。与还原剂、有机物、易燃物(如硫、磷或金属粉末)等混合可形成爆炸性混合物。

理化特性

熔点：35.0℃	临界温度：无资料	爆炸上限：无资料	引燃温度：无资料
沸点：102.0℃	临界压力：无资料	爆炸下限：无资料	燃烧热：无资料
闪点：79.4℃	饱和蒸气压：无资料	相对密度($d_水=1$)：1.08	

溶解性	溶于水，微溶于乙醇。
主要用途	用于医药、干燥剂及脱叶剂。

急救措施

皮肤接触	立即脱去污染的衣着，用大量流动清水冲洗至少 15min。就医。
眼睛接触	立即提起眼睑，用大量流动清水或生理盐水彻底冲洗至少 15min。就医。
吸入	迅速脱离现场至空气新鲜处。保持呼吸道通畅。如呼吸困难，给输氧。如呼吸停止，立即进行人工呼吸。就医。
食入	用水漱口，给饮牛奶或蛋清。就医。

防护措施

呼吸防护	可能接触其粉尘时，建议佩戴自吸过滤式防尘口罩。
眼睛防护	戴化学安全防护眼镜。
身体防护	穿胶布防毒衣。
手防护	戴橡胶手套。
其他防护	工作现场禁止吸烟、进食和饮水。工作完毕，淋浴更衣。保持良好的卫生习惯。

品名：**氯酸锌**		分子式：$ZnCl_2O_6$	相态：固
别名：无		分子量：232.3	外观与性状：无色至黄色易潮解的结晶
危险特性			
火灾危险性：可燃液体丙 A		爆炸物：无	皮肤腐蚀/刺激：无
腐蚀减薄：无		金属腐蚀：无	氧化性固体：类别 2
环境开裂：无		急性毒性：无	
强氧化剂。加热至 60℃以上发生分解爆炸。与铵盐、可燃物、还原剂、金属粉末能形成爆炸性混合物，经摩擦、震动或撞击可引起燃烧或爆炸。与硫酸接触容易发生爆炸。受高热分解放出有毒的气体。			
理化特性			
熔点：60.0℃	临界温度：无资料	爆炸上限：无资料	引燃温度：无资料
沸点：无资料	临界压力：无资料	爆炸下限：无资料	燃烧热：无资料
闪点：90.6℃	饱和蒸气压：无资料	相对密度($d_水=1$)：2.15	
溶解性	溶于水，溶于乙醇、甘油、乙醚。		
主要用途	用作氧化剂。		
急救措施			
皮肤接触	立即脱去污染的衣着，用大量流动清水冲洗至少 15min。就医。		
眼睛接触	提起眼睑，用流动清水或生理盐水冲洗。就医。		
吸入	迅速脱离现场至空气新鲜处。保持呼吸道通畅。如呼吸困难，给输氧。如呼吸停止，立即进行人工呼吸。就医。		
食入	用水漱口，给饮牛奶或蛋清。就医。		
防护措施			
呼吸防护	作业工人应该佩戴防毒口罩。高浓度环境中，建议佩戴防毒面具。		
眼睛防护	可采用安全面罩。		
身体防护	穿紧袖工作服，长筒胶鞋。		
手防护	戴防护手套。		
其他防护	工作现场禁止吸烟、进食和饮水。工作后，淋浴更衣。注意个人清洁卫生。		

品名：**氯酸银**		分子式：$AgClO_3$	相态：固
别名：无		分子量：191.3	外观与性状：白色四角形结晶，在阳光下分解变黑
危险特性			
火灾危险性：可燃液体丙 A		爆炸物：无	皮肤腐蚀/刺激：无
腐蚀减薄：无		金属腐蚀：无	氧化性固体：类别 2
环境开裂：无		急性毒性：无	
强氧化剂。与铵盐、可燃物、还原剂、金属粉末能形成爆炸性混合物，经摩擦、震动或撞击可引起燃烧或爆炸。与硫酸接触容易发生爆炸。受高热分解放出有毒的气体。			
理化特性			
熔点：230.0℃	临界温度：无资料	爆炸上限：无资料	引燃温度：无资料
沸点：270.0℃	临界压力：无资料	爆炸下限：无资料	燃烧热：无资料
闪点：104.4℃	饱和蒸气压：无资料	相对密度($d_水=1$)：4.43	
溶解性	溶于水，微溶于乙醇。		
主要用途	用作氧化剂，并用于有机合成。		
急救措施			
皮肤接触	立即脱去污染的衣着，用大量流动清水冲洗至少 15min。就医。		
眼睛接触	提起眼睑，用流动清水或生理盐水冲洗。就医。		
吸入	迅速脱离现场至空气新鲜处。保持呼吸道通畅。如呼吸困难，给输氧。如呼吸停止，立即进行人工呼吸。就医。		
食入	用水漱口，给饮牛奶或蛋清。就医。		
防护措施			
呼吸防护	可能接触毒物时，佩戴防毒口罩。高浓度环境中，应该佩戴自给式呼吸器。		
眼睛防护	戴化学安全防护眼镜。		
身体防护	穿相应的防护服。		
手防护	戴防护手套。		
其他防护	工作现场禁止吸烟、进食和饮水。工作后，淋浴更衣。保持良好的卫生习惯。避免长期反复接触。		

品名：**1-氯戊烷**	分子式：$C_5H_{11}Cl$		相态：液
别名：氯代正戊烷	分子量：106.6		外观与性状：无色液体
危险特性			
火灾危险性：可燃液体甲 B	爆炸物：无		皮肤腐蚀/刺激：无
腐蚀减薄：无	金属腐蚀：无		易燃液体：类别 2
环境开裂：无	急性毒性：无		
其蒸气与空气可形成爆炸性混合物，遇明火、高热极易燃烧爆炸。与氧化剂接触猛烈反应。受高热分解产生有毒的氯化物气体。流速过快，容易产生和积聚静电。其蒸气比空气重，能在较低处扩散到相当远的地方，遇火源会着火回燃。若遇高热，容器内压增大，有开裂和爆炸的危险。			
理化特性			
熔点：-99.0℃	临界温度：289.0℃	爆炸上限：8.6%	引燃温度：无资料
沸点：107.2℃	临界压力：3.42MPa	爆炸下限：1.6%	燃烧热：3064.3kJ/mol
闪点：11.1℃	饱和蒸气压：4.14kPa(25℃)	相对密度($d_{水}=1$)：0.88	
溶解性	能溶于醇、醚、乙酸乙酯、丙酮、油类、油酸、芳香烃、脂肪烃等。加热时还可溶于硬脂酸和石蜡。		
主要用途	无资料。		
急救措施			
皮肤接触	脱去污染的衣着，用大量流动清水清洗皮肤。		
眼睛接触	提起眼睑，用流动清水或生理盐水冲洗。就医。		
吸入	脱离现场至空气新鲜处。如呼吸困难，给输氧。就医。		
食入	用水漱口，给饮牛奶或蛋清。就医。		
防护措施			
呼吸防护	空气中浓度超标时，必须佩戴自吸过滤式防毒面具(半面罩)。紧急事态抢救或撤离时，应该佩戴空气呼吸器。		
眼睛防护	戴化学安全防护眼镜。		
身体防护	穿防静电工作服。		
手防护	戴橡胶耐油手套。		
其他防护	工作现场严禁吸烟。注意检测毒物。注意个人清洁卫生。		

品名：**2-氯硝基苯**	分子式：$C_6H_4ClNO_2$		相态：固
别名：邻氯硝基苯	分子量：157.6		外观与性状：黄色结晶
危险特性			
火灾危险性：可燃液体丙 B	爆炸物：无		皮肤腐蚀/刺激：无
腐蚀减薄：无	金属腐蚀：无		严重眼损伤/眼刺激：类别 2
环境开裂：无	急性毒性：类别 3		
遇明火能燃烧。受高热分解放出有毒的气体。			
理化特性			
熔点：32.5℃	临界温度：无资料	爆炸上限：无资料	引燃温度：无资料
沸点：245.5℃	临界压力：无资料	爆炸下限：无资料	燃烧热：无资料
闪点：127.0℃	饱和蒸气压：1.07kPa(119℃)	相对密度($d_{水}=1$)：1.30	
溶解性	不溶于水，溶于乙醇、苯。		
主要用途	用作有机合成中间体。		
急救措施			
皮肤接触	脱去污染的衣着，用大量肥皂水和水清洗皮肤。		
眼睛接触	提起眼睑，用流动清水或生理盐水冲洗。就医。		
吸入	迅速脱离现场至空气新鲜处。保持呼吸道通畅。		
食入	用水漱口。就医。		
防护措施			
呼吸防护	空气中粉尘浓度超标时，必须佩戴自吸过滤式防尘口罩。紧急事态抢救或撤离时，应该佩戴空气呼吸器。		
眼睛防护	戴化学安全防护眼镜。		
身体防护	穿防毒物渗透工作服。		
手防护	戴橡胶手套。		
其他防护	工作现场禁止吸烟、进食和饮水。及时换洗工作服。工作前后不饮酒，用温水洗澡。实行就业前和定期的体检。		

品名：**3-氯硝基苯** 别名：间氯硝基苯	分子式：$C_6H_4ClNO_2$ 分子量：157.6		相态：固 外观与性状：淡黄色晶体
危险特性			
火灾危险性：可燃液体丙 A 腐蚀减薄：无 环境开裂：无	爆炸物：无 金属腐蚀：无 急性毒性：无		皮肤腐蚀/刺激：无
遇明火能燃烧。受高热分解，产生有毒的氮氧化物和氯化物气体。与强氧化剂接触可发生化学反应。			
理化特性			
熔点：46.0℃ 沸点：236.0℃ 闪点：103.0℃	临界温度：无资料 临界压力：3.98MPa 饱和蒸气压：无资料	爆炸上限：无资料 爆炸下限：无资料 相对密度($d_水=1$)：1.53	引燃温度：无资料 燃烧热：无资料
溶解性	不溶于水，溶于多数有机溶剂。		
主要用途	用作有机合成中间体。		
急救措施			
皮肤接触	脱去污染的衣着，用大量肥皂水和水清洗皮肤。		
眼睛接触	提起眼睑，用流动清水或生理盐水冲洗。就医。		
吸入	迅速脱离现场至空气新鲜处。保持呼吸道通畅。		
食入	用水漱口。就医。		
防护措施			
呼吸防护	可能接触其粉尘时，佩戴自吸过滤式防尘口罩。		
眼睛防护	戴安全防护眼镜。		
身体防护	穿防毒物渗透工作服。		
手防护	戴橡胶手套。		
其他防护	工作现场禁止吸烟、进食和饮水。及时换洗工作服。工作前后不饮酒，用温水洗澡。实行就业前和定期的体检。		

品名：**4-氯硝基苯** 别名：对氯硝基苯；1-氯-4-硝基苯	分子式：$C_6H_4ClNO_2$ 分子量：157.6		相态：固 外观与性状：浅黄色单斜棱形晶体
危险特性			
火灾危险性：可燃液体丙 B 腐蚀减薄：无 环境开裂：无	爆炸物：无 金属腐蚀：无 急性毒性：类别 3		皮肤腐蚀/刺激：无
遇高热、明火或与氧化剂接触，有引起燃烧的危险。易升华，具有爆炸性。受高热分解，产生有毒的氮氧化物和氯化物气体。			
理化特性			
熔点：83.0℃ 沸点：242.0℃ 闪点：127.0℃	临界温度：无资料 临界压力：无资料 饱和蒸气压：0.03kPa(38℃)	爆炸上限：无资料 爆炸下限：无资料 相对密度($d_水=1$)：1.52	引燃温度：无资料 燃烧热：无资料
溶解性	不溶于水，微溶于乙醇、乙醚、二硫化碳。		
主要用途	用作染料中间体及制药。		
急救措施			
皮肤接触	脱去污染的衣着，用大量肥皂水和水清洗皮肤。		
眼睛接触	无资料。		
吸入	迅速脱离现场至空气新鲜处。保持呼吸道通畅。		
食入	用水漱口。就医。		
防护措施			
呼吸防护	无资料。		
眼睛防护	无资料。		
身体防护	无资料。		
手防护	无资料。		
其他防护	无资料。		

品名：**氯溴甲烷**	分子式：CH_2BrCl	相态：液	
别名：甲撑溴氯；溴氯甲烷	分子量：129.4	外观与性状：无色透明液体，有类似氯仿的特殊气味	
危险特性			
火灾危险性：无	爆炸物：无	皮肤腐蚀/刺激：类别2	
腐蚀减薄：大气腐蚀(无隔热层)	金属腐蚀：无		
环境开裂：无	急性毒性：无		
受高热分解放出有毒的气体。与碱金属能发生剧烈反应。			
理化特性			
熔点：-88.0℃	临界温度：297.0℃	爆炸上限：无资料	引燃温度：无资料
沸点：69.0℃	临界压力：6.08MPa	爆炸下限：无资料	燃烧热：无资料
闪点：无资料	饱和蒸气压：15.3kPa(20℃)	相对密度($d_{水}=1$)：1.94	
溶解性	不溶于水，溶于乙醇、丙酮、乙醚、苯、四氯化碳等多数有机溶剂。		
主要用途	用作小型灭火剂，还用作矿物浮选剂和涂料的渗透剂。		
急救措施			
皮肤接触	脱去污染的衣着，用肥皂水和清水彻底冲洗皮肤。		
眼睛接触	提起眼睑，用流动清水或生理盐水冲洗。就医。		
吸入	迅速脱离现场至空气新鲜处。保持呼吸道通畅。如呼吸困难，给输氧。如呼吸停止，立即进行人工呼吸。就医。		
食入	饮足量温水，催吐。就医。		
防护措施			
呼吸防护	空气中浓度超标时，应该佩戴自吸过滤式防毒面具(半面罩)。紧急事态抢救或撤离时，佩戴循环式氧气呼吸器。		
眼睛防护	戴化学安全防护眼镜。		
身体防护	穿防毒物渗透工作服。		
手防护	戴防化学品手套。		
其他防护	工作现场禁止吸烟、进食和饮水。工作完毕，淋浴更衣。单独存放被毒物污染的衣服，洗后备用。注意个人清洁卫生。		

品名：**2-氯乙醇**	分子式：C_2H_5ClO	相态：液	
别名：乙撑氯醇；氯乙醇	分子量：80.5	外观与性状：无色液体，微具醚香味	
危险特性			
火灾危险性：可燃液体丙A	爆炸物：无	皮肤腐蚀/刺激：无	
腐蚀减薄：无	金属腐蚀：无		
环境开裂：乙醇应力腐蚀开裂	急性毒性：类别1		
其蒸气与空气可形成爆炸性混合物，遇明火、高热能引起燃烧爆炸。与氧化剂可发生反应。高热时能分解出剧毒的光气。遇水或水蒸气反应放热并产生有毒的腐蚀性气体。其蒸气比空气重，能在较低处扩散到相当远的地方，遇火源会着火回燃。若遇高热，容器内压增大，有开裂和爆炸的危险。			
理化特性			
熔点：-67.5℃	临界温度：无资料	爆炸上限：15.9%	引燃温度：425.0℃
沸点：128.8℃	临界压力：无资料	爆炸下限：4.9%	燃烧热：无资料
闪点：60.0℃	饱和蒸气压：1.33kPa(30.3℃)	相对密度($d_{水}=1$)：1.20	
溶解性	溶于水、酸、乙醚。		
主要用途	用于制造二醇、环氧乙烷，及医药、染料、农药的合成。		
急救措施			
皮肤接触	脱去污染的衣着，用大量流动清水冲洗皮肤。就医。		
眼睛接触	提起眼睑，用流动清水或生理盐水冲洗。就医。		
吸入	迅速脱离现场至空气新鲜处。保持呼吸道通畅。如呼吸困难，给输氧。如呼吸停止，立即进行人工呼吸。就医。		
食入	饮足量温水，催吐。洗胃，导泻。就医。		
防护措施			
呼吸防护	无资料。		
眼睛防护	无资料。		
身体防护	无资料。		
手防护	无资料。		
其他防护	无资料。		

品名：**氯乙腈**	分子式：C_2H_2ClN	相态：液
别名：氰化氯甲烷；氯甲基氰	分子量：75.5	外观与性状：无色液体，有刺激性气味

危险特性

火灾危险性：可燃液体乙 B	爆炸物：无	皮肤腐蚀/刺激：无
腐蚀减薄：无	金属腐蚀：无	
环境开裂：无	急性毒性：类别 3	

遇明火、高热易燃。受热分解放出高毒蒸气。遇水或水蒸气、酸或酸气产生有毒的可燃性气体。与强氧化剂接触可发生化学反应。

理化特性

熔点：25.0℃	临界温度：无资料	爆炸上限：1.0%	引燃温度：无资料
沸点：126.0℃	临界压力：无资料	爆炸下限：无资料	燃烧热：无资料
闪点：47.0℃	饱和蒸气压：1.06kPa(20℃)	相对密度($d_{水}=1$)：1.19	

溶解性	不溶于水，溶于烃类、醇。
主要用途	用作杀虫剂，有机合成中间体。

急救措施

皮肤接触	脱去污染的衣着，用肥皂水和清水彻底冲洗皮肤。
眼睛接触	提起眼睑，用流动清水或生理盐水冲洗。就医。
吸入	迅速脱离现场至空气新鲜处。保持呼吸道通畅。如呼吸困难，给输氧。呼吸心跳停止时，立即进行人工呼吸(勿用口对口)和胸外心脏按压术。给吸入亚硝酸异戊酯，就医。
食入	饮足量温水，催吐。用 1：5000 高锰酸钾或 5%硫代硫酸钠溶液洗胃。就医。

防护措施

呼吸防护	可能接触其蒸气时，应该佩戴自吸过滤式防毒面具(全面罩)。紧急事态抢救或撤离时，建议佩戴空气呼吸器。
眼睛防护	呼吸系统防护中已做防护。
身体防护	穿聚乙烯防毒服。
手防护	戴橡胶耐油手套。
其他防护	工作现场禁止吸烟、进食和饮水。工作完毕，彻底清洗。工作服不准带至非作业场所。单独存放被毒物污染的衣服，洗后备用。

品名：**氯乙酸**	分子式：$C_2H_3ClO_2$	相态：固
别名：氯醋酸；一氯醋酸	分子量：94.5	外观与性状：无色结晶，有潮解性

危险特性

火灾危险性：可燃气体甲	爆炸物：无	皮肤腐蚀/刺激：类别 1
腐蚀减薄：低分子有机酸腐蚀	金属腐蚀：无	严重眼损伤/眼刺激：类别 1
环境开裂：无	急性毒性：类别 2	

遇明火、高热可燃。受高热分解产生有毒的腐蚀性烟气。与强氧化剂接触可发生化学反应。遇潮时对大多数金属有强腐蚀性。

理化特性

熔点：63.0℃	临界温度：无资料	爆炸上限：无资料	引燃温度：>500.0℃
沸点：189.0℃	临界压力：5.78MPa	爆炸下限：8.0%	燃烧热：726.4kJ/mol
闪点：无资料	饱和蒸气压：0.67kPa(71.5℃)	相对密度($d_{水}=1$)：1.58	

溶解性	溶于水、乙醇、乙醚、氯仿、二硫化碳。
主要用途	用于制造农药，有机合成中间体。

急救措施

皮肤接触	立即脱去污染的衣着，用大量流动清水冲洗至少 15min。就医。
眼睛接触	立即提起眼睑，用大量流动清水或生理盐水彻底冲洗至少 15min。就医。
吸入	迅速脱离现场至空气新鲜处。保持呼吸道通畅。如呼吸困难，给输氧。如呼吸停止，立即进行人工呼吸。就医。
食入	用水漱口，洗胃。给饮牛奶或蛋清。就医。

防护措施

呼吸防护	可能接触其烟雾时，应该佩戴防毒面具。紧急事态抢救或逃生时，佩戴自给式呼吸器。
眼睛防护	戴化学安全防护眼镜。
身体防护	穿工作服(防腐材料制作)。
手防护	戴橡皮手套。
其他防护	工作后，淋浴更衣。注意个人清洁卫生。

品名：**氯乙酸丁酯**	分子式：$C_6H_{11}ClO_2$	相态：液	
别名：氯醋酸丁酯	分子量：150.6	外观与性状：无色透明液体	
危险特性			
火灾危险性：可燃液体丙 A	爆炸物：无	皮肤腐蚀/刺激：无	
腐蚀减薄：低分子有机酸腐蚀	金属腐蚀：无		
环境开裂：无	急性毒性：类别 2		
遇明火能燃烧，受热放出有毒气体。			
理化特性			
熔点：无资料	临界温度：无资料	爆炸上限：无资料	引燃温度：无资料
沸点：72.0℃	临界压力：无资料	爆炸下限：无资料	燃烧热：无资料
闪点：无资料	饱和蒸气压：无资料	相对密度($d_{水}=1$)：1.07	
溶解性	不溶于水，溶于乙醇、乙醚。		
主要用途	有机合成。		
急救措施			
皮肤接触	立即脱去污染的衣着，用大量流动清水冲洗至少 15min。就医。		
眼睛接触	立即提起眼睑，用大量流动清水或生理盐水彻底冲洗至少 15min。就医。		
吸入	迅速脱离现场至空气新鲜处。保持呼吸道通畅。如呼吸困难，给输氧。如呼吸停止，立即进行人工呼吸。就医。		
食入	无资料。		
防护措施			
呼吸防护	如危险性评测显示需要使用空气净化的防毒面具，请使用全面罩式多功能微粒防毒面具 N99 型(US)或 P2 型(EN 143)防毒面具筒作为工程控制的候补。如果防毒面具是保护的唯一方式，则使用全面罩式送风防毒面具。呼吸器使用经过测试并通过政府标准，如 NIOSH(US)或 CEN(EU)的呼吸器和零件。		
眼睛防护	面罩与安全眼镜请使用经官方标准，如 NIOSH(美国)或 EN 166(欧盟)检测与批准的设备防护眼部。		
身体防护	全套防化学试剂工作服，防护设备的类型必须根据特定工作场所中的危险物的浓度和含量来选择。		
手防护	所选择的保护手套必须符合 EU 的 89/686/EEC 规定和从它衍生出来的 EN376 标准。		
其他防护	无资料。		

品名：**氯乙酸酐**	分子式：$C_4H_4Cl_2O_3$	相态：固	
别名：氯醋酸酐	分子量：170.8	外观与性状：无色至微黄色结晶性，有刺激气味	
危险特性			
火灾危险性：无	爆炸物：无	皮肤腐蚀/刺激：类别 1	
腐蚀减薄：低分子有机酸腐蚀	金属腐蚀：无	严重眼损伤/眼刺激：类别 1	
环境开裂：无	急性毒性：类别 3		
遇明火、高热可燃。受高热分解产生有毒的腐蚀性烟气。与强氧化剂接触可发生化学反应。遇潮时对大多数金属有强腐蚀性。			
理化特性			
熔点：46.0℃	临界温度：无资料	爆炸上限：无资料	引燃温度：无资料
沸点：217.0℃	临界压力：无资料	爆炸下限：无资料	燃烧热：无资料
闪点：无资料	饱和蒸气压：0.13kPa(67.2℃)	相对密度($d_{水}=1$)：1.55	
溶解性	溶于乙醚、氯仿。		
主要用途	用作中间体。		
急救措施			
皮肤接触	立即脱去污染的衣着，用大量流动清水冲洗至少 15min。就医。		
眼睛接触	立即提起眼睑，用大量流动清水或生理盐水彻底冲洗至少 15min。就医。		
吸入	迅速脱离现场至空气新鲜处。保持呼吸道通畅。如呼吸困难，给输氧。如呼吸停止，立即进行人工呼吸。就医。		
食入	用水漱口，给饮牛奶或蛋清。		
防护措施			
呼吸防护	高浓度环境中，应该佩戴防毒面具。必要时，佩戴自给式呼吸器。		
眼睛防护	戴化学安全防护眼镜。		
身体防护	穿工作服(防腐材料制作)。		
手防护	戴橡皮手套。		
其他防护	工作后，淋浴更衣。注意个人清洁卫生。		

品名：**氯乙酸甲酯**		分子式：$C_3H_5ClO_2$	相态：液
别名：氯醋酸甲酯		分子量：108.5	外观与性状：无色透明液体，有刺激气味
危险特性			
火灾危险性：可燃液体乙 B		爆炸物：无	皮肤腐蚀/刺激：类别 2
腐蚀减薄：低分子有机酸腐蚀		金属腐蚀：无	易燃液体：类别 3
环境开裂：无		急性毒性：类别 3	严重眼损伤/眼刺激：类别 1
易燃，遇明火、高热或与氧化剂接触，有引起燃烧爆炸的危险。受热、接触酸或酸雾会放出剧毒的烟雾。			
理化特性			
熔点：-32.1℃	临界温度：无资料	爆炸上限：18.5%	引燃温度：465.0℃
沸点：129.8℃	临界压力：4.50MPa	爆炸下限：7.5%	燃烧热：无资料
闪点：51.0℃	饱和蒸气压：1.33kPa(29℃)	相对密度($d_水$=1)：1.24	
溶解性	微溶于水，可混溶于乙醇、乙醚、丙酮、苯。		
主要用途	用于有机合成，用作杀虫剂“乐果”中间体。		
急救措施			
皮肤接触	立即脱去污染的衣着，用大量流动清水冲洗至少 15min。就医。		
眼睛接触	立即提起眼睑，用大量流动清水或生理盐水彻底冲洗至少 15min。就医。		
吸入	迅速脱离现场至空气新鲜处。保持呼吸道通畅。如呼吸困难，给输氧。如呼吸停止，立即进行人工呼吸。就医。		
食入	用水漱口，给饮牛奶或蛋清。		
防护措施			
呼吸防护	可能接触其蒸气时，必须佩戴自吸过滤式防毒面具(全面罩)。紧急事态抢救或撤离时，佩戴氧气呼吸器。		
眼睛防护	呼吸系统防护中已做防护。		
身体防护	穿连衣式胶布防毒衣。		
手防护	戴橡胶手套。		
其他防护	工作现场禁止吸烟、进食和饮水。现场备有冲洗眼及皮肤的设备。工作完毕，彻底清洗。单独存放被毒物污染的衣服，洗后备用。		

品名：**氯乙酸钠**		分子式：$C_2H_2ClO_2Na$	相态：固
别名：无		分子量：116.5	外观与性状：白色粉末或结晶
危险特性			
火灾危险性：无		爆炸物：无	皮肤腐蚀/刺激：类别 2
腐蚀减薄：低分子有机酸腐蚀		金属腐蚀：无	
环境开裂：无		急性毒性：类别 3	
不易燃烧。受高热分解产生有毒的腐蚀性烟气。			
理化特性			
熔点：200.0℃	临界温度：无资料	爆炸上限：无资料	引燃温度：无资料
沸点：189.0℃	临界压力：无资料	爆炸下限：无资料	燃烧热：无资料
闪点：无资料	饱和蒸气压：无资料	相对密度($d_水$=1)：无资料	
溶解性	微溶于水，微溶于甲醇，不溶于丙酮。		
主要用途	合成农药、医药等的原料。		
急救措施			
皮肤接触	立即脱去污染的衣着，用大量流动清水冲洗至少 15min。就医。		
眼睛接触	立即提起眼睑，用大量流动清水或生理盐水彻底冲洗至少 15min。就医。		
吸入	迅速脱离现场至空气新鲜处。保持呼吸道通畅。如呼吸困难，给输氧。如呼吸停止，立即进行人工呼吸。就医。		
食入	用水漱口，给饮牛奶或蛋清。		
防护措施			
呼吸防护	空气中粉尘浓度超标时，必须佩戴自吸过滤式防尘口罩。紧急事态抢救或撤离时，应该佩戴空气呼吸器。		
眼睛防护	戴化学安全防护眼镜。		
身体防护	穿防毒物渗透工作服。		
手防护	戴橡胶手套。		
其他防护	工作后，淋浴更衣。注意个人清洁卫生。定期体检。		

品名：**氯乙酸叔丁酯**		分子式：$C_6H_{11}ClO_2$	相态：液	
别名：氯醋酸叔丁酯		分子量：150.6	外观与性状：无色液体	
危险特性				
火灾危险性：可燃液体乙 B 腐蚀减薄：低分子有机酸腐蚀 环境开裂：无		爆炸物：无 金属腐蚀：无 急性毒性：类别 3	皮肤腐蚀/刺激：类别 1 易燃液体：类别 3 严重眼损伤/眼刺激：类别 1	
其蒸气与空气可形成爆炸性混合物，遇明火、高热能引起燃烧爆炸。与氧化剂可发生反应。受高热分解放出有毒的气体。若遇高热，容器内压增大，有开裂和爆炸的危险。				
理化特性				
熔点：无资料 沸点：48.0℃ 闪点：46.0℃		临界温度：无资料 临界压力：无资料 饱和蒸气压：无资料	爆炸上限：无资料 爆炸下限：无资料 相对密度($d_{水}=1$)：1.05	引燃温度：无资料 燃烧热：无资料
溶解性	溶于乙醚。			
主要用途	用于缩水甘油酯的缩合。			
急救措施				
皮肤接触	脱去污染的衣着，用大量流动清水冲洗皮肤。			
眼睛接触	提起眼睑，用流动清水或生理盐水冲洗。就医。			
吸入	迅速脱离现场至空气新鲜处。保持呼吸道通畅。如呼吸困难，给输氧。如呼吸停止，立即进行人工呼吸。就医。			
食入	饮足量温水，催吐。就医。			
防护措施				
呼吸防护	可能接触其蒸气时，应该佩戴防毒口罩。紧急事态抢救或逃生时，佩戴自给式呼吸器。			
眼睛防护	戴安全防护眼镜。			
身体防护	穿防静电工作服。			
手防护	戴防护手套。			
其他防护	工作现场禁止吸烟、进食和饮水。工作后，淋浴更衣。注意个人清洁卫生。			

品名：**氯乙酸乙烯酯**		分子式：$C_4H_5ClO_2$	相态：液	
别名：氯醋酸乙烯酯；乙烯基氯乙酸酯		分子量：120.5	外观与性状：无色透明液体	
危险特性				
火灾危险性：可燃液体乙 B 腐蚀减薄：低分子有机酸腐蚀 环境开裂：无		爆炸物：无 金属腐蚀：无 急性毒性：类别 3	皮肤腐蚀/刺激：无 易燃液体：类别 3	
无资料。				
理化特性				
熔点：-34.0℃ 沸点：136.0℃ 闪点：51.0℃		临界温度：无资料 临界压力：无资料 饱和蒸气压：无资料	爆炸上限：无资料 爆炸下限：无资料 相对密度($d_{水}=1$)：1.19	引燃温度：51.0℃ 燃烧热：无资料
溶解性	几乎不溶于水，溶于乙醇、四氯化碳、乙醚、二甲基酰胺和苯等。			
主要用途	用作黏合剂、涂料、染色剂的原料等。			
急救措施				
皮肤接触	脱去污染的衣着，用大量流动清水冲洗皮肤。			
眼睛接触	无资料。			
吸入	无资料。			
食入	无资料。			
防护措施				
呼吸防护	如危险性评测显示需要使用空气净化的防毒面具，请使用全面罩式多功能微粒防毒面具 N99 型(US)或 P2 型(EN143)防毒面具筒作为工程控制的候补。如果防毒面具是保护的唯一方式，则使用全面罩式送风防毒面具。呼吸器使用经过测试并通过政府标准如 NIOSH(US)或 CEN(EU)的呼吸器和零件。			
眼睛防护	面罩与安全眼镜请使用经官方标准如 NIOSH(美国)或 EN 166(欧盟)检测与批准的设备防护眼部。			
身体防护	全套防化学试剂工作服，防护设备的类型必须根据特定工作场所中的危险物的浓度和含量来选择。			
手防护	所选择的保护手套必须符合 EU 的 89/686/EEC 规定和从它衍生出来的 EN376 标准。			
其他防护	无资料。			

品名：**氯乙酸乙酯** 别名：氯醋酸乙酯		分子式：$C_4H_7ClO_2$ 分子量：122.6	相态：液 外观与性状：无色有刺激性气味的液体
危险特性			
火灾危险性：可燃液体丙 A 腐蚀减薄：低分子有机酸腐蚀 环境开裂：无		爆炸物：无 金属腐蚀：无 急性毒性：类别 3	皮肤腐蚀/刺激：无
易燃，遇明火、高热或与氧化剂接触，有引起燃烧爆炸的危险。受高热分解产生有毒的腐蚀性烟气。			
理化特性			
熔点：−26.0℃ 沸点：143.0℃ 闪点：54.0℃	临界温度：无资料 临界压力：3.79MPa 饱和蒸气压：1.33kPa(38℃)	爆炸上限：无资料 爆炸下限：无资料 相对密度($d_{水}=1$)：1.16	引燃温度：无资料 燃烧热：无资料
溶解性	不溶于水，可混溶于乙醇、乙醚、苯。		
主要用途	用作溶剂，用于有机合成。		
急救措施			
皮肤接触	脱去污染的衣着，用肥皂水和清水彻底冲洗皮肤。		
眼睛接触	提起眼睑，用流动清水或生理盐水冲洗至少 15min。就医。		
吸入	迅速脱离现场至空气新鲜处。保持呼吸道通畅。如呼吸困难，给输氧。如呼吸停止，立即进行人工呼吸。就医。		
食入	饮足量温水，催吐。就医。		
防护措施			
呼吸防护	可能接触其蒸气时，必须佩戴自吸过滤式防毒面具(全面罩)。紧急事态抢救或撤离时，佩戴氧气呼吸器。		
眼睛防护	呼吸系统防护中已做防护。		
身体防护	穿连衣式胶布防毒衣。		
手防护	戴橡胶手套。		
其他防护	工作现场禁止吸烟、进食和饮水。现场备有冲洗眼及皮肤的设备。工作完毕，彻底清洗。单独存放被毒物污染的衣服，洗后备用。		

品名：**氯乙酸异丙酯** 别名：氯醋酸异丙酯		分子式：$C_5H_9ClO_2$ 分子量：136.6	相态：液 外观与性状：一种透明无色液体
危险特性			
火灾危险性：可燃液体乙 B 腐蚀减薄：低分子有机酸腐蚀、酸性水腐蚀(酸式酸性水) 环境开裂：无		爆炸物：无 金属腐蚀：无 急性毒性：类别 3	皮肤腐蚀/刺激：类别 2 易燃液体：类别 3 严重眼损伤/眼刺激：类别 2
无资料。			
理化特性			
熔点：无资料 沸点：149.0℃ 闪点：49.5℃	临界温度：无资料 临界压力：无资料 饱和蒸气压：无资料	爆炸上限：无资料 爆炸下限：无资料 相对密度($d_{水}=1$)：1.08	引燃温度：无资料 燃烧热：无资料
溶解性	无资料。		
主要用途	无资料。		
急救措施			
皮肤接触	脱去污染的衣着，用大量肥皂水和水清洗皮肤。		
眼睛接触	提起眼睑，用流动清水或生理盐水冲洗。就医。		
吸入	迅速脱离现场至空气新鲜处。保持呼吸道通畅。		
食入	用水漱口。就医。		
防护措施			
呼吸防护	无资料。		
眼睛防护	无资料。		
身体防护	无资料。		
手防护	无资料。		
其他防护	无资料。		

品名：**氯乙烷**	分子式：C_2H_5Cl	相态：气	
别名：乙基氯	分子量：64.5	外观与性状：无色气体，有类似醚的味道	
危险特性			
火灾危险性：可燃气体甲	爆炸物：无	皮肤腐蚀/刺激：无	
腐蚀减薄：无	金属腐蚀：无	易燃气体：类别1	
环境开裂：无	急性毒性：无	加压气体：是	
易燃，与空气混合能形成爆炸性混合物。遇热源和明火有燃烧爆炸的危险。与氧化剂接触猛烈反应。气体比空气重，能在较低处扩散到相当远的地方，遇火源会着火回燃。			
理化特性			
熔点：-140.8℃	临界温度：187.2℃	爆炸上限：14.8%	引燃温度：510.0℃
沸点：12.5℃	临界压力：5.23MPa	爆炸下限：3.6%	燃烧热：1349.3kJ/mol
闪点：-43.0℃	饱和蒸气压：133.3kPa(20℃)	相对密度($d_水=1$)：0.92	
溶解性	微溶于水，可混溶于多数有机溶剂。		
主要用途	用作聚丙烯的催化剂，也用作冷冻剂、麻醉剂、杀虫剂等。		
急救措施			
皮肤接触	若有冻伤，立即治疗。		
眼睛接触	无资料。		
吸入	迅速脱离现场至空气新鲜处。保持呼吸道通畅。如呼吸困难，给输氧。如呼吸停止，立即进行人工呼吸。就医。		
食入	无资料。		
防护措施			
呼吸防护	空气中浓度较高时，建议选择自吸过滤式防毒面具(半面罩)。		
眼睛防护	戴化学安全防护眼镜。		
身体防护	穿防静电工作服。		
手防护	戴防化学品手套。		
其他防护	工作现场严禁吸烟。进入罐、限制性空间或其他高浓度区作业，须有人监护。		

品名：**氯乙烯[稳定的]**	分子式：C_2H_3Cl	相态：气	
别名：乙烯基氯	分子量：62.5	外观与性状：无色、有醚样气味的气体	
危险特性			
火灾危险性：可燃气体甲	爆炸物：无	皮肤腐蚀/刺激：无	
腐蚀减薄：无	金属腐蚀：无	易燃气体：类别1	
环境开裂：无	急性毒性：无	加压气体：是	
易燃，与空气混合能形成爆炸性混合物。遇热源和明火有燃烧爆炸的危险。燃烧或无抑制剂时可发生剧烈聚合。其蒸气比空气重，能在较低处扩散到相当远的地方，遇火源会着火回燃。			
理化特性			
熔点：-159.8℃	临界温度：142.0℃	爆炸上限：31.0%	引燃温度：415.0℃
沸点：-13.4℃	临界压力：5.60MPa	爆炸下限：3.6%	燃烧热：无资料
闪点：无资料	饱和蒸气压：346.53kPa(20℃)	相对密度($d_水=1$)：0.91	
溶解性	微溶于水，溶于乙醇、乙醚、丙酮等多数有机溶剂。		
主要用途	用作塑料原料及用于有机合成，也用作冷冻剂。		
急救措施			
皮肤接触	脱去污染的衣着，用大量肥皂水和水清洗皮肤。		
眼睛接触	提起眼睑，用流动清水或生理盐水冲洗。就医。		
吸入	迅速脱离现场至空气新鲜处。保持呼吸道通畅。如呼吸困难，给输氧。如呼吸停止，立即进行人工呼吸。就医。		
食入	无资料。		
防护措施			
呼吸防护	空气中浓度超标时，佩戴过滤式防毒面具(半面罩)。紧急事态抢救或撤离时，建议佩戴空气呼吸器。		
眼睛防护	戴化学安全防护眼镜。		
身体防护	穿防静电工作服。		
手防护	戴防化学品手套。		
其他防护	工作现场严禁吸烟。实行就业前和定期的体检。进入罐、限制性空间或其他高浓度区作业，须有人监护。		

品名：**氯乙酰氯**		分子式：$C_2H_2Cl_2O$	相态：液
别名：氯化氯乙酰		分子量：113.0	外观与性状：无色透明液体，有刺激性气味
危险特性			
火灾危险性：可燃液体乙 A		爆炸物：无	皮肤腐蚀/刺激：类别 1
腐蚀减薄：盐酸腐蚀、含盐水腐蚀		金属腐蚀：无	严重眼损伤/眼刺激：类别 1
环境开裂：氯化物应力腐蚀开裂		急性毒性：类别 3	
不燃。能与很多物质发生剧烈反应导致燃烧爆炸。受热或遇水分解放热。放出有毒的腐蚀性烟气。具有较强的腐蚀性。			
理化特性			
熔点：-22.5℃	临界温度：无资料	爆炸上限：无资料	引燃温度：无资料
沸点：106.0℃	临界压力：无资料	爆炸下限：无资料	燃烧热：无资料
闪点：无资料	饱和蒸气压：8kPa(41.5℃)	相对密度($d_水=1$)：1.50	
溶解性	溶于丙酮，可混溶于乙醚。		
主要用途	用于有机合成。		
急救措施			
皮肤接触	立即脱去污染的衣着，用大量流动清水冲洗至少 15min。就医。		
眼睛接触	立即提起眼睑，用大量流动清水或生理盐水彻底冲洗至少 15min。就医。		
吸入	迅速脱离现场至空气新鲜处。保持呼吸道通畅。如呼吸困难，给输氧。如呼吸停止，立即进行人工呼吸。就医。		
食入	用水漱口，给饮牛奶或蛋清。		
防护措施			
呼吸防护	无资料。		
眼睛防护	无资料。		
身体防护	无资料。		
手防护	无资料。		
其他防护	无资料。		

品名：**4-氯正丁酸乙酯**		分子式：$C_6H_{11}ClO_2$	相态：液
别名：无		分子量：150.6	外观与性状：无色液体，有催泪性
危险特性			
火灾危险性：可燃液体乙 B		爆炸物：无	皮肤腐蚀/刺激：类别 2
腐蚀减薄：低分子有机酸腐蚀		金属腐蚀：无	严重眼损伤/眼刺激：类别 2
环境开裂：无		急性毒性：无	
受热易分解，燃烧时产生有毒的氯化物气体。			
理化特性			
熔点：-70.0℃	临界温度：无资料	爆炸上限：无资料	引燃温度：无资料
沸点：186.0℃	临界压力：无资料	爆炸下限：无资料	燃烧热：无资料
闪点：51.0℃	饱和蒸气压：无资料	相对密度($d_水=1$)：1.08	
溶解性	溶于乙醇、乙醚、丙酮。		
主要用途	用于有机合成。		
急救措施			
皮肤接触	脱去污染的衣着，用大量肥皂水和水清洗皮肤。		
眼睛接触	提起眼睑，用流动清水或生理盐水冲洗。就医。		
吸入	迅速脱离现场至空气新鲜处。保持呼吸道通畅。如呼吸困难，给输氧。如呼吸停止，立即进行人工呼吸。就医。		
食入	饮足量温水，催吐。就医。		
防护措施			
呼吸防护	可能接触其蒸气时，建议佩戴自吸过滤式防毒面具(半面罩)。紧急事态抢救或撤离时，建议佩戴供气式呼吸器。		
眼睛防护	戴化学安全防护眼镜。		
身体防护	穿聚乙烯防毒服。		
手防护	戴氯丁橡胶手套。		
其他防护	工作现场禁止吸烟、进食和饮水。特别注意眼和呼吸道的防护。工作完毕，彻底清洗。单独存放被毒物污染的衣服。洗后备用。		

品名：**马来酸酐**	分子式：$C_4H_2O_3$	相态：固
别名：马来酐；失水苹果酸酐；顺丁烯二酸酐	分子量：98.1	外观与性状：无色针状结晶
危险特性		
火灾危险性：可燃气体甲	爆炸物：无	皮肤腐蚀/刺激：类别1
腐蚀减薄：低分子有机酸腐蚀	金属腐蚀：无	严重眼损伤/眼刺激：类别1
环境开裂：无	急性毒性：无	
粉体与空气可形成爆炸性混合物，当达到一定浓度时，遇火星会发生爆炸。		

理化特性			
熔点：52.8℃	临界温度：无资料	爆炸上限：7.1%	引燃温度：447.0℃
沸点：202.0℃	临界压力：无资料	爆炸下限：1.4%	燃烧热：1390.0kJ/mol
闪点：110.0℃	饱和蒸气压：0.02kPa(20℃)	相对密度($d_水=1$)：1.48	

溶解性	溶于水、丙酮、苯、氯仿等多数有机溶剂。
主要用途	制造共聚物、聚合物，也用于合成树脂、涂料、农药、医药、食品及润滑油添加剂等。
急救措施	
皮肤接触	立即脱去污染的衣着，用大量流动清水冲洗至少15min。就医。
眼睛接触	立即提起眼睑，用大量流动清水或生理盐水彻底冲洗至少15min。就医。
吸入	迅速脱离现场至空气新鲜处。保持呼吸道通畅。如呼吸困难，给输氧。如呼吸停止，立即进行人工呼吸。就医。
食入	用水漱口，给饮牛奶或蛋清。
防护措施	
呼吸防护	空气中浓度超标时，应该佩带防毒口罩。
眼睛防护	戴安全防护眼镜。
身体防护	穿工作服(防腐材料制作)。
手防护	戴橡皮手套。
其他防护	工作后，淋浴更衣。注意个人清洁卫生。

品名：**吗啉**	分子式：C_4H_9NO	相态：液
别名：无	分子量：87.1	外观与性状：无色油状液体，有氨味
危险特性		
火灾危险性：可燃液体乙A	爆炸物：无	皮肤腐蚀/刺激：无
腐蚀减薄：无	金属腐蚀：无	易燃液体：类别3
环境开裂：无	急性毒性：无	
易燃，遇明火、高热或与氧化剂接触，有引起燃烧爆炸的危险。受热分解放出有毒的氧化氮烟气。		

理化特性			
熔点：-4.6℃	临界温度：346.0℃	爆炸上限：10.8%	引燃温度：310.0℃
沸点：128.4℃	临界压力：无资料	爆炸下限：1.8%	燃烧热：无资料
闪点：35.0℃	饱和蒸气压：0.93kPa(20℃)	相对密度($d_水=1$)：1.00	

溶解性	与水混溶，可混溶于多数有机溶剂。
主要用途	用作分析试剂，及树脂、蜡类、虫胶等的溶剂。
急救措施	
皮肤接触	立即脱去污染的衣着，用大量流动清水冲洗至少15min。就医。
眼睛接触	立即提起眼睑，用大量流动清水或生理盐水彻底冲洗至少15min。就医。
吸入	迅速脱离现场至空气新鲜处。保持呼吸道通畅。如呼吸困难，给输氧。如呼吸停止，立即进行人工呼吸。就医。
食入	用水漱口，给饮牛奶或蛋清。
防护措施	
呼吸防护	无资料。
眼睛防护	无资料。
身体防护	无资料。
手防护	无资料。
其他防护	无资料。

品名：**煤油**	分子式：无资料	相态：液
别名：火油；直馏煤油	分子量：无资料	外观与性状：水白色至淡黄色流动油状液体，易挥发

危险特性

火灾危险性：可燃液体乙 A	爆炸物：无	皮肤腐蚀/刺激：无
腐蚀减薄：无	金属腐蚀：无	
环境开裂：无	急性毒性：无	

其蒸气与空气可形成爆炸性混合物，遇明火、高热能引起燃烧爆炸。与氧化剂可发生反应。流速过快，容易产生和积聚静电。其蒸气比空气重，能在较低处扩散到相当远的地方，遇火源会着火回燃。若遇高热，容器内压增大，有开裂和爆炸的危险。

理化特性

熔点：无资料	临界温度：无资料	爆炸上限：5.0%	引燃温度：210.0℃
沸点：175.0℃	临界压力：无资料	爆炸下限：0.7%	燃烧热：无资料
闪点：43.0℃	饱和蒸气压：无资料	相对密度($d_{水}=1$)：0.80	

溶解性	不溶于水，溶于醇等多数有机溶剂。
主要用途	用作燃料、溶剂、杀虫喷雾剂。

急救措施

皮肤接触	脱去污染的衣着，用大量流动清水清洗皮肤。
眼睛接触	无资料。
吸入	无资料。
食入	就医。

防护措施

呼吸防护	无资料。
眼睛防护	无资料。
身体防护	无资料。
手防护	无资料。
其他防护	无资料。

品名：**木防己苦毒素**	分子式：$C_{30}H_{34}O_{13}$	相态：固
别名：苦毒浆果(木防己属)	分子量：301.3	外观与性状：无气味晶体，味很苦，剧毒

危险特性

火灾危险性：无	爆炸物：无	皮肤腐蚀/刺激：无
腐蚀减薄：无	金属腐蚀：无	
环境开裂：无	急性毒性：类别 2	

无资料。

理化特性

熔点：203.0℃	临界温度：无资料	爆炸上限：无资料	引燃温度：无资料
沸点：无资料	临界压力：无资料	爆炸下限：无资料	燃烧热：无资料
闪点：无资料	饱和蒸气压：无资料	相对密度($d_{水}=1$)：无资料	

溶解性	无资料。
主要用途	无资料。

急救措施

皮肤接触	用大量水冲洗。
眼睛接触	立即用水冲洗 15min。
吸入	将患者移至新鲜空气处，立即就医，进行人工呼吸或输氧，使患者安静，保持体温，以免延误诊治，继续观察。
食入	无资料。

防护措施

呼吸防护	无资料。
眼睛防护	无资料。
身体防护	无资料。
手防护	无资料。
其他防护	无资料。

品名：**木馏油** 别名：木焦油	分子式：无资料 分子量：无资料		相态：液 外观与性状：无色至红棕色液体，微溶于水，能溶于乙醇和乙醚、氯仿
危险特性			
火灾危险性：可燃液体丙 A 腐蚀减薄：无 环境开裂：无	爆炸物：无 金属腐蚀：无 急性毒性：无		皮肤腐蚀/刺激：类别 1 严重眼损伤/眼刺激：类别 1
受热、遇硝酸等强氧化剂有引起燃烧的危险。			
理化特性			
熔点：无资料 沸点：203.0℃ 闪点：62.2℃	临界温度：无资料 临界压力：无资料 饱和蒸气压：无资料	爆炸上限：无资料 爆炸下限：无资料 相对密度($d_{水}=1$)：0.86	引燃温度：无资料 燃烧热：无资料
溶解性	无资料。		
主要用途	无资料。		
急救措施			
皮肤接触	立即脱去被污染的衣着，并用大量流动清水冲洗至少 15min；严重的立即就医。		
眼睛接触	立即翻开眼睑，用大量流动清水或生理盐水冲洗至少 15min；严重的立即就医。		
吸入	迅速脱离现场空气新鲜处，保持呼吸道畅通，如呼吸困难，给输氧。如呼吸停止，立即进行人工呼吸(注意口对口是否可行)，并立即就医。		
食入	无资料。		
防护措施			
呼吸防护	无资料。		
眼睛防护	无资料。		
身体防护	无资料。		
手防护	无资料。		
其他防护	无资料。		

品名：**钠** 别名：金属钠	分子式：Na 分子量：23.0		相态：固 外观与性状：银白色柔软的轻金属，常温下质软如蜡
危险特性			
火灾危险性：无法确定 腐蚀减薄：无 环境开裂：液体金属脆断	爆炸物：无 金属腐蚀：无 急性毒性：无		皮肤腐蚀/刺激：类别 1 严重眼损伤/眼刺激：类别 1 遇水放出易燃气体的物质和混合物：类别 1
化学反应活性很高，在氧、氯、氟、溴蒸气中会燃烧。遇水或潮气猛烈反应放出氢气，大量放热，引起燃烧或爆炸。金属钠暴露在空气或氧气中能自行燃烧并爆炸使熔融物飞溅。与卤素、磷、许多氧化物、氧化剂和酸类剧烈反应。燃烧时呈黄色火焰。100℃时开始蒸发，蒸气可侵蚀玻璃。			
理化特性			
熔点：97.8℃ 沸点：892.0℃ 闪点：无资料	临界温度：无资料 临界压力：无资料 饱和蒸气压：0.13kPa(440℃)	爆炸上限：无资料 爆炸下限：无资料 相对密度($d_{水}=1$)：0.97	引燃温度：>115.0℃ 燃烧热：209.5kJ/mol
溶解性	不溶于煤油。		
主要用途	用于制造氰化钠、过氧化钠和多种化学药物或用作还原剂。		
急救措施			
皮肤接触	脱去污染的衣着，用大量流动清水清洗皮肤。		
眼睛接触	提起眼睑，用流动清水或生理盐水冲洗。就医。		
吸入	迅速脱离现场至空气新鲜处。保持呼吸道通畅。		
食入	用水漱口。就医。		
防护措施			
呼吸防护	无资料。		
眼睛防护	无资料。		
身体防护	无资料。		
手防护	无资料。		
其他防护	无资料。		

品名：**钠石灰[含氢氧化钠>4%]**		分子式：无资料	相态：固
别名：碱石灰		分子量：无资料	外观与性状：白色粉状物质
危险特性			
火灾危险性：无		爆炸物：无	反肤腐蚀/刺激：类别1
腐蚀减薄：碱腐蚀		金属腐蚀：无	严重眼损伤/眼刺激：类别1
环境开裂：碱应力腐蚀开裂		急性毒性：无	
无资料。			
理化特性			
熔点：无资料	临界温度：无资料	爆炸上限：无资料	引燃温度：无资料
沸点：无资料	临界压力：无资料	爆炸下限：无资料	燃烧热：无资料
闪点：无资料	饱和蒸气压：无资料	相对密度($d_{水}=1$)：无资料	
溶解性	极易吸收水分和二氧化碳，变为碳酸钾和碳酸钙混合物，需存放在紧密容器中。		
主要用途	用作干燥机和二氧化碳吸收剂等。		
急救措施			
皮肤接触	脱去污染的衣着，用大量流动清水清洗皮肤。		
眼睛接触	提起眼睑，用流动清水或生理盐水冲洗。就医。		
吸入	迅速脱离现场至空气新鲜处。保持呼吸道通畅。		
食入	用水漱口。就医。		
防护措施			
呼吸防护	如危险性评测显示需要使用空气净化的防毒面具，请使用全面罩式多功能微粒防毒面具N99型(US)或P2型(EN143)防毒面具筒作为工程控制的候补。如果防毒面具是保护的唯一方式，则使用全面罩式送风防毒面具。呼吸器使用经过测试并通过政府标准如NIOSH(US)或CEN(EU)的呼吸器和零件。		
眼睛防护	面罩与安全眼镜请使用经官方标准如NIOSH(美国)或EN 166(欧盟)检测与批准的设备防护眼部。		
身体防护	全套防化学试剂工作服，防护设备的类型必须根据特定工作场所中的危险物的浓度和含量来选择。		
手防护	所选择的保护手套必须符合EU的89/686/EEC规定和从它衍生出来的EN376标准。		
其他防护	无资料。		

品名：**萘**		分子式：$C_{10}H_8$	相态：固
别名：粗萘；精萘；萘饼		分子量：128.2	外观与性状：白色易挥发晶体，有温和芳香气味，粗萘有煤焦油臭味
危险特性			
火灾危险性：可燃液体丙A		爆炸物：无	反肤腐蚀/刺激：无
腐蚀减薄：无		金属腐蚀：无	易燃固体：类别2
环境开裂：无		急性毒性：无	
遇明火、高热易燃。燃烧时放出有毒的刺激性烟雾。与强氧化剂如铬酸酐、氯酸盐和高锰酸钾等接触，能发生强烈反应，引起燃烧或爆炸。粉体与空气可形成爆炸性混合物，当达到一定浓度时，遇火星会发生爆炸。			
理化特性			
熔点：80.1℃	临界温度：457.2℃	爆炸上限：无资料	引燃温度：526.0℃
沸点：217.9℃	临界压力：4.05MPa	爆炸下限：无资料	燃烧热：5148.9kJ/mol
闪点：78.9℃	饱和蒸气压：1.31×10^{-2}kPa(25℃)	相对密度($d_{水}=1$)：1.16	
溶解性	不溶于水，溶于无水乙醇、醚、苯。		
主要用途	用于制造燃料中间体、樟脑丸、皮革、木材保护剂等。		
急救措施			
皮肤接触	脱去污染的衣着，用大量肥皂水和水清洗皮肤。		
眼睛接触	提起眼睑，用流动清水或生理盐水冲洗。就医。		
吸入	迅速脱离现场至空气新鲜处。保持呼吸道通畅。如呼吸困难，给输氧。如呼吸停止，立即进行人工呼吸。就医。		
食入	饮足量温水，催吐。就医。		
防护措施			
呼吸防护	接触高浓度蒸气时，应该佩戴过滤式防毒面具(半面罩)；可能接触其粉尘时，建议佩戴自吸过滤式防尘口罩。		
眼睛防护	戴化学安全防护眼镜。		
身体防护	穿防毒物渗透工作服。		
手防护	戴防化学品手套。		
其他防护	工作现场禁止吸烟、进食和饮水。工作完毕，淋浴更衣。		

品名：**1-萘胺** 别名：α-萘胺；1-氨基萘	分子式：$C_{10}H_9N$ 分子量：143.2	相态：固 外观与性状：无色针状晶体，在空气中变红色，具有不愉快的气味，对人体有害
危险特性		
火灾危险性：可燃液体丙B 腐蚀减薄：碱腐蚀、胺腐蚀 环境开裂：碱应力腐蚀开裂、氨应力腐蚀开裂、胺应力腐蚀开裂	爆炸物：无 金属腐蚀：无 急性毒性：类别3	皮肤腐蚀/刺激：无
无资料。		

理化特性			
熔点：50.0℃	临界温度：无资料	爆炸上限：无资料	引燃温度：460.0℃
沸点：301.0℃	临界压力：无资料	爆炸下限：无资料	燃烧热：-5281.4kJ/mol
闪点：157.0℃	饱和蒸气压：0.13kPa(104.3℃)	相对密度($d_{水}=1$)：1.12	

溶解性	难溶于水，易溶于乙醇、乙醚。
主要用途	是一种重要的染料中间体。
急救措施	
皮肤接触	脱去污染的衣着，用大量肥皂水和水清洗皮肤。
眼睛接触	无资料。
吸入	无资料。
食入	无资料。
防护措施	
呼吸防护	空气中浓度超标时，应该佩带防毒口罩。紧急事态抢救或逃生时，建议佩戴自给式呼吸器。
眼睛防护	戴化学安全防护眼镜。
身体防护	穿相应的防护服。
手防护	必要时戴防化学品手套。
其他防护	工作现场禁止吸烟、进食和饮水。工作后，彻底清洗。单独存放被毒物污染的衣服，洗后再用。注意个人清洁卫生。

品名：**2-萘胺** 别名：β-萘胺；2-氨基萘	分子式：$C_{10}H_9N$ 分子量：143.2	相态：固 外观与性状：白色至微粉红色片状结晶，略有芳香气味
危险特性		
火灾危险性：无 腐蚀减薄：碱腐蚀、胺腐蚀 环境开裂：碱应力腐蚀开裂、氨应力腐蚀开裂、胺应力腐蚀开裂	爆炸物：无 金属腐蚀：无 急性毒性：无	皮肤腐蚀/刺激：无
无资料。		

理化特性			
熔点：111.5℃	临界温度：无资料	爆炸上限：无资料	引燃温度：无资料
沸点：307.5℃	临界压力：无资料	爆炸下限：无资料	燃烧热：-5270.9kJ/mol
闪点：无资料	饱和蒸气压：0.13kPa(108.0℃)	相对密度($d_{水}=1$)：1.06	

溶解性	溶于热乙醇、乙醚、苯。
主要用途	无资料。
急救措施	
皮肤接触	脱去污染的衣着，轻轻地用大量肥皂水和水清洗皮肤。
眼睛接触	无资料。
吸入	迅速脱离现场至空气新鲜处。保持呼吸道通畅。
食入	用水漱口。就医。
防护措施	
呼吸防护	空气中浓度超标时，应该佩带防毒口罩。紧急事态抢救或逃生时，建议佩戴自给式呼吸器。
眼睛防护	戴化学安全防护眼镜。
身体防护	穿相应的防护服。
手防护	必要时戴防化学品手套。
其他防护	工作现场禁止吸烟、进食和饮水。工作后，彻底清洗。单独存放被毒物污染的衣服，洗后再用。注意个人清洁卫生。

品名：**1,8-萘二甲酸酐**	分子式：$C_{12}H_6O_3$	相态：固	
别名：萘酐	分子量：198.2	外观与性状：淡黄褐色针状结晶	
危险特性			
火灾危险性：可燃液体丙B	爆炸物：无	皮肤腐蚀/刺激：无	
腐蚀减薄：低分子有机酸腐蚀	金属腐蚀：无	易燃固体：类别2	
环境开裂：无	急性毒性：无		
遇明火、高热易燃。与氧化剂混合能形成爆炸性混合物。粉体与空气可形成爆炸性混合物，当达到一定浓度时，遇火星会发生爆炸。在潮湿空气中缓慢分解。			
理化特性			
熔点：274.0℃	临界温度：无资料	爆炸上限：无资料	引燃温度：无资料
沸点：407.5℃	临界压力：无资料	爆炸下限：无资料	燃烧热：无资料
闪点：206.8℃	饱和蒸气压：无资料	相对密度($d_水=1$)：无资料	
溶解性	不溶于水、乙醚，微溶于乙酸。		
主要用途	用于染料工业，用于有机合成。		
急救措施			
皮肤接触	脱去污染的衣着，用大量流动清水冲洗皮肤。		
眼睛接触	提起眼睑，用流动清水或生理盐水冲洗。就医。		
吸入	迅速脱离现场至空气新鲜处。如呼吸困难，给输氧。就医。		
食入	饮足量温水，催吐。就医。		
防护措施			
呼吸防护	空气中浓度超标时，应该佩带防毒口罩。紧急事态抢救或逃生时，建议佩戴自给式呼吸器。		
眼睛防护	戴化学安全防护眼镜。		
身体防护	穿相应的防护服。		
手防护	必要时戴防化学品手套。		
其他防护	工作现场禁止吸烟、进食和饮水。工作后，彻底清洗。单独存放被毒物污染的衣服，洗后再用。注意个人清洁卫生。		

品名：**萘磺汞**	分子式：$C_{33}H_{24}Hg_2O_6S_2$	相态：固	
别名：双苯汞亚甲基二萘磺酸酯；汞加芬；双萘磺酸苯汞	分子量：981.9	外观与性状：无定形粉末	
危险特性			
火灾危险性：无	爆炸物：无	皮肤腐蚀/刺激：无	
腐蚀减薄：无	金属腐蚀：无		
环境开裂：无	急性毒性：类别1		
遇明火、高热可燃。其粉体与空气可形成爆炸性混合物，当达到一定浓度时，遇火星会发生爆炸。遇高热分解放出高毒烟气。			
理化特性			
熔点：无资料	临界温度：无资料	爆炸上限：无资料	引燃温度：无资料
沸点：无资料	临界压力：无资料	爆炸下限：无资料	燃烧热：无资料
闪点：无资料	饱和蒸气压：无资料	相对密度($d_水=1$)：无资料	
溶解性	不溶于水。		
主要用途	用于木材处理，用作生皮、皮革、织物、涂料、黏合剂的防霉、防腐、杀菌和杀真菌剂。		
急救措施			
皮肤接触	脱去污染的衣着，用大量流动清水冲洗皮肤。		
眼睛接触	提起眼睑，用流动清水或生理盐水冲洗至少15min。就医。		
吸入	迅速脱离现场至空气新鲜处。保持呼吸道通畅。如呼吸困难，给输氧。如呼吸停止，立即进行人工呼吸。就医。		
食入	饮足量温水，催吐。就医。		
防护措施			
呼吸防护	无资料。		
眼睛防护	无资料。		
身体防护	无资料。		
手防护	无资料。		
其他防护	无资料。		

品名：**1-萘基硫脲**	分子式：$C_{11}H_{10}N_2S$	相态：固	
别名：α-萘硫脲；安妥	分子量：202.3	外观与性状：白色晶体	
危险特性			
火灾危险性：无	爆炸物：无	皮肤腐蚀/刺激：无	
腐蚀减薄：硫酸腐蚀、高温硫化物腐蚀	金属腐蚀：无		
环境开裂：连多硫酸应力腐蚀开裂	急性毒性：类别 2		
遇明火、高热可燃。受高热分解放出有毒的气体。			
理化特性			
熔点：198.0℃	临界温度：无资料	爆炸上限：无资料	引燃温度：无资料
沸点：377.6℃	临界压力：无资料	爆炸下限：无资料	燃烧热：无资料
闪点：无资料	饱和蒸气压：无资料	相对密度($d_{水}=1$)：无资料	
溶解性	溶于沸乙醇，碱性溶液，难溶于水、酸和一般有机溶剂。		
主要用途	一种杀鼠剂。		
急救措施			
皮肤接触	脱去污染的衣着，用大量流动清水彻底冲洗。		
眼睛接触	立即提起眼睑，用大量流动清水彻底冲洗。		
吸入	脱离现场至空气新鲜处。注意保暖，必要时进行人工呼吸。就医。		
食入	用水漱口。就医。		
防护措施			
呼吸防护	生产操作或农业使用时，应该佩带防毒口罩。紧急事态抢救或逃生时，建议佩带自给式呼吸器。		
眼睛防护	可采用安全面罩。		
身体防护	穿相应的防护服。		
手防护	必要时戴防护手套。		
其他防护	工作现场禁止吸烟、进食和饮水。工作后，淋浴更衣。保持良好的卫生习惯。		

品名：**1-萘甲腈**	分子式：$C_{11}H_7N$	相态：固	
别名：萘甲腈；α-萘甲腈	分子量：153.2	外观与性状：白色针状结晶	
危险特性			
火灾危险性：无	爆炸物：无	皮肤腐蚀/刺激：类别 2	
腐蚀减薄：无	金属腐蚀：无	严重眼损伤/眼刺激：类别 2	
环境开裂：无	急性毒性：无		
遇明火、高热可燃。其粉体与空气可形成爆炸性混合物，当达到一定浓度时，遇火星会发生爆炸。受高热分解放出有毒的气体。			
理化特性			
熔点：33.5℃	临界温度：无资料	爆炸上限：无资料	引燃温度：无资料
沸点：296.5℃	临界压力：无资料	爆炸下限：无资料	燃烧热：无资料
闪点：无资料	饱和蒸气压：无资料	相对密度($d_{水}=1$)：1.11	
溶解性	不溶于水，溶于乙醇、乙醚。		
主要用途	用于有机合成。		
急救措施			
皮肤接触	脱去污染的衣着，用大量肥皂水和水清洗皮肤。		
眼睛接触	提起眼睑，用流动清水或生理盐水冲洗。就医。		
吸入	迅速脱离现场至空气新鲜处。保持呼吸道通畅。		
食入	误服者，饮适量温水，催吐。就医。		
防护措施			
呼吸防护	佩戴防尘口罩。高浓度环境中，佩戴防毒面具。		
眼睛防护	可采用安全面罩。		
身体防护	穿紧袖工作服，长筒胶鞋。		
手防护	戴防护手套。		
其他防护	工作现场禁止吸烟、进食和饮水。工作后，淋浴更衣。注意个人清洁卫生。		

品名：**偶氮二甲酰胺** 别名：发泡剂 AC；二氮烯二甲酰胺		分子式：$C_2H_4N_4O_2$ 分子量：116.1	相态：固 外观与性状：无臭的黄色粉末
危险特性			
火灾危险性：可燃液体丙 A 腐蚀减薄：碱腐蚀、胺腐蚀 环境开裂：碱应力腐蚀开裂、胺应力腐蚀开裂		爆炸物：无 金属腐蚀：无 急性毒性：无	皮肤腐蚀/刺激：无 易燃固体：类别 1
遇明火、高热易燃。受热分解放出有毒的烟气。若遇高热可发生剧烈分解，引起容器破裂或爆炸事故。			
理化特性			
熔点：225.0℃ 沸点：220.0℃ 闪点：99.7℃	临界温度：无资料 临界压力：无资料 饱和蒸气压：无资料	爆炸上限：无资料 爆炸下限：无资料 相对密度($d_{水}=1$)：1.65	引燃温度：无资料 燃烧热：无资料
溶解性	不溶于水、醇、苯、丙酮等。		
主要用途	广泛用作聚氯乙烯、聚乙烯、聚苯乙烯、聚丙烯、ABS 树脂等的发孔剂。		
急救措施			
皮肤接触	脱去污染的衣着，用大量流动清水冲洗皮肤。		
眼睛接触	提起眼睑，用流动清水或生理盐水冲洗。就医。		
吸入	迅速脱离现场至空气新鲜处。保持呼吸道通畅。如呼吸困难，给输氧。如呼吸停止，立即进行人工呼吸。就医。		
食入	饮足量温水，催吐。就医。		
防护措施			
呼吸防护	空气中粉尘浓度较高时，建议佩戴自吸过滤式防尘口罩。		
眼睛防护	戴化学安全防护眼镜。		
身体防护	一般不需特殊防护。		
手防护	戴防化学手套。		
其他防护	工作场所禁止吸烟、进食和饮水，饭前要洗手。工作完毕，淋浴更衣。保持良好的卫生习惯。		

品名：**哌啶** 别名：六氢吡啶；氮己环		分子式：$C_5H_{11}N$ 分子量：85.2	相态：液 外观与性状：无色澄清液体，有类似氨的气味
危险特性			
火灾危险性：可燃液体甲 B 腐蚀减薄：无 环境开裂：无		爆炸物：无 金属腐蚀：无 急性毒性：类别 3	皮肤腐蚀/刺激：类别 1 易燃液体：类别 2 严重眼损伤/眼刺激：类别 1
易燃，遇明火燃烧时放出有毒气体。受热分解放出有毒的氧化氮烟气。与氧化剂能发生强烈反应。			
理化特性			
熔点：-7.0℃ 沸点：106.0℃ 闪点：16.0℃	临界温度：无资料 临界压力：无资料 饱和蒸气压：5.33kPa(29.2℃)	爆炸上限：无资料 爆炸下限：无资料 相对密度($d_{水}=1$)：0.86	引燃温度：无资料 燃烧热：3455.2kJ/mol
溶解性	溶于水、乙醇、乙醚。		
主要用途	用作溶剂、有机合成中间体、环氧树脂交联剂、缩合催化剂等。		
急救措施			
皮肤接触	脱去污染的衣着，用大量肥皂水和水清洗皮肤。		
眼睛接触	提起眼睑，用流动清水或生理盐水冲洗至少 15min。就医。		
吸入	迅速脱离现场至空气新鲜处。保持呼吸道通畅。如呼吸困难，给输氧。如呼吸停止，立即进行人工呼吸。就医。		
食入	饮足量温水，催吐。就医。		
防护措施			
呼吸防护	可能接触其蒸气时，必须佩戴自吸过滤式防毒面具(全面罩)。紧急事态抢救或撤离时，建议佩戴氧气呼吸器。		
眼睛防护	呼吸系统防护中已做防护。		
身体防护	穿胶布防毒衣。		
手防护	戴橡胶耐油手套。		
其他防护	工作现场禁止吸烟。工作完毕，淋浴更衣。注意个人清洁卫生。		

品名：**哌嗪**	分子式：$C_4H_{10}N_2$	相态：固	
别名：对二氮己环	分子量：86.1	外观与性状：无色结晶，具有氨的气味，有很强的吸湿性	
危险特性			
火灾危险性：可燃液体丙 A	爆炸物：无	皮肤腐蚀/刺激：类别 1	
腐蚀减薄：无	金属腐蚀：无	严重眼损伤/眼刺激：类别 1	
环境开裂：无	急性毒性：无		
遇明火、高热可燃。燃烧分解时，放出有毒的氮氧化物气体。受热分解放出有毒气体。具有腐蚀性。			
理化特性			
熔点：109.6℃	临界温度：无资料	爆炸上限：无资料	引燃温度：无资料
沸点：148.5℃	临界压力：无资料	爆炸下限：无资料	燃烧热：无资料
闪点：107.0℃	饱和蒸气压：30.30kPa(111℃)	相对密度($d_水=1$)：无资料	
溶解性	溶于水、甲醇、乙醇，微溶于苯、乙醚。		
主要用途	用于制造树脂和聚合物及制药。		
急救措施			
皮肤接触	脱去污染的衣着，用大量流动清水清洗皮肤至少 15min。		
眼睛接触	提起眼睑，用流动清水或生理盐水冲洗至少 15min。就医。		
吸入	迅速脱离现场至空气新鲜处。保持呼吸道通畅。如呼吸困难，给输氧。如呼吸停止，立即进行人工呼吸。就医。		
食入	饮足量温水，催吐。就医。		
防护措施			
呼吸防护	空气中粉尘浓度超标时，必须佩戴自吸过滤式防尘口罩。紧急事态抢救或撤离时，应该佩戴空气呼吸器。		
眼睛防护	戴化学安全防护眼镜。		
身体防护	穿橡胶耐酸碱服。		
手防护	戴橡胶耐酸碱手套。		
其他防护	工作完毕，淋浴更衣。注意个人清洁卫生。		

品名：**α-蒎烯**	分子式：$C_{10}H_{16}$	相态：液	
别名：α-松油萜	分子量：136.2	外观与性状：无色透明液体，有松节油的气味	
危险特性			
火灾危险性：可燃液体乙 A	爆炸物：无	皮肤腐蚀/刺激：类别 2	
腐蚀减薄：无	金属腐蚀：无	易燃液体：类别 3	
环境开裂：无	急性毒性：无		
其蒸气与空气可形成爆炸性混合物，遇明火、高热能引起燃烧爆炸与氧化剂能发生强烈反应。与硝酸发生剧烈反应或立即燃烧。			
理化特性			
熔点：-62.5℃	临界温度：无资料	爆炸上限：无资料	引燃温度：255.0℃
沸点：155.0℃	临界压力：2.76MPa	爆炸下限：无资料	燃烧热：6124.9kJ/mol
闪点：38.0℃	饱和蒸气压：0.63kPa(27℃)	相对密度($d_水=1$)：0.86	
溶解性	微溶于水，溶于乙醇、乙醚、氯仿等多数有机溶剂。		
主要用途	是合成香料的重要原料，也是合成润滑剂、增塑剂等的原料。		
急救措施			
皮肤接触	脱去污染的衣着，用肥皂水和清水彻底冲洗皮肤。		
眼睛接触	提起眼睑，用流动清水或生理盐水冲洗至少 15min。就医。		
吸入	迅速脱离现场至空气新鲜处。保持呼吸道通畅。如呼吸困难，给输氧。如呼吸停止，立即进行人工呼吸。就医。		
食入	饮足量温水，催吐。就医。		
防护措施			
呼吸防护	可能接触其蒸气时，必须佩戴导管式防毒面具。紧急事态抢救或撤离时，建议佩戴空气呼吸器。		
眼睛防护	呼吸系统防护中已做防护。		
身体防护	穿胶布防毒衣。		
手防护	戴橡胶耐油手套。		
其他防护	工作现场严禁吸烟。避免长期反复接触。		

品名：**β-蒎烯**	分子式：$C_{10}H_{16}$	相态：液
别名：无	分子量：136.2	外观与性状：无色液体，有松节油的气味

危险特性

火灾危险性：可燃液体乙 A	爆炸物：无	皮肤腐蚀/刺激：类别 2
腐蚀减薄：无	金属腐蚀：无	易燃液体：类别 3
环境开裂：无	急性毒性：无	

其蒸气与空气可形成爆炸性混合物，遇明火、高热能引起燃烧爆炸。与氧化剂能发生强烈反应。

理化特性

熔点：-61.0℃	临界温度：无资料	爆炸上限：无资料	引燃温度：无资料
沸点：164.0℃	临界压力：无资料	爆炸下限：无资料	燃烧热：无资料
闪点：34.9℃	饱和蒸气压：1.33kPa(42.3℃)	相对密度($d_{水}=1$)：1.87	

溶解性	微溶于水，溶于乙醇、乙醚、氯仿等多数有机溶剂。
主要用途	用作香精、香料制造的中间体。

急救措施

皮肤接触	脱去污染的衣着，用肥皂水和清水彻底冲洗皮肤。
眼睛接触	提起眼睑，用流动清水或生理盐水冲洗至少 15min。就医。
吸入	迅速脱离现场至空气新鲜处。保持呼吸道通畅。如呼吸困难，给输氧。如呼吸停止，立即进行人工呼吸。就医。
食入	饮足量温水，催吐。就医。

防护措施

呼吸防护	可能接触其蒸气时，必须佩戴导管式防毒面具或自吸式长管面具。紧急事态抢救或撤离时，建议佩戴空气呼吸器。
眼睛防护	呼吸系统防护中已做防护。
身体防护	穿胶布防毒衣。
手防护	戴橡胶耐油手套。
其他防护	工作现场严禁吸烟。避免长期反复接触。

品名：**硼氢化钾**	分子式：H_4BK	相态：固
别名：氢硼化钾	分子量：53.9	外观与性状：白色结晶性粉末

危险特性

火灾危险性：无法确定	爆炸物：无	皮肤腐蚀/刺激：无
腐蚀减薄：无	金属腐蚀：无	遇水放出易燃气体的物质和混合物：类别 1
环境开裂：无	急性毒性：类别 3	

遇明火、高热或与氧化剂接触，有引起燃烧爆炸的危险。遇潮湿空气、水或酸能放出易燃的氢气而引起燃烧。

理化特性

熔点：400.0℃	临界温度：无资料	爆炸上限：无资料	引燃温度：无资料
沸点：无资料	临界压力：无资料	爆炸下限：无资料	燃烧热：无资料
闪点：无资料	饱和蒸气压：无资料	相对密度($d_{水}=1$)：1.18	

溶解性	不溶于烃类、苯、乙醚，微溶于甲醇、乙醇，溶于液氨。
主要用途	用于醛、酮、酰氯化物的还原剂，以及用于制氢和其他硼氢盐。

急救措施

皮肤接触	脱去污染的衣着，用大量流动清水彻底冲洗皮肤。
眼睛接触	提起眼睑，用流动清水或生理盐水冲洗至少 15min。就医。
吸入	迅速脱离现场至空气新鲜处。保持呼吸道通畅。如呼吸困难，给输氧。如呼吸停止，立即进行人工呼吸。就医。
食入	用水漱口，给饮牛奶或蛋清。就医。

防护措施

呼吸防护	可能接触其粉尘时，必须佩戴防尘面具(全面罩)。紧急事态抢救或撤离时，应该佩戴空气呼吸器。
眼睛防护	呼吸系统防护中已做防护。
身体防护	穿胶布防毒衣。
手防护	戴橡胶手套。
其他防护	工作现场严禁吸烟。实行就业前体检和定期体检。

品名：**硼氢化钠** 别名：氢硼化钠	分子式：H_4BNa 分子量：37.9		相态：固 外观与性状：白色至灰白色晶状粉末或块状物，溶解性强
危险特性			
火灾危险性：无法确定 腐蚀减薄：无 环境开裂：无	爆炸物：无 金属腐蚀：无 急性毒性：类别 3		皮肤腐蚀/刺激：无 遇水放出易燃气体的物质和混合物：类别 1 严重眼损伤/眼刺激：类别 1
遇潮湿空气、水或酸能放出易燃的氢气而引起燃烧。			
理化特性			
熔点：36.0℃ 沸点：400.0℃ 闪点：无资料	临界温度：无资料 临界压力：无资料 饱和蒸气压：无资料	爆炸上限：无资料 爆炸下限：无资料 相对密度($d_水=1$)：1.07	引燃温度：无资料 燃烧热：无资料
溶解性	溶于水、液氨，不溶于乙醚、苯、烃类。		
主要用途	用于制造其他硼氢盐、还原剂、木材纸浆漂白、塑料发泡剂等。		
急救措施			
皮肤接触	脱去污染的衣着，用大量流动清水彻底冲洗皮肤。		
眼睛接触	提起眼睑，用流动清水或生理盐水冲洗至少 15min。就医。		
吸入	迅速脱离现场至空气新鲜处。保持呼吸道通畅。如呼吸困难，给输氧。如呼吸停止，立即进行人工呼吸。就医。		
食入	用水漱口，给饮牛奶或蛋清。就医。		
防护措施			
呼吸防护	可能接触其粉尘时，必须佩戴防尘面具(全面罩)。紧急事态抢救或撤离时，应该佩戴空气呼吸器。		
眼睛防护	呼吸系统防护中已做防护。		
身体防护	穿胶布防毒衣。		
手防护	穿橡胶手套。		
其他防护	工作现场严禁吸烟。实行就业前体检和定期体检。		

品名：**硼酸三甲酯** 别名：三甲氧基硼烷	分子式：$C_3H_9BO_3$ 分子量：103.9		相态：液 外观与性状：无色液体，遇水分解
危险特性			
火灾危险性：可燃液体甲 B 腐蚀减薄：无 环境开裂：无	爆炸物：无 金属腐蚀：无 急性毒性：无		皮肤腐蚀/刺激：无 易燃液体：类别 3
其蒸气与空气可形成爆炸性混合物，遇明火、高热极易燃烧爆炸。与氧化剂接触猛烈反应。遇水或水蒸气反应放出有毒和易燃的气体。其蒸气比空气重，能在较低处扩散到相当远的地方，遇火源会着火回燃。若遇高热，容器内压增大，有开裂和爆炸的危险。			
理化特性			
熔点：-29.0℃ 沸点：68.0℃ 闪点：-8.0℃	临界温度：无资料 临界压力：无资料 饱和蒸气压：无资料	爆炸上限：无资料 爆炸下限：无资料 相对密度($d_水=1$)：0.92	引燃温度：无资料 燃烧热：无资料
溶解性	可混溶于甲醇、乙醚等。		
主要用途	用作溶剂、脱氢剂、杀虫剂及用于有机合成、半导体硼扩散原。		
急救措施			
皮肤接触	脱去污染的衣着，用大量流动清水冲洗皮肤。		
眼睛接触	提起眼睑，用流动清水或生理盐水冲洗。就医。		
吸入	迅速脱离现场至空气新鲜处。如呼吸困难，给输氧。就医。		
食入	饮足量温水，催吐。就医。		
防护措施			
呼吸防护	空气中粉尘浓度超标时，佩戴自吸过滤式防毒面具(半面罩)。紧急事态抢救或撤离时，应该佩戴空气呼吸器。		
眼睛防护	戴化学安全防护眼镜。		
身体防护	穿防毒物渗透工作服。		
手防护	戴橡胶耐油手套。		
其他防护	工作现场禁止吸烟。工作完毕，淋浴更衣。特别注意眼和呼吸道防护。		

品名：**硼酸三乙酯**	分子式：$C_7H_{15}BO_3$	相态：液	
别名：三乙氧基硼烷	分子量：146.0	外观与性状：无色透明液体	
危险特性			
火灾危险性：可燃液体甲 B	爆炸物：无	反肤腐蚀/刺激：无	
腐蚀减薄：无	金属腐蚀：无	易燃液体：类别 2	
环境开裂：无	急性毒性：无		
其蒸气与空气可形成爆炸性混合物，遇明火、高热极易燃烧爆炸。与氧化剂接触猛烈反应。遇水分解生成乙醇和硼酸。其蒸气比空气重，能在较低处扩散到相当远的地方，遇火源会着火回燃。若遇高热，容器内压增大，有开裂和爆炸的危险。			
理化特性			
熔点：-84.8℃	临界温度：无资料	爆炸上限：无资料	引燃温度：无资料
沸点：117.4℃	临界压力：无资料	爆炸下限：无资料	燃烧热：无资料
闪点：11.1℃	饱和蒸气压：无资料	相对密度($d_{水}=1$)：0.87	
溶解性	不溶于水，遇水分解，在成乙醇和硼酸。		
主要用途	乙氧基剂；有机硼化物原料；焊接助剂；增塑剂；催化剂。		
急救措施			
皮肤接触	脱去污染的衣着，用大量流动清水冲洗皮肤。		
眼睛接触	提起眼睑，用流动清水或生理盐水冲洗。就医。		
吸入	迅速脱离现场至空气新鲜处。如呼吸困难，给输氧。就医。		
食入	饮足量温水，催吐。就医。		
防护措施			
呼吸防护	空气中粉尘浓度超标时，佩戴自吸过滤式防毒面具(半面罩)。紧急事态抢救或撤离时，应该佩戴空气呼吸器。		
眼睛防护	戴化学安全防护眼镜。		
身体防护	穿防毒物渗透工作服。		
手防护	戴橡胶耐油手套。		
其他防护	工作现场禁止吸烟。工作完毕，淋浴更衣。注意个人清洁卫生。		

品名：**硼酸三异丙酯**	分子式：$C_9H_{21}O_3B$	相态：液	
别名：硼酸异丙酯	分子量：188.1	外观与性状：无色液体	
危险特性			
火灾危险性：可燃液体乙 A	爆炸物：无	皮肤腐蚀/刺激：无	
腐蚀减薄：无	金属腐蚀：无	易燃液体：类别 2	
环境开裂：无	急性毒性：无		
其蒸气与空气可形成爆炸性混合物，遇明火、高热能引起燃烧爆炸。与氧化剂可发生反应。若遇高热，容器内压增大，有开裂和爆炸的危险。			
理化特性			
熔点：-59.0℃	临界温度：无资料	爆炸上限：无资料	引燃温度：无资料
沸点：141.0℃	临界压力：无资料	爆炸下限：无资料	燃烧热：无资料
闪点：28.0℃	饱和蒸气压：无资料	相对密度($d_{水}=1$)：0.81	
溶解性	无资料。		
主要用途	用作溶剂、半导体硼扩散源。		
急救措施			
皮肤接触	脱去污染的衣着，用大量流动清水清洗皮肤。		
眼睛接触	立即翻开上下眼睑，用流动清水冲洗 15min。就医。		
吸入	脱离现场至空气新鲜处。就医。		
食入	误服者用水漱口，就医。		
防护措施			
呼吸防护	空气中粉尘浓度超标时，佩戴自吸过滤式防毒面具(半面罩)。紧急事态抢救或撤离时，应该佩戴空气呼吸器。		
眼睛防护	戴化学安全防护眼镜。		
身体防护	穿防毒物渗透工作服。		
手防护	戴橡胶耐油手套。		
其他防护	工作现场禁止吸烟。工作完毕，淋浴更衣。特别注意眼和呼道防护。		

品名：**铍粉**	分子式：Be	相态：固	
别名：无	分子量：9.0	外观与性状：灰色至白色粉末	
危险特性			
火灾危险性：无法确定	爆炸物：无	皮肤腐蚀/刺激：类别 2	
腐蚀减薄：无	金属腐蚀：无	易燃固体：类别 2	
环境开裂：液体金属脆断	急性毒性：类别 2		
无资料。			
理化特性			
熔点：1287.0℃	临界温度：无资料	爆炸上限：无资料	引燃温度：649.0℃
沸点：2970.0℃	临界压力：4.78MPa	爆炸下限：无资料	燃烧热：无资料
闪点：无资料	饱和蒸气压：无资料	相对密度($d_{水}=1$)：1.85	
溶解性	不溶于冷水，微溶于热水，溶于稀盐酸、稀硫酸。		
主要用途	无资料。		
急救措施			
皮肤接触	脱去污染的衣着，用大量肥皂水和水清洗皮肤。		
眼睛接触	提起眼睑，用流动清水或生理盐水冲洗。就医。		
吸入	迅速脱离现场至空气新鲜处。保持呼吸道通畅。		
食入	用水漱口。就医。		
防护措施			
呼吸防护	可能接触其粉尘时，作业工人应该佩戴头罩型电动送风过滤式防尘呼吸器。必要时，佩戴隔离式呼吸器。		
眼睛防护	呼吸系统防护中已做防护。		
身体防护	穿连衣式胶布防毒衣。		
手防护	戴橡胶手套。		
其他防护	工作现场禁止吸烟、进食和饮水。工作完毕，淋浴更衣。单独存放被毒物污染的衣服，洗后备用。实行就业前和定期的体检。		

品名：**偏钒酸铵**	分子式：NH_4VO_3	相态：固	
别名：无	分子量：117.0	外观与性状：白色结晶性粉末	
危险特性			
火灾危险性：无	爆炸物：无	皮肤腐蚀/刺激：类别 2	
腐蚀减薄：含盐水腐蚀	金属腐蚀：无	严重眼损伤/眼刺激：类别 2	
环境开裂：无	急性毒性：类别 1		
有氧化性。接触有机物有引起燃烧的危险。			
理化特性			
熔点：210.0℃	临界温度：无资料	爆炸上限：无资料	引燃温度：无资料
沸点：无资料	临界压力：无资料	爆炸下限：无资料	燃烧热：无资料
闪点：无资料	饱和蒸气压：无资料	相对密度($d_{水}=1$)：2.33	
溶解性	难溶于水，溶于热水、氨水，不溶于乙醇、醚、氯化铵。		
主要用途	用作催化剂、染料、分析试剂，也用于油漆、油墨干燥、显微染色、瓷砖着色等。		
急救措施			
皮肤接触	脱去污染的衣着，用大量流动清水冲洗皮肤。		
眼睛接触	提起眼睑，用流动清水或生理盐水冲洗。就医。		
吸入	迅速脱离现场至空气新鲜处。保持呼吸道通畅。如呼吸困难，给输氧。如呼吸停止，立即进行人工呼吸。就医。		
食入	饮足量温水，催吐。洗胃，导泻。就医。		
防护措施			
呼吸防护	空气中粉尘浓度超标时，必须佩戴自吸过滤式防尘口罩。紧急事态抢救或撤离时，应该佩戴空气呼吸器。		
眼睛防护	戴化学安全防护眼镜。		
身体防护	穿防毒物渗透工作服。		
手防护	戴橡胶耐手套。		
其他防护	工作场所禁止吸烟、进食和饮水，饭前要洗手。工作完毕，淋浴更衣。保持良好的卫生习惯。		

品名：**偏硅酸钠** 别名：三氧硅酸二钠	分子式：Na_2O_3Si 分子量：122.1	相态：固 外观与性状：白色粉末	
危险特性			
火灾危险性：无 腐蚀减薄：含盐水腐蚀 环境开裂：无	爆炸物：无 金属腐蚀：无 急性毒性：无	皮肤腐蚀/刺激：类别 1 严重眼损伤/眼刺激：类别 1	
无资料。			
理化特性			
熔点：1088.0℃ 沸点：无资料 闪点：无资料	临界温度：无资料 临界压力：无资料 饱和蒸气压：无资料	爆炸上限：无资料 爆炸下限：无资料 相对密度($d_{水}=1$)：无资料	引燃温度：无资料 燃烧热：无资料
溶解性	无资料。		
主要用途	无资料。		
急救措施			
皮肤接触	脱去污染的衣着，用大量流动清水清洗皮肤。		
眼睛接触	提起眼睑，用流动清水或生理盐水冲洗。就医。		
吸入	迅速脱离现场至空气新鲜处。保持呼吸道通畅。		
食入	用水漱口。就医。		
防护措施			
呼吸防护	如危险性评测显示需要使用空气净化的防毒面具，请使用全面罩式多功能微粒防毒面具 N99 型(US)或 P2 型(EN143)防毒面具筒作为工程控制的候补。如果防毒面具是保护的唯一方式，则使用全面罩式送风防毒面具。呼吸器使用经过测试并通过政府标准如 NIOSH(US)或 CEN(EU)的呼吸器和零件。		
眼睛防护	面罩与安全眼镜请使用经官方标准如 NIOSH(美国)或 EN 166(欧盟)检测与批准的设备防护眼部。		
身体防护	全套防化学试剂工作服，防护设备的类型必须根据特定工作场所中的危险物的浓度和含量来选择。		
手防护	所选择的保护手套必须符合 EU 的 89/686/EEC 规定和从它衍生出来的 EN376 标准。		
其他防护	无资料。		

品名：**偏砷酸钠** 别名：无	分子式：$AsNaO_3$ 分子量：145.9	相态：无资料 外观与性状：无资料	
危险特性			
火灾危险性：无 腐蚀减薄：无 环境开裂：无	爆炸物：无 金属腐蚀：无 急性毒性：类别 3	皮肤腐蚀/刺激：无	
不燃。受高热分解放出有毒的气体。			
理化特性			
熔点：86.3℃ 沸点：无资料 闪点：无资料	临界温度：无资料 临界压力：无资料 饱和蒸气压：无资料	爆炸上限：无资料 爆炸下限：无资料 相对密度($d_{水}=1$)：1.75	引燃温度：无资料 燃烧热：无资料
溶解性	无资料。		
主要用途	无资料。		
急救措施			
皮肤接触	无资料。		
眼睛接触	无资料。		
吸入	迅速脱离现场至空气新鲜处。保持呼吸道通畅。		
食入	用水漱口。就医。		
防护措施			
呼吸防护	可能接触其粉尘时，必须佩戴头罩型电动送风过滤式防尘呼吸器。紧急事态抢救或撤离时，建议佩戴空气呼吸器。		
眼睛防护	呼吸系统防护中已做防护。		
身体防护	穿连衣式胶布防毒衣。		
手防护	戴橡胶手套。		
其他防护	工作现场禁止吸烟、进食和饮水。工作完毕，彻底清洗。单独存放被毒物污染的衣服，洗后备用。实行就业前和定期的体检。		

品名：**漂白粉**		分子式：$CaCl_2O_2$		相态：固
别名：无		分子量：143.0		外观与性状：白色粉末状物质，有氯臭味
危险特性				
火灾危险性：无法确定		爆炸物：无		皮肤腐蚀/刺激：类别 1
腐蚀减薄：无		金属腐蚀：无		氧化性固体：类别 2
环境开裂：无		急性毒性：无		严重眼损伤/眼刺激：类别 1
强氧化剂。遇水或潮湿空气会引起燃烧爆炸。与碱性物质混合能引起爆炸。接触有机物有引起燃烧的危险。受热、遇酸或日光照射会分解放出剧毒的氯气。				
理化特性				
熔点：100.0℃	临界温度：无资料		爆炸上限：无资料	引燃温度：无资料
沸点：无资料	临界压力：无资料		爆炸下限：无资料	燃烧热：无资料
闪点：无资料	饱和蒸气压：无资料		相对密度($d_水=1$)：2.35	
溶解性	溶于水，不溶于乙醇。			
主要用途	是价廉有效的消毒剂、杀菌剂、漂白剂(漂白棉、麻、纸浆等)。可清条乙炔和水。			
急救措施				
皮肤接触	脱去污染的衣着，用大量流动清水清洗皮肤。			
眼睛接触	提起眼睑，用流动清水或生理盐水冲洗。就医。			
吸入	迅速脱离现场至空气新鲜处。保持呼吸道通畅。			
食入	用水漱口。就医。			
防护措施				
呼吸防护	可能接触其粉尘时，建议佩戴头罩型电动送风过滤式防尘呼吸器。			
眼睛防护	呼吸系统防护中已做防护。			
身体防护	穿胶布防毒衣。			
手防护	戴氯丁橡胶手套。			
其他防护	工作现场禁止吸烟、进食和饮水。工作完毕，淋浴更衣。保持良好的卫生习惯。			

品名：**漂粉精[含有效氯>39%]**		分子式：无资料		相态：无资料
别名：高级晒粉		分子量：无资料		外观与性状：无资料
危险特性				
火灾危险性：无法确定		爆炸物：无		皮肤腐蚀/刺激：类别 1
腐蚀减薄：氯化铵腐蚀		金属腐蚀：无		氧化性固体：类别 2
环境开裂：无		急性毒性：无		严重眼损伤/眼刺激：类别 1
无资料。				
理化特性				
熔点：100.0℃	临界温度：无资料		爆炸上限：无资料	引燃温度：无资料
沸点：无资料	临界压力：无资料		爆炸下限：无资料	燃烧热：无资料
闪点：无资料	饱和蒸气压：无资料		相对密度($d_水=1$)：2.35	
溶解性	溶于水，不溶于乙醇。			
主要用途	无资料。			
急救措施				
皮肤接触	脱去污染的衣着，用大量流动清水清洗皮肤。			
眼睛接触	提起眼睑，用流动清水或生理盐水冲洗。就医。			
吸入	迅速脱离现场至空气新鲜处。保持呼吸道通畅。			
食入	用水漱口。就医。			
防护措施				
呼吸防护	可能接触其粉尘时，建议佩戴头罩型电动送风过滤式防尘呼吸器。			
眼睛防护	呼吸系统防护中已做防护。			
身体防护	穿胶布防毒衣。			
手防护	戴氯丁橡胶手套。			
其他防护	工作现场禁止吸烟、进食和饮水。工作完毕，淋浴更衣。保持良好的卫生习惯。			

品名：**葡萄糖酸汞**	分子式：$C_6H_{11}HgO_7$	相态：固
别名：无	分子量：395.7	外观与性状：无色到白色结晶固体

危险特性

火灾危险性：无	爆炸物：无	皮肤腐蚀/刺激：无
腐蚀减薄：无	金属腐蚀：无	
环境开裂：无	急性毒性：类别 1	

无资料。

理化特性

熔点：无资料	临界温度：无资料	爆炸上限：无资料	引燃温度：无资料
沸点：673.6℃	临界压力：无资料	爆炸下限：无资料	燃烧热：无资料
闪点：无资料	饱和蒸气压：无资料	相对密度($d_{水}=1$)：无资料	

溶解性	无资料。
主要用途	无资料。

急救措施

皮肤接触	脱去污染的衣着，轻轻地用大量肥皂水和水清洗皮肤。
眼睛接触	无资料。
吸入	迅速脱离现场至空气新鲜处。保持呼吸道通畅。
食入	用水漱口。就医。

防护措施

呼吸防护	无资料。
眼睛防护	无资料。
身体防护	无资料。
手防护	无资料。
其他防护	无资料。

品名：**七氟丁酸**	分子式：$C_4HF_7O_2$	相态：液
别名：全氟丁酸	分子量：214.1	外观与性状：无色油状液体，具有丁酸的刺鼻味，易吸湿

危险特性

火灾危险性：可燃液体甲 B	爆炸物：无	皮肤腐蚀/刺激：类别 1
腐蚀减薄：低分子有机酸腐蚀	金属腐蚀：无	严重眼损伤/眼刺激：类别 1
环境开裂：无	急性毒性：无	

遇水或水蒸气反应放热并产生有毒的腐蚀性气体。受高热分解放出有毒的气体。具有腐蚀性。

理化特性

熔点：-17.5℃	临界温度：无资料	爆炸上限：无资料	引燃温度：无资料
沸点：120.0℃	临界压力：无资料	爆炸下限：无资料	燃烧热：无资料
闪点：无资料	饱和蒸气压：1.33kPa(25℃)	相对密度($d_{水}=1$)：1.65	

溶解性	可混溶于水丙酮、醚、石油醚，溶于苯、四氯化碳，不溶于一硫化碳。
主要用途	四氯化碳，不溶于一硫化碳。活性剂、酸化剂、中间体，也用于合成橡胶。

急救措施

皮肤接触	立即脱去污染的衣着，用大量流动清水冲洗至少 15min。就医。
眼睛接触	立即提起眼睑，用大量流动清水或生理盐水彻底冲洗至少 15min。就医。
吸入	迅速脱离现场至空气新鲜处。保持呼吸道通畅。如呼吸困难，给输氧。如呼吸停止，立即进行人工呼吸。就医。
食入	用水漱口，给饮牛奶或蛋清。就医。

防护措施

呼吸防护	空气中粉尘浓度超标时，必须佩戴自吸过滤式防尘口罩。紧急事态抢救或撤离时，应该佩戴空气呼吸器。
眼睛防护	呼吸系统防护中已做防护。
身体防护	穿胶布防毒衣。
手防护	戴橡胶耐手套。
其他防护	工作场所禁止吸烟、进食和饮水，饭前要洗手。工作完毕，淋浴更衣。保持良好的卫生习惯。

品名：**七硫化四磷**　分子式：P_4S_7　相态：固

别名：七硫化磷　分子量：348.4　外观与性状：浅黄色结晶或浅灰色粉末

危险特性

火灾危险性：无法确定　爆炸物：无　皮肤腐蚀/刺激：无

腐蚀减薄：硫酸腐蚀、高温硫化物腐蚀　金属腐蚀：无　易燃固体：类别 1

急性毒性：无

环境开裂：连多硫酸应力腐蚀开裂

受热或摩擦极易燃烧。与潮湿空气接触会发热以至燃烧。与大多数氧化剂如氯酸盐、硝酸盐、高氯酸盐或高锰酸盐等组成敏感度极高的爆炸性混合物。

理化特性

熔点：310.0℃	临界温度：无资料	爆炸上限：无资料	引燃温度：无资料
沸点：523.0℃	临界压力：无资料	爆炸下限：无资料	燃烧热：无资料
闪点：无资料	饱和蒸气压：无资料	相对密度($d_{水}=1$)：2.19	

溶解性	无资料。
主要用途	用于制造有机硫化物。
急救措施	
皮肤接触	脱去污染的衣着，用大量流动清水冲洗皮肤。
眼睛接触	提起眼睑，用流动清水或生理盐水冲洗。就医。
吸入	迅速脱离现场至空气新鲜处。如呼吸困难，给输氧。就医。
食入	饮足量温水，催吐。就医。
防护措施	
呼吸防护	空气中粉尘浓度超标时，必须佩戴自吸过滤式防尘口罩。紧急事态抢救或撤离时，应该佩戴空气呼吸器。
眼睛防护	戴化学安全防护眼镜。
身体防护	穿防毒物渗透工作服。
手防护	穿橡胶手套。
其他防护	工作完毕，淋浴更衣。注意个人清洁卫生。

品名：**1,4,5,6,7,8,8-七氯-3a,4,7,7a-四氢-4,7-亚甲基茚**　分子式：$C_{10}H_5Cl_7$　相态：固

分子量：373.3　外观与性状：白色晶状固体，带有樟脑气味

别名：七氯

危险特性

火灾危险性：无　爆炸物：无　皮肤腐蚀/刺激：无

腐蚀减薄：无　金属腐蚀：无

环境开裂：无　急性毒性：类别 3

遇明火、高热可燃。与强氧化剂接触可发生化学反应。受高热分解产生有毒的腐蚀性烟气。

理化特性

熔点：95.0℃	临界温度：无资料	爆炸上限：无资料	引燃温度：无资料
沸点：无资料	临界压力：无资料	爆炸下限：无资料	燃烧热：无资料
闪点：无资料	饱和蒸气压：无资料	相对密度($d_{水}=1$)：1.57	

溶解性	不溶于水，溶于乙醇、苯、丙酮等多数有机溶剂。
主要用途	用作杀虫剂。
急救措施	
皮肤接触	脱去污染的衣着，用大量流动清水冲洗皮肤。
眼睛接触	提起眼睑，用流动清水或生理盐水冲洗。就医。
吸入	迅速脱离现场至空气新鲜处。如呼吸困难，给输氧。就医。
食入	饮足量温水，催吐。就医。
防护措施	
呼吸防护	可能接触其粉尘时，必须佩戴防尘面具(全面罩)。紧急事态抢救或撤离时，应该佩戴空气呼吸器。
眼睛防护	呼吸系统防护中已做防护。
身体防护	穿胶布防毒衣。
手防护	戴橡胶手套。
其他防护	工作现场禁止吸烟、进食和饮水。工作完毕，彻底清洗。工作服不准带至非作业场所。单独存放被毒物污染的衣服，洗后备用。注意个人清洁卫生。

品名：**汽油** 别名：无	分子式：无资料 分子量：无资料	相态：液 外观与性状：无色至淡黄色易挥发液体，具有特殊臭味	
危险特性			
火灾危险性：可燃液体甲 B 腐蚀减薄：无 环境开裂：无	爆炸物：无 金属腐蚀：无 急性毒性：无	皮肤腐蚀/刺激：无	
其蒸气与空气可形成爆炸性混合物，遇明火、高热极易燃烧爆炸。与氧化剂能发生强烈反应。其蒸气比空气重，能在较低处扩散到相当远的地方，遇火源会着火回燃。			
理化特性			
熔点：60.0℃ 沸点：40.0℃ 闪点：-50.0℃	临界温度：无资料 临界压力：无资料 饱和蒸气压：40.50kPa(37.8℃)	爆炸上限：6.0% 爆炸下限：1.3% 相对密度($d_{水}=1$)：0.70	引燃温度：250~530℃ 燃烧热：无资料
溶解性	不溶于水，易溶于苯、二硫化碳、醇、脂肪。		
主要用途	主要用作汽油机的燃料，用于橡胶、制鞋、印刷、制革、颜料等行业，也可用作机械零件的去污剂。		
急救措施			
皮肤接触	脱去污染的衣着，用肥皂水和清水彻底冲洗皮肤。		
眼睛接触	提起眼睑，用流动清水或生理盐水冲洗至少15min。就医。		
吸入	迅速脱离现场至空气新鲜处。保持呼吸道通畅。如呼吸困难，给输氧。如呼吸停止，立即进行人工呼吸。就医。		
食入	给饮牛奶或用植物油洗胃和灌肠。就医。		
防护措施			
呼吸防护	无资料。		
眼睛防护	无资料。		
身体防护	无资料。		
手防护	无资料。		
其他防护	无资料。		

品名：**3-羟基-2-丁酮** 别名：乙酰甲基甲醇	分子式：$C_4H_8O_2$ 分子量：88.1	相态：液 外观与性状：微黄色液体或结晶性固体，易挥发	
危险特性			
火灾危险性：可燃液体乙 A 腐蚀减薄：无 环境开裂：无	爆炸物：无 金属腐蚀：无 急性毒性：无	皮肤腐蚀/刺激：类别 2 易燃液体：类别 3	
其蒸气与空气可形成爆炸性混合物，遇明火、高热能引起燃烧爆炸。与氧化剂可发生反应。若遇高热，容器内压增大，有开裂和爆炸的危险。			
理化特性			
熔点：15.0℃ 沸点：147.0℃ 闪点：41.1℃	临界温度：无资料 临界压力：无资料 饱和蒸气压：无资料	爆炸上限：无资料 爆炸下限：无资料 相对密度($d_{水}=1$)：1.02	引燃温度：无资料 燃烧热：无资料
溶解性	与水混溶，可混溶于乙醇，微溶于乙醚、石油醚。		
主要用途	用作制造香精和香料。		
急救措施			
皮肤接触	脱去污染的衣着，用大量肥皂水和水清洗皮肤。		
眼睛接触	立即翻开上下眼睑，用流动清水冲洗15min。就医。		
吸入	脱离现场至空气新鲜处。呼吸困难时给输氧。呼吸停止时，立即进行人工呼吸。就医。		
食入	误服者用水漱口，饮牛奶或蛋清，就医。		
防护措施			
呼吸防护	无资料。		
眼睛防护	无资料。		
身体防护	无资料。		
手防护	无资料。		
其他防护	无资料。		

品名：**4-羟基-4-甲基-2-戊酮**		分子式：$C_6H_{12}O_2$	相态：液
别名：双丙酮醇		分子量：116.2	外观与性状：无色液体，使人感觉愉快气味
危险特性			
火灾危险性：可燃液体甲 B 腐蚀减薄：无 环境开裂：无		爆炸物：无 金属腐蚀：无 急性毒性：无	皮肤腐蚀/刺激：无 易燃液体：类别 2 严重眼损伤/眼刺激：类别 2
其蒸气与空气形成爆炸性混合物，遇明火、高热能引起燃烧爆炸。与氧化剂能发生强烈反应。其蒸气比空气重，能在较低处扩散到相当远的地方，遇明火会引着回燃。			
理化特性			
熔点：-44.0℃ 沸点：164.4℃ 闪点：23.0℃	临界温度：无资料 临界压力：无资料 饱和蒸气压：0.23kPa(25℃)	爆炸上限：6.9% 爆炸下限：1.8% 相对密度($d_水=1$)：0.94	引燃温度：603.0℃ 燃烧热：4186.8kJ/mol
溶解性	与水混溶，可混溶于乙醇、醚、芳烃。		
主要用途	用作溶剂，也用于制金属清洁剂、木材防腐剂、照相软片和药物防腐剂、抗冻剂。		
急救措施			
皮肤接触	脱去污染的衣着，用大量流动清水清洗皮肤。		
眼睛接触	提起眼睑，用流动清水或生理盐水冲洗。就医。		
吸入	迅速脱离现场至空气新鲜处。保持呼吸道通畅。如呼吸困难，给输氧。如呼吸停止，立即进行人工呼吸。就医。		
食入	饮足量温水，催吐。就医。		
防护措施			
呼吸防护	空气中浓度超标时，佩戴防毒口罩。		
眼睛防护	戴安全防护眼镜。		
身体防护	穿相应的防护服。		
手防护	高浓度接触时，戴防护手套。		
其他防护	工作现场严禁吸烟。注意个人清洁卫生。避免长期反复接触。		

品名：**2-羟基丙腈**		分子式：C_3H_5NO	相态：液
别名：乳腈		分子量：71.1	外观与性状：无色至淡黄色液体
危险特性			
火灾危险性：可燃液体丙 A 腐蚀减薄：无 环境开裂：无		爆炸物：无 金属腐蚀：无 急性毒性：类别 1	皮肤腐蚀/刺激：无
遇明火、高热可燃。			
理化特性			
熔点：-40.0℃ 沸点：183.0℃ 闪点：76.0℃	临界温度：无资料 临界压力：无资料 饱和蒸气压：1.33kPa(74℃)	爆炸上限：无资料 爆炸下限：无资料 相对密度($d_水=1$)：0.99	引燃温度：无资料 燃烧热：无资料
溶解性	与水混溶，可混溶于丙酮、乙醇、多数有机溶剂。		
主要用途	主要用作溶剂和制备丙烯腈、丙烯酸酯和乳酸乙酯。		
急救措施			
皮肤接触	脱去污染的衣着，用大量清水彻底冲洗皮肤至少 15min。就医。		
眼睛接触	提起眼睑，用流动清水或生理盐水冲洗至少 15min。就医。		
吸入	迅速脱离现场至空气新鲜处。保持呼吸道通畅。如呼吸困难，给输氧。呼吸心跳停止时，立即进行人工呼吸(勿用口对口)和胸外心脏按压术。给吸入亚硝酸异戊酯，就医。		
食入	饮足量温水，催吐。用 1∶5000 高锰酸钾或 5%硫代硫酸钠溶液洗胃。就医。		
防护措施			
呼吸防护	无资料。		
眼睛防护	无资料。		
身体防护	无资料。		
手防护	无资料。		
其他防护	无资料。		

品名：**2-羟基丙酸甲酯**	分子式：$C_4H_8O_3$	相态：液
别名：乳酸甲酯	分子量：104.1	外观与性状：无色液体
危险特性		
火灾危险性：可燃液体丙 B	爆炸物：无	皮肤腐蚀/刺激：无
腐蚀减薄：低分子有机酸腐蚀	金属腐蚀：无	易燃液体：类别 3
环境开裂：无	急性毒性：无	严重眼损伤/眼刺激：类别 2
易燃，遇明火、高热能引起燃烧爆炸。与强氧化剂发生反应，可引起燃烧。		

理化特性			
熔点：-66.2℃	临界温度：无资料	爆炸上限：3.6%	引燃温度：385.0℃
沸点：360.4℃	临界压力：4.48MPa	爆炸下限：1.1%	燃烧热：-2078.3kJ/mol
闪点：147.3℃	饱和蒸气压：12.00kPa(42℃)	相对密度($d_水=1$)：1.09	

溶解性	溶于水、乙醇、多数有机溶剂。
主要用途	用作纤维素、油漆、染色素色溶剂。
急救措施	
皮肤接触	脱去污染的衣着，用肥皂水及清水彻底冲洗。
眼睛接触	提起眼睑，用流动清水或生理盐水冲洗。就医。
吸入	迅速脱离现场至空气新鲜处。保持呼吸道通畅。如呼吸困难，给输氧。如呼吸停止，立即进行人工呼吸。就医。
食入	饮足量温水，催吐。就医。
防护措施	
呼吸防护	如危险性评测显示需要使用空气净化的防毒面具，请使用全面罩式多功能微粒防毒面具 N99 型(US)或 P2 型(EN143)防毒面具筒作为工程控制的候补。如果防毒面具是保护的唯一方式，则使用全面罩式送风防毒面具。呼吸器使用经过测试并通过政府标准如 NIOSH(US)或 CEN(EU)的呼吸器和零件。
眼睛防护	面罩与安全眼镜请使用经官方标准如 NIOSH(美国)或 EN 166(欧盟)检测与批准的设备防护眼部。
身体防护	全套防化学试剂工作服，防护设备的类型必须根据特定工作场所中的危险物的浓度和含量来选择。
手防护	所选择的保护手套必须符合 EU 的 89/686/EEC 规定和从它衍生出来的 EN376 标准。
其他防护	无资料。

品名：**2-羟基丙酸乙酯**	分子式：$C_5H_{10}O_3$	相态：液
别名：乳酸乙酯	分子量：118.1	外观与性状：无色液体，略有气味
危险特性		
火灾危险性：可燃液体乙 B	爆炸物：无	皮肤腐蚀/刺激：无
腐蚀减薄：低分子有机酸腐蚀	金属腐蚀：无	易燃液体：类别 3
环境开裂：无	急性毒性：无	严重眼损伤/眼刺激：类别 1
易燃，遇明火、高热能引起燃烧爆炸。与强氧化剂发生反应，可引起燃烧。		

理化特性			
熔点：-26.0℃	临界温度：无资料	爆炸上限：11.4%	引燃温度：400.0℃
沸点：154.0℃	临界压力：3.86MPa	爆炸下限：1.5%	燃烧热：-3190.1kJ/mol
闪点：48.9℃	饱和蒸气压：0.50kPa(25℃)	相对密度($d_水=1$)：1.02	

溶解性	与水混溶，可混溶于乙醇、芳烃、酯、烃类、油类。
主要用途	用作纤维素酯、树脂、涂料等的溶剂，也用作香料。
急救措施	
皮肤接触	脱去污染的衣着，用肥皂水和清水彻底冲洗皮肤。
眼睛接触	提起眼睑，用流动清水或生理盐水冲洗至少 15min。就医。
吸入	迅速脱离现场至空气新鲜处。保持呼吸道通畅。如呼吸困难，给输氧。如呼吸停止，立即进行人工呼吸。就医。
食入	饮足量温水，催吐。就医。
防护措施	
呼吸防护	如危险性评测显示需要使用空气净化的防毒面具，请使用全面罩式多功能微粒防毒面具 N99 型(US)或 P2 型(EN143)防毒面具筒作为工程控制的候补。如果防毒面具是保护的唯一方式，则使用全面罩式送风防毒面具。呼吸器使用经过测试并通过政府标准如 NIOSH(US)或 CEN(EU)的呼吸器和零件。
眼睛防护	面罩与安全眼镜请使用经官方标准如 NIOSH(美国)或 EN 166(欧盟)检测与批准的设备防护眼部。
身体防护	全套防化学试剂工作服，防护设备的类型必须根据特定工作场所中的危险物的浓度和含量来选择。
手防护	所选择的保护手套必须符合 EU 的 89/686/EEC 规定和从它衍生出来的 EN376 标准。
其他防护	无资料。

品名：**3-羟基丁醛** 别名：3-丁醇醛；丁间醇醛	分子式：$C_4H_8O_2$ 分子量：88.1	相态：液 外观与性状：无色稠厚液体	
危险特性			
火灾危险性：可燃液体丙 A 腐蚀减薄：无 环境开裂：无	爆炸物：无 金属腐蚀：无 急性毒性：类别 2	皮肤腐蚀/刺激：无 严重眼损伤/眼刺激：类别 2	
遇高热、明火或与氧化剂接触，有引起燃烧的危险。受热分解放出有毒的巴豆醛气体。			
理化特性			
熔点：-88.0℃ 沸点：79.0℃ 闪点：65.6℃	临界温度：无资料 临界压力：无资料 饱和蒸气压：无资料	爆炸上限：无资料 爆炸下限：无资料 相对密度($d_{水}=1$)：1.11	引燃温度：250.0℃ 燃烧热：2284.8kJ/mol
溶解性	与水混溶，可混溶于乙醇、乙醚。		
主要用途	用作促进剂、防老剂、溶剂和矿石的浮选，以及制作香精等。		
急救措施			
皮肤接触	脱去污染的衣着，用大量流动清水冲洗皮肤。		
眼睛接触	提起眼睑，用流动清水或生理盐水冲洗。就医。		
吸入	迅速脱离现场至空气新鲜处。如呼吸困难，给输氧。就医。		
食入	饮足量温水，催吐。就医。		
防护措施			
呼吸防护	可能接触其蒸气时，应该佩戴防毒面具。紧急事态抢救或逃生时，佩戴自给式呼吸器。		
眼睛防护	戴化学安全防护眼镜。		
身体防护	穿相应的防护服。		
手防护	戴防化学品手套。		
其他防护	工作现场禁止吸烟、进食和饮水。工作后，彻底清洗。单独存放被毒物污染的衣服，洗后再用。		

品名：**羟基乙腈** 别名：乙醇腈	分子式：C_2H_3NO 分子量：57.1	相态：液 外观与性状：无色油状液体	
危险特性			
火灾危险性：可燃液体乙 B 腐蚀减薄：无 环境开裂：乙醇应力腐蚀开裂	爆炸物：无 金属腐蚀：无 急性毒性：类别 1	皮肤腐蚀/刺激：无	
无资料。			
理化特性			
熔点：-67.0℃ 沸点：183.0℃ 闪点：56.0℃	临界温度：无资料 临界压力：无资料 饱和蒸气压：无资料	爆炸上限：无资料 爆炸下限：无资料 相对密度($d_{水}=1$)：1.10	引燃温度：无资料 燃烧热：无资料
溶解性	能溶于乙醇、乙醚。		
主要用途	用作有机合成原料。		
急救措施			
皮肤接触	脱去污染的衣着，轻轻地用大量肥皂水和水清洗皮肤。		
眼睛接触	无资料。		
吸入	无资料。		
食入	用水漱口。就医。		
防护措施			
呼吸防护	无资料。		
眼睛防护	无资料。		
身体防护	无资料。		
手防护	无资料。		
其他防护	无资料。		

品名：**羟基乙硫醚**	分子式：$C_4H_{10}OS$	相态：液	
别名：α-乙硫基乙醇	分子量：106.2	外观与性状：淡黄色液体	
危险特性			
火灾危险性：可燃液体丙 A 腐蚀减薄：硫酸腐蚀、高温硫化物腐蚀 环境开裂：连多硫酸应力腐蚀开裂、乙醇应力腐蚀开裂	爆炸物：无 金属腐蚀：无 急性毒性：无	皮肤腐蚀/刺激：无 严重眼损伤/眼刺激：类别 1	
遇高热、明火或与氧化剂接触，有引起燃烧的危险。受高热分解放出有毒的气体。			
理化特性			
熔点：-100.0℃ 沸点：184.5℃ 闪点：93.0℃	临界温度：无资料 临界压力：无资料 饱和蒸气压：无资料	爆炸上限：无资料 爆炸下限：无资料 相对密度($d_水=1$)：1.02	引燃温度：无资料 燃烧热：无资料
溶解性	不溶于水，溶于多数有机溶剂。		
主要用途	用作杀虫剂、润滑剂等的中间体。		
急救措施			
皮肤接触	立即脱去污染的衣着，用大量流动清水冲洗。就医。		
眼睛接触	立即提起眼睑，用大量流动清水或生理盐水彻底冲洗至少 15min。就医。		
吸入	迅速脱离现场至空气新鲜处。保持呼吸道通畅。如呼吸困难，给输氧。如呼吸停止，立即进行人工呼吸。就医。		
食入	用水漱口，给饮牛奶或蛋清。就医。		
防护措施			
呼吸防护	作业工人应该佩戴防毒口罩。高浓度环境中，佩戴防毒面具。		
眼睛防护	戴化学安全防护眼镜。		
身体防护	穿工作服。		
手防护	戴防护手套。		
其他防护	工作现场禁止吸烟、进食和饮水。工作后，彻底清洗。保持良好的卫生习惯。		

品名：**2-羟基异丁酸乙酯**	分子式：$C_6H_{12}O_3$	相态：液	
别名：2-羟基-2-甲基丙酸乙酯	分子量：132.2	外观与性状：无色液体	
危险特性			
火灾危险性：可燃液体乙 A 腐蚀减薄：低分子有机酸腐蚀 环境开裂：无	爆炸物：无 金属腐蚀：无 急性毒性：无	皮肤腐蚀/刺激：无 易燃液体：类别 3	
其蒸气与空气可形成爆炸性混合物，遇明火、高热能引起燃烧爆炸。与氧化剂可发生反应。流速过快，容易产生和积聚静电。若遇高热容器内压增大，有开裂和爆炸的危险。			
理化特性			
熔点：无资料 沸点：149.0℃ 闪点：44.0℃	临界温度：无资料 临界压力：无资料 饱和蒸气压：无资料	爆炸上限：无资料 爆炸下限：无资料 相对密度($d_水=1$)：0.98	引燃温度：无资料 燃烧热：无资料
溶解性	溶于水，溶于醇、醚。		
主要用途	用作溶剂和用于有机合成和药物制造。		
急救措施			
皮肤接触	脱去污染的衣着，用大量流动清水清洗皮肤。		
眼睛接触	无资料。		
吸入	无资料。		
食入	无资料。		
防护措施			
呼吸防护	空气中浓度超标时，必须佩戴自吸过滤式防毒面具(半面罩)。紧急事态抢救或撤离时，应该佩戴空气呼吸器。		
眼睛防护	戴化学安全防护眼镜。		
身体防护	穿防静电工作服。		
手防护	戴橡胶耐油手套。		
其他防护	工作现场严禁吸烟。工作完毕，淋浴更衣。特别注意眼和呼吸道的防护。		

品名：**氢**	分子式：H_2	相态：气
别名：氢气	分子量：2.0	外观与性状：无色无臭气体

危险特性

火灾危险性：可燃气体甲	爆炸物：无	皮肤腐蚀/刺激：无
腐蚀减薄：无	金属腐蚀：无	易燃气体：类别 1
环境开裂：无	急性毒性：无	易燃液体：是

与空气混合能形成爆炸性混合物，遇热或明火即爆炸。气体比空气轻，在室内使用和储存时，漏气上升滞留屋顶不易排出，遇火星会引起爆炸。氢气与氟、氯、溴等卤素会剧烈反应。

理化特性

熔点：−259.2℃	临界温度：−240.0℃	爆炸上限：74.1%	引燃温度：400.0℃
沸点：−252.8℃	临界压力：1.30MPa	爆炸下限：4.1%	燃烧热：241kJ/mol
闪点：无资料	饱和蒸气压：13.33kPa(−257.9℃)	相对密度($d_{水}=1$)：0.07	

溶解性	不溶于水，不溶于乙醇、乙醚。
主要用途	用于合成氨和甲醇、石油精制、有机物氢化及作火箭燃料。

急救措施

皮肤接触	无资料。
眼睛接触	无资料。
吸入	迅速脱离现场至空气新鲜处。保持呼吸道通畅。如呼吸困难，给输氧。如呼吸停止，立即进行人工呼吸。就医。
食入	无资料。

防护措施

呼吸防护	一般不需要特殊防护，高浓度接触时可佩戴空气呼吸器。
眼睛防护	一般不需特殊防护。
身体防护	穿防静电工作服。
手防护	穿一般作业防护手套。
其他防护	工作现场严禁吸烟。避免高浓度吸入。进入罐、限制性空间或其他高浓度区作业，须有人监护。

品名：**氢碘酸**	分子式：HI	相态：液
别名：碘化氢溶液	分子量：127.9	外观与性状：无色至浅黄色有刺激性臭味的液体，在空气中强烈发烟

危险特性

火灾危险性：无	爆炸物：无	皮肤腐蚀/刺激：类别 1
腐蚀减薄：酸性水腐蚀(酸式酸性水)、含盐水腐蚀	金属腐蚀：无 急性毒性：无	严重眼损伤/眼刺激：类别 1
环境开裂：碘化物应力腐蚀开裂、氢脆		

暴露在空气中可发生氧化反应。与氟、钾、硝酸、氯酸钾等剧烈反应。对大多数金属有强腐蚀性。

理化特性

熔点：−50.8℃	临界温度：无资料	爆炸上限：无资料	引燃温度：无资料
沸点：126.7℃	临界压力：无资料	爆炸下限：无资料	燃烧热：无资料
闪点：无资料	饱和蒸气压：无资料	相对密度($d_{水}=1$)：1.70	

溶解性	溶于水。
主要用途	用作还原剂，也用于合成碘烷及其他碘化物。

急救措施

皮肤接触	立即脱去污染的衣着，用大量流动清水冲洗至少 15min。就医。
眼睛接触	立即提起眼睑，用大量流动清水或生理盐水彻底冲洗至少 15min。就医。
吸入	迅速脱离现场至空气新鲜处。保持呼吸道通畅。如呼吸困难，给输氧。如呼吸停止，立即进行人工呼吸。就医。
食入	用水漱口，给饮牛奶或蛋清。就医。

防护措施

呼吸防护	可能接触其烟雾时，佩戴自吸过滤式防毒面具(全面罩)或空气呼吸器。紧急事态抢救或撤离时，建议佩戴氧气呼吸器。
眼睛防护	呼吸系统防护中已做防护。
身体防护	穿橡胶耐酸碱服。
手防护	穿橡胶耐酸碱手套。
其他防护	工作场所禁止吸烟、进食和饮水，饭前要洗手。工作完毕，淋浴更衣。单独存放被毒物污染的衣服，洗后备用。保持良好的卫生习惯。

品名：**氢氟酸**	分子式：HF	相态：液
别名：氟化氢溶液	分子量：20.0	外观与性状：无色透明有刺激性臭味的液体

危险特性

火灾危险性：可燃液体丙 A	爆炸物：无	皮肤腐蚀/刺激：类别 1
腐蚀减薄：氢氟酸腐蚀、含盐水腐蚀	金属腐蚀：无	严重眼损伤/眼刺激：类别 1
环境开裂：氢氟酸致氢应力开裂、氢脆、氢氟酸应力腐蚀开裂	急性毒性：类别 1	

本品不燃，但能与大多数金属反应，生成氢气而引起爆炸。遇 H 发泡剂立即燃烧。腐蚀性极强。

理化特性

熔点：-83.1℃	临界温度：无资料	爆炸上限：无资料	引燃温度：无资料
沸点：120.0℃	临界压力：6.48MPa	爆炸下限：无资料	燃烧热：无资料
闪点：无资料	饱和蒸气压：无资料	相对密度（$d_{水}=1$）：1.26	

溶解性	与水混溶。
主要用途	用作分析试剂、高纯氧化物的制备、玻璃蚀刻及电镀表面处理等。

急救措施

皮肤接触	立即脱去污染的衣着，用大量流动清水冲洗至少 15min。就医。
眼睛接触	立即提起眼睑，用大量流动清水或生理盐水彻底冲洗至少 15min。就医。
吸入	迅速脱离现场至空气新鲜处。保持呼吸道通畅。如呼吸困难，给输氧。如呼吸停止，立即进行人工呼吸。就医。
食入	用水漱口，给饮牛奶或蛋清。就医。

防护措施

呼吸防护	可能接触其烟雾时，佩戴自吸过滤式防毒面具（全面罩）或空气呼吸器。紧急事态抢救或撤离时，建议佩戴氧气呼吸器。
眼睛防护	呼吸系统防护中已做防护。
身体防护	穿橡胶耐酸碱服。
手防护	穿橡胶耐酸碱手套。
其他防护	工作场所禁止吸烟、进食和饮水，饭前要洗手。工作完毕，淋浴更衣。单独存放被毒物污染的衣服，洗后备用。保持良好的卫生习惯。

品名：**氢化锂**	分子式：LiH	相态：固
别名：无	分子量：8.0	外观与性状：白色或带蓝灰色的半透明结晶体或粉末，极易潮解

危险特性

火灾危险性：无法确定	爆炸物：无	皮肤腐蚀/刺激：类别 1
腐蚀减薄：无	金属腐蚀：无	遇水放出易燃气体的物质和混合物：类别 1
环境开裂：无	急性毒性：类别 2	严重眼损伤/眼刺激：类别 1

化学反应活性很高，暴露在空气中能自燃。受热或与潮气、酸类接触即放出热量与氢气而引起燃烧和爆炸。与氧化剂能发生强烈反应，引起燃烧或爆炸。遇湿气和水分生成氢氧化物，腐蚀性很强。

理化特性

熔点：680.0℃	临界温度：无资料	爆炸上限：无资料	引燃温度：200.0℃
沸点：850.0℃	临界压力：无资料	爆炸下限：无资料	燃烧热：无资料
闪点：无资料	饱和蒸气压：无资料	相对密度（$d_{水}=1$）：0.82	

溶解性	不溶于苯、甲苯、溶于醚。
主要用途	用作干燥剂、有机合成的缩合剂、核防护材料及还原剂等。

急救措施

皮肤接触	立即脱去污染的衣着，用大量流动清水冲洗。就医。
眼睛接触	立即提起眼睑，用大量流动清水或生理盐水彻底冲洗至少 15min。就医。
吸入	迅速脱离现场至空气新鲜处。保持呼吸道通畅。如呼吸困难，给输氧。如呼吸停止，立即进行人工呼吸。就医。
食入	用水漱口，给饮牛奶或蛋清。可服用氯化钠。就医。

防护措施

呼吸防护	可能接触毒物时，应该佩戴头罩型电动送风过滤式防尘呼吸器。必要时，建议佩戴自给式呼吸器。
眼睛防护	呼吸系统防护中已做防护。
身体防护	穿聚乙烯防毒服。
手防护	穿橡胶手套。
其他防护	工作现场严禁吸烟、工作完毕，淋浴更衣。保持良好的卫生习惯。

品名：**氢化铝锂** 别名：四氢化铝锂	分子式：$LiAlH_4$ 分子量：37.9	相态：固 外观与性状：白色半透明结晶块状物或粉末

危险特性

火灾危险性：无法确定	爆炸物：无	皮肤腐蚀/刺激：类别 1
腐蚀减薄：无	金属腐蚀：无	严重眼损伤/眼刺激：类别 1
环境开裂：无	急性毒性：无	

加热至 125℃即分解出氢化锂与金属铝，并放出氢气。在空气中磨碎时可发火。受热或与湿气、水、醇、酸类接触，即发生放热反应并放出氢气而燃烧或爆炸。与强氧化剂接触猛烈反应而爆炸。

理化特性

熔点：680.0℃	临界温度：无资料	爆炸上限：无资料	引燃温度：无资料
沸点：无资料	临界压力：无资料	爆炸下限：无资料	燃烧热：无资料
闪点：无资料	饱和蒸气压：无资料	相对密度($d_{水}=1$)：0.92	

溶解性	溶于乙醚，四氢呋喃、二甲基溶纤剂，微溶于正丁醚，不溶或微溶于烃类和二噁烷。
主要用途	广泛用作还原剂，特别是在药物、香料和精细有机化学药品等的生产中。也用作喷气燃料。

急救措施

皮肤接触	脱去污染的衣着，用大量流动清水清洗皮肤。
眼睛接触	提起眼睑，用流动清水或生理盐水冲洗。就医。
吸入	迅速脱离现场至空气新鲜处。保持呼吸道通畅。
食入	用水漱口。就医。

防护措施

呼吸防护	可能接触毒物时，应该佩戴头罩型电动送风过滤式防尘呼吸器。必要时，建议佩戴自给式呼吸器。
眼睛防护	呼吸系统防护中已做防护。
身体防护	穿化学防护服。
手防护	戴橡胶手套。
其他防护	工作现场严禁吸烟。工作完毕，淋浴更衣。注意个人清洁卫生。

品名：**氢氰酸[含量≤20%]** 别名：无	分子式：HCN 分子量：27.0	相态：液 外观与性状：无色透明液体，有苦杏仁味，易挥发

危险特性

火灾危险性：可燃液体甲 B	爆炸物：无	皮肤腐蚀/刺激：无
腐蚀减薄：无	金属腐蚀：无	
环境开裂：氢氰酸致氢应力开裂、氢脆	急性毒性：类别 1	

无资料。

理化特性

熔点：无资料	临界温度：无资料	爆炸上限：40.0%	引燃温度：538.0℃
沸点：25.7℃	临界压力：4.95MPa	爆炸下限：5.6%	燃烧热：无资料
闪点：17.8℃	饱和蒸气压：无资料	相对密度($d_{水}=1$)：无资料	

溶解性	与水混溶，可混溶于乙醇、乙醚、甘油、苯、氯仿。
主要用途	用于制造丙烯腈、丙烯酸树脂及杀虫剂等。

急救措施

皮肤接触	脱去污染的衣着，轻轻地用大量肥皂水和水清洗皮肤。
眼睛接触	无资料。
吸入	迅速脱离现场至空气新鲜处。保持呼吸道通畅。
食入	用水漱口。就医。

防护措施

呼吸防护	可能接触毒物时，必须佩戴自吸过滤式防毒面具(全面罩)。必要时，建议佩戴氧气呼吸器。
眼睛防护	呼吸系统防护中已做防护。
身体防护	穿连衣式胶布防毒衣。
手防护	戴橡胶手套。
其他防护	工作现场禁止吸烟、进食和饮水。工作完毕，彻底清洗。单独存放被毒物污染的衣服，洗后备用。车间应配备急救设备及药品。作业人员应学会自救互救。

品名：**氢溴酸**	分子式：HBr	相态：液	
别名：溴化氢溶液	分子量：80.9	外观与性状：无色液体，具有刺激性酸味	
危险特性			
火灾危险性：可燃液体乙 A	爆炸物：无	皮肤腐蚀/刺激：类别 1	
腐蚀减薄：酸性水腐蚀(酸式酸性水)、含盐水腐蚀	金属腐蚀：无	严重眼损伤/眼刺激：类别 1	
环境开裂：溴化物应力腐蚀开裂、氢脆	急性毒性：无		
对大多数金属有强腐蚀性。能与普通金属发生反应，放出氢气而与空形成爆炸性混合物。遇 H 发泡剂立即燃烧。遇氰化物能产生剧毒的氰化氢气体。			
理化特性			
熔点：-88.5℃	临界温度：无资料	爆炸上限：无资料	引燃温度：无资料
沸点：126.0℃	临界压力：无资料	爆炸下限：无资料	燃烧热：无资料
闪点：无资料	饱和蒸气压：87.19kPa(21℃)	相对密度($d_{水}=1$)：1.49	
溶解性	与水混溶，可混溶于醇、乙酸。		
主要用途	用于制造无机溴化物和有机溴化物，用作分析试剂、触媒及还原剂。		
急救措施			
皮肤接触	立即脱去污染的衣着，用流动清水或5%硫代硫酸钠溶液彻底冲洗至少 20min。就医。		
眼睛接触	提起眼睑，用流动清水或生理盐水冲洗。就医。		
吸入	迅速脱离现场至空气新鲜处。保持呼吸道通畅。如呼吸困难，给输氧。呼吸心跳停止时，立即进行人工呼吸(勿用口对口)和胸外心脏按压术。给吸入亚硝酸异戊酯，就医。		
食入	饮足量温水，催吐。用 1∶5000 高锰酸钾或 5%硫代硫酸钠溶液洗胃。就医。		
防护措施			
呼吸防护	可能接触其烟雾时，佩戴自吸过滤式防毒面具(全面罩)或空气呼吸器。紧急事态抢救或撤离时，建议佩戴氧气呼吸器。		
眼睛防护	呼吸系统防护中已做防护。		
身体防护	穿橡胶耐酸碱服。		
手防护	戴橡胶耐酸碱手套。		
其他防护	工作现场禁止吸烟、进食和饮水。工作完毕，淋浴更衣。单独存放被毒物污染的衣服，洗后备用。保持良好的卫生习惯。		

品名：**氢氧化钡**	分子式：$Ba(OH)_2$	相态：固	
别名：无	分子量：171.4	外观与性状：白色粉末	
危险特性			
火灾危险性：无	爆炸物：无	皮肤腐蚀/刺激：类别 1	
腐蚀减薄：碱腐蚀	金属腐蚀：无	严重眼损伤/眼刺激：类别 1	
环境开裂：碱应力腐蚀开裂	急性毒性：无		
未有特殊的燃烧爆炸特性。			
理化特性			
熔点：408.0℃	临界温度：无资料	爆炸上限：无资料	引燃温度：无资料
沸点：无资料	临界压力：无资料	爆炸下限：无资料	燃烧热：无资料
闪点：无资料	饱和蒸气压：无资料	相对密度($d_{水}=1$)：4.50	
溶解性	微溶于水、乙醇，极易溶于稀酸。		
主要用途	制特种肥皂、杀虫剂，也用于硬水软化、甜菜糖精制、锅炉除垢、玻璃润滑等。		
急救措施			
皮肤接触	脱去污染的衣着，用肥皂水和清水彻底冲洗皮肤。		
眼睛接触	提起眼睑，用流动清水或生理盐水冲洗。就医。		
吸入	迅速脱离现场至空气新鲜处。保持呼吸道通畅。如呼吸困难，给输氧。如呼吸停止，立即进行人工呼吸。就医。		
食入	饮足量温水，催吐。用 2%~5%硫酸钠溶液洗胃，导泻。就医。		
防护措施			
呼吸防护	可能接触其粉尘时，必须佩戴头罩型电动送风过滤式防尘呼吸器。紧急事态抢救或撤离时，建议佩戴空气呼吸器。		
眼睛防护	呼吸系统防护中已做防护。		
身体防护	穿橡胶耐酸碱服。		
手防护	戴橡胶耐酸碱手套。		
其他防护	工作现场禁止吸烟、进食和饮水。工作完毕，淋浴更衣。单独存放被毒物污染的衣服，洗后备用。保持良好的卫生习惯。		

品名：**氢氧化钾**		分子式：KOH	相态：固
别名：苛性钾		分子量：56.1	外观与性状：白色晶体，易潮解
危险特性			
火灾危险性：无		爆炸物：无	皮肤腐蚀/刺激：类别 1
腐蚀减薄：碱腐蚀		金属腐蚀：无	严重眼损伤/眼刺激：类别 1
环境开裂：碱应力腐蚀开裂		急性毒性：无	
与酸发生中和反应并放热。本品不会燃烧，遇水和水蒸气大量放热，形成腐蚀性溶液。具有强腐蚀性。			
理化特性			
熔点：360.4℃	临界温度：无资料	爆炸上限：无资料	引燃温度：无资料
沸点：1320.0℃	临界压力：无资料	爆炸下限：无资料	燃烧热：无资料
闪点：无资料	饱和蒸气压：无资料	相对密度($d_{水}=1$)：2.04	
溶解性	溶于水、乙醇，微溶于醚。		
主要用途	用作化工生产的原料，也用于医药、燃料、轻工等工业。		
急救措施			
皮肤接触	立即脱去污染的衣着，用大量流动清水冲洗至少 15min。就医。		
眼睛接触	立即提起眼睑，用大量流动清水或生理盐水彻底冲洗至少 15min。就医。		
吸入	迅速脱离现场至空气新鲜处。保持呼吸道通畅。如呼吸困难，给输氧。如呼吸停止，立即进行人工呼吸。就医。		
食入	用水漱口，给饮牛奶或蛋清。就医。		
防护措施			
呼吸防护	可能接触其粉尘时，必须佩戴头罩型电动送风过滤式防尘呼吸器。必要时，佩戴空气呼吸器。		
眼睛防护	呼吸系统防护中已做防护。		
身体防护	穿橡胶耐酸碱服。		
手防护	戴橡胶耐酸碱手套。		
其他防护	工作场所禁止吸烟、进食和饮水，饭前要洗手。工作完毕，淋浴更衣。注意个人清洁卫生。		

品名：**氢氧化锂**		分子式：LiOH	相态：固
别名：无		分子量：23.9	外观与性状：白色粉末
危险特性			
火灾危险性：无		爆炸物：无	皮肤腐蚀/刺激：类别 1
腐蚀减薄：碱腐蚀		金属腐蚀：无	严重眼损伤/眼刺激：类别 1
环境开裂：碱应力腐蚀开裂		急性毒性：类别 3	
腐蚀性极强。与酸发生中和反应并放热。在水中形成腐蚀性溶液。			
理化特性			
熔点：471.2℃	临界温度：无资料	爆炸上限：无资料	引燃温度：无资料
沸点：1626.0℃	临界压力：无资料	爆炸下限：无资料	燃烧热：无资料
闪点：无资料	饱和蒸气压：无资料	相对密度($d_{水}=1$)：2.54	
溶解性	无资料。		
主要用途	无资料。		
急救措施			
皮肤接触	立即脱去污染的衣着，用大量流动清水冲洗至少 15min。就医。		
眼睛接触	立即提起眼睑，用大量流动清水或生理盐水彻底冲洗至少 15min。就医。		
吸入	迅速脱离现场至空气新鲜处。保持呼吸道通畅。如呼吸困难，给输氧。如呼吸停止，立即进行人工呼吸。就医。		
食入	用水漱口，给饮牛奶或蛋清。就医。		
防护措施			
呼吸防护	可能接触其粉尘时，必须佩戴防尘面具(全面罩)。紧急事态抢救或撤离时，应该佩戴空气呼吸器。		
眼睛防护	呼吸系统防护中已做防护。		
身体防护	穿橡胶耐酸碱服。		
手防护	戴橡胶耐酸碱手套。		
其他防护	工作现场禁止吸烟、进食和饮水。工作完毕，淋浴更衣。保持良好的卫生习惯。		

品名：**氢氧化钠**	分子式：NaOH	村态：固
别名：苛性钠；烧碱	分子量：40.0	外观与性状：白色不透明固体，易潮解

危险特性

火灾危险性：无	爆炸物：无	皮肤腐蚀/刺激：类别 1
腐蚀减薄：碱腐蚀	金属腐蚀：无	严重眼损伤/眼刺激：类别 1
环境开裂：碱应力腐蚀开裂	急性毒性：无	

与酸发生中和反应并放热。遇潮时对铝、锌和锡有腐蚀性，并放出易燃易爆的氢气。本品不会燃烧，遇水和水蒸气大量放热，形成腐蚀性溶液。具有强腐蚀性。

理化特性

熔点：318.4℃	临界温度：无资料	爆炸上限：无资料	引燃温度：无资料
沸点：1390.0℃	临界压力：25.00MPa	爆炸下限：无资料	燃烧热：无资料
闪点：无资料	饱和蒸气压：0.13kPa(739℃)	相对密度($d_{水}=1$)：2.12	

溶解性	易溶于水、乙醇、甘油，不溶于丙酮。
主要用途	用于肥皂工业、石油精炼、造纸、人造丝、染色、制革、医药、有机合成等。

急救措施

皮肤接触	立即脱去污染的衣着，用大量流动清水冲洗至少 15min。就医。
眼睛接触	立即提起眼睑，用大量流动清水或生理盐水彻底冲洗至少 15min。就医。
吸入	迅速脱离现场至空气新鲜处。保持呼吸道通畅。如呼吸困难，给输氧。如呼吸停止，立即进行人工呼吸。就医。
食入	用水漱口，给饮牛奶或蛋清。就医。

防护措施

呼吸防护	可能接触其粉尘时，必须佩戴头罩型电动送风过滤式防尘呼吸器。必要时，佩戴空气呼吸器。
眼睛防护	呼吸系统防护中已做防护。
身体防护	穿橡胶耐酸碱服。
手防护	戴橡胶耐酸碱手套。
其他防护	工作场所禁止吸烟、进食和饮水，饭前要洗手。工作完毕，淋浴更衣。注意个人清洁卫生。

品名：**氢氧化铍**	分子式：$Be(OH)_2$	相态：固
别名：无	分子量：43.0	外观与性状：白色或黄色粉末

危险特性

火灾危险性：无	爆炸物：无	皮肤腐蚀/刺激：无
腐蚀减薄：碱腐蚀	金属腐蚀：无	
环境开裂：碱应力腐蚀开裂	急性毒性：无	

不燃。受高热分解放出有毒的气体。

理化特性

熔点：138.0℃	临界温度：无资料	爆炸上限：无资料	引燃温度：无资料
沸点：100.0℃	临界压力：无资料	爆炸下限：无资料	燃烧热：无资料
闪点：无资料	饱和蒸气压：无资料	相对密度($d_{水}=1$)：1.91	

溶解性	溶于酸、碱。
主要用途	用于核技术，及制取氧化铍等。

急救措施

皮肤接触	脱去污染的衣着，用肥皂水和清水彻底冲洗皮肤。
眼睛接触	提起眼睑，用流动清水或生理盐水冲洗。就医。
吸入	迅速脱离现场至空气新鲜处。保持呼吸道通畅。如呼吸困难，给输氧。如呼吸停止，立即进行人工呼吸。就医。
食入	饮足量温水，催吐。就医。

防护措施

呼吸防护	作业工人应该佩戴头罩型电动送风过滤式防尘呼吸器。必要时，佩戴隔离式呼吸器。
眼睛防护	呼吸系统防护中已做防护。
身体防护	穿连衣式胶布防毒衣。
手防护	戴橡胶手套。
其他防护	工作现场禁止吸烟、进食和饮水。工作完毕，淋浴更衣。单独存放被毒物污染的衣服，洗后备用。实行就业前和定期的体检。

品名：**氢氧化铷**	分子式：RbOH	相态：固	
别名：无	分子量：102.5	外观与性状：灰白色易潮解的块状物	
危险特性			
火灾危险性：无	爆炸物：无	皮肤腐蚀/刺激：类别 1	
腐蚀减薄：碱腐蚀	金属腐蚀：无	严重眼损伤/眼刺激：类别 1	
环境开裂：碱应力腐蚀开裂	急性毒性：无		
遇水发热。能引起有机物燃烧。与酸类物质能发生剧烈反应。具有强腐蚀性。			
理化特性			
熔点：300.0℃	临界温度：无资料	爆炸上限：无资料	引燃温度：无资料
沸点：100.0℃	临界压力：无资料	爆炸下限：无资料	燃烧热：无资料
闪点：无资料	饱和蒸气压：无资料	相对密度($d_{水}=1$)：3.20	
溶解性	溶于水、乙醇。		
主要用途	用作分析试剂、低温蓄电池电解质。		
急救措施			
皮肤接触	立即脱去污染的衣着，用大量流动清水冲洗至少 15min。就医。		
眼睛接触	立即提起眼睑，用大量流动清水或生理盐水彻底冲洗至少 15min。就医。		
吸入	迅速脱离现场至空气新鲜处。保持呼吸道通畅。如呼吸困难，给输氧。如呼吸停止，立即进行人工呼吸。就医。		
食入	用水漱口，给饮牛奶或蛋清。就医。		
防护措施			
呼吸防护	可能接触其粉尘时，必须佩戴防尘面具(全面罩)。紧急事态抢救或撤离时，应该佩戴空气呼吸器。		
眼睛防护	呼吸系统防护中已做防护。		
身体防护	穿橡胶耐酸碱服。		
手防护	戴橡胶耐酸碱手套。		
其他防护	工作现场禁止吸烟、进食和饮水。工作完毕，淋浴更衣。保持良好的卫生习惯。		

品名：**氢氧化铯**	分子式：CsOH	相态：固	
别名：无	分子量：149.9	外观与性状：灰白色固体	
危险特性			
火灾危险性：无	爆炸物：无	皮肤腐蚀/刺激：类别 1	
腐蚀减薄：碱腐蚀	金属腐蚀：无	严重眼损伤/眼刺激：类别 1	
环境开裂：碱应力腐蚀开裂	急性毒性：类别 1		
遇水发热，能引起有机物燃烧。与酸类物质能发生剧烈反应。具有强腐蚀性。			
理化特性			
熔点：272.3℃	临界温度：无资料	爆炸上限：无资料	引燃温度：无资料
沸点：100.0℃	临界压力：无资料	爆炸下限：无资料	燃烧热：无资料
闪点：无资料	饱和蒸气压：无资料	相对密度($d_{水}=1$)：3.68	
溶解性	易溶于水，溶于乙醇。		
主要用途	用作蓄电池的电解液、聚合反应的催化剂。		
急救措施			
皮肤接触	立即脱去污染的衣着，用大量流动清水冲洗至少 15min。就医。		
眼睛接触	立即提起眼睑，用大量流动清水或生理盐水彻底冲洗至少 15min。就医。		
吸入	迅速脱离现场至空气新鲜处。保持呼吸道通畅。如呼吸困难，给输氧。如呼吸停止，立即进行人工呼吸。就医。		
食入	用水漱口，给饮牛奶或蛋清。就医。		
防护措施			
呼吸防护	可能接触其粉尘时，必须佩戴防尘面具(全面罩)。紧急事态抢救或撤离时，应该佩戴空气呼吸器。		
眼睛防护	呼吸系统防护中已做防护。		
身体防护	穿橡胶耐酸碱服。		
手防护	戴橡胶耐酸碱手套。		
其他防护	工作现场禁止吸烟、进食和饮水。工作完毕，淋浴更衣。保持良好的卫生习惯。		

品名：**氢氧化铊**	分子式：TlOH	相态：无资料
别名：无	分子量：221.4	外观与性状：无资料

危险特性

火灾危险性：无	爆炸物：无	皮肤腐蚀/刺激：无
腐蚀减薄：碱腐蚀	金属腐蚀：无	
环境开裂：碱应力腐蚀开裂	急性毒性：类别 2	

无资料。

理化特性

熔点：139.0℃	临界温度：无资料	爆炸上限：无资料	引燃温度：无资料
沸点：100.0℃	临界压力：无资料	爆炸下限：无资料	燃烧热：无资料
闪点：无资料	饱和蒸气压：无资料	相对密度($d_{水}=1$)：无资料	

溶解性	无资料。
主要用途	无资料。

急救措施

皮肤接触	立即脱去污染的衣物。用大量肥皂水和清水冲洗皮肤。如有不适，就医。
眼睛接触	用大量水彻底冲洗至少 15min。如有不适，就医。
吸入	立即将患者移到新鲜空气处，保持呼吸畅通。如果呼吸困难，给予吸氧。如患者食入或吸入本物质，不得进行口对口人工呼吸。如果呼吸停止。立即进行心肺复苏术。立即就医。
食入	禁止催吐，切勿给失去知觉者从嘴里喂食任何东西。立即呼叫医生或中毒控制中心。

防护措施

呼吸防护	如果蒸气浓度超过职业接触限值或发生刺激等症状时，请使用全面罩式多功能防毒面具(US)或 AXBEK 型(EN14387)防毒面具筒。
眼睛防护	佩戴化学护目镜(符合欧盟 EN166 或美国 NIOSH 标准)。
身体防护	穿阻燃防静电防护服和抗静电的防护靴。
手防护	戴化学防护手套(例如丁基橡胶手套)。
其他防护	工作现场禁止吸烟、进食和饮水。工作完毕，淋浴更衣。保持良好的卫生习惯。

品名：**氰**	分子式：C_2N_2	相态：气
别名：氰气	分子量：52.0	外观与性状：无色高毒气体，有杏仁气味，燃烧时火焰粉红色，边缘带有浅蓝色

危险特性

火灾危险性：可燃气体甲	爆炸物：无	皮肤腐蚀/刺激：无
腐蚀减薄：无	金属腐蚀：无	易燃液体：类别 1
环境开裂：无	急性毒性：类别 2	加压气体：是

与空气混合能形成爆炸性混合物，遇明火、高热能引起燃烧爆炸。其蒸气比空气重，能在较低处扩散到相当远的地方，遇火源引着回燃。遇水或水蒸气、酸或酸气产生剧毒的烟气。若遇高热，容器内压增大，有开裂和爆炸的危险。

理化特性

熔点：-34.4℃	临界温度：无资料	爆炸上限：42.6%	引燃温度：无资料
沸点：-21.2℃	临界压力：无资料	爆炸下限：6.6%	燃烧热：无资料
闪点：无资料	饱和蒸气压：53.32kPa(-33℃)	相对密度($d_{水}=1$)：0.96	

溶解性	溶于水，易溶于乙醇、乙醚等。
主要用途	用作熏蒸剂及有机合成原料。

急救措施

皮肤接触	无资料。
眼睛接触	无资料。
吸入	迅速脱离现场至空气新鲜处。呼吸困难时给输氧。呼吸停止者，立即进行人工呼吸(勿用口对口)。给吸入亚硝酸异戊酯，立即就医。
食入	无资料。

防护措施

呼吸防护	可能接触毒物时，应该佩戴供气式防毒面具。紧急事态抢救或逃生时，佩戴正压自给式呼吸器。
眼睛防护	戴化学安全防护眼镜。
身体防护	穿相应的防护服。
手防护	戴防护手套。
其他防护	工作现场禁止吸烟、进食和饮水。保持良好的卫生习惯。车间应配备急救设备及药品。有关人员应学会自救互救。

品名：**氰氨化钙[含碳化钙>0.1%]**	分子式：$CaCN_2$	相态：固
别名：石灰氮	分子量：80.1	外观与性状：纯品为白色晶体，不纯呈灰黑色，有特殊臭味
危险特性		
火灾危险性：无法确定	爆炸物：无	皮肤腐蚀/刺激：无
腐蚀减薄：无	金属腐蚀：无	严重眼损伤/眼刺激：类别1
环境开裂：氨应力腐蚀开裂	急性毒性：无	遇水放出易燃气体的物质和混合物：类别3
本身不燃烧，但遇水或潮气、酸类产生易燃气体并放热，有发生燃烧爆炸的危险。		

理化特性			
熔点：1300.0℃	临界温度：无资料	爆炸上限：无资料	引燃温度：无资料
沸点：无资料	临界压力：无资料	爆炸下限：无资料	燃烧热：无资料
闪点：无资料	饱和蒸气压：无资料	相对密度($d_{水}=1$)：1.08	

溶解性	微溶于水。
主要用途	用作肥料，以及用于氮气制造和钢铁淬火。
急救措施	
皮肤接触	脱去污染的衣着，立即用流动清水彻底冲洗。若有灼伤，就医治疗。
眼睛接触	立即提起眼睑，用流动清水或生理盐水冲洗至少15min。就医。
吸入	迅速脱离现场至空气新鲜处。注意保暖，必要时进行人工呼吸。就医。
食入	误服者立即漱口，给饮大量温水，催吐，就医。
防护措施	
呼吸防护	作业工人应该佩戴防尘口罩。必要时建议佩戴自给式呼吸器。
眼睛防护	戴化学安全防护眼镜。
身体防护	穿相应的防护服。
手防护	戴防护手套。
其他防护	工作现场严禁吸烟。进行就业前和定期的体检。

品名：**氰化钡**	分子式：$Ba(CN)_2$	相态：固
别名：无	分子量：189.4	外观与性状：白色光亮鳞状结晶
危险特性		
火灾危险性：无	爆炸物：无	皮肤腐蚀/刺激：无
腐蚀减薄：无	金属腐蚀：无	
环境开裂：无	急性毒性：类别1	
无资料。		

理化特性			
熔点：无资料	临界温度：无资料	爆炸上限：无资料	引燃温度：无资料
沸点：无资料	临界压力：无资料	爆炸下限：无资料	燃烧热：无资料
闪点：无资料	饱和蒸气压：无资料	相对密度($d_{水}=1$)：无资料	

溶解性	溶于水、乙醇。
主要用途	主要用于电镀、冶金、农药及氰化物制造等。
急救措施	
皮肤接触	立即脱去污染的衣物。用大量肥皂水和清水冲洗皮肤。如有不适，就医。
眼睛接触	用大量水彻底冲洗至少15min。如有不适，就医。
吸入	立即将患者移到新鲜空气处，保持呼吸畅通。如果呼吸困难，给予吸氧。如患者食入或吸入本物质，不得进行口对口人工呼吸。如果呼吸停止，立即进行心肺复苏术。立即就医。
食入	禁止催吐，切勿给失去知觉者从嘴里喂食任何东西。立即呼叫医生或中毒控制中心。
防护措施	
呼吸防护	如果蒸气浓度超过职业接触限值或发生刺激等症状时，请使用全面罩式多功能防毒面具(US)或AXBEK型(EN14387)防毒面具筒。
眼睛防护	佩戴化学护目镜(符合欧盟EN166或美国NIOSH标准)。
身体防护	穿阻燃防静电防护服和抗静电的防护靴。
手防护	戴化学防护手套(例如丁基橡胶手套)。
其他防护	工作现场禁止吸烟、进食和饮水。工作完毕，淋浴更衣。保持良好的卫生习惯。

品名：**氰化碘**	分子式：ICN	相态：固	
别名：碘化氰	分子量：152.9	外观与性状：白色针状晶体	
危险特性			
火灾危险性：无	爆炸物：无	皮肤腐蚀/刺激：无	
腐蚀减薄：无	金属腐蚀：无		
环境开裂：无	急性毒性：类别1		
受高热分解，放出腐蚀性、刺激性的烟雾。			
理化特性			
熔点：(146.0~147.0)℃	临界温度：无资料	爆炸上限：无资料	引燃温度：无资料
沸点：无资料	临界压力：无资料	爆炸下限：无资料	燃烧热：无资料
闪点：无资料	饱和蒸气压：无资料	相对密度($d_{水}=1$)：2.59	

溶解性	微溶于水，溶于甲醇、醚。
主要用途	用作昆虫保存剂。
急救措施	
皮肤接触	脱去污染的衣着，轻轻地用大量肥皂水和水清洗皮肤。
眼睛接触	立即翻开上下眼睑，用流动清水冲洗15min。就医。
吸入	脱离现场至空气新鲜处。呼吸困难时给输氧。呼吸停止者，立即进行人工呼吸(勿用口对口)。尽快吸入亚硝酸异戊酯。就医。
食入	误服者立即漱口，用1∶5000高锰酸钾或5%硫代硫酸钠洗胃。立即就医。
防护措施	
呼吸防护	可能接触毒物时，必须佩戴防毒面具。紧急事态抢救或撤离时，建议佩戴正压自给式呼吸器。
眼睛防护	戴化学安全防护眼镜。
身体防护	穿聚乙烯薄膜防毒服。
手防护	戴防化学品手套。
其他防护	工作后，彻底清洗。工作服不准带至非作业场所。单独存放被毒物污染的衣服，洗后备用。车间应配备急救设备及药品。作业人员应学会自救互救。

品名：**氰化钙**	分子式：$Ca(CN)_2$	相态：固	
别名：无	分子量：92.1	外观与性状：无色结晶或白色粉末，工业品呈灰黑色薄片	
危险特性			
火灾危险性：无	爆炸物：无	皮肤腐蚀/刺激：无	
腐蚀减薄：无	金属腐蚀：无		
环境开裂：无	急性毒性：类别2		
受高热分解，放出腐蚀性、刺激性的烟雾。			
理化特性			
熔点：640.0℃	临界温度：无资料	爆炸上限：无资料	引燃温度：无资料
沸点：无资料	临界压力：无资料	爆炸下限：无资料	燃烧热：无资料
闪点：无资料	饱和蒸气压：无资料	相对密度($d_{水}=1$)：1.85	

溶解性	溶于水、乙醇，缓慢溶于弱酸。
主要用途	用于提炼金、银等贵重金属和制造农药等。
急救措施	
皮肤接触	脱去污染的衣着。冲洗，然后用水和肥皂清洗皮肤。给予医疗护理。急救时戴防护手套。
眼睛接触	先用大量水冲洗几分钟(如可能易行，摘除隐形眼镜)，然后就医。
吸入	新鲜空气，休息。必要时进行人工呼吸，给予医疗护理。
食入	漱口，催吐(仅对清醒病人)，给予医疗护理。
防护措施	
呼吸防护	如果蒸气浓度超过职业接触限值或发生刺激等症状时，请使用全面罩式多功能防毒面具(US)或AXBEK型(EN14387)防毒面具筒。
眼睛防护	佩戴化学护目镜(符合欧盟EN166或美国NIOSH标准)。
身体防护	穿阻燃防静电防护服和抗静电的防护靴。
手防护	戴化学防护手套(例如丁基橡胶手套)。
其他防护	工作现场禁止吸烟、进食和饮水。工作完毕，淋浴更衣。保持良好的卫生习惯。

品名：**氰化镉**	分子式：C_2CdN_2	相态：固	
别名：无	分子量：164.4	外观与性状：白色固体，无臭	
危险特性			
火灾危险性：无	爆炸物：无	皮肤腐蚀/刺激：无	
腐蚀减薄：无	金属腐蚀：无		
环境开裂：无	急性毒性：类别 1		
无资料。			
理化特性			
熔点：无资料	临界温度：无资料	爆炸上限：无资料	引燃温度：无资料
沸点：无资料	临界压力：无资料	爆炸下限：无资料	燃烧热：无资料
闪点：无资料	饱和蒸气压：无资料	相对密度($d_水=1$)：无资料	
溶解性	溶于水、乙醇，缓慢溶于弱酸。		
主要用途	主要用于电镀和用作分析试剂。		
急救措施			
皮肤接触	立即脱去污染的衣着。用大量肥皂水和清水冲洗皮肤。如有不适，就医。		
眼睛接触	用大量水彻底冲洗至少 15min。如有不适，就医。		
吸入	立即将患者移到新鲜空气处，保持呼吸畅通。如果呼吸困难，给予吸氧。如患者食入或吸入本物质，不得进行口对口人工呼吸。如果呼吸停止，立即进行心肺复苏术。立即就医。		
食入	禁止催吐，切勿给失去知觉者从嘴里喂食任何东西。立即呼叫医生或中毒控制中心。		
防护措施			
呼吸防护	如果蒸气浓度超过职业接触限值或发生刺激等症状时，请使用全面罩式多功能防毒面具(US)或 AXBEK 型(EN14387)防毒面具筒。		
眼睛防护	佩戴化学护目镜(符合欧盟 EN166 或美国 NIOSH 标准)。		
身体防护	穿阻燃防静电防护服和抗静电的防护靴。		
手防护	戴化学防护手套(例如丁基橡胶手套)。		
其他防护	工作现场禁止吸烟、进食和饮水。工作完毕，淋浴更衣。保持良好的卫生习惯。		

品名：**氰化汞**	分子式：C_2HgN_2	相态：固	
别名：无	分子量：252.6	外观与性状：无色或白色结晶粉末，见光颜色变暗	
危险特性			
火灾危险性：无	爆炸物：无	皮肤腐蚀/刺激：无	
腐蚀减薄：无	金属腐蚀：无	严重眼损伤/眼刺激：类别 2	
环境开裂：无	急性毒性：类别 2		
不燃。受高热或与酸接触会产生剧毒的氰化物气体。与硝酸盐、亚硝酸盐、氯酸盐反应剧烈，有发生爆炸的危险。遇酸或露置空气中能吸收水分和二氧化碳分解出剧毒的氰化氢气体。			
理化特性			
熔点：320.0℃	临界温度：无资料	爆炸上限：无资料	引燃温度：无资料
沸点：无资料	临界压力：无资料	爆炸下限：无资料	燃烧热：无资料
闪点：无资料	饱和蒸气压：无资料	相对密度($d_水=1$)：4.00	
溶解性	易溶于水、氨水、甲醇、乙醇，不溶于苯。		
主要用途	用于医药、杀菌皂、照相及用作分析试剂。		
急救措施			
皮肤接触	立即脱去污染的衣着。用大量肥皂水和清水冲洗皮肤。如有不适，就医。		
眼睛接触	用大量水彻底冲洗至少 15min。如有不适，就医。		
吸入	立即将患者移到新鲜空气处，保持呼吸畅通。如果呼吸困难，给予吸氧。如患者食入或吸入本物质，不得进行口对口人工呼吸。如果呼吸停止，立即进行心肺复苏术。立即就医。		
食入	禁止催吐，切勿给失去知觉者从嘴里喂食任何东西。立即呼叫医生或中毒控制中心。		
防护措施			
呼吸防护	如果蒸气浓度超过职业接触限值或发生刺激等症状时，请使用全面罩式多功能防毒面具(US)或 AXBEK 型(EN14387)防毒面具筒。		
眼睛防护	佩戴化学护目镜(符合欧盟 EN166 或美国 NIOSH 标准)。		
身体防护	穿阻燃防静电防护服和抗静电的防护靴。		
手防护	戴化学防护手套(例如丁基橡胶手套)。		
其他防护	工作现场禁止吸烟、进食和饮水。工作完毕，淋浴更衣。保持良好的卫生习惯。		

品名：**氰化汞钾**	分子式：$C_4HgK_2N_4$	相态：固	
别名：汞氰化钾；氰化钾汞	分子量：382.9	外观与性状：无色或白色晶体	
危险特性			
火灾危险性：无	爆炸物：无	皮肤腐蚀/刺激：无	
腐蚀减薄：无	金属腐蚀：无	严重眼损伤/眼刺激：类别 2	
环境开裂：无	急性毒性：类别 1		
遇酸或露置空气中能吸收水分和二氧化碳分解出剧毒的氰化氢气体。遇高热分解放出高毒烟气。			
理化特性			
熔点：320.0℃	临界温度：无资料	爆炸上限：无资料	引燃温度：无资料
沸点：无资料	临界压力：无资料	爆炸下限：无资料	燃烧热：无资料
闪点：无资料	饱和蒸气压：无资料	相对密度($d_{水}=1$)：无资料	
溶解性	溶于水、乙醇。		
主要用途	用作制镜镀银剂和化学试剂。		
急救措施			
皮肤接触	脱去污染的衣着，用大量流动清水冲洗皮肤。		
眼睛接触	提起眼睑，用流动清水或生理盐水冲洗。就医。		
吸入	迅速脱离现场至空气新鲜处。保持呼吸道通畅。如呼吸困难，给输氧。如呼吸停止，立即进行人工呼吸。就医。		
食入	饮足量温水，催吐。用 1∶5000 高锰酸钾或 5%硫代硫酸钠溶液洗胃。就医。		
防护措施			
呼吸防护	可能接触其粉尘时，必须佩戴空气呼吸器。		
眼睛防护	呼吸系统防护中已做防护。		
身体防护	穿胶布防毒衣。		
手防护	戴橡胶手套。		
其他防护	工作现场禁止吸烟、进食和饮水。工作完毕，淋浴更衣。保持良好的卫生习惯。		

品名：**氰化钾**	分子式：KCN	相态：固	
别名：山奈钾	分子量：65.1	外观与性状：白色结晶或粉末，易潮解	
危险特性			
火灾危险性：无	爆炸物：无	皮肤腐蚀/刺激：无	
腐蚀减薄：无	金属腐蚀：无	严重眼损伤/眼刺激：类别 2	
环境开裂：无	急性毒性：类别 1		
燃烧时可能会释放毒性烟雾。加热时，容器可能爆炸。受热或接触火焰可能会产生膨胀或爆炸性分解。			
理化特性			
熔点：634.5℃	临界温度：无资料	爆炸上限：无资料	引燃温度：无资料
沸点：1625.0℃	临界压力：无资料	爆炸下限：无资料	燃烧热：无资料
闪点：无资料	饱和蒸气压：无资料	相对密度($d_{水}=1$)：1.52	
溶解性	易溶于水、乙醇、甘油，微溶于甲醇、氢氧化钠水溶液。		
主要用途	用于提炼金、银等贵金属和淬火、电镀，及制分析试剂、有机腈类、医药、杀虫剂等。		
急救措施			
皮肤接触	立即脱去污染的衣着，用流动清水或 5%硫代硫酸钠溶液彻底冲洗至少 20min。就医。		
眼睛接触	提起眼睑，用流动清水或生理盐水冲洗至少 15min。就医。		
吸入	迅速脱离现场至空气新鲜处。保持呼吸道通畅。如呼吸困难，给输氧。呼吸心跳停止时，立即进行人工呼吸(勿用口对口)和胸外心脏按压术。给吸入亚硝酸异戊酯，就医。		
食入	饮足量温水，催吐。用 1∶5000 高锰酸钾或 5%硫代硫酸钠溶液洗胃。就医。		
防护措施			
呼吸防护	可能接触毒物时，必须佩戴头罩型电动送风过滤式防尘呼吸器。可能接触其粉尘时，应该佩戴隔离式呼吸器。		
眼睛防护	呼吸系统防护中已做防护。		
身体防护	穿连衣式胶布防毒衣。		
手防护	戴橡胶手套。		
其他防护	工作现场禁止吸烟、进食和饮水。工作完毕，彻底清洗。车间应配备急救设备及药品。单独存放被毒物污染的衣服，洗后备用。作业人员应学会自救互救。		

品名：**氰化钠**		分子式：NaCN	相态：固
别名：山奈		分子量：49.0	外观与性状：白色或灰色粉末状结晶，有微弱的氰化氢气味
危险特性			
火灾危险性：无		爆炸物：无	皮肤腐蚀/刺激：无
腐蚀减薄：无		金属腐蚀：无	严重眼损伤/眼刺激：类别 2
环境开裂：无		急性毒性：类别 1	
不燃。与硝酸盐、亚硝酸盐、氯酸盐反应剧烈，有发生爆炸的危险。遇酸会产生剧毒、易燃的氰化氢气体。在潮湿空气或氧化碳中即缓慢发出微量氰化氢气体。			
理化特性			
熔点：563.7℃	临界温度：无资料	爆炸上限：无资料	引燃温度：无资料
沸点：1496.0℃	临界压力：无资料	爆炸下限：无资料	燃烧热：无资料
闪点：无资料	饱和蒸气压：无资料	相对密度($d_{水}=1$)：1.60	
溶解性	易溶于水，微溶于液氨、乙醇、乙醚、苯。		
主要用途	用于提炼金、银等贵金属和淬火，并用于塑料、农药、医药、燃料等有机合成工业。		
急救措施			
皮肤接触	立即脱去污染的衣着，用流动清水或5%硫代硫酸钠溶液彻底冲洗至少 20min。就医。		
眼睛接触	提起眼睑，用流动清水或生理盐水冲洗至少 15min。就医。		
吸入	迅速脱离现场至空气新鲜处。保持呼吸道通畅。如呼吸困难，给输氧。呼吸心跳停止时，立即进行人工呼吸(勿用口对口)和胸外心脏按压术。给吸入亚硝酸异戊酯，就医。		
食入	饮足量温水，催吐。用 1：5000 高锰酸钾或 5%硫代硫酸钠溶液洗胃。就医。		
防护措施			
呼吸防护	可能接触毒物时，必须佩戴头罩型电动送风过滤式防尘呼吸器。可能接触其粉尘时，应该佩戴隔离式呼吸器。		
眼睛防护	呼吸系统防护中已做防护。		
身体防护	穿连衣式胶布防毒衣。		
手防护	戴橡胶手套。		
其他防护	工作现场禁止吸烟、进食和饮水。工作完毕，彻底清洗。车间应配备急救设备及药品。单独存放被毒物污染的衣服，洗后备用。作业人员应学会自救互救。		

品名：**氰化镍**		分子式：$Ni(CN)_2$	相态：固
别名：氰化亚镍		分子量：110.8	外观与性状：苹果绿片状结晶或粉末
危险特性			
火灾危险性：无		爆炸物：无	皮肤腐蚀/刺激：无
腐蚀减薄：无		金属腐蚀：无	
环境开裂：无		急性毒性：类别 3	
与镁发生剧烈反应。与氯酸盐或亚硝酸钠能形成爆炸性混合物。遇酸或露置空气中能吸收水分和二氧化碳分解出剧毒的氰化氢气体。遇高热分解放出高毒烟气。			
理化特性			
熔点：无资料	临界温度：无资料	爆炸上限：无资料	引燃温度：无资料
沸点：25.7℃	临界压力：无资料	爆炸下限：无资料	燃烧热：无资料
闪点：无资料	饱和蒸气压：无资料	相对密度($d_{水}=1$)：2.40	
溶解性	不溶于水，微溶于稀酸。溶于氰化钾、氢氧化铵、碱。		
主要用途	用于冶金、电镀，也用于苯的精制和定量分析以及作为金属的防腐蚀剂。		
急救措施			
皮肤接触	立即脱去污染的衣着，用流动清水或5%硫代硫酸钠溶液彻底冲洗至少 20min。就医。		
眼睛接触	提起眼睑，用流动清水或生理盐水冲洗至少 15min。就医。		
吸入	迅速脱离现场至空气新鲜处。保持呼吸道通畅。如呼吸困难，给输氧。呼吸心跳停止时，立即进行人工呼吸(勿用口对口)和胸外心脏按压术。给吸入亚硝酸异戊酯，就医。		
食入	饮足量温水，催吐。用 1：5000 高锰酸钾或 5%硫代硫酸钠溶液洗胃。就医。		
防护措施			
呼吸防护	可能接触毒物时，必须佩戴头罩型电动送风过滤式防尘呼吸器。可能接触其粉尘时，应该佩戴隔离式呼吸器。		
眼睛防护	呼吸系统防护中已做防护。		
身体防护	穿连衣式胶布防毒衣。		
手防护	戴橡胶手套。		
其他防护	工作现场禁止吸烟、进食和饮水。工作完毕，淋浴更衣。保持良好的卫生习惯。		

品名：**氰化铅**	分子式：$Pb(CN)_2$	相态：固	
别名：无	分子量：259.2	外观与性状：黄白色结晶性粉末	
危险特性			
火灾危险性：无	爆炸物：无	皮肤腐蚀/刺激：无	
腐蚀减薄：无	金属腐蚀：无		
环境开裂：无	急性毒性：无		
强氧化剂。与镁发生剧烈反应。与氯酸盐或亚硝酸钠能形成爆炸性混合物。遇酸或露置空气中能吸收水分和二氧化碳分解出剧毒的氰化氢气体。遇高热分解放出高毒烟气。			
理化特性			
熔点：无资料	临界温度：无资料	爆炸上限：无资料	引燃温度：无资料
沸点：无资料	临界压力：无资料	爆炸下限：无资料	燃烧热：无资料
闪点：无资料	饱和蒸气压：无资料	相对密度($d_{水}=1$)：无资料	
溶解性	难溶于水，溶于氨水、热硝酸。		
主要用途	用于冶金。		
急救措施			
皮肤接触	脱去污染的衣着，用大量流动清水冲洗皮肤。		
眼睛接触	提起眼睑，用流动清水或生理盐水冲洗。就医。		
吸入	迅速脱离现场至空气新鲜处。保持呼吸道通畅。如呼吸困难，给输氧。如呼吸停止，立即进行人工呼吸。就医。		
食入	饮足量温水，催吐。用1：5000高锰酸钾或5%硫代硫酸钠溶液洗胃。就医。		
防护措施			
呼吸防护	可能接触其粉尘时，必须佩戴空气呼吸器。		
眼睛防护	呼吸系统防护中已做防护。		
身体防护	穿连衣式胶布防毒衣。		
手防护	戴橡胶手套。		
其他防护	工作现场禁止吸烟、进食和饮水。工作完毕，淋浴更衣。保持良好的卫生习惯。		

品名：**氰化氢**	分子式：HCN	相态：液	
别名：无水氢氰酸	分子量：27.0	外观与性状：无色气体或液体，有苦杏仁味	
危险特性			
火灾危险性：可燃液体甲B	爆炸物：无	皮肤腐蚀/刺激：无	
腐蚀减薄：无	金属腐蚀：无	易燃液体：类别1	
环境开裂：氢氰酸致氢应力开裂、氢脆	急性毒性：类别2		
易燃，其蒸气与空气可形成爆炸性混合物，遇明火、高热能引起燃烧爆炸。长期放置则因水分而聚合，聚合物本身有自催化作用，可引起爆炸。			
理化特性			
熔点：-13.2℃	临界温度：无资料	爆炸上限：40.0%	引燃温度：538.0℃
沸点：25.7℃	临界压力：4.95MPa	爆炸下限：5.6%	燃烧热：183.5kJ/mol
闪点：-17.8℃	饱和蒸气压：82.6kPa(20℃)	相对密度($d_{水}=1$)：0.69	
溶解性	溶于水、醇、醚等。		
主要用途	用于丙烯腈和丙烯酸树脂及农药杀虫剂的制造。		
急救措施			
皮肤接触	立即脱去污染的衣着，用流动清水或5%硫代硫酸钠溶液彻底冲洗至少20min。就医。		
眼睛接触	提起眼睑，用流动清水或生理盐水冲洗至少15min。就医。		
吸入	迅速脱离现场至空气新鲜处。保持呼吸道通畅。如呼吸困难，给输氧。呼吸心跳停止时，立即进行人工呼吸(勿用口对口)和胸外心脏按压术。给吸入亚硝酸异戊酯，就医。		
食入	饮足量温水，催吐。用1：5000高锰酸钾或5%硫代硫酸钠溶液洗胃。就医。		
防护措施			
呼吸防护	可能接触毒物时，应该佩戴隔离式呼吸器。紧急事态抢救或撤离时，必须佩戴氧气呼吸器。		
眼睛防护	呼吸系统防护中已做防护。		
身体防护	穿连衣式胶布防毒衣。		
手防护	戴橡胶手套。		
其他防护	工作现场禁止吸烟、进食和饮水。保持良好的卫生习惯。车间应配备急救设备及药品。作业人员应学会自救互救。		

品名：**氰化铜**	分子式：$Cu(CN)_2$	相态：固	
别名：氰化高铜	分子量：115.6	外观与性状：黄色至绿色粉末	
危险特性			
火灾危险性：无	爆炸物：无	皮肤腐蚀/刺激：无	
腐蚀减薄：无	金属腐蚀：无		
环境开裂：氢氰酸致氢应力开裂、氢脆	急性毒性：类别 1		
与镁发生剧烈反应。与氯酸盐或亚硝酸钠能形成爆炸性混合物。遇酸或露置空气中能吸收水分和二氧化碳分解出剧毒的氰化氢气体。遇高热分解放出高毒烟气。			
理化特性			
熔点：无资料	临界温度：无资料	爆炸上限：无资料	引燃温度：无资料
沸点：无资料	临界压力：无资料	爆炸下限：无资料	燃烧热：无资料
闪点：无资料	饱和蒸气压：无资料	相对密度($d_水=1$)：无资料	
溶解性	不溶于水，溶于乙醇、碱溶液、氰化钾溶液、吡啶等。		
主要用途	用于镀铜和有机合成等。		
急救措施			
皮肤接触	脱去污染的衣着，用大量流动清水冲洗皮肤。		
眼睛接触	提起眼睑，用流动清水或生理盐水冲洗。就医。		
吸入	迅速脱离现场至空气新鲜处。保持呼吸道通畅。如呼吸困难，给输氧。如呼吸停止，立即进行人工呼吸。就医。		
食入	饮足量温水，催吐。用 1∶5000 高锰酸钾或 5%硫代硫酸钠溶液洗胃。就医。		
防护措施			
呼吸防护	可能接触其粉尘时，必须佩戴空气呼吸器。		
眼睛防护	呼吸系统防护中已做防护。		
身体防护	穿连衣式胶布防毒衣。		
手防护	戴橡胶手套。		
其他防护	工作现场禁止吸烟、进食和饮水。工作完毕，淋浴更衣。保持良好的卫生习惯。		

品名：**氰化锌**	分子式：$Zn(CN)_2$	相态：固	
别名：无	分子量：117.4	外观与性状：白色粉末	
危险特性			
火灾危险性：无	爆炸物：无	皮肤腐蚀/刺激：无	
腐蚀减薄：无	金属腐蚀：无		
环境开裂：氢氰酸致氢应力开裂、氢脆	急性毒性：类别 1		
不燃。受高热或与酸接触会产生剧毒的氰化物气体。与硝酸盐、亚硝酸盐、氯酸盐反应剧烈，有发生爆炸的危险。遇酸或露置空气中能吸收水分和二氧化碳分解出剧毒的氰化氢气体。			
理化特性			
熔点：800.0℃	临界温度：无资料	爆炸上限：无资料	引燃温度：无资料
沸点：无资料	临界压力：无资料	爆炸下限：无资料	燃烧热：无资料
闪点：无资料	饱和蒸气压：无资料	相对密度($d_水=1$)：1.85	
溶解性	不溶于水，微溶于热水、乙醇、醚，溶于碱液、氨水。		
主要用途	用于电镀及制造医药、农药，也用于有机合成。		
急救措施			
皮肤接触	立即脱去污染的衣着，用流动清水或 5%硫代硫酸钠溶液彻底冲洗至少 20min。就医。		
眼睛接触	提起眼睑，用流动清水或生理盐水冲洗至少 15min。就医。		
吸入	迅速脱离现场至空气新鲜处。保持呼吸道通畅。如呼吸困难，给输氧。呼吸心跳停止时，立即进行人工呼吸(勿用口对口)和胸外心脏按压术。给吸入亚硝酸异戊酯，就医。		
食入	饮足量温水，催吐。用 1∶5000 高锰酸钾或 5%硫代硫酸钠溶液洗胃。就医。		
防护措施			
呼吸防护	可能接触毒物时，必须佩戴头罩型电动送风过滤式防尘呼吸器。紧急事态抢救或撤离时，建议佩戴自给式呼吸器。		
眼睛防护	呼吸系统防护中已做防护。		
身体防护	穿连衣式胶布防毒衣。		
手防护	戴橡胶手套。		
其他防护	工作现场禁止吸烟、进食和饮水。工作完毕，彻底清洗。单独存放被毒物污染的衣服，洗后备用。车间应配备急救设备及药品。作业人员应学会自救互救。		

品名：**氰化溴**	分子式：BrCN	相态：固
别名：溴化氰	分子量：105.9	外观与性状：无色或白色针状或立方形晶体，常温下挥发
危险特性		
火灾危险性：无	爆炸物：无	皮肤腐蚀/刺激：无
腐蚀减薄：含盐水腐蚀	金属腐蚀：无	
环境开裂：溴化物应力腐蚀开裂	急性毒性：类别 2	
与水或水蒸气接触会散发出剧毒、易燃和腐蚀性的溴化氢和氰化氢气体。有杂质存在时能很快引起分解，并引起爆炸。		

理化特性			
熔点：52.0℃	临界温度：无资料	爆炸上限：无资料	引燃温度：无资料
沸点：61.0℃	临界压力：无资料	爆炸下限：无资料	燃烧热：无资料
闪点：无资料	饱和蒸气压：13.33kPa(23℃)	相对密度($d_{水}=1$)：2.02	

溶解性	溶于水，易溶于乙醇、乙醚，溶于苯。
主要用途	用作杀菌剂及军用毒气，也用于氰化物的制备、有机合成。
急救措施	
皮肤接触	立即脱去污染的衣着，用大量流动清水冲洗至少 15min。就医。
眼睛接触	提起眼睑，用流动清水或生理盐水冲洗至少 15min。就医。
吸入	迅速脱离现场至空气新鲜处。保持呼吸道通畅。如呼吸困难，给输氧。呼吸心跳停止时，立即进行人工呼吸(勿用口对口)和胸外心脏按压术。给吸入亚硝酸异戊酯，就医。
食入	用水漱口。就医。
防护措施	
呼吸防护	可能接触毒物时，必须佩戴自吸过滤式防毒面具(全面罩)。紧急事态抢救或撤离时，建议佩戴自给式呼吸器。
眼睛防护	呼吸系统防护中已做防护。
身体防护	穿连衣式胶布防毒衣。
手防护	戴橡胶手套。
其他防护	工作现场禁止吸烟、进食和饮水。工作完毕，彻底清洗。单独存放被毒物污染的衣服，洗后备用。车间应配备急救设备及药品。作业人员应学会自救互救。

品名：**氰化亚铜**	分子式：CuCN	相态：无资料
别名：无	分子量：89.6	外观与性状：白色单斜结晶粉末或淡绿色粉末
危险特性		
火灾危险性：无	爆炸物：无	皮肤腐蚀/刺激：无
腐蚀减薄：无	金属腐蚀：无	
环境开裂：无	急性毒性：类别 3	
不燃。受高热或与酸接触会产生剧毒的氰化物气体。与硝酸盐、亚硝酸盐、氯酸盐反应剧烈，有发生爆炸的危险。遇酸或露置空气中能吸收水分和二氧化碳分解出剧毒的氰化氢气体。		

理化特性			
熔点：473.0℃	临界温度：无资料	爆炸上限：无资料	引燃温度：无资料
沸点：无资料	临界压力：无资料	爆炸下限：无资料	燃烧热：无资料
闪点：无资料	饱和蒸气压：无资料	相对密度($d_{水}=1$)：2.90	

溶解性	不溶于水、醇类、稀酸，易溶于浓盐酸，溶于液氨。
主要用途	用于电镀铜及其他合金，合成抗结核药及防心涂料。
急救措施	
皮肤接触	脱去污染的衣着，用大量流动清水清洗皮肤至少 15min。
眼睛接触	提起眼睑，用流动清水或生理盐水冲洗至少 15min。就医。
吸入	迅速脱离现场至空气新鲜处。保持呼吸道通畅。
食入	饮足量温水，催吐。用 1：5000 高锰酸钾或 5%硫代硫酸钠溶液洗胃就医。
防护措施	
呼吸防护	可能接触毒物时，必须佩戴头罩型电动送风过滤式防尘呼吸器。紧急事态抢救或撤离时，建议佩戴自给式呼吸器。
眼睛防护	呼吸系统防护中已做防护。
身体防护	穿连衣式胶布防毒衣。
手防护	戴橡胶手套。
其他防护	工作现场禁止吸烟、进食和饮水。工作完毕，彻底清洗。单独存放被毒物污染的衣服，洗后备用。车间应配备急救设备及药品。作业人员应学会自救互救。

品名：**氰化亚铜三钠**	分子式：$Na_3Cu(CN)_4$	相态：固
别名：紫铜盐；紫铜矾；氰化铜钠	分子量：236.6	外观与性状：白色粉末，为氰化亚铜和氰化钠的复盐

危险特性

火灾危险性：无	爆炸物：无	皮肤腐蚀/刺激：无
腐蚀减薄：无	金属腐蚀：无	严重眼损伤/眼刺激：类别 2
环境开裂：无	急性毒性：类别 3	

受高热或接触酸或酸雾放出剧毒的烟雾。

理化特性

熔点：100.0℃	临界温度：无资料	爆炸上限：无资料	引燃温度：无资料
沸点：无资料	临界压力：无资料	爆炸下限：无资料	燃烧热：无资料
闪点：无资料	饱和蒸气压：无资料	相对密度($d_{水}=1$)：1.01	

溶解性	溶于水。
主要用途	配制和调节镀铜盐浴。

急救措施

皮肤接触	立即脱去污染的衣着，用大量流动清水冲洗。就医。
眼睛接触	提起眼睑，用流动清水或生理盐水冲洗。就医。
吸入	迅速脱离现场至空气新鲜处。保持呼吸道通畅。如呼吸困难，给输氧。如呼吸停止，立即进行人工呼吸。就医。
食入	饮足量温水，催吐。用 1∶5000 高锰酸钾或 5%硫代硫酸钠溶液洗胃。就医。

防护措施

呼吸防护	可能接触其粉尘时，必须佩戴空气呼吸器。
眼睛防护	呼吸系统防护中已做防护。
身体防护	穿胶布防毒衣。
手防护	戴橡胶手套。
其他防护	工作现场禁止吸烟、进食和饮水。工作完毕，淋浴更衣。保持良好的卫生习惯。

品名：**氰化银**	分子式：AgCN	相态：固
别名：无	分子量：133.8	外观与性状：白色粉末或淡灰色粉末，无臭无味，见光变褐色

危险特性

火灾危险性：无	爆炸物：无	皮肤腐蚀/刺激：无
腐蚀减薄：无	金属腐蚀：无	严重眼损伤/眼刺激：类别 1
环境开裂：无	急性毒性：类别 3	

不燃。受高热或与酸接触会产生剧毒的氰化物气体。与硝酸盐、亚硝酸盐、氯酸盐反应剧烈，有发生爆炸的危险。遇酸或露置空气中能吸收水分和二氧化碳分解出剧毒的氰化氢气体。

理化特性

熔点：320.0℃	临界温度：无资料	爆炸上限：无资料	引燃温度：无资料
沸点：25.7℃	临界压力：无资料	爆炸下限：无资料	燃烧热：无资料
闪点：无资料	饱和蒸气压：无资料	相对密度($d_{水}=1$)：3.95	

溶解性	不溶于水，不溶于醇，溶于氨水、碘化钾、热稀硝酸。
主要用途	医药，镀银，防护涂料，用于压热器的衬里、电接触、飞机发动机轴承的电镀。

急救措施

皮肤接触	脱去污染的衣着，用大量肥皂水和水清洗皮肤。
眼睛接触	提起眼睑，用流动清水或生理盐水冲洗。就医。
吸入	迅速脱离现场至空气新鲜处。保持呼吸道通畅。如呼吸困难，给输氧。如呼吸停止，立即进行人工呼吸。就医。
食入	饮足量温水，催吐。用 1∶5000 高锰酸钾或 5%硫代硫酸钠溶液洗胃。就医。

防护措施

呼吸防护	可能接触毒物时，必须佩戴头罩型电动送风过滤式防尘呼吸器。可能接触其粉尘时，应该佩戴隔离式呼吸器。
眼睛防护	呼吸系统防护中已做防护。
身体防护	穿胶布防毒衣。
手防护	戴橡胶手套。
其他防护	工作现场禁止吸烟、进食和饮水。工作完毕，彻底清洗。车间应配备急救设备及药品。单独存放被毒物污染的衣服，洗后备用。作业人员应学会自救互救。

品名：**氰化银钾**		分子式：$KAg(CN)_2$	相态：固
别名：银氰化钾		分子量：199.0	外观与性状：白色结晶，对光敏感
危险特性			
火灾危险性：无		爆炸物：无	皮肤腐蚀/刺激：无
腐蚀减薄：无		金属腐蚀：无	
环境开裂：无		急性毒性：类别 1	
遇酸或露置空气中能吸收水分和二氧化碳分解出剧毒的氰化氢气体。遇高热分解释出高毒烟气。			
理化特性			
熔点：无资料	临界温度：无资料	爆炸上限：无资料	引燃温度：无资料
沸点：无资料	临界压力：无资料	爆炸下限：无资料	燃烧热：无资料
闪点：无资料	饱和蒸气压：无资料	相对密度($d_水=1$)：2.36	
溶解性	溶于水、甲醇、酸。		
主要用途	用于电镀银，并用作杀菌剂、防腐剂。		
急救措施			
皮肤接触	脱去污染的衣着，用大量肥皂水和水清洗皮肤。		
眼睛接触	提起眼睑，用流动清水或生理盐水冲洗。就医。		
吸入	迅速脱离现场至空气新鲜处。保持呼吸道通畅。如呼吸困难，给输氧。如呼吸停止，立即进行人工呼吸。就医。		
食入	饮足量温水，催吐。用 1∶5000 高锰酸钾或 5%硫代硫酸钠溶液洗胃。就医。		
防护措施			
呼吸防护	无资料。		
眼睛防护	无资料。		
身体防护	无资料。		
手防护	无资料。		
其他防护	无资料。		

品名：**(*RS*)-α-氰基-3-苯氧基苄基(*SR*)-3-(2,2-二氯乙烯基)-2,2-二甲基环丙烷羧酸酯**		分子式：$KAg(CN)_2$	相态：固
别名：氯氰菊酯		分子量：416.3	外观与性状：白色结晶粉末
危险特性			
火灾危险性：可燃液体丙 A		爆炸物：无	皮肤腐蚀/刺激：无
腐蚀减薄：无		金属腐蚀：无	
环境开裂：无		急性毒性：无	
遇明火、高热可燃。与氧化剂可发生反应。遇高热分解放出高毒烟气。若遇高热，容器内压增大，有开裂和爆炸的危险。			
理化特性			
熔点：81.0~87.0℃	临界温度：无资料	爆炸上限：无资料	引燃温度：无资料
沸点：(511.3±50.0)℃	临界压力：无资料	爆炸下限：无资料	燃烧热：无资料
闪点：(263.0±30.1)℃	饱和蒸气压：无资料	相对密度($d_水=1$)：1.24	
溶解性	难溶于水，易溶于酮、醇、芳烃等。		
主要用途	用作农用杀虫剂。		
急救措施			
皮肤接触	脱去污染的衣着，用大量肥皂水和水清洗皮肤。		
眼睛接触	提起眼睑，用流动清水或生理盐水冲洗。就医。		
吸入	迅速脱离现场至空气新鲜处。保持呼吸道通畅。如呼吸困难，给输氧。如呼吸停止，立即进行人工呼吸。就医。		
食入	饮足量温水，催吐。就医。		
防护措施			
呼吸防护	无资料。		
眼睛防护	无资料。		
身体防护	无资料。		
手防护	无资料。		
其他防护	无资料。		

品名：**4-氰基苯甲酸** 别名：对氰基苯甲酸		分子式：$C_8H_5NO_2$ 分子量：147.1	相态：固 外观与性状：白色片状结晶
危险特性			
火灾危险性：无 腐蚀减薄：低分子有机酸腐蚀 环境开裂：无		爆炸物：无 金属腐蚀：无 急性毒性：无	皮肤腐蚀/刺激：类别 2 严重眼损伤/眼刺激：类别 2
遇明火能燃烧。与强氧化剂接触可发生化学反应。受高热分解放出有毒的气体。			
理化特性			
熔点：219.0~221.0℃ 沸点：(341.0±25.0)℃ 闪点：(160.0±23.2)℃	临界温度：无资料 临界压力：无资料 饱和蒸气压：无资料	爆炸上限：无资料 爆炸下限：无资料 相对密度($d_水=1$)：无资料	引燃温度：无资料 燃烧热：无资料
溶解性	溶于热水、热乙酸、乙醇、乙醚。		
主要用途	用于有机合成。		
急救措施			
皮肤接触	脱去污染的衣着，用大量肥皂水和水清洗皮肤。		
眼睛接触	提起眼睑，用流动清水或生理盐水冲洗。就医。		
吸入	迅速脱离现场至空气新鲜处。保持呼吸道通畅。如呼吸困难，给输氧。如呼吸停止，立即进行人工呼吸。就医。		
食入	饮足量温水，催吐。就医。		
防护措施			
呼吸防护	可能接触毒物时，必须佩戴头罩型电动送风过滤式防尘呼吸器。可能接触其粉尘时，应该佩戴隔离式呼吸器。		
眼睛防护	呼吸系统防护中已做防护。		
身体防护	穿胶布防毒衣。		
手防护	戴橡胶手套。		
其他防护	工作现场禁止吸烟、进食和饮水。工作后，彻底清洗。单独存放被毒物污染的衣服，洗后再用。车间应配备急救设备。		

品名：**氰基乙酸** 别名：氰基醋酸		分子式：$C_3H_3NO_2$ 分子量：85.1	相态：固 外观与性状：白色有吸湿性晶体
危险特性			
火灾危险性：无 腐蚀减薄：低分子有机酸腐蚀 环境开裂：无		爆炸物：无 金属腐蚀：无 急性毒性：无	皮肤腐蚀/刺激：类别 1 严重眼损伤/眼刺激：类别 1
无资料。			
理化特性			
熔点：66.0℃ 沸点：318.5℃ 闪点：107.8℃	临界温度：无资料 临界压力：无资料 饱和蒸气压：0.0133kPa(100℃)	爆炸上限：无资料 爆炸下限：无资料 相对密度($d_水=1$)：无资料	引燃温度：无资料 燃烧热：1249.0kJ/mol
溶解性	溶于水、乙醇、乙醚，微溶于苯、乙酸、氯仿。		
主要用途	医药工业用于制取维生素 B6、咖啡因、医用黏合剂等，也用于农药霜脲氰的合成。		
急救措施			
皮肤接触	脱去污染的衣着，用大量肥皂水和水清洗皮肤。		
眼睛接触	提起眼睑，用流动清水或生理盐水冲洗。就医。		
吸入	迅速脱离现场至空气新鲜处。保持呼吸道通畅。如呼吸困难，给输氧。如呼吸停止，立即进行人工呼吸。就医。		
食入	饮足量温水，催吐。就医。		
防护措施			
呼吸防护	可能接触其蒸气时，应该佩戴自吸过滤式防毒面具(全面罩)。紧急事态抢救或撤离时，建议佩戴自给式呼吸器。		
眼睛防护	戴化学安全防护眼镜。		
身体防护	穿聚乙烯防毒服。		
手防护	戴橡胶手套。		
其他防护	工作现场禁止吸烟、进食和饮水。工作完毕，彻底清洗。单独存放被毒物污染的衣服，洗后备用。保持良好的卫生习惯。		

品名：**氰基乙酸乙酯**	分子式：$C_5H_7NO_5$	相态：液	
别名：氰基醋酸乙酯；乙基氰基乙酸酯	分子量：113.1	外观与性状：无色或淡黄色液体。略有愉快气味	
危险特性			
火灾危险性：可燃液体丙 A	爆炸物：无	皮肤腐蚀/刺激：类别 2	
腐蚀减薄：低分子有机酸腐蚀	金属腐蚀：无	严重眼损伤/眼刺激：类别 2	
环境开裂：无	急性毒性：无		
无资料。			
理化特性			
熔点：−22.5℃	临界温度：无资料	爆炸上限：无资料	引燃温度：555.0℃
沸点：无资料	临界压力：无资料	爆炸下限：无资料	燃烧热：无资料
闪点：100.0℃	饱和蒸气压：无资料	相对密度($d_{水}=1$)：1.06	
溶解性	微溶于水，易溶于乙醇和乙醚。		
主要用途	用于合成药物、染料等。		
急救措施			
皮肤接触	脱去污染的衣着，用大量肥皂水和水清洗皮肤。		
眼睛接触	提起眼睑，用流动清水或生理盐水冲洗。就医。		
吸入	迅速脱离现场至空气新鲜处。保持呼吸道通畅。如呼吸困难，给输氧。如呼吸停止，立即进行人工呼吸。就医。		
食入	饮足量温水，催吐。就医。		
防护措施			
呼吸防护	如危险性评测显示需要使用空气净化的防毒面具，请使用全面罩式多功能微粒防毒面具 N99 型(US)或 P2 型(EN143)防毒面具筒作为工程控制的候补。如果防毒面具是保护的唯一方式，则使用全面罩式送风防毒面具。		
眼睛防护	面罩与安全眼镜请使用经官方标准如 NIOSH(美国)或 EN166(欧盟)检测与批准的设备防护眼部。		
身体防护	全套防化学试剂工作服，防护设备的类型必须根据特定工作场所中的危险物的浓度和含量来选择。		
手防护	所选择的保护手套必须符合 EU 的 89/686/EEC 规定和从它衍生出来的 EN376 标准。		
其他防护	无资料。		

品名：**氰尿酰氯**	分子式：$C_3Cl_3N_3$	相态：固	
别名：三聚氰酰氯；三聚氯化氰	分子量：184.4	外观与性状：白色晶体，有刺激味，易吸潮发热，释放出烟雾气体	
危险特性			
火灾危险性：无	爆炸物：无	皮肤腐蚀/刺激：类别 1	
腐蚀减薄：盐酸腐蚀、含盐水腐蚀	金属腐蚀：无	严重眼损伤/眼刺激：类别 1	
环境开裂：氯化物应力腐蚀开裂	急性毒性：类别 2		
受热或遇水分解放热，放出有毒的腐蚀性烟气。遇潮时对大多数金属有强腐蚀性。			
理化特性			
熔点：145.5~148.5℃	临界温度：无资料	爆炸上限：无资料	引燃温度：555.0℃
沸点：190.0℃	临界压力：无资料	爆炸下限：无资料	燃烧热：无资料
闪点：(214.4±8.8)℃	饱和蒸气压：0.27kPa(70℃)	相对密度($d_{水}=1$)：1.32	
溶解性	微溶于水，溶于醇、氯仿、四氯化碳、丙酮、二噁烷、热乙醚。		
主要用途	用作活性染料的中间体，也用于橡胶业，及制备药物、炸药和表面活性剂等，也可用作杀虫剂。		
急救措施			
皮肤接触	脱去污染的衣着，用大量肥皂水和水清洗皮肤。		
眼睛接触	提起眼睑，用流动清水或生理盐水冲洗至少 15min。就医。		
吸入	迅速脱离现场至空气新鲜处。保持呼吸道通畅。如呼吸困难，给输氧。如呼吸停止，立即进行人工呼吸。就医。		
食入	饮足量温水，催吐。就医。		
防护措施			
呼吸防护	可能接触毒物时，必须佩戴防毒面具。紧急事态抢救或撤离时，建议佩戴正压自给式呼吸器。		
眼睛防护	戴化学安全防护眼镜。		
身体防护	穿聚乙烯薄膜防毒服。		
手防护	戴防化学品手套。		
其他防护	工作现场禁止吸烟、进食和饮水。工作后，彻底清洗。工作服不要带到非作业场所，单独存放被毒物污染的衣服。		

品名：**氰熔体**	分子式：$Ca(CN)_2 \cdot NaCl$	相态：固
别名：无	分子量：150.6	外观与性状：灰黑色，呈片状、粉状或块状

危险特性

火灾危险性：无	爆炸物：无	皮肤腐蚀/刺激：无
腐蚀减薄：无	金属腐蚀：无	
环境开裂：无	急性毒性：类别 2	

无资料。

理化特性

熔点：640.0℃	临界温度：无资料	爆炸上限：无资料	引燃温度：无资料
沸点：无资料	临界压力：无资料	爆炸下限：无资料	燃烧热：无资料
闪点：无资料	饱和蒸气压：无资料	相对密度($d_{水}=1$)：无资料	

溶解性	无资料。
主要用途	用于制氰化钠、黄血盐、赤血盐等氰化物及有机玻璃、试剂等。

急救措施

皮肤接触	无资料。
眼睛接触	无资料。
吸入	无资料。
食入	无资料。

防护措施

呼吸防护	无资料。
眼睛防护	无资料。
身体防护	无资料。
手防护	无资料。
其他防护	无资料。

品名：**2-巯基丙酸**	分子式：$C_3H_6O_2S$	相态：液
别名：硫代乳酸	分子量：106.1	外观与性状：无色透明油状液体，有刺鼻气味，有苦味

危险特性

火灾危险性：可燃液体丙 A	爆炸物：无	皮肤腐蚀/刺激：类别 1
腐蚀减薄：硫酸腐蚀、低分子有机酸腐蚀	金属腐蚀：无	严重眼损伤/眼刺激：类别 1
环境开裂：连多硫酸应力腐蚀开裂	急性毒性：类别 3	

无资料。

理化特性

熔点：10.0~14.0℃	临界温度：无资料	爆炸上限：无资料	引燃温度：无资料
沸点：106.0℃	临界压力：无资料	爆炸下限：无资料	燃烧热：无资料
闪点：87.0℃	饱和蒸气压：无资料	相对密度($d_{水}=1$)：1.19	

溶解性	与水、乙醇、乙醚及丙酮混溶。
主要用途	在化妆品方面用作烫发液的组分及脱毛剂；制备巯基丙酸盐；用于测定钴。

急救措施

皮肤接触	立即脱掉被污染的衣服和鞋，用肥皂和大量的水冲洗。
眼睛接触	用大量水彻底冲洗至少 15min 并就医。
吸入	如果吸入，请将患者移到新鲜空气处。如呼吸停止，进行人工呼吸。就医。
食入	禁止催吐。切勿给失去知觉者通过口喂任何东西。就医。

防护措施

呼吸防护	如危险性评测显示需要使用空气净化的防毒面具，请使用全面罩式多功能微粒防毒面具 N99 型(US)或 P2 型(EN143)防毒面具筒作为工程控制的候补。如果防毒面具是保护的唯一方式，则使用全面罩式送风防毒面具。
眼睛防护	面罩与安全眼镜请使用经官方标准如 NIOSH(美国)或 EN166(欧盟)检测与批准的设备防护眼部。
身体防护	全套防化学试剂工作服，防护设备的类型必须根据特定工作场所中的危险物的浓度和含量来选择。
手防护	所选择的保护手套必须符合 EU 的 89/686/EEC 规定和从它衍生出来的 EN376 标准。
其他防护	无资料。

品名：**2-巯基乙醇**	分子式：C_2H_6OS	相态：液
别名：硫代乙二醇；2-羟基-1-乙硫醇	分子量：78.1	外观与性状：水白色易流动液体，具有少许硫醇气味

危险特性

火灾危险性：可燃液体丙 A	爆炸物：无	皮肤腐蚀/刺激：类别 2
腐蚀减薄：硫酸腐蚀、高温硫化物腐蚀	金属腐蚀：无	严重眼损伤/眼刺激：类别 2
环境开裂：连多硫酸应力腐蚀开裂	急性毒性：类别 2	

遇高热、明火或与氧化剂接触，有引起燃烧的危险。受高热分解放出有毒的气体。

理化特性

熔点：-40.0℃	临界温度：无资料	爆炸上限：无资料	引燃温度：无资料
沸点：157.0℃	临界压力：无资料	爆炸下限：无资料	燃烧热：无资料
闪点：73.0℃	饱和蒸气压：0.13kPa(20℃)	相对密度($d_{水}=1$)：1.11	

溶解性	在碱性和盐酸中易于分解。能与水、乙醇、乙醚和苯任意混溶。
主要用途	用于合成树脂及用作杀霉菌剂、杀虫剂、增塑剂、水溶性还原剂等。

急救措施

皮肤接触	脱去污染的衣着，用大量流动清水清洗皮肤。
眼睛接触	提起眼睑，用流动清水或生理盐水冲洗至少 15min。就医。
吸入	迅速脱离现场至空气新鲜处。保持呼吸道通畅。如呼吸困难，给输氧。如呼吸停止，立即进行人工呼吸。就医。
食入	饮足量温水，催吐。就医。

防护措施

呼吸防护	可能接触其蒸气时，应该佩戴防毒口罩。紧急事态抢救或逃生时，佩戴自给式呼吸器。
眼睛防护	戴化学安全防护眼镜。
身体防护	穿防毒物渗透工作服。
手防护	戴防化学品手套。
其他防护	工作现场禁止吸烟、进食和饮水。工作后，淋浴更衣。注意个人清洁卫生。

品名：**巯基乙酸**	分子式：$C_2H_4O_2S$	相态：液
别名：氢硫基乙酸；硫代乙醇酸	分子量：92.1	外观与性状：无色液体，有强烈刺激性气味

危险特性

火灾危险性：可燃液体丙 A	爆炸物：无	皮肤腐蚀/刺激：类别 1
腐蚀减薄：硫酸腐蚀、低分子有机酸腐蚀	金属腐蚀：无	严重眼损伤/眼刺激：类别 1
环境开裂：连多硫酸应力腐蚀开裂、乙醇应力腐蚀开裂	急性毒性：类别 3	

遇明火、高热或与氧化剂接触，有引起燃烧爆炸的危险。受热分解产生有毒的硫化物烟气。具有较强的腐蚀性。

理化特性

熔点：-16.5℃	临界温度：无资料	爆炸上限：无资料	引燃温度：350.0℃
沸点：225.5℃	临界压力：6.10MPa	爆炸下限：无资料	燃烧热：无资料
闪点：73.0℃	饱和蒸气压：1.33kPa(18℃)	相对密度($d_{水}=1$)：1.33	

溶解性	与水混溶，可混溶于乙醇、乙醚，溶于普通溶剂。
主要用途	用作分析试剂、冷烫发剂、除发药。

急救措施

皮肤接触	脱去污染的衣着，用大量流动清水清洗皮肤。
眼睛接触	提起眼睑，用流动清水或生理盐水冲洗至少 15min。就医。
吸入	迅速脱离现场至空气新鲜处。保持呼吸道通畅。如呼吸困难，给输氧。如呼吸停止，立即进行人工呼吸。就医。
食入	误服者给饮牛奶或蛋清。就医。

防护措施

呼吸防护	可能接触其蒸气时，应该佩戴防毒口罩。紧急事态抢救或逃生时，佩戴自给式呼吸器。
眼睛防护	戴化学安全防护眼镜。
身体防护	穿防酸碱工作服。
手防护	戴橡胶耐酸碱手套。
其他防护	工作场所禁止吸烟、进食和饮水，饭前要洗手。工作完毕，淋浴更衣。单独存放被毒物污染的衣服，洗后备用。保持良好的卫生习惯。

品名：**全氟辛基磺酸** 别名：无		分子式：$C_8HF_{17}O_3S$ 分子量：500.1	相态：无资料 外观与性状：无资料
危险特性			
火灾危险性：无 腐蚀减薄：无 环境开裂：无		爆炸物：无 金属腐蚀：无 急性毒性：无	皮肤腐蚀/刺激：无
遇明火、高热或与氧化剂接触，有引起燃烧爆炸的危险。受热分解产生有毒的硫化物烟气。具有较强的腐蚀性。			
理化特性			
熔点：90.0℃ 沸点：260.0℃ 闪点：11.0℃	临界温度：无资料 临界压力：无资料 饱和蒸气压：无资料	爆炸上限：无资料 爆炸下限：无资料 相对密度($d_{水}=1$)：无资料	引燃温度：无资料 燃烧热：无资料
溶解性	无资料。		
主要用途	无资料。		
急救措施			
皮肤接触	无资料。		
眼睛接触	无资料。		
吸入	无资料。		
食入	无资料。		
防护措施			
呼吸防护	无资料。		
眼睛防护	无资料。		
身体防护	无资料。		
手防护	无资料。		
其他防护	无资料。		

品名：**全氟辛基磺酸铵** 别名：无		分子式：$C_8H_4F_{17}NO_3S$ 分子量：517.2	相态：固 外观与性状：无色或淡黄色粉末
危险特性			
火灾危险性：无 腐蚀减薄：无 环境开裂：无		爆炸物：无 金属腐蚀：无 急性毒性：无	皮肤腐蚀/刺激：无
无资料。			
理化特性			
熔点：无资料 沸点：280.1℃ 闪点：123.2℃	临界温度：无资料 临界压力：无资料 饱和蒸气压：无资料	爆炸上限：无资料 爆炸下限：无资料 相对密度($d_{水}=1$)：无资料	引燃温度：无资料 燃烧热：无资料
溶解性	无资料。		
主要用途	无资料。		
急救措施			
皮肤接触	立即去除/脱掉所有被污染的衣物，用肥皂和大量水轻轻洗。求医/就诊。		
眼睛接触	用水小心清洗几分钟。如果方便，易操作，摘除隐形眼镜。		
吸入	将受害者移到新鲜空气处，保持呼吸通畅，休息。求医/就诊。		
食入	求医/就诊。漱口。		
防护措施			
呼吸防护	防尘面具、自携式呼吸器(SCBA)、供气呼吸器等。使用通过政府标准的呼吸器。		
眼睛防护	护目镜。如果情况需要，佩戴面具。		
身体防护	防渗防护服。如果情况需要，穿戴防护靴。		
手防护	防渗手套。		
其他防护	无资料。		

品名：**全氟辛基磺酸四乙基铵** 别名：无		分子式：$C_{16}H_{20}F_{17}NO_3S$ 分子量：629.4		相态：固 外观与性状：白色粉末
危险特性				
火灾危险性：无 腐蚀减薄：无 环境开裂：无		爆炸物：无 金属腐蚀：无 急性毒性：类别 3		支肤腐蚀/刺激：无
无资料。				
理化特性				
熔点：184.0~190.0℃ 沸点：无资料 闪点：无资料	临界温度：无资料 临界压力：无资料 饱和蒸气压：无资料		爆炸上限：无资料 爆炸下限：无资料 相对密度($d_水$=1)：无资料	引燃温度：无资料 燃烧热：无资料
溶解性	无资料。			
主要用途	无资料。			
急救措施				
皮肤接触	用肥皂和大量的水冲洗。立即将患者送往医院。就医。			
眼睛接触	用水冲洗眼睛作为预防措施。			
吸入	迅速脱离现场至空气新鲜处。保持呼吸道通畅。如呼吸困难，给输氧。如呼吸停止，立即进行人工呼吸。就医。			
食入	切勿给失去知觉者通过口喂任何东西。用水漱口。就医。			
防护措施				
呼吸防护	如危险性评测显示需要使用空气净化的防毒面具，请使用全面罩式多功能微粒防毒面具 N99 型(US)或 P2 型(EN143)防毒面具筒作为工程控制的候补。如果防毒面具是保护的唯一方式，则使用全面罩式送风防毒面具。			
眼睛防护	面罩与安全眼镜请使用经官方标准如 NIOSH(美国)或 EN166(欧盟)检测与批准的设备防护眼部。			
身体防护	全套防化学试剂工作服，防护设备的类型必须根据特定工作场所中的危险物的浓度和含量来选择。			
手防护	所选择的保护手套必须符合 EU 的 89/686/EEC 规定和从它衍生出来的 EN376 标准。			
其他防护	无资料。			

品名：**全氟辛基磺酰氟** 别名：无		分子式：$C_8F_{18}O_2S$ 分子量：502.1		相态：液 外观与性状：透明无色液体
危险特性				
火灾危险性：可燃液体乙 B 腐蚀减薄：无 环境开裂：无		爆炸物：无 金属腐蚀：无 急性毒性：类别 3		支肤腐蚀/刺激：无
无资料。				
理化特性				
熔点：-1.0℃ 沸点：(154.1±40.0)℃ 闪点：(47.0±27.3)℃	临界温度：无资料 临界压力：无资料 饱和蒸气压：无资料		爆炸上限：无资料 爆炸下限：无资料 相对密度($d_水$=1)：无资料	引燃温度：无资料 燃烧热：无资料
溶解性	不溶于水。			
主要用途	无资料。			
急救措施				
皮肤接触	立即去除/脱掉所有被污染的衣物。用水清洗皮肤/淋浴。			
眼睛接触	用水小心清洗几分钟。如果方便，易操作，摘除隐形眼镜。继续冲洗。			
吸入	将受害者移到新鲜空气处，保持呼吸通畅，休息。立即呼叫解毒中心/医生。			
食入	漱口。切勿催吐。			
防护措施				
呼吸防护	半面罩或全面罩呼吸器、自携式呼吸器(SCBA)、供气呼吸器等。依据当地和政府法规，使用通过政府标准的呼吸器。			
眼睛防护	护目镜。如果情况需要，佩戴面具。			
身体防护	防渗防护服。如果情况需要，穿戴防护靴。			
手防护	防渗手套。			
其他防护	无资料。			

品名：**全氯甲硫醇**	分子式：CCl_4S	相态：液
别名：三氯硫氯甲烷；过氯甲硫醇；四氯硫代碳酰	分子量：185.9	外观与性状：有刺激性难闻气味的无色油状液体

危险特性

火灾危险性：无	爆炸物：无	皮肤腐蚀/刺激：类别 2
腐蚀减薄：硫酸腐蚀、高温硫化物腐蚀	金属腐蚀：无	严重眼损伤/眼刺激：类别 2
环境开裂：连多硫酸应力腐蚀开裂	急性毒性：类别 1	

无资料。

理化特性

熔点：无资料	临界温度：无资料	爆炸上限：无资料	引燃温度：无资料
沸点：147.0℃	临界压力：无资料	爆炸下限：无资料	燃烧热：无资料
闪点：无资料	饱和蒸气压：无资料	相对密度($d_{水}=1$)：1.69	

溶解性	不溶于水，溶于乙醇。
主要用途	为农药克菌丹、灭毒丹及其他杀菌剂的中间体。

急救措施

皮肤接触	无资料。
眼睛接触	无资料。
吸入	无资料。
食入	无资料。

防护措施

呼吸防护	无资料。
眼睛防护	无资料。
身体防护	无资料。
手防护	无资料。
其他防护	无资料。

品名：**壬基酚**	分子式：$C_{15}H_{240}$	相态：液
别名：壬基苯酚	分子量：220.4	外观与性状：浅黄色略带黄色的依然浓稠液体，有药味

危险特性

火灾危险性：可燃液体丙 B	爆炸物：无	皮肤腐蚀/刺激：类别 1
腐蚀减薄：苯酚腐蚀	金属腐蚀：无	严重眼损伤/眼刺激：类别 1
环境开裂：无	急性毒性：无	

与强氧化剂接触能引起燃烧和爆炸。

理化特性

熔点：-8.0℃	临界温度：无资料	爆炸上限：无资料	引燃温度：无资料
沸点：293.0℃	临界压力：无资料	爆炸下限：无资料	燃烧热：无资料
闪点：150.0℃	饱和蒸气压：无资料	相对密度($d_{水}=1$)：0.95	

溶解性	在水里几乎不溶解。
主要用途	无资料。

急救措施

皮肤接触	脱去污染的衣着，用大量肥皂水和水清洗皮肤。
眼睛接触	提起眼睑，用流动清水冲洗至少 20min。就医。
吸入	迅速脱离现场至空气新鲜处。保持呼吸道通畅。如呼吸困难，给输氧。如呼吸停止，立即进行人工呼吸。就医。
食入	无资料。

防护措施

呼吸防护	无资料。
眼睛防护	无资料。
身体防护	无资料。
手防护	无资料。
其他防护	无资料。

品名：**壬基酚聚氧乙烯醚**	分子式：$C_{19}H_{32}O_3$	相态：液	
别名：无	分子量：308.5	外观与性状：无色至淡黄色黏稠液体	
危险特性			
火灾危险性：可燃液体丙 B	爆炸物：无	皮肤腐蚀/刺激：类别 2	
腐蚀减薄：环烷酸腐蚀	金属腐蚀：无	严重眼损伤/眼刺激：类别 2	
环境开裂：无	急性毒性：无		
无资料。			
理化特性			
熔点：44.0~46.0℃	临界温度：无资料	爆炸上限：无资料	引燃温度：无资料
沸点：(436.1±30.0)℃	临界压力：无资料	爆炸下限：无资料	燃烧热：无资料
闪点：(217.6±24.6)℃	饱和蒸气压：无资料	相对密度($d_水=1$)：1.04	
溶解性	不溶于水，可溶于四氯化碳、乙醇、丁醚、全氯乙烯、甲苯等。		
主要用途	为非离子型表面活性剂，是一种外用杀精子避孕药。还用于各种清洗剂、纺织工业助剂、润滑油、树脂的乳化剂等。		
急救措施			
皮肤接触	无资料。		
眼睛接触	无资料。		
吸入	迅速脱离现场至空气新鲜处。呼吸困难时给输氧。呼吸停止者，立即进行人工呼吸(勿用口对口)。给吸入亚硝酸异戊酯，立即就医。		
食入	无资料。		
防护措施			
呼吸防护	空气中浓度超标时，必须佩戴自吸过滤式防毒面具(半面罩)。紧急事态抢救或撤离时，应该佩戴空气呼吸器。		
眼睛防护	戴化学安全防护眼镜。		
身体防护	穿橡胶耐酸碱服。		
手防护	戴橡胶耐酸碱手套。		
其他防护	工作现场禁止吸烟、进食和饮水。保持良好的卫生习惯。车间应配备急救设备及药品。有关人员应学会自救互救。		

品名：**壬基三氯硅烷**	分子式：$C_9H_{19}Cl_3Si$	相态：液	
别名：石灰氮	分子量：261.7	外观与性状：无色带刺激性气味的液体	
危险特性			
火灾危险性：可燃液体丙 A	爆炸物：无	皮肤腐蚀/刺激：类别 1	
腐蚀减薄：环烷酸腐蚀	金属腐蚀：无	严重眼损伤/眼刺激：类别 1	
环境开裂：氨应力腐蚀开裂	急性毒性：无		
遇高热、明火或与氧化剂接触有引起燃烧的危险。遇水发生剧烈反应，散发出具有刺激性和腐蚀性的氯化氢气体。			
理化特性			
熔点：无资料	临界温度：无资料	爆炸上限：无资料	引燃温度：无资料
沸点：243.6℃	临界压力：无资料	爆炸下限：无资料	燃烧热：无资料
闪点：114.0℃	饱和蒸气压：无资料	相对密度($d_水=1$)：1.06	
溶解性	溶于部分有机溶剂。		
主要用途	用作有机硅化合物中间体。		
急救措施			
皮肤接触	脱去污染的衣着，用大量流动清水清洗皮肤至少 15min。		
眼睛接触	提起眼睑，用流动清水或生理盐水冲洗至少 15min。就医。		
吸入	迅速脱离现场至空气新鲜处。保持呼吸道通畅。如呼吸困难，给输氧。如呼吸停止，立即进行人工呼吸。就医。		
食入	用水漱口，给饮牛奶或蛋清。就医。		
防护措施			
呼吸防护	空气中浓度超标时，必须佩戴自吸过滤式防毒面具(半面罩)。紧急事态抢救或撤离时，应该佩戴空气呼吸器。		
眼睛防护	戴化学安全防护眼镜。		
身体防护	穿橡胶耐酸碱服。		
手防护	戴橡胶耐酸碱手套。		
其他防护	工作场所禁止吸烟、进食和饮水，饭前要洗手。工作完毕，淋浴更衣。保持良好的卫生习惯。		

品名：**1-壬烯** 别名：无	分子式：C_9H_{18} 分子量：126.2		相态：液 外观与性状：无色液体
危险特性			
火灾危险性：可燃液体甲 B 腐蚀减薄：无 环境开裂：无	爆炸物：无 金属腐蚀：无 急性毒性：无		皮肤腐蚀/刺激：无 易燃液体：类别 3 严重眼损伤/眼刺激：类别 2
易燃，其蒸气与空气可形成爆炸性混合物，遇明火、高热能引起燃烧爆炸。与氧化剂能发生强烈反应。若遇高热可发生聚合反应，放出大量热量而引起容器破裂和爆炸事故。			
理化特性			
熔点：-81.4℃ 沸点：146.9℃ 闪点：26.0℃	临界温度：无资料 临界压力：无资料 饱和蒸气压：无资料	爆炸上限：无资料 爆炸下限：无资料 相对密度($d_水=1$)：0.73	引燃温度：260.0℃ 燃烧热：无资料
溶解性	不溶于水，溶于乙醇、醚。		
主要用途	用于有机合成。		
急救措施			
皮肤接触	脱去污染的衣着，轻轻地用大量肥皂水和水清洗皮肤。		
眼睛接触	提起眼睑，用流动清水或生理盐水冲洗。就医。		
吸入	迅速脱离现场至空气新鲜处。保持呼吸道通畅。如呼吸困难，给输氧。如呼吸停止，立即进行人工呼吸。就医。		
食入	饮足量温水，催吐。就医。		
防护措施			
呼吸防护	可能接触其蒸气时，应该佩戴过滤式防毒面具(半面罩)。		
眼睛防护	戴安全防护眼镜。		
身体防护	穿防静电工作服。		
手防护	戴橡胶耐油手套。		
其他防护	工作现场严禁吸烟。避免长期反复接触。		

品名：**2-壬烯** 别名：无	分子式：C_9H_{18} 分子量：126.2		相态：液 外观与性状：无色液体
危险特性			
火灾危险性：可燃液体乙 A 腐蚀减薄：无 环境开裂：无	爆炸物：无 金属腐蚀：无 急性毒性：无		皮肤腐蚀/刺激：无 易燃液体：类别 3
其蒸气与空气可形成爆炸性混合物，遇明火、高热能引起燃烧爆炸。与氧化剂可发生反应。			
理化特性			
熔点：-89.1℃ 沸点：144.0~145.0℃ 闪点：32.0℃	临界温度：无资料 临界压力：无资料 饱和蒸气压：无资料	爆炸上限：无资料 爆炸下限：无资料 相对密度($d_水=1$)：0.73	引燃温度：无资料 燃烧热：无资料
溶解性	不溶于水。		
主要用途	用于有机合成。		
急救措施			
皮肤接触	脱去污染的衣着，用大量流动清水清洗皮肤。		
眼睛接触	提起眼睑，用流动清水或生理盐水冲洗。就医。		
吸入	迅速脱离现场至空气新鲜处。保持呼吸道通畅。如呼吸困难，给输氧。如呼吸停止，立即进行人工呼吸。就医。		
食入	饮足量温水，催吐。就医。		
防护措施			
呼吸防护	空气中浓度超标时，必须佩戴自吸过滤式防毒面具(半面罩)。紧急事态抢救或撤离时，应该佩戴空气呼吸器。		
眼睛防护	戴化学安全防护眼镜。		
身体防护	穿防静电工作服。		
手防护	戴橡胶手套。		
其他防护	工作场所禁止吸烟、进食和饮水，饭前要洗手。工作完毕，淋浴更衣。保持良好的卫生习惯。		

品名：**3-壬烯**	分子式：C_9H_{18}	相态：液
别名：无	分子量：126.2	外观与性状：无色液体
危险特性		
火灾危险性：可燃液体乙 A	爆炸物：无	皮肤腐蚀/刺激：无
腐蚀减薄：无	金属腐蚀：无	易燃液体：类别 3
环境开裂：无	急性毒性：无	
其蒸气与空气可形成爆炸性混合物，遇明火、高热能引起燃烧爆炸。与氧化剂可发生反应。		

理化特性			
熔点：无资料	临界温度：无资料	爆炸上限：无资料	引燃温度：无资料
沸点：123.0~127.0℃	临界压力：无资料	爆炸下限：无资料	燃烧热：无资料
闪点：32.0℃	饱和蒸气压：无资料	相对密度($d_{水}=1$)：无资料	

溶解性	不溶于水。
主要用途	用于有机合成。
急救措施	
皮肤接触	脱去污染的衣着，用大量流动清水清洗皮肤。
眼睛接触	提起眼睑，用流动清水或生理盐水冲洗。就医。
吸入	迅速脱离现场至空气新鲜处。保持呼吸道通畅。如呼吸困难，给输氧。如呼吸停止，立即进行人工呼吸。就医。
食入	饮足量温水，催吐。就医。
防护措施	
呼吸防护	空气中浓度超标时，必须佩戴自吸过滤式防毒面具(半面罩)。紧急事态抢救或撤离时，应该佩戴空气呼吸器。
眼睛防护	戴化学安全防护眼镜。
身体防护	穿防静电工作服。
手防护	戴橡胶手套。
其他防护	工作场所禁止吸烟、进食和饮水，饭前要洗手。工作完毕，淋浴更衣。保持良好的卫生习惯。

品名：**4-壬烯**	分子式：C_9H_{18}	相态：液
别名：无	分子量：126.2	外观与性状：无色液体
危险特性		
火灾危险性：可燃液体甲 B	爆炸物：无	皮肤腐蚀/刺激：无
腐蚀减薄：无	金属腐蚀：无	易燃液体：类别 3
环境开裂：无	急性毒性：无	
其蒸气与空气可形成爆炸性混合物，遇明火、高热能引起燃烧爆炸。与氧化剂可发生反应。		

理化特性			
熔点：无资料	临界温度：无资料	爆炸上限：无资料	引燃温度：无资料
沸点：144.0~146.0℃	临界压力：无资料	爆炸下限：无资料	燃烧热：无资料
闪点：27.0℃	饱和蒸气压：无资料	相对密度($d_{水}=1$)：0.73	

溶解性	不溶于水。
主要用途	用于有机合成。
急救措施	
皮肤接触	脱去污染的衣着，用大量流动清水清洗皮肤。
眼睛接触	提起眼睑，用流动清水或生理盐水冲洗。就医。
吸入	迅速脱离现场至空气新鲜处。保持呼吸道通畅。
食入	饮足量温水，催吐。就医。
防护措施	
呼吸防护	空气中浓度超标时，必须佩戴自吸过滤式防毒面具(半面罩)。紧急事态抢救或撤离时，应该佩戴空气呼吸器。
眼睛防护	戴化学安全防护眼镜。
身体防护	穿防静电工作服。
手防护	戴橡胶手套。
其他防护	工作场所禁止吸烟、进食和饮水，饭前要洗手。工作完毕，淋浴更衣。保持良好的卫生习惯。

品名：**溶剂油[闭杯闪点≤60℃]**		分子式：无资料	相态：液
别名：无		分子量：无资料	外观与性状：水状液体，无色。有汽油或煤油味
危险特性			
火灾危险性：可燃液体乙 A		爆炸物：无	皮肤腐蚀/刺激：无
腐蚀减薄：无		金属腐蚀：无	严重眼损伤/眼刺激：类别 2
环境开裂：无		急性毒性：类别 1	
无资料。			
理化特性			
熔点：无资料	临界温度：无资料	爆炸上限：5.0%	引燃温度：350.0℃
沸点：无资料	临界压力：无资料	爆炸下限：0.8%	燃烧热：无资料
闪点：41.0℃	饱和蒸气压：无资料	相对密度($d_{水}=1$)：无资料	
溶解性	在水中漂浮，不溶于水。		
主要用途	无资料。		
急救措施			
皮肤接触	脱去污染的衣着，用大量肥皂水和水清洗皮肤。		
眼睛接触	提起眼睑，用流动清水或生理盐水冲洗。就医。		
吸入	迅速脱离现场至空气新鲜处。保持呼吸道通畅。		
食入	用水漱口，给饮牛奶或蛋清。就医。		
防护措施			
呼吸防护	无资料。		
眼睛防护	无资料。		
身体防护	无资料。		
手防护	无资料。		
其他防护	无资料。		

品名：**乳香油**		分子式：无资料	相态：液
别名：无		分子量：无资料	外观与性状：无色或微黄色油状液体，具有香脂和微弱的类似柠檬的气味
危险特性			
火灾危险性：可燃液体乙 B		爆炸物：无	皮肤腐蚀/刺激：无
腐蚀减薄：无		金属腐蚀：无	易燃液体：类别 3
环境开裂：无		急性毒性：无	
遇高热、明火或与氧化剂接触，有引起燃烧的危险。			
理化特性			
熔点：无资料	临界温度：无资料	爆炸上限：无资料	引燃温度：无资料
沸点：140.0℃	临界压力：无资料	爆炸下限：无资料	燃烧热：无资料
闪点：47.0℃	饱和蒸气压：无资料	相对密度($d_{水}=1$)：0.87	
溶解性	不溶于甘油、丙二醇和水，溶于乙醇、乙醚、氯仿、二硫化碳。		
主要用途	用作香料，并用于医药。		
急救措施			
皮肤接触	脱去污染的衣着，用大量流动清水冲洗皮肤。		
眼睛接触	提起眼睑，用流动清水或生理盐水冲洗。就医。		
吸入	迅速脱离现场至空气新鲜处。保持呼吸道通畅。如呼吸困难，给输氧。如呼吸停止，立即进行人工呼吸。就医。		
食入	饮足量温水，催吐。就医。		
防护措施			
呼吸防护	空气中浓度超标时，必须佩戴自吸过滤式防毒面具(半面罩)。紧急事态抢救或撤离时，应该佩戴空气呼吸器。		
眼睛防护	戴化学安全防护眼镜。		
身体防护	穿防静电工作服。		
手防护	戴橡胶手套。		
其他防护	工作场所禁止吸烟、进食和饮水，饭前要洗手。工作完毕，淋浴更衣。保持良好的卫生习惯。		

品名：**噻吩**	分子式：C_4H_4S	相态：液
别名：硫杂茂；硫代呋喃	分子量：84.1	外观与性状：有特殊气味的无色液体

危险特性

火灾危险性：可燃液体甲 B	爆炸物：无	皮肤腐蚀/刺激：类别 2
腐蚀减薄：硫酸腐蚀、环烷酸腐蚀、高温硫化物腐蚀	金属腐蚀：无	易燃液体：类别 2
	急性毒性：无	
环境开裂：连多硫酸应力腐蚀开裂		

其蒸气与空气形成爆炸性混合物，遇明火、高热能引起燃烧爆炸。与氧化剂能发生强烈反应。

理化特性

熔点：-38.3℃	临界温度：307.0℃	爆炸上限：12.5%	引燃温度：395.0℃
沸点：(84.2±9.0)℃	临界压力：5.69MPa	爆炸下限：1.5%	燃烧热：282[illegible].39kJ/mol
闪点：-9.0℃	饱和蒸气压：5.33kPa(12.5℃)	相对密度($d_{水}=1$)：1.06	

溶解性	不溶于水，溶于乙醇、乙醚、苯和硫酸。
主要用途	用于生产染料、制药物和增塑剂等。

急救措施

皮肤接触	脱去污染的衣着，立即用流动清水彻底冲洗。
眼睛接触	立即提起眼睑，用大量流动清水彻底冲洗。
吸入	迅速脱离现场至空气新鲜处。呼吸困难时给输氧。呼吸停止时，立即进行人工呼吸。就医。
食入	误服者给饮大量温水，催吐，就医。

防护措施

呼吸防护	可能接触其蒸气时，应该佩带防毒口罩。必要时，建议佩带自给式呼吸器。
眼睛防护	戴化学安全防护眼镜。
身体防护	穿相应的防护服。
手防护	戴防化学品手套。
其他防护	工作现场严禁吸烟。工作后，淋浴更衣。注意个人清洁卫生。

品名：**三-(1-吖丙啶基)氧化膦**	分子式：$C_6H_{12}N_3OP$	相态：液
别名：三吖啶基氧化膦	分子量：173.2	外观与性状：透明单斜晶体或无色液体，易潮解

危险特性

火灾危险性：可燃液体丙 B	爆炸物：无	皮肤腐蚀/刺激：无
腐蚀减薄：无	金属腐蚀：无	
环境开裂：无	急性毒性：类别 2	

无资料。

理化特性

熔点：41.0℃	临界温度：无资料	爆炸上限：无资料	引燃温度：无资料
沸点：(299.0±7.0)℃	临界压力：无资料	爆炸下限：无资料	燃烧热：无资料
闪点：(134.6±18.2)℃	饱和蒸气压：无资料	相对密度($d_{水}=1$)：2.14	

溶解性	溶于苯、乙醚、二硫化碳。
主要用途	用于制亚磷酸及其盐。

急救措施

皮肤接触	无资料。
眼睛接触	无资料。
吸入	无资料。
食入	无资料。

防护措施

呼吸防护	无资料。
眼睛防护	无资料。
身体防护	无资料。
手防护	无资料。
其他防护	无资料。

<table>
<tr><td colspan="2">品名：三(2-甲基氮丙啶)氧化磷
别名：三(2-甲基氮杂环丙烯)氧化膦</td><td colspan="2">分子式：$C_9H_{18}N_3OP$
分子量：215.3</td><td colspan="2">相态：液
外观与性状：浅黄色黏稠液体，有氨味</td></tr>
<tr><th colspan="6">危险特性</th></tr>
<tr><td colspan="2">火灾危险性：可燃液体丙 B
腐蚀减薄：无
环境开裂：无</td><td colspan="2">爆炸物：无
金属腐蚀：无
急性毒性：类别 2</td><td colspan="2">皮肤腐蚀/刺激：无</td></tr>
<tr><td colspan="6">遇明火、高热可燃。与氧化剂可发生反应。受高热分解放出有毒的气体。若遇高热，容器内压增大，有开裂和爆炸的危险。</td></tr>
<tr><th colspan="6">理化特性</th></tr>
<tr><td colspan="2">熔点：25.0℃
沸点：118.0~125.0℃
闪点：142.3℃</td><td>临界温度：无资料
临界压力：无资料
饱和蒸气压：无资料</td><td colspan="2">爆炸上限：无资料
爆炸下限：无资料
相对密度($d_水=1$)：1.08</td><td>引燃温度：无资料
燃烧热：无资料</td></tr>
<tr><td>溶解性</td><td colspan="5">可混溶于水及多数有机溶剂。</td></tr>
<tr><td>主要用途</td><td colspan="5">用作高分子化合物的交联剂和化学杀菌剂。</td></tr>
<tr><th colspan="6">急救措施</th></tr>
<tr><td>皮肤接触</td><td colspan="5">脱去污染的衣着，用大量肥皂水和水清洗皮肤。</td></tr>
<tr><td>眼睛接触</td><td colspan="5">提起眼睑，用流动清水或生理盐水冲洗。就医。</td></tr>
<tr><td>吸入</td><td colspan="5">迅速脱离现场至空气新鲜处。保持呼吸道通畅。如呼吸困难，给输氧。如呼吸停止，立即进行人工呼吸。就医。</td></tr>
<tr><td>食入</td><td colspan="5">饮足量温水，催吐。用清水或2%~5%碳酸氢钠溶液洗胃。就医。</td></tr>
<tr><th colspan="6">防护措施</th></tr>
<tr><td>呼吸防护</td><td colspan="5">可能接触毒物时，必须佩戴自吸过滤式防毒面具(全面罩)。紧急事态抢救或撤离时，建议佩戴自给式呼吸器。</td></tr>
<tr><td>眼睛防护</td><td colspan="5">呼吸系统防护中已做防护。</td></tr>
<tr><td>身体防护</td><td colspan="5">穿连衣式胶布防毒衣。</td></tr>
<tr><td>手防护</td><td colspan="5">戴橡胶手套。</td></tr>
<tr><td>其他防护</td><td colspan="5">工作现场禁止吸烟、进食和饮水。工作完毕，彻底清洗。单独存放被毒物污染的衣服，洗后备用。车间应配备急救设备及药品。作业人员应学会自救互救。</td></tr>
</table>

<table>
<tr><td colspan="2">品名：三(环己基)-1,2,4-三唑-1-基)锡
别名：三唑锡</td><td colspan="2">分子式：$C_{20}H_{35}N_3Sn$
分子量：436.2</td><td colspan="2">相态：固
外观与性状：白色，淡黄色晶体粉末</td></tr>
<tr><th colspan="6">危险特性</th></tr>
<tr><td colspan="2">火灾危险性：无
腐蚀减薄：环烷酸腐蚀
环境开裂：无</td><td colspan="2">爆炸物：无
金属腐蚀：无
急性毒性：类别 2</td><td colspan="2">皮肤腐蚀/刺激：类别 2
严重眼损伤/眼刺激：类别 1</td></tr>
<tr><td colspan="6">遇明火、高热可燃。受高热分解，放出有毒的烟气。</td></tr>
<tr><th colspan="6">理化特性</th></tr>
<tr><td colspan="2">熔点：218.8℃
沸点：(487.4±28.0)℃
闪点：(248.6±24.0)℃</td><td>临界温度：无资料
临界压力：无资料
饱和蒸气压：0.5×10^{-5}kPa(25℃)</td><td colspan="2">爆炸上限：无资料
爆炸下限：无资料
相对密度($d_水=1$)：1.34</td><td>引燃温度：无资料
燃烧热：无资料</td></tr>
<tr><td>溶解性</td><td colspan="5">难溶于水。</td></tr>
<tr><td>主要用途</td><td colspan="5">触杀性杀螨剂。</td></tr>
<tr><th colspan="6">急救措施</th></tr>
<tr><td>皮肤接触</td><td colspan="5">用肥皂水及清水彻底冲洗。就医。</td></tr>
<tr><td>眼睛接触</td><td colspan="5">拉开眼睑，用流动清水冲洗 15min。就医。</td></tr>
<tr><td>吸入</td><td colspan="5">脱离现场至空气新鲜处。就医。</td></tr>
<tr><td>食入</td><td colspan="5">误服者，饮适量温水，催吐。就医。</td></tr>
<tr><th colspan="6">防护措施</th></tr>
<tr><td>呼吸防护</td><td colspan="5">生产操作或农业使用时，应该佩戴防尘口罩。</td></tr>
<tr><td>眼睛防护</td><td colspan="5">戴安全防护眼镜。</td></tr>
<tr><td>身体防护</td><td colspan="5">穿相应的防护服。</td></tr>
<tr><td>手防护</td><td colspan="5">戴防护手套。</td></tr>
<tr><td>其他防护</td><td colspan="5">工作现场禁止吸烟、进食和饮水。工作服不要带到非作业场所，单独存放被毒物污染的衣服，洗后再用。注意个人卫生。</td></tr>
</table>

品名：**三苯基磷**	分子式：$C_{18}H_{15}P$	相态：固	
别名：无	分子量：262.3	外观与性状：白色粉末	
危险特性			
火灾危险性：无	爆炸物：无	皮肤腐蚀/刺激：类别 2	
腐蚀减薄：磷酸腐蚀	金属腐蚀：无	严重眼损伤/眼刺激：类别 2	
环境开裂：无	急性毒性：无		
遇明火、高热可燃。受高热分解产生剧毒的氧化磷烟气。与氧化剂可发生反应。			
理化特性			
熔点：79.0~82.0℃	临界温度：无资料	爆炸上限：无资料	引燃温度：无资料
沸点：(360.0±11.0)℃	临界压力：7.84MPa	爆炸下限：无资料	燃烧热：无资料
闪点：180.0℃	饱和蒸气压：无资料	相对密度($d_{水}=1$)：1.19	
溶解性	不溶于水，微溶于乙醇，溶于苯、丙酮、四氯化碳，易溶于乙醚。		
主要用途	用于有机合成。		
急救措施			
皮肤接触	脱去污染的衣着，用流动清水冲洗。		
眼睛接触	立即提起眼睑，用清洁清水冲洗。		
吸入	脱离现场至空气新鲜处。必要时进行人工呼吸。就医。		
食入	误服者给饮大量温水，催吐，就医。		
防护措施			
呼吸防护	高浓度环境中，应该佩带防毒口罩。紧急事态抢救逃生时，建议佩带自给式呼吸器。		
眼睛防护	戴化学安全防护眼镜。		
身体防护	穿相应的防护服。		
手防护	戴防化学品手套。		
其他防护	工作现场禁止吸烟、进食和饮水。工作后，淋浴更衣。工作服不要带到非作业场所，单独存放被毒物污染的衣服，洗后再用。		

品名：**三苯基氯硅烷**	分子式：$C_{18}H_{15}ClSi$	柜态：固	
别名：无	分子量：294.9	外观与性状：白色固体，易水解	
危险特性			
火灾危险性：无	爆炸物：无	皮肤腐蚀/刺激：类别 1	
腐蚀减薄：无	金属腐蚀：无	严重眼损伤/眼刺激：类别 1	
环境开裂：无	急性毒性：无		
可燃。燃烧时，放出有毒气体。遇水或水蒸气发生剧烈反应，放出有刺激性和腐蚀性的氯化氢烟雾。遇潮时具有强腐蚀性。			
理化特性			
熔点：88.0~89.0℃	临界温度：无资料	爆炸上限：无资料	引燃温度：无资料
沸点：378.0℃	临界压力：无资料	爆炸下限：无资料	燃烧热：无资料
闪点：(164.5±10.3)℃	饱和蒸气压：无资料	相对密度($d_{水}=1$)：无资料	
溶解性	易溶于水，溶于多数有机溶剂。		
主要用途	用于制药及有机合成，还用作制造高分子有机硅的原料。		
急救措施			
皮肤接触	脱去污染的衣着，用大量肥皂水和水清洗皮肤至少 15min。		
眼睛接触	提起眼睑，用流动清水或生理盐水冲洗至少 15min。就医。		
吸入	迅速脱离现场至空气新鲜处。保持呼吸道通畅。如呼吸困难，给输氧。如呼吸停止，立即进行人工呼吸。就医。		
食入	用水漱口，给饮牛奶或蛋清。就医。		
防护措施			
呼吸防护	可能接触其粉尘时，必须佩戴防尘面具(全面罩)。紧急事态抢救或撤离时，应该佩戴空气呼吸器。		
眼睛防护	呼吸系统防护中已做防护。		
身体防护	穿橡胶耐酸碱服。		
手防护	戴橡胶耐酸碱手套。		
其他防护	工作完毕，淋浴更衣。单独存放被毒物污染的衣服，洗后备用。保持良好的卫生习惯。		

品名：**三苯基氢氧化锡** 别名：三苯基羟基锡	分子式：$C_{18}H_{16}OSn$ 分子量：367.0	相态：固 外观与性状：白色或微黄色结晶粉末	
危险特性			
火灾危险性：无 腐蚀减薄：碱腐蚀 环境开裂：碱应力腐蚀开裂	爆炸物：无 金属腐蚀：无 急性毒性：类别 2	皮肤腐蚀/刺激：类别 2 严重眼损伤/眼刺激：类别 1	
遇明火、高热可燃。其粉体与空气可形成爆炸性混合物，当达到一定浓度时，遇火星会发生爆炸。受高热分解放出有毒的气体。			
理化特性			
熔点：116.0~120.0℃ 沸点：无资料 闪点：无资料	临界温度：无资料 临界压力：无资料 饱和蒸气压：无资料	爆炸上限：无资料 爆炸下限：无资料 相对密度($d_{水}=1$)：无资料	引燃温度：无资料 燃烧热：无资料
溶解性	难溶于水，微溶乙醇、乙醚，溶于二氯甲烷、二氯乙烷、丙酮等。		
主要用途	为非内吸保护性杀菌剂，能有效防治对铜类杀菌剂敏感的一些菌类，可防治甜菜褐斑病、马铃薯晚疫病等。		
急救措施			
皮肤接触	立即脱去污染的衣着，用肥皂水及流动清水彻底冲洗污染的皮肤、头发、指甲等。就医。		
眼睛接触	立即提起眼睑，用大量流动清水或生理盐水彻底冲洗至少 15min。就医。		
吸入	迅速脱离现场至空气新鲜处。保持呼吸道通畅。如呼吸困难，给输氧。如呼吸停止，立即进行人工呼吸。就医。		
食入	误服者，饮适量温水，催吐。洗胃。就医。		
防护措施			
呼吸防护	可能接触其粉尘时，必须佩戴防尘面具(全面罩)。紧急事态抢救或撤离时，应该佩戴空气呼吸器。		
眼睛防护	呼吸系统防护中已做防护。		
身体防护	穿橡胶耐酸碱服。		
手防护	戴橡胶耐酸碱手套。		
其他防护	工作完毕，淋浴更衣。单独存放被毒物污染的衣服，洗后备用。保持良好的卫生习惯。		

品名：**三苯基乙酸锡** 别名：无	分子式：$C_{20}H_{18}O_2Sn$ 分子量：409.1	相态：固 外观与性状：白色无味结晶粉末	
危险特性			
火灾危险性：无 腐蚀减薄：无 环境开裂：无	爆炸物：无 金属腐蚀：无 急性毒性：类别 2	皮肤腐蚀/刺激：类别 2 严重眼损伤/眼刺激：类别 1	
遇明火、高热可燃。受高热分解放出有毒的气体。			
理化特性			
熔点：118.0~122.0℃ 沸点：无资料 闪点：无资料	临界温度：无资料 临界压力：无资料 饱和蒸气压：无资料	爆炸上限：无资料 爆炸下限：无资料 相对密度($d_{水}=1$)：无资料	引燃温度：无资料 燃烧热：无资料
溶解性	能微溶于大多数有机溶剂。		
主要用途	无资料。		
急救措施			
皮肤接触	用肥皂水及清水彻底冲洗。就医。		
眼睛接触	拉开眼睑，用流动清水冲洗 15min。就医。		
吸入	脱离现场至空气新鲜处。就医。		
食入	误服者，饮适量温水，催吐。就医。		
防护措施			
呼吸防护	可能接触其粉尘时，必须佩戴防尘面具(全面罩)。紧急事态抢救或撤离时，应该佩戴空气呼吸器。		
眼睛防护	呼吸系统防护中已做防护。		
身体防护	穿橡胶耐酸碱服。		
手防护	戴橡胶耐酸碱手套。		
其他防护	工作完毕，淋浴更衣。单独存放被毒物污染的衣服，洗后备用。保持良好的卫生习惯。		

品名：**三丙基铝**		分子式：$C_9H_{21}Al$	相态：液
别名：无		分子量：156.3	外观与性状：黏稠无色液体
危险特性			
火灾危险性：无法确定		爆炸物：无	皮肤腐蚀/刺激：无
腐蚀减薄：无		金属腐蚀：无	自燃液体：类别 1
环境开裂：无		急性毒性：无	遇水放出易燃气体的物质和混合物：类别 1
暴露在空气中能自燃。遇水强烈分解，放出易燃的烷烃气体遇氧化剂、酸、碱、胺类、卤代烃、醇发生剧烈反应。加热分解产生易燃气体。			
理化特性			
熔点：-107.0℃	临界温度：无资料	爆炸上限：无资料	引燃温度：20.0℃
沸点：82.0℃	临界压力：无资料	爆炸下限：无资料	燃烧热：无资料
闪点：-18.0℃	饱和蒸气压：无资料	相对密度($d_{水}=1$)：0.82	
溶解性	溶于烃类。		
主要用途	用于有机合成。		
急救措施			
皮肤接触	脱去污染的衣着，用大量流动清水清洗皮肤。就医。		
眼睛接触	立即提起眼睑，用大量流动清水或生理盐水彻底冲洗至少 15min。就医。		
吸入	迅速脱离现场至空气新鲜处。保持呼吸道通畅。如呼吸困难，给输氧。如呼吸停止，立即进行人工呼吸。就医。		
食入	用水漱口，给饮牛奶或蛋清。就医。		
防护措施			
呼吸防护	空气中浓度超标时，必须佩戴自吸过滤式防毒面具(全面罩)。紧急事态抢救或撤离时，应该佩戴空气呼吸器。		
眼睛防护	呼吸系统防护中已做防护。		
身体防护	穿防静电工作服。		
手防护	戴橡胶手套。		
其他防护	工作现场禁止吸烟、进食和饮水。工作完毕，淋浴更衣。保持良好的卫生习惯。		

品名：**三丙基氯化锡**		分子式：$C_9H_{21}ClSn$	相态：液
别名：氯丙锡；三丙锡氯		分子量：283.4	外观与性状：无色液体
危险特性			
火灾危险性：无		爆炸物：无	皮肤腐蚀/刺激：无
腐蚀减薄：盐酸腐蚀、含盐水腐蚀		金属腐蚀：无	
环境开裂：氯化物应力腐蚀开裂		急性毒性：类别 3	
遇明火、高热可燃。与氧化剂可发生反应。受高热分解放出有毒的气体。若遇高热，容器内压增大，有开裂和爆炸的危险。			
理化特性			
熔点：-23.5℃	临界温度：无资料	爆炸上限：无资料	引燃温度：无资料
沸点：123.0℃	临界压力：无资料	爆炸下限：无资料	燃烧热：无资料
闪点：95.0℃	饱和蒸气压：无资料	相对密度($d_{水}=1$)：1.27	
溶解性	溶于多数有机溶剂。		
主要用途	用作除草剂。		
急救措施			
皮肤接触	无资料。		
眼睛接触	无资料。		
吸入	无资料。		
食入	无资料。		
防护措施			
呼吸防护	空气中浓度超标时，必须佩戴自吸过滤式防毒面具(全面罩)。紧急事态抢救或撤离时，应该佩戴空气呼吸器。		
眼睛防护	戴化学安全防护眼镜。		
身体防护	穿防毒物渗透工作服。		
手防护	戴乳胶手套。		
其他防护	工作场所禁止吸烟、进食和饮水，饭前要洗手。工作完毕，淋浴更衣。保持良好的卫生习惯。		

品名：**三碘化砷** 别名：碘化亚砷		分子式：AsI_3 分子量：455.8		相态：固 外观与性状：橙红色鳞状或粉状结晶
危险特性				
火灾危险性：无 腐蚀减薄：含盐水腐蚀 环境开裂：碘化物应力腐蚀开裂		爆炸物：无 金属腐蚀：无 急性毒性：类别3		皮肤腐蚀/刺激：无
若遇高热，升华产生剧毒的气体。与金属钾和钠能形成对撞击敏感的物质。				
理化特性				
熔点：140.9℃ 沸点：403.0℃ 闪点：424.0℃	临界温度：无资料 临界压力：无资料 饱和蒸气压：无资料		爆炸上限：无资料 爆炸下限：无资料 相对密度($d_{水}=1$)：4.69	引燃温度：无资料 燃烧热：无资料
溶解性	溶于水、乙醇、乙醚、苯、氯仿、二硫化碳。			
主要用途	用于化学分析、医药等。			
急救措施				
皮肤接触	脱去污染的衣着，用大量肥皂水和水清洗皮肤。就医。			
眼睛接触	提起眼睑，用流动清水或生理盐水冲洗至少15min。就医。			
吸入	迅速脱离现场至空气新鲜处。保持呼吸道通畅。如呼吸困难，给输氧。如呼吸停止，立即进行人工呼吸。就医。			
食入	催吐，洗胃。给饮牛奶或蛋清。就医。			
防护措施				
呼吸防护	可能接触其粉尘时，必须佩戴头罩型电动送风过滤式防尘呼吸器。紧急事态抢救或撤离时，建议佩戴空气呼吸器。			
眼睛防护	呼吸系统防护中已做防护。			
身体防护	穿连衣式胶布防毒衣。			
手防护	戴橡胶手套。			
其他防护	工作现场禁止吸烟、进食和饮水。工作完毕，彻底清洗。单独存放被毒物污染的衣服，洗后备用。实行就业前和定期的体检。			

品名：**三碘化锑** 别名：无		分子式：SbI_3 分子量：502.2		相态：固 外观与性状：红色结晶，高温时挥发，在水中分解生成碘化锑沉淀
危险特性				
火灾危险性：无 腐蚀减薄：含盐水腐蚀 环境开裂：碘化物应力腐蚀开裂		爆炸物：无 金属腐蚀：无 急性毒性：无		皮肤腐蚀/刺激：类别1 严重眼损伤/眼刺激：类别1
本身不燃烧，但遇高热能放出有毒的烟气。遇氰化物能产生剧毒的氰化氢气体。				
理化特性				
熔点：170.0℃ 沸点：401.0℃ 闪点：420.0℃	临界温度：无资料 临界压力：无资料 饱和蒸气压：无资料		爆炸上限：无资料 爆炸下限：无资料 相对密度($d_{水}=1$)：4.77	引燃温度：无资料 燃烧热：无资料
溶解性	溶于醇、盐酸，不溶于氯仿。			
主要用途	用于制药工业。			
急救措施				
皮肤接触	脱去污染的衣着，用大量流动清水清洗皮肤至少15min。就医。			
眼睛接触	提起眼睑，用流动清水或生理盐水冲洗至少15min。就医。			
吸入	迅速脱离现场至空气新鲜处。保持呼吸道通畅。如呼吸困难，给输氧。如呼吸停止，立即进行人工呼吸。就医。			
食入	用水漱口，给饮牛奶或蛋清。就医。			
防护措施				
呼吸防护	空气中粉尘浓度超标时，应该佩戴自吸过滤式防尘口罩。紧急事态抢救或撤离时，应该佩戴空气呼吸器。			
眼睛防护	戴化学安全防护眼镜。			
身体防护	穿防毒物渗透工作服。			
手防护	戴橡胶手套。			
其他防护	工作现场禁止吸烟、进食和饮水。工作完毕，淋浴更衣。注意个人清洁卫生。实行就业前和定期的体检。			

品名：**三碘甲烷**	分子式：CHI_3	相态：固
别名：碘仿	分子量：393.7	外观与性状：黄色粉末或晶体　有不愉快的气味

危险特性

火灾危险性：无	爆炸物：无	皮肤腐蚀/刺激：无
腐蚀减薄：含盐水腐蚀	金属腐蚀：无	严重眼损伤/眼刺激：类别2
环境开裂：碘化物应力腐蚀开裂、氢脆	急性毒性：无	

不燃。与锂、钾钠合金接触剧烈反应。本品较不稳定，在空气与阳光照射下容易分解出游离碘，能刺激眼睛和呼吸道，并灼伤皮肤。

理化特性

熔点：115.0~120.0℃	临界温度：无资料	爆炸上限：无资料	引燃温度：无资料
沸点：218.0℃	临界压力：无资料	爆炸下限：无资料	燃烧热：无资料
闪点：(129.0±13.9)℃	饱和蒸气压：无资料	相对密度($d_{水}=1$)：4.01	

溶解性	微溶于水，溶于苯、乙醚、丙酮。
主要用途	用作防腐剂。

急救措施

皮肤接触	脱去污染的衣着，用大量肥皂水和水清洗皮肤。
眼睛接触	提起眼睑，用流动清水或生理盐水冲洗。就医。
吸入	迅速脱离现场至空气新鲜处。保持呼吸道通畅。如呼吸困难，给输氧。如呼吸停止，立即进行人工呼吸。就医。
食入	饮足量温水，催吐。就医。

防护措施

呼吸防护	可能接触其粉尘时，应该佩戴自吸过滤式防尘口罩。紧急事态抢救或撤离时，建议佩戴自给式呼吸器。
眼睛防护	可采用安全面罩。
身体防护	穿透气型防毒服。
手防护	戴防化学品手套。
其他防护	工作现场禁止吸烟、进食和饮水。工作完毕，淋浴更衣。单独存放被毒物污染的衣服，洗后备用。注意个人清洁卫生。

品名：**三碘乙酸**	分子式：$C_2HI_3O_2$	相态：固
别名：三碘醋酸	分子量：437.7	外观与性状：黄色结晶

危险特性

火灾危险性：无	爆炸物：无	皮肤腐蚀/刺激：类别1
腐蚀减薄：含盐水腐蚀	金属腐蚀：无	严重眼损伤/眼刺激：类别1
环境开裂：碘化物应力腐蚀开裂、氢脆	急性毒性：无	

不燃。受热分解放出有毒气体。遇潮时对大多数金属有腐蚀性。

理化特性

熔点：150.0℃	临界温度：无资料	爆炸上限：无资料	引燃温度：无资料
沸点：347.7℃	临界压力：无资料	爆炸下限：无资料	燃烧热：无资料
闪点：164.1℃	饱和蒸气压：无资料	相对密度($d_{水}=1$)：无资料	

溶解性	溶于水，溶于乙醇、乙醚。
主要用途	无资料。

急救措施

皮肤接触	脱去污染的衣着，用大量流动清水清洗皮肤。
眼睛接触	提起眼睑，用流动清水或生理盐水冲洗。就医。
吸入	迅速脱离现场至空气新鲜处。保持呼吸道通畅。
食入	饮足量温水，催吐。就医。

防护措施

呼吸防护	空气中粉尘浓度超标时，必须佩戴自吸过滤式防尘口罩。紧急事态抢救或撤离时，应该佩戴空气呼吸器。
眼睛防护	戴化学安全防护眼镜。
身体防护	穿橡胶耐酸碱服。
手防护	戴橡胶耐酸碱手套。
其他防护	工作完毕，彻底清洗。注意个人清洁卫生。

品名：**三丁基氟化锡**		分子式：$C_{12}H_{27}FSn$	相态：固
别名：无		分子量：309.1	外观与性状：白色固体
危险特性			
火灾危险性：无		爆炸物：无	皮肤腐蚀/刺激：无
腐蚀减薄：含盐水腐蚀		金属腐蚀：无	严重眼损伤/眼刺激：类别 2
环境开裂：无		急性毒性：类别 2	
遇明火、高热可燃。其粉体与空气可形成爆炸性混合物，当达到一定浓度时，遇火星会发生爆炸。受高热分解放出有毒的气体。			
理化特性			
熔点：250.0~257.0℃	临界温度：无资料	爆炸上限：无资料	引燃温度：无资料
沸点：(267.3±23.0)℃	临界压力：无资料	爆炸下限：无资料	燃烧热：无资料
闪点：(115.5±22.6)℃	饱和蒸气压：无资料	相对密度($d_{水}=1$)：无资料	
溶解性	不溶于水，溶于多数有机溶剂。		
主要用途	用作杀虫剂、塑料的防霉剂及用于有机合成。		
急救措施			
皮肤接触	脱去污染的衣着，用大量流动清水清洗皮肤。		
眼睛接触	提起眼睑，用流动清水或生理盐水冲洗。就医。		
吸入	迅速脱离现场至空气新鲜处。保持呼吸道通畅。如呼吸困难，给输氧。如呼吸停止，立即进行人工呼吸。就医。		
食入	饮足量温水，催吐。就医。		
防护措施			
呼吸防护	可能接触其粉尘时，必须佩戴空气呼吸器。		
眼睛防护	呼吸系统防护中已做防护。		
身体防护	穿胶布防毒衣。		
手防护	戴橡胶手套。		
其他防护	工作现场禁止吸烟、进食和饮水。工作完毕，淋浴更衣。保持良好的卫生习惯。		

品名：**三丁基氯化锡**		分子式：$C_{12}H_{27}ClSn$	相态：液
别名：无		分子量：325.5	外观与性状：无色或浅黄色透明液体
危险特性			
火灾危险性：可燃液体丙 B		爆炸物：无	皮肤腐蚀/刺激：类别 2
腐蚀减薄：盐酸腐蚀、含盐水腐蚀		金属腐蚀：无	严重眼损伤/眼刺激：类别 2
环境开裂：氯化物应力腐蚀开裂		急性毒性：类别 3	
无资料。			
理化特性			
熔点：-9.0℃	临界温度：无资料	爆炸上限：无资料	引燃温度：无资料
沸点：(289.4±23.0)℃	临界压力：无资料	爆炸下限：无资料	燃烧热：无资料
闪点：(128.8±22.6)℃	饱和蒸气压：无资料	相对密度($d_{水}=1$)：无资料	
溶解性	不溶于水。		
主要用途	具有防腐、杀菌、防霉等作用。广泛用于木材防腐、船舶油漆等。同时作为医药中间体广泛应用于医药行业。		
急救措施			
皮肤接触	立即去除/脱掉所有被污染的衣物，用大量肥皂和水轻轻洗。		
眼睛接触	用水小心清洗几分钟。如果方便，易操作，摘除隐形眼镜。		
吸入	将受害者移到新鲜空气处，保持呼吸通畅，休息。立即呼叫解毒中心/医生。		
食入	立即呼叫解毒中心/医生。漱口。		
防护措施			
呼吸防护	半面罩或全面罩呼吸器，自携式呼吸器(SCBA)，供气呼吸器等。依据当地和政府法规，使用通过政府标准的呼吸器。		
眼睛防护	护目镜。如果情况需要，佩戴面具。		
身体防护	防渗防护服。如果情况需要，穿戴防护靴。		
手防护	防渗手套。		
其他防护	工作完毕，淋浴更衣。注意个人清洁卫生。		

品名：**三丁基硼**		分子式：$C_{12}H_{27}B$	相态：液
别名：无		分子量：182.2	外观与性状：具自燃性的无色液体
危险特性			
火灾危险性：可燃液体甲 B		爆炸物：无	皮肤腐蚀/刺激：无
腐蚀减薄：无		金属腐蚀：无	自燃液体：类别 1
环境开裂：无		急性毒性：无	
暴露在空气中能自燃。遇明火及氧化剂易燃烧。			
理化特性			
熔点：-34.0℃	临界温度：无资料	爆炸上限：无资料	引燃温度：无资料
沸点：170.0℃	临界压力：无资料	爆炸下限：无资料	燃烧热：无资料
闪点：-35.0℃	饱和蒸气压：0.13kPa(20℃)	相对密度($d_水=1$)：0.75	
溶解性	不溶于水，溶于多数有机溶剂。		
主要用途	用于石油化工、有机合成及用作催化剂等。		
急救措施			
皮肤接触	脱去污染的衣着，用大量流动清水清洗皮肤。		
眼睛接触	提起眼睑，用流动清水或生理盐水冲洗。就医。		
吸入	迅速脱离现场至空气新鲜处。保持呼吸道通畅。如呼吸困难，给输氧。如呼吸停止，立即进行人工呼吸。就医。		
食入	饮足量温水，催吐。就医。		
防护措施			
呼吸防护	空气中浓度超标时，必须佩戴自吸过滤式防毒面具(半面罩)。紧急事态抢救或撤离时，应该佩戴空气呼吸器。		
眼睛防护	戴化学安全防护眼镜。		
身体防护	穿防毒物渗透工作服。		
手防护	戴橡胶手套。		
其他防护	工作完毕，淋浴更衣。注意个人清洁卫生。		

品名：**三丁基氢化锡**		分子式：$C_{12}H_{27}Sn$	相态：液
别名：无		分子量：291.1	外观与性状：近乎于无色液体
危险特性			
火灾危险性：可燃液体丙 B		爆炸物：无	皮肤腐蚀/刺激：类别 2
腐蚀减薄：无		金属腐蚀：无	易燃液体：类别 3
环境开裂：无		急性毒性：类别 3	严重眼损伤/眼刺激：类别 2
无资料。			
理化特性			
熔点：无资料	临界温度：无资料	爆炸上限：无资料	引燃温度：无资料
沸点：(281.5±9.0)℃	临界压力：无资料	爆炸下限：无资料	燃烧热：无资料
闪点：(124.0±18.7)℃	饱和蒸气压：无资料	相对密度($d_水=1$)：无资料	
溶解性	遇水反应生成氢氧化三正丁基锡。在干燥状态可以保持不变。		
主要用途	还原试剂。		
急救措施			
皮肤接触	立即去除/脱掉所有被污染的衣物。用大量肥皂和水轻轻洗。		
眼睛接触	用水小心清洗几分钟。如果方便，易操作，摘除隐形眼镜。		
吸入	将受害者移到新鲜空气处，保持呼吸通畅，休息。立即呼叫解毒中心/医生。		
食入	立即呼叫解毒中心/医生。漱口。		
防护措施			
呼吸防护	如危险性评测显示需要使用空气净化的防毒面具，请使用全面罩式多功能微粒防毒面具 N99 型(US)或 P2 型(EN 143)防毒面具筒作为工程控制的候补。如果防毒面具是保护的唯一方式，则使用全面罩式送风防毒面具。呼吸器使用经过测试并通过政府标准如 NIOSH(US)或 CEN(EU)的呼吸器和零件。		
眼睛防护	面罩与安全眼镜请使用经官方标准如 NIOSH(美国)或 EN166(欧盟)检测与批准的设备防护眼部。		
身体防护	全套防化学试剂工作服，防护设备的类型必须根据特定工作场所中的危险物的浓度和含量来选择。		
手防护	所选择的保护手套必须符合 EU 的 89/686/EEC 规定和从它衍生出来的 EN376 标准。		
其他防护	无资料。		

品名：***S*,*S*,*S*-三丁基三硫代磷酸酯**	分子式：$C_{12}H_{27}OPS_3$	相态：液
别名：三硫代磷酸三丁酯；脱叶磷	分子量：314.5	外观与性状：浅黄色透明液体

危险特性

火灾危险性：可燃液体甲 B	爆炸物：无	皮肤腐蚀/刺激：无
腐蚀减薄：硫酸腐蚀、磷酸腐蚀	金属腐蚀：无	
环境开裂：氢脆、连多硫酸应力腐蚀开裂	急性毒性：类别 2	

无资料。

理化特性

熔点：-25.0℃	临界温度：无资料	爆炸上限：无资料	引燃温度：无资料
沸点：(407.8±28.0)℃	临界压力：无资料	爆炸下限：无资料	燃烧热：无资料
闪点：(200.4±24.0)℃	饱和蒸气压：0.35×10^{-4}kPa(20℃)	相对密度($d_{水}=1$)：1.06	

溶解性	溶于丙酮、乙醇、苯、二甲苯、己烷、煤油、柴油、石脑油和甲基萘。
主要用途	无资料。

急救措施

皮肤接触	无资料。
眼睛接触	无资料。
吸入	无资料。
食入	无资料。

防护措施

呼吸防护	无资料。
眼睛防护	无资料。
身体防护	无资料。
手防护	无资料。
其他防护	无资料。

品名：**三丁基氧化锡**	分子式：$C_{24}H_{54}OSn_2$	相态：液
别名：三硫代磷酸三丁酯；脱叶磷	分子量：596.1	外观与性状：透明无色液体

危险特性

火灾危险性：可燃液体丙 B	爆炸物：无	皮肤腐蚀/刺激：类别 2
腐蚀减薄：无	金属腐蚀：无	严重眼损伤/眼刺激：类别 2
环境开裂：无	急性毒性：类别 2	

无资料。

理化特性

熔点：-45.0℃	临界温度：无资料	爆炸上限：无资料	引燃温度：无资料
沸点：(474.8±28.0)℃	临界压力：无资料	爆炸下限：无资料	燃烧热：无资料
闪点：(241.0±24.0)℃	饱和蒸气压：0.35×10^{-4}kPa(20℃)	相对密度($d_{水}=1$)：1.06	

溶解性	能与有机溶剂混溶，几乎不溶于水。
主要用途	用作消毒杀菌剂、防霉剂等。

急救措施

皮肤接触	用肥皂和大量的水冲洗。立即将患者送往医院。请教医生。
眼睛接触	用大量水彻底冲洗至少 15min 并请教医生。
吸入	如果吸入，请将患者移到新鲜空气处。如呼吸停止，立即进行人工呼吸。请教医生。
食入	切勿给失去知觉者通过口喂任何东西。用水漱口。请教医生。无资料。

防护措施

呼吸防护	如危险性评测显示需要使用空气净化的防毒面具，请使用全面罩式多功能微粒防毒面具 N99 型(US)或 P2 型(EN 143)防毒面具筒作为工程控制的候补。如果防毒面具是保护的唯一方式，则使用全面罩式送风防毒面具。呼吸器使用经过测试并通过政府标准如 NIOSH(US)或 CEN(EU)的呼吸器和零件。
眼睛防护	面罩与安全眼镜请使用经官方标准如 NIOSH(美国)或 EN166(欧盟)检测与批准的设备防护眼部。
身体防护	全套防化学试剂工作服，防护设备的类型必须根据特定工作场所中的危险物的浓度和含量来选择。
手防护	所选择的保护手套必须符合 EU 的 89/686/EEC 规定和从它衍生出来的 EN376 标准。
其他防护	无资料。

品名：**三氟丙酮**	分子式：$C_3H_3F_3O$	相态：液
别名：无	分子量：112.1	外观与性状：无色液体，有氯仿气味

危险特性

火灾危险性：可燃液体甲 B	爆炸物：无	皮肤腐蚀/刺激：无
腐蚀减薄：无	金属腐蚀：无	易燃液体：类别 1
环境开裂：无	急性毒性：无	

其蒸气与空气可形成爆炸性混合物，遇明火、高热极易燃烧爆炸。与氧化剂接触猛烈反应。若遇高热，容器内压增大，有开裂和爆炸的危险。

理化特性

熔点：-129.0℃	临界温度：无资料	爆炸上限：无资料	引燃温度：无资料
沸点：21.9℃	临界压力：无资料	爆炸下限：无资料	燃烧热：无资料
闪点：-30.0℃	饱和蒸气压：无资料	相对密度（$d_{水}=1$）：1.25	

溶解性	不溶于水。
主要用途	用作溶剂及用于有机合成。

急救措施

皮肤接触	脱去污染的衣着，用大量流动清水清洗皮肤。
眼睛接触	提起眼睑，用流动清水或生理盐水冲洗。就医。
吸入	迅速脱离现场至空气新鲜处。保持呼吸道通畅。如呼吸困难，给输氧。如呼吸停止，立即进行人工呼吸。就医。
食入	饮足量温水，催吐。就医。

防护措施

呼吸防护	空气中浓度超标时，必须佩戴自吸过滤式防毒面具（半面罩）。紧急事态抢救或撤离时，应该佩戴空气呼吸器。
眼睛防护	戴化学安全防护眼镜。
身体防护	穿防毒物渗透工作服。
手防护	戴橡胶手套。
其他防护	工作完毕，淋浴更衣。注意个人清洁卫生。

品名：**三氟化铋**	分子式：BiF_3	相态：固
别名：无	分子量：266.0	外观与性状：白色晶体或结晶粉末

危险特性

火灾危险性：无	爆炸物：无	皮肤腐蚀/刺激：类别 1
腐蚀减薄：含盐水腐蚀	金属腐蚀：无	严重眼损伤/眼刺激：类别 1
环境开裂：无	急性毒性：无	

无资料。

理化特性

熔点：725.0~730.0℃	临界温度：无资料	爆炸上限：无资料	引燃温度：无资料
沸点：900.0℃	临界压力：无资料	爆炸下限：无资料	燃烧热：无资料
闪点：无资料	饱和蒸气压：无资料	相对密度（$d_{水}=1$）：无资料	

溶解性	溶于氢氟酸形成络合物，溶于无机酸，几乎不溶于水。
主要用途	制备五氟化铋。

急救措施

皮肤接触	无资料。
眼睛接触	无资料。
吸入	无资料。
食入	无资料。

防护措施

呼吸防护	无资料。
眼睛防护	无资料。
身体防护	无资料。
手防护	无资料。
其他防护	无资料。

品名：**三氟化氮**	分子式：NF_3		相态：气
别名：无	分子量：70.0		外观与性状：无色、带霉味的气体
危险特性			
火灾危险性：无法确定	爆炸物：无		皮肤腐蚀/刺激：无
腐蚀减薄：含盐水腐蚀	金属腐蚀：无		加压气体：是
环境开裂：无	急性毒性：无		氧化性气体：类别 1
强氧化剂。受热或与火焰、电火化、有机物等接触能燃烧，甚至爆炸。与易燃物（如苯）和可燃物（如糖、纤维素等）接触会发生剧烈反应，甚至引起燃烧。与还原剂能发生强烈反应引起燃烧爆炸。			
理化特性			
熔点：-208.5℃	临界温度：-39.3℃	爆炸上限：无资料	引燃温度：无资料
沸点：-129.0℃	临界压力：4.53MPa	爆炸下限：无资料	燃烧热：无资料
闪点：无资料	饱和蒸气压：无资料	相对密度（$d_{水}=1$）：1.89	
溶解性	不溶于水。		
主要用途	用作高能燃料。		
急救措施			
皮肤接触	无资料。		
眼睛接触	无资料。		
吸入	迅速脱离现场至空气新鲜处。保持呼吸道通畅。如呼吸困难，给输氧。如呼吸停止，立即进行人工呼吸。就医。		
食入	无资料。		
防护措施			
呼吸防护	空气中浓度超标时，必须佩戴自吸过滤式防毒面具（半面罩）。紧急事态抢救或撤离时，应该佩戴空气呼吸器。		
眼睛防护	戴化学安全防护眼镜。		
身体防护	穿防毒物渗透工作服。		
手防护	戴橡胶手套。		
其他防护	工作完毕，淋浴更衣。注意个人清洁卫生。		

品名：**三氟化磷**	分子式：PF_3		相态：气
别名：无	分子量：88.0		外观与性状：无色气体，遇湿气缓慢分解
危险特性			
火灾危险性：无	爆炸物：无		皮肤腐蚀/刺激：无
腐蚀减薄：含盐水腐蚀	金属腐蚀：无		加压气体：是
环境开裂：无	急性毒性：类别 1		严重眼损伤/眼刺激：类别 2
接触二氟化氧发生爆炸。与硼烷、氟、氧等发生剧烈反应。遇水或高热能放出大量的有毒气体。			
理化特性			
熔点：-152.0℃	临界温度：-2.1℃	爆炸上限：无资料	引燃温度：无资料
沸点：-102.0℃	临界压力：4.33MPa	爆炸下限：无资料	燃烧热：无资料
闪点：-101.5℃	饱和蒸气压：无资料	相对密度（$d_{水}=1$）：3.91	
溶解性	溶于乙醇。		
主要用途	用于发生气体。		
急救措施			
皮肤接触	脱去污染的衣着，用大量流动清水清洗皮肤。就医。		
眼睛接触	提起眼睑，用流动清水或生理盐水冲洗至少 15min。就医。		
吸入	迅速脱离现场至空气新鲜处。保持呼吸道通畅。如呼吸困难，给输氧。如呼吸停止，立即进行人工呼吸。就医。		
食入	用水漱口，给饮牛奶或蛋清。就医。		
防护措施			
呼吸防护	空气中浓度超标时，必须佩戴自吸过滤式防毒面具（半面罩）。紧急事态抢救或撤离时，应该佩戴空气呼吸器。		
眼睛防护	戴化学安全防护眼镜。		
身体防护	穿防毒物渗透工作服。		
手防护	戴橡胶手套。		
其他防护	工作现场禁止吸烟、进食和饮水。工作完毕，淋浴更衣。保持良好的卫生习惯。		

<table>
<tr><td colspan="3">品名：三氟化氯</td><td colspan="2">分子式：ClF_3</td><td colspan="2">相态：气</td></tr>
<tr><td colspan="3">别名：无</td><td colspan="2">分子量：92.5</td><td colspan="2">外观与性状：无色气体</td></tr>
<tr><td colspan="7">危险特性</td></tr>
<tr><td colspan="3">火灾危险性：无法确定
腐蚀减薄：含盐水腐蚀
环境开裂：无</td><td colspan="2">爆炸物：无
金属腐蚀：无
急性毒性：类别 2</td><td colspan="2">皮肤腐蚀/刺激：类别 1
氧化性气体：类别 1
加压气体：是
严重眼损伤/眼刺激：类别 1</td></tr>
<tr><td colspan="7">强氧化剂。能与多种物品发生具有危险性的强烈反应。遇有机物，立即自行燃烧爆炸。与水猛烈反应，放出氟化氢和氯气并能与砂子以及其他含硅物品(如玻璃、石棉等)强烈反应，也能与金属和非金属元素激烈反应。</td></tr>
<tr><td colspan="7">理化特性</td></tr>
<tr><td colspan="2">熔点：-76.3℃
沸点：11.3℃
闪点：无资料</td><td colspan="2">临界温度：无资料
临界压力：无资料
饱和蒸气压：无资料</td><td colspan="2">爆炸上限：无资料
爆炸下限：无资料
相对密度($d_{水}=1$)：3.14</td><td>引燃温度：无资料
燃烧热：无资料</td></tr>
<tr><td>溶解性</td><td colspan="6">无资料。</td></tr>
<tr><td>主要用途</td><td colspan="6">用作氟化剂、燃烧剂、推进剂中的氧化剂、高温金属的切割油。</td></tr>
<tr><td colspan="7">急救措施</td></tr>
<tr><td>皮肤接触</td><td colspan="6">脱去污染的衣着，用大量流动清水清洗皮肤。就医。</td></tr>
<tr><td>眼睛接触</td><td colspan="6">提起眼睑，用流动清水或生理盐水冲洗至少 15min。就医。</td></tr>
<tr><td>吸入</td><td colspan="6">迅速脱离现场至空气新鲜处。保持呼吸道通畅。如呼吸困难，给输氧。如呼吸停止，立即进行人工呼吸。就医。</td></tr>
<tr><td>食入</td><td colspan="6">用水漱口，给饮牛奶或蛋清。就医。</td></tr>
<tr><td colspan="7">防护措施</td></tr>
<tr><td>呼吸防护</td><td colspan="6">空气中浓度超标时，必须佩戴自吸过滤式防毒面具(半面罩)。紧急事态抢救或撤离时，应该佩戴空气呼吸器。</td></tr>
<tr><td>眼睛防护</td><td colspan="6">戴化学安全防护眼镜。</td></tr>
<tr><td>身体防护</td><td colspan="6">穿防毒物渗透工作服。</td></tr>
<tr><td>手防护</td><td colspan="6">戴橡胶手套。</td></tr>
<tr><td>其他防护</td><td colspan="6">工作现场禁止吸烟、进食和饮水。工作完毕，淋浴更衣。保持良好的卫生习惯。进入罐限制性空间或其他高浓度区作业，须有人监护。</td></tr>
</table>

<table>
<tr><td colspan="3">品名：三氟化硼</td><td colspan="2">分子式：BF_3</td><td colspan="2">相态：液</td></tr>
<tr><td colspan="3">别名：氟化硼</td><td colspan="2">分子量：67.8</td><td colspan="2">外观与性状：透明至淡黄色液体</td></tr>
<tr><td colspan="7">危险特性</td></tr>
<tr><td colspan="3">火灾危险性：可燃液体甲 B
腐蚀减薄：含盐水腐蚀
环境开裂：无</td><td colspan="2">爆炸物：无
金属腐蚀：无
急性毒性：类别 2</td><td colspan="2">皮肤腐蚀/刺激：类别 1
加压气体：是
严重眼损伤/眼刺激：类别 1</td></tr>
<tr><td colspan="7">化学反应活性很高，遇水发生爆炸性分解。与铜及其合金有可能生成具有爆炸性的氯乙炔。暴露在空气中遇潮气时迅速水解成氟硼酸与硼酸，产生白色烟雾。腐蚀性很强，冷时也能腐蚀玻璃。</td></tr>
<tr><td colspan="7">理化特性</td></tr>
<tr><td colspan="2">熔点：-126.8℃
沸点：-100.0℃
闪点：4.0℃</td><td colspan="2">临界温度：-12.3℃
临界压力：4.98MPa
饱和蒸气压：1013.25kPa(-58℃)</td><td colspan="2">爆炸上限：无资料
爆炸下限：无资料
相对密度($d_{水}=1$)：1.60</td><td>引燃温度：无资料
燃烧热：无资料</td></tr>
<tr><td>溶解性</td><td colspan="6">溶于冷水、浓硫酸和多数有机溶剂。</td></tr>
<tr><td>主要用途</td><td colspan="6">用作有机反应催化剂，还是制备四氟硼酸盐的原料。</td></tr>
<tr><td colspan="7">急救措施</td></tr>
<tr><td>皮肤接触</td><td colspan="6">脱去污染的衣着，用大量流动清水清洗皮肤。就医。</td></tr>
<tr><td>眼睛接触</td><td colspan="6">提起眼睑，用流动清水或生理盐水冲洗至少 15min。就医。</td></tr>
<tr><td>吸入</td><td colspan="6">迅速脱离现场至空气新鲜处。保持呼吸道通畅。如呼吸困难，给输氧。如呼吸停止，立即进行人工呼吸。就医。</td></tr>
<tr><td>食入</td><td colspan="6">无资料。</td></tr>
<tr><td colspan="7">防护措施</td></tr>
<tr><td>呼吸防护</td><td colspan="6">空气中浓度超标时，必须佩戴自吸过滤式防毒面具(半面罩)。紧急事态抢救或撤离时，应该佩戴空气呼吸器。</td></tr>
<tr><td>眼睛防护</td><td colspan="6">呼吸系统防护中已做防护。</td></tr>
<tr><td>身体防护</td><td colspan="6">穿面罩式胶布防毒衣。</td></tr>
<tr><td>手防护</td><td colspan="6">戴橡胶手套。</td></tr>
<tr><td>其他防护</td><td colspan="6">工作现场禁止吸烟、进食和饮水。工作完毕，淋浴更衣。保持良好的卫生习惯。进入罐限制性空间或其他高浓度区作业，须有人监护。</td></tr>
</table>

品名：**三氟化硼甲醚络合物**	分子式：$C_2H_6BF_{30}$	相态：液	
别名：无	分子量：113.9	外观与性状：有腐蚀性的液体	
危险特性			
火灾危险性：可燃液体乙 A	爆炸物：无	皮肤腐蚀/刺激：无	
腐蚀减薄：含盐水腐蚀	金属腐蚀：无	易燃液体：类别 1	
环境开裂：无	急性毒性：无	遇水放出易燃气体的物质和混合物：类别 1	
无资料。			
理化特性			
熔点：-14.0℃	临界温度：无资料	爆炸上限：无资料	引燃温度：无资料
沸点：126.0~127.0℃	临界压力：无资料	爆炸下限：无资料	燃烧热：无资料
闪点：35.6℃	饱和蒸气压：无资料	相对密度($d_水=1$)：1.24	
溶解性	无资料。		
主要用途	是很多有机反应的有效催化剂，稳定性较好，可作为烷基化的催化剂。		
急救措施			
皮肤接触	立即脱掉被污染的衣服和鞋。用肥皂和大量的水冲洗。就医。		
眼睛接触	用清水冲洗至少 15min。		
吸入	迅速脱离现场至空气新鲜处。保持呼吸道通畅。如呼吸困难，给输氧。如呼吸停止，立即进行人工呼吸。就医。		
食入	禁止催吐。切勿给失去知觉者通过口喂任何东西。用水漱口。就医。		
防护措施			
呼吸防护	如果蒸气浓度超过职业接触限值或发生刺激等症状时，请使用全面罩式多功能防毒面具(US)或 AXBEK 型(EN14387)防毒面具筒。		
眼睛防护	佩戴化学护目镜(符合欧盟 EN166 或美国 NIOSH 标准)。		
身体防护	穿全套防化学试剂工作服，阻燃防静电防护服。		
手防护	戴化学防护手套，符合 EU 的 89/686/EEC 规定和从它衍生出来的 EN 376 标准。		
其他防护	工作现场禁止吸烟、进食和饮水。工作完毕，淋浴更衣。保持良好的卫生习惯。		

品名：**三氟化硼乙胺**	分子式：$C_2H_7BF_3N$	相态：固	
别名：无	分子量：112.9	外观与性状：白色或淡黄色结晶，稍有氨味，具有强吸湿性	
危险特性			
火灾危险性：无	爆炸物：无	皮肤腐蚀/刺激：类别 1	
腐蚀减薄：碱腐蚀、胺腐蚀、含盐水腐蚀	金属腐蚀：无	严重眼损伤/眼刺激：类别 1	
环境开裂：碱应力腐蚀开裂、胺应力腐蚀开裂	急性毒性：无		
遇明火、高热可燃。其粉体与空气可形成爆炸性混合物，当达到一定浓度时，遇火星会发生爆炸。受高热分解放出有毒的气体。具有腐蚀性。			
理化特性			
熔点：86.0~89.0℃	临界温度：无资料	爆炸上限：无资料	引燃温度：无资料
沸点：无资料	临界压力：无资料	爆炸下限：无资料	燃烧热：无资料
闪点：157.0℃	饱和蒸气压：无资料	相对密度($d_水=1$)：1.38	
溶解性	可溶于甲醇，苯；微溶于乙醚。		
主要用途	用作树脂固化剂，有机合成反应催化剂。		
急救措施			
皮肤接触	脱去污染的衣着，用大量流动清水冲洗至少 15min。就医。		
眼睛接触	提起眼睑，用流动清水或生理盐水冲洗至少 15min。就医。		
吸入	迅速脱离现场至空气新鲜处。保持呼吸道通畅。如呼吸困难，给输氧。如呼吸停止，立即进行人工呼吸。就医。		
食入	用水漱口，给饮牛奶或蛋清。就医。		
防护措施			
呼吸防护	空气中浓度超标时，必须佩戴自吸过滤式防毒面具(半面罩)。紧急事态抢救或撤离时，应该佩戴空气呼吸器。		
眼睛防护	呼吸系统防护中已做防护。		
身体防护	穿胶布防毒衣。		
手防护	戴橡胶手套。		
其他防护	工作现场禁止吸烟、进食和饮水。工作完毕，淋浴更衣。保持良好的卫生习惯。		

品名：**三氟化硼乙醚络合物**	分子式：$C_4H_{10}BF_3O$	相态：液
别名：石灰氮	分子量：141.9	外观与性状：无色至棕色冒烟的液体，带有一种刺鼻的气味

危险特性

火灾危险性：可燃液体乙 B	爆炸物：无	皮肤腐蚀/刺激：类别 1
腐蚀减薄：含盐水腐蚀	金属腐蚀：无	严重眼损伤/眼刺激：类别 1
环境开裂：无	急性毒性：无	易燃液体：类别 3

遇明火燃烧，遇高温分解产生有毒的气体，能与氧化剂反应，能与水及水蒸气产生有毒的、有腐蚀性的烟雾。

理化特性

熔点：-58.0℃	临界温度：无资料	爆炸上限：36.0%	引燃温度：无资料
沸点：126.0~129.0℃	临界压力：无资料	爆炸下限：1.9%	燃烧热：无资料
闪点：47.8℃	饱和蒸气压：0.56kPa(20℃)	相对密度($d_{水}=1$)：1.15	

溶解性	溶于酒精、醚以及其他有机溶剂。
主要用途	用作有机合成催化剂(乙酰化、烷基化、聚合、脱水和缩合反应的催化剂)及分析试剂。
急救措施	
皮肤接触	立即脱掉被污染的衣服和鞋。用肥皂和大量的水冲洗。立即将患者送往医院。就医。
眼睛接触	用清水冲洗至少 15min。
吸入	迅速脱离现场至空气新鲜处。保持呼吸道通畅。如呼吸困难，给输氧。如呼吸停止，立即进行人工呼吸。就医。
食入	禁止催吐。切勿给失去知觉者通过口喂任何东西。用水漱口。就医。
防护措施	
呼吸防护	如果蒸气浓度超过职业接触限值或发生刺激等症状时，请使用全面罩式多功能防毒面具(US)或 AXBEK 型(EN14387)防毒面具筒。
眼睛防护	佩戴化学护目镜(符合欧盟 EN166 或美国 NIOSH 标准)。
身体防护	穿全套防化学试剂工作服，阻燃防静电防护服。
手防护	戴化学防护手套(例如丁腈橡胶手套)。
其他防护	工作现场禁止吸烟、进食和饮水。工作完毕，淋浴更衣。保持良好的卫生习惯。

品名：**三氟化硼乙酸络合物**	分子式：$C_4H_8O_4BF_3$	相态：固
别名：乙酸三氟化硼	分子量：187.9	外观与性状：白色结晶状固体或液体

危险特性

火灾危险性：无	爆炸物：无	皮肤腐蚀/刺激：类别 1
腐蚀减薄：低分子有机酸腐蚀、含盐水腐蚀	金属腐蚀：无	严重眼损伤/眼刺激：类别 1
环境开裂：无	急性毒性：无	

遇明火、高热可燃。遇水迅速分解，放出白色烟雾。受高热分解放出有毒的气体。具有强腐蚀性。

理化特性

熔点：-47.0℃	临界温度：无资料	爆炸上限：无资料	引燃温度：无资料
沸点：142.0℃	临界压力：无资料	爆炸下限：无资料	燃烧热：无资料
闪点：83.0℃	饱和蒸气压：无资料	相对密度($d_{水}=1$)：1.36	

溶解性	可混溶于硫酸。
主要用途	用作有机合成催化剂。
急救措施	
皮肤接触	脱去污染的衣着，用大量流动清水冲洗至少 15min。就医。
眼睛接触	提起眼睑，用流动清水或生理盐水冲洗至少 15min。就医。
吸入	迅速脱离现场至空气新鲜处。保持呼吸道通畅。如呼吸困难，给输氧。如呼吸停止，立即进行人工呼吸。就医。
食入	用水漱口，给饮牛奶或蛋清。就医。
防护措施	
呼吸防护	空气中浓度超标时，必须佩戴自吸过滤式防毒面具(半面罩)。紧急事态抢救或撤离时，应该佩戴空气呼吸器。
眼睛防护	呼吸系统防护中已做防护。
身体防护	穿橡胶耐酸碱服。
手防护	戴橡胶耐酸碱手套。
其他防护	工作场所禁止吸烟、进食和饮水，饭前要洗手。工作完毕，淋浴更衣。保持良好的卫生习惯。

品名：**三氟化砷**	分子式：AsF_3	相态：液	
别名：氟化亚砷	分子量：131.9	外观与性状：无色透明发烟的油状液体	
危险特性			
火灾危险性：无	爆炸物：无	皮肤腐蚀/刺激：无	
腐蚀减薄：含盐水腐蚀	金属腐蚀：无	严重眼损伤/眼刺激：类别2	
环境开裂：无	急性毒性：无		
遇水或水蒸气、酸或酸气产生剧毒的烟雾。与三氧化磷剧烈反应。在潮湿条件下能腐蚀某些金属。			
理化特性			
熔点：-8.5℃	临界温度：无资料	爆炸上限：无资料	引燃温度：无资料
沸点：63.0℃	临界压力：无资料	爆炸下限：无资料	燃烧热：无资料
闪点：无资料	饱和蒸气压：13.33kPa(13.2℃)	相对密度($d_{水}=1$)：2.67	
溶解性	不溶于水，溶于乙醇、乙醚、苯、氢氧化铵等。		
主要用途	用于制造杀虫剂、氟化剂、催化剂、掺杂剂等。		
急救措施			
皮肤接触	脱去污染的衣着，用大量肥皂水和水清洗皮肤。		
眼睛接触	提起眼睑，用流动清水或生理盐水冲洗。就医。		
吸入	迅速脱离现场至空气新鲜处。保持呼吸道通畅。如呼吸困难，给输氧。如呼吸停止，立即进行人工呼吸。就医。		
食入	催吐，洗胃。给饮牛奶或蛋清。就医。		
防护措施			
呼吸防护	空气中浓度超标时，必须佩戴自吸过滤式防毒面具(半面罩)。紧急事态抢救或撤离时，应该佩戴空气呼吸器。		
眼睛防护	呼吸系统防护中已做防护。		
身体防护	穿连衣式胶布防毒衣。		
手防护	戴橡胶手套。		
其他防护	工作现场禁止吸烟、进食和饮水。工作完毕，彻底清洗。单独存放被毒物污染的衣服，洗后备用。实行就业前和定期的体检。		

品名：**三氟化锑**	分子式：SbF_3	相态：固	
别名：氟化亚锑	分子量：178.7	外观与性状：白色至灰色结晶粉末	
危险特性			
火灾危险性：无	爆炸物：无	皮肤腐蚀/刺激：无	
腐蚀减薄：含盐水腐蚀	金属腐蚀：无		
环境开裂：无	急性毒性：类别3		
受高热或接触酸或酸雾放出剧毒的烟雾。			
理化特性			
熔点：292.0℃	临界温度：无资料	爆炸上限：无资料	引燃温度：无资料
沸点：376.0℃	临界压力：无资料	爆炸下限：无资料	燃烧热：无资料
闪点：无资料	饱和蒸气压：无资料	相对密度($d_{水}=1$)：4.38	
溶解性	溶于水，溶于甲醇、乙醇和极性有机溶剂，不溶于苯、氯苯和石油醚。		
主要用途	用作分析试剂、织物媒染剂。		
急救措施			
皮肤接触	脱去污染的衣着，用大量流动清水清洗皮肤。		
眼睛接触	提起眼睑，用流动清水或生理盐水冲洗。就医。		
吸入	迅速脱离现场至空气新鲜处。保持呼吸道通畅。如呼吸困难，给输氧。如呼吸停止，立即进行人工呼吸。就医。		
食入	饮足量温水，催吐。就医。		
防护措施			
呼吸防护	空气中浓度超标时，必须佩戴自吸过滤式防毒面具(半面罩)。紧急事态抢救或撤离时，应该佩戴空气呼吸器。		
眼睛防护	戴化学安全防护眼镜。		
身体防护	穿聚乙烯防毒服。		
手防护	戴橡胶手套。		
其他防护	工作完毕，淋浴更衣。单独存放被毒物污染的衣服，洗后备用。保持良好的卫生习惯。		

品名：**三氟化溴**	分子式：BrF_3	相态：固
别名：无	分子量：136.9	外观与性状：麦枯色重质液体或浅黄色棱形结晶。在空气中发烟

危险特性

火灾危险性：无法确定	爆炸物：无	皮肤腐蚀/刺激：类别1
腐蚀减薄：含盐水腐蚀	金属腐蚀：无	严重眼损伤/眼刺激：类别1
环境开裂：无	急性毒性：类别3	氧化性固体：类别1

强氧化剂。化学反应活性很高，能与许多化学物质发生爆炸性反应。遇水发生剧烈反应，散发出白色有强刺激性和腐蚀性的氟化氢烟雾。受高热或接触酸或酸雾放出剧毒的烟雾。具有强腐蚀性。

理化特性

熔点：8.8℃	临界温度：无资料	爆炸上限：无资料	引燃温度：无资料
沸点：127.0℃	临界压力：无资料	爆炸下限：无资料	燃烧热：无资料
闪点：无资料	饱和蒸气压：无资料	相对密度($d_{水}$=1)：2.80	

溶解性	无资料。
主要用途	用作氟化反应试剂。

急救措施

皮肤接触	脱去污染的衣着，用大量流动清水冲洗至少15min。就医。
眼睛接触	提起眼睑，用流动清水或生理盐水冲洗至少15min。就医。
吸入	迅速脱离现场至空气新鲜处。保持呼吸道通畅。如呼吸困难，给输氧。如呼吸停止，立即进行人工呼吸。就医。
食入	用水漱口，给饮牛奶或蛋清。就医。

防护措施

呼吸防护	空气中浓度超标时，必须佩戴自吸过滤式防毒面具(半面罩)。紧急事态抢救或撤离时，应该佩戴空气呼吸器。
眼睛防护	呼吸系统防护中已做防护。
身体防护	穿橡胶防腐工作服。
手防护	戴橡胶手套。
其他防护	工作现场禁止吸烟、进食和饮水。工作完毕，淋浴更衣。保持良好的卫生习惯。

品名：**三氟甲苯**	分子式：$C_7H_5F_3$	相态：液
别名：无	分子量：146.1	外观与性状：无色液体，有芳香气味

危险特性

火灾危险性：可燃液体甲B	爆炸物：无	皮肤腐蚀/刺激：无
腐蚀减薄：无	金属腐蚀：无	易燃液体：类别2
环境开裂：无	急性毒性：无	

其蒸气与空气可形成爆炸性混合物，遇明火、高热极易燃烧爆炸。与氧化剂接触猛烈反应。受高热分解放出有毒的气体。遇水分解释出剧毒并有刺激性的氢氟酸与苯甲酸。燃烧时产生剧毒的氟化物气体。

理化特性

熔点：-29.0℃	临界温度：无资料	爆炸上限：无资料	引燃温度：无资料
沸点：102.4℃	临界压力：无资料	爆炸下限：无资料	燃烧热：3366.7kJ/mol
闪点：12.2℃	饱和蒸气压：无资料	相对密度($d_{水}$=1)：1.19	

溶解性	不溶于水，但被水分解，溶于乙醇、乙醚、丙酮、苯、四氯化碳等。
主要用途	用于制造燃料、药物，并用作硫化剂、杀虫剂等。

急救措施

皮肤接触	脱去污染的衣着，用肥皂水及清水彻底冲洗。
眼睛接触	立即提起眼睑，用大量流动清水彻底冲洗。
吸入	迅速脱离现场至空气新鲜处。保持呼吸道通畅。必要时进行人工呼吸。就医。
食入	误服者给充分漱口、饮水，尽快洗胃。就医。

防护措施

呼吸防护	空气中浓度超标时，应该佩戴防毒口罩。紧急事态抢救或逃生时，建议佩戴自给式呼吸器。
眼睛防护	戴化学安全防护眼镜。
身体防护	穿相应的防护服。
手防护	戴防化学品手套。
其他防护	工作现场严禁吸烟。工作后，淋浴更衣。注意个人清洁卫生。

品名：**2-三氟甲基苯胺**	分子式：$C_8H_7F_3N_2$	相态：无资料
别名：2-氨基三氟甲苯	分子量：188.2	外观与性状：无资料
危险特性		
火灾危险性：无	爆炸物：无	皮肤腐蚀/刺激：无
腐蚀减薄：碱腐蚀、胺腐蚀	金属腐蚀：无	
环境开裂：碱应力腐蚀开裂、氨应力腐蚀开裂、胺应力腐蚀开裂	急性毒性：类别3	
无资料。		

理化特性			
熔点：34.0℃	临界温度：无资料	爆炸上限：无资料	引燃温度：无资料
沸点：68.0℃	临界压力：无资料	爆炸下限：无资料	燃烧热：无资料
闪点：55.0℃	饱和蒸气压：无资料	相对密度($d_{水}=1$)：1.30	

溶解性	溶于苯、乙醚、二硫化碳。
主要用途	用于制亚磷酸及其盐。
急救措施	
皮肤接触	在皮肤接触的情况下立即除去/脱掉所有沾污的衣物。用水清洗皮肤/淋浴。就医。
眼睛接触	立即提起眼睑，用大量流动清水彻底冲洗。
吸入	迅速脱离现场至空气新鲜处。立即就医。
食入	误服者给充分漱口、饮水。就医。
防护措施	
呼吸防护	无资料。
眼睛防护	无资料。
身体防护	无资料。
手防护	无资料。
其他防护	无资料。

品名：**3-三氟甲基苯胺**	分子式：$C_7H_6F_3N$	相态：液
别名：3-氨基三氟甲苯；间三氟甲基苯胺	分子量：161.1	外观与性状：具有苯胺气味的无色液体，遇光变成棕色
危险特性		
火灾危险性：可燃液体丙A	爆炸物：无	皮肤腐蚀/刺激：类别2
腐蚀减薄：碱腐蚀、胺腐蚀	金属腐蚀：无	严重眼损伤/眼刺激：类别1
环境开裂：碱应力腐蚀开裂、氨应力腐蚀开裂、胺应力腐蚀开裂	急性毒性：类别2	
遇明火、高热可燃。与氧化剂可发生反应。受高热分解放出有毒的气体。其蒸气比空气重，能在较低处扩散到相当远的地方，遇火源会着火回燃。若遇高热，容器内压增大，有开裂和爆炸的危险。		

理化特性			
熔点：3.0℃	临界温度：无资料	爆炸上限：无资料	引燃温度：无资料
沸点：189.0℃	临界压力：无资料	爆炸下限：无资料	燃烧热：无资料
闪点：85.0℃	饱和蒸气压：0.04kPa(20℃)	相对密度($d_{水}=1$)：1.29	

溶解性	微溶于水，溶于乙醇、乙醚。
主要用途	用于有机合成及染料中间体。
急救措施	
皮肤接触	脱去污染的衣着，用大量流动清水冲洗。就医。
眼睛接触	提起眼睑，用流动清水或生理盐水冲洗至少15min。就医。
吸入	迅速脱离现场至空气新鲜处。保持呼吸道通畅。
食入	用水漱口，给饮牛奶或蛋清。就医。
防护措施	
呼吸防护	可能接触毒物时，必须佩戴自吸过滤式防毒面具(全面罩)。紧急事态抢救或撤离时，建议佩戴自给式呼吸器。
眼睛防护	呼吸系统防护中已做防护。
身体防护	穿胶布防毒衣。
手防护	戴橡胶手套。
其他防护	工作现场禁止吸烟、进食和饮水。工作完毕，淋浴更衣。保持良好的卫生习惯。

品名：**三氟甲烷**	分子式：CHF_3		相态：气
别名：R23；氟仿	分子量：70.0		外观与性状：无色无臭气体
危险特性			
火灾危险性：无	爆炸物：无		皮肤腐蚀/刺激：无
腐蚀减薄：无	金属腐蚀：无		加压气体：是
环境开裂：无	急性毒性：类别 2		
不燃。受热分解放出剧毒的烟雾。			
理化特性			
熔点：-155.0℃	临界温度：33.0℃	爆炸上限：无资料	引燃温度：无资料
沸点：-84.0℃	临界压力：4.84MPa	爆炸下限：无资料	燃烧热：25.7kJ/mol
闪点：无资料	饱和蒸气压：4000kPa(20℃)	相对密度($d_水=1$)：1.52	
溶解性	溶于水、乙醇、丙酮。		
主要用途	用作低温制冷剂及作为灭火剂和制造四氟乙烯的原料。		
急救措施			
皮肤接触	无资料。		
眼睛接触	无资料。		
吸入	迅速脱离现场至空气新鲜处。保持呼吸道通畅。如呼吸困难，给输氧。如呼吸停止，立即进行人工呼吸。就医。		
食入	无资料。		
防护措施			
呼吸防护	可能接触毒物时，必须佩戴自吸过滤式防毒面具(全面罩)。		
眼睛防护	一般不需要特殊防护。		
身体防护	穿一般作业工作服。		
手防护	戴一般作业防护手套。		
其他防护	避免高浓度吸入。进入罐、限制性空间或其他高浓度区作业，须有人监护。		

品名：**三氟氯化甲苯**	分子式：$C_7H_4ClF_3$		相态：液
别名：三氟甲基氯苯	分子量：180.6		外观与性状：无色透明液体
危险特性			
火灾危险性：可燃液体乙 B	爆炸物：无		皮肤腐蚀/刺激：无
腐蚀减薄：盐酸腐蚀、含盐水腐蚀	金属腐蚀：无		易燃液体：类别 3
环境开裂：氯化物应力腐蚀开裂	急性毒性：无		
其蒸气与空气可形成爆炸性混合物，遇明火、高热能引起燃烧爆炸。与氧化剂可发生反应。受高热分解放出有毒的气体。其蒸气比空气重，能在较低处扩散到相当远的地方，遇火源会着火回燃。若遇高热，容器内压增大，有开裂和爆炸的危险。			
理化特性			
熔点：-33.4℃	临界温度：无资料	爆炸上限：无资料	引燃温度：无资料
沸点：139.2℃	临界压力：无资料	爆炸下限：无资料	燃烧热：无资料
闪点：46.7℃	饱和蒸气压：无资料	相对密度($d_水=1$)：1.34	
溶解性	溶于部分有机溶剂。		
主要用途	用于制造染料、颜料、药物、农药等。		
急救措施			
皮肤接触	脱去污染的衣着，用大量流动清水冲洗。就医。		
眼睛接触	提起眼睑，用流动清水或生理盐水冲洗。就医。		
吸入	迅速脱离现场至空气新鲜处。保持呼吸道通畅。如呼吸困难，给输氧。如呼吸停止，立即进行人工呼吸。就医。		
食入	饮用足量温水，催吐。就医。		
防护措施			
呼吸防护	作业工人应戴口罩。		
眼睛防护	必要时戴化学安全防护眼镜。		
身体防护	穿防静电工作服。		
手防护	必要时戴防化学品手套。		
其他防护	无资料。		

品名：**三氟氯乙烯[稳定的]**	分子式：C_2ClF_3	相态：气
别名：R1113；氯三氟乙烯	分子量：116.5	外观与性状：无色，微有乙醚气味的气体
危险特性		
火灾危险性：可燃气体甲	爆炸物：无	皮肤腐蚀/刺激：无
腐蚀减薄：无	金属腐蚀：无	易燃气体：类别 1
环境开裂：无	急性毒性：类别 3	加压气体：是
与空气混合能形成爆炸性混合物，遇明火、高热能引起燃烧爆炸。若遇高热，容器内压增大，有开裂和爆炸的危险。		

理化特性			
熔点：-157.5℃	临界温度：107.0℃	爆炸上限：38.7%	引燃温度：无资料
沸点：-26.2℃	临界压力：4.05MPa	爆炸下限：8.4%	燃烧热：无资料
闪点：-27.8℃	饱和蒸气压：无资料	相对密度($d_{水}=1$)：1.30	

溶解性	溶于醚。
主要用途	用于制造树脂。
急救措施	
皮肤接触	若有皮肤冻伤，先用温水洗浴，再涂抹冻伤软膏，用消毒纱布包扎。就医。
眼睛接触	无资料。
吸入	脱离现场至空气新鲜处。呼吸困难时给输氧。呼吸停止时，立即进行人工呼吸。就医。
食入	无资料。
防护措施	
呼吸防护	可能接触其粉尘时，必须佩戴防尘面具(全面罩)。紧急事态抢救或撤离时，应该佩戴空气呼吸器。
眼睛防护	戴化学安全防护眼镜。
身体防护	穿防静电工作服。
手防护	戴乳胶手套。
其他防护	工作现场严禁吸烟。进入罐、限制性空间或其他高浓度区作业，须有人监护。

品名：**三氟溴乙烯**	分子式：BrF_3C_2	相态：气
别名：溴三氟乙烯	分子量：160.9	外观与性状：无色液化气体
危险特性		
火灾危险性：无法确定	爆炸物：无	皮肤腐蚀/刺激：无
腐蚀减薄：无	金属腐蚀：无	易燃气体：类别 1
环境开裂：无	急性毒性：无	加压气体：是
与空气混合能形成爆炸性混合物。遇明火、高热能引起燃烧爆炸。		

理化特性			
熔点：无资料	临界温度：无资料	爆炸上限：无资料	引燃温度：无资料
沸点：-3.0℃	临界压力：无资料	爆炸下限：无资料	燃烧热：无资料
闪点：无资料	饱和蒸气压：无资料	相对密度($d_{水}=1$)：1.86	

溶解性	溶于部分有机溶剂。
主要用途	用于有机合成。
急救措施	
皮肤接触	脱去污染的衣着，用大量流动清水冲洗。就医。
眼睛接触	提起眼睑，用流动清水或生理盐水冲洗。就医。
吸入	迅速脱离现场至空气新鲜处。保持呼吸道通畅。如呼吸困难，给输氧。如呼吸停止，立即进行人工呼吸。就医。
食入	饮用足量温水，催吐。就医。
防护措施	
呼吸防护	可能接触其粉尘时，必须佩戴防尘面具(全面罩)。紧急事态抢救或撤离时，应该佩戴空气呼吸器。
眼睛防护	呼吸系统防护中已做防护。
身体防护	穿防静电工作服。
手防护	戴橡胶手套。
其他防护	工作现场禁止吸烟、进食和饮水。工作完毕，淋浴更衣。保持良好的卫生习惯。

品名：**2,2,2-三氟乙醇**	分子式：$C_2H_3F_3O$	相态：液
别名：无	分子量：100.0	外观与性状：无色液体

危险特性

火灾危险性：可燃液体乙 A	爆炸物：无	皮肤腐蚀/刺激：无
腐蚀减薄：无	金属腐蚀：无	严重眼损伤/眼刺激：类别 1
环境开裂：乙醇应力腐蚀开裂	急性毒性：类别 3	易燃液体：类别 3

遇明火、高热可燃。受高热分解放出有毒的气体。

理化特性

熔点：-45.0℃	临界温度：无资料	爆炸上限：42.0%	引燃温度：无资料
沸点：77.0~80.0℃	临界压力：无资料	爆炸下限：5.5%	燃烧热：无资料
闪点：29.0℃	饱和蒸气压：9.31kPa(25℃)	相对密度($d_{水}=1$)：无资料	

溶解性	与水混溶，可混溶于多数有机溶剂。
主要用途	作为医药、农药、丙烯酸树脂的中间体，以及化学反应的酰化剂、电泳溶剂。

急救措施

皮肤接触	脱去污染的衣着，用大量流动清水冲洗至少 15min。就医。
眼睛接触	提起眼睑，用流动清水或生理盐水冲洗至少 15min。就医。
吸入	迅速脱离现场至空气新鲜处。保持呼吸道通畅。如呼吸困难，给输氧。如呼吸停止，立即进行人工呼吸。就医。
食入	用水漱口，给饮牛奶或蛋清。就医。

防护措施

呼吸防护	可能接触其粉尘时，必须佩戴防尘面具(全面罩)。紧急事态抢救或撤离时，应该佩戴空气呼吸器。
眼睛防护	呼吸系统防护中已做防护。
身体防护	穿胶布防毒衣。
手防护	戴乳胶手套。
其他防护	工作现场禁止吸烟、进食和饮水。工作完毕，彻底清洗。单独存放被毒物污染的衣服，洗后备用。

品名：**三氟乙酸**	分子式：$C_2HF_3O_2$	相态：液
别名：三氟醋酸	分子量：114.0	外观与性状：无色有强烈刺激气味的发烟液体

危险特性

火灾危险性：可燃液体甲 B	爆炸物：无	皮肤腐蚀/刺激：类别 1
腐蚀减薄：低分子有机酸腐蚀	金属腐蚀：无	自燃液体：类别 1
环境开裂：无	急性毒性：无	

不燃。受热分解或与酸类接触放出有毒气体。具有强腐蚀性。

理化特性

熔点：-15.2℃	临界温度：无资料	爆炸上限：无资料	引燃温度：20.0℃
沸点：72.4℃	临界压力：3.26MPa	爆炸下限：无资料	燃烧热：无资料
闪点：无资料	饱和蒸气压：14.23kPa(25℃)	相对密度($d_{水}=1$)：1.54	

溶解性	易溶于水、乙醇、乙醚、丙酮、苯。
主要用途	用作实验试剂、溶剂、催化剂及用于有机合成。

急救措施

皮肤接触	脱去污染的衣着，用大量流动清水冲洗至少 15min。就医。
眼睛接触	立即提起眼睑，用大量流动清水或生理盐水彻底冲洗至少 15min。就医。
吸入	迅速脱离现场至空气新鲜处。保持呼吸道通畅。如呼吸困难，给输氧。如呼吸停止，立即进行人工呼吸。就医。
食入	用水漱口，给饮牛奶或蛋清。就医。

防护措施

呼吸防护	可能接触其蒸气时，必须佩戴导管式防毒面具或自吸式长管面具。紧急事态抢救或撤离时，建议佩戴空气呼吸器。
眼睛防护	呼吸系统防护中已做防护。
身体防护	穿橡胶耐酸碱服。
手防护	戴橡胶耐酸碱手套。
其他防护	工作现场禁止吸烟、进食和饮水。工作完毕，淋浴更衣。注意个人清洁卫生。

品名：**三氟乙酸酐**	分子式：$C_4F_6O_3$	相态：液	
别名：三氟醋酸酐	分子量：210.0	外观与性状：无色液体，有刺激性气味，易挥发	
危险特性			
火灾危险性：可燃液体甲 B	爆炸物：无	皮肤腐蚀/刺激：类别 1	
腐蚀减薄：低分子有机酸腐蚀	金属腐蚀：无	严重眼损伤/眼刺激：类别 1	
环境开裂：无	急性毒性：类别 3		
遇低级醇和水起化学反应而分解。对很多金属尤其是潮湿空气存在下有腐蚀性。			
理化特性			
熔点：48.0℃	临界温度：无资料	爆炸上限：无资料	引燃温度：无资料
沸点：39.5~40.1℃	临界压力：无资料	爆炸下限：无资料	燃烧热：无资料
闪点：无资料	饱和蒸气压：无资料	相对密度($d_{水}=1$)：1.49	
溶解性	无资料。		
主要用途	用作分析试剂、溶液、催化剂、脱水缩合剂、羟基和氨基三氟乙酰化时的保护剂。		
急救措施			
皮肤接触	脱去污染的衣着，用大量流动清水冲洗至少 15min。就医。		
眼睛接触	提起眼睑，用流动清水或生理盐水冲洗至少 15min。就医。		
吸入	迅速脱离现场至空气新鲜处。保持呼吸道通畅。如呼吸困难，给输氧。如呼吸停止，立即进行人工呼吸。就医。		
食入	用水漱口，给饮牛奶或蛋清。就医。		
防护措施			
呼吸防护	可能接触其蒸气时，必须佩戴导管式防毒面具或自吸式长管面具。紧急事态抢救或撤离时，建议佩戴空气呼吸器。		
眼睛防护	呼吸系统防护中已做防护。		
身体防护	穿橡胶耐酸碱服。		
手防护	戴橡胶耐酸碱手套。		
其他防护	工作现场禁止吸烟、进食和饮水。工作完毕，彻底清洗。注意个人清洁卫生。		

品名：**三氟乙酸乙酯**	分子式：$C_4H_5F_3O_2$	相态：液	
别名：三氟醋酸乙酯	分子量：142.1	外观与性状：无色液体，有酯香味	
危险特性			
火灾危险性：可燃液体甲 B	爆炸物：无	皮肤腐蚀/刺激：无	
腐蚀减薄：低分子有机酸腐蚀	金属腐蚀：无	易燃液体：类别 2	
环境开裂：无	急性毒性：无		
其蒸气与空气可形成爆炸性混合物，遇明火、高热极易燃烧爆炸。与氧化剂接触猛烈反应。遇高热分解释出高毒烟气。具有腐蚀性。若遇高热，容器内压增大，有开裂和爆炸的危险。			
理化特性			
熔点：-78.0℃	临界温度：无资料	爆炸上限：无资料	引燃温度：无资料
沸点：60.0~62.0℃	临界压力：无资料	爆炸下限：无资料	燃烧热：无资料
闪点：-1.0℃	饱和蒸气压：无资料	相对密度($d_{水}=1$)：1.19	
溶解性	易溶于乙醇、乙醚，微溶于水。溶于氯仿。		
主要用途	用作医药、农药中间体，制造有机氟化合物。		
急救措施			
皮肤接触	脱去污染的衣着，用大量流动清水冲洗。就医。		
眼睛接触	提起眼睑，用流动清水或生理盐水冲洗至少 15min。就医。		
吸入	迅速脱离现场至空气新鲜处。保持呼吸道通畅。如呼吸困难，给输氧。如呼吸停止，立即进行人工呼吸。就医。		
食入	用水漱口，给饮牛奶或蛋清。就医。		
防护措施			
呼吸防护	空气中浓度超标时，必须佩戴防尘面具(全面罩)。紧急事态抢救或撤离时，应该佩戴空气呼吸器。		
眼睛防护	呼吸系统防护中已做防护。		
身体防护	穿胶布防毒衣。		
手防护	戴橡胶手套。		
其他防护	工作现场禁止吸烟、进食和饮水。工作完毕，淋浴更衣。保持良好的卫生习惯。		

品名：**1,1,1-三氟乙烷**	分子式：$C_2H_3F_3$	柜态：气
别名：R143	分子量：80.0	外观与性状：无色气体

危险特性

火灾危险性：可燃气体甲	爆炸物：无	皮肤腐蚀/刺激：无
腐蚀减薄：无	金属腐蚀：无	易燃气体：类别 1
环境开裂：无	急性毒性：无	加压气体：是

与空气混合能形成爆炸性混合物。接触热、火星、火焰或氧化剂易燃烧爆炸。受热分解放出有毒的氟化物气体。气体比空气重，能在较低处扩散到相当远的地方，遇火源会着火回燃。

理化特性

熔点：-117.0℃	临界温度：无资料	爆炸上限：19.C%	引燃温度：无资料
沸点：-47.0℃	临界压力：无资料	爆炸下限：9.5%	燃烧热：无资料
闪点：-90.0℃	饱和蒸气压：无资料	相对密度（$d_{水}=1$）：无资料	

溶解性	不溶于水。
主要用途	可作制冷剂。

急救措施

皮肤接触	无资料。
眼睛接触	无资料。
吸入	迅速脱离现场至空气新鲜处。保持呼吸道通畅。如呼吸困难，给输氧。如呼吸停止，立即进行人工呼吸。就医。
食入	无资料。

防护措施

呼吸防护	一般不需要特殊防护，但建议在特殊情况下，佩戴自吸过滤式防毒面具（半面罩）。
眼睛防护	必要时，戴化学安全防护眼镜。
身体防护	穿防静电工作服。
手防护	戴一般作业防护手套。
其他防护	工作现场严禁吸烟。避免高浓度吸入。

品名：**三氟乙酰氯**	分子式：C_2ClF_3O	相态：气
别名：氯化三氟乙酰	分子量：132.5	外观与性状：无色、有刺激性的气味

危险特性

火灾危险性：无	爆炸物：无	皮肤腐蚀/刺激：类别 1
腐蚀减薄：盐酸腐蚀、含盐水腐蚀	金属腐蚀：无	严重眼损伤/眼刺激：类别 1
环境开裂：氯化物应力腐蚀开裂	急性毒性：类别 1	加压气体：是

遇水或水蒸气反应放热并产生有毒的腐蚀性气体。遇潮时对大多数金属有腐蚀性。若遇高热，容器内压增大，有开裂和爆炸的危险。

理化特性

熔点：-146.0℃	临界温度：无资料	爆炸上限：无资料	引燃温度：无资料
沸点：-27.0℃	临界压力：无资料	爆炸下限：无资料	燃烧热：无资料
闪点：（-58.1±25.9）℃	饱和蒸气压：无资料	相对密度（$d_{水}=1$）：4.01	

溶解性	无资料。
主要用途	无资料。

急救措施

皮肤接触	脱去污染的衣着，用大量流动清水冲洗。就医。
眼睛接触	提起眼睑，用流动清水或生理盐水冲洗至少 15min。就医。
吸入	迅速脱离现场至空气新鲜处。保持呼吸道通畅。如呼吸困难，给输氧。如呼吸停止，立即进行人工呼吸。就医。
食入	无资料。

防护措施

呼吸防护	空气中浓度超标时，必须佩戴防尘面具（全面罩）。紧急事态抢救或撤离时，应该佩戴空气呼吸器。
眼睛防护	呼吸系统防护中已做防护。
身体防护	穿密闭型防毒服。
手防护	戴橡胶手套。
其他防护	工作现场禁止吸烟、进食和饮水。工作完毕，淋浴更衣。保持良好的卫生习惯。

品名：**三环己基氢氧化锡**	分子式：$C_{18}H_{34}OSn$	相态：固	
别名：三环锡	分子量：385.2	外观与性状：无色至白色，几乎无气味的，结晶粉末	
危险特性			
火灾危险性：无	爆炸物：无	皮肤腐蚀/刺激：无	
腐蚀减薄：碱腐蚀	金属腐蚀：无		
环境开裂：碱应力腐蚀开裂	急性毒性：类别2		
无资料。			
理化特性			
熔点：195.0~198.0℃	临界温度：无资料	爆炸上限：无资料	引燃温度：无资料
沸点：426.1℃	临界压力：无资料	爆炸下限：无资料	燃烧热：无资料
闪点：无资料	饱和蒸气压：无资料	相对密度($d_{水}=1$)：无资料	
溶解性	溶于氯仿、甲醇，不溶于水。		
主要用途	无资料。		
急救措施			
皮肤接触	用水冲洗。		
眼睛接触	立即用水冲洗。		
吸入	迅速脱离现场至空气新鲜处。保持呼吸道通畅。如呼吸困难，给输氧。如呼吸停止，立即进行人工呼吸。就医。		
食入	饮大量饮用水催吐(昏迷者除外)。就医。		
防护措施			
呼吸防护	如危险性评测显示需要使用空气净化的防毒面具，请使用全面罩式多功能微粒防毒面具N99型(US)或P2型(EN143)防毒面具筒作为工程控制的候补。如果防毒面具是保护的唯一方式，则使用全面罩式送风防毒面具。呼吸器使用经过测试并通过政府标准如NIOSH(US)或CEN(EU)的呼吸器和零件。		
眼睛防护	面罩与安全眼镜请使用经官方标准如NIOSH(美国)或EN166(欧盟)检测与批准的设备防护眼部。		
身体防护	全套防化学试剂工作服，防护设备的类型必须根据特定工作场所中的危险物的浓度和含量来选择。		
手防护	所选择的保护手套必须符合EU的89/686/EEC规定和从它衍生出来的EN376标准。		
其他防护	无资料。		

品名：**三甲胺[无水]**	分子式：C_3H_9N	相态：气	
别名：无	分子量：59.1	外观与性状：无色、有鱼油臭的气体	
危险特性			
火灾危险性：可燃气体甲	爆炸物：无	皮肤腐蚀/刺激：类别2	
腐蚀减薄：碱腐蚀、胺腐蚀	金属腐蚀：无	严重眼损伤/眼刺激：类别1	
环境开裂：碱应力腐蚀开裂、胺应力腐蚀开裂	急性毒性：类别2	易燃气体：类别1 加压气体：是	
易燃，其蒸气与空气可形成爆炸性混合物，遇明火、高热易引起燃烧爆炸。受热分解产生有毒的烟气。与氧化剂接触猛烈反应。其蒸气比空气重，能在较低处扩散到相当远的地方，遇火源会着火回燃。			
理化特性			
熔点：-117.1℃	临界温度：161.0℃	爆炸上限：11.6%	引燃温度：190.0℃
沸点：3.0℃	临界压力：4.15MPa	爆炸下限：2.0%	燃烧热：2353.8kJ/mol
闪点：-6.7℃	饱和蒸气压：无资料	相对密度($d_{水}=1$)：0.66	
溶解性	溶于水、乙醇、乙醚等。		
主要用途	用作分析试剂和用于有机合成，也用作消毒剂等。		
急救措施			
皮肤接触	立即脱去污染的衣着，用大量流动清水冲洗至少15min。就医。		
眼睛接触	立即提起眼睑，用大量流动清水或生理盐水彻底冲洗至少15min。就医。		
吸入	迅速脱离现场至空气新鲜处。保持呼吸道通畅。如呼吸困难，给输氧。如呼吸停止，立即进行人工呼吸。就医。		
食入	无资料。		
防护措施			
呼吸防护	空气中浓度超标时，必须佩戴防尘面具(全面罩)。紧急事态抢救或撤离时，应该佩戴空气呼吸器。		
眼睛防护	戴化学安全防护眼镜。		
身体防护	穿防静电工作服。		
手防护	戴橡胶手套。		
其他防护	工作现场禁止吸烟、进食和饮水。工作完毕，淋浴更衣。保持良好的卫生习惯。		

品名：**三甲胺溶液**	分子式：C_3H_9N	相态：液	
别名：无	分子量：59.1	外观与性状：透明液体	
危险特性			
火灾危险性：无 腐蚀减薄：碱腐蚀、胺腐蚀 环境开裂：碱应力腐蚀开裂、胺应力腐蚀开裂	爆炸物：无 金属腐蚀：无 急性毒性：无	皮肤腐蚀/刺激：类别 1 严重眼损伤/眼刺激：类别 1	
有毒，遇热、明火、强氧化剂有引起燃烧危险。			
理化特性			
熔点：-117.1℃	临界温度：161℃	爆炸上限：无资料	引燃温度：190.0℃
沸点：(2.8±3.0)℃	临界压力：4.15MPa	爆炸下限：无资料	燃烧热：2353.8kJ/mol
闪点：-6.7℃	饱和蒸气压：无资料	相对密度($d_水=1$)：0.66	
溶解性	溶于水、乙醇、乙醚、苯、甲苯、二甲苯、氯仿等。		
主要用途	用作分析试剂和用于有机合成，也用作消毒剂等。		
急救措施			
皮肤接触	立即脱去污染的衣着，用大量流动清水冲洗至少 15min。就医。		
眼睛接触	立即提起眼睑，用大量流动清水或生理盐水彻底冲洗至少 15min。就医。		
吸入	迅速脱离现场至空气新鲜处。保持呼吸道通畅。如呼吸困难，给输氧。如呼吸停止，立即进行人工呼吸。就医。		
食入	无资料。		
防护措施			
呼吸防护	空气中浓度超标时，必须佩戴防尘面具(全面罩)。紧急事态抢救或撤离时，应该佩戴空气呼吸器。		
眼睛防护	戴化学安全防护眼镜。		
身体防护	穿防静电工作服。		
手防护	戴橡胶手套。		
其他防护	工作现场禁止吸烟、进食和饮水。工作完毕，淋浴更衣。保持良好的卫生习惯。		

品名：**2,4,4-三甲基-1-戊烯**	分子式：C_8H_{16}	相态：液	
别名：无	分子量：112.2	外观与性状：无色液体，有汽油味	
危险特性			
火灾危险性：可燃液体甲 B 腐蚀减薄：无 环境开裂：无	爆炸物：无 金属腐蚀：无 急性毒性：无	皮肤腐蚀/刺激：无 易燃液体：类别 2	
无资料。			
理化特性			
熔点：-101.0℃	临界温度：无资料	爆炸上限：5.5%	引燃温度：391.0℃
沸点：101.4℃	临界压力：2.60MPa	爆炸下限：0.9%	燃烧热：无资料
闪点：-6.1℃	饱和蒸气压：10.00kPa(38℃)	相对密度($d_水=1$)：0.72	
溶解性	不溶于水，能溶于乙醚和苯。		
主要用途	用作制取合成橡胶增黏剂；各种表面活性剂；酚树脂和环氧树脂的改性剂；紫外线吸收剂；阻聚剂；聚氯乙烯稳定剂；增塑剂等。		
急救措施			
皮肤接触	脱去污染的衣着，用大量肥皂水和水清洗皮肤。		
眼睛接触	立即用水冲洗至少 20min。		
吸入	迅速脱离现场至空气新鲜处。保持呼吸道通畅。		
食入	无资料。		
防护措施			
呼吸防护	如果蒸气浓度超过职业接触限值或发生刺激等症状时，请使用全面罩式多功能防毒面具(US)或 AXBEK 型(EN14387)防毒面具筒。		
眼睛防护	佩戴化学护目镜(符合欧盟 EN166 或美国 NIOSH 标准)。		
身体防护	穿全套防化学试剂工作服，阻燃防静电防护服。		
手防护	戴化学防护手套。		
其他防护	工作现场禁止吸烟、进食和饮水。工作完毕，淋浴更衣。保持良好的卫生习惯。		

品名：**2,4,4-三甲基-2-戊烯** 别名：无	分子式：C_8H_{16} 分子量：112.2		相态：液 外观与性状：无色液体
危险特性			
火灾危险性：可燃液体甲 B 腐蚀减薄：无 环境开裂：无	爆炸物：无 金属腐蚀：无 急性毒性：无		皮肤腐蚀/刺激：无 易燃液体：类别 2
遇热、明火，强氧化剂有燃烧危险。			
理化特性			
熔点：-106.4℃ 沸点：104.9℃ 闪点：-1.7℃	临界温度：无资料 临界压力：无资料 饱和蒸气压：11.02kPa(38℃)	爆炸上限：无资料 爆炸下限：无资料 相对密度($d_{水}$=1)：0.72	引燃温度：305.0℃ 燃烧热：无资料

溶解性	不溶于水，能溶于乙醚和苯，高浓度时具有刺激性和麻醉性。
主要用途	用作香料。
急救措施	
皮肤接触	脱去污染的衣着，用大量流动清水清洗皮肤。
眼睛接触	立即提起眼睑，用流动清水冲洗，就医。
吸入	迅速脱离现场至空气新鲜处。保持呼吸道通畅。如呼吸困难，给输氧。如呼吸停止，立即进行人工呼吸。就医。
食入	误服者立即漱口。
防护措施	
呼吸防护	使用空气呼吸器。
眼睛防护	佩戴安全防护眼镜。
身体防护	无资料。
手防护	佩戴防护手套。
其他防护	工作现场禁止吸烟、进食和饮水。

品名：**1,2,3-三甲基苯** 别名：连三甲基苯	分子式：C_9H_{12} 分子量：120.2		相态：液 外观与性状：无色液体
危险特性			
火灾危险性：可燃液体乙 B 腐蚀减薄：无 环境开裂：无	爆炸物：无 金属腐蚀：无 急性毒性：无		皮肤腐蚀/刺激：无 易燃液体：类别 3
易燃，遇明火、高热或与氧化剂接触，有引起燃烧爆炸的危险。			
理化特性			
熔点：-25.5℃ 沸点：175.0~176.0℃ 闪点：(53.1±7.3)℃	临界温度：395.0℃ 临界压力：3.14MPa 饱和蒸气压：0.18kPa(20℃)	爆炸上限：无资料 爆炸下限：无资料 相对密度($d_{水}$=1)：0.89	引燃温度：470.0℃ 燃烧热：无资料

溶解性	不溶于水，可混溶于乙醇、乙醚、苯、酮、四氯化碳、石油醚等。
主要用途	主要用作分析试剂。
急救措施	
皮肤接触	脱去污染的衣着，用大量流动清水冲洗。就医。
眼睛接触	提起眼睑，用流动清水或生理盐水冲洗。就医。
吸入	迅速脱离现场至空气新鲜处。保持呼吸道通畅。如呼吸困难，给输氧。如呼吸停止，立即进行人工呼吸。就医。
食入	饮用足量温水，催吐。就医。
防护措施	
呼吸防护	空气中浓度超标时，必须佩戴自吸过滤式防毒面具(半面罩)。紧急事态抢救或撤离时，应该佩戴空气呼吸器。
眼睛防护	戴化学安全防护眼镜。
身体防护	穿防毒物渗透工作服。
手防护	戴橡胶耐油手套。
其他防护	工作现场禁止吸烟、进食和饮水。工作完毕，淋浴更衣。保持良好的卫生习惯。

品名：**1,2,4-三甲基苯**		分子式：C_9H_{12}	相态：液
别名：假枯烯		分子量：120.2	外观与性状：无色液体
危险特性			
火灾危险性：可燃液体乙 A		爆炸物：无	皮肤腐蚀/刺激：类别 2
腐蚀减薄：无		金属腐蚀：无	易燃液体：类别 3
环境开裂：无		急性毒性：无	严重眼损伤/眼刺激：类别 2
易燃，遇明火、高热或与氧化剂接触，有引起燃烧爆炸的危险。与氧化剂能发生强烈反应。			
理化特性			
熔点：-61.0℃	临界温度：381.2℃	爆炸上限：7.0	引燃温度：485.0℃
沸点：168.9℃	临界压力：4.40MPa	爆炸下限：0.9	燃烧热：5190.3kJ/mol
闪点：44.0℃	饱和蒸气压：0.23kPa(20℃)	相对密度($d_{水}=1$)：0.88	
溶解性	不溶于水，可混溶于乙醇、乙醚、苯等多数有机溶剂。		
主要用途	用于分析试剂、有机合成和制药工业。		
急救措施			
皮肤接触	脱去污染的衣着，用大量流动清水冲洗。就医。		
眼睛接触	提起眼睑，用流动清水或生理盐水冲洗。就医。		
吸入	迅速脱离现场至空气新鲜处。保持呼吸道通畅。如呼吸困难，给输氧。如呼吸停止，立即进行人工呼吸。就医。		
食入	饮用足量温水，催吐。就医。		
防护措施			
呼吸防护	空气中浓度超标时，必须佩戴自吸过滤式防毒面具(半面罩)。紧急事态抢救或撤离时，应该佩戴空气呼吸器。		
眼睛防护	戴化学安全防护眼镜。		
身体防护	穿防毒物渗透工作服。		
手防护	戴橡胶耐油手套。		
其他防护	工作现场禁止吸烟、进食和饮水。工作完毕，淋浴更衣。保持良好的卫生习惯。		

品名：**1,3,5-三甲基苯**		分子式：C_9H_{12}	相态：液
别名：均三甲苯		分子量：120.2	外观与性状：无色液体，有特殊气味
危险特性			
火灾危险性：可燃液体乙 A		爆炸物：无	皮肤腐蚀/刺激：无
腐蚀减薄：无		金属腐蚀：无	易燃液体：类别 3
环境开裂：无		急性毒性：无	
其蒸气与空气可形成爆炸性混合物，遇明火、高热能引起燃烧爆炸。与氧化剂可发生反应。流速过快，容易产生和积聚静电。其蒸气比空气重，能在较低处扩散到相当远的地方，遇火源会着火回燃。若遇高热，容器内压增大，有开裂和爆炸的危险。			
理化特性			
熔点：-44.8℃	临界温度：368.0℃	爆炸上限：无资料	引燃温度：531.0℃
沸点：164.0~166.0℃	临界压力：3.34MPa	爆炸下限：无资料	燃烧热：5198.2kJ/mol
闪点：44.0℃	饱和蒸气压：0.25kPa(20℃)	相对密度($d_{水}=1$)：0.86	
溶解性	不溶于水，溶于醇、醚、苯等多数有机溶剂。		
主要用途	用作分析试剂、溶剂，也用于有机合成等。		
急救措施			
皮肤接触	脱去污染的衣着，用大量流动清水冲洗。		
眼睛接触	提起眼睑，用流动清水或生理盐水冲洗。就医。		
吸入	迅速脱离现场至空气新鲜处。保持呼吸道通畅。如呼吸困难，给输氧。如呼吸停止，立即进行人工呼吸。就医。		
食入	饮足量温水，催吐。就医。		
防护措施			
呼吸防护	空气中浓度超标时，必须佩戴自吸过滤式防毒面具(半面罩)。紧急事态抢救或撤离时，应该佩戴空气呼吸器。		
眼睛防护	戴化学安全防护眼镜。		
身体防护	穿防毒物渗透工作服。		
手防护	戴橡胶耐油手套。		
其他防护	工作现场禁止吸烟、进食和饮水。工作完毕，淋浴更衣。保持良好的卫生习惯。		

品名：**2,2,3-三甲基丁烷**		分子式：C_7H_{16}	相态：液
别名：无		分子量：100.2	外观与性状：无色液体
危险特性			
火灾危险性：可燃液体甲 B 腐蚀减薄：无 环境开裂：无		爆炸物：无 金属腐蚀：无 急性毒性：无	皮肤腐蚀/刺激：类别 2 易燃液体：类别 2
其蒸气与空气可形成爆炸性混合物，遇明火、高热极易燃烧爆炸。与氧化剂接触猛烈反应。受高热分解放出有毒的气体。流速过快，容易产生和积聚静电。			
理化特性			
熔点：-24.2℃ 沸点：81.7℃ 闪点：-6.7℃	临界温度：无资料 临界压力：2.95MPa 饱和蒸气压：无资料	爆炸上限：无资料 爆炸下限：无资料 相对密度($d_水=1$)：0.69	引燃温度：450.0℃ 燃烧热：无资料
溶解性	不溶于水，溶于乙醇。		
主要用途	用作高辛烷值航空燃料的组分。		
急救措施			
皮肤接触	立即脱去污染的衣着，用大量流动清水冲洗。就医。		
眼睛接触	提起眼睑，用流动清水或生理盐水冲洗。就医。		
吸入	迅速脱离现场至空气新鲜处。保持呼吸道通畅。如呼吸困难，给输氧。如呼吸停止，立即进行人工呼吸。就医。		
食入	饮足量温水，催吐。就医。		
防护措施			
呼吸防护	空气中浓度超标时，必须佩戴自吸过滤式防毒面具(半面罩)。紧急事态抢救或撤离时，应该佩戴空气呼吸器。		
眼睛防护	戴化学安全防护眼镜。		
身体防护	穿防静电工作服。		
手防护	戴橡胶手套。		
其他防护	工作现场禁止吸烟、进食和饮水。工作完毕，淋浴更衣。保持良好的卫生习惯。		

品名：**三甲基环己胺**		分子式：$C_7H_{15}N$	相态：液
别名：无		分子量：113.2	外观与性状：无色透明液体，略有氨气味
危险特性			
火灾危险性：可燃液体甲 B 腐蚀减薄：碱腐蚀、胺腐蚀 环境开裂：碱应力腐蚀开裂、胺应力腐蚀开裂		爆炸物：无 金属腐蚀：无 急性毒性：无	皮肤腐蚀/刺激：类别 1 严重眼损伤/眼刺激：类别 1
无资料。			
理化特性			
熔点：10.0℃ 沸点：149.1℃ 闪点：22.0℃	临界温度：无资料 临界压力：无资料 饱和蒸气压：无资料	爆炸上限：无资料 爆炸下限：无资料 相对密度($d_水=1$)：0.92	引燃温度：无资料 燃烧热：无资料
溶解性	无资料。		
主要用途	用作环氧树脂固化剂，用作氨基甲酸酯树脂的改质剂；有机合成中间体，制备其他环状脂肪烃衍生物。		
急救措施			
皮肤接触	立即去除/脱掉所有被污染的衣物。用大量肥皂和水轻轻洗。		
眼睛接触	用水小心清洗几分钟。如果方便，易操作，摘除隐形眼镜。继续清洗。		
吸入	将受害者移到新鲜空气处，保持呼吸通畅，休息。立即呼叫解毒中心/医生。		
食入	立即呼叫解毒中心/医生。漱口。切勿引吐。		
防护措施			
呼吸防护	半面罩或全面罩呼吸器，自携式呼吸器(SCBA)，供气呼吸器等。		
眼睛防护	护目镜。如果情况需要，佩戴面具。		
身体防护	防渗防护服。如果情况需要，穿戴防护靴。		
手防护	防渗手套。		
其他防护	无资料。		

品名：**三甲基己基二异氰酸酯**	分子式：$C_{11}H_{18}N_2O_2$	相态：液
别名：二异氰酸三甲基六亚甲基酯	分子量：无资料	外观与性状：液体，无色或微黄色
危险特性		
火灾危险性：无	爆炸物：无	皮肤腐蚀/刺激：类别 2
腐蚀减薄：无	金属腐蚀：无	严重眼损伤/眼刺激：类别 2
环境开裂：无	急性毒性：类别 2	
与水反应，生成二氧化碳和有毒的二(元)胺。在碱的作用下，能与醇类剧烈反应。异氰酸醋与酸、乙醛、腐蚀剂、氨、脂肪胺、链烷醇胺、氨基化合物、醇类、乙二醇、己内酰胺溶液接触发生反应。		

理化特性			
熔点：(283.8±23.0)℃	临界温度：无资料	爆炸上限：无资料	引燃温度：无资料
沸点：无资料	临界压力：无资料	爆炸下限：无资料	燃烧热：无资料
闪点：(283.8±23.0)℃	饱和蒸气压：无资料	相对密度($d_水=1$)：无资料	

溶解性	与水反应生成二氧化碳和有毒的二胺。
主要用途	无资料。
急救措施	
皮肤接触	脱去污染的衣着，用大量流动清水冲洗至少 20min。就医。
眼睛接触	提起眼睑，用流动清水冲洗至少 20min。就医。
吸入	迅速脱离现场至空气新鲜处。保持呼吸道通畅。如呼吸困难，给输氧。如呼吸停止，立即进行人工呼吸。就医。
食入	就医。
防护措施	
呼吸防护	半面罩或全面罩呼吸器，自携式呼吸器(SCBA)，供气呼吸器等。
眼睛防护	护目镜。如果情况需要，佩戴面具。
身体防护	防渗防护服。如果情况需要，穿戴防护靴。
手防护	防渗手套。
其他防护	无资料。

品名：**2,2,4-三甲基己烷**	分子式：C_9H_{20}	相态：液
别名：无	分子量：128.3	外观与性状：无资料
危险特性		
火灾危险性：可燃液体甲 B	爆炸物：无	皮肤腐蚀/刺激：无
腐蚀减薄：无	金属腐蚀：无	易燃液体：类别 2
环境开裂：无	急性毒性：无	
无资料。		

理化特性			
熔点：125.0℃	临界温度：无资料	爆炸上限：无资料	引燃温度：无资料
沸点：(125.5±7.0)℃	临界压力：无资料	爆炸下限：无资料	燃烧热：无资料
闪点：(20.9±11.7)℃	饱和蒸气压：无资料	相对密度($d_水=1$)：0.72	

溶解性	无资料。
主要用途	无资料。
急救措施	
皮肤接触	无资料。
眼睛接触	无资料。
吸入	无资料。
食入	无资料。
防护措施	
呼吸防护	无资料。
眼睛防护	无资料。
身体防护	无资料。
手防护	无资料。
其他防护	无资料。

品名：**2,2,5-三甲基己烷**		分子式：C_9H_2O	相态：液
别名：无		分子量：128.3	外观与性状：无色液体
危险特性			
火灾危险性：可燃液体甲 B		爆炸物：无	皮肤腐蚀/刺激：无
腐蚀减薄：无		金属腐蚀：无	易燃液体：类别 2
环境开裂：无		急性毒性：无	
易燃，其蒸气与空气可形成爆炸性混合物。与氧化剂能发生强烈反应引起燃烧或爆炸。在火场中，受热的容器有爆炸危险。其蒸气比空气重，能在较低处扩散到相当远的地方，遇火源会着火回燃。			
理化特性			
熔点：-116.8℃	临界温度：无资料	爆炸上限：无资料	引燃温度：350.0℃
沸点：137.7℃	临界压力：2.37MPa	爆炸下限：无资料	燃烧热：无资料
闪点：12.8℃	饱和蒸气压：1.72kPa(21℃)	相对密度($d_{水}=1$)：0.71	
溶解性	不溶于水，溶于甲醇。		
主要用途	作为发动机燃料，也用于有机合成。		
急救措施			
皮肤接触	脱去污染的衣着，用大量肥皂水和水清洗皮肤。		
眼睛接触	提起眼睑，用流动清水或生理盐水冲洗。就医。		
吸入	迅速脱离现场至空气新鲜处。保持呼吸道通畅。如呼吸困难，给输氧。如呼吸停止，立即进行人工呼吸。就医。		
食入	饮用足量温水，催吐。就医。		
防护措施			
呼吸防护	空气中浓度超标时，必须佩戴自吸过滤式防毒面具(半面罩)。紧急事态抢救或撤离时，应该佩戴空气呼吸器。		
眼睛防护	戴化学安全防护眼镜。		
身体防护	穿防静电工作服。		
手防护	戴橡胶耐油手套。		
其他防护	工作现场禁止吸烟、进食和饮水。工作完毕，淋浴更衣。保持良好的卫生习惯。		

品名：**三甲基铝**		分子式：C_3H_9Al	相态：液
别名：无		分子量：72.1	外观与性状：无色液体
危险特性			
火灾危险性：无法确定		爆炸物：无	皮肤腐蚀/刺激：无
腐蚀减薄：无		金属腐蚀：无	自燃液体：类别 1
环境开裂：无		急性毒性：无	遇水放出易燃气体的物质和混合物：类别 1
接触空气、氧气、水发生强烈化学反应，能引起燃烧，分解时放出有毒气体。			
理化特性			
熔点：15.0℃	临界温度：无资料	爆炸上限：无资料	引燃温度：-22.0℃
沸点：126.0℃	临界压力：无资料	爆炸下限：无资料	燃烧热：无资料
闪点：4.4℃	饱和蒸气压：无资料	相对密度($d_{水}=1$)：0.75	
溶解性	能溶于乙醚。		
主要用途	用作烯烃聚合催化剂、引火燃料，也用于制取直链伯醇和烯烃等，可用于金属有机化合物气相沉积。		
急救措施			
皮肤接触	无资料。		
眼睛接触	无资料。		
吸入	无资料。		
食入	无资料。		
防护措施			
呼吸防护	无资料。		
眼睛防护	无资料。		
身体防护	无资料。		
手防护	无资料。		
其他防护	无资料。		

品名：**三甲基氯硅烷**	分子式：C_3H_9ClSi	相态：液
别名：氯化三甲基硅烷	分子量：108.6	外观与性状：无色至淡黄色透明液体

危险特性

火灾危险性：可燃液体甲 B	爆炸物：无	皮肤腐蚀/刺激：类别 1
腐蚀减薄：盐酸腐蚀、含盐水腐蚀	金属腐蚀：无	易燃液体：类别 2
环境开裂：氯化物应力腐蚀开裂	急性毒性：类别 3	严重眼损伤/眼刺激：类别 1

易燃，遇明火、高热或与氧化剂接触，有引起燃烧爆炸的危险。受热或遇水分解放热，放出有毒的腐蚀性烟气。具有腐蚀性。

理化特性

熔点：-40.0℃	临界温度：无资料	爆炸上限：6.0%	引燃温度：395.0℃
沸点：57.6℃	临界压力：3.36MPa	爆炸下限：1.8%	燃烧热：无资料
闪点：-28.0℃	饱和蒸气压：26.7kPa(20℃)	相对密度($d_水=1$)：0.85	

溶解性	溶于苯、甲醇、乙醚、全氯乙烯。
主要用途	用作硅酮油制造的中间体、憎水剂、分析用试剂。

急救措施

皮肤接触	脱去污染的衣着，用大量流动清水冲洗至少 15min。就医。
眼睛接触	提起眼睑，用流动清水或生理盐水冲洗至少 15min。就医。
吸入	迅速脱离现场至空气新鲜处。保持呼吸道通畅。如呼吸困难，给输氧。如呼吸停止，立即进行人工呼吸。就医。
食入	用水漱口，给饮牛奶或蛋清。就医。

防护措施

呼吸防护	可能接触其蒸气时，应该佩戴自吸过滤式防毒面具(全面罩)。紧急事态抢救或撤离时，建议佩戴自给式呼吸器。
眼睛防护	戴化学安全防护眼镜。
身体防护	穿防毒物渗透工作服。
手防护	戴橡胶耐油手套。
其他防护	工作现场禁止吸烟、进食和饮水。工作完毕，淋浴更衣。保持良好的卫生习惯。

品名：**三甲基硼**	分子式：$C_3H_9B_3$	相态：气
别名：甲基硼	分子量：56.0	外观与性状：具自燃性的无色气体

危险特性

火灾危险性：无法确定	爆炸物：无	皮肤腐蚀/刺激：无
腐蚀减薄：无	金属腐蚀：无	易燃气体：类别 1
环境开裂：无	急性毒性：无	加压气体：是

遇氧气、空气均会引起自燃而爆炸。遇火种、氧化剂有引起燃烧爆炸的危险。

理化特性

熔点：-161.5℃	临界温度：无资料	爆炸上限：无资料	引燃温度：无资料
沸点：-20.0℃	临界压力：无资料	爆炸下限：无资料	燃烧热：无资料
闪点：无资料	饱和蒸气压：无资料	相对密度($d_水=1$)：0.63	

溶解性	不溶于水，易溶于乙醇、乙醚。
主要用途	用于有机合成。

急救措施

皮肤接触	脱去污染的衣着，用大量流动清水清洗皮肤。就医。
眼睛接触	提起眼睑，用流动清水或生理盐水冲洗至少 15min。就医。
吸入	迅速脱离现场至空气新鲜处。保持呼吸道通畅。如呼吸困难，给输氧。如呼吸停止，立即进行人工呼吸。就医。
食入	无资料。

防护措施

呼吸防护	空气中浓度超标时，必须佩戴自吸过滤式防毒面具(半面罩)。紧急事态抢救或撤离时，应该佩戴空气呼吸器。
眼睛防护	戴化学安全防护眼镜。
身体防护	穿防毒物渗透工作服。
手防护	戴乳胶手套。
其他防护	工作完毕，淋浴更衣。注意个人清洁卫生。

品名：**2,2,3-三甲基戊烷**	分子式：C_8H_{18}	相态：液
别名：无	分子量：114.2	外观与性状：无色液体

危险特性

火灾危险性：可燃液体甲 B	爆炸物：无	皮肤腐蚀/刺激：类别 2
腐蚀减薄：无	金属腐蚀：无	易燃液体：类别 2
环境开裂：无	急性毒性：无	

其蒸气与空气可形成爆炸性混合物，遇热源和明火有燃烧爆炸的危险。与氧化剂能发生强烈反应。在火场中，受热的容器有爆炸危险其蒸气比空气重，能在较低处扩散到相当远的地方，遇火源会着火回燃。

理化特性

熔点：-112.3℃	临界温度：无资料	爆炸上限：5.6%	引燃温度：430.0℃
沸点：109.8℃	临界压力：2.73MPa	爆炸下限：1.0%	燃烧热：无资料
闪点：8.7℃	饱和蒸气压：4kPa(23.69℃)	相对密度($d_{水}=1$)：0.72	

溶解性	不溶于水，微溶于乙醇，溶于乙醚。
主要用途	用作溶剂。
急救措施	
皮肤接触	脱去污染的衣着，用大量肥皂水和水清洗皮肤。
眼睛接触	提起眼睑，用流动清水或生理盐水冲洗。就医。
吸入	迅速脱离现场至空气新鲜处。保持呼吸道通畅。
食入	饮用足量温水，催吐。就医。
防护措施	
呼吸防护	空气中浓度超标时，必须佩戴自吸过滤式防毒面具(半面罩)。紧急事态抢救或撤离时，应该佩戴空气呼吸器。
眼睛防护	戴化学安全防护眼镜。
身体防护	穿防静电工作服。
手防护	戴橡胶耐油手套。
其他防护	工作现场严禁吸烟。避免长期反复接触。

品名：**2,2,4-三甲基戊烷**	分子式：C_8H_{18}	相态：液
别名：无	分子量：114.2	外观与性状：无色、透明液体

危险特性

火灾危险性：可燃液体甲 B	爆炸物：无	皮肤腐蚀/刺激：类别 2
腐蚀减薄：无	金属腐蚀：无	易燃液体：类别 2
环境开裂：无	急性毒性：无	

其蒸气与空气可形成爆炸性混合物，遇明火、高热能引起燃烧爆炸。遇强氧化剂会引起燃烧爆炸。其蒸气比空气重，能在较低处扩散到相当远的地方，遇火源会着火回燃。

理化特性

熔点：-107.4℃	临界温度：无资料	爆炸上限：6.0%	引燃温度：417.0℃
沸点：99.2℃	临界压力：2.57MPa	爆炸下限：1.0%	燃烧热：无资料
闪点：-7.0℃	饱和蒸气压：5.1kPa(20℃)	相对密度($d_{水}=1$)：0.69	

溶解性	不溶于水，溶于醚，易溶于醇、丙酮、苯、氯仿等。
主要用途	用于有机合成，用作溶剂及气相色谱的对比样品。
急救措施	
皮肤接触	脱去污染的衣着，用大量肥皂水和水清洗皮肤。
眼睛接触	提起眼睑，用流动清水或生理盐水冲洗。就医。
吸入	迅速脱离现场至空气新鲜处。保持呼吸道通畅。如呼吸困难，给输氧。如呼吸停止，立即进行人工呼吸。就医。
食入	饮用足量温水，催吐。就医。
防护措施	
呼吸防护	空气中浓度超标时，必须佩戴自吸过滤式防毒面具(半面罩)。紧急事态抢救或撤离时，应该佩戴空气呼吸器。
眼睛防护	戴化学安全防护眼镜。
身体防护	穿防静电工作服。
手防护	戴橡胶耐油手套。
其他防护	工作现场严禁吸烟。避免长期反复接触。

品名：**2,3,4-三甲基戊烷** 别名：无	分子式：C_8H_{18} 分子量：114.2	相态：液 外观与性状：无色液体	
危险特性			
火灾危险性：可燃液体甲 B 腐蚀减薄：无 环境开裂：无	爆炸物：无 金属腐蚀：无 急性毒性：无	皮肤腐蚀/刺激：类别 2 易燃液体：类别 2	
其蒸气与空气可形成爆炸性混合物，遇明火、高热能引起燃烧爆炸。遇强氧化剂会引起燃烧爆炸。其蒸气比空气重，能在较低处扩散到相当远的地方，遇火源会着火回燃。			
理化特性			
熔点：-110.0～-109.0℃ 沸点：113.0～114.0℃ 闪点：5.0℃	临界温度：无资料 临界压力：2.73MPa 饱和蒸气压：6.75kPa(37.70℃)	爆炸上限：6.0% 爆炸下限：6.0% 相对密度($d_水$=1)：0.72	引燃温度：427.0℃ 燃烧热：无资料
溶解性	不溶于水，溶于乙醚、氯仿、苯。		
主要用途	用作溶剂及气相色谱对比样品。		
急救措施			
皮肤接触	脱去污染的衣着，用大量肥皂水和水清洗皮肤。		
眼睛接触	提起眼睑，用流动清水或生理盐水冲洗。就医。		
吸入	迅速脱离现场至空气新鲜处。保持呼吸道通畅。如呼吸困难，给输氧。如呼吸停止，立即进行人工呼吸。就医。		
食入	饮用足量温水，催吐。就医。		
防护措施			
呼吸防护	空气中浓度超标时，必须佩戴自吸过滤式防毒面具(半面罩)。紧急事态抢救或撤离时，应该佩戴空气呼吸器。		
眼睛防护	戴化学安全防护眼镜。		
身体防护	穿防静电工作服。		
手防护	戴橡胶耐油手套。		
其他防护	工作现场严禁吸烟。避免长期反复接触。		

品名：**三甲基乙酰氯** 别名：三甲基氯乙酰；新戊酰氯	分子式：C_5H_9ClO 分子量：120.6	相态：液 外观与性状：无色液体	
危险特性			
火灾危险性：可燃液体甲 B 腐蚀减薄：无 环境开裂：无	爆炸物：无 金属腐蚀：无 急性毒性：类别 2	皮肤腐蚀/刺激：类别 1 易燃液体：类别 2 严重眼损伤/眼刺激：类别 1	
其蒸气与空气可形成爆炸性混合物，遇明火、高热极易燃烧爆炸。与氧化剂接触猛烈反应。遇水发生剧烈反应，散发出具有刺激性和腐蚀性的氯化氢气体。受高热分解放出有毒的气体。遇潮时对大多数金属有腐蚀性。			
理化特性			
熔点：-56.0℃ 沸点：105.0～106.0℃ 闪点：8.0℃	临界温度：无资料 临界压力：无资料 饱和蒸气压：4.8kPa(20℃)	爆炸上限：无资料 爆炸下限：无资料 相对密度($d_水$=1)：0.98	引燃温度：无资料 燃烧热：无资料
溶解性	易溶于乙醚。		
主要用途	用于有机合成。		
急救措施			
皮肤接触	脱去污染的衣着，用大量流动清水冲洗。就医。		
眼睛接触	提起眼睑，用流动清水或生理盐水冲洗至少 15min。就医。		
吸入	迅速脱离现场至空气新鲜处。保持呼吸道通畅。如呼吸困难，给输氧。如呼吸停止，立即进行人工呼吸。就医。		
食入	用水漱口，给饮牛奶或蛋清。就医。		
防护措施			
呼吸防护	空气中浓度超标时，必须佩戴自吸过滤式防毒面具(全面罩)。紧急事态抢救或撤离时，应该佩戴空气呼吸器。		
眼睛防护	呼吸系统防护中已做防护。		
身体防护	穿橡胶耐酸碱服。		
手防护	戴橡胶耐酸碱手套。		
其他防护	工作现场禁止吸烟、进食和饮水。工作完毕，淋浴更衣。保持良好的卫生习惯。		

品名：**三甲基乙氧基硅烷**	分子式：$C_4H_{14}OSi$	相态：液
别名：乙氧基三甲基硅烷	分子量：118.3	外观与性状：无色液体

危险特性

火灾危险性：可燃液体甲 B	爆炸物：无	皮肤腐蚀/刺激：无
腐蚀减薄：无	金属腐蚀：无	易燃液体：类别 2
环境开裂：无	急性毒性：无	严重眼损伤/眼刺激：类别 2

其蒸气与空气可形成爆炸性混合物，遇明火、高热极易燃烧爆炸。与氧化剂接触猛烈反应。流速过快，容易产生和积聚静电。其蒸气比空气重，能在较低处扩散到相当远的地方，遇火源会着火回燃。若遇高热，容器内压增大，有开裂和爆炸的危险。

理化特性

熔点：-83.0℃	临界温度：无资料	爆炸上限：无资料	引燃温度：无资料
沸点：75.0~76.0℃	临界压力：无资料	爆炸下限：无资料	燃烧热：无资料
闪点：-18.0℃	饱和蒸气压：13.33kPa(22.1℃)	相对密度($d_{水}=1$)：0.76	

溶解性	不溶于水，可混溶于多数有机溶剂。
主要用途	用于硅有机化合物的合成，也用作憎水剂。

急救措施

皮肤接触	脱去污染的衣着，用大量流动清水清洗皮肤。
眼睛接触	提起眼睑，用流动清水或生理盐水冲洗。就医。
吸入	迅速脱离现场至空气新鲜处。保持呼吸道通畅。如呼吸困难，给输氧。如呼吸停止，立即进行人工呼吸。就医。
食入	饮用足量温水，催吐。就医。

防护措施

呼吸防护	空气中浓度超标时，必须佩戴自吸过滤式防毒面具(半面罩)。紧急事态抢救或撤离时，应该佩戴空气呼吸器。
眼睛防护	戴化学安全防护眼镜。
身体防护	穿防静电工作服。
手防护	戴橡胶耐油手套。
其他防护	工作现场严禁吸烟。工作完毕，淋浴更衣。注意个人清洁卫生。

品名：**三聚甲醛**	分子式：$C_3H_6O_3$	相态：固
别名：三氧杂环己烷；三聚蚁醛；对称三噁烷	分子量：90.1	外观与性状：白色结晶粉末，有甲醛的气味

危险特性

火灾危险性：可燃气体甲	爆炸物：无	皮肤腐蚀/刺激：无
腐蚀减薄：无	金属腐蚀：无	易燃固体：类别 1
环境开裂：无	急性毒性：无	

遇高热、明火或与氧化剂接触，有引起燃烧的危险。粉体与空气可形成爆炸性混合物，当达到一定的浓度时，遇火星会发生爆炸。

理化特性

熔点：59.0~62.0℃	临界温度：无资料	爆炸上限：28.7%	引燃温度：414.0℃
沸点：114.5℃	临界压力：无资料	爆炸下限：3.6%	燃烧热：无资料
闪点：45.0℃	饱和蒸气压：无资料	相对密度($d_{水}=1$)：1.17	

溶解性	微溶于水、溶于乙醇、乙醚、丙酮、稀碱溶液、烯酸溶液。
主要用途	用于有机合成，并用于消毒剂等。

急救措施

皮肤接触	脱去污染的衣着，立即用大量流动清水彻底冲洗至少 15min。就医。
眼睛接触	立即翻开上下眼睑，用流动清水或生理盐水冲洗至少 15min。就医。
吸入	迅速脱离现场至空气新鲜处。保持呼吸道通畅。呼吸困难时给输氧。呼吸停止时，立即进行人工呼吸。就医。
食入	给饮牛奶或蛋清。就医。

防护措施

呼吸防护	空气中浓度超标时，必须佩戴防毒面具。
眼睛防护	戴化学安全防护眼镜。
身体防护	穿防腐工作服。
手防护	戴防化学品手套。
其他防护	工作场所禁止吸烟、进食和饮水，饭前要洗手。工作完毕，淋浴更衣。保持良好的卫生习惯。

品名：**三聚氰酸三烯丙酯** 别名：无	分子式：$C_{12}H_{15}N_3O_3$ 分子量：249.2	相态：液 外观与性状：无色液体或固体	
危险特性			
火灾危险性：可燃液体丙 A 腐蚀减薄：无 环境开裂：无	爆炸物：无 金属腐蚀：无 急性毒性：无	皮肤腐蚀/刺激：无	
遇明火、高热可燃。与氧化剂可发生反应。受高热或与酸接触会产生剧毒的氰化物气体。受热分解放出高毒烟雾。容易自聚，聚合反应随着温度的上升而急骤加剧。若遇高热，容器内压增大，有开裂和爆炸的危险。			
理化特性			
熔点：26.0~28.0℃ 沸点：120.0℃ 闪点：80.0℃	临界温度：无资料 临界压力：无资料 饱和蒸气压：0.133kPa(100℃)	爆炸上限：无资料 爆炸下限：无资料 相对密度($d_{水}=1$)：1.11	引燃温度：无资料 燃烧热：无资料
溶解性	可混溶于乙醇、乙酸乙酯、丙酮、苯、氯仿、二甲苯。		
主要用途	用作聚合物的单体，也用于有机合成。		
急救措施			
皮肤接触	脱去污染的衣着，用大量流动清水清洗皮肤。		
眼睛接触	提起眼睑，用流动清水或生理盐水冲洗。就医。		
吸入	迅速脱离现场至空气新鲜处。保持呼吸道通畅。如呼吸困难，给输氧。如呼吸停止，立即进行人工呼吸。就医。		
食入	饮用足量温水，催吐。就医。		
防护措施			
呼吸防护	空气中浓度超标时，必须佩戴自吸过滤式防毒面具(半面罩)。紧急事态抢救或撤离时，应该佩戴空气呼吸器。		
眼睛防护	戴化学安全防护眼镜。		
身体防护	穿防毒物渗透工作服。		
手防护	戴橡胶手套。		
其他防护	工作场所禁止吸烟、进食和饮水，饭前要洗手。工作完毕，淋浴更衣。保持良好的卫生习惯。		

品名：**三聚乙醛** 别名：仲乙醛；三聚醋醛	分子式：$C_6H_{12}O_3$ 分子量：132.2	相态：液 外观与性状：无色油状液体，有芳香的气味	
危险特性			
火灾危险性：可燃液体甲 B 腐蚀减薄：无 环境开裂：无	爆炸物：无 金属腐蚀：无 急性毒性：无	皮肤腐蚀/刺激：无 易燃液体：类别 3	
易燃，遇明火有引起燃烧的危险。受高热分解放出有毒的气体。与氧化剂接触猛烈反应。其蒸气比空气重，能在较低处扩散到相当远的地方，遇火源会着火回燃。			
理化特性			
熔点：12.6℃ 沸点：65.0~82.0℃ 闪点：-1.1℃	临界温度：290.0℃ 临界压力：3.50MPa 饱和蒸气压：3.36kPa(20℃)	爆炸上限：17.0% 爆炸下限：1.3% 相对密度($d_{水}=1$)：0.99	引燃温度：235.0℃ 燃烧热：3119.4kJ/mol
溶解性	溶于水，可混溶于多数有机溶剂。		
主要用途	用作溶剂，以及用于有机合成、橡胶促进剂和抗氧剂制造等。		
急救措施			
皮肤接触	脱去污染的衣着，用大量流动清水清洗皮肤。		
眼睛接触	提起眼睑，用流动清水或生理盐水冲洗。就医。		
吸入	迅速脱离现场至空气新鲜处。保持呼吸道通畅。如呼吸困难，给输氧。如呼吸停止，立即进行人工呼吸。就医。		
食入	饮用足量温水，催吐。就医。		
防护措施			
呼吸防护	空气中浓度超标时，必须佩戴自吸过滤式防毒面具(半面罩)。紧急事态抢救或撤离时，应该佩戴空气呼吸器。		
眼睛防护	戴安全防护眼镜。		
身体防护	穿防静电工作服。		
手防护	戴橡胶耐油手套。		
其他防护	工作场所禁止吸烟、进食和饮水，饭前要洗手。工作完毕，淋浴更衣。保持良好的卫生习惯。		

品名：**三聚异丁烯** 别名：三异丁烯	分子式：$C_{12}H_{24}$ 分子量：168.3		相态：液 外观与性状：无资料
危险特性			
火灾危险性：可燃液体乙 B 腐蚀减薄：无 环境开裂：无	爆炸物：无 金属腐蚀：无 急性毒性：无		皮肤腐蚀/刺激：无 易燃液体：类别 3
无资料。			
理化特性			
熔点：141.0℃ 沸点：177.0℃ 闪点：50.0℃	临界温度：无资料 临界压力：无资料 饱和蒸气压：无资料	爆炸上限：无资料 爆炸下限：无资料 相对密度($d_{水}=1$)：无资料	引燃温度：无资料 燃烧热：无资料
溶解性	无资料。		
主要用途	无资料。		
急救措施			
皮肤接触	立即脱掉被污染的衣服和鞋。用肥皂和大量的水冲洗。就医。		
眼睛接触	用清水冲洗至少 15min。		
吸入	迅速脱离现场至空气新鲜处。保持呼吸道通畅。如呼吸困难，给输氧。如呼吸停止，立即进行人工呼吸。就医。		
食入	禁止催吐。切勿给失去知觉者通过口喂任何东西。用水漱口。就医。		
防护措施			
呼吸防护	如果蒸气浓度超过职业接触限值或发生刺激等症状时，请使用全面罩式多功能防毒面具(US)或 AXBEK 型(EN14387)防毒面具筒。		
眼睛防护	佩戴化学护目镜(符合欧盟 EN166 或美国 NIOSH 标准)。		
身体防护	全套防化学试剂工作服，防护设备的类型必须根据特定工作场所中的危险物的浓度和含量来选择。		
手防护	戴化学防护手套，符合 EU 的 89/686/EEC 规定和从它衍生出来的 EN 376 标准。		
其他防护	无资料。		

品名：**三硫化二磷** 别名：三硫化磷	分子式：P_2S_3 分子量：158.1		相态：固 外观与性状：黄色或淡黄色结晶或粉末无臭，无味，遇潮气分解
危险特性			
火灾危险性：无法确定 腐蚀减薄：硫酸腐蚀、高温硫化物腐蚀 环境开裂：连多硫酸应力腐蚀开裂	爆炸物：无 金属腐蚀：无 急性毒性：无		皮肤腐蚀/刺激：无 易燃固体：类别 1
受热或摩擦极易燃烧。与潮湿空气接触会发热，散发出有毒和易燃的气体。与大多数氧化剂如氯酸盐、硝酸盐、高氯酸盐或高锰酸盐等组成敏感度极高的爆炸性混合物。			
理化特性			
熔点：290.0℃ 沸点：490.0℃ 闪点：无资料	临界温度：无资料 临界压力：无资料 饱和蒸气压：无资料	爆炸上限：无资料 爆炸下限：无资料 相对密度($d_{水}=1$)：无资料	引燃温度：无资料 燃烧热：无资料
溶解性	溶于水，溶于酸、醚、二硫化碳。		
主要用途	用作化学试剂。		
急救措施			
皮肤接触	脱去污染的衣着，用大量流动清水冲洗。就医。		
眼睛接触	提起眼睑，用流动清水或生理盐水冲洗。就医。		
吸入	迅速脱离现场至空气新鲜处。保持呼吸道通畅。如呼吸困难，给输氧。如呼吸停止，立即进行人工呼吸。就医。		
食入	饮用足量温水，催吐。就医。		
防护措施			
呼吸防护	空气中粉尘浓度超标时，必须佩戴自吸过滤式防尘口罩。紧急事态抢救或撤离时，应该佩戴空气呼吸器。		
眼睛防护	戴化学安全防护眼镜。		
身体防护	穿防毒物渗透工作服。		
手防护	戴橡胶手套。		
其他防护	工作完毕，淋浴更衣。注意个人清洁卫生。		

品名：**三硫化二锑**	分子式：S_3Sb_2	相态：固	
别名：硫化亚锑	分子量：339.7	外观与性状：橙红色无定形粉末	
危险特性			
火灾危险性：无	爆炸物：无	皮肤腐蚀/刺激：无	
腐蚀减薄：硫酸腐蚀、高温硫化物腐蚀	金属腐蚀：无	严重眼损伤/眼刺激：类别 2	
环境开裂：连多硫酸应力腐蚀开裂	急性毒性：无		
与氧化剂接触，有引起燃烧爆炸的危险。粉体与空气可形成爆炸性混合物，当达到一定浓度时，遇火星会发生爆炸。			
理化特性			
熔点：550.0℃	临界温度：无资料	爆炸上限：无资料	引燃温度：无资料
沸点：1150.0℃	临界压力：无资料	爆炸下限：无资料	燃烧热：无资料
闪点：无资料	饱和蒸气压：无资料	相对密度($d_{水}=1$)：无资料	
溶解性	不溶于水，溶于盐酸、硫化铵和硫化钠溶液。		
主要用途	用于制颜料、烟火、火柴等。		
急救措施			
皮肤接触	脱去污染的衣着，用肥皂水和清水彻底冲洗皮肤。		
眼睛接触	提起眼睑，用流动清水或生理盐水冲洗。就医。		
吸入	迅速脱离现场至空气新鲜处。保持呼吸道通畅。如呼吸困难，给输氧。如呼吸停止，立即进行人工呼吸。就医。		
食入	饮足量温水，催吐。就医。		
防护措施			
呼吸防护	作业工人应该佩戴自吸过滤式防尘口罩。必要时，佩戴空气呼吸器、氧气呼吸器或长管面具。		
眼睛防护	戴化学安全防护眼镜。		
身体防护	穿防毒物渗透工作服。		
手防护	戴化学防护手套(例如丁腈橡胶手套)。		
其他防护	工作现场禁止吸烟、进食和饮水。工作完毕，淋浴更衣。单独存放被毒物污染的衣服，洗后备用。保持良好的卫生习惯。		

品名：**三硫化四磷**	分子式：P_4S_3	相态：固	
别名：无	分子量：220.1	外观与性状：黄绿色针状结晶	
危险特性			
火灾危险性：无法确定	爆炸物：无	皮肤腐蚀/刺激：无	
腐蚀减薄：硫酸腐蚀、高温硫化物腐蚀	金属腐蚀：无	易燃固体：类别 2	
环境开裂：连多硫酸应力腐蚀开裂	急性毒性：无	遇水放出易燃气体的物质和混合物：类别 1	
受热或摩擦极易燃烧。燃烧时生成有毒的二氧化硫气体。遇热水水解，生成硫化氢气体。与潮湿空气接触会发热，散发出有毒和易燃的气体。与大多数氧化如氯酸盐、硝酸盐、高氯酸盐或高锰酸盐等组成敏感度极高的爆炸性混合物。			
理化特性			
熔点：172.5℃	临界温度：无资料	爆炸上限：无资料	引燃温度：100.0℃
沸点：407.5℃	临界压力：无资料	爆炸下限：无资料	燃烧热：无资料
闪点：无资料	饱和蒸气压：无资料	相对密度($d_{水}=1$)：2.03	
溶解性	不溶于冷水，溶于硝酸、二硫化碳、苯。		
主要用途	用于制造火柴，也用于制火柴盒的摩擦面。		
急救措施			
皮肤接触	脱去污染的衣着，用大量肥皂水和水清洗皮肤。		
眼睛接触	提起眼睑，用流动清水或生理盐水冲洗。就医。		
吸入	迅速脱离现场至空气新鲜处。保持呼吸道通畅。如呼吸困难，给输氧。如呼吸停止，立即进行人工呼吸。就医。		
食入	饮用足量温水，催吐。就医。		
防护措施			
呼吸防护	可能接触其粉尘时，必须佩戴防尘面具(全面罩)。紧急事态抢救或撤离时，应该佩戴空气呼吸器。		
眼睛防护	呼吸系统防护中已做防护。		
身体防护	穿胶布防毒衣。		
手防护	戴橡胶手套。		
其他防护	工作完毕，淋浴更衣。注意个人清洁卫生。		

品名：**1,1,2-三氯-1,2,2-三氟乙烷** 别名：R113；1,2,2-三氯三氟乙烷	分子式：$C_2Cl_3F_3$ 分子量：187.4		相态：液 外观与性状：无色透明液体，有乙醚气味
危险特性			
火灾危险性：可燃液体丙 B 腐蚀减薄：无 环境开裂：无	爆炸物：无 金属腐蚀：无 急性毒性：无		皮肤腐蚀/刺激：无 严重眼损伤/眼刺激：无
受高热分解放出有毒的气体。与碱金属能发生剧烈反应。与活性金属粉末(如镁、铝等)能发生反应，引起分解。			
理化特性			
熔点：-36.4℃ 沸点：47.0℃ 闪点：无资料	临界温度：214.1℃ 临界压力：3.41MPa 饱和蒸气压：37.86kPa(20℃)	爆炸上限：无资料 爆炸下限：无资料 相对密度($d_水=1$)：1.57	引燃温度：无资料 燃烧热：无资料
溶解性	不溶于水，是醇、卤代烃、脂肪烃、芳香烃、酚类、油类的优良溶剂。但对一般无机盐、有机酸、水溶性树胶及多种合成树脂的溶解性差。		
主要用途	用作聚三氟氯乙烯单体，也用作制冷剂、清洗剂、干洗剂和溶剂等。		
急救措施			
皮肤接触	脱去污染的衣着，用流动清水冲洗。		
眼睛接触	立即提起眼睑，用大量流动清水彻底冲洗。		
吸入	脱离现场至空气新鲜处。必要时进行人工呼吸。就医。		
食入	误服者给饮大量温水，催吐，就医。		
防护措施			
呼吸防护	空气中浓度较高时，应该佩戴防毒面具。紧急事态抢救或逃生时，佩戴自给式呼吸器。		
眼睛防护	戴安全防护眼镜。		
身体防护	穿相应的防护服。		
手防护	戴防护手套。		
其他防护	工作现场禁止吸烟、进食和饮水，工作后，淋浴更衣。单独存放被毒物污染的衣服，洗后再用。注意个人清洁卫生。		

品名：**1,1,1-三氯-2,2-双(4-氯苯基)乙烷** 别名：滴滴涕	分子式：$C_{14}H_9Cl_5$ 分子量：354.5		相态：固 外观与性状：白色或淡黄色粉末
危险特性			
火灾危险性：可燃液体丙 A 腐蚀减薄：无 环境开裂：无	爆炸物：无 金属腐蚀：无 急性毒性：类别 3		皮肤腐蚀/刺激：无 严重眼损伤/眼刺激：无
遇明火、高热可燃。其粉体与空气可形成爆炸性混合物，当达到一定浓度时，遇火星会发生爆炸。受高热分解放出有毒的气体。			
理化特性			
熔点：107.0~109.0℃ 沸点：260.0℃ 闪点：72.0~77.0℃	临界温度：无资料 临界压力：无资料 饱和蒸气压：2.53×10^{-8}kPa(20℃)	爆炸上限：无资料 爆炸下限：无资料 相对密度($d_水=1$)：1.55	引燃温度：无资料 燃烧热：无资料
溶解性	不溶于水，易溶于丙酮、苯、二氯乙烷。		
主要用途	用作农用杀虫剂。		
急救措施			
皮肤接触	脱去污染的衣着，用大量流动清水冲洗。就医。		
眼睛接触	提起眼睑，用流动清水或生理盐水冲洗。就医。		
吸入	迅速脱离现场至空气新鲜处。保持呼吸道通畅。如呼吸困难，给输氧。如呼吸停止，立即进行人工呼吸。就医。		
食入	饮用足量温水，催吐。就医。		
防护措施			
呼吸防护	可能接触其粉尘时，必须佩戴防尘面具(全面罩)。紧急事态抢救或撤离时，应该佩戴空气呼吸器。		
眼睛防护	呼吸系统防护中已做防护。		
身体防护	穿防毒物渗透工作服。		
手防护	戴橡胶手套。		
其他防护	工作现场禁止吸烟、进食和饮水。工作完毕，淋浴更衣。保持良好的卫生习惯。		

品名：**2,4,5-三氯苯胺**	分子式：$C_6H_4Cl_3N$	相态：固	
别名：1-氨基-2,4,5-三氯苯	分子量：196.5	外观与性状：浅黄色针状结晶	
危险特性			
火灾危险性：无	爆炸物：无	皮肤腐蚀/刺激：无	
腐蚀减薄：碱腐蚀、胺腐蚀	金属腐蚀：无		
环境开裂：碱应力腐蚀开裂、氨应力腐蚀开裂、胺应力腐蚀开裂	急性毒性：类别 3		
遇明火、高热可燃。受高热分解，产生有毒的氮氧化物和氯化物气体。与强氧化剂接触可发生化学反应。			
理化特性			
熔点：96.5℃	临界温度：无资料	爆炸上限：无资料	引燃温度：无资料
沸点：270.0℃	临界压力：无资料	爆炸下限：无资料	燃烧热：无资料
闪点：无资料	饱和蒸气压：无资料	相对密度($d_{水}=1$)：无资料	
溶解性	不溶于水，但被水分解，溶于乙醇、乙醚、丙酮、苯、四氯化碳等。		
主要用途	用作染料中间体，并用于有机合成。		
急救措施			
皮肤接触	脱去污染的衣着，用大量肥皂水和水清洗皮肤。		
眼睛接触	提起眼睑，用流动清水或生理盐水冲洗。就医。		
吸入	迅速脱离现场至空气新鲜处。保持呼吸道通畅。如呼吸困难，给输氧。如呼吸停止，立即进行人工呼吸。就医。		
食入	饮用足量温水，催吐。就医。		
防护措施			
呼吸防护	空气中粉尘浓度超标时，佩戴自吸过滤式防尘口罩。紧急事态抢救或撤离时，应该佩戴自给式呼吸器。		
眼睛防护	戴化学安全防护眼镜。		
身体防护	穿防毒物渗透工作服。		
手防护	戴橡胶手套。		
其他防护	工作现场禁止吸烟、进食和饮水。及时换洗工作服。工作前后不饮酒，用温水洗澡。实行就业前和定期的体检。		

品名：**2,4,6-三氯苯胺**	分子式：$C_6H_4Cl_3N$	相态：固	
别名：1-氨基-2,4,6-三氯苯	分子量：196.5	外观与性状：白色针状结晶	
危险特性			
火灾危险性：无	爆炸物：无	皮肤腐蚀/刺激：无	
腐蚀减薄：碱腐蚀、胺腐蚀	金属腐蚀：无		
环境开裂：碱应力腐蚀开裂、氨应力腐蚀开裂、胺应力腐蚀开裂	急性毒性：无		
遇明火、高热可燃。受高热分解，产生有毒的氮氧化物和氯化物气体。与强氧化剂接触可发生化学反应。			
理化特性			
熔点：78.5℃	临界温度：无资料	爆炸上限：无资料	引燃温度：无资料
沸点：262.0℃	临界压力：无资料	爆炸下限：无资料	燃烧热：无资料
闪点：无资料	饱和蒸气压：0.13kPa(134℃)	相对密度($d_{水}=1$)：无资料	
溶解性	溶于乙醇、乙醚，不溶于磷酸。		
主要用途	用于有机合成。		
急救措施			
皮肤接触	脱去污染的衣着，用大量肥皂水和水清洗皮肤。		
眼睛接触	提起眼睑，用流动清水或生理盐水冲洗。就医。		
吸入	迅速脱离现场至空气新鲜处。保持呼吸道通畅。如呼吸困难，给输氧。如呼吸停止，立即进行人工呼吸。就医。		
食入	饮用足量温水，催吐。就医。		
防护措施			
呼吸防护	空气中粉尘浓度超标时，佩戴自吸过滤式防尘口罩。紧急事态抢救或撤离时，应该佩戴自给式呼吸器。		
眼睛防护	戴安全防护眼镜。		
身体防护	穿防毒物渗透工作服。		
手防护	戴橡胶手套。		
其他防护	工作现场禁止吸烟、进食和饮水。及时换洗工作服。工作前后不饮酒，用温水洗澡。实行就业前和定期的体检。		

品名：**2,4,5-三氯苯酚** 别名：2,4,5-三氯酚		分子式：$C_6H_3Cl_3O$ 分子量：197.4	相态：固 外观与性状：无色针状结晶或灰色片状物，有强烈的苯酚气味
危险特性			
火灾危险性：无 腐蚀减薄：苯酚腐蚀 环境开裂：无		爆炸物：无 金属腐蚀：无 急性毒性：无	皮肤腐蚀/刺激：类别2 严重眼损伤/眼刺激：类别2
遇明火、高热可燃。其粉体与空气可形成爆炸性混合物，当达到一定浓度时，遇火星会发生爆炸。受高热分解放出有毒的气体。			
理化特性			
熔点：61.0~63.0℃ 沸点：252.0℃ 闪点：无资料	临界温度：无资料 临界压力：无资料 饱和蒸气压：0.133kPa(72℃)	爆炸上限：无资料 爆炸下限：无资料 相对密度($d_{水}=1$)：1.68	引燃温度：无资料 燃烧热：无资料
溶解性	不溶于水，溶于四氯化碳、醇、苯、醚。		
主要用途	用作杀霉菌剂、气相色谱对比样品。		
急救措施			
皮肤接触	脱去污染的衣着，用大量流动清水冲洗。就医。		
眼睛接触	提起眼睑，用流动清水或生理盐水冲洗。就医。		
吸入	迅速脱离现场至空气新鲜处。保持呼吸道通畅。如呼吸困难，给输氧。如呼吸停止，立即进行人工呼吸。就医。		
食入	饮用足量温水，催吐。就医。		
防护措施			
呼吸防护	空气中粉尘浓度超标时，必须佩戴自吸过滤式防尘口罩。紧急事态抢救或撤离时，应该佩戴空气呼吸器。		
眼睛防护	戴化学安全防护眼镜。		
身体防护	穿防毒物渗透工作服。		
手防护	戴橡胶手套。		
其他防护	工作场所禁止吸烟、进食和饮水，饭前要洗手。工作完毕，淋浴更衣。保持良好的卫生习惯。		

品名：**2,4,6-三氯苯酚** 别名：2,4,6-三氯酚		分子式：$C_6H_3Cl_3O$ 分子量：197.4	相态：固 外观与性状：无色针状结晶或黄色固体，有强烈的苯酚气味
危险特性			
火灾危险性：可燃液体丙A 腐蚀减薄：苯酚腐蚀 环境开裂：无		爆炸物：无 金属腐蚀：无 急性毒性：无	皮肤腐蚀/刺激：类别2 加压气体：类别2
遇明火、高热可燃。其粉体与空气可形成爆炸性混合物，当达到一定浓度时，遇火星会发生爆炸。受高热分解放出有毒的气体。具有腐蚀性。			
理化特性			
熔点：68.0℃ 沸点：246.0℃ 闪点：99.0℃	临界温度：无资料 临界压力：无资料 饱和蒸气压：0.133kPa(76.5℃)	爆炸上限：无资料 爆炸下限：无资料 相对密度($d_{水}=1$)：1.49	引燃温度：无资料 燃烧热：无资料
溶解性	溶于水，易溶于醇、醚、氯仿、甘油、石油醚、二硫化碳。		
主要用途	用作染料中间体、杀菌剂、防腐剂，也用作聚酯纤维的溶剂。		
急救措施			
皮肤接触	脱去污染的衣着，用大量流动清水冲洗。就医。		
眼睛接触	提起眼睑，用流动清水或生理盐水冲洗。就医。		
吸入	迅速脱离现场至空气新鲜处。保持呼吸道通畅。如呼吸困难，给输氧。如呼吸停止，立即进行人工呼吸。就医。		
食入	饮用足量温水，催吐。就医。		
防护措施			
呼吸防护	空气中粉尘浓度超标时，必须佩戴自吸过滤式防尘口罩。紧急事态抢救或撤离时，应该佩戴空气呼吸器。		
眼睛防护	戴化学安全防护眼镜。		
身体防护	穿防毒物渗透工作服。		
手防护	戴橡胶手套。		
其他防护	工作场所禁止吸烟、进食和饮水，饭前要洗手。工作完毕，淋浴更衣。保持良好的卫生习惯。		

品名：**2-(2,4,5-三氯苯氧基)丙酸**	分子式：$C_9H_7O_3Cl$	相态：固	
别名：2,4,5-涕丙酸	分子量：269.5	外观与性状：无色结晶粉末	
危险特性			
火灾危险性：无	爆炸物：无	皮肤腐蚀/刺激：类别 2	
腐蚀减薄：低分子有机酸腐蚀	金属腐蚀：无		
环境开裂：无	急性毒性：无		
遇明火、高热可燃。其粉体与空气可形成爆炸性混合物，当达到一定浓度时，遇火星会发生爆炸。受高热分解放出有毒的气体。			
理化特性			
熔点：179.0~181.0℃	临界温度：无资料	爆炸上限：无资料	引燃温度：无资料
沸点：378.4℃	临界压力：无资料	爆炸下限：无资料	燃烧热：无资料
闪点：11.0℃	饱和蒸气压：无资料	相对密度($d_水=1$)：1.21	
溶解性	微溶于水，溶于甲醇、丙酮。		
主要用途	用作农用除草剂和植物生长调节剂。		
急救措施			
皮肤接触	脱去污染的衣着，用大量流动清水冲洗。就医。		
眼睛接触	提起眼睑，用流动清水或生理盐水冲洗。就医。		
吸入	迅速脱离现场至空气新鲜处。保持呼吸道通畅。如呼吸困难，给输氧。如呼吸停止，立即进行人工呼吸。就医。		
食入	饮用足量温水，催吐。就医。		
防护措施			
呼吸防护	空气中粉尘浓度超标时，必须佩戴自吸过滤式防尘口罩。紧急事态抢救或撤离时，应该佩戴空气呼吸器。		
眼睛防护	戴化学安全防护眼镜。		
身体防护	穿防毒物渗透工作服。		
手防护	戴橡胶手套。		
其他防护	工作场所禁止吸烟、进食和饮水，饭前要洗手。工作完毕，淋浴更衣。保持良好的卫生习惯。		

品名：**2,4,5-三氯苯氧乙酸**	分子式：$C_8H_5Cl_3O_3$	相态：固	
别名：2,4,5-涕	分子量：255.5	外观与性状：无味白色结晶	
危险特性			
火灾危险性：无	爆炸物：无	皮肤腐蚀/刺激：类别 2	
腐蚀减薄：低分子有机酸腐蚀	金属腐蚀：无	严重眼损伤/眼刺激：类别 2	
环境开裂：无	急性毒性：无		
遇明火、高热可燃。其粉体与空气可形成爆炸性混合物，当达到一定浓度时，遇火星会发生爆炸。受高热分解放出有毒的气体。			
理化特性			
熔点：151.0~153.0℃	临界温度：无资料	爆炸上限：无资料	引燃温度：无资料
沸点：376.3℃	临界压力：无资料	爆炸下限：无资料	燃烧热：无资料
闪点：2.0℃	饱和蒸气压：无资料	相对密度($d_水=1$)：1.80	
溶解性	难溶于水，易溶于多数有机溶剂。		
主要用途	用作农用除草剂。		
急救措施			
皮肤接触	脱去污染的衣着，用大量流动清水冲洗。就医。		
眼睛接触	提起眼睑，用流动清水或生理盐水冲洗。就医。		
吸入	迅速脱离现场至空气新鲜处。保持呼吸道通畅。如呼吸困难，给输氧。如呼吸停止，立即进行人工呼吸。就医。		
食入	饮用足量温水，催吐。就医。		
防护措施			
呼吸防护	空气中粉尘浓度超标时，必须佩戴自吸过滤式防尘口罩。紧急事态抢救或撤离时，应该佩戴空气呼吸器。		
眼睛防护	戴化学安全防护眼镜。		
身体防护	穿防毒物渗透工作服。		
手防护	戴橡胶手套。		
其他防护	工作场所禁止吸烟、进食和饮水，饭前要洗手。工作完毕，淋浴更衣。保持良好的卫生习惯。		

<table>
<tr><td colspan="2">品名：1,2,3-三氯丙烷
别名：无</td><td colspan="2">分子式：$C_3H_5Cl_3$
分子量：147.4</td><td colspan="2">相态：液
外观与性状：无色液体</td></tr>
<tr><th colspan="6">危险特性</th></tr>
<tr><td colspan="2">火灾危险性：可燃液体丙 A
腐蚀减薄：无
环境开裂：无</td><td colspan="2">爆炸物：无
金属腐蚀：无
急性毒性：无</td><td colspan="2">皮肤腐蚀/刺激：无</td></tr>
<tr><td colspan="6">与强氧化剂接触可发生化学反应。受热易分解，燃烧时产生有毒的氯化物气体。遇潮湿空气能水解生成微量的氯化氢，光照亦能促进水解而对金属的腐蚀性增强。</td></tr>
<tr><th colspan="6">理化特性</th></tr>
<tr><td colspan="2">熔点：-14.7℃
沸点：156.2℃
闪点：82.0℃</td><td>临界温度：无资料
临界压力：3.87MPa
饱和蒸气压：1.33kPa(46℃)</td><td colspan="2">爆炸上限：12.6%
爆炸下限：3.2%
相对密度($d_{水}=1$)：1.39</td><td>引燃温度：303.0℃
燃烧热：1733kJ/mol</td></tr>
<tr><td>溶解性</td><td colspan="5">溶于部分有机溶剂。</td></tr>
<tr><td>主要用途</td><td colspan="5">用于有机合成。</td></tr>
<tr><th colspan="6">急救措施</th></tr>
<tr><td>皮肤接触</td><td colspan="5">脱去污染的衣着，用大量流动清水冲洗。就医。</td></tr>
<tr><td>眼睛接触</td><td colspan="5">提起眼睑，用流动清水或生理盐水冲洗。就医。</td></tr>
<tr><td>吸入</td><td colspan="5">迅速脱离现场至空气新鲜处。保持呼吸道通畅。如呼吸困难，给输氧。如呼吸停止，立即进行人工呼吸。就医。</td></tr>
<tr><td>食入</td><td colspan="5">饮用足量温水，催吐。就医。</td></tr>
<tr><th colspan="6">防护措施</th></tr>
<tr><td>呼吸防护</td><td colspan="5">可能接触其粉尘时，必须佩戴防尘面具(全面罩)。紧急事态抢救或撤离时，应该佩戴空气呼吸器。</td></tr>
<tr><td>眼睛防护</td><td colspan="5">呼吸系统防护中已做防护。</td></tr>
<tr><td>身体防护</td><td colspan="5">穿防静电工作服。</td></tr>
<tr><td>手防护</td><td colspan="5">戴橡胶手套。</td></tr>
<tr><td>其他防护</td><td colspan="5">工作现场禁止吸烟、进食和饮水。工作完毕，淋浴更衣。保持良好的卫生习惯。</td></tr>
</table>

<table>
<tr><td colspan="2">品名：1,2,3-三氯代苯
别名：1,2,3-三氯苯</td><td colspan="2">分子式：$C_6H_3Cl_3$
分子量：181.5</td><td colspan="2">相态：固
外观与性状：白色结晶</td></tr>
<tr><th colspan="6">危险特性</th></tr>
<tr><td colspan="2">火灾危险性：可燃液体丙 A
腐蚀减薄：无
环境开裂：无</td><td colspan="2">爆炸物：无
金属腐蚀：无
急性毒性：无</td><td colspan="2">皮肤腐蚀/刺激：无
严重眼损伤/眼刺激：类别 1</td></tr>
<tr><td colspan="6">遇明火能燃烧。与氧化剂接触猛烈反应。在空气中受热分解放出剧毒的光气和氯化氢气体。</td></tr>
<tr><th colspan="6">理化特性</th></tr>
<tr><td colspan="2">熔点：52.6℃
沸点：221.0℃
闪点：112.0℃</td><td>临界温度：无资料
临界压力：无资料
饱和蒸气压：0.0173kPa(25℃)</td><td colspan="2">爆炸上限：无资料
爆炸下限：无资料
相对密度($d_{水}=1$)：1.45</td><td>引燃温度：无资料
燃烧热：无资料</td></tr>
<tr><td>溶解性</td><td colspan="5">不溶于水，微溶于乙醇，溶于乙醚。</td></tr>
<tr><td>主要用途</td><td colspan="5">用于有机合成。</td></tr>
<tr><th colspan="6">急救措施</th></tr>
<tr><td>皮肤接触</td><td colspan="5">脱去污染的衣着，用大量流动清水冲洗。就医。</td></tr>
<tr><td>眼睛接触</td><td colspan="5">提起眼睑，用流动清水或生理盐水冲洗。就医。</td></tr>
<tr><td>吸入</td><td colspan="5">迅速脱离现场至空气新鲜处。保持呼吸道通畅。如呼吸困难，给输氧。如呼吸停止，立即进行人工呼吸。就医。</td></tr>
<tr><td>食入</td><td colspan="5">饮用足量温水，催吐。就医。</td></tr>
<tr><th colspan="6">防护措施</th></tr>
<tr><td>呼吸防护</td><td colspan="5">空气中粉尘浓度超标时，必须佩戴自吸过滤式防尘口罩。紧急事态抢救或撤离时，应该佩戴空气呼吸器。</td></tr>
<tr><td>眼睛防护</td><td colspan="5">戴化学安全防护眼镜。</td></tr>
<tr><td>身体防护</td><td colspan="5">穿防毒物渗透工作服。</td></tr>
<tr><td>手防护</td><td colspan="5">戴橡胶手套。</td></tr>
<tr><td>其他防护</td><td colspan="5">工作现场禁止吸烟、进食和饮水。工作完毕，彻底清洗。单独存放被毒物污染的衣服，洗后备用。注意个人清洁卫生。</td></tr>
</table>

品名：**1,2,4-三氯代苯**	分子式：$C_6H_3Cl_3$	相态：液	
别名：1,2,4-三氯苯	分子量：181.5	外观与性状：无色液体	
危险特性			
火灾危险性：可燃液体丙 A	爆炸物：无	皮肤腐蚀/刺激：类别 2	
腐蚀减薄：无	金属腐蚀：无		
环境开裂：无	急性毒性：无		
遇明火能燃烧。在空气中受热分解放出剧毒的光气和氯化氢气体。与氧化剂接触猛烈反应。			
理化特性			
熔点：17.2℃	临界温度：无资料	爆炸上限：6.6%	引燃温度：无资料
沸点：213.8℃	临界压力：无资料	爆炸下限：2.5%	燃烧热：2798.7kJ/mol
闪点：110.0℃	饱和蒸气压：0.13kPa(38.4℃)	相对密度($d_{水}=1$)：1.45	
溶解性	不溶于水，微溶于醇，可混溶于乙醚、苯、石油醚、二硫化碳。		
主要用途	用作溶剂及染料、绝缘液、杀虫剂的合成，也用作热载体，以及有机合成中间体。		
急救措施			
皮肤接触	脱去污染的衣着，用大量流动清水冲洗至少 15min。就医。		
眼睛接触	立即提起眼睑，用大量流动清水或生理盐水彻底冲洗至少 15min。就医。		
吸入	迅速脱离现场至空气新鲜处。保持呼吸道通畅。如呼吸困难，给输氧。如呼吸停止，立即进行人工呼吸。就医。		
食入	饮用足量温水，催吐。就医。		
防护措施			
呼吸防护	空气中浓度超标时，应该佩戴防毒面具。		
眼睛防护	戴安全防护眼镜。		
身体防护	穿防毒物渗透工作服。		
手防护	戴橡胶耐油手套。		
其他防护	工作现场禁止吸烟、进食和饮水。工作完毕，彻底清洗。单独存放被毒物污染的衣服，洗后备用。注意个人清洁卫生。		

品名：**1,3,5-三氯代苯**	分子式：$C_6H_3Cl_3$	相态：固	
别名：1,3,5-三氯苯	分子量：181.5	外观与性状：白色晶体，有特殊气味	
危险特性			
火灾危险性：无	爆炸物：无	皮肤腐蚀/刺激：无	
腐蚀减薄：无	金属腐蚀：无	严重眼损伤/眼刺激：类别 2	
环境开裂：无	急性毒性：无		
遇明火能燃烧。在空气中受热分解放出剧毒的光气和氯化氢气体。与氧化剂接触猛烈反应。			
理化特性			
熔点：63.4℃	临界温度：无资料	爆炸上限：无资料	引燃温度：577.0℃
沸点：108.5℃	临界压力：3.72MPa	爆炸下限：无资料	燃烧热：无资料
闪点：无资料	饱和蒸气压：1.33kPa(78℃)	相对密度($d_{水}=1$)：1.87	
溶解性	不溶于水，微溶于醇，易溶于乙醚、苯。		
主要用途	用于有机合成，杀虫剂及染料合成。		
急救措施			
皮肤接触	脱去污染的衣着，用大量流动清水冲洗至少 15min。就医。		
眼睛接触	提起眼睑，用流动清水或生理盐水冲洗至少 15min。就医。		
吸入	迅速脱离现场至空气新鲜处。保持呼吸道通畅。如呼吸困难，给输氧。如呼吸停止，立即进行人工呼吸。就医。		
食入	饮用足量温水，催吐。就医。		
防护措施			
呼吸防护	可能接触其粉尘时，应该佩戴自吸过滤式防尘口罩。紧急事态抢救或撤离时，佩戴空气呼吸器。		
眼睛防护	戴安全防护眼镜。		
身体防护	穿防毒物渗透工作服。		
手防护	戴橡胶手套。		
其他防护	工作现场禁止吸烟、进食和饮水。工作完毕，彻底清洗。单独存放被毒物污染的衣服，洗后备用。注意个人清洁卫生。		

品名：**三氯硅烷** 别名：硅仿；硅氯仿；三氯氢硅	分子式：HCl_3Si 分子量：135.4	相态：液 外观与性状：无色液体，极易挥发	
危险特性			
火灾危险性：可燃液体甲 B 腐蚀减薄：无 环境开裂：无	爆炸物：无 金属腐蚀：无 急性毒性：无	皮肤腐蚀/刺激：类别 1 自然液体：类别 1 严重眼损伤/眼刺激：类别 1	
遇明火强烈燃烧。受高热分解产生有毒的氯化物气体。与氧化剂发生反应，有燃烧危险。极易挥发，在空气中发烟，遇水或水蒸气能产生热和有毒的腐蚀性烟雾。			
理化特性			
熔点：-134.0℃ 沸点：31.8℃ 闪点：-13.9℃	临界温度：无资料 临界压力：无资料 饱和蒸气压：53.33kPa(14.5℃)	爆炸上限：无资料 爆炸下限：无资料 相对密度($d_{水}=1$)：1.37	引燃温度：185.0℃ 燃烧热：无资料
溶解性	溶于苯、醚等多数有机溶剂。		
主要用途	用于制造硅酮化合物。		
急救措施			
皮肤接触	脱去污染的衣着，用大量流动清水冲洗至少 15min。就医。		
眼睛接触	提起眼睑，用流动清水或生理盐水冲洗至少 15min。就医。		
吸入	迅速脱离现场至空气新鲜处。保持呼吸道通畅。如呼吸困难，给输氧。如呼吸停止，立即进行人工呼吸。就医。		
食入	用水漱口，给饮牛奶或蛋清。就医。		
防护措施			
呼吸防护	空气中浓度超标时，必须佩戴防尘面具(全面罩)。紧急事态抢救或撤离时，应该佩戴空气呼吸器。		
眼睛防护	呼吸系统防护中已做防护。		
身体防护	穿胶布防毒衣。		
手防护	戴橡胶手套。		
其他防护	工作现场禁止吸烟、进食和饮水。工作完毕，淋浴更衣。保持良好的卫生习惯。		

品名：**三氯化碘** 别名：无	分子式：ICl_3 分子量：233.3	相态：固 外观与性状：黄色或棕色晶体	
危险特性			
火灾危险性：无 腐蚀减薄：盐酸腐蚀、含盐水腐蚀 环境开裂：氯化物应力腐蚀开裂	爆炸物：无 金属腐蚀：无 急性毒性：无	皮肤腐蚀/刺激：类别 1 严重眼损伤/眼刺激：类别 1	
受高热分解，放出腐蚀性、刺激性的烟雾。吸潮或遇水会产生大量的腐蚀性烟雾。具有强腐蚀性。			
理化特性			
熔点：-33.0℃ 沸点：77.0℃ 闪点：无资料	临界温度：无资料 临界压力：无资料 饱和蒸气压：无资料	爆炸上限：无资料 爆炸下限：无资料 相对密度($d_{水}=1$)：3.20	引燃温度：无资料 燃烧热：无资料
溶解性	溶于水，溶于醇、醚、苯、四氯化碳。		
主要用途	用作氯化剂及氧化剂，测定碘值及用于医药。		
急救措施			
皮肤接触	脱去污染的衣着，用大量流动清水冲洗至少 15min。就医。		
眼睛接触	提起眼睑，用流动清水或生理盐水冲洗至少 15min。就医。		
吸入	迅速脱离现场至空气新鲜处。保持呼吸道通畅。如呼吸困难，给输氧。如呼吸停止，立即进行人工呼吸。就医。		
食入	用水漱口，给饮牛奶或蛋清。就医。		
防护措施			
呼吸防护	可能接触其粉尘时，必须佩戴头罩型电动送风过滤式防尘呼吸器。可能接触其蒸气时，应该佩戴自吸过滤式防毒面具(全面罩)。空气中浓度较高时，必须佩戴自给式呼吸器。		
眼睛防护	呼吸系统防护中已做防护。		
身体防护	穿防酸碱塑料工作服。		
手防护	戴橡胶手套。		
其他防护	工作现场禁止吸烟、进食和饮水。保持良好的卫生习惯。		

品名：**三氯化钒**		分子式：VCl_3	相态：固
别名：无		分子量：157.3	外观与性状：粉红色结晶
危险特性			
火灾危险性：无 腐蚀减薄：盐酸腐蚀、含盐水腐蚀 环境开裂：氯化物应力腐蚀开裂		爆炸物：无 金属腐蚀：无 急性毒性：无	皮肤腐蚀/刺激：类别 1 严重眼损伤/眼刺激：类别 1
遇水反应，放出具有刺激性和腐蚀性的氯化氢气体。与甲基碘化镁和其他格利雅试剂发生剧烈反应。受高热分解放出有毒的气体。遇潮时对大多数金属有腐蚀性。			
理化特性			
熔点：300.0℃ 沸点：无资料 闪点：无资料	临界温度：无资料 临界压力：无资料 饱和蒸气压：无资料	爆炸上限：无资料 爆炸下限：无资料 相对密度($d_{水}=1$)：3.00	引燃温度：无资料 燃烧热：无资料
溶解性	溶于水、醇、醚。		
主要用途	用作试剂和有机合成催化剂。		
急救措施			
皮肤接触	脱去污染的衣着，用大量流动清水冲洗。就医。		
眼睛接触	提起眼睑，用流动清水或生理盐水冲洗至少 15min。就医。		
吸入	迅速脱离现场至空气新鲜处。保持呼吸道通畅。如呼吸困难，给输氧。如呼吸停止，立即进行人工呼吸。就医。		
食入	饮用足量温水，催吐。就医。		
防护措施			
呼吸防护	可能接触其粉尘时，必须佩戴防尘面具(全面罩)。紧急事态抢救或撤离时，应该佩戴空气呼吸器。		
眼睛防护	呼吸系统防护中已做防护。		
身体防护	穿橡胶耐酸碱服。		
手防护	戴橡胶耐酸碱手套。		
其他防护	工作现场禁止吸烟进食和饮水。工作完毕，淋浴更衣。保持良好的卫生习惯。		

品名：**三氯化磷**		分子式：PCl_3	相态：液
别名：氯化磷；氯化亚磷		分子量：137.3	外观与性状：无色澄清液体，在超市空气中发烟
危险特性			
火灾危险性：可燃液体丙 A 腐蚀减薄：盐酸腐蚀、含盐水腐蚀 环境开裂：氯化物应力腐蚀开裂		爆炸物：无 金属腐蚀：无 急性毒性：类别 2	皮肤腐蚀/刺激：类别 1 严重眼损伤/眼刺激：类别 1
遇水猛烈分解产生大量的热和浓烟。甚至爆炸。对很多金属尤其是潮湿空气存在下有腐蚀性。			
理化特性			
熔点：-111.8℃ 沸点：74.2℃ 闪点：76.0℃	临界温度：无资料 临界压力：5.67MPa 饱和蒸气压：13.33kPa(21℃)	爆炸上限：无资料 爆炸下限：无资料 相对密度($d_{水}=1$)：1.57	引燃温度：无资料 燃烧热：无资料
溶解性	可混溶于二硫化碳、醚、四氯化碳、苯。		
主要用途	用于制造有机磷化合物，也用作试剂等。		
急救措施			
皮肤接触	脱去污染的衣着，立即用清洁棉花或布等吸取液体。用大量流动清水冲洗。就医。		
眼睛接触	提起眼睑，用流动清水或生理盐水冲洗至少 15min。就医。		
吸入	迅速脱离现场至空气新鲜处。保持呼吸道通畅。如呼吸困难，给输氧。如呼吸停止，立即进行人工呼吸。就医。		
食入	用水漱口。就医。		
防护措施			
呼吸防护	可能接触其蒸气时，必须佩戴自吸过滤式防毒面具(全面罩)或隔离式呼吸器。紧急事态抢救或撤离时，建议佩戴空气呼吸器。		
眼睛防护	戴化学安全防护眼镜。		
身体防护	穿橡胶耐酸碱服。		
手防护	戴橡胶耐酸碱手套。		
其他防护	工作现场禁止吸烟、进食和饮水。工作完毕，淋浴更衣。单独存放被毒物污染的衣服，洗后备月。保持良好的卫生习惯。		

品名：**三氯化铝[无水]** 别名：氯化铝	分子式：$AlCl_3$ 分子量：133.4	相态：固 外观与性状：白色颗粒或粉末，强盐酸气味。工业品呈淡黄色	
危险特性			
火灾危险性：无 腐蚀减薄：盐酸腐蚀、含盐水腐蚀 环境开裂：氯化物应力腐蚀开裂	爆炸物：无 金属腐蚀：无 急性毒性：无	皮肤腐蚀/刺激：类别1 严重眼损伤/眼刺激：类别1	
遇水或水蒸气反应放热并产生有毒的腐蚀性气体。对很多金属尤其是潮湿空气存在下有腐蚀性。			
理化特性			
熔点：190.0℃ 沸点：180.0℃ 闪点：无资料	临界温度：无资料 临界压力：2.63MPa 饱和蒸气压：0.13kPa(100℃)	爆炸上限：无资料 爆炸下限：无资料 相对密度($d_{水}=1$)：2.44	引燃温度：无资料 燃烧热：无资料
溶解性	易溶于水、醇、氯仿、四氯化碳，微溶于苯。		
主要用途	用作有机合成的催化剂，制备铝有机化合物及金属的炼制。		
急救措施			
皮肤接触	立即脱去污染的衣着，用大量流动清水冲洗至少15min。就医。		
眼睛接触	立即提起眼睑，用大量流动清水或生理盐水彻底冲洗至少15min。就医。		
吸入	迅速脱离现场至空气新鲜处。保持呼吸道通畅。如呼吸困难，给输氧。如呼吸停止，立即进行人工呼吸。就医。		
食入	用水漱口，给饮牛奶或蛋清。就医。		
防护措施			
呼吸防护	可能接触其粉尘时，应该佩戴自吸过滤式防尘口罩，紧急事态抢救或撤离时，建议佩戴空气呼吸器。		
眼睛防护	戴化学安全防护眼镜。		
身体防护	穿橡胶耐酸碱服。		
手防护	戴橡胶耐酸碱手套。		
其他防护	工作现场禁止吸烟、进食和饮水。工作完毕，淋浴更衣。单独存放被毒物污染的衣服，洗后备用。保持良好的卫生习惯。		

品名：**三氯化钼** 别名：无	分子式：$MoCl_3$ 分子量：202.3	相态：固 外观与性状：紫铜色的单斜晶系结晶	
危险特性			
火灾危险性：无 腐蚀减薄：盐酸腐蚀、含盐水腐蚀 环境开裂：氯化物应力腐蚀开裂	爆炸物：无 金属腐蚀：无 急性毒性：无	皮肤腐蚀/刺激：类别1 严重眼损伤/眼刺激：类别1	
遇火会产生刺激性、毒性或腐蚀性的气体。加热时，容器可能爆炸。受热或接触火焰可能会产生膨胀或爆炸性分解。			
理化特性			
熔点：35.0℃ 沸点：无资料 闪点：无资料	临界温度：无资料 临界压力：无资料 饱和蒸气压：无资料	爆炸上限：无资料 爆炸下限：无资料 相对密度($d_{水}=1$)：3.58	引燃温度：无资料 燃烧热：无资料
溶解性	无资料。		
主要用途	无资料。		
急救措施			
皮肤接触	立即脱去污染的衣物。用大量肥皂水和清水冲洗皮肤。如有不适，就医。		
眼睛接触	用大量水彻底冲洗至少15min。如有不适，就医。		
吸入	立即将患者移到新鲜空气处，保持呼吸畅通。如呼吸困难，给予吸氧。如患者食入或吸入本物质，不得进行口对口人工呼吸。如果呼吸停止。立即进行心肺复苏术。立即就医。		
食入	禁止催吐，切勿给失去知觉者从嘴里喂食任何东西。立即呼叫医生或中毒控制中心。		
防护措施			
呼吸防护	如果蒸气浓度超过职业接触限值或发生刺激等症状时，请使用全面罩式多功能防毒面具(US)或AXBEK型(EN14387)防毒面具筒。		
眼睛防护	佩戴化学护目镜(符合欧盟EN166或美国NIOSH标准)。		
身体防护	穿阻燃防静电防护服和抗静电的防护靴。		
手防护	戴化学防护手套(例如丁基橡胶手套)。建议选择经过欧盟EN 374、美国US F739或AS/NZS 2161.1标准测试的防护手套。		
其他防护	工作现场禁止吸烟、进食和饮水。工作完毕，淋浴更衣。保持良好的卫生习惯。		

品名：**三氯化硼**	分子式：BCl_3	相态：气
别名：无	分子量：117.2	外观与性状：无色发烟液体或气体有强烈臭味，易潮解

危险特性

火灾危险性：可燃液体乙 A	爆炸物：无	皮肤腐蚀/刺激：类别 1
腐蚀减薄：盐酸腐蚀、含盐水腐蚀	金属腐蚀：无	严重眼损伤/眼刺激：类别 1
环境开裂：氯化物应力腐蚀开裂	急性毒性：类别 2	加压气体：是

化学反应活性很高，遇水发生爆炸性分解。与铜及其合金有可能生成具有爆炸性的氯乙炔。遇潮气时对大多数金属有强腐蚀性，也能腐蚀玻璃等。在潮湿空气中可形成白色的腐蚀性浓厚烟雾。

理化特性

熔点：-107.3℃	临界温度：无资料	爆炸上限：无资料	引燃温度：无资料
沸点：12.5℃	临界压力：无资料	爆炸下限：无资料	燃烧热：无资料
闪点：12.0℃	饱和蒸气压：101.32kPa(12.5℃)	相对密度($d_{水}=1$)：1.43	

溶解性	溶于苯、二硫化碳。
主要用途	用作半导体硅的掺杂源或有机合成催化剂，还用于高纯硼或有机硼的制取。

急救措施

皮肤接触	脱去污染的衣着，用大量流动清水冲洗至少 15min。就医。
眼睛接触	提起眼睑，用流动清水或生理盐水冲洗至少 15min。就医。
吸入	迅速脱离现场至空气新鲜处。保持呼吸道通畅。如呼吸困难，给输氧。如呼吸停止，立即进行人工呼吸。就医。
食入	用水漱口，给饮牛奶或蛋清。就医。

防护措施

呼吸防护	空气中浓度超标时，佩戴自吸过滤式防毒面具(全面罩)。紧急事态抢救或撤离时，建议佩戴氧气呼吸器。
眼睛防护	呼吸系统防护中已做防护。
身体防护	穿橡胶耐酸碱服。
手防护	戴橡胶手套。
其他防护	工作完毕，淋浴更衣。保持良好的卫生习惯。

品名：**三氯化三甲基二铝**	分子式：$C_3H_9Cl_3Al_2$	相态：液
别名：三氯化三甲基铝	分子量：205.4	外观与性状：无色液体

危险特性

火灾危险性：可燃液体甲 B	爆炸物：无	皮肤腐蚀/刺激：无
腐蚀减薄：盐酸腐蚀、含盐水腐蚀	金属腐蚀：无	自燃液体：类别 1
环境开裂：氯化物应力腐蚀开裂	急性毒性：无	遇水放出易燃气体的物质和混合物：类别 1

暴露在空气或二氧化碳中会自燃。与水、强氧化剂、酸类、卤代烃、胺类发生强烈反应。受高热分解放出有毒的气体。

理化特性

熔点：23.0℃	临界温度：无资料	爆炸上限：无资料	引燃温度：无资料
沸点：144.0℃	临界压力：无资料	爆炸下限：无资料	燃烧热：无资料
闪点：-18.3℃	饱和蒸气压：无资料	相对密度($d_{水}=1$)：0.88	

溶解性	无资料。
主要用途	用作催化剂等。

急救措施

皮肤接触	脱去污染的衣着，用大量流动清水冲洗至少 15min。就医。
眼睛接触	提起眼睑，用流动清水或生理盐水冲洗至少 15min。就医。
吸入	迅速脱离现场至空气新鲜处。保持呼吸道通畅。如呼吸困难，给输氧。如呼吸停止，立即进行人工呼吸。就医。
食入	用水漱口，给饮牛奶或蛋清。就医。

防护措施

呼吸防护	空气中浓度超标时，必须佩戴自吸过滤式防毒面具(全面罩)。紧急事态抢救或撤离时，应该佩戴空气呼吸器。
眼睛防护	呼吸系统防护中已做防护。
身体防护	穿防静电工作服。
手防护	戴橡胶手套。
其他防护	工作现场禁止吸烟、进食和饮水。工作完毕，淋浴更衣。保持良好的卫生习惯。

品名：**三氯化三乙基二铝**	分子式：无资料	相态：无资料
别名：三氯三乙基络铝	分子量：无资料	外观与性状：无资料

危险特性

火灾危险性：无	爆炸物：无	皮肤腐蚀/刺激：无
腐蚀减薄：盐酸腐蚀、含盐水腐蚀	金属腐蚀：无	自燃液体：类别1
环境开裂：无	急性毒性：无	遇水放出易燃气体的物质和混合物：类别1

无资料。

理化特性

熔点：-50.0℃	临界温度：无资料	爆炸上限：无资料	引燃温度：无资料
沸点：204.0℃	临界压力：无资料	爆炸下限：无资料	燃烧热：无资料
闪点：-18.0℃	饱和蒸气压：0.037kPa(20℃)	相对密度($d_{水}=1$)：1.09	

溶解性	无资料。
主要用途	无资料。

急救措施

皮肤接触	立即脱掉被污染的衣服和鞋，用肥皂和大量的水冲洗。就医。
眼睛接触	用大量水彻底冲洗至少15min并就医。
吸入	如果吸入，请将患者移到新鲜空气处。如呼吸停止，进行人工呼吸。就医。
食入	禁止催吐。切勿给失去知觉者通过口喂任何东西。用水漱口。就医。

防护措施

呼吸防护	可能接触其蒸气时，佩戴防毒口罩。紧急事态抢救或逃生时，建议佩戴防毒面具。
眼睛防护	戴化学安全防护眼镜。
身体防护	全套防化学试剂工作服，阻燃防静电防护服。
手防护	戴防护手套。
其他防护	工作现场严禁吸烟。工作后，淋浴更衣。注意个人清洁卫生。车间应配备急救设备及药品。有关人员应学会自救互救。

品名：**三氯化砷**	分子式：$AsCl_3$	相态：液
别名：氯化亚砷	分子量：181.3	外观与性状：无色或淡黄色发烟油状液体

危险特性

火灾危险性：可燃液体丙B	爆炸物：无	皮肤腐蚀/刺激：类别2
腐蚀减薄：盐酸腐蚀、含盐水腐蚀	金属腐蚀：无	严重眼损伤/眼刺激：类别2
环境开裂：氯化物应力腐蚀开裂	急性毒性：类别2	

遇水和紫外线分解，散发出白色烟雾状的刺激性和腐蚀性的氯化氢气体。与金属钠、钾、铝混合，撞击后能猛烈爆炸。具有较强的腐蚀性。

理化特性

熔点：-8.5℃	临界温度：无资料	爆炸上限：无资料	引燃温度：无资料
沸点：130.2℃	临界压力：无资料	爆炸下限：无资料	燃烧热：无资料
闪点：无资料	饱和蒸气压：1.33kPa(23.5℃)	相对密度($d_{水}=1$)：2.16	

溶解性	溶于乙醇、乙醚、浓盐酸。
主要用途	用于制造杀虫剂。

急救措施

皮肤接触	脱去污染的衣着，用大量流动清水冲洗至少15min。就医。
眼睛接触	提起眼睑，用流动清水或生理盐水冲洗至少15min。就医。
吸入	迅速脱离现场至空气新鲜处。保持呼吸道通畅。如呼吸困难，给输氧。如呼吸停止，立即进行人工呼吸。就医。
食入	催吐，洗胃。给饮牛奶或蛋清。就医。

防护措施

呼吸防护	可能接触其蒸气时，必须佩戴自吸过滤式防毒面具(全面罩)。紧急事态抢救或撤离时，建议佩戴自给式呼吸器。
眼睛防护	呼吸系统防护中已做防护。
身体防护	穿连衣式胶布防毒衣。
手防护	戴橡胶手套。
其他防护	工作现场禁止吸烟、进食和饮水。工作完毕，彻底清洗。单独存放被毒物污染的衣服，洗后备用。实行就业前和定期的体检。

品名：**三氯化钛**　　分子式：$TiCl_3$　　相态：固

别名：氯化亚钛　　分子量：154.3　　外观与性状：深紫色结晶，易潮解

危险特性

火灾危险性：可燃液体甲 B　　爆炸物：无　　皮肤腐蚀/刺激：类别 1

腐蚀减薄：盐酸腐蚀、含盐水腐蚀　　金属腐蚀：无　　自燃固体：类别 1

环境开裂：氯化物应力腐蚀开裂　　急性毒性：无　　严重眼损伤/眼刺激：类别 1

强还原剂。易自燃，暴露在空气或潮气中能燃烧。受高热分解产生有毒的腐蚀性烟气。在潮湿空气存在下，放出热和近似白色烟雾状有刺激性和腐蚀性的氯化氢气体。

理化特性

熔点：440.0℃　　临界温度：无资料　　爆炸上限：无资料　　引燃温度：无资料

沸点：无资料　　临界压力：无资料　　爆炸下限：无资料　　燃烧热：无资料

闪点：无资料　　饱和蒸气压：无资料　　相对密度($d_{水}$=1)：2.64

溶解性	溶于水、乙醇。
主要用途	用作分析试剂及还原剂、聚丙烯催化剂等。

急救措施

皮肤接触	脱去污染的衣着，立即用软纸或棉花擦去毒物。用大量流动清水冲洗。就医。
眼睛接触	提起眼睑，用流动清水或生理盐水冲洗至少 15min。就医。
吸入	迅速脱离现场至空气新鲜处。保持呼吸道通畅。如呼吸困难，给输氧。如呼吸停止，立即进行人工呼吸。就医。
食入	用水漱口，给饮牛奶或蛋清。就医。

防护措施

呼吸防护	可能接触毒物时，建议佩戴头罩型电动送风过滤式防尘呼吸器。
眼睛防护	呼吸系统防护中已做防护。
身体防护	穿防腐工作服。
手防护	戴橡胶手套。
其他防护	工作现场严禁吸烟。注意个人清洁卫生。

品名：**三氯化锑**　　分子式：$SbCl_3$　　相态：固

别名：无　　分子量：228.1　　外观与性状：白色易潮解的透明斜方结晶体，在空气中发烟

危险特性

火灾危险性：无　　爆炸物：无　　皮肤腐蚀/刺激：类别 1

腐蚀减薄：盐酸腐蚀、含盐水腐蚀　　金属腐蚀：无　　严重眼损伤/眼刺激：类别 1

环境开裂：氯化物应力腐蚀开裂　　急性毒性：无

受热或遇水分解放热，放出有毒的腐蚀性烟气。遇 H 发泡剂立即燃烧。对很多金属尤其是潮湿空气存在下有腐蚀性。

理化特性

熔点：73.4℃　　临界温度：无资料　　爆炸上限：无资料　　引燃温度：无资料

沸点：223.5℃　　临界压力：4.82MPa　　爆炸下限：无资料　　燃烧热：无资料

闪点：无资料　　饱和蒸气压：0.13kPa(49.2℃)　　相对密度($d_{水}$=1)：3.14

溶解性	溶于醇、丙酮、苯等。
主要用途	用作分析试剂、催化剂及用于有机合成。

急救措施

皮肤接触	脱去污染的衣着，用大量流动清水冲洗至少 15min。就医。
眼睛接触	提起眼睑，用流动清水或生理盐水冲洗至少 15min。就医。
吸入	迅速脱离现场至空气新鲜处。保持呼吸道通畅。
食入	用水漱口，给饮牛奶或蛋清。就医。

防护措施

呼吸防护	可能接触其粉尘时，应该佩戴头罩型电动送风过滤式防尘呼吸器。佩戴空气呼吸器。
眼睛防护	呼吸系统防护中已做防护。
身体防护	穿橡胶耐酸碱服。
手防护	戴橡胶耐酸碱手套。
其他防护	工作现场禁止吸烟、进食和饮水。工作完毕，淋浴更衣。单独存放被毒物污染的衣服，洗后备用。保持良好的卫生习惯。

品名：**三氯化铁**		分子式：$FeCl_3$	相态：固
别名：氯化铁		分子量：162.2	外观与性状：黑棕色结晶，也有薄片状
危险特性			
火灾危险性：无 腐蚀减薄：盐酸腐蚀、含盐水腐蚀 环境开裂：氯化物应力腐蚀开裂		爆炸物：无 金属腐蚀：无 急性毒性：无	皮肤腐蚀/刺激：类别 1 严重眼损伤/眼刺激：类别 1
受高热分解产生有毒的腐蚀性烟气。			
理化特性			
熔点：37.0℃ 沸点：319.0℃ 闪点：无资料	临界温度：无资料 临界压力：无资料 饱和蒸气压：无资料	爆炸上限：无资料 爆炸下限：无资料 相对密度($d_水=1$)：2.90	引燃温度：无资料 燃烧热：无资料
溶解性	易溶于水，不溶于甘油，易溶于甲醇、乙醇、丙酮、乙醚。		
主要用途	用作饮水和废水的处理剂，染料工业的氧化剂和媒染剂，有机合成的催化剂和氧化剂。		
急救措施			
皮肤接触	脱去污染的衣着，用大量流动清水冲洗至少 15min。就医。		
眼睛接触	提起眼睑，用流动清水或生理盐水冲洗至少 15min。就医。		
吸入	迅速脱离现场至空气新鲜处。保持呼吸道通畅。如呼吸困难，给输氧。如呼吸停止，立即进行人工呼吸。就医。		
食入	用水漱口，给饮牛奶或蛋清。就医。		
防护措施			
呼吸防护	可能接触其粉尘时，必须佩戴头罩型电动送风过滤式防尘呼吸器。必要时，佩戴自给式呼吸器。		
眼睛防护	呼吸系统防护中已做防护。		
身体防护	穿胶布防毒衣。		
手防护	戴橡胶手套。		
其他防护	工作现场禁止吸烟、进食和饮水。工作完毕，淋浴更衣。单独存放被毒物污染的衣服，洗后备用。保持良好的卫生习惯。		

品名：**三氯甲苯**		分子式：$C_7H_5Cl_3$	相态：液
别名：三氯化苄；苯基三氯甲烷；α，α,α-三氯甲苯		分子量：195.5	外观与性状：无色液体，有特殊的刺激性气味
危险特性			
火灾危险性：可燃液体丙 A 腐蚀减薄：盐酸腐蚀、含盐水腐蚀 环境开裂：氯化物应力腐蚀开裂		爆炸物：无 金属腐蚀：无 急性毒性：类别 3	皮肤腐蚀/刺激：类别 2 严重眼损伤/眼刺激：类别 1
遇明火、高热可燃。与氧化剂可发生反应。受高热分解放出有毒的气体。流速过快，容易产生和积聚静电。其蒸气比空气重，能在较低处扩散到相当远的地方，遇火源会着火回燃。			
理化特性			
熔点：-4.8℃ 沸点：220.6℃ 闪点：97.0℃	临界温度：无资料 临界压力：无资料 饱和蒸气压：0.13kPa(40℃)	爆炸上限：5.6% 爆炸下限：2.1% 相对密度($d_水=1$)：1.37	引燃温度：无资料 燃烧热：无资料
溶解性	不溶于水，溶于乙醇、乙醚和苯。		
主要用途	用于制造三苯基甲烷染料、蒽醌染料和喹啉染料等。		
急救措施			
皮肤接触	用肥皂水及清水彻底冲洗。就医。		
眼睛接触	拉开眼睑，用流动清水冲洗 15min。就医。		
吸入	脱离现场至空气新鲜处。呼吸困难时给输氧。呼吸停止时，立即进行人工呼吸。就医。		
食入	误服者，口服牛奶、豆浆或蛋清。就医。		
防护措施			
呼吸防护	空气中浓度超标时，必须佩戴自吸过滤式防毒面具(全面罩)。紧急事态抢救或撤离时，应该佩戴空气呼吸器。		
眼睛防护	呼吸系统防护中已做防护。		
身体防护	穿橡胶耐酸碱服。		
手防护	戴橡胶耐酸碱手套。		
其他防护	工作现场禁止吸烟、进食和饮水。工作完毕，淋浴更衣。保持良好的卫生习惯。		

品名：**三氯甲烷** 别名：氯仿		分子式：$CHCl_3$ 分子量：119.4	相态：液 外观与性状：无色透明重质液本，极易挥发，有特殊气味
危险特性			
火灾危险性：无 腐蚀减薄：无 环境开裂：无		爆炸物：无 金属腐蚀：无 急性毒性：类别 3	皮扶腐蚀/刺激：类别 2 严重眼损伤/眼刺激：类别 2
与明火或灼热的物体接触时能产生剧毒的光气。在空气、水分和光的作用下，酸度增加，因而对金属有强烈的腐蚀性。			
理化特性			
熔点：-63.5℃ 沸点：61.3℃ 闪点：无资料	临界温度：263.4℃ 临界压力：5.47MPa 饱和蒸气压：13.33kPa(10.4℃)	爆炸上限：无资料 爆炸下限：无资料 相对密度($d_水$=1)：1.50	引燃温度：无资料 燃烧热：无资料
溶解性	不溶于水，溶于醇、醚、苯。		
主要用途	用于有机合成及麻醉剂等。		
急救措施			
皮肤接触	脱去污染的衣服，用大量水冲洗皮肤或淋浴，给予医疗护理。		
眼睛接触	先用大量水冲洗几分钟(如可能易行，摘除隐形眼镜)，然后就医。		
吸入	新鲜空气，休息。必要时进行人工呼吸，给予医疗护理。		
食入	漱口，大量饮水。休息，给予医疗护理。		
防护措施			
呼吸防护	空气中浓度超标时，应该佩戴直接式防毒面具(半面罩)。紧急事态抢救或撤离时，佩戴空气呼吸器。		
眼睛防护	戴化学安全防护眼镜。		
身体防护	穿防毒物渗透工作服。		
手防护	戴防化学品手套。		
其他防护	工作现场禁止吸烟、进食和饮水。工作完毕，淋浴更衣。单独存放被毒物污染的衣服，洗后备用。注意个人清洁卫生。		

品名：**三氯三氟丙酮** 别名：1,1,3-三氯-1,3,3-三氟丙酮		分子式：$C_3Cl_3F_3O$ 分子量：215.4	相态：液 外观与性状：无色液体
危险特性			
火灾危险性：可燃液体甲 B 腐蚀减薄：无 环境开裂：无		爆炸物：无 金属腐蚀：无 急性毒性：类别 3	皮肤腐蚀/刺激：无
在高温下可燃烧。受高热分解放出有毒的气体。			
理化特性			
熔点：无资料 沸点：84.5℃ 闪点：无资料	临界温度：无资料 临界压力：无资料 饱和蒸气压：无资料	爆炸上限：无资料 爆炸下限：无资料 相对密度($d_水$=1)：无资料	引燃温度：无资料 燃烧热：无资料
溶解性	易溶于水，易溶于多数有机溶剂。		
主要用途	用作溶剂、络合剂。		
急救措施			
皮肤接触	脱去污染的衣着，用大量流动清水冲洗。就医。		
眼睛接触	提起眼睑，用流动清水或生理盐水冲洗。就医。		
吸入	迅速脱离现场至空气新鲜处。保持呼吸道通畅。如呼吸困难，给输氧。如呼吸停止，立即进行人工呼吸。就医。		
食入	饮用足量温水，催吐。就医。		
防护措施			
呼吸防护	空气中浓度超标时，必须佩戴自吸过滤式防毒面具(半面罩)。紧急事态抢救或撤离时，应该佩戴空气呼吸器。		
眼睛防护	戴化学安全防护眼镜。		
身体防护	穿防毒物渗透工作服。		
手防护	戴橡胶耐油手套。		
其他防护	工作现场严禁吸烟。避免长期反复接触。		

品名：**三氯硝基甲烷** 别名：氯化苦；硝基三氯甲烷		分子式：CCl_3NO_2 分子量：164.4	相态：液 外观与性状：无色油状液体，具有特殊辛辣气味，易挥发
危险特性			
火灾危险性：无 腐蚀减薄：盐酸腐蚀、含盐水腐蚀 环境开裂：氯化物应力腐蚀开裂		爆炸物：无 金属腐蚀：无 急性毒性：类别 2	皮肤腐蚀/刺激：类别 2 严重眼损伤/眼刺激：类别 2
受高热分解，产生有毒的氮氧化物和氯化物气体。			
理化特性			
熔点：-64.0℃ 沸点：112.0℃ 闪点：无资料	临界温度：无资料 临界压力：无资料 饱和蒸气压：2.25kPa(20℃)	爆炸上限：无资料 爆炸下限：无资料 相对密度($d_水$=1)：1.65	引燃温度：无资料 燃烧热：无资料
溶解性	不溶于水、易溶于苯、乙醇、乙醚、煤油。		
主要用途	用于有机合成及用于消毒和杀虫。		
急救措施			
皮肤接触	脱去污染的衣着，用大量流动清水冲洗至少 15min。就医。		
眼睛接触	提起眼睑，用流动清水或生理盐水冲洗至少 15min。就医。		
吸入	迅速脱离现场至空气新鲜处。保持呼吸道通畅。如呼吸困难，给输氧。如呼吸停止，立即进行人工呼吸。就医。		
食入	给饮牛奶或蛋清。就医。		
防护措施			
呼吸防护	可能接触其蒸气时，应该佩戴防毒面具。紧急事态抢救或撤离时，建议佩戴自给式呼吸器。		
眼睛防护	戴化学安全防护眼镜。		
身体防护	穿聚乙烯薄膜防毒服。		
手防护	戴防化学品手套。		
其他防护	工作现场禁止吸烟、进食和饮水。工作后，彻底清洗。保持良好的卫生习惯。		

品名：**1,2-*O*-[(1*R*)-2,2,2-三氯亚乙基]-*α*-*D*-呋喃葡糖** 别名：*α*-氯醛糖		分子式：$C_8H_{11}Cl_3O_6$ 分子量：309.5	相态：固 外观与性状：白色结晶粉末
危险特性			
火灾危险性：无 腐蚀减薄：无 环境开裂：无		爆炸物：无 金属腐蚀：无 急性毒性：类别 2	皮肤腐蚀/刺激：无
遇明火、高热可燃。其粉体与空气可形成爆炸性混合物，当达到一定浓度时，遇火星会发生爆炸。受高热分解放出有毒的气体。			
理化特性			
熔点：187.0℃ 沸点：504.4℃ 闪点：(258.9±28.7)℃	临界温度：无资料 临界压力：无资料 饱和蒸气压：无资料	爆炸上限：无资料 爆炸下限：无资料 相对密度($d_水$=1)：无资料	引燃温度：无资料 燃烧热：无资料
溶解性	溶于热水、乙醚，微溶于冷水、乙醇、氯仿。		
主要用途	用作驱鸟剂、杀鼠剂，也用于生化研究。		
急救措施			
皮肤接触	脱去污染的衣着，用大量流动清水冲洗。就医。		
眼睛接触	提起眼睑，用流动清水或生理盐水冲洗。就医。		
吸入	迅速脱离现场至空气新鲜处。保持呼吸道通畅。如呼吸困难，给输氧。如呼吸停止，立即进行人工呼吸。就医。		
食入	饮用足量温水，催吐。就医。		
防护措施			
呼吸防护	可能接触其粉尘时，必须佩戴防尘面具(全面罩)。紧急事态抢救或撤离时，应该佩戴空气呼吸器。		
眼睛防护	呼吸系统防护中已做防护。		
身体防护	穿胶布防毒衣。		
手防护	戴橡胶手套。		
其他防护	工作现场禁止吸烟、进食和饮水。工作完毕，淋浴更衣。保持良好的卫生习惯。		

品名：**三氯氧化钒**		分子式：$VOCl_3$	相态：液
别名：三氯化氧钒		分子量：173.3	外观与性状：柠檬黄液体
危险特性			
火灾危险性：无 腐蚀减薄：盐酸腐蚀、含盐水腐蚀 环境开裂：氯化物应力腐蚀开裂		爆炸物：无 金属腐蚀：无 急性毒性：类别 3	皮肤腐蚀/刺激：类别 1 严重眼损伤/眼刺激：类别 1
本身不能燃烧。遇钾、钠剧烈反应。受高热分解放出有毒的气体。其蒸气比空气重，能在较低处扩散到相当远的地方，遇火源会着火回燃。遇潮时对大多数金属有腐蚀性。若遇高热，容器内压增大，有开裂和爆炸的危险。			
理化特性			
熔点：-77.0℃ 沸点：126.7℃ 闪点：无资料	临界温度：无资料 临界压力：无资料 饱和蒸气压：无资料	爆炸上限：无资料 爆炸下限：无资料 相对密度($d_{水}=1$)：1.81	引燃温度：无资料 燃烧热：无资料
溶解性	溶于乙醇、丙酮、乙酸、四氯化碳、烃类。		
主要用途	用作烯烃聚合催化剂和用于合成有机钒化合物。		
急救措施			
皮肤接触	脱去污染的衣着，用大量流动清水冲洗。就医。		
眼睛接触	提起眼睑，用流动清水或生理盐水冲洗至少 15min。就医。		
吸入	迅速脱离现场至空气新鲜处。保持呼吸道通畅。如呼吸困难，给输氧。如呼吸停止，立即进行人工呼吸。就医。		
食入	用水漱口，给饮牛奶或蛋清。就医。		
防护措施			
呼吸防护	空气中浓度超标时，必须佩戴自吸过滤式防毒面具(全面罩)。紧急事态抢救或撤离时，应该佩戴空气呼吸器。		
眼睛防护	呼吸系统防护中已做防护。		
身体防护	穿橡胶耐酸碱服。		
手防护	戴橡胶耐酸碱手套。		
其他防护	工作现场禁止吸烟、进食和饮水。工作完毕，淋浴更衣。保持良好的卫生习惯。		

品名：**三氯氧磷**		分子式：$POCl_3$	相态：液
别名：氧氯化磷；氯化磷酰；磷酰氯；三氯化磷酰；磷酰三氯		分子量：513.3	外观与性状：无色透明的带刺激性臭味液体，在潮湿空气中剧烈发烟，水解成磷酸和氯化氢
危险特性			
火灾危险性：可燃液体丙 A 腐蚀减薄：盐酸腐蚀、含盐水腐蚀 环境开裂：氯化物应力腐蚀开裂		爆炸物：无 金属腐蚀：无 急性毒性：类别 2	皮肤腐蚀/刺激：类别 1 严重眼损伤/眼刺激：类别 1
遇水发生剧烈反应，散发出具有刺激性和腐蚀性的氯化氢气体。			
理化特性			
熔点：1.3℃ 沸点：105.3℃ 闪点：无资料	临界温度：无资料 临界压力：3.44MPa 饱和蒸气压：5.33kPa(27.3℃)	爆炸上限：无资料 爆炸下限：无资料 相对密度($d_{水}=1$)：1.68	引燃温度：无资料 燃烧热：无资料
溶解性	溶于醇，溶于水。		
主要用途	用作氯化剂、催化剂，也用于制磷酸酯、药物等。		
急救措施			
皮肤接触	脱去污染的衣着，用大量流动清水冲洗。就医。		
眼睛接触	提起眼睑，用流动清水或生理盐水冲洗至少 15min。就医。		
吸入	迅速脱离现场至空气新鲜处。保持呼吸道通畅。如呼吸困难，给输氧。如呼吸停止，立即进行人工呼吸。就医。		
食入	误服者可用温水或 1∶5000 高锰酸钾溶液彻底洗胃。就医。		
防护措施			
呼吸防护	可能接触其蒸气时，应该佩戴防毒面具。紧急事态抢救或撤离时，建议佩戴自给式呼吸器。		
眼睛防护	戴化学安全防护眼镜。		
身体防护	穿防酸碱工作服。		
手防护	戴防化学品手套。		
其他防护	工作现场严禁吸烟。工作完毕，淋浴更衣。注意个人清洁卫生。		

品名：**三氯乙腈**		分子式：C_2Cl_3N	相态：液
别名：氰化三氯甲烷		分子量：144.4	外观与性状：无色液体
危险特性			
火灾危险性：可燃液体甲 B		爆炸物：无	皮肤腐蚀/刺激：无
腐蚀减薄：无		金属腐蚀：无	
环境开裂：无		急性毒性：类别 3	
易燃，受热分解放出剧毒的氰化物气体。遇水或水蒸气、酸或酸气产生有毒的可燃性气体。与强氧化剂接触可发生化学反应。			
理化特性			
熔点：-42.0℃	临界温度：无资料	爆炸上限：无资料	引燃温度：无资料
沸点：85.7℃	临界压力：无资料	爆炸下限：无资料	燃烧热：无资料
闪点：195.0℃	饱和蒸气压：7.33kPa(20℃)	相对密度($d_{水}=1$)：1.44	
溶解性	不溶于水，溶于二甲亚砜、乙醇、丙酮。		
主要用途	用作杀虫剂。		
急救措施			
皮肤接触	脱去污染的衣着，用大量流动清水或5%硫代硫酸钠溶液彻底冲洗至少 20min。就医。		
眼睛接触	提起眼睑，用流动清水或生理盐水冲洗。就医。		
吸入	迅速脱离现场至空气新鲜处。保持呼吸道通畅。如呼吸困难，给输氧。如呼吸停止，立即进行人工呼吸。就医。		
食入	饮用足量温水，催吐。用 1∶5000 高锰酸钾溶液或5%硫代硫酸钠溶液洗胃。就医。		
防护措施			
呼吸防护	可能接触其蒸气时，应该佩戴自吸过滤式防毒面具(半面罩)。紧急事态抢救或撤离时，应该佩戴空气呼吸器。		
眼睛防护	戴化学安全防护眼镜。		
身体防护	穿聚乙烯防毒服。		
手防护	戴橡胶手套。		
其他防护	工作现场禁止吸烟、进食和饮水。工作完毕，彻底清洗。工作服不准带至非作业场所。单独存放被毒物污染的衣服，洗后备用。		

品名：**三氯乙醛[稳定的]**		分子式：C_2HCl_3O	相态：液
别名：氯醛；氯油		分子量：147.4	外观与性状：无色易挥发的油状液体，有刺激气味
危险特性			
火灾危险性：可燃液体甲 B		爆炸物：无	皮肤腐蚀/刺激：无
腐蚀减薄：无		金属腐蚀：无	严重眼损伤/眼刺激：类别 2
环境开裂：无		急性毒性：类别 1	
受热分解放出有催泪性及腐蚀性的气体。			
理化特性			
熔点：-57.5℃	临界温度：无资料	爆炸上限：无资料	引燃温度：无资料
沸点：98.0℃	临界压力：无资料	爆炸下限：无资料	燃烧热：无资料
闪点：75.0℃	饱和蒸气压：4.67kPa(20℃)	相对密度($d_{水}=1$)：1.51	
溶解性	溶于水、乙醇、乙醚、氯仿。		
主要用途	用于 DDT 制造及用于有机合成。		
急救措施			
皮肤接触	脱去污染的衣着，立即用大量流动清水彻底冲洗至少 15min。就医。		
眼睛接触	立即翻开上下眼睑，用流动清水或生理盐水冲洗至少 15min。就医。		
吸入	迅速脱离现场至空气新鲜处。保持呼吸道通畅。如呼吸困难，给输氧。如呼吸停止，立即进行人工呼吸。就医。		
食入	饮用足量温水，催吐。就医。		
防护措施			
呼吸防护	可能接触其蒸气时，必须佩戴自吸过滤式防毒面具(全面罩)。紧急事态抢救或撤离时，佩戴空气呼吸器。		
眼睛防护	呼吸系统防护中已做防护。		
身体防护	穿胶布防毒衣。		
手防护	戴橡胶耐油手套。		
其他防护	工作现场禁止吸烟、进食和饮水。工作完毕，彻底清洗。单独存放被毒物污染的衣服，洗后备用。		

品名：**三氯乙酸**	分子式：$C_2HCl_3O_2$	相态：固
别名：三氯醋酸	分子量：163.4	外观与性状：无色结晶，有刺激性气味，易潮解

危险特性

火灾危险性：无	爆炸物：无	皮肤腐蚀/刺激：类别 1
腐蚀减薄：低分子有机酸腐蚀	金属腐蚀：无	严亘眼损伤/眼刺激：类别 1
环境开裂：无	急性毒性：无	

受高热分解产生有毒的腐蚀性烟气。具有较强的腐蚀性。

理化特性

熔点：57.5℃	临界温度：无资料	爆炸上限：无资料	引燃温度：无资料
沸点：197.5℃	临界压力：4.81MPa	爆炸下限：无资料	燃烧热：387.9kJ/mol
闪点：196.0℃	饱和蒸气压：0.13kPa(51℃)	相对密度($d_{水}=1$)：1.63	

溶解性	溶于水、乙醇、乙醚。
主要用途	用于有机合成和制医药、化学试剂、杀虫剂。

急救措施

皮肤接触	脱去污染的衣着，立即用大量流动清水彻底冲洗至少 15min。就医。
眼睛接触	立即翻开上下眼睑，用流动清水或生理盐水冲洗至少 15min。就医。
吸入	迅速脱离现场至空气新鲜处。保持呼吸道通畅。如呼吸困难，给输氧。如呼吸停止，立即进行人工呼吸。就医。
食入	用水漱口，给饮牛奶或蛋清。就医。

防护措施

呼吸防护	空气中浓度超标时，建议佩戴导管式防毒面具或直接式防毒面具(半面罩)。
眼睛防护	戴化学安全防护眼镜。
身体防护	穿防酸碱工作服。
手防护	戴橡胶耐酸碱手套。
其他防护	工作场所禁止吸烟、进食和饮水，饭前要洗手。工作完毕，淋浴更衣。注意个人清洁卫生。

品名：**三氯乙酸甲酯**	分子式：$C_3H_3Cl_3O_2$	相态：液
别名：三氯醋酸甲酯	分子量：177.4	外观与性状：无色液体，具有刺激性气味

危险特性

火灾危险性：可燃液体丙 A	爆炸物：无	皮肤腐蚀/刺激：无
腐蚀减薄：低分子有机酸腐蚀	金属腐蚀：无	严重眼损伤/眼刺激：无
环境开裂：无	急性毒性：类别 3	

遇明火、高热可燃。与氧化剂可发生反应。受高热分解放出有毒的气体。若遇高热，容器内压增大，有开裂和爆炸的危险。

理化特性

熔点：-17.5℃	临界温度：无资料	爆炸上限：无资料	引燃温度：无资料
沸点：152.0℃	临界压力：无资料	爆炸下限：无资料	燃烧热：无资料
闪点：72.0℃	饱和蒸气压：无资料	相对密度($d_{水}=1$)：1.49	

溶解性	微溶于水，易溶于乙醇、乙醚。
主要用途	用于有机合成。

急救措施

皮肤接触	脱去污染的衣着，用大量流动清水冲洗。就医。
眼睛接触	提起眼睑，用流动清水或生理盐水冲洗。就医。
吸入	迅速脱离现场至空气新鲜处。保持呼吸道通畅。如呼吸困难，给输氧。如呼吸停止，立即进行人工呼吸。就医。
食入	饮用足量温水，催吐。就医。

防护措施

呼吸防护	空气中浓度超标时，必须佩戴自吸过滤式防毒面具(半面罩)。紧急事态抢救或撤离时，应该佩戴空气呼吸器。
眼睛防护	戴化学安全防护眼镜。
身体防护	穿防毒物渗透工作服。
手防护	戴橡胶手套。
其他防护	工作场所禁止吸烟、进食和饮水，饭前要洗手。工作完毕，淋浴更衣。注意个人清洁卫生。

品名：**1,1,1-三氯乙烷**	分子式：$C_2H_3Cl_3$	相态：液	
别名：甲基氯仿	分子量：133.4	外观与性状：无色液体	
危险特性			
火灾危险性：可燃液体甲 B	爆炸物：无	皮肤腐蚀/刺激：无	
腐蚀减薄：无	金属腐蚀：无	严重眼损伤/眼刺激：无	
环境开裂：无	急性毒性：无		
遇明火、高热能燃烧，并产生剧毒的光气和氯化氢烟雾。与碱金属和碱土金属能发生强烈反应。与活性金属粉末(如镁、铝等)能发生反应，引起分解。			
理化特性			
熔点：-32.5℃	临界温度：311.5℃	爆炸上限：15.5%	引燃温度：500.0℃
沸点：74.1℃	临界压力：4.48MPa	爆炸下限：10.0%	燃烧热：无资料
闪点：(-3.7±14.0)℃	饱和蒸气压：13.33kPa(20℃)	相对密度($d_{水}=1$)：1.35	
溶解性	不溶于水，溶于乙醇、乙醚等。		
主要用途	用作溶剂、金属清洁剂。		
急救措施			
皮肤接触	脱去污染的衣着，用大量肥皂水和流动清水冲洗。就医。		
眼睛接触	提起眼睑，用流动清水或生理盐水冲洗。就医。		
吸入	迅速脱离现场至空气新鲜处。保持呼吸道通畅。如呼吸困难，给输氧。如呼吸停止，立即进行人工呼吸。就医。		
食入	饮用足量温水，催吐。就医。		
防护措施			
呼吸防护	空气中浓度超标时，必须佩戴自吸过滤式防毒面具(半面罩)。紧急事态抢救或撤离时，应该佩戴空气呼吸器。		
眼睛防护	戴化学安全防护眼镜。		
身体防护	穿防毒物渗透工作服。		
手防护	戴防化学品手套。		
其他防护	工作现场禁止吸烟、进食和饮水。工作完毕，淋浴更衣。单独存放被毒物污染的衣服，洗后备用。注意个人清洁卫生。		

品名：**1,1,2-三氯乙烷**	分子式：$C_2H_3Cl_3$	相态：液	
别名：甲基氯仿	分子量：133.4	外观与性状：无色液体带有一种温和氯气味	
危险特性			
火灾危险性：可燃液体甲 B	爆炸物：无	皮肤腐蚀/刺激：无	
腐蚀减薄：无	金属腐蚀：无		
环境开裂：无	急性毒性：类别 3		
在潮湿空气中，特别在日光照射下，释放出腐蚀性很强的氯化氢烟雾。			
理化特性			
熔点：-35.0℃	临界温度：无资料	爆炸上限：13.3%	引燃温度：500.0℃
沸点：114.0℃	临界压力：4.48MPa	爆炸下限：8.4%	燃烧热：1097.2kJ/mol
闪点：11.0℃	饱和蒸气压：2.5kPa(20℃)	相对密度($d_{水}=1$)：1.44	
溶解性	不溶于水，可混溶于乙醇、乙醚等。		
主要用途	用作溶剂，用于有机合成。		
急救措施			
皮肤接触	脱去污染的衣着，用大量肥皂水和流动清水冲洗。就医。		
眼睛接触	提起眼睑，用流动清水或生理盐水冲洗。就医。		
吸入	迅速脱离现场至空气新鲜处。保持呼吸道通畅。如呼吸困难，给输氧。如呼吸停止，立即进行人工呼吸。就医。		
食入	饮用足量温水，催吐。就医。		
防护措施			
呼吸防护	空气中浓度超标时，必须佩戴自吸过滤式防毒面具(半面罩)。紧急事态抢救或撤离时，应该佩戴空气呼吸器。		
眼睛防护	戴化学安全防护眼镜。		
身体防护	穿防毒物渗透工作服。		
手防护	戴防化学品手套。		
其他防护	工作现场禁止吸烟、进食和饮水。工作完毕，淋浴更衣。单独存放被毒物污染的衣服，洗后备用。注意个人清洁卫生。		

品名：**三氯乙烯**	分子式：C_2HCl_3	相态：液
别名：无	分子量：131.4	外观与性状：无色透明液体，有似氯仿的气味

危险特性

火灾危险性：可燃液体甲 B	爆炸物：无	皮肤腐蚀/刺激：类别 2
腐蚀减薄：无	金属腐蚀：无	严重眼损伤/眼刺激：类别 2
环境开裂：无	急性毒性：无	

遇明火、高热能引起燃烧爆炸。与强氧化剂接触可发生化学反应。受紫外光照射或在燃烧或加热时，分解产生有毒的光气和腐蚀性的盐酸烟雾。

理化特性

熔点：-87.1℃	临界温度：271.0℃	爆炸上限：90.0%	引燃温度：420.0℃
沸点：87.1℃	临界压力：5.02MPa	爆炸下限：12.5%	燃烧热：951.4kJ/mol
闪点：无资料	饱和蒸气压：7.87kPa(20℃)	相对密度($d_水=1$)：1.46	

溶解性	不溶于水，溶于乙醇、乙醚，可混溶于多数有机溶剂。
主要用途	用作溶剂，用于脱脂、冷冻、农药、香料、橡胶工业，洗涤织物等。

急救措施

皮肤接触	脱去污染的衣着，用大量肥皂水和流动清水冲洗。就医。
眼睛接触	提起眼睑，用流动清水或生理盐水冲洗。就医。
吸入	迅速脱离现场至空气新鲜处。保持呼吸道通畅。
食入	饮用足量温水，催吐。就医。

防护措施

呼吸防护	可能接触其蒸气时，应该佩戴自吸过滤式防毒面具(半面罩)。紧急事态抢救或撤离时，佩戴循环式氧气呼吸器。
眼睛防护	戴化学安全防护眼镜。
身体防护	穿防毒物渗透工作服。
手防护	戴防化学品手套。
其他防护	工作现场禁止吸烟、进食和饮水。工作完毕，淋浴更衣。单独存放被毒物污染的衣服，洗后备用。注意个人清洁卫生。

品名：**三氯乙酰氯**	分子式：C_2Cl_4O	相态：液
别名：无	分子量：181.8	外观与性状：无色透明液体，有刺激性气味

危险特性

火灾危险性：可燃液体乙 A	爆炸物：无	皮肤腐蚀/刺激：类别 1
腐蚀减薄：无	金属腐蚀：无	严重眼损伤/眼刺激：类别 1
环境开裂：无	急性毒性：类别 1	

遇水反应，放出具有刺激性和腐蚀性的氯化氢气体。受高热分解放出有毒的气体。遇潮时对大多数金属有腐蚀性。

理化特性

熔点：-57.0℃	临界温度：无资料	爆炸上限：无资料	引燃温度：无资料
沸点：114.0~116.0℃	临界压力：无资料	爆炸下限：无资料	燃烧热：无资料
闪点：100.0℃	饱和蒸气压：2.13kPa(20℃)	相对密度($d_水=1$)：1.63	

溶解性	不溶于水。
主要用途	用作军用毒气，也用于有机合成。

急救措施

皮肤接触	脱去污染的衣着，用大量流动清水冲洗。就医。
眼睛接触	提起眼睑，用流动清水或生理盐水冲洗至少 15min。就医。
吸入	迅速脱离现场至空气新鲜处。保持呼吸道通畅。如呼吸困难，给输氧。如呼吸停止，立即进行人工呼吸。就医。
食入	用水漱口，给饮牛奶或蛋清。就医。

防护措施

呼吸防护	空气中浓度超标时，必须佩戴自吸过滤式防毒面具(全面罩)。紧急事态抢救或撤离时，应该佩戴空气呼吸器。
眼睛防护	呼吸系统防护中已做防护。
身体防护	穿橡胶耐酸碱服。
手防护	戴橡胶耐酸碱手套。
其他防护	工作现场禁止吸烟、进食和饮水。工作后，淋浴更衣。保持良好的卫生习惯。

品名：**三氯异氰尿酸**	分子式：$C_3Cl_3N_3O_3$	相态：固
别名：无	分子量：232.4	外观与性状：白色结晶粉末或片状

危险特性

火灾危险性：可燃液体丙 A	爆炸物：无	皮肤腐蚀/刺激：无
腐蚀减薄：无	金属腐蚀：无	严重眼损伤/眼刺激：类别 2
环境开裂：无	急性毒性：无	氧化性固体：类别 2

强氧化剂。与易燃物、有机物接触易着火燃烧。遇氰尿酸+氢氧化钠生成易爆炸的产物。遇氨、铵盐、尿素等含氮化合物及水生成易爆炸的三氯化氮。受热或遇水分解放热，放出有毒的腐蚀性烟气。

理化特性

熔点：249.0~251.0℃	临界温度：无资料	爆炸上限：无资料	引燃温度：无资料
沸点：(272.3±23.0)℃	临界压力：无资料	爆炸下限：无资料	燃烧热：无资料
闪点：(272.3±23.0)℃	饱和蒸气压：无资料	相对密度($d_{水}=1$)：无资料	

溶解性	溶于稀碱、氨水和吡啶，微溶于水，水溶液不稳定。
主要用途	用于饮用水、游泳池水、工业循环水、污水等各种水质的杀菌消毒处理；也可用于橡胶氯化、电池材料、有机合成工业以及衣物的干法漂白等。

急救措施

皮肤接触	用肥皂水及清水彻底冲洗。就医。
眼睛接触	拉开眼睑，用流动清水冲洗 15min。就医。
吸入	脱离现场至空气新鲜处。呼吸困难时给输氧。呼吸停止时，立即进行人工呼吸。就医。
食入	误服者，口服牛奶、豆浆或蛋清。就医。

防护措施

呼吸防护	作业工人应该佩戴防尘口罩。紧急事态抢救或逃生时，建议佩戴防毒面具。
眼睛防护	可采用安全面罩。
身体防护	穿相应的防护服。
手防护	戴防护手套。
其他防护	工作现场禁止吸烟、进食和饮水。工作后，淋浴更衣。保持良好的卫生习惯。

品名：**三烯丙基胺**	分子式：$C_9H_{15}N$	相态：液
别名：三烯丙胺；三(2-丙烯基)胺	分子量：137.2	外观与性状：无色液体

危险特性

火灾危险性：可燃液体乙 A	爆炸物：无	皮肤腐蚀/刺激：类别 1
腐蚀减薄：碱腐蚀、胺腐蚀	金属腐蚀：无	易燃液体：类别 3
环境开裂：碱应力腐蚀开裂、胺应力腐蚀开裂	急性毒性：类别 3	严重眼损伤/眼刺激：类别 1

其蒸气与空气可形成爆炸性混合物，遇明火、高热能引起燃烧爆炸。与氧化剂可发生反应。其蒸气比空气重，能在较低处扩散到相当远的地方，遇火源会着火回燃。若遇高热，容器内压增大，有开裂和爆炸的危险。

理化特性

熔点：-70.0℃	临界温度：无资料	爆炸上限：无资料	引燃温度：无资料
沸点：155.0~156.0℃	临界压力：无资料	爆炸下限：无资料	燃烧热：无资料
闪点：39.4℃	饱和蒸气压：无资料	相对密度($d_{水}=1$)：0.80	

溶解性	微溶于水，溶于乙醇、乙醚、丙酮、苯。
主要用途	用于制药，用作化工合成中间体。

急救措施

皮肤接触	脱去污染的衣着，用大量流动清水冲洗至少 15min。就医。
眼睛接触	提起眼睑，用流动清水或生理盐水冲洗。就医。
吸入	迅速脱离现场至空气新鲜处。保持呼吸道通畅。如呼吸困难，给输氧。如呼吸停止，立即进行人工呼吸。就医。
食入	饮用足量温水，催吐。就医。

防护措施

呼吸防护	空气中浓度超标时，必须佩戴自吸过滤式防毒面具(全面罩)。紧急事态抢救或撤离时，应该佩戴空气呼吸器。
眼睛防护	戴化学安全防护眼镜。
身体防护	穿防静电工作服。
手防护	戴橡胶耐油手套。
其他防护	尽可能减少直接接触。工作现场禁止吸烟、进食和饮水。工作完毕，淋浴更衣。

品名：**1,3,5-三硝基苯**	分子式：$C_6H_3N_3O_6$	相态：固	
别名：均三硝基苯	分子量：213.1	外观与性状：白色或黄色斜方结晶	
危险特性			
火灾危险性：无	爆炸物：1.1	皮肤腐蚀/刺激：无	
腐蚀减薄：无	金属腐蚀：无		
环境开裂：无	急性毒性：类别 1		
无资料。			
理化特性			
熔点：123.0℃	临界温度：516.5℃	爆炸上限：无资料	引燃温度：无资料
沸点：315.0℃	临界压力：3.39MPa	爆炸下限：无资料	燃烧热：2774.3kJ/mol
闪点：164.1℃	饱和蒸气压：0.27kPa(175℃)	相对密度($d_{水}=1$)：1.76	
溶解性	不溶于水，微溶于热乙醇，易溶于乙醚、丙酮、苯。		
主要用途	用于制造猛性炸药。		
急救措施			
皮肤接触	脱去污染的衣着，用大量肥皂水和流动清水冲洗。就医。		
眼睛接触	提起眼睑，用流动清水或生理盐水冲洗。就医。		
吸入	迅速脱离现场至空气新鲜处。保持呼吸道通畅。如呼吸困难，给输氧。如呼吸停止，立即进行人工呼吸。就医。		
食入	饮用足量温水，催吐。就医。		
防护措施			
呼吸防护	空气中粉尘浓度超标时，佩戴自吸过滤式防尘口罩。紧急事态抢救或撤离时，应该佩戴空气呼吸器。		
眼睛防护	戴化学安全防护眼镜。		
身体防护	穿紧袖工作服，长筒胶鞋。		
手防护	戴橡胶手套。		
其他防护	工作现场禁止吸烟、进食和饮水。工作完毕，淋浴更衣。保持良好的卫生习惯。实行就业前和定期的体检。		

品名：**2,4,6-三硝基苯胺**	分子式：$C_6H_4N_4O_6$	相态：固	
别名：苦基胺	分子量：228.1	外观与性状：黄色或橙黄色结晶	
危险特性			
火灾危险性：无	爆炸物：1.1	皮肤腐蚀/刺激：无	
腐蚀减薄：碱腐蚀、胺腐蚀	金属腐蚀：无		
环境开裂：碱应力腐蚀开裂、胺应力腐蚀开裂	急性毒性：无		
遇明火、高温、震动、撞击、摩擦，有引起燃烧爆炸的危险。			
理化特性			
熔点：192.0℃	临界温度：无资料	爆炸上限：无资料	引燃温度：无资料
沸点：433.2℃	临界压力：无资料	爆炸下限：无资料	燃烧热：无资料
闪点：215.8℃	饱和蒸气压：无资料	相对密度($d_{水}=1$)：1.76	
溶解性	不溶于水、乙醇，溶于酸。		
主要用途	用于制造弹药。		
急救措施			
皮肤接触	脱去污染的衣着，用大量流动清水冲洗。就医。		
眼睛接触	提起眼睑，用流动清水或生理盐水冲洗至少 15min。就医。		
吸入	迅速脱离现场至空气新鲜处。保持呼吸道通畅。如呼吸困难，给输氧。如呼吸停止，立即进行人工呼吸。就医。		
食入	用水漱口，给饮牛奶或蛋清。就医。		
防护措施			
呼吸防护	高浓度环境中，应该佩戴头罩型电动送风过滤式防尘呼吸器。		
眼睛防护	呼吸系统防护中已做防护。		
身体防护	穿紧袖工作服，长筒胶鞋。		
手防护	戴橡胶手套。		
其他防护	工作现场禁止吸烟、进食和饮水。工作完毕，淋浴更衣。保持良好的卫生习惯。实行就业前和定期的体检。		

品名：**2,4,6-三硝基苯酚铵[干的或含水<10%]** 别名：苦味酸铵	分子式：$C_6H_6N_4O_7$ 分子量：246.1	相态：固 外观与性状：黄色或淡红色结晶，有吸湿性
危险特性		
火灾危险性：可燃液体丙 B	爆炸物：1.1	皮肤腐蚀/刺激：类别 2
腐蚀减薄：苯酚腐蚀	金属腐蚀：无	严重眼损伤/眼刺激：类别 2
环境开裂：氨应力腐蚀开裂	急性毒性：无	
受热、接触明火、或受到摩擦、震动、撞击时可发生爆炸。与强氧化剂接触可发生化学反应。与重金属粉末能起化学反应生成金属盐增加敏感度。		

理化特性			
熔点：280.0℃	临界温度：无资料	爆炸上限：无资料	引燃温度：无资料
沸点：303.6℃	临界压力：无资料	爆炸下限：无资料	燃烧热：无资料
闪点：133.9℃	饱和蒸气压：无资料	相对密度($d_水=1$)：1.72	

溶解性	溶于水，不溶于乙醇，易溶于丙酮。
主要用途	用作炸药和药品。
急救措施	
皮肤接触	脱去污染的衣着，用大量肥皂水和流动清水冲洗。就医。
眼睛接触	提起眼睑，用流动清水或生理盐水冲洗。就医。
吸入	迅速脱离现场至空气新鲜处。保持呼吸道通畅。如呼吸困难，给输氧。如呼吸停止，立即进行人工呼吸。就医。
食入	误服者给漱口，饮用足量温水，洗胃后口服活性炭，再给以导泻。就医。
防护措施	
呼吸防护	高浓度环境中，佩戴防毒面具。紧急事态抢救或逃生时，应该佩戴自给式呼吸器。
眼睛防护	戴化学安全防护眼镜。
身体防护	穿紧袖工作服，长筒胶鞋。
手防护	戴橡皮手套。
其他防护	工作现场禁止吸烟、进食和饮水。工作后，淋浴更衣。保持良好的卫生习惯。进行就业前和定期的体检。

品名：**2,4,6-三硝基苯酚钠** 别名：苦味酸钠	分子式：$C_6H_2(ONa)(NO_2)_3$ 分子量：无资料	相态：固 外观与性状：黄色细小针状结晶，易潮解
危险特性		
火灾危险性：无	爆炸物：1.1	皮肤腐蚀/刺激：无
腐蚀减薄：苯酚腐蚀	金属腐蚀：无	
环境开裂：无	急性毒性：无	
遇明火、高温或受震动、撞击、摩擦，有引起燃烧爆炸危险。		

理化特性			
熔点：121.0~123.0℃	临界温度：无资料	爆炸上限：无资料	引燃温度：无资料
沸点：无资料	临界压力：无资料	爆炸下限：无资料	燃烧热：无资料
闪点：133.9℃	饱和蒸气压：无资料	相对密度($d_水=1$)：无资料	

溶解性	能溶于水、乙醇和甲醇，其敏感度较苦味酸微强。
主要用途	用于有机合成。
急救措施	
皮肤接触	立即脱去污染的衣物。用大量肥皂水和清水冲洗皮肤。如有不适，就医。
眼睛接触	用大量水彻底冲洗至少 15min。如有不适，就医。
吸入	立即将患者移到新鲜空气处，保持呼吸畅通。如果呼吸困难，给予吸氧。如患者食入或吸入本物质，不得进行口对口人工呼吸。如果呼吸停止，立即进行心肺复苏术。立即就医。
食入	禁止催吐，切勿给失去知觉者从嘴里喂食任何东西。立即呼叫医生或中毒控制中心。
防护措施	
呼吸防护	如果蒸气浓度超过职业接触限值或发生刺激等症状时，请使用全面罩式多功能防毒面具(US)或 AXBEK 型(EN 14387)防毒面具筒。
眼睛防护	佩戴化学护目镜(符合欧盟 EN166 或美国 NIOSH 标准)。
身体防护	穿阻燃防静电防护服和抗静电的防护靴。
手防护	戴化学防护手套(例如丁基橡胶手套)。
其他防护	工作现场禁止吸烟、进食和饮水。工作完毕，淋浴更衣。保持良好的卫生习惯。

品名：**2,4,6-三硝基苯甲酸**			分子式：$C_7H_3N_3O_6$			相态：固	
别名：三硝基安息香酸			分子量：257.1			外观与性状：黄色针状结晶	
危险特性							
火灾危险性：无			爆炸物：1.1			皮肤腐蚀/刺激：无	
腐蚀减薄：低分子有机酸腐蚀			金属腐蚀：无				
环境开裂：无			急性毒性：无				
遇明火、高热、摩擦、震动、撞击，有引起燃烧爆炸的危险。							
理化特性							
熔点：228.7℃		临界温度：无资料		爆炸上限：无资料			引燃温度：无资料
沸点：435.8℃		临界压力：无资料		爆炸下限：无资料			燃烧热：无资料
闪点：193.6℃		饱和蒸气压：无资料		相对密度($d_水=1$)：无资料			
溶解性	微溶于水，溶于甲醇、乙醇、乙醚，微溶于苯。						
主要用途	用于制造炸药。						
急救措施							
皮肤接触	脱去污染的衣着，用大量肥皂水和流动清水冲洗。就医。						
眼睛接触	提起眼睑，用流动清水或生理盐水冲洗。就医。						
吸入	迅速脱离现场至空气新鲜处。保持呼吸道通畅。如呼吸困难，给输氧。如呼吸停止，立即进行人工呼吸。就医。						
食入	饮用足量温水，催吐。就医。						
防护措施							
呼吸防护	空气中粉尘浓度较高时，建议佩戴自吸过滤式防尘口罩。						
眼睛防护	戴化学安全防护眼镜。						
身体防护	穿紧袖工作服，长筒胶鞋。						
手防护	戴防化学品手套。						
其他防护	工作时不得进食、饮水或吸烟。工作完毕，彻底清洗。保持良好的卫生习惯。						

品名：**2,4,6-三硝基苯甲硝胺**			分子式：$C_7H_5N_5O_8$			相态：固	
别名：特屈儿			分子量：287.1			外观与性状：淡黄色晶体	
危险特性							
火灾危险性：无			爆炸物：1.1			皮肤腐蚀/刺激：无	
腐蚀减薄：碱腐蚀、胺腐蚀			金属腐蚀：无				
环境开裂：碱应力腐蚀开裂、胺应力腐蚀开裂			急性毒性：类别3				
受热、接触明火、或受到摩擦、震动、撞击时可发生爆炸。着火后会转为爆轰。							
理化特性							
熔点：130.0℃		临界温度：无资料		爆炸上限：无资料			引燃温度：257.0℃
沸点：503.7℃		临界压力：2.61℃		爆炸下限：无资料			燃烧热：3520.8kJ/mol
闪点：258.4℃		饱和蒸气压：0.14kPa(20℃)		相对密度($d_水=1$)：1.57			
溶解性	不溶于水，溶于乙醇、乙醚、苯、冰醋酸。						
主要用途	主要用作传爆药，也用作飞机炮弹和高射炮弹中的爆破药。						
急救措施							
皮肤接触	脱去污染的衣着，用大量流动清水冲洗。就医。						
眼睛接触	提起眼睑，用流动清水或生理盐水冲洗至少15min。就医。						
吸入	迅速脱离现场至空气新鲜处。保持呼吸道通畅。如呼吸困难，给输氧。如呼吸停止，立即进行人工呼吸。就医。						
食入	饮用足量温水，催吐。就医。						
防护措施							
呼吸防护	空气中粉尘浓度较高时，建议佩戴自吸过滤式防尘口罩。						
眼睛防护	戴化学安全防护眼镜。						
身体防护	穿紧袖工作服，长筒胶鞋。						
手防护	戴橡胶手套。						
其他防护	工作现场禁止吸烟、进食和饮水。及时换洗工作服。工作前后不饮酒，用温水洗澡。实行就业前和定期的体检。						

品名：**2,4,6-三硝基甲苯** 别名：梯恩梯；TNT		分子式：$C_7H_5N_3O_6$ 分子量：227.1	相态：固 外观与性状：黄色单斜晶体，味苦
危险特性			
火灾危险性：可燃液体丙 B 腐蚀减薄：无 环境开裂：无		爆炸物：1.1 金属腐蚀：无 急性毒性：类别 3	皮肤腐蚀/刺激：无
无资料。			
理化特性			
熔点：81.0℃ 沸点：240.0℃ 闪点：240.0℃	临界温度：无资料 临界压力：无资料 饱和蒸气压：无资料	爆炸上限：无资料 爆炸下限：无资料 相对密度($d_{水}=1$)：1.65	引燃温度：295.0℃ 燃烧热：无资料
溶解性	不溶于水，溶于乙醇和乙醚。		
主要用途	一种军用猛性炸药。也用作制染料和照相药品等的原料。		
急救措施			
皮肤接触	脱去污染衣服，冲洗，用水和肥皂洗皮肤，给予医疗护理。急救戴防护手套。		
眼睛接触	先用大量水冲洗几分钟(如可能易行，摘除隐形眼镜)，然后就医。		
吸入	呼吸新鲜空气，休息，必要时进行人工呼吸，给予医疗护理。		
食入	漱口，催吐(仅对清醒病人)，催吐时戴防护手套。		
防护措施			
呼吸防护	空气中粉尘浓度超标时，佩戴自吸过滤式防尘口罩。紧急事态抢救或撤离时，建议佩戴空气呼吸器。		
眼睛防护	戴化学安全防护眼镜。		
身体防护	穿紧袖工作服，长筒胶鞋。		
手防护	戴橡胶手套。		
其他防护	工作现场禁止吸烟、进食和饮水。工作完毕，淋浴更衣。保持良好的卫生习惯。实行就业前和定期的体检。		

品名：**2,4,6-三硝基间苯二酚** 别名：收敛酸		分子式：$C_6H_3N_3O_8$ 分子量：245.1	相态：固 外观与性状：黄褐色至红褐色结晶
危险特性			
火灾危险性：无 腐蚀减薄：无 环境开裂：无		爆炸物：1.1 金属腐蚀：无 急性毒性：无	皮肤腐蚀/刺激：无
遇明火、高热、摩擦、震动、撞击，有引起燃烧爆炸的危险。			
理化特性			
熔点：179.0~180.0℃ 沸点：292.6℃ 闪点：无资料	临界温度：无资料 临界压力：无资料 饱和蒸气压：无资料	爆炸上限：无资料 爆炸下限：无资料 相对密度($d_{水}=1$)：1.83	引燃温度：无资料 燃烧热：无资料
溶解性	易溶于酸、醚。		
主要用途	用作炸药、分析试剂和用于有机合成。		
急救措施			
皮肤接触	脱去污染的衣着，用大量流动清水冲洗。就医。		
眼睛接触	提起眼睑，用流动清水或生理盐水冲洗。就医。		
吸入	迅速脱离现场至空气新鲜处。保持呼吸道通畅。如呼吸困难，给输氧。如呼吸停止，立即进行人工呼吸。就医。		
食入	饮用足量温水，催吐。就医。		
防护措施			
呼吸防护	空气中粉尘浓度较高时，建议佩戴自吸过滤式防尘口罩。		
眼睛防护	戴化学安全防护眼镜。		
身体防护	穿紧袖工作服，长筒胶鞋。		
手防护	戴防化学品手套。		
其他防护	工作时不得进食、饮水或吸烟。工作完毕，彻底清洗。保持良好的卫生习惯。		

品名：**三硝基间甲酚**	分子式：$C_7H_5N_3O_7$		相态：固
别名：无	分子量：243.2		外观与性状：黄色针状晶体
危险特性			
火灾危险性：无	爆炸物：1.1		皮肤腐蚀/刺激：无
腐蚀减薄：无	金属腐蚀：无		
环境开裂：无	急性毒性：无		
无资料。			
理化特性			
熔点：107.0℃	临界温度：无资料	爆炸上限：无资料	引燃温度：无资料
沸点：无资料	临界压力：无资料	爆炸下限：无资料	燃烧热：无资料
闪点：无资料	饱和蒸气压：无资料	相对密度($d_水=1$)：1.68	
溶解性	微溶于水，易溶于乙醇、乙醚、丙酮。		
主要用途	与苦味酸混合，用于装填手榴弹。		
急救措施			
皮肤接触	脱去污染的衣着，用大量流动清水冲洗。就医。		
眼睛接触	提起眼睑，用流动清水或生理盐水冲洗。就医。		
吸入	迅速脱离现场至空气新鲜处。保持呼吸道通畅。如呼吸困难，给输氧。如呼吸停止，立即进行人工呼吸。就医。		
食入	饮用足量温水，催吐。就医。		
防护措施			
呼吸防护	空气中粉尘浓度较高时，建议佩戴自吸过滤式防尘口罩。		
眼睛防护	戴化学安全防护眼镜。		
身体防护	穿紧袖工作服，长筒胶鞋。		
手防护	戴防化学品手套。		
其他防护	工作时不得进食、饮水或吸烟。工作完些，彻底清洗。保持良好的卫生习惯。		

品名：**2,4,6-三硝基氯苯**	分子式：$C_6H_2ClN_3O_6$		相态：固
别名：苦基氯	分子量：247.6		外观与性状：黄色固体
危险特性			
火灾危险性：无	爆炸物：1.1		皮肤腐蚀/刺激：无
腐蚀减薄：无	金属腐蚀：无		
环境开裂：无	急性毒性：类别1		
受热、接触明火、或受到摩擦、震动、撞击时可发生爆炸。			
理化特性			
熔点：83.0℃	临界温度：无资料	爆炸上限：无资料	引燃温度：无资料
沸点：354.1℃	临界压力：无资料	爆炸下限：无资料	燃烧热：无资料
闪点：无资料	饱和蒸气压：0.20kPa(150℃)	相对密度($d_水=1$)：1.80	
溶解性	不溶于水，微溶于乙醇、乙醚，易溶于苯、氯仿、丙酮。		
主要用途	用于有机合成及制造炸药。		
急救措施			
皮肤接触	脱去污染的衣着，用大量肥皂水和流动清水冲洗。就医。		
眼睛接触	提起眼睑，用流动清水或生理盐水冲洗。就医。		
吸入	迅速脱离现场至空气新鲜处。保持呼吸道通畅。如呼吸困难，给输氧。如呼吸停止，立即进行人工呼吸。就医。		
食入	饮用足量温水，催吐。就医。		
防护措施			
呼吸防护	空气中粉尘浓度超标时，佩戴自吸过滤式防尘口罩。紧急事态抢救或撤离时，建议佩戴自给式呼吸器。		
眼睛防护	戴化学安全防护眼镜。		
身体防护	穿紧袖工作服，长筒胶鞋。		
手防护	戴橡胶手套。		
其他防护	工作现场禁止吸烟、进食和饮水。工作完毕，淋浴更衣。保持良好的卫生习惯。实行就业前和定期的体检。		

品名：**三硝基芴酮**	分子式：$C_{13}H_5N_3O_7$	相态：固	
别名：无	分子量：315.2	外观与性状：淡黄色针状结晶	
危险特性			
火灾危险性：无	爆炸物：1.1	皮肤腐蚀/刺激：无	
腐蚀减薄：无	金属腐蚀：无	严重眼损伤/眼刺激：类别 2	
环境开裂：无	急性毒性：无		
受热、接触明火、或受到摩擦、震动、撞击时可发生爆炸。粉体与空气可形成爆炸性混合物，当达到一定浓度时，遇火星会发生爆炸。			
理化特性			
熔点：175.0~176.0℃	临界温度：无资料	爆炸上限：无资料	引燃温度：无资料
沸点：561.7℃	临界压力：无资料	爆炸下限：无资料	燃烧热：无资料
闪点：292.3℃	饱和蒸气压：无资料	相对密度($d_{水}=1$)：无资料	
溶解性	溶于水、乙醇、乙醚。		
主要用途	用作化学试剂。		
急救措施			
皮肤接触	脱去污染的衣着，用大量肥皂水和流动清水冲洗。就医。		
眼睛接触	提起眼睑，用流动清水或生理盐水冲洗。就医。		
吸入	迅速脱离现场至空气新鲜处。保持呼吸道通畅。如呼吸困难，给输氧。如呼吸停止，立即进行人工呼吸。就医。		
食入	饮用足量温水，催吐。就医。		
防护措施			
呼吸防护	空气中粉尘浓度较高时，建议佩戴自吸过滤式防尘口罩。		
眼睛防护	必要时，戴化学安全防护眼镜。		
身体防护	穿紧袖工作服，长筒胶鞋。		
手防护	戴橡胶手套。		
其他防护	工作现场严禁吸烟。注意个人清洁卫生。避免长期反复接触。		

品名：**2,4,6-三溴苯胺**	分子式：C_6H_4BrN	相态：固	
别名：无	分子量：329.8	外观与性状：乌色至棕黄色的针状结晶	
危险特性			
火灾危险性：无	爆炸物：无	皮肤腐蚀/刺激：无	
腐蚀减薄：碱腐蚀、胺腐蚀	金属腐蚀：无		
环境开裂：碱应力腐蚀开裂、胺应力腐蚀开裂	急性毒性：类别 3		
遇明火能燃烧。受热分解放出高毒的氮氧化物和溴化物烟雾。			
理化特性			
熔点：122.0℃	临界温度：无资料	爆炸上限：无资料	引燃温度：无资料
沸点：300.0℃	临界压力：无资料	爆炸下限：无资料	燃烧热：无资料
闪点：无资料	饱和蒸气压：无资料	相对密度($d_{水}=1$)：2.35	
溶解性	不溶于水，溶于冷水、乙醇、氯仿、乙醚等。		
主要用途	用于有机合成和染料合成。		
急救措施			
皮肤接触	脱去污染的衣着，用大量流动清水冲洗。就医。		
眼睛接触	提起眼睑，用流动清水或生理盐水冲洗。就医。		
吸入	迅速脱离现场至空气新鲜处。保持呼吸道通畅。如呼吸困难，给输氧。如呼吸停止，立即进行人工呼吸。就医。		
食入	饮用足量温水，催吐。就医。		
防护措施			
呼吸防护	空气中粉尘浓度超标时，必须佩戴自吸过滤式防尘口罩。紧急事态抢救或撤离时，应该佩戴空气呼吸器。		
眼睛防护	戴化学安全防护眼镜。		
身体防护	穿防毒物渗透工作服。		
手防护	戴橡胶手套。		
其他防护	工作现场禁止吸烟、进食和饮水。及时换洗工作服。工作前后不饮酒，用温水洗澡。实行就业前和定期的体检。		

品名：**三溴化磷** 别名：无	分子式：Br_3P 分子量：270.7	相态：液 外观与性状：无色或淡黄色发烟液体，有刺激性臭味
危险特性		
火灾危险性：可燃液体丙 B 腐蚀减薄：含盐水腐蚀 环境开裂：溴化物应力腐蚀开裂	爆炸物：无 金属腐蚀：无 急性毒性：无	皮肤腐蚀/刺激：类别 1 严重眼损伤/眼刺激：类别 1
遇水发热、冒烟甚至燃烧爆炸。具有腐蚀性。		

理化特性			
熔点：-40.0℃ 沸点：175.3℃ 闪点：无资料	临界温度：无资料 临界压力：无资料 饱和蒸气压：1.33kPa(47.8℃)	爆炸上限：无资料 爆炸下限：无资料 相对密度($d_{水}=1$)：2.85	引燃温度：无资料 燃烧热：无资料

溶解性	可混溶于丙酮、氯仿、四氯化碳、二硫化碳。
主要用途	用作测定糖和氧的试剂，用于有机合成。
急救措施	
皮肤接触	脱去污染的衣着，用大量流动清水冲洗至少 15min。就医。
眼睛接触	提起眼睑，用流动清水或生理盐水冲洗至少 15min。就医。
吸入	迅速脱离现场至空气新鲜处。保持呼吸道通畅。如呼吸困难，给输氧。如呼吸停止，立即进行人工呼吸。就医。
食入	用水漱口。就医。
防护措施	
呼吸防护	可能接触其蒸气时，必须佩戴自吸过滤式防毒面具(全面罩)或自给式呼吸器。紧急事态抢救或撤离时，建议佩戴空气呼吸器。
眼睛防护	呼吸系统防护中已做防护。
身体防护	穿橡胶耐酸碱服。
手防护	戴橡胶耐酸碱手套。
其他防护	工作现场严禁吸烟。工作完毕，淋浴更衣。单独存放被毒物污染的衣服，洗后备用。保持良好的卫生习惯。

品名：**三溴化铝[无水]** 别名：溴化铝	分子式：$AlBr_3$ 分子量：266.7	相态：固 外观与性状：白色或淡黄色片状或块状固体，易潮解
危险特性		
火灾危险性：无 腐蚀减薄：含盐水腐蚀 环境开裂：溴化物应力腐蚀开裂	爆炸物：无 金属腐蚀：无 急性毒性：无	皮肤腐蚀/刺激：类别 1 严重眼损伤/眼刺激：类别 1
受高热分解产生有毒的溴化物气体。与水强烈反应产生高热可发生爆炸。与金属钾和钠能形成对撞击敏感的物质。具有腐蚀性。		

理化特性			
熔点：94.0~98.0℃ 沸点：264.0℃ 闪点：无资料	临界温度：无资料 临界压力：无资料 饱和蒸气压：0.13kPa(81℃)	爆炸上限：无资料 爆炸下限：无资料 相对密度($d_{水}=1$)：3.20	引燃温度：无资料 燃烧热：无资料

溶解性	易溶于水、乙醇、乙醚、二硫化碳。
主要用途	用作分析试剂、有机合成异构化的催化剂。
急救措施	
皮肤接触	脱去污染的衣着，用大量肥皂水和流动清水冲洗。就医。
眼睛接触	提起眼睑，用流动清水或生理盐水冲洗。就医。
吸入	迅速脱离现场至空气新鲜处。保持呼吸道通畅。如呼吸困难，给输氧。如呼吸停止，立即进行人工呼吸。就医。
食入	饮用足量温水，催吐。就医。
防护措施	
呼吸防护	空气中粉尘浓度超标时，应该佩戴一级或二级自吸过滤式防尘口罩。
眼睛防护	戴化学安全防护眼镜。
身体防护	穿橡胶耐酸碱服。
手防护	戴橡胶耐酸碱手套。
其他防护	工作现场严禁吸烟。工作完毕，淋浴更衣。单独存放被毒物污染的衣服，洗后备用。保持良好的卫生习惯。

<table>
<tr><td colspan="2">品名：三溴化硼
别名：无</td><td colspan="2">分子式：BBr_3
分子量：250.5</td><td colspan="2">相态：液
外观与性状：无色或捎带黄色的发烟液体，有强烈的刺激性臭味</td></tr>
<tr><td colspan="6">危险特性</td></tr>
<tr><td colspan="2">火灾危险性：可燃液体甲 B
腐蚀减薄：含盐水腐蚀
环境开裂：溴化物应力腐蚀开裂</td><td colspan="2">爆炸物：无
金属腐蚀：无
急性毒性：类别 2</td><td colspan="2">皮肤腐蚀/刺激：类别 1
严重眼损伤/眼刺激：类别 1</td></tr>
<tr><td colspan="6">受热或遇水分解，放出有毒的腐蚀性气体，有时会发生爆炸。具有腐蚀性。</td></tr>
<tr><td colspan="6">理化特性</td></tr>
<tr><td colspan="2">熔点：-45.0℃
沸点：91.7℃
闪点：无资料</td><td>临界温度：无资料
临界压力：无资料
饱和蒸气压：5.33kPa(14℃)</td><td colspan="2">爆炸上限：无资料
爆炸下限：无资料
相对密度($d_{水}=1$)：2.65</td><td>引燃温度：无资料
燃烧热：无资料</td></tr>
<tr><td>溶解性</td><td colspan="5">溶于四氯化碳。</td></tr>
<tr><td>主要用途</td><td colspan="5">用于有机硼合成和高纯硼的制取。</td></tr>
<tr><td colspan="6">急救措施</td></tr>
<tr><td>皮肤接触</td><td colspan="5">脱去污染的衣着，用大量流动清水冲洗至少 15min。就医。</td></tr>
<tr><td>眼睛接触</td><td colspan="5">提起眼睑，用流动清水或生理盐水冲洗至少 15min。就医。</td></tr>
<tr><td>吸入</td><td colspan="5">迅速脱离现场至空气新鲜处。保持呼吸道通畅。如呼吸困难，给输氧。如呼吸停止，立即进行人工呼吸。就医。</td></tr>
<tr><td>食入</td><td colspan="5">用水漱口，给饮牛奶或蛋清。就医。</td></tr>
<tr><td colspan="6">防护措施</td></tr>
<tr><td>呼吸防护</td><td colspan="5">可能接触其蒸气时，必须佩戴导管式防毒面具或氧气呼吸器。紧急事态抢救或撤离时，建议佩戴空气呼吸器。</td></tr>
<tr><td>眼睛防护</td><td colspan="5">呼吸系统防护中已做防护。</td></tr>
<tr><td>身体防护</td><td colspan="5">穿橡胶耐酸碱服。</td></tr>
<tr><td>手防护</td><td colspan="5">戴橡胶耐酸碱手套。</td></tr>
<tr><td>其他防护</td><td colspan="5">工作现场严禁吸烟。工作完毕，淋浴更衣。单独存放被毒物污染的衣服，洗后备用。保持良好的卫生习惯。</td></tr>
</table>

<table>
<tr><td colspan="2">品名：三溴化砷
别名：溴化亚砷</td><td colspan="2">分子式：$AsBr_3$
分子量：314.7</td><td colspan="2">相态：固
外观与性状：无色至微黄色斜方晶系柱状结晶，易潮解</td></tr>
<tr><td colspan="6">危险特性</td></tr>
<tr><td colspan="2">火灾危险性：无
腐蚀减薄：含盐水腐蚀
环境开裂：溴化物应力腐蚀开裂</td><td colspan="2">爆炸物：无
金属腐蚀：无
急性毒性：类别 3</td><td colspan="2">皮肤腐蚀/刺激：无</td></tr>
<tr><td colspan="6">遇水或高热能放出大量有毒的气体。</td></tr>
<tr><td colspan="6">理化特性</td></tr>
<tr><td colspan="2">熔点：32.8℃
沸点：220.0℃
闪点：无资料</td><td>临界温度：无资料
临界压力：无资料
饱和蒸气压：0.13kPa(41.8℃)</td><td colspan="2">爆炸上限：无资料
爆炸下限：无资料
相对密度($d_{水}=1$)：3.40</td><td>引燃温度：无资料
燃烧热：无资料</td></tr>
<tr><td>溶解性</td><td colspan="5">溶于烃类、卤代烃、二硫化碳、脂肪、油类，可混溶于苯、乙醚。</td></tr>
<tr><td>主要用途</td><td colspan="5">用于制造有机砷化合物、催化剂、药品等。</td></tr>
<tr><td colspan="6">急救措施</td></tr>
<tr><td>皮肤接触</td><td colspan="5">脱去污染的衣着，用大量流动清水冲洗。就医。</td></tr>
<tr><td>眼睛接触</td><td colspan="5">提起眼睑，用流动清水或生理盐水冲洗。就医。</td></tr>
<tr><td>吸入</td><td colspan="5">迅速脱离现场至空气新鲜处。保持呼吸道通畅。如呼吸困难，给输氧。如呼吸停止，立即进行人工呼吸。就医。</td></tr>
<tr><td>食入</td><td colspan="5">饮用足量温水，催吐。就医。</td></tr>
<tr><td colspan="6">防护措施</td></tr>
<tr><td>呼吸防护</td><td colspan="5">可能接触其粉尘时，必须佩戴防尘面具(全面罩)。紧急事态抢救或撤离时，应该佩戴空气呼吸器。</td></tr>
<tr><td>眼睛防护</td><td colspan="5">呼吸系统防护中已做防护。</td></tr>
<tr><td>身体防护</td><td colspan="5">穿胶布防毒衣。</td></tr>
<tr><td>手防护</td><td colspan="5">戴橡胶手套。</td></tr>
<tr><td>其他防护</td><td colspan="5">工作现场禁止吸烟、进食和饮水。工作完毕，淋浴更衣。保持良好的卫生习惯。</td></tr>
</table>

品名：**三溴化锑**	分子式：$SbBr_3$		相态：固
别名：无	分子量：361.5		外观与性状：黄色结晶，有潮解性
危险特性			
火灾危险性：无	爆炸物：无		皮肤腐蚀/刺激：类别 1
腐蚀减薄：含盐水腐蚀	金属腐蚀：无		严重眼损伤/眼刺激：类别 1
环境开裂：溴化物应力腐蚀开裂	急性毒性：无		
受热或遇水分解放热，放出有毒的腐蚀性烟气。具有腐蚀性。			
理化特性			
熔点：96.6℃	临界温度：无资料	爆炸上限：无资料	引燃温度：无资料
沸点：280.0℃	临界压力：5.67MPa	爆炸下限：无资料	燃烧热：无资料
闪点：无资料	饱和蒸气压：0.13kPa(93.9℃)	相对密度($d_水=1$)：4.15	
溶解性	溶于稀盐酸、氢溴酸、二硫化碳、丙酮、苯、氯仿、乙醇等。		
主要用途	用作试剂。		
急救措施			
皮肤接触	脱去污染的衣着，用大量流动清水冲洗至少 15min。就医。		
眼睛接触	提起眼睑，用流动清水或生理盐水冲洗至少 15min。就医。		
吸入	迅速脱离现场至空气新鲜处。保持呼吸道通畅。如呼吸困难，给输氧。如呼吸停止，立即进行人工呼吸。就医。		
食入	用水漱口，给饮牛奶或蛋清。就医。		
防护措施			
呼吸防护	可能接触其粉尘时，应该佩戴自吸过滤式防尘口罩。		
眼睛防护	戴化学安全防护眼镜。		
身体防护	穿防酸碱塑料工作服。		
手防护	戴橡胶手套。		
其他防护	工作完毕，淋浴更衣。工作完毕，淋浴更衣。单独存放被毒物污染的衣服，洗后备用。保持良好的卫生习惯。		

品名：**三溴甲烷**	分子式：$CHBr_3$		相态：液
别名：溴仿	分子量：252.8		外观与性状：无色重质液体。有氯仿的气味和甜味
危险特性			
火灾危险性：可燃液体丙 A	爆炸物：无		皮肤腐蚀/刺激：类别 2
腐蚀减薄：含盐水腐蚀	金属腐蚀：无		严重眼损伤/眼刺激：类别 2
环境开裂：溴化物应力腐蚀开裂、氢脆	急性毒性：类别 3		
不燃。受高热分解产生有毒的溴化物气体。与锂、钾钠合金接触剧烈反应。			
理化特性			
熔点：8.3℃	临界温度：无资料	爆炸上限：无资料	引燃温度：无资料
沸点：149.5℃	临界压力：6.09MPa	爆炸下限：无资料	燃烧热：无资料
闪点：无资料	饱和蒸气压：0.75kPa(25℃)	相对密度($d_水=1$)：2.89	
溶解性	溶于约 800 倍的水，与乙醇、苯、氯仿、乙醚、石油醚、丙酮、油类混溶。		
主要用途	可用作消毒剂、镇痛剂、麻醉剂、防治百日咳药物、制冷剂、选矿剂、沉淀剂、溶剂和抗暴液组分等。		
急救措施			
皮肤接触	脱去污染的衣着，用大量流动清水冲洗。就医。		
眼睛接触	提起眼睑，用流动清水或生理盐水冲洗。就医。		
吸入	迅速脱离现场至空气新鲜处。保持呼吸道通畅。如呼吸困难，给输氧。如呼吸停止，立即进行人工呼吸。就医。		
食入	饮用足量温水，催吐。就医。		
防护措施			
呼吸防护	空气中浓度超标时，应选择佩戴自吸过滤式防毒面具(半面罩)。紧急事态抢救或撤离时，佩戴氧气呼吸器。		
眼睛防护	一般不需要特殊防护，高浓度接触时可戴安全防护眼镜。		
身体防护	穿透气型防毒服。		
手防护	戴防化学品手套。		
其他防护	工作现场禁止吸烟、进食和饮水。工作完毕，淋浴更衣。单独存放被毒物污染的衣服，洗后备用。注意个人清洁卫生。		

品名：**三溴乙醛**	分子式：C_2HBr_3O	相态：液	
别名：溴醛	分子量：280.8	外观与性状：淡黄色油状液体	
危险特性			
火灾危险性：可燃液体丙 A	爆炸物：无	皮肤腐蚀/刺激：无	
腐蚀减薄：含盐水腐蚀	金属腐蚀：无		
环境开裂：溴化物应力腐蚀开裂、氢脆	急性毒性：类别 3		
遇明火、高热可燃。与氧化剂可发生反应。受热分解放出有催泪性及腐蚀性的气体。容易自聚，聚合反应随着温度的上升而急骤加剧。具有腐蚀性。若遇高热，容器内压增大，有开裂和爆炸的危险。			
理化特性			
熔点：无资料	临界温度：无资料	爆炸上限：无资料	引燃温度：无资料
沸点：174.0℃	临界压力：无资料	爆炸下限：无资料	燃烧热：无资料
闪点：65.0℃	饱和蒸气压：无资料	相对密度($d_{水}=1$)：2.67	
溶解性	溶于水、乙醇、乙醚。		
主要用途	用于有机合成。		
急救措施			
皮肤接触	脱去污染的衣着，用大量流动清水冲洗至少 15min。就医。		
眼睛接触	提起眼睑，用流动清水或生理盐水冲洗至少 15min。就医。		
吸入	迅速脱离现场至空气新鲜处。保持呼吸道通畅。如呼吸困难，给输氧。如呼吸停止，立即进行人工呼吸。就医。		
食入	用水漱口，给饮牛奶或蛋清。就医。		
防护措施			
呼吸防护	空气中浓度超标时，应选择佩戴自吸过滤式防毒面具(半面罩)。紧急事态抢救或撤离时，佩戴氧气呼吸器。		
眼睛防护	戴化学安全防护眼镜。		
身体防护	穿防毒物渗透工作服。		
手防护	戴橡胶手套。		
其他防护	工作现场禁止吸烟、进食和饮水。工作完毕，淋浴更衣。单独存放被毒物污染的衣服，洗后备用。注意个人清洁卫生。		

品名：**三溴乙酸**	分子式：$C_2HBr_3O_2$	相态：固	
别名：三溴醋酸	分子量：296.8	外观与性状：无色有光泽的片状结晶	
危险特性			
火灾危险性：无	爆炸物：无	皮肤腐蚀/刺激：类别 1	
腐蚀减薄：低分子有机酸腐蚀、含盐水腐蚀	金属腐蚀：无	严重眼损伤/眼刺激：类别 1	
环境开裂：溴化物应力腐蚀开裂、氢脆	急性毒性：无		
与强氧化剂接触可发生化学反应。受高热分解产生有毒的溴化物气体。遇潮时对大多数金属有腐蚀性。			
理化特性			
熔点：130.0℃	临界温度：无资料	爆炸上限：无资料	引燃温度：无资料
沸点：245.0℃	临界压力：无资料	爆炸下限：无资料	燃烧热：无资料
闪点：无资料	饱和蒸气压：无资料	相对密度($d_{水}=1$)：无资料	
溶解性	溶于水、乙醇、乙醚，不溶于石油醚。		
主要用途	用于有机合成。		
急救措施			
皮肤接触	脱去污染的衣着，用大量流动清水冲洗至少 15min。就医。		
眼睛接触	提起眼睑，用流动清水或生理盐水冲洗至少 15min。就医。		
吸入	迅速脱离现场至空气新鲜处。保持呼吸道通畅。如呼吸困难，给输氧。如呼吸停止，立即进行人工呼吸。就医。		
食入	用水漱口，给饮牛奶或蛋清。就医。		
防护措施			
呼吸防护	空气中粉尘浓度超标时，必须佩戴头罩型电动送风过滤式防尘呼吸器。紧急事态抢救或撤离时，佩戴隔离式呼吸器。		
眼睛防护	呼吸系统防护中已做防护。		
身体防护	穿防酸碱工作服。		
手防护	戴橡胶耐酸碱手套。		
其他防护	工作场所禁止吸烟、进食和饮水，饭前要洗手。工作完毕，淋浴更衣。注意个人清洁卫生。		

品名：**三溴乙烯** 别名：无	分子式：C_2HBr_3 分子量：264.7	相态：液 外观与性状：黄色液体	
危险特性			
火灾危险性：可燃液体乙 B 腐蚀减薄：含盐水腐蚀 环境开裂：溴化物应力腐蚀开裂、氢脆	爆炸物：无 金属腐蚀：无 急性毒性：类别 3	皮扶腐蚀/刺激：无	
遇明火能燃烧。受高热分解产生有毒的溴化物气体。			
理化特性			
熔点：无资料 沸点：163.0℃ 闪点：56.0℃	临界温度：无资料 临界压力：无资料 饱和蒸气压：无资料	爆炸上限：无资料 爆炸下限：无资料 相对密度($d_水=1$)：2.71	引燃温度：无资料 燃烧热：无资料
溶解性	不溶于水，可混溶于乙醇、乙醚。		
主要用途	用于有机合成。		
急救措施			
皮肤接触	脱去污染的衣着，用大量肥皂水和流动清水冲洗。就医。		
眼睛接触	提起眼睑，用流动清水或生理盐水冲洗。就医。		
吸入	迅速脱离现场至空气新鲜处。保持呼吸道通畅。呼吸困难时给输氧。呼吸停止时，立即进行人工呼吸。就医。		
食入	饮用足量温水，催吐。就医。		
防护措施			
呼吸防护	可能接触其蒸气时，应该佩戴自吸过滤式防毒面具(全面罩)。紧急事态抢救或撤离时，佩戴氧气呼吸器。		
眼睛防护	一般不需要特殊防护，高浓度接触时可戴安全防护眼镜。		
身体防护	穿透气型防毒服。		
手防护	戴防化学品手套。		
其他防护	工作现场禁止吸烟、进食和饮水。工作完毕，淋浴更衣。单独存放被毒物污染的衣服，洗后备用。注意个人清洁卫生。		

品名：**2,4,6-三亚乙基氨基-1,3,5-三嗪** 别名：曲他胺	分子式：$C_9H_{12}N_6$ 分子量：204.2	相态：固 外观与性状：白色细小结晶	
危险特性			
火灾危险性：无 腐蚀减薄：碱腐蚀、胺腐蚀 环境开裂：碱应力腐蚀开裂、氨应力腐蚀开裂、胺应力腐蚀开裂	爆炸物：无 金属腐蚀：无 急性毒性：类别 2	皮肤腐蚀/刺激：无	
不易燃烧。受高热分解，放出有毒的烟气。			
理化特性			
熔点：160.0℃ 沸点：430.2℃ 闪点：214.0℃	临界温度：无资料 临界压力：无资料 饱和蒸气压：无资料	爆炸上限：无资料 爆炸下限：无资料 相对密度($d_水=1$)：无资料	引燃温度：无资料 燃烧热：无资料
溶解性	无资料。		
主要用途	无资料。		
急救措施			
皮肤接触	用肥皂水及清水彻底冲洗。就医。		
眼睛接触	拉开眼睑，用流动清水冲洗 15min。就医。		
吸入	脱离现场至空气新鲜处。就医。		
食入	误服者，饮适量温水，催吐。就医。		
防护措施			
呼吸防护	可能接触其蒸气时，佩戴防毒口罩。		
眼睛防护	戴化学安全防护眼镜。		
身体防护	穿相应的防护服。		
手防护	戴防化学品手套。		
其他防护	工作现场禁止吸烟、进食和饮水。工作后，淋浴更衣。保持良好的卫生习惯。		

品名：**三亚乙基四胺**	分子式：$C_6H_{16}N_4$	相态：液	
别名：二缩三乙二胺；三乙撑四胺	分子量：146.2	外观与性状：黏性液体，麦秆色，有氨味	
危险特性			
火灾危险性：可燃液体丙B 腐蚀减薄：碱腐蚀、胺腐蚀 环境开裂：碱应力腐蚀开裂、胺应力腐蚀开裂	爆炸物：无 金属腐蚀：无 急性毒性：无	皮肤腐蚀/刺激：类别1 严重眼损伤/眼刺激：类别1	
遇明火、高热可燃。燃烧时，放出有毒气体。能腐蚀铜及其合金。			
理化特性			
熔点：12.0℃ 沸点：266.5℃ 闪点：135.0℃	临界温度：无资料 临界压力：3.17MPa 饱和蒸气压：无资料	爆炸上限：6.5% 爆炸下限：1.0% 相对密度($d_{水}=1$)：0.99	引燃温度：338.0℃ 燃烧热：无资料
溶解性	与水混溶，微溶于乙醚，溶于乙醇、酸。		
主要用途	无资料。		
急救措施			
皮肤接触	脱去污染的衣着，用大量流动清水冲洗。就医。		
眼睛接触	提起眼睑，用流动清水冲洗至少20min。就医。		
吸入	迅速脱离现场至空气新鲜处。保持呼吸道通畅。如呼吸困难，给输氧。如呼吸停止，立即进行人工呼吸。就医。		
食入	无资料。		
防护措施			
呼吸防护	半面罩或全面罩呼吸器，自携式呼吸器(SCBA)，供气呼吸器等。依据当地和政府法规，使用通过政府标准的呼吸器。		
眼睛防护	护目镜。如果情况需要，佩戴面具。		
身体防护	穿戴防渗防护服。如果情况需要，穿戴防护靴。		
手防护	戴防渗手套。		
其他防护	工作现场禁止吸烟、进食和饮水。工作后，淋浴更衣。保持良好的卫生习惯。		

品名：**三氧化二磷**	分子式：P_2O_3	相态：固	
别名：亚磷酸酐	分子量：219.9	外观与性状：有蒜臭味的白色单斜晶体	
危险特性			
火灾危险性：无 腐蚀减薄：磷酸腐蚀 环境开裂：氢脆	爆炸物：无 金属腐蚀：无 急性毒性：无	皮肤腐蚀/刺激：类别1 严重眼损伤/眼刺激：类别1	
无资料。			
理化特性			
熔点：23.8℃ 沸点：173.0℃ 闪点：无资料	临界温度：无资料 临界压力：无资料 饱和蒸气压：无资料	爆炸上限：无资料 爆炸下限：无资料 相对密度($d_{水}=1$)：2.14	引燃温度：无资料 燃烧热：无资料
溶解性	溶于乙醚、苯、二硫化碳。		
主要用途	无资料。		
急救措施			
皮肤接触	立即脱去污染的衣物。用大量肥皂水和清水冲洗皮肤。如有不适，就医。		
眼睛接触	立即提起眼睑，用大量水彻底冲洗至少15min。如有不适，就医。		
吸入	立即将患者移到新鲜空气处，保持呼吸畅通。如果呼吸困难，给予吸氧。如患者食入或吸入本物质，不得进行口对口人工呼吸。如果呼吸停止。立即进行心肺复苏术。立即就医。		
食入	禁止催吐，切勿给失去知觉者从嘴里喂食任何东西。立即呼叫医生或中毒控制中心。		
防护措施			
呼吸防护	如果蒸气浓度超过职业接触限值或发生刺激等症状时，请使用全面罩式多功能防毒面具(US)或AXBEK型(EN 14387)防毒面具筒。		
眼睛防护	佩戴化学护目镜(符合欧盟EN166或美国NIOSH标准)。		
身体防护	穿阻燃防静电防护服和抗静电的防护靴。		
手防护	戴化学防护手套(例如丁基橡胶手套)。		
其他防护	工作现场禁止吸烟、进食和饮水。工作完毕，淋浴更衣。保持良好的卫生习惯。		

品名：**三氧化二砷**	分子式：As_2O_3	相态：固
别名：白砒；砒霜；亚砷酸酐	分子量：197.8	外观与性状：无臭无味的白色粉末

危险特性

火灾危险性：无	爆炸物：无	皮胀腐蚀/刺激：类别1
腐蚀减薄：无	金属腐蚀：无	严重眼损伤/眼刺激：类别1
环境开裂：无	急性毒性：类别2	

若遇高热，升华产生剧毒的气体。

理化特性

熔点：275.0~315.0℃	临界温度：无资料	爆炸上限：无资料	引燃温度：无资料
沸点：457.2℃	临界压力：无资料	爆炸下限：无资料	燃烧热：无资料
闪点：无资料	饱和蒸气压：13.33kPa(332.5℃)	相对密度($d_{水}$=1)：3.86	

溶解性	微溶于水，溶于酸、碱。
主要用途	用于玻璃、搪瓷、颜料工业和杀虫剂、皮革保存剂等。

急救措施

皮肤接触	脱去污染的衣着，用大量肥皂水和流动清水冲洗。就医。
眼睛接触	提起眼睑，用流动清水或生理盐水冲洗。就医。
吸入	迅速脱离现场至空气新鲜处。保持呼吸道通畅。
食入	催吐，洗胃。给饮牛奶或蛋清。就医。

防护措施

呼吸防护	可能接触其粉尘时，应该佩戴头罩型电动送风过滤式防尘呼吸器。必要时，佩戴空气呼吸器。
眼睛防护	呼吸系统防护中已做防护。
身体防护	穿连衣式胶布防毒衣。
手防护	戴橡胶手套。
其他防护	工作现场禁止吸烟、进食和饮水。工作完毕，彻底清洗。单独存放被毒物污染的衣服，洗后备用。实行就业前和定期的体检。

品名：**三氧化铬[无水]**	分子式：CrO_3	相态：固
别名：铬酸酐	分子量：100.0	外观与性状：暗红色或暗紫色斜方结晶，易潮解

危险特性

火灾危险性：可燃液体丙B	爆炸物：无	皮肤腐蚀/刺激：类别1
腐蚀减薄：无	金属腐蚀：无	氧化性固体：类别1
环境开裂：无	急性毒性：类别2	严重眼损伤/眼刺激：类别1

强氧化剂。与易燃物(如苯)和可燃物(如糖、纤维素等)接触会发生剧烈反应，甚至引起燃烧。与还原性物质如镁粉、铝粉、硫、磷等混合后，经摩擦或撞击，能引起燃烧或爆炸。具有较强的腐蚀性。

理化特性

熔点：196.0℃	临界温度：无资料	爆炸上限：无资料	引燃温度：无资料
沸点：330.0℃	临界压力：无资料	爆炸下限：无资料	燃烧热：无资料
闪点：250.0℃	饱和蒸气压：无资料	相对密度($d_{水}$=1)：2.70	

溶解性	溶于水、硫酸、硝酸。
主要用途	用于电镀工业、医药工业、印刷工业、鞣革和织物媒染。

急救措施

皮肤接触	脱去污染的衣着，用大量肥皂水和流动清水冲洗。就医。
眼睛接触	提起眼睑，用流动清水或生理盐水冲洗。就医。
吸入	迅速脱离现场至空气新鲜处。保持呼吸道通畅。
食入	饮用足量温水，催吐。用清水或1%硫代硫酸钠溶液洗胃。就医。

防护措施

呼吸防护	可能接触其粉尘时，应该佩戴自吸过滤式防尘口罩。必要时，佩戴自给式呼吸器。
眼睛防护	戴化学安全防护眼镜。
身体防护	穿聚乙烯防毒服。
手防护	戴橡胶手套。
其他防护	工作完毕，淋浴更衣。保持良好的卫生习惯。

品名：**三氧化硫[稳定的]**	分子式：SO_3	相态：液	
别名：硫酸酐	分子量：80.1	外观与性状：针状固体或液体，有刺激性气味	
危险特性			
火灾危险性：无	爆炸物：无	皮肤腐蚀/刺激：类别1	
腐蚀减薄：硫酸腐蚀	金属腐蚀：无	严重眼损伤/眼刺激：类别1	
环境开裂：氢脆、连多硫酸应力腐蚀开裂、硫酸盐应力腐蚀开裂	急性毒性：无		
与水发生爆炸性剧烈反应。与氧气、氟、氧化铅、次亚氯酸、过氯酸、磷、四氟乙烯等接触剧烈反应。与有机材料如木、棉花或草接触，会着火。吸湿性极强，在空气中产生有毒的白烟。遇潮时对大多数金属有强腐蚀性。			
理化特性			
熔点：16.8℃	临界温度：无资料	爆炸上限：无资料	引燃温度：无资料
沸点：44.8℃	临界压力：无资料	爆炸下限：无资料	燃烧热：无资料
闪点：无资料	饱和蒸气压：37.32kPa(25℃)	相对密度($d_{水}=1$)：1.97	
溶解性	无资料。		
主要用途	用于有机合成磺化剂。		
急救措施			
皮肤接触	脱去污染的衣着，用大量流动清水冲洗至少15min。就医。		
眼睛接触	提起眼睑，用流动清水或生理盐水冲洗至少15min。就医。		
吸入	迅速脱离现场至空气新鲜处。保持呼吸道通畅。		
食入	用水漱口，给饮牛奶或蛋清。就医。		
防护措施			
呼吸防护	可能接触其粉尘时，必须佩戴防尘面具(全面罩)；可能接触其蒸气时，应该佩戴自吸过滤式防毒面具(全面罩)。		
眼睛防护	呼吸系统防护中已做防护。		
身体防护	穿橡胶耐酸碱服。		
手防护	戴橡胶耐酸碱手套。		
其他防护	工作完毕，淋浴更衣。单独存放被毒物污染的衣服，洗后备用。保持良好的卫生习惯。		

品名：**三乙胺**	分子式：$C_6H_{15}N$	相态：液	
别名：无	分子量：101.2	外观与性状：无色油状液体，有强烈氨臭	
危险特性			
火灾危险性：可燃液体甲B	爆炸物：无	皮肤腐蚀/刺激：类别1	
腐蚀减薄：碱腐蚀、胺腐蚀	金属腐蚀：无	易燃液体：类别2	
环境开裂：碱应力腐蚀开裂、胺应力腐蚀开裂	急性毒性：无	严重眼损伤/眼刺激：类别1	
易燃，其蒸气与空气可形成爆炸性混合物，遇明火、高热能引起燃烧爆炸。与氧化剂能发生强烈反应。其蒸气比空气重，能在较低处扩散到相当远的地方，遇火源会着火回燃。具有腐蚀性。			
理化特性			
熔点：-114.8℃	临界温度：262.5℃	爆炸上限：8.0%	引燃温度：249.0℃
沸点：89.5℃	临界压力：3.03MPa	爆炸下限：1.2%	燃烧热：4334.6kJ/mol
闪点：-15.0℃	饱和蒸气压：7.20kPa(20℃)	相对密度($d_{水}=1$)：0.70	
溶解性	微溶于水，溶于乙醇、乙醚等多数有机溶剂。		
主要用途	用作溶剂、阻聚剂，及合成染料等。		
急救措施			
皮肤接触	脱去污染的衣着，用大量流动清水冲洗至少15min。就医。		
眼睛接触	提起眼睑，用流动清水或生理盐水冲洗至少15min。就医。		
吸入	迅速脱离现场至空气新鲜处。保持呼吸道通畅。		
食入	用水漱口，给饮牛奶或蛋清。就医。		
防护措施			
呼吸防护	可能接触其蒸气时，佩戴导管式防毒面具。紧急事态抢救或撤离时，应该佩戴氧气呼吸器、空气呼吸器。		
眼睛防护	呼吸系统防护中已做防护。		
身体防护	穿防毒物渗透工作服。		
手防护	戴橡胶耐油手套。		
其他防护	工作现场禁止吸烟、进食和饮水。工作完毕，淋浴更衣。实行就业前和定期的体检。		

品名：**三乙基铝**		分子式：$C_6H_{15}Al$	相态：液
别名：无		分子量：114.2	外观与性状：无色透明液体，具有强烈的霉烂气味
危险特性			
火灾危险性：可燃液体甲 B		爆炸物：无	皮肤腐蚀/刺激：类别 1
腐蚀减薄：无		金属腐蚀：无	自燃液体：类别 1
环境开裂：无		急性毒性：无	严重眼损伤/眼刺激：类别 1
化学反应活性很高，接触空气会冒烟自燃。对微量的氧及水分反应极其灵敏，易引起燃烧爆炸。与酸、卤素、醇、胺类接触发生剧烈反应。遇水强烈分解，放出易燃的烷烃气体。			
理化特性			
熔点：−52.5℃ 沸点：194.0℃ 闪点：−53.0℃	临界温度：无资料 临界压力：13.57MPa 饱和蒸气压：0.53kPa(83℃)	爆炸上限：无资料 爆炸下限：无资料 相对密度($d_{水}=1$)：0.84	引燃温度：−52.0℃ 燃烧热：4867.8kJ/mol
溶解性	溶于苯，混溶于饱和烃类。		
主要用途	用于有机合成，也用作火箭燃料。		
急救措施			
皮肤接触	脱去污染的衣着，用大量流动清水冲洗至少 15min。就医。		
眼睛接触	提起眼睑，用流动清水或生理盐水冲洗至少 15min。就医。		
吸入	迅速脱离现场至空气新鲜处。保持呼吸道通畅。		
食入	用水漱口，给饮牛奶或蛋清。就医。		
防护措施			
呼吸防护	作业时，应该佩戴自吸过滤式防毒面具(全面罩)。紧急事态抢救或撤离时，必须佩戴空气呼吸器。		
眼睛防护	呼吸系统防护中已做防护。		
身体防护	穿胶布防毒衣。		
手防护	戴橡胶手套。		
其他防护	工作现场严禁吸烟。工作完毕，淋浴更衣。单独存放被毒物污染的衣服，洗后备用。		

品名：**三乙基硼**		分子式：$C_6H_{15}B$	相态：液
别名：无		分子量：98.0	外观与性状：无色透明发烟液体
危险特性			
火灾危险性：可燃液体甲 B		爆炸物：无	皮肤腐蚀/刺激：类别 1
腐蚀减薄：无		金属腐蚀：无	自燃液体：类别 1
环境开裂：无		急性毒性：类别 3	严重眼损伤/眼刺激：类别 1
接触空气、氧、氧化剂有引起自燃的危险。遇水分解放出易燃气体。加热分解产生易燃的有毒气体。			
理化特性			
熔点：−93.0℃ 沸点：95.0℃ 闪点：−35.6℃	临界温度：无资料 临界压力：无资料 饱和蒸气压：无资料	爆炸上限：无资料 爆炸下限：无资料 相对密度($d_{水}=1$)：0.70	引燃温度：无资料 燃烧热：无资料
溶解性	不溶于水，溶于乙醇、乙醚。		
主要用途	用于有机合成，与三乙基铝混合可用作火箭推进系统双组分点火物。		
急救措施			
皮肤接触	脱去污染的衣着，用大量流动清水冲洗。就医。		
眼睛接触	提起眼睑，用流动清水或生理盐水冲洗。就医。		
吸入	迅速脱离现场至空气新鲜处。保持呼吸道通畅。如呼吸困难，给输氧。如呼吸停止，立即进行人工呼吸。就医。		
食入	饮用足量温水，催吐。就医。		
防护措施			
呼吸防护	空气中浓度超标时，必须佩戴自吸过滤式防毒面具(半面罩)。紧急事态抢救或撤离时，应该佩戴空气呼吸器。		
眼睛防护	戴化学安全防护眼镜。		
身体防护	穿防静电工作服。		
手防护	戴橡胶手套。		
其他防护	工作场所禁止吸烟、进食和饮水，饭前要洗手。工作完毕，淋浴更衣。保持良好的卫生习惯。		

品名：**三异丁基铝**		分子式：$C_{12}H_{27}Al$	相态：液
别名：无		分子量：198.3	外观与性状：无色液体
危险特性			
火灾危险性：可燃液体甲 B		爆炸物：无	皮肤腐蚀/刺激：类别 2
腐蚀减薄：无		金属腐蚀：无	自燃液体：类别 1
环境开裂：无		急性毒性：无	严重眼损伤/眼刺激：类别 1
化学反应活性很高，接触空气会冒烟自燃。对微量的氧及水分反应极其灵敏，易引起燃烧爆炸。与氧化剂能发生强烈反应。遇水强烈分解，放出易燃的烷烃气体。遇高温剧烈分解。			
理化特性			
熔点：4.0~6.0℃	临界温度：无资料	爆炸上限：无资料	引燃温度：4.0℃
沸点：68.0~70.0℃	临界压力：1.76MPa	爆炸下限：无资料	燃烧热：无资料
闪点：-20.0℃	饱和蒸气压：0.13kPa(47℃)	相对密度($d_{水}=1$)：0.78	
溶解性	溶于苯。		
主要用途	用于有机合成及作聚合烯烃的催化剂。		
急救措施			
皮肤接触	脱去污染的衣着，用大量流动清水冲洗至少 15min。就医。		
眼睛接触	提起眼睑，用流动清水或生理盐水冲洗至少 15min。就医。		
吸入	迅速脱离现场至空气新鲜处。保持呼吸道通畅。		
食入	用水漱口，给饮牛奶或蛋清。就医。		
防护措施			
呼吸防护	作业时，应该佩戴过滤式防毒面具(半面罩)。紧急事态抢救或撤离时，必须佩戴空气呼吸器。		
眼睛防护	戴化学安全防护眼镜。		
身体防护	穿防毒物渗透工作服。		
手防护	戴橡胶手套。		
其他防护	工作现场严禁吸烟。工作完毕，淋浴更衣。单独存放被毒物污染的衣服，洗后备用。		

品名：**三正丙胺**		分子式：$C_9H_{21}N$	相态：液
别名：*N*,*N*-二丙基-1-丙胺		分子量：143.3	外观与性状：无色液体，有氨的气味
危险特性			
火灾危险性：可燃液体乙 A		爆炸物：无	皮肤腐蚀/刺激：类别 1
腐蚀减薄：碱腐蚀、胺腐蚀		金属腐蚀：无	易燃液体：类别 3
环境开裂：碱应力腐蚀开裂、胺应力腐蚀开裂		急性毒性：类别 3	严重眼损伤/眼刺激：类别 1
易燃，遇明火、高热或与氧化剂接触，有引起燃烧爆炸的危险。受热分解放出有毒的氧化氮烟气。具有腐蚀性。			
理化特性			
熔点：-93.0℃	临界温度：320.9℃	爆炸上限：5.6%	引燃温度：180.0℃
沸点：155.0℃	临界压力：2.23MPa	爆炸下限：0.7%	燃烧热：6335.7kJ/mol
闪点：34.0℃	饱和蒸气压：0.39kPa(20℃)	相对密度($d_{水}=1$)：0.75	
溶解性	微溶于水，溶于乙醚，易溶于乙醇。		
主要用途	用于制药物、农药、橡胶和纤维加工助剂等；作为有机合成中间体，用于制取全氟化人造血浆和石油化工季胺分子筛催化剂等。		
急救措施			
皮肤接触	脱去污染的衣着，用大量流动清水冲洗。就医。		
眼睛接触	提起眼睑，用流动清水或生理盐水冲洗。就医。		
吸入	迅速脱离现场至空气新鲜处。保持呼吸道通畅。		
食入	饮用足量温水，催吐。就医。		
防护措施			
呼吸防护	可能接触其蒸气时，佩戴自吸过滤式防毒面具(半面罩)。		
眼睛防护	戴化学安全防护眼镜。		
身体防护	穿防毒物渗透工作服。		
手防护	戴橡胶耐油手套。		
其他防护	工作现场禁止吸烟、进食和饮水。工作完毕，淋浴更衣。实行就业前和定期的体检。		

品名：**三正丁胺**	分子式：$C_{12}H_{27}N$	相态：液	
别名：三丁胺	分子量：185.4	外观与性状：无色液体，有类似氨的气味	
危险特性			
火灾危险性：可燃液体丙 A 腐蚀减薄：碱腐蚀、胺腐蚀 环境开裂：碱应力腐蚀开裂、胺应力腐蚀开裂	爆炸物：无 金属腐蚀：无 急性毒性：类别 1	皮肤腐蚀/刺激：类别 2 严重眼损伤/眼刺激：类别 2	
其蒸气与空气可形成爆炸性混合物，遇明火、高热易引起燃烧爆炸。与强氧化剂接触可发生化学反应。			
理化特性			
熔点：-70.0℃ 沸点：216.5℃ 闪点：86.0℃	临界温度：无资料 临界压力：无资料 饱和蒸气压：0.32kPa(55℃)	爆炸上限：无资料 爆炸下限：无资料 相对密度($d_{水}=1$)：0.78	引燃温度：210.0℃ 燃烧热：无资料
溶解性	不溶于水，溶于醇、醚。		
主要用途	用作溶剂、中间体、杀虫剂、乳化剂等。		
急救措施			
皮肤接触	脱去污染的衣着，用大量流动清水冲洗至少 15min。就医。		
眼睛接触	提起眼睑，用流动清水或生理盐水冲洗至少 15min。就医。		
吸入	迅速脱离现场至空气新鲜处。保持呼吸道通畅。		
食入	用水漱口，给饮牛奶或蛋清。就医。		
防护措施			
呼吸防护	可能接触其蒸气时，应该佩戴自吸过滤式防毒面具(半面罩)。紧急事态抢救或撤离时，建议佩戴自给式呼吸器。		
眼睛防护	戴化学安全防护眼镜。		
身体防护	穿防毒物渗透工作服。		
手防护	戴橡胶耐油手套。		
其他防护	工作现场禁止吸烟、进食和饮水。工作完毕，淋浴更衣。实行就业前和定期的体检。		

品名：**砷**	分子式：As	相态：固	
别名：无	分子量：74.9	外观与性状：银灰色发亮的块状固体，质硬而脆	
危险特性			
火灾危险性：无 腐蚀减薄：无 环境开裂：无	爆炸物：无 金属腐蚀：无 急性毒性：类别 3	皮肤腐蚀/刺激：无	
燃烧时产生白色的氧化砷烟雾。			
理化特性			
熔点：817.0℃ 沸点：615.0℃ 闪点：无资料	临界温度：无资料 临界压力：22.30MPa 饱和蒸气压：0.13kPa(372℃)	爆炸上限：无资料 爆炸下限：无资料 相对密度($d_{水}=1$)：5.73	引燃温度：无资料 燃烧热：无资料
溶解性	不溶于水、碱液、多数有机溶剂，溶于硝酸、热碱液。		
主要用途	用于制取合金的添加物、特种玻璃、涂料、医药及农药等。		
急救措施			
皮肤接触	脱去污染的衣着，用大量肥皂水和流动清水冲洗。就医。		
眼睛接触	提起眼睑，用流动清水或生理盐水冲洗。就医。		
吸入	迅速脱离现场至空气新鲜处。保持呼吸道通畅。		
食入	催吐，洗胃。给饮牛奶或蛋清。就医。		
防护措施			
呼吸防护	可能接触其粉尘时，应该佩戴自吸过滤式防尘口罩。必要时，佩戴空气呼吸器。		
眼睛防护	戴化学安全防护眼镜。		
身体防护	穿胶布防毒衣。		
手防护	戴橡胶手套。		
其他防护	工作完毕，淋浴更衣。工作服不准带至非作业场所。单独存放被毒物污染的衣服，洗后备用。保持良好的卫生习惯。		

品名：**砷化氢** 别名：砷化三氢；胂		分子式：AsH_3 分子量：77.9	相态：气 外观与性状：无色气味，有大蒜臭味
危险特性			
火灾危险性：可燃气体甲 腐蚀减薄：无 环境开裂：无		爆炸物：无 金属腐蚀：无 急性毒性：类别2	皮肤腐蚀/刺激：无 易燃气体：类别1 加压气体：是
强还原剂。与空气混合能形成爆炸性混合物。遇明火、高热能引起燃烧爆炸。			
理化特性			
熔点：−116.0℃ 沸点：−62.0℃ 闪点：−110.0℃	临界温度：无资料 临界压力：无资料 饱和蒸气压：无资料	爆炸上限：100.0% 爆炸下限：4.6% 相对密度($d_{水}=1$)：无资料	引燃温度：无资料 燃烧热：无资料
溶解性	无资料。		
主要用途	用于有机合成、军用毒气，及应用于科研或某些特殊实验中。		
急救措施			
皮肤接触	无资料。		
眼睛接触	无资料。		
吸入	迅速脱离现场至空气新鲜处。保持呼吸道通畅。		
食入	无资料。		
防护措施			
呼吸防护	正常工作情况下，佩戴过滤式防毒面具(全面罩)。高浓度环境中，必须佩戴空气呼吸器或氧气呼吸器。紧急事态抢救或撤离时，建议佩戴空气呼吸器。		
眼睛防护	呼吸系统防护中已做防护。		
身体防护	穿戴面罩式胶布防毒衣。		
手防护	戴橡胶手套。		
其他防护	工作现场禁止吸烟、进食和饮水。工作完毕，淋浴更衣。保持良好的卫生习惯。进入罐限制性空间或其他高浓度区作业，须有人监护。		

品名：**砷酸** 别名：无		分子式：$AsHO_3$ 分子量：123.9	相态：固 外观与性状：无色至白色透明斜方晶系小板状结晶，具有潮解性
危险特性			
火灾危险性：无 腐蚀减薄：无 环境开裂：无		爆炸物：无 金属腐蚀：无 急性毒性：类别3	皮肤腐蚀/刺激：无
遇高热、明火会产生剧毒的蒸气。与金属接触会散发出剧毒的砷化氢。			
理化特性			
熔点：35.5℃ 沸点：160.0℃ 闪点：无资料	临界温度：无资料 临界压力：无资料 饱和蒸气压：无资料	爆炸上限：无资料 爆炸下限：无资料 相对密度($d_{水}=1$)：2.00	引燃温度：无资料 燃烧热：无资料
溶解性	溶于水，溶于乙醇、碱液、甘油。		
主要用途	用于制造有机颜料，制备无机盐或有机砷酸盐，也用于制造杀虫剂、玻璃、并用于制药等。		
急救措施			
皮肤接触	脱去污染的衣着，用大量肥皂水和流动清水冲洗。就医。		
眼睛接触	提起眼睑，用流动清水或生理盐水冲洗。就医。		
吸入	迅速脱离现场至空气新鲜处。保持呼吸道通畅。		
食入	催吐，洗胃。给饮牛奶或蛋清。就医。		
防护措施			
呼吸防护	可能接触毒物时，必须佩戴自吸过滤式防毒面具(全面罩)或头罩型电动送风过滤式防尘呼吸器。		
眼睛防护	呼吸系统防护中已做防护。		
身体防护	穿连衣式胶布防毒衣。		
手防护	戴橡胶手套。		
其他防护	工作现场禁止吸烟、进食和饮水。工作完毕，淋浴更衣。		

品名：**十八烷基三氯硅烷** 别名：无		分子式：$C_{18}H_{37}Cl_3Si$ 分子量：388.0	相态：液 外观与性状：无色液体，有刺激性气味
危险特性			
火灾危险性：可燃液体丙 A 腐蚀减薄：无 环境开裂：无		爆炸物：无 金属腐蚀：无 急性毒性：无	皮肤腐蚀/刺激：类别 1 严重眼损伤/眼刺激：类别 1
遇高热、明火或与氧化剂接触，有引起燃烧的危险。遇水反应，放出具有刺激性和腐蚀性的氯化氢气体。受高热分解产生有毒的腐蚀性烟气。遇潮时对大多数金属有腐蚀性。			
理化特性			
熔点：22.0℃ 沸点：380.0℃ 闪点：89.0℃	临界温度：无资料 临界压力：无资料 饱和蒸气压：无资料	爆炸上限：无资料 爆炸下限：无资料 相对密度($d_水=1$)：0.98	引燃温度：无资料 燃烧热：无资料
溶解性	溶于醚、苯、过氯乙烯、庚烷。		
主要用途	制造硅酮的中间体。		
急救措施			
皮肤接触	脱去污染的衣着，用大量流动清水冲洗至少 15min。就医。		
眼睛接触	提起眼睑，用流动清水或生理盐水冲洗至少 15min。就医。		
吸入	迅速脱离现场至空气新鲜处。保持呼吸道通畅。		
食入	用水漱口，给饮牛奶或蛋清。就医。		
防护措施			
呼吸防护	可能接触其粉尘时，必须佩戴防尘面具(全面罩)。紧急事态抢救或撤离时，应该佩戴空气呼吸器。		
眼睛防护	呼吸系统防护中已做防护。		
身体防护	穿橡胶耐酸碱服。		
手防护	戴橡胶耐酸碱手套。		
其他防护	工作现场禁止吸烟、进食和饮水。工作完毕，淋浴更衣。保持良好的卫生习惯。		

品名：**十八烷酰氯** 别名：硬脂酰氯		分子式：$C_{18}H_{35}ClO$ 分子量：302.9	相态：液 外观与性状：白色至黄色透明液体或固体
危险特性			
火灾危险性：可燃液体丙 A 腐蚀减薄：无 环境开裂：无		爆炸物：无 金属腐蚀：无 急性毒性：无	皮肤腐蚀/刺激：类别 2
遇明火、高热可燃。受热分解释出高毒烟雾。遇水或水蒸气反应放热并产生有毒的腐蚀性气体。遇潮时能腐蚀大多数金属及有机组织。			
理化特性			
熔点：21.0~22.0℃ 沸点：174.0~178.0℃ 闪点：165.0℃	临界温度：无资料 临界压力：无资料 饱和蒸气压：无资料	爆炸上限：无资料 爆炸下限：无资料 相对密度($d_水=1$)：0.92	引燃温度：无资料 燃烧热：无资料
溶解性	溶于烃类、醚等多数有机溶剂。		
主要用途	主要用作彩色电影胶片成色剂的中间体，也用于醇的酯化及其他有机化合物的原料。		
急救措施			
皮肤接触	脱去污染的衣着，用肥皂水及清水彻底冲洗。若有灼伤，就医治疗。		
眼睛接触	立即提起眼睑，用流动清水或生理盐水冲洗至少 15min。就医。		
吸入	迅速脱离现场至空气新鲜处。保持呼吸道通畅。必要时进行人工呼吸。就医。		
食入	患者清醒时立即漱口，给饮牛奶或蛋清。就医。		
防护措施			
呼吸防护	可能接触其粉尘时，必须佩戴防尘面具(全面罩)；可能接触其蒸气时，应该佩戴自吸过滤式防毒面具(全面罩)。		
眼睛防护	呼吸系统防护中已做防护。		
身体防护	穿橡胶耐酸碱服。		
手防护	穿橡胶耐酸碱手套。		
其他防护	工作完毕，淋浴更衣。单独存放被毒物污染的衣服，洗后备用。注意个人清洁卫生。		

品名：**十二烷基硫醇** 别名：月桂硫醇；十二硫醇	分子式：$C_{12}H_{26}S$ 分子量：202.4		相态：液 外观与性状：水白色到淡黄色液体，略有气味
危险特性			
火灾危险性：可燃液体丙 A 腐蚀减薄：硫酸腐蚀、高温硫化物腐蚀 环境开裂：连多硫酸应力腐蚀开裂	爆炸物：无 金属腐蚀：无 急性毒性：无		皮肤腐蚀/刺激：无 严重眼损伤/眼刺激：类别 1
遇明火、高热易燃。受高热分解产生有毒的硫化物烟气。			
理化特性			
熔点：-7.0℃ 沸点：266.0~283.0℃ 闪点：128.0℃	临界温度：无资料 临界压力：无资料 饱和蒸气压：0.33kPa(25.0℃)	爆炸上限：无资料 爆炸下限：无资料 相对密度($d_{水}=1$)：0.85	引燃温度：无资料 燃烧热：无资料
溶解性	不溶于水，溶于甲醇、乙醚、丙酮、苯、乙酸乙酯。		
主要用途	用于合成塑料、橡胶及药品、杀虫剂、防霉剂、去污剂。		
急救措施			
皮肤接触	立即脱去被污染的衣着，用肥皂水和清水彻底冲洗皮肤。		
眼睛接触	提起眼睑，用流动清水或生理盐水冲洗。就医。		
吸入	迅速脱离现场至空气新鲜处。保持呼吸道通畅。如呼吸困难，给输氧。如呼吸停止，立即进行人工呼吸。就医。		
食入	饮足量温水，催吐，就医。		
防护措施			
呼吸防护	可能接触其蒸气时，应该佩戴过滤式防毒面具(半面罩)。紧急事态抢救或撤离时，建议佩戴自给式呼吸器。		
眼睛防护	戴化学安全防护眼镜。		
身体防护	穿透气型防毒服。		
手防护	戴防化学品手套。		
其他防护	工作现场禁止吸烟、进食和饮水。工作完毕，彻底清洗。单独存放被毒物污染的衣服，洗后备用。		

品名：**十二烷基三氯硅烷** 别名：无	分子式：$C_{12}H_{25}Cl_3Si$ 分子量：303.8		相态：液 外观与性状：无色液体，带有刺激性臭味
危险特性			
火灾危险性：可燃液体丙 B 腐蚀减薄：无 环境开裂：无	爆炸物：无 金属腐蚀：无 急性毒性：无		皮肤腐蚀/刺激：类别 1 严重眼损伤/眼刺激：类别 1
遇明火、高热可燃。与氧化剂可发生反应。遇水反应，放出具有刺激性和腐蚀性的氯化氢气体。受高热分解产生有毒的腐蚀性烟气。遇潮时对大多数金属有腐蚀性。若遇高热，容器内压增大，有开裂和爆炸的危险。			
理化特性			
熔点：无资料 沸点：293.0~294.0℃ 闪点：110.0℃	临界温度：无资料 临界压力：无资料 饱和蒸气压：无资料	爆炸上限：无资料 爆炸下限：无资料 相对密度($d_{水}=1$)：1.03	引燃温度：无资料 燃烧热：无资料
溶解性	溶于部分有机溶剂。		
主要用途	用于有机合成，用作硅化合物中间体及防水剂。		
急救措施			
皮肤接触	脱去污染的衣着，用大量肥皂水和流动清水冲洗。就医。		
眼睛接触	提起眼睑，用流动清水或生理盐水冲洗至少 15min。就医。		
吸入	迅速脱离现场至空气新鲜处。保持呼吸道通畅。		
食入	用水漱口，给饮牛奶或蛋清。就医。		
防护措施			
呼吸防护	空气中浓度超标时，必须佩戴自吸过滤式防毒面具(全面罩)。紧急事态抢救或撤离时，应该佩戴空气呼吸器。		
眼睛防护	呼吸系统防护中已做防护。		
身体防护	穿橡胶耐酸碱服。		
手防护	戴橡胶耐酸碱手套。		
其他防护	工作现场禁止吸烟、进食和饮水。工作完毕，淋浴更衣。保持良好的卫生习惯。		

品名：**十二烷酰氯** 别名：月桂酰氯	分子式：$C_{12}H_{23}ClO$ 分子量：218.8		相态：液 外观与性状：无色至淡黄色液体
危险特性			
火灾危险性：可燃液体丙B 腐蚀减薄：无 环境开裂：无	爆炸物：无 金属腐蚀：无 急性毒性：无		皮肤腐蚀/刺激：类别1 严重眼损伤/眼刺激：类别1
遇明火、高热可燃。受热分解放出高毒烟雾。遇水或水蒸气反应放热并产生有毒的腐蚀性气体。遇潮时对大多数金属有腐蚀性。			
理化特性			
熔点：-17.0℃ 沸点：145.0℃ 闪点：140.0℃	临界温度：无资料 临界压力：无资料 饱和蒸气压：1.47kPa(20℃)	爆炸上限：无资料 爆炸下限：无资料 相对密度($d_{水}=1$)：0.92	引燃温度：无资料 燃烧热：无资料
溶解性	可混溶于乙醚、苯。		
主要用途	用于制药工业和有机合成。		
急救措施			
皮肤接触	脱去污染的衣着，用大量流动清水冲洗至少15min。就医。		
眼睛接触	提起眼睑，用流动清水或生理盐水冲洗至少15min。就医。		
吸入	迅速脱离现场至空气新鲜处。保持呼吸道通畅。		
食入	用水漱口，给饮牛奶或蛋清。就医。		
防护措施			
呼吸防护	空气中浓度超标时，必须佩戴自吸过滤式防毒面具(全面罩)。紧急事态抢救或撤离时，应该佩戴空气呼吸器。		
眼睛防护	呼吸系统防护中已做防护。		
身体防护	穿橡胶耐酸碱服。		
手防护	戴橡胶耐酸碱手套。		
其他防护	工作完毕，淋浴更衣。单独存放被毒物污染的衣服，洗后备用。保持良好的卫生习惯。		

品名：**十六烷基三氯硅烷** 别名：无	分子式：$C_{16}H_{33}Cl_3Si$ 分子量：359.9		相态：液 外观与性状：无色至黄色液体，遇潮湿水解
危险特性			
火灾危险性：可燃液体丙B 腐蚀减薄：无 环境开裂：无	爆炸物：无 金属腐蚀：无 急性毒性：无		皮肤腐蚀/刺激：类别1 严重眼损伤/眼刺激：类别1
遇明火、高热可燃。遇水反应，放出具有刺激性和腐蚀性的氯化氢气体。受高热分解放出有毒的气体。遇潮时对大多数金属有腐蚀性。			
理化特性			
熔点：无资料 沸点：269.0℃ 闪点：146.1℃	临界温度：无资料 临界压力：无资料 饱和蒸气压：无资料	爆炸上限：无资料 爆炸下限：无资料 相对密度($d_{水}=1$)：1.00	引燃温度：无资料 燃烧热：无资料
溶解性	溶于部分有机溶剂。		
主要用途	用作硅化合物中间体。		
急救措施			
皮肤接触	脱去污染的衣着，用大量流动清水冲洗至少15min。就医。		
眼睛接触	提起眼睑，用流动清水或生理盐水冲洗至少15min。就医。		
吸入	迅速脱离现场至空气新鲜处。保持呼吸道通畅。		
食入	用水漱口，给饮牛奶或蛋清。就医。		
防护措施			
呼吸防护	空气中浓度超标时，必须佩戴自吸过滤式防毒面具(全面罩)。紧急事态抢救或撤离时，应该佩戴空气呼吸器。		
眼睛防护	呼吸系统防护中已做防护。		
身体防护	穿橡胶耐酸碱服。		
手防护	戴橡胶耐酸碱手套。		
其他防护	工作完毕，淋浴更衣。单独存放被毒物污染的衣服，洗后备用。保持良好的卫生习惯。		

品名：**十氢化萘**	分子式：$C_{10}H_{18}$	相态：液	
别名：萘烷	分子量：138.3	外观与性状：无色液体，略带像薄荷醇的气味	
危险特性			
火灾危险性：可燃液体乙B	爆炸物：无	皮肤腐蚀/刺激：无	
腐蚀减薄：无	金属腐蚀：无	易燃液体：类别3	
环境开裂：无	急性毒性：类别3	严重眼损伤/眼刺激：类别1	
易燃，遇明火、高热能引起燃烧爆炸。与氧化剂能发生强烈反应。接触空气或在光照条件下可生成具有潜在爆炸危险性的过氧化物。			
理化特性			
熔点：-31.5℃	临界温度：413.8℃	爆炸上限：4.9%	引燃温度：255.0℃
沸点：187.0℃	临界压力：2.74MPa	爆炸下限：0.4%	燃烧热：5884.75kJ/mol
闪点：57.0℃	饱和蒸气压：无资料	相对密度($d_{水}=1$)：0.87	
溶解性	不溶于水，溶于乙醇、乙醚、丙酮和苯。		
主要用途	用作溶剂，并可与苯和乙醇配成混合物，而作为内燃机的染料。		
急救措施			
皮肤接触	脱去污染的衣着，用肥皂水和清水彻底冲洗皮肤。		
眼睛接触	提起眼睑，用流动清水或生理盐水冲洗。就医。		
吸入	迅速脱离现场至空气新鲜处。保持呼吸道通畅。如呼吸困难，给输氧。如呼吸停止，立即进行人工呼吸。就医。		
食入	饮足量温水，催吐。就医。		
防护措施			
呼吸防护	高浓度环境中，应该佩戴自吸过滤式防毒面具(半面罩)。		
眼睛防护	戴安全防护眼镜。		
身体防护	穿防静电工作服。		
手防护	戴橡胶耐油手套。		
其他防护	工作现场严禁吸烟。工作完毕，淋浴更衣。注意个人清洁卫生。		

品名：**十四烷酰氯**	分子式：$C_{14}H_{27}ClO$	相态：液	
别名：肉豆蔻酰氯	分子量：246.8	外观与性状：无色液体	
危险特性			
火灾危险性：可燃液体丙B	爆炸物：无	皮肤腐蚀/刺激：类别1	
腐蚀减薄：无	金属腐蚀：无	严重眼损伤/眼刺激：类别1	
环境开裂：无	急性毒性：无		
遇明火、高热可燃。与氧化剂可发生反应。遇水或水蒸气反应放热并产生有毒的腐蚀性气体。受热分解放出高毒烟雾。遇潮时对大多数金属有腐蚀性。若遇高热，容器内压增大，有开裂和爆炸的危险。			
理化特性			
熔点：-1.0℃	临界温度：无资料	爆炸上限：无资料	引燃温度：无资料
沸点：250.0℃	临界压力：无资料	爆炸下限：无资料	燃烧热：无资料
闪点：113.0℃	饱和蒸气压：无资料	相对密度($d_{水}=1$)：0.86	
溶解性	溶于乙醚。		
主要用途	用于有机合成。		
急救措施			
皮肤接触	脱去污染的衣着，用大量流动清水冲洗。就医。		
眼睛接触	提起眼睑，用流动清水或生理盐水冲洗至少15min。就医。		
吸入	迅速脱离现场至空气新鲜处。保持呼吸道通畅。		
食入	用水漱口，给饮牛奶或蛋清。就医。		
防护措施			
呼吸防护	空气中浓度超标时，必须佩戴自吸过滤式防毒面具(全面罩)。紧急事态抢救或撤离时，应该佩戴空气呼吸器。		
眼睛防护	呼吸系统防护中已做防护。		
身体防护	穿橡胶耐酸碱服。		
手防护	戴橡胶耐酸碱手套。		
其他防护	工作完毕，淋浴更衣。单独存放被毒物污染的衣服，洗后备用。保持良好的卫生习惯。		

品名：**铈[粉、屑]**	分子式：Ce	相态：固
别名：无	分子量：140.1	外观与性状：钢灰色带光泽的金属，富有可塑性

危险特性

火灾危险性：无法确定	爆炸物：无	皮肤腐蚀/刺激：无
腐蚀减薄：无	金属腐蚀：无	易燃固体：类别 1
环境开裂：液体金属脆断	急性毒性：无	遇水放出易燃气体的物质和混合物：类别 2

无资料。

理化特性

熔点：815.0℃	临界温度：无资料	爆炸上限：无资料	引燃温度：无资料
沸点：3443.0℃	临界压力：无资料	爆炸下限：无资料	燃烧热：无资料
闪点：无资料	饱和蒸气压：无资料	相对密度($d_水=1$)：6.90	

溶解性	溶于稀无机酸。
主要用途	用作合金添加剂、还原剂，及用于生产铈盐等，也用于医药、制革、玻璃、纺织等工业。

急救措施

皮肤接触	脱去污染的衣着，用大量流动清水冲洗。就医。
眼睛接触	提起眼睑，用流动清水或生理盐水冲洗。就医。
吸入	迅速脱离现场至空气新鲜处。保持呼吸道通畅。如呼吸困难，给输氧。如呼吸停止，立即进行人工呼吸。就医。
食入	饮用足量温水，催吐。就医。

防护措施

呼吸防护	高浓度环境中，佩戴防毒口罩。
眼睛防护	戴化学安全防护眼镜。
身体防护	穿防毒物渗透工作服。
手防护	必要时戴防护手套。
其他防护	工作现场严禁吸烟。

品名：**叔丁胺**	分子式：$C_4H_{11}N$	相态：液
别名：2-氨基-2-甲基丙烷；特丁胺	分子量：73.1	外观与性状：无色液体，有氨味

危险特性

火灾危险性：可燃液体甲 B	爆炸物：无	皮肤腐蚀/刺激：类别 1
腐蚀减薄：碱腐蚀、胺腐蚀	金属腐蚀：无	易燃液体：类别 2
环境开裂：碱应力腐蚀开裂、氨应力腐蚀开裂、胺应力腐蚀开裂	急性毒性：类别 3	严重眼损伤/眼刺激：类别 1

易燃，其蒸气与空气可形成爆炸性混合物，遇明火、高热能引起燃烧爆炸。与氧化剂能发生强烈反应。其蒸气比空气重，能在较低处扩散到相当远的地方，遇火源会着火回燃。具有腐蚀性。

理化特性

熔点：-72.6℃	临界温度：210.8℃	爆炸上限：8.9%	引燃温度：380.0℃
沸点：44.5℃	临界压力：3.84MPa	爆炸下限：1.7%	燃烧热：2992.9kJ/mol
闪点：-38.0℃	饱和蒸气压：39.3kPa(20℃)	相对密度($d_水=1$)：0.69	

溶解性	溶于水，溶于无水乙醇、苯、氯仿、乙醚等多数有机溶剂。
主要用途	用作橡胶促进剂、化学试剂及合成药品、染料、杀虫剂等。

急救措施

皮肤接触	脱去污染的衣着，用大量流动清水冲洗至少 15min。就医。
眼睛接触	提起眼睑，用流动清水或生理盐水冲洗至少 15min。就医。
吸入	迅速脱离现场至空气新鲜处。保持呼吸道通畅。
食入	用水漱口，给饮牛奶或蛋清。就医。

防护措施

呼吸防护	可能接触其蒸气时，佩戴导管式防毒面具。紧急事态抢救或撤离时，应该佩戴氧气呼吸器、空气呼吸器。
眼睛防护	呼吸系统防护中已做防护。
身体防护	穿防毒物渗透工作服。
手防护	戴橡胶耐油手套。
其他防护	工作现场禁止吸烟、进食和饮水。工作完毕，淋浴更衣。实行就业前和定期的体检。

品名：**叔丁基苯**		分子式：$C_{10}H_{14}$	相态：液
别名：叔丁苯		分子量：134.2	外观与性状：无色液体
危险特性			
火灾危险性：可燃液体乙 A		爆炸物：无	皮肤腐蚀/刺激：类别 2
腐蚀减薄：无		金属腐蚀：无	易燃液体：类别 3
环境开裂：无		急性毒性：类别 3	
其蒸气与空气可形成爆炸性混合物，遇明火、高热能引起燃烧爆炸。与氧化剂可发生反应。流速过快，容易产生和积聚静电。其蒸气比空气重，能在较低处扩散到相当远的地方，遇火源会着火回燃。若遇高热，容器内压增大，有开裂和爆炸的危险。			
理化特性			
熔点：-58.0℃	临界温度：374.1℃	爆炸上限：6.9%	引燃温度：445.0℃
沸点：168.2℃	临界压力：2.98MPa	爆炸下限：0.7%	燃烧热：5874.9kJ/mol
闪点：34.0℃	饱和蒸气压：0.13kPa(13℃)	相对密度($d_{水}=1$)：0.87	
溶解性	不溶于水，溶于乙醇等多数有机溶剂。		
主要用途	用于有机合成，也用作溶剂。		
急救措施			
皮肤接触	脱去污染的衣着，用大量流动清水冲洗。就医。		
眼睛接触	提起眼睑，用流动清水或生理盐水冲洗。就医。		
吸入	迅速脱离现场至空气新鲜处。保持呼吸道通畅。		
食入	饮用足量温水，催吐。就医。		
防护措施			
呼吸防护	空气中浓度超标时，必须佩戴自吸过滤式防毒面具(半面罩)。紧急事态抢救或撤离时，应该佩戴空气呼吸器。		
眼睛防护	戴化学安全防护眼镜。		
身体防护	穿防毒物渗透工作服。		
手防护	戴橡胶手套。		
其他防护	工作现场禁止吸烟、进食和饮水。工作完毕，淋浴更衣。保持良好的卫生习惯。		

品名：**2-叔丁基苯酚**		分子式：$C_{10}H_{14}O$	相态：液
别名：邻叔丁基苯酚		分子量：150.2	外观与性状：淡黄色油状液体
危险特性			
火灾危险性：可燃液体丙 A		爆炸物：无	皮肤腐蚀/刺激：类别 1
腐蚀减薄：苯酚腐蚀		金属腐蚀：无	严重眼损伤/眼刺激：类别 1
环境开裂：无		急性毒性：无	
遇明火、高热可燃。与氧化剂可发生反应。受高热分解放出有毒的气体。具有腐蚀性。若遇高热，容器内压增大，有开裂和爆炸的危险。			
理化特性			
熔点：-7.0℃	临界温度：无资料	爆炸上限：无资料	引燃温度：无资料
沸点：221.0~224.0℃	临界压力：无资料	爆炸下限：无资料	燃烧热：无资料
闪点：110.0℃	饱和蒸气压：0.07kPa(20℃)	相对密度($d_{水}=1$)：0.98	
溶解性	微溶于水，溶于丙酮、甲醇、苯。		
主要用途	是生产叔丁基酚甲醛树脂的重要原料，也用于合成油溶性酚醛树脂、合成橡胶的增塑剂、油漆的添加剂，医药上用于生产驱虫剂等。		
急救措施			
皮肤接触	脱去污染的衣着，用大量流动清水冲洗。就医。		
眼睛接触	提起眼睑，用流动清水或生理盐水冲洗。就医。		
吸入	迅速脱离现场至空气新鲜处。保持呼吸道通畅。		
食入	饮用足量温水，催吐。就医。		
防护措施			
呼吸防护	空气中浓度超标时，必须佩戴自吸过滤式防毒面具(半面罩)。紧急事态抢救或撤离时，应该佩戴空气呼吸器。		
眼睛防护	戴化学安全防护眼镜。		
身体防护	穿防毒物渗透工作服。		
手防护	戴橡胶手套。		
其他防护	工作现场禁止吸烟、进食和饮水。工作完毕，淋浴更衣。保持良好的卫生习惯。		

品名：**4-叔丁基苯酚** 别名：对叔丁基苯酚；对特丁基苯酚；4-羟基-1-叔丁基苯	分子式：$C_{10}H_{14}O$ 分子量：150.2		相态：固 外观与性状：白色针状结晶，有轻微的苯酚臭味
危险特性			
火灾危险性：可燃气体甲 腐蚀减薄：苯酚腐蚀 环境开裂：无	爆炸物：无 金属腐蚀：无 急性毒性：无		皮肤腐蚀/刺激：类别 2 严重眼损伤/眼刺激：类别 1
遇明火、高热可燃。受高热分解，放出刺激性烟气。与氧化剂能发生强烈反应。			
理化特性			
熔点：96.0~101.0℃ 沸点：(233.7±9.0)℃ 闪点：(110.9±8.2)℃	临界温度：无资料 临界压力：3.34MPa 饱和蒸气压：1.33kPa(114℃)	爆炸上限：5.8% 爆炸下限：0.8% 相对密度($d_{水}=1$)：0.91	引燃温度：无资料 燃烧热：无资料
溶解性	微溶于水，溶于丙酮、甲醇、苯。		
主要用途	是生产叔丁基酚甲醛树脂的重要原料，也用于合成油溶性酚醛树脂、合成橡胶的增塑剂、油漆的添加剂，医药上用于生产驱虫剂等。		
急救措施			
皮肤接触	脱去污染的衣着，用大量肥皂水和流动清水冲洗。就医。		
眼睛接触	提起眼睑，用流动清水或生理盐水冲洗。就医。		
吸入	迅速脱离现场至空气新鲜处。保持呼吸道通畅。		
食入	饮用足量温水，催吐。就医。		
防护措施			
呼吸防护	空气中粉尘浓度超标时，佩戴自吸过滤式防尘口罩。		
眼睛防护	戴化学安全防护眼镜。		
身体防护	穿防毒物渗透工作服。		
手防护	戴橡胶手套。		
其他防护	工作现场禁止吸烟、进食和饮水。工作完毕，淋浴更衣。单独存放被毒物污染的衣服，洗后备用。保持良好的卫生习惯。		

品名：**叔丁基环己烷** 别名：环己基叔丁烷；特丁基环己烷	分子式：$C_{10}H_{20}$ 分子量：140.3		相态：液 外观与性状：无色液体
危险特性			
火灾危险性：可燃液体甲 B 腐蚀减薄：无 环境开裂：无	爆炸物：无 金属腐蚀：无 急性毒性：无		皮肤腐蚀/刺激：无 易燃液体：类别 3
其蒸气与空气可形成爆炸性混合物，遇明火、高热极易燃烧爆炸。与氧化剂接触猛烈反应。流速过快，容易产生和积聚静电。若遇高热，容器内压增大，有开裂和爆炸的危险。			
理化特性			
熔点：-41.0℃ 沸点：171.5℃ 闪点：42.0℃	临界温度：无资料 临界压力：无资料 饱和蒸气压：无资料	爆炸上限：无资料 爆炸下限：无资料 相对密度($d_{水}=1$)：0.81	引燃温度：无资料 燃烧热：无资料
溶解性	微溶于水。		
主要用途	试剂用作色谱分析对比样品。		
急救措施			
皮肤接触	脱去污染的衣着，用大量流动清水冲洗。		
眼睛接触	提起眼睑，用流动清水或生理盐水冲洗。就医。		
吸入	迅速脱离现场至空气新鲜处。保持呼吸道通畅。如呼吸困难，给输氧。如呼吸停止，立即进行人工呼吸。就医。		
食入	饮足量温水，催吐。就医。		
防护措施			
呼吸防护	空气中浓度超标时，必须佩戴自吸过滤式防毒面具(半面罩)。紧急事态抢救或撤离时，应该佩戴空气呼吸器。		
眼睛防护	戴化学安全防护眼镜。		
身体防护	穿防毒物渗透工作服。		
手防护	戴橡胶手套。		
其他防护	工作现场禁止吸烟、进食和饮水。工作完毕，淋浴更衣。保持良好的卫生习惯。		

品名：**叔丁基硫醇**		分子式：$C_4H_{10}S$	相态：液
别名：叔丁硫醇		分子量：90.2	外观与性状：无色液体，有不愉快气味
危险特性			
火灾危险性：可燃液体甲 B		爆炸物：无	皮肤腐蚀/刺激：无
腐蚀减薄：硫酸腐蚀、高温硫化物腐蚀		金属腐蚀：无	易燃液体：类别 2
环境开裂：连多硫酸应力腐蚀开裂		急性毒性：无	严重眼损伤/眼刺激：类别 2
其蒸气与空气可形成爆炸性混合物。遇高热、明火、氧化剂有引起燃烧的危险。受热分解产生有毒的烟气。与氧化剂能发生强烈反应。接触酸和酸雾产生有毒气体。其蒸气比空气重，能在较低处扩散到相当远的地方，遇火源会着火回燃。			
理化特性			
熔点：-0.5℃	临界温度：无资料	爆炸上限：无资料	引燃温度：无资料
沸点：62.0~67.0℃	临界压力：4.06MPa	爆炸下限：无资料	燃烧热：无资料
闪点：-24.0℃	饱和蒸气压：19.00kPa(20℃)	相对密度($d_水=1$)：0.80	
溶解性	微溶于水，可混溶于乙醇、乙醚。		
主要用途	用作有机合成中间体，制备合成橡胶。		
急救措施			
皮肤接触	脱去污染的衣着，用肥皂水和清水彻底冲洗皮肤。		
眼睛接触	提起眼睑，用流动清水或生理盐水冲洗。就医。		
吸入	迅速脱离现场至空气新鲜处。保持呼吸道通畅。如呼吸困难，给输氧。如呼吸停止，立即进行人工呼吸。就医。		
食入	饮用足量温水，催吐。就医。		
防护措施			
呼吸防护	空气中浓度超标时，应该佩戴自吸过滤式防毒面具(全面罩)。紧急事态抢救或撤离时，应该佩戴空气呼吸器。		
眼睛防护	戴安全防护眼镜。		
身体防护	穿防静电工作服。		
手防护	戴橡胶耐油手套。		
其他防护	工作现场严禁吸烟。工作完毕，淋浴更衣。注意个人清洁卫生。		

品名：**叔辛胺**		分子式：$C_8H_{19}N$	相态：液
别名：无		分子量：129.0	外观与性状：无色液体，具有强烈的氨味
危险特性			
火灾危险性：可燃液体乙 A		爆炸物：无	皮肤腐蚀/刺激：无
腐蚀减薄：碱腐蚀、胺腐蚀		金属腐蚀：无	易燃液体：类别 2
环境开裂：碱应力腐蚀开裂、胺应力腐蚀开裂		急性毒性：无	严重眼损伤/眼刺激：类别 1
其蒸气与空气可形成爆炸性混合物，遇明火、高热能引起燃烧爆炸。与氧化剂可发生反应。其蒸气比空气重，能在较低处扩散到相当远的地方，遇火源会着火回燃。若遇高热，容器内压增大，有开裂和爆炸的危险。			
理化特性			
熔点：-67.0℃	临界温度：无资料	爆炸上限：无资料	引燃温度：无资料
沸点：137.0~143.0℃	临界压力：无资料	爆炸下限：无资料	燃烧热：无资料
闪点：32.0℃	饱和蒸气压：1.33kPa(25℃)	相对密度($d_水=1$)：0.81	
溶解性	不溶于水，溶于多数有机溶剂。		
主要用途	用作橡胶促进剂、杀虫剂及染料、药物制造的中间体。		
急救措施			
皮肤接触	脱去污染的衣着，用大量流动清水冲洗。就医。		
眼睛接触	提起眼睑，用流动清水或生理盐水冲洗。就医。		
吸入	迅速脱离现场至空气新鲜处。保持呼吸道通畅。		
食入	饮用足量温水，催吐。就医。		
防护措施			
呼吸防护	空气中浓度超标时，必须佩戴自吸过滤式防毒面具(半面罩)。紧急事态抢救或撤离时，应该佩戴空气呼吸器。		
眼睛防护	戴化学安全防护眼镜。		
身体防护	穿防静电工作服。		
手防护	戴橡胶耐油手套。		
其他防护	工作现场禁止吸烟、进食和饮水。工作完毕，淋浴更衣。尽可能减少直接接触。		

品名：**双(2-氯乙基)甲胺** 别名：氮芥；双(氯乙基)甲胺	分子式：$C_5H_{11}Cl_2N$ 分子量：156.1		相态：液 外观与性状：无资料
危险特性			
火灾危险性：可燃液体甲 B 腐蚀减薄：碱腐蚀、胺腐蚀 环境开裂：碱应力腐蚀开裂、胺应力腐蚀开裂	爆炸物：无 金属腐蚀：无 急性毒性：类别 1		皮扶腐蚀/刺激：类别 1 严重眼损伤/眼刺激：类别 1
遇明火、高热可燃。与氧化剂可发生反应。受高热分解放出有毒的气体。其蒸气比空气重，能在较低处扩散到相当远的地方，遇火源会着火回燃。若遇高热，容器内压增大，有开裂和爆炸的危险。			
理化特性			
熔点：-60.0℃ 沸点：110.3℃ 闪点：20.5℃	临界温度：无资料 临界压力：无资料 饱和蒸气压：0.06kPa(25℃)	爆炸上限：无资料 爆炸下限：无资料 相对密度($d_{水}=1$)：1.12	引燃温度：无资料 燃烧热：无资料
溶解性	微溶于水、可混溶于四氯化碳、二硫化碳。		
主要用途	主要用作抗癌药物及用于有机合成。		
急救措施			
皮肤接触	脱去污染的衣着，用大量流动清水冲洗。就医。		
眼睛接触	提起眼睑，用流动清水或生理盐水冲洗。就医。		
吸入	迅速脱离现场至空气新鲜处。保持呼吸道通畅。		
食入	饮用足量温水，催吐。就医。		
防护措施			
呼吸防护	空气中浓度超标时，应该佩戴自吸过滤式防毒面具(全面罩)。紧急事态抢救或撤离时，应该佩戴空气呼吸器。		
眼睛防护	呼吸系统防护中已做防护。		
身体防护	穿胶布防毒衣。		
手防护	戴橡胶手套。		
其他防护	工作现场禁止吸烟、进食和饮水。工作完毕，淋浴更衣。保持良好的卫生习惯。		

品名：**2,2-双(4-氯苯基)-2-羟基乙酸乙酯** 别名：4,4′-二氯二苯乙醇酸乙酯；乙酯杀螨醇	分子式：$C_{16}H_{14}Cl_2O_3$ 分子量：325.2		相态：固 外观与性状：微黄色固体，工业品为棕色液体
危险特性			
火灾危险性：无 腐蚀减薄：无 环境开裂：乙醇应力腐蚀开裂	爆炸物：无 金属腐蚀：无 急性毒性：无		皮肤腐蚀/刺激：无
遇明火、高热可燃。其粉体与空气可形成爆炸性混合物，当达到一定浓度时，遇火星会发生爆炸。受高热分解放出有毒的气体。			
理化特性			
熔点：35.0℃ 沸点：452.3℃ 闪点：无资料	临界温度：无资料 临界压力：无资料 饱和蒸气压：0.29×10^{-6}kPa(20℃)	爆炸上限：无资料 爆炸下限：无资料 相对密度($d_{水}=1$)：1.28	引燃温度：无资料 燃烧热：无资料
溶解性	微溶于水、溶于多数有机溶剂。		
主要用途	用作农用杀虫剂。		
急救措施			
皮肤接触	脱去污染的衣着，用大量流动清水冲洗。就医。		
眼睛接触	提起眼睑，用流动清水或生理盐水冲洗。就医。		
吸入	迅速脱离现场至空气新鲜处。保持呼吸道通畅。		
食入	饮用足量温水，催吐。就医。		
防护措施			
呼吸防护	空气中粉尘浓度超标时，必须佩戴自吸过滤式防尘口罩。紧急事态抢救或撤离时，应该佩戴空气呼吸器。		
眼睛防护	戴化学安全防护眼镜。		
身体防护	穿防毒物渗透工作服。		
手防护	戴橡胶手套。		
其他防护	工作场所禁止吸烟、进食和饮水，饭前要洗手。工作完毕，淋浴更衣。保持良好的卫生习惯。		

品名：**双(*N*,*N*-二甲基甲硫酰)二硫化物** 别名：四甲基二硫代秋兰姆；四甲基硫代过氧化二碳酸二酰胺；福美双	分子式：$C_6H_{12}N_2S_4$ 分子量：240.4		相态：固 外观与性状：白色或灰白色、有特殊气味、结晶粉末
危险特性			
火灾危险性：无 腐蚀减薄：硫酸腐蚀、二氧化碳腐蚀、碱腐蚀、胺腐蚀 环境开裂：碳酸盐应力腐蚀开裂、碱应力腐蚀开裂、胺应力腐蚀开裂、连多硫酸应力腐蚀开裂	爆炸物：无 金属腐蚀：无 急性毒性：无		皮肤腐蚀/刺激：类别 2 严重眼损伤/眼刺激：类别 2
遇明火、高热可燃。受热分解，放出氮、硫的氧化物等毒性气体。			
理化特性			
熔点：146.0℃ 沸点：307.4℃ 闪点：无资料	临界温度：无资料 临界压力：无资料 饱和蒸气压：无资料	爆炸上限：无资料 爆炸下限：无资料 相对密度($d_水=1$)：1.29	引燃温度：无资料 燃烧热：无资料
溶解性	不溶于水，不溶于稀碱液、汽油，溶于乙醇、苯、氯仿、二硫化碳等。		
主要用途	在橡胶工业中用作硫化促进剂、农业上用作杀菌剂和杀虫剂，也可用作润滑油添加剂等。		
急救措施			
皮肤接触	脱去污染的衣着，用流动清水冲洗。		
眼睛接触	立即翻开上下眼睑，用流动清水冲洗 15min。就医。		
吸入	脱离现场至空气新鲜处。呼吸困难时给输氧。就医。		
食入	误服者给饮足量温水，催吐，就医。		
防护措施			
呼吸防护	空气中粉尘浓度超标时，必须佩戴自吸过滤式防尘口罩。紧急事态抢救或撤离时，应该佩戴空气呼吸器。		
眼睛防护	戴化学安全防护眼镜。		
身体防护	穿防毒物渗透工作服。		
手防护	戴橡胶手套。		
其他防护	工作完毕，淋浴更衣。注意个人清洁卫生。		

品名：**双(二甲基二硫代氨基甲酸)锌** 别名：福美锌	分子式：$C_6H_{12}N_2S_4 \cdot Zn$ 分子量：305.8		相态：固 外观与性状：白色粉末，无气味
危险特性			
火灾危险性：可燃液体丙 B 腐蚀减薄：硫酸腐蚀 环境开裂：氨应力腐蚀开裂、连多硫酸应力腐蚀开裂	爆炸物：无 金属腐蚀：无 急性毒性：类别 2		皮肤腐蚀/刺激：无 严重眼损伤/眼刺激：类别 1
粉体与空气可形成爆炸性混合物，当达到一定浓度时，遇火星会发生爆炸。受高热分解放出有毒的气体。			
理化特性			
熔点：250.0℃ 沸点：无资料 闪点：131.0℃	临界温度：无资料 临界压力：无资料 饱和蒸气压：无资料	爆炸上限：无资料 爆炸下限：无资料 相对密度($d_水=1$)：2.00	引燃温度：810.0℃ 燃烧热：无资料
溶解性	不溶于水、汽油，溶于乙醇、丙酮、二氯甲烷，溶于苯、甲苯、氯仿。		
主要用途	用作农用杀虫剂和橡胶硫化促进剂。		
急救措施			
皮肤接触	脱去污染的衣着，用大量流动清水冲洗。就医。		
眼睛接触	提起眼睑，用流动清水或生理盐水冲洗。就医。		
吸入	迅速脱离现场至空气新鲜处。保持呼吸道通畅。		
食入	饮用足量温水，催吐。就医。		
防护措施			
呼吸防护	可能接触其粉尘时，必须佩戴防尘面具(全面罩)。紧急事态抢救或撤离时，应该佩戴空气呼吸器。		
眼睛防护	呼吸系统防护中已做防护。		
身体防护	穿胶布防毒衣。		
手防护	戴橡胶手套。		
其他防护	工作现场禁止吸烟、进食和饮水。工作完毕，淋浴更衣。保持良好的卫生习惯。		

品名：**双戊烯**	分子式：$C_{10}H_{16}$	相态：液
别名：苎烯；二聚戊烯；1,8-萜二烯	分子量：136.2	外观与性状：无色液体，有类似柠檬的香味
危险特性		
火灾危险性：可燃液体乙 A	爆炸物：无	皮肤腐蚀/刺激：类别 2
腐蚀减薄：无	金属腐蚀：无	易燃液体：类别 3
环境开裂：无	急性毒性：无	
遇高热、明火有引起燃烧的危险。与氧化剂接触猛烈反应。若遇高热，可发生聚合反应，放出大量热量而引起容器破裂和爆炸事故。		

理化特性

熔点：-97.0℃	临界温度：无资料	爆炸上限：6.1%	引燃温度：237.0℃
沸点：174.6℃	临界压力：无资料	爆炸下限：0.7%	燃烧热：无资料
闪点：45.0℃	饱和蒸气压：0.13kPa(14℃)	相对密度($d_水=1$)：0.86	

溶解性	不溶于水，可混溶于醇。
主要用途	用作溶剂和用于有机合成。
急救措施	
皮肤接触	脱去污染的衣着，用大量肥皂水和流动清水冲洗。就医。
眼睛接触	提起眼睑，用流动清水或生理盐水冲洗。就医。
吸入	迅速脱离现场至空气新鲜处。保持呼吸道通畅。
食入	饮用足量温水，催吐。就医。
防护措施	
呼吸防护	可能接触其蒸气时，应该佩戴过滤式防毒面具(半面罩)。
眼睛防护	戴化学安全防护眼镜。
身体防护	穿化学防护服。
手防护	戴橡胶耐油手套。
其他防护	工作现场严禁吸烟。避免长期反复接触。

品名：**水合肼[含肼≤64%]**	分子式：$N_2H_4 \cdot H_2O$	相态：液
别名：水合联氨	分子量：50.1	外观与性状：无色发烟液体，微有特殊的氨臭味
危险特性		
火灾危险性：可燃液体丙 A	爆炸物：无	皮肤腐蚀/刺激：类别 1
腐蚀减薄：无	金属腐蚀：无	严重眼损伤/眼刺激：类别 1
环境开裂：氨应力腐蚀开裂	急性毒性：类别 3	
遇明火、高热可燃。具有强还原性。与氧化剂能发生强烈反应，引起燃烧或爆炸。遇氧化汞、金属钠、氯化亚锡、2,4-二硝基氯化苯剧烈反应。		

理化特性

熔点：-40.0℃	临界温度：无资料	爆炸上限：无资料	引燃温度：无资料
沸点：119.0℃	临界压力：无资料	爆炸下限：3.5%	燃烧热：无资料
闪点：72.8℃	饱和蒸气压：0.67kPa(25℃)	相对密度($d_水=1$)：1.03	

溶解性	与水混溶，不溶于氯仿、乙醚，可混溶于乙醇。
主要用途	用作还原剂、溶剂、抗氧剂，用于制取医药、发泡剂 N 等。
急救措施	
皮肤接触	脱去污染的衣着，用大量流动清水冲洗至少 15min。就医。
眼睛接触	提起眼睑，用流动清水或生理盐水冲洗至少 15min。就医。
吸入	迅速脱离现场至空气新鲜处。保持呼吸道通畅。
食入	饮用足量温水，催吐。就医。
防护措施	
呼吸防护	可能接触其蒸气时，必须佩戴自吸过滤式防毒面具(全面罩)。紧急事态抢救或撤离时，建议佩戴自给式呼吸器。
眼睛防护	呼吸系统防护中已做防护。
身体防护	穿橡胶耐酸碱服。
手防护	戴橡胶手套。
其他防护	工作现场严禁吸烟。工作完毕，淋浴更衣。单独存放被毒物污染的衣服，洗后备用。注意个人清洁卫生。

品名：**水杨醛** 别名：2-羟基苯甲醛；邻羟基苯甲醛	分子式：$C_7H_6O_2$ 分子量：122.1		相态：液 外观与性状：无色澄清油状液体，有焦灼味及杏仁气味
危险特性			
火灾危险性：可燃液体丙 A 腐蚀减薄：无 环境开裂：无	爆炸物：无 金属腐蚀：无 急性毒性：类别 3		皮肤腐蚀/刺激：无
遇高热、明火及强氧化易引起燃烧并放出有毒气体。			
理化特性			
熔点：-7.0℃ 沸点：197.0℃ 闪点：76.0℃	临界温度：无资料 临界压力：4.99MPa 饱和蒸气压：0.13kPa(33℃)	爆炸上限：无资料 爆炸下限：无资料 相对密度($d_水=1$)：1.17	引燃温度：249.0℃ 燃烧热：3328.9kJ/mol
溶解性	微溶于水，溶于乙醇、乙醚。		
主要用途	用作分析试剂、香料、汽油添加剂及用于有机合成。		
急救措施			
皮肤接触	脱去污染的衣着，用大量肥皂水和流动清水冲洗。就医。		
眼睛接触	提起眼睑，用流动清水或生理盐水冲洗。就医。		
吸入	迅速脱离现场至空气新鲜处。保持呼吸道通畅。		
食入	饮用足量温水，催吐。就医。		
防护措施			
呼吸防护	可能接触其蒸气时，必须佩戴自吸过滤式防毒面具(半面罩)。紧急事态抢救或撤离时，佩戴空气呼吸器。		
眼睛防护	戴化学安全防护眼镜。		
身体防护	穿透气型防毒服。		
手防护	戴防化学品手套。		
其他防护	工作现场禁止吸烟、进食和饮水。工作完毕，彻底清洗。单独存放被毒物污染的衣服，洗后备用。		

品名：**四苯基锡** 别名：无	分子式：$C_{24}H_{20}Sn$ 分子量：427.1		相态：固 外观与性状：无色结晶
危险特性			
火灾危险性：可燃液体丙 A 腐蚀减薄：无 环境开裂：无	爆炸物：无 金属腐蚀：无 急性毒性：无		皮肤腐蚀/刺激：无
遇明火、高热可燃。其粉体与空气可形成爆炸性混合物，当达到一定浓度时，遇火星会发生爆炸。受高热分解放出有毒的气体。			
理化特性			
熔点：225.0℃ 沸点：424.0℃ 闪点：110.0℃	临界温度：无资料 临界压力：无资料 饱和蒸气压：无资料	爆炸上限：无资料 爆炸下限：无资料 相对密度($d_水=1$)：1.49	引燃温度：无资料 燃烧热：无资料
溶解性	不溶于水、微溶于乙醇，溶于苯、甲苯、二甲苯、氯仿、四氯化碳等。		
主要用途	用作防蛀虫剂及有机合成中间体。		
急救措施			
皮肤接触	脱去污染的衣着，用大量流动清水冲洗。就医。		
眼睛接触	提起眼睑，用流动清水或生理盐水冲洗。就医。		
吸入	迅速脱离现场至空气新鲜处。保持呼吸道通畅。		
食入	饮用足量温水，催吐。就医。		
防护措施			
呼吸防护	空气中粉尘浓度超标时，必须佩戴自吸过滤式防尘口罩。紧急事态抢救或撤离时，应该佩戴空气呼吸器。		
眼睛防护	戴化学安全防护眼镜。		
身体防护	穿防毒物渗透工作服。		
手防护	戴橡胶手套。		
其他防护	工作场所禁止吸烟、进食和饮水，饭前要洗手。工作完毕，淋浴更衣。保持良好的卫生习惯。		

品名：**四碘化锡** 别名：无	分子式：SnI_4 分子量：626.3	相态：固 外观与性状：橙黄色或微红色结晶
危险特性		
火灾危险性：无 腐蚀减薄：含盐水腐蚀 环境开裂：碘化物应力腐蚀开裂	爆炸物：无 金属腐蚀：无 急性毒性：无	皮肤腐蚀/刺激：类别1 严重眼损伤/眼刺激：类别1
本身不燃烧，但遇高热能放出有毒的烟气。遇氰化物能产生剧毒的氰化氢气体。遇H发泡剂立即燃烧。具有腐蚀性。		
理化特性		
熔点：144.5℃ 沸点：364.0℃ 闪点：无资料	临界温度：无资料 临界压力：无资料 饱和蒸气压：无资料	爆炸上限：无资料　引燃温度：无资料 爆炸下限：无资料　燃烧热：无资料 相对密度($d_{水}=1$)：4.47
溶解性	不溶于冷水、溶于醇、苯、氯仿等。	
主要用途	用作试剂。	
急救措施		
皮肤接触	脱去污染的衣着，用大量流动清水冲洗至少15min。就医。	
眼睛接触	提起眼睑，用流动清水或生理盐水冲洗至少15min。就医。	
吸入	迅速脱离现场至空气新鲜处。保持呼吸道通畅。	
食入	用水漱口，给饮牛奶或蛋清。就医。	
防护措施		
呼吸防护	空气中粉尘浓度超标时，应该佩戴自吸过滤式防尘口罩。紧急事态抢救或撤离时，应该佩戴空气呼吸器。	
眼睛防护	戴化学安全防护眼镜。	
身体防护	穿防毒物渗透工作服。	
手防护	戴橡胶手套。	
其他防护	工作现场禁止吸烟、进食和饮水。实行就业前和定期的体检。	

品名：**四丁基氢氧化铵** 别名：无	分子式：$C_{16}H_{37}NO$ 分子量：259.5	相态：液 外观与性状：水状的溶液
危险特性		
火灾危险性：可燃液体甲B 腐蚀减薄：碱腐蚀 环境开裂：碱应力腐蚀开裂	爆炸物：无 金属腐蚀：无 急性毒性：无	皮肤腐蚀/刺激：类别1 严重眼损伤/眼刺激：类别1
与酸类发生剧烈反应。具有强腐蚀性。受高热分解，放出有毒的烟气。		
理化特性		
熔点：27.0℃ 沸点：100.0℃ 闪点：无资料	临界温度：无资料 临界压力：无资料 饱和蒸气压：无资料	爆炸上限：无资料　引燃温度：无资料 爆炸下限：无资料　燃烧热：无资料 相对密度($d_{水}=1$)：0.91
溶解性	易溶于水，可溶于极性溶剂。	
主要用途	用作电子工业的清洗试剂。	
急救措施		
皮肤接触	用肥皂水及清水彻底冲洗。就医。若有灼伤，按碱灼伤处理。	
眼睛接触	拉开眼睑，用流动清水冲洗15min。就医。	
吸入	脱离现场至空气新鲜处。呼吸困难时给输氧。呼吸停止时，立即进行人工呼吸。就医。	
食入	误服者，口服牛奶、豆浆或蛋清，就医。	
防护措施		
呼吸防护	可能接触其蒸气时，应该佩戴防毒口罩。紧急事态抢救或逃生时，佩戴自给式呼吸器。	
眼睛防护	戴化学安全防护眼镜。	
身体防护	穿防腐工作服。	
手防护	戴橡胶手套。	
其他防护	工作现场禁止吸烟、进食和饮水。工作后，淋浴更衣。单独存放被毒物污染的衣服，洗后再用。注意个人清洁卫生。	

品名：**四丁基锡** 别名：无		分子式：$C_{16}H_{36}Sn$ 分子量：347.1	相态：液 外观与性状：无色或微黄色油状液体
危险特性			
火灾危险性：可燃液体丙 A 腐蚀减薄：无 环境开裂：无		爆炸物：无 金属腐蚀：无 急性毒性：无	皮肤腐蚀/刺激：无 严重眼损伤/眼刺激：类别 2
遇明火、高热可燃。与氧化剂可发生反应。受高热分解放出有毒的气体。若遇高热，容器内压增大，有开裂和爆炸的危险。			
理化特性			
熔点：-97.0℃ 沸点：145.0℃ 闪点：107.0℃	临界温度：无资料 临界压力：无资料 饱和蒸气压：无资料	爆炸上限：无资料 爆炸下限：无资料 相对密度($d_{水}=1$)：1.06	引燃温度：无资料 燃烧热：无资料
溶解性	不溶于水，溶于多数有机溶剂。		
主要用途	用作防锈剂、稳定剂、多聚催化剂、汽油防爆剂。		
急救措施			
皮肤接触	脱去污染的衣着，用大量流动清水冲洗。就医。		
眼睛接触	提起眼睑，用流动清水或生理盐水冲洗。就医。		
吸入	迅速脱离现场至空气新鲜处。保持呼吸道通畅。		
食入	饮用足量温水，催吐。就医。		
防护措施			
呼吸防护	空气中浓度超标时，必须佩戴自吸过滤式防毒面具(半面罩)。紧急事态抢救或撤离时，应该佩戴空气呼吸器。		
眼睛防护	戴化学安全防护眼镜。		
身体防护	穿防毒物渗透工作服。		
手防护	戴橡胶手套。		
其他防护	工作场所禁止吸烟、进食和饮水，饭前要洗手。工作完毕，淋浴更衣。保持良好的卫生习惯。		

品名：**四氟代肼** 别名：四氟肼		分子式：F_4N_2 分子量：104.0	相态：气 外观与性状：无色气体或液体
危险特性			
火灾危险性：无法确定 腐蚀减薄：无 环境开裂：无		爆炸物：无 金属腐蚀：无 急性毒性：类别 2	皮肤腐蚀/刺激：无 氧化性气体：类别 1 加压气体：是
对热、光、空气十分敏感的不稳定爆炸性气体，在容器中受压可发生爆炸。与碳氢化合物、氢气、有机物、还原剂、氧气能发生爆炸性的反应。			
理化特性			
熔点：-164.5℃ 沸点：-73.0℃ 闪点：无资料	临界温度：无资料 临界压力：无资料 饱和蒸气压：无资料	爆炸上限：无资料 爆炸下限：无资料 相对密度($d_{水}=1$)：无资料	引燃温度：无资料 燃烧热：无资料
溶解性	无资料。		
主要用途	性质活泼，是强氧化剂。和硅烷反应产生四氟化硅；和硫或锂反应，产生四氟化硫或氟化锂。		
急救措施			
皮肤接触	脱去污染的衣着，用流动清水冲洗。		
眼睛接触	立即翻开上下眼睑，用流动清水冲洗 15min。就医。		
吸入	脱离现场至空气新鲜处。呼吸困难时给输氧。呼吸停止时，立即进行人工呼吸。就医。		
食入	误服者立即漱口，立即就医。		
防护措施			
呼吸防护	可能接触其蒸气时，应该佩戴防毒口罩。紧急事态抢救或逃生时，佩戴自给式呼吸器。		
眼睛防护	戴化学安全防护眼镜。		
身体防护	穿防腐工作服。		
手防护	戴橡胶手套。		
其他防护	工作现场禁止吸烟、进食和饮水。工作后，淋浴更衣。单独存放被毒物污染的衣服，洗后再用。注意个人清洁卫生。		

品名：**四氟化硅**	分子式：SiF_4	相态：气
别名：氟化硅	分子量：104.1	外观与性状：无色刺激性气味，易潮解，在潮湿空气中可产生浓烟雾

危险特性		
火灾危险性：无	爆炸物：无	皮肤腐蚀/刺激：类别 1
腐蚀减薄：含盐水腐蚀	金属腐蚀：无	加压气体：是
环境开裂：无	急性毒性：类别 3	严重眼损伤/眼刺激：类别 1
在潮湿空气中产生白色有腐蚀性和刺激性的氟化氢烟雾遇水剧烈反应，生成硅酸及氟化氢。		

理化特性			
熔点：-90.2℃	临界温度：-1.5℃	爆炸上限：无资料	引燃温度：无资料
沸点：-65.0℃	临界压力：3.72MPa	爆炸下限：无资料	燃烧热：无资料
闪点：无资料	饱和蒸气压：无资料	相对密度($d_{水}=1$)：4.67	

溶解性	溶于乙醇、醚、硝酸、氢氟酸。
主要用途	用于氟硅酸及氟化铅的制取，也用作水泥和人造大理石的硬化剂、有机硅化合物的合成材料。
急救措施	
皮肤接触	脱去污染的衣着，用大量流动清水冲洗。就医。
眼睛接触	提起眼睑，用流动清水或生理盐水冲洗至少 15min。就医。
吸入	迅速脱离现场至空气新鲜处。保持呼吸道通畅。
食入	无资料。
防护措施	
呼吸防护	空气中浓度超标时，佩戴自吸过滤式防毒面具(全面罩)。紧急事态抢救或撤离时，建议佩戴空气呼吸器。
眼睛防护	呼吸系统防护中已做防护。
身体防护	穿密闭型防毒服。
手防护	戴橡胶手套。
其他防护	工作现场严禁吸烟。保持良好的卫生习惯。

品名：**四氟化硫**	分子式：SF_4	相态：气
别名：无	分子量：152.2	外观与性状：无色，带刺激性气味的气体

危险特性		
火灾危险性：无	爆炸物：无	皮肤腐蚀/刺激：类别 1
腐蚀减薄：硫酸腐蚀、高温硫化物腐蚀、含盐水腐蚀	金属腐蚀：无	加压气体：是
环境开裂：连多硫酸应力腐蚀开裂	急性毒性：类别 1	严重眼损伤/眼刺激：类别 1
遇水或水蒸气、酸或酸气产生剧毒的烟雾。腐蚀性很强，可腐蚀玻璃和大多数金属。		

理化特性			
熔点：-124.0℃	临界温度：91.0℃	爆炸上限：无资料	引燃温度：无资料
沸点：-38.0℃	临界压力：无资料	爆炸下限：无资料	燃烧热：无资料
闪点：无资料	饱和蒸气压：无资料	相对密度($d_{水}=1$)：1.95	

溶解性	易溶于苯。
主要用途	用作氟化剂。
急救措施	
皮肤接触	脱去污染的衣着，用流动清水冲洗。就医。
眼睛接触	立即翻开上下眼睑，用流动清水冲洗 15min。就医。
吸入	迅速脱离现场至空气新鲜处。保持呼吸道通畅。
食入	无资料。
防护措施	
呼吸防护	空气中浓度超标时，必须佩戴自吸过滤式防毒面具(全面罩)。紧急事态抢救或撤离时，应该佩戴空气呼吸器。
眼睛防护	呼吸系统防护中已做防护。
身体防护	穿密闭型防毒服。
手防护	戴橡胶手套。
其他防护	工作现场严禁吸烟。保持良好的卫生习惯。

品名：**四氟乙烯[稳定的]** 别名：无	分子式：C_2F_4 分子量：100.0	相态：气 外观与性状：无色无臭气体	
危险特性			
火灾危险性：可燃气体乙 腐蚀减薄：无 环境开裂：无	爆炸物：无 金属腐蚀：无 急性毒性：无	皮肤腐蚀/刺激：无 易燃气体：类别 1 加压气体：是 严重眼损伤/眼刺激：类别 2	
无资料。			
理化特性			
熔点：-142.5℃ 沸点：-76.3℃ 闪点：无资料	临界温度：33.3℃ 临界压力：3.82MPa 饱和蒸气压：无资料	爆炸上限：50.0% 爆炸下限：10.0% 相对密度($d_{水}=1$)：无资料	引燃温度：187.8℃ 燃烧热：无资料
溶解性	不溶于水。		
主要用途	用作制造新型的热塑剂、工程塑料、新型灭火剂和抑雾剂的原料。		
急救措施			
皮肤接触	无资料。		
眼睛接触	无资料。		
吸入	迅速脱离现场至空气新鲜处。保持呼吸道通畅。		
食入	无资料。		
防护措施			
呼吸防护	空气中浓度超标时，佩戴自吸过滤式防毒面具(半面罩)。		
眼睛防护	戴化学安全防护眼镜。		
身体防护	穿防静电工作服。		
手防护	戴一般作业防护手套。		
其他防护	工作现场严禁吸烟。进入罐、限制性空间或其他高浓度区作业，须有人监护。		

品名：**1,2,4,5-四甲苯** 别名：均四甲苯	分子式：$C_{10}H_{14}$ 分子量：134.2	相态：固 外观与性状：白色或无色结晶，有类似樟脑的气味	
危险特性			
火灾危险性：可燃液体丙 A 腐蚀减薄：无 环境开裂：无	爆炸物：无 金属腐蚀：无 急性毒性：无	皮肤腐蚀/刺激：无 易燃固体：类别 1	
遇明火、高热易燃。与氧化剂接触猛烈反应。粉体与空气可形成爆炸性混合物，当达到一定浓度时，遇火星会发生爆炸。			
理化特性			
熔点：79.2℃ 沸点：196.8℃ 闪点：73.9℃	临界温度：402.5℃ 临界压力：2.90MPa 饱和蒸气压：13.33kPa(128.1℃)	爆炸上限：无资料 爆炸下限：无资料 相对密度($d_{水}=1$)：0.89	引燃温度：402.5℃ 燃烧热：无资料
溶解性	不溶于水，溶于乙醇、乙醚、苯。		
主要用途	用于有机合成、增塑剂，及制均苯四甲酸二酐。		
急救措施			
皮肤接触	脱去污染的衣着，用大量流动清水冲洗。就医。		
眼睛接触	提起眼睑，用流动清水或生理盐水冲洗。就医。		
吸入	迅速脱离现场至空气新鲜处。保持呼吸道通畅。		
食入	饮用足量温水，催吐。就医。		
防护措施			
呼吸防护	空气中粉尘浓度较高时，建议佩戴自吸过滤式防尘口罩。		
眼睛防护	戴化学安全防护眼镜。		
身体防护	穿防毒物渗透工作服。		
手防护	戴防化学品手套。		
其他防护	工作现场禁止吸烟、进食和饮水。工作完毕，淋浴更衣。注意个人清洁卫生。		

品名：**2,2,3′,3′-四甲基丁烷**	分子式：C_8H_{18}	相态：液
别名：六甲基乙烷；双叔丁基	分子量：114.2	外观与性状：无色液体

危险特性

火灾危险性：可燃液体甲 B	爆炸物：无	皮扶腐蚀/刺激：类别 2
腐蚀减薄：无	金属腐蚀：无	易燃液体：类别 2
环境开裂：无	急性毒性：无	

遇明火、高热、氧化剂极易燃烧。

理化特性

熔点：100.7℃	临界温度：无资料	爆炸上限：无资料	引燃温度：无资料
沸点：106.5℃	临界压力：无资料	爆炸下限：无资料	燃烧热：无资料
闪点：4.4℃	饱和蒸气压：无资料	相对密度($d_{水}=1$)：0.82	

溶解性	不溶于水，溶于乙醇、乙醚。
主要用途	用作化学试剂、色谱分析对比样品。

急救措施

皮肤接触	用肥皂水及清水彻底冲洗。就医。
眼睛接触	拉开眼睑，用流动清水冲洗 15min。就医。
吸入	脱离现场至空气新鲜处。就医。
食入	误服者，饮适量温水，催吐。就医。

防护措施

呼吸防护	空气中粉尘浓度超标时，必须佩戴自吸过滤式防尘口罩。紧急事态抢救或撤离时，应该佩戴空气呼吸器。
眼睛防护	戴化学安全防护眼镜。
身体防护	穿防毒物渗透工作服。
手防护	戴橡胶手套。
其他防护	工作场所禁止吸烟、进食和饮水，饭前要洗手。工作完毕，淋浴更衣。保持良好的卫生习惯。

品名：**四甲基硅烷**	分子式：$C_4H_{12}Si$	相态：液
别名：四甲基硅	分子量：88.2	外观与性状：无色液体，易挥发

危险特性

火灾危险性：可燃液体甲 B	爆炸物：无	皮扶腐蚀/刺激：无
腐蚀减薄：无	金属腐蚀：无	易燃液体：类别 1
环境开裂：无	急性毒性：无	

遇高热、明火、氧化剂有引起燃烧的危险。与强氧化剂发生反应，可引起燃烧。若遇高热可发生剧烈分解，引起容器破裂或爆炸事故。

理化特性

熔点：-99.0℃	临界温度：无资料	爆炸上限：无资料	引燃温度：450.0℃
沸点：26.5℃	临界压力：2.81MPa	爆炸下限：无资料	燃烧热：无资料
闪点：-27.0℃	饱和蒸气压：80.30kPa(20℃)	相对密度($d_{水}=1$)：0.65	

溶解性	不溶于水，溶于醚等多数有机溶剂。
主要用途	用作试剂、航空燃料。

急救措施

皮肤接触	脱去污染的衣着，用大量肥皂水和流动清水冲洗。就医。
眼睛接触	提起眼睑，用流动清水或生理盐水冲洗。就医。
吸入	迅速脱离现场至空气新鲜处。保持呼吸道通畅。
食入	饮用足量温水，催吐。就医。

防护措施

呼吸防护	空气中浓度超标时，应该佩戴过滤式防毒面具(全面罩)、自给式呼吸器或通风式呼吸器。
眼睛防护	必要时，戴化学安全防护眼镜。
身体防护	穿防静电工作服。
手防护	戴橡胶耐油手套。
其他防护	工作现场严禁吸烟。工作完毕，淋浴更衣。注意个人清洁卫生。

品名：**四甲基铅**		分子式：$C_4H_{12}Pb$	相态：液
别名：无		分子量：267.3	外观与性状：无色油状液体，有特殊臭味
危险特性			
火灾危险性：可燃液体乙 A		爆炸物：无	皮肤腐蚀/刺激：无
腐蚀减薄：无		金属腐蚀：无	易燃液体：类别 3
环境开裂：无		急性毒性：类别 2	
其蒸气与空气可形成爆炸性混合物，遇明火、高热能引起燃烧爆炸。与氧化剂可发生反应。其蒸气比空气重，能在较低处扩散到相当远的地方，遇火源会着火回燃。若遇高热，容器内压增大，有开裂和爆炸的危险。			
理化特性			
熔点：-27.5℃	临界温度：无资料	爆炸上限：无资料	引燃温度：无资料
沸点：110.0℃	临界压力：无资料	爆炸下限：无资料	燃烧热：无资料
闪点：38.0℃	饱和蒸气压：3.33kPa(20℃)	相对密度($d_水=1$)：1.99	
溶解性	微溶于水，易溶于多数有机溶剂、脂肪。		
主要用途	作为内燃机燃料汽油的添加剂以防震。		
急救措施			
皮肤接触	脱去污染的衣着，用大量流动清水冲洗。就医。		
眼睛接触	提起眼睑，用流动清水或生理盐水冲洗。就医。		
吸入	迅速脱离现场至空气新鲜处。保持呼吸道通畅。		
食入	饮用足量温水，催吐。就医。		
防护措施			
呼吸防护	空气中浓度较高时，应该佩戴过滤式防毒面具(半面罩)。紧急事态抢救或逃生时，建议佩戴空气呼吸器。		
眼睛防护	戴化学安全防护眼镜。		
身体防护	穿防毒物渗透工作服。		
手防护	戴乳胶手套。		
其他防护	工作现场禁止吸烟、进食和饮水。工作完毕，彻底清洗。工作服不准带至非作业场所。单独存放被毒物污染的衣服，洗后备用。实行就业前和定期的体检。		

品名：**2,3,4,6-四氯苯酚**		分子式：$C_6H_2Cl_4O$	相态：固
别名：2,3,4,6-四氯酚		分子量：231.9	外观与性状：白色针状结晶，有强烈特殊气味
危险特性			
火灾危险性：无		爆炸物：无	皮肤腐蚀/刺激：类别 2
腐蚀减薄：苯酚腐蚀		金属腐蚀：无	严重眼损伤/眼刺激：类别 2
环境开裂：无		急性毒性：类别 3	
遇明火、高热可燃。其粉体与空气可形成爆炸性混合物，当达到一定浓度时，遇火星会发生爆炸。受高热分解放出有毒的气体。			
理化特性			
熔点：69.0℃	临界温度：无资料	爆炸上限：无资料	引燃温度：无资料
沸点：164.0℃	临界压力：无资料	爆炸下限：无资料	燃烧热：无资料
闪点：无资料	饱和蒸气压：7.98kPa(190℃)	相对密度($d_水=1$)：1.84	
溶解性	难溶于水，溶于丙酮、苯、乙醚、氯仿、四氯化碳、乙醇。		
主要用途	用作杀虫剂、消毒剂和木材、乳胶、皮革防腐剂。		
急救措施			
皮肤接触	脱去污染的衣着，用大量流动清水冲洗。就医。		
眼睛接触	提起眼睑，用流动清水或生理盐水冲洗至少 15min。就医。		
吸入	迅速脱离现场至空气新鲜处。保持呼吸道通畅。		
食入	饮用足量温水，催吐。就医。		
防护措施			
呼吸防护	空气中粉尘浓度超标时，建议佩戴自吸过滤式防尘口罩。紧急事态抢救或撤离时，应该佩戴空气呼吸器。		
眼睛防护	戴化学安全防护眼镜。		
身体防护	穿防毒物渗透工作服。		
手防护	戴乳胶手套。		
其他防护	工作场所禁止吸烟、进食和饮水，饭前要洗手。工作完毕，淋浴更衣。保持良好的卫生习惯。		

品名：**1,1,3,3-四氯丙酮** 别名：1,1,3,3-四氯-2-丙酮		分子式：$C_3H_2Cl_4O$ 分子量：195.9	相态：液 外观与性状：液体，有强烈的辛辣气味
危险特性			
火灾危险性：可燃液体丙 A 腐蚀减薄：无 环境开裂：无		爆炸物：无 金属腐蚀：无 急性毒性：类别 2	皮扶腐蚀/刺激：无
遇明火、高热可燃。与氧化剂可发生反应。受高热分解放出有毒的气体。若遇高热，容器内压增大，有开裂和爆炸的危险。			
理化特性			
熔点：48.0℃ 沸点：180.0℃ 闪点：无资料	临界温度：无资料 临界压力：无资料 饱和蒸气压：无资料	爆炸上限：无资料 爆炸下限：无资料 相对密度($d_{水}=1$)：1.62	引燃温度：无资料 燃烧热：无资料
溶解性	易溶于苯、丙二醇、醚。		
主要用途	用于有机合成。		
急救措施			
皮肤接触	脱去污染的衣着，用大量流动清水冲洗。就医。		
眼睛接触	提起眼睑，用流动清水或生理盐水冲洗。就医。		
吸入	迅速脱离现场至空气新鲜处。保持呼吸道通畅。		
食入	饮用足量温水，催吐。就医。		
防护措施			
呼吸防护	空气中浓度较高时，应该佩戴过滤式防毒面具(半面罩)。紧急事态抢救或逃生时，建议佩戴空气呼吸器。		
眼睛防护	戴化学安全防护眼镜。		
身体防护	穿防毒物渗透工作服。		
手防护	戴乳胶手套。		
其他防护	工作场所禁止吸烟、进食和饮水，饭前要洗手。工作完毕，淋浴更衣。保持良好的卫生习惯。		

品名：**四氯化碲** 别名：无		分子式：$TeCl_4$ 分子量：269.4	相态：固 外观与性状：白色极易潮解的固体
危险特性			
火灾危险性：无法确定 腐蚀减薄：盐酸腐蚀、含盐水腐蚀 环境开裂：氯化物应力腐蚀开裂		爆炸物：无 金属腐蚀：无 急性毒性：无	皮肤腐蚀/刺激：类别 1 严重眼损伤/眼刺激：类别 1
遇水或水蒸气反应放热并产生有毒的腐蚀性气体。遇高热分解释出高毒烟气。			
理化特性			
熔点：224.0℃ 沸点：380.0℃ 闪点：无资料	临界温度：无资料 临界压力：无资料 饱和蒸气压：无资料	爆炸上限：无资料 爆炸下限：无资料 相对密度($d_{水}=1$)：3.26	引燃温度：无资料 燃烧热：无资料
溶解性	溶于甲醇、氯仿、甲苯、盐酸，不溶于二硫化碳。		
主要用途	用作化学试剂，并用于有机合成。		
急救措施			
皮肤接触	脱去污染的衣着，用大量流动清水冲洗。就医。		
眼睛接触	提起眼睑，用流动清水或生理盐水冲洗。就医。		
吸入	迅速脱离现场至空气新鲜处。保持呼吸道通畅。		
食入	饮用足量温水，催吐。就医。		
防护措施			
呼吸防护	空气中粉尘浓度超标时，建议佩戴自吸过滤式防尘口罩。紧急事态抢救或撤离时，应该佩戴空气呼吸器。		
眼睛防护	戴化学安全防护眼镜。		
身体防护	穿橡胶耐酸碱服。		
手防护	戴乳胶手套。		
其他防护	工作场所禁止吸烟、进食和饮水，饭前要洗手。工作完毕，淋浴更衣。保持良好的卫生习惯。		

品名：**四氯化锆** 别名：无		分子式：$ZrCl_4$ 分子量：233.2	相态：固 外观与性状：白色有光泽的结晶或粉末，易潮解
危险特性			
火灾危险性：无法确定 腐蚀减薄：盐酸腐蚀、含盐水腐蚀 环境开裂：氯化物应力腐蚀开裂		爆炸物：无 金属腐蚀：无 急性毒性：无	皮肤腐蚀/刺激：无 严重眼损伤/眼刺激：类别 1
受热或遇水分解放热，放出有毒的腐蚀性烟气。对金属有强腐蚀性。			
理化特性			
熔点：437.0℃ 沸点：331.0℃ 闪点：无资料	临界温度：无资料 临界压力：5.77MPa 饱和蒸气压：0.13kPa(190℃)	爆炸上限：无资料 爆炸下限：无资料 相对密度($d_水=1$)：2.80	引燃温度：无资料 燃烧热：无资料
溶解性	溶于冷水、乙醇、乙醚，不溶于苯、四氯化碳、二硫化碳。		
主要用途	用作分析试剂、有机合成催化剂、防水剂、鞣化剂。		
急救措施			
皮肤接触	脱去污染的衣着，用大量流动清水冲洗至少 15min。就医。		
眼睛接触	提起眼睑，用流动清水或生理盐水冲洗至少 15min。就医。		
吸入	迅速脱离现场至空气新鲜处。保持呼吸道通畅。		
食入	用水漱口，给饮牛奶或蛋清。就医。		
防护措施			
呼吸防护	可能接触其粉尘时，必须佩戴头罩型电动送风过滤式防尘呼吸器。必要时，佩戴自给式呼吸器。		
眼睛防护	呼吸系统防护中已做防护。		
身体防护	穿防毒物渗透工作服。		
手防护	戴橡胶手套。		
其他防护	工作现场严禁吸烟。工作完毕，淋浴更衣。单独存放被毒物污染的衣服，洗后备用。保持良好的卫生习惯。		

品名：**四氯化硅** 别名：氯化硅		分子式：$SiCl_4$ 分子量：169.9	相态：液 外观与性状：无色或淡黄色发烟液体，有刺激性气味，易潮解
危险特性			
火灾危险性：可燃液体乙 B 腐蚀减薄：盐酸腐蚀、含盐水腐蚀 环境开裂：氯化物应力腐蚀开裂		爆炸物：无 金属腐蚀：无 急性毒性：无	皮肤腐蚀/刺激：类别 2 严重眼损伤/眼刺激：类别 2
受热或遇水分解放热，放出有毒的腐蚀性烟气。对很多金属尤其是潮湿空气存在下有腐蚀性。			
理化特性			
熔点：-70.0℃ 沸点：57.6℃ 闪点：无资料	临界温度：无资料 临界压力：3.59MPa 饱和蒸气压：55.99kPa(37.8℃)	爆炸上限：无资料 爆炸下限：无资料 相对密度($d_水=1$)：1.48	引燃温度：无资料 燃烧热：无资料
溶解性	可混溶于苯、氯仿、石油醚、乙醚等多数有机溶剂。		
主要用途	用于制取纯硅、硅酸乙酯等，也用于制取烟幕剂。		
急救措施			
皮肤接触	脱去污染的衣着，用大量流动清水冲洗至少 15min。就医。		
眼睛接触	提起眼睑，用流动清水或生理盐水冲洗至少 15min。就医。		
吸入	迅速脱离现场至空气新鲜处。保持呼吸道通畅。		
食入	用水漱口，给饮牛奶或蛋清。就医。		
防护措施			
呼吸防护	可能接触其蒸气时，必须佩戴自吸过滤式防毒面具(全面罩)或隔离式呼吸器。紧急事态抢救或撤离时，建议佩戴空气呼吸器。		
眼睛防护	呼吸系统防护中已做防护。		
身体防护	穿橡胶耐酸碱服。		
手防护	戴橡胶耐酸碱手套。		
其他防护	工作现场禁止吸烟、进食和饮水。工作完毕，淋浴更衣。单独存放被毒物污染的衣服，洗后备用。保持良好的卫生习惯。		

品名：**1,2,3,4-四氯化萘** 别名：四氯化萘	分子式：$C_{10}H_4Cl_4$ 分子量：266.0	相态：固 外观与性状：无色结晶	
危险特性			
火灾危险性：无法确定 腐蚀减薄：盐酸腐蚀、含盐水腐蚀 环境开裂：氯化物应力腐蚀开裂	爆炸物：无 金属腐蚀：无 急性毒性：无	皮肤腐蚀/刺激：无	
可燃。受热分解放出有毒气体。			
理化特性			
熔点：182.0℃ 沸点：362.3℃ 闪点：无资料	临界温度：无资料 临界压力：无资料 饱和蒸气压：无资料	爆炸上限：无资料 爆炸下限：无资料 相对密度($d_{水}=1$)：无资料	引燃温度：无资料 燃烧热：无资料
溶解性	不溶于水，微溶于乙醇、醚，易溶于热醇。		
主要用途	用于有机合成。		
急救措施			
皮肤接触	脱去污染的衣着，用大量流动清水冲洗。就医。		
眼睛接触	提起眼睑，用流动清水或生理盐水冲洗。就医。		
吸入	迅速脱离现场至空气新鲜处。保持呼吸道通畅。		
食入	饮用足量温水，催吐。就医。		
防护措施			
呼吸防护	空气中粉尘浓度超标时，建议佩戴自吸过滤式防尘口罩。紧急事态抢救或撤离时，应该佩戴空气呼吸器。		
眼睛防护	戴化学安全防护眼镜。		
身体防护	穿防毒物渗透工作服。		
手防护	戴乳胶手套。		
其他防护	工作现场禁止吸烟、进食和饮水。工作完毕，彻底清洗。单独存放被毒物污染的衣服，洗后备用。注意个人清洁卫生。		

品名：**四氯化铅** 别名：无	分子式：$PbCl_4$ 分子量：349.0	相态：液 外观与性状：黄色油状发烟液体	
危险特性			
火灾危险性：无法确定 腐蚀减薄：盐酸腐蚀、含盐水腐蚀 环境开裂：氯化物应力腐蚀开裂	爆炸物：无 金属腐蚀：无 急性毒性：无	皮肤腐蚀/刺激：无	
具有强氧化性。受高热能引起爆炸。遇潮能分解出有毒的氯化氢烟雾。			
理化特性			
熔点：-15.0℃ 沸点：105.0℃ 闪点：无资料	临界温度：无资料 临界压力：无资料 饱和蒸气压：无资料	爆炸上限：无资料 爆炸下限：无资料 相对密度($d_{水}=1$)：3.18	引燃温度：无资料 燃烧热：无资料
溶解性	溶于乙醇、乙醚。		
主要用途	用于有机盐合成。		
急救措施			
皮肤接触	脱去污染的衣着，用大量流动清水冲洗。就医。		
眼睛接触	提起眼睑，用流动清水或生理盐水冲洗。就医。		
吸入	迅速脱离现场至空气新鲜处。保持呼吸道通畅。		
食入	饮用足量温水，催吐。就医。		
防护措施			
呼吸防护	空气中浓度超标时，必须佩戴自吸过滤式防毒面具(全面罩)。紧急事态抢救或撤离时，应该佩戴空气呼吸器。		
眼睛防护	呼吸系统防护中已做防护。		
身体防护	穿橡胶耐酸碱服。		
手防护	戴橡胶耐酸碱手套。		
其他防护	工作现场禁止吸烟、进食和饮水。工作完毕，淋浴更衣。单独存放被毒物污染的衣服，洗后备用。实行就业前和定期的体检。		

品名：**四氯化钛** 别名：无	分子式：$TiCl_4$ 分子量：189.7		相态：液 外观与性状：无色或微黄色液体，有刺激性酸味。在空气中发烟
危险特性			
火灾危险性：可燃液体甲 B 腐蚀减薄：盐酸腐蚀、含盐水腐蚀 环境开裂：氯化物应力腐蚀开裂	爆炸物：无 金属腐蚀：无 急性毒性：无		皮肤腐蚀/刺激：类别 1 严重眼损伤/眼刺激：类别 1
受热或遇水分解放热，放出有毒的腐蚀性烟气。具有较强的腐蚀性。			
理化特性			
熔点：-25.0℃ 沸点：136.4℃ 闪点：无资料	临界温度：358.0℃ 临界压力：4.66MPa 饱和蒸气压：1.33kPa(21.3℃)	爆炸上限：无资料 爆炸下限：无资料 相对密度($d_水=1$)：1.73	引燃温度：无资料 燃烧热：无资料
溶解性	溶于冷水、乙醇、稀盐酸。		
主要用途	用于制取海绵钛和钛白粉，并用作催化剂等。用作分析试剂及制备三氯化钛和金属钛的原料及发烟剂。是制取海绵钛和氯化法钛白的主要原料。用作乙烯聚合催化剂的重要组分。用于制造颜料和钛有机化合物以及国防上用的烟幕剂。同时也是溶解合成树脂、橡胶、塑料等多种有机物的良好溶剂。微量分析法测定亚铁氰化物。制备用于碘量法的三氯化钛。媒染剂。与氨混合成发烟剂。聚合催化剂。玻璃用虹彩剂。		
急救措施			
皮肤接触	脱去污染的衣着，立即用清洁棉花或布等吸去液体。用大量流动清水冲洗。就医。		
眼睛接触	提起眼睑，用流动清水或生理盐水冲洗至少 15min。就医。		
吸入	迅速脱离现场至空气新鲜处。保持呼吸道通畅。		
食入	用水漱口，给饮牛奶或蛋清。就医。		
防护措施			
呼吸防护	可能接触其蒸气时，应该佩戴自吸过滤式防毒面具(全面罩)。必要时，佩戴自给式呼吸器。		
眼睛防护	呼吸系统防护中已做防护。		
身体防护	穿橡胶耐酸碱服。		
手防护	戴橡胶耐酸碱手套。		
其他防护	工作现场禁止吸烟、进食和饮水。工作完毕，淋浴更衣。单独存放被毒物污染的衣服，洗后备用。保持良好的卫生习惯。		

品名：**四氯化碳** 别名：四氯甲烷	分子式：CCl_4 分子量：153.8		相态：液 外观与性状：无色有特殊臭味的透明液体，极易挥发
危险特性			
火灾危险性：可燃液体甲 B 腐蚀减薄：盐酸腐蚀、含盐水腐蚀 环境开裂：氯化物应力腐蚀开裂	爆炸物：无 金属腐蚀：无 急性毒性：类别 3		皮肤腐蚀/刺激：无
本品不会燃烧，但遇明火或高温易产生剧毒的光气和氯化氢烟雾。在潮湿的空气中逐渐分解成光气和氯化氢。			
理化特性			
熔点：-22.6℃ 沸点：76.8℃ 闪点：无资料	临界温度：283.2℃ 临界压力：4.56MPa 饱和蒸气压：13.33kPa(23℃)	爆炸上限：无资料 爆炸下限：无资料 相对密度($d_水=1$)：1.60	引燃温度：无资料 燃烧热：364.9kJ/mol
溶解性	能与水、醇、醚、石油醚、石脑油、冰乙酸、二硫化碳、氯代烃等大多数有机溶剂混溶。		
主要用途	用于有机合成、制冷剂、杀虫剂。亦作为有机溶剂。		
急救措施			
皮肤接触	脱去污染的衣着，用大量肥皂水和流动清水冲洗。就医。		
眼睛接触	提起眼睑，用流动清水或生理盐水冲洗。就医。		
吸入	迅速脱离现场至空气新鲜处。保持呼吸道通畅。		
食入	饮用足量温水，催吐。就医。		
防护措施			
呼吸防护	空气中浓度超标时，应该佩戴直接式防毒面具(半面罩)。紧急事态抢救或撤离时，佩戴空气呼吸器。		
眼睛防护	戴安全护目镜。		
身体防护	穿防毒物渗透工作服。		
手防护	戴防化学品手套。		
其他防护	工作现场禁止吸烟、进食和饮水。工作完毕，淋浴更衣。单独存放被毒物污染的衣服，洗后备用。实行就业前和定期的体检。		

品名：**四氯化硒**		分子式：$SeCl_4$	相态：固
别名：无		分子量：220.8	外观与性状：淡黄色结晶，易潮解
危险特性			
火灾危险性：无法确定		爆炸物：无	皮肤腐蚀/刺激：无
腐蚀减薄：盐酸腐蚀、含盐水腐蚀		金属腐蚀：无	
环境开裂：氯化物应力腐蚀开裂		急性毒性：类别3	
遇高热分解释出剧毒的气体。能与磷、钾、过氧化钾、过氧化钠剧烈反应。遇水或潮湿空气分解出有腐蚀性和刺激性的气体。			
理化特性			
熔点：305.0℃	临界温度：无资料	爆炸上限：无资料	引燃温度：无资料
沸点：288.0℃	临界压力：无资料	爆炸下限：无资料	燃烧热：无资料
闪点：无资料	饱和蒸气压：0.13kPa(73℃)	相对密度($d_{水}=1$)：3.78	
溶解性	溶于三氯氧磷，微溶于二硫化碳，不溶于乙醇、乙醚和溴。		
主要用途	用于电子仪器和仪表工业。		
急救措施			
皮肤接触	脱去污染的衣着，用大量流动清水冲洗。就医。		
眼睛接触	提起眼睑，用流动清水或生理盐水冲洗。就医。		
吸入	迅速脱离现场至空气新鲜处。保持呼吸道通畅。		
食入	饮用足量温水，催吐。就医。		
防护措施			
呼吸防护	空气中粉尘浓度超标时，建议佩戴自吸过滤式防尘口罩。紧急事态抢救或撤离时，应该佩戴空气呼吸器。		
眼睛防护	戴化学安全防护眼镜。		
身体防护	穿防毒物渗透工作服。		
手防护	戴乳胶手套。		
其他防护	工作现场禁止吸烟、进食和饮水。工作完毕，淋浴更衣。工作服不准带至非作业场所。单独存放被毒物污染的衣服，洗后备用。保持良好的卫生习惯。		

品名：**四氯化锡[无水]**		分子式：$SnCl_4$	相态：液
别名：氯化锡		分子量：260.5	外观与性状：无色发烟液体，固体时为立方结晶
危险特性			
火灾危险性：可燃液体甲B		爆炸物：无	皮肤腐蚀/刺激：类别1
腐蚀减薄：盐酸腐蚀、含盐水腐蚀		金属腐蚀：无	严重眼损伤/眼刺激：类别1
环境开裂：氯化物应力腐蚀开裂		急性毒性：无	
不燃。遇发泡剂立即燃烧。与碱性物质混合能引起爆炸。在潮湿空气存在下，放出热和近似白色烟雾状有刺激性和腐蚀性的氯化氢气体。具有腐蚀性。			
理化特性			
熔点：-33.0℃	临界温度：无资料	爆炸上限：无资料	引燃温度：无资料
沸点：114.0℃	临界压力：无资料	爆炸下限：无资料	燃烧热：无资料
闪点：无资料	饱和蒸气压：2.40kPa(20℃)	相对密度($d_{水}=1$)：2.23	
溶解性	溶于水、醇、苯、四氯化碳、汽油、二硫化碳等多数有机溶剂。		
主要用途	用于有机锡化合物的制造，用作分析试剂、有机合成脱水剂。也少量用于电镀工业。		
急救措施			
皮肤接触	脱去污染的衣着，用大量流动清水冲洗至少15min。就医。		
眼睛接触	提起眼睑，用流动清水或生理盐水冲洗至少15min。就医。		
吸入	迅速脱离现场至空气新鲜处。保持呼吸道通畅。		
食入	用水漱口，给饮牛奶或蛋清。就医。		
防护措施			
呼吸防护	可能接触其蒸气时，应该佩戴自吸过滤式防毒面具(全面罩)。必要时，佩戴自给式呼吸器。		
眼睛防护	呼吸系统防护中已做防护。		
身体防护	穿橡胶耐酸碱服。		
手防护	戴橡胶耐酸碱手套。		
其他防护	工作现场禁止吸烟、进食和饮水。工作完毕，淋浴更衣。单独存放被毒物污染的衣服，洗后备用。保持良好的卫生习惯。		

品名：**四氯化锗**	分子式：$GeCl_4$	相态：液	
别名：氯化锗	分子量：214.4	外观与性状：无色液体	

危险特性

火灾危险性：可燃液体丙 A	爆炸物：无	皮肤腐蚀/刺激：类别 1
腐蚀减薄：盐酸腐蚀、含盐水腐蚀	金属腐蚀：无	严重眼损伤/眼刺激：类别 1
环境开裂：氯化物应力腐蚀开裂	急性毒性：无	

受热或遇水分解放热，放出有毒的腐蚀性烟气。对很多金属尤其是潮湿空气存在下有腐蚀性。

理化特性

熔点：-49.5℃	临界温度：无资料	爆炸上限：无资料	引燃温度：无资料
沸点：83.1℃	临界压力：无资料	爆炸下限：无资料	燃烧热：无资料
闪点：无资料	饱和蒸气压：10.13kPa(20℃)	相对密度($d_{水}=1$)：1.88	

溶解性	溶于水、浓盐酸，溶于稀盐酸、苯等多数有机溶剂。
主要用途	用作光导纤维掺杂剂用。

急救措施

皮肤接触	脱去污染的衣着，用大量肥皂水和流动清水冲洗。就医。
眼睛接触	提起眼睑，用流动清水或生理盐水冲洗。就医。
吸入	迅速脱离现场至空气新鲜处。保持呼吸道通畅。
食入	饮用足量温水，催吐。就医。

防护措施

呼吸防护	可能接触其蒸气时，应该佩戴自吸过滤式防毒面具(半面罩)。必要时，佩戴自给式呼吸器。
眼睛防护	戴化学安全防护眼镜。
身体防护	穿橡胶耐酸碱服。
手防护	戴乳胶耐酸碱手套。
其他防护	工作现场禁止吸烟、进食和饮水。工作完毕，淋浴更衣。单独存放被毒物污染的衣服，洗后备用。保持良好的卫生习惯。

品名：**1,1,2,2-四氯乙烷**	分子式：$C_2H_2Cl_4$	相态：液
别名：无	分子量：167.9	外观与性状：无色液体，有氯仿样的气味

危险特性

火灾危险性：无法确定	爆炸物：无	皮肤腐蚀/刺激：无
腐蚀减薄：无	金属腐蚀：无	
环境开裂：无	急性毒性：类别 1	

不燃。遇金属钠及钾有爆炸危险。在接触固体氢氧化钾时加热能逸出易燃气体。遇水促进分解。受高热分解产生有毒的腐蚀性烟气。

理化特性

熔点：-43.8℃	临界温度：无资料	爆炸上限：无资料	引燃温度：无资料
沸点：146.4℃	临界压力：无资料	爆炸下限：无资料	燃烧热：无资料
闪点：无资料	饱和蒸气压：1.33kPa(32℃)	相对密度($d_{水}=1$)：1.60	

溶解性	微溶于水，溶于乙醇、乙醚等。
主要用途	用作溶剂，用于有机合成。

急救措施

皮肤接触	脱去污染的衣着，用大量肥皂水和流动清水冲洗。就医。
眼睛接触	提起眼睑，用流动清水或生理盐水冲洗。就医。
吸入	迅速脱离现场至空气新鲜处。保持呼吸道通畅。
食入	饮用足量温水，催吐。就医。

防护措施

呼吸防护	空气中浓度超标时，应该佩戴直接式防毒面具(半面罩)。紧急事态抢救或撤离时，佩戴空气呼吸器。
眼睛防护	戴安全防护眼镜。
身体防护	穿防毒物渗透工作服。
手防护	戴防化学品手套。
其他防护	工作现场禁止吸烟、进食和饮水。工作完毕，淋浴更衣。单独存放被毒物污染的衣服，洗后备用。注意个人清洁卫生。

品名：**四氯乙烯** 别名：全氯乙烯	分子式：C_2Cl_4 分子量：165.8		相态：液 外观与性状：无色液体，有氯仿样的气味
危险特性			
火灾危险性：可燃液体甲 B 腐蚀减薄：无 环境开裂：无	爆炸物：无 金属腐蚀：无 急性毒性：类别 1		皮肤腐蚀/刺激：无
一般不会燃烧，但长时间暴露在明火及高温下仍能燃烧。受高热分解产生有毒的腐蚀性烟气。			
理化特性			
熔点：-22.2℃ 沸点：121.2℃ 闪点：无资料	临界温度：347.1℃ 临界压力：9.74MPa 饱和蒸气压：2.11kPa(20℃)	爆炸上限：无资料 爆炸下限：无资料 相对密度($d_水=1$)：1.63	引燃温度：347.1℃ 燃烧热：679.3kJ/mol
溶解性	不溶于水，可混溶于乙醇、乙醚等多数有机溶剂。		
主要用途	用作有机溶剂、干洗剂、油脂萃取剂、烟幕剂、脱硫剂及织物整理剂等。		
急救措施			
皮肤接触	脱去污染的衣着，用大量肥皂水和流动清水冲洗。就医。		
眼睛接触	提起眼睑，用流动清水或生理盐水冲洗。就医。		
吸入	迅速脱离现场至空气新鲜处。保持呼吸道通畅。		
食入	饮用足量温水，催吐。就医。		
防护措施			
呼吸防护	可能接触其蒸气时，应该佩戴自吸过滤式防毒面具(半面罩)。紧急事态抢救或撤离时，佩戴氧气呼吸器。		
眼睛防护	戴化学安全防护眼镜。		
身体防护	穿透气型防毒服。		
手防护	戴防化学品手套。		
其他防护	工作现场禁止吸烟、进食和饮水。工作完毕，淋浴更衣。单独存放被毒物污染的衣服，洗后备用。注意个人清洁卫生。		

品名：**1,2,5,6-四氢吡啶** 别名：无	分子式：C_5H_9N 分子量：83.1		相态：液 外观与性状：无色液体，有特殊臭味
危险特性			
火灾危险性：可燃液体甲 B 腐蚀减薄：无 环境开裂：无	爆炸物：无 金属腐蚀：无 急性毒性：类别 1		皮肤腐蚀/刺激：无 易燃液体：类别 2
遇高热、明火及强氧化剂易引起燃烧。			
理化特性			
熔点：-44.0℃ 沸点：115.5℃ 闪点：16.1℃	临界温度：无资料 临界压力：无资料 饱和蒸气压：无资料	爆炸上限：无资料 爆炸下限：无资料 相对密度($d_水=1$)：0.91	引燃温度：无资料 燃烧热：无资料
溶解性	无资料。		
主要用途	用于有机合成。		
急救措施			
皮肤接触	脱去污染的衣着，用大量流动清水冲洗。就医。		
眼睛接触	提起眼睑，用流动清水或生理盐水冲洗。就医。		
吸入	迅速脱离现场至空气新鲜处。保持呼吸道通畅。		
食入	饮用足量温水，催吐。就医。		
防护措施			
呼吸防护	可能接触其蒸气时，佩戴过滤式防毒面具(半面罩)。紧急事态抢救或撤离时，建议佩戴氧气呼吸器。		
眼睛防护	戴化学安全防护眼镜。		
身体防护	穿防毒物渗透工作服。		
手防护	戴橡胶耐油手套。		
其他防护	工作现场严禁吸烟。工作完毕，淋浴更衣。实行就业前和定期的体检。		

品名：**四氢吡咯**	分子式：C_4H_9N	相态：液	
别名：吡咯烷；四氢氮杂茂	分子量：71.1	外观与性状：无色液体，有似胺的气味	
危险特性			
火灾危险性：可燃液体甲 B	爆炸物：无	皮肤腐蚀/刺激：类别 1	
腐蚀减薄：胺腐蚀	金属腐蚀：无	易燃液体：类别 2	
环境开裂：无	急性毒性：类别 2		
其蒸气与空气可形成爆炸性混合物，遇明火、高热极易燃烧爆炸。与氧化剂接触猛烈反应。高温时分解，放出剧毒的氮氧化物气体。流速过快，容易产生和积聚静电。其蒸气比空气重，能在较低处扩散到相当远的地方，遇火源会着火回燃。若遇高热，容器内压增大，有开裂和爆炸的危险。			
理化特性			
熔点：-63.0℃	临界温度：无资料	爆炸上限：无资料	引燃温度：无资料
沸点：86.0℃	临界压力：无资料	爆炸下限：无资料	燃烧热：无资料
闪点：3.0℃	饱和蒸气压：1.80kPa(39℃)	相对密度($d_水=1$)：0.86	
溶解性	溶于水、醇、醚等多数有机溶剂。		
主要用途	用于制造药品、杀虫剂、防霉剂，以及环氧树脂交联剂和阻聚剂等。		
急救措施			
皮肤接触	脱去污染的衣着，立即用流动清水彻底冲洗。		
眼睛接触	立即提起眼睑，用流动清水或生理盐水冲洗至少 15min。就医。		
吸入	迅速脱离现场至空气新鲜处。呼吸困难时给输氧。呼吸及心跳停止者立即进行人工呼吸和心脏按压术。就医。		
食入	误服者给充分漱口、饮水，就医。		
防护措施			
呼吸防护	空气中浓度超标时，必须佩戴自吸过滤式防毒面具(半面罩)。紧急事态抢救或撤离时，应该佩戴空气呼吸器。		
眼睛防护	戴化学安全防护眼镜。		
身体防护	穿防静电工作服。		
手防护	戴橡胶耐油手套。		
其他防护	工作现场禁止吸烟、进食和饮水。工作完毕，淋浴更衣。注意个人清洁卫生。		

品名：**四氢吡喃**	分子式：$C_5H_{10}O$	相态：液	
别名：氧己环	分子量：86.1	外观与性状：无色液体，具有醚的气味	
危险特性			
火灾危险性：可燃液体甲 B	爆炸物：无	皮肤腐蚀/刺激：类别 1	
腐蚀减薄：无	金属腐蚀：无	易燃液体：类别 2	
环境开裂：无	急性毒性：无		
其蒸气与空气可形成爆炸性混合物，遇明火、高热极易燃烧爆炸。与氧化剂接触猛烈反应。接触空气或在光照条件下可生成具有潜在爆炸危险性的过氧化物。与酸类物质能发生剧烈反应。其蒸气比空气重，能在较低处扩散到相当远的地方，遇火源会着火回燃。若遇高热，容器内压增大，有开裂和爆炸的危险。			
理化特性			
熔点：-49.0℃	临界温度：298.9℃	爆炸上限：无资料	引燃温度：298.9℃
沸点：88.0℃	临界压力：4.77MPa	爆炸下限：无资料	燃烧热：无资料
闪点：-20.0℃	饱和蒸气压：无资料	相对密度($d_水=1$)：0.88	
溶解性	可混溶于水乙醇、乙醚及其他有机溶剂。		
主要用途	用作硝基喷漆、橡胶、Grignard 反应的溶剂。		
急救措施			
皮肤接触	脱去污染的衣着，用大量流动清水冲洗。就医。		
眼睛接触	提起眼睑，用流动清水或生理盐水冲洗。就医。		
吸入	迅速脱离现场至空气新鲜处。保持呼吸道通畅。		
食入	饮用足量温水，催吐。就医。		
防护措施			
呼吸防护	空气中浓度超标时，必须佩戴自吸过滤式防毒面具(半面罩)。紧急事态抢救或撤离时，应该佩戴空气呼吸器。		
眼睛防护	戴化学安全防护眼镜。		
身体防护	穿防静电工作服。		
手防护	戴橡胶手套。		
其他防护	工作场所禁止吸烟、进食和饮水，饭前要洗手。工作完毕，淋浴更衣。保持良好的卫生习惯。		

品名：**四氢呋喃**	分子式：C_4H_8O	相态：液
别名：氧杂环戊烷	分子量：72.1	外观与性状：无色易挥发液体，有类似乙醚的气味

危险特性

火灾危险性：可燃液体甲 B	爆炸物：无	皮肤腐蚀/刺激：无
腐蚀减薄：无	金属腐蚀：无	易燃液体：类别 2
环境开裂：无	急性毒性：无	

其蒸气与空气可形成爆炸性混合物。遇高热、明火及强氧化剂易引起燃烧。接触空气或在光照条件下可生成具有潜在爆炸危险性的过氧化物。与酸类接触能发生反应。与氢氧化钾、氢氧化钠反应剧烈。其蒸气比空气重，能在较低处扩散到相当远的地方，遇火源会着火回燃。

理化特性

熔点：-108.5℃	临界温度：268.0℃	爆炸上限：12.4%	引燃温度：230.0℃
沸点：65.4℃	临界压力：5.19MPa	爆炸下限：1.5%	燃烧热：2515.2kJ/mol
闪点：-20.0℃	饱和蒸气压：19.30kPa(20℃)	相对密度($d_水=1$)：0.89	

溶解性	溶于水、乙醇、乙醚、丙酮、苯等多数有机溶剂。
主要用途	用作溶剂、化学合成中间体、分析试剂。

急救措施

皮肤接触	脱去污染的衣着，用大量肥皂水和流动清水冲洗。就医。
眼睛接触	提起眼睑，用流动清水或生理盐水冲洗。就医。
吸入	迅速脱离现场至空气新鲜处。保持呼吸道通畅。
食入	饮用足量温水，催吐。就医。

防护措施

呼吸防护	可能接触其蒸气时，应该佩戴过滤式防毒面具(半面罩)。必要时，建议佩戴自给式呼吸器。
眼睛防护	一般不需要特殊防护，高浓度接触时可戴安全防护眼镜。
身体防护	穿防静电工作服。
手防护	戴橡胶耐油手套。
其他防护	工作现场严禁吸烟。工作完毕，淋浴更衣。注意个人清洁卫生。

品名：**四氢糠胺**	分子式：$C_5H_{11}NO$	相态：液
别名：无	分子量：101.2	外观与性状：无色至黄色液体，有氨味

危险特性

火灾危险性：可燃液体乙 A	爆炸物：无	皮肤腐蚀/刺激：无
腐蚀减薄：碱腐蚀、胺腐蚀	金属腐蚀：无	易燃液体：类别 3
环境开裂：碱应力腐蚀开裂、胺应力腐蚀开裂	急性毒性：无	

其蒸气与空气可形成爆炸性混合物，遇明火、高热能引起燃烧爆炸。与氧化剂可发生反应。若遇高热，容器内压增大，有开裂和爆炸的危险。

理化特性

熔点：无资料	临界温度：无资料	爆炸上限：无资料	引燃温度：无资料
沸点：153.0℃	临界压力：无资料	爆炸下限：无资料	燃烧热：无资料
闪点：45.0℃	饱和蒸气压：无资料	相对密度($d_水=1$)：0.98	

溶解性	能与乙醇、乙醚、水相混溶。
主要用途	无资料。

急救措施

皮肤接触	脱去污染的衣着，用大量肥皂水和流动清水冲洗。就医。
眼睛接触	提起眼睑，用流动清水或生理盐水冲洗。就医。
吸入	迅速脱离现场至空气新鲜处。保持呼吸道通畅。
食入	饮用足量温水，催吐。就医。

防护措施

呼吸防护	空气中浓度超标时，必须佩戴自吸过滤式防毒面具(半面罩)。紧急事态抢救或撤离时，应该佩戴空气呼吸器。
眼睛防护	戴化学安全防护眼镜。
身体防护	穿防毒物渗透工作服。
手防护	戴橡胶耐油手套。
其他防护	工作现场禁止吸烟、进食和饮水。工作完些，淋浴更衣。

品名：**四氢噻吩** 别名：四甲撑硫；四氢硫杂茂	分子式：C_4H_8S 分子量：88.2		相态：液 外观与性状：无色液体
危险特性			
火灾危险性：可燃液体甲 B 腐蚀减薄：硫酸腐蚀、高温硫化物腐蚀 环境开裂：连多硫酸应力腐蚀开裂	爆炸物：无 金属腐蚀：无 急性毒性：无		皮肤腐蚀/刺激：类别 2 易燃液体：类别 2
遇高热、明火及强氧化易引起燃烧。			
理化特性			
熔点：-96.2℃ 沸点：119.0℃ 闪点：12.8℃	临界温度：无资料 临界压力：4.70MPa 饱和蒸气压：2.40kPa(25℃)	爆炸上限：无资料 爆炸下限：无资料 相对密度($d_水=1$)：1.00	引燃温度：200.0℃ 燃烧热：无资料
溶解性	不溶于水，可混溶于乙醇、乙醚、苯、丙酮。		
主要用途	用作溶剂、有机合成中间体。		
急救措施			
皮肤接触	脱去污染的衣着，用大量肥皂水和流动清水冲洗。就医。		
眼睛接触	提起眼睑，用流动清水或生理盐水冲洗。就医。		
吸入	迅速脱离现场至空气新鲜处。保持呼吸道通畅。		
食入	饮用足量温水，催吐。就医。		
防护措施			
呼吸防护	空气中浓度较高时，建议佩戴自吸过滤式防毒面具(半面罩)。		
眼睛防护	戴安全防护眼镜。		
身体防护	穿防毒物渗透工作服。		
手防护	戴橡胶耐油手套。		
其他防护	工作现场严禁吸烟。工作完毕，淋浴更衣。注意个人清洁卫生。		

品名：**四氰基代乙烯** 别名：四氰代乙烯	分子式：C_6N_4 分子量：128.1		相态：固 外观与性状：无色结晶，120℃以上升华
危险特性			
火灾危险性：无法确定 腐蚀减薄：无 环境开裂：无	爆炸物：无 金属腐蚀：无 急性毒性：类别 1		皮肤腐蚀/刺激：无
遇明火、高热可燃。遇水或水蒸气能水解产生剧毒的氰化氢气体。遇高热分解放出高毒烟气。			
理化特性			
熔点：198.0℃ 沸点：223.0℃ 闪点：无资料	临界温度：无资料 临界压力：无资料 饱和蒸气压：无资料	爆炸上限：无资料 爆炸下限：无资料 相对密度($d_水=1$)：无资料	引燃温度：无资料 燃烧热：无资料
溶解性	难溶于水，易溶于多数有机溶剂。		
主要用途	用于有机合成，也用作分析试剂。		
急救措施			
皮肤接触	脱去污染的衣着，用大量肥皂水和流动清水冲洗。就医。		
眼睛接触	提起眼睑，用流动清水或生理盐水冲洗。就医。		
吸入	迅速脱离现场至空气新鲜处。保持呼吸道通畅。		
食入	饮用足量温水，催吐。就医。		
防护措施			
呼吸防护	可能接触其粉尘时，必须佩戴防尘面具(全面罩)。紧急事态抢救或撤离时，应该佩戴空气呼吸器。		
眼睛防护	呼吸系统防护中已做防护。		
身体防护	穿胶布防毒衣。		
手防护	戴橡胶手套。		
其他防护	工作现场禁止吸烟、进食和饮水。工作完毕，淋浴更衣。保持良好的卫生习惯。		

品名：**四硝基萘**	分子式：$C_{10}H_4N_4O_8$	相态：固	
别名：无	分子量：308.2	外观与性状：黄色结晶	
危险特性			
火灾危险性：无法确定	爆炸物：1.1	皮肤腐蚀/刺激：无	
腐蚀减薄：无	金属腐蚀：无		
环境开裂：无	急性毒性：类别 1		
接触明火、高热或受到摩擦、震动、撞击时可发生爆炸。与还原剂能发生强烈反应。受高热分解放出有毒的气体。			
理化特性			
熔点：200.0℃	临界温度：无资料	爆炸上限：无资料	引燃温度：无资料
沸点：515.1℃	临界压力：无资料	爆炸下限：无资料	燃烧热：无资料
闪点：无资料	饱和蒸气压：无资料	相对密度（$d_{水}=1$）：无资料	
溶解性	不溶于水，微溶于醇。		
主要用途	用作炸药。		
急救措施			
皮肤接触	脱去污染的衣着，用大量流动清水冲洗。就医。		
眼睛接触	提起眼睑，用流动清水或生理盐水冲洗。就医。		
吸入	迅速脱离现场至空气新鲜处。保持呼吸道通畅。		
食入	饮用足量温水，催吐。就医。		
防护措施			
呼吸防护	空气中粉尘浓度超标时，必须佩戴自吸过滤式防尘口罩。紧急事态抢救或撤离时，应该佩戴空气呼吸器。		
眼睛防护	戴化学安全防护眼镜。		
身体防护	穿防毒物渗透工作服。		
手防护	戴橡胶手套。		
其他防护	工作场所禁止吸烟、进食和饮水，饭前要洗手。工作完毕，淋浴更衣。保持良好的卫生习惯。		

品名：**四溴化锡**	分子式：$SnBr_4$	相态：固	
别名：无	分子量：438.4	外观与性状：白色结晶块，在空气中发烟	
危险特性			
火灾危险性：无法确定	爆炸物：无	皮肤腐蚀/刺激：类别 1	
腐蚀减薄：含盐水腐蚀	金属腐蚀：无	严重眼损伤/眼刺激：类别 1	
环境开裂：溴化物应力腐蚀开裂	急性毒性：无		
吸潮或遇水会产生大量的腐蚀性烟雾。在空气中强烈发烟。			
理化特性			
熔点：31.0℃	临界温度：无资料	爆炸上限：无资料	引燃温度：无资料
沸点：202.0℃	临界压力：无资料	爆炸下限：无资料	燃烧热：无资料
闪点：无资料	饱和蒸气压：1.33kPa（72.7℃）	相对密度（$d_{水}=1$）：3.34	
溶解性	易溶于水，溶于醇、四氯化碳。		
主要用途	用作试剂，用于金属分离。		
急救措施			
皮肤接触	脱去污染的衣着，用大量流动清水冲洗至少 15min。就医。		
眼睛接触	提起眼睑，用流动清水或生理盐水冲洗至少 15min。就医。		
吸入	迅速脱离现场至空气新鲜处。保持呼吸道通畅。		
食入	用水漱口，给饮牛奶或蛋清。就医。		
防护措施			
呼吸防护	空气中粉尘浓度超标时，应该佩戴头罩型电动送风过滤式防尘呼吸器。可能接触其蒸气时，应该佩戴自吸过滤式防毒面具（全面罩）。		
眼睛防护	呼吸系统防护中已做防护。		
身体防护	穿防酸碱塑料工作服。		
手防护	戴橡胶手套。		
其他防护	工作现场禁止吸烟、进食和饮水。实行就业前和定期的体检。		

品名：**四溴甲烷** 别名：四溴化碳		分子式：CBr_4 分子量：331.6	相态：固 外观与性状：白色固体
危险特性			
火灾危险性：无法确定 腐蚀减薄：含盐水腐蚀 环境开裂：溴化物应力腐蚀开裂		爆炸物：无 金属腐蚀：无 急性毒性：无	皮肤腐蚀/刺激：类别 2 严重眼损伤/眼刺激：类别 1
受高热分解产生有毒的溴化物气体。			
理化特性			
熔点：88.0℃ 沸点：190.0℃ 闪点：无资料	临界温度：无资料 临界压力：无资料 饱和蒸气压：5.32kPa(96.3℃)	爆炸上限：无资料 爆炸下限：无资料 相对密度($d_{水}=1$)：3.42	引燃温度：无资料 燃烧热：无资料
溶解性	不溶于水，溶于乙醇、乙醚、氯仿。		
主要用途	用于有机合成。		
急救措施			
皮肤接触	脱去污染的衣着，用大量肥皂水和流动清水冲洗。就医。		
眼睛接触	提起眼睑，用流动清水或生理盐水冲洗至少 15min。就医。		
吸入	迅速脱离现场至空气新鲜处。保持呼吸道通畅。		
食入	用水漱口，给饮牛奶或蛋清。就医。		
防护措施			
呼吸防护	空气中粉尘浓度超标时，应该佩戴头罩型电动送风过滤式防尘呼吸器。可能接触其蒸气时，应该佩戴自吸过滤式防毒面具(全面罩)。		
眼睛防护	呼吸系统防护中已做防护。		
身体防护	穿防酸碱塑料工作服。		
手防护	戴橡胶手套。		
其他防护	工作现场禁止吸烟、进食和饮水。实行就业前和定期的体检。		

品名：**1,1,2,2-四溴乙烷** 别名：无		分子式：$C_2H_2Br_4$ 分子量：345.7	相态：液 外观与性状：黄色液体，带有樟脑及氯仿臭味
危险特性			
火灾危险性：可燃液体丙 A 腐蚀减薄：无 环境开裂：无		爆炸物：无 金属腐蚀：无 急性毒性：类别 2	皮肤腐蚀/刺激：类别 2 严重眼损伤/眼刺激：类别 2
受高热分解产生有毒的溴化物气体。			
理化特性			
熔点：-1.0℃ 沸点：243.5℃ 闪点：无资料	临界温度：无资料 临界压力：4.60MPa 饱和蒸气压：2.00kPa(119℃)	爆炸上限：无资料 爆炸下限：无资料 相对密度($d_{水}=1$)：2.96	引燃温度：335.0℃ 燃烧热：无资料
溶解性	不溶于水，溶于乙醇、氯仿等多数有机溶剂。		
主要用途	用于选矿及作为溶剂。		
急救措施			
皮肤接触	脱去污染的衣着，用大量肥皂水和流动清水冲洗。就医。		
眼睛接触	提起眼睑，用流动清水或生理盐水冲洗至少 15min。就医。		
吸入	迅速脱离现场至空气新鲜处。保持呼吸道通畅。		
食入	用水漱口，给饮牛奶或蛋清。就医。		
防护措施			
呼吸防护	空气中浓度超标时，应该佩戴自吸过滤式防毒面具(半面罩)。		
眼睛防护	一般不需要特殊防护，高浓度接触时可戴安全防护眼镜。		
身体防护	穿透气型防毒服。		
手防护	戴防化学品手套。		
其他防护	工作现场禁止吸烟、进食和饮水。工作完毕，淋浴更衣。单独存放被毒物污染的衣服，洗后备用。注意个人清洁卫生。		

品名：**四亚乙基五胺** 别名：三缩四乙二胺；四乙撑五胺		分子式：$C_8H_{23}N_5$ 分子量：189.3	相态：液 外观与性状：黄或橙黄色黏稠液体
危险特性			
火灾危险性：可燃液体丙 B 腐蚀减薄：碱腐蚀、胺腐蚀 环境开裂：碱应力腐蚀开裂、胺应力腐蚀开裂		爆炸物：无 金属腐蚀：无 急性毒性：无	皮肤腐蚀/刺激：类别 1 严重眼损伤/眼刺激：类别 1
可燃。遇热或火焰有轻微爆炸的危险。燃烧时，放出有毒气体。具有腐蚀性。			
理化特性			
熔点：−30.0℃ 沸点：340.3℃ 闪点：164.0℃	临界温度：无资料 临界压力：无资料 饱和蒸气压：无资料	爆炸上限：无资料 爆炸下限：无资料 相对密度($d_水=1$)：1.00	引燃温度：321.0℃ 燃烧热：无资料
溶解性	易溶于水和乙醇，不溶于苯和乙醚。		
主要用途	用于合成聚酰胺树脂、阴离子交换树脂、润滑油添加剂、燃料油添加剂等。也可用作环氧树脂固化剂、橡胶硫化促进剂、无氰电镀添加剂等。		
急救措施			
皮肤接触	脱去污染的衣着，立即用大量流动清水彻底冲洗至少 15min。就医。		
眼睛接触	提起眼睑，用流动清水或生理盐水冲洗至少 15min。就医。		
吸入	迅速脱离现场至空气新鲜处。保持呼吸道通畅。呼吸困难时给输氧。呼吸停止时，立即进行人工呼吸。就医。		
食入	误服者漱口，给饮牛奶或蛋清。就医。		
防护措施			
呼吸防护	可能接触其蒸气时，应该佩戴防毒面具。		
眼睛防护	戴化学安全防护眼镜。		
身体防护	穿防酸碱工作服。		
手防护	戴橡皮手套。		
其他防护	工作现场禁止吸烟、进食和饮水。工作后，淋浴更衣。定期体检。		

品名：**四氧化锇** 别名：锇酸酐		分子式：OsO_4 分子量：254.2	相态：固 外观与性状：白色或淡黄色结晶，有类似氯的味道
危险特性			
火灾危险性：无法确定 腐蚀减薄：无 环境开裂：无		爆炸物：无 金属腐蚀：无 急性毒性：类别 1	皮肤腐蚀/刺激：类别 1 严重眼损伤/眼刺激：类别 1
强氧化剂。蒸气在灼烧时与氢接触会引起爆炸。与有机物接触剧烈反应。			
理化特性			
熔点：41.0℃ 沸点：130.0℃ 闪点：无资料	临界温度：无资料 临界压力：无资料 饱和蒸气压：0.93kPa(20℃)	爆炸上限：无资料 爆炸下限：无资料 相对密度($d_水=1$)：4.91	引燃温度：无资料 燃烧热：无资料
溶解性	微溶于水，溶于乙醇、乙醚、四氯化碳、氨水。		
主要用途	用作催化剂、氧化剂、化学试剂，还用于医药和制造白热气灯的纱罩等。		
急救措施			
皮肤接触	脱去污染的衣着，立即用大量流动清水彻底冲洗至少 15min。就医。		
眼睛接触	提起眼睑，用流动清水或生理盐水冲洗至少 15min。就医。		
吸入	迅速脱离现场至空气新鲜处。保持呼吸道通畅。		
食入	饮用足量温水，催吐。就医。		
防护措施			
呼吸防护	可能接触其粉尘时，必须佩戴防尘面具(全面罩)。紧急事态抢救或撤离时，应该佩戴空气呼吸器。		
眼睛防护	呼吸系统防护中已做防护。		
身体防护	穿胶布防毒衣。		
手防护	戴橡胶手套。		
其他防护	工作现场禁止吸烟、进食和饮水。工作完毕，淋浴更衣。单独存放被毒物污染的衣服，洗后备用。保持良好的卫生习惯。		

品名：**四氧化二氮** 别名：无	分子式：N_2O_4 分子量：92.0	相态：气 外观与性状：透明气体	
危险特性			
火灾危险性：无法确定 腐蚀减薄：无 环境开裂：无	爆炸物：无 金属腐蚀：无 急性毒性：类别 2	皮肤腐蚀/刺激：类别 1 严重眼损伤/眼刺激：类别 1	
本品不会燃烧，但可助燃。具有强氧化性。遇衣物、锯末、棉花或其他可燃物能立即燃烧。与一般燃料或火箭燃料以及氯代烃等猛烈反应引起爆炸。遇水有腐蚀性，腐蚀作用随水分含量增加而加剧。			
理化特性			
熔点：-9.0℃ 沸点：21.0℃ 闪点：无资料	临界温度：157.8℃ 临界压力：10.13MPa 饱和蒸气压：85.9kPa(25℃)	爆炸上限：无资料 爆炸下限：无资料 相对密度($d_{水}=1$)：1.45	引燃温度：无资料 燃烧热：无资料
溶解性	溶于水。		
主要用途	用于工业水处理，作杀菌消毒剂。纸浆和纤维的漂白，面粉、油脂、食糖的精炼，皮革的脱毛等。用作制造硝酸、无水金属盐和硝基配位络合物的原料。火箭燃料推进剂和制取炸药。用作氧化剂、硝化剂和丙烯酸酯聚合的抑制剂。		
急救措施			
皮肤接触	无资料。		
眼睛接触	无资料。		
吸入	迅速脱离现场至空气新鲜处。保持呼吸道通畅。		
食入	无资料。		
防护措施			
呼吸防护	空气中浓度超标时，佩戴自吸过滤式防毒面具(全面罩)。紧急事态抢救或撤离时，建议佩戴空气呼吸器。		
眼睛防护	呼吸系统防护中已做防护。		
身体防护	穿胶布防毒衣。		
手防护	戴橡胶手套。		
其他防护	工作现场禁止吸烟、进食和饮水。保持良好的卫生习惯。进入罐、限制性空间或其他高浓度区作业，须有人监护。		

品名：***O*,*O*,*O*′,*O*′-四乙基-*S*,*S*′-亚甲基双(二硫代磷酸酯)** 别名：乙硫磷	分子式：$C_9H_{22}O_4P_2S_4$ 分子量：384.5	相态：液 外观与性状：纯品为白色至琥珀色油状液体，工业品为油状液体，有恶臭	
危险特性			
火灾危险性：可燃液体丙 B 腐蚀减薄：硫酸腐蚀、磷酸腐蚀 环境开裂：氢脆、连多硫酸应力腐蚀开裂	爆炸物：无 金属腐蚀：无 急性毒性：类别 3	皮肤腐蚀/刺激：无	
受热分解，放出磷、硫的氧化物等毒性气体。			
理化特性			
熔点：-12.0℃ 沸点：401.2℃ 闪点：无资料	临界温度：无资料 临界压力：无资料 饱和蒸气压：无资料	爆炸上限：无资料 爆炸下限：无资料 相对密度($d_{水}=1$)：1.22	引燃温度：无资料 燃烧热：无资料
溶解性	微溶于水，溶于氯仿、苯、二甲苯，易溶于丙酮、甲醇、乙醇。		
主要用途	用作农药杀虫剂。		
急救措施			
皮肤接触	脱去污染的衣着，用大量肥皂水和流动清水冲洗。就医。		
眼睛接触	提起眼睑，用流动清水或生理盐水冲洗。就医。		
吸入	迅速脱离现场至空气新鲜处。保持呼吸道通畅。		
食入	饮用足量温水，催吐。用清水或2%~5%碳酸氢钠溶液洗胃。就医。		
防护措施			
呼吸防护	生产操作或农业使用时，建议佩戴自吸过滤式防毒面具(全面罩)。紧急事态抢救或撤离时，应该佩戴空气呼吸器。		
眼睛防护	呼吸系统防护中已做防护。		
身体防护	穿聚乙烯防毒服。		
手防护	戴橡胶手套。		
其他防护	工作现场禁止吸烟、进食和饮水。工作完毕，彻底清洗。工作服不准带至非作业场所。单独存放被毒物污染的衣服，洗后备用。		

品名：**四乙基焦磷酸酯** 别名：特普	分子式：$C_8H_{20}O_7P_2$ 分子量：290.2		相态：液 外观与性状：无色无味吸湿性液体
危险特性			
火灾危险性：无法确定 腐蚀减薄：磷酸腐蚀 环境开裂：氢脆	爆炸物：无 金属腐蚀：无 急性毒性：类别1		皮肤腐蚀/刺激：无
遇明火、高热可燃。与氧化剂可发生反应。受高热分解放出有毒的气体。若遇高热，容器内压增大，有开裂和爆炸的危险。			
理化特性			
熔点：0.0℃ 沸点：124.0℃ 闪点：无资料	临界温度：无资料 临界压力：无资料 饱和蒸气压：0.002kPa(20℃)	爆炸上限：无资料 爆炸下限：无资料 相对密度($d_{水}=1$)：1.19	引燃温度：无资料 燃烧热：无资料
溶解性	与水混溶，可混溶于多数有机溶剂。		
主要用途	农用杀蚜、杀螨剂。		
急救措施			
皮肤接触	脱去污染的衣着，用大量肥皂水和流动清水冲洗。就医。		
眼睛接触	提起眼睑，用流动清水或生理盐水冲洗。就医。		
吸入	迅速脱离现场至空气新鲜处。保持呼吸道通畅。		
食入	饮用足量温水，催吐。用清水或2%~5%碳酸氢钠溶液洗胃。就医。		
防护措施			
呼吸防护	空气中浓度超标时，必须佩戴空气呼吸器。		
眼睛防护	呼吸系统防护中已做防护。		
身体防护	穿胶布防毒衣。		
手防护	戴橡胶手套。		
其他防护	工作现场禁止吸烟、进食和饮水。工作完毕，淋浴更衣。保持良好的卫生习惯。		

品名：**四乙基铅** 别名：发动机燃料抗爆混合物	分子式：$C_8H_{20}Pb$ 分子量：323.4		相态：液 外观与性状：无色油状液体，有臭味
危险特性			
火灾危险性：无法确定 腐蚀减薄：无 环境开裂：无	爆炸物：无 金属腐蚀：无 急性毒性：类别1		皮肤腐蚀/刺激：无
遇高热、明火有引起燃烧的危险。加热分解产生毒性气体。与氧化剂接触猛烈反应。			
理化特性			
熔点：-136.0℃ 沸点：198.0℃ 闪点：无资料	临界温度：无资料 临界压力：无资料 饱和蒸气压：0.03kPa(20℃)	爆炸上限：无资料 爆炸下限：无资料 相对密度($d_{水}=1$)：1.66	引燃温度：无资料 燃烧热：无资料
溶解性	不溶于水、稀酸、稀碱液，溶于多数有机溶剂。		
主要用途	用于汽油抗震添加剂，提高辛烷值，及用于有机合成。		
急救措施			
皮肤接触	脱去污染的衣着，用大量肥皂水和流动清水冲洗。就医。		
眼睛接触	提起眼睑，用流动清水或生理盐水冲洗。就医。		
吸入	迅速脱离现场至空气新鲜处。保持呼吸道通畅。		
食入	饮用足量温水，催吐。就医。		
防护措施			
呼吸防护	可能接触其蒸气时，必须佩戴自吸过滤式防毒面具(全面罩)。紧急事态抢救或撤离时，佩戴空气呼吸器。		
眼睛防护	呼吸系统防护中已做防护。		
身体防护	穿防毒物渗透工作服。		
手防护	戴防化学品手套。		
其他防护	工作现场禁止吸烟、进食和饮水。工作完毕，彻底清洗。单独存放被毒物污染的衣服，洗后备用。实行就业前和定期的体检。		

品名：**四乙基氢氧化铵** 别名：无	分子式：$C_8H_{21}NO$ 分子量：147.3	相态：液 外观与性状：商品为20%的水溶液，为无色或淡黄色液体	
危险特性			
火灾危险性：可燃液体甲B 腐蚀减薄：碱腐蚀 环境开裂：碱应力腐蚀开裂	爆炸物：无 金属腐蚀：无 急性毒性：无	皮肤腐蚀/刺激：类别1 严重眼损伤/眼刺激：类别1	
与酸类物质能发生剧烈反应。受高热分解放出有毒的气体。具有强腐蚀性。			
理化特性			
熔点：40.0℃ 沸点：110.0℃ 闪点：无资料	临界温度：无资料 临界压力：无资料 饱和蒸气压：无资料	爆炸上限：无资料 爆炸下限：无资料 相对密度($d_{水}=1$)：1.66	引燃温度：无资料 燃烧热：无资料
溶解性	溶于水。		
主要用途	用作化学试剂和核苷的乙酰化等。		
急救措施			
皮肤接触	脱去污染的衣着，用大量流动清水冲洗至少15min。就医。		
眼睛接触	提起眼睑，用流动清水或生理盐水冲洗至少15min。就医。		
吸入	迅速脱离现场至空气新鲜处。保持呼吸道通畅。		
食入	用水漱口，给饮牛奶或蛋清。就医。		
防护措施			
呼吸防护	空气中浓度超标时，必须佩戴自吸过滤式防毒面具(全面罩)。紧急事态抢救或撤离时，应该佩戴空气呼吸器。		
眼睛防护	呼吸系统防护中已做防护。		
身体防护	穿橡胶耐酸碱服。		
手防护	戴橡胶耐酸碱手套。		
其他防护	工作现场禁止吸烟、进食和饮水。工作完毕，淋浴更衣。保持良好的卫生习惯。		

品名：**松节油** 别名：无	分子式：$C_{12}H_{20}O_7$ 分子量：196.3	相态：液 外观与性状：无色至淡黄色液体	
危险特性			
火灾危险性：可燃液体丙A 腐蚀减薄：无 环境开裂：无	爆炸物：无 金属腐蚀：无 急性毒性：无	皮肤腐蚀/刺激：类别2 易燃液体：类别3	
其蒸气与空气可形成爆炸性混合物，遇明火、高热能引起燃烧爆炸。与氧化剂能发生强烈反应。与硝酸发生剧烈反应或立即燃烧。			
理化特性			
熔点：无资料 沸点：257.2℃ 闪点：90.4℃	临界温度：376.0℃ 临界压力：无资料 饱和蒸气压：2.67kPa(51.4℃)	爆炸上限：6.0% 爆炸下限：0.8% 相对密度($d_{水}=1$)：0.85	引燃温度：253.0℃ 燃烧热：无资料
溶解性	不溶于水，溶于乙醇、氯仿、醚等多数有机溶剂。		
主要用途	用作油漆溶剂，合成樟脑、胶黏剂、塑料增塑剂等，也用于制药、制革工业。		
急救措施			
皮肤接触	脱去污染的衣着，用大量肥皂水和流动清水冲洗。就医。		
眼睛接触	提起眼睑，用流动清水或生理盐水冲洗至少20min。就医。		
吸入	迅速脱离现场至空气新鲜处。保持呼吸道通畅。		
食入	饮用足量温水，催吐。就医。		
防护措施			
呼吸防护	高浓度环境中，应该佩戴过滤式防毒面具(半面罩)。		
眼睛防护	必要时，戴化学安全防护眼镜。		
身体防护	穿化学防护服。		
手防护	戴橡胶耐油手套。		
其他防护	工作现场严禁吸烟。避免长期反复接触。		

品名：**铊**	分子式：Tl	相态：固	
别名：金属铊	分子量：204.4	外观与性状：带蓝光的银白色金属，质软	
危险特性			
火灾危险性：无法确定	爆炸物：无	皮肤腐蚀/刺激：无	
腐蚀减薄：无	金属腐蚀：无		
环境开裂：液体金属脆断	急性毒性：类别 2		
微细粉末遇热源和明火有燃烧爆炸的危险。与氧剧烈反应。暴露在空气中会被氧化而变质。			
理化特性			
熔点：302.5℃	临界温度：无资料	爆炸上限：无资料	引燃温度：无资料
沸点：1457.0℃	临界压力：无资料	爆炸下限：无资料	燃烧热：无资料
闪点：无资料	饱和蒸气压：0.13kPa(825℃)	相对密度($d_{水}=1$)：11.85	
溶解性	不溶于水，微溶于碱，溶于硫酸、硝酸。		
主要用途	用于制光电管、低温计、光学玻璃，也用于制铊的化合物。		
急救措施			
皮肤接触	脱去污染的衣着，用大量肥皂水和流动清水冲洗。就医。		
眼睛接触	提起眼睑，用流动清水或生理盐水冲洗。就医。		
吸入	迅速脱离现场至空气新鲜处。保持呼吸道通畅。		
食入	饮用足量温水，催吐。用1%碘化钾 60ml 灌胃。洗胃。就医。		
防护措施			
呼吸防护	可能接触其粉尘时，必须佩戴头罩型电动送风过滤式防尘呼吸器。紧急事态抢救或撤离时，建议佩戴空气呼吸器。		
眼睛防护	呼吸系统防护中已做防护。		
身体防护	穿连衣式胶布防毒衣。		
手防护	戴橡胶手套。		
其他防护	工作现场禁止吸烟、进食和饮水。工作完毕，淋浴更衣。单独存放被毒物污染的衣服，洗后备用。保持良好的卫生习惯。		

品名：**钛酸四异丙酯**	分子式：$C_{12}H_{28}O_4Ti$	相态：液	
别名：钛酸异丙酯	分子量：284.3	外观与性状：无色至淡黄色液体，在潮湿空气中发烟	
危险特性			
火灾危险性：可燃液体甲 B	爆炸物：无	皮肤腐蚀/刺激：无	
腐蚀减薄：无	金属腐蚀：无	易燃液体：类别 3	
环境开裂：无	急性毒性：无		
遇高热、明火或与氧化剂接触，有引起燃烧的危险。遇水或水蒸气反应放出有毒的或易燃的气体。若遇高热，容器内压增大，有开裂和爆炸的危险。			
理化特性			
熔点：20.0℃	临界温度：无资料	爆炸上限：无资料	引燃温度：无资料
沸点：220.0℃	临界压力：无资料	爆炸下限：无资料	燃烧热：无资料
闪点：12.0℃	饱和蒸气压：1.33kPa(104℃)	相对密度($d_{水}=1$)：0.96	
溶解性	溶于多数有机溶剂。		
主要用途	用于酯交换反应，涂料、橡胶的黏合剂，金属涂塑，缩合催化剂等。		
急救措施			
皮肤接触	脱去污染的衣着，用大量肥皂水和流动清水冲洗。就医。		
眼睛接触	提起眼睑，用流动清水冲洗。就医。		
吸入	迅速脱离现场至空气新鲜处。保持呼吸道通畅。		
食入	饮用足量温水，催吐。就医。		
防护措施			
呼吸防护	高浓度环境中，应该佩戴防毒口罩。必要时佩戴自给式呼吸器。		
眼睛防护	戴化学安全防护眼镜。		
身体防护	穿相应的防护服。		
手防护	戴防化学品手套。		
其他防护	工作现场严禁吸烟。工作后，淋浴更衣。注意个人清洁卫生。		

品名：**碳酸二丙酯** 别名：碳酸丙酯	分子式：$C_7H_{14}O_3$ 分子量：146.2	相态：液 外观与性状：无色液体，有类似乙醚的气味	
危险特性			
火灾危险性：可燃液体甲 B 腐蚀减薄：二氧化碳腐蚀、碱腐蚀 环境开裂：碳酸盐应力腐蚀开裂、碱应力腐蚀开裂	爆炸物：无 金属腐蚀：无 急性毒性：无	皮肤腐蚀/刺激：无 易燃液体：类别 3	
易燃，遇高热、明火有引起燃烧的危险。其蒸气比空气重，能在较低处扩散到相当远的地方，遇火源会着火回燃。			
理化特性			
熔点：25.0℃ 沸点：168.2℃ 闪点：25.0℃	临界温度：无资料 临界压力：无资料 饱和蒸气压：无资料	爆炸上限：无资料 爆炸下限：无资料 相对密度($d_水=1$)：0.94	引燃温度：无资料 燃烧热：无资料
溶解性	微溶于水，可混溶于乙醇、乙醚。		
主要用途	用作溶剂。		
急救措施			
皮肤接触	脱去污染的衣着，用大量肥皂水和流动清水冲洗。就医。		
眼睛接触	提起眼睑，用流动清水或生理盐水冲洗。就医。		
吸入	迅速脱离现场至空气新鲜处。保持呼吸道通畅。		
食入	饮用足量温水，催吐。就医。		
防护措施			
呼吸防护	可能接触其蒸气时，应该佩戴过滤式防毒面具(半面罩)。必要时，建议佩戴空气呼吸器。		
眼睛防护	戴化学安全防护眼镜。		
身体防护	穿防静电工作服。		
手防护	戴橡胶耐油手套。		
其他防护	工作现场严禁吸烟。工作完毕，淋浴更衣。注意个人清洁卫生。		

品名：**碳酸二甲酯** 别名：无	分子式：$C_3H_6O_3$ 分子量：90.1	相态：液 外观与性状：无色液体	
危险特性			
火灾危险性：可燃液体甲 B 腐蚀减薄：二氧化碳腐蚀、碱腐蚀 环境开裂：碳酸盐应力腐蚀开裂、碱应力腐蚀开裂	爆炸物：无 金属腐蚀：无 急性毒性：无	皮肤腐蚀/刺激：无 易燃液体：类别 2	
易燃，遇明火、高热易燃。在火场中，受热的容器有爆炸危险。			
理化特性			
熔点：0.5℃ 沸点：90.5℃ 闪点：18.3℃	临界温度：274.9℃ 临界压力：4.50MPa 饱和蒸气压：7.38kPa(25℃)	爆炸上限：20.5% 爆炸下限：3.1% 相对密度($d_水=1$)：1.07	引燃温度：无资料 燃烧热：无资料
溶解性	不溶于水，可混溶于多数有机溶剂，混溶于酸类、碱类。		
主要用途	在化学合成中用于甲基化剂和羰基化剂，用于农药除草剂的制备。		
急救措施			
皮肤接触	脱去污染的衣着，用大量肥皂水和流动清水冲洗。就医。		
眼睛接触	提起眼睑，用流动清水或生理盐水冲洗。就医。		
吸入	迅速脱离现场至空气新鲜处。保持呼吸道通畅。如呼吸困难，给输氧。如呼吸停止，立即进行人工呼吸。就医。		
食入	饮用足量温水，催吐。就医。		
防护措施			
呼吸防护	空气中浓度超标时，佩戴自吸过滤式防毒面具(半面罩)。		
眼睛防护	必要时，戴化学安全防护眼镜。		
身体防护	穿防静电工作服。		
手防护	戴橡胶耐油手套。		
其他防护	工作现场严禁吸烟。工作完毕，淋浴更衣。特别注意眼和呼吸道的防护。		

品名：**碳酸二乙酯**	分子式：$C_5H_{10}O_3$		相态：液
别名：碳酸乙酯	分子量：118.1		外观与性状：无色液体，略有气味
危险特性			
火灾危险性：可燃液体甲 B	爆炸物：无		皮肤腐蚀/刺激：无
腐蚀减薄：二氧化碳腐蚀、碱腐蚀	金属腐蚀：无		易燃液体：类别 3
环境开裂：碳酸盐应力腐蚀开裂、碱应力腐蚀开裂	急性毒性：无		
易燃，遇高热、明火有引起燃烧的危险。其蒸气比空气重，能在较低处扩散到相当远的地方，遇火源会着火回燃。			
理化特性			
熔点：-43.0℃	临界温度：无资料	爆炸上限：无资料	引燃温度：445.0℃
沸点：125.8℃	临界压力：3.39MPa	爆炸下限：无资料	燃烧热：2708.2kJ/mol
闪点：25.0℃	饱和蒸气压：1.1kPa(20℃)	相对密度($d_水=1$)：1.00	
溶解性	不溶于水、可混溶于醇、酮、酯等多数有机溶剂。		
主要用途	用作溶剂及用于有机合成。		
急救措施			
皮肤接触	脱去污染的衣着，用大量肥皂水和流动清水冲洗。就医。		
眼睛接触	提起眼睑，用流动清水或生理盐水冲洗。就医。		
吸入	迅速脱离现场至空气新鲜处。保持呼吸道通畅。如呼吸困难，给输氧。如呼吸停止，立即进行人工呼吸。就医。		
食入	饮用足量温水，催吐。就医。		
防护措施			
呼吸防护	空气中浓度超标时，佩戴自吸过滤式防毒面具(半面罩)。		
眼睛防护	必要时，戴化学安全防护眼镜。		
身体防护	穿防静电工作服。		
手防护	戴橡胶耐油手套。		
其他防护	工作现场严禁吸烟。工作完毕，淋浴更衣。特别注意眼和呼吸道的防护。		

品名：**碳酸铍**	分子式：$BeCO_3$		相态：固
别名：无	分子量：69.0		外观与性状：白色粉末
危险特性			
火灾危险性：无法确定	爆炸物：无		皮肤腐蚀/刺激：类别 2
腐蚀减薄：二氧化碳腐蚀、碱腐蚀	金属腐蚀：无		严重眼损伤/眼刺激：类别 2
环境开裂：碳酸盐应力腐蚀开裂、碱应力腐蚀开裂	急性毒性：类别 2		
本身不能燃烧。遇高热分解释出高毒烟气。			
理化特性			
熔点：无资料	临界温度：无资料	爆炸上限：无资料	引燃温度：无资料
沸点：333.6℃	临界压力：无资料	爆炸下限：无资料	燃烧热：无资料
闪点：无资料	饱和蒸气压：无资料	相对密度($d_水=1$)：无资料	
溶解性	不溶于水，溶于酸。		
主要用途	用于制氧化铍和铍盐。		
急救措施			
皮肤接触	脱去污染的衣着，用大量肥皂水和流动清水冲洗。就医。		
眼睛接触	提起眼睑，用流动清水或生理盐水冲洗。就医。		
吸入	迅速脱离现场至空气新鲜处。保持呼吸道通畅。如呼吸困难，给输氧。如呼吸停止，立即进行人工呼吸。就医。		
食入	饮用足量温水，催吐。就医。		
防护措施			
呼吸防护	可能接触其粉尘时，必须佩戴防尘面具(全面罩)。紧急事态抢救或撤离时，应该佩戴空呼吸器。		
眼睛防护	呼吸系统防护中已做防护。		
身体防护	穿胶布防毒衣。		
手防护	戴橡胶手套。		
其他防护	工作现场禁止吸烟、进食和饮水。工作完毕，淋浴更衣。保持良好的卫生习惯。		

品名：**碳酸亚铊** 别名：碳酸铊	分子式：Tl_2CO_3 分子量：468.8	相态：固 外观与性状：无色或白色单斜晶体

危险特性

火灾危险性：无法确定	爆炸物：无	皮肤腐蚀/刺激：无
腐蚀减薄：二氧化碳腐蚀、碱腐蚀	金属腐蚀：无	
环境开裂：碳酸盐应力腐蚀开裂、碱应力腐蚀开裂	急性毒性：类别 2	

本身不能燃烧。遇高热分解释出高毒烟气。

理化特性

熔点：273.0℃	临界温度：无资料	爆炸上限：无资料	引燃温度：无资料
沸点：333.6℃	临界压力：无资料	爆炸下限：无资料	燃烧热：无资料
闪点：无资料	饱和蒸气压：无资料	相对密度($d_{水}=1$)：7.11	

溶解性	无资料。
主要用途	无资料。

急救措施

皮肤接触	脱去污染的衣着，用大量肥皂水和流动清水冲洗。就医。
眼睛接触	提起眼睑，用流动清水或生理盐水冲洗。就医。
吸入	迅速脱离现场至空气新鲜处。保持呼吸道通畅。
食入	饮用足量温水，催吐。用1%碘化钾60ml灌胃。就医。

防护措施

呼吸防护	可能接触其粉尘时，必须佩戴防尘面具(全面罩)。紧急事态抢救或撤离时，应该佩戴空呼吸器。
眼睛防护	呼吸系统防护中已做防护。
身体防护	穿胶布防毒衣。
手防护	戴橡胶手套。
其他防护	工作现场禁止吸烟、进食和饮水。工作完毕，淋浴更衣。保持良好的卫生习惯。

品名：**碳酰氯** 别名：光气	分子式：$COCl_2$ 分子量：98.9	相态：气 外观与性状：纯品为无色有特殊气味的气体，低温时为黄绿色液体

危险特性

火灾危险性：无法确定	爆炸物：无	皮肤腐蚀/刺激：类别 1
腐蚀减薄：无	金属腐蚀：无	严重眼损伤/眼刺激：类别 1
环境开裂：无	急性毒性：类别 1	

不燃。化学反应活性较高，遇水后有强烈腐蚀性。

理化特性

熔点：-118.0℃	临界温度：182.0℃	爆炸上限：无资料	引燃温度：无资料
沸点：8.3℃	临界压力：无资料	爆炸下限：无资料	燃烧热：无资料
闪点：无资料	饱和蒸气压：202.65kPa(27.3℃)	相对密度($d_{水}=1$)：1.37	

溶解性	无资料。
主要用途	无资料。

急救措施

皮肤接触	脱去污染的衣着，用大量肥皂水和流动清水冲洗。就医。
眼睛接触	提起眼睑，用流动清水或生理盐水冲洗。就医。
吸入	迅速脱离现场至空气新鲜处。保持呼吸道通畅。
食入	无资料。

防护措施

呼吸防护	正常作业时，应该佩戴过滤式防毒面具(全面罩)或自给式呼吸器。紧急事态抢救或撤离时，建议佩戴空气呼吸器。
眼睛防护	呼吸系统防护中已做防护。
身体防护	穿胶布防毒衣。
手防护	戴橡胶手套。
其他防护	工作现场禁止吸烟、进食和饮水。实行就业前和定期的体检。

品名：**羰基氟**		分子式：COF_2	相态：气
别名：碳酰氟；氟化碳酰		分子量：66.0	外观与性状：带有刺激性的无色气体
危险特性			
火灾危险性：无法确定		爆炸物：无	皮肤腐蚀/刺激：类别 2
腐蚀减薄：含盐水腐蚀		金属腐蚀：无	严重眼损伤/眼刺激：类别 2
环境开裂：无		急性毒性：类别 2	
遇水或水蒸气反应发热放出有毒的腐蚀性气体。若遇高热，容器内压增大，有开裂和爆炸的危险。受热分解放出有毒的氟化物气体。			
理化特性			
熔点：−114.0℃	临界温度：无资料	爆炸上限：无资料	引燃温度：无资料
沸点：−83.0℃	临界压力：无资料	爆炸下限：无资料	燃烧热：无资料
闪点：无资料	饱和蒸气压：无资料	相对密度($d_水=1$)：1.14	
溶解性	溶于水，溶于乙醇。		
主要用途	用于生产氟塑料等。		
急救措施			
皮肤接触	脱去污染的衣着，用大量肥皂水和流动清水冲洗。就医。		
眼睛接触	立即翻开上下眼睑，用流动清水冲洗 15min。就医。		
吸入	迅速脱离现场至空气新鲜处。保持呼吸道通畅。		
食入	无资料。		
防护措施			
呼吸防护	可能接触毒物时，必须佩戴防毒面具。紧急事态抢救或撤离时，建议佩戴正压自给式呼吸器。		
眼睛防护	戴化学安全防护眼镜。		
身体防护	穿胶布防毒衣。		
手防护	戴防化学品手套。		
其他防护	工作现场严禁吸烟。工作后，淋浴更衣。保持良好的卫生习惯。		

品名：**羰基硫**		分子式：COS	相态：气
别名：硫化碳酰		分子量：60.1	外观与性状：有臭鸡蛋气味的无色气体
危险特性			
火灾危险性：可燃气体乙		爆炸物：无	皮肤腐蚀/刺激：无
腐蚀减薄：硫酸腐蚀、高温硫化物腐蚀		金属腐蚀：无	易燃气体：类别 1
环境开裂：连多硫酸应力腐蚀开裂		急性毒性：类别 3	
与空气混合能形成爆炸性混合物。遇明火、高热能引起燃烧爆炸。燃烧时生成有毒的二氧化硫气体。与氧化剂接触猛烈反应。遇水或水蒸气反应放出有毒和易燃的气体。			
理化特性			
熔点：−138.8℃	临界温度：105.0℃	爆炸上限：28.5%	引燃温度：无资料
沸点：−50℃	临界压力：5.95MPa	爆炸下限：11.9%	燃烧热：无资料
闪点：无资料	饱和蒸气压：无资料	相对密度($d_水=1$)：无资料	
溶解性	微溶于水，能迅速溶于醇、甲苯和碱。		
主要用途	用于有机合成中间体，农药工业用于合成除草剂、杀草丹、燕麦敌、杀虫剂巴丹等。		
急救措施			
皮肤接触	无资料。		
眼睛接触	无资料。		
吸入	迅速脱离现场至空气新鲜处。保持呼吸道通畅。如呼吸困难，给输氧。如呼吸停止，立即进行人工呼吸。就医。		
食入	无资料。		
防护措施			
呼吸防护	空气中浓度超标时，建议佩戴自吸过滤式防毒面具(半面罩)。紧急事态抢救或撤离时，应该佩戴空气呼吸器。		
眼睛防护	戴化学安全防护眼镜。		
身体防护	穿防静电工作服。		
手防护	戴乳胶手套。		
其他防护	工作现场严禁吸烟。保持良好的卫生习惯。		

品名：**羰基镍**		分子式：C_4O_4Ni	相态：液
别名：四羰基镍；四碳酰镍		分子量：170.7	外观与性状：无色挥发性液体，有煤烟气味
危险特性			
火灾危险性：可燃液体甲 B		爆炸物：无	皮肤腐蚀/刺激：无
腐蚀减薄：无		金属腐蚀：无	易燃液体：类别 2
环境开裂：无		急性毒性：类别 2	
易燃，本品在空气中氧化，加热至 60℃时发生爆炸。受热、接触酸或酸雾会放出剧毒的烟雾。			
理化特性			
熔点：-25.0℃	临界温度：200.0℃	爆炸上限：无资料	引燃温度：无资料
沸点：43.0℃	临界压力：无资料	爆炸下限：无资料	燃烧热：无资料
闪点：-20.0℃	饱和蒸气压：53.32kPa(25.8℃)	相对密度($d_{水}=1$)：1.32	
溶解性	无资料。		
主要用途	无资料。		
急救措施			
皮肤接触	脱去污染的衣着，用大量流动清水冲洗。就医。		
眼睛接触	提起眼睑，用流动清水或生理盐水冲洗。就医。		
吸入	迅速脱离现场至空气新鲜处。保持呼吸道通畅。		
食入	饮用足量温水，催吐。就医。		
防护措施			
呼吸防护	空气中浓度超标时，必须佩戴自吸过滤式防毒面具(全面罩)。紧急事态抢救或撤离时，应该佩戴空气呼吸器。		
眼睛防护	戴化学安全防护眼镜。		
身体防护	穿胶布防毒衣。		
手防护	戴橡胶手套。		
其他防护	工作现场禁止吸烟、进食和饮水。工作完毕，淋浴更衣。单独存放被毒物污染的衣服，洗后备用。实行就业前和定期的体检。		

品名：**锑粉**		分子式：Sb	相态：固
别名：无		分子量：121.8	外观与性状：银白色或深灰色金属粉末
危险特性			
火灾危险性：无法确定		爆炸物：无	皮肤腐蚀/刺激：无
腐蚀减薄：无		金属腐蚀：无	
环境开裂：液体金属脆断		急性毒性：类别 3	
遇明火、高热可燃。粉体与空气可形成爆炸性混合物，当达到一定浓度时遇火星会发生爆炸。与硝酸、二氟化溴、三氮化溴、氯酸、氧化氯、三氟化氯、硝酸、硝酸钾、高锰酸钾、过氧化钾接触能引起反应。			
理化特性			
熔点：630.5℃	临界温度：无资料	爆炸上限：无资料	引燃温度：无资料
沸点：1635.0℃	临界压力：无资料	爆炸下限：无资料	燃烧热：无资料
闪点：无资料	饱和蒸气压：0.13kPa(886℃)	相对密度($d_{水}=1$)：6.68	
溶解性	不溶于水、盐酸、碱液，溶于王水及浓硫酸。		
主要用途	主要用于制造合金，也用于印刷和颜料行业。		
急救措施			
皮肤接触	脱去污染的衣着，用大量流动清水冲洗。就医。		
眼睛接触	提起眼睑，用流动清水或生理盐水冲洗。就医。		
吸入	迅速脱离现场至空气新鲜处。保持呼吸道通畅。		
食入	饮用足量温水，催吐。洗胃，导泻。就医。		
防护措施			
呼吸防护	可能接触其粉尘时，应该佩戴自吸过滤式防尘口罩。必要时，佩戴空气呼吸器、氧气呼吸器或长管面具。		
眼睛防护	戴化学安全防护眼镜。		
身体防护	穿透气型防毒服。		
手防护	戴防化学品手套。		
其他防护	工作现场禁止吸烟、进食和饮水。工作完毕，淋浴更衣。单独存放被毒物污染的衣服，洗后备用。保持良好的卫生习惯。		

品名：**萜品油烯**		分子式：$C_{10}H_{16}$	相态：液
别名：异松油烯		分子量：136.2	外观与性状：无色或淡琥珀色液体，有柠檬气味
危险特性			
火灾危险性：可燃液体乙 A		爆炸物：无	皮肤腐蚀/刺激：无
腐蚀减薄：无		金属腐蚀：无	易燃液体：类别 3
环境开裂：无		急性毒性：无	
其蒸气与空气可形成爆炸性混合物，遇明火、高热能引起燃烧爆炸。与氧化剂可发生反应。流速过快，容易产生和积聚静电。容易自聚，聚合反应随着温度的上升而急骤加剧。若遇高热，容器内压增大，有开裂和爆炸的危险。			
理化特性			
熔点：无资料	临界温度：无资料	爆炸上限：无资料	引燃温度：无资料
沸点：185.0℃	临界压力：无资料	爆炸下限：无资料	燃烧热：无资料
闪点：37.0℃	饱和蒸气压：无资料	相对密度($d_{水}=1$)：无资料	
溶解性	不溶于水，可混溶于醇、醚。		
主要用途	用作香料的原料。		
急救措施			
皮肤接触	脱去污染的衣着，用大量流动清水冲洗。就医。		
眼睛接触	提起眼睑，用流动清水或生理盐水冲洗。就医。		
吸入	迅速脱离现场至空气新鲜处。保持呼吸道通畅。		
食入	饮用足量温水，催吐。就医。		
防护措施			
呼吸防护	空气中浓度较高时，应该佩戴过滤式防毒面具(半面罩)。紧急事态抢救或逃生时，建议佩戴空气呼吸器。		
眼睛防护	戴化学安全防护眼镜。		
身体防护	穿防静电工作服。		
手防护	戴橡胶耐油手套。		
其他防护	工作现场严禁吸烟。避免长期反复接触。		

品名：**无水肼[含肼>64%]**		分子式：H_4N_2	相态：液
别名：无水联胺		分子量：32.1	外观与性状：无色发烟液体，有氨的臭味
危险特性			
火灾危险性：可燃液体乙 A		爆炸物：无	皮肤腐蚀/刺激：类别 1
腐蚀减薄：碱腐蚀、胺腐蚀		金属腐蚀：无	易燃液体：类别 3
环境开裂：碱应力腐蚀开裂、胺应力腐蚀开裂		急性毒性：类别 3	
易燃，强还原剂。其蒸气能与空气形成范围广阔的爆炸性混合物。遇明火、高热极易燃烧爆炸。受热分解放出有毒的氧化氮烟气。燃烧时发出高热，可能发生爆炸。在空气中遇尘土、石棉、木材等疏松性物质能自燃遇过氧化氢或硝酸等氧化剂，也能自燃。与各种金属氧化物接触能自行分解燃烧。具有强腐蚀性。			
理化特性			
熔点：1.4℃	临界温度：380.0℃	爆炸上限：98.0%	引燃温度：270.0℃
沸点：113.5℃	临界压力：14.69MPa	爆炸下限：2.9%	燃烧热：621.1kJ/mol
闪点：38.0℃	饱和蒸气压：1.92kPa(25℃)	相对密度($d_{水}=1$)：1.01	
溶解性	与水混溶，溶于醇、液氨等多数有机溶剂。		
主要用途	制发泡剂、农作物杀虫剂和水处理剂。		
急救措施			
皮肤接触	脱去污染的衣着，用大量流动清水冲洗至少 15min。就医。		
眼睛接触	提起眼睑，用流动清水或生理盐水冲洗至少 15min。就医。		
吸入	迅速脱离现场至空气新鲜处。保持呼吸道通畅。		
食入	用水漱口，给饮牛奶或蛋清。就医。		
防护措施			
呼吸防护	空气中浓度超标时，佩戴过滤式防毒面具(全面罩)或自给式呼吸器。紧急事态抢救或撤离时，建议佩戴空气呼吸器。		
眼睛防护	呼吸系统防护中已做防护。		
身体防护	穿连衣式胶布防毒衣。		
手防护	戴橡胶耐油手套。		
其他防护	工作现场禁止吸烟、进食和饮水。工作完毕，淋浴更衣。注意个人清洁卫生。		

品名：**五氟化碘**	分子式：IF_5	相态：固
别名：无	分子量：221.9	外观与性状：无色液体或白色固体

危险特性

火灾危险性：无法确定	爆炸物：无	皮肤腐蚀/刺激：类别 1
腐蚀减薄：含盐水腐蚀	金属腐蚀：无	氧化性固体：类别 1
环境开裂：无	急性毒性：类别 2	

强氧化剂。与易燃物、有机物接触易着火燃烧。与水发生强烈反应，放出剧毒的腐蚀性烟雾。接触酸或酸气能产生有毒气体。

理化特性

熔点：9.4℃	临界温度：300.7℃	爆炸上限：无资料	引燃温度：无资料
沸点：104.5℃	临界压力：5.16MPa	爆炸下限：无资料	燃烧热：无资料
闪点：无资料	饱和蒸气压：1.33kPa(8.5℃)	相对密度($d_{水}=1$)：3.19	

溶解性	与水剧烈反应。
主要用途	用作氟化剂和燃烧剂。

急救措施

皮肤接触	脱去污染的衣着，用大量流动清水冲洗至少 15min。就医。
眼睛接触	提起眼睑，用流动清水或生理盐水冲洗至少 15min。就医。
吸入	迅速脱离现场至空气新鲜处。保持呼吸道通畅。
食入	用水漱口，给饮牛奶或蛋清。就医。

防护措施

呼吸防护	空气中浓度超标时，必须佩戴自吸过滤式防毒面具(全面罩)。紧急事态抢救或撤离时，应该佩戴空气呼吸器。
眼睛防护	呼吸系统防护中已做防护。
身体防护	穿连衣式胶布防毒衣。
手防护	戴橡胶手套。
其他防护	工作现场禁止吸烟、进食和饮水。工作完毕，淋浴更衣。保持良好的卫生习惯。

品名：**五氟化磷**	分子式：PF_5	相态：气
别名：无	分子量：126.0	外观与性状：无色、有刺激性恶臭味的气体，在潮湿空气中剧烈发烟

危险特性

火灾危险性：无法确定	爆炸物：无	皮肤腐蚀/刺激：类别 1
腐蚀减薄：含盐水腐蚀	金属腐蚀：无	加压气体：类别 1
环境开裂：无	急性毒性：类别 3	

在潮湿空气中产生白色有腐蚀性和刺激性的氟化氢烟雾。在水中分解放出剧毒的腐蚀性气体。遇碱分解。

理化特性

熔点：-93.8℃	临界温度：25.0℃	爆炸上限：无资料	引燃温度：无资料
沸点：-84.6℃	临界压力：3.35MPa	爆炸下限：无资料	燃烧热：无资料
闪点：无资料	饱和蒸气压：133kPa(20℃)	相对密度($d_{水}=1$)：5.81	

溶解性	无资料。
主要用途	用于发生气体，并用作聚合反应催化剂。

急救措施

皮肤接触	脱去污染的衣着，用大量流动清水冲洗至少 15min。就医。
眼睛接触	提起眼睑，用流动清水或生理盐水冲洗至少 15min。就医。
吸入	迅速脱离现场至空气新鲜处。保持呼吸道通畅。
食入	无资料。

防护措施

呼吸防护	可能接触其粉尘时，必须佩戴防尘面具(全面罩)。紧急事态抢救或撤离时，应该佩戴空呼吸器。
眼睛防护	呼吸系统防护中已做防护。
身体防护	穿胶布防毒衣。
手防护	戴橡胶手套。
其他防护	工作现场禁止吸烟、进食和饮水。工作完毕，淋浴更衣。保持良好的卫生习惯。

品名：**五氟化锑**		分子式：SbF_5	相态：液
别名：无		分子量：216.7	外观与性状：无色油状液体
危险特性			
火灾危险性：可燃液体丙 B		爆炸物：无	皮肤腐蚀/刺激：类别 1
腐蚀减薄：含盐水腐蚀		金属腐蚀：无	严重眼损伤/眼刺激：类别 1
环境开裂：无		急性毒性：类别 1	
不燃。强氧化剂。接触有机物有引起燃烧的危险。遇磷酸盐能强烈反应遇水剧烈反应生成刺激性和腐蚀性极强的氟化氢，并伴有响声。遇潮时对玻璃、其他硅质材料及大多数金属有强腐蚀性。			
理化特性			
熔点：8.2℃	临界温度：无资料	爆炸上限：无资料	引燃温度：无资料
沸点：149.5℃	临界压力：无资料	爆炸下限：无资料	燃烧热：无资料
闪点：无资料	饱和蒸气压：1.33kPa(25℃)	相对密度($d_水=1$)：2.99	
溶解性	溶于无水乙醇。		
主要用途	用于制取锑化合物。		
急救措施			
皮肤接触	脱去污染的衣着，用大量流动清水冲洗至少 15min。就医。		
眼睛接触	提起眼睑，用流动清水或生理盐水冲洗至少 15min。就医。		
吸入	迅速脱离现场至空气新鲜处。保持呼吸道通畅。如呼吸困难，给输氧。如呼吸停止，立即进行人工呼吸。就医。		
食入	饮用足量温水，催吐。就医。		
防护措施			
呼吸防护	空气中浓度超标时，必须佩戴自吸过滤式防毒面具(全面罩)。紧急事态抢救或撤离时，应该佩戴空气呼吸器。		
眼睛防护	呼吸系统防护中已做防护。		
身体防护	穿橡胶耐酸碱服。		
手防护	戴橡胶耐酸碱手套。		
其他防护	工作完毕，淋浴更衣。单独存放被毒物污染的衣服，洗后备用。保持良好的卫生习惯。		

品名：**五氟化溴**		分子式：BrF_5	相态：液
别名：无		分子量：174.9	外观与性状：无色发烟液体，具有强烈刺激性臭味
危险特性			
火灾危险性：无法确定		爆炸物：无	皮肤腐蚀/刺激：类别 1
腐蚀减薄：含盐水腐蚀		金属腐蚀：无	氧化性液体：类别 1
环境开裂：无		急性毒性：类别 1	
强氧化剂。与许多有机物、某些无机物发生强烈反应。与含氢物(如乙酸、乙醇、氢、甲烷、石蜡、氯甲烷等)接触发生爆炸或燃烧。与酸、卤素、非金属、金属卤化物、金属、氧、水发生强烈反应，并引起燃烧。遇高热分解释出高毒烟气。具有强腐蚀性。			
理化特性			
熔点：-61.3℃	临界温度：无资料	爆炸上限：无资料	引燃温度：无资料
沸点：40.5℃	临界压力：无资料	爆炸下限：无资料	燃烧热：无资料
闪点：无资料	饱和蒸气压：无资料	相对密度($d_水=1$)：2.47	
溶解性	无资料。		
主要用途	用作氟化反应试剂。		
急救措施			
皮肤接触	脱去污染的衣着，用大量流动清水冲洗至少 15min。就医。		
眼睛接触	提起眼睑，用流动清水或生理盐水冲洗至少 15min。就医。		
吸入	迅速脱离现场至空气新鲜处。保持呼吸道通畅。如呼吸困难，给输氧。如呼吸停止，立即进行人工呼吸。就医。		
食入	用水漱口，给饮牛奶或蛋清。就医。		
防护措施			
呼吸防护	空气中浓度超标时，必须佩戴自吸过滤式防毒面具(全面罩)。紧急事态抢救或撤离时，应该佩戴空气呼吸器。		
眼睛防护	呼吸系统防护中已做防护。		
身体防护	穿连衣式胶布防毒衣。		
手防护	戴橡胶手套。		
其他防护	工作现场禁止吸烟、进食和饮水。工作完毕，淋浴更衣。保持良好的卫生习惯。		

品名：**五甲基庚烷**	分子式：$C_{12}H_{26}$	相态：液	
别名：无	分子量：388.1	外观与性状：无色液体	
危险特性			
火灾危险性：可燃液体乙 A	爆炸物：无	皮肤腐蚀/刺激：无	
腐蚀减薄：含盐水腐蚀	金属腐蚀：无	易燃液体：类别 3	
环境开裂：无	急性毒性：无		
无资料。			
理化特性			
熔点：-67.0℃	临界温度：无资料	爆炸上限：无资料	引燃温度：无资料
沸点：177.8℃	临界压力：无资料	爆炸下限：无资料	燃烧热：无资料
闪点：43.0℃	饱和蒸气压：无资料	相对密度（$d_{水}=1$）：无资料	
溶解性	无资料。		
主要用途	无资料。		
急救措施			
皮肤接触	脱去污染的衣着，用大量流动清水冲洗。就医。		
眼睛接触	提起眼睑，用流动清水或生理盐水冲洗。就医。		
吸入	迅速脱离现场至空气新鲜处。保持呼吸道通畅。如呼吸困难，给输氧。如呼吸停止，立即进行人工呼吸。就医。		
食入	饮用足量温水，催吐。就医。		
防护措施			
呼吸防护	半面罩或全面罩呼吸器，自携式呼吸器（SCBA），供气呼吸器等。依据当地和政府法规，使用通过政府标准的呼吸器。		
眼睛防护	护目镜。如果情况需要，佩戴面具。		
身体防护	防渗防护服。如果情况需要，穿戴防护靴。		
手防护	防渗手套。		
其他防护	工作现场禁止吸烟、进食和饮水。工作完毕，淋浴更衣。保持良好的卫生习惯。		

品名：**五硫化二磷**	分子式：P_2S_5	相态：固	
别名：五硫化磷	分子量：222.3	外观与性状：灰色到黄绿色结晶，有似硫化氢的气味	
危险特性			
火灾危险性：无法确定	爆炸物：无	皮肤腐蚀/刺激：无	
腐蚀减薄：硫酸腐蚀、高温硫化物腐蚀	金属腐蚀：无	易燃固体：类别 1	
环境开裂：连多硫酸应力腐蚀开裂	急性毒性：无		
遇明火、高热、摩擦、撞击有引起燃烧的危险。受热分解，放出磷、硫的氧化物等毒性气体。燃烧时放出有毒的刺激性烟雾。与潮湿空气接触会发热以至燃烧。与大多数氧化剂如氯酸盐、硝酸盐、高氯酸盐或高锰酸盐等组成敏感度极高的爆炸性混合物。遇水或潮湿空气分解成有腐蚀和刺激作用的磷酸及硫化氢气体。			
理化特性			
熔点：276.0℃	临界温度：无资料	爆炸上限：无资料	引燃温度：141.6℃
沸点：514.0℃	临界压力：23.20MPa	爆炸下限：无资料	燃烧热：无资料
闪点：无资料	饱和蒸气压：0.13kPa（300℃）	相对密度（$d_{水}=1$）：2.03	
溶解性	微溶于二硫化碳，溶于氢氧化钠水溶液。		
主要用途	制造润滑油添加剂的中间体，也用于制造杀虫剂和浮选剂。		
急救措施			
皮肤接触	脱去污染的衣着，用大量流动清水冲洗。就医。		
眼睛接触	提起眼睑，用流动清水或生理盐水冲洗。就医。		
吸入	迅速脱离现场至空气新鲜处。保持呼吸道通畅。如呼吸困难，给输氧。如呼吸停止，立即进行人工呼吸。就医。		
食入	饮用足量温水，催吐。就医。		
防护措施			
呼吸防护	可能接触其粉尘时，必须佩戴自吸过滤式防尘口罩。		
眼睛防护	戴化学安全防护眼镜。		
身体防护	穿化学防护服。		
手防护	戴橡胶手套。		
其他防护	工作现场严禁吸烟。工作完毕，淋浴更衣。注意个人清洁卫生。		

品名：**五氯苯酚**	分子式：C_6HCl_5O		相态：固
别名：五氯酚	分子量：266.3		外观与性状：无色结晶，带有苯酚气味
危险特性			
火灾危险性：无法确定	爆炸物：无		皮肤腐蚀/刺激：类别2
腐蚀减薄：苯酚腐蚀	金属腐蚀：无		易燃固体：无
环境开裂：无	急性毒性：类别3		
一般不会燃烧，但长时间暴露在明火及高温下仍能燃烧。受高热分解产生有毒的腐蚀性烟气。			
理化特性			
熔点：191.0℃	临界温度：无资料	爆炸上限：无资料	引燃温度：无资料
沸点：310.0℃	临界压力：无资料	爆炸下限：无资料	燃烧热：无资料
闪点：无资料	饱和蒸气压：5.32(211.2℃)	相对密度($d_{水}=1$)：1.98	
溶解性	微溶于水，溶于稀碱液、乙醇、苯等多数有机溶剂。		
主要用途	用作除草剂，也用于木材防腐、防治朽木菌等。		
急救措施			
皮肤接触	脱去污染的衣着，用大量肥皂水和流动清水冲洗。就医。		
眼睛接触	提起眼睑，用流动清水或生理盐水冲洗。就医。		
吸入	迅速脱离现场至空气新鲜处。保持呼吸道通畅。如呼吸困难，给输氧。如呼吸停止，立即进行人工呼吸。就医。		
食入	饮用足量温水，催吐。用清水或2%~5%碳酸氢钠溶液洗胃。就医。		
防护措施			
呼吸防护	可能接触其粉尘时，必须佩戴防尘面具(全面罩)。紧急事态抢救或撤离时，应该佩戴空呼吸器。		
眼睛防护	呼吸系统防护中已做防护。		
身体防护	穿胶布防毒衣。		
手防护	戴橡胶手套。		
其他防护	工作现场禁止吸烟、进食和饮水。工作完毕，彻底清洗。单独存放被毒物污染的衣服，洗后备用。注意个人清洁卫生。		

品名：**五氯酚钠**	分子式：C_6Cl_5ONa		相态：固
别名：无	分子量：288.3		外观与性状：工业品呈淡黄色鳞片状结晶，有臭味
危险特性			
火灾危险性：无法确定	爆炸物：无		皮肤腐蚀/刺激：类别2
腐蚀减薄：无	金属腐蚀：无		严重眼损伤/眼刺激：类别2
环境开裂：无	急性毒性：类别2		
受高热分解，放出腐蚀性、刺激性的烟雾。			
理化特性			
熔点：190.0℃	临界温度：无资料	爆炸上限：无资料	引燃温度：无资料
沸点：309.5℃	临界压力：无资料	爆炸下限：无资料	燃烧热：无资料
闪点：无资料	饱和蒸气压：无资料	相对密度($d_{水}=1$)：1.98	
溶解性	易溶于水，易溶于醇、丙酮，不溶于苯。		
主要用途	可用作落叶树休眠期喷射剂，以防治褐腐病，也用作除草或杀虫剂，并用于有机合成。		
急救措施			
皮肤接触	脱去污染的衣着，用大量肥皂水和流动清水冲洗。就医。		
眼睛接触	提起眼睑，用流动清水或生理盐水冲洗。就医。		
吸入	迅速脱离现场至空气新鲜处。保持呼吸道通畅。如呼吸困难，给输氧。如呼吸停止，立即进行人工呼吸。就医。		
食入	饮用足量温水，催吐。用清水或2%~5%碳酸氢钠溶液洗胃。就医。		
防护措施			
呼吸防护	空气中粉尘浓度超标时，必须佩戴自吸过滤式防尘口罩。紧急事态抢救或撤离时，应该佩戴空气呼吸器。		
眼睛防护	戴化学安全防护眼镜。		
身体防护	穿防毒物渗透工作服。		
手防护	戴橡胶手套。		
其他防护	尽可能减少直接接触。工作完毕，淋浴更衣。工作服不准带至非作业场所。		

品名：**五氯化磷** 别名：无	分子式：PCl_5 分子量：208.2	相态：固 外观与性状：淡黄色结晶，有刺激性气味，易升华

危险特性

火灾危险性：无法确定	爆炸物：无	皮肤腐蚀/刺激：类别 1
腐蚀减薄：盐酸腐蚀、含盐水腐蚀	金属腐蚀：无	严重眼损伤/眼刺激：类别 1
环境开裂：氯化物应力腐蚀开裂	急性毒性：类别 2	

遇水发热、冒烟甚至燃烧爆炸。与易燃物（如苯）和可燃物（如糖、纤维素等）接触会发生剧烈反应，甚至引起燃烧。具有较强的腐蚀性。

理化特性

熔点：148.0℃	临界温度：无资料	爆炸上限：无资料	引燃温度：无资料
沸点：160.0℃	临界压力：无资料	爆炸下限：无资料	燃烧热：无资料
闪点：无资料	饱和蒸气压：无资料	相对密度（$d_{水}=1$）：3.60	

溶解性	溶于水、四氯化碳、二硫化碳。
主要用途	用作氯化剂、催化剂、脱水剂。

急救措施

皮肤接触	脱去污染的衣着，用大量肥皂水和流动清水冲洗。就医。
眼睛接触	提起眼睑，用流动清水或生理盐水冲洗至少 15min。就医。
吸入	迅速脱离现场至空气新鲜处。保持呼吸道通畅。如呼吸困难，给输氧。如呼吸停止，立即进行人工呼吸。就医。
食入	用水漱口，无腐蚀症状者洗胃。忌服油类。就医。

防护措施

呼吸防护	可能接触其蒸气时，必须佩戴自吸过滤式防毒面具（半面罩）或隔离式呼吸器。可能接触其粉尘时，建议佩戴自吸过滤式防尘口罩。
眼睛防护	戴化学安全防护眼镜。
身体防护	穿橡胶耐酸碱服。
手防护	戴橡胶手套。
其他防护	工作现场禁止吸烟、进食和饮水。工作完毕，淋浴更衣。单独存放被毒物污染的衣服，洗后备用。保持良好的卫生习惯。

品名：**五氯化钼** 别名：无	分子式：$MoCl_5$ 分子量：273.2	相态：固 外观与性状：暗绿色或灰黑色针状结晶，有潮解性

危险特性

火灾危险性：无法确定	爆炸物：无	皮肤腐蚀/刺激：类别 1
腐蚀减薄：盐酸腐蚀、含盐水腐蚀	金属腐蚀：无	严重眼损伤/眼刺激：类别 1
环境开裂：氯化物应力腐蚀开裂	急性毒性：无	

与水发生剧烈反应，放出近似白色烟雾状有毒和腐蚀性的氯化氢气体。潮湿时会腐蚀金属。

理化特性

熔点：194.0℃	临界温度：无资料	爆炸上限：无资料	引燃温度：无资料
沸点：268.0℃	临界压力：无资料	爆炸下限：无资料	燃烧热：无资料
闪点：无资料	饱和蒸气压：0.23kPa（25℃）	相对密度（$d_{水}=1$）：2.90	

溶解性	溶于干燥的乙醚、乙醇和其他无水有机溶剂。
主要用途	用作氯化媒触、耐火树脂的组分，用于制备六羰基钼、金属有机化合物。

急救措施

皮肤接触	脱去污染的衣着，用大量肥皂水和流动清水冲洗。就医。
眼睛接触	提起眼睑，用流动清水或生理盐水冲洗。就医。
吸入	迅速脱离现场至空气新鲜处。保持呼吸道通畅。如呼吸困难，给输氧。如呼吸停止，立即进行人工呼吸。就医。
食入	饮用足量温水，催吐。就医。

防护措施

呼吸防护	可能接触其粉尘时，必须佩戴自吸过滤式防尘口罩。必要时，佩戴自给式呼吸器。
眼睛防护	戴安全防护眼镜。
身体防护	穿胶布防毒衣。
手防护	戴橡胶手套。
其他防护	工作现场禁止吸烟、进食和饮水。工作完毕，淋浴更衣。

品名：**五氯化铌**	分子式：$NbCl_5$	相态：固	
别名：无	分子量：270.2	外观与性状：淡黄色晶状固体，潮解性极强	
危险特性			
火灾危险性：无法确定	爆炸物：无	皮肤腐蚀/刺激：类别 1	
腐蚀减薄：盐酸腐蚀、含盐水腐蚀	金属腐蚀：无	严重眼损伤/眼刺激：类别 1	
环境开裂：氯化物应力腐蚀开裂	急性毒性：无		
遇水或水蒸气发生剧烈反应放出有刺激性和腐蚀性的氯化氢烟雾。具有腐蚀性。			
理化特性			
熔点：194.0℃	临界温度：无资料	爆炸上限：无资料	引燃温度：无资料
沸点：241.0℃	临界压力：无资料	爆炸下限：无资料	燃烧热：无资料
闪点：无资料	饱和蒸气压：0.13kPa(90℃)	相对密度($d_水=1$)：2.75	
溶解性	溶于水与水反应。		
主要用途	用作试剂、制造纯铌的原料、中间体。		
急救措施			
皮肤接触	脱去污染的衣着，用大量肥皂水和流动清水冲洗。就医。		
眼睛接触	提起眼睑，用流动清水或生理盐水冲洗。就医。		
吸入	迅速脱离现场至空气新鲜处。保持呼吸道通畅。如呼吸困难，给输氧。如呼吸停止，立即进行人工呼吸。就医。		
食入	饮用足量温水，催吐。就医。		
防护措施			
呼吸防护	可能接触其粉尘时，必须佩戴防尘面具(全面罩)。紧急事态抢救或撤离时，应该佩戴空呼吸器。		
眼睛防护	呼吸系统防护中已做防护。		
身体防护	穿橡胶耐酸碱服。		
手防护	戴橡胶手套。		
其他防护	工作现场禁止吸烟、进食和饮水。工作完毕，淋浴更衣。		

品名：**五氯化钽**	分子式：$TaCl_5$	相态：固	
别名：无	分子量：358.2	外观与性状：淡黄色晶状粉末，易潮解	
危险特性			
火灾危险性：无法确定	爆炸物：无	皮肤腐蚀/刺激：类别 1	
腐蚀减薄：盐酸腐蚀、含盐水腐蚀	金属腐蚀：无	严重眼损伤/眼刺激：类别 1	
环境开裂：氯化物应力腐蚀开裂	急性毒性：无		
遇水反应产生有毒和腐蚀性的烟雾。遇潮时对大多数金属有腐蚀性。具有腐蚀性。			
理化特性			
熔点：221.0℃	临界温度：无资料	爆炸上限：无资料	引燃温度：无资料
沸点：239.3℃	临界压力：无资料	爆炸下限：无资料	燃烧热：无资料
闪点：无资料	饱和蒸气压：无资料	相对密度($d_水=1$)：3.68	
溶解性	溶于醇、王水及浓硫酸、氯仿、四氯化碳、二硫化碳，微溶于乙醇。		
主要用途	用于医药，用作纯金属钽的原料、中间体、有机物氯化剂。		
急救措施			
皮肤接触	脱去污染的衣着，用大量肥皂水和流动清水冲洗。就医。		
眼睛接触	提起眼睑，用流动清水或生理盐水冲洗。就医。		
吸入	迅速脱离现场至空气新鲜处。保持呼吸道通畅。如呼吸困难，给输氧。如呼吸停止，立即进行人工呼吸。就医。		
食入	饮用足量温水，催吐。就医。		
防护措施			
呼吸防护	可能接触其粉尘时，必须佩戴防尘面具(全面罩)。紧急事态抢救或撤离时，应该佩戴空呼吸器。		
眼睛防护	戴化学安全防护眼镜。		
身体防护	穿橡胶耐酸碱服。		
手防护	戴橡胶耐酸碱手套。		
其他防护	工作现场禁止吸烟、进食和饮水。工作完毕，淋浴更衣。注意个人清洁卫生。		

品名：**五氯化锑**	分子式：$SbCl_5$	相态：液
别名：过氯化锑；氯化锑	分子量：299.1	外观与性状：黄棕色油状液体，有恶臭，在空气中发烟
危险特性		
火灾危险性：无法确定	爆炸物：无	皮肤腐蚀/刺激：类别 1
腐蚀减薄：盐酸腐蚀、含盐水腐蚀	金属腐蚀：无	严重眼损伤/眼刺激：类别 1
环境开裂：氯化物应力腐蚀开裂	急性毒性：类别 1	
受热或遇水分解放热，放出有毒的腐蚀性烟气。对很多金属尤其是潮湿空气存在下有腐蚀性。		

理化特性

熔点：2.8℃	临界温度：无资料	爆炸上限：无资料	引燃温度：无资料
沸点：140.0℃	临界压力：无资料	爆炸下限：无资料	燃烧热：无资料
闪点：无资料	饱和蒸气压：0.13kPa(22.7℃)	相对密度($d_水=1$)：2.34	

溶解性	溶于氯仿、四氯化碳、盐酸、酒石酸溶液。
主要用途	用作分析试剂、染色中间体及制备高纯锑的原料。
急救措施	
皮肤接触	脱去污染的衣着，用大量流动清水冲洗至少 15min。就医。
眼睛接触	提起眼睑，用流动清水或生理盐水冲洗至少 15min。就医。
吸入	迅速脱离现场至空气新鲜处。保持呼吸道通畅。
食入	用水漱口，给饮牛奶或蛋清。就医。
防护措施	
呼吸防护	空气中浓度超标时，应该佩戴自吸过滤式防毒面具(全面罩)。
眼睛防护	呼吸系统防护中已做防护。
身体防护	穿防腐工作服。
手防护	戴塑料耐酸碱手套。
其他防护	工作现场禁止吸烟、进食和饮水。工作完毕，淋浴更衣。单独存放被毒物污染的衣服，洗后备用。保持良好的卫生习惯。

品名：**五氯乙烷**	分子式：C_2HCl_5	相态：液
别名：无	分子量：202.3	外观与性状：无色重质液体，有氯仿气味
危险特性		
火灾危险性：可燃液体丙 B	爆炸物：无	皮肤腐蚀/刺激：无
腐蚀减薄：无	金属腐蚀：无	
环境开裂：无	急性毒性：无	
可燃。遇明火能燃烧。受高热分解产生有毒的氯化物气体。极易挥发，在空气中发烟，遇水或水蒸气能产生热和有毒的腐蚀性烟雾。		

理化特性

熔点：-29.0℃	临界温度：无资料	爆炸上限：无资料	引燃温度：无资料
沸点：162.0℃	临界压力：3.68MPa	爆炸下限：无资料	燃烧热：4260.9kJ/mol
闪点：373.0℃	饱和蒸气压：0.47kPa(20℃)	相对密度($d_水=1$)：1.67	

溶解性	不溶于水，混溶于乙醇、乙醚和普通有机溶剂。
主要用途	用作溶剂，也用于有机合成。
急救措施	
皮肤接触	脱去污染的衣着，用大量肥皂水和流动清水冲洗。就医。
眼睛接触	提起眼睑，用流动清水或生理盐水冲洗。就医。
吸入	迅速脱离现场至空气新鲜处。保持呼吸道通畅。如呼吸困难，给输氧。如呼吸停止，立即进行人工呼吸。就医。
食入	饮用足量温水，催吐。就医。
防护措施	
呼吸防护	空气中浓度超标时，应该佩戴直接式防毒面具(半面罩)。紧急事态抢救或撤离时，佩戴空气呼吸器。
眼睛防护	戴化学安全防护眼镜。
身体防护	穿防毒物渗透工作服。
手防护	戴防化学品手套。
其他防护	工作现场禁止吸烟、进食和饮水。工作完毕，淋浴更衣。单独存放被毒物污染的衣服，洗后备用。注意个人清洁卫生。

品名：**五羰基铁** 别名：羰基铁	分子式：C_5FeO_5 分子量：195.9		相态：液 外观与性状：黄色至深红色黏稠液体，遇光分解
危险特性			
火灾危险性：可燃液体甲 B 腐蚀减薄：无 环境开裂：无	爆炸物：无 金属腐蚀：无 急性毒性：无		反肤腐蚀/刺激：无 易燃液体：类别 2
暴露在空气中能自燃。遇明火、高热能引起燃烧爆炸。与氧化剂能发生强烈反应。其蒸气比空气重，能在较低处扩散到相当远的地方，遇火源会着火回燃。与锌及过渡金属卤化物发生剧烈反应。			
理化特性			
熔点：-25.0℃ 沸点：103.0℃ 闪点：-15.0℃	临界温度：285.0℃ 临界压力：3.00MPa 饱和蒸气压：5.33kPa(30.3℃)	爆炸上限：12.5% 爆炸下限：3.7% 相对密度($d_水=1$)：1.45	引燃温度：无资料 燃烧热：-1620kJ/mol
溶解性	不溶于水，易溶于乙醚、丙酮、苯等多数有机溶剂。		
主要用途	用以制作磁带、腐蚀材料、抗爆剂，用作羰基化和聚合催化剂。		
急救措施			
皮肤接触	脱去污染的衣着，用大量流动清水冲洗。就医。		
眼睛接触	提起眼睑，用流动清水或生理盐水冲洗。就医。		
吸入	迅速脱离现场至空气新鲜处。保持呼吸道通畅。如呼吸困难，给输氧。如呼吸停止，立即进行人工呼吸。就医。		
食入	饮用足量温水，催吐。就医。		
防护措施			
呼吸防护	空气中浓度超标时，必须佩戴自吸过滤式防毒面具(全面罩)。紧急事态抢救或撤离时，应该佩戴空气呼吸器。		
眼睛防护	呼吸系统防护中已做防护。		
身体防护	穿胶布防毒衣。		
手防护	戴橡胶手套。		
其他防护	工作现场禁止吸烟、进食和饮水。工作完毕，淋浴更衣。保持良好的卫生习惯。		

品名：**五氧化二磷** 别名：磷酸酐	分子式：P_2O_5 分子量：141.9		相态：固 外观与性状：白色粉末，不纯品味黄色粉末，易吸潮
危险特性			
火灾危险性：无法确定 腐蚀减薄：磷酸腐蚀 环境开裂：氢脆	爆炸物：无 金属腐蚀：无 急性毒性：无		皮肤腐蚀/刺激：类别 1 严重眼损伤/眼刺激：类别 1
接触有机物有引起燃烧危险。受热或遇水分解放热，放出有毒的腐蚀性烟气。具有强腐蚀性。			
理化特性			
熔点：563.0℃ 沸点：122.0℃ 闪点：无资料	临界温度：无资料 临界压力：无资料 饱和蒸气压：0.13kPa(384℃)	爆炸上限：无资料 爆炸下限：无资料 相对密度($d_水=1$)：2.39	引燃温度：无资料 燃烧热：无资料
溶解性	不溶于丙酮、氨水，溶于硫酸。		
主要用途	用作干燥剂、脱水剂，用于制造高纯度磷酸、磷酸盐及农药等。		
急救措施			
皮肤接触	尽快用软纸或棉花等擦去毒物，继之用 3%碳酸氢钠液浸泡。然后用水彻底冲洗。		
眼睛接触	提起眼睑，然后用水彻底冲洗。就医。		
吸入	迅速脱离现场至空气新鲜处。保持呼吸道通畅。如呼吸困难，给输氧。如呼吸停止，立即进行人工呼吸。就医。		
食入	误服者立即漱口，给饮牛奶或蛋清。就医。		
防护措施			
呼吸防护	可能接触其粉尘时，必须佩戴头罩型电动送风过滤式防尘呼吸器。紧急事态抢救或撤离时，佩戴自给式呼吸器。		
眼睛防护	必要时戴安全防护眼镜。		
身体防护	穿工作服(防腐材料制作)。		
手防护	戴橡胶手套。		
其他防护	工作后，淋浴更衣。单独存放被毒物污染的衣服，洗后再用。保持良好的卫生习惯。		

品名：**1-戊醇**	分子式：$C_5H_{12}O$	相态：液	
别名：正戊醇	分子量：229.8	外观与性状：有特殊气味的无色透明液体	
危险特性			
火灾危险性：可燃液体乙 B 腐蚀减薄：无 环境开裂：无	爆炸物：无 金属腐蚀：无 急性毒性：无	皮肤腐蚀/刺激：类别 2 易燃液体：类别 3	
易燃，其蒸气与空气可形成爆炸性混合物，遇明火、高热能引起燃烧爆炸。受热放出辛辣的腐蚀性烟雾。与氧化剂接触猛烈反应。在火场中，受热的容器有爆炸危险。			
理化特性			
熔点：-78.5℃	临界温度：无资料	爆炸上限：无资料	引燃温度：无资料
沸点：137.8℃	临界压力：无资料	爆炸下限：无资料	燃烧热：无资料
闪点：58.0℃	饱和蒸气压：1.29kPa(20℃)	相对密度($d_水=1$)：0.82	
溶解性	稍溶于水，能与乙醇和乙醚混溶。		
主要用途	用作溶剂，也用作制造药物的原料。		
急救措施			
皮肤接触	脱去污染的衣着，用大量肥皂水和流动清水冲洗。就医。		
眼睛接触	提起眼睑，用流动清水或生理盐水冲洗。就医。		
吸入	迅速脱离现场至空气新鲜处。保持呼吸道通畅。如呼吸困难，给输氧。如呼吸停止，立即进行人工呼吸。就医。		
食入	催吐，洗胃。给饮牛奶或蛋清。就医。		
防护措施			
呼吸防护	一般不需要特殊防护，高浓度接触时可佩戴自吸过滤式防毒面具(半面罩)。		
眼睛防护	戴化学安全防护眼镜。		
身体防护	穿防静电工作服。		
手防护	戴橡胶耐油手套。		
其他防护	工作现场严禁吸烟。保持良好的卫生习惯。		

品名：**2-戊醇**	分子式：$C_5H_{12}O$	相态：液	
别名：仲戊醇	分子量：88.2	外观与性状：无色液体	
危险特性			
火灾危险性：可燃液体乙 A 腐蚀减薄：无 环境开裂：无	爆炸物：无 金属腐蚀：无 急性毒性：无	皮肤腐蚀/刺激：类别 2 易燃液体：类别 3	
易燃，其蒸气与空气可形成爆炸性混合物，遇明火、高热能引起燃烧爆炸。受热放出辛辣的腐蚀性烟雾。与氧化剂接触猛烈反应。在火场中，受热的容器有爆炸危险。			
理化特性			
熔点：-50.0℃	临界温度：无资料	爆炸上限：无资料	引燃温度：347.0℃
沸点：119.3℃	临界压力：3.71MPa	爆炸下限：无资料	燃烧热：无资料
闪点：34.0℃	饱和蒸气压：0.53kPa(20℃)	相对密度($d_水=1$)：0.81	
溶解性	溶于水，可混溶于乙醇、乙醚。		
主要用途	用作有机合成原料和溶剂。		
急救措施			
皮肤接触	脱去污染的衣着，用大量肥皂水和流动清水冲洗。就医。		
眼睛接触	提起眼睑，用流动清水或生理盐水冲洗。就医。		
吸入	迅速脱离现场至空气新鲜处。保持呼吸道通畅。如呼吸困难，给输氧。如呼吸停止，立即进行人工呼吸。就医。		
食入	催吐，洗胃。给饮牛奶或蛋清。就医。		
防护措施			
呼吸防护	一般不需要特殊防护，高浓度接触时可佩戴自吸过滤式防毒面具(半面罩)。		
眼睛防护	戴安全防护眼镜。		
身体防护	穿防静电工作服。		
手防护	戴橡胶耐油手套。		
其他防护	工作现场严禁吸烟。保持良好的卫生习惯。		

品名：**1,5-戊二胺**
分子式：$C_5H_{14}N_2$
相态：液
别名：1,5-二氨基戊烷；五亚甲基二胺；尸毒素
分子量：102.2
外观与性状：无色黏稠的发烟液体，有特殊气味

危险特性

火灾危险性：可燃液体丙 A
爆炸物：无
皮肤腐蚀/刺激：无
腐蚀减薄：碱腐蚀、胺腐蚀
金属腐蚀：无
环境开裂：碱应力腐蚀开裂、氨应力腐蚀开裂、胺应力腐蚀开裂
急性毒性：类别 3

遇明火、高热易燃。受热分解放出有毒的氧化氮烟气。与氧化剂能发生强烈反应。

理化特性

熔点：9.0℃
临界温度：无资料
爆炸上限：无资料
引燃温度：无资料
沸点：1178.0℃
临界压力：无资料
爆炸下限：无资料
燃烧热：无资料
闪点：62.0℃
饱和蒸气压：无资料
相对密度($d_水=1$)：0.87

溶解性	溶于水、乙醇。
主要用途	高聚物制备，有机合成中间体，环氧树脂固化剂，也用于生物研究。
急救措施	
皮肤接触	脱去污染的衣着，用大量流动清水冲洗至少 15min。就医。
眼睛接触	提起眼睑，用流动清水或生理盐水冲洗至少 15min。就医。
吸入	迅速脱离现场至空气新鲜处。保持呼吸道通畅。
食入	用水漱口，给饮牛奶或蛋清。就医。
防护措施	
呼吸防护	可能接触其蒸气时，应该佩自吸过滤式防毒面具(半面罩)。紧急事态抢救或撤离时建议佩戴氧气呼吸器。
眼睛防护	戴化学安全防护眼镜。
身体防护	穿防毒物渗透工作服。
手防护	戴橡胶耐油手套。
其他防护	工作现场禁止吸烟、进食和饮水。工作完毕，彻底清洗。实行就业前和定期的体检。

品名：**戊二腈**
分子式：$C_5H_6N_2$
相态：液
别名：1,3-二氰基丙烷
分子量：94.1
外观与性状：无色或浅黄色液体

危险特性

火灾危险性：可燃液体丙 A
爆炸物：无
皮肤腐蚀/刺激：类别 2
腐蚀减薄：无
金属腐蚀：无
严重眼损伤/眼刺激：类别 2
环境开裂：无
急性毒性：类别 3

遇明火能燃烧。受高热或与酸接触会产生剧毒的氰化物气体。

理化特性

熔点：-29.0℃
临界温度：无资料
爆炸上限：无资料
引燃温度：455.0℃
沸点：286.4℃
临界压力：3.15MPa
爆炸下限：无资料
燃烧热：无资料
闪点：110.0℃
饱和蒸气压：2.93kPa(160.4℃)
相对密度($d_水=1$)：0.99

溶解性	溶于水、乙醇、氯仿、乙酸乙酯，不溶于乙醚、丙酮。
主要用途	用作试剂和化学中间体。
急救措施	
皮肤接触	立即脱去污染的衣着，用流动清水或 5%硫代硫酸钠溶液彻底冲洗 20min。就医
眼睛接触	提起眼睑，用流动清水或生理盐水冲洗至少 15min。就医。
吸入	迅速脱离现场至空气新鲜处。保持呼吸道通畅。如呼吸困难，给输氧。如呼吸停止，立即进行人工呼吸。就医。
食入	饮用足量温水，催吐。用 1∶5000 高锰酸钾或 5%硫代硫酸钠溶液洗胃。就医。
防护措施	
呼吸防护	可能接触毒物时，必须佩戴自吸过滤式防毒面具(半面罩)。紧急事态抢救或撤离时，建议佩戴隔离式呼吸器。
眼睛防护	戴化学安全防护眼镜。
身体防护	穿聚乙烯防毒服。
手防护	戴橡胶耐油手套。
其他防护	工作现场禁止吸烟、进食和饮水。工作完毕，彻底清洗。单独存放被毒物污染的衣服，洗后备用。车间应配备急救设备及药品。作业人员应学会自救互救。

品名：**戊二醛** 别名：1,5-戊二醛	分子式：$C_5H_8O_2$ 分子量：100.1	相态：液 外观与性状：带有刺激性气味的无色透明油状液体	
危险特性			
火灾危险性：可燃液体丙 A 腐蚀减薄：无 环境开裂：无	爆炸物：无 金属腐蚀：无 急性毒性：类别 3	皮肤腐蚀/刺激：类别 1 严重眼损伤/眼刺激：类别 1	
遇明火、高热可燃。与强氧化剂接触可发生化学反应。其蒸气比空气重，能在较低处扩散到相当远的地方，遇火源会着火回燃。容易自聚，聚合反应随着温度的上升而急骤加剧。若遇高热，容器内压增大，有开裂和爆炸的危险。			
理化特性			
熔点：-14.0℃ 沸点：71.0℃ 闪点：无资料	临界温度：无资料 临界压力：无资料 饱和蒸气压：2.27kPa(20℃)	爆炸上限：无资料 爆炸下限：无资料 相对密度($d_水=1$)：1.06	引燃温度：285.0℃ 燃烧热：无资料
溶解性	溶于热水乙醇、氯仿、冰醋酸、乙醚。		
主要用途	用作杀菌剂，也用于皮革鞣制。		
急救措施			
皮肤接触	脱去污染的衣着，用大量流动清水冲洗。就医。		
眼睛接触	提起眼睑，用流动清水或生理盐水冲洗至少 15min。就医。		
吸入	迅速脱离现场至空气新鲜处。保持呼吸道通畅。如呼吸困难，给输氧。如呼吸停止，立即进行人工呼吸。就医。		
食入	用水漱口。		
防护措施			
呼吸防护	空气中浓度超标时，必须佩戴自吸过滤式防毒面具(全面罩)。紧急事态抢救或撤离时，应该佩戴空气呼吸器。		
眼睛防护	呼吸系统防护中已做防护。		
身体防护	穿胶布防毒衣。		
手防护	戴橡胶耐油手套。		
其他防护	工作现场禁止吸烟、进食和饮水。工作完毕，淋浴更衣。保持良好的卫生习惯。		

品名：**2,4-戊二酮** 别名：乙酰丙酮	分子式：$C_5H_8O_2$ 分子量：100.1	相态：液 外观与性状：无色或微黄色液体，有酯的气味	
危险特性			
火灾危险性：可燃液体乙 A 腐蚀减薄：无 环境开裂：无	爆炸物：无 金属腐蚀：无 急性毒性：无	皮肤腐蚀/刺激：无 易燃液体：类别 3	
其蒸气与空气可形成爆炸性混合物，遇明火、高热能引起燃烧爆炸。与氧化剂可发生反应。流速过快，容易产生和积聚静电。其蒸气比空气重，能在较低处扩散到相当远的地方，遇火源会着火回燃。若遇高热，容器内压增大，有开裂和爆炸的危险。			
理化特性			
熔点：-23.2℃ 沸点：140.5℃ 闪点：34.0℃	临界温度：无资料 临界压力：无资料 饱和蒸气压：0.93kPa(20℃)	爆炸上限：11.4% 爆炸下限：1.7% 相对密度($d_水=1$)：1.06	引燃温度：无资料 燃烧热：无资料
溶解性	微溶于水，溶于醇、氯仿、醚、苯、丙酮等多数有机溶剂。		
主要用途	用作醋酸纤维素的溶剂、有机合成中间体、金属络合剂、涂料干燥剂、润滑剂、杀虫剂。		
急救措施			
皮肤接触	脱去污染的衣着，用大量流动清水冲洗。就医。		
眼睛接触	提起眼睑，用流动清水或生理盐水冲洗。就医。		
吸入	迅速脱离现场至空气新鲜处。保持呼吸道通畅。如呼吸困难，给输氧。如呼吸停止，立即进行人工呼吸。就医。		
食入	饮用足量温水，催吐。就医。		
防护措施			
呼吸防护	空气中浓度超标时，必须佩戴自吸过滤式防毒面具(半面罩)。紧急事态抢救或撤离时，应该佩戴空气呼吸器。		
眼睛防护	戴化学安全防护眼镜。		
身体防护	穿防静电工作服。		
手防护	戴橡胶耐油手套。		
其他防护	工作现场禁止吸烟、进食和饮水。工作完毕，淋浴更衣。避免长期反复接触。		

品名：1,3-戊二烯[稳定的] 别名：无	分子式：C_5H_8 分子量：68.1	相态：液 外观与性状：无色液体	
危险特性			
火灾危险性：可燃液体甲 B 腐蚀减薄：无 环境开裂：无	爆炸物：无 金属腐蚀：无 急性毒性：无	皮肤腐蚀/刺激：类别 2 易燃液体：类别 2	
无资料。			
理化特性			
熔点：-92.7℃ 沸点：42.3℃ 闪点：-29.0℃	临界温度：无资料 临界压力：无资料 饱和蒸气压：53.32kPa(24.7℃)	爆炸上限：无资料 爆炸下限：无资料 相对密度($d_{水}=1$)：0.68	引燃温度：无资料 燃烧热：无资料
溶解性	不溶于水。		
主要用途	主要的工业用途是生产石油树脂。		
急救措施			
皮肤接触	脱去污染的衣着，用大量流动清水冲洗。就医。		
眼睛接触	提起眼睑，用流动清水或生理盐水冲洗。就医。		
吸入	迅速脱离现场至空气新鲜处。保持呼吸道通畅。如呼吸困难，给输氧。如呼吸停止，立即进行人工呼吸。就医。		
食入	饮用足量温水，催吐。就医。		
防护措施			
呼吸防护	空气中浓度超标时，必须佩戴自吸过滤式防毒面具(半面罩)。紧急事态抢救或撤离时，应该佩戴空气呼吸器。		
眼睛防护	戴化学安全防护眼镜。		
身体防护	穿防静电工作服。		
手防护	戴一般作业防护手套。		
其他防护	工作现场严禁吸烟。避免长期反复接触。进入罐、限制性空间或其他高浓度区作业，须有人监护。		

品名：1,4-戊二烯[稳定的] 别名：无	分子式：C_5H_8 分子量：68.1	相态：液 外观与性状：无色液体或气体	
危险特性			
火灾危险性：可燃液体甲 B 腐蚀减薄：无 环境开裂：无	爆炸物：无 金属腐蚀：无 急性毒性：无	皮肤腐蚀/刺激：无 易燃液体：类别 1	
无资料。			
理化特性			
熔点：-148.0℃ 沸点：26.0℃ 闪点：-4.0℃	临界温度：无资料 临界压力：3.79MPa 饱和蒸气压：53.32kPa(24.7℃)	爆炸上限：无资料 爆炸下限：无资料 相对密度($d_{水}=1$)：0.66	引燃温度：无资料 燃烧热：无资料
溶解性	不溶于水。		
主要用途	用于有机合成。		
急救措施			
皮肤接触	脱去污染的衣着，用大量流动清水冲洗。就医。		
眼睛接触	提起眼睑，用流动清水或生理盐水冲洗至少 15min。就医。		
吸入	迅速脱离现场至空气新鲜处。保持呼吸道通畅。如呼吸困难，给输氧。如呼吸停止，立即进行人工呼吸。就医。		
食入	饮用足量温水，催吐。就医。		
防护措施			
呼吸防护	空气中浓度超标时，必须佩戴自吸过滤式防毒面具(半面罩)。紧急事态抢救或撤离时，应该佩戴空气呼吸器。		
眼睛防护	戴化学安全防护眼镜。		
身体防护	穿防静电工作服。		
手防护	戴一般作业防护手套。		
其他防护	工作现场严禁吸烟。避免长期反复接触。		

品名：**戊基三氯硅烷**		分子式：$C_5H_{11}Cl_3Si$	相态：液
别名：无		分子量：205.6	外观与性状：无色透明液体，带有刺激性臭味，遇水分解
危险特性			
火灾危险性：可燃液体乙 A 腐蚀减薄：无 环境开裂：无		爆炸物：无 金属腐蚀：无 急性毒性：类别 3	皮肤腐蚀/刺激：无 易燃液体：类别 1
遇明火、高热易燃。燃烧时，放出有毒气体。与氧化剂接触猛烈反应。遇水或水蒸气发生剧烈反应放出有刺激性和腐蚀性的氯化氢烟雾。遇潮时对大多数金属有强腐蚀性。			
理化特性			
熔点：无资料 沸点：169.2℃ 闪点：30.0℃	临界温度：无资料 临界压力：无资料 饱和蒸气压：无资料	爆炸上限：无资料 爆炸下限：无资料 相对密度($d_水=1$)：1.14	引燃温度：无资料 燃烧热：无资料
溶解性	可混溶于多数有机溶剂。		
主要用途	制备高分子有机硅化合物。		
急救措施			
皮肤接触	脱去污染的衣着，用大量流动清水冲洗至少 15min。就医。		
眼睛接触	提起眼睑，用流动清水或生理盐水冲洗至少 15min。就医。		
吸入	迅速脱离现场至空气新鲜处。保持呼吸道通畅。如呼吸困难，给输氧。如呼吸停止，立即进行人工呼吸。就医。		
食入	用水漱口，给饮牛奶或蛋清。就医。		
防护措施			
呼吸防护	空气中浓度超标时，必须佩戴自吸过滤式防毒面具(全面罩)。紧急事态抢救或撤离时，应该佩戴空气呼吸器。		
眼睛防护	呼吸系统防护中已做防护。		
身体防护	穿橡胶耐酸碱服。		
手防护	戴橡胶耐酸碱手套。		
其他防护	工作现场严禁吸烟。工作完毕，淋浴更衣。注意个人清洁卫生。		

品名：**戊腈**		分子式：C_5H_9N	相态：液
别名：丁基氰；氰化丁烷		分子量：83.1	外观与性状：无色液体
危险特性			
火灾危险性：可燃液体乙 A 腐蚀减薄：无 环境开裂：无		爆炸物：无 金属腐蚀：无 急性毒性：类别 3	皮肤腐蚀/刺激：无 易燃液体：类别 3
遇明火、高热易燃。			
理化特性			
熔点：-96.2℃ 沸点：141.3℃ 闪点：40.0℃	临界温度：无资料 临界压力：3.26MPa 饱和蒸气压：1.33kPa(30℃)	爆炸上限：无资料 爆炸下限：无资料 相对密度($d_水=1$)：0.80	引燃温度：无资料 燃烧热：3229.1kJ/mol
溶解性	不溶于水，溶于醇、醚。		
主要用途	用作溶剂。		
急救措施			
皮肤接触	脱去污染的衣着，用大量流动清水冲洗至少 15min。就医。		
眼睛接触	提起眼睑，用流动清水或生理盐水冲洗至少 15min。就医。		
吸入	迅速脱离现场至空气新鲜处。保持呼吸道通畅。如呼吸困难，给输氧。如呼吸停止，立即进行人工呼吸(勿用口对口)和胸外心脏按压术。给吸入亚硝酸异物酯。就医。		
食入	饮用足量温水，催吐。用 1∶5000 高锰酸钾或 5%硫代硫酸钠溶液洗胃。就医。		
防护措施			
呼吸防护	可能接触毒物时，必须佩戴自吸过滤式防毒面具(半面罩)。紧急事态抢救或撤离时，建议佩戴隔离式呼吸器。		
眼睛防护	戴化学安全防护眼镜。		
身体防护	穿聚乙烯防毒服。		
手防护	戴橡胶手套。		
其他防护	工作现场禁止吸烟、进食和饮水。工作完毕，彻底清洗。单独存放被毒物污染的衣服，洗后备用。车间应配备急救设备及药品。作业人员应学会自救互救。		

品名：**1-戊硫醇**	分子式：$C_5H_{12}S$	相态：液
别名：正戊硫醇	分子量：104.2	外观与性状：无色到淡黄色液体，有特殊气味

危险特性

火灾危险性：可燃液体甲 B	爆炸物：无	皮肤腐蚀/刺激：类别 2
腐蚀减薄：硫酸腐蚀、高温硫化物腐蚀	金属腐蚀：无	易燃液体：类别 2
环境开裂：连多硫酸应力腐蚀开裂	急性毒性：类别 3	

易燃，遇明火、高热或与氧化剂接触，有引起燃烧爆炸的危险。受热或遇酸易产生有毒的硫氧化物气体。

理化特性

熔点：-76.0℃	临界温度：321.0℃	爆炸上限：无资料	引燃温度：321.0℃
沸点：127.0℃	临界压力：3.50MPa	爆炸下限：无资料	燃烧热：4137.9kJ/mol
闪点：18.0℃	饱和蒸气压：1.84kPa(25℃)	相对密度($d_水$=1)：0.80	

溶解性	不溶于水，可混溶于乙醇、乙醚等。
主要用途	用于有机合成。

急救措施

皮肤接触	脱去污染的衣着，用肥皂水和清水彻底冲洗皮肤。
眼睛接触	提起眼睑，用流动清水或生理盐水冲洗。就医。
吸入	迅速脱离现场至空气新鲜处。保持呼吸道通畅。如呼吸困难，给输氧。如呼吸停止，立即进行人工呼吸。就医。
食入	饮足量温水，催吐。就医。

防护措施

呼吸防护	高浓度环境中，应该佩戴自吸过滤式防毒面具(半面罩)。
眼睛防护	必要时，戴化学安全防护眼镜。
身体防护	穿一般作业防护服。
手防护	戴橡胶耐油手套。
其他防护	工作现场严禁吸烟。工作完毕，淋浴更衣。注意个人清洁卫生。

品名：**戊硼烷**	分子式：B_5H_9	相态：液
别名：五硼烷	分子量：63.2	外观与性状：无色液体，有刺激性气味

危险特性

火灾危险性：可燃液体乙 A	爆炸物：无	皮肤腐蚀/刺激：类别 2
腐蚀减薄：无	金属腐蚀：无	易燃液体：无
环境开裂：无	急性毒性：类别 1	

暴露在空气中能自燃。遇明火、高热、摩擦、撞击有引起燃烧的危险。若遇高热可发生剧烈分解，引起容器破裂或爆炸事故。与强氧化剂如铬酸酐、氯酸盐和高锰酸钾等接触，能发生强烈反应，引起燃烧或爆炸。与水和水蒸气反应，放出易爆炸着火的氢气。

理化特性

熔点：-46.6℃	临界温度：无资料	爆炸上限：无资料	引燃温度：无资料
沸点：60.1℃	临界压力：无资料	爆炸下限：无资料	燃烧热：无资料
闪点：30.0℃	饱和蒸气压：13.33kPa(9.6℃)	相对密度($d_水$=1)：0.64	

溶解性	无资料。
主要用途	无资料。

急救措施

皮肤接触	立即脱去污染的衣着，立即用1%~3%三乙醇胺溶液或3%氨水冲洗至少5min，再用肥皂水及清水彻底冲洗。就医。
眼睛接触	提起眼睑，用流动清水或生理盐水冲洗至少15min。就医。
吸入	迅速脱离现场至空气新鲜处。保持呼吸道通畅。如呼吸困难，给输氧。如呼吸停止，立即进行人工呼吸。就医。
食入	饮用足量温水，催吐。就医。

防护措施

呼吸防护	作业时，应该佩戴自吸过滤式防毒面具(半面罩)。必要时，佩戴自给式呼吸器。
眼睛防护	戴化学安全防护眼镜。
身体防护	穿防毒物渗透工作服。
手防护	戴橡胶手套。
其他防护	工作现场禁止吸烟、进食和饮水。工作完毕，彻底清洗。单独存放被毒物污染的衣服，洗后备用。车间应配备急救设备及药品。作业人员应学会自救互救。

品名：**1-戊醛**	分子式：$C_5H_{10}O$	相态：液	
别名：正戊醛	分子量：86.1	外观与性状：无色液体	
危险特性			
火灾危险性：可燃液体甲 B	爆炸物：无	皮肤腐蚀/刺激：类别 2	
腐蚀减薄：无	金属腐蚀：无	易燃液体：类别 2	
环境开裂：无	急性毒性：无		
易燃，遇明火、高热或与氧化接触，有引起燃烧爆炸的危险。若遇高热，可发生聚合反应，放出大量热量而引起容器破裂和爆炸事故。其蒸气比空气重，能在较低处扩散到相当远的地方，遇火源会着火回燃。			
理化特性			
熔点：-91.5℃	临界温度：无资料	爆炸上限：无资料	引燃温度：无资料
沸点：102.0℃	临界压力：无资料	爆炸下限：无资料	燃烧热：无资料
闪点：12.2℃	饱和蒸气压：无资料	相对密度($d_{水}=1$)：0.81	
溶解性	无资料。		
主要用途	无资料。		
急救措施			
皮肤接触	脱去污染的衣着，用肥皂水和清水彻底冲洗皮肤。		
眼睛接触	提起眼睑，用流动清水或生理盐水冲洗。就医。		
吸入	迅速脱离现场至空气新鲜处。保持呼吸道通畅。如呼吸困难，给输氧。如呼吸停止，立即进行人工呼吸。就医。		
食入	饮足量温水，催吐。就医。		
防护措施			
呼吸防护	空气中浓度超标时，应该佩戴过滤式防毒面具(半面罩)。		
眼睛防护	戴安全防护眼镜。		
身体防护	穿防静电工作服。		
手防护	戴橡胶手套。		
其他防护	工作现场禁止吸烟、进食和饮水。工作完毕，淋浴更衣。保持良好的卫生习惯。		

品名：**1-戊炔**	分子式：C_5H_8	相态：液	
别名：丙基乙炔	分子量：68.1	外观与性状：无色液体	
危险特性			
火灾危险性：可燃液体甲 B	爆炸物：无	皮肤腐蚀/刺激：无	
腐蚀减薄：无	金属腐蚀：无	易燃液体：类别 2	
环境开裂：无	急性毒性：无		
其蒸气与空气可形成爆炸性混合物，遇明火、高热极易燃烧爆炸。与氧化剂能发生强烈反应，引起燃烧或爆炸。若遇高热，可发生聚合反应，放出大量热量而引起容器破裂和爆炸事故。其蒸气比空气重，能在较低处扩散到相当远的地方，遇火源会着火回燃。			
理化特性			
熔点：-95.0℃	临界温度：220.3℃	爆炸上限：无资料	引燃温度：220.3℃
沸点：40.0℃	临界压力：4.17MPa	爆炸下限：无资料	燃烧热：无资料
闪点：-42.8℃	饱和蒸气压：46.80kPa(20℃)	相对密度($d_{水}=1$)：0.69	
溶解性	不溶于水，易溶于乙醇、醇。		
主要用途	用于有机合成。		
急救措施			
皮肤接触	脱去污染的衣着，用肥皂水和清水彻底冲洗皮肤。		
眼睛接触	提起眼睑，用流动清水或生理盐水冲洗。就医。		
吸入	迅速脱离现场至空气新鲜处。保持呼吸道通畅。如呼吸困难，给输氧。如呼吸停止，立即进行人工呼吸。就医。		
食入	饮足量温水，催吐。就医。		
防护措施			
呼吸防护	空气中浓度超标时，应该佩戴过滤式防毒面具(半面罩)。		
眼睛防护	戴安全防护眼镜。		
身体防护	穿防静电工作服。		
手防护	戴橡胶耐油手套。		
其他防护	工作现场严禁吸烟。避免长期反复接触。		

品名：**2-戊酮**	分子式：$C_5H_{10}O$	相态：液
别名：甲基丙基甲酮	分子量：86.1	外观与性状：无色液体，有丙酮气味

危险特性

火灾危险性：可燃液体甲 B	爆炸物：无	皮肤腐蚀/刺激：无
腐蚀减薄：无	金属腐蚀：无	易燃液体：类别 2
环境开裂：无	急性毒性：类别 3	

易燃，其蒸气与空气可形成爆炸性混合物，遇明火、高热能引起燃烧爆炸。与氧化剂能发生强烈反应。其蒸气比空气重，能在较低处扩散到相当远的地方，遇火源会着火回燃。

理化特性

熔点：-77.5℃	临界温度：3.9℃	爆炸上限：8.2%	引燃温度：452.0℃
沸点：102.3℃	临界压力：3.89MPa	爆炸下限：1.5%	燃烧热：3069.8kJ/mol
闪点：7.0℃	饱和蒸气压：4.70kPa(25℃)	相对密度($d_{水}=1$)：0.81	

溶解性	微溶于水、溶于醇、乙醚。
主要用途	主要用作溶剂。
急救措施	
皮肤接触	脱去污染的衣着，用肥皂水和清水彻底冲洗皮肤。
眼睛接触	提起眼睑，用流动清水或生理盐水冲洗。就医。
吸入	迅速脱离现场至空气新鲜处。保持呼吸道通畅。如呼吸困难，给输氧。如呼吸停止，立即进行人工呼吸。就医。
食入	饮足量温水，催吐。就医。
防护措施	
呼吸防护	空气中浓度超标时，应该佩戴过滤式防毒面具(半面罩)。
眼睛防护	戴安全防护眼镜。
身体防护	穿防静电工作服。
手防护	戴橡胶耐油手套。
其他防护	工作现场严禁吸烟。注意个人清洁卫生。避免长期反复接触。

品名：**3-戊酮**	分子式：$C_5H_{10}O$	相态：液
别名：二乙基酮	分子量：86.1	外观与性状：无色液体，有丙酮气味

危险特性

火灾危险性：可燃液体甲 B	爆炸物：无	皮肤腐蚀/刺激：无
腐蚀减薄：无	金属腐蚀：无	易燃液体：类别 2
环境开裂：无	急性毒性：无	

易燃，其蒸气与空气可形成爆炸性混合物，遇明火、高热能引起燃烧爆炸。与氧化剂接触猛烈反应。其蒸气比空气重，能在较低处扩散到相当远的地方，遇火源会着火回燃。

理化特性

熔点：-42.0℃	临界温度：287.8℃	爆炸上限：3.0%	引燃温度：452.0℃
沸点：101.0℃	临界压力：3.73MPa	爆炸下限：1.6%	燃烧热：3074kJ/mol
闪点：13.0℃	饱和蒸气压：3.49kPa(20℃)	相对密度($d_{水}=1$)：0.82	

溶解性	可混溶于醇、醚。
主要用途	用于医药、有机合成。
急救措施	
皮肤接触	脱去污染的衣着，用大量肥皂水和流动清水冲洗。就医。
眼睛接触	提起眼睑，用流动清水或生理盐水冲洗至少 15min。就医。
吸入	迅速脱离现场至空气新鲜处。保持呼吸道通畅。如呼吸困难，给输氧。如呼吸停止，立即进行人工呼吸。就医。
食入	饮足量温水，催吐。就医。
防护措施	
呼吸防护	空气中浓度超标时，应该佩戴过滤式防毒面具(半面罩)。
眼睛防护	戴安全防护眼镜。
身体防护	穿防静电工作服。
手防护	戴橡胶耐油手套。
其他防护	工作现场严禁吸烟。注意个人清洁卫生。避免长期反复接触。

品名：**1-戊烯**		分子式：C_5H_{10}	相态：液
别名：无		分子量：70.1	外观与性状：无色液体，有恶臭
危险特性			
火灾危险性：可燃液体甲 B		爆炸物：无	皮肤腐蚀/刺激：无
腐蚀减薄：无		金属腐蚀：无	易燃液体：类别 1
环境开裂：无		急性毒性：无	
其蒸气与空气可形成爆炸性混合物，遇明火、高热极易燃烧爆炸。与氧化剂接触发生强烈反应，甚至引起燃烧。若遇高热，可发生聚合反应，放出大量热量而引起容器破裂和爆炸事故。由于流动、搅拌等可能产生静电。其蒸气比空气重，能在较低处扩散到相当远的地方遇火源会着火回燃。			
理化特性			
熔点：−124.0℃ 沸点：30.1℃ 闪点：−28.0℃	临界温度：201.0℃ 临界压力：3.56MPa 饱和蒸气压：70.7kPa(20℃)	爆炸上限：8.7% 爆炸下限：1.6% 相对密度($d_水$=1)：0.64	引燃温度：275.0℃ 燃烧热：3347.2kJ/mol
溶解性	不溶于水，可混溶于乙醇、乙醚等。		
主要用途	用于有机合成和制取异戊二烯，也用作高辛烷汽油的添加剂。		
急救措施			
皮肤接触	脱去污染的衣着，用大量肥皂水和流动清水冲洗。就医。		
眼睛接触	提起眼睑，用流动清水或生理盐水冲洗。就医。		
吸入	迅速脱离现场至空气新鲜处。保持呼吸道通畅。如呼吸困难，给输氧。如呼吸停止，立即进行人工呼吸。就医。		
食入	饮足量温水，催吐。就医。		
防护措施			
呼吸防护	空气中浓度超标时，佩戴自吸过滤式防毒面具(半面罩)。		
眼睛防护	必要时，戴化学安全防护眼镜。		
身体防护	穿防静电工作服。		
手防护	戴橡胶耐油手套。		
其他防护	工作现场严禁吸烟。避免长期反复接触。		

品名：**2-戊烯**		分子式：C_5H_{10}	相态：液
别名：无		分子量：70.1	外观与性状：无色液体
危险特性			
火灾危险性：可燃液体甲 B		爆炸物：无	皮肤腐蚀/刺激：无
腐蚀减薄：无		金属腐蚀：无	易燃液体：类别 2
环境开裂：无		急性毒性：无	
其蒸气与空气可形成爆炸性混合物，遇明火、高热能引起燃烧爆炸。在火场中，受热的容器有爆炸危险。其蒸气比空气重，能在较低处扩散到相当远的地方，遇火源会着火回燃。			
理化特性			
熔点：−179.0℃ 沸点：37.0℃ 闪点：−45.0℃	临界温度：202.4℃ 临界压力：4.09MPa 饱和蒸气压：55.5kPa(20℃)	爆炸上限：无资料 爆炸下限：1.4% 相对密度($d_水$=1)：0.65	引燃温度：无资料 燃烧热：无资料
溶解性	不溶于水。		
主要用途	用于有机合成，及用作聚合抑制剂。		
急救措施			
皮肤接触	脱去污染的衣着，用大量肥皂水和流动清水冲洗。就医。		
眼睛接触	提起眼睑，用流动清水或生理盐水冲洗。就医。		
吸入	迅速脱离现场至空气新鲜处。保持呼吸道通畅。如呼吸困难，给输氧。如呼吸停止，立即进行人工呼吸。就医。		
食入	饮足量温水，催吐。就医。		
防护措施			
呼吸防护	空气中浓度超标时，佩戴自吸过滤式防毒面具(半面罩)。		
眼睛防护	必要时，戴化学安全防护眼镜。		
身体防护	穿防静电工作服。		
手防护	戴橡胶耐油手套。		
其他防护	工作现场严禁吸烟。避免长期反复接触。		

品名：**1-戊烯-3-酮**	分子式：C_5H_8O	相态：液	
别名：乙烯乙基甲酮	分子量：84.1	外观与性状：白色液体，有催泪性	
危险特性			
火灾危险性：可燃液体甲 B	爆炸物：无	皮肤腐蚀/刺激：无	
腐蚀减薄：无	金属腐蚀：无	易燃液体：类别 2	
环境开裂：无	急性毒性：无		
其蒸气与空气可形成爆炸性混合物，遇明火、高热极易燃烧爆炸。与氧化剂接触猛烈反应。容易自聚，聚合反应随着温度的上升而急骤加剧。若遇高热，容器内压增大，有开裂和爆炸的危险。			
理化特性			
熔点：无资料	临界温度：无资料	爆炸上限：无资料	引燃温度：无资料
沸点：38.0℃	临界压力：无资料	爆炸下限：无资料	燃烧热：无资料
闪点：-6.0℃	饱和蒸气压：无资料	相对密度($d_{水}=1$)：0.85	
溶解性	不溶于水，溶于多数有机溶剂。		
主要用途	用作分析试剂和有机合成中间体。		
急救措施			
皮肤接触	脱去污染的衣着，用大量肥皂水和流动清水冲洗。就医。		
眼睛接触	提起眼睑，用流动清水或生理盐水冲洗至少 15min。就医。		
吸入	迅速脱离现场至空气新鲜处。保持呼吸道通畅。如呼吸困难，给输氧。如呼吸停止，立即进行人工呼吸。就医。		
食入	用水漱口，给饮牛奶或蛋清。就医。		
防护措施			
呼吸防护	空气中浓度超标时，必须佩戴自吸过滤式防毒面具(全面罩)。紧急事态抢救或撤离时，应该佩戴空气呼吸器。		
眼睛防护	呼吸系统防护中已做防护。		
身体防护	穿胶布防毒衣。		
手防护	戴橡胶手套。		
其他防护	工作现场禁止吸烟、进食和饮水。工作完毕，淋浴更衣。保持良好的卫生习惯。		

品名：**戊酰氯**	分子式：C_5H_9ClO	相态：液	
别名：无	分子量：120.6	外观与性状：带有刺激性气味的液体	
危险特性			
火灾危险性：可燃液体甲 B	爆炸物：无	皮肤腐蚀/刺激：类别 1	
腐蚀减薄：无	金属腐蚀：无	易燃液体：类别 2	
环境开裂：无	急性毒性：无		
与氧化剂可发生反应。遇水反应，放出具有刺激性和腐蚀性的氯化氢气体。遇高热分解释出高毒烟气。			
理化特性			
熔点：无资料	临界温度：无资料	爆炸上限：无资料	引燃温度：265.0℃
沸点：125.0℃	临界压力：无资料	爆炸下限：无资料	燃烧热：无资料
闪点：23.0℃	饱和蒸气压：无资料	相对密度($d_{水}=1$)：1.02	
溶解性	溶于部分有机溶剂。		
主要用途	用于有机合成。		
急救措施			
皮肤接触	脱去污染的衣着，用大量流动清水冲洗至少 15min。就医。		
眼睛接触	提起眼睑，用流动清水或生理盐水冲洗至少 15min。就医。		
吸入	迅速脱离现场至空气新鲜处。保持呼吸道通畅。如呼吸困难，给输氧。如呼吸停止，立即进行人工呼吸。就医。		
食入	用水漱口，给饮牛奶或蛋清。就医。		
防护措施			
呼吸防护	空气中浓度超标时，必须佩戴自吸过滤式防毒面具(全面罩)。紧急事态抢救或撤离时，应该佩戴空气呼吸器。		
眼睛防护	呼吸系统防护中已做防护。		
身体防护	穿橡胶耐酸碱服。		
手防护	戴橡胶耐酸碱手套。		
其他防护	工作现场禁止吸烟、进食和饮水。工作完毕，淋浴更衣。保持良好的卫生习惯。		

品名：**烯丙基三氯硅烷[稳定的]**	分子式：$C_3H_5Cl_3Si$		相态：液
别名：无	分子量：175.5		外观与性状：无色液体，带有辛辣刺激臭味
危险特性			
火灾危险性：可燃液体乙 A	爆炸物：无		皮肤腐蚀/刺激：类别 1
腐蚀减薄：无	金属腐蚀：无		易燃液体：类别 3
环境开裂：无	急性毒性：无		
其蒸气与空气可形成爆炸性混合物，遇明火、高热能引起燃烧爆炸与氧化剂可发生反应。遇水反应，放出具有刺激性和腐蚀性的氯化氢气体。受高热分解放出有毒的气体。其蒸气比空气重，能在较低处扩散到相当远的地方，遇火源会着火回燃。容易自聚，聚合反应随着温度的上升而急骤加剧。遇潮时对大多数金属有腐蚀性。若遇高热，容器内压增大，有开裂和爆炸的危险。			
理化特性			
熔点：无资料	临界温度：无资料	爆炸上限：无资料	引燃温度：无资料
沸点：117.5℃	临界压力：无资料	爆炸下限：无资料	燃烧热：无资料
闪点：31.0℃	饱和蒸气压：无资料	相对密度($d_{水}=1$)：1.20	
溶解性	能与多种有机溶剂相混溶。		
主要用途	用作硅酮的中间体。		
急救措施			
皮肤接触	脱去污染的衣着，用大量流动清水冲洗至少 15min。就医。		
眼睛接触	提起眼睑，用流动清水或生理盐水冲洗至少 15min。就医。		
吸入	迅速脱离现场至空气新鲜处。保持呼吸道通畅。如呼吸困难，给输氧。如呼吸停止，立即进行人工呼吸。就医。		
食入	用水漱口，给饮牛奶或蛋清。就医。		
防护措施			
呼吸防护	空气中浓度超标时，必须佩戴自吸过滤式防毒面具(全面罩)。紧急事态抢救或撤离时，应该佩戴空气呼吸器。		
眼睛防护	呼吸系统防护中已做防护。		
身体防护	穿橡胶耐酸碱服。		
手防护	戴橡胶耐酸碱手套。		
其他防护	工作现场禁止吸烟、进食和饮水。工作完毕，淋浴更衣。保持良好的卫生习惯。		

品名：**烯丙基缩水甘油醚**	分子式：$C_6H_{10}O_2$		相态：液
别名：无	分子量：114.2		外观与性状：无色、透明液体，有特殊的臭味
危险特性			
火灾危险性：可燃液体乙 B	爆炸物：无		皮肤腐蚀/刺激：类别 2
腐蚀减薄：无	金属腐蚀：无		易燃液体：类别 3
环境开裂：无	急性毒性：无		
其蒸气与空气可形成爆炸性混合物，遇明火、高热能引起燃烧爆炸与氧化剂可发生反应。容易自聚，聚合反应随着温度的上升而急骤加剧。其蒸气比空气重，能在较低处扩散到相当远的地方，遇火源会着火回燃。若遇高热，容器内压增大，有开裂和爆炸的危险。			
理化特性			
熔点：-100.0℃	临界温度：无资料	爆炸上限：无资料	引燃温度：无资料
沸点：154.0℃	临界压力：无资料	爆炸下限：无资料	燃烧热：无资料
闪点：57.0℃	饱和蒸气压：0.37kPa(20℃)	相对密度($d_{水}=1$)：0.96	
溶解性	溶于水，溶于丙酮、苯、四氯化碳、醇。		
主要用途	用作纤维改性剂、氯化有机物的稳定剂合成树脂反应性稀释剂和改性剂。		
急救措施			
皮肤接触	脱去污染的衣着，用流动清水冲洗。就医。		
眼睛接触	提起眼睑，用流动清水或生理盐水冲洗至少 15min。就医。		
吸入	迅速脱离现场至空气新鲜处。保持呼吸道通畅。如呼吸困难，给输氧。如呼吸停止，立即进行人工呼吸。就医。		
食入	饮足量温水，催吐。就医。		
防护措施			
呼吸防护	空气中浓度超标时，必须佩戴自吸过滤式防毒面具(全面罩)。紧急事态抢救或撤离时，应该佩戴空气呼吸器。		
眼睛防护	呼吸系统防护中已做防护。		
身体防护	穿橡胶耐酸碱服。		
手防护	戴橡胶耐酸碱手套。		
其他防护	工作现场严禁吸烟。工作完毕，淋浴更衣。注意个人清洁卫生。		

品名：**硒** 别名：无		分子式：Se 分子量：79.0	相态：固 外观与性状：红色或灰色粉末
危险特性			
火灾危险性：无 腐蚀减薄：无 环境开裂：无		爆炸物：无 金属腐蚀：无 急性毒性：类别3	皮肤腐蚀/刺激：无 易燃固体：无
遇明火能燃烧。			
理化特性			
熔点：217.0℃ 沸点：685.0℃ 闪点：无资料	临界温度：无资料 临界压力：无资料 饱和蒸气压：0.13kPa(60℃)	爆炸上限：无资料 爆炸下限：无资料 相对密度($d_{水}=1$)：4.81	引燃温度：无资料 燃烧热：无资料
溶解性	溶于二硫化碳、苯、喹啉等。		
主要用途	是一种半导材料和光导材料。		
急救措施			
皮肤接触	脱去污染的衣着，用大量流动清水冲洗。		
眼睛接触	无资料。		
吸入	迅速脱离现场至空气新鲜处。保持呼吸道通畅。如呼吸困难，给输氧。如呼吸停止，立即进行人工呼吸。就医。		
食入	饮足量温水，催吐。就医。		
防护措施			
呼吸防护	可能接触其粉尘时，必须佩戴防尘面具(全面罩)。紧急事态抢救或撤离时，应该佩戴空气呼吸器。		
眼睛防护	呼吸系统防护中已做防护。		
身体防护	穿胶布防毒衣。		
手防护	戴橡胶手套。		
其他防护	工作完毕，淋浴更衣。工作服不准带至非作业场所。单独存放被毒物污染的衣服，洗后备用。保持良好的卫生习惯。		

品名：**硒化氢[无水]** 别名：无		分子式：H_2Se 分子量：81.0	相态：气 外观与性状：无色、有恶臭的气体
危险特性			
火灾危险性：无法确定 腐蚀减薄：无 环境开裂：无		爆炸物：无 金属腐蚀：无 急性毒性：类别3	皮肤腐蚀/刺激：无 易燃气体：类别1
无资料。			
理化特性			
熔点：-66.1℃ 沸点：-41.1℃ 闪点：无资料	临界温度：无资料 临界压力：无资料 饱和蒸气压：53.32kPa(-53.6℃)	爆炸上限：无资料 爆炸下限：无资料 相对密度($d_{水}=1$)：2.12	引燃温度：无资料 燃烧热：无资料
溶解性	溶于水、二硫化碳。		
主要用途	半导体用料，及制金属硒化物和含硒的有机化合物等。		
急救措施			
皮肤接触	无资料。		
眼睛接触	提起眼睑，用流动清水或生理盐水冲洗。就医。		
吸入	迅速脱离现场至空气新鲜处。保持呼吸道通畅。如呼吸困难，给输氧。如呼吸停止，立即进行人工呼吸。就医。		
食入	无资料。		
防护措施			
呼吸防护	空气中浓度超标时，必须佩戴自吸过滤式防毒面具(全面罩)。紧急事态抢救或撤离时，应该佩戴空气呼吸器。		
眼睛防护	呼吸系统防护中已做防护。		
身体防护	穿胶布防毒衣。		
手防护	戴橡胶手套。		
其他防护	工作现场禁止吸烟、进食和饮水。工作完毕，淋浴更衣。保持良好的卫生习惯。		

品名：**硒化锌**	分子式：ZnSe	相态：固	
别名：无	分子量：144.3	外观与性状：黄色立方晶系结晶，见光迅速变成红色	
危险特性			
火灾危险性：无	爆炸物：无	皮肤腐蚀/刺激：无	
腐蚀减薄：无	金属腐蚀：无	易燃固体：无	
环境开裂：无	急性毒性：类别 3		
遇稀硝酸分解放出剧毒的硒化氢气体。			
理化特性			
熔点：1100.0℃	临界温度：无资料	爆炸上限：无资料	引燃温度：无资料
沸点：无资料	临界压力：无资料	爆炸下限：无资料	燃烧热：无资料
闪点：无资料	饱和蒸气压：无资料	相对密度($d_水=1$)：5.42	
溶解性	不溶于水。		
主要用途	用作荧光粉、电子工业掺杂材料和高纯试剂。		
急救措施			
皮肤接触	脱去污染的衣着，用流动清水冲洗。就医。		
眼睛接触	提起眼睑，用流动清水或生理盐水冲洗。就医。		
吸入	迅速脱离现场至空气新鲜处。保持呼吸道通畅。如呼吸困难，给输氧。如呼吸停止，立即进行人工呼吸。就医。		
食入	饮用足量温水，催吐。就医。		
防护措施			
呼吸防护	空气中粉尘浓度超标时，必须佩戴自吸过滤式防尘口罩。紧急事态抢救或撤离时，应该佩戴空气呼吸器。		
眼睛防护	戴化学安全防护眼镜。		
身体防护	穿防毒物渗透工作服。		
手防护	戴橡胶手套。		
其他防护	工作场所禁止吸烟、进食和饮水，饭前要洗手。工作完毕，淋浴更衣。保持良好的卫生习惯。		

品名：**硒酸**	分子式：H_2SeO_4	相态：固	
别名：无	分子量：145.0	外观与性状：白色六方柱晶体，极易吸潮	
危险特性			
火灾危险性：无	爆炸物：无	皮肤腐蚀/刺激：类别 1	
腐蚀减薄：无	金属腐蚀：无	易燃固体：无	
环境开裂：无	急性毒性：无		
具有强氧化性。其水溶液有腐蚀性和强烈的刺激性。			
理化特性			
熔点：58.0℃	临界温度：无资料	爆炸上限：无资料	引燃温度：无资料
沸点：260.0℃	临界压力：无资料	爆炸下限：无资料	燃烧热：无资料
闪点：无资料	饱和蒸气压：无资料	相对密度($d_水=1$)：2.95	
溶解性	易溶于水，不溶于氨水，溶于硫酸。		
主要用途	用作鉴别甲醇和乙醇的试剂，及硒盐制备。		
急救措施			
皮肤接触	脱去污染的衣着，用大量流动清水冲洗至少 15min。就医。		
眼睛接触	提起眼睑，用流动清水或生理盐水冲洗至少 15min。就医。		
吸入	迅速脱离现场至空气新鲜处。保持呼吸道通畅。如呼吸困难，给输氧。如呼吸停止，立即进行人工呼吸。就医。		
食入	用水漱口，给饮牛奶或蛋清。就医。		
防护措施			
呼吸防护	可能接触其粉尘时，佩戴头罩型电动送风过滤式防尘呼吸器或空气呼吸器。紧急事态抢救或撤离时，建议佩戴氧气呼吸器。		
眼睛防护	呼吸系统防护中已做防护。		
身体防护	穿橡胶耐酸碱服。		
手防护	戴橡胶耐酸碱手套。		
其他防护	工作现场禁止吸烟、进食和饮水。工作完毕，淋浴更衣。单独存放被毒物污染的衣服，洗后备用。保持良好的卫生习惯。		

品名：**3-硝基-1,2-二甲苯** 别名：1,2-二甲基-3-硝基苯；3-硝基邻二甲苯	分子式：$C_8H_9NO_2$ 分子量：151.2	相态：液 外观与性状：黄色油状液体	
危险特性			
火灾危险性：可燃液体丙 A 腐蚀减薄：无 环境开裂：无	爆炸物：无 金属腐蚀：无 急性毒性：无	皮肤腐蚀/刺激：无 易燃液体：无	
遇明火、高热可燃。受高热分解放出有毒的气体。与强氧化剂接触可发生化学反应。			
理化特性			
熔点：15.0℃ 沸点：240.0℃ 闪点：107.0℃	临界温度：无资料 临界压力：无资料 饱和蒸气压：无资料	爆炸上限：无资料 爆炸下限：无资料 相对密度($d_{水}=1$)：1.14	引燃温度：无资料 燃烧热：无资料
溶解性	不溶于水，溶于乙醇。		
主要用途	用于有机合成。		
急救措施			
皮肤接触	脱去污染的衣着，用大量肥皂水和流动清水冲洗。就医。		
眼睛接触	提起眼睑，用流动清水或生理盐水冲洗。就医。		
吸入	迅速脱离现场至空气新鲜处。保持呼吸道通畅。如呼吸困难，给输氧。如呼吸停止，立即进行人工呼吸。就医。		
食入	饮用足量温水，催吐。就医。		
防护措施			
呼吸防护	可能接触其蒸气时，佩戴自吸过滤式防毒面具(全面罩)。紧急事态抢救或撤离时，应该佩戴空气呼吸器。		
眼睛防护	呼吸系统防护中已做防护。		
身体防护	穿胶布防毒衣。		
手防护	戴橡胶手套。		
其他防护	工作现场禁止吸烟、进食和饮水。及时换洗工作服。工作前后不饮酒，用温水洗澡。注意检测毒物。实行就业前和定期的体检。		

品名：**3-硝基-4-甲苯胺** 别名：间硝基对甲苯胺	分子式：$C_7H_8N_2O_2$ 分子量：152.2	相态：固 外观与性状：橙红色针状结晶	
危险特性			
火灾危险性：可燃液体丙 B 腐蚀减薄：碱腐蚀、胺腐蚀 环境开裂：碱应力腐蚀开裂、胺应力腐蚀开裂	爆炸物：无 金属腐蚀：无 急性毒性：类别 3	皮肤腐蚀/刺激：无 易燃固体：无	
遇明火、高热可燃。其粉体与空气可形成爆炸性混合物，当达到一定浓度时，遇火星会发生爆炸。受高热分解放出有毒的气体。			
理化特性			
熔点：77.0℃ 沸点：306.1℃ 闪点：157.0℃	临界温度：无资料 临界压力：无资料 饱和蒸气压：无资料	爆炸上限：无资料 爆炸下限：无资料 相对密度($d_{水}=1$)：1.31	引燃温度：无资料 燃烧热：无资料
溶解性	溶于乙醇、浓硫酸、苯。		
主要用途	用于染料合成。		
急救措施			
皮肤接触	脱去污染的衣着，用流动清水冲洗。就医。		
眼睛接触	提起眼睑，用流动清水或生理盐水冲洗。就医。		
吸入	迅速脱离现场至空气新鲜处。保持呼吸道通畅。如呼吸困难，给输氧。如呼吸停止，立即进行人工呼吸。就医。		
食入	饮用足量温水，催吐。就医。		
防护措施			
呼吸防护	空气中粉尘浓度超标时，必须佩戴自吸过滤式防尘口罩。紧急事态抢救或撤离时，应该佩戴空气呼吸器。		
眼睛防护	戴化学安全防护眼镜。		
身体防护	穿透气型防毒服。		
手防护	戴乳胶手套。		
其他防护	工作完毕，淋浴更衣。保持良好的卫生习惯。		

品名：**2-硝基-4-甲苯酚** 别名：4-甲基-2-硝基苯酚	分子式：$C_7H_7NO_3$ 分子量：153.1		相态：固 外观与性状：黄色固体
危险特性			
火灾危险性：可燃液体丙 A 腐蚀减薄：苯酚腐蚀 环境开裂：无	爆炸物：无 金属腐蚀：无 急性毒性：无		皮肤腐蚀/刺激：类别 2 易燃固体：无
遇明火能燃烧。受热分解放出有毒气体。			
理化特性			
熔点：32.0℃ 沸点：125.0℃ 闪点：108.0℃	临界温度：无资料 临界压力：无资料 饱和蒸气压：2.93kPa(125℃)	爆炸上限：无资料 爆炸下限：无资料 相对密度($d_{水}=1$)：1.24	引燃温度：无资料 燃烧热：无资料
溶解性	溶于乙醇、乙醚。		
主要用途	用于有机合成。		
急救措施			
皮肤接触	脱去污染的衣着，用流动清水冲洗。就医。		
眼睛接触	提起眼睑，用流动清水或生理盐水冲洗。就医。		
吸入	迅速脱离现场至空气新鲜处。保持呼吸道通畅。如呼吸困难，给输氧。如呼吸停止，立即进行人工呼吸。就医。		
食入	饮用足量温水，催吐。就医。		
防护措施			
呼吸防护	空气中粉尘浓度超标时，必须佩戴自吸过滤式防尘口罩。紧急事态抢救或撤离时，应该佩戴空气呼吸器。		
眼睛防护	戴化学安全防护眼镜。		
身体防护	穿防毒物渗透工作服。		
手防护	戴橡胶手套。		
其他防护	工作现场禁止吸烟、进食和饮水。及时换洗工作服。工作前后不饮酒，用温水洗澡。实行就业前和定期的体检。		

品名：**硝基苯** 别名：无	分子式：$C_6H_5NO_2$ 分子量：123.1		相态：液 外观与性状：淡黄色透明油状液体，有苦杏仁味
危险特性			
火灾危险性：可燃液体丙 A 腐蚀减薄：无 环境开裂：无	爆炸物：无 金属腐蚀：无 急性毒性：类别 3		皮肤腐蚀/刺激：无 易燃液体：无
遇明火、高热可燃。与硝酸反应强烈。			
理化特性			
熔点：5.7℃ 沸点：210.9℃ 闪点：87.8℃	临界温度：无资料 临界压力：4.82MPa 饱和蒸气压：0.02kPa(20℃)	爆炸上限：40.0% 爆炸下限：无资料 相对密度($d_{水}=1$)：1.20	引燃温度：482.0℃ 燃烧热：无资料
溶解性	不溶于水，溶于乙醇、乙醚、苯等多数有机溶剂。		
主要用途	用作溶剂，制造苯胺、染料等。		
急救措施			
皮肤接触	脱去污染的衣着，用大量肥皂水和流动清水冲洗。就医。		
眼睛接触	提起眼睑，用流动清水或生理盐水冲洗。就医。		
吸入	迅速脱离现场至空气新鲜处。保持呼吸道通畅。如呼吸困难，给输氧。如呼吸停止，立即进行人工呼吸。就医。		
食入	饮用足量温水，催吐。就医。		
防护措施			
呼吸防护	可能接触其蒸气时，佩戴过滤式防毒面具(半面罩)。紧急事态抢救或撤离时，佩戴自给式呼吸器。		
眼睛防护	戴安全防护眼镜。		
身体防护	穿透气型防毒服。		
手防护	戴橡胶耐油手套。		
其他防护	工作现场禁止吸烟、进食和饮水。及时换洗工作服。工作前后不饮酒，用温水洗澡。注意检测毒物。实行就业前和定期的体检。		

品名：**2-硝基苯胺**　分子式：$C_6H_6N_2O_2$　相态：固

别名：邻硝基苯胺；1-氨基-2-硝基苯　分子量：138.1　外观与性状：橙黄色针状结晶

危险特性

火灾危险性：无　爆炸物：无　皮肤腐蚀/刺激：无

腐蚀减薄：碱腐蚀、胺腐蚀　金属腐蚀：无　易燃固体：无

环境开裂：碱应力腐蚀开裂、氨应力腐蚀开裂、胺应力腐蚀开裂　急性毒性：类别3

遇明火、高热可燃。受热分解放出有毒的氧化氮烟气。与强氧化剂接触可发生化学反应。

理化特性

熔点：69.7℃　临界温度：无资料　爆炸上限：40.0%　引燃温度：521.0℃

沸点：284.5℃　临界压力：4.42MPa　爆炸下限：无资料　燃烧热：521.0kJ/mol

闪点：无资料　饱和蒸气压：0.13kPa(104℃)　相对密度($d_{水}=1$)：1.44

溶解性	微溶于冷水，溶于热水、乙醇，易溶于乙醚、丙酮、苯。
主要用途	用作染料中间体及合成照相防腐剂，也用于微量碘化物的测定、农药多菌灵的生产。

急救措施

皮肤接触	脱去污染的衣着，用大量肥皂水和流动清水冲洗。就医。
眼睛接触	提起眼睑，用流动清水或生理盐水冲洗至少15min。就医。
吸入	迅速脱离现场至空气新鲜处。保持呼吸道通畅。如呼吸困难，给输氧。如呼吸停止，立即进行人工呼吸。就医。
食入	饮用足量温水，催吐。就医。

防护措施

呼吸防护	空气中粉尘浓度超标时，佩戴自吸过滤式防尘口罩。紧急事态抢救或撤离时，应该佩戴自给式呼吸器。
眼睛防护	戴化学安全防护眼镜。
身体防护	穿防毒物渗透工作服。
手防护	戴橡胶耐油手套。
其他防护	工作现场禁止吸烟、进食和饮水。及时换洗工作服。工作前后不饮酒，用温水洗澡。实行就业前和定期的体检。

品名：**3-硝基苯胺**　分子式：$C_6H_6N_2O_2$　相态：固

别名：间硝基苯胺；1-氨基-3-硝基苯　分子量：138.1　外观与性状：亮黄色针状结晶

危险特性

火灾危险性：无　爆炸物：无　皮肤腐蚀/刺激：无

腐蚀减薄：碱腐蚀、胺腐蚀　金属腐蚀：无　易燃固体：无

环境开裂：碱应力腐蚀开裂、氨应力腐蚀开裂、胺应力腐蚀开裂　急性毒性：类别3

遇明火、高热可燃。受热分解放出有毒的氧化氮烟气。与强氧化剂接触可发生化学反应。

理化特性

熔点：114.0℃　临界温度：无资料　爆炸上限：无资料　引燃温度：577.0℃

沸点：305.7℃　临界压力：4.42MPa　爆炸下限：无资料　燃烧热：3198.5kJ/mol

闪点：无资料　饱和蒸气压：0.13kPa(119.3℃)　相对密度($d_{水}=1$)：1.42

溶解性	微溶于冷水、苯，溶于热水、热苯、乙醇、乙醚。
主要用途	用作染料中间体及用于有机合成，也用于松木颜色的检验。

急救措施

皮肤接触	脱去污染的衣着，用大量肥皂水和流动清水冲洗。就医。
眼睛接触	提起眼睑，用流动清水或生理盐水冲洗至少15min。就医。
吸入	迅速脱离现场至空气新鲜处。保持呼吸道通畅。如呼吸困难，给输氧。如呼吸停止，立即进行人工呼吸。就医。
食入	饮用足量温水，催吐。就医。

防护措施

呼吸防护	空气中粉尘浓度超标时，佩戴自吸过滤式防尘口罩。紧急事态抢救或撤离时，应该佩戴自给式呼吸器。
眼睛防护	戴化学安全防护眼镜。
身体防护	穿防毒物渗透工作服。
手防护	戴橡胶耐油手套。
其他防护	工作现场禁止吸烟、进食和饮水。及时换洗工作服。工作前后不饮酒，用温水洗澡。实行就业前和定期的体检。

品名：**4-硝基苯胺** 别名：对硝基苯胺；1-氨基-4-硝基苯	分子式：$C_6H_6N_2O_2$ 分子量：138.1		相态：固 外观与性状：黄色结晶或粉末
危险特性			
火灾危险性：无 腐蚀减薄：碱腐蚀、胺腐蚀 环境开裂：碱应力腐蚀开裂、氨应力腐蚀开裂、胺应力腐蚀开裂	爆炸物：无 金属腐蚀：无 急性毒性：无		皮肤腐蚀/刺激：无 易燃固体：无
遇明火、高热可燃。受热分解放出有毒的氧化氮烟气。与强氧化剂接触可发生化学反应。			
理化特性			
熔点：148.5℃ 沸点：331.7℃ 闪点：无资料	临界温度：无资料 临界压力：无资料 饱和蒸气压：0.13kPa(119.3℃)	爆炸上限：无资料 爆炸下限：无资料 相对密度($d_{水}=1$)：1.42	引燃温度：无资料 燃烧热：无资料
溶解性	不溶于水，微溶于苯，溶于乙醇、乙醚、丙酮，易溶于醇。		
主要用途	用作染料及抗氧化剂的中间体，腐蚀抑制剂，分析试剂。		
急救措施			
皮肤接触	脱去污染的衣着，用大量肥皂水和流动清水冲洗。就医。		
眼睛接触	提起眼睑，用流动清水或生理盐水冲洗至少15min。就医。		
吸入	迅速脱离现场至空气新鲜处。保持呼吸道通畅。如呼吸困难，给输氧。如呼吸停止，立即进行人工呼吸。就医。		
食入	饮用足量温水，催吐。就医。		
防护措施			
呼吸防护	空气中粉尘浓度超标时，佩戴自吸过滤式防尘口罩。紧急事态抢救或撤离时，应该佩戴自给式呼吸器。		
眼睛防护	戴化学安全防护眼镜。		
身体防护	穿防毒物渗透工作服。		
手防护	戴橡胶耐油手套。		
其他防护	工作现场禁止吸烟、进食和饮水。及时换洗工作服。工作前后不饮酒，用温水洗澡。实行就业前和定期的体检。		

品名：**3-硝基苯酚** 别名：间硝基苯酚	分子式：$C_6H_5NO_3$ 分子量：139.1		相态：固 外观与性状：淡黄色结晶
危险特性			
火灾危险性：无 腐蚀减薄：苯酚腐蚀 环境开裂：无	爆炸物：无 金属腐蚀：无 急性毒性：类别3		皮肤腐蚀/刺激：无 易燃固体：无
遇明火、高热或与氧化剂接触，有引起燃烧爆炸的危险。受热分解放出有毒的氧化氮烟气。			
理化特性			
熔点：97.0℃ 沸点：194.0℃ 闪点：无资料	临界温度：无资料 临界压力：无资料 饱和蒸气压：9.33kPa(194℃)	爆炸上限：无资料 爆炸下限：无资料 相对密度($d_{水}=1$)：1.49	引燃温度：无资料 燃烧热：-2860.8kJ/mol
溶解性	微溶于水，溶于乙醇、乙醚、丙酮、稀酸、碱等。		
主要用途	用作指示剂。		
急救措施			
皮肤接触	脱去污染的衣着，用流动清水冲洗至少15min。就医。		
眼睛接触	提起眼睑，用流动清水或生理盐水冲洗至少15min。就医。		
吸入	迅速脱离现场至空气新鲜处。保持呼吸道通畅。如呼吸困难，给输氧。如呼吸停止，立即进行人工呼吸。就医。		
食入	饮用足量温水，催吐。就医。		
防护措施			
呼吸防护	空气中浓度较低高时，佩戴防毒面具。紧急事态抢救或逃生时，应该佩戴自给式呼吸器。		
眼睛防护	戴化学安全防护眼镜。		
身体防护	穿紧袖工作服，长筒胶鞋。		
手防护	戴橡皮手套。		
其他防护	工作现场禁止吸烟、进食和饮水。及时换洗工作服。工作前后不饮酒，用温水洗澡，进行就业前和定期体检。		

品名：**2-硝基苯甲酰氯**	分子式：$C_7H_4ClNO_3$	相态：液
别名：邻硝基苯甲酰氯	分子量：185.6	外观与性状：黄色结晶或液体，有刺鼻的恶臭

危险特性

火灾危险性：可燃液体丙 A	爆炸物：无	皮肤腐蚀/刺激：类别 1
腐蚀减薄：无	金属腐蚀：无	易燃液体：无
环境开裂：无	急性毒性：无	

遇明火、高热可燃。与强氧化剂接触可发生化学反应。遇水发生剧烈反应，散发出具有刺激性和腐蚀性的氯化氢气体。受高热分解放出有毒的气体。遇潮时对大多数金属有腐蚀性。若遇高热，容器内压增大，有开裂和爆炸的危险。

理化特性

熔点：25.0℃	临界温度：无资料	爆炸上限：无资料	引燃温度：无资料
沸点：148.0℃	临界压力：无资料	爆炸下限：无资料	燃烧热：无资料
闪点：110.0℃	饱和蒸气压：无资料	相对密度($d_{水}=1$)：1.40	

溶解性	溶于热乙醇、苯、乙醚。
主要用途	用于有机合成。

急救措施

皮肤接触	脱去污染的衣着，用流动清水冲洗。就医。
眼睛接触	提起眼睑，用流动清水或生理盐水冲洗至少 15min。就医。
吸入	迅速脱离现场至空气新鲜处。保持呼吸道通畅。如呼吸困难，给输氧。如呼吸停止，立即进行人工呼吸。就医。
食入	用水漱口，给饮牛奶或蛋清。就医。

防护措施

呼吸防护	空气中浓度超标时，必须佩戴自吸过滤式防毒面具(半面罩)。紧急事态抢救或撤离时，应该佩戴空气呼吸器。
眼睛防护	戴化学安全防护眼镜。
身体防护	穿橡胶耐酸碱服。
手防护	戴橡胶耐酸碱手套。
其他防护	工作场所禁止吸烟、进食和饮水，饭前要洗手。工作完毕，淋浴更衣。保持良好的卫生习惯。

品名：**3-硝基苯甲酰氯**	分子式：$C_7H_4ClNO_3$	相态：固
别名：间硝基苯甲酰氯	分子量：185.6	外观与性状：黄色结晶或液体，具有刺鼻恶臭

危险特性

火灾危险性：可燃液体丙 A	爆炸物：无	皮肤腐蚀/刺激：类别 1
腐蚀减薄：无	金属腐蚀：无	易燃固体：无
环境开裂：无	急性毒性：类别 3	

遇明火、高热可燃。与强氧化剂接触可发生化学反应。遇水发生剧烈反应，散发出具有刺激性和腐蚀性的氯化氢气体。遇高热分解释出高毒烟气。其蒸气比空气重，能在较低处扩散到相当远的地方，遇火源会着火回燃。遇潮时对大多数金属有腐蚀性。若遇高热，容器内压增大，有开裂和爆炸的危险。

理化特性

熔点：34.0℃	临界温度：无资料	爆炸上限：无资料	引燃温度：无资料
沸点：275.0℃	临界压力：无资料	爆炸下限：无资料	燃烧热：无资料
闪点：112.0℃	饱和蒸气压：无资料	相对密度($d_{水}=1$)：1.43	

溶解性	不溶于水、乙醇，易溶于乙醚。
主要用途	用于制染料和有机合成。

急救措施

皮肤接触	脱去污染的衣着，用流动清水冲洗。就医。
眼睛接触	提起眼睑，用流动清水或生理盐水冲洗至少 15min。就医。
吸入	迅速脱离现场至空气新鲜处。保持呼吸道通畅。如呼吸困难，给输氧。如呼吸停止，立即进行人工呼吸。就医。
食入	饮用足量温水，催吐。就医。

防护措施

呼吸防护	空气中浓度超标时，必须佩戴自吸过滤式防毒面具(半面罩)。紧急事态抢救或撤离时，应该佩戴空气呼吸器。
眼睛防护	戴化学安全防护眼镜。
身体防护	穿橡胶耐酸碱服。
手防护	戴橡胶耐酸碱手套。
其他防护	工作场所禁止吸烟、进食和饮水，饭前要洗手。工作完毕，淋浴更衣。保持良好的卫生习惯。

品名：**1-硝基丙烷**		分子式：$C_3H_7NO_2$		相态：液	
别名：无		分子量：89.1		外观与性状：无色透明液体	
危险特性					
火灾危险性：可燃液体乙 A		爆炸物：无		皮肤腐蚀/刺激：无	
腐蚀减薄：无		金属腐蚀：无		易燃液体：类别 3	
环境开裂：无		急性毒性：无			
易燃，其蒸气与空气可形成爆炸性混合物。强烈震动及受热或遇无机碱类、氧化剂、烃类、胺类及三氯化铝、六甲基苯等均能引起燃烧爆炸。燃烧分解时，放出有毒的氮氧化物气体。					
理化特性					
熔点：-104.0℃		临界温度：402.0℃	爆炸上限：13.8%		引燃温度：421.0℃
沸点：131.2℃		临界压力：4.35MPa	爆炸下限：2.2%		燃烧热：2016kJ/mol
闪点：36.0℃		饱和蒸气压：1kPa(20℃)	相对密度($d_{水}=1$)：1.00		
溶解性	微溶于水。				
主要用途	用于有机合成，及用作溶剂、火箭推进剂、汽油添加物等。				
急救措施					
皮肤接触	脱去污染的衣着，用流动清水冲洗。就医。				
眼睛接触	提起眼睑，用流动清水或生理盐水冲洗。就医。				
吸入	迅速脱离现场至空气新鲜处。保持呼吸道通畅。如呼吸困难，给输氧。就医。				
食入	饮用足量温水，催吐。就医。				
防护措施					
呼吸防护	空气中浓度超标时，应该佩戴过滤式防毒面具(半面罩)。紧急事态抢救或撤离时，建议佩戴自给式呼吸器。				
眼睛防护	戴化学安全防护眼镜。				
身体防护	穿胶布防毒衣。				
手防护	戴橡胶耐油手套。				
其他防护	工作现场严禁吸烟。注意个人清洁卫生。				

品名：**2-硝基丙烷**		分子式：$C_3H_7NO_2$		相态：液	
别名：无		分子量：89.1		外观与性状：无色液体	
危险特性					
火灾危险性：可燃液体甲 B		爆炸物：无		皮肤腐蚀/刺激：无	
腐蚀减薄：无		金属腐蚀：无		易燃液体：类别 3	
环境开裂：无		急性毒性：无			
易燃，其蒸气与空气可形成爆炸性混合物。强烈震动及受热或遇无机碱类、氧化剂、烃类、胺类及三氯化铝、六甲基苯等均能引起燃烧爆炸。燃烧分解时，放出有毒的氮氧化物气体。					
理化特性					
熔点：-91.3℃		临界温度：344.7℃	爆炸上限：11.0%		引燃温度：428.0℃
沸点：120.3℃		临界压力：4.45MPa	爆炸下限：2.2%		燃烧热：1788.6kJ/mol
闪点：24.0℃		饱和蒸气压：1.7kPa(20℃)	相对密度($d_{水}=1$)：0.99		
溶解性	微溶于水，溶于醇、醚。				
主要用途	用作乙烯及环氧树脂涂料的特殊溶剂、火箭染料、汽油的添加剂等，也用于有机合成。				
急救措施					
皮肤接触	脱去污染的衣着，用流动清水冲洗。就医。				
眼睛接触	提起眼睑，用流动清水或生理盐水冲洗。就医。				
吸入	迅速脱离现场至空气新鲜处。保持呼吸道通畅。如呼吸困难，给输氧。就医。				
食入	饮用足量温水，催吐。就医。				
防护措施					
呼吸防护	空气中浓度超标时，应该佩戴过滤式防毒面具(半面罩)。紧急事态抢救或撤离时，建议佩戴自给式呼吸器。				
眼睛防护	戴化学安全防护眼镜。				
身体防护	穿胶布防毒衣。				
手防护	戴橡胶耐油手套。				
其他防护	工作现场严禁吸烟。注意个人清洁卫生。				

品名：**2-硝基碘苯**	分子式：$C_6H_4INO_2$	相态：固
别名：2-碘硝基苯；邻硝基碘苯；邻碘硝基苯	分子量：249.0	外观与性状：黄色针状结晶

危险特性

火灾危险性：无	爆炸物：无	皮肤腐蚀/刺激：类别2
腐蚀减薄：无	金属腐蚀：无	严重眼损伤/眼刺激：类别2
环境开裂：无	急性毒性：类别3	

遇明火能燃烧。受高热分解放出有毒的气体。与强氧化剂接触可发生化学反应。

理化特性

熔点：54.0℃	临界温度：无资料	爆炸上限：无资料	引燃温度：无资料
沸点：288.5℃	临界压力：无资料	爆炸下限：无资料	燃烧热：无资料
闪点：无资料	饱和蒸气压：97.18kPa(288℃)	相对密度($d_{水}=1$)：1.92	

溶解性	不溶于水，溶于乙醇、乙醚等多数有机溶剂。
主要用途	用于有机合成。

急救措施

皮肤接触	脱去污染的衣着，用大量肥皂水和流动清水冲洗。就医。
眼睛接触	提起眼睑，用流动清水或生理盐水冲洗。就医。
吸入	迅速脱离现场至空气新鲜处。保持呼吸道通畅。如呼吸困难，给输氧。如呼吸停止，立即进行人工呼吸。就医。
食入	饮用足量温水，催吐。就医。

防护措施

呼吸防护	可能接触其粉尘时，佩戴自吸过滤式防尘口罩。紧急事态抢救或撤离时，应该佩戴隔离式呼吸器。
眼睛防护	戴化学安全防护眼镜。
身体防护	穿防毒物渗透工作服。
手防护	戴橡胶手套。
其他防护	工作现场禁止吸烟、进食和饮水。及时换洗工作服。工作前后不饮酒，用温水洗澡。实行就业前和定期的体检。

品名：**3-硝基碘苯**	分子式：$C_6H_4INO_2$	相态：固
别名：3-碘硝基苯；间硝基碘苯；间碘硝基苯	分子量：249.0	外观与性状：黄色或橙黄色固体

危险特性

火灾危险性：可燃液体丙A	爆炸物：无	皮肤腐蚀/刺激：类别2
腐蚀减薄：无	金属腐蚀：无	严重眼损伤/眼刺激：类别2
环境开裂：无	急性毒性：类别3	

遇明火、高热可燃。其粉体与空气可形成爆炸性混合物，当达到一定浓度时，遇火星会发生爆炸。受高热分解放出有毒的气体。

理化特性

熔点：36.0℃	临界温度：无资料	爆炸上限：无资料	引燃温度：无资料
沸点：280.0℃	临界压力：无资料	爆炸下限：无资料	燃烧热：无资料
闪点：71.0℃	饱和蒸气压：无资料	相对密度($d_{水}=1$)：1.95	

溶解性	不溶于水，溶于乙醇、乙醚。
主要用途	用于有机合成。

急救措施

皮肤接触	脱去污染的衣着，用流动清水冲洗。就医。
眼睛接触	提起眼睑，用流动清水或生理盐水冲洗。就医。
吸入	迅速脱离现场至空气新鲜处。保持呼吸道通畅。如呼吸困难，给输氧。如呼吸停止，立即进行人工呼吸。就医。
食入	饮用足量温水，催吐。就医。

防护措施

呼吸防护	空气中粉尘浓度超标时，必须佩戴自吸过滤式防尘口罩。紧急事态抢救或撤离时，应该佩戴空气呼吸器。
眼睛防护	戴化学安全防护眼镜。
身体防护	穿防毒物渗透工作服。
手防护	戴橡胶手套。
其他防护	工作场所禁止吸烟、进食和饮水，饭前要洗手。工作完毕，淋浴更衣。保持良好的卫生习惯。

品名：**4-硝基碘苯**	分子式：$C_6H_4INO_2$		相态：固
别名：4-碘硝基苯；对硝基碘苯；对碘硝基苯	分子量：249.0		外观与性状：黄色针状结晶，有刺激性
危险特性			
火灾危险性：无	爆炸物：无		皮肤腐蚀/刺激：类别2
腐蚀减薄：无	金属腐蚀：无		严重眼损伤/眼刺激：类别2
环境开裂：无	急性毒性：类别3		
遇明火、高热可燃。其粉体与空气可形成爆炸性混合物，当达到一定浓度时，遇火星会发生爆炸。受高热分解放出有毒的气体。			
理化特性			
熔点：171.0℃	临界温度：无资料	爆炸上限：无资料	引燃温度：无资料
沸点：289.0℃	临界压力：无资料	爆炸下限：无资料	燃烧热：无资料
闪点：无资料	饱和蒸气压：无资料	相对密度($d_{水}=1$)：2.27	
溶解性	不溶于水，溶于乙醇、乙醚。		
主要用途	用于有机合成。		
急救措施			
皮肤接触	脱去污染的衣着，用大量肥皂水和流动清水冲洗。就医。		
眼睛接触	提起眼睑，用流动清水或生理盐水冲洗。就医。		
吸入	迅速脱离现场至空气新鲜处。保持呼吸道通畅。如呼吸困难，给输氧。如呼吸停止，立即进行人工呼吸。就医。		
食入	饮用足量温水，催吐。就医。		
防护措施			
呼吸防护	空气中粉尘浓度超标时，必须佩戴自吸过滤式防尘口罩。紧急事态抢救或撤离时，应该佩戴空气呼吸器。		
眼睛防护	戴化学安全防护眼镜。		
身体防护	穿防毒物渗透工作服。		
手防护	戴橡胶手套。		
其他防护	工作场所禁止吸烟、进食和饮水，饭前要洗手。工作完毕，淋浴更衣。保持良好的卫生习惯。		

品名：**1-硝基丁烷**	分子式：$C_4H_9NO_2$		相态：液
别名：无	分子量：103.1		外观与性状：无色液体
危险特性			
火灾危险性：可燃液体乙A	爆炸物：无		皮肤腐蚀/刺激：无
腐蚀减薄：无	金属腐蚀：无		易燃液体：类别3
环境开裂：无	急性毒性：无		
易燃，其蒸气与空气可形成爆炸性混合物。强烈震动及受热或遇无机碱类、氧化剂、烃类、胺类及三氯化铝、六甲基苯等均能引起燃烧爆炸。燃烧分解时，放出有毒的氮氧化物气体。			
理化特性			
熔点：-81.3℃	临界温度：无资料	爆炸上限：无资料	引燃温度：344.0℃
沸点：152.8℃	临界压力：3.60MPa	爆炸下限：无资料	燃烧热：无资料
闪点：44.0℃	饱和蒸气压：无资料	相对密度($d_{水}=1$)：0.97	
溶解性	微溶于水，可混溶于醇、醚、碱液。		
主要用途	用作有机合成中间体。		
急救措施			
皮肤接触	脱去污染的衣着，用流动清水冲洗。就医。		
眼睛接触	提起眼睑，用流动清水或生理盐水冲洗。就医。		
吸入	迅速脱离现场至空气新鲜处。保持呼吸道通畅。如呼吸困难，给输氧。如呼吸停止，立即进行人工呼吸。就医。		
食入	饮用足量温水，催吐。就医。		
防护措施			
呼吸防护	空气中浓度超标时，应该佩戴过滤式防毒面具(半面罩)。高浓度环境中，建议佩戴空气呼吸器。		
眼睛防护	戴化学安全防护眼镜。		
身体防护	穿胶布防毒衣。		
手防护	戴橡胶耐油手套。		
其他防护	工作现场严禁吸烟。注意个人清洁卫生。		

品名：**硝基苊** 别名：无	分子式：$C_{12}H_9NO_2$ 分子量：199.2		相态：固 外观与性状：黄色针状结晶
危险特性			
火灾危险性：可燃液体丙 B 腐蚀减薄：无 环境开裂：无	爆炸物：无 金属腐蚀：无 急性毒性：无		皮肤腐蚀/刺激：无 易燃固体：类别 2
遇明火、高热、与氧化剂接触或经摩擦易引起燃烧爆炸。受热分解放出有毒的氧化氮烟气。			
理化特性			
熔点：101.5℃ 沸点：377.5℃ 闪点：191.8℃	临界温度：无资料 临界压力：无资料 饱和蒸气压：无资料	爆炸上限：无资料 爆炸下限：无资料 相对密度($d_{水}=1$)：无资料	引燃温度：无资料 燃烧热：无资料
溶解性	溶于醇、醚、油类、热水。		
主要用途	用于有机合成，用作染料中间体及电子工业增感剂。		
急救措施			
皮肤接触	脱去污染的衣着，用流动清水冲洗。就医。		
眼睛接触	提起眼睑，用流动清水或生理盐水冲洗。就医。		
吸入	迅速脱离现场至空气新鲜处。保持呼吸道通畅。如呼吸困难，给输氧。就医。		
食入	饮用足量温水，催吐。就医。		
防护措施			
呼吸防护	可能接触其粉尘时，必须佩戴防尘面具(全面罩)。紧急事态抢救或撤离时，应该佩戴空气呼吸器。		
眼睛防护	呼吸系统防护中已做防护。		
身体防护	穿防毒物渗透工作服。		
手防护	戴橡胶手套。		
其他防护	工作现场禁止吸烟、进食和饮水。工作完毕，淋浴更衣。保持良好的卫生习惯。		

品名：**硝基胍** 别名：橄苦岩	分子式：$CH_4N_4O_2$ 分子量：104.1		相态：固 外观与性状：白色针状结晶，不吸湿，在室温下不挥发
危险特性			
火灾危险性：无 腐蚀减薄：无 环境开裂：无	爆炸物：1.1 金属腐蚀：无 急性毒性：无		皮肤腐蚀/刺激：无 严重眼损伤/眼刺激：类别 2
受热、接触明火、或受到摩擦、震动、撞击时可发生爆炸。受高热分解，产生有毒的氮氧化物。			
理化特性			
熔点：232.0℃ 沸点：219.3℃ 闪点：无资料	临界温度：无资料 临界压力：无资料 饱和蒸气压：无资料	爆炸上限：无资料 爆炸下限：无资料 相对密度($d_{水}=1$)：1.71	引燃温度：无资料 燃烧热：无资料
溶解性	溶于水、不溶于冷水，微溶于乙醇，易溶于碱液。		
主要用途	是硝化纤维火药、硝化甘油火药及二甘醇硝酸酯的掺合剂、固体火箭推进剂的重要组分。		
急救措施			
皮肤接触	脱去污染的衣着，用大量肥皂水和流动清水冲洗。就医。		
眼睛接触	提起眼睑，用流动清水或生理盐水冲洗至少 15min。就医。		
吸入	迅速脱离现场至空气新鲜处。保持呼吸道通畅。如呼吸困难，给输氧。如呼吸停止，立即进行人工呼吸。就医。		
食入	用水漱口，给饮牛奶或蛋清。就医。		
防护措施			
呼吸防护	可能接触其粉尘时，应选择佩戴自吸过滤式防尘口罩或自给式呼吸器。		
眼睛防护	戴化学安全防护眼镜。		
身体防护	穿紧袖工作服，长筒胶鞋。		
手防护	戴橡胶手套。		
其他防护	工作现场禁止吸烟、进食和饮水。工作完毕些，彻底清洗。		

品名：**2-硝基甲苯**	分子式：$C_7H_7NO_2$	相态：液	
别名：邻硝基甲苯	分子量：137.1	外观与性状：微黄色液体	
危险特性			
火灾危险性：可燃液体丙 A	爆炸物：无	皮肤腐蚀/刺激：无	
腐蚀减薄：无	金属腐蚀：无		
环境开裂：无	急性毒性：无		
易燃，遇明火、高热可燃。受高热分解放出有毒的气体。			
理化特性			
熔点：-4.1℃	临界温度：无资料	爆炸上限：无资料	引燃温度：305.0℃
沸点：222.3℃	临界压力：3.80MPa	爆炸下限：2.2%	燃烧热：3593.1kJ/mol
闪点：106.0℃	饱和蒸气压：0.03kPa(25℃)	相对密度($d_{水}=1$)：1.16	
溶解性	不溶于水，可混溶于醇、醚。		
主要用途	用于各种染料合成。		
急救措施			
皮肤接触	脱去污染的衣着，用大量肥皂水和流动清水冲洗。就医。		
眼睛接触	提起眼睑，用流动清水或生理盐水冲洗至少 15min。就医。		
吸入	迅速脱离现场至空气新鲜处。保持呼吸道通畅。如呼吸困难，给输氧。如呼吸停止，立即进行人工呼吸。就医。		
食入	用水漱口，给饮牛奶或蛋清。就医。		
防护措施			
呼吸防护	空气中浓度超标时，建议佩戴自吸过滤式防毒面具(半面罩)。		
眼睛防护	戴安全防护眼镜。		
身体防护	穿透气型防毒服。		
手防护	戴橡胶耐油手套。		
其他防护	工作现场禁止吸烟、进食和饮水。及时换洗工作服。工作前后不饮酒，用温水洗澡。注意检测毒物。实行就业前和定期的体检。		

品名：**3-硝基甲苯**	分子式：$C_7H_7NO_2$	相态：固	
别名：间硝基甲苯	分子量：137.1	外观与性状：黄色液体或结晶	
危险特性			
火灾危险性：可燃气体甲	爆炸物：无	皮肤腐蚀/刺激：无	
腐蚀减薄：无	金属腐蚀：无	严重眼损伤/眼刺激：类别 2	
环境开裂：无	急性毒性：无		
易燃，遇明火、高热可燃。受高热分解放出有毒的气体。			
理化特性			
熔点：15.1℃	临界温度：无资料	爆炸上限：无资料	引燃温度：305.0℃
沸点：231.9℃	临界压力：3.80MPa	爆炸下限：1.6%	燃烧热：无资料
闪点：无资料	饱和蒸气压：0.13kPa(50.2℃)	相对密度($d_{水}=1$)：1.16	
溶解性	不溶于水、溶于乙醇，可混溶于乙醚。		
主要用途	用于有机合成。		
急救措施			
皮肤接触	脱去污染的衣着，用大量肥皂水和流动清水冲洗。就医。		
眼睛接触	提起眼睑，用流动清水或生理盐水冲洗至少 15min。就医。		
吸入	迅速脱离现场至空气新鲜处。保持呼吸道通畅。如呼吸困难，给输氧。如呼吸停止，立即进行人工呼吸。就医。		
食入	用水漱口，给饮牛奶或蛋清。就医。		
防护措施			
呼吸防护	空气中粉尘浓度超标时，应该佩戴自吸过滤式防尘口罩，可能接触其蒸气时，应该佩戴过滤式防毒面具(半面罩)。		
眼睛防护	戴安全防护眼镜。		
身体防护	穿透气型防毒服。		
手防护	戴橡胶耐油手套。		
其他防护	工作现场禁止吸烟、进食和饮水。及时换洗工作服。工作前后不饮酒，用温水洗澡。实行就业前和定期的体检。		

品名：**4-硝基甲苯**	分子式：$C_7H_7NO_2$	相态：固
别名：对硝基甲苯	分子量：137.1	外观与性状：淡黄色结晶

危险特性

火灾危险性：可燃气体甲	爆炸物：无	皮肤腐蚀/刺激：无
腐蚀减薄：无	金属腐蚀：无	
环境开裂：无	急性毒性：类别 3	

易燃，遇明火、高热可燃。受高热分解放出有毒的气体。

理化特性

熔点：51.9℃	临界温度：无资料	爆炸上限：7.6%	引燃温度：390.0℃
沸点：238.3℃	临界压力：3.80MPa	爆炸下限：1.6%	燃烧热：3714.3kJ/mol
闪点：无资料	饱和蒸气压：0.01kPa(20℃)	相对密度($d_水=1$)：1.29	

溶解性	不溶于水，易溶于醇、醚、苯。
主要用途	用于染料合成。

急救措施

皮肤接触	脱去污染的衣着，用大量肥皂水和流动清水冲洗。就医。
眼睛接触	提起眼睑，用流动清水或生理盐水冲洗至少 15min。就医。
吸入	迅速脱离现场至空气新鲜处。保持呼吸道通畅。如呼吸困难，给输氧。如呼吸停止，立即进行人工呼吸。就医。
食入	用水漱口，给饮牛奶或蛋清。就医。

防护措施

呼吸防护	可能接触其粉尘时，建议佩戴自吸过滤式防尘口罩。紧急事态抢救或撤离时，佩戴空气呼吸器。
眼睛防护	戴安全防护眼镜。
身体防护	穿透气型防毒服。
手防护	戴橡胶手套。
其他防护	工作现场禁止吸烟、进食和饮水。及时换洗工作服。工作前后不饮酒，用温水洗澡。实行就业前和定期的体检。

品名：**硝基甲烷**	分子式：CH_3NO_2	相态：液
别名：无	分子量：61.0	外观与性状：无色油状液体

危险特性

火灾危险性：可燃液体乙 A	爆炸物：无	皮肤腐蚀/刺激：无
腐蚀减薄：无	金属腐蚀：无	易燃液体：类别 3
环境开裂：无	急性毒性：无	

易燃，其蒸气与空气可形成爆炸性混合物。强烈震动及受热或遇无机碱类、氧化剂、烃类、胺类及三氯化铝、六甲基苯等均能引起燃烧爆炸。燃烧分解时，放出有毒的氮氧化物气体。

理化特性

熔点：-28.6℃	临界温度：315.0℃	爆炸上限：63.0%	引燃温度：415.0℃
沸点：101.2℃	临界压力：无资料	爆炸下限：7.1%	燃烧热：708.1kJ/mol
闪点：35.0℃	饱和蒸气压：3.71kPa(20℃)	相对密度($d_水=1$)：1.14	

溶解性	溶于水、醇。
主要用途	用作溶剂和汽油添加剂。

急救措施

皮肤接触	脱去污染的衣着，用大量肥皂水和流动清水冲洗。就医。
眼睛接触	提起眼睑，用流动清水或生理盐水冲洗至少 15min。就医。
吸入	迅速脱离现场至空气新鲜处。保持呼吸道通畅。如呼吸困难，给输氧。如呼吸停止，立即进行人工呼吸。就医。
食入	用水漱口，给饮牛奶或蛋清。就医。

防护措施

呼吸防护	空气中浓度超标时，佩戴过滤式防毒面具(半面罩)。紧急事态抢救或撤离时，建议佩戴空气呼吸器。
眼睛防护	戴化学安全防护眼镜。
身体防护	穿胶布防毒衣。
手防护	戴橡胶耐油手套。
其他防护	工作现场严禁吸烟。注意个人清洁卫生。

品名：**2-硝基联苯**	分子式：$C_{12}H_9NO_2$	相态：固	
别名：邻硝基联苯	分子量：199.2	外观与性状：微黄色至淡红色液体或结晶	
危险特性			
火灾危险性：可燃液体丙B	爆炸物：无	皮肤腐蚀/刺激：无	
腐蚀减薄：无	金属腐蚀：无	易燃固体：类别2	
环境开裂：无	急性毒性：无		
遇高热、明火及强氧化剂易引起燃烧。受高热分解放出有毒的气体。其蒸气比空气重，能在较低处扩散到相当远的地方，遇火源会着火回燃。			
理化特性			
熔点：36.7℃	临界温度：无资料	爆炸上限：无资料	引燃温度：180.0℃
沸点：325.0℃	临界压力：无资料	爆炸下限：无资料	燃烧热：无资料
闪点：151.2℃	饱和蒸气压：无资料	相对密度($d_水=1$)：1.44	
溶解性	不溶于水，溶于甲醇、乙醇、丙酮、二甲基甲酰胺、四氢糠醇。		
主要用途	用作增塑剂、防霉剂、染料中间体等。		
急救措施			
皮肤接触	脱去污染的衣着，用流动清水冲洗。就医。		
眼睛接触	提起眼睑，用流动清水或生理盐水冲洗至少15min。就医。		
吸入	迅速脱离现场至空气新鲜处。保持呼吸道通畅。如呼吸困难，给输氧。如呼吸停止，立即进行人工呼吸。就医。		
食入	用水漱口，给饮牛奶或蛋清。就医。		
防护措施			
呼吸防护	空气中浓度超标时，必须佩戴自吸过滤式防毒面具(半面罩)。紧急事态抢救或撤离时，应该佩戴空气呼吸器。		
眼睛防护	戴化学安全防护眼镜。		
身体防护	穿防静电工作服。		
手防护	戴橡胶手套。		
其他防护	工作场所禁止吸烟、进食和饮水，饭前要洗手。工作完毕，淋浴更衣。保持良好的卫生习惯。		

品名：**4-硝基联苯**	分子式：$C_{12}H_9NO_2$	相态：固	
别名：对硝基联苯	分子量：199.2	外观与性状：无色或黄色针状结晶	
危险特性			
火灾危险性：可燃液体丙B	爆炸物：无	皮肤腐蚀/刺激：无	
腐蚀减薄：无	金属腐蚀：无	易燃固体：类别2	
环境开裂：无	急性毒性：无		
遇高热、明火及强氧化剂易引起燃烧。受热分解产生有毒的烟气。			
理化特性			
熔点：113.0℃	临界温度：无资料	爆炸上限：无资料	引燃温度：180.0℃
沸点：340.0℃	临界压力：无资料	爆炸下限：无资料	燃烧热：无资料
闪点：162.1℃	饱和蒸气压：无资料	相对密度($d_水=1$)：1.33	
溶解性	不溶于水，微溶于醇，易溶于醚、苯、氯仿。		
主要用途	用作染料中间体、增塑剂。		
急救措施			
皮肤接触	脱去污染的衣着，用流动清水冲洗。就医。		
眼睛接触	提起眼睑，用流动清水或生理盐水冲洗至少15min。就医。		
吸入	迅速脱离现场至空气新鲜处。保持呼吸道通畅。如呼吸困难，给输氧。如呼吸停止，立即进行人工呼吸。就医。		
食入	饮用足量温水，催吐。就医。		
防护措施			
呼吸防护	空气中粉尘浓度较高时，建议佩戴自吸过滤式防尘口罩。		
眼睛防护	戴化学安全防护眼镜。		
身体防护	一般不需特殊防护。		
手防护	戴防化学品手套。		
其他防护	工作时不得进食、饮水或吸烟。工作完毕，彻底清洗。保持良好的卫生习惯。		

品名：**3-硝基氯化苄** 别名：间硝基苯氯甲烷；间硝基苄基氯；间硝基氯化苄		分子式：$C_7H_6ClNO_2$ 分子量：171.6	相态：固 外观与性状：黄色针状结晶，有催泪性
危险特性			
火灾危险性：无 腐蚀减薄：盐酸腐蚀、含盐水腐蚀 环境开裂：氯化物应力腐蚀开裂		爆炸物：无 金属腐蚀：无 急性毒性：无	皮肤腐蚀/刺激：类别 1 严重眼损伤/眼刺激：类别 1
遇明火能燃烧。与强氧化剂接触可发生化学反应。受热分解放出有毒的氮氧化物和氯化物气体。			
理化特性			
熔点：45.0℃ 沸点：173.0℃ 闪点：>100℃	临界温度：无资料 临界压力：无资料 饱和蒸气压：4kPa(180℃)	爆炸上限：无资料 爆炸下限：无资料 相对密度($d_{水}=1$)：无资料	引燃温度：无资料 燃烧热：无资料
溶解性	不溶于水，溶于乙醇、乙醚。		
主要用途	用于有机合成。		
急救措施			
皮肤接触	脱去污染的衣着，用流动清水冲洗。就医。		
眼睛接触	提起眼睑，用流动清水或生理盐水冲洗至少 15min。就医。		
吸入	迅速脱离现场至空气新鲜处。保持呼吸道通畅。如呼吸困难，给输氧。如呼吸停止，立即进行人工呼吸。就医。		
食入	饮用足量温水，催吐。就医。		
防护措施			
呼吸防护	空气中粉尘浓度超标时，必须佩戴自吸过滤式防尘口罩。紧急事态抢救或撤离时，应该佩戴空气呼吸器。		
眼睛防护	戴化学安全防护眼镜。		
身体防护	穿防毒物渗透工作服。		
手防护	戴防化学品手套。		
其他防护	工作现场禁止吸烟、进食和饮水。及时换洗工作服。工作前后不饮酒，用温水洗澡。实行就业前和定期的体检。		

品名：**2-硝基萘** 别名：无		分子式：$C_{10}H_7NO_2$ 分子量：173.2	相态：固 外观与性状：无色结晶
危险特性			
火灾危险性：可燃液体丙 B 腐蚀减薄：无 环境开裂：无		爆炸物：无 金属腐蚀：无 急性毒性：无	皮肤腐蚀/刺激：无 易燃固体：类别 2
遇明火、高热易燃。受高热分解，放出有毒的蒸气。与氧化剂混合能形成爆炸性混合物。粉体与空气可形成爆炸性混合物，当达到一定浓度时，遇火星会发生爆炸。			
理化特性			
熔点：79.0℃ 沸点：319.6℃ 闪点：158.7℃	临界温度：无资料 临界压力：无资料 饱和蒸气压：97.8kPa(312.5℃)	爆炸上限：无资料 爆炸下限：无资料 相对密度($d_{水}=1$)：无资料	引燃温度：无资料 燃烧热：无资料
溶解性	不溶于水，溶于乙醇、乙醚等。		
主要用途	用于制造染料，及用于有机合成。		
急救措施			
皮肤接触	脱去污染的衣着，用大量肥皂水和流动清水冲洗。就医。		
眼睛接触	提起眼睑，用流动清水或生理盐水冲洗至少 15min。就医。		
吸入	迅速脱离现场至空气新鲜处。保持呼吸道通畅。如呼吸困难，给输氧。如呼吸停止，立即进行人工呼吸。就医。		
食入	饮用足量温水，催吐。就医。		
防护措施			
呼吸防护	可能接触其粉尘时，应该佩戴自吸过滤式防尘口罩。必要时，佩戴自给式呼吸器。		
眼睛防护	戴安全防护眼镜。		
身体防护	穿防毒物渗透工作服。		
手防护	戴一般作业防护手套。		
其他防护	工作现场禁止吸烟、进食和饮水。工作完毕，淋浴更衣。注意个人清洁卫生。		

品名：**1-硝基萘** 别名：无	分子式：$C_{10}H_7NO_2$ 分子量：173.2		相态：固 外观与性状：黄色针状结晶
危险特性			
火灾危险性：可燃液体丙 B 腐蚀减薄：无 环境开裂：无	爆炸物：无 金属腐蚀：无 急性毒性：类别 3		皮肤腐蚀/刺激：类别 2 易燃固体：类别 2
遇明火、高热易燃。受高热分解，放出有毒的蒸气。与氧化剂混合能形成爆炸性混合物。粉体与空气可形成爆炸性混合物，当达到一定浓度时，遇火星会发生爆炸。			
理化特性			
熔点：58.8℃ 沸点：304.0℃ 闪点：164.0℃	临界温度：无资料 临界压力：无资料 饱和蒸气压：无资料	爆炸上限：无资料 爆炸下限：无资料 相对密度($d_水=1$)：1.33	引燃温度：无资料 燃烧热：无资料
溶解性	不溶于水，溶于乙醇、乙醚、氯仿、二硫化碳。		
主要用途	用于制造染料，石油工业中用以去除荧光。		
急救措施			
皮肤接触	脱去污染的衣着，用大量肥皂水和流动清水冲洗。就医。		
眼睛接触	提起眼睑，用流动清水或生理盐水冲洗至少 15min。就医。		
吸入	迅速脱离现场至空气新鲜处。保持呼吸道通畅。如呼吸困难，给输氧。如呼吸停止，立即进行人工呼吸。就医。		
食入	饮用足量温水，催吐。就医。		
防护措施			
呼吸防护	可能接触其粉尘时，应该佩戴自吸过滤式防尘口罩。必要时，佩戴自给式呼吸器。		
眼睛防护	戴安全防护眼镜。		
身体防护	穿防毒物渗透工作服。		
手防护	戴一般作业防护手套。		
其他防护	工作现场禁止吸烟、进食和饮水。工作完毕，淋浴更衣。注意个人清洁卫生。		

品名：**硝基乙烷** 别名：无	分子式：$C_2H_5NO_2$ 分子量：75.1		相态：液 外观与性状：无色液体，有令人不愉快的气味
危险特性			
火灾危险性：可燃液体乙 A 腐蚀减薄：盐酸腐蚀 环境开裂：氢脆	爆炸物：无 金属腐蚀：无 急性毒性：无		皮肤腐蚀/刺激：无 易燃液体：类别 3
易燃，其蒸气与空气可形成爆炸性混合物。强烈震动及受热或遇无机碱类、氧化剂、烃类、胺类及三氯化铝、六甲基苯等均能引起燃烧爆炸。燃烧分解时，放出有毒的氮氧化物气体。			
理化特性			
熔点：-90.0℃ 沸点：83.0℃ 闪点：28.0℃	临界温度：无资料 临界压力：无资料 饱和蒸气压：2.08kPa(20℃)	爆炸上限：无资料 爆炸下限：无资料 相对密度($d_水=1$)：1.05	引燃温度：414.5℃ 燃烧热：无资料
溶解性	不溶于水，可混溶于乙醇、氯仿、乙醚。		
主要用途	用于有机合成，用作硝化纤维素及其他树脂、蜡、脂肪、染料等的溶剂。		
急救措施			
皮肤接触	脱去污染的衣着，用大量肥皂水和流动清水冲洗。就医。		
眼睛接触	提起眼睑，用流动清水或生理盐水冲洗。就医。		
吸入	迅速脱离现场至空气新鲜处。保持呼吸道通畅。如呼吸困难，给输氧。如呼吸停止，立即进行人工呼吸。就医。		
食入	饮用足量温水，催吐。就医。		
防护措施			
呼吸防护	空气中浓度超标时，佩戴过滤式防毒面具(半面罩)。紧急事态抢救或撤离时，建议佩戴空气呼吸器。		
眼睛防护	戴化学安全防护眼镜。		
身体防护	穿防毒物渗透工作服。		
手防护	戴橡胶耐油手套。		
其他防护	工作现场严禁吸烟。注意个人清洁卫生。		

品名：**硝酸** 别名：无	分子式：HNO_3 分子量：63.0		相态：液 外观与性状：纯品为无色透明发烟液体，有酸味
危险特性			
火灾危险性：无法确定 腐蚀减薄：无 环境开裂：硝酸盐应力腐蚀开裂	爆炸物：无 金属腐蚀：无 急性毒性：无		皮肤腐蚀/刺激：类别1 氧化性液体：类别3
强氧化剂。能与多种物质如金属粉末、电石、硫化氢、松节油等猛烈反应，甚至发生爆炸。与还原剂、可燃物如糖、纤维素、木屑、棉花、稻草或废纱头等接触，引起燃烧并散发出剧毒的棕色烟雾。具有强腐蚀性。			
理化特性			
熔点：-42.0℃ 沸点：86.0℃ 闪点：无资料	临界温度：无资料 临界压力：无资料 饱和蒸气压：4.4kPa(20℃)	爆炸上限：无资料 爆炸下限：无资料 相对密度($d_水$=1)：1.05	引燃温度：无资料 燃烧热：无资料
溶解性	与水混溶。		
主要用途	主要用于化肥、染料、国防、炸药、冶金、医药等工业。		
急救措施			
皮肤接触	脱去污染的衣着，用流动清水冲洗至少15min。就医。		
眼睛接触	提起眼睑，用流动清水或生理盐水冲洗至少15min。就医。		
吸入	迅速脱离现场至空气新鲜处。保持呼吸道通畅。如呼吸困难，给输氧。如呼吸停止，立即进行人工呼吸。就医。		
食入	用水漱口，给饮牛奶或蛋清。就医。		
防护措施			
呼吸防护	可能接触其烟雾时，佩戴自吸过滤式防毒面具(全面罩)或空气呼吸器。紧急事态抢救或撤离时，建议佩戴氧气呼吸器。		
眼睛防护	呼吸系统防护中已做防护。		
身体防护	穿橡胶耐酸碱服。		
手防护	戴橡胶耐酸碱手套。		
其他防护	工作现场禁止吸烟、进食和饮水。工作完毕，淋浴更衣。单独存放被毒物污染的衣服，洗后备用。保持良好的卫生习惯。		

品名：**硝酸镉** 别名：无	分子式：CdN_2O_6 分子量：236.4		相态：固 外观与性状：无色针状或棱形晶体，有吸湿性，在空气中会潮解
危险特性			
火灾危险性：无法确定 腐蚀减薄：无 环境开裂：硝酸盐应力腐蚀开裂	爆炸物：无 金属腐蚀：无 急性毒性：类别3		皮肤腐蚀/刺激：无 氧化性固体：类别3
无机氧化剂。与还原剂、有机物、易燃物(如硫、磷或金属粉末)等混合可形成爆炸性混合物。高温时分解，放出剧毒的氮氧化物气体。			
理化特性			
熔点：350.0℃ 沸点：132.0℃ 闪点：无资料	临界温度：无资料 临界压力：无资料 饱和蒸气压：无资料	爆炸上限：无资料 爆炸下限：无资料 相对密度($d_水$=1)：2.46	引燃温度：无资料 燃烧热：无资料
溶解性	溶于水，溶于乙醇、丙酮、乙酸。		
主要用途	用于制造瓷器和玻璃上色等。		
急救措施			
皮肤接触	脱去污染的衣着，用大量肥皂水和流动清水冲洗。就医。		
眼睛接触	提起眼睑，用流动清水或生理盐水冲洗。就医。		
吸入	迅速脱离现场至空气新鲜处。保持呼吸道通畅。如呼吸困难，给输氧。如呼吸停止，立即进行人工呼吸。就医。		
食入	饮用足量温水，催吐。就医。		
防护措施			
呼吸防护	空气中浓度较高时，应该佩戴自吸过滤式防尘口罩。必要时，建议佩戴自给式呼吸器。		
眼睛防护	戴安全防护眼镜。		
身体防护	穿聚乙烯防毒服。		
手防护	戴橡胶手套。		
其他防护	工作现场禁止吸烟、进食和饮水。工作完毕，淋浴更衣。注意个人清洁卫生。实行就业前和定期的体检。		

品名：**硝酸汞** 别名：硝酸高汞	分子式：$Hg(NO_3)_2$ 分子量：324.6		相态：固 外观与性状：无色或白色透明结晶，有潮解性
危险特性			
火灾危险性：无 腐蚀减薄：无 环境开裂：硝酸盐应力腐蚀开裂	爆炸物：无 金属腐蚀：无 急性毒性：类别 3		皮肤腐蚀/刺激：类别 1 严重眼损伤/眼刺激：类别 1
是一种温和的氧化剂，与有机物、还原剂、硫、磷等混合，易着火燃烧。受热分解产生有毒的烟气。			
理化特性			
熔点：79.0℃ 沸点：180.0℃ 闪点：无资料	临界温度：无资料 临界压力：无资料 饱和蒸气压：无资料	爆炸上限：无资料 爆炸下限：无资料 相对密度($d_水=1$)：4.39	引燃温度：无资料 燃烧热：无资料
溶解性	易溶于水，不溶于乙醇，溶于硝酸。		
主要用途	用作分析试剂，及用于有机合成，药品和雷汞的制造。		
急救措施			
皮肤接触	脱去污染的衣着，用大量肥皂水和流动清水冲洗。就医。		
眼睛接触	提起眼睑，用流动清水或生理盐水冲洗。就医。		
吸入	迅速脱离现场至空气新鲜处。保持呼吸道通畅。如呼吸困难，给输氧。如呼吸停止，立即进行人工呼吸。就医。		
食入	用水漱口，给饮牛奶或蛋清。就医。		
防护措施			
呼吸防护	作业工人应该佩戴自吸过滤式防尘口罩。必要时，佩戴隔离式呼吸器。		
眼睛防护	戴化学安全防护眼镜。		
身体防护	穿连衣式胶布防毒衣。		
手防护	戴橡胶手套。		
其他防护	工作现场禁止吸烟、进食和饮水。工作完毕，淋浴更衣。单独存放被毒物污染的衣服，洗后备用。保持良好的卫生习惯。		

品名：**硝酸钴** 别名：硝酸亚钴	分子式：CoN_2O_6 分子量：182.9		相态：固 外观与性状：红色棱形结晶，易潮解
危险特性			
火灾危险性：可燃液体甲 B 腐蚀减薄：无 环境开裂：硝酸盐应力腐蚀开裂	爆炸物：无 金属腐蚀：无 急性毒性：无		皮肤腐蚀/刺激：无 氧化性固体：类别 3
无机氧化剂。在火场中能助长任何燃烧物的火势。与还原剂、有机物、易燃物如硫、磷或金属粉末等混合可形成爆炸性混合物。在 74℃开始分解，放出有毒的氮氧化物。			
理化特性			
熔点：100.0℃ 沸点：2900.0℃ 闪点：4.0℃	临界温度：无资料 临界压力：无资料 饱和蒸气压：无资料	爆炸上限：无资料 爆炸下限：无资料 相对密度($d_水=1$)：2.49	引燃温度：无资料 燃烧热：无资料
溶解性	溶于水、酸。		
主要用途	用作颜料、催化剂及用于陶瓷工业。		
急救措施			
皮肤接触	脱去污染的衣着，用大量肥皂水和流动清水冲洗。就医。		
眼睛接触	提起眼睑，用流动清水或生理盐水冲洗。就医。		
吸入	迅速脱离现场至空气新鲜处。保持呼吸道通畅。如呼吸困难，给输氧。如呼吸停止，立即进行人工呼吸。就医。		
食入	饮用足量温水，催吐。就医。		
防护措施			
呼吸防护	空气中浓度较高时，应该佩戴自吸过滤式防尘口罩。必要时，建议佩戴自给式呼吸器。		
眼睛防护	戴化学安全防护眼镜。		
身体防护	穿胶布防毒衣。		
手防护	戴橡胶手套。		
其他防护	工作完毕，淋浴更衣。保持良好的卫生习惯。		

品名：**硝酸钾**	分子式：KNO_3	相态：固	
别名：无	分子量：101.1	外观与性状：无色透明斜方或三方晶系颗粒或白色粉末	
危险特性			
火灾危险性：无法确定	爆炸物：无	皮肤腐蚀/刺激：无	
腐蚀减薄：无	金属腐蚀：无	氧化性固体：类别 3	
环境开裂：硝酸盐应力腐蚀开裂	急性毒性：无		
强氧化剂。遇可燃物着火时，能助长火势。与有机物、还原剂、易燃物(如硫、磷)等接触或混合时有引起燃烧爆炸的危险。燃烧分解时，放出有毒的氮氧化物气体。受热分解，放出氧气。			
理化特性			
熔点：334.0℃	临界温度：无资料	爆炸上限：无资料	引燃温度：无资料
沸点：100.0℃	临界压力：无资料	爆炸下限：无资料	燃烧热：无资料
闪点：无资料	饱和蒸气压：无资料	相对密度($d_{水}=1$)：2.11	
溶解性	易溶于水，不溶于无水乙醇、乙醚。		
主要用途	用于制造烟火、火药、火柴、医药，以及玻璃工业。		
急救措施			
皮肤接触	脱去污染的衣着，用流动清水冲洗至少15min。就医。		
眼睛接触	提起眼睑，用流动清水或生理盐水冲洗至少15min。就医。		
吸入	迅速脱离现场至空气新鲜处。保持呼吸道通畅。如呼吸困难，给输氧。如呼吸停止，立即进行人工呼吸。就医。		
食入	用水漱口，给饮牛奶或蛋清。就医。		
防护措施			
呼吸防护	可能接触其粉尘时，建议佩戴头罩型电动送风过滤式防尘呼吸器。		
眼睛防护	呼吸系统防护中已做防护。		
身体防护	穿聚乙烯防毒服。		
手防护	戴氯丁橡胶手套。		
其他防护	工作现场禁止吸烟、进食和饮水。工作完毕，淋浴更衣。保持良好的卫生习惯。		

品名：**硝酸镧**	分子式：LaN_3O_9	相态：固	
别名：无	分子量：324.9	外观与性状：白色粒状晶体，易潮解	
危险特性			
火灾危险性：可燃液体丙 B	爆炸物：无	皮肤腐蚀/刺激：无	
腐蚀减薄：无	金属腐蚀：无	氧化性固体：类别 2	
环境开裂：硝酸盐应力腐蚀开裂	急性毒性：无		
无机氧化剂。遇可燃物着火时，能助长火势。与可燃物的混合物易于着火，并会猛烈燃烧。高温时分解，放出剧毒的氮氧化物气体。			
理化特性			
熔点：40.0℃	临界温度：无资料	爆炸上限：无资料	引燃温度：无资料
沸点：无资料	临界压力：无资料	爆炸下限：无资料	燃烧热：无资料
闪点：185.0℃	饱和蒸气压：无资料	相对密度($d_{水}=1$)：2.05	
溶解性	易溶于水，易溶于乙醇。		
主要用途	用于制造光学玻璃、荧光粉、陶瓷电容器添加剂、石油精制加工催化剂。		
急救措施			
皮肤接触	脱去污染的衣着，用大量肥皂水和流动清水冲洗。就医。		
眼睛接触	提起眼睑，用流动清水或生理盐水冲洗。就医。		
吸入	迅速脱离现场至空气新鲜处。保持呼吸道通畅。如呼吸困难，给输氧。如呼吸停止，立即进行人工呼吸。就医。		
食入	饮用足量温水，催吐。就医。		
防护措施			
呼吸防护	空气中浓度较高时，应该佩戴自吸过滤式防尘口罩。必要时，建议佩戴自给式呼吸器。		
眼睛防护	戴化学安全防护眼镜。		
身体防护	穿胶布防毒衣。		
手防护	戴橡胶手套。		
其他防护	保持良好的卫生习惯。实行就业前和定期的体检。		

品名：**硝酸锂** 别名：无	分子式：$LiNO_3$ 分子量：68.9		相态：固 外观与性状：无色三角晶体或白色粉末，吸湿性强
危险特性			
火灾危险性：无法确定 腐蚀减薄：无 环境开裂：硝酸盐应力腐蚀开裂	爆炸物：无 金属腐蚀：无 急性毒性：无		皮肤腐蚀/刺激：无 氧化性固体：类别 3
强氧化剂。遇可燃物着火时，能助长火势。与易氧化物、硫磺、亚硫酸氢钠、还原剂、强酸接触能引起燃烧或爆炸。燃烧分解时，放出有毒的氮氧化物气体。受高热分解，产生有毒的氮氧化物。			
理化特性			
熔点：264.0℃ 沸点：600.0℃ 闪点：无资料	临界温度：无资料 临界压力：无资料 饱和蒸气压：无资料	爆炸上限：无资料 爆炸下限：无资料 相对密度（$d_水=1$）：2.38	引燃温度：无资料 燃烧热：无资料
溶解性	溶于水，溶于乙醇。		
主要用途	用于制造陶器、烟火、热交换介质、分析试剂。		
急救措施			
皮肤接触	脱去污染的衣着，用大量肥皂水和流动清水冲洗。就医。		
眼睛接触	提起眼睑，用流动清水或生理盐水冲洗。就医。		
吸入	迅速脱离现场至空气新鲜处。保持呼吸道通畅。如呼吸困难，给输氧。如呼吸停止，立即进行人工呼吸。就医。		
食入	饮用足量温水，催吐。就医。		
防护措施			
呼吸防护	可能接触其粉尘时，建议佩戴自吸过滤式防尘口罩。		
眼睛防护	戴化学安全防护眼镜。		
身体防护	穿聚乙烯防毒服。		
手防护	戴氯丁橡胶手套。		
其他防护	工作现场禁止吸烟、进食和饮水。工作完毕，淋浴更衣。保持良好的卫生习惯。		

品名：**硝酸镁** 别名：无	分子式：MgN_2O_6 分子量：148.3		相态：固 外观与性状：白色、易潮解的单斜晶体，有苦味
危险特性			
火灾危险性：无法确定 腐蚀减薄：无 环境开裂：硝酸盐应力腐蚀开裂	爆炸物：无 金属腐蚀：无 急性毒性：无		皮肤腐蚀/刺激：无 氧化性固体：类别 3
强氧化剂。在火场中能助长任何燃烧物的火势。与还原剂、有机物、易燃物（如硫、磷或金属粉末）等混合可形成爆炸性混合物。高温时分解，放出剧毒的氮氧化物气体。			
理化特性			
熔点：129.0℃ 沸点：1090.0℃ 闪点：无资料	临界温度：无资料 临界压力：无资料 饱和蒸气压：无资料	爆炸上限：无资料 爆炸下限：无资料 相对密度（$d_水=1$）：2.02	引燃温度：无资料 燃烧热：无资料
溶解性	易溶于水，溶于乙醇、液氨。		
主要用途	主要用于制造烟花，也用作化学试剂。		
急救措施			
皮肤接触	脱去污染的衣着，用大量肥皂水和流动清水冲洗。就医。		
眼睛接触	提起眼睑，用流动清水或生理盐水冲洗。就医。		
吸入	迅速脱离现场至空气新鲜处。保持呼吸道通畅。如呼吸困难，给输氧。如呼吸停止，立即进行人工呼吸。就医。		
食入	饮用足量温水，催吐。就医。		
防护措施			
呼吸防护	可能接粉尘时，应该佩戴自吸过滤式防尘口罩。必要时，佩戴自给式呼吸器。		
眼睛防护	戴化学安全防护眼镜。		
身体防护	穿聚乙烯防毒服。		
手防护	戴橡胶手套。		
其他防护	工作完毕，淋浴更衣。保持良好的卫生习惯。		

品名：**硝酸钠** 别名：无	分子式：$NaNO_3$ 分子量：85.0		相态：固 外观与性状：无色透明或白微带黄色的菱形结晶，味苦，易潮解
危险特性			
火灾危险性：无法确定 腐蚀减薄：无 环境开裂：硝酸盐应力腐蚀开裂	爆炸物：无 金属腐蚀：无 急性毒性：无		皮肤腐蚀/刺激：无 氧化性固体：类别 3
强氧化剂。遇可燃物着火时，能助长火势。与易氧化物、硫磺、亚硫酸氢钠、还原剂、强酸接触能引起燃烧或爆炸。燃烧分解时，放出有毒的氮氧化物气体。受高热分解，产生有毒的氮氧化物。			
理化特性			
熔点：306.8℃ 沸点：380.0℃ 闪点：无资料	临界温度：无资料 临界压力：无资料 饱和蒸气压：无资料	爆炸上限：无资料 爆炸下限：无资料 相对密度($d_{水}=1$)：2.26	引燃温度：无资料 燃烧热：无资料
溶解性	易溶于水、液氨，微溶于乙醇、甘油。		
主要用途	用于搪瓷、玻璃业、染料业、医药，农业上用作肥料。		
急救措施			
皮肤接触	脱去污染的衣着，用大量肥皂水和流动清水冲洗。就医。		
眼睛接触	提起眼睑，用流动清水或生理盐水冲洗。就医。		
吸入	迅速脱离现场至空气新鲜处。保持呼吸道通畅。如呼吸困难，给输氧。如呼吸停止，立即进行人工呼吸。就医。		
食入	饮用足量温水，催吐。就医。		
防护措施			
呼吸防护	可能接触其粉尘时，建议佩戴自吸过滤式防尘口罩。		
眼睛防护	戴化学安全防护眼镜。		
身体防护	穿聚乙烯防毒服。		
手防护	戴氯丁橡胶手套。		
其他防护	工作现场禁止吸烟、进食和饮水。工作完毕，淋浴更衣。保持良好的卫生习惯。		

品名：**硝酸脲** 别名：无	分子式：$CH_5N_3O_4$ 分子量：123.1		相态：固 外观与性状：无色结晶
危险特性			
火灾危险性：无 腐蚀减薄：无 环境开裂：硝酸盐应力腐蚀开裂	爆炸物：1.1 金属腐蚀：无 急性毒性：无		皮肤腐蚀/刺激：无 严重眼损伤/眼刺激：类别 2
遇高热或猛撞有引起燃烧爆炸的危险。与有机物、还原剂、硫、磷等混合，能形成爆炸性混合物。			
理化特性			
熔点：140.0℃ 沸点：196.6℃ 闪点：无资料	临界温度：无资料 临界压力：无资料 饱和蒸气压：无资料	爆炸上限：无资料 爆炸下限：无资料 相对密度($d_{水}=1$)：1.59	引燃温度：无资料 燃烧热：无资料
溶解性	微溶于水，溶于乙醇，不溶于硝酸。		
主要用途	用于制造炸药、有机合成中间体。		
急救措施			
皮肤接触	脱去污染的衣着，用大量流动清水冲洗。就医。		
眼睛接触	提起眼睑，用流动清水或生理盐水冲洗。就医。		
吸入	迅速脱离现场至空气新鲜处。保持呼吸道通畅。如呼吸困难，给输氧。如呼吸停止，立即进行人工呼吸。就医。		
食入	用水漱口，给饮牛奶或蛋清。就医。		
防护措施			
呼吸防护	空气中粉尘浓度超标时，应该佩戴自吸过滤式防尘口罩。		
眼睛防护	戴化学安全防护眼镜。		
身体防护	穿一般作业工作服。		
手防护	戴防化学品手套。		
其他防护	工作现场禁止吸烟、进食和饮水。工作完毕，淋浴更衣。保持良好的卫生习惯。		

品名：**硝酸铯**	分子式：$CsNO_3$	相态：固
别名：无	分子量：194.9	外观与性状：白色结晶粉末，易潮解，有盐硝味

危险特性

火灾危险性：无法确定	爆炸物：无	皮肤腐蚀/刺激：无
腐蚀减薄：无	金属腐蚀：无	氧化性固体：类别 3
环境开裂：硝酸盐应力腐蚀开裂	急性毒性：无	

强氧化剂。遇可燃物着火时，能助长火势。与还原剂、有机物、易燃物(如硫、磷或金属粉末)等混合可形成爆炸性混合物。

理化特性

熔点：414.0℃	临界温度：无资料	爆炸上限：无资料	引燃温度：无资料
沸点：233.0℃	临界压力：无资料	爆炸下限：无资料	燃烧热：无资料
闪点：无资料	饱和蒸气压：无资料	相对密度($d_{水}=1$)：2.71	

溶解性	溶于水，溶于丙酮，微溶于乙醇。
主要用途	用于铯盐制造。

急救措施

皮肤接触	脱去污染的衣着，用大量肥皂水和流动清水冲洗。就医。
眼睛接触	提起眼睑，用流动清水或生理盐水冲洗。就医。
吸入	迅速脱离现场至空气新鲜处。保持呼吸道通畅。如呼吸困难，给输氧。如呼吸停止，立即进行人工呼吸。就医。
食入	饮用足量温水，催吐。就医。

防护措施

呼吸防护	可能接触其粉尘时，建议佩戴自吸过滤式防尘口罩。
眼睛防护	戴安全防护眼镜。
身体防护	穿聚乙烯防毒服。
手防护	戴氯丁橡胶手套。
其他防护	工作现场禁止吸烟、进食和饮水。注意个人清洁卫生。

品名：**硝酸锶**	分子式：$Sr(NO_3)_2$	相态：固
别名：无	分子量：211.6	外观与性状：白色结晶或粉末，有潮解性

危险特性

火灾危险性：无法确定	爆炸物：无	皮肤腐蚀/刺激：类别 2
腐蚀减薄：无	金属腐蚀：无	氧化性固体：类别 3
环境开裂：硝酸盐应力腐蚀开裂	急性毒性：无	

与有机物、还原剂、易燃物(如硫、磷)等接触或混合时有引起燃烧爆炸的危险。遇高热分解放出高毒烟气。

理化特性

熔点：570.0℃	临界温度：无资料	爆炸上限：无资料	引燃温度：无资料
沸点：1100.0℃	临界压力：无资料	爆炸下限：无资料	燃烧热：无资料
闪点：无资料	饱和蒸气压：无资料	相对密度($d_{水}=1$)：2.99	

溶解性	易溶于水，微溶于乙醇、丙酮，不溶于硝酸。
主要用途	用于红色火焰、信号灯、信号弹、玻璃工业、医药及分析等。

急救措施

皮肤接触	脱去污染的衣着，用大量流动清水冲洗。就医。
眼睛接触	提起眼睑，用流动清水或生理盐水冲洗。就医。
吸入	迅速脱离现场至空气新鲜处。保持呼吸道通畅。如呼吸困难，给输氧。如呼吸停止，立即进行人工呼吸。就医。
食入	饮用足量温水，催吐。就医。

防护措施

呼吸防护	空气中粉尘浓度超标时，必须佩戴自吸过滤式防尘口罩。紧急事态抢救或撤离时，应该佩戴空气呼吸器。
眼睛防护	戴化学安全防护眼镜。
身体防护	穿胶布防毒衣。
手防护	戴橡胶手套。
其他防护	工作场所禁止吸烟、进食和饮水，饭前要洗手。工作完毕，淋浴更衣。保持良好的卫生习惯。

品名：**硝酸铊**	分子式：$TlNO_3$	相态：固	
别名：硝酸亚铊	分子量：266.4	外观与性状：白色结晶	
危险特性			
火灾危险性：无法确定	爆炸物：无	皮肤腐蚀/刺激：类别1	
腐蚀减薄：无	金属腐蚀：无	氧化性固体：类别2	
环境开裂：硝酸盐应力腐蚀开裂	急性毒性：类别2		
与还原剂、有机物、易燃物(如硫、磷或金属粉末)等混合可形成爆炸性混合物。经摩擦、震动或撞击可引起燃烧或爆炸。			
理化特性			
熔点：206.0℃	临界温度：无资料	爆炸上限：无资料	引燃温度：无资料
沸点：433.0℃	临界压力：无资料	爆炸下限：无资料	燃烧热：无资料
闪点：无资料	饱和蒸气压：无资料	相对密度($d_{水}=1$)：5.55	
溶解性	溶于水，溶于丙酮，不溶于乙醇。		
主要用途	用于烟花和试剂分析，于高氯酸和氧化亚汞及树脂混合产生绿火，作海上标记物。		
急救措施			
皮肤接触	脱去污染的衣着，用大量流动清水冲洗。就医。		
眼睛接触	提起眼睑，用流动清水或生理盐水冲洗。就医。		
吸入	迅速脱离现场至空气新鲜处。保持呼吸道通畅。如呼吸困难，给输氧。如呼吸停止，立即进行人工呼吸。就医。		
食入	饮用足量温水，催吐。洗胃，导泻。就医。		
防护措施			
呼吸防护	可能接触其粉尘时，必须佩戴防尘面具(全面罩)。紧急事态抢救或撤离时，应该佩戴空气呼吸器。		
眼睛防护	呼吸系统防护中已做防护。		
身体防护	穿胶布防毒衣。		
手防护	戴橡胶手套。		
其他防护	工作现场禁止吸烟、进食和饮水。工作完毕，淋浴更衣。实行就业前和定期的体检。车间应配备急救设备及药品。		

品名：**硝酸亚汞**	分子式：H_4HgNO_5	相态：固	
别名：无	分子量：298.6	外观与性状：无色棱形结晶或单斜板状结晶，有潮解性	
危险特性			
火灾危险性：无	爆炸物：无	皮肤腐蚀/刺激：无	
腐蚀减薄：无	金属腐蚀：无		
环境开裂：硝酸盐应力腐蚀开裂	急性毒性：类别1		
与还原剂、有机物、易燃物(如硫、磷或金属粉末)等混合可形成爆炸性混合物。受高热分解放出有毒的气体。			
理化特性			
熔点：70.0℃	临界温度：无资料	爆炸上限：无资料	引燃温度：无资料
沸点：83.0℃	临界压力：无资料	爆炸下限：无资料	燃烧热：无资料
闪点：无资料	饱和蒸气压：无资料	相对密度($d_{水}=1$)：4.79	
溶解性	溶于水、稀硝酸，不溶于乙醇、乙醚。		
主要用途	用作分析试剂、氧化剂，也用于制药。		
急救措施			
皮肤接触	脱去污染的衣着，用大量肥皂水和流动清水冲洗。就医。		
眼睛接触	提起眼睑，用流动清水或生理盐水冲洗。就医。		
吸入	迅速脱离现场至空气新鲜处。保持呼吸道通畅。如呼吸困难，给输氧。如呼吸停止，立即进行人工呼吸。就医。		
食入	饮用足量温水，催吐。就医。		
防护措施			
呼吸防护	可能接触其粉尘时，作业工人应该佩戴头罩型电动送风过滤式防尘呼吸器。必要时，佩戴空气呼吸器、氧气呼吸器或长筒面具。		
眼睛防护	呼吸系统防护中已做防护。		
身体防护	穿聚乙烯防毒服。		
手防护	戴氯丁橡胶手套。		
其他防护	工作现场禁止吸烟、进食和饮水。工作完毕，淋浴更衣。单独存放被毒物污染的衣服，洗后备用。保持良好的卫生习惯。		

品名：**硝酸异丙酯**	分子式：$C_3H_7NO_3$	相态：液	
别名：无	分子量：105.1	外观与性状：无色液体	
危险特性			
火灾危险性：可燃液体甲 B	爆炸物：无	皮肤腐蚀/刺激：无	
腐蚀减薄：无	金属腐蚀：无	易燃液体：类别 2	
环境开裂：硝酸盐应力腐蚀开裂	急性毒性：无		
易燃，具有强氧化性。遇明火、高热会引起燃烧爆炸。			
理化特性			
熔点：0.0℃	临界温度：无资料	爆炸上限：100.0%	引燃温度：无资料
沸点：101.0℃	临界压力：无资料	爆炸下限：2.0%	燃烧热：无资料
闪点：12.0℃	饱和蒸气压：无资料	相对密度($d_{水}$=1)：1.04	
溶解性	不溶于水。		
主要用途	用作溶剂，用于有机合成。		
急救措施			
皮肤接触	脱去污染的衣着，用大量肥皂水和流动清水冲洗。就医。		
眼睛接触	提起眼睑，用流动清水或生理盐水冲洗。就医。		
吸入	迅速脱离现场至空气新鲜处。保持呼吸道通畅。如呼吸困难，给输氧。如呼吸停止，立即进行人工呼吸。就医。		
食入	饮用足量温水，催吐。就医。		
防护措施			
呼吸防护	可能接触其蒸气时，应该佩戴自吸过滤式防毒面具(半面罩)。紧急事态抢救或撤离时，建议佩戴氧气呼吸器。		
眼睛防护	戴化学安全防护眼镜。		
身体防护	穿防毒物渗透工作服。		
手防护	戴橡胶耐油手套。		
其他防护	工作现场严禁吸烟。工作完毕，淋浴更衣。特别注意眼和呼吸道的防护。		

品名：**硝酸异戊酯**	分子式：$C_5H_{11}NO_3$	相态：液	
别名：无	分子量：133.2	外观与性状：无色液体	
危险特性			
火灾危险性：可燃液体乙 B	爆炸物：无	皮肤腐蚀/刺激：无	
腐蚀减薄：无	金属腐蚀：无	易燃液体：类别 3	
环境开裂：硝酸盐应力腐蚀开裂	急性毒性：无		
其蒸气与空气可形成爆炸性混合物，遇明火、高热能引起燃烧爆炸。与氧化剂可发生反应。受高热分解放出有毒的气体。若遇高热，容器内压增大，有开裂和爆炸的危险。			
理化特性			
熔点：-60.0℃	临界温度：无资料	爆炸上限：无资料	引燃温度：无资料
沸点：147.0℃	临界压力：无资料	爆炸下限：无资料	燃烧热：无资料
闪点：51.7℃	饱和蒸气压：无资料	相对密度($d_{水}$=1)：1.00	
溶解性	微溶于水，溶于醇、醚。		
主要用途	用于制药，用作试剂。		
急救措施			
皮肤接触	脱去污染的衣着，用大量流动清水冲洗。就医。		
眼睛接触	提起眼睑，用流动清水或生理盐水冲洗。就医。		
吸入	迅速脱离现场至空气新鲜处。保持呼吸道通畅。如呼吸困难，给输氧。如呼吸停止，立即进行人工呼吸。就医。		
食入	饮用足量温水，催吐。就医。		
防护措施			
呼吸防护	空气中浓度超标时，必须佩戴自吸过滤式防毒面具(半面罩)。紧急事态抢救或撤离时，应该佩戴空气呼吸器。		
眼睛防护	戴化学安全防护眼镜。		
身体防护	穿防静电工作服。		
手防护	戴橡胶手套。		
其他防护	工作场所禁止吸烟、进食和饮水，饭前要洗手。工作完毕，淋浴更衣。保持良好的卫生习惯。		

品名：**硝酸铟**	分子式：InN_3O_9		相态：固
别名：无	分子量：300.8		外观与性状：白色片状结晶，易潮解
危险特性			
火灾危险性：无法确定	爆炸物：无		皮肤腐蚀/刺激：无
腐蚀减薄：无	金属腐蚀：无		氧化性固体：类别 3
环境开裂：硝酸盐应力腐蚀开裂	急性毒性：无		
无机氧化剂。与可燃物的混合物易于着火，并会猛烈燃烧。具有腐蚀性。			
理化特性			
熔点：100.0℃	临界温度：无资料	爆炸上限：无资料	引燃温度：无资料
沸点：无资料	临界压力：无资料	爆炸下限：无资料	燃烧热：无资料
闪点：无资料	饱和蒸气压：无资料	相对密度($d_水=1$)：无资料	

溶解性	易溶于水，溶于醇。
主要用途	用作氧化剂。
急救措施	
皮肤接触	脱去污染的衣着，用大量流动清水冲洗。就医。
眼睛接触	提起眼睑，用流动清水或生理盐水冲洗。就医。
吸入	迅速脱离现场至空气新鲜处。保持呼吸道通畅。如呼吸困难，给输氧。就医。
食入	饮用足量温水，催吐。就医。
防护措施	
呼吸防护	空气中粉尘浓度超标时，必须佩戴自吸过滤式防尘口罩。紧急事态抢救或撤离时，应该佩戴空气呼吸器。
眼睛防护	戴化学安全防护眼镜。
身体防护	穿胶布防毒衣。
手防护	戴橡胶手套。
其他防护	保持良好的卫生习惯。

品名：**硝酸银**	分子式：$AgNO_3$		相态：固
别名：无	分子量：169.9		外观与性状：无色透明的斜方结晶或白色的结晶，有苦味
危险特性			
火灾危险性：无法确定	爆炸物：无		皮肤腐蚀/刺激：类别 1
腐蚀减薄：无	金属腐蚀：无		氧化性固体：类别 2
环境开裂：硝酸盐应力腐蚀开裂	急性毒性：无		
无机氧化剂。遇可燃物着火时，能助长火势。受高热分解，产生有毒的氮氧化物。			
理化特性			
熔点：212.0℃	临界温度：无资料	爆炸上限：无资料	引燃温度：无资料
沸点：无资料	临界压力：无资料	爆炸下限：无资料	燃烧热：无资料
闪点：无资料	饱和蒸气压：无资料	相对密度($d_水=1$)：4.35	

溶解性	易溶于水、碱，微溶于乙醚。
主要用途	用于照相乳剂、镀银、制镜、印刷、医药、染毛发等，也用于电子行业。
急救措施	
皮肤接触	脱去污染的衣着，用大量肥皂水和流动清水冲洗。就医。
眼睛接触	提起眼睑，用流动清水或生理盐水冲洗。就医。
吸入	迅速脱离现场至空气新鲜处。保持呼吸道通畅。如呼吸困难，给输氧。如呼吸停止，立即进行人工呼吸。就医。
食入	用水漱口，给饮牛奶或蛋清。就医。
防护措施	
呼吸防护	可能接触其粉尘时，建议佩戴头罩型电动送风过滤式防尘呼吸器。
眼睛防护	呼吸系统防护中已做防护。
身体防护	穿胶布防毒衣。
手防护	戴氯丁橡胶手套。
其他防护	工作现场禁止吸烟、进食和饮水。工作完毕，淋浴更衣。保持良好的卫生习惯。

品名：**硝酸正丙酯**	分子式：$C_3H_7NO_2$	相态：液
别名：无	分子量：89.1	外观与性状：无色液体

危险特性

火灾危险性：可燃液体甲 B	爆炸物：无	皮肤腐蚀/刺激：无
腐蚀减薄：无	金属腐蚀：无	易燃液体：类别 2
环境开裂：硝酸盐应力腐蚀开裂	急性毒性：无	

无资料。

理化特性

熔点：47.0℃	临界温度：无资料	爆炸上限：无资料	引燃温度：无资料
沸点：10.0℃	临界压力：无资料	爆炸下限：无资料	燃烧热：无资料
闪点：无资料	饱和蒸气压：无资料	相对密度($d_水=1$)：0.89	

溶解性	微溶于水，溶于乙醇、乙醚。
主要用途	无资料。

急救措施

皮肤接触	无资料。
眼睛接触	无资料。
吸入	无资料。
食入	无资料。

防护措施

呼吸防护	可能接触其蒸气时，应该佩戴自吸过滤式防毒面具(半面罩)。紧急事态抢救或撤离时，建议佩戴氧气呼吸器。
眼睛防护	戴化学安全防护眼镜。
身体防护	穿防毒物渗透工作服。
手防护	戴橡胶耐油手套。
其他防护	工作现场禁止吸烟、进食和饮水。特别注意眼和呼吸道的防护。工作完毕，彻底清洗。单独存放被毒物污染的衣服，洗后备用。

品名：**硝酸正丁酯**	分子式：$C_4H_9NO_3$	相态：液
别名：无	分子量：119.1	外观与性状：无色液体，有类似醚样气味

危险特性

火灾危险性：可燃液体乙 A	爆炸物：无	皮肤腐蚀/刺激：无
腐蚀减薄：无	金属腐蚀：无	易燃液体：类别 3
环境开裂：硝酸盐应力腐蚀开裂	急性毒性：无	

遇高热、明火或与氧化剂接触，有引起燃烧的危险。与路易氏酸(如三氟化硼、氯化铝等)发生爆炸性反应。受高热分解放出有毒的气体。

理化特性

熔点：-60.0℃	临界温度：无资料	爆炸上限：无资料	引燃温度：无资料
沸点：136.0℃	临界压力：无资料	爆炸下限：无资料	燃烧热：无资料
闪点：36.0℃	饱和蒸气压：无资料	相对密度($d_水=1$)：1.05	

溶解性	不溶于水、溶于乙醇、乙醚。
主要用途	用于有机合成。

急救措施

皮肤接触	脱去污染的衣着，用大量流动清水冲洗。就医。
眼睛接触	提起眼睑，用流动清水或生理盐水冲洗。就医。
吸入	迅速脱离现场至空气新鲜处。保持呼吸道通畅。如呼吸困难，给输氧。就医。
食入	饮用足量温水，催吐。就医。

防护措施

呼吸防护	一般不需要特殊防护，高浓度接触时可佩戴自吸过滤式防毒面具(半面罩)。
眼睛防护	空气中浓度较高时，戴化学安全防护眼镜。
身体防护	穿防静电工作服。
手防护	戴防化学品手套。
其他防护	工作时不得进食、饮水或吸烟。工作完毕，彻底清洗。保持良好的卫生习惯。

品名：**硝酸正戊酯**		分子式：$C_5H_{11}NO_3$		相态：液
别名：无		分子量：133.1		外观与性状：清亮无色至微黄色液体，有醚味
危险特性				
火灾危险性：可燃液体乙 B		爆炸物：无		皮肤腐蚀/刺激：无
腐蚀减薄：无		金属腐蚀：无		易燃液体：类别 3
环境开裂：硝酸盐应力腐蚀开裂		急性毒性：无		
其蒸气与空气可形成爆炸性混合物，遇明火、高热极易燃烧爆炸。与氧化剂接触猛烈反应。燃烧时，放出有毒气体。其蒸气比空气重，能在较低处扩散到相当远的地方，遇火源会着火回燃。若遇高热，容器内压增大，有开裂和爆炸的危险。				
理化特性				
熔点：-123.2℃	临界温度：无资料		爆炸上限：无资料	引燃温度：无资料
沸点：157.0℃	临界压力：无资料		爆炸下限：无资料	燃烧热：无资料
闪点：52.0℃	饱和蒸气压：无资料		相对密度($d_{水}=1$)：1.00	
溶解性	不溶于水。			
主要用途	用作柴油燃料的添加剂，也用于有机合成。			
急救措施				
皮肤接触	脱去污染的衣着，用大量流动清水冲洗。就医。			
眼睛接触	提起眼睑，用流动清水或生理盐水冲洗。就医。			
吸入	迅速脱离现场至空气新鲜处。保持呼吸道通畅。如呼吸困难，给输氧。就医。			
食入	饮用足量温水，催吐。就医。			
防护措施				
呼吸防护	空气中浓度较高时，应该佩戴自吸过滤式防毒面具(半面罩)。			
眼睛防护	戴化学安全防护眼镜。			
身体防护	穿防静电工作服。			
手防护	戴橡胶耐油手套。			
其他防护	工作现场严禁吸烟。注意个人清洁卫生。			

品名：**辛二腈**		分子式：$C_8H_{12}N_2$		相态：液
别名：1,6-二氰基戊烷		分子量：136.2		外观与性状：无色至淡黄色液体
危险特性				
火灾危险性：可燃液体丙 B		爆炸物：无		皮肤腐蚀/刺激：无
腐蚀减薄：无		金属腐蚀：无		
环境开裂：无		急性毒性：类别 3		
遇明火能燃烧。遇高热分解释出剧毒的气体。				
理化特性				
熔点：-3.5℃	临界温度：无资料		爆炸上限：无资料	引燃温度：无资料
沸点：185.0℃	临界压力：无资料		爆炸下限：无资料	燃烧热：无资料
闪点：>110℃	饱和蒸气压：2kPa(60℃)		相对密度($d_{水}=1$)：0.95	
溶解性	不溶于水。			
主要用途	用作有机合成中间体。			
急救措施				
皮肤接触	脱去污染的衣着，用大量流动清水冲洗。就医。			
眼睛接触	提起眼睑，用流动清水或生理盐水冲洗。就医。			
吸入	迅速脱离现场至空气新鲜处。保持呼吸道通畅。如呼吸困难，给输氧。就医。			
食入	饮用足量温水，催吐。就医。			
防护措施				
呼吸防护	空气中浓度超标时，必须佩戴自吸过滤式防毒面具(半面罩)。紧急事态抢救或撤离时，应该佩戴空气呼吸器。			
眼睛防护	戴化学安全防护眼镜。			
身体防护	穿防毒物渗透工作服。			
手防护	戴橡胶耐油手套。			
其他防护	工作现场禁止吸烟、进食和饮水。工作完毕，彻底清洗。工作服不准带至非作业场所。单独存放被毒物污染的衣服，洗后备用。			

品名：**辛二烯**	分子式：C_8H_{14}	相态：液
别名：无	分子量：110.2	外观与性状：无色液体

危险特性

火灾危险性：可燃液体甲 B	爆炸物：无	皮肤腐蚀/刺激：无
腐蚀减薄：无	金属腐蚀：无	易燃液体：类别 2
环境开裂：无	急性毒性：无	

其蒸气与空气可形成爆炸性混合物，遇明火、高热极易燃烧爆炸。与氧化剂接触猛烈反应。容易自聚，聚合反应随着温度的上升而急骤加剧。流速过快，容易产生和积聚静电。若遇高热，容器内压增大，有开裂和爆炸的危险。

理化特性

熔点：-3.5℃	临界温度：无资料	爆炸上限：无资料	引燃温度：无资料
沸点：114.0℃	临界压力：无资料	爆炸下限：无资料	燃烧热：无资料
闪点：9.4℃	饱和蒸气压：2kPa(60℃)	相对密度($d_{水}=1$)：0.75	

溶解性	不溶于水，溶于醇、醚。
主要用途	用于有机合成。

急救措施

皮肤接触	脱去污染的衣着，用大量流动清水冲洗。就医。
眼睛接触	提起眼睑，用流动清水或生理盐水冲洗。就医。
吸入	迅速脱离现场至空气新鲜处。保持呼吸道通畅。如呼吸困难，给输氧。就医。
食入	饮用足量温水，催吐。就医。

防护措施

呼吸防护	空气中浓度超标时，必须佩戴自吸过滤式防毒面具(半面罩)。紧急事态抢救或撤离时，应该佩戴空气呼吸器。
眼睛防护	戴化学安全防护眼镜。
身体防护	穿防静电工作服。
手防护	戴橡胶手套。
其他防护	工作场所禁止吸烟、进食和饮水，饭前要洗手。工作完毕，淋浴更衣。保持良好的卫生习惯。

品名：**辛基苯酚**	分子式：$C_{14}H_{22}O$	相态：固
别名：无	分子量：206.4	外观与性状：白色片状固体

危险特性

火灾危险性：可燃液体丙 B	爆炸物：无	皮肤腐蚀/刺激：类别 1
腐蚀减薄：苯酚腐蚀	金属腐蚀：无	严重眼损伤/眼刺激：类别 1
环境开裂：无	急性毒性：无	

遇明火、高热可燃。其粉体与空气可形成爆炸性混合物，当达到一定浓度时，遇火星会发生爆炸。受高热分解放出有毒的气体。具有腐蚀性。

理化特性

熔点：83.5℃	临界温度：无资料	爆炸上限：无资料	引燃温度：无资料
沸点：276.0℃	临界压力：无资料	爆炸下限：无资料	燃烧热：无资料
闪点：138.0℃	饱和蒸气压：无资料	相对密度($d_{水}=1$)：0.89	

溶解性	不溶于水，溶于多数有机溶剂。
主要用途	用于制造油溶性苯酚树脂和表面活性剂等。

急救措施

皮肤接触	脱去污染的衣着，用甘油、聚乙烯乙二醇或聚乙烯乙二醇和酒精混合液(7：3)抹洗，然后用水彻底清洗。就医。
眼睛接触	立即提起眼睑，用大量流动清水或生理盐水彻底冲洗至少 15min。就医。
吸入	迅速脱离现场至空气新鲜处。保持呼吸道通畅。如呼吸困难，给输氧。如呼吸停止，立即进行人工呼吸。就医。
食入	立即给饮植物油 15~30ml。尽快彻底洗胃。就医。

防护措施

呼吸防护	可能接触其粉尘时，必须佩戴防尘面具(全面罩)。紧急事态抢救或撤离时，应该佩戴空气呼吸器。
眼睛防护	呼吸系统防护中已做防护。
身体防护	穿橡胶耐酸碱服。
手防护	戴橡胶耐酸碱手套。
其他防护	工作现场禁止吸烟、进食和饮水。工作完毕，淋浴更衣。保持良好的卫生习惯。

品名：**辛基三氯硅烷**	分子式：$C_8H_{17}Cl_3Si$	相态：液	
别名：无	分子量：247.7	外观与性状：白色发烟液体，带有刺鼻气味	
危险特性			
火灾危险性：可燃液体丙 A	爆炸物：无	皮肤腐蚀/刺激：类别 1	
腐蚀减薄：无	金属腐蚀：无	严重眼损伤/眼刺激：类别 1	
环境开裂：无	急性毒性：无		
遇明火、高热可燃。受热或遇水分解放热，放出有毒的腐蚀性烟气。遇潮时对大多数金属有腐蚀性。			
理化特性			
熔点：无资料	临界温度：无资料	爆炸上限：无资料	引燃温度：无资料
沸点：233.0℃	临界压力：无资料	爆炸下限：无资料	燃烧热：无资料
闪点：96.0℃	饱和蒸气压：无资料	相对密度($d_水=1$)：1.07	
溶解性	溶于部分有机溶剂。		
主要用途	用于有机合成。		
急救措施			
皮肤接触	脱去污染的衣着，用大量流动清水冲洗至少 15min。就医。		
眼睛接触	提起眼睑，用流动清水或生理盐水冲洗至少 15min。就医。		
吸入	迅速脱离现场至空气新鲜处。保持呼吸道通畅。如呼吸困难，给输氧。就医。		
食入	用水漱口，给饮牛奶或蛋清。就医。		
防护措施			
呼吸防护	空气中浓度超标时，必须佩戴自吸过滤式防毒面具(全面罩)。紧急事态抢救或撤离时，应该佩戴空气呼吸器。		
眼睛防护	呼吸系统防护中已做防护。		
身体防护	穿橡胶耐酸碱服。		
手防护	戴橡胶耐酸碱手套。		
其他防护	工作现场禁止吸烟、进食和饮水。工作完毕，淋浴更衣。保持良好的卫生习惯。		

品名：**1-辛炔**	分子式：C_8H_{14}	相态：液	
别名：无	分子量：110.2	外观与性状：无色液体	
危险特性			
火灾危险性：可燃液体甲 B	爆炸物：无	皮肤腐蚀/刺激：无	
腐蚀减薄：无	金属腐蚀：无	易燃液体：类别 2	
环境开裂：无	急性毒性：无		
易燃，其蒸气与空气可形成爆炸性混合物，遇明火、高热能引起燃烧爆炸。与氧化剂能发生强烈反应。若遇高热，可发生聚合反应，放出大量热量而引起容器破裂和爆炸事故。高速冲击、流动、激荡后可因产生静电火花放电引起燃烧爆炸。其蒸气比空气重，能在较低处扩散到相当远的地方，遇火源会着火回燃。			
理化特性			
熔点：-79.3℃	临界温度：无资料	爆炸上限：无资料	引燃温度：244.0℃
沸点：125.2℃	临界压力：3.89MPa	爆炸下限：无资料	燃烧热：无资料
闪点：17.8℃	饱和蒸气压：无资料	相对密度($d_水=1$)：0.75	
溶解性	不溶于水，溶于乙醇、乙醚等。		
主要用途	用于有机合成。		
急救措施			
皮肤接触	脱去污染的衣着，用大量肥皂水和流动清水冲洗。就医。		
眼睛接触	提起眼睑，用流动清水或生理盐水冲洗。就医。		
吸入	迅速脱离现场至空气新鲜处。保持呼吸道通畅。如呼吸困难，给输氧。如呼吸停止，立即进行人工呼吸。就医。		
食入	饮用足量温水，催吐。就医。		
防护措施			
呼吸防护	高浓度环境中，应该佩戴过滤式防毒面具(半面罩)。紧急事态抢救或撤离时，佩戴空气呼吸器、氧气呼吸器。		
眼睛防护	必要时，戴化学安全防护眼镜。		
身体防护	穿防静电工作服。		
手防护	戴橡胶耐油手套。		
其他防护	工作现场严禁吸烟。避免长期反复接触。		

品名：**2-辛炔**	分子式：C_8H_{14}	相态：液	
别名：无	分子量：110.2	外观与性状：无色液体	
危险特性			
火灾危险性：可燃液体甲 B	爆炸物：无	皮肤腐蚀/刺激：无	
腐蚀减薄：无	金属腐蚀：无	易燃液体：类别 2	
环境开裂：无	急性毒性：无		
易燃，其蒸气与空气可形成爆炸性混合物，遇明火、高热能引起燃烧爆炸。与氧化剂能发生强烈反应。其蒸气比空气重，能在较低处扩散到相当远的地方，遇火源会着火回燃。			
理化特性			
熔点：-60.2℃	临界温度：无资料	爆炸上限：无资料	引燃温度：无资料
沸点：137.2℃	临界压力：无资料	爆炸下限：无资料	燃烧热：无资料
闪点：24.1℃	饱和蒸气压：无资料	相对密度($d_{水}=1$)：0.76	
溶解性	不溶于水，溶于醇、醚。		
主要用途	用于有机合成。		
急救措施			
皮肤接触	脱去污染的衣着，用大量肥皂水和流动清水冲洗。就医。		
眼睛接触	提起眼睑，用流动清水或生理盐水冲洗。就医。		
吸入	迅速脱离现场至空气新鲜处。保持呼吸道通畅。如呼吸困难，给输氧。如呼吸停止，立即进行人工呼吸。就医。		
食入	饮用足量温水，催吐。就医。		
防护措施			
呼吸防护	高浓度环境中，应该佩戴过滤式防毒面具(半面罩)。紧急事态抢救或撤离时，应该佩戴空气呼吸器或氧气呼吸器。		
眼睛防护	必要时，戴化学安全防护眼镜。		
身体防护	穿防静电工作服。		
手防护	戴橡胶耐油手套。		
其他防护	工作现场严禁吸烟。避免长期反复接触。		

品名：**3-辛炔**	分子式：C_8H_{14}	相态：液	
别名：无	分子量：110.2	外观与性状：无色液体	
危险特性			
火灾危险性：可燃液体甲 B	爆炸物：无	皮肤腐蚀/刺激：无	
腐蚀减薄：无	金属腐蚀：无	易燃液体：类别 2	
环境开裂：无	急性毒性：无		
易燃，其蒸气与空气可形成爆炸性混合物，遇明火、高热能引起燃烧爆炸。与氧化剂能发生强烈反应。其蒸气比空气重，能在较低处扩散到相当远的地方，遇火源会着火回燃。			
理化特性			
熔点：-105.0℃	临界温度：无资料	爆炸上限：无资料	引燃温度：无资料
沸点：133.0℃	临界压力：无资料	爆炸下限：无资料	燃烧热：无资料
闪点：22.0℃	饱和蒸气压：无资料	相对密度($d_{水}=1$)：0.75	
溶解性	不溶于水，溶于乙醇、乙醚等。		
主要用途	用于有机合成。		
急救措施			
皮肤接触	脱去污染的衣着，用大量肥皂水和流动清水冲洗。就医。		
眼睛接触	提起眼睑，用流动清水或生理盐水冲洗。就医。		
吸入	迅速脱离现场至空气新鲜处。保持呼吸道通畅。如呼吸困难，给输氧。如呼吸停止，立即进行人工呼吸。就医。		
食入	饮用足量温水，催吐。就医。		
防护措施			
呼吸防护	高浓度环境中，应该佩戴过滤式防毒面具(半面罩)。紧急事态抢救或撤离时，佩戴空气呼吸器、氧气呼吸器。		
眼睛防护	必要时，戴化学安全防护眼镜。		
身体防护	穿防静电工作服。		
手防护	戴橡胶耐油手套。		
其他防护	工作现场严禁吸烟。避免长期反复接触。		

品名：**4-辛炔**	分子式：C_8H_{14}	相态：液
别名：无	分子量：110.2	外观与性状：无色液体
危险特性		
火灾危险性：可燃液体乙 A	爆炸物：无	反肤腐蚀/刺激：无
腐蚀减薄：无	金属腐蚀：无	易燃液体：类别 2
环境开裂：无	急性毒性：无	
其蒸气与空气可形成爆炸性混合物，遇明火、高热极易燃烧爆炸。与氧化剂接触猛烈反应。流速过快，容易产生和积聚静电。容易自聚，聚合反应随着温度的上升而急骤加剧。若遇高热，容器内压增大，有开裂和爆炸的危险。		

理化特性

熔点：−103.0℃	临界温度：无资料	爆炸上限：无资料	引燃温度：无资料
沸点：131.0℃	临界压力：无资料	爆炸下限：无资料	燃烧热：无资料
闪点：29.4℃	饱和蒸气压：无资料	相对密度($a_{水}=1$)：0.75	

溶解性	不溶于水，溶于乙醇、乙醚。
主要用途	无资料。
急救措施	
皮肤接触	脱去污染的衣着，用大量流动清水冲洗。就医。
眼睛接触	提起眼睑，用流动清水或生理盐水冲洗。就医。
吸入	迅速脱离现场至空气新鲜处。保持呼吸道通畅。如呼吸困难，给输氧。就医。
食入	饮用足量温水，催吐。就医。
防护措施	
呼吸防护	空气中浓度超标时，必须佩戴自吸过滤式防毒面具(半面罩)。紧急事态抢救或撤离时，应该佩戴空气呼吸器。
眼睛防护	戴化学安全防护眼镜。
身体防护	穿防静电工作服。
手防护	戴橡胶耐油手套。
其他防护	工作现场严禁吸烟。避免长期反复接触。

品名：**3-辛酮**	分子式：$C_8H_{16}O$	相态：液
别名：乙基戊基酮；乙戊酮	分子量：128.2	外观与性状：无色液体，具有水果气味
危险特性		
火灾危险性：可燃液体乙 B	爆炸物：无	皮肤腐蚀/刺激：类别 2
腐蚀减薄：无	金属腐蚀：无	易燃液体：类别 3
环境开裂：无	急性毒性：无	
遇高温、明火、氧化剂有燃烧危险。遇空气能形成爆炸性混合物。与硫酸、硝酸、脂肪胺不能配伍。蒸气比空气重，易在低处聚集。封闭区域内的蒸气遇火能爆炸。蒸气能扩散到远处，遇点火源着火，并引起回燃。		

理化特性

熔点：−18.5℃	临界温度：354.6℃	爆炸上限：无资料	引燃温度：无资料
沸点：151.0℃	临界压力：无资料	爆炸下限：无资料	燃烧热：无资料
闪点：57.0℃	饱和蒸气压：无资料	相对密度($d_{水}=1$)：0.82	

溶解性	几乎不溶于水。溶于大多数有机溶剂。
主要用途	用作溶剂。
急救措施	
皮肤接触	用清水冲洗。脱去并隔离被污染的衣服和鞋。注意患者保暖并且保持安静。确保医务人员了解该物质相关的个体防护知识，注意自身防护。
眼睛接触	立刻用清水冲洗。
吸入	将患者移至新鲜空气处，施行人工呼吸。如果呼吸困难，给予吸氧。
食入	立刻就医，给饮大量水，催吐(昏迷者除外)。
防护措施	
呼吸防护	无资料。
眼睛防护	无资料。
身体防护	无资料。
手防护	无资料。
其他防护	无资料。

品名：**3-辛酮**		分子式：$C_8H_{16}O$	相态：液
别名：乙基戊基酮；乙戊酮		分子量：128.2	外观与性状：无色液体，具有水果气味
危险特性			
火灾危险性：可燃液体乙 B		爆炸物：无	皮肤腐蚀/刺激：类别 2
腐蚀减薄：无		金属腐蚀：无	易燃液体：类别 3
环境开裂：无		急性毒性：无	
遇高温、明火、氧化剂有燃烧危险。遇空气能形成爆炸性混合物。与硫酸、硝酸、脂肪胺不能配伍。蒸气比空气重，易在低处聚集。封闭区域内的蒸气遇火能爆炸。蒸气能扩散到远处，遇点火源着火，并引起回燃。			
理化特性			
熔点：-18.5℃	临界温度：354.6℃	爆炸上限：无资料	引燃温度：无资料
沸点：151.0℃	临界压力：无资料	爆炸下限：无资料	燃烧热：无资料
闪点：57.0℃	饱和蒸气压：无资料	相对密度（$d_{水}=1$）：0.82	
溶解性	几乎不溶于水。溶于大多数有机溶剂。		
主要用途	用作溶剂。		
急救措施			
皮肤接触	用清水冲洗。脱去并隔离被污染的衣服和鞋。注意患者保暖并且保持安静。确保医务人员了解该物质相关的个体防护知识，注意自身防护。		
眼睛接触	立刻用清水冲洗。		
吸入	将患者移至新鲜空气处，施行人工呼吸。如果呼吸困难，给予吸氧。		
食入	立刻就医，给饮大量水，催吐（昏迷者除外）。		
防护措施			
呼吸防护	无资料。		
眼睛防护	无资料。		
身体防护	无资料。		
手防护	无资料。		
其他防护	无资料。		

品名：**1-辛烯**		分子式：C_8H_{16}	相态：液
别名：无		分子量：112.2	外观与性状：无色液体
危险特性			
火灾危险性：可燃液体甲 B		爆炸物：无	皮肤腐蚀/刺激：无
腐蚀减薄：无		金属腐蚀：无	易燃液体：类别 2
环境开裂：无		急性毒性：无	
易燃，其蒸气与空气可形成爆炸性混合物，遇明火、高热能引起燃烧爆炸。与氧化剂接触猛烈反应。若遇高热，可发生聚合反应，放出大量热量而引起容器破裂和爆炸事故。高速冲击、流动、激荡后可因产生静电火花放电引起燃烧爆炸。其蒸气比空气重，能在较低处扩散到相当远的地方，遇火源会着火回燃。			
理化特性			
熔点：-101.9℃	临界温度：无资料	爆炸上限：3.9%	引燃温度：230.0℃
沸点：121.3℃	临界压力：2.68MPa	爆炸下限：0.7%	燃烧热：5306.2kJ/mol
闪点：21.0℃	饱和蒸气压：4.83kPa（38℃）	相对密度（$d_{水}=1$）：0.82	
溶解性	不溶于水，溶于乙醇、乙醚、丙酮等多数有机溶剂。		
主要用途	用于有机合成，及增塑剂、表面活性剂的制备。		
急救措施			
皮肤接触	脱去污染的衣着，用大量肥皂水和流动清水冲洗。就医。		
眼睛接触	提起眼睑，用流动清水或生理盐水冲洗。就医。		
吸入	迅速脱离现场至空气新鲜处。保持呼吸道通畅。如呼吸困难，给输氧。如呼吸停止，立即进行人工呼吸。就医。		
食入	饮用足量温水，催吐。就医。		
防护措施			
呼吸防护	空气中浓度较高时，建议佩戴自吸过滤式防毒面具（半面罩）。		
眼睛防护	戴化学安全防护眼镜。		
身体防护	穿防静电工作服。		
手防护	戴橡胶耐油手套。		
其他防护	工作现场严禁吸烟。避免长期反复接触。		

品名：**2-辛烯**		分子式：C_8H_{16}	相态：液
别名：无		分子量：112.2	外观与性状：无色液体
危险特性			
火灾危险性：可燃液体甲 B 腐蚀减薄：无 环境开裂：无		爆炸物：无 金属腐蚀：无 急性毒性：无	皮肤腐蚀/刺激：无 易燃液体：类别 2
易燃，其蒸气与空气可形成爆炸性混合物，遇明火、高热能引起燃烧爆炸。与氧化剂接触猛烈反应。其蒸气比空气重，能在较低处扩散到相当远的地方，遇火源会着火回燃。			
理化特性			
熔点：-94.0℃ 沸点：125.2℃ 闪点：21.1℃	临界温度：无资料 临界压力：无资料 饱和蒸气压：4.12kPa(37.7℃)	爆炸上限：无资料 爆炸下限：无资料 相对密度($d_水$=1)：0.72	引燃温度：无资料 燃烧热：无资料
溶解性	不溶于水、溶于乙醇、乙醚、丙酮。		
主要用途	用于有机合成，用作润滑剂。		
急救措施			
皮肤接触	脱去污染的衣着，用大量肥皂水和流动清水冲洗。就医。		
眼睛接触	提起眼睑，用流动清水或生理盐水冲洗。就医。		
吸入	迅速脱离现场至空气新鲜处。保持呼吸道通畅。如呼吸困难，给输氧。如呼吸停止，立即进行人工呼吸。就医。		
食入	饮用足量温水，催吐。就医。		
防护措施			
呼吸防护	空气中浓度较高时，建议佩戴自吸过滤式防毒面具(半面罩)。		
眼睛防护	必要时，戴化学安全防护眼镜。		
身体防护	穿防静电工作服。		
手防护	戴橡胶耐油手套。		
其他防护	工作现场严禁吸烟。避免长期反复接触。		

品名：**辛酰氯**		分子式：$C_8H_{15}ClO$	相态：液
别名：无		分子量：162.7	外观与性状：无色至草黄色透明液体，具有刺激性气味
危险特性			
火灾危险性：可燃液体丙 A 腐蚀减薄：无 环境开裂：无		爆炸物：无 金属腐蚀：无 急性毒性：类别 2	皮肤腐蚀/刺激：类别 2 严重眼损伤/眼刺激：类别 1
遇明火、高热可燃。与氧化剂可发生反应。遇水或水蒸气反应放热并产生有毒的腐蚀性气体。受热分解释出高毒烟雾。其蒸气比空气重，能在较低处扩散到相当远的地方，遇火源会着火回燃。遇潮时对大多数金属有腐蚀性。若遇高热，容器内压增大，有开裂和爆炸的危险。			
理化特性			
熔点：-63.0℃ 沸点：195.0℃ 闪点：75.0℃	临界温度：无资料 临界压力：无资料 饱和蒸气压：无资料	爆炸上限：无资料 爆炸下限：无资料 相对密度($d_水$=1)：0.95	引燃温度：无资料 燃烧热：无资料
溶解性	溶于乙醚。		
主要用途	用于有机合成。		
急救措施			
皮肤接触	脱去污染的衣着，用流动清水冲洗。就医。		
眼睛接触	提起眼睑，用流动清水或生理盐水冲洗至少 15min。就医。		
吸入	迅速脱离现场至空气新鲜处。保持呼吸道通畅。如呼吸困难，给输氧。如呼吸停止，立即进行人工呼吸。就医。		
食入	用水漱口，给饮牛奶或蛋清。就医。		
防护措施			
呼吸防护	空气中浓度超标时，必须佩戴自吸过滤式防毒面具(全面罩)。紧急事态抢救或撤离时，应该佩戴空气呼吸器。		
眼睛防护	呼吸系统防护中已做防护。		
身体防护	穿橡胶耐酸碱服。		
手防护	戴橡胶耐酸碱手套。		
其他防护	工作现场禁止吸烟、进食和饮水。工作完毕，淋浴更衣。保持良好的卫生习惯。		

品名：**锌粉**	分子式：Zn	相态：固
别名：无	分子量：65.4	外观与性状：浅灰色的细小粉末

危险特性

火灾危险性：无法确定	爆炸物：无	皮肤腐蚀/刺激：无
腐蚀减薄：无	金属腐蚀：无	自热物质和混合物：类别 1
环境开裂：液体金属脆断	急性毒性：无	

具有强还原性。与水、酸类或碱金属氢氧化物接触能放出易燃的氢气。与氧化剂、硫磺反应会引起燃烧或爆炸。粉末与空气能形成爆炸性混合物，易被明火点燃引起爆炸，潮湿粉尘在空气中易自行发热燃烧。

理化特性

熔点：419.6℃	临界温度：无资料	爆炸上限：无资料	引燃温度：500.0℃
沸点：907.0℃	临界压力：无资料	爆炸下限：无资料	燃烧热：无资料
闪点：无资料	饱和蒸气压：0.13kPa(487℃)	相对密度($d_{水}=1$)：7.13	

溶解性	溶于酸、碱。
主要用途	用作催化剂、还原剂和用于有机合成，也用于制备有色金属合金。

急救措施

皮肤接触	无资料。
眼睛接触	无资料。
吸入	无资料。
食入	无资料。

防护措施

呼吸防护	作业时，应该佩戴自吸过滤式防尘口罩。必要时，建议佩戴空气呼吸器。
眼睛防护	戴化学安全防护眼镜。
身体防护	穿防静电工作服。
手防护	戴一般作业防护手套。
其他防护	工作现场禁止吸烟、进食和饮水。工作完毕，淋浴更衣。实行就业前和定期的体检。

品名：**锌汞齐**	分子式：HgZn	相态：无资料
别名：锌汞合金	分子量：266.0	外观与性状：无资料

危险特性

火灾危险性：无	爆炸物：无	皮肤腐蚀/刺激：无
腐蚀减薄：无	金属腐蚀：无	
环境开裂：液体金属脆断	急性毒性：无	

无资料。

理化特性

熔点：无资料	临界温度：无资料	爆炸上限：无资料	引燃温度：无资料
沸点：无资料	临界压力：无资料	爆炸下限：无资料	燃烧热：无资料
闪点：无资料	饱和蒸气压：无资料	相对密度($d_{水}=1$)：无资料	

溶解性	几乎不受空气的影响，能与酸反应放出氢气。粉状者能溶解于水，不溶于有机溶剂。
主要用途	还原剂。

急救措施

皮肤接触	无资料。
眼睛接触	无资料。
吸入	无资料。
食入	无资料。

防护措施

呼吸防护	作业时，应该佩戴自吸过滤式防尘口罩。必要时，建议佩戴空气呼吸器。
眼睛防护	戴化学安全防护眼镜。
身体防护	穿防静电工作服。
手防护	戴一般作业防护手套。
其他防护	工作现场禁止吸烟、进食和饮水。工作完毕，淋浴更衣。实行就业前和定期的体检。

品名：**溴**	分子式：Br_2	相态：液
别名：溴素	分子量：159.8	外观与性状：暗红褐色发烟液体，有刺鼻气味

危险特性

火灾危险性：无	爆炸物：无	皮肤腐蚀/刺激：类别1
腐蚀减薄：无	金属腐蚀：无	严重眼损伤/眼刺激：类别1
环境开裂：无	急性毒性：类别2	

强氧化剂。与易燃物(如苯)和可燃物(如糖、纤维素等)接触会发生剧烈反应，甚至引起燃烧。和氢、甲烷、硫磺、锑、砷、磷、钠、钾及其他金属粉末剧烈反应，甚至引起燃烧爆炸。与还原剂能发生强烈反应。能腐蚀大多数金属及有机组织。

理化特性

熔点：-7.2℃	临界温度：无资料	爆炸上限：无资料	引燃温度：无资料
沸点：59.5℃	临界压力：无资料	爆炸下限：无资料	燃烧热：无资料
闪点：无资料	饱和蒸气压：23.33kPa(20℃)	相对密度($d_水=1$)：3.10	

溶解性	微溶于水，易溶于乙醇、乙醚、苯、氯仿、二硫化碳、盐酸。
主要用途	用作分析试剂、氧化剂、烯烃吸收剂、溴化剂。

急救措施

皮肤接触	脱去污染的衣着，用大量流动清水冲洗至少15min。就医。
眼睛接触	提起眼睑，用流动清水或生理盐水冲洗至少15min。就医。
吸入	迅速脱离现场至空气新鲜处。保持呼吸道通畅。如呼吸困难，给输氧。如呼吸停止，立即进行人工呼吸。就医。
食入	用水漱口，给饮牛奶或蛋清。就医。

防护措施

呼吸防护	可能接触其烟雾时，必须佩戴自吸过滤式防毒面具(全面罩)或空气呼吸器。紧急事态抢救或撤离时，建议佩戴氧气呼吸器。
眼睛防护	呼吸系统防护中已做防护。
身体防护	穿橡胶耐酸碱服。
手防护	戴橡胶耐酸碱手套。
其他防护	工作现场禁止吸烟、进食和饮水。工作完毕，淋浴更衣。单独存放被毒物污染的衣服，洗后备用。保持良好的卫生习惯。

品名：**4-溴-1,2-二甲基苯**	分子式：C_8H_9Br	相态：液
别名：对溴邻二甲苯；3,4-二甲基溴	分子量：185.1	外观与性状：无色液体

危险特性

火灾危险性：可燃液体丙A	爆炸物：无	皮肤腐蚀/刺激：类别1
腐蚀减薄：无	金属腐蚀：无	严重眼损伤/眼刺激：类别1
环境开裂：无	急性毒性：类别3	

遇明火能燃烧。受高热分解放出有毒的气体。

理化特性

熔点：-0.2℃	临界温度：无资料	爆炸上限：无资料	引燃温度：无资料
沸点：214.5℃	临界压力：无资料	爆炸下限：无资料	燃烧热：无资料
闪点：80.0℃	饱和蒸气压：无资料	相对密度($d_水=1$)：1.37	

溶解性	不溶于水，易溶于乙醇、乙醚。
主要用途	用作有机合成中间体。

急救措施

皮肤接触	无资料。
眼睛接触	无资料。
吸入	无资料。
食入	无资料。

防护措施

呼吸防护	空气中浓度超标时，必须佩戴自吸过滤式防毒面具(全面罩)。紧急事态抢救或撤离时，应该佩戴空气呼吸器。
眼睛防护	呼吸系统防护中已做防护。
身体防护	穿胶布防毒衣。
手防护	戴橡胶耐油手套。
其他防护	工作现场禁止吸烟、进食和饮水。及时换洗工作服。保持良好的卫生习惯。

品名：**3-溴-1,2-环氧丙烷** 别名：环氧溴丙烷；溴甲基环氧乙烷；表溴醇	分子式：C_3H_5BrO 分子量：137.0		相态：液 外观与性状：无色或淡黄色透明液体，易挥发
危险特性			
火灾危险性：可燃液体乙 B 腐蚀减薄：无 环境开裂：无	爆炸物：无 金属腐蚀：无 急性毒性：类别 3		皮肤腐蚀/刺激：无 易燃液体：类别 3
易燃，遇明火、高热或与氧化剂接触，有引起燃烧爆炸的危险。受高热分解产生有毒的溴化物气体。在酸、碱、水分等催化剂存在下，能发生聚合放热反应。			
理化特性			
熔点：-40.0℃ 沸点：134.0℃ 闪点：56.0℃	临界温度：无资料 临界压力：无资料 饱和蒸气压：无资料	爆炸上限：无资料 爆炸下限：无资料 相对密度($d_水=1$)：1.60	引燃温度：无资料 燃烧热：无资料
溶解性	不溶于水，溶于热乙醇、乙醚、苯、氯仿。		
主要用途	用作纤维素溶剂。		
急救措施			
皮肤接触	无资料。		
眼睛接触	无资料。		
吸入	无资料。		
食入	无资料。		
防护措施			
呼吸防护	可能接触其蒸气时，必须佩戴自吸过滤式防毒面具(全面罩)。紧急事态抢救或撤离时，建议佩戴自给式呼吸器。		
眼睛防护	呼吸系统防护中已做防护。		
身体防护	穿连衣式胶布防毒衣。		
手防护	戴橡胶手套。		
其他防护	工作现场禁止吸烟、进食和饮水。保持良好的卫生习惯。防止皮肤和黏膜的损害。		

品名：**3-溴-1-丙烯** 别名：3-溴丙烯；烯丙基溴	分子式：C_3H_5Br 分子量：121.0		相态：液 外观与性状：无色到淡黄色液体，有令人不愉快的刺激性气味
危险特性			
火灾危险性：可燃液体甲 B 腐蚀减薄：无 环境开裂：无	爆炸物：无 金属腐蚀：无 急性毒性：类别 3		皮肤腐蚀/刺激：类别 1 易燃液体：类别 2
易燃，遇明火、高热、或与氧化剂接触能燃烧，并散发出有毒气体。受高热分解产生有毒的溴化物气体。其蒸气比空气重，能在较低处扩散到相当远的地方，遇火源会着火回燃。			
理化特性			
熔点：-119.4℃ 沸点：71.3℃ 闪点：-1.0℃	临界温度：无资料 临界压力：无资料 饱和蒸气压：无资料	爆炸上限：7.3% 爆炸下限：4.3% 相对密度($d_水=1$)：1.40	引燃温度：295.0℃ 燃烧热：-1814.8kJ/mol
溶解性	不溶于水，溶于乙醇、乙醚、氯仿、四氯化碳、二硫化碳等多数有机溶剂。		
主要用途	用于有机合成，树脂和香料中间体。		
急救措施			
皮肤接触	脱去污染的衣着，用大量肥皂水和流动清水冲洗。就医。		
眼睛接触	提起眼睑，用流动清水或生理盐水冲洗至少 15min。就医。		
吸入	迅速脱离现场至空气新鲜处。保持呼吸道通畅。如呼吸困难，给输氧。如呼吸停止，立即进行人工呼吸。就医。		
食入	饮用足量温水，催吐。就医。		
防护措施			
呼吸防护	空气中浓度超标时，应该佩戴自吸过滤式防毒面具(全面罩)。紧急事态抢救或撤离时，佩戴隔离式呼吸器。		
眼睛防护	呼吸系统防护中已做防护。		
身体防护	穿防静电工作服。		
手防护	戴橡胶耐油手套。		
其他防护	工作现场禁止吸烟、进食和饮水。工作完毕，淋浴更衣。注意个人清洁卫生。		

品名：**1-溴-2,4-二硝基苯**	分子式：$C_6H_3BrN_2O_4$	相态：无资料
别名：3,4-二硝基溴化苯；1,3-二硝基-4-溴化苯；2,4-二硝基溴化苯	分子量：247.0	外观与性状：无资料

危险特性

火灾危险性：无	爆炸物：无	皮肤腐蚀/刺激：类别 2
腐蚀减薄：含盐水腐蚀	金属腐蚀：无	严重眼损伤/眼刺激：类别 2
环境开裂：溴化物应力腐蚀开裂	急性毒性：无	

遇明火能燃烧。受高热分解放出有毒的气体。

理化特性

熔点：71.0℃	临界温度：无资料	爆炸上限：无资料	引燃温度：无资料
沸点：288.4℃	临界压力：无资料	爆炸下限：无资料	燃烧热：无资料
闪点：无资料	饱和蒸气压：无资料	相对密度($d_水=1$)：无资料	

溶解性	无资料。
主要用途	无资料。

急救措施

皮肤接触	脱去污染的衣着，立即用大量流动清水彻底冲洗至少 15min。就医。
眼睛接触	立即翻开上下眼睑，用流动清水或生理盐水冲洗至少 15min。就医。
吸入	迅速脱离现场至空气新鲜处。保持呼吸道通畅。呼吸困难时给输氧。呼吸停止时，立即进行人二呼吸。就医。
食入	误服者漱口，饮牛奶或蛋清。就医。

防护措施

呼吸防护	空气中粉尘浓度超标时，必须佩戴自吸过滤式防尘口罩。紧急事态抢救或撤离时，应该佩戴空气呼吸器。
眼睛防护	戴化学安全防护眼镜。
身体防护	穿防毒物渗透工作服。
手防护	戴橡胶手套。
其他防护	工作现场禁止吸烟、进食和饮水。及时换洗工作服。保持良好的卫生习惯。

品名：**2-溴-2-甲基丙酸乙酯**	分子式：$C_6H_{11}BrO_2$	相态：液
别名：2-溴异丁酸乙酯	分子量：195.1	外观与性状：无色液体

危险特性

火灾危险性：可燃液体丙 A	爆炸物：无	皮肤腐蚀/刺激：无
腐蚀减薄：低分子有机酸腐蚀	金属腐蚀：无	易燃液体：类别 3
环境开裂：无	急性毒性：无	

其蒸气与空气可形成爆炸性混合物，遇明火、高热能引起燃烧爆炸。与氧化剂可发生反应。受高热分解放出有毒的气体。若遇高热，容器内压增大，有开裂和爆炸的危险。

理化特性

熔点：无资料	临界温度：无资料	爆炸上限：无资料	引燃温度：无资料
沸点：65.0℃	临界压力：无资料	爆炸下限：无资料	燃烧热：无资料
闪点：60.0℃	饱和蒸气压：1.47kPa(65℃)	相对密度($d_水=1$)：1.33	

溶解性	不溶于水，可混溶于乙醇、乙醚。
主要用途	用于有机合成。

急救措施

皮肤接触	脱去污染的衣着，用大量流动清水冲洗。就医。
眼睛接触	提起眼睑，用流动清水或生理盐水冲洗至少 15min。就医。
吸入	迅速脱离现场至空气新鲜处。保持呼吸道通畅。如呼吸困难，给输氧。如呼吸停止，立即进行人工呼吸。就医。
食入	用水漱口，给饮牛奶或蛋清。就医。

防护措施

呼吸防护	空气中浓度超标时，必须佩戴自吸过滤式防毒面具(半面罩)。紧急事态抢救或撤离时，应该佩戴空气呼吸器。
眼睛防护	戴化学安全防护眼镜。
身体防护	穿防毒物渗透工作服。
手防护	戴橡胶耐油手套。
其他防护	工作现场严禁吸烟。工作完毕，淋浴更衣。特别注意眼和呼吸道的防护。

品名：**1-溴-2-甲基丙烷** 别名：异丁基溴；溴代异丁烷	分子式：C_4H_9Br 分子量：137.0		相态：液 外观与性状：无色液体
危险特性			
火灾危险性：可燃液体甲 B 腐蚀减薄：无 环境开裂：无	爆炸物：无 金属腐蚀：无 急性毒性：无		皮肤腐蚀/刺激：无 易燃液体：类别 2
其蒸气与空气可形成爆炸性混合物，遇明火、高热极易燃烧爆炸。与氧化剂接触猛烈反应。受高热分解产生有毒的溴化物气体。流速过快，容易产生和积聚静电。若遇高热，容器内压增大，有开裂和爆炸的危险。			
理化特性			
熔点：−117.4℃ 沸点：91.7℃ 闪点：18.0℃	临界温度：无资料 临界压力：无资料 饱和蒸气压：无资料	爆炸上限：无资料 爆炸下限：无资料 相对密度($d_水=1$)：1.25	引燃温度：无资料 燃烧热：无资料
溶解性	微溶于水，溶于氯仿，与乙酸、乙醚和丙酮混溶。		
主要用途	可用作溶剂及有机合成时的烷基化剂及中间体；还可用作香料的原料。		
急救措施			
皮肤接触	脱去污染的衣着，用大量流动清水冲洗。		
眼睛接触	提起眼睑，用流动清水或生理盐水冲洗。就医。		
吸入	脱离现场至空气新鲜处。如呼吸困难，给输氧。就医。		
食入	饮足量温水，催吐。就医。		
防护措施			
呼吸防护	空气中浓度超标时，必须佩戴自吸过滤式防毒面具(全面罩)。紧急事态抢救或撤离时，应该佩戴空气呼吸器。		
眼睛防护	呼吸系统防护中已做防护。		
身体防护	穿防静电工作服。		
手防护	戴橡胶耐油手套。		
其他防护	工作现场严禁吸烟。注意检测毒物。注意个人清洁卫生。		

品名：**2-溴-2-甲基丙烷** 别名：叔丁基溴；特丁基溴；溴代叔丁烷	分子式：C_4H_9Br 分子量：137.0		相态：液 外观与性状：无色液体
危险特性			
火灾危险性：可燃液体甲 B 腐蚀减薄：无 环境开裂：无	爆炸物：无 金属腐蚀：无 急性毒性：无		皮肤腐蚀/刺激：类别 1 易燃液体：类别 2
无资料。			
理化特性			
熔点：−16.2℃ 沸点：73.3℃ 闪点：18.3℃	临界温度：无资料 临界压力：无资料 饱和蒸气压：无资料	爆炸上限：无资料 爆炸下限：无资料 相对密度($d_水=1$)：1.22	引燃温度：无资料 燃烧热：无资料
溶解性	不溶于水，溶于常用有机溶剂。		
主要用途	可用作溶剂及有机合成时的烷基化剂及中间体；还可用作香料的原料。		
急救措施			
皮肤接触	无资料。		
眼睛接触	无资料。		
吸入	无资料。		
食入	无资料。		
防护措施			
呼吸防护	防毒面具。依据当地和政府法规。		
眼睛防护	安全防护镜。如果情况需要，佩戴面具。		
身体防护	防护服。如果情况需要，穿戴防护靴。		
手防护	防护手套。		
其他防护	工作现场严禁吸烟。注意检测毒物。注意个人清洁卫生。		

品名：**溴苯**	分子式：C_6H_5Br	相态：液	
别名：无	分子量：157.0	外观与性状：无色油状液体，具有苯的气味	
危险特性			
火灾危险性：可燃液体乙 B	爆炸物：无	皮肤腐蚀/刺激：类别 2	
腐蚀减薄：无	金属腐蚀：无	易燃液体：类别 3	
环境开裂：无	急性毒性：无		
易燃，遇高热、明火及强氧化剂易引起燃烧。			
理化特性			
熔点：-30.7℃	临界温度：397.0℃	爆炸上限：2.8%	引燃温度：565.0℃
沸点：196.4℃	临界压力：4.52MPa	爆炸下限：0.5%	燃烧热：3124.6kJ/mol
闪点：51.0℃	饱和蒸气压：0.532kPa(25℃)	相对密度($d_水$=1)：1.50	
溶解性	不溶于水，溶于甲醇、乙醚、丙酮、苯、四氯化碳等多数有机溶剂。		
主要用途	用于溶剂、分析试剂和有机合成等。		
急救措施			
皮肤接触	脱去污染的衣着，用大量肥皂水和流动清水冲洗。就医。		
眼睛接触	提起眼睑，用流动清水或生理盐水冲洗。就医。		
吸入	迅速脱离现场至空气新鲜处。保持呼吸道通畅。如呼吸困难，给输氧。如呼吸停止，立即进行人工呼吸。就医。		
食入	饮用足量温水，催吐。就医。		
防护措施			
呼吸防护	空气中浓度超标时，应该佩戴自吸过滤式防毒面具(半面罩)。紧急事态抢救或撤离时，建议佩戴空气呼吸器。		
眼睛防护	戴化学安全防护眼镜。		
身体防护	穿防毒物渗透工作服。		
手防护	戴橡胶耐油手套。		
其他防护	工作现场严禁吸烟。工作完毕，淋浴更衣。注意个人清洁卫生。		

品名：**2-溴苯胺**	分子式：C_6H_6BrN	相态：固	
别名：邻溴苯胺；邻氨基溴化苯	分子量：172.0	外观与性状：黄色结晶	
危险特性			
火灾危险性：无	爆炸物：无	皮肤腐蚀/刺激：无	
腐蚀减薄：碱腐蚀、胺腐蚀、含盐水腐蚀	金属腐蚀：无		
环境开裂：溴化物应力腐蚀开裂、碱应力腐蚀开裂、氨应力腐蚀开裂、胺应力腐蚀开裂	急性毒性：无		
遇明火、高热可燃。其粉体与空气可形成爆炸性混合物，当达到一定浓度时，遇火星会发生爆炸。受高热分解放出有毒的气体。			
理化特性			
熔点：29.0℃	临界温度：无资料	爆炸上限：无资料	引燃温度：无资料
沸点：229.0℃	临界压力：无资料	爆炸下限：无资料	燃烧热：无资料
闪点：>110℃	饱和蒸气压：无资料	相对密度($d_水$=1)：1.58	
溶解性	不溶于水，溶于乙醇、乙醚。		
主要用途	用于有机合成。		
急救措施			
皮肤接触	脱去污染的衣着，用大量流动清水冲洗。就医。		
眼睛接触	提起眼睑，用流动清水或生理盐水冲洗。就医。		
吸入	迅速脱离现场至空气新鲜处。保持呼吸道通畅。如呼吸困难，给输氧。如呼吸停止，立即进行人工呼吸。就医。		
食入	饮用足量温水，催吐。就医。		
防护措施			
呼吸防护	空气中粉尘浓度较高时，建议佩戴自吸过滤式防尘口罩。		
眼睛防护	戴化学安全防护眼镜。		
身体防护	穿透气型防毒服。		
手防护	戴防化学品手套。		
其他防护	工作时不得进食、饮水或吸烟。工作完毕，彻底清洗。保持良好的卫生习惯。		

品名：**3-溴苯胺** 别名：间溴苯胺；间氨基溴化苯		分子式：C_6H_6BrN 分子量：172.0	相态：液 外观与性状：淡黄色液体或结晶
危险特性			
火灾危险性：可燃液体丙 A 腐蚀减薄：碱腐蚀、胺腐蚀、含盐水腐蚀 环境开裂：溴化物应力腐蚀开裂、碱应力腐蚀开裂、氨应力腐蚀开裂、胺应力腐蚀开裂		爆炸物：无 金属腐蚀：无 急性毒性：无	皮肤腐蚀/刺激：无
遇明火、高热可燃。与氧化剂可发生反应。受高热分解放出有毒的气体。若遇高热，容器内压增大，有开裂和爆炸的危险。			
理化特性			
熔点：18.5℃ 沸点：251.0℃ 闪点：>112℃	临界温度：无资料 临界压力：无资料 饱和蒸气压：无资料	爆炸上限：无资料 爆炸下限：无资料 相对密度($d_{水}=1$)：1.58	引燃温度：无资料 燃烧热：无资料
溶解性	微溶于水，溶于乙醇、乙醚。		
主要用途	用于有机合成。		
急救措施			
皮肤接触	脱去污染的衣着，用大量流动清水冲洗。就医。		
眼睛接触	提起眼睑，用流动清水或生理盐水冲洗。就医。		
吸入	迅速脱离现场至空气新鲜处。保持呼吸道通畅。如呼吸困难，给输氧。如呼吸停止，立即进行人工呼吸。就医。		
食入	饮用足量温水，催吐。就医。		
防护措施			
呼吸防护	空气中浓度超标时，必须佩戴自吸过滤式防毒面具(半面罩)。紧急事态抢救或撤离时，应该佩戴空气呼吸器。		
眼睛防护	戴化学安全防护眼镜。		
身体防护	穿防毒物渗透工作服。		
手防护	戴橡胶手套。		
其他防护	工作场所禁止吸烟、进食和饮水，饭前要洗手。工作完毕，淋浴更衣。保持良好的卫生习惯。		

品名：**4-溴苯胺** 别名：对溴苯胺；对氨基溴化苯		分子式：C_6H_6BrN 分子量：172.0	相态：固 外观与性状：从60%乙醇中析出者为正交晶系双锥体针状结晶
危险特性			
火灾危险性：可燃液体丙 A 腐蚀减薄：碱腐蚀、胺腐蚀、含盐水腐蚀 环境开裂：溴化物应力腐蚀开裂、碱应力腐蚀开裂、氨应力腐蚀开裂、胺应力腐蚀开裂		爆炸物：无 金属腐蚀：无 急性毒性：无	皮肤腐蚀/刺激：无
遇明火、高热可燃。其粉体与空气可形成爆炸性混合物，当达到一定浓度时，遇火星会发生爆炸。受热分解产生有毒的烟气。			
理化特性			
熔点：66.4℃ 沸点：225.9℃ 闪点：90.4℃	临界温度：无资料 临界压力：无资料 饱和蒸气压：无资料	爆炸上限：无资料 爆炸下限：无资料 相对密度($d_{水}=1$)：1.50	引燃温度：无资料 燃烧热：无资料
溶解性	不溶于水，易溶于乙醇和乙醚。		
主要用途	染料原料，医药及有机合成中间体。		
急救措施			
皮肤接触	立即脱去污染的衣着，用肥皂水及流动清水彻底冲洗污染的皮肤、头发、指甲等。就医。		
眼睛接触	提起眼睑，用流动清水或生理盐水冲洗。就医。		
吸入	迅速脱离现场至空气新鲜处。保持呼吸道通畅。如呼吸困难，给输氧。如呼吸停止，立即进行人工呼吸。就医。		
食入	饮足量温水，催吐。就医。		
防护措施			
呼吸防护	空气中粉尘浓度超标时，建议佩戴自吸过滤式防尘口罩。紧急事态抢救或撤离时，应该佩戴空气呼吸器。		
眼睛防护	戴化学安全防护眼镜。		
身体防护	穿防毒物渗透工作服。		
手防护	戴乳胶手套。		
其他防护	工作场所禁止吸烟、进食和饮水，饭前要洗手。工作完毕，淋浴更衣。保持良好的卫生习惯。		

品名：**2-溴苯酚** 别名：邻溴苯酚	分子式：C_6H_5BrO 分子量：173.0	柜态：液 外观与性状：黄色到红色油状液体，具有不愉快的气味	
危险特性			
火灾危险性：可燃液体乙 A 腐蚀减薄：苯酚腐蚀 环境开裂：无	爆炸物：无 金属腐蚀：无 急性毒性：无	皮肤腐蚀/刺激：无 易燃液体：类别 3	
遇明火、高热易燃。受高热分解产生有毒的溴化物气体。与强氧化剂接触可发生化学反应。			
理化特性			
熔点：5.6℃ 沸点：195.0℃ 闪点：42.0℃	临界温度：无资料 临界压力：无资料 饱和蒸气压：1.73kPa(87.3℃)	爆炸上限：无资料 爆炸下限：无资料 相对密度($d_{水}=1$)：1.49	引燃温度：无资料 燃烧热：无资料
溶解性	微溶于水，溶于乙醇、乙醚等。		
主要用途	用于有机合成。		
急救措施			
皮肤接触	脱去污染的衣着，用大量流动清水冲洗至少 15min。就医。		
眼睛接触	提起眼睑，用流动清水或生理盐水冲洗至少 15min。就医。		
吸入	迅速脱离现场至空气新鲜处。保持呼吸道通畅。如呼吸困难，给输氧。如呼吸停止，立即进行人工呼吸。就医。		
食入	立即给饮植物油 15~30ml。催吐。就医。		
防护措施			
呼吸防护	可能接触其蒸气时，应该佩戴自吸过滤式防毒面具(半面罩)。		
眼睛防护	戴化学安全防护眼镜。		
身体防护	穿防毒物渗透工作服。		
手防护	戴橡胶耐油手套。		
其他防护	工作现场禁止吸烟、进食和饮水。工作完毕，彻底清洗。单独存放被毒物污染的衣服，洗后备用。注意个人清洁卫生。		

品名：**3-溴苯酚** 别名：间溴苯酚	分子式：C_6H_5BrO 分子量：173.0	相态：固 外观与性状：白色至黄色结晶	
危险特性			
火灾危险性：无 腐蚀减薄：苯酚腐蚀 环境开裂：无	爆炸物：无 金属腐蚀：无 急性毒性：无	皮肤腐蚀/刺激：无	
遇明火、高热可燃。其粉体与空气可形成爆炸性混合物，当达到一定浓度时，遇火星会发生爆炸。受高热分解放出有毒的气体。			
理化特性			
熔点：33.0℃ 沸点：236.0℃ 闪点：>110℃	临界温度：无资料 临界压力：无资料 饱和蒸气压：无资料	爆炸上限：无资料 爆炸下限：无资料 相对密度($d_{水}=1$)：无资料	引燃温度：无资料 燃烧热：无资料
溶解性	微溶于水，溶于乙醇、乙醚、碱液。		
主要用途	用于有机合成。		
急救措施			
皮肤接触	脱去污染的衣着，用大量流动清水冲洗。就医。		
眼睛接触	提起眼睑，用流动清水或生理盐水冲洗至少 15min。就医。		
吸入	迅速脱离现场至空气新鲜处。保持呼吸道通畅。如呼吸困难，给输氧。如呼吸停止，立即进行人工呼吸。就医。		
食入	用水漱口，给饮牛奶或蛋清。就医。		
防护措施			
呼吸防护	可能接触其粉尘时，必须佩戴防尘面具(全面罩)。紧急事态抢救或撤离时，应该佩戴空气呼吸器。		
眼睛防护	呼吸系统防护中已做防护。		
身体防护	穿胶布防毒衣。		
手防护	戴橡胶手套。		
其他防护	工作现场禁止吸烟、进食和饮水。工作完毕，淋浴更衣。保持良好的卫生习惯。		

品名：**4-溴苯酚**	分子式：C_6H_5BrO	相态：固	
别名：对溴苯酚	分子量：173.0	外观与性状：无色或灰白色结晶	
危险特性			
火灾危险性：无	爆炸物：无	皮肤腐蚀/刺激：无	
腐蚀减薄：苯酚腐蚀	金属腐蚀：无		
环境开裂：无	急性毒性：无		
遇明火能燃烧。受高热分解产生有毒的溴化物气体。与强氧化剂接触可发生化学反应。			
理化特性			
熔点：66.4℃	临界温度：无资料	爆炸上限：无资料	引燃温度：无资料
沸点：238.0℃	临界压力：无资料	爆炸下限：无资料	燃烧热：无资料
闪点：无资料	饱和蒸气压：1.47kPa(118.2℃)	相对密度($d_水=1$)：1.84	
溶解性	微溶于水，溶于乙醇、乙醚、氯仿等。		
主要用途	用于有机合成及制药工业，也用作杀虫剂。		
急救措施			
皮肤接触	脱去污染的衣着，用大量流动清水冲洗。就医。		
眼睛接触	提起眼睑，用流动清水或生理盐水冲洗至少15min。就医。		
吸入	迅速脱离现场至空气新鲜处。保持呼吸道通畅。如呼吸困难，给输氧。如呼吸停止，立即进行人工呼吸。就医。		
食入	立即给饮植物油15~30ml。催吐。就医。		
防护措施			
呼吸防护	空气中粉尘浓度超标时，应该佩戴自吸过滤式防尘口罩。		
眼睛防护	戴化学安全防护眼镜。		
身体防护	穿防毒物渗透工作服。		
手防护	戴橡胶手套。		
其他防护	工作现场禁止吸烟、进食和饮水。工作完毕，彻底清洗。单独存放被毒物污染的衣服，洗后备用。注意个人清洁卫生。		

品名：**4-溴苯磺酰氯**	分子式：$C_6H_4BrClO_2S$	相态：固	
别名：无	分子量：255.5	外观与性状：白色结晶	
危险特性			
火灾危险性：无	爆炸物：无	皮肤腐蚀/刺激：类别1	
腐蚀减薄：无	金属腐蚀：无	严重眼损伤/眼刺激：类别1	
环境开裂：无	急性毒性：无		
遇明火、高热易燃。燃烧时，放出有毒气体。与水或水蒸气反应放出有刺激性和腐蚀性的气体。			
理化特性			
熔点：75.0℃	临界温度：无资料	爆炸上限：无资料	引燃温度：无资料
沸点：153.0℃	临界压力：无资料	爆炸下限：无资料	燃烧热：无资料
闪点：无资料	饱和蒸气压：2kPa(153℃)	相对密度($d_水=1$)：无资料	
溶解性	溶于醚、苯。		
主要用途	用于有机合成。		
急救措施			
皮肤接触	脱去污染的衣着，用大量流动清水冲洗。就医。		
眼睛接触	提起眼睑，用流动清水或生理盐水冲洗至少15min。就医。		
吸入	迅速脱离现场至空气新鲜处。保持呼吸道通畅。如呼吸困难，给输氧。如呼吸停止，立即进行人工呼吸。就医。		
食入	用水漱口，给饮牛奶或蛋清。就医。		
防护措施			
呼吸防护	可能接触其粉尘时，必须佩戴防尘面具(全面罩)。紧急事态抢救或撤离时，应该佩戴空气呼吸器。		
眼睛防护	呼吸系统防护中已做防护。		
身体防护	穿胶布防毒衣。		
手防护	戴橡胶手套。		
其他防护	工作完毕，淋浴更衣。单独存放被毒物污染的衣服，洗后备用。保持良好的卫生习惯。		

品名：**4-溴苯甲醚**	分子式：C_7H_7BrO		相态：液
别名：对溴苯甲醚；对溴茴香醚	分子量：187.0		外观与性状：无色或淡黄色液体
危险特性			
火灾危险性：可燃液体丙A	爆炸物：无		皮肤腐蚀/刺激：类别2
腐蚀减薄：无	金属腐蚀：无		
环境开裂：无	急性毒性：无		
遇明火能燃烧。受高热分解放出有毒的气体。			
理化特性			
熔点：13.0℃	临界温度：无资料	爆炸上限：无资料	引燃温度：无资料
沸点：215.0℃	临界压力：无资料	爆炸下限：无资料	燃烧热：无资料
闪点：94.0℃	饱和蒸气压：无资料	相对密度($d_{水}=1$)：1.46	
溶解性	不溶于水，溶于乙醇、乙醚、氯仿。		
主要用途	用作溶剂及用于有机合成。		
急救措施			
皮肤接触	脱去污染的衣着，用大量肥皂水和流动清水冲洗。就医。		
眼睛接触	提起眼睑，用流动清水或生理盐水冲洗。就医。		
吸入	迅速脱离现场至空气新鲜处。保持呼吸道通畅。如呼吸困难，给输氧。如呼吸停止，立即进行人工呼吸。就医。		
食入	饮用足量温水，催吐。就医。		
防护措施			
呼吸防护	可能接触其蒸气时，应该佩戴自吸过滤式防毒面具(半面罩)。紧急事态抢救或撤离时佩戴空气呼吸器。		
眼睛防护	高浓度接触时，戴化学安全防护眼镜。		
身体防护	穿透气型防毒服。		
手防护	戴橡胶耐油手套。		
其他防护	工作现场禁止吸烟、进食和饮水。工作完毕，淋浴更衣。		

品名：**2-溴苯甲酰氯**	分子式：C_7H_4BrClO		相态：液
别名：邻溴苯甲酰氯	分子量：219.5		外观与性状：黄色液体
危险特性			
火灾危险性：可燃液体丙A	爆炸物：无		皮肤腐蚀/刺激：类别2
腐蚀减薄：无	金属腐蚀：无		严重眼损伤/眼刺激：类别1
环境开裂：无	急性毒性：无		
遇明火、高热可燃。与强氧化剂接触可发生化学反应。遇水或水蒸气反应放热并产生有毒的腐蚀性气体。遇高热分解放出高毒烟气。具有腐蚀性。若遇高热，容器内压增大，有开裂和爆炸的危险。			
理化特性			
熔点：11.0℃	临界温度：无资料	爆炸上限：无资料	引燃温度：无资料
沸点：245.0℃	临界压力：无资料	爆炸下限：无资料	燃烧热：无资料
闪点：>110℃	饱和蒸气压：无资料	相对密度($d_{水}=1$)：1.67	
溶解性	在水或热乙醇中分解。		
主要用途	用于有机合成。		
急救措施			
皮肤接触	脱去污染的衣着，用大量肥皂水和流动清水冲洗。就医。		
眼睛接触	提起眼睑，用流动清水或生理盐水冲洗至少15min。就医。		
吸入	迅速脱离现场至空气新鲜处。保持呼吸道通畅。如呼吸困难，给输氧。如呼吸停止，立即进行人工呼吸。就医。		
食入	用水漱口，给饮牛奶或蛋清。就医。		
防护措施			
呼吸防护	空气中浓度超标时，必须佩戴自吸过滤式防毒面具(全面罩)。紧急事态抢救或撤离时，应该佩戴空气呼吸器。		
眼睛防护	呼吸系统防护中已做防护。		
身体防护	穿橡胶耐酸碱服。		
手防护	戴橡胶耐酸碱手套。		
其他防护	工作现场禁止吸烟、进食和饮水。工作完毕，淋浴更衣。保持良好的卫生习惯。		

品名：**4-溴苯甲酰氯**	分子式：C_7H_4BrClO	相态：固	
别名：对溴苯甲酰氯；氯化对溴代苯甲酰	分子量：219.5	外观与性状：白色针状结晶	
危险特性			
火灾危险性：无	爆炸物：无	皮肤腐蚀/刺激：类别 1	
腐蚀减薄：盐酸腐蚀、含盐水腐蚀	金属腐蚀：无	严重眼损伤/眼刺激：类别 1	
环境开裂：氯化物应力腐蚀开裂	急性毒性：无		
遇明火、高热可燃。其粉体与空气可形成爆炸性混合物，当达到一定浓度时。遇火星会发生爆炸。与强氧化剂接触可发生化学反应。受高热分解放出有毒的气体。具有腐蚀性。			
理化特性			
熔点：40.0℃	临界温度：无资料	爆炸上限：无资料	引燃温度：无资料
沸点：174.0℃	临界压力：无资料	爆炸下限：无资料	燃烧热：无资料
闪点：>112℃	饱和蒸气压：无资料	相对密度($d_{水}=1$)：无资料	
溶解性	易溶于乙醇、苯、乙醚。		
主要用途	用于有机合成。		
急救措施			
皮肤接触	脱去污染的衣着，用大量流动清水冲洗至少 15min。就医。		
眼睛接触	提起眼睑，用流动清水或生理盐水冲洗至少 15min。就医。		
吸入	迅速脱离现场至空气新鲜处。保持呼吸道通畅。如呼吸困难，给输氧。如呼吸停止，立即进行人工呼吸。就医。		
食入	用水漱口，给饮牛奶或蛋清。就医。		
防护措施			
呼吸防护	可能接触其粉尘时，必须佩戴防尘面具(全面罩)。紧急事态抢救或撤离时，应该佩戴空气呼吸器。		
眼睛防护	呼吸系统防护中已做防护。		
身体防护	穿橡胶耐酸碱服。		
手防护	戴橡胶耐酸碱手套。		
其他防护	工作现场禁止吸烟、进食和饮水。工作完毕，淋浴更衣。保持良好的卫生习惯。		

品名：**溴苯乙腈**	分子式：C_8H_6BrN	相态：液	
别名：溴苄基腈	分子量：196.1	外观与性状：黄色液体	
危险特性			
火灾危险性：可燃液体丙 A	爆炸物：无	皮肤腐蚀/刺激：类别 2	
腐蚀减薄：无	金属腐蚀：无	严重眼损伤/眼刺激：类别 2	
环境开裂：无	急性毒性：无		
无资料。			
理化特性			
熔点：1.0℃	临界温度：无资料	爆炸上限：无资料	引燃温度：无资料
沸点：140.0℃	临界压力：无资料	爆炸下限：无资料	燃烧热：无资料
闪点：110.0℃	饱和蒸气压：1.73kPa(140℃)	相对密度($d_{水}=1$)：1.51	
溶解性	溶于苯、醚等。		
主要用途	用作有机合成中间体。		
急救措施			
皮肤接触	脱去污染的衣着，用大量流动清水冲洗。就医。		
眼睛接触	提起眼睑，用流动清水或生理盐水冲洗至少 15min。就医。		
吸入	迅速脱离现场至空气新鲜处。保持呼吸道通畅。如呼吸困难，给输氧。如呼吸停止，立即进行人工呼吸。就医。		
食入	饮用足量温水，催吐。洗胃，导泻。就医。		
防护措施			
呼吸防护	无资料。		
眼睛防护	无资料。		
身体防护	无资料。		
手防护	无资料。		
其他防护	无资料。		

品名：**3-溴丙腈**	分子式：C_3H_4BrN	相态：液
别名：β-溴丙腈；溴乙基氰	分子量：134.0	外观与性状：无色至浅黄色液体

危险特性		
火灾危险性：可燃液体丙 A	爆炸物：无	皮肤腐蚀/刺激：类别 2
腐蚀减薄：无	金属腐蚀：无	严重眼损伤/眼刺激：类别 2
环境开裂：无	急性毒性：类别 3	

遇明火、高热易燃。遇高热分解释出剧毒的气体。与水或水蒸气、酸或酸雾能发生反应产生有毒气体。

理化特性			
熔点：无资料	临界温度：无资料	爆炸上限：无资料	引燃温度：无资料
沸点：92.0℃	临界压力：无资料	爆炸下限：无资料	燃烧热：无资料
闪点：97.0℃	饱和蒸气压：无资料	相对密度($d_{水}=1$)：1.62	

溶解性	溶于乙醇、乙醚。
主要用途	用作有机合成中间体。
急救措施	
皮肤接触	脱去污染的衣着，用大量流动清水冲洗。就医。
眼睛接触	提起眼睑，用流动清水或生理盐水冲洗。就医。
吸入	迅速脱离现场至空气新鲜处。保持呼吸道通畅。如呼吸困难，给输氧。如呼吸停止，立即进行人工呼吸。就医。
食入	饮用足量温水，催吐。就医。
防护措施	
呼吸防护	空气中浓度超标时，必须佩戴自吸过滤式防毒面具(全面罩)。紧急事态抢救或撤离时，应该佩戴空气呼吸器。
眼睛防护	呼吸系统防护中已做防护。
身体防护	穿胶布防毒衣。
手防护	戴橡胶耐油手套。
其他防护	工作现场禁止吸烟、进食和饮水。工作完毕，彻底清洗。工作服不准带至非作业场所。单独存放被毒物污染的衣服，洗后备用。

品名：**3-溴丙炔**	分子式：C_3H_3Br	相态：液
别名：无	分子量：119.0	外观与性状：无色至淡黄色液体，有特殊气味

危险特性		
火灾危险性：可燃液体甲 B	爆炸物：无	皮肤腐蚀/刺激：类别 2
腐蚀减薄：无	金属腐蚀：无	易燃液体：类别 2
环境开裂：无	急性毒性：类别 3	

受震、遇热易爆炸；当时热到分解时，放出有毒的溴化物气体，能与氧化剂发生强烈反应，遇明火燃烧。

理化特性			
熔点：-61.1℃	临界温度：无资料	爆炸上限：无资料	引燃温度：无资料
沸点：88.0℃	临界压力：无资料	爆炸下限：无资料	燃烧热：无资料
闪点：18.0℃	饱和蒸气压：无资料	相对密度($d_{水}=1$)：1.52	

溶解性	溶于乙醇、乙醚、苯。
主要用途	用于土壤杀虫剂、化学中间体。
急救措施	
皮肤接触	脱去污染的衣着，用大量流动清水冲洗至少 15min。就医。
眼睛接触	提起眼睑，用流动清水或生理盐水冲洗至少 15min。就医。
吸入	迅速脱离现场至空气新鲜处。保持呼吸道通畅。如呼吸困难，给输氧。如呼吸停止，立即进行人工呼吸。就医。
食入	立即漱口。给饮牛奶或蛋清。就医。
防护措施	
呼吸防护	空气中浓度较高时，应该佩戴防毒面具。紧急事态抢救或撤离时，建议佩戴自给式呼吸器。
眼睛防护	戴化学安全防护眼镜。
身体防护	穿防静电工作服。
手防护	必要时戴防化学品手套。
其他防护	工作现场禁止吸烟、进食和饮水。工作后，淋浴更衣。

品名：**2-溴丙酸**	分子式：$C_3H_5BrO_2$		相态：液
别名：α-溴丙酸	分子量：153.0		外观与性状：无色液体或固体
危险特性			
火灾危险性：可燃液体丙 A	爆炸物：无		皮肤腐蚀/刺激：无
腐蚀减薄：低分子有机酸腐蚀	金属腐蚀：无		
环境开裂：无	急性毒性：类别 3		
遇明火、高热可燃。受高热分解产生有毒的溴化物气体。			
理化特性			
熔点：24.5℃	临界温度：无资料	爆炸上限：无资料	引燃温度：无资料
沸点：203.0℃	临界压力：无资料	爆炸下限：无资料	燃烧热：无资料
闪点：100.0℃	饱和蒸气压：1.33kPa(96℃)	相对密度($d_{水}=1$)：1.70	
溶解性	溶于水，溶于乙醇、乙醚等。		
主要用途	用作化学试剂，及用于有机合成。		
急救措施			
皮肤接触	脱去污染的衣着，用大量流动清水冲洗至少 15min。就医。		
眼睛接触	提起眼睑，用流动清水或生理盐水冲洗至少 15min。就医。		
吸入	迅速脱离现场至空气新鲜处。保持呼吸道通畅。如呼吸困难，给输氧。如呼吸停止，立即进行人工呼吸。就医。		
食入	立即漱口。给饮牛奶或蛋清。就医。		
防护措施			
呼吸防护	可能接触其蒸气时，应该佩戴自吸过滤式防毒面具(全面罩)。可能接触其粉尘时，建议佩戴头罩型电动送风过滤式防尘呼吸器。		
眼睛防护	呼吸系统防护中已做防护。		
身体防护	穿胶布防毒衣。		
手防护	戴氯丁橡胶手套。		
其他防护	工作现场禁止吸烟、进食和饮水。工作完毕，彻底清洗。工作服不准带至非作业场所。单独存放被毒物污染的衣服，洗后备用。保持良好的卫生习惯。		

品名：**3-溴丙酸**	分子式：$C_3H_5BrO_2$		相态：固
别名：β-溴丙酸	分子量：153.0		外观与性状：无色片状结晶
危险特性			
火灾危险性：可燃液体丙 A	爆炸物：无		皮肤腐蚀/刺激：无
腐蚀减薄：低分子有机酸腐蚀	金属腐蚀：无		严重眼损伤/眼刺激：类别 1
环境开裂：无	急性毒性：无		
遇明火、高热可燃。受高热分解产生有毒的溴化物气体。			
理化特性			
熔点：62.5℃	临界温度：无资料	爆炸上限：无资料	引燃温度：无资料
沸点：140.0℃	临界压力：无资料	爆炸下限：无资料	燃烧热：无资料
闪点：65.0℃	饱和蒸气压：6kPa(140℃)	相对密度($d_{水}=1$)：1.48	
溶解性	溶于水、乙醇、乙醚、丙酮、氯仿。		
主要用途	用于有机合成。		
急救措施			
皮肤接触	脱去污染的衣着，用大量流动清水冲洗至少 15min。就医。		
眼睛接触	提起眼睑，用流动清水或生理盐水冲洗至少 15min。就医。		
吸入	迅速脱离现场至空气新鲜处。保持呼吸道通畅。如呼吸困难，给输氧。如呼吸停止，立即进行人工呼吸。就医。		
食入	立即漱口。给饮牛奶或蛋清。就医。		
防护措施			
呼吸防护	可能接触其粉尘时，必须佩戴防尘面具(全面罩)。紧急事态抢救或撤离时，应该佩戴空气呼吸器。		
眼睛防护	呼吸系统防护中已做防护。		
身体防护	穿胶布防毒衣。		
手防护	戴氯丁橡胶手套。		
其他防护	工作现场禁止吸烟、进食和饮水。工作完毕，彻底清洗。工作服不准带至非作业场所。单独存放被毒物污染的衣服，洗后备用。保持良好的卫生习惯。		

品名：**溴丙酮** 别名：无	分子式：C_3H_5BrO 分子量：137.0		相态：液 外观与性状：无色液体，有刺激性臭味，接触空气转变成紫色
危险特性			
火灾危险性：可燃液体甲 B 腐蚀减薄：低分子有机酸腐蚀 环境开裂：无	爆炸物：无 金属腐蚀：无 急性毒性：类别 1		皮肤腐蚀/刺激：类别 2 易燃液体：类别 2
遇明火易燃。受高热燃烧并分解产生有毒气体。			
理化特性			
熔点：−36.5℃ 沸点：136.0℃ 闪点：21.0℃	临界温度：无资料 临界压力：无资料 饱和蒸气压：1.2kPa(20℃)	爆炸上限：无资料 爆炸下限：无资料 相对密度($d_{水}=1$)：1.63	引燃温度：无资料 燃烧热：无资料
溶解性	微溶于水，溶于乙醇、丙酮。		
主要用途	用于有机合成。		
急救措施			
皮肤接触	脱去污染的衣着，用大量流动清水冲洗至少 15min。就医。		
眼睛接触	提起眼睑，用流动清水或生理盐水冲洗至少 15min。就医。		
吸入	迅速脱离现场至空气新鲜处。保持呼吸道通畅。如呼吸困难，给输氧。如呼吸停止，立即进行人工呼吸。就医。		
食入	立即漱口。给饮牛奶或蛋清。就医。		
防护措施			
呼吸防护	可能接触其蒸气时，建议佩戴过滤式防毒面具(半面罩)。高浓度环境中，应该佩戴自给式呼吸器。		
眼睛防护	戴化学安全防护眼镜。		
身体防护	穿聚乙烯防毒服。		
手防护	戴橡胶耐油手套。		
其他防护	工作现场禁止吸烟、进食和饮水。工作完毕，淋浴更衣。注意个人清洁卫生。		

品名：**1-溴丙烷** 别名：正丙基溴；溴代正丙烷	分子式：C_3H_7Br 分子量：123.0		相态：液 外观与性状：无色液体，略有甜味
危险特性			
火灾危险性：可燃液体甲 B 腐蚀减薄：低分子有机酸腐蚀 环境开裂：无	爆炸物：无 金属腐蚀：无 急性毒性：无		皮肤腐蚀/刺激：类别 2 易燃液体：类别 2
受热时分解产生有毒的气体，与氧化剂能发生强烈的反应，遇明火立即燃烧。			
理化特性			
熔点：−110.0℃ 沸点：71.0℃ 闪点：25.0℃	临界温度：无资料 临界压力：5.39MPa 饱和蒸气压：13.3kPa(18℃)	爆炸上限：无资料 爆炸下限：无资料 相对密度($d_{水}=1$)：1.35	引燃温度：490.0℃ 燃烧热：−2087.7kJ/mol
溶解性	微溶于水，溶于丙酮、苯、氯仿，与乙醇、乙醚混溶。		
主要用途	制备格氏试剂；制备多溴化合物，用作汽油添加剂、阻燃剂；农药杀虫剂、杀菌剂的原料。消毒剂和熏蒸剂。选矿剂和沉淀剂的原料。医药、香料、染料等的中间体。		
急救措施			
皮肤接触	无资料。		
眼睛接触	无资料。		
吸入	无资料。		
食入	无资料。		
防护措施			
呼吸防护	可能接触其蒸气时，应该佩戴自吸过滤式防毒面具(半面罩)。紧急事态抢救或撤离时，建议佩戴空气呼吸器。		
眼睛防护	必要时，戴化学安全防护眼镜。		
身体防护	穿防毒物渗透工作服。		
手防护	戴防苯耐油手套。		
其他防护	工作现场严禁吸烟。注意检测毒物。注意个人清洁卫生。		

品名：**2-溴丙烷**	分子式：C_3H_7Br	相态：液	
别名：异丙基溴；溴代异丙烷	分子量：123.0	外观与性状：无色液体	
危险特性			
火灾危险性：可燃液体甲 B	爆炸物：无	皮肤腐蚀/刺激：类别 2	
腐蚀减薄：低分子有机酸腐蚀	金属腐蚀：无	易燃液体：类别 2	
环境开裂：无	急性毒性：无		
受热时分解产生有毒的气体，与氧化剂能发生强烈的反应，遇明火立即燃烧。			
理化特性			
熔点：-110.0℃	临界温度：无资料	爆炸上限：无资料	引燃温度：490.0℃
沸点：71.0℃	临界压力：5.39MPa	爆炸下限：无资料	燃烧热：-2087.7kJ/mol
闪点：25.0℃	饱和蒸气压：13.3kPa(18℃)	相对密度($d_水=1$)：1.35	
溶解性	微溶于水，溶于丙酮、苯、氯仿，与乙醇、乙醚混溶。		
主要用途	制备格氏试剂；制备多溴化合物，用作汽油添加剂、阻燃剂；农药杀虫剂、杀菌剂的原料。消毒剂和熏蒸剂。选矿剂和沉淀剂的原料。医药、香料、染料等的中间体。		
急救措施			
皮肤接触	无资料。		
眼睛接触	无资料。		
吸入	无资料。		
食入	无资料。		
防护措施			
呼吸防护	可能接触其蒸气时，应该佩戴自吸过滤式防毒面具(半面罩)。紧急事态抢救或撤离时，建议佩戴空气呼吸器。		
眼睛防护	必要时，戴化学安全防护眼镜。		
身体防护	穿防毒物渗透工作服。		
手防护	戴防苯耐油手套。		
其他防护	工作现场严禁吸烟。注意检测毒物。注意个人清洁卫生。		

品名：**2-溴丙酰溴**	分子式：$C_3H_4Br_2O$	相态：液	
别名：溴化-2-溴丙酰	分子量：215.9	外观与性状：无色或浅黄色液体	
危险特性			
火灾危险性：可燃液体丙 A	爆炸物：无	皮肤腐蚀/刺激：类别 1	
腐蚀减薄：含盐水腐蚀	金属腐蚀：无	严重眼损伤/眼刺激：类别 1	
环境开裂：溴化物应力腐蚀开裂	急性毒性：无		
可燃。与水发生剧烈反应，放出白色烟雾状的刺激性和腐蚀性的溴化氢气体。遇潮时对大多数金属有强腐蚀性。			
理化特性			
熔点：无资料	临界温度：无资料	爆炸上限：无资料	引燃温度：无资料
沸点：152.0℃	临界压力：无资料	爆炸下限：无资料	燃烧热：无资料
闪点：>110℃	饱和蒸气压：1.33kPa(48℃)	相对密度($d_水=1$)：2.06	
溶解性	可混溶于乙酸、苯等。		
主要用途	用于有机合成。		
急救措施			
皮肤接触	脱去污染的衣着，用大量流动清水冲洗至少 15min。就医。		
眼睛接触	提起眼睑，用流动清水或生理盐水冲洗至少 15min。就医。		
吸入	迅速脱离现场至空气新鲜处。保持呼吸道通畅。如呼吸困难，给输氧。如呼吸停止，立即进行人工呼吸。就医。		
食入	用水漱口，给饮牛奶或蛋清。就医。		
防护措施			
呼吸防护	空气中浓度超标时，必须佩戴自吸过滤式防毒面具(全面罩)。紧急事态抢救或撤离时，应该佩戴空气呼吸器。		
眼睛防护	呼吸系统防护中已做防护。		
身体防护	穿橡胶耐酸碱服。		
手防护	戴橡胶耐酸碱手套。		
其他防护	工作完毕，淋浴更衣。注意个人清洁卫生。		

品名：**3-溴丙酰溴**	分子式：C_3H_6BrNO	相态：无资料
别名：溴化-3-溴丙酰	分子量：152.0	外观与性状：无资料
危险特性		
火灾危险性：无	爆炸物：无	皮肤腐蚀/刺激：类别 1
腐蚀减薄：含盐水腐蚀	金属腐蚀：无	严重眼损伤/眼刺激：类别 1
环境开裂：溴化物应力腐蚀开裂	急性毒性：无	
无资料。		

理化特性			
熔点：113.0℃	临界温度：无资料	爆炸上限：无资料	引燃温度：无资料
沸点：303.1℃	临界压力：无资料	爆炸下限：无资料	燃烧热：无资料
闪点：无资料	饱和蒸气压：无资料	相对密度($d_水=1$)：无资料	

溶解性	无资料。
主要用途	无资料。
急救措施	
皮肤接触	无资料。
眼睛接触	无资料。
吸入	无资料。
食入	无资料。
防护措施	
呼吸防护	防尘面具。依据当地和政府法规。
眼睛防护	安全防护镜。如果情况需要，佩戴面具。
身体防护	防护服。如果情况需要，穿戴防护靴。
手防护	防护手套。
其他防护	工作完毕，淋浴更衣。注意个人清洁卫生。

品名：**溴代环戊烷**	分子式：C_5H_9Br	相态：液
别名：环戊基溴	分子量：149.0	外观与性状：澄清透液体，具有甜而芳香的气味
危险特性		
火灾危险性：可燃液体乙 A	爆炸物：无	皮肤腐蚀/刺激：无
腐蚀减薄：无	金属腐蚀：无	易燃液体：类别 3
环境开裂：无	急性毒性：无	
其蒸气与空气可形成爆炸性混合物，遇明火、高热能引起燃烧爆炸。与氧化剂可发生反应。受高热分解产生有毒的溴化物气体。流速过快，容易产生和积聚静电。其蒸气比空气重，能在较低处扩散到相当远的地方，遇火源会着火回燃。若遇高热，容器内压增大，有开裂和爆炸的危险。		

理化特性			
熔点：无资料	临界温度：无资料	爆炸上限：无资料	引燃温吏：无资料
沸点：137.5℃	临界压力：无资料	爆炸下限：无资料	燃烧热：无资料
闪点：35.0℃	饱和蒸气压：无资料	相对密度($d_水=1$)：1.39	

溶解性	不溶于水。
主要用途	用于有机合成。
急救措施	
皮肤接触	脱去污染的衣着，用大量流动清水冲洗。就医。
眼睛接触	提起眼睑，用流动清水或生理盐水冲洗。就医。
吸入	迅速脱离现场至空气新鲜处。保持呼吸道通畅。如呼吸困难，给输氧。就医。
食入	饮用足量温水，催吐。就医。
防护措施	
呼吸防护	空气中浓度超标时，必须佩戴自吸过滤式防毒面具(半面罩)。紧急事态抢救或撤离时，应该佩戴空气呼吸器。
眼睛防护	戴化学安全防护眼镜。
身体防护	穿防静电工作服。
手防护	戴橡胶耐油手套。
其他防护	工作现场严禁吸烟。工作完毕，淋浴更衣。

品名：**溴代正戊烷**	分子式：$C_5H_{11}Br$	相态：液
别名：正戊基溴	分子量：151.1	外观与性状：无色液体，不溶于水，能溶于乙醇、乙醚
危险特性		
火灾危险性：可燃液体乙 A	爆炸物：无	皮肤腐蚀/刺激：无
腐蚀减薄：无	金属腐蚀：无	易燃液体：类别 3
环境开裂：无	急性毒性：无	
受热时分解产生有毒的气体，遇明火、氧化剂有引起燃烧危险。		
理化特性		
熔点：-95.0℃	临界温度：无资料	爆炸上限：无资料　引燃温度：无资料
沸点：120.0℃	临界压力：无资料	爆炸下限：无资料　燃烧热：无资料
闪点：32.0℃	饱和蒸气压：98.65kPa(130℃)	相对密度($d_{水}=1$)：1.21
溶解性	不溶于水，溶于乙醇、乙醚等多数有机溶剂。	
主要用途	用于有机合成。	
急救措施		
皮肤接触	脱去污染的衣着，用大量流动清水冲洗至少 15min。就医。	
眼睛接触	提起眼睑，用流动清水或生理盐水冲洗至少 15min。就医。	
吸入	迅速脱离现场至空气新鲜处。保持呼吸道通畅。如呼吸困难，给输氧。如呼吸停止，立即进行人工呼吸。就医。	
食入	饮足量温水，催吐。就医。	
防护措施		
呼吸防护	可能接触其蒸气时，应该佩戴自吸过滤式防毒面具(半面罩)。紧急事态抢救或撤离时，佩戴空气呼吸器。	
眼睛防护	戴化学安全防护眼镜。	
身体防护	穿防毒物渗透工作服。	
手防护	戴橡胶耐油手套。	
其他防护	工作现场禁止吸烟、进食和饮水。工作完毕，淋浴更衣。注意个人清洁卫生。	

品名：**1-溴丁烷**	分子式：C_4H_9Br	相态：液
别名：正丁基溴；溴代正丁烷	分子量：137.0	外观与性状：无色液体
危险特性		
火灾危险性：可燃液体甲 B	爆炸物：无	皮肤腐蚀/刺激：无
腐蚀减薄：无	金属腐蚀：无	易燃液体：类别 2
环境开裂：无	急性毒性：无	
遇热、明火易燃烧，并放出有毒气体。		
理化特性		
熔点：-112.4℃	临界温度：无资料	爆炸上限：6.6%　引燃温度：265.0℃
沸点：101.6℃	临界压力：4.54MPa	爆炸下限：2.8%　燃烧热：无资料
闪点：18.0℃	饱和蒸气压：5.58kPa(25℃)	相对密度($d_{水}=1$)：1.21
溶解性	不溶于水，微溶于四氯化碳，溶于氯仿，混溶于乙醇、乙醚、丙酮。	
主要用途	用作烷化剂、溶剂、稀有元素萃取剂和用于有机合成。	
急救措施		
皮肤接触	脱去污染的衣着，用大量肥皂水和流动清水冲洗。就医。	
眼睛接触	提起眼睑，用流动清水冲洗至少 15min。就医。	
吸入	迅速脱离现场至空气新鲜处。保持呼吸道通畅。如呼吸停止，立即进行人工呼吸。就医。	
食入	用水漱口，给饮牛奶或蛋清。就医。	
防护措施		
呼吸防护	空气中浓度超标时，应该佩戴过滤式防毒面具(半面罩)。紧急事态抢救或撤离时，佩戴隔离式呼吸器。	
眼睛防护	戴化学安全防护眼镜。	
身体防护	穿防静电工作服。	
手防护	戴橡胶耐油手套。	
其他防护	工作现场严禁吸烟。注意检测毒物。注意个人清洁卫生。	

品名：**2-溴丁烷** 别名：仲丁基溴；溴代仲丁烷		分子式：C_4H_9Br 分子量：137.0	相态：液 外观与性状：无色液体，有旋光性。有令人愉快的香气	
危险特性				
火灾危险性：可燃液体甲 B 腐蚀减薄：无 环境开裂：无		爆炸物：无 金属腐蚀：无 急性毒性：无	皮肤腐蚀/刺激：无 易燃液体：类别 2	
无资料。				
理化特性				
熔点：−111.9℃ 沸点：91.2℃ 闪点：21.0℃		临界温度：无资料 临界压力：无资料 饱和蒸气压：无资料	爆炸上限：无资料 爆炸下限：无资料 相对密度($d_水=1$)：1.26	引燃温度：无资料 燃烧热：无资料
溶解性	不溶于水，易溶于乙醇和乙醚，与丙酮和苯混溶。			
主要用途	可用作溶剂及有机合成时的烷基化剂；还可用作香料的原料。			
急救措施				
皮肤接触	无资料。			
眼睛接触	无资料。			
吸入	无资料。			
食入	无资料。			
防护措施				
呼吸防护	空气中浓度超标时，应该佩戴过滤式防毒面具(半面罩)。紧急事态抢救或撤离时，佩戴隔离式呼吸器。			
眼睛防护	戴化学安全防护眼镜。			
身体防护	穿防静电工作服。			
手防护	戴橡胶耐油手套。			
其他防护	工作现场严禁吸烟。注意检测毒物。注意个人清洁卫生。			

品名：**溴化苄** 别名：α-溴甲苯；苄基溴		分子式：C_7H_7Br 分子量：171.0	相态：液 外观与性状：无色液体，有芳香气味，具有催泪性	
危险特性				
火灾危险性：可燃液体丙 A 腐蚀减薄：含盐水腐蚀 环境开裂：溴化物应力腐蚀开裂		爆炸物：无 金属腐蚀：无 急性毒性：无	皮肤腐蚀/刺激：类别 2 严重眼损伤/眼刺激：类别 2	
遇明火、高热可燃。受高热分解产生有毒的溴化物气体。与强氧化剂接触可发生化学反应。				
理化特性				
熔点：−4.0℃ 沸点：198.0℃ 闪点：86.0℃		临界温度：无资料 临界压力：无资料 饱和蒸气压：0.133kPa(32℃)	爆炸上限：无资料 爆炸下限：无资料 相对密度($d_水=1$)：1.44	引燃温度：无资料 燃烧热：4278.2kJ/mol
溶解性	不溶于水，溶于乙醇、乙醚、苯。			
主要用途	用于有机合成及制造发泡剂。			
急救措施				
皮肤接触	脱去污染的衣着，用大量肥皂水和流动清水冲洗。就医。			
眼睛接触	提起眼睑，用流动清水或生理盐水冲洗。就医。			
吸入	迅速脱离现场至空气新鲜处。保持呼吸道通畅。如呼吸困难，给输氧。如呼吸停止，立即进行人工呼吸。就医。			
食入	饮用足量温水，催吐。就医。			
防护措施				
呼吸防护	可能接触毒物时，佩戴自吸过滤式防毒面具(半面罩)。紧急事态抢救或撤离时，应该佩戴自给式呼吸器。			
眼睛防护	戴化学安全防护眼镜。			
身体防护	穿防毒物渗透工作服。			
手防护	戴橡胶耐油手套。			
其他防护	工作现场禁止吸烟、进食和饮水。工作完毕，淋浴更衣。单独存放被毒物污染的衣服，洗后备用。保持良好的卫生习惯。			

品名：**溴化丙酰**		分子式：C_3H_5BrO	相态：液
别名：丙酰溴		分子量：137.0	外观与性状：无色或浅黄色液体
危险特性			
火灾危险性：可燃液体乙 B		爆炸物：无	皮肤腐蚀/刺激：无
腐蚀减薄：含盐水腐蚀		金属腐蚀：无	易燃液体：类别 3
环境开裂：溴化物应力腐蚀开裂		急性毒性：无	
易燃，受热分解放出溴化氢和剧毒的碳酰溴。与水和乙醇发生激烈分解生成溴氢酸和乙酸。遇潮时对大多数金属有强腐蚀性。			
理化特性			
熔点：无资料	临界温度：无资料	爆炸上限：无资料	引燃温度：无资料
沸点：103.0℃	临界压力：无资料	爆炸下限：无资料	燃烧热：无资料
闪点：52.2℃	饱和蒸气压：无资料	相对密度($d_{水}=1$)：1.52	
溶解性	溶于乙醚。		
主要用途	用于有机合成。		
急救措施			
皮肤接触	脱去污染的衣着，用大量流动清水冲洗至少 15min。就医。		
眼睛接触	提起眼睑，用流动清水或生理盐水冲洗至少 15min。就医。		
吸入	迅速脱离现场至空气新鲜处。保持呼吸道通畅。如呼吸困难，给输氧。如呼吸停止，立即进行人工呼吸。就医。		
食入	用水漱口，给饮牛奶或蛋清。就医。		
防护措施			
呼吸防护	空气中浓度超标时，必须佩戴自吸过滤式防毒面具(全面罩)。紧急事态抢救或撤离时，应该佩戴空气呼吸器。		
眼睛防护	呼吸系统防护中已做防护。		
身体防护	穿橡胶耐酸碱服。		
手防护	戴橡胶耐酸碱手套。		
其他防护	工作完毕，淋浴更衣。单独存放被毒物污染的衣服，洗后备用。注意个人清洁卫生。		

品名：**溴化汞**		分子式：Br_2Hg	相态：固
别名：二溴化汞；溴化高汞		分子量：360.4	外观与性状：白色发亮的斜方晶体
危险特性			
火灾危险性：无		爆炸物：无	皮肤腐蚀/刺激：类别 2
腐蚀减薄：含盐水腐蚀		金属腐蚀：无	严重眼损伤/眼刺激：类别 1
环境开裂：溴化物应力腐蚀开裂		急性毒性：类别 2	
本身不能燃烧。遇高热分解释出高毒烟气。			
理化特性			
熔点：237.0℃	临界温度：无资料	爆炸上限：无资料	引燃温度：无资料
沸点：322.0℃	临界压力：无资料	爆炸下限：无资料	燃烧热：无资料
闪点：无资料	饱和蒸气压：无资料	相对密度($d_{水}=1$)：6.11	
溶解性	难溶于冷水，溶于乙醇和乙醚。		
主要用途	用于医药和用作化学试剂。		
急救措施			
皮肤接触	脱去污染的衣着，用大量流动清水冲洗。		
眼睛接触	提起眼睑，用流动清水或生理盐水冲洗。就医。		
吸入	迅速脱离现场至空气新鲜处。保持呼吸道通畅。如呼吸困难，给输氧。如呼吸停止，立即进行人工呼吸。就医。		
食入	饮足量温水，催吐。就医。		
防护措施			
呼吸防护	可能接触其粉尘时，必须佩戴防尘面具(全面罩)。紧急事态抢救或撤离时，应该佩戴空气呼吸器。		
眼睛防护	呼吸系统防护中已做防护。		
身体防护	穿胶布防毒衣。		
手防护	戴橡胶手套。		
其他防护	工作现场禁止吸烟、进食和饮水。工作完毕，淋浴更衣。保持良好的卫生习惯。		

品名：**溴化氢**	分子式：HBr	相态：气
别名：无	分子量：80.9	外观与性状：无色、有辛辣刺激气味的气体

危险特性

火灾危险性：无	爆炸物：无	皮肤腐蚀/刺激：类别 1
腐蚀减薄：含盐水腐蚀	金属腐蚀：无	严重眼损伤/眼刺激：类别 1
环境开裂：溴化物应力腐蚀开裂、氢脆	急性毒性：无	

不燃。能与普通金属发生反应，放出氢气而与空气形成爆炸性混合物。纯品在空气中较稳定，但遇光及热易被氧化而游离出溴。遇溴氧能发生爆炸性反应。遇水时有强腐蚀性。

理化特性

熔点：-86.9℃	临界温度：90.0℃	爆炸上限：无资料	引燃温度：无资料
沸点：-66.8℃	临界压力：8.51MPa	爆炸下限：无资料	燃烧热：无资料
闪点：无资料	饱和蒸气压：53.32kPa(-78℃)	相对密度($d_{水}=1$)：无资料	

溶解性	易溶于水、乙醇。
主要用途	作为有机及无机溴化物制造的原料，也用于制触媒及药物。
急救措施	
皮肤接触	脱去污染的衣着，用大量流动清水冲洗至少 15min。就医。
眼睛接触	提起眼睑，用流动清水或生理盐水冲洗至少 15min。就医。
吸入	迅速脱离现场至空气新鲜处。保持呼吸道通畅。如呼吸困难，给输氧。如呼吸停止，立即进行人工呼吸。就医。
食入	无资料。
防护措施	
呼吸防护	空气中浓度超标时，必须佩戴自吸过滤式防毒面具(全面罩)。紧急事态抢救或撤离时，应该佩戴空气呼吸器。
眼睛防护	呼吸系统防护中已做防护。
身体防护	穿密闭型防毒服。
手防护	戴橡胶手套。
其他防护	工作现场禁止吸烟、进食和饮水。工作完毕，淋浴更衣。保持良好的卫生习惯。

品名：**溴化亚汞**	分子式：HgBr	相态：固
别名：一溴化汞	分子量：280.5	外观与性状：白色细小四角结晶体或粉末，受热变黄，冷后恢复白色

危险特性

火灾危险性：无	爆炸物：无	皮肤腐蚀/刺激：无
腐蚀减薄：含盐水腐蚀	金属腐蚀：无	
环境开裂：溴化物应力腐蚀开裂	急性毒性：类别 1	

受高热升华产生有毒气体。

理化特性

熔点：345.0℃	临界温度：无资料	爆炸上限：无资料	引燃温度：无资料
沸点：7.3℃	临界压力：无资料	爆炸下限：无资料	燃烧热：无资料
闪点：无资料	饱和蒸气压：无资料	相对密度($d_{水}=1$)：无资料	

溶解性	不溶于水，不溶于乙醇。
主要用途	主要用于医药。
急救措施	
皮肤接触	脱去污染的衣着，用大量肥皂水和流动清水冲洗。就医。
眼睛接触	提起眼睑，用流动清水或生理盐水冲洗。就医。
吸入	迅速脱离现场至空气新鲜处。保持呼吸道通畅。如呼吸困难，给输氧。如呼吸停止，立即进行人工呼吸。就医。
食入	用水漱口，给饮牛奶或蛋清。就医。
防护措施	
呼吸防护	作业工人应该佩戴导管式防毒面具。必要时，佩戴空气呼吸器、氧气呼吸器或长管面具。
眼睛防护	呼吸系统防护中已做防护。
身体防护	穿聚乙烯防毒服。
手防护	戴氯丁橡胶手套。
其他防护	工作现场禁止吸烟、进食和饮水。工作完毕，淋浴更衣。注意个人清洁卫生。实行就业前和定期的体检。

品名：**溴化亚铊**	分子式：TlBr	相态：固	
别名：一溴化铊	分子量：284.3	外观与性状：黄白色结晶性粉末	
危险特性			
火灾危险性：无	爆炸物：无	皮肤腐蚀/刺激：无	
腐蚀减薄：含盐水腐蚀	金属腐蚀：无		
环境开裂：溴化物应力腐蚀开裂	急性毒性：类别 2		
受高热分解产生有毒的溴化物气体。			
理化特性			
熔点：460.0℃	临界温度：无资料	爆炸上限：无资料	引燃温度：无资料
沸点：815.0℃	临界压力：无资料	爆炸下限：无资料	燃烧热：无资料
闪点：无资料	饱和蒸气压：1.33kPa(522 ℃)	相对密度($d_{水}=1$)：7.56	

溶解性	微溶于水，溶于乙醇，不溶于丙酮。
主要用途	用于制造药物。
急救措施	
皮肤接触	脱去污染的衣着，用大量肥皂水和流动清水冲洗。就医。
眼睛接触	提起眼睑，用流动清水或生理盐水冲洗。就医。
吸入	迅速脱离现场至空气新鲜处。保持呼吸道通畅。如呼吸困难，给输氧。如呼吸停止，立即进行人工呼吸。就医。
食入	饮用足量温水，催吐。用1%碘化钾60ml。洗胃。就医。
防护措施	
呼吸防护	可能接触其粉尘时，必须佩戴隔离式呼吸器。紧急事态抢救或撤离时，建议佩戴空气呼吸器。
眼睛防护	呼吸系统防护中已做防护。
身体防护	穿连衣式胶布防毒衣。
手防护	戴橡胶手套。
其他防护	工作现场禁止吸烟、进食和饮水。工作完毕，淋浴更衣。实行就业前和定期的体检。车间应配备急救设备及药品。

品名：**溴化乙酰**	分子式：C_2H_3BrO	相态：液	
别名：乙酰溴	分子量：123.0	外观与性状：无色液体	
危险特性			
火灾危险性：可燃液体乙 B	爆炸物：无	皮肤腐蚀/刺激：类别 1	
腐蚀减薄：含盐水腐蚀	金属腐蚀：无	严重眼损伤/眼刺激：类别 1	
环境开裂：溴化物应力腐蚀开裂	急性毒性：无		
遇明火、高热易燃。受热或遇水分解放热，放出有毒的腐蚀性烟气。有腐蚀性。			
理化特性			
熔点：-96.0℃	临界温度：无资料	爆炸上限：无资料	引燃温度：无资料
沸点：75.0℃	临界压力：无资料	爆炸下限：无资料	燃烧热：无资料
闪点：>110℃	饱和蒸气压：无资料	相对密度($d_{水}=1$)：1.66	

溶解性	溶于丙酮、苯、乙醚和氯仿。
主要用途	用于有机合成的乙酰化剂和染料中间体。
急救措施	
皮肤接触	脱去污染的衣着，用肥皂水及清水彻底冲洗。若有灼伤，就医治疗。
眼睛接触	立即提起眼睑，用流动清水或生理盐水冲洗至少 15min。就医。
吸入	迅速脱离现场至空气新鲜处。保持呼吸道通畅。必要时进行人工呼吸。就医。
食入	患者清醒时立即漱口，给饮牛奶或蛋清。就医。
防护措施	
呼吸防护	无资料。
眼睛防护	无资料。
身体防护	无资料。
手防护	无资料。
其他防护	无资料。

品名：**溴己烷** 别名：己基溴	分子式：$C_6H_{13}Br$ 分子量：165.1	相态：液 外观与性状：无色或淡黄色液体，有刺激性气味	
危险特性			
火灾危险性：可燃液体乙 B 腐蚀减薄：无 环境开裂：无	爆炸物：无 金属腐蚀：无 急性毒性：类别 3	皮肤腐蚀/刺激：无	
易燃，遇高热、明火、氧化剂有引起燃烧的危险。受高热分解放出有毒的气体。			
理化特性			
熔点：-85.0℃ 沸点：154.0℃ 闪点：47.0℃	临界温度：无资料 临界压力：无资料 饱和蒸气压：无资料	爆炸上限：无资料 爆炸下限：无资料 相对密度($d_{水}=1$)：1.16	引燃温度：无资料 燃烧热：无资料
溶解性	不溶于水，溶于醇、醚、酯。		
主要用途	用于有机合成。		
急救措施			
皮肤接触	脱去污染的衣着，用大量肥皂水和流动清水冲洗。就医。		
眼睛接触	提起眼睑，用流动清水或生理盐水冲洗。就医。		
吸入	迅速脱离现场至空气新鲜处。保持呼吸道通畅。如呼吸困难，给输氧。如呼吸停止，立即进行人工呼吸。就医。		
食入	饮用足量温水，催吐。就医。		
防护措施			
呼吸防护	可能接触其蒸气时，应该佩戴自吸过滤式防毒面具(半面罩)。紧急事态抢救或撤离时，佩戴空气呼吸器。		
眼睛防护	戴化学安全防护眼镜。		
身体防护	穿防毒物渗透工作服。		
手防护	戴橡胶耐油手套。		
其他防护	工作现场禁止吸烟、进食和饮水。工作完毕，淋浴更衣。注意个人清洁卫生。		

品名：**2-溴甲苯** 别名：邻溴甲苯；邻甲基溴苯；2-甲基溴苯	分子式：C_7H_7Br 分子量：171.0	相态：液 外观与性状：无色液体	
危险特性			
火灾危险性：可燃液体丙 A 腐蚀减薄：无 环境开裂：无	爆炸物：无 金属腐蚀：无 急性毒性：无	皮肤腐蚀/刺激：类别 2 严重眼损伤/眼刺激：类别 2	
可燃。遇明火能燃烧。受高热分解产生有毒的溴化物气体。与强氧化剂接触可发生化学反应。			
理化特性			
熔点：-26.0℃ 沸点：181.7℃ 闪点：78.0℃	临界温度：无资料 临界压力：无资料 饱和蒸气压：1.33kPa(59.1℃)	爆炸上限：无资料 爆炸下限：无资料 相对密度($d_{水}=1$)：1.42	引燃温度：无资料 燃烧热：无资料
溶解性	不溶于水，溶于乙醇、乙醚、苯，可混溶于四氯化碳。		
主要用途	用于有机合成及用作溶剂。		
急救措施			
皮肤接触	脱去污染的衣着，用大量肥皂水和流动清水冲洗。就医。		
眼睛接触	提起眼睑，用流动清水或生理盐水冲洗。就医。		
吸入	迅速脱离现场至空气新鲜处。保持呼吸道通畅。如呼吸困难，给输氧。如呼吸停止，立即进行人工呼吸。就医。		
食入	饮用足量温水，催吐。就医。		
防护措施			
呼吸防护	高浓度环境中，应该佩戴过滤式防毒面具(半面罩)。紧急事态抢救或撤离时，佩戴隔离式呼吸器。		
眼睛防护	戴化学安全防护眼镜。		
身体防护	穿防毒物渗透工作服。		
手防护	戴橡胶耐油手套。		
其他防护	工作现场禁止吸烟、进食和饮水。工作完毕，淋浴更衣。单独存放被毒物污染的衣服，洗后备用。保持良好的卫生习惯。		

品名：**3-溴甲苯** 别名：间溴甲苯；间甲基溴苯；3-甲基溴苯	分子式：C_7H_7Br 分子量：171.0	相态：液 外观与性状：无色液体	
危险特性			
火灾危险性：可燃液体丙 A 腐蚀减薄：无 环境开裂：无	爆炸物：无 金属腐蚀：无 急性毒性：无	皮肤腐蚀/刺激：无 易燃液体：类别 3	
其蒸气与空气可形成爆炸性混合物，遇明火、高热能引起燃烧爆炸。与氧化剂可发生反应。受高热分解放出有毒的气体。若遇高热，容器内压增大，有开裂和爆炸的危险。			
理化特性			
熔点：-39.8℃ 沸点：183.7℃ 闪点：60.0℃	临界温度：无资料 临界压力：无资料 饱和蒸气压：无资料	爆炸上限：无资料 爆炸下限：无资料 相对密度($d_{水}=1$)：1.41	引燃温度：无资料 燃烧热：无资料
溶解性	不溶于水，溶于乙醇、醚、苯。		
主要用途	用于有机合成。		
急救措施			
皮肤接触	脱去污染的衣着，用大量流动清水冲洗。就医。		
眼睛接触	提起眼睑，用流动清水或生理盐水冲洗。就医。		
吸入	迅速脱离现场至空气新鲜处。保持呼吸道通畅。如呼吸困难，给输氧。就医。		
食入	饮用足量温水，催吐。就医。		
防护措施			
呼吸防护	空气中浓度超标时，必须佩戴自吸过滤式防毒面具(半面罩)。紧急事态抢救或撤离时，应该佩戴空气呼吸器。		
眼睛防护	戴化学安全防护眼镜。		
身体防护	穿防毒物渗透工作服。		
手防护	戴橡胶手套。		
其他防护	工作场所禁止吸烟、进食和饮水，饭前要洗手。工作完毕，淋浴更衣。保持良好的卫生习惯。		

品名：**4-溴甲苯** 别名：对溴甲苯；对甲基溴苯；4-甲基溴苯	分子式：C_7H_7Br 分子量：171.0	相态：固 外观与性状：白色结晶	
危险特性			
火灾危险性：可燃液体丙 A 腐蚀减薄：无 环境开裂：无	爆炸物：无 金属腐蚀：无 急性毒性：无	皮肤腐蚀/刺激：类别 2	
遇高热、明火或与氧化剂接触，有引起燃烧的危险。燃烧时放出有毒的刺激性烟雾。			
理化特性			
熔点：28.5℃ 沸点：184.5℃ 闪点：85.0℃	临界温度：无资料 临界压力：无资料 饱和蒸气压：无资料	爆炸上限：无资料 爆炸下限：无资料 相对密度($d_{水}=1$)：1.39	引燃温度：无资料 燃烧热：无资料
溶解性	不溶于水，溶于乙醇、乙醚、苯。		
主要用途	用于有机合成。		
急救措施			
皮肤接触	脱去污染的衣着，用大量流动清水冲洗。就医。		
眼睛接触	提起眼睑，用流动清水或生理盐水冲洗。就医。		
吸入	迅速脱离现场至空气新鲜处。保持呼吸道通畅。如呼吸困难，给输氧。就医。		
食入	饮用足量温水，催吐。就医。		
防护措施			
呼吸防护	空气中粉尘浓度超标时，必须佩戴自吸过滤式防尘口罩。紧急事态抢救或撤离时，应该佩戴空气呼吸器。		
眼睛防护	戴化学安全防护眼镜。		
身体防护	穿防毒物渗透工作服。		
手防护	戴橡胶手套。		
其他防护	工作场所禁止吸烟、进食和饮水，饭前要洗手。工作完毕，淋浴更衣。保持良好的卫生习惯。		

品名：**溴甲烷**	分子式：CH_3Br		相态：气
别名：甲基溴	分子量：94.9		外观与性状：无色气体，有甜味
危险特性			
火灾危险性：可燃气体乙	爆炸物：无		皮肤腐蚀/刺激：类别 2
腐蚀减薄：无	金属腐蚀：无		严重眼损伤/眼刺激：类别 2
环境开裂：无	急性毒性：类别 3		
与空气混合能形成爆炸性混合物。遇明火、高温以及铝粉、二甲亚砜有燃烧爆炸的危险。与活性金属粉末（如镁、铝等）能发生反应，引起分解。与碱金属接触受冲击时会着火燃烧。			
理化特性			
熔点：-93.0℃	临界温度：194.0℃	爆炸上限：16.0%	引燃温度：537.0℃
沸点：3.6℃	临界压力：8.45MPa	爆炸下限：10.0%	燃烧热：769.1kJ/mol
闪点：-40.0℃	饱和蒸气压：215.5kPa(25℃)	相对密度($d_{水}=1$)：1.72	
溶解性	不溶于水，溶于乙醇、乙醚、氯仿等多数有机溶剂。		
主要用途	农业上用作杀虫熏剂、冷冻剂。		
急救措施			
皮肤接触	脱去污染的衣着，用大量流动清水冲洗至少 15min。就医。		
眼睛接触	提起眼睑，用流动清水或生理盐水冲洗至少 15min。就医。		
吸入	迅速脱离现场至空气新鲜处。保持呼吸道通畅。如呼吸困难，给输氧。如呼吸停止，立即进行人工呼吸。就医。		
食入	用水漱口，给饮牛奶或蛋清。就医。		
防护措施			
呼吸防护	空气中浓度超标时，佩戴过滤式防毒面具（半面罩）。紧急事态抢救或撤离时，必须佩戴正压自给式呼吸器。		
眼睛防护	戴化学安全防护眼镜。		
身体防护	穿透气型防毒服。		
手防护	戴防化学品手套。		
其他防护	工作现场禁止吸烟、进食和饮水。工作完毕，淋浴更衣。进入罐、限制性空间或其他高浓度区作业，须有人监护。		

品名：**溴酸钠**	分子式：$NaBrO_3$		相态：固
别名：无	分子量：150.9		外观与性状：白色结晶或晶状粉末，无味
危险特性			
火灾危险性：无法确定	爆炸物：无		皮肤腐蚀/刺激：类别 2
腐蚀减薄：无	金属腐蚀：无		严重眼损伤/眼刺激：类别 2
环境开裂：无	急性毒性：无		
强氧化剂。与铵盐、金属粉末、可燃物、有机物或其他易氧化物形成爆炸性混合物，经摩擦或受热易引起燃烧或爆炸。与硫酸接触容易发生爆炸。能与铝、砷、铜、碳、金属硫化物、有机物、磷、硒、硫剧烈反应。			
理化特性			
熔点：381.0℃	临界温度：无资料	爆炸上限：无资料	引燃温度：无资料
沸点：1390.0℃	临界压力：无资料	爆炸下限：无资料	燃烧热：无资料
闪点：无资料	饱和蒸气压：无资料	相对密度($d_{水}=1$)：3.34	
溶解性	溶于水，不溶于乙醇。		
主要用途	用作分析试剂和氧化剂、烫发药剂，与溴化钠混合用作金的溶解剂。		
急救措施			
皮肤接触	脱去污染的衣着，用大量肥皂水和流动清水冲洗。就医。		
眼睛接触	提起眼睑，用流动清水或生理盐水冲洗。就医。		
吸入	迅速脱离现场至空气新鲜处。保持呼吸道通畅。如呼吸困难，给输氧。如呼吸停止，立即进行人工呼吸。就医。		
食入	饮用足量温水，催吐。就医。		
防护措施			
呼吸防护	空气中粉尘浓度超标时，作业工人应该佩戴自吸过滤式防尘口罩。紧急事态抢救或撤离时，佩戴空气呼吸器。		
眼睛防护	戴化学安全防护眼镜。		
身体防护	穿聚乙烯防毒服。		
手防护	戴橡胶手套。		
其他防护	工作现场禁止吸烟、进食和饮水。工作完毕，淋浴更衣。实行就业前和定期的体检。		

品名：**2-溴戊烷**	分子式：$C_5H_{11}Br$	相态：液	
别名：仲戊基溴；溴代仲戊烷	分子量：151.1	外观与性状：无色至黄色液体，有强烈气味	
危险特性			
火灾危险性：可燃液体甲 B	爆炸物：无	皮肤腐蚀/刺激：无	
腐蚀减薄：无	金属腐蚀：无	易燃液体：类别 2	
环境开裂：无	急性毒性：无		
其蒸气与空气可形成爆炸性混合物，遇明火、高热极易燃烧爆炸与氧化剂接触猛烈反应。受高热分解放出有毒的气体。若遇高热容器内压增大，有开裂和爆炸的危险。			
理化特性			
熔点：-95.5℃	临界温度：无资料	爆炸上限：无资料	引燃温度：无资料
沸点：117.0℃	临界压力：无资料	爆炸下限：无资料	燃烧热：无资料
闪点：20.0℃	饱和蒸气压：无资料	相对密度($d_{水}=1$)：1.22	
溶解性	不溶于水，溶于甲醇、丙酮、苯、乙醚、四氯化碳。		
主要用途	用作有机合成中间体。		
急救措施			
皮肤接触	脱去污染的衣着，用大量流动清水冲洗。就医。		
眼睛接触	提起眼睑，用流动清水或生理盐水冲洗。就医。		
吸入	迅速脱离现场至空气新鲜处。保持呼吸道通畅。如呼吸困难，给输氧。如呼吸停止，立即进行人工呼吸。就医。		
食入	饮用足量温水，催吐。就医。		
防护措施			
呼吸防护	空气中浓度超标时，佩戴过滤式防毒面具(半面罩)。紧急事态抢救或撤离时，必须佩戴正压自给式呼吸器。		
眼睛防护	戴化学安全防护眼镜。		
身体防护	穿防静电工作服。		
手防护	戴橡胶手套。		
其他防护	工作场所禁止吸烟、进食和饮水，饭前要洗手。工作完毕，淋浴更衣。保持良好的卫生习惯。		

品名：**2-溴乙醇**	分子式：C_2H_5BrO	相态：液	
别名：无	分子量：125.0	外观与性状：无色或浅黄色液体，其水溶液具有甜的焦灼味	
危险特性			
火灾危险性：可燃液体乙 A	爆炸物：无	皮肤腐蚀/刺激：无	
腐蚀减薄：无	金属腐蚀：无	易燃液体：类别 3	
环境开裂：乙醇应力腐蚀开裂	急性毒性：无		
遇明火易燃。受高热燃烧并分解产生有毒气体。			
理化特性			
熔点：无资料	临界温度：无资料	爆炸上限：无资料	引燃温度：无资料
沸点：149.0℃	临界压力：无资料	爆炸下限：无资料	燃烧热：无资料
闪点：40.0℃	饱和蒸气压：2.67kPa(57℃)	相对密度($d_{水}=1$)：1.76	
溶解性	与水混溶，可混溶于乙醇、乙酸等多数有机溶剂。		
主要用途	用于有机合成及用作溶剂。		
急救措施			
皮肤接触	脱去污染的衣着，用大量流动清水冲洗。就医。		
眼睛接触	提起眼睑，用流动清水或生理盐水冲洗。就医。		
吸入	迅速脱离现场至空气新鲜处。保持呼吸道通畅。如呼吸困难，给输氧。如呼吸停止，立即进行人工呼吸。就医。		
食入	饮用足量温水，催吐。就医。		
防护措施			
呼吸防护	可能接触其蒸气时，应该佩戴防毒面具。紧急事态抢救或逃生时，佩戴自给式呼吸器。		
眼睛防护	戴安全防护眼镜。		
身体防护	穿相应的防护服。		
手防护	戴防化学品手套。		
其他防护	工作现场禁止吸烟、进食和饮水。工作后，彻底清洗。单独存放被毒物污染的衣服，洗后再用。注意个人清洁卫生。		

品名：**2-溴乙基乙醚**	分子式：C_4H_9BrO	相态：液	
别名：无	分子量：153.0	外观与性状：无色液体	
危险特性			
火灾危险性：可燃液体甲 B	爆炸物：无	皮肤腐蚀/刺激：无	
腐蚀减薄：无	金属腐蚀：无	易燃液体：类别 2	
环境开裂：无	急性毒性：无		
其蒸气与空气可形成爆炸性混合物，遇明火、高热极易燃烧爆炸。与氧化剂接触猛烈反应。受高热分解产生有毒的溴化物气体。流速过快，容易产生和积聚静电。若遇高热，容器内压增大，有开裂和爆炸的危险。			
理化特性			
熔点：无资料	临界温度：无资料	爆炸上限：无资料	引燃温度：无资料
沸点：127.5℃	临界压力：无资料	爆炸下限：无资料	燃烧热：无资料
闪点：21.1℃	饱和蒸气压：99.98kPa(149℃)	相对密度($d_{水}=1$)：1.39	
溶解性	溶于多数有机溶剂。		
主要用途	用于有机合成。		
急救措施			
皮肤接触	脱去污染的衣着，用大量流动清水冲洗。就医。		
眼睛接触	提起眼睑，用流动清水或生理盐水冲洗。就医。		
吸入	迅速脱离现场至空气新鲜处。保持呼吸道通畅。如呼吸困难，给输氧。如呼吸停止，立即进行人工呼吸。就医。		
食入	饮用足量温水，催吐。就医。		
防护措施			
呼吸防护	空气中浓度超标时，必须佩戴自吸过滤式防毒面具(半面罩)。紧急事态抢救或撤离时，应该佩戴空气呼吸器。		
眼睛防护	戴化学安全防护眼镜。		
身体防护	穿防静电工作服。		
手防护	戴橡胶耐油手套。		
其他防护	工作现场禁止吸烟、进食和饮水。工作完毕，淋浴更衣。注意个人清洁卫生。		

品名：**溴乙酸**	分子式：$C_2H_3BrO_2$	相态：固	
别名：溴醋酸	分子量：139.0	外观与性状：无色结晶，易潮解	
危险特性			
火灾危险性：无	爆炸物：无	皮肤腐蚀/刺激：类别 1	
腐蚀减薄：低分子有机酸腐蚀	金属腐蚀：无	严重眼损伤/眼刺激：类别 1	
环境开裂：无	急性毒性：类别 3		
遇明火、高热可燃。受高热分解产生有毒的溴化物气体。与强氧化剂接触可发生化学反应。遇潮时对大多数金属有腐蚀性。			
理化特性			
熔点：50.0℃	临界温度：无资料	爆炸上限：无资料	引燃温度：无资料
沸点：208.0℃	临界压力：无资料	爆炸下限：无资料	燃烧热：无资料
闪点：无资料	饱和蒸气压：0.13kPa(54.7℃)	相对密度($d_{水}=1$)：1.93	
溶解性	易溶于水、乙醇、乙醚，溶于丙酮、苯。		
主要用途	用于有机合成。		
急救措施			
皮肤接触	脱去污染的衣着，用大量流动清水冲洗至少 15min。就医。		
眼睛接触	提起眼睑，用流动清水或生理盐水冲洗至少 15min。就医。		
吸入	迅速脱离现场至空气新鲜处。保持呼吸道通畅。如呼吸困难，给输氧。如呼吸停止，立即进行人工呼吸。就医。		
食入	用水漱口，给饮牛奶或蛋清。就医。		
防护措施			
呼吸防护	空气中粉尘浓度超标时，必须佩戴自吸过滤式防尘口罩。紧急事态抢救或撤离时，佩戴隔离式呼吸器。		
眼睛防护	戴化学安全防护眼镜。		
身体防护	穿防酸碱工作服。		
手防护	戴橡胶耐酸碱手套。		
其他防护	工作场所禁止吸烟、进食和饮水，饭前要洗手。工作完毕，淋浴更衣。注意个人清洁卫生。		

品名：**溴乙酸甲酯**		分子式：$C_3H_5BrO_2$	相态：液
别名：溴醋酸甲酯		分子量：153.0	外观与性状：无色至黄色液体，有吸湿性
危险特性			
火灾危险性：可燃液体丙 A		爆炸物：无	皮肤腐蚀/刺激：类别 2
腐蚀减薄：低分子有机酸腐蚀		金属腐蚀：无	严重眼损伤/眼刺激：无
环境开裂：无		急性毒性：类别 3	
遇明火、高热或与氧化剂接触，有引起燃烧爆炸的危险。受热或遇水、酸分解放热，放出有毒烟气。			
理化特性			
熔点：-50.0℃	临界温度：无资料	爆炸上限：无资料	引燃温度：无资料
沸点：145.0℃	临界压力：无资料	爆炸下限：无资料	燃烧热：无资料
闪点：62.0℃	饱和蒸气压：2kPa(51℃)	相对密度($d_水=1$)：1.65	
溶解性	不溶于水，溶于甲醇、乙醚。		
主要用途	用于合成除草剂，也用作染料、药品制造的中间体。		
急救措施			
皮肤接触	脱去污染的衣着，用大量流动清水冲洗。就医。		
眼睛接触	提起眼睑，用流动清水或生理盐水冲洗至少 15min。就医。		
吸入	迅速脱离现场至空气新鲜处。保持呼吸道通畅。如呼吸困难，给输氧。如呼吸停止，立即进行人工呼吸。就医。		
食入	饮用足量温水，催吐。就医。		
防护措施			
呼吸防护	可能接触其蒸气时，应该佩戴自吸过滤式防毒面具(全面罩)。紧急事态抢救或撤离时，佩戴氧气呼吸器。		
眼睛防护	呼吸系统防护中已做防护。		
身体防护	穿连衣式胶布防毒衣。		
手防护	戴橡胶耐油手套。		
其他防护	工作现场禁止吸烟、进食和饮水。现场备有冲洗眼及皮肤的设备。工作完毕，彻底清洗。		

品名：**溴乙酸叔丁酯**		分子式：$C_6H_{11}BrO_2$	相态：液
别名：溴醋酸叔丁酯		分子量：195.1	外观与性状：液体
危险特性			
火灾危险性：可燃液体乙 B		爆炸物：无	皮肤腐蚀/刺激：无
腐蚀减薄：低分子有机酸腐蚀		金属腐蚀：无	易燃液体：类别 3
环境开裂：无		急性毒性：无	
遇明火易燃。受高热燃烧并分解产生有毒气体。			
理化特性			
熔点：无资料	临界温度：无资料	爆炸上限：无资料	引燃温度：无资料
沸点：73.0℃	临界压力：无资料	爆炸下限：无资料	燃烧热：无资料
闪点：49.0℃	饱和蒸气压：3.33kPa(73℃)	相对密度($d_水=1$)：1.21	
溶解性	不溶于水，溶于乙醇、乙醚等多数有机溶剂。		
主要用途	用于有机合成。		
急救措施			
皮肤接触	脱去污染的衣着，用大量流动清水冲洗至少 15min。就医。		
眼睛接触	提起眼睑，用流动清水或生理盐水冲洗至少 15min。就医。		
吸入	迅速脱离现场至空气新鲜处。保持呼吸道通畅。如呼吸困难，给输氧。如呼吸停止，立即进行人工呼吸。就医。		
食入	用水漱口，给饮牛奶或蛋清。就医。		
防护措施			
呼吸防护	可能接触其蒸气时，应该佩戴自吸过滤式防毒面具(半面罩)。紧急事态抢救或撤离时，建议佩戴空气呼吸器。		
眼睛防护	戴化学安全防护眼镜。		
身体防护	穿防毒物渗透工作服。		
手防护	戴橡胶耐油手套。		
其他防护	工作现场禁止吸烟、进食和饮水。特别注意眼和呼吸道的防护。工作完毕，彻底清洗。单独存放被毒物污染的衣服，洗后备用。		

品名：**溴乙酸乙酯**	分子式：$C_4H_7BrO_2$	相态：液
别名：溴醋酸乙酯	分子量：167.0	外观与性状：无色至黄色液体

危险特性

火灾危险性：可燃液体乙 B	爆炸物：无	皮肤腐蚀/刺激：无
腐蚀减薄：低分子有机酸腐蚀	金属腐蚀：无	
环境开裂：无	急性毒性：类别 1	

易燃，遇明火、高热或与氧化剂接触，有引起燃烧爆炸的危险。受高热分解产生有毒的溴化物气体。

理化特性

熔点：-13.8℃	临界温度：无资料	爆炸上限：无资料	引燃温度：无资料
沸点：158.8℃	临界压力：无资料	爆炸下限：无资料	燃烧热：无资料
闪点：47.8℃	饱和蒸气压：0.35kPa(25℃)	相对密度($d_{水}$=1)：1.51	

溶解性	不溶于水，可混溶于乙醇、乙醚、苯。
主要用途	用于有机合成，制造军用毒气。

急救措施

皮肤接触	脱去污染的衣着，用大量流动清水冲洗。就医。
眼睛接触	提起眼睑，用流动清水或生理盐水冲洗至少 15min。就医。
吸入	迅速脱离现场至空气新鲜处。保持呼吸道通畅。如呼吸困难，给输氧。如呼吸停止，立即进行人工呼吸。就医。
食入	饮用足量温水，催吐。就医。

防护措施

呼吸防护	可能接触其蒸气时，应该佩戴自吸过滤式防毒面具(全面罩)。紧急事态抢救或撤离时，佩戴氧气呼吸器。
眼睛防护	呼吸系统防护中已做防护。
身体防护	穿连衣式胶布防毒衣。
手防护	戴橡胶耐油手套。
其他防护	工作现场禁止吸烟、进食和饮水。现场备有冲洗眼及皮肤的设备。工作完毕，彻底清洗。单独存放被毒物污染的衣服，洗后备用。

品名：**溴乙酸异丙酯**	分子式：$C_5H_9BrO_2$	相态：液
别名：溴醋酸异丙酯	分子量：181.0	外观与性状：无色液体

危险特性

火灾危险性：可燃液体丙 A	爆炸物：无	皮肤腐蚀/刺激：类别 1
腐蚀减薄：低分子有机酸腐蚀	金属腐蚀：无	严重眼损伤/眼刺激：类别 1
环境开裂：无	急性毒性：无	

遇明火、高热可燃。与氧化剂可发生反应。受高热分解放出有毒的气体。具有腐蚀性。若遇高热，容器内压增大，有开裂和爆炸的危险。

理化特性

熔点：无资料	临界温度：无资料	爆炸上限：无资料	引燃温度：无资料
沸点：59.0℃	临界压力：无资料	爆炸下限：无资料	燃烧热：无资料
闪点：>110℃	饱和蒸气压：无资料	相对密度($d_{水}$=1)：1.40	

溶解性	不溶于水。
主要用途	用于有机合成。

急救措施

皮肤接触	脱去污染的衣着，用大量流动清水冲洗。就医。
眼睛接触	提起眼睑，用流动清水或生理盐水冲洗。就医。
吸入	迅速脱离现场至空气新鲜处。保持呼吸道通畅。如呼吸困难，给输氧。如呼吸停止，立即进行人工呼吸。就医。
食入	饮用足量温水，催吐。就医。

防护措施

呼吸防护	空气中浓度超标时，必须佩戴自吸过滤式防毒面具(半面罩)。紧急事态抢救或撤离时，应该佩戴空气呼吸器。
眼睛防护	戴化学安全防护眼镜。
身体防护	穿防毒物渗透工作服。
手防护	戴橡胶手套。
其他防护	工作场所禁止吸烟、进食和饮水，饭前要洗手。工作完毕，淋浴更衣。保持良好的卫生习惯。

品名：**溴乙酸正丙酯** 别名：溴醋酸正丙酯	分子式：$C_5H_9BrO_2$ 分子量：181.0	相态：液 外观与性状：液体	
危险特性			
火灾危险性：可燃液体丙 A 腐蚀减薄：低分子有机酸腐蚀 环境开裂：无	爆炸物：无 金属腐蚀：无 急性毒性：无	皮肤腐蚀/刺激：类别 1 严重眼损伤/眼刺激：类别 1	
遇明火能燃烧。受高热分解产生有毒的溴化物气体。			
理化特性			
熔点：无资料 沸点：176.0℃ 闪点：82.0℃	临界温度：无资料 临界压力：无资料 饱和蒸气压：无资料	爆炸上限：无资料 爆炸下限：无资料 相对密度($d_{水}=1$)：1.41	引燃温度：无资料 燃烧热：无资料
溶解性	不溶于水，溶于乙醇、乙醚、丙酮。		
主要用途	用于有机合成。		
急救措施			
皮肤接触	脱去污染的衣着，用大量流动清水冲洗至少 15min。就医。		
眼睛接触	提起眼睑，用流动清水或生理盐水冲洗至少 15min。就医。		
吸入	迅速脱离现场至空气新鲜处。保持呼吸道通畅。如呼吸困难，给输氧。如呼吸停止，立即进行人工呼吸。就医。		
食入	用水漱口，给饮牛奶或蛋清。就医。		
防护措施			
呼吸防护	可能接触其蒸气时，应该佩戴自吸过滤式防毒面具(半面罩)。紧急事态抢救或撤离时，建议佩戴空气呼吸器。		
眼睛防护	戴化学安全防护眼镜。		
身体防护	穿防毒物渗透工作服。		
手防护	戴橡胶耐油手套。		
其他防护	工作现场禁止吸烟、进食和饮水。特别注意眼和呼吸道的防护。工作完毕，彻底清洗。单独存放被毒物污染的衣服，洗后备用。		

品名：**溴乙烷** 别名：乙基溴；溴代乙烷	分子式：C_2H_5Br 分子量：109.0	相态：液 外观与性状：无色易挥发液体	
危险特性			
火灾危险性：可燃液体甲 B 腐蚀减薄：无 环境开裂：无	爆炸物：无 金属腐蚀：无 急性毒性：无	皮肤腐蚀/刺激：无 易燃液体：类别 2	
其蒸气与空气可形成爆炸性混合物，遇明火、高热能引起燃烧爆炸。受高热分解产生有毒的溴化物气体。受光照或火焰下易分解生成溴化氢和碳酰溴。与强氧化剂接触可发生化学反应。			
理化特性			
熔点：-119.0℃ 沸点：37.0~40.0℃ 闪点：-23.0℃	临界温度：230.7℃ 临界压力：6.23MPa 饱和蒸气压：53.32kPa(20℃)	爆炸上限：11.3% 爆炸下限：6.7% 相对密度($d_{水}=1$)：1.45	引燃温度：511.0℃ 燃烧热：1423.3kJ/mol
溶解性	不溶于水，溶于乙醇、乙醚等多数有机溶剂。		
主要用途	用于有机合成，合成医药、致冷剂，也用作溶剂。		
急救措施			
皮肤接触	脱去污染的衣着，用大量肥皂水和流动清水冲洗。就医。		
眼睛接触	提起眼睑，用流动清水或生理盐水冲洗。就医。		
吸入	迅速脱离现场至空气新鲜处。保持呼吸道通畅。如呼吸困难，给输氧。如呼吸停止，立即进行人工呼吸。就医。		
食入	饮用足量温水，催吐。就医。		
防护措施			
呼吸防护	空气中浓度超标时，应该佩戴自吸过滤式防毒面具(半面罩)。		
眼睛防护	一般不需要特殊防护，高浓度接触时可戴安全防护眼镜。		
身体防护	穿防毒物渗透工作服。		
手防护	戴防化学品手套。		
其他防护	工作现场禁止吸烟、进食和饮水。工作完毕，淋浴更衣。单独存放被毒物污染的衣服，洗后备用。注意个人清洁卫生。		

品名：**溴乙烯[稳定的]**	分子式：C_2H_3Br	相态：气
别名：乙烯基溴	分子量：107.0	外观与性状：无色液体或气体

危险特性

火灾危险性：可燃气体甲	爆炸物：无	皮肤腐蚀/刺激：无
腐蚀减薄：无	金属腐蚀：无	易燃气体：类别 1
环境开裂：无	急性毒性：无	加压气体：是

与空气混合能形成爆炸性混合物。遇热源和明火有燃烧爆炸的危险。与氧化剂接触猛烈反应。燃烧或无抑制剂时可发生剧烈聚合。

理化特性

熔点：-137.7℃	临界温度：200.0℃	爆炸上限：15.0%	引燃温度：530.0℃
沸点：15.6℃	临界压力：6.86MPa	爆炸下限：6.0%	燃烧热：无资料
闪点：-8.0℃	饱和蒸气压：53.32kPa(20℃)	相对密度($d_{水}$=1)：1.51	

溶解性	不溶于水，溶于乙醇。
主要用途	作为合成树脂的中间体。

急救措施

皮肤接触	脱去污染的衣着，用大量肥皂水和流动清水冲洗。就医。
眼睛接触	提起眼睑，用流动清水或生理盐水冲洗。就医。
吸入	迅速脱离现场至空气新鲜处。保持呼吸道通畅。如呼吸困难，给输氧。如呼吸停止，立即进行人工呼吸。就医。
食入	饮用足量温水，催吐。就医。

防护措施

呼吸防护	空气中浓度超标时，佩戴过滤式防毒面具(半面罩)。紧急事态抢救或撤离时，建议佩戴空气呼吸器。
眼睛防护	戴安全防护眼镜。
身体防护	穿防静电工作服。
手防护	戴防化学品手套。
其他防护	工作现场严禁吸烟。进入罐、限制性空间或其他高浓度区作业，须有人监护。

品名：**溴乙酰溴**	分子式：C_2H_2BrO	相态：液
别名：溴化溴乙酰	分子量：201.8	外观与性状：无色或浅黄色液体，有刺激性气味

危险特性

火灾危险性：可燃液体丙 A	爆炸物：无	皮肤腐蚀/刺激：类别 1
腐蚀减薄：含盐水腐蚀	金属腐蚀：无	严重眼损伤/眼刺激：类别 1
环境开裂：溴化物应力腐蚀开裂	急性毒性：无	

遇明火、高热或与氧化剂接触，有引起燃烧爆炸的危险。与碱类剧烈反应。遇水和乙醇发生剧烈反应，放出具有刺激性、腐蚀性的溴化氢烟气。受高热分解放出有毒的气体。遇潮时对大多数金属有腐蚀性。

理化特性

熔点：无资料	临界温度：无资料	爆炸上限：无资料	引燃温度：无资料
沸点：149.0℃	临界压力：无资料	爆炸下限：无资料	燃烧热：无资料
闪点：(72.0±6.4)℃	饱和蒸气压：无资料	相对密度($d_{水}$=1)：2.32	

溶解性	溶于氯仿、苯、乙醚。
主要用途	用于有机合成。

急救措施

皮肤接触	脱去污染的衣着，用大量流动清水冲洗。就医。
眼睛接触	提起眼睑，用流动清水或生理盐水冲洗至少 15min。就医。
吸入	迅速脱离现场至空气新鲜处。保持呼吸道通畅。如呼吸困难，给输氧。如呼吸停止，立即进行人工呼吸。就医。
食入	用水漱口，给饮牛奶或蛋清。就医。

防护措施

呼吸防护	空气中浓度超标时，必须佩戴自吸过滤式防毒面具(全面罩)。紧急事态抢救或撤离时，应该佩戴空气呼吸器。
眼睛防护	呼吸系统防护中已做防护。
身体防护	穿橡胶耐酸碱服。
手防护	戴橡胶耐酸碱手套。
其他防护	工作现场禁止吸烟、进食和饮水。工作完毕，淋浴更衣。保持良好的卫生习惯。

品名：**β,β′-亚氨基二丙腈** 别名：双(β-氰基乙基)胺		分子式：$C_6H_9N_3$ 分子量：123.2	相态：液 外观与性状：无色液体
危险特性			
火灾危险性：可燃液体丙 A 腐蚀减薄：碱腐蚀、胺腐蚀 环境开裂：碱应力腐蚀开裂、氨应力腐蚀开裂、胺应力腐蚀开裂		爆炸物：无 金属腐蚀：无 急性毒性：无	皮肤腐蚀/刺激：类别 2 严重眼损伤/眼刺激：类别 2
遇明火、高热可燃。与氧化剂能发生强烈反应。受高热分解，放出高毒的烟气。			
理化特性			
熔点：-5.5℃ 沸点：无资料 闪点：无资料	临界温度：无资料 临界压力：无资料 饱和蒸气压：0.13kPa(140℃)	爆炸上限：无资料 爆炸下限：无资料 相对密度($d_水=1$)：无资料	引燃温度：无资料 燃烧热：无资料
溶解性	溶于水、乙醇、丙酮、苯。		
主要用途	无资料。		
急救措施			
皮肤接触	用肥皂水及清水彻底冲洗。就医。		
眼睛接触	拉开眼睑，用流动清水冲洗 15min。就医。		
吸入	脱离现场至空气新鲜处。就医。		
食入	误服者，饮适量温水，催吐。就医。		
防护措施			
呼吸防护	可能接触其蒸气时，佩戴防毒口罩。紧急事态抢救或逃生时，应该佩戴自给式呼吸器。		
眼睛防护	高浓度环境中，戴化学安全防护眼镜。		
身体防护	穿相应的防护服。		
手防护	戴防护手套。		
其他防护	工作现场禁止吸烟、进食和饮水。工作后，淋浴更衣。保持良好的卫生习惯。		

品名：**亚碲酸钠** 别名：无		分子式：Na_2TeO_3 分子量：221.6	相态：固 外观与性状：白色斜方晶系结晶或粉末
危险特性			
火灾危险性：无 腐蚀减薄：无 环境开裂：无		爆炸物：无 金属腐蚀：无 急性毒性：类别 3	皮肤腐蚀/刺激：无
本身不能燃烧。受高热分解放出有毒的气体。若遇高热，容器内压增大，有开裂和爆炸的危险。			
理化特性			
熔点：无资料 沸点：无资料 闪点：无资料	临界温度：无资料 临界压力：无资料 饱和蒸气压：无资料	爆炸上限：无资料 爆炸下限：无资料 相对密度($d_水=1$)：无资料	引燃温度：无资料 燃烧热：无资料
溶解性	溶于水。		
主要用途	用于医药。		
急救措施			
皮肤接触	脱去污染的衣着，用大量流动清水冲洗。就医。		
眼睛接触	提起眼睑，用流动清水或生理盐水冲洗。就医。		
吸入	迅速脱离现场至空气新鲜处。保持呼吸道通畅。如呼吸困难，给输氧。如呼吸停止，立即进行人工呼吸。就医。		
食入	饮用足量温水，催吐。就医。		
防护措施			
呼吸防护	空气中浓度较高时，应该佩戴过滤式防毒面具(半面罩)。紧急事态抢救或逃生时，建议佩戴空气呼吸器。		
眼睛防护	戴化学安全防护眼镜。		
身体防护	穿防毒物渗透工作服。		
手防护	戴乳胶手套。		
其他防护	工作场所禁止吸烟、进食和饮水，饭前要洗手。工作完毕，淋浴更衣。保持良好的卫生习惯。		

品名：**4,4′-亚甲基双苯胺** 别名：亚甲基二苯胺；4,4′-二氨基二苯基甲烷；防老剂 MDA	分子式：$C_{13}H_{14}N_2$ 分子量：198.3	相态：固 外观与性状：淡黄色结晶，遇光变成黑色	
危险特性			
火灾危险性：可燃液体丙 B 腐蚀减薄：碱腐蚀、胺腐蚀 环境开裂：碱应力腐蚀开裂、氨应力腐蚀开裂、胺应力腐蚀开裂	爆炸物：无 金属腐蚀：无 急性毒性：无	皮肤腐蚀/刺激：无	
无资料。			
理化特性			
熔点：91.0℃ 沸点：无资料 闪点：227.0℃	临界温度：无资料 临界压力：无资料 饱和蒸气压：无资料	爆炸上限：无资料 爆炸下限：无资料 相对密度($d_{水}=1$)：无资料	引燃温度：无资料 燃烧热：无资料
溶解性	在冷水中微溶，但溶于热水。		
主要用途	无资料。		
急救措施			
皮肤接触	脱去被污染衣服，用大量水冲洗皮肤。注意患者保暖并且保持安静。		
眼睛接触	立即用流动清水冲洗至少 15min。		
吸入	移患者至空气新鲜处，就医。如果患者呼吸停止，给予人工呼吸。如果呼吸困难，给予吸氧。如果患者食入或吸入该物质不要用口对口进行人工呼吸，可用单向阀小型呼吸器或其他适当的医疗呼吸器。		
食入	吸入、食入或皮肤接触该物质可引起迟发反应。确保医务人员了解该物质相关的个体防护知识，注意自身防护。		
防护措施			
呼吸防护	可能接触其粉尘时，必须佩戴防尘面具(全面罩)。紧急事态抢救或撤离时，应该佩戴空气呼吸器。		
眼睛防护	呼吸系统防护中已做防护。		
身体防护	穿防毒物渗透工作服。		
手防护	戴橡胶手套。		
其他防护	工作现场禁止吸烟、进食和饮水。工作完毕，淋浴更衣。保持良好的卫生习惯。		

品名：**亚磷酸** 别名：无	分子式：H_3PO_3 分子量：82.0	相态：固 外观与性状：白色或淡黄色结晶，有蒜味，易潮解	
危险特性			
火灾危险性：无 腐蚀减薄：磷酸腐蚀 环境开裂：氢脆	爆炸物：无 金属腐蚀：无 急性毒性：无	皮肤腐蚀/刺激：类别 1 严重眼损伤/眼刺激：类别 1	
具有腐蚀性。受热分解产生剧毒的氧化磷烟气。			
理化特性			
熔点：73.6℃ 沸点：200.0℃ 闪点：无资料	临界温度：无资料 临界压力：无资料 饱和蒸气压：无资料	爆炸上限：无资料 爆炸下限：无资料 相对密度($d_{水}=1$)：1.65	引燃温度：无资料 燃烧热：无资料
溶解性	易溶于水、醇。		
主要用途	作为制造塑料稳定剂的原料，也用于合成纤维和亚磷酸盐制造。		
急救措施			
皮肤接触	脱去污染的衣着，用大量流动清水冲洗至少 15min。就医。		
眼睛接触	提起眼睑，用流动清水或生理盐水冲洗至少 15min。就医。		
吸入	迅速脱离现场至空气新鲜处。保持呼吸道通畅。如呼吸困难，给输氧。如呼吸停止，立即进行人工呼吸。就医。		
食入	用水漱口，给饮牛奶或蛋清。就医。		
防护措施			
呼吸防护	可能接触其粉尘时，建议佩戴头罩型电动送风过滤式防尘呼吸器。紧急事态抢救或撤离时，建议佩戴自给式呼吸器。		
眼睛防护	呼吸系统防护中已做防护。		
身体防护	穿防酸碱塑料工作服。		
手防护	戴橡胶耐酸碱手套。		
其他防护	工作场所禁止吸烟、进食和饮水，饭前要洗手。工作完毕，淋浴更衣。单独存放被毒物污染的衣服，洗后备用。保持良好的卫生习惯。		

品名：**亚磷酸二丁酯**	分子式：$C_8H_{19}O_3P$		相态：液
别名：无	分子量：194.2		外观与性状：无色液体
危险特性			
火灾危险性：可燃液体乙 B	爆炸物：无		皮肤腐蚀/刺激：无
腐蚀减薄：磷酸腐蚀	金属腐蚀：无		易燃液体：类别 3
环境开裂：氢脆	急性毒性：无		
其蒸气与空气可形成爆炸性混合物，遇明火、高热能引起燃烧爆炸。与氧化剂可发生反应。受热分解产生剧毒的氧化磷烟气。其蒸气比空气重，能在较低处扩散到相当远的地方，遇火源会着火回燃。若遇高热，容器内压增大，有开裂和爆炸的危险。			
理化特性			
熔点：无资料	临界温度：无资料	爆炸上限：无资料	引燃温度：无资料
沸点：(279.0±9.0)℃	临界压力：无资料	爆炸下限：无资料	燃烧热：无资料
闪点：(122.6±18.7)℃	饱和蒸气压：0.13kPa(20℃)	相对密度($d_{水}=1$)：0.97	
溶解性	不溶于水，溶于多数有机溶剂。		
主要用途	用作溶剂、抗氧化剂及有机合成中间体。		
急救措施			
皮肤接触	脱去污染的衣着，用大量流动清水冲洗。就医。		
眼睛接触	提起眼睑，用流动清水或生理盐水冲洗至少 15min。就医。		
吸入	迅速脱离现场至空气新鲜处。保持呼吸道通畅。如呼吸困难，给输氧。如呼吸停止，立即进行人工呼吸。就医。		
食入	用水漱口，给饮牛奶或蛋清。就医。		
防护措施			
呼吸防护	空气中浓度超标时，必须佩戴自吸过滤式防毒面具(全面罩)。紧急事态抢救或撤离时，应该佩戴空气呼吸器。		
眼睛防护	呼吸系统防护中已做防护。		
身体防护	穿胶布防毒衣。		
手防护	戴橡胶耐油手套。		
其他防护	工作现场严禁吸烟。工作完毕，淋浴更衣。特别注意眼和呼吸道的防护。		

品名：**亚磷酸二氢铅**	分子式：$O_6P_2Pb_3$		相态：固
别名：二盐基亚磷酸铅	分子量：742.6		外观与性状：白色微细针状结晶或粉末
危险特性			
火灾危险性：无法确定	爆炸物：无		皮肤腐蚀/刺激：无
腐蚀减薄：磷酸腐蚀	金属腐蚀：无		易燃固体：类别 1
环境开裂：氢脆	急性毒性：无		
遇到火星或遇热，易于燃烧，甚至在缺氧时燃烧仍能持续。			
理化特性			
熔点：无资料	临界温度：无资料	爆炸上限：无资料	引燃温度：无资料
沸点：无资料	临界压力：无资料	爆炸下限：无资料	燃烧热：无资料
闪点：无资料	饱和蒸气压：无资料	相对密度($d_{水}=1$)：6.10	
溶解性	不溶于水，不溶于多数有机溶剂。		
主要用途	用作聚氯乙烯的热稳定剂。		
急救措施			
皮肤接触	脱去污染的衣着，用大量肥皂水和流动清水冲洗。就医。		
眼睛接触	提起眼睑，用流动清水或生理盐水冲洗。就医。		
吸入	迅速脱离现场至空气新鲜处。保持呼吸道通畅。如呼吸困难，给输氧。如呼吸停止，立即进行人工呼吸。就医。		
食入	饮用足量温水，催吐。洗胃，导泻。就医。		
防护措施			
呼吸防护	空气中粉尘浓度超标时，建议佩戴自吸过滤式防尘口罩。紧急事态抢救或撤离时，应该佩戴空气呼吸器。		
眼睛防护	戴化学安全防护眼镜。		
身体防护	穿防毒物渗透工作服。		
手防护	戴乳胶手套。		
其他防护	工作完毕，淋浴更衣。实行就业前和定期的体检。保持良好的卫生习惯。		

品名：**亚磷酸三苯酯**	分子式：$C_{18}H_{15}O_3P$	相态：液
别名：无	分子量：310.3	外观与性状：无色至淡黄色、有芳香气味、固体或油状液体

危险特性

火灾危险性：可燃液体丙 B	爆炸物：无	皮肤腐蚀/刺激：类别 2
腐蚀减薄：磷酸腐蚀	金属腐蚀：无	严重眼损伤/眼刺激：类别 2
环境开裂：氢脆	急性毒性：无	

遇明火、高热可燃。遇潮气逐渐分解。

理化特性

熔点：22.0~24.0℃	临界温度：无资料	爆炸上限：无资料	引燃温度：无资料
沸点：(360.0±11.0)℃	临界压力：无资料	爆炸下限：无资料	燃烧热：无资料
闪点：218.3℃	饱和蒸气压：无资料	相对密度($a_{水}=1$)：1.18	

溶解性	不溶于水，溶于多数有机溶剂。
主要用途	可用作许多聚合物的抗氧化剂和稳定剂，与许多酚类抗氧剂有较好的协调作用。

急救措施

皮肤接触	脱去污染的衣着，用流动清水冲洗。就医。
眼睛接触	提起眼睑，用流动清水或生理盐水冲洗。就医。
吸入	迅速脱离现场至空气新鲜处。保持呼吸道通畅。如呼吸困难，给输氧。就医。
食入	饮用足量温水，催吐。洗胃，导泻。就医。

防护措施

呼吸防护	空气中粉尘浓度超标时，必须佩戴自吸过滤式防尘口罩。可能接触其蒸气时，应该佩戴自吸过滤式防毒面具(半面罩)。
眼睛防护	戴化学安全防护眼镜。
身体防护	穿防毒物渗透工作服。
手防护	戴橡胶手套。
其他防护	工作完毕，淋浴更衣。注意个人清洁卫生。

品名：**亚磷酸三甲酯**	分子式：$C_3H_9O_3P$	相态：液
别名：三甲氧基磷	分子量：124.1	外观与性状：无色液体

危险特性

火灾危险性：可燃液体甲 B	爆炸物：无	皮肤腐蚀/刺激：类别 2
腐蚀减薄：磷酸腐蚀	金属腐蚀：无	易燃液体：类别 3
环境开裂：氢脆	急性毒性：无	严重眼损伤/眼刺激：类别 2

其蒸气与空气可形成爆炸性混合物，遇明火、高热能引起燃烧爆炸。与氧化剂可发生反应。受热分解产生剧毒的氧化磷烟气。其蒸气比空气重，能在较低处扩散到相当远的地方，遇火源会着火回燃。若遇高热，容器内压增大，有开裂和爆炸的危险。

理化特性

熔点：-78.0℃	临界温度：无资料	爆炸上限：无资料	引燃温度：无资料
沸点：(110.2±8.0)℃	临界压力：无资料	爆炸下限：无资料	燃烧热：无资料
闪点：27.0℃	饱和蒸气压：无资料	相对密度($d_{水}=1$)：1.05	

溶解性	不溶于水，溶于多数有机溶剂。
主要用途	制造杀虫剂的原料。

急救措施

皮肤接触	脱去污染的衣着，用大量流动清水冲洗。就医。
眼睛接触	提起眼睑，用流动清水或生理盐水冲洗至少 15min。就医。
吸入	迅速脱离现场至空气新鲜处。保持呼吸道通畅。如呼吸困难，给输氧。如呼吸停止，立即进行人工呼吸。就医。
食入	用水漱口，给饮牛奶或蛋清。就医。

防护措施

呼吸防护	空气中浓度超标时，必须佩戴自吸过滤式防毒面具(全面罩)。紧急事态抢救或撤离时，应该佩戴空气呼吸器。
眼睛防护	呼吸系统防护中已做防护。
身体防护	穿胶布防毒衣。
手防护	戴橡胶耐油手套。
其他防护	工作现场严禁吸烟。工作完毕，淋浴更衣。定期体检。

品名：**亚磷酸三乙酯**	分子式：$C_6H_{15}O_3P$	相态：液
别名：无	分子量：166.2	外观与性状：无色透明液体，具有特殊的气味

危险特性

火灾危险性：可燃液体乙 B	爆炸物：无	皮肤腐蚀/刺激：无
腐蚀减薄：磷酸腐蚀	金属腐蚀：无	易燃液体：类别 3
环境开裂：氢脆	急性毒性：无	严重眼损伤/眼刺激：类别 2

其蒸气与空气可形成爆炸性混合物，遇明火、高热能引起燃烧爆炸。与氧化剂可发生反应。受热分解产生剧毒的氧化磷烟气。若遇高热，容器内压增大，有开裂和爆炸的危险。

理化特性

熔点：-112.0℃	临界温度：无资料	爆炸上限：无资料	引燃温度：无资料
沸点：(159.8±8.0)℃	临界压力：无资料	爆炸下限：无资料	燃烧热：无资料
闪点：(54.1±18.7)℃	饱和蒸气压：1.60kPa(49℃)	相对密度($d_{水}=1$)：0.97	

溶解性	不溶于水，溶于乙醇、乙醚、苯、丙酮等多数有机溶剂。
主要用途	作为农药中间体及塑料的增塑剂和稳定剂。

急救措施

皮肤接触	脱去污染的衣着，用大量流动清水冲洗。就医。
眼睛接触	提起眼睑，用流动清水或生理盐水冲洗。就医。
吸入	迅速脱离现场至空气新鲜处。保持呼吸道通畅。如呼吸困难，给输氧。就医。
食入	饮用足量温水，催吐。就医。

防护措施

呼吸防护	空气中浓度超标时，必须佩戴自吸过滤式防毒面具(半面罩)。紧急事态抢救或撤离时，应该佩戴空气呼吸器。
眼睛防护	戴化学安全防护眼镜。
身体防护	穿防静电工作服。
手防护	戴橡胶耐油手套。
其他防护	工作现场严禁吸烟。工作完毕，淋浴更衣。实行就业前和定期的体检。

品名：**亚硫酸**	分子式：H_2SO_3	相态：液
别名：无	分子量：82.1	外观与性状：无色透明液体，具有二氧化硫的窒息气味

危险特性

火灾危险性：无	爆炸物：无	皮肤腐蚀/刺激：类别 1
腐蚀减薄：硫酸腐蚀	金属腐蚀：无	严重眼损伤/眼刺激：类别 1
环境开裂：氢脆、连多硫酸应力腐蚀开裂、硫酸盐应力腐蚀开裂	急性毒性：无	

暴露在空气中可发生氧化反应。受高热分解产生有毒的硫化物烟气。具有腐蚀性。

理化特性

熔点：无资料	临界温度：无资料	爆炸上限：无资料	引燃温度：无资料
沸点：无资料	临界压力：无资料	爆炸下限：无资料	燃烧热：无资料
闪点：无资料	饱和蒸气压：无资料	相对密度($d_{水}=1$)：1.03	

溶解性	溶于水。
主要用途	用作分析试剂、还原剂及防腐剂。

急救措施

皮肤接触	脱去污染的衣着，用大量流动清水冲洗至少 15min。就医。
眼睛接触	提起眼睑，用流动清水或生理盐水冲洗至少 15min。就医。
吸入	迅速脱离现场至空气新鲜处。保持呼吸道通畅。如呼吸困难，给输氧。如呼吸停止，立即进行人工呼吸。就医。
食入	用水漱口，给饮牛奶或蛋清。就医。

防护措施

呼吸防护	可能接触其烟雾时，佩戴自吸过滤式防毒面具(全面罩)或空气呼吸器。紧急事态抢救或撤离时，建议佩戴氧气呼吸器。
眼睛防护	呼吸系统防护中已做防护。
身体防护	穿橡胶耐酸碱服。
手防护	戴橡胶耐酸碱手套。
其他防护	工作现场禁止吸烟、进食和饮水。工作完毕，淋浴更衣。单独存放被毒物污染的衣服，洗后备用。保持良好的卫生习惯。

品名：**亚硫酸氢钙**		分子式：$CaH_2O_8S_2$	相态：固
别名：酸式亚硫酸钙		分子量：234.2	外观与性状：无色或微黄色固体或液体，有强烈的二氧化硫气味
危险特性			
火灾危险性：无		爆炸物：无	皮肤腐蚀/刺激：类别 2
腐蚀减薄：硫酸腐蚀		金属腐蚀：无	严重眼损伤/眼刺激：类别 2
环境开裂：氢脆、连多硫酸应力腐蚀开裂、硫酸盐应力腐蚀开裂		急性毒性：无	
具有还原性。接触酸或酸气能产生有毒气体。受高热分解放出有毒的气体。具有腐蚀性。			
理化特性			
熔点：201.5~203.0℃	临界温度：无资料	爆炸上限：无资料	引燃温度：无资料
沸点：无资料	临界压力：无资料	爆炸下限：无资料	燃烧热：无资料
闪点：无资料	饱和蒸气压：无资料	相对密度($d_{水}=1$)：1.06	
溶解性	溶于水、酸。		
主要用途	用作二氧化硫发生剂、还原剂、漂白剂、防腐剂等。		
急救措施			
皮肤接触	脱去污染的衣着，用大量流动清水冲洗至少 15min。就医。		
眼睛接触	提起眼睑，用流动清水或生理盐水冲洗至少 15min。就医。		
吸入	迅速脱离现场至空气新鲜处。保持呼吸道通畅。如呼吸困难，给输氧。如呼吸停止，立即进行人工呼吸。就医。		
食入	用水漱口，给饮牛奶或蛋清。就医。		
防护措施			
呼吸防护	空气中浓度超标时，必须佩戴自吸过滤式防毒面具(半面罩)。紧急事态抢救或撤离时，应该佩戴空气呼吸器。		
眼睛防护	戴化学安全防护眼镜。		
身体防护	穿橡胶耐酸碱服。		
手防护	戴橡胶耐酸碱手套。		
其他防护	工作场所禁止吸烟、进食和饮水，饭前要洗手。工作完毕，淋浴更衣。保持良好的卫生习惯。		

品名：**亚硫酸氢钠**		分子式：$NaHSO_3$	相态：固
别名：酸式亚硫酸钠		分子量：104.1	外观与性状：白色结晶粉末，有二氧化硫的气味
危险特性			
火灾危险性：无		爆炸物：无	皮肤腐蚀/刺激：类别 2
腐蚀减薄：硫酸腐蚀		金属腐蚀：无	严重眼损伤/眼刺激：类别 2
环境开裂：氢脆、连多硫酸应力腐蚀开裂、硫酸盐应力腐蚀开裂		急性毒性：无	
具有强还原性。接触酸或酸气能产生有毒气体。受高热分解放出有毒的气体。具有腐蚀性。			
理化特性			
熔点：150.0℃	临界温度：无资料	爆炸上限：无资料	引燃温度：无资料
沸点：无资料	临界压力：无资料	爆炸下限：无资料	燃烧热：无资料
闪点：无资料	饱和蒸气压：无资料	相对密度($d_{水}=1$)：1.48	
溶解性	易溶于水，微溶于醇、乙醚。		
主要用途	用作漂白剂、媒染剂、蔬菜脱水和保存剂、医药电镀、造纸等助漂白剂。		
急救措施			
皮肤接触	脱去污染的衣着，用大量流动清水冲洗。就医。		
眼睛接触	提起眼睑，用流动清水或生理盐水冲洗至少 15min。就医。		
吸入	迅速脱离现场至空气新鲜处。保持呼吸道通畅。如呼吸困难，给输氧。如呼吸停止，立即进行人工呼吸。就医。		
食入	饮用足量温水，催吐。就医。		
防护措施			
呼吸防护	空气中粉尘浓度超标时，必须佩戴自吸过滤式防尘口罩。紧急事态抢救或撤离时，应该佩戴空气呼吸器。		
眼睛防护	戴化学安全防护眼镜。		
身体防护	穿橡胶耐酸碱服。		
手防护	戴橡胶耐酸碱手套。		
其他防护	工作场所禁止吸烟、进食和饮水，饭前要洗手。工作完毕，淋浴更衣。保持良好的卫生习惯。		

品名：**亚砷酸钙** 别名：亚砒酸钙		分子式：$Ca_3(AsO_3)_2$ 分子量：366.1	相态：固 外观与性状：白色粉末
危险特性			
火灾危险性：无 腐蚀减薄：无 环境开裂：无		爆炸物：无 金属腐蚀：无 急性毒性：类别1	皮肤腐蚀/刺激：无 严重眼损伤/眼刺激：类别2
不燃。遇高热、明火会产生剧毒的蒸气。遇酸产生剧毒的三氧化二砷。			
理化特性			
熔点：无资料 沸点：无资料 闪点：无资料	临界温度：无资料 临界压力：无资料 饱和蒸气压：无资料	爆炸上限：无资料 爆炸下限：无资料 相对密度($d_{水}=1$)：无资料	引燃温度：无资料 燃烧热：无资料
溶解性	微溶于水，溶于酸。		
主要用途	用作杀虫剂、杀菌剂、杀软体动物药。		
急救措施			
皮肤接触	脱去污染的衣着，用大量肥皂水和流动清水冲洗。就医。		
眼睛接触	提起眼睑，用流动清水或生理盐水冲洗。就医。		
吸入	迅速脱离现场至空气新鲜处。保持呼吸道通畅。如呼吸困难，给输氧。如呼吸停止，立即进行人工呼吸。就医。		
食入	催吐。洗胃。给饮牛奶或蛋清。就医。		
防护措施			
呼吸防护	可能接触其粉尘时，应该佩戴自吸过滤式防尘口罩。必要时，佩戴空气呼吸器。		
眼睛防护	戴化学安全防护眼镜。		
身体防护	穿连衣式胶布防毒衣。		
手防护	戴橡胶手套。		
其他防护	注意个人清洁卫生。实行就业前和定期的体检。		

品名：**亚砷酸钠** 别名：偏亚砷酸钠		分子式：$NaAsO_2$ 分子量：129.9	相态：固 外观与性状：白色或灰白色粉末，有潮解性
危险特性			
火灾危险性：无 腐蚀减薄：无 环境开裂：无		爆炸物：无 金属腐蚀：无 急性毒性：类别2	皮肤腐蚀/刺激：无 严重眼损伤/眼刺激：类别2
不燃。受高热分解放出有毒的气体。暴露于空气中遇二氧化碳逐渐分解。与氧化剂可发生反应。遇酸产生剧毒的三氧化二砷。			
理化特性			
熔点：615.0℃ 沸点：613.0℃ 闪点：无资料	临界温度：无资料 临界压力：无资料 饱和蒸气压：无资料	爆炸上限：无资料 爆炸下限：无资料 相对密度($d_{水}=1$)：1.87	引燃温度：无资料 燃烧热：无资料
溶解性	易溶于水，微溶于乙醇。		
主要用途	用作杀虫剂、防腐剂、分析试剂等。		
急救措施			
皮肤接触	脱去污染的衣着，用大量肥皂水和流动清水冲洗。就医。		
眼睛接触	提起眼睑，用流动清水或生理盐水冲洗。就医。		
吸入	迅速脱离现场至空气新鲜处。保持呼吸道通畅。如呼吸困难，给输氧。如呼吸停止，立即进行人工呼吸。就医。		
食入	催吐。洗胃。给饮牛奶或蛋清。就医。		
防护措施			
呼吸防护	可能接触其粉尘时，应该佩戴自吸过滤式防尘口罩。必要时，佩戴空气呼吸器。		
眼睛防护	戴化学安全防护眼镜。		
身体防护	穿连衣式胶布防毒衣。		
手防护	戴橡胶手套。		
其他防护	工作现场禁止吸烟、进食和饮水。工作完毕，彻底清洗。单独存放被毒物污染的衣服，洗后备用。实行就业前和定期的体检。		

品名：**亚砷酸铅**	分子式：$As_2O_6Pb_3$		相态：固
别名：无	分子量：867.4		外观与性状：白色粉末
危险特性			
火灾危险性：无	爆炸物：无		皮肤腐蚀/刺激：无
腐蚀减薄：无	金属腐蚀：无		严重眼损伤/眼刺激：类别 2
环境开裂：无	急性毒性：类别 3		
本身不能燃烧。遇高热分解放出高毒烟气。			
理化特性			
熔点：无资料	临界温度：无资料	爆炸上限：无资料	引燃温度：无资料
沸点：无资料	临界压力：无资料	爆炸下限：无资料	燃烧热：无资料
闪点：无资料	饱和蒸气压：无资料	相对密度($d_{水}=1$)：5.85	
溶解性	不溶于水，溶于稀硝酸，易溶于碱液。		
主要用途	用作杀虫剂。		
急救措施			
皮肤接触	脱去污染的衣着，用大量流动清水冲洗。就医。		
眼睛接触	提起眼睑，用流动清水或生理盐水冲洗。就医。		
吸入	迅速脱离现场至空气新鲜处。保持呼吸道通畅。如呼吸困难，给输氧。如呼吸停止，立即进行人工呼吸。就医。		
食入	饮用足量温水，催吐。洗胃，导泻。就医。		
防护措施			
呼吸防护	可能接触其粉尘时，必须佩戴空气呼吸器。		
眼睛防护	呼吸系统防护中已做防护。		
身体防护	穿胶布防毒衣。		
手防护	戴橡胶手套。		
其他防护	工作现场禁止吸烟、进食和饮水。工作完毕，淋浴更衣。保持良好的卫生习惯。		

品名：**亚砷酸铜**	分子式：$CuHAsO_3$		相态：固
别名：亚砷酸氢铜	分子量：187.5		外观与性状：淡绿色粉末
危险特性			
火灾危险性：无	爆炸物：无		皮肤腐蚀/刺激：无
腐蚀减薄：无	金属腐蚀：无		
环境开裂：无	急性毒性：类别 3		
本身不能燃烧。遇高热分解放出高毒烟气。			
理化特性			
熔点：无资料	临界温度：无资料	爆炸上限：无资料	引燃温度：无资料
沸点：无资料	临界压力：无资料	爆炸下限：无资料	燃烧热：无资料
闪点：无资料	饱和蒸气压：无资料	相对密度($d_{水}=1$)：1.10	
溶解性	不溶于水、醇，溶于酸、氨水。		
主要用途	用作杀虫剂、羊毛防腐剂、颜料。		
急救措施			
皮肤接触	脱去污染的衣着，用大量流动清水冲洗。就医。		
眼睛接触	提起眼睑，用流动清水或生理盐水冲洗。就医。		
吸入	迅速脱离现场至空气新鲜处。保持呼吸道通畅。如呼吸困难，给输氧。如呼吸停止，立即进行人工呼吸。就医。		
食入	饮用足量温水，催吐。洗胃，导泻。就医。		
防护措施			
呼吸防护	可能接触其粉尘时，必须佩戴空气呼吸器。		
眼睛防护	呼吸系统防护中已做防护。		
身体防护	穿胶布防毒衣。		
手防护	戴橡胶手套。		
其他防护	工作现场禁止吸烟、进食和饮水。工作完毕，淋浴更衣。保持良好的卫生习惯。		

品名：**亚硒酸钠**	分子式：Na_2SeO_3	相态：固
别名：亚硒酸二钠	分子量：172.9	外观与性状：白色无臭的针状或柱状结晶或粉末

危险特性

火灾危险性：无	爆炸物：无	皮肤腐蚀/刺激：无
腐蚀减薄：无	金属腐蚀：无	
环境开裂：无	急性毒性：类别 2	

本身不能燃烧。受高热分解放出有毒的气体。

理化特性

熔点：710.0℃	临界温度：无资料	爆炸上限：无资料	引燃温度：无资料
沸点：无资料	临界压力：无资料	爆炸下限：无资料	燃烧热：无资料
闪点：无资料	饱和蒸气压：无资料	相对密度($d_{水}=1$)：5.96	

溶解性	不溶于水，不溶于醇。
主要用途	用作玻璃脱色剂、生物碱试剂。

急救措施

皮肤接触	脱去污染的衣着，用大量流动清水冲洗。就医。
眼睛接触	提起眼睑，用流动清水或生理盐水冲洗。就医。
吸入	迅速脱离现场至空气新鲜处。保持呼吸道通畅。如呼吸困难，给输氧。如呼吸停止，立即进行人工呼吸。就医。
食入	饮用足量温水，催吐。洗胃，导泻。就医。

防护措施

呼吸防护	可能接触其粉尘时，必须佩戴防尘面具(全面罩)。紧急事态抢救或撤离时，应该佩戴空气呼吸器。
眼睛防护	呼吸系统防护中已做防护。
身体防护	穿胶布防毒衣。
手防护	戴橡胶手套。
其他防护	工作现场禁止吸烟、进食和饮水。工作完毕，淋浴更衣。保持良好的卫生习惯。

品名：**4-亚硝基-*N*,*N*-二甲基苯胺**	分子式：$C_8H_{10}N_2O$	相态：固
别名：对亚硝基二甲基苯胺；*N*,*N*-二甲基-4-亚硝基苯胺	分子量：150.1	外观与性状：绿色片状固体

危险特性

火灾危险性：无法确定	爆炸物：无	皮肤腐蚀/刺激：类别 2
腐蚀减薄：碱腐蚀、胺腐蚀	金属腐蚀：无	自热物质和混合物：类别 1
环境开裂：碱应力腐蚀开裂、胺应力腐蚀开裂	急性毒性：无	

干燥时在空气中自燃。遇热或明火燃烧。

理化特性

熔点：85.0~87.0℃	临界温度：无资料	爆炸上限：无资料	引燃温度：无资料
沸点：(258.7±23.0)℃	临界压力：无资料	爆炸下限：无资料	燃烧热：无资料
闪点：(110.3±22.6)℃	饱和蒸气压：无资料	相对密度($d_{水}=1$)：无资料	

溶解性	不溶于水，溶于乙酸、乙醚。
主要用途	用于亚甲蓝制造及有机合成，并用作硫化促进剂。

急救措施

皮肤接触	脱去污染的衣着，用肥皂水及清水彻底冲洗。
眼睛接触	立即翻开上下眼睑，用流动清水冲洗 15min。就医。
吸入	脱离现场至空气新鲜处。就医。
食入	误服者漱口，给饮牛奶或蛋清，就医。

防护措施

呼吸防护	空气中粉尘浓度超标时，必须佩戴自吸过滤式防尘口罩。紧急事态抢救或撤离时，应该佩戴空气呼吸器。
眼睛防护	戴化学安全防护眼镜。
身体防护	穿防毒物渗透工作服。
手防护	戴橡胶手套。
其他防护	工作现场禁止吸烟、进食和饮水。及时换洗工作服。工作前后不饮酒，用温水洗澡。实行就业前和定期的体检。

品名：**4-亚硝基-*N*,*N*-二乙基苯胺** 别名：对亚硝基二乙基苯胺；*N*,*N*-二乙基-4-亚硝基苯胺	分子式：$C_{10}H_{14}N_2O$ 分子量：178.2	相态：固 外观与性状：绿色结晶粉末	
危险特性			
火灾危险性：无法确定 腐蚀减薄：碱腐蚀、胺腐蚀 环境开裂：碱应力腐蚀开裂、胺应力腐蚀开裂	爆炸物：无 金属腐蚀：无 急性毒性：无	皮肤腐蚀/刺激：无 自热物质和混合物：类别 1	
自燃物品。暴露在空气中能自燃。干燥时在空气中自燃。受高热分解放出有毒的气体。			
理化特性			
熔点：81.0~85.0℃ 沸点：290.3℃ 闪点：无资料	临界温度：无资料 临界压力：无资料 饱和蒸气压：无资料	爆炸上限：无资料 爆炸下限：无资料 相对密度($d_水=1$)：无资料	引燃温度：无资料 燃烧热：无资料
溶解性	不溶于水。		
主要用途	用于有机合成。		
急救措施			
皮肤接触	脱去污染的衣着，用大量流动清水冲洗。就医。		
眼睛接触	提起眼睑，用流动清水或生理盐水冲洗。就医。		
吸入	迅速脱离现场至空气新鲜处。保持呼吸道通畅。如呼吸困难，给输氧。如呼吸停止，立即进行人工呼吸。就医。		
食入	饮用足量温水，催吐。就医。		
防护措施			
呼吸防护	空气中粉尘浓度超标时，必须佩戴自吸过滤式防尘口罩。紧急事态抢救或撤离时，应该佩戴空气呼吸器。		
眼睛防护	戴化学安全防护眼镜。		
身体防护	穿防毒物渗透工作服。		
手防护	戴橡胶手套。		
其他防护	工作场所禁止吸烟、进食和饮水，饭前要洗手。工作完毕，淋浴更衣。保持良好的卫生习惯。		

品名：**4-亚硝基苯酚** 别名：对亚硝基苯酚	分子式：$C_6H_5NO_2$ 分子量：123.1	相态：固 外观与性状：浅黄色斜方形针状结晶	
危险特性			
火灾危险性：可燃液体丙 A 腐蚀减薄：苯酚腐蚀 环境开裂：无	爆炸物：无 金属腐蚀：无 急性毒性：无	皮肤腐蚀/刺激：无 易燃固体：类别 1 严重眼损伤/眼刺激：类别 1	
遇高热、明火及强氧化剂易引起燃烧。与酸、碱接触能引起燃烧爆炸。受热分解产生有毒的烟气。			
理化特性			
熔点：132.0~144.0℃ 沸点：(265.9±23.0)℃ 闪点：(114.6±22.6)℃	临界温度：无资料 临界压力：无资料 饱和蒸气压：无资料	爆炸上限：无资料 爆炸下限：无资料 相对密度($d_水=1$)：无资料	引燃温度：无资料 燃烧热：无资料
溶解性	微溶于水，溶于乙醇、乙醚、丙酮、稀碱。		
主要用途	用于制造染料、有机合成。		
急救措施			
皮肤接触	脱去污染的衣着，用大量肥皂水和流动清水冲洗。就医。		
眼睛接触	提起眼睑，用流动清水或生理盐水冲洗。就医。		
吸入	迅速脱离现场至空气新鲜处。保持呼吸道通畅。如呼吸困难，给输氧。如呼吸停止，立即进行人工呼吸。就医。		
食入	饮用足量温水，催吐。就医。		
防护措施			
呼吸防护	空气中粉尘浓度超标时，必须佩戴自吸过滤式防尘口罩。紧急事态抢救或撤离时，应该佩戴空气呼吸器。		
眼睛防护	戴化学安全防护眼镜。		
身体防护	穿防毒物渗透工作服。		
手防护	戴橡胶手套。		
其他防护	工作场所禁止吸烟、进食和饮水，饭前要洗手。工作完毕，淋浴更衣。保持良好的卫生习惯。		

品名：***N*-亚硝基二苯胺**		分子式：$C_{12}H_{10}N_2O$	相态：固
别名：二苯亚硝胺		分子量：198.2	外观与性状：黄褐色结晶粉末
危险特性			
火灾危险性：无		爆炸物：无	皮肤腐蚀/刺激：类别 2
腐蚀减薄：碱腐蚀、胺腐蚀		金属腐蚀：无	严重眼损伤/眼刺激：类别 2
环境开裂：碱应力腐蚀开裂、胺应力腐蚀开裂		急性毒性：无	
遇明火、高热可燃。其粉体与空气可形成爆炸性混合物，当达到一定浓度时，遇火星会发生爆炸。与氧化剂能发生强烈反应。受热分解产生有毒的烟气。			
理化特性			
熔点：65.0~66.0℃	临界温度：无资料	爆炸上限：无资料	引燃温度：580.0℃
沸点：(346.5±15.0)℃	临界压力：无资料	爆炸下限：无资料	燃烧热：无资料
闪点：(163.4±20.4)℃	饱和蒸气压：无资料	相对密度($d_{水}=1$)：1.24	
溶解性	不溶于水，溶于乙醇，易溶于丙酮、苯、乙酸乙酯、二氯乙烷等。		
主要用途	天然橡胶、合成橡胶用防焦剂。		
急救措施			
皮肤接触	脱去污染的衣着，用大量流动清水冲洗。就医。		
眼睛接触	提起眼睑，用流动清水或生理盐水冲洗。就医。		
吸入	迅速脱离现场至空气新鲜处。保持呼吸道通畅。如呼吸困难，给输氧。如呼吸停止，立即进行人工呼吸。就医。		
食入	饮用足量温水，催吐。就医。		
防护措施			
呼吸防护	空气中粉尘浓度超标时，必须佩戴自吸过滤式防尘口罩。紧急事态抢救或撤离时，应该佩戴空气呼吸器。		
眼睛防护	戴化学安全防护眼镜。		
身体防护	穿防毒物渗透工作服。		
手防护	戴橡胶手套。		
其他防护	工作场所禁止吸烟、进食和饮水，饭前要洗手。工作完毕，淋浴更衣。保持良好的卫生习惯。		

品名：***N*-亚硝基二甲胺**		分子式：$C_2H_6N_2O$	相态：液
别名：二甲基亚硝胺		分子量：74.1	外观与性状：黄色液体
危险特性			
火灾危险性：可燃液体丙 A		爆炸物：无	皮肤腐蚀/刺激：无
腐蚀减薄：碱腐蚀、胺腐蚀		金属腐蚀：无	
环境开裂：碱应力腐蚀开裂、胺应力腐蚀开裂		急性毒性：类别 2	
遇明火、高热可燃。与强氧化剂接触可发生化学反应。受热分解放出有毒的氧化氮烟气。			
理化特性			
熔点：无资料	临界温度：无资料	爆炸上限：无资料	引燃温度：无资料
沸点：152.0℃	临界压力：无资料	爆炸下限：无资料	燃烧热：无资料
闪点：(36.1±18.7)℃	饱和蒸气压：0.67kPa(20℃)	相对密度($d_{水}=1$)：1.00	
溶解性	溶于水、乙醇、乙醚等。		
主要用途	用于医药及食品分析研究。		
急救措施			
皮肤接触	脱去污染的衣着，用大量流动清水冲洗。就医。		
眼睛接触	提起眼睑，用流动清水或生理盐水冲洗。就医。		
吸入	迅速脱离现场至空气新鲜处。保持呼吸道通畅。如呼吸困难，给输氧。如呼吸停止，立即进行人工呼吸。就医。		
食入	饮用足量温水，催吐。洗胃，导泻。就医。		
防护措施			
呼吸防护	空气中浓度超标时，必须佩戴自吸过滤式防毒面具(全面罩)。紧急事态抢救或撤离时，应该佩戴空气呼吸器。		
眼睛防护	呼吸系统防护中已做防护。		
身体防护	穿胶布防毒衣。		
手防护	戴橡胶耐油手套。		
其他防护	工作现场禁止吸烟、进食和饮水。工作完毕，彻底清洗。实行就业前和定期的体检。		

品名：**亚硝酸铵**		分子式：NH_4NO_2	相态：固
别名：无		分子量：64.0	外观与性状：白色至黄色结晶
危险特性			
火灾危险性：无法确定		爆炸物：无	皮肤腐蚀/刺激：无
腐蚀减薄：无		金属腐蚀：无	氧化性固体：类别 2
环境开裂：硝酸盐应力腐蚀开裂		急性毒性：无	
强氧化剂。受热或经摩擦、震动、撞击可引起燃烧或爆炸。与有机物、还原剂、易燃物(如硫、磷)等接触或混合时有引起燃烧爆炸的危险。受热易分解，燃烧时产生有毒的氮化物气体。			
理化特性			
熔点：60.0~70.0℃	临界温度：无资料	爆炸上限：无资料	引燃温度：无资料
沸点：无资料	临界压力：无资料	爆炸下限：无资料	燃烧热：无资料
闪点：无资料	饱和蒸气压：无资料	相对密度($d_{水}=1$)：1.69	
溶解性	易溶于水，在热水中分解，溶于稀乙醇，不溶于乙醚。		
主要用途	是氨氧化过程的中间体。		
急救措施			
皮肤接触	脱去污染的衣着，用大量流动清水冲洗。就医。		
眼睛接触	提起眼睑，用流动清水或生理盐水冲洗。就医。		
吸入	迅速脱离现场至空气新鲜处。保持呼吸道通畅。如呼吸困难，给输氧。如呼吸停止，立即进行人工呼吸。就医。		
食入	饮用足量温水，催吐。洗胃，导泻。就医。		
防护措施			
呼吸防护	空气中粉尘浓度超标时，必须佩戴自吸过滤式防尘口罩。紧急事态抢救或撤离时，应该佩戴空气呼吸器。		
眼睛防护	戴化学安全防护眼镜。		
身体防护	穿胶布防毒衣。		
手防护	戴橡胶手套。		
其他防护	工作场所禁止吸烟、进食和饮水，饭前要洗手。工作完毕，淋浴更衣。保持良好的卫生习惯。		

品名：**亚硝酸钡**		分子式：$Ba(NO_2)_2$	相态：固
别名：无		分子量：229.3	外观与性状：白色至淡黄色结晶粉末
危险特性			
火灾危险性：无法确定		爆炸物：无	皮肤腐蚀/刺激：无
腐蚀减薄：无		金属腐蚀：无	氧化性固体：类别 3
环境开裂：硝酸盐应力腐蚀开裂		急性毒性：无	
与有机物、还原剂、易燃物(如硫、磷)等接触或混合时有引起燃烧爆炸的危险。受高热分解放出有毒的气体。			
理化特性			
熔点：115.0℃	临界温度：无资料	爆炸上限：无资料	引燃温度：无资料
沸点：无资料	临界压力：无资料	爆炸下限：无资料	燃烧热：无资料
闪点：无资料	饱和蒸气压：无资料	相对密度($d_{水}=1$)：3.19	
溶解性	易溶于水、盐酸，不溶于丙酮、醇。		
主要用途	用于重氮化反应，防治钢条的腐蚀。		
急救措施			
皮肤接触	脱去污染的衣着，用大量流动清水冲洗。就医。		
眼睛接触	提起眼睑，用流动清水或生理盐水冲洗。就医。		
吸入	迅速脱离现场至空气新鲜处。保持呼吸道通畅。如呼吸困难，给输氧。如呼吸停止，立即进行人工呼吸。就医。		
食入	饮用足量温水，催吐。用2%~5%硫酸钠溶液洗胃，导泻。就医。		
防护措施			
呼吸防护	可能接触其粉尘时，必须佩戴空气呼吸器。		
眼睛防护	呼吸系统防护中已做防护。		
身体防护	穿连衣式胶布防毒衣。		
手防护	戴橡胶手套。		
其他防护	工作现场禁止吸烟、进食和饮水。工作完毕，淋浴更衣。保持良好的卫生习惯。		

品名：**亚硝酸钙** 别名：无	分子式：$Ca(NO_2)_2$ 分子量：132.1	相态：固 外观与性状：无色或微黄色结晶，有潮解性

危险特性

火灾危险性：可燃液体丙 A	爆炸物：无	皮肤腐蚀/刺激：无
腐蚀减薄：无	金属腐蚀：无	氧化性固体：类别 3
环境开裂：硝酸盐应力腐蚀开裂	急性毒性：无	

无机氧化剂。与还原剂、有机物、易燃物(如硫、磷或金属粉末)等混合可形成爆炸性混合物。高温时分解，放出剧毒的氮氧化物气体。

理化特性

熔点：100.0℃	临界温度：无资料	爆炸上限：无资料	引燃温度：无资料
沸点：无资料	临界压力：无资料	爆炸下限：无资料	燃烧热：无资料
闪点：110.0℃	饱和蒸气压：无资料	相对密度($d_水=1$)：2.53	

溶解性	易溶于水。
主要用途	用于有机合成和医药。

急救措施

皮肤接触	脱去污染的衣着，用大量肥皂水和流动清水冲洗。就医。
眼睛接触	提起眼睑，用流动清水或生理盐水冲洗。就医。
吸入	迅速脱离现场至空气新鲜处。保持呼吸道通畅。如呼吸困难，给输氧。如呼吸停止，立即进行人工呼吸。就医。
食入	饮用足量温水，催吐。就医。

防护措施

呼吸防护	空气中浓度较高时，应该佩戴自吸过滤式防尘口罩。必要时，建议佩戴自给式呼吸器。
眼睛防护	戴化学安全防护眼镜。
身体防护	穿聚乙烯防毒服。
手防护	戴橡胶手套。
其他防护	工作完毕，淋浴更衣。保持良好的卫生习惯。

品名：**亚硝酸甲酯** 别名：无	分子式：CH_3NO_2 分子量：61.0	相态：气 外观与性状：无色气体

危险特性

火灾危险性：可燃气体甲	爆炸物：无	皮肤腐蚀/刺激：无
腐蚀减薄：无	金属腐蚀：无	易燃气体：类别 2
环境开裂：硝酸盐应力腐蚀开裂	急性毒性：类别 2	加压气体：是

与空气混合能形成爆炸性混合物。遇热源和明火有燃烧爆炸的危险。受热或光照易发生分解，分解时有爆炸危险。与联氨、卤化铵、铵盐、硫氰酸盐、铁氰化物、可燃物和氧化剂接触受热爆炸。

理化特性

熔点：-17.0℃	临界温度：无资料	爆炸上限：100.0%	引燃温度：无资料
沸点：-12.0℃	临界压力：无资料	爆炸下限：4.7%	燃烧热：无资料
闪点：无资料	饱和蒸气压：无资料	相对密度($d_水=1$)：0.99	

溶解性	溶于醇、醚。
主要用途	用于有机合成，还用作治疗药物、炸药。

急救措施

皮肤接触	无资料。
眼睛接触	无资料。
吸入	迅速脱离现场至空气新鲜处。保持呼吸道通畅。如呼吸困难，给输氧。如呼吸停止，立即进行人工呼吸。就医。
食入	无资料。

防护措施

呼吸防护	空气中浓度较高时，应该佩戴自吸过滤式防毒面具(半面罩)。
眼睛防护	戴化学安全防护眼镜。
身体防护	穿防静电工作服。
手防护	戴防化学品手套。
其他防护	工作现场严禁吸烟。保持良好的卫生习惯。

品名：**亚硝酸钾**		分子式：KNO_2	相态：固
别名：无		分子量：85.1	外观与性状：白色至微黄色棱柱形或条状结晶，易潮解
危险特性			
火灾危险性：无法确定		爆炸物：无	皮肤腐蚀/刺激：无
腐蚀减薄：无		金属腐蚀：无	氧化性固体：类别2
环境开裂：硝酸盐应力腐蚀开裂		急性毒性：类别3	
无机氧化剂。与有机物、可燃物的混合物能燃烧和爆炸，并放出有毒和刺激性的氧化氮气体。与铵盐、可燃物粉末或气化物的混合物会爆炸。加热或遇酸能产生剧毒的氮氧化物气体。			
理化特性			
熔点：387.0℃	临界温度：无资料	爆炸上限：无资料	引燃温度：无资料
沸点：无资料	临界压力：无资料	爆炸下限：无资料	燃烧热：无资料
闪点：无资料	饱和蒸气压：无资料	相对密度($d_{水}=1$)：1.92	
溶解性	易溶于水，不溶于丙酮，微溶于乙醇。		
主要用途	用作分析试剂，用于医药及有机合成等。		
急救措施			
皮肤接触	脱去污染的衣着，用大量肥皂水和流动清水冲洗。就医。		
眼睛接触	提起眼睑，用流动清水或生理盐水冲洗。就医。		
吸入	迅速脱离现场至空气新鲜处。保持呼吸道通畅。如呼吸困难，给输氧。如呼吸停止，立即进行人工呼吸。就医。		
食入	饮用足量温水，催吐。就医。		
防护措施			
呼吸防护	可能接触其粉尘时，建议佩戴自吸过滤式防尘口罩。		
眼睛防护	戴化学安全防护眼镜。		
身体防护	穿聚乙烯防毒服。		
手防护	戴橡胶手套。		
其他防护	工作现场禁止吸烟、进食和饮水。工作完毕，淋浴更衣。保持良好的卫生习惯。		

品名：**亚硝酸钠**		分子式：$NaNO_2$	相态：固
别名：无		分子量：69.0	外观与性状：白色或淡黄色细结晶，无臭，略有咸味，易潮解
危险特性			
火灾危险性：无法确定		爆炸物：无	皮肤腐蚀/刺激：无
腐蚀减薄：无		金属腐蚀：无	氧化性固体：类别3
环境开裂：硝酸盐应力腐蚀开裂		急性毒性：类别3	
无机氧化剂。与有机物、可燃物的混合物能燃烧和爆炸，并放出有毒和刺激性的氧化氮气体。与铵盐、可燃物粉末或气化物的混合物会爆炸。加热或遇酸能产生剧毒的氮氧化物气体。			
理化特性			
熔点：271.0℃	临界温度：无资料	爆炸上限：无资料	引燃温度：无资料
沸点：320.0℃	临界压力：无资料	爆炸下限：无资料	燃烧热：无资料
闪点：无资料	饱和蒸气压：无资料	相对密度($d_{水}=1$)：2.17	
溶解性	易溶于水，微溶于乙醇、甲醇、乙醚。		
主要用途	用于染料、医药等的制造，也用于有机合成。		
急救措施			
皮肤接触	脱去污染的衣着，用大量肥皂水和流动清水冲洗。就医。		
眼睛接触	提起眼睑，用流动清水或生理盐水冲洗。就医。		
吸入	迅速脱离现场至空气新鲜处。保持呼吸道通畅。如呼吸困难，给输氧。如呼吸停止，立即进行人工呼吸。就医。		
食入	饮用足量温水，催吐。就医。		
防护措施			
呼吸防护	空气中浓度较高时，应该佩戴自吸过滤式防尘口罩。必要时，建议佩戴自给式呼吸器。		
眼睛防护	戴化学安全防护眼镜。		
身体防护	穿胶布防毒衣。		
手防护	戴橡胶手套。		
其他防护	工作完毕，淋浴更衣。保持良好的卫生习惯。		

品名：**亚硝酸乙酯**		分子式：$C_2H_5NO_2$	相态：气
别名：无		分子量：75.1	外观与性状：无色至淡黄色澄清液体，有特殊气味，味甜，极易挥发
危险特性			
火灾危险性：可燃气体甲		爆炸物：无	皮肤腐蚀/刺激：无
腐蚀减薄：无		金属腐蚀：无	易燃气体：类别1
环境开裂：硝酸盐应力腐蚀开裂		急性毒性：类别2	加压气体：是
其蒸气与空气可形成爆炸性混合物，遇明火、高热极易燃烧爆炸。受热或光照易发生分解，分解时有爆炸危险。			
理化特性			
熔点：-50.0℃	临界温度：无资料	爆炸上限：50.0%	引燃温度：无资料
沸点：17.2℃	临界压力：无资料	爆炸下限：3.0%	燃烧热：-1351.3kJ/mol
闪点：-35.0℃	饱和蒸气压：无资料	相对密度($d_水=1$)：0.90	
溶解性	不溶于水，可混溶于乙醇、乙醚。		
主要用途	用于医药，工业上用作有机合成的中间体。		
急救措施			
皮肤接触	脱去污染的衣着，用大量肥皂水和流动清水冲洗。就医。		
眼睛接触	提起眼睑，用流动清水或生理盐水冲洗。就医。		
吸入	迅速脱离现场至空气新鲜处。保持呼吸道通畅。如呼吸困难，给输氧。如呼吸停止，立即进行人工呼吸。就医。		
食入	饮用足量温水，催吐。就医。		
防护措施			
呼吸防护	空气中浓度超标时，应该佩戴过滤式防毒面具(全面罩)或自给式呼吸器。紧急事态抢救或撤离时，建议佩戴空气呼吸器。		
眼睛防护	戴化学安全防护眼镜。		
身体防护	穿防静电工作服。		
手防护	戴橡胶耐油手套。		
其他防护	工作现场严禁吸烟。注意个人清洁卫生。		

品名：**亚硝酸异丙酯**		分子式：$C_3H_7NO_2$	相态：液
别名：无		分子量：89.1	外观与性状：灰黄色油状液体，易挥发
危险特性			
火灾危险性：可燃液体甲B		爆炸物：无	皮肤腐蚀/刺激：无
腐蚀减薄：无		金属腐蚀：无	易燃液体：类别2
环境开裂：硝酸盐应力腐蚀开裂		急性毒性：类别2	
遇明火、高热易引起燃烧，并放出有毒气体。受热或光照易发生分解，分解时有爆炸危险。接触铵盐、气化物可引起强烈分解。			
理化特性			
熔点：134.0~139.0℃	临界温度：无资料	爆炸上限：无资料	引燃温度：无资料
沸点：(39.0±9.0)℃	临界压力：无资料	爆炸下限：无资料	燃烧热：无资料
闪点：(-36.8±13.2)℃	饱和蒸气压：无资料	相对密度($d_水=1$)：0.86	
溶解性	不溶于水，溶于乙醇、乙醚。		
主要用途	用作燃料，工业上用作有机合成的中间体。		
急救措施			
皮肤接触	脱去污染的衣着，用大量肥皂水和流动清水冲洗。就医。		
眼睛接触	提起眼睑，用流动清水或生理盐水冲洗。就医。		
吸入	迅速脱离现场至空气新鲜处。保持呼吸道通畅。如呼吸困难，给输氧。如呼吸停止，立即进行人工呼吸。就医。		
食入	饮用足量温水，催吐。就医。		
防护措施			
呼吸防护	可能接触其蒸气时，应该佩戴自吸过滤式防毒面具(半面罩)。紧急事态抢救或撤离时，建议佩戴氧气呼吸器。		
眼睛防护	戴化学安全防护眼镜。		
身体防护	穿防毒物渗透工作服。		
手防护	戴橡胶耐油手套。		
其他防护	工作现场禁止吸烟、进食和饮水。工作完毕，彻底清洗。保持良好的卫生习惯。		

品名：**亚硝酸异丁酯**		分子式：$C_4H_9NO_2$	相态：液
别名：无		分子量：103.1	外观与性状：无色液体
危险特性			
火灾危险性：可燃液体甲 B		爆炸物：无	皮肤腐蚀/刺激：无
腐蚀减薄：无		金属腐蚀：无	易燃液体：类别 2
环境开裂：硝酸盐应力腐蚀开裂		急性毒性：无	
遇明火、高热易引起燃烧，并放出有毒气体。受热分解放出有毒的氧化氮烟气。			
理化特性			
熔点：无资料	临界温度：无资料	爆炸上限：无资料	引燃温度：无资料
沸点：(70.5±9.0)℃	临界压力：无资料	爆炸下限：无资料	燃烧热：无资料
闪点：10.0℃	饱和蒸气压：无资料	相对密度($d_水=1$)：0.87	
溶解性	微溶于水，可混溶于乙醇。		
主要用途	用作溶剂，用于有机合成。		
急救措施			
皮肤接触	脱去污染的衣着，用大量肥皂水和流动清水冲洗。就医。		
眼睛接触	提起眼睑，用流动清水或生理盐水冲洗。就医。		
吸入	迅速脱离现场至空气新鲜处。保持呼吸道通畅。如呼吸困难，给输氧。如呼吸停止，立即进行人工呼吸。就医。		
食入	饮用足量温水，催吐。就医。		
防护措施			
呼吸防护	可能接触其蒸气时，应该佩戴自吸过滤式防毒面具(半面罩)。紧急事态抢救或撤离时，建议佩戴氧气呼吸器。		
眼睛防护	戴化学安全防护眼镜。		
身体防护	穿防毒物渗透工作服。		
手防护	戴橡胶耐油手套。		
其他防护	工作现场禁止吸烟、进食和饮水。特别注意眼和呼吸道的防护。工作完毕，彻底清洗。单独存放被毒物污染的衣服，洗后备用。		

品名：**亚硝酸异戊酯**		分子式：$C_5H_{11}NO_2$	相态：液
别名：无		分子量：117.2	外观与性状：淡黄色透明液体，有水果香味，具有挥发性
危险特性			
火灾危险性：可燃液体甲 B		爆炸物：无	皮肤腐蚀/刺激：无
腐蚀减薄：无		金属腐蚀：无	易燃液体：类别 2
环境开裂：硝酸盐应力腐蚀开裂		急性毒性：无	
遇高热、明火及强氧化剂易引起燃烧并放出有毒气体。			
理化特性			
熔点：无资料	临界温度：无资料	爆炸上限：无资料	引燃温度：无资料
沸点：99.0℃	临界压力：无资料	爆炸下限：无资料	燃烧热：无资料
闪点：-3.0℃	饱和蒸气压：无资料	相对密度($d_水=1$)：0.87	
溶解性	不溶于水，溶于乙醇、乙醚、氯仿、汽油。		
主要用途	在有机合成中用作亚硝化剂和氧化剂，也用于制取药物。		
急救措施			
皮肤接触	脱去污染的衣着，用大量肥皂水和流动清水冲洗。就医。		
眼睛接触	提起眼睑，用流动清水或生理盐水冲洗。就医。		
吸入	迅速脱离现场至空气新鲜处。保持呼吸道通畅。如呼吸困难，给输氧。如呼吸停止，立即进行人工呼吸。就医。		
食入	饮用足量温水，催吐。就医。		
防护措施			
呼吸防护	可能接触其蒸气时，应该佩戴自吸过滤式防毒面具(半面罩)。紧急事态抢救或撤离时，建议佩戴氧气呼吸器。		
眼睛防护	戴化学安全防护眼镜。		
身体防护	穿防毒物渗透工作服。		
手防护	戴橡胶耐油手套。		
其他防护	工作现场严禁吸烟。注意个人清洁卫生。		

品名：**亚硝酸正丙酯** 别名：无	分子式：$C_3H_7NO_2$ 分子量：89.1	相态：液 外观与性状：无色液体

危险特性

火灾危险性：可燃液体甲 B	爆炸物：无	皮肤腐蚀/刺激：无
腐蚀减薄：无	金属腐蚀：无	易燃液体：类别 2
环境开裂：硝酸盐应力腐蚀开裂	急性毒性：类别 2	

易燃，遇明火、高热易引起燃烧，并放出有毒气体。

理化特性

熔点：无资料	临界温度：无资料	爆炸上限：无资料	引燃温度：无资料
沸点：(99.1±9.0)℃	临界压力：无资料	爆炸下限：无资料	燃烧热：无资料
闪点：10.0℃	饱和蒸气压：无资料	相对密度($d_{水}=1$)：0.89	

溶解性	微溶于水，溶于乙醇、乙醚。
主要用途	用于有机合成，用作溶剂。
急救措施	
皮肤接触	脱去污染的衣着，用肥皂水和清水彻底冲洗皮肤。
眼睛接触	提起眼睑，用流动清水或生理盐水冲洗。就医。
吸入	迅速脱离现场至空气新鲜处。保持呼吸道通畅。如呼吸困难，给输氧。如呼吸停止，立即进行人工呼吸。就医。
食入	饮足量温水，催吐。就医。
防护措施	
呼吸防护	可能接触其蒸气时，应该佩戴自吸过滤式防毒面具(半面罩)。紧急事态抢救或撤离时，建议佩戴氧气呼吸器。
眼睛防护	戴化学安全防护眼镜。
身体防护	穿防毒物渗透工作服。
手防护	戴橡胶耐油手套。
其他防护	工作现场禁止吸烟、进食和饮水。特别注意眼和呼吸道的防护。工作完毕，彻底清洗。单独存放被毒物污染的衣服，洗后备用。

品名：**亚硝酸正丁酯** 别名：亚硝酸丁酯	分子式：$C_4H_9NO_2$ 分子量：103.1	相态：液 外观与性状：无色或浅黄色油状液体，有特殊气味

危险特性

火灾危险性：可燃液体甲 B	爆炸物：无	皮肤腐蚀/刺激：无
腐蚀减薄：无	金属腐蚀：无	易燃液体：类别 2
环境开裂：硝酸盐应力腐蚀开裂	急性毒性：类别 3	

遇明火、高热易引起燃烧，并放出有毒气体。受热分解放出有毒的氧化氮烟气。

理化特性

熔点：无资料	临界温度：无资料	爆炸上限：无资料	引燃温度：无资料
沸点：(78.8±3.0)℃	临界压力：无资料	爆炸下限：无资料	燃烧热：无资料
闪点：-18.0℃	饱和蒸气压：101.31kPa(78℃)	相对密度($d_{水}=1$)：0.88	

溶解性	不溶于水，可混溶于乙醇、乙醚。
主要用途	用于有机合成。
急救措施	
皮肤接触	脱去污染的衣着，用大量肥皂水和流动清水冲洗。就医。
眼睛接触	提起眼睑，用流动清水或生理盐水冲洗。就医。
吸入	迅速脱离现场至空气新鲜处。保持呼吸道通畅。如呼吸困难，给输氧。如呼吸停止，立即进行人工呼吸。就医。
食入	饮用足量温水，催吐。就医。
防护措施	
呼吸防护	可能接触其蒸气时，应该佩戴自吸过滤式防毒面具(半面罩)。紧急事态抢救或撤离时，建议佩戴氧气呼吸器。
眼睛防护	戴安全防护眼镜。
身体防护	穿防毒物渗透工作服。
手防护	戴橡胶耐油手套。
其他防护	工作现场严禁吸烟。工作完毕，淋浴更衣。保持良好的卫生习惯。

品名：**亚硝酸正戊酯**	分子式：$C_5H_{11}NO_2$	相态：液
别名：亚硝酸戊酯	分子量：117.2	外观与性状：淡黄色液体，具有强烈的水果气味

危险特性		
火灾危险性：可燃液体甲 B	爆炸物：无	皮肤腐蚀/刺激：无
腐蚀减薄：无	金属腐蚀：无	易燃液体：类别 2
环境开裂：硝酸盐应力腐蚀开裂	急性毒性：无	

其蒸气与空气可形成爆炸性混合物，遇明火、高热极易燃烧爆炸与氧化剂接触猛烈反应。燃烧时，放出有毒气体。其蒸气比空气重，能在较低处扩散到相当远的地方，遇火源会着火回燃。若遇高热，容器内压增大，有开裂和爆炸的危险。

理化特性			
熔点：无资料	临界温度：无资料	爆炸上限：无资料	引燃温度：205.0℃
沸点：(105.1±3.0)℃	临界压力：无资料	爆炸下限：无资料	燃烧热：无资料
闪点：(8.9±11.5)℃	饱和蒸气压：无资料	相对密度($d_水=1$)：0.88	

溶解性	微溶于水，溶于乙醇、乙醚、苯、丙酮等多数有机溶剂。
主要用途	用作有机合成中间体。
急救措施	
皮肤接触	脱去污染的衣着，用大量流动清水冲洗。就医。
眼睛接触	提起眼睑，用流动清水或生理盐水冲洗。就医。
吸入	迅速脱离现场至空气新鲜处。保持呼吸道通畅。如呼吸困难，给输氧。如呼吸停止，立即进行人工呼吸。就医。
食入	饮用足量温水，催吐。就医。
防护措施	
呼吸防护	空气中浓度超标时，必须佩戴自吸过滤式防毒面具(半面罩)。紧急事态抢救或撤离时，应该佩戴空气呼吸器。
眼睛防护	戴化学安全防护眼镜。
身体防护	穿防静电工作服。
手防护	戴橡胶耐油手套。
其他防护	工作现场严禁吸烟。工作完毕，淋浴更衣。保持良好的卫生习惯。

品名：**亚硝酰氯**	分子式：ClNO	相态：气
别名：氯化亚硝酰	分子量：65.5	外观与性状：红褐色液体或黄色气体，具有刺鼻恶臭味，遇水和潮气分解

危险特性		
火灾危险性：无	爆炸物：无	皮肤腐蚀/刺激：类别 1
腐蚀减薄：盐酸腐蚀、含盐水腐蚀	金属腐蚀：无	加压气体：是
环境开裂：氯化物应力腐蚀开裂	急性毒性：类别 3	严重眼损伤/眼刺激：类别 1

强氧化剂。本品不会燃烧，但可助燃。与丙酮、铝接触剧烈反应。与易燃物、有机物接触易着火燃烧。遇水或潮气分解。对钢铁有腐蚀性。

理化特性			
熔点：-64.5℃	临界温度：167.0℃	爆炸上限：无资料	引燃温度：无资料
沸点：-5.5℃	临界压力：9.36MPa	爆炸下限：无资料	燃烧热：无资料
闪点：无资料	饱和蒸气压：10.10kPa(-50℃)	相对密度($d_水=1$)：1.25	

溶解性	溶于浓硫酸。
主要用途	用于合成清洁剂、触媒及中间体。
急救措施	
皮肤接触	脱去污染的衣着，用大量流动清水冲洗。就医。
眼睛接触	提起眼睑，用流动清水或生理盐水冲洗。就医。
吸入	迅速脱离现场至空气新鲜处。保持呼吸道通畅。如呼吸困难，给输氧。如呼吸停止，立即进行人工呼吸。就医。
食入	无资料。
防护措施	
呼吸防护	空气中浓度超标时，佩戴过滤式防毒面具(全面罩)或自给式呼吸器。紧急事态抢救或撤离时，建议佩戴空气呼吸器。
眼睛防护	呼吸系统防护中已做防护。
身体防护	穿胶布防毒衣。
手防护	戴橡胶手套。
其他防护	工作现场禁止吸烟、进食和饮水。保持良好的卫生习惯。注意检测毒物。

品名：**1,2-亚乙基双二硫代氨基甲酸二钠**		分子式：$C_4H_6N_2S_4Na_2$	相态：固
别名：代森钠		分子量：256.4	外观与性状：有硫样臭味的琥珀样固体
危险特性			
火灾危险性：无 腐蚀减薄：硫酸腐蚀、低分子有机酸腐蚀 环境开裂：氨应力腐蚀开裂、连多硫酸应力腐蚀开裂		爆炸物：无 金属腐蚀：无 急性毒性：无	皮肤腐蚀/刺激：无
遇明火、高热可燃。受热分解，放出氮、硫的氧化物等毒性气体。			
理化特性			
熔点：192.0~194.0℃ 沸点：308.2℃ 闪点：138.0℃	临界温度：无资料 临界压力：无资料 饱和蒸气压：无资料	爆炸上限：无资料 爆炸下限：无资料 相对密度($d_水=1$)：1.14	引燃温度：无资料 燃烧热：无资料
溶解性	溶于水。		
主要用途	用作农用杀菌剂。		
急救措施			
皮肤接触	脱去污染的衣着，用大量肥皂水和流动清水冲洗。就医。		
眼睛接触	提起眼睑，用流动清水或生理盐水冲洗。就医。		
吸入	迅速脱离现场至空气新鲜处。保持呼吸道通畅。如呼吸困难，给输氧。如呼吸停止，立即进行人工呼吸。就医。		
食入	饮用足量温水，催吐。就医。		
防护措施			
呼吸防护	生产操作或农业使用时，建议佩戴自吸过滤式防尘口罩或自吸过滤式防毒面具(半面罩)。紧急事态抢救或撤离时，应该佩戴自给式呼吸器。		
眼睛防护	戴安全防护眼镜。		
身体防护	穿连衣式胶布防毒衣。		
手防护	戴氯丁橡胶手套。		
其他防护	工作现场禁止吸烟、进食和饮水。工作完毕，淋浴更衣。		

品名：**盐酸**		分子式：HCl	相态：液
别名：氢氯酸		分子量：36.5	外观与性状：无色或微黄色发烟液体，有刺鼻的酸味
危险特性			
火灾危险性：无 腐蚀减薄：盐酸腐蚀 环境开裂：氢脆		爆炸物：无 金属腐蚀：无 急性毒性：无	皮肤腐蚀/刺激：类别 1 严重眼损伤/眼刺激：类别 1
能与一些活性金属粉末发生反应，放出氢气。遇氰化物能产生剧毒的氰化氢气体。与碱发生中和反应，并放出大量的热。具有较强的腐蚀性。			
理化特性			
熔点：-114.8℃ 沸点：无资料 闪点：无资料	临界温度：无资料 临界压力：无资料 饱和蒸气压：30.66kPa(21℃)	爆炸上限：无资料 爆炸下限：无资料 相对密度($d_水=1$)：1.20	引燃温度：无资料 燃烧热：无资料
溶解性	与水混溶，溶于碱液。		
主要用途	重要的无机化工原料，广泛用于染料、医药、食品、印染、皮革、冶金等行业。		
急救措施			
皮肤接触	脱去污染的衣着，用大量流动清水冲洗至少 15min。就医。		
眼睛接触	提起眼睑，用流动清水或生理盐水冲洗至少 15min。就医。		
吸入	迅速脱离现场至空气新鲜处。保持呼吸道通畅。如呼吸困难，给输氧。如呼吸停止，立即进行人工呼吸。就医。		
食入	用水漱口，给饮牛奶或蛋清。就医。		
防护措施			
呼吸防护	可能接触其烟雾时，佩戴自吸过滤式防毒面具(全面罩)或空气呼吸器。紧急事态抢救或撤离时，建议佩戴氧气呼吸器。		
眼睛防护	呼吸系统防护中已做防护。		
身体防护	穿橡胶耐酸碱服。		
手防护	戴橡胶耐酸碱手套。		
其他防护	工作现场禁止吸烟、进食和饮水。工作完毕，淋浴更衣。单独存放被毒物污染的衣服，洗后备用。保持良好的卫生习惯。		

品名：**盐酸-1-萘胺**	分子式：$C_{10}H_9N \cdot HCl$	相态：固
别名：α-萘胺盐酸	分子量：179.7	外观与性状：白色结晶粉末露置空气中见光变蓝色

危险特性

火灾危险性：无	爆炸物：无	皮肤腐蚀/刺激：无
腐蚀减薄：盐酸腐蚀、碱腐蚀、胺腐蚀	金属腐蚀：无	
环境开裂：碱应力腐蚀开裂、胺应力腐蚀开裂、氢脆	急性毒性：无	

遇明火、高热可燃。其粉体与空气可形成爆炸性混合物，当达到一定浓度时，遇火星会发生爆炸。受高热分解放出有毒的气体。

理化特性

熔点：272.0℃	临界温度：无资料	爆炸上限：无资料	引燃温度：无资料
沸点：无资料	临界压力：无资料	爆炸下限：无资料	燃烧热：无资料
闪点：无资料	饱和蒸气压：无资料	相对密度($d_{水}=1$)：无资料	

溶解性	溶于水、乙醇、乙醚。
主要用途	用于测定亚硝酸盐和硝酸盐。

急救措施

皮肤接触	脱去污染的衣着，用大量流动清水冲洗。就医。
眼睛接触	提起眼睑，用流动清水或生理盐水冲洗。就医。
吸入	迅速脱离现场至空气新鲜处。保持呼吸道通畅。如呼吸困难，给输氧。如呼吸停止，立即进行人工呼吸。就医。
食入	饮用足量温水，催吐。就医。

防护措施

呼吸防护	可能接触其粉尘时，必须佩戴防尘面具(全面罩)。紧急事态抢救或撤离时，应该佩戴空气呼吸器。
眼睛防护	呼吸系统防护中已做防护。
身体防护	穿胶布防毒衣。
手防护	戴橡胶手套。
其他防护	工作现场禁止吸烟、进食和饮水。工作完毕，淋浴更衣。保持良好的卫生习惯。

品名：**盐酸苯胺**	分子式：C_6H_8ClN	相态：固
别名：苯胺盐酸盐	分子量：129.6	外观与性状：片状结晶

危险特性

火灾危险性：可燃液体丙 B	爆炸物：无	皮肤腐蚀/刺激：类别 2
腐蚀减薄：盐酸腐蚀、碱腐蚀、胺腐蚀	金属腐蚀：无	严重眼损伤/眼刺激：类别 2
环境开裂：碱应力腐蚀开裂、胺应力腐蚀开裂、氢脆	急性毒性：无	

遇明火、高热可燃。与强氧化剂接触可发生化学反应。受高热分解产生有毒的腐蚀性烟气。与碱类接触会分解生成有毒的苯胺。

理化特性

熔点：196.0~198.0℃	临界温度：无资料	爆炸上限：无资料	引燃温度：无资料
沸点：245.0℃	临界压力：无资料	爆炸下限：无资料	燃烧热：无资料
闪点：193.0℃	饱和蒸气压：无资料	相对密度($d_{水}=1$)：1.22	

溶解性	溶于水。
主要用途	用于有机合成。

急救措施

皮肤接触	脱去污染的衣着，用大量流动清水冲洗。就医。
眼睛接触	提起眼睑，用流动清水或生理盐水冲洗。就医。
吸入	迅速脱离现场至空气新鲜处。保持呼吸道通畅。如呼吸困难，给输氧。如呼吸停止，立即进行人工呼吸。就医。
食入	饮用足量温水，催吐。洗胃，导泻。就医。

防护措施

呼吸防护	空气中粉尘浓度超标时，必须佩戴自吸过滤式防尘口罩。紧急事态抢救或撤离时，应该佩戴空气呼吸器。
眼睛防护	戴化学安全防护眼镜。
身体防护	穿防毒物渗透工作服。
手防护	戴橡胶手套。
其他防护	工作现场禁止吸烟、进食和饮水。及时换洗工作服。工作前后不饮酒，用温水洗澡。实行就业前和定期的体检。

品名：**氧化苯乙烯**	分子式：C_8H_8O	相态：液
别名：环氧乙基苯	分子量：120.2	外观与性状：无色至淡黄色液体，有芳香味

危险特性

火灾危险性：可燃液体丙A	爆炸物：无	皮肤腐蚀/刺激：无
腐蚀减薄：无	金属腐蚀：无	严重眼损伤/眼刺激：类别2
环境开裂：无	急性毒性：无	

遇明火、高热可燃。与氧化剂可发生反应。其蒸气比空气重，能在较低处扩散到相当远的地方，遇火源会着火回燃。容易自聚，聚合反应随着温度的上升而急骤加剧。若遇高热，容器内压增大，有开裂和爆炸的危险。

理化特性

熔点：-37.0℃	临界温度：无资料	爆炸上限：22.0%	引燃温度：497.8℃
沸点：294.2℃	临界压力：无资料	爆炸下限：1.1%	燃烧热：无资料
闪点：79.0℃	饱和蒸气压：4.80×10^{-2}kPa(20℃)	相对密度($d_{水}=1$)：1.05	

溶解性	微溶于水，可混溶于甲醇、醚、四氯化碳、苯、丙酮。
主要用途	用作苯代乙二醇及其衍生物生产的中间体，也用作环氧树脂工业的稀释剂。

急救措施

皮肤接触	脱去污染的衣着，用大量流动清水冲洗。就医。
眼睛接触	提起眼睑，用流动清水或生理盐水冲洗。就医。
吸入	迅速脱离现场至空气新鲜处。保持呼吸道通畅。如呼吸困难，给输氧。如呼吸停止，立即进行人工呼吸。就医。
食入	饮用足量温水，催吐。就医。

防护措施

呼吸防护	空气中浓度超标时，必须佩戴自吸过滤式防毒面具(全面罩)。紧急事态抢救或撤离时，应该佩戴空气呼吸器。
眼睛防护	呼吸系统防护中已做防护。
身体防护	穿防毒物渗透工作服。
手防护	戴橡胶手套。
其他防护	工作现场禁止吸烟、进食和饮水。工作完毕，淋浴更衣。保持良好的卫生习惯。

品名：**氧化镉[非发火的]**	分子式：CdO	相态：固
别名：无	分子量：128.4	外观与性状：棕红色至棕黑色无定形粉末或立方晶体

危险特性

火灾危险性：无	爆炸物：无	皮肤腐蚀/刺激：无
腐蚀减薄：无	金属腐蚀：无	
环境开裂：无	急性毒性：类别2	

与镁的混合物加热时可能发生爆炸。受高热分解，放出有毒的烟气。

理化特性

熔点：1426.0℃	临界温度：无资料	爆炸上限：无资料	引燃温度：无资料
沸点：1559.0℃	临界压力：无资料	爆炸下限：无资料	燃烧热：无资料
闪点：无资料	饱和蒸气压：无资料	相对密度($d_{水}=1$)：6.95	

溶解性	不溶于水、碱，溶于稀酸、氨水。
主要用途	用于制镉盐、催化剂、陶瓷颜料、镉电镀液等。

急救措施

皮肤接触	脱去污染的衣着，用大量流动清水冲洗。就医。
眼睛接触	提起眼睑，用流动清水或生理盐水冲洗。就医。
吸入	迅速脱离现场至空气新鲜处。保持呼吸道通畅。如呼吸困难，给输氧。如呼吸停止，立即进行人工呼吸。就医。
食入	饮用足量温水，催吐。就医。

防护措施

呼吸防护	可能接触其粉尘时，必须佩戴防尘面具(全面罩)。紧急事态抢救或撤离时，应该佩戴空气呼吸器。
眼睛防护	呼吸系统防护中已做防护。
身体防护	穿胶布防毒衣。
手防护	戴橡胶手套。
其他防护	工作现场禁止吸烟、进食和饮水。工作完毕，淋浴更衣。保持良好的卫生习惯。

品名：**氧化汞** 分子式：HgO 相态：固
别名：一氧化汞；黄降汞；红降汞 分子量：216.6 外观与性状：亮红色或橙红色重质晶状粉末，无臭味

危险特性

火灾危险性：无法确定 爆炸物：无 皮肤腐蚀/刺激：类别 2
腐蚀减薄：无 金属腐蚀：无 严重眼损伤/眼刺激：类别 2
环境开裂：无 急性毒性：类别 2

不燃。弱氧化剂。与还原性物质如镁粉、铝粉、硫、磷等混合后，经摩擦或撞击，能引起燃烧或爆炸。接触有机物有引起燃烧的危险。受高热分解放出有毒的气体。

理化特性

熔点：无资料 临界温度：无资料 爆炸上限：无资料 引燃温度：无资料
沸点：无资料 临界压力：无资料 爆炸下限：无资料 燃烧热：无资料
闪点：无资料 饱和蒸气压：无资料 相对密度($d_{水}=1$) 11.10

溶解性	不溶于水、乙醇，溶于稀酸。
主要用途	用作分析试剂、防腐剂，用于合成医药及涂料等。
急救措施	
皮肤接触	脱去污染的衣着，用大量流动清水冲洗。就医。
眼睛接触	提起眼睑，用流动清水或生理盐水冲洗。就医。
吸入	迅速脱离现场至空气新鲜处。保持呼吸道通畅。如呼吸困难，给输氧。如呼吸停止，立即进行人工呼吸。就医。
食入	用水漱口，给饮牛奶或蛋清。就医。
防护措施	
呼吸防护	可能接触其粉尘时，必须佩戴防尘面具(全面罩)。紧急事态抢救或撤离时，应该佩戴空气呼吸器。
眼睛防护	呼吸系统防护中已做防护。
身体防护	穿胶布防毒衣。
手防护	戴橡胶手套。
其他防护	工作现场禁止吸烟、进食和饮水。工作完毕，淋浴更衣。单独存放被毒物污染的衣服，洗后备用。保持良好的卫生习惯。

品名：**氧化环己烯** 分子式：$C_6H_{10}O$ 相态：液
别名：无 分子量：98.2 外观与性状：无色透明液体，具有强烈气味

危险特性

火灾危险性：可燃液体甲 B 爆炸物：无 皮肤腐蚀/刺激：无
腐蚀减薄：无 金属腐蚀：无 易燃液体：类别 3
环境开裂：无 急性毒性：类别 3

其蒸气与空气可形成爆炸性混合物，遇明火、高热能引起燃烧爆炸。与氧化剂可发生反应。容易自聚，聚合反应随着温度的上升而急骤加剧。其蒸气比空气重，能在较低处扩散到相当远的地方，遇火源会着火回燃。若遇高热，容器内压增大，有开裂和爆炸的危险。

理化特性

熔点：-40.0℃ 临界温度：无资料 爆炸上限：12.3% 引燃温度：373.0℃
沸点：129.0~130.0℃ 临界压力：无资料 爆炸下限：1.2% 燃烧热：无资料
闪点：27.2℃ 饱和蒸气压：无资料 相对密度($d_{水}=1$)：0.97

溶解性	不溶于水，溶于乙醇、丙酮、乙醚。
主要用途	用作合成农药、医药、香料、染料的原料。
急救措施	
皮肤接触	脱去污染的衣着，用大量流动清水冲洗。就医。
眼睛接触	提起眼睑，用流动清水或生理盐水冲洗。就医。
吸入	迅速脱离现场至空气新鲜处。保持呼吸道通畅。如呼吸困难，给输氧。如呼吸停止，立即进行人工呼吸。就医。
食入	饮用足量温水，催吐。就医。
防护措施	
呼吸防护	空气中浓度超标时，必须佩戴自吸过滤式防毒面具(全面罩)。紧急事态抢救或撤离时，应该佩戴空气呼吸器。
眼睛防护	呼吸系统防护中已做防护。
身体防护	穿胶布防毒衣。
手防护	戴橡胶耐油手套。
其他防护	工作现场禁止吸烟、进食和饮水。工作完毕，淋浴更衣。保持良好的卫生习惯。

品名：**氧化钠** 别名：无		分子式：Na_2O 分子量：62.0	相态：固 外观与性状：白色无定形片状或粉末
危险特性			
火灾危险性：无法确定 腐蚀减薄：无 环境开裂：无		爆炸物：无 金属腐蚀：无 急性毒性：无	皮肤腐蚀/刺激：类别1 严重眼损伤/眼刺激：类别1
遇水发生剧烈反应并放热。与酸类物质能发生剧烈反应。与铵盐反应放出氨气。在潮湿条件下能腐蚀某些金属自然分解产物未知。			
理化特性			
熔点：1132.0℃ 沸点：1275.0℃ 闪点：1036.0℃	临界温度：无资料 临界压力：无资料 饱和蒸气压：无资料	爆炸上限：无资料 爆炸下限：无资料 相对密度($d_{水}=1$)：2.27	引燃温度：无资料 燃烧热：无资料
溶解性	无资料。		
主要用途	用作聚合、缩合剂及脱氧剂。		
急救措施			
皮肤接触	脱去污染的衣着，用大量流动清水冲洗至少15min。就医。		
眼睛接触	提起眼睑，用流动清水或生理盐水冲洗至少15min。就医。		
吸入	迅速脱离现场至空气新鲜处。保持呼吸道通畅。如呼吸困难，给输氧。如呼吸停止，立即进行人工呼吸。就医。		
食入	用水漱口，给饮牛奶或蛋清。就医。		
防护措施			
呼吸防护	可能接触其粉尘时，必须佩戴防尘面具(全面罩)。紧急事态抢救或撤离时，应该佩戴空气呼吸器。		
眼睛防护	呼吸系统防护中已做防护。		
身体防护	穿橡胶耐酸碱服。		
手防护	戴橡胶耐酸碱手套。		
其他防护	工作现场禁止吸烟、进食和饮水。工作完毕，淋浴更衣。保持良好的卫生习惯。		

品名：**氧化铍** 别名：无		分子式：BeO 分子量：25.0	相态：固 外观与性状：白色无定形粉末
危险特性			
火灾危险性：无法确定 腐蚀减薄：无 环境开裂：无		爆炸物：无 金属腐蚀：无 急性毒性：类别2	皮肤腐蚀/刺激：类别2 严重眼损伤/眼刺激：类别2
本身不能燃烧。遇高热分解放出高毒烟气。			
理化特性			
熔点：2350.0℃ 沸点：3900.0℃ 闪点：4300.0℃	临界温度：无资料 临界压力：无资料 饱和蒸气压：无资料	爆炸上限：无资料 爆炸下限：无资料 相对密度($d_{水}=1$)：3.03	引燃温度：无资料 燃烧热：无资料
溶解性	不溶于水，溶于酸、碱。		
主要用途	用于原子反应堆、陶瓷制品，也用作催化剂等。		
急救措施			
皮肤接触	脱去污染的衣着，用大量流动清水冲洗。就医。		
眼睛接触	提起眼睑，用流动清水或生理盐水冲洗。就医。		
吸入	迅速脱离现场至空气新鲜处。保持呼吸道通畅。如呼吸困难，给输氧。如呼吸停止，立即进行人工呼吸。就医。		
食入	饮用足量温水，催吐。就医。		
防护措施			
呼吸防护	可能接触其粉尘时，必须佩戴防尘面具(全面罩)。紧急事态抢救或撤离时，应该佩戴空气呼吸器。		
眼睛防护	呼吸系统防护中已做防护。		
身体防护	穿胶布防毒衣。		
手防护	戴橡胶手套。		
其他防护	工作现场禁止吸烟、进食和饮水。工作完毕，淋浴更衣。保持良好的卫生习惯。		

品名：**氧化铊** 别名：三氧化二铊		分子式：Tl_2O_3 分子量：456.7	相态：固 外观与性状：棕色至黑色六面晶系结晶或无定形粉末
危险特性			
火灾危险性：无法确定 腐蚀减薄：无 环境开裂：无		爆炸物：无 金属腐蚀：无 急性毒性：类别 2	皮肤腐蚀/刺激：无
与硫、三硫化锑的混合物在研磨时可能发生爆炸。受高热分解放出有毒的气体。			
理化特性			
熔点：717.0℃ 沸点：875.0℃ 闪点：无资料	临界温度：无资料 临界压力：无资料 饱和蒸气压：无资料	爆炸上限：无资料 爆炸下限：无资料 相对密度($d_水=1$)：10.19	引燃温度：无资料 燃烧热：无资料
溶解性	不溶于水、碱液，溶于酸。		
主要用途	用作分析试剂，也用于制火柴。		
急救措施			
皮肤接触	脱去污染的衣着，用大量流动清水冲洗。就医。		
眼睛接触	提起眼睑，用流动清水或生理盐水冲洗。就医。		
吸入	迅速脱离现场至空气新鲜处。保持呼吸道通畅。如呼吸困难，给输氧。如呼吸停止，立即进行人工呼吸。就医。		
食入	饮用足量温水，催吐。用1%碘化钾60mL灌胃。就医。		
防护措施			
呼吸防护	可能接触其粉尘时，必须佩戴防尘面具(全面罩)。紧急事态抢救或撤离时，应该佩戴空气呼吸器。		
眼睛防护	呼吸系统防护中已做防护。		
身体防护	穿胶布防毒衣。		
手防护	戴橡胶手套。		
其他防护	工作现场禁止吸烟、进食和饮水。工作完毕，淋浴更衣。保持良好的卫生习惯。		

品名：**氧化亚汞** 别名：黑降汞		分子式：Hg_2O 分子量：417.2	相态：固 外观与性状：棕黑色粉末
危险特性			
火灾危险性：无法确定 腐蚀减薄：无 环境开裂：无		爆炸物：无 金属腐蚀：无 急性毒性：无	皮肤腐蚀/刺激：类别 2 严重眼损伤/眼刺激：类别 2
本身不能燃烧。遇高热分解放出高毒烟气。			
理化特性			
熔点：无资料 沸点：无资料 闪点：无资料	临界温度：无资料 临界压力：无资料 饱和蒸气压：无资料	爆炸上限：无资料 爆炸下限：无资料 相对密度($d_水=1$)：9.80	引燃温度：无资料 燃烧热：无资料
溶解性	不溶于水，溶于热乙酸、硝酸。		
主要用途	医药工业上用作制药剂的原料。		
急救措施			
皮肤接触	脱去污染的衣着，用大量流动清水冲洗。就医。		
眼睛接触	提起眼睑，用流动清水或生理盐水冲洗。就医。		
吸入	迅速脱离现场至空气新鲜处。保持呼吸道通畅。如呼吸困难，给输氧。如呼吸停止，立即进行人工呼吸。就医。		
食入	饮用足量温水，催吐。就医。		
防护措施			
呼吸防护	可能接触其粉尘时，必须佩戴防尘面具(全面罩)。紧急事态抢救或撤离时，应该佩戴空气呼吸器。		
眼睛防护	呼吸系统防护中已做防护。		
身体防护	穿胶布防毒衣。		
手防护	戴橡胶手套。		
其他防护	工作现场禁止吸烟、进食和饮水。工作完毕，淋浴更衣。保持良好的卫生习惯。		

品名：**氧化亚铊** 别名：一氧化二铊	分子式：Tl_2O 分子量：424.8	相态：固 外观与性状：黑色粉末。具有潮解性，暴露在空气中易于氧化

危险特性

火灾危险性：无法确定	爆炸物：无	皮肤腐蚀/刺激：无
腐蚀减薄：无	金属腐蚀：无	
环境开裂：无	急性毒性：类别 2	

遇高热、明火会产生剧毒的蒸气。

理化特性

熔点：300.0℃	临界温度：无资料	爆炸上限：无资料	引燃温度：无资料
沸点：1865.0℃	临界压力：无资料	爆炸下限：无资料	燃烧热：无资料
闪点：无资料	饱和蒸气压：无资料	相对密度($d_{水}=1$)：9.52	

溶解性	易溶于水，溶于酸、醇。
主要用途	用作分析试剂，用于制造光学玻璃及玻璃装饰品。

急救措施

皮肤接触	脱去污染的衣着，用大量流动清水冲洗。就医。
眼睛接触	提起眼睑，用流动清水或生理盐水冲洗。就医。
吸入	迅速脱离现场至空气新鲜处。保持呼吸道通畅。如呼吸困难，给输氧。如呼吸停止，立即进行人工呼吸。就医。
食入	饮用足量温水，催吐。就医。

防护措施

呼吸防护	可能接触其粉尘时，必须佩戴防尘面具(全面罩)。紧急事态抢救或撤离时，应该佩戴空气呼吸器。
眼睛防护	呼吸系统防护中已做防护。
身体防护	穿胶布防毒衣。
手防护	戴橡胶手套。
其他防护	工作现场禁止吸烟、进食和饮水。工作完毕，淋浴更衣。实行就业前和定期的体检。车间应配备急救设备及药品。

品名：**氧氯化硫** 别名：硫酰氯；二氯硫酰；磺酰氯	分子式：Cl_2O_2S 分子量：135.0	相态：液 外观与性状：无色发烟液体，有强烈的刺激性臭味

危险特性

火灾危险性：可燃液体丙 A	爆炸物：无	皮肤腐蚀/刺激：类别 1
腐蚀减薄：盐酸腐蚀、硫酸腐蚀、高温硫化物腐蚀、含盐水腐蚀	金属腐蚀：无 急性毒性：无	严重眼损伤/眼刺激：类别 1
环境开裂：氯化物应力腐蚀开裂、连多硫酸应力腐蚀开裂		

遇水发生剧烈反应散发出具有刺激性和腐蚀性的氯化氢气体。对很多金属尤其是潮湿空气存在下有腐蚀性。

理化特性

熔点：-54.1℃	临界温度：无资料	爆炸上限：无资料	引燃温度：无资料
沸点：69.1℃	临界压力：4.61MPa	爆炸下限：无资料	燃烧热：无资料
闪点：69.1℃	饱和蒸气压：13.33kPa(17.8℃)	相对密度($d_{水}=1$)：1.67	

溶解性	溶于乙酸、苯。
主要用途	用作药物、有机氯化剂，及用于制造染料、橡胶等。

急救措施

皮肤接触	脱去污染的衣着，用大量流动清水冲洗至少 15min。就医。
眼睛接触	提起眼睑，用流动清水或生理盐水冲洗至少 15min。就医。
吸入	迅速脱离现场至空气新鲜处。保持呼吸道通畅。如呼吸困难，给输氧。如呼吸停止，立即进行人工呼吸。就医。
食入	用水漱口，给饮牛奶或蛋清。就医。

防护措施

呼吸防护	可能接触其烟雾时，佩戴自吸过滤式防毒面具(全面罩)或空气呼吸器。紧急事态抢救或撤离时，建议佩戴氧气呼吸器。
眼睛防护	呼吸系统防护中已做防护。
身体防护	穿橡胶耐酸碱服。
手防护	戴橡胶耐酸碱手套。
其他防护	工作现场禁止吸烟、进食和饮水。工作完毕，淋浴更衣。单独存放被毒物污染的衣服，洗后备用。保持良好的卫生习惯。

品名：**氧氯化硒**　　分子式：$SeCl_2O$　　相态：液

别名：氯化亚硒酰；二氯氧化硒　　分子量：165.9　　外观与性状：无色或微黄色的透明发烟液体，易挥发

危险特性

火灾危险性：可燃液体丙 B	爆炸物：无	皮肤腐蚀/刺激：无
腐蚀减薄：盐酸腐蚀、含盐水腐蚀	金属腐蚀：无	
环境开裂：氯化物应力腐蚀开裂	急性毒性：类别 3	

不燃。具有强氧化性。遇水发生剧烈反应，散发出具有刺激性和腐蚀性的氯化氢气体。与磷、钾能发生猛烈的化学反应。对很多金属尤其是潮湿空气存在下有腐蚀性。

理化特性

熔点：8.5~10.9℃	临界温度：无资料	爆炸上限：无资料	引燃温度：无资料
沸点：176.4~180℃	临界压力：7.09MPa	爆炸下限：无资料	燃烧热：无资料
闪点：176.4℃	饱和蒸气压：0.13kPa(34.8℃)	相对密度($d_{水}$=1)：2.42	

溶解性	溶于氯仿、苯、四氯化碳。
主要用途	用作树脂溶液、增塑剂。

急救措施

皮肤接触	脱去污染的衣着，用大量流动清水冲洗至少 15min。就医。
眼睛接触	提起眼睑，用流动清水或生理盐水冲洗至少 15min。就医。
吸入	迅速脱离现场至空气新鲜处。保持呼吸道通畅。如呼吸困难，给输氧。如呼吸停止，立即进行人工呼吸。就医。
食入	用水漱口，给饮牛奶或蛋清。就医。

防护措施

呼吸防护	可能接触其烟雾时，佩戴自吸过滤式防毒面具(全面罩)或空气呼吸器。紧急事态抢救或撤离时，建议佩戴氧气呼吸器。
眼睛防护	呼吸系统防护中已做防护。
身体防护	穿橡胶耐酸碱服。
手防护	戴橡胶耐酸碱手套。
其他防护	工作现场禁止吸烟、进食和饮水。工作完毕，淋浴更衣。单独存放被毒物污染的衣服，洗后备用。保持良好的卫生习惯。

品名：**氧氰化汞[减敏的]**　　分子式：$C_2Hg_2N_2O$　　相态：固

别名：氰氧化汞　　分子量：469.2　　外观与性状：白色至微灰褐色结晶或粉末

危险特性

火灾危险性：无法确定	爆炸物：无	皮肤腐蚀/刺激：无
腐蚀减薄：无	金属腐蚀：无	
环境开裂：无	急性毒性：类别 3	

接触明火、高热或受到摩擦、震动、撞击时可发生爆炸。遇酸会产生剧毒、易燃的氰化氢气体。遇高热分解放出高毒烟气。

理化特性

熔点：无资料	临界温度：无资料	爆炸上限：无资料	引燃温度：无资料
沸点：无资料	临界压力：无资料	爆炸下限：无资料	燃烧热：无资料
闪点：无资料	饱和蒸气压：无资料	相对密度($d_{水}$=1)：4.44	

溶解性	微溶于水，溶于热水。
主要用途	用于医药工业。

急救措施

皮肤接触	脱去污染的衣着，用大量流动清水冲洗。就医。
眼睛接触	提起眼睑，用流动清水或生理盐水冲洗。就医。
吸入	饮用足量温水，催吐。用 1∶5000 高锰酸钾或 5%硫代硫酸钠溶液洗胃。就医。
食入	用水漱口，给饮牛奶或蛋清。就医。

防护措施

呼吸防护	可能接触其粉尘时，必须佩戴空气呼吸器。
眼睛防护	呼吸系统防护中已做防护。
身体防护	穿胶布防毒衣。
手防护	戴橡胶手套。
其他防护	工作现场禁止吸烟、进食和饮水。工作完毕，淋浴更衣。保持良好的卫生习惯。

品名：**氧溴化磷**	分子式：$POBr_3$	相态：固
别名：溴化磷酰；磷酰溴；三溴氧化磷	分子量：286.7	外观与性状：无色至淡橙色片状结晶，带有刺激性气味

危险特性

火灾危险性：无法确定	爆炸物：无	皮肤腐蚀/刺激：无
腐蚀减薄：含盐水腐蚀	金属腐蚀：无	严重眼损伤/眼刺激：无
环境开裂：溴化物应力腐蚀开裂	急性毒性：无	

接触有机物有引起燃烧的危险。遇水或水蒸气反应放热并产生有毒的腐蚀性气体。受高热分解放出有毒的气体。遇潮时对大多数金属有腐蚀性。

理化特性

熔点：56.0℃	临界温度：无资料	爆炸上限：无资料	引燃温度：无资料
沸点：190.0℃	临界压力：无资料	爆炸下限：无资料	燃烧热：无资料
闪点：189.0℃	饱和蒸气压：无资料	相对密度($d_{水}=1$)：2.82	

溶解性	不溶于水，溶于醚、苯、氯仿、二硫化碳、浓硫酸。
主要用途	用作化学中间体。

急救措施

皮肤接触	脱去污染的衣着，用大量流动清水冲洗。就医。
眼睛接触	提起眼睑，用流动清水或生理盐水冲洗至少15min。就医。
吸入	迅速脱离现场至空气新鲜处。保持呼吸道通畅。如呼吸困难，给输氧。如呼吸停止，立即进行人工呼吸。就医。
食入	用水漱口，给饮牛奶或蛋清。就医。

防护措施

呼吸防护	可能接触其粉尘时，必须佩戴防尘面具(全面罩)。紧急事态抢救或撤离时，应该佩戴空气呼吸器。
眼睛防护	呼吸系统防护中已做防护。
身体防护	穿橡胶耐酸碱服。
手防护	戴橡胶耐酸碱手套。
其他防护	工作现场禁止吸烟、进食和饮水。工作完毕，淋浴更衣。保持良好的卫生习惯。

品名：**液化石油气**	分子式：无资料	相态：气
别名：石油气[液化的]	分子量：无资料	外观与性状：无色气体或黄棕色油状液体，有特殊臭味

危险特性

火灾危险性：可燃气体甲	爆炸物：无	皮肤腐蚀/刺激：无
腐蚀减薄：无	金属腐蚀：无	易燃气体：类别1
环境开裂：无	急性毒性：无	易燃液体：是

极易燃，与空气混合能形成爆炸性混合物。遇热源和明火有燃烧爆炸的危险。与氟、氯等接触会发生剧烈的化学反应。其蒸气比空气重，能在较低处扩散到相当远的地方，遇火源会着火回燃。

理化特性

熔点：无资料	临界温度：无资料	爆炸上限：33.0%	引燃温度：426.0℃
沸点：无资料	临界压力：无资料	爆炸下限：5.0%	燃烧热：无资料
闪点：-74.0℃	饱和蒸气压：无资料	相对密度($d_{水}=1$)：无资料	

溶解性	无资料。
主要用途	用作石油化工的原料，也可用作燃料。

急救措施

皮肤接触	若有冻伤，就医治疗。
眼睛接触	无资料。
吸入	迅速脱离现场至空气新鲜处。保持呼吸道通畅。如呼吸困难，给输氧。如呼吸停止，立即进行人工呼吸。就医。
食入	无资料。

防护措施

呼吸防护	高浓度环境中，建议佩戴过滤式防毒面具(半面罩)。
眼睛防护	一般不需要特殊防护，高浓度接触时可戴化学安全防护眼镜。
身体防护	穿防静电工作服。
手防护	戴一般作业防护手套。
其他防护	工作现场严禁吸烟。避免高浓度吸入。进入罐、限制性空间或其他高浓度区作业，须有人监护。

品名：**一甲胺[无水]**	分子式：CH_5N	相态：气
别名：氨基甲烷；甲胺	分子量：31.1	外观与性状：无色气体，有类似氨的气味

危险特性

火灾危险性：可燃气体甲	爆炸物：无	皮肤腐蚀/刺激：类别 2
腐蚀减薄：碱腐蚀、胺腐蚀、甲铵腐蚀	金属腐蚀：无	严重眼损伤/眼刺激：类别 1
环境开裂：碱应力腐蚀开裂、氨应力腐蚀开裂、胺应力腐蚀开裂	急性毒性：无	易燃气体：类别 1 易燃液体：是

无资料。

理化特性

熔点：-93.5℃	临界温度：156.9℃	爆炸上限：20.8%	引燃温度：430.0℃
沸点：-6.8℃	临界压力：4.07MPa	爆炸下限：4.9%	燃烧热：1059.5kJ/mol
闪点：0℃	饱和蒸气压：202.65kPa(25℃)	相对密度($d_{水}=1$)：0.66	

溶解性	易溶于水，溶于乙醇、乙醚等。
主要用途	用于橡胶硫化促进剂、染料、医药、杀虫剂、表面活性剂的合成等。

急救措施

皮肤接触	无资料。
眼睛接触	无资料。
吸入	无资料。
食入	无资料。

防护措施

呼吸防护	空气中浓度超标时，必须佩戴自吸过滤式防毒面具(全面罩)。紧急事态抢救或撤离时，建议佩戴氧气呼吸器或空气呼吸器。
眼睛防护	呼吸系统防护中已做防护。
身体防护	穿防静电工作服。
手防护	戴橡胶手套。
其他防护	工作现场禁止吸烟、进食和饮水。工作完毕，淋浴更衣。

品名：**一氯丙酮**	分子式：C_3H_5ClO	相态：液
别名：氯丙酮；氯化丙酮	分子量：92.5	外观与性状：无色液体，有刺激性气味

危险特性

火灾危险性：可燃液体甲 B	爆炸物：无	皮肤腐蚀/刺激：类别 1
腐蚀减薄：盐酸腐蚀、含盐水腐蚀	金属腐蚀：无	严重眼损伤/眼刺激：类别 1
环境开裂：氯化物应力腐蚀开裂	急性毒性：类别 2	易燃液体：类别 2

遇明火、高热易燃。与氧化剂接触猛烈反应。受热分解能放出剧毒的光气。若遇高热，容器内压增大，有开裂和爆炸的危险。

理化特性

熔点：-44.5℃	临界温度：无资料	爆炸上限：无资料	引燃温度：无资料
沸点：120.0℃	临界压力：无资料	爆炸下限：无资料	燃烧热：无资料
闪点：27.8℃	饱和蒸气压：1.33kPa(20℃)	相对密度($d_{水}=1$)：1.16	

溶解性	溶于水，溶于乙醇、乙醚、氯仿。
主要用途	用作杀虫剂，催泪剂，也用于制药物等。

急救措施

皮肤接触	脱去污染的衣着，用大量流动清水冲洗。就医。
眼睛接触	提起眼睑，用流动清水或生理盐水冲洗至少 15min。就医。
吸入	迅速脱离现场至空气新鲜处。保持呼吸道通畅。如呼吸困难，给输氧。就医。
食入	饮用足量温水，催吐。就医。

防护措施

呼吸防护	空气中浓度较高时，应该佩戴过滤式防毒面具(半面罩)。紧急事态抢救或逃生时，建议佩戴空气呼吸器。
眼睛防护	戴化学安全防护眼镜。
身体防护	穿防毒物渗透工作服。
手防护	戴橡胶耐油手套。
其他防护	工作现场禁止吸烟、进食和饮水。工作完毕，淋浴更衣。注意个人清洁卫生。

品名：**一氯化碘**		分子式：ClI	相态：固
别名：无		分子量：162.4	外观与性状：黑色结晶或红棕色液体。无臭
危险特性			
火灾危险性：无法确定 腐蚀减薄：盐酸腐蚀、含盐水腐蚀 环境开裂：氯化物应力腐蚀开裂		爆炸物：无 金属腐蚀：无 急性毒性：类别 2	皮肤腐蚀/刺激：类别 1 严重眼损伤/眼刺激：类别 1
强氧化剂。接触有机物有引起燃烧的危险。遇水或水蒸气反应放热并产生有毒的腐蚀性气体。遇钾、钠剧烈反应。遇高热分解释出高毒烟气。			
理化特性			
熔点：27.0℃ 沸点：97.4℃ 闪点：96.0~98.0℃	临界温度：无资料 临界压力：无资料 饱和蒸气压：无资料	爆炸上限：无资料 爆炸下限：无资料 相对密度（$d_{水}=1$）：3.18	引燃温度：无资料 燃烧热：无资料
溶解性	溶于醇、醚、乙酸、二硫化碳。		
主要用途	用于有机合成及测定油脂中的碘值。		
急救措施			
皮肤接触	用流动清水冲洗，就医。脱去并隔离被污染的衣服和鞋。注意患者保暖并且保持安静。确保医务人员了解该物质相关的个体防护知识，注意自身防护。		
眼睛接触	拉开眼睑，用流动清水冲洗 15min。就医。		
吸入	脱离现场至空气新鲜处。呼吸困难时给输氧。呼吸停止时，立即进行人工呼吸。就医。如果患者食入或吸入该物质不要用口对口进行人工呼吸，可用单向阀小型呼吸器或其他适当的医疗呼吸器。		
食入	误服者，口服牛奶、豆浆或蛋清，就医。		
防护措施			
呼吸防护	可能接触其蒸气时，应该佩戴防毒口罩。紧急事态抢救或逃生时，佩戴自给式呼吸器。		
眼睛防护	戴化学安全防护眼镜。		
身体防护	穿防腐工作服。		
手防护	戴橡胶手套。		
其他防护	工作现场禁止吸烟、进食和饮水。工作后，淋浴更衣。注意个人清洁卫生。		

品名：**一氯化硫**		分子式：S_2Cl_2	相态：液
别名：氯化硫		分子量：135.0	外观与性状：发红光的暗黄色液体，在空气中发烟并有刺激性气味
危险特性			
火灾危险性：可燃液体丙 A 腐蚀减薄：盐酸腐蚀、硫酸腐蚀、高温硫化物腐蚀、含盐水腐蚀 环境开裂：氯化物应力腐蚀开裂、连多硫酸应力腐蚀开裂		爆炸物：无 金属腐蚀：无 急性毒性：类别 3	皮肤腐蚀/刺激：类别 1 严重眼损伤/眼刺激：类别 1
与水或潮气发生反应，散发出刺激性和腐蚀性的氯化氢气体。遇潮时对大多数金属有强腐蚀性。			
理化特性			
熔点：-80.0℃ 沸点：138.0℃ 闪点：118.0℃	临界温度：无资料 临界压力：无资料 饱和蒸气压：1.33kPa(19℃)	爆炸上限：无资料 爆炸下限：无资料 相对密度（$d_{水}=1$）：1.69	引燃温度：234.0℃ 燃烧热：无资料
溶解性	溶于乙醇、苯、醚、二硫化碳、四氯化碳。		
主要用途	用作氯化剂或硫化剂。		
急救措施			
皮肤接触	脱去污染的衣着，用大量流动清水冲洗至少 15min。就医。		
眼睛接触	拉开眼睑，用流动清水冲洗 15min。就医。		
吸入	迅速脱离现场至空气新鲜处。保持呼吸道通畅。如呼吸困难，给输氧。如呼吸停止，立即进行人工呼吸。就医。		
食入	用水漱口，给饮牛奶或蛋清。就医。		
防护措施			
呼吸防护	可能接触其蒸气时，应该佩戴防毒口罩。紧急事态抢救或逃生时，佩戴自给式呼吸器。		
眼睛防护	呼吸系统防护中已做防护。		
身体防护	穿橡胶耐酸碱服。		
手防护	戴橡胶耐酸碱手套。		
其他防护	工作完毕，淋浴更衣。单独存放被毒物污染的衣服，洗后备用。保持良好的卫生习惯。		

品名：**一氯乙醛**	分子式：C_2H_3ClO	相态：液
别名：氯乙醛；2-氯乙醛	分子量：78.5	外观与性状：有刺鼻辛辣气味的无色液体

危险特性

火灾危险性：可燃液体乙 B	爆炸物：无	皮肤腐蚀/刺激：类别 1
腐蚀减薄：无	金属腐蚀：无	严重眼损伤/眼刺激：类别 1
环境开裂：无	急性毒性：类别 2	

易燃，遇明火、高热可燃。

理化特性

熔点：-28.0~23.0℃	临界温度：无资料	爆炸上限：无资料	引燃温度：88.0℃
沸点：85.0℃	临界压力：5.37MPa	爆炸下限：无资料	燃烧热：无资料
闪点：(-11.2±11.0)℃	饱和蒸气压：13.30kPa(45℃)	相对密度($d_{水}=1$)：1.24	

溶解性	溶于水、乙醚、甲醇、丙酮。
主要用途	用于有机合成，制备药物的中间体。

急救措施

皮肤接触	无资料。
眼睛接触	无资料。
吸入	无资料。
食入	无资料。

防护措施

呼吸防护	呼吸系统防护中已做防护。
眼睛防护	穿胶布防毒衣。
身体防护	戴防化学品手套。
手防护	戴橡胶耐油手套。
其他防护	工作现场禁止吸烟、进食和饮水。工作完毕，彻底清洗。单独存放被毒物污染的衣服，洗后备用。

品名：**一溴化碘**	分子式：BrI	相态：固
别名：无	分子量：206.8	外观与性状：黑褐色晶体

危险特性

火灾危险性：无法确定	爆炸物：无	皮肤腐蚀/刺激：类别 1
腐蚀减薄：含盐水腐蚀	金属腐蚀：无	严重眼损伤/眼刺激：类别 1
环境开裂：溴化物应力腐蚀开裂	急性毒性：无	

受热或遇水分解放热，放出有毒的腐蚀性烟气。

理化特性

熔点：42.0℃	临界温度：无资料	爆炸上限：无资料	引燃温度：无资料
沸点：(119.0±9.0)℃	临界压力：无资料	爆炸下限：无资料	燃烧热：无资料
闪点：116.0℃	饱和蒸气压：无资料	相对密度($d_{水}=1$)：无资料	

溶解性	溶于水。
主要用途	用于有机合成。

急救措施

皮肤接触	脱去污染的衣着，用大量流动清水彻底冲洗。
眼睛接触	立即翻开上下眼睑，用流动清水或生理盐水冲洗。就医。
吸入	迅速脱离现场至空气新鲜处。保持呼吸道通畅。呼吸困难时给输氧。呼吸停止时，立即进行人工呼吸。就医。
食入	给饮牛奶或蛋清。就医。

防护措施

呼吸防护	作业工人应戴口罩。必要时佩带防毒面具。
眼睛防护	戴化学安全防护眼镜。
身体防护	穿工作服。
手防护	戴橡皮手套。
其他防护	工作现场禁止吸烟、进食和饮水。保持良好的卫生习惯。

品名：**一氧化氮**		分子式：NO	相态：气
别名：无		分子量：30.0	外观与性状：无色气体
危险特性			
火灾危险性：无法确定 腐蚀减薄：无 环境开裂：无		爆炸物：无 金属腐蚀：无 急性毒性：类别 3	皮肤腐蚀/刺激：类别 1 严重眼损伤/眼刺激：类别 1 氧化性气体：类别 1 加压气体：是
具有强氧化性。与易燃物、有机物接触易着火燃烧。遇到氢气爆炸性化合。接触空气会散发出棕色有氧化性的烟雾。一氧化氮较不活泼，但在空气中易被氧化成二氧化氮，而后者有强烈毒性。			
理化特性			
熔点：-163.6℃ 沸点：-151.0℃ 闪点：无资料		临界温度：-93.0℃ 临界压力：6.48MPa 饱和蒸气压：6079.20kPa(-94.8℃)	爆炸上限：无资料　引燃温度：无资料 爆炸下限：无资料　燃烧热：无资料 相对密度($d_{水}=1$)：1.27
溶解性	微溶于水。		
主要用途	制硝酸、人造丝漂白剂、丙烯及二甲酸的安定剂。		
急救措施			
皮肤接触	无资料。		
眼睛接触	无资料。		
吸入	迅速脱离现场至空气新鲜处。保持呼吸道通畅。如呼吸困难，给输氧。如呼吸停止，立即进行人工呼吸。就医。		
食入	无资料。		
防护措施			
呼吸防护	空气中浓度超标时，佩戴自吸过滤式防毒面具(半面罩)。紧急事态抢救或撤离时，建议佩戴空气呼吸器。		
眼睛防护	戴化学安全防护眼镜。		
身体防护	穿透气型防毒服。		
手防护	戴防化学品手套。		
其他防护	工作现场禁止吸烟、进食和饮水。保持良好的卫生习惯。		

品名：**一氧化碳**		分子式：CO	相态：气
别名：无		分子量：28.0	外观与性状：无色无臭气体
危险特性			
火灾危险性：可燃气体乙 腐蚀减薄：无 环境开裂：无		爆炸物：无 金属腐蚀：无 急性毒性：类别 3	皮肤腐蚀/刺激：无 易燃气体：类别 1 加压气体：是
是一种易燃易爆气体。与空气混合能形成爆炸性混合物，遇明火、高热能引起燃烧爆炸。			
理化特性			
熔点：-199.1℃ 沸点：-191.4℃ 闪点：-50.0℃		临界温度：-140.2℃ 临界压力：3.50MPa 饱和蒸气压：4.65kPa(20℃)	爆炸上限：74.2%　引燃温度：610.0℃ 爆炸下限：12.5%　燃烧热：无资料 相对密度($d_{水}=1$)：0.79
溶解性	微溶于水、溶于乙醇、苯等多数有机溶剂。		
主要用途	主要用于化学合成。		
急救措施			
皮肤接触	无资料。		
眼睛接触	无资料。		
吸入	迅速脱离现场至空气新鲜处。保持呼吸道通畅。如呼吸困难，给输氧。如呼吸停止，立即进行人工呼吸。就医。		
食入	无资料。		
防护措施			
呼吸防护	空气中浓度超标时，佩戴自吸过滤式防毒面具(半面罩)。紧急事态抢救或撤离时，建议佩戴空气呼吸器、一氧化碳过滤式自救器。		
眼睛防护	一般不需特殊防护。		
身体防护	穿防静电工作服。		
手防护	戴一般作业防护手套。		
其他防护	工作现场严禁吸烟。实行就业前和定期的体检。避免高浓度吸入。进入罐、限制性空间或其他高浓度区作业，须有人监护。		

品名：**乙胺**　　分子式：C_2H_7N　　相态：气

别名：氨基乙烷　　分子量：45.1　　外观与性状：无色、有强烈氨味的液体或气体

危险特性

火灾危险性：可燃气体甲　　爆炸物：无　　皮肤腐蚀/刺激：无

腐蚀减薄：碱腐蚀、胺腐蚀　　金属腐蚀：无　　易燃气体：类别 1

环境开裂：碱应力腐蚀开裂、氨应力腐蚀开裂、胺应力腐蚀开裂　　急性毒性：无　　加压气体：是

严重眼损伤/眼刺激：类别 2

其蒸气与空气可形成爆炸性混合物，遇热源和明火有燃烧爆炸的危险。与氧化剂接触猛烈反应。其蒸气比空气重，能在较低处扩散到相当远的地方，遇火源会着火回燃。

理化特性

熔点：-80.9℃　　临界温度：183.0℃　　爆炸上限：14.0%　　引燃温度：385.0℃

沸点：(14.2±2.3)℃　　临界压力：5.62MPa　　爆炸下限：3.5%　　燃烧热：1711.7kJ/mol

闪点：-17.2℃　　饱和蒸气压：121.00kPa(20℃)　　相对密度($d_{水}=1$)：0.70

溶解性	溶于水、乙醇、乙醚等。
主要用途	用于染料合成及作萃取剂、乳化剂、医药原料、试剂等。

急救措施

皮肤接触	脱去污染的衣着，用大量流动清水冲洗至少 15min。就医。
眼睛接触	提起眼睑，用流动清水或生理盐水冲洗至少 15min。就医。
吸入	迅速脱离现场至空气新鲜处。保持呼吸道通畅。如呼吸困难，给输氧。如呼吸停止，立即进行人工呼吸。就医。
食入	用水漱口，给饮牛奶或蛋清。就医。

防护措施

呼吸防护	空气中浓度超标时，佩戴过滤式防毒面具(半面罩)。紧急事态抢救或撤离时，建议佩戴氧气呼吸器或空气呼吸器。
眼睛防护	戴化学安全防护眼镜。
身体防护	穿胶布防毒衣。
手防护	戴橡胶手套。
其他防护	工作现场禁止吸烟、进食和饮水。工作完毕，淋浴更衣。

品名：**乙苯**　　分子式：C_8H_{10}　　相态：液

别名：乙基苯　　分子量：106.2　　外观与性状：无色液体，有芳香气味

危险特性

火灾危险性：可燃液体甲 B　　爆炸物：无　　皮肤腐蚀/刺激：无

腐蚀减薄：无　　金属腐蚀：无　　易燃液体：类别 2

环境开裂：无　　急性毒性：无

易燃，其蒸气与空气可形成爆炸性混合物，遇明火、高热或与氧化剂接触，有引起燃烧爆炸的危险。与氧化剂接触猛烈反应。流速过快容易产生和积聚静电。其蒸气比空气重，能在较低处扩散到相当远的地方，遇火源会着火回燃。

理化特性

熔点：-94.9℃　　临界温度：343.1℃　　爆炸上限：6.7%　　引燃温度：432.0℃

沸点：136.2℃　　临界压力：3.60MPa　　爆炸下限：1.0%　　燃烧热：4390.1kJ/mol

闪点：22.2℃　　饱和蒸气压：0.9kPa(20℃)　　相对密度($d_{水}=1$)：0.87

溶解性	不溶于水，可混溶于乙醇、醚等多数有机溶剂。
主要用途	用于有机合成和用作溶剂。

急救措施

皮肤接触	脱去污染的衣着，用大量肥皂水和流动清水冲洗。就医。
眼睛接触	提起眼睑，用流动清水或生理盐水冲洗。就医。
吸入	迅速脱离现场至空气新鲜处。保持呼吸道通畅。如呼吸困难，给输氧。如呼吸停止，立即进行人工呼吸。就医。
食入	饮用足量温水，催吐。就医。

防护措施

呼吸防护	空气中浓度超标时，佩戴自吸过滤式防毒面具(半面罩)。紧急事态抢救或撤离时，应该佩戴空气呼吸器、氧气呼吸器。
眼睛防护	戴化学安全防护眼镜。
身体防护	穿防毒物渗透工作服。
手防护	戴橡胶耐油手套。
其他防护	工作现场禁止吸烟、进食和饮水。工作完毕，淋浴更衣。保持良好的卫生习惯。

品名：**乙撑亚胺**	分子式：C_2H_5N	相态：液
别名：吖丙啶；1-氮杂环丙烷；氮丙啶	分子量：43.1	外观与性状：无色油状液体，有刺激性氨味
危险特性		
火灾危险性：可燃液体甲 B	爆炸物：无	皮肤腐蚀/刺激：类别 1
腐蚀减薄：碱腐蚀、胺腐蚀	金属腐蚀：无	严重眼损伤/眼刺激：类别 1
环境开裂：碱应力腐蚀开裂、胺应力腐蚀开裂	急性毒性：类别 1	易燃液体：类别 2
其蒸气与空气可形成爆炸性混合物，遇明火、高热能引起燃烧爆炸与氧化剂能发生强烈反应。与硝酸、硫酸、盐酸、乙酸、氯磺酸、氯、二硫化碳、次氯酸钠等能发生剧烈反应。其蒸气比空气重，能在较低处扩散到相当远的地方，遇火源会着火回燃。		

理化特性			
熔点：-71.5℃	临界温度：无资料	爆炸上限：46.0%	引燃温度：320.0℃
沸点：55.0℃	临界压力：无资料	爆炸下限：3.6%	燃烧热：无资料
闪点：-11.0℃	饱和蒸气压：21.33kPa(20℃)	相对密度($d_{水}=1$)：0.83	

溶解性	与水混溶，可混溶于多数有机溶剂。
主要用途	用作有机合成中间体、黏合剂、诱变剂及用于纤维处理，能使细胞歧化等。
急救措施	
皮肤接触	脱去污染的衣着，用大量流动清水冲洗至少 15min。就医。
眼睛接触	提起眼睑，用流动清水或生理盐水冲洗至少 15min。就医。
吸入	迅速脱离现场至空气新鲜处。保持呼吸道通畅。如呼吸困难，给输氧。如呼吸停止，立即进行人工呼吸。就医。
食入	用水漱口，给饮牛奶或蛋清。就医。
防护措施	
呼吸防护	空气中浓度超标时，必须佩戴自吸过滤式防毒面具(全面罩)。紧急事态抢救或撤离时，应该佩戴空气呼吸器。
眼睛防护	呼吸系统防护中已做防护。
身体防护	穿胶布防毒衣。
手防护	戴橡胶耐油手套。
其他防护	工作现场禁止吸烟、进食和饮水。工作完毕，淋浴更衣。定期体检。

品名：**乙醇[无水]**	分子式：C_2H_6O	相态：液
别名：无水酒精	分子量：46.1	外观与性状：无色液体，有酒香
危险特性		
火灾危险性：可燃液体甲 B	爆炸物：无	皮肤腐蚀/刺激：无
腐蚀减薄：无	金属腐蚀：无	易燃液体：类别 2
环境开裂：乙醇应力腐蚀开裂	急性毒性：类别 2	
无资料。		

理化特性			
熔点：-114.1℃	临界温度：243.1℃	爆炸上限：19.0%	引燃温度：363.0℃
沸点：78.3℃	临界压力：6.38MPa	爆炸下限：3.3%	燃烧热：1365.5kJ/mol
闪点：12.0℃	饱和蒸气压：5.80kPa(20℃)	相对密度($d_{水}=1$)：0.79	

溶解性	与水混溶，可混溶于醚、氯仿、甘油等多数有机溶剂。
主要用途	用于制酒工业、有机合成、消毒以及用作溶剂。
急救措施	
皮肤接触	脱去污染的衣着，用大量流动清水冲洗。就医。
眼睛接触	提起眼睑，用流动清水或生理盐水冲洗。就医。
吸入	迅速脱离现场至空气新鲜处。就医。
食入	饮用足量温水，催吐。就医。
防护措施	
呼吸防护	无资料。
眼睛防护	无资料。
身体防护	无资料。
手防护	无资料。
其他防护	无资料。

品名：**乙醇钾**	分子式：C_2H_5KO	相态：固
别名：无	分子量：84.2	外观与性状：淡黄色至黄褐色的粉末

危险特性

火灾危险性：无法确定	爆炸物：无	皮肤腐蚀/刺激：类别1
腐蚀减薄：无	金属腐蚀：无	严重眼损伤/眼刺激：类别1
环境开裂：乙醇应力腐蚀开裂	急性毒性：无	自热物质和混合物：类别1

无资料。

理化特性

熔点：250.0℃	临界温度：无资料	爆炸上限：无资料	引燃温度：无资料
沸点：72.6℃	临界压力：无资料	爆炸下限：无资料	燃烧热：无资料
闪点：无资料	饱和蒸气压：无资料	相对密度（$d_{水}=1$）：无资料	

溶解性	无资料。
主要用途	有机中间体。

急救措施

皮肤接触	无资料。
眼睛接触	无资料。
吸入	无资料。
食入	无资料。

防护措施

呼吸防护	如果防毒面具是保护的唯一方式，则使用全面罩式送风防毒面具。呼吸器使用经过测试并通过政府标准如NIOSH(US)或CEN(EU)的呼吸器和零件。
眼睛防护	面罩与安全眼镜请使用经官方标准如NIOSH(美国)或EN 166(欧盟)检测与批准的设备防护眼部。
身体防护	全套防化学试剂工作服，防护设备的类型必须根据特定工作场所中的危险物的浓度和含量来选择。
手防护	所选择的保护手套必须符合EU的89/686/EEC规定和从它衍生出来的EN376标准。
其他防护	无资料。

品名：**乙醇钠**	分子式：C_2H_5ONa	相态：固
别名：乙氧基钠	分子量：68.1	外观与性状：白色或淡黄色吸湿性粉末

危险特性

火灾危险性：无法确定	爆炸物：无	皮肤腐蚀/刺激：类别1
腐蚀减薄：无	金属腐蚀：无	严重眼损伤/眼刺激：类别1
环境开裂：乙醇应力腐蚀开裂	急性毒性：无	自热物质和混合物：类别1

与氧化剂能发生强烈反应。遇水迅速分解。在潮湿空气中着火。燃烧时放出有毒的刺激性烟雾。

理化特性

熔点：260.0℃	临界温度：无资料	爆炸上限：无资料	引燃温度：无资料
沸点：91.0℃	临界压力：无资料	爆炸下限：无资料	燃烧热：无资料
闪点：30.0℃	饱和蒸气压：无资料	相对密度（$d_{水}=1$）：无资料	

溶解性	溶于无水乙醇，不溶于苯、甲苯、二甲苯、乙醚。
主要用途	主要用于医药工业。用作强碱催化剂、乙氧基化剂以及作为凝聚剂和还原剂。用于有机合成。少量用于农药生产，还可用作分析试剂。

急救措施

皮肤接触	脱去污染的衣着，用大量流动清水冲洗至少15min。就医。
眼睛接触	提起眼睑，用流动清水或生理盐水冲洗至少15min。就医。
吸入	迅速脱离现场至空气新鲜处。保持呼吸道通畅。如呼吸困难，给输氧。如呼吸停止，立即进行人工呼吸。就医。
食入	用水漱口，给饮牛奶或蛋清。就医。

防护措施

呼吸防护	无资料。
眼睛防护	无资料。
身体防护	无资料。
手防护	无资料。
其他防护	无资料。

品名：**1,2-乙二胺** 别名：1,2-二氨基乙烷；乙撑二胺		分子式：$C_2H_8N_2$ 分子量：60.1	相态：液 外观与性状：无色或微黄色黏稠液体，有类似氨的气味
危险特性			
火灾危险性：可燃液体乙 A 腐蚀减薄：碱腐蚀、胺腐蚀 环境开裂：碱应力腐蚀开裂、氨应力腐蚀开裂、胺应力腐蚀开裂		爆炸物：无 金属腐蚀：无 急性毒性：无	皮肤腐蚀/刺激：类别 1 严重眼损伤/眼刺激：类别 1 易燃液体：类别 3
遇明火、高热或与氧化剂接触，有引起燃烧爆炸的危险。与乙酸、乙酸酐、二硫化碳、氯磺酸、盐酸、硝酸、硫酸、发烟硫酸、过氯酸等剧烈反应。能腐蚀铜及其合金。			
理化特性			
熔点：8.5℃ 沸点：117.2℃ 闪点：43.0℃	临界温度：无资料 临界压力：3.58MPa 饱和蒸气压：1.43kPa(20℃)	爆炸上限：16.6% 爆炸下限：2.7% 相对密度($d_{水}=1$)：0.90	引燃温度：385.0℃ 燃烧热：2891.9kJ/mol
溶解性	溶于水、醇，不溶于苯，微溶于乙醚。		
主要用途	用于有机合成和农药、活性染料、医药、环氧树脂固化剂等的制取。		
急救措施			
皮肤接触	脱去污染的衣着，用大量流动清水冲洗至少 15min。就医。		
眼睛接触	立即提起眼睑，用大量流动清水或生理盐水彻底冲洗至少 15min。就医。		
吸入	迅速脱离现场至空气新鲜处。保持呼吸道通畅。如呼吸困难，给输氧。如呼吸停止，立即进行人工呼吸。就医。		
食入	用水漱口，给饮牛奶或蛋清。就医。		
防护措施			
呼吸防护	空气中浓度超标时，应该佩戴自吸过滤式防毒面具(全面罩)。		
眼睛防护	呼吸系统防护中已做防护。		
身体防护	穿防腐工作服。		
手防护	戴橡胶耐油手套。		
其他防护	工作现场禁止吸烟、进食和饮水。工作完毕，淋浴更衣。实行就业前和定期的体检。		

品名：**乙二醇单甲醚** 别名：2-甲氧基乙醇；甲基溶纤剂		分子式：$C_3H_8O_2$ 分子量：76.1	相态：液 外观与性状：无色液体，略有醚的气味
危险特性			
火灾危险性：可燃液体乙 B 腐蚀减薄：无 环境开裂：乙醇应力腐蚀开裂		爆炸物：无 金属腐蚀：无 急性毒性：无	皮肤腐蚀/刺激：无 易燃液体：类别 3
易燃，遇明火、高热或与氧化剂接触，有引起燃烧爆炸的危险。接触空气或在光照条件下可生成具有潜在爆炸危险性的过氧化物。			
理化特性			
熔点：-85.1℃ 沸点：124.6℃ 闪点：46.1℃	临界温度：324.5℃ 临界压力：5.29MPa 饱和蒸气压：1.29kPa(25℃)	爆炸上限：无资料 爆炸下限：无资料 相对密度($d_{水}=1$)：0.96	引燃温度：285.0℃ 燃烧热：399.5kJ/mol
溶解性	溶于水、乙醇、丙酮、乙二醇等。		
主要用途	用作硝酸纤维素、树脂的溶剂。也用作农药分散剂、增塑剂等。		
急救措施			
皮肤接触	脱去污染的衣着，用肥皂水和清水彻底冲洗皮肤。		
眼睛接触	提起眼睑，用流动清水或生理盐水冲洗。就医。		
吸入	迅速脱离现场至空气新鲜处。保持呼吸道通畅。如呼吸困难，给输氧。如呼吸停止，立即进行人工呼吸。就医。		
食入	饮足量温水，催吐。就医。		
防护措施			
呼吸防护	空气中浓度超标时，佩戴过滤式防毒面具(半面罩)。高浓度环境中，佩戴自给式呼吸器或长管面具。		
眼睛防护	戴化学安全防护眼镜。		
身体防护	穿防静电工作服。		
手防护	戴橡胶耐油手套。		
其他防护	工作现场禁止吸烟、进食和饮水。工作完毕，淋浴更衣。注意个人清洁卫生。		

品名：**乙二醇二乙醚**		分子式：$C_6H_{14}O_2$	相态：液
别名：1,2-二乙氧基乙烷；二乙基溶纤剂		分子量：118.2	外观与性状：无色液体，稍有醚的气味
危险特性			
火灾危险性：可燃液体乙 A		爆炸物：无	皮肤腐蚀/刺激：无
腐蚀减薄：无		金属腐蚀：无	严重眼损伤/眼刺激：类别 2
环境开裂：无		急性毒性：无	易燃液体：类别 2
其蒸气与空气可形成爆炸性混合物，遇明火、高热能引起燃烧爆炸。与氧化剂可发生反应。其蒸气比空气重，能在较低处扩散到相当远的地方，遇火源会着火回燃。若遇高热，容器内压增大，有开裂和爆炸的危险。			
理化特性			
熔点：-74.0℃	临界温度：268.9℃	爆炸上限：无资料	引燃温度：205.0℃
沸点：121.4℃	临界压力：无资料	爆炸下限：无资料	燃烧热：48.99kJ/mol
闪点：20.0℃	饱和蒸气压：1.25kPa(20℃)	相对密度($d_水=1$)：0.84	
溶解性	不溶于水，可混溶于多数有机溶剂。		
主要用途	用作溶剂，及去垢剂的溶剂，也用于有机合成。		
急救措施			
皮肤接触	脱去污染的衣着，用肥皂水和清水彻底冲洗皮肤。		
眼睛接触	提起眼睑，用流动清水或生理盐水冲洗。就医。		
吸入	迅速脱离现场至空气新鲜处。保持呼吸道通畅。如呼吸困难，给输氧。如呼吸停止，立即进行人工呼吸。就医。		
食入	饮足量温水，催吐。就医。		
防护措施			
呼吸防护	空气中浓度超标时，必须佩戴自吸过滤式防毒面具(半面罩)。紧急事态抢救或撤离时，应该佩戴空气呼吸器。		
眼睛防护	戴化学安全防护眼镜。		
身体防护	穿防静电工作服。		
手防护	戴橡胶耐油手套。		
其他防护	工作现场禁止吸烟、进食和饮水。工作完毕，淋浴更衣。注意个人清洁卫生。		

品名：**乙二醇乙醚**		分子式：$C_4H_{10}O_2$	相态：液
别名：2-乙氧基乙醇；乙基溶纤剂		分子量：90.1	外观与性状：无色液体，几乎无气味
危险特性			
火灾危险性：可燃液体乙 A		爆炸物：无	皮肤腐蚀/刺激：无
腐蚀减薄：无		金属腐蚀：无	易燃液体：类别 3
环境开裂：乙醇应力腐蚀开裂		急性毒性：类别 3	
易燃，遇明火、高热或与氧化剂接触，有引起燃烧爆炸的危险。接触空气或在光照条件下可生成具有潜在爆炸危险性的过氧化物。			
理化特性			
熔点：-70.0℃	临界温度：无资料	爆炸上限：15.6%	引燃温度：235.0℃
沸点：135.1℃	临界压力：4.24MPa	爆炸下限：1.7%	燃烧热：无资料
闪点：43.0℃	饱和蒸气压：0.51kPa(20℃)	相对密度($d_水=1$)：0.94	
溶解性	与水混溶，可混溶于醇等多数有机溶剂。		
主要用途	用作溶剂，以及皮革做色剂、乳化剂、稳定剂、涂料稀释剂、脱漆剂等。		
急救措施			
皮肤接触	脱去污染的衣着，用大量流动清水冲洗。就医。		
眼睛接触	提起眼睑，用流动清水或生理盐水冲洗。就医。		
吸入	迅速脱离现场至空气新鲜处。保持呼吸道通畅。如呼吸困难，给输氧。如呼吸停止，立即进行人工呼吸。就医。		
食入	饮用足量温水，催吐。就医。		
防护措施			
呼吸防护	空气中浓度超标时，佩戴过滤式防毒面具(半面罩)。		
眼睛防护	一般不需要特殊防护，高浓度接触时可戴化学安全防护眼镜。		
身体防护	穿防静电工作服。		
手防护	戴橡胶耐油手套。		
其他防护	工作现场禁止吸烟、进食和饮水。工作完毕，淋浴更衣。注意个人清洁卫生。		

品名：**乙二醇异丙醚**		分子式：$C_5H_{12}O_{22}$	相态：液
别名：2-异丙氧基乙醇		分子量：104.1	外观与性状：无色透明液体
危险特性			
火灾危险性：可燃液体乙 A 腐蚀减薄：无 环境开裂：乙醇应力腐蚀开裂		爆炸物：无 金属腐蚀：无 急性毒性：无	皮肤腐蚀/刺激：无 严重眼损伤/眼刺激：类别 2 易燃液体：类别 3
其蒸气与空气可形成爆炸性混合物，遇明火、高热能引起燃烧爆炸。与氧化剂可发生反应。其蒸气比空气重，能在较低处扩散到相当远的地方，遇火源会着火回燃。若遇高热，容器内压增大，有开裂和爆炸的危险。			
理化特性			
熔点：-60.0℃ 沸点：139.0~143.0℃ 闪点：33.0℃	临界温度：无资料 临界压力：无资料 饱和蒸气压：0.80kPa(20℃)	爆炸上限：无资料 爆炸下限：无资料 相对密度($d_{水}=1$)：0.91	引燃温度：无资料 燃烧热：无资料
溶解性	可混溶于多数有机溶剂。		
主要用途	用作溶剂。		
急救措施			
皮肤接触	脱去污染的衣着，用大量流动清水冲洗。就医。		
眼睛接触	提起眼睑，用流动清水或生理盐水冲洗。就医。		
吸入	迅速脱离现场至空气新鲜处。保持呼吸道通畅。如呼吸困难，给输氧。就医。		
食入	饮足量温水，催吐。就医。		
防护措施			
呼吸防护	空气中浓度超标时，必须佩戴自吸过滤式防毒面具(半面罩)。紧急事态抢救或撤离时，应该佩戴空气呼吸器。		
眼睛防护	戴化学安全防护眼镜。		
身体防护	穿防静电工作服。		
手防护	戴橡胶耐油手套。		
其他防护	工作现场禁止吸烟、进食和饮水。工作完毕，淋浴更衣。注意个人清洁卫生。		

品名：**乙二酸二丁酯**		分子式：$C_{10}H_{18}O_4$	相态：液
别名：草酸二丁酯；草酸丁酯		分子量：202.3	外观与性状：水白色液体，略有气味
危险特性			
火灾危险性：可燃液体丙 A 腐蚀减薄：低分子有机酸腐蚀 环境开裂：无		爆炸物：无 金属腐蚀：无 急性毒性：无	皮肤腐蚀/刺激：类别 2 严重眼损伤/眼刺激：类别 1
遇明火、高热可燃。加热分解产生易燃的有毒气体。与氧化剂可发生反应。			
理化特性			
熔点：-29.6℃ 沸点：245.5℃ 闪点：104.4℃	临界温度：无资料 临界压力：无资料 饱和蒸气压：无资料	爆炸上限：无资料 爆炸下限：无资料 相对密度($d_{水}=1$)：0.99	引燃温度：无资料 燃烧热：无资料
溶解性	不溶于水，可混溶于乙醇、酮、酯。		
主要用途	用作溶剂及用于有机合成。		
急救措施			
皮肤接触	脱去污染的衣着，用大量流动清水冲洗至少 15min。就医。		
眼睛接触	提起眼睑，用流动清水或生理盐水冲洗至少 15min。就医。		
吸入	迅速脱离现场至空气新鲜处。保持呼吸道通畅。如呼吸困难，给输氧。如呼吸停止，立即进行人工呼吸。就医。		
食入	用水漱口，给饮牛奶或蛋清。就医。		
防护措施			
呼吸防护	可能接触其蒸气时，佩戴自吸过滤式防毒面具(全面罩)。		
眼睛防护	呼吸系统防护中已做防护。		
身体防护	穿透气型防毒服。		
手防护	戴防化学品手套。		
其他防护	工作现场禁止吸烟、进食和饮水。工作完毕，彻底清洗。单独存放被毒物污染的衣服。保持良好的卫生习惯。		

品名：乙二酸二甲酯		分子式：$C_4H_6O_4$	相态：固
别名：草酸二甲酯；草酸甲酯		分子量：118.1	外观与性状：无色单斜结晶
危险特性			
火灾危险性：可燃液体丙 A		爆炸物：无	皮肤腐蚀/刺激：类别 2
腐蚀减薄：低分子有机酸腐蚀		金属腐蚀：无	严重眼损伤/眼刺激：类别 1
环境开裂：无		急性毒性：无	
遇明火、高热可燃。加热分解产生毒性气体。			
理化特性			
熔点：50.0~54.0℃	临界温度：无资料	爆炸上限：无资料	引燃温度：无资料
沸点：164.5℃	临界压力：无资料	爆炸下限：无资料	燃烧热：1672.8kJ/mol
闪点：75.0℃	饱和蒸气压：0.13kPa(20℃)	相对密度($d_{水}=1$)：1.15	
溶解性	微溶于冷水，溶于乙醇、乙醚。		
主要用途	用于制取高纯度的甲醇。		
急救措施			
皮肤接触	脱去污染的衣着，用大量流动清水冲洗至少 15min。就医。		
眼睛接触	提起眼睑，用流动清水或生理盐水冲洗至少 15min。就医。		
吸入	迅速脱离现场至空气新鲜处。保持呼吸道通畅。如呼吸困难，给输氧。如呼吸停止，立即进行人工呼吸。就医。		
食入	用水漱口，给饮牛奶或蛋清。就医。		
防护措施			
呼吸防护	可能接触其粉尘时，应该佩戴头罩型电动送风过滤式防尘呼吸器。		
眼睛防护	呼吸系统防护中已做防护。		
身体防护	穿透气型防毒服。		
手防护	戴防化学品手套。		
其他防护	工作现场禁止吸烟、进食和饮水。工作完毕，彻底清洗。单独存放被毒物污染的衣服。保持良好的卫生习惯。		

品名：乙二酸二乙酯		分子式：$C_6H_{10}O_4$	相态：液
别名：草酸二乙酯；草酸乙酯		分子量：146.1	外观与性状：无色油状液体，有芳香气味
危险特性			
火灾危险性：可燃液体丙 A		爆炸物：无	皮肤腐蚀/刺激：无
腐蚀减薄：低分子有机酸腐蚀		金属腐蚀：无	严重眼损伤/眼刺激：类别 1
环境开裂：无		急性毒性：无	
遇明火、高热可燃。加热分解产生易燃的有毒气体。			
理化特性			
熔点：-40.6℃	临界温度：无资料	爆炸上限：8.4%	引燃温度：无资料
沸点：185.4℃	临界压力：3.09MPa	爆炸下限：1.5%	燃烧热：2992.9kJ/mol
闪点：75.0℃	饱和蒸气压：1.33kPa(84℃)	相对密度($d_{水}=1$)：1.08	
溶解性	可混溶乙醇、乙醚。		
主要用途	用作溶剂、染料中间体，及油漆、药物的合成。		
急救措施			
皮肤接触	脱去污染的衣着，用大量流动清水冲洗至少 15min。就医。		
眼睛接触	提起眼睑，用流动清水或生理盐水冲洗至少 15min。就医。		
吸入	迅速脱离现场至空气新鲜处。保持呼吸道通畅。如呼吸困难，给输氧。如呼吸停止，立即进行人工呼吸。就医。		
食入	用水漱口，给饮牛奶或蛋清。就医。		
防护措施			
呼吸防护	可能接触其蒸气时，佩戴自吸过滤式防毒面具(全面罩)。		
眼睛防护	呼吸系统防护中已做防护。		
身体防护	穿透气型防毒服。		
手防护	戴防化学品手套。		
其他防护	工作现场禁止吸烟、进食和饮水。工作完毕，彻底清洗。单独存放被毒物污染的衣服。保持良好的卫生习惯。		

品名：**乙二酰氯**	分子式：$C_2Cl_2O_2$	相态：液	
别名：氯化乙二酰；草酰氯	分子量：126.9	外观与性状：无色发烟液体，有刺激性气味	
危险特性			
火灾危险性：可燃液体甲 B	爆炸物：无	皮肤腐蚀/刺激：类别 1	
腐蚀减薄：盐酸腐蚀、含盐水腐蚀	金属腐蚀：无	严重眼损伤/眼刺激：类别 1	
环境开裂：氯化物应力腐蚀开裂	急性毒性：类别 3		
可燃。遇高温(600℃以下)或与脱水剂(三氯化铝)共存时加热分解为剧毒的光气和一氧化碳。遇水分解生成盐酸和草酸。与钾-钠合金接触剧烈反应。			
理化特性			
熔点：-12.0℃	临界温度：无资料	爆炸上限：无资料	引燃温度：无资料
沸点：(63.5±9.0)℃	临界压力：无资料	爆炸下限：无资料	燃烧热：无资料
闪点：(4.5±19.3)℃	饱和蒸气压：20.00kPa(20℃)	相对密度($d_{水}=1$)：1.49	
溶解性	溶于乙醚、苯、氯仿。		
主要用途	用于有机氯化物制备，也用于制作军用毒气。		
急救措施			
皮肤接触	脱去污染的衣着，用大量流动清水冲洗至少 15min。就医。		
眼睛接触	提起眼睑，用流动清水或生理盐水冲洗至少 15min。就医。		
吸入	迅速脱离现场至空气新鲜处。保持呼吸道通畅。如呼吸困难，给输氧。如呼吸停止，立即进行人工呼吸。就医。		
食入	用水漱口，给饮牛奶或蛋清。就医。		
防护措施			
呼吸防护	空气中浓度超标时，必须佩戴自吸过滤式防毒面具(全面罩)。紧急事态抢救或撤离时，应该佩戴空气呼吸器。		
眼睛防护	呼吸系统防护中已做防护。		
身体防护	穿橡胶耐酸碱服。		
手防护	戴橡胶耐酸碱手套。		
其他防护	工作完毕，淋浴更衣。单独存放被毒物污染的衣服，洗后备用。保持良好的卫生习惯。		

品名：**2-乙基-1-丁烯**	分子式：C_6H_{12}	相态：液	
别名：无	分子量：84.2	外观与性状：无色液体	
危险特性			
火灾危险性：可燃液体乙 B	爆炸物：无	皮肤腐蚀/刺激：无	
腐蚀减薄：无	金属腐蚀：无	易燃液体：类别 2	
环境开裂：无	急性毒性：无		
其蒸气与空气可形成爆炸性混合物，遇明火、高热极易燃烧爆炸。与氧化剂接触猛烈反应。容易自聚，聚合反应随着温度的上升而急骤加剧。流速过快，容易产生和积聚静电。其蒸气比空气重，能在较低处扩散到相当远的地方，遇火源会着火回燃。若遇高热，容器内压增大，有开裂和爆炸的危险。			
理化特性			
熔点：-131.5℃	临界温度：无资料	爆炸上限：无资料	引燃温度：315.0℃
沸点：62.0℃	临界压力：无资料	爆炸下限：无资料	燃烧热：无资料
闪点：-26.0℃	饱和蒸气压：无资料	相对密度($d_{水}=1$)：0.69	
溶解性	不溶于水，溶于乙醇、丙酮、乙醚。		
主要用途	用于有机合成。		
急救措施			
皮肤接触	脱去污染的衣着，用大量流动清水冲洗。就医。		
眼睛接触	提起眼睑，用流动清水或生理盐水冲洗。就医。		
吸入	迅速脱离现场至空气新鲜处。保持呼吸道通畅。如呼吸困难，给输氧。就医。		
食入	饮用足量温水，催吐。就医。		
防护措施			
呼吸防护	空气中浓度超标时，必须佩戴自吸过滤式防毒面具(半面罩)。紧急事态抢救或撤离时，应该佩戴空气呼吸器。		
眼睛防护	戴化学安全防护眼镜。		
身体防护	穿防静电工作服。		
手防护	戴橡胶手套。		
其他防护	工作场所禁止吸烟、进食和饮水，饭前要洗手。工作完毕，淋浴更衣。保持良好的卫生习惯。		

品名：***N*-乙基-1-萘胺**	分子式：$C_{12}H_{13}N$	相态：液
别名：*N*-乙基-*α*-萘胺	分子量：171.3	外观与性状：无色油状液体
危险特性		
火灾危险性：可燃液体乙B	爆炸物：无	皮肤腐蚀/刺激：无
腐蚀减薄：碱腐蚀、胺腐蚀	金属腐蚀：无	
环境开裂：碱应力腐蚀开裂、胺应力腐蚀开裂	急性毒性：无	
遇明火、高热可燃。与氧化剂可发生反应。接触酸或酸气能产生有毒气体。受高热分解放出有毒的气体。若遇高热，容器内压增大有开裂和爆炸的危险。		

理化特性			
熔点：305.0℃	临界温度：无资料	爆炸上限：无资料	引燃温度：无资料
沸点：308.7℃	临界压力：无资料	爆炸下限：无资料	燃烧热：无资料
闪点：(148.7±14.7)℃	饱和蒸气压：无资料	相对密度($d_{水}=1$)：1.06	

溶解性	不溶于水，溶于乙醇、丙酮、乙醚。
主要用途	用作有机合成中间体。
急救措施	
皮肤接触	脱去污染的衣着，用大量流动清水冲洗。就医。
眼睛接触	提起眼睑，用流动清水或生理盐水冲洗。就医。
吸入	迅速脱离现场至空气新鲜处。保持呼吸道通畅。如呼吸困难，给输氧。就医。
食入	饮用足量温水，催吐。就医。
防护措施	
呼吸防护	空气中浓度超标时，必须佩戴自吸过滤式防毒面具(半面罩)。紧急事态抢救或撤离时，应该佩戴空气呼吸器。
眼睛防护	戴化学安全防护眼镜。
身体防护	穿防毒物渗透工作服。
手防护	戴橡胶手套。
其他防护	工作场所禁止吸烟、进食和饮水，饭前要洗手。工作完毕，淋浴更衣。保持良好的卫生习惯。

品名：***O*-乙基-*O*-(3-甲基-4-甲硫基)苯基-*N*-异丙氨基磷酸酯**	分子式：$C_{13}H_{22}NO_3PS$	相态：固
	分子量：303.4	外观与性状：纯品为无色结晶
别名：苯线磷		
危险特性		
火灾危险性：无法确定	爆炸物：无	皮肤腐蚀/刺激：无
腐蚀减薄：硫酸腐蚀、磷酸腐蚀	金属腐蚀：无	严重眼损伤/眼刺激：类别2
环境开裂：氨应力腐蚀开裂、氢脆、连多硫酸应力腐蚀开裂	急性毒性：类别2	
遇明火、高热可燃。其粉体与空气可形成爆炸性混合物，当达到一定浓度时，遇火星会发生爆炸。受高热分解放出有毒的气体。		

理化特性			
熔点：49.2℃	临界温度：无资料	爆炸上限：无资料	引燃温度：无资料
沸点：375.6℃	临界压力：无资料	爆炸下限：无资料	燃烧热：无资料
闪点：(181.0±30.7)℃	饱和蒸气压：0.133×10^{-6}kPa(30℃)	相对密度($d_{水}=1$)：无资料	

溶解性	微溶于水，溶于乙烷，异丙醇、氯仿、甲苯。
主要用途	用作农业杀线虫剂。
急救措施	
皮肤接触	脱去污染的衣着，用大量肥皂水和流动清水冲洗。就医。
眼睛接触	提起眼睑，用流动清水或生理盐水冲洗。就医。
吸入	迅速脱离现场至空气新鲜处。保持呼吸道通畅。如呼吸困难，给输氧。如呼吸停止，立即进行人工呼吸。就医。
食入	饮用足量温水，催吐。洗胃，导泻。就医。
防护措施	
呼吸防护	可能接触其粉尘时，必须佩戴防尘面具(全面罩)。紧急事态抢救或撤离时，应该佩戴空气呼吸器。
眼睛防护	呼吸系统防护中已做防护。
身体防护	穿胶布防毒衣。
手防护	戴橡胶手套。
其他防护	工作现场禁止吸烟、进食和饮水。工作完毕，淋浴更衣。保持良好的卫生习惯。

品名：**O-乙基-O-(4-硝基苯基)苯基硫代膦酸酯[含量>15%]**	分子式：$C_{14}H_{14}NO_4PS$	相态：无资料
别名：苯硫膦	分子量：323.3	外观与性状：无资料

危险特性

火灾危险性：无法确定	爆炸物：无	皮肤腐蚀/刺激：无
腐蚀减薄：硫酸腐蚀	金属腐蚀：无	
环境开裂：连多硫酸应力腐蚀开裂	急性毒性：类别1	

无资料。

理化特性

熔点：36.0℃	临界温度：无资料	爆炸上限：无资料	引燃温度：无资料
沸点：434.5℃	临界压力：无资料	爆炸下限：无资料	燃烧热：无资料
闪点：2.2℃	饱和蒸气压：无资料	相对密度($d_{水}=1$)：1.30	

溶解性	无资料。
主要用途	无资料。

急救措施

皮肤接触	无资料。
眼睛接触	无资料。
吸入	无资料。
食入	无资料。

防护措施

呼吸防护	可能接触其粉尘时，必须佩戴防尘面具(全面罩)；可能接触其蒸气时，应该佩戴自吸过滤式防毒面具(全面罩)。
眼睛防护	呼吸系统防护中已做防护。
身体防护	穿胶布防毒衣。
手防护	戴橡胶手套。
其他防护	工作完毕，淋浴更衣。注意个人清洁卫生。

品名：**O-乙基-O-2,4,5-三氯苯基-乙基硫代膦酸酯**	分子式：$C_{10}H_{12}Cl_3O_2PS_2$	相态：液
别名：*O*-乙基-*O*-2,4,5-三氯苯基-乙基硫代膦酸酯；毒壤膦	分子量：333.6	外观与性状：琥珀色液体

危险特性

火灾危险性：可燃液体丙B	爆炸物：无	皮肤腐蚀/刺激：无
腐蚀减薄：硫酸腐蚀	金属腐蚀：无	
环境开裂：连多硫酸应力腐蚀开裂	急性毒性：类别2	

遇明火、高热可燃。受高热分解，放出高毒的烟气。

理化特性

熔点：无资料	临界温度：无资料	爆炸上限：无资料	引燃温度：无资料
沸点：372.0℃	临界压力：无资料	爆炸下限：无资料	燃烧热：无资料
闪点：(178.8±30.7)℃	饱和蒸气压：0.0001kPa(25℃)	相对密度($d_{水}=1$)：1.37	

溶解性	无资料。
主要用途	无资料。

急救措施

皮肤接触	用肥皂水及清水彻底冲洗。就医。
眼睛接触	脱离现场至空气新鲜处。呼吸困难时给输氧。呼吸停止时，立即进行人工呼吸。就医。
吸入	拉开眼睑，用流动清水冲洗15min。就医。
食入	误服者，饮适量温水，催吐。洗胃。合并使用阿托品及复能剂(氯磷定、解磷定)。就医。

防护措施

呼吸防护	生产操作或农业使用时，佩戴防毒口罩。紧急事态抢救或逃生时，应该佩戴自给式呼吸器。
眼睛防护	戴化学安全防护眼镜。
身体防护	穿相应的防护服。
手防护	戴防护手套。
其他防护	工作现场禁止吸烟、进食和饮水。工作后，淋浴更衣。工作服不要带到非作业场所，单独存放被毒物污染的衣服。

品名：***O*-乙基-*S*,*S*-二丙基二硫代磷酸酯**		分子式：$C_8H_{19}O_2PS_2$	相态：液
别名：灭线磷		分子量：242.3	外观与性状：浅黄色透明液体
危险特性			
火灾危险性：可燃液体丙 B		爆炸物：无	皮肤腐蚀/刺激：无
腐蚀减薄：硫酸腐蚀、磷酸腐蚀		金属腐蚀：无	
环境开裂：氢脆、连多硫酸应力腐蚀开裂		急性毒性：类别 1	
无资料。			
理化特性			
熔点：-13.0℃	临界温度：无资料	爆炸上限：无资料	引燃温度：无资料
沸点：86.0℃	临界压力：无资料	爆炸下限：无资料	燃烧热：无资料
闪点：(141.4±23.2)℃	饱和蒸气压：0.05kPa(20℃)	相对密度($d_水=1$)：1.09	
溶解性	溶于水及多数有机溶剂。		
主要用途	一种有机磷杀虫剂。		
急救措施			
皮肤接触	无资料。		
眼睛接触	无资料。		
吸入	无资料。		
食入	无资料。		
防护措施			
呼吸防护	请使用全面罩式多功能微粒防毒面具 N99 型(US)或 P2 型(EN143)防毒面具筒作为工程控制的候补。如果防毒面具是保护的唯一方式，则使用全面罩式送风防毒面具。呼吸器使用经过测试并通过政府标准如 NIOSH(US)或 CEN(EU)的呼吸器和零件。		
眼睛防护	面罩与安全眼镜请使用经官方标准如 NIOSH(美国)或 EN 166(欧盟)检测与批准的设备防护眼部。		
身体防护	全套防化学试剂工作服，防护设备的类型必须根据特定工作场所中的危险物的浓度和含量来选择。		
手防护	所选择的保护手套必须符合 EU 的 89/686/EEC 规定和从它衍生出来的 EN376 标准。		
其他防护	无资料。		

品名：**2-乙基苯胺**		分子式：$C_8H_{11}N$	相态：液
别名：邻乙基苯胺；邻氨基乙苯		分子量：121.2	外观与性状：黄色或橘红色液体
危险特性			
火灾危险性：可燃液体丙 A		爆炸物：无	皮肤腐蚀/刺激：无
腐蚀减薄：碱腐蚀、胺腐蚀		金属腐蚀：无	
环境开裂：碱应力腐蚀开裂、氨应力腐蚀开裂、胺应力腐蚀开裂		急性毒性：无	
遇明火、高热易燃。受热分解放出有毒的氧化氮烟气。与强氧化剂接触可发生化学反应。			
理化特性			
熔点：-44.0℃	临界温度：无资料	爆炸上限：无资料	引燃温度：422.C℃
沸点：(212.3±9.0)℃	临界压力：3.74MPa	爆炸下限：无资料	燃烧热：无资料
闪点：91.0℃	饱和蒸气压：0.015kPa(20℃)	相对密度($d_水=1$)：0.98	
溶解性	不溶于水，溶于乙醇、甲苯等。		
主要用途	用作药品、染料、杀虫剂的中间体。		
急救措施			
皮肤接触	脱去污染的衣着，用大量肥皂水和流动清水冲洗。就医。		
眼睛接触	提起眼睑，用流动清水或生理盐水冲洗至少 15min。就医。		
吸入	迅速脱离现场至空气新鲜处。保持呼吸道通畅。如呼吸困难，给输氧。如呼吸停止，立即进行人工呼吸。就医。		
食入	饮用足量温水，催吐。就医。		
防护措施			
呼吸防护	可能接触其蒸气时，佩戴过滤式防毒面具(半面罩)。紧急事态抢救或撤离时，佩戴隔离式呼吸器。		
眼睛防护	戴安全防护眼镜。		
身体防护	穿防毒物渗透工作服。		
手防护	戴橡胶耐油手套。		
其他防护	工作现场禁止吸烟、进食和饮水。及时换洗工作服。工作前后不饮酒，用温水洗澡。注意检测毒物。实行就业前和定期的体检。		

品名：***N*-乙基苯胺**	分子式：$C_8H_{11}N$	相态：液
别名：无	分子量：121.2	外观与性状：黄棕色透明油状液体，有苯胺气味

危险特性

火灾危险性：可燃液体丙 A	爆炸物：无	皮肤腐蚀/刺激：无
腐蚀减薄：碱腐蚀、胺腐蚀	金属腐蚀：无	
环境开裂：碱应力腐蚀开裂、氨应力腐蚀开裂、胺应力腐蚀开裂	急性毒性：类别 3	

遇明火能燃烧。加热或遇高热分解和接触酸或酸雾均能放出苯胺和氮的氧化物气体。与氧化可发生反应。与硝酸反应强烈。

理化特性

熔点：-63.5℃	临界温度：无资料	爆炸上限：9.5%	引燃温度：479.0℃
沸点：(201.7±9.0)℃	临界压力：3.58MPa	爆炸下限：1.6%	燃烧热：无资料
闪点：85.0℃	饱和蒸气压：0.40kPa(20℃)	相对密度($d_{水}=1$)：0.96	

溶解性	不溶于水，可混溶于醇、醚。
主要用途	用于有机合成。

急救措施

皮肤接触	脱去污染的衣着，用大量肥皂水和流动清水冲洗。就医。
眼睛接触	提起眼睑，用流动清水或生理盐水冲洗。就医。
吸入	迅速脱离现场至空气新鲜处。保持呼吸道通畅。如呼吸困难，给输氧。如呼吸停止，立即进行人工呼吸。就医。
食入	饮用足量温水，催吐。就医。

防护措施

呼吸防护	可能接触其蒸气时，佩戴过滤式防毒面具(半面罩)。紧急事态抢救或撤离时，佩戴隔离式呼吸器。
眼睛防护	戴安全防护眼镜。
身体防护	穿防毒物渗透工作服。
手防护	戴橡胶耐油手套。
其他防护	工作现场禁止吸烟、进食和饮水。及时换洗工作服。工作前后不饮酒，用温水洗澡。注意检测毒物。实行就业前和定期的体检。

品名：**乙基苯基二氯硅烷**	分子式：$C_8H_{10}Cl_2Si$	相态：液
别名：无	分子量：205.2	外观与性状：无色液体

危险特性

火灾危险性：可燃液体丙 A	爆炸物：无	皮肤腐蚀/刺激：类别 1
腐蚀减薄：无	金属腐蚀：无	严重眼损伤/眼刺激：类别 1
环境开裂：无	急性毒性：无	

无资料。

理化特性

熔点：无资料	临界温度：无资料	爆炸上限：无资料	引燃温度：无资料
沸点：149.0℃	临界压力：无资料	爆炸下限：无资料	燃烧热：无资料
闪点：(85.5±14.3)℃	饱和蒸气压：0.40kPa(20℃)	相对密度($d_{水}=1$)：1.20	

溶解性	无资料。
主要用途	无资料。

急救措施

皮肤接触	迅速脱去被污染的衣物，用肥皂、水清洗患处。就医。
眼睛接触	立刻用大量水冲洗至少 30min；立刻就医。
吸入	将患者移至新鲜空气处，若呼吸停止，施行呼吸复苏术：若心跳停止，施行心肺复苏术。就医。
食入	其他：鉴于肺水肿可能延缓发作，应留医观察 24~48 小时。

防护措施

呼吸防护	无资料。
眼睛防护	无资料。
身体防护	无资料。
手防护	无资料。
其他防护	无资料。

品名：**2-乙基吡啶**	分子式：C_7H_9N	相态：液	
别名：无	分子量：107.2	外观与性状：无色到淡黄色液体	
危险特性			
火灾危险性：可燃液体乙 A	爆炸物：无	皮肤腐蚀/刺激：无	
腐蚀减薄：无	金属腐蚀：无	易燃液体：类别 3	
环境开裂：无	急性毒性：无		
其蒸气与空气可形成爆炸性混合物，遇明火、高热能引起燃烧爆炸。与氧化剂能发生强烈反应。受高热分解放出有毒的气体。若遇高热，容器内压增大，有开裂和爆炸的危险。			
理化特性			
熔点：-63.1℃	临界温度：无资料	爆炸上限：无资料	引燃温度：无资料
沸点：148.6℃	临界压力：无资料	爆炸下限：无资料	燃烧热：无资料
闪点：29.0℃	饱和蒸气压：无资料	相对密度($d_{水}=1$)：0.94	
溶解性	溶于水，易溶于乙醚、丙酮，可混溶于乙醇。		
主要用途	用于有机合成。		
急救措施			
皮肤接触	脱去污染的衣着，用大量流动清水冲洗。就医。		
眼睛接触	提起眼睑，用流动清水或生理盐水冲洗。就医。		
吸入	迅速脱离现场至空气新鲜处。保持呼吸道通畅。如呼吸困难，给输氧。就医。		
食入	饮用足量温水，催吐。就医。		
防护措施			
呼吸防护	空气中浓度超标时，必须佩戴自吸过滤式防毒面具(半面罩)。紧急事态抢救或撤离时，应该佩戴空气呼吸器。		
眼睛防护	戴化学安全防护眼镜。		
身体防护	穿防毒物渗透工作服。		
手防护	戴橡胶耐油手套。		
其他防护	工作场所禁止吸烟、进食和饮水，饭前要洗手。工作完毕，淋浴更衣。保持良好的卫生习惯。		

品名：**3-乙基吡啶**	分子式：C_7H_9N	相态：液	
别名：无	分子量：107.2	外观与性状：无色到淡黄色液体	
危险特性			
火灾危险性：可燃液体乙 B	爆炸物：无	皮肤腐蚀/刺激：无	
腐蚀减薄：无	金属腐蚀：无	易燃液体：类别 3	
环境开裂：无	急性毒性：无		
其蒸气与空气可形成爆炸性混合物，遇明火、高热能引起燃烧爆炸。与氧化剂能发生强烈反应。受高热分解放出有毒的气体。若遇高热，容器内压增大，有开裂和爆炸的危险。			
理化特性			
熔点：-76.9℃	临界温度：无资料	爆炸上限：无资料	引燃温度：无资料
沸点：(165.8±3.0)℃	临界压力：无资料	爆炸下限：无资料	燃烧热：无资料
闪点：49.0℃	饱和蒸气压：无资料	相对密度($d_{水}=1$)：0.95	
溶解性	溶于水、乙醇、乙醚，易溶于丙酮。		
主要用途	用于有机合成。		
急救措施			
皮肤接触	脱去污染的衣着，用大量流动清水冲洗。就医。		
眼睛接触	提起眼睑，用流动清水或生理盐水冲洗。就医。		
吸入	迅速脱离现场至空气新鲜处。保持呼吸道通畅。如呼吸困难，给输氧。就医。		
食入	饮用足量温水，催吐。就医。		
防护措施			
呼吸防护	空气中浓度超标时，必须佩戴自吸过滤式防毒面具(半面罩)。紧急事态抢救或撤离时，应该佩戴空气呼吸器。		
眼睛防护	戴化学安全防护眼镜。		
身体防护	穿防毒物渗透工作服。		
手防护	戴橡胶耐油手套。		
其他防护	工作场所禁止吸烟、进食和饮水，饭前要洗手。工作完毕，淋浴更衣。保持良好的卫生习惯。		

品名：**4-乙基吡啶** 别名：无		分子式：C_7H_9N 分子量：107.2	相态：液 外观与性状：无色到淡黄色液体
危险特性			
火灾危险性：可燃液体乙 A 腐蚀减薄：无 环境开裂：无		爆炸物：无 金属腐蚀：无 急性毒性：无	皮肤腐蚀/刺激：无 易燃液体：类别 3
其蒸气与空气可形成爆炸性混合物，遇明火、高热能引起燃烧爆炸。与氧化剂能发生强烈反应。受高热分解放出有毒的气体。若遇高热，容器内压增大，有开裂和爆炸的危险。			
理化特性			
熔点：-90.5℃ 沸点：167.7℃ 闪点：47.0℃	临界温度：无资料 临界压力：无资料 饱和蒸气压：无资料	爆炸上限：无资料 爆炸下限：无资料 相对密度($d_水=1$)：0.94	引燃温度：无资料 燃烧热：无资料
溶解性	溶于水、乙醇、乙醚。		
主要用途	用于药物、杀虫剂制备，有机合成及制造吡啶衍生物。		
急救措施			
皮肤接触	脱去污染的衣着，用大量流动清水冲洗。就医。		
眼睛接触	提起眼睑，用流动清水或生理盐水冲洗。就医。		
吸入	迅速脱离现场至空气新鲜处。保持呼吸道通畅。如呼吸困难，给输氧。就医。		
食入	饮用足量温水，催吐。就医。		
防护措施			
呼吸防护	空气中浓度超标时，必须佩戴自吸过滤式防毒面具(半面罩)。紧急事态抢救或撤离时，应该佩戴空气呼吸器。		
眼睛防护	戴化学安全防护眼镜。		
身体防护	穿防毒物渗透工作服。		
手防护	戴橡胶耐油手套。		
其他防护	工作场所禁止吸烟、进食和饮水，饭前要洗手。工作完毕，淋浴更衣。保持良好的卫生习惯。		

品名：**乙基丙基醚** 别名：乙丙醚		分子式：$C_5H_{12}O$ 分子量：88.2	相态：液 外观与性状：无色流动液体，有特殊臭味
危险特性			
火灾危险性：可燃液体甲 B 腐蚀减薄：无 环境开裂：无		爆炸物：无 金属腐蚀：无 急性毒性：无	皮肤腐蚀/刺激：无 易燃液体：类别 2
其蒸气与空气形成爆炸性混合物，遇明火、高热极易燃烧爆炸。与氧化剂能发生强烈反应。其蒸气比空气重，能在较低处扩散到相当远的地方，遇明火会引着回燃。接触空气或在光照条件下可生成具有潜在爆炸危险性的过氧化物。			
理化特性			
熔点：-127.0℃ 沸点：64.0℃ 闪点：<-20.0℃	临界温度：无资料 临界压力：3.37MPa 饱和蒸气压：13.33kPa(7℃)	爆炸上限：9.6% 爆炸下限：1.7% 相对密度($d_水=1$)：0.80	引燃温度：225.0℃ 燃烧热：无资料
溶解性	溶于水，可混溶于醇、醚、氯仿、苯。		
主要用途	用作溶剂、萃取剂。		
急救措施			
皮肤接触	脱去污染的衣着，用大量流动清水冲洗。就医。		
眼睛接触	提起眼睑，用流动清水冲洗 15min。就医。		
吸入	迅速脱离现场至空气新鲜处。就医。		
食入	饮用足量温水，催吐。就医。		
防护措施			
呼吸防护	空气中浓度较高时，佩戴防毒口罩。高浓度环境中，建议佩戴自给式呼吸器。		
眼睛防护	高浓度接触时，戴化学安全防护眼镜。		
身体防护	穿防静电工作服。		
手防护	一般不需要特殊防护，高浓度接触时可戴防护手套。		
其他防护	工作现场严禁吸烟。工作后，淋浴更衣。		

品名：**1-乙基丁醇** 别名：3-己醇	分子式：$C_6H_{14}O$ 分子量：102.2	相态：液 外观与性状：无色液体

危险特性

火灾危险性：可燃液体乙 A	爆炸物：无	皮肤腐蚀/刺激：无
腐蚀减薄：无	金属腐蚀：无	易燃液体：类别 3
环境开裂：无	急性毒性：无	

其蒸气与空气可形成爆炸性混合物，遇明火、高热能引起燃烧爆炸。与氧化剂可发生反应。若遇高热，容器内压增大，有开裂和爆炸的危险。

理化特性

熔点：-57.0℃	临界温度：309.3℃	爆炸上限：无资料	引燃温度：无资料
沸点：(133.5±8.0)℃	临界压力：4.30MPa	爆炸下限：无资料	燃烧热：无资料
闪点：45.0℃	饱和蒸气压：无资料	相对密度($d_{水}=1$)：0.82	

溶解性	微溶于水，易溶于乙醇、乙醚。
主要用途	用于有机合成。
急救措施	
皮肤接触	脱去污染的衣着，用大量流动清水冲洗。就医。
眼睛接触	提起眼睑，用流动清水冲洗 15min。就医。
吸入	迅速脱离现场至空气新鲜处。保持呼吸道通畅。如呼吸困难，给输氧。就医。
食入	饮用足量温水，催吐。就医。
防护措施	
呼吸防护	空气中浓度较高时，应该佩戴过滤式防毒面具(半面罩)。紧急事态抢救或逃生时，建议佩戴空气呼吸器。
眼睛防护	空气中浓度较高时，戴化学安全防护眼镜。
身体防护	穿防静电工作服。
手防护	戴防化学品手套。
其他防护	工作场所禁止吸烟、进食和饮水，饭前要洗手。工作完毕，淋浴更衣。保持良好的卫生习惯。

品名：**2-乙基丁醇** 别名：二乙基乙醛	分子式：$C_6H_{12}O$ 分子量：102.2	相态：液 外观与性状：无色液体

危险特性

火灾危险性：可燃液体甲 B	爆炸物：无	皮肤腐蚀/刺激：无
腐蚀减薄：无	金属腐蚀：无	易燃液体：类别 2
环境开裂：无	急性毒性：无	

其蒸气与空气可形成爆炸性混合物，遇明火、高热极易燃烧爆炸。与氧化剂接触猛烈反应。容易自聚，聚合反应随着温度的上升而急骤加剧。其蒸气比空气重，能在较低处扩散到相当远的地方，遇火源会着火回燃。若遇高热，容器内压增大，有开裂和爆炸的危险。

理化特性

熔点：-89.0℃	临界温度：无资料	爆炸上限：7.7%	引燃温度：无资料
沸点：117.0℃	临界压力：无资料	爆炸下限：1.2%	燃烧热：无资料
闪点：21.1℃	饱和蒸气压：1.83kPa(20℃)	相对密度($d_{水}=1$)：0.81	

溶解性	不溶于水，可混溶于醇、醚。
主要用途	用作有机合成中间体。
急救措施	
皮肤接触	脱去污染的衣着，用大量流动清水冲洗。就医。
眼睛接触	提起眼睑，用流动清水冲洗 15min。就医。
吸入	迅速脱离现场至空气新鲜处。保持呼吸道通畅。如呼吸困难，给输氧。就医。
食入	饮用足量温水，催吐。就医。
防护措施	
呼吸防护	空气中浓度较高时，应该佩戴过滤式防毒面具(半面罩)。紧急事态抢救或逃生时，建议佩戴空气呼吸器。
眼睛防护	戴化学安全防护眼镜。
身体防护	穿防静电工作服。
手防护	戴橡胶手套。
其他防护	工作现场严禁吸烟。工作完毕，淋浴更衣。定期体检。

品名：***N*-乙基对甲苯胺**		分子式：$C_9H_{13}N$	相态：液
别名：乙氨基对甲苯		分子量：135.2	外观与性状：无色液体
危险特性			
火灾危险性：可燃液体丙 A 腐蚀减薄：碱腐蚀、胺腐蚀 环境开裂：碱应力腐蚀开裂、氨应力腐蚀开裂、胺应力腐蚀开裂		爆炸物：无 金属腐蚀：无 急性毒性：无	皮肤腐蚀/刺激：无
无资料。			
理化特性			
熔点：无资料 沸点：217.0℃ 闪点：(84.1±14.2)℃	临界温度：无资料 临界压力：无资料 饱和蒸气压：无资料	爆炸上限：无资料 爆炸下限：无资料 相对密度($d_{水}=1$)：0.94	引燃温度：无资料 燃烧热：无资料
溶解性	不溶于水，溶于乙醇、乙醚。		
主要用途	用于染料、医药及农药中间体。		
急救措施			
皮肤接触	无资料。		
眼睛接触	无资料。		
吸入	无资料。		
食入	无资料。		
防护措施			
呼吸防护	半面罩或全面罩呼吸器，自携式呼吸器(SCBA)，供气呼吸器等。依据当地和政府法规，使用通过政府标准的呼吸器。		
眼睛防护	护目镜。如果情况需要，佩戴面具。		
身体防护	防渗防护服。如果情况需要，穿戴防护靴。		
手防护	防渗手套。		
其他防护	工作现场严禁吸烟。工作完毕，淋浴更衣。定期体检。		

品名：**乙基二氯硅烷**		分子式：$C_2H_6Cl_2Si$	相态：液
别名：无		分子量：129.1	外观与性状：无色液体，易潮解
危险特性			
火灾危险性：可燃液体甲 B 腐蚀减薄：无 环境开裂：无		爆炸物：无 金属腐蚀：无 急性毒性：类别 3	皮肤腐蚀/刺激：类别 1 遇水放出易燃气体的物质和混合物：类别 1 严重眼损伤/眼刺激：类别 1
遇水或水蒸气剧烈反应，放出的热量可导致其自燃，并放出有毒和腐蚀性的烟雾。与氧化剂接触猛烈反应。			
理化特性			
熔点：-107.0℃ 沸点：75.5℃ 闪点：(-11.5±5.7)℃	临界温度：无资料 临界压力：无资料 饱和蒸气压：无资料	爆炸上限：无资料 爆炸下限：无资料 相对密度($d_{水}=1$)：1.09	引燃温度：无资料 燃烧热：无资料
溶解性	溶于苯、甲苯、二甲苯、卤代烃。		
主要用途	用作制造硅酮的中间体。		
急救措施			
皮肤接触	脱去污染的衣着，用大量流动清水冲洗至少 15min。就医。		
眼睛接触	提起眼睑，用流动清水或生理盐水冲洗至少 15min。就医。		
吸入	迅速脱离现场至空气新鲜处。保持呼吸道通畅。如呼吸困难，给输氧。如呼吸停止，立即进行人工呼吸。就医。		
食入	用水漱口，给饮牛奶或蛋清。就医。		
防护措施			
呼吸防护	空气中浓度超标时，应该佩戴自吸过滤式防毒面具(全面罩)。紧急事态抢救或撤离时，建议佩戴自给式呼吸器。		
眼睛防护	呼吸系统防护中已做防护。		
身体防护	穿胶布防毒衣。		
手防护	戴橡胶耐油手套。		
其他防护	工作现场禁止吸烟、进食和饮水。工作完毕，淋浴更衣。保持良好的卫生习惯。		

品名：**乙基二氯胂**	分子式：$C_2H_5AsCl_2$	相态：液
别名：二氯化乙基胂	分子量：174.9	外观与性状：无色液体，有刺激性，接触空气或光照可变成黄色
危险特性		
火灾危险性：可燃液体乙 B	爆炸物：无	皮肤腐蚀/刺激：无
腐蚀减薄：盐酸腐蚀、含盐水腐蚀	金属腐蚀：无	
环境开裂：氯化物应力腐蚀开裂	急性毒性：类别 3	
遇酸释出剧毒的胂和光气。吸潮或遇水会产生大量的腐蚀性烟雾与氧化剂可发生反应。遇高热分解释出高毒烟气。		

理化特性

熔点：-65.0℃	临界温度：无资料	爆炸上限：无资料	引燃温度：无资料
沸点：156.0℃	临界压力：无资料	爆炸下限：无资料	燃烧热：无资料
闪点：55.6℃	饱和蒸气压：305.2kPa(21.5℃)	相对密度($d_{水}=1$)：1.74	

溶解性	溶于水、乙醇、苯、乙醚。
主要用途	用作军用毒剂。
急救措施	
皮肤接触	脱去污染的衣着，用大量流动清水冲洗。就医。
眼睛接触	提起眼睑，用流动清水或生理盐水冲洗。就医。
吸入	迅速脱离现场至空气新鲜处。保持呼吸道通畅。如呼吸困难，给输氧。就医。
食入	饮用足量温水，催吐。就医。
防护措施	
呼吸防护	空气中浓度超标时，必须佩戴自吸过滤式防毒面具(全面罩)。紧急事态抢救或撤离时，应该佩戴空气呼吸器。
眼睛防护	呼吸系统防护中已做防护。
身体防护	穿胶布防毒衣。
手防护	戴橡胶手套。
其他防护	工作现场禁止吸烟、进食和饮水。工作完毕，淋浴更衣。保持良好的卫生习惯。

品名：**乙基环己烷**	分子式：C_8H_{16}	相态：液
别名：无	分子量：112.2	外观与性状：无色液体
危险特性		
火灾危险性：可燃液体乙 A	爆炸物：无	皮肤腐蚀/刺激：无
腐蚀减薄：无	金属腐蚀：无	易燃液体：类别 2
环境开裂：无	急性毒性：无	
易燃，其蒸气与空气可形成爆炸性混合物，遇明火、高热能引起燃烧爆炸。与氧化剂接触猛烈反应。在火场中，受热的容器有爆炸危险。		

理化特性

熔点：-111.3℃	临界温度：无资料	爆炸上限：6.6%	引燃温度：262.0℃
沸点：(129.4±3.0)℃	临界压力：3.17MPa	爆炸下限：0.9%	燃烧热：无资料
闪点：35.0℃	饱和蒸气压：3.32kPa(37.7℃)	相对密度($d_{水}=1$)：0.79	

溶解性	不溶于水、可混溶于醇、酮、醚、苯、石油醚。
主要用途	用作化学中间体、气相色谱对比样品，用于有机合成。
急救措施	
皮肤接触	脱去污染的衣着，用大量肥皂水和流动清水冲洗。就医。
眼睛接触	提起眼睑，用流动清水或生理盐水冲洗。就医。
吸入	迅速脱离现场至空气新鲜处。保持呼吸道通畅。如呼吸困难，给输氧。如呼吸停止，立即进行人工呼吸。就医。
食入	饮用足量温水，催吐。就医。
防护措施	
呼吸防护	一般不需要特殊防护，高浓度接触时可佩戴自吸过滤式防毒面具(半面罩)。紧急事态抢救或撤离时，建议佩戴自给式呼吸器。
眼睛防护	一般不需特殊防护。必要时，戴化学安全防护眼镜。
身体防护	穿防静电工作服。
手防护	戴橡胶耐油手套。
其他防护	工作现场严禁吸烟。避免长期反复接触。

品名：**乙基环戊烷**		分子式：C_7H_{14}	相态：液
别名：无		分子量：98.2	外观与性状：无色液体
危险特性			
火灾危险性：可燃液体甲 B		爆炸物：无	皮肤腐蚀/刺激：无
腐蚀减薄：无		金属腐蚀：无	易燃液体：类别 2
环境开裂：无		急性毒性：无	
易燃，其蒸气与空气可形成爆炸性混合物，遇明火、高热能引起燃烧爆炸。与氧化剂能发生强烈反应，引起燃烧或爆炸。在火场中受热的容器有爆炸危险。其蒸气比空气重，能在较低处扩散到相当远的地方，遇火源会着火回燃。			
理化特性			
熔点：-137.9℃	临界温度：无资料	爆炸上限：6.7%	引燃温度：262.0℃
沸点：103.5℃	临界压力：3.40MPa	爆炸下限：1.1%	燃烧热：无资料
闪点：21.0℃	饱和蒸气压：9.70kPa(37.7℃)	相对密度($d_{水}=1$)：0.77	
溶解性	不溶于水，可混溶于醇、酮、醚、苯、四氯化碳。		
主要用途	用作化学中间体、分析试剂。		
急救措施			
皮肤接触	脱去污染的衣着，用大量肥皂水和流动清水冲洗。就医。		
眼睛接触	提起眼睑，用流动清水或生理盐水冲洗。就医。		
吸入	迅速脱离现场至空气新鲜处。保持呼吸道通畅。如呼吸困难，给输氧。如呼吸停止，立即进行人工呼吸。就医。		
食入	饮用足量温水，催吐。就医。		
防护措施			
呼吸防护	一般不需要特殊防护，高浓度接触时可佩戴自吸过滤式防毒面具(半面罩)。		
眼睛防护	一般不需特殊防护。必要时，戴化学安全防护眼镜。		
身体防护	穿防静电工作服。		
手防护	戴橡胶耐油手套。		
其他防护	工作现场严禁吸烟。避免长期反复接触。		

品名：**2-乙基己胺**		分子式：$C_8H_{19}N$	相态：液
别名：3-(氨基甲基)庚烷		分子量：129.2	外观与性状：无色透明液体
危险特性			
火灾危险性：可燃液体乙 B		爆炸物：无	皮肤腐蚀/刺激：类别 1
腐蚀减薄：碱腐蚀、胺腐蚀		金属腐蚀：无	易燃液体：类别 2
环境开裂：碱应力腐蚀开裂、氨应力腐蚀开裂、胺应力腐蚀开裂		急性毒性：类别 3	严重眼损伤/眼刺激：类别 1
易燃，遇明火、高热或与氧化剂接触，有引起燃烧爆炸的危险。			
理化特性			
熔点：-76.0℃	临界温度：无资料	爆炸上限：7.7%	引燃温度：295.0℃
沸点：169.2℃	临界压力：3.40MPa	爆炸下限：1.6%	燃烧热：无资料
闪点：52.0℃	饱和蒸气压：0.16kPa(20℃)	相对密度($d_{水}=1$)：0.79	
溶解性	不溶于水，可混溶于醇、酮、醚、苯、四氯化碳。		
主要用途	用作化学中间体、分析试剂。		
急救措施			
皮肤接触	脱去污染的衣着，用大量肥皂水和流动清水冲洗。就医。		
眼睛接触	提起眼睑，用流动清水或生理盐水冲洗。就医。		
吸入	迅速脱离现场至空气新鲜处。保持呼吸道通畅。如呼吸困难，给输氧。如呼吸停止，立即进行人工呼吸。就医。		
食入	饮用足量温水，催吐。就医。		
防护措施			
呼吸防护	一般不需要特殊防护，高浓度接触时可佩戴自吸过滤式防毒面具(半面罩)。		
眼睛防护	一般不需要特殊防护。必要时，戴化学安全防护眼镜。		
身体防护	穿防静电工作服。		
手防护	戴橡胶耐油手套。		
其他防护	工作现场严禁吸烟。避免长期反复接触。		

品名：**乙基己醛**	分子式：$C_8H_{16}O$	相态：液
别名：无	分子量：128.2	外观与性状：无色或黄色液体，带有特殊清淡气味

危险特性

火灾危险性：可燃液体乙 A	爆炸物：无	皮肤腐蚀/刺激：无
腐蚀减薄：无	金属腐蚀：无	易燃液体：类别 3
环境开裂：无	急性毒性：无	

无资料。

理化特性

熔点：-85.0℃	临界温度：无资料	爆炸上限：72.0%	引燃温度：175.0℃
沸点：163.4℃	临界压力：无资料	爆炸下限：0.8%	燃烧热：无资料
闪点：44.0℃	饱和蒸气压：0.20kPa(20℃)	相对密度($d_水=1$)：0.82	

溶解性	微溶于水，可混溶于多数有机溶剂。
主要用途	供有机合成、香料用。

急救措施

皮肤接触	脱去污染的衣着，用大量流动清水冲洗。就医。
眼睛接触	提起眼睑，用流动清水或生理盐水冲洗。就医。
吸入	迅速脱离现场至空气新鲜处。保持呼吸道通畅。如呼吸困难，给输氧。就医。
食入	饮用足量温水，催吐。就医。

防护措施

呼吸防护	空气中浓度超标时，必须佩戴自吸过滤式防毒面具(半面罩)。紧急事态抢救或撤离时，应该佩戴空气呼吸器。
眼睛防护	戴化学安全防护眼镜。
身体防护	穿防毒物渗透工作服。
手防护	戴橡胶手套。
其他防护	工作现场严禁吸烟。工作完毕，淋浴更衣。定期体检。

品名：***N*-乙基间甲苯胺**	分子式：$C_9H_{13}N$	相态：液
别名：乙氨基间甲苯	分子量：135.2	外观与性状：无色至琥珀色液体

危险特性

火灾危险性：可燃液体丙 A	爆炸物：无	皮肤腐蚀/刺激：无
腐蚀减薄：碱腐蚀、胺腐蚀	金属腐蚀：无	
环境开裂：碱应力腐蚀开裂、氨应力腐蚀开裂、胺应力腐蚀开裂	急性毒性：无	

遇明火、高热可燃。与强氧化剂接触可发生化学反应。受高热分解放出有毒的气体。若遇高热，容器内压增大，有开裂和爆炸的危险。

理化特性

熔点：-66.0℃	临界温度：无资料	爆炸上限：无资料	引燃温度：无资料
沸点：221.0℃	临界压力：无资料	爆炸下限：无资料	燃烧热：无资料
闪点：89.0℃	饱和蒸气压：无资料	相对密度($d_水=1$)：0.96	

溶解性	不溶于水，溶于醇、醚、盐酸。
主要用途	用于有机合成和染料中间体。

急救措施

皮肤接触	脱去污染的衣着，用大量流动清水冲洗。就医。
眼睛接触	提起眼睑，用流动清水或生理盐水冲洗。就医。
吸入	迅速脱离现场至空气新鲜处。保持呼吸道通畅。如呼吸困难，给输氧。如呼吸停止，立即进行人工呼吸。就医。
食入	饮用足量温水，催吐。就医。

防护措施

呼吸防护	空气中浓度超标时，必须佩戴自吸过滤式防毒面具(全面罩)。紧急事态抢救或撤离时，应该佩戴空气呼吸器。
眼睛防护	呼吸系统防护中已做防护。
身体防护	穿胶布防毒衣。
手防护	戴橡胶手套。
其他防护	工作现场禁止吸烟、进食和饮水。工作完毕，淋浴更衣。保持良好的卫生习惯。

品名：***N*–乙基吗啉**	分子式：$C_6H_{13}NO$	相态：液
别名：*N*–乙基四氢–1,4–噁嗪	分子量：115.2	外观与性状：无色液体，有氨味
危险特性		
火灾危险性：可燃液体乙 A	爆炸物：无	皮肤腐蚀/刺激：无
腐蚀减薄：无	金属腐蚀：无	严重眼损伤/眼刺激：类别 2
环境开裂：无	急性毒性：无	易燃液体：类别 3
其蒸气与空气可形成爆炸性混合物，遇明火、高热能引起燃烧爆炸。与氧化剂可发生反应。高温时分解，放出剧毒的氮氧化物气体。流速过快，容易产生和积聚静电。其蒸气比空气重，能在较低处扩散到相当远的地方，遇火源会着火回燃。若遇高热，容器内压增大，有开裂和爆炸的危险。		

理化特性			
熔点：–63.0℃	临界温度：无资料	爆炸上限：无资料	引燃温度：无资料
沸点：139.0℃	临界压力：无资料	爆炸下限：无资料	燃烧热：无资料
闪点：29.0℃	饱和蒸气压：0.80kPa(20℃)	相对密度($d_{水}=1$)：0.92	

溶解性	与水混溶。
主要用途	用作药品、橡胶促进剂、乳化剂制造的中间体，也用作溶剂及催化剂。
急救措施	
皮肤接触	脱去污染的衣着，用大量流动清水冲洗。就医。
眼睛接触	提起眼睑，用流动清水或生理盐水冲洗 15min。就医。
吸入	迅速脱离现场至空气新鲜处。保持呼吸道通畅。如呼吸困难，给输氧。如呼吸停止，立即进行人工呼吸。就医。
食入	用水漱口，给饮牛奶或蛋清。就医。
防护措施	
呼吸防护	空气中浓度超标时，必须佩戴自吸过滤式防毒面具(全面罩)。紧急事态抢救或撤离时，应该佩戴空气呼吸器。
眼睛防护	呼吸系统防护中已做防护。
身体防护	穿胶布防毒衣。
手防护	戴橡胶手套。
其他防护	工作现场严禁吸烟。工作完毕，淋浴更衣。注意个人清洁卫生。

品名：***N*–乙基哌啶**	分子式：$C_7H_{15}N$	相态：液
别名：*N*–乙基六氢吡啶；1–乙基哌啶	分子量：113.2	外观与性状：无色液体，有氨的气味
危险特性		
火灾危险性：可燃液体甲 B	爆炸物：无	皮肤腐蚀/刺激：类别 1
腐蚀减薄：无	金属腐蚀：无	严重眼损伤/眼刺激：类别 1
环境开裂：无	急性毒性：无	易燃液体：类别 2
易燃，遇高热、明火及强氧化剂易引起燃烧。		

理化特性			
熔点：–19.9℃	临界温度：无资料	爆炸上限：无资料	引燃温度：205.0℃
沸点：130.8℃	临界压力：无资料	爆炸下限：无资料	燃烧热：无资料
闪点：18.9℃	饱和蒸气压：无资料	相对密度($d_{水}=1$)：0.82	

溶解性	溶于水、汽油、可混溶于醇、醚、氯仿、二硫化碳。
主要用途	用作有机合成的中间体。
急救措施	
皮肤接触	脱去污染的衣着，用大量流动清水冲洗。就医。
眼睛接触	提起眼睑，用流动清水或生理盐水冲洗。就医。
吸入	迅速脱离现场至空气新鲜处。保持呼吸道通畅。如呼吸困难，给输氧。如呼吸停止，立即进行人工呼吸。就医。
食入	饮用足量温水，催吐。就医。
防护措施	
呼吸防护	可能接触其蒸气时，佩戴过滤式防毒面具(半面罩)。紧急事态抢救或撤离时，建议佩戴氧气呼吸器。
眼睛防护	戴化学安全防护眼镜。
身体防护	穿防毒物渗透工作服。
手防护	戴橡胶手套。
其他防护	工作现场严禁吸烟。工作完毕，淋浴更衣。注意个人清洁卫生。

品名：***N*-乙基全氟辛基磺酰胺**		分子式：$C_{10}H_6F_{17}NO_2S$		相态：固
别名：无		分子量：527.2		外观与性状：黄褐色粉末
危险特性				
火灾危险性：无法确定		爆炸物：无		皮肤腐蚀/刺激：无
腐蚀减薄：碱腐蚀、胺腐蚀		金属腐蚀：无		
环境开裂：碱应力腐蚀开裂、胺应力腐蚀开裂		急性毒性：无		
无资料。				
理化特性				
熔点：75.0℃	临界温度：无资料	爆炸上限：无资料		引燃温度：无资料
沸点：246.6℃	临界压力：无资料	爆炸下限：无资料		燃烧热：无资料
闪点：(102.9±30.1)℃	饱和蒸气压：无资料	相对密度($d_水=1$)：无资料		
溶解性	无资料。			
主要用途	无资料。			
急救措施				
皮肤接触	无资料。			
眼睛接触	无资料。			
吸入	无资料。			
食入	无资料。			
防护措施				
呼吸防护	如危险性评测显示需要使用空气净化的防毒面具，请使用全面罩式多功能微粒防毒面具 N99 型(US)或 P2 型(EN143)防毒面具筒作为工程控制的候补。如果防毒面具是保护的唯一方式，则使用全面罩式送风防毒面具。呼吸器使用经过测试并通过政府标准如 NIOSH(US)或 CEN(EU)的呼吸器和零件。			
眼睛防护	面罩与安全眼镜请使用经官方标准如 NIOSH(美国)或 EN 166(欧盟)检测与批准的设备防护眼部。			
身体防护	全套防化学试剂工作服，防护设备的类型必须根据特定工作场所中的危险物的浓度和含量来选择。			
手防护	所选择的保护手套必须符合 EU 的 89/686/EEC 规定和从它衍生出来的 EN376 标准。			
其他防护	无资料。			

品名：**乙基三氯硅烷**		分子式：$C_2H_5Cl_3Si$		相态：液
别名：三氯乙基硅烷		分子量：163.5		外观与性状：无色液体
危险特性				
火灾危险性：可燃液体甲 B		爆炸物：无		皮肤腐蚀/刺激：类别 1
腐蚀减薄：无		金属腐蚀：无		严重眼损伤/眼刺激：类别 1
环境开裂：无		急性毒性：无		易燃液体：类别 2
易燃，遇明火、高热或与氧化剂接触，有引起燃烧爆炸的危险。受热或遇水分解放热，放出有毒的腐蚀性烟气。具有腐蚀性。				
理化特性				
熔点：-105.6℃	临界温度：286.8℃	爆炸上限：无资料		引燃温度：无资料
沸点：99.5℃	临界压力：3.33MPa	爆炸下限：无资料		燃烧热：无资料
闪点：(19.6±11.7)℃	饱和蒸气压：5.32kPa(28℃)	相对密度($d_水=1$)：1.24		
溶解性	溶于苯、乙醚、卤代烃等多数有机溶剂。			
主要用途	用作制造硅酮的中间体。			
急救措施				
皮肤接触	脱去污染的衣着，用大量流动清水冲洗至少 15min。就医。			
眼睛接触	提起眼睑，用流动清水或生理盐水冲洗至少 15min。就医。			
吸入	迅速脱离现场至空气新鲜处。保持呼吸道通畅。如呼吸困难，给输氧。如呼吸停止，立即进行人工呼吸。就医。			
食入	用水漱口，给饮牛奶或蛋清。就医。			
防护措施				
呼吸防护	可能接触其蒸气时，应该佩戴自吸过滤式防毒面具(全面罩)。紧急事态抢救或撤离时，建议佩戴空气呼吸器。			
眼睛防护	呼吸系统防护中已做防护。			
身体防护	穿防毒物渗透工作服。			
手防护	戴橡胶耐油手套。			
其他防护	工作现场严禁吸烟。工作完毕，淋浴更衣。注意个人清洁卫生。			

品名：**乙基三乙氧基硅烷**	分子式：$C_8H_{20}O_3Si$	相态：液
别名：三乙氧基乙基硅烷	分子量：192.4	外观与性状：无色液体，有特殊气味，在潮湿空气中可缓慢分解

危险特性

火灾危险性：可燃液体乙 B	爆炸物：无	皮肤腐蚀/刺激：无
腐蚀减薄：无	金属腐蚀：无	易燃液体：类别 3
环境开裂：无	急性毒性：无	

其蒸气与空气可形成爆炸性混合物，遇明火、高热能引起燃烧爆炸。与氧化剂可发生反应。若遇高热，容器内压增大，有开裂和爆炸的危险。

理化特性

熔点：无资料	临界温度：无资料	爆炸上限：无资料	引燃温度：无资料
沸点：158.9℃	临界压力：无资料	爆炸下限：无资料	燃烧热：无资料
闪点：52.2℃	饱和蒸气压：无资料	相对密度($d_{水}=1$)：0.86	

溶解性	不溶于水，可混溶于醇、醚等。
主要用途	用作合成高分子有机硅化合物的原料。

急救措施

皮肤接触	脱去污染的衣着，用大量流动清水冲洗。就医。
眼睛接触	提起眼睑，用流动清水或生理盐水冲洗。就医。
吸入	迅速脱离现场至空气新鲜处。
食入	饮用足量温水，催吐。就医。

防护措施

呼吸防护	空气中浓度超标时，佩戴自吸过滤式防毒面具(半面罩)。
眼睛防护	戴化学安全防护眼镜。
身体防护	穿防毒物渗透工作服。
手防护	戴防化学品手套。
其他防护	工作现场严禁吸烟。工作完毕，淋浴更衣。注意个人清洁卫生。

品名：**3-乙基戊烷**	分子式：C_7H_{16}	相态：液
别名：无	分子量：100.2	外观与性状：无色液体

危险特性

火灾危险性：可燃液体甲 B	爆炸物：无	皮肤腐蚀/刺激：类别 2
腐蚀减薄：无	金属腐蚀：无	易燃液体：类别 2
环境开裂：无	急性毒性：无	

易燃，遇热，明火，强氧化剂有引起燃烧爆炸危险，其蒸气能与空气形成爆炸性混合物，遇火星即爆炸。

理化特性

熔点：-118.6℃	临界温度：267.6℃	爆炸上限：无资料	引燃温度：无资料
沸点：94.0℃	临界压力：2.89MPa	爆炸下限：无资料	燃烧热：4814.0kJ/mol
闪点：-14.0℃	饱和蒸气压：23.50kPa(50℃)	相对密度($d_{水}=1$)：0.70	

溶解性	微溶于水，能溶于乙醇和乙醚、丙酮和苯等。
主要用途	无资料。

急救措施

皮肤接触	无资料。
眼睛接触	无资料。
吸入	无资料。
食入	无资料。

防护措施

呼吸防护	半面罩或全面罩呼吸器，自携式呼吸器(SCBA)，供气呼吸器等。依据当地和政府法规，使用通过政府标准的呼吸器。
眼睛防护	护目镜。如果情况需要，佩戴面具。
身体防护	防渗防护服。如果情况需要，穿戴防护靴。
手防护	防渗手套。
其他防护	工作现场严禁吸烟。工作完毕，淋浴更衣。注意个人清洁卫生。

品名：**乙基烯丙基醚**	分子式：$C_5H_{10}O$	相态：液
别名：烯丙基乙基醚	分子量：86.1	外观与性状：无色液体

危险特性

火灾危险性：可燃液体甲 B	爆炸物：无	皮肤腐蚀/刺激：无
腐蚀减薄：无	金属腐蚀：无	易燃液体：类别 2
环境开裂：无	急性毒性：类别 3	

其蒸气与空气可形成爆炸性混合物，遇明火、高热极易燃烧爆炸。与氧化剂接触猛烈反应。流速过快，容易产生和积聚静电。容易自聚，聚合反应随着温度的上升而急骤加剧。若遇高热，容器内压增大，有开裂和爆炸的危险。

理化特性

熔点：无资料	临界温度：245.0℃	爆炸上限：无资料	引燃温度：无资料
沸点：67.6℃	临界压力：无资料	爆炸下限：无资料	燃烧热：无资料
闪点：-11.0℃	饱和蒸气压：无资料	相对密度($d_水=1$)：0.76	

溶解性	不溶于水，可混溶于乙醇、乙醚。
主要用途	用于有机合成。

急救措施

皮肤接触	脱去污染的衣着，用大量流动清水冲洗。就医。
眼睛接触	提起眼睑，用流动清水或生理盐水冲洗。就医。
吸入	迅速脱离现场至空气新鲜处。保持呼吸道通畅。如呼吸困难，给输氧。
食入	饮用足量温水，催吐。就医。

防护措施

呼吸防护	空气中浓度超标时，必须佩戴自吸过滤式防毒面具(半面罩)。紧急事态抢救或撤离时，应该佩戴空气呼吸器。
眼睛防护	戴化学安全防护眼镜。
身体防护	穿防静电工作服。
手防护	戴橡胶耐油手套。
其他防护	工作现场禁止吸烟、进食和饮水。工作完毕，淋浴更衣。注意个人清洁卫生。

品名：**乙基正丁基醚**	分子式：$C_6H_{14}O$	相态：液
别名：乙氧基丁烷；乙丁醚	分子量：102.2	外观与性状：无色液体，微溶于水，能与乙醚、乙醇混合

危险特性

火灾危险性：可燃液体甲 B	爆炸物：无	皮肤腐蚀/刺激：无
腐蚀减薄：无	金属腐蚀：无	易燃液体：类别 2
环境开裂：无	急性毒性：无	

遇热、明火、强氧化剂有燃烧爆炸危险，其蒸气能与空气形成爆炸性混合物。

理化特性

熔点：-124.0℃	临界温度：无资料	爆炸上限：无资料	引燃温度：无资料
沸点：91.0~92.0℃	临界压力：无资料	爆炸下限：无资料	燃烧热：无资料
闪点：4.4℃	饱和蒸气压：5.75kPa(20℃)	相对密度($d_水=1$)：0.75	

溶解性	能与醇、醚等多种有机溶剂混溶。20℃在水中溶解度为0.44%。
主要用途	用于有机合成等。

急救措施

皮肤接触	立即脱去被污染的衣着，并用大量流动清水冲洗至少15min；严重的立即就医。
眼睛接触	立即翻开眼睑，用大量流动清水或生理盐水冲洗至少15min，严重的立即就医。
吸入	迅速脱离现场至空气新鲜处，保持呼吸道畅通，如呼吸困难，给输氧。如呼吸停止，立即进行人工呼吸(注意口对口是否可行)，并立即就医。
食入	无资料。

防护措施

呼吸防护	如危险性评测显示需要使用空气净化的防毒面具，请使用全面罩式多功能微粒防毒面具N99型(US)或P2型(EN143)防毒面具筒作为工程控制的候补。如果防毒面具是保护的唯一方式，则使用全面罩式送风防毒面具。呼吸器使用经过测试并通过政府标准如NIOSH(US)或CEN(EU)的呼吸器和零件。
眼睛防护	面罩与安全眼镜请使用经官方标准如NIOSH(美国)或EN 166(欧盟)检测与批准的设备防护眼部。
身体防护	全套防化学试剂工作服，防护设备的类型必须根据特定工作场所中的危险物的浓度和含量来选择。
手防护	所选择的保护手套必须符合EU的89/686/EEC规定和从它衍生出来的EN376标准。
其他防护	无资料。

<table>
<tr><td colspan="2">品名：乙腈</td><td colspan="2">分子式：C_2H_3N</td><td>相态：液</td></tr>
<tr><td colspan="2">别名：甲基氰</td><td colspan="2">分子量：41.1</td><td>外观与性状：无色液体，有刺激性气味</td></tr>
<tr><th colspan="5">危险特性</th></tr>
<tr><td colspan="2">火灾危险性：可燃液体甲 B</td><td colspan="2">爆炸物：无</td><td>皮肤腐蚀/刺激：无</td></tr>
<tr><td colspan="2">腐蚀减薄：无</td><td colspan="2">金属腐蚀：无</td><td>严重眼损伤/眼刺激：类别 2</td></tr>
<tr><td colspan="2">环境开裂：无</td><td colspan="2">急性毒性：无</td><td>易燃液体：类别 2</td></tr>
<tr><td colspan="5">易燃，其蒸气与空气可形成爆炸性混合物，遇明火、高热或与氧化剂接触，有引起燃烧爆炸的危险。与氧化剂能发生强烈反应。燃烧时有发光火焰。与硫酸、发烟硫酸、氯磺酸、过氯酸盐等反应剧烈。</td></tr>
<tr><th colspan="5">理化特性</th></tr>
<tr><td colspan="2">熔点：−45.7℃</td><td>临界温度：274.7℃</td><td>爆炸上限：16.0%</td><td>引燃温度：524.0℃</td></tr>
<tr><td colspan="2">沸点：81.1℃</td><td>临界压力：4.83MPa</td><td>爆炸下限：3.0%</td><td>燃烧热：1264.0kJ/mol</td></tr>
<tr><td colspan="2">闪点：2.0℃</td><td>饱和蒸气压：13.33kPa(20℃)</td><td>相对密度($d_{水}=1$)：0.79</td><td></td></tr>
<tr><td>溶解性</td><td colspan="4">与水混溶，溶于醇等多数有机溶剂。</td></tr>
<tr><td>主要用途</td><td colspan="4">用于制维生素 B1 等药物，香料、脂肪酸萃取等。</td></tr>
<tr><th colspan="5">急救措施</th></tr>
<tr><td>皮肤接触</td><td colspan="4">脱去污染的衣着，用肥皂水和清水彻底冲洗皮肤。</td></tr>
<tr><td>眼睛接触</td><td colspan="4">提起眼睑，用流动清水或生理盐水冲洗。就医。</td></tr>
<tr><td>吸入</td><td colspan="4">迅速脱离现场至空气新鲜处。保持呼吸道通畅。如呼吸困难，给输氧。如呼吸停止，立即进行人工呼吸。就医。</td></tr>
<tr><td>食入</td><td colspan="4">饮足量温水，催吐。用 1∶5000 高锰酸钾或 5%硫代硫酸钠溶液洗胃。就医。</td></tr>
<tr><th colspan="5">防护措施</th></tr>
<tr><td>呼吸防护</td><td colspan="4">可能接触毒物时，必须佩戴过滤式防毒面具(全面罩)、自给式呼吸器或通风式呼吸器。紧急事态抢救或撤离时，佩戴空气呼吸器。</td></tr>
<tr><td>眼睛防护</td><td colspan="4">呼吸系统防护中已做防护。</td></tr>
<tr><td>身体防护</td><td colspan="4">穿胶布防毒衣。</td></tr>
<tr><td>手防护</td><td colspan="4">戴橡胶耐油手套。</td></tr>
<tr><td>其他防护</td><td colspan="4">工作现场禁止吸烟、进食和饮水。工作完毕，彻底清洗。单独存放被毒物污染的衣服，洗后备用。车间应配备急救设备及药品。作业人员应学会自救互救。</td></tr>
</table>

<table>
<tr><td colspan="2">品名：乙硫醇</td><td colspan="2">分子式：C_2H_6S</td><td>相态：液</td></tr>
<tr><td colspan="2">别名：氢硫基乙烷；巯基乙烷</td><td colspan="2">分子量：62.1</td><td>外观与性状：无色液体，有强烈的蒜气味</td></tr>
<tr><th colspan="5">危险特性</th></tr>
<tr><td colspan="2">火灾危险性：可燃液体甲 B</td><td colspan="2">爆炸物：无</td><td>皮肤腐蚀/刺激：无</td></tr>
<tr><td colspan="2">腐蚀减薄：硫酸腐蚀、高温硫化物腐蚀</td><td colspan="2">金属腐蚀：无</td><td>易燃液体：类别 2</td></tr>
<tr><td colspan="2">环境开裂：连多硫酸应力腐蚀开裂</td><td colspan="2">急性毒性：无</td><td></td></tr>
<tr><td colspan="5">其蒸气与空气可形成爆炸性混合物，遇明火、高热极易燃烧爆炸。与氧化剂接触猛烈反应。接触酸和酸雾产生有毒气体。遇水或水蒸气反应放出有毒和易燃的气体。与次氯酸钙、氢氧化钙发生剧烈反应。其蒸气比空气重，能在较低处扩散到相当远的地方，遇火源会着火回燃。若遇高热，容器内压增大，有开裂和爆炸的危险。</td></tr>
<tr><th colspan="5">理化特性</th></tr>
<tr><td colspan="2">熔点：−147.0℃</td><td>临界温度：225.6℃</td><td>爆炸上限：18.0%</td><td>引燃温度：295.0℃</td></tr>
<tr><td colspan="2">沸点：36.2℃</td><td>临界压力：5.32MPa</td><td>爆炸下限：2.8%</td><td>燃烧热：1889.4kJ/mol</td></tr>
<tr><td colspan="2">闪点：−45.0℃</td><td>饱和蒸气压：53.32kPa(20℃)</td><td>相对密度($d_{水}=1$)：0.84</td><td></td></tr>
<tr><td>溶解性</td><td colspan="4">微溶于水，溶于乙醇、乙醚等多数有机溶剂。</td></tr>
<tr><td>主要用途</td><td colspan="4">用作黏合剂的稳定剂和化学合成中间体。</td></tr>
<tr><th colspan="5">急救措施</th></tr>
<tr><td>皮肤接触</td><td colspan="4">脱去污染的衣着，用肥皂水和清水彻底冲洗皮肤。</td></tr>
<tr><td>眼睛接触</td><td colspan="4">提起眼睑，用流动清水或生理盐水冲洗。就医。</td></tr>
<tr><td>吸入</td><td colspan="4">迅速脱离现场至空气新鲜处。保持呼吸道通畅。如呼吸困难，给输氧。如呼吸停止，立即进行人工呼吸。就医。</td></tr>
<tr><td>食入</td><td colspan="4">饮足量温水，催吐。就医。</td></tr>
<tr><th colspan="5">防护措施</th></tr>
<tr><td>呼吸防护</td><td colspan="4">空气中浓度超标时，应该佩戴自吸过滤式防毒面具(半面罩)。必要时，建议佩戴空气呼吸器。</td></tr>
<tr><td>眼睛防护</td><td colspan="4">戴化学安全防护眼镜。</td></tr>
<tr><td>身体防护</td><td colspan="4">穿防静电工作服。</td></tr>
<tr><td>手防护</td><td colspan="4">戴橡胶耐油手套。</td></tr>
<tr><td>其他防护</td><td colspan="4">工作现场严禁吸烟。工作完毕，淋浴更衣。注意个人清洁卫生。</td></tr>
</table>

品名：**2–乙硫基苄基 *N*–甲基氨基甲酸酯**	分子式：$C_{11}H_{15}NO_2S$	相态：固
别名：乙硫苯威	分子量：225.3	外观与性状：无色晶体，原药为黄色油状液体，有类似硫醇气味

危险特性

火灾危险性：无法确定	爆炸物：无	皮肤腐蚀/刺激：无
腐蚀减薄：硫酸腐蚀、低分子有机酸腐蚀	金属腐蚀：无	
环境开裂：氨应力腐蚀开裂、连多硫酸应力腐蚀开裂	急性毒性：类别 3	

无资料。

理化特性

熔点：33.4℃	临界温度：无资料	爆炸上限：无资料	引燃温度：无资料
沸点：(327.3±34.0)℃	临界压力：无资料	爆炸下限：无资料	燃烧热：无资料
闪点：(151.7±25.7)℃	饱和蒸气压：4.5×10^{-7}kPa(20℃)	相对密度($d_{水}=1$)：1.23	

溶解性	常温下在苯、甲苯、二甲苯、正丙醇、二氯甲烷中溶解度>600g/L，在水中溶解度为 900mg/L。
主要用途	内吸性杀虫剂。

急救措施

皮肤接触	无资料。
眼睛接触	无资料。
吸入	无资料。
食入	无资料。

防护措施

呼吸防护	如危险性评测显示需要使用空气净化的防毒面具，请使用全面罩式多功能微粒防毒面具 N99 型(US)或 P2 型(EN143)防毒面具筒作为工程控制的候补。如果防毒面具是保护的唯一方式，则使用全面罩式送风防毒面具。呼吸器使用经过测试并通过政府标准如 NIOSH(US)或 CEN(EU)的呼吸器和零件。
眼睛防护	面罩与安全眼镜请使用经官方标准如 NIOSH(美国)或 EN 166(欧盟)检测与批准的设备防护眼部。
身体防护	全套防化学试剂工作服，防护设备的类型必须根据特定工作场所中的危险物的浓度和含量来选择。
手防护	所选择的保护手套必须符合 EU 的 89/686/EEC 规定和从它衍生出来的 EN376 标准。
其他防护	无资料。

品名：**乙醚**	分子式：$C_4H_{10}O$	相态：液
别名：二乙基醚	分子量：74.1	外观与性状：无色透明液体，有芳香气味，极易挥发

危险特性

火灾危险性：可燃液体甲 B	爆炸物：无	皮肤腐蚀/刺激：无
腐蚀减薄：无	金属腐蚀：无	易燃液体：类别 1
环境开裂：无	急性毒性：无	

其蒸气与空气可形成爆炸性混合物，遇明火、高热极易燃烧爆炸。与氧化剂能发生强烈反应。在空气中久置后能生成有爆炸性的过氧化物。在火场中，受热的容器有爆炸危险。其蒸气比空气重，能在较低处扩散到相当远的地方，遇火源会着火回燃。

理化特性

熔点：−116.2℃	临界温度：194.0℃	爆炸上限：36.0%	引燃温度：160.0℃
沸点：14.6℃	临界压力：3.61MPa	爆炸下限：1.9%	燃烧热：2748.4kJ/mol
闪点：−45.0℃	饱和蒸气压：58.92kPa(20℃)	相对密度($d_{水}=1$)：0.71	

溶解性	微溶于水，溶于乙醇、苯、氯仿等多数有机溶剂。
主要用途	用作溶剂，医药上用作麻醉剂。

急救措施

皮肤接触	脱去污染的衣着，用大量流动清水彻底冲洗皮肤。
眼睛接触	提起眼睑，用流动清水或生理盐水冲洗。就医。
吸入	迅速脱离现场至空气新鲜处。保持呼吸道通畅。如呼吸困难，给输氧。如呼吸停止，立即进行人工呼吸。就医。
食入	饮足量温水，催吐。就医。

防护措施

呼吸防护	空气中浓度超标时，佩戴过滤式防毒面具(半面罩)。
眼睛防护	必要时，戴化学安全防护眼镜。
身体防护	穿防静电工作服。
手防护	戴橡胶耐油手套。
其他防护	工作现场严禁吸烟。注意个人清洁卫生。

品名：**乙硼烷**	分子式：B_2H_6	相态：气
别名：二硼烷	分子量：27.7	外观与性状：无色气体，有特臭

危险特性

火灾危险性：可燃气体甲	爆炸物：无	皮肤腐蚀/刺激：类别 1
腐蚀减薄：无	金属腐蚀：无	严重眼损伤/眼刺激：类别 1
环境开裂：无	急性毒性：类别 1	易燃液体：类别 1
		加压气体：是

极易燃，与空气混合能形成爆炸性混合物。遇热源和明火有燃烧爆炸的危险。在室温下遇潮湿空气能自燃。与氟、氯、溴等卤素会剧烈反应并能与氟氯烷灭火剂猛烈反应。

理化特性

熔点：-165.5℃	临界温度：16.7℃	爆炸上限：9.8%	引燃温度：38.0℃
沸点：-92.6℃	临界压力：4.00MPa	爆炸下限：0.8%	燃烧热：无资料
闪点：-90.0℃	饱和蒸气压：29.86kPa(-112℃)	相对密度($d_{水}=1$)：0.45	

溶解性	易溶于二硫化碳。
主要用途	用作火箭和导弹的高能燃料，也用于有机合成。

急救措施

皮肤接触	无资料。
眼睛接触	无资料。
吸入	迅速脱离现场至空气新鲜处。保持呼吸道通畅。如呼吸困难，给输氧。如呼吸停止，立即进行人工呼吸。就医。
食入	无资料。

防护措施

呼吸防护	正常工作情况下，佩戴过滤式防毒面具(全面罩)。高浓度环境中，建议佩戴空气呼吸器或长管面具。紧急事态抢救或撤离时，必须佩戴氧气呼吸器。
眼睛防护	呼吸系统防护中已做防护。
身体防护	穿连衣式胶布防毒衣。
手防护	戴橡胶手套。
其他防护	工作现场禁止吸烟、进食和饮水。工作完毕，淋浴更衣。实行就业前和定期的体检。进入罐、限制性空间或其他高浓度区作业，须有人监护。

品名：**乙醛**	分子式：C_2H_4O	相态：液
别名：无	分子量：44.1	外观与性状：无色液体，有强烈的刺激臭味

危险特性

火灾危险性：可燃液体甲 B	爆炸物：无	皮肤腐蚀/刺激：无
腐蚀减薄：无	金属腐蚀：无	严重眼损伤/眼刺激：类别 2
环境开裂：无	急性毒性：类别 1	易燃液体：类别 1

极易燃，甚至在低温下的蒸气也能与空气形成爆炸性混合物，遇火星、高温、氧化剂、易燃物、氨、硫化氢、卤素、磷、强碱、胺类、醇、酮、酐、酚等有燃烧爆炸危险。在空气中久置后能生成有爆炸性的过氧化物。受热可能发生剧烈的聚合反应。其蒸气比空气重，能在较低处扩散到相当远的地方，遇火源会着火回燃。

理化特性

熔点：-123.5℃	临界温度：188.0℃	爆炸上限：57.0%	引燃温度：175.0℃
沸点：(18.6±3.0)℃	临界压力：6.40MPa	爆炸下限：4.0%	燃烧热：无资料
闪点：-39.0℃	饱和蒸气压：98.64kPa(20℃)	相对密度($d_{水}=1$)：0.78	

溶解性	溶于水，可混溶于乙醇、乙醚。
主要用途	用于制造醋酸、醋酐和合成树脂。

急救措施

皮肤接触	脱去污染的衣着，用肥皂水和清水彻底冲洗皮肤。
眼睛接触	提起眼睑，用流动清水或生理盐水冲洗。就医。
吸入	迅速脱离现场至空气新鲜处。保持呼吸道通畅。如呼吸困难，给输氧。如呼吸停止，立即进行人工呼吸。就医。
食入	饮足量温水，催吐。就医。

防护措施

呼吸防护	空气中浓度超标时佩戴过滤式防毒面具(半面罩)。
眼睛防护	戴化学安全防护眼镜。
身体防护	穿防静电工作服。
手防护	戴橡胶手套。
其他防护	工作现场禁止吸烟、进食和饮水。工作完毕，淋浴更衣。保持良好的卫生习惯。

品名：**乙醛肟**		分子式：C_2H_5NO	相态：液
别名：亚乙基羟胺；亚乙基胺		分子量：59.1	外观与性状：α 型为白色固体，β 型为白色液体
危险特性			
火灾危险性：可燃液体乙 A		爆炸物：无	皮肤腐蚀/刺激：无
腐蚀减薄：碱腐蚀、胺腐蚀		金属腐蚀：无	易燃液体：类别 3
环境开裂：碱应力腐蚀开裂、胺应力腐蚀开裂		急性毒性：类别 3	
本品会自动氧化形成具有爆炸性的过氧化物。燃烧分解时，放出有毒的氮氧化物气体。能腐蚀铁及其他金属。			
理化特性			
熔点：44.0~46.0℃	临界温度：无资料	爆炸上限：52.0%	引燃温度：无资料
沸点：(115.0±3.0)℃	临界压力：无资料	爆炸下限：4.2%	燃烧热：无资料
闪点：40.0℃	饱和蒸气压：无资料	相对密度($d_{水}=1$)：0.97	
溶解性	溶于水、乙酸和乙醚。		
主要用途	用于有机合成。		
急救措施			
皮肤接触	脱去污染的衣着，用肥皂水和清水彻底冲洗皮肤。		
眼睛接触	提起眼睑，用流动清水或生理盐水冲洗。就医。		
吸入	迅速脱离现场至空气新鲜处。保持呼吸道通畅。如呼吸困难，给输氧。如呼吸停止，立即进行人工呼吸。就医。		
食入	饮足量温水，催吐。就医。		
防护措施			
呼吸防护	空气中粉尘浓度超标时，必须佩戴自吸过滤式防尘口罩，可能接触其蒸气时，应该佩戴自吸过滤式防毒面具(半面罩)。		
眼睛防护	戴化学安全防护眼镜。		
身体防护	穿防静电工作服。		
手防护	戴橡胶手套。		
其他防护	工作现场严禁吸烟。工作完毕，淋浴更衣。注意个人清洁卫生。		

品名：**乙炔**		分子式：C_2H_2	相态：气
别名：电石气		分子量：26.0	外观与性状：无色无臭气体，工业品有使人不愉快的大蒜气味
危险特性			
火灾危险性：可燃气体甲		爆炸物：无	皮肤腐蚀/刺激：无
腐蚀减薄：无		金属腐蚀：无	易燃液体：类别 1
环境开裂：无		急性毒性：无	加压气体：是
极易燃烧爆炸。与空气混合能形成爆炸性混合物，遇明火、高热能引起燃烧爆炸。与氧化剂接触猛烈反应。与氟、氯等接触会发生剧烈的化学反应。能与铜、银、汞等的化合物生成爆炸性物质。			
理化特性			
熔点：-81.8℃	临界温度：35.2℃	爆炸上限：80.0%	引燃温度：305.0℃
沸点：-83.8℃	临界压力：6.19MPa	爆炸下限：2.1%	燃烧热：1298.4kJ/mol
闪点：-17.7℃	饱和蒸气压：4460.00kPa(20℃)	相对密度($d_{水}=1$)：0.62	
溶解性	微溶于水、乙醇、溶于丙酮、氯仿、苯。		
主要用途	是有机合成的重要原料之一。亦是合成橡胶、合成纤维和塑料的单体，也用于氧炔焊割。		
急救措施			
皮肤接触	无资料。		
眼睛接触	无资料。		
吸入	迅速脱离现场至空气新鲜处。保持呼吸道通畅。如呼吸困难，给输氧。如呼吸停止，立即进行人工呼吸。就医。		
食入	无资料。		
防护措施			
呼吸防护	一般不需要特殊防护，但建议在特殊情况下，佩戴自吸过滤式防毒面具(半面罩)。		
眼睛防护	一般不需要特殊防护。		
身体防护	穿防静电工作服。		
手防护	戴一般作业防护手套。		
其他防护	工作现场严禁吸烟。避免长期反复接触。进入罐、限制性空间或其他高浓度区作业，须有人监护。		

品名：**乙酸[含量>80%]** 别名：醋酸	分子式：$C_2H_4O_2$ 分子量：60.1	相态：液 外观与性状：无色透明液体，有刺激性酸臭

危险特性

火灾危险性：可燃液体乙A	爆炸物：无	皮肤腐蚀/刺激：类别1
腐蚀减薄：低分子有机酸腐蚀	金属腐蚀：无	严重眼损伤/眼刺激：类别1
环境开裂：无	急性毒性：类别3	易燃液体：类别3

易燃，其蒸气与空气可形成爆炸性混合物，遇明火、高热能引起燃烧爆炸。与铬酸、过氧化钠、硝酸或其他氧化剂接触，有爆炸危险。具有腐蚀性。

理化特性

熔点：16.7℃	临界温度：321.6℃	爆炸上限：17.0%	引燃温度：463.0℃
沸点：118.1℃	临界压力：5.78MPa	爆炸下限：4.0%	燃烧热：873.7kJ/mol
闪点：39.0℃	饱和蒸气压：1.52kPa(20℃)	相对密度($d_{水}=1$)：1.05	

溶解性	溶于水、醚、甘油，不溶于二硫化碳。
主要用途	用于制造醋酸盐、醋酸纤维素、医药、颜料、酯类、塑料、香料等。

急救措施

皮肤接触	脱去污染的衣着，用大量流动清水彻底冲洗皮肤至少15min。
眼睛接触	提起眼睑，用流动清水或生理盐水冲洗至少15min。就医。
吸入	迅速脱离现场至空气新鲜处。保持呼吸道通畅。如呼吸困难，给输氧。如呼吸停止，立即进行人工呼吸。就医。
食入	用水漱口。就医。

防护措施

呼吸防护	空气中浓度超标时，应该佩戴自吸过滤式防毒面具(半面罩)。紧急事态抢救或撤离时，佩戴空气呼吸器。
眼睛防护	戴化学安全防护眼镜。
身体防护	穿防酸碱塑料工作服。
手防护	戴橡胶耐酸碱手套。
其他防护	工作现场严禁吸烟。工作完毕，淋浴更衣。注意个人清洁卫生。

品名：**乙酸钡** 别名：醋酸钡	分子式：$C_4H_6O_4Ba$ 分子量：255.4	相态：固 外观与性状：无色至白色结晶性粉末

危险特性

火灾危险性：无法确定	爆炸物：无	皮肤腐蚀/刺激：无
腐蚀减薄：低分子有机酸腐蚀	金属腐蚀：无	
环境开裂：无	急性毒性：无	

遇明火、高热、或与氧化剂接触能燃烧，并散发出有毒气体。

理化特性

熔点：无资料	临界温度：无资料	爆炸上限：无资料	引燃温度：无资料
沸点：117.1℃	临界压力：无资料	爆炸下限：无资料	燃烧热：无资料
闪点：40.0℃	饱和蒸气压：无资料	相对密度($d_{水}=1$)：2.47	

溶解性	溶于水、乙醇。
主要用途	用于钙盐的析出，用作硫酸盐、铬酸盐的沉淀剂及有机反应的催化剂。

急救措施

皮肤接触	无资料。
眼睛接触	无资料。
吸入	无资料。
食入	无资料。

防护措施

呼吸防护	空气中粉尘浓度较高时，建议佩戴自吸过滤式防尘口罩。
眼睛防护	戴化学安全防护眼镜。
身体防护	穿透气型防毒服。
手防护	戴防化学品手套。
其他防护	工作时不得进食、饮水或吸烟。工作完毕，彻底清洗。保持良好的卫生习惯。

品名：**乙酸苯汞**	分子式：$C_8H_8HgO_2$	相态：固
别名：无	分子量：336.7	外观与性状：白色有光泽的斜方晶体
危险特性		
火灾危险性：无法确定	爆炸物：无	皮肤腐蚀/刺激：类别1
腐蚀减薄：无	金属腐蚀：无	严重眼损伤/眼刺激：类别1
环境开裂：无	急性毒性：类别3	
遇明火、高热可燃。受高热分解放出有毒的气体。		

理化特性			
熔点：149.0℃	临界温度：无资料	爆炸上限：无资料	引燃温度：无资料
沸点：无资料	临界压力：无资料	爆炸下限：无资料	燃烧热：无资料
闪点：无资料	饱和蒸气压：无资料	相对密度($d_水=1$)：无资料	

溶解性	难溶于水，易溶于乙酸和丙酮，稍溶于乙醇和苯。
主要用途	医疗上用作避孕剂，用于杀死精虫，也用作外科手术局部消毒剂。农业上曾用于处理种子，与石灰混合作为粉剂使用，可防治稻热病和稻小粒菌核病。
急救措施	
皮肤接触	脱去污染的衣着，用大量流动清水彻底冲洗皮肤。
眼睛接触	提起眼睑，用流动清水或生理盐水冲洗。就医。
吸入	迅速脱离现场至空气新鲜处。保持呼吸道通畅。如呼吸困难，给输氧。如呼吸停止，立即进行人工呼吸。就医。
食入	饮足量温水，催吐。洗胃，导泻。就医。
防护措施	
呼吸防护	可能接触其粉尘时，必须佩戴防尘面具(全面罩)。紧急事态抢救或撤离时，应该佩戴空气呼吸器。
眼睛防护	呼吸系统防护中已做防护。
身体防护	穿胶布防毒衣。
手防护	戴橡胶手套。
其他防护	工作现场禁止吸烟、进食和饮水。工作完毕，淋浴更衣。注意个人清洁卫生。实行就业前和定期的体检。

品名：**乙酸酐**	分子式：$C_4H_6O_3$	相态：液
别名：醋酸酐	分子量：102.1	外观与性状：无色透明液体，有刺激气味，其蒸气为催泪毒气
危险特性		
火灾危险性：可燃液体乙B	爆炸物：无	皮肤腐蚀/刺激：类别1
腐蚀减薄：低分子有机酸腐蚀	金属腐蚀：无	严重眼损伤/眼刺激：类别1
环境开裂：无	急性毒性：无	易燃液体：类别3
易燃，其蒸气与空气可形成爆炸性混合物，遇明火、高热能引起燃烧爆炸。与强氧化剂接触可发生化学反应。		

理化特性			
熔点：-73.1℃	临界温度：326℃	爆炸上限：10.3%	引燃温度：316.0℃
沸点：138.6℃	临界压力：4.36MPa	爆炸下限：2.0%	燃烧热：1304.5kJ/mol
闪点：49.0℃	饱和蒸气压：1.33kPa(36℃)	相对密度($d_水=1$)：1.08	

溶解性	溶于乙醇、乙醚、苯。
主要用途	用作乙酰化剂，以及用于药物、染料、醋酸纤维制造。
急救措施	
皮肤接触	立即脱去污染的衣着，用大量流动清水冲洗至少15min。就医。
眼睛接触	立即提起眼睑，用大量流动清水或生理盐水彻底冲洗至少15min。就医。
吸入	迅速脱离现场至空气新鲜处。保持呼吸道通畅。如呼吸困难，给输氧。如呼吸停止，立即进行人工呼吸。就医。
食入	用水漱口，给饮牛奶或蛋清。就医。
防护措施	
呼吸防护	可能接触其蒸气时，必须佩戴自吸过滤式防毒面具(全面罩)。紧急事态抢救或撤离时建议佩戴空气呼吸器。
眼睛防护	呼吸系统防护中已做防护。
身体防护	穿防酸碱塑料工作服。
手防护	戴橡胶耐酸碱手套。
其他防护	工作场所禁止吸烟、进食和饮水，饭前要洗手。工作完毕，淋浴更衣。注意个人清洁卫生。

品名：**乙酸汞**		分子式：$C_4H_6O_4Hg$	相态：固
别名：乙酸高汞；醋酸汞		分子量：318.6	外观与性状：白色结晶或粉末，有乙酸气味
危险特性			
火灾危险性：无法确定		爆炸物：无	皮肤腐蚀/刺激：无
腐蚀减薄：无		金属腐蚀：无	严重眼损伤/眼刺激：类别 1
环境开裂：无		急性毒性：类别 2	易燃液体：类别 1
受高热分解放出有毒的气体。			
理化特性			
熔点：179.0℃	临界温度：无资料	爆炸上限：无资料	引燃温度：无资料
沸点：117.1℃	临界压力：无资料	爆炸下限：无资料	燃烧热：无资料
闪点：无资料	饱和蒸气压：无资料	相对密度($d_{水}=1$)：3.27	
溶解性	溶于水、乙醇。		
主要用途	用作有机合成催化剂、分析试剂，也用于医药工业。		
急救措施			
皮肤接触	脱去污染的衣着，用大量流动清水彻底冲洗皮肤。		
眼睛接触	提起眼睑，用流动清水或生理盐水冲洗。就医。		
吸入	迅速脱离现场至空气新鲜处。保持呼吸道通畅。如呼吸困难，给输氧。如呼吸停止，立即进行人工呼吸。就医。		
食入	饮足量温水，催吐。洗胃，导泻。就医。		
防护措施			
呼吸防护	空气中粉尘浓度超标时，必须佩戴自吸过滤式防尘口罩。紧急事态抢救或撤离时，应该佩戴空气呼吸器。		
眼睛防护	戴化学安全防护眼镜。		
身体防护	穿防毒物渗透工作服。		
手防护	戴橡胶手套。		
其他防护	工作现场禁止吸烟、进食和饮水。工作完毕，淋浴更衣。单独存放被毒物污染的衣服，洗后备用。保持良好的卫生习惯。		

品名：**乙酸环己酯**		分子式：$C_8H_{14}O_2$	相态：液
别名：醋酸环己酯		分子量：142.2	外观与性状：浅黄色液体，具水果香味
危险特性			
火灾危险性：可燃液体乙 B		爆炸物：无	皮肤腐蚀/刺激：无
腐蚀减薄：低分子有机酸腐蚀		金属腐蚀：无	严重眼损伤/眼刺激：类别 2
环境开裂：无		急性毒性：无	易燃液体：类别 3
其蒸气与空气可形成爆炸性混合物，遇明火、高热能引起燃烧爆炸。与氧化剂可发生反应。流速过快，容易产生和积聚静电。其蒸气比空气重，能在较低处扩散到相当远的地方，遇火源会着火回燃。若遇高热，容器内压增大，有开裂和爆炸的危险。			
理化特性			
熔点：-65.0℃	临界温度：无资料	爆炸上限：无资料	引燃温度：335.0℃
沸点：173.0℃	临界压力：无资料	爆炸下限：无资料	燃烧热：无资料
闪点：57.0℃	饱和蒸气压：0.93kPa(60℃)	相对密度($d_{水}=1$)：0.96	
溶解性	不溶于水，可混溶于醇、醚、烃类。		
主要用途	用于化学合成，用作香料和树脂、油漆的溶剂。		
急救措施			
皮肤接触	脱去污染的衣着，用大量流动清水彻底冲洗皮肤。		
眼睛接触	提起眼睑，用流动清水或生理盐水冲洗。就医。		
吸入	脱离现场至空气新鲜处。如呼吸困难，给输氧。就医。		
食入	饮足量温水，催吐。洗胃，导泻。就医。		
防护措施			
呼吸防护	空气中浓度较高时，应该佩戴过滤式防毒面具(半面罩)。紧急事态抢救或逃生时，建议佩戴空气呼吸器。		
眼睛防护	空气中浓度较高时，佩戴化学安全防护眼镜。		
身体防护	穿防静电工作服。		
手防护	戴防化学品手套。		
其他防护	工作现场严禁吸烟。工作完毕，淋浴更衣。特别注意眼和呼吸道的防护。		

品名：**乙酸甲氧基乙基汞**	分子式：$C_5H_{10}HgO_3$	相态：固
别名：醋酸甲氧基乙基汞	分子量：318.7	外观与性状：结晶

危险特性

火灾危险性：无法确定	爆炸物：无	皮肤腐蚀/刺激：无
腐蚀减薄：无	金属腐蚀：无	
环境开裂：无	急性毒性：类别 1	

遇明火、高热可燃。其粉体与空气可形成爆炸性混合物，当达到一定浓度时，遇火星会发生爆炸。受高热分解放出有毒的气体。

理化特性

熔点：42.0℃	临界温度：无资料	爆炸上限：无资料	引燃温度：无资料
沸点：无资料	临界压力：无资料	爆炸下限：无资料	燃烧热：无资料
闪点：无资料	饱和蒸气压：0.0017kPa(20℃)	相对密度($d_水=1$)：0.96	

溶解性	溶于水。
主要用途	用作种子消毒。

急救措施

皮肤接触	脱去污染的衣着，用大量流动清水彻底冲洗皮肤。
眼睛接触	提起眼睑，用流动清水或生理盐水冲洗。就医。
吸入	迅速脱离现场至空气新鲜处。保持呼吸道通畅。如呼吸困难，给输氧。如呼吸停止，立即进行人工呼吸。就医。
食入	饮足量温水，催吐。洗胃，导泻。就医。

防护措施

呼吸防护	可能接触其粉尘时，必须佩戴防尘面具(全面罩)。紧急事态抢救或撤离时，应该佩戴空气呼吸器。
眼睛防护	呼吸系统防护中已做防护。
身体防护	穿胶布防毒衣。
手防护	戴橡胶手套。
其他防护	工作现场禁止吸烟、进食和饮水。工作完毕，淋浴更衣。保持良好的卫生习惯。

品名：**乙酸甲酯**	分子式：$C_3H_6O_2$	相态：液
别名：醋酸甲酯	分子量：74.1	外观与性状：无色透明液体，有香味

危险特性

火灾危险性：可燃液体甲 B	爆炸物：无	皮肤腐蚀/刺激：无
腐蚀减薄：低分子有机酸腐蚀	金属腐蚀：无	严重眼损伤/眼刺激：类别 2
环境开裂：无	急性毒性：无	易燃液体：类别 2

易燃，其蒸气与空气可形成爆炸性混合物，遇明火、高热能引起燃烧爆炸。与氧化剂接触猛烈反应。其蒸气比空气重，能在较低处扩散到相当远的地方，遇火源会着火回燃。

理化特性

熔点：-98.7℃	临界温度：233.7℃	爆炸上限：16.0%	引燃温度：454.0℃
沸点：57.8℃	临界压力：4.69MPa	爆炸下限：3.1%	燃烧热：1593.4kJ/mol
闪点：-10.0℃	饱和蒸气压：21.7kPa(20℃)	相对密度($d_水=1$)：0.92	

溶解性	微溶于水，可混溶于乙醇、乙醚等多数有机溶剂。
主要用途	用作溶剂、香精、人造草、试剂等。

急救措施

皮肤接触	脱去污染的衣着，用大量流动清水彻底冲洗皮肤。
眼睛接触	提起眼睑，用流动清水或生理盐水冲洗。就医。
吸入	迅速脱离现场至空气新鲜处。保持呼吸道通畅。如呼吸困难，给输氧。如呼吸停止，立即进行人工呼吸。就医。
食入	饮足量温水，催吐。洗胃，导泻。就医。

防护措施

呼吸防护	可能接触其蒸气时，应该佩戴自吸过滤式防毒面具(半面罩)。紧急事态抢救或撤离时建议佩戴空气呼吸器。
眼睛防护	戴化学安全防护眼镜。
身体防护	穿防静电工作服。
手防护	戴橡胶耐油手套。
其他防护	工作现场严禁吸烟。工作完毕，淋浴更衣。注意个人清洁卫生。

品名：**乙酸间甲酚酯**	分子式：$C_9H_{10}O_2$	相态：液
别名：醋酸间甲酚酯	分子量：150.2	外观与性状：油性液体

危险特性

火灾危险性：可燃液体丙 A	爆炸物：无	皮肤腐蚀/刺激：类别 2
腐蚀减薄：低分子有机酸腐蚀	金属腐蚀：无	严重眼损伤/眼刺激：类别 2
环境开裂：无	急性毒性：无	

易燃，其蒸气与空气可形成爆炸性混合物，遇明火、高热能引起燃烧爆炸。与氧化剂接触猛烈反应。其蒸气比空气重，能在较低处扩散到相当远的地方，遇火源会着火回燃。

理化特性

熔点：-98.7℃	临界温度：无资料	爆炸上限：无资料	引燃温度：无资料
沸点：57.8℃	临界压力：无资料	爆炸下限：无资料	燃烧热：无资料
闪点：185.2℃	饱和蒸气压：无资料	相对密度($d_{水}=1$)：无资料	

溶解性	不溶于水、甘油，易溶于乙醇、乙醚、三氯甲烷、石油醚、苯等。
主要用途	乙酸间甲苯酯是一种有机合成中间体。

急救措施

皮肤接触	无资料。
眼睛接触	无资料。
吸入	无资料。
食入	无资料。

防护措施

呼吸防护	如危险性评测显示需要使用空气净化的防毒面具，请使用全面罩式多功能微粒防毒面具 N99 型(US)或 P2 型(EN143)防毒面具筒作为工程控制的候补。如果防毒面具是保护的唯一方式，则使用全面罩式送风防毒面具。呼吸器使用经过测试并通过政府标准如 NIOSH(US)或 CEN(EU)的呼吸器和零件。
眼睛防护	面罩与安全眼镜请使用经官方标准如 NIOSH(美国)或 EN 166(欧盟)检测与批准的设备防护眼部。
身体防护	全套防化学试剂工作服，防护设备的类型必须根据特定工作场所中的危险物的浓度和含量来选择。
手防护	所选择的保护手套必须符合 EU 的 89/686/EEC 规定和从它衍生出来的 EN376 标准。
其他防护	无资料。

品名：**乙酸铍**	分子式：$C_4H_6O_4Be$	相态：固
别名：醋酸铍	分子量：127.1	外观与性状：白色片状固体

危险特性

火灾危险性：无法确定	爆炸物：无	皮肤腐蚀/刺激：类别 2
腐蚀减薄：低分子有机酸腐蚀	金属腐蚀：无	严重眼损伤/眼刺激：类别 2
环境开裂：无	急性毒性：类别 2	

粉体与空气可形成爆炸性混合物，遇明火、高热或与氧化剂接触有引起燃烧爆炸的危险。受热分解产生有毒的烟气。

理化特性

熔点：295.0℃	临界温度：无资料	爆炸上限：无资料	引燃温度：620.0℃
沸点：117.1℃	临界压力：无资料	爆炸下限：无资料	燃烧热：无资料
闪点：无资料	饱和蒸气压：无资料	相对密度($d_{水}=1$)：2.94	

溶解性	不溶于冷水、无水乙醇、及其他有机溶剂。
主要用途	无资料。

急救措施

皮肤接触	脱去污染的衣着，用大量流动清水彻底冲洗皮肤。
眼睛接触	提起眼睑，用流动清水或生理盐水冲洗。就医。
吸入	迅速脱离现场至空气新鲜处。保持呼吸道通畅。如呼吸困难，给输氧。如呼吸停止，立即进行人工呼吸。就医。
食入	饮足量温水，催吐。就医。

防护措施

呼吸防护	可能接触其粉尘时，必须佩戴空气呼吸器。
眼睛防护	呼吸系统防护中已做防护。
身体防护	穿胶布防毒衣。
手防护	戴橡胶手套。
其他防护	工作现场禁止吸烟、进食和饮水。工作完毕，淋浴更衣。保持良好的卫生习惯。

品名：**乙酸铅**	分子式：$C_2H_4O_2Pb$	相态：固
别名：醋酸铅	分子量：271.3	外观与性状：微有乙酸气味的无色透明晶体，工业品呈灰褐色的大块

危险特性

火灾危险性：无法确定	爆炸物：无	皮肤腐蚀/刺激：无
腐蚀减薄：低分子有机酸腐蚀	金属腐蚀：无	
环境开裂：无	急性毒性：无	

遇明火能燃烧。受高热分解放出有毒的气体。

理化特性

熔点：75.0℃	临界温度：无资料	爆炸上限：无资料	引燃温度：无资料
沸点：280.0℃	临界压力：无资料	爆炸下限：无资料	燃烧热：无资料
闪点：无资料	饱和蒸气压：无资料	相对密度($d_水=1$)：2.94	

溶解性	溶于水，微溶于醇，易溶于甘油。
主要用途	制取铅盐、铅颜料，也用于生物染色、有机合成和制药工业。

急救措施

皮肤接触	脱去污染的衣着，用大量流动清水彻底冲洗皮肤。
眼睛接触	提起眼睑，用流动清水或生理盐水冲洗。就医。
吸入	迅速脱离现场至空气新鲜处。保持呼吸道通畅。如呼吸困难，给输氧。如呼吸停止，立即进行人工呼吸。就医。
食入	饮足量温水，催吐。洗胃，导泻。就医。

防护措施

呼吸防护	空气中粉尘浓度超标时，必须佩戴自吸过滤式防尘口罩。紧急事态抢救或撤离时，应该佩戴空气呼吸器。
眼睛防护	戴化学安全防护眼镜。
身体防护	穿防毒物渗透工作服。
手防护	戴橡胶手套。
其他防护	工作现场禁止吸烟、进食和饮水。工作完毕，淋浴更衣。单独存放被毒物污染的衣服，洗后备用。实行就业前和定期的体检。

品名：**乙酸叔丁酯**	分子式：$C_6H_{12}O_2$	相态：液
别名：醋酸叔丁酯	分子量：116.2	外观与性状：无色液体

危险特性

火灾危险性：可燃液体甲 B	爆炸物：无	皮肤腐蚀/刺激：无
腐蚀减薄：低分子有机酸腐蚀	金属腐蚀：无	易燃液体：类别 2
环境开裂：无	急性毒性：无	

易燃，其蒸气与空气可形成爆炸性混合物，遇明火、高热能引起燃烧爆炸。与氧化剂能发生强烈反应。其蒸气比空气重，能在较低处扩散到相当远的地方，遇火源会着火回燃。

理化特性

熔点：0.9℃	临界温度：无资料	爆炸上限：7.3%	引燃温度：421.0℃
沸点：98.0℃	临界压力：3.17MPa	爆炸下限：1.3%	燃烧热：无资料
闪点：15.0℃	饱和蒸气压：6.3kPa(25℃)	相对密度($d_水=1$)：0.90	

溶解性	不溶于水，溶于乙醇、乙醚等多数有机溶剂。
主要用途	用作硝化纤维素等的溶剂及作为汽油添加剂。

急救措施

皮肤接触	脱去污染的衣着，用大量流动清水彻底冲洗皮肤。
眼睛接触	提起眼睑，用流动清水或生理盐水冲洗。就医。
吸入	迅速脱离现场至空气新鲜处。保持呼吸道通畅。如呼吸困难，给输氧。如呼吸停止，立即进行人工呼吸。就医。
食入	饮足量温水，催吐。就医。

防护措施

呼吸防护	可能接触其蒸气时，应该佩戴自吸过滤式防毒面具(半面罩)。紧急事态抢救或撤离时建议佩戴空气呼吸器。
眼睛防护	戴化学安全防护眼镜。
身体防护	穿防静电工作服。
手防护	戴橡胶耐油手套。
其他防护	工作现场严禁吸烟。工作完毕，淋浴更衣。注意个人清洁卫生。

品名：**乙酸烯丙酯**　分子式：$C_5H_8O_2$　相态：液

别名：醋酸烯丙酯　分子量：100.1　外观与性状：无色液体

危险特性

火灾危险性：可燃液体甲 B　爆炸物：无　皮肤腐蚀/刺激：类别 2

腐蚀减薄：低分子有机酸腐蚀　金属腐蚀：无　严重眼损伤/眼刺激：类别 2

环境开裂：无　急性毒性：类别 2　易燃液体：类别 2

其蒸气与空气可形成爆炸性混合物，遇明火、高热极易燃烧爆炸。与氧化剂接触猛烈反应。流速过快，容易产生和积聚静电。容易自聚，聚合反应随着温度的上升而急骤加剧。其蒸气比空气重，能在较低处扩散到相当远的地方，遇火源会着火回燃。若遇高热，容器内压增大，有开裂和爆炸的危险。

理化特性

熔点：无资料　临界温度：无资料　爆炸上限：无资料　引燃温度：374.0℃

沸点：103.5℃　临界压力：无资料　爆炸下限：无资料　燃烧热：无资料

闪点：-18.0℃　饱和蒸气压：6.3kPa(25℃)　相对密度($d_水=1$)：0.93

溶解性	微溶于水，可混溶于乙醇、乙醚等。
主要用途	用于树脂及黏合剂的合成。

急救措施

皮肤接触	脱去污染的衣着，用大量流动清水彻底冲洗皮肤。
眼睛接触	提起眼睑，用流动清水或生理盐水冲洗。就医。
吸入	迅速脱离现场至空气新鲜处。保持呼吸道通畅。如呼吸困难，给输氧。如呼吸停止，立即进行人工呼吸。就医。
食入	饮足量温水，催吐。就医。

防护措施

呼吸防护	可能接触其蒸气时，应该佩戴自吸过滤式防毒面具(半面罩)。紧急事态抢救或撤离时建议佩戴空气呼吸器。
眼睛防护	戴化学安全防护眼镜。
身体防护	穿防静电工作服。
手防护	戴橡胶耐油手套。
其他防护	工作现场严禁吸烟。工作完毕，淋浴更衣。注意个人清洁卫生。

品名：**乙酸亚汞**　分子式：$C_2H_3O_2Hg$　相态：固

别名：无　分子量：259.6　外观与性状：白色有光泽片状结晶或粉末，遇光变色

危险特性

火灾危险性：无法确定　爆炸物：无　皮肤腐蚀/刺激：无

腐蚀减薄：低分子有机酸腐蚀　金属腐蚀：无

环境开裂：无　急性毒性：类别 3

遇明火、高热可燃。其粉体与空气可形成爆炸性混合物，当达到一定浓度时，遇火星会发生爆炸。受高热分解放出有毒的气体。

理化特性

熔点：178.0℃　临界温度：无资料　爆炸上限：无资料　引燃温度：无资料

沸点：117.1℃　临界压力：无资料　爆炸下限：无资料　燃烧热：无资料

闪点：210.0~220.0℃　饱和蒸气压：无资料　相对密度($d_水=1$)：无资料

溶解性	溶于水、稀酸，不溶于乙醇、乙醚。
主要用途	用于医药工业。

急救措施

皮肤接触	脱去污染的衣着，用大量流动清水彻底冲洗皮肤。
眼睛接触	提起眼睑，用流动清水或生理盐水冲洗。就医。
吸入	迅速脱离现场至空气新鲜处。保持呼吸道通畅。如呼吸困难，给输氧。如呼吸停止，立即进行人工呼吸。就医。
食入	饮足量温水，催吐。就医。

防护措施

呼吸防护	空气中粉尘浓度超标时，建议佩戴自吸过滤式防尘口罩。紧急事态抢救或撤离时，应该佩戴空气呼吸器。
眼睛防护	戴化学安全防护眼镜。
身体防护	穿防毒物渗透工作服。
手防护	戴乳胶手套。
其他防护	工作场所禁止吸烟、进食和饮水，饭前要洗手。工作完毕，淋浴更衣。保持良好的卫生习惯。

品名：**乙酸亚铊**		分子式：$C_2H_4O_2Tl$	相态：固
别名：乙酸铊；醋酸铊		分子量：264.4	外观与性状：白色针状结晶，易潮解
危险特性			
火灾危险性：无法确定 腐蚀减薄：低分子有机酸腐蚀 环境开裂：无		爆炸物：无 金属腐蚀：无 急性毒性：类别 2	皮肤腐蚀/刺激：无
遇明火、高热可燃。其粉体与空气可形成爆炸性混合物，当达到一定浓度时，遇火星会发生爆炸。受热分解产生有毒的烟气。			
理化特性			
熔点：110.0℃ 沸点：117.1℃ 闪点：无资料	临界温度：无资料 临界压力：无资料 饱和蒸气压：无资料	爆炸上限：无资料 爆炸下限：无资料 相对密度($d_{水}=1$)：3.68	引燃温度：无资料 燃烧热：无资料
溶解性	溶于水、乙醇。		
主要用途	用于生产脱发剂、杀虫剂和用作分析试剂。		
急救措施			
皮肤接触	脱去污染的衣着，用大量流动清水彻底冲洗皮肤。		
眼睛接触	提起眼睑，用流动清水或生理盐水冲洗。就医。		
吸入	迅速脱离现场至空气新鲜处。保持呼吸道通畅。如呼吸困难，给输氧。如呼吸停止，立即进行人工呼吸。就医。		
食入	饮足量温水，催吐。用1%碘化钾 60mL 灌胃。就医。		
防护措施			
呼吸防护	可能接触其粉尘时，必须佩戴防尘面具(全面罩)。紧急事态抢救或撤离时，应该佩戴空气呼吸器。		
眼睛防护	呼吸系统防护中已做防护。		
身体防护	穿胶布防毒衣。		
手防护	戴橡胶手套。		
其他防护	工作现场禁止吸烟、进食和饮水。工作完毕，淋浴更衣。保持良好的卫生习惯。		

品名：**乙酸乙二醇乙醚**		分子式：$C_6H_{12}O_3$	相态：液
别名：乙酸乙基溶纤剂；乙二醇乙醚乙酸酯；2-乙氧基乙酸乙酯		分子量：132.2	外观与性状：无色液体，有微弱类似芳香脂的气味
危险特性			
火灾危险性：可燃液体乙 B 腐蚀减薄：低分子有机酸腐蚀 环境开裂：无		爆炸物：无 金属腐蚀：无 急性毒性：无	皮肤腐蚀/刺激：无 易燃液体：类别 3
易燃，遇明火、高热或与氧化剂接触，有引起燃烧爆炸的危险。			
理化特性			
熔点：-61.7℃ 沸点：156.4℃ 闪点：47.0℃	临界温度：无资料 临界压力：无资料 饱和蒸气压：0.16kPa(20℃)	爆炸上限：6.7% 爆炸下限：1.7% 相对密度($d_{水}=1$)：0.97	引燃温度：380.0℃ 燃烧热：无资料
溶解性	微溶于水、可混溶于芳烃等多数有机溶剂。		
主要用途	用作硝酸纤维素、油脂、树脂的溶剂，及脱漆剂。		
急救措施			
皮肤接触	脱去污染的衣着，用大量流动清水彻底冲洗皮肤。		
眼睛接触	提起眼睑，用流动清水或生理盐水冲洗。就医。		
吸入	迅速脱离现场至空气新鲜处。保持呼吸道通畅。如呼吸困难，给输氧。如呼吸停止，立即进行人工呼吸。就医。		
食入	饮足量温水，催吐。就医。		
防护措施			
呼吸防护	空气中浓度超标时，佩戴过滤式防毒面具(半面罩)。高浓度环境中，佩戴自给式呼吸器或长管面具。		
眼睛防护	戴化学安全防护眼镜。		
身体防护	穿防静电工作服。		
手防护	戴橡胶耐油手套。		
其他防护	工作现场禁止吸烟、进食和饮水。工作完毕，淋浴更衣。注意个人清洁卫生。		

品名：乙酸乙烯酯[稳定的]		分子式：$C_4H_6O_2$	相态：液
别名：乙烯基乙酸酯；醋酸乙烯酯		分子量：86.1	外观与性状：无色液体，具有甜的醚味
危险特性			
火灾危险性：可燃液体甲 B		爆炸物：无	皮肤腐蚀/刺激：无
腐蚀减薄：低分子有机酸腐蚀		金属腐蚀：无	易燃液体：类别 2
环境开裂：无		急性毒性：无	
易燃，其蒸气与空气可形成爆炸性混合物，遇明火、高热能引起燃烧爆炸。与氧化剂能发生强烈反应。极易受热、光或微量的过氧化物作用而聚合，含有抑制剂的商品与过氧化物接触也能猛烈聚合。其蒸气比空气重，能在较低处扩散到相当远的地方，遇火源会着火回燃。			
理化特性			
熔点：-93.2℃	临界温度：无资料	爆炸上限：13.4%	引燃温度：402.0℃
沸点：71.8℃	临界压力：4.25MPa	爆炸下限：2.6%	燃烧热：无资料
闪点：-8.0℃	饱和蒸气压：15.33kPa(25℃)	相对密度($d_{水}=1$)：0.93	
溶解性	微溶于水，溶于醇、醚、丙酮、苯、氯仿。		
主要用途	用于有机合成。		
急救措施			
皮肤接触	脱去污染的衣着，用肥皂水和清水彻底冲洗皮肤。		
眼睛接触	提起眼睑，用流动清水或生理盐水冲洗。就医。		
吸入	迅速脱离现场至空气新鲜处。保持呼吸道通畅。如呼吸困难，给输氧。如呼吸停止，立即进行人工呼吸。就医。		
食入	饮足量温水，催吐。就医。		
防护措施			
呼吸防护	可能接触其蒸气时，应该佩戴自吸过滤式防毒面具(半面罩)。紧急事态抢救或撤离时建议佩戴空气呼吸器。		
眼睛防护	戴化学安全防护眼镜。		
身体防护	穿防静电工作服。		
手防护	戴橡胶耐油手套。		
其他防护	工作现场严禁吸烟。工作完毕，淋浴更衣。特别注意眼和呼吸道的防护。		

品名：乙酸乙酯		分子式：$C_4H_8O_2$	相态：液
别名：醋酸乙酯		分子量：88.1	外观与性状：无色澄清液体，有芳香气味，易挥发
危险特性			
火灾危险性：可燃液体甲 B		爆炸物：无	皮肤腐蚀/刺激：无
腐蚀减薄：低分子有机酸腐蚀		金属腐蚀：无	易燃液体：类别 2
环境开裂：无		急性毒性：无	严重眼损伤/眼刺激：类别 2
易燃，其蒸气与空气可形成爆炸性混合物，遇明火、高热能引起燃烧爆炸。与氧化剂接触猛烈反应。其蒸气比空气重，能在较低处扩散到相当远的地方，遇火源会着火回燃。			
理化特性			
熔点：-83.6℃	临界温度：250.1℃	爆炸上限：11.5%	引燃温度：426.7℃
沸点：77.2℃	临界压力：3.83MPa	爆炸下限：2.0%	燃烧热：2244.2kJ/mol
闪点：-4.0℃	饱和蒸气压：10.10kPa(20℃)	相对密度($d_{水}=1$)：0.90	
溶解性	微溶于水，溶于醇、酮、醚、氯仿等多数有机溶剂。		
主要用途	主要用作溶剂，及用于染料和一些医药中间体的合成。		
急救措施			
皮肤接触	脱去污染的衣着，用肥皂水和清水彻底冲洗皮肤。		
眼睛接触	提起眼睑，用流动清水或生理盐水冲洗。就医。		
吸入	迅速脱离现场至空气新鲜处。保持呼吸道通畅。如呼吸困难，给输氧。如呼吸停止，立即进行人工呼吸。就医。		
食入	饮足量温水，催吐。就医。		
防护措施			
呼吸防护	可能接触其蒸气时，应该佩戴自吸过滤式防毒面具(半面罩)。紧急事态抢救或撤离时，建议佩戴空气呼吸器。		
眼睛防护	戴化学安全防护眼镜。		
身体防护	穿防静电工作服。		
手防护	戴橡胶耐油手套。		
其他防护	工作现场严禁吸烟。工作完毕，淋浴更衣。注意个人清洁卫生。		

品名：**乙酸异丙烯酯**	分子式：$C_5H_8O_2$	相态：液
别名：醋酸异丙烯酯	分子量：100.1	外观与性状：无色、透明液体

危险特性

火灾危险性：可燃液体甲 B	爆炸物：无	皮肤腐蚀/刺激：无
腐蚀减薄：低分子有机酸腐蚀	金属腐蚀：无	易燃液体：类别 2
环境开裂：无	急性毒性：无	严重眼损伤/眼刺激：类别 2

其蒸气与空气可形成爆炸性混合物，遇明火、高热极易燃烧爆炸。与氧化剂接触猛烈反应。流速过快，容易产生和积聚静电。容易自聚，聚合反应随着温度的上升而急骤加剧。其蒸气比空气重，能在较低处扩散到相当远的地方，遇火源会着火回燃。若遇高热，容器内压增大，有开裂和爆炸的危险。

理化特性

熔点：-92.9℃	临界温度：无资料	爆炸上限：7.8%	引燃温度：431.0℃
沸点：92.0℃	临界压力：无资料	爆炸下限：1.8%	燃烧热：无资料
闪点：18.0℃	饱和蒸气压：无资料	相对密度($d_{水}=1$)：0.91	

溶解性	可混溶于醇、醚、酮等。
主要用途	用作分析试剂。

急救措施

皮肤接触	脱去污染的衣着，用肥皂水和清水彻底冲洗皮肤。
眼睛接触	提起眼睑，用流动清水或生理盐水冲洗。就医。
吸入	迅速脱离现场至空气新鲜处。保持呼吸道通畅。如呼吸困难，给输氧。如呼吸停止，立即进行人工呼吸。就医。
食入	饮足量温水，催吐。就医。

防护措施

呼吸防护	空气中浓度较高时，应该佩戴过滤式防毒面具(半面罩)。紧急事态抢救或逃生时，建议佩戴空气呼吸器。
眼睛防护	戴化学安全防护眼镜。
身体防护	穿防静电工作服。
手防护	戴防化学品手套。
其他防护	工作现场严禁吸烟。工作完毕，淋浴更衣。特别注意眼和呼吸道的防护。

品名：**乙酸异丙酯**	分子式：$C_5H_{10}O_2$	相态：液
别名：醋酸异丙酯	分子量：102.1	外观与性状：无色透明液体，有果子香味

危险特性

火灾危险性：可燃液体甲 B	爆炸物：无	皮肤腐蚀/刺激：无
腐蚀减薄：低分子有机酸腐蚀	金属腐蚀：无	易燃液体：类别 2
环境开裂：无	急性毒性：无	严重眼损伤/眼刺激 类别 2

易燃，其蒸气与空气可形成爆炸性混合物，遇明火、高热能引起燃烧爆炸。与氧化剂能发生强烈反应。其蒸气比空气重，能在较低处扩散到相当远的地方，遇火源会着火回燃。

理化特性

熔点：-73.0℃	临界温度：265.0℃	爆炸上限：8.0%	引燃温度：460.0℃
沸点：88.4℃	临界压力：3.65MPa	爆炸下限：1.8%	燃烧热：2236.6kJ/mol
闪点：2.0℃	饱和蒸气压：5.80kPa(20℃)	相对密度($d_{水}=1$)：0.87	

溶解性	微溶于水，可混溶于醇、乙醚、酯等多数有机溶剂。
主要用途	用作医药品的萃取剂，制造香精、涂料等的溶剂和试剂等。

急救措施

皮肤接触	脱去污染的衣着，用肥皂水和清水彻底冲洗皮肤。
眼睛接触	提起眼睑，用流动清水或生理盐水冲洗至少 15min。就医。
吸入	迅速脱离现场至空气新鲜处。保持呼吸道通畅。如呼吸困难，给输氧。如呼吸停止，立即进行人工呼吸。就医。
食入	饮足量温水，催吐。就医。

防护措施

呼吸防护	可能接触其蒸气时，应该佩戴自吸过滤式防毒面具(半面罩)。紧急事态抢救或撤离时，建议佩戴空气呼吸器。
眼睛防护	戴化学安全防护眼镜。
身体防护	穿防静电工作服。
手防护	戴橡胶耐油手套。
其他防护	工作现场严禁吸烟。工作完毕，淋浴更衣。注意个人清洁卫生。

品名：**乙酸异丁酯**	分子式：$C_6H_{12}O_2$	相态：液	
别名：醋酸异丁酯	分子量：116.2	外观与性状：无色透明液体，有果子香味	
危险特性			
火灾危险性：可燃液体甲 B	爆炸物：无	皮肤腐蚀/刺激：无	
腐蚀减薄：低分子有机酸腐蚀	金属腐蚀：无	易燃液体：类别 2	
环境开裂：无	急性毒性：无	严重眼损伤/眼刺激：类别 2	
易燃，其蒸气与空气可形成爆炸性混合物，遇明火、高热能引起燃烧爆炸。与氧化剂能发生强烈反应。其蒸气比空气重，能在较低处扩散到相当远的地方，遇火源会着火回燃。			
理化特性			
熔点：-98.9℃	临界温度：296.0℃	爆炸上限：10.5%	引燃温度：423.0℃
沸点：118.0℃	临界压力：3.24MPa	爆炸下限：1.3%	燃烧热：3533.8kJ/mol
闪点：18.0℃	饱和蒸气压：2.37kPa(25℃)	相对密度($d_{水}=1$)：0.87	
溶解性	微溶于水，可混溶于乙醇、乙醚。		
主要用途	用作硝化纤维和漆的溶剂，以及化学试剂、调制香料。		
急救措施			
皮肤接触	脱去污染的衣着，用肥皂水和清水彻底冲洗皮肤。		
眼睛接触	提起眼睑，用流动清水或生理盐水冲洗。就医。		
吸入	迅速脱离现场至空气新鲜处。保持呼吸道通畅。如呼吸困难，给输氧。如呼吸停止，立即进行人工呼吸。就医。		
食入	饮足量温水，催吐。就医。		
防护措施			
呼吸防护	可能接触其蒸气时，应该佩戴自吸过滤式防毒面具(半面罩)。紧急事态抢救或撤离时，建议佩戴空气呼吸器。		
眼睛防护	戴化学安全防护眼镜。		
身体防护	穿防静电工作服。		
手防护	戴橡胶耐油手套。		
其他防护	工作现场严禁吸烟。工作完毕，淋浴更衣。注意个人清洁卫生。		

品名：**乙酸异戊酯**	分子式：$C_7H_{14}O_2$	相态：液	
别名：醋酸异戊酯	分子量：130.2	外观与性状：无色透明液体，有类似香蕉气味	
危险特性			
火灾危险性：可燃液体甲 B	爆炸物：无	皮肤腐蚀/刺激：无	
腐蚀减薄：低分子有机酸腐蚀	金属腐蚀：无	易燃液体：类别 3	
环境开裂：无	急性毒性：无		
易燃，其蒸气与空气可形成爆炸性混合物，遇明火、高热能引起燃烧爆炸。与氧化剂能发生强烈反应。其蒸气比空气重，能在较低处扩散到相当远的地方，遇火源会着火回燃。			
理化特性			
熔点：-78.0℃	临界温度：326.1℃	爆炸上限：7.5%	引燃温度：360.0℃
沸点：143.0℃	临界压力：2.83MPa	爆炸下限：1.0%	燃烧热：4191.8kJ/mol
闪点：25.0℃	饱和蒸气压：0.53kPa(20℃)	相对密度($d_{水}=1$)：0.88	
溶解性	不溶于水，可混溶于乙醇、乙醚、苯、乙酸乙酯、二硫化碳等多数有机溶剂。		
主要用途	用作溶剂，及用于调味、制革、人造丝、胶片和纺织品等加工工业。		
急救措施			
皮肤接触	脱去污染的衣着，用肥皂水和清水彻底冲洗皮肤。		
眼睛接触	提起眼睑，用流动清水或生理盐水冲洗。就医。		
吸入	迅速脱离现场至空气新鲜处。保持呼吸道通畅。如呼吸困难，给输氧。如呼吸停止，立即进行人工呼吸。就医。		
食入	饮足量温水，催吐。就医。		
防护措施			
呼吸防护	空气中浓度较高时，应该佩戴自吸过滤式防毒面具(半面罩)。必要时，佩戴空气呼吸器。		
眼睛防护	戴化学安全防护眼镜。		
身体防护	穿防静电工作服。		
手防护	戴橡胶耐油手套。		
其他防护	工作现场严禁吸烟。工作完毕，淋浴更衣。注意个人清洁卫生。		

品名：**乙酸正丙酯**	分子式：$C_5H_{10}O_2$	相态：液
别名：醋酸正丙酯	分子量：102.1	外观与性状：无色易流动透明液体，有水果样香气

危险特性

火灾危险性：可燃液体甲B	爆炸物：无	皮肤腐蚀/刺激：无
腐蚀减薄：低分子有机酸腐蚀	金属腐蚀：无	易燃液体：类别2
环境开裂：无	急性毒性：无	严重眼损伤/眼刺激：类别2

易燃，其蒸气与空气可形成爆炸性混合物，遇明火、高热能引起燃烧爆炸。与氧化剂能发生强烈反应。其蒸气比空气重，能在较低处扩散到相当远的地方，遇火源会着火回燃。

理化特性

熔点：-95.0℃	临界温度：276.2℃	爆炸上限：无资料	引燃温度：450.0℃
沸点：101.6℃	临界压力：3.33MPa	爆炸下限：无资料	燃烧热：2890.5kJ/mol
闪点：14.0℃	饱和蒸气压：3.30kPa(20℃)	相对密度($d_{水}=1$)：0.89	

溶解性	微溶于水，溶于有机溶剂，与乙醇、乙醚混溶。
主要用途	食用香料，配制梨和醋栗香型香精；也用作水果香型香料的溶剂及树脂、纤维素、橡胶和塑料的溶剂；本品为缓和的快干剂，可用于弹性版和凹版印刷油墨，特别是聚烯烃类和聚酰胺类薄膜的印刷；工业用低毒溶剂。

急救措施

皮肤接触	脱去污染的衣着，用肥皂水和清水彻底冲洗皮肤。
眼睛接触	提起眼睑，用流动清水或生理盐水冲洗至少15min。就医。
吸入	迅速脱离现场至空气新鲜处。保持呼吸道通畅。如呼吸困难，给输氧。如呼吸停止，立即进行人工呼吸。就医。
食入	饮足量温水，催吐。就医。

防护措施

呼吸防护	可能接触其蒸气时，应该佩戴自吸过滤式防毒面具(半面罩)。紧急事态抢救或撤离时，建议佩戴空气呼吸器。
眼睛防护	戴化学安全防护眼镜。
身体防护	穿防静电工作服。
手防护	戴橡胶耐油手套。
其他防护	工作现场严禁吸烟。工作完毕，淋浴更衣。注意个人清洁卫生。

品名：**乙酸正丁酯**	分子式：$C_6H_{12}O_2$	相态：液
别名：醋酸正丁酯	分子量：111.2	外观与性状：澄清微香的可燃性液体

危险特性

火灾危险性：可燃液体乙A	爆炸物：无	皮肤腐蚀/刺激：无
腐蚀减薄：低分子有机酸腐蚀	金属腐蚀：无	易燃液体：类别3
环境开裂：无	急性毒性：无	

易燃，其蒸气与空气可形成爆炸性混合物，遇明火、高热能引起燃烧爆炸。与氧化剂能发生强烈反应。其蒸气比空气重，能在较低处扩散到相当远的地方，遇火源会着火回燃。

理化特性

熔点：-77.9℃	临界温度：305.9℃	爆炸上限：无资料	引燃温度：421.0℃
沸点：126.5℃	临界压力：3.10MPa	爆炸下限：无资料	燃烧热：3463.5kJ/mol
闪点：38.0℃	饱和蒸气压：1.20kPa(20℃)	相对密度($d_{水}=1$)：0.88	

溶解性	微溶于水，溶于乙醇、乙醚和苯。
主要用途	用作清漆、人造革、塑料等的溶剂，也用于医药、塑料及香料工业等。

急救措施

皮肤接触	脱去污染的衣着，用肥皂水和清水彻底冲洗皮肤。
眼睛接触	立即提起眼睑，用大量流动清水或生理盐水彻底冲洗至少15min。就医。
吸入	迅速脱离现场至空气新鲜处。保持呼吸道通畅。如呼吸困难，给输氧。如呼吸停止，立即进行人工呼吸。就医。
食入	饮足量温水，催吐。

防护措施

呼吸防护	可能接触其蒸气时，应该佩戴自吸过滤式防毒面具(半面罩)。紧急事态抢救或撤离时，建议佩戴空气呼吸器。
眼睛防护	戴化学安全防护眼镜。
身体防护	穿防静电工作服。
手防护	戴橡胶耐油手套。
其他防护	工作现场严禁吸烟。工作完毕，淋浴更衣。注意个人清洁卫生。

品名：**乙酸正己酯** 别名：醋酸正己酯		分子式：$C_8H_{16}O_2$ 分子量：144.2	相态：液 外观与性状：无色液体，有甜酯气味
危险特性			
火灾危险性：可燃液体乙A 腐蚀减薄：低分子有机酸腐蚀 环境开裂：无		爆炸物：无 金属腐蚀：无 急性毒性：无	皮肤腐蚀/刺激：类别2 严重眼损伤/眼刺激：类别2 易燃液体：类别3
其蒸气与空气可形成爆炸性混合物，遇明火、高热能引起燃烧爆炸。与氧化剂可发生反应。流速过快，容易产生和积聚静电。其蒸气比空气重，能在较低处扩散到相当远的地方，遇火源会着火回燃。若遇高热，容器内压增大，有开裂和爆炸的危险。			
理化特性			
熔点：-80.9℃ 沸点：171.5℃ 闪点：37.0℃	临界温度：345.3℃ 临界压力：无资料 饱和蒸气压：无资料	爆炸上限：无资料 爆炸下限：无资料 相对密度($d_{水}=1$)：0.88	引燃温度：无资料 燃烧热：无资料
溶解性	不溶于水，溶于醇、醚等多数有机溶剂。		
主要用途	用作纤维素酯和树脂的溶剂。		
急救措施			
皮肤接触	脱去污染的衣着，用流动清水冲洗皮肤。		
眼睛接触	提起眼睑，用流动清水或生理盐水冲洗。就医。		
吸入	迅速脱离现场至空气新鲜处。保持呼吸道通畅。如呼吸困难，给输氧。就医。		
食入	饮足量温水，催吐。就医。		
防护措施			
呼吸防护	空气中浓度超标时，必须佩戴自吸过滤式防毒面具(半面罩)。紧急事态抢救或撤离时，应该佩戴空气呼吸器。		
眼睛防护	戴化学安全防护眼镜。		
身体防护	穿防毒物渗透工作服。		
手防护	戴橡胶耐油手套。		
其他防护	工作现场严禁吸烟。工作完毕，淋浴更衣。注意个人清洁卫生。		

品名：**乙酸正戊酯** 别名：醋酸正戊酯		分子式：$C_7H_{14}O_2$ 分子量：130.2	相态：液 外观与性状：无色、透明液体，具有类似香蕉的水果香味
危险特性			
火灾危险性：可燃液体甲B 腐蚀减薄：低分子有机酸腐蚀 环境开裂：无		爆炸物：无 金属腐蚀：无 急性毒性：无	皮肤腐蚀/刺激：无 易燃液体：类别3
蒸气能与空气形成爆炸性混合物，遇高温、明火、氧化剂有引起燃烧危险。			
理化特性			
熔点：-70.8℃ 沸点：149.3℃ 闪点：16.0℃	临界温度：327.0℃ 临界压力：2.80MPa 饱和蒸气压：0.53kPa(20℃)	爆炸上限：7.5% 爆炸下限：1.1% 相对密度($d_{水}=1$)：0.88	引燃温度：360.0℃ 燃烧热：4215.0kJ/mol
溶解性	微溶于水，可混溶于乙醇、乙醚等多数有机溶剂。		
主要用途	用作溶剂、稀释剂，制造香精、化妆品、人造革、胶卷、火药等。		
急救措施			
皮肤接触	立即用水冲洗。		
眼睛接触	立即冲洗。		
吸入	将患者移至新鲜空气处，施行人工呼吸。		
食入	给饮大量盐水催吐(昏迷者除外)；就医。		
防护措施			
呼吸防护	空气中浓度较高时，应该佩戴导管式防毒面具。必要时，佩戴空气呼吸器。		
眼睛防护	戴化学安全防护眼镜。		
身体防护	穿防静电工作服。		
手防护	戴橡胶耐油手套。		
其他防护	工作现场严禁吸烟。工作完毕，淋浴更衣。注意个人清洁卫生。		

品名：**乙酸仲丁酯** 别名：醋酸仲丁酯		分子式：$C_6H_{12}O_2$ 分子量：116.2	相态：液 外观与性状：无色液体，有果子香味
危险特性			
火灾危险性：可燃液体甲 B 腐蚀减薄：低分子有机酸腐蚀 环境开裂：无		爆炸物：无 金属腐蚀：无 急性毒性：无	皮肤腐蚀/刺激：无 易燃液体：类别 3
易燃，其蒸气与空气可形成爆炸性混合物，遇明火、高热能引起燃烧爆炸。与氧化剂能发生强烈反应。其蒸气比空气重，能在较低处扩散到相当远的地方，遇火源会着火回燃。			
理化特性			
熔点：-98.9℃ 沸点：112.3℃ 闪点：19.0℃	临界温度：288.0℃ 临界压力：3.24MPa 饱和蒸气压：1.33kPa(20℃)	爆炸上限：15.0% 爆炸下限：1.5% 相对密度($d_{水}=1$)：0.86	引燃温度：421.0℃ 燃烧热：3556.3kJ/mol
溶解性	不溶于水，可混溶于乙醇、乙醚等多数有机溶剂。		
主要用途	用作溶剂、化学试剂，调制香料。		
急救措施			
皮肤接触	脱去污染的衣着，用肥皂水和清水彻底冲洗皮肤。		
眼睛接触	提起眼睑，用流动清水或生理盐水冲洗。就医。		
吸入	迅速脱离现场至空气新鲜处。保持呼吸道通畅。如呼吸困难，给输氧。如呼吸停止，立即进行人工呼吸。就医。		
食入	饮足量温水，催吐。就医。		
防护措施			
呼吸防护	可能接触其蒸气时，应该佩戴自吸过滤式防毒面具(半面罩)。紧急事态抢救或撤离时，建议佩戴空气呼吸器。		
眼睛防护	戴化学安全防护眼镜。		
身体防护	穿防静电工作服。		
手防护	戴橡胶耐油手套。		
其他防护	工作现场严禁吸烟。工作完毕，淋浴更衣。注意个人清洁卫生。		

品名：**乙烷** 别名：无		分子式：C_2H_6 分子量：30.1	相态：气 外观与性状：无色无臭气体
危险特性			
火灾危险性：可燃气体甲 腐蚀减薄：无 环境开裂：无		爆炸物：无 金属腐蚀：无 急性毒性：无	皮肤腐蚀/刺激：无 易燃气体：类别 1 加压气体：是
易燃，与空气混合能形成爆炸性混合物，遇热源和明火有燃烧爆炸的危险。与氟、氯等接触会发生剧烈的化学反应。			
理化特性			
熔点：-183.3℃ 沸点：-88.6℃ 闪点：-129.5℃	临界温度：32.2℃ 临界压力：4.87MPa 饱和蒸气压：3850.0kPa(20℃)	爆炸上限：16.0% 爆炸下限：3.0% 相对密度($d_{水}=1$)：0.45	引燃温度：472.0℃ 燃烧热：1558.3kJ/mol
溶解性	不溶于水，微溶于乙醇、丙酮，溶于苯。		
主要用途	用于制乙烯、氯乙烯、氯乙烷、冷冻剂等。		
急救措施			
皮肤接触	无资料。		
眼睛接触	无资料。		
吸入	迅速脱离现场至空气新鲜处。保持呼吸道通畅。如呼吸困难，给输氧。如呼吸停止，立即进行人工呼吸。就医。		
食入	无资料。		
防护措施			
呼吸防护	一般不需要特殊防护，但建议在特殊情况下，佩戴自吸过滤式防毒面具(半面罩)。		
眼睛防护	一般不需要特殊防护。		
身体防护	穿防静电工作服。		
手防护	戴一般作业防护手套。		
其他防护	工作现场严禁吸烟。避免长期反复接触。进入罐、限制性空间或其他高浓度区作业，须有人监护。		

品名：**乙烯**	分子式：C_2H_4	相态：气
别名：无	分子量：28.1	外观与性状：无色气体，略具烃类特有臭味

危险特性

火灾危险性：可燃气体甲	爆炸物：无	皮肤腐蚀/刺激：无
腐蚀减薄：无	金属腐蚀：无	易燃气体：类别1
环境开裂：无	急性毒性：无	加压气体：是

易燃，与空气混合能形成爆炸性混合物。遇明火、高热或与氧化剂接触，有引起燃烧爆炸的危险。与氟、氯等接触会发生剧烈的化学反应。

理化特性

熔点：-169.4℃	临界温度：9.2℃	爆炸上限：36.0%	引燃温度：425.0℃
沸点：-103.9℃	临界压力：5.04MPa	爆炸下限：2.7%	燃烧热：1409.6kJ/mol
闪点：-135.0℃	饱和蒸气压：4083.40kPa(0℃)	相对密度($d_{水}=1$)：0.61	

溶解性	不溶于水，微溶于乙醇、酮、苯，溶于醚。
主要用途	用于制聚乙烯、聚氯乙烯、醋酸等。

急救措施

皮肤接触	若有冻伤，就医治疗。
眼睛接触	无资料。
吸入	迅速脱离现场至空气新鲜处。保持呼吸道通畅。如呼吸困难，给输氧。如呼吸停止，立即进行人工呼吸。就医。
食入	无资料。

防护措施

呼吸防护	一般不需要特殊防护，高浓度接触时可佩戴自吸过滤式防毒面具(半面罩)。
眼睛防护	一般不需特殊防护。必要时，戴化学安全防护眼镜。
身体防护	穿防静电工作服。
手防护	戴一般作业防护手套。
其他防护	工作现场严禁吸烟。避免长期反复接触。进入罐、限制性空间或其他高浓度区作业，须有人监护。

品名：**乙烯(2-氯乙基)醚**	分子式：C_4H_7ClO	相态：液
别名：(2-氯乙基)乙烯醚	分子量：106.6	外观与性状：无色易挥发液体

危险特性

火灾危险性：可燃液体甲B	爆炸物：无	皮肤腐蚀/刺激：无
腐蚀减薄：无	金属腐蚀：无	易燃气体：类别2
环境开裂：无	急性毒性：类别3	严重眼损伤/眼刺激：类别2

遇明火、高热或与氧化剂接触，有引起燃烧爆炸的危险。其蒸气比空气重，能在较低处扩散到相当远的地方，遇明火会引着回燃。若遇高热，可能发生聚合反应，出现大量放热现象，引起容器破裂和爆炸事故。

理化特性

熔点：-69.7℃	临界温度：无资料	爆炸上限：无资料	引燃温度：无资料
沸点：109.0℃	临界压力：无资料	爆炸下限：无资料	燃烧热：无资料
闪点：16.1℃	饱和蒸气压：无资料	相对密度($d_{水}=1$)：0.77	

溶解性	微溶于水，溶于乙醇、乙醚、丙酮、氯仿。
主要用途	用作麻醉剂等。

急救措施

皮肤接触	脱去污染的衣着，用流动清水冲洗皮肤。
眼睛接触	立即翻开上下眼睑，用流动清水冲洗15min。就医。
吸入	迅速脱离现场至空气新鲜处。保持呼吸道通畅。如呼吸困难，给输氧。如呼吸停止，立即进行人工呼吸。就医。
食入	饮足量温水，催吐。就医。

防护措施

呼吸防护	可能接触其蒸气时，佩戴防毒口罩。高浓度环境中，建议佩戴自给式呼吸器。
眼睛防护	戴化学安全防护眼镜。
身体防护	穿防静电工作服。
手防护	必要时戴防护手套。
其他防护	工作现场禁止吸烟、进食和饮水。工作后，淋浴更衣。

品名：**4-乙烯-1-环己烯**	分子式：C_8H_{12}	相态：液
别名：4-乙烯基环己烯	分子量：108.2	外观与性状：无色液体

危险特性

火灾危险性：可燃液体甲 B	爆炸物：无	皮肤腐蚀/刺激：类别 2
腐蚀减薄：无	金属腐蚀：无	易燃气体：类别 2
环境开裂：无	急性毒性：无	严重眼损伤/眼刺激：类别 1

其蒸气与空气可形成爆炸性混合物，遇明火、高热极易燃烧爆炸。与氧化剂接触猛烈反应。流速过快，容易产生和积聚静电。容易自聚，聚合反应随着温度的上升而急骤加剧。其蒸气比空气重，能在较低处扩散到相当远的地方，遇火源会着火回燃。若遇高热，容器内压增大，有开裂和爆炸的危险。

理化特性

熔点：-108.9℃	临界温度：无资料	爆炸上限：无资料	引燃温度：无资料
沸点：128.0℃	临界压力：无资料	爆炸下限：无资料	燃烧热：无资料
闪点：20.0℃	饱和蒸气压：3.44kPa(38℃)	相对密度($d_{水}=1$)：0.83	

溶解性	溶于多数有机溶剂。
主要用途	用于聚合物制造和有机合成。

急救措施

皮肤接触	脱去污染的衣着，用流动清水冲洗皮肤。
眼睛接触	立即翻开上下眼睑，用流动清水冲洗 15min。就医。
吸入	迅速脱离现场至空气新鲜处。保持呼吸道通畅。如呼吸困难，给输氧。如呼吸停止，立即进行人工呼吸。就医。
食入	饮足量温水，催吐。就医。

防护措施

呼吸防护	空气中浓度超标时，必须佩戴自吸过滤式防毒面具(半面罩)。紧急事态抢救或撤离时，应该佩戴空气呼吸器。
眼睛防护	戴化学安全防护眼镜。
身体防护	穿防静电工作服。
手防护	戴橡胶耐油手套。
其他防护	工作现场严禁吸烟。避免长期反复接触。

品名：**2-乙烯基吡啶**	分子式：C_7H_7N	相态：液
别名：无	分子量：105.1	外观与性状：暗棕色液体，带有一种令人不愉快的气味

危险特性

火灾危险性：可燃液体乙 B	爆炸物：无	皮肤腐蚀/刺激：类别 2
腐蚀减薄：无	金属腐蚀：无	易燃气体：类别 3
环境开裂：无	急性毒性：类别 2	严重眼损伤/眼刺激：类别 2

遇明火能燃烧。受热分解放出有毒气体。在使用和贮存过程中，易发生自聚反应，酿成事故。

理化特性

熔点：无资料	临界温度：无资料	爆炸上限：10.7%	引燃温度：无资料
沸点：160.3℃	临界压力：无资料	爆炸下限：1.3%	燃烧热：无资料
闪点：46.7℃	饱和蒸气压：1.33kPa(45℃)	相对密度($d_{水}=1$)：无资料	

溶解性	微溶于水，极易溶于乙醛、乙醚和氯仿，溶于苯、丙酮。
主要用途	主要用于合成丁苯吡胶乳，也用于制造克矽平、倍他定盐酸盐等药物。

急救措施

皮肤接触	脱去污染的衣着，立即用大量流动清水彻底冲洗至少 15min。就医。
眼睛接触	立即翻开上下眼睑，用流动清水或生理盐水冲洗至少 15min。就医。
吸入	迅速脱离现场至空气新鲜处。保持呼吸道通畅，呼吸困难时给输氧。呼吸停止时，立即进行人工呼吸。就医。
食入	给饮牛奶或蛋清。就医。

防护措施

呼吸防护	可能接触其蒸气时，应该佩戴防毒面具。紧急事态抢救或撤离时，建议佩戴自给式呼吸器。
眼睛防护	戴化学安全防护眼镜。
身体防护	穿防静电工作服。
手防护	戴防化学品手套。
其他防护	工作现场禁止吸烟、进食和饮水。工作后，彻底清洗。工作服不要带到非作业场所，单独存放被毒物污染的衣服。

品名：**4-乙烯基吡啶**		分子式：C_7H_7N	相态：液
别名：无		分子量：105.1	外观与性状：无色液体
危险特性			
火灾危险性：可燃液体乙 B		爆炸物：无	皮肤腐蚀/刺激：类别 2
腐蚀减薄：无		金属腐蚀：无	易燃气体：类别 3
环境开裂：无		急性毒性：类别 1	严重眼损伤/眼刺激：类别 2
无资料。			
理化特性			
熔点：无资料	临界温度：无资料	爆炸上限：无资料	引燃温度：无资料
沸点：121.0℃	临界压力：无资料	爆炸下限：无资料	燃烧热：无资料
闪点：52.0℃	饱和蒸气压：无资料	相对密度($d_水=1$)：0.99	
溶解性	微溶于水、乙醚，溶于热水热乙醇。		
主要用途	用于有机合成。		
急救措施			
皮肤接触	脱去污染的衣着，立即用大量流动清水彻底冲洗至少 15min。就医。		
眼睛接触	立即翻开上下眼睑，用流动清水或生理盐水冲洗至少 15min。就医。		
吸入	迅速脱离现场至空气新鲜处。保持呼吸道通畅，呼吸困难时给输氧。呼吸停止时，立即进行人工呼吸。就医。		
食入	用水漱口，给饮牛奶或蛋清。		
防护措施			
呼吸防护	空气中浓度超标时，必须佩戴自吸过滤式防毒面具(半面罩)。紧急事态抢救或撤离时，应该佩戴空气呼吸器。		
眼睛防护	戴化学安全防护眼镜。		
身体防护	穿防毒物渗透工作服。		
手防护	戴橡胶手套。		
其他防护	工作现场禁止吸烟、进食和饮水。工作后，彻底清洗。工作服不要带到非作业场所，单独存放被毒物污染的衣服。		

品名：**4-乙烯基间二甲苯**		分子式：$C_{10}H_{12}$	相态：液
别名：2,4-二甲基苯乙烯		分子量：132.2	外观与性状：无色至黄色油状液体
危险特性			
火灾危险性：可燃液体丙 A		爆炸物：无	皮肤腐蚀/刺激：类别 2
腐蚀减薄：无		金属腐蚀：无	严重眼损伤/眼刺激：类别 2
环境开裂：无		急性毒性：无	
遇明火能燃烧。遇高热分解。在使用和贮存过程中，易发生自聚反应，酿成事故。			
理化特性			
熔点：-64.0℃	临界温度：无资料	爆炸上限：无资料	引燃温度：无资料
沸点：73.0℃	临界压力：无资料	爆炸下限：无资料	燃烧热：无资料
闪点：67.0℃	饱和蒸气压：1.47kPa(70℃)	相对密度($d_水=1$)：0.91	
溶解性	不溶于水，可混溶于乙醇、苯。		
主要用途	用作分析试剂。		
急救措施			
皮肤接触	脱去污染的衣着，立即用大量流动清水彻底冲洗至少 15min。就医。		
眼睛接触	立即翻开上下眼睑，用流动清水或生理盐水冲洗至少 15min。就医。		
吸入	迅速脱离现场至空气新鲜处。保持呼吸道通畅，呼吸困难时给输氧。呼吸停止时，立即进行人工呼吸。就医。		
食入	用水漱口，给饮牛奶或蛋清。		
防护措施			
呼吸防护	空气中浓度超标时，必须佩戴自吸过滤式防毒面具(半面罩)。紧急事态抢救或撤离时，应该佩戴空气呼吸器。		
眼睛防护	戴化学安全防护眼镜。		
身体防护	穿防毒物渗透工作服。		
手防护	戴橡胶手套。		
其他防护	工作现场禁止吸烟、进食和饮水。工作完毕，淋浴更衣。保持良好的卫生习惯。		

品名：**乙烯基三氯硅烷[稳定的]**		分子式：$C_2H_3Cl_3Si$		相态：液
别名：三氯乙烯硅烷		分子量：161.5		外观与性状：无色液体
危险特性				
火灾危险性：可燃液体甲 B		爆炸物：无		皮肤腐蚀/刺激：类别 1
腐蚀减薄：无		金属腐蚀：无		易燃液体：类别 2
环境开裂：无		急性毒性：类别 3		严重眼损伤/眼刺激：类别 1
易燃，遇明火、高热或与氧化剂接触，有引起燃烧爆炸的危险。受热或遇水分解放热，放出有毒的腐蚀性烟气。具有腐蚀性。				
理化特性				
熔点：-95.0℃	临界温度：无资料		爆炸上限：无资料	引燃温度：262.8℃
沸点：90.6℃	临界压力：3.49MPa		爆炸下限：无资料	燃烧热：1614.9kJ/mol
闪点：-9.0℃	饱和蒸气压：8.78kPa(25℃)		相对密度($d_水=1$)：1.27	
溶解性	溶于多数有机溶剂。			
主要用途	用于有机合成，用作硅酮制造的中间体、胶黏剂的偶联剂以及化学试剂。			
急救措施				
皮肤接触	脱去污染的衣着，立即用大量流动清水彻底冲洗至少 15min。就医。			
眼睛接触	立即翻开上下眼睑，用流动清水或生理盐水冲洗至少 15min。就医。			
吸入	迅速脱离现场至空气新鲜处。保持呼吸道通畅，呼吸困难时给输氧。呼吸停止时，立即进行人工呼吸。就医。			
食入	用水漱口，给饮牛奶或蛋清。			
防护措施				
呼吸防护	可能接触其蒸气时，应该佩戴自吸过滤式防毒面具(全面罩)。紧急事态抢救或撤离时，建议佩戴空气呼吸器。			
眼睛防护	呼吸系统防护中已做防护。			
身体防护	穿胶布防毒衣。			
手防护	戴橡胶手套。			
其他防护	工作现场严禁吸烟。工作完毕，淋浴更衣。注意个人清洁卫生。			

品名：**乙烯基乙醚[稳定的]**		分子式：C_4H_8O		相态：液
别名：乙基乙烯醚；乙氧基乙烯		分子量：72.1		外观与性状：无色液体
危险特性				
火灾危险性：可燃液体甲 B		爆炸物：无		皮肤腐蚀/刺激：无
腐蚀减薄：无		金属腐蚀：无		易燃液体：类别 1
环境开裂：无		急性毒性：无		
其蒸气与空气可形成爆炸性混合物，遇明火、高热极易燃烧爆炸。与氧化剂接触猛烈反应。在空气中久置后能生成有爆炸性的过氧化物。流速过快，容易产生和积聚静电。容易自聚，聚合反应随着温度的上升而急骤加剧。其蒸气比空气重，能在较低处扩散到相当远的地方，遇火源会着火回燃。若遇高热，容器内压增大，有开裂和爆炸的危险。				
理化特性				
熔点：-115.3℃	临界温度：201.9℃		爆炸上限：28.0%	引燃温度：200.0℃
沸点：35.6℃	临界压力：4.07MPa		爆炸下限：1.7%	燃烧热：无资料
闪点：-45.0℃	饱和蒸气压：57.05kPa(20℃)		相对密度($d_水=1$)：0.75	
溶解性	微溶于水，溶于丙酮、苯、四氯化碳等多数有机溶剂。			
主要用途	用作化学中间体。			
急救措施				
皮肤接触	脱去污染的衣着，用大量流动清水冲洗皮肤。			
眼睛接触	提起眼睑，用流动清水或生理盐水冲洗。就医。			
吸入	迅速脱离现场至空气新鲜处。如呼吸困难，给输氧。就医。			
食入	饮足量温水，催吐。就医。			
防护措施				
呼吸防护	空气中浓度超标时，必须佩戴自吸过滤式防毒面具(半面罩)。紧急事态抢救或撤离时，应该佩戴空气呼吸器。			
眼睛防护	戴化学安全防护眼镜。			
身体防护	穿防静电工作服。			
手防护	戴橡胶耐油手套。			
其他防护	工作现场禁止吸烟、进食和饮水。工作完毕，淋浴更衣。注意个人清洁卫生。			

品名：**乙烯三乙氧基硅烷**	分子式：$C_8H_{18}O_3Si$	相态：液
别名：三乙氧基乙烯硅烷	分子量：190.3	外观与性状：无色透明液体

危险特性

火灾危险性：可燃液体乙 A	爆炸物：无	皮肤腐蚀/刺激：无
腐蚀减薄：无	金属腐蚀：无	易燃液体：类别 3
环境开裂：无	急性毒性：无	

其蒸气与空气可形成爆炸性混合物，遇明火、高热能引起燃烧爆炸。与氧化剂可发生反应。容易自聚，聚合反应随着温度的上升而急骤加剧。若遇高热，容器内压增大，有开裂和爆炸的危险。

理化特性

熔点：无资料	临界温度：无资料	爆炸上限：无资料	引燃温度：无资料
沸点：160.0℃	临界压力：无资料	爆炸下限：无资料	燃烧热：无资料
闪点：54.0℃	饱和蒸气压：无资料	相对密度($d_{水}=1$)：0.90	

溶解性	不溶于水，可混溶于醇、醚、苯。
主要用途	用作硅酮的中间体。

急救措施

皮肤接触	脱去污染的衣着，用大量流动清水冲洗皮肤。
眼睛接触	提起眼睑，用流动清水或生理盐水冲洗。就医。
吸入	迅速脱离现场至空气新鲜处。保持呼吸道通畅。如呼吸困难，给输氧。如呼吸停止，立即进行人工呼吸。就医。
食入	饮足量温水，催吐。洗胃，导泻。就医。

防护措施

呼吸防护	空气中浓度超标时，必须佩戴自吸过滤式防毒面具(半面罩)。紧急事态抢救或撤离时，应该佩戴空气呼吸器。
眼睛防护	戴化学安全防护眼镜。
身体防护	穿防毒物渗透工作服。
手防护	戴橡胶耐油手套。
其他防护	工作现场严禁吸烟。工作完毕，淋浴更衣。注意个人清洁卫生。

品名：***N*–乙酰对苯二胺**	分子式：$C_8H_{10}N_2O$	相态：固
别名：对氨基苯乙酰胺；对乙酰氨基苯胺	分子量：150.2	外观与性状：白色至淡红色结晶，在空气中逐渐变黑

危险特性

火灾危险性：无法确定	爆炸物：无	皮肤腐蚀/刺激：无
腐蚀减薄：碱腐蚀、胺腐蚀	金属腐蚀：无	严重眼损伤/眼刺激：类别 2
环境开裂：碱应力腐蚀开裂、氨应力腐蚀开裂、胺应力腐蚀开裂	急性毒性：无	

遇明火、高热可燃。其粉体与空气可形成爆炸性混合物，当达到一定浓度时，遇火星会发生爆炸。受热分解产生有毒的烟气。

理化特性

熔点：165.0℃	临界温度：无资料	爆炸上限：无资料	引燃温度：无资料
沸点：267.0℃	临界压力：无资料	爆炸下限：无资料	燃烧热：无资料
闪点：无资料	饱和蒸气压：无资料	相对密度($d_{水}=1$)：无资料	

溶解性	微溶于冷水、溶于热水、乙醇、乙醚。
主要用途	用作染料中间体。

急救措施

皮肤接触	脱去污染的衣着，用大量流动清水冲洗皮肤。
眼睛接触	提起眼睑，用流动清水或生理盐水冲洗。就医。
吸入	迅速脱离现场至空气新鲜处。保持呼吸道通畅。如呼吸困难，给输氧。如呼吸停止，立即进行人工呼吸。就医。
食入	饮足量温水，催吐。洗胃，导泻。就医。

防护措施

呼吸防护	空气中粉尘浓度超标时，必须佩戴自吸过滤式防尘口罩。紧急事态抢救或撤离时，应该佩戴空气呼吸器。
眼睛防护	戴化学安全防护眼镜。
身体防护	穿防毒物渗透工作服。
手防护	戴橡胶耐油手套。
其他防护	工作场所禁止吸烟、进食和饮水，饭前要洗手。工作完毕，淋浴更衣。保持良好的卫生习惯。

品名：**乙酰基乙烯酮[稳定的]** 别名：双烯酮；二乙烯酮		分子式：$C_4H_4O_2$ 分子量：84.1	相态：液 外观与性状：无色、有刺激性液体，具有刺激鼻恶臭，商品一般加有阻聚剂
危险特性			
火灾危险性：可燃液体乙 A 腐蚀减薄：无 环境开裂：无		爆炸物：无 金属腐蚀：无 急性毒性：类别 2	皮肤腐蚀/刺激：无 易燃液体：类别 3
其蒸气与空气形成爆炸性混合物，遇明火、高热能引起燃烧爆炸。与氧化剂能发生强烈反应。在外界条件(如热、光等)和催化剂的作用下，可发生聚合反应，放出气体使容器爆破。			
理化特性			
熔点：-6.5℃ 沸点：127.4℃ 闪点：34.0℃	临界温度：310.0℃ 临界压力：5.47MPa 饱和蒸气压：1.05kPa(20℃)	爆炸上限：无资料 爆炸下限：无资料 相对密度($d_{水}=1$)：1.09	引燃温度：310.0℃ 燃烧热：无资料
溶解性	不溶于水。		
主要用途	用作染料、颜料、医药解热剂及安定剂。		
急救措施			
皮肤接触	立即脱去污染的衣着，用大量流动清水冲洗至少 15min。就医。		
眼睛接触	立即提起眼睑，用大量流动清水或生理盐水彻底冲洗至少 15min。就医。		
吸入	迅速脱离现场至空气新鲜处。保持呼吸道通畅。如呼吸困难，给输氧。如呼吸停止，立即进行人工呼吸。就医。		
食入	用水漱口，给饮牛奶或蛋清。		
防护措施			
呼吸防护	可能接触其蒸气时，建议佩戴防毒面具。高浓度环境中，应该佩戴自给式呼吸器。		
眼睛防护	戴化学安全防护眼镜。		
身体防护	穿防腐工作服。		
手防护	戴防护手套。		
其他防护	工作现场禁止吸烟、进食和饮水。工作后，淋浴更衣。注意个人清洁卫生。		

品名：**乙酰氯** 别名：氯化乙酰		分子式：C_2H_3ClO 分子量：78.5	相态：液 外观与性状：无色发烟液体，有强烈刺激性气味
危险特性			
火灾危险性：可燃液体甲 B 腐蚀减薄：盐酸腐蚀、含盐水腐蚀 环境开裂：氯化物应力腐蚀开裂		爆炸物：无 金属腐蚀：无 急性毒性：无	皮肤腐蚀/刺激：类别 1 易燃液体：类别 2 严重眼损伤/眼刺激：类别 1
易燃，其蒸气与空气可形成爆炸性混合物，遇明火、高热能引起燃烧爆炸。在空气中受热分解放出剧毒的光气和氯化氢气体。遇水、水蒸气或乙醇剧烈反应甚至爆炸。其蒸气比空气重，能在较低处扩散到相当远的地方，遇火源会着火回燃。			
理化特性			
熔点：-112.0℃ 沸点：51.0℃ 闪点：4.0℃	临界温度：246.0℃ 临界压力：5.83MPa 饱和蒸气压：32.00kPa(20℃)	爆炸上限：无资料 爆炸下限：无资料 相对密度($d_{水}=1$)：1.11	引燃温度：390.0℃ 燃烧热：1C99.0kJ/mol
溶解性	溶于丙酮、醚、乙酸。		
主要用途	用于有机化合物、染料及药品的制造。		
急救措施			
皮肤接触	脱去污染的衣着，用肥皂水和清水彻底冲洗皮肤。		
眼睛接触	提起眼睑，用流动清水或生理盐水冲洗至少 15min。就医。		
吸入	迅速脱离现场至空气新鲜处。保持呼吸道通畅。如呼吸困难，给输氧。如呼吸停止，立即进行人工呼吸。就医。		
食入	用水漱口，给饮牛奶或蛋清。		
防护措施			
呼吸防护	可能接触其蒸气时，必须佩戴过滤式防毒面具(全面罩)或自给式呼吸器。紧急事态抢救或撤离时，建议佩戴氧气呼吸器。		
眼睛防护	呼吸系统防护中已做防护。		
身体防护	穿胶布防毒衣。		
手防护	戴橡胶耐油手套。		
其他防护	工作现场禁止吸烟、进食和饮水。工作完毕，淋浴更衣。保持良好的卫生习惯。		

品名：**2-乙氧基苯胺** 别名：邻氨基苯乙醚；邻乙氧基苯胺		分子式：$C_8H_{11}NO$ 分子量：137.2	相态：液 外观与性状：无色油状液体，在光或空气中变棕色
危险特性			
火灾危险性：可燃液体丙 A 腐蚀减薄：碱腐蚀、胺腐蚀 环境开裂：碱应力腐蚀开裂、氨应力腐蚀开裂、胺应力腐蚀开裂		爆炸物：无 金属腐蚀：无 急性毒性：类别 3	皮肤腐蚀/刺激：无
无资料。			
理化特性			
熔点：-20.0℃ 沸点：229.0℃ 闪点：80.0℃	临界温度：无资料 临界压力：无资料 饱和蒸气压：无资料	爆炸上限：无资料 爆炸下限：无资料 相对密度（$d_水=1$）：1.05	引燃温度：无资料 燃烧热：无资料
溶解性	不溶于水，溶于稀酸和乙醇、乙醚等。		
主要用途	用作染料中间体。		
急救措施			
皮肤接触	无资料。		
眼睛接触	无资料。		
吸入	无资料。		
食入	无资料。		
防护措施			
呼吸防护	如危险性评测显示需要使用空气净化的防毒面具，请使用全面罩式多功能微粒防毒面具 N99 型（US）或 P2 型（EN143）防毒面具筒作为工程控制的候补。如果防毒面具是保护的唯一方式，则使用全面罩式送风防毒面具。呼吸器使用经过测试并通过政府标准如 NIOSH（US）或 CEN（EU）的呼吸器和零件。		
眼睛防护	面罩与安全眼镜请使用经官方标准如 NIOSH（美国）或 EN 166（欧盟）检测与批准的设备防护眼部。		
身体防护	全套防化学试剂工作服，防护设备的类型必须根据特定工作场所中的危险物的浓度和含量来选择。		
手防护	所选择的保护手套必须符合 EU 的 89/686/EEC 规定和从它衍生出来的 EN376 标准。		
其他防护	无资料。		

品名：**4-乙氧基苯胺** 别名：对乙氧基苯胺；对氨基苯乙醚		分子式：$C_8H_{11}NO$ 分子量：137.2	相态：液 外观与性状：无色油状液体，暴露在空气中和光照下渐变成红棕色
危险特性			
火灾危险性：可燃液体丙 A 腐蚀减薄：碱腐蚀、胺腐蚀 环境开裂：碱应力腐蚀开裂、氨应力腐蚀开裂、胺应力腐蚀开裂		爆炸物：无 金属腐蚀：无 急性毒性：类别 3	皮肤腐蚀/刺激：无 严重眼损伤/眼刺激：类别 2
遇明火、高热可燃。与氧化剂可发生反应。受高热分解放出有毒的气体。若遇高热，容器内压增大，有开裂和爆炸的危险。			
理化特性			
熔点：3.0℃ 沸点：253.0℃ 闪点：116.0℃	临界温度：无资料 临界压力：无资料 饱和蒸气压：无资料	爆炸上限：无资料 爆炸下限：无资料 相对密度（$d_水=1$）：1.06	引燃温度：无资料 燃烧热：无资料
溶解性	不溶于水，溶于乙醇。		
主要用途	用于有机合成。		
急救措施			
皮肤接触	脱去污染的衣着，用大量流动清水冲洗皮肤。		
眼睛接触	提起眼睑，用流动清水或生理盐水冲洗。就医。		
吸入	迅速脱离现场至空气新鲜处。保持呼吸道通畅。如呼吸困难，给输氧。如呼吸停止，立即进行人工呼吸。就医。		
食入	饮足量温水，催吐。就医。		
防护措施			
呼吸防护	无资料。		
眼睛防护	无资料。		
身体防护	无资料。		
手防护	无资料。		
其他防护	无资料。		

品名：**3-异丙基-5-甲基苯基 *N*-甲基氨基甲酸酯**		分子式：$C_{12}H_{17}NO_2$	相态：固	
别名：猛杀威		分子量：207.3	外观与性状：无色无味的白色结晶	
危险特性				
火灾危险性：无法确定		爆炸物：无	皮肤腐蚀/刺激：无	
腐蚀减薄：低分子有机酸腐蚀		金属腐蚀：无		
环境开裂：氨应力腐蚀开裂		急性毒性：类别 3		
遇明火、高热可燃。其粉体与空气可形成爆炸性混合物，当达到一定浓度时，遇火星会发生爆炸。受高热分解放出有毒的气体。				
理化特性				
熔点：87.0℃		临界温度：无资料	爆炸上限：无资料	引燃温度：无资料
沸点：103.0℃		临界压力：无资料	爆炸下限：无资料	燃烧热：无资料
闪点：无资料		饱和蒸气压：无资料	相对密度($d_水=1$)：无资料	
溶解性	难溶于水，易溶于多数有机溶剂。			
主要用途	用作农用杀虫剂。			
急救措施				
皮肤接触	脱去污染的衣着，用肥皂水和清水彻底冲洗皮肤。			
眼睛接触	提起眼睑，用流动清水或生理盐水冲洗。就医。			
吸入	迅速脱离现场至空气新鲜处。保持呼吸道通畅。如呼吸困难，给输氧。如呼吸停止，立即进行人工呼吸。就医。			
食入	饮足量温水，催吐。洗胃，导泻。就医。			
防护措施				
呼吸防护	空气中粉尘浓度超标时，建议佩戴自吸过滤式防尘口罩。紧急事态抢救或撤离时，应该佩戴空气呼吸器。			
眼睛防护	戴化学安全防护眼镜。			
身体防护	穿防毒物渗透工作服。			
手防护	戴乳胶手套。			
其他防护	工作场所禁止吸烟、进食和饮水，饭前要洗手。工作完毕，淋浴更衣。保持良好的卫生习惯。			

品名：***N*-异丙基-*N*-苯基-氯乙酰胺**		分子式：$C_{11}H_{14}ClNO$	相态：固	
别名：毒草胺		分子量：211.7	外观与性状：淡黄褐色的结晶粉末	
危险特性				
火灾危险性：无法确定		爆炸物：无	皮肤腐蚀/刺激：无	
腐蚀减薄：碱腐蚀、胺腐蚀		金属腐蚀：无	严重眼损伤/眼刺激：类别 2	
环境开裂：碱应力腐蚀开裂、胺应力腐蚀开裂		急性毒性：无		
遇明火、高热可燃。其粉体与空气可形成爆炸性混合物，当达到一定浓度时，遇火星会发生爆炸。受高热分解放出有毒的气体。				
理化特性				
熔点：67.0℃		临界温度：无资料	爆炸上限：无资料	引燃温度：无资料
沸点：290.4℃		临界压力：无资料	爆炸下限：无资料	燃烧热：无资料
闪点：无资料		饱和蒸气压：0.004kPa(110℃)	相对密度($d_水=1$)：无资料	
溶解性	微溶于水。			
主要用途	无资料。			
急救措施				
皮肤接触	立即脱去污染的衣着，用肥皂水及流动清水彻底冲洗污染的皮肤、头发、指甲等。就医。			
眼睛接触	拉开眼睑，用流动清水冲洗 15min。就医。			
吸入	迅速脱离现场至空气新鲜处。保持呼吸道通畅。如呼吸困难，给输氧。如呼吸停止，立即进行人工呼吸。就医。			
食入	饮足量温水，催吐。洗胃，导泄。就医。			
防护措施				
呼吸防护	空气中粉尘浓度较高时，建议佩戴自吸过滤式防尘口罩。			
眼睛防护	戴化学安全防护眼镜。			
身体防护	穿透气型防毒服。			
手防护	戴防化学品手套。			
其他防护	工作时不得进食、饮水或吸烟。工作完毕，彻底清洗。保持良好的卫生习惯。			

品名：**异丙基苯** 别名：枯烯；异丙苯	分子式：C_9H_{12} 分子量：120.2	相态：液 外观与性状：无色液体，有特殊芳香气味
危险特性		
火灾危险性：可燃液体乙A 腐蚀减薄：无 环境开裂：无	爆炸物：无 金属腐蚀：无 急性毒性：无	皮肤腐蚀/刺激：无 易燃液体：类别3
易燃，遇明火、高热或与氧化剂接触，有引起燃烧爆炸的危险。		
理化特性		
熔点：-96.0℃ 沸点：152.4℃ 闪点：35.0℃	临界温度：362.7℃ 临界压力：3.21MPa 饱和蒸气压：2.48kPa(50℃)	爆炸上限：6.0% 爆炸下限：0.8% 相对密度($d_水=1$)：0.86 引燃温度：424.0℃ 燃烧热：4951.8kJ/mol
溶解性	不溶于水，溶于醇、乙醚、苯、四氯化碳等多数有机溶剂。	
主要用途	用于有机合成和用作溶剂。	
急救措施		
皮肤接触	脱去污染的衣着，用肥皂水和清水彻底冲洗皮肤。	
眼睛接触	提起眼睑，用流动清水或生理盐水冲洗。就医。	
吸入	迅速脱离现场至空气新鲜处。保持呼吸道通畅。如呼吸困难，给输氧。如呼吸停止，立即进行人工呼吸。就医。	
食入	饮足量温水，催吐。就医。	
防护措施		
呼吸防护	空气中浓度超标时，佩戴过滤式防毒面具(半面罩)。紧急事态抢救或撤离时，建议佩戴自给式呼吸器。	
眼睛防护	戴化学安全防护眼镜。	
身体防护	穿防毒物渗透工作服。	
手防护	戴橡胶耐油手套。	
其他防护	工作现场禁止吸烟、进食和饮水。工作完毕，淋浴更衣。保持良好的卫生习惯。	

品名：**异丙基异丙苯基氢过氧化物[含量≤72%，含A型稀释剂≥28%]** 别名：过氧化氢二异丙苯	分子式：无资料 分子量：无资料	相态：无资料 外观与性状：无资料
危险特性		
火灾危险性：无法确定 腐蚀减薄：无 环境开裂：无	爆炸物：无 金属腐蚀：无 急性毒性：无	皮肤腐蚀/刺激：类别1 严重眼损伤/眼刺激：类别1 有机过氧化物：F型
易燃，具有强氧化性。遇热、明火或与酸、碱接触剧烈反应会造成燃烧爆炸。与还原剂、促进剂、有机物、可燃物等接触会发生剧烈反应，有燃烧爆炸的危险。		
理化特性		
熔点：-9.0℃ 沸点：无资料 闪点：无资料	临界温度：无资料 临界压力：无资料 饱和蒸气压：4.90kPa(20℃)	爆炸上限：无资料 爆炸下限：无资料 相对密度($d_水=1$)：0.98 引燃温度：无资料 燃烧热：无资料
溶解性	无资料。	
主要用途	用作引发剂、氧化剂。	
急救措施		
皮肤接触	立即脱去污染的衣着，用大量流动清水冲洗至少15min。就医。	
眼睛接触	立即提起眼睑，用大量流动清水或生理盐水彻底冲洗至少15min。就医。	
吸入	迅速脱离现场至空气新鲜处。保持呼吸道通畅。如呼吸困难，给输氧。如呼吸停止，立即进行人工呼吸。就医。	
食入	用水漱口，给饮牛奶或蛋清。就医。	
防护措施		
呼吸防护	空气中浓度超标时，必须佩戴自吸过滤式防毒面具(全面罩)。紧急事态抢救或撤离时，应该佩戴空气呼吸器。	
眼睛防护	呼吸系统防护中已做防护。	
身体防护	穿连衣式胶布防毒衣。	
手防护	戴橡胶耐油手套。	
其他防护	工作现场严禁吸烟。工作完毕，淋浴更衣。	

品名：**异丙硫醇**	分子式：C_3H_8S	相态：液
别名：硫代异丙醇；2-巯基丙烷	分子量：76.2	外观与性状：无色液体，有极不愉快的气味

危险特性

火灾危险性：可燃液体甲B	爆炸物：无	皮肤腐蚀/刺激：无
腐蚀减薄：硫酸腐蚀、高温硫化物腐蚀	金属腐蚀：无	易燃液体：类别2
环境开裂：连多硫酸应力腐蚀开裂	急性毒性：无	严重眼损伤/眼刺激：类别2

其蒸气与空气可形成爆炸性混合物，遇明火、高热极易燃烧爆炸。与氧化剂接触猛烈反应。遇强酸能分解释出有毒气体。遇水释出有毒的腐蚀性气体。其蒸气比空气重，能在较低处扩散到相当远的地方，遇火源会着火回燃。若遇高热，容器内压增大，有开裂和爆炸的危险。

理化特性

熔点：-130.5℃	临界温度：无资料	爆炸上限：13.7%	引燃温度：无资料
沸点：57.0℃	临界压力：无资料	爆炸下限：2 1%	燃烧热：无资料
闪点：-34.0℃	饱和蒸气压：60.65kPa(38.8℃)	相对密度($d_水=1$)：0.81	

溶解性	微溶于水，溶于乙醇、乙醚等。
主要用途	石油分析用的标准，也用于有机合成。

急救措施

皮肤接触	脱去污染的衣着，用大量流动清水冲洗皮肤。
眼睛接触	提起眼睑，用流动清水或生理盐水冲洗。就医。
吸入	迅速脱离现场至空气新鲜处。保持呼吸道通畅。如呼吸困难，给输氧。如呼吸停止，立即进行人工呼吸。就医。
食入	饮足量温水，催吐。就医。

防护措施

呼吸防护	空气中浓度超标时，必须佩戴自吸过滤式防毒面具(半面罩)。紧急事态抢救或撤离时，应该佩戴空气呼吸器。
眼睛防护	戴化学安全防护眼镜。
身体防护	穿防静电工作服。
手防护	戴橡胶手套。
其他防护	工作现场严禁吸烟。工作完毕，淋浴更衣。注意个人清洁卫生。

品名：**异丙醚**	分子式：$C_6H_{14}O$	相态：液
别名：二异丙基醚	分子量：102.2	外观与性状：无色液体，有类似乙醚气味

危险特性

火灾危险性：可燃液体甲B	爆炸物：无	皮肤腐蚀/刺激：无
腐蚀减薄：无	金属腐蚀：无	易燃液体：类别2
环境开裂：无	急性毒性：无	

其蒸气与空气可形成爆炸性混合物，遇明火、高热能引起燃烧爆炸。与氧化剂能发生强烈反应。在空气中久置后能生成有爆炸性的过氧化物。在火场中，受热的容器有爆炸危险。其蒸气比空气重，能在较低处扩散到相当远的地方，遇火源会着火回燃。

理化特性

熔点：-85.9℃	临界温度：228.0℃	爆炸上限：21.0%	引燃温度：443.0℃
沸点：68.5℃	临界压力：2.88MPa	爆炸下限：1.0%	燃烧热：4006.3kJ/mol
闪点：-12.0℃	饱和蒸气压：16.00kPa(20℃)	相对密度($a_水=1$)：0.73	

溶解性	不溶于水，可混溶于醇、醚、苯、氯仿等多数有机溶剂。
主要用途	用作溶剂，还用于乙酸或丁酸稀溶液的浓缩回收。

急救措施

皮肤接触	脱去污染的衣着，用大量流动清水冲洗皮肤。
眼睛接触	提起眼睑，用流动清水或生理盐水冲洗。就医。
吸入	迅速脱离现场至空气新鲜处。保持呼吸道通畅。如呼吸困难，给输氧。如呼吸停止，立即进行人工呼吸。就医。
食入	饮足量温水，催吐。就医。

防护措施

呼吸防护	空气中浓度超标时，佩戴过滤式防毒面具(半面罩)。
眼睛防护	戴化学安全防护眼镜。
身体防护	穿防静电工作服。
手防护	戴橡胶耐油手套。
其他防护	工作现场禁止吸烟、进食和饮水。工作完毕，淋浴更衣。注意个人清洁卫生。

品名：**异丙烯基乙炔**	分子式：C_5H_6	相态：液
别名：无	分子量：66.1	外观与性状：无色液体，有催泪性

危险特性

火灾危险性：可燃液体甲 B	爆炸物：无	皮肤腐蚀/刺激：无
腐蚀减薄：无	金属腐蚀：无	易燃液体：类别 1
环境开裂：无	急性毒性：无	

其蒸气与空气可形成爆炸性混合物，遇明火、高热极易燃烧爆炸。与氧化剂接触猛烈反应。流速过快，容易产生和积聚静电。容易自聚，聚合反应随着温度的上升而急骤加剧。其蒸气比空气重，能在较低处扩散到相当远的地方，遇火源会着火回燃。若遇高热，容器内压增大，有开裂和爆炸的危险。

理化特性

熔点：-113.0℃	临界温度：无资料	爆炸上限：无资料	引燃温度：无资料
沸点：33.0℃	临界压力：无资料	爆炸下限：无资料	燃烧热：无资料
闪点：-6.7℃	饱和蒸气压：16.00kPa(20℃)	相对密度($d_{水}=1$)：0.69	

溶解性	微溶于水，可混溶于丙酮、乙醇、苯、四氯化碳。
主要用途	用作化学中间体、特殊燃料。

急救措施

皮肤接触	脱去污染的衣着，用大量流动清水冲洗皮肤。
眼睛接触	提起眼睑，用流动清水或生理盐水冲洗。就医。
吸入	迅速脱离现场至空气新鲜处。保持呼吸道通畅。如呼吸困难，给输氧。就医。
食入	饮足量温水，催吐。就医。

防护措施

呼吸防护	空气中浓度超标时，必须佩戴自吸过滤式防毒面具(半面罩)。紧急事态抢救或撤离时，应该佩戴空气呼吸器。
眼睛防护	戴化学安全防护眼镜。
身体防护	穿防静电工作服。
手防护	戴橡胶耐油手套。
其他防护	工作现场严禁吸烟。避免长期反复接触。

品名：**异丁胺**	分子式：$C_4H_{11}N$	相态：液
别名：1-氨基-2-甲基丙烷	分子量：73.1	外观与性状：无色液体，有氨的气味

危险特性

火灾危险性：可燃液体甲 B	爆炸物：无	皮肤腐蚀/刺激：类别 1
腐蚀减薄：碱腐蚀、胺腐蚀	金属腐蚀：无	易燃液体：类别 2
环境开裂：碱应力腐蚀开裂、氨应力腐蚀开裂、胺应力腐蚀开裂	急性毒性：类别 3	严重眼损伤/眼刺激：类别 1

易燃，其蒸气与空气可形成爆炸性混合物，遇明火、高热能引起燃烧爆炸。与氧化剂能发生强烈反应。其蒸气比空气重，能在较低处扩散到相当远的地方，遇火源会着火回燃。具有腐蚀性。

理化特性

熔点：-85.5℃	临界温度：无资料	爆炸上限：9.0%	引燃温度：378.0℃
沸点：68.6℃	临界压力：4.20MPa	爆炸下限：3.4%	燃烧热：2982.8kJ/mol
闪点：-9.0℃	饱和蒸气压：13.33kPa(18.8℃)	相对密度($d_{水}=1$)：0.73	

溶解性	溶于水、乙醇、乙醚、烃类。
主要用途	用于有机合成，及制造杀虫剂。

急救措施

皮肤接触	立即脱去污染的衣着，用大量流动清水冲洗至少15min。就医。
眼睛接触	立即提起眼睑，用大量流动清水或生理盐水彻底冲洗至少15min。就医。
吸入	迅速脱离现场至空气新鲜处。保持呼吸道通畅。如呼吸困难，给输氧。如呼吸停止，立即进行人工呼吸。就医。
食入	用水漱口，给饮牛奶或蛋清。就医。

防护措施

呼吸防护	可能接触其蒸气时，佩戴导管式防毒面具。紧急事态抢救或撤离时，应该佩戴氧气呼吸器、空气呼吸器。
眼睛防护	呼吸系统防护中已做防护。
身体防护	穿防毒物渗透工作服。
手防护	戴橡胶耐油手套。
其他防护	工作现场禁止吸烟、进食和饮水。工作完毕，淋浴更衣。

品名：**异丁基苯**	分子式：$C_{10}H_{14}$	相态：液
别名：异丁苯	分子量：134.2	外观与性状：无色液体

危险特性

火灾危险性：可燃液体乙 A	爆炸物：无	皮肤腐蚀/刺激：类别 2
腐蚀减薄：无	金属腐蚀：无	易燃液体：类别 3
环境开裂：无	急性毒性：无	

易燃，遇高热、明火及强氧化剂易引起燃烧。

理化特性

熔点：-82.7℃	临界温度：377.0℃	爆炸上限：6.0%	引燃温度：427.0℃
沸点：173.5℃	临界压力：3.05MPa	爆炸下限：0.8%	燃烧热：无资料
闪点：45.0℃	饱和蒸气压：0.13kPa(18.6℃)	相对密度($d_{水}=1$)：0.86	

溶解性	不溶于水，溶于乙醇等多数有机溶剂。
主要用途	用作涂料和有机合成溶剂、增塑剂、表面活性剂。

急救措施

皮肤接触	脱去污染的衣着，用大量流动清水冲洗皮肤。
眼睛接触	提起眼睑，用流动清水或生理盐水冲洗。就医。
吸入	迅速脱离现场至空气新鲜处。保持呼吸道通畅。如呼吸困难，给输氧。如呼吸停止，立即进行人工呼吸。就医。
食入	饮足量温水，催吐。就医。

防护措施

呼吸防护	空气中浓度超标时，佩戴过滤式防毒面具(半面罩)。紧急事态抢救或撤离时，建议佩戴空气呼吸器。
眼睛防护	必要时，戴化学安全防护眼镜。
身体防护	穿防毒物渗透工作服。
手防护	戴橡胶耐油手套。
其他防护	工作现场禁止吸烟、进食和饮水。工作完毕，淋浴更衣。保持良好的卫生习惯。

品名：**异丁基乙烯基醚[稳定的]**	分子式：$C_6H_{12}O$	相态：液
别名：乙烯基异丁醚；异丁氧基乙烯	分子量：100.2	外观与性状：无色液体

危险特性

火灾危险性：可燃液体甲 B	爆炸物：无	皮肤腐蚀/刺激：类别 2
腐蚀减薄：无	金属腐蚀：无	易燃液体：类别 2
环境开裂：无	急性毒性：无	

其蒸气与空气可形成爆炸性混合物，遇明火、高热极易燃烧爆炸。与氧化剂接触猛烈反应。接触空气或在光照条件下可生成具有潜在爆炸危险性的过氧化物。容易自聚，聚合反应随着温度的上升而急骤加剧。其蒸气比空气重，能在较低处扩散到相当远的地方，遇火源会着火回燃。若遇高热，容器内压增大，有开裂和爆炸的危险。

理化特性

熔点：-112.0℃	临界温度：无资料	爆炸上限：无资料	引燃温度：无资料
沸点：82.9℃	临界压力：无资料	爆炸下限：无资料	燃烧热：无资料
闪点：-13.0℃	饱和蒸气压：9.06kPa(20℃)	相对密度($d_{水}=1$)：0.77	

溶解性	微溶于水，溶于醇、醚。
主要用途	用于制造涂料、黏合剂及用作化学中间体。

急救措施

皮肤接触	脱去污染的衣着，用大量流动清水冲洗皮肤。
眼睛接触	提起眼睑，用流动清水或生理盐水冲洗。就医。
吸入	迅速脱离现场至空气新鲜处。保持呼吸道通畅。如呼吸困难，给输氧。如呼吸停止，立即进行人工呼吸。就医。
食入	饮足量温水，催吐。就医。

防护措施

呼吸防护	空气中浓度超标时，必须佩戴自吸过滤式防毒面具(半面罩)。紧急事态抢救或撤离时，应该佩戴空气呼吸器。
眼睛防护	戴化学安全防护眼镜。
身体防护	穿防静电工作服。
手防护	戴橡胶手套。
其他防护	工作场所禁止吸烟、进食和饮水，饭前要洗手。工作完毕，淋浴更衣。保持良好的卫生习惯。

品名：**异丁腈** 别名：异丙基氰		分子式：C_4H_7N 分子量：69.1	相态：液 外观与性状：无色液体、有恶臭
危险特性			
火灾危险性：可燃液体甲 B 腐蚀减薄：无 环境开裂：无		爆炸物：无 金属腐蚀：无 急性毒性：类别 2	皮肤腐蚀/刺激：无 易燃液体：类别 2 严重眼损伤/眼刺激：类别 2
易燃，遇高热、明火、氧化剂有引起燃烧的危险。其蒸气比空气重，能在较低处扩散到相当远的地方，遇火源会着火回燃。			
理化特性			
熔点：-75.0℃ 沸点：107.0℃ 闪点：8.0℃	临界温度：无资料 临界压力：3.76MPa 饱和蒸气压：13.30kPa(54.4℃)	爆炸上限：无资料 爆炸下限：无资料 相对密度($d_{水}=1$)：0.77	引燃温度：482.0℃ 燃烧热：2559.8kJ/mol
溶解性	微溶于水，易溶于醇、醚等多数有机溶剂。		
主要用途	用于杀虫剂和有机合成等。		
急救措施			
皮肤接触	脱去污染的衣着，用肥皂水和清水彻底冲洗皮肤。就医。		
眼睛接触	提起眼睑，用流动清水或生理盐水冲洗。就医。		
吸入	迅速脱离现场至空气新鲜处。保持呼吸道通畅。如呼吸困难，给输氧。呼吸心跳停止时，立即进行人工呼吸(勿用口对口)和胸外心脏按压术。给吸入亚硝酸异戊酯，就医。		
食入	饮足量温水，催吐。用 1∶5000 高锰酸钾或 5%硫代硫酸钠溶液洗胃。就医。		
防护措施			
呼吸防护	可能接触毒物时，建议佩戴自吸过滤式防毒面具(全面罩)。		
眼睛防护	呼吸系统防护中已做防护。		
身体防护	穿胶布防毒衣。		
手防护	戴橡胶耐油手套。		
其他防护	工作现场禁止吸烟、进食和饮水。工作完毕，彻底清洗。单独存放被毒物污染的衣服，洗后备用。车间应配备急救设备及药品。作业人员应学会自救互救。		

品名：**异丁醛** 别名：2-甲基丙醛		分子式：C_4H_8O 分子量：72.1	相态：液 外观与性状：无色透明液体，有较强的刺激性气味
危险特性			
火灾危险性：可燃液体甲 B 腐蚀减薄：无 环境开裂：无		爆炸物：无 金属腐蚀：无 急性毒性：无	皮肤腐蚀/刺激：无 易燃液体：类别 2
其蒸气与空气可形成爆炸性混合物，遇明火、高热极易燃烧爆炸。与氧化剂能发生强烈反应。其蒸气比空气重，能在较低处扩散到相当远的地方，遇火源会着火回燃。			
理化特性			
熔点：-65.0℃ 沸点：64.0℃ 闪点：-15.0℃	临界温度：无资料 临界压力：4.10MPa 饱和蒸气压：15.30kPa(20℃)	爆炸上限：12.0% 爆炸下限：1.0% 相对密度($d_{水}=1$)：0.79	引燃温度：196.0℃ 燃烧热：2494.6kJ/mol
溶解性	微溶于水，溶于乙醇、乙醚、苯、氯仿。		
主要用途	用于制造硫化促进剂和防老剂、异丁酸。		
急救措施			
皮肤接触	脱去污染的衣着，用肥皂水和清水彻底冲洗皮肤。		
眼睛接触	提起眼睑，用流动清水或生理盐水冲洗。就医。		
吸入	迅速脱离现场至空气新鲜处。保持呼吸道通畅。如呼吸困难，给输氧。如呼吸停止，立即进行人工呼吸。就医。		
食入	饮足量温水，催吐。就医。		
防护措施			
呼吸防护	空气中浓度超标时，佩戴过滤式防毒面具(半面罩)。		
眼睛防护	一般不需要特殊防护，高浓度接触时可戴化学安全防护眼镜。		
身体防护	穿防静电工作服。		
手防护	戴橡胶手套。		
其他防护	工作现场禁止吸烟、进食和饮水。工作完毕，淋浴更衣。保持良好的卫生习惯。		

品名：**异丁酸**	分子式：$C_4H_8O_2$	相态：液	
别名：2-甲基丙酸	分子量：88.1	外观与性状：无色液体、有刺激性气味	
危险特性			
火灾危险性：可燃液体乙 B	爆炸物：无	皮肤腐蚀/刺激：类别 1	
腐蚀减薄：低分子有机酸腐蚀	金属腐蚀：无	易燃液体：类别 3	
环境开裂：无	急性毒性：无	严重眼损伤/眼刺激：类别 1	
易燃，遇明火、高热或与氧化剂接触，有引起燃烧爆炸的危险。具有腐蚀性。			
理化特性			
熔点：-47.0℃	临界温度：336.0℃	爆炸上限：9.2%	引燃温度：481.0℃
沸点：154.5℃	临界压力：4.05MPa	爆炸下限：2.0%	燃烧热：2155.3kJ/mol
闪点：55.0℃	饱和蒸气压：0.20kPa(20℃)	相对密度($d_水=1$)：0.95	
溶解性	可混溶于乙醇、乙醚、氯仿。		
主要用途	用作脂类的溶剂，也用于香精、香料的制备和作防腐剂等。		
急救措施			
皮肤接触	脱去污染的衣着，用肥皂水和清水彻底冲洗皮肤。		
眼睛接触	提起眼睑，用流动清水或生理盐水冲洗至少 15min。就医。		
吸入	迅速脱离现场至空气新鲜处。保持呼吸道通畅。如呼吸困难，给输氧。如呼吸停止，立即进行人工呼吸。就医。		
食入	用水漱口，给饮牛奶或蛋清。就医。		
防护措施			
呼吸防护	可能接触其蒸气时，建议佩戴过滤式防毒面具(半面罩)。		
眼睛防护	戴化学安全防护眼镜。		
身体防护	穿防酸碱工作服。		
手防护	戴橡胶手套。		
其他防护	工作现场严禁吸烟。工作完毕，淋浴更衣。注意个人清洁卫生。		

品名：**异丁酸酐**	分子式：$C_8H_{14}O_3$	相态：液	
别名：异丁酐	分子量：158.2	外观与性状：无色透明液体，有刺激性气味	
危险特性			
火灾危险性：可燃液体乙 B	爆炸物：无	皮肤腐蚀/刺激：类别 1	
腐蚀减薄：低分子有机酸腐蚀	金属腐蚀：无	易燃液体：类别 3	
环境开裂：无	急性毒性：无	严重眼损伤/眼刺激：类别 1	
易燃，遇明火、高热或与氧化剂接触，有引起燃烧爆炸的危险。与强氧化剂发生反应，可引起燃烧。遇低级醇和水起化学反应而分解。具有腐蚀性。			
理化特性			
熔点：-56.4℃	临界温度：无资料	爆炸上限：6.2%	引燃温度：329.0℃
沸点：182.0℃	临界压力：无资料	爆炸下限：1.0%	燃烧热：无资料
闪点：59.0℃	饱和蒸气压：3.20kPa(92.4℃)	相对密度($d_水=1$)：1.00	
溶解性	微溶于水，可混溶于乙醇、乙醚。		
主要用途	用作增塑剂及制取异丁酸脂等。		
急救措施			
皮肤接触	脱去污染的衣着，用肥皂水和清水彻底冲洗皮肤。		
眼睛接触	提起眼睑，用流动清水或生理盐水冲洗至少 15min。就医。		
吸入	迅速脱离现场至空气新鲜处。保持呼吸道通畅。如呼吸困难，给输氧。如呼吸停止，立即进行人工呼吸。就医。		
食入	用水漱口，给饮牛奶或蛋清。就医。		
防护措施			
呼吸防护	可能接触其蒸气时，应该佩戴自吸过滤式防毒面具(全面罩)。		
眼睛防护	呼吸系统防护中已做防护。		
身体防护	穿防酸碱工作服。		
手防护	戴橡胶手套。		
其他防护	工作现场严禁吸烟。工作完毕，淋浴更衣。避免长期反复接触。		

品名：**异丁酸甲酯**	分子式：$C_5H_{10}O_4$	相态：液
别名：无	分子量：102.2	外观与性状：无色易流动液体，有果香味

危险特性

火灾危险性：可燃液体甲 B	爆炸物：无	皮肤腐蚀/刺激：无
腐蚀减薄：低分子有机酸腐蚀	金属腐蚀：无	易燃液体：类别 2
环境开裂：无	急性毒性：无	

其蒸气与空气可形成爆炸性混合物，遇明火、高热极易燃烧爆炸。与氧化剂接触猛烈反应。若遇高热，容器内压增大有开裂和爆炸的危险。

理化特性

熔点：-84.0℃	临界温度：无资料	爆炸上限：无资料	引燃温度：无资料
沸点：93.0℃	临界压力：无资料	爆炸下限：无资料	燃烧热：无资料
闪点：3.0℃	饱和蒸气压：无资料	相对密度($d_{水}=1$)：0.89	

溶解性	微溶于水，可混溶于醇、醚。
主要用途	用作溶剂以及用于有机合成。

急救措施

皮肤接触	脱去污染的衣着，用肥皂水和清水彻底冲洗皮肤。
眼睛接触	提起眼睑，用流动清水或生理盐水冲洗。就医。
吸入	迅速脱离现场至空气新鲜处。保持呼吸道通畅。如呼吸困难，给输氧。如呼吸停止，立即进行人工呼吸。就医。
食入	饮足量温水，催吐。就医。

防护措施

呼吸防护	空气中浓度超标时，必须佩戴自吸过滤式防毒面具(半面罩)。紧急事态抢救或撤离时，应该佩戴空气呼吸器。
眼睛防护	戴化学安全防护眼镜。
身体防护	穿防静电工作服。
手防护	戴橡胶手套。
其他防护	工作场所禁止吸烟、进食和饮水，饭前要洗手。工作完毕，淋浴更衣。保持良好的卫生习惯。

品名：**异丁酸乙酯**	分子式：$C_6H_{12}O_2$	相态：液
别名：无	分子量：116.2	外观与性状：无色易挥发液体，有水果香味

危险特性

火灾危险性：可燃液体甲 B	爆炸物：无	皮肤腐蚀/刺激：类别 2
腐蚀减薄：低分子有机酸腐蚀	金属腐蚀：无	易燃液体：类别 2
环境开裂：无	急性毒性：无	

易燃，遇高热、明火及强氧化剂易引起燃烧。

理化特性

熔点：-88.0℃	临界温度：280.0℃	爆炸上限：无资料	引燃温度：无资料
沸点：(112.6±8.0)℃	临界压力：3.04MPa	爆炸下限：无资料	燃烧热：3535.0kJ/mol
闪点：21.0℃	饱和蒸气压：5.33kPa(33.8℃)	相对密度($d_{水}=1$)：0.87	

溶解性	微溶于水，溶于乙醇、乙醚等。
主要用途	用于有机合成、香精萃取等。

急救措施

皮肤接触	脱去污染的衣着，用肥皂水和清水彻底冲洗皮肤。
眼睛接触	提起眼睑，用流动清水或生理盐水冲洗。就医。
吸入	迅速脱离现场至空气新鲜处。保持呼吸道通畅。如呼吸困难，给输氧。如呼吸停止，立即进行人工呼吸。就医。
食入	饮足量温水，催吐。就医。

防护措施

呼吸防护	可能接触其蒸气时，应该佩戴自吸过滤式防毒面具(半面罩)。紧急事态抢救或撤离时，建议佩戴空气呼吸器。
眼睛防护	戴化学安全防护眼镜。
身体防护	穿防静电工作服。
手防护	戴橡胶手套。
其他防护	工作现场严禁吸烟。工作完毕，淋浴更衣。注意个人清洁卫生。

品名：**异丁酸异丁酯**		分子式：$C_8H_{16}O_2$	相态：液
别名：无		分子量：144.2	外观与性状：无色、有菠萝香味的液体
危险特性			
火灾危险性：可燃液体乙 A		爆炸物：无	皮肤腐蚀/刺激：无
腐蚀减薄：低分子有机酸腐蚀		金属腐蚀：无	易燃液体：类别 3
环境开裂：无		急性毒性：无	
易燃，遇明火、高热或与氧化剂接触，有引起燃烧爆炸的危险。在火场中，受热的容器有爆炸危险。			
理化特性			
熔点：-80.6℃	临界温度：无资料	爆炸上限：7.6%	引燃温度：432.0℃
沸点：(144.4±8.0)℃	临界压力：2.61MPa	爆炸下限：1.0%	燃烧热：无资料
闪点：37.0℃	饱和蒸气压：0.13kPa(40℃)	相对密度($d_{水}=1$)：0.88	
溶解性	不溶于水，可混溶于醇、醚、酮。		
主要用途	用于合成香料。		
急救措施			
皮肤接触	脱去污染的衣着，用肥皂水和清水彻底冲洗皮肤。		
眼睛接触	提起眼睑，用流动清水或生理盐水冲洗。就医。		
吸入	迅速脱离现场至空气新鲜处。保持呼吸道通畅。如呼吸困难，给输氧。如呼吸停止，立即进行人工呼吸。就医。		
食入	饮足量温水，催吐。就医。		
防护措施			
呼吸防护	空气中浓度较高时，应该佩戴自吸过滤式防毒面具(半面罩)。		
眼睛防护	戴化学安全防护眼镜。		
身体防护	穿防静电工作服。		
手防护	戴橡胶耐油手套。		
其他防护	工作现场严禁吸烟。工作完毕，淋浴更衣。特别注意眼和呼吸道的防护。		

品名：**异丁酸正丙酯**		分子式：$C_7H_{14}O_2$	相态：液
别名：无		分子量：130.2	外观与性状：无色液体，有水果香味
危险特性			
火灾危险性：可燃液体乙 A		爆炸物：无	皮肤腐蚀/刺激：无
腐蚀减薄：低分子有机酸腐蚀		金属腐蚀：无	易燃液体：类别 3
环境开裂：无		急性毒性：无	
易燃，遇明火、高热能引起燃烧爆炸。与氧化剂接触猛烈反应。在火场中，受热的容器有爆炸危险。			
理化特性			
熔点：无资料	临界温度：无资料	爆炸上限：无资料	引燃温度：无资料
沸点：134.0℃	临界压力：无资料	爆炸下限：无资料	燃烧热：无资料
闪点：29.0℃	饱和蒸气压：无资料	相对密度($d_{水}=1$)：0.88	
溶解性	微溶于水，溶于乙醇、丙酮，易溶于乙醚。		
主要用途	用于合成香料。		
急救措施			
皮肤接触	脱去污染的衣着，用肥皂水和清水彻底冲洗皮肤。		
眼睛接触	提起眼睑，用流动清水或生理盐水冲洗。就医。		
吸入	迅速脱离现场至空气新鲜处。保持呼吸道通畅。如呼吸困难，给输氧。如呼吸停止，立即进行人工呼吸。就医。		
食入	饮足量温水，催吐。就医。		
防护措施			
呼吸防护	空气中浓度较高时，应该佩戴自吸过滤式防毒面具(半面罩)。紧急事态抢救或撤离时，佩戴空气呼吸器。		
眼睛防护	戴化学安全防护眼镜。		
身体防护	穿防静电工作服。		
手防护	戴橡胶耐油手套。		
其他防护	工作现场严禁吸烟。工作完毕，淋浴更衣。特别注意眼和呼吸道的防护。		

品名：**异丁烷**	分子式：C_4H_{10}	相态：气	
别名：2-甲基丙烷	分子量：58.1	外观与性状：无色、稍有气味的气体	
危险特性			
火灾危险性：可燃气体甲	爆炸物：无	皮肤腐蚀/刺激：无	
腐蚀减薄：无	金属腐蚀：无	易燃气体：类别1	
环境开裂：无	急性毒性：无	加压气体：是	
易燃气体。与空气混合能形成爆炸性混合物，遇热源和明火有燃烧爆炸的危险。与氧化剂接触猛烈反应。其蒸气比空气重，能在较低处扩散到相当远的地方，遇火源会着火回燃。			
理化特性			
熔点：-159.6℃	临界温度：135.0℃	爆炸上限：8.5%	引燃温度：460.0℃
沸点：(-10.5±3.0)℃	临界压力：3.65MPa	爆炸下限：1.8%	燃烧热：2856.6kJ/mol
闪点：(-71.5±10.3)℃	饱和蒸气压：304.00kPa(20℃)	相对密度($d_{水}=1$)：0.56	
溶解性	微溶于水，溶于乙醚。		
主要用途	用于染料、化学合成致冷剂、合成橡胶、航空汽油、照明。		
急救措施			
皮肤接触	无资料。		
眼睛接触	无资料。		
吸入	迅速脱离现场至空气新鲜处。保持呼吸道通畅。如呼吸困难，给输氧。如呼吸停止，立即进行人工呼吸。就医。		
食入	无资料。		
防护措施			
呼吸防护	一般不需要特殊防护，但建议在特殊情况下，佩戴自吸过滤式防毒面具(半面罩)。		
眼睛防护	一般不需要特殊防护，高浓度接触时可戴化学安全防护眼镜。		
身体防护	穿防静电工作服。		
手防护	戴一般作业防护手套。		
其他防护	工作现场严禁吸烟。避免长期反复接触。进入罐、限制性空间或其他高浓度区作业，须有人监护。		

品名：**异丁烯**	分子式：C_4H_8	相态：气	
别名：2-甲基丙烯	分子量：56.1	外观与性状：无色气体	
危险特性			
火灾危险性：可燃气体甲	爆炸物：无	皮肤腐蚀/刺激：无	
腐蚀减薄：无	金属腐蚀：无	易燃气体：类别1	
环境开裂：无	急性毒性：无	加压气体：是	
与空气混合能形成爆炸性混合物。遇热源和明火有燃烧爆炸的危险。受热可能发生剧烈的聚合反应。与氧化剂接触猛烈反应。气体比空气重，能在较低处扩散到相当远的地方，遇火源会着火回燃。			
理化特性			
熔点：-140.3℃	临界温度：144.8℃	爆炸上限：8.8%	引燃温度：465.0℃
沸点：-6.9℃	临界压力：3.99MPa	爆炸下限：1.8%	燃烧热：2705.3kJ/mol
闪点：-77.0℃	饱和蒸气压：307.00kPa(25℃)	相对密度($d_{水}=1$)：0.67	
溶解性	不溶于水，易溶于多数有机溶剂。		
主要用途	用于制合成橡胶和有机化工原料。		
急救措施			
皮肤接触	无资料。		
眼睛接触	无资料。		
吸入	迅速脱离现场至空气新鲜处。保持呼吸道通畅。如呼吸困难，给输氧。如呼吸停止，立即进行人工呼吸。就医。		
食入	无资料。		
防护措施			
呼吸防护	一般不需要特殊防护，高浓度接触时可佩戴自吸过滤式防毒面具(半面罩)。		
眼睛防护	必要时，戴化学安全防护眼镜。		
身体防护	穿防静电工作服。		
手防护	戴一般作业防护手套。		
其他防护	工作现场严禁吸烟。避免长期反复接触。进入罐、限制性空间或其他高浓度区作业，须有人监护。		

品名：**异丁酰氯**		分子式：C_4H_7ClO	相态：液
别名：氯化异丁酰		分子量：130.2	外观与性状：无色液体，有刺激性气味
危险特性			
火灾危险性：可燃液体甲 B		爆炸物：无	皮肤腐蚀/刺激：类别 1
腐蚀减薄：盐酸腐蚀、含盐水腐蚀		金属腐蚀：无	易燃液体：类别 2
环境开裂：氯化物应力腐蚀开裂		急性毒性：无	严重眼损伤/眼刺激：类别 1
其蒸气与空气可形成爆炸性混合物，遇明火、高热极易燃烧爆炸。与氧化剂接触猛烈反应。受热分解能放出剧毒的光气。与水和水蒸汽发生反应，放出有毒的腐蚀性气体。若遇高热，容器内压增大，有开裂和爆炸的危险。			
理化特性			
熔点：-90.0℃	临界温度：无资料	爆炸上限：无资料	引燃温度：无资料
沸点：(90.9±8.0)℃	临界压力：无资料	爆炸下限：无资料	燃烧热：无资料
闪点：1.0℃	饱和蒸气压：无资料	相对密度($d_{水}=1$)：1.02	
溶解性	可混溶于乙醚。		
主要用途	用作有机合成中间体。		
急救措施			
皮肤接触	立即脱去污染的衣着，用大量流动清水冲洗至少 15min。就医。		
眼睛接触	立即提起眼睑，用大量流动清水或生理盐水彻底冲洗至少 15min。就医。		
吸入	迅速脱离现场至空气新鲜处。保持呼吸道通畅。如呼吸困难，给输氧。如呼吸停止，立即进行人工呼吸。就医。		
食入	用水漱口，给饮牛奶或蛋清。就医。		
防护措施			
呼吸防护	空气中浓度超标时，必须佩戴自吸过滤式防毒面具(全面罩)。紧急事态抢救或撤离时，应该佩戴空气呼吸器。		
眼睛防护	呼吸系统防护中已做防护。		
身体防护	穿胶布防毒衣。		
手防护	戴橡胶耐油手套。		
其他防护	工作现场禁止吸烟、进食和饮水。工作完毕，淋浴更衣。保持良好的卫生习惯。		

品名：**异佛尔酮二异氰酸酯**		分子式：$C_{12}H_{18}N_2O_2$	相态：液
别名：无		分子量：222.3	外观与性状：无色至微黄色液体
危险特性			
火灾危险性：可燃液体丙 B		爆炸物：无	皮肤腐蚀/刺激：类别 2
腐蚀减薄：无		金属腐蚀：无	严重眼损伤/眼刺激：类别 2
环境开裂：无		急性毒性：类别 3	
遇明火、高热可燃。与氧化剂可发生反应。受高热分解放出有毒的气体。容易自聚，聚合反应随着温度的上升而急骤加剧。若遇高热，容器内压增大，有开裂和爆炸的危险。			
理化特性			
熔点：-60.0℃	临界温度：无资料	爆炸上限：无资料	引燃温度：无资料
沸点：(286.9±13.0)℃	临界压力：无资料	爆炸下限：无资料	燃烧热：无资料
闪点：(116.0±25.2)℃	饱和蒸气压：0.04×10^{-3}kPa(20℃)	相对密度($d_{水}=1$)：1.06	
溶解性	可混溶于酯、酮、醚、烃类。		
主要用途	用于生产油漆涂料、弹性体、特种纤维、黏合剂等，也用于有机合成。		
急救措施			
皮肤接触	立即脱去污染的衣着，用大量流动清水冲洗。就医。		
眼睛接触	立即提起眼睑，用大量流动清水或生理盐水彻底冲洗至少 15min。就医。		
吸入	迅速脱离现场至空气新鲜处。保持呼吸道通畅。如呼吸困难，给输氧。如呼吸停止，立即进行人工呼吸。就医。		
食入	饮足量温水，催吐。就医。		
防护措施			
呼吸防护	空气中浓度超标时，必须佩戴自吸过滤式防毒面具(全面罩)。紧急事态抢救或撤离时，应该佩戴空气呼吸器。		
眼睛防护	呼吸系统防护中已做防护。		
身体防护	穿胶布防毒衣。		
手防护	戴橡胶手套。		
其他防护	工作现场禁止吸烟、进食和饮水。工作完毕，淋浴更衣。保持良好的卫生习惯。		

品名：**异硫氰酸-1-萘酯**		分子式：$C_{11}H_7NS$	相态：固
别名：无		分子量：185.3	外观与性状：白色、无臭无味结晶
危险特性			
火灾危险性：无		爆炸物：无	皮肤腐蚀/刺激：无
腐蚀减薄：硫酸腐蚀		金属腐蚀：无	
环境开裂：连多硫酸应力腐蚀开裂		急性毒性：类别 3	
遇明火能燃烧。与强氧化剂接触可发生化学反应。受高热分解放出有毒的气体。接触酸及酸气时，能放出有毒的氰化物及氧化硫烟气。			
理化特性			
熔点：58.0℃	临界温度：无资料	爆炸上限：无资料	引燃温度：无资料
沸点：无资料	临界压力：无资料	爆炸下限：无资料	燃烧热：无资料
闪点：无资料	饱和蒸气压：无资料	相对密度($d_水=1$)：1.81	
溶解性	不溶于水，易溶于苯、丙酮、乙醚、热乙醇。		
主要用途	合成及测定脂肪族伯胺和仲胺的试剂，也用作杀虫剂。		
急救措施			
皮肤接触	脱去污染的衣着，用大量流动清水冲洗皮肤。		
眼睛接触	提起眼睑，用流动清水或生理盐水冲洗。就医。		
吸入	迅速脱离现场至空气新鲜处。保持呼吸道通畅。如呼吸困难，给输氧。就医。		
食入	饮足量温水，催吐。就医。		
防护措施			
呼吸防护	空气中粉尘浓度超标时，建议佩戴自吸过滤式防尘口罩。紧急事态抢救或撤离时，应该佩戴空气呼吸器。		
眼睛防护	戴化学安全防护眼镜。		
身体防护	穿防毒物渗透工作服。		
手防护	戴乳胶手套。		
其他防护	工作现场禁止吸烟、进食和饮水。工作完毕，彻底清洗。单独存放被毒物污染的衣服，洗后备用。车间应配备急救设备及药品。作业人员应学会自救互救。		

品名：**异硫氰酸苯酯**		分子式：C_7H_5NS	相态：液
别名：苯基芥子油		分子量：135.2	外观与性状：无色或淡黄色液体，有强烈刺激性气味
危险特性			
火灾危险性：可燃液体丙 A		爆炸物：无	皮肤腐蚀/刺激：类别 1
腐蚀减薄：硫酸腐蚀、高温硫化物腐蚀		金属腐蚀：无	严重眼损伤/眼刺激：类别 1
环境开裂：连多硫酸应力腐蚀开裂		急性毒性：类别 3	
接触酸及酸气时，能放出有毒的氰化物及氧化硫烟气。与强氧化剂接触可发生化学反应。若遇高热可发生剧烈分解，引起容器破裂或爆炸事故。			
理化特性			
熔点：-21.0℃	临界温度：无资料	爆炸上限：无资料	引燃温度：无资料
沸点：(221.0±9.0)℃	临界压力：无资料	爆炸下限：无资料	燃烧热：无资料
闪点：87.0℃	饱和蒸气压：0.13kPa(47.2℃)	相对密度($d_水=1$)：1.14	
溶解性	不溶于水，溶于醇、醚。		
主要用途	用作有机合成中间体，及合成药物，也用于生化分析。		
急救措施			
皮肤接触	立即脱去污染的衣着，用大量流动清水冲洗至少 15min。就医。		
眼睛接触	立即提起眼睑，用大量流动清水或生理盐水彻底冲洗至少 15min。就医。		
吸入	迅速脱离现场至空气新鲜处。保持呼吸道通畅。如呼吸困难，给输氧。如呼吸停止，立即进行人工呼吸。就医。		
食入	用水漱口，给饮牛奶或蛋清。就医。		
防护措施			
呼吸防护	可能接触其蒸气时，应该佩戴自吸过滤式防毒面具(全面罩)。紧急事态抢救或撤离时，建议佩戴氧气呼吸器。		
眼睛防护	呼吸系统防护中已做防护。		
身体防护	穿聚乙烯防毒服。		
手防护	戴橡胶耐油手套。		
其他防护	工作现场禁止吸烟、进食和饮水。工作完毕，彻底清洗。工作服不准带至非作业场所。单独存放被毒物污染的衣服，洗后备用。		

品名：**异硫氰酸烯丙酯**	分子式：C_4H_5NS	相态：液	
别名：人造芥子油；烯丙基异硫氰酸酯；烯丙基芥子油	分子量：99.2	外观与性状：无色或淡黄色油状液体，有刺激性气味	
危险特性			
火灾危险性：可燃液体乙 B	爆炸物：无	皮肤腐蚀/刺激：类别 2	
腐蚀减薄：硫酸腐蚀、高温硫化物腐蚀	金属腐蚀：无	易燃液体：类别 3	
环境开裂：连多硫酸应力腐蚀开裂	急性毒性：类别 2		
遇明火、高热或与氧化剂接触，有引起燃烧爆炸的危险。受高热或与酸接触会产生剧毒的氰化物气体。			
理化特性			
熔点：-80.0℃	临界温度：无资料	爆炸上限：无资料	引燃温度：无资料
沸点：(151.9±9.0)℃	临界压力：无资料	爆炸下限：无资料	燃烧热：无资料
闪点：(36.3±26.5)℃	饱和蒸气压：1.33kPa(38.3℃)	相对密度($d_水$=1)：1.01	
溶解性	微溶于水，溶于醇。		
主要用途	用作蒸熏剂。		
急救措施			
皮肤接触	立即脱去污染的衣着，用大量肥皂水和流动清水冲洗。就医。		
眼睛接触	立即提起眼睑，用大量流动清水或生理盐水彻底冲洗至少 15min。就医。		
吸入	迅速脱离现场至空气新鲜处。保持呼吸道通畅。如呼吸困难，给输氧。如呼吸停止，立即进行人工呼吸。就医。		
食入	饮足量温水，催吐。就医。		
防护措施			
呼吸防护	可能接触毒物时，佩戴自吸过滤式防毒面具(全面罩)。紧急事态抢救或撤离时，建议佩戴氧气呼吸器。		
眼睛防护	呼吸系统防护中已做防护。		
身体防护	穿聚乙烯防毒服。		
手防护	戴橡胶耐油手套。		
其他防护	工作现场禁止吸烟、进食和饮水。工作完毕，彻底清洗。单独存放被毒物污染的衣服，洗后备用。车间应配备急救设备及药品。作业人员应学会自救互救。		

品名：**异氰酸苯酯**	分子式：C_7H_5NO	相态：液	
别名：苯基异氰酸酯	分子量：119.1	外观与性状：无色液体，有刺激性气味	
危险特性			
火灾危险性：可燃液体乙 B	爆炸物：无	皮肤腐蚀/刺激：类别 1	
腐蚀减薄：无	金属腐蚀：无	易燃液体：类别 3	
环境开裂：无	急性毒性：类别 1	严重眼损伤/眼刺激：类别 1	
易燃，其蒸气与空气可形成爆炸性混合物，遇明火、高热能引起燃烧爆炸。加热至沸点以上时即分解放出有毒的亚硝酸蒸气。与酸类、胺类、醇、碱类和水发生强烈反应，有引起燃烧爆炸的危险。遇水或水蒸气分解放出有毒的气体。			
理化特性			
熔点：-30.0℃	临界温度：无资料	爆炸上限：无资料	引燃温度：无资料
沸点：166.0℃	临界压力：无资料	爆炸下限：无资料	燃烧热：无资料
闪点：55.0℃	饱和蒸气压：0.20kPa(20℃)	相对密度($d_水$=1)：1.10	
溶解性	易溶于乙醚。		
主要用途	用于鉴别醇及胺，也用作有机合成中间体。		
急救措施			
皮肤接触	立即脱去污染的衣着，用大量流动清水冲洗至少 15min。就医。		
眼睛接触	立即提起眼睑，用大量流动清水或生理盐水彻底冲洗至少 15min。就医。		
吸入	迅速脱离现场至空气新鲜处。保持呼吸道通畅。如呼吸困难，给输氧。如呼吸停止，立即进行人工呼吸。就医。		
食入	用水漱口，给饮牛奶或蛋清。就医。		
防护措施			
呼吸防护	可能接触其蒸气时，应该佩戴自吸过滤式防毒面具(全面罩)。紧急事态抢救或撤离时，佩戴氧气呼吸器。		
眼睛防护	呼吸系统防护中已做防护。		
身体防护	穿防毒物渗透工作服。		
手防护	戴防化学品手套。		
其他防护	工作现场禁止吸烟、进食和饮水。工作完毕，彻底清洗。单独存放被毒物污染的衣服，洗后备用。保持良好的卫生习惯。		

品名：**异氰酸对溴苯酯**	分子式：C_7H_4BrNO	相态：固
别名：4-溴异氰酸苯酯	分子量：198.0	外观与性状：白色针状结晶
危险特性		
火灾危险性：可燃液体丙 A	爆炸物：无	皮肤腐蚀/刺激：类别 2
腐蚀减薄：无	金属腐蚀：无	严重眼损伤/眼刺激：类别 2
环境开裂：无	急性毒性：无	
遇明火能燃烧。与强氧化剂接触可发生化学反应。受高热分解放出有毒的气体。		

理化特性			
熔点：42.0℃	临界温度：无资料	爆炸上限：无资料	引燃温度：无资料
沸点：158.0℃	临界压力：无资料	爆炸下限：无资料	燃烧热：无资料
闪点：109.0℃	饱和蒸气压：无资料	相对密度($d_水=1$)：无资料	

溶解性	易溶于乙醚。
主要用途	用作有机合成中间体。
急救措施	
皮肤接触	脱去污染的衣着，用大量流动清水冲洗皮肤。
眼睛接触	提起眼睑，用流动清水或生理盐水冲洗。就医。
吸入	迅速脱离现场至空气新鲜处。保持呼吸道通畅。如呼吸困难，给输氧。如呼吸停止，立即进行人工呼吸。就医。
食入	饮足量温水，催吐。就医。
防护措施	
呼吸防护	空气中粉尘浓度超标时，必须佩戴自吸过滤式防尘口罩。紧急事态抢救或撤离时，应该佩戴空气呼吸器。
眼睛防护	戴化学安全防护眼镜。
身体防护	穿防毒物渗透工作服。
手防护	戴橡胶手套。
其他防护	工作现场禁止吸烟、进食和饮水。特别注意眼和呼吸道的防护。工作完毕，彻底清洗。单独存放被毒物污染的衣服，洗后备用。

品名：**异氰酸二氯苯酯**	分子式：$C_7H_3Cl_2NO$	相态：固
别名：3,4-二氯苯基异氰酸酯	分子量：188.0	外观与性状：无色到黄色晶体，具甜味
危险特性		
火灾危险性：可燃液体丙 A	爆炸物：无	皮肤腐蚀/刺激：无
腐蚀减薄：无	金属腐蚀：无	严重眼损伤/眼刺激：类别 1
环境开裂：无	急性毒性：类别 3	
遇明火、高热可燃。其粉体与空气可形成爆炸性混合物，当达到一定浓度时，遇火星会发生爆炸。遇高热分解放出高毒烟气。		

理化特性			
熔点：41.0~43.0℃	临界温度：无资料	爆炸上限：无资料	引燃温度：无资料
沸点：133.0℃	临界压力：无资料	爆炸下限：无资料	燃烧热：无资料
闪点：(106.1±12.4)℃	饱和蒸气压：无资料	相对密度($d_水=1$)：无资料	

溶解性	溶于甲苯、氯苯等有机溶剂。
主要用途	用作农药、医药中间体，主要用于合成敌草隆、敌稗等除草剂。
急救措施	
皮肤接触	立即脱去污染的衣着，用大量肥皂水和流动清水冲洗。就医。
眼睛接触	提起眼睑，用大量流动清水冲洗至少 30min。就医。
吸入	立刻就医将患者移至新鲜空气处，若呼吸停止，施行呼吸复苏术；若心脏停止跳动，施行心肺复苏术。就医。
食入	饮足量温水，催吐。就医。
防护措施	
呼吸防护	可能接触其粉尘时，必须佩戴防尘面具(全面罩)。紧急事态抢救或撤离时，应该佩戴空气呼吸器。
眼睛防护	呼吸系统防护中已做防护。
身体防护	穿胶布防毒衣。
手防护	戴橡胶手套。
其他防护	工作现场禁止吸烟、进食和饮水。工作完毕，淋浴更衣。保持良好的卫生习惯。

品名：**异氰酸环己酯**	分子式：$C_7H_{11}NO$	相态：液
别名：环己基异氰酸酯	分子量：125.2	外观与性状：无色至淡黄色液体，具有刺激性气味

危险特性

火灾危险性：可燃液体乙 A	爆炸物：无	皮肤腐蚀/刺激：类别 1
腐蚀减薄：无	金属腐蚀：无	易燃液体：类别 3
环境开裂：无	急性毒性：类别 2	严重眼损伤/眼刺激：类别 1

其蒸气与空气形成爆炸性混合物，与酸、胺类、醇、碱、水发生剧烈反应，有引起燃烧爆炸的危险。受高热分解，放出高毒的烟气。有腐蚀性。

理化特性

熔点：-80.0℃	临界温度：无资料	爆炸上限：无资料	引燃温度：无资料
沸点：(169.0±9.0)℃	临界压力：无资料	爆炸下限：无资料	燃烧热：无资料
闪点：35.0℃	饱和蒸气压：12.61kPa(20℃)	相对密度($d_{水}=1$)：0.98	

溶解性	微溶于水。
主要用途	用于有机合成。

急救措施

皮肤接触	用流动清水冲洗，就医。
眼睛接触	拉开眼睑，用流动清水冲洗 15min。就医。
吸入	脱离现场至空气新鲜处。呼吸困难时给输氧。呼吸停止时，立即进行人工呼吸；就医。
食入	误服者，口服牛奶、豆浆或蛋清，就医。

防护措施

呼吸防护	可能接触其蒸气时，必须佩戴防毒口罩。紧急事态抢救或逃生时，佩戴自给式呼吸器。
眼睛防护	戴化学安全防护眼镜。
身体防护	穿防腐工作服。
手防护	戴防化学品手套。
其他防护	工作现场禁止吸烟、进食和饮水。工作后，淋浴更衣。严禁皮肤直接接触。保持良好的卫生习惯。

品名：**异氰酸三氟甲苯酯**	分子式：$C_8H_4F_3NO$	相态：液
别名：三氟甲苯异氰酸酯	分子量：187.1	外观与性状：无色或淡黄色液体，具有刺激性气味

危险特性

火灾危险性：可燃液体乙 B	爆炸物：无	皮肤腐蚀/刺激：无
腐蚀减薄：无	金属腐蚀：无	易燃液体：类别 3
环境开裂：无	急性毒性：类别 2	

遇高热、明火或与氧化剂接触，有引起燃烧的危险。遇高热分解放出高毒烟气。

理化特性

熔点：-25.0℃	临界温度：无资料	爆炸上限：无资料	引燃温度：无资料
沸点：54.0℃	临界压力：无资料	爆炸下限：无资料	燃烧热：无资料
闪点：59.0℃	饱和蒸气压：0.17kPa(25℃)	相对密度($d_{水}=1$)：1.36	

溶解性	不溶于水。
主要用途	用于合成除锈剂。

急救措施

皮肤接触	立即脱去污染的衣着，用大量流动清水冲洗。就医。
眼睛接触	立即提起眼睑，用大量流动清水或生理盐水彻底冲洗至少 15min。就医。
吸入	迅速脱离现场至空气新鲜处。保持呼吸道通畅。如呼吸困难，给输氧。如呼吸停止，立即进行人工呼吸。就医。
食入	用水漱口，给饮牛奶或蛋清。就医。

防护措施

呼吸防护	空气中浓度超标时，必须佩戴自吸过滤式防毒面具(全面罩)。紧急事态抢救或撤离时，应该佩戴空气呼吸器。
眼睛防护	呼吸系统防护中已做防护。
身体防护	穿胶布防毒衣。
手防护	戴橡胶手套。
其他防护	工作现场禁止吸烟、进食和饮水。工作完毕，淋浴更衣。保持良好的卫生习惯。

品名：**异氰酸十八酯**		分子式：$C_{19}H_{37}NO$	相态：液
别名：十八异氰酸酯		分子量：295.5	外观与性状：无色液体或白色固体
危险特性			
火灾危险性：可燃液体丙B	爆炸物：无		皮肤腐蚀/刺激：无
腐蚀减薄：无	金属腐蚀：无		
环境开裂：无	急性毒性：无		
遇明火能燃烧。与强氧化剂接触可发生化学反应。受高热分解放出有毒的气体。			
理化特性			
熔点：15.0~16.0℃	临界温度：无资料	爆炸上限：无资料	引燃温度：无资料
沸点：(317.7±5.0)℃	临界压力：无资料	爆炸下限：无资料	燃烧热：无资料
闪点：(144.9±10.0)℃	饱和蒸气压：0.13kPa(154℃)	相对密度($d_水=1$)：0.86	
溶解性	无资料。		
主要用途	用于有机合成及织物、纸张等表面防水。		
急救措施			
皮肤接触	立即脱去污染的衣着，用大量流动清水冲洗。就医。		
眼睛接触	立即提起眼睑，用大量流动清水或生理盐水彻底冲洗至少15min。就医。		
吸入	迅速脱离现场至空气新鲜处。保持呼吸道通畅。如呼吸困难，给输氧。如呼吸停止，立即进行人工呼吸。就医。		
食入	饮足量温水，催吐。就医。		
防护措施			
呼吸防护	可能接触其粉尘时，必须佩戴防尘面具(全面罩)。可能接触其蒸气时，应该佩戴自吸过滤式防毒面具(全面罩)。		
眼睛防护	呼吸系统防护中已做防护。		
身体防护	穿胶布防毒衣。		
手防护	戴橡胶手套。		
其他防护	工作现场禁止吸烟、进食和饮水。工作完毕，彻底清洗。工作服不准带至非作业场所。单独存放被毒物污染的衣服，洗后备用。		

品名：**异氰酸叔丁酯**		分子式：C_5H_9NO	相态：液
别名：无		分子量：99.1	外观与性状：无色液体
危险特性			
火灾危险性：可燃液体甲B	爆炸物：无		皮肤腐蚀/刺激：无
腐蚀减薄：无	金属腐蚀：无		易燃液体：类别2
环境开裂：无	急性毒性：类别1		
其蒸气与空气可形成爆炸性混合物，遇明火、高热极易燃烧爆炸。与氧化剂接触猛烈反应。受热分解放出高毒烟雾。容易自聚，聚合反应随着温度的上升而急骤加剧。若遇高热容器内压增大，有开裂和爆炸的危险。			
理化特性			
熔点：无资料	临界温度：无资料	爆炸上限：无资料	引燃温度：无资料
沸点：86.0℃	临界压力：无资料	爆炸下限：无资料	燃烧热：无资料
闪点：-4.0℃	饱和蒸气压：8.10kPa(21℃)	相对密度($d_水=1$)：0.87	
溶解性	微溶于水。		
主要用途	用于有机合成。		
急救措施			
皮肤接触	立即脱去污染的衣着，用大量流动清水冲洗。就医。		
眼睛接触	立即提起眼睑，用大量流动清水或生理盐水彻底冲洗至少15min。就医。		
吸入	迅速脱离现场至空气新鲜处。保持呼吸道通畅。如呼吸困难，给输氧。如呼吸停止，立即进行人工呼吸。就医。		
食入	用水漱口，给饮牛奶或蛋清。就医。		
防护措施			
呼吸防护	空气中浓度超标时，必须佩戴自吸过滤式防毒面具(全面罩)。紧急事态抢救或撤离时，应该佩戴空气呼吸器。		
眼睛防护	呼吸系统防护中已做防护。		
身体防护	穿胶布防毒衣。		
手防护	戴橡胶手套。		
其他防护	工作现场禁止吸烟、进食和饮水。工作完毕，淋浴更衣。保持良好的卫生习惯。		

<table>
<tr><td colspan="2">品名：异氰酸乙酯
别名：乙基异氰酸酯</td><td>分子式：C_3H_5NO
分子量：无资料</td><td colspan="2">相态：液
外观与性状：无色液体</td></tr>
<tr><td colspan="5">危险特性</td></tr>
<tr><td colspan="2">火灾危险性：可燃液体甲 B
腐蚀减薄：无
环境开裂：无</td><td>爆炸物：无
金属腐蚀：无
急性毒性：类别 3</td><td colspan="2">皮肤腐蚀/刺激：类别 1
易燃液体：类别 2
严重眼损伤/眼刺激：类别 1</td></tr>
<tr><td colspan="5">容器及其异氰酸乙酯蒸气遇火均会爆炸。</td></tr>
<tr><td colspan="5">理化特性</td></tr>
<tr><td colspan="2">熔点：-50.0℃
沸点：(60.0±3.0)℃
闪点：23.0℃</td><td>临界温度：无资料
临界压力：无资料
饱和蒸气压：14.70kPa(20℃)</td><td>爆炸上限：无资料
爆炸下限：无资料
相对密度($d_水=1$)：0.91</td><td>引燃温度：无资料
燃烧热：无资料</td></tr>
<tr><td>溶解性</td><td colspan="4">溶于芳烃、卤代烃。</td></tr>
<tr><td>主要用途</td><td colspan="4">作为有机合成原料。</td></tr>
<tr><td colspan="5">急救措施</td></tr>
<tr><td>皮肤接触</td><td colspan="4">立即脱去污染的衣着，用大量肥皂水和流动清水冲洗。就医。</td></tr>
<tr><td>眼睛接触</td><td colspan="4">提起眼睑，用大量流动清水冲洗至少 30min。就医。</td></tr>
<tr><td>吸入</td><td colspan="4">立刻就医。将患者移至新鲜空气处，若呼吸停止，施行呼吸复苏术；若心脏停止跳动，施行心肺复苏术。就医。</td></tr>
<tr><td>食入</td><td colspan="4">肺水肿可能延缓发作，应留医观察 24 小时。</td></tr>
<tr><td colspan="5">防护措施</td></tr>
<tr><td>呼吸防护</td><td colspan="4">空气中浓度超标时，必须佩戴自吸过滤式防毒面具(半面罩)。紧急事态抢救或撤离时，应该佩戴空气呼吸器。</td></tr>
<tr><td>眼睛防护</td><td colspan="4">戴化学安全防护眼镜。</td></tr>
<tr><td>身体防护</td><td colspan="4">穿防静电工作服。</td></tr>
<tr><td>手防护</td><td colspan="4">戴橡胶耐油手套。</td></tr>
<tr><td>其他防护</td><td colspan="4">工作现场禁止吸烟、进食和饮水。工作完毕，淋浴更衣。保持良好的卫生习惯。进入罐、限制性空间或其他高浓度区作业，须有人监护。</td></tr>
</table>

<table>
<tr><td colspan="2">品名：异氰酸异丙酯
别名：无</td><td>分子式：C_4H_7NO
分子量：85.1</td><td colspan="2">相态：液
外观与性状：无色液体</td></tr>
<tr><td colspan="5">危险特性</td></tr>
<tr><td colspan="2">火灾危险性：可燃液体甲 B
腐蚀减薄：无
环境开裂：无</td><td>爆炸物：无
金属腐蚀：无
急性毒性：类别 1</td><td colspan="2">皮肤腐蚀/刺激：类别 1
易燃液体：类别 2
严重眼损伤/眼刺激：类别 1</td></tr>
<tr><td colspan="5">其蒸气与空气可形成爆炸性混合物，遇明火、高热极易燃烧爆炸。与氧化剂接触猛烈反应。受热分解释出高毒烟雾。容易自聚，聚合反应随着温度的上升而急骤加剧。若遇高热，容器内压增大，有开裂和爆炸的危险。</td></tr>
<tr><td colspan="5">理化特性</td></tr>
<tr><td colspan="2">熔点：-75.0℃
沸点：(76.6±9.0)℃
闪点：-2.0℃</td><td>临界温度：无资料
临界压力：无资料
饱和蒸气压：11.00kPa(20℃)</td><td>爆炸上限：无资料
爆炸下限：无资料
相对密度($d_水=1$)：0.87</td><td>引燃温度：无资料
燃烧热：无资料</td></tr>
<tr><td>溶解性</td><td colspan="4">微溶于水。</td></tr>
<tr><td>主要用途</td><td colspan="4">用于有机合成。</td></tr>
<tr><td colspan="5">急救措施</td></tr>
<tr><td>皮肤接触</td><td colspan="4">立即脱去污染的衣着，用大量流动清水冲洗。就医。</td></tr>
<tr><td>眼睛接触</td><td colspan="4">立即提起眼睑，用大量流动清水或生理盐水彻底冲洗。就医。</td></tr>
<tr><td>吸入</td><td colspan="4">迅速脱离现场至空气新鲜处。保持呼吸道通畅。如呼吸困难，给输氧。如呼吸停止，立即进行人工呼吸。就医。</td></tr>
<tr><td>食入</td><td colspan="4">饮足量温水，催吐。就医。</td></tr>
<tr><td colspan="5">防护措施</td></tr>
<tr><td>呼吸防护</td><td colspan="4">空气中浓度超标时，必须佩戴自吸过滤式防毒面具(半面罩)。紧急事态抢救或撤离时，应该佩戴空气呼吸器。</td></tr>
<tr><td>眼睛防护</td><td colspan="4">戴化学安全防护眼镜。</td></tr>
<tr><td>身体防护</td><td colspan="4">穿防静电工作服。</td></tr>
<tr><td>手防护</td><td colspan="4">戴橡胶手套。</td></tr>
<tr><td>其他防护</td><td colspan="4">工作场所禁止吸烟、进食和饮水，饭前要洗手。工作完毕，淋浴更衣。保持良好的卫生习惯。</td></tr>
</table>

品名：**异氰酸正丙酯**		分子式：C_4H_7NO	相态：液
别名：无		分子量：85.1	外观与性状：透明黄色液体
危险特性			
火灾危险性：可燃液体甲 B		爆炸物：无	皮肤腐蚀/刺激：无
腐蚀减薄：无		金属腐蚀：无	易燃液体：类别 3
环境开裂：无		急性毒性：类别 1	
其蒸气与空气可形成爆炸性混合物，遇明火、高热极易燃烧爆炸。与氧化剂接触猛烈反应。流速过快，容易产生和积聚静电。其蒸气比空气重，能在较低处扩散到相当远的地方，遇火源会着火回燃。若遇高热，容器内压增大，有开裂和爆炸的危险。			
理化特性			
熔点：-30.0℃	临界温度：无资料	爆炸上限：无资料	引燃温度：无资料
沸点：83.0~84.0℃	临界压力：无资料	爆炸下限：无资料	燃烧热：无资料
闪点：0.0℃	饱和蒸气压：6.65kPa(19℃)	相对密度($d_{水}=1$)：0.90	
溶解性	不溶于水。		
主要用途	异丙基异氰酸酯是杀菌剂异菌脲的中间体。		
急救措施			
皮肤接触	立即脱去污染的衣着，用大量流动清水冲洗至少 15min。就医。		
眼睛接触	立即提起眼睑，用大量流动清水或生理盐水彻底冲洗至少 15min。就医。		
吸入	迅速脱离现场至空气新鲜处。保持呼吸道通畅。如呼吸困难，给输氧。如呼吸停止，立即进行人工呼吸。就医。		
食入	饮足量温水，催吐。就医。		
防护措施			
呼吸防护	空气中浓度超标时，必须佩戴自吸过滤式防毒面具(半面罩)。紧急事态抢救或撤离时，应该佩戴空气呼吸器。		
眼睛防护	戴化学安全防护眼镜。		
身体防护	穿防静电工作服。		
手防护	戴橡胶耐油手套。		
其他防护	工作现场禁止吸烟、进食和饮水。工作完毕，淋浴更衣。保持良好的卫生习惯。		

品名：**异氰酸正丁酯**		分子式：C_5H_9NO	相态：液
别名：无		分子量：99.1	外观与性状：无色至淡的黄色液体
危险特性			
火灾危险性：可燃液体甲 B		爆炸物：无	皮肤腐蚀/刺激：类别 1
腐蚀减薄：无		金属腐蚀：无	易燃液体：类别 2
环境开裂：无		急性毒性：类别 1	严重眼损伤/眼刺激：类别 1
其蒸气与空气可形成爆炸性混合物，遇明火、高热极易燃烧爆炸。与氧化剂接触猛烈反应。流速过快，容易产生和积聚静电。其蒸气比空气重，能在较低处扩散到相当远的地方，遇火源会着火回燃。若遇高热，容器内压增大，有开裂和爆炸的危险。			
理化特性			
熔点：-70.0℃	临界温度：无资料	爆炸上限：无资料	引燃温度：无资料
沸点：115.0℃	临界压力：无资料	爆炸下限：无资料	燃烧热：无资料
闪点：17.8℃	饱和蒸气压：2.1kPa(20℃)	相对密度($d_{水}=1$)：0.90	
溶解性	无资料。		
主要用途	无资料。		
急救措施			
皮肤接触	立即脱去污染的衣着，用大量流动清水冲洗至少 15min。就医。		
眼睛接触	立即提起眼睑，用大量流动清水或生理盐水彻底冲洗至少 15min。就医。		
吸入	迅速脱离现场至空气新鲜处。保持呼吸道通畅。如呼吸困难，给输氧。如呼吸停止，立即进行人工呼吸。就医。		
食入	用水漱口，给饮牛奶或蛋清。就医。		
防护措施			
呼吸防护	空气中浓度超标时，必须佩戴自吸过滤式防毒面具(全面罩)。紧急事态抢救或撤离时，应该佩戴空气呼吸器。		
眼睛防护	呼吸系统防护中已做防护。		
身体防护	穿胶布防毒衣。		
手防护	戴橡胶耐油手套。		
其他防护	工作现场禁止吸烟、进食和饮水。工作完毕，淋浴更衣。保持良好的卫生习惯。		

品名：**异戊胺**		分子式：$C_5H_{13}N$	相态：液
别名：1-氨基-3-甲基丁烷		分子量：87.2	外观与性状：无色液体，有氨臭
危险特性			
火灾危险性：可燃液体甲B 腐蚀减薄：碱腐蚀、胺腐蚀 环境开裂：碱应力腐蚀开裂、氨应力腐蚀开裂、胺应力腐蚀开裂		爆炸物：无 金属腐蚀：无 急性毒性：无	皮肤腐蚀/刺激：类别1 易燃液体：类别2 严重眼损伤/眼刺激：类别1
易燃，遇高热、明火及强氧化剂易引起燃烧。与氧化剂能发生强烈反应。其蒸气比空气重，能在较低处扩散到相当远的地方，遇火源会着火回燃。具有腐蚀性。			
理化特性			
熔点：-60.0℃ 沸点：(92.7±8.0)℃ 闪点：18.3℃	临界温度：无资料 临界压力：无资料 饱和蒸气压：无资料	爆炸上限：无资料 爆炸下限：无资料 相对密度($d_{水}=1$)：0.75	引燃温度：365.0℃ 燃烧热：3623.2kJ/mol
溶解性	溶于水、乙醇、乙醚。		
主要用途	用于溶剂及用于有机合成。		
急救措施			
皮肤接触	立即脱去污染的衣着，用大量流动清水冲洗至少15min。就医。		
眼睛接触	立即提起眼睑，用大量流动清水或生理盐水彻底冲洗至少15min。就医。		
吸入	迅速脱离现场至空气新鲜处。保持呼吸道通畅。如呼吸困难，给输氧。如呼吸停止，立即进行人工呼吸。就医。		
食入	用水漱口，给饮牛奶或蛋清。就医。		
防护措施			
呼吸防护	可能接触其蒸气时，佩戴导管式防毒面具。紧急事态抢救或撤离时，应该佩戴氧气呼吸器、空气呼吸器。		
眼睛防护	呼吸系统防护中已做防护。		
身体防护	穿胶布防毒衣。		
手防护	戴橡胶耐油手套。		
其他防护	工作现场禁止吸烟、进食和饮水。工作完毕，淋浴更衣。实行就业前和定期的体检。		

品名：**异戊腈**		分子式：C_5H_9N	相态：液
别名：氰化异丁烷		分子量：83.1	外观与性状：无色液体
危险特性			
火灾危险性：可燃液体甲B 腐蚀减薄：无 环境开裂：无		爆炸物：无 金属腐蚀：无 急性毒性：无	皮肤腐蚀/刺激：无 易燃液体：类别3
遇明火易燃。受高热燃烧并分解产生有毒气体。			
理化特性			
熔点：-100.8℃ 沸点：128.0~130.0℃ 闪点：25.0℃	临界温度：无资料 临界压力：无资料 饱和蒸气压：无资料	爆炸上限：无资料 爆炸下限：无资料 相对密度($d_{水}=1$)：0.79	引燃温度：无资料 燃烧热：无资料
溶解性	微溶于水，易溶于丙酮，可混溶于乙醇、乙醚。		
主要用途	用于有机合成。		
急救措施			
皮肤接触	立即脱去污染的衣着，用流动清水或5%硫代硫酸钠溶液彻底冲洗至少20min。就医。		
眼睛接触	提起眼睑，用流动清水或生理盐水冲洗。就医。		
吸入	迅速脱离现场至空气新鲜处。保持呼吸道通畅。如呼吸困难，给输氧。呼吸心跳停止时，立即进行人工呼吸(勿用口对口)和胸外心脏按压术。给吸入亚硝酸异戊酯，就医。		
食入	饮足量温水，催吐。用1∶5000高锰酸钾或5%硫代硫酸钠溶液洗胃。就医。		
防护措施			
呼吸防护	可能接触毒物时，必须佩戴自吸过滤式防毒面具(全面罩)。紧急事态抢救或撤离时，建议佩戴隔离式呼吸器。		
眼睛防护	呼吸系统防护中已做防护。		
身体防护	穿聚乙烯防毒服。		
手防护	戴橡胶耐油手套。		
其他防护	工作现场禁止吸烟、进食和饮水。工作完毕，彻底清洗。单独存放被毒物污染的衣服，洗后备用。车间应配备急救设备及药品。作业人员应学会自救互救。		

品名：**异戊酸甲酯** 别名：无		分子式：$C_6H_{12}O_2$ 分子量：116.2	相态：液 外观与性状：无色液体
危险特性			
火灾危险性：可燃液体甲B 腐蚀减薄：低分子有机酸腐蚀 环境开裂：无		爆炸物：无 金属腐蚀：无 急性毒性：无	皮肤腐蚀/刺激：无 易燃液体：类别2
其蒸气与空气可形成爆炸性混合物，遇明火、高热极易燃烧爆炸。与氧化剂接触猛烈反应。若遇高热，容器内压增大，有开裂和爆炸的危险。			
理化特性			
熔点：无资料 沸点：116.0℃ 闪点：(19.4±8.3)℃	临界温度：无资料 临界压力：无资料 饱和蒸气压：无资料	爆炸上限：无资料 爆炸下限：无资料 相对密度($d_{水}=1$)：0.88	引燃温度：无资料 燃烧热：无资料
溶解性	微溶于水，可混溶于乙醇、乙醚。		
主要用途	用作溶剂，也用于有机合成。		
急救措施			
皮肤接触	立即脱去污染的衣着，用大量流动清水冲洗。就医。		
眼睛接触	立即提起眼睑，用大量流动清水或生理盐水彻底冲洗。就医。		
吸入	迅速脱离现场至空气新鲜处。保持呼吸道通畅。如呼吸困难，给输氧。如呼吸停止，立即进行人工呼吸。就医。		
食入	饮足量温水，催吐。就医。		
防护措施			
呼吸防护	空气中浓度较高时，应该佩戴过滤式防毒面具(半面罩)。紧急事态抢救或逃生时，建议佩戴空气呼吸器。		
眼睛防护	戴化学安全防护眼镜。		
身体防护	穿防静电工作服。		
手防护	戴乳胶手套。		
其他防护	工作完毕，淋浴更衣。保持良好的卫生习惯。		

品名：**异戊酸乙酯** 别名：无		分子式：$C_7H_{14}O_2$ 分子量：130.2	相态：液 外观与性状：无色油状液体，有果子香味
危险特性			
火灾危险性：可燃液体甲B 腐蚀减薄：低分子有机酸腐蚀 环境开裂：无		爆炸物：无 金属腐蚀：无 急性毒性：无	皮肤腐蚀/刺激：无 易燃液体：类别3
易燃，遇高热、明火有引起燃烧的危险。与氧化剂能发生强烈反应。在火场中，受热的容器有爆炸危险。			
理化特性			
熔点：-99.3℃ 沸点：(135.1±8.0)℃ 闪点：26.0℃	临界温度：314.8℃ 临界压力：2.84MPa 饱和蒸气压：0.56kPa(20℃)	爆炸上限：无资料 爆炸下限：无资料 相对密度($d_{水}=1$)：0.87	引燃温度：无资料 燃烧热：4180.0kJ/mol
溶解性	微溶于水，可混溶于醇、醚、苯。		
主要用途	用作香精。		
急救措施			
皮肤接触	立即脱去污染的衣着，用大量流动清水冲洗。就医。		
眼睛接触	立即提起眼睑，用大量流动清水或生理盐水彻底冲洗。就医。		
吸入	迅速脱离现场至空气新鲜处。保持呼吸道通畅。如呼吸困难，给输氧。如呼吸停止，立即进行人工呼吸。就医。		
食入	饮足量温水，催吐。就医。		
防护措施			
呼吸防护	空气中浓度较高时，应该佩戴自吸过滤式防毒面具(半面罩)。紧急事态抢救或撤离时佩戴空气呼吸器。		
眼睛防护	一般不需要特殊防护，高浓度接触时可戴安全防护眼镜。		
身体防护	穿防静电工作服。		
手防护	戴橡胶耐油手套。		
其他防护	工作现场严禁吸烟。工作完毕，淋浴更衣。注意个人清洁卫生。		

品名：**异戊酰氯**	分子式：C_5H_9ClO	相态：液
别名：无	分子量：120.6	外观与性状：带有刺激性气味的液体

危险特性

火灾危险性：可燃液体甲 B	爆炸物：无	皮肤腐蚀/刺激：类别 1
腐蚀减薄：无	金属腐蚀：无	易燃液体：类别 2
环境开裂：无	急性毒性：无	严重眼损伤/眼刺激：类别 1

其蒸气与空气可形成爆炸性混合物，遇明火、高热极易燃烧爆炸。与氧化剂接触猛烈反应。遇水反应，放出具有刺激性和腐蚀性的氯化氢气体。遇高热分解放出高毒烟气。遇潮时对大多数金属有腐蚀性。若遇高热，容器内压增大，有开裂和爆炸的危险。

理化特性

熔点：无资料	临界温度：无资料	爆炸上限：无资料	引燃温度：无资料
沸点：(116.4±8.0)℃	临界压力：无资料	爆炸下限：无资料	燃烧热：无资料
闪点：18.0℃	饱和蒸气压：无资料	相对密度($d_水=1$)：0.99	

溶解性	溶于部分有机溶剂。
主要用途	用于有机合成。

急救措施

皮肤接触	立即脱去污染的衣着，用大量流动清水冲洗至少 15min。就医。
眼睛接触	立即提起眼睑，用大量流动清水或生理盐水彻底冲洗至少 15min。就医。
吸入	迅速脱离现场至空气新鲜处。保持呼吸道通畅。如呼吸困难，给输氧。如呼吸停止，立即进行人工呼吸。就医。
食入	用水漱口，给饮牛奶或蛋清。就医。

防护措施

呼吸防护	空气中浓度超标时，必须佩戴自吸过滤式防毒面具(半面罩)。紧急事态抢救或撤离时，应该佩戴空气呼吸器。
眼睛防护	戴化学安全防护眼镜。
身体防护	穿橡胶耐酸碱服。
手防护	戴橡胶耐酸碱手套。
其他防护	工作场所禁止吸烟、进食和饮水，饭前要洗手。工作完毕，淋浴更衣。保持良好的卫生习惯。

品名：**异辛烯**	分子式：C_8H_{16}	相态：液
别名：无	分子量：112.2	外观与性状：无色澄清液体

危险特性

火灾危险性：可燃液体甲 B	爆炸物：无	皮肤腐蚀/刺激：无
腐蚀减薄：无	金属腐蚀：无	易燃液体：类别 2
环境开裂：无	急性毒性：无	

易燃，其蒸气与空气可形成爆炸性混合物，遇明火、高热能引起燃烧爆炸。与氧化剂接触猛烈反应。若遇高热，可发生聚合反应，放出大量热量而引起容器破裂和爆炸事故。其蒸气比空气重，能在较低处扩散到相当远的地方，遇火源会着火回燃。

理化特性

熔点：无资料	临界温度：无资料	爆炸上限：无资料	引燃温度：无资料
沸点：102.0℃	临界压力：无资料	爆炸下限：无资料	燃烧热：无资料
闪点：-6.7℃	饱和蒸气压：13.60kPa(21℃)	相对密度($d_水=1$)：0.72	

溶解性	无资料。
主要用途	无资料。

急救措施

皮肤接触	立即脱去污染的衣着，用大量肥皂水和流动清水冲洗。就医。
眼睛接触	立即提起眼睑，用大量流动清水或生理盐水彻底冲洗。就医。
吸入	迅速脱离现场至空气新鲜处。保持呼吸道通畅。如呼吸困难，给输氧。如呼吸停止，立即进行人工呼吸。就医。
食入	饮足量温水，催吐。就医。

防护措施

呼吸防护	空气中浓度较高时，应该佩戴自吸过滤式防毒面具(半面罩)。
眼睛防护	必要时，戴化学安全防护眼镜。
身体防护	穿防静电工作服。
手防护	戴橡胶耐油手套。
其他防护	工作现场严禁吸烟。避免长期反复接触。

<table>
<tr><td colspan="2">品名：原丙酸三乙酯
别名：原丙酸乙酯；1,1,1-三乙氧基丙烷</td><td colspan="2">分子式：$C_9H_{20}O_3$
分子量：176.3</td><td>相态：液
外观与性状：无色透明液体，有芳香气味</td></tr>
<tr><th colspan="5">危险特性</th></tr>
<tr><td colspan="2">火灾危险性：可燃液体丙 A
腐蚀减薄：低分子有机酸腐蚀
环境开裂：无</td><td colspan="2">爆炸物：无
金属腐蚀：无
急性毒性：无</td><td>皮肤腐蚀/刺激：无
易燃液体：类别 3</td></tr>
<tr><td colspan="5">其蒸气与空气可形成爆炸性混合物，遇明火、高热能引起燃烧爆炸。与氧化剂可发生反应。流速过快，容易产生和积聚静电。若遇高热，容器内压增大，有开裂和爆炸的危险。</td></tr>
<tr><th colspan="5">理化特性</th></tr>
<tr><td colspan="2">熔点：无资料
沸点：155.0℃
闪点：60.0℃</td><td>临界温度：无资料
临界压力：无资料
饱和蒸气压：无资料</td><td>爆炸上限：无资料
爆炸下限：无资料
相对密度($d_{水}=1$)：0.88</td><td>引燃温度：无资料
燃烧热：无资料</td></tr>
<tr><td>溶解性</td><td colspan="4">不溶于水，可混溶于醇、醚。</td></tr>
<tr><td>主要用途</td><td colspan="4">用作分析试剂、胶片增感剂，并用于有机合成、染料和制药工业。</td></tr>
<tr><th colspan="5">急救措施</th></tr>
<tr><td>皮肤接触</td><td colspan="4">立即脱去污染的衣着，用肥皂水和流动清水冲洗。就医。</td></tr>
<tr><td>眼睛接触</td><td colspan="4">立即提起眼睑，用大量流动清水或生理盐水彻底冲洗。就医。</td></tr>
<tr><td>吸入</td><td colspan="4">迅速脱离现场至空气新鲜处。保持呼吸道通畅。如呼吸困难，给输氧。就医。</td></tr>
<tr><td>食入</td><td colspan="4">饮足量温水，催吐。就医。</td></tr>
<tr><th colspan="5">防护措施</th></tr>
<tr><td>呼吸防护</td><td colspan="4">空气中浓度超标时，必须佩戴自吸过滤式防毒面具(半面罩)。紧急事态抢救或撤离时，应该佩戴空气呼吸器。</td></tr>
<tr><td>眼睛防护</td><td colspan="4">戴化学安全防护眼镜。</td></tr>
<tr><td>身体防护</td><td colspan="4">穿防毒物渗透工作服。</td></tr>
<tr><td>手防护</td><td colspan="4">戴橡胶耐油手套。</td></tr>
<tr><td>其他防护</td><td colspan="4">工作现场严禁吸烟。工作完毕，淋浴更衣。保持良好的卫生习惯。</td></tr>
</table>

<table>
<tr><td colspan="2">品名：原甲酸三甲酯
别名：原甲酸甲酯；三甲氧基甲烷</td><td colspan="2">分子式：$C_4H_{10}O_3$
分子量：106.1</td><td>相态：液
外观与性状：无色透明液体，有刺激性气味</td></tr>
<tr><th colspan="5">危险特性</th></tr>
<tr><td colspan="2">火灾危险性：可燃液体甲 B
腐蚀减薄：低分子有机酸腐蚀
环境开裂：无</td><td colspan="2">爆炸物：无
金属腐蚀：无
急性毒性：无</td><td>皮肤腐蚀/刺激：无
易燃液体：类别 2
严重眼损伤/眼刺激：类别 2</td></tr>
<tr><td colspan="5">其蒸气与空气形成爆炸性混合物，遇明火、高热能引起燃烧爆炸。与氧化剂可发生反应。其蒸气比空气重，能在较低处扩散到相当远的地方，遇明火会引着回燃。</td></tr>
<tr><th colspan="5">理化特性</th></tr>
<tr><td colspan="2">熔点：-53.0℃
沸点：100.6℃
闪点：15.0℃</td><td>临界温度：无资料
临界压力：无资料
饱和蒸气压：55.32kPa(30℃)</td><td>爆炸上限：无资料
爆炸下限：无资料
相对密度($d_{水}=1$)：0.97</td><td>引燃温度：无资料
燃烧热：无资料</td></tr>
<tr><td>溶解性</td><td colspan="4">溶于乙醇、乙醚、苯、遇水分解。</td></tr>
<tr><td>主要用途</td><td colspan="4">为香料、医药、农药及摄影用增感剂等合成原料。</td></tr>
<tr><th colspan="5">急救措施</th></tr>
<tr><td>皮肤接触</td><td colspan="4">用肥皂水及清水彻底冲洗。就医。</td></tr>
<tr><td>眼睛接触</td><td colspan="4">拉开眼睑，用流动清水冲洗 15min。就医。</td></tr>
<tr><td>吸入</td><td colspan="4">脱离现场至空气新鲜处。就医。</td></tr>
<tr><td>食入</td><td colspan="4">误服者，饮适量温水，催吐。就医。</td></tr>
<tr><th colspan="5">防护措施</th></tr>
<tr><td>呼吸防护</td><td colspan="4">可能接触其蒸气时，应该佩戴防毒口罩。紧急事态抢救或逃生时，建议佩戴自给式呼吸器。</td></tr>
<tr><td>眼睛防护</td><td colspan="4">戴化学安全防护眼镜。</td></tr>
<tr><td>身体防护</td><td colspan="4">穿防静电工作服。</td></tr>
<tr><td>手防护</td><td colspan="4">戴防护手套。</td></tr>
<tr><td>其他防护</td><td colspan="4">工作现场禁止吸烟、进食和饮水。工作后，淋浴更衣。及时换洗工作服。特别注意眼和呼吸道的防护。</td></tr>
</table>

品名：**原甲酸三乙酯** 别名：三乙氧基甲烷；原甲酸乙酯	分子式：$C_7H_{16}O_3$　相态：液 分子量：148.2　外观与性状：无色液体，有辛辣气味
危险特性	
火灾危险性：可燃液体乙 A　爆炸物：无　皮肤腐蚀/刺激：无 腐蚀减薄：低分子有机酸腐蚀　金属腐蚀：无　易燃液体：类别 3 环境开裂：无　急性毒性：无	
易燃，遇明火、高热或与氧化剂接触，有引起燃烧爆炸的危险。其蒸气比空气重，能在较低处扩散到相当远的地方，遇火源会着火回燃。	
理化特性	
熔点：-76.1℃　临界温度：无资料　爆炸上限：无资料　引燃温度：180.0℃ 沸点：145.9℃　临界压力：无资料　爆炸下限：无资料　燃烧热：无资料 闪点：30.0℃　饱和蒸气压：1.33kPa(40.5℃)　相对密度($d_水=1$)：0.89	
溶解性	微溶于水、溶于醇、醚等多数有机溶剂。
主要用途	用于有机合成和用作医药中间体及感光材料。
急救措施	
皮肤接触	无资料。
眼睛接触	无资料。
吸入	无资料。
食入	无资料。
防护措施	
呼吸防护	一般不需要特殊防护，但建议在特殊情况下，佩戴自吸过滤式防毒面具(半面罩)。
眼睛防护	一般不需要特殊防护，高浓度接触时可戴化学安全防护眼镜。
身体防护	穿防静电工作服。
手防护	戴橡胶耐油手套。
其他防护	工作现场严禁吸烟。工作完毕，淋浴更衣。注意个人清洁卫生。

品名：**原乙酸三甲酯** 别名：1,1,1-三甲氧基乙烷	分子式：$C_5H_{12}O_3$　相态：液 分子量：120.2　外观与性状：无色液体
危险特性	
火灾危险性：可燃液体甲 B　爆炸物：无　皮肤腐蚀/刺激：无 腐蚀减薄：低分子有机酸腐蚀　金属腐蚀：无　易燃液体：类别 2 环境开裂：无　急性毒性：无	
遇高热、明火或氧化剂，有引起燃烧的危险。其蒸气比空气重，能在较低处扩散到相当远的地方，遇明火会引着回燃。若遇高热，容器内压增大，有开裂和爆炸的危险。	
理化特性	
熔点：无资料　临界温度：无资料　爆炸上限：无资料　引燃温度：无资料 沸点：107.0℃　临界压力：无资料　爆炸下限：无资料　燃烧热：无资料 闪点：16.0℃　饱和蒸气压：无资料　相对密度($d_水=1$)：0.94	
溶解性	溶于乙醇、乙醚。
主要用途	用于有机合成。
急救措施	
皮肤接触	用肥皂水及清水彻底冲洗。就医。
眼睛接触	拉开眼睑，用流动清水冲洗 15min。就医。
吸入	脱离现场至空气新鲜处。就医。
食入	误服者，饮适量温水，催吐。就医。
防护措施	
呼吸防护	可能接触其蒸气时，应该佩戴防毒口罩。紧急事态抢救或逃生时，建议佩戴自给式呼吸器。
眼睛防护	戴化学安全防护眼镜。
身体防护	穿防静电工作服。
手防护	戴防护手套。
其他防护	工作现场禁止吸烟、进食和饮水。工作后，淋浴更衣。及时换洗工作服。特别注意眼和呼吸道的防护。

品名：**杂戊醇**		分子式：$C_5H_{12}O$	相态：液
别名：杂醇油		分子量：88.1	外观与性状：液体，无色至暗黄色，无臭
危险特性			
火灾危险性：可燃液体乙 A		爆炸物：无	皮肤腐蚀/刺激：无
腐蚀减薄：无		金属腐蚀：无	易燃液体：类别 2
环境开裂：无		急性毒性：无	
与氧化性物质接触发生剧烈反应。蒸气比空气重，易在低处聚集。封闭区域内的蒸气遇火能爆炸。蒸气能扩散到远处，遇点火源着火，并引起回燃。储存容器及其部件可能向四面八方飞射很远。			
理化特性			
熔点：无资料	临界温度：无资料	爆炸上限：9.0%	引燃温度：350.0℃
沸点：128.0℃	临界压力：无资料	爆炸下限：1.2%	燃烧热：无资料
闪点：42.0℃	饱和蒸气压：无资料	相对密度($d_{水}=1$)：0.81	
溶解性	无资料。		
主要用途	主要用作溶剂，用于制药、植物提取、彩印、胶黏剂生产中，也用作染料、颜料稀释剂。		
急救措施			
皮肤接触	立即脱去污染的衣着，用大量流动清水冲洗至少 15min。就医。		
眼睛接触	立即提起眼睑，用大量流动清水或生理盐水彻底冲洗至少 15min。就医。		
吸入	迅速脱离现场至空气新鲜处。保持呼吸道通畅。如呼吸困难，给输氧。如呼吸停止，立即进行人工呼吸。就医。		
食入	无资料。		
防护措施			
呼吸防护	无资料。		
眼睛防护	无资料。		
身体防护	无资料。		
手防护	无资料。		
其他防护	无资料。		

品名：**樟脑油**		分子式：无资料	相态：液
别名：樟木油		分子量：无资料	外观与性状：无色或淡黄色至红棕色油状液体，有强烈的樟脑味；溶于乙醇和乙醚；除含樟脑 30%~55%外，还含有桉叶醇、松油醇
危险特性			
火灾危险性：可燃液体乙 A		爆炸物：无	皮肤腐蚀/刺激：无
腐蚀减薄：无		金属腐蚀：无	易燃液体：类别 3
环境开裂：无		急性毒性：无	
可燃，遇高温、明火、氧化剂(包括硝酸)有引起燃烧危险。			
理化特性			
熔点：160.0℃	临界温度：无资料	爆炸上限：无资料	引燃温度：无资料
沸点：171.0℃	临界压力：无资料	爆炸下限：无资料	燃烧热：无资料
闪点：43.3℃	饱和蒸气压：无资料	相对密度($d_{水}=1$)：0.87	
溶解性	不溶于水，溶于氯仿、乙醚。		
主要用途	用作医药、香料、赛璐珞等的原料。也可作涂料溶剂或代替松节油作稀释剂。		
急救措施			
皮肤接触	立即脱去污染的衣着，用大量流动清水冲洗至少 15min。就医。		
眼睛接触	立即提起眼睑，用大量流动清水或生理盐水彻底冲洗至少 15min。就医。		
吸入	迅速脱离现场至空气新鲜处。保持呼吸道通畅。如呼吸困难，给输氧。如呼吸停止，立即进行人工呼吸。就医。		
食入	无资料。		
防护措施			
呼吸防护	无资料。		
眼睛防护	无资料。		
身体防护	无资料。		
手防护	无资料。		
其他防护	无资料。		

品名：**正丙苯**		分子式：C_9H_{12}	相态：液
别名：丙苯；丙基苯		分子量：120.2	外观与性状：无色液体
危险特性			
火灾危险性：可燃液体乙 A		爆炸物：无	皮肤腐蚀/刺激：无
腐蚀减薄：无		金属腐蚀：无	易燃液体：类别 3
环境开裂：无		急性毒性：无	
易燃，遇明火、高热或与氧化剂接触，有引起燃烧爆炸的危险。			
理化特性			
熔点：-99.5℃	临界温度：365.6℃	爆炸上限：6.0%	引燃温度：450.0℃
沸点：159.2℃	临界压力：3.24MPa	爆炸下限：0.8%	燃烧热：5209.9kJ/mol
闪点：30.0℃	饱和蒸气压：0.33kPa(20℃)	相对密度($d_水=1$)：0.86	
溶解性	不溶于水，可混溶于乙醇、乙醚等多数有机溶剂。		
主要用途	用作溶剂及有机合成。		
急救措施			
皮肤接触	立即脱去污染的衣着，用肥皂水和流动清水冲洗。就医。		
眼睛接触	立即提起眼睑，用大量流动清水或生理盐水彻底冲洗。就医。		
吸入	迅速脱离现场至空气新鲜处。保持呼吸道通畅。如呼吸困难，给输氧。如呼吸停止，立即进行人工呼吸。就医。		
食入	饮足量温水，催吐。就医。		
防护措施			
呼吸防护	空气中浓度超标时，佩戴过滤式防毒面具(半面罩)。紧急事态抢救或撤离时，建议佩戴自给式呼吸器。		
眼睛防护	戴化学安全防护眼镜。		
身体防护	穿防毒物渗透工作服。		
手防护	戴橡胶耐油手套。		
其他防护	工作现场禁止吸烟、进食和饮水。工作完毕，淋浴更衣。保持良好的卫生习惯。		

品名：**正丙基环戊烷**		分子式：C_8H_{16}	相态：液
别名：无		分子量：112.2	外观与性状：无色液体
危险特性			
火灾危险性：可燃液体丙 B		爆炸物：无	皮肤腐蚀/刺激：无
腐蚀减薄：无		金属腐蚀：无	易燃液体：类别 2
环境开裂：无		急性毒性：无	
遇明火、高热或与氧化剂接触，有引起燃烧爆炸的危险。其蒸气比空气重，能在较低处扩散到相当远的地方，遇明火会引着回燃。若遇高热，容器内压增大，有开裂和爆炸的危险。			
理化特性			
熔点：-117.0℃	临界温度：无资料	爆炸上限：无资料	引燃温度：无资料
沸点：(130.5±3.0)℃	临界压力：无资料	爆炸下限：无资料	燃烧热：无资料
闪点：(17.1±10.6)℃	饱和蒸气压：无资料	相对密度($d_水=1$)：0.78	
溶解性	无资料。		
主要用途	无资料。		
急救措施			
皮肤接触	脱去污染的衣着，用大量流动清水彻底冲洗。		
眼睛接触	立即翻开上下眼睑，用流动清水或生理盐水冲洗。就医。		
吸入	迅速脱离现场至空气新鲜处。保持呼吸道通畅。呼吸困难时给输氧。呼吸停止时，立即进行人工呼吸。就医。		
食入	立即漱口，饮牛奶或蛋清，立即就医。		
防护措施			
呼吸防护	空气中浓度较高时，应该佩戴防毒面具。		
眼睛防护	必要时戴化学安全防护眼镜。		
身体防护	穿防静电工作服。		
手防护	戴防护手套。		
其他防护	工作现场严禁吸烟。避免长期反复接触。		

品名：**正丙硫醇**		分子式：C_3H_8S	相态：液
别名：1-巯基丙烷；硫代正丙醇		分子量：76.2	外观与性状：无色或淡黄色液体，有刺激气味
危险特性			
火灾危险性：可燃液体甲 B		爆炸物：无	皮肤腐蚀/刺激：无
腐蚀减薄：硫酸腐蚀、高温硫化物腐蚀		金属腐蚀：无	易燃液体：类别 2
环境开裂：连多硫酸应力腐蚀开裂		急性毒性：无	严重眼损伤/眼刺激：类别 2
其蒸气与空气可形成爆炸性混合物，遇明火、高热极易燃烧爆炸。与氧化剂、次氯酸钙接触剧烈反应。遇强酸能分解放出有毒气体。其蒸气比空气重，能在较低处扩散到相当远的地方，遇火源会着火回燃。			
理化特性			
熔点：−133.3℃	临界温度：无资料	爆炸上限：无资料	引燃温度：287.0℃
沸点：(67.8±3.0)℃	临界压力：4.60MPa	爆炸下限：无资料	燃烧热：无资料
闪点：−20.6℃	饱和蒸气压：16.26kPa(20℃)	相对密度($d_{水}=1$)：0.84	
溶解性	微溶于水，溶于乙醇、乙醚、苯、丙酮、丙二醇等。		
主要用途	用作化学中间体，除草剂。		
急救措施			
皮肤接触	立即脱去污染的衣着，用肥皂水和流动清水冲洗。就医。		
眼睛接触	立即提起眼睑，用大量流动清水或生理盐水彻底冲洗。就医。		
吸入	迅速脱离现场至空气新鲜处。保持呼吸道通畅。如呼吸困难，给输氧。如呼吸停止，立即进行人工呼吸。就医。		
食入	饮足量温水，催吐。就医。		
防护措施			
呼吸防护	空气中浓度超标时，应该佩戴自吸过滤式防毒面具(半面罩)。紧急事态抢救或撤离时建议佩戴空气呼吸器。		
眼睛防护	戴安全防护眼镜。		
身体防护	穿防静电工作服。		
手防护	戴乳胶手套。		
其他防护	工作现场严禁吸烟。工作完毕，淋浴更衣。注意个人清洁卫生。		

品名：**正丙醚**		分子式：$C_6H_{14}O$	相态：液
别名：二正丙醚		分子量：102.2	外观与性状：无色液体
危险特性			
火灾危险性：可燃液体甲 B		爆炸物：无	皮肤腐蚀/刺激：无
腐蚀减薄：无		金属腐蚀：无	易燃液体：类别 2
环境开裂：无		急性毒性：无	
其蒸气与空气可形成爆炸性混合物，遇明火、高热极易燃烧爆炸。与氧化剂能发生强烈反应。在空气中久置后能生成有爆炸性的过氧化物。其蒸气比空气重，能在较低处扩散到相当远的地方，遇火源会着火回燃。若遇高热，容器内压增大，有开裂和爆炸的危险。			
理化特性			
熔点：−122.0℃	临界温度：无资料	爆炸上限：7.0%	引燃温度：88.0℃
沸点：90.0℃	临界压力：无资料	爆炸下限：1.3%	燃烧热：无资料
闪点：−21.0℃	饱和蒸气压：8.33kPa(25℃)	相对密度($d_{水}=1$)：0.74	
溶解性	微溶于水，溶于乙醇、乙醚等多数有机溶剂。		
主要用途	用于有机合成，也用作溶剂。		
急救措施			
皮肤接触	立即脱去污染的衣着，用肥皂水和流动清水冲洗。就医。		
眼睛接触	立即提起眼睑，用大量流动清水或生理盐水彻底冲洗。就医。		
吸入	迅速脱离现场至空气新鲜处。保持呼吸道通畅。如呼吸困难，给输氧。如呼吸停止，立即进行人工呼吸。就医。		
食入	饮足量温水，催吐。就医。		
防护措施			
呼吸防护	无资料。		
眼睛防护	无资料。		
身体防护	无资料。		
手防护	无资料。		
其他防护	无资料。		

品名：**正丁胺**	分子式：$C_4H_{11}N$	相态：液
别名：1-氨基丁烷	分子量：73.1	外观与性状：有氨气味的无色透明液体

危险特性

火灾危险性：可燃液体甲 B	爆炸物：无	皮肤腐蚀/刺激：类别 1
腐蚀减薄：碱腐蚀、胺腐蚀	金属腐蚀：无	易燃液体：类别 2
环境开裂：碱应力腐蚀开裂、氨应力腐蚀开裂、胺应力腐蚀开裂	急性毒性：无	严重眼损伤/眼刺激：类别 1

无资料。

理化特性

熔点：-49.1℃	临界温度：251.0℃	爆炸上限：无资料	引燃温度：310.0℃
沸点：(77.3±3.0)℃	临界压力：4.16MPa	爆炸下限：无资料	燃烧热：-3018.4kJ/mol
闪点：-14.0℃	饱和蒸气压：10.9kPa(20℃)	相对密度($d_水=1$)：0.74	

溶解性	溶于水、乙醇、乙醚。
主要用途	用作裂化汽油防胶剂、石油产品添加剂、彩色相片显影剂，也用于制杀虫剂、治糖尿病药物、乳化剂等。

急救措施

皮肤接触	无资料。
眼睛接触	无资料。
吸入	无资料。
食入	无资料。

防护措施

呼吸防护	可能接触其蒸气时，佩带防毒面具。紧急事态抢救或逃生时，佩带自给式呼吸器。
眼睛防护	戴化学安全防护眼镜。
身体防护	穿相应的工作服。尽可能减少直接接触。
手防护	戴防化学品手套。
其他防护	工作现场严禁吸烟、进食和饮水。工作后，淋浴更衣。进行就业前和定期的体检。

品名：**正丁醇**	分子式：$C_4H_{10}O$	相态：液
别名：无	分子量：74.1	外观与性状：有酒气味的无色液体

危险特性

火灾危险性：可燃液体乙 A	爆炸物：无	皮肤腐蚀/刺激：类别 2
腐蚀减薄：无	金属腐蚀：无	易燃液体：类别 3
环境开裂：无	急性毒性：无	严重眼损伤/眼刺激：类别 1

易燃，其蒸气与空气可形成爆炸性混合物，遇明火、高热能引起燃烧爆炸。与氧化剂接触猛烈反应。在火场中，受热的容器有爆炸危险。

理化特性

熔点：-89.5℃	临界温度：289.9℃	爆炸上限：无资料	引燃温度：355~365℃
沸点：(117.7±3.0)℃	临界压力：4.41MPa	爆炸下限：无资料	燃烧热：-2673.2kJ/mol
闪点：36.0℃	饱和蒸气压：0.73kPa(20℃)	相对密度($d_水=1$)：0.81	

溶解性	溶于水，能与乙醇、乙醚混溶。
主要用途	用作溶剂和脱水剂，并用于制乙酸丁酯和树脂等。

急救措施

皮肤接触	脱去污染的衣着，用流动清水冲洗。
眼睛接触	立即提起眼睑，用大量流动清水彻底冲洗。
吸入	脱离现场至空气新鲜处。必要时进行人工呼吸。就医。
食入	误服者给饮大量温水，催吐，就医。

防护措施

呼吸防护	空气中浓度超标时，应该佩带防毒面具。
眼睛防护	戴安全防护眼镜。
身体防护	穿工作服。
手防护	必要时戴防护手套。
其他防护	工作现场严禁吸烟。保持良好的卫生习惯。

品名：***N*-正丁基苯胺**	分子式：$C_{10}H_{15}N$	相态：液
别名：无	分子量：149.3	外观与性状：无色或琥珀色液体，有苯胺气味

危险特性

火灾危险性：可燃液体丙 A	爆炸物：无	皮肤腐蚀/刺激：类别 2
腐蚀减薄：碱腐蚀、胺腐蚀	金属腐蚀：无	严重眼损伤/眼刺激：类别 2
环境开裂：碱应力腐蚀开裂、胺应力腐蚀开裂	急性毒性：类别 3	

遇明火、高热可燃。与氧化剂能发生强烈反应。受热分解释出高毒烟雾。其蒸气比空气重，能在较低处扩散到相当远的地方，遇火源会着火回燃。若遇高热，容器内压增大，有开裂和爆炸的危险。

理化特性

熔点：-12.0℃	临界温度：无资料	爆炸上限：无资料	引燃温度：无资料
沸点：241.0℃	临界压力：无资料	爆炸下限：无资料	燃烧热：无资料
闪点：107.0℃	饱和蒸气压：2.70×10^{-3}kPa(20℃)	相对密度($d_{水}=1$)：0.93	

溶解性	不溶于水，溶于醚，易溶于醇。
主要用途	用作染料中间体，也用于有机合成。

急救措施

皮肤接触	立即脱去污染的衣着，用大量流动清水冲洗。就医。
眼睛接触	立即提起眼睑，用大量流动清水或生理盐水彻底冲洗至少 15min。就医。
吸入	迅速脱离现场至空气新鲜处。保持呼吸道通畅。如呼吸困难，给输氧。如呼吸停止，立即进行人工呼吸。就医。
食入	饮足量温水，催吐。就医。

防护措施

呼吸防护	空气中浓度超标时，必须佩戴自吸过滤式防毒面具(全面罩)。紧急事态抢救或撤离时，应该佩戴空气呼吸器。
眼睛防护	呼吸系统防护中已做防护。
身体防护	穿胶布防毒衣。
手防护	戴橡胶手套。
其他防护	工作现场禁止吸烟、进食和饮水。工作完毕，淋浴更衣。保持良好的卫生习惯。

品名：**正丁基环戊烷**	分子式：C_9H_{18}	相态：液
别名：无	分子量：126.2	外观与性状：无色液体

危险特性

火灾危险性：可燃液体乙 A	爆炸物：无	皮肤腐蚀/刺激：无
腐蚀减薄：无	金属腐蚀：无	易燃液体：类别 2
环境开裂：无	急性毒性：无	

易燃，遇明火、高热或与氧化剂接触，有引起燃烧爆炸的危险。

理化特性

熔点：-108.0℃	临界温度：无资料	爆炸上限：无资料	引燃温度：250.0℃
沸点：(156.1±3.0)℃	临界压力：无资料	爆炸下限：无资料	燃烧热：无资料
闪点：(34.7±10.6)℃	饱和蒸气压：无资料	相对密度($d_{水}=1$)：0.79	

溶解性	不溶于水，可混溶于乙醇、乙醚、丙酮、苯。
主要用途	无资料。

急救措施

皮肤接触	立即脱去污染的衣着，用肥皂水和流动清水冲洗。就医。
眼睛接触	立即提起眼睑，用大量流动清水或生理盐水彻底冲洗。就医。
吸入	迅速脱离现场至空气新鲜处。保持呼吸道通畅。如呼吸困难，给输氧。如呼吸停止，立即进行人工呼吸。就医。
食入	饮足量温水，催吐。就医。

防护措施

呼吸防护	高浓度环境中，应该佩戴自吸过滤式防毒面具(半面罩)。紧急事态抢救或撤离时，建议佩戴空气呼吸器。
眼睛防护	必要时，戴化学安全防护眼镜。
身体防护	穿防静电工作服。
手防护	戴橡胶耐油手套。
其他防护	工作现场严禁吸烟。避免长期反复接触。

品名：**正丁基乙烯基醚[稳定的]**	分子式：$C_6H_{12}O$	相态：液
别名：正丁氧基乙烯；乙烯正丁醚	分子量：100.2	外观与性状：液体，无色，有类似于醚味

危险特性

火灾危险性：可燃液体甲 B	爆炸物：无	皮肤腐蚀/刺激：无
腐蚀减薄：无	金属腐蚀：无	易燃液体：类别 2
环境开裂：无	急性毒性：无	严重眼损伤/眼刺激：类别 2

遇热、明火、强氧化剂有燃烧危险。

理化特性

熔点：-113.0℃	临界温度：无资料	爆炸上限：无资料	引燃温度：255.0℃
沸点：(93.6±9.0)℃	临界压力：无资料	爆炸下限：无资料	燃烧热：无资料
闪点：-9.4℃	饱和蒸气压：5.10kPa(20℃)	相对密度($d_水=1$)：0.77	

溶解性	微溶于水。
主要用途	无资料。

急救措施

皮肤接触	立即脱去污染的衣着，用肥皂水和流动清水冲洗。就医。
眼睛接触	提起眼睑，用大量流动清水冲洗至少 20min。就医。
吸入	迅速脱离现场至空气新鲜处。保持呼吸道通畅。如呼吸困难，给输氧。如呼吸停止，立即进行人工呼吸。就医。
食入	无资料。

防护措施

呼吸防护	可能接触其蒸气时，佩带防毒口罩。高浓度环境中，佩带自给式呼吸器。
眼睛防护	必要时戴化学安全防护眼镜。
身体防护	穿相应的防护服。
手防护	必要时戴防护手套。
其他防护	工作现场禁止吸烟、进食和饮水。工作后，淋浴更衣。注意个人清洁卫生。

品名：**正丁腈**	分子式：C_4H_7N	相态：液
别名：丙基氰	分子量：69.1	外观与性状：透明液体

危险特性

火灾危险性：可燃液体甲 B	爆炸物：无	皮肤腐蚀/刺激：无
腐蚀减薄：无	金属腐蚀：无	易燃液体：类别 2
环境开裂：无	急性毒性：类别 2	

易燃，遇高热、明火、氧化剂有引起燃烧的危险。

理化特性

熔点：-112.0℃	临界温度：309.1℃	爆炸上限：11.4%	引燃温度：501.0℃
沸点：115.0~117.0℃	临界压力：3.80MPa	爆炸下限：1.7%	燃烧热：-2568.68kJ/mol
闪点：16.7℃	饱和蒸气压：2.00kPa(20℃)	相对密度($d_水=1$)：0.80	

溶解性	微溶于水，混溶于乙醇、乙醚、二甲基甲酰胺，溶于苯。
主要用途	是有机合成及医药中间体的关键原料。

急救措施

皮肤接触	立即脱去污染的衣者，用流动清水或 5%硫代硫酸钠溶液彻底冲洗至少 20min。就医。
眼睛接触	提起眼睑，用流动清水或生理盐水冲洗。就医。
吸入	迅速脱离现场至空气新鲜处。保持呼吸道通畅。如呼吸困难，给输氧。呼吸心跳停止时，立即进行人工呼吸(勿用口对口)和胸外心脏按压术。给吸入亚硝酸异戊酯，就医。
食入	饮足量温水，催吐。用 1∶5000 高锰酸钾或 5%硫代硫酸钠溶液洗胃。就医。

防护措施

呼吸防护	可能接触毒物时，必须佩戴过滤式防毒面具(全面罩)。紧急事态抢救或撤离时，佩戴空气呼吸器。
眼睛防护	呼吸系统防护中已做防护。
身体防护	穿胶布防毒衣。
手防护	戴橡胶手套。
其他防护	工作现场禁止吸烟、进食和饮水。工作毕，彻底清洗。单独存放被毒物污染的衣服，洗后备用。车间应配备急救设备及药品。作业人员应学会自救互救。

品名：**正丁硫醇**	分子式：$C_4H_{10}S$	相态：液
别名：1-硫代丁醇	分子量：90.2	外观与性状：无色液体，有恶臭

危险特性

火灾危险性：可燃液体甲 B	爆炸物：无	皮肤腐蚀/刺激：无
腐蚀减薄：硫酸腐蚀、高温硫化物腐蚀	金属腐蚀：无	易燃液体：类别 2
环境开裂：连多硫酸应力腐蚀开裂	急性毒性：无	严重眼损伤/眼刺激：类别 2

易燃，遇高热、明火及强氧化剂易引起燃烧。受热、接触酸或酸雾会放出剧毒的烟雾。

理化特性

熔点：-115.7℃	临界温度：无资料	爆炸上限：无资料	引燃温度：225.0℃
沸点：(98.2±3.0)℃	临界压力：3.94MPa	爆炸下限：无资料	燃烧热：-3481.7kJ/mol
闪点：0.0℃	饱和蒸气压：6.07kPa(25℃)	相对密度($d_水=1$)：0.84	

溶解性	微溶于水，易溶于乙醇、乙醚等。
主要用途	用作溶剂、有机合成中间体。

急救措施

皮肤接触	立即脱去污染的衣着，用肥皂水和流动清水冲洗。就医。
眼睛接触	立即提起眼睑，用大量流动清水或生理盐水彻底冲洗。就医。
吸入	迅速脱离现场至空气新鲜处。保持呼吸道通畅。如呼吸困难，给输氧。如呼吸停止，立即进行人工呼吸。就医。
食入	饮足量温水，催吐。就医。

防护措施

呼吸防护	空气中浓度超标时，应该佩戴自吸过滤式防毒面具(半面罩)。
眼睛防护	戴化学安全防护眼镜。
身体防护	穿防毒物渗透工作服。
手防护	戴乳胶手套。
其他防护	工作现场严禁吸烟。工作完毕，淋浴更衣。注意个人清洁卫生。

品名：**正丁醚**	分子式：$C_8H_{18}O$	相态：液
别名：氧化二丁烷；二丁醚	分子量：130.2	外观与性状：略有乙醚气味的无色透明液体

危险特性

火灾危险性：可燃液体乙 A	爆炸物：无	皮肤腐蚀/刺激：类别 2
腐蚀减薄：无	金属腐蚀：无	易燃液体：类别 3
环境开裂：无	急性毒性：无	严重眼损伤/眼刺激：类别 2

无资料。

理化特性

熔点：-98.0℃	临界温度：无资料	爆炸上限：无资料	引燃温度：194.4℃
沸点：142.0~143.0℃	临界压力：2.46MPa	爆炸下限：无资料	燃烧热：-5353.7kJ/mol
闪点：37.8℃	饱和蒸气压：0.64kPa(20℃)	相对密度($d_水=1$)：0.77	

溶解性	不溶于水，溶于许多有机溶剂。
主要用途	是烃类和脂肪等的溶剂。用于精制润滑油等。

急救措施

皮肤接触	无资料。
眼睛接触	无资料。
吸入	无资料。
食入	无资料。

防护措施

呼吸防护	空气中浓度较高时，建议佩戴自吸过滤式防毒面具(半面罩)。
眼睛防护	高浓度接触时，戴化学安全防护眼镜。
身体防护	穿防静电工作服。
手防护	戴防苯耐油手套。
其他防护	工作现场禁止吸烟、进食和饮水。工作完毕，淋浴更衣。注意个人清洁卫生。

品名：**正丁醛**	分子式：C_4H_8O	相态：液
别名：无	分子量：72.1	外观与性状：有窒息性气味的无色透明液体

危险特性

火灾危险性：可燃液体甲 B	爆炸物：无	皮肤腐蚀/刺激：无
腐蚀减薄：无	金属腐蚀：无	易燃液体：类别 2
环境开裂：无	急性毒性：无	

易燃，其蒸气与空气可形成爆炸性混合物，遇明火、高热极易燃烧爆炸。与氧化剂接触猛烈反应。若遇高热，可发生聚合反应，放出大量热量而引起容器破裂和爆炸事故。其蒸气比空气重，能在较低处扩散到相当远的地方，遇火源会着火回燃。

理化特性

熔点：-99.0℃	临界温度：264.0℃	爆炸上限：无资料	引燃温度：218.3℃
沸点：(77.6±3.0)℃	临界压力：4.00MPa	爆炸下限：无资料	燃烧热：-2479.34kJ/mol
闪点：-6.7℃	饱和蒸气压：12.20kPa(20℃)	相对密度($d_{水}=1$)：0.82	

溶解性	微溶于水，溶于乙醇和乙醚。
主要用途	用于制树脂、增塑剂、硫化促进剂等。

急救措施

皮肤接触	立即脱去污染的衣着，用肥皂水和流动清水冲洗。就医。
眼睛接触	立即提起眼睑，用大量流动清水或生理盐水彻底冲洗。就医。
吸入	迅速脱离现场至空气新鲜处。保持呼吸道通畅。如呼吸困难，给输氧。如呼吸停止，立即进行人工呼吸。就医。
食入	饮足量温水，催吐。就医。

防护措施

呼吸防护	空气中浓度超标时，应该佩戴自吸过滤式防毒面罩(全面罩)。
眼睛防护	呼吸系统防护中已做防护。
身体防护	穿防静电工作服。
手防护	戴橡胶手套。
其他防护	工作现场禁止吸烟、进食和饮水。工作毕，淋浴更衣。保持良好的卫生习惯。

品名：**正丁酸**	分子式：$C_4H_8O_2$	相态：液
别名：丁酸	分子量：88.1	外观与性状：无色油状液体

危险特性

火灾危险性：可燃液体丙 A	爆炸物：无	皮肤腐蚀/刺激：类别 1
腐蚀减薄：低分子有机酸腐蚀	金属腐蚀：无	严重眼损伤/眼刺激：类别 1
环境开裂：无	急性毒性：无	

遇明火、高热可燃。对大多数金属有腐蚀性。

理化特性

熔点：-6.0~-3.0℃	临界温度：355.0℃	爆炸上限：10.0%	引燃温度：452.0℃
沸点：(164.3±3.0)℃	临界压力：5.27MPa	爆炸下限：2.0%	燃烧热：-2181.4kJ/mol
闪点：76.7℃	饱和蒸气压：0.10kPa(25℃)	相对密度($d_{水}=1$)：0.96	

溶解性	溶于水、乙醇和乙醚。
主要用途	用于制药和果子香精，并用于皮革的鞣制。

急救措施

皮肤接触	立即脱去污染的衣着，用肥皂水和流动清水冲洗。就医。
眼睛接触	立即提起眼睑，用大量流动清水或生理盐水彻底冲洗。就医。
吸入	迅速脱离现场至空气新鲜处。保持呼吸道通畅。如呼吸困难，给输氧。如呼吸停止，立即进行人工呼吸。就医。
食入	饮足量温水，催吐。就医。

防护措施

呼吸防护	空气中浓度超标时，应该佩戴防毒面具。必要时佩带自给式呼吸器。
眼睛防护	戴化学安全防护眼镜。
身体防护	穿工作服(防腐材料制作)。
手防护	戴橡皮手套。
其他防护	工作后，淋浴更衣。注意个人清洁卫生。

品名：**正丁酸甲酯**	分子式：$C_5H_{10}O_2$	相态：液
别名：无	分子量：102.1	外观与性状：无色透明液体

危险特性

火灾危险性：可燃液体甲 B	爆炸物：无	皮肤腐蚀/刺激：无
腐蚀减薄：低分子有机酸腐蚀	金属腐蚀：无	易燃液体：类别 2
环境开裂：无	急性毒性：无	

无资料。

理化特性

熔点：-85.0~-84.0℃	临界温度：281.3℃	爆炸上限：8.8%	引燃温度：无资料
沸点：(104.2±3.0)℃	临界压力：3.47MPa	爆炸下限：1.6%	燃烧热：-2895.9kJ/mol
闪点：11.7℃	饱和蒸气压：4.30kPa(25℃)	相对密度($d_水=1$)：0.90	

溶解性	微溶于水，溶于乙醇、乙醚等。
主要用途	主要用以配制牛奶、干酪和苹果等型香精。

急救措施

皮肤接触	无资料。
眼睛接触	无资料。
吸入	无资料。
食入	无资料。

防护措施

呼吸防护	高浓度环境中，应该佩带防毒口罩。必要时佩带自给式呼吸器。
眼睛防护	一般不需要特殊防护，高浓度接触时可戴化学安全防护眼镜。
身体防护	穿相应的工作服。
手防护	戴防护手套。
其他防护	工作现场严禁吸烟。工作后，淋浴更衣。注意个人清洁卫生。

品名：**正丁酸乙烯酯[稳定的]**	分子式：$C_6H_{10}O_2$	相态：液
别名：乙烯基丁酸酯	分子量：114.1	外观与性状：液体

危险特性

火灾危险性：可燃液体甲 B	爆炸物：无	皮肤腐蚀/刺激：无
腐蚀减薄：低分子有机酸腐蚀	金属腐蚀：无	易燃液体：类别 2
环境开裂：无	急性毒性：无	

其蒸气与空气形成爆炸性混合物，遇明火、高热能引起燃烧爆炸。与氧化剂能发生强烈反应。在使用和贮存过程中，易发生自聚反应，酿成事故。

理化特性

熔点：-86.8℃	临界温度：无资料	爆炸上限：8.8%	引燃温度：无资料
沸点：115.0~117.0℃	临界压力：无资料	爆炸下限：1.4%	燃烧热：无资料
闪点：20.0℃	饱和蒸气压：无资料	相对密度($d_水=1$)：0.90	

溶解性	不溶于水。
主要用途	用于聚合物、乳化涂料的制造。

急救措施

皮肤接触	立即脱去污染的衣着，用肥皂水和流动清水冲洗。就医。
眼睛接触	立即提起眼睑，用大量流动清水或生理盐水彻底冲洗。就医。
吸入	迅速脱离现场至空气新鲜处。保持呼吸道通畅。如呼吸困难，给输氧。如呼吸停止，立即进行人工呼吸。就医。
食入	饮足量温水，催吐。就医。

防护措施

呼吸防护	可能接触其蒸气时，应该佩戴防毒面具。紧急事态抢救或撤离时，建议佩戴供气式呼吸器。
眼睛防护	戴化学安全防护眼镜。
身体防护	穿防静电工作服。
手防护	戴防化学品手套。
其他防护	工作现场禁止吸烟、进食和饮水。特别注意眼和呼吸道的防护。

品名：**正丁酸乙酯** 别名：无		分子式：$C_6H_{12}O_2$ 分子量：116.2	相态：液 外观与性状：无色液体，有菠萝香味，不溶于水和甘油，溶于乙醇、乙醚
危险特性			
火灾危险性：可燃液体甲 B 腐蚀减薄：低分子有机酸腐蚀 环境开裂：无		爆炸物：无 金属腐蚀：无 急性毒性：无	皮肤腐蚀/刺激：类别 2 易燃液体：类别 3
可燃，遇高温、明火、氧化剂有引起燃烧危险。			
理化特性			
熔点：-93.0℃ 沸点：121.3℃ 闪点：24.0℃	临界温度：无资料 临界压力：无资料 饱和蒸气压：1.75kPa(20℃)	爆炸上限：无资料 爆炸下限：无资料 相对密度($d_{水}$=1)：0.88	引燃温度：463.0℃ 燃烧热：无资料
溶解性	无资料。		
主要用途	用于香料、香精萃取和作溶剂。		
急救措施			
皮肤接触	立即脱去污染的衣着，用大量流动清水冲洗至少 15min。就医。		
眼睛接触	立即提起眼睑，用大量流动清水或生理盐水彻底冲洗至少 15min。就医。		
吸入	迅速脱离现场至空气新鲜处。保持呼吸道通畅。如呼吸困难，给输氧。如呼吸停止，立即进行人工呼吸。就医。		
食入	无资料。		
防护措施			
呼吸防护	无资料。		
眼睛防护	无资料。		
身体防护	无资料。		
手防护	无资料。		
其他防护	无资料。		

品名：**正丁酸异丙酯** 别名：无		分子式：$C_7H_{14}O_2$ 分子量：130.2	相态：液 外观与性状：无色液体
危险特性			
火灾危险性：可燃液体乙 A 腐蚀减薄：低分子有机酸腐蚀 环境开裂：无		爆炸物：无 金属腐蚀：无 急性毒性：无	皮肤腐蚀/刺激：无 易燃液体：类别 3
易燃，遇明火、高热能引起燃烧爆炸。与氧化剂可发生反应。			
理化特性			
熔点：无资料 沸点：128.0℃ 闪点：30.0℃	临界温度：无资料 临界压力：无资料 饱和蒸气压：0.80kPa(20℃)	爆炸上限：无资料 爆炸下限：无资料 相对密度($d_{水}$=1)：0.87	引燃温度：无资料 燃烧热：无资料
溶解性	不溶于水，溶于乙醇、乙醚。		
主要用途	用于纤维素、溶剂、香料制取和有机合成。		
急救措施			
皮肤接触	立即脱去污染的衣着，用肥皂水和流动清水冲洗。就医。		
眼睛接触	立即提起眼睑，用大量流动清水或生理盐水彻底冲洗。就医。		
吸入	迅速脱离现场至空气新鲜处。保持呼吸道通畅。如呼吸困难，给输氧。如呼吸停止，立即进行人工呼吸。就医。		
食入	饮足量温水，催吐。就医。		
防护措施			
呼吸防护	空气中浓度较高时，应该佩戴自吸过滤式防毒面具(半面罩)。紧急事态抢救或撤离时，佩戴自给式呼吸器。		
眼睛防护	戴化学安全防护眼镜。		
身体防护	穿防静电工作服。		
手防护	戴橡胶耐油手套。		
其他防护	工作现场严禁吸烟。工作完毕，淋浴更衣。特别注意眼和呼吸道的防护。		

品名：**正丁酸正丙酯**	分子式：$C_7H_{14}O_2$	相态：液
别名：无	分子量：130.2	外观与性状：无色透明液体，有水果香味

危险特性

火灾危险性：可燃液体丙B	爆炸物：无	皮肤腐蚀/刺激：无
腐蚀减薄：低分子有机酸腐蚀	金属腐蚀：无	易燃液体：类别3
环境开裂：无	急性毒性：无	

无资料。

理化特性

熔点：-95.2℃	临界温度：326.6℃	爆炸上限：无资料	引燃温度：无资料
沸点：143.0℃	临界压力：无资料	爆炸下限：无资料	燃烧热：无资料
闪点：143.0℃	饱和蒸气压：无资料	相对密度($d_{水}=1$)：0.87	

溶解性	微溶于水，溶于乙醇、乙醚。
主要用途	用于制纤维素以及醚的混合溶剂。
急救措施	
皮肤接触	立即脱去污染的衣着，用肥皂水和流动清水冲洗。就医。
眼睛接触	立即提起眼睑，用大量流动清水或生理盐水彻底冲洗。就医。
吸入	迅速脱离现场至空气新鲜处。保持呼吸道通畅。如呼吸困难，给输氧。如呼吸停止，立即进行人工呼吸。就医。
食入	饮足量温水，催吐。就医。
防护措施	
呼吸防护	空气浓度较高时，应该佩戴导管式防毒面具。必要时，佩戴空气呼吸器。
眼睛防护	戴化学安全防护眼镜。
身体防护	穿防静电工作服。
手防护	戴防苯耐油手套。
其他防护	工作现场严禁吸烟。工作毕，淋浴更衣。注意个人清洁卫生。

品名：**正丁酸正丁酯**	分子式：$C_8H_{16}O_2$	相态：液
别名：丁酸正丁酯	分子量：144.2	外观与性状：无色液体

危险特性

火灾危险性：可燃液体乙B	爆炸物：无	皮肤腐蚀/刺激：无
腐蚀减薄：低分子有机酸腐蚀	金属腐蚀：无	易燃液体：类别3
环境开裂：无	急性毒性：无	

无资料。

理化特性

熔点：-91.5℃	临界温度：无资料	爆炸上限：6.1%	引燃温度：无资料
沸点：165.0℃	临界压力：无资料	爆炸下限：1.0%	燃烧热：-4839.6kJ/mol
闪点：49.4℃	饱和蒸气压：1.73kPa(55℃)	相对密度($d_{水}=1$)：0.97	

溶解性	不溶于水，可混溶于乙醇、乙醚。
主要用途	用作色谱分析标准物质及溶剂，也用于有机合成。
急救措施	
皮肤接触	无资料。
眼睛接触	无资料。
吸入	无资料。
食入	无资料。
防护措施	
呼吸防护	空气中浓度较高时，应该佩戴自吸过滤式防毒面具(半面罩)。必要时，佩戴空气呼吸器。
眼睛防护	戴安全防护眼镜。
身体防护	穿防静电工作服。
手防护	戴防苯耐油手套。
其他防护	工作现场严禁吸烟。工作毕，淋浴更衣。注意个人清洁卫生。

品名：**正丁烷**	分子式：C_4H_{10}	相态：气
别名：丁烷	分子量：58.1	外观与性状：无色气体，有轻微的不愉快气味

危险特性

火灾危险性：可燃气体甲	爆炸物：无	皮肤腐蚀/刺激：无
腐蚀减薄：无	金属腐蚀：无	易燃气体：类别1
环境开裂：无	急性毒性：无	加压气体：是

易燃，与空气混合能形成爆炸性混合物，遇热源和明火有燃烧爆炸的危险。与氧化剂接触猛烈反应。气体比空气重，能在较低处扩散到相当远的地方，遇火源会着火回燃。

理化特性

熔点：220.0~221.0℃	临界温度：151.9℃	爆炸上限：8.5%	引燃温度：287.0℃
沸点：272.7℃	临界压力：3.79MPa	爆炸下限：1.5%	燃烧热：2653.0kJ/mol
闪点：(-70.9±6.6)℃	饱和蒸气压：213.70kPa(21.1℃)	相对密度($d_{水}=1$)：0.58	

溶解性	易溶于水、醇、氯仿。
主要用途	用于有机合成和乙烯制造、仪器校正，也用作燃料等。

急救措施

皮肤接触	无资料。
眼睛接触	无资料。
吸入	迅速脱离现场至空气新鲜处。保持呼吸道通畅。如呼吸困难，给输氧。如呼吸停止，立即进行人工呼吸。就医。
食入	无资料。

防护措施

呼吸防护	一般不需要特殊防护，但建议在特殊情况下，佩戴自吸过滤式防毒面具(半面罩)。
眼睛防护	一般不需要特殊防护，高浓度接触时可戴化学安全防护眼镜。
身体防护	穿防静电工作服。
手防护	戴一般作业防护手套。
其他防护	工作现场严禁吸烟。避免长期反复接触。进入罐、限制性空间或其他高浓度区作业，须有人监护。

品名：**正丁酰氯**	分子式：C_4H_7ClO	相态：液
别名：氯化丁酰	分子量：106.6	外观与性状：无色澄清液体，有特殊的酰氯辛辣气味

危险特性

火灾危险性：可燃液体甲B	爆炸物：无	皮肤腐蚀/刺激：类别1
腐蚀减薄：盐酸腐蚀、含盐水腐蚀	金属腐蚀：无	易燃液体：类别2
环境开裂：氯化物应力腐蚀开裂	急性毒性：无	严重眼损伤/眼刺激　类别1

其蒸气与空气形成爆炸性混合物，遇明火、高热或与氧化剂接触有引起燃烧爆炸的危险。其蒸气比空气重，能在较低处扩散到相当远的地方，遇明火会引着回燃。若遇高热，容器内压增大，有开裂和爆炸的危险。遇水或水蒸气反应发热放出有毒的腐蚀性气体。

理化特性

熔点：-89.0℃	临界温度：无资料	爆炸上限：无资料	引燃温度：无资料
沸点：(102.9±3.0)℃	临界压力：无资料	爆炸下限：无资料	燃烧热：无资料
闪点：21.0℃	饱和蒸气压：无资料	相对密度($d_{水}=1$)：1.03	

溶解性	可混溶于醚。
主要用途	用于有机合成。

急救措施

皮肤接触	脱去污染的衣着，用肥皂水及清水彻底冲洗。若有灼伤，就医治疗。
眼睛接触	立即翻开上下眼睑，用流动清水冲洗15min。就医。
吸入	脱离现场至空气新鲜处。呼吸困难时给输氧。呼吸停止时。立即进行人工呼吸。就医。
食入	误服者用水漱口，给饮牛奶或蛋清，立即就医。

防护措施

呼吸防护	可能接触毒物时，必须佩戴防毒面具。紧急事态抢救或撤离时，建议佩戴自给式呼吸器。
眼睛防护	可能接触其蒸气时，必须戴化学安全防护眼镜。
身体防护	穿聚乙烯薄膜防毒服。
手防护	戴防化学品手套。
其他防护	工作现场禁止吸烟、进食和饮水。工作后，彻底清洗。工作服不要带到非作业场所，单独存放被毒物污染的衣服，洗后再用。

品名：**正庚胺**	分子式：$C_7H_{17}N$		相态：液
别名：氨基庚烷	分子量：115.2		外观与性状：无色液体
危险特性			
火灾危险性：可燃液体乙 A	爆炸物：无		皮肤腐蚀/刺激：无
腐蚀减薄：碱腐蚀、胺腐蚀	金属腐蚀：无		易燃液体：类别 3
环境开裂：碱应力腐蚀开裂、氨应力腐蚀开裂、胺应力腐蚀开裂	急性毒性：无		
易燃，遇明火、高热或与氧化剂接触，有引起燃烧爆炸的危险。其蒸气比空气重，能在较低处扩散到相当远的地方，遇火源会着火回燃。			
理化特性			
熔点：-23.0℃	临界温度：无资料	爆炸上限：无资料	引燃温度：267.0℃
沸点：(156.4±3.0)℃	临界压力：2.85MPa	爆炸下限：无资料	燃烧热：-4927.8kJ/mol
闪点：35.0℃	饱和蒸气压：无资料	相对密度($d_{水}=1$)：0.73	
溶解性	微溶于水，溶于醇、醚。		
主要用途	用作溶剂及用于有机合成。		
急救措施			
皮肤接触	立即脱去污染的衣着，用大量流动清水冲洗。就医。		
眼睛接触	立即提起眼睑，用大量流动清水或生理盐水彻底冲洗。就医。		
吸入	迅速脱离现场至空气新鲜处。保持呼吸道通畅。如呼吸困难，给输氧。如呼吸停止，立即进行人工呼吸。就医。		
食入	饮足量温水，催吐。就医。		
防护措施			
呼吸防护	可能接触其蒸气时，应该佩戴自吸过滤式防毒面具(半面罩)。紧急事态抢救或撤离时，建议佩戴氧气呼吸器。		
眼睛防护	戴化学安全防护眼镜。		
身体防护	穿防毒物渗透工作服。		
手防护	戴橡胶耐油手套。		
其他防护	工作现场禁止吸烟、进食和饮水。工作完毕，淋浴更衣。定期体检。		

品名：**正庚醛**	分子式：$C_7H_{14}O$		相态：液
别名：无	分子量：114.2		外观与性状：无色油状液体，有果子香味，有吸湿性
危险特性			
火灾危险性：可燃液体乙 A	爆炸物：无		皮肤腐蚀/刺激：类别 2
腐蚀减薄：无	金属腐蚀：无		易燃液体：类别 3
环境开裂：无	急性毒性：无		严重眼损伤/眼刺激：类别 2
易燃，遇明火、高热或与氧化剂接触，有引起燃烧爆炸的危险。其蒸气比空气重，能在较低处扩散到相当远的地方，遇火源会着火回燃。具有腐蚀性。			
理化特性			
熔点：-43.0℃	临界温度：无资料	爆炸上限：无资料	引燃温度：197.0℃
沸点：(150.4±3.0)℃	临界压力：3.16MPa	爆炸下限：无资料	燃烧热：无资料
闪点：35.0℃	饱和蒸气压：0.40kPa(25℃)	相对密度($d_{水}=1$)：0.85	
溶解性	微溶于水，溶于乙醇、乙醚。		
主要用途	是合成香料的重要原料，也是制药、有机合成及橡胶制品的原料。		
急救措施			
皮肤接触	立即脱去污染的衣着，用肥皂水和流动清水冲洗。就医。		
眼睛接触	立即提起眼睑，用大量流动清水或生理盐水彻底冲洗。就医。		
吸入	迅速脱离现场至空气新鲜处。保持呼吸道通畅。如呼吸困难，给输氧。如呼吸停止，立即进行人工呼吸。就医。		
食入	饮足量温水，催吐。就医。		
防护措施			
呼吸防护	空气中浓度超标时，佩戴自吸过滤式防毒面具(半面罩)。必要时，建议佩戴自给式呼吸器。		
眼睛防护	戴化学安全防护眼镜。		
身体防护	穿防静电工作服。		
手防护	戴橡胶耐油手套。		
其他防护	工作现场严禁吸烟。工作完毕，淋浴更衣。定期体检。		

品名：**正庚烷**	分子式：C_7H_{16}	相态：液
别名：庚烷	分子量：100.2	外观与性状：无色易挥发液体

危险特性

火灾危险性：可燃液体甲 B	爆炸物：无	皮肤腐蚀/刺激：类别 2
腐蚀减薄：无	金属腐蚀：无	易燃液体：类别 2
环境开裂：无	急性毒性：无	

易燃，其蒸气与空气可形成爆炸性混合物，遇热源和明火有燃烧爆炸的危险。与氧化剂接触发生化学反应或引起燃烧高速冲击、流动、激荡后可因产生静电火花放电引起燃烧爆炸。其蒸气比空气重，能在较低处扩散到相当远的地方，遇火源会着火回燃。

理化特性

熔点：−90.5℃	临界温度：201.7℃	爆炸上限：6.7%	引燃温度：215.0℃
沸点：(98.8±3.0)℃	临界压力：2.74MPa	爆炸下限：1.1%	燃烧热：4806.6kJ/mol
闪点：−4.0℃	饱和蒸气压：6.36kPa(25℃)	相对密度($d_{水}=1$)：0.68	

溶解性	不溶于水，溶于醇，可混溶于乙醚、氯仿。
主要用途	用作辛烷值测定的标准、溶剂，以及用于有机合成，实验试剂的制备。
急救措施	
皮肤接触	立即脱去污染的衣着，用肥皂水和流动清水冲洗。就医。
眼睛接触	立即提起眼睑，用大量流动清水或生理盐水彻底冲洗。就医。
吸入	迅速脱离现场至空气新鲜处。保持呼吸道通畅。如呼吸困难，给输氧。如呼吸停止，立即进行人工呼吸。就医。
食入	饮足量温水，催吐。就医。
防护措施	
呼吸防护	空气中浓度较高时，佩戴过滤式防毒面具(半面罩)。
眼睛防护	戴安全防护眼镜。
身体防护	穿防静电工作服。
手防护	戴橡胶耐油手套。
其他防护	工作现场严禁吸烟。避免长期反复接触。

品名：**正硅酸甲酯**	分子式：$C_4H_{12}O_4Si$	相态：液
别名：四甲氧基硅烷；硅酸四甲酯；原硅酸甲酯	分子量：152.2	外观与性状：无色液体，有特殊气味，易潮解

危险特性

火灾危险性：可燃液体甲 B	爆炸物：无	皮肤腐蚀/刺激：无
腐蚀减薄：无	金属腐蚀：无	易燃液体：类别 2
环境开裂：无	急性毒性：类别 1	严重眼损伤/眼刺激：类别 1

易燃，遇高热、明火及强氧化剂易引起燃烧。加热分解产生毒性气体。与强氧化剂接触可发生化学反应。遇低级醇和水起化学反应而分解。

理化特性

熔点：−2.0℃	临界温度：无资料	爆炸上限：无资料	引燃温度：无资料
沸点：(121.2±8.0)℃	临界压力：无资料	爆炸下限：无资料	燃烧热：无资料
闪点：18.0℃	饱和蒸气压：1.35kPa(25℃)	相对密度($d_{水}=1$)：1.02	

溶解性	不溶于水，可混溶于多数有机溶剂。
主要用途	用于有机硅的合成、抗热漆的制造和黏合剂等。
急救措施	
皮肤接触	立即脱去污染的衣着，用大量流动清水冲洗至少 15min。就医。
眼睛接触	立即提起眼睑，用大量流动清水或生理盐水彻底冲洗至少 15min。就医。
吸入	迅速脱离现场至空气新鲜处。保持呼吸道通畅。如呼吸困难，给输氧。如呼吸停止，立即进行人工呼吸。就医。
食入	用水漱口，给饮牛奶或蛋清。就医。
防护措施	
呼吸防护	空气中浓度超标时，应该佩戴自吸过滤式防毒面具(全面罩)。必要时，佩戴空气呼吸器。
眼睛防护	呼吸系统防护中已做防护。
身体防护	穿胶布防毒衣。
手防护	戴橡胶耐油手套。
其他防护	工作现场严禁吸烟。工作完毕，淋浴更衣。注意个人清洁卫生。

品名：**正癸烷**		分子式：$C_{10}H_{22}$	相态：液
别名：无		分子量：142.3	外观与性状：无色液体
危险特性			
火灾危险性：可燃液体乙 B		爆炸物：无	皮肤腐蚀/刺激：无
腐蚀减薄：无		金属腐蚀：无	易燃液体：类别 3
环境开裂：无		急性毒性：无	
其蒸气与空气形成爆炸性混合物，遇明火、高热或与氧化剂接触，有引起燃烧爆炸的危险。若遇高热，容器内压增大，有开裂和爆炸的危险。			
理化特性			
熔点：−29.7℃	临界温度：344.6℃	爆炸上限：无资料	引燃温度：210.0℃
沸点：(174.9±3.0)℃	临界压力：2.11MPa	爆炸下限：无资料	燃烧热：−6778.29kJ/mol
闪点：46.0℃	饱和蒸气压：0.17kPa(25℃)	相对密度($d_{水}=1$)：0.73	
溶解性	不溶于水，可混溶于醇、醚。		
主要用途	用于有机合成，用作溶剂及分析试剂。		
急救措施			
皮肤接触	立即脱去污染的衣着，用肥皂水和流动清水冲洗。就医。		
眼睛接触	立即提起眼睑，用大量流动清水或生理盐水彻底冲洗至少 15min。就医。		
吸入	迅速脱离现场至空气新鲜处。保持呼吸道通畅。如呼吸困难，给输氧。如呼吸停止，立即进行人工呼吸。就医。		
食入	用水漱口，立即就医。		
防护措施			
呼吸防护	空气中浓度较高时，佩戴防毒面具。		
眼睛防护	一般不需要特殊防护，高浓度接触时可戴化学安全防护眼镜。		
身体防护	穿工作服。		
手防护	必要时戴防护手套。		
其他防护	工作现场严禁吸烟。避免长期反复接触。		

品名：**正己胺**		分子式：$C_6H_{15}N$	相态：液
别名：1-氨基己烷		分子量：101.2	外观与性状：无色液体
危险特性			
火灾危险性：可燃液体乙 A		爆炸物：无	皮肤腐蚀/刺激：类别 2
腐蚀减薄：碱腐蚀、胺腐蚀		金属腐蚀：无	易燃液体：类别 3
环境开裂：碱应力腐蚀开裂、氨应力腐蚀开裂、胺应力腐蚀开裂		急性毒性：类别 3	严重眼损伤/眼刺激：类别 1
易燃，遇明火、高热或与氧化剂接触，有引起燃烧爆炸的危险。其蒸气比空气重，能在较低处扩散到相当远的地方，遇火源会着火回燃。具有腐蚀性。			
理化特性			
熔点：−22.9℃	临界温度：无资料	爆炸上限：无资料	引燃温度：270.0℃
沸点：(131.8±3.0)℃	临界压力：无资料	爆炸下限：无资料	燃烧热：−4272.8kJ/mol
闪点：29.0℃	饱和蒸气压：无资料	相对密度($d_{水}=1$)：0.77	
溶解性	微溶于水，可混溶于乙醇、乙醚。		
主要用途	用于有机合成。		
急救措施			
皮肤接触	立即脱去污染的衣着，用大量流动清水冲洗至少 15min。就医。		
眼睛接触	立即提起眼睑，用大量流动清水或生理盐水彻底冲洗至少 15min。就医。		
吸入	迅速脱离现场至空气新鲜处。保持呼吸道通畅。如呼吸困难，给输氧。如呼吸停止，立即进行人工呼吸。就医。		
食入	用水漱口，给饮牛奶或蛋清。就医。		
防护措施			
呼吸防护	可能接触其蒸气时，佩戴导管式防毒面具。		
眼睛防护	呼吸系统防护中已做防护。		
身体防护	穿胶布防毒衣。		
手防护	戴橡胶耐油手套。		
其他防护	工作现场禁止吸烟、进食和饮水。工作完毕，淋浴更衣。实行就业前和定期的体检。		

品名：**正己醛**	分子式：$C_6H_{12}O$	相态：液	
别名：无	分子量：100.2	外观与性状：无色液体，有刺激性气味	
危险特性			
火灾危险性：可燃液体乙 A 腐蚀减薄：无 环境开裂：无	爆炸物：无 金属腐蚀：无 急性毒性：无	皮肤腐蚀/刺激：类别 2 易燃液体：类别 3 严重眼损伤/眼刺激：类别 2	
易燃，遇明火、高热或与氧化剂接触，有引起燃烧爆炸的危险。在潮湿空气中缓慢分解。			
理化特性			
熔点：-56.3℃ 沸点：(127.9±3.0)℃ 闪点：(26.2±6.0)℃	临界温度：无资料 临界压力：3.46MPa 饱和蒸气压：1.33kPa(20℃)	爆炸上限：无资料 爆炸下限：无资料 相对密度($d_水=1$)：0.83	引燃温度：197.0℃ 燃烧热：-3946.3kJ/mol
溶解性	不溶于水，溶于苯、丙酮，易溶于乙醇、乙醚。		
主要用途	用作增塑剂，以及用于橡胶、树脂、杀虫剂的有机合成。		
急救措施			
皮肤接触	立即脱去污染的衣着，用肥皂水和流动清水冲洗。就医。		
眼睛接触	立即提起眼睑，用大量流动清水或生理盐水彻底冲洗。就医。		
吸入	迅速脱离现场至空气新鲜处。保持呼吸道通畅。如呼吸困难，给输氧。如呼吸停止，立即进行人工呼吸。就医。		
食入	饮足量温水，催吐。就医。		
防护措施			
呼吸防护	空气中浓度超标时，佩戴自吸过滤式防毒面具(半面罩)。		
眼睛防护	戴安全防护眼镜。		
身体防护	穿防静电工作服。		
手防护	戴橡胶耐油手套。		
其他防护	工作现场禁止吸烟、进食和饮水。工作完毕，淋浴更衣。保持良好的卫生习惯。		

品名：**正己酸甲酯**	分子式：$C_7H_{14}O_2$	相态：液	
别名：无	分子量：130.2	外观与性状：无色液体	
危险特性			
火灾危险性：可燃液体乙 A 腐蚀减薄：低分子有机酸腐蚀 环境开裂：无	爆炸物：无 金属腐蚀：无 急性毒性：无	皮肤腐蚀/刺激：无 易燃液体：类别 3	
遇高热、明火有引起燃烧的危险。受热分解放出有毒的氧化氮烟气。			
理化特性			
熔点：-71.0℃ 沸点：151.2℃ 闪点：43.0℃	临界温度：无资料 临界压力：无资料 饱和蒸气压：0.38kPa(20℃)	爆炸上限：无资料 爆炸下限：无资料 相对密度($d_水=1$)：0.89	引燃温度：无资料 燃烧热：无资料
溶解性	不溶于水，溶于乙醇、乙醚。		
主要用途	用作香料，还用于制造去垢剂、乳化剂、润湿剂、增塑剂等的中间体。		
急救措施			
皮肤接触	立即脱去污染的衣着，用肥皂水和流动清水冲洗。就医。		
眼睛接触	立即提起眼睑，用大量流动清水或生理盐水彻底冲洗。就医。		
吸入	迅速脱离现场至空气新鲜处。保持呼吸道通畅。如呼吸困难，给输氧。如呼吸停止，立即进行人工呼吸。就医。		
食入	饮足量温水，催吐。就医。		
防护措施			
呼吸防护	空气中浓度较高时，应该佩戴自吸过滤式防毒面具(半面罩)。紧急事态抢救或撤离时，必须佩戴隔离式呼吸器。		
眼睛防护	戴化学安全防护眼镜。		
身体防护	穿防静电工作服。		
手防护	戴橡胶耐油手套。		
其他防护	工作现场严禁吸烟。工作完毕，淋浴更衣。特别注意眼和呼吸道的防护。		

品名：**正己酸乙酯**	分子式：$C_8H_{16}O_2$	相态：液
别名：无	分子量：144.2	外观与性状：有香味的无色液体

危险特性

火灾危险性：可燃液体乙 B	爆炸物：无	皮肤腐蚀/刺激：无
腐蚀减薄：低分子有机酸腐蚀	金属腐蚀：无	易燃液体：类别 3
环境开裂：无	急性毒性：无	

遇高热、明火或与氧化剂接触，有引起燃烧的危险。若遇高热，容器内压增大，有开裂和爆炸的危险。

理化特性

熔点：-67.0℃	临界温度：无资料	爆炸上限：无资料	引燃温度：无资料
沸点：(167.9±3.0)℃	临界压力：无资料	爆炸下限：无资料	燃烧热：无资料
闪点：49.0℃	饱和蒸气压：无资料	相对密度($d_{水}=1$)：0.87	

溶解性	不溶于水，不溶于甘油，溶于乙醇、乙醚。
主要用途	用于有机合成，用作人造香精。

急救措施

皮肤接触	立即脱去污染的衣着，用肥皂水和流动清水冲洗。就医。
眼睛接触	立即提起眼睑，用大量流动清水或生理盐水彻底冲洗。就医。
吸入	迅速脱离现场至空气新鲜处。保持呼吸道通畅。如呼吸困难，给输氧。就医。
食入	用水漱口，立即就医。

防护措施

呼吸防护	空气中浓度较高时，戴面具式呼吸器。紧急事态抢救或撤离时，佩戴供气式呼吸器。
眼睛防护	戴化学安全防护眼镜。
身体防护	穿防静电工作服。
手防护	戴防护手套。
其他防护	工作现场严禁吸烟。工作后，淋浴更衣。特别注意眼和呼吸道的防护。

品名：**正己烷**	分子式：C_6H_{14}	相态：液
别名：己烷	分子量：86.2	外观与性状：有微弱的特殊气味的无色挥发性液体

危险特性

火灾危险性：可燃液体甲 B	爆炸物：无	皮肤腐蚀/刺激：类别 2
腐蚀减薄：无	金属腐蚀：无	易燃液体：类别 2
环境开裂：无	急性毒性：无	

极易燃，其蒸气与空气可形成爆炸性混合物，遇明火、高热极易燃烧爆炸。与氧化剂接触发生强烈反应，甚至引起燃烧。在火场中，受热的容器有爆炸危险。其蒸气比空气重，能在较低处扩散到相当远的地方，遇火源会着火回燃。

理化特性

熔点：-95.0℃	临界温度：234.8℃	爆炸上限：7.5%	引燃温度：225.0℃
沸点：(68.5±3.0)℃	临界压力：3.09MPa	爆炸下限：1.1%	燃烧热：-4159.1kJ/mol
闪点：-23.3℃	饱和蒸气压：17.00kPa(20℃)	相对密度($d_{水}=1$)：0.66	

溶解性	不溶于水。溶于乙醇、乙醚、丙酮。
主要用途	用作溶剂，特别适用于萃取植物油。

急救措施

皮肤接触	立即脱去污染的衣着，用大量流动清水冲洗至少 15min。就医。
眼睛接触	立即提起眼睑，用大量流动清水或生理盐水彻底冲洗至少 15min。就医。
吸入	迅速脱离现场至空气新鲜处。保持呼吸道通畅。如呼吸困难，给输氧。如呼吸停止，立即进行人工呼吸。就医。
食入	用水漱口，给饮牛奶或蛋清。就医。

防护措施

呼吸防护	空气中浓度超标时，佩戴自吸过滤式防毒面具(半面罩)。
眼睛防护	必要时，戴化学安全防护眼镜。
身体防护	穿防静电工作服。
手防护	戴橡胶耐油手套。
其他防护	工作现场严禁吸烟。避免长期反复接触。

品名：**正磷酸**	分子式：H_3PO_4	相态：固
别名：磷酸	分子量：98.0	外观与性状：纯磷酸为无色结晶，无臭，具有酸味

危险特性

火灾危险性：无	爆炸物：无	皮肤腐蚀/刺激：类别 1
腐蚀减薄：磷酸腐蚀	金属腐蚀：无	严重眼损伤/眼刺激：类别 1
环境开裂：氢脆	急性毒性：无	

遇金属反应放出氢气，能与空气形成爆炸性混合物。受热分解产生剧毒的氧化磷烟气。具有腐蚀性。

理化特性

熔点：42.4℃	临界温度：无资料	爆炸上限：无资料	引燃温度：无资料
沸点：260.0℃	临界压力：5.07MPa	爆炸下限：无资料	燃烧热：无资料
闪点：无资料	饱和蒸气压：0.67kPa(25℃)	相对密度($d_{水}=1$)：1.87	

溶解性	与水混溶，可混溶于乙醇。
主要用途	用于制药、颜料、电镀、防锈等。

急救措施

皮肤接触	立即脱去污染的衣着，用大量流动清水冲洗至少 15min。就医。
眼睛接触	立即提起眼睑，用大量流动清水或生理盐水彻底冲洗至少 15min。就医。
吸入	迅速脱离现场至空气新鲜处。保持呼吸道通畅。如呼吸困难，给输氧。如呼吸停止，立即进行人工呼吸。就医。
食入	用水漱口，给饮牛奶或蛋清。就医。

防护措施

呼吸防护	可能接触其蒸气时，必须佩戴自吸过滤式防毒面具(半面罩)；可能接触其粉尘时，建议佩戴自吸过滤式防尘口罩。
眼睛防护	戴化学安全防护眼镜。
身体防护	穿橡胶耐酸碱服。
手防护	戴橡胶耐酸碱手套。
其他防护	工作场所禁止吸烟、进食和饮水，饭前要洗手。工作完毕，淋浴更衣。单独存放被毒物污染的衣服，洗后备用。保持良好的卫生习惯。

品名：**正戊胺**	分子式：$C_5H_{13}N$	相态：液
别名：1-氨基戊烷	分子量：87.2	外观与性状：无色液体，有刺激性气味

危险特性

火灾危险性：可燃液体甲 B	爆炸物：无	皮肤腐蚀/刺激：类别 1
腐蚀减薄：碱腐蚀、胺腐蚀	金属腐蚀：无	易燃液体：类别 2
环境开裂：碱应力腐蚀开裂、氨应力腐蚀开裂、胺应力腐蚀开裂	急性毒性：无	严重眼损伤/眼刺激：类别 1

易燃，遇高热、明火及强氧化剂易引起燃烧。与氧化剂能发生强烈反应。其蒸气比空气重，能在较低处扩散到相当远的地方，遇火源会着火回燃。具有腐蚀性。

理化特性

熔点：-55.0℃	临界温度：281.6℃	爆炸上限：22.0%	引燃温度：302.0℃
沸点：104.5℃	临界压力：3.58MPa	爆炸下限：2.2%	燃烧热：3621.5kJ/mol
闪点：-1.0℃	饱和蒸气压：4.65kPa(26℃)	相对密度($d_{水}=1$)：0.76	

溶解性	溶于水、乙醇、乙醚。
主要用途	用作溶剂、抗氧剂、乳化剂，也用作化学合成中间体。

急救措施

皮肤接触	立即脱去污染的衣着，用大量流动清水冲洗至少 15min。就医。
眼睛接触	立即提起眼睑，用大量流动清水或生理盐水彻底冲洗至少 15min。就医。
吸入	迅速脱离现场至空气新鲜处。保持呼吸道通畅。如呼吸困难，给输氧。如呼吸停止，立即进行人工呼吸。就医。
食入	用水漱口，给饮牛奶或蛋清。就医。

防护措施

呼吸防护	可能接触其蒸气时，佩戴导管式防毒面具。紧急事态抢救或撤离时，应该佩戴氧气呼吸器、空气呼吸器。
眼睛防护	呼吸系统防护中已做防护。
身体防护	穿胶布防毒衣。
手防护	戴橡胶耐油手套。
其他防护	工作现场禁止吸烟、进食和饮水。工作完毕，淋浴更衣。实行就业前和定期的体检。

品名：**正戊酸**	分子式：$C_5H_{10}O_2$	相态：液
别名：戊酸	分子量：102.1	外观与性状：液体，无色，有令人讨厌的气味

危险特性

火灾危险性：可燃液体丙 A	爆炸物：无	皮肤腐蚀/刺激：类别 1
腐蚀减薄：低分子有机酸腐蚀	金属腐蚀：无	严重眼损伤/眼刺激：类别 1
环境开裂：无	急性毒性：无	

与空气接触能形成爆炸性混合物。与水接触放热。与硫酸腐蚀剂、氨、胺、异氰酸酯、烯基氧化物、环氧氯丙烷及强氧化剂不能配伍。

理化特性

熔点：−20.0～−18.0℃	临界温度：378.0℃	爆炸上限：7.6%	引燃温度：375.0℃
沸点：(185.3±3.0)℃	临界压力：3.63MPa	爆炸下限：1.6%	燃烧热：−2793.85kJ/mol
闪点：96.0℃	饱和蒸气压：无资料	相对密度($d_{水}=1$)：0.93	

溶解性	易溶于水。
主要用途	无资料。

急救措施

皮肤接触	脱去并隔离被污染的衣服和鞋。对少量皮肤接触，避免将物质播散面积扩大。注意患者保暖并且保持安静。
眼睛接触	如果皮肤或眼睛接触该物质，应立即用清水冲洗至少 20min。
吸入	移动患者至空气新鲜处。就医。如果患者呼吸停止，给予人工呼吸。如果患者食入或吸入该物质，不要用口对口进行人工呼吸；可用单向阀小型呼吸器或其他适当的医疗呼吸器。如果呼吸困难，给予吸氧。
食入	吸入、食入或皮肤接触该物质可引起迟发反应。确保医务人员了解该物质相关的个体防护知识，注意自身防护。

防护措施

呼吸防护	可能接触其蒸气时，戴面具式呼吸器。高浓度环境中，建议佩戴自给式呼吸器。
眼睛防护	戴化学安全防护眼镜。
身体防护	穿防酸碱工作服。
手防护	戴橡皮胶手套。
其他防护	工作现场严禁吸烟。工作后，淋浴更衣。注意个人清洁卫生。定期体检。

品名：**正戊酸甲酯**	分子式：$C_6H_{12}O_2$	相态：液
别名：无	分子量：116.2	外观与性状：无色液体

危险特性

火灾危险性：可燃液体甲 B	爆炸物：无	皮肤腐蚀/刺激：无
腐蚀减薄：低分子有机酸腐蚀	金属腐蚀：无	易燃液体：类别 2
环境开裂：无	急性毒性：无	

其蒸气与空气可形成爆炸性混合物，遇明火、高热极易燃烧爆炸。与氧化剂接触猛烈反应。若遇高热，容器内压增大有开裂和爆炸的危险。

理化特性

熔点：−91.0℃	临界温度：无资料	爆炸上限：无资料	引燃温度：无资料
沸点：127.3℃	临界压力：无资料	爆炸下限：无资料	燃烧热：无资料
闪点：22.0℃	饱和蒸气压：无资料	相对密度($d_{水}=1$)：0.90	

溶解性	微溶于水，可混溶于乙醇、乙醚。
主要用途	用作溶剂、分析试剂。

急救措施

皮肤接触	立即脱去污染的衣着，用大量流动清水冲洗。就医。
眼睛接触	立即提起眼睑，用大量流动清水或生理盐水彻底冲洗。就医。
吸入	迅速脱离现场至空气新鲜处。保持呼吸道通畅。如呼吸困难，给输氧。如呼吸停止，立即进行人工呼吸。就医。
食入	饮足量温水，催吐。就医。

防护措施

呼吸防护	空气中浓度超标时，必须佩戴自吸过滤式防毒面具(半面罩)。紧急事态抢救或撤离时，应该佩戴空气呼吸器。
眼睛防护	戴化学安全防护眼镜。
身体防护	穿防静电工作服。
手防护	戴橡胶手套。
其他防护	工作场所禁止吸烟、进食和饮水，饭前要洗手。工作完毕，淋浴更衣。保持良好的卫生习惯。

品名：**正戊烷**	分子式：C_5H_{12}	相态：液
别名：戊烷	分子量：72.1	外观与性状：无色易燃液体

危险特性

火灾危险性：可燃液体甲 B	爆炸物：无	皮肤腐蚀/刺激：无
腐蚀减薄：无	金属腐蚀：无	易燃液体：类别 2
环境开裂：无	急性毒性：无	

极易燃，其蒸气与空气可形成爆炸性混合物，遇明火、高热极易燃烧爆炸。与氧化剂接触发生强烈反应，甚至引起燃烧液体比水轻，不溶于水，可随水漂流扩散到远处，遇明火即引起燃烧。在火场中，受热的容器有爆炸危险。其蒸气比空气重，能在较低处扩散到相当远的地方，遇火源会着火回燃。

理化特性

熔点：-129.7℃	临界温度：196.6℃	爆炸上限：7.8%	引燃温度：260.0℃
沸点：(35.2±3.0)℃	临界压力：3.37MPa	爆炸下限：1.5%	燃烧热：-3245kJ/mol
闪点：-49.4℃	饱和蒸气压：53.32kPa(18.5℃)	相对密度($d_{水}=1$)：0.63	

溶解性	不溶于水，微溶于乙醇，溶于烃类和醚。
主要用途	主要用于分子筛脱附和替代氟里昂作发泡剂。

急救措施

皮肤接触	脱去污染的衣着，用肥皂水和清水彻底冲洗皮肤。
眼睛接触	提起眼睑，用流动清水或生理盐水冲洗。就医。
吸入	迅速脱离现场至空气新鲜处。保持呼吸道通畅。如呼吸困难，给输氧。如呼吸停止，立即进行人工呼吸。就医。
食入	饮足量温水，催吐。就医。

防护措施

呼吸防护	一般不需特殊防护。空气中浓度较高时，建议佩戴自吸过滤式防毒面具(半面罩)。
眼睛防护	必要时，戴化学安全防护眼镜。
身体防护	穿防静电工作服。
手防护	戴橡胶耐油手套。
其他防护	工作现场严禁吸烟。避免长期反复接触。

品名：**正辛腈**	分子式：$C_8H_{15}N$	相态：液
别名：庚基氰	分子量：125.2	外观与性状：无色液体

危险特性

火灾危险性：可燃液体丙 A	爆炸物：无	皮肤腐蚀/刺激：类别 2
腐蚀减薄：无	金属腐蚀：无	严重眼损伤/眼刺激：类别 2
环境开裂：无	急性毒性：无	

遇明火易燃。受高热分解放出有毒的气体。在火场中，受热的容器有爆炸危险。

理化特性

熔点：-45.0℃	临界温度：无资料	爆炸上限：无资料	引燃温度：无资料
沸点：189.0℃	临界压力：无资料	爆炸下限：无资料	燃烧热：无资料
闪点：73.0℃	饱和蒸气压：无资料	相对密度($d_{水}=1$)：0.81	

溶解性	不溶于水，微溶于乙醇，溶于乙醚。
主要用途	用于有机合成。

急救措施

皮肤接触	立即脱去污染的衣着，用大量流动清水冲洗。就医。
眼睛接触	提起眼睑，用流动清水或生理盐水冲洗。就医。
吸入	迅速脱离现场至空气新鲜处。保持呼吸道通畅。如呼吸困难，给输氧。如呼吸心跳停止，立即进行人工呼吸(勿用口对口)和胸外心脏按压术。给吸入亚硝酸异戊酯，就医。
食入	饮足量温水，催吐。用 1∶5000 高锰酸钾或 5%硫代硫酸钠溶液洗胃。就医。

防护措施

呼吸防护	空气中浓度超标时，必须佩戴自吸过滤式防毒面具(半面罩)。紧急事态抢救或撤离时，应该佩戴空气呼吸器。
眼睛防护	戴化学安全防护眼镜。
身体防护	穿防毒物渗透工作服。
手防护	戴橡胶耐油手套。
其他防护	工作完毕，彻底清洗。单独存放被毒物污染的衣服，洗后备用。

品名：**正辛硫醇**	分子式：$C_8H_{18}S$	相态：液
别名：巯基辛烷	分子量：146.3	外观与性状：无色液体
危险特性		
火灾危险性：可燃液体丙 A	爆炸物：无	皮肤腐蚀/刺激：无
腐蚀减薄：硫酸腐蚀、高温硫化物腐蚀	金属腐蚀：无	易燃液体：类别 3
环境开裂：连多硫酸应力腐蚀开裂	急性毒性：无	严重眼损伤/眼刺激：类别 2
遇明火、高热、氧化剂能燃烧，并散发出有毒气体。		

理化特性			
熔点：-49.2℃	临界温度：无资料	爆炸上限：无资料	引燃温度：无资料
沸点：(199.0±3.0)℃	临界压力：无资料	爆炸下限：无资料	燃烧热：无资料
闪点：68.0℃	饱和蒸气压：0.21kPa(37.7℃)	相对密度($d_{水}=1$)：0.85	

溶解性	不溶于水，溶于醇、醚、酮。
主要用途	用作润滑剂的添加剂、聚合抑制剂。
急救措施	
皮肤接触	立即脱去污染的衣着，用大量流动清水冲洗。就医。
眼睛接触	立即提起眼睑，用流动清水彻底冲洗 15min。就医。
吸入	迅速脱离现场至空气新鲜处。保持呼吸道通畅。如呼吸困难，给输氧。如呼吸停止，立即进行人工呼吸。就医。
食入	饮足量温水，催吐。就医。
防护措施	
呼吸防护	空气中浓度较高时，应该佩戴防毒面具。
眼睛防护	可采用安全面罩。
身体防护	穿聚乙烯薄膜防毒服。
手防护	必要时戴防护手套。
其他防护	工作现场严禁吸烟。保持良好的卫生习惯。

品名：**正辛烷**	分子式：C_8H_{18}	相态：液
别名：无	分子量：114.2	外观与性状：无色透明液体
危险特性		
火灾危险性：可燃液体甲 B	爆炸物：无	皮肤腐蚀/刺激：类别 2
腐蚀减薄：无	金属腐蚀：无	易燃液体：类别 2
环境开裂：无	急性毒性：无	
其蒸气与空气可形成爆炸性混合物，遇明火、高热能引起燃烧爆炸。与氧化剂能发生强烈反应。高速冲击、流动、激荡后可因产生静电火花放电引起燃烧爆炸。其蒸气比空气重，能在较低处扩散到相当远的地方，遇火源会着火回燃。		

理化特性			
熔点：-56.5℃	临界温度：296.0℃	爆炸上限：6.5%	引燃温度：206.0℃
沸点：(126.4±3.0)℃	临界压力：2.49MPa	爆炸下限：1.0%	燃烧热：-5445.3kJ/mol
闪点：15.6℃	饱和蒸气压：1.33kPa(20℃)	相对密度($d_{水}=1$)：0.70	

溶解性	溶于乙醇。
主要用途	供有机合成。
急救措施	
皮肤接触	脱去污染的衣着，用肥皂水和清水彻底冲洗皮肤。
眼睛接触	提起眼睑，用流动清水或生理盐水冲洗。就医。
吸入	迅速脱离现场至空气新鲜处。保持呼吸道通畅。如呼吸困难，给输氧。如呼吸停止，立即进行人工呼吸。就医。
食入	饮足量温水，催吐。就医。
防护措施	
呼吸防护	一般不需要特殊防护，高浓度接触时可佩戴自吸过滤式防毒面具(半面罩)。
眼睛防护	必要时，戴安全防护眼镜。
身体防护	穿防静电工作服。
手防护	戴橡胶耐油手套。
其他防护	工作现场严禁吸烟。避免长期反复接触。

品名：**仲丁胺**		分子式：$C_4H_{11}N$	相态：液
别名：2-氨基丁烷		分子量：73.1	外观与性状：无色液体，有氨臭
危险特性			
火灾危险性：可燃液体甲 B 腐蚀减薄：碱腐蚀、胺腐蚀 环境开裂：碱应力腐蚀开裂、氨应力腐蚀开裂、胺应力腐蚀开裂		爆炸物：无 金属腐蚀：无 急性毒性：无	皮肤腐蚀/刺激：类别 1 易燃液体：类别 2 严重眼损伤/眼刺激：类别 1
易燃，其蒸气与空气可形成爆炸性混合物，遇明火、高热能引起燃烧爆炸。与氧化剂能发生强烈反应。其蒸气比空气重，能在较低处扩散到相当远的地方，遇火源会着火回燃。			
理化特性			
熔点：-104.5℃ 沸点：62.5℃ 闪点：-9.0℃	临界温度：236.0℃ 临界压力：4.20MPa 饱和蒸气压：23.70kPa(25℃)	爆炸上限：无资料 爆炸下限：无资料 相对密度($d_水=1$)：0.72	引燃温度：378.0℃ 燃烧热：3008.6kJ/mol
溶解性	溶于水、乙醇、乙醚、丙酮。		
主要用途	用作有机合成的中间体、化学试剂。		
急救措施			
皮肤接触	立即脱去污染的衣着，用大量流动清水冲洗至少 15min。就医。		
眼睛接触	立即提起眼睑，用大量流动清水或生理盐水彻底冲洗至少 15min。就医。		
吸入	迅速脱离现场至空气新鲜处。保持呼吸道通畅。如呼吸困难，给输氧。如呼吸停止，立即进行人工呼吸。就医。		
食入	用水漱口，给饮牛奶或蛋清。就医。		
防护措施			
呼吸防护	可能接触其蒸气时，佩戴导管式防毒面具。紧急事态抢救或撤离时，应该佩戴氧气呼吸器、空气呼吸器。		
眼睛防护	呼吸系统防护中已做防护。		
身体防护	穿胶布防毒衣。		
手防护	戴橡胶耐油手套。		
其他防护	工作现场禁止吸烟、进食和饮水。工作完毕，淋浴更衣。实行就业前和定期的体检。		

品名：**2-仲丁基-4,6-二硝基苯基-3-甲基丁-2-烯酸酯**		分子式：$C_{15}H_{18}N_2O_6$	相态：固
别名：乐杀螨		分子量：322.3	外观与性状：白色结晶
危险特性			
火灾危险性：无 腐蚀减薄：无 环境开裂：无		爆炸物：无 金属腐蚀：无 急性毒性：类别 3	皮肤腐蚀/刺激：无
遇明火、高热可燃。其粉体与空气可形成爆炸性混合物，当达到一定浓度时，遇火星会发生爆炸。受高热分解放出有毒的气体。			
理化特性			
熔点：68.0~69.0℃ 沸点：(436.7±45.0)℃ 闪点：(171.7±30.7)℃	临界温度：无资料 临界压力：无资料 饱和蒸气压：0.13kPa(25℃)	爆炸上限：无资料 爆炸下限：无资料 相对密度($d_水=1$)：1.20	引燃温度：无资料 燃烧热：无资料
溶解性	溶于大多数有机溶剂，几乎不溶于水。		
主要用途	非内吸性杀螨剂、杀菌剂。农药分析标准。		
急救措施			
皮肤接触	立即脱去污染的衣着，用大量流动清水冲洗。就医。		
眼睛接触	立即提起眼睑，用大量流动清水或生理盐水彻底冲洗。就医。		
吸入	迅速脱离现场至空气新鲜处。保持呼吸道通畅。如呼吸困难，给输氧。如呼吸停止，立即进行人工呼吸。就医。		
食入	饮足量温水，催吐。洗胃，导泻。就医。		
防护措施			
呼吸防护	空气中粉尘浓度超标时，建议佩戴自吸过滤式防尘口罩。紧急事态抢救或撤离时，应该佩戴空气呼吸器。		
眼睛防护	戴化学安全防护眼镜。		
身体防护	穿防毒物渗透工作服。		
手防护	戴乳胶手套。		
其他防护	工作场所禁止吸烟、进食和饮水，饭前要洗手。工作完毕，淋浴更衣。保持良好的卫生习惯。		

品名：**2-仲丁基-4,6-二硝基酚** 别名：二硝基仲丁基苯酚；4,6-二硝基-2-仲丁基苯酚；地乐酚		分子式：$C_{10}H_{12}N_2O_5$ 分子量：240.2	相态：液 外观与性状：橙棕色液体
危险特性			
火灾危险性：可燃液体丙 A 腐蚀减薄：苯酚腐蚀 环境开裂：无		爆炸物：无 金属腐蚀：无 急性毒性：类别 3	皮肤腐蚀/刺激：无 严重眼损伤/眼刺激：类别 2
遇明火、高热或与氧化剂接触，有引起燃烧爆炸的危险。燃烧分解时，放出有毒的氮氧化物气体。			
理化特性			
熔点：38.0℃ 沸点：318.1℃ 闪点：无资料	临界温度：无资料 临界压力：无资料 饱和蒸气压：无资料	爆炸上限：无资料 爆炸下限：无资料 相对密度($d_水=1$)：1.27	引燃温度：无资料 燃烧热：无资料
溶解性	溶于热乙醇和乙醚，微溶于沸苯，不溶于水。		
主要用途	用作苯乙烯阻聚剂及农药中间体。		
急救措施			
皮肤接触	脱去污染的衣着，用大量流动清水彻底冲洗。		
眼睛接触	立即翻开上下眼睑，用流动清水或生理盐水冲洗。就医。		
吸入	迅速脱离现场至空气新鲜处。保持呼吸道通畅。呼吸困难时给输氧。呼吸停止时，立即进行人工呼吸。就医。		
食入	误服者漱口，饮牛奶或蛋清，就医。		
防护措施			
呼吸防护	空气中浓度超标时，必须佩戴防毒面具。紧急事态抢救或撤离时，建议佩戴正压自给式呼吸器。		
眼睛防护	戴化学安全防护眼镜。		
身体防护	穿防腐工作服。		
手防护	戴防化学品手套。		
其他防护	工作现场禁止吸烟、进食和饮水。工作后，彻底清洗。单独存放被毒物污染的衣服，洗后再用。注意监测毒物。		

品名：**仲丁基苯** 别名：仲丁苯		分子式：$C_{10}H_{14}$ 分子量：134.2	相态：液 外观与性状：无色透明液体
危险特性			
火灾危险性：可燃液体乙 B 腐蚀减薄：无 环境开裂：无		爆炸物：无 金属腐蚀：无 急性毒性：无	皮肤腐蚀/刺激：无 易燃液体：类别 3
易燃，遇高热、明火及强氧化剂易引起燃烧。			
理化特性			
熔点：-82.7℃ 沸点：173.3℃ 闪点：45.6℃	临界温度：377.0℃ 临界压力：3.14MPa 饱和蒸气压：0.13kPa(18.6℃)	爆炸上限：6.9% 爆炸下限：0.8% 相对密度($d_水=1$)：0.86	引燃温度：415.0℃ 燃烧热：无资料
溶解性	不溶于水，溶于乙醇、乙醚、苯等多数有机溶剂。		
主要用途	用作涂料和有机合成溶剂、增塑剂、表面活性剂。		
急救措施			
皮肤接触	立即脱去污染的衣着，用肥皂水和流动清水冲洗至少 15min。就医。		
眼睛接触	立即提起眼睑，用大量流动清水或生理盐水彻底冲洗至少 15min。就医。		
吸入	迅速脱离现场至空气新鲜处。保持呼吸道通畅。如呼吸困难，给输氧。如呼吸停止，立即进行人工呼吸。就医。		
食入	立即就医。		
防护措施			
呼吸防护	空气中浓度超标时，佩戴过滤式防毒面具(半面罩)。紧急事态抢救或撤离时，建议佩戴空气呼吸器。		
眼睛防护	必要时，戴化学安全防护眼镜。		
身体防护	穿防毒物渗透工作服。		
手防护	戴橡胶耐油手套。		
其他防护	工作现场禁止吸烟、进食和饮水。工作完毕，淋浴更衣。保持良好的卫生习惯。		

品名：**重氮氨基苯**	分子式：$C_{12}H_{11}N_3$		相态：固
别名：三氮二苯；苯氨基重氮苯	分子量：197.3		外观与性状：金黄色结晶
危险特性			
火灾危险性：可燃液体丙 B	爆炸物：无		皮肤腐蚀/刺激：无
腐蚀减薄：无	金属腐蚀：无		易燃固体：类别 1
环境开裂：氨应力腐蚀开裂	急性毒性：无		
强烈震动，加热至 150℃或急剧加热至熔点以上温度时，会发生爆炸。			
理化特性			
熔点：96.0℃	临界温度：无资料	爆炸上限：无资料	引燃温度：无资料
沸点：304.9℃	临界压力：无资料	爆炸下限：无资料	燃烧热：无资料
闪点：138.2℃	饱和蒸气压：无资料	相对密度($d_{水}=1$)：无资料	
溶解性	不溶于水，易溶于苯、热醇、醚。		
主要用途	用作染料中间体和分析试剂，用于有机合成。		
急救措施			
皮肤接触	无资料。		
眼睛接触	无资料。		
吸入	无资料。		
食入	无资料。		
防护措施			
呼吸防护	空气中粉尘浓度超标时，建议佩戴自吸过滤式防尘口罩。紧急事态抢救或撤离时，应该佩戴空气呼吸器。		
眼睛防护	戴化学安全防护眼镜。		
身体防护	穿防毒物渗透工作服。		
手防护	戴乳胶手套。		
其他防护	工作现场禁止吸烟、进食和饮水。工作完毕，淋浴更衣。单独存放被毒物污染的衣服，洗后备用。保持良好的卫生习惯。		

品名：**重氮乙酸乙酯**	分子式：$C_4H_6N_2O_2$		相态：液
别名：重氮醋酸乙酯	分子量：114.1		外观与性状：黄色油状液体，有辛辣的气味
危险特性			
火灾危险性：可燃液体甲 B	爆炸物：无		皮肤腐蚀/刺激：无
腐蚀减薄：低分子有机酸腐蚀	金属腐蚀：无		易燃液体：类别 3
环境开裂：无	急性毒性：无		
受高热能引起爆炸。遇明火能燃烧。接触酸或酸气能产生有毒气体。			
理化特性			
熔点：−22.0℃	临界温度：无资料	爆炸上限：无资料	引燃温度：无资料
沸点：140.0~141.0℃	临界压力：无资料	爆炸下限：无资料	燃烧热：无资料
闪点：26.0℃	饱和蒸气压：无资料	相对密度($d_{水}=1$)：1.09	
溶解性	微溶于水，可混溶于乙醇、乙醚。		
主要用途	用于有机合成。		
急救措施			
皮肤接触	立即脱去污染的衣着，用大量流动清水冲洗。就医。		
眼睛接触	立即提起眼睑，用大量流动清水或生理盐水彻底冲洗。就医。		
吸入	迅速脱离现场至空气新鲜处。保持呼吸道通畅。如呼吸困难，给输氧。如呼吸停止，立即进行人工呼吸。就医。		
食入	饮足量温水，催吐。就医。		
防护措施			
呼吸防护	空气中浓度超标时，必须佩戴自吸过滤式防毒面具(半面罩)。紧急事态抢救或撤离时，应该佩戴空气呼吸器。		
眼睛防护	戴化学安全防护眼镜。		
身体防护	穿防静电工作服。		
手防护	戴橡胶耐油手套。		
其他防护	工作现场禁止吸烟、进食和饮水。特别注意眼和呼吸道的防护。工作完毕，彻底清洗。单独存放被毒物污染的衣服，洗后备用。		

品名：**重铬酸铵**	分子式：$(NH_4)_2Cr_2O_7$	相态：固
别名：红矾铵	分子量：252.1	外观与性状：桔黄色单斜结晶

危险特性

火灾危险性：无	爆炸物：无	皮肤腐蚀/刺激：类别 1
腐蚀减薄：无	金属腐蚀：无	严重眼损伤/眼刺激：类别 1
环境开裂：氨应力腐蚀开裂	急性毒性：类别 2	

强氧化剂。与还原剂、有机物、易燃物(如硫、磷或金属粉末)等混合可形成爆炸性混合物。遇强酸接触会自燃。与硝酸盐、氯酸盐接触剧烈反应。

理化特性

熔点：180.0℃	临界温度：无资料	爆炸上限：无资料	引燃温度：无资料
沸点：无资料	临界压力：无资料	爆炸下限：无资料	燃烧热：无资料
闪点：无资料	饱和蒸气压：无资料	相对密度($d_{水}=1$)：2.15	

溶解性	易溶于水，不溶于丙酮，溶于乙醇。
主要用途	用作鞣革、媒染剂、烟花、香料合成等。

急救措施

皮肤接触	脱去污染的衣着，用肥皂水和清水彻底冲洗皮肤。
眼睛接触	提起眼睑，用流动清水或生理盐水冲洗。就医。
吸入	迅速脱离现场至空气新鲜处。保持呼吸道通畅。如呼吸困难，给输氧。如呼吸停止，立即进行人工呼吸。就医。
食入	用水漱口，用清水或1%硫代硫酸钠溶液洗胃，给饮牛奶或蛋清。就医。

防护措施

呼吸防护	可能接触其粉尘时，应该佩戴头罩型电动送风过滤式防尘呼吸器。必要时，佩戴自给式呼吸器。
眼睛防护	呼吸系统防护中已做防护。
身体防护	穿聚乙烯防毒服。
手防护	戴橡胶手套。
其他防护	工作完毕，淋浴更衣。保持良好的卫生习惯。

品名：**重铬酸钾**	分子式：无资料	相态：固
别名：红矾钾	分子量：无资料	外观与性状：桔红色结晶

危险特性

火灾危险性：无法确定	爆炸物：无	皮肤腐蚀/刺激：类别 1
腐蚀减薄：无	金属腐蚀：无	氧化性固体：类别 2
环境开裂：无	急性毒性：类别 2	严重眼损伤/眼刺激：类别 1

强氧化剂。遇强酸或高温时能释出氧气，促使有机物燃烧与还原剂、有机物、易燃物(如硫、磷或金属粉末)等混合可形成爆炸性混合物。有水时与硫化钠混合能引起自燃。与硝酸盐、氯酸盐接触剧烈反应。具有较强的腐蚀性。

理化特性

熔点：398.0℃	临界温度：无资料	爆炸上限：无资料	引燃温度：无资料
沸点：无资料	临界压力：无资料	爆炸下限：无资料	燃烧热：无资料
闪点：无资料	饱和蒸气压：无资料	相对密度($d_{水}=1$)：2.68	

溶解性	溶于水，不溶于乙醇。
主要用途	用于皮革、火柴、印染、化学、电镀等工业。

急救措施

皮肤接触	脱去污染的衣着，用肥皂水和清水彻底冲洗皮肤。
眼睛接触	提起眼睑，用流动清水或生理盐水冲洗。就医。
吸入	迅速脱离现场至空气新鲜处。保持呼吸道通畅。如呼吸困难，给输氧。如呼吸停止，立即进行人工呼吸。就医。
食入	用水漱口，用清水或1%硫代硫酸钠溶液洗胃，给饮牛奶或蛋清。就医。

防护措施

呼吸防护	可能接触其粉尘时，应该佩戴头罩型电动送风过滤式防尘呼吸器。必要时，佩戴自给式呼吸器。
眼睛防护	呼吸系统防护中已做防护。
身体防护	穿聚乙烯防毒服。
手防护	戴橡胶手套。
其他防护	工作完毕，淋浴更衣。保持良好的卫生习惯。

<table>
<tr><td colspan="4">品名：重铬酸钠　　分子式：$Na_2Cr_2O_7 \cdot 2H_2O$　　相态：固
别名：红矾钠　　分子量：298.0　　外观与性状：桔红色结晶，易潮解</td></tr>
<tr><th colspan="4">危险特性</th></tr>
<tr><td colspan="4">火灾危险性：无法确定　　爆炸物：无　　皮肤腐蚀/刺激：类别1
腐蚀减薄：无　　金属腐蚀：无　　氧化性固体：类别2
环境开裂：无　　急性毒性：类别2　　严重眼损伤/眼刺激：类别1</td></tr>
<tr><td colspan="4">强氧化剂。遇强酸或高温时能释出氧气，促使有机物燃烧与硝酸盐、氯酸盐接触剧烈反应。有水时与硫化钠混合能引起自燃。与有机物、还原剂、易燃物(如硫、磷)等接触或混合时有引起燃烧爆炸的危险。具有较强的腐蚀性。</td></tr>
<tr><th colspan="4">理化特性</th></tr>
<tr><td>熔点：357.0℃</td><td>临界温度：无资料</td><td>爆炸上限：无资料</td><td>引燃温度：无资料</td></tr>
<tr><td>沸点：400.0℃</td><td>临界压力：无资料</td><td>爆炸下限：无资料</td><td>燃烧热：无资料</td></tr>
<tr><td>闪点：无资料</td><td>饱和蒸气压：无资料</td><td>相对密度($d_{水}=1$)：2.35</td><td></td></tr>
<tr><td>溶解性</td><td colspan="3">溶于水，不溶于醇。</td></tr>
<tr><td>主要用途</td><td colspan="3">用于印染、制革、化学、医药、电镀等。</td></tr>
<tr><th colspan="4">急救措施</th></tr>
<tr><td>皮肤接触</td><td colspan="3">脱去污染的衣着，用肥皂水和清水彻底冲洗皮肤。</td></tr>
<tr><td>眼睛接触</td><td colspan="3">提起眼睑，用流动清水或生理盐水冲洗。就医。</td></tr>
<tr><td>吸入</td><td colspan="3">迅速脱离现场至空气新鲜处。保持呼吸道通畅。如呼吸困难，给输氧。如呼吸停止，立即进行人工呼吸。就医。</td></tr>
<tr><td>食入</td><td colspan="3">用水漱口，用清水或1%硫代硫酸钠溶液洗胃，给饮牛奶或蛋清。就医。</td></tr>
<tr><th colspan="4">防护措施</th></tr>
<tr><td>呼吸防护</td><td colspan="3">可能接触其粉尘时，应该佩戴头罩型电动送风过滤式防尘呼吸器。必要时，佩戴自给式呼吸器。</td></tr>
<tr><td>眼睛防护</td><td colspan="3">呼吸系统防护中已做防护。</td></tr>
<tr><td>身体防护</td><td colspan="3">穿聚乙烯防毒服。</td></tr>
<tr><td>手防护</td><td colspan="3">戴橡胶手套。</td></tr>
<tr><td>其他防护</td><td colspan="3">工作完毕，淋浴更衣。保持良好的卫生习惯。</td></tr>
</table>

附录一　其他工业管道介质危险性简表

品　　名	别　　名	分子式	火灾危险性	腐蚀减薄	环境开裂	爆炸物	金属腐蚀	急性毒性	皮肤腐蚀/刺激
5-氨基-3-苯基-1-[双(*N*,*N*-二甲基氨基氧膦基)]-1,2,4-三唑[含量>20%]	威菌磷	无资料	无	无	氨应力腐蚀开裂	无	无	类别1	无
3-氨基苯胂酸	间氨基苯胂酸	无资料	无	无	氨应力腐蚀开裂	无	无	类别3	无
氨基化钙	氨基钙	CaH_4N_2	无法确定	无	氨应力腐蚀开裂	无	无	无	无
(2-氨基甲酰氧乙基)三甲基氯化铵	氯化氨甲酰胆碱；卡巴考	无资料	无	盐酸腐蚀、氯化铵腐蚀、含盐水腐蚀	氯化物应力腐蚀开裂、氨应力腐蚀开裂	无	无	类别2	无
八溴联苯	无	无资料	无	无	无	无	无	无	类别2
1,3-苯二磺酸溶液	无	$C_6H_6O_6S_2$	无	低分子有机酸腐蚀	无	无	无	无	类别1
苯酚溶液	无	无资料	无	苯酚腐蚀	无	无	无	无	类别2
苯酚二磺酸硫酸溶液	无	无资料	无	硫酸腐蚀、苯酚腐蚀	氢脆、连多硫酸应力腐蚀开裂、硫酸盐应力腐蚀开裂	无	无	无	类别1
苯酚磺酸	无	$C_6H_6O_4S$	无	苯酚腐蚀	无	无	无	无	类别1
苯基溴化镁[浸在乙醚中的]	无	C_6H_5BrMg	可燃液体甲B	含盐水腐蚀	溴化物应力腐蚀开裂	无	无	无	无
苯甲氧基磺酰氯	无	无资料	无	无	无	无	无	无	类别1
苯肼化二氯	苯肼化氯；二氯化苯肼	无资料	无	盐酸腐蚀、含盐水腐蚀	氯化物应力腐蚀开裂	无	无	类别2	类别2
苯胂酸	无	$C_6H_7AsO_3$	可燃液体丙B	无	无	无	无	类别3	无
N-(苯乙基-4-哌啶基)丙酰胺柠檬酸盐	枸橼酸芬太尼	$C_{28}H_{36}N_2O_8$	无	碱腐蚀、胺腐蚀	碱应力腐蚀开裂、胺应力腐蚀开裂	无	无	类别2	无
1-(3-吡啶甲基)-3-(4-硝基苯基)脲	1-(4-硝基苯基)-3-(3-吡啶基甲基)脲；灭鼠优	$C_{13}H_{12}N_4O_3$	无	无	无	无	无	类别1	无
4-[苄基(乙基)氨基]-3-乙氧基苯重氮氯化锌盐	无	无资料	无法确定	盐酸腐蚀、含盐水腐蚀	氯化物应力腐蚀开裂、氨应力腐蚀开裂	无	无	无	无
变性乙醇	变性酒精	无资料	无法确定	无	乙醇应力腐蚀开裂	无	无	无	无

续表

品名	别名	分子式	火灾危险性	腐蚀减薄	环境开裂	爆炸物	金属腐蚀	急性毒性	皮肤腐蚀/刺激
丙二酸铊	丙二酸亚铊	$C_3H_2O_4Tl_2$	无	无	无	无	无	类别 2	无
丙基胂酸	丙胂酸	CH_5AsO_3	可燃液体丙 B	无	无	无	无	类别 3	无
丙酸异丙酯	丙酸-1-甲基乙基酯	$C_6H_{12}O_2$	可燃液体甲 B	低分子有机酸腐蚀	无	无	无	无	无
丙烯酸-2-硝基丁酯	无	$C_7H_{11}NO_4$	可燃液体丙 A	无	无	无	无	无	无
2-丙烯酸异辛酯	无	无资料	无	无	无	无	无	无	类别 2
草酸-4-氨基-*N*,*N*-二甲基苯胺	*N*,*N*-二甲基对苯二胺草酸；对氨基-*N*,*N*-二甲基苯胺草酸	$C_{10}H_{14}N_2O_4$	可燃液体丙 A	碱腐蚀、胺腐蚀	碱应力腐蚀开裂、氨应力腐蚀开裂、胺应力腐蚀开裂	无	无	类别 3	无
草酸汞	无	C_2HgO_4	可燃液体丙 B	无	无	无	无	类别 1	无
次氯酸钾溶液[含有效氯>5%]	无	KClO	无	无	无	无	无	无	类别 1
次氯酸钠溶液[含有效氯>5%]	无	NaClO	无	无	无	无	无	无	类别 1
粗苯	动力苯；混合苯	无资料	无法确定	无	无	无	无	无	类别 2
醋酸三丁基锡	无	无资料	无	无	无	无	无	类别 3	无
碘酸钾合一碘酸	碘酸氢钾；重碘酸钾	$KIO_3 \cdot HIO_3$	无法确定	含盐水腐蚀	碘化物应力腐蚀开裂、氢脆	无	无	无	类别 2
碘酸钾合二碘酸	无	无资料	无法确定	无	无	无	无	无	类别 2
电池液[酸性的]	无	无资料	无	酸性水腐蚀(酸式酸性水)	无	无	无	无	类别 1
电池液[碱性的]	无	无资料	无	酸性水腐蚀(碱式酸性水)	无	无	无	无	类别 1
叠氮化铅[含水或水加乙醇≥20%]	无	无资料	无	无	乙醇应力腐蚀开裂	1.1	无	无	无
丁醇钠	丁氧基钠	无资料	无	无	无	无	无	无	类别 1
杜廷	羟基马桑毒内酯；马桑苷	$C_{15}H_{18}O_6$	可燃液体丙 B	无	无	无	无	类别 2	无
短链氯化石蜡(C10-13)	C10-13 氯代烃	无资料	无	盐酸腐蚀、含盐水腐蚀	氯化物应力腐蚀开裂	无	无	无	无
1-(对氯苯基)-2,8,9-三氧-5-氮-1-硅双环(3,3,3)十二烷	毒鼠硅；氯硅宁；硅灭鼠	$C_{12}H_{16}ClNO_3Si$	无	无	无	无	无	类别 1	无
对蓋基化过氧氢[72%<含量≤100%]	对蓋基过氧化氢	无资料	无法确定	无	无	无	无	无	类别 1
对蓋基化过氧氢[含量≤72%，含 A 型稀释剂≥28%]	无	无资料	无法确定	无	无	无	无	无	类别 1

续表

品　名	别　名	分子式	火灾危险性	腐蚀减薄	环境开裂	爆炸物	金属腐蚀	急性毒性	皮肤腐蚀/刺激
对硝基苯酚钾	对硝基酚钾	$C_6H_4KNO_3$	无	苯酚腐蚀	无	无	无	无	无
对硝基苯磺酸	无	$C_6H_5NO_5S$	无	低分子有机酸腐蚀	无	无	无	无	类别 1
对硝基苯甲酰肼	无	$C_7H_7N_3O_3$	无	无	无	无	无	无	类别 2
多钒酸铵	聚钒酸铵	H_4NO_3V	无	无	氨应力腐蚀开裂	无	无	类别 3	无
多硫化铵溶液	无	无资料	无	硫酸腐蚀、高温硫化物腐蚀	连多硫酸应力腐蚀开裂	无	无	无	类别 1
多氯二苯并对二噁英	PCDDs	无资料	无	无	无	无	无	类别 1	类别 2
多氯二苯并呋喃	PCDFs	无资料	无	无	无	无	无	类别 1	类别 2
蒽醌-1-胂酸	蒽醌-α-胂酸	无资料	无	无	无	无	无	类别 3	无
二-(1-羟基环己基)过氧化物［含量≤100%］	无	无资料	无法确定	无	无	无	无	无	类别 1
二-(2-苯氧乙基)过氧重碳酸酯［85%<含量≤100%］	无	无资料	无法确定	二氧化碳腐蚀、碱腐蚀	碳酸盐应力腐蚀开裂、碱应力腐蚀开裂	无	无	无	无
二-(2-苯氧乙基)过氧重碳酸酯［含量≤85%，含水≥15%］	无	无资料	无法确定	二氧化碳腐蚀、碱腐蚀	碳酸盐应力腐蚀开裂、碱应力腐蚀开裂	无	无	无	无
二-(2-羟基-3,5,6-三氯苯基)甲烷	2,2′-亚甲基-双(3,4,6-三氯苯酚)；毒菌酚	无资料	无	苯酚腐蚀	无	无	无	类别 3	无
二-(4-叔丁基环己基)过氧重碳酸酯［含量≤100%］	过氧化二碳酸-二-(4-叔丁基环己基)酯	无资料	无法确定	二氧化碳腐蚀、碱腐蚀	碳酸盐应力腐蚀开裂、碱应力腐蚀开裂	无	无	无	无
二-(4-叔丁基环己基)过氧重碳酸酯［含量≤42%，在水中稳定弥散］	无	无资料	无法确定	二氧化碳腐蚀、碱腐蚀	碳酸盐应力腐蚀开裂、碱应力腐蚀开裂	无	无	无	无
4,4’-二氨基-3,3’-二氯二苯基甲烷	无	无资料	无	无	氨应力腐蚀开裂	无	无	无	无
二氨基镁	无	$C_{16}H_{17}MgNO$	无法确定	无	氨应力腐蚀开裂	无	无	无	无
二苯胺硫酸溶液	无	无资料	无	硫酸腐蚀、碱腐蚀、胺腐蚀	碱应力腐蚀开裂、胺应力腐蚀开裂、氢脆、连多硫酸应力腐蚀开裂、硫酸盐应力腐蚀开裂	无	无	类别 3	类别 1
二苯基胺氯胂	吩吡嗪化氯；亚当氏气	无资料	无	碱腐蚀、胺腐蚀	碱应力腐蚀开裂、胺应力腐蚀开裂	无	无	类别 3	无

续表

品名	别名	分子式	火灾危险性	腐蚀减薄	环境开裂	爆炸物	金属腐蚀	急性毒性	皮肤腐蚀/刺激
二苯基甲烷二异氰酸酯	MDI	无资料	无	无	无	无	无	无	类别 2
二苯基氯胂	氯化二苯胂	无资料	无	盐酸腐蚀、含盐水腐蚀	氯化物应力腐蚀开裂	无	无	类别 1	无
二苄基二氯硅烷	无	无资料	无	无	无	无	无	无	类别 1
1,3-二氟丙-2-醇(Ⅰ)与1-氯-3-氟丙-2-醇(Ⅱ)的混合物	鼠甘伏；甘氟	无资料	无	无	无	无	无	类别 2	无
二甘醇双(碳酸烯丙酯)和过二碳酸二异丙酯的混合物[二甘醇双(碳酸烯丙酯)≥88%，过二碳酸二异丙酯≤12%]	无	无资料	无法确定	二氧化碳腐蚀、碱腐蚀	碳酸盐应力腐蚀开裂、碱应力腐蚀开裂	无	无	无	无
二甲氨基二氮硒杂茚	无	无资料	无	无	氨应力腐蚀开裂	无	无	类别 3	无
4-二甲氨基偶氮苯-4′-胂酸	锆试剂	无资料	无	无	氨应力腐蚀开裂	无	无	类别 3	无
二甲胺溶液	无	C_2H_7N	可燃液体甲 B	碱腐蚀、胺腐蚀	碱应力腐蚀开裂、胺应力腐蚀开裂	无	无	无	类别 1
O,O-二甲基-S-(吗啉代甲酰甲基)二硫代磷酸酯	茂硫磷	无资料	无	硫酸腐蚀、磷酸腐蚀	氢脆、连多硫酸应力腐蚀开裂	无	无	类别 3	无
4-二甲基氨基-6-(2-二甲基氨乙基氧基)甲苯-2-重氮氯化锌盐	无	无资料	无法确定	盐酸腐蚀、含盐水腐蚀	氯化物应力腐蚀开裂、氨应力腐蚀开裂	无	无	无	无
二甲基苯胺异构体混合物	无	无资料	无	碱腐蚀、胺腐蚀	碱应力腐蚀开裂、胺应力腐蚀开裂	无	无	类别 2	无
二甲氧基马钱子碱	番木鳖碱	$C_{23}H_{26}N_2O_4$	无	无	无	无	无	类别 2	无
二聚环戊二烯	双茂；双环戊二烯；4,7-亚甲基-3a，4,7,7a-四氢茚	$C_{10}H_{12}$	可燃液体甲 B	无	无	无	无	无	类别 2
二硫化钛	无	S_2Ti	无法确定	硫酸腐蚀、高温硫化物腐蚀	连多硫酸应力腐蚀开裂	无	无	无	无
3,5-二氯苯胺	无	$C_6H_5Cl_2N$	可燃液体丙 A	碱腐蚀、胺腐蚀	碱应力腐蚀开裂、胺应力腐蚀开裂	无	无	类别 3	无
二氯苯胺异构体混合物	无	无资料	无	碱腐蚀、胺腐蚀	碱应力腐蚀开裂、胺应力腐蚀开裂	无	无	类别 3	无
3,4-二氯苯基偶氮硫脲	3,4-二氯苯偶氮硫代氨基甲酰胺；灭鼠肼	无资料	无	硫酸腐蚀、碱腐蚀、胺腐蚀、高温硫化物腐蚀	碱应力腐蚀开裂、氨应力腐蚀开裂、胺应力腐蚀开裂、连多硫酸应力腐蚀开裂	无	无	类别 2	无

续表

品　名	别　名	分子式	火灾危险性	腐蚀减薄	环境开裂	爆炸物	金属腐蚀	急性毒性	皮肤腐蚀/刺激
1,1-二氯丙酮	无	$C_3H_4Cl_2O$	可燃液体乙A	无	无	无	无	类别3	无
1,2-二氯二乙醚	乙基-1,2-二氯乙醚	$C_4H_8Cl_2O$	可燃液体乙A	无	无	无	无	无	无
2,2-二氯二乙醚	对称二氯二乙醚	无资料	无法确定	无	无	无	无	类别1	类别2
2,4-二氯硝基苯	无	$C_6H_3Cl_2NO_2$	可燃液体丙A	无	无	无	无	类别3	无
2,5-二氯硝基苯	1,4-二氯-2-硝基苯	$C_6H_3Cl_2NO_2$	可燃液体丙B	无	无	无	无	无	无
二氯乙酸甲酯	二氯醋酸甲酯	$C_3H_4Cl_2O_2$	可燃液体丙A	低分子有机酸腐蚀	无	无	无	类别3	类别2
3,4-二羟基-α-((甲氨基)甲基)苄醇	肾上腺素；付肾碱；付肾素	$C_9H_{13}NO_3$	可燃液体丙B	无	氨应力腐蚀开裂	无	无	类别2	无
2,3-二氢-2,2-二甲基苯并呋喃-7-基-N-甲基氨基甲酸酯	克百威	$C_{12}H_{15}NO_3$	无	低分子有机酸腐蚀	氨应力腐蚀开裂	无	无	类别2	无
2,3-二氢吡喃	无	C_5H_8O	可燃液体甲B	无	无	无	无	无	无
2,3-二氰-5,6-二氯氢醌	无	无资料	无	无	无	无	无	类别3	无
二肉豆蔻基过氧重碳酸酯[含量≤100%]	无	无资料	无法确定	二氧化碳腐蚀、碱腐蚀	碳酸盐应力腐蚀开裂、碱应力腐蚀开裂	无	无	无	无
二肉豆蔻基过氧重碳酸酯[含量≤42%，在水中稳定弥散]	无	无资料	无法确定	二氧化碳腐蚀、碱腐蚀	碳酸盐应力腐蚀开裂、碱应力腐蚀开裂	无	无	无	无
2,6-二噻-1,3,5,7-四氮三环-[3,3,1,1,3,7]癸烷-2,2,6,6-四氧化物	毒鼠强	无资料	无	无	无	无	无	类别1	无
二水合三氟化硼	三氟化硼水合物	$BF_3H_4O_2$	无	含盐水腐蚀	无	无	无	类别2	类别1
二戊基磷酸	酸式磷酸二戊酯	无资料	无	磷酸腐蚀	氢脆	无	无	无	无
4,6-二硝基-2-氨基苯酚锆	苦氨酸锆	$C_{24}H_{16}N_{12}O_{20}Zr$	可燃液体丙B	苯酚腐蚀	氨应力腐蚀开裂	1.3	无	无	无
4,6-二硝基-2-氨基苯酚钠	苦氨酸钠	$C_6H_4N_3NaO_5$	无	苯酚腐蚀	氨应力腐蚀开裂	1.3	无	无	无
二硝基苯酚[干的或含水<15%]	无	无资料	无	苯酚腐蚀	无	1.1	无	类别3	无
二硝基苯酚溶液	无	无资料	无	苯酚腐蚀	无	无	无	类别3	无
2,6-二硝基苯酚[含水≥15%]	无	$C_6H_4N_2O_5$	无法确定	苯酚腐蚀	无	无	无	类别3	无
二硝基苯酚碱金属盐[干的或含水<15%]	二硝基酚碱金属盐	无资料	无	苯酚腐蚀	无	1.3	无	类别3	无

续表

品名	别名	分子式	火灾危险性	腐蚀减薄	环境开裂	爆炸物	金属腐蚀	急性毒性	皮肤腐蚀/刺激
2,4-二硝基苯酚钠	无	$C_6H_3N_2NaO_5$	无	苯酚腐蚀	无	1.3	无	类别 3	无
3,4-二硝基二苯胺	无	无资料	无	碱腐蚀、胺腐蚀	碱应力腐蚀开裂、胺应力腐蚀开裂	无	无	无	类别 2
二硝基甘脲	无	无资料	无	无	无	1.1	无	无	无
二硝基邻甲酚钾	无	无资料	无	无	无	无	无	类别 3	无
4,6-二硝基邻甲苯酚钠	无	无资料	无	苯酚腐蚀	无	1.3	无	类别 2	无
二硝基邻甲苯酚钠	无	无资料	无	苯酚腐蚀	无	1.3	无	类别 3	无
二硝基重氮苯酚[按质量含水或乙醇和水的混合物不低于 40%]	重氮二硝基苯酚	无资料	无	苯酚腐蚀	乙醇应力腐蚀开裂	1.1	无	无	无
N,*N'*-二亚硝基-*N*,*N'*-二甲基对苯二酰胺	无	无资料	无法确定	碱腐蚀、胺腐蚀	碱应力腐蚀开裂、胺应力腐蚀开裂	无	无	无	无
O,O-二乙基-*N*-(4-甲基-1,3-二硫戊环-2-亚基)磷酰胺[含量>5%]	二乙基(4-甲基-1,3-二硫戊环-2-叉氨基)磷酸酯；地胺磷	$C_8H_{16}NO_3PS_2$	无	硫酸腐蚀、磷酸腐蚀、碱腐蚀、胺腐蚀	碱应力腐蚀开裂、氨应力腐蚀开裂、胺应力腐蚀开裂、氢脆、连多硫酸应力腐蚀开裂	无	无	类别 1	无
O,O-二乙基-*N*-1,3-二噻丁环-2-亚基磷酰胺	丁硫环磷	$C_6H_{12}NO_3PS_2$	无	硫酸腐蚀、碱腐蚀、胺腐蚀、高温硫化物腐蚀	碱应力腐蚀开裂、胺应力腐蚀开裂、连多硫酸应力腐蚀开裂	无	无	类别 1	无
O,O-二乙基-O-(2,2-二氯-1-β-氯乙氧基乙烯基)-磷酸酯	彼氧磷	无资料	无	磷酸腐蚀	氢脆	无	无	类别 2	无
O,O-二乙基-O-(4-甲基香豆素基-7)硫代磷酸酯	扑杀磷	$C_{14}H_{17}O_5PS$	无	硫酸腐蚀、磷酸腐蚀	氢脆、连多硫酸应力腐蚀开裂	无	无	类别 1	无
O,O-二乙基-O-(4-硝基苯基)磷酸酯	对氧磷	$C_{10}H_{14}NO_6P$	无	磷酸腐蚀	氢脆	无	无	类别 1	无
O,O-二乙基-O-(6-二乙胺次甲基-2,4-二氯)苯基硫代磷酰酯盐酸盐	无	无资料	无	硫酸腐蚀、碱腐蚀、胺腐蚀	碱应力腐蚀开裂、胺应力腐蚀开裂、氢脆、连多硫酸应力腐蚀开裂	无	无	类别 2	无
O,O-二乙基-O-[2-氯-1-(2,4-二氯苯基)乙烯基]磷酸酯[含量>20%]	2-氯-1-(2,4-二氯苯基)乙烯基二乙基磷酸酯，毒虫畏	$C_{12}H_{14}Cl_3O_4P$	可燃液体丙 B	磷酸腐蚀	氢脆	无	无	类别 2	无
O,O-二乙基-O-2,5-二氯-4-甲硫基苯基硫代磷酸酯	O-[2,5-二氯-4-(甲硫基)苯基]-O,O-二乙基硫代磷酸酯；虫螨磷	$C_{11}H_{15}Cl_2O_3PS_2$	无	硫酸腐蚀、磷酸腐蚀	氢脆、连多硫酸应力腐蚀开裂	无	无	类别 2	无

续表

品　　名	别　　名	分子式	火灾危险性	腐蚀减薄	环境开裂	爆炸物	金属腐蚀	急性毒性	皮肤腐蚀/刺激
O,O-二乙基-O-2-吡嗪基硫代磷酸酯[含量>5%]	虫线磷	$C_8H_{13}N_2O_3PS$	无	硫酸腐蚀、磷酸腐蚀	氢脆、连多硫酸应力腐蚀开裂	无	无	类别 1	无
O,O-二乙基-S-(2,5-二氯苯硫基甲基)二硫代磷酸酯	芬硫磷	$C_{11}H_{15}Cl_2O_2PS_3$	可燃液体丙 B	硫酸腐蚀、磷酸腐蚀	氢脆、连多硫酸应力腐蚀开裂	无	无	类别 3	无
O,O-二乙基-S-(2-乙基亚磺酰基乙基)二硫代磷酸酯	砜拌磷	$C_8H_{19}O_3PS_3$	无	硫酸腐蚀、磷酸腐蚀	氢脆、连多硫酸应力腐蚀开裂	无	无	类别 2	无
O,O-二乙基-S-(对硝基苯基)硫代磷酸	硫代磷酸-O,O-二乙基-S-(4-硝基苯基)酯	$C_{10}H_{14}NO_7PS$	无	硫酸腐蚀、磷酸腐蚀	氢脆、连多硫酸应力腐蚀开裂	无	无	类别 1	无
O,O-二乙基-S-(异丙基氨基甲酰甲基)二硫代磷酸酯[含量>15%]	发硫磷	$C_9H_{20}NO_3PS_2$	无	硫酸腐蚀、磷酸腐蚀	氨应力腐蚀开裂、氢脆、连多硫酸应力腐蚀开裂	无	无	类别 1	无
O,O-二乙基-S-[*N*-(1-氰基-1-甲基乙基)氨基甲酰甲基]硫代磷酸酯	S-{2-[(1-氰基-1-甲基乙基)氨基]-2-氧代乙基}-O,O-二乙基硫代磷酸酯；果虫磷	$C_{10}H_{19}N_2O_4PS$	无	硫酸腐蚀、磷酸腐蚀	氨应力腐蚀开裂、氢脆、连多硫酸应力腐蚀开裂	无	无	类别 2	无
O,O-二乙基-S-氯甲基二硫代磷酸酯[含量>15%]	氯甲硫磷	$C_5H_{12}ClO_2PS_2$	无	硫酸腐蚀、磷酸腐蚀	氢脆、连多硫酸应力腐蚀开裂	无	无	类别 1	无
O,O-二乙基-S-叔丁基硫甲基二硫代磷酸酯	特丁硫磷	$C_9H_{21}O_2PS_3$	无	硫酸腐蚀、磷酸腐蚀	氢脆、连多硫酸应力腐蚀开裂	无	无	类别 1	无
O,O-二乙基-S-乙基亚磺酰基甲基二硫代磷酸酯	甲拌磷亚砜	$C_7H_{17}O_3PS_3$	无	硫酸腐蚀、磷酸腐蚀	氢脆、连多硫酸应力腐蚀开裂	无	无	类别 1	无
N,*N*-二乙基乙撑二胺	*N*,*N*-二乙基乙二胺	无资料	无法确定	碱腐蚀、胺腐蚀	碱应力腐蚀开裂、胺应力腐蚀开裂	无	无	类别 3	类别 1
二乙硫醚	硫代乙醚；二乙硫	无资料	无法确定	硫酸腐蚀、高温硫化物腐蚀	连多硫酸应力腐蚀开裂	无	无	无	类别 2
二正丙基过氧重碳酸酯[含量≤100%]	无	无资料	无法确定	二氧化碳腐蚀、碱腐蚀	碳酸盐应力腐蚀开裂、碱应力腐蚀开裂	无	无	无	无
二正丙基过氧重碳酸酯[含量≤77%，含 B 型稀释剂≥23%]	无	无资料	无法确定	二氧化碳腐蚀、碱腐蚀	碳酸盐应力腐蚀开裂、碱应力腐蚀开裂	无	无	无	无
二-正丁基过氧重碳酸酯[含量≤27%，含 B 型稀释剂≥73%]	无	无资料	无法确定	二氧化碳腐蚀、碱腐蚀	碳酸盐应力腐蚀开裂、碱应力腐蚀开裂	无	无	无	无

续表

品　　名	别　　名	分子式	火灾危险性	腐蚀减薄	环境开裂	爆炸物	金属腐蚀	急性毒性	皮肤腐蚀/刺激
二-正丁基过氧重碳酸酯[27%<含量≤52%，含B型稀释剂≥48%]	无	无资料	无法确定	二氧化碳腐蚀、碱腐蚀	碳酸盐应力腐蚀开裂、碱应力腐蚀开裂	无	无	无	无
二-正丁基过氧重碳酸酯[含量≤42%，在水(冷冻)中稳定弥散]	无	无资料	无法确定	二氧化碳腐蚀、碱腐蚀	碳酸盐应力腐蚀开裂、碱应力腐蚀开裂	无	无	无	无
二仲丁胺	无	$C_8H_{19}N$	可燃液体甲B	碱腐蚀、胺腐蚀	碱应力腐蚀开裂、胺应力腐蚀开裂	无	无	无	无
发烟硝酸	无	HNO_3	无法确定	无	硝酸盐应力腐蚀开裂	无	无	无	类别1
钒酸铵钠	无	$H_4NNaO_6V_2$	无	无	无	无	无	类别3	无
钒酸钾	钒酸三钾	K_3O_4V	无	无	无	无	无	类别1	无
放线菌素	无	无资料	无	无	无	无	无	类别2	无
放线菌素D	无	$C_{62}H_{86}N_{12}O_{16}$	可燃液体丙B	无	无	无	无	类别2	无
氟化汞	二氟化汞	F_2Hg_2	无	含盐水腐蚀	无	无	无	类别1	无
氟磷酸[无水]	无	FH_2O_3P	无	磷酸腐蚀	氢脆	无	无	无	类别1
氟硼酸-3-甲基-4-(吡咯烷-1-基)重氮苯	无	无资料	无法确定	无	氢脆	无	无	无	无
氟硼酸铅溶液[含量>28%]	无	无资料	无	无	氢脆	无	无	无	无
氟硼酸锌	无	B_2F_8Zn	无	无	氢脆	无	无	无	类别1
氟硼酸银	无	$AgBF_4$	无	含盐水腐蚀	氢脆	无	无	无	类别1
氟铍酸铵	氟化铍铵	无资料	无	含盐水腐蚀	氨应力腐蚀开裂	无	无	类别3	类别2
氟铍酸钠	无	BeF_3Na	无	含盐水腐蚀	无	无	无	类别2	类别2
氟乙酸-2-苯酰肼	法尼林	无资料	无	无	无	无	无	类别2	无
氟乙酸甲酯	无	无资料	无法确定	无	无	无	无	类别1	无
氟乙酰胺	无	C_2H_4FNO	无	碱腐蚀、胺腐蚀	碱应力腐蚀开裂、胺应力腐蚀开裂	无	无	类别2	无
甘露糖醇六硝酸酯[湿的，按质量含水或乙醇和水的混合物不低于40%]	六硝基甘露醇	无资料	无	无	硝酸盐应力腐蚀开裂	1.1	无	无	无
高氯酸[浓度>72%]	过氯酸	无资料	无法确定	无	无	无	无	无	类别1

续表

品　　名	别　　名	分子式	火灾危险性	腐蚀减薄	环境开裂	爆炸物	金属腐蚀	急性毒性	皮肤腐蚀/刺激
高氯酸[浓度≤50%]	无	无资料	无法确定	无	无	无	无	无	类别 1
高氯酸[浓度 50%~72%]	无	无资料	无法确定	无	无	无	无	无	类别 1
高氯酸醋酐溶液	过氯酸醋酐溶液	无资料	无法确定	无	无	无	无	无	类别 1
铬硫酸	无	无资料	无	硫酸腐蚀	氢脆、连多硫酸应力腐蚀开裂、硫酸盐应力腐蚀开裂	无	无	无	类别 1
铬酸铍	无	无资料	无	无	无	无	无	类别 2	类别 2
铬酸叔丁酯四氯化碳溶液	无	无资料	无	盐酸腐蚀、含盐水腐蚀	氯化物应力腐蚀开裂	无	无	无	无
庚腈	氰化正己烷	$C_7H_{13}N$	可燃液体乙 B	无	无	无	无	类别 3	类别 2
挂-3-氯桥-6-氰基-2-降冰片酮-O-(甲基氨基甲酰基)肟	肟杀威	无资料	无	无	氨应力腐蚀开裂	无	无	类别 2	无
过二碳酸二-(2-乙基己)酯[77%<含量≤100%]	无	无资料	无法确定	二氧化碳腐蚀、碱腐蚀	碳酸盐应力腐蚀开裂、碱应力腐蚀开裂	无	无	无	无
过二碳酸二-(2-乙基己)酯[含量≤52%，在水(冷冻)中稳定弥散]	无	无资料	无法确定	二氧化碳腐蚀、碱腐蚀	碳酸盐应力腐蚀开裂、碱应力腐蚀开裂	无	无	无	无
过二碳酸二-(2-乙基己)酯[含量≤62%，在水中稳定弥散]	无	无资料	无法确定	二氧化碳腐蚀、碱腐蚀	碳酸盐应力腐蚀开裂、碱应力腐蚀开裂	无	无	无	无
过二碳酸二-(2-乙基己)酯[含量≤77%，含 B 型稀释剂≥23%]	无	无资料	无法确定	二氧化碳腐蚀、碱腐蚀	碳酸盐应力腐蚀开裂、碱应力腐蚀开裂	无	无	无	无
过二碳酸二-(2-乙氧乙)酯[含量≤52%，含 B 型稀释剂≥48%]	无	无资料	无法确定	二氧化碳腐蚀、碱腐蚀	碳酸盐应力腐蚀开裂、碱应力腐蚀开裂	无	无	无	无
过二碳酸二-(3-甲氧丁)酯[含量≤52%，含 B 型稀释剂≥48%]	无	无资料	无法确定	二氧化碳腐蚀、碱腐蚀	碳酸盐应力腐蚀开裂、碱应力腐蚀开裂	无	无	无	无
过二碳酸钠	无	$Na_2C_2O_6$	可燃液体丙 B	二氧化碳腐蚀、碱腐蚀	碳酸盐应力腐蚀开裂、碱应力腐蚀开裂	无	无	无	无
过二碳酸异丙仲丁酯、过二碳酸二仲丁酯和过二碳酸二异丙酯的混合物[过二碳酸异丙仲丁酯≤32%，15%≤过二碳酸二仲丁酯≤18%，12%≤过二碳酸二异丙酯≤15%，含 A 型稀释剂≥38%]	无	无资料	无法确定	二氧化碳腐蚀、碱腐蚀	碳酸盐应力腐蚀开裂、碱应力腐蚀开裂	无	无	无	无

续表

品　名	别　名	分子式	火灾危险性	腐蚀减薄	环境开裂	爆炸物	金属腐蚀	急性毒性	皮肤腐蚀/刺激
过二碳酸异丙仲丁酯、过二碳酸二仲丁酯和过二碳酸二异丙酯的混合物[过二碳酸异丙仲丁酯≤52%，过二碳酸二仲丁酯≤28%，过二碳酸二异丙酯≤22%]	无	无资料	无法确定	二氧化碳腐蚀、碱腐蚀	碳酸盐应力腐蚀开裂、碱应力腐蚀开裂	无	无	无	无
过氧化二碳酸二(十八烷基)酯[含量≤87%，含有十八烷醇]	过氧化二(十八烷基)二碳酸酯；过氧化二碳酸二硬脂酰酯	无资料	无法确定	二氧化碳腐蚀、碱腐蚀	碳酸盐应力腐蚀开裂、碱应力腐蚀开裂	无	无	无	无
过氧化二碳酸二苯甲酯[含量≤87%，含水]	过氧化苄基二碳酸酯	无资料	无法确定	二氧化碳腐蚀、碱腐蚀	碳酸盐应力腐蚀开裂、碱应力腐蚀开裂	无	无	无	无
过氧化二碳酸二乙酯[在溶液中，含量≤27%]	过氧化二乙基二碳酸酯	无资料	无法确定	二氧化碳腐蚀、碱腐蚀	碳酸盐应力腐蚀开裂、碱应力腐蚀开裂	无	无	无	无
过氧化二碳酸二异丙酯[52%<含量≤100%]	过氧重碳酸二异丙酯	无资料	无法确定	二氧化碳腐蚀、碱腐蚀	碳酸盐应力腐蚀开裂、碱应力腐蚀开裂	无	无	无	类别 2
过氧化二碳酸二异丙酯[含量≤52%，含B型稀释剂≥48%]	无	无资料	无法确定	二氧化碳腐蚀、碱腐蚀	碳酸盐应力腐蚀开裂、碱应力腐蚀开裂	无	无	无	无
过氧化二碳酸二异丙酯[含量≤32%，含A型稀释剂≥68%]	无	无资料	无法确定	二氧化碳腐蚀、碱腐蚀	碳酸盐应力腐蚀开裂、碱应力腐蚀开裂	无	无	无	无
过氧化二乙酰[含量≤27%，含B型稀释剂≥73%]	无	无资料	无法确定	无	无	无	无	无	类别 1
过氧化二异丙苯[52%<含量≤100%]	二枯基过氧化物；硫化剂 DCP	无资料	无法确定	硫酸腐蚀、高温硫化物腐蚀	连多硫酸应力腐蚀开裂	无	无	无	类别 2
过氧化二异丙苯[含量≤52%，含惰性固体≥48%]	无	无资料	无	无	无	无	无	无	类别 2
过氧化环己酮[含量≤72%，含A型稀释剂≥28%]	无	无资料	无法确定	无	无	无	无	无	类别 1
过氧化环己酮[含量≤91%，含水≥9%]	无	无资料	无法确定	无	无	无	无	无	类别 1
过氧化环己酮[糊状物，含量≤72%]	无	无资料	无法确定	无	无	无	无	无	类别 1
过氧化甲基乙基酮[10%<有效氧含量≤10.7%，含A型稀释剂≥48%]	无	无资料	无法确定	无	无	无	无	无	类别 1

续表

品名	别名	分子式	火灾危险性	腐蚀减薄	环境开裂	爆炸物	金属腐蚀	急性毒性	皮肤腐蚀/刺激
过氧化甲基乙基酮[有效氧含量≤10%，含A型稀释剂≥55%]	无	无资料	无法确定	无	无	无	无	无	类别2
过氧化甲基乙基酮[有效氧含量≤8.2%，含A型稀释剂≥60%]	无	无资料	无法确定	无	无	无	无	无	类别2
过氧化氢对孟烷	过氧化氢孟烷	无资料	无法确定	无	无	无	无	无	类别1
过氧化氢溶液(8%≤含量<20%)	无	无资料	无法确定	无	无	无	无	无	类别1
过氧化氢溶液(20%≤含量<60%)	无	无资料	无法确定	无	无	无	无	无	类别1
过氧化氢溶液(60%≤含量)	无	无资料	无法确定	无	无	无	无	无	类别1
过氧化氢叔丁基[79%<含量≤90%，含水≥10%]	过氧化叔丁醇；过氧化氢第三丁基；叔丁基过氧化氢	无资料	无法确定	无	无	无	无	类别3	类别1
过氧化氢叔丁基[含量≤80%，含A型稀释剂≥20%]	无	无资料	无法确定	无	无	无	无	类别3	类别1
过氧化氢叔丁基[含量≤79%，含水>14%]	无	无资料	无法确定	无	无	无	无	类别3	类别1
过氧化氢叔丁基[含量≤72%，含水≥28%]	无	无资料	无法确定	无	无	无	无	类别3	类别1
过氧化氢四氢化萘	无	无资料	无法确定	无	无	无	无	无	类别1
过氧化氢异丙苯[90%<含量≤98%，含A型稀释剂≤10%]	无	无资料	无法确定	无	无	无	无	类别3	类别1
过氧化氢异丙苯[含量≤90%，含A型稀释剂≥10%]	无	无资料	无法确定	无	无	无	无	类别3	类别1
过氧化十八烷酰碳酸叔丁酯	叔丁基过氧化硬脂酰碳酸酯	无资料	无法确定	二氧化碳腐蚀、碱腐蚀	碳酸盐应力腐蚀开裂、碱应力腐蚀开裂	无	无	无	无
过氧化叔丁基异丙基苯[42%<含量≤100%]	1,1-二甲基乙基-1-甲基-1-苯基乙基过氧化物	无资料	无法确定	无	无	无	无	无	类别2
过氧化叔丁基异丙基苯[含量≤52%，惰性固体含量≥48%]	无	无资料	无法确定	无	无	无	无	无	类别2
过氧化碳酸钠水合物	过碳酸钠	无资料	无	二氧化碳腐蚀、碱腐蚀	碳酸盐应力腐蚀开裂、碱应力腐蚀开裂	无	无	无	无

续表

品名	别名	分子式	火灾危险性	腐蚀减薄	环境开裂	爆炸物	金属腐蚀	急性毒性	皮肤腐蚀/刺激
过氧化乙酰苯甲酰[在溶液中含量≤45%]	乙酰过氧化苯甲酰	无资料	无	无	无	无	无	无	类别1
1,1,3,3-过氧新戊酸四甲叔丁酯[含量≤77%，含A型稀释剂≥23%]	无	无资料	无法确定	无	无	无	无	无	类别2
过氧异丙基碳酸叔丁酯[含量≤77%，含A型稀释剂≥23%]	无	无资料	无法确定	二氧化碳腐蚀、碱腐蚀	碳酸盐应力腐蚀开裂、碱应力腐蚀开裂	无	无	无	无
过氧重碳酸二环己酯[91%<含量≤100%]	过氧化二碳酸二环己酯	无资料	无法确定	二氧化碳腐蚀、碱腐蚀	碳酸盐应力腐蚀开裂、碱应力腐蚀开裂	无	无	无	无
过氧重碳酸二环己酯[含量≤42%，在水中稳定弥散]	无	无资料	无法确定	二氧化碳腐蚀、碱腐蚀	碳酸盐应力腐蚀开裂、碱应力腐蚀开裂	无	无	无	无
过氧重碳酸二环己酯[含量≤91%]	无	无资料	无法确定	二氧化碳腐蚀、碱腐蚀	碳酸盐应力腐蚀开裂、碱应力腐蚀开裂	无	无	无	无
过氧重碳酸二仲丁酯[52%<含量<100%]	过氧化二碳酸二仲丁酯	无资料	无法确定	二氧化碳腐蚀、碱腐蚀	碳酸盐应力腐蚀开裂、碱应力腐蚀开裂	无	无	无	无
过氧重碳酸二仲丁酯[含量≤52%，含B型稀释剂≥48%]	无	无资料	无法确定	二氧化碳腐蚀、碱腐蚀	碳酸盐应力腐蚀开裂、碱应力腐蚀开裂	无	无	无	无
过乙酸[含量≤16%，含水≥39%，含乙酸≥15%，含过氧化氢≤24%，含有稳定剂]	过醋酸；过氧乙酸；乙酰过氧化氢	无资料	无法确定	低分子有机酸腐蚀	无	无	无	无	类别1
过乙酸[含量≤43%，含水≥5%，含乙酸≥35%，含过氧化氢≤6%，含有稳定剂]	无	无资料	无法确定	低分子有机酸腐蚀	无	无	无	无	类别1
过乙酸叔丁酯[32%<含量≤52%，含A型稀释剂≥48%]	无	无资料	无法确定	无	无	无	无	类别3	无
过乙酸叔丁酯[52%<含量≤77%，含A型稀释剂≥23%]	无	无资料	无法确定	无	无	无	无	类别3	无
过乙酸叔丁酯[含量≤32%，含B型稀释剂≥68%]	无	无资料	无法确定	无	无	无	无	类别3	无
海葱糖甙	红海葱甙	无资料	无	无	无	无	无	类别2	无
氨肥料[溶液，含游离氨>35%]	无	无资料	无	无	氨应力腐蚀开裂	无	无	无	类别1

续表

品名	别名	分子式	火灾危险性	腐蚀减薄	环境开裂	爆炸物	金属腐蚀	急性毒性	皮肤腐蚀/刺激
核酸汞	无	无资料	无	无	无	无	无	类别 1	无
2-环己基丁烷	仲丁基环己烷	$C_{10}H_{20}$	可燃液体乙 B	无	无	无	无	无	无
N-环己基环己胺亚硝酸盐	二环己胺亚硝酸；亚硝酸二环己胺	$C_{12}H_{24}N_2O_2$	可燃液体丙 A	碱腐蚀、胺腐蚀	硝酸盐应力腐蚀开裂、碱应力腐蚀开裂、胺应力腐蚀开裂	无	无	类别 3	无
环己基硫醇	无	$C_6H_{12}S$	可燃液体乙 A	硫酸腐蚀、高温硫化物腐蚀	连多硫酸应力腐蚀开裂	无	无	无	类别 2
环己基异丁烷	异丁基环己烷	$C_{10}H_{20}$	可燃液体乙 B	无	无	无	无	无	无
环三亚甲基三硝胺[含水≥15%]	黑索金；旋风炸药	无资料	无	碱腐蚀、胺腐蚀	碱应力腐蚀开裂、胺应力腐蚀开裂	1.1	无	无	无
环三亚甲基三硝胺[减敏的]	无	无资料	无	碱腐蚀、胺腐蚀	碱应力腐蚀开裂、胺应力腐蚀开裂	1.1	无	类别 3	无
环三亚甲基三硝胺与环四亚甲基四硝胺混合物[含水≥15%或含减敏剂≥10%]	黑索金与奥克托金混合物	无资料	无	碱腐蚀、胺腐蚀	碱应力腐蚀开裂、胺应力腐蚀开裂	1.1	无	类别 3	无
环三亚甲基三硝胺与三硝基甲苯和铝粉混合物	黑索金与梯恩梯和铝粉混合炸药；黑索托纳尔	无资料	无	碱腐蚀、胺腐蚀	碱应力腐蚀开裂、胺应力腐蚀开裂	1.1	无	类别 3	无
环三亚甲基三硝胺与三硝基甲苯混合物[干的或含水<15%]	黑索雷特	无资料	无	碱腐蚀、胺腐蚀	碱应力腐蚀开裂、胺应力腐蚀开裂	1.1	无	类别 3	无
环四亚甲基四硝胺[含水≥15%]	奥克托今(HMX)	无资料	无	碱腐蚀、胺腐蚀	碱应力腐蚀开裂、胺应力腐蚀开裂	1.1	无	类别 3	无
环四亚甲基四硝胺[减敏的]	无	无资料	无	碱腐蚀、胺腐蚀	碱应力腐蚀开裂、胺应力腐蚀开裂	1.1	无	类别 3	无
环四亚甲基四硝胺与三硝基甲苯混合物[干的或含水<15%]	奥克托金与梯恩梯混合炸药；奥克雷特	无资料	无	碱腐蚀、胺腐蚀	碱应力腐蚀开裂、胺应力腐蚀开裂	1.1	无	类别 3	无
1,3-环辛二烯	无	C_8H_{12}	可燃液体甲 B	无	无	无	无	无	无
2,3-环氧丙基苯基醚	双环氧丙基苯基醚	无资料	无	无	无	无	无	无	类别 2
环氧乙烷和氧化丙烯混合物[含环氧乙烷≤30%]	氧化乙烯和氧化丙烯混合物	无资料	无法确定	无	无	无	无	类别 3	类别 2
4,9-环氧，3-(2-羟基-2-甲基丁酸酯)15-(S)2-甲基丁酸酯，[3β(S)，4α，7α，15α(R)，16β]-瑟文-3,4,7,14,15,16,20-庚醇	杰莫灵	$C_{37}H_{59}NO_{11}$	无	无	无	无	无	类别 2	无
磺胺苯汞	磺胺汞	无资料	无	碱腐蚀、胺腐蚀	碱应力腐蚀开裂、胺应力腐蚀开裂	无	无	类别 1	无
混胺-02	无	无资料	无法确定	碱腐蚀、胺腐蚀	碱应力腐蚀开裂、胺应力腐蚀开裂	无	无	无	无

续表

品　　名	别　　名	分子式	火灾危险性	腐蚀减薄	环境开裂	爆炸物	金属腐蚀	急性毒性	皮肤腐蚀/刺激
己醇钠	无	无资料	无	无	无	无	无	无	类别 1
4-己烯-1-炔-3-醇	无	无资料	无	无	无	无	无	类别 2	无
季戊四醇四硝酸酯[含蜡≥7%]	泰安；喷梯尔；P. E. T. N.	无资料	无	无	硝酸盐应力腐蚀开裂	1.1	无	无	无
季戊四醇四硝酸酯[含水≥25%或含减敏剂≥15%]	泰安；喷梯尔；P. E. T. N.	无资料	无	无	硝酸盐应力腐蚀开裂	1.1	无	无	无
季戊四醇四硝酸酯与三硝基甲苯混合物[干的或含水<15%]	泰安与梯恩梯混合炸药；彭托雷特	无资料	无	无	硝酸盐应力腐蚀开裂	1.1	无	无	无
甲苯二异氰酸酯	二异氰酸甲苯酯；TDI	$C_9H_6N_2O_2$	可燃液体丙 A	无	无	无	无	类别 2	类别 2
甲醇钾	无	CH_3KO	可燃液体甲 B	无	无	无	无	无	类别 1
甲醇钠甲醇溶液	甲醇钠合甲醇	无资料	无法确定	无	无	无	无	无	类别 1
甲酚	甲苯基酸；克利沙酸；甲苯酚异构体混合物	C_7H_8O	可燃液体丙 A	苯酚腐蚀	无	无	无	类别 3	类别 1
甲硅烷	硅烷；四氢化硅	SiH_4	可燃气体甲	无	无	无	无	无	类别 2
2-甲基-1,3-丁二烯[稳定的]	异戊间二烯；异戊二烯	C_5H_8	可燃液体甲 B	无	无	无	无	无	无
6-甲基-1,4-二氮萘基-2,3-二硫代碳酸酯	6-甲基-1,3-二硫杂环戊烯并(4,5-b)喹喔啉-2-二酮	无资料	无	硫酸腐蚀、二氧化碳腐蚀、碱腐蚀	碳酸盐应力腐蚀开裂、碱应力腐蚀开裂、连多硫酸应力腐蚀开裂	无	无	无	无
2-甲基-1-丁硫醇	无	$C_5H_{12}S$	可燃液体甲 B	硫酸腐蚀、高温硫化物腐蚀	连多硫酸应力腐蚀开裂	无	无	无	无
3-(1-甲基-2-四氢吡咯基)吡啶硫酸盐	硫酸化烟碱	$C_{10}H_{16}N_2O_4S$	无	硫酸腐蚀	氢脆、连多硫酸应力腐蚀开裂、硫酸盐应力腐蚀开裂	无	无	类别 1	类别 2
2-甲基-4,6-二硝基酚	4,6-二硝基邻甲苯酚；二硝酚	$C_7H_6N_2O_5$	无	苯酚腐蚀	无	无	无	类别 1	类别 2
O-甲基-O-[(2-异丙氧基甲酰)苯基]-*N*-异丙基硫代磷酰胺	甲基异柳磷	$C_{14}H_{22}NO_4PS$	无	硫酸腐蚀、碱腐蚀、胺腐蚀、高温硫化物腐蚀	碱应力腐蚀开裂、胺应力腐蚀开裂、连多硫酸应力腐蚀开裂	无	无	类别 3	无
O-甲基氨基甲酰基-2-甲基-2-(甲硫基)丙醛肟	涕灭威	$C_7H_{14}N_2O_2S$	无	硫酸腐蚀、高温硫化物腐蚀	氨应力腐蚀开裂、连多硫酸应力腐蚀开裂	无	无	类别 2	无
O-甲基氨基甲酰基-3,3-二甲基-1-(甲硫基)丁醛肟	O-甲基氨基甲酰基-3,3-二甲基-1-(甲硫基)丁醛肟；久效威	$C_9H_{18}N_2O_2S$	无	硫酸腐蚀、高温硫化物腐蚀	氨应力腐蚀开裂、连多硫酸应力腐蚀开裂	无	无	类别 1	无
2-甲基苯甲腈	邻甲苯基氰；邻甲基苯甲腈	无资料	无	无	无	无	无	无	类别 2

续表

品　名	别　名	分子式	火灾危险性	腐蚀减薄	环境开裂	爆炸物	金属腐蚀	急性毒性	皮肤腐蚀/刺激
3-甲基苯甲腈	间甲苯基氰；间甲基苯甲腈	C_8H_7N	可燃液体丙 A	无	无	无	无	无	类别 2
4-甲基苯甲腈	对甲苯基氰；对甲基苯甲腈	无资料	无	无	无	无	无	无	类别 2
3-甲基吡唑-5-二乙基磷酸酯	吡唑磷	$C_8H_{15}N_2O_4P$	可燃液体丙 B	磷酸腐蚀	氢脆	无	无	类别 1	无
(S)-3-(1-甲基吡咯烷-2-基)吡啶	烟碱；尼古丁；1-甲基-2-(3-吡啶基)吡咯烷	$C_{10}H_{14}N_2$	无	无	无	无	无	类别 1	无
甲基苄基溴	甲基溴化苄；α-溴代二甲苯	无资料	无	含盐水腐蚀	溴化物应力腐蚀开裂	无	无	类别 2	类别 2
甲基苄基亚硝胺	*N*-甲基-*N*-亚磷基苯甲胺	$C_7H_8N_2O$	可燃液体甲 B	碱腐蚀、胺腐蚀	碱应力腐蚀开裂、胺应力腐蚀开裂	无	无	类别 2	无
甲基丙烯酸-2-二甲氨乙酯	二甲氨基乙基异丁烯酸酯	$C_8H_{15}NO_2$	可燃液体丙 A	无	氨应力腐蚀开裂	无	无	类别 2	类别 2
甲基丙烯酸三硝基乙酯	无	无资料	无	无	无	1.1	无	无	无
甲基丙烯酸烯丙酯	2-甲基-2-丙烯酸-2-丙烯基酯	$C_7H_{10}O_2$	可燃液体乙 A	无	无	无	无	类别 3	无
甲基狄戈辛	无	无资料	无	无	无	无	无	类别 2	无
3-(1-甲基丁基)苯基-*N*-甲基氨基甲酸酯和 3-(1-乙基丙基)苯基-*N*-甲基氨基甲酸酯	合杀威	无资料	无	无	氨应力腐蚀开裂	无	无	类别 3	无
3-甲基庚烷	无	C_8H_{18}	可燃液体甲 B	无	无	无	无	无	类别 2
甲基环己醇	六氢甲酚	$C_7H_{14}O$	可燃液体乙 B	无	无	无	无	无	类别 2
甲基环戊二烯	无	C_6H_8	可燃液体甲 B	无	无	无	无	无	无
甲基磺酰氯	氯化硫酰甲烷；甲烷磺酰氯	CH_3ClO_2S	无	盐酸腐蚀、硫酸腐蚀、高温硫化物腐蚀、含盐水腐蚀	氯化物应力腐蚀开裂、连多硫酸应力腐蚀开裂	无	无	类别 1	类别 1
甲基氯硅烷	氯甲基硅烷	CH_5ClSi	无法确定	无	无	无	无	无	类别 1
4-甲基哌啶	4-甲基六氢吡啶	$C_6H_{13}N$	可燃液体甲 B	无	无	无	无	无	类别 1
N-甲基哌啶	*N*-甲基六氢吡啶；1-甲基哌啶	$C_6H_{13}N$	可燃液体甲 B	无	无	无	无	无	类别 1
N-甲基全氟辛基磺酰胺	无	无资料	无	碱腐蚀、胺腐蚀	碱应力腐蚀开裂、胺应力腐蚀开裂	无	无	无	无
甲基三乙氧基硅烷	三乙氧基甲基硅烷	$C_7H_{18}O_3Si$	可燃液体甲 B	无	无	无	无	无	无

续表

品　名	别　名	分子式	火灾危险性	腐蚀减薄	环境开裂	爆炸物	金属腐蚀	急性毒性	皮肤腐蚀/刺激
甲基胂酸锌	稻脚青	CH_3AsO_3Zn	无	无	无	无	无	类别 2	无
甲基叔丁基甲酮	3,3-二甲基-2-丁酮；1,1,1-三甲基丙酮；甲基特丁基酮	无资料	无法确定	无	无	无	无	类别 3	无
甲基戊二烯	无	无资料	无法确定	无	无	无	无	无	类别 2
甲基溴化镁[浸在乙醚中]	无	CH_3BrMg	可燃液体甲 B	含盐水腐蚀	溴化物应力腐蚀开裂	无	无	无	无
甲基异丙烯甲酮[稳定的]	无	$C_5H_{10}O$	可燃液体甲 B	无	无	无	无	类别 1	类别 2
3-甲基异喹啉	无	$C_{10}H_9N$	可燃液体丙 A	无	无	无	无	无	类别 2
4-甲基异喹啉	无	$C_{10}H_9N$	可燃液体丙 A	无	无	无	无	无	类别 2
甲醛溶液	福尔马林溶液	无资料	无	无	无	无	无	类别 3	类别 1
甲胂酸	甲基胂酸；甲次砷酸	CH_5AsO_3	可燃液体丙 B	无	无	无	无	类别 3	无
甲酸环己酯	无	$C_7H_{12}O_2$	可燃液体乙 B	低分子有机酸腐蚀	无	无	无	无	无
甲酸烯丙酯	无	$C_4H_6O_2$	可燃液体甲 B	低分子有机酸腐蚀	无	无	无	类别 3	无
甲酸亚铊	甲酸铊；蚁酸铊	CHO_2Tl	无	低分子有机酸腐蚀	无	无	无	类别 2	无
甲烷磺酰氟	甲磺氟酰；甲基磺酰氟	CH_3FO_2S	无	无	无	无	无	类别 1	类别 1
2-甲氧基苯胺	邻甲氧基苯胺；邻氨基苯甲醚；邻茴香胺	C_7H_9NO	可燃液体丙 A	碱腐蚀、胺腐蚀	碱应力腐蚀开裂、氨应力腐蚀开裂、胺应力腐蚀开裂	无	无	无	无
4-甲氧基苯胺	对氨基苯甲醚；对甲氧基苯胺；对茴香胺	C_7H_9NO	可燃液体丙 B	碱腐蚀、胺腐蚀	碱应力腐蚀开裂、氨应力腐蚀开裂、胺应力腐蚀开裂	无	无	无	无
4-甲氧基二苯胺-4′-氯化重氮苯	凡拉明蓝盐 B；安安蓝 B 色盐	$C_{13}H_{12}ClN_3O$	无	盐酸腐蚀、碱腐蚀、胺腐蚀、含盐水腐蚀	氯化物应力腐蚀开裂、碱应力腐蚀开裂、胺应力腐蚀开裂	无	无	无	无
甲氧基异氰酸甲酯	甲氧基甲基异氰酸酯	$C_3H_5NO_2$	无法确定	无	无	无	无	类别 3	无
甲藻毒素(二盐酸盐)	石房蛤毒素(盐酸盐)	无资料	无	无	氢脆	无	无	类别 1	无
钾汞齐	无	无资料	无法确定	无	液体金属脆断	无	无	无	无
钾钠合金	钠钾合金	KNa	无法确定	无	无	无	无	无	类别 1
间苯三酚	1,3,5-三羟基苯；均苯三酚	$C_{13}H_{18}O_4$	无	无	无	无	无	无	类别 2
间硝基苯磺酸	无	无资料	无	无	无	无	无	无	类别 1
间异丙基苯酚	无	$C_9H_{12}O$	可燃液体丙 A	苯酚腐蚀	无	无	无	无	类别 1

续表

品名	别名	分子式	火灾危险性	腐蚀减薄	环境开裂	爆炸物	金属腐蚀	急性毒性	皮肤腐蚀/刺激
碱土金属汞齐	无	无资料	无法确定	无	液体金属脆断	无	无	无	无
焦硫酸汞	无	无资料	无	硫酸腐蚀	氢脆、连多硫酸应力腐蚀开裂、硫酸盐应力腐蚀开裂	无	无	类别 1	无
焦砷酸	无	$As_2H_6O_8$	无	无	无	无	无	类别 3	无
金属锆	无	无资料	无法确定	无	液体金属脆断	无	无	无	无
金属锆粉[干燥的]	锆粉	Zr	无法确定	无	液体金属脆断	无	无	无	无
金属铪粉	铪粉	无资料	无法确定	无	液体金属脆断	无	无	无	无
金属镧[浸在煤油中的]	无	La	无	无	液体金属脆断	无	无	无	无
金属锰粉[含水≥25%]	锰粉	无资料	无法确定	无	液体金属脆断	无	无	无	无
金属钕[浸在煤油中的]	无	Nd	无	无	液体金属脆断	无	无	无	无
金属铯	铯	Cs	无法确定	无	液体金属脆断	无	无	无	无
金属锶	锶	Sr	无法确定	无	液体金属脆断	无	无	无	无
金属钛粉[干的]	无	Ti	可燃液体甲 B	无	液体金属脆断	无	无	无	无
金属钛粉[含水不低于 25%，机械方法生产的，粒径小于 53 微米；化学方法生产的，粒径小于 840 微米]	无	无资料	无法确定	无	液体金属脆断	无	无	无	无
肼水溶液[含肼≤64%]	无	无资料	无法确定	无	无	无	无	类别 3	类别 1
酒石酸化烟碱	无	无资料	无	无	无	无	无	类别 3	无
酒石酸锑钾	吐酒石；酒石酸钾锑；酒石酸氧锑钾	无资料	无	无	无	无	无	类别 3	无
聚醚聚过氧叔丁基碳酸酯[含量≤52%，含 B 型稀释剂≥48%]	无	无资料	无法确定	二氧化碳腐蚀、碱腐蚀	碳酸盐应力腐蚀开裂、碱应力腐蚀开裂	无	无	无	无
聚乙烯聚胺	多乙烯多胺；多乙撑多胺	$(C_2H_4Cl_2H_3N)_x$	可燃液体丙 A	碱腐蚀、胺腐蚀	碱应力腐蚀开裂、胺应力腐蚀开裂	无	无	无	类别 1
2-莰醇	冰片；龙脑	$C_{10}H_{18}O$	可燃液体丙 A	无	无	无	无	无	无
糠醛	呋喃甲醛	$C_5H_4O_2$	可燃液体丙 A	无	无	无	无	类别 3	类别 2
抗霉素 A	无	$C_{26}H_{36}N_2O_9$	可燃液体丙 B	无	无	无	无	类别 1	无

续表

品名	别名	分子式	火灾危险性	腐蚀减薄	环境开裂	爆炸物	金属腐蚀	急性毒性	皮肤腐蚀/刺激
雷汞[湿的，按质量含水或乙醇和水的混合物不低于20%]	二雷酸汞；雷酸汞	无资料	无	无	乙醇应力腐蚀开裂	1.1	无	类别3	无
连二亚硫酸钙	无	CaO_4S_2	无法确定	硫酸腐蚀	氢脆、连多硫酸应力腐蚀开裂、硫酸盐应力腐蚀开裂	无	无	无	无
连二亚硫酸钾	低亚硫酸钾	$K_2O_4S_2$	无法确定	硫酸腐蚀	氢脆、连多硫酸应力腐蚀开裂、硫酸盐应力腐蚀开裂	无	无	无	无
连二亚硫酸钠	保险粉；低亚硫酸钠	$Na_2S_2O_4$	无法确定	硫酸腐蚀	氢脆、连多硫酸应力腐蚀开裂、硫酸盐应力腐蚀开裂	无	无	无	无
连二亚硫酸锌	亚硫酸氢锌	无资料	无	硫酸腐蚀	氢脆、连多硫酸应力腐蚀开裂、硫酸盐应力腐蚀开裂	无	无	无	无
3-[(3-联苯-4-基)-1,2,3,4-四氢-1-萘基]-4-羟基香豆素	鼠得克	$C_{31}H_{24}O_3$	可燃液体丙B	无	无	无	无	类别2	无
联十六烷基过氧重碳酸酯[含量≤100%]	过氧化二（十六烷基）二碳酸酯	无资料	无法确定	二氧化碳腐蚀、碱腐蚀	碳酸盐应力腐蚀开裂、碱应力腐蚀开裂	无	无	无	无
联十六烷基过氧重碳酸酯[含量≤42%，在水中稳定弥散]	无	无资料	无法确定	二氧化碳腐蚀、碱腐蚀	碳酸盐应力腐蚀开裂、碱应力腐蚀开裂	无	无	无	无
镰刀菌酮*X*	无	无资料	无	无	无	无	无	类别1	无
邻氨基苯硫醇	2-氨基硫代苯酚；2-巯基胺；邻氨基苯硫酚苯	C_6H_7NS	可燃液体丙A	硫酸腐蚀、苯酚腐、碱腐蚀、胺腐蚀、高温硫化物腐蚀	碱应力腐蚀开裂、氨应力腐蚀开裂、胺应力腐蚀开裂、连多硫酸应力腐蚀开裂	无	无	无	无
邻苯二甲酸苯胺	无	无资料	无	碱腐蚀、胺腐蚀	碱应力腐蚀开裂、胺应力腐蚀开裂	无	无	类别3	无
邻苯二甲酰亚胺	酞酰亚胺	$C_8H_5NO_2$	可燃液体丙B	碱腐蚀、胺腐蚀	碱应力腐蚀开裂、胺应力腐蚀开裂	无	无	无	类别2
邻甲苯磺酰氯	无	$C_7H_7ClO_2S$	可燃液体丙A	无	无	无	无	无	无
邻硝基苯酚钾	邻硝基酚钾	无资料	无	苯酚腐蚀	无	无	无	无	无
邻硝基苯磺酸	无	无资料	无	无	无	无	无	无	类别1
邻异丙基苯酚	邻异丙基酚	$C_9H_{12}O$	可燃液体丙A	苯酚腐蚀	无	无	无	无	类别1
磷化钙	二磷化三钙	Ca_3P_2	无法确定	无	无	无	无	类别2	无

续表

品名	别名	分子式	火灾危险性	腐蚀减薄	环境开裂	爆炸物	金属腐蚀	急性毒性	皮肤腐蚀/刺激
磷化钾	无	K_3P	无法确定	无	无	无	无	类别3	无
磷化铝	无	AlP	无法确定	无	无	无	无	类别1	无
磷化铝镁	无	无资料	无法确定	无	无	无	无	类别3	无
磷化镁	二磷化三镁	Mg_3P_2	无法确定	无	无	无	无	类别1	无
磷化钠	无	Na_3P	无法确定	无	无	无	无	类别3	无
磷化氢	磷化三氢；膦	PH_3	无法确定	无	无	无	无	类别2	类别1
磷化锶	无	Sr_3P_2	无法确定	无	无	无	无	类别3	无
磷化锡	无	Sn_3P_2	无法确定	无	无	无	无	类别3	无
磷化锌	无	Zn_3P_2	无法确定	无	无	无	无	类别2	无
磷酸二乙基汞	谷乐生；谷仁乐生；乌斯普龙汞制剂	无资料	无	磷酸腐蚀	氢脆	无	无	类别1	无
磷酸亚铊	无	无资料	无	磷酸腐蚀	氢脆	无	无	类别2	无
β，β′-硫代二丙腈	无	无资料	无	硫酸腐蚀、高温硫化物腐蚀	连多硫酸应力腐蚀开裂	无	无	无	类别2
硫代甲酰胺	无	CH_3NS	可燃液体甲B	硫酸腐蚀、碱腐蚀、胺腐蚀、高温硫化物腐蚀	碱应力腐蚀开裂、胺应力腐蚀开裂、连多硫酸应力腐蚀开裂	无	无	无	无
硫代氯甲酸乙酯	氯硫代甲酸乙酯	C_3H_5ClOS	可燃液体乙A	硫酸腐蚀、低分子有机酸腐蚀	连多硫酸应力腐蚀开裂	无	无	类别2	类别1
硫化铵溶液	无	H_8N_2S	可燃液体乙A	硫酸腐蚀、高温硫化物腐蚀	连多硫酸应力腐蚀开裂	无	无	类别3	类别1
硫化钡	无	BaS	无	硫酸腐蚀、高温硫化物腐蚀	连多硫酸应力腐蚀开裂	无	无	无	无
硫化镉	无	CdS	可燃液体甲B	硫酸腐蚀、高温硫化物腐蚀	连多硫酸应力腐蚀开裂	无	无	无	无
硫化汞	朱砂	HgS	无	硫酸腐蚀、高温硫化物腐蚀	连多硫酸应力腐蚀开裂	无	无	类别1	无
硫化钾	硫化二钾	K_2S	无法确定	硫酸腐蚀、高温硫化物腐蚀	连多硫酸应力腐蚀开裂	无	无	无	类别1
硫化钠	臭碱	Na_2S	无法确定	硫酸腐蚀、高温硫化物腐蚀	连多硫酸应力腐蚀开裂	无	无	类别3	类别1
硫黄	硫	S_8	无法确定	硫酸腐蚀、高温硫化物腐蚀	连多硫酸应力腐蚀开裂	无	无	无	无
硫氢化钙	无	无资料	无	硫酸腐蚀、高温硫化物腐蚀	连多硫酸应力腐蚀开裂	无	无	无	类别1
硫氢化钠	氢硫化钠	NaHS	可燃液体丙A	硫酸腐蚀、高温硫化物腐蚀	连多硫酸应力腐蚀开裂	无	无	类别3	类别1

续表

品名	别名	分子式	火灾危险性	腐蚀减薄	环境开裂	爆炸物	金属腐蚀	急性毒性	皮肤腐蚀/刺激
硫氰酸汞铵	无	无资料	无	硫酸腐蚀	连多硫酸应力腐蚀开裂	无	无	类别 1	无
硫氰酸汞钾	无	$C_3HgKN_3S_3$	可燃液体乙 A	硫酸腐蚀	连多硫酸应力腐蚀开裂	无	无	类别 1	无
硫酸-2,4-二氨基甲苯	2,4-二氨基甲苯硫酸	无资料	无	硫酸腐蚀	氨应力腐蚀开裂、氢脆、连多硫酸应力腐蚀开裂、硫酸盐应力腐蚀开裂	无	无	类别 3	无
硫酸-4,4′-二氨基联苯	硫酸联苯胺；联苯胺硫酸	$C_{12}H_{14}N_2O_4S$	可燃液体丙 B	硫酸腐蚀、碱腐蚀、胺腐蚀	碱应力腐蚀开裂、氨应力腐蚀开裂、胺应力腐蚀开裂、氢脆、连多硫酸应力腐蚀开裂、硫酸盐应力腐蚀开裂	无	无	无	无
硫酸-4-氨基-*N*,*N*-二甲基苯胺	*N*,*N*-二甲基对苯二胺硫酸；对氨基-*N*,*N*-二甲基苯胺硫酸	无资料	无	硫酸腐蚀、碱腐蚀、胺腐蚀	碱应力腐蚀开裂、氨应力腐蚀开裂、胺应力腐蚀开裂、氢脆、连多硫酸应力腐蚀开裂、硫酸盐应力腐蚀开裂	无	无	类别 3	类别 2
硫酸苯胺	无	$C_6H_9NO_4S$	可燃液体丙 A	硫酸腐蚀、碱腐蚀、胺腐蚀	碱应力腐蚀开裂、胺应力腐蚀开裂、氢脆、连多硫酸应力腐蚀开裂、硫酸盐应力腐蚀开裂	无	无	无	无
硫酸对苯二胺	硫酸对二氨基苯	无资料	无	硫酸腐蚀、碱腐蚀、胺腐蚀	碱应力腐蚀开裂、氨应力腐蚀开裂、胺应力腐蚀开裂、氢脆、连多硫酸应力腐蚀开裂、硫酸盐应力腐蚀开裂	无	无	无	无
硫酸铍钾	无	$BeK_2O_8S_2$	无	硫酸腐蚀	氢脆、连多硫酸应力腐蚀开裂、硫酸盐应力腐蚀开裂	无	无	类别 2	类别 2
硫酸氢-2-(*N*-乙羰基甲氨基)-4-(3,4-二甲基苯磺酰)重氮苯	无	无资料	无法确定	硫酸腐蚀	氨应力腐蚀开裂、氢脆、连多硫酸应力腐蚀开裂、硫酸盐应力腐蚀开裂	无	无	无	无
硫酸三乙基锡	无	$C_{12}H_{30}O_4SSN_2$	无	硫酸腐蚀	氢脆、连多硫酸应力腐蚀开裂、硫酸盐应力腐蚀开裂	无	无	类别 1	无
硫酸亚汞	无	Hg_2O_4S	无	硫酸腐蚀	氢脆、连多硫酸应力腐蚀开裂、硫酸盐应力腐蚀开裂	无	无	类别 3	无
六氟丙烯	全氟丙烯	C_3F_6	无	无	无	无	无	无	无
六氟合硅酸钡	氟硅酸钡	BaF_6Si	无	无	无	无	无	类别 3	无

续表

品名	别名	分子式	火灾危险性	腐蚀减薄	环境开裂	爆炸物	金属腐蚀	急性毒性	皮肤腐蚀/刺激
六氢-3a,7a-二甲基-4,7-环氧异苯并呋喃-1,3-二酮	斑蝥素	$C_{10}H_{12}O_4$	可燃液体丙B	无	无	无	无	类别2	类别2
(1R, 4S, 4aS, 5R, 6R, 7S, 8S, 8aR)-1,2,3,4,10,10-六氯-1,4,4a,5,6,7,8,8a-八氢-6,7-环氧-1,4,5,8-二亚甲基萘[含量2%~90%]	狄氏剂	$C_{12}H_8Cl_6O$	无	无	无	无	无	类别1	无
六氯苯	六氯代苯；过氯苯；全氯代苯	C_6Cl_6	可燃液体丙B	无	无	无	无	无	无
α-六氯环己烷	无	无资料	无	无	无	无	无	类别3	无
β-六氯环己烷	无	无资料	无	无	无	无	无	类别3	无
1,2,3,4,5,6-六氯环己烷	六氯化苯；六六六	无资料	无	盐酸腐蚀、含盐水腐蚀	氯化物应力腐蚀开裂	无	无	类别3	无
六硝基-1,2-二苯乙烯	六硝基芪	$C_{14}H_6N_6O_{12}$	可燃液体丙B	无	无	1.1	无	无	无
六硝基二苯胺铵盐	曙黄	$C_{16}H_8N_8O_{12}$	无	碱腐蚀、胺腐蚀	碱应力腐蚀开裂、胺应力腐蚀开裂	1.1	无	类别1	无
N,*N*-六亚甲基硫代氨基甲酸-S-乙酯	禾草敌	$C_9H_{17}NOS$	可燃液体丙B	硫酸腐蚀、低分子有机酸腐蚀	氨应力腐蚀开裂、连多硫酸应力腐蚀开裂	无	无	无	无
铝酸钠[溶液]	无	无资料	无	碱腐蚀	无	无	无	无	类别1
氯	液氯；氯气	Cl_2	无	盐酸腐蚀	无	无	无	类别2	类别2
2-氯-1-溴丙烷	1-溴-2-氯丙烷	C_3H_6BrCl	可燃液体甲B	无	无	无	无	类别3	无
4-氯-2-硝基苯酚钠盐	无	无资料	无	苯酚腐蚀	无	无	无	无	类别2
氯化二烯丙托锡弗林	无	无资料	无	盐酸腐蚀、含盐水腐蚀	氯化物应力腐蚀开裂	无	无	类别2	无
氯化琥珀胆碱	司克林；氯琥珀胆碱；氯化琥珀酰胆碱	无资料	无	盐酸腐蚀、含盐水腐蚀	氯化物应力腐蚀开裂	无	无	类别3	无
4-氯化联苯	对氯化联苯；联苯基氯	无资料	无	盐酸腐蚀、含盐水腐蚀	氯化物应力腐蚀开裂	无	无	无	无
氯甲酸烯丙基酯[稳定的]	无	无资料	无法确定	低分子有机酸腐蚀	无	无	无	类别3	类别1
2-氯间甲酚	2-氯-3-羟基甲苯	无资料	无	无	无	无	无	无	无
氯酸钾	无	$KClO_3$	无法确定	无	无	无	无	无	无
氯酸钠	无	$NaClO_3$	无法确定	无	无	无	无	无	无

续表

品名	别名	分子式	火灾危险性	腐蚀减薄	环境开裂	爆炸物	金属腐蚀	急性毒性	皮肤腐蚀/刺激
1-萘氧基二氯化膦	无	无资料	无	盐酸腐蚀、含盐水腐蚀	氯化物应力腐蚀开裂	无	无	无	类别 2
偏钒酸钾	无	KO_3V	无	磷酸腐蚀	无	无	无	类别 2	类别 2
偏砷酸	无	无资料	无	无	无	无	无	类别 3	无
乙醇汽油	无	无资料	无	无	乙醇应力腐蚀开裂	无	无	无	无
铅汞齐	无	无资料	无	无	液体金属脆断	无	无	类别 1	无
1-羟环丁-1-烯-3,4-二酮	半方形酸	$C_4H_2O_3$	无	无	无	无	无	类别 2	无
N-3-[1-羟基-2-(甲氨基)乙基]苯基甲烷磺酰胺甲磺酸盐	酰胺福林-甲烷磺酸盐	无资料	无	碱腐蚀、胺腐蚀	碱应力腐蚀开裂、氨应力腐蚀开裂、胺应力腐蚀开裂	无	无	类别 2	无
羟基甲基汞	无	无资料	无	无	无	无	无	类别 1	无
3-(2-羟基乙氧基)-4-吡咯烷基-1-苯重氮氯化锌盐	无	无资料	无法确定	盐酸腐蚀、含盐水腐蚀	氯化物应力腐蚀开裂	无	无	无	无
羟间唑啉(盐酸盐)	无	无资料	无	无	氢脆	无	无	类别 1	无
N-(2-羟乙基)-*N*-甲基全氟辛基磺酰胺	无	无资料	无	碱腐蚀、胺腐蚀	碱应力腐蚀开裂、胺应力腐蚀开裂	无	无	无	无
氢过氧化蒎烷[56%<含量≤100%]	无	无资料	无法确定	高温氧化	无	无	无	无	类别 1
氢过氧化蒎烷[含量≤56%，含A型稀释剂≥44%]	无	无资料	无法确定	无	无	无	无	无	无
氢化钡	无	BaH_2	无法确定	无	无	无	无	无	无
氢化钙	无	CaH_2	无法确定	无	无	无	无	无	无
氢化锆	无	ZrH_2	无法确定	无	无	无	无	无	无
氢化钾	无	KH	无法确定	无	无	无	无	无	无
氢气和甲烷混合物	无	无资料	无法确定	无	氢脆	无	无	无	无
氢氰酸蒸熏剂	无	无资料	无	无	氢氰酸致氢应力开裂，氢脆	无	无	类别 1	无
氢氧化钾溶液[含量≥30%]	无	无资料	无	碱腐蚀	碱应力腐蚀开裂	无	无	无	类别 1
氢氧化锂溶液	无	无资料	无	碱腐蚀	碱应力腐蚀开裂	无	无	类别 3	类别 1
氢氧化钠溶液[含量≥30%]	无	无资料	无	碱腐蚀	碱应力腐蚀开裂	无	无	无	类别 1

续表

品名	别名	分子式	火灾危险性	腐蚀减薄	环境开裂	爆炸物	金属腐蚀	急性毒性	皮肤腐蚀/刺激
氢氧化铷溶液	无	无资料	无	碱腐蚀	碱应力腐蚀开裂	无	无	无	类别 1
氢氧化铯溶液	无	无资料	无	碱腐蚀	碱应力腐蚀开裂	无	无	无	类别 1
柴油	无	无资料	可燃液体乙 A	无	无	无	无	无	无
氰胍甲汞	氰甲汞胍	无资料	无	无	无	无	无	类别 1	无
氰化钴(Ⅱ)	无	无资料	无	无	无	无	无	类别 1	无
氰化钴(Ⅲ)	无	C_3CoN_3	无	无	无	无	无	类别 1	无
氰化金	无	无资料	无	无	无	无	无	类别 1	无
氰化钠铜锌	无	无资料	无	无	无	无	无	类别 1	无
氰化铈	无	无资料	无	无	无	无	无	类别 1	无
氰化金钾	无	C_4AuKN_4	无	无	无	无	无	类别 1	无
氰化亚金钾	无	无资料	无	无	无	无	无	类别 2	无
氰化亚铜三钾	氰化亚铜钾	$K_3Cu(CN)_4$	无	无	无	无	无	类别 3	无
5-巯基四唑并-1-乙酸	无	无资料	无	无	无	1.4	无	无	无
全氟辛基磺酸二乙醇铵	无	无资料	无	无	乙醇应力腐蚀开裂	无	无	无	无
溶剂苯	无	无资料	无法确定	无	无	无	无	无	类别 2
乳酸苯汞三乙醇铵	无	无资料	无	无	乙醇应力腐蚀开裂	无	无	类别 1	无
三(2,3-二溴丙磷酸酯)磷酸盐	无	无资料	无	磷酸腐蚀	氢脆	无	无	无	无
三碘化铊	无	无资料	无	含盐水腐蚀	碘化物应力腐蚀开裂	无	无	类别 2	无
三丁基铝	无	$C_{12}H_{27}Al$	无法确定	无	无	无	无	无	类别 1
三丁基锡苯甲酸	无	无资料	无	无	无	无	无	类别 3	类别 2
三丁基锡环烷酸	无	无资料	无	环烷酸腐蚀	无	无	无	类别 2	无
三丁基锡亚油酸	无	无资料	无	无	无	无	无	类别 3	类别 2
三丁锡甲基丙烯酸	无	无资料	无	无	无	无	无	类别 3	无
三氟化硼丙酸络合物	无	$C_4H_{10}BF_{30}$	可燃液体丙 A	低分子有机酸腐蚀、含盐水腐蚀	无	无	无	无	类别 1
三氟化硼乙酸酐	三氟化硼醋酸酐	无资料	无	含盐水腐蚀	无	无	无	无	类别 1

续表

品　名	别　名	分子式	火灾危险性	腐蚀减薄	环境开裂	爆炸物	金属腐蚀	急性毒性	皮肤腐蚀/刺激
2,3,4-三氯-1-丁烯	三氯丁烯	$C_4H_5Cl_3$	无	无	无	无	无	类别 3	类别 2
三氯化铝溶液	氯化铝溶液	无资料	无	盐酸腐蚀、含盐水腐蚀	氯化物应力腐蚀开裂	无	无	无	类别 1
三氯化钛溶液	氯化亚钛溶液	Cl_3Ti	无	盐酸腐蚀、含盐水腐蚀	氯化物应力腐蚀开裂	无	无	无	类别 1
三氯化钛混合物	无	无资料	无法确定	盐酸腐蚀、含盐水腐蚀	氯化物应力腐蚀开裂	无	无	无	类别 1
1-三氯锌酸-4-二甲氨基重氮苯	无	无资料	无法确定	无	氨应力腐蚀开裂	无	无	无	无
2,4,6-三硝基苯酚	苦味酸	$C_6H_3N_3O_7$	无	苯酚腐蚀	无	1.1	无	类别 3	无
2,4,6-三硝基苯酚铵[含水≥10%]	无	$C_6H_6N_4O_7$	可燃液体丙 B	苯酚腐蚀	无	无	无	无	类别 2
2,4,6-三硝基苯酚银[含水≥30%]	苦味酸银	$C_6H_2AgN_3O_7$	无法确定	苯酚腐蚀	无	无	无	无	无
三硝基苯磺酸	无	无资料	无	无	无	1.1	无	无	无
2,4,6-三硝基苯磺酸钠	无	$C_6H_2N_3NaO_9S$	无	无	无	1.1	无	无	无
三硝基苯甲醚	三硝基茴香醚	$C_7H_5N_3O_7$	无	无	无	1.1	无	无	无
三硝基苯乙醚	无	$C_6H_2(NO_2)_3OC_2H_5$	无	无	无	1.1	无	无	无
2,4,6-三硝基二甲苯	2,4,6-三硝基间二甲苯	$C_8H_7N_3O_6$	无	无	无	1.1	无	无	无
三硝基甲苯与六硝基-1,2-二苯乙烯混合物	三硝基甲苯与六硝基芪混合物	无资料	无	无	无	1.1	无	无	无
2,4,6-三硝基甲苯与铝混合物	特里托纳尔	无资料	无	无	无	1.1	无	无	无
三硝基甲苯与三硝基苯和六硝基-1,2-二苯乙烯混合物	三硝基甲苯与三硝基苯和六硝基芪混合物	无资料	无	无	无	1.1	无	类别 3	无
三硝基甲苯与三硝基苯混合物	无	无资料	无	无	无	1.1	无	类别 3	无
三硝基甲苯与硝基萘混合物	梯萘炸药	无资料	无	无	无	1.1	无	类别 3	类别 2
2,4,6-三硝基间苯二酚铅[湿的，按质量含水或乙醇和水的混合物不低于 20%]	收敛酸铅	$C_6HN_3O_8Pb$	无	无	乙醇应力腐蚀开裂	1.1	无	无	无
三硝基萘	无	$(NO_2)_3C_{10}H_5$	无	无	无	1.1	无	无	无
三溴化碘	无	IBr_3	无	含盐水腐蚀	溴化物应力腐蚀开裂	无	无	无	类别 1

续表

品名	别名	分子式	火灾危险性	腐蚀减薄	环境开裂	爆炸物	金属腐蚀	急性毒性	皮肤腐蚀/刺激
三溴化铝溶液	溴化铝溶液	无资料	无	含盐水腐蚀	溴化物应力腐蚀开裂	无	无	无	类别 1
三溴化三甲基二铝	三溴化三甲基铝	$C_3H_9Al_2Br_3$	无法确定	含盐水腐蚀	溴化物应力腐蚀开裂	无	无	无	无
三乙基砷酸酯	无	无资料	无	无	无	无	无	类别 3	无
砷化汞	无	无资料	无	无	无	无	无	类别 1	无
砷化锌	无	无资料	无	无	无	无	无	类别 3	无
砷酸铵	无	$(NH_4)_2HAsO_4$	无	无	无	无	无	类别 3	无
砷酸钡	无	$As_2Ba_3O_8$	无	无	无	无	无	类别 3	无
砷酸二氢钾	无	AsH_2KO_4	无	无	无	无	无	类别 2	无
砷酸二氢钠	无	AsH_2NaO_4	无	无	无	无	无	类别 2	无
砷酸钙	砷酸三钙	$Ca_3(AsO_4)_2$	无	无	无	无	无	类别 3	无
砷酸汞	砷酸氢汞	$HgHAsO_4$	无	无	无	无	无	类别 1	无
砷酸钾	无	AsH_2KO_4	无	无	无	无	无	类别 2	类别 2
砷酸镁	无	$As_2Mg_3O_8$	无	无	无	无	无	类别 3	无
砷酸钠	砷酸三钠	$AsNa_3O_4$	无	无	无	无	无	类别 3	无
砷酸铅	无	$Pb_3(AsO_4)_2$	无	无	无	无	无	类别 3	无
砷酸氢二铵	无	$AsH_9N_2O_4$	无	无	无	无	无	类别 3	无
砷酸氢二钠	无	$AsH_{15}Na_2O_{11}$	无	无	无	无	无	类别 3	类别 2
砷酸锑	无	AsO_4Sb	无	无	无	无	无	类别 3	无
砷酸铁	无	$As_2Fe_3O_8$	无	无	无	无	无	类别 3	无
砷酸铜	无	$As_2Cu_3O_8$	无	无	无	无	无	类别 3	无
砷酸锌	无	$As_2O_8Zn_3$	无	无	无	无	无	类别 3	无
砷酸亚铁	无	$As_2Fe_3O_8$	无	无	无	无	无	类别 3	无
砷酸银	无	Ag_3AsO_4	无	无	无	无	无	类别 3	无
十八烷基乙酰胺	十八烷醋酸酰胺	无资料	无法确定	碱腐蚀、胺腐蚀	碱应力腐蚀开裂、胺应力腐蚀开裂	无	无	无	无

续表

品　名	别　名	分子式	火灾危险性	腐蚀减薄	环境开裂	爆炸物	金属腐蚀	急性毒性	皮肤腐蚀/刺激
十六烷酰氯	棕榈酰氯	$C_{16}H_{31}ClO$	可燃液体丙 B	无	无	无	无	无	类别 2
十氯酮	十氯代八氢-亚甲基-环丁异[CD]戊搭烯-2-酮；开蓬	$C_{10}Cl_{10}O$	无	无	无	无	无	类别 3	无
石脑油	无	无资料	可燃液体甲 B	无	无	无	无	无	无
石油醚	石油精	无资料	可燃液体甲 B	无	无	无	无	无	无
石油气	原油气	无资料	可燃气体甲	无	无	无	无	无	无
金属铈[浸在煤油中的]	无	无资料	无法确定	无	液体金属脆断	无	无	无	无
铈镁合金粉	无	无资料	无法确定	无	液体金属脆断	无	无	无	无
5-叔丁基-2,4,6-三硝基间二甲苯	二甲苯麝香；1-(1,1-二甲基乙基)-3,5-二甲基-2,4,6-三硝基苯	$C_{12}H_{15}N_3O_6$	可燃液体丙 A	无	无	无	无	无	无
叔丁基过氧-2-乙基己碳酸酯[含量≤100%]	无	无资料	无法确定	二氧化碳腐蚀、碱腐蚀	碳酸盐应力腐蚀开裂、碱应力腐蚀开裂	无	无	无	无
叔丁基过氧硬脂酰碳酸酯[含量≤100%]	无	无资料	无法确定	二氧化碳腐蚀、碱腐蚀	碳酸盐应力腐蚀开裂、碱应力腐蚀开裂	无	无	无	无
双(1-甲基乙基)氟磷酸酯	二异丙基氟磷酸酯；内氟磷	无资料	无	磷酸腐蚀	氢脆	无	无	类别 1	无
5-[双(2-氯乙基)氨基]-2,4-(1H，3H)嘧啶二酮	尿嘧啶芳芥；嘧啶苯芥	无资料	无	无	氨应力腐蚀开裂	无	无	类别 1	无
O,O-双(4-氯苯基)*N*-(1-亚氨基)乙基硫代磷酸胺	毒鼠磷	$C_{14}H_{13}Cl_2N_2O_2PS$	无	硫酸腐蚀、磷酸腐蚀、碱腐蚀、胺腐蚀	碱应力腐蚀开裂、氨应力腐蚀开裂、胺应力腐蚀开裂、氢脆、连多硫酸应力腐蚀开裂	无	无	类别 1	无
双(二甲胺基)磷酰氟[含量>2%]	甲氟磷	$C_4H_{12}FN_2OP$	无	碱腐蚀、胺腐蚀	碱应力腐蚀开裂、胺应力腐蚀开裂	无	无	类别 1	无
双过氧化十二烷二酸[含量≤42%，含硫酸钠≥56%]	无	无资料	无法确定	硫酸腐蚀	氢脆、连多硫酸应力腐蚀开裂、硫酸盐应力腐蚀开裂	无	无	无	无
2,5-双(1-吖丙啶基)-3-(2-氨甲酰氧-1-甲氧乙基)-6-甲基-1,4-苯醌	卡巴醌	无资料	无	无	氨应力腐蚀开裂	无	无	类别 2	无
水杨酸汞	无	$C_{14}H_{10}HgO_6$	无	无	无	无	无	类别 1	无

续表

品名	别名	分子式	火灾危险性	腐蚀减薄	环境开裂	爆炸物	金属腐蚀	急性毒性	皮肤腐蚀/刺激
水杨酸化烟碱	无	$C_{17}H_{20}N_2O_3$	无	无	无	无	无	类别 1	无
丝裂霉素 C	自力霉素	$C_{15}H_{18}N_4O_5$	无	无	无	无	无	类别 2	无
四丁基氢氧化磷	无	$C_{16}H_{37}OP$	无	碱腐蚀	碱应力腐蚀开裂	无	无	无	类别 1
四氟化铅	无	F_4Pb	无	含盐水腐蚀	无	无	无	无	无
四氟硼酸-2,5-二乙氧基-4-吗啉代重氮苯	无	无资料	无法确定	无	氢脆	无	无	无	无
1,1,3,3-四甲基-1-丁硫醇	特辛硫醇；叔辛硫醇	$C_8H_{18}S$	可燃液体乙 A	硫酸腐蚀、高温硫化物腐蚀	连多硫酸应力腐蚀开裂	无	无	类别 2	无
四甲基氢氧化铵	无	$C_4H_{13}NO$	无	碱腐蚀	碱应力腐蚀开裂	无	无	类别 2	类别 1
N,*N*,*N'*,*N'*-四甲基乙二胺	1,2-双(二甲基氨基)乙烷	$C_{10}H_{24}N_2$	可燃液体乙 B	碱腐蚀、胺腐蚀	碱应力腐蚀开裂、氨应力腐蚀开裂、胺应力腐蚀开裂	无	无	无	类别 1
四聚丙烯	四丙烯	$C_{12}H_{18}$	可燃液体丙 A	无	无	无	无	无	无
四磷酸六乙酯	乙基四磷酸酯	$C_{12}H_{30}O_{13}P_4$	可燃液体丙 B	磷酸腐蚀	氢脆	无	无	类别 2	无
四磷酸六乙酯和压缩气体混合物	无	无资料	无	磷酸腐蚀	氢脆	无	无	类别 3	无
2,3,7,8-四氯二苯并对二噁英	二噁英；2,3,7,8-TCDD；四氯二苯二噁英	$C_{12}H_4Cl_4O_2$	无	无	无	无	无	类别 1	类别 2
四氯化钒	无	Cl_4V	无	盐酸腐蚀、含盐水腐蚀	氯化物应力腐蚀开裂	无	无	类别 3	类别 1
四氯化硫	无	SCl_4	无	盐酸腐蚀、硫酸腐蚀、高温硫化物腐蚀、含盐水腐蚀	氯化物应力腐蚀开裂、连多硫酸应力腐蚀开裂	无	无	无	类别 1
四氯化锡五水合物	无	$H_{10}Cl_4O_5Sn$	无	盐酸腐蚀、含盐水腐蚀	氯化物应力腐蚀开裂	无	无	无	类别 1
四氯邻苯二甲酸酐	无	$C_8Cl_4O_3$	无	低分子有机酸腐蚀	无	无	无	无	无
N-四氯乙硫基四氢酞酰亚胺	敌菌丹	$C_{10}H_9Cl_4NO_2S$	无	硫酸腐蚀、碱腐蚀、胺腐蚀、高温硫化物腐蚀	碱应力腐蚀开裂、胺应力腐蚀开裂、连多硫酸应力腐蚀开裂	无	无	无	无
5,6,7,8-四氢-1-萘胺	1-氨基-5,6,7,8-四氢萘	$C_{10}H_{13}N$	可燃液体丙 B	碱腐蚀、胺腐蚀	碱应力腐蚀开裂、氨应力腐蚀开裂、胺应力腐蚀开裂	无	无	无	类别 2
3-(1,2,3,4-四氢-1-萘基)-4-羟基香豆素	杀鼠醚	$C_{19}H_{16}O_3$	无	无	无	无	无	类别 1	无
1,2,3,6-四氢化苯甲醛	无	无资料	无法确定	无	无	无	无	无	类别 2

续表

品　　名	别　　名	分子式	火灾危险性	腐蚀减薄	环境开裂	爆炸物	金属腐蚀	急性毒性	皮肤腐蚀/刺激
四氢邻苯二甲酸酐[含马来酐>0.05%]	四氢酞酐	无资料	无	无	无	无	无	无	类别 1
四硝基萘胺	无	无资料	无	碱腐蚀、胺腐蚀	碱应力腐蚀开裂、胺应力腐蚀开裂	1.1	无	无	无
四溴化硒	无	Br_4Se	无	含盐水腐蚀	溴化物应力腐蚀开裂	无	无	类别 3	无
O,O,O′,O′-四乙基二硫代焦磷酸酯	治螟磷	$C_8H_{20}O_5P_2S_2$	无	硫酸腐蚀、磷酸腐蚀	氢脆、连多硫酸应力腐蚀开裂	无	无	类别 1	无
四乙基锡	四乙锡	$C_8H_{20}Sn$	可燃液体丙 A	无	无	无	无	类别 2	无
四唑并-1-乙酸	四唑乙酸；四氮杂茂-1-乙酸	无资料	无	无	无	1.4	无	无	无
松焦油	无	无资料	可燃液体乙 B	无	无	无	无	无	无
松油精	松香油	$C_{10}H_{26}N_4$	可燃液体乙 B	无	无	无	无	无	无
酸式硫酸三乙基锡	无	无资料	无	硫酸腐蚀	氢脆、连多硫酸应力腐蚀开裂、硫酸盐应力腐蚀开裂	无	无	类别 1	无
钛酸四乙酯	钛酸乙酯；四乙氧基钛	$C_8H_{20}O_4Ti$	可燃液体乙 A	无	无	无	无	无	无
碳酸乙丁酯	无	无资料	无法确定	二氧化碳腐蚀、碱腐蚀	碳酸盐应力腐蚀开裂、碱应力腐蚀开裂	无	无	无	无
2-特丁基-4,6-二硝基酚	2-(1,1-二甲基乙基)-4,6-二硝酚；特乐酚	$C_{10}H_{12}N_2O_5$	无	无	无	无	无	类别 2	无
2-特戊酰-2,3-二氢-1,3-茚二酮	鼠完	无资料	无	无	无	无	无	类别 3	无
天然气[富含甲烷的]	沼气	CH_4	可燃气体甲	无	无	无	无	无	无
铜乙二胺溶液	无	无资料	无	碱腐蚀、胺腐蚀	碱应力腐蚀开裂、胺应力腐蚀开裂	无	无	类别 3	类别 1
土荆芥油	藜油；除蛔油	无资料	无	无	无	无	无	类别 3	无
烷基、芳基或甲苯磺酸[含游离硫酸]	无	无资料	无	硫酸腐蚀	氢脆、连多硫酸应力腐蚀开裂、硫酸盐应力腐蚀开裂	无	无	无	类别 1
乌头碱	附子精	$C_{34}H_{47}NO_{11}$	无	无	无	无	无	类别 2	无
五氟化铋	无	BiF_5	无法确定	含盐水腐蚀	无	无	无	无	类别 1

续表

品名	别名	分子式	火灾危险性	腐蚀减薄	环境开裂	爆炸物	金属腐蚀	急性毒性	皮肤腐蚀/刺激
五氟化氯	无	ClF_5	无法确定	含盐水腐蚀	无	无	无	类别1	类别1
五氯苯	无	C_6HCl_5	可燃液体丙B	无	无	无	无	无	无
五氯苯酚苯基汞	无	无资料	无	苯酚腐蚀	无	无	无	类别1	无
五氯苯酚汞	无	无资料	无	苯酚腐蚀	无	无	无	类别1	无
2,3,4,7,8-五氯二苯并呋喃	2,3,4,7,8-PCDF	$C_{12}H_3Cl_5O$	无	无	无	无	无	类别1	无
五氰金酸四钾	无	无资料	无	无	无	无	无	类别2	无
五溴二苯醚	无	$C_{12}H_5Br_5O$	可燃液体丙B	无	无	无	无	无	无
五溴化磷	无	PBr_5	无	含盐水腐蚀	溴化物应力腐蚀开裂	无	无	无	类别1
五氧化二碘	碘酐	I_2O_5	无法确定	无	无	无	无	无	类别1
五氧化二钒	钒酸酐	V_2O_5	无	无	无	无	无	类别2	无
五氧化二砷	砷酸酐；五氧化砷；氧化砷	As_2O_5	无	无	无	无	无	类别2	无
戊硫醇异构体混合物	无	无资料	无法确定	硫酸腐蚀、高温硫化物腐蚀	连多硫酸应力腐蚀开裂	无	无	类别3	类别2
硒化镉	无	CdSe	无	无	无	无	无	类别3	无
硒化铁	无	无资料	无	无	无	无	无	类别3	无
硒脲	无	CH_5N_2Se	无	无	无	无	无	类别2	无
硒酸钡	无	$BaSeO_3$	无	无	无	无	无	类别3	无
硒酸钾	无	K_2SeO_4	无	无	无	无	无	类别3	无
硒酸钠	无	$NaSeO_{10}H_{20}$	无	无	无	无	无	类别1	无
硒酸铜	硒酸高铜	无资料	无	无	无	无	无	类别3	无
硝铵炸药	铵梯炸药	无资料	无	无	氨应力腐蚀开裂	1.1	无	无	无
硝化甘油[按质量含有不低于40%不挥发、不溶于水的减敏剂]	硝化丙三醇；甘油三硝酸酯	$C_3H_5N_3O_9$	可燃液体甲B	无	硝酸盐应力腐蚀开裂	1.1	无	无	无
硝化甘油乙醇溶液[含硝化甘油≤10%]	硝化丙三醇乙醇溶液；甘油三硝酸酯乙醇溶液	无资料	无法确定	无	硝酸盐应力腐蚀开裂、乙醇应力腐蚀开裂	1.1	无	无	无
硝化淀粉	无	无资料	无	无	无	1.1	无	无	无
硝化二乙醇胺火药	无	无资料	无	碱腐蚀、胺腐蚀	碱应力腐蚀开裂、胺应力腐蚀开裂、乙醇应力腐蚀开裂	1.3	无	无	无

续表

品　名	别　名	分子式	火灾危险性	腐蚀减薄	环境开裂	爆炸物	金属腐蚀	急性毒性	皮肤腐蚀/刺激
硝化酸混合物	硝化混合酸	H_3NO_7S	无	无	无	无	无	无	类别 1
硝化纤维素[干的或含水(或乙醇)<25%]	硝化棉	无资料	可燃液体甲 B	无	乙醇应力腐蚀开裂	1.1	无	无	无
硝化纤维素[含氮≤12.6%，含乙醇≥25%]	无	无资料	无法确定	无	乙醇应力腐蚀开裂	无	无	无	无
硝化纤维素[含乙醇≥25%]	无	无资料	无	无	乙醇应力腐蚀开裂	1.3	无	无	无
硝化纤维素[未改型的，或增塑的，含增塑剂<18%]	无	无资料	无	无	无	1.1	无	无	无
硝化纤维素溶液[含氮量≤12.6%，含硝化纤维素≤55%]	硝化棉溶液	无资料	可燃液体甲 B	无	无	无	无	无	无
5-硝基-1,3-二甲苯	1,3-二甲基-5-硝基苯；5-硝基间二甲苯；3,5-二甲基硝基苯	$C_8H_9NO_2$	无	无	无	无	无	类别 3	无
4-硝基-2-氨基苯酚	2-氨基-4-硝基苯酚；邻氨基对硝基苯酚；对硝基邻氨基苯酚	$C_6H_6N_2O_3$	无	苯酚腐蚀	氨应力腐蚀开裂	无	无	无	类别 2
5-硝基-2-氨基苯酚	2-氨基-5-硝基苯酚	$C_6H_6N_2O_3$	无	苯酚腐蚀	氨应力腐蚀开裂	无	无	无	类别 2
4-硝基-2-甲苯胺	对硝基邻甲苯胺	$C_7H_8N_2O_2$	无	碱腐蚀、胺腐蚀	碱应力腐蚀开裂、胺应力腐蚀开裂	无	无	类别 3	无
4-硝基-2-甲氧基苯胺	5-硝基-2-氨基苯甲醚；对硝基邻甲氧基苯胺	$C_7H_8N_2O_3$	无	碱腐蚀、胺腐蚀	碱应力腐蚀开裂、氨应力腐蚀开裂、胺应力腐蚀开裂	无	无	无	无
2-硝基-4-甲苯胺	邻硝基对甲苯胺	$C_7H_8N_2O_2$	无	碱腐蚀、胺腐蚀	碱应力腐蚀开裂、胺应力腐蚀开裂	无	无	类别 3	无
2-硝基-4-甲氧基苯胺	枣红色基 GP	$C_7H_8N_2O_3$	无	碱腐蚀、胺腐蚀	碱应力腐蚀开裂、胺应力腐蚀开裂	无	无	类别 1	无
3-硝基-4-羟基苯胂酸	4-羟基-3-硝基苯胂酸	$C_6H_6AsNO_6$	无	无	无	无	无	类别 3	无
3-硝基-*N*,*N*-二甲基苯胺	*N*,*N*-二甲基间硝基苯胺；间硝基二甲苯胺	$C_8H_{10}N_2O_2$	无	碱腐蚀、胺腐蚀	碱应力腐蚀开裂、胺应力腐蚀开裂	无	无	无	类别 2
4-硝基-*N*,*N*-二甲基苯胺	*N*,*N*-二甲基对硝基苯胺；对硝基二甲苯胺	无资料	无	碱腐蚀、胺腐蚀	碱应力腐蚀开裂、胺应力腐蚀开裂	无	无	无	类别 2

续表

品名	别名	分子式	火灾危险性	腐蚀减薄	环境开裂	爆炸物	金属腐蚀	急性毒性	皮肤腐蚀/刺激
4-硝基-*N*,*N*-二乙基苯胺	*N*,*N*-二乙基对硝基苯胺；对硝基二乙基苯胺	无资料	无	碱腐蚀、胺腐蚀	碱应力腐蚀开裂、胺应力腐蚀开裂	无	无	类别 3	无
5-硝基苯并三唑	硝基连三氮杂茚	$C_6H_4N_4O_2$	无	无	无	1.1	无	无	无
2-硝基苯酚	邻硝基苯酚	$C_6H_5NO_3$	无	苯酚腐蚀	无	无	无	类别 3	无
4-硝基苯酚	对硝基苯酚	$C_6H_5NO_3$	无	苯酚腐蚀	无	无	无	类别 3	无
2-硝基苯磺酰氯	邻硝基苯磺酰氯	$C_6H_4ClNO_4S$	无	无	无	无	无	无	类别 1
3-硝基苯磺酰氯	间硝基苯磺酰氯	$C_6H_4ClNO_4S$	无	无	无	无	无	无	类别 1
4-硝基苯磺酰氯	对硝基苯磺酰氯	$C_6H_4ClNO_4S$	无	无	无	无	无	无	类别 1
2-硝基苯甲醚	邻硝基苯甲醚；邻硝基茴香醚；邻甲氧基硝基苯	$C_7H_7NO_3$	可燃液体丙 A	无	无	无	无	无	无
4-硝基苯甲酰胺	对硝基苯甲酰胺	$C_7H_6N_2O_3$	无	碱腐蚀、胺腐蚀	碱应力腐蚀开裂、胺应力腐蚀开裂	无	无	类别 3	无
4-硝基苯甲酰氯	对硝基苯甲酰氯	$C_7H_4ClNO_3$	无	无	无	无	无	无	类别 1
2-硝基苯肼	邻硝基苯肼	$C_6H_7N_3O_2$	无法确定	无	无	无	无	无	类别 2
4-硝基苯肼	对硝基苯肼	$C_6H_7N_3O_2$	可燃液体丙 B	无	无	无	无	无	类别 2
2-硝基苯胂酸	邻硝基苯胂酸	$C_6H_6AsNO_5$	无	无	无	无	无	类别 3	无
3-硝基苯胂酸	间硝基苯胂酸	$C_6H_6AsNO_5$	无	无	无	无	无	类别 3	无
4-硝基苯胂酸	对硝基苯胂酸	$C_6H_6AsNO_5$	无	无	无	无	无	类别 3	无
4-硝基苯乙腈	对硝基苯乙腈；对硝基苄基氰；对硝基氰化苄	$C_8H_6N_2O_2$	无	无	无	无	无	类别 3	类别 2
2-硝基苯乙醚	邻硝基苯乙醚；邻乙氧基硝基苯	$C_8H_9NO_3$	可燃液体甲 B	无	无	无	无	无	无
3-硝基吡啶	无	$C_5H_4N_2O_2$	可燃液体丙 A	无	无	无	无	类别 3	类别 2
2-硝基丁烷	无	$C_4H_9NO_2$	可燃液体乙 A	无	无	无	无	无	无
2-硝基氯化苄	邻硝基苄基氯；邻硝基氯化苄；邻硝基苯氯甲烷	$C_7H_6ClNO_2$	无	盐酸腐蚀、含盐水腐蚀	氯化物应力腐蚀开裂	无	无	无	类别 1
4-硝基氯化苄	对硝基氯化苄；对硝基苄基氯；对硝基苯氯甲烷	$C_7H_6ClNO_2$	无	盐酸腐蚀、含盐水腐蚀	氯化物应力腐蚀开裂	无	无	无	类别 1

续表

品名	别名	分子式	火灾危险性	腐蚀减薄	环境开裂	爆炸物	金属腐蚀	急性毒性	皮肤腐蚀/刺激
硝基马钱子碱	卡可西灵	$C_{21}H_{21}N_3O_7$	无	无	无	无	无	类别 2	无
硝基脲	无	$CH_3N_3O_3$	无	无	无	1.1	无	无	无
硝基三氟甲苯	无	$C_7H_4F_3NO_2$	可燃液体丙 A	无	无	无	无	类别 2	无
硝基三唑酮	NTO	无资料	无	无	无	1.1	无	无	无
4-硝基溴化苄	对硝基溴化苄；对硝基苯溴甲烷；对硝基苄基溴	$C_7H_6BrNO_2$	无	含盐水腐蚀	溴化物应力腐蚀开裂	无	无	无	类别 1
硝基盐酸	王水	$Cl_3H_4NO_3$	无	盐酸腐蚀	氢脆	无	无	无	类别 1
硝酸铵[含可燃物>0.2%，包括以碳计算的任何有机物，但不包括任何其他添加剂]	无	NH_4NO_3	无	无	硝酸盐应力腐蚀开裂	1.1	无	无	无
硝酸铵[含可燃物≤0.2%]	无	无资料	无法确定	无	硝酸盐应力腐蚀开裂	无	无	无	无
硝酸铵肥料[比硝酸铵(含可燃物>0.2%，包括以碳计算的任何有机物，但不包括任何其他添加剂)更易爆炸]	无	无资料	无	无	硝酸盐应力腐蚀开裂	1.1	无	无	无
硝酸铵肥料[含可燃物≤0.4%]	无	无资料	无法确定	无	硝酸盐应力腐蚀开裂	无	无	无	无
硝酸钡	无	BaN_2O_6	无法确定	无	硝酸盐应力腐蚀开裂	无	无	无	无
硝酸苯胺	无	无资料	无	碱腐蚀、胺腐蚀	硝酸盐应力腐蚀开裂、碱应力腐蚀开裂、胺应力腐蚀开裂	无	无	类别 3	无
硝酸苯汞	无	$C_6H_5HgNO_3$	无	无	硝酸盐应力腐蚀开裂	无	无	类别 3	类别 1
硝酸铋	无	BiN_3O_9	无法确定	无	硝酸盐应力腐蚀开裂	无	无	无	无
硝酸镝	无	$DyHNO_3$	无法确定	无	硝酸盐应力腐蚀开裂	无	无	无	无
硝酸铒	无	ErN_3O_9	无法确定	无	硝酸盐应力腐蚀开裂	无	无	无	无
硝酸钙	无	CaN_2O_6	无法确定	无	硝酸盐应力腐蚀开裂	无	无	无	无
硝酸锆	无	ZrN_4O_{12}	无法确定	无	硝酸盐应力腐蚀开裂	无	无	无	无
硝酸铬	无	CrN_3O_9	无法确定	无	硝酸盐应力腐蚀开裂	无	无	无	无
硝酸胍	硝酸亚氨脲	$CH_6N_4O_3$	无法确定	无	硝酸盐应力腐蚀开裂、氨应力腐蚀开裂	无	无	无	无

续表

品名	别名	分子式	火灾危险性	腐蚀减薄	环境开裂	爆炸物	金属腐蚀	急性毒性	皮肤腐蚀/刺激
硝酸镓	无	$GaH_5N_3O_{10}$	无法确定	无	硝酸盐应力腐蚀开裂	无	无	无	无
硝酸甲胺	无	无资料	无	碱腐蚀、胺腐蚀	硝酸盐应力腐蚀开裂、碱应力腐蚀开裂、胺应力腐蚀开裂	无	无	无	类别 1
硝酸铑	无	RhN_3O_9	无法确定	无	硝酸盐应力腐蚀开裂	无	无	无	无
硝酸镥	无	LuN_3O_9	无法确定	无	硝酸盐应力腐蚀开裂	无	无	无	无
硝酸铝	无	AlN_3O_9	无法确定	无	硝酸盐应力腐蚀开裂	无	无	无	无
硝酸锰	硝酸亚锰	MnN_2O_6	无法确定	无	硝酸盐应力腐蚀开裂	无	无	无	无
硝酸镍	二硝酸镍	NiN_2O_6	无法确定	无	硝酸盐应力腐蚀开裂	无	无	无	类别 2
硝酸镍铵	四氨硝酸镍	无资料	无法确定	无	硝酸盐应力腐蚀开裂、氨应力腐蚀开裂	无	无	无	无
硝酸钕	无	$Nd(NO_3)_3$	无法确定	无	硝酸盐应力腐蚀开裂	无	无	无	无
硝酸钕镨	硝酸镨钕	无资料	无法确定	无	硝酸盐应力腐蚀开裂	无	无	无	无
硝酸铍	无	BeN_2O_6	无法确定	无	硝酸盐应力腐蚀开裂	无	无	类别 2	类别 2
硝酸镨	无	$Pr(NO_3)_3$	无法确定	无	硝酸盐应力腐蚀开裂	无	无	无	无
硝酸铅	无	$Pb(NO_3)_2$	无法确定	无	硝酸盐应力腐蚀开裂	无	无	无	类别 2
硝酸羟胺	无	$H_4N_2O_4$	无	碱腐蚀、胺腐蚀	硝酸盐应力腐蚀开裂、碱应力腐蚀开裂、胺应力腐蚀开裂	1.1	无	类别 3	类别 2
硝酸钐	无	$Sm(NO_3)_3$	无法确定	无	硝酸盐应力腐蚀开裂	无	无	无	无
硝酸铈	硝酸亚铈	$Ce(NO_3)_3$	无法确定	无	硝酸盐应力腐蚀开裂	无	无	无	无
硝酸铈铵	无	$(NH_4)_2Ce(NO_3)_6$	无法确定	无	硝酸盐应力腐蚀开裂	无	无	无	无
硝酸铈钾	无	无资料	无法确定	无	硝酸盐应力腐蚀开裂	无	无	无	无
硝酸铈钠	无	无资料	无法确定	无	硝酸盐应力腐蚀开裂	无	无	无	无
硝酸铁	硝酸高铁	$Fe(NO_3)_3$	无法确定	无	硝酸盐应力腐蚀开裂	无	无	无	无
硝酸铜	无	CuN_2O_6	无法确定	无	硝酸盐应力腐蚀开裂	无	无	无	无
硝酸锌	无	$Zn(NO_3)_2$	无法确定	无	硝酸盐应力腐蚀开裂	无	无	无	类别 2
硝酸氧锆	硝酸锆酰	$Zr(NO_3)_2$	无法确定	无	硝酸盐应力腐蚀开裂	无	无	无	无

续表

品名	别名	分子式	火灾危险性	腐蚀减薄	环境开裂	爆炸物	金属腐蚀	急性毒性	皮肤腐蚀/刺激
硝酸乙酯醇溶液	无	$C_2H_5NO_3$	可燃液体甲 B	无	硝酸盐应力腐蚀开裂	无	无	无	无
硝酸钇	无	$Y(NO_3)_3$	无法确定	无	硝酸盐应力腐蚀开裂	无	无	无	无
硝酸镱	无	$Yb(NO_3)_3$	无法确定	无	硝酸盐应力腐蚀开裂	无	无	无	无
硝酸重氮苯	无	无资料	无	无	硝酸盐应力腐蚀开裂	1.1	无	无	无
锌尘	无	无资料	无法确定	无	液体金属脆断	无	无	无	无
锌灰	无	无资料	无法确定	无	液体金属脆断	无	无	无	无
溴水[含溴≥3.5%]	无	无资料	无	无	无	无	无	无	类别 1
3-溴-1,2-二甲基苯	间溴邻二甲苯；2,3-二甲基溴化苯	无资料	无	含盐水腐蚀	溴化物应力腐蚀开裂	无	无	类别 3	类别 2
4-溴-2-氯氟苯	无	C_6H_3BrClF	可燃液体丙 A	无	无	无	无	无	类别 2
4-溴苯乙酰基溴	对溴苯乙酰基溴	无资料	无	无	无	无	无	无	类别 1
溴化氢乙酸溶液	溴化氢醋酸溶液	$C_2H_5BrO_2$	可燃液体丙 A	低分子有机酸腐蚀、含盐水腐蚀	溴化物应力腐蚀开裂	无	无	无	类别 1
溴化硒	无	Br_2Se_2	无	含盐水腐蚀	溴化物应力腐蚀开裂	无	无	类别 3	无
溴甲烷和二溴乙烷液体混合物	无	无资料	无	无	无	无	无	类别 3	类别 2
溴酸	无	$HBrO_3$	无	含盐水腐蚀	溴化物应力腐蚀开裂、氢脆	无	无	无	类别 1
溴酸钾	无	$KBrO_3$	无法确定	无	无	无	无	类别 3	无
溴乙酰苯	苯甲酰甲基溴	C_8H_7BrO	无	无	无	无	无	类别 3	类别 1
亚氨基二亚苯	咔唑；9-氮杂芴	$C_{12}H_9N$	无法确定	无	氨应力腐蚀开裂	无	无	无	无
亚胺乙汞	埃米	无资料	无	碱腐蚀、胺腐蚀	碱应力腐蚀开裂、胺应力腐蚀开裂	无	无	类别 1	无
亚硫酸氢铵	酸式亚硫酸铵	H_5NO_3S	无	硫酸腐蚀	氨应力腐蚀开裂、氢脆、连多硫酸应力腐蚀开裂、硫酸盐应力腐蚀开裂	无	无	无	类别 2
亚硫酸氢钾	酸式亚硫酸钾	HKO_3S	无	硫酸腐蚀	氢脆、连多硫酸应力腐蚀开裂、硫酸盐应力腐蚀开裂	无	无	无	类别 2
亚硫酸氢镁	酸式亚硫酸镁	$H_2MgO_6S_2$	无	硫酸腐蚀	氢脆、连多硫酸应力腐蚀开裂、硫酸盐应力腐蚀开裂	无	无	无	类别 2

续表

品名	别名	分子式	火灾危险性	腐蚀减薄	环境开裂	爆炸物	金属腐蚀	急性毒性	皮肤腐蚀/刺激
亚硫酸氢锌	酸式亚硫酸锌	无资料	无	硫酸腐蚀	氢脆、连多硫酸应力腐蚀开裂、硫酸盐应力腐蚀开裂	无	无	无	类别 2
亚氯酸钠	无	$ClNaO_2$	无法确定	无	无	无	无	类别 2	类别 2
亚氯酸钠溶液[含有效氯>5%]	无	无资料	无	碱腐蚀	无	无	无	类别 2	类别 1
亚砷酸钡	无	$As_2Ba_3O_6$	无	无	无	无	无	类别 3	无
亚砷酸钾	偏亚砷酸钾	$KAsO_2$	无	无	无	无	无	类别 2	无
亚砷酸锶	原亚砷酸锶	$As_2O_6Sr_3$	无	无	无	无	无	类别 3	无
亚砷酸锑	无	AsO_3Sb	无	无	无	无	无	类别 3	无
亚砷酸铁	无	无资料	无	无	无	无	无	类别 3	无
亚砷酸锌	无	$Zn(AsO_2)_2$	无	无	无	无	无	类别 3	无
亚砷酸银	原亚砷酸银	无资料	无	无	无	无	无	类别 3	无
亚硒酸	无	H_2O_3Se	无	无	无	无	无	类别 3	类别 1
亚硒酸钙	无	CaO_4Se	无	无	无	无	无	类别 3	无
亚硒酸钾	无	K_2O_3Se	无	无	无	无	无	类别 3	无
亚硒酸铝	无	无资料	无	无	无	无	无	类别 3	无
亚硒酸镁	无	MgO_3Se	无	无	无	无	无	类别 3	无
亚硒酸氢钠	重亚硒酸钠	$HNaO_3Se$	无	无	无	无	无	类别 1	无
亚硒酸铈	无	无资料	无	无	无	无	无	类别 3	无
亚硒酸铜	无	CuO_3Se	无	无	无	无	无	类别 3	无
亚硒酸银	无	无资料	无	无	无	无	无	类别 3	无
亚硝基硫酸	亚硝酰硫酸	$HSNO_5$	无	硫酸腐蚀	氢脆、连多硫酸应力腐蚀开裂、硫酸盐应力腐蚀开裂	无	无	无	类别 1
亚硝酸镍	无	$Ni(NO_2)_2$	无法确定	无	硝酸盐应力腐蚀开裂	无	无	无	无
亚硝酸锌铵	无	无资料	无法确定	无	硝酸盐应力腐蚀开裂	无	无	无	无
烟碱氯化氢	烟碱盐酸盐	$C_{10}H_{15}ClN_2$	无	盐酸腐蚀、含盐水腐蚀	氯化物应力腐蚀开裂、氢脆	无	无	类别 1	无
盐酸-1-萘乙二胺	α-萘乙二胺盐酸	无资料	无	盐酸腐蚀、碱腐蚀、胺腐蚀	碱应力腐蚀开裂、胺应力腐蚀开裂、氢脆	无	无	无	类别 2

续表

品名	别名	分子式	火灾危险性	腐蚀减薄	环境开裂	爆炸物	金属腐蚀	急性毒性	皮肤腐蚀/刺激
盐酸-2-氨基酚	盐酸邻氨基酚	无资料	无	无	氨应力腐蚀开裂、氢脆	无	无	无	类别 2
盐酸-2-萘胺	β-萘胺盐酸	无资料	无	碱腐蚀、胺腐蚀	碱应力腐蚀开裂、胺应力腐蚀开裂、氢脆	无	无	无	无
盐酸-3,3′-二氨基联苯胺	3,3′-二氨基联苯胺盐酸；3,4,3′，4′-四氨基联苯盐酸；硒试剂	无资料	无	碱腐蚀、胺腐蚀	碱应力腐蚀开裂、氨应力腐蚀开裂、胺应力腐蚀开裂、氢脆	无	无	无	无
盐酸-3,3′-二甲基-4,4′-二氨基联苯	邻二氨基二甲基联苯盐酸；3,3′-二甲基联苯胺盐酸	无资料	无	碱腐蚀、胺腐蚀	碱应力腐蚀开裂、氨应力腐蚀开裂、胺应力腐蚀开裂、氢脆	无	无	无	无
盐酸-3,3′-二甲氧基-4,4′-二氨基联苯	邻联二茴香胺盐酸；3,3′-二甲氧基联苯胺盐酸	无资料	无	盐酸腐蚀、碱腐蚀、胺腐蚀	碱应力腐蚀开裂、氨应力腐蚀开裂、胺应力腐蚀开裂、氢脆	无	无	无	类别 1
盐酸-3,3′-二氯联苯胺	3,3′-二氯联苯胺盐酸	无资料	无	盐酸腐蚀、碱腐蚀、胺腐蚀	碱应力腐蚀开裂、胺应力腐蚀开裂、氢脆	无	无	无	无
盐酸-3-氯苯胺	盐酸间氯苯胺；橙色基 GC	无资料	无	盐酸腐蚀、碱腐蚀、胺腐蚀	碱应力腐蚀开裂、胺应力腐蚀开裂、氢脆	无	无	类别 3	类别 2
盐酸-4,4′-二氨基联苯	盐酸联苯胺；联苯胺盐酸	无资料	无	碱腐蚀、胺腐蚀	碱应力腐蚀开裂、氨应力腐蚀开裂、胺应力腐蚀开裂、氢脆	无	无	无	无
盐酸-4-氨基-*N*,*N*-二乙基苯胺	*N*,*N*-二乙基对苯二胺盐酸；对氨基-*N*,*N*-二乙基苯胺盐酸	无资料	无	碱腐蚀、胺腐蚀	碱应力腐蚀开裂、氨应力腐蚀开裂、胺应力腐蚀开裂、氢脆	无	无	类别 3	无
盐酸-4-氨基酚	盐酸对氨基酚	C_6H_8ClNO	无	盐酸腐蚀	氨应力腐蚀开裂、氢脆	无	无	无	类别 2
盐酸-4-甲苯胺	对甲苯胺盐酸盐；盐酸-4-甲苯胺	无资料	无	盐酸腐蚀、碱腐蚀、胺腐蚀	碱应力腐蚀开裂、胺应力腐蚀开裂、氢脆	无	无	类别 3	无
盐酸苯肼	苯肼盐酸	$C_6H_9ClN_2$	无	盐酸腐蚀	氢脆	无	无	类别 3	类别 2
盐酸邻苯二胺	邻苯二胺二盐酸盐；盐酸邻二氨基苯	无资料	无	盐酸腐蚀、碱腐蚀、胺腐蚀	碱应力腐蚀开裂、氨应力腐蚀开裂、胺应力腐蚀开裂、氢脆	无	无	类别 3	无
盐酸间苯二胺	间苯二胺二盐酸盐；盐酸间二氨基苯	无资料	无	盐酸腐蚀、碱腐蚀、胺腐蚀	碱应力腐蚀开裂、氨应力腐蚀开裂、胺应力腐蚀开裂、氢脆	无	无	类别 3	无
盐酸对苯二胺	对苯二胺二盐酸盐；盐酸对二氨基苯	无资料	无	盐酸腐蚀、碱腐蚀、胺腐蚀	碱应力腐蚀开裂、氨应力腐蚀开裂、胺应力腐蚀开裂、氢脆	无	无	类别 3	无
盐酸马钱子碱	二甲氧基士的宁盐酸盐	无资料	无	无	氢脆	无	无	类别 2	无
盐酸吐根碱	盐酸依米丁	$C_{29}H_{42}Cl_2N_2O_4$	无	无	氢脆	无	无	类别 1	无

续表

品　　名	别　　名	分子式	火灾危险性	腐蚀减薄	环境开裂	爆炸物	金属腐蚀	急性毒性	皮肤腐蚀/刺激
β，β′-氧化二丙腈	2,2′-二氰二乙基醚；3,3′-氧化二丙腈；双(2-氰乙基)醚	无资料	无	无	无	无	无	无	类别 2
氧化钾	无	K_2O	无	无	无	无	无	无	类别 1
氧氯化铬	氯化铬酰；二氯氧化铬；铬酰氯	CrO_2Cl_2	无法确定	盐酸腐蚀、含盐水腐蚀	氯化物应力腐蚀开裂	无	无	无	类别 1
腰果壳油	脱羧腰果壳液	无资料	无	无	无	无	无	无	类别 2
一氧化氮和四氧化二氮混合物	无	无资料	无法确定	无	无	无	无	类别 3	类别 1
一氧化碳和氢气混合物	水煤气	无资料	无法确定	无	氢脆	无	无	类别 3	无
乙胺水溶液[浓度 50%~70%]	氨基乙烷水溶液	无资料	无法确定	碱腐蚀、胺腐蚀	碱应力腐蚀开裂、氨应力腐蚀开裂、胺应力腐蚀开裂	无	无	无	类别 1
乙撑亚胺[稳定的]	无	无资料	无法确定	碱腐蚀、胺腐蚀	碱应力腐蚀开裂、胺应力腐蚀开裂	无	无	类别 1	类别 1
乙醇钠乙醇溶液	乙醇钠合乙醇	无资料	无法确定	无	乙醇应力腐蚀开裂	无	无	无	类别 1
乙汞硫水杨酸钠盐	硫柳汞钠	$C_9H_9HgNaO_2S$	无	硫酸腐蚀	连多硫酸应力腐蚀开裂	无	无	类别 1	无
N-(2-乙基-6-甲基苯基)-*N*-乙氧基甲基-氯乙酰胺	乙草胺	$C_{14}H_{20}ClNO_2$	可燃液体丙 B	碱腐蚀、胺腐蚀	碱应力腐蚀开裂、胺应力腐蚀开裂	无	无	无	类别 2
N-乙基-*N*-(2-羟乙基)全氟辛基磺酰胺	无	无资料	无	碱腐蚀、胺腐蚀	碱应力腐蚀开裂、胺应力腐蚀开裂	无	无	无	无
O-乙基-O-[(2-异丙氧基酰基)苯基]-*N*-异丙基硫代磷酰胺	异柳磷	$C_{15}H_{24}NO_4PS$	可燃液体丙 B	硫酸腐蚀、碱腐蚀、胺腐蚀、高温硫化物腐蚀	碱应力腐蚀开裂、胺应力腐蚀开裂、连多硫酸应力腐蚀开裂	无	无	类别 3	无
O-乙基-S,S-二苯基二硫代磷酸酯	敌瘟磷	$C_{14}H_{15}O_2PS_2$	无	硫酸腐蚀、磷酸腐蚀	氢脆、连多硫酸应力腐蚀开裂	无	无	类别 3	无
3-乙基己烷	无	C_8H_{18}	可燃液体甲 B	无	无	无	无	无	类别 2
乙基硫酸	酸式硫酸乙酯	无资料	无	硫酸腐蚀	氢脆、连多硫酸应力腐蚀开裂、硫酸盐应力腐蚀开裂	无	无	无	类别 1
S-乙基亚磺酰甲基-O,O-二异丙基二硫代磷酸酯	丰丙磷	$C_9H_{21}O_3PS_3$	无	硫酸腐蚀、磷酸腐蚀	氢脆、连多硫酸应力腐蚀开裂	无	无	类别 1	无
醋酸溶液[10%<含量≤80%]	醋酸溶液	无资料	无	低分子有机酸腐蚀	无	无	无	无	类别 1

续表

品名	别名	分子式	火灾危险性	腐蚀减薄	环境开裂	爆炸物	金属腐蚀	急性毒性	皮肤腐蚀/刺激
乙酸苯胺	醋酸苯胺	$C_8H_{11}NO_2$	可燃液体丙 A	低分子有机酸腐蚀、碱腐蚀、胺腐蚀	碱应力腐蚀开裂、胺应力腐蚀开裂	无	无	类别 3	无
乙酸三甲基锡	醋酸三甲基锡	$C_5H_{12}O_2Sn$	无	低分子有机酸腐蚀	无	无	无	类别 1	无
乙酸三乙基锡	三乙基乙酸锡	无资料	无	无	无	无	无	类别 1	无
乙烯砜	二乙烯砜	$C_4H_6O_2S$	无	无	无	无	无	类别 1	无
乙烯基甲苯异构体混合物[稳定的]	无	无资料	无法确定	无	无	无	无	无	类别 2
N-乙烯基乙撑亚胺	N-乙烯基氮丙环	无资料	无	碱腐蚀、胺腐蚀	碱应力腐蚀开裂、胺应力腐蚀开裂	无	无	类别 1	无
乙烯基乙酸异丁酯	无	$C_8H_{14}O_2$	可燃液体乙 B	低分子有机酸腐蚀	无	无	无	无	无
乙酰替硫脲	1-乙酰硫脲	无资料	无	硫酸腐蚀、高温硫化物腐蚀	连多硫酸应力腐蚀开裂	无	无	类别 2	无
乙酰亚砷酸铜	巴黎绿；祖母绿；醋酸亚砷酸铜；翡翠绿；帝绿；苔绿；维也纳绿；草地绿；翠绿	$C_4H_6As_6Cu_4O_{16}$	无	无	无	无	无	类别 2	无
3-乙氧基苯胺	间乙氧基苯胺；间氨基苯乙醚	$C_8H_{11}NO$	可燃液体丙 A	碱腐蚀、胺腐蚀	碱应力腐蚀开裂、氨应力腐蚀开裂、胺应力腐蚀开裂	无	无	类别 3	无
1-异丙基-3-甲基吡唑-5-基 N,N-二甲基氨基甲酸酯[含量>20%]	异索威	$C_{10}H_{17}N_3O_2$	无	低分子有机酸腐蚀	氨应力腐蚀开裂	无	无	类别 1	无
3-异丙基苯基-N-氨基甲酸甲酯	间异丙威	无资料	无	无	氨应力腐蚀开裂	无	无	类别 1	无
异丁基环戊烷	无	C_9H_{18}	可燃液体乙 A	无	无	无	无	无	无
异丁酸异丙酯	无	$C_7H_{14}O_2$	可燃液体甲 B	低分子有机酸腐蚀	无	无	无	无	无
异氰基乙酸乙酯	无	$C_7H_{11}NO_2$	无	低分子有机酸腐蚀	无	无	无	无	类别 2
异氰酸-3-氯-4-甲苯酯	3-氯-4-甲基苯基异氰酸酯	无资料	无法确定	无	无	无	无	类别 2	类别 1
异氰酸对硝基苯酯	对硝基苯异氰酸酯；异氰酸-4 硝基苯酯	$C_7H_4N_2O_3$	无	无	无	无	无	无	类别 2
异氰酸甲酯	甲基异氰酸酯	C_2H_3NO	可燃液体甲 B	无	无	无	无	类别 2	类别 2
异氰酸异丁酯	无	C_5H_9NO	可燃液体甲 B	无	无	无	无	类别 1	无

续表

品名	别名	分子式	火灾危险性	腐蚀减薄	环境开裂	爆炸物	金属腐蚀	急性毒性	皮肤腐蚀/刺激
异山梨醇二硝酸酯混合物[含乳糖、淀粉或磷酸≥60%]	混合异山梨醇二硝酸酯	无资料	无法确定	磷酸腐蚀	硝酸盐应力腐蚀开裂、氢脆	无	无	无	无
异戊醇钠	异戊氧基钠	无资料	无	无	无	无	无	无	类别 1
异戊酸异丙酯	无	$C_8H_{16}O_2$	可燃液体乙 A	低分子有机酸腐蚀	无	无	无	无	无
异辛烷	无	C_8H_{18}	可燃液体甲 B	无	无	无	无	无	类别 2
油酸汞	无	$C_{36}H_{66}HgO_4$	可燃液体丙 B	无	无	无	无	类别 1	无
淤渣硫酸	无	无资料	无	硫酸腐蚀	氢脆、连多硫酸应力腐蚀开裂、硫酸盐应力腐蚀开裂	无	无	无	类别 1
月桂酸三丁基锡	无	无资料	无	无	无	无	无	类别 3	无
锗烷	四氢化锗	GeH_4	无法确定	无	无	无	无	类别 1	类别 2
赭曲毒素	棕曲霉毒素	无资料	无	无	无	无	无	类别 2	无
赭曲毒素 A	棕曲霉毒素 A	无资料	无	无	无	无	无	类别 2	无
N-(1-正丁氨基甲酰基-2-苯并咪唑基)氨基甲酸甲酯	苯菌灵	$C_{14}H_{18}N_4O_3$	无	低分子有机酸腐蚀	氨应力腐蚀开裂	无	无	无	类别 2
N-正丁基咪唑	*N*-正丁基-1,3-二氮杂茂	$C_7H_{12}N_2$	可燃液体丙 A	无	无	无	无	类别 2	类别 2
支链-4-壬基酚	无	无资料	无	无	无	无	无	无	类别 1
仲戊胺	1-甲基丁胺	$C_5H_{13}N$	可燃液体乙 A	碱腐蚀、胺腐蚀	碱应力腐蚀开裂、胺应力腐蚀开裂	无	无	无	类别 1
2-重氮-1-萘酚-5-磺酸钠	无	$C_{10}H_5N_2NaO_4S$	无法确定	低分子有机酸腐蚀	无	无	无	无	无
重质苯	无	无资料	无法确定	无	无	无	无	无	类别 2
D-苎烯	无	无资料	无法确定	无	无	无	无	无	类别 2
左旋溶肉瘤素	左旋苯丙氨酸氮芥；米尔法兰	无资料	无	无	氨应力腐蚀开裂	无	无	类别 2	无

附录二　危险化学品事故、应急救援电话

1. 火警电话：119
2. 公安报警电话：110
3. 医疗急救电话：120
4. 运输事故报警：122
5. 全国统一安全生产举报投诉特服电话：12350
6. 国家化学事故应急咨询：0532-83889090
7. 国家危险化学品安全公共服务咨询：0532-83889191
8. 国家中毒控制中心：010-83132345，010-63131122
9. 国家中毒控制中心广东分中心(广东省职业病防治院)：020-84198181
10. 广东省应急厅危险化学品安全监管处：020-83135794

参 考 文 献

[1]《化学化工大词典》编委会．化学化工大词典[M]．北京：化学工业出版社，2003.
[2]《化工百科全书》编委会．化工百科全书[M]．北京：化学工业出版社，1998.
[3] 孙万付．危险化学品安全技术全书[M]．3版．北京：化学工业出版社，2007.
[4] 王利兵．化学品安全科学与技术上册[M]．北京：科学出版社，2023.
[5] 王利兵．化学品安全科学与技术下册[M]．北京：科学出版社，2023.
[6] 广东省安全生产科学技术研究院组织．危险化学品事故应急处置指南[M]．北京：国防工业出版社，2023.
[7] 纪红兵，李文军，程丽华．典型危险化学品事故现场处置[M]．北京：中国石化出版社，2021.
[8] 李政军，郑建国．危险化学品信息速查手册[M]．北京：化学工业出版社，2018.
[9] 胡忆沩，陈庆，杨梅，等．危险化学品安全实用技术手册[M]．北京：化学工业出版社，2018.
[10] 国际化学品安全规划署，欧洲联盟委员会．国际化学品安全卡上册[M]．北京：化学工业出版社，2014.
[11] 国际化学品安全规划署，欧洲联盟委员会．国际化学品安全卡下册[M]．北京：化学工业出版社，2014.
[12] 孙维生．常见危险化学品速查手册[M]．2版．北京：化学工业出版社，2013.
[13] 国家安全生产应急救援指挥中心，国家安全监管总局化学品登记中心．危险化学品应急处置手册[M]．北京：中国石化出版社，2010.
[14] 王林宏，许明．危险化学品速查手册[M]．北京：中国纺织出版社，2007.
[15] 化学工业出版社．中国化工产品大全上卷[M]．北京：化学工业出版社，2013.
[16] 化学工业出版社．中国化工产品大全中卷[M]．北京：化学工业出版社，2013.
[17] 化学工业出版社．中国化工产品大全下卷[M]．北京：化学工业出版社，2013.
[18] 孙万付．危险化学品应急处置手册[M]．2版．北京：中国石化出版社，2019.
[19] 压力管道安全技术监察规程——工业管道(TSG D0001—2009).
[20] 压力管道规范 工业管道　第1部分：总则(GB/T 20801.1—2020).
[21] 承压设备损伤模式识别(GB/T 30579—2022).
[22] 化学品分类和标签规范　第2部分：爆炸物(GB 30000.2—2013).
[23] 化学品分类和标签规范　第3部分：易燃气体(GB 30000.3—2013).
[24] 化学品分类和标签规范　第5部分：氧化性气体(GB 30000.5—2013).
[25] 化学品分类和标签规范　第6部分：加压气体(GB 30000.6—2013).
[26] 化学品分类和标签规范　第7部分：易燃液体(GB 30000.7—2013).
[27] 化学品分类和标签规范　第8部分：易燃固体(GB 30000.8—2013).
[28] 化学品分类和标签规范　第9部分：自反应物质和混合物(GB 30000.9—2013).
[29] 化学品分类和标签规范　第10部分：自燃液体(GB 30000.10—2013).
[30] 化学品分类和标签规范　第11部分：自燃固体(GB 30000.11—2013).
[31] 化学品分类和标签规范　第12部分：自热物质和混合物(GB 30000.12—2013).
[32] 化学品分类和标签规范　第13部分：遇水放出易燃气体的物质和混合物(GB 30000.13—2013).
[33] 化学品分类和标签规范　第14部分：氧化性液体(GB 30000.14—2013).
[34] 化学品分类和标签规范　第15部分：氧化性固体(GB 30000.15—2013).
[35] 化学品分类和标签规范　第16部分：有机过氧化物(GB 30000.16—2013).
[36] 化学品分类和标签规范　第17部分：金属腐蚀物(GB 30000.17—2013).
[37] 化学品分类和标签规范　第18部分：急性毒性(GB 30000.18—2013).
[38] 化学品分类和标签规范　第19部分：皮肤腐蚀/刺激(GB 30000.19—2013).
[39] 化学品分类和标签规范　第20部分：严重眼损伤/眼刺激(GB 30000.20—2013).
[40] 危险化学品重大危险源辨识(GB 18218—2018).
[41] 化学品安全技术说明书内容和项目顺序(GB/T 16483—2008).
[42] 化学品安全技术说明书编写指南(GB/T 17519—2013).